八閩文庫

八閩文庫

專題彙編 第二種

福建民間契約文書

39

厦門大學民間歷史文獻研究中心 編
鄭振滿 主編

海峽出版發行集團
THE STRAITS PUBLISHING & DISTRIBUTING GROUP
福建人民出版社

本册目録

第二帙　楊經傑户

第九卷　永泰縣洑口鄉紫山村契約文書（一）

本卷主編　馬多　盧映輝

本卷簡介

紫山村位於永泰縣洑口鄉南部，地處戴雲山北麓，與德化、仙遊兩縣毗鄰，是永泰縣海拔最高的一個行政村。全村現有土地面積三萬三千餘畝，山場廣闊，主要種植毛竹、杉木、茶樹等經濟林。

關於紫山村名的由來，當地有兩種説法。一種認爲紫山因竹木資源豐富，舊時造紙業興盛，因之稱爲「紙山」，取其諧音改爲「紫山」。另一種説法，紫山歷來有衆多的紅豆杉，紅豆杉又名紫杉，故稱之爲「紫山」。

紫山村現有户籍人口八百餘人，以楊姓爲主，另有少數李姓村民。據《龍山楊氏族譜》記載，楊氏入閩始祖濯纓，於隋開皇十五年（五九五）定居福州南臺龍井旁。其三世祖賓琦，於唐貞觀年間遷居永福縣（今永泰）嵩口。北宋慶曆三年（一〇四三），紫山楊姓開基祖從嵩口遷居紫山，其後裔在此繁衍生息，以經營山林爲業。

自二〇一七年以來，我們多次到紫山村开展田野調查，共收集各類契約一千五百餘件，另有若干族譜、賬簿、人情簿、科儀書、祭簿等歷史文獻資料。這些契約文書來自該村六户楊姓村民，每户收藏的契約文書各編一帙，共六帙。

第一帙爲楊清標户契約文書，包括各類契約文書三百四十六件，主要爲清代契約、收借據等。楊清標户所藏契約系統性較强，保存狀況好，除少量無法歸類的散契外，所有文書都完好分包保存，在包契紙上詳細記載了包内文書的時間、地點、交易類型、文書數目等相關信息。根據「歸物」原則，該户契約文書共分五十五包。

其中第一至五十四包依據包契紙及契約中的地名、人名等信息進行歸包整理，第五十五包則是無法歸包的零散文書。

第二帙爲楊經傑户契約文書，包括各類文書一百二十一件，另有祭簿兩册。其中年代最早的是兩張明萬曆時期的山場承批契，另有十幾份山場訴訟狀及相關契約，涉及明萬曆，清乾隆、嘉慶及民國時期的爭山案。該户契約文書共分爲十包，其中第一至六包爲各類契約、合同和訴訟文書，第七包爲散亂、單葉賬單，第八包爲民國時期楊氏家族的納税執照，第九包、第十包是楊氏家族的祭簿。

第三帙爲楊經海户契約文書，包括各類契約二百三十二件，另有晚清至民國時期收支簿册五册。其中涉及竹林、紙池、紙廠等相關産業的契約文書，反映了紫山歷史上造紙業的發展。該户契約文書共分爲五十八包，其中第一至五十二包是根據包契紙及契約内容歸包整理的，第五十三包是散件文書，第五十四至五十八包爲晚清至民國時期的收支賬簿。

第四帙爲楊周祥户契約文書，包括各類契約、收借據、納税執照、人情簿等三百一十件。該户契約文書共分五十包，其中第一至四十七包是根據包契紙及契約信息歸包整理的，第四十八包是散件文書，第四十九包爲清嘉慶年間的納税執照，第五十包爲民國時期的人情簿。

第五帙爲楊經禄户契約文書，包括各類契約二百零一件，主要涉及清代山場買賣及毛竹林、杉木的産權交易。該户契約文書共分二十二包，其中第一至二十一包爲歸包整理的文書，第二十二包爲無法歸包的散件文書。此外，該户保存了乾隆二十六年修《龍山楊氏族譜》與道光年間修《龍山楊氏智房譜》，限於體例未能收入本書。

第六帙爲楊良春户契約文書，包括各類契約、收借據等二百三十件。其中有些契約涉及紫山楊氏族人與德化毛厝毛氏、湖坂黄氏等家族的産權交易。該户契約文書共分五十六包，其中第一至五十四包爲歸包整理的文書，第五十五包爲散契和賬單，第五十六包爲科儀命理書。

紫山村楊氏家族現存的契約文書，具有良好的「歸户性」與「歸物性」，史料價值較高。在編輯、整理過程中，盡可能還原各户契約文書的原始保存狀態和内在系統，以期爲後續研究奠定基礎。

第一帙 楊清標户

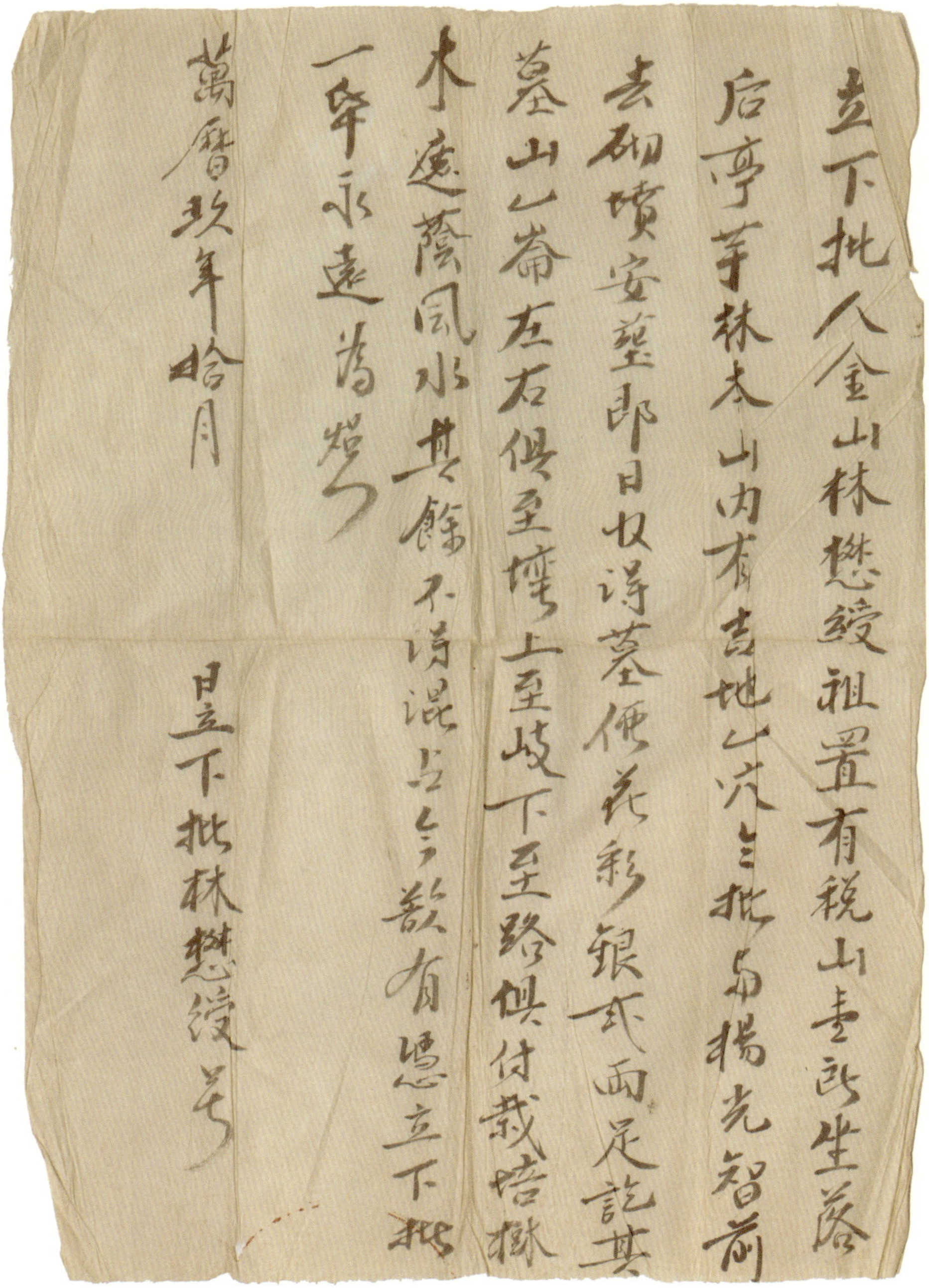

立下批人金山林懋綬祖置有稅山壹所坐落
后亭芋林太山内有吉地一穴今批與楊克智前
去砌墳安塟即日收得墓價花彩銀貳兩足訖其
墓山一崙左右俱至墘上至岐下至路俱付栽培樹
木遮蔭風水其餘不得混占等款有憑立下批
一紙永遠為照

萬曆玖年拾月　日立下批林懋綬（押）

9-1-1-1　明萬曆九年十月林懋綬立下批稅山字

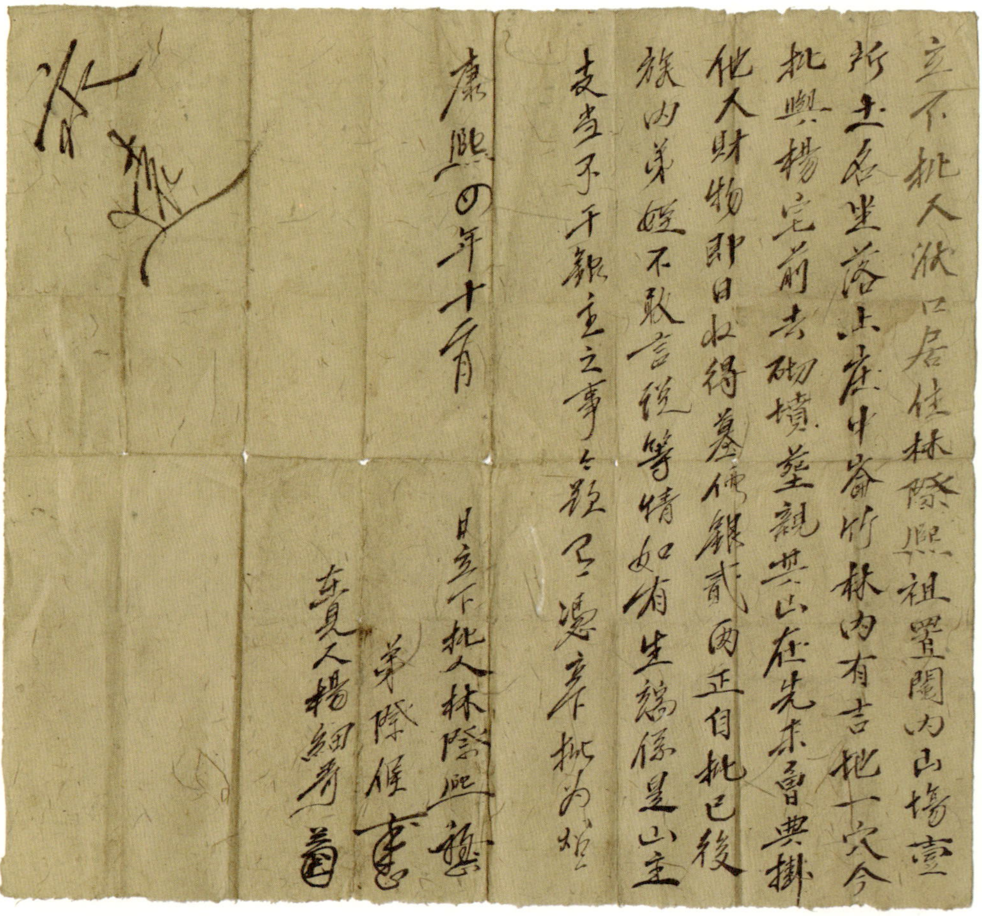
立不批人欲口居住林際熙祖置闔內山場壹
所土名坐落上庄中崙竹林內有吉地一穴今
批與楊宅前去砌墳埋親其山在先未曾典掛
他人財物即日收得墓價銀貳兩正自批已後
族內弟姪不敢言說等情如有生端係是山主
支当不干銀主之事今欲有憑立批為照
康熙四年十二月　日立下批人林際熙
弟際催
在見人楊細哥

9-1-1-2　清康熙四年十二月林際熙等立下批山場字

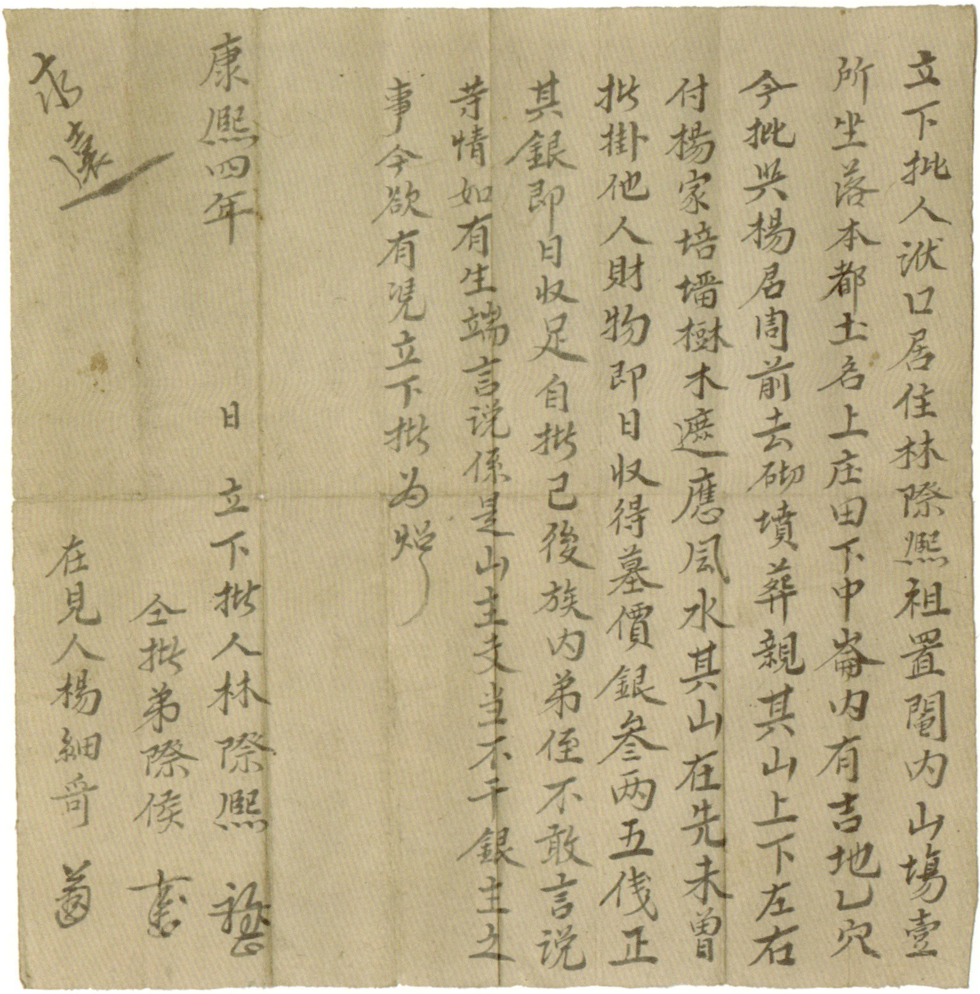

立下批人洑口居住林際熙祖置閭内山場壹
所坐落本都土名上庄田下中崙内有吉地乙穴
今批與楊居周前去砌墳葬親其山上下左右
付楊家培墻樹木遮應風水其山在先未曾
批掛他人財物即日收得墓價銀叁兩五伐正
其銀即日收足自批已後族内弟侄不敢言説
等情如有生端言説係是山主支当不干銀主之
事今欲有凭立下批為照

康熙四年　日　立下批人林際熙（押）
全批弟際僚（押）
在見人楊細哥（押）

永遠

9-1-1-3　清康熙四年林際熙等立下批山場字

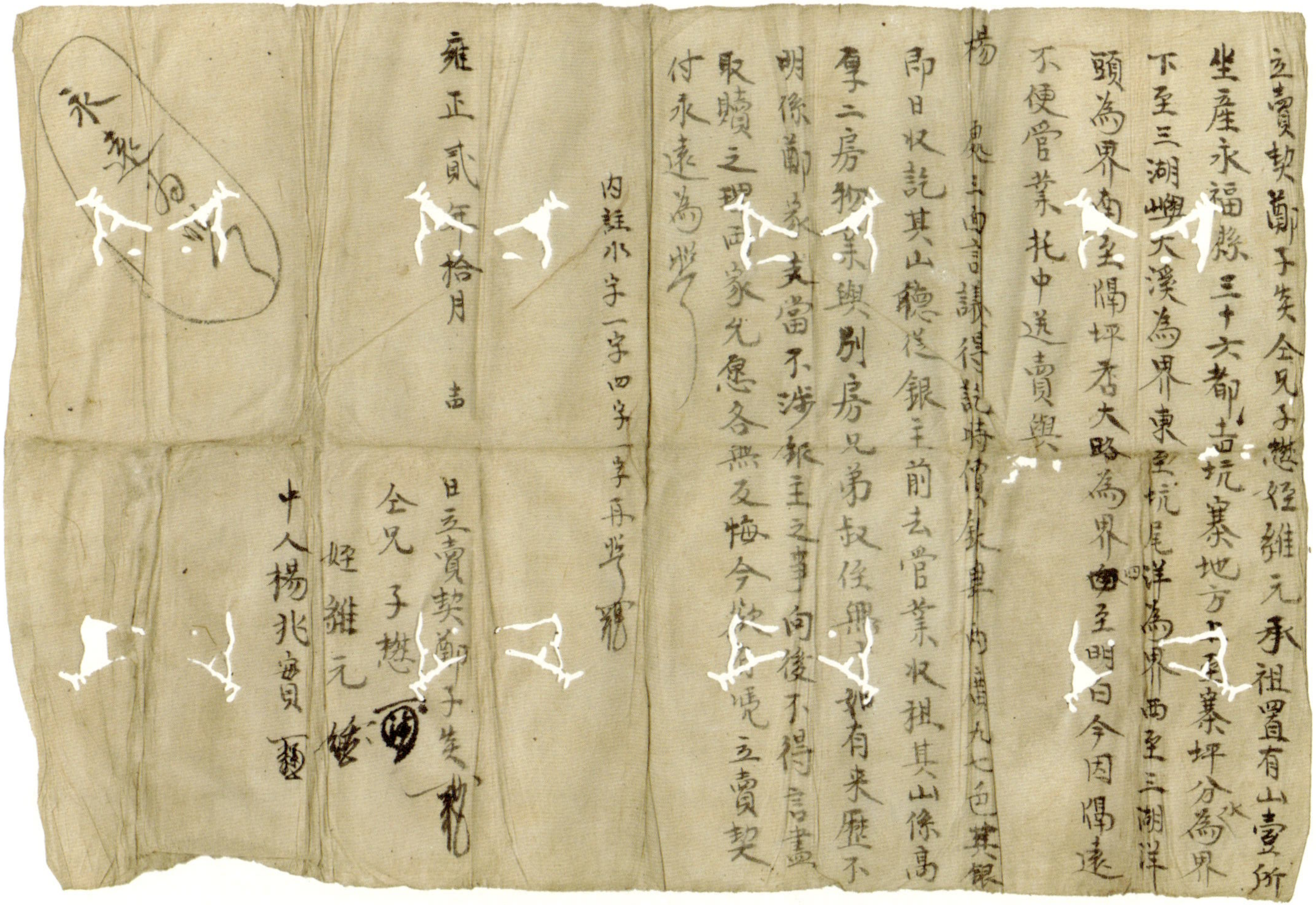
立賣契鄭子炎仝兄子懋侄維元承祖置有山壹所
坐產永福縣三十六都吉坑寨地方土名寨坪分水為界
下至三湖嶼大溪為界東至坑尾洋為界西至三湖洋
頭為界南至偈坪各大路為界四至明白今因偈遠
不便管業托中送賣與
楊　處三面言議得訖時價紋銀肆兩九七色其銀
即日收訖其山聽從銀主前去管業收租其山係高
專二房物業與別房兄弟叔侄無干如有來歷不
明係鄭家支當不涉銀主之事向後不得言盡
取贖之理兩家允愿各無反悔今欲有憑立賣契
付永遠為照
内註小字一字四字一字再照
雍正貳年拾月　吉
日立賣契鄭子炎
仝兄子懋
侄維元
中人楊兆安
永契

9-1-1-4　清雍正二年十月鄭子炎等立賣山契

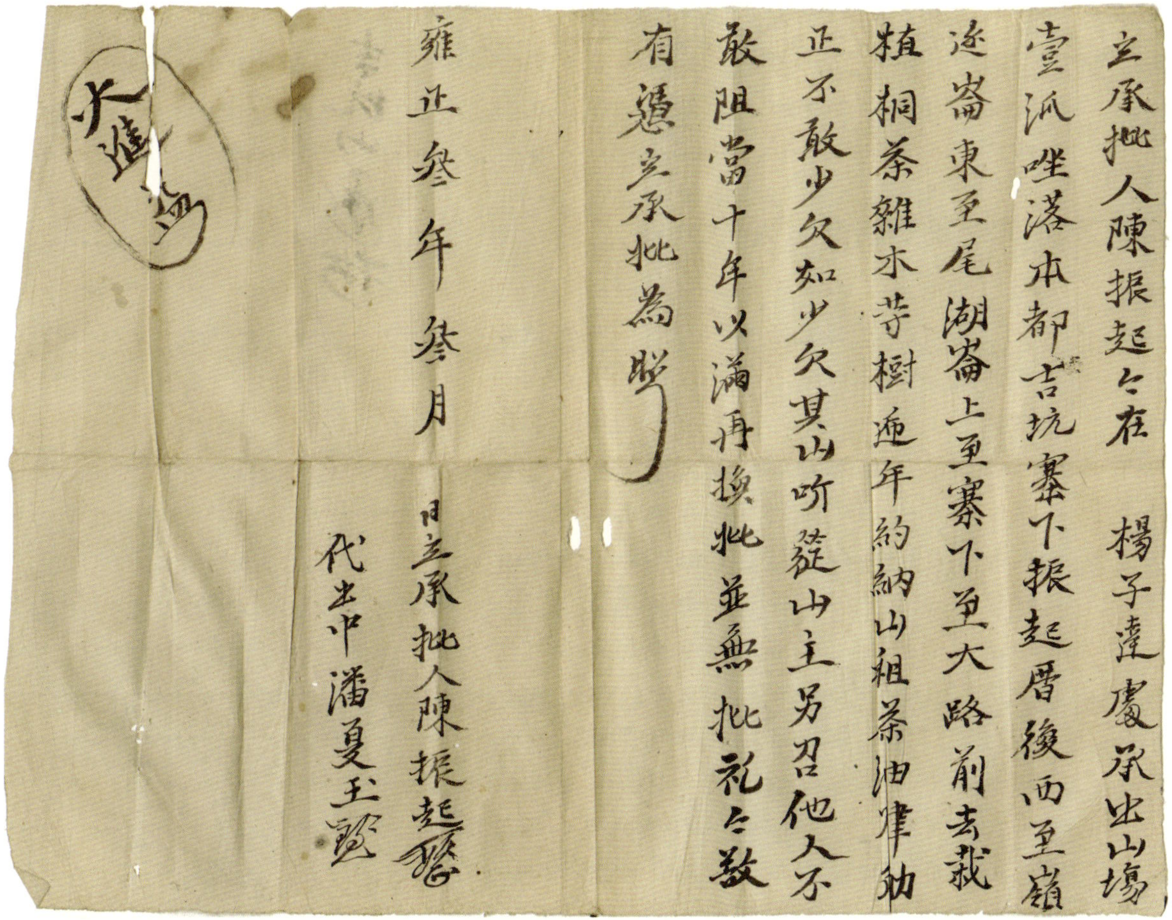

立承批人陳振起々在楊子達處承出山場
壹派坐落本都吉坑寨下振起厝後西至嶺
逐崙東至尾湖崙上至寨下至大路前去栽
植桐茶雜木等樹逐年約納山租茶油肆觔
正不敢少欠如少欠其山听從山主另召他人不
敢阻當十年以滿再換批並無批礼々數
有憑立承批為照

雍正叁年叁月　日立承批人陳振起
代書中潘夏玉

9-1-1-5　清雍正三年三月陳振起立承批山場字

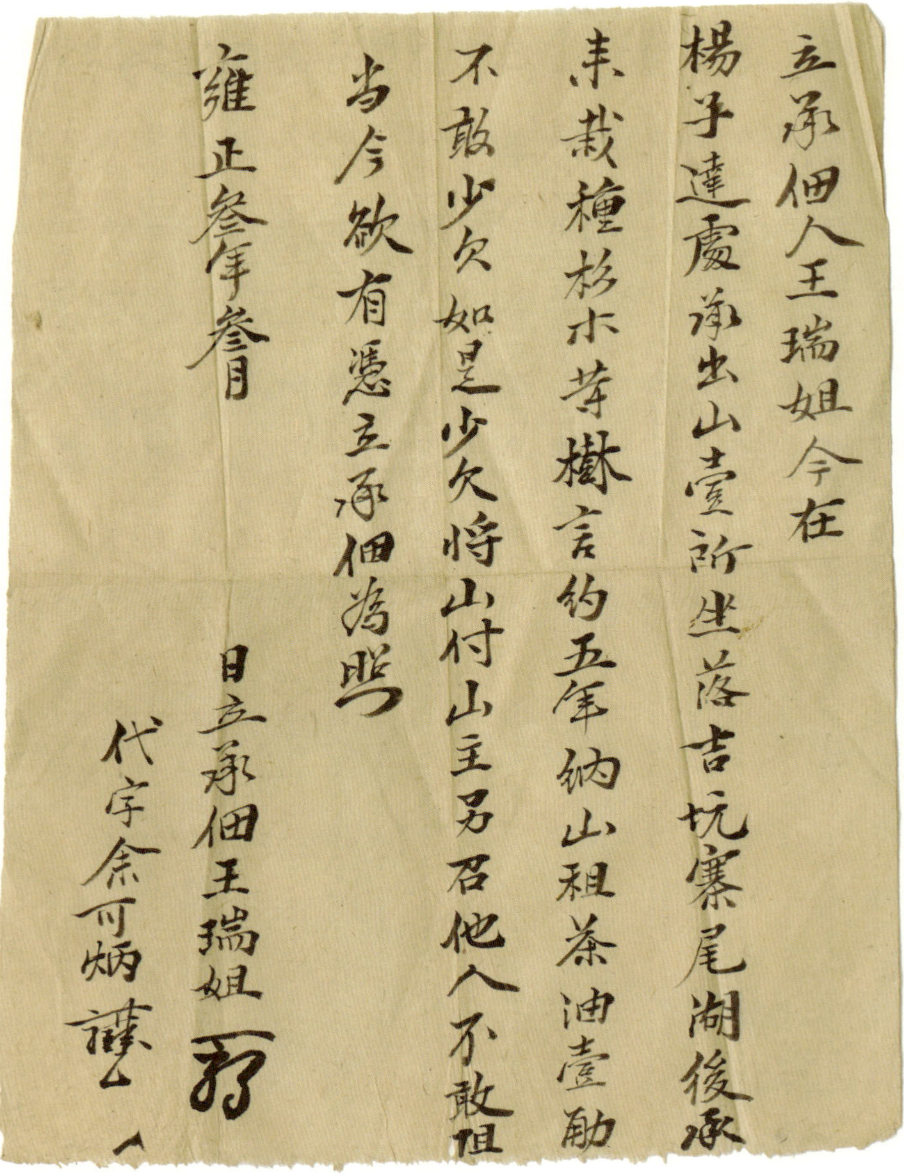

立承佃人王瑞姐今在
楊子達處承出山壹所坐落吉坑寨尾湖後承
来栽種杉木苗樹言約五年納山租茶油壹觔
不敢少欠如是少欠將山付山主另召他人不敢阻
當今欲有憑立承佃爲照
雍正叁年叁月　　日立承佃王瑞姐（押）
代字余可炳（押）

9-1-1-6　清雍正三年三月王瑞姐立承佃山字

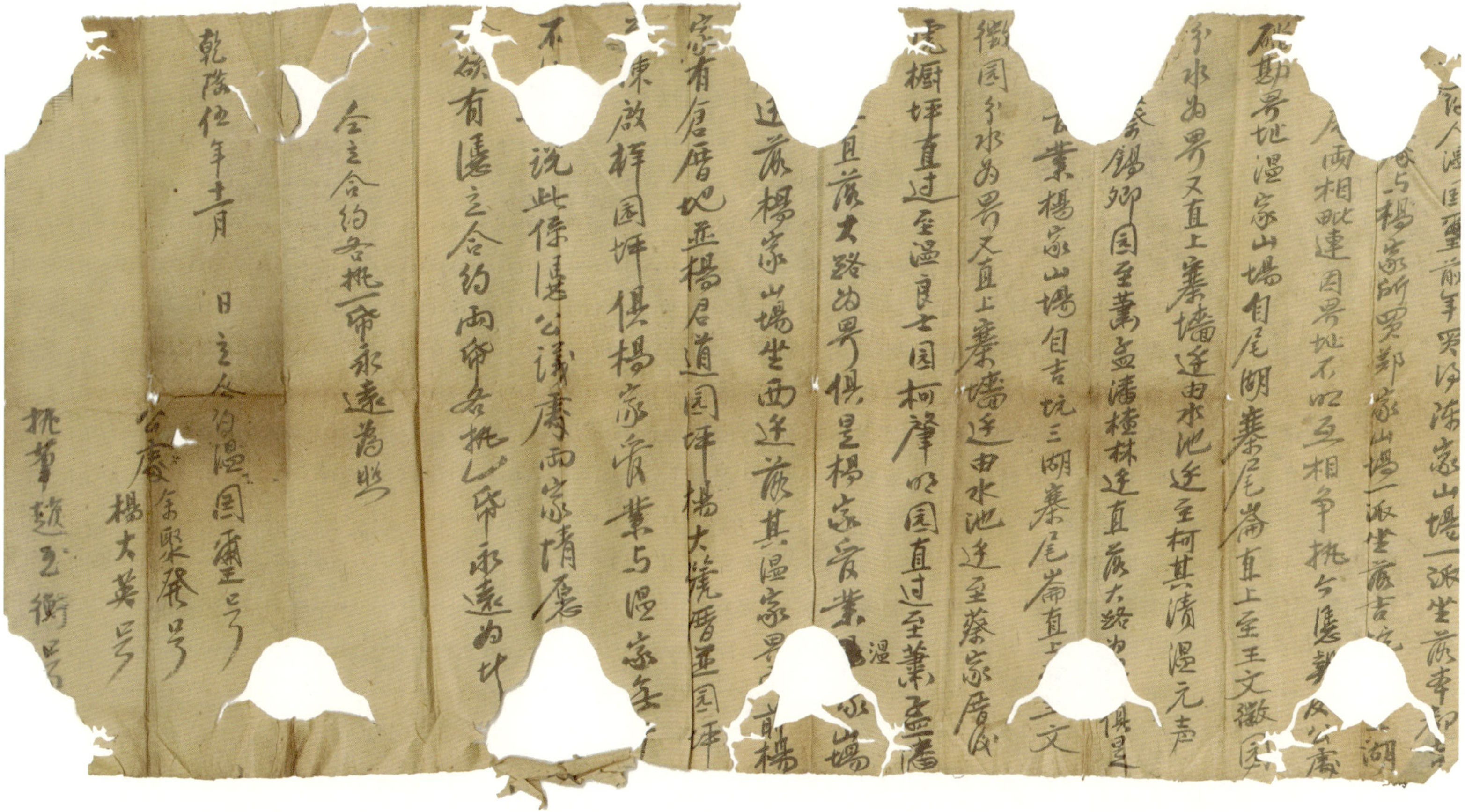
立合約人温国壐，前年買得陳家山場一派，坐落李[illegible]
[illegible]与楊家所買鄭家山場一派，坐落吉[illegible]湖
今两相毗連，因界址不明，互相爭執，今憑親友公處
勘界址，温家山場自尾朝寨尾崙直上至王文徽田
分水為界，又直上寨墻逆由水池逆至柯其清、温元声
錫卿田至薰盂潘樓林逆直落大路為[illegible]俱是
之業。楊家山場自吉坑三湖寨尾崙直上[illegible]文
徽田分水為界，又直上寨墻逆由水池逆至蔡家厝後
廚坪直過至温良士田柯肇明田直過至薰盂潘[illegible]
且落大路為界，俱是楊家管業。温[illegible]山場
逆落楊家山場坐西逆落其温家界[illegible]前楊
家有倉厝地并楊居道田坪楊大篪厝並田坪
陳啟梓田坪俱楊家管業，与温家無[illegible]
不[illegible]說，此係憑公議處，两家情愿
欲有憑，立合約两帋各執一帋永遠為炤。
今立合約各執一帋永遠為照
乾隆伍年十一月　日立合約温国壐号
公處　余聚發号
楊大英号
執筆　趙丕衡号

9-1-1-7　清乾隆五年十一月温国壐立合約（草契）

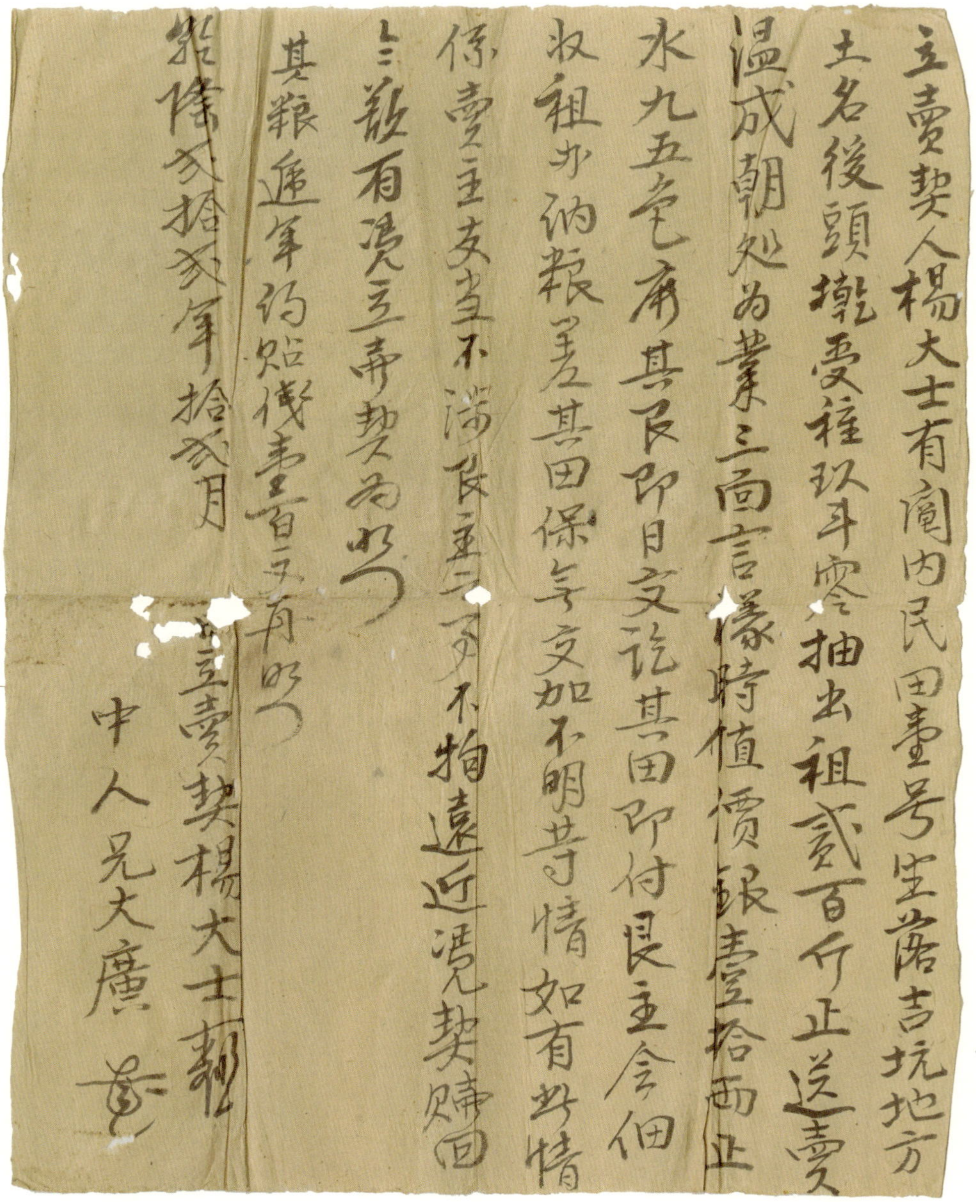
立賣契人楊大士有園内民田壹号坐落吉坑地方
土名後頭墩受種玖斗零抽出租貳百斤正送賣
温成朝處為業三面言議時值價銀壹拾兩正
水九五色庫其艮即日交訖其田即付艮主会佃
収租办納粮差其田保無交加不明等情如有此情
係賣主支當不涉艮主之事不拘遠近憑契贖回
三薮有憑立賣契為照
其粮遂年納貼錢壹百文再照
乾隆貳拾貳年拾貳月　日立賣契楊大士（押）
中人兄大廣（押）

9-1-1-8　清乾隆二十二年十二月楊大士立賣民田契

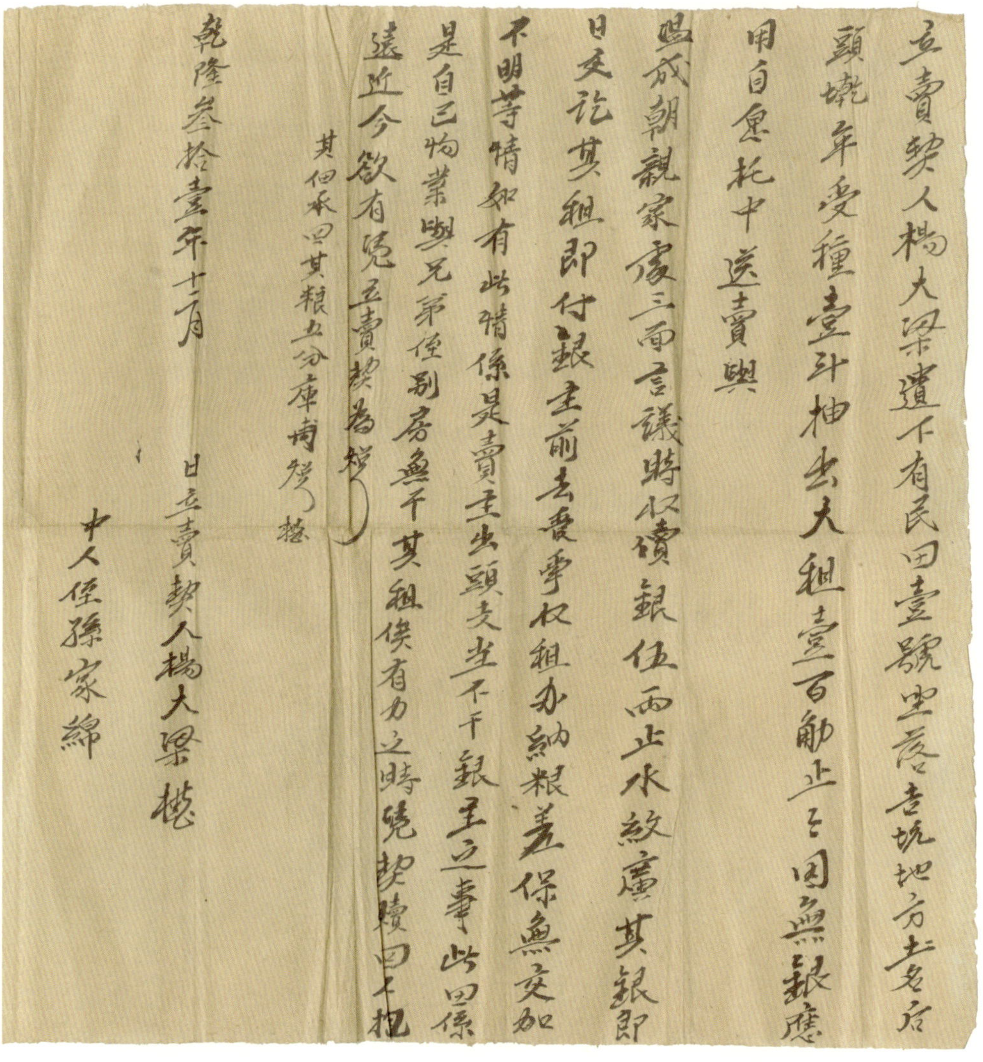
立賣契人楊大梁遺下有民田壹號坐落吉坑地方土名后
頭墘年受種壹斗柚出大租壹百觔正〻因無銀應
用自愿托中送賣與
賜成朝親家處三面言議時价價銀伍两正水紋廣其銀即
日交訖其租即付銀主前去耕作收租办納粮差保無交加
不明等情如有此情係是賣主出頭支当不干銀主之事此田係
是自己物業與兄弟侄別房無干其租俟有力之時凭契贖回不拘
遠近今欲有凭立賣契為照
其佃承田其粮五分庫甫登　批
乾隆叁拾壹年十二月　日立賣契人楊大梁　押
中人侄孫家綿

9-1-1-9　清乾隆三十一年十二月楊大梁立賣民田契

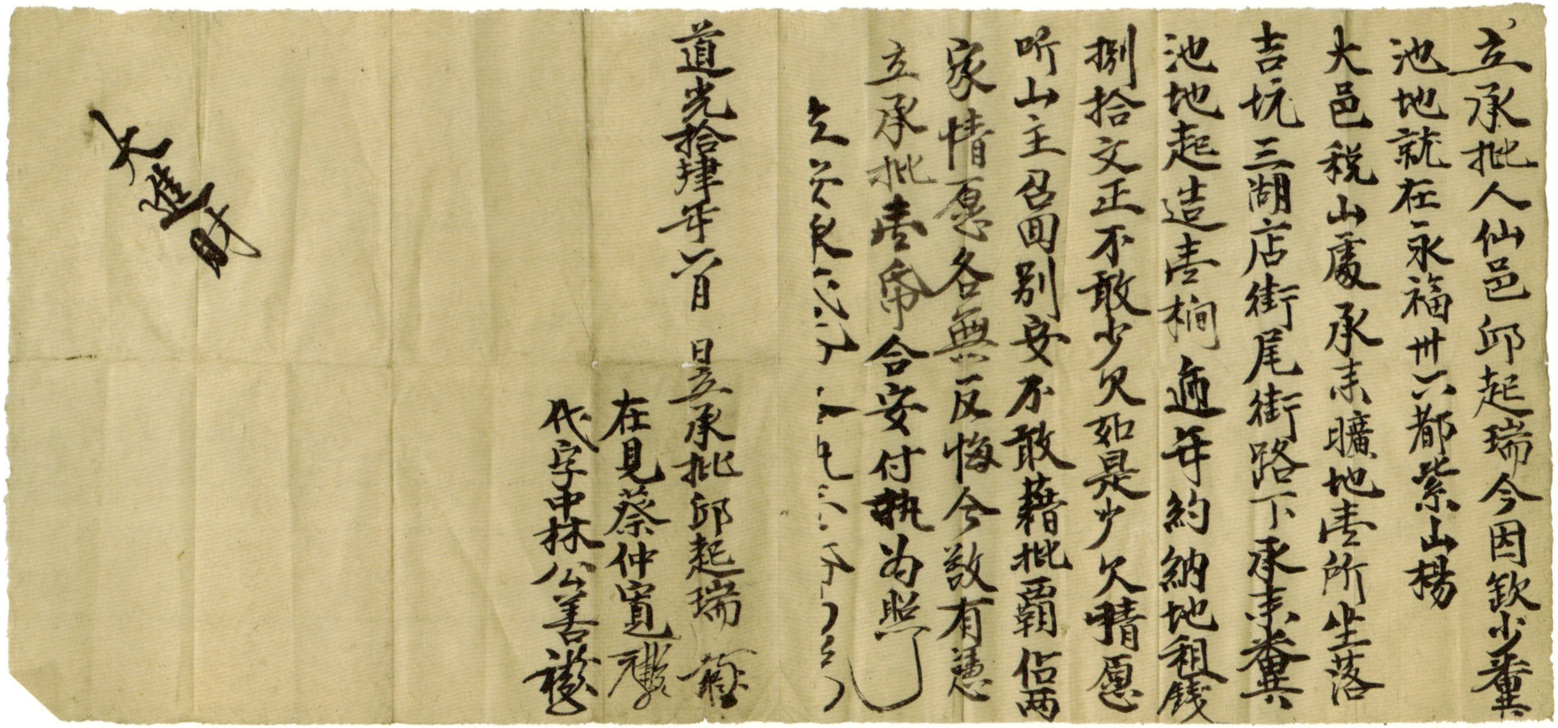

立承批人仙邑邱起瑞，今因欽少董池地，就在一永福卅六都紫山楊大邑稅山處承耒壙地壹所，坐落吉坑三湖店街尾街路下，承耒董池地起造壹椆，逐年約納地租錢捌拾文正，不敢少欠，如是少欠，情愿听山主召回別安，不敢藉批霸佔。两家情愿，各無反悔，今欲有憑，立承批壹帋，合安付執為照。

[illegible]

道光拾肆年六月　日立承批邱起瑞（押）

在見蔡仲寬（押）

代字申林公善（押）

大進財

9-1-1-10　清道光十四年六月仙遊邱起瑞立承批贌地字

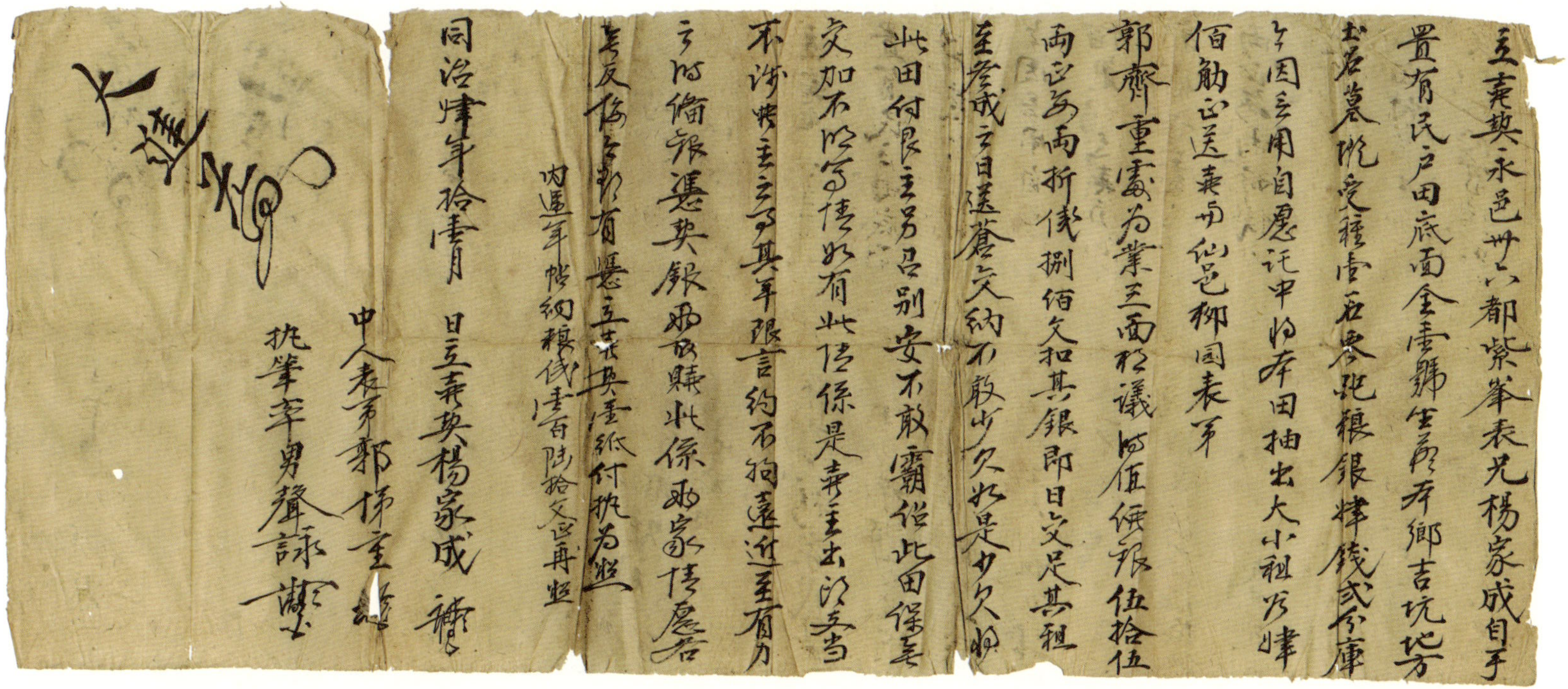

立賣契永邑廿六都紫峯表兄楊家成，自手
置有民户田底面全壹號，坐落本鄉吉坑垱
土名墓坵，受種壹石零，兆糧銀肆錢弍分庫
正，因乏用，自愿托中將本田抽出大小租谷肆
佰觔正，送賣與紫邑柳園表弟
郭齊重處為業。三面朽議，時值價銀伍拾伍
兩正，每兩折錢捌佰文扣，其銀即日交足，其租
至冬成之日送倉交納，不敢少欠。如是少欠，取
此田付銀主另召別安，不敢霸佔。此田保系
交加不明等情，如有此情，係是賣主出頭支當，
不涉銀主之事。其年限言約不拘遠近，至有力
之日備銀憑契取贖，此係兩家情愿，各
無反悔，今欲有憑，立賣契壹紙付執為照。
内通年帶納糧錢壹百陆拾文正再照。
同治肆年拾壹月　日立賣契楊家成（押）
中人表弟郭俤垚（押）
執筆季男聲詠（押）

9-1-1-11　清同治四年十一月楊家成立賣底面全民户田契

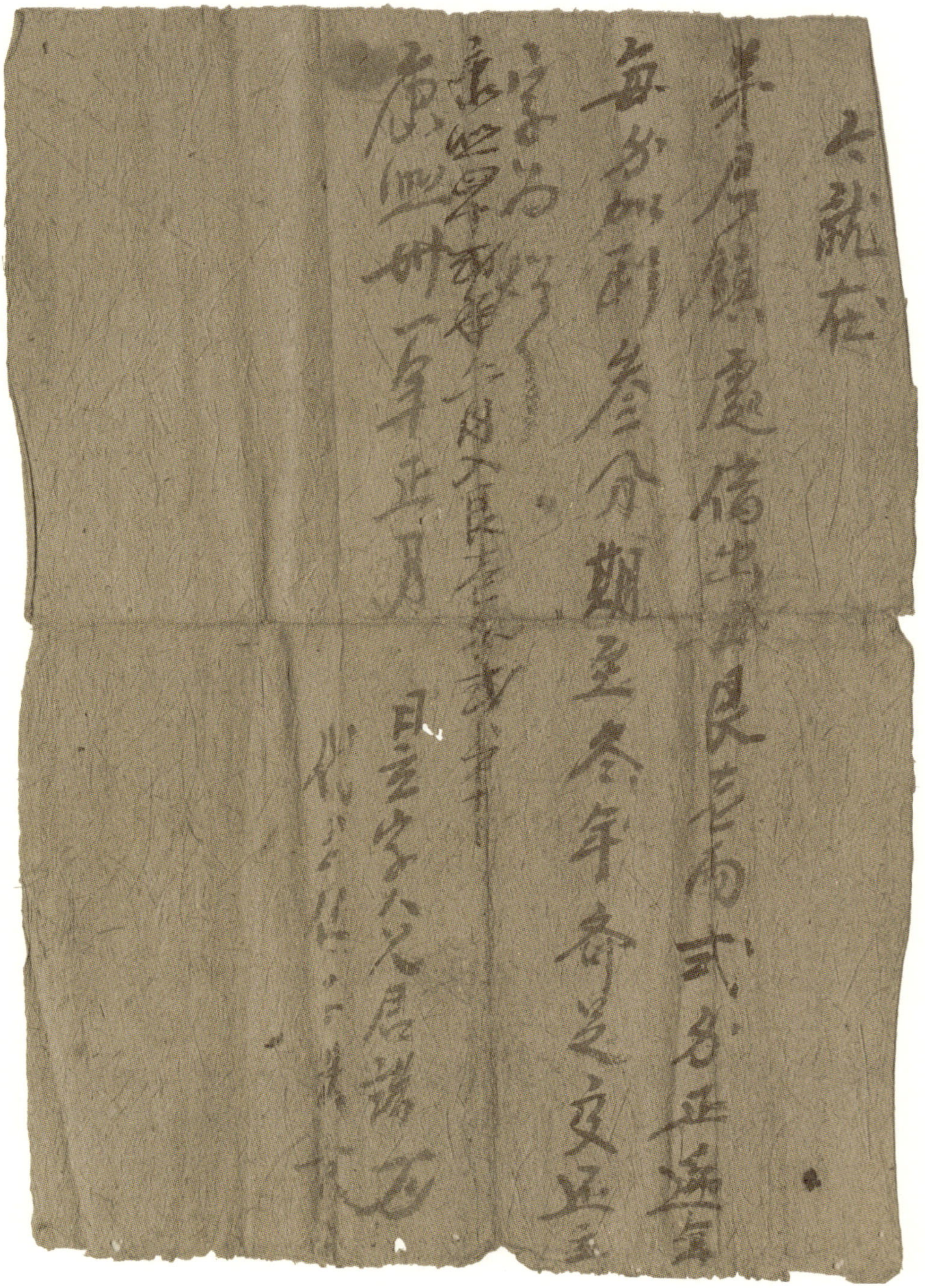

9-1-2-1　清康熙三十一年正月楊君端立借銀字

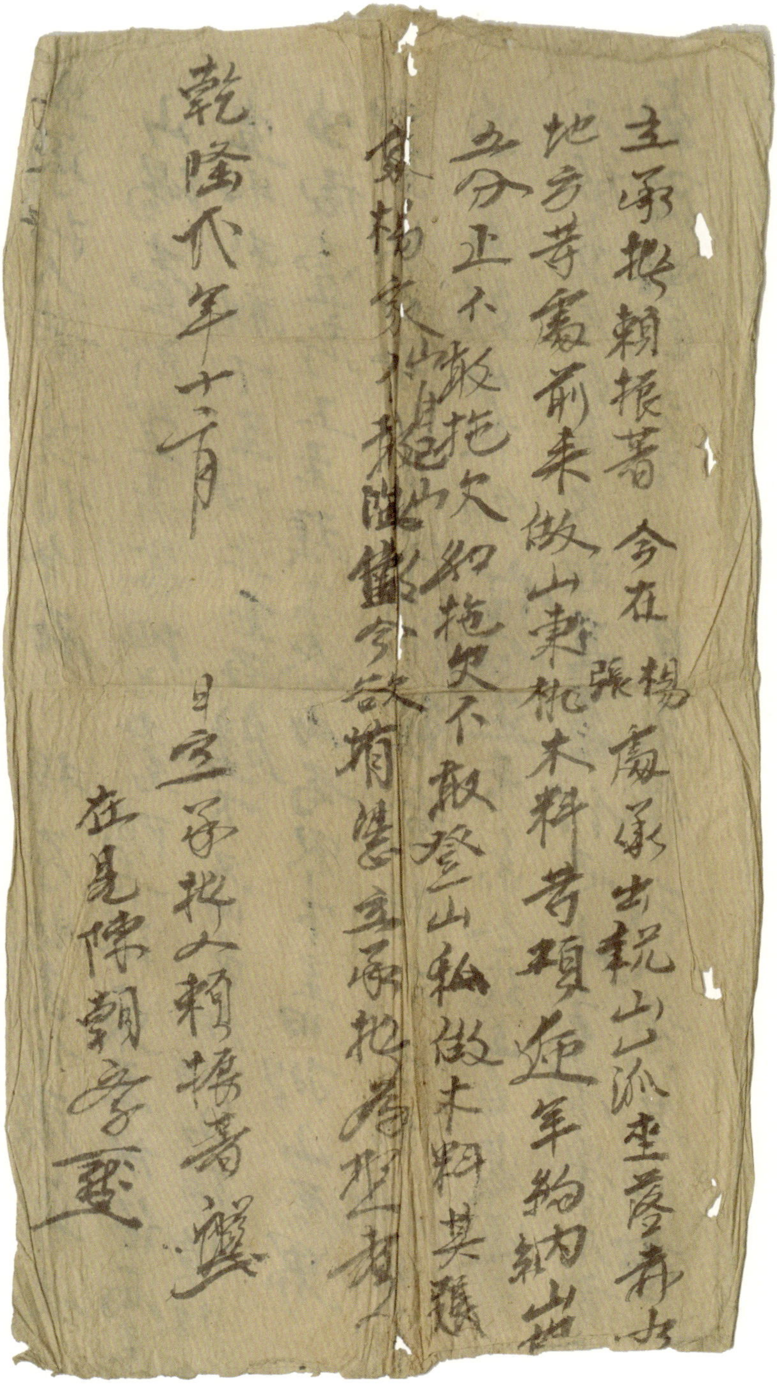

立承批賴振著，今在楊張處承出税山一派，坐落赤坑地方等處前来做山，栽杉木料等項，逐年納納山租五分正，不敢拖欠。如拖欠，不敢登山私做木料，其聽業楊家山主起批陸斷。今欲有憑，立承批為照者。

乾隆弍年十二月　日　立承批人賴振著

在見陳朝宗筆

9-1-2-2　清乾隆二年十二月賴振著立承批税山字

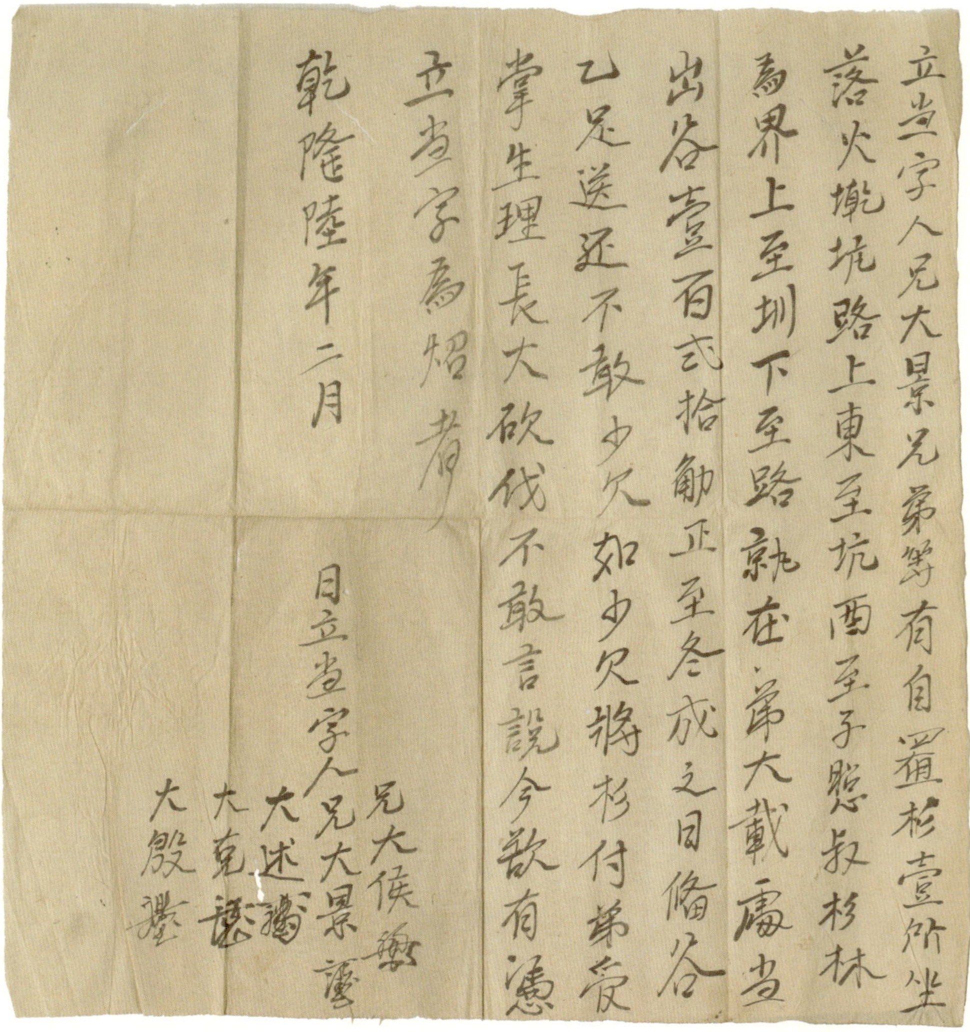

立当字人兄大景兄弟等有自置杉壹所坐
落火墩坑路上東至坑西至子懋叔杉林
為界上至圳下至路就在弟大載處当
出谷壹百弍拾觔正至冬成之日備谷
乙足送还不敢少欠如少欠將杉付弟受
掌生理長大砍伐不敢言說今欲有憑
立当字為照者

乾隆陸年二月　日立当字人兄大景（押）
兄大侯（押）
大述（押）
大蒐（押）
大殷（押）

9-1-2-3　清乾隆六年二月楊大景等立當杉字

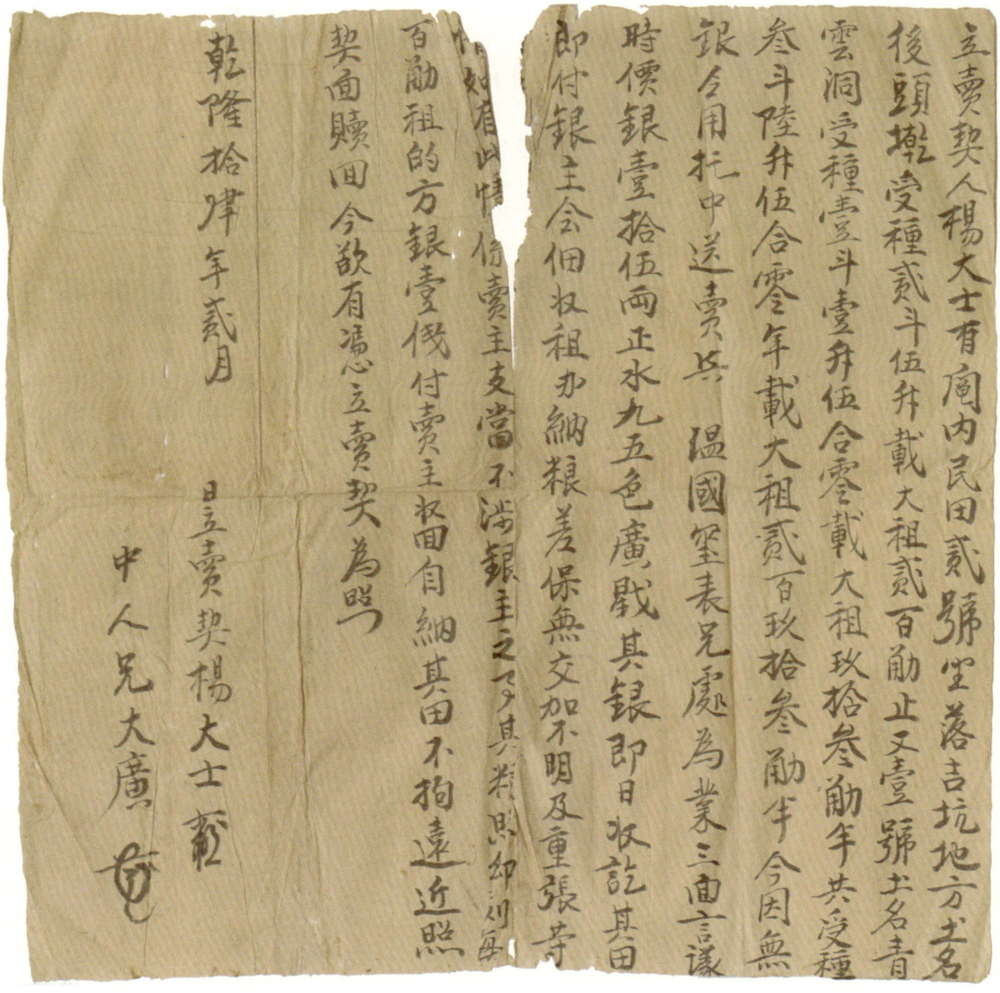
立賣契人楊大士有鬮內民田貳號坐落吉坑地方土名
後頭墘受種貳斗伍升載大租貳百觔止又壹號土名青
雲洞受種壹斗壹升伍合零載大租玖拾叁觔年共受種
叁斗陸升伍合零年載大租貳百玖拾叁觔半今因無
銀令用托中送賣與　温國堅表兄處為業三面言議
時價銀壹拾伍兩正水九五色廣戥其銀即日收訖其田
即付銀主会佃收租办納粮差保無交加不明及重張寺
如有此情係賣主支當不涉銀主之事其粮照知冊每
百觔租的方銀壹伐付賣主收回自納其田不拘遠近照
契面贖回今欲有憑立賣契為照
乾隆拾肆年貳月　日立賣契楊大士（押）
中人兄大廣（押）

9-1-2-4　清乾隆十四年二月楊大士立賣民田契

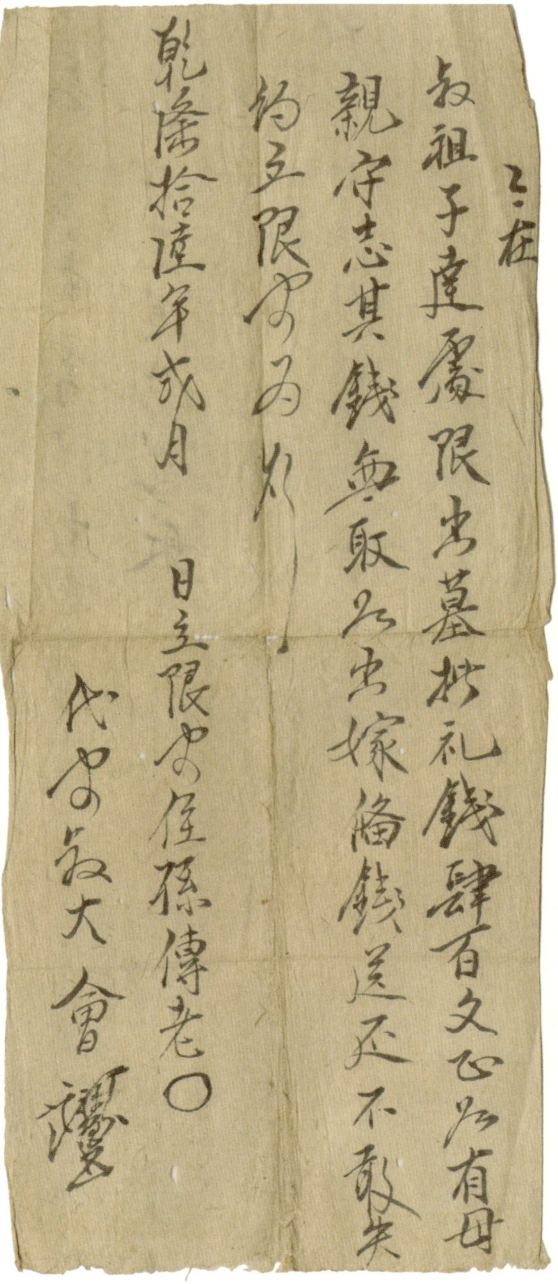
ミ在
叔祖子達處限出墓扶礼錢肆百文正又有母
親守志其錢無取又出嫁備錢送还不敢失
約立限字為炤
乾隆拾陸年貳月　　日立限字侄孫傳老〇
代字叔大會　躉

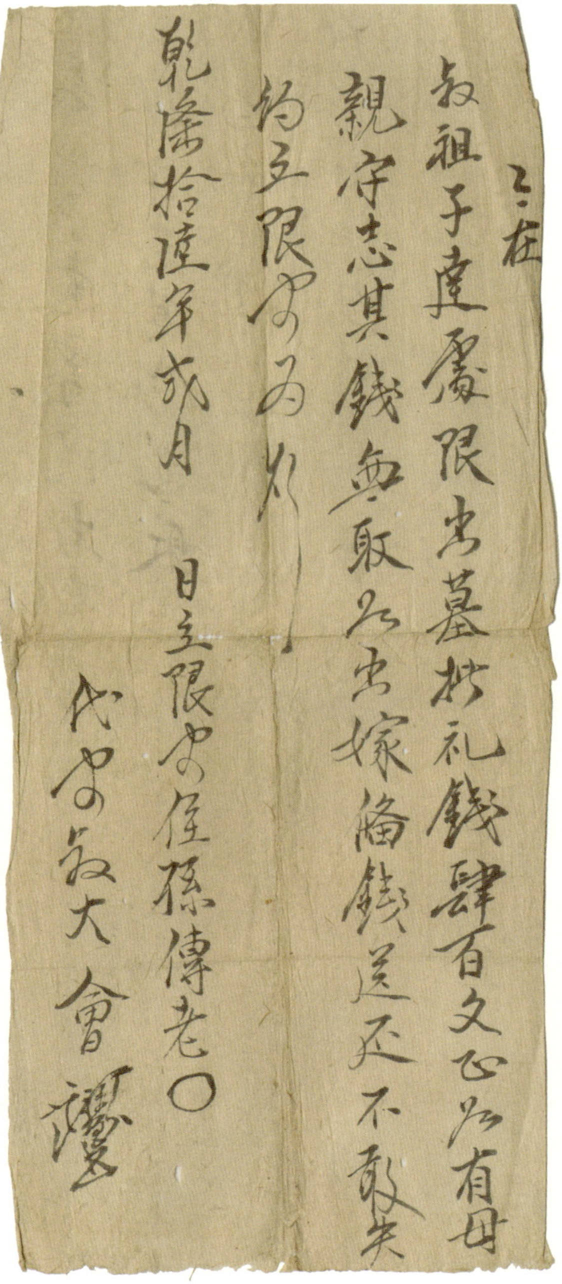

9-1-2-5　清乾隆十六年二月楊傳老立限字

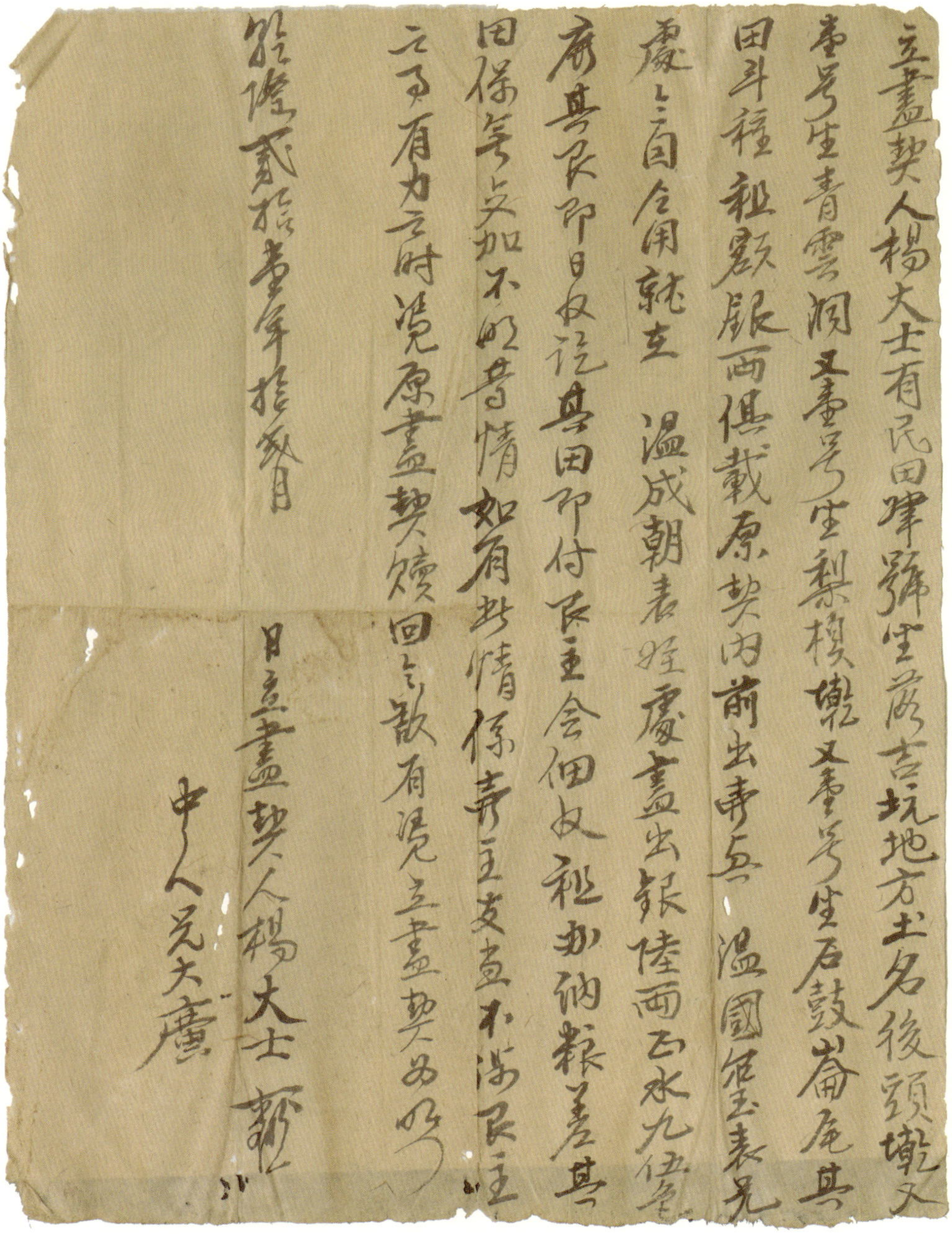
立盡契人楊大士有民田肆號坐落吉坑地方土名後頭墩又
壹號坐青雲洞又壹號坐梨樹墩又壹號坐石鼓崙尾其
田斗種租穀銀兩俱載原契內前出賣與溫國表兄
處已自今用就在溫成朝表姪處盡出銀陸兩正水九伍色
廣其銀即日收訖其田即付銀主會佃收租办納粮差其
田保無上手加不明等情如有此情係賣主支當不涉銀主
之事有力之時憑原盡契贖回之款有憑立盡契為照
乾隆貳拾壹年拾貳月　日立盡契人楊大士（押）
中人兄大慶

9-1-2-6　清乾隆二十一年十二月楊大士立盡民田契

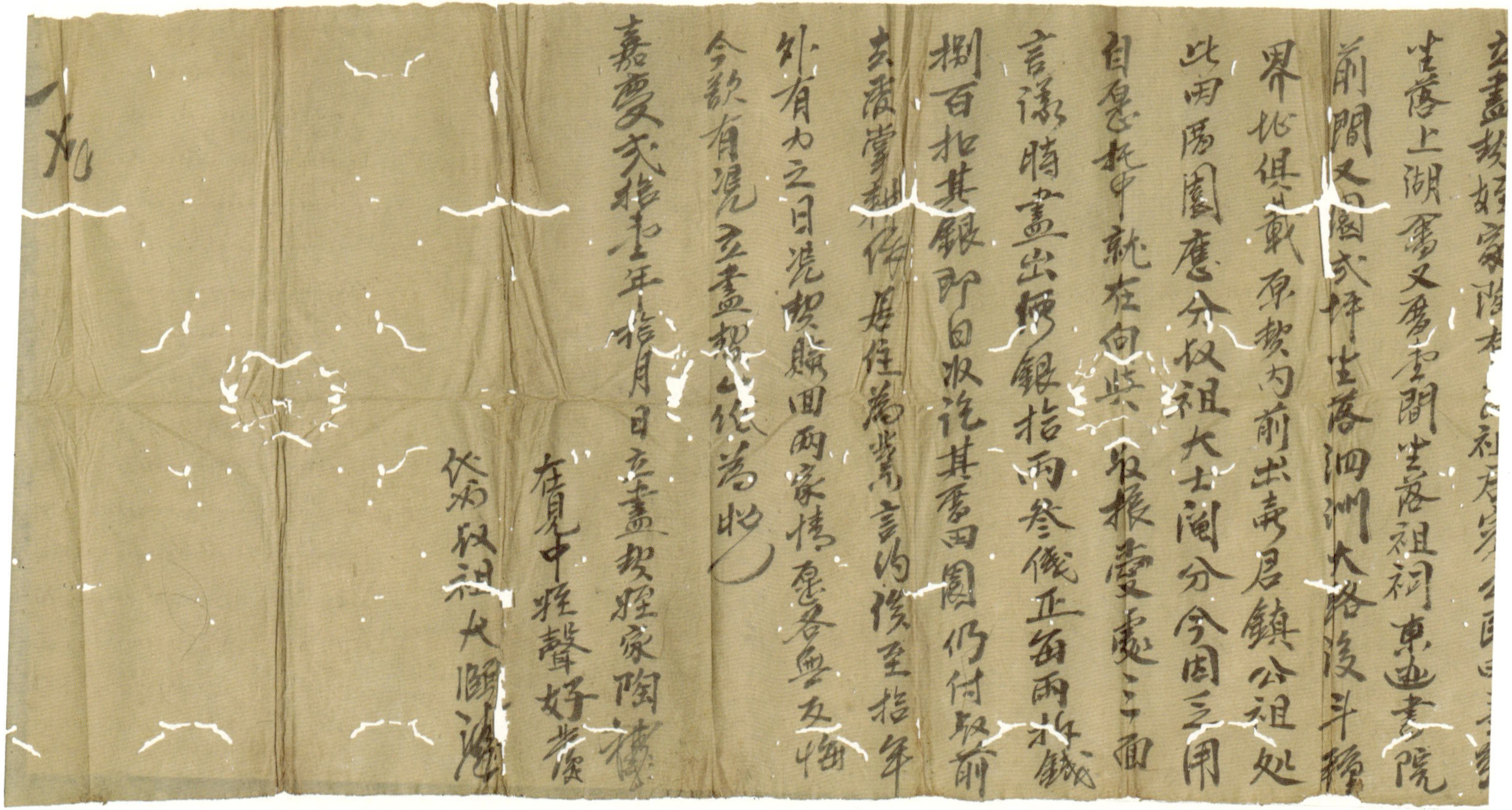

9-1-2-7　清嘉慶二十一年十月楊家陶立盡民田契

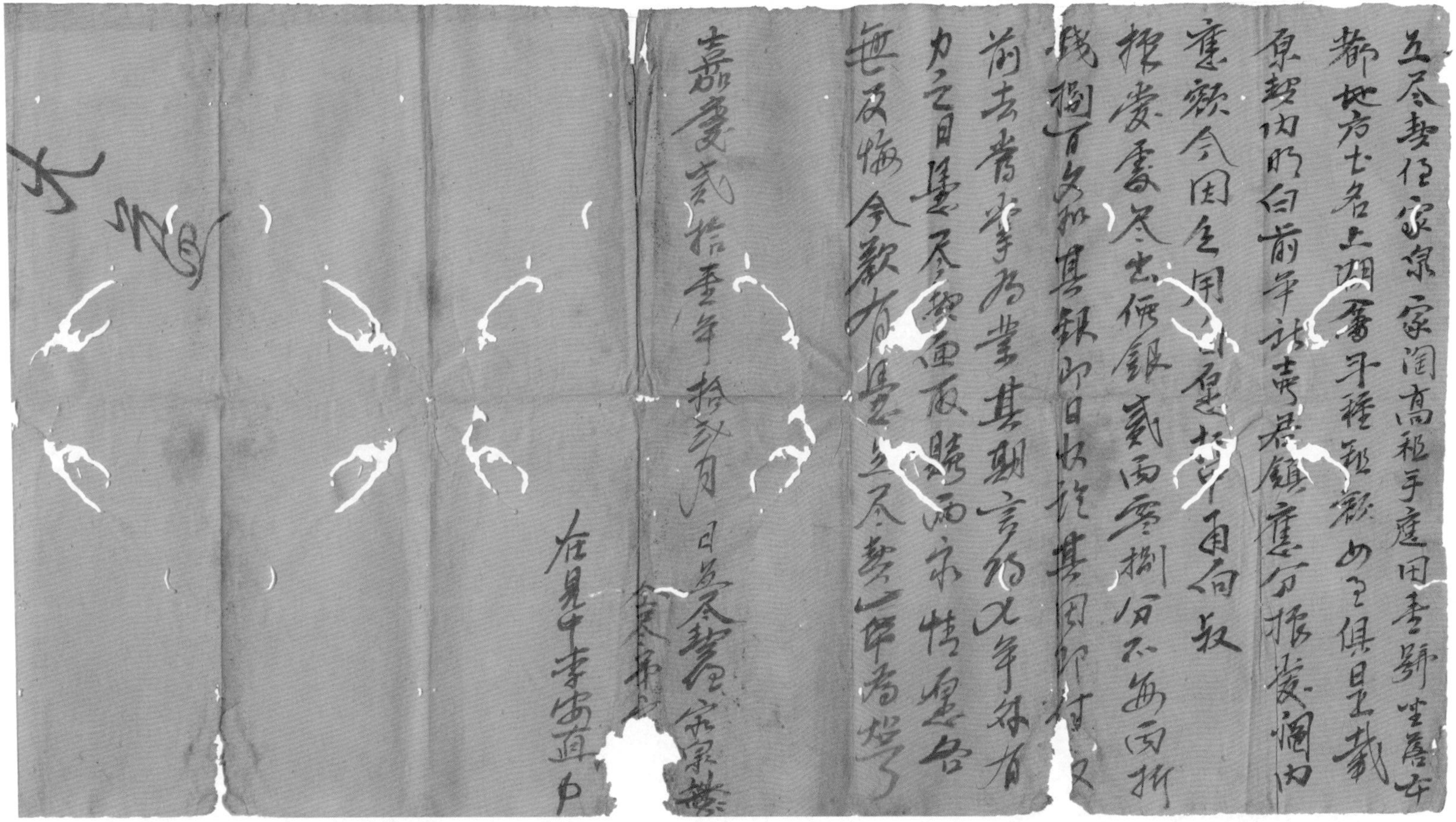
立盡契侄家泉、家閏、高穆、弟庭田、孝駢、生唐、壬
都地方土名上湖番斗種[illegible]與[illegible]俱日上載
原契內明白，前年社壽、君鎮、庭分、振發、閩內
建、欽，今因乏用，托中再向叔
振裘處盡出價銀貳兩零捌分，不每兩折
錢捌百文紙，其銀即日收訖，其田即付叔
前去耕管為業，其期言約九年外，有
力之日照盡契面價贖回，亦情愿，
無反悔，今欲有憑，立盡契一紙為照。
嘉慶貳拾壹年拾貳月　日立盡契侄家泉、家[illegible]
在見中李安直[illegible]

9-1-2-8　清嘉慶二十一年十二月楊家泉等立盡田契

立盡契楊家陶，有承祖遺下該壹土民田根壹號，坐
落上湖窩，其斗種租額并界址具載原契明白不□
今因無錢應用，自愿再向
叔根燮處為業，三面議，再向盡出錢玖百叁拾
文，其錢即日收訖，其田以后聽前去翻犁耕作，任從
其便。其期不拘遠近，有力之時照原契盡契價
贖，如未贖，任付為業。兩家情愿，各無反悔。今欲
有憑，立盡契壹紙為照。

嘉慶貳拾叁年拾壹月 日立盡契楊家陶（押）

在見中兄家達

大進

9-1-2-9 清嘉慶二十三年十一月楊家陶立盡民田根契

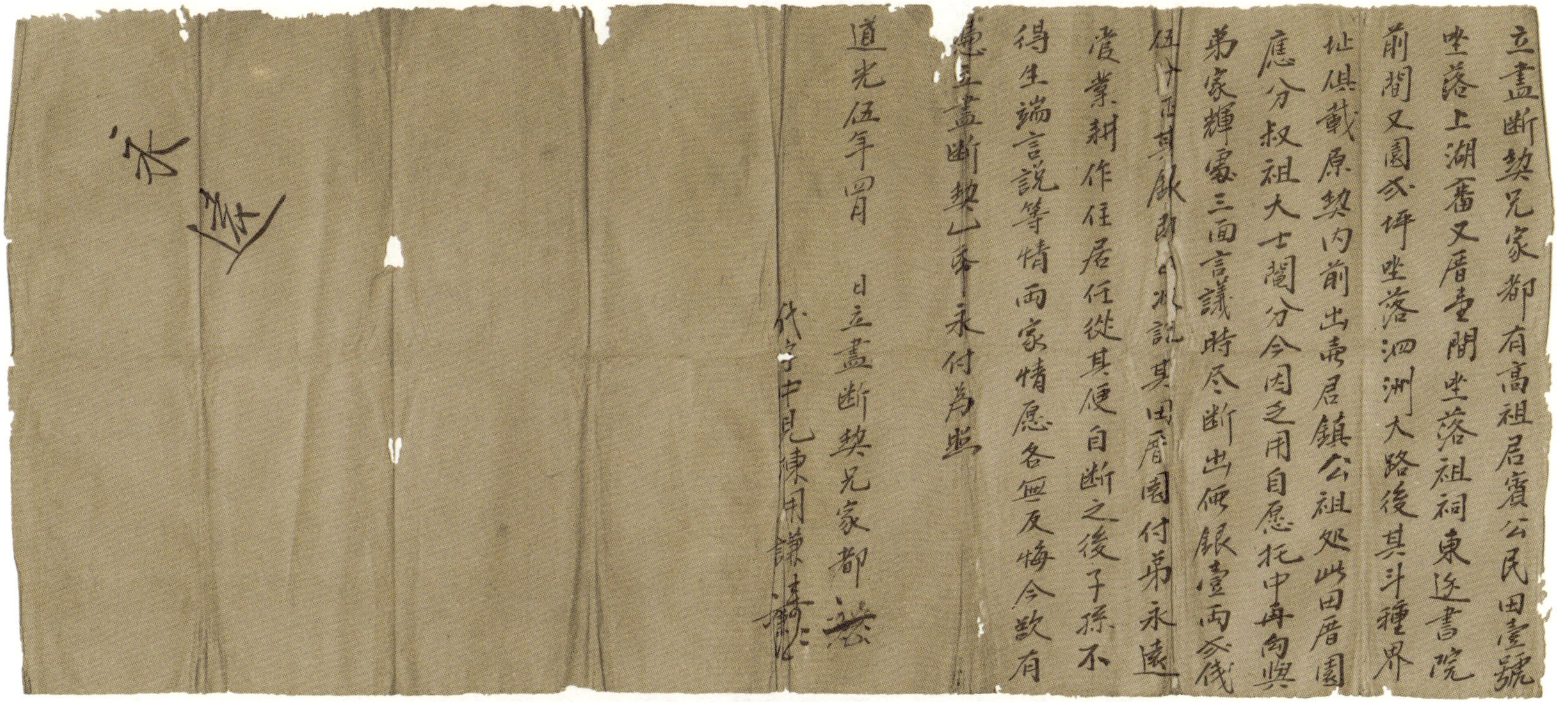
立盡斷契兄家都有高祖居賓公民田壹號
坐落上湖番又厝壹間坐落祖祠東邊書院
前間又園弍坪坐落泗洲大路後其斗種界
址俱載原契內前出賣居鎮公祖处此田厝園
應分叔祖大士閣分今因乏用自愿托中向與
弟家輝處三面言議時盡断出價銀壹兩叁錢
伍分正其銀即日收訖其田厝園付弟永遠
管業耕作任居任從其便自斷之後子孫不
得生端言說等情兩家情愿各無反悔今歎有
憑立盡斷契一紙永付為照
道光伍年四月　日立盡斷契兄家都（押）
代字中見陳用謙（押）

9-1-2-10　清道光五年四月楊家都立盡斷民田等契

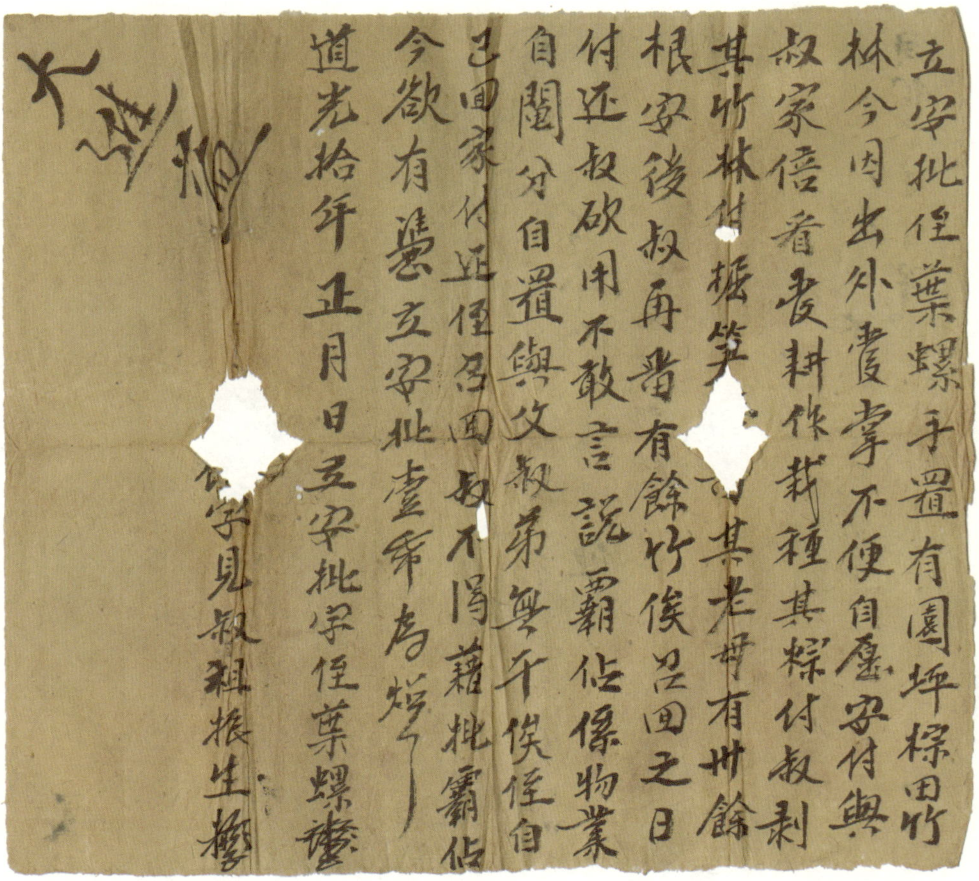
立安批侄葉螺手置有園坪椂田竹
林今因出外費掌不便自愿安付與
叔家倍看畜耕作栽種其椂付叔剥
其竹林付摇笋□其老母有卅餘
根安後叔再番有餘竹候侄回之日
付还叔砍用不敢言説霸佔係物業
自閹分自置與文叔弟無干候侄自
己回家付还侄召回叔不得藉批霸佔
今欲有憑立安批壹帋為炤
道光拾年正月日立安批字侄葉螺（押）
代字見叔祖振生（押）
大吉

9-1-2-11　清道光十年正月楊葉螺立安批園坪等字

9-1-2-12　清道光十二年九月楊葉潲立據約斷字

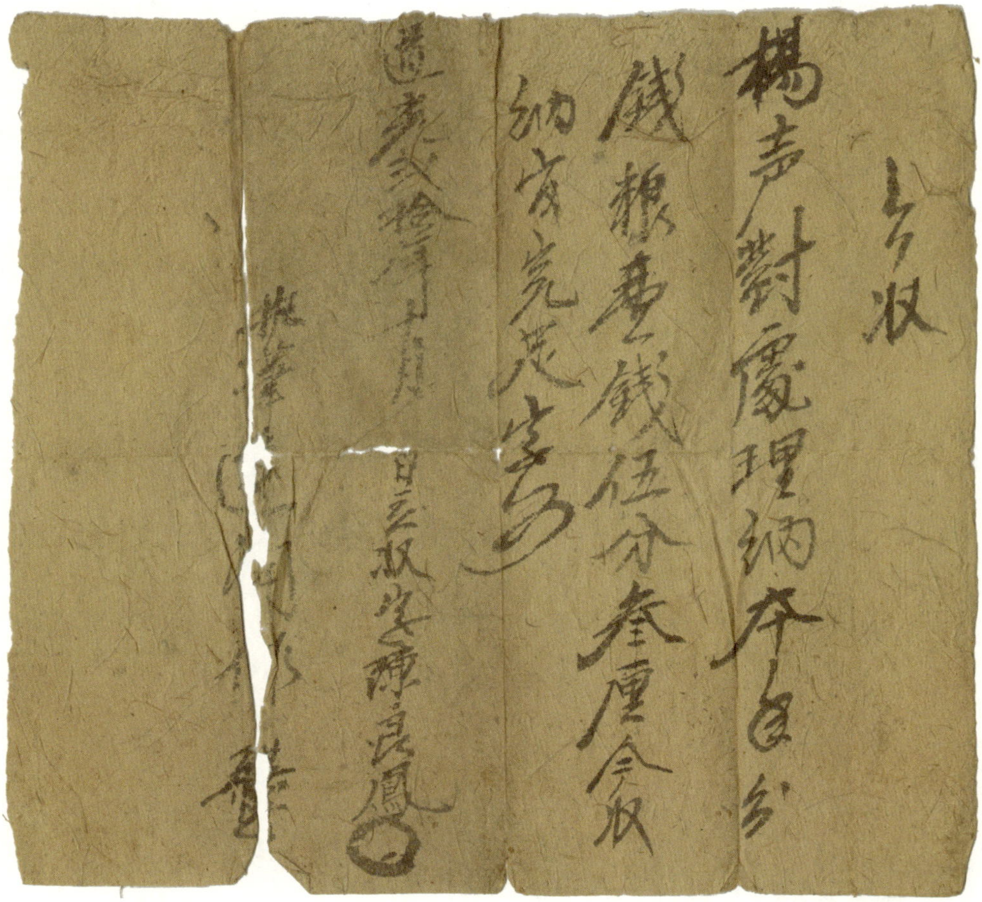

立收

楊声對處理納本身分

錢糧壹錢伍分叁厘今收

納收完足字

道光貳拾年十月　日立收字陳良鳳（押）

執筆[illegible]

9-1-2-13　清道光二十年十月陳良鳳立收錢糧字

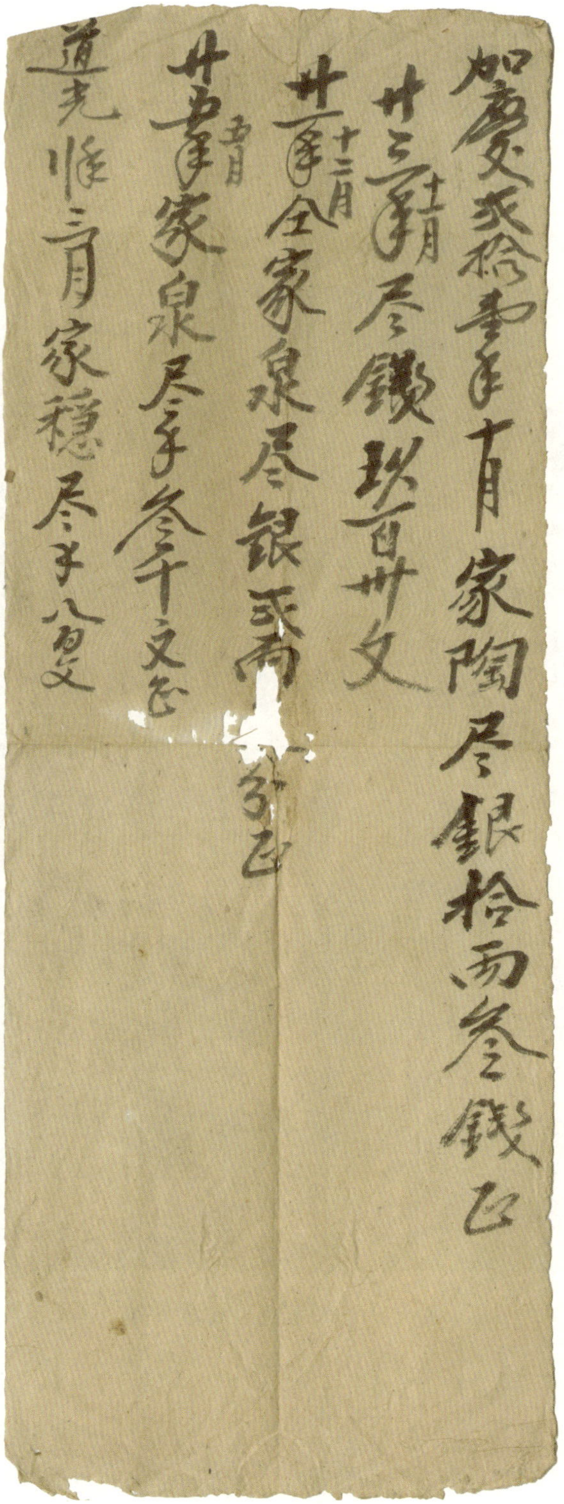

嘉慶貳拾壹年十月家陶盡銀拾兩叁錢正
廿三年十一月盡錢玖百卅文
廿四年十二月全家泉盡銀貳兩[illegible]正
廿五年五月家泉盡手叁千文正
道光惟三月家穗盡手八百文

9-1-2-14　清嘉慶道光年間楊氏歷次盡字賬單

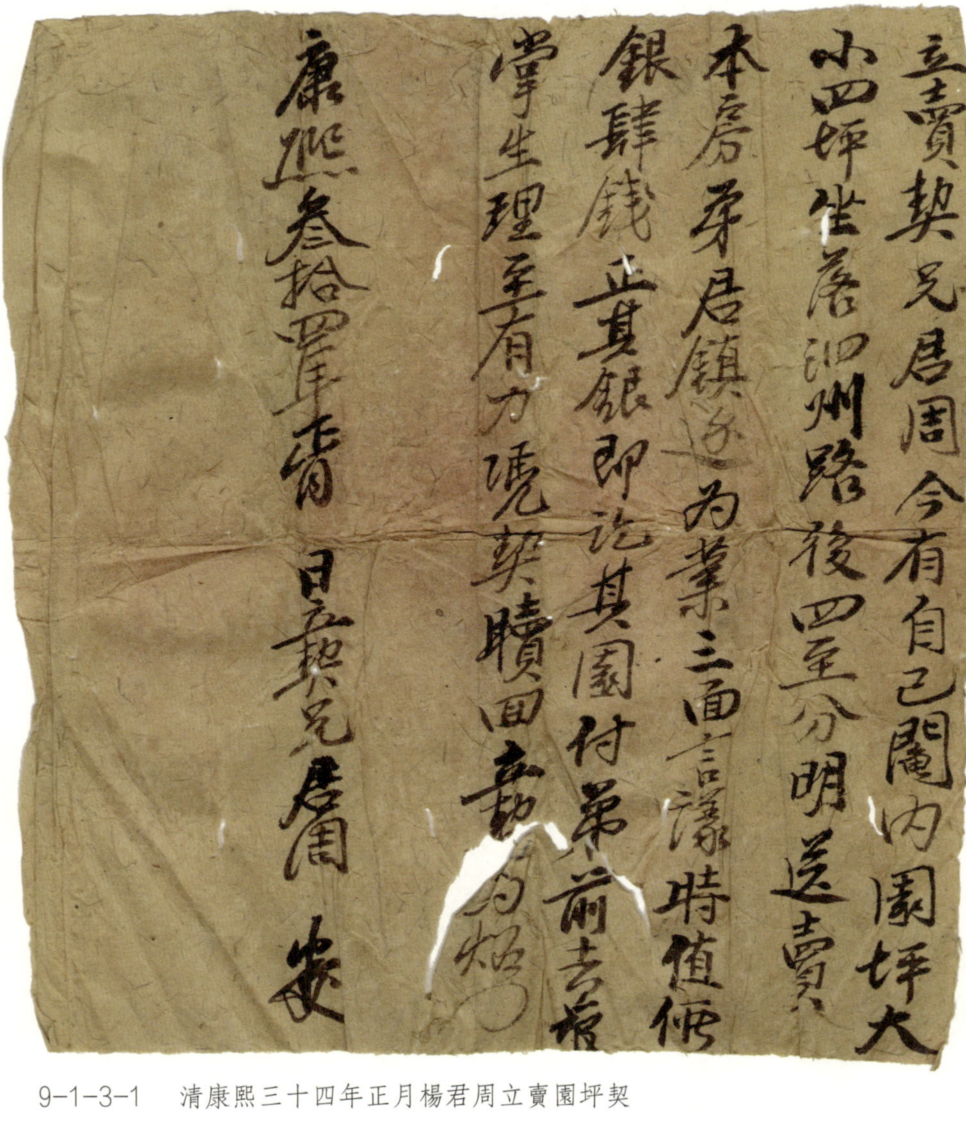

立賣契兄君周今有自己鬮內園坪大
小四坪坐落泗州路後四至分明送賣
本房弟君鎮邊為業三面言議時值価
銀肆錢正其銀即訖其園付弟前去管
掌生理至有力憑兄契贖回執為炤
康熙叁拾四年正月　日立契兄君周

9-1-3-1　清康熙三十四年正月楊君周立賣園坪契

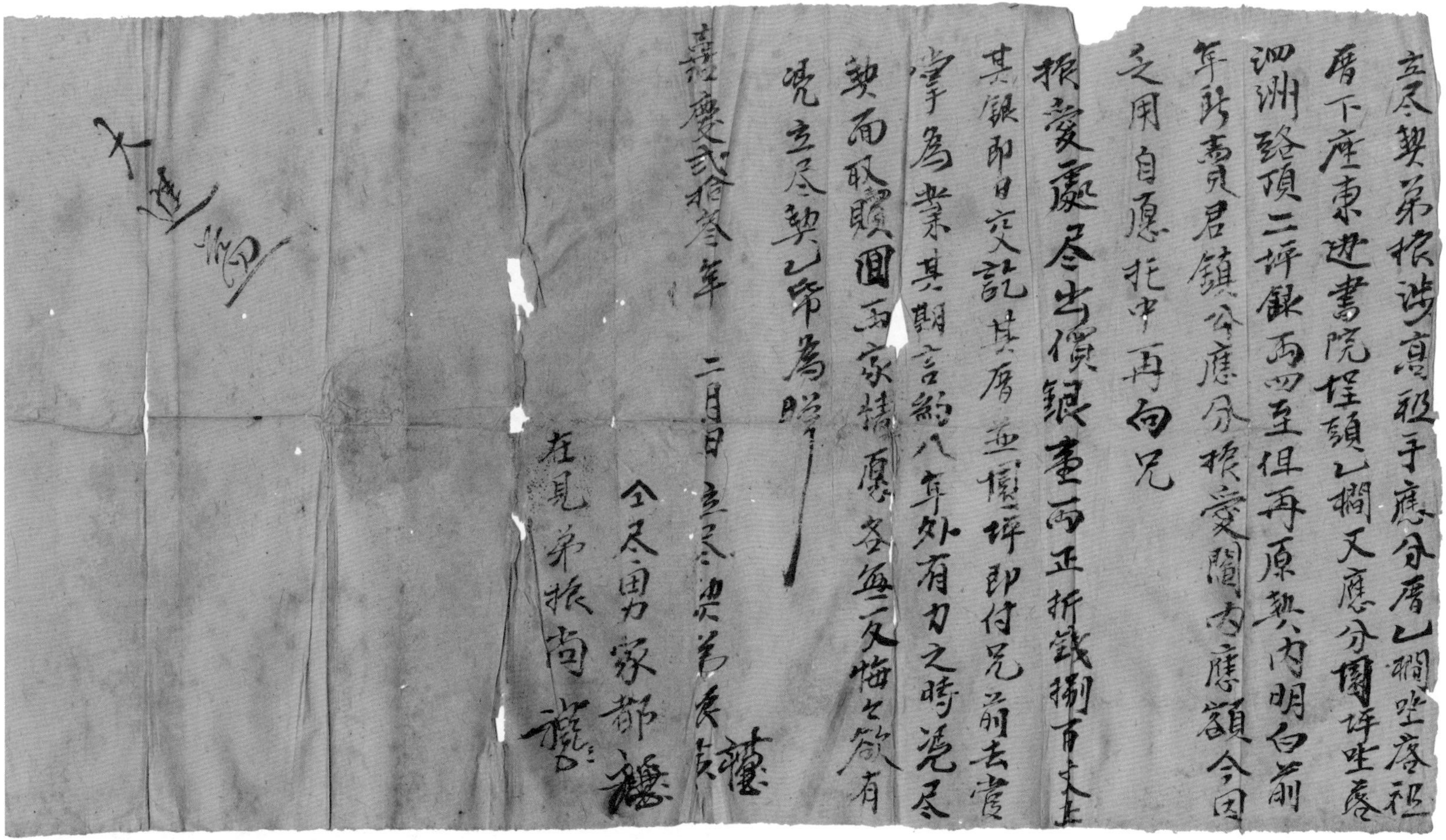
立尽契弟振涉有祖手應分厝山𡵓坐落祖
厝下座東邊書院埕頭山𡵓又應分園坪坐落
泗洲路頂二坪録面四至俱再原契內明白前
年將賣君鎮分應分振愛闔內應額今因
乏用自愿托中再向兄
振愛處尽出價銀壹两正折錢捌百文上
其銀即日交訖其厝並園坪即付兄前去管
掌為業其期言約八年外有力之時湊尽
契面取贖回归家情愿各無反悔亡欲有
凭立尽契一帋為照
嘉慶貳拾叁年　二月　日立尽契弟振涉
全尽男家都
在見弟振尚

9-1-3-2　清嘉慶二十三年二月楊振涉立盡厝契

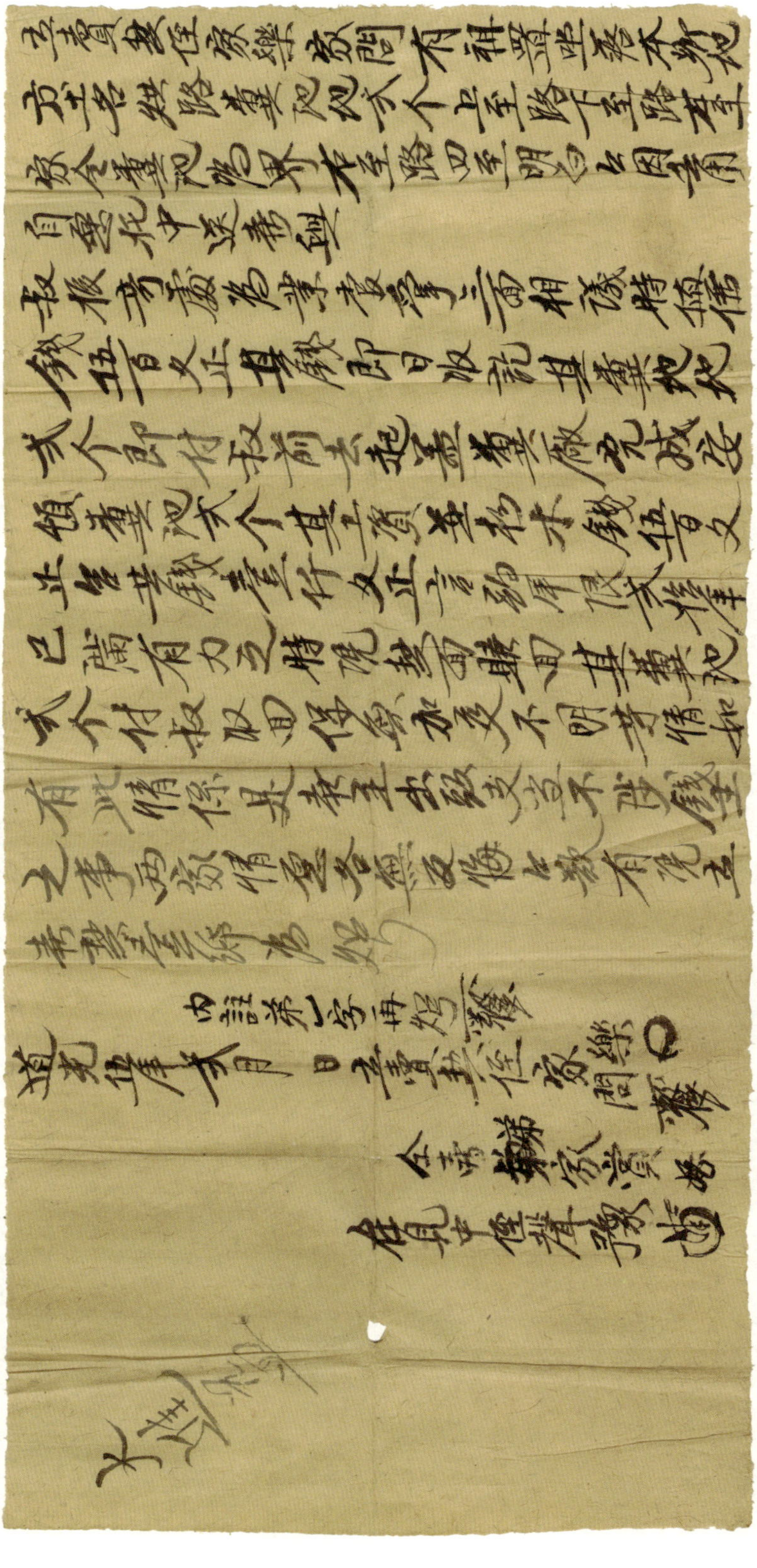

9-1-3-3 清道光五年二月楊家樂等立賣糞池地契

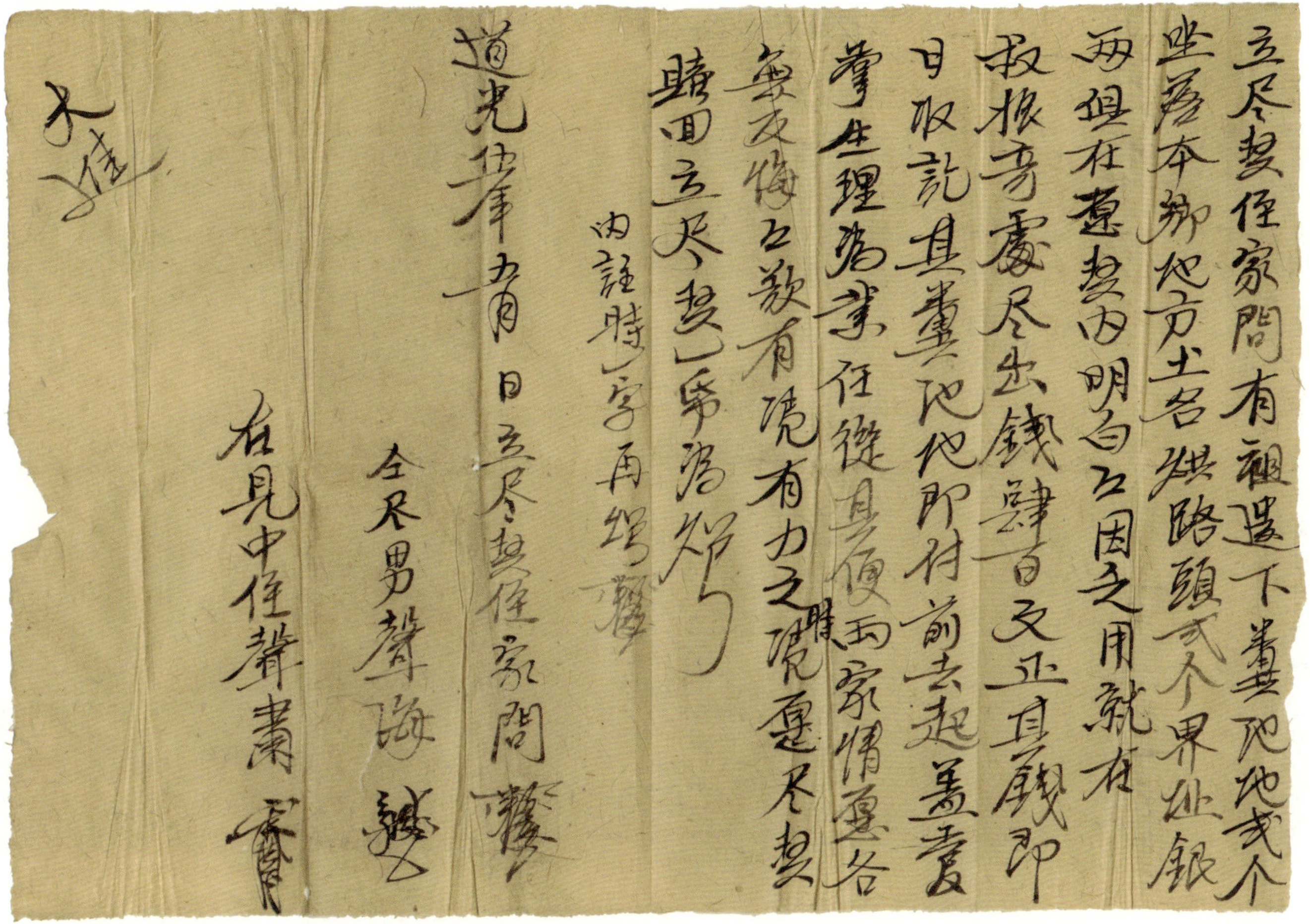

立尽契侄家問有祖遺下糞池地弍个
坐落本鄉地方土名洪路頭弍个界址銀
兩俱在盡契內明白今因乏用就在
叔根旁處尽出錢肆百文正其錢即
日收訖其糞池地即付前去起蓋壹
掌生理為業任從其便兩家情愿各
無反悔之款有憑有力之照愿盡契
贖回立尽契一紙為照
内註時字再照
道光伍年五月　日立尽契侄家問
仝尽男聲海
在見中侄聲肅

9-1-3-4　清道光五年五月楊家問立盡糞池地契

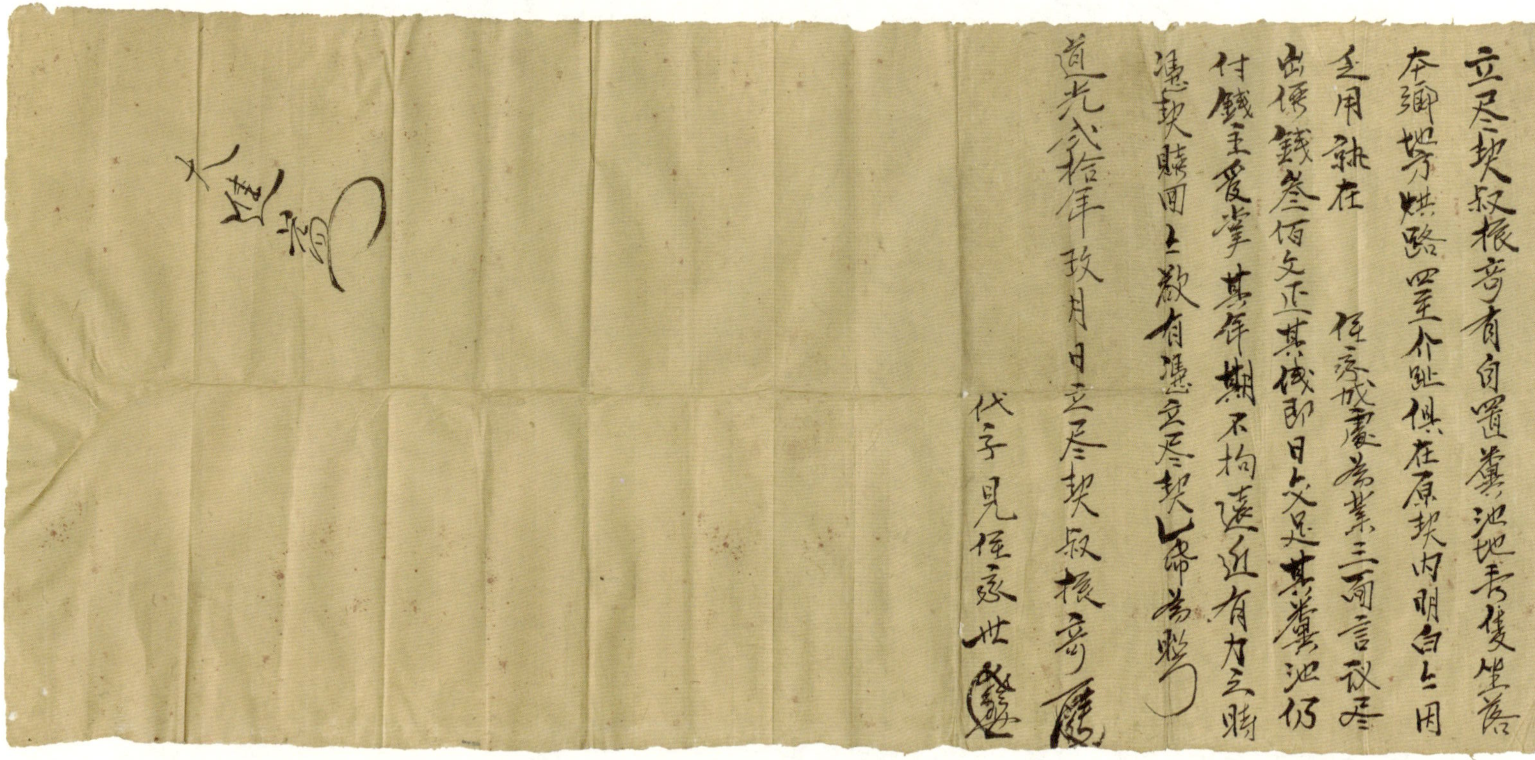
立尽契叔振奇有自置糞池地壹隻坐落
本鄉坐劳烘路四至介址俱在原契内明白今因
乏用就在 侄孫成震爲業三面言議尽
出價錢叁佰文正其錢即日交足其糞池仍
付錢主管掌其年期不拘遠近有力之時
憑契贖回立欵有憑立尽契一帋爲照
道光弍拾年玖月 日立尽契叔振奇
代字見侄孫世

9-1-3-5　清道光二十年九月楊振奇立盡糞池地契

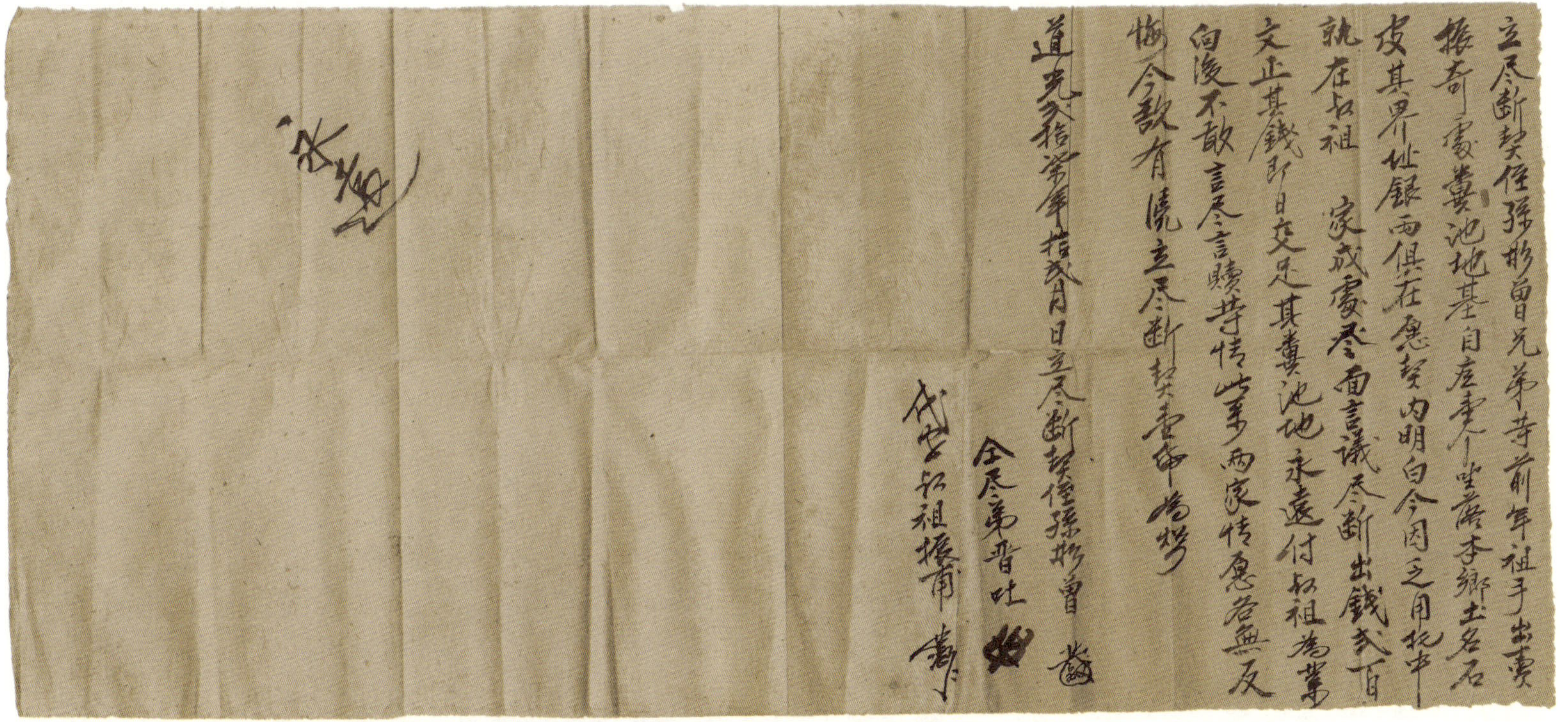
立盡斷契侄孫彬曾兄弟等前年祖手出賣
振奇處糞池地基自座壹个坐落本鄉土名石
皮其界址銀两俱在原契內明白今因乏用托中
就在叔祖　家成處盡面言議盡斷出錢弍百
文正其錢即日交足其糞池地永遠付叔祖為業
向後不敢言盡言贖等情此係兩家情愿各無反
悔今欲有憑立盡斷契壹紙為炤
道光弍拾柒年拾弍月　日立盡斷契侄孫彬曾（押）
仝盡弟晉吐（押）
代字叔祖振甫（押）
永炤

9-1-3-6　清道光二十七年十二月楊彬曾等立盡斷糞池地契

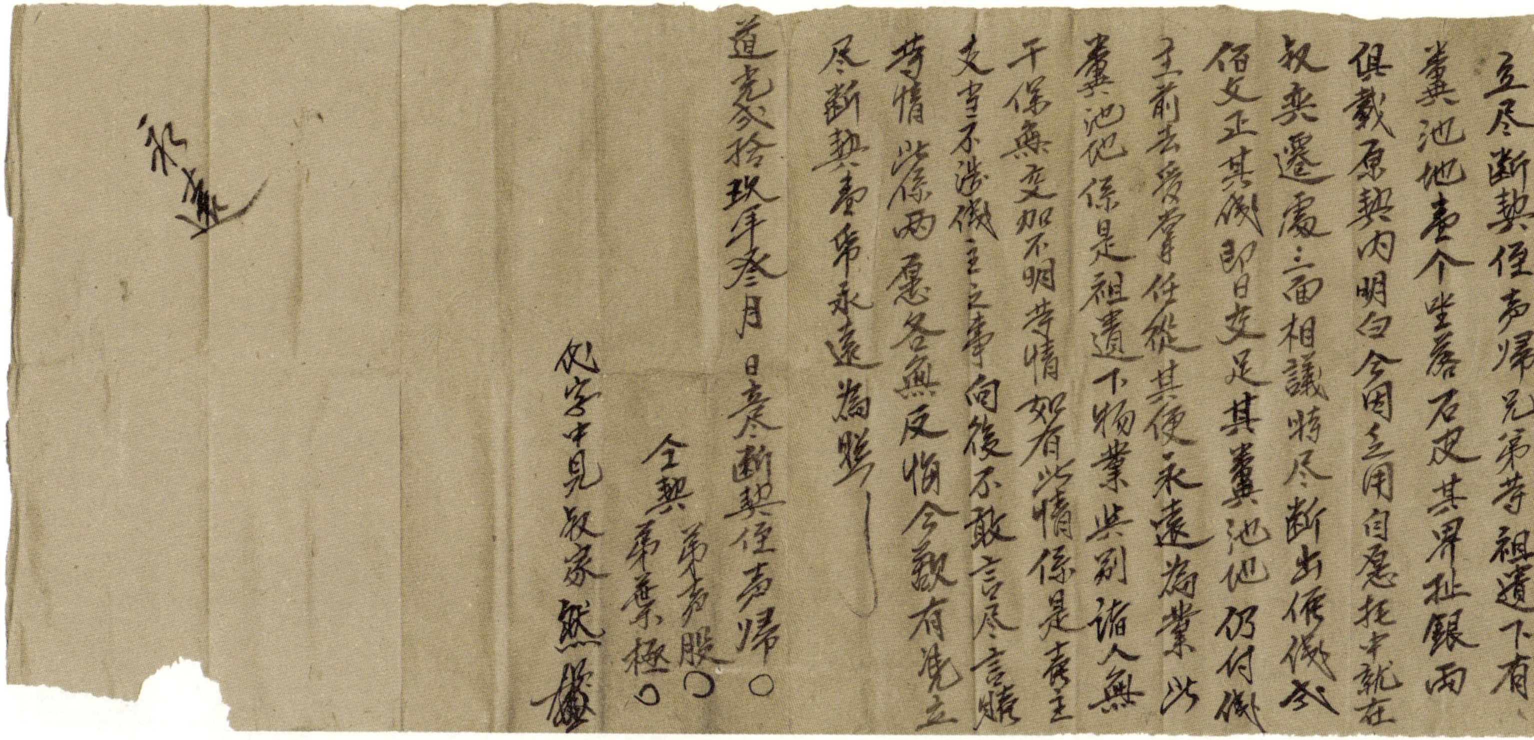

立尽断契侄声帰兄弟等祖遺下有
糞池地壹个坐落石皮其界址銀两
俱載原契内明白今因乏用自愿托中就在
叔奕邊處三面相議将尽断出佛銀叁
佰文正其銀即日交足其糞池地仍付銀
主前去管掌任從其便永遠為業此
糞池地係是祖遺下物業与别人無
干保無交加不明等情如有此情係是声主
支當不涉銀主之事向後不敢言尽言贖
等情此係兩愿各無反悔今欲有凭立
尽断契壹帋永遠為照
道光叁拾玖年叁月　日立尽断契侄声帰〇
全契　弟声服〇
弟榮極〇
代字中見叔家然

9-1-3-7　清道光二十九年三月楊声歸立盡斷糞池地契

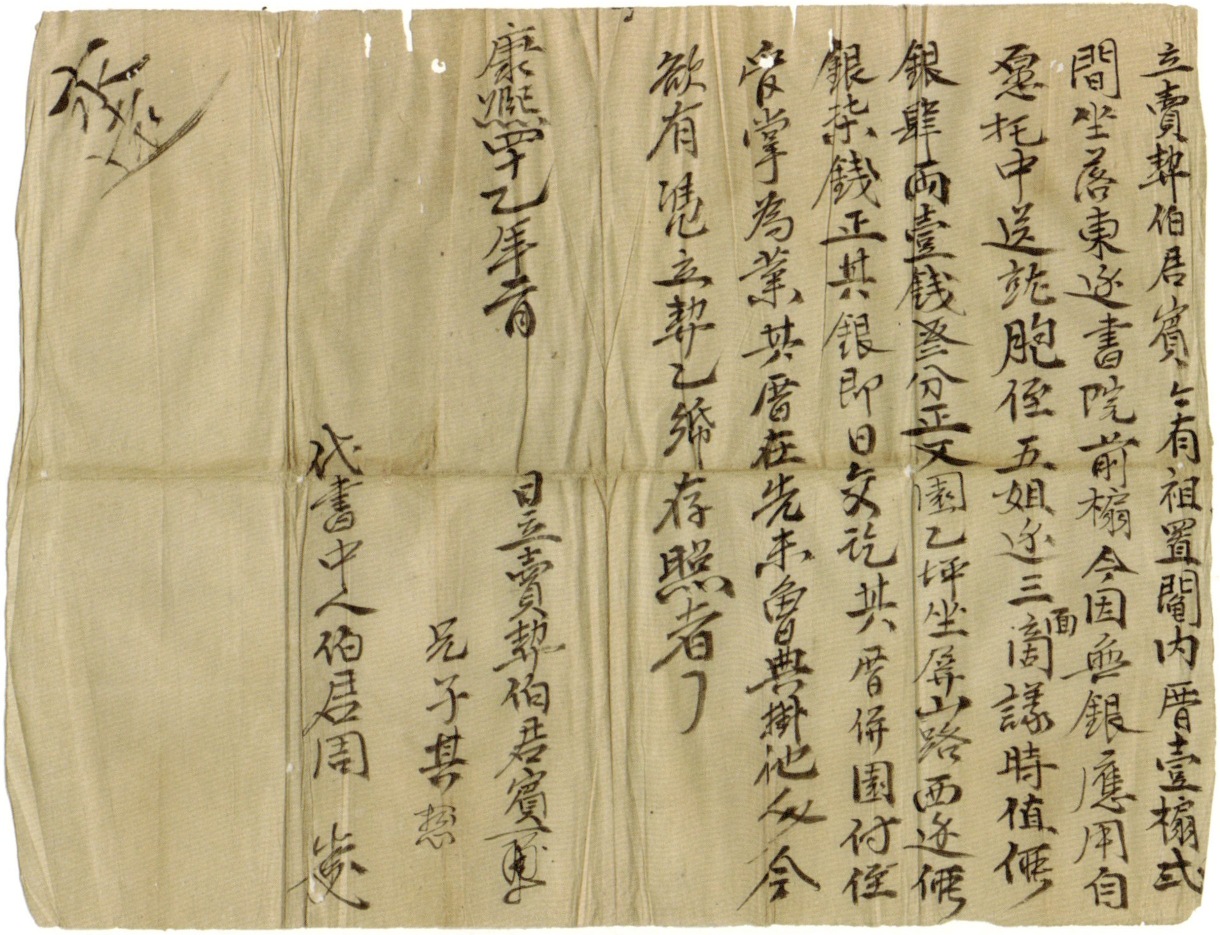

立賣契伯君賓今有祖置闔內厝壹榍式
間坐落東邊書院前榍今因無銀應用自
愿托中送就胞侄五姐邊三面言議時值價
銀肆兩壹錢叁分正又園乙坪坐落山路西邊價
銀柒錢正其銀即日交訖其厝併園付侄
管掌為業其厝在先未曾典掛他人今
欲有憑立契乙紙存照者

康熙四十一年二月　日立賣契伯君賓（押）

兄子其（押）

代書中人伯君周（押）

9-1-4-1　清康熙四十一年二月楊君賓立賣厝契

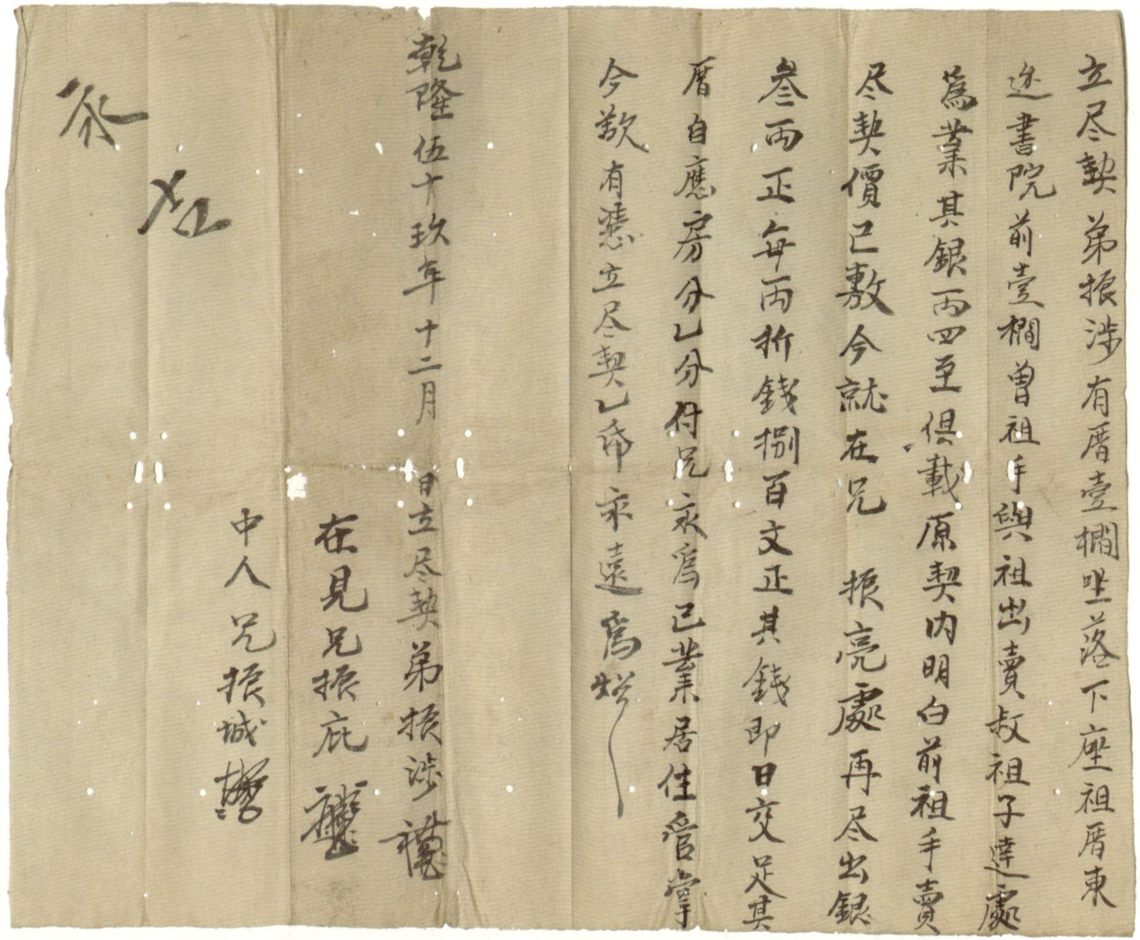
立尽契弟振涉有厝壹櫊坐落下座祖厝東
边書院前壹櫊曾祖手與祖出賣叔祖子達處
爲業其銀兩四至俱載原契內明白前祖手賣
尽契價已數今就在兄 振亮處再尽出銀
叁兩正每兩折钱捌百文正其钱即日交足其
厝自應房分山分付兄永爲己業居住管掌
今欲有憑立尽契一帋永遠爲炤
乾隆伍十玖年十二月 日立尽契弟振涉
在見兄振庇
中人兄振城
余 左

9-1-4-2　清乾隆五十九年十二月楊振涉立盡厝契

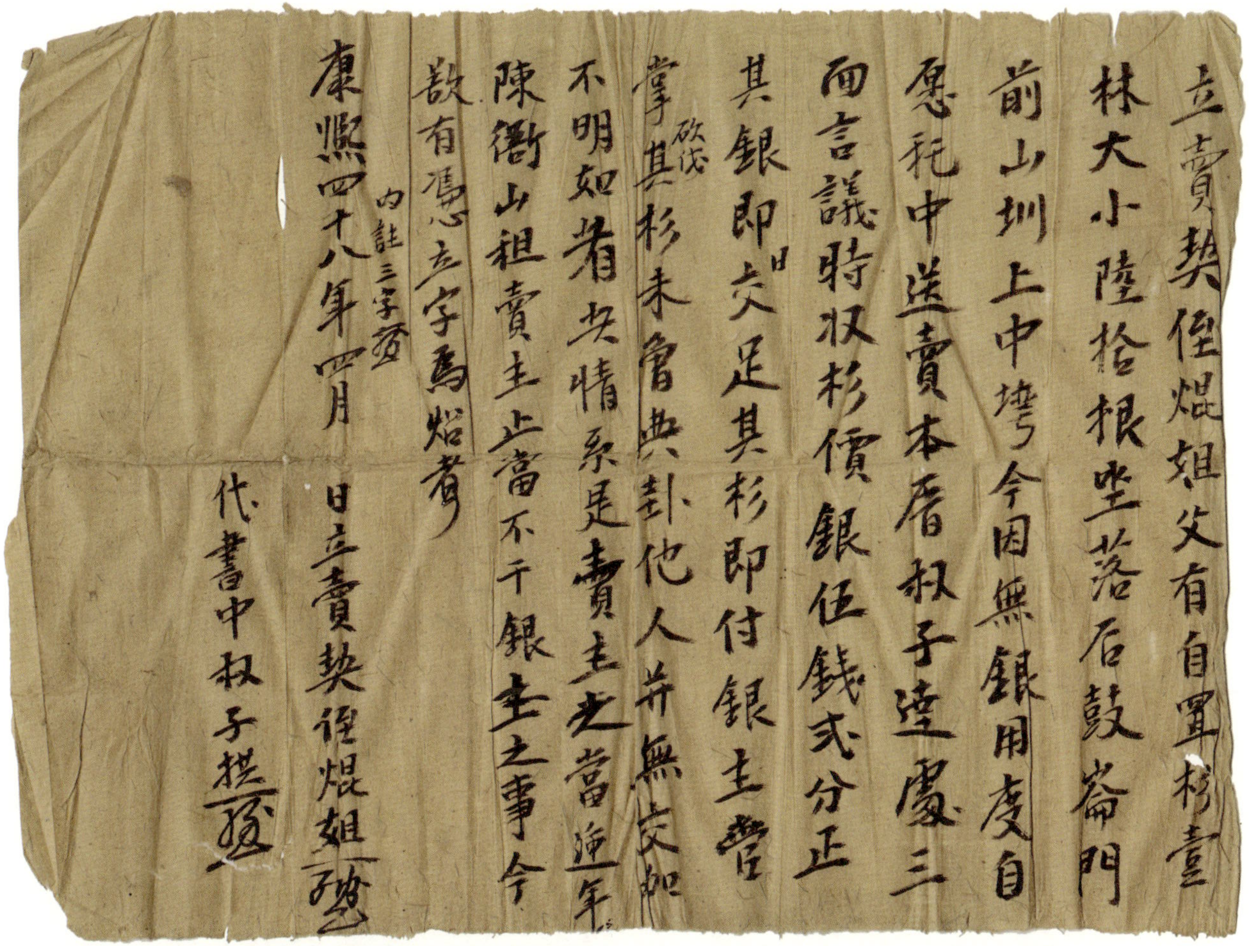

立賣契侄焜姐父有自置杉壹
林大小陸拾根坐落石鼓嶺門
前山圳上中灣今因無銀用度自
愿托中送賣本房叔子達處三
面言議時杉價銀伍錢貳分正
其銀即日交足其杉即付銀主管
掌砍伐其杉未曾典掛他人并無交加
不明如有此情系是賣主之當逆年
陳衛山祖賣主上當不干銀主之事今
欲有憑立字爲炤者
內註三字爲炤
康熙四十八年四月　日立賣契侄焜姐（押）
代書中叔子達（押）

9-1-5-1　清康熙四十八年四月楊焜姐立賣杉林契

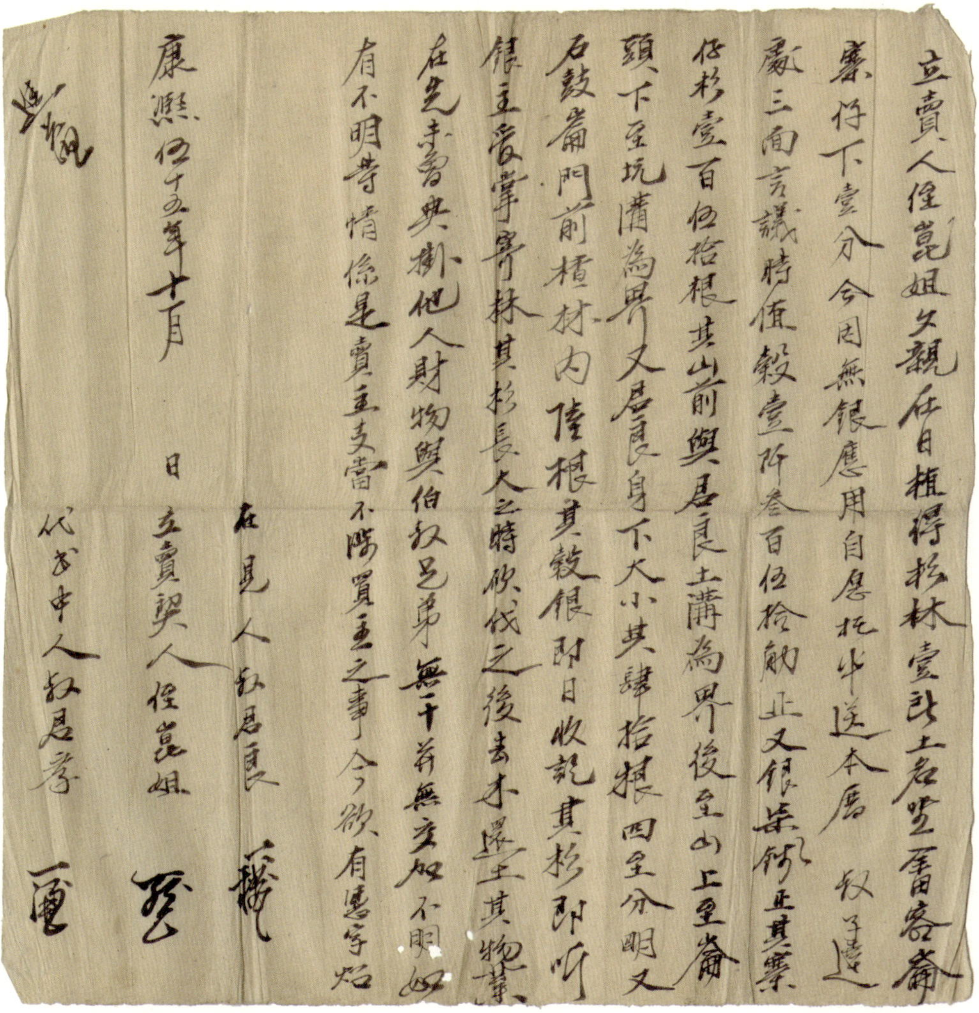

立賣人侄崑姐父親在日植得杉林壹片土名笠畬客崙

寮仔下壹分今因無銀應用自愿托中送本房 叔子遠

處三面言議時值穀壹遁所叁百伍拾觔正又銀柒錢正其業

係杉壹百伍拾根其山前與居良土溝為界後至山上至崙

頭下至坑溝為界又居良自下大小共肆拾根四至分明又

石鼓崙門前檀材內陸根其穀銀即日收訖其杉即聽

銀主管掌青林其杉長大之時砍伐之後去木還土其物業

在先未曾與別他人財物與伯叔兄弟無干並無交加不明如

有不明等情係是賣主支當不涉買主之事今欲有憑字炤

在見人叔居良（押）

康熙伍十五年十一月 日立賣契人侄崑姐（押）

代書中人叔居孝（押）

延親

9-1-5-2　清康熙五十五年十一月楊崑姐立賣杉林契（一）

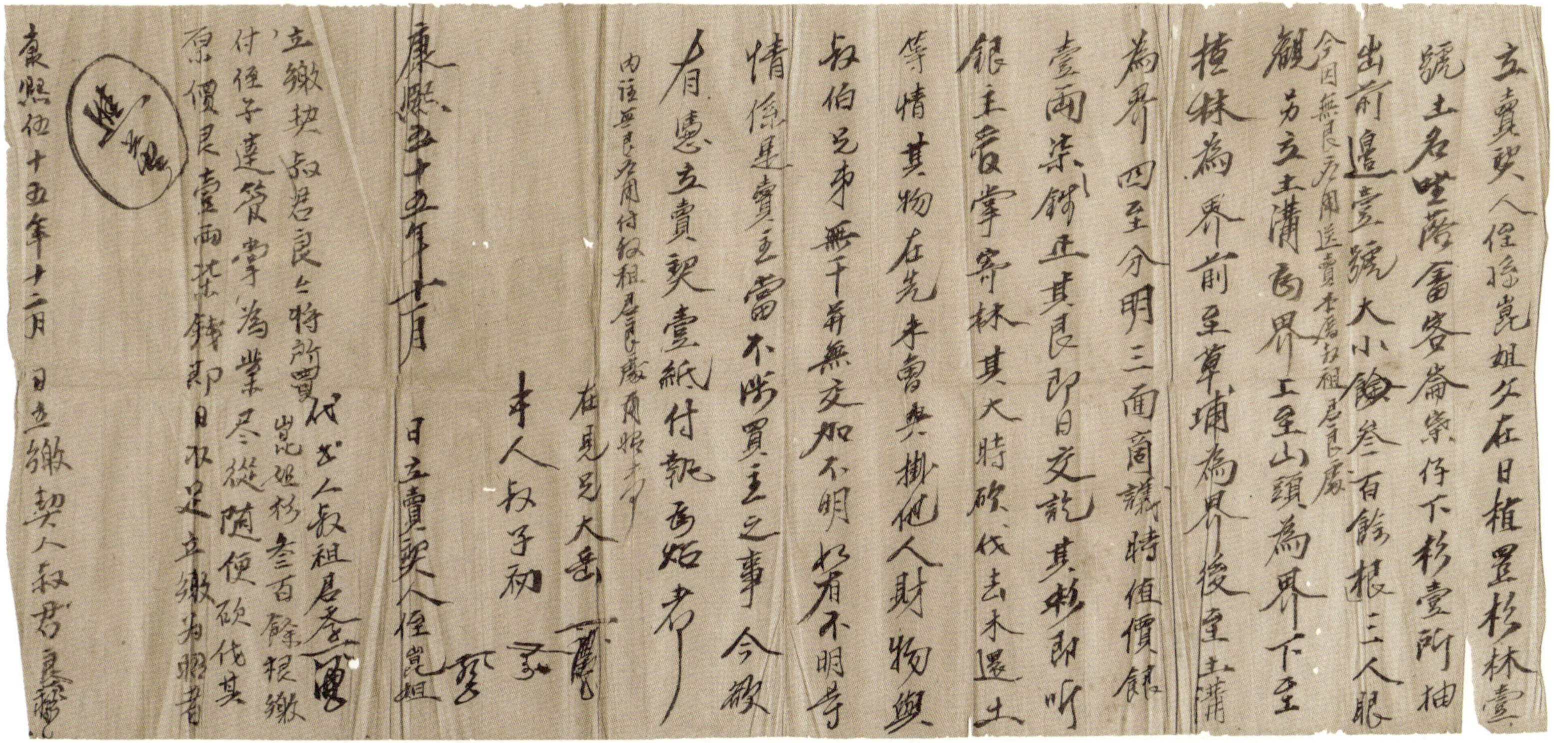

立賣契人侄孫崑姐父在日植置杉林壹
號土名嶺落畲客崙崇仔下杉壹所抽
出前邊壹號大小[illegible]叁百餘根二人服
今因無艮應用送賣本房叔祖君良處
鬮另立土溝為界上至山頂為界下至
植林為界前至草埔為界後至土溝
為界四至分明三面商議時值價銀
壹兩柒錢正其艮即日交訖其杉即聽
銀主[illegible]掌寄林其大時砍伐去木還土
等情其物在先未曾典掛他人財物與
叔伯兄弟無干并無交加不明如有不明等
情係是賣主當不涉買主之事今欲
有憑立賣契壹紙付執爲照者
內注無艮應用付叔祖君良處有照者
在見兄大岳（押）
本人叔子初（押）
康熙五十五年十一月　日立賣契人侄崑姐（押）

立繳契叔君良今將所買代出人叔祖君叁（押）
崑姐杉叁百餘根繳
付侄子達管掌為業盡從隨便砍伐其
原價艮壹兩柒錢即日收足立繳為照者
康熙伍十五年十二月　日立繳契人叔君良（押）

9-1-5-3　清康熙五十五年十一月楊崑姐立賣杉林契（二）

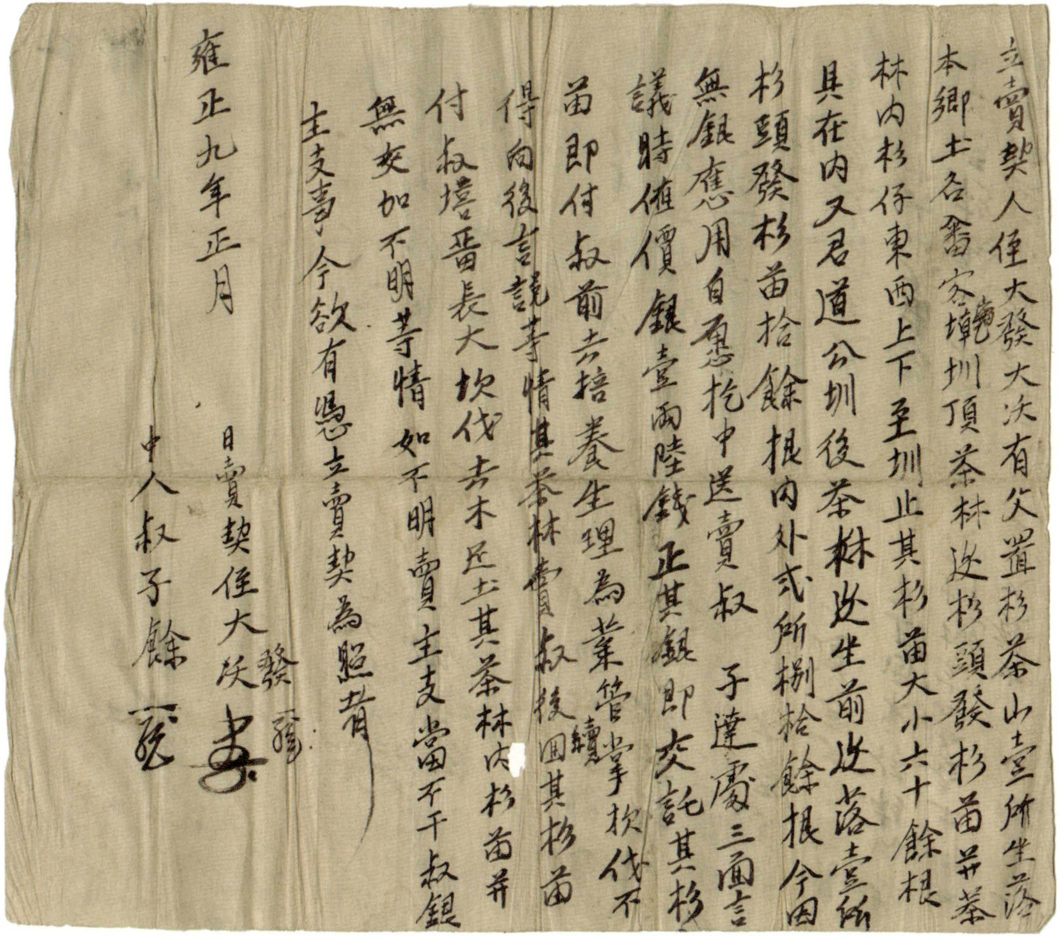
立賣契人侄大發大洪有父置杉茶山壹所坐落
本鄉土名畬家壠圳頂茶林並杉頭發杉苗并茶
林内杉仔東西上下至圳止其杉苗大小六十餘根
具在内又君道公圳後茶林並生前並落壹所
杉頭發杉苗拾餘根内外式所栁拾餘根今因
無銀應用自愿托中送賣叔 子達處三面言
議時值價銀壹兩陸錢正其銀即交訖其杉
苗即付叔前去培養生理為業管掌砍伐不
得向後言說等情其茶林賣叔後個其杉苗
付叔堷晋長大砍伐去木上土其茶林内杉苗并
無交加不明等情如不明賣主支當不干叔銀
主支事今欲有憑立賣契為照者

日立賣契侄大洪 發
中人叔子餘

雍正九年正月

9-1-5-4　清雍正九年正月楊大發等立賣杉茶山契

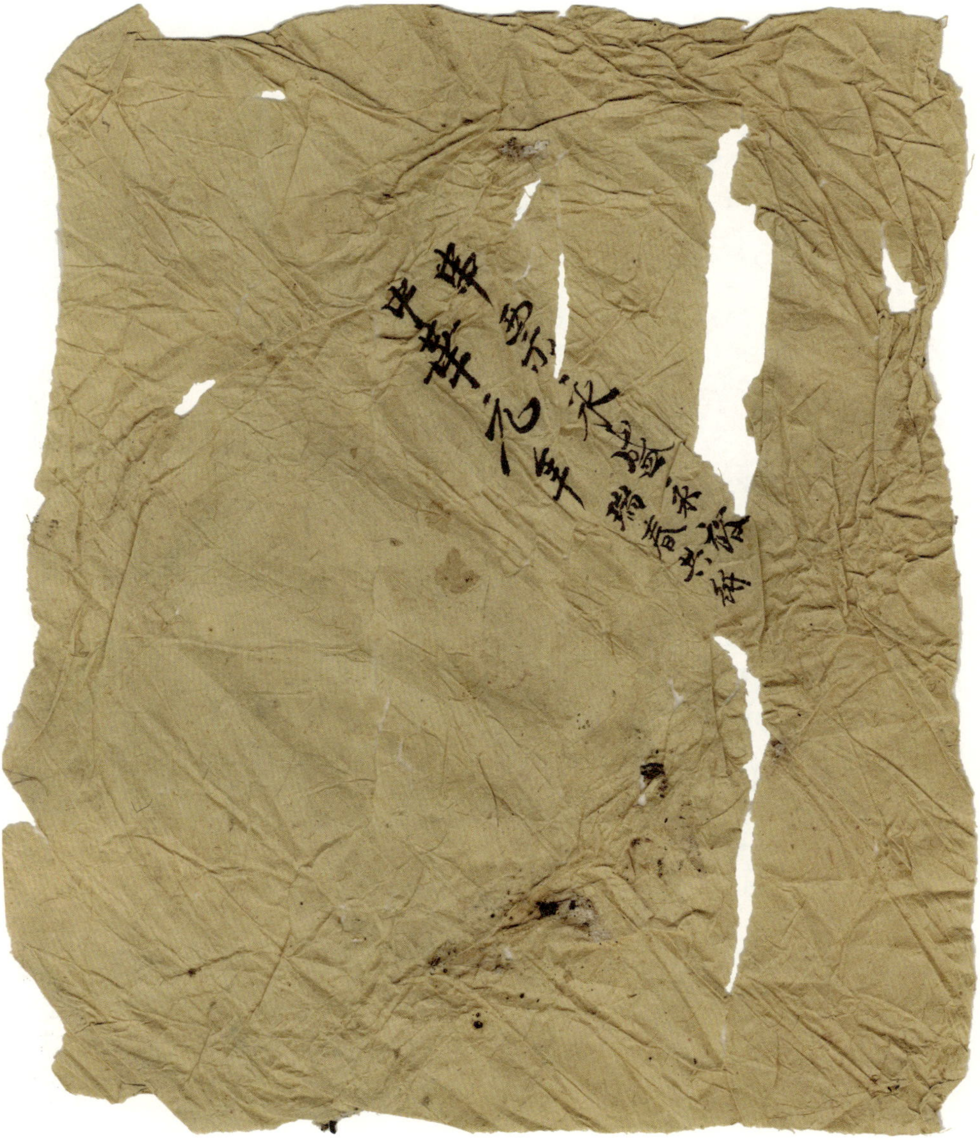

9-1-6-1　包契紙

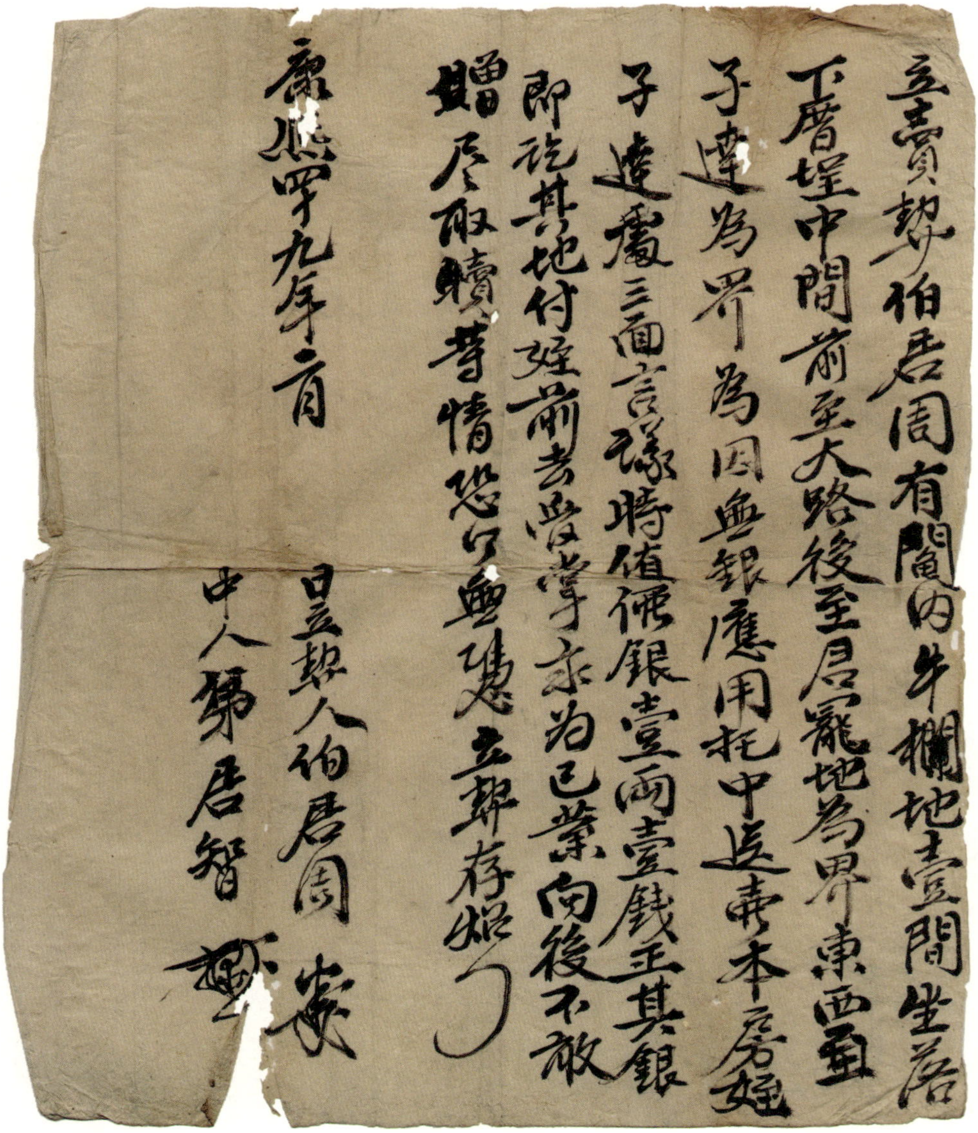
立賣契伯君周有閣內牛欄地壹間坐落下厝埕中間前至大路後至君寵地為界東西至子達為界為因無銀應用托中送賣本房姪子達處三面言議時值價銀壹兩壹錢正其銀即訖其地付姪前去管掌永為己業向後不敢贈言取贖等情恐口無憑立契存炤

康熙四十九年二月 日立契人伯君周

中人 弟君智

9-1-6-2　清康熙四十九年二月楊君周立賣牛欄地契

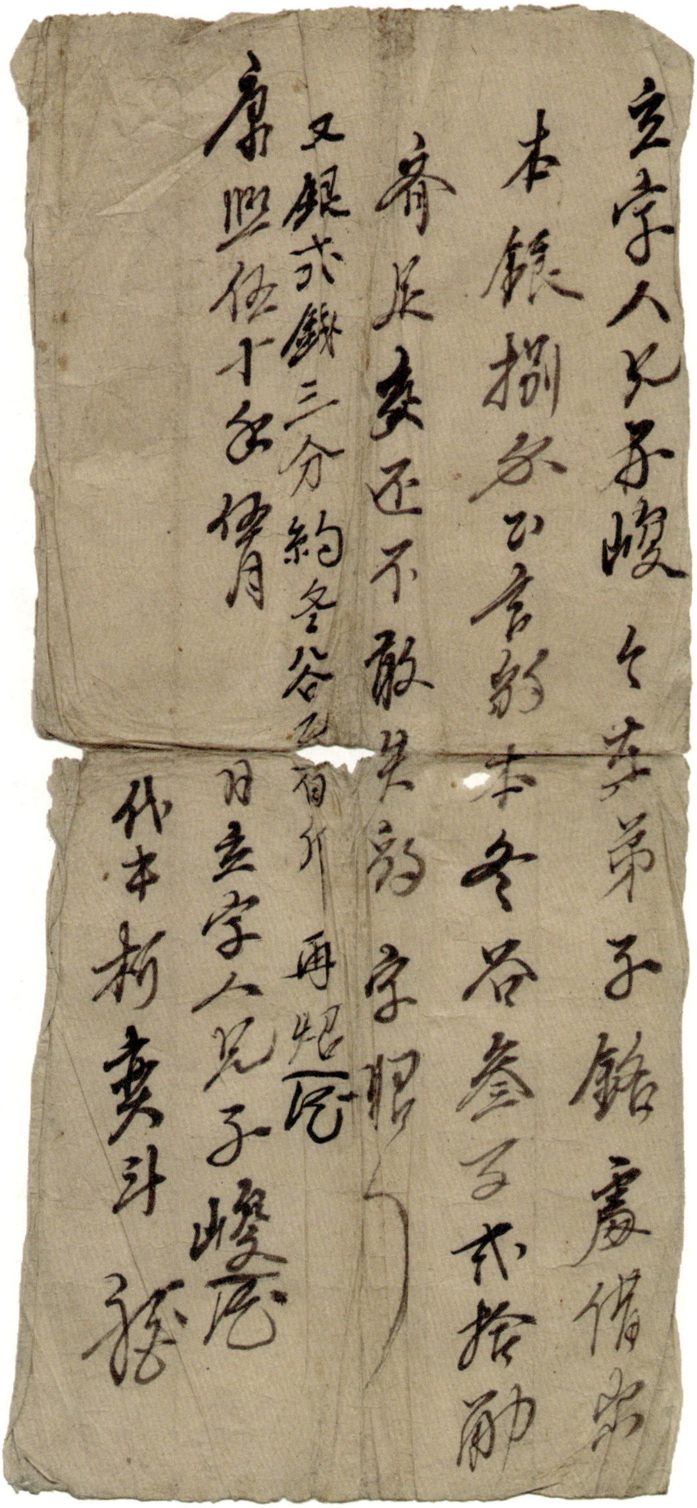
立字人兄子峻々字弟子銘處借出
本銀捌兩正言約本冬谷叁斗弍拾觔
齊足交還不敢失約字照
又銀弍錢三分約冬谷五百斤再照
康熙伍十年五月　日立字人兄子峻
代本姪青斗

9-1-6-3　清康熙五十年五月楊子峻立借銀字

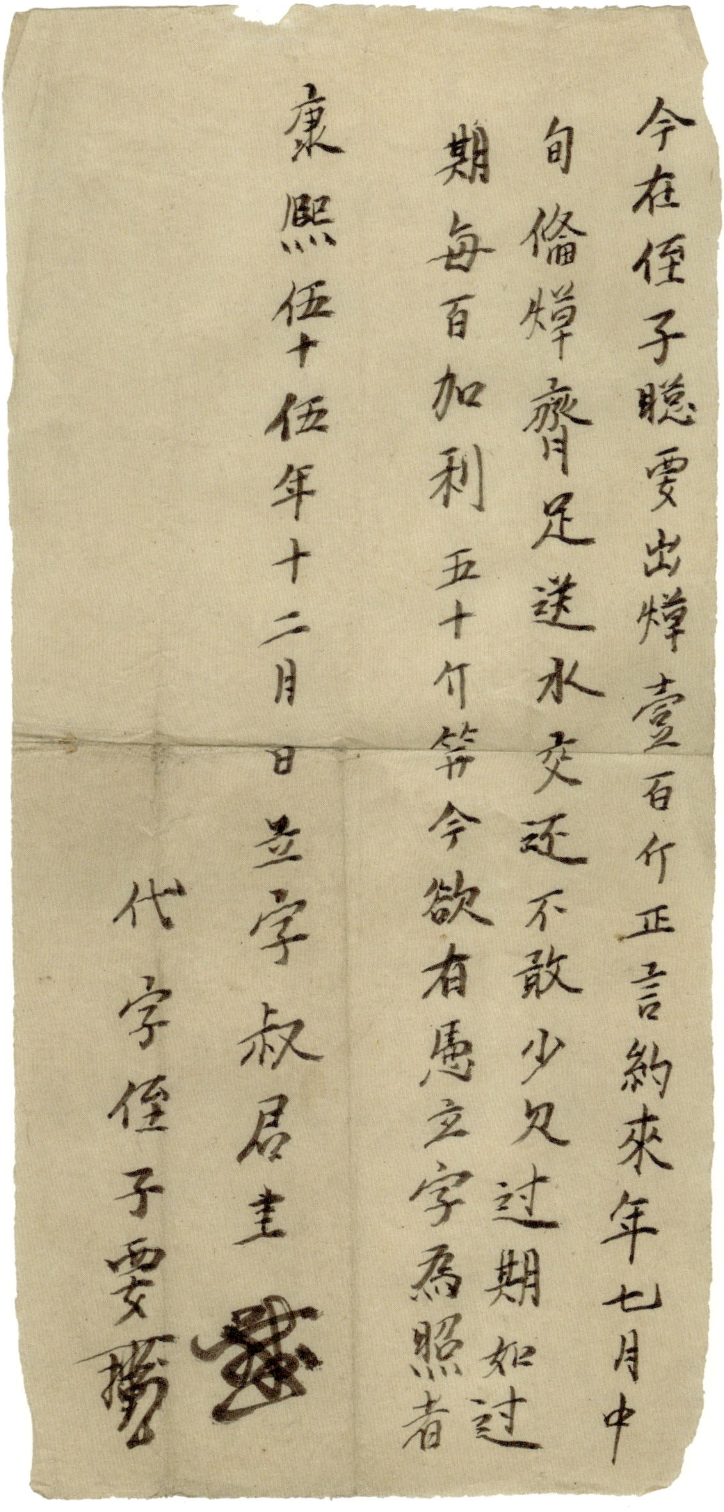

今在侄子聰雯出熚壹百斤正言約來年七月中
旬備熚齊足送水交还不敢少欠过期如过
期每百加利五十斤等今欲有憑立字爲照者
康熙伍十伍年十二月日立字叔君圭
代字侄子雯

9-1-6-4　清康熙五十五年十二月楊君圭立借熚字

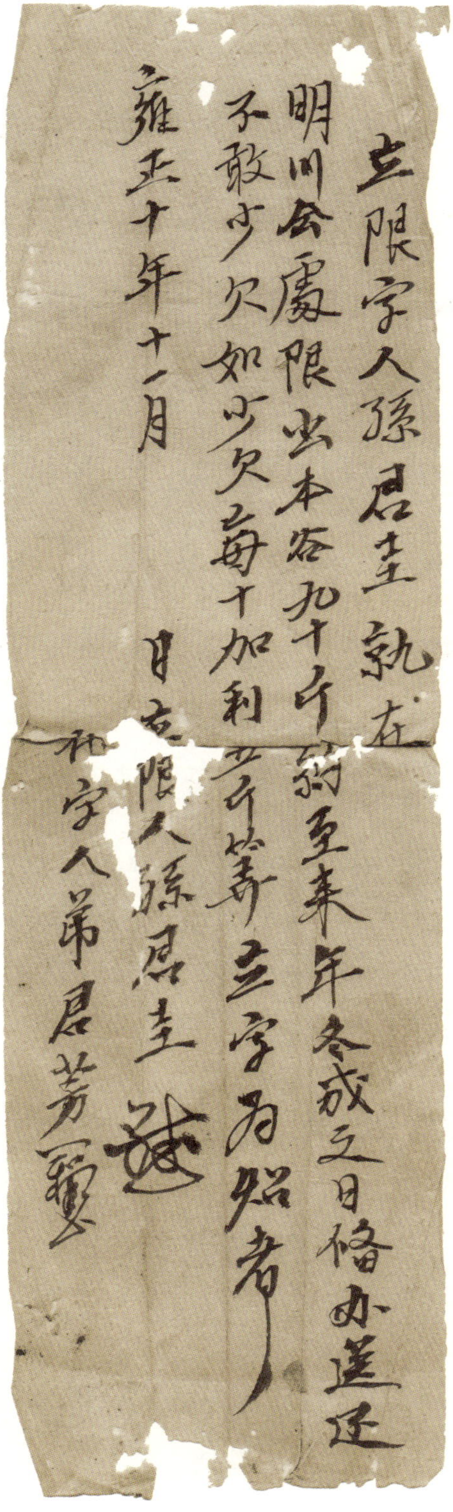

立限字人孫君圭就在
明川会處限出本谷九十斤約至來年冬成之日備办送还
不敢少欠如少欠每十加利五斤等立字為炤者

雍正十年十一月　日立限人孫君圭
代字人弟君芳

9-1-6-5　清雍正十年十一月楊君圭立限字

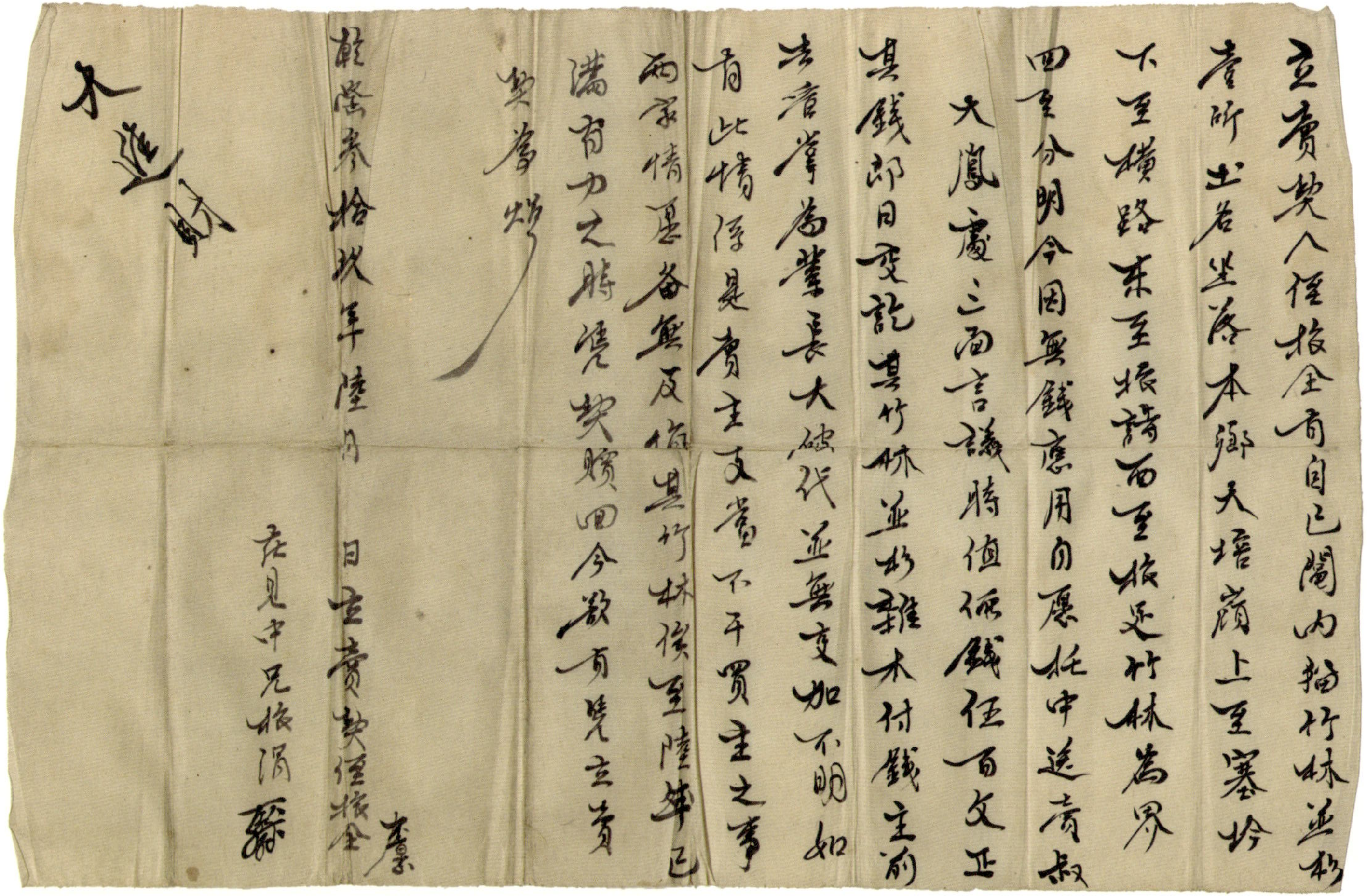

立賣契人侄振全有自己閣內猫竹林並杉
壹所，土名坐落本鄉大培嶺，上至塞坅，
下至横路，東至振詩，西至振廷竹林為界，
四至分明。今因無錢應用，自愿托中送賣叔
大鳳處，三面言議，時值價錢伍百文正，
其錢即日交訖，其竹林並杉雜木付錢主前
去管為業，長大砍伐，並無交加不明，如
有此情，係是賣主支當，不干買主之事。
兩家情愿，各無反悔，其竹林候至陸年已
滿，有力之時，憑契贖回。今欲有憑，立賣
契壹紙。
乾隆叁拾玖年陸月　日立賣契侄振全
在見中兄振滑
不退

9-1-6-6　清乾隆三十九年六月楊振全立賣猫竹林等契

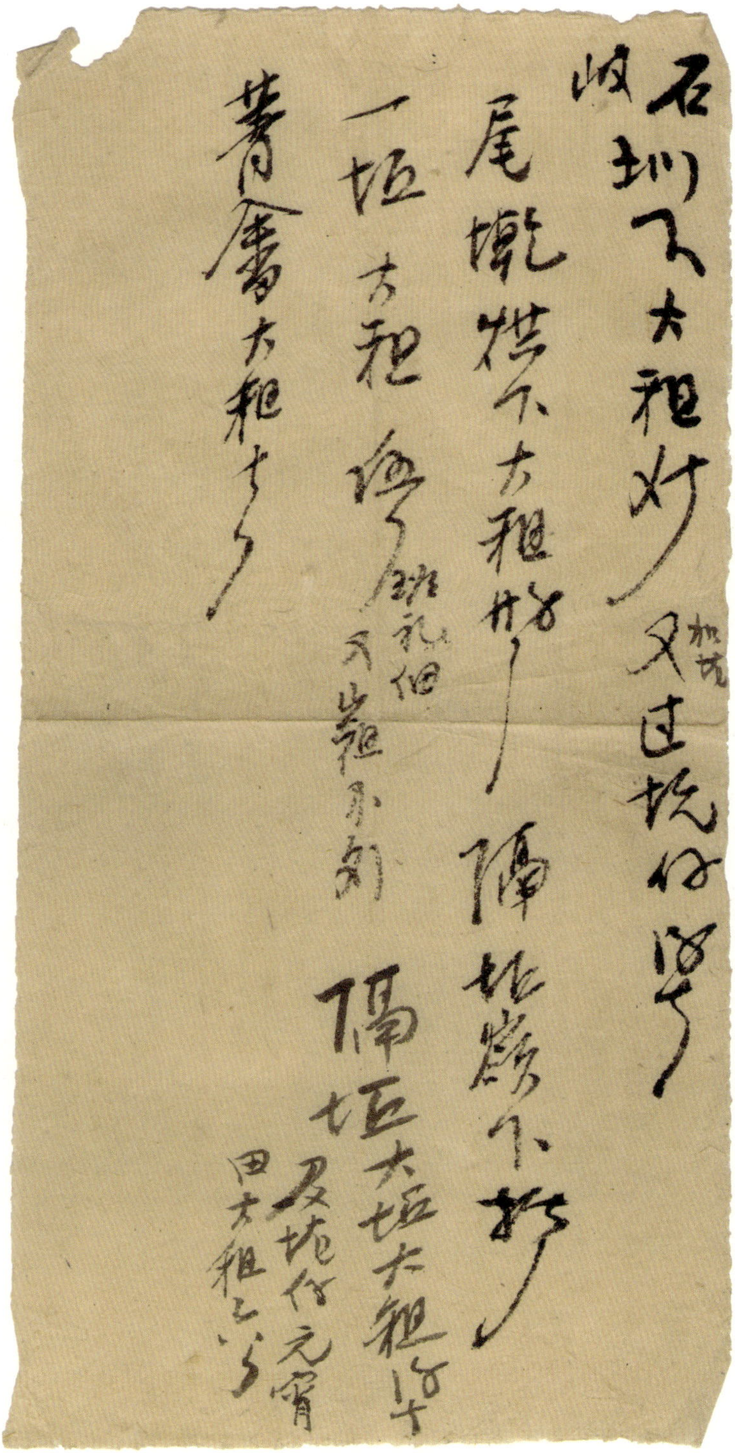
石圳下大租[illegible]　又过坑仔[illegible]（加坑）
收
尾墘墘下大租[illegible]　隔[illegible]墘下[illegible]
一垣大租[illegible]（姚礼佃　又些租不割）
隔垣大垣七大租[illegible]
及坑仔元宵
田大租[illegible]
青[illegible]大租[illegible]

9-1-6-7　楊氏家族大租流水單（年代不詳）

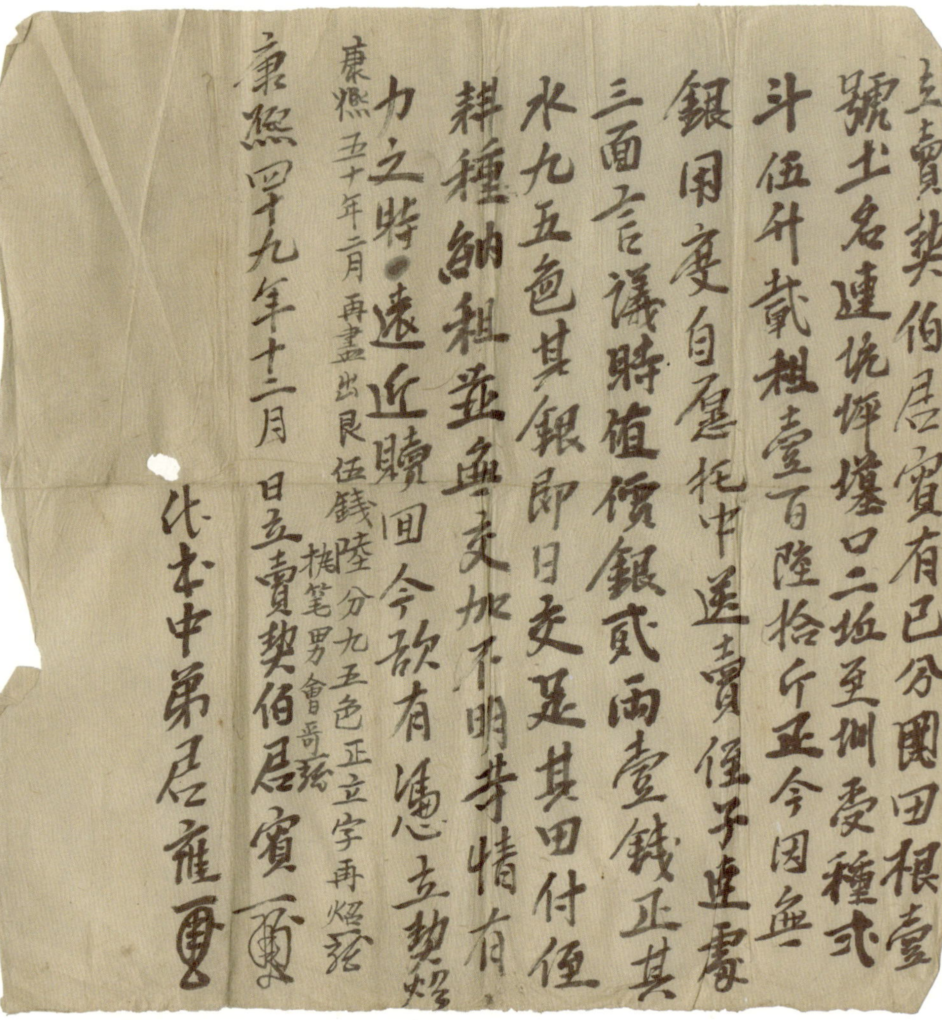

立賣契伯君賓有已分闋田根壹
號土名連坑坪壠口二坵至圳受種弍
斗伍升載租壹百陸拾斤正今因無
銀用度自愿托中送賣侄子連霽
三面言議時值價銀貳兩壹錢正其
水九五色其銀即日交足其田付侄
耕種納租並無交加不明等情有
力之時遠近贖回今欲有憑立契炤
康熙五十年二月再盡出艮伍錢陸分九五色正立字再炤
執筆男會哥號
康熙四十九年十二月　日立賣契伯君賓（押）
代书中弟君雍（押）

9-1-7-1　清康熙四十九年十二月楊君賓立賣民田根契

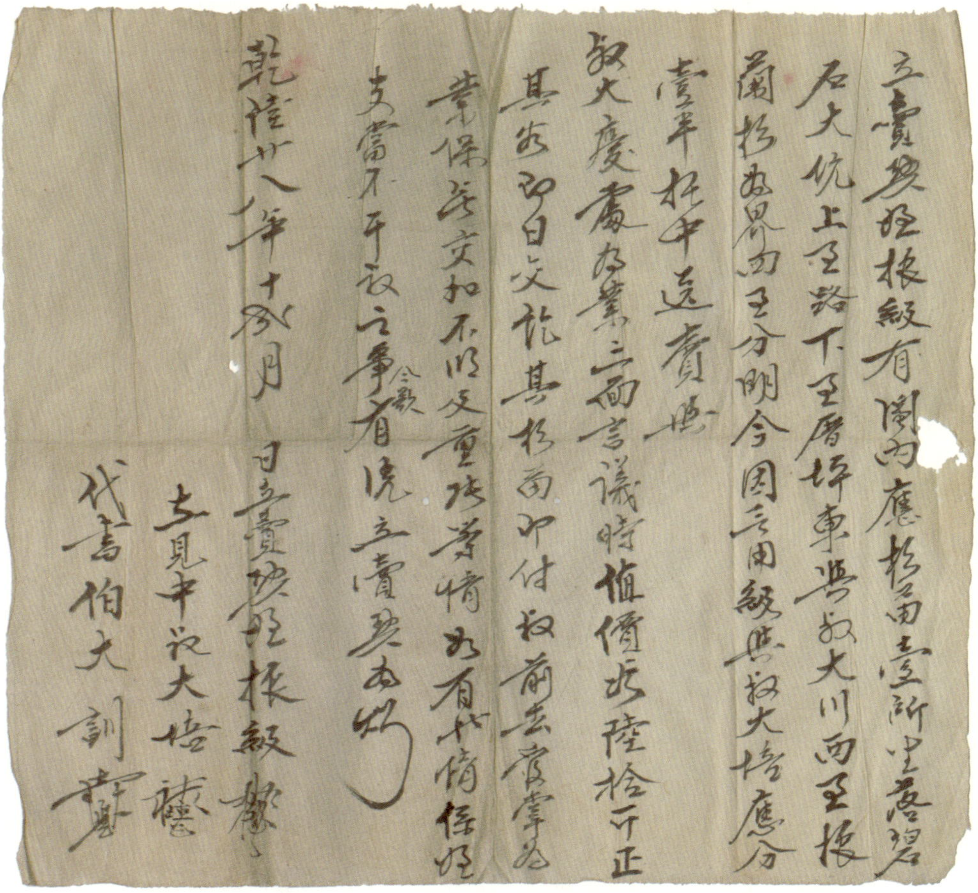
立賣契姪振級有闌田應杉苗壹所坐落碧
石大坑上至路下至厝坪東與叔大川西至振
蘭杉為界四至分明今因乏用級與叔大培應分
壹半托中送賣與
叔大慶處為業三面言議時值價銀陸拾斤正
其銀即日交訖其杉苗即付叔前去管掌為
業保此交加不明文重張等情如有此情係姪
支當不干叔之事今欲有憑立賣契為炤
乾隆廿八年十二月　日立賣契姪振級（押）
在見中叔大培（押）
代書伯大訓（押）

9-1-7-2　清乾隆二十八年十二月楊振級立賣杉苗契

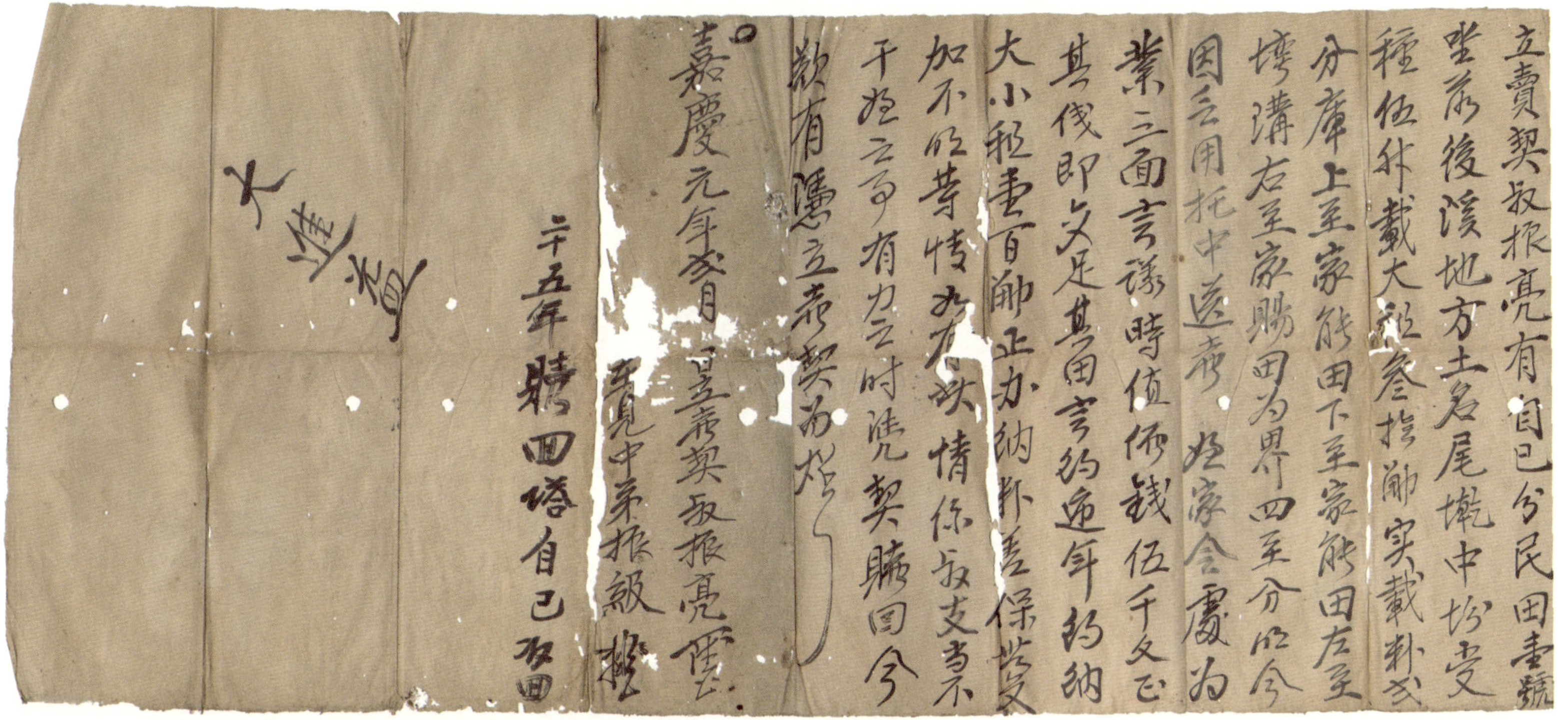
立賣契叔振亮有自己分民田壹號
坐落後溪地方土名尾墘中坋受
種伍升載大租叁指斛實載料弍
分庫上至家能田下至家能田左至
墘溝右至家賜田為界四至分明今
因乏用托中送賣姪家舍處為
業三面言議時值价錢伍千文正
其錢即日交足其田言約逐年約納
大小租壹百斛正办納粮差保業
加不敢异情如有此情係叔支當不
干姪之事有力之时從允契贖回今
欲有憑立賣契為照
嘉慶元年二月　日立賣契叔振亮押
見中弟振級押
廿五年贖回塔自己收回

9-1-7-3　清嘉慶元年二月楊振亮立賣民田契

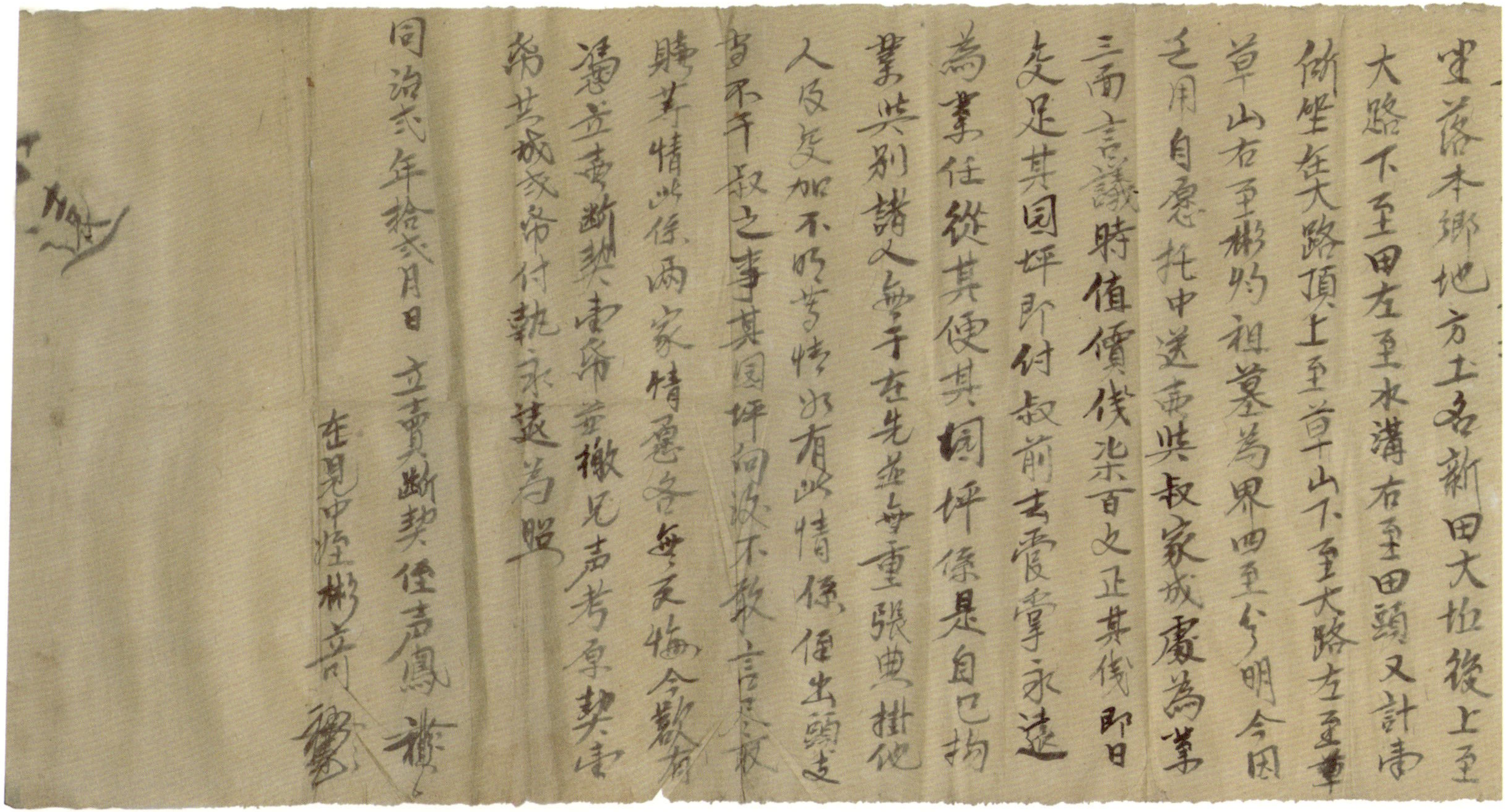

坐落本鄉地方土名新田大垇後上至
大路下至田左至水溝右至田頭又計壹
所坐在大路頂上至草山下至大路左至草
山右至彬灼祖墓為界四至分明今因
乏用自愿托中送賣與叔家成處為業
三面言議時值價錢柒百文正其錢即日
交足其園坪即付叔前去管掌永遠
為業任從其便其園坪係是自己物
業與別房人無干在先並無重張典掛他
人及支加不明等情亦有此情係侄出頭支
當不干叔之事其園坪向後不敢言贖取
贖等情此係兩家情愿各無反悔今欲有
憑立賣斷契壹紙並繳見声考原契壹
紙共成弍紙付執永遠為照

同治弍年拾弍月　日　立賣斷契侄声鳳（押）

在見中侄彬音（押）

9-1-7-4　清同治二年十二月楊声鳳立賣斷園坪契

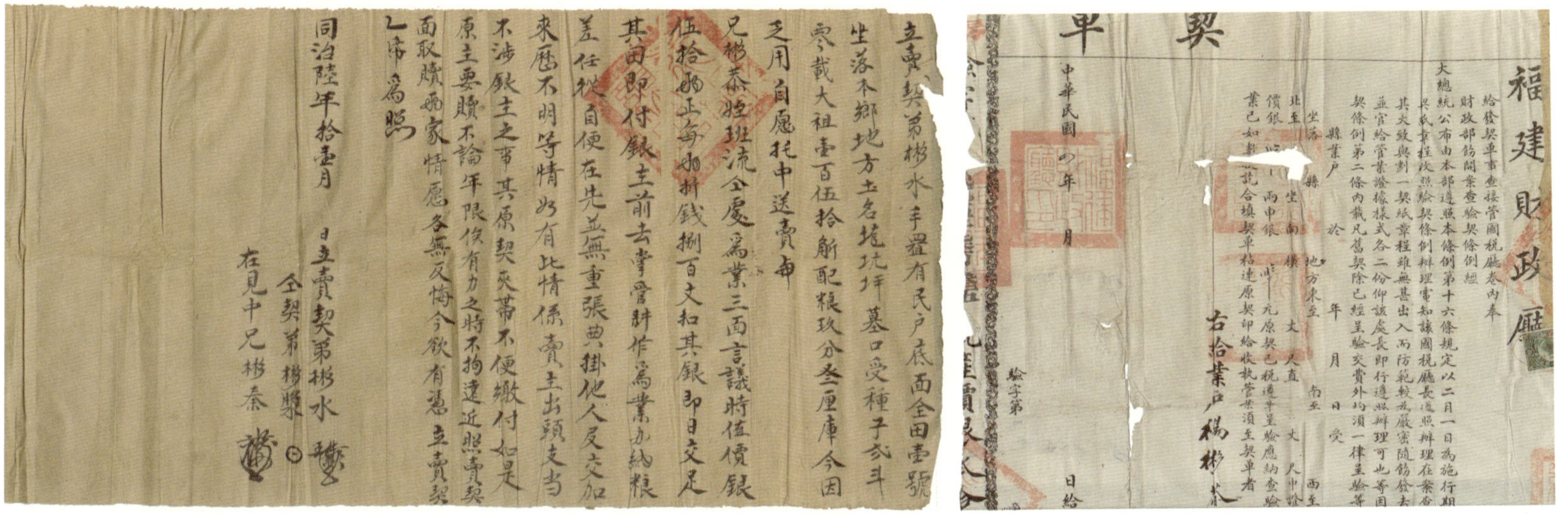

9-1-7-5　清同治六年十一月楊彬水等立賣底面全民田契（紅契）

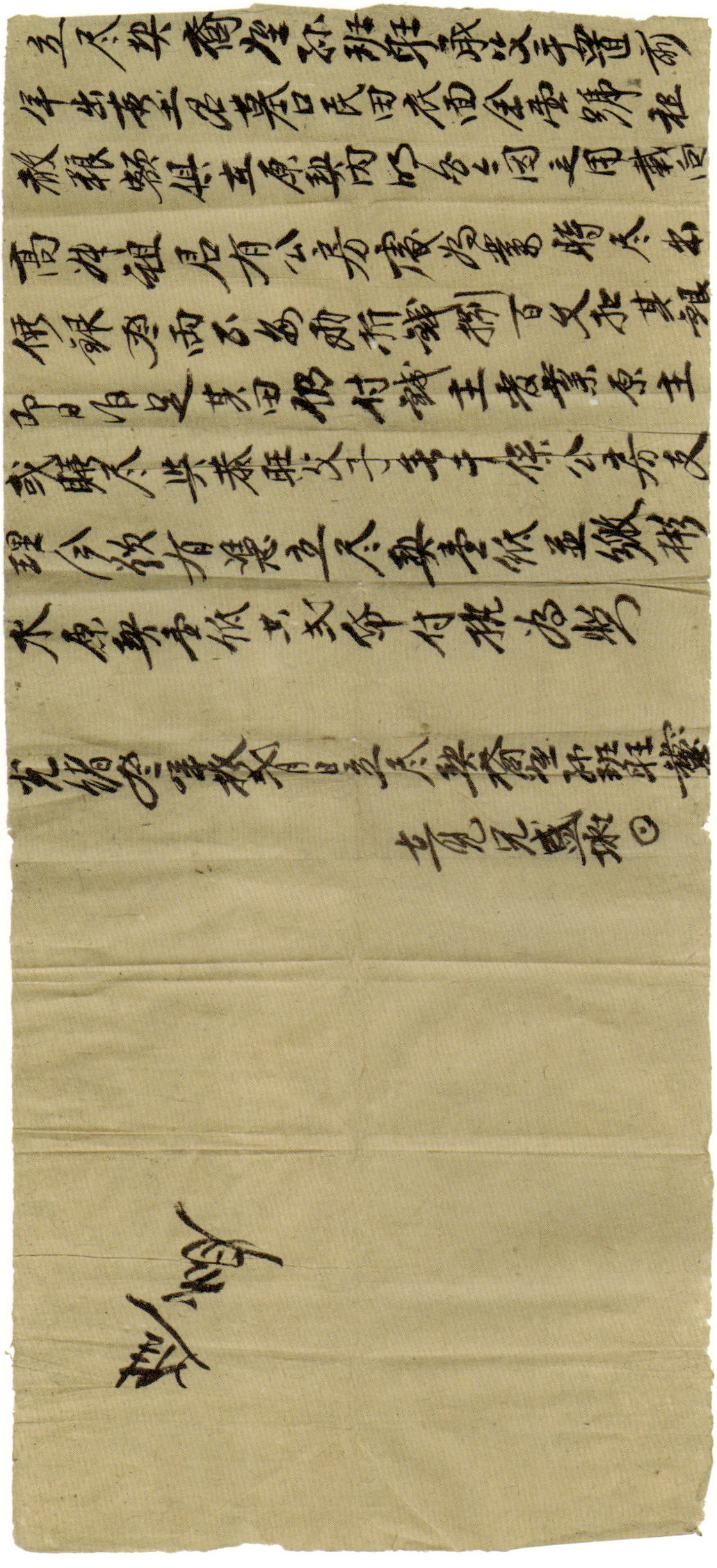

9-1-7-6　清光緒三年十二月楊班旺立盡底面全民田契

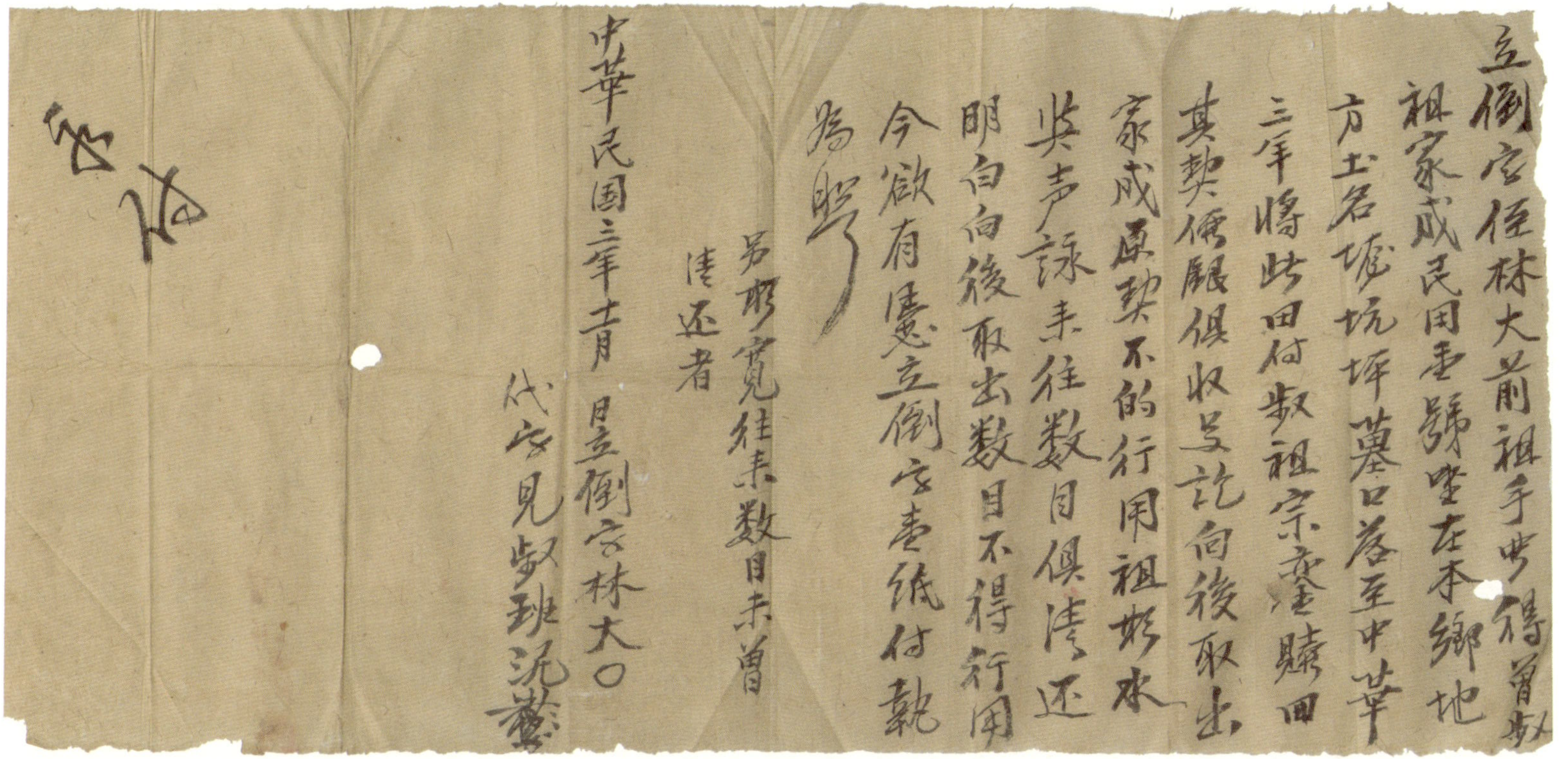
立倒字侄林大前祖手出得曾叔
祖家成民田壹號坐在本鄉地
方土名壠坑坪墓口落至中華
三年將此田付與祖宗坌贖回
其契係贓俱收足訖向後取出
家成原契不的行用祖批承
與声訴未往數目俱清還
明白向後取出數目不得行用
今欲有憑立倒字壹紙付執
為照
另有寬往來數目未曾
清还者
中華民国三年十一月 日立倒字林大〇
代字見叔珧沅

9-1-7-7　民國三年十一月楊林大立倒字

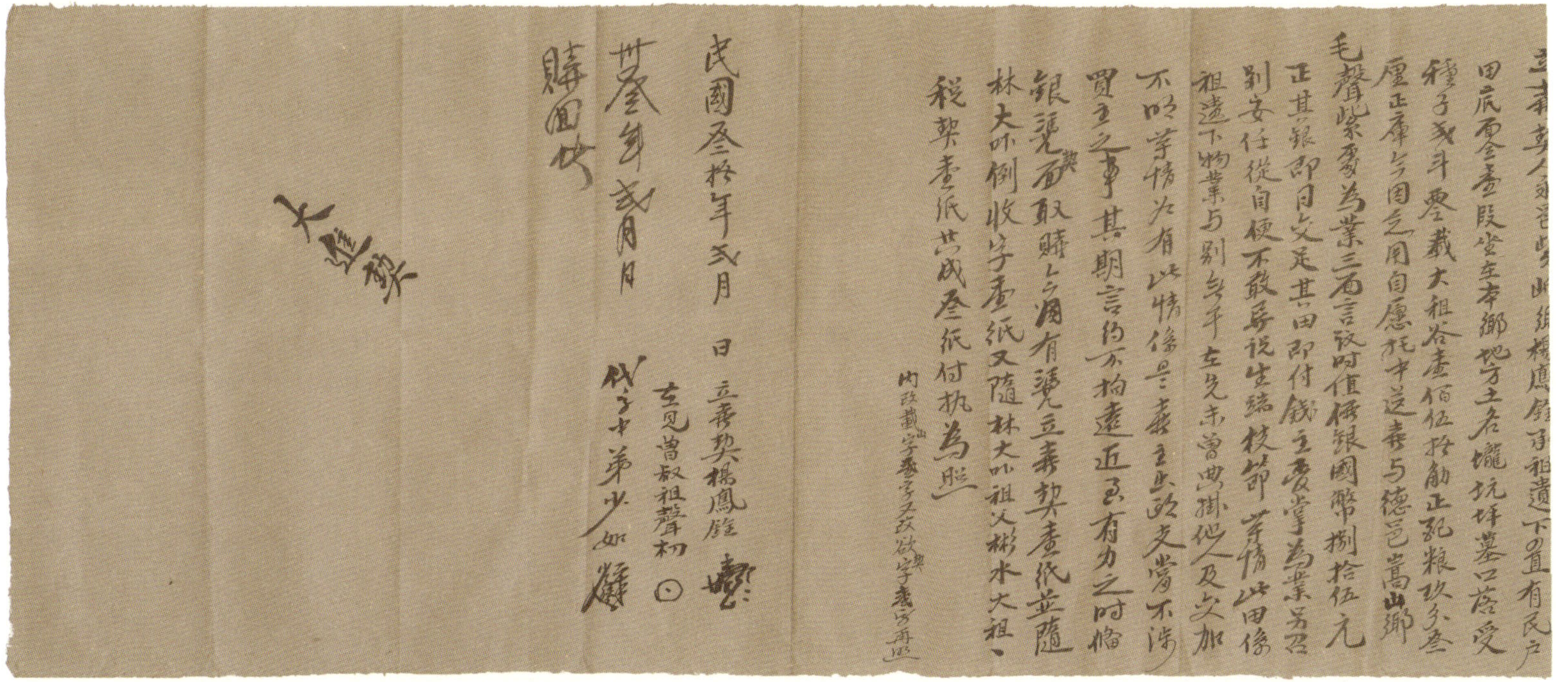

9-1-7-8　民國三十年二月楊鳳銓立賣底面全民户田契

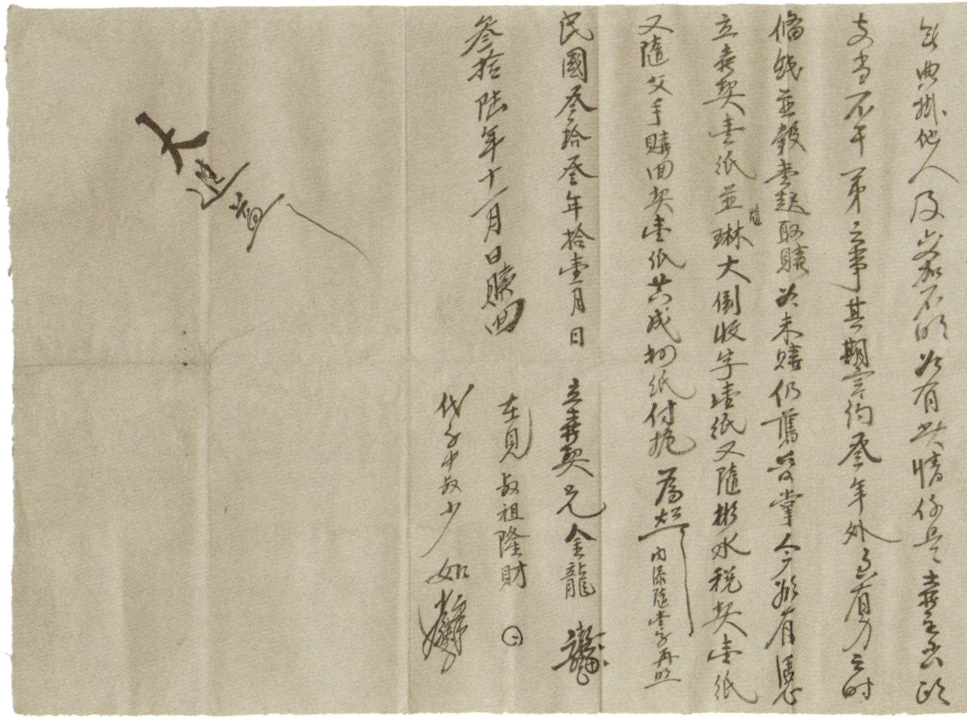

9-1-7-9　民國三十三年十一月楊金龍立賣底面全民户田契

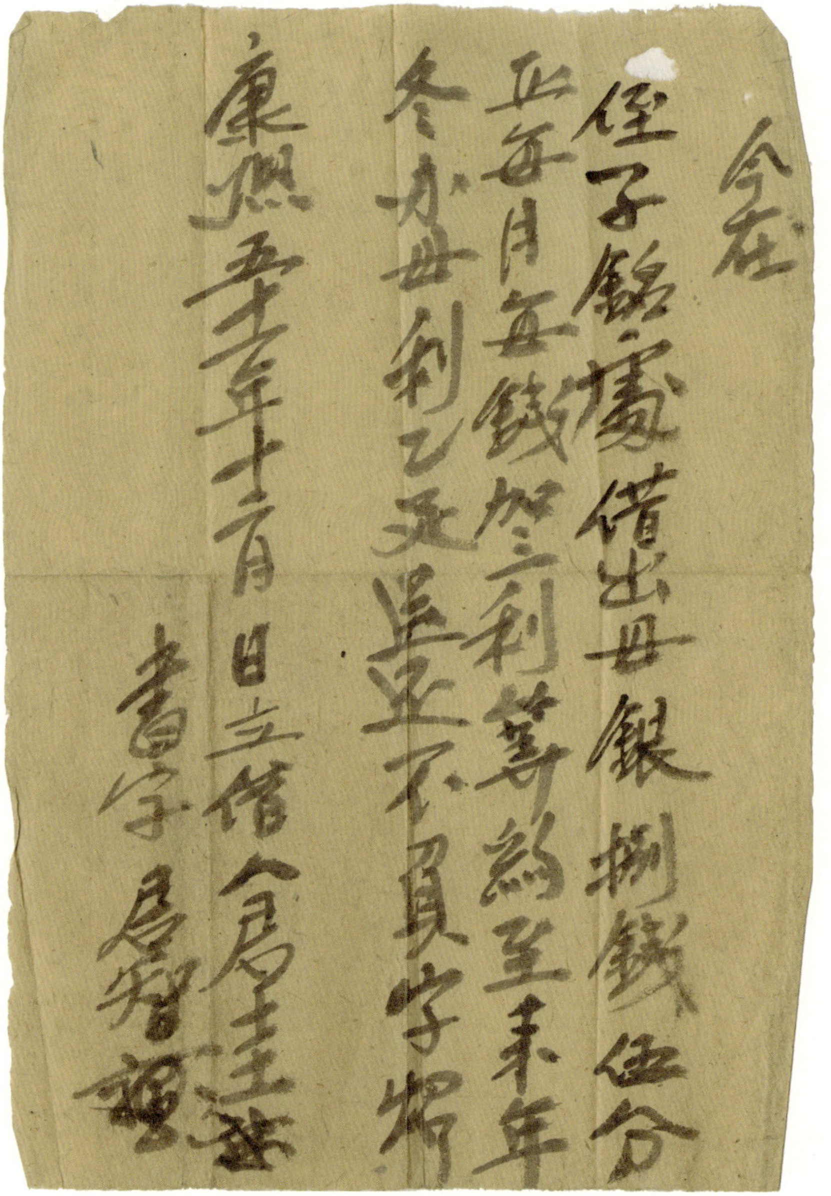
今在
侄子銘處借出母銀捌錢伍分
正每月每錢加三利算約至来年
冬本母利一并還足不負字炤
康熙五十一年十二月 日立借人君圭
書字君智

9-1-8-1　清康熙五十一年十二月楊君圭立借銀字

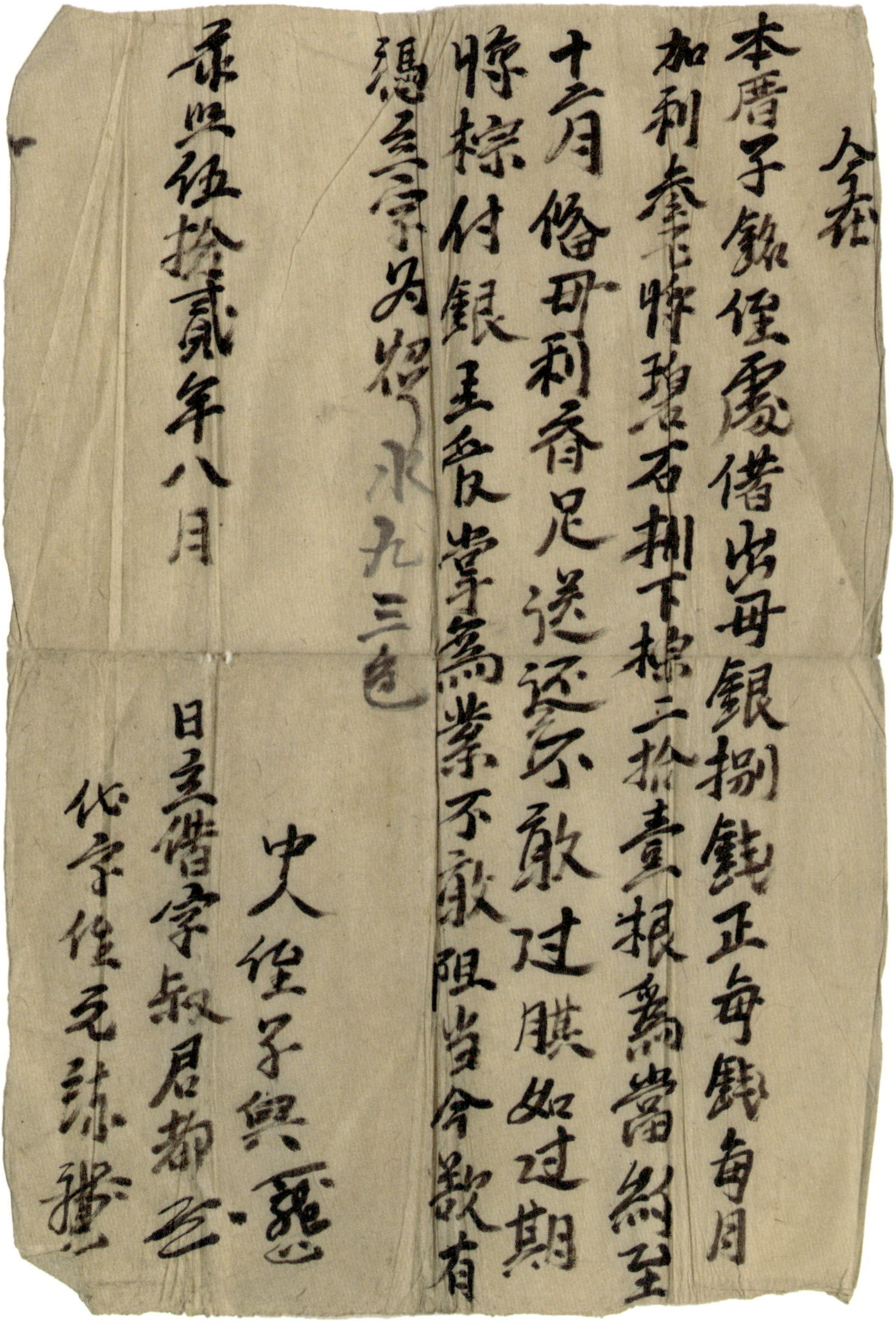

今在

本厝子欽侄處借出母銀捌錢正每錢每月

加利叁厘將碧石排下棕二拾壹根爲當約至

十二月備母利齊足送还不敢过期如过期

將棕付銀主管掌爲業不敢阻當今欲有

憑立字爲照　水九三色

康熙伍拾貳年八月

日立借字叔君都（押）

中人侄子與恩（押）

代字侄元詩（押）

9-1-8-2　清康熙五十二年八月楊君都立借銀字

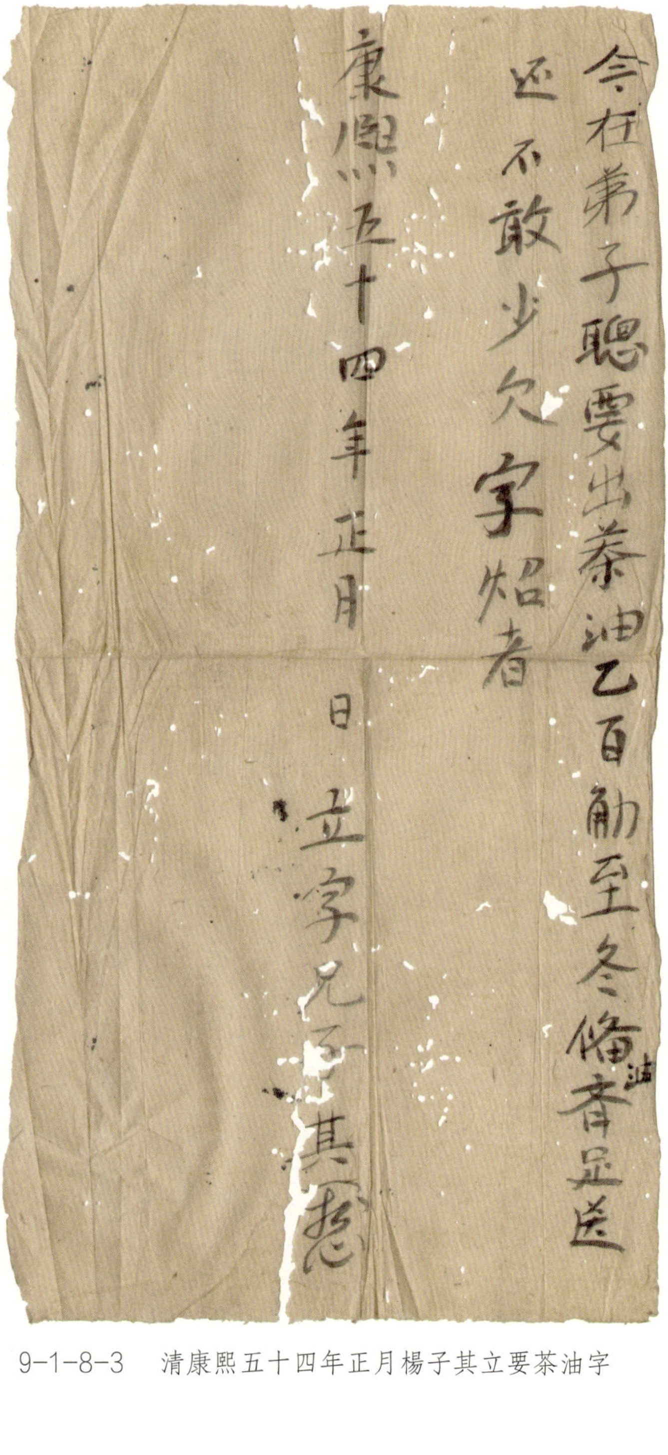

今在弟子聰要出茶油乙百觔至冬備油香足送
还不敢少欠字炤者
康熙五十四年正月　日　立字兄子其聰

9-1-8-3　清康熙五十四年正月楊子其立要茶油字

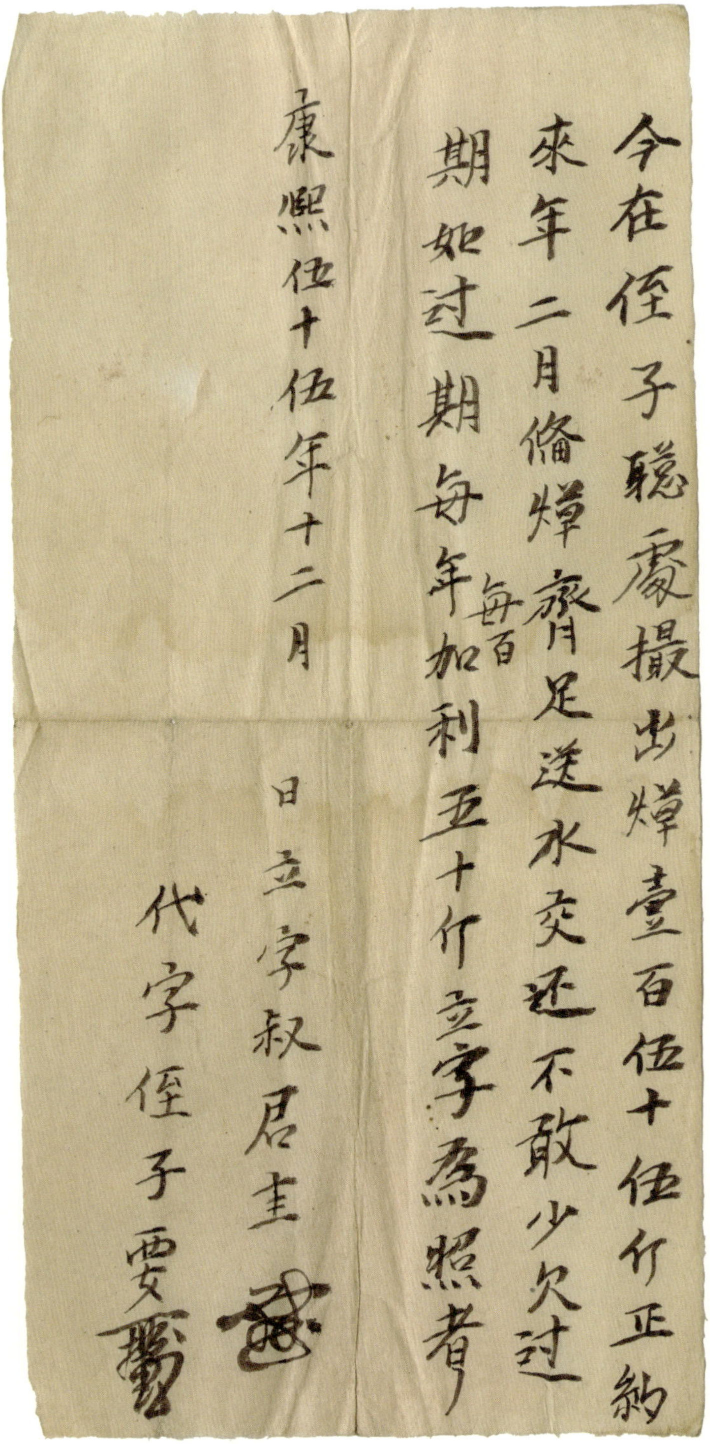
今在侄子聰處撮出焯壹百伍拾伍仟正約
來年二月備焯齊足送水交还不敢少欠过
期如过期每年每百加利五十仟立字為照者
康熙伍拾伍年十二月　日立字叔君圭（押）
代字侄子要（押）

9-1-8-4　清康熙五十五年十二月楊君圭立撮字

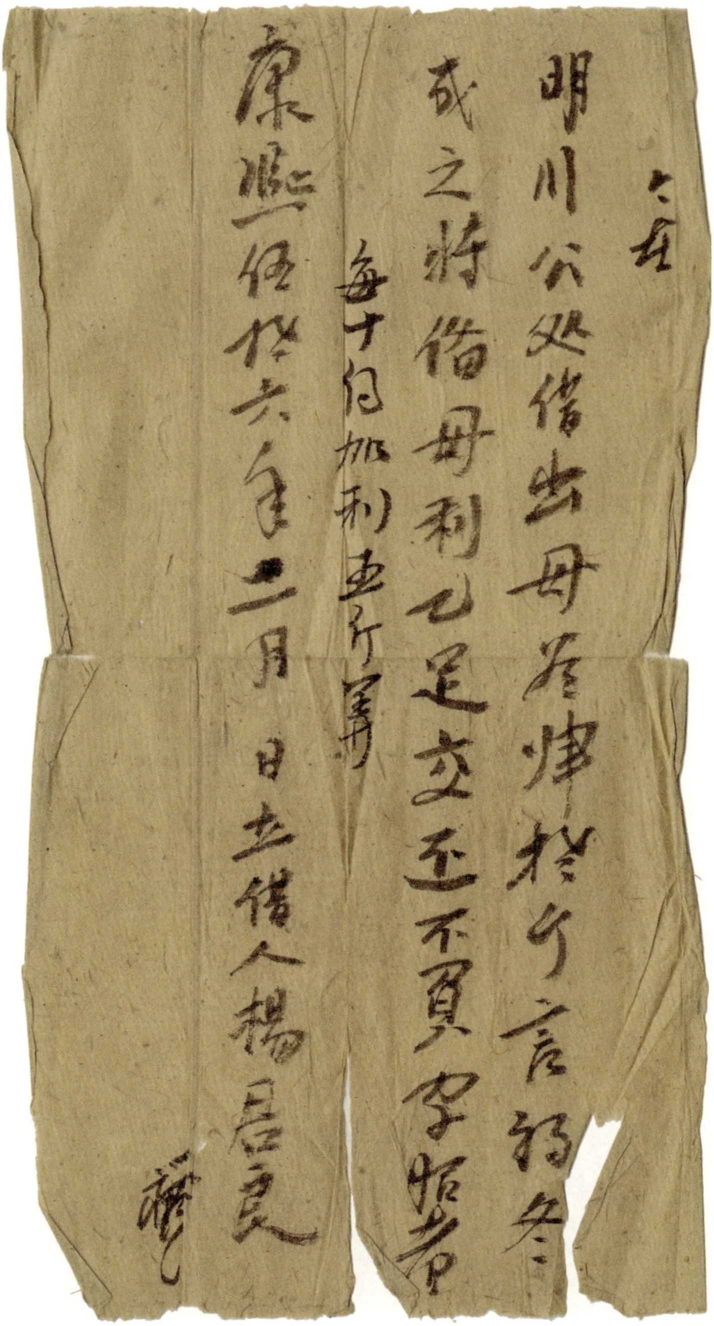
今在
明川公處借出母谷肆拾斤言約冬
成之時將借母利乜足交還不負字照存
每十斤加利五斤算
康熙伍拾六年二月　日立借人楊君良
親筆

9-1-8-5　清康熙五十六年二月楊君良立借穀字

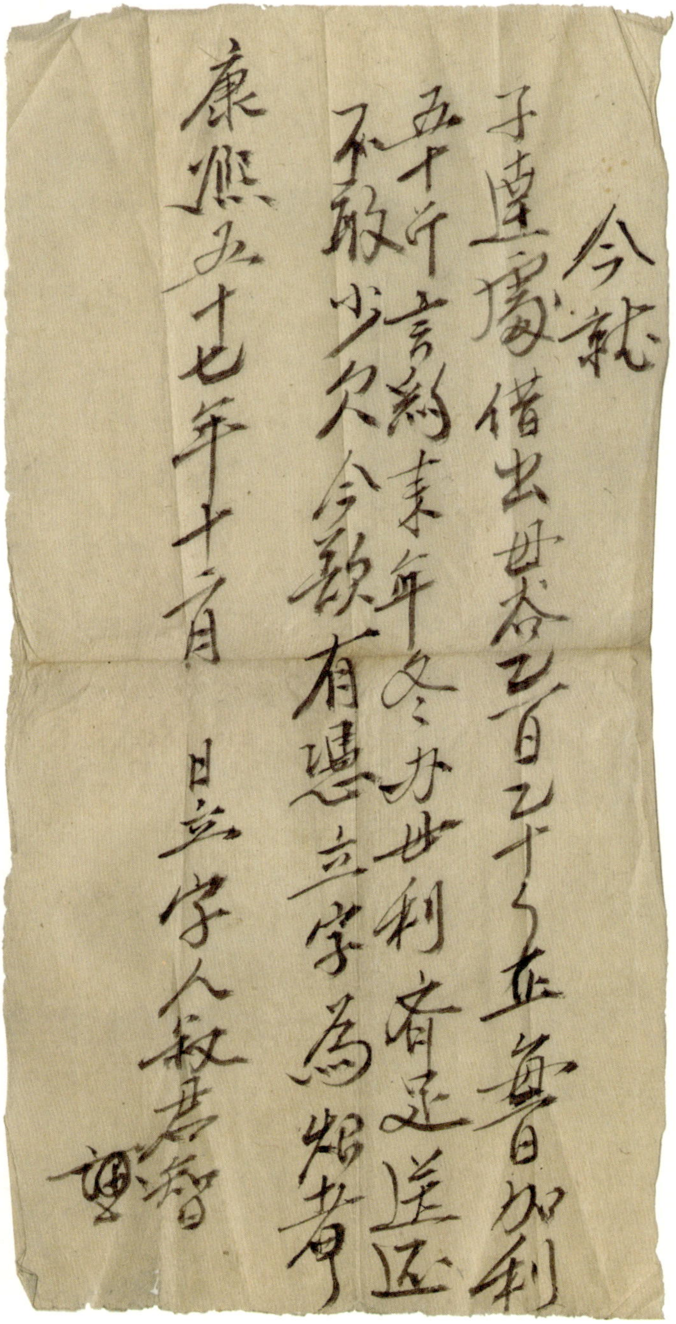

今就
子遠處借出母穀二百二十斤正，每百加利
五十斤，言約來年冬办母利一足送還，
不敢少欠。今欲有憑，立字為照者。
康熙五十七年十二月　日立字人叔君智

9-1-8-6　清康熙五十七年十二月楊君智立借穀字

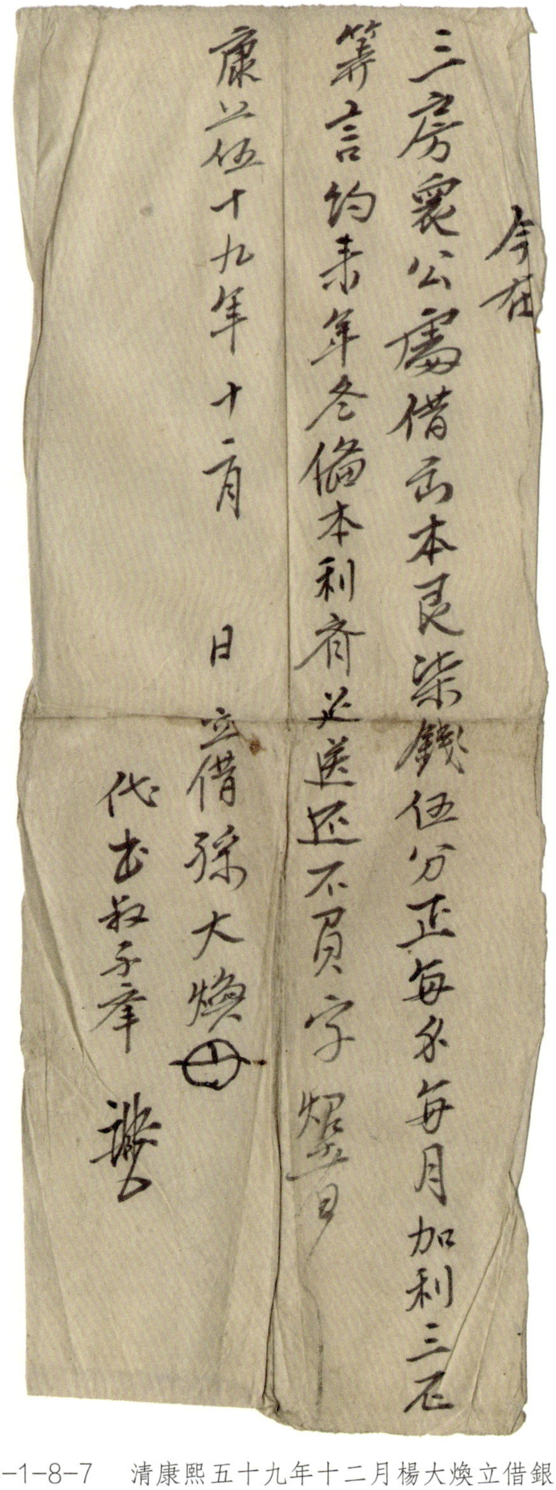
今在
三房衆公處借出本艮柒錢伍分正每兩每月加利三厘
算言約來年冬備本利齊足送還不負字照
康熙伍十九年十二月　日　立借孫大煥（押）
代書叔子章筆

9-1-8-7　清康熙五十九年十二月楊大煥立借銀字

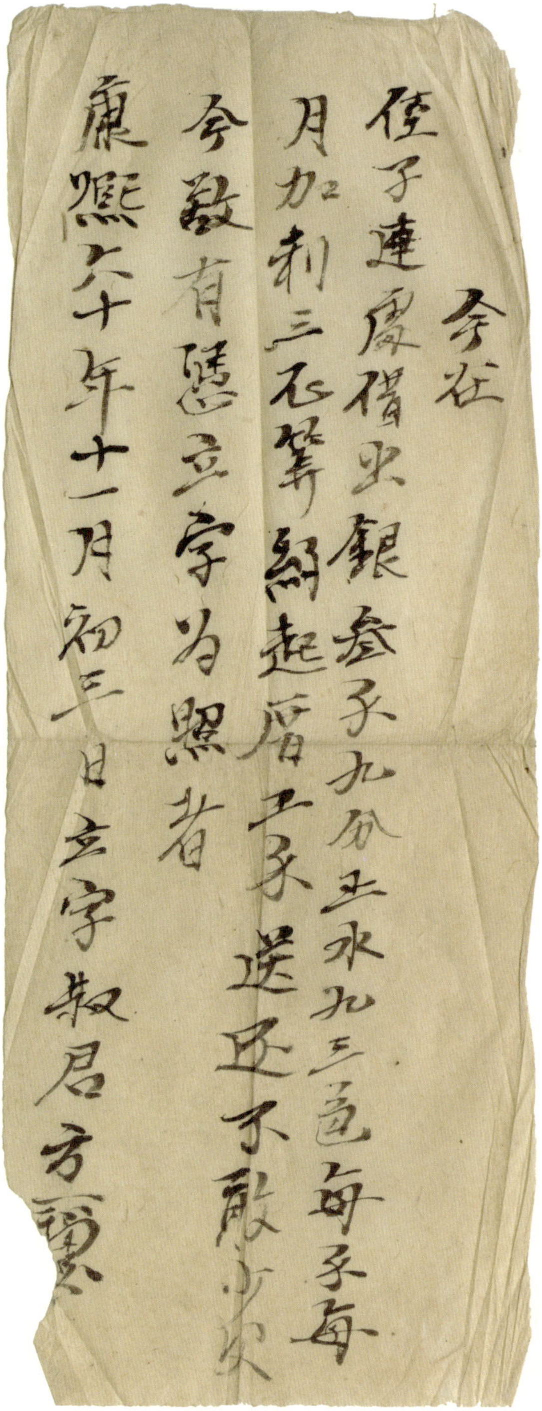

今在

侄子連慶借出銀叁兩九分正水九三色每兩每

月加利三分算納起眉二兩送還不敢少欠

今欲有憑立字為照者

康熙六十年十一月初三日立字叔君方（押）

9-1-8-8　清康熙六十年十一月楊君方立借銀字

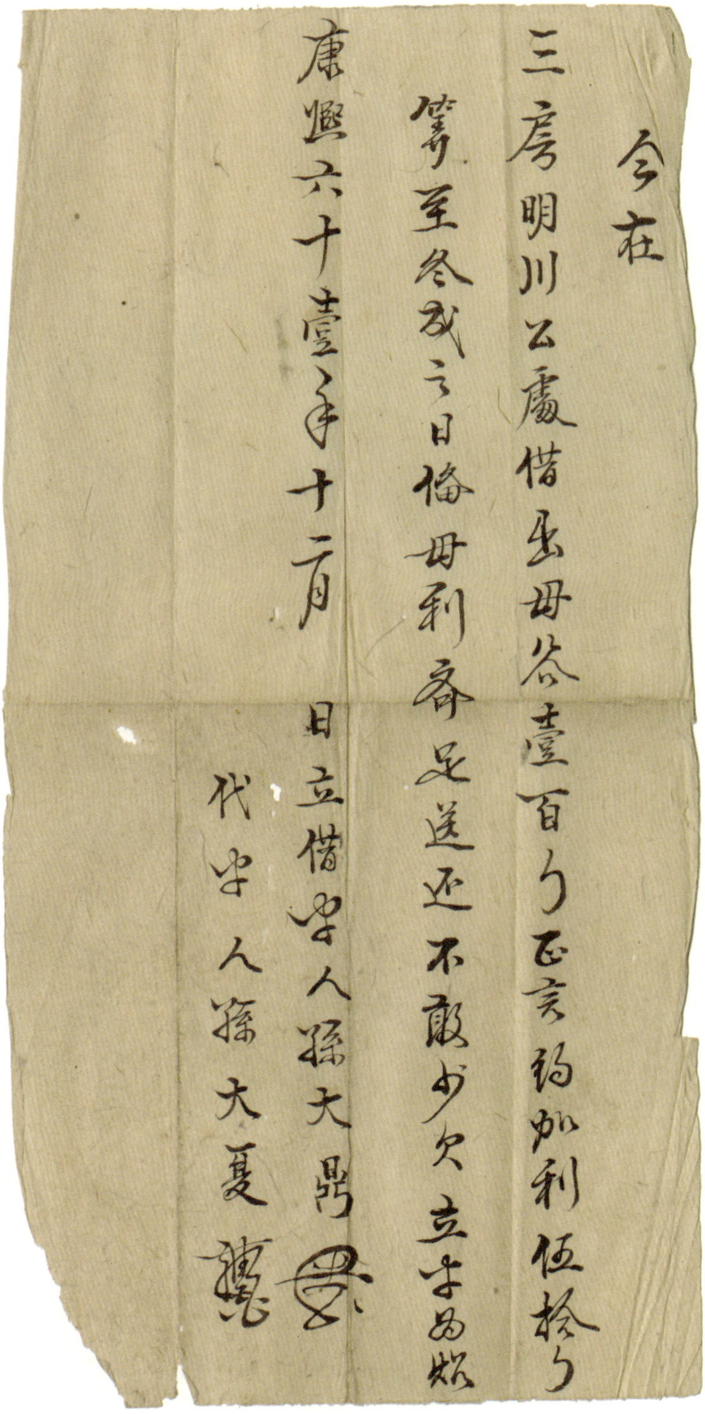

今在
三房明川公處借出母谷壹百斤正，言約加利伍拾斤，
算至冬成之日備母利齊足送还，不敢少欠。立字為照。
康熙六十壹年十二月　日立借字人楊大鼎（押）
代字人楊大夏（押）

9-1-8-9　清康熙六十一年十二月楊大鼎立借穀字

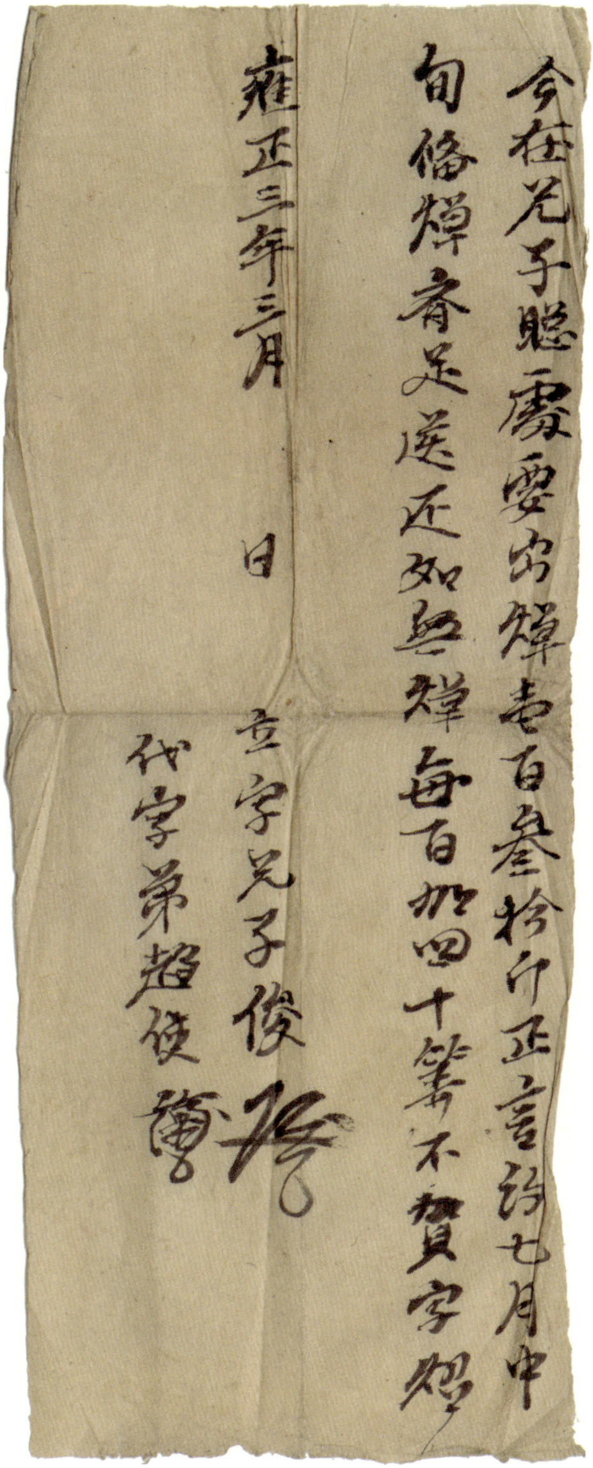
今在兄子聰處要出熚壹百叁拾斤正言訂七月中
旬條熚齊足送還如無熚每百加四十筭不貸字照
雍正三年三月　　日　立字兄子俊（押）
代字弟超俊筆

9-1-8-10　清雍正三年三月楊子俊立要熚字

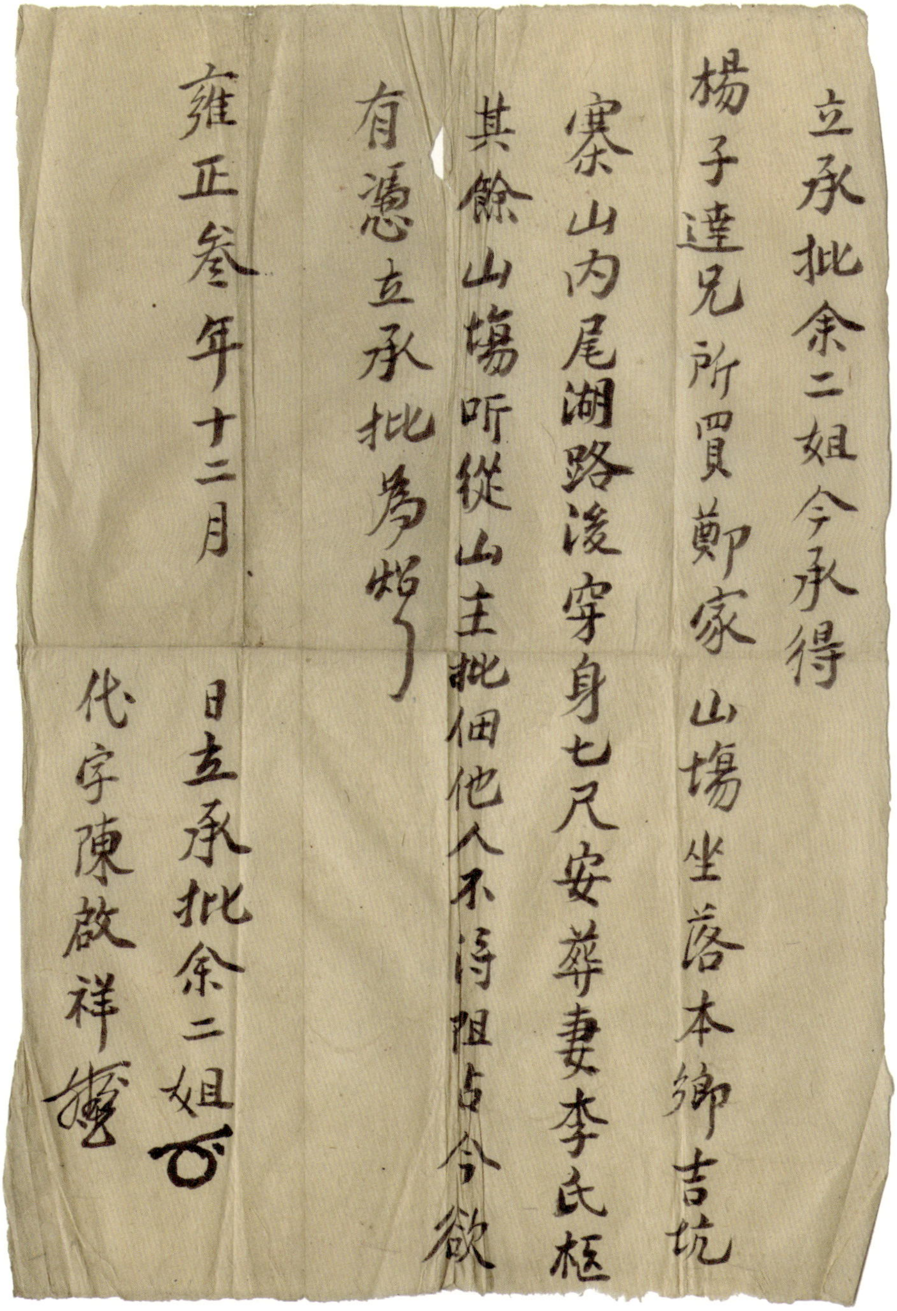
立承批余二姐今承得
楊子達兄所買鄭家山塲坐落本鄉吉坑
寨山内尾湖路後穿身七尺安葬妻李氏柩
其餘山塲听從山主批佃他人不得阻占今欲
有憑立承批為照
雍正叁年十二月日立承批余二姐
代字陳啟祥

9-1-8-11　清雍正三年十二月余二姐立承批山場字

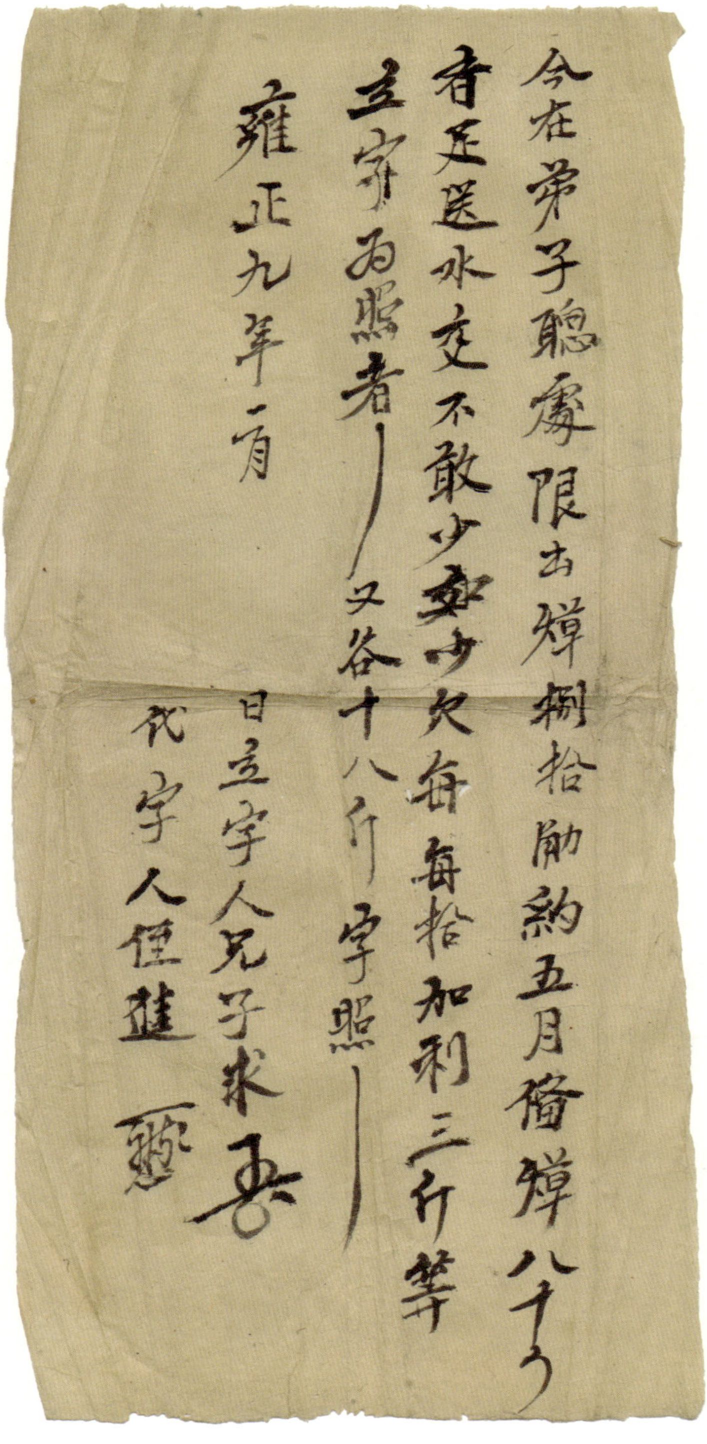

今在弟子聰處限出熚捌拾觔，約五月備熚八十斤

齊足送水交，不敢少~~欠~~少欠，每每拾加利三斤算。

立字為照者。又谷十八斤字照。

雍正九年二月　日立字人兄子求

代字人侄蓮

9-1-8-12　清雍正九年二月楊子求立限熚字

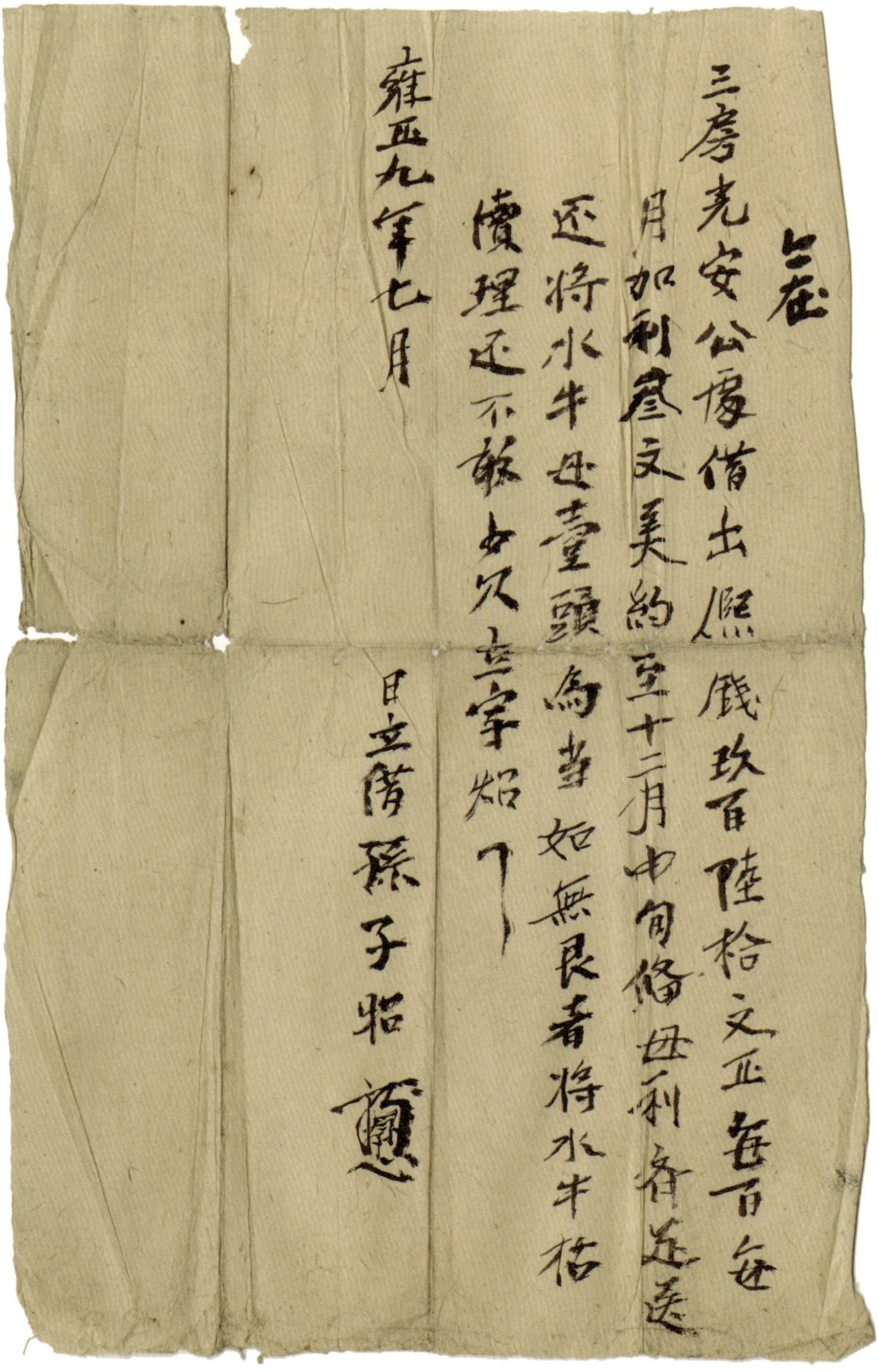
今在
三房光安公處借出應錢玖百陸拾文正每百每
月加利叁文美約至十二月中旬備母利齊足送
还将水牛母壹頭爲当如無艮者将水牛抵
債理还不敢女久立字炤
雍正九年七月　日立借孫子昭

9-1-8-13　清雍正九年七月楊子昭立借錢字

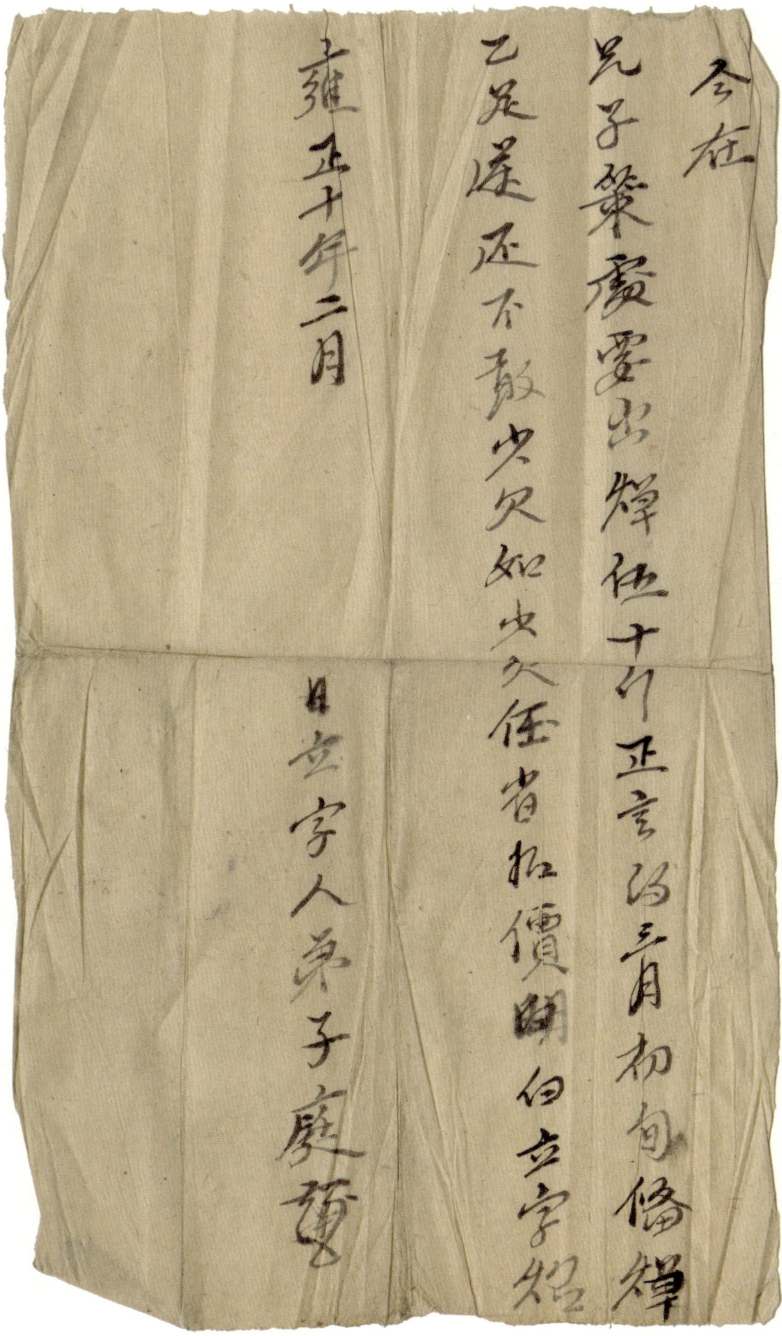

今在
兄子棠處要出焯伍十斤正言約三月初旬備焯
已足送還不敢少欠如少欠任省扣價明白立字照
雍正十年二月　日立字人弟子庭（押）

9-1-8-14　清雍正十年二月楊子庭立要焯字

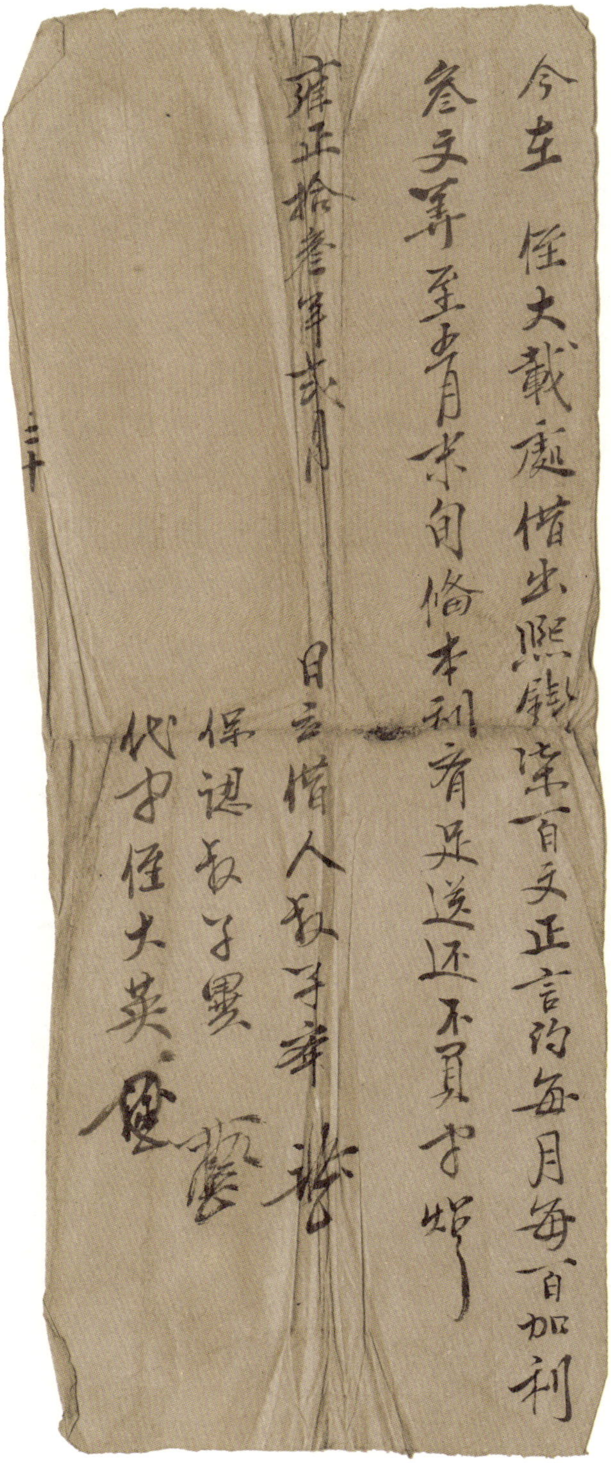
今在侄大載處借出照錢柒百文正，言約每月每百加利叁文，筭至十二月求日備本利齊足送还，不負寸[illegible]。
雍正拾叁年貳月　日立借人楊子斈（押）
保認楊子墨（押）
代字侄大英（押）

9-1-8-15　清雍正十三年二月楊子斈立借錢字

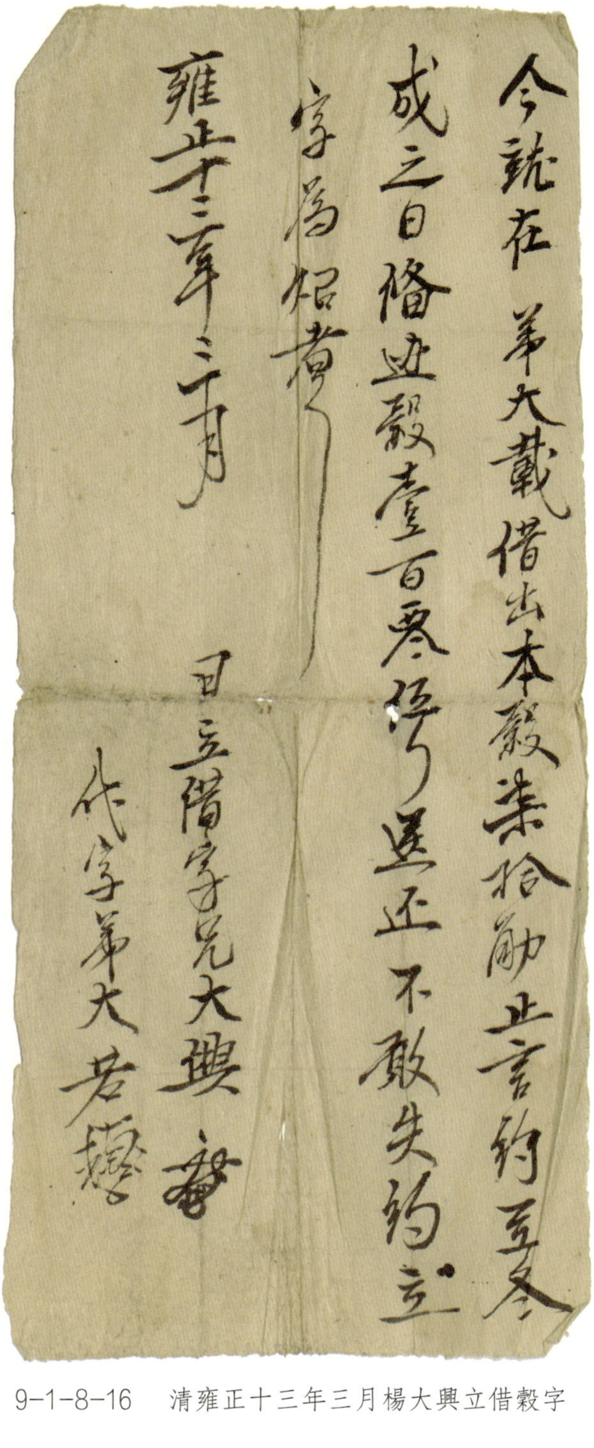

今號在弟大載借出本穀柒拾觔，其言約至冬
成之日備办穀壹百叁拾觔送还，不敢失约。立
字爲炤者。
雍正十三年三月　日立借字兄大興（押）
代字弟大若（押）

9-1-8-16　清雍正十三年三月楊大興立借穀字

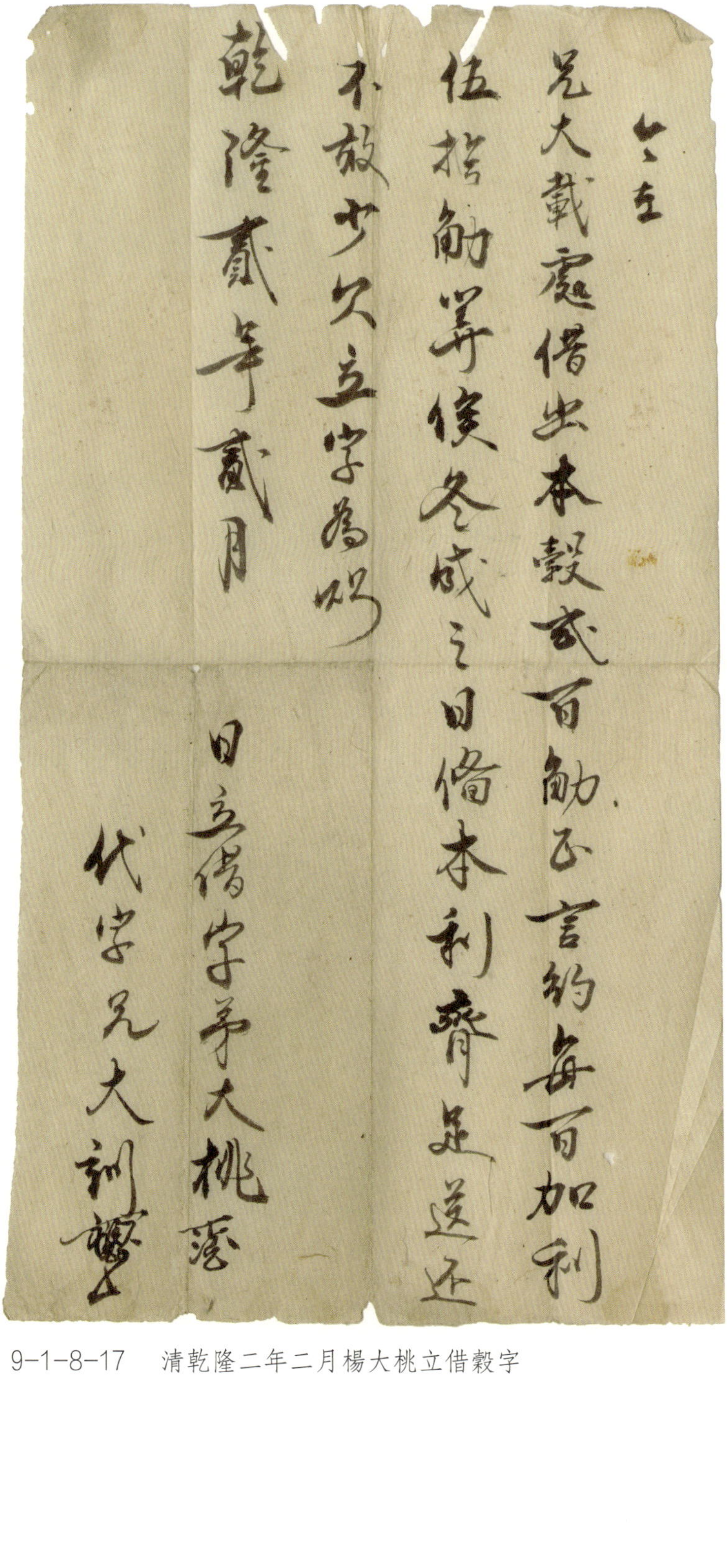
今在
兄大載處借出本穀貳百觔正言約每百加利
伍拾觔算候冬成之日備本利齊足送还
不敢少欠立字為昭
乾隆貳年貳月　日立借字弟大桃
代字兄大訓

9-1-8-17　清乾隆二年二月楊大桃立借穀字

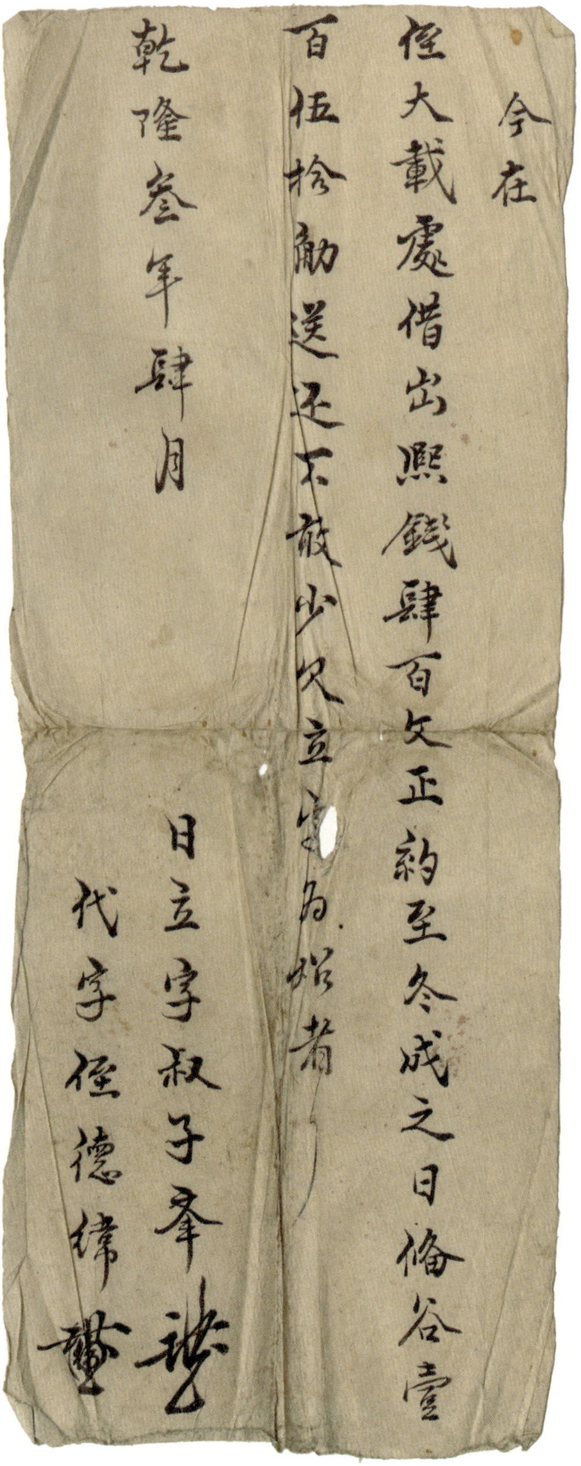
今在
侄大載處借出熈錢肆百文正約至冬成之日備谷壹
百伍拾觔送还不敢少欠立字為炤者
乾隆叁年肆月　日立字叔子峯
代字侄德緯

9-1-8-18　清乾隆三年四月楊子峯立借錢字

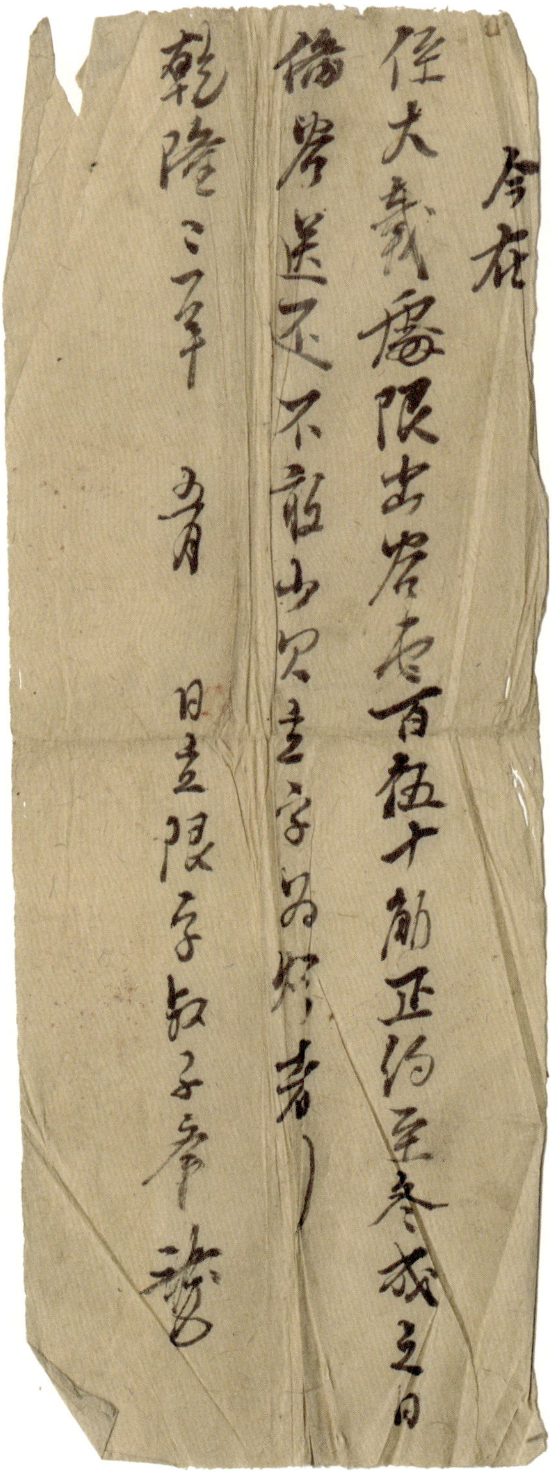
今在
侄大義處限出谷壹百伍十觔近約至冬成之日
備谷送还不能少欠立字為照者
乾隆三年　五月　日立限字叔子夆

9-1-8-19　清乾隆三年五月楊子夆立限穀字

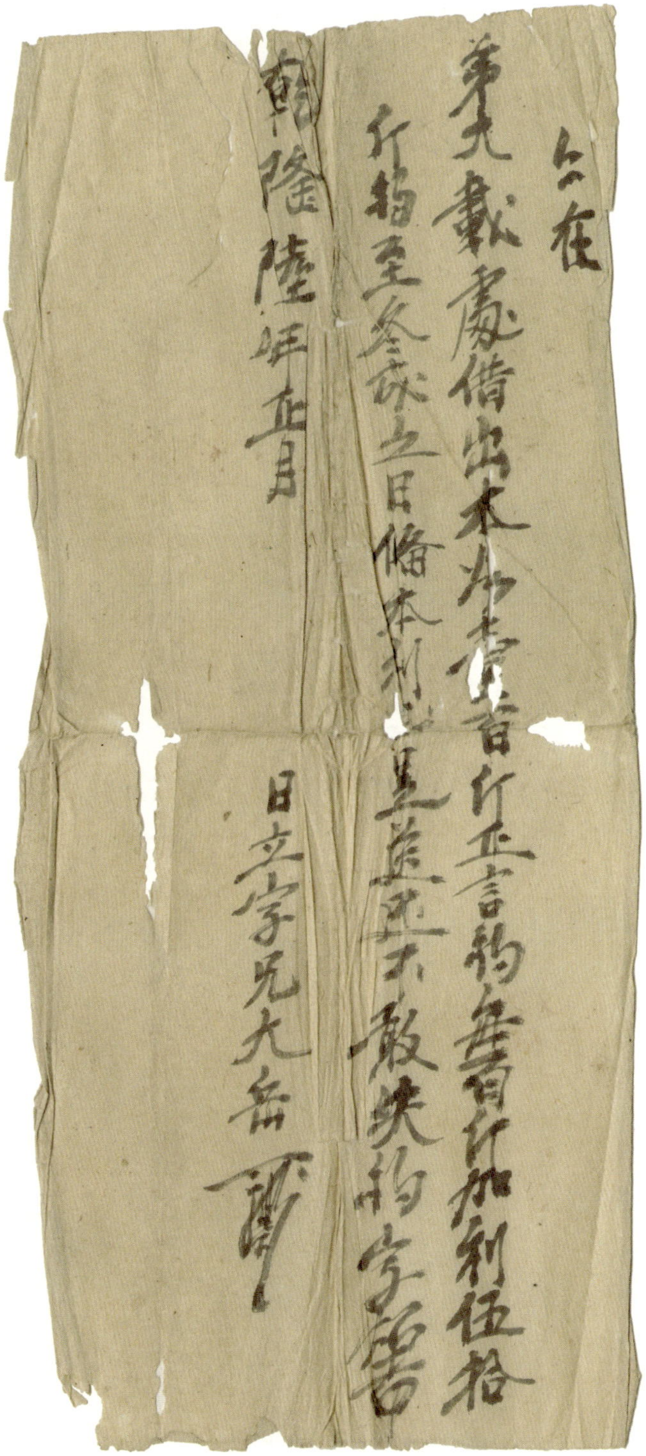

今在

弟大載處借出本谷壹佰斤正言約每佰斤加利伍拾

斤約至冬成之日備本利谷一并送還不敢缺約字照

乾隆陸年正月　日立字兄大岳（押）

9-1-8-20　清乾隆六年正月楊大岳立借穀字

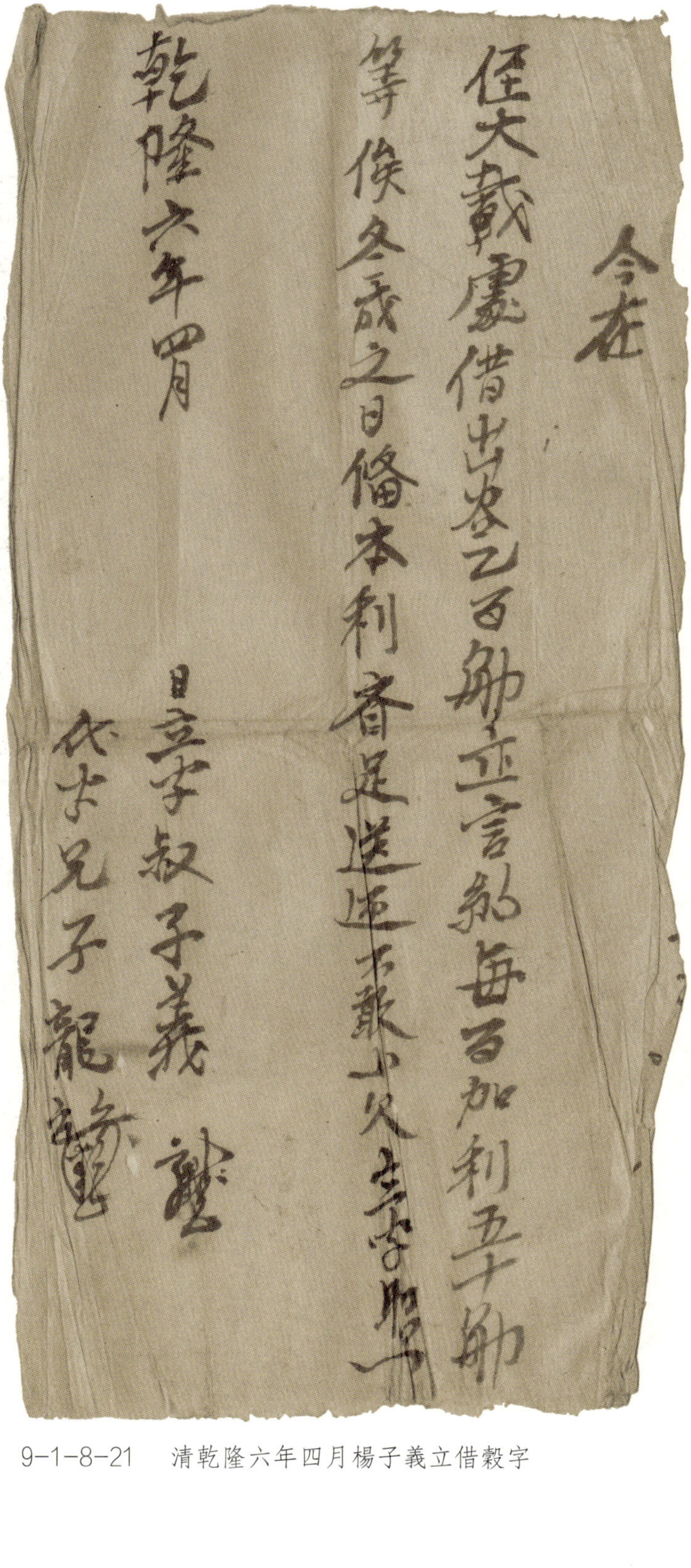
今在
侄大載處借出谷乙百觔並言約每百加利五十觔
等候冬成之日備本利齊足送还不敢少欠 立字照一
乾隆六年四月 日立字叔子義（押）
代字兄子龍（押）

9-1-8-21　清乾隆六年四月楊子義立借穀字

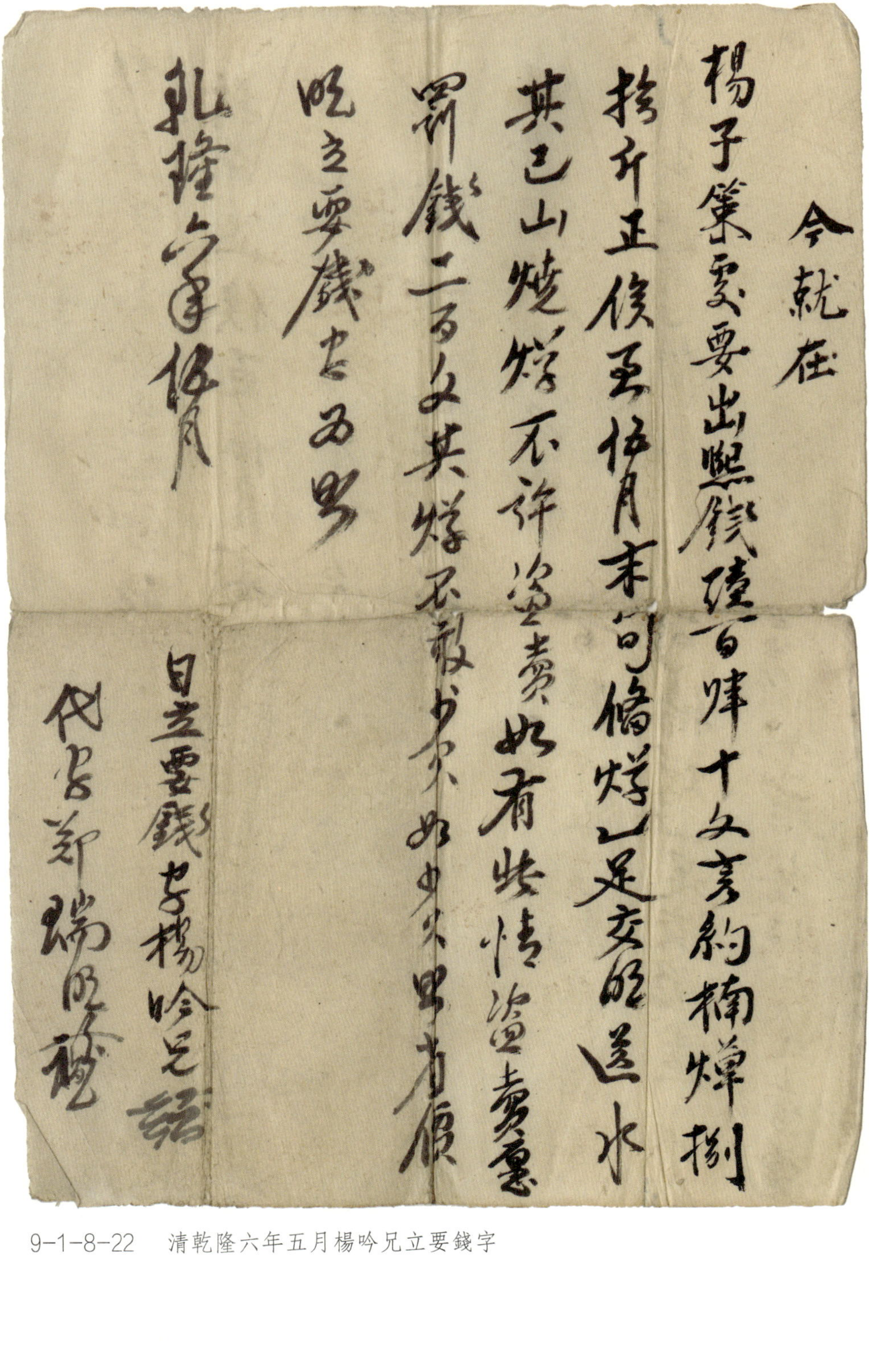

今就在
楊子策處要出與錢壹百肆十文言約楠煇捌
揹斤正俟至拾月末可偹烊山足交與送水
其己山煻烊不許盜賣如有此情盜賣惠
罰錢二百文其烊不敢少欠如少欠甲有償
恐立要錢字為照
乾隆六年五月
日立要錢字楊吟兄 押
代字鄭瑞明[illegible]

9-1-8-22　清乾隆六年五月楊吟兄立要錢字

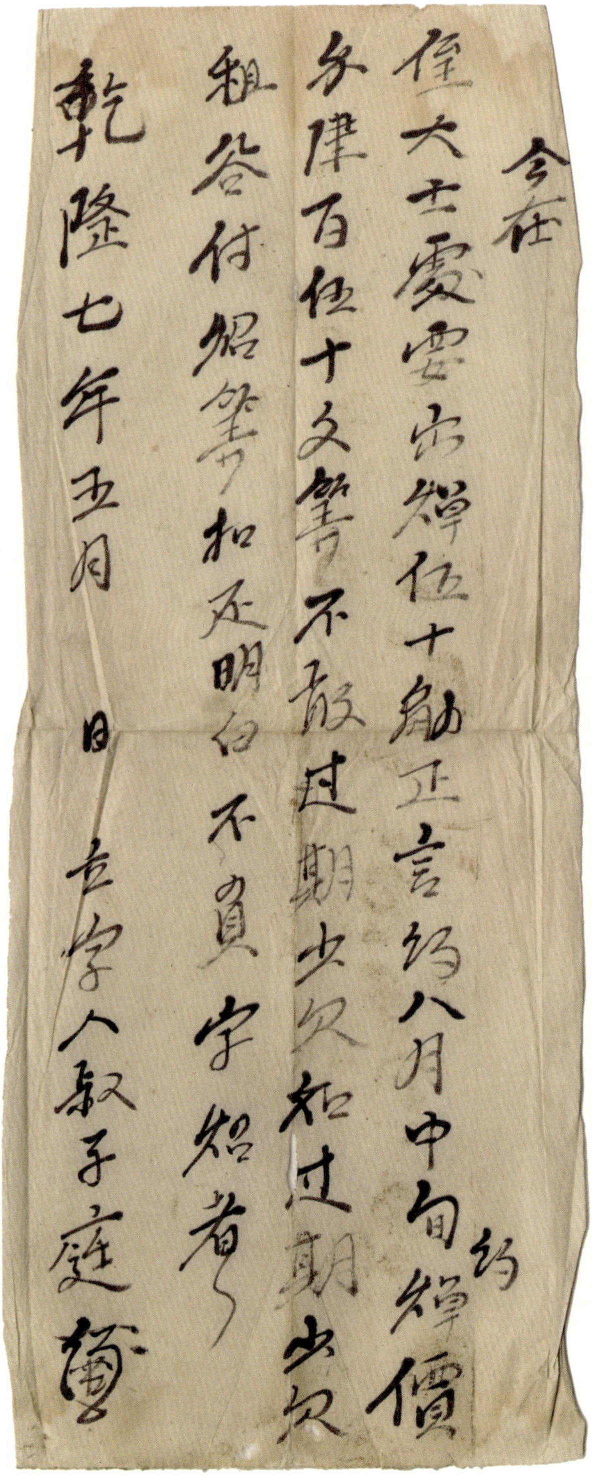
今在
侄大士處要出焊伍十觔正言約八月中旬焊價約
每肆百伍十文筭不敢过期出欠如过期出欠
租谷付照筭扣还明白不負字照者
乾隆七年五月　　日　　立字人叔子庭（押）

9-1-8-23　清乾隆七年五月楊子庭立要焊字

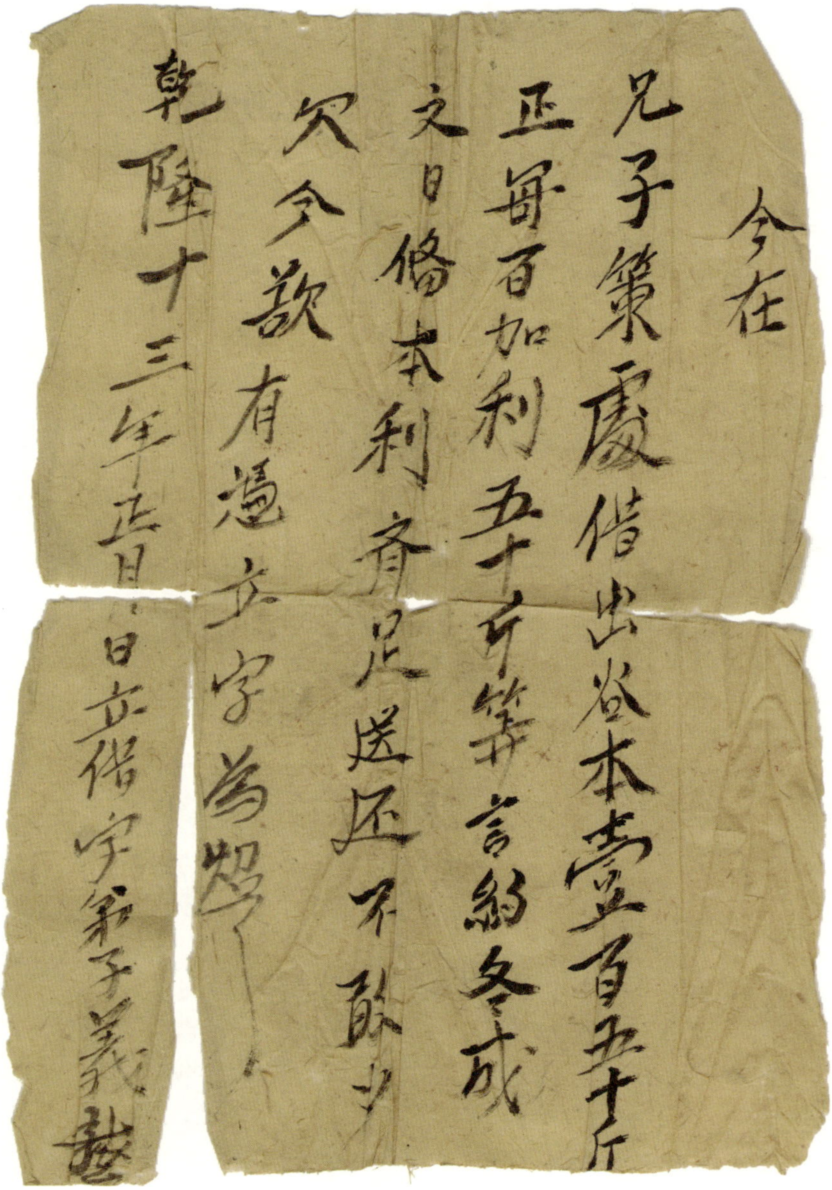
今在
兄子篆處借出谷本壹百五十斤
正每百加利五十斤等言約冬成
之日備本利齊足送還不敢少
欠今欲有憑立字為照
乾隆十三年正月　日立借字叔子義（押）

9-1-8-24　清乾隆十三年正月楊子義立借穀字

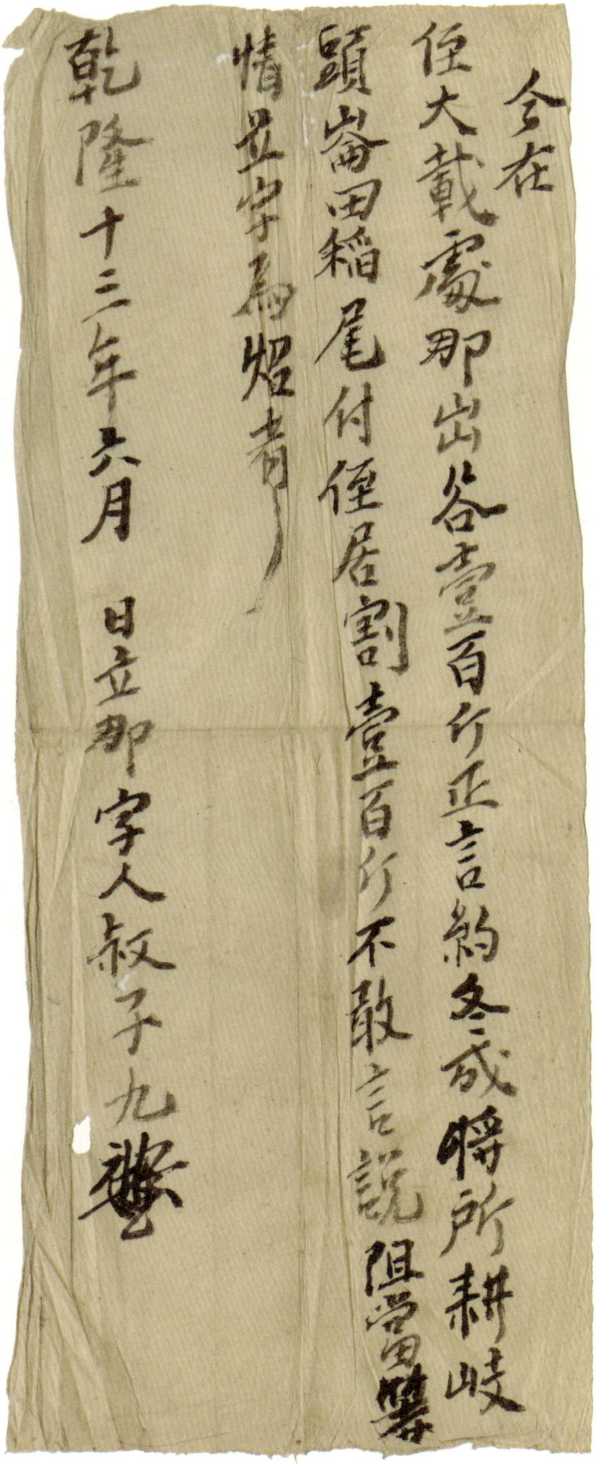
今在
侄大載處那出谷壹百斤正言約冬成將所耕岐
頭崙田稻尾付侄居割壹百斤不敢言說阻當田業
情並字爲炤者
乾隆十三年六月　日立那字人叔子九（押）

9-1-8-25　清乾隆十三年六月楊子九立那穀字

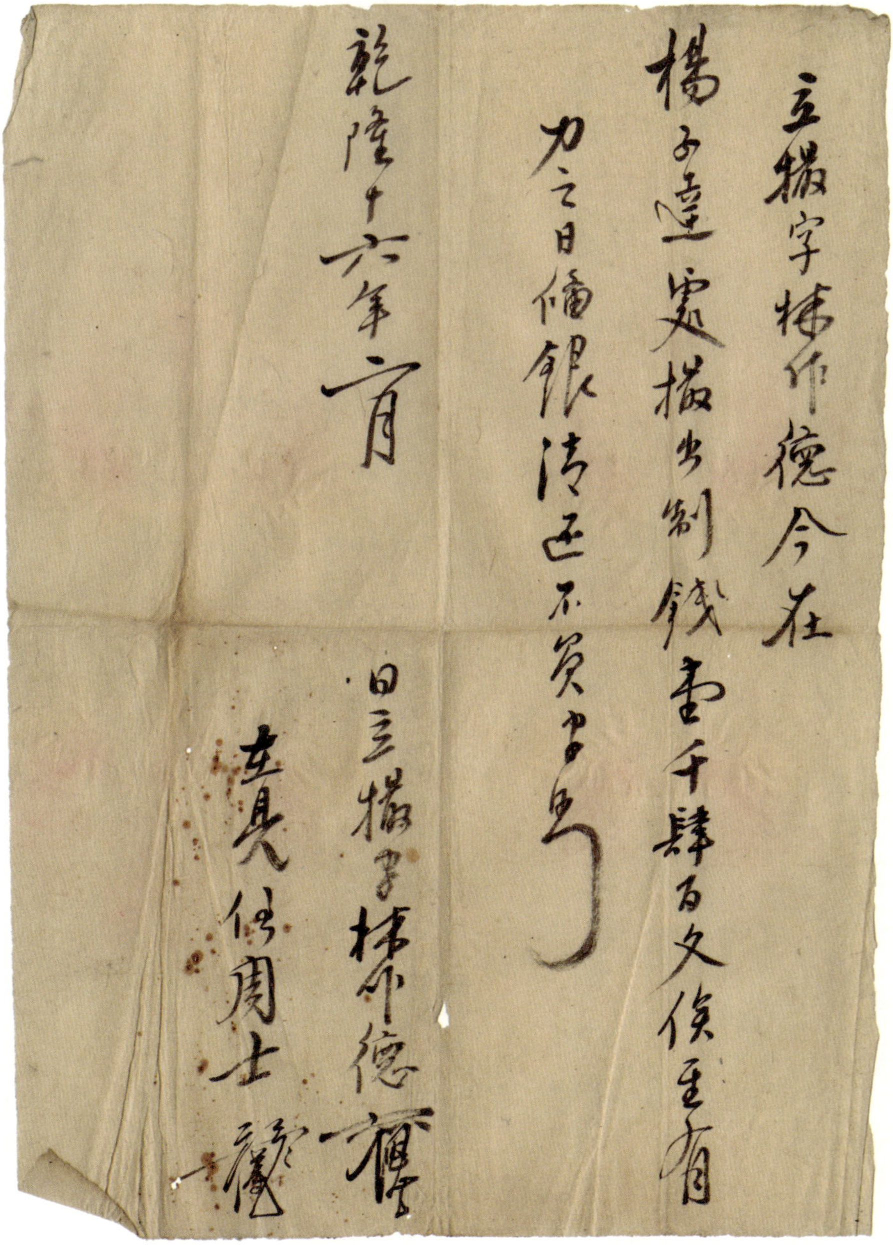

立撮字林作德今在
楊子達處撮出制錢壹千肆百文俟至有
力之日備銀清还不負此照
乾隆十六年二月　日立撮字林作德（押）
在見保周士（押）

9-1-8-26　清乾隆十六年二月林作德立撮字

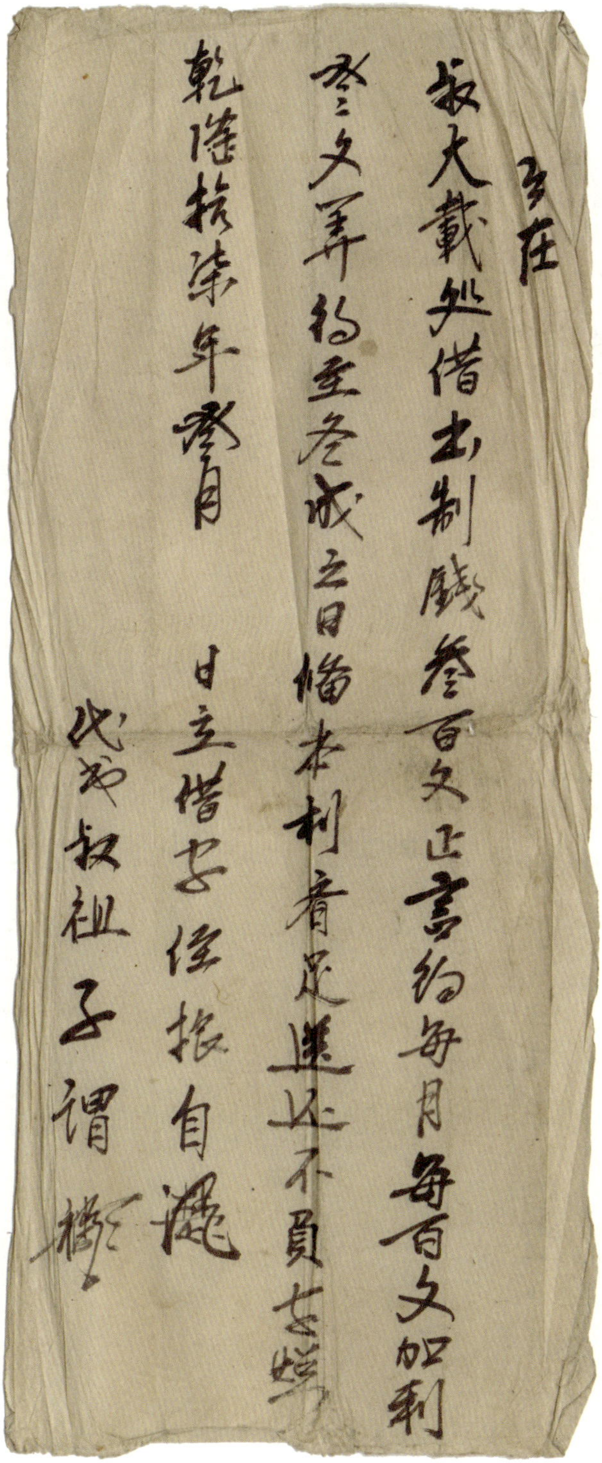

今在
叔大載處借出制錢叁百文正，言約每月每百文加利
叁文算，約至叁成之日備本利齊足送還，不負[illegible][illegible]。
乾隆拾柒年叁月　日立借字侄振自（押）
代書叔祖子謂（押）

9-1-8-27　清乾隆十七年三月楊振自立借錢字

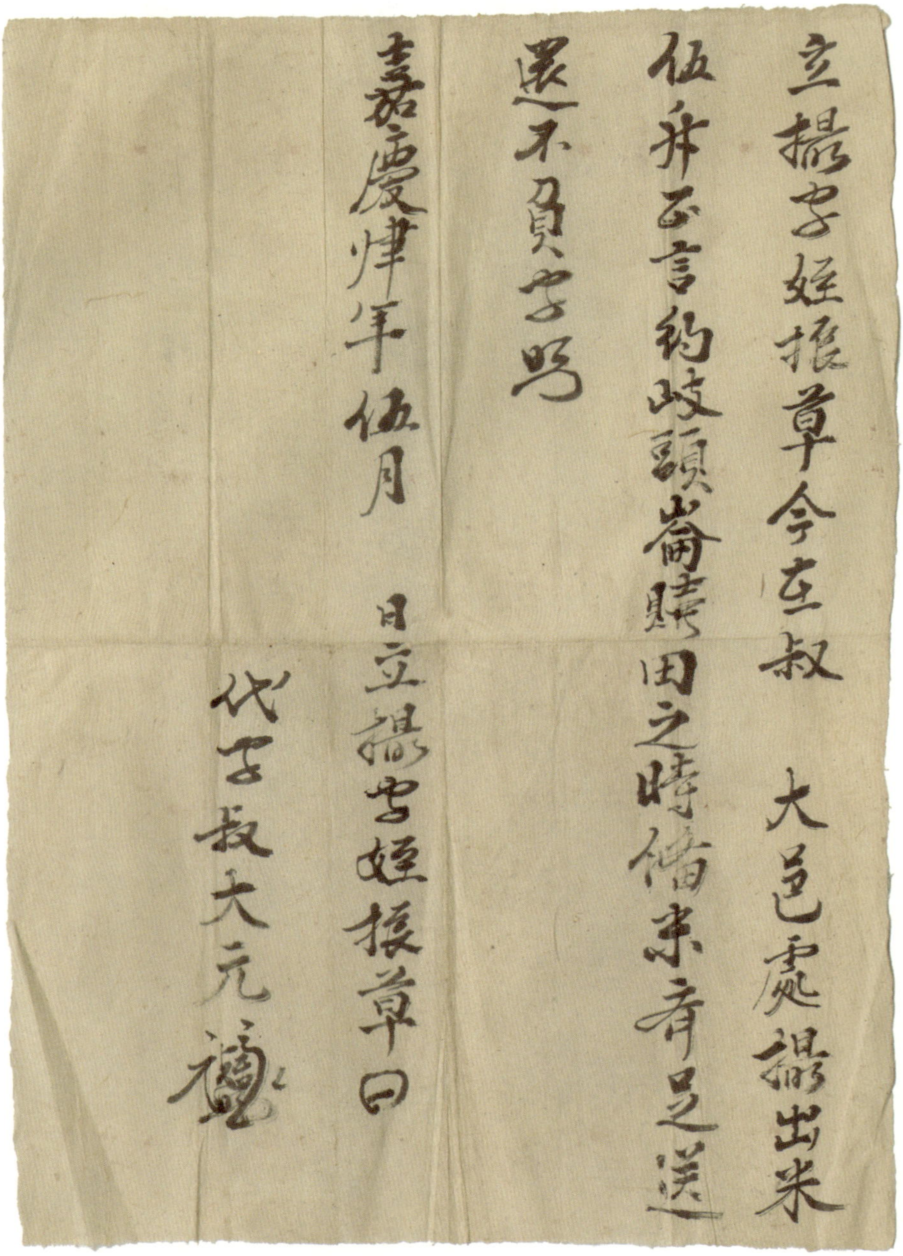
立撮字姪振草今在叔　大邑處撮出米
伍升正言約歧頭崙睦田之時備來本足送
還不負字明
嘉慶肆年伍月　　日立撮字姪振草曰
代字叔大元

9-1-8-28　清嘉慶四年五月楊振草立撮字

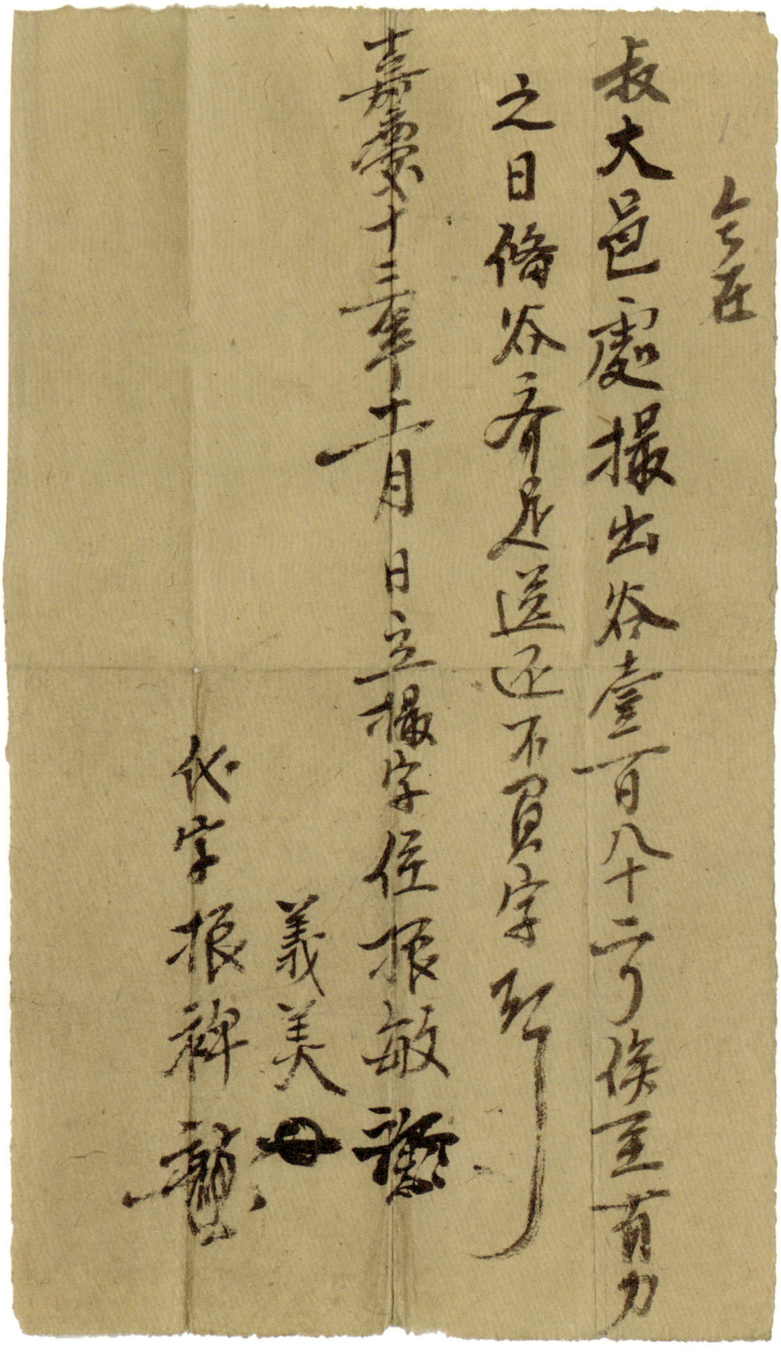
今在
表大邑處撮出谷壹百八十斤係至貢力
之日備谷齊足送還不負字約
嘉慶十三年十一月　日立撮字侄振敏（押）
義美（押）
代字根祥（押）

9-1-8-29　清嘉慶十三年十一月楊振敏立撮字

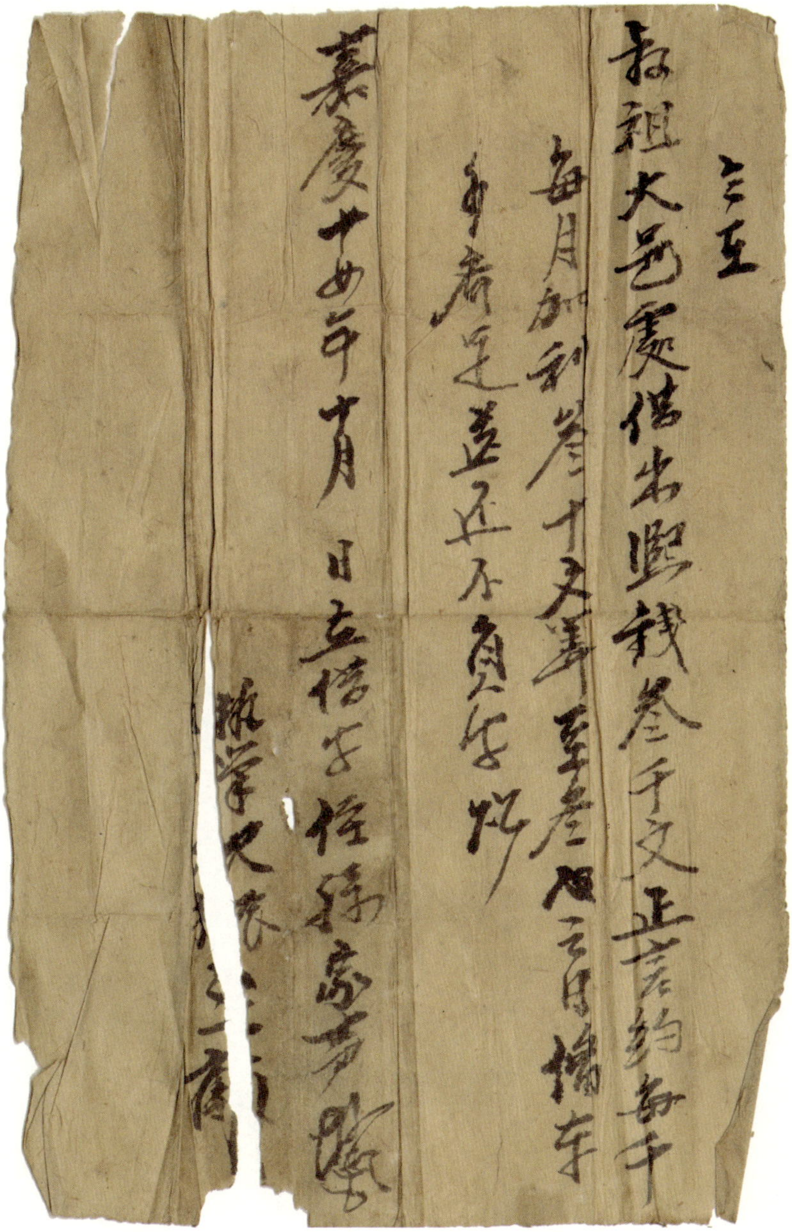
三至

叔祖大邑處借出銅錢叁千文正，言約每千每月加利叁十文，算至叁个三月備本，本利足並還，不負字據。

嘉慶十四年十月　日立借字侄孫家声[illegible]

執筆父[illegible]

9-1-8-30　清嘉慶十四年十月楊家声立借錢字

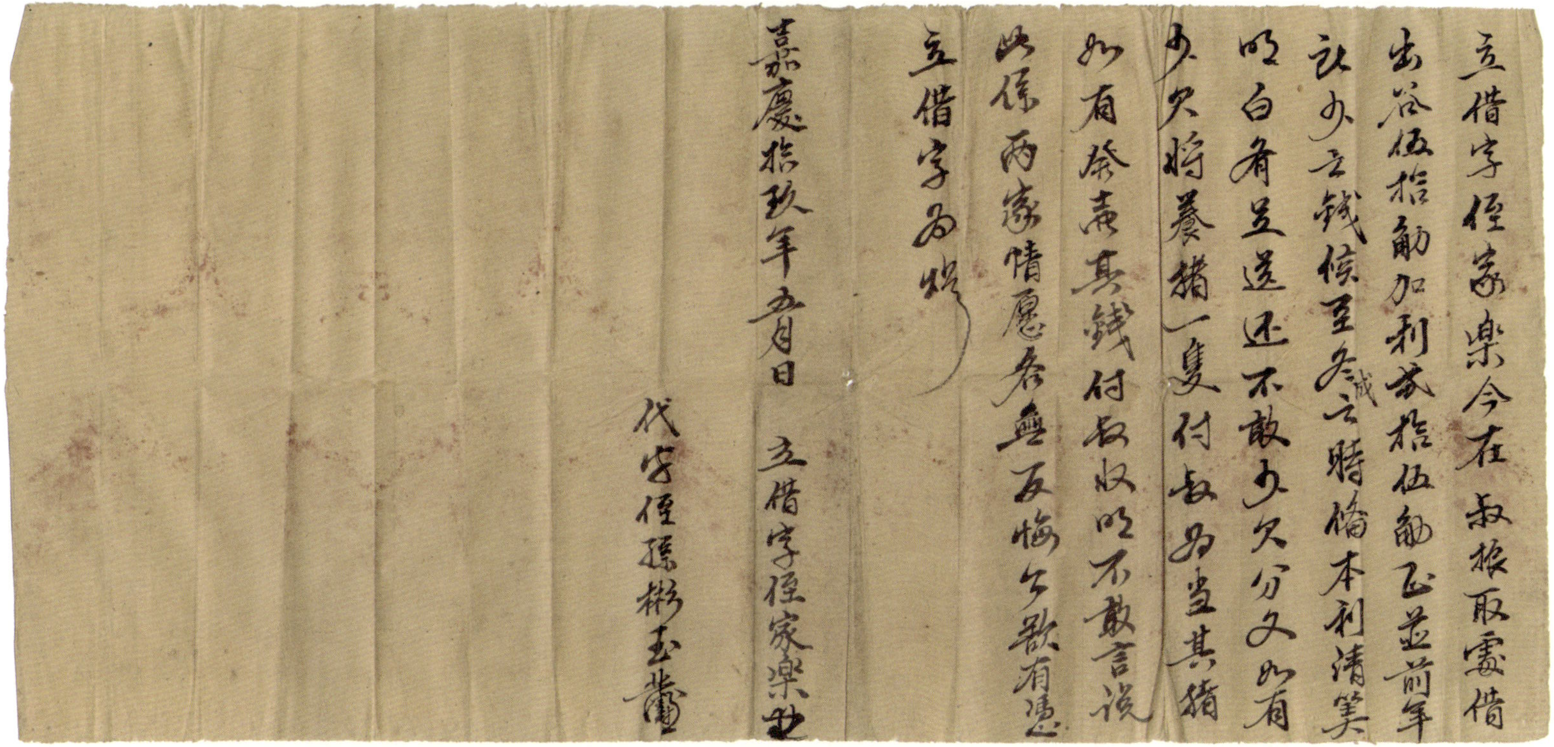
立借字侄家樂今在　叔根取處借
出谷伍拾觔加利式拾伍觔正並前年
詑少之錢侯至冬成之時備本利清楚
明白角足送還不敢少欠分文如有
少欠將養豬一隻付　叔為當其豬
如有茶春其錢付　叔收明不敢言說
此係兩家情愿各無反悔今欲有憑
立借字為照

嘉慶拾玖年五月　日　立借字侄家樂（押）

代字侄孫彬玉（押）

9-1-8-31　清嘉慶十九年五月楊家樂立借穀字

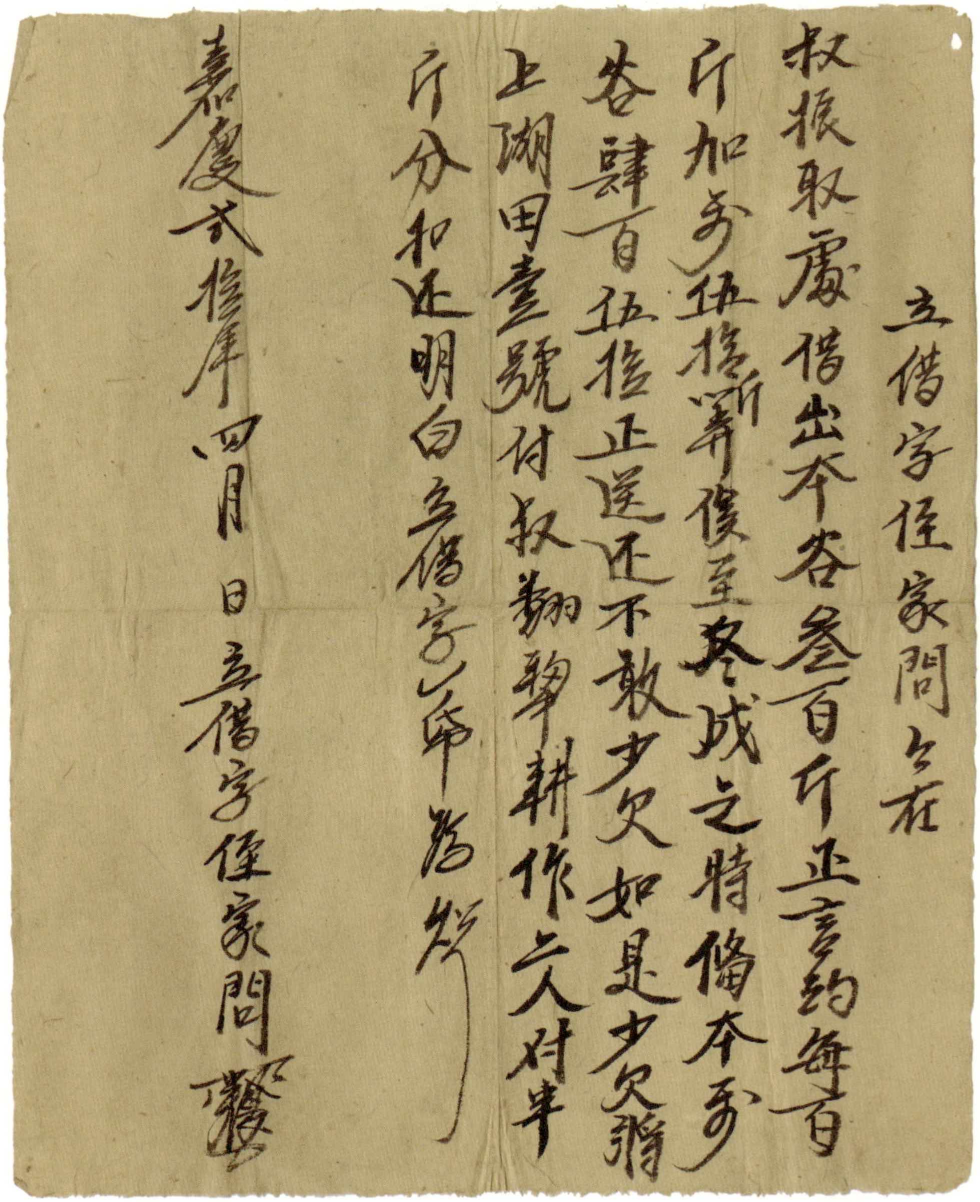

立借字侄家問今在
叔振取處借出本谷叁百斤正言約每百
斤加利伍拾斤筭俟至冬成之時備本利
谷肆百伍拾斤正送还不敢少欠如是少欠將
上湖田壹號付叔翻犁耕作二人對半
斤分和还明白立借字乙紙為照
嘉慶貳拾年四月　日立借字侄家問（押）

9-1-8-32　清嘉慶二十年四月楊家問立借穀字

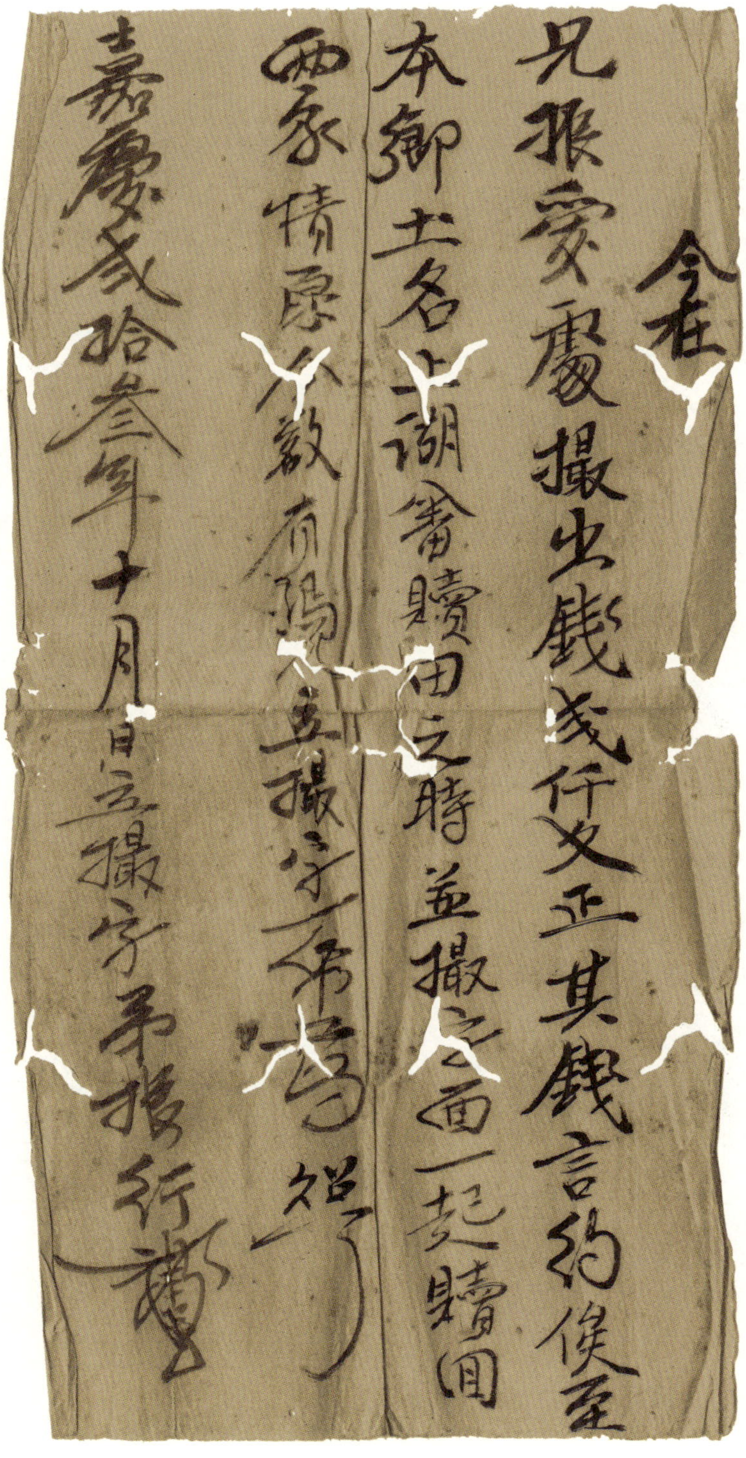

今在
兄振豪慶撮出錢弍仟文正，其錢言約俟至
本鄉土名上湖翁贖田之時，並撮之面一起支贖回。
兩家情愿分數，有憑，立撮字一紙爲照。
嘉慶弍拾叁年十月　日立撮字弟振行（押）

9-1-8-33　清嘉慶二十三年十月楊振行立撮字

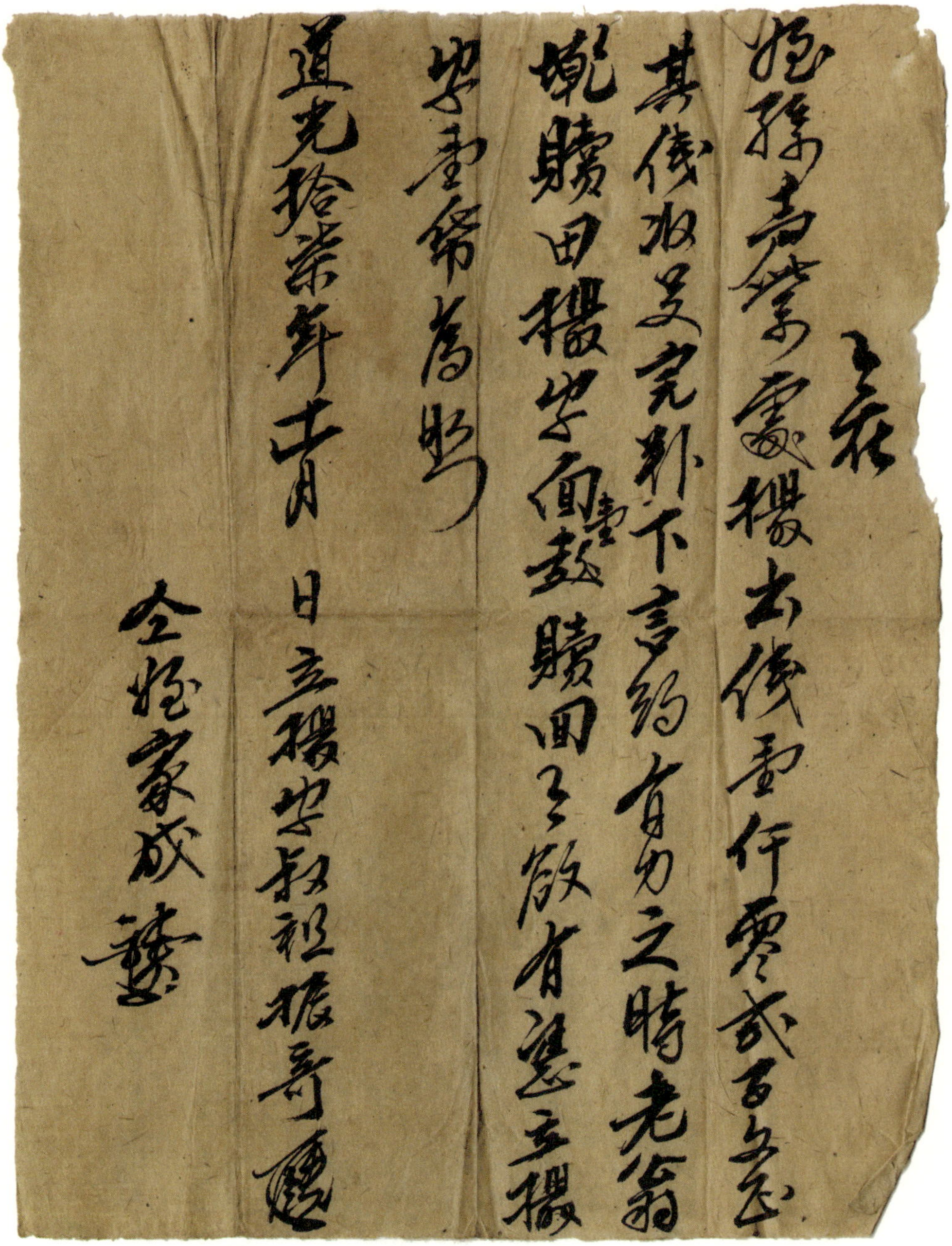
姪孫声鑾處撮出錢壹仟零貳百文在
其錢收足完訖不言約有力之時老翁
墘贖田撮字面壹趙贖回不敢有憑立撮
字壹紙為照
道光拾柒年十一月　日立撮字叔祖振奇
仝姪家成筆

9-1-8-34　清道光十七年十一月楊振奇立撮字

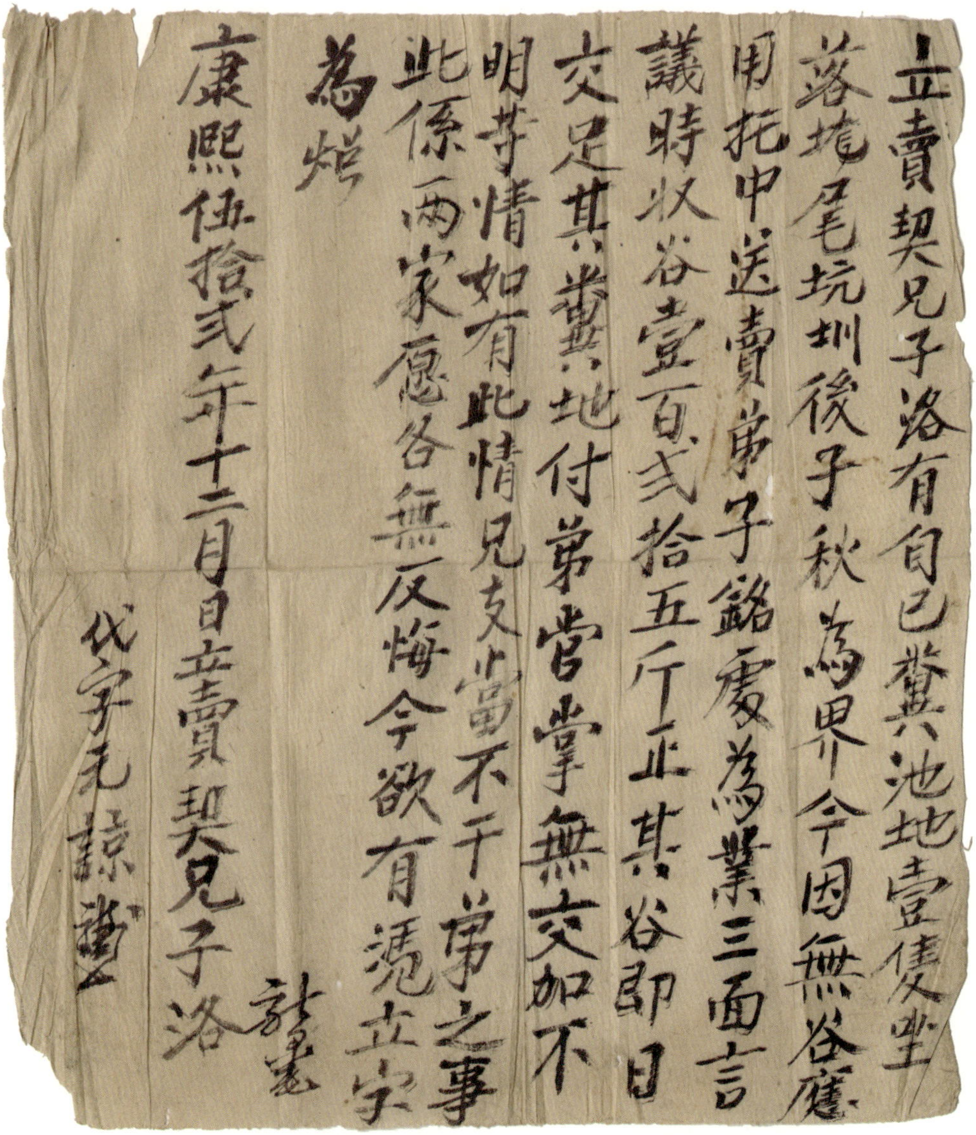

立賣契兄子洛有自己糞池地壹僂坐
落埯尾坑圳後子秋為界今因無谷應
用托中送賣弟子銘處為業三面言
議時收谷壹百弍拾五斤正其谷即日
交足其糞地付弟管掌無交加不
明等情如有此情兄支當不干弟之事
此係兩家愿各無反悔今欲有憑立字
為照
計處
康熙伍拾弍年十二月日立賣契兄子洛
代字兄[illegible]書

9-1-9-1　清康熙五十二年十二月楊子洛立賣糞池地契

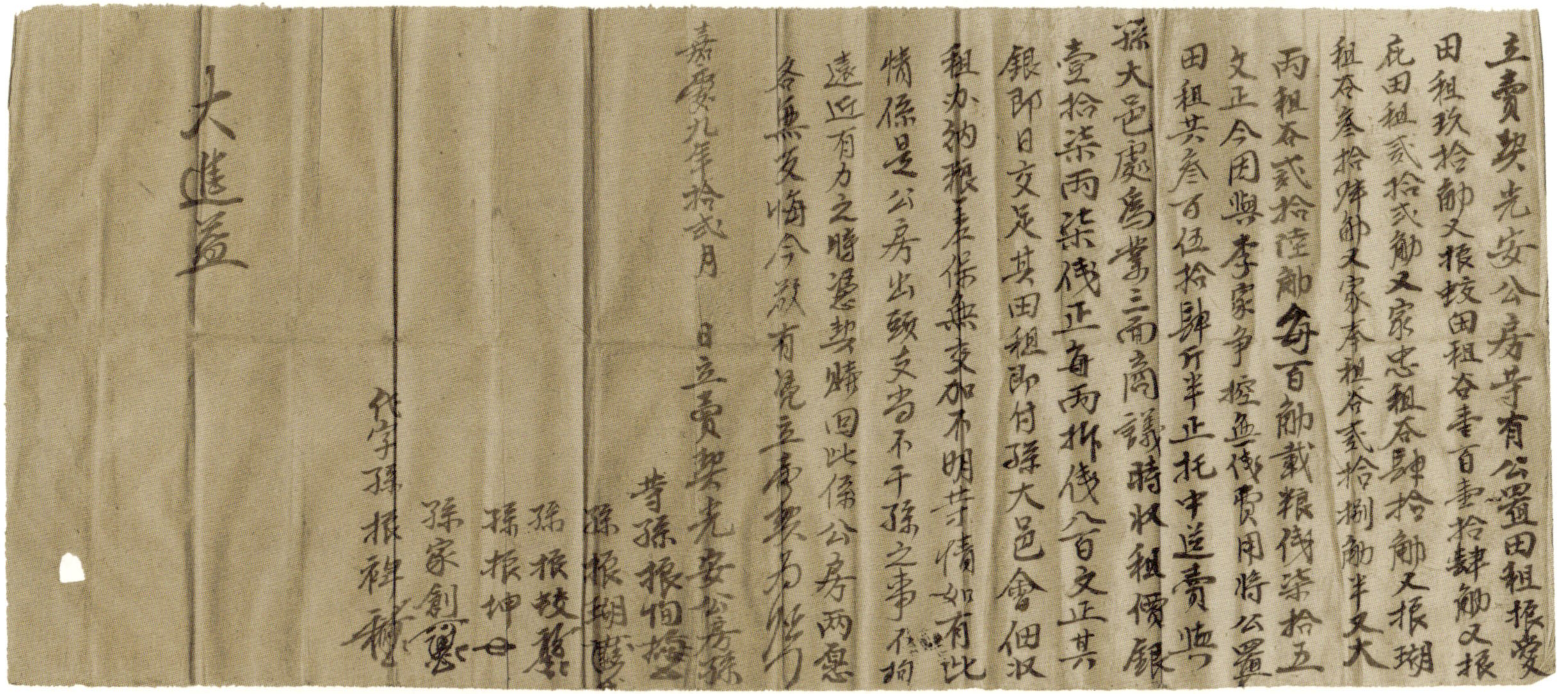

立賣契光安公房等有公置田租振受
田租玖拾觔又振枝田租谷壹百壹拾肆觔又振
庇田租貳拾貳觔又家忠租谷肆拾觔又振瑚
租谷叁拾肆觔又家本租谷貳拾捌觔半又大
兩租谷貳拾陸觔每百觔載粮錢柒拾五
文正今因與李家爭控無錢費用將公置
田租共叁百伍拾肆斤半正托中送賣與
孫大邑處爲業三面商議時值租價銀
壹拾柒兩柒錢正每兩折錢八百文正其
銀即日交足其田租即付孫大邑會佃收
租办納粮差係無交加不明等情如有此
情係是公房出頭支當不干孫之事
遠近有力之時憑契贖回此係公房兩愿
各無反悔今欲有憑立賣契爲照
嘉慶九年拾貳月　日立賣契光安公房孫
等孫振侗
孫振瑚
孫振枝
孫振坤
孫家創
代字孫振祥
大進益

9-1-9-2　清嘉慶九年十二月光安公房等立賣公置田租契

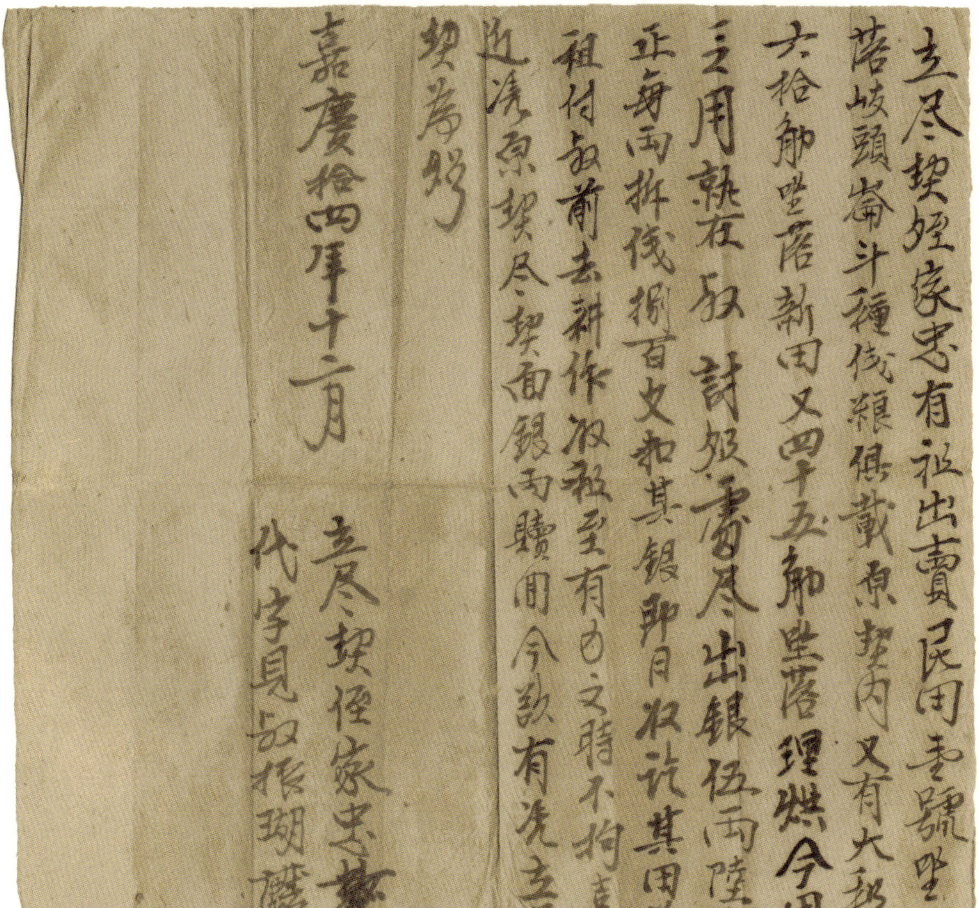
立盡契姪家忠有祖出賣民田壹號坐
落岐頭崙斗種伐粮俱載原契內又有大段
六拾觔坐落新田又四十五觔坐落理塍今因
乏用就在叔　討叔盡出銀伍両陸錢
正每両折錢捌百文和其銀即日收訖其田並
祖付叔前去耕作收租至有日文時不拘遠
近湊原契盡契面銀両贖回今欲有凭立盡
契為照
嘉慶拾四年十二月　立盡契侄家忠
代字見叔振瑚

9-1-9-3　清嘉慶十四年十二月楊家忠立盡民田契

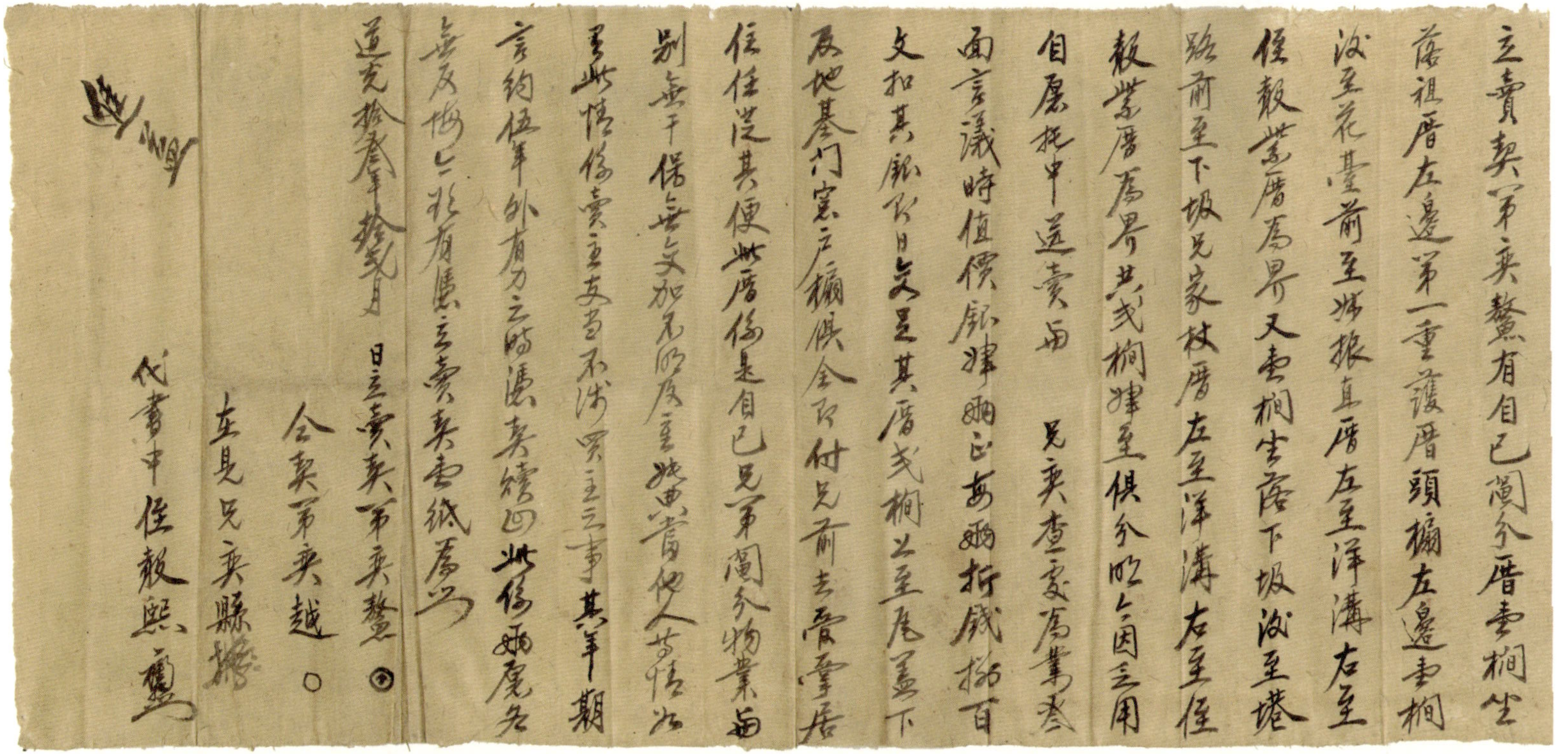

9-1-9-4　清道光十三年十二月楊奕鰲立賣厝契

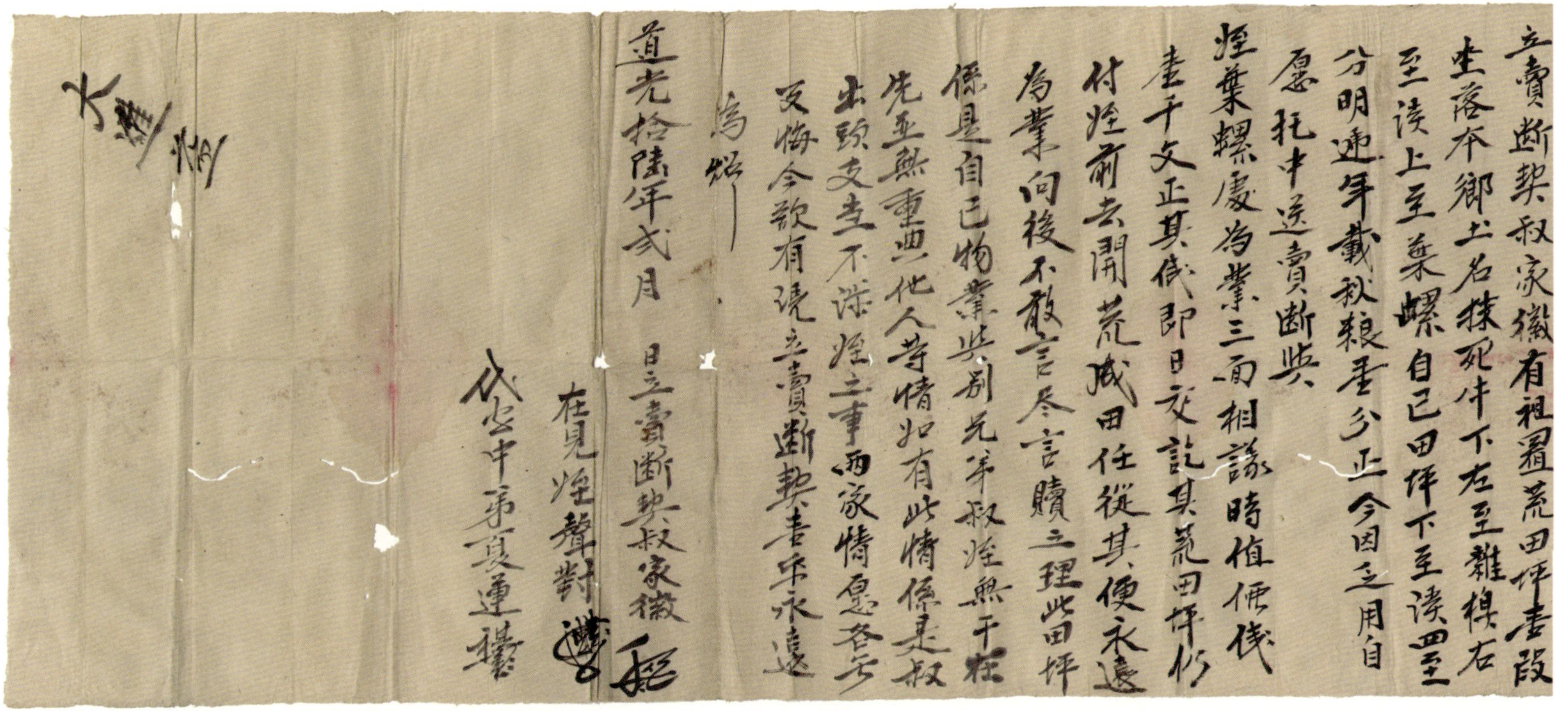

立賣斷契叔家徽有祖置荒田坪壹段
坐落本鄉土名株死仔下，左至離模，右
至陵，上至葉螺自己田坪，下至陵，四至
分明，逐年載秋粮壹分正。今因乏用，自
愿托中送賣斷與
侄葉螺處為業，三面相議，時值價錢
壹千文正，其錢即日交訖，其荒田坪仍
付侄前去開荒成田，任從其便，永遠
為業，向後不敢言盡言贖之理。此田坪
係是自己物業，與別兄弟叔侄無干，在
先並無重典他人等情，如有此情，係是叔
出頭支當，不涉侄之事。兩家情愿，各無
反悔，今欲有憑，立賣斷契壹紙永遠
為照。
道光拾陸年貳月　日立賣斷契叔家徽（押）
在見侄聲對（押）
代[illegible]中弟真運（押）

9-1-9-5　清道光十六年二月楊家徽立賣斷荒田坪契

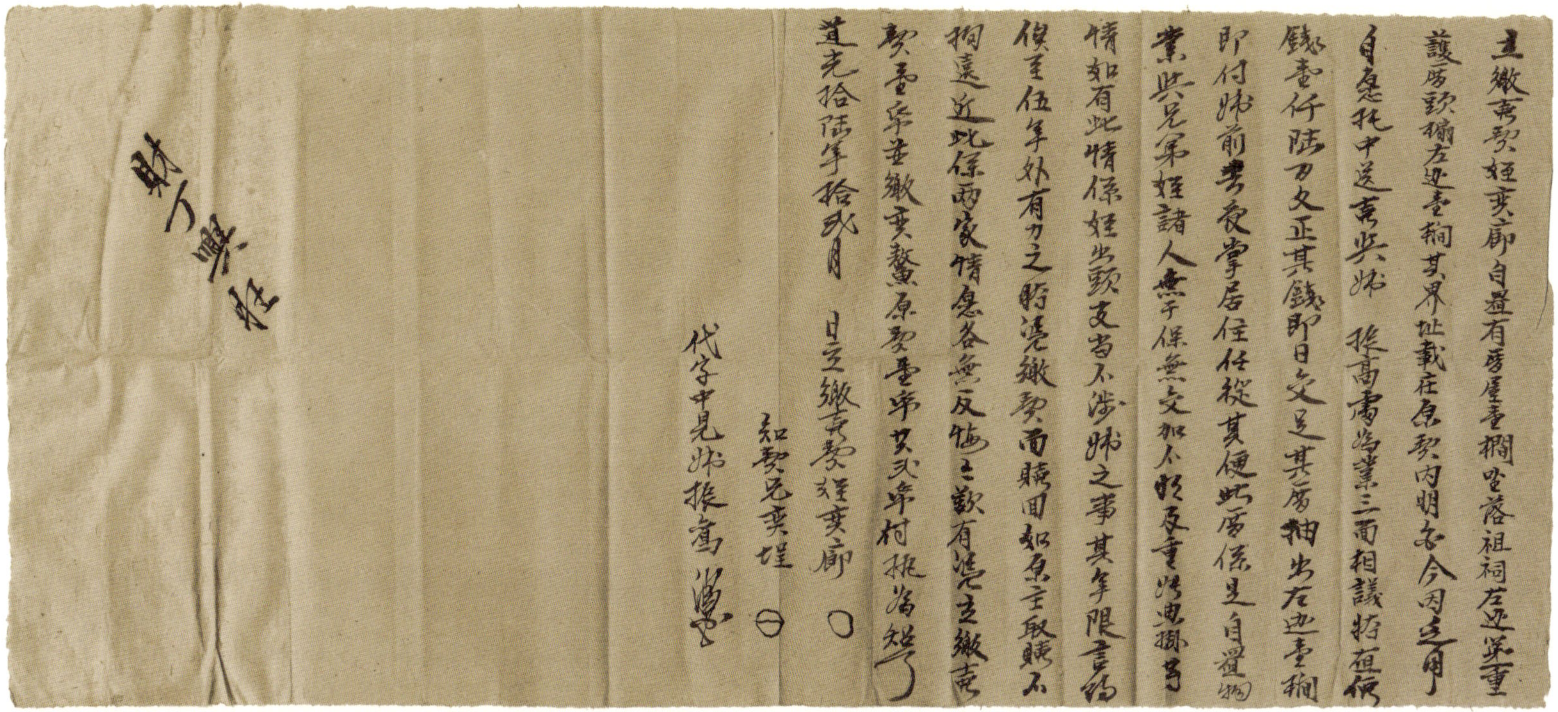
立繳賣契姪奕廊自置有房屋壹橺坐落祖祠左边第重
護房欵橺左边壹橺其界址載在原契內明白今因乏用
自愿托中送賣與姊 振高為業三面相議将值價
錢壹仟陸百文正其錢即日交足其房抽出左边壹橺
即付姊前去管掌居住任從其便此房係是自置（橺）
業與兄弟姪諸人無干保無交加不明及重張典掛等
情如有此情係姪出頭支當不涉姊之事其年限言約
俟至伍年外有力之時憑繳契面贖如原主取贖不
拘遠近此係兩家情愿各無反悔之欵有憑立繳賣
契壹紙並繳賣盡原契壹紙共弍紙付振為照
道光拾陸年拾弍月 日立繳賣契姪奕廊 ○
知契兄奕煌 ○
代字中見姊振高 押
財丁興旺

9-1-9-6 清道光十六年十二月楊奕廊立繳賣厝屋契

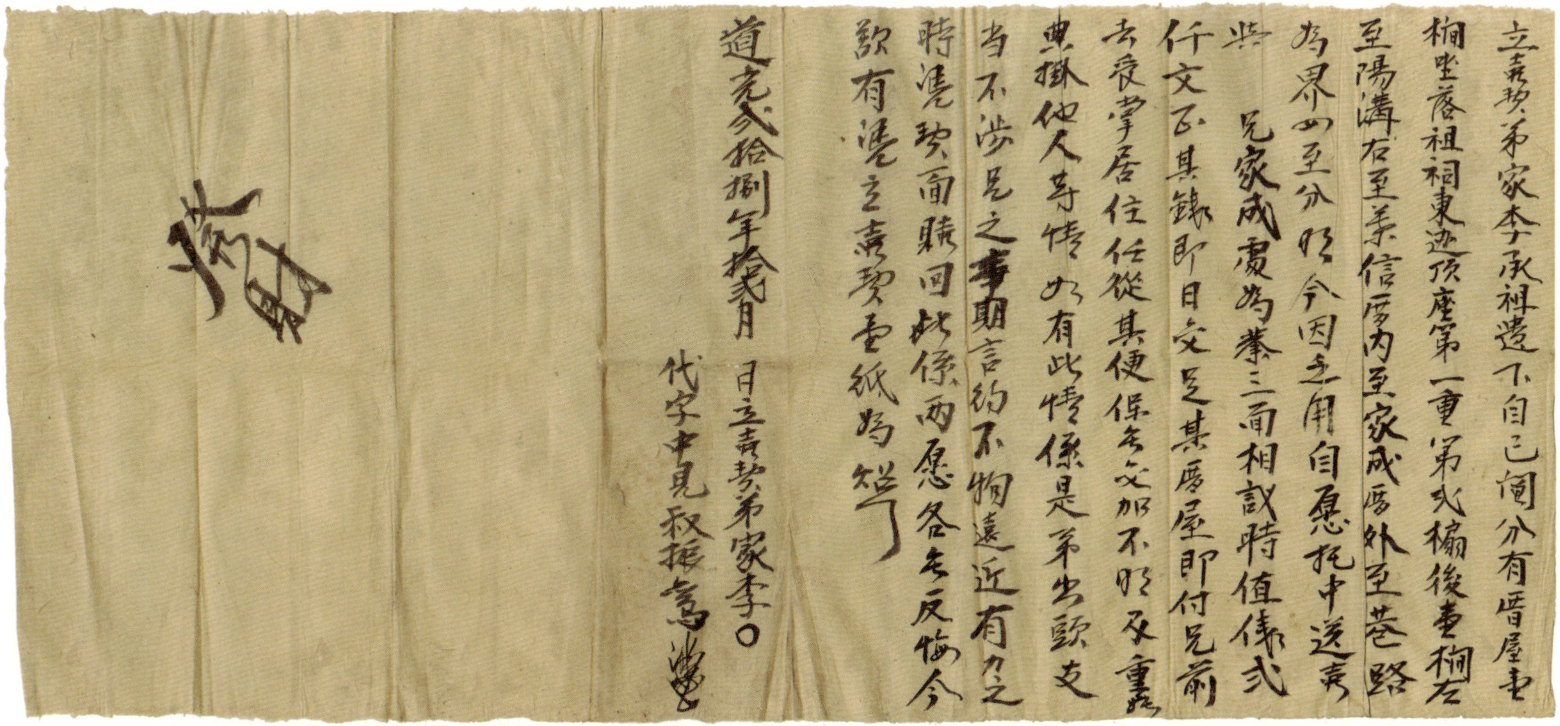

立賣契弟家李承祖遺下自己鬮分有厝屋壹
桐坐落祖祠東邊頂座第一重第弍榻後壹桐右
至陽溝右至姜信厝內至家成厝外至巷路
為界四至分明今因乏用自愿托中送賣
與　兄家成處為業三面相議時值價弍
仟文正其錢即日交足其厝屋即付兄前
去管掌居住任從其便保無交加不明及重張
典掛他人等情如有此情係是弟出頭支
當不涉兄之事明言約不拘遠近有力之
時湊錢面贖回此係兩愿各無反悔今
欲有憑立賣契壹紙為照

道光貳拾捌年拾貳月　日立賣契弟家李〇
代字中見叔振高

9-1-9-7　清道光二十八年十二月楊家李立賣厝屋契

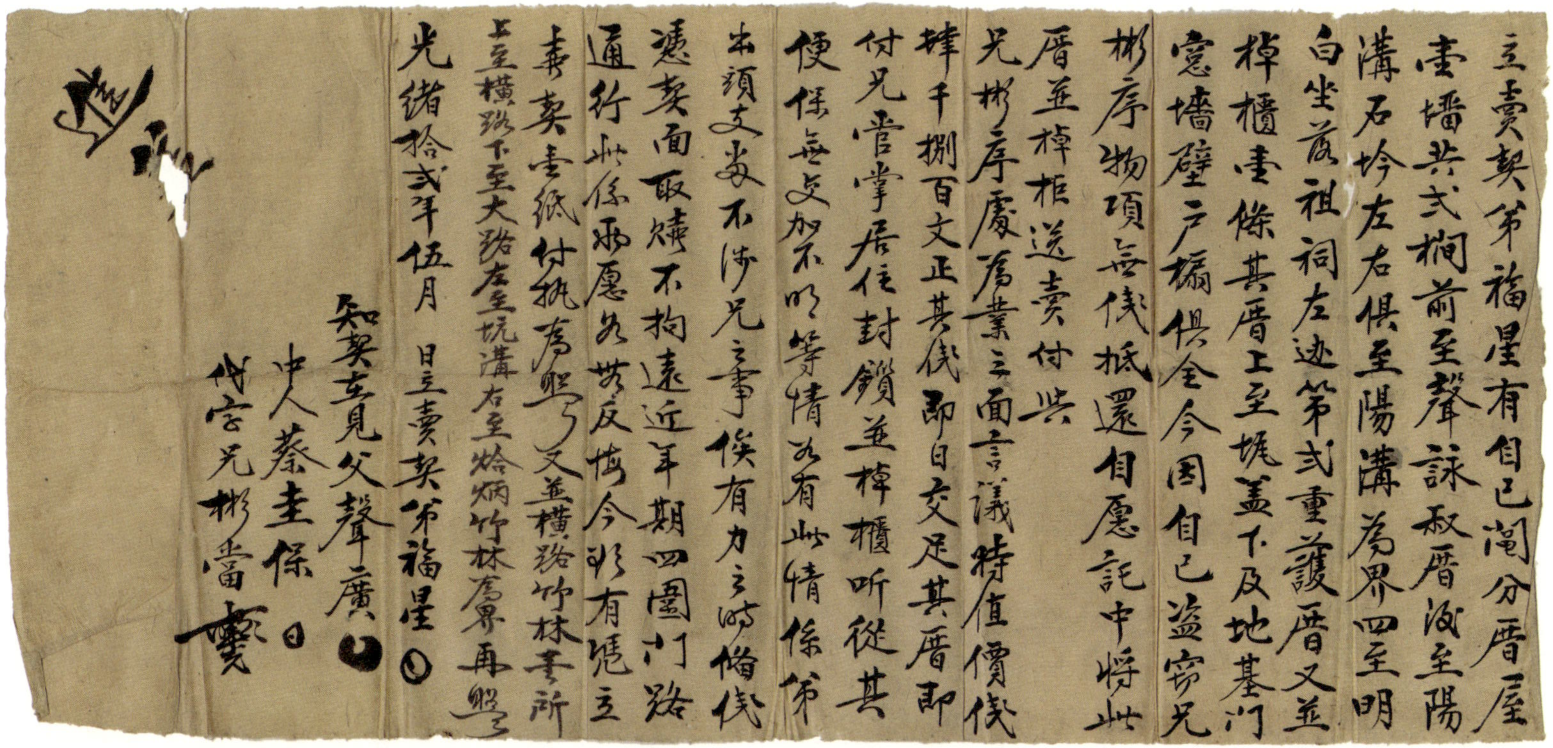

立賣契弟福星有自己閹分厝屋
壹播共弍桐前至聲詠叔厝後至陽
溝石坽左右俱至陽溝爲界四至明
白坐落祖祠左迹第弍重護厝又並
棹櫃壹條其厝上至瓦蓋下及地基门
窗墻壁户編俱全今因自己盗竊兄
彬厝物項無伐抵還自愿託中將此
厝並棹柜送賣付與
兄彬厝處爲業三面言議時值價伐
肆千捌百文正其伐即日交足其厝即
付兄管掌居住封鎖並棹櫃听從其
便係無乏加不明等情如有此情係弟
出頭支當不涉兄之事候有力之時備伐
遞契面取贖不拘遠近年期四圍门路
通行此係兩愿各無反悔今恐無憑立
賣契壹紙付執爲照　又並横路竹林壹所
上至横路下至大路左至坑溝右至烩炳竹林爲界再照
光緒拾弍年伍月　日立賣契弟福星
知契在見父聲廣
中人蔡圭保
代字兄彬當

9-1-9-8　清光緒十二年五月楊福星立賣厝屋契

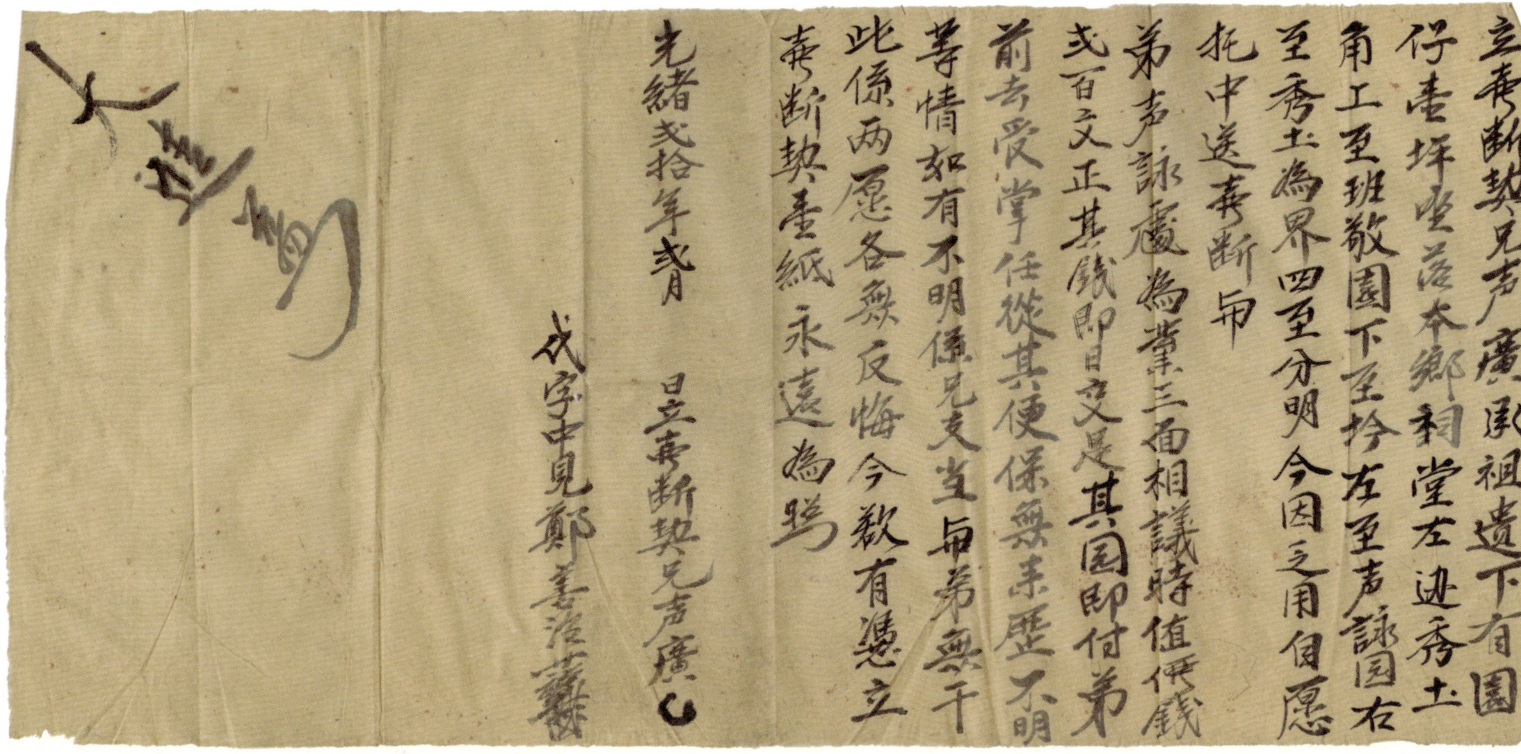

立賣斷契兄声廣承祖遺下有園
仔壹坪坐落本鄉祠堂左边秀土
角工至班敬園下至坽左至声詠园右
至秀土為界四至分明今因乏用自愿
托中送賣斷与
弟声詠處為業三面相議時值價錢
弍百文正其錢即日交足其园即付弟
前去管掌任從其便保無來歷不明
等情如有不明係兄支当与弟無干
此係兩愿各無反悔今欲有憑立
賣斷契壹紙永遠為照

光緒弍拾年弍月　日立賣斷契兄声廣

代字中見鄭善淦

9-1-9-9　清光緒二十年二月楊声廣立賣斷園仔契

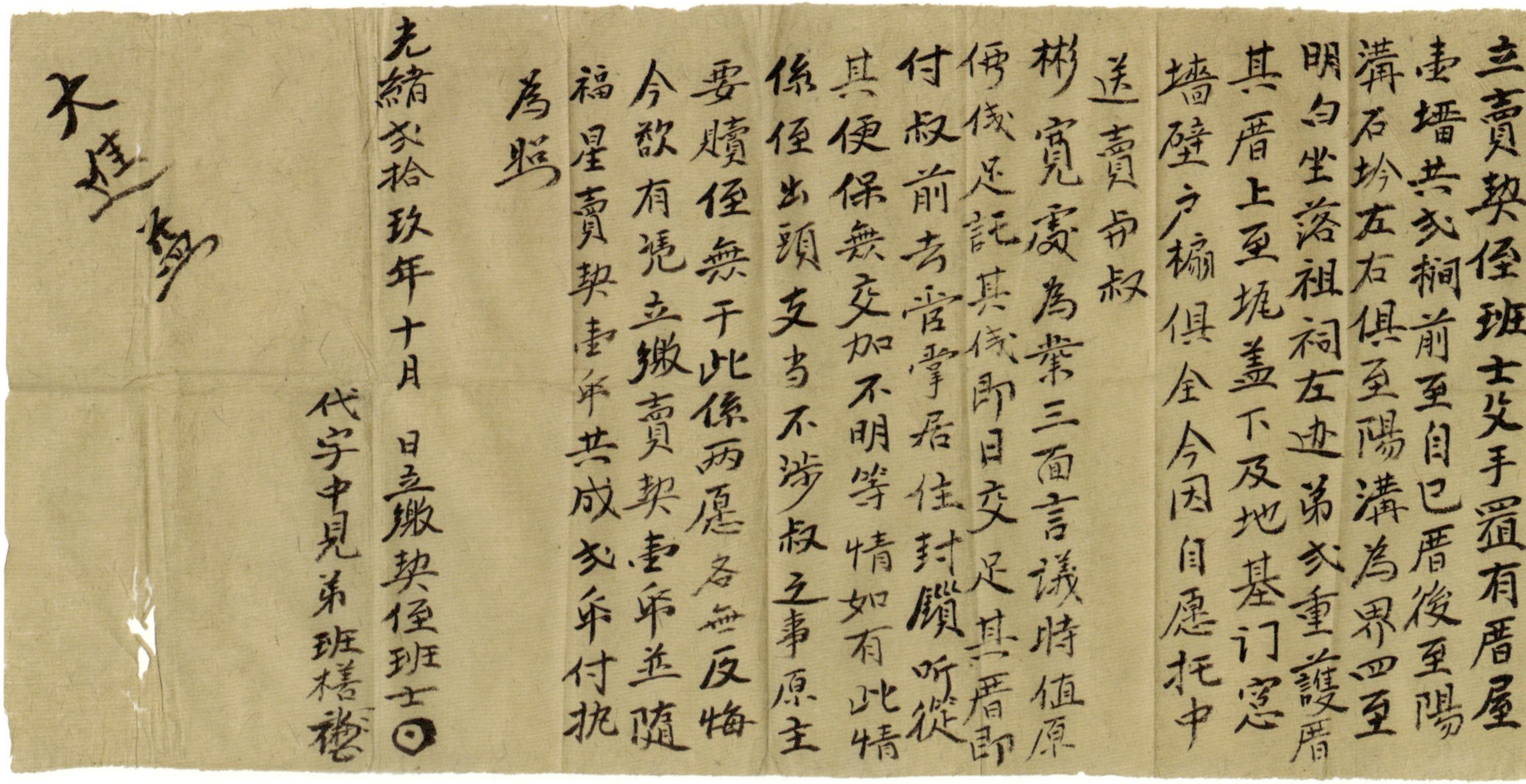
立賣契侄班士父手置有厝屋
壹壇共弍榈前至自己厝後至陽
溝右拎左右俱至陽溝為界四至
明白坐落祖祠左边弟弍重護厝
其厝上至坭盖下及地基门窓
墙壁户槅俱全今因自愿托中
送賣与叔
彬寬處為業三面言議時值原
価钱足訖其钱即日交足其厝即
付叔前去掌居住封鎖听從
其便保無交加不明等情如有此情
係侄出頭支当不涉叔之事原主
要贖侄無干此係两愿各無反悔
今欲有凭立繳賣契壹帋並隨
福星賣契壹帋共成弍帋付执
為照
光緒弍拾玖年十月　日立繳契侄班士（押）
代字中見弟班檣

9-1-9-10　清光緒二十九年十月楊班士立繳賣厝屋契

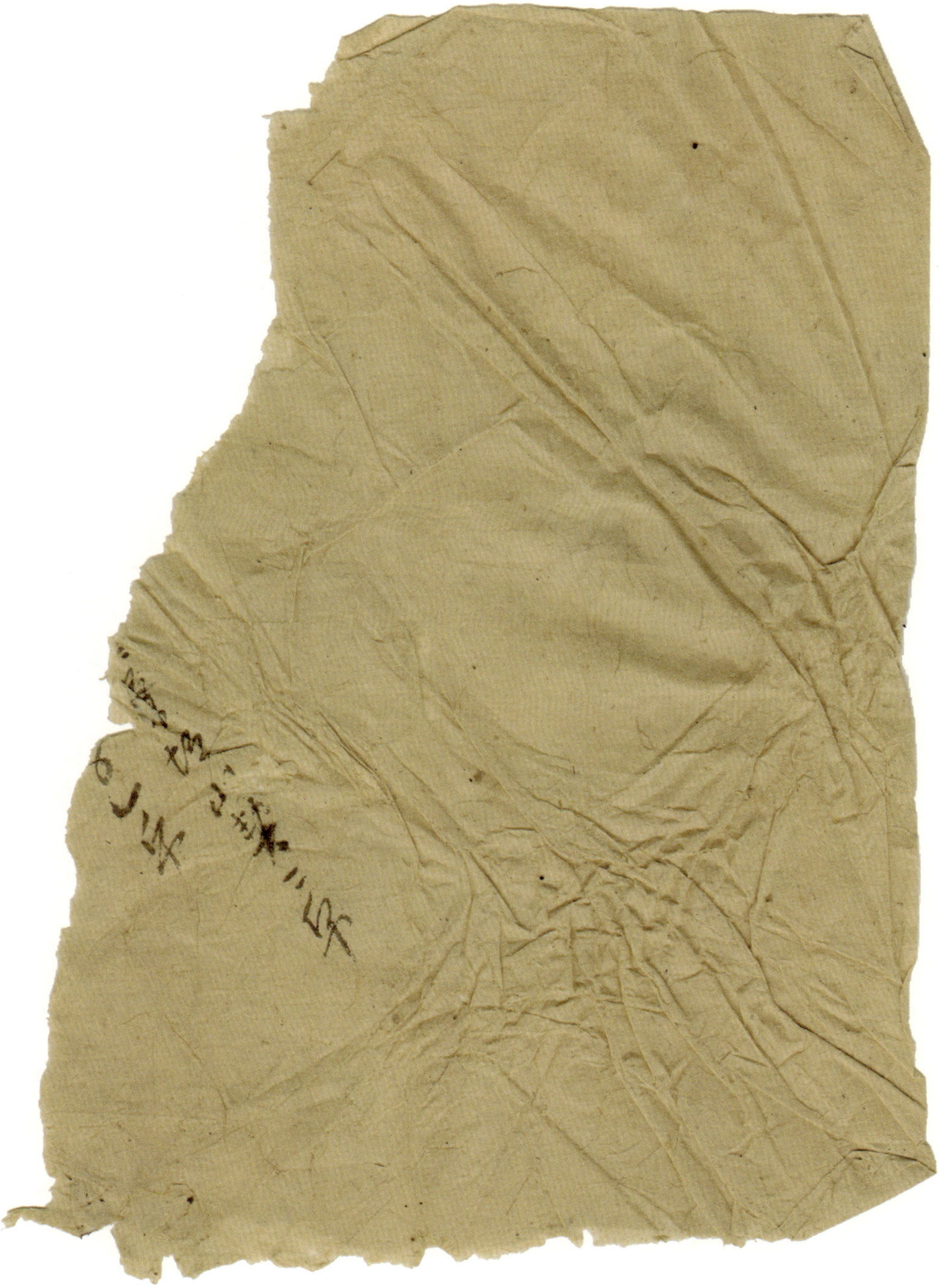

9-1-10-1　包契紙

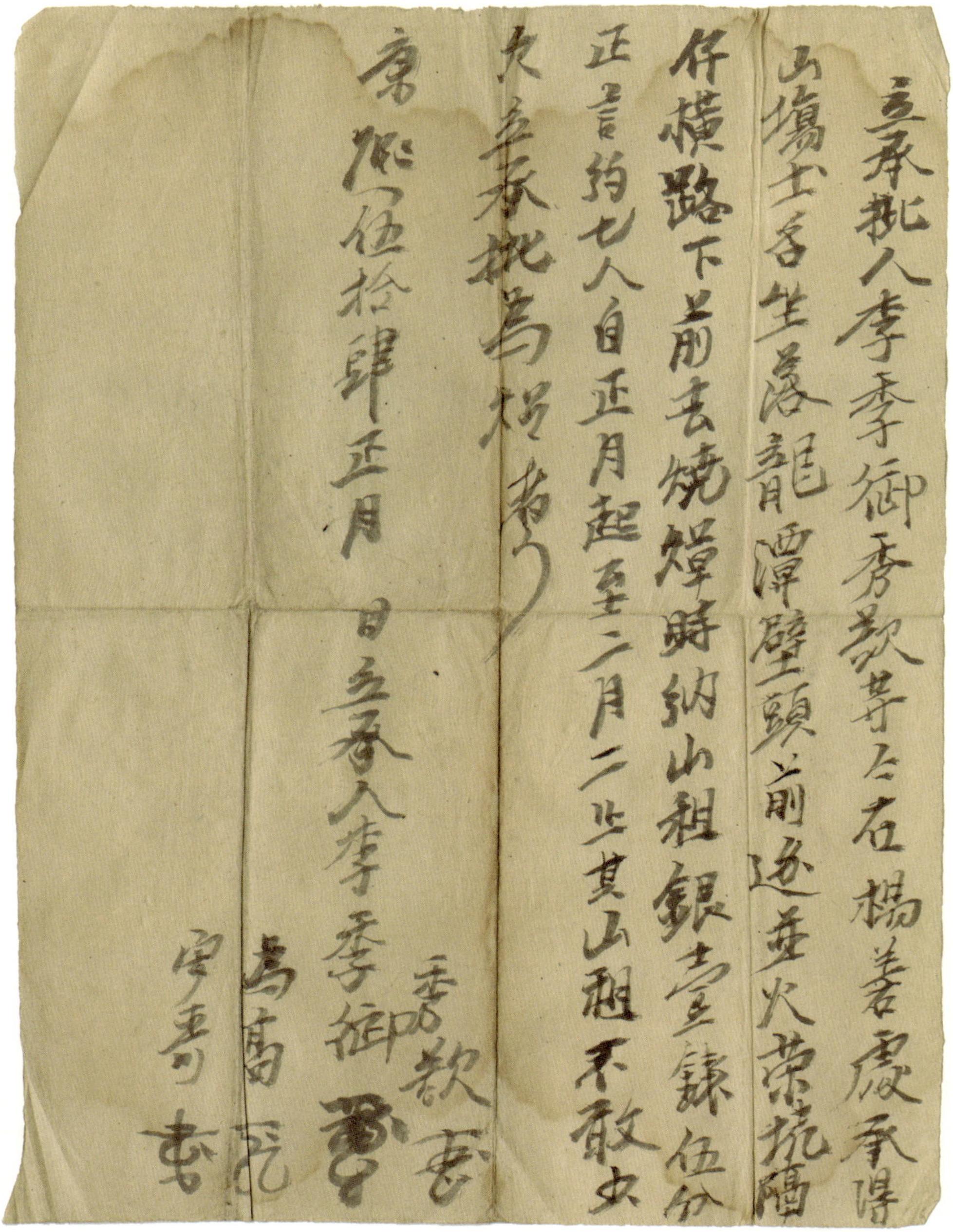

立承批人李季御秀欸等今在楊善慶承得
山場土名坐落龍潭壁頭前逐並火柴荒隔
仟橫路下前去燒熻時納山租銀壹錢伍分
正言約七人自正月起至二月二止其山租不敢少
欠立承批爲照者

康熙伍拾肆正月 日立承人李季御
秀欸 書
爲高
宇壽司 書

9-1-10-2 清康熙五十四年正月李季御等立承批山場字

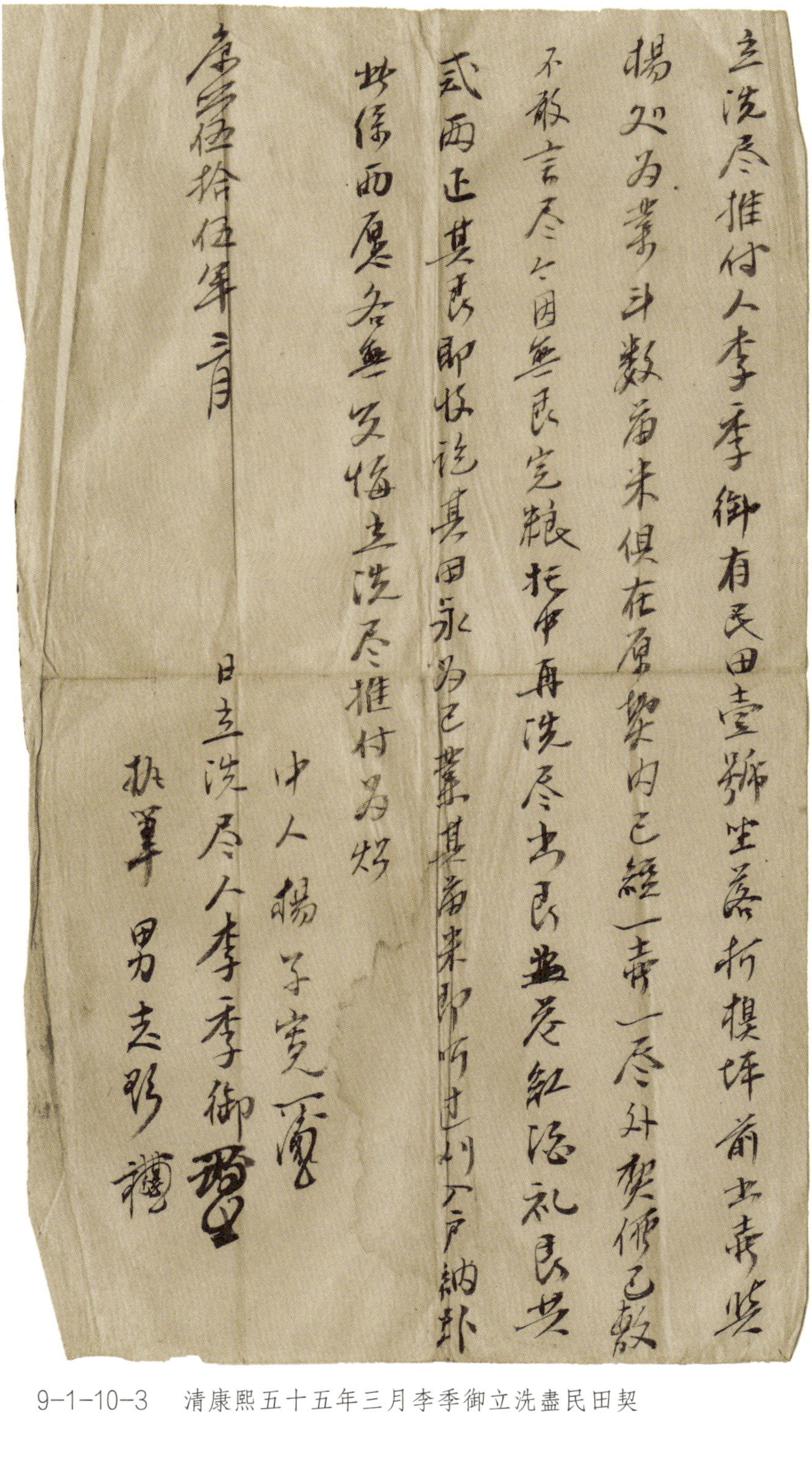

立洗盡推付人李季御有民田壹號坐落折楳垾前出賣與
楊處為業，斗數苗米俱在原契內，已經一賣一盡外，契價已敷，
不敢言盡。今因無艮完粮，托中再洗盡出艮並花紅酒礼艮共
貳兩正，其艮即收訖，其田永為已業，其苗米即听过割入户納糧。
此係兩愿，各無反悔，立洗盡推付為炤。
康熙伍拾伍年三月　日立洗盡人李季御（押）
中人楊子寬（押）
執筆男志彩（押）

9-1-10-3　清康熙五十五年三月李季御立洗盡民田契

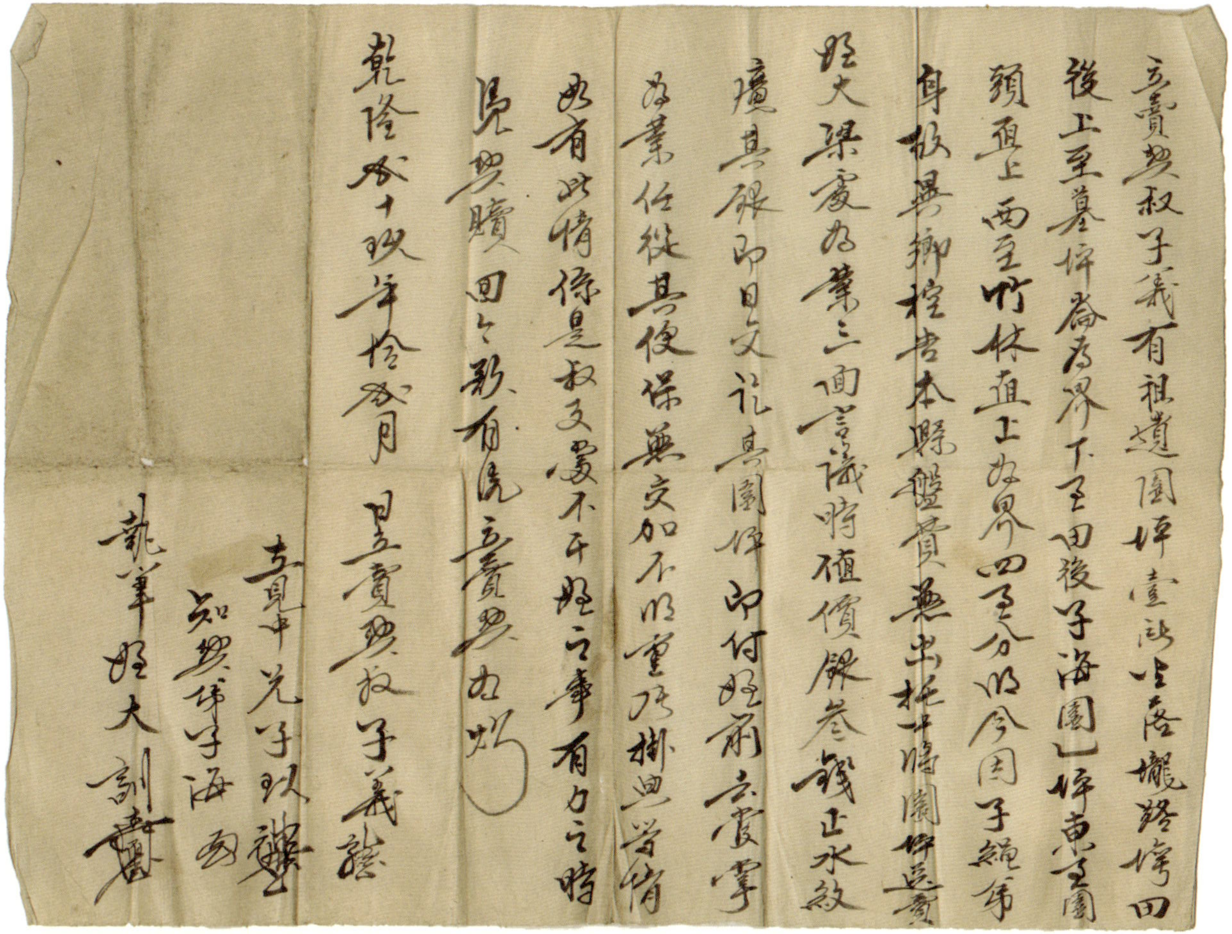

立賣契叔子義有祖遺園坪壹所，坐落壠路塆田
後，上至墓坪為界，下至田，後子海園坪，東至園
頭直上，西至竹林直上為界，四至分明。今因子繩弟
身故異鄉，程書本縣盤費無出，托中將園坪送賣
姪大渠處為業。三面言議時值價銀叁錢正，水紋
足其銀即日交訖，其園坪即付姪前去管掌
為業，任從其便。保無交加不明重張掛典等情
如有此情，係是叔支當，不干姪之事。有力之時
照契贖回。今欲有憑，立賣契為照。
乾隆貳十玖年拾貳月　日立賣契叔子義（號）
見中兄子玖（押）
知契侄孫子海（押）
執筆姪大訓（押）

9-1-10-4　清乾隆二十九年十二月楊子義立賣園坪契

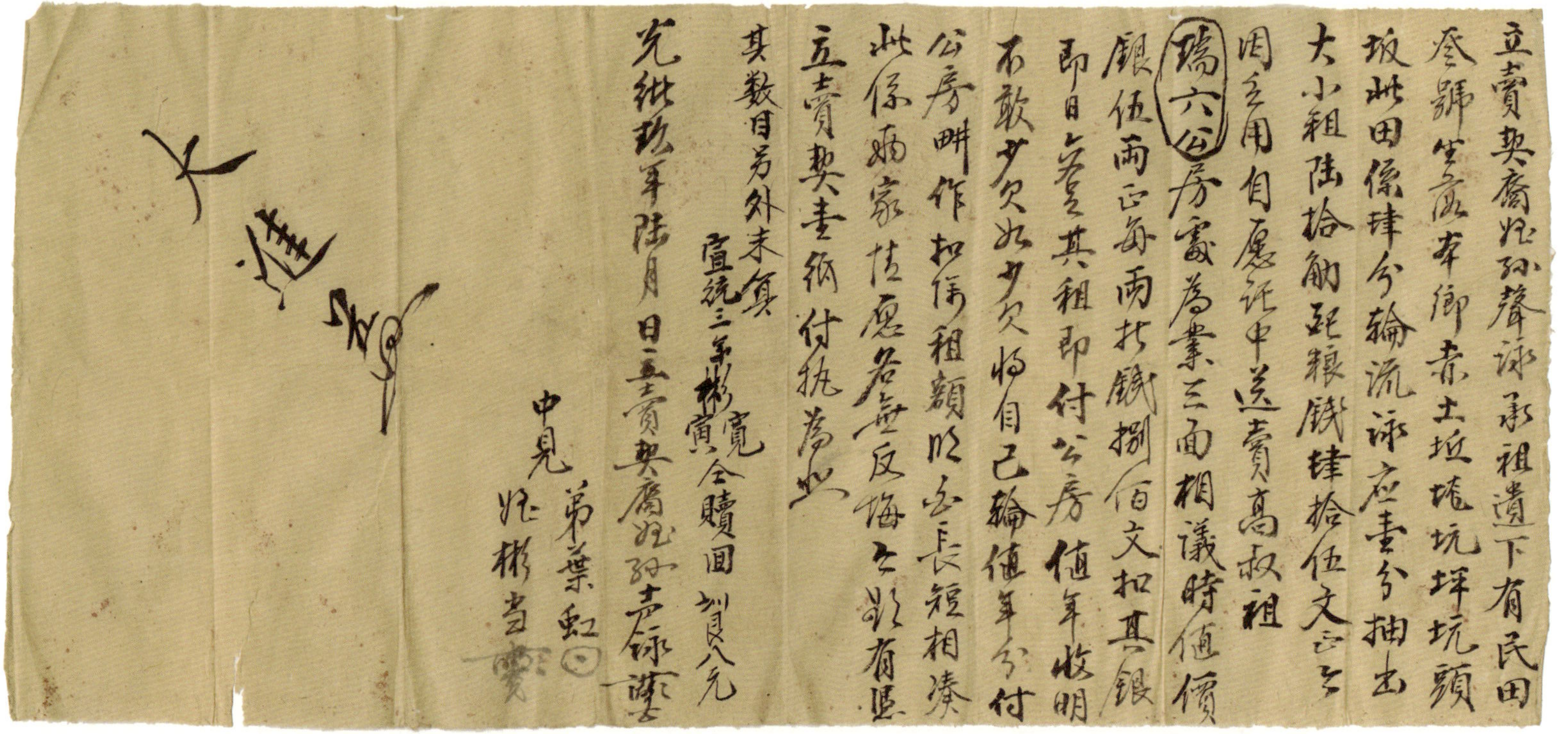
立賣契楊聲詠承祖遺下有民田
叁號坐産本鄉赤土垅墘坑坪坑頭
坂此田係肆分輪流詠應壹分抽出
大小租陸拾觔配粮錢肆拾伍文正今
因乏用自愿托中送賣高叔祖
瑞六公房處爲業三面相議時值價
銀伍兩正每兩折錢捌佰文扣其銀
即日交其租即付公房值年收明
不敢少欠如少欠將自己輪值年分付
公房收作扣償租額此出長短相湊
此係兩家情愿各無反悔今欲有憑
立賣契壹紙付執爲照
其數目另外未算
宣統三年彬寬全贖回訓良八元
光緒玖年陸月　日立賣契楊聲詠
中見　弟葉虹
姪彬當

9-1-10-5　清光緒九年六月楊聲詠立賣民田契

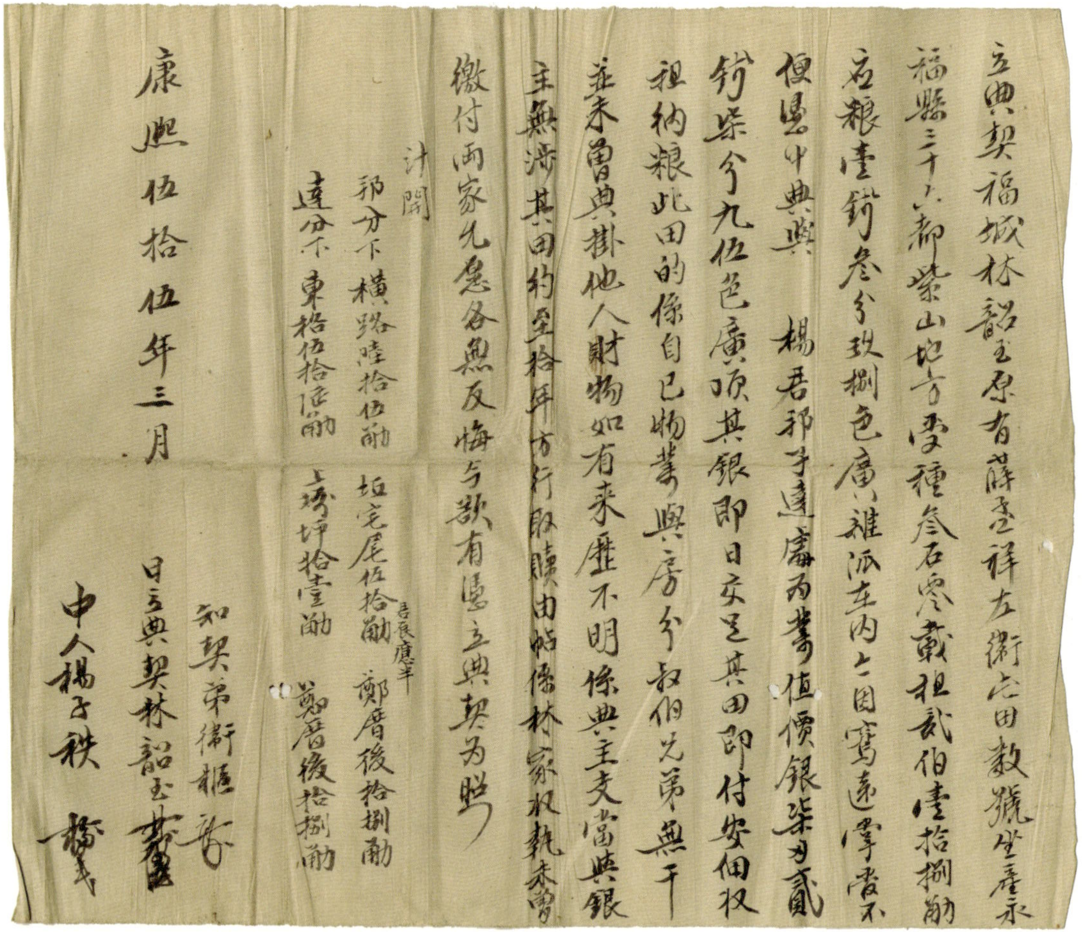

立典契福城林韶玉原有薛𡨴祥左衛六田數號坐產永
福縣三十六都紫山地方，受種叁石零貳，租貳伯壹拾捌觔，
正糧壹錢叁分玖捌色廣，雜派在內，土名寫遠潭頭下
便邊中典與 楊君邦等達處為業，值價銀柒兩貳
錢柒分九伍色廣，其銀即日交足，其田即付安佃收
租納糧。此田的係自己物業，與房分叔伯兄弟無干，
並未曾典掛他人財物。如有來歷不明，係典主支當，與銀
主無涉。其田約至拾年方行取贖，由帖係林家收執，未曾
繳付。兩家允意，各無反悔，今欲有憑，立典契為照。

計開

邦分下 横路墘拾伍觔　垣宅尾伍拾觔　鄭厝後拾捌觔

達分下 東拾伍拾伍觔　上崎坪拾壹觔　鄭厝後拾捌觔

康熙伍拾伍年三月　日立典契林韶玉

知契弟衛樞

中人楊子秩

9-1-11-1　清康熙五十五年三月林韶玉立典屯田契

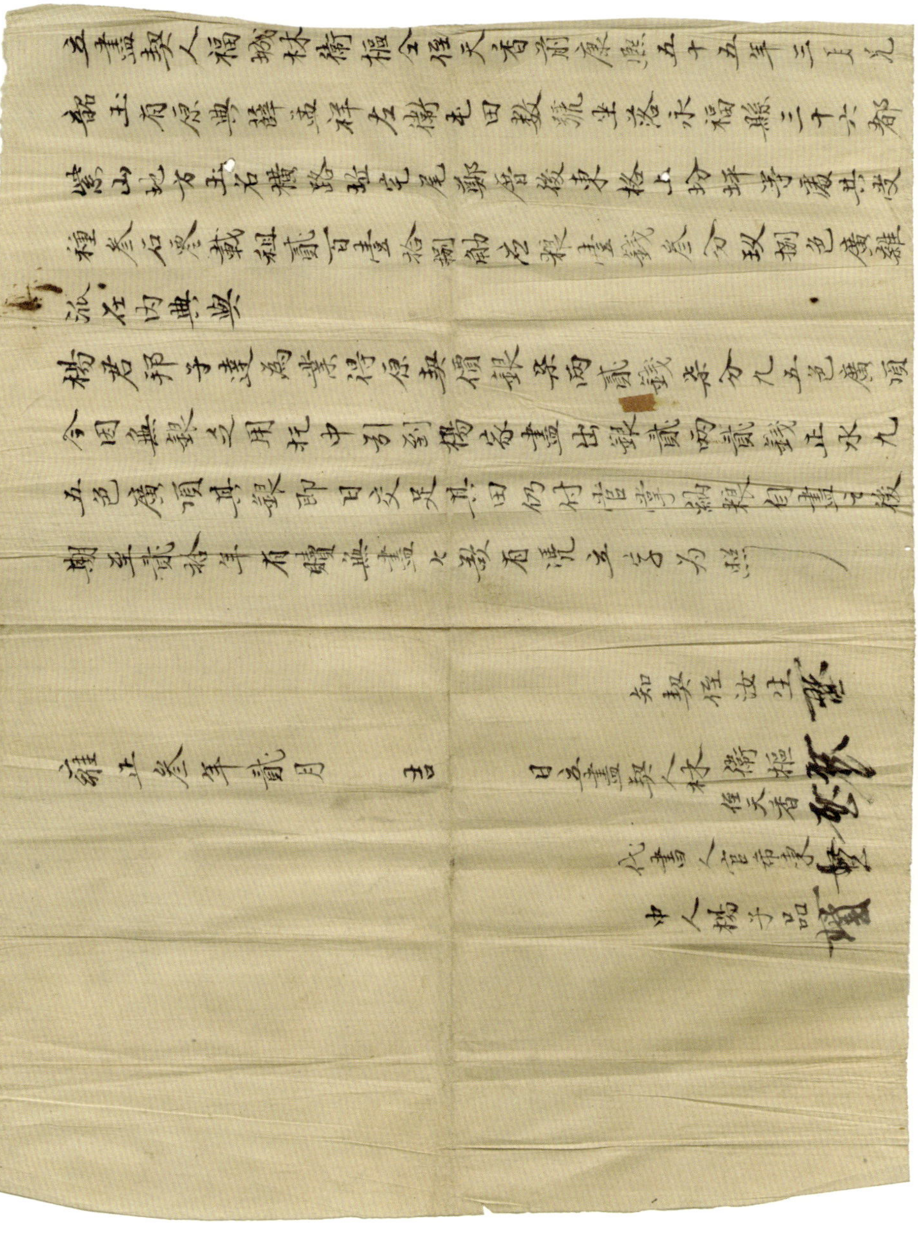

立盡契人福城林衛樞仝侄天香前康熙五十五年三月凡
承父祖有民典得遠祥左灣屯田數號坐落永福縣三十六都
紫山地方土名樓路坵完尾鄭厝後東坪上坪坪等處其受
種叁石零叁載租貳百壹拾捌斛正納米壹錢叁分玖釐捌色廣雜
派在內典與
楊君邦子達為業得價銀叁兩貳錢叁分九五色廣頂
今因無銀之用托中引到楊家盡出銀貳兩貳錢正永九
五色廣頂足銀即日交足其田仍付楊家掌管納糧自盡之後
聽其永遠耕作有贖無盡之說恐無憑立此為照

知契侄汝注（押）
日立盡契人林衛樞（押）
侄天香（押）
代書人宦布書（押）
中人楊子品（押）

雍正叁年貳月　日

9-1-11-2　清雍正三年二月林衛樞等立盡屯田契

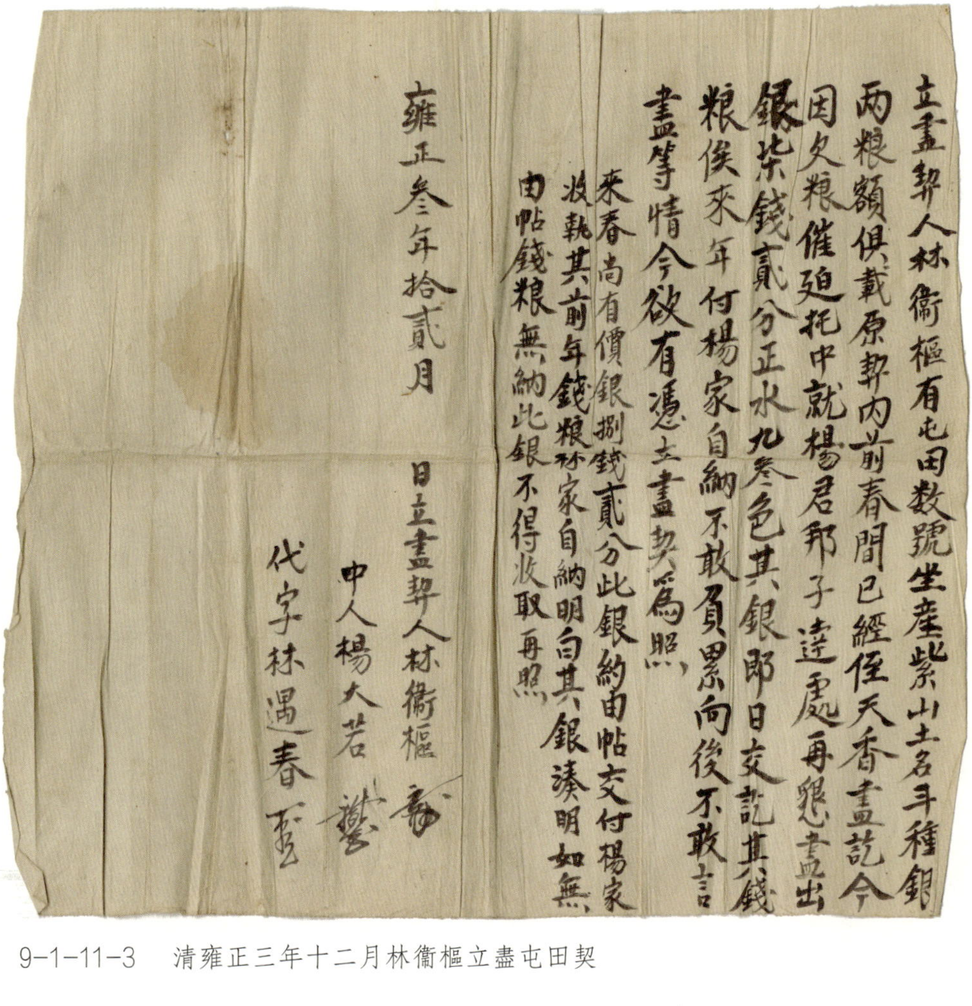
立盡契人林衛樞有屯田數號坐産紫山土名手種銀
兩粮額俱載原契內前春間已經侄天香盡訖今
因欠粮催迫托中就楊君邦子逵處再懇盡出
銀柒錢貳分正水九叁色其銀即日交訖其錢
粮候來年付楊家自納不敢負累向後不敢言
盡等情今欲有憑立盡契爲照
來春尚有價銀捌錢貳分此銀約由帖交付楊家
收執其前年錢粮林家自納明白其銀湊明如無
由帖錢粮無納此銀不得收取再照
雍正叁年拾貳月　日立盡契人林衛樞（押）
中人楊大若（押）
代字林遇春（押）

9-1-11-3　清雍正三年十二月林衛樞立盡屯田契

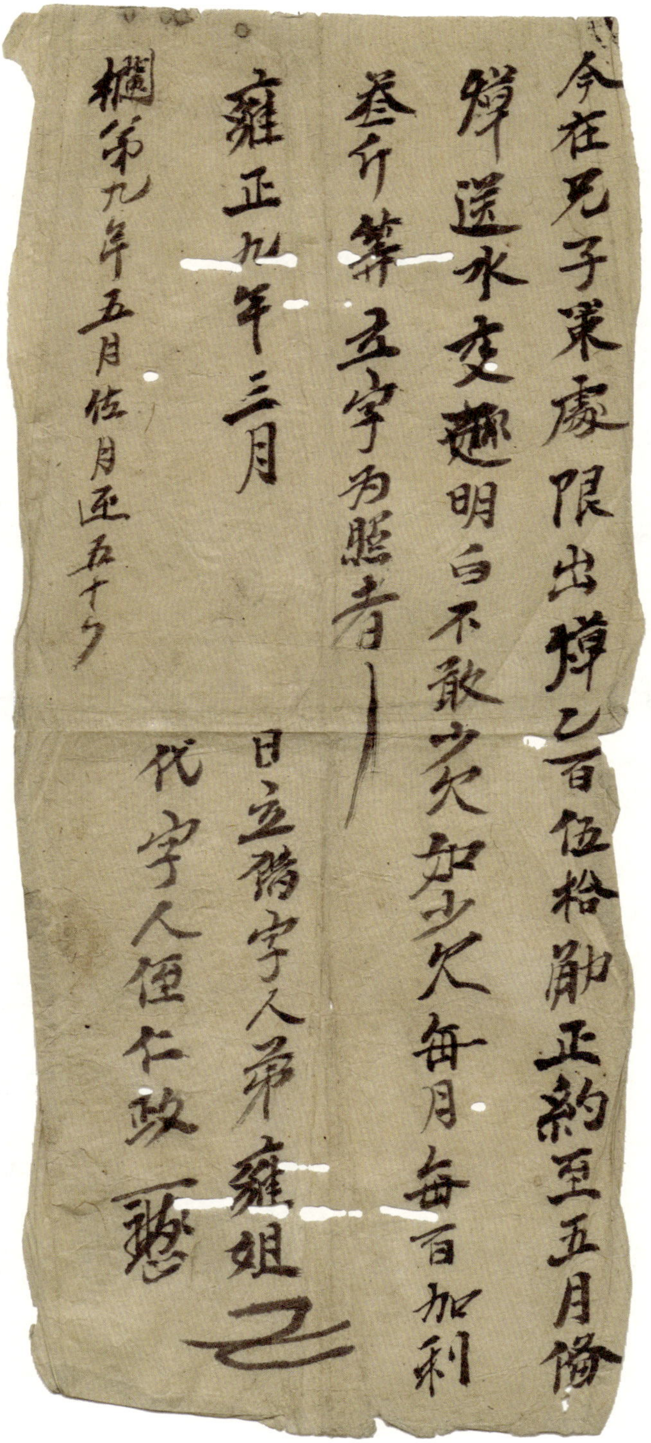

今在兄子某處限出焯乙百伍拾觔正約至五月備

焯還來交趣明白不敢少欠加少欠每月每百加利

叁斤等立字为照者

雍正九年三月　日立借字人弟雍姐　乙

代字人侄仁政　聰

欄第九年五月伍月还五十斤

9-1-11-4　清雍正九年三月楊雍姐立借焯字

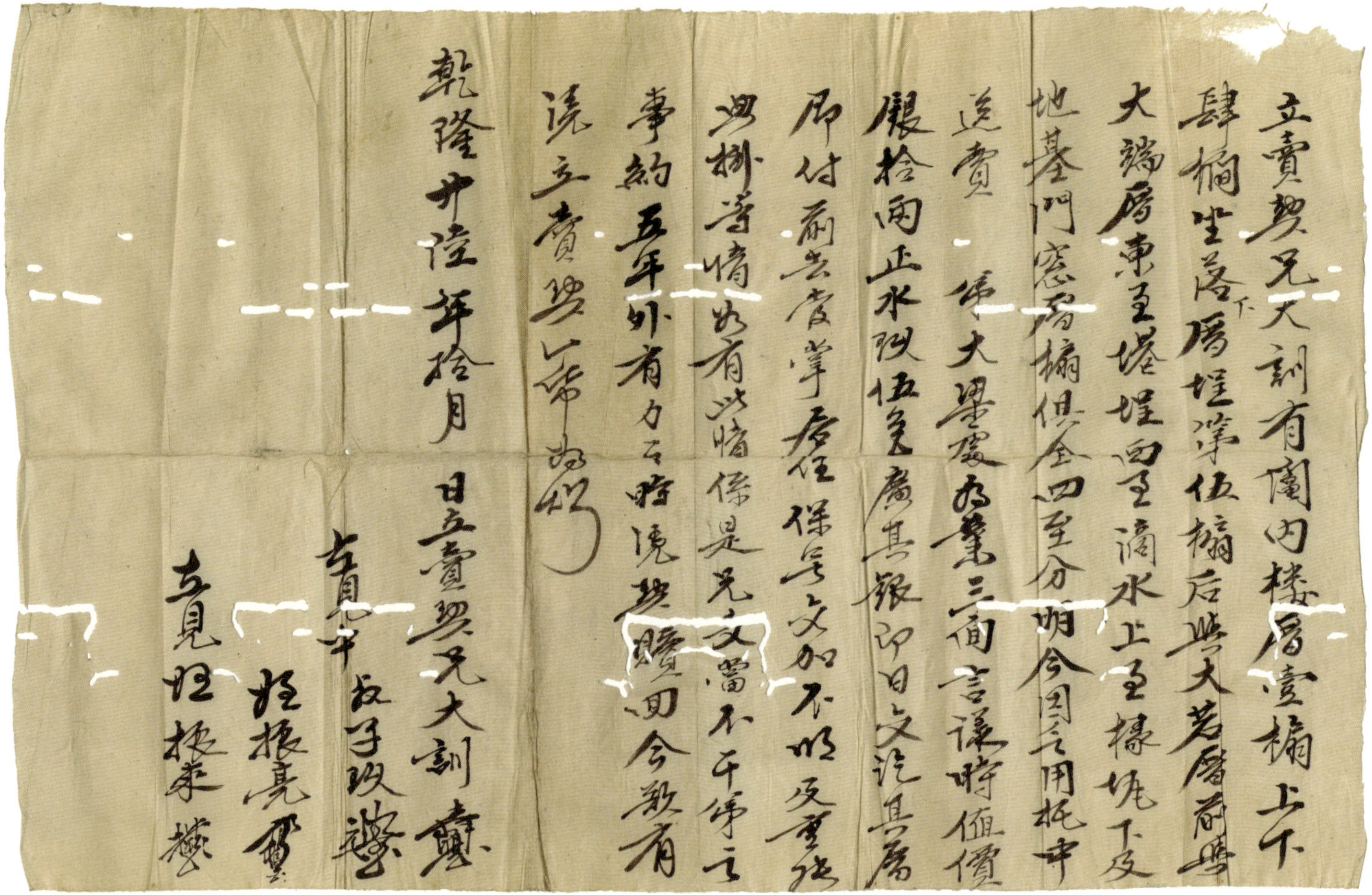

立賣契兄大訓，有鬮內樓厝壹榀上下
肆榀，坐落下厝埕第伍榀，后與大若厝前與
大端厝，東至堘埕，西至滴水，上至椽塊，下及
地基、門窗、扇榀俱全，四至分明。今因乏用，托中
送賣　侄大墨處為業。三面言議，時價
銀拾兩正，水玖伍色。廣其銀即日交訖，其厝
即付前去掌居住，保無交加不明及重張
典掛等情。如有此情，係是兄之支當，不干侄之
事。約五年外有力之時，憑契贖回。今歎有
憑，立賣契一紙為炤。

乾隆廿陸年拾月　日立賣契兄大訓（押）
在見中叔子玖（押）
侄振亮（押）
在見侄振來（押）

9-1-11-5　清乾隆二十六年十月楊大訓立賣樓厝契

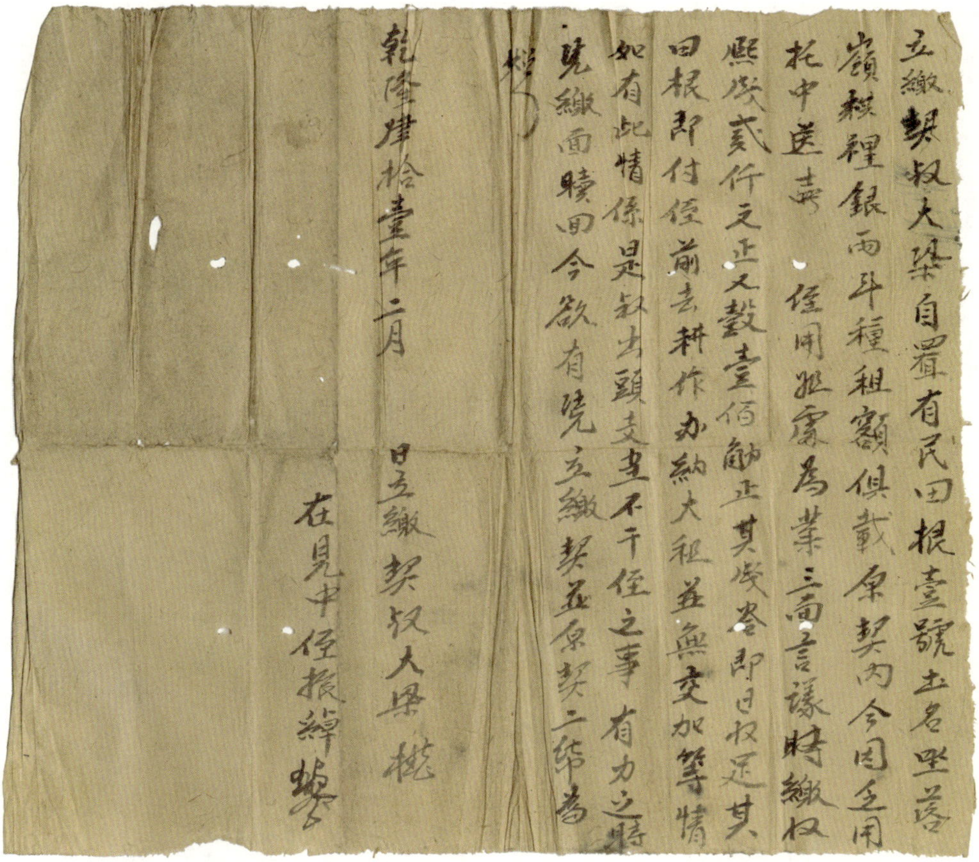
立繳契叔大梁自置有民田根壹號土名坐落
嶺秋糧銀両斗種租額俱載原契內今因乏用
托中送與 侄用狙家為業三面言議時繳叔
邊錢貳仟文正又數壹佰觔正其錢當即日收足其
田根即付侄前去耕作办納大租並無交加等情
如有此情係是叔出頭支當不干侄之事 有力之時
憑繳面贖田今欲有憑立繳契并原契二紙為
照
乾隆肆拾壹年二月 日立繳契叔大梁 押
在見中侄振緯 押

9-1-11-6　清乾隆四十一年二月楊大梁立繳民田根契

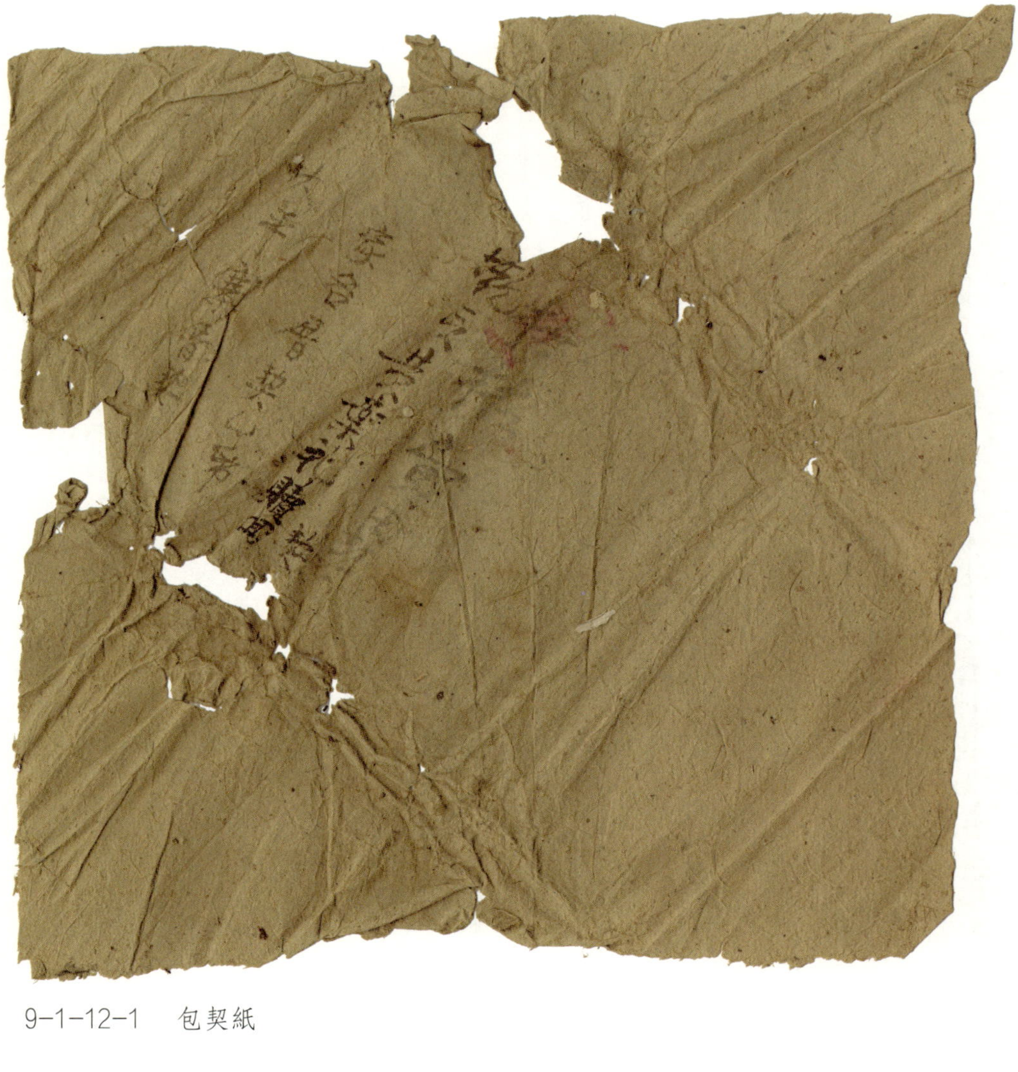

9-1-12-1　包契紙

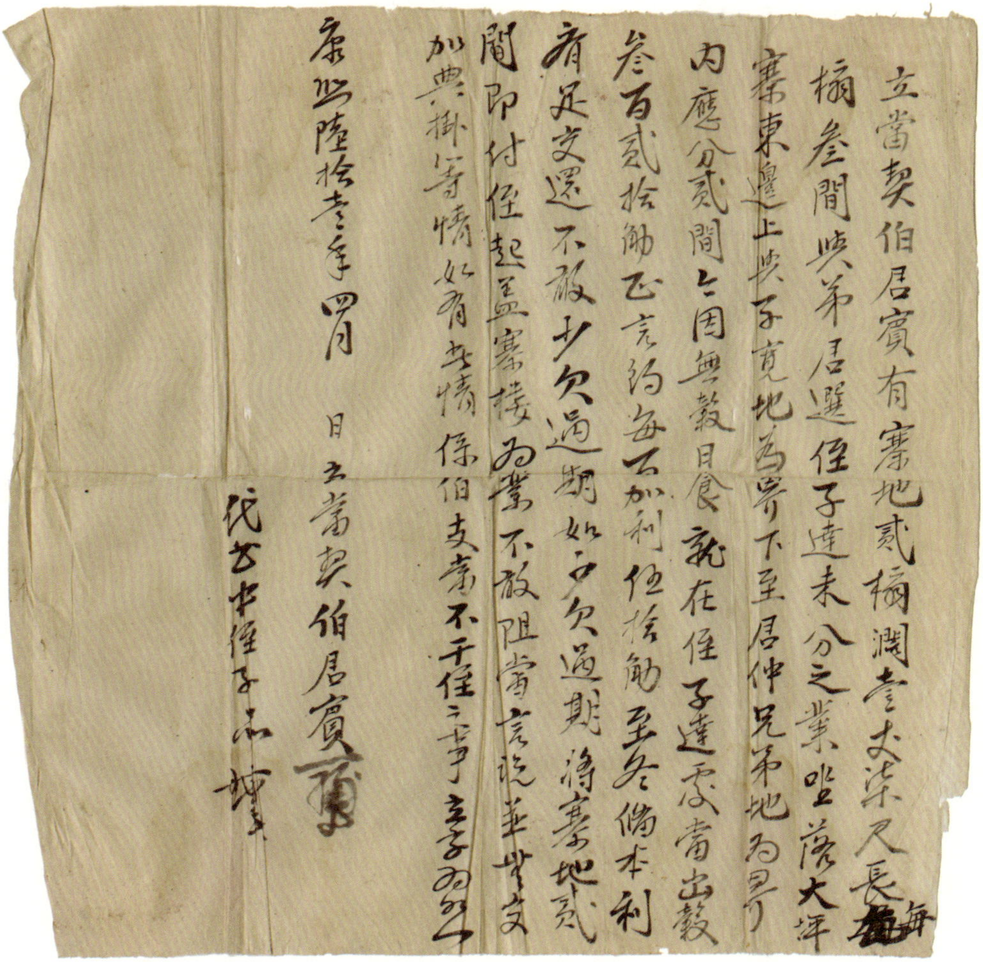

立當契伯君賓有寨地貳楹濶壹丈柒尺長每
楹叁間與弟君選侄子達未分之業坐落大坪
寨東邊上與子寛地爲界下至君仲兄弟地爲界
內應分貳間今因無穀日食就在侄子達雲當出穀
叁百貳拾觔正言約每石加利侄拾觔至冬備本利
清足交還不敢少欠過期如少欠過期將寨地貳
間即付侄起蓋寨樓爲業不敢阻當言明並無支
加典掛等情如有此情係伯支當不干侄之事立當爲照
康熙陸拾壹年四月　日立當契伯君賓（押）
代書中侄子永坤

9-1-12-2　清康熙六十一年四月楊君賓立當寨地契

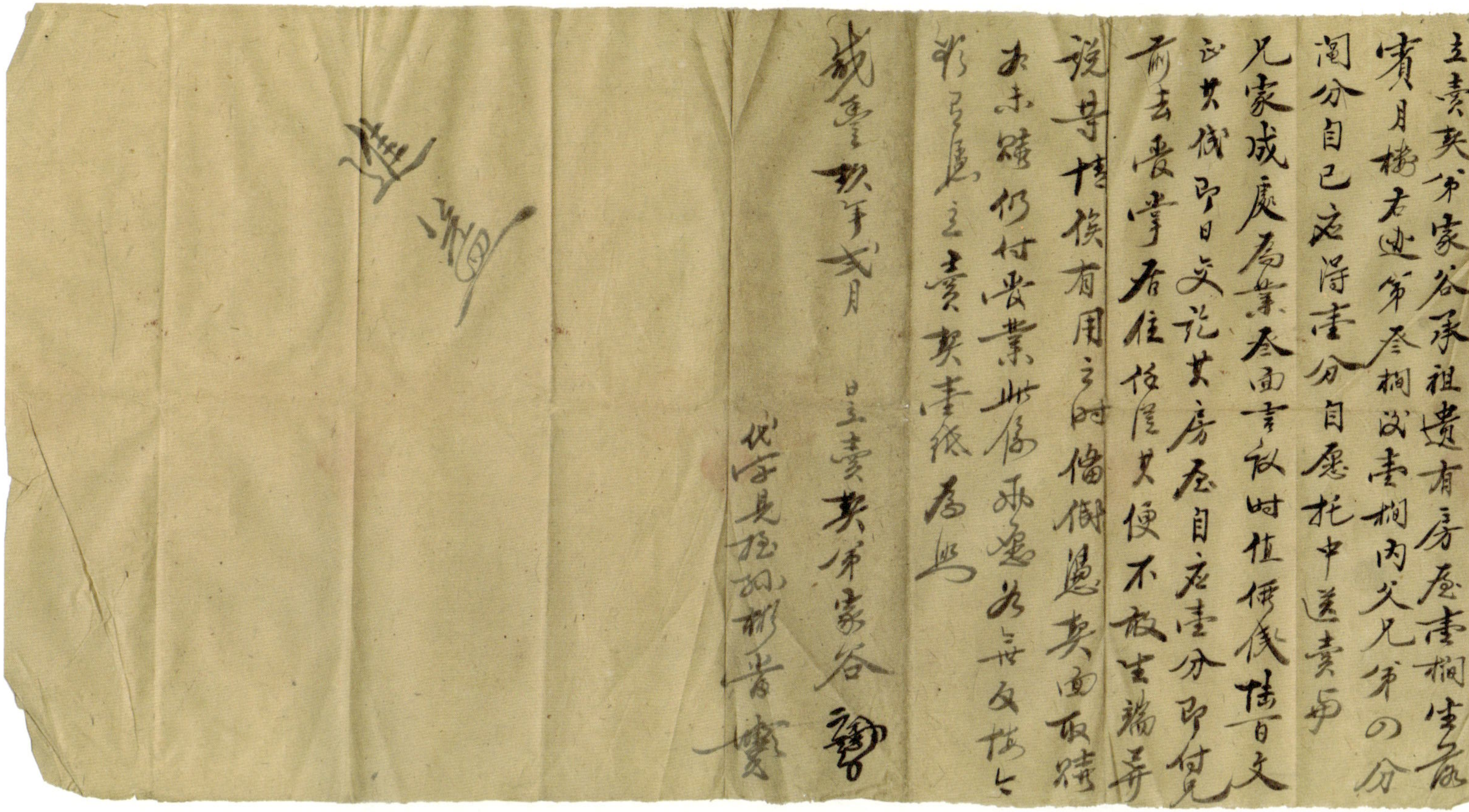
立賣契字楊家谷承祖遺有房屋壹桐坐落
責月樓右邊第叁桐以壹桐內父兄弟四分
閹分自己應得壹分自愿托中送賣與
兄家成處爲業叁面言議時值價錢陸百文
正其錢即日交訖其房屋自應壹分即付兄
前去管掌居住住屋其便不敢生端異
說等情倘有用之時備價照契面取贖
如未贖仍付管業此係兩愿各無反悔
恐口無憑立賣契壹紙爲照
咸豐玖年弍月　日立賣契字楊家谷（押）
代字見在胞叔晋贊

9-1-12-3　清咸豐九年二月楊家谷立賣房屋契

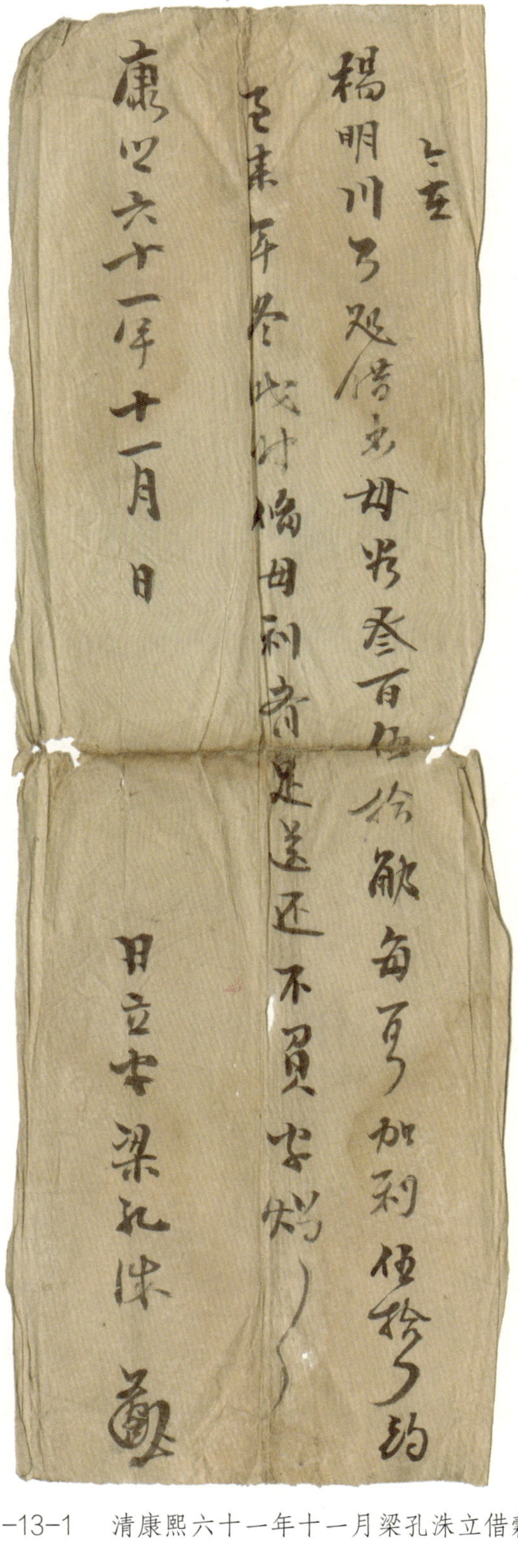
今在楊明川兄處借出母穀叁百伍拾觔每百加利伍拾觔約至來年冬收時備母利齊足送還不負字墨
康熙六十一年十一月 日立字梁孔洙（押）

9-1-13-1　清康熙六十一年十一月梁孔洙立借穀字

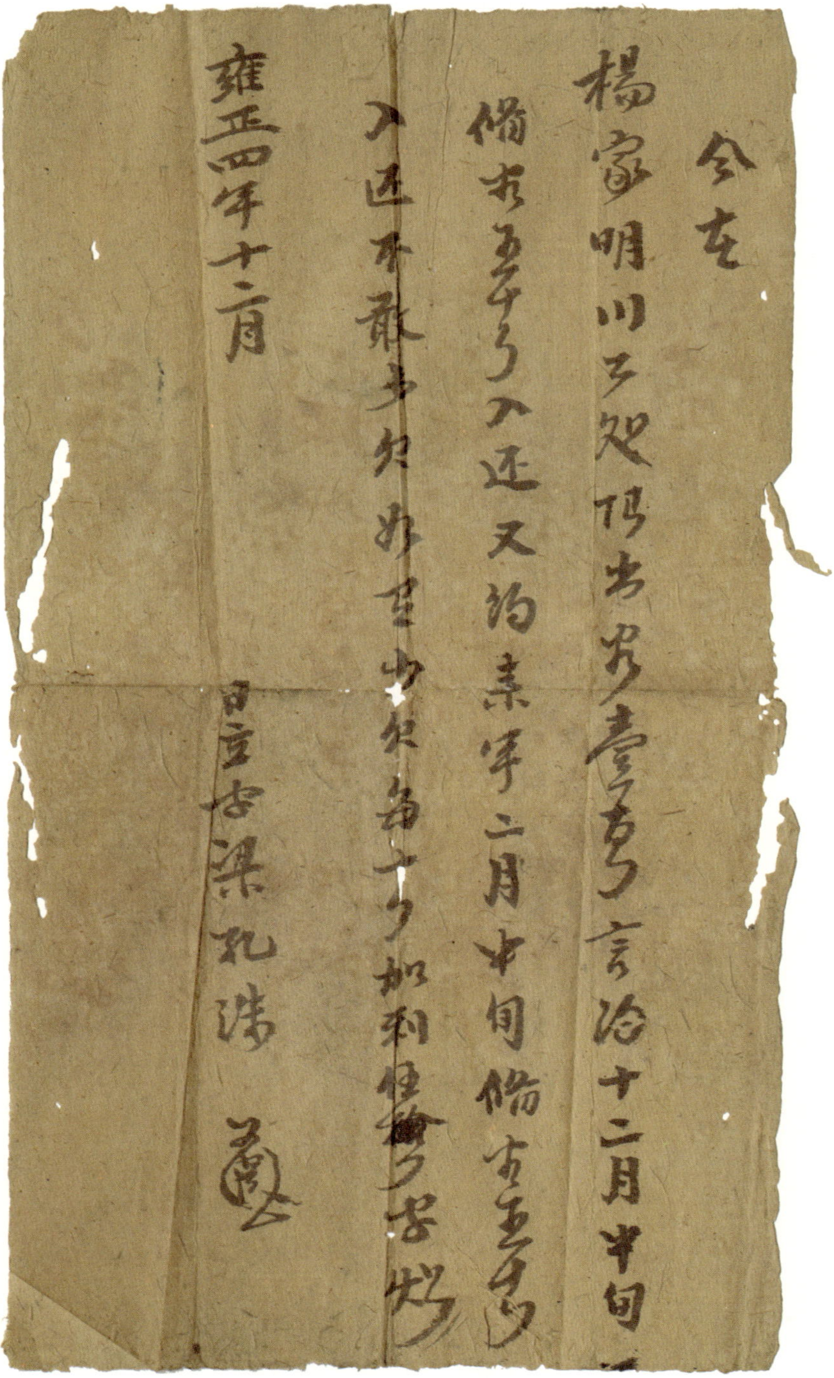

9-1-13-2　清雍正四年十二月梁孔洙立限穀字

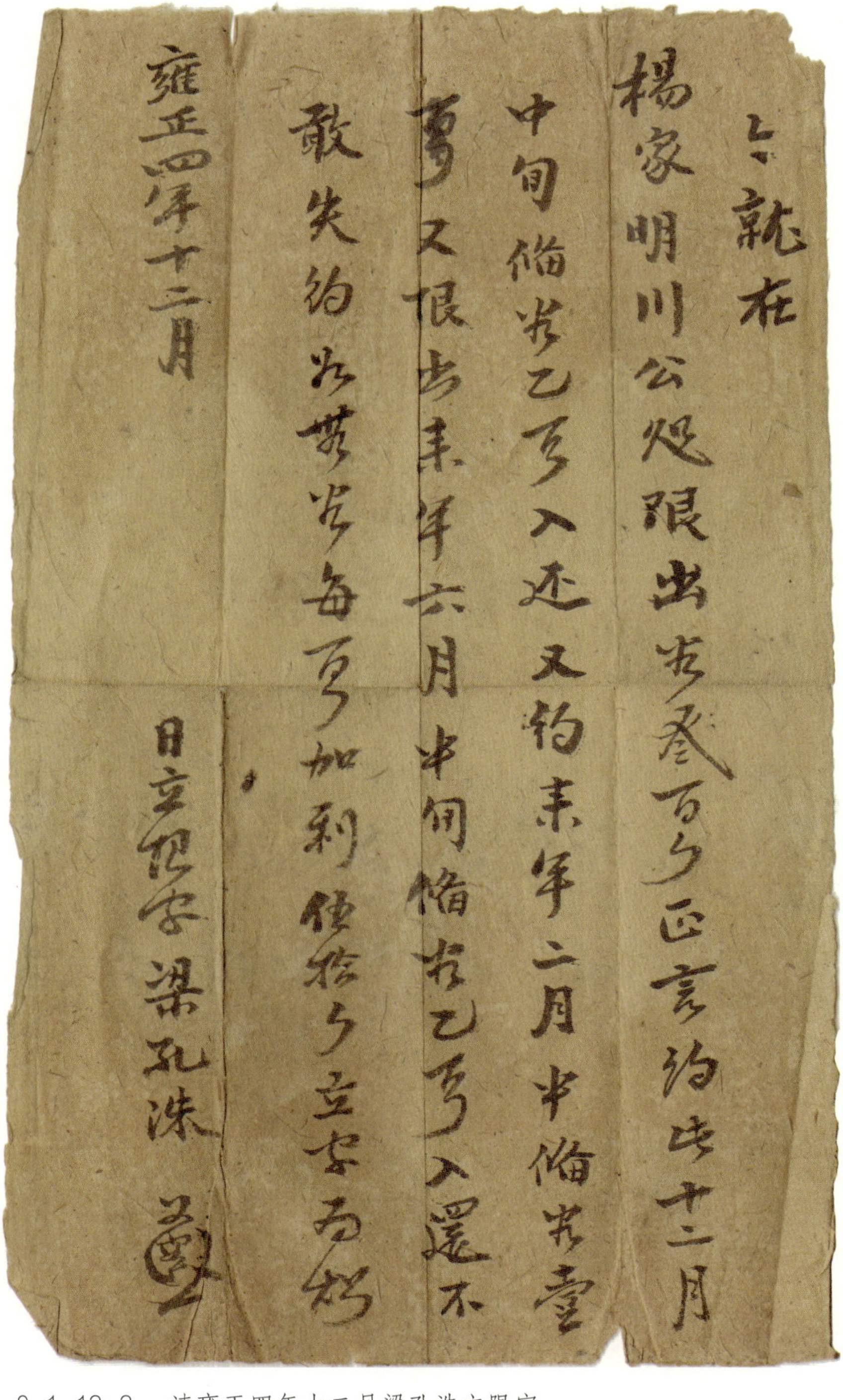

今就在
楊家明川公處限出岩叁百兩正言約至十二月
中旬備岩乙百兩入還又約来年二月半備岩壹
百兩又限岩来年六月半旬備岩乙百兩入還不
敢失约岩其岩每百兩加利但恐口立字為照
雍正四年十二月　日立限字　梁孔洙（押）

9-1-13-3　清雍正四年十二月梁孔洙立限字

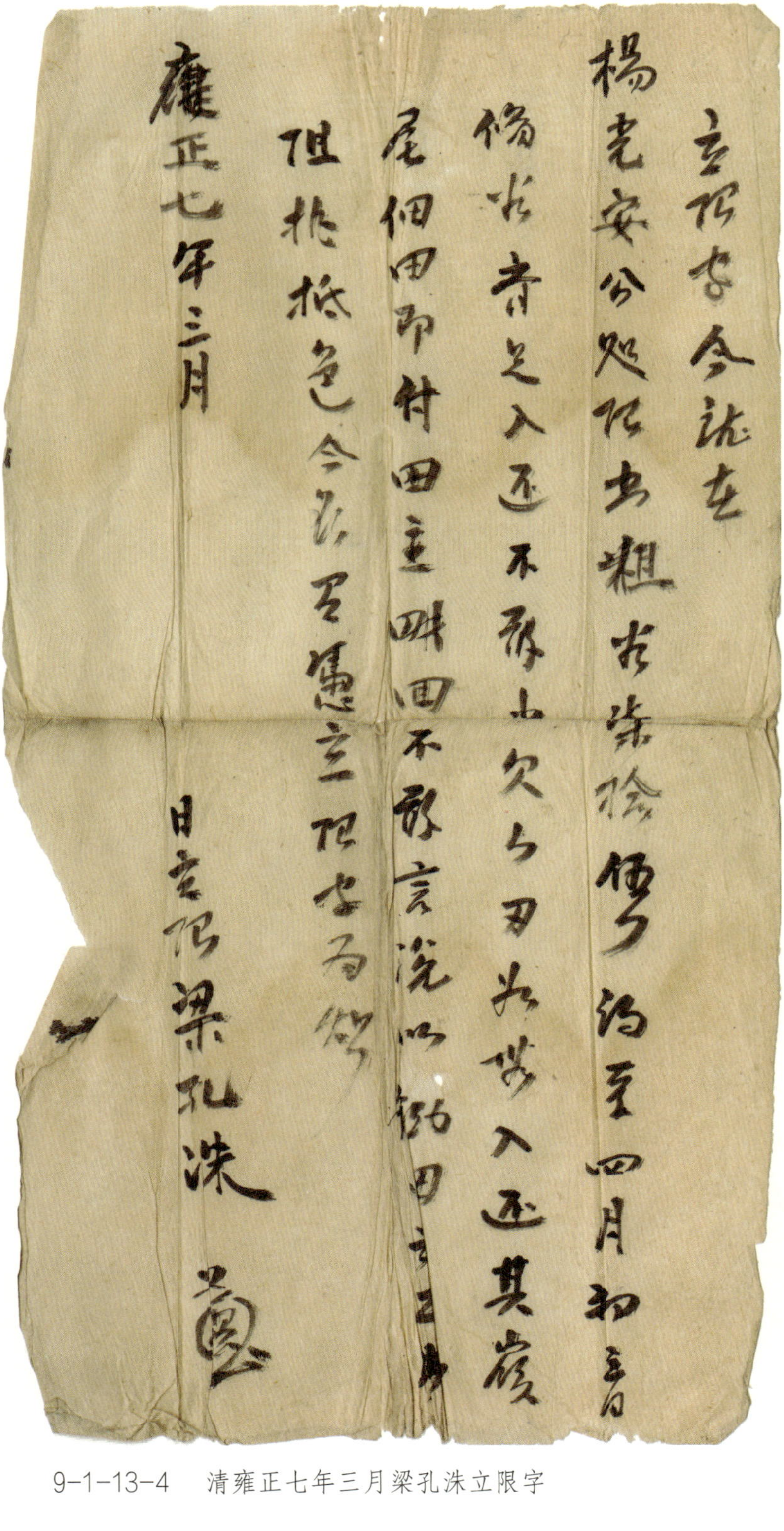
立限字人今託在
楊光安公處限出粗谷柒拾價銀至四月初三日
備出齊足入還不敢少欠分毫如若入還其處
屋佃田即付田主畊田不敢言說以銘田之事
但恐無憑今欲有憑立限字為照
雍正七年三月　日立限字梁孔洙（押）

9-1-13-4　清雍正七年三月梁孔洙立限字

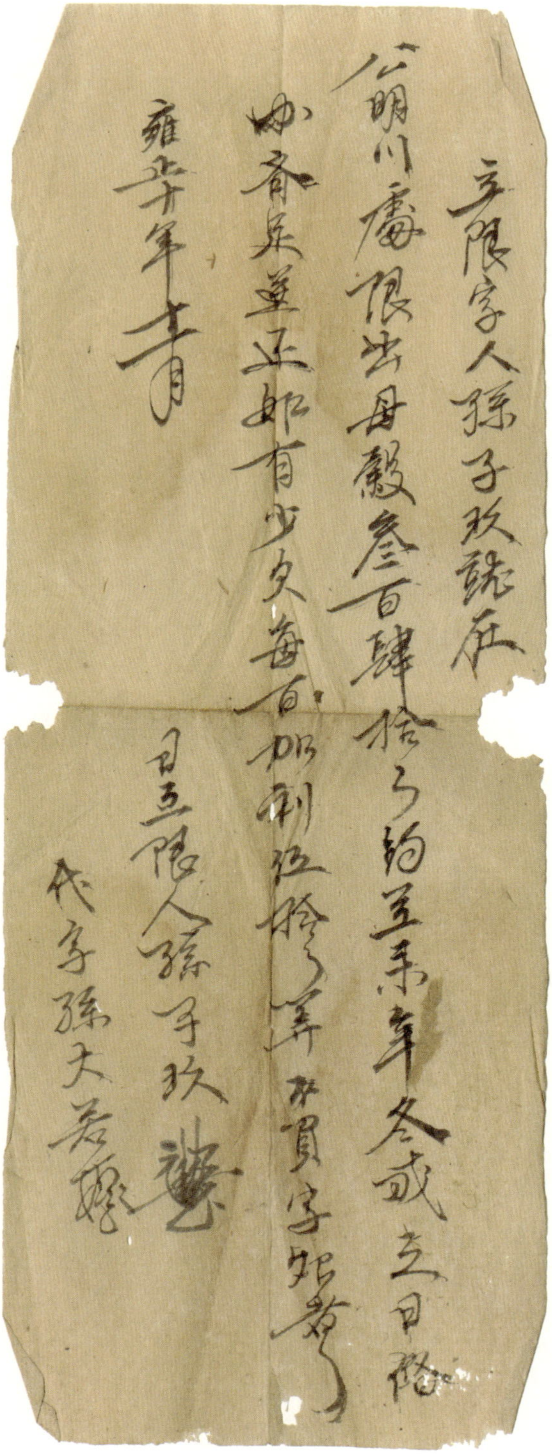
立限字人孫子玖號在
公明川處限出母穀叁百肆拾斤約至來年冬成之日路
如齊足並還如有少欠每百加利伍拾斤算本貫字照數
雍正十年十一月　日立限人孫子玖號
代字孫大若號

9-1-13-5　清雍正十年十一月楊子玖立限字

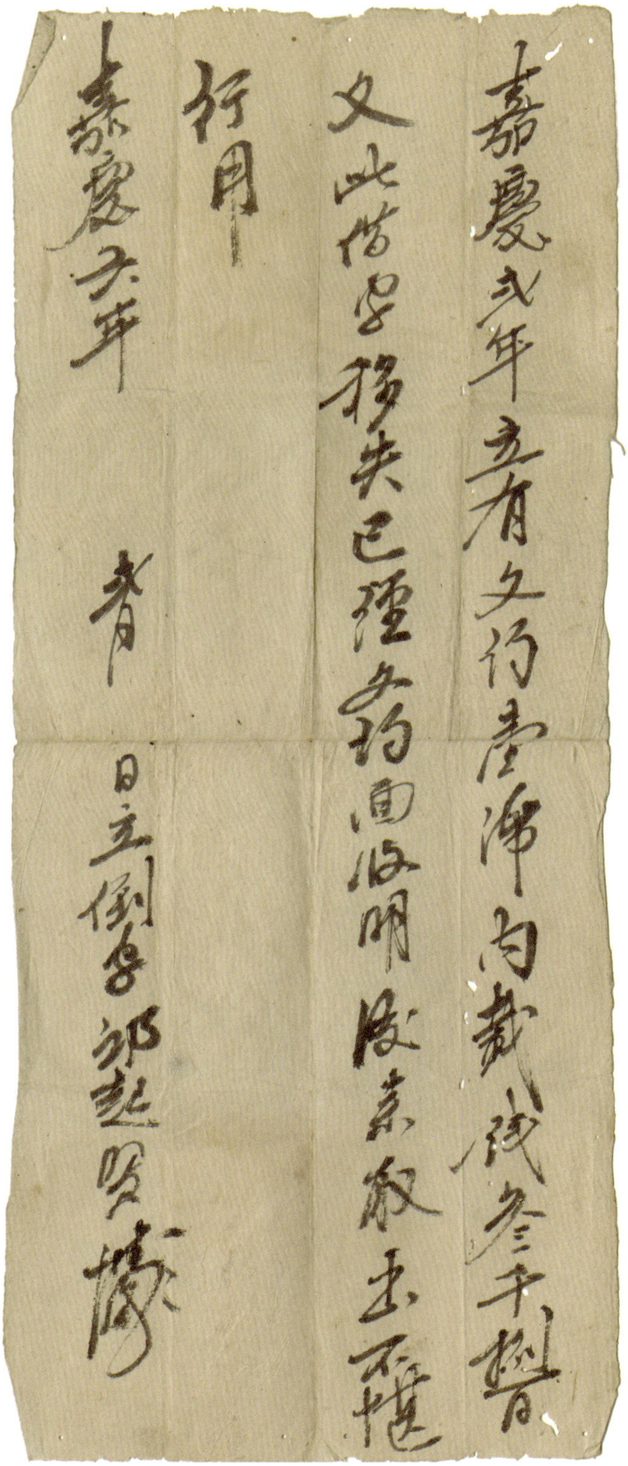

嘉慶弍年立有文約壹帋向戴錢叁千捌百
文此借字務失已經多時面約明後来檢出不堪
行用
嘉慶六年　　二月　　日立倒字邱起賢

9-1-13-6　清嘉慶六年二月邱起賢立倒字

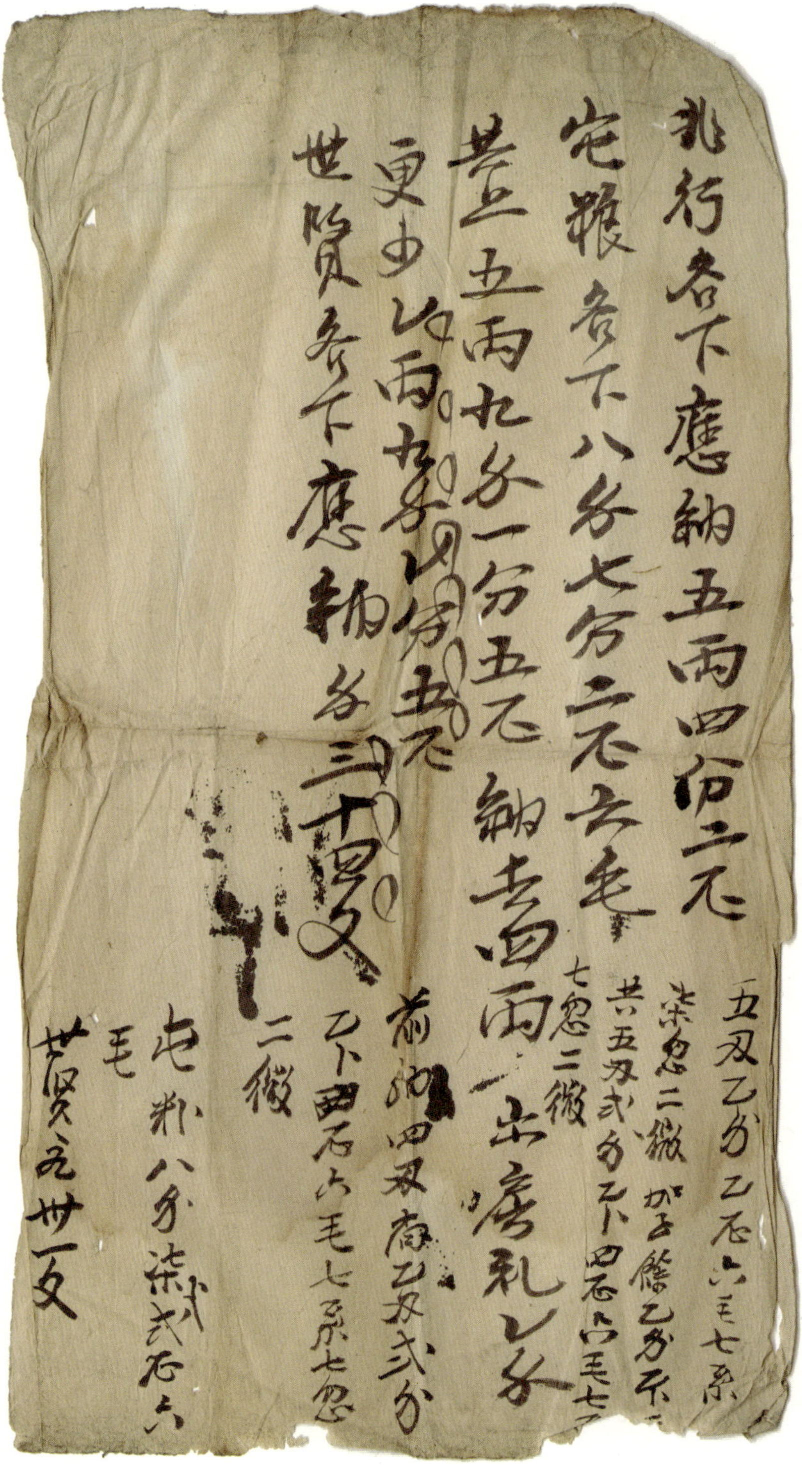

兆行名下應納五兩四分二厘
宅粮名下八錢七分二厘六毛
共五兩九錢一分五厘納壹兩一尚應礼乙錢
更少四兩九錢四分五厘
世賢名下應納錢三十四文

一五兩乙分乙厘六毛七系
柒忽二微 加子錢乙分不
共五兩弍分乙下四石六毛七
七忽二微
前納四兩尚乙兩弍分
乙下四石六毛七系七忽
二微
宅粮八分柒弍弍石六
毛
世賢之世一文

9-1-13-7　楊氏家族應納錢糧清單（年代不詳）

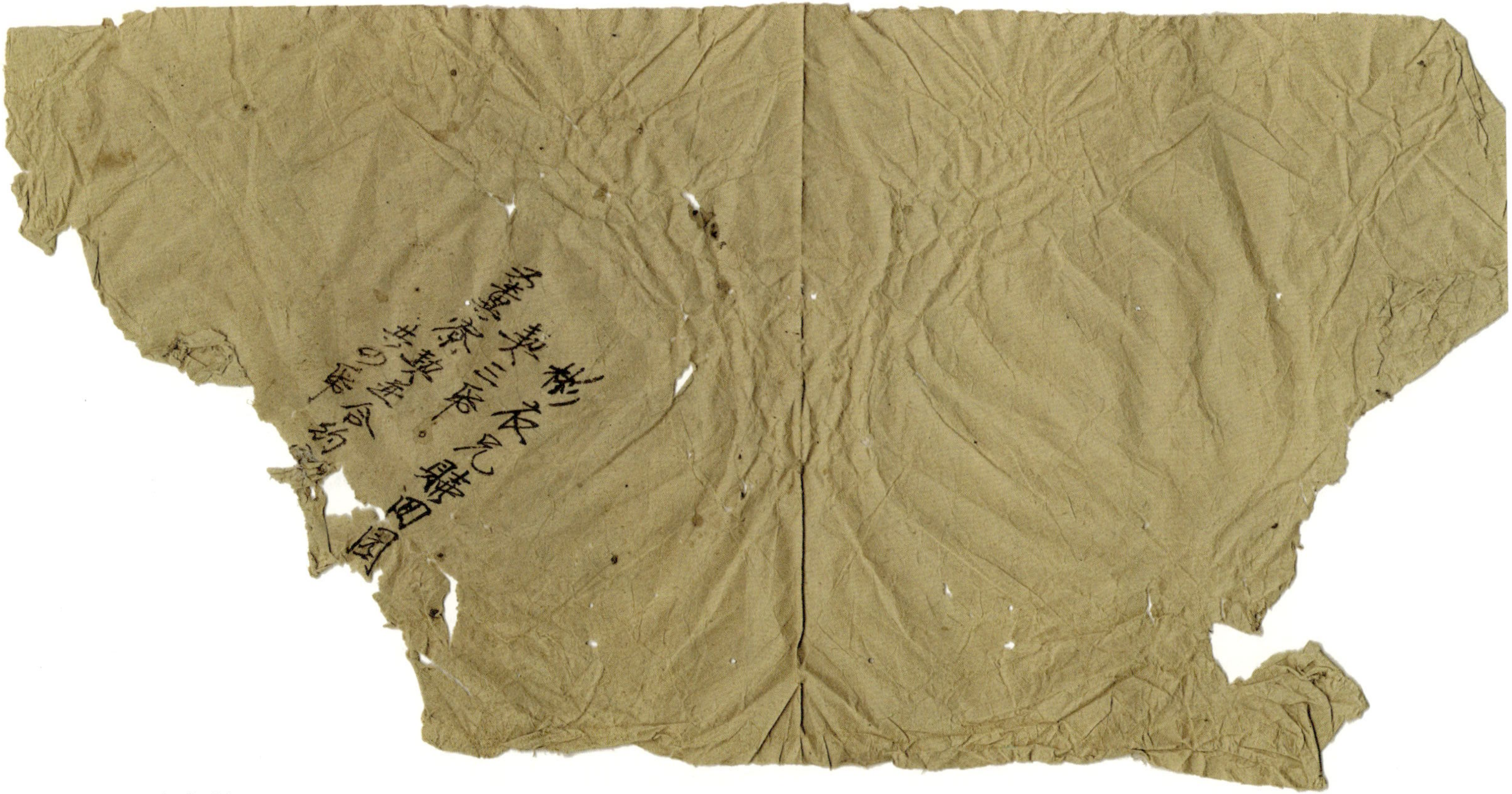

9-1-14-1　包契紙

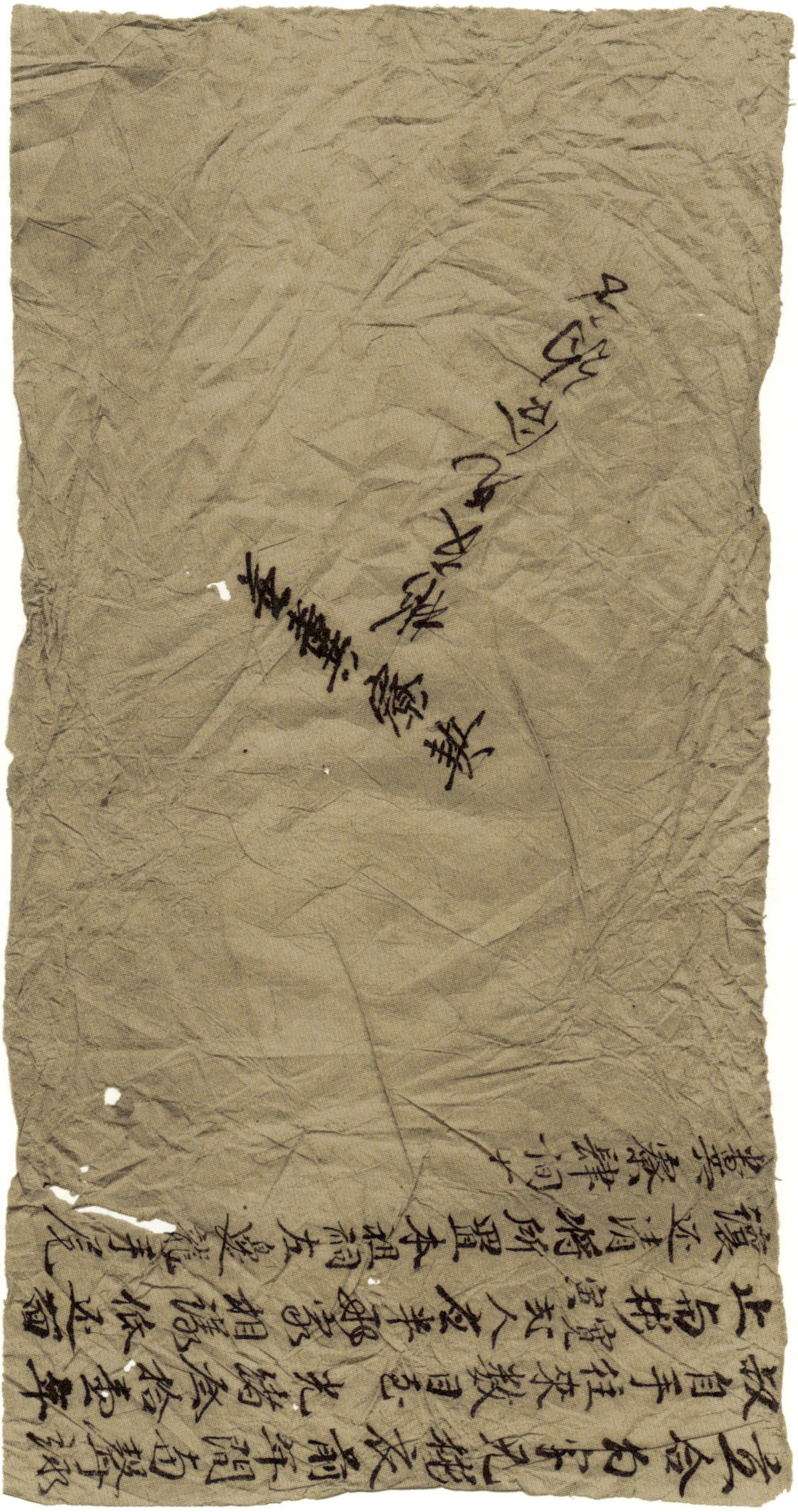

9-1-14-2　包契紙（草契）

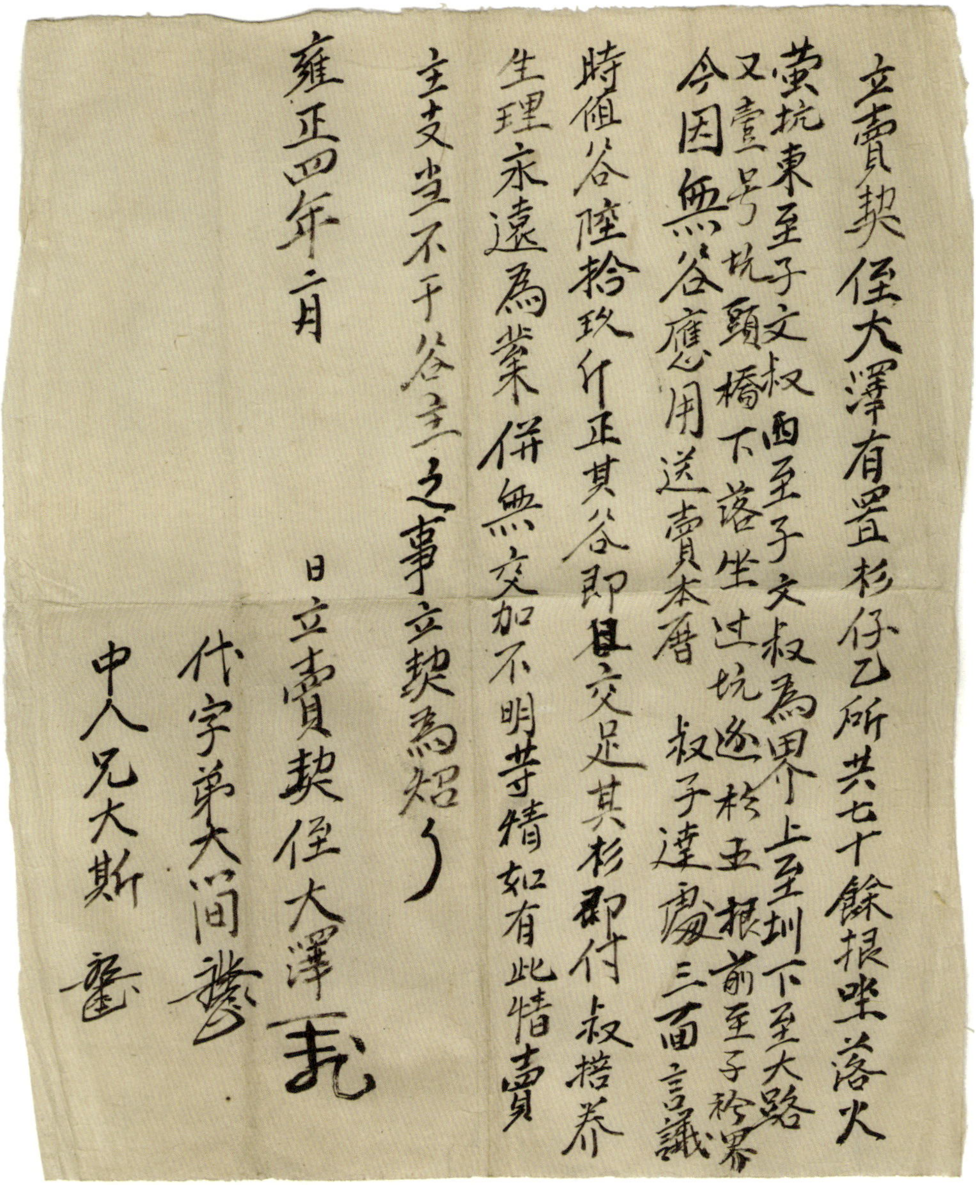
立賣契侄大澤有置杉仔乙所共七十餘根坐落火
黄坑東至子文叔西至子文叔為界上至圳下至大路
又壹号坑頭橋下落坐过坑迯杉玉根前至子衿界
今因無谷應用送賣本房　叔子達處三面言議
時值谷陸拾玖斤正其谷即日交足其杉即付叔搭养
生理永遠為業併無交加不明等情如有此情賣
主支当不干谷主之事立契為炤之

雍正四年二月　日立賣契侄大澤（押）
代字弟大間（押）
中人兄大斯（押）

9-1-14-3　清雍正四年二月楊大澤立賣杉仔契

立合約人叔子達大若叔侄大英大度等今因前路園居住缺水飲食雍正拾叁年柒月仝用銀壹两柒錢伍分正買得弟子爲子寅兄弟侄等前路園大路下泉水一堀開通引流食用言約引到門首上下两槽相通柒家通同食用向後子孫不得争長競短生端言說等情倘後日有添灶食用照数向自出銀两付还柒家今欲有憑立合約爲照

其子爲原契壹紙係子達叔收執照

合約立約各存不出

雍正拾叁年柒月　日立合約人　子達　大桃　大若　大度　大祭　大衍

公見叔耕野

執筆大英

9-1-14-4　清雍正十三年七月楊子達等立合約

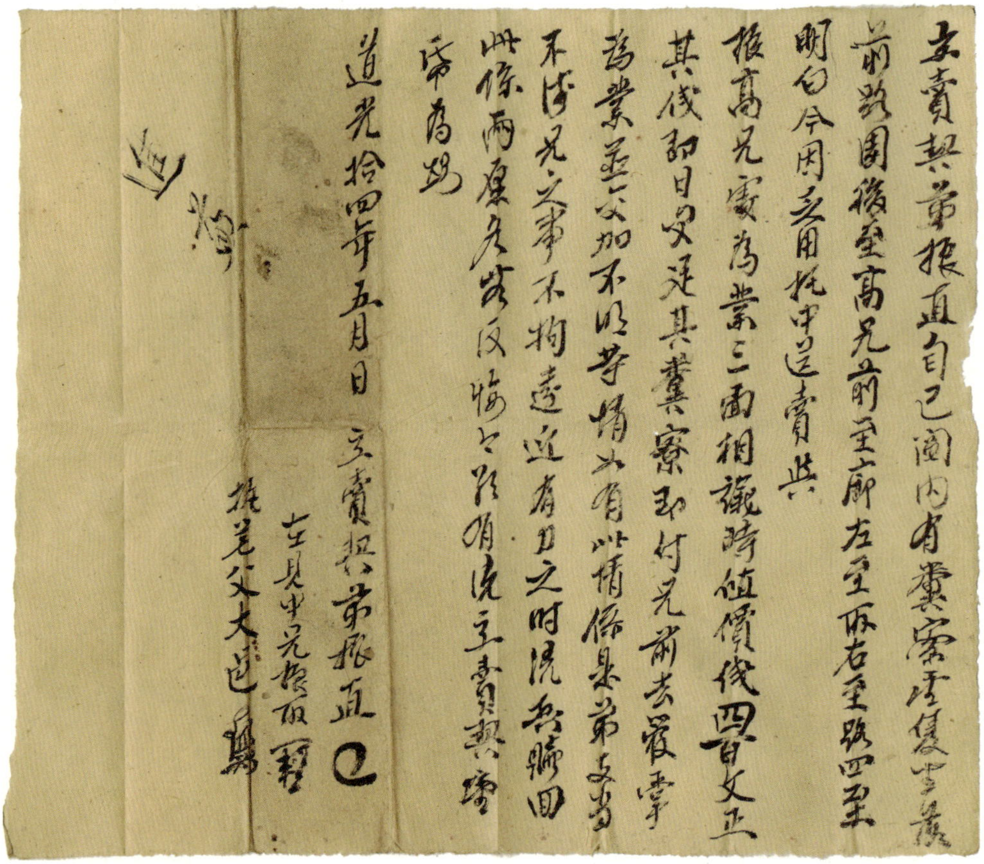

立賣契弟振直自己園內有糞寮壹隻坐落

前路園後至高兄前至廍左至厝右至路四至

明白今因乏用托中送賣與

振高兄處為業三面相議時值價錢四百文正

其錢即日收足其糞寮即付兄前去管掌

為業並不加不贖等情如有此情係是弟之當

不干兄之事不拘遠近有力之時況無贖回

此係兩愿各無反悔口恐無憑立賣契壹

帋為照

道光拾四年五月日　立賣契弟振直（押）

在見中兄振碩（押）

代筆父大邑（押）

9-1-14-5　清道光十四年五月楊振直立賣糞寮契

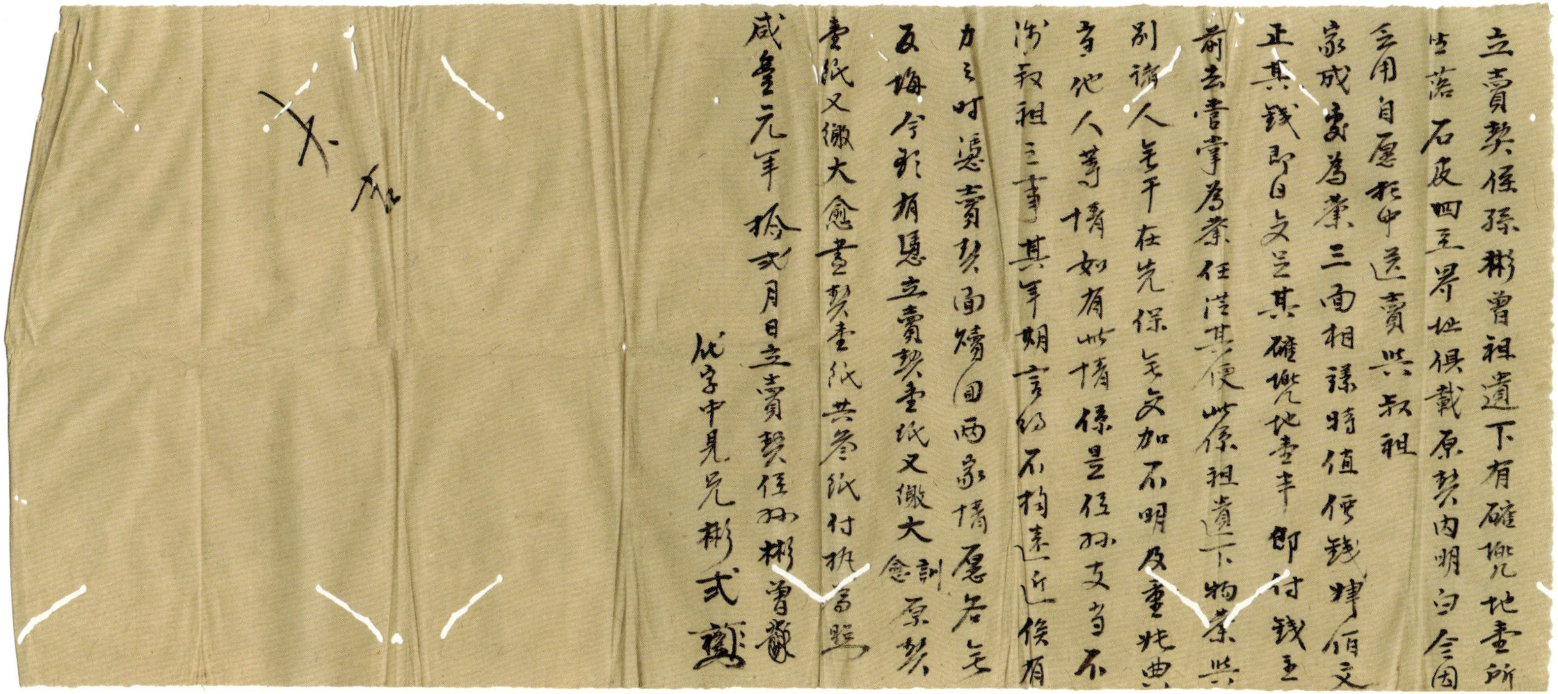
立賣契侄孫彬曾祖遺下有碓兜地壹所
坐落石皮四至界址俱載原契内明白今因
乏用自愿托中送賣與叔祖
家成處爲業三面相議時值價錢肆佰文
正其錢即日交足其碓兜地壹半即付錢主
前去管掌爲業任從其便此係祖遺下物業與
别房人等干在先保無交加不明及重張典
當他人等情如有此情係是侄孫支當不
涉叔祖之事其年期言約不拘遠近俟有
力之時備還賣契面價回兩家情愿各無
反悔今欲有憑立賣契壹紙又繳大僉訓原契
壹紙又繳大僉壹契壹紙共叁紙付執爲照
咸豐元年拾貳月日立賣契侄孫彬曾
代字中見兄彬式
大松

9-1-14-6　清咸豐元年十二月楊彬曾立賣碓兜地契

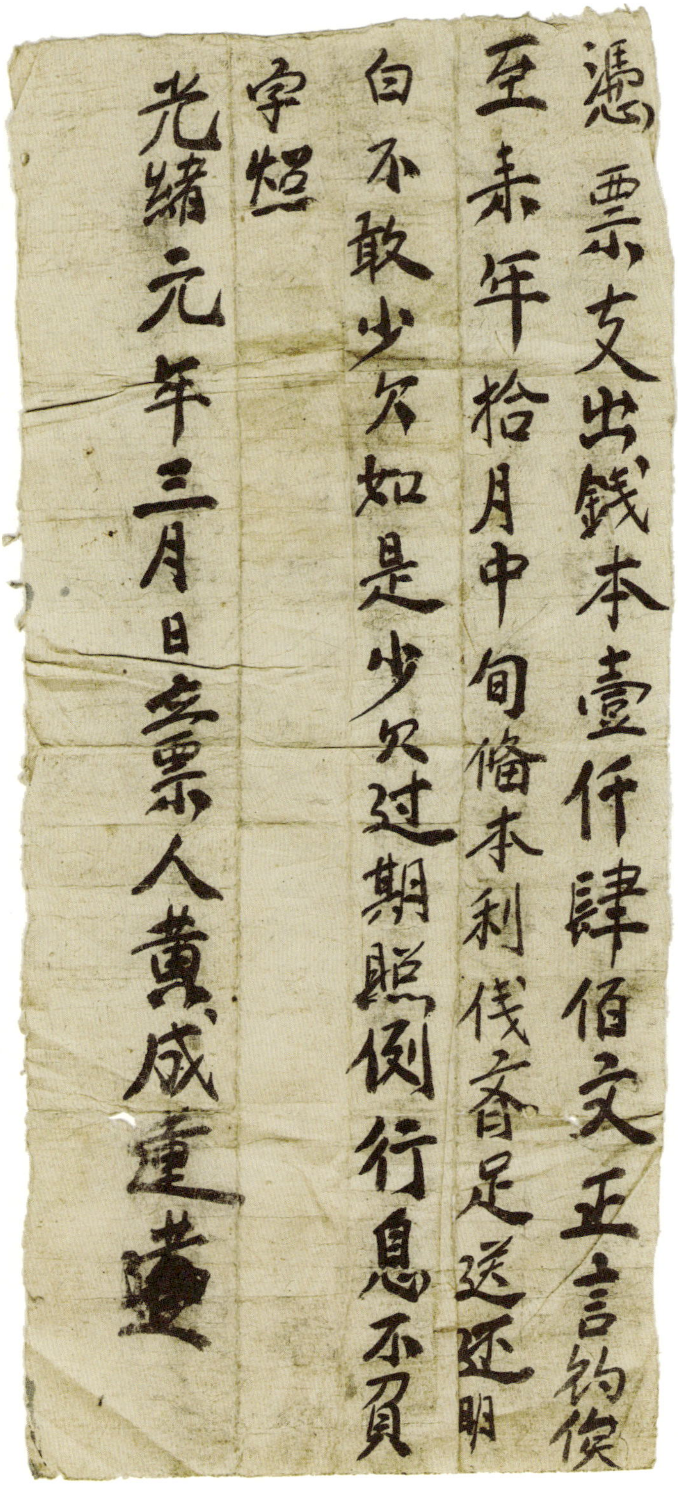
憑票支出錢本壹仟肆佰文正言約俟
至來年拾月中旬備本利錢齊足送還明
白不敢少欠如是少欠過期照例行息不負
字照
光緒元年三月日立票人黄成蓮

9-1-14-7　清光緒元年三月黄成蓮立支錢憑票

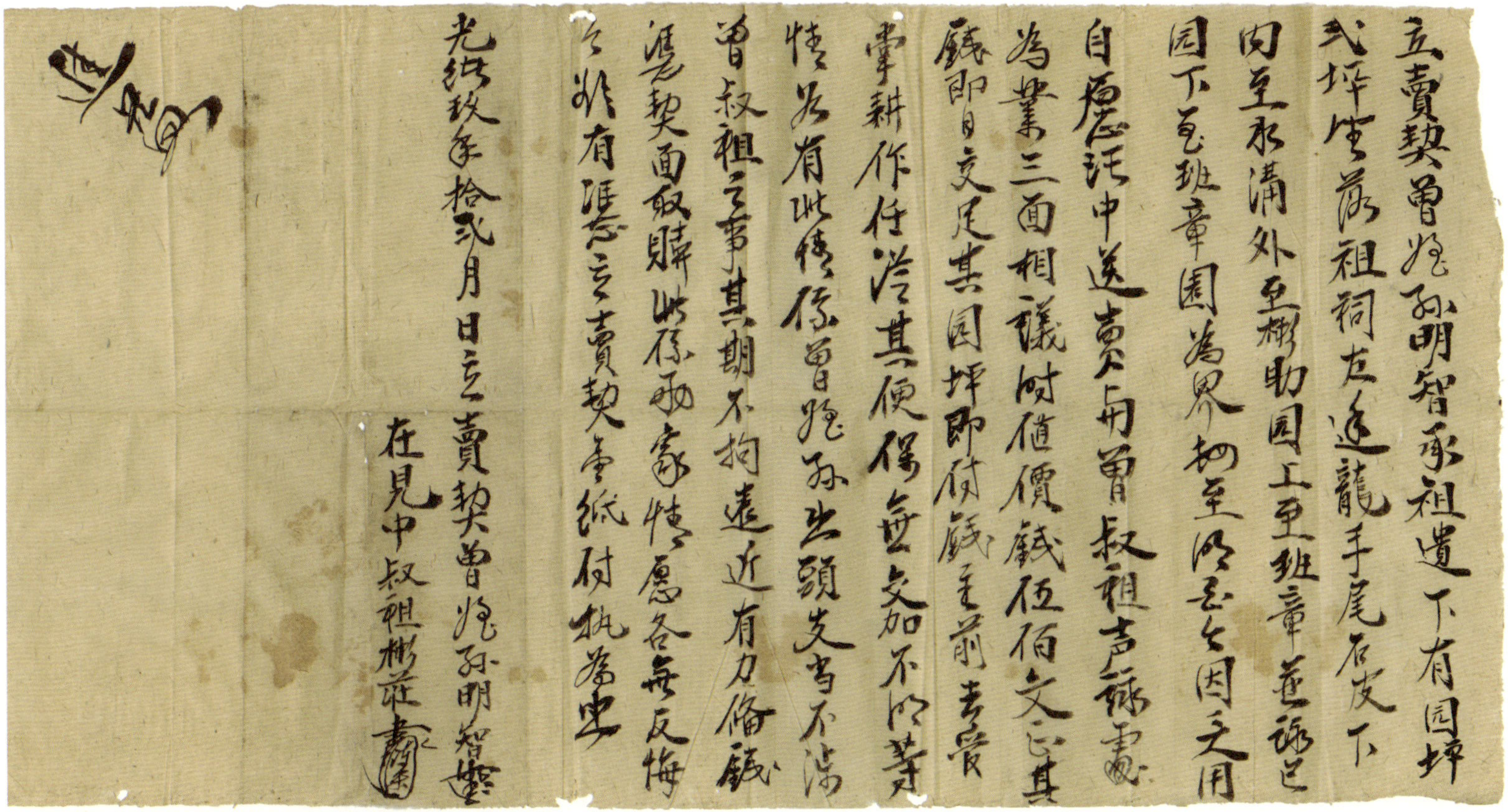
立賣契曾姪孫明智承祖遺下有園坪
弍坪坐落祖祠左邊龍手尾石皮下
內至永滿外至彬助園上至班章蓮孫芑
園下至班章園為界四至明白今因乏用
自愿托中送賣與曾叔祖声錄處
為業三面相議時值價錢伍佰文正其
錢即日交足其園坪即付錢主前去管
掌耕作任從其便保無交加不明等
情如有此係曾姪孫出頭支當不涉
曾叔祖之事其期不拘遠近有力備錢
照契面取贖此係兩家情愿各無反悔
今欲有憑立賣契壹紙付執為照
光緒玖年拾弍月　日立賣契曾姪孫明智
在見中叔祖彬莊

9-1-14-8　清光緒九年十二月楊明智立賣園坪契

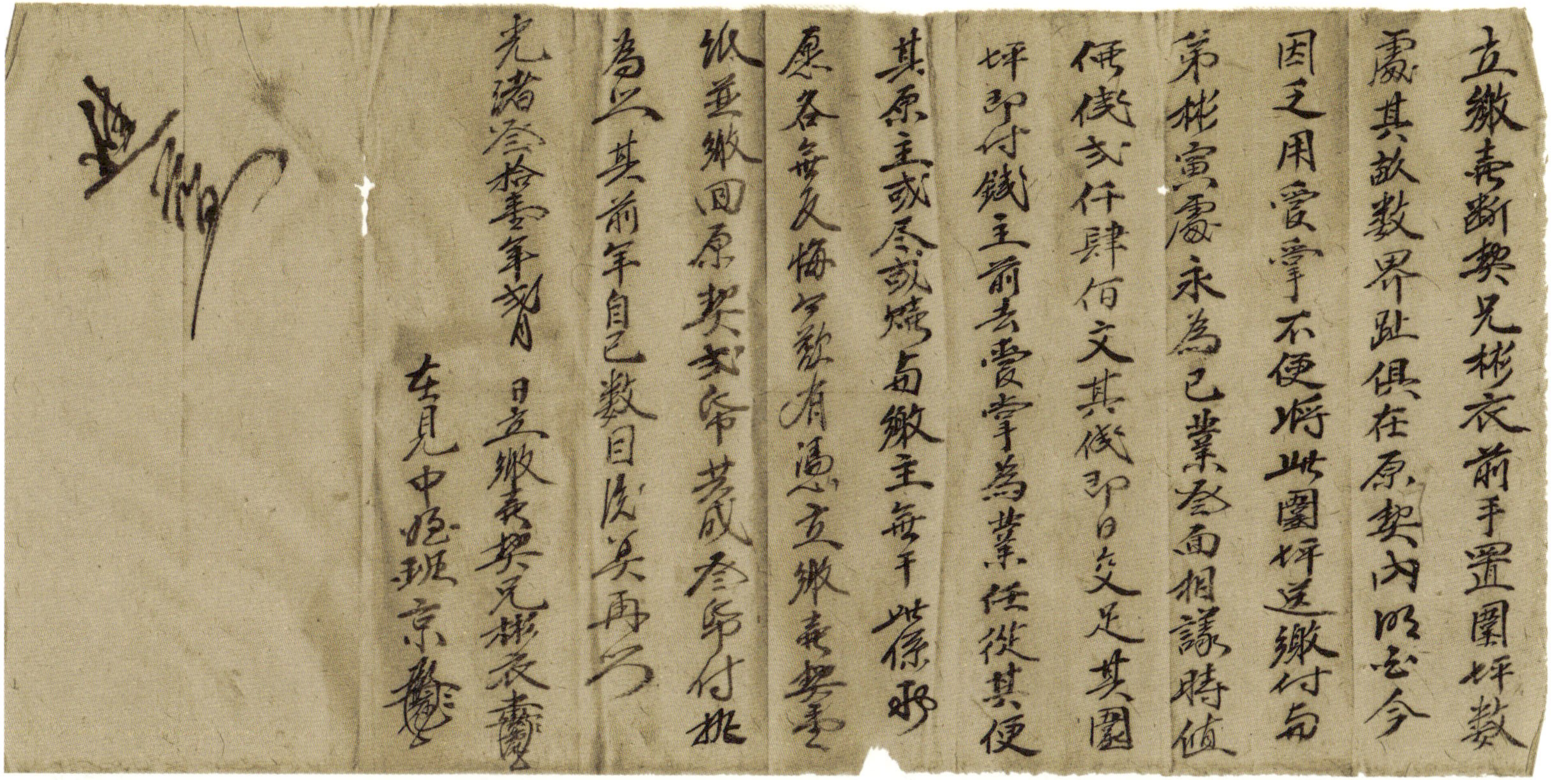

立繳賣斷契兄彬衣前手置園坪數
處其畝數界趾俱在原契內明今
因乏用灵掌不便將此園坪送繳付與
弟彬寅處永為己業當面相議時值
價錢弍仟肆佰文其錢即日交足其園
坪即付錢主前去管掌為業任從其便
其原主或叔或姪與繳主無干此係兩
愿各無反悔今欲有憑立繳賣契壹
紙並繳回原契弍帋共成叁帋付执
為照 其前年自己數目俱其再只
光緒叁拾壹年貳月 日立繳賣契兄彬衣
在見中姪班京

9-1-14-9　清光緒三十一年二月楊彬衣立繳賣斷園坪契

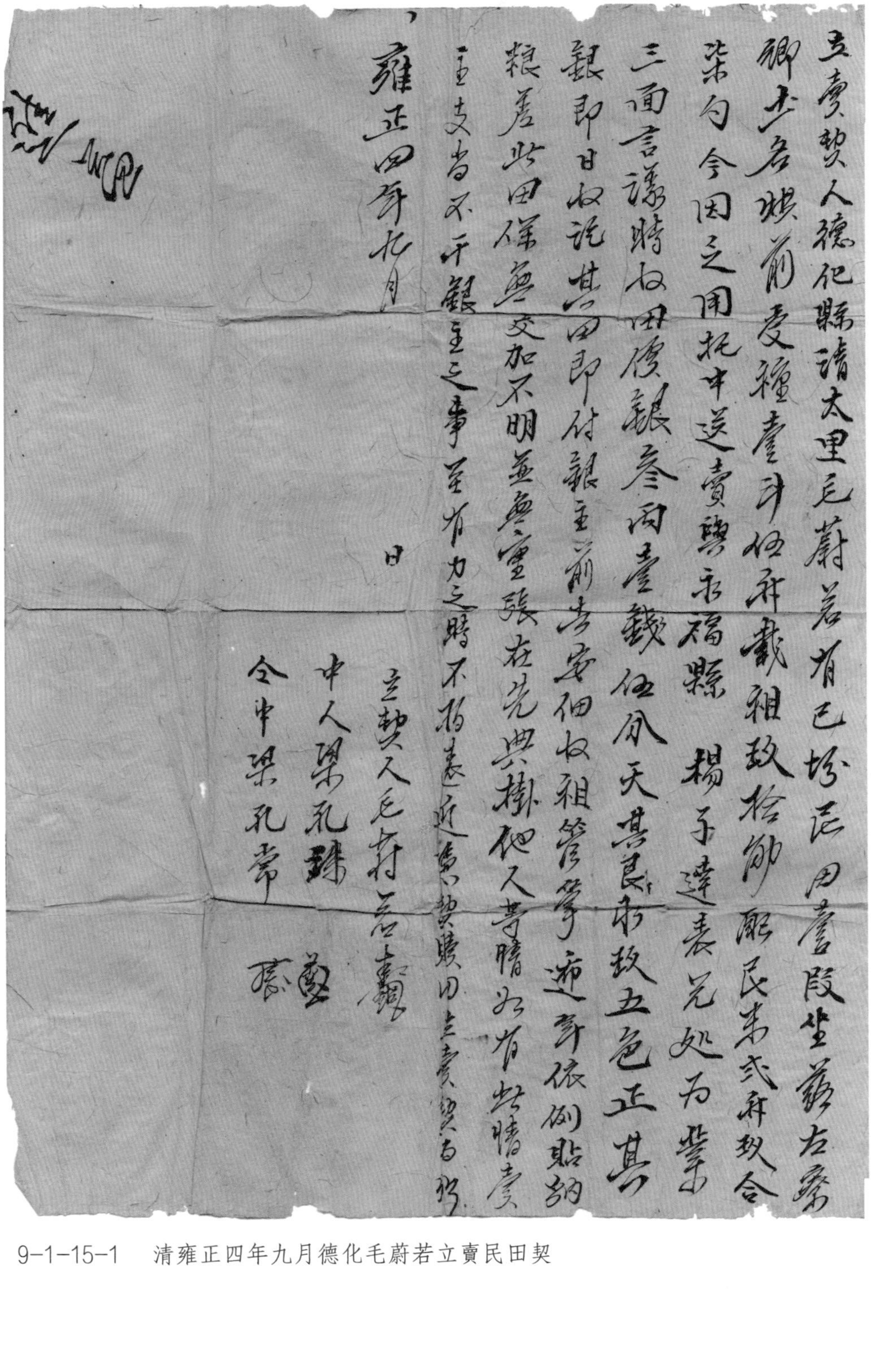

立賣契人德化縣請太里毛蔚若有己坵民田壹段坐落右察
鄉土名[?]前麦種壹斗伍升載租玖拾觔配民米弍升玖合
柒勺今因乏用托中送賣與永福縣楊子達表兄處為業
三面言議時值田價銀叁兩壹錢伍分天其良永玖五色正其
銀即日收訖其田即付銀主前去安佃收租管掌迹年依例貼納
粮差此田係無交加不明並無重張在先與掛他人等情如有此情賣
主支當不干銀主之事至有力之時不拘遠近照契贖回立賣契為照
雍正四年九月　　日
立賣契人毛蔚若
中人梁孔珠
仝中梁孔常

9-1-15-1　清雍正四年九月德化毛蔚若立賣民田契

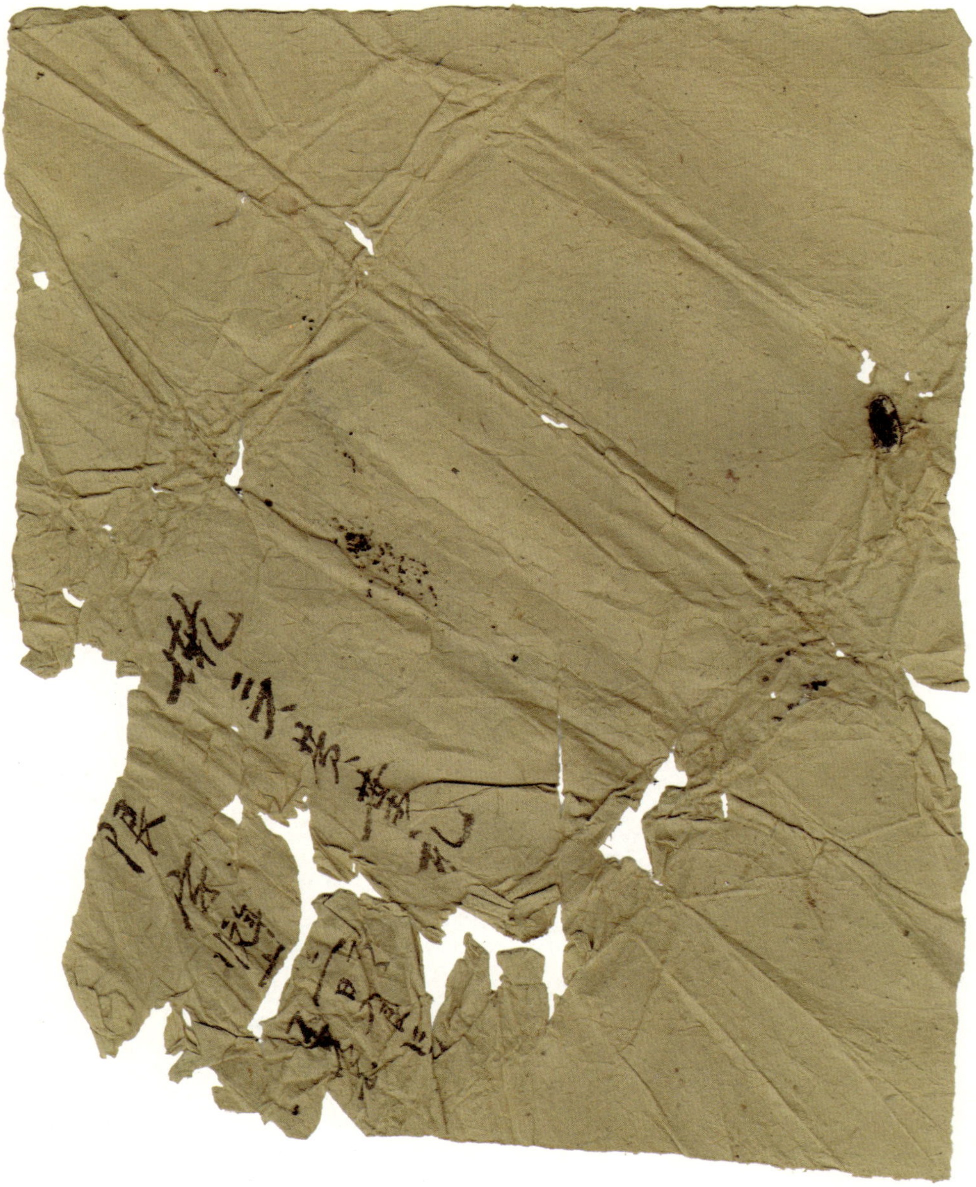

9-1-16-1　包契紙

立盡契伯君賓前有厝壹榻坐落祖厝東边書院前榻又園
壹坪坐落屏山路又蓮坑坪墓口田根乙号受種子二斗伍升上湖畬田
根乙号受種乙斗六升六合又岐頭畬民厝乙号受種乙斗載米二升三合
前年賣與侄子達管掌為業契價銀兩俱載原契內今因無銀谷應
用耗中就在侄子達處統盡出谷弍千捌拾斤又銀弍兩正水九五色其谷
銀即日交足其厝乙榻并田三段園乙坪付侄管掌為業有力之時依
原契并盡契乙起贖回今欲有憑立盡契付照者。
更有子其康懸伍四年所限谷乙千四百斤实入四百斤少乙千斤又五十
年借谷弍百斤四五年楂油乙百斤五二年艮七分五卜四三年伯君賓少桐油五斤
俱未有还至贖田厝之日乙起算还再照者（押）

同尽男子其懋
子立（押）

雍正四年十二月　日　立盡契伯君賓（押）

9-1-16-2　清雍正四年十二月楊君賓立盡厝等契

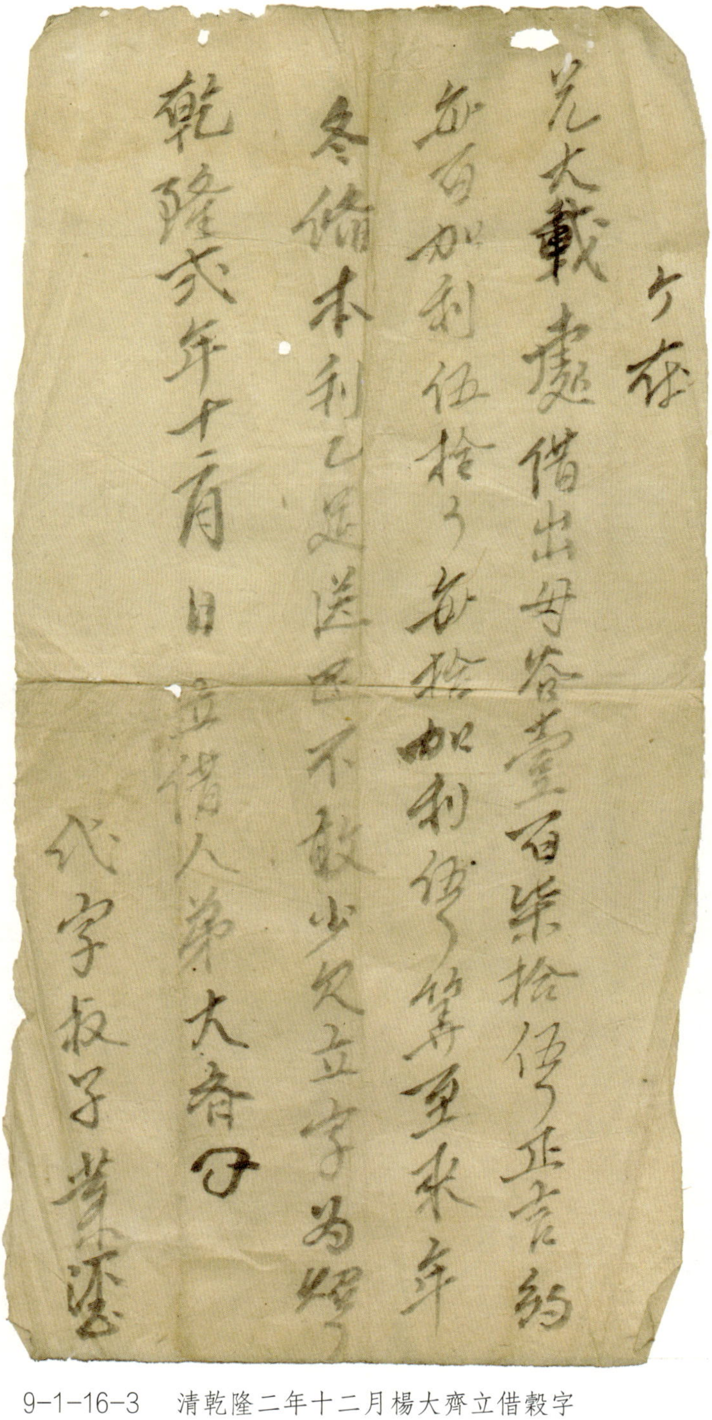

今存

兄大載處借出母谷壹百柒拾伍斤正言約

每百加利伍拾斤，每拾加利伍斤，算至來年

冬備本利一足送還，不敢少欠，立字為炤

乾隆弍年十二月　日　立借人弟　大齊（押）

代字叔子　黃溪

9-1-16-3　清乾隆二年十二月楊大齊立借穀字

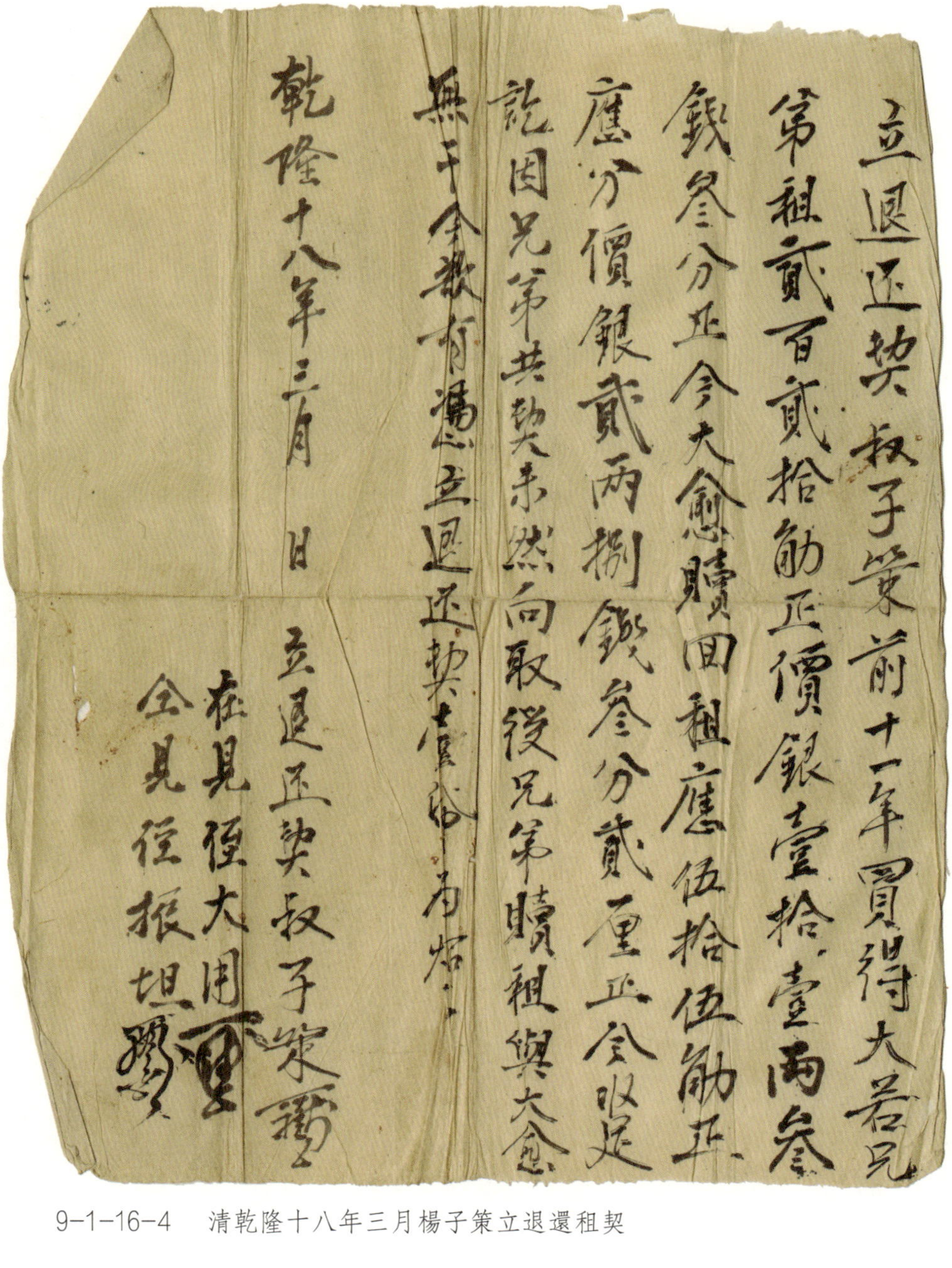
立退还契叔子策前十一年買得大喜兄
弟租貳百貳拾觔正價銀壹拾壹兩叁
錢叁分正今大愈贖回租麿伍拾伍觔正
麿分價銀貳兩捌錢叁分貳厘正今收足
訖因兄弟共契未然向取從兄弟贖租與大愈
無干今恐有憑立退还契壹紙為炤
乾隆十八年三月　日　立退还契叔子策（押）
在見侄大用（押）
仝見侄振坦（押）

9-1-16-4　清乾隆十八年三月楊子策立退還租契

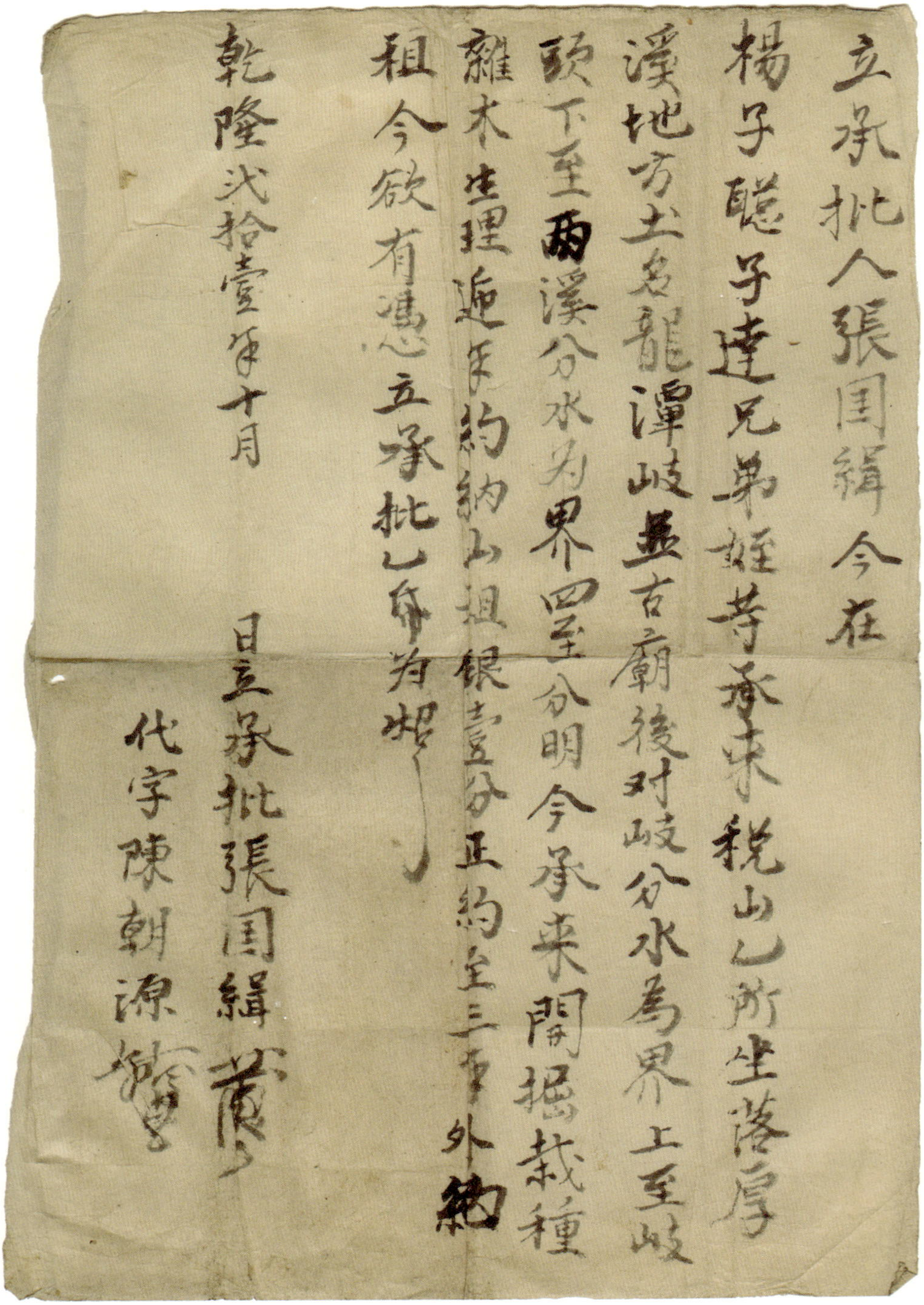

立承批人張国緝今在
楊子聰子達兄弟姪等承來税山乙所坐落厚
溪地方土名龍潭岐直古廟後对岐分水為界上至岐
頭下至兩溪分水為界四至分明今承来開掘栽種
雜木生理逓年約納山租銀壹分正約至三年外納
租今欲有憑立承批乙紙為照
乾隆弍拾壹年十月　日立承批張国緝（押）
代字陳朝源（押）

9-1-16-5　清乾隆二十一年十月張国緝立承批税山

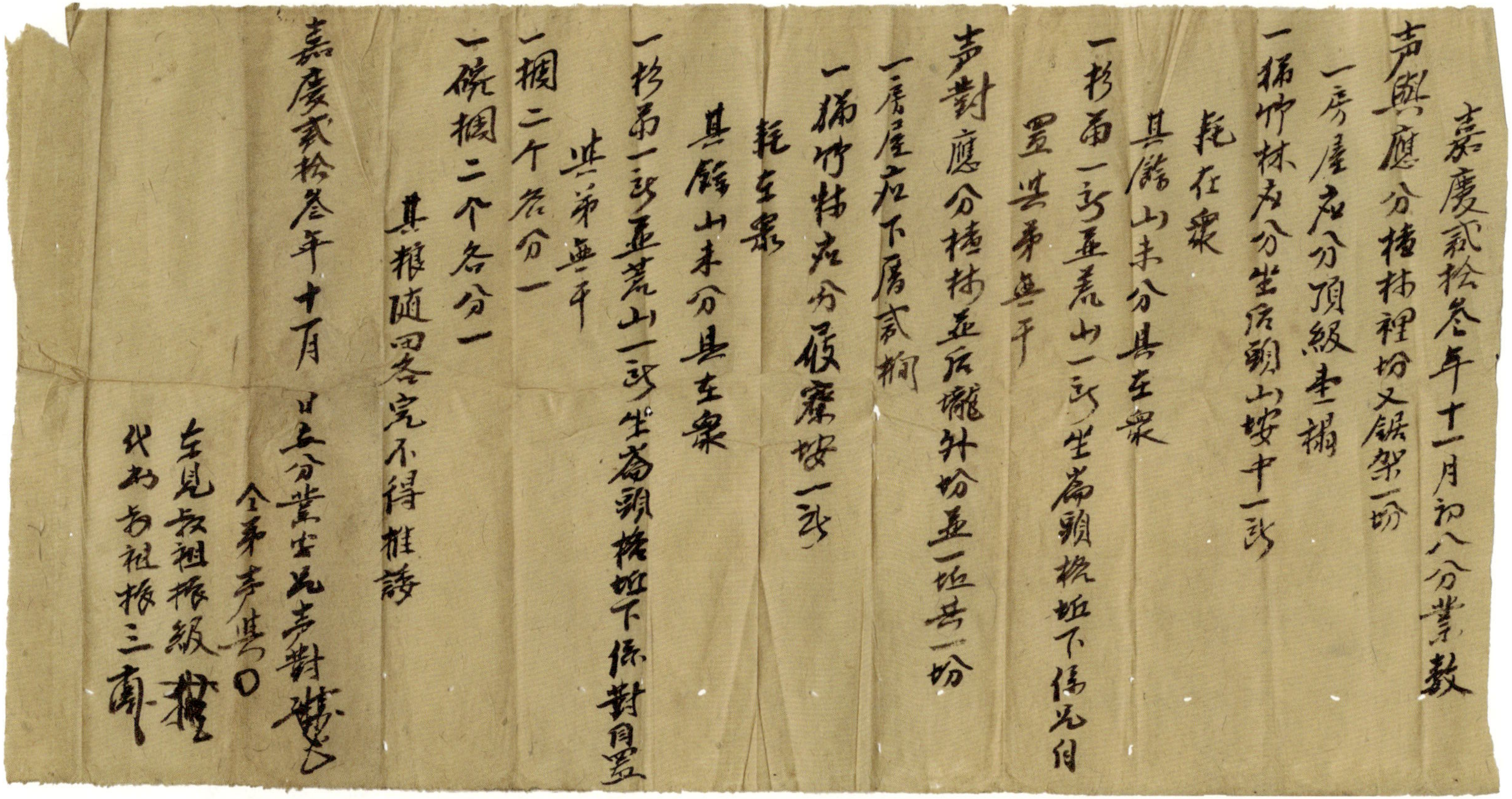
嘉慶貳拾叁年十一月初八分業數
声與應分桂林裡坋又鋘架一坋
一房屋后分頂級壹補
一備竹林后分坐后頭山垵中一段
耗在衆
其餘山未分具在衆
一杉苗一所並荒山一所坐落頭橄垅下係兄自
置與弟無干
声對應分桂林並后壠外坋並一垃共一坋
一房屋后下房貳桐
一備竹林后分後寮垵一段
耗在衆
其餘山未分具在衆
一杉苗一所並荒山一所坐落頭橄垅下係對自置
與弟無干
一桐二个各分一
一碗桐二个各分一
其粮随田各完不得推諉
嘉慶貳拾叁年十月　日立分業字兄声對（押）
仝弟声與〇
在見叔祖振級（押）
代筆叔祖振三（押）

9-1-16-6　清嘉慶二十三年十一月楊声對立分業字

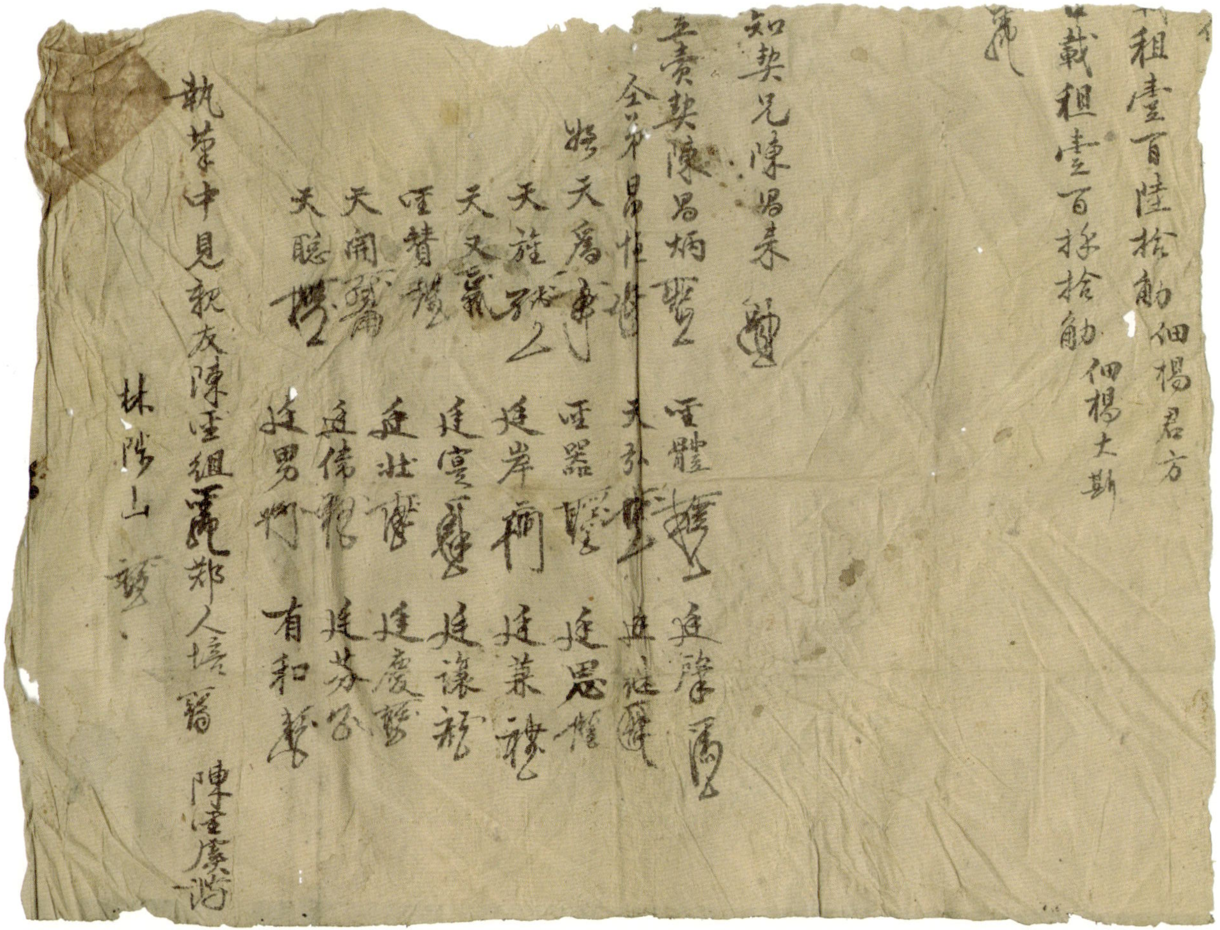

計租壹百陸拾觔　佃楊君方
載租壹百捌拾觔　佃楊大斟

知契兄陳昌朱（押）
立賣契陳昌炳（押）
仝弟昌恒（押）
姪天膺（押）
天旌（押）
天又（押）
亚替（押）
天開（押）
天聰（押）

亚體（押）　廷陞（押）
天孙（押）　廷祖（押）
亚器（押）　廷思（押）
廷岸（押）　廷菜（押）
廷寔（押）　廷讓（押）
廷壯（押）　廷慶（押）
廷儒（押）　廷芬（押）
廷男（押）　有和（押）

執筆中見親友陳亚組（押）　鄭人培（押）　陳亚慶（押）
林陽山（押）

9-1-17-1　包契紙

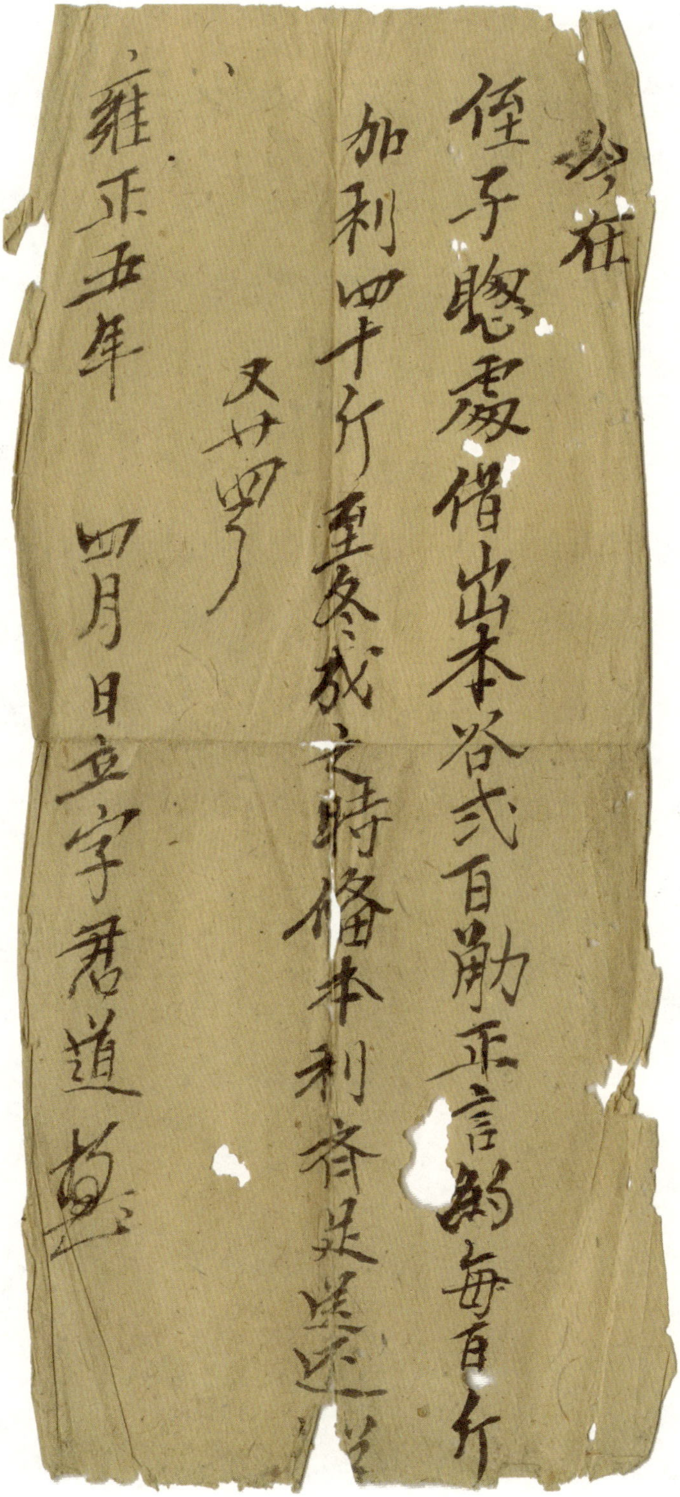

今在
侄子聰處借出本谷弍百觔正言約每百斤
加利四十斤至冬成之時備本利齊足送還[illegible]
又廿四男
雍正五年四月日立字君道（押）

9-1-17-2　清雍正五年四月楊君道立借穀字

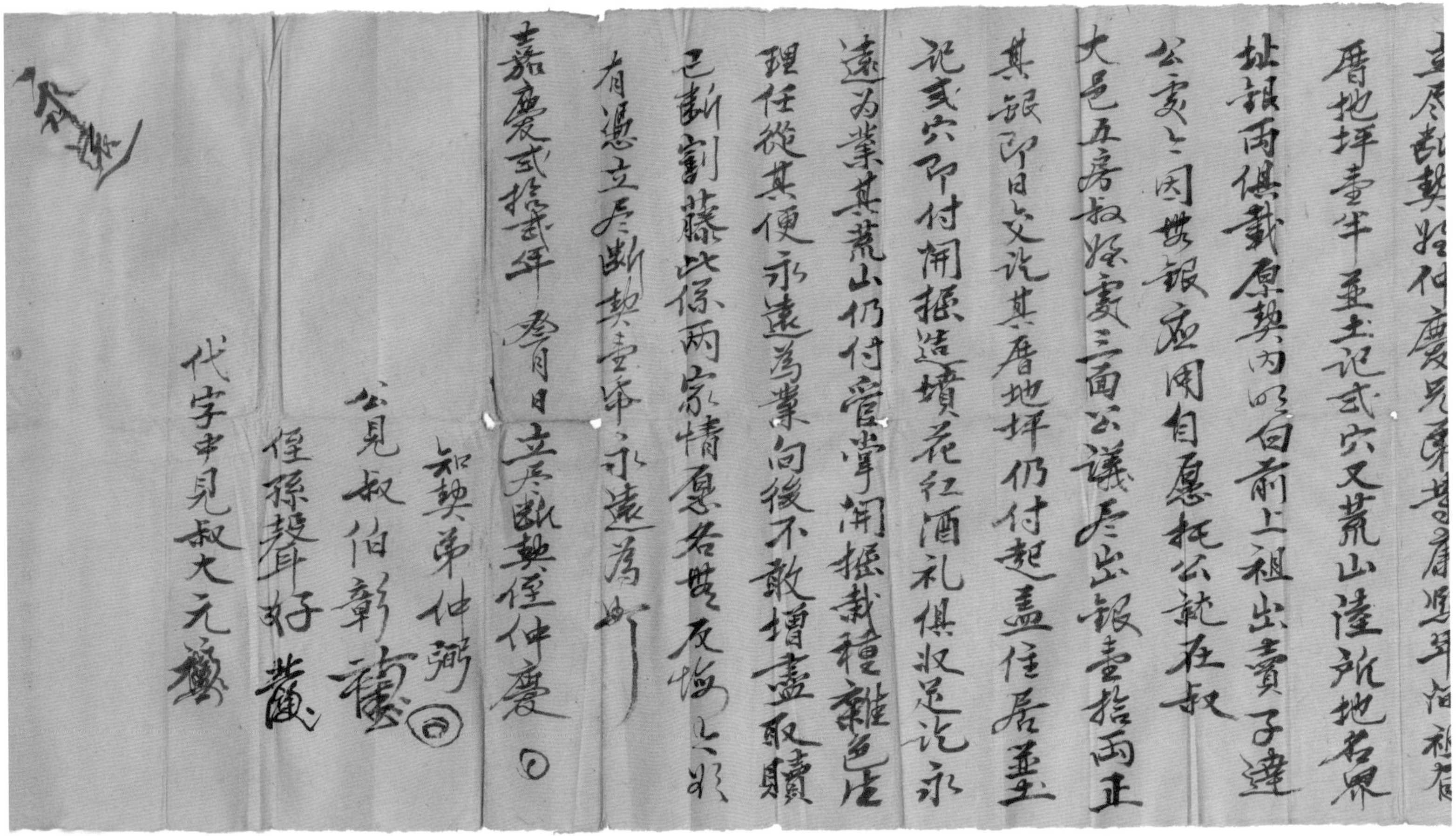

立盡斷契楊仲慶兄弟等[illegible]
厝地坪壹半並土記弍穴又荒山陸所地名界
址銀兩俱載原契內明白前上祖出賣子達
公處，因無銀應用，自愿托公就在叔
大邑五房叔孫處三面公議盡出銀壹拾兩正
其銀即日交訖，其厝地坪仍付起盡住居，墓
記弍穴即付開掘造墳，花紅酒礼俱收足訖，永
遠為業，其荒山仍付管掌，開掘栽種雜色，任
理，任從其便，永遠為業，向後不敢增盡取贖
已斷割藤，此係兩家情愿，各無反悔，今欲
有憑，立盡斷契壹紙，永遠為照。
嘉慶弍拾弍年叁月 日 立盡斷契侄仲慶
知契弟仲[illegible]
公見叔伯彰
侄孫[illegible]好
代字中見叔大元

9-1-17-3　清嘉慶二十二年三月楊仲慶等立盡斷厝地坪契

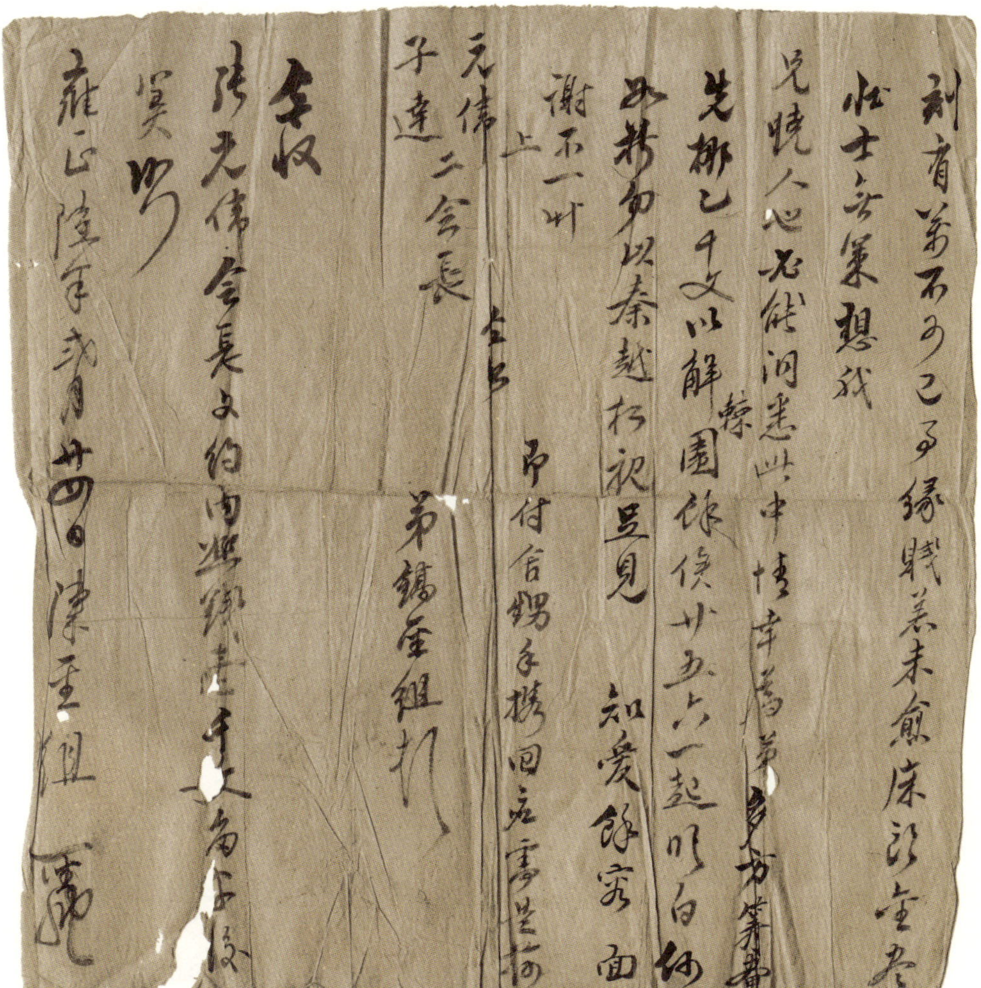

刻有弟不可已事，緣賤恙未愈，床頭全無，
此士無策，想我
兄曉人心，不能洞悉此中情事，爲弟多方籌畫，
先挪七千文，以解燎圍，館俟廿五六一起明白。
如務勿以秦越相視，豈見　知愛餘寔面
謝不一。
上
元偉
子達二會長　　台照　即付舍甥手携回應事是荷
弟鎮聖組拜

今收
陳元偉會長文約內撥錢壹千文，所收是
實照

雍正陸年貳月廿四日　陳聖組　筆

9-1-18-1　清雍正六年二月陳聖組立收錢字

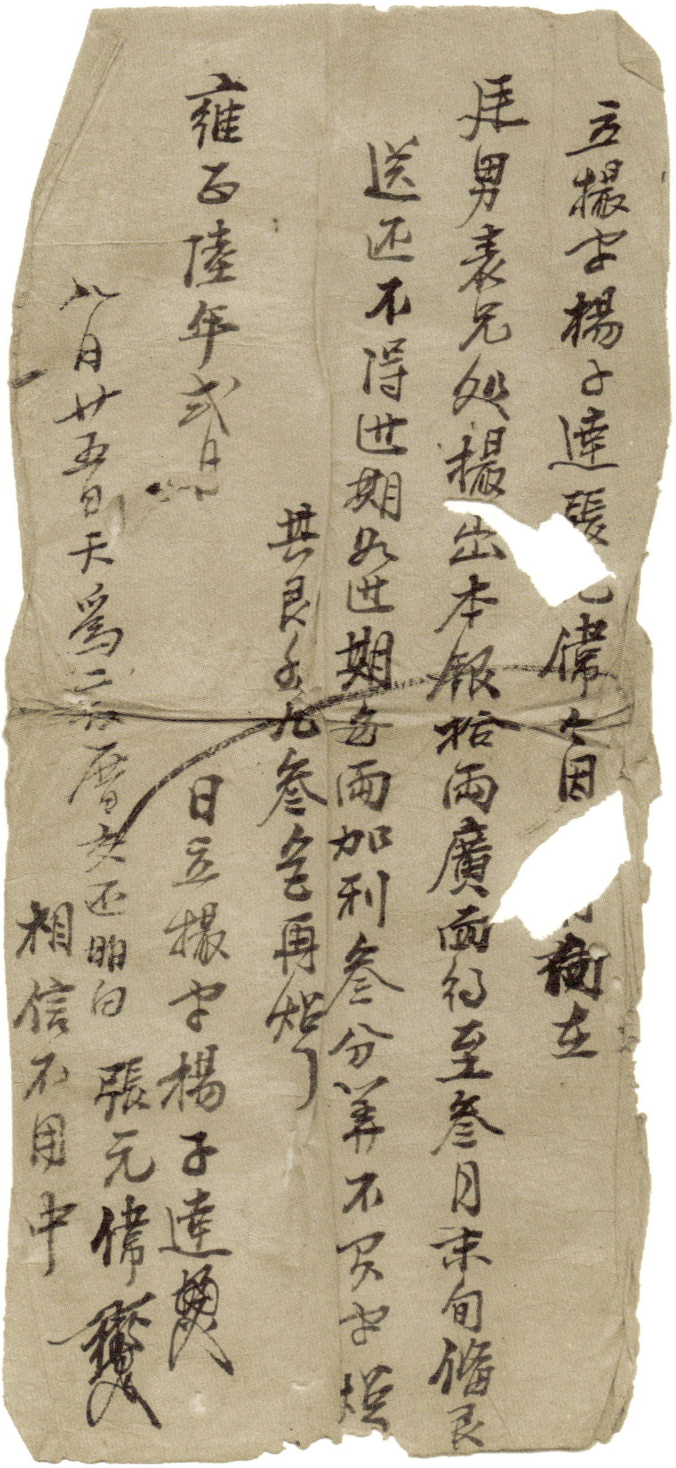
立撮字楊子達張□偉今因□商在
拜男表兄處撮出本銀拾兩廣面行至叁月末旬備艮
送還不得過期如過期每兩加利叁分算不另字据
共艮壹拾叁兩再炤
日立撮字楊子達（押）
雍正陸年貳月
八月廿五日天爲之谷磨交還明白　張元偉（押）
相信不用中

9-1-18-2　清雍正六年二月楊子達立撮字

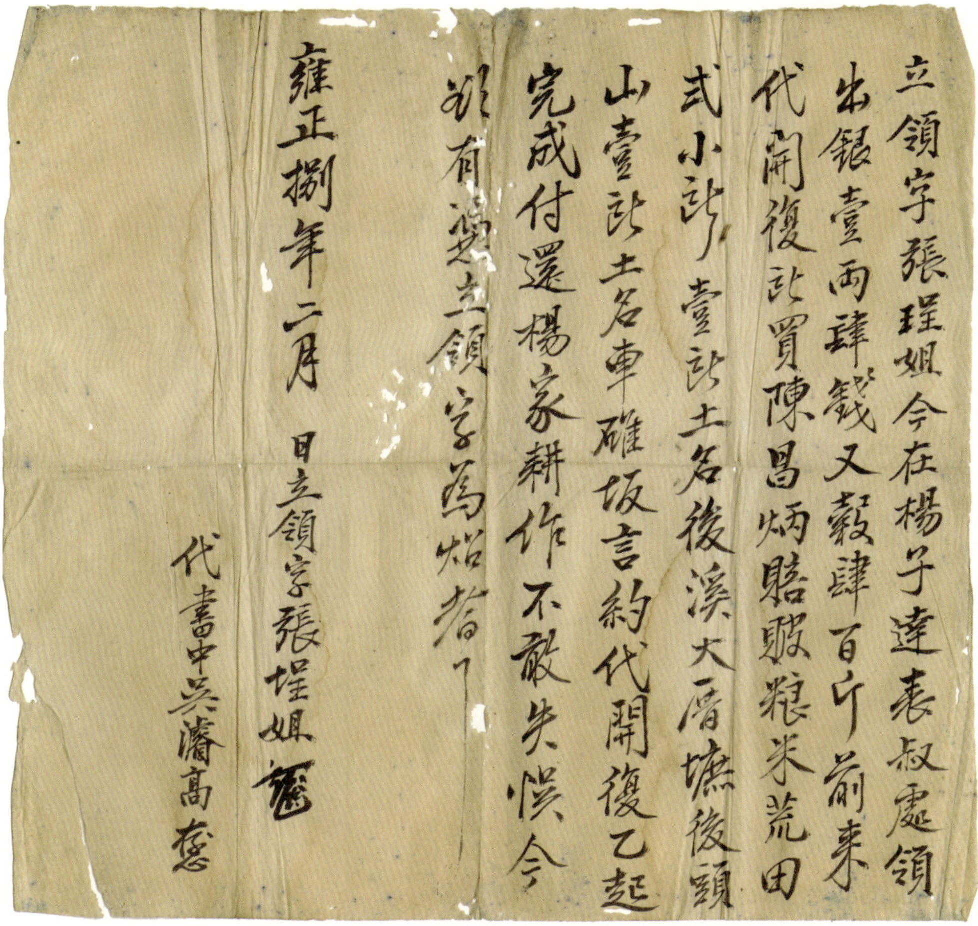
立領字張埕姐今在楊子達表叔處領
出銀壹兩肆錢又穀肆百斤前來
代開復坵買陳昌炳賠贖糧米荒田
弍小坵壹坵土名後溪大厝墘後頭
山壹坵土名車碓坂言約代開復乙起
完成付還楊家耕作不敢失悞今
欲有憑立領字爲照者
雍正捌年二月　日立領字張埕姐（押）
代書中吳濬高（押）

9-1-18-3　清雍正八年二月張埕姐立領銀字

9-1-18-4　清乾隆八年三月楊子九立兑民田根契

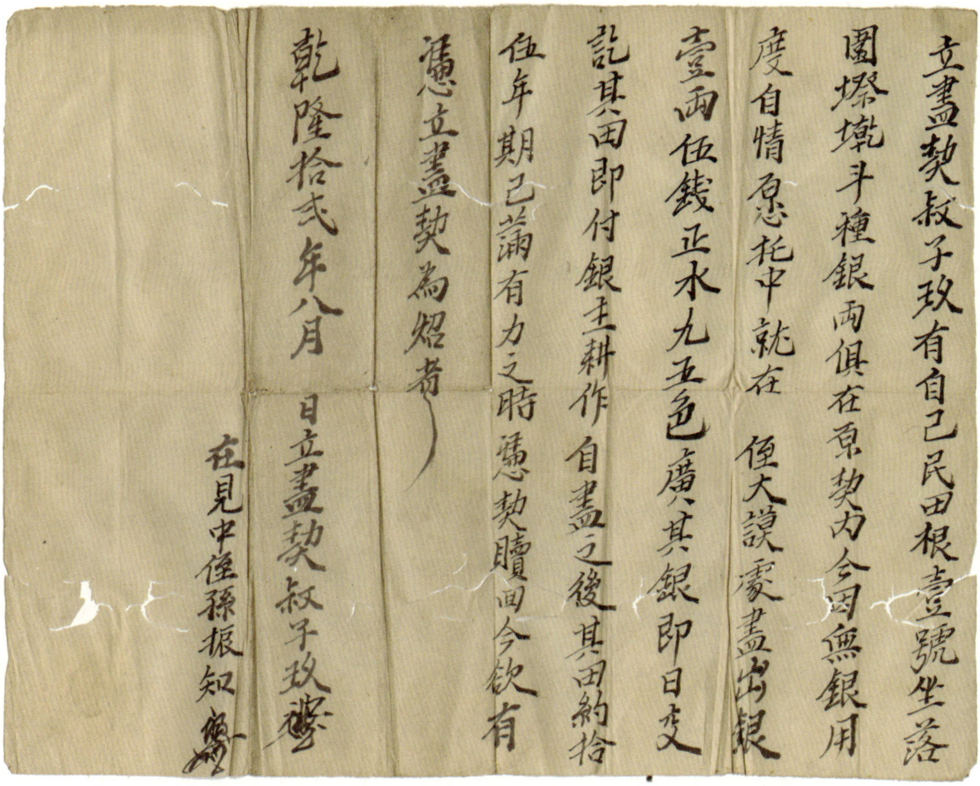

立盡契叔子玖有自己民田根壹號坐落
園塎墘斗種銀兩俱在原契內今因無銀用
度自情愿托中就在　侄大謨處盡出銀
壹兩伍錢正水九五色廣其銀即日交
訖其田即付銀主耕作自盡之後其田約拾
伍年期已滿有力之時憑契贖回今欲有
憑立盡契為炤者
乾隆拾弍年八月　日立盡契叔子玖（押）
在見中侄孫振知（押）

9-1-18-5　清乾隆十二年八月楊子玖立盡民田根契

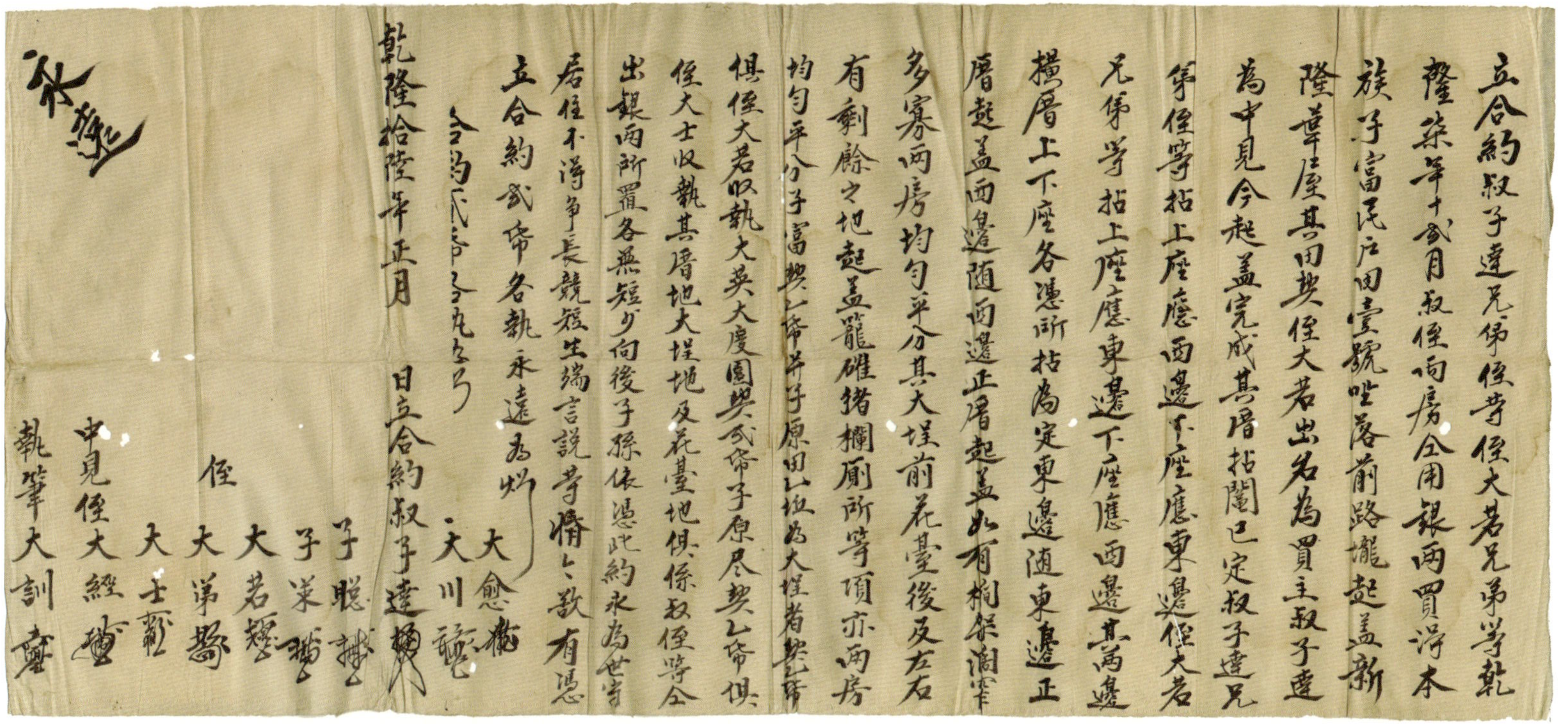
立合約叔子達兄弟侄等侄大若兄弟等乾
隆柒年十貳月叔侄兩房仝用銀兩買得本
族子富民庄田壹號坐落前路壠起蓋新
隆草屋其田契侄大若出名為買主叔子達
為中見今起蓋完成其厝拈鬮已定叔子達兄
弟侄等拈上座廳西邊下座廳東邊侄大若
兄弟等拈上座廳東邊下座廳西邊其兩邊
攄厝上下座各邊所拈為定東邊隨東邊正
厝起蓋西邊隨西邊正厝起蓋如有桁架閣牢
多寡兩房均匀平分其大埕前花臺後及左右
有剩餘之地起蓋龍碓豬欄廁所等項亦兩房
均匀平分子富契山係并子原田山坵為大埕者契係
俱侄大若收執大英大慶園契貳係子原尽契山係俱
侄大士收執其厝地大埕地及花臺地俱係叔侄等仝
出銀兩所置各無短少向後子孫依憑此約永為世守
居住不得爭長競短生端言說等情﹅﹅欲有憑
立合約貳係各執永遠為炤
[illegible]
乾隆拾陸年正月　日立合約叔子達
大愈
大川
子聰
子渠
侄　大若
大第
大士
中見侄大經
執筆大訓
永遠

9-1-18-6　清乾隆十六年正月楊子達等立合約

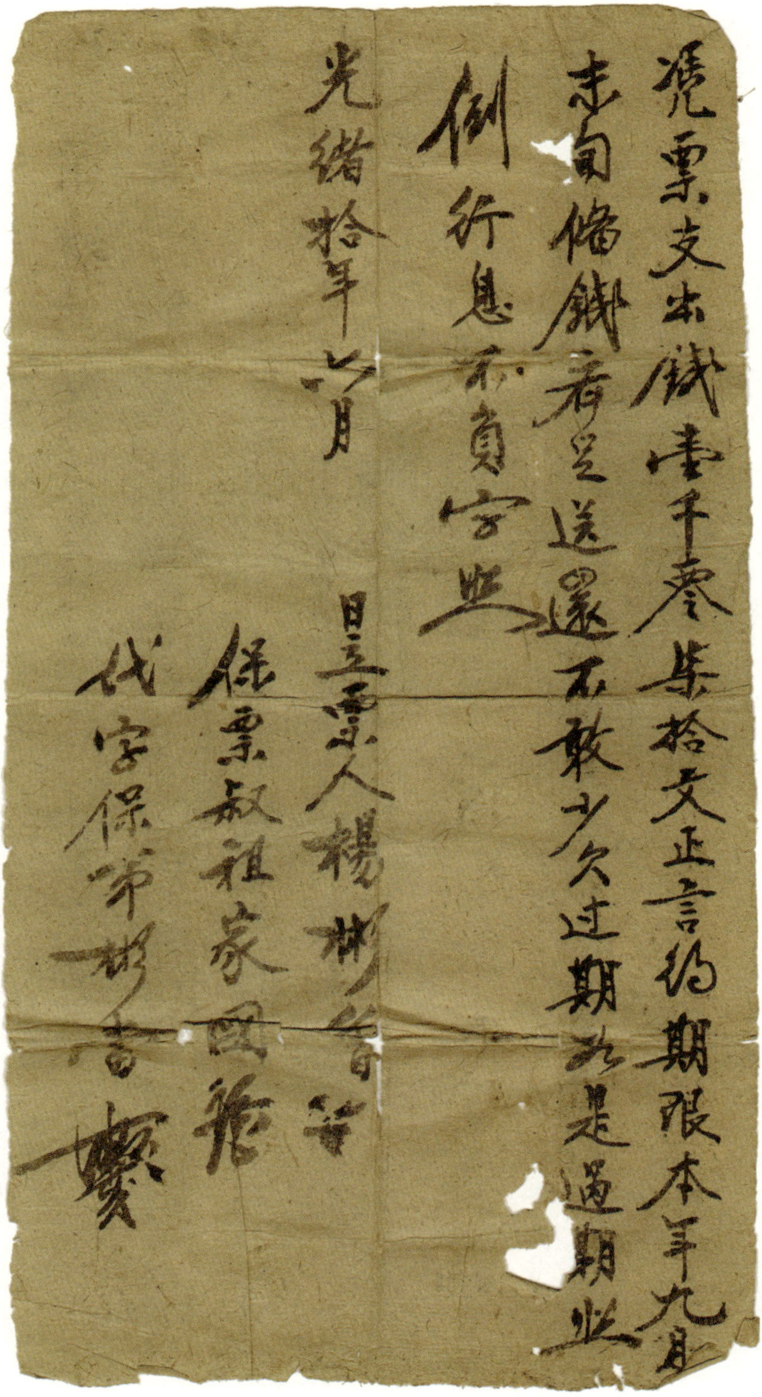

憑票支出錢壹千叁柒拾文正言約期限本年九月
至日備錢看足送還不敢少欠過期如是過期照
例行息不負字照
光緒拾年六月　日立票人楊彬曾筆
保票叔祖家國押
代字保常彬書押

9-1-18-7　清光緒十年六月楊彬曾立支錢憑票

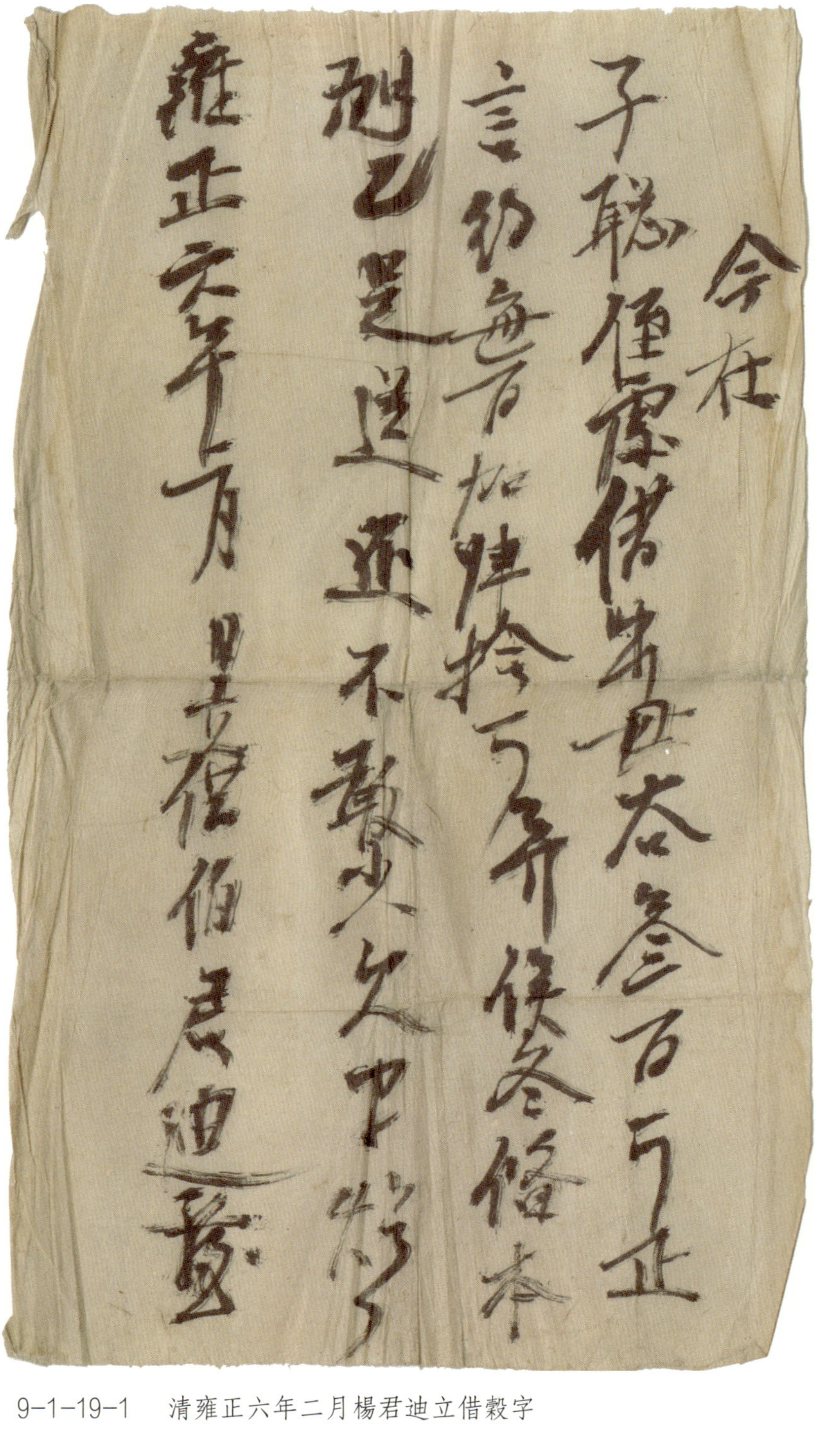

今在
子聰侄處借米廿太叁百斤正
言約每百加肆拾斤倂冬倍本
刈乙足送還不敢少欠此炤
雍正六年二月 日立借倡伯君迪（押）

9-1-19-1　清雍正六年二月楊君迪立借穀字

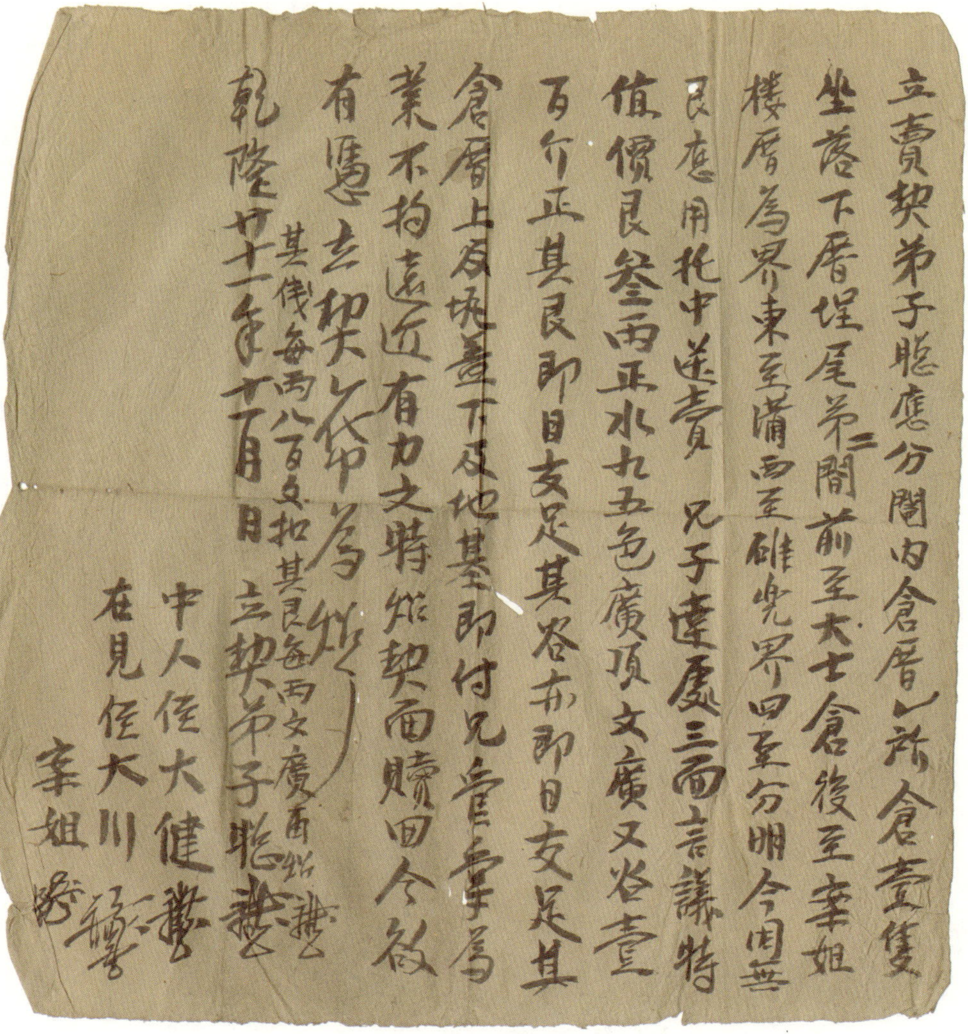
立賣契弟子聡應分閹内倉厝乙所倉壹隻
坐落下厝埕尾弟二閣前至大士倉後至宰姐
樓厝為界東至浦西至雖兜界四至分明今因無
艮應用托中送賣 兄子達處三面言議特
值價艮叁兩正水九五色廣頂文廣又谷壹
百斤正其艮即日支足其谷亦即日支足其
倉厝上及瓦蓋下及地基即付兄掌為
業不拘遠近有力之時照契面贖回今欲
有憑立契乙紙爲照
其錢每两八百文扣其艮每两文廣番紙 批
乾隆廿一年十一月 日 立契弟子聡 押
中人侄大健 押
在見侄大川 押
宰姐 押

9-1-19-2　清乾隆二十一年十一月楊子聡立賣倉厝契

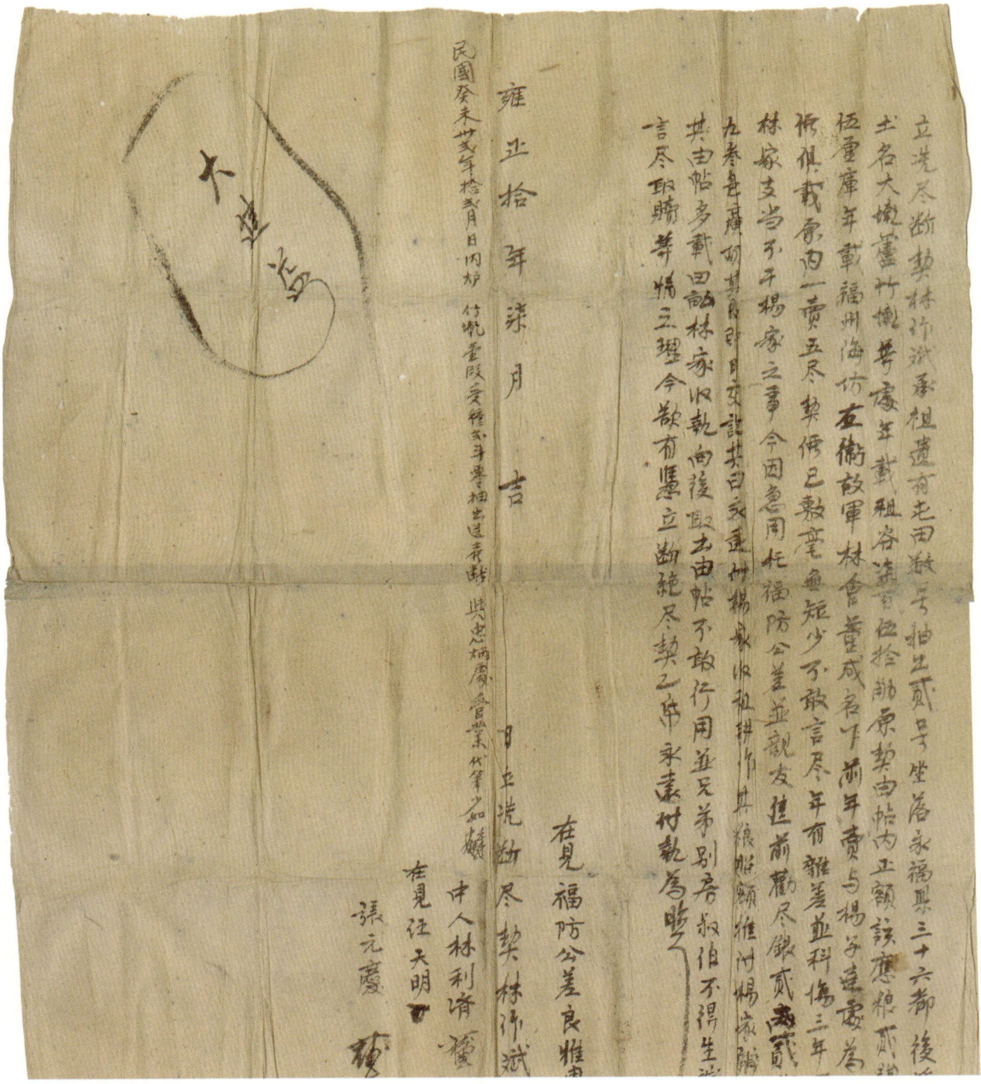
立洗尽斷契林作斌承祖遺有屯田數号抽出貳号坐落永福县三十六都後
土名大墘墓竹墘等處年載租谷柒百伍拾觔原契由帖内正額該應粮貳
伍重庫年載福州海防左衛故軍林會董成名下前年賣与楊宅處為
業俱載原内一賣五尽契價已敷毫無短少不敢言尽年有雜差並科偿三年
林家支當不干楊家之事今因急用托福防公差並親友往前勸尽銀貳兩貳
在參吾房所其即日交訖其田永遠付楊家收租耕作其粮照額推付楊家歸
其由帖多載田畝林家收執向後取出由帖不敢行用並兄弟別房叔伯不得生端
一言尽取贖等情三理今欲有憑立斷絕尽契乙帋永遠付執為照
民國癸未廿二年拾弍月日内炉 付帐壹段受種弍斗零抽出送表號 與忠心炳房管業代筆少如
雍正拾年柒月 吉 日立洗斷尽契林作斌
在見福防公差良惟
中人林利濟
在見任天明
張元慶

9-1-20-1　清雍正十年七月林作斌立洗盡斷屯田契

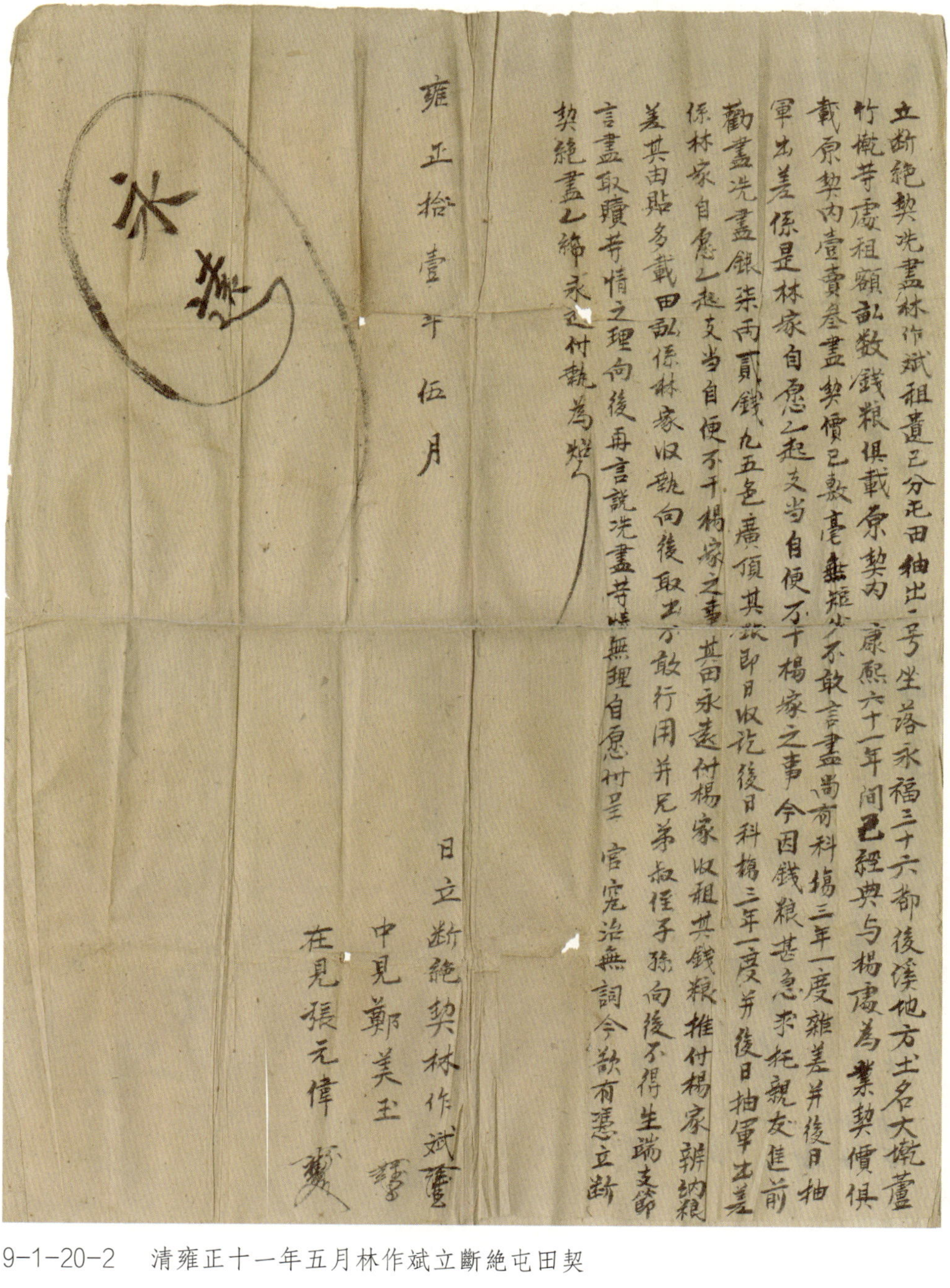
立断絶契洗盡林作斌祖遺已分屯田紬出一号坐落永福三十六都後溪地方土名大嵌蘆
竹嵌等處租額畝數錢粮俱載原契內 康熙六十一年間已經典与楊處爲業契價俱
載原契內壹賣叁盡契價已數毫無短少不敢言盡尚有科撮三年一度雜差并後日抽
軍出差係是林家自應之起支当自便不干楊家之事今因錢粮甚急求托親友進前
勸盡洗盡銀柒兩貳錢九五色廣頂其銀即日收訖後日科撮三年一度并後日抽軍出差
係林家自應之起支当自便不干楊家之事 其田永遠付楊家收租其錢粮推付楊家辦納粮
差其由貼多載田畝係林家收執向後取出不敢行用并兄弟叔侄子孫向後不得生端支節
言盡取贖等情之理向後再言說洗盡等情無理自愿付呈 官究治無詞今欲有憑立斷
契絶盡乙紙永远付執爲炤

雍正拾壹年伍月 日立断絶契林作斌（押）

中見鄭美玉（押）

在見張元偉（押）

永遠

9-1-20-2 清雍正十一年五月林作斌立斷絶屯田契

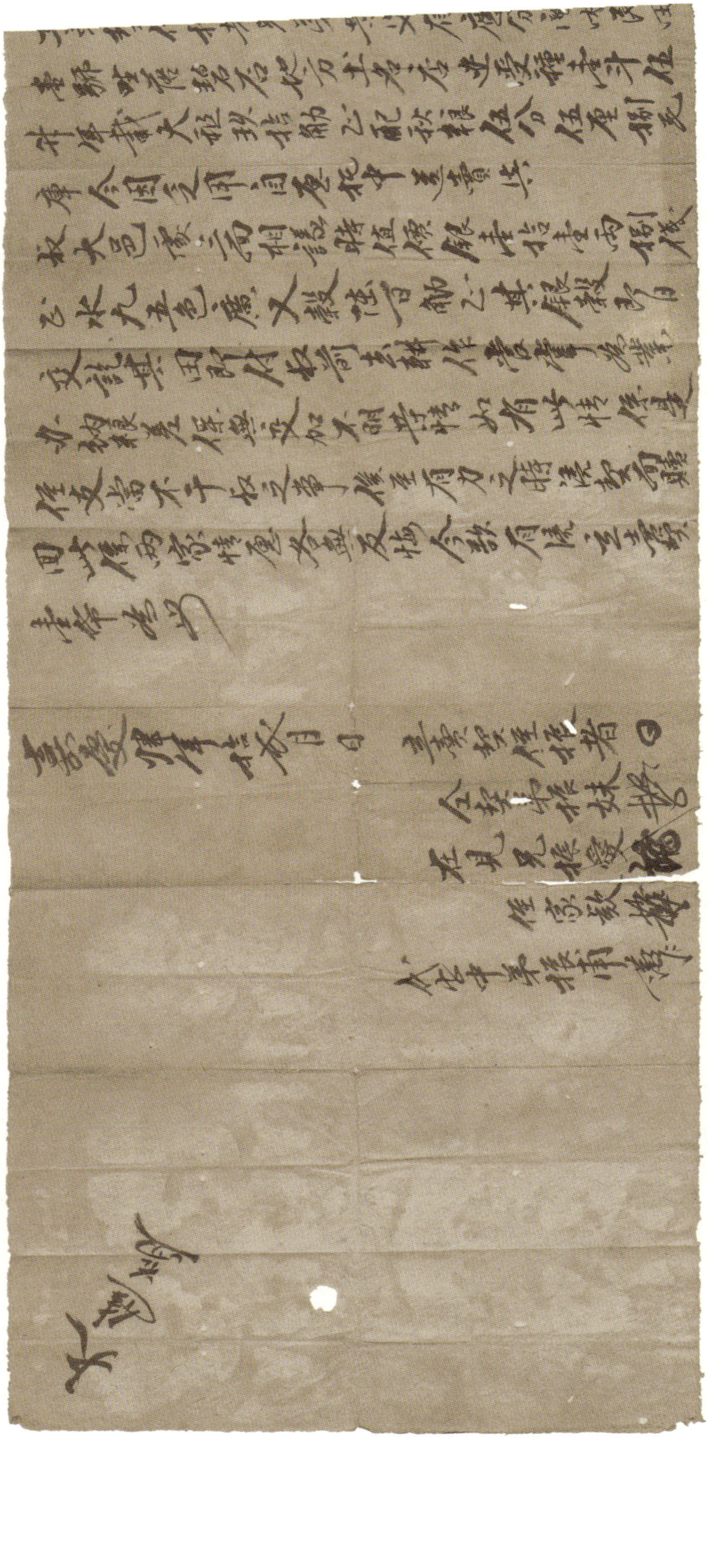

9-1-20-3　清嘉慶四年十二月楊振者等立賣民田契

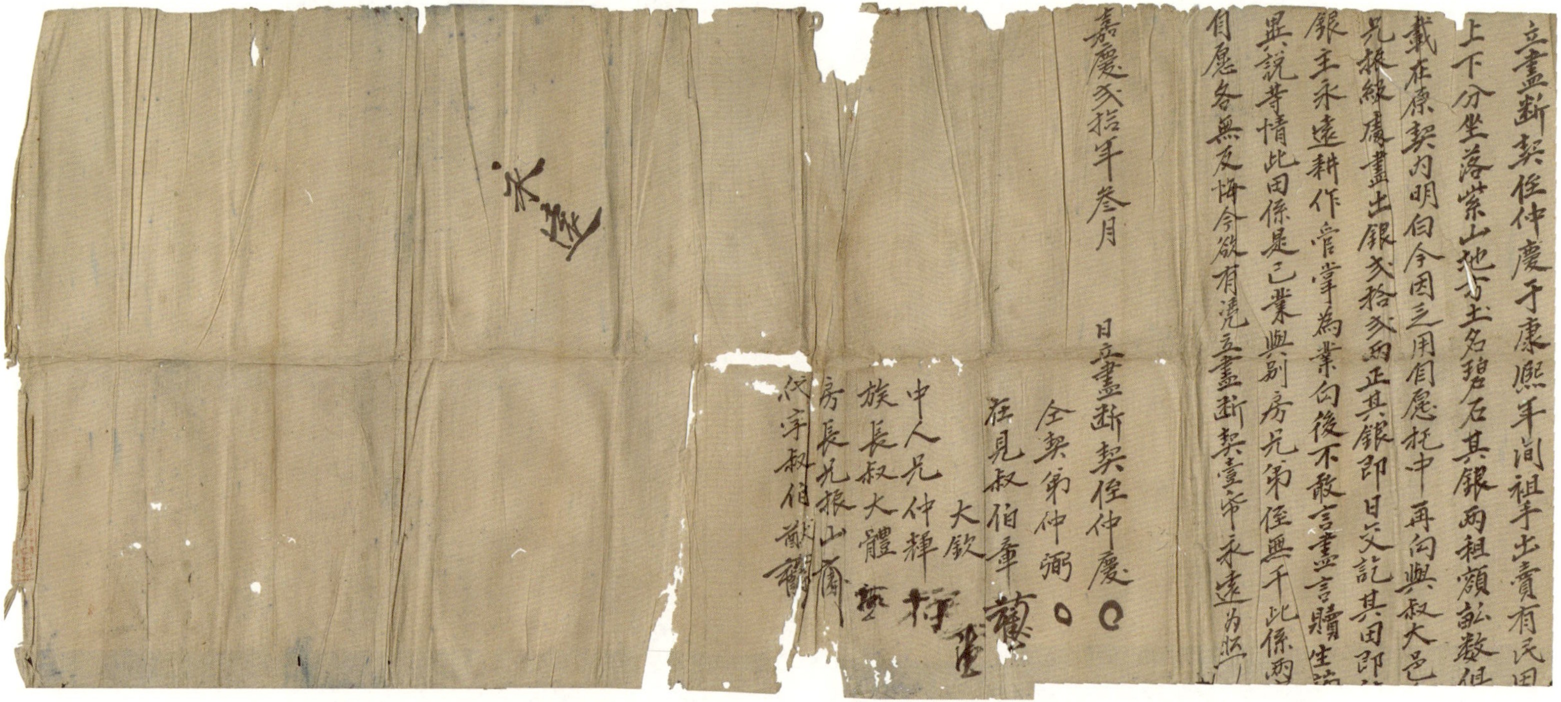
立盡斷契侄仲慶，于康熙年間祖手出賣有民田……
上下分，坐落紫山地方，土名碧石，其銀兩、租額、畝數、但……
載在原契內明白。今因乏用，自愿托中再向與叔大邑……
兄抹綫處盡出銀貳拾貳兩正，其銀即日交訖，其田即……
銀主永遠耕作管掌為業。向後不敢言盡言贖生端……
異說等情。此田係是已業，與別房兄弟侄無干。此係兩……
自愿，各無反悔。今欲有憑，立盡斷契壹帋，永遠為照。

嘉慶貳拾年叁月　日立盡斷契侄仲慶
全契弟仲弼
在見叔伯奎
大欽
中人兄仲輝
族長叔大體
房長兄振山
代字叔伯猷

9-1-20-4 清嘉慶二十年三月楊仲慶等立盡斷民田契

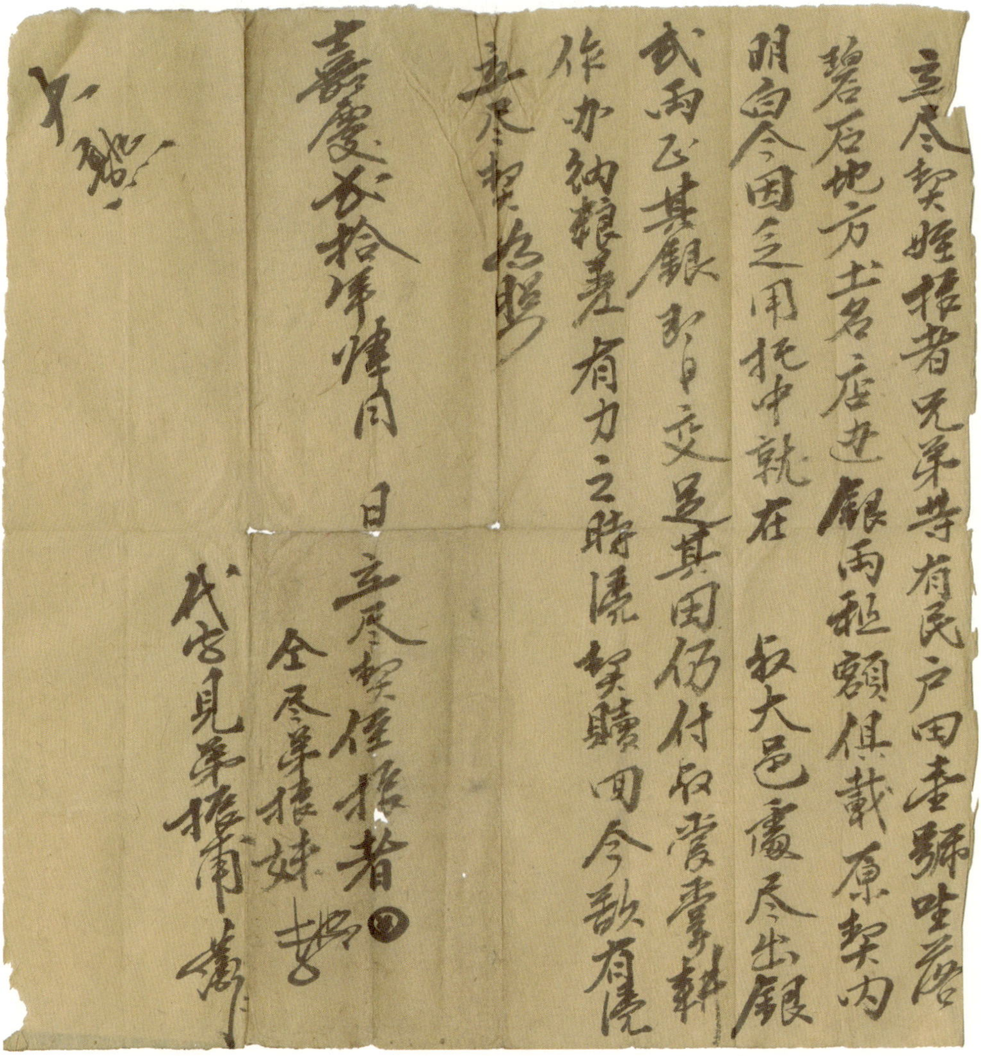
立盡契姪振者兄弟等有民户田壹駢坐落
碧石地方土名庄边銀兩租額俱載原契内
明白今因乏用托中就在叔大邑處盡出銀
貳兩正其銀即日交足其田仍付叔管業耕
作办納粮差有力之時憑契贖回今欲有憑
立盡契為照
嘉慶貳拾年肆月　日立盡契侄振者（押）
仝盡弟振姝（押）
代字見弟振甫（押）
不入號

9-1-20-5　清嘉慶二十年四月楊振者等立盡民户田契

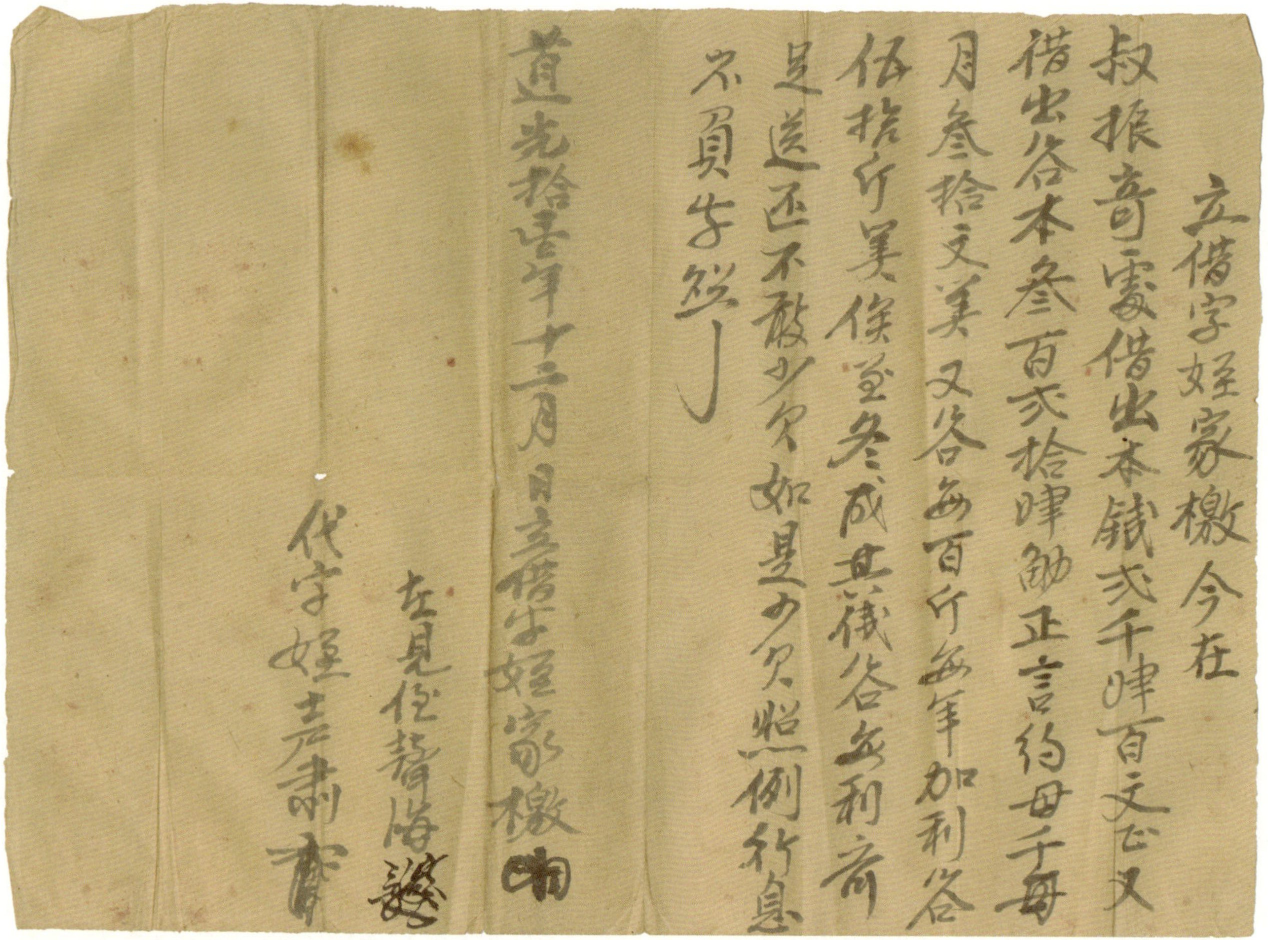
立借字姪家檄今在
叔振奇處借出本錢貳千肆百文又
借出谷本叁百貳拾肆斤正言約每千每
月叁拾文美又谷每百斤每年加利谷
伍拾斤美候至冬成其錢谷母利前
是送還不敢少欠如是少欠照例行息
不負字照

道光拾壹年十二月　日立借字姪家檄（押）
在見侄聲海（押）
代字姪士芹書（押）

9-1-20-6　清道光十一年十二月楊家檄立借錢字

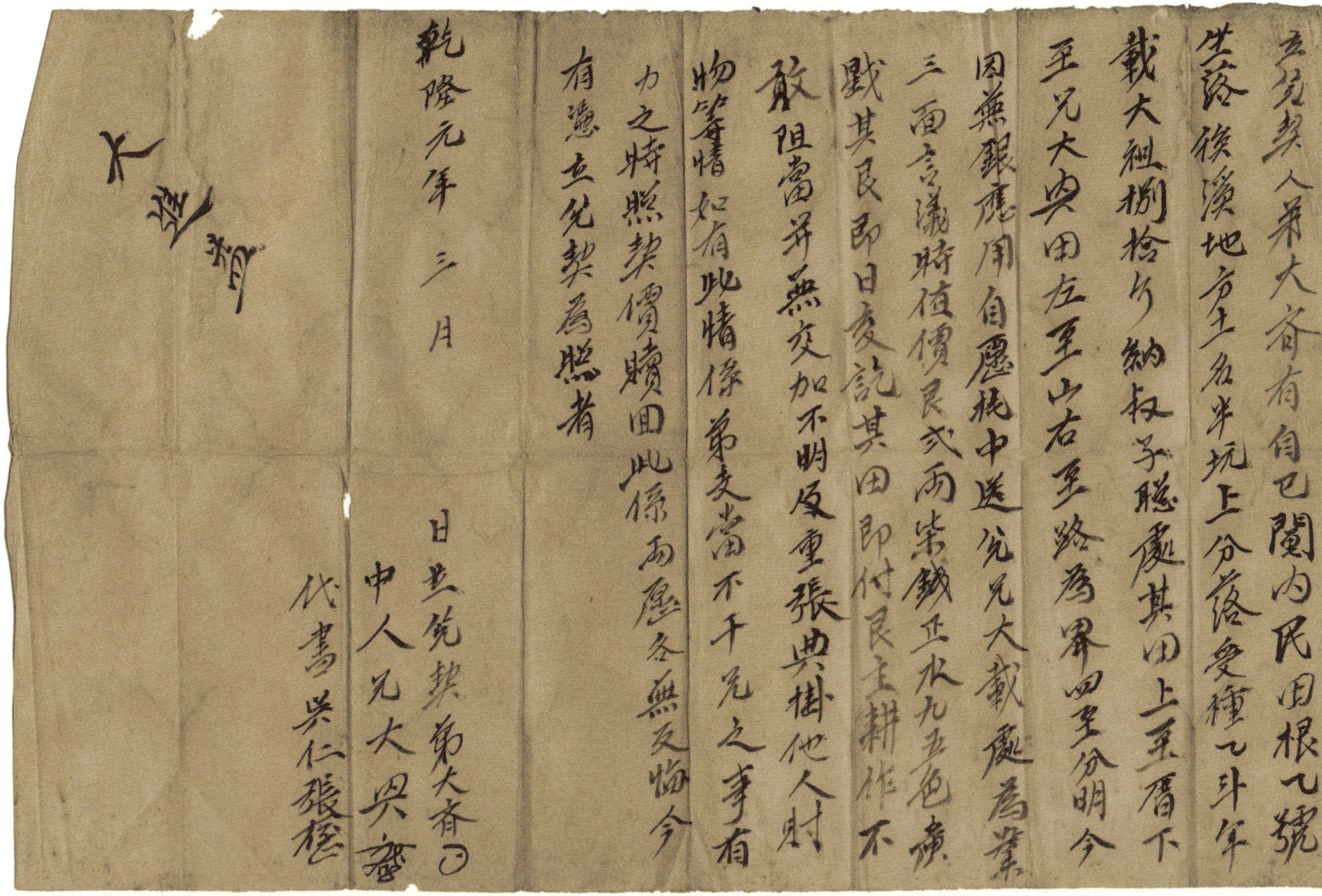

立兑契人弟大齊有自己闔內民田根乙號
坐落後溪地方土名半坑上分落受種乙斗年
載大租捌拾斤納叔子聪處其田上至層下
至兄大典田左至山右至路為界四至分明今
因無銀應用自愿托中送兑兄大載處為業
三面言議時值價艮弍兩柒錢正水九五色庫
戥其艮即日交訖其田即付艮主耕作不
敢阻當并無交加不明及重張典掛他人財
物等情如有此情係弟支當不干兄之事有
力之時照契價贖回此係兩愿各無反悔今
有憑立兑契為照者

乾隆元年　三月　日立兑契弟大齊（押）
中人兄大典（押）
代書吳仁張（押）

9-1-21-1　清乾隆元年三月楊大齊立兑民田根契

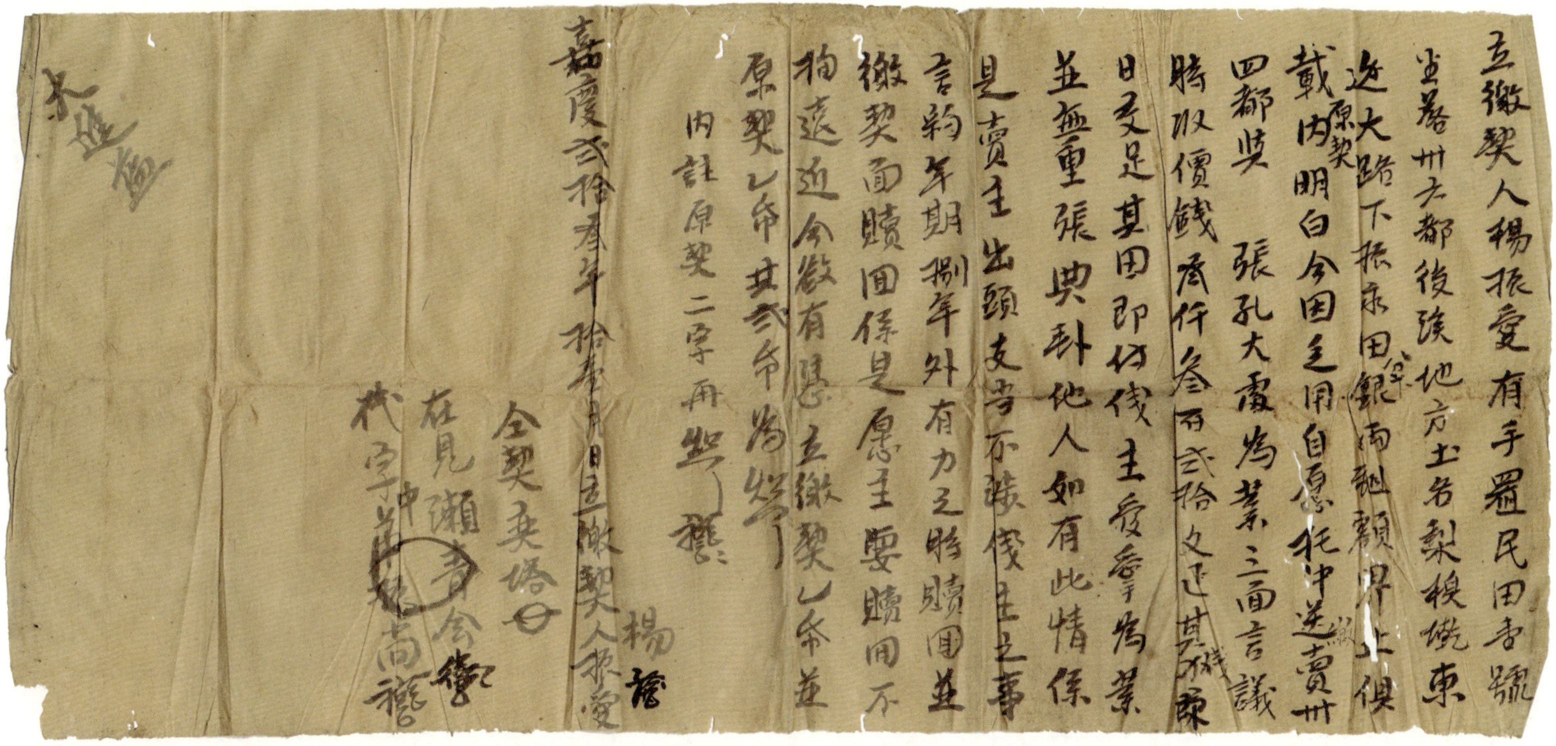
立繳契人楊振愛有手置民田壹號
坐落卅六都後垅地方土名梨樹垅東
邊大路下振京田原銀兩遞額界止俱
載原契內明白今因乏用自愿托中送賣卅
四都莫　張孔大處為業三面言議
時值價錢叁仟叁百貳拾文足其錢
日交足其田即付錢主受管為業
並無重張典卦他人如有此情係
是賣主出頭支當不涉錢主之事
言約年期捌年外有力之時贖回並
繳契面贖回係是愿主要贖回不
拘遠近今欲有憑立繳契一紙並
原契一紙共貳紙為照
內註原契二字再照
嘉慶貳拾叁年拾壹月　日立繳契人楊振愛
楊
全契弟奕倍
在見瀨
代字中

9-1-21-2　清嘉慶二十三年十一月楊振愛等立繳民田契

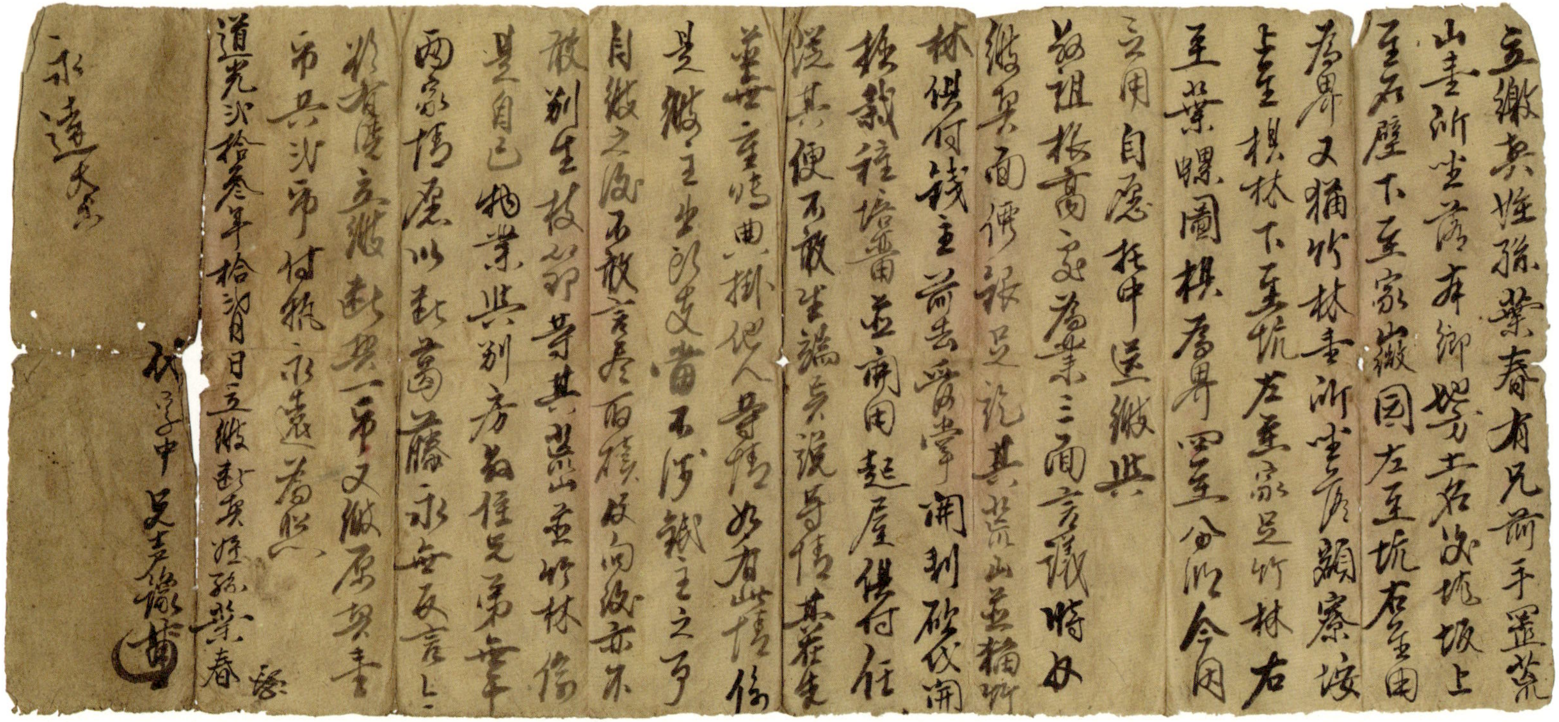

9-1-21-3　清道光二十三年十二月楊業春立繳斷荒山契

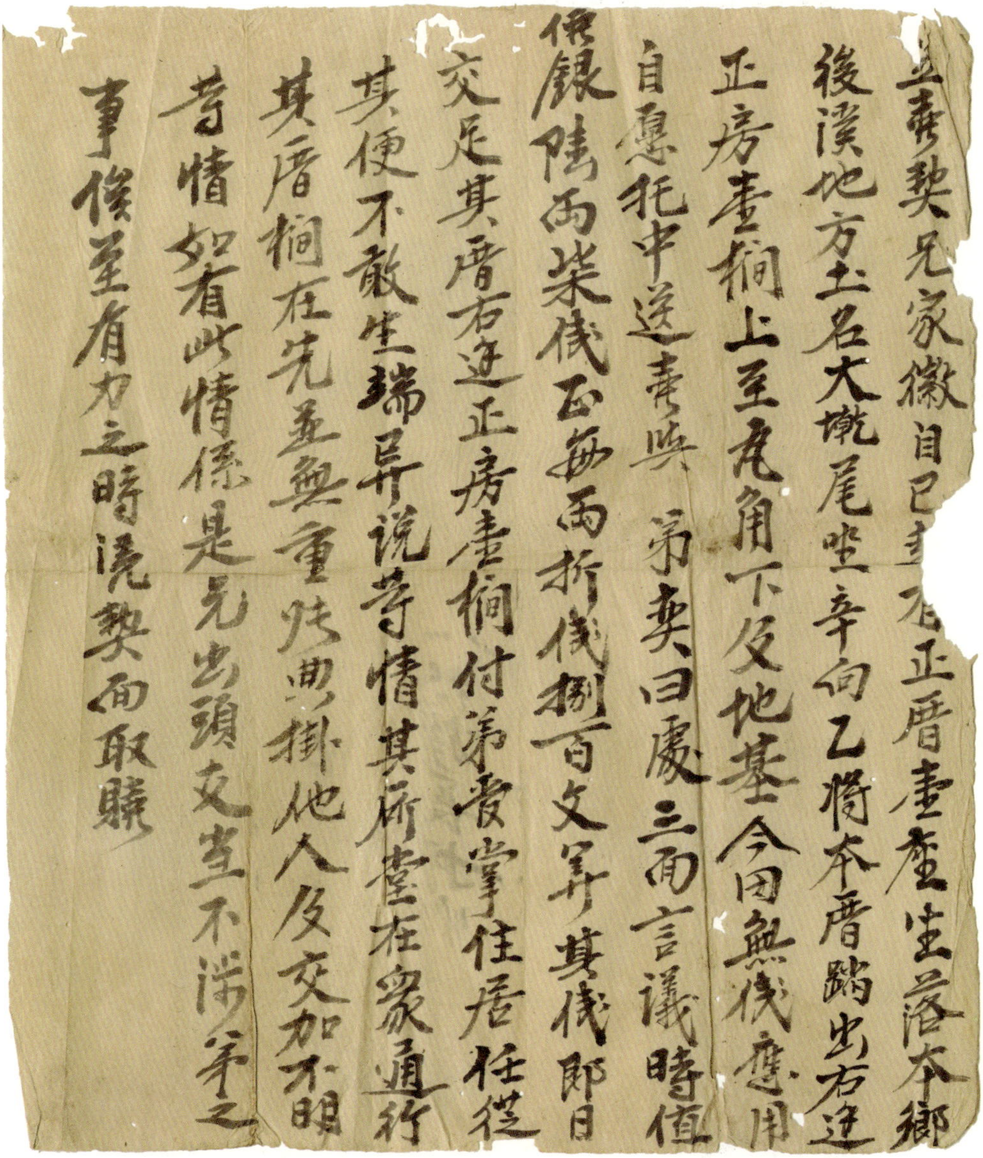

立賣契兄家徽自己有右正厝壹座坐落本鄉
後溪地方土名大墘尾坐辛向乙將本厝踏出右边
正房壹間上至瓦角下及地基今因無錢應用
自愿托中送賣與　弟奕曰處三面言議時值
價銀陸兩柒錢正每兩折錢捌百文算其錢即日
交足其厝右边正房壹間付弟費掌住居任從
其便不敢生端異說等情其所壹在家通行
其厝間在先並無重張典掛他人及交加不明
等情如有此情係是兄出頭支當不涉弟之
事後至有力之時湊契而取贖

9-1-21-4　清道光年間楊家徽立賣厝契

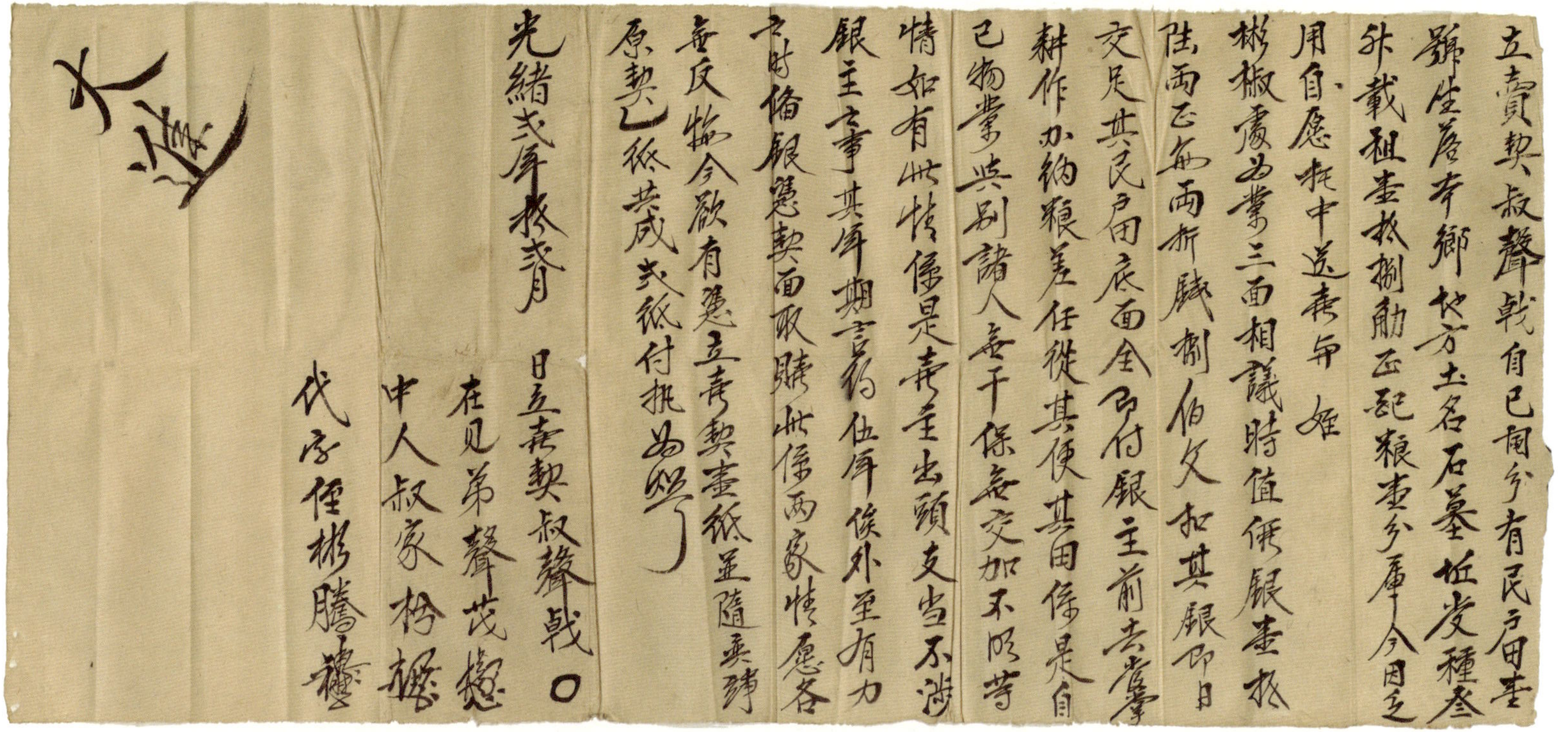

立賣契叔聲戟自己闔分有民户田壹
號坐落本鄉地方土名石墓坵受種叁
升載租壹拾捌觔正配粮壹分厘今因乏
用自愿托中送賣與 姪
彬椒處為業三面相議時值價銀壹拾
陸兩正每兩折賤捌佰文扣其銀即日
交足其民户田底面全部付銀主前去管業
耕作办納粮差任從其便其田係是自
己物業與别諸人無干係無交加不明等
情如有此情係是賣主出頭支当不涉
銀主之事其年期言約伍年後外至有力
之時備銀照契面取贖此係兩家情愿各
無反悔今欲有憑立賣契壹紙並隨業繳
原契乙紙共成弍紙付執為照
光緒弍年拾弍月 日立賣契叔聲戟
在見弟聲茂
中人叔家柃
代字侄彬騰

9-1-21-5 清光緒二年十二月楊聲戟立賣民户田契

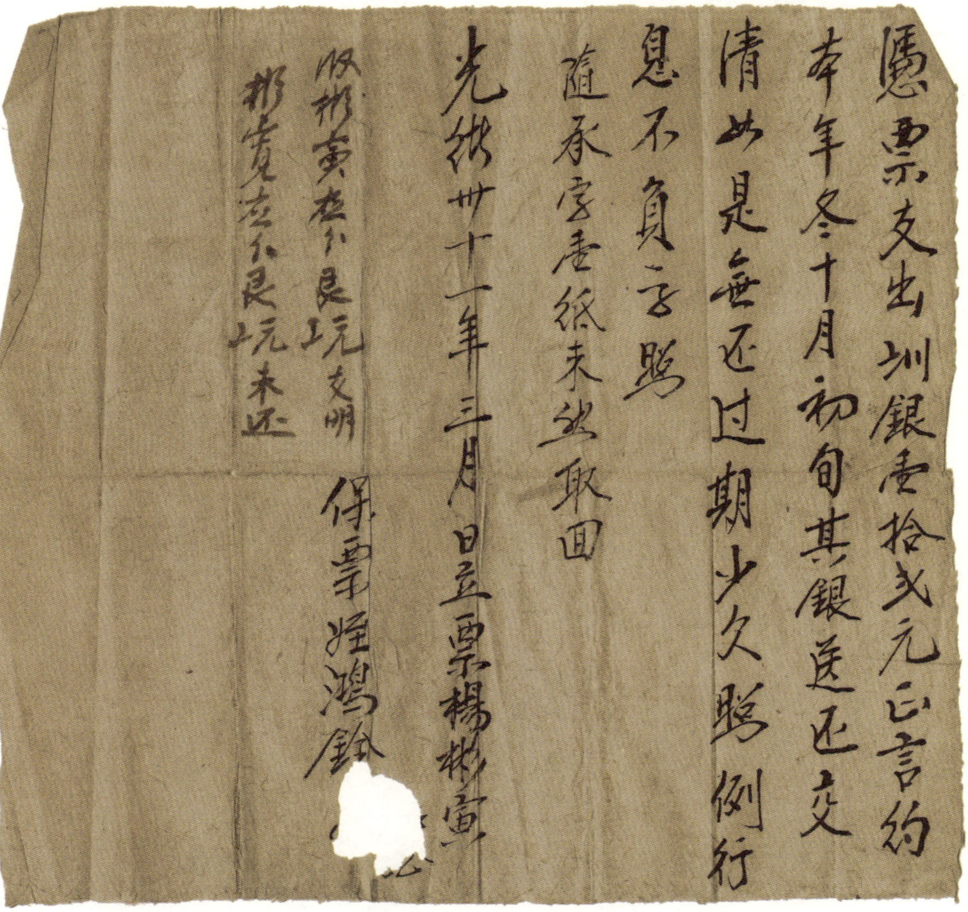

憑票支出圳銀壹拾弍元正言約
本年冬十月初旬其銀送還交
清如是無還过期少欠照例行
息不負言照
隨承字壹紙未出取回
光緒卅十一年三月日立票楊彬寅
保票姪鴻鈴
收彬寅叁个艮坑元支明
彬寅叁个艮坑元未还

9-1-21-6　清光緒三十一年三月楊彬寅立支銀憑票

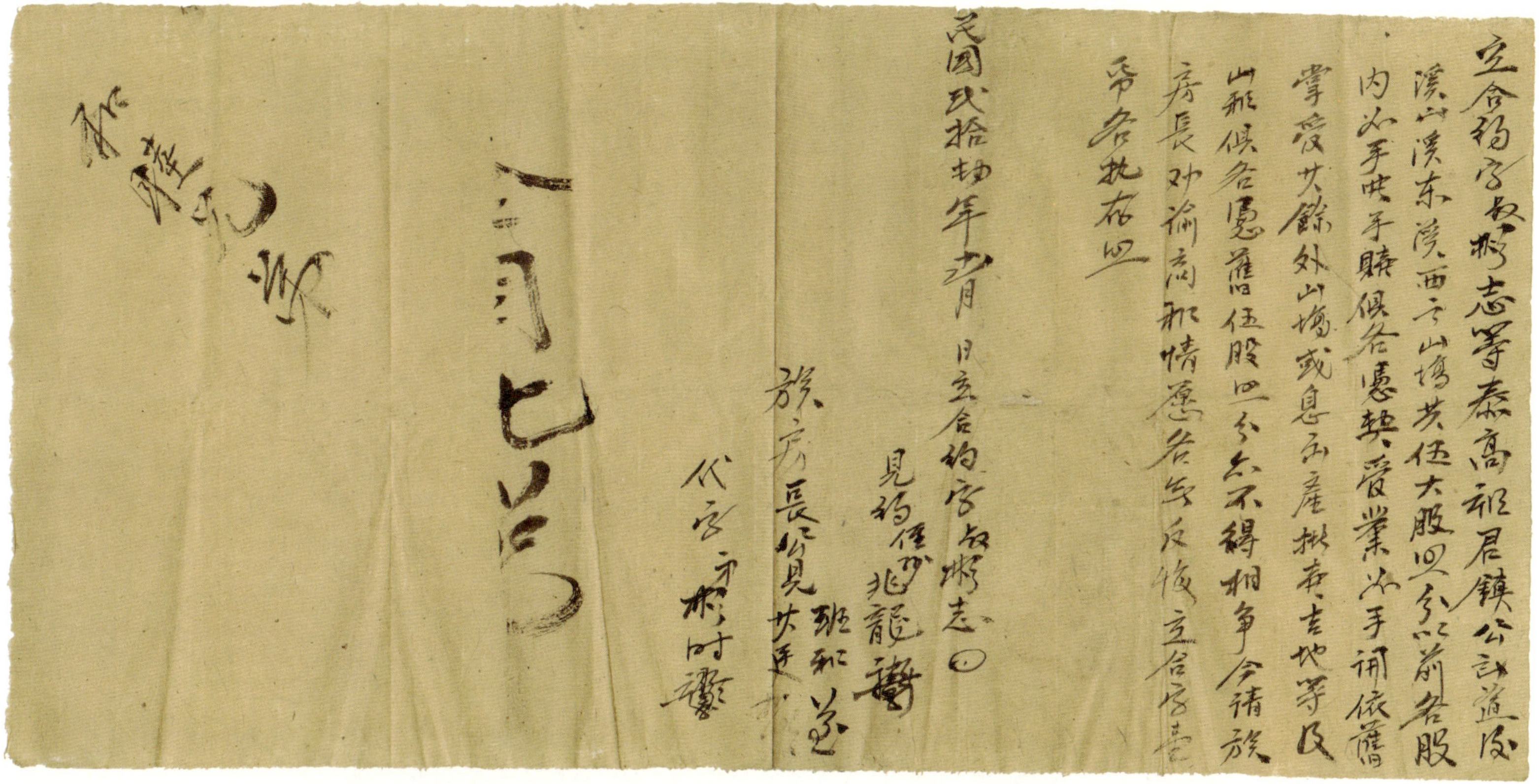

立合約字楊彬志等泰高祖君鎮公詒道及
溪山溪東溪西山場共伍大股四分以前各股
内以手典手贌俱各憑契管業以手補依舊
掌管其餘外山場貳息出產杉木吉地等及
山形俱各憑舊伍股四分不得相爭今請族
房長妙論商和情愿各無反悔立合字壹
帋各執存照

民國貳拾肆年十一月　日立合約字楊彬志（押）
見約侄兆龍（押）
族房長公見其孫班和（押）
代字予彬時（押）

9-1-21-7　民國二十四年十一月楊彬志等立合約字

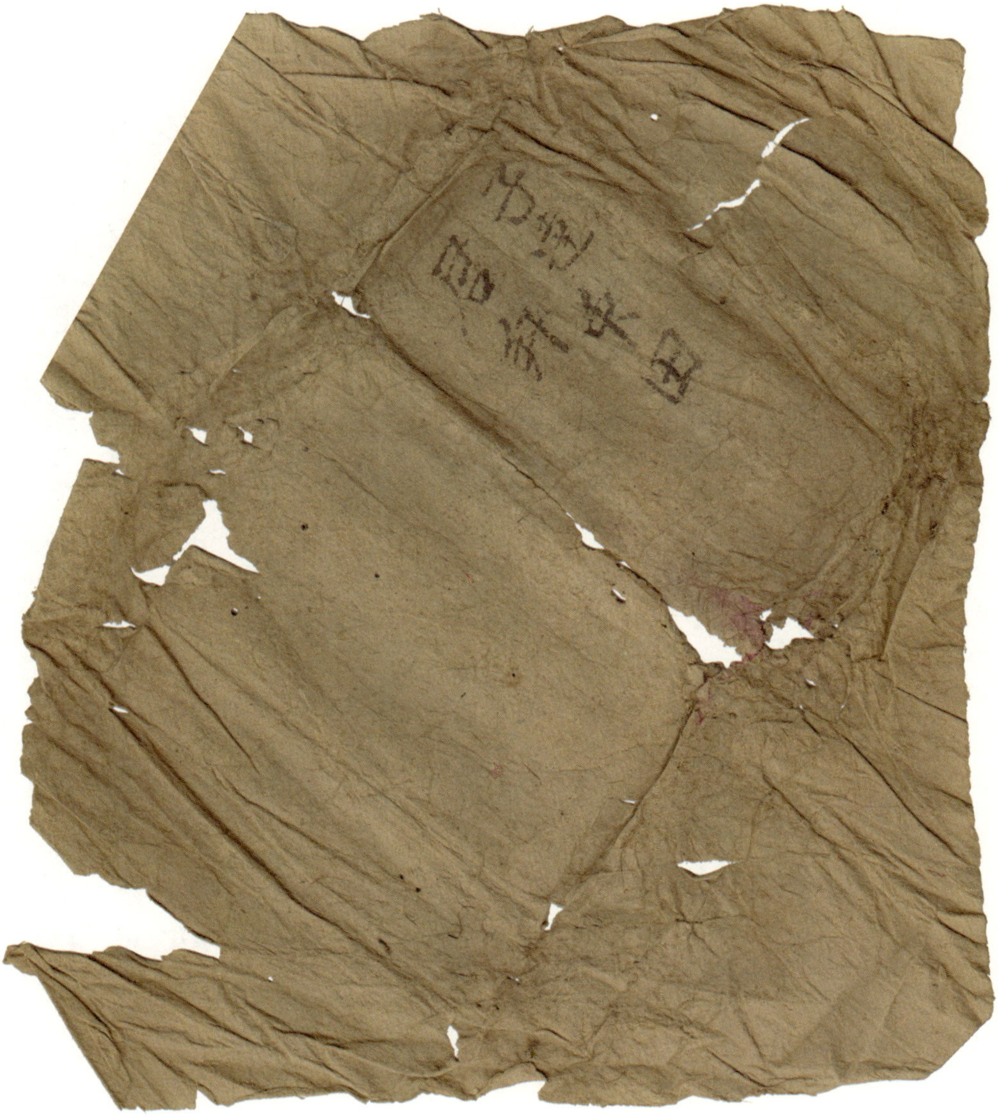

9-1-22-1　包契紙

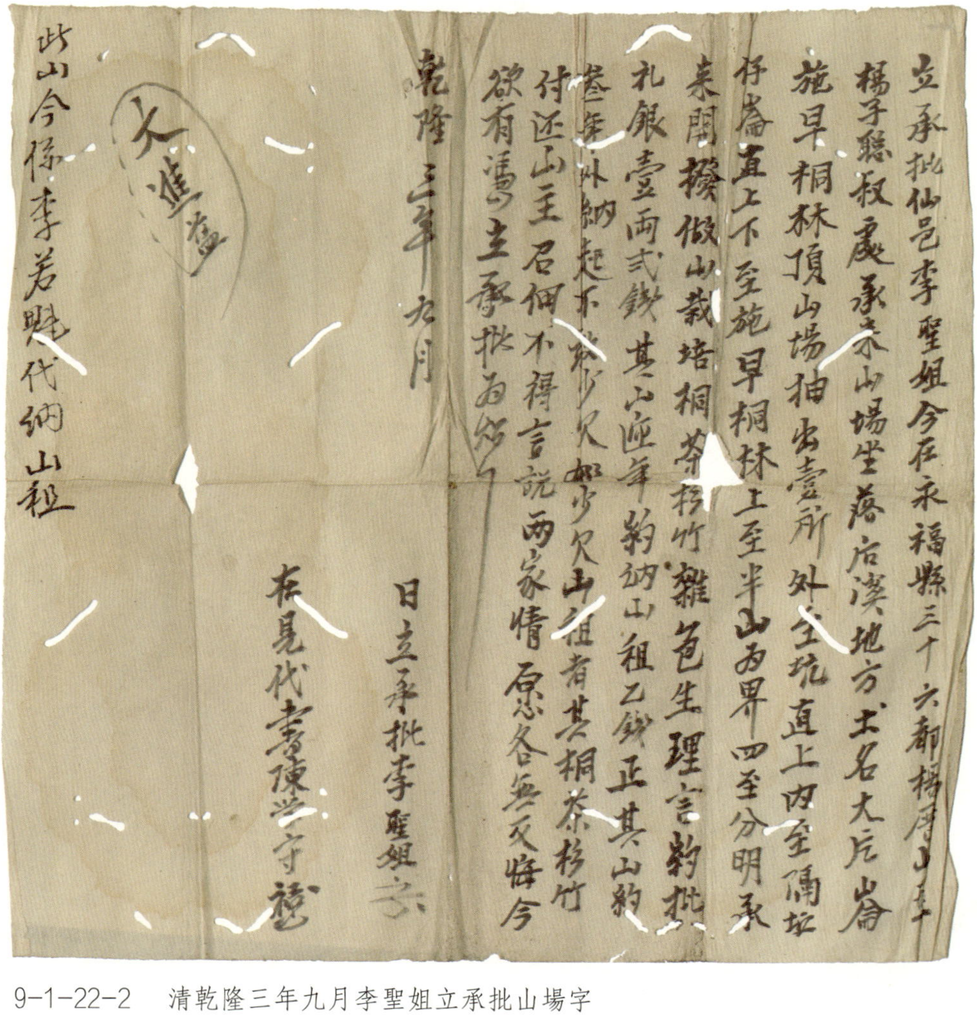

立承批仙邑李聖姐今在永福縣三十六都楊厝山墘
楊子聰叔處承來山場坐落店溪地方土名大片崙
施早桐林頂山場抽出壹所外至坑直上內至隔坵
仔崙直上下至施早桐林上至半山爲界四至分明承
來開墾做山栽培桐茶杉竹雜色生理言約批
礼銀壹兩弍錢其山逐年約納山租乙錢正其山約
叁年外納起不敢少欠如少欠山租者其桐茶杉竹
付還山主召佃不得言説兩家情愿各無反悔今
欲有憑立承批爲照

乾隆三年九月　日立承批李聖姐

在見代書陳學守

此山今係李若魁代納山租

9-1-22-2　清乾隆三年九月李聖姐立承批山場字

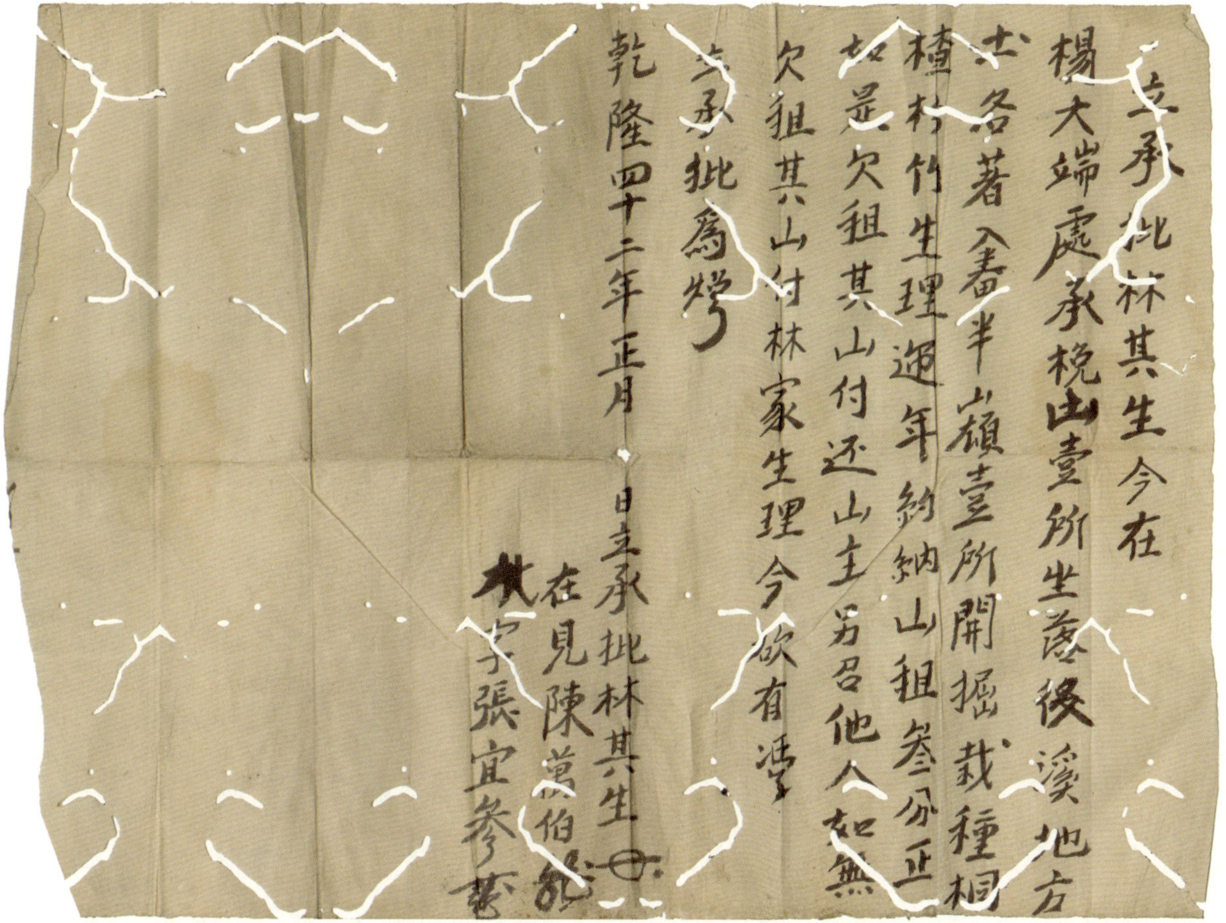

立承批林其生今在
楊大端處承稅山壹所坐落後溪地方
土名著金半嶺壹所開掘栽種桐
樹杉竹生理逐年納山租叁分正
如是欠租其山付还山主另召他人無
欠租其山付林家生理今欲有憑
立承批爲照
乾隆四十二年正月　日立承批林其生（押）
在見陳萬伯（押）
林代字張宜參（押）

9-1-22-3　清乾隆四十二年正月林其生立承批税山字

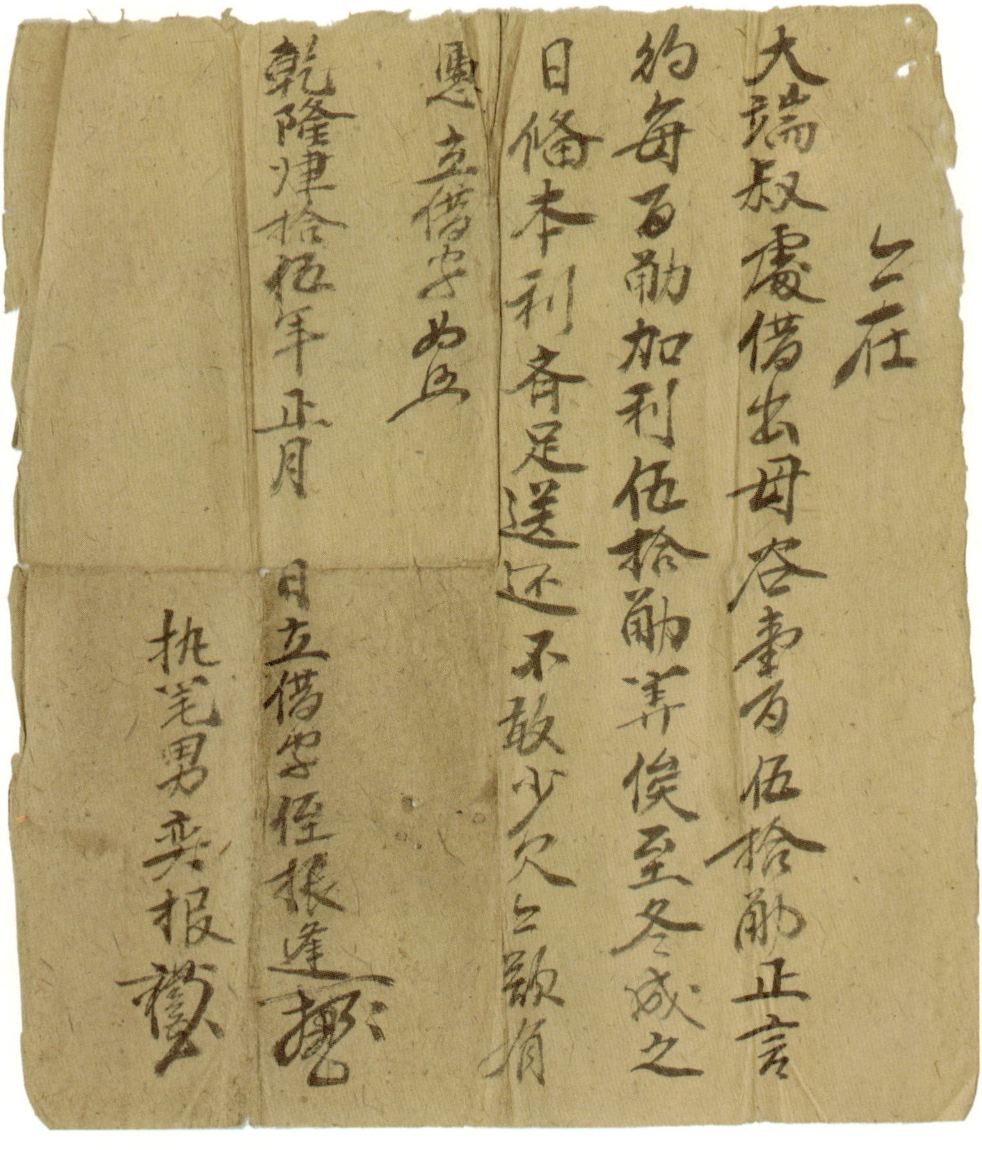
立在
大端叔處借出母谷壹百伍拾觔正言
約每百觔加利伍拾觔其谷俟至冬成之
日將本利齊足送还不敢少欠今欲有
憑立借字為照
乾隆肆拾伍年正月
日立借字侄振逢（押）
執筆男奕根（押）

9-1-22-4　清乾隆四十五年正月楊振逢立借穀字

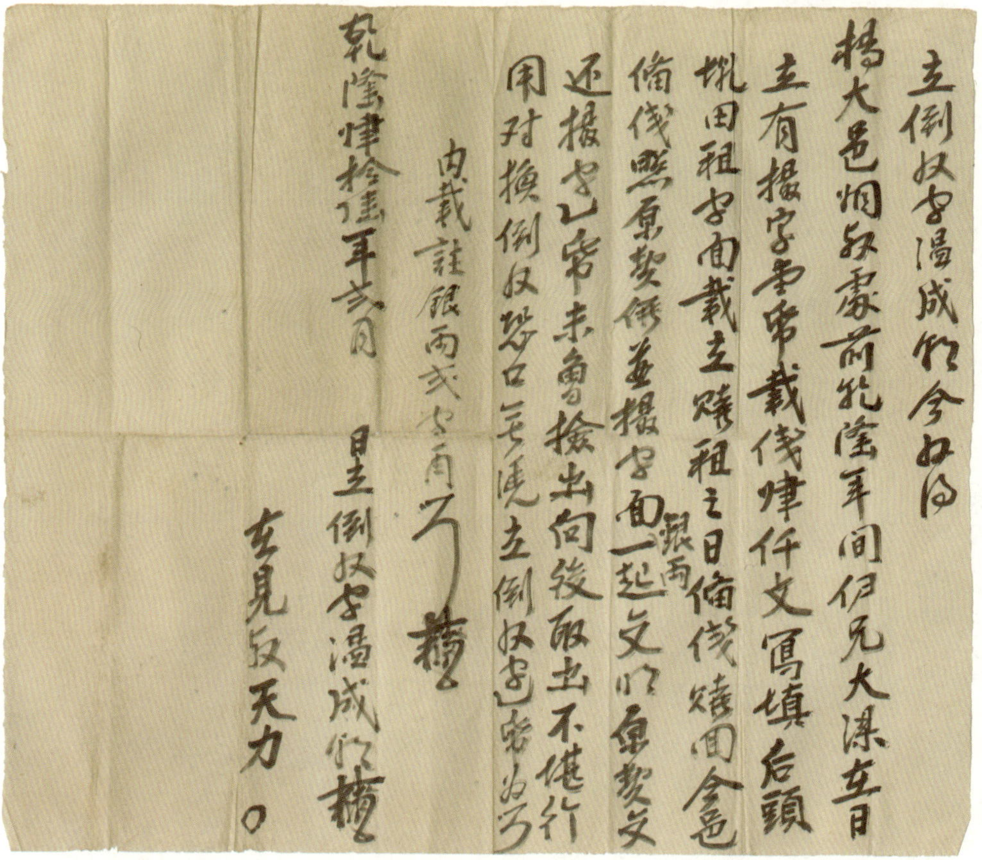
立倒收字溫成朝今收得
楊大邑因叔處前乾隆年间伊兄大樑在日
立有撥字壹帋載錢肆仟文寫填后頭
垅田租字面載立賤租之日備錢贖回全邑
備錢照原契價並撥字面銀兩一起交付原契交
还撥字一帋未曾撿出向後取出不堪行
用付換倒收字口無憑立倒收字為照
内載註銀兩弍字為照（押）
乾隆肆拾陸年貳月　日立倒收字溫成朝（押）
在見叔天力　○

9-1-22-5　清乾隆四十六年二月温成朝立倒收字

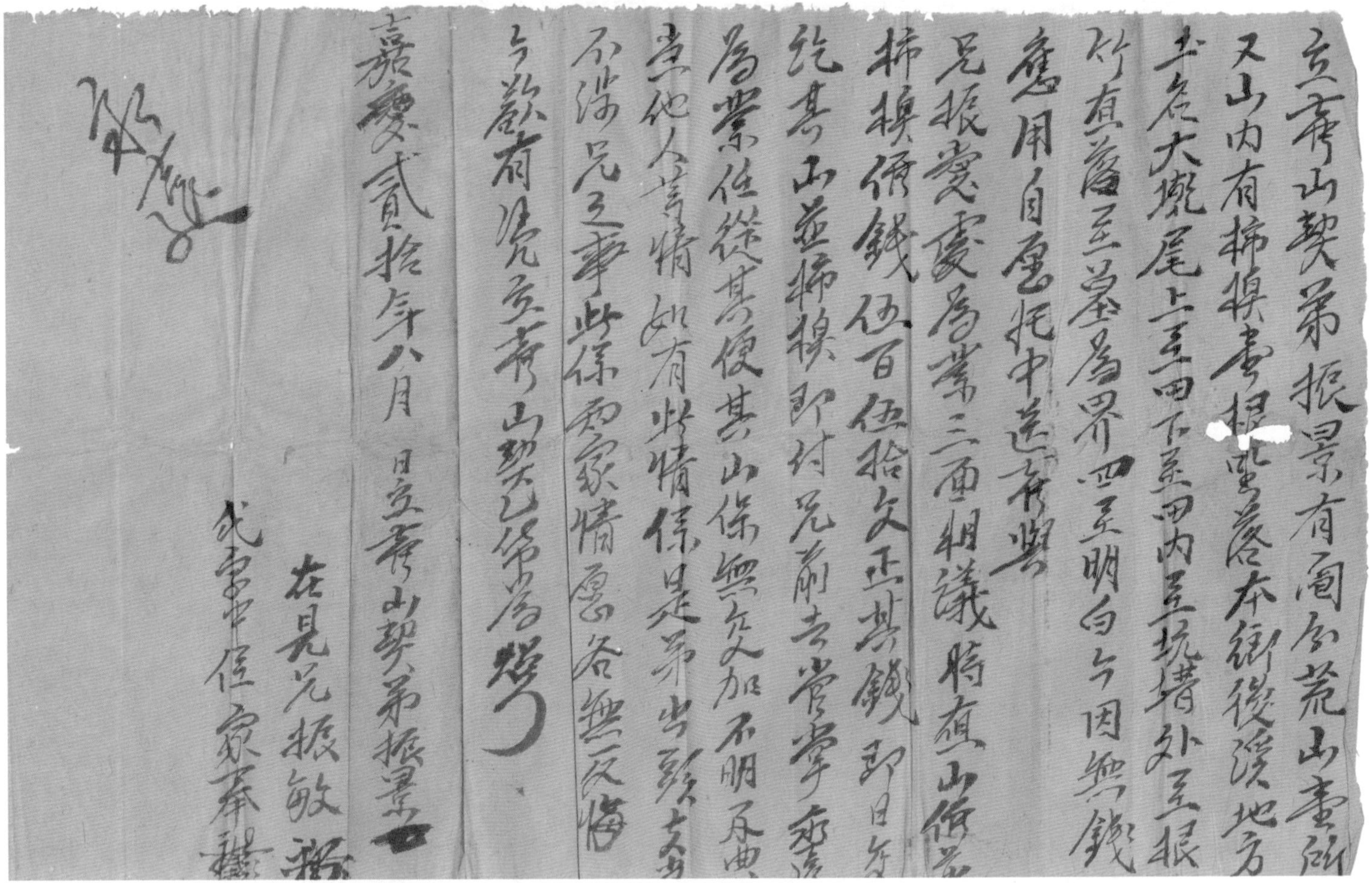
立賣山契弟振景有鬮分荒山壹所
又山內有㭎模壹根，坐落本街後從地方
土名大墘尾，上至田，下至田，內至坑墘，外至根
竹直落至墓為界，四至明白。今因無錢
應用，自愿托中送與
兄振寬處為業，三面相議時值山價
㭎模價錢伍百伍拾文正，其錢即日仝
訖，其山並㭎模即付兄前去管掌
為業，任從其便。其山係無交加，不明典
無他人言情，如有此情，係是弟出頭支
不涉兄之事。此係兩家情愿，各無反悔。
今欲有憑，立賣山契一紙為照。
嘉慶貳拾年八月　日立賣山契弟振景（押）
在見兄振敏（押）
代字中侄家奉（押）

9-1-22-6　清嘉慶二十年八月楊振景立賣荒山契

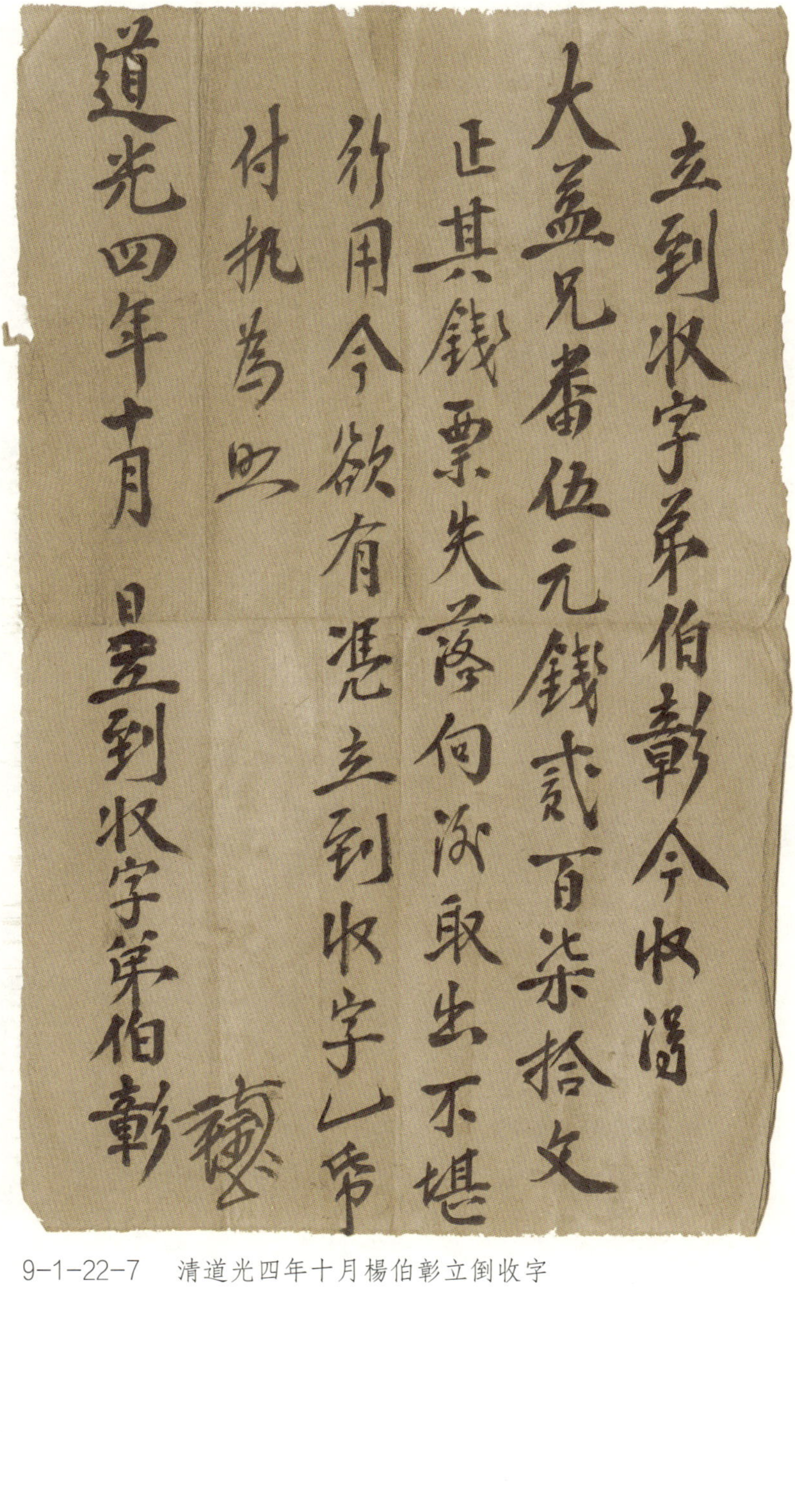
立到收字弟伯彰今收過
大益兄番伍元錢貳百柒拾文
正其錢票失落向後取出不堪
行用今欲有憑立到收字乙帋
付执為照
道光四年十月 日立到收字弟伯彰

9-1-22-7　清道光四年十月楊伯彰立倒收字

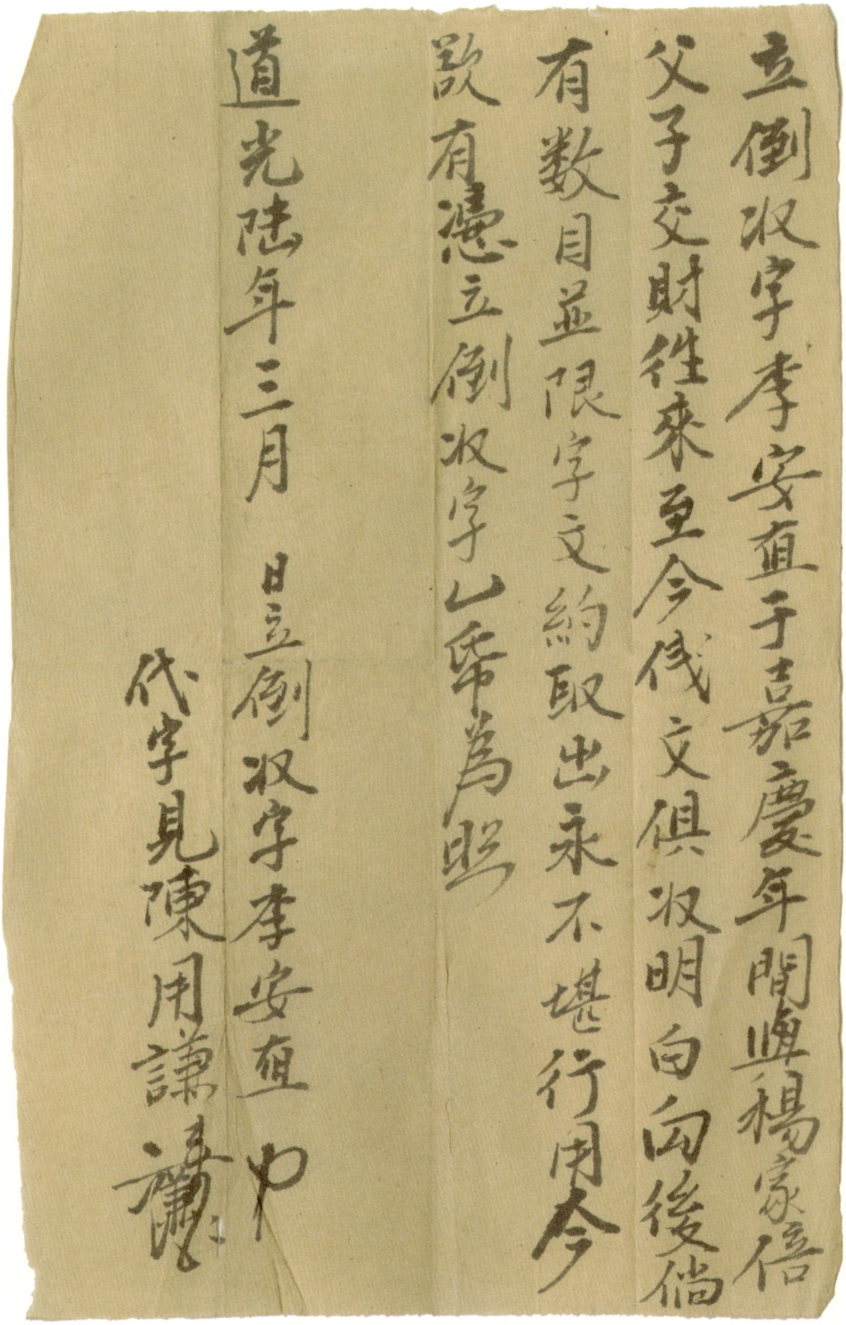

立倒收字李安直于嘉慶年間與楊家信
父子交財往來至今錢文俱收明白向後倘
有數目並限字文約取出永不堪行用今
欲有憑立倒收字乙紙為照
道光陸年三月　日立倒收字李安直（押）
代字見陳用謙（押）

9-1-22-8　清道光六年三月李安直立倒收字

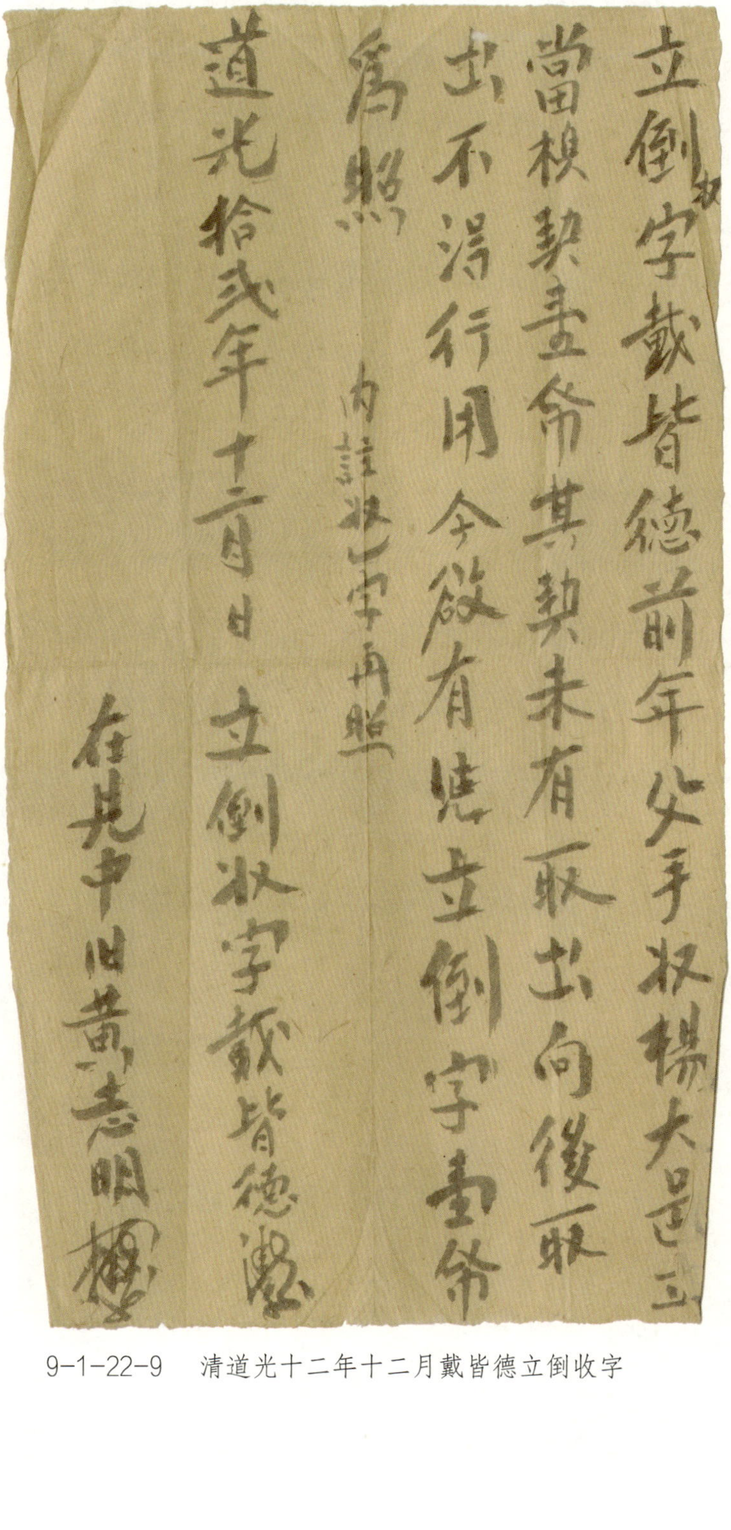
立倒收字戴皆德前年父手收楊大邑立
當田根契壹紙其契未有取出向後取
出不得行用今欲有憑立倒字壹紙
爲照
內註收字再照
道光拾貳年十二月 日 立倒收字戴皆德(押)
在見中田黄志明(押)

9-1-22-9　清道光十二年十二月戴皆德立倒收字

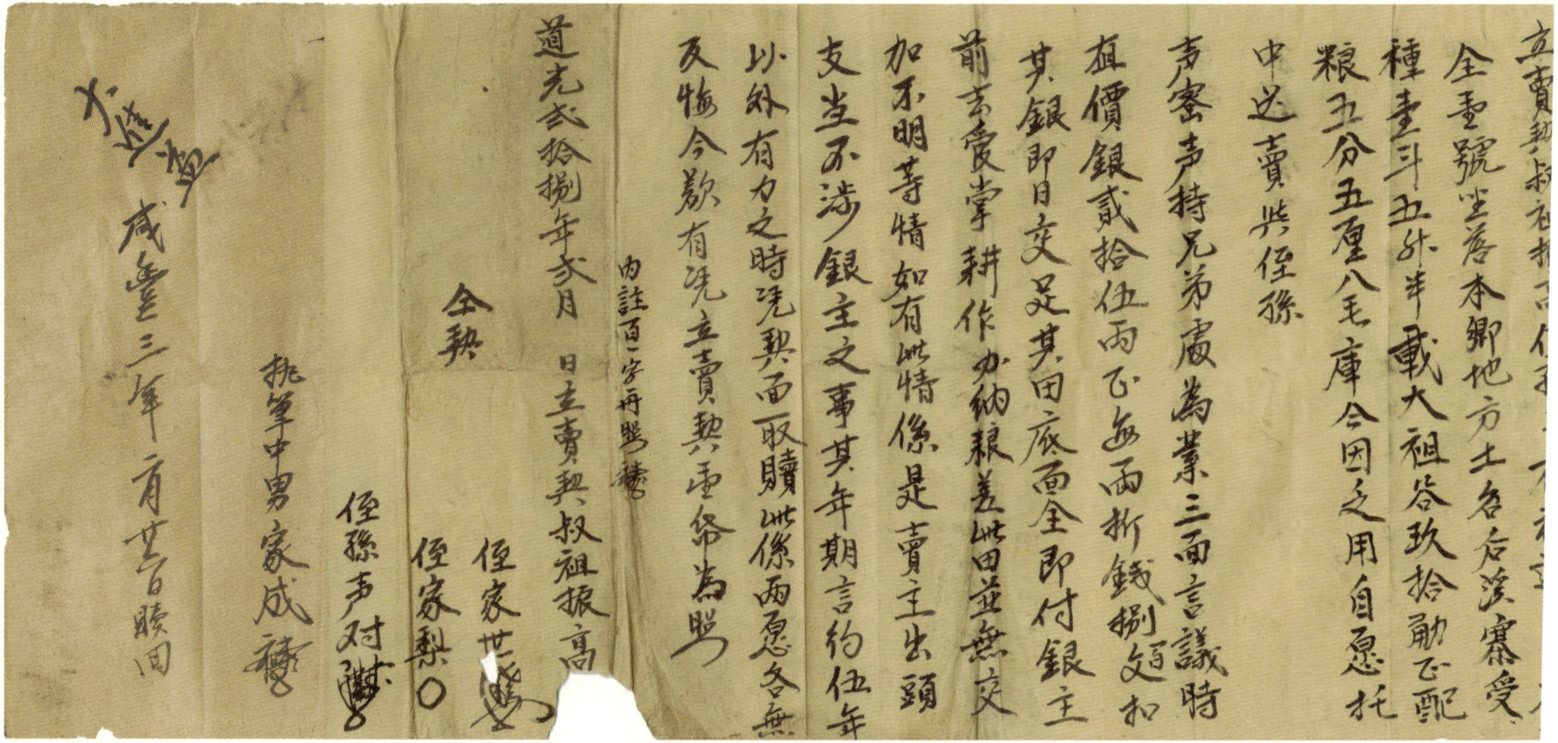

立賣契叔祖振高、侄[illegible]
全壹號坐落本鄉地方土名石溪寨受
種壹斗五外半，載大租谷玖拾觔正，配
糧五分五厘八毛，庫今因乏用，自愿托
中送賣與侄孫
声審、声特兄弟處為業，三面言議，時
值價銀貳拾伍兩正，每兩折錢捌佰文扣，
其銀即日交足，其田底面全即付銀主
前去管掌耕作，办納粮差，此田並無交
加不明等情，如有此情，係是賣主出頭
支当，不涉銀主之事。其年期言約伍年
以外有力之時，洗契面取贖，此係兩愿，各無
反悔，今欲有凭，立賣契壹紙為照。
內註百一字再照。（押）
道光貳拾捌年貳月　日立賣契叔祖振高（押）
侄家世（押）
侄家梨〇
侄孫声对（押）
全執
執筆中男家成（押）
大吉旦
咸豐三年有[illegible]贖回

9-1-22-10　清道光二十八年二月楊振高等立賣田契

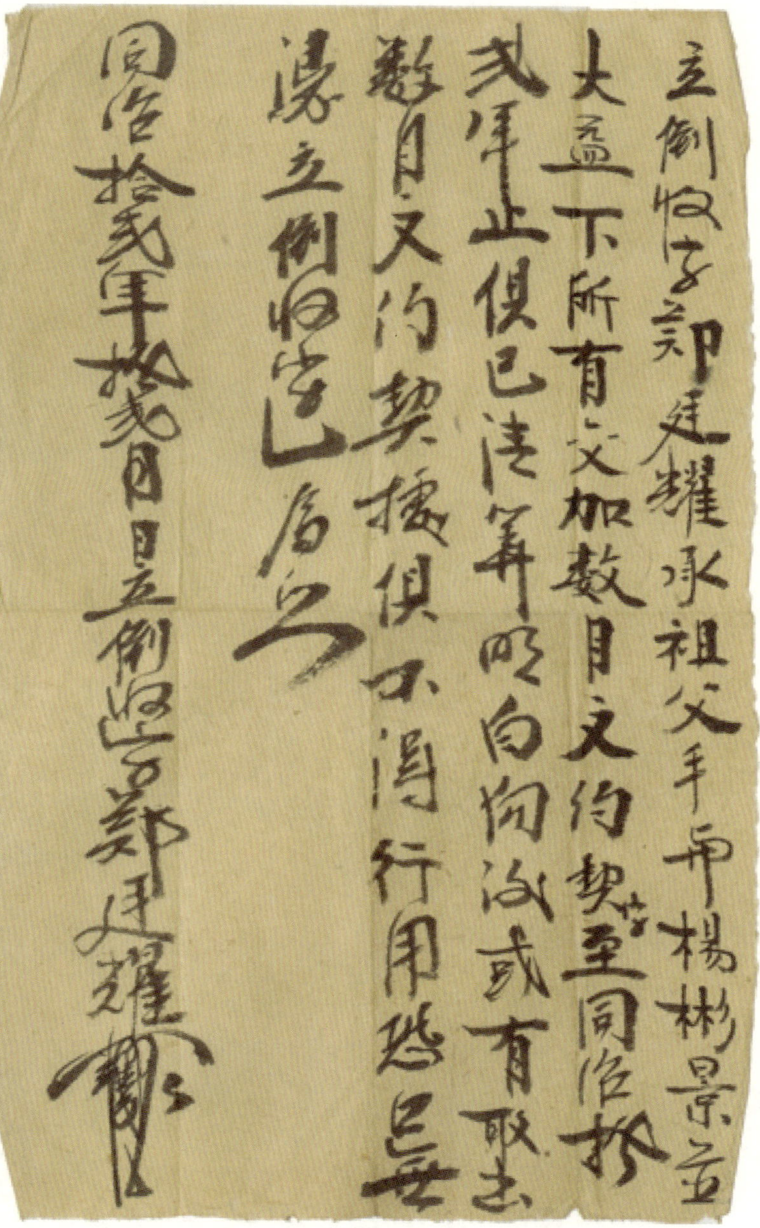
立倒收字鄭廷耀承祖父手內楊彬景至
大孟下所有文加數目文約契字至同治拾
弍年止俱已清算明白倘或有取出
數目文約契據俱不得行用照正無
憑立倒收字爲照

同治拾弍年拾弍月　日立倒收字鄭廷耀（押）

9-1-22-11　清同治十二年十二月鄭廷耀立倒收字

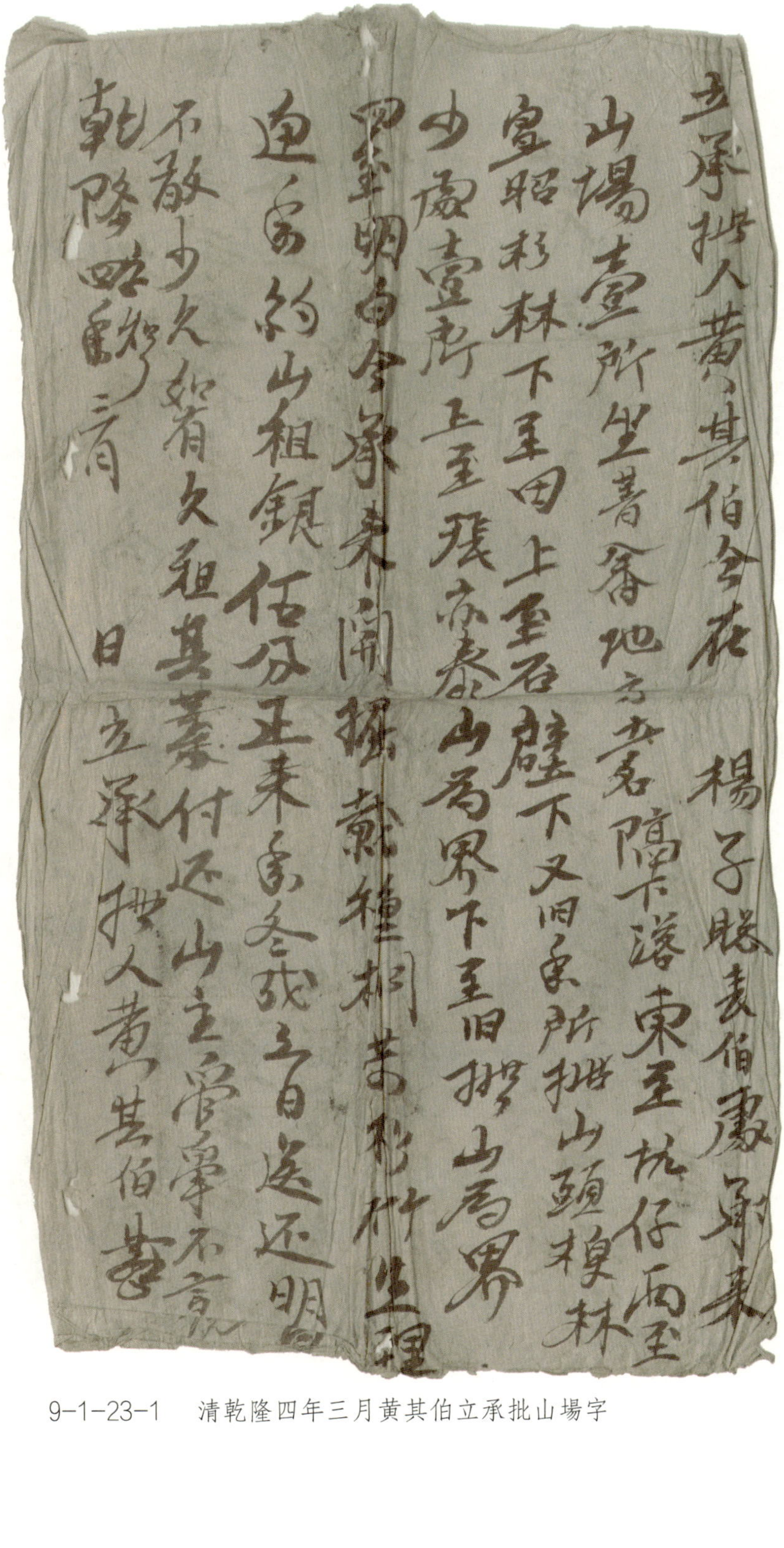

立承批人黃其伯今在 楊子聰表伯處承來
山場壹所坐着蒼地方土名隔下落東至坑仔西至
皇照杉林下至田上至石壁下又旧界所批山頭樸林
山處壹所上至張亦泰山為界下至旧批山為界
四至明白今承來開掘栽種桐茶杉竹生理
遞年約山租銀伍分正來年冬成之日送還明白
不敢少欠如有欠租其業付还山主管業不言仁
乾隆四年三月 日立承批人黃其伯（押）

9-1-23-1　清乾隆四年三月黄其伯立承批山場字

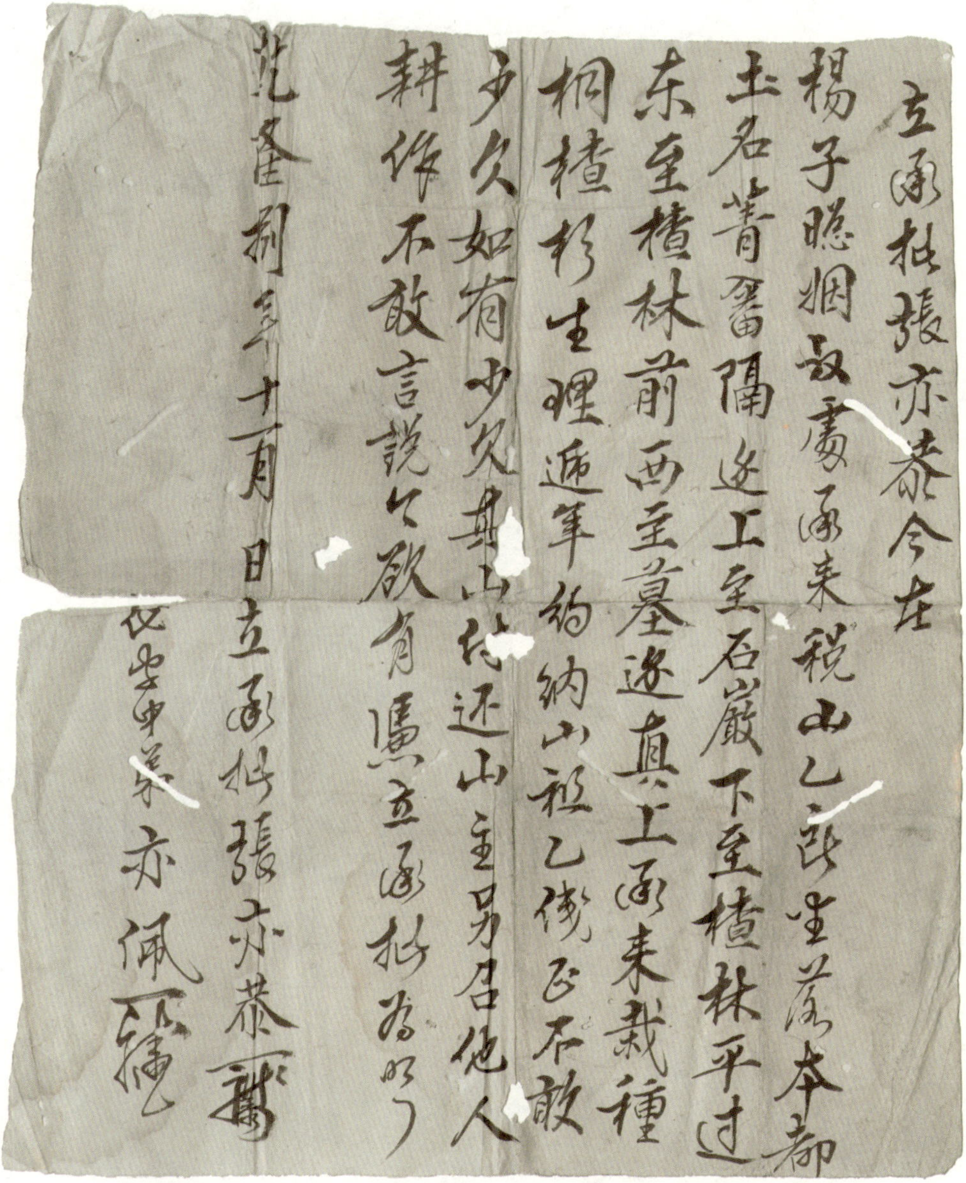

立承批張亦恭今在
楊子聰姻叔處承来稅山乙段坐落本都
土名菁畬隔逆工至石巖下至植林平过
东至植林前西至墓逆真工承来栽種
桐植杉生理遞年約納山租乙錢正不敢
少欠如有少欠其山任還山主另召他人
耕作不敢言說今欲有憑立承批為照
乾隆捌年十一月日立承批張亦恭（押）
代筆弟亦佩（押）

9-1-23-2　清乾隆八年十一月張亦恭立承批稅山字

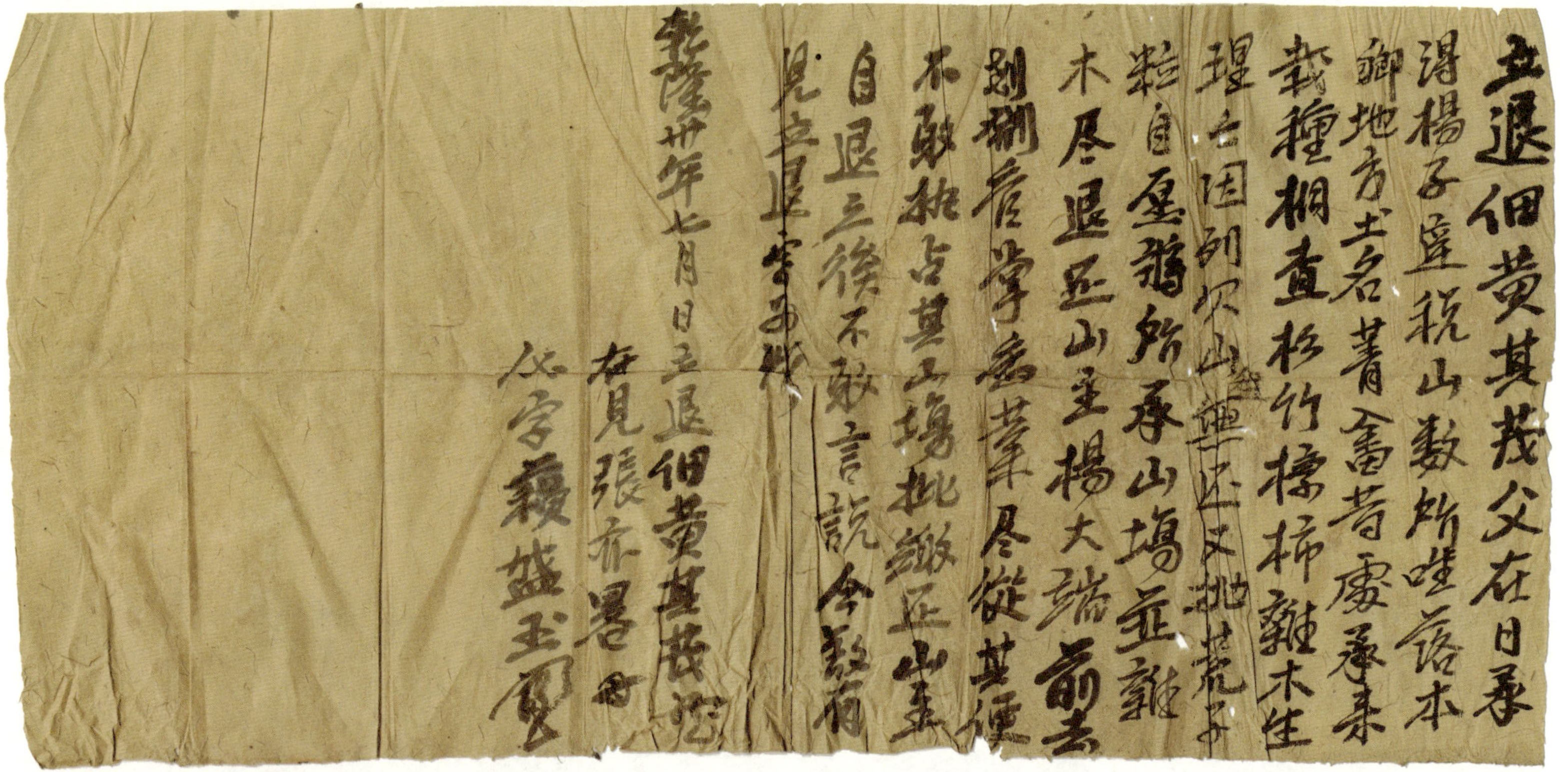
立退佃黄其茂父在日承
得楊子[illegible]稅山數所坐落本
鄉地方土名菁[illegible]寄處承來
栽種桐查杉竹㯽柿雜木住
理今因別外山無匹又批荒[illegible]
[illegible]自屋[illegible]所承山塲並雜
木盡退還山主楊大瑞前去
剔[illegible]管業爲業盡從其便
不敢執占其山塲批繳還山主
自退之後不敢言說今欲有
憑立退字爲照
乾隆卅年七月　日立退佃黄其茂
在見張亦[illegible]
代字[illegible]

9-1-23-3　清乾隆三十年七月黄其茂立退佃稅山字

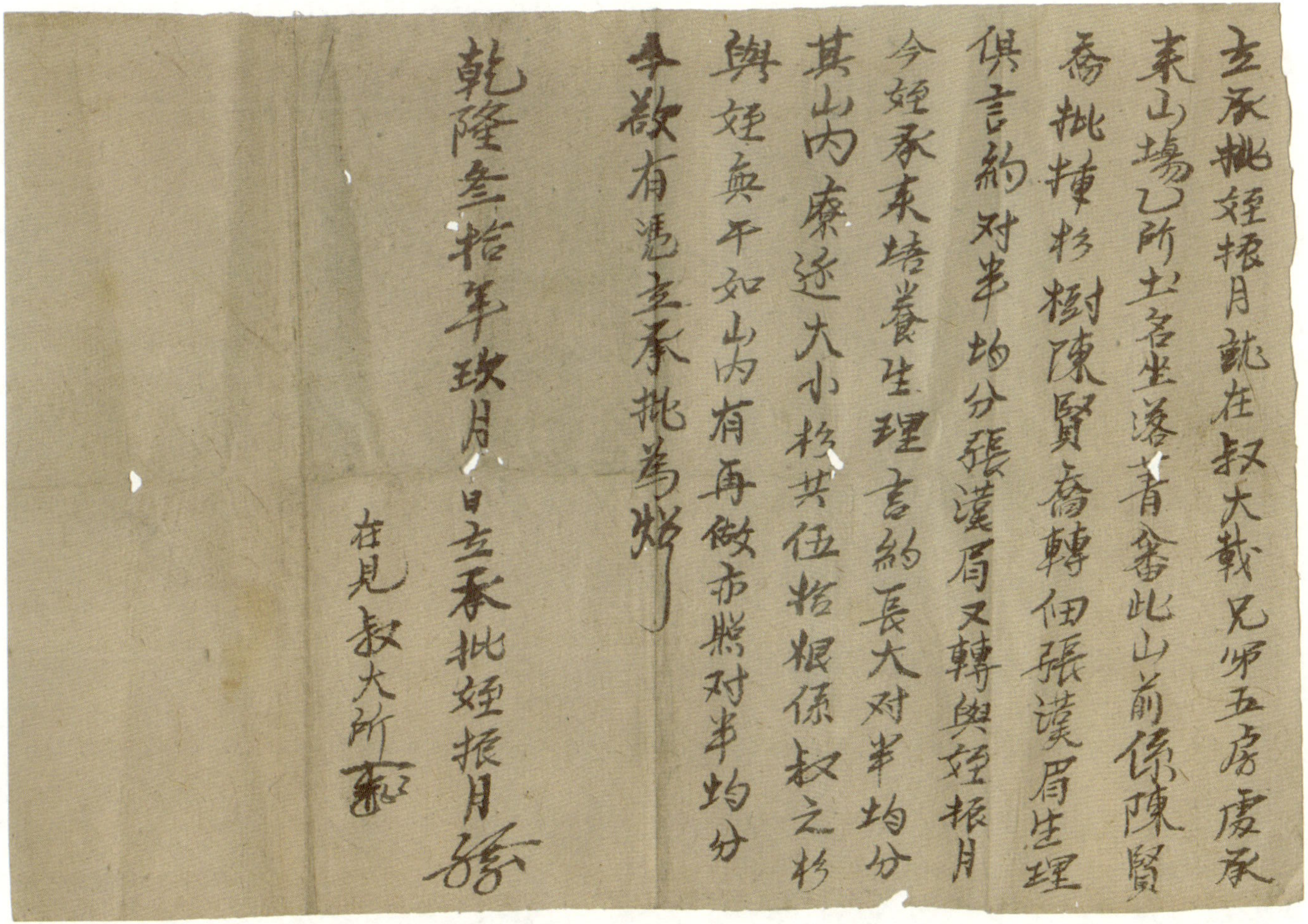
立承批姪振月就在叔大戴兄弟五房處承
来山場乙所土名坐落菁畬此山前係陳賢
喬批種杉樹陳賢喬轉佃張漢眉生理
俱言約对半均分張漢眉又轉與姪振月
今姪承来培養生理言約長大对半均分
其山内康迹大小杉共伍拾根係叔之杉
與姪無干如山内有再做亦照对半均分
今欲有憑立承批為照
乾隆叁拾年玖月　日立承批姪振月
在見叔大所

9-1-23-4　清乾隆三十年九月楊振月立承批山場字

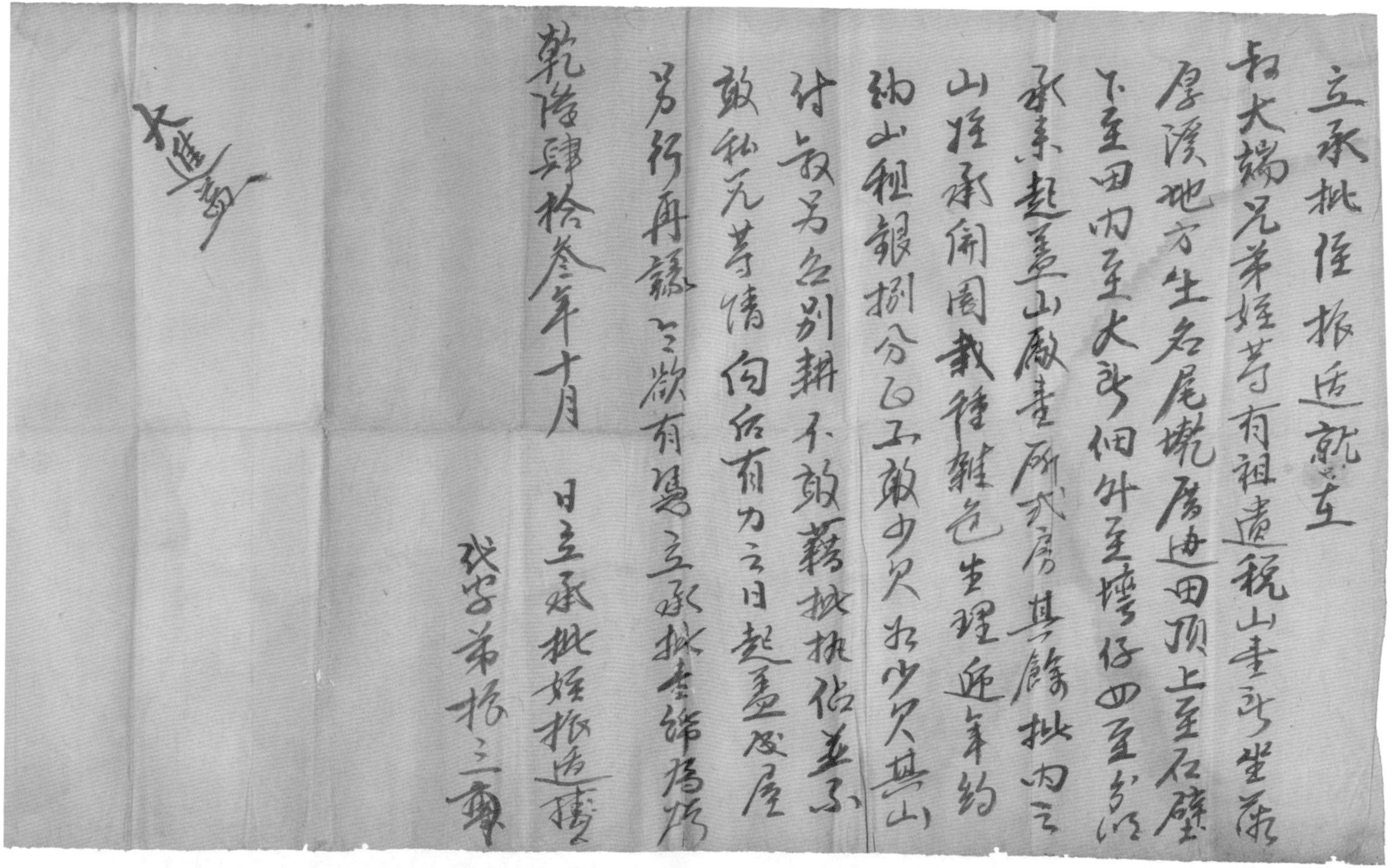
立承批侄振适就在
叔大端兄弟侄等有祖遗税山壹所坐落
厚溪地方土名尾墘厝边田顶上至石壁
下至田内至大路外至塆仔田四至分明今
承叔起盖山厂壹所贰房其余批内之
山侄承开周围栽种杂色生理逐年约
纳山租银捌分正不敢少欠如少欠其山
付叔另召别耕不敢籍批执佔并不
敢私兄等情向后有力之日起盖屋
另行再议今欲有凭立承批壹纸为照
乾隆肆拾叁年十月　日立承批侄振适（押）
代字弟振之（押）

9-1-23-5　清乾隆四十三年十月楊振适立承批税山字

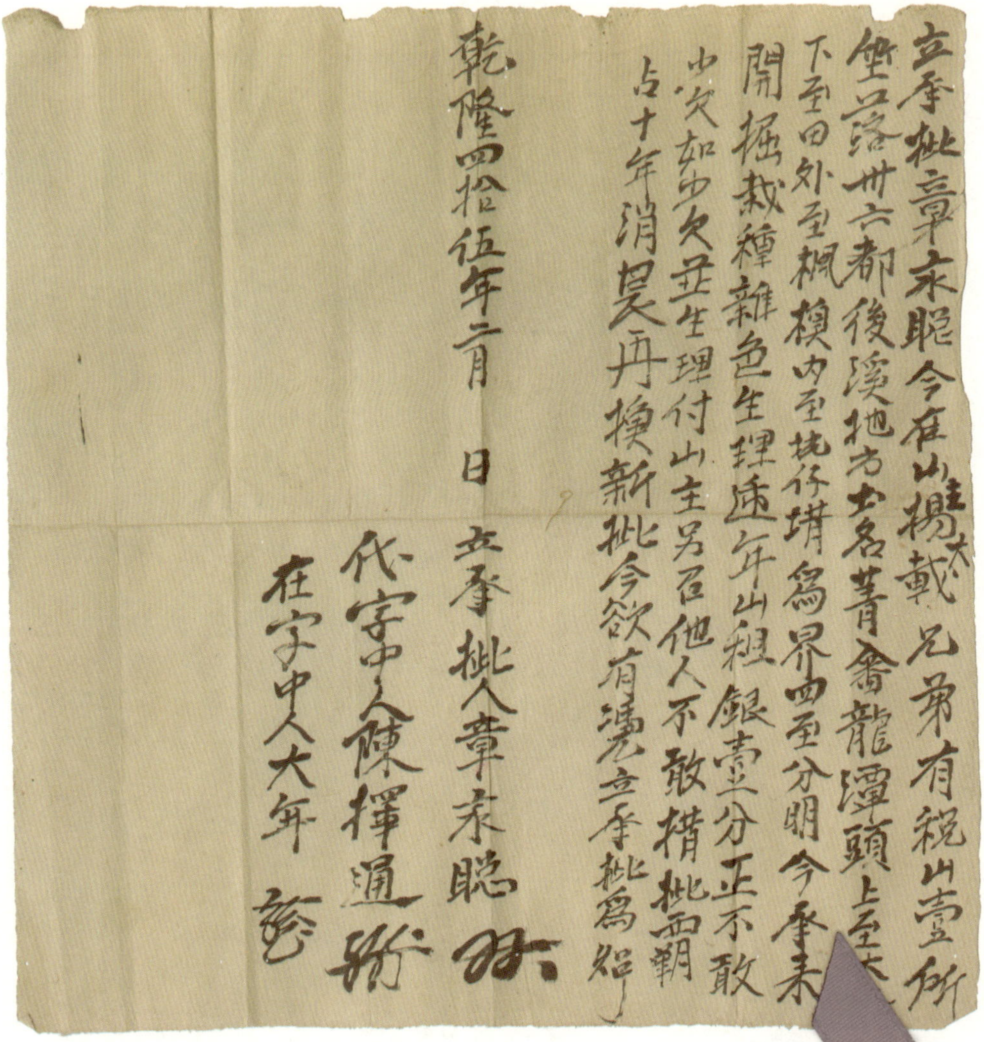

立承批章永聰今在山主楊大載兄弟有稅山壹所
坐址路廿六都後溪地方土名菁斋龍潭頭上至大
下至田外至楓樹內至坑仔堺為界四至分明今承來
開掘栽種雜色生理遞年山租銀壹分正不敢
少欠如少欠其生理付山主另召他人不敢措批西朝
占十年消是再換新批今欲有憑立承批為照

乾隆四拾伍年二月　日　立承批人章永聰（押）
代字中人陳擇通（押）
在字中人大年（押）

9-1-23-6　清乾隆四十五年二月章永聰立承批稅山字

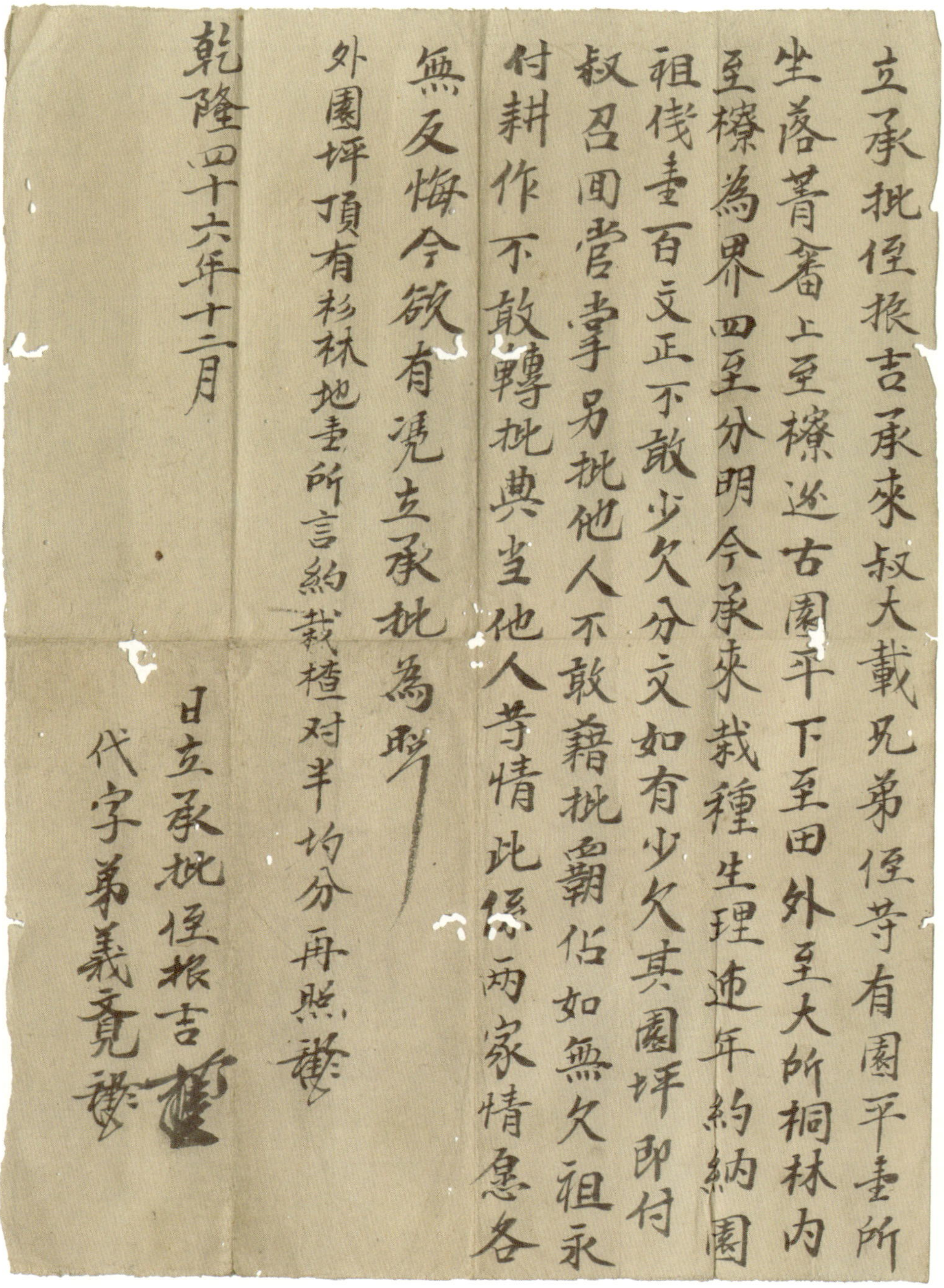

立承批侄振吉承來叔大載兄弟侄等有園平壹所
生落菁窩上至橑逖古園平下至田外至大所桐林内
至橑為界四至分明今承來栽種生理逐年約納園
祖錢壹百文正不敢少欠分文如有少欠其園坪即付
叔召回嘗掌另批他人不敢藉批霸佔如無欠祖永
付耕作不敢轉批典当他人等情此係両家情愿各
無反悔今欲有凭立承批為照
外園坪頂有杉林地壹所言約栽植对半均分再照（押）
乾隆四十六年十二月　日立承批侄振吉（押）
代字弟義文筧（押）

9-1-23-7　清乾隆四十六年十二月楊振吉立承批園坪字

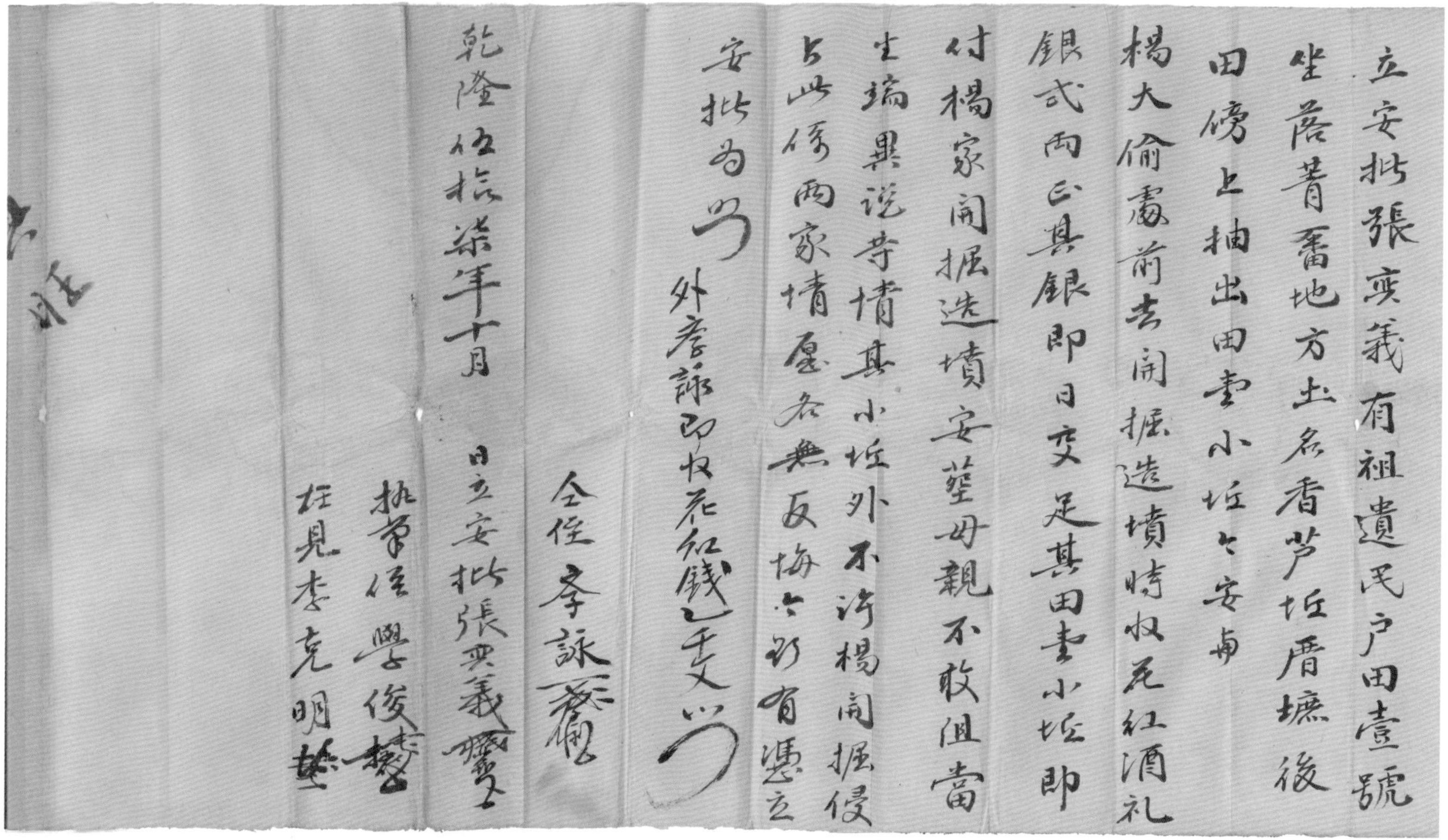

立安批張奕義有祖遺民户田壹號
坐落箐雷地方土名香芦坵厝墉後
田傍上抽出田壹小坵〻安與
楊大倫處前去開掘造墳時收花紅酒礼
銀弍兩正其銀即日交足其田壹小坵即
付楊家開掘造墳安葬母親不敢阻當
生端異說等情其小坵外不許楊開掘侵
占此係兩家情愿各無反悔〻欲有憑立
安批為照
外孝詠即收花紅錢乙千文照
仝侄李詠（押）
乾隆伍拾柒年十月　日立安批張奕義（押）
執筆侄學俊（押）
在見李克明（押）

9-1-23-8　清乾隆五十七年十月張奕義立安批民户田字

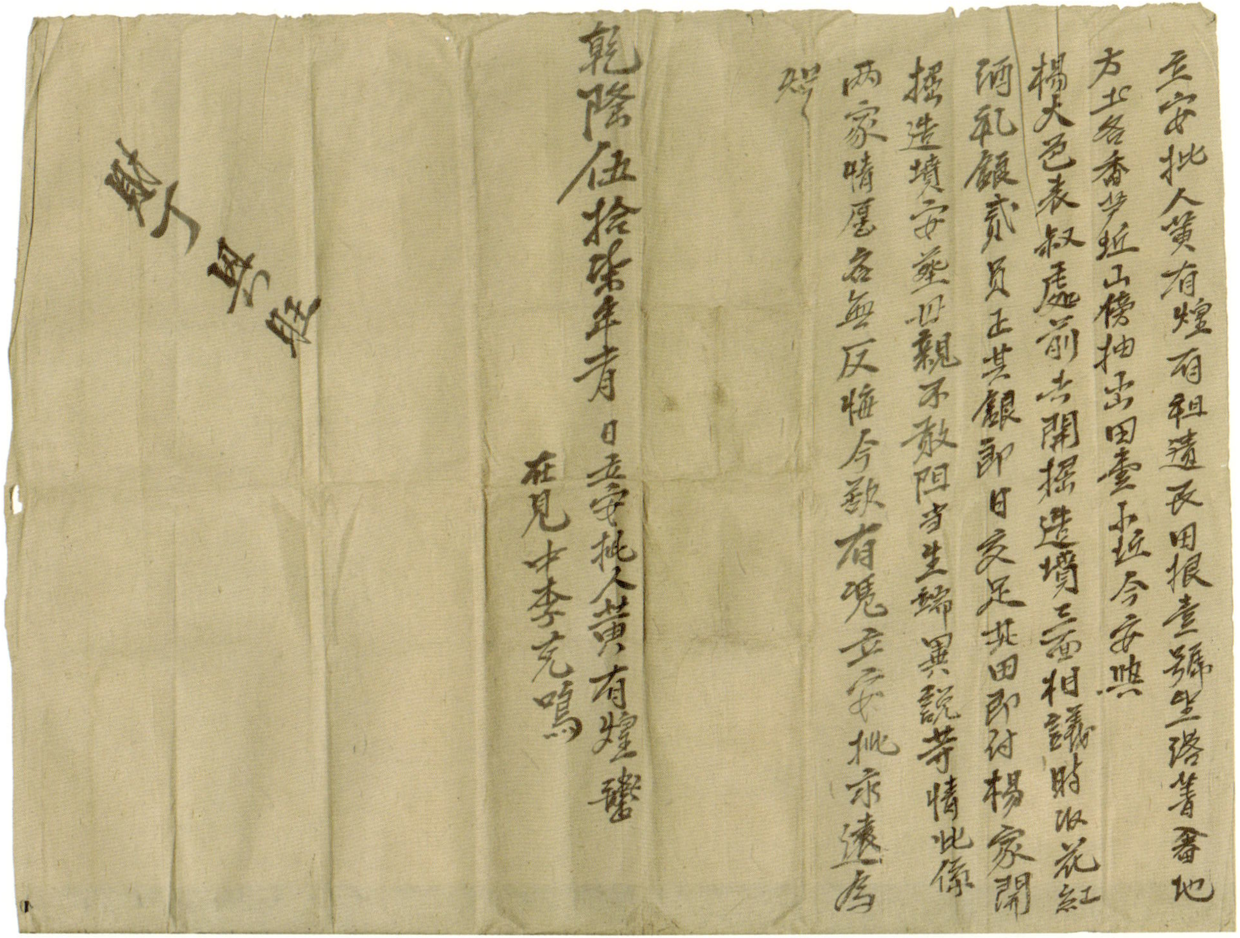

立安批人黃有煌有祖遺民田根壹號坐落菁番地
方土名香步垣山傍抽出田壹坵今安與
楊大邑表叔處前去開掘造墳三面相議時收花紅
酒礼銀貳員正其銀即日交足其田即付楊家開
掘造墳安葬此親不敢阻当生端異說等情此係
兩家情愿各無反悔今欲有凴立安批永遠為
照

乾隆伍拾柒年十一月　日立安批人黃有煌（押）
在見中李克鳴

業人男旺

9-1-23-9　清乾隆五十七年十一月黃有煌立安批民田根字

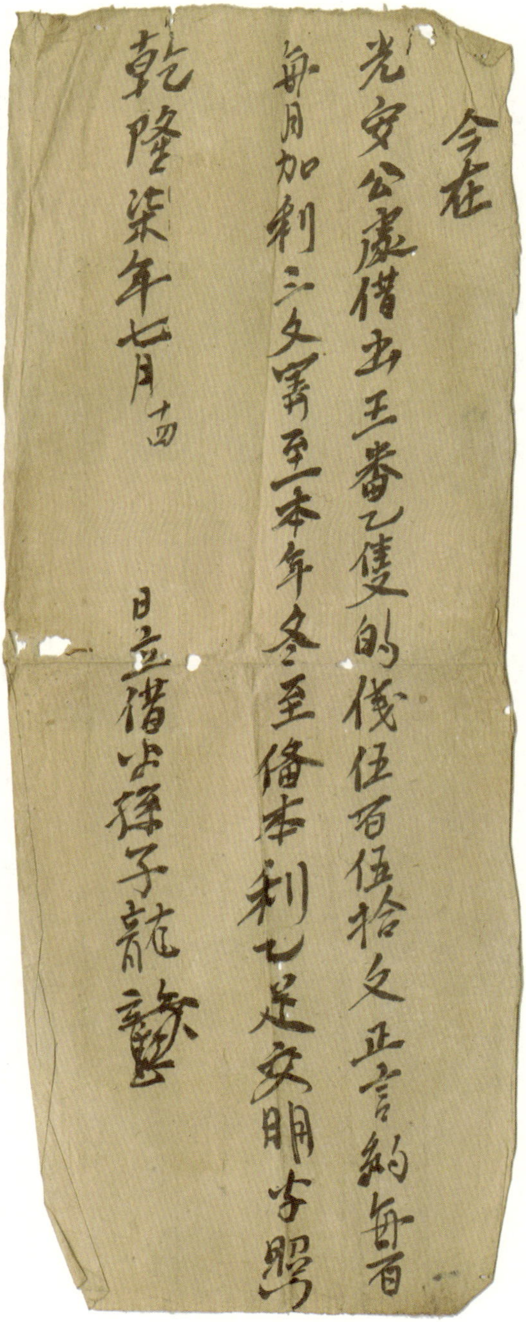

今在
光安公處借出王番乙隻的錢伍百伍拾文正言約每百
每月加利二文算至本年冬至備本利乙足交明字照
乾隆柒年七月十四日立借出楊子龍押

9-1-24-1　清乾隆七年七月楊子龍立借錢字

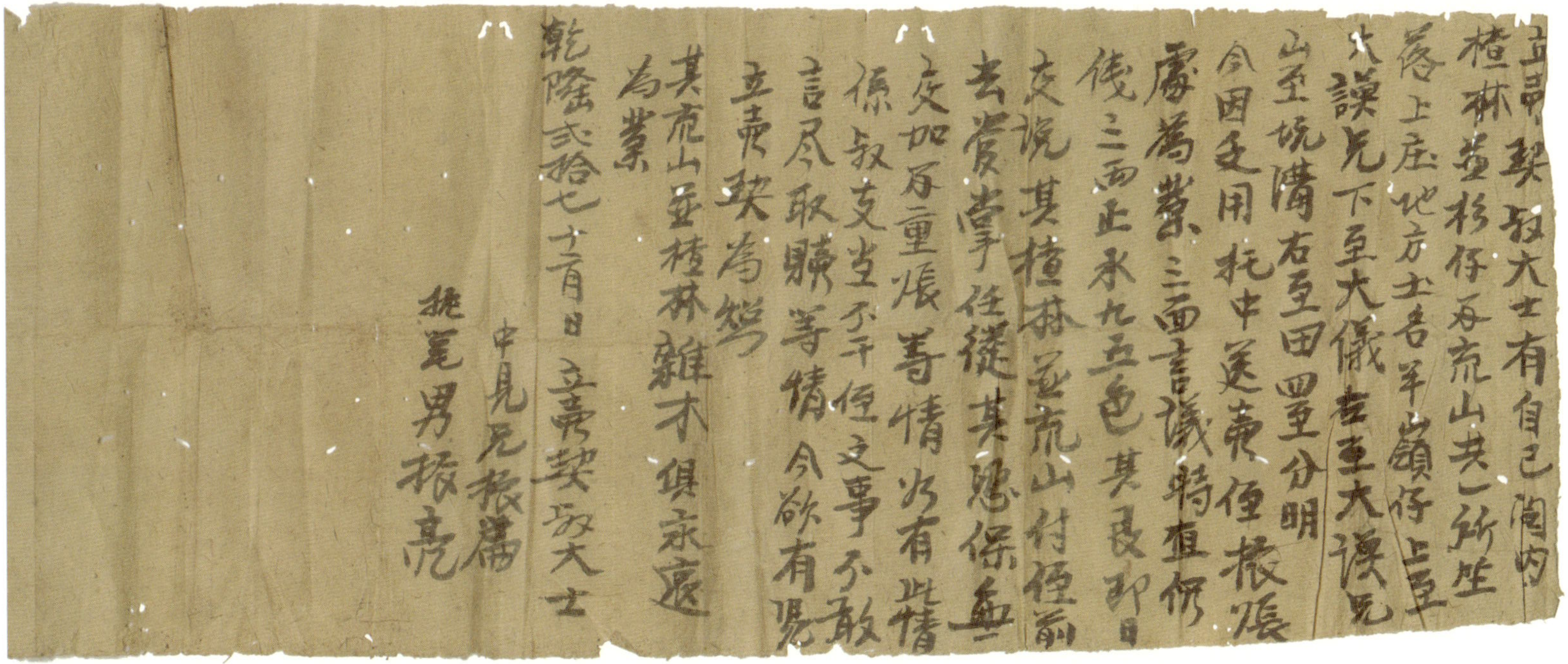
立賣契叔大士有自己闔內
楂林並杉仔荒山共一所坐
落上庄地方土名羊嶺仔上至
大讓兄下至大儀左至大讓兄
山至坑溝右至田四至分明
今因乏用托中送賣侄振張
處為業三面言議時值價
錢三兩正水九五色其艮即日
交訖其楂林並荒山付侄前
去管掌任從其照係無
交加及重張等情如有此情
係叔支當不干侄之事不敢
言尽取贖等情今欲有憑
立賣契為照
其荒山並楂林雜木俱永遠
為業
乾隆貳拾七十二月日　立賣契叔大士
中見兄振鳳
执筆男振亮

9-1-24-2　清乾隆二十七年十二月楊大土立賣楂林等契

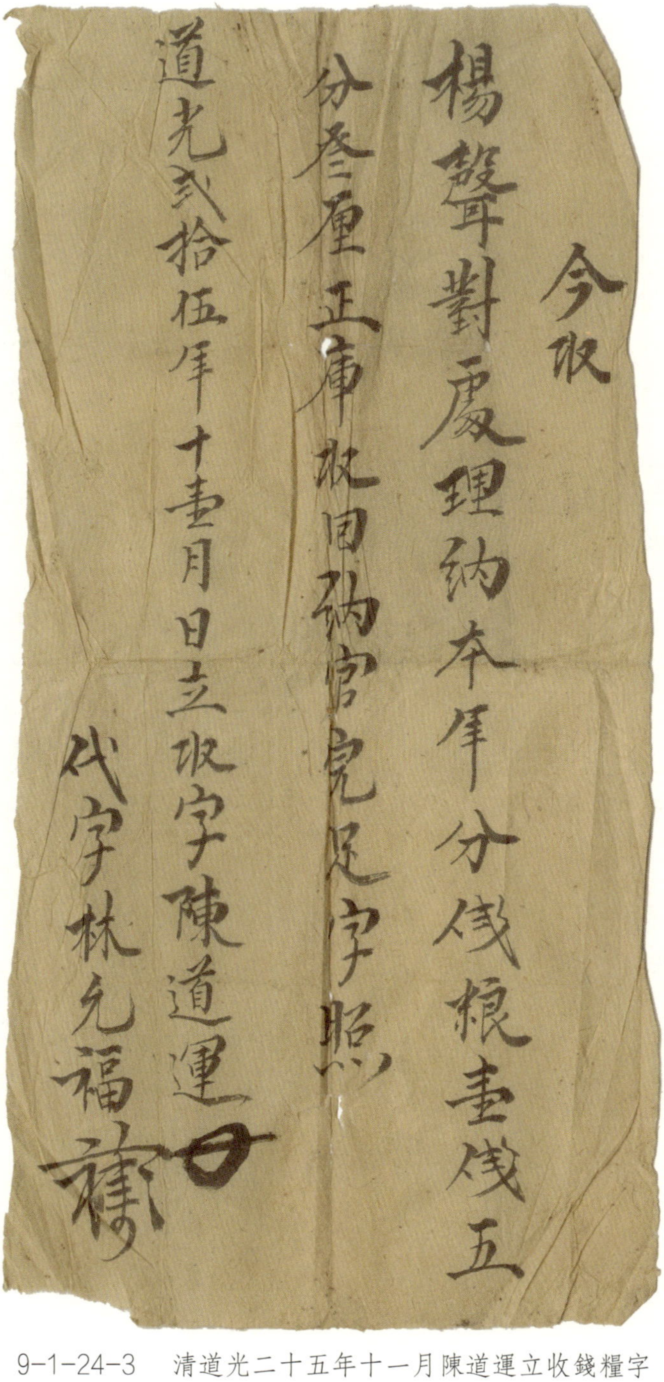
今收
楊聲對處理納本年分錢糧壹錢五
分叁厘正庫收回納官完足字照
道光貳拾伍年十壹月日立收字陳道運
代字林允福

9-1-24-3 清道光二十五年十一月陳道運立收錢糧字

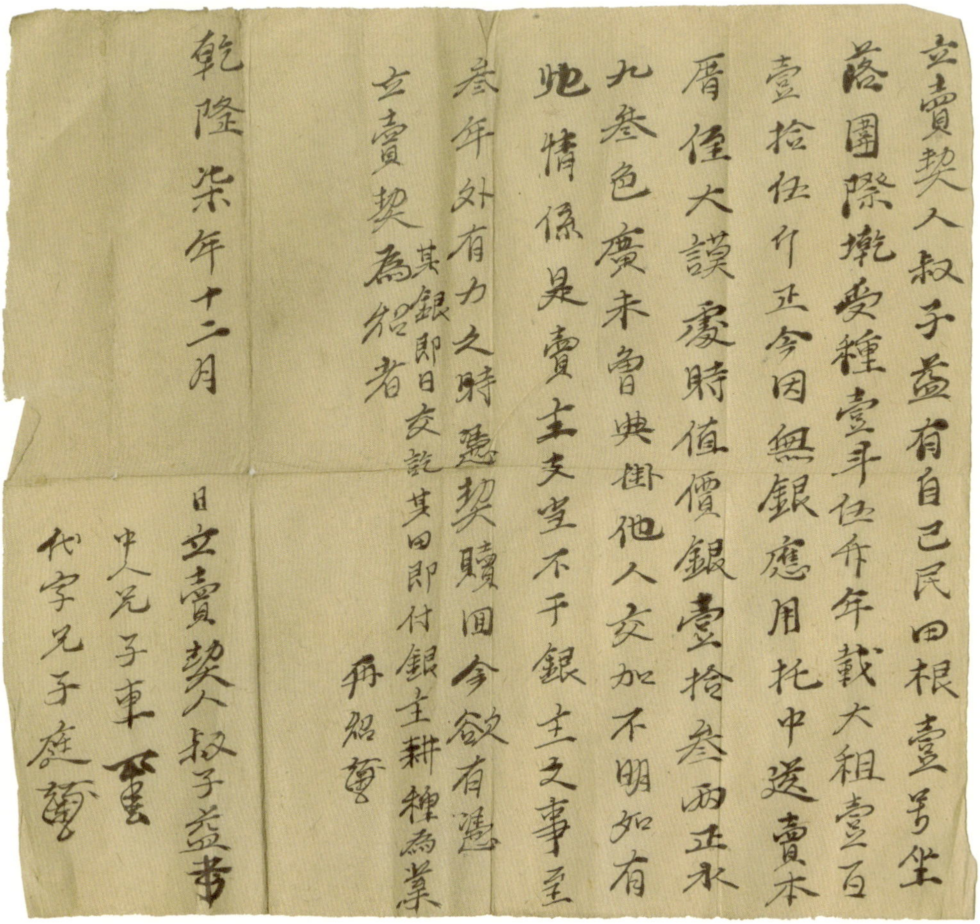
立賣契人叔子益有自己民田根壹号坐
落園際墘受種壹斗伍升年載大租壹百
壹拾伍斤正今因無銀應用托中送賣本
厝侄大謨處時值價銀壹拾叁兩正永
九叁色廣未曾典掛他人交加不明如有
此情係是賣主支当不干銀主之事至
叁年外有力之時憑契贖回今欲有憑
其銀即日交訖其田即付銀主耕種為業
立賣契為炤者
再炤筆
乾隆柒年十二月　日立賣契人叔子益（押）
中人兄子車（押）
代字兄子庭筆

9-1-25-1　清乾隆七年十二月楊子益立賣民田根契

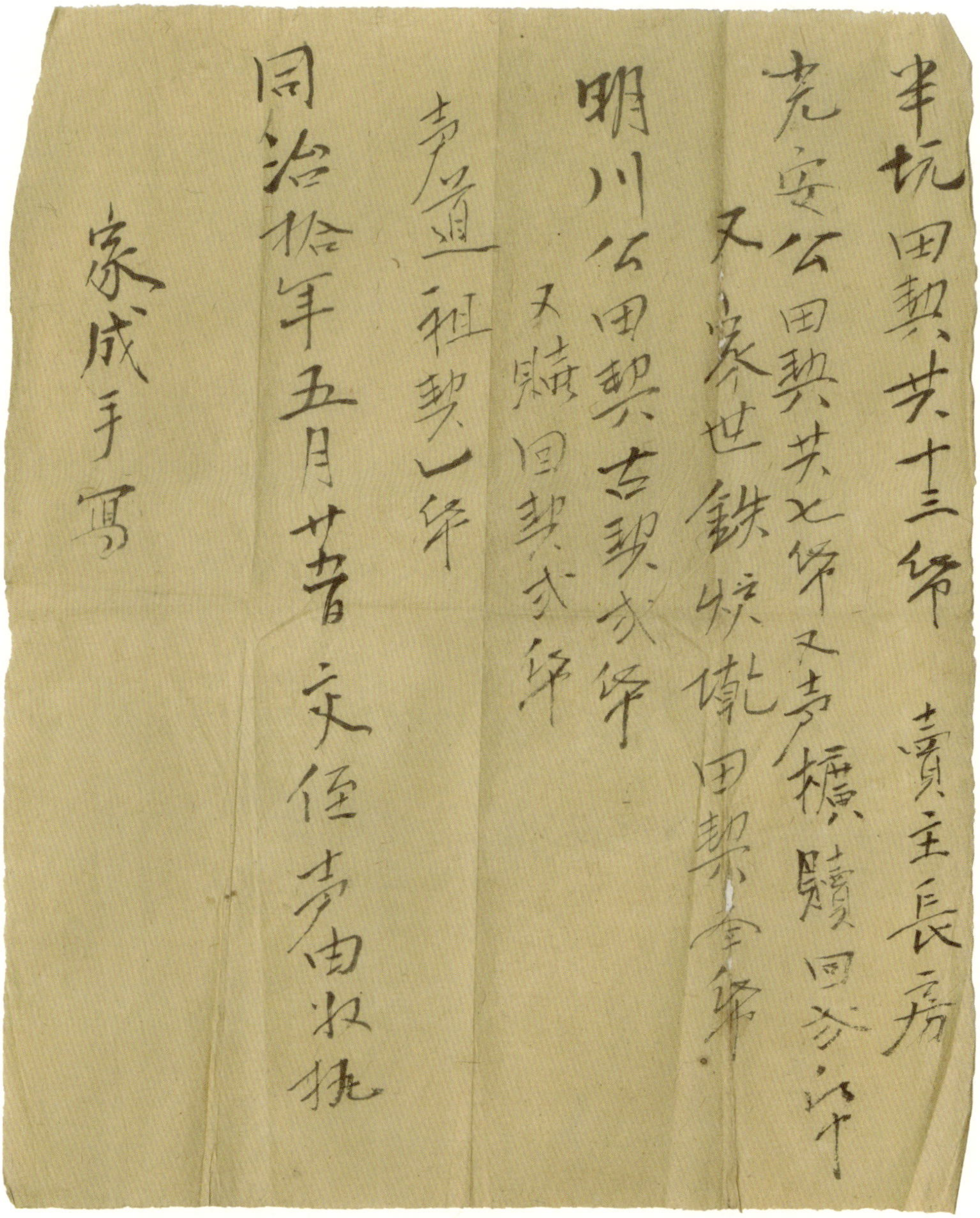
半坑田契共十三紙　賣主長房
光安公田契共七紙又本房標贖回參紙
又寮世鉄烄墘田契全紙
明川公田契古契貳紙
又贖回契貳紙
本房道租契一紙
同治拾年五月廿吉交侄本房由收執
家成手寫

9-1-25-2　清同治十年五月楊家成立交田契清單

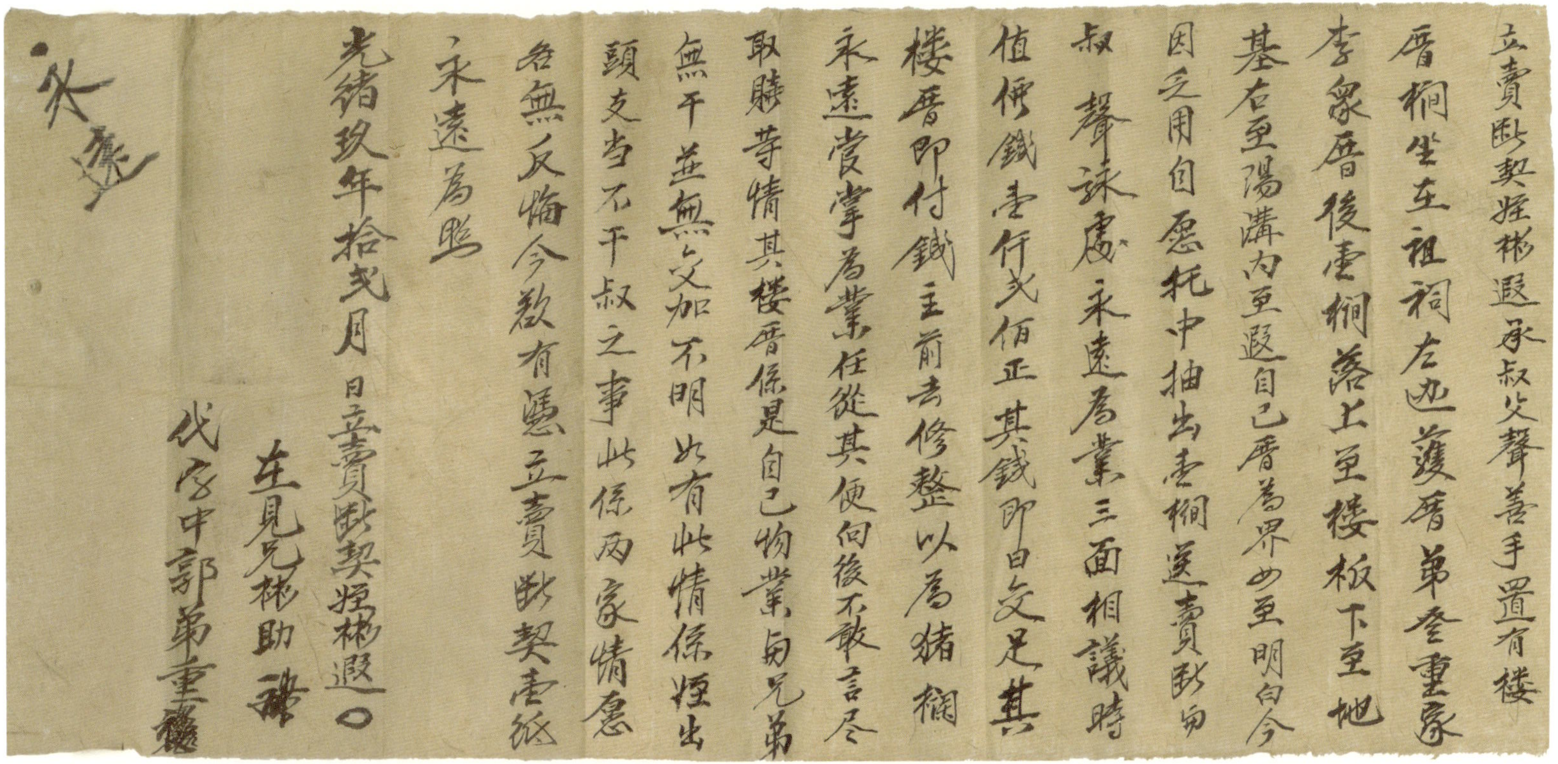
立賣斷契楊彬遐承叔父聲善手置有樓
厝椆坐在祖祠左边護厝第叁重豕
李象厝後壹椆落上至樓板下至地
基右至陽溝内至遐自己厝為界四至明白今
因乏用自愿托中抽出壹椆送賣断与
叔 聲詠處永遠為業三面相議時
值價錢壹仟弍佰正其錢即日交足其
樓厝即付錢主前去修整以為豬椆
永遠當掌為業任從其便向後不敢言尽
取贖等情其樓厝係是自己物業与兄弟
無干並無文加不明如有此情係遐出
頭支当不干叔之事此係兩家情愿
各無反悔今欲有憑立賣断契壹紙
永遠為照
光緒玖年拾弍月 日立賣断契楊彬遐○
在見兄彬助 押
代字中郭第重 押
永遠

9-1-25-3　清光緒九年十二月楊彬遐立賣斷樓厝椆契

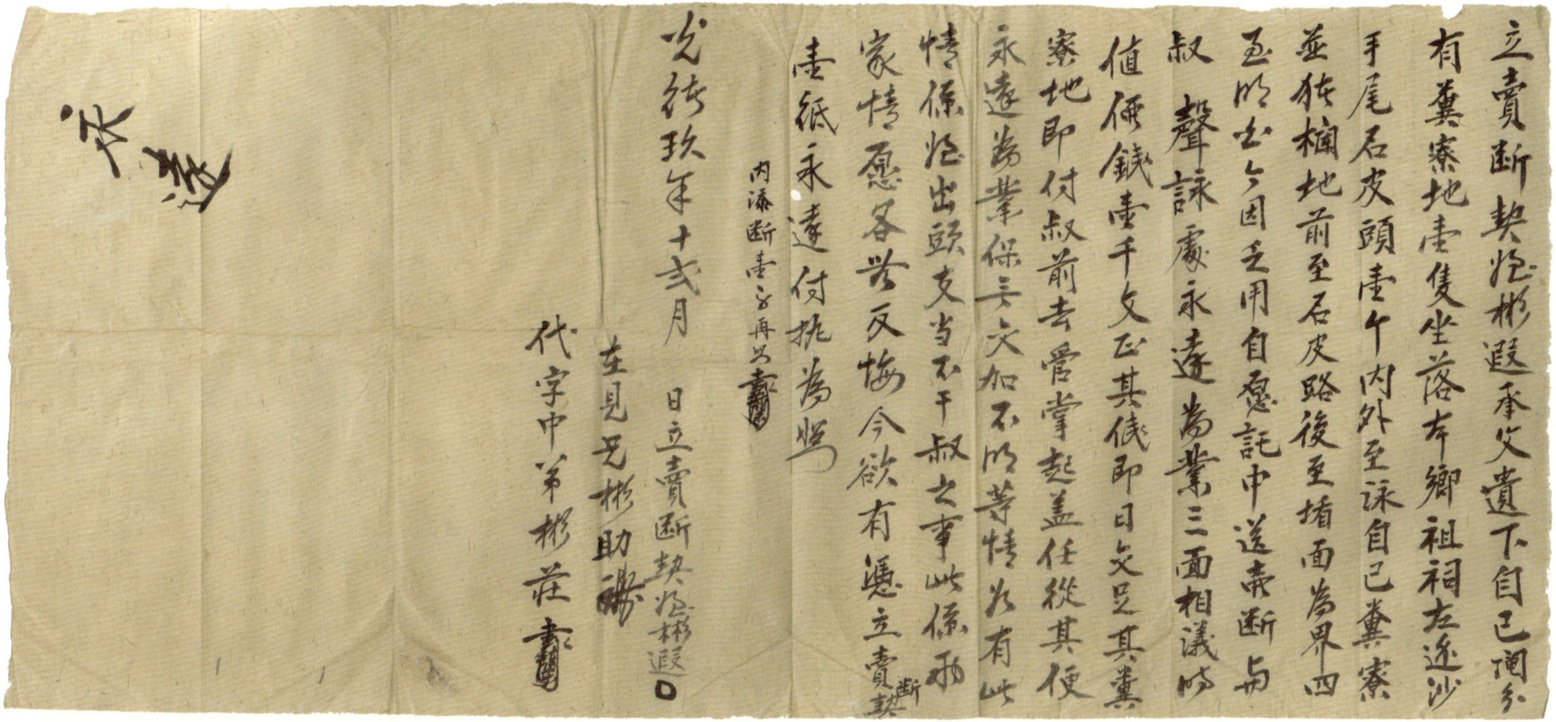

立賣斷契姪彬退承父遺下自己鬮分
有糞寮地壹隻坐落本鄉祖祠左邊沙
手尾石灰頭壹个內外至詠自己糞寮
並猪欄地前至石灰路後至墻面為界四
至明白今因乏用自愿託中送賣斷與
叔聲詠處永遠為業三面相議時
值價錢壹千文正其錢即日交足其糞
寮地即付叔前去管掌起蓋任從其便
永遠為業保無文加不明等情如有此
情係姪出頭支当不干叔之事此係兩
家情愿各無反悔今欲有憑立賣斷契
壹紙永遠付執為照
內添斷壹字再照　畫
光緒玖年十弍月　日立賣斷契姪彬退
在見兄彬助
代字中弟彬莊　畫
永遠

9-1-25-4　清光緒九年十二月楊彬退立賣斷糞寮地契

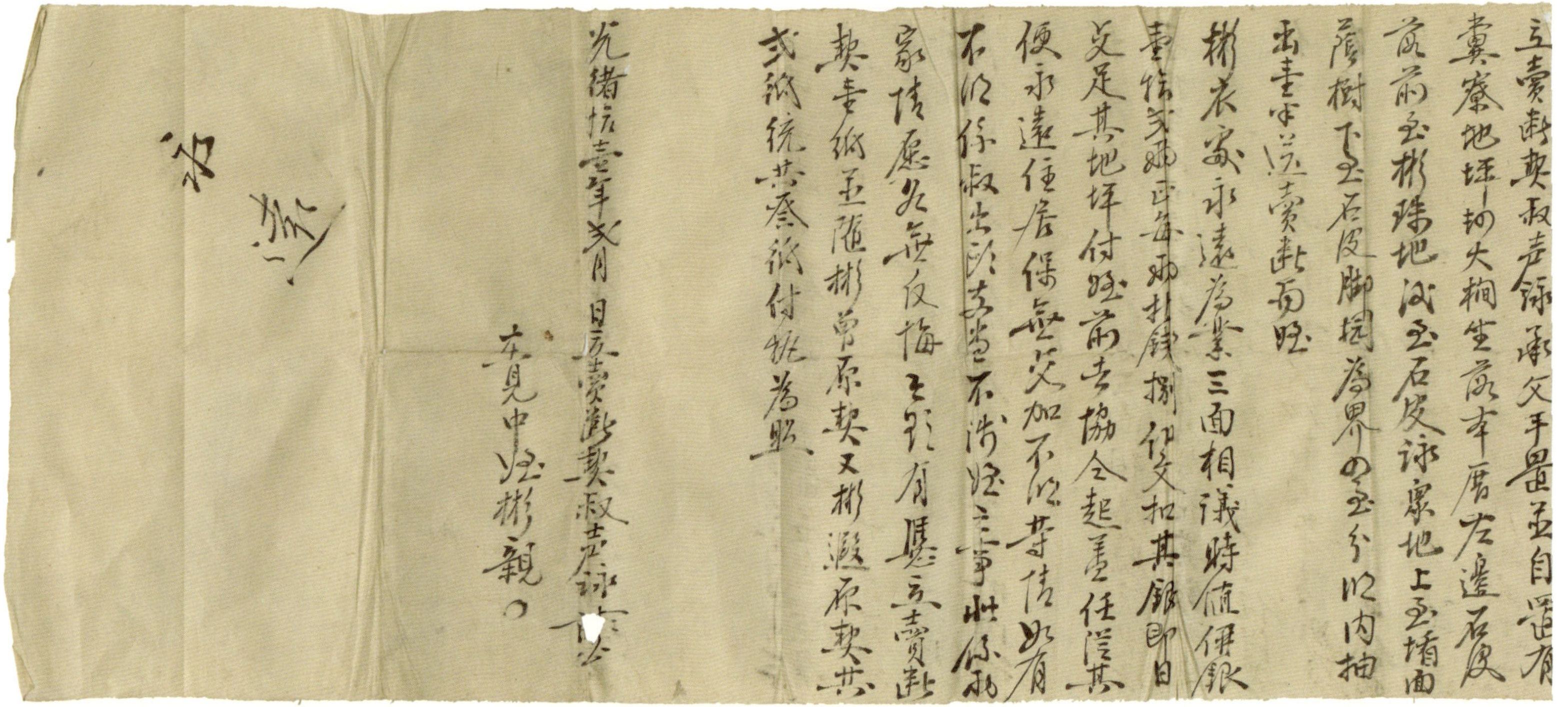
立賣斷契叔声詠承父手置並自置有
糞寮地坪一所大椆坐落本厝右邊屋後
前至彬珠地後至石皮詠衆地上至墻面
下至石皮脚爲界四至分明內抽
出壹半送賣斷與姪
彬依家永遠為業三面相議時値价銀
壹佰叁拾元正每元扣錢捌伯文扣其銀即日
交足其地坪付姪前去協全起蓋任從其
便永遠住居保無交加不明等情此有
不明係叔出頭抵當不涉姪之事此係兩
家情愿各無反悔立此有憑立賣斷
契壹紙並隨彬曾原契又彬滋原契共
式紙統共叁紙付姪爲照

光緒拾壹年二月 日立賣斷契叔声詠（押）
在見中姪彬親〇

9-1-25-5　清光緒十一年二月楊声詠立賣斷糞寮地坪契

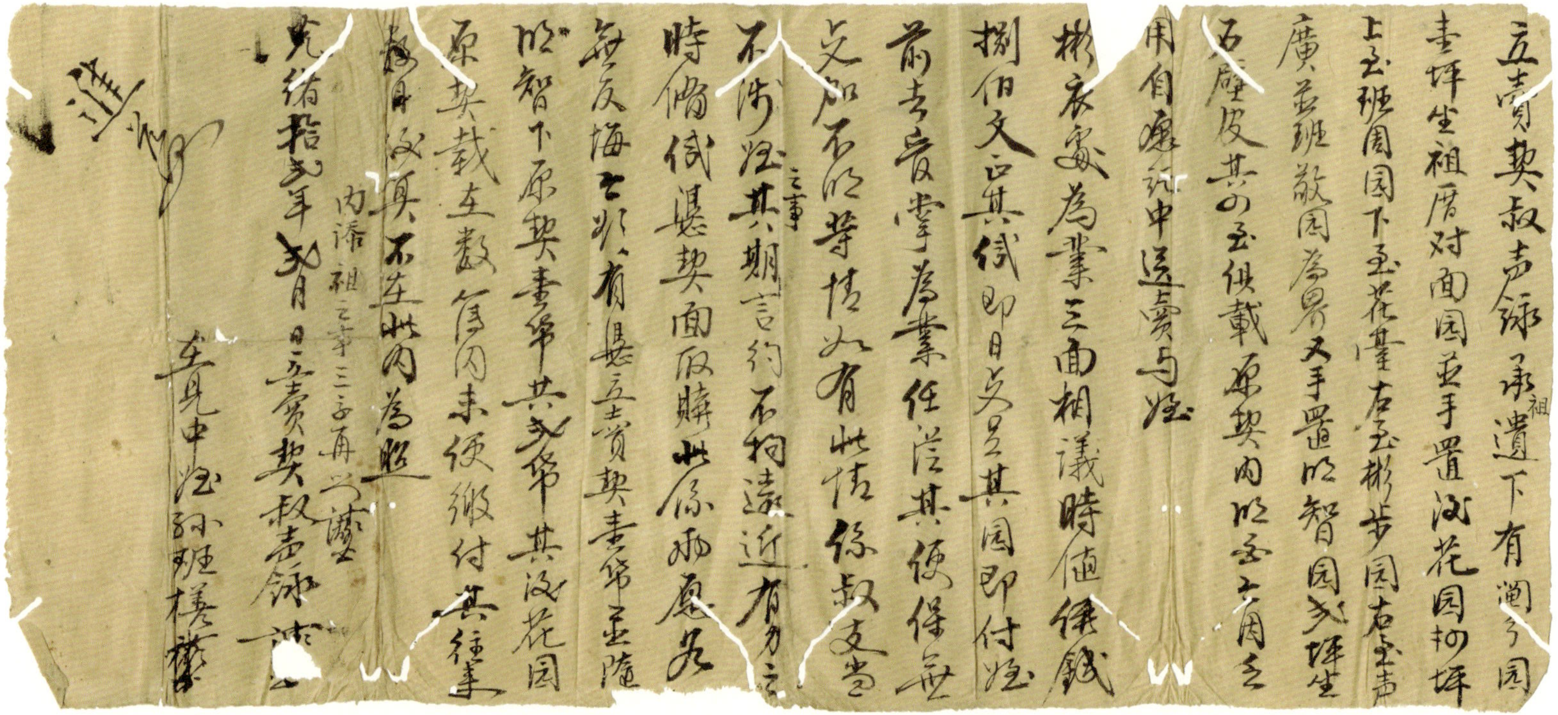

9-1-25-6　清光緒十二年二月楊声詠立賣園契

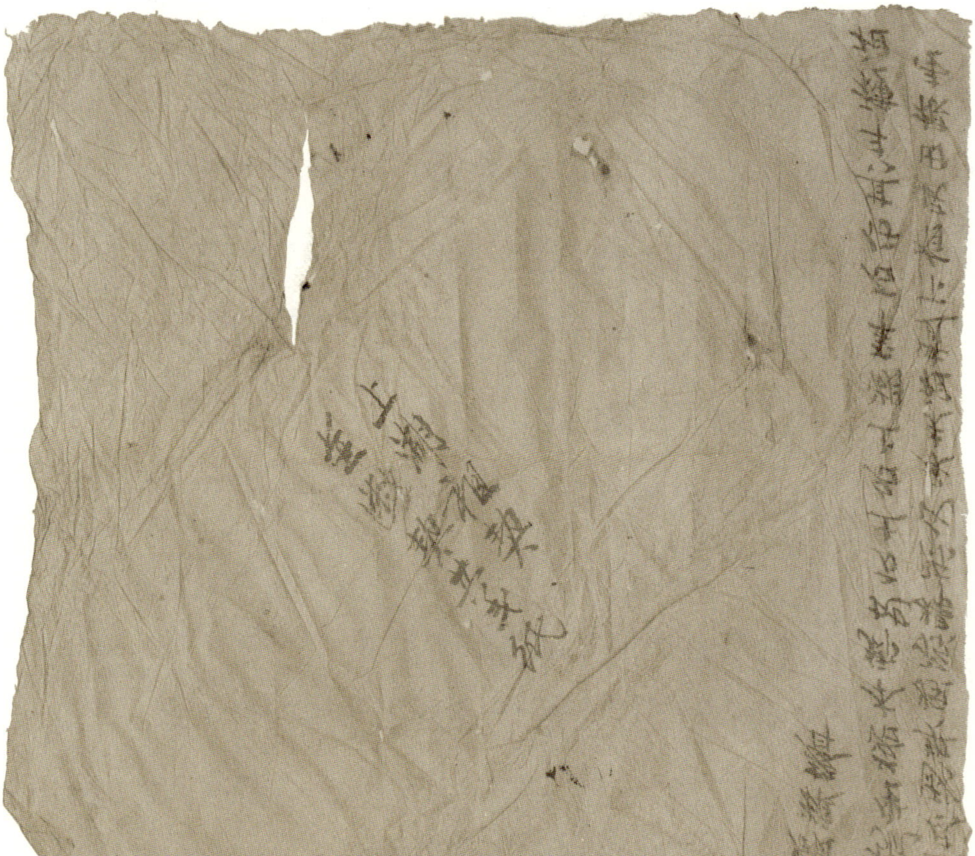

9-1-26-1　包契紙

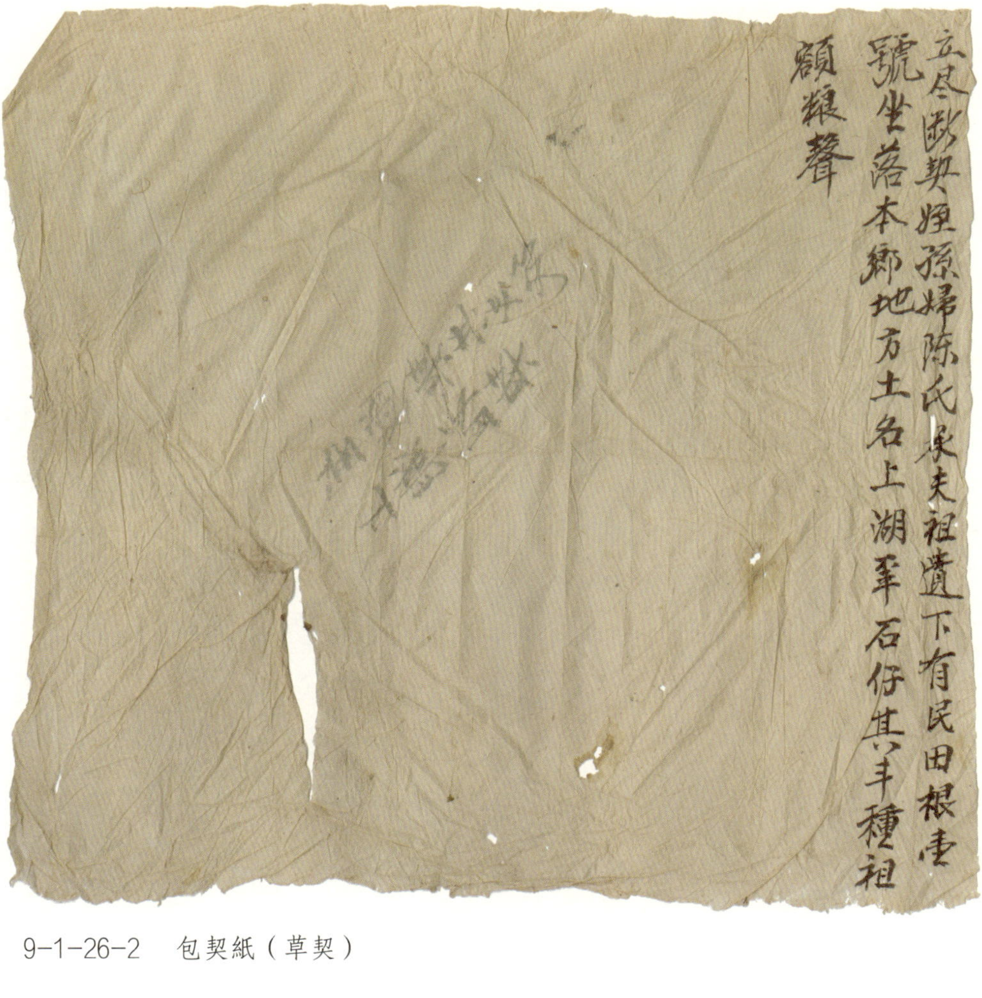
立盡斷契姪孫婦陈氏承夫祖遺下有民田根壹
號坐落本鄉地方土名上湖羣石仔其手種祖
額粮聲

9-1-26-2　包契紙（草契）

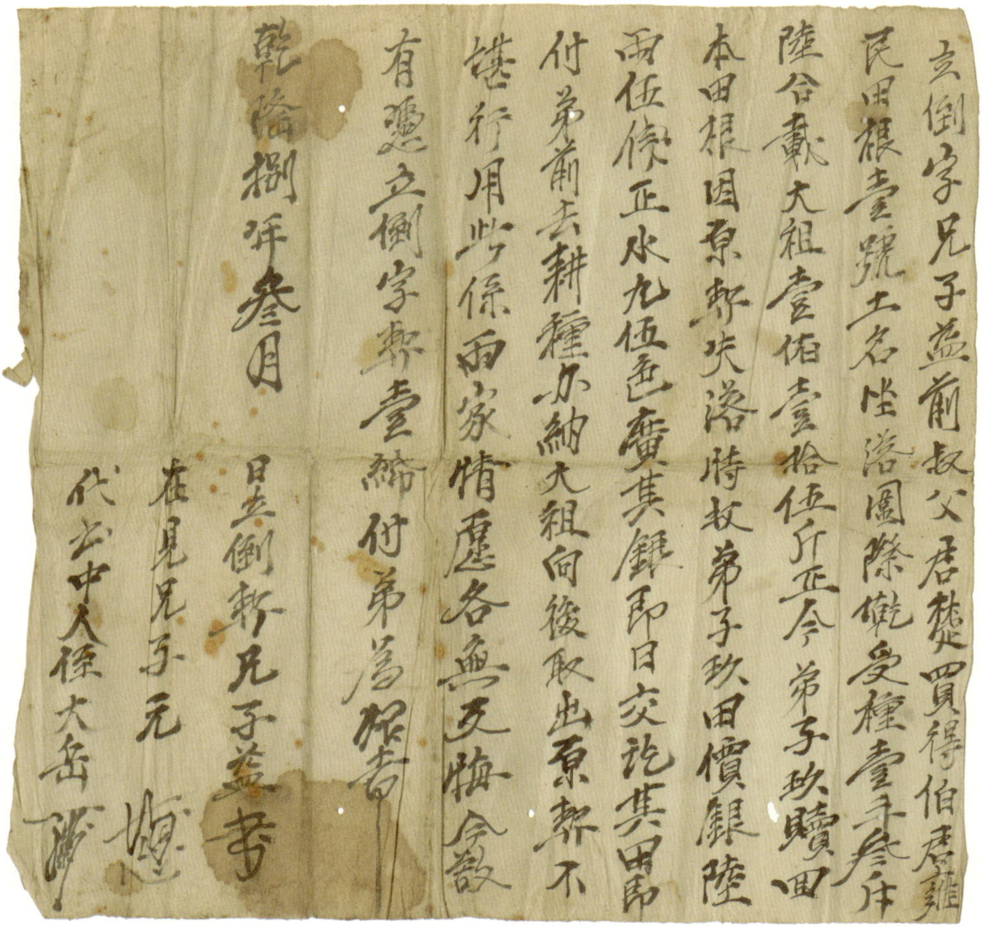
立倒字兄子益前叔父居楚買得伯居雄
民田根壹號，土名坐落圍際墘，受種壹斗叁斤
陸合，載大祖壹佰壹拾伍斤正。今弟子玖贖回
本田根，因原契失落，特放弟子玖田價銀陸
兩伍錢正，水九伍色，齊其銀即日交訖，其田即
付弟前去耕種，亦納大祖。向後取出原契不
堪行用。此係兩家情愿，各無反悔，今欲
有憑，立倒字契壹紙付弟爲根者。
乾隆捌年叁月　日立倒契兄子益（押）
在見兄子元（押）
代书中人楊大岳（押）

9-1-26-3　清乾隆八年三月楊子益立倒字

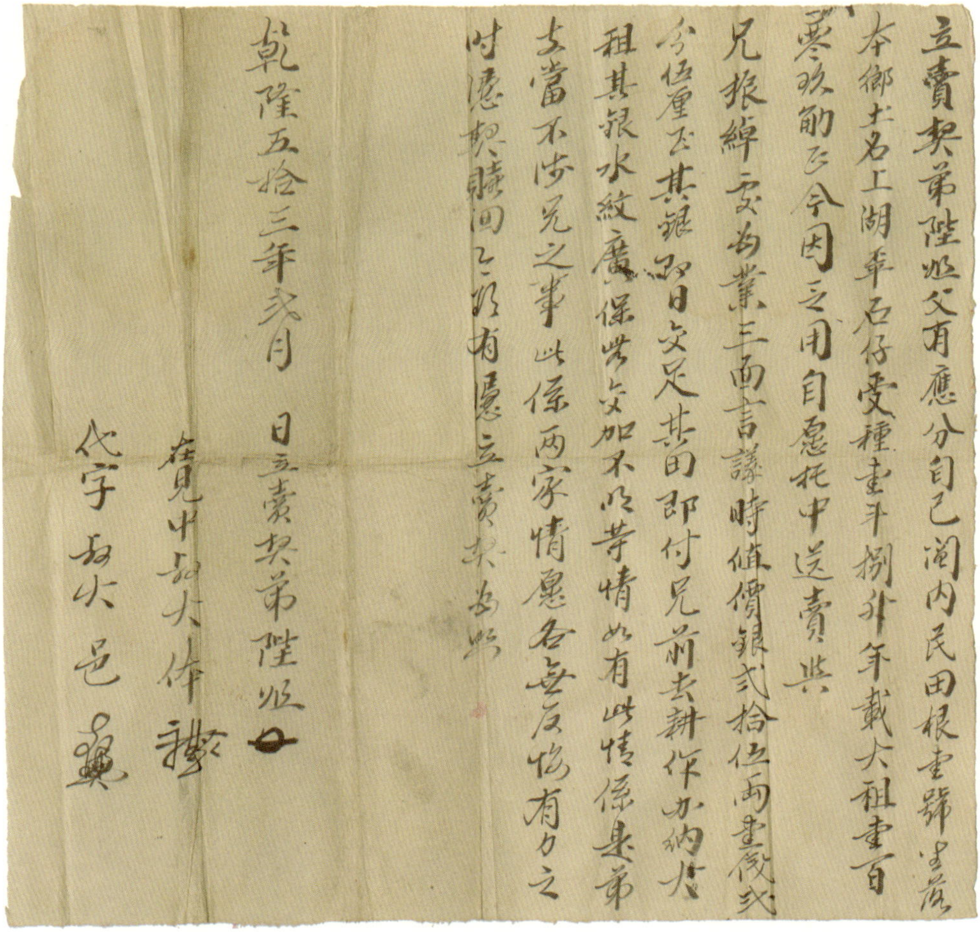
立賣契弟陞姐父有應分自己阄內民田根壹號坐落
本鄉土名上湖垄石仔受種壹斗捌升年載大租壹百
零玖觔正今因乏用自愿托中送賣與
兄根緯官為業三面言議時值價銀弍拾伍兩壹錢弍
分伍厘正其銀即日交足其田即付兄前去耕作办納大
租其銀水紋廣保無交加不明等情如有此情係是弟
出當不涉兄之事此係兩家情愿各無反悔有力之
時憑契贖回今欲有憑立賣契為照
乾隆五拾三年弍月　日立賣契弟陞姐（押）
在見中叔大偉（押）
代字叔火邑（押）

9-1-26-4　清乾隆五十三年二月楊陞姐立賣民田根契

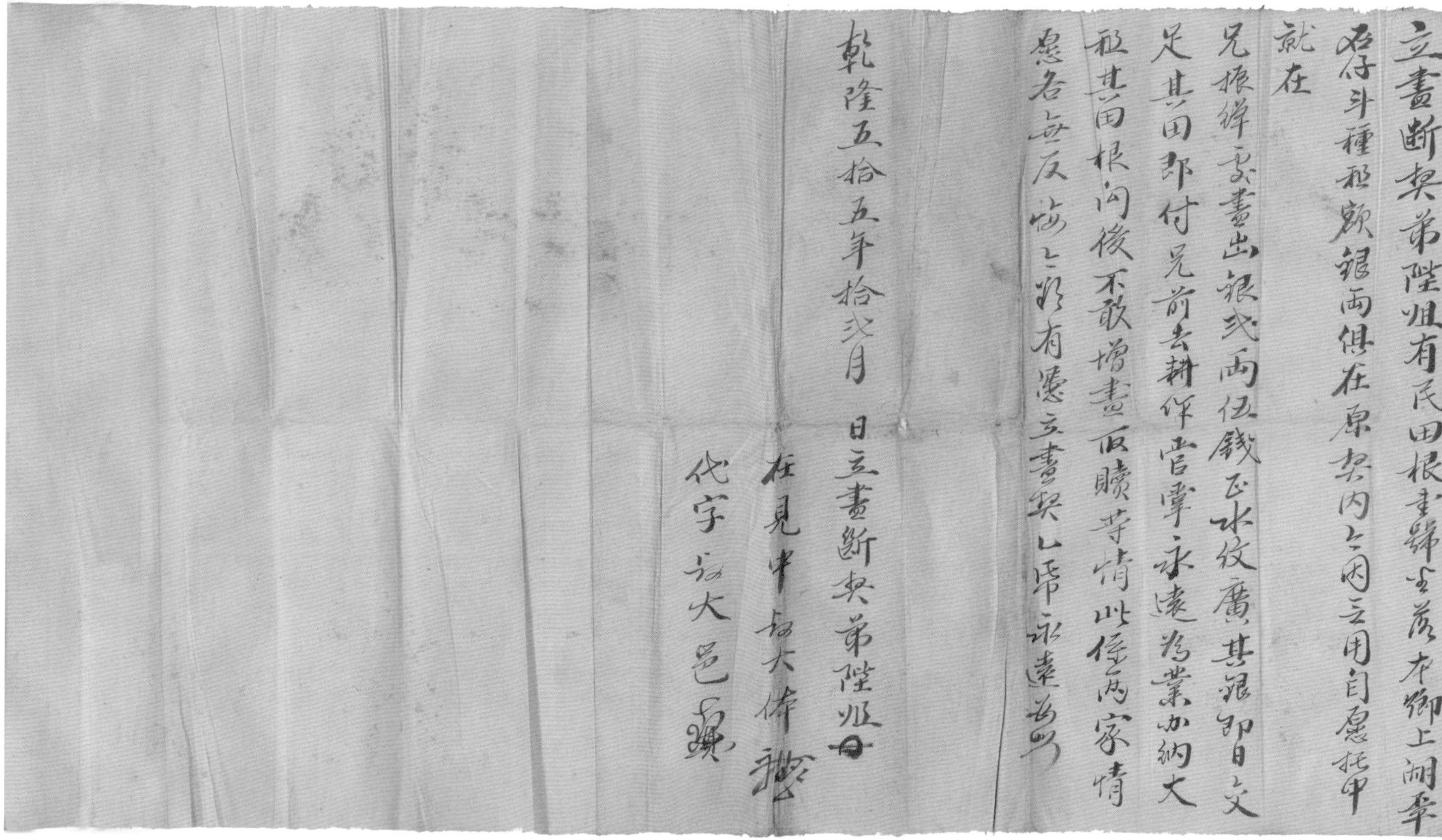
立盡斷契弟陞姐有民田根壹號，坐落本鄉上湖垄，名仔斗種租穀銀兩俱在原契內。今因乏用，自愿托中就在
兄根絆處盡出銀弍兩伍錢正，其銀即日交足，其田即付兄前去耕作管掌，永遠為業，加納大租。其田根內後不敢增盡取贖等情。此係兩家情愿，各無反悔。今欲有憑，立盡契一帋，永遠為照。

乾隆五拾五年拾弍月　日立盡斷契弟陞姐（押）

在見中　叔大伴（押）

代字　叔大邑（押）

9-1-26-5　清乾隆五十五年十二月楊陞姐立盡斷民田根契

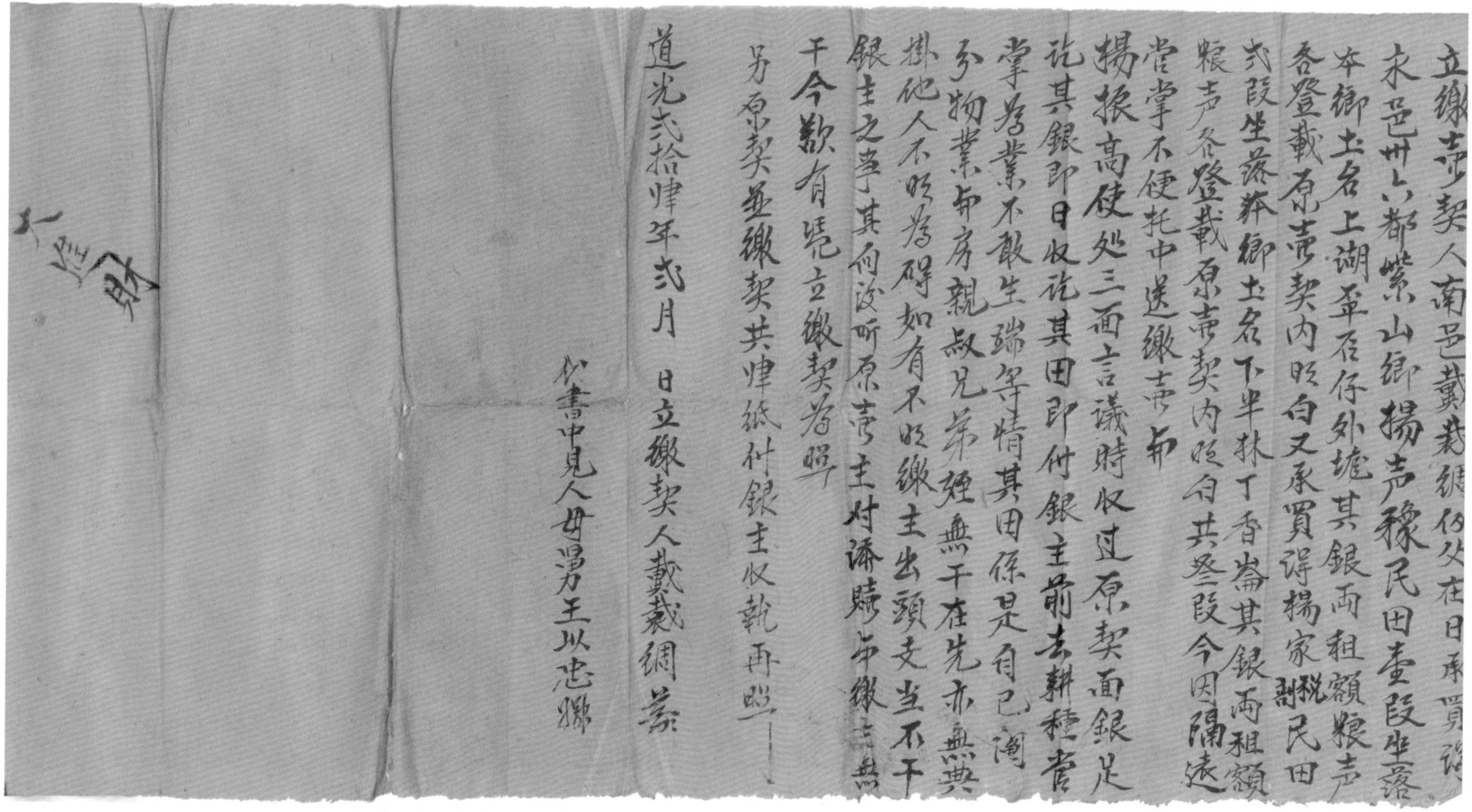

立繳賣契人南邑戴裁綢，仍父在日承買識
永邑廿六都紫山鄉楊声稼民田壹段，坐落
本鄉土名上湖峯仔外墘，其銀兩租額粮声
各登載原賣契内明白。又承買得楊家剖稅民田
弍段，坐落本鄉土名下半抹丁香崙，其銀兩租額
粮声各登載原賣契内明白，共叁段。今因隔遠
管掌不便，托中送繳賣与
楊振高使處，三面言議時收過原契面銀足
訖，其銀即日收訖，其田即付銀主前去耕種管
掌爲業，不敢生端等情。其田係是自己阄
分物業，与房親叔兄弟姪無干，在先亦無典
掛他人，不明爲碍。如有不明，繳主出頭支当，不干
銀主之事。其向後所原賣主对添贖，与繳主無
干。今欲有憑，立繳契爲照。
另原契并繳契共肆紙，付銀主收執，再照。
道光弍拾肆年弍月　日立繳契人戴裁綢（押）
代書中見人母舅力王以忠（押）

9-1-26-6　清道光二十四年二月戴裁綢立繳賣民田契

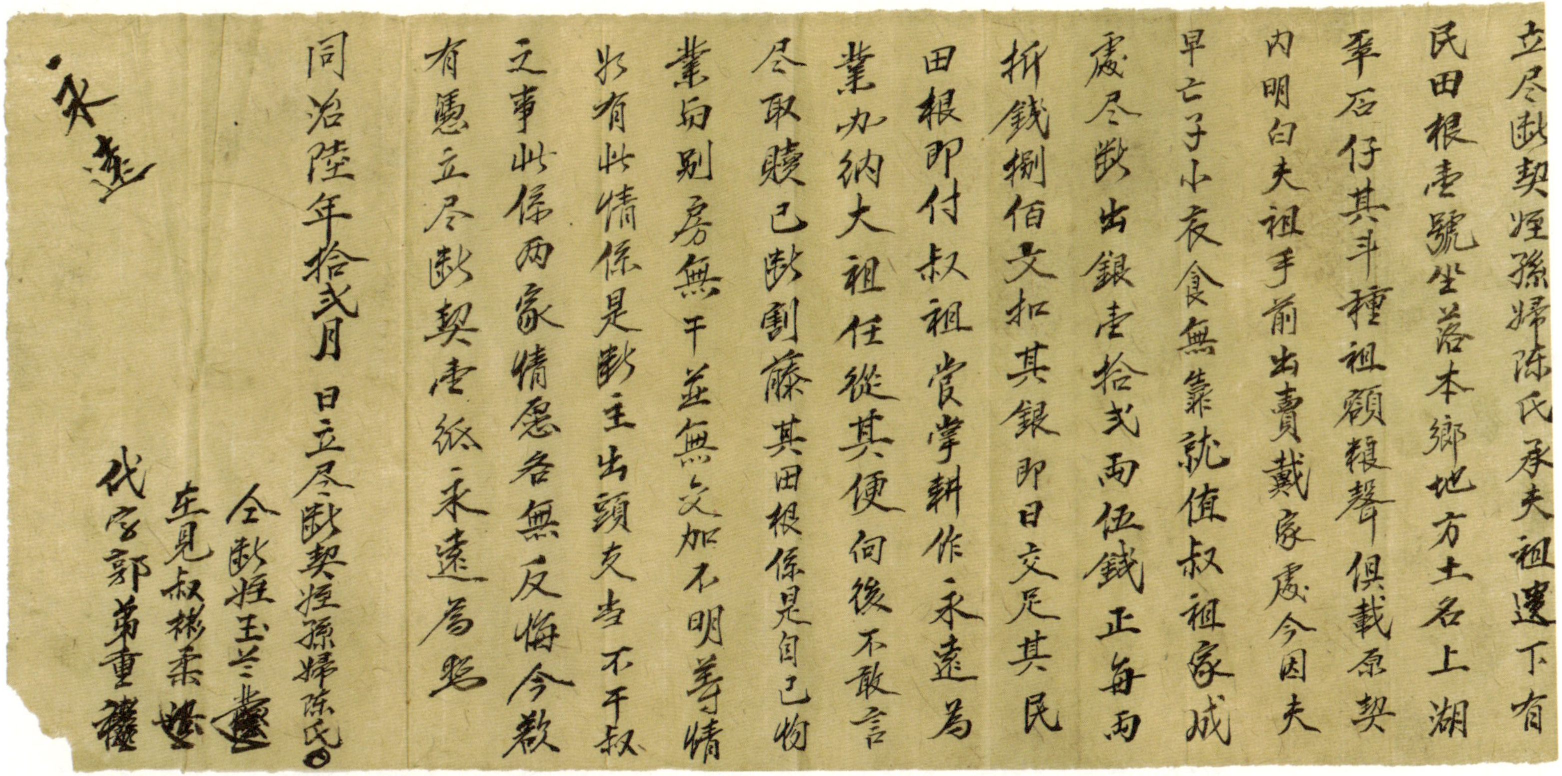
立尽斷契侄孫婦陈氏承夫祖遺下有
民田根壹號坐落本鄉地方土名上湖
垂石仔其斗種租額粮聲俱載原契
内明白夫祖手前出賣戴家處今因夫
早亡子小衣食無靠就值叔祖家戚
處尽斷出銀壹拾弍両伍錢正每両
折錢捌佰文扣其銀即日交足其民
田根即付叔祖賞掌耕作永遠為
業外納大祖任從其便向後不敢言
尽取贖己斷割藤其田根係是自己物
業與別房無干並無文加不明等情
如有此情係是斷主出頭支当不干叔
之事此係両家情愿各無反悔今欲
有憑立尽斷契壹紙永遠為照
同治陸年拾弍月　日立尽斷契侄孫婦陈氏○
仝斷姪玉益（押）
在見叔彬柔（押）
代字郭第重（押）
永遠

9-1-26-7　清同治六年十二月陳氏等立盡斷民田根契

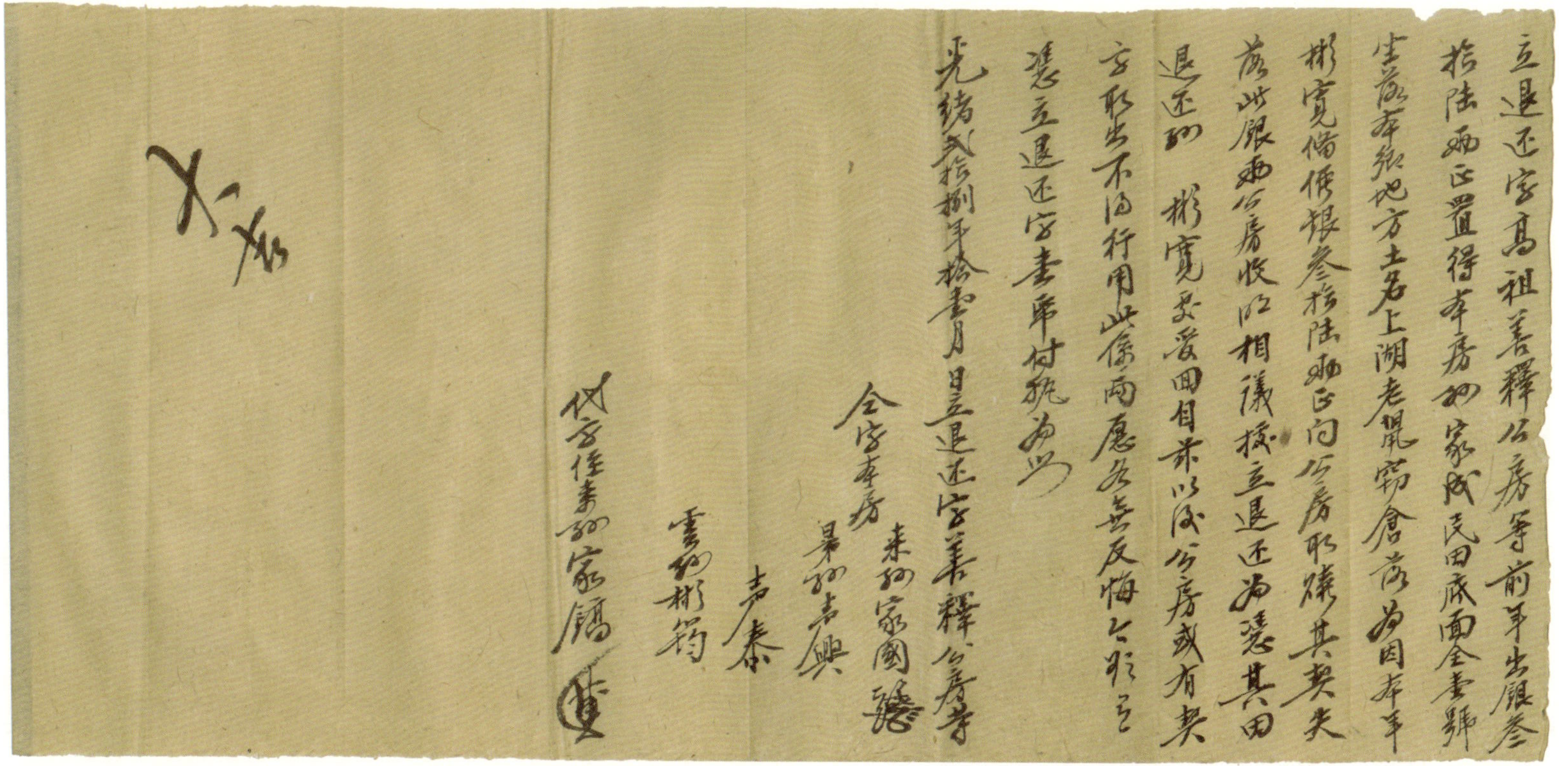

立退还字高祖善釋公房等前年出限叁
拾陆两正置得本房坤家成民田底面全壹號
坐落本縣地方土名上湖老鼠窃倉坑，為因本年
彬寬備價銀叁拾陆两正向公房取贖，其契失
落，此限兩公房收訖，相議換立退还為憑，其田
退还訖，彬寬受管田自耕，以後公房或有契
字取出，不得行用。此係兩愿，各無反悔，今欲有
憑立退还字壹帋付執為照。

光緒貳拾捌年拾壹月　日立退还字善釋公房等
全字本房　来初　家國（押）
早初　声興
声泰
雲初　彬筠
代字侄秉初　家鐫（押）

9-1-26-8　清光緒二十八年十一月善釋公房等立退還底面全民田字

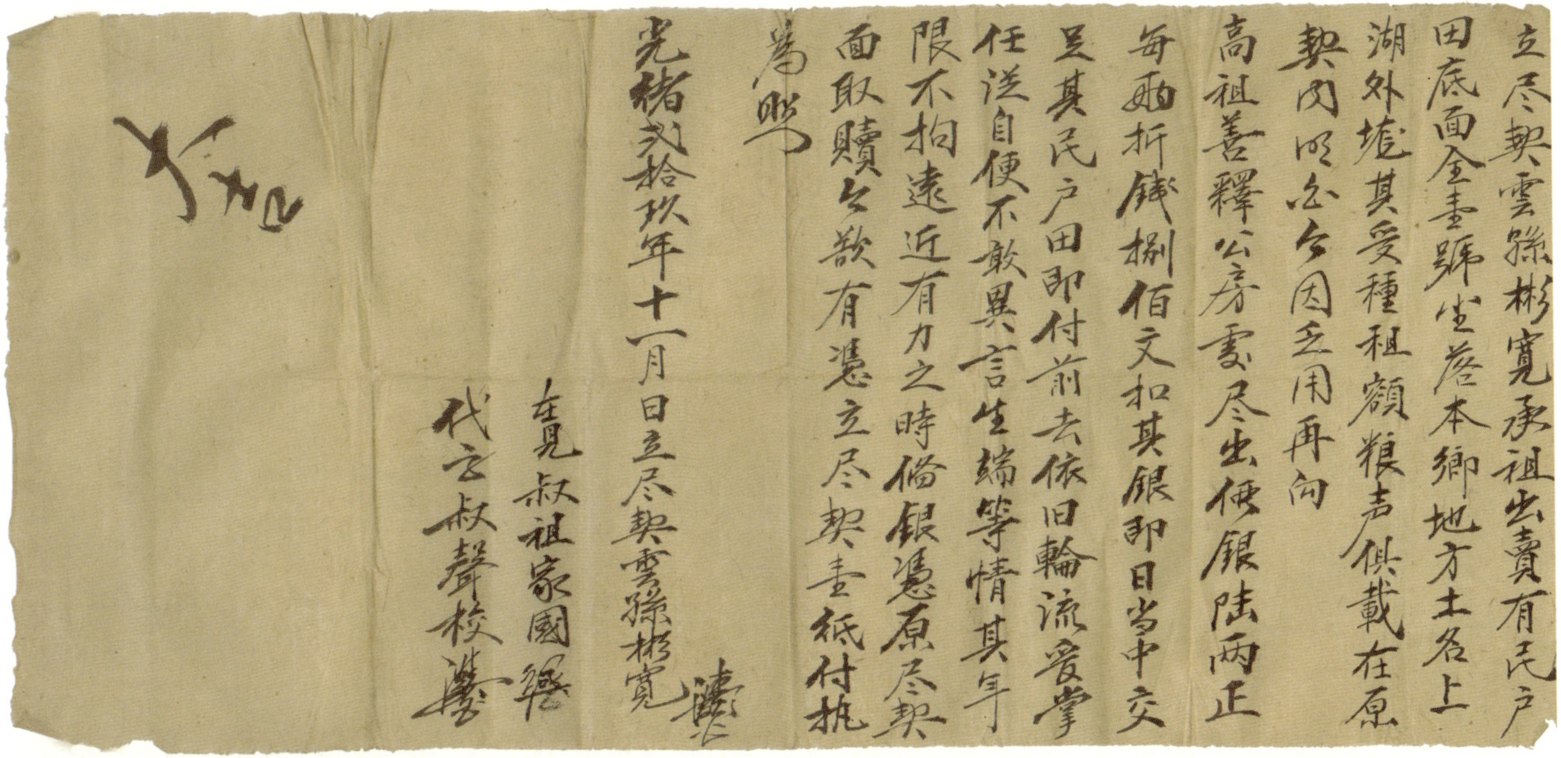

立尽契雲孫彬寬承祖出賣有民户
田底面全壹號坐落本鄉地方土名上
湖外垅其受種租額粮声俱載在原
契內明白今因乏用再向
高祖善釋公房處尽出價銀陆兩正
每兩折錢捌佰文扣其銀即日当中交
足其民户田即付前去依旧輪流管掌
任從自便不敢異言生端等情其年
限不拘遠近有力之時備銀憑原尽契
面取贖今欲有憑立尽契壹紙付執
為照

光緒貳拾玖年十一月日立尽契雲孫彬寬（押）
在見叔祖家國（押）
代字叔聲校（押）

9-1-26-9　清光緒二十九年十一月楊彬寬立盡底面全民户田契

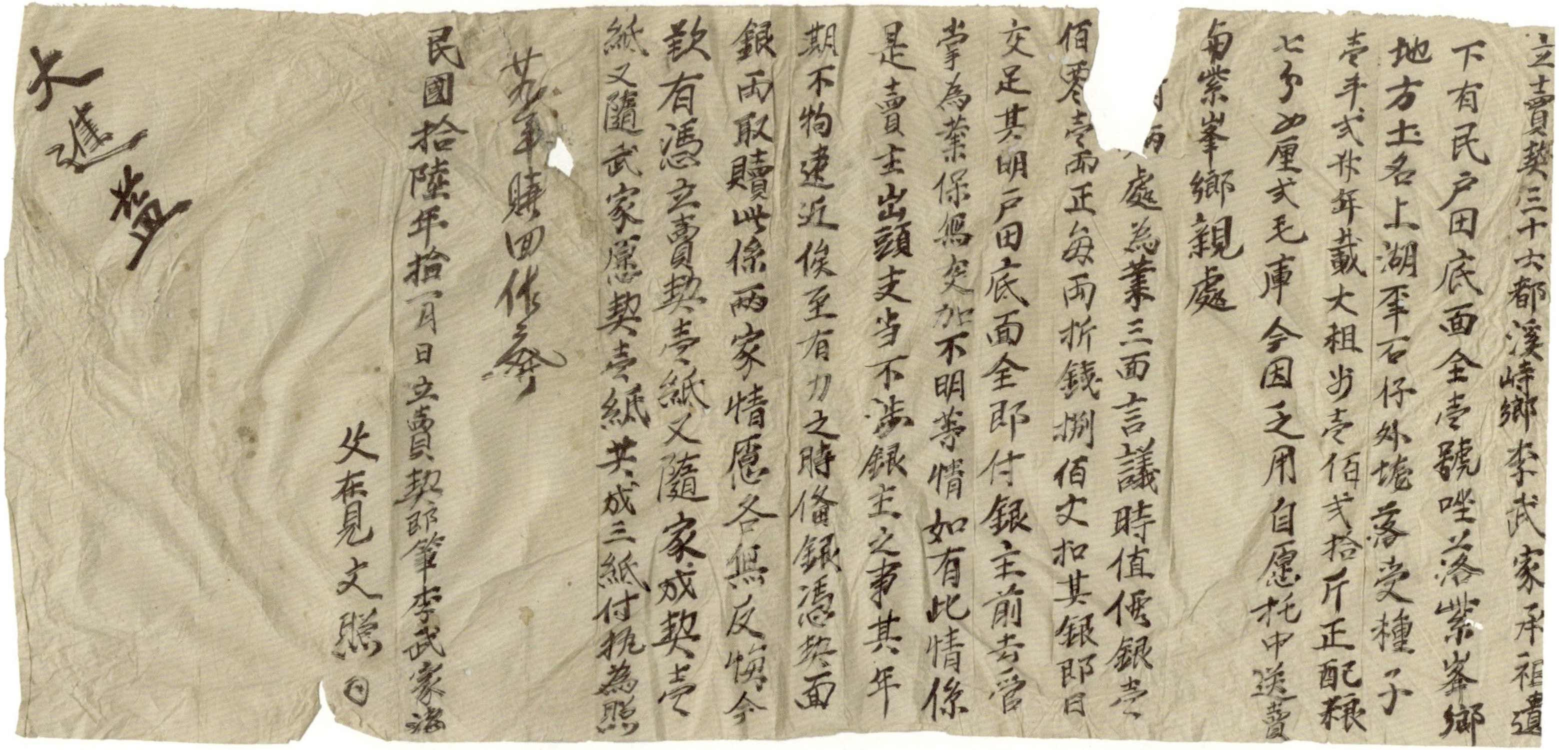

立賣契三十六都漈峰鄉李武家承祖遺
下有民户田底面全壹號，坐落紫峰鄉
地方土名上湖墘石仔外墘，落受種子
壹斗弍升，年載大租谷壹佰弍拾斤正，配粮
七分四厘弍毛，庫。今因乏用，自愿托中送賣
與紫峰鄉親處
□□處為業，三面言議時值價銀壹
佰零壹兩正，每兩折錢捌佰文，扣其銀即日
交足。其明户田底面全即付銀主前去管
掌為業，保偽[illegible]加不明等情，如有此情，係
是賣主出頭支当，不涉銀主之事。其年
期不拘遠近，俟至有力之時，備銀憑契面
銀兩取贖，此係兩家情愿，各無反悔。今
欲有憑，立賣契壹紙，又隨家成契壹
紙，又隨武家愿契壹紙，共成三紙，付執為照。
其年賸田作參
民國拾陸年拾壹月日立賣契邱筆李武家
在見文照
大進[illegible]

9-1-26-10　民國十六年十一月李武家立賣底面全民户田契

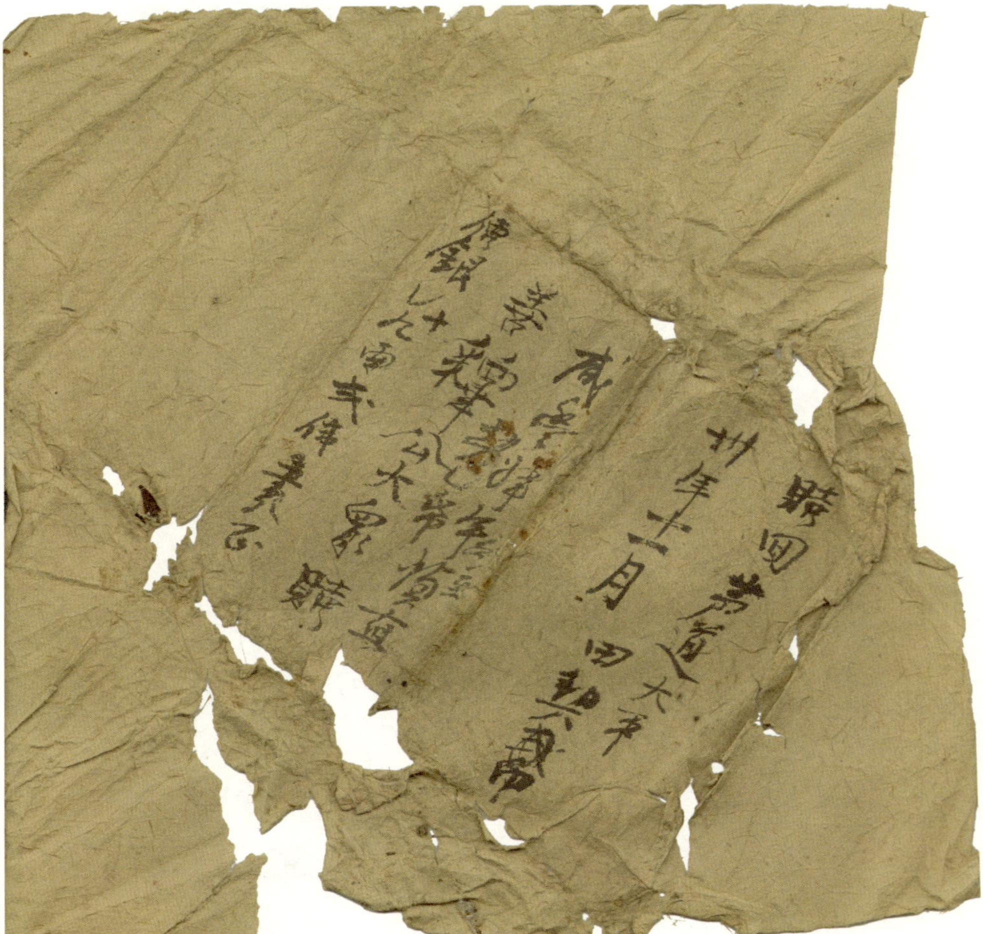

9-1-27-1　包契紙

9-1-27-2　包契紙

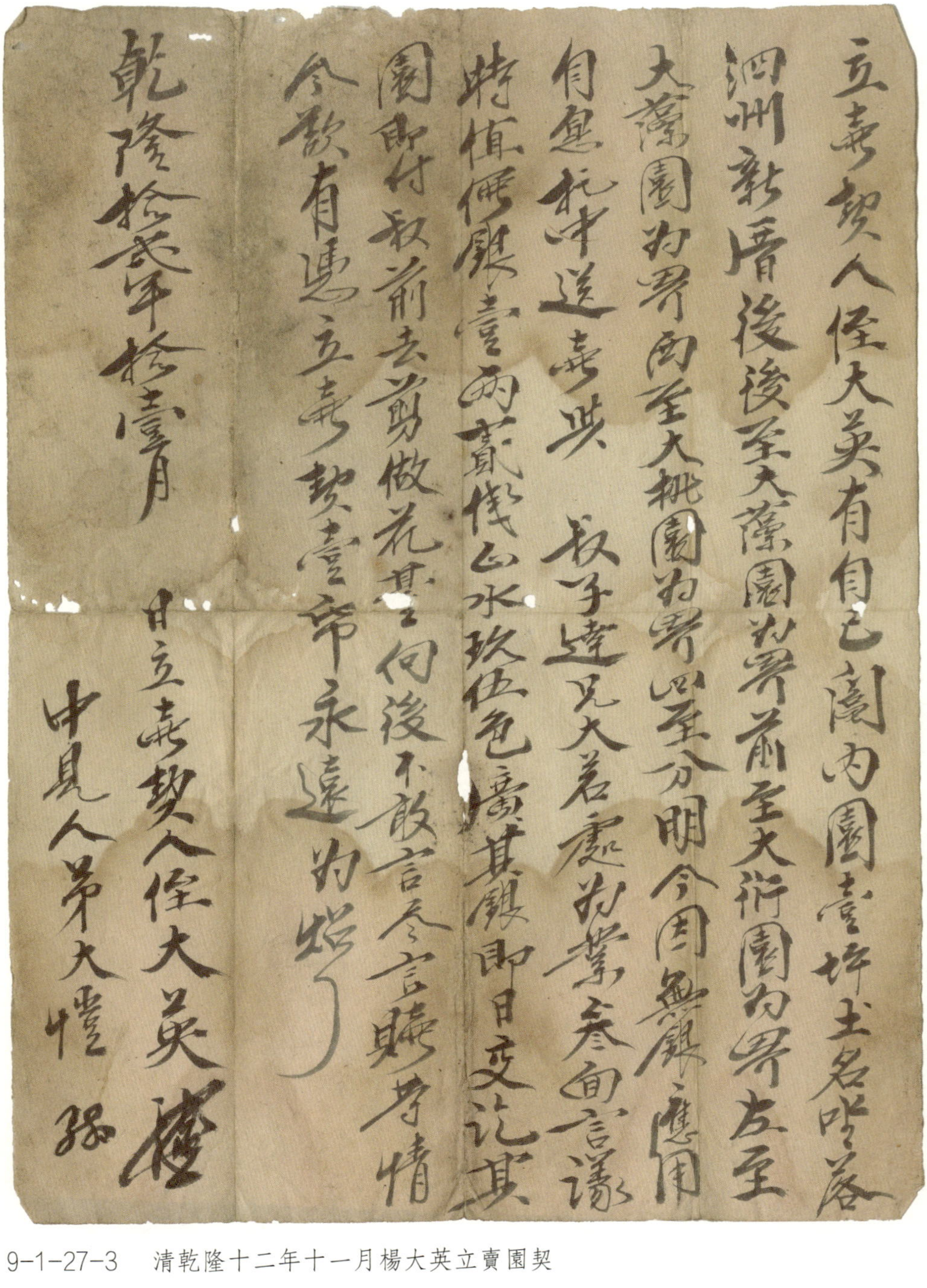

立賣契人侄大英有自己園內園壹坵土名叫落
泗洲新厝後後至大藻園為界前至大街園為界左至
大藻園為界右至大桃園為界四至分明今因無銀應用
自愿托中送賣與 叔子達兄大若處為業參面言議
時值價銀壹兩貳錢正水玖伍色廣其銀即日交訖其
園即付叔前去剪做花基何後不敢言參言贖等情
今欲有憑立賣契壹帋永遠為炤
乾隆拾貳年拾壹月 日立賣契人侄大英 押
中見人弟大愷 押

9-1-27-3　清乾隆十二年十一月楊大英立賣園契

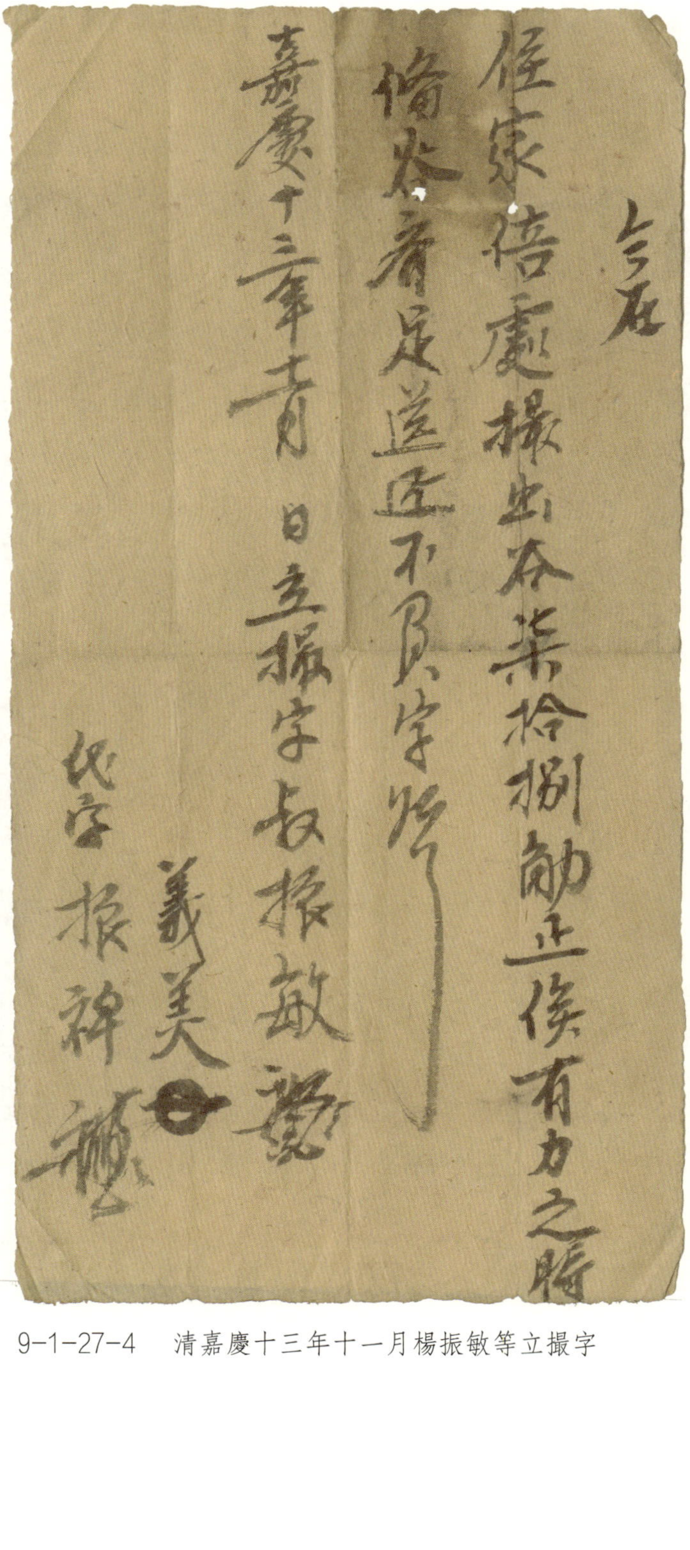

仝存

侄家倍處撮出谷柒拾捌觔正俟有力之時
備谷齊足送還不負字照

嘉慶十三年十一月　日立撮字長振敏
義美
代字振祥

9-1-27-4　清嘉慶十三年十一月楊振敏等立撮字

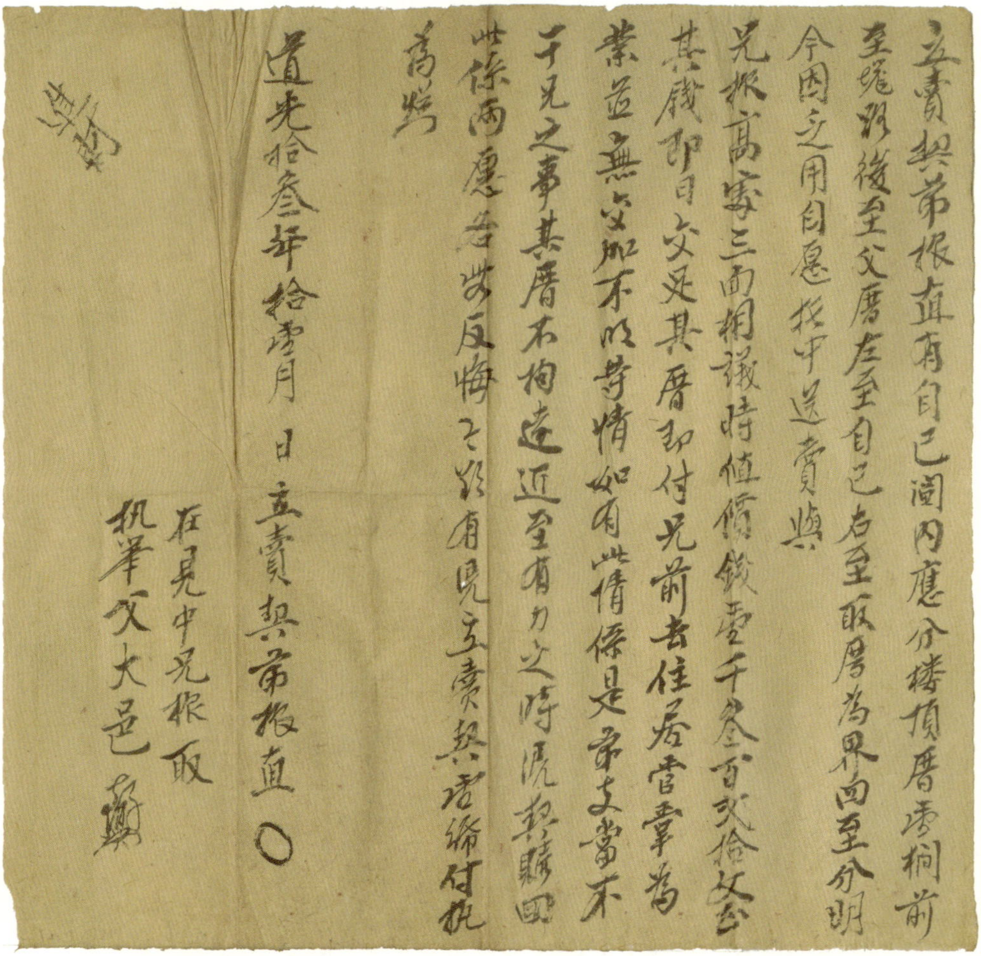
立賣契弟振直有自己閫內應分樓項厝壹桐前
至巷埕後至父厝左至自己右至叔厝為界四至分明
今因乏用自愿托中送賣與
兄振高寫三面相議時值價錢壹千叁百貳拾文正
其錢即日交足其厝即付兄前去住居管掌為
業並無交加不明等情如有此情係是弟支當不
干兄之事其厝不拘遠近至有力之時照契贖回
此係兩愿各無反悔今欲有憑立賣契壹紙付執
為照
道光拾叁年拾壹月　日立賣契弟振直〇
在見中兄根敢
執筆叔大邑

9-1-27-5　清道光十三年十一月楊振直立賣厝契

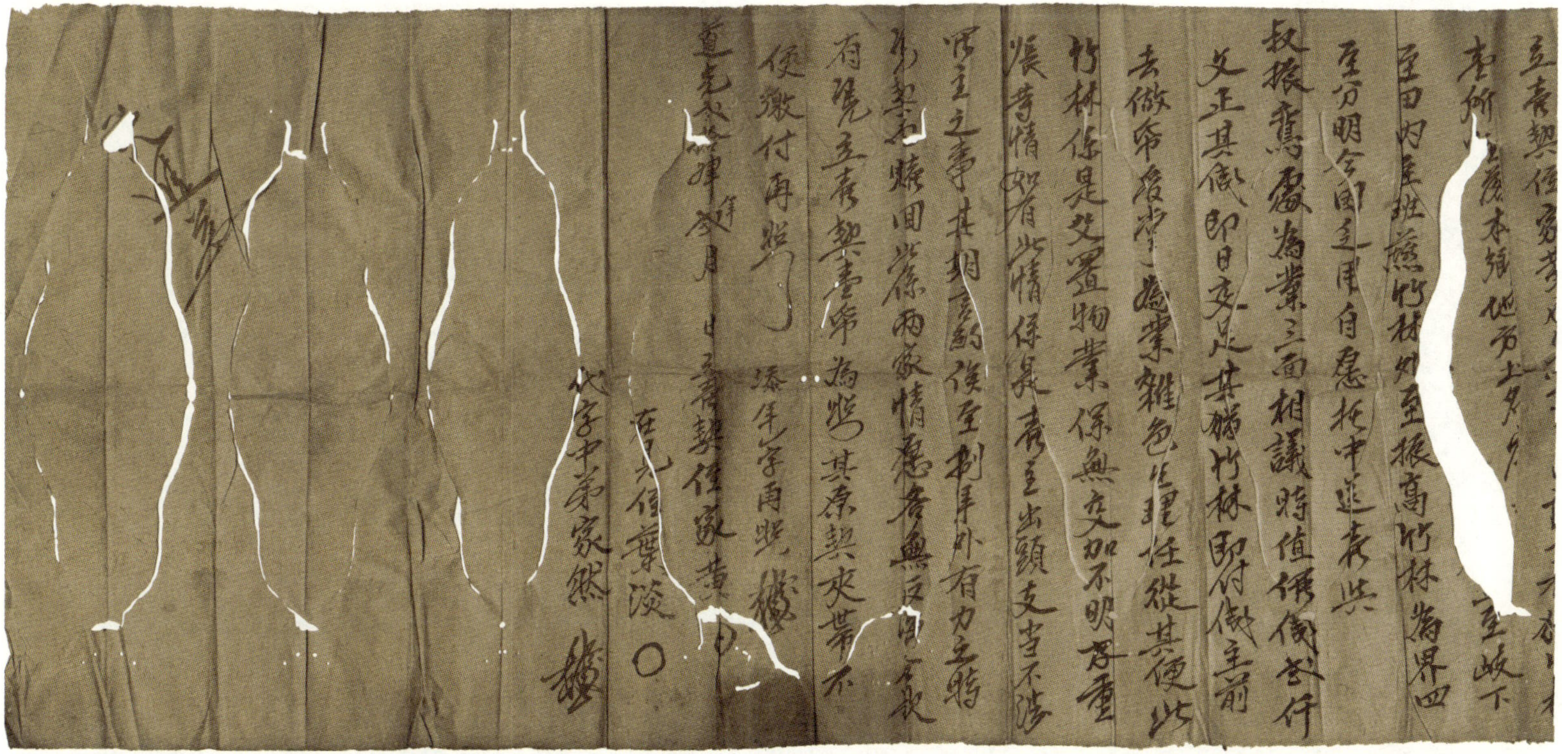
立賣契侄家黃[illegible]
有所[illegible]本坑地方土名[illegible]至峽下
至田內并班嶺竹林外至振高竹林為界四
至分明，今因乏用，自愿托中送賣與
叔振高為業，三面相議時值價錢[illegible]仟
文正，其錢即日交足，其猫竹林即付錢主前
去做帋管業，雜色任埋，任從其便。此
竹林係是叉置物業，係無交加不明，若重
張等情，如有此情，係是賣主出頭支當，不涉
買主之事。其猫竹林後至刈耳外有力之時，
不許取贖。因係兩家情愿，各無反悔。今欲
有憑，立賣契壹帋為照。其原契夾帶不
便繳付，再照。
添手字再照。
道光廿四年貳月　日　立賣契侄家黃[illegible]
在見　侄　樂淡　○
代字　中弟　家然

9-1-27-6　清道光二十四年二月楊家黃立賣猫竹林契

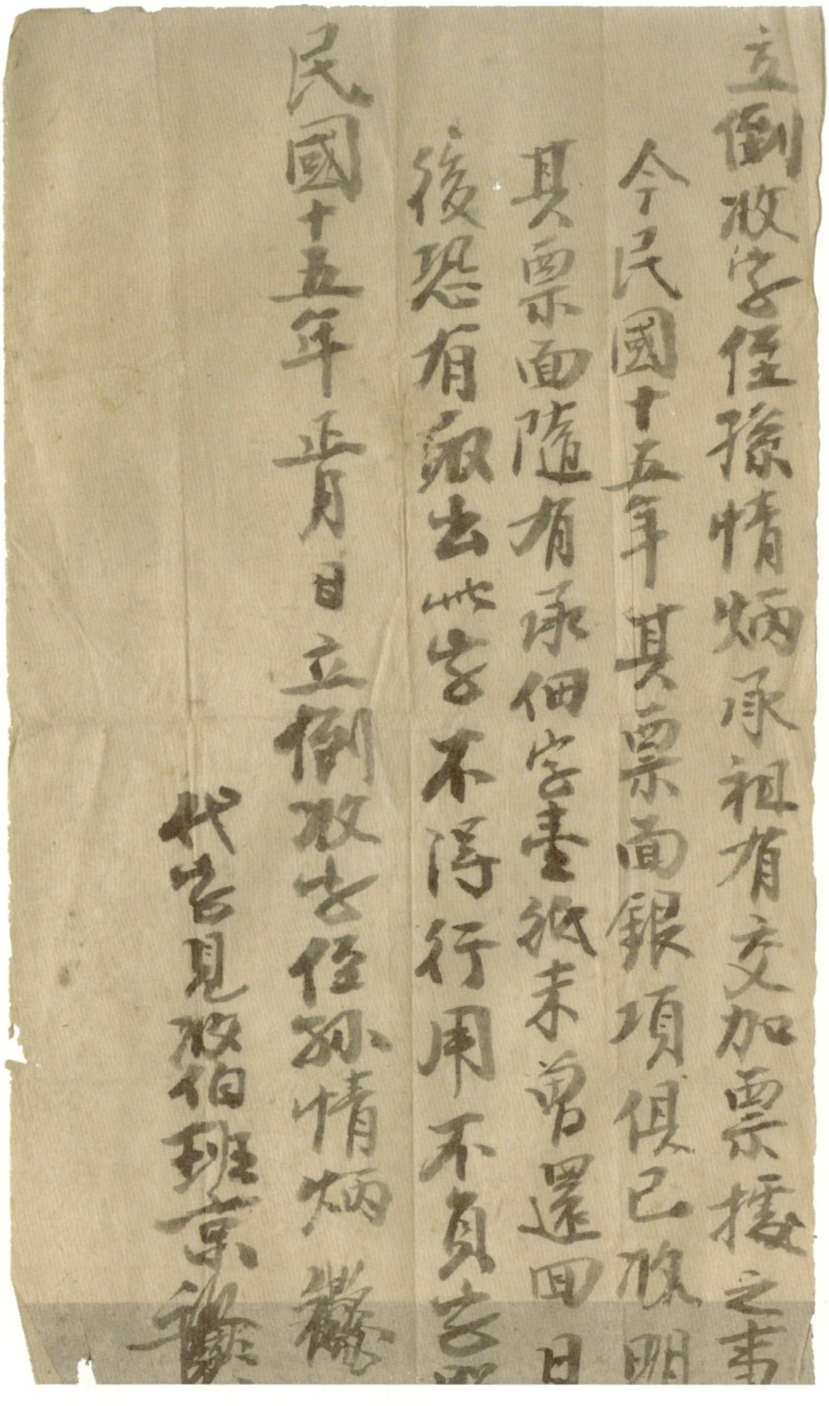
立倒收字侄孫情炳承祖有交加票據之事
今民國十五年其票面銀項俱已收明
其票面隨有承佃字壹紙未曾還回日
後恐有翻出此字不得行用不負字
民國十五年正月　日　立倒收字侄孫情炳
代字見收伯班京

9-1-27-7　民國十五年正月楊情炳立倒收字

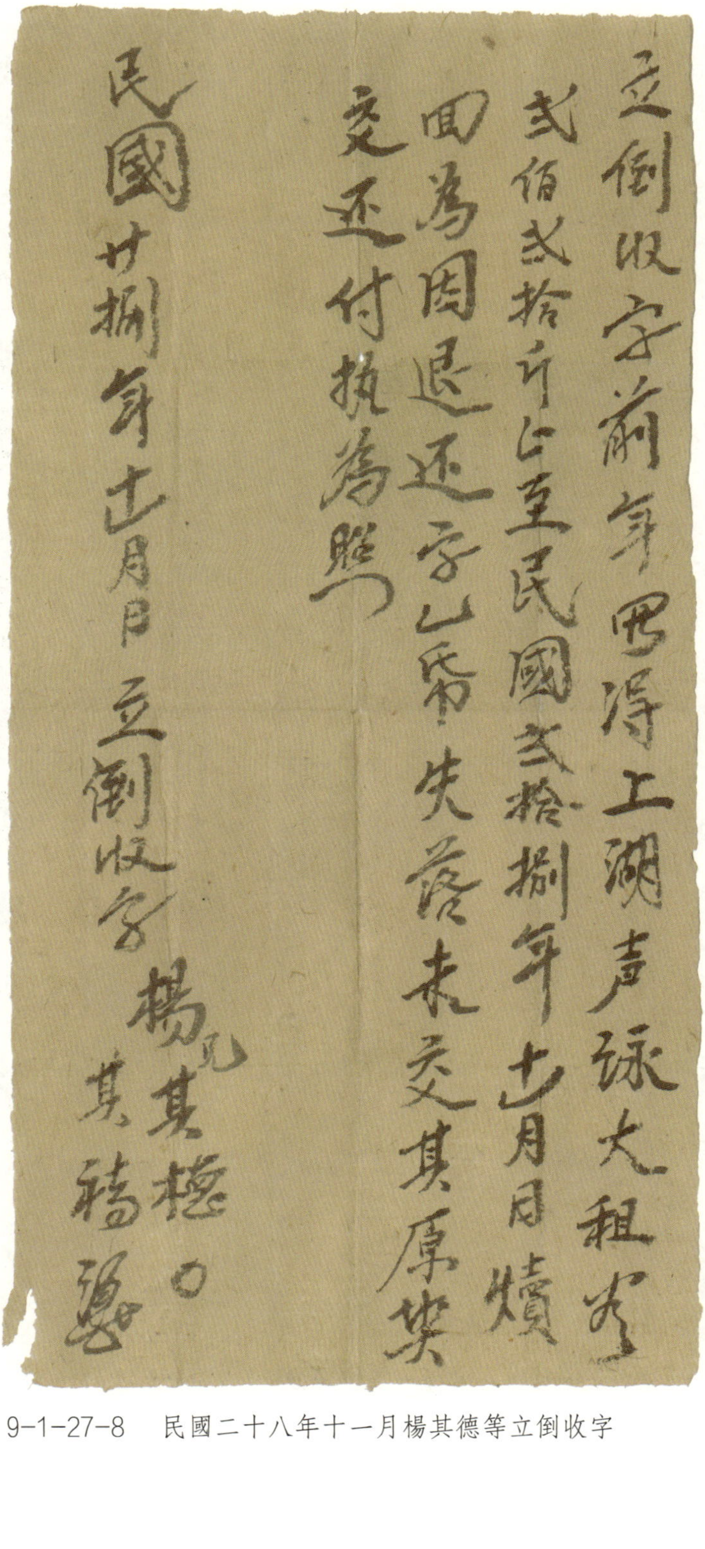
立倒收字前年因得上湖声詠大租谷
貳佰貳拾斤正至民國貳拾捌年十一月日續
田為因退還字山紙失落未交其原契
交還付執為照

民國廿捌年十一月日 立倒收字 楊其德 ○
見 其穠

9-1-27-8　民國二十八年十一月楊其德等立倒收字

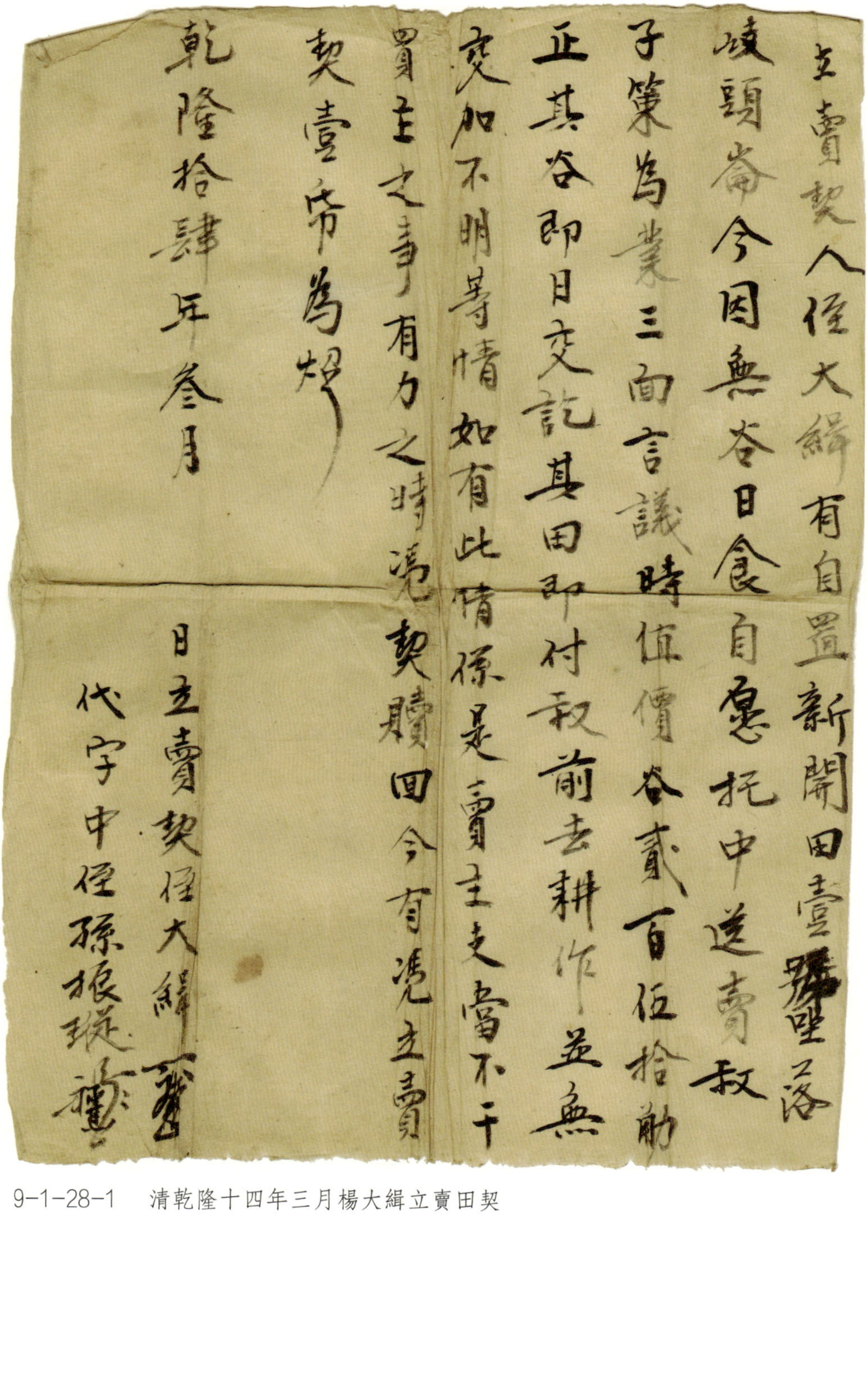
立賣契人侄大緝有自置新開田壹[illegible]坐落
岐頭崙今因無谷日食自思托中送賣叔
子策為業三面言議時值價谷貳百伍拾觔
正其谷即日交訖其田即付叔前去耕作並無
交加不明等情如有此情係是賣主支當不干
買主之事有力之時憑契贖回今有憑立賣
契壹帋為炤
乾隆拾肆年叁月　日立賣契侄大緝
代字中侄孫振璇

9-1-28-1　清乾隆十四年三月楊大緝立賣田契

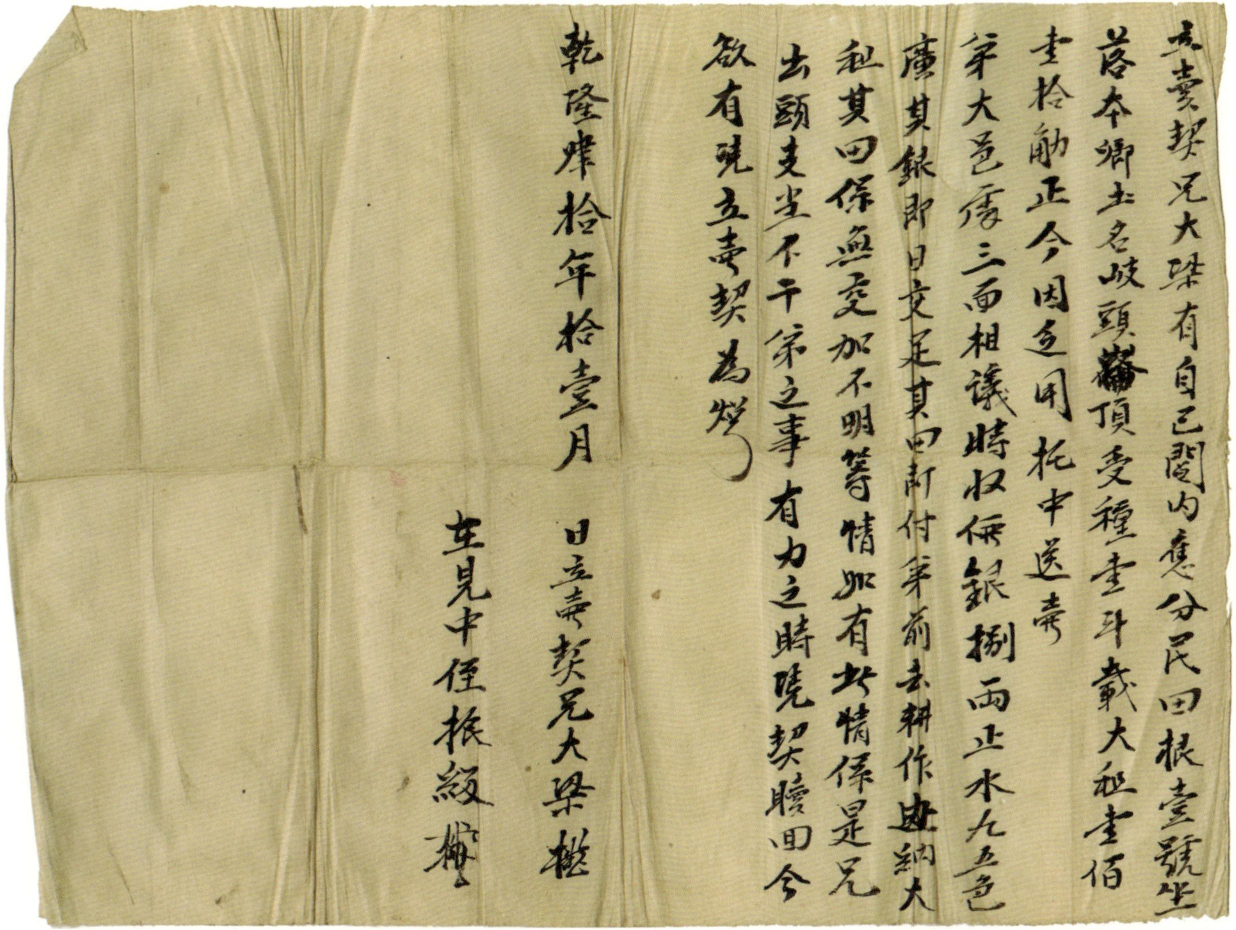

立賣契兄大梁有自己閬內鬮分民田根壹號，坐
落本鄉土名岐頭壠頂，受種壹斗，載大租壹佰
壹拾觔正。今因乏用，托中送賣
弟大邑處，三面相議，時值價銀捌兩正，水九五色
庫。其銀即日交足，其田即付弟前去耕作，內納大
租。其田係無交加不明等情，如有此情，係是兄
出頭支當，不干弟之事。有力之時照契贖田。今
欲有憑，立賣契為炤。

乾隆肆拾年拾壹月　日立賣契兄大梁（押）

在見中侄根紱（押）

9-1-28-2　清乾隆四十年十一月楊大梁立賣民田根契

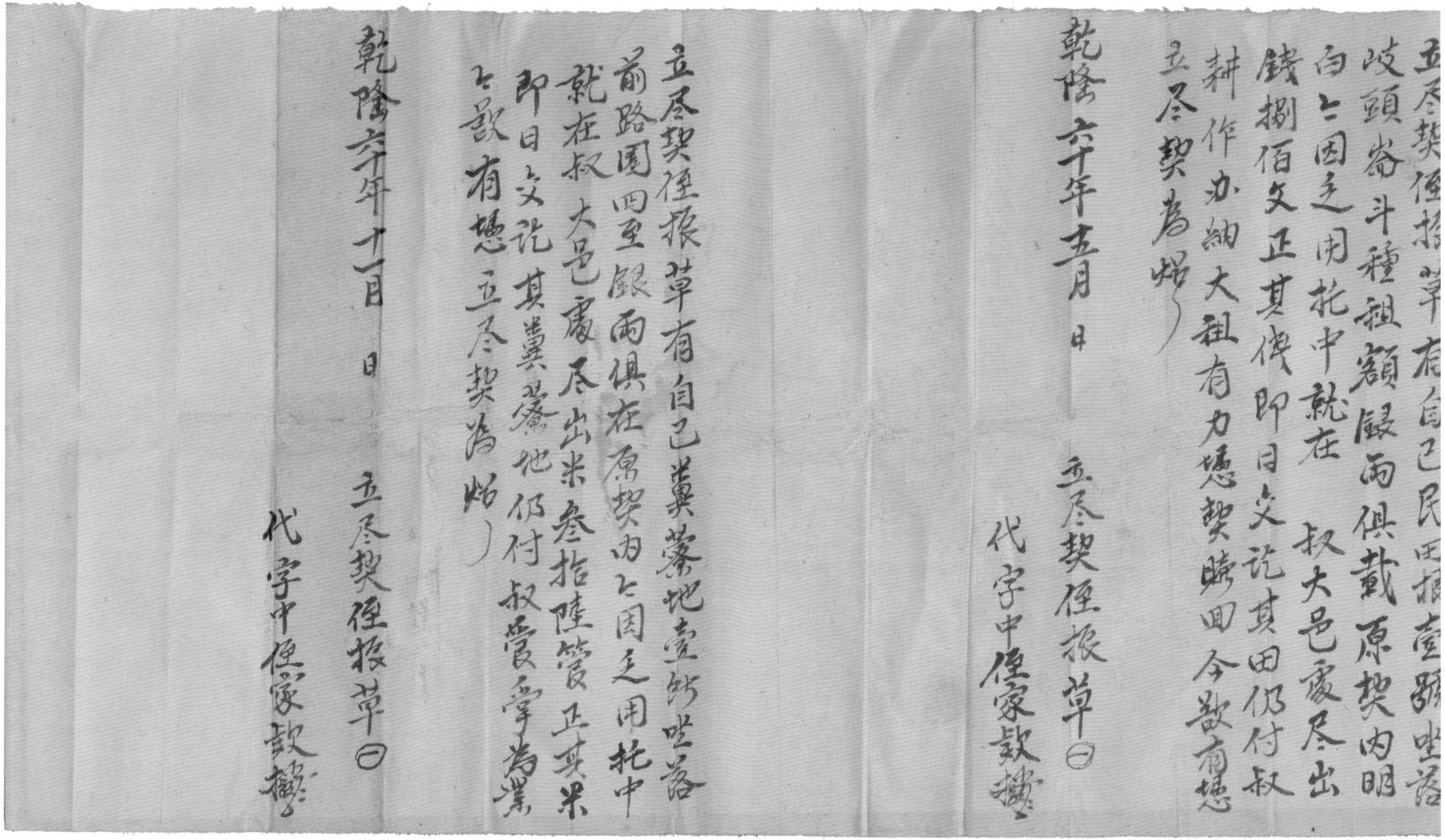

9-1-28-3　清乾隆六十年五月楊振草立盡民田根契

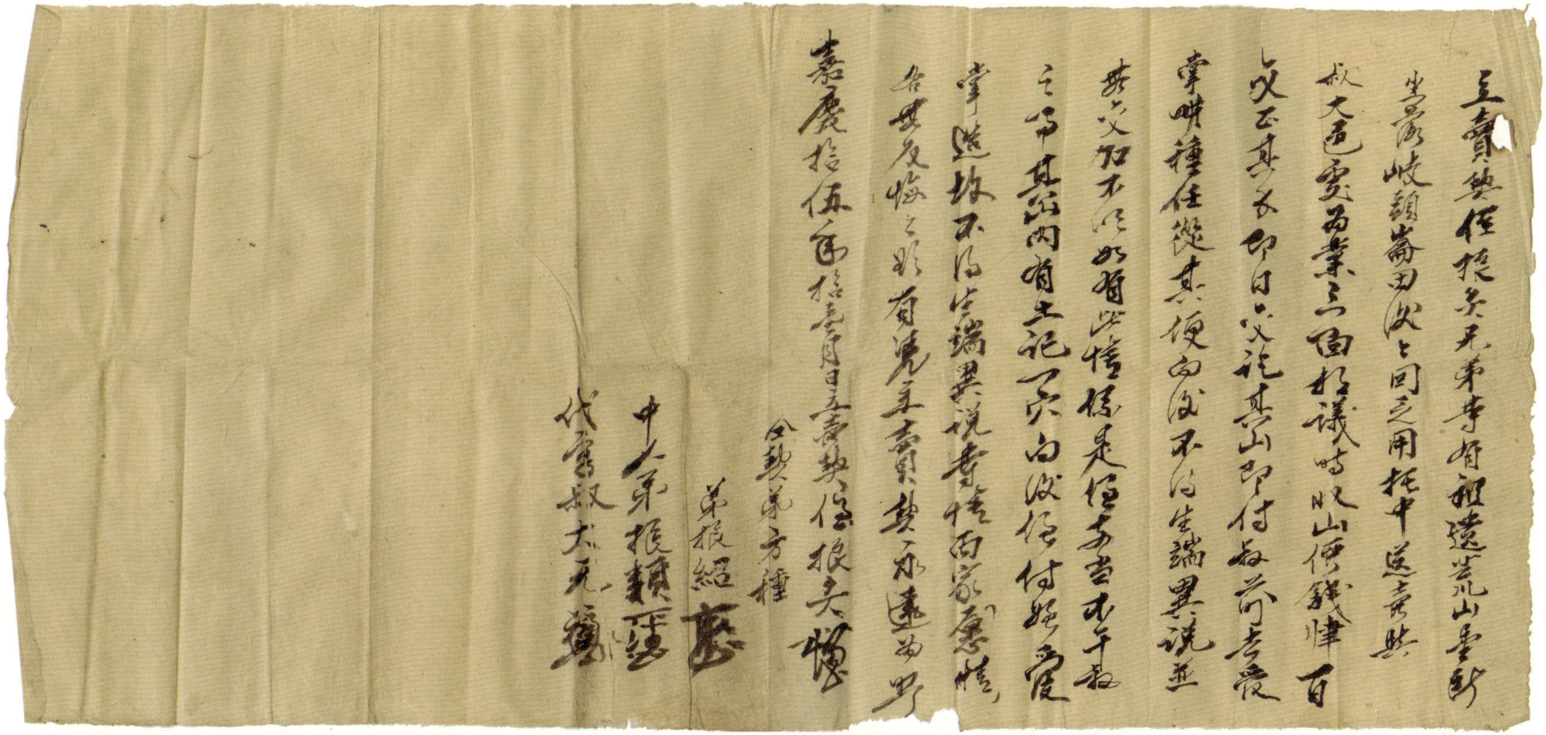
立賣契侄振奕兄弟等有祖遺荒山壹所，坐落岐頭崙田次上，因乏用，托中送賣與叔大道處爲業，三面相議，時值山價錢肆百文正，其文即日交訖，其山即付叔前去管掌，時種任從其便，內侄不得生端異說，並無文加不贖找借情，保是侄手自己物業，干叔之事，其山內有土地了穴，內侄付叔管掌，造坟不得生端異說，者情兩家愿意，各無反悔之理，有憑，立賣契永遠爲照。

嘉慶拾伍年拾壹月　日立賣契侄振奕（押）

全契弟方種

弟振紹（押）

中人弟振賴（押）

代筆叔大元（押）

9-1-28-4　清嘉慶十五年十一月楊振奕等立賣荒山契

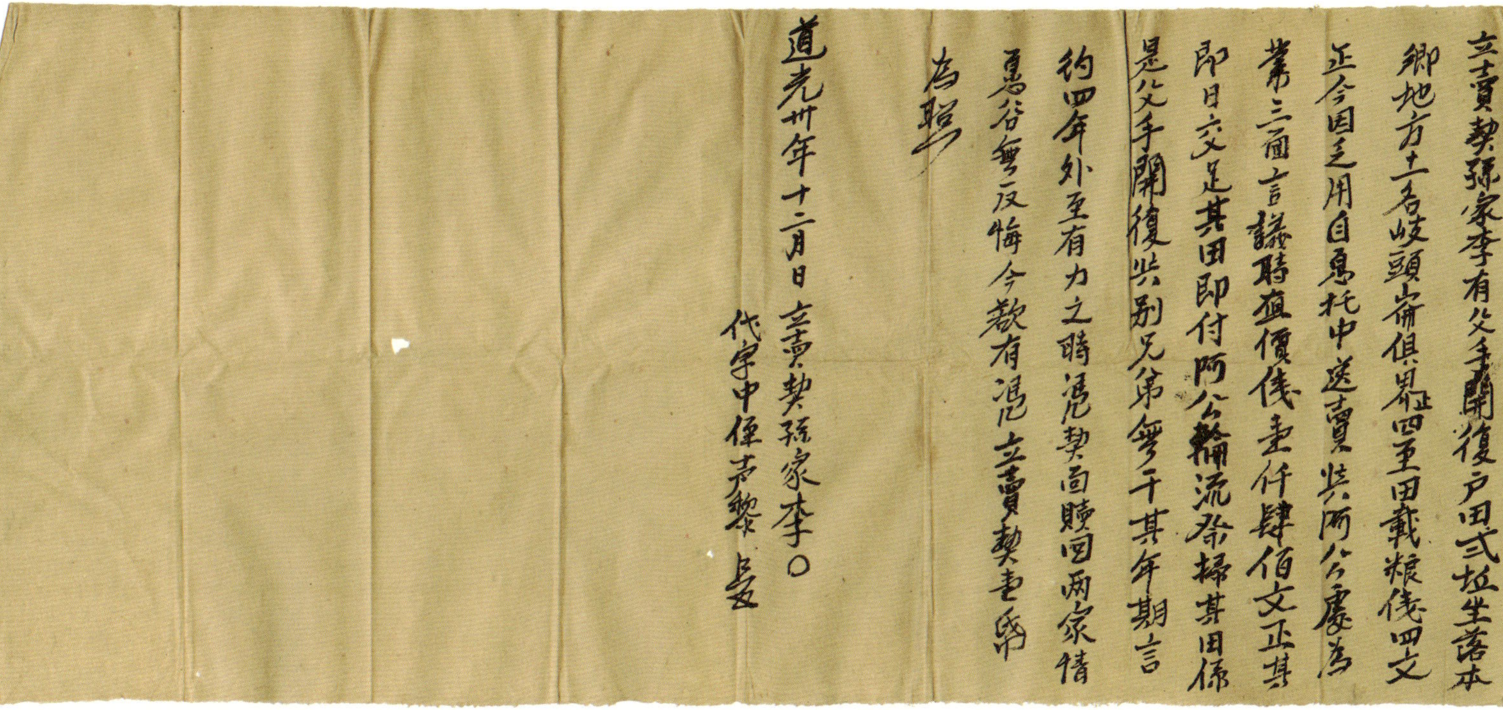

9-1-28-5　清道光三十年十二月楊家李立賣民户田契

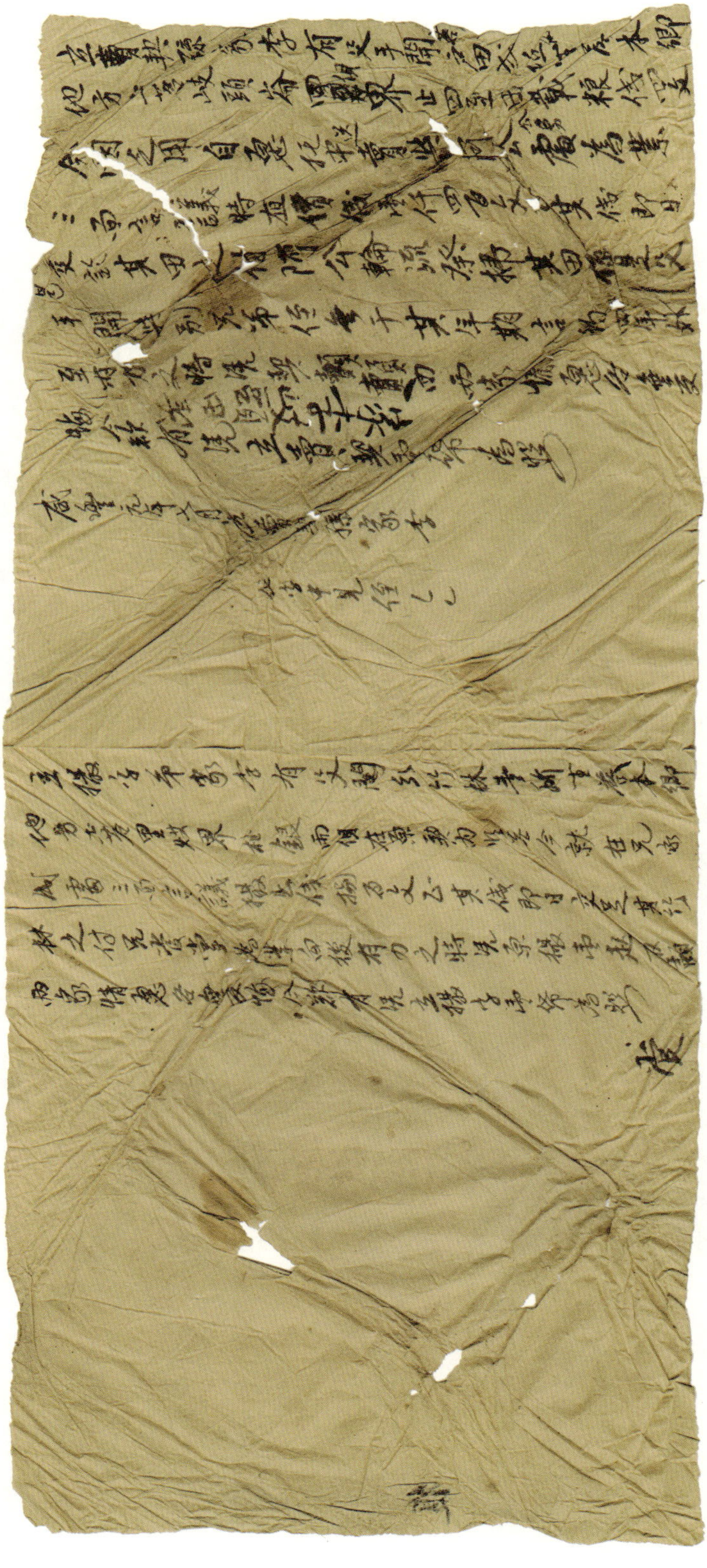

9-1-28-6　清咸豐元年二月楊家李立賣民户田契

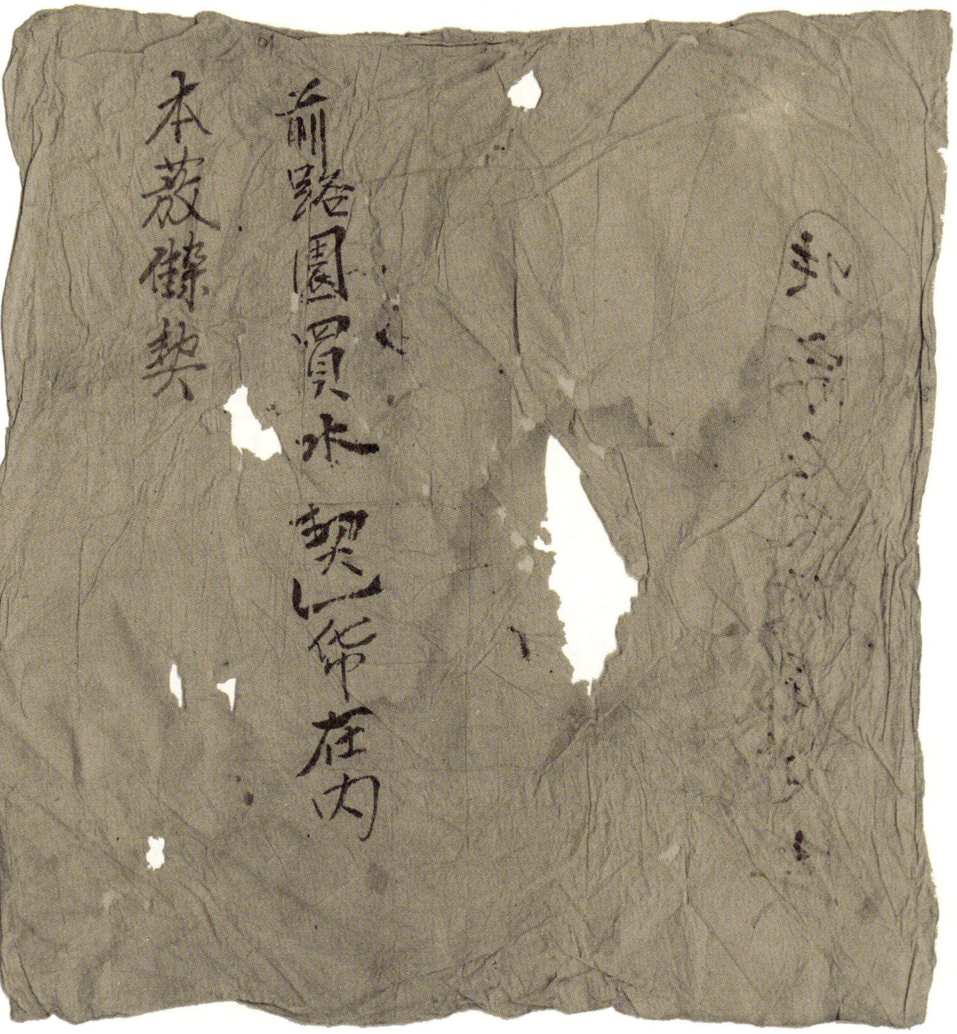

9-1-29-1　包契紙

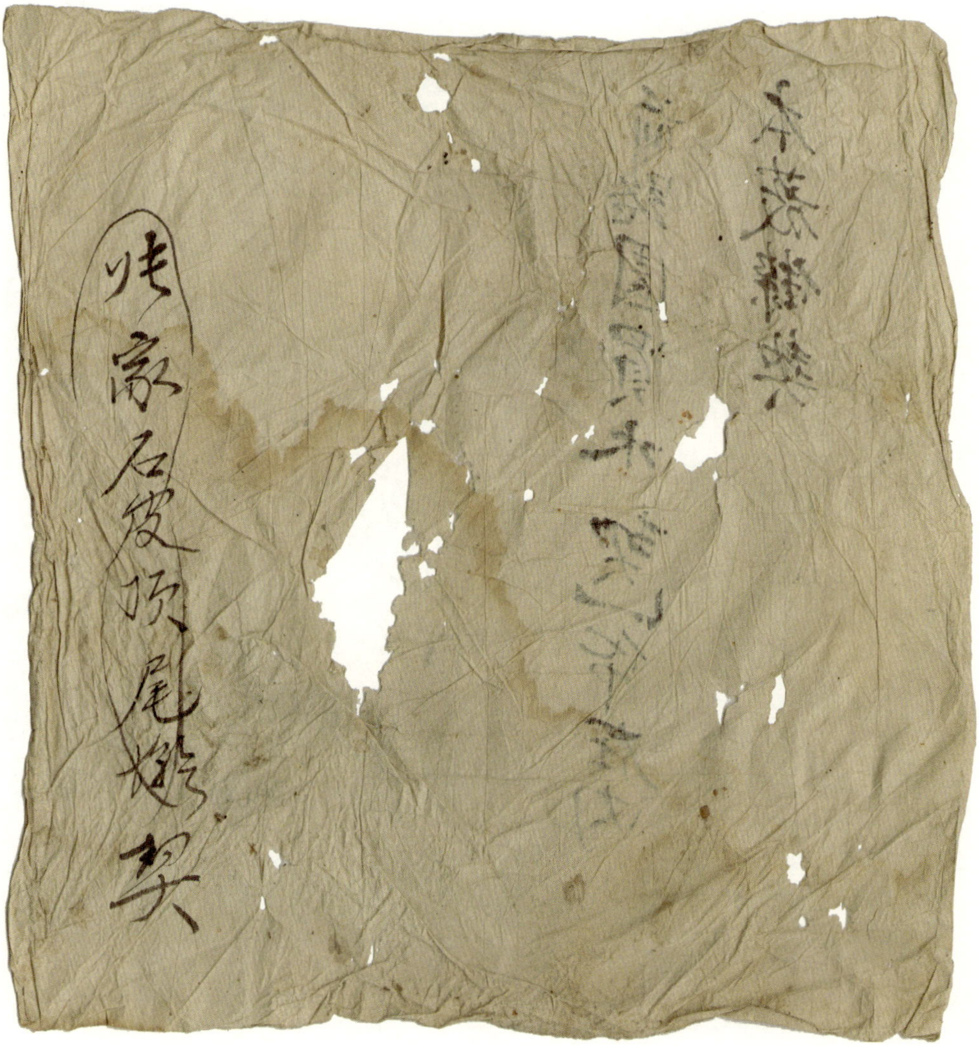

9-1-29-2　包契紙

立承批人侄孫傳姐今在　叔祖子達處承來
吉地乙穴坐落後溪地方土名寨後　坐巳
向亥七尺穿身安葬父親餘外前後左
右山場任從叔祖批佃他人不敢阻当〻欲
有憑立承批壹紙為炤
乾隆拾陸年弍月　日立承批侄孫傳姐〇
代字叔大會（押）

9-1-29-3　清乾隆十六年二月楊傳姐立承批吉地字

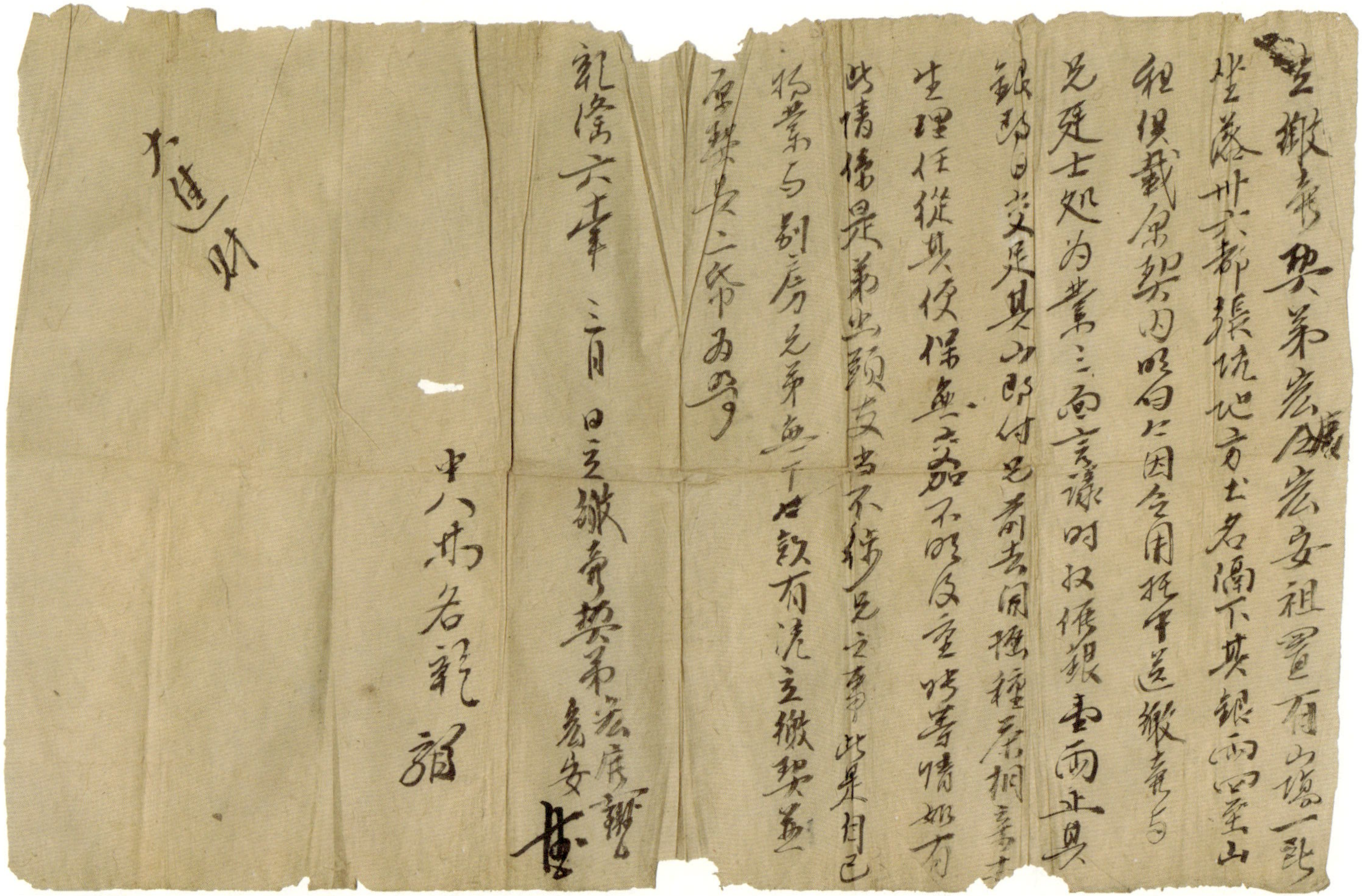

9-1-29-4　清乾隆六十年三月楊宏廣等立繳賣山場契

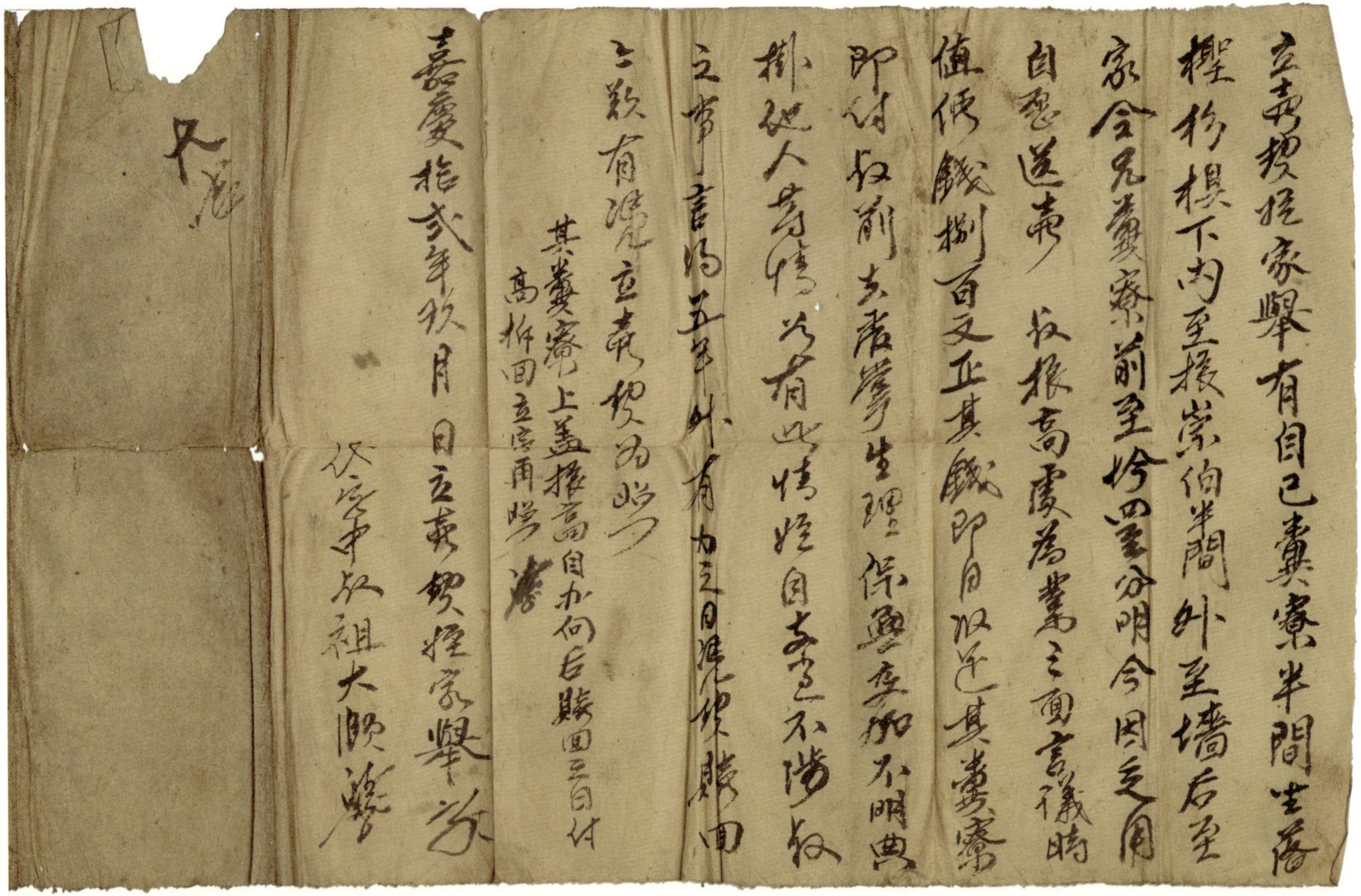
立賣契楊家舉有自己糞寮半間坐落
樫杉模下內至振崇伯半間外至墻后至
家今兄糞寮前至坽四至分明今因乏用
自愿送賣　叔振高處為業三面言議時
值價錢捌百文正其錢即日收足其糞寮
即付叔前去掌管生理　保無重加不明典
掛他人等情如有此情姪自支當不涉叔
之事　言明五年外有力之日照契贖回
二家有憑立賣契為照
其糞寮上蓋振高自办向后贖回之日付
高拆回立字再照
嘉慶拾弍年玖月　日立賣契楊家舉
代字中叔祖大顺

9-1-29-5　清嘉慶十二年九月楊家舉立賣糞寮契

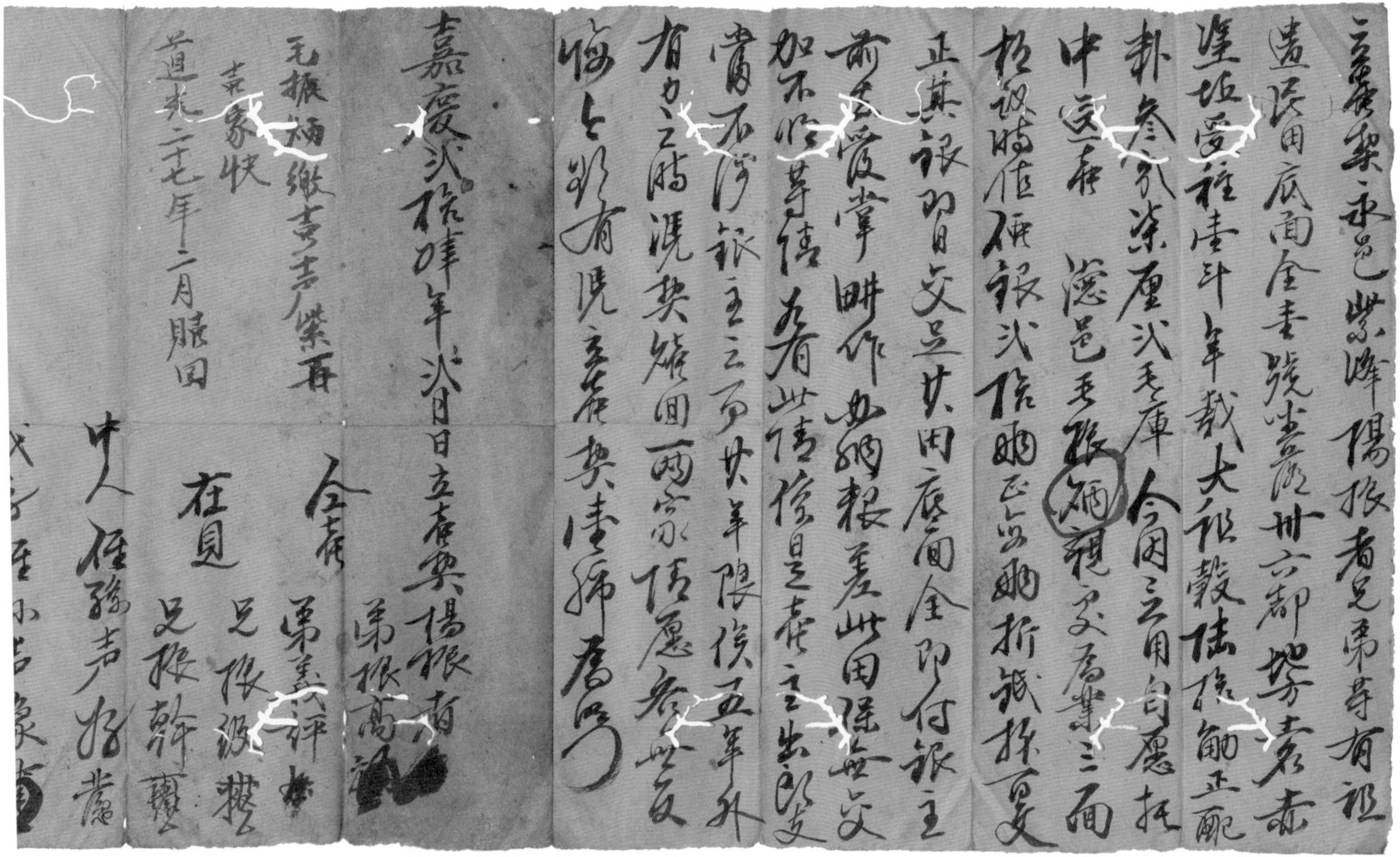

9-1-29-6　清嘉慶二十四年二月楊振者等立賣底面全民田契

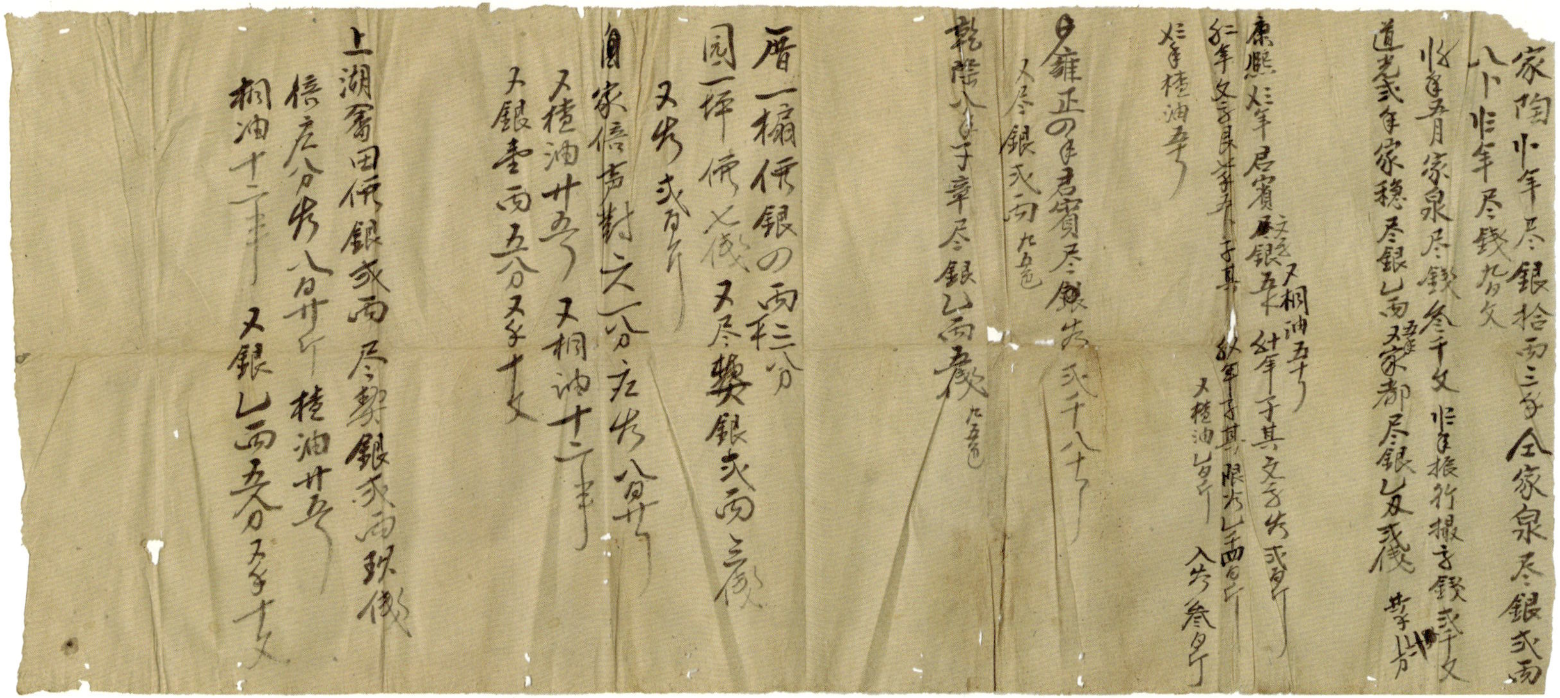

9-1-29-7　晚清時期楊氏家族進出流水單

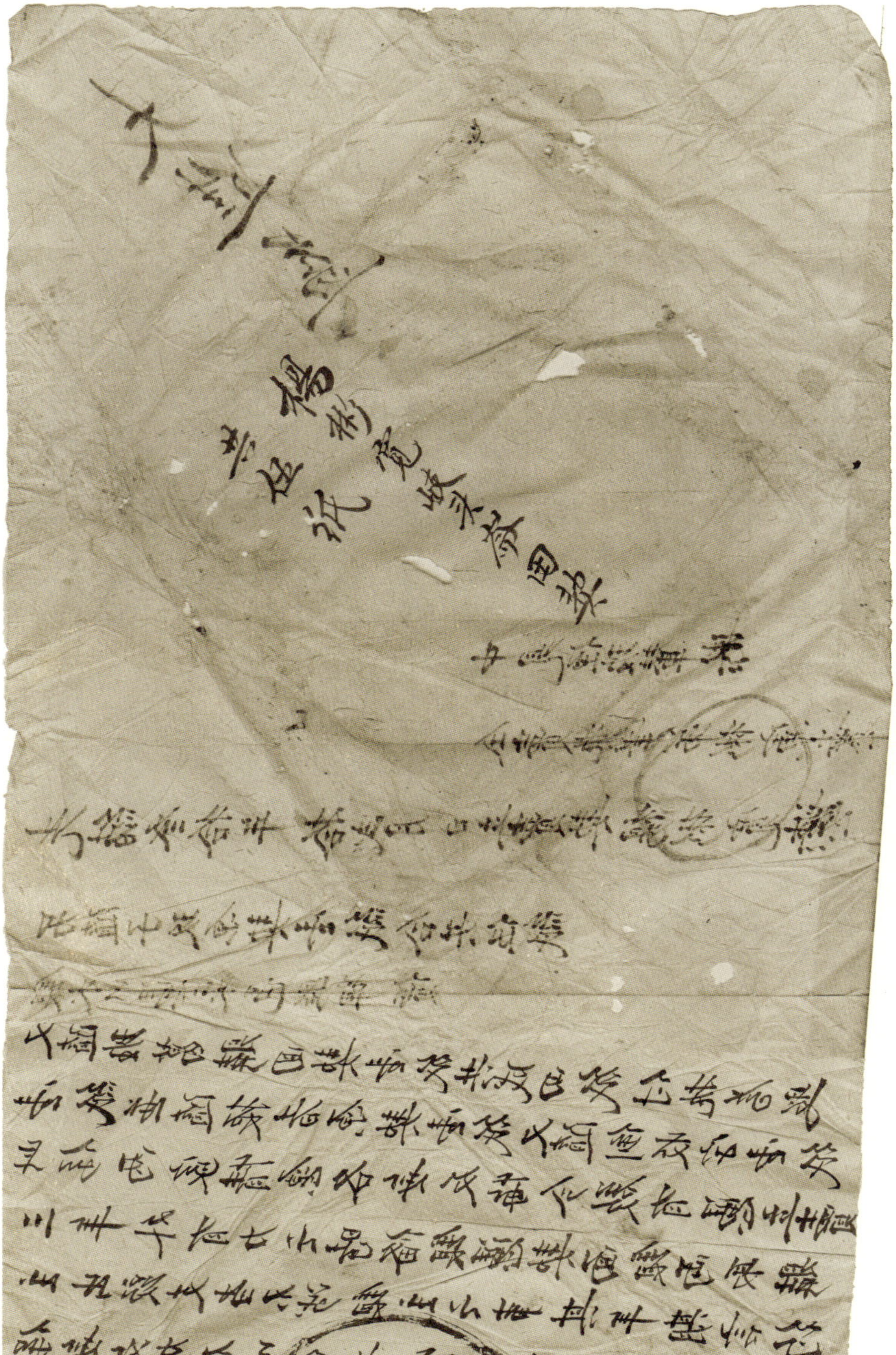

9-1-30-1　包契紙

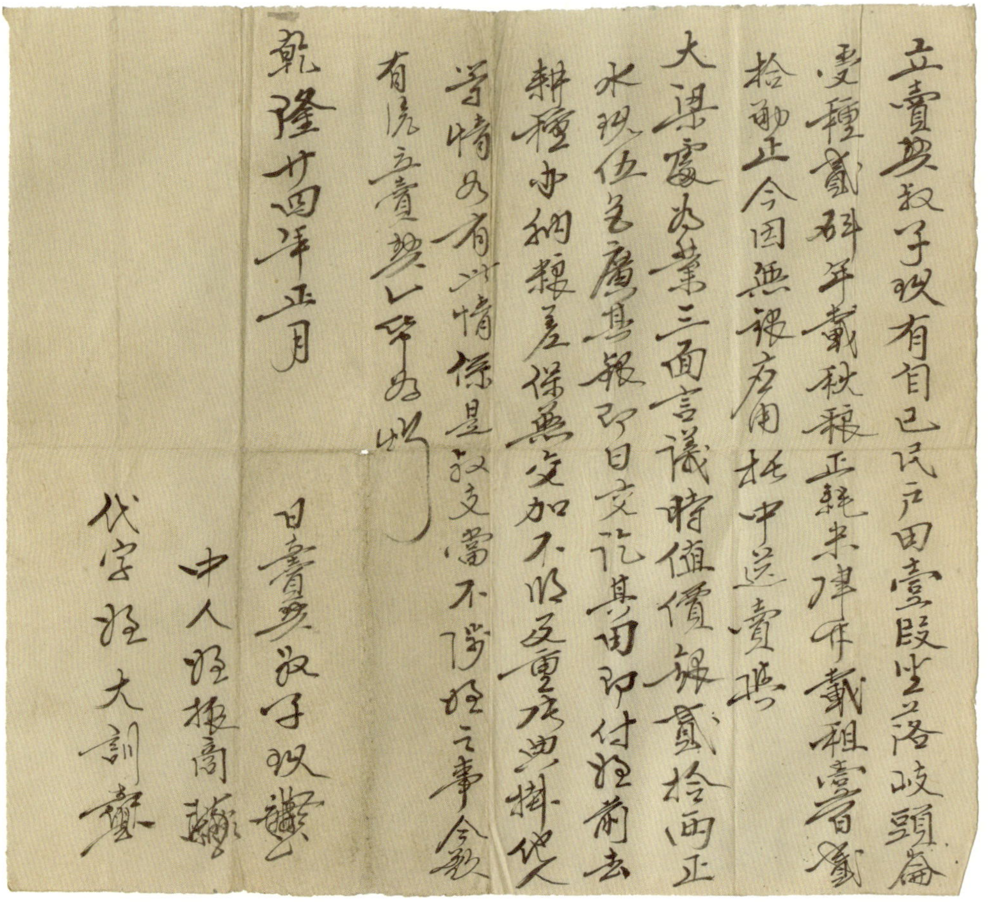

立賣契叔子玖有自己民户田壹段坐落岐頭崙
受種貳斗年載秋粮正耗米肆升載租壹百貳
拾觔正今因無銀應用托中送賣與
大梁處爲業三面言議時值價銀貳拾兩正
水玖伍色廣其銀即日交訖其田即付姪前去
耕種办納粮差保無交加不明及重張典掛他人
等情如有此情係是叔支當不干姪之事今欲
有憑立賣契一紙爲照
乾隆廿四年正月
日賣契叔子玖（押）
中人姪振高（押）
代字姪大訓（押）

9-1-30-2　清乾隆二十四年正月楊子玖立賣民户田契

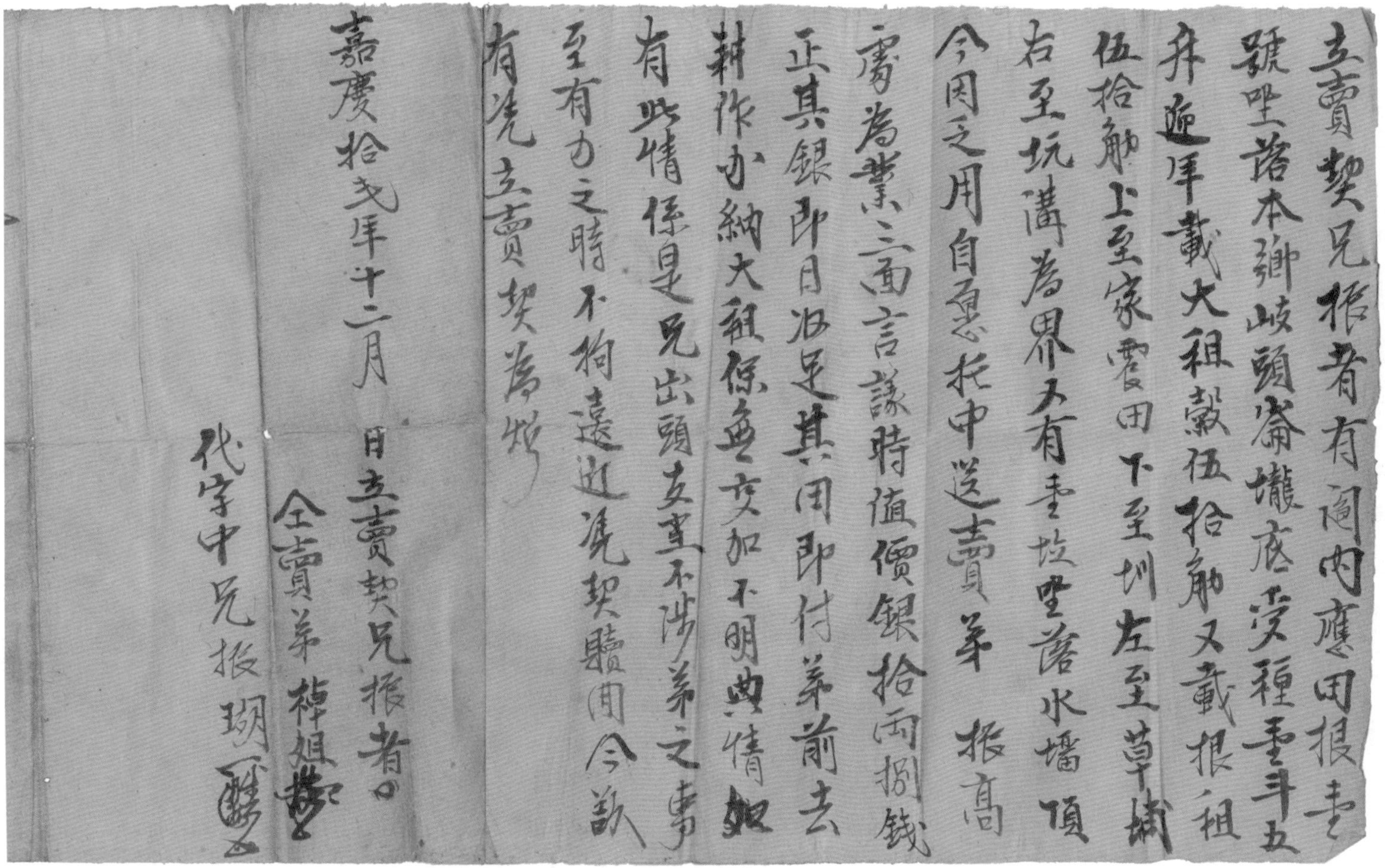

立賣契兄振者有閬內應田根壹
號坐落本鄉岐頭崙墘底受種壹斗五
升逐年載大租穀伍拾觔又載根租
伍拾觔上至家雲田下至圳左至草埔
右至坑溝為界又有壹坵坐落水墻頂
今因乏用自愿托中送賣弟振高
處為業三面言議時值價銀拾兩捌錢
正其銀即日收足其田即付弟前去
耕作办納大租係無交加不明典情如
有此情係是兄出頭支理不涉弟之事
至有力之時不拘遠近憑契贖回今欲
有憑立賣契為照

嘉慶拾弍年十二月　日立賣契兄振者（押）
仝賣弟樟姐（押）
代字中兄振瑚（押）

9-1-30-3　清嘉慶十二年十二月楊振者等立賣田根契

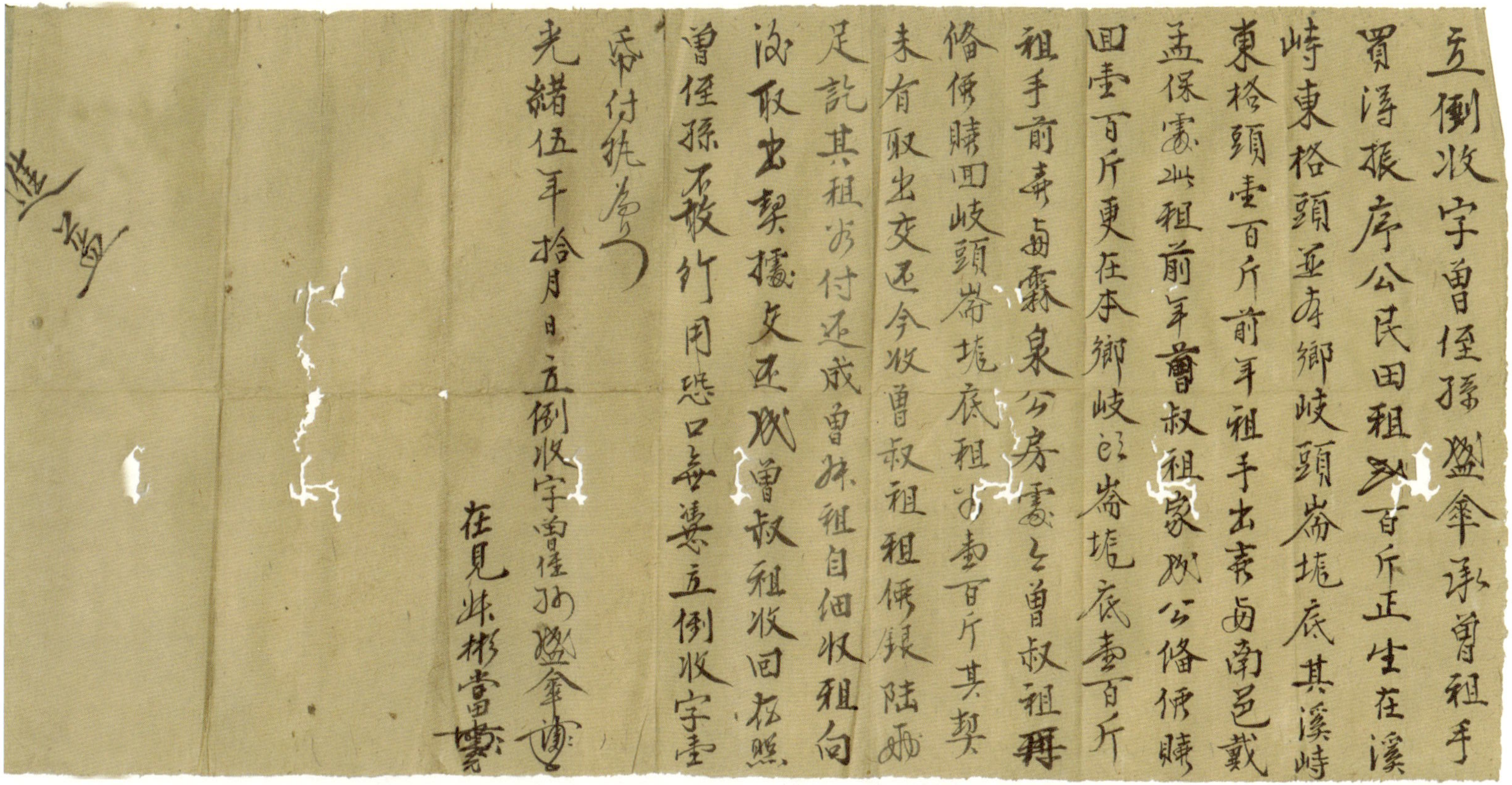
立倒收字曾侄孫楊盛傘承曾祖手
買得張序公民田租弍百斤正，坐在溪
峙東格頭並本鄉岐頭嵛垅底，其溪峙
東格頭壹百斤前年祖手出賣與南邑戴
孟保處，此租前年曾叔祖家楊公修便贖
回壹百斤；更在本鄉岐頭嵛垅底壹百斤
祖手前賣與蘇泉公房處，之曾叔祖再
修便贖回岐頭嵛垅底租壹百斤，其契
未有取出交還，今收曾叔祖租價銀陸兩
足訖，其租出付還成曾孫祖自佃收租，向
後取出契據交還成曾叔祖收回存照。
曾侄孫不敢紛用，恐口無憑，立倒收字壹
紙付執為照。
光緒伍年拾月　日立倒收字曾侄孫楊盛傘（押）
在見　姊彬富（押）

9-1-30-4　清光緒五年十月楊盛傘立倒收字

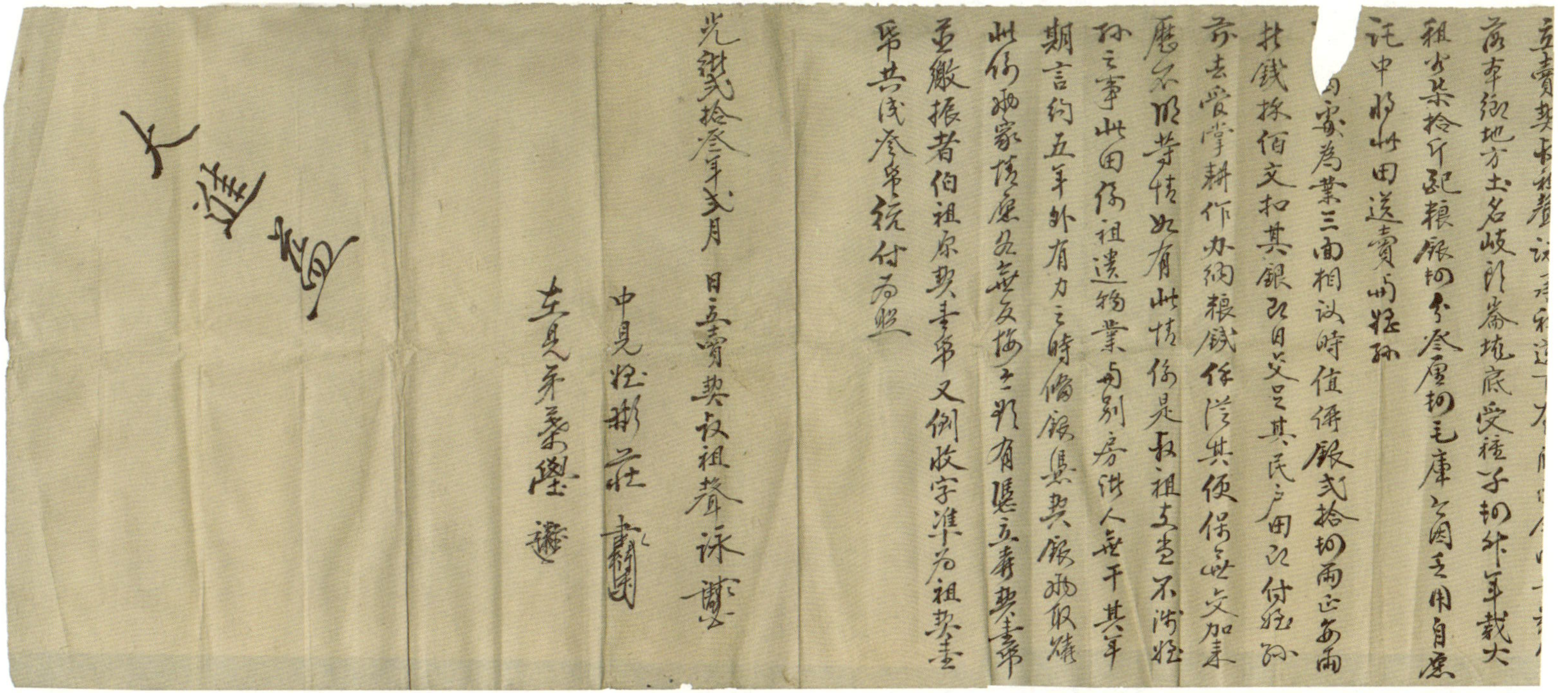
立賣契楊聲詠承祖遺下有[illegible]
座本鄉地方土名岐頭嶺塆底，受種子[illegible]斤，年載大
租谷柒拾斤，配糧銀[illegible]分叁厘[illegible]毛，庫[illegible]，因乏用，自愿
託中將此田送賣與楊孫
為業，三面相議，時值價銀弍拾[illegible]兩正，其兩
扶錢伍佰文，和其銀即日交足，其民戶田即付楊孫
前去管掌耕作，辦納糧錢，任從其便，保此田加來
歷不明等情，如有此情，係是叔祖支当，不涉楊
孫之事。此田係祖遺物業，與別房伯人無干。其年
期言約五年外，有力之時，備價銀照契銀兩取贖。
此係兩家情愿，各無反悔，恐口無憑，立賣契壹帋，
並繳振著伯祖原契壹帋，又倒收字准為祖契壹
帋，共成叁帋，統付為照。

光緒貳拾叁年弍月　日立賣契叔祖聲詠（押）
中見　[illegible]彩莊（押）
在見　弟聲[illegible]（押）

[illegible]

9-1-30-5　清光緒二十三年二月楊聲詠立賣田契

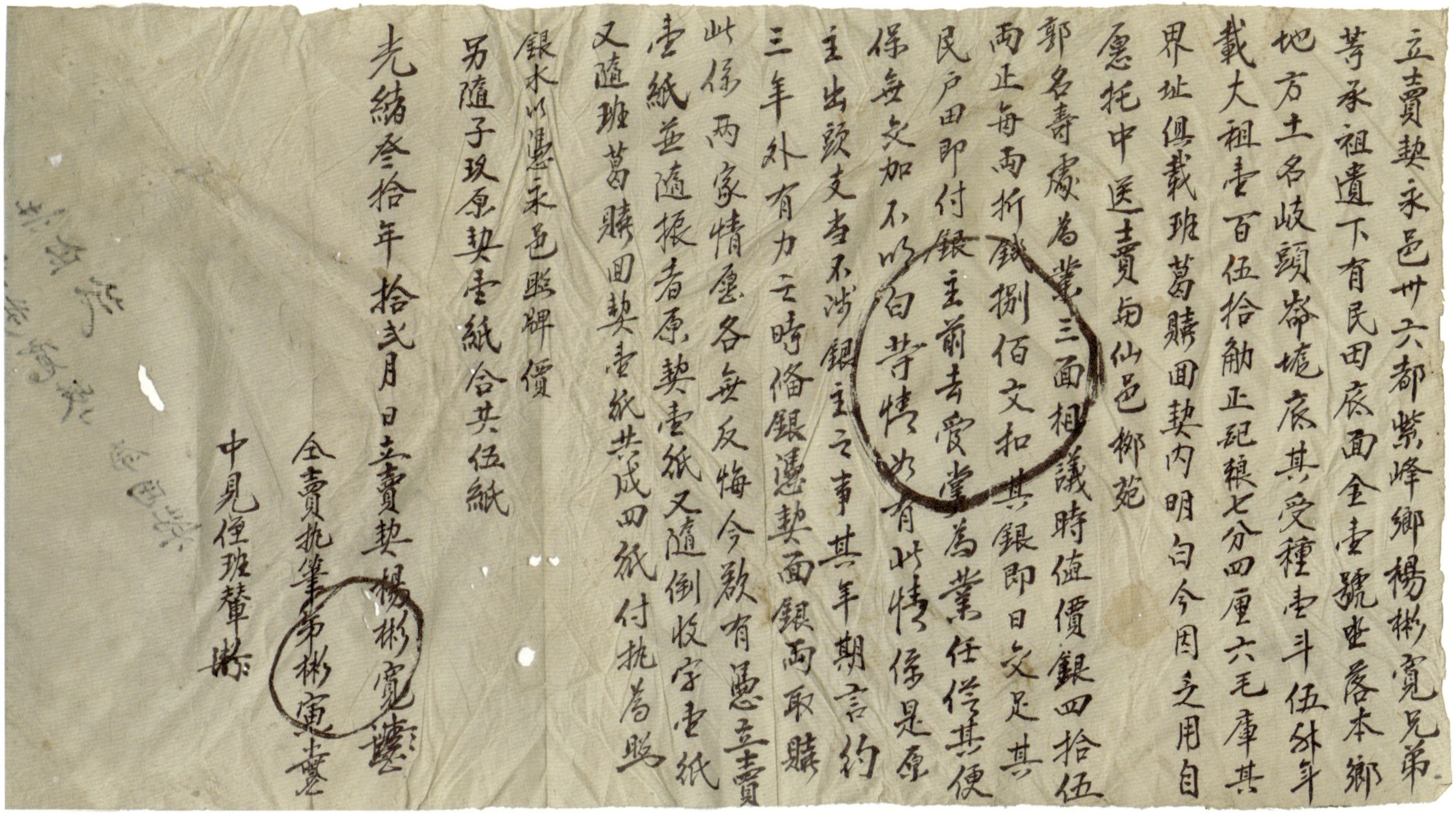
立賣契永邑廿六都紫峰鄉楊彬寬兄弟
等承祖遺下有民田底面全壹號坐落本鄉
地方土名岐頭崙墘底其受種壹斗伍升年
載大租壹百伍拾觔正配粮七分四厘六毛庫其
界址俱載班葛睛田契內明白今因乏用自
愿托中送賣與仙邑鄉苑
郭名壽處為業三面相議時值價銀四拾伍
兩正每兩折錢捌佰文扣其銀即日交足其
民户田即付銀主前去管業為業任從其便
保無欠加不明白等情如有此情係是原
主出頭支當不涉銀主之事其年期言約
三年外有力之時備銀憑契面銀兩取贖
此係兩家情愿各無反悔今欲有憑立賣
壹紙並隨根查原契壹紙又隨倒收字壹紙
又隨班葛睛田契壹紙共成四紙付執為照
銀水以憑永邑聯牌價
另隨子玖原契壹紙合共伍紙
光緒叁拾年拾弍月 日立賣契 楊彬寬（押）
全賣執筆弟 彬寅（押）
中見侄 班葦（押）

9-1-30-6　清光緒三十年十二月楊彬寬立賣底面全民田契（廢契）

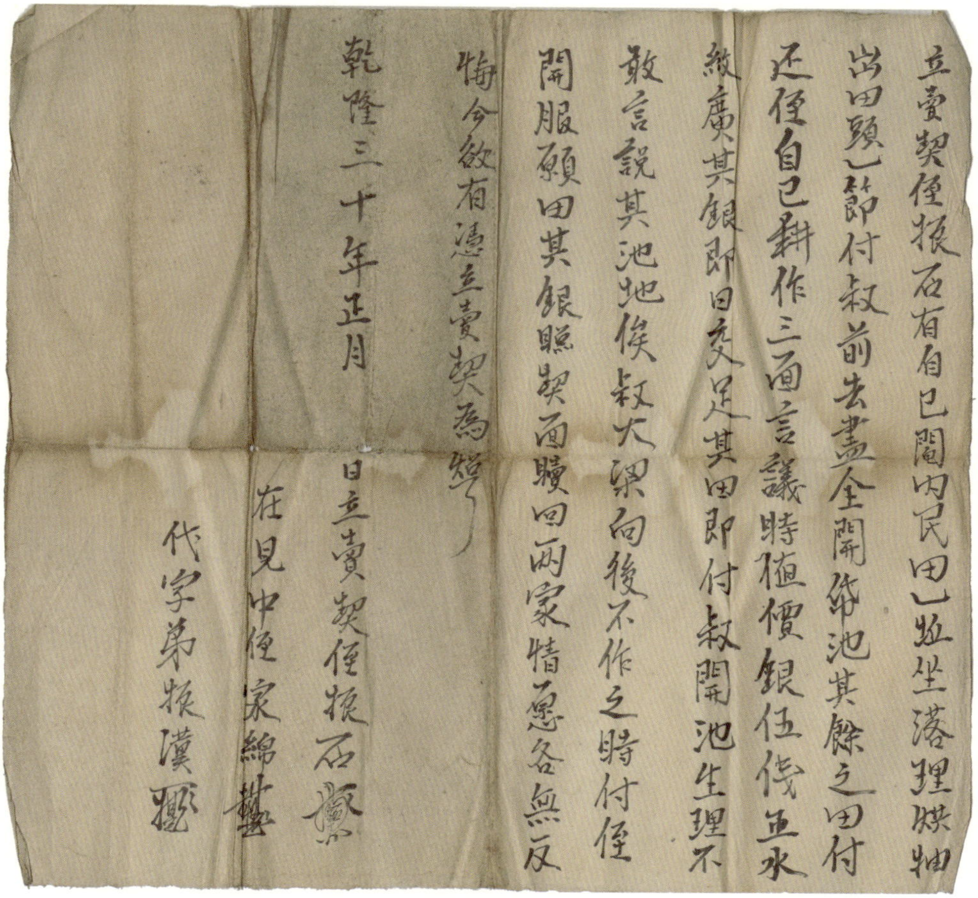
立賣契侄振石有自己閻內民田一坵坐落理洪坳
岗田頭一節付叔前去盡全開鑿池其餘之田付
還侄自己耕作三面言議時値價銀伍錢正承
叔廣其銀即日交足其田即付叔開池生理不
敢言說其池地係叔大梁向後不作之時付侄
開服願田其銀照契面贖回兩家情愿各無反
悔今欲有憑立賣契為照
乾隆三十年正月　日立賣契侄振石（押）
在見中侄家綿（押）
代字弟振漢（押）

9-1-31-1　清乾隆三十年正月楊振石立賣民田契

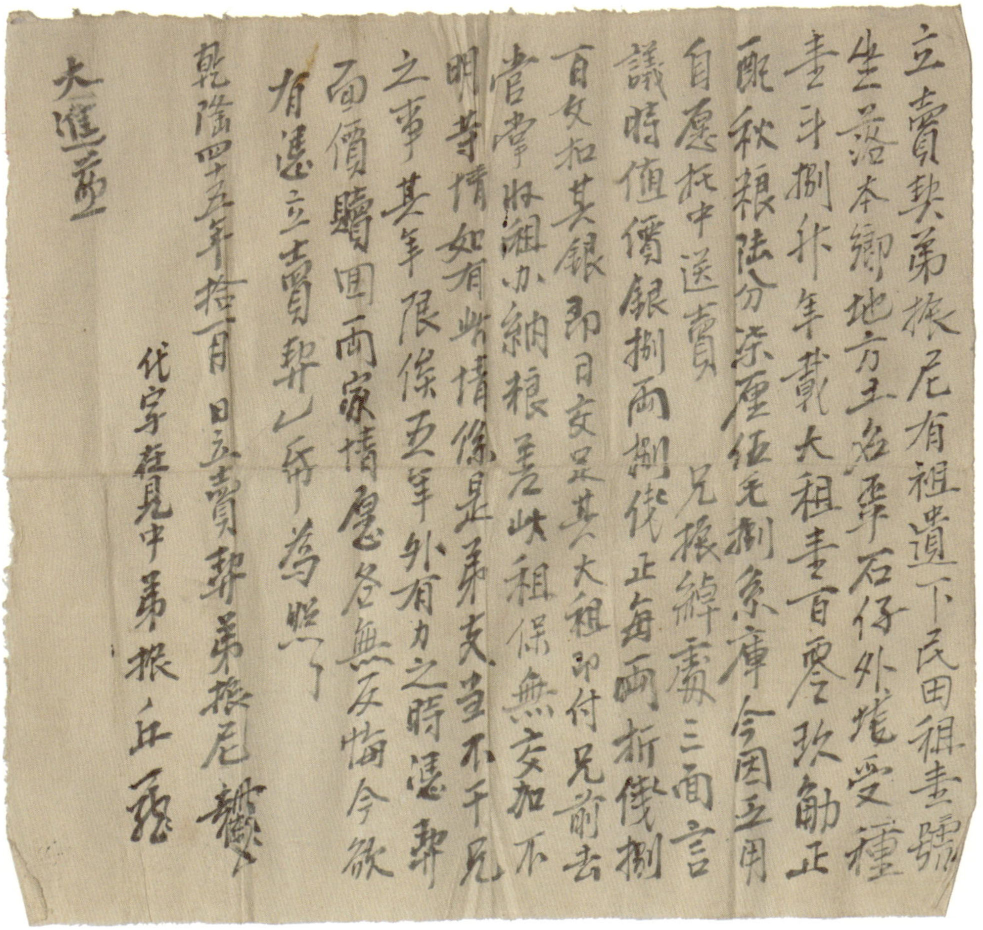
立賣契弟振尼有祖遺下民田租壹號
生落本鄉地方土名甲石仔外垄受種
壹斗捌升年載大租壹百零玖觔正
配秋粮陆分柒厘伍毛捌系庫今因乏用
自愿托中送賣 兄振綽處 三面言
議時值價銀捌両捌戗正每両折戗捌
百文扣其銀即日交足其大租即付兄前去
管業收租办納粮差此租係無交加不
明等情如有此情係是弟支當不干兄
之事其年限係五年外有力之時憑契
面價贖回兩家情愿各無反悔今欲
有憑立賣契一紙為照

乾隆四十五年拾一月 日立賣契弟振尼
代字在見中弟振丘

大進益

9-1-31-2　清乾隆四十五年十一月楊振尼立賣民田租契

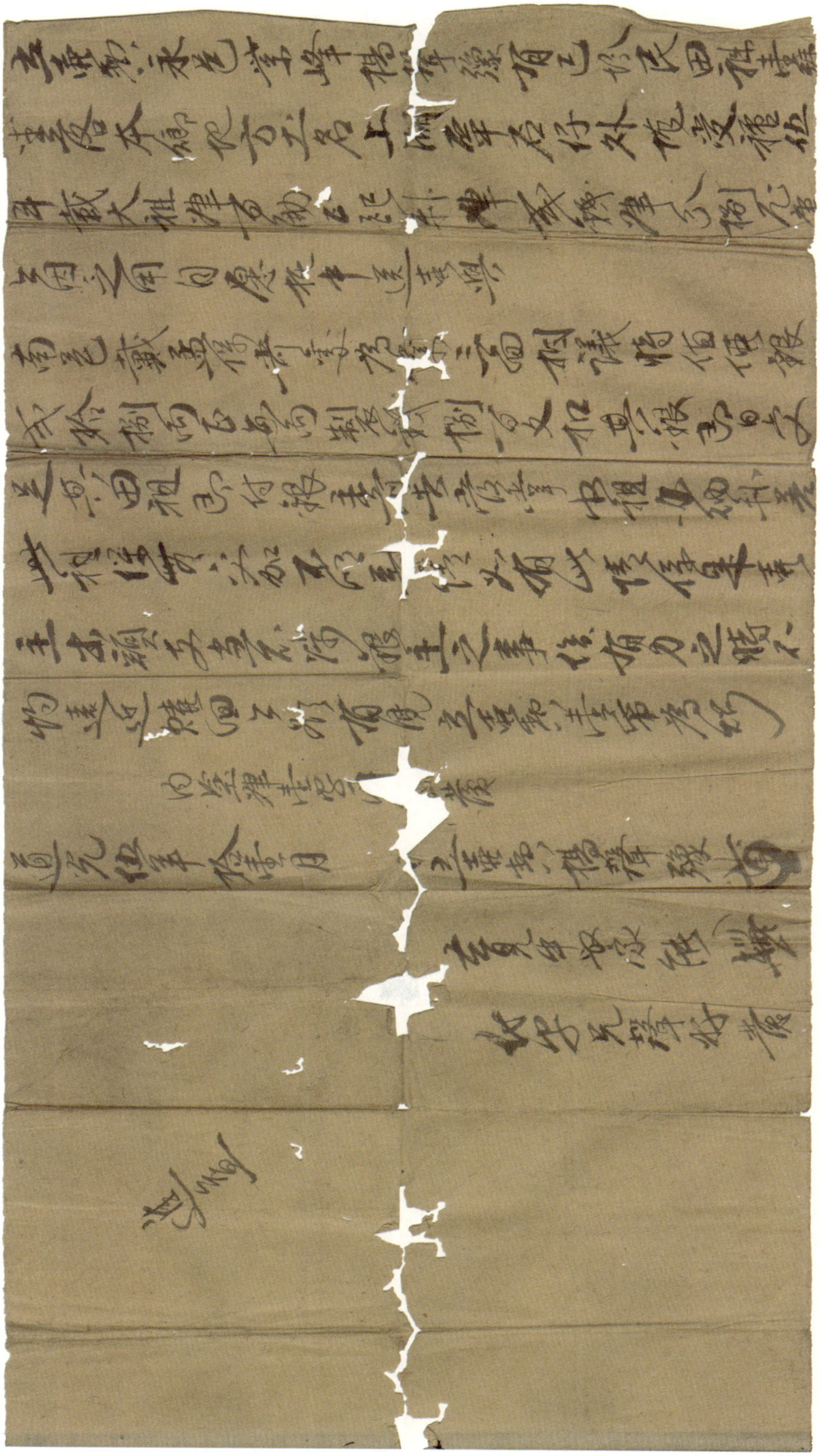

9-1-31-3　清道光五年十一月楊聲豫立賣民田租契

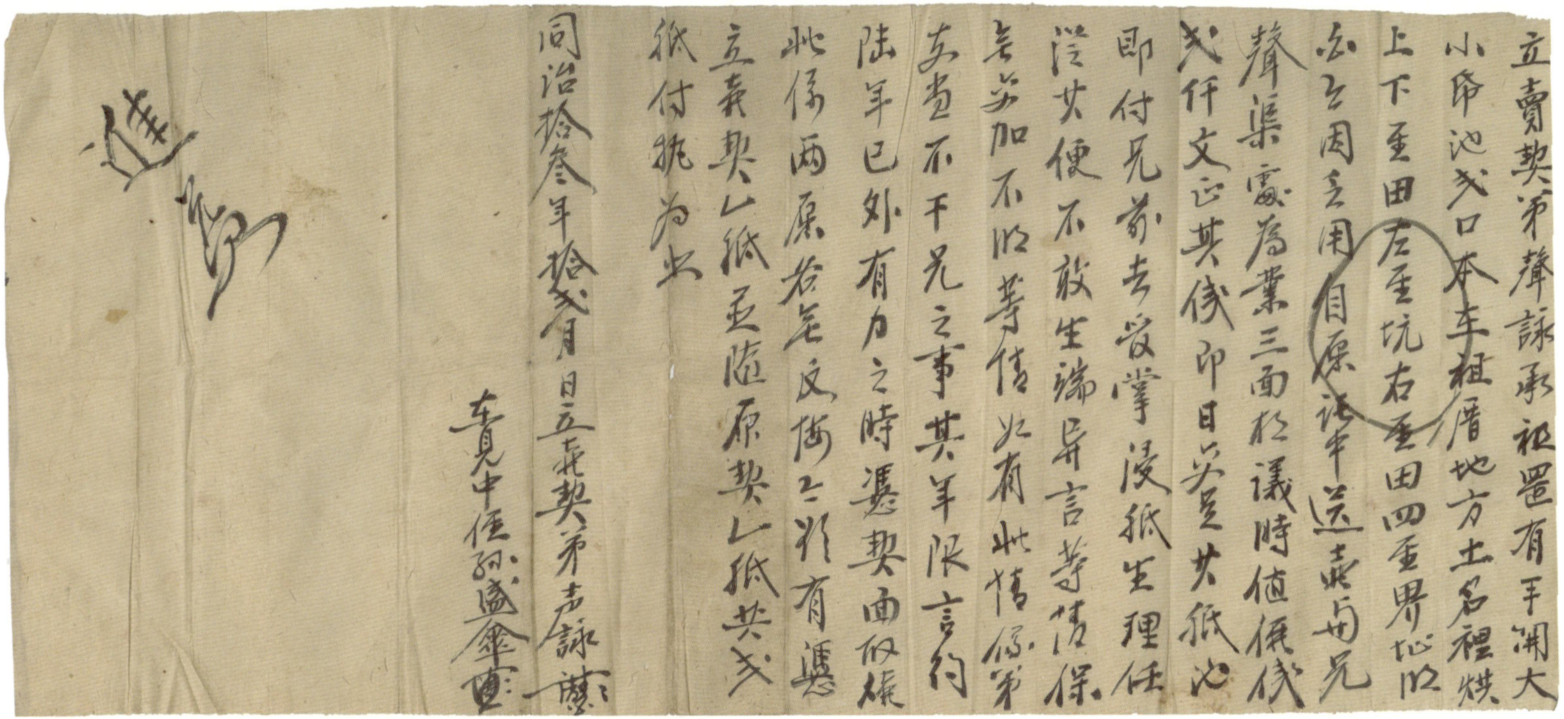

立賣契弟聲詠承祖置有手闢大
小紙池弍口，本坐祖厝地方，土名禮烘
上下，至田，左至坑，右至田，四至界址明
白。今因乏用，自愿托中送賣與兄
聲渠處爲業，三面抃議，時值價錢
弍仟文正，其錢即日交足，其紙池
即付兄前去掌管，浸紙生理，任
從其便，不敢生端異言等情。保
無加不明等情，如有此情，係弟
支當，不干兄之事。其年限言約
陸年已外，有力之時，憑契面價贖。
此係兩愿，各無反悔，今欲有憑，
立賣契一紙並隨原契一紙共弍
紙付執爲照。
同治拾叁年拾弍月　日立賣契弟聲詠（押）
在見中任祝盛（押）

9-1-31-4　清同治十三年十二月楊聲詠立賣紙池契（廢契）

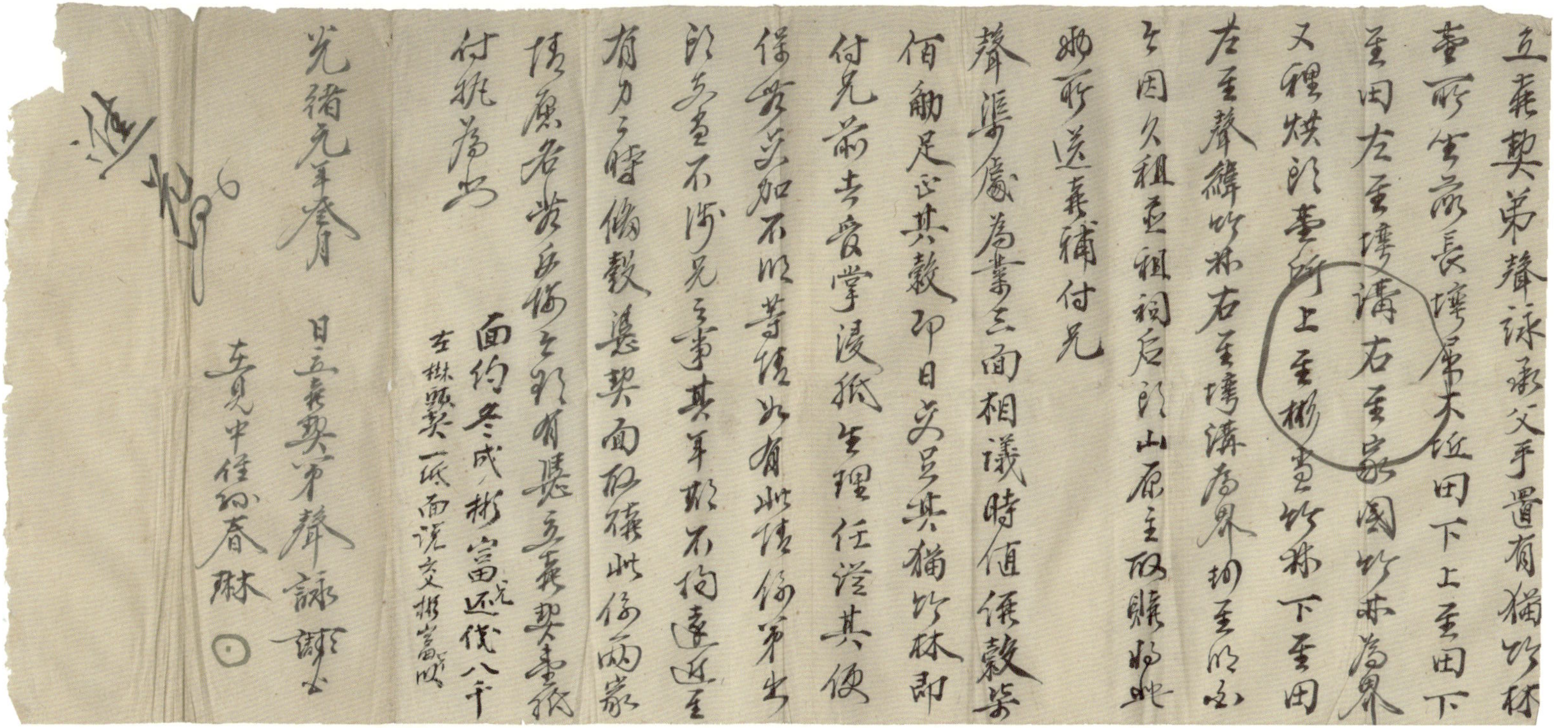

立賣契弟聲詠承父手置有猫竹林
壹所，坐落長壕尾大坵田下，上至田，下
至田，左至壕溝，右至[illegible]園竹林為界。
又[illegible]壹所，上至彬當竹林，下至田，
左至聲緯竹林，右至壕溝為界，四至明白。
今因欠祖並祖祠店頭山原主取贖，將此
[illegible]所送賣補付兄
聲渠處為業，三面相議，時值價穀柒
佰觔足，正其穀即日交足，其猫竹林即
付兄前去掌管，改抵生理，任從其便。
保無另加不明等情，如有此情，係弟出
頭之當，不涉兄之事，其年限不拘遠近，至
有力之時備穀，還契面取贖，此係兩家
情愿，各無反悔，立賣契壹紙
付執為照。
面約冬成，彬當田苗[illegible]八千
在批頭契一紙，面說交彬當收
光緒元年三月　日立賣契弟聲詠（押）
在見中侄孫春琳（押）

9-1-31-5　清光緒元年三月楊聲詠立賣猫竹林契（廢契）

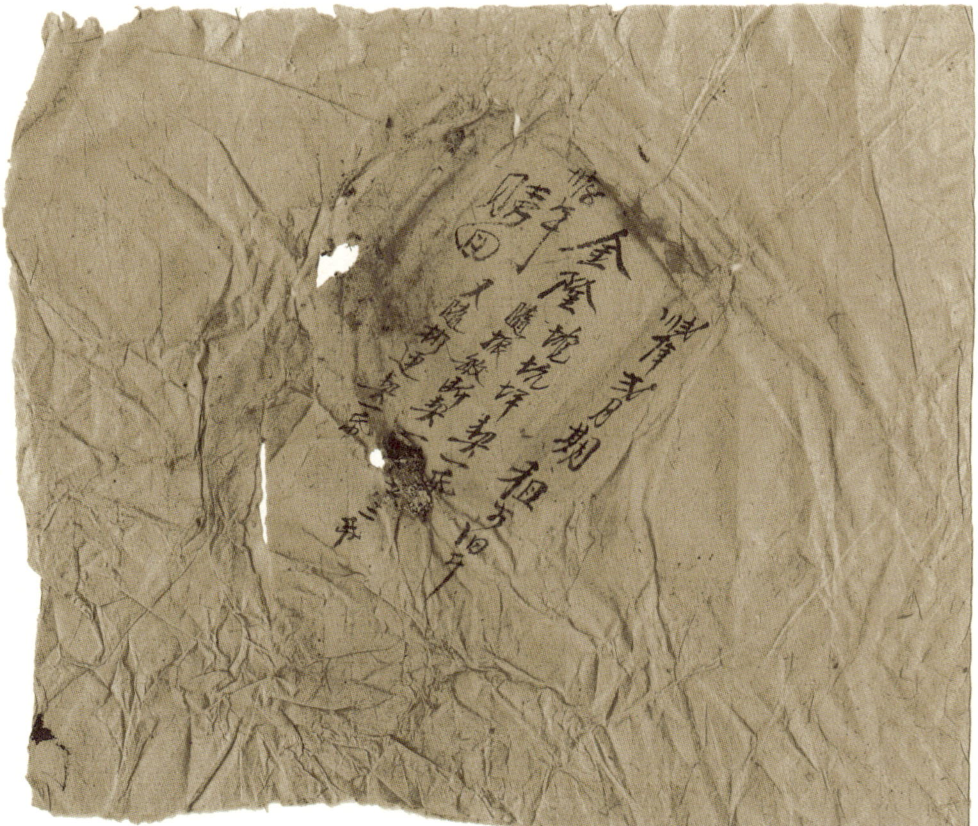

9-1-32-1　包契紙

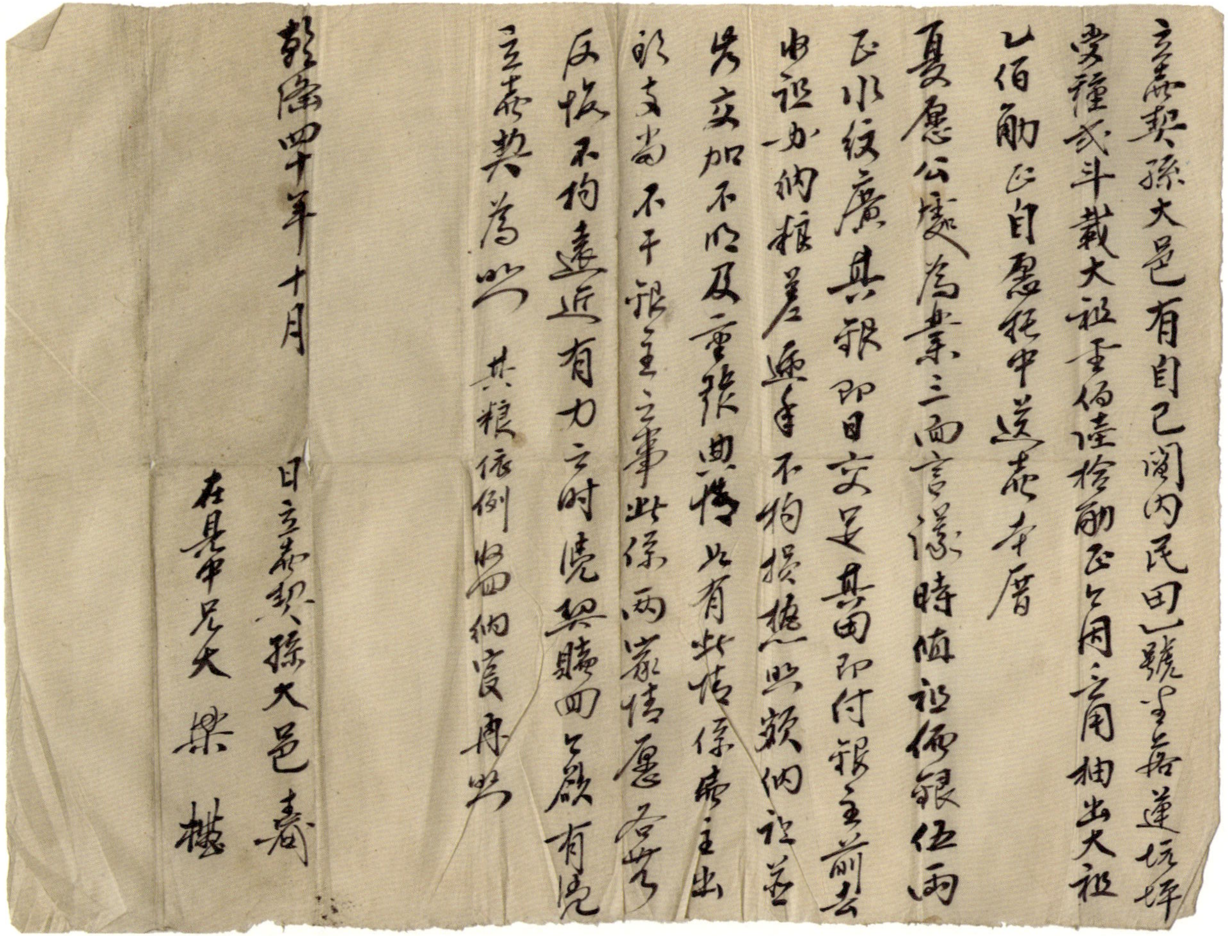
立賣契楊大邑，有自己關內民田一號，坐落蓮坑坪，
受種弍斗，載大租壹佰陸拾觔正，又年用甬抽出大租
壹佰觔正，自愿托中送賣本厝
夏恩公邊為業，三面言議時值租價銀伍兩
正，外紋廣，其銀即日交足，其田即付銀主前去
收租，如納糧差，遞年不拘損搋，照數納租，並
無交加不明及重張典掛，如有此情，係賣主出
頭支當，不干銀主之事，此係兩家情愿，各無
反悔，不拘遠近，有力之時，憑契贖回，今欲有憑，
立賣契為照。　其粮依例照田納賓再照。
乾隆四十年十月　日立賣契楊大邑
在見中兄大樑

9-1-32-2　清乾隆四十年十月楊大邑立賣民田契

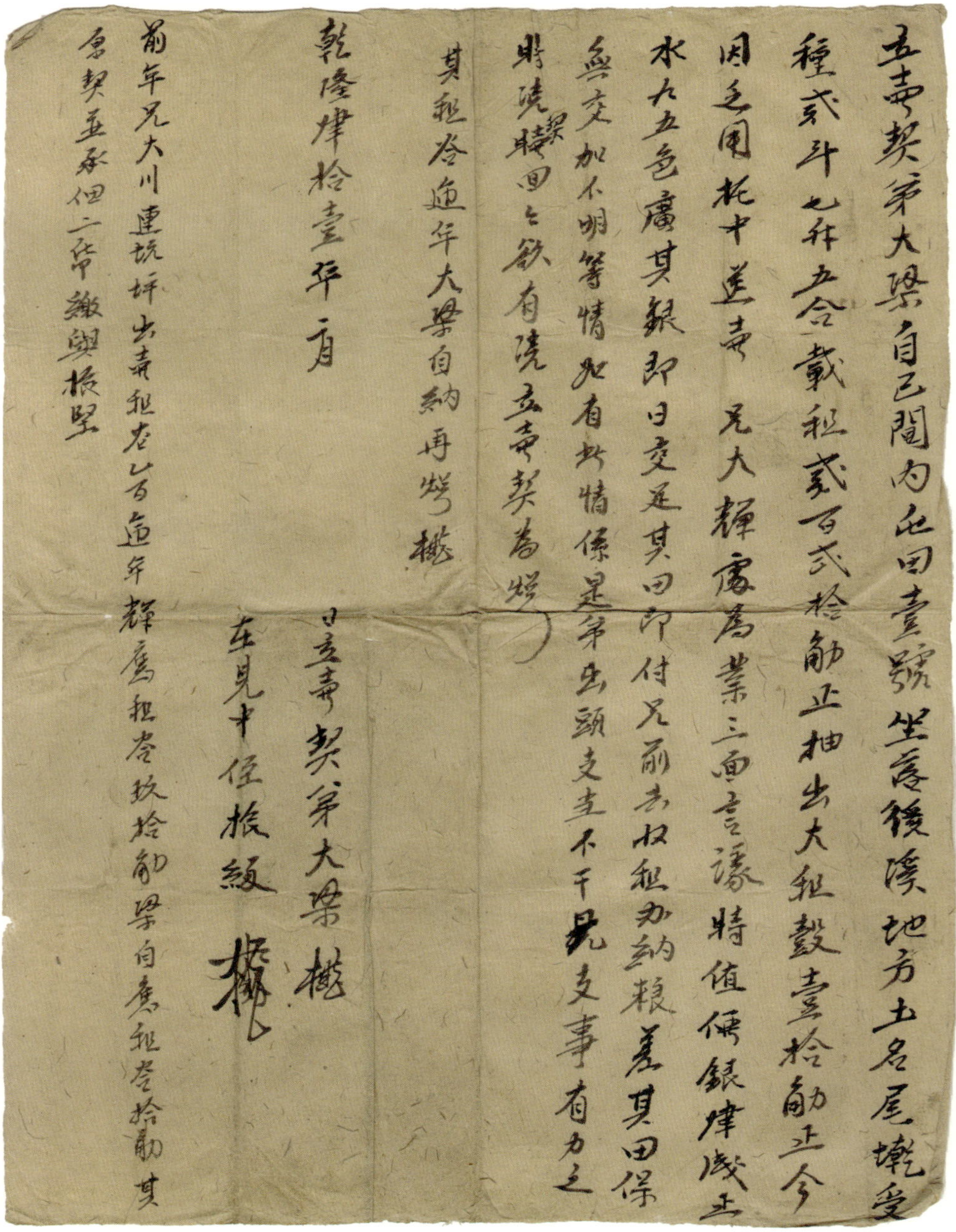

立賣契弟大梁自己闔內屯田壹號坐落後溪地方土名尾墘受
種弍斗七升五合載租弍百弍拾觔正抽出大租穀壹拾觔正今
因乏用托中送賣 兄大輝處爲業三面言議時值價銀肆两正
水九五色廣其銀即日交足其田即付兄前去收租办納粮差其田保
無交加不明等情如有此情係是弟出頭支当不干兄事有力之
時照契贖回原銀有憑立賣契爲照
其租谷遞年大梁自納再照 押
乾隆肆拾壹年二月 日立賣契弟大梁 押
在見中侄振級 押
前年兄大川連坑坪出賣租谷七石遞年輝處租谷玖拾觔梁自處租谷拾觔其
原契並承佃二帋繳與振堅

9-1-32-3 清乾隆四十一年二月楊大梁立賣屯田契

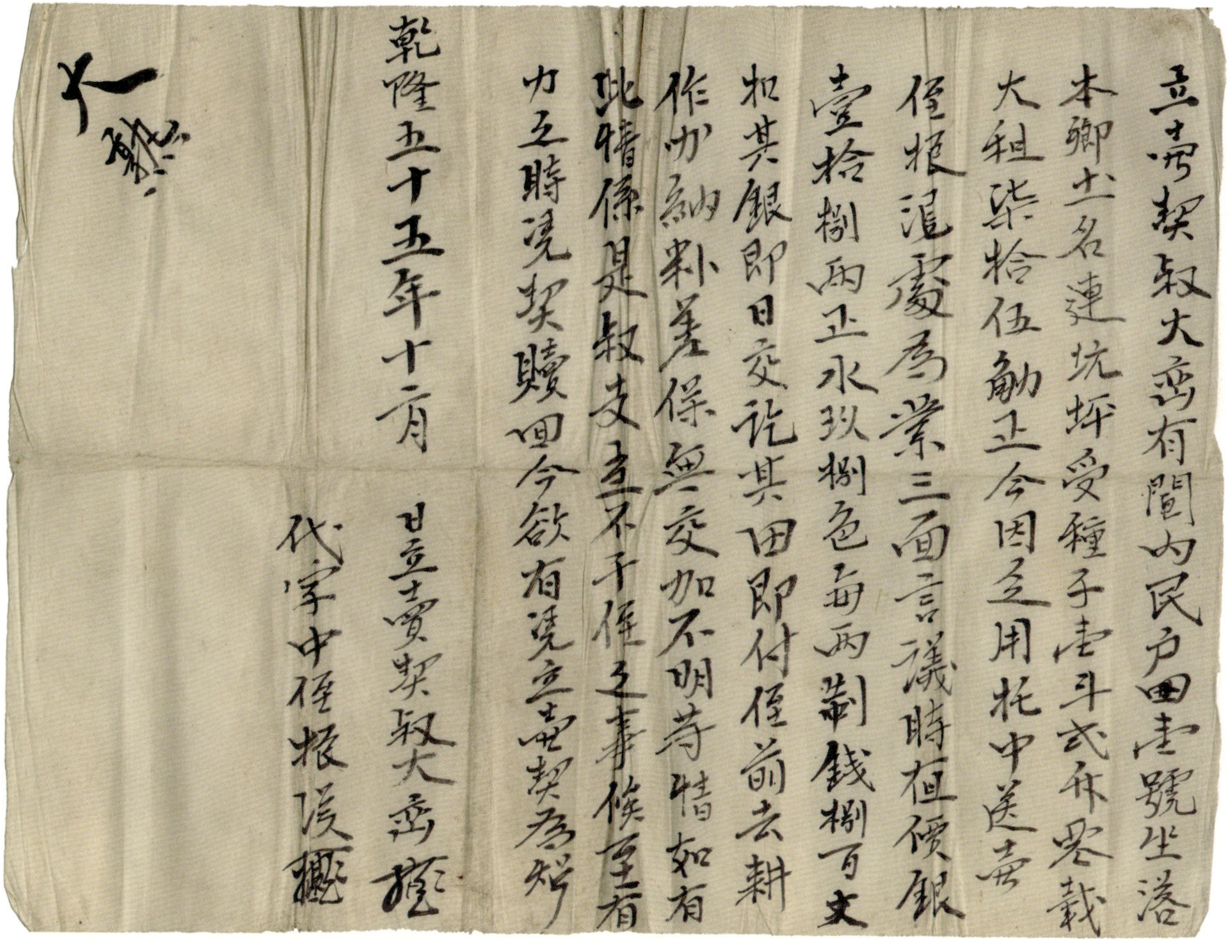
立賣契叔大峦有閭内民户田壹號坐落
本鄉土名連坑坪受種子壹斗弍升零栽
大租柒拾伍觔正今因乏用托中送壹
侄根得處為業三面言議時值價銀
壹拾捌両正水玖捌色每両制錢捌百文
扣其銀即日交訖其田即付侄前去耕
作办納粮差保無交加不明等情如有
此情係是叔支當不干侄之事倘至有
力之時照契贖回今欲有憑立賣契為照
乾隆五十五年十二月　日立賣契叔大峦（押）
代字中侄根瑗（押）

9-1-32-4　清乾隆五十五年十二月楊大峦立賣民户田契

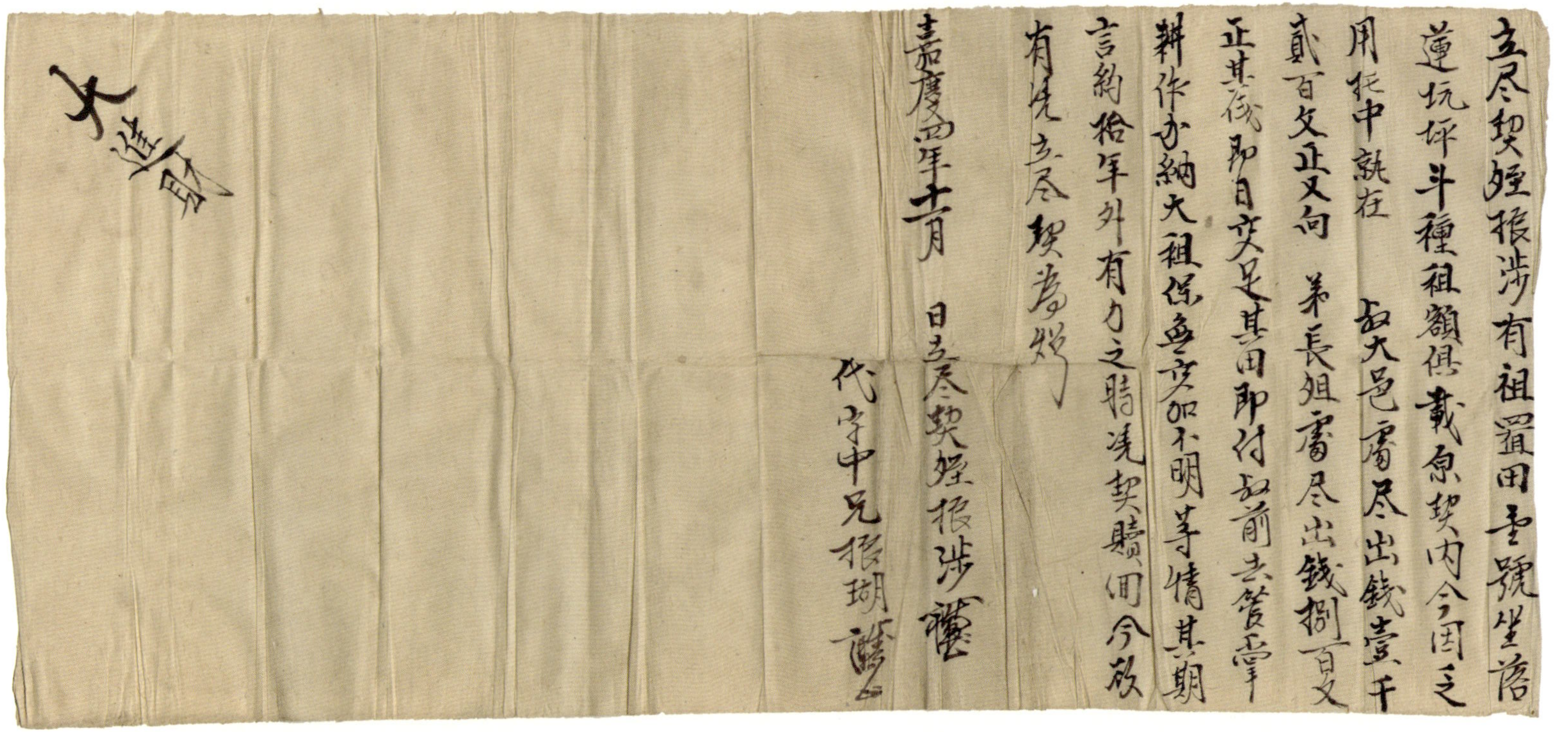
立盡契人姪振涉有祖置田壹號坐落
蓮坑坪斗種租額俱載原契內今因乏
用托中就在
叔大邑處盡出錢壹千
貳百文正又向　弟長姐處盡出錢捌百文
正其錢即日交足其田即付叔前去管掌
耕作办納大租保無交加不明等情其期
言約拾年外有力之時照契贖回今欲
有憑立盡契為照
嘉慶四年十一月　日立盡契姪振涉
代字中兄振瑚
大進

9-1-32-5　清嘉慶四年十一月楊振涉立盡田契

立盡契弟振敏有祖遺下民田壹號坐落
本鄉土名坑坑坪斗種銀兩俱載原契内明
白今因乏用自愿托中執在
兄振尼處盡出價弍佰仟五文銀壹兩五其銀
當即日交足其田即付兄前去耕作管業
辦納粮差保無交加不明等情如有此情係
是弟支當不干兄之事其年斜拾年外有
力之時照契贖回今欲有憑立盡契存照

嘉慶肆年十二月　日立盡契弟振敏（押）

外註尼字再照（押）

代字中姪家奉（押）

大發

9-1-32-6　清嘉慶四年十二月楊振敏立盡斷民田契

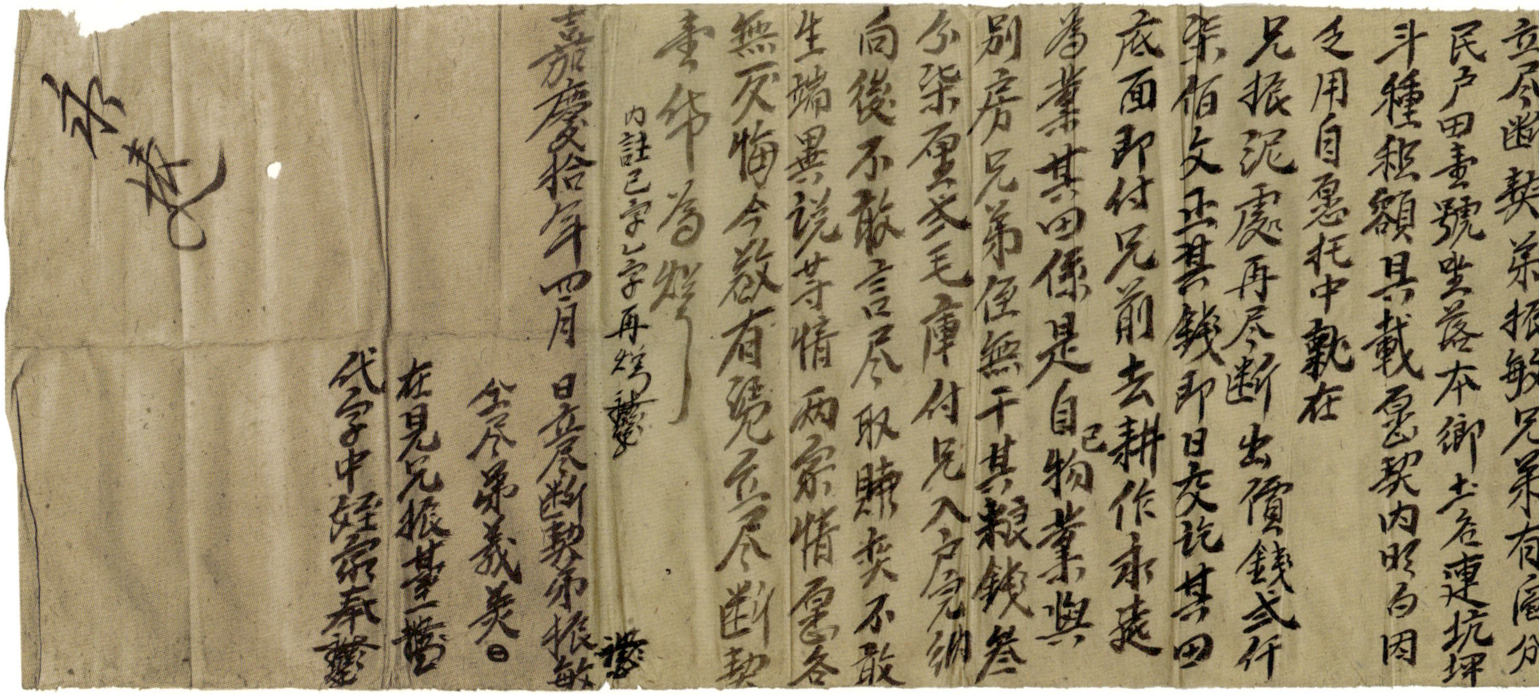
立尽斷契弟振敏兄弟有阄分
民户田壹號坐落本鄉土名連坑坪
斗種租額具載原契內明今因
乏用自愿托中執在
兄振泥處再尽斷出價錢弍仟
柒佰文正其錢即日交訖其田
底面即付兄前去耕作永遠
為業其田係是自己物業與
別房兄弟侄無干其粮錢叁
分柒厘叁毛庫付兄入户完納
向後不敢言尽取贖求不敢
生端異説等情兩家情愿各
無反悔今欲有憑立尽斷契
壹紙為照
內註已字乙字再照
嘉慶拾年四月　日立尽斷契弟振敏
仝尽弟義美
在見兄振甚
代字中侄宗泰

9-1-32-7　清嘉慶十年四月楊振敏等立盡斷民户田契

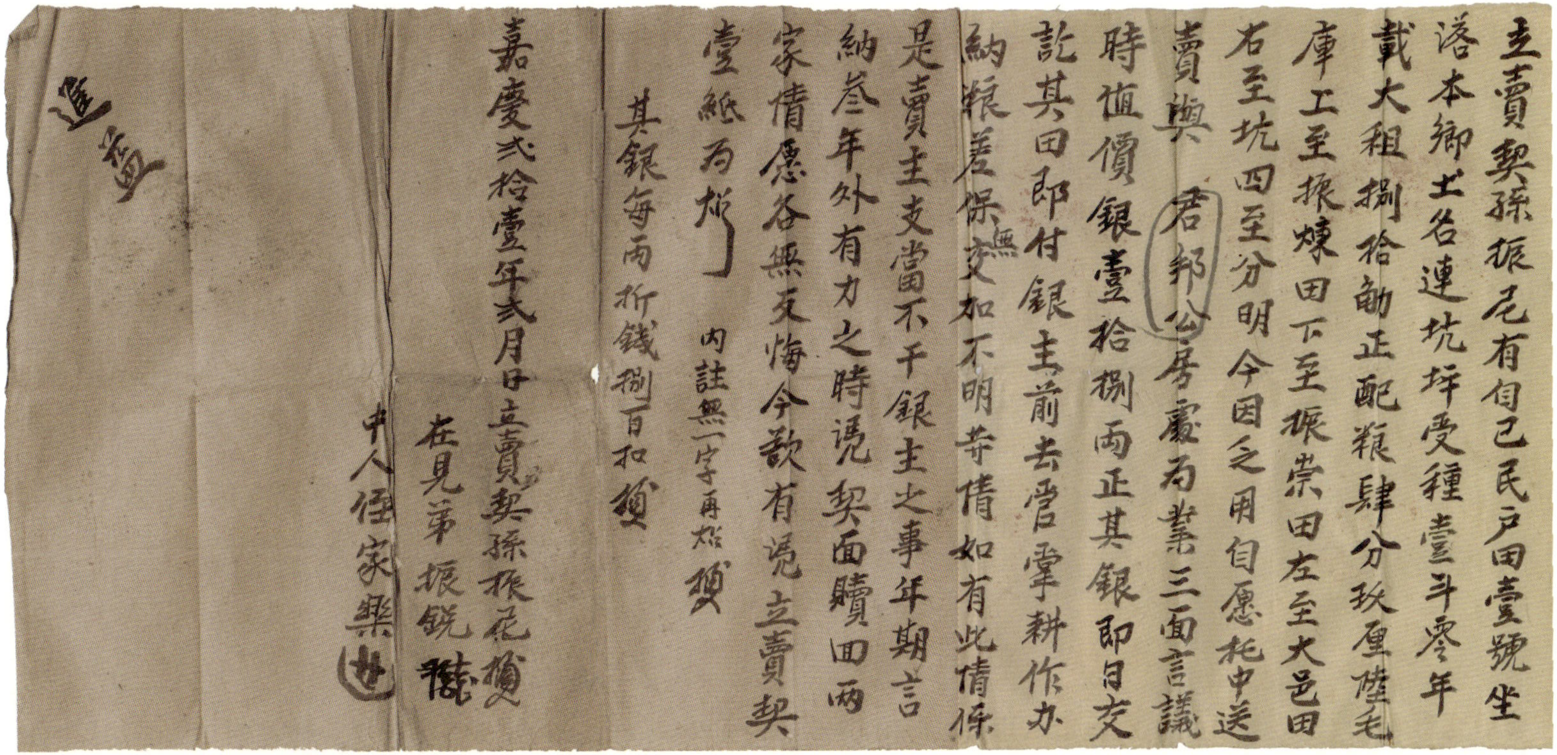

立賣契楊振尼有自己民户田壹號坐
落本鄉土名连坑坪受種壹斗零半
載大租谷捌拾觔正配粮肆分玖厘捌毛
庫上至孫埭田下至振宗田左至大路田
右至坑田至分明今因乏用自愿托中送
賣與君錫仙兄弟處爲業三面言議
時值價銀壹拾捌兩正其銀即日交
訖其田即付銀主前去管業耕作办
納粮差保無交加不明等情如有此情係
是賣主支當不干銀主之事年期言曰
約叁年外有力之時照契面贖田兩
家情愿各無反悔今欲有憑立賣契
壹紙爲照　内註無一字再照
其銀每兩折錢捌百加照

嘉慶貳拾壹年貳月　日立賣契楊振尼（押）
在見弟振銳（押）
中人陳宗樂（押）

進契

9-1-32-8　清嘉慶二十一年二月楊振尼立賣民户田契

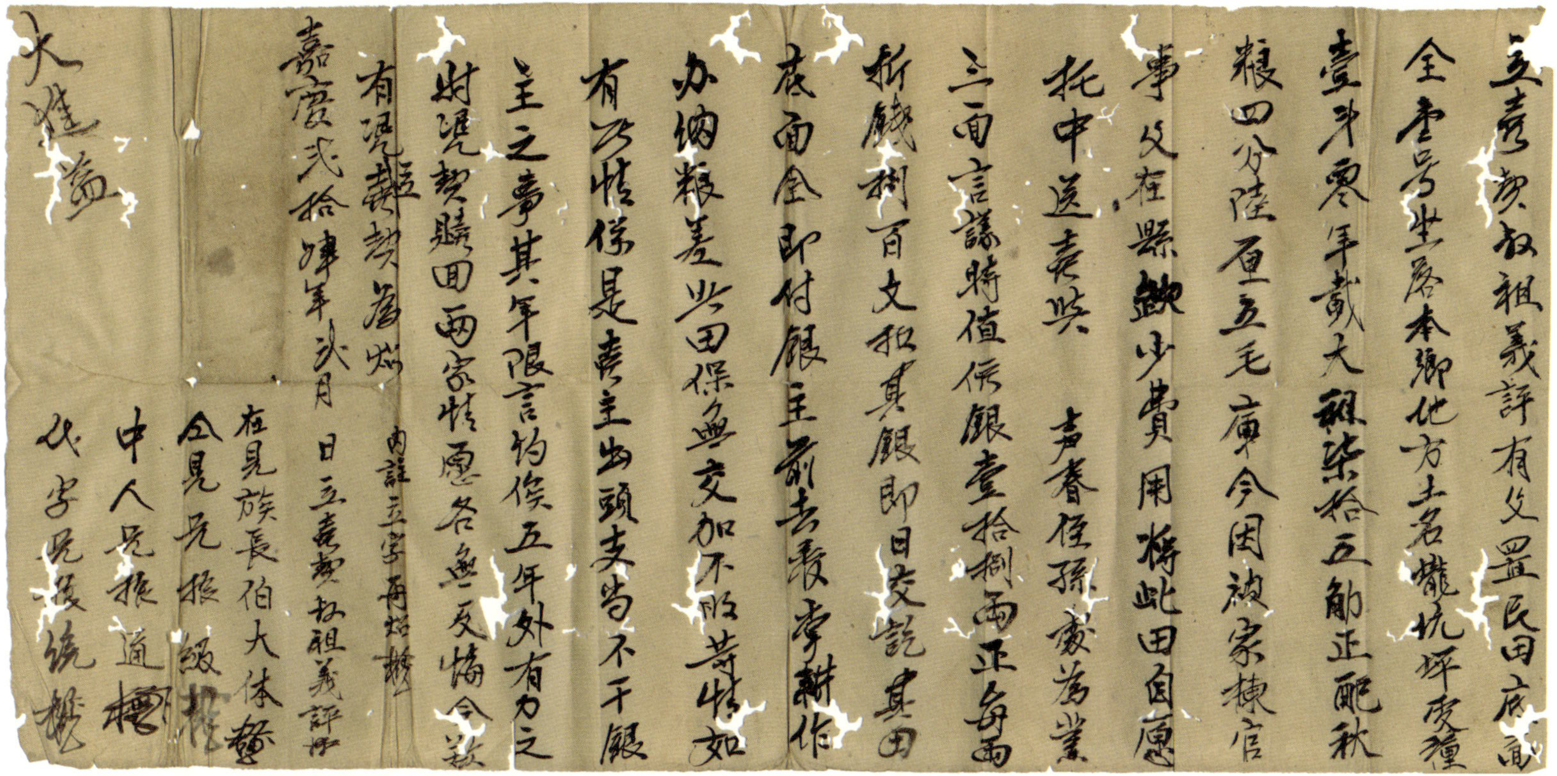
立賣契叔祖義評有父置民田底面
全壹号坐落本鄉地方土名壟坑坪度種
壹斗零年載大租柒拾五觔正配秋
粮四分陸厘五毛庫今因被家棟官
事父在縣缺少費用將此田自愿
托中送賣與　　声春侄孫處爲業
三面言議時值价銀壹拾捌兩正每兩
折錢捌百文扣其銀即日交訖其田
底面全即付銀主前去耕作
办納粮差此田係無交加不明等情如
有以情係是賣主出頭支當不干銀
主之事其年限言約俟五年外有力之
時憑契贖田兩家情愿各無反悔今欲
有憑立賣契爲炤　內註立字再炤押
嘉慶弍拾肆年弍月　日立賣契叔祖義評押
在見族長伯大体押
仝見兄振級押
中人兄振道押
代字兄振統押
大進益

9-1-32-9　清嘉慶二十四年二月楊義評立賣底面全民田契

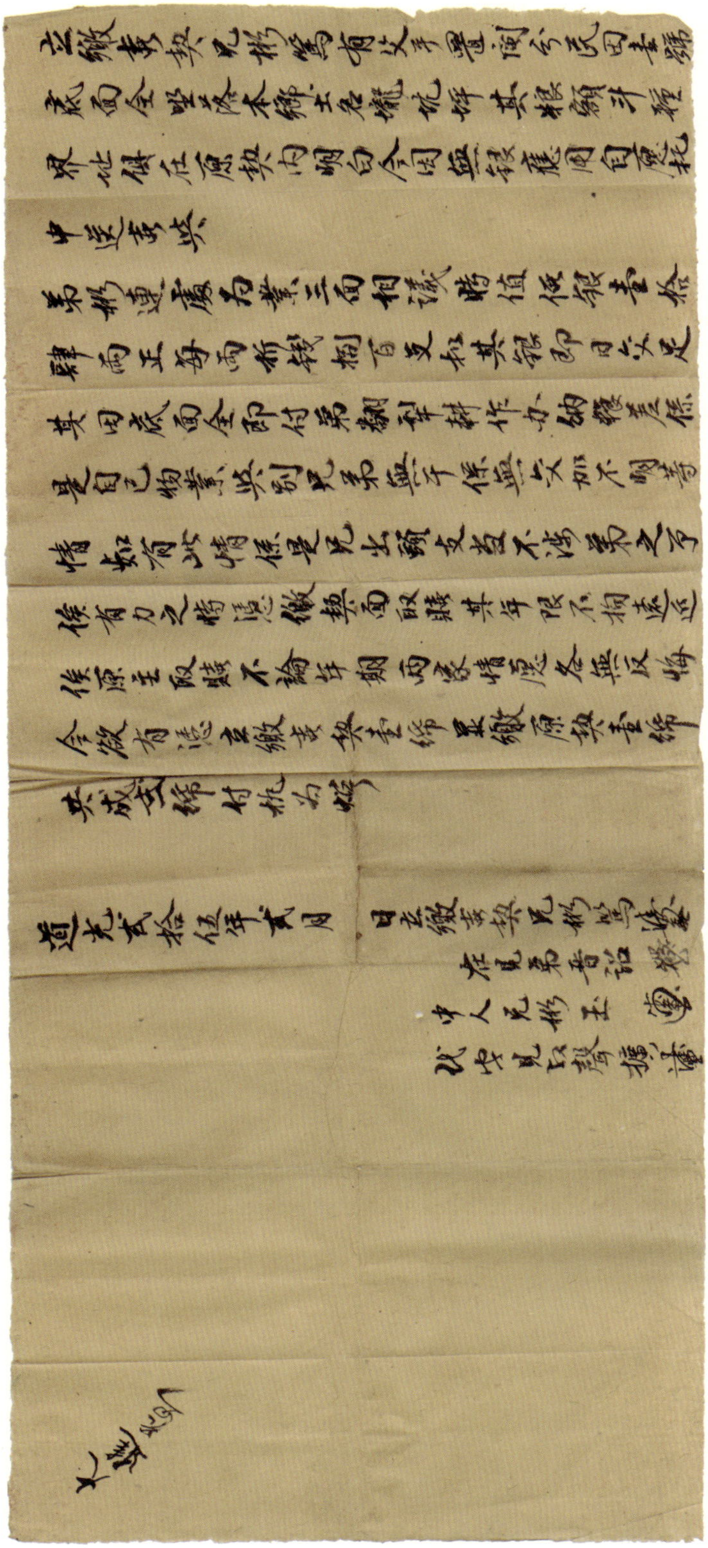

立繳賣契兄彬篤有承父手置[illegible]民田壹號
底面全，坐落本鄉土名磜坑坪，其根額斗種
界址俱在原契內明白，今因無銀應用，自愿托
中送弟處
弟彬邊承為業，三面相議，時值價銀壹拾
肆兩正，其兩折錢捌百文扣，其銀即日交足，
其田底面全即付弟翻犁耕作、辦納糧差。係
是自己物業，與別兄弟無干，係無文契不明等
情，如有此情，係是兄出頭支當，不涉弟之事。
係有力之時，憑繳契面取贖，其年限不拘遠近，
係原主取贖，不論年期，兩家情愿，各無反悔。
今欲有憑，立繳賣契壹紙，另繳原契壹紙，
共成貳紙，付執為照。

道光貳拾伍年貳月 日立繳賣契兄彬篤（押）
在見弟[illegible]（押）
中人兄彬玉（押）
代字兄[illegible]（押）

大[illegible]

清道光二十五年二月楊彬篤立繳賣底面全民田契

9-1-32-10

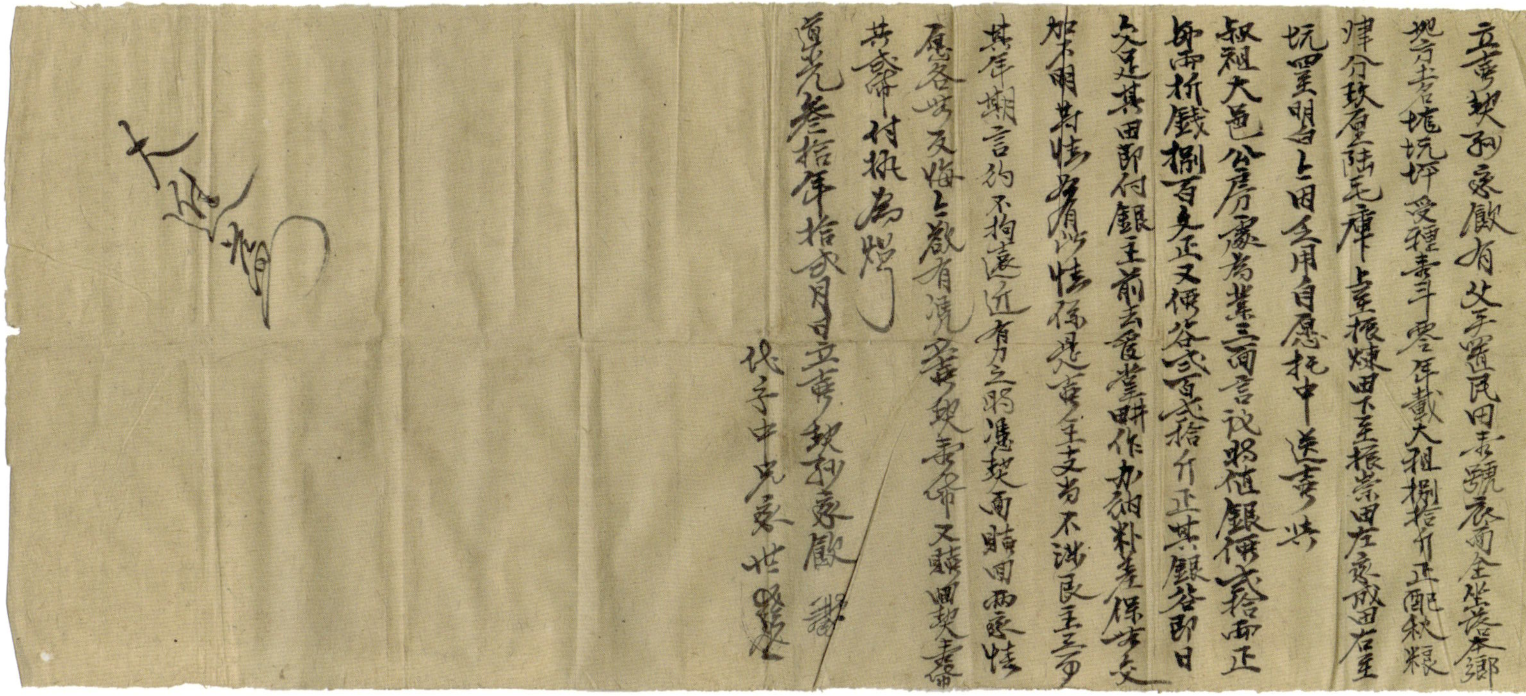

立賣契楊家欽有父手置民田壹號□面全坐落本鄉
地方土名塘坑坪受種壹斗零年載大租捌拾斤正配秋粮
肆分玖厘陸毛庫上至振煉田下至振崇田左至成田右至
坑四至明白上田今因用自愿托中送賣與
叔祖大邑公房家為業三面言議時值銀價貳拾兩正
每兩折錢捌百文正又價谷貳百貳拾斤正其銀谷即日
交足其田即付銀主前去管業耕作办納粮差保此交
加不明等情若有此情係是賣主支當不涉銀主之事
其田期言約不拘遠近有力之時憑契面贖田兩愿情
愿各安反悔上歲有憑立賣契壹帋又贖回契壹帋
共二帋付執為照
道光叁拾年拾貳月　日立賣契楊家欽 押
代字中 兄家世 押

9-1-32-11　清道光三十年十二月楊家欽立賣民田契

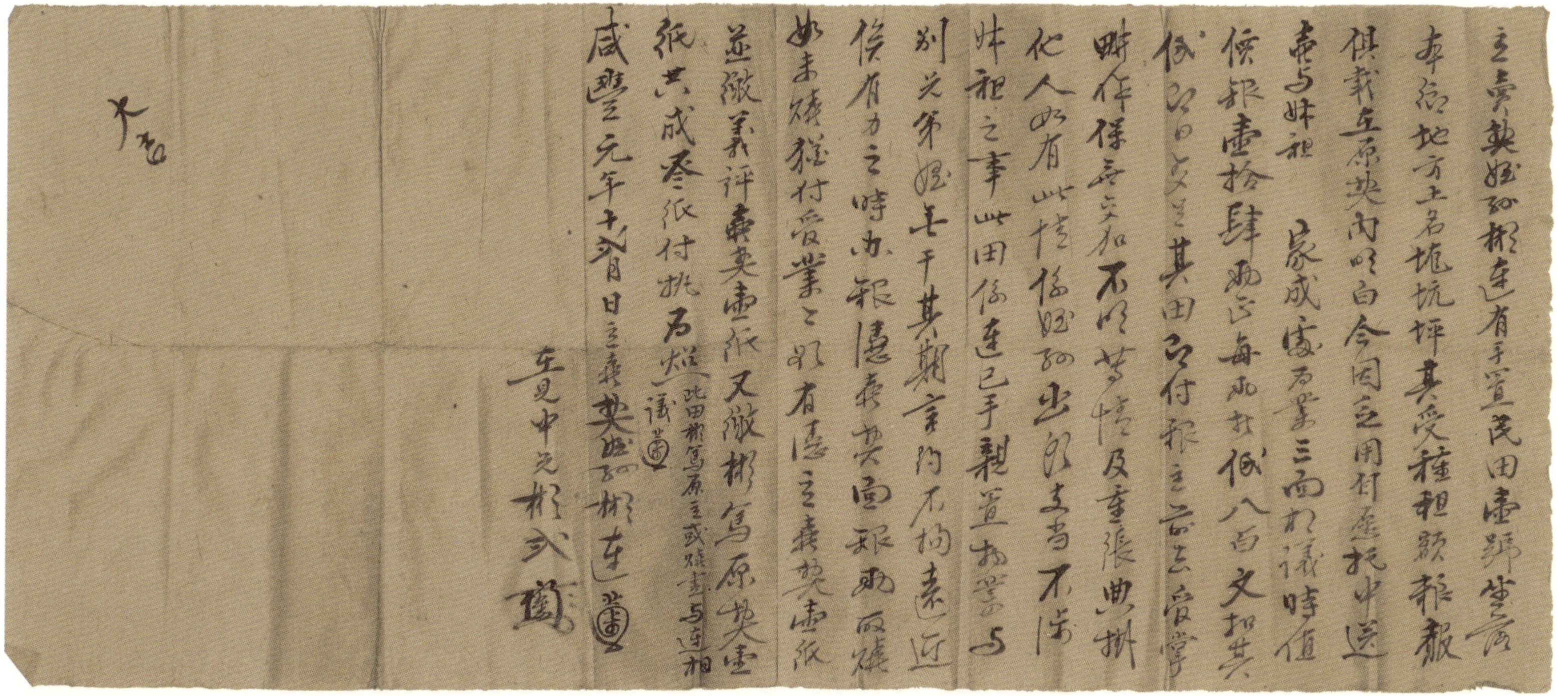
立賣契楊細彬連，有手置民田壹號，坐落
本處地方，土名埯坑坪，其受種租穀[illegible][illegible]
俱載在原契內明白。今因乏用，情托中送
賣與[illegible]祖　處成為業。三面相議，時值
價銀壹拾肆兩正，每兩扣錢八百文，扣共
錢[illegible][illegible]文正。其田即付銀主管
業耕種，保無交加不明等情及重張典掛
他人。如有此情，係細彬出頭支當，不涉
祖之事。此田係連己手親置物業，與
別兄弟叔侄無干。其期言約不拘遠近，
備有力之時，办銀憑契面銀兩取贖；
如未贖，准付管業之。恐有憑，立賣契壹紙，
並繳[illegible]評賣契壹紙，又繳彬寫原契壹
紙，共成叁紙，付執為照。（此田彬寫原主武贖，[illegible]與連相議）
咸豐元年十二月　日立賣契楊細彬連
在見中兄　彬武
大吉

9-1-32-12　清咸豐元年十二月楊彬連立賣民田契

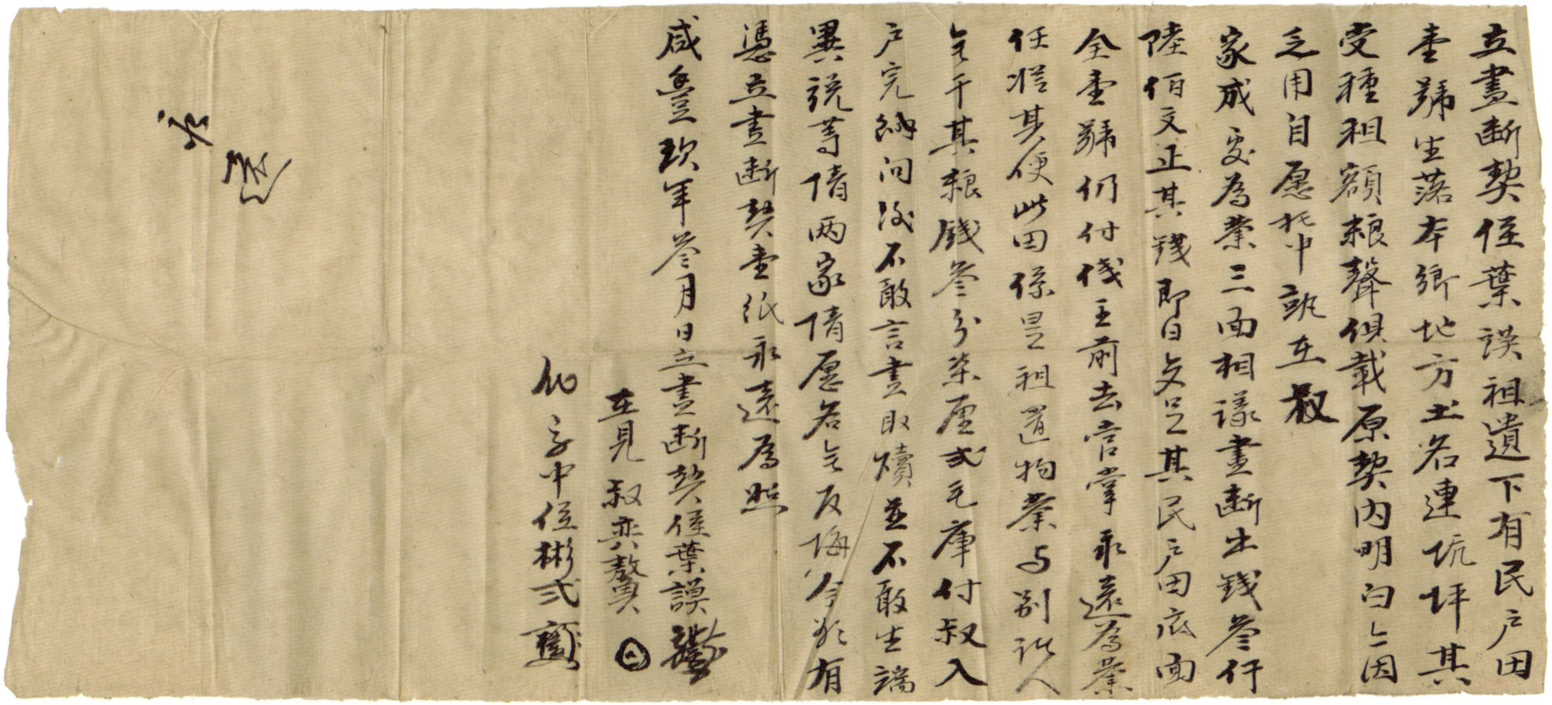

立盡斷契侄葉謨，祖遺下有民户田
壹號，坐落本鄉地方土名連坑坪，其
受種租額粮聲俱載原契內明白，今因
乏用，自愿托中就在叔
家成交為業，三面相議盡斷出錢叁仟
陸佰文正，其錢即日交足，其民户田底面
全壹號，仍付錢主前去管業，永遠為業，
任憑其便。此田係是祖置遺物業，與別人
無干。其粮錢叁分柒厘式毛，庫付叔入
户完納，向後不敢言盡取贖，並不敢生端
異說等情，兩家情愿，各無反悔，今欲有
憑，立盡斷契壹紙，永遠為照。
咸豐玖年叁月　日立盡斷契侄葉謨（押）
在見叔葉鰲（押）
代字中侄彬式（押）

9-1-32-13　清咸豐九年三月楊葉謨立盡斷民户田契

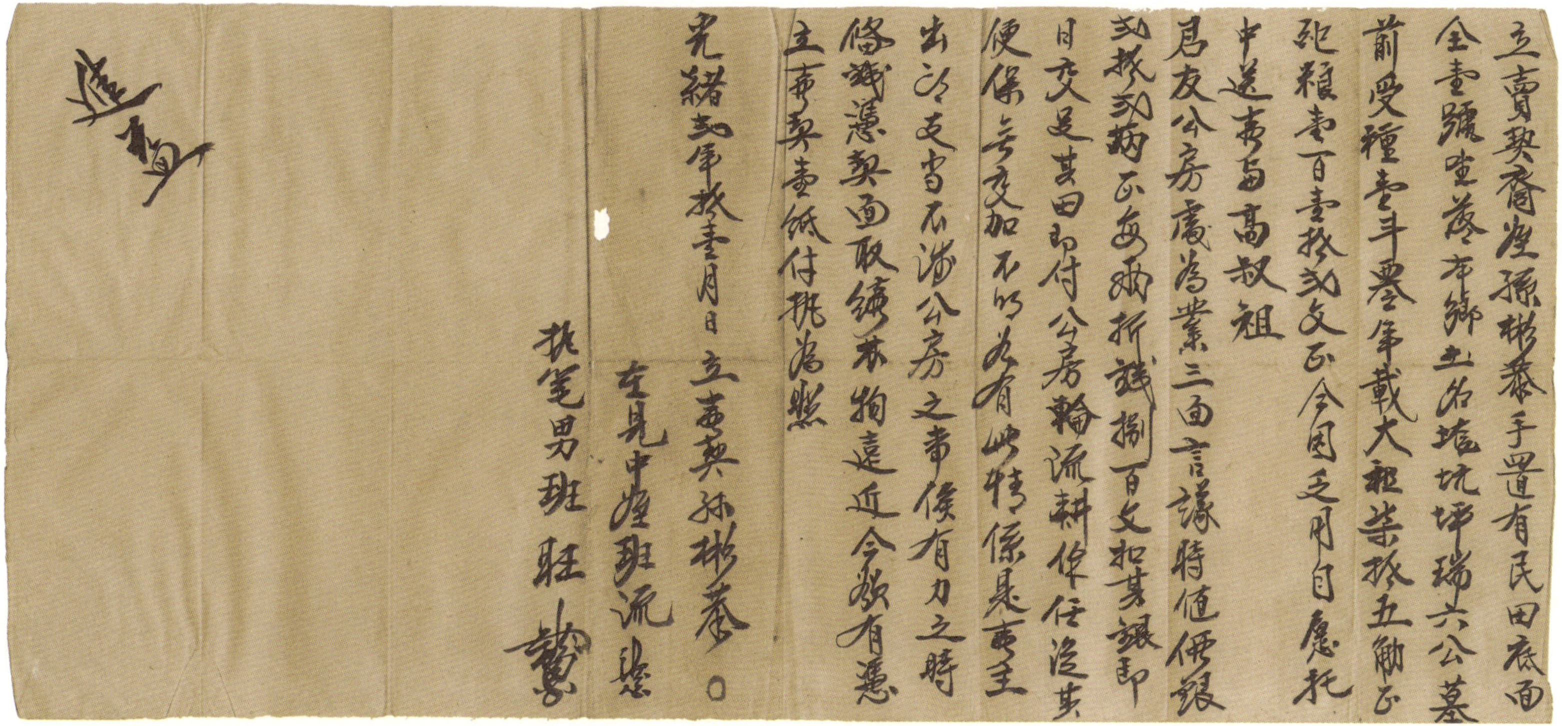

立賣契裔侄孫彬恭手置道有民田底面
全壹號坐落本鄉土名堵坑坪瑞六公墓
前受種壹斗叁升載大租柒拾五觔正
配糧壹百壹拾貳文正今因乏用自愿托
中送賣與高叔祖
昌友公房處爲業三面言議時值價銀
貳拾貳兩正又兩折錢捌百文扣其銀即
日交足其田即付公房輪流耕作任從其
便保無交加不明如有此情係是賣主
出頭支當不涉公房之事係有力之時
備錢憑契面取贖不拘遠近今欲有憑
立賣契壹紙付執爲照

光緒貳年拾壹月日　立賣契孫彬恭○

在見中侄班流

執筆男班駐

9-1-32-14　清光緒二年十一月楊彬恭立賣底面全民田契

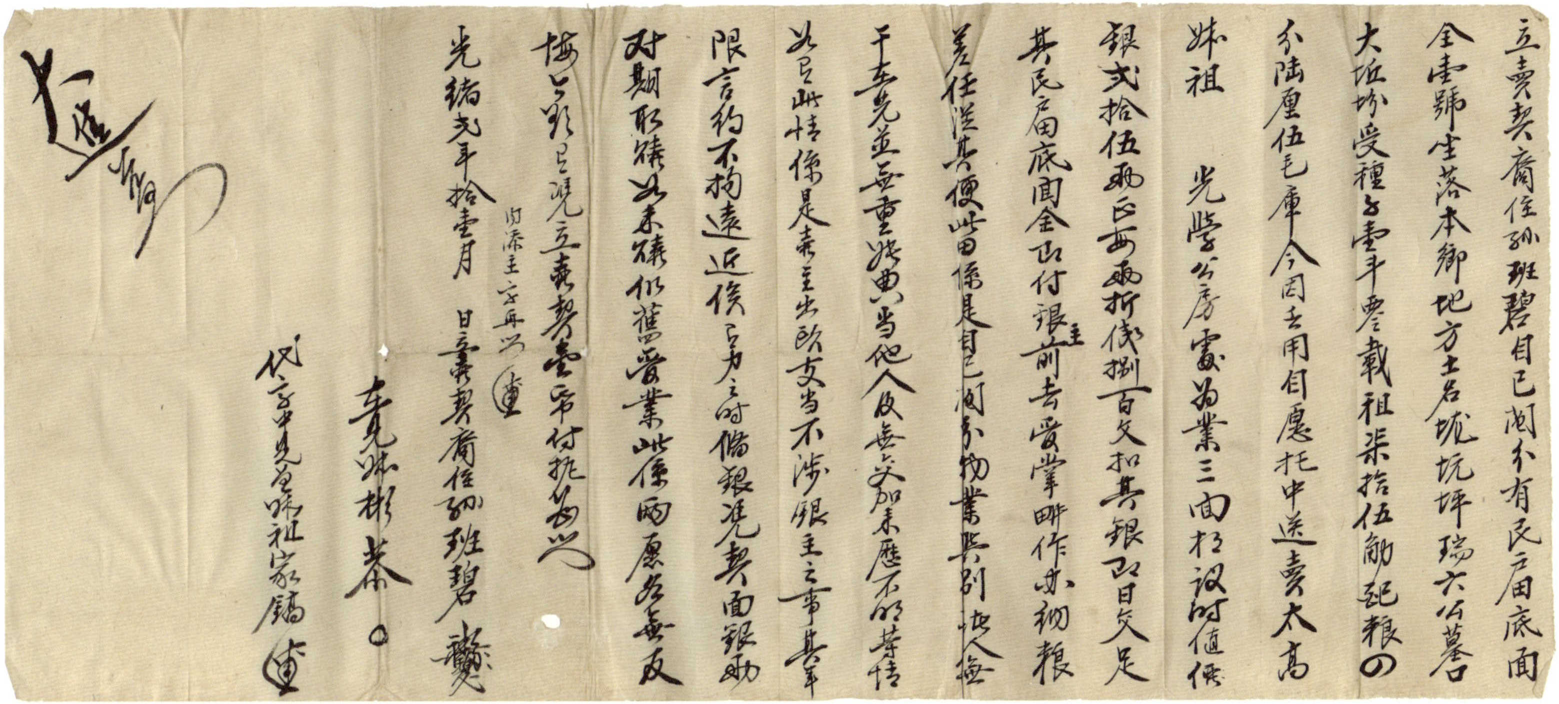
立賣契裔侄孫班碧自己鬮分有民户田底面
全塅歸坐落本鄉地方土名坑坑坪瑞六公墓口
大坵坪受種子壹斗零載租柒拾伍觔起粮〇
分陸厘伍毛庫今因乏用自愿托中送賣太高
叔祖　光瑩公房處爲業三面言議時值價
銀貳拾伍兩正每兩折錢捌百文扣其銀即日交足
其民户田底面全即付銀主前去管掌耕作收納粮
差任從其便此田係是自己鬮分物業與别房人無
干吾兄並無重張典當他人及無上手加來歷不明等情
如有此情係是賣主出頭支當不涉銀主之事其年
限言約不拘遠近候力之時備銀照契面銀兩
对期取贖如未贖仍舊管業此係兩愿各無反
悔今欲有憑立賣契壹帋付執爲照
內添主字壹字 押
光緒弍年拾壹月　日立賣契裔侄孫班碧 押
在見叔彬恭 〇
代字中見堂叔祖家鎬 押
大進

9-1-32-15　清光緒二年十一月楊班碧立賣底面全民户田契

立賣租契侄孫金隆承祖遺下有名
民田底面全壹號坐落本鄉地方土名
坑坑坪落埯種仔壹斗揔出大小租
壹佰觔正照納糧米户依憑鄉例
分配今因乏用自愿托中送賣與侄孫
聲遠祖處為業三面相議時值價國
幣伍佰壹拾伍元正其價即日交足其租
即付銀主前去佃對收租其租壹年壹
次不敢少欠如是少欠觔兩其田即付
銀主起召別耕任從自便不敢生端枝節
異言此係二理保無重加來歷不明
如有此情係是賣主出頭支當不涉銀主
之事其期言約不拘遠近有力之時依
原契面贖回此係兩家情愿各無反悔
今欲有憑立賣契壹紙又隨繳連契壹紙
契壹紙共成弍紙付執為照
內改約壹字再照
民國三十二年弍月　日立賣租契侄孫金隆
代字中見利炳
批明此係贖回其[illegible]憑鄉例[illegible]利炳手啟

9-1-32-16　民國三十二年二月楊金隆立賣底面全民户田租契

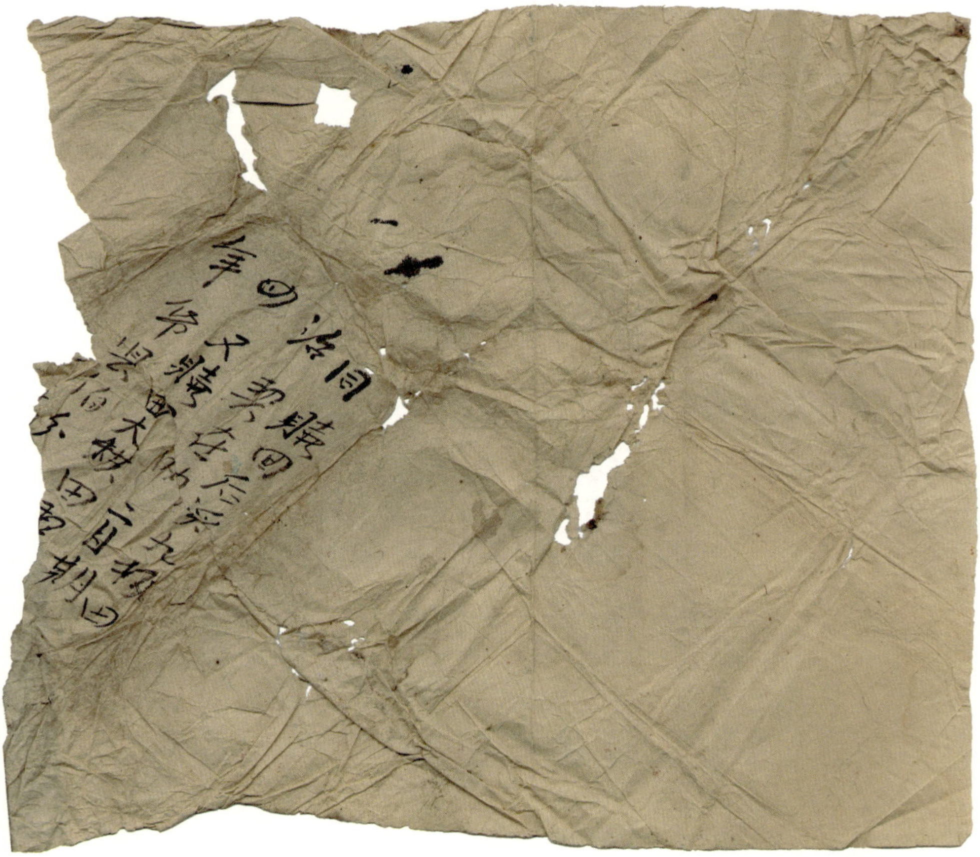

9-1-33-1　包契紙

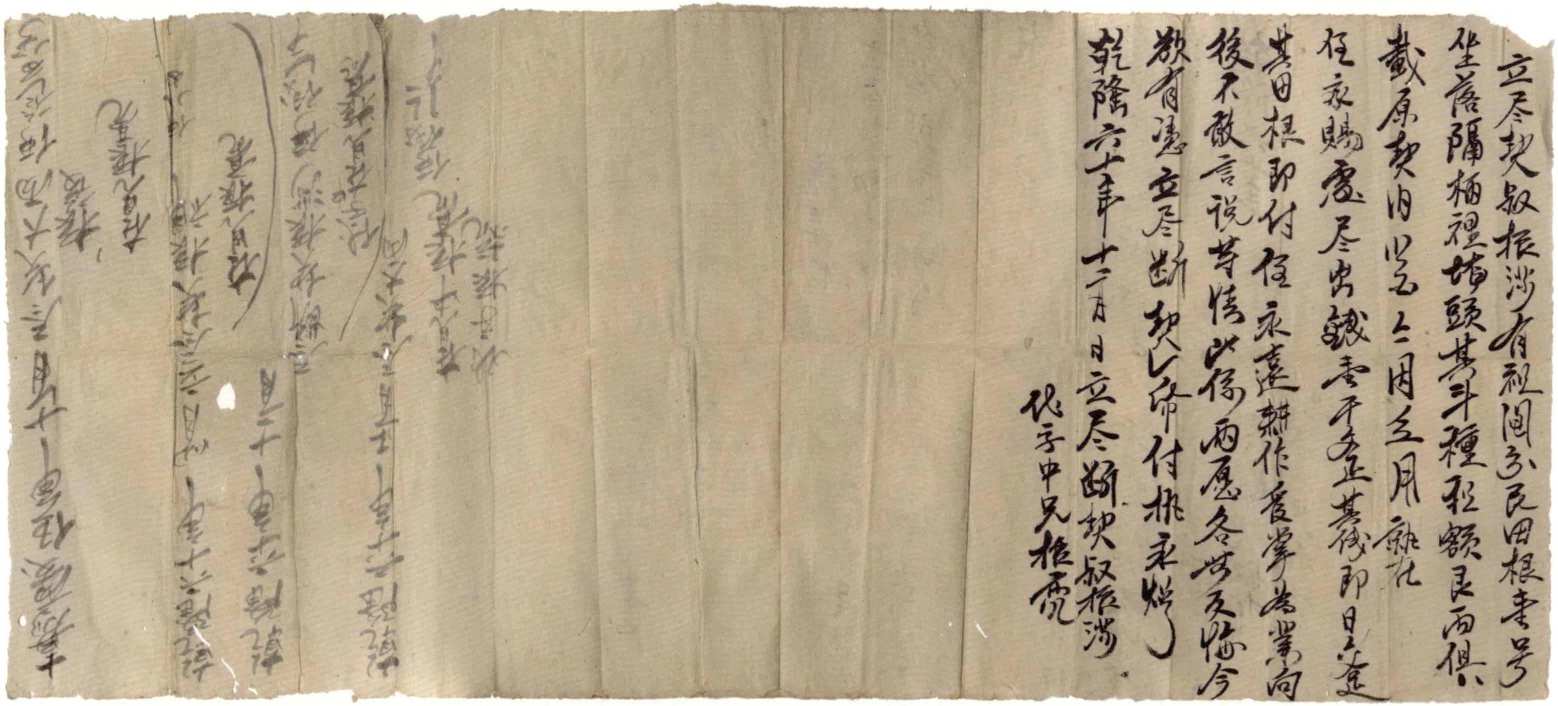

立尽契叔振涉，有祖[illegible]分民田根壹号，坐落隔[illegible]裡[illegible]頭，其斗種租額良兩俱載原契內，[illegible]今因乏用，就托侄永賜處，尽出錢壹千文正。其錢即日交足，其田根即付侄永遠耕作，管掌為業。向後不敢言說[illegible]，此係兩愿，各無反悔。今欲有憑，立尽斷契一紙付執永照。

乾隆六十年十二月　日　立尽斷契叔振涉

代字中見[illegible]

9-1-33-2　清乾隆六十年十二月楊振涉立盡斷民田根契（草契）

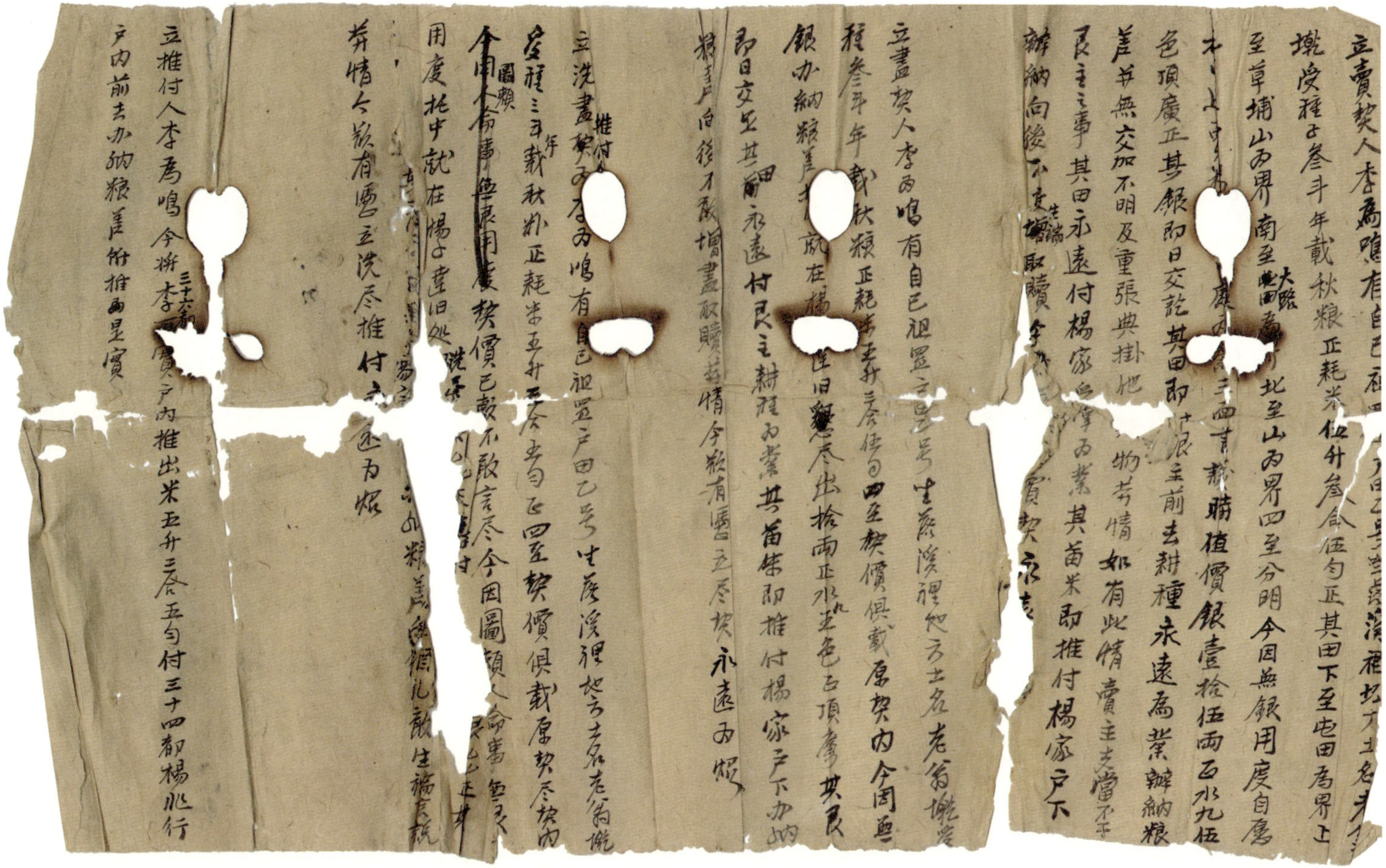

立賣契人李爲鳴有自已祖[illegible]
坵受種子叁斗年載秋粮正耗米伍升叁合伍勺正 其田下至屯田爲界上
至草埔山爲界南至大路爲界北至山爲界四至分明今因無銀用度自應
[illegible]三面言議時值價銀壹拾伍兩正水九伍
色項廣正其銀即日交訖其田即付銀主前去耕種永遠爲業辦納粮
差并無交加不明及重張典掛他物等情如有此情賣主支當不干
銀主之事其田永遠付楊家爲業其苗米即推付楊家戶下
辦納向後不[illegible]增找取贖今[illegible]賣契永[illegible]

立盡契人李爲鳴有自已祖置戶田乙號坐落溪裡地方土名老翁墘
種叁斗年載秋粮正耗米五升三合伍勺四至契價俱載原契內今因無
銀办納粮差[illegible]就在楊[illegible]出[illegible]拾兩正水九色正項廣其銀
即日交足其田永遠付銀主耕種爲業其苗米即推付楊家戶下办納
粮差自後不敢增盡取贖等情今欲有憑立盡契永遠爲照

立洗盡推付契人李爲鳴有自已祖置戶田乙號坐落溪裡地方土名老翁墘
受種三斗年載秋粮正耗米五升三合五勺正四至契價俱載原契盡契內
今因圖賴人命無銀用度契價已敷不敢言盡今因圖賴人命[illegible]
用度托中就在楊家達旧处洗[illegible]
[illegible]
等情今欲有憑立洗盡推付[illegible]遠爲照

立推付人李爲鳴今將李[illegible]戶內推出米五升三合五勺付三十四都楊兆行
戶內前去办納粮差所推是實

9-1-33-3 清乾隆年間李爲鳴立賣民田契

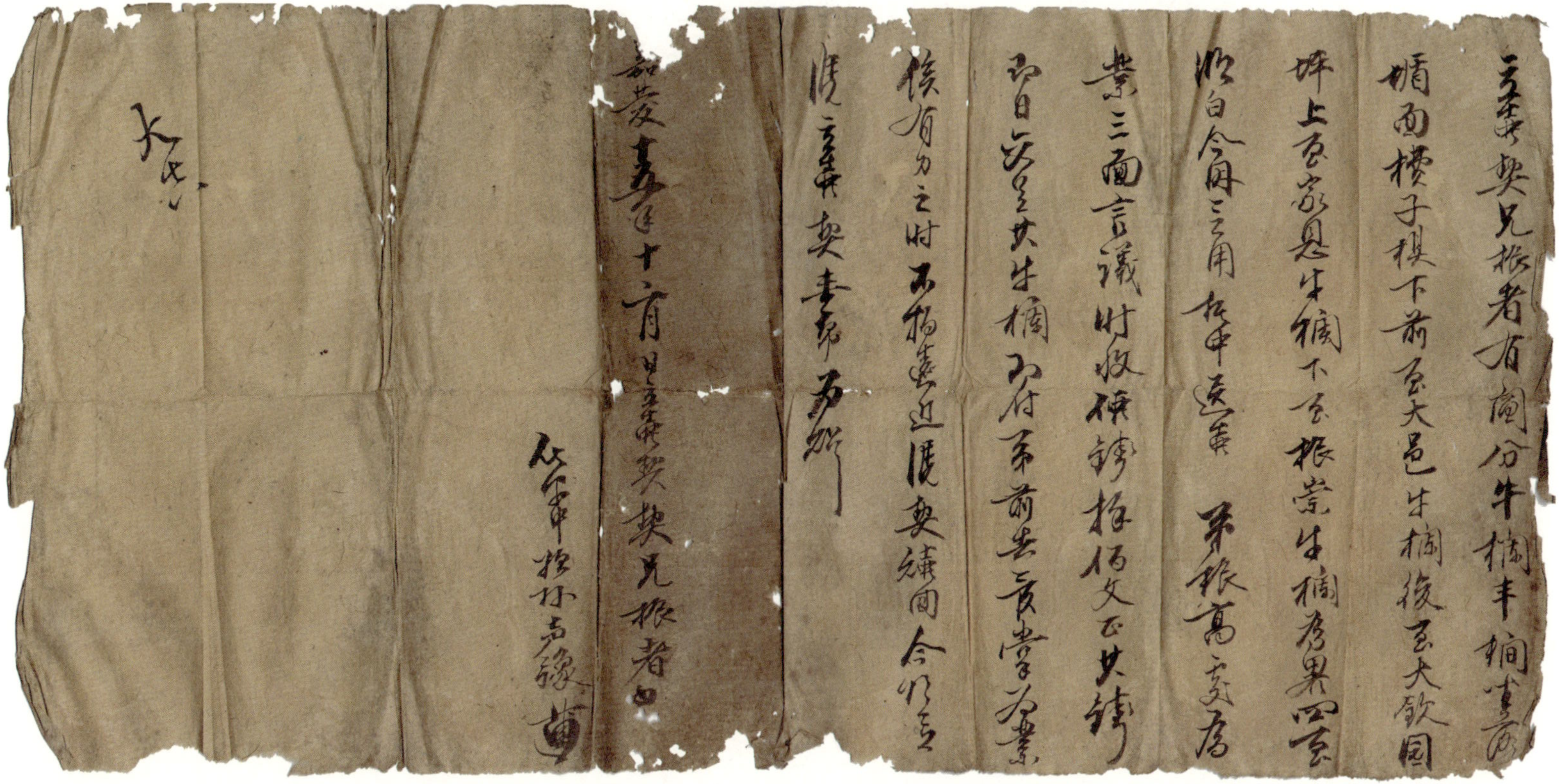
立賣契兄振者有闔分牛欄半間坐落
埔面樓子根下前至大邑牛欄後至大欽園
坪上至家恩牛欄下至振崇牛欄為界四至
明白今因乏用托中送與　弟振高邊為
業三面言議時值價錢捌佰文正其錢
即日收足其牛欄付弟前去管業
日後有力之時不拘遠近照契繳回合[illegible]
恁立賣契為照
嘉慶十五年十二月　日立賣契兄振者
代筆族叔士緣
大吉

9-1-33-4　清嘉慶十五年十二月楊振者立賣牛欄契

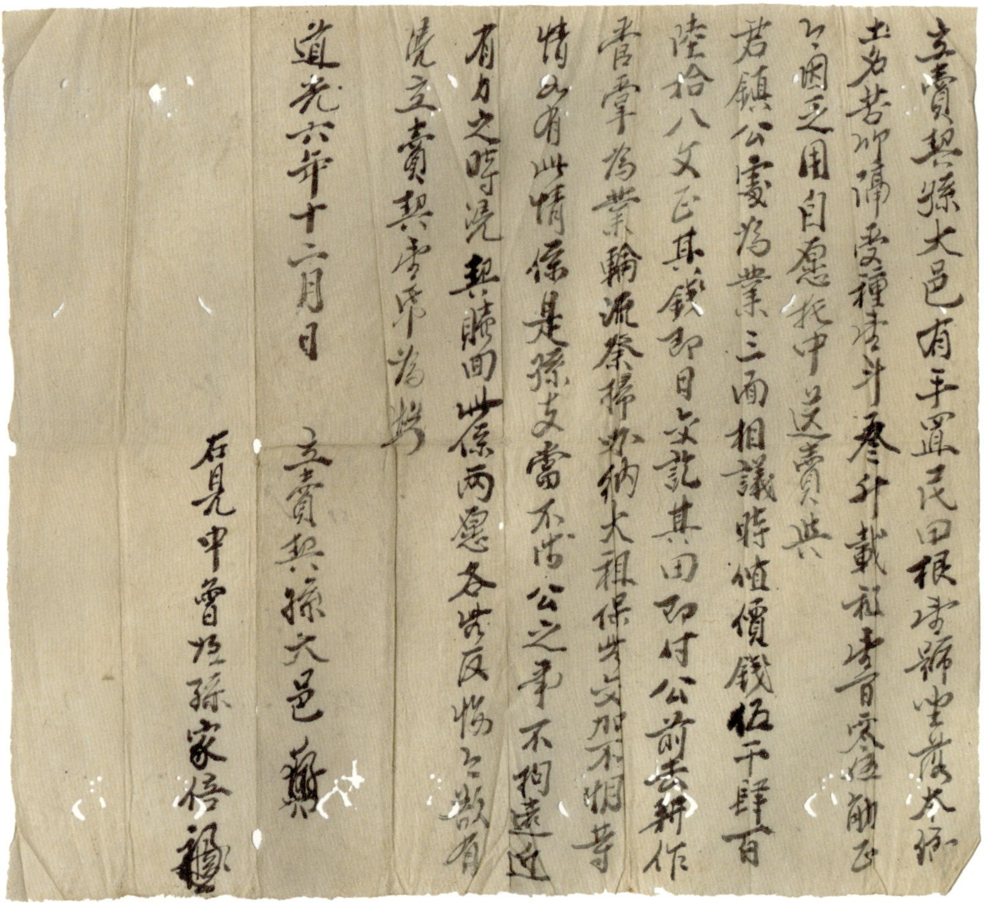

立賣契孫大邑有手置民田根壹號坐落本都
土名苦竹漈受種壹斗叁升載租壹百零陸觔正
今因乏用自愿托中送賣與
君鎮公處為業三面相議時值價錢伍千肆百
陸拾八文正其錢即日交訖其田即付公前去耕作
管掌為業輪流祭掃供納大祖保甲文册不明等
情如有此情係是孫支當不涉公之事不拘遠近
有力之時照契贖回此係兩愿各無反悔今欲有
憑立賣契壹紙為照

道光六年十二月日　立賣契孫大邑（押）

在見中曾姪孫家倍福

9-1-33-5　清道光六年十二月楊大邑立賣民田根契

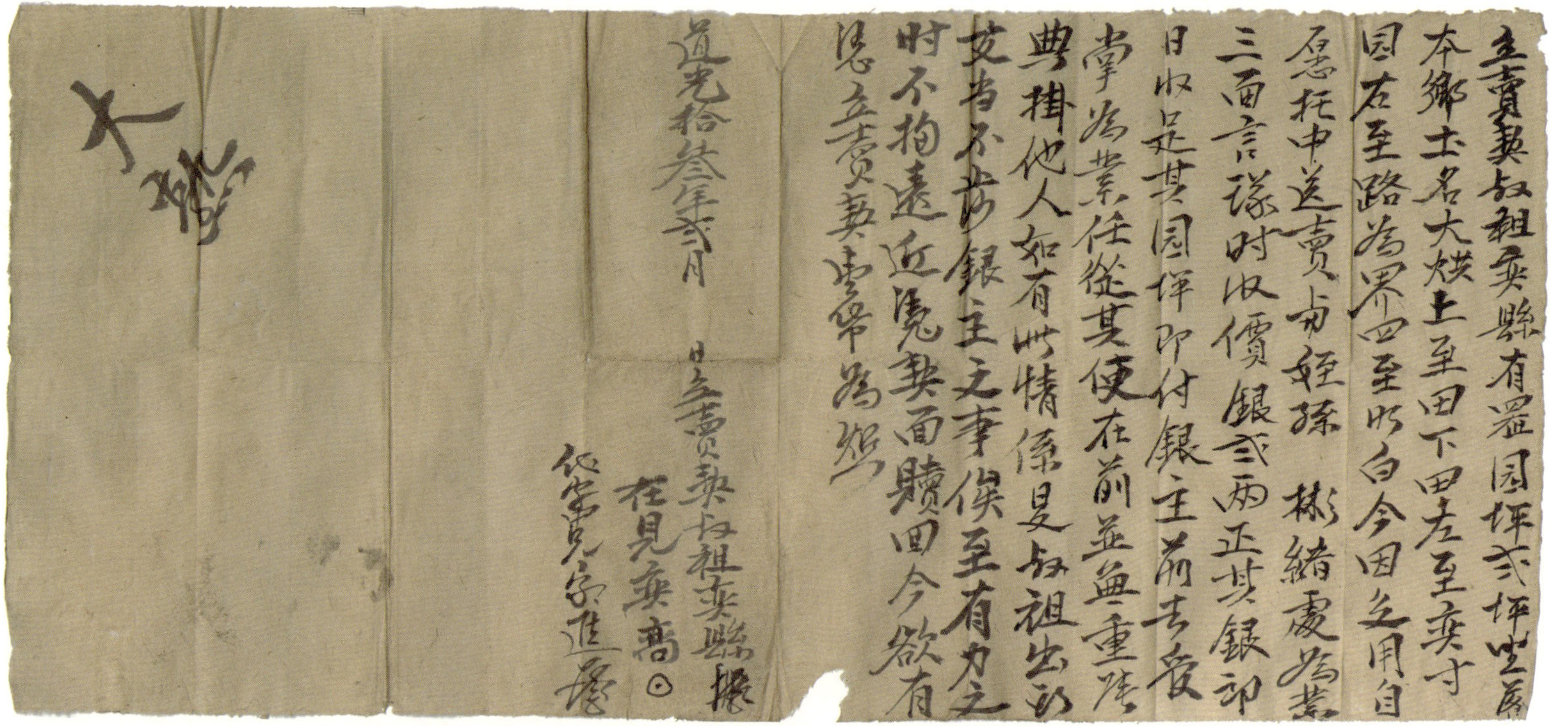
立賣契叔祖奕縣有罍園坪弍坪坐落
本鄉土名大烘上至田下田左至奕寸
园右至路為界四至明白今因乏用自
愿托中送賣與侄孫　彬緒處為業
三面言議时收價銀弍兩正其銀即
日收足其園坪即付銀主前去管
掌為業任從其便在前並無重張
典掛他人如有此情係是叔祖出頭
支當不干銀主之事係至有力之
时不拘遠近凴契面贖回今欲有
凴立賣契壹帋為照
道光拾叁年弍月　日立賣契叔祖奕縣（押）
在見奕喬○
代字見家進（押）
大吉

9-1-33-6　清道光十三年二月楊奕縣立賣園坪契

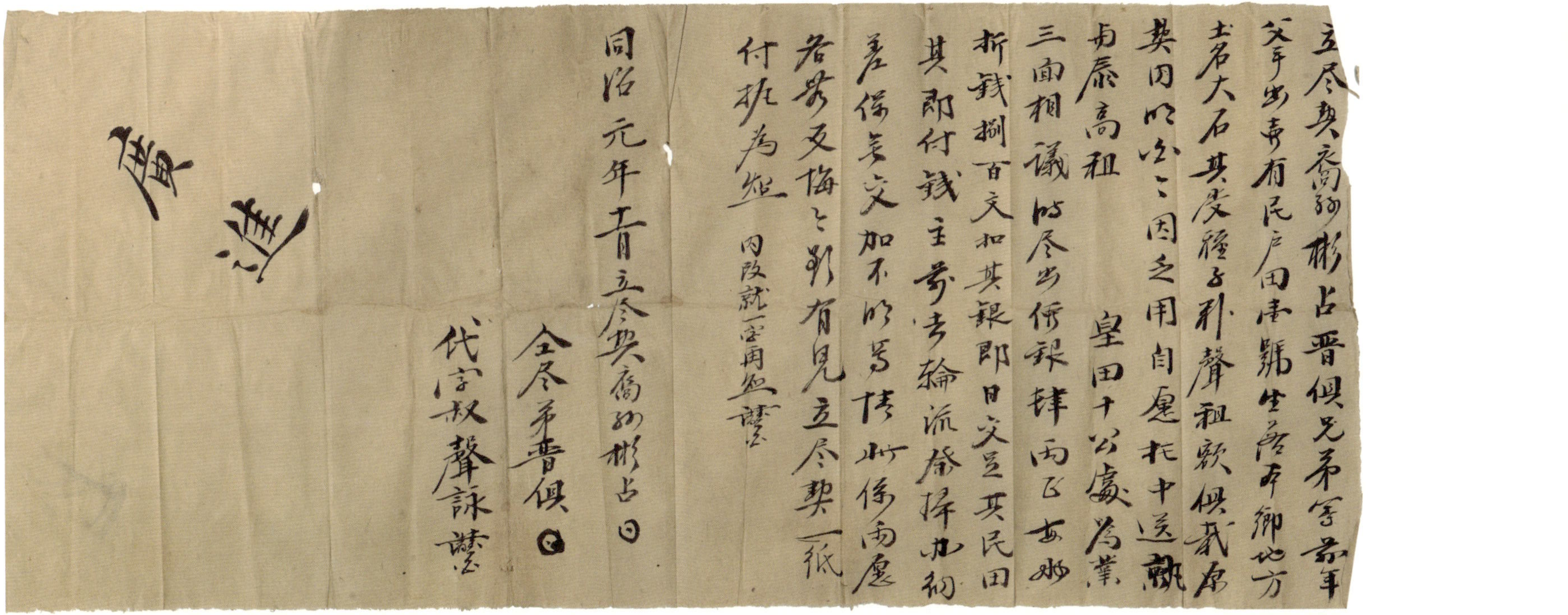

立盡契裔孙彬占晋俱兄弟等先年
父手出賣有民户田壹號坐落本鄉地方
土名大石其田種子秆聲租穀俱載原
契因此以之因乏用自愿托中送就
與房高祖　皇田十公處爲業
三面相議時盡出價銀肆兩正出
折錢捌百文扣其銀即日交足其民田
其即付錢主前去輸流管掌收租
差係其交加不明等情此係兩愿
各無反悔今欲有憑立盡契一紙
付執爲照　内改就一字再照謹

同治元年十一月立盡契裔孙彬占日
仝盡弟晋俱
代字叔聲詠謹

[illegible]

9-1-33-7　清同治元年十一月楊彬占等立盡民户田契

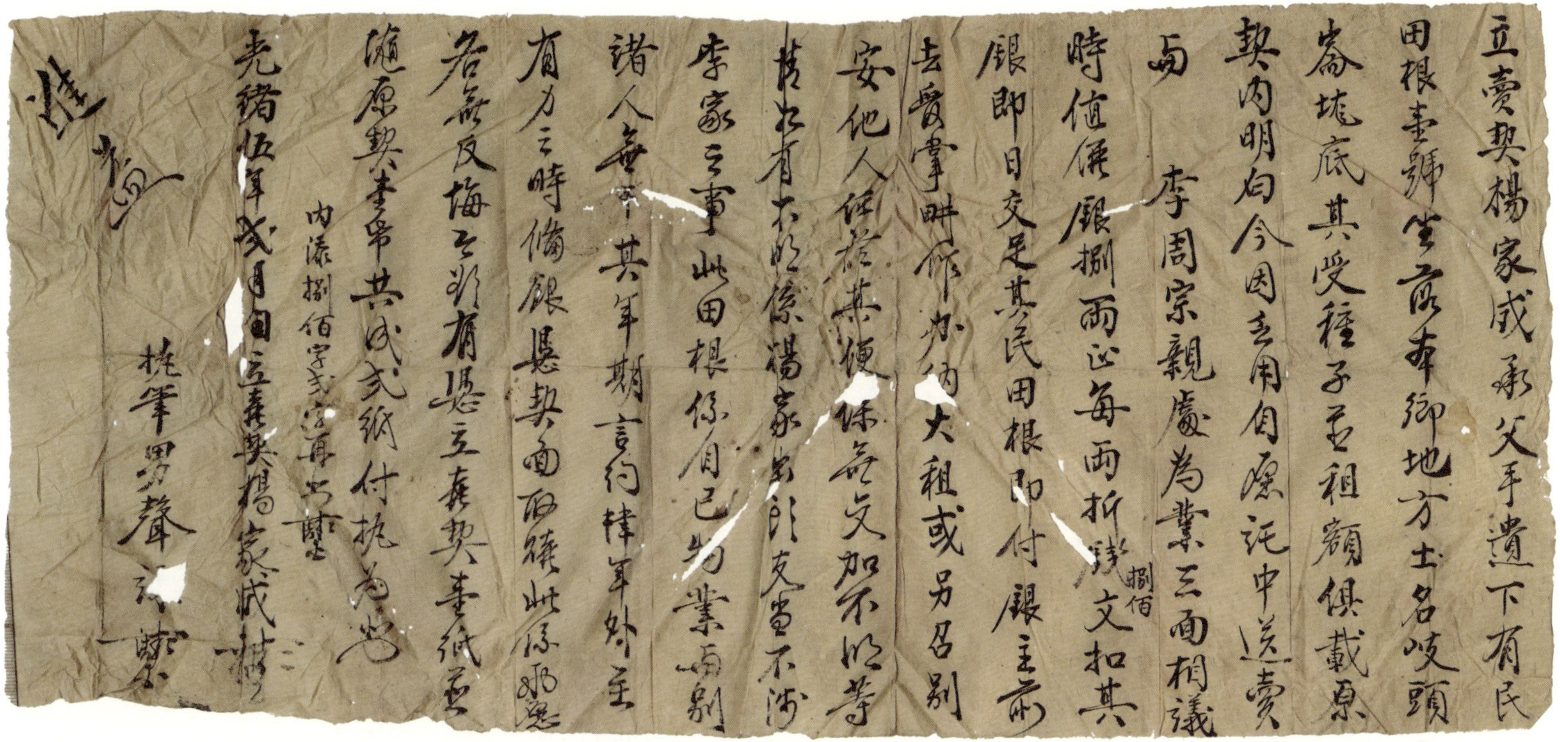
立賣契楊家成承父手遺下有民
田根壹號坐產本鄉地方土名岐頭
崙垅底，其受種子並租額俱載原
契內明白。今因乏用，自愿托中送賣
與李周宗親邊為業，三面相議
時值價銀捌兩正，每兩折錢捌佰文扣，其
銀即日交足，其民田根即付銀主前
去管耕，作为大租或另召別
安他人耕種，其便係前文加不敢等
情。此有不明，係楊家出頭支當，不涉
李家之事。此田根係自己物業，與別
諸人無干。其年期言約拄年外至
有力之時備銀取契回贖，此係兩愿，
各無反悔。今欲有憑，立賣契壹紙並
繳原契壹紙，共貳紙，付執為照。
內添捌佰字貳個再照。
光緒伍年貳月　日立賣契楊家成
代筆男聲

9-1-33-8　清光緒五年二月楊家成立賣民田根契

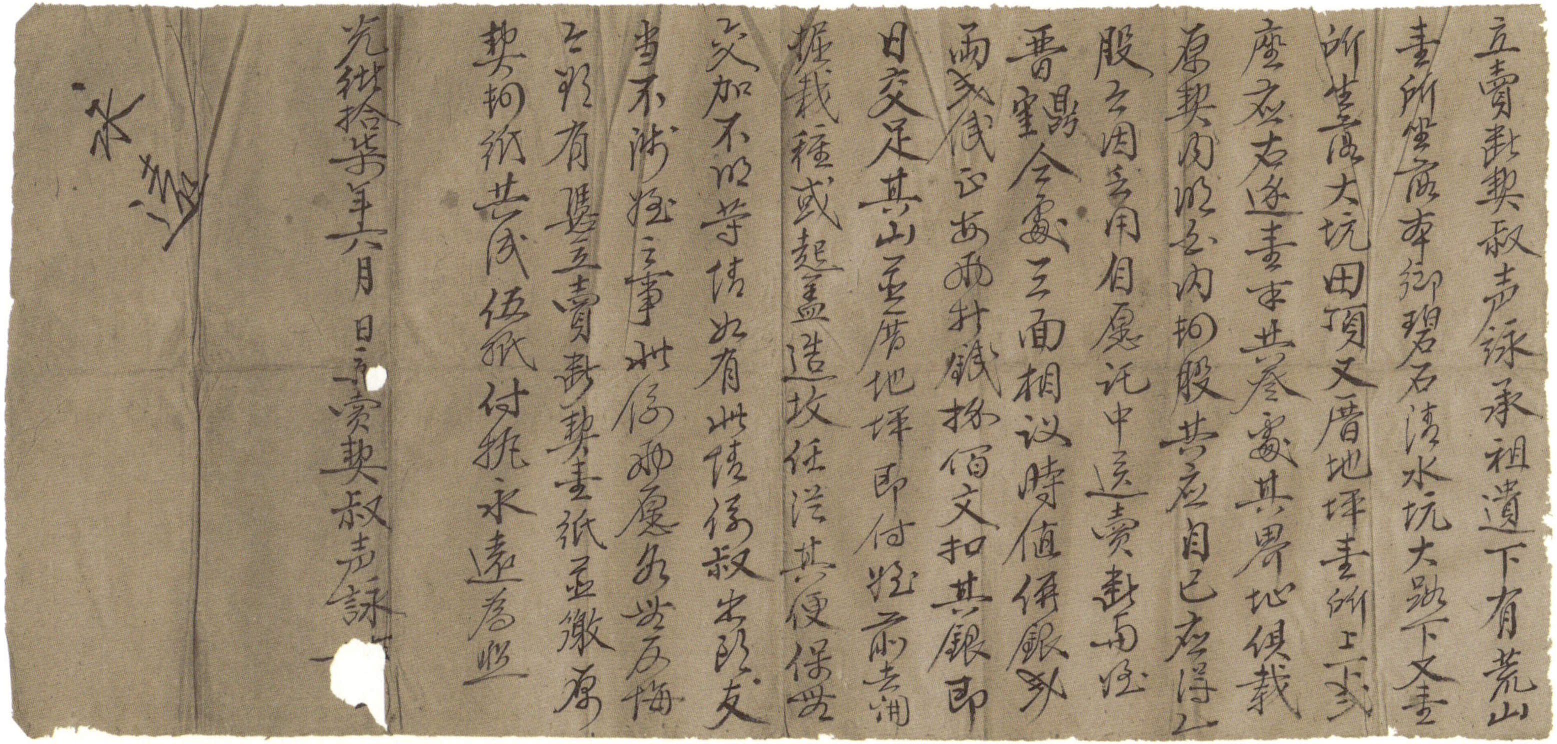

立賣斷契叔声詠承祖遺下有荒山
壹所坐落本鄉碧石清水坑大路下文奎
所坐落大坑田項又厝地坪壹所上至
塵左右至逸壹方共叁處其界址俱載
原契內明分內拘股共應自己應得山
股分因無用自愿托中送賣斷與姪
晋[illegible]全處三面相议時值价銀叁
兩貳錢正每兩升錢捌佰文扣其銀即
日交足其山並厝地坪即付姪前去補
掘栽種或起蓋造坟任從其便保此
交加不明等情如有此情係叔出頭支
當不涉姪之事此係兩愿各無反悔
今欲有憑立賣斷契壹紙並繳原
契拘紙共貳伍紙付執永遠為照
光緒拾柒年六月　日立賣契叔声詠
永遠

9-1-33-9　清光緒十七年六月楊声詠立賣荒山契

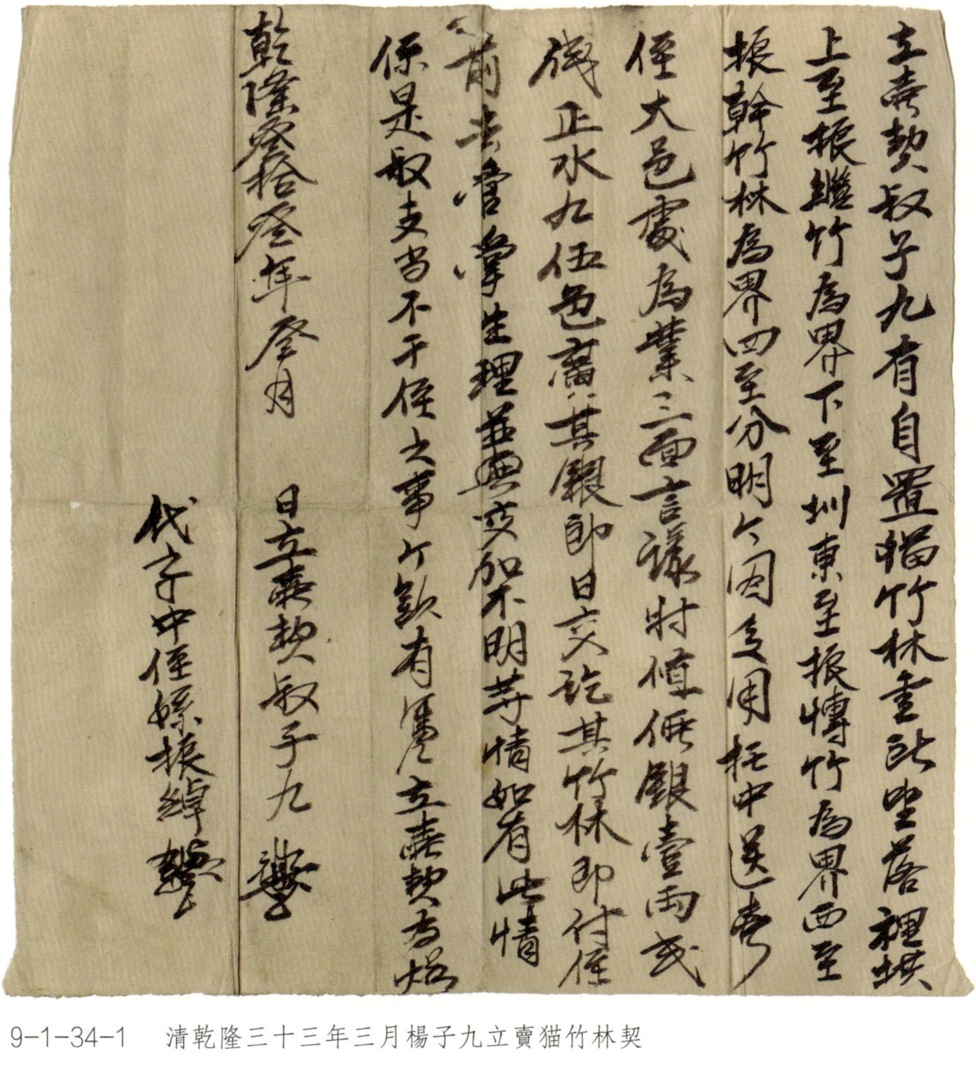
立賣契叔子九有自置猫竹林壹所坐落裡坑
上至振繼竹為界下至圳東至振博竹為界西至
振幹竹林為界四至分明今因乏用托中送賣少
侄大邑處為業三面言議時値價銀壹兩貳
錢正水九伍色廣廣其銀即日交訖其竹林即付侄
前去管掌生理並無交加不明等情如有此情
係是叔支當不干侄之事今欲有憑立賣契為炤
乾隆叁拾叁年叁月 日立賣契叔子九（押）
代字中侄振緯（押）

9-1-34-1　清乾隆三十三年三月楊子九立賣猫竹林契

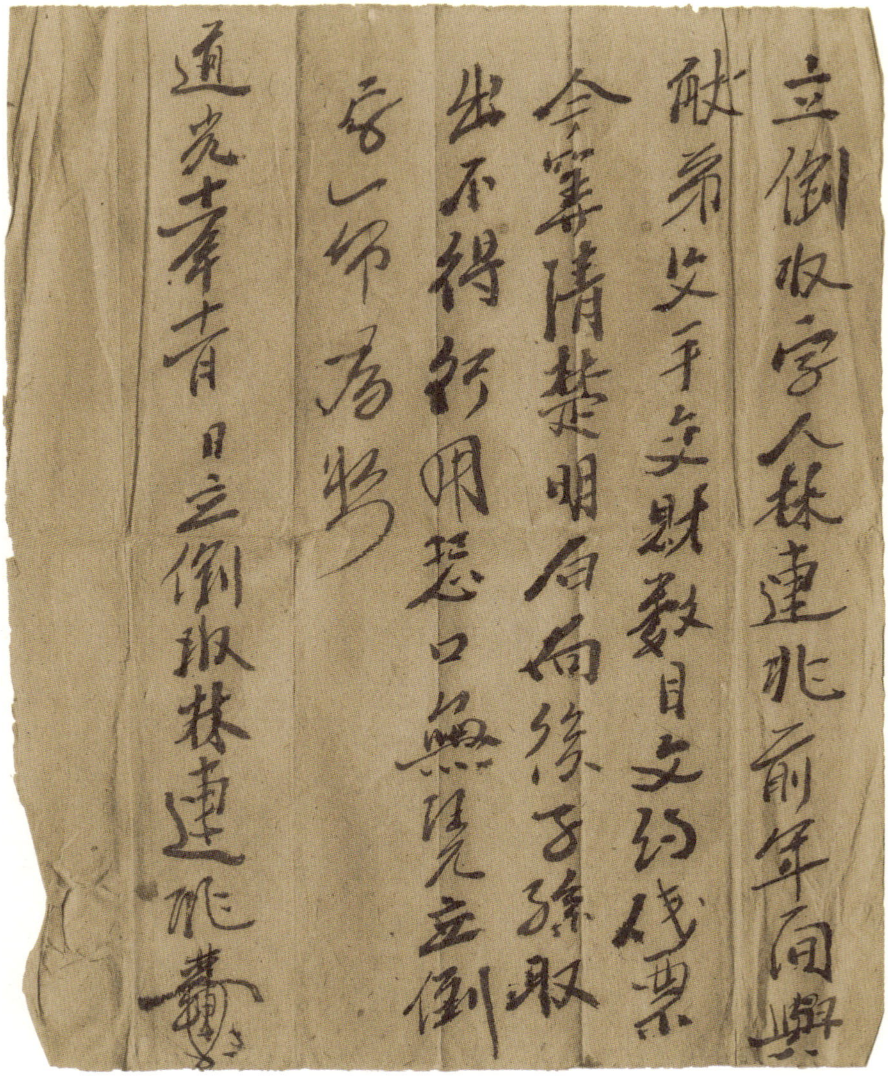
立倒收字人林連兆前年同與
献弟交手交財數目文約錢票
今算清楚明白向後子孫取
出不得行用恐口無憑立倒
字一紙爲照
道光十一年十一月　日立倒收林連兆（押）

9-1-34-2　清道光十一年十一月林連兆立倒收字

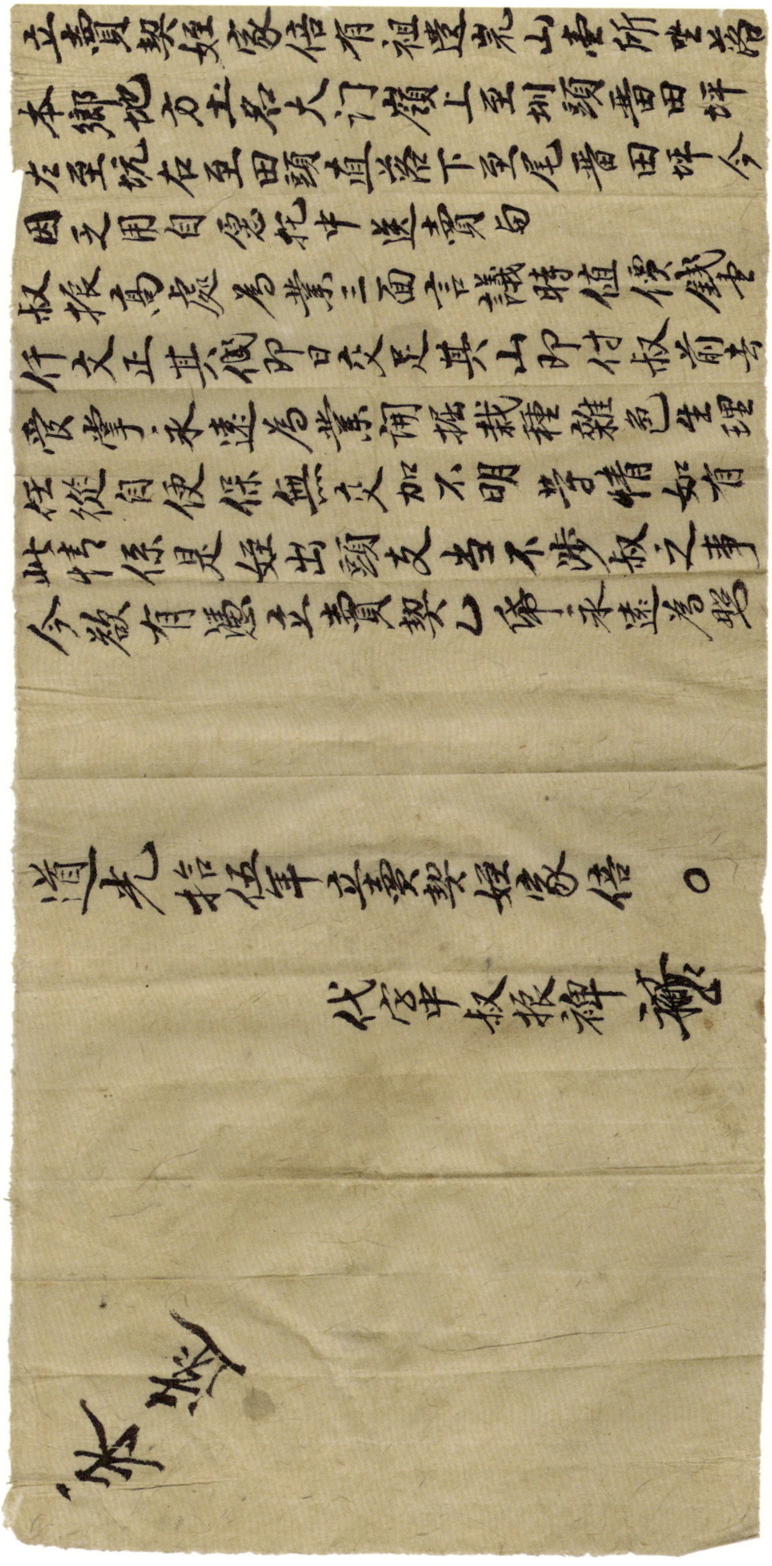

立賣契姪家倍有祖遺荒山壹所坐落
本鄉地方土名大门嶺上至圳頭番田坪
左至坑右至田頭直落下至尾番田坪今
因乏用自愿托中送賣与
叔振高處為業三面言議時值價錢壹
仟文正其價即日交足其山即付叔前去
管掌永遠為業開掘栽種雜色生理
任從自便係無交加不明等情如有
此情係是姪出頭支當不涉叔之事
今欲有憑立賣契山帋一永遠為照

道光拾伍年立賣契姪家倍 ○

代字中叔振禕

永遠

9-1-34-3　清道光十五年楊家倍立賣荒山契

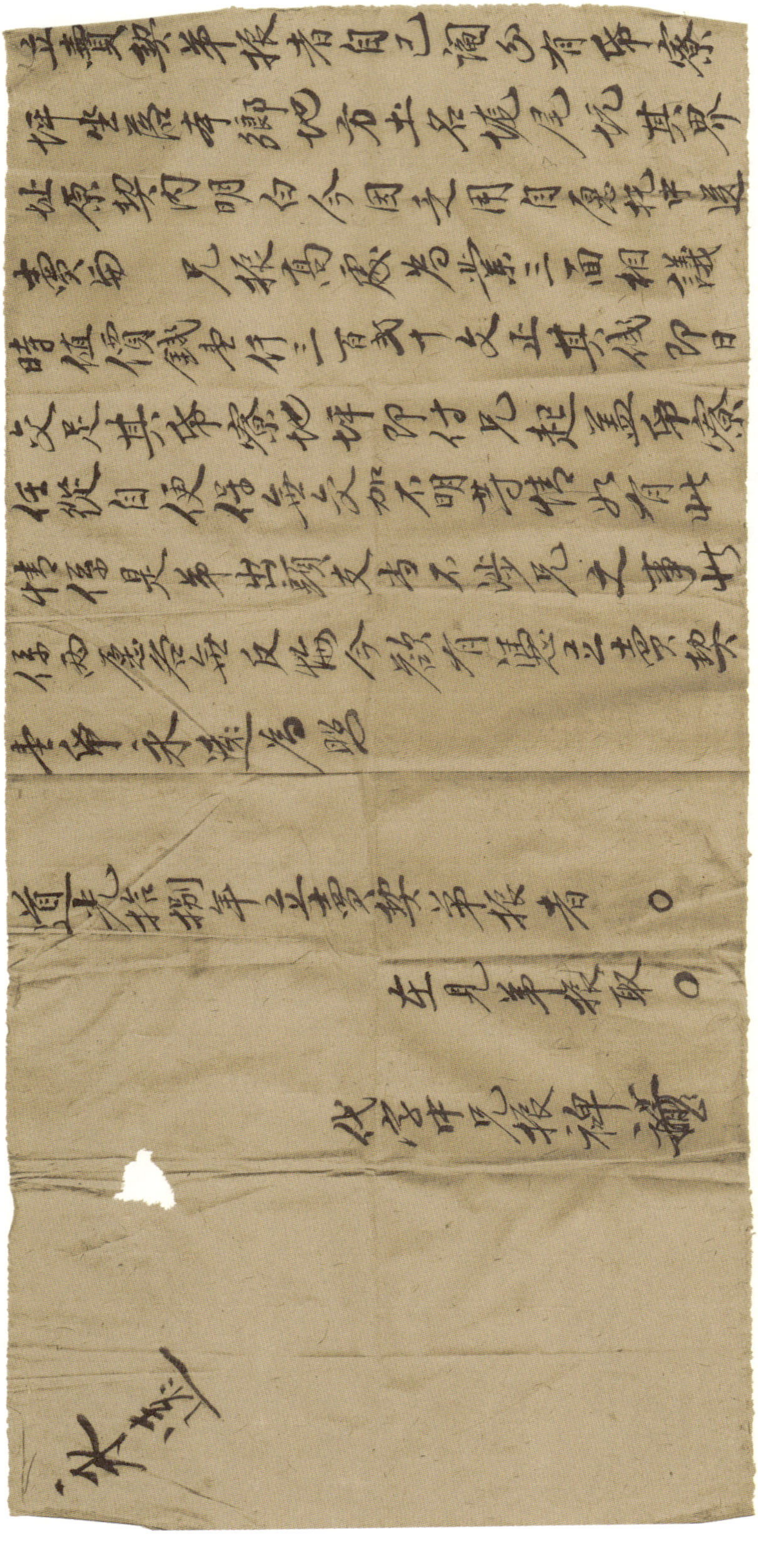

立賣契弟振者自己閹分有紙寮
坪壹所坐落本鄉地方土名坑尾，其界
址原契內明白，今因乏用，自愿托中送
賣與兄振高處為業，三面相議
時值價錢壹仟三百貳十七文止，其錢即日
交足，其紙寮地坪即付兄起蓋紙寮
任從自便，係是出自甘愿，亦不明苟情，如有此
情係是弟出頭支當，不涉兄之事。此
係兩愿，各無抑勒反悔，今欲有憑，立賣契
壹紙，永遠為照。

道光拾捌年　立賣契弟振者 ○
在見弟振取 ○
代字堂兄振福

水照

9-1-34-4　清道光十八年楊振者立賣紙寮坪契

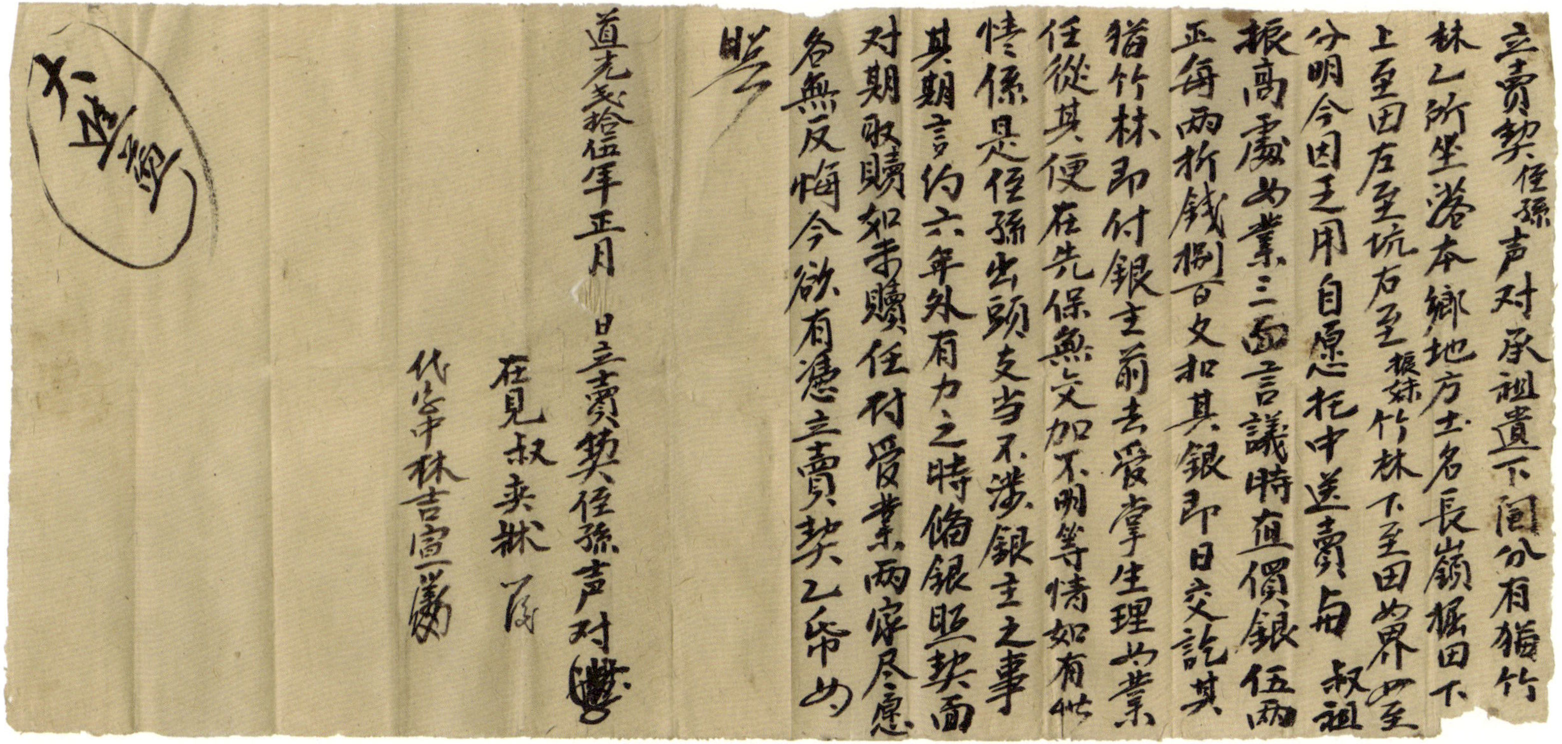
立賣契侄孫声对承祖遺下閫分有猫竹
林乙所坐落本鄉地方土名長岀嶺抵田下
上至田左至坑右至振銖竹林下至田为界四至
分明今因乏用自愿托中送賣与叔祖
振高處为業三面言議時值價銀伍兩
正每兩折錢捌百文扣其銀即日交訖其
猫竹林即付銀主前去管掌生理为業
任從其便在先保無交加不明等情如有此
情係是侄孫出頭支当不涉銀主之事
其期言约六年外有力之時備銀照契面
对期取贖如未贖任付管業兩家各愿
各無反悔今欲有憑立賣契乙帋为
照

道光貳拾伍年正月　日立賣契侄孫声对
在見叔奕湫
代字中林吉富

9-1-34-5　清道光二十五年正月楊声对立賣猫竹林契

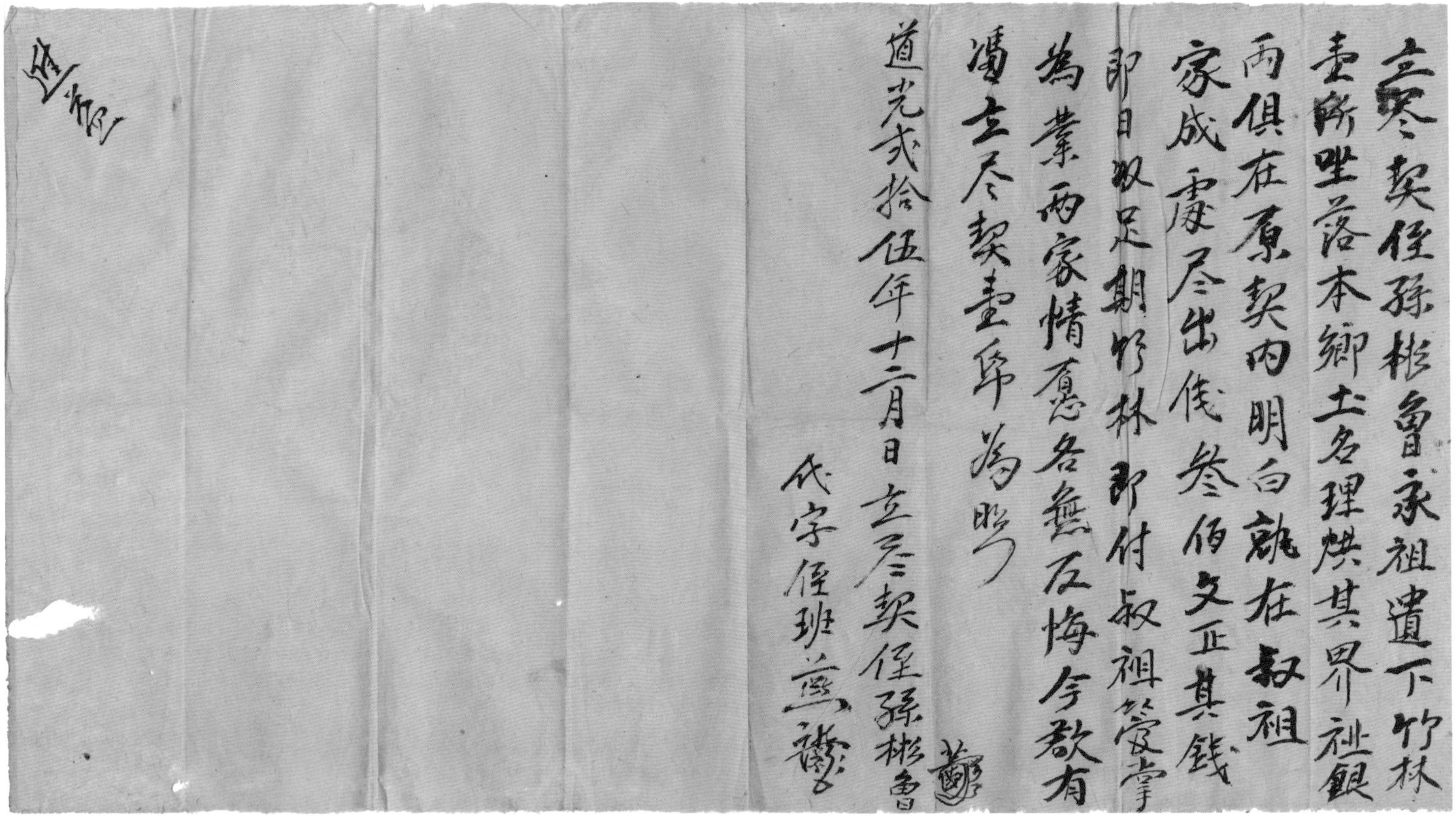
立盡契姪孫彬曾承祖遺下竹林
壹所坐落本鄉土名理烘其界址銀
兩俱在原契內明白就在叔祖
家成處盡出價叁佰文正其錢
即日收足朝竹林即付叔祖管掌
為業兩家情願各無反悔今欲有
憑立盡契壹紙為照
道光貳拾伍年十二月日 立盡契姪孫彬曾
代字姪班燕

9-1-34-6　清道光二十五年十二月楊彬曾立盡竹林契

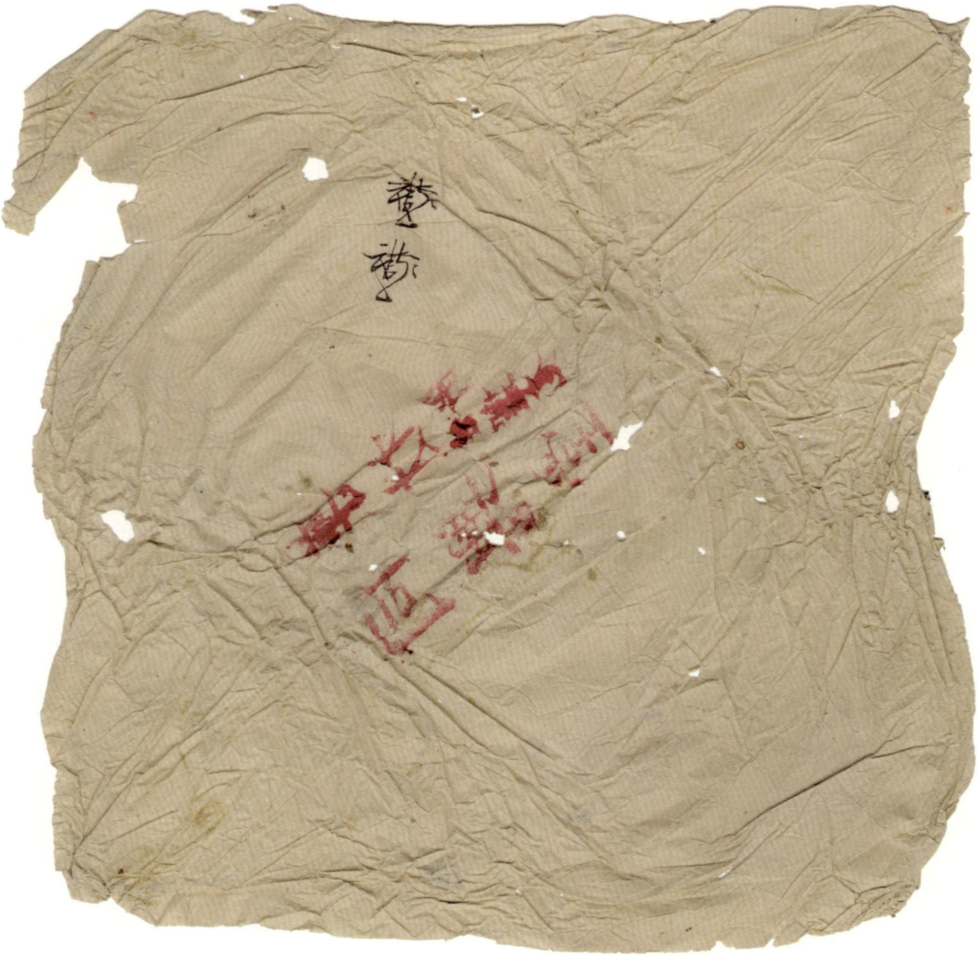

9-1-35-1　包契紙

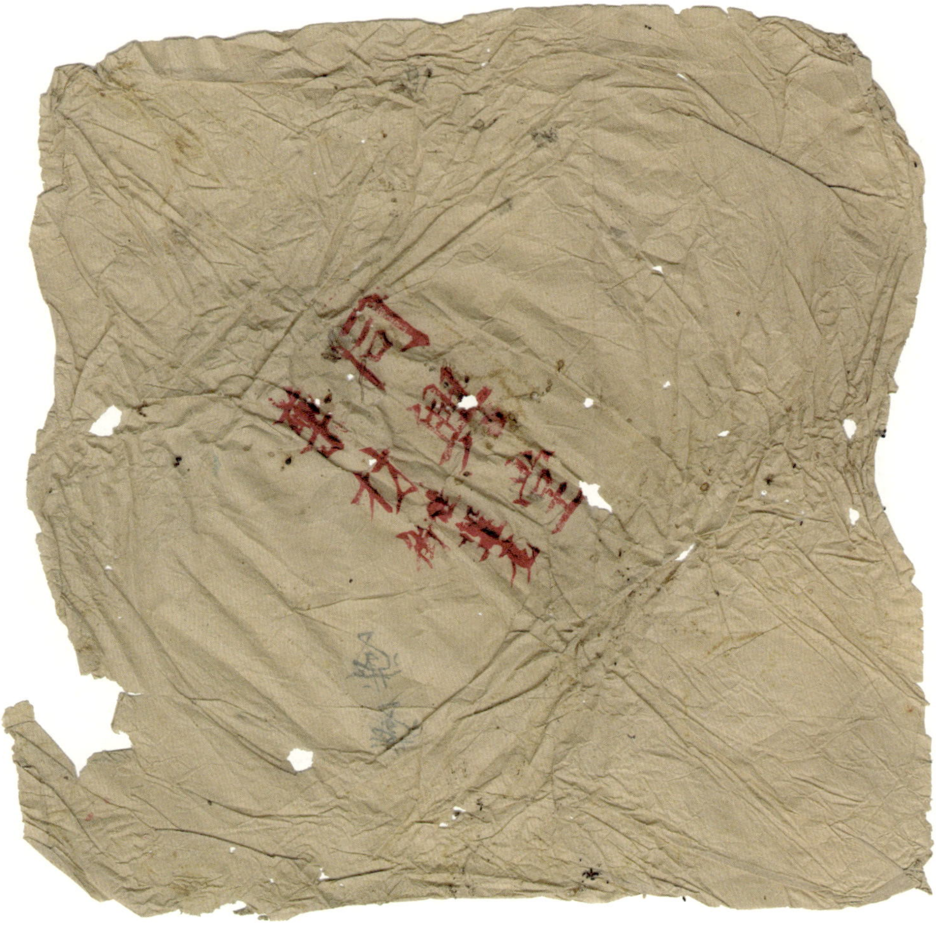

9-1-35-2　包契紙

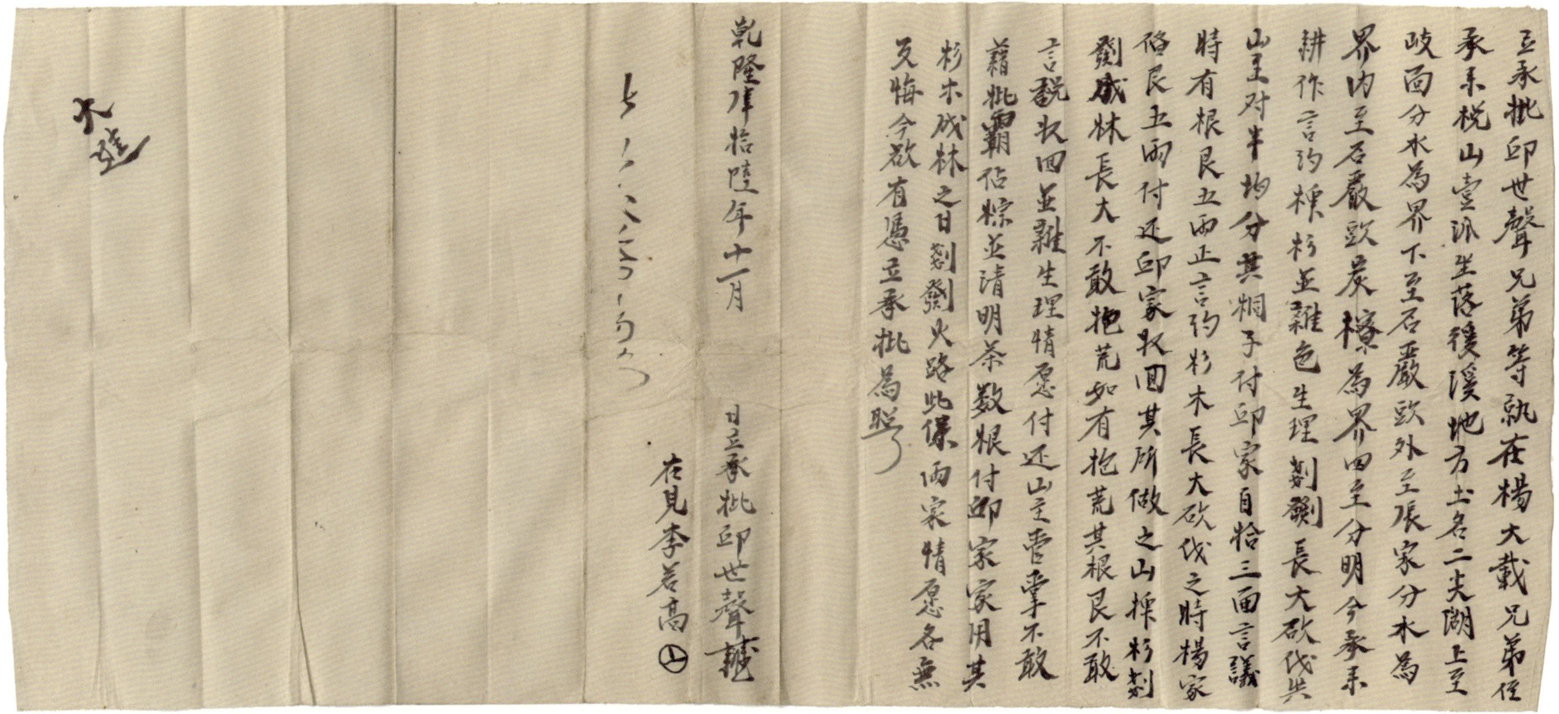
立承批邱世聲兄弟等就在楊大載兄弟侄
承來稅山壹派坐落獲溪地方土名二丈湖上至
岐面分水為界下至石巖路外至張家分水為
界內至石巖路崇樸為界四至分明今承來
耕作言約種杉並雜色生理割劉長大砍伐其
山主對半均分其栢子付邱家自拾三面言議
時有根艮五兩正言約杉木長大砍伐之時楊家
倍艮五兩付还邱家收回其所做之山桿杉割
劉成林長大不敢抛荒如有抛荒其根艮不敢
言説收回並雜生理情愿付还山主管掌不敢
藉批霸佔粽並清明茶數根付邱家家用其
杉木成林之日割劉火路此係兩家情愿各無
反悔今欲有憑立承批為照

乾隆肆拾陸年十一月　日立承批邱世聲（押）
在見李若高（押）

不廷

9-1-35-3　清乾隆四十六年十一月邱世聲立承批税山字

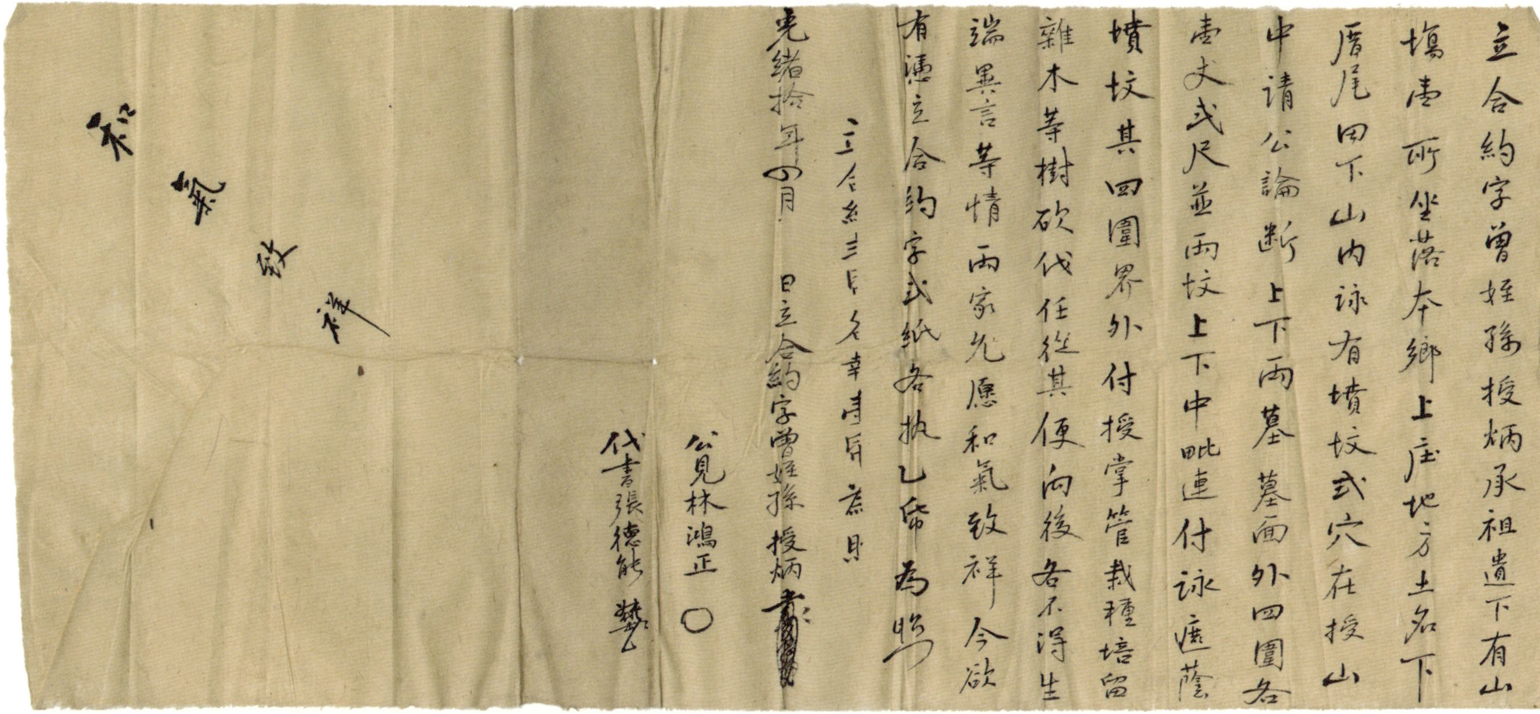

立合約字曾姪孫授炳承祖遺下有山
塲壹所坐落本鄉上庄地方土名下
厝尾田下山內詠有墳坟弍穴在授山
中請公論斷上下兩墓墓面外四圍各
壹丈弍尺並兩坟上下中毗連付詠蔭
墳坟其四圍界外付授掌管栽種培留
雜木等樹砍伐任從其便向後各不得生
端異言等情兩家允愿和氣致祥今欲
有憑立合約字弍紙各執乙紙為照
立合約字弍紙各執壹紙存照
光緒拾年四月　日立合約字曾姪孫授炳（押）
公見林鴻正　〇
代書張德能（押）
和氣致祥

9-1-35-4　清光緒十年四月楊授炳立合約字

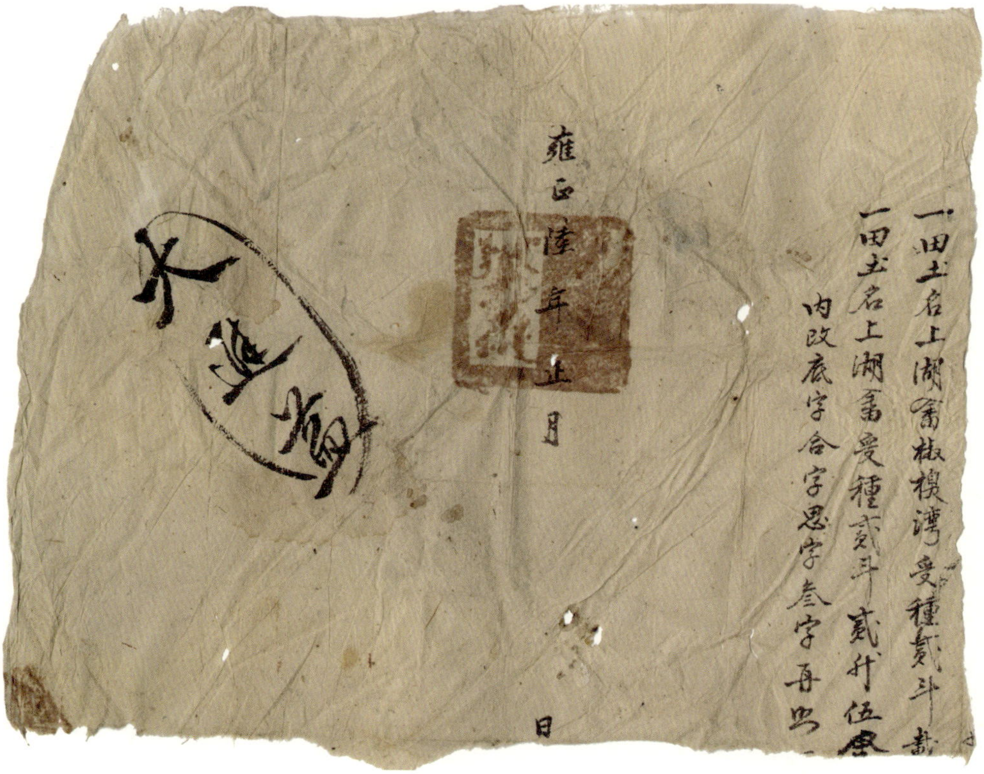

一田土名上湖畬板楔灣受種貳斗

一田土名上湖畬受種貳斗貳升伍

内改底字合字思字叁字再出

雍正陸年正月　日

9-1-36-1　包契紙

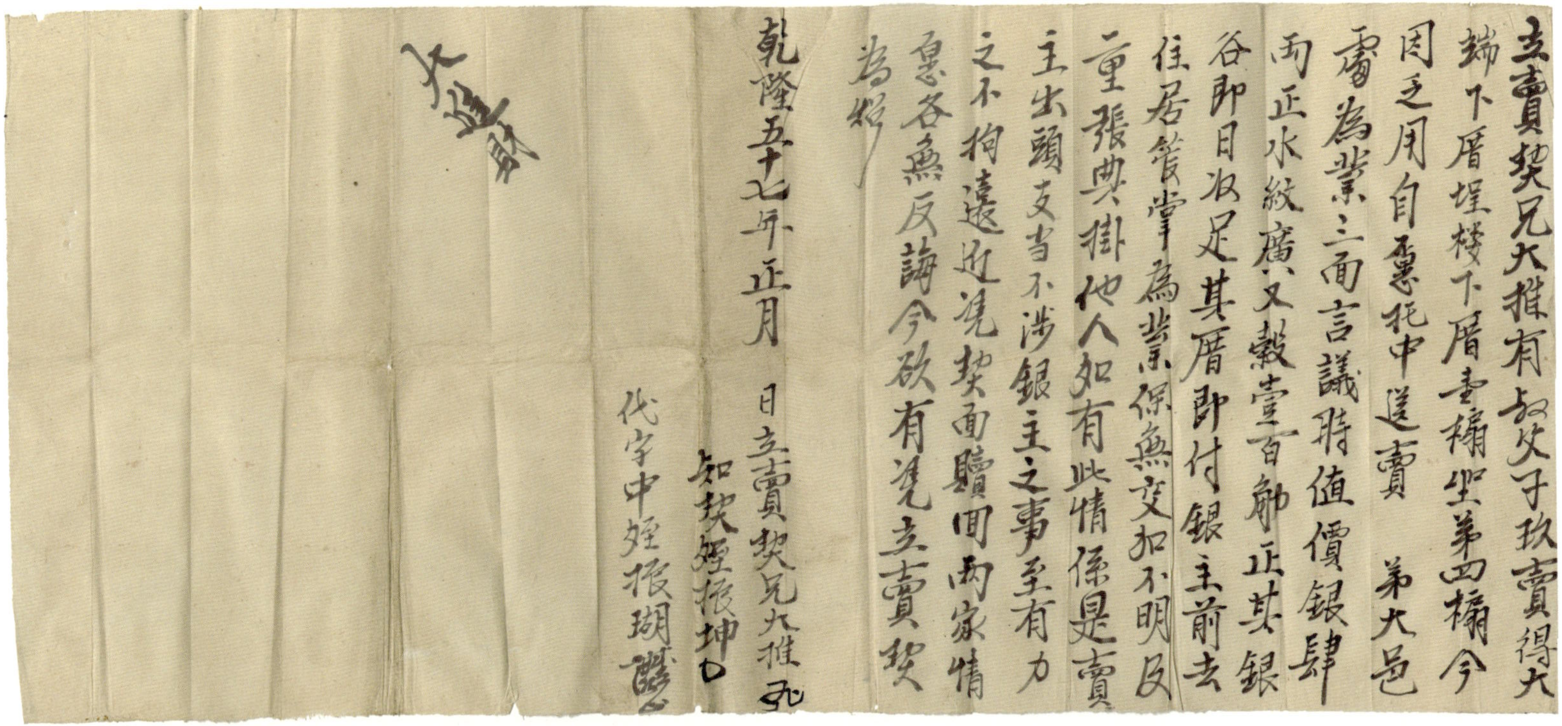

立賣契兄大推有承父子玖賣得大
埔下厝埕樓下厝壹櫊坐第四櫊今
因乏用自愿托中送賣　弟大邑
爲業三面言議時值價銀肆
兩正水紋廣文戥壹百觔正其銀
即日收足其厝即付銀主前去
住居管掌爲業保無交加不明及
重張典掛他人如有此情係是賣
主出頭支當不涉銀主之事至有力
之不拘遠近凭契面贖回兩家情
愿各無反悔今欲有凭立賣契
爲炤

乾隆五十七年正月　日立賣契兄大推（押）
知契姪振坤（押）
代字中姪振瑚（押）

9-1-36-2　清乾隆五十七年正月楊大推立賣厝契

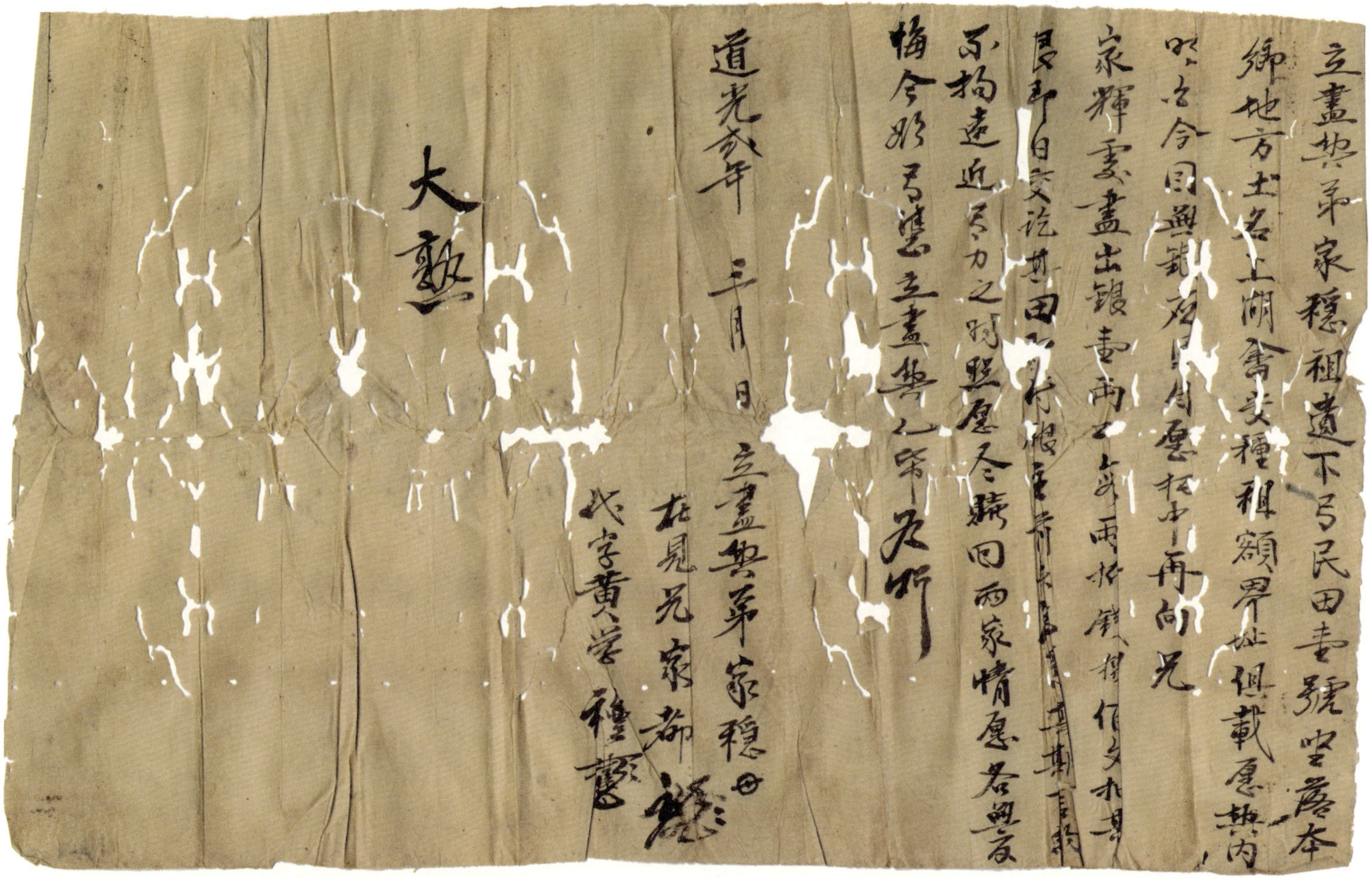

立盡契弟家穩祖遺下民田壹號坐落本
鄉地方土名上湖[illegible]安種租額界址俱載原契內
明，今因無錢[illegible]用，愿托中再向兄
家輝處盡出銀壹兩[illegible]，[illegible]兩收訖，[illegible]
民[illegible]即日交訖，其田[illegible]
不拘遠近[illegible]力之時，照原價[illegible]回，兩家情愿，各無反
悔。今欲有憑，立盡契一紙為炤。

道光貳年　三月　日　立盡契弟家穩（押）
在見兄家[illegible]
代字黃[illegible]

大[illegible]

9-1-36-3　清道光二年三月楊家穩立盡民田契

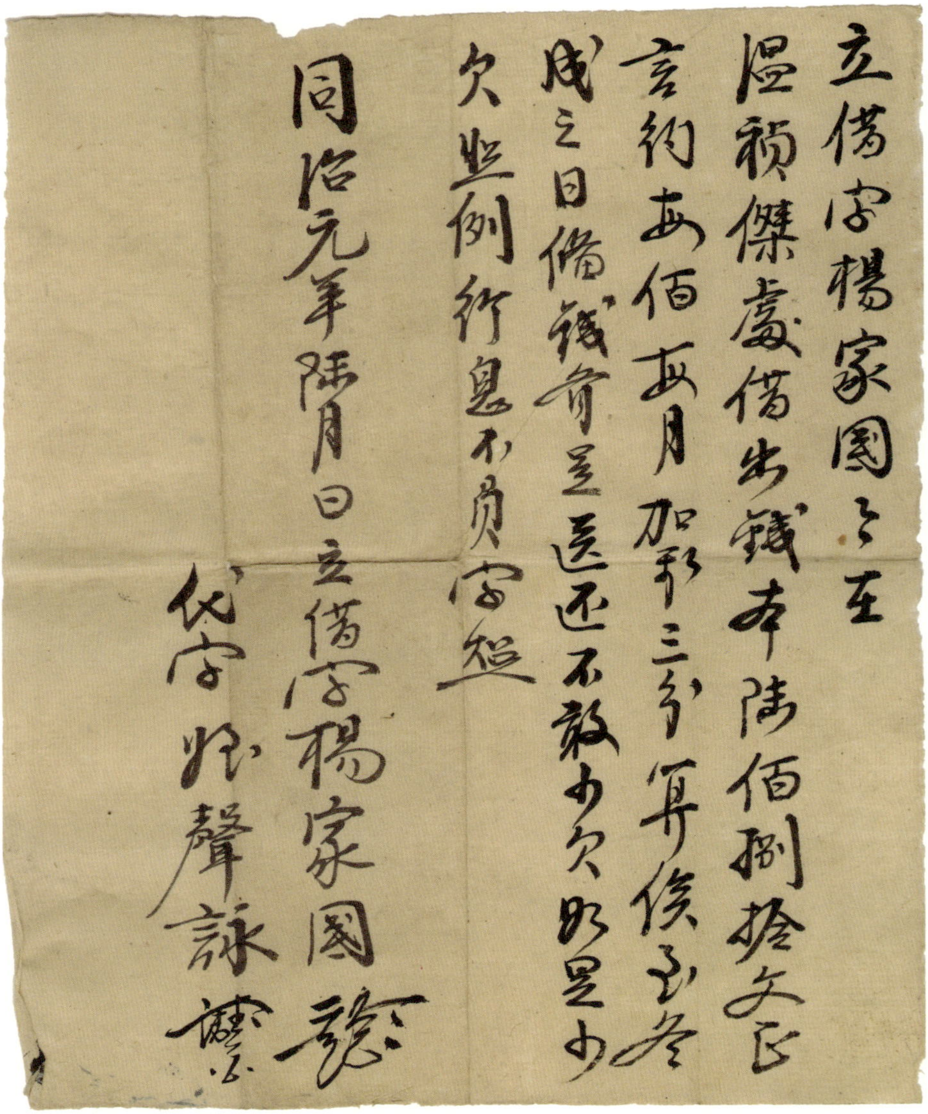

立借字楊家國今在
堡穎傑處借出錢本陸佰捌拾文正
言約每佰每月加利三分算俟至冬
成之日備錢併息送還不敢少欠如是少
欠照例行息不負字照

同治元年陸月日立借字楊家國（押）
代字姪聲詠（押）

9-1-36-4　清同治元年六月楊家國立借錢字

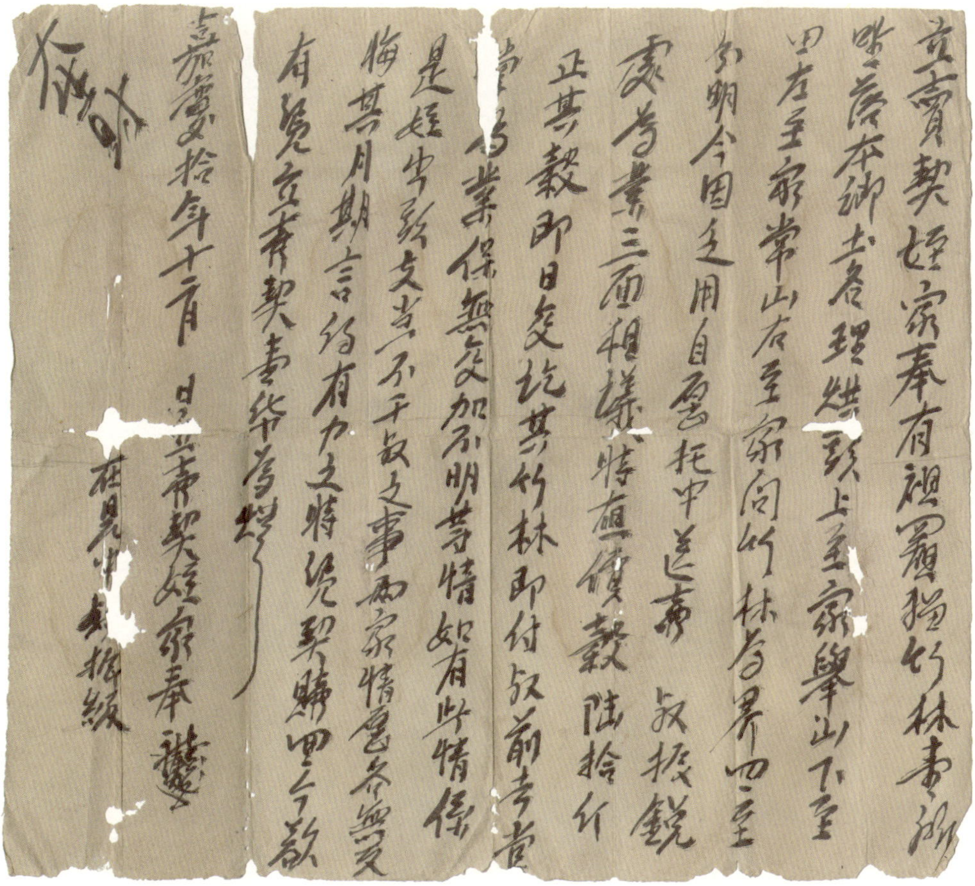
立賣契姪家奉有祖置猫竹林壹所
坐落本鄉土名理烘頭上至家舉山下至
田左至家常山右至家向竹林為界四至
分明今因乏用自愿托中送與　叔振銳
處為業三面相議時值價穀陸拾斤
正其穀即日交訖其竹林即付叔前去管
[illegible]為業保無交加不明等情如有此情係
是姪出頭支当不干叔之事兩家情愿各無反
悔其月期言約有力之時照契贖回今欲
有憑立賣契壹紙為照

嘉慶拾年十二月　日立賣契姪家奉（押）
在見中　叔振紱

9-1-37-1　清嘉慶十年十二月楊家奉立賣猫竹林契

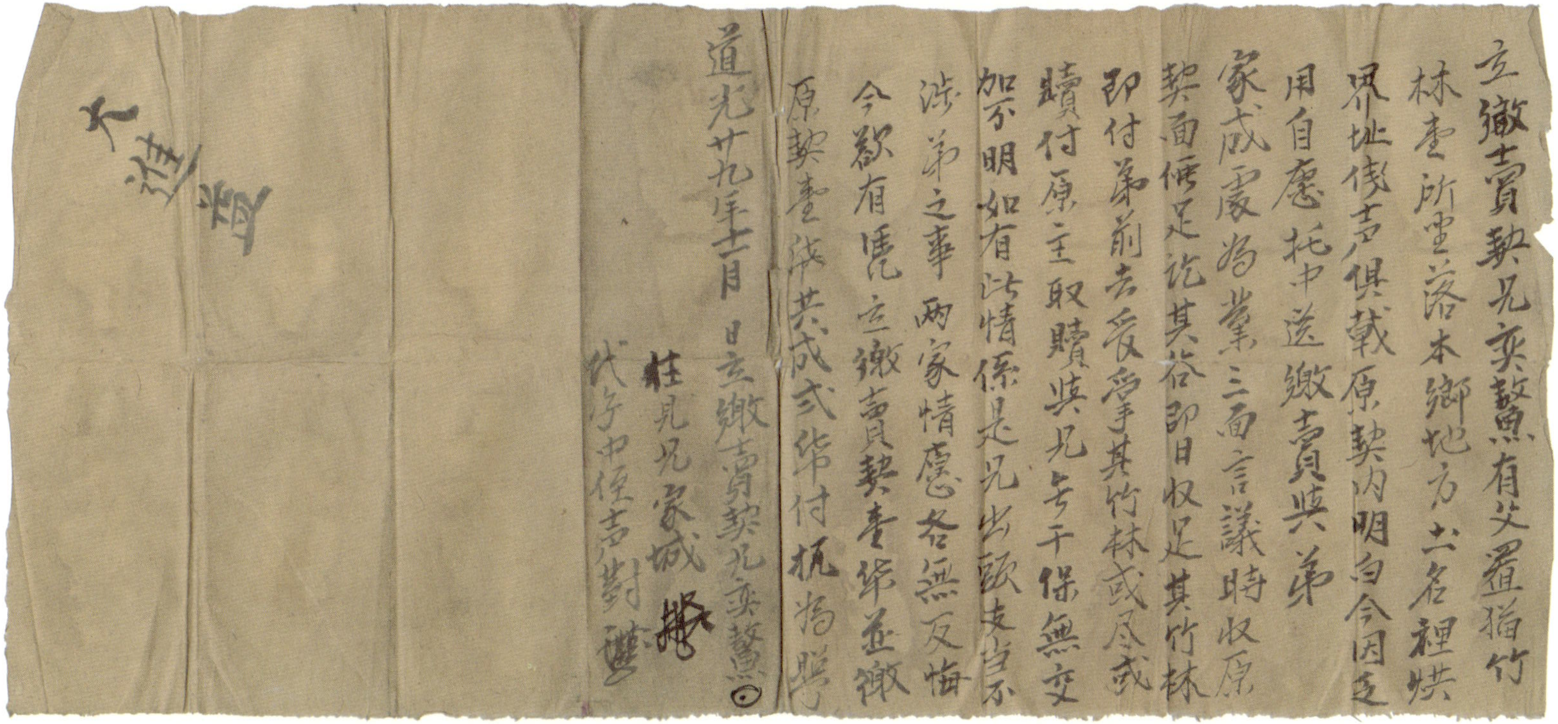
立繳賣契兄奕鰲，有艾置猫竹
林壹所，坐落本鄉地方，土名裡烘，
界址俱載原契內明白。今因乏
用，自愿托中送繳賣與弟
家成處為業，三面言議，時收原
契面價足訖，其谷即日收足，其竹林
即付弟前去管掌，其竹林或尽或
贖付原主取贖，與兄无干，保無交
加不明。如有此情，係是兄出頭支當，不
涉弟之事。兩家情愿，各無反悔。
今欲有憑，立繳賣契壹紙，並繳
原契壹紙，共成弍紙，付執為照。
道光廿九年十一月　日立繳賣契兄奕鰲（押）
在見兄家城（押）
代字中侄吉對（押）

9-1-37-2　清道光二十九年十一月楊奕鰲立繳賣猫竹林契

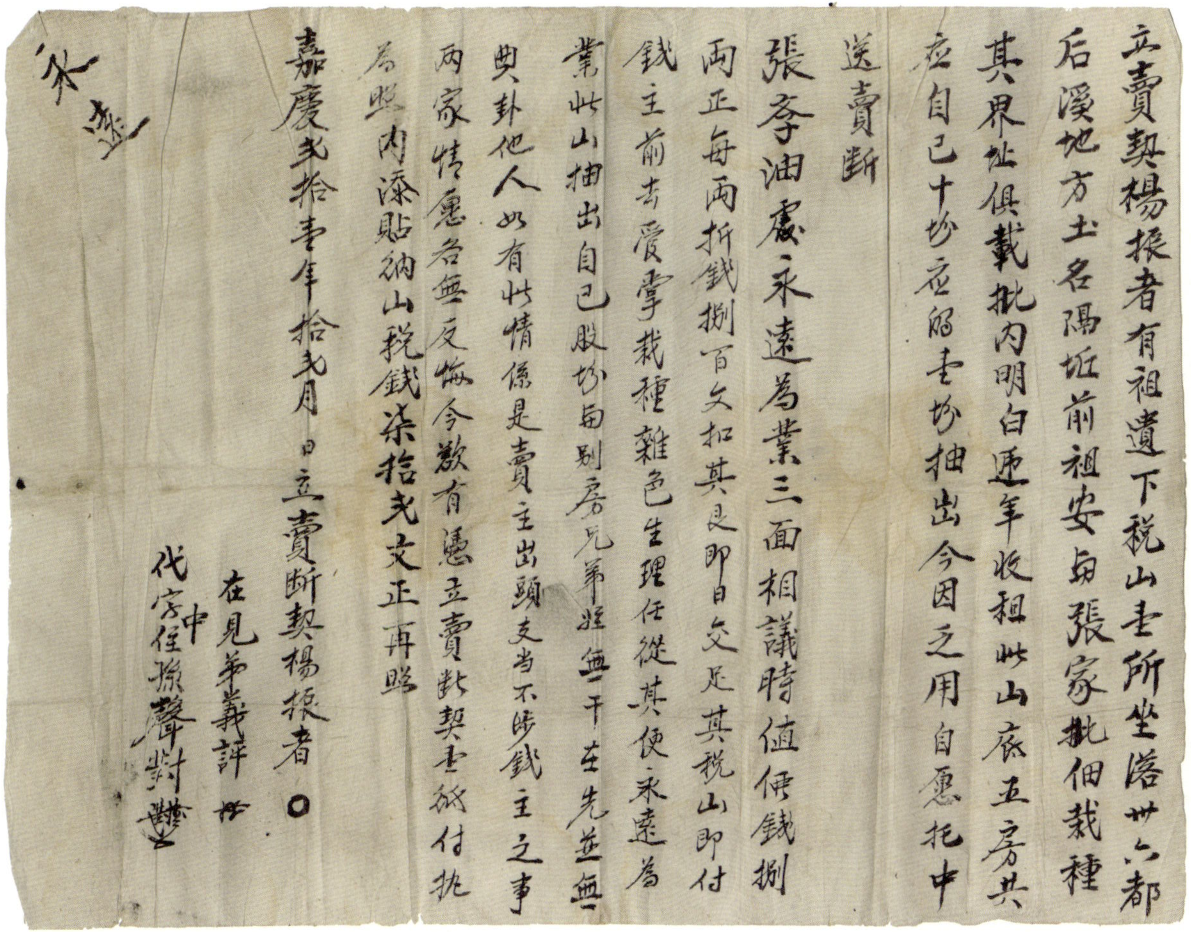

立賣契楊振者有祖遺下稅山壹所坐落卅六都
后溪地方土名陽坵前祖父安與張家批佃栽種
其山界址俱載批內明白遞年收租此山係立賣契人
應自己十分也應份十分也抽出今因乏用自愿托中
送賣斷
張家等邊處承買為業三面相議時值價錢捌
兩正每兩折錢捌百文扣其足即日交足其稅山即付
錢主前去管業栽種雜色出理任從其便承買為
業此山抽出自己股份與別房兄弟姪無干先並無
典卦他人如有此情係是賣主出頭支當不涉錢主之事
兩家情愿各無反悔今欲有憑立賣斷契壹紙付執
為照內添貼納山稅錢伍拾文正再照

嘉慶貳拾壹年拾貳月　日立賣斷契楊振者　〇

在見弟楊詳（押）
中代字侄楊學對（押）

永遠

9-1-38-1　清嘉慶二十一年十二月楊振者立賣稅山契

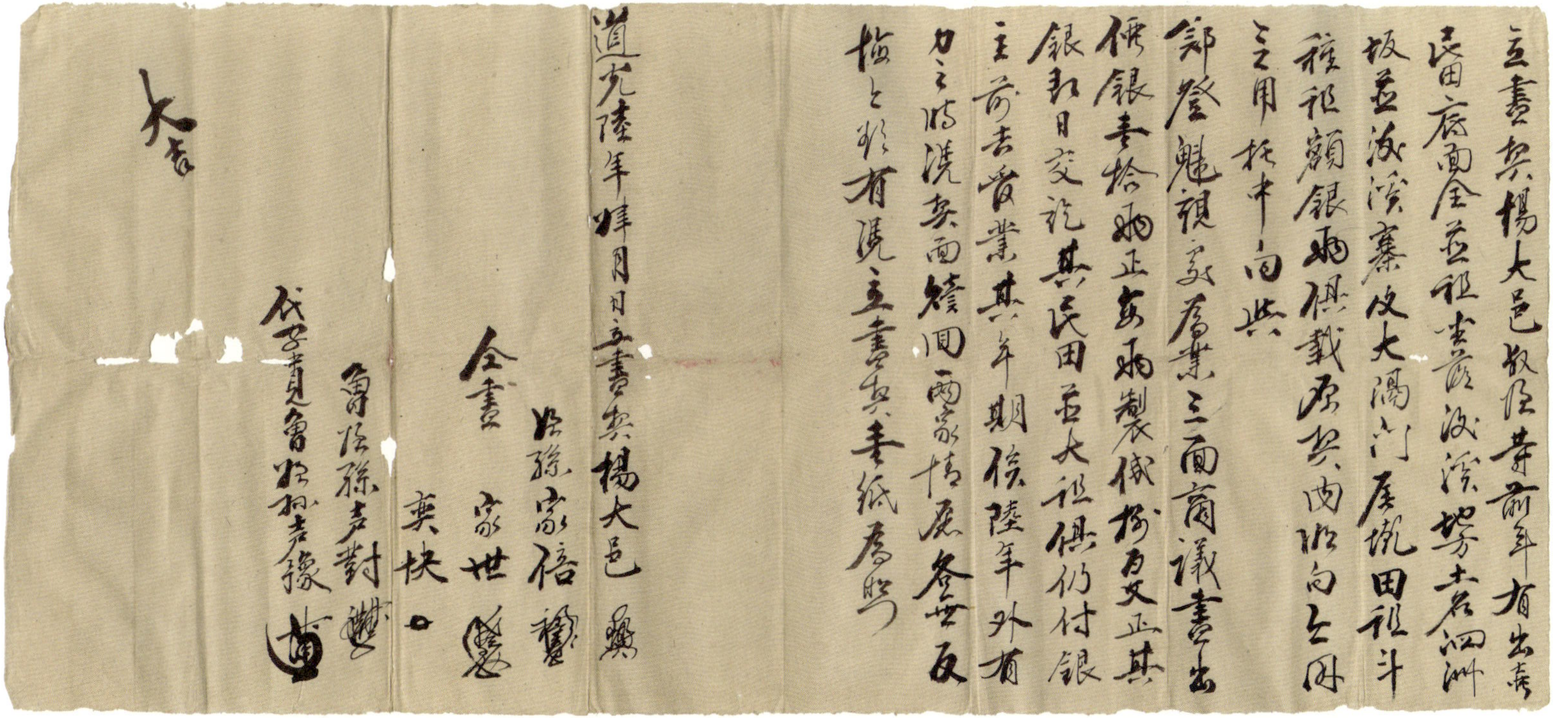

9-1-38-2　清道光六年四月楊大邑等立盡底面全民田等契

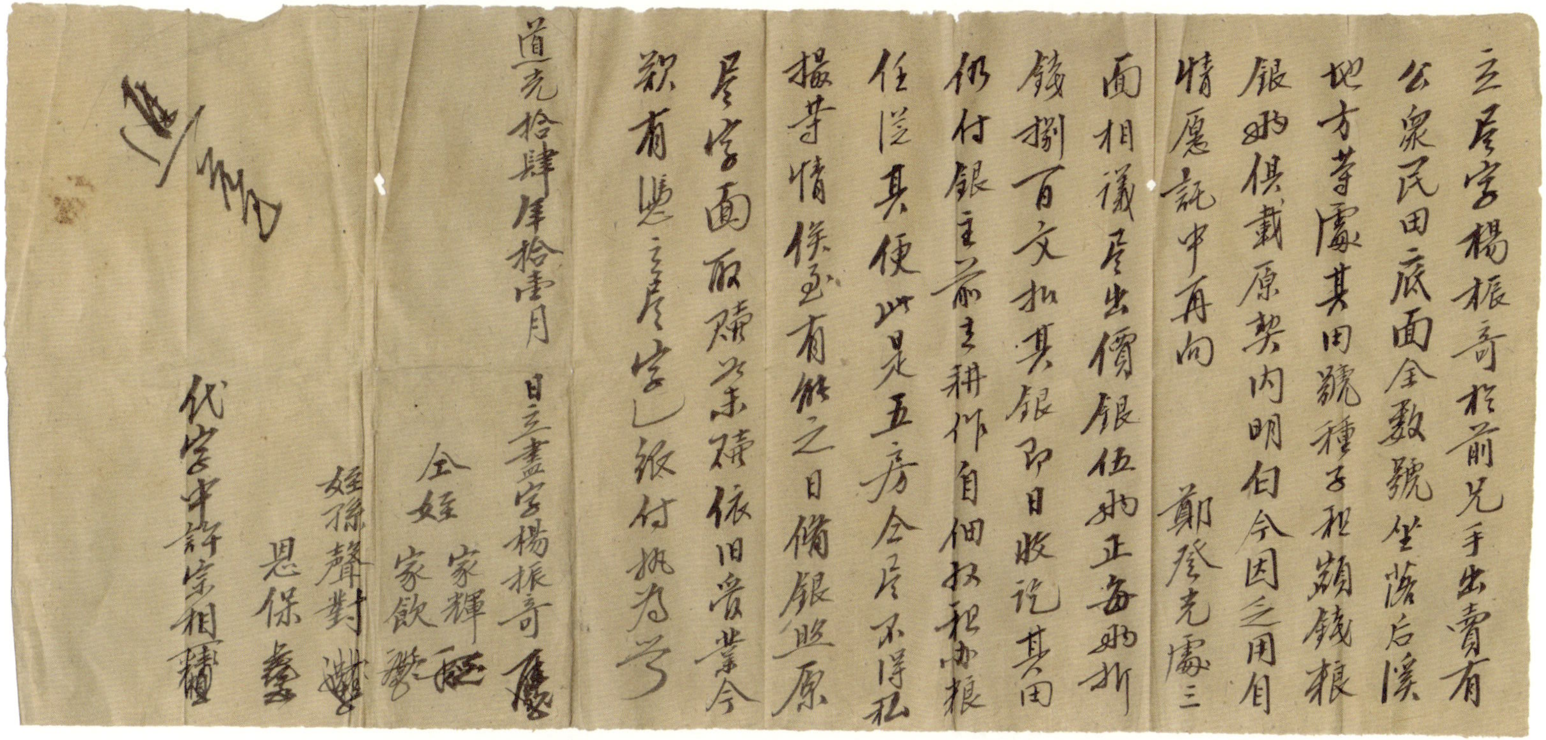
立盡字楊振奇於前先手出賣有
公衆民田底面全數號坐落后溪
地方等處其田號種子租額錢粮
銀兩俱載原契内明白今因乏用自
情愿託中再向
鄭登光處三
面相議盡出價銀伍兩正每兩折
錢捌百文扣其銀即日收訖其田
仍付銀主前去耕作自佃收租完粮
任從其便此是五房合意不得私
授等情候至有能之日備銀照原
盡字面取贖依旧管業今
欲有憑立盡字一紙付執為照

道光拾肆年拾壹月　日立盡字楊振奇（押）
仝姪　家輝（押）
　　　家欽（押）
姪孫　聲對（押）
　　　恩保（押）
代字中許宗相（押）

9-1-38-3　清道光十四年十一月楊振奇等立盡底面全民田字

9-1-39-1　包契紙

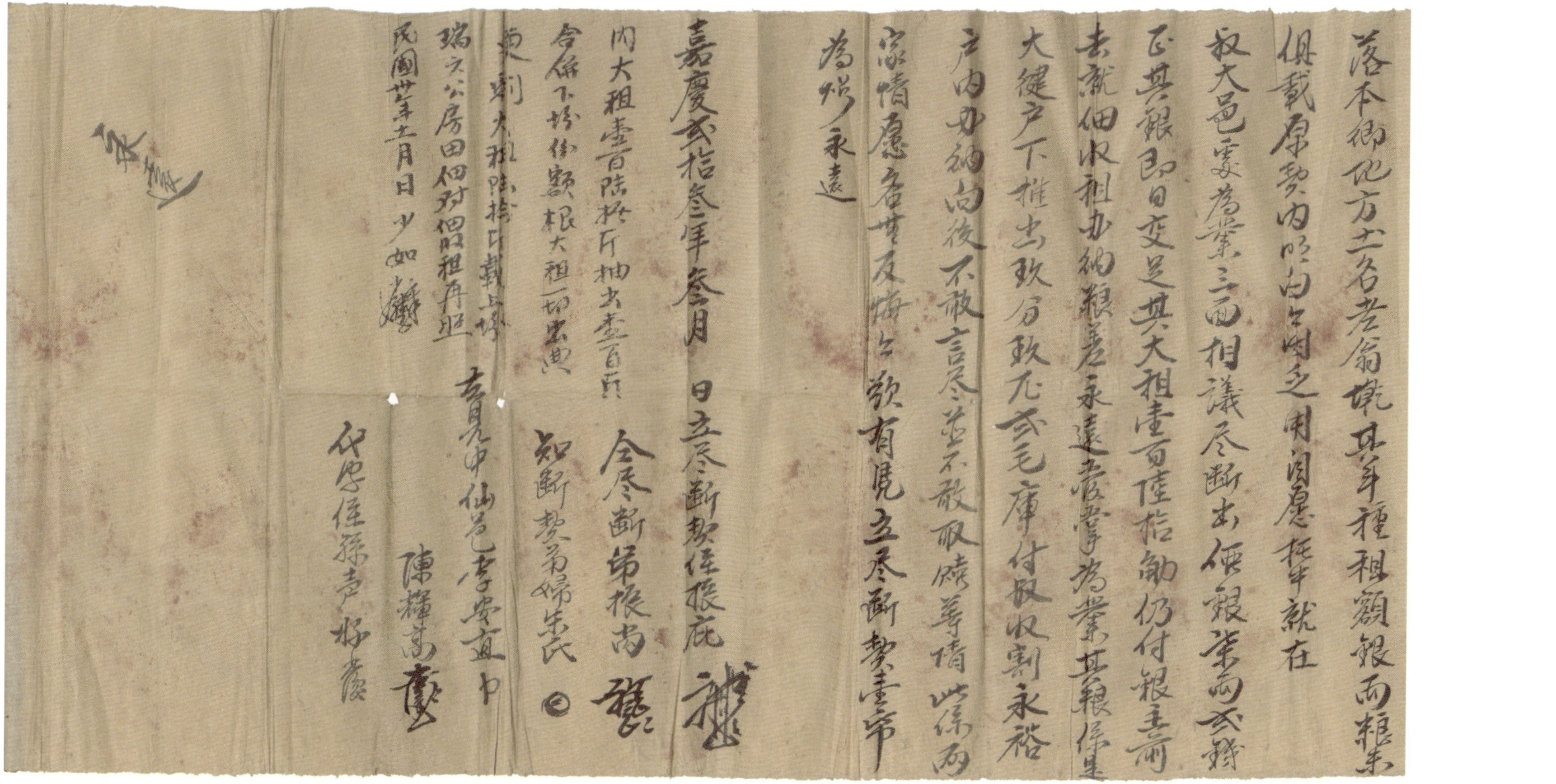

落本鄉地方土名老翁墘，其年種租額銀兩糧米
俱載原契內明白，今因乏用，閤愿托中就在
叔大邑處為業，三面相議，盡斷出價銀柒兩正
正，其銀即日交足，其大租壹百陸拾觔仍付銀主前
去就佃收租办納糧差，永遠為業，其糧係坐
大鍵戶下推出，致另致兌，毫厘付取收割，永裕
戶內办納，向後不敢言盡，並不敢取贖等情，此係兩
家情愿，各無反悔，今欲有憑，立盡斷契壹帋
為照，永遠

嘉慶貳拾叄年叄月　日立盡斷契侄振庇（押）
仝盡斷弟振尚（押）
知斷契弟婦朱氏 ◎
在見中仙邑李安道（押）
陳耀高（押）
代筆侄孫声揚（押）

內大租壹百陸拾斤抽出壹百斤
合併下埒仔數根大租一切出典
與劉大祖陸拾斤載上埒
瑞六公房田佃對佃租再照
民國廿年十一月日少如（押）

9-1-39-2　清嘉慶二十三年三月楊振庇等立盡斷民田租契

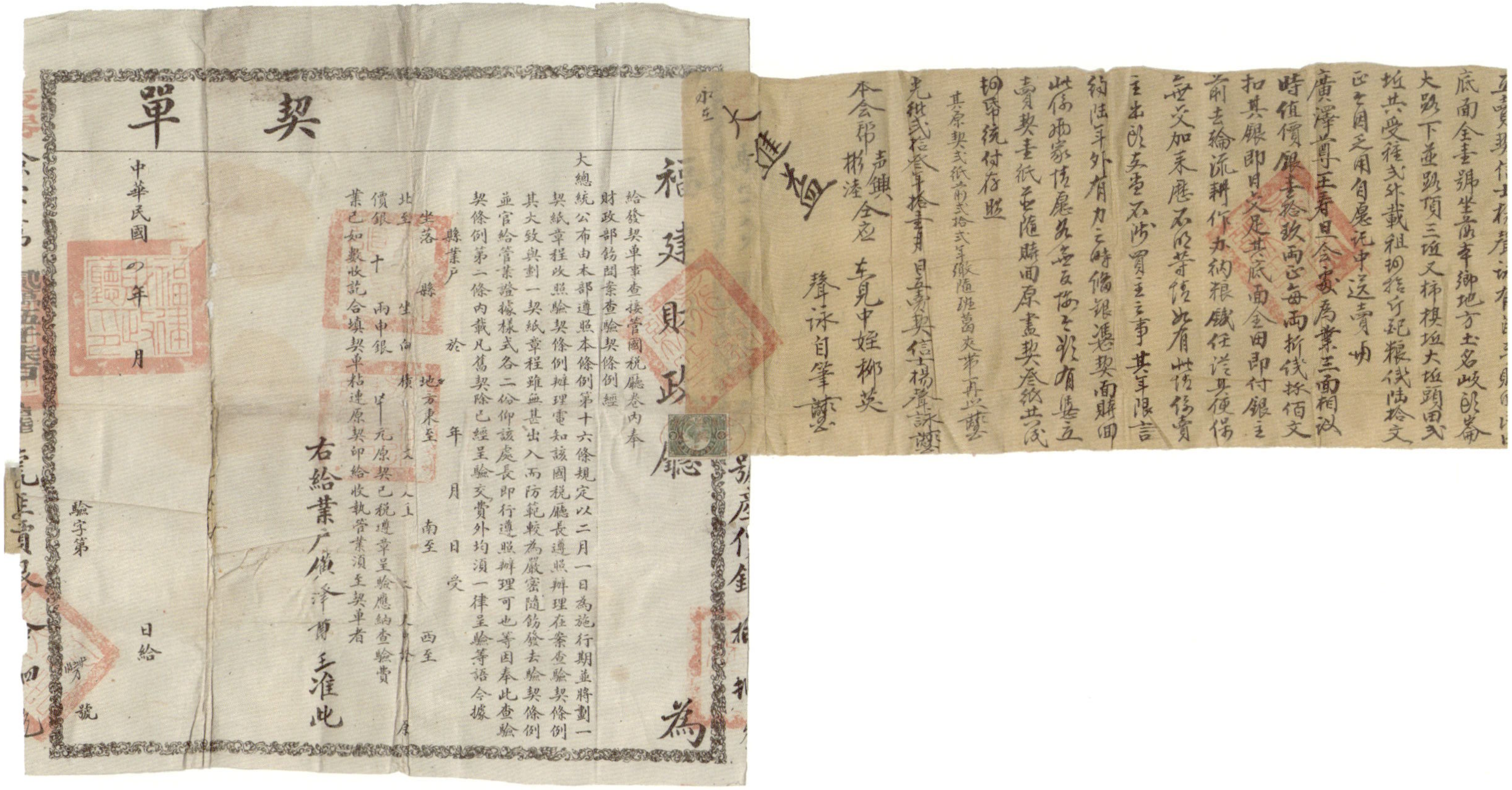
契單

福建財政廳　為

給發契單事，查接管國稅廳卷內奉

財政部飭開，案查驗契條例經

大總統公布，由本部遵照本條例第十六條規定，以二月一日為施行期，並將劃一

契紙章程改照驗契條例辦理，電知該國稅廳長遵照辦理在案。查驗契條例

其大致與劃一契紙章程雖無甚出入，而防範較為嚴密，隨飭發去驗契條例

並官給管業證據樣式各二份，仰該處長即行遵照辦理可也等因，奉此，查驗

契條例第二條內載，凡舊契除已經呈驗交費外，均須一律呈驗等語，合據

縣業戶　　於　　年　　月　　日受

坐落　　地方，東至　　南至　　西至

北至

價銀　　兩　中銀　　元　原契已稅，遵章呈驗，應納查驗費

業已如數收訖，合填契單粘連原契，印給收執，管業須至契單者

右給業戶　　准此

中華民國　　年　　月　　日給

驗字第　　號

9-1-39-3　清光緒二十三年十一月楊馨詠立賣底面全民田契（紅契）

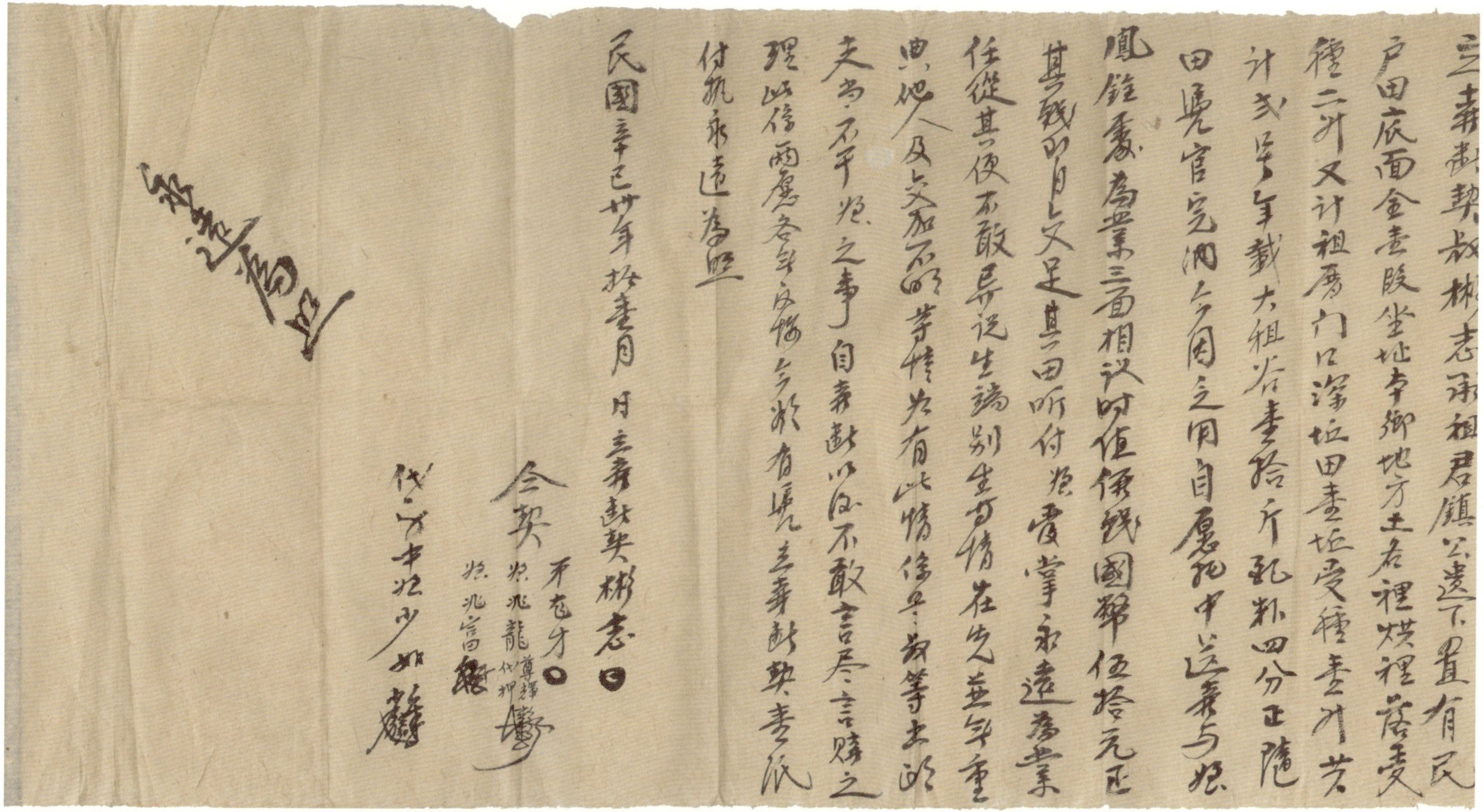
立賣斷契叔楊彬志承祖君鎮公遺下置有民
户田底面全壹段坐址本鄉地方土名裡烘裡落受
種二斗又計租廣門口深垅田壹垅受種壹斗芸
計式宗年載大租谷壹拾斤乳粃四分正隨
田完官完納今因乏用自愿托中送賣与姪
鳳銓處為業三面相議時值價錢國幣伍拾元正
其錢即日交足其田聽付姪管掌永遠為業
任從其便不敢異說生端別生事情在先並無重
典他人及上手來歷不明等情如有此情係彬等出頭
支當不干姪之事自賣斷以後不敢言盡言贖之
理此係兩愿各無反悔今欲有憑立賣斷契壹紙
付執永遠為照

民國辛巳卅年拾壹月　日立賣斷契楊彬志
合契　弟志才　姪兆龍　姪兆富
代筆中姪少如

9-1-39-4　民國三十年十一月楊彬志等立賣斷底面全民户田契

9-1-40-1　包契紙

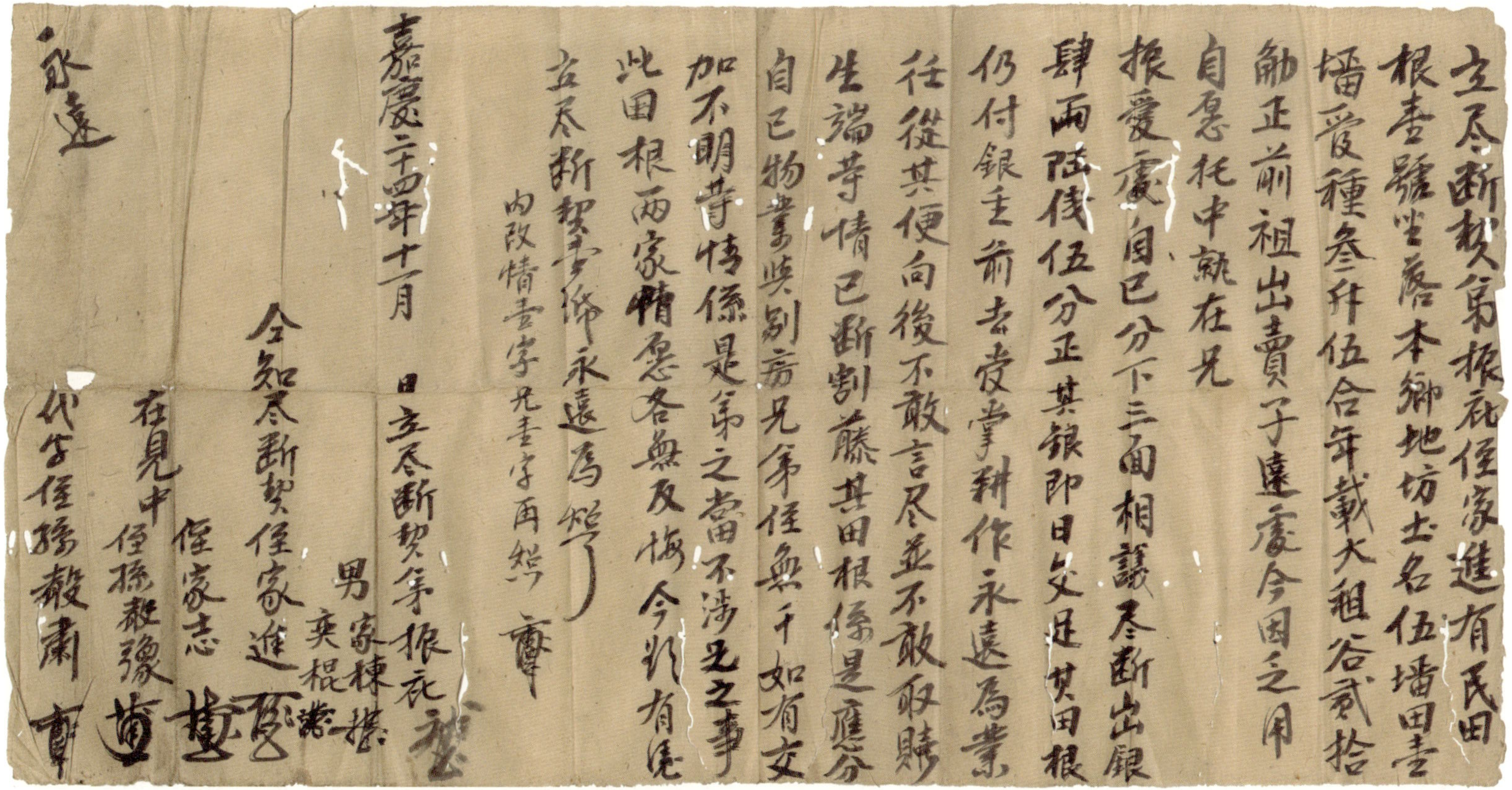

立盡斷契人弟振庇侄家進有民田
根壹號坐落本鄉地坊土名伍墻田壹
墻受種叁升伍合年載大租谷貳拾
觔正前祖出賣子遠處今因乏用
自愿托中就在兄
振愛處自己分下三面相議盡斷出根
肆兩陸錢伍分正其銀即日交足其田根
仍付銀主前去受掌耕作永遠為業
任從其便向後不敢言盡並不敢取贖
生端等情已斷割藤其田根係是應分
自己物業與別房兄弟侄無干如有支
加不明等情係是弟之當不涉兄之事
此田根兩家情愿各無反悔今欲有憑
立盡斷契字一紙永遠為照
內改情壹字兄壹字兩照
嘉慶二十四年十一月　日立盡斷契人弟振庇
男家棟
奕棍
仝知盡斷契侄家進
侄家志
在見中侄孫敬豫
代字侄孫敬肅
永遠

9-1-40-2　清嘉慶二十四年十一月楊振庇等立盡斷民田根契

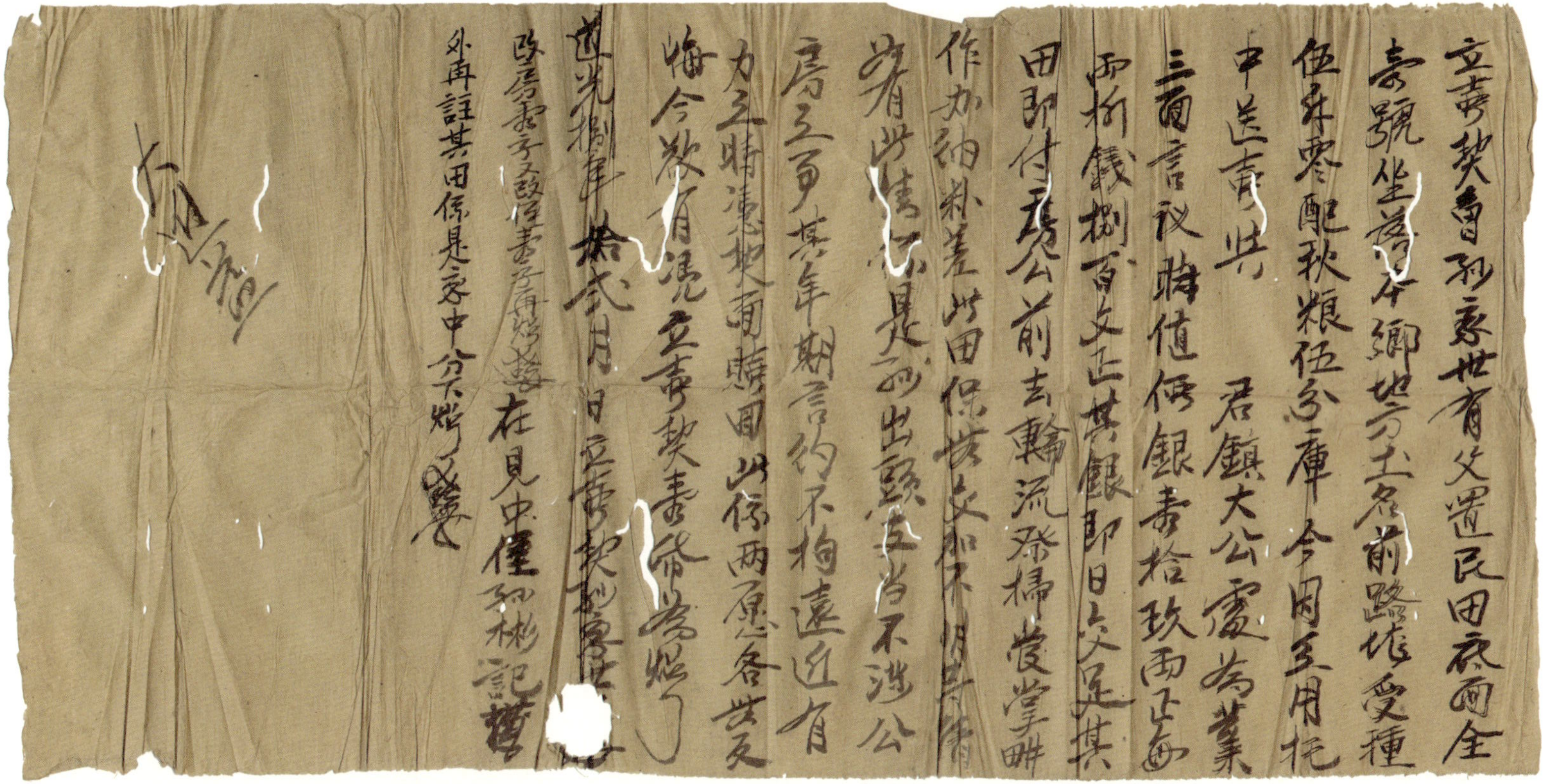
立賣契人楊家世有父置民田在底面全
壹號坐落本鄉地方土名前路坑受種
伍升零配秋粮伍合庫今因乏用托
中送賣與 君鎮大公處為業
三面言議時值價銀壹拾玖兩正每
兩折錢捌百文正其價銀即日交足其
田即付買公前去輪流祭掃發掌耕
作办納粮差此田係世父物不明等情
若有此情係是世出頭支當不涉公
房之事其年期言約不拘遠近有
力之時憑契面贖回此係兩愿各無反
悔今欲有憑立賣契壹紙為照
道光捌年拾弍月 日立賣契人楊家世
改房字壹字又改買字壹字再照 在見中佳和彬 記押
外再註其田係是家中分下照

9-1-41-1　清道光八年十二月楊家世立賣底面全民田契

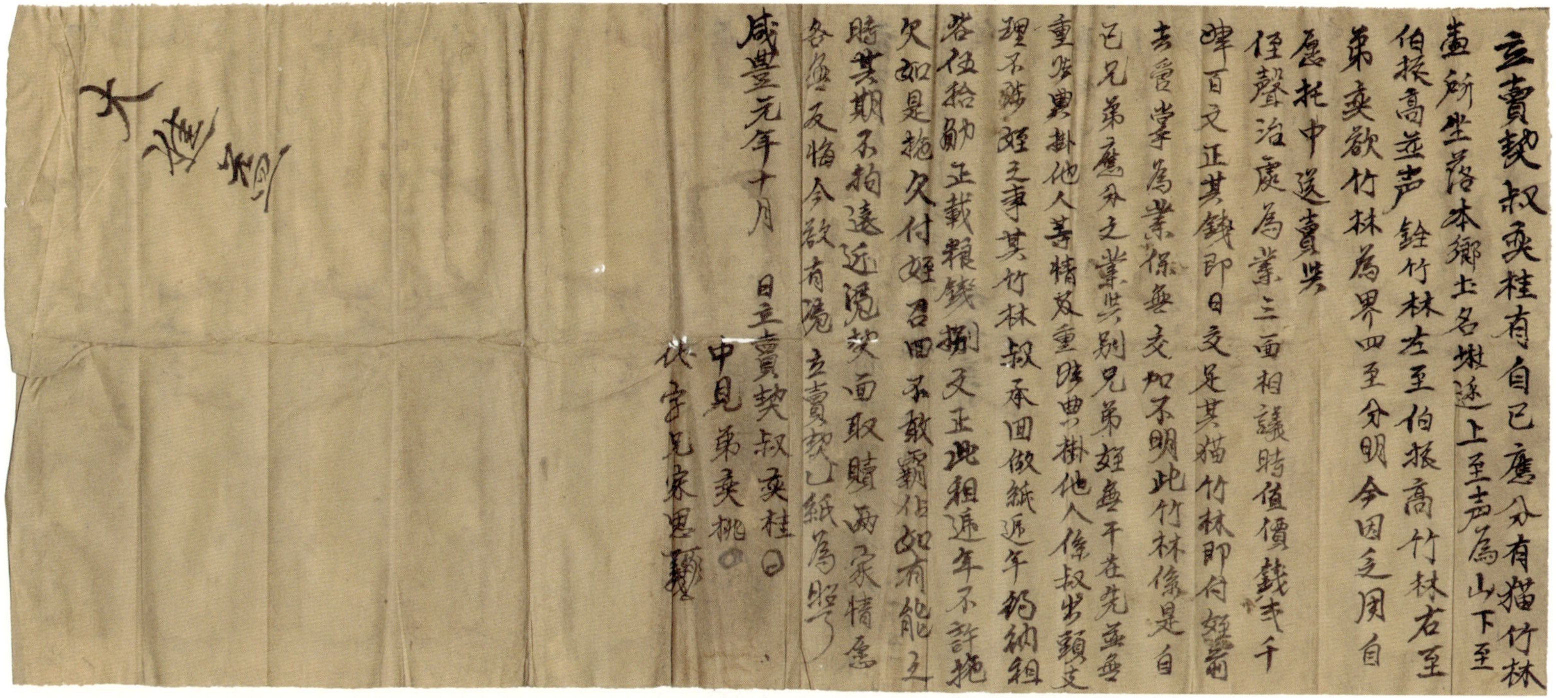

立賣契叔奕桂有自己應分有猫竹林
壹所坐落本鄉土名墩邊上至声為山下至
伯振高並声銓竹林左至伯振高竹林右至
弟奕欽竹林為界四至分明今因乏用自
愿托中送賣與
侄聲治處為業三面相議時值價錢弍千
肆百文正其錢即日交足其猫竹林即付侄管
去管掌為業保無交加不明此竹林係是自
己兄弟應分之業與別兄弟姪無干在先並無
重張典掛他人等情及重張典掛他人係叔出頭支
理不干姪之事其竹林叔承回做紙逐年約納租
谷伍拾斤正載粮錢捌文正此租逐年不許拖
欠如是拖欠付姪召回不敢霸佔如有能立
贖其期不拘遠近憑契面取贖兩家情愿
各無反悔今欲有憑立賣契一紙為照
咸豐元年十月　日立賣契叔奕桂（押）
中見弟奕桃（押）
代字兄宗恩（押）

9-1-41-2　清咸豐元年十月楊奕桂立賣猫竹林契

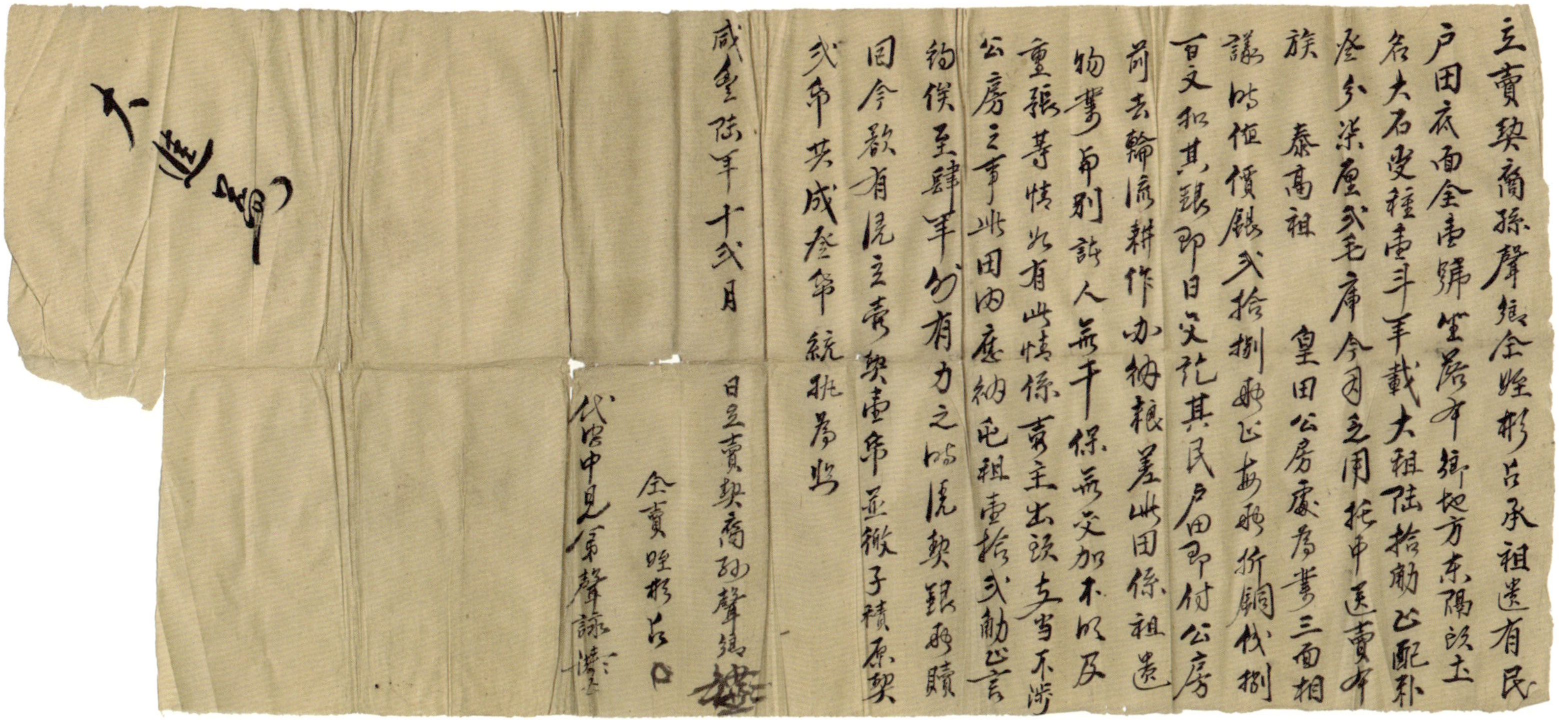

立賣契裔孫聲鄉仝姪彬占承祖遺有民
户田底面全壹號坐落本鄉地方東陽頭土
名大石砂種壹斗年載大租陆拾觔正配朴
叁分柒厘弍毛庫今因乏用托中送賣本
族　泰高祖　皇田公房處爲業三面相
議時值價銀弍拾捌兩正每兩折銅錢捌
百文和其銀即日交訖其民户田即付公房
前去輪流耕作辦納粮差此田係祖遺
物業與别房人無干保無交加不明及
重張等情如有此情係賣主出頭支當不涉
公房之事此田内應納毛租壹拾弍觔正言
約俟至肆年外有力之時照契銀兩贖
回今欲有憑立賣契壹帋並繳子積原契
弍帋共成叁帋統付爲照
咸豐陆年十弍月　日立賣契裔孫聲鄉（押）
仝賣姪彬占（押）
代字中見侄聲詠（押）

9-1-41-3　清咸豐六年十二月楊聲鄉立賣底面全民户田契

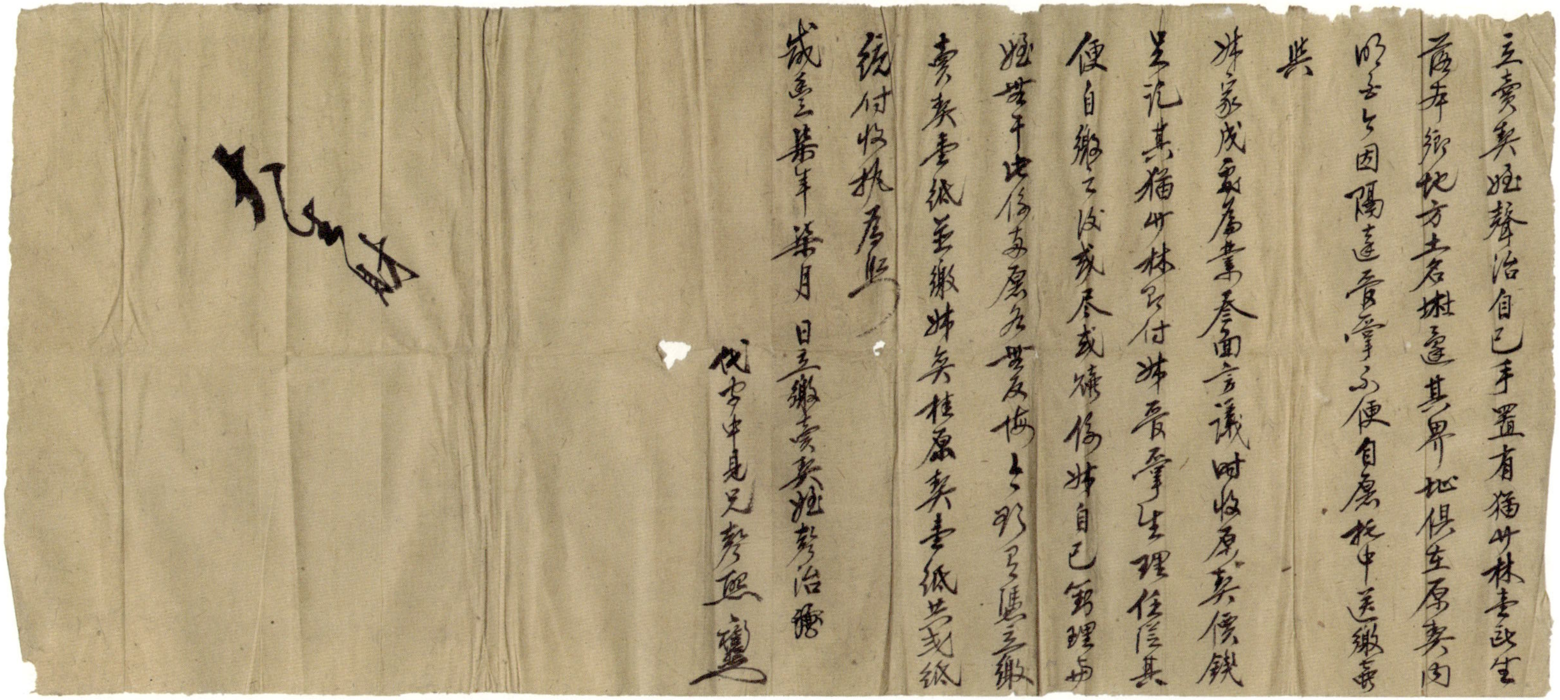
立賣契姪聲治自己手置有猫竹林壹段坐
落本鄉地方土名坩邊其界址俱在原契內
明白今因陽邊管掌不便自愿托中送鄉叔
共
琳家成承為業叁面言議時收原契價錢
呈訖其猫竹林即付琳前掌生理任從其
便自鄉不收或叁或贖仍琳自己管理無
姪無干此係甘愿各無反悔今欲有憑立繳
賣契壹紙並繳琳契桂原契壹紙共貳紙
統付收執存照
咸豐柒年柒月　日立繳賣契姪聲治押
代字中見兄聲應押

9-1-41-4　清咸豐七年七月楊聲治立賣猫竹林契

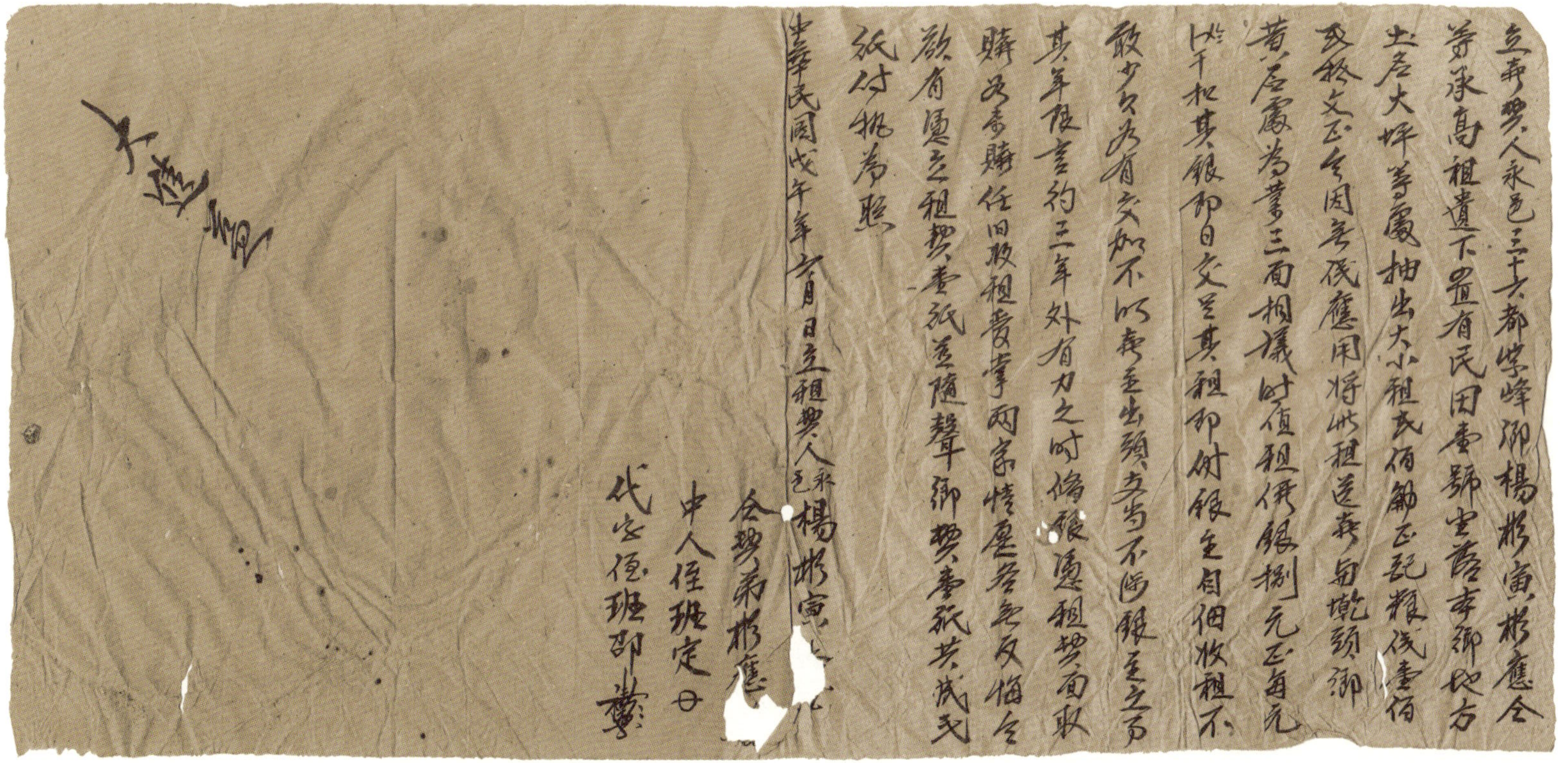

立賣契人永邑二十六都崇峰鄉楊彬寅、彬應仝
弟承高祖遺下置有民田壹號，坐落本鄉地方
土名大坪等處，抽出大小租米伍斛正，該糧錢壹伯
文正。今因無錢應用，將此租送與白墩頭鄉
黃、居處為業。三面相議，時值租價銀捌元正，每元
以七千扣，其銀即日交足，其租即付銀主自佃收租，不
敢少欠。如有交加不明，賣主出頭，支當不涉銀主之事。
其年限言約三年外，有力之時，備銀還租契面取
贖。無本贖，任旧收租賣業。兩家情愿，各無反悔。今
欲有憑，立租契壹紙，並隨聲鄉契壹紙，共貳
紙付執為照。
中華民國戊午年六月　日立租契人永邑楊彬寅（押）
仝契弟彬應（押）
中人侄琳定（押）
代字侄琨卿（押）

9-1-41-5　民國七年六月楊彬寅等立賣民田租契

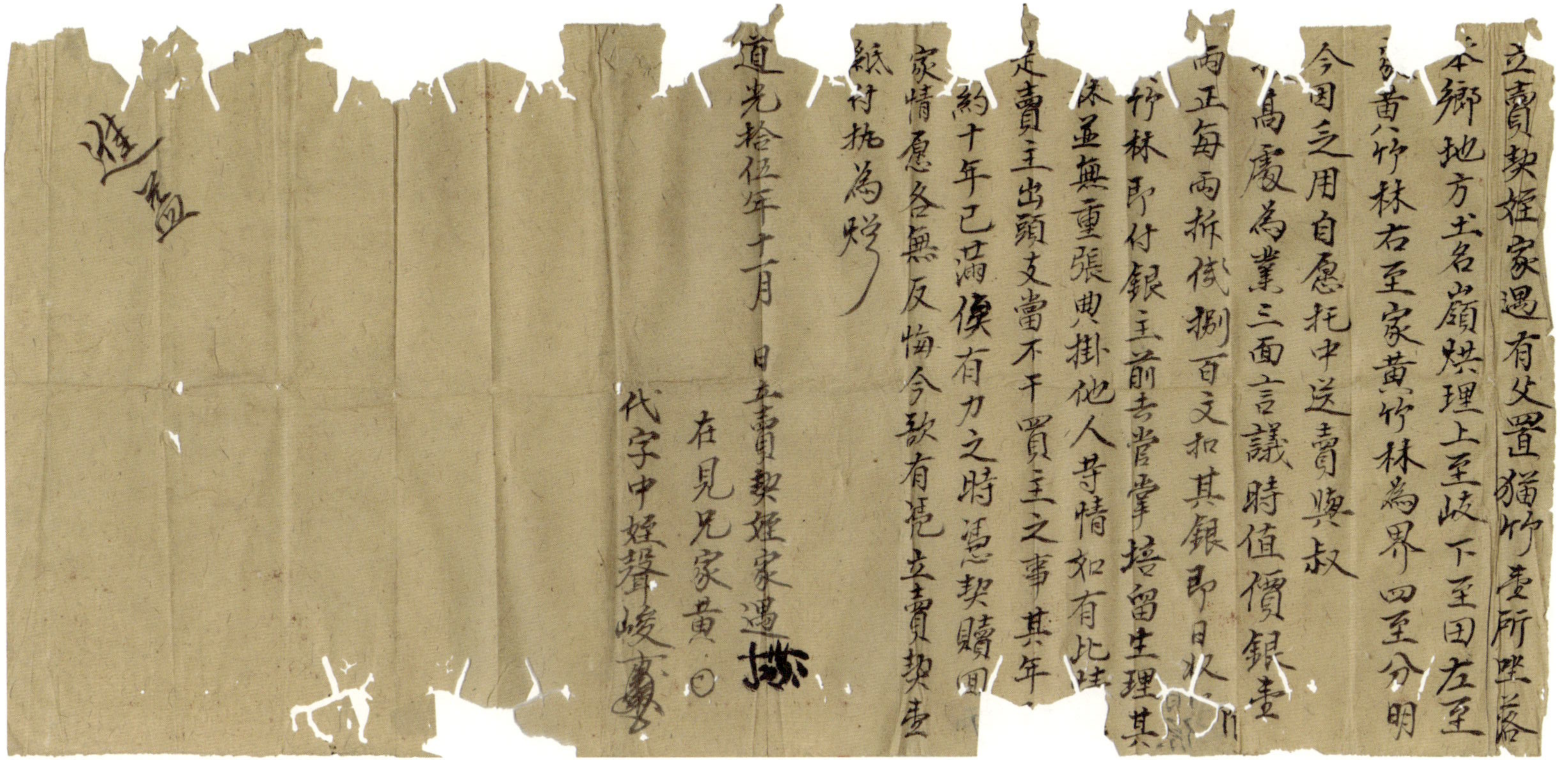

立賣契侄家遇有父置猫竹壹所坐落
本鄉地方土名嶺烘理上至岐下至田左至
家黄竹林右至家黄竹林為界四至分明
今因乏用自愿托中送賣與叔
[illegible]處為業三面言議時值價銀壹
兩正每兩折錢捌百文扣其銀即日收
竹林即付銀主前去管掌培留生理其
係並無重張典掛他人等情如有此
是賣主出頭支當不干買主之事其年
約十年已滿係有力之時憑契贖回
家情愿各無反悔今欲有憑立賣契壹
紙付執為照

道光拾伍年十一月　日立賣契侄家遇（押）
在見兄家黄（押）
代字中侄聲峻（押）

9-1-42-1　清道光十五年十一月楊家遇立賣猫竹林契

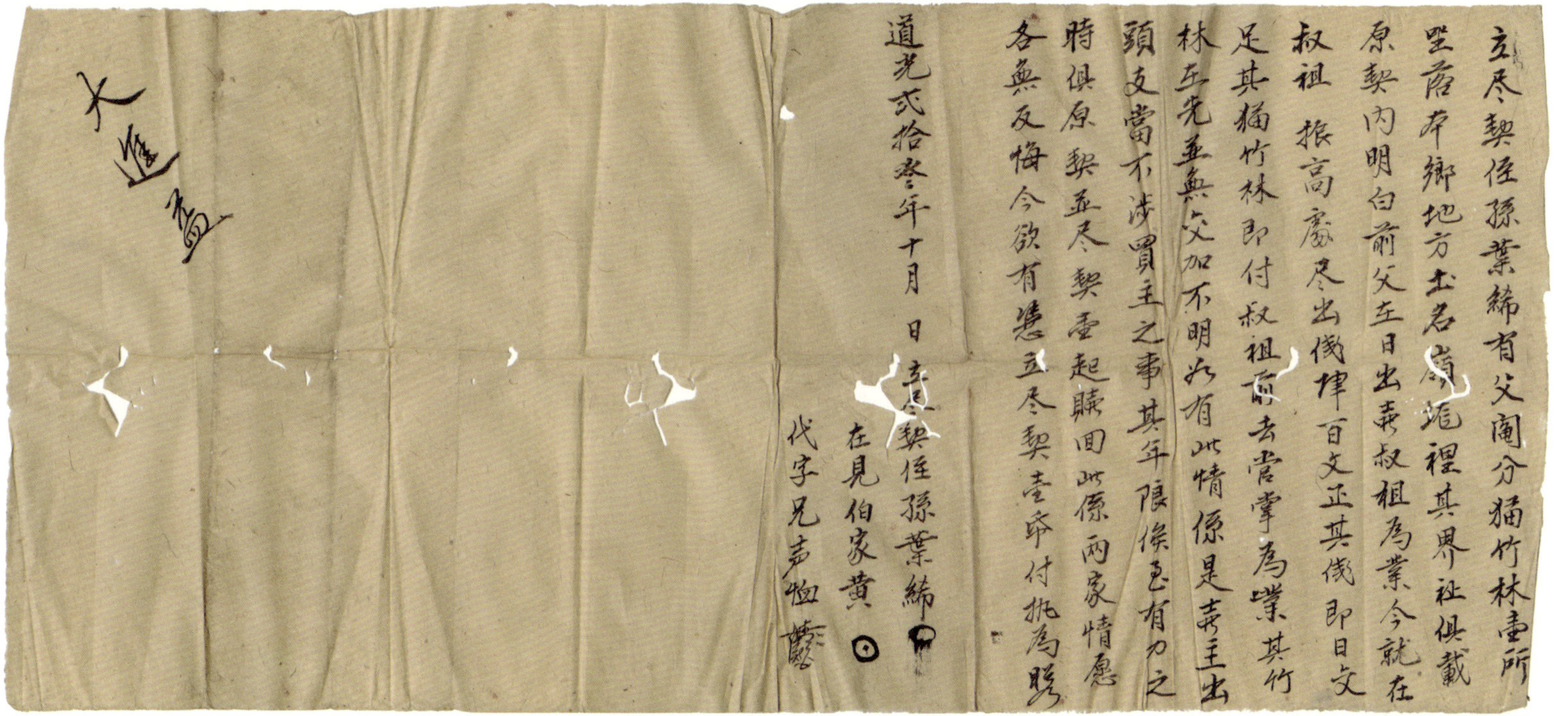

立盡契侄孫葉締有父閹分猫竹林壹所
坐落本鄉地方土名嶺坵裡其界址俱載
原契內明白前父在日出賣叔祖為業今就在
叔祖 振高處盡出價銭肆百文正其價即日交
足其猫竹林即付叔祖前去管掌為業其竹
林在先並無交加不明如有此情係是賣主出
頭支當不涉買主之事其年限俟邑有力之
時俱原契並盡契壹起贖回此係兩家情愿
各無反悔今欲有憑立盡契壹帋付執為照
道光弍拾叁年十月 日立盡契侄孫葉締
在見伯家黄
代字兄声恤
大進

9-1-42-2 清道光二十三年十月楊葉締立盡猫竹林契

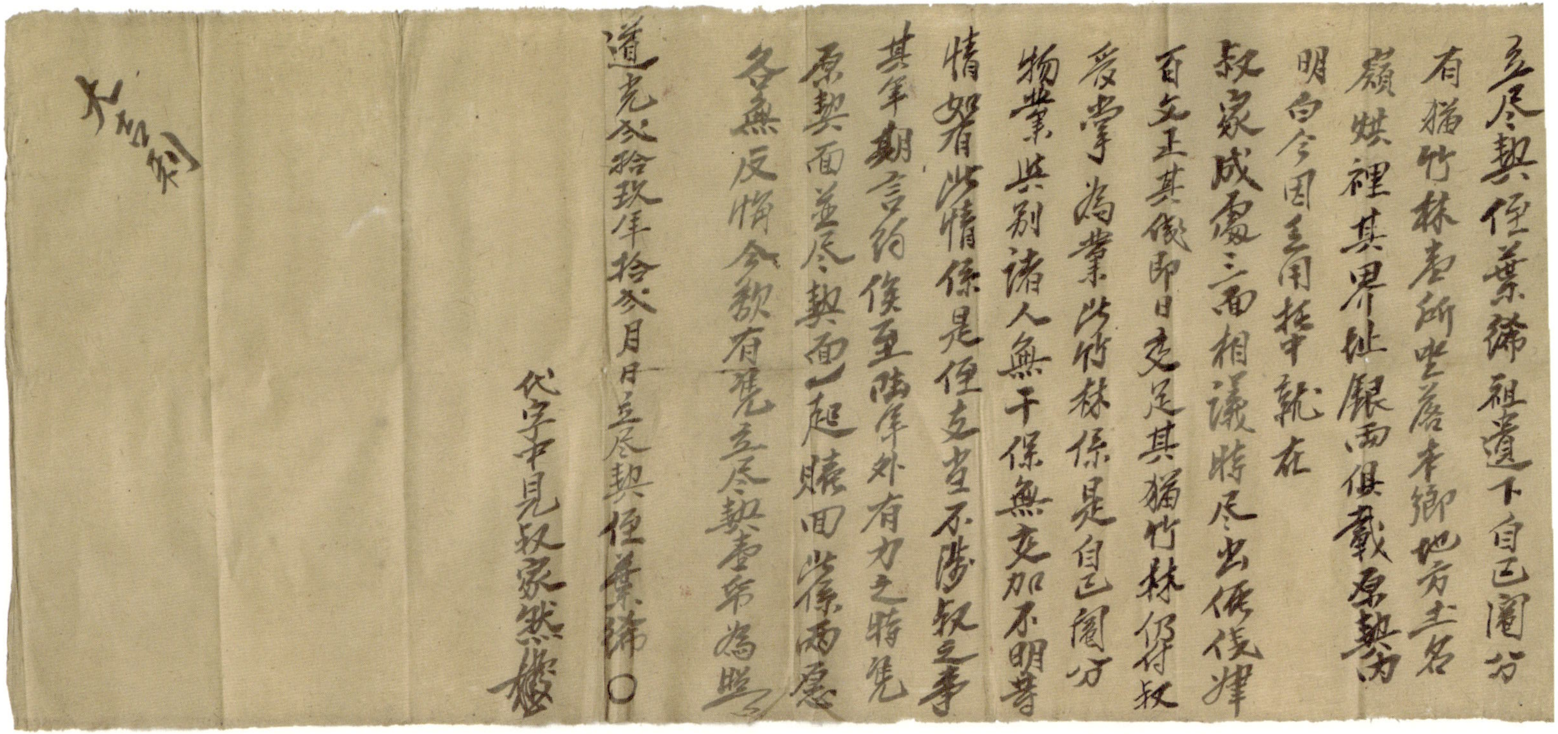

立盡契侄葉締承祖遺下自己闔內
有猫竹林壹所坐落本鄉地方土名
嶺頭壠裡其界上止[illegible]下止[illegible]四至
明白今因乏用托中就在
叔邊跋盡三面相議時值出價錢肆
百文正其錢即日交足其猫竹林仍付叔
前去掌管為業此猫竹林係是自己闔內
物業與別房人無干係無交加不明等
情如有此情係是侄出頭抵當不涉叔之事
其年期言明侄至拾年外有力之日將價
原契面並盡契面一起贖回[illegible]不得阻
各無反悔今欲有憑立盡契壹紙為照

道光貳拾玖年拾貳月　日立盡契侄葉締○

代字中見叔[illegible]

9-1-42-3　清道光二十九年十二月楊葉締立盡猫竹林契

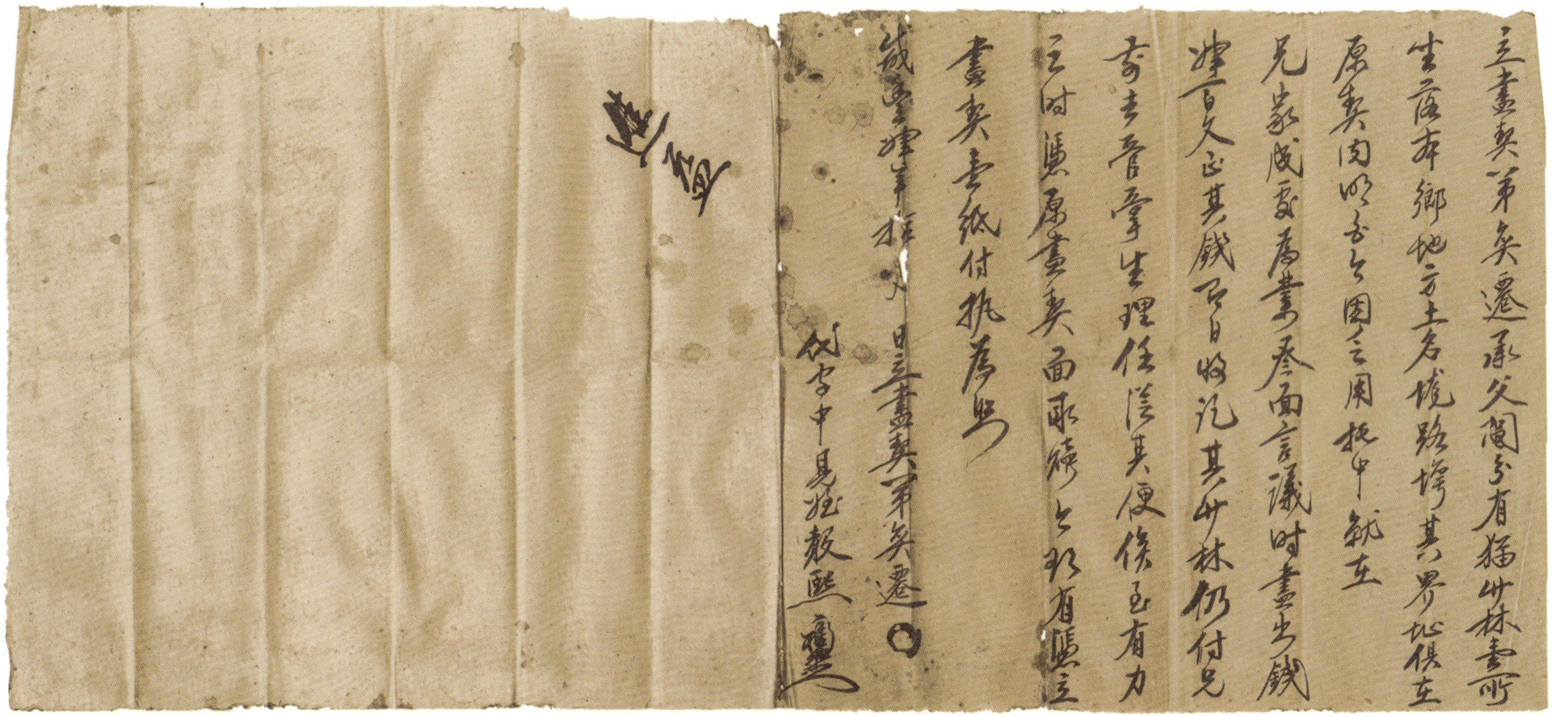
立盡契弟奕遷，承父鬮分有猫竹林壹所，
坐落本鄉地方，土名垅路塆，其界址俱在
原契內明白。今因乏用，托中就在
兄家成處盡業，叁面言議，時盡出錢
肆百文正，其錢即日收訖，其竹林仍付兄
前去管掌生理，任從其便。係至有力
之時，憑原盡契面取贖，今欲有憑，立
盡契壹紙，付執為照。
咸豐肆年拾月　日立盡契弟奕遷（押）
代字中見堂叔熙（押）

9-1-42-4　清咸豐四年十月楊奕還立盡猫竹林契

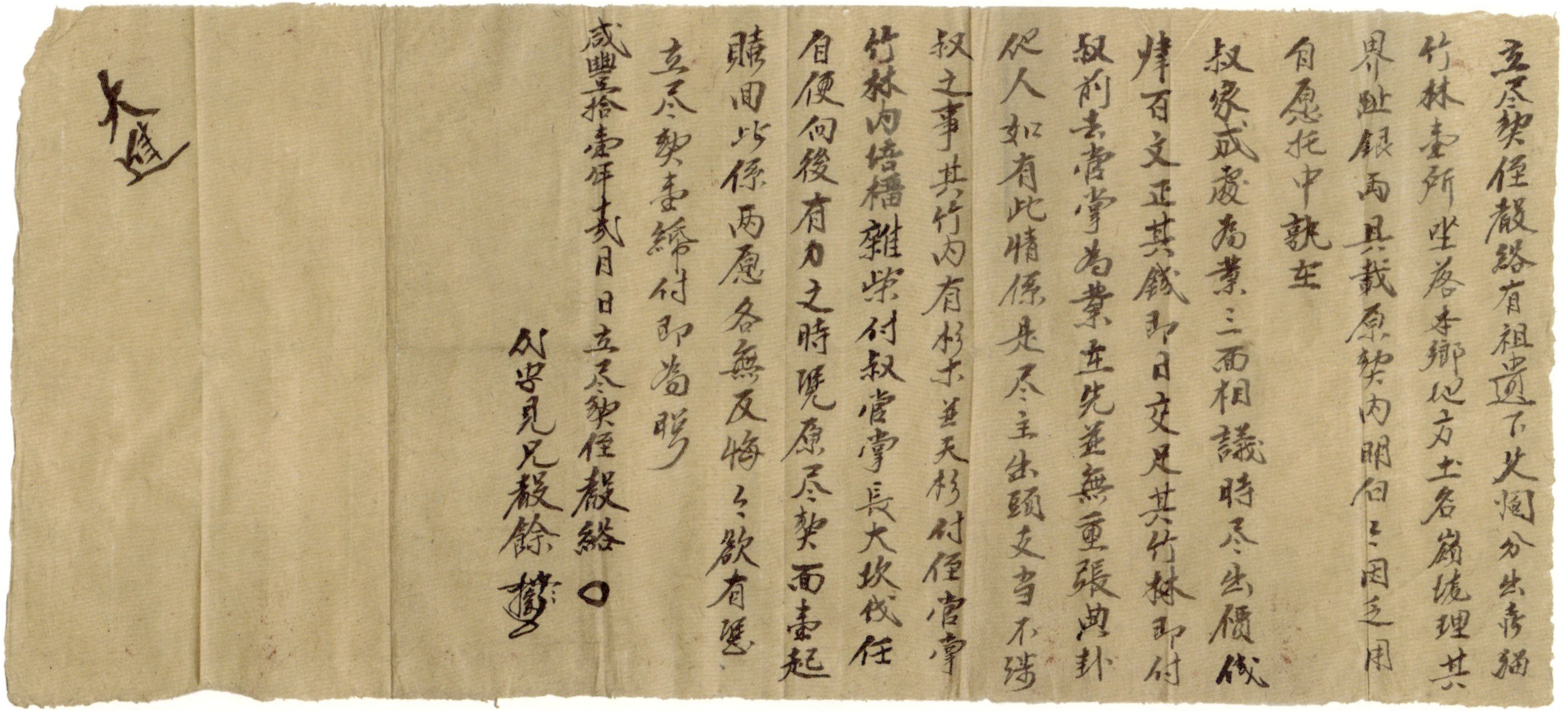
立盡契侄聲絡有祖遺下大洞分出壽猫
竹林壹所坐落本鄉地方土名嶺坑理其
界址銀兩具載原契內明白今因乏用
自愿托中就在
叔家武處為業三面相議時盡出價錢
肆百文正其錢即日交足其竹林即付
叔前去管掌為業在先並無重張典卦
他人如有此情係是盡主出頭支當不涉
叔之事其竹內有杉木並天杉付侄管掌
竹林內培植雜柴付叔管掌長大砍伐任
自便向後有力之時照原盡契面壹起
贖回此係兩愿各無反悔，欲有憑
立盡契壹紙付即為照
咸豐拾壹年拾貳月　日立盡契侄聲絡
代筆見兄聲餘

9-1-42-5　清咸豐十一年十二月楊聲絡立盡猫竹林契

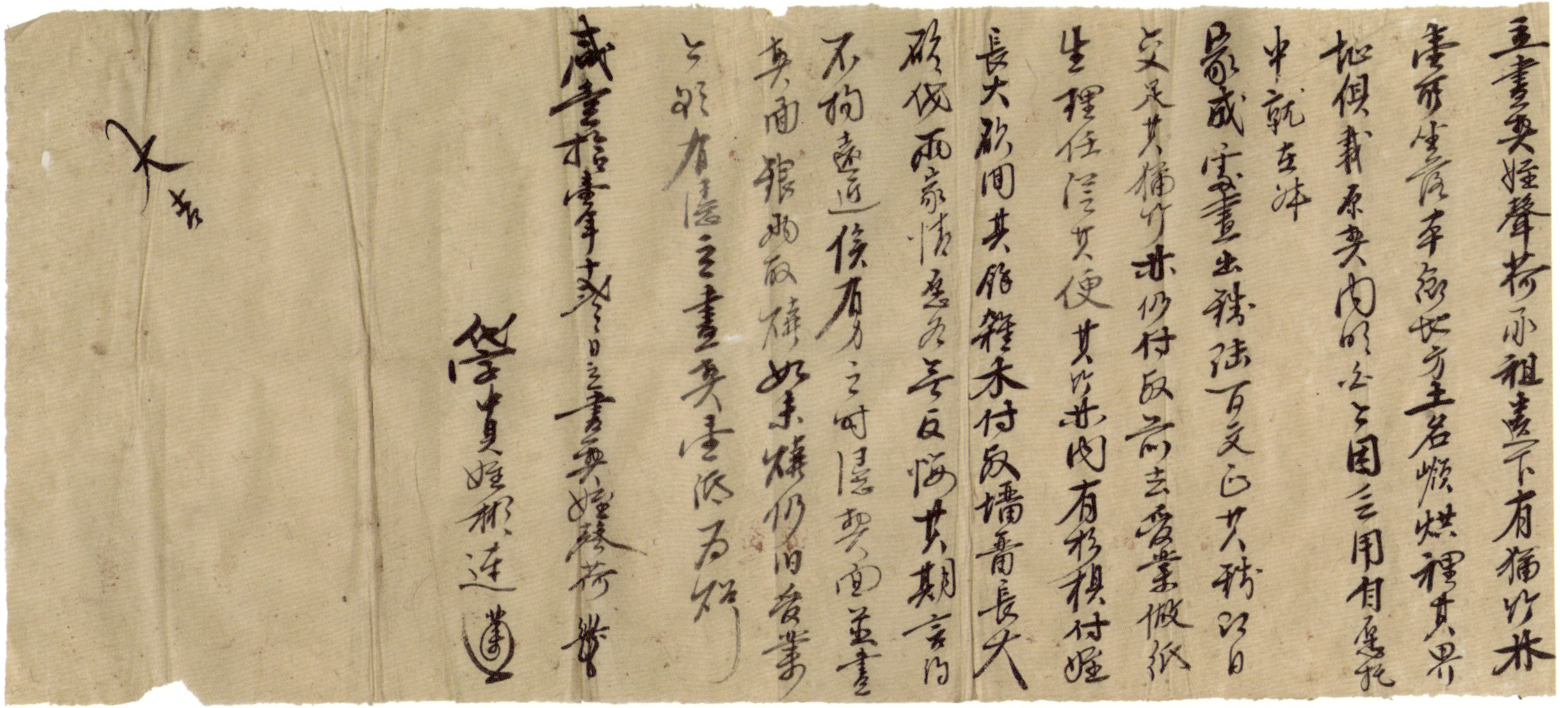

立盡契姪聲荷承祖遺下有猫竹林
壹所坐落本鄉地方土名嶺烘裡，其界
址俱載原契內明，今因乏用，自愿托
中就在叔
家成[illegible]盡出錢陸百文正，其錢即日
交足，其猫竹林仍付叔前去管業做紙
生理，任從其便，其竹林內有杉[illegible]付姪
長大砍伐，其餘雜木付叔[illegible]養長大
砍伐，兩家情愿，各無反悔，其[illegible]
不拘遠近，備有力之時，憑契面並盡
契面銀兩取贖，如無銀，仍付管業
今欲有憑，立盡契壹紙為炤
咸豐拾壹年十二月　日立盡契姪聲荷（押）
代筆堂姪[illegible]達（押）

大吉

9-1-42-6　清咸豐十一年十二月楊聲荷立盡猫竹林契

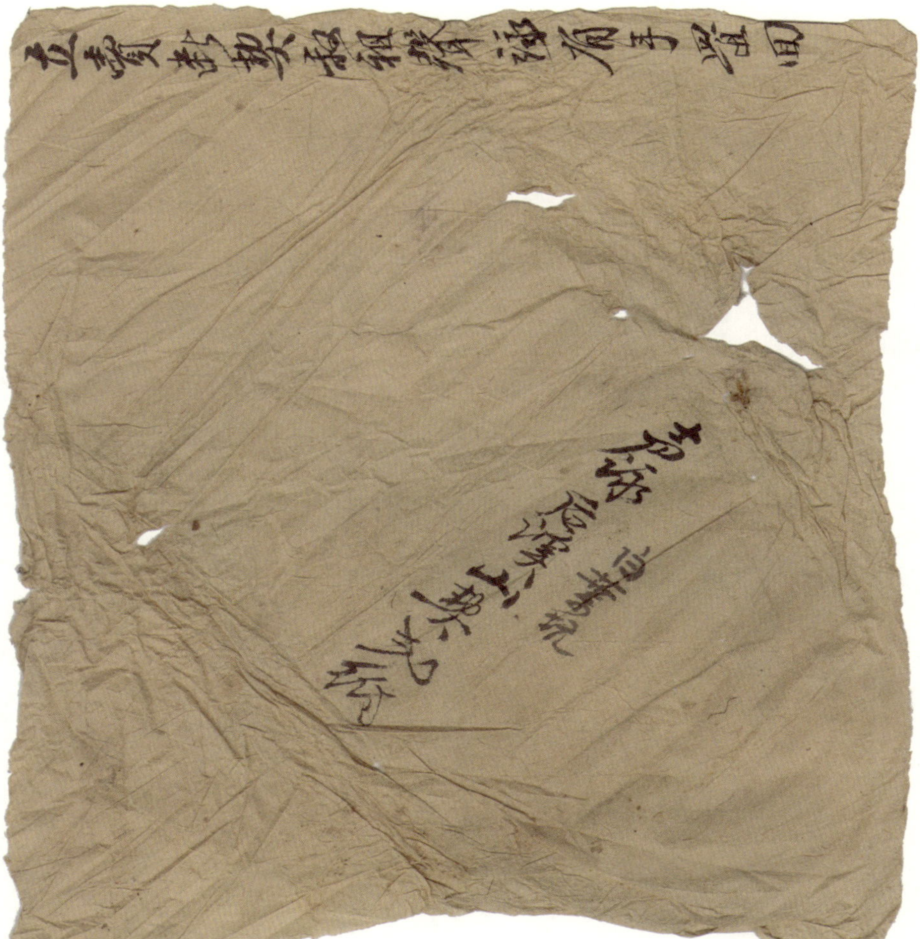

9-1-43-1　包契紙

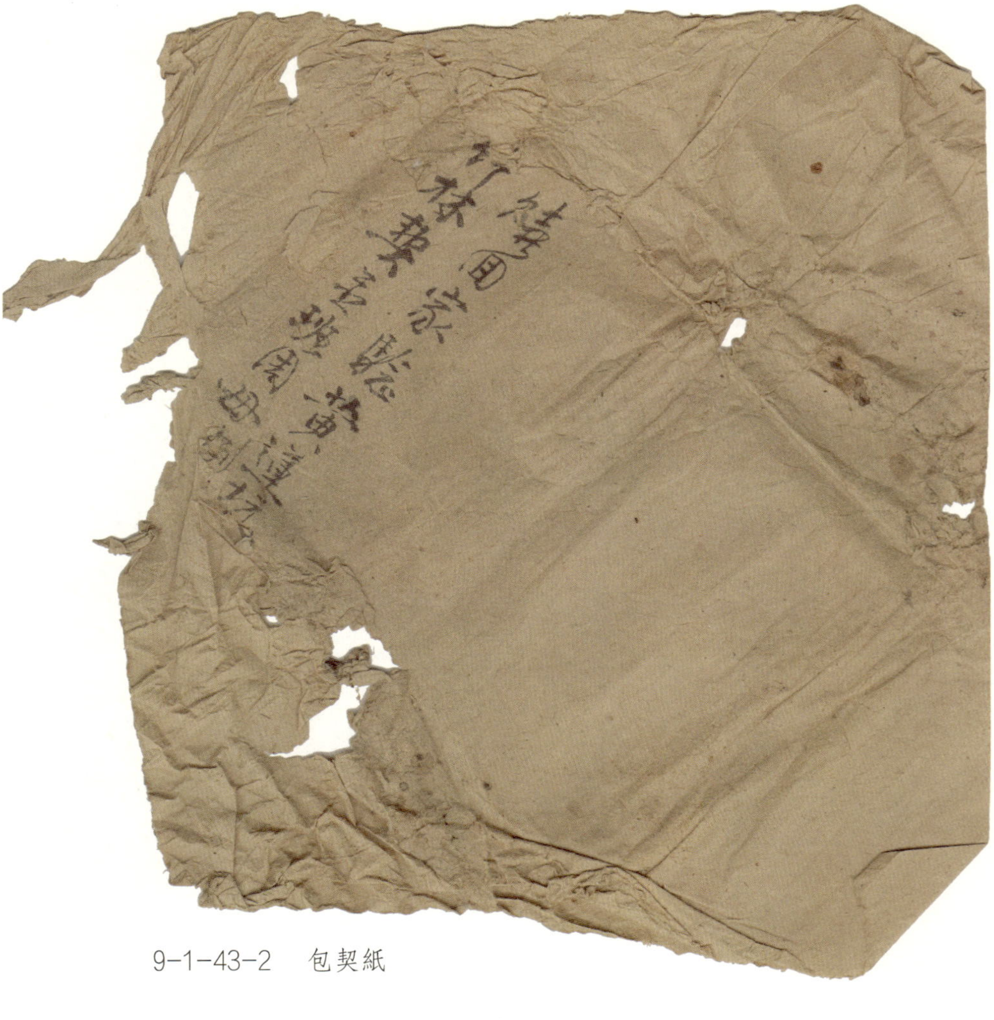

9-1-43-2　包契紙

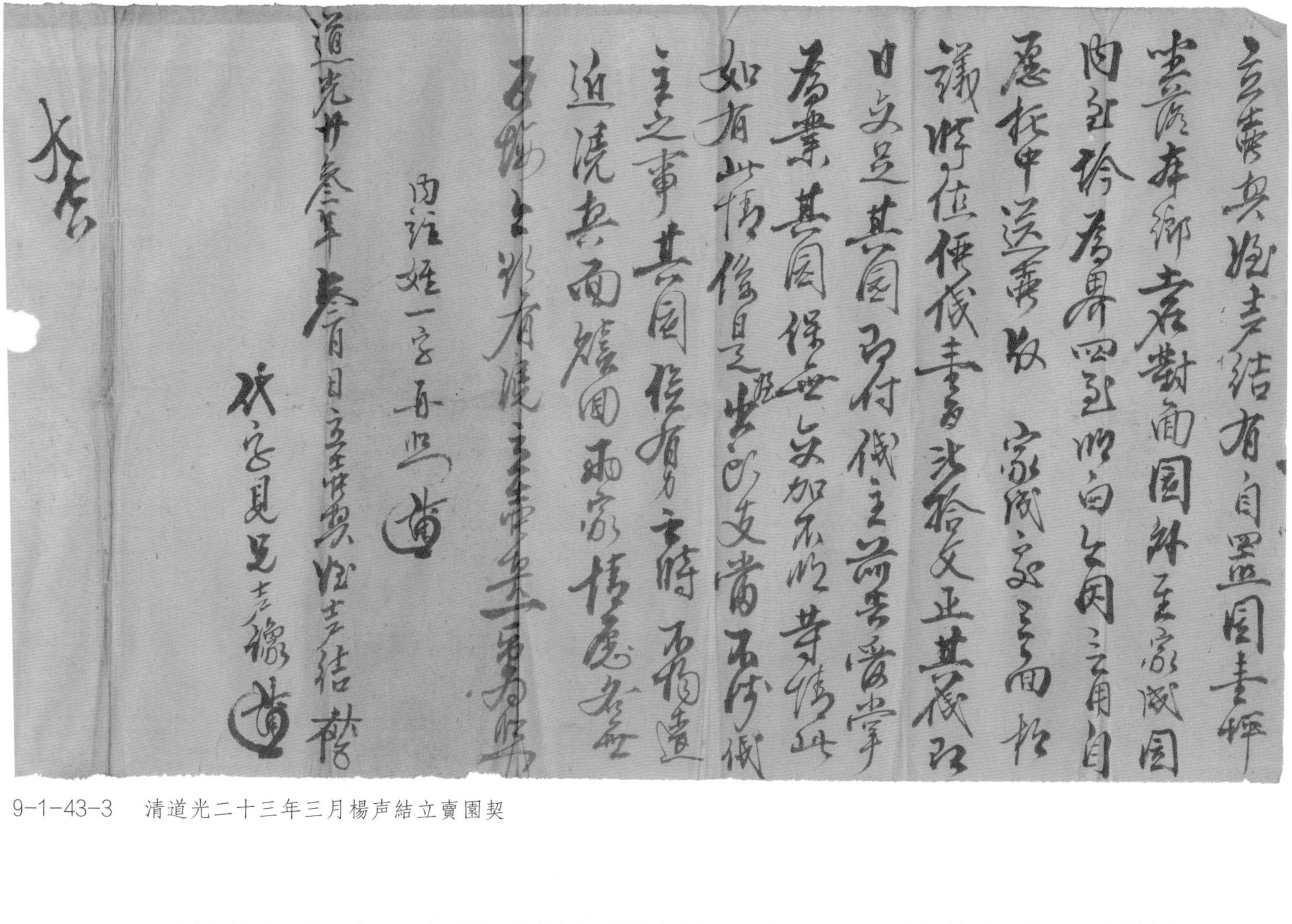

9-1-43-3　清道光二十三年三月楊声結立賣園契

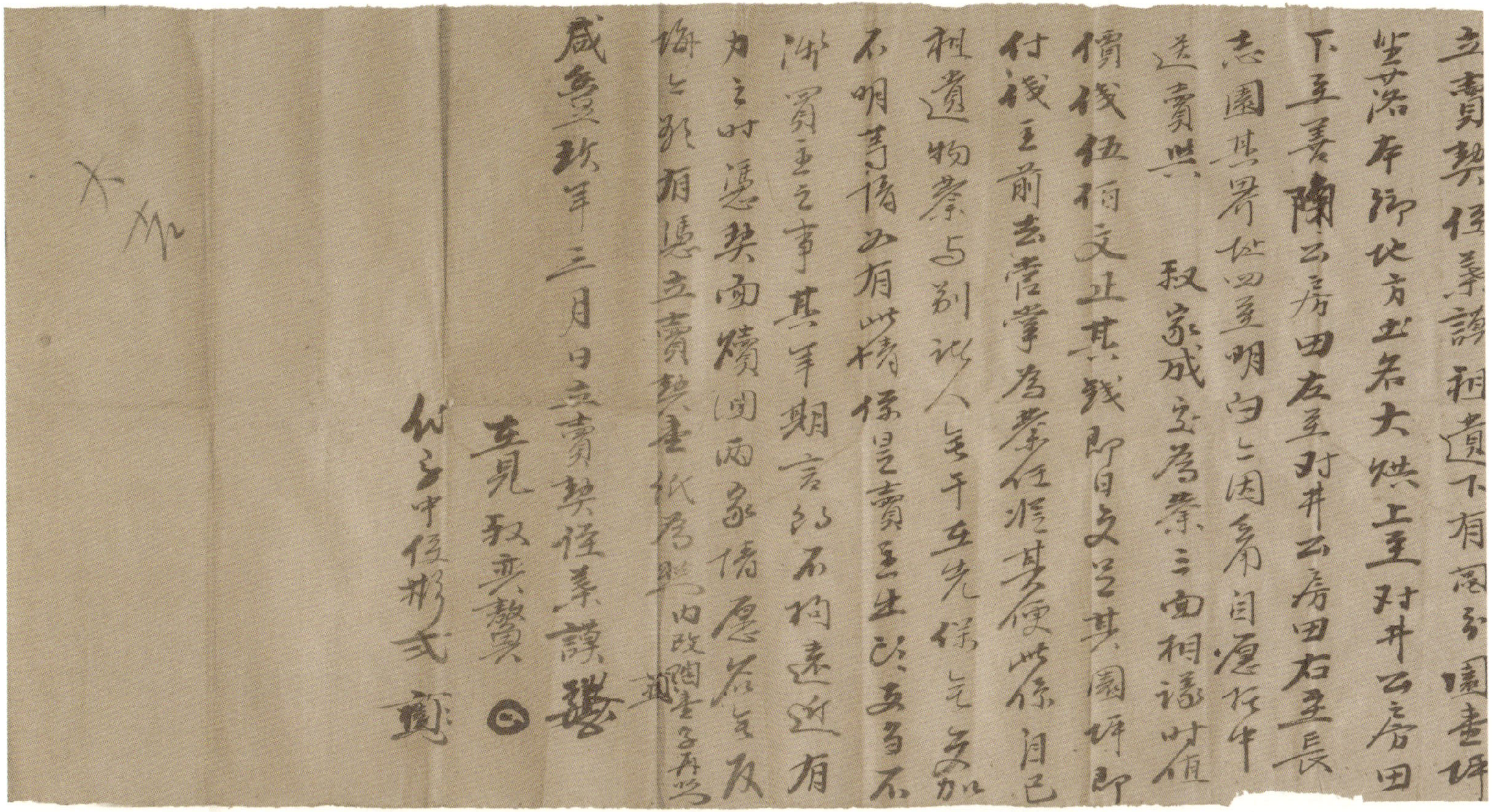
立賣契侄葉謨，祖遺下有園壹坪，
坐落本鄉坑方土名大洪，上至對井石房田，
下至善陳石房田，左至對井石房田，右至長
志園，其界址四至明白，今因乏用，自愿托中
送賣與　　叔家成官爲業，三面相議時值
價錢伍佰文，比其錢即日交足，其園坪即
付錢主前去管掌爲業，任從其便，此係自己
祖遺物業，與别房人等無干，亦先保無重加
不明等情，如有此情，係是賣主出頭支當，不
涉買主之事，其年期言約不拘遠近，有
力之时，憑契兩續（贖），兩家情愿，各無反
悔，今欲有憑，立賣契壹紙爲照。內改陶壹字再照。
咸豐玖年三月　日立賣契侄葉謨（押）
在見叔葉贇（押）
代字中侄彬式（押）

9-1-43-4　清咸豐九年三月楊葉謨立賣園契

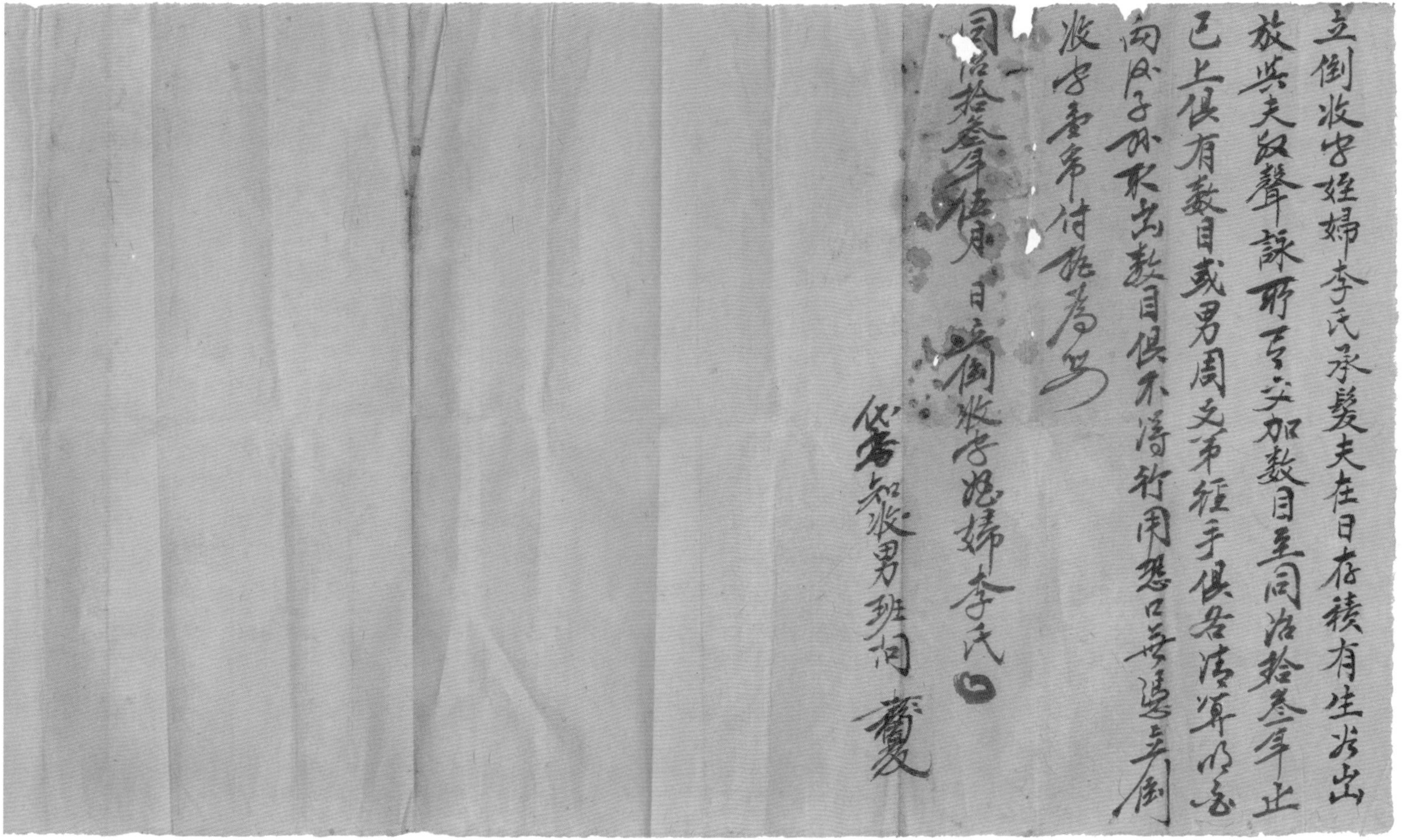
立倒收字姪婦李氏承髮夫在日存積有生放出
放與夫叔聲詠邊去本加數目至同治拾叁年止
已上俱有數目載男周文弟經手俱各清算明白
向后子孫不出數目俱不得行用恐口無憑立倒
收字壹帋付執爲照
同治拾叁年伍月　日立倒收字姪婦李氏
代筆知收男班周

9-1-43-5　清同治十三年五月李氏立倒收字

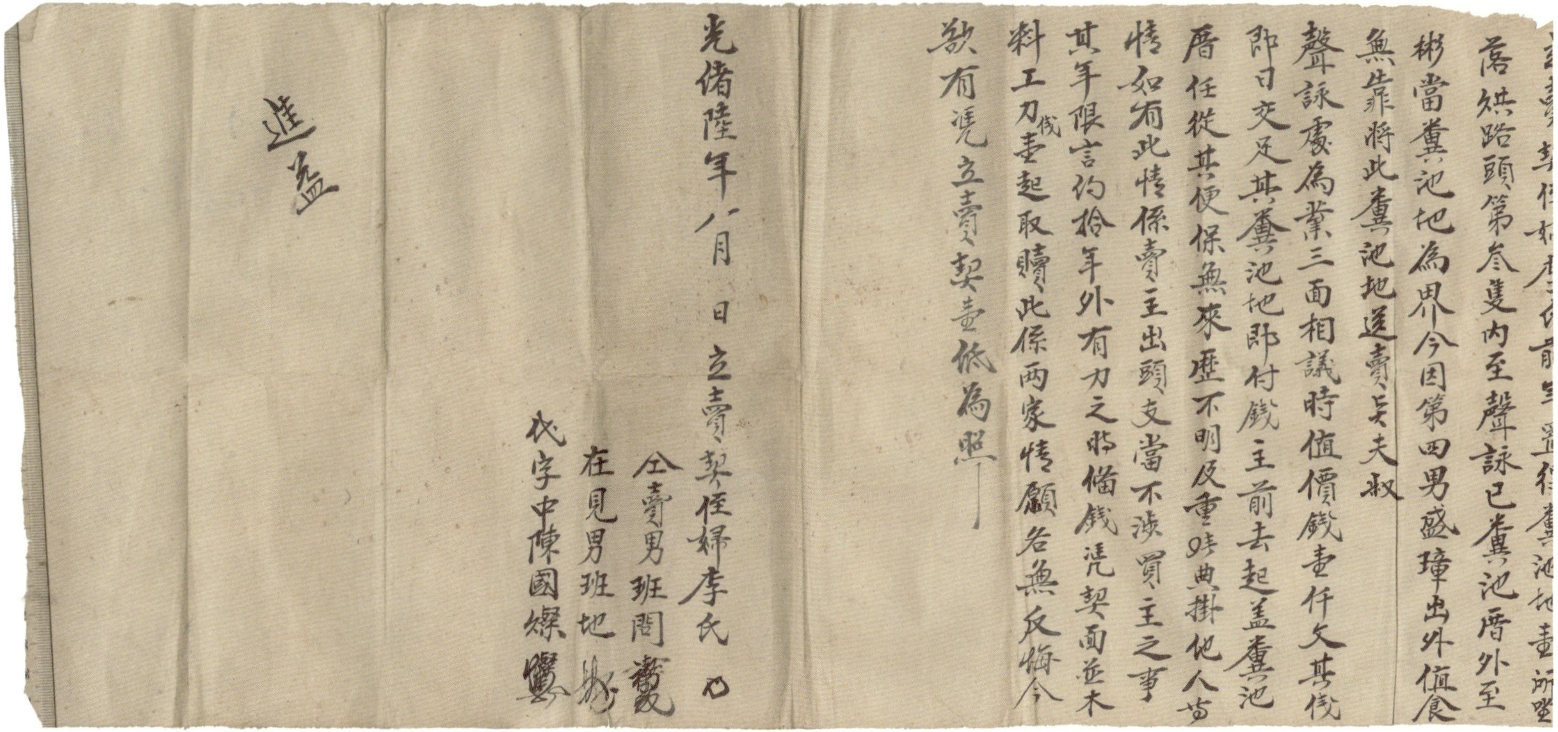
厝烘路頭第叁隻內至聲詠已糞池厝外至
彬當糞池地為界今因第四男盛璋出外值食
無靠將此糞池地送賣與夫叔
聲詠處為業三面相議時值價錢壹仟文其錢
即日交足其糞池地即付錢主前去起蓋糞池
厝任從其便保無來歷不明及重財典掛他人並
情如有此情係賣主出頭支當不涉買主之事
其年限言約拾年外有力之時備錢憑契面並木
料工刀錢壹起取贖此係兩家情願各無反悔今
欲有憑立賣契壹紙為照
光緒陸年八月　日立賣契侄婦李氏（押）
仝賣男班閏（押）
在見男班地（押）
代字中陳國爍（押）
進益

9-1-43-6　清光緒六年八月楊門李氏等立賣糞池地契

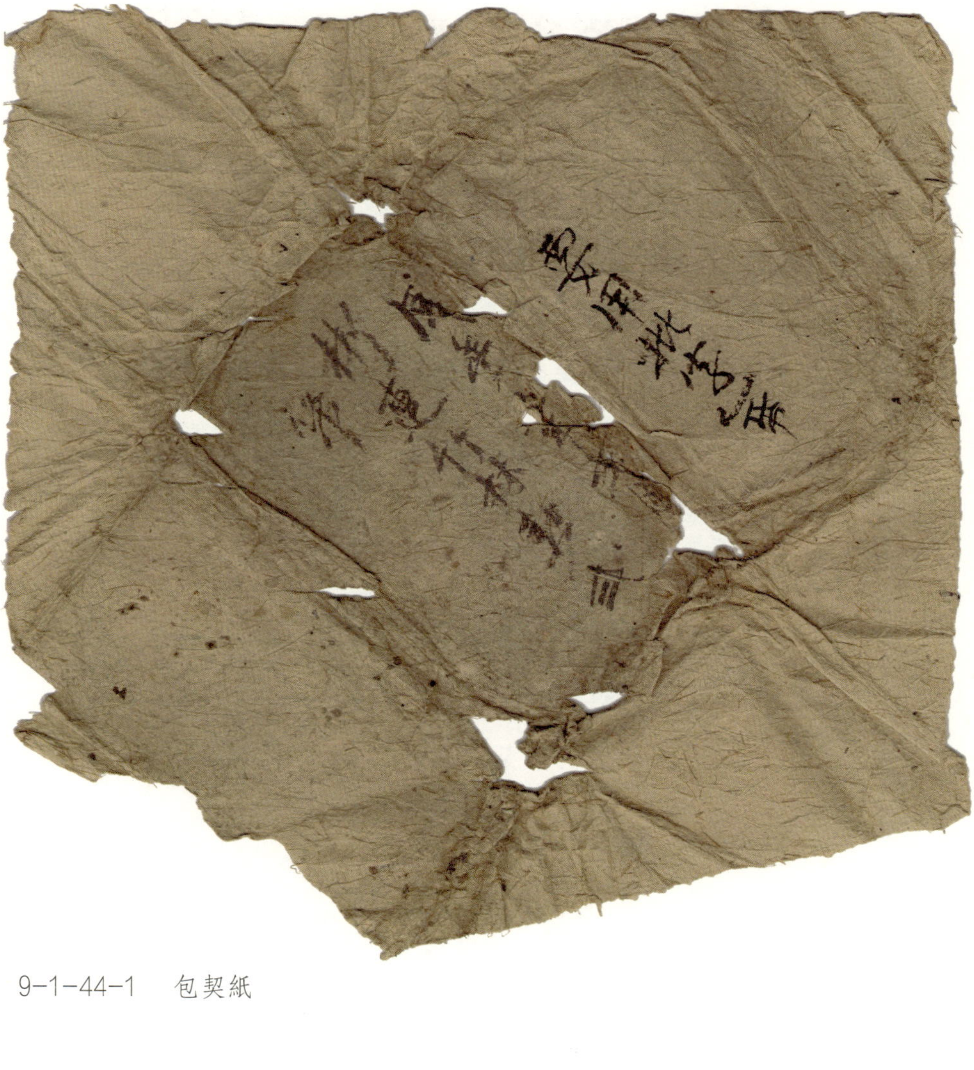

9-1-44-1　包契紙

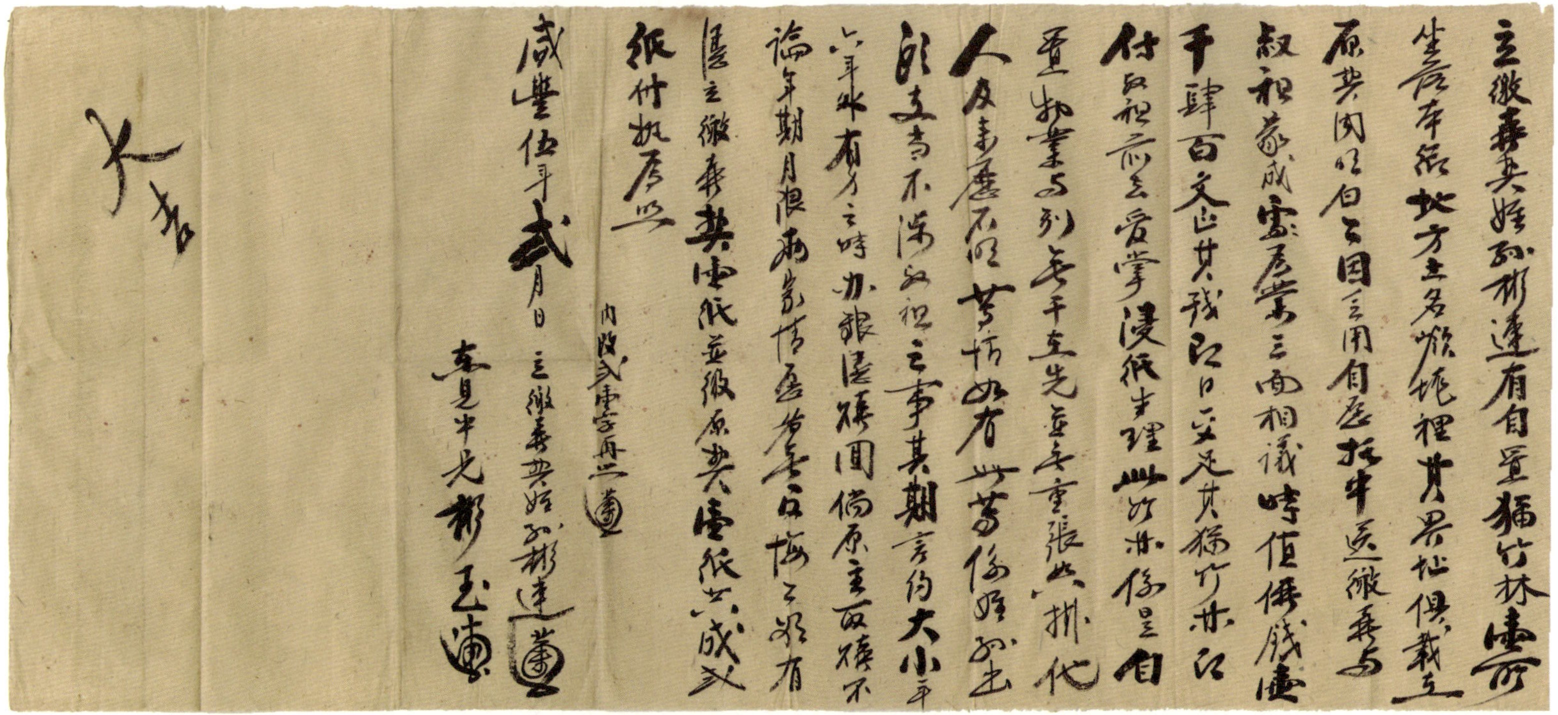

9-1-44-2　清咸豐五年二月楊彬連立繳賣猫竹林契

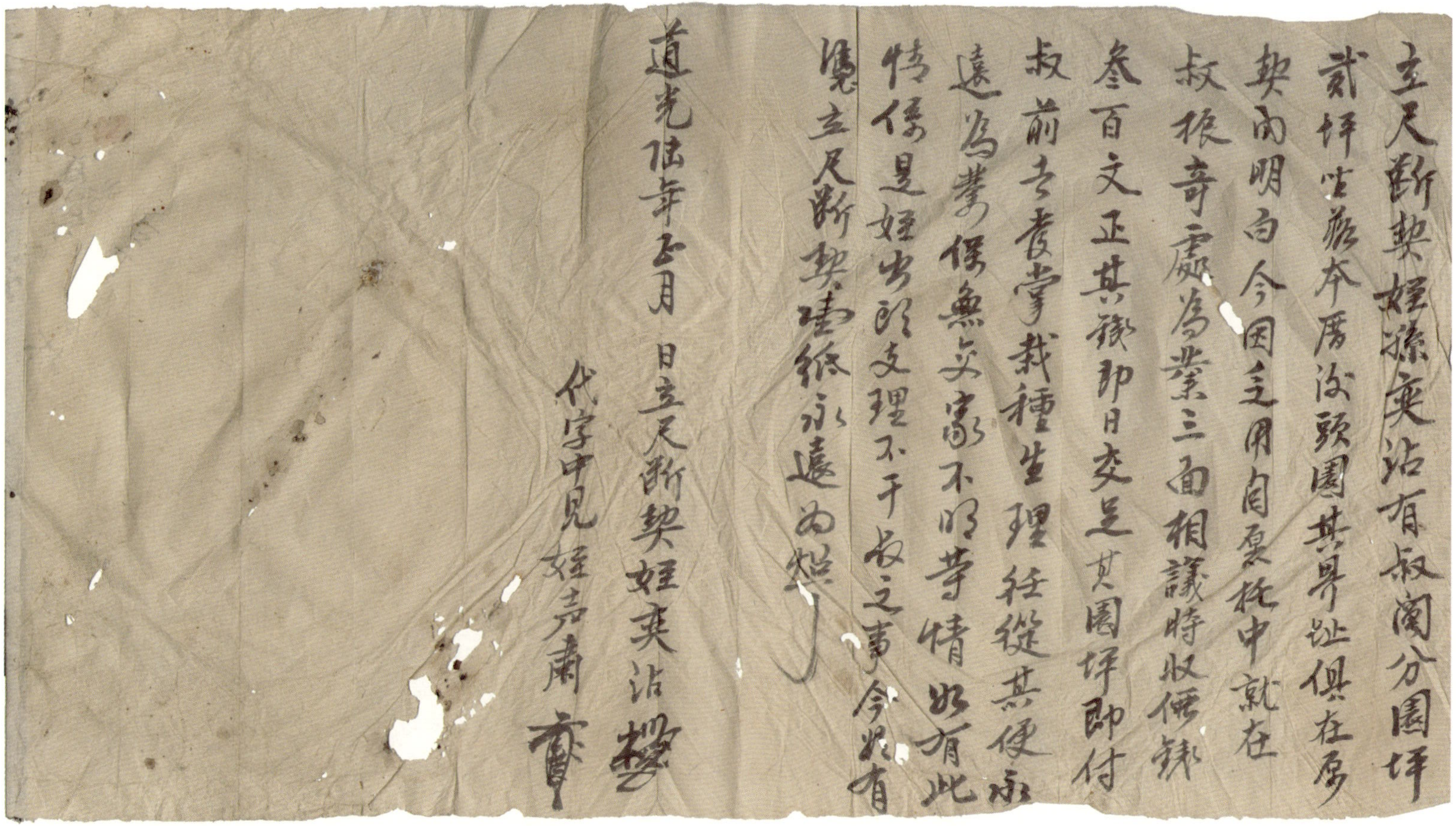

立盡斷契侄孫奕沾有叔闔分園坪
貳坪坐落本厝洑頭園其界址俱在分
契內明白今因乏用自愿托中就在
叔根奇處爲業三面相議時收價錢
叁百文正其錢即日交足其園坪即付
叔前去管掌栽種生理任從其便永
遠爲業保無交加不明等情如有此
情係是侄出頭支理不干叔之事今恐有
憑立盡斷契壹紙永遠爲照

道光陆年正月　日立盡斷契侄奕沾（押）
代字中見侄声肅（押）

9-1-45-1　清道光六年正月楊奕沾立盡斷園坪契

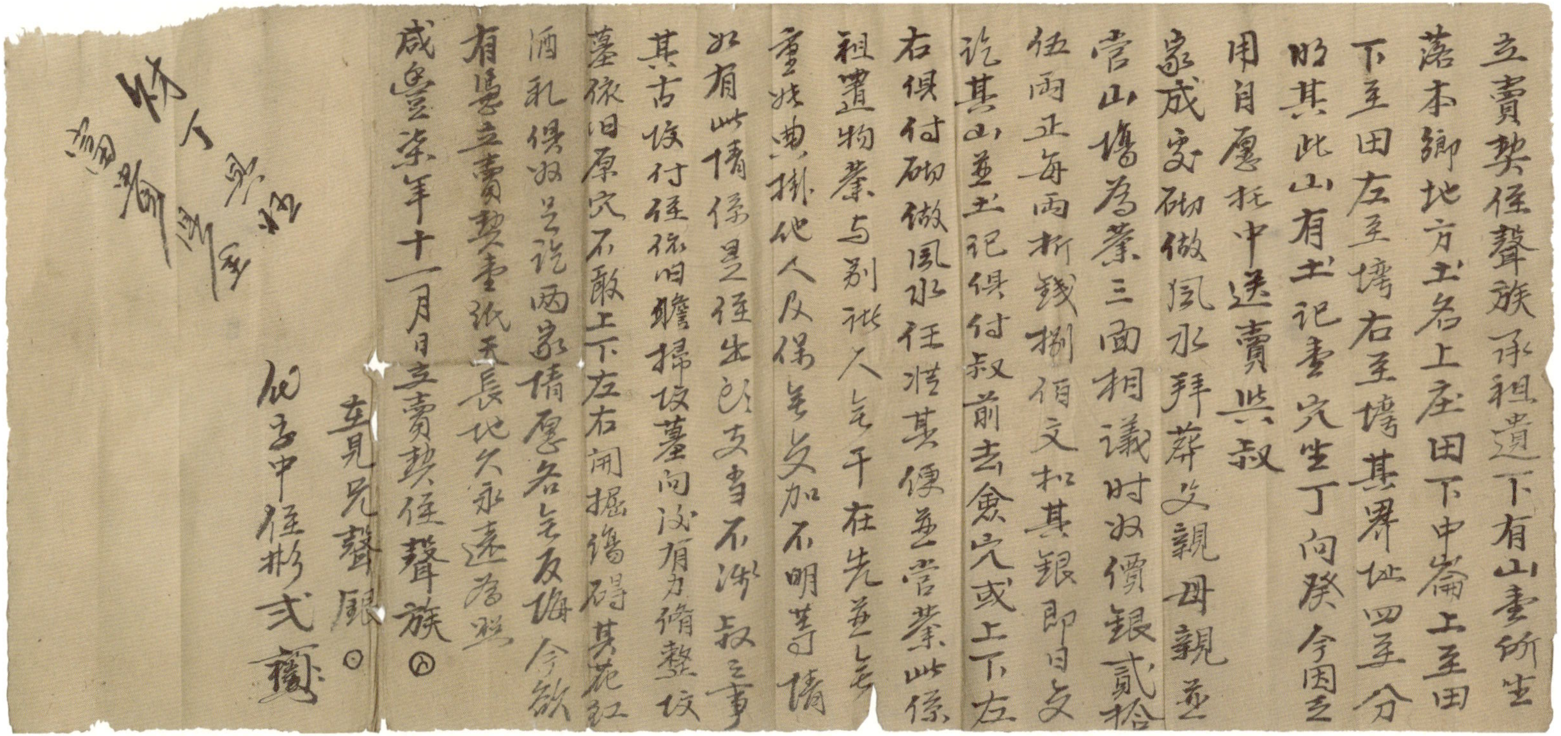

立賣契侄聲族承祖遺下有山壹所坐
落本鄉地方土名上庄田下中崙上至田
下至田左至墻右至墻其界址四至分
明其此山有土記壹穴坐丁向癸今因乏
用自愿托中送賣與叔
嘉成安砌做風水拜葬父親母親並
管山墳爲業三面相議時值價銀貳拾
伍兩正每兩折錢捌佰文扣其銀即日交
訖其山並土記俱付叔前去僉穴或上下左
右俱付砌做風水任憑其便並管業此係
祖遺物業與別房人等干在先並無
重張典掛他人及係是父加不明等情
如有此情係是侄出頭支當不涉叔之事
其古坟付侄依旧贍掃坟墓向後有力脩整坟
墓依旧原穴不敢上下左右開掘鑿碍其花紅
酒礼俱以足訖兩家情愿各無反悔今欲
有憑立賣契壹紙天長地久永遠爲照
咸豐柒年十一月日立賣契侄聲族（押）
在見兄聲鼎（押）
代書中侄彬式（押）
時人[illegible]

9-1-45-2　清咸豐七年十一月楊聲族立賣山契

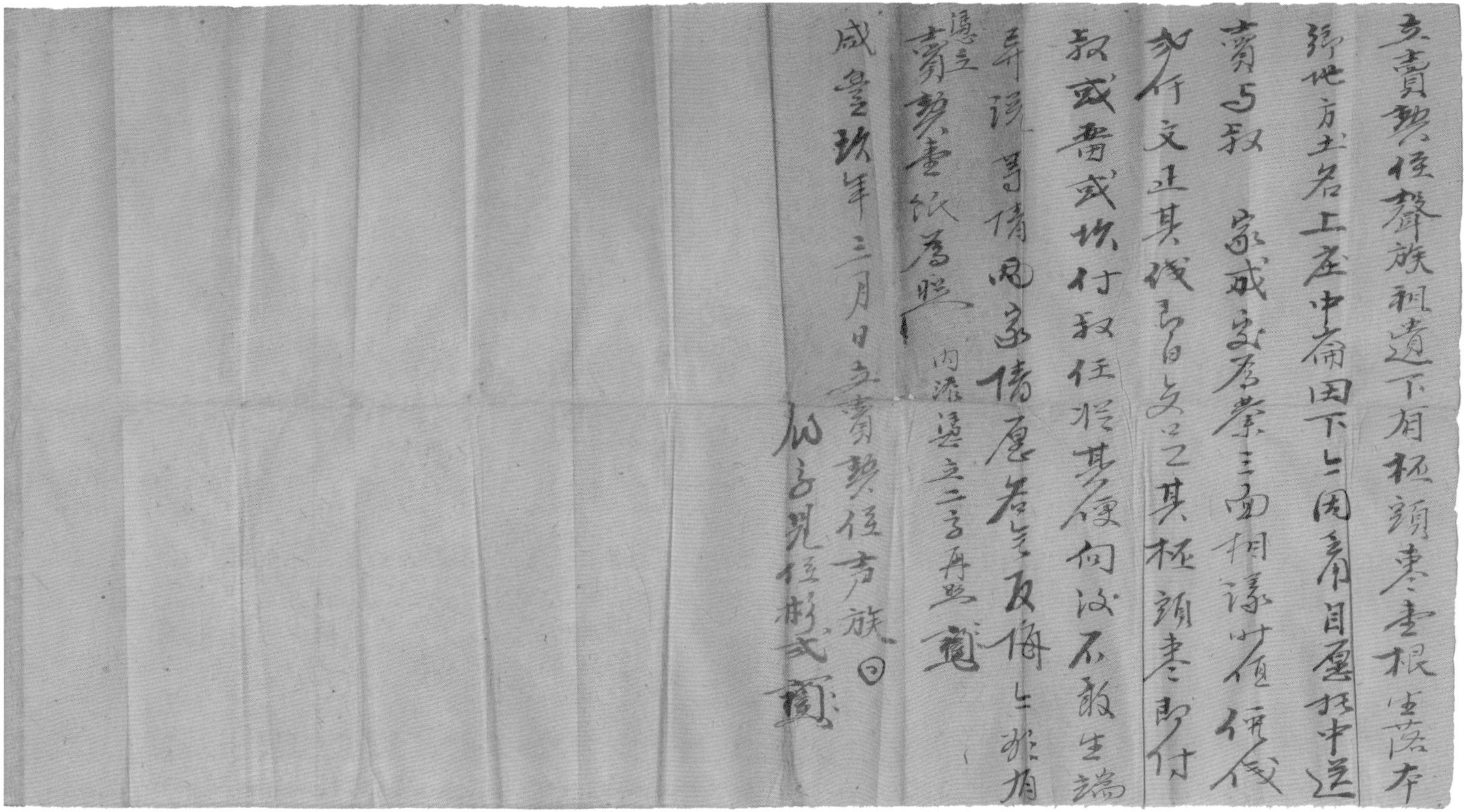
立賣契侄聲族祖遺下有柸頭棗壹根坐落本
鄉地方土名上厝中扁田下乙闲看目厘坵中逕
賣与叔　家成爲業三面相議出價錢
加什文正其錢即日交乞其柸頭棗即付
叔或番或坎付叔任從其便向侄不敢生端
异說兩情甘愿各無反悔上旅肯
憑立賣契壹紙爲照　內添邊立二字再照
咸豐玖年三月日立賣契侄聲族
代字兄侄彬式

9-1-45-3　清咸豐九年三月楊聲族立賣柸頭棗契

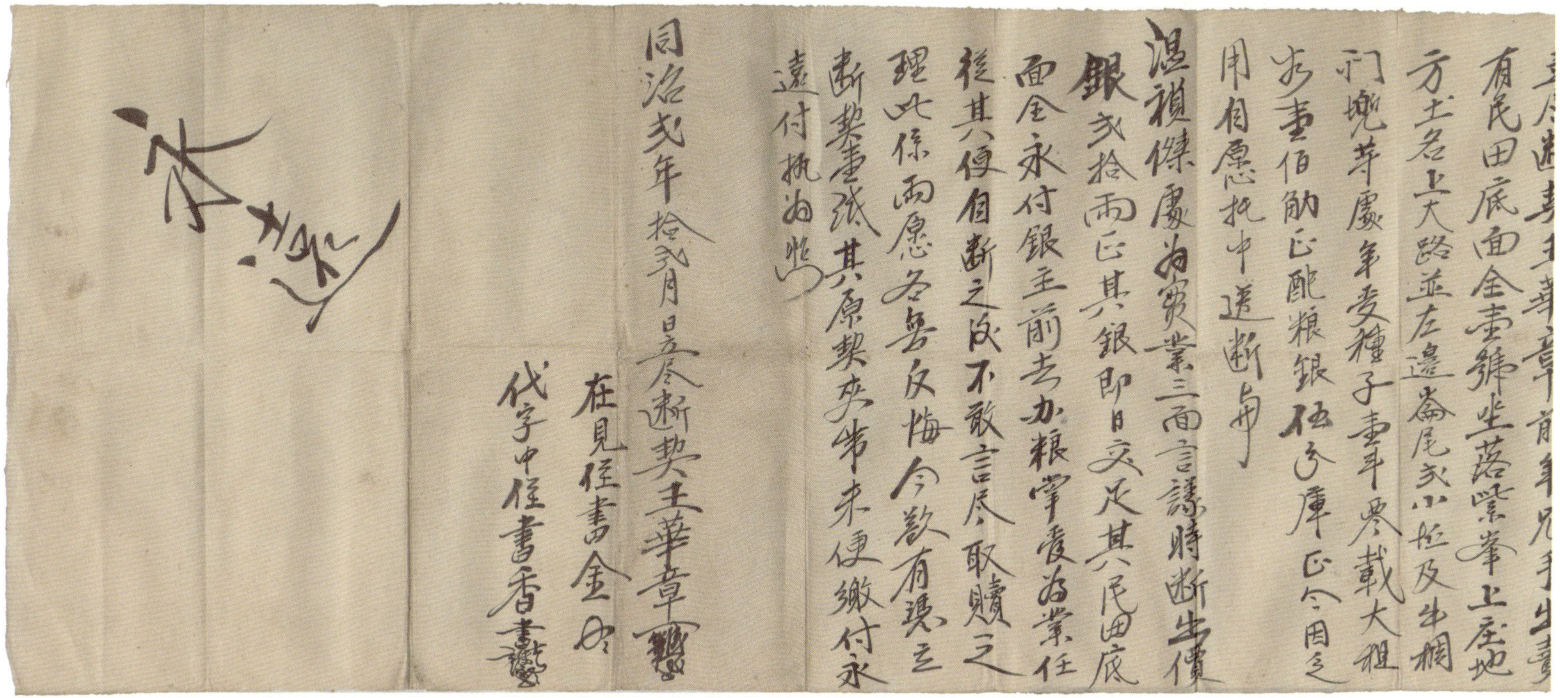
立盡斷契王華章前年兄弟出[illegible]
有民田底面全壹號坐落紫峯上座地
方土名上大路並左邊崙尾貳小坵及牛欄
門兜苹處年受種子壹斗叁載大租
出壹佰觔正配粮銀伍分庫正今因乏
用自愿托中送斷與
温禎傑處為業三面言議時斷出價
銀貳拾兩正其銀即日交足其民田底
面全永付銀主前去办粮掌管為業任
從其便自斷之後不敢言找取贖之
理此係兩愿各無反悔今欲有憑立
斷契壹紙其原契來歷未便繳付永
遠付執為照
同治弍年拾弍月　日立盡斷契王華章（押）
在見侄書金（押）
代字中侄書香（押）

9-1-45-4　清同治二年十二月王華章立盡斷底面全民田契

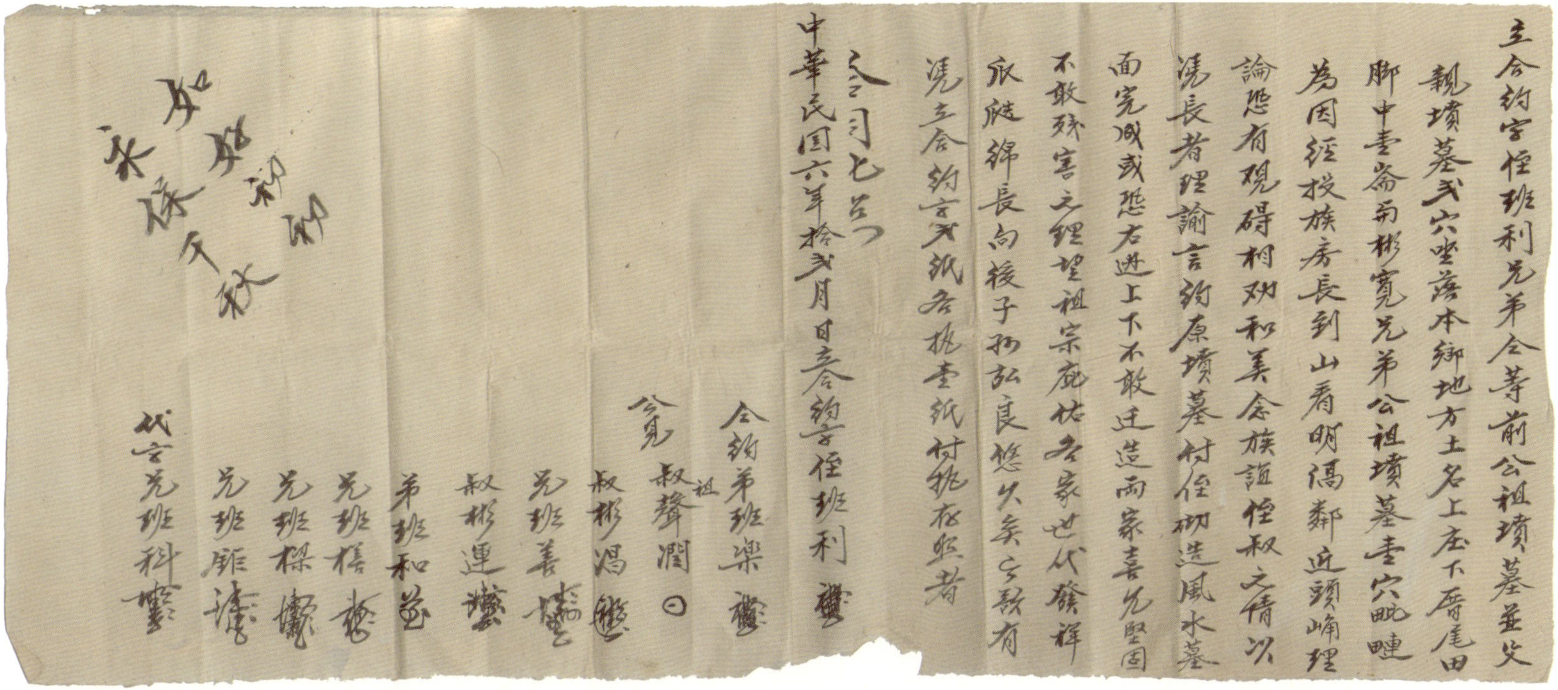

立合約字侄班利兄弟仝等前公祖墳墓並父
親墳墓弍穴坐落本鄉地方土名上庄下磨尾田
脚中壹崙岈彬寬兄弟公祖墳墓壹穴毗連
為因經投族房長到山看明隔鄰近頭崎理
論恐有礙碍相劝和美仝族誼侄叔之情以
憑長者理諭言約原墳墓付侄砌造風水墓
面完成或恐石進上下不敢迁造兩家喜允堅固
不敢殘害之理望祖宗庇佑各家世代發祥
永遠綿長向後子孫弘良慈失矣今欲有
憑立合約字弍紙各執壹紙付執存照者

合同大吉

中華民國六年拾弍月　日立合約字侄班利（押）

仝約弟班樂（押）
公見叔祖聲潤（押）
叔彬湯（押）
兄班善（押）
叔彬運（押）
弟班和（押）
兄班楷（押）
兄班樑（押）
兄班雖（押）
代字兄班科（押）

發發發
永孫千秋

9-1-45-5　民國六年十二月楊班利等立合約字

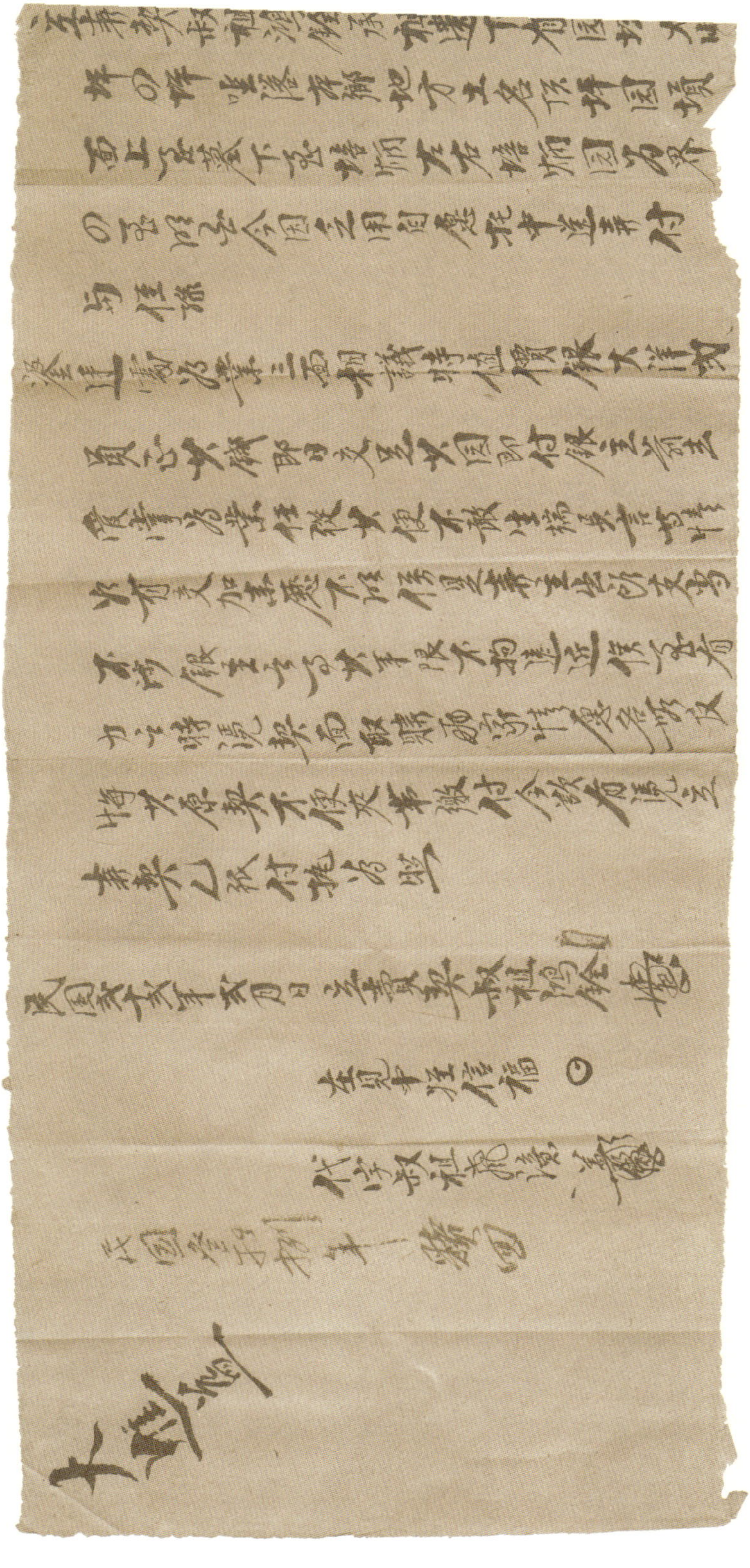

9-1-45-6 民國二十二年二月楊鴻銓立賣園坪契

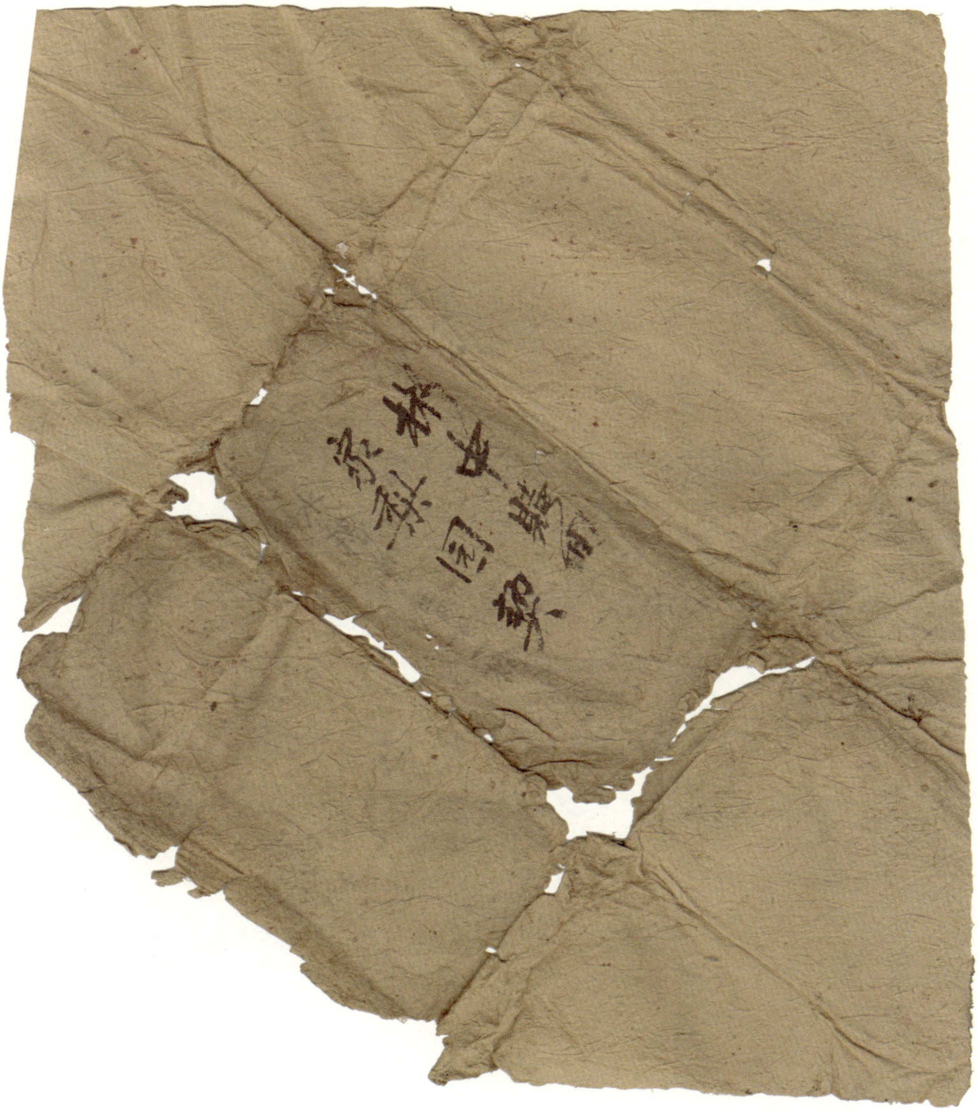

9-1-46-1　包契紙

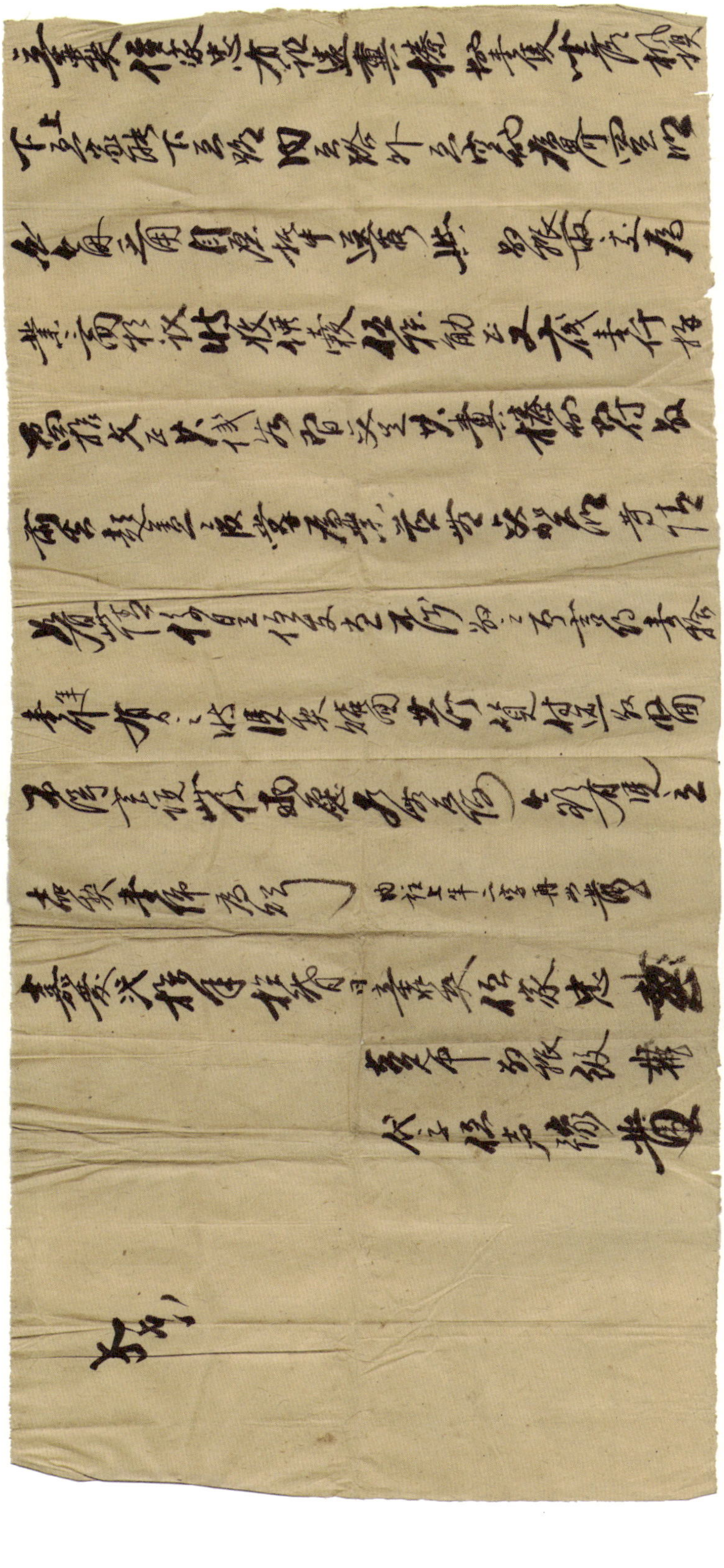

9-1-46-2　清嘉慶二十年十二月楊家忠立賣糞寮地契

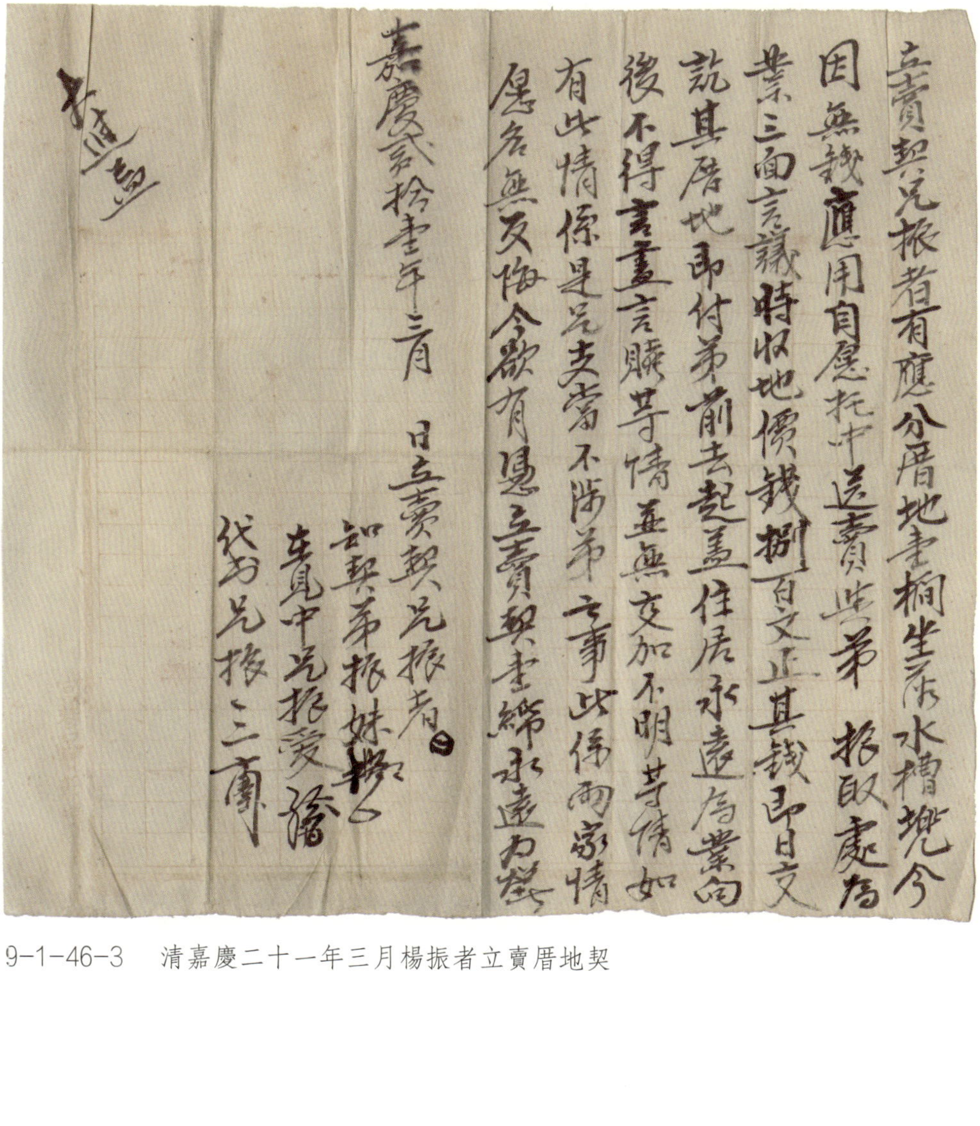
立賣契兄振者有應分厝地壹桐坐落水槽垅今
因無錢應用自愿托中送賣與弟 振取處為
業三面言議時收地價錢捌百文正其錢即日交
訖其厝地即付弟前去起蓋住居永遠為業向
後不得言盡言贖等情並無交加不明等情如
有此情係是兄支當不干弟之事此係兩家情
愿各無反悔今欲有憑立賣契壹紙永遠為照
嘉慶貳拾壹年三月　日立賣契兄振者
知契弟振妹
在見中兄振愛
代書兄振三
大清照

9-1-46-3　清嘉慶二十一年三月楊振者立賣厝地契

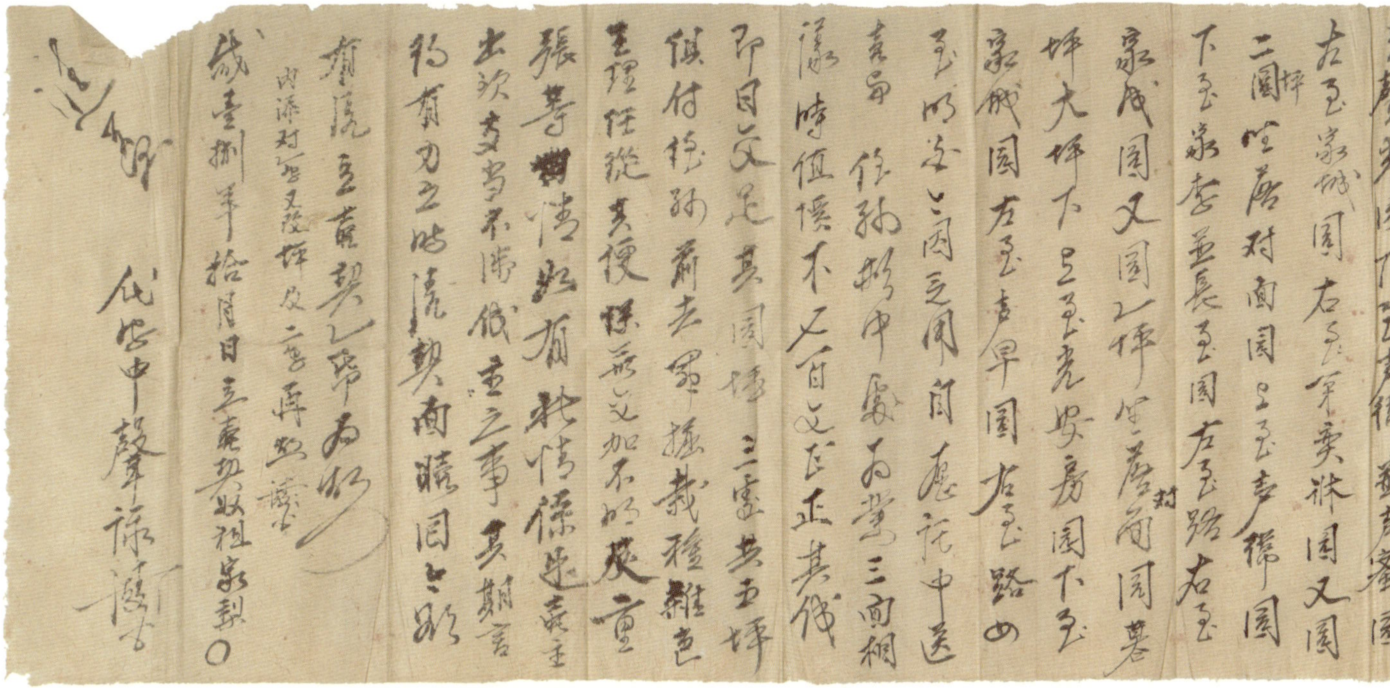
立賣契人楊家梨承祖遺有園乙
坪坐落本鄉地方土名對面園上
至聲光園下至聲德并聲[illegible]園
左至家城園右至[illegible]美林園又園
二園坪坐落對面園上至聲德園
下至家李並長至園左至路右至
家成園又園乙坪坐落對面園墓
坪大坪下上至光安房園下至
家誠園左至聲早園右至路為
界明[illegible]之園[illegible]間托中送
[illegible]　往就與中[illegible]三面相
議時值價[illegible]文正其錢
即日交足其園坪三處其坪
併付[illegible]前去掌握栽種雜色
並理任從其便[illegible]加不[illegible]重
張等情此有執情[illegible]
出於交易不係債重之事其期言
物有力之時清執兩贖回無阻
願立賣契乙紙為照
內添對乙字又改坪皮二字再照
咸豐捌年拾月日立賣坪契人楊家梨○
代筆中聲祿
[illegible]

9-1-46-4　清咸豐八年十月楊家梨立賣園坪契

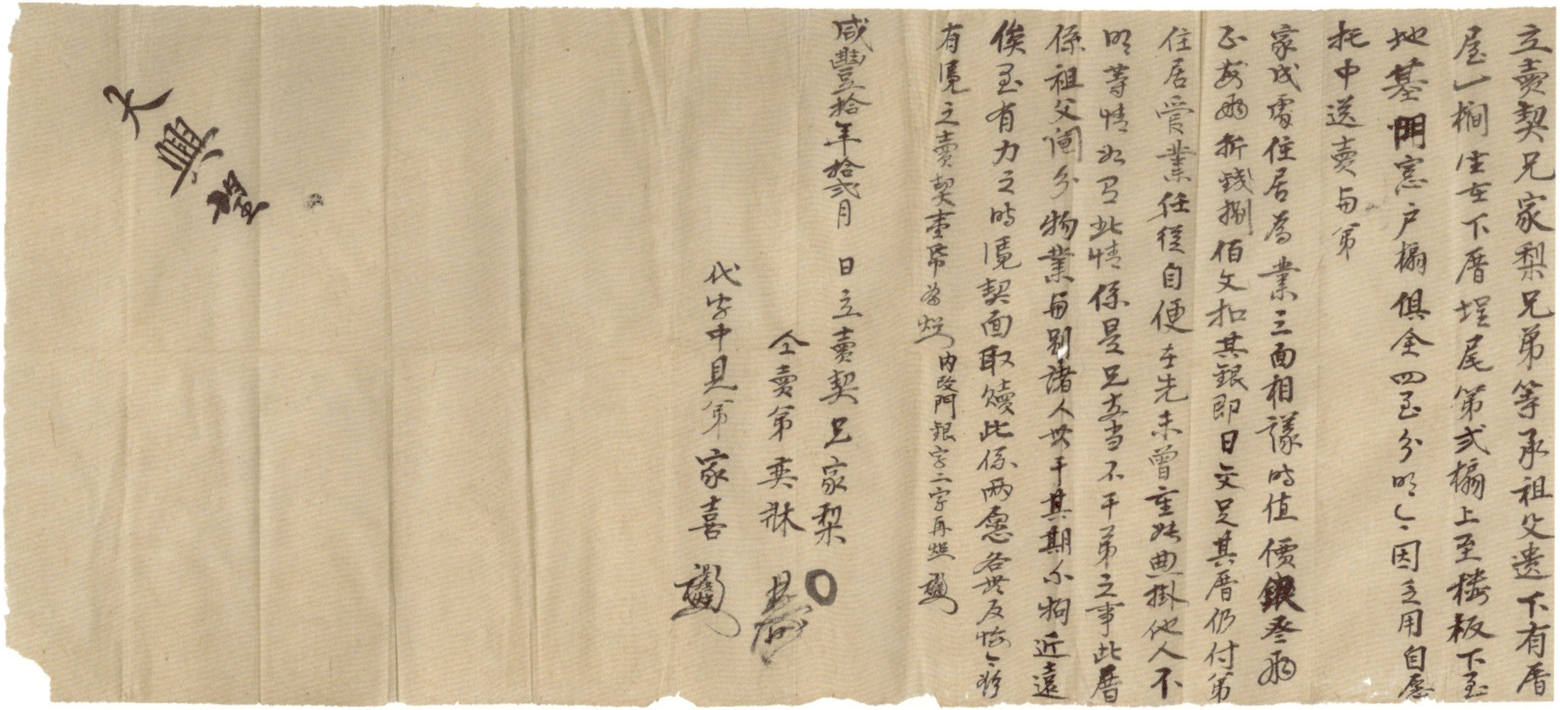

立賣契兄家梨兄弟等承祖父遺下有厝
屋一桐坐在下厝埕尾第弍榻上至樓板下至
地基門窗户榻俱全，四至分明。今因乏用，自愿
托中送賣與弟
家戊處住居為業，三面相議時值價銀叁兩
正，每兩折錢捌佰文扣，其銀即日交足，其厝仍付弟
住居管業，任從自便。乎先未曾重張典掛他人，不
明等情，如有此情，係是兄支當，不干弟之事。此厝
係祖父閩分物業，與別諸人無干。其期不拘近遠，
俟至有力之時，照契面取贖。此係兩愿，各無反悔，今欲
有憑，立賣契壹帋為照。　內改門銀字二字再照

咸豐拾年拾弍月　日立賣契兄家梨（押）
仝賣弟英琳（押）
代字中見弟家喜（押）

大業興

9-1-46-5　清咸豐十年十二月楊家梨等立賣厝屋契

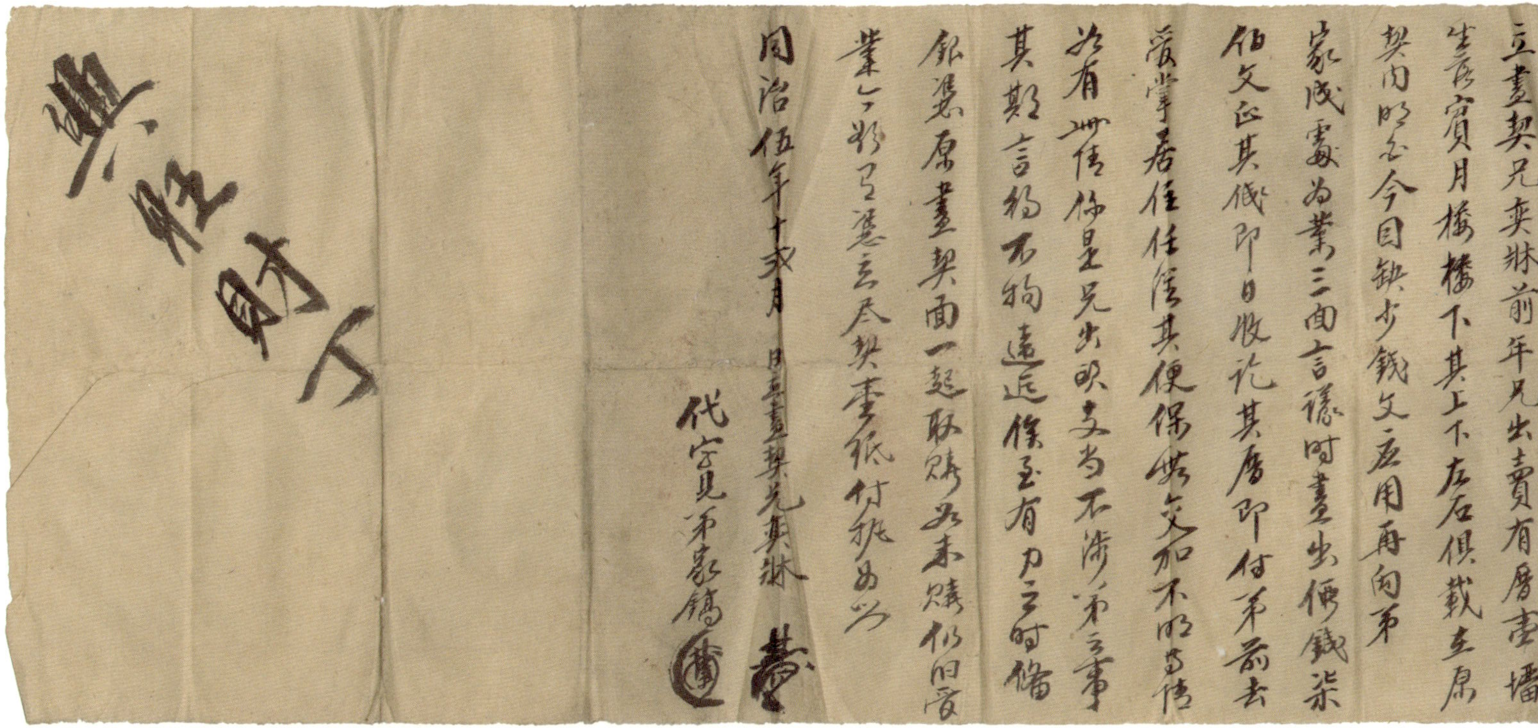

9-1-47-1　清同治五年十二月楊奕𣐊立盡厝契

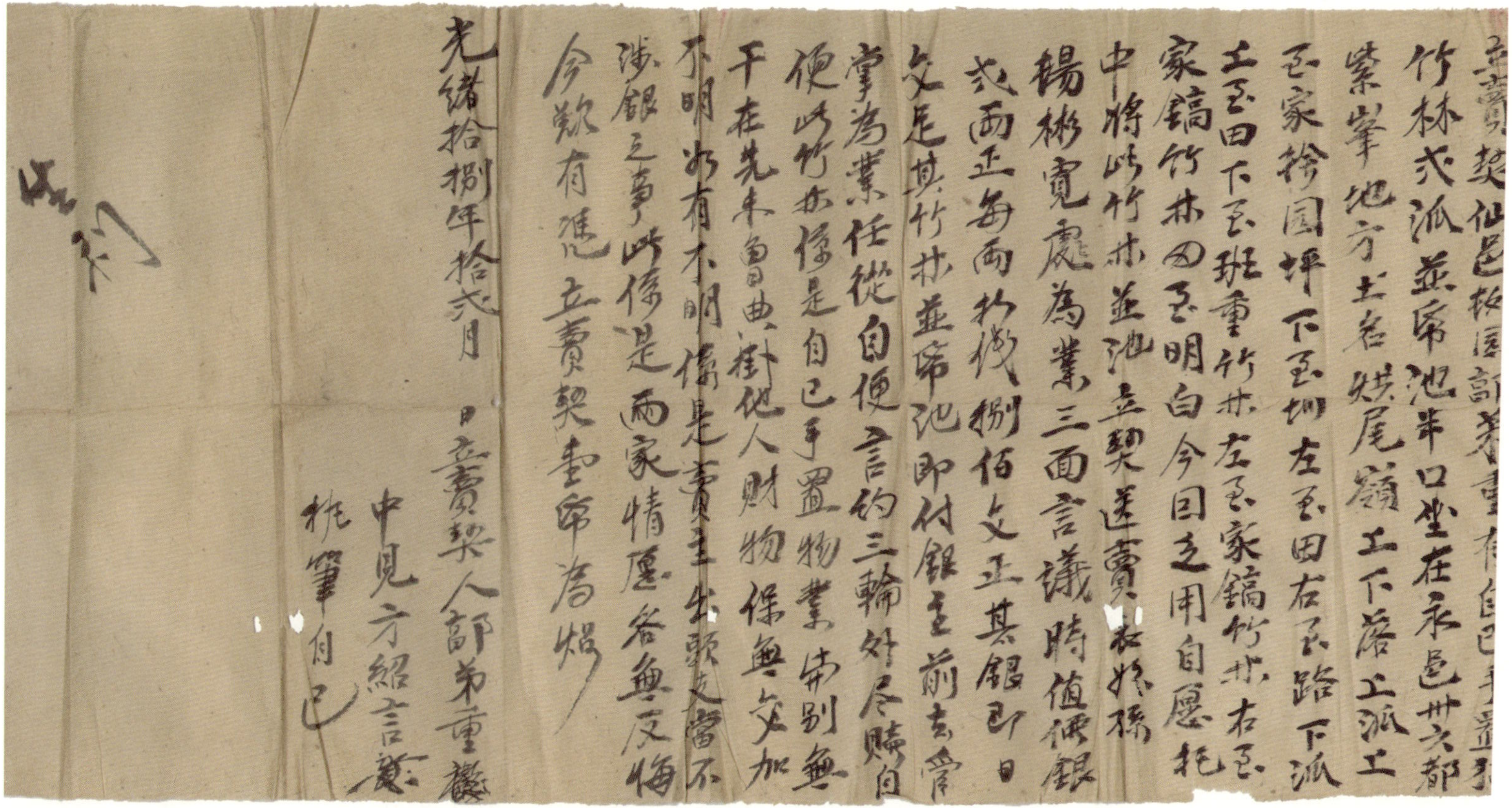

立賣契仙邑板園郭弟重有自己手置猫竹林弍派並帑池半口，坐在永邑卅六都紫峯地方，土名洪尾嶺工下落工派工至家扲園坪，下至圳，左至田，右至路；下派工至田，下至班重竹林，左至家鎬竹林，右至家鎬竹林，四至明白。今因乏用，自愿托中將此竹林並池立契送賣於楊孫楊彬寬處為業。三面言議，時值價銀弍兩正，每両折錢捌佰文正。其銀即日交足，其竹林並帑池即付銀主前去掌掌為業，任從自便。言約三輪付尽贖回便。此竹林係是自己手置物業，與別無干，在先未曾典掛他人財物，保無交加不明。如有不明，係是賣主出頭支當，不涉銀主之事。此係是兩家情愿，各無反悔。今欲有憑，立賣契壹帋為炤。

光緒拾捌年拾弍月　日　立賣契人郭弟重

中見方紹言

代筆自己

9-1-47-2　清光緒十八年十二月仙遊郭弟重立賣猫竹林等契

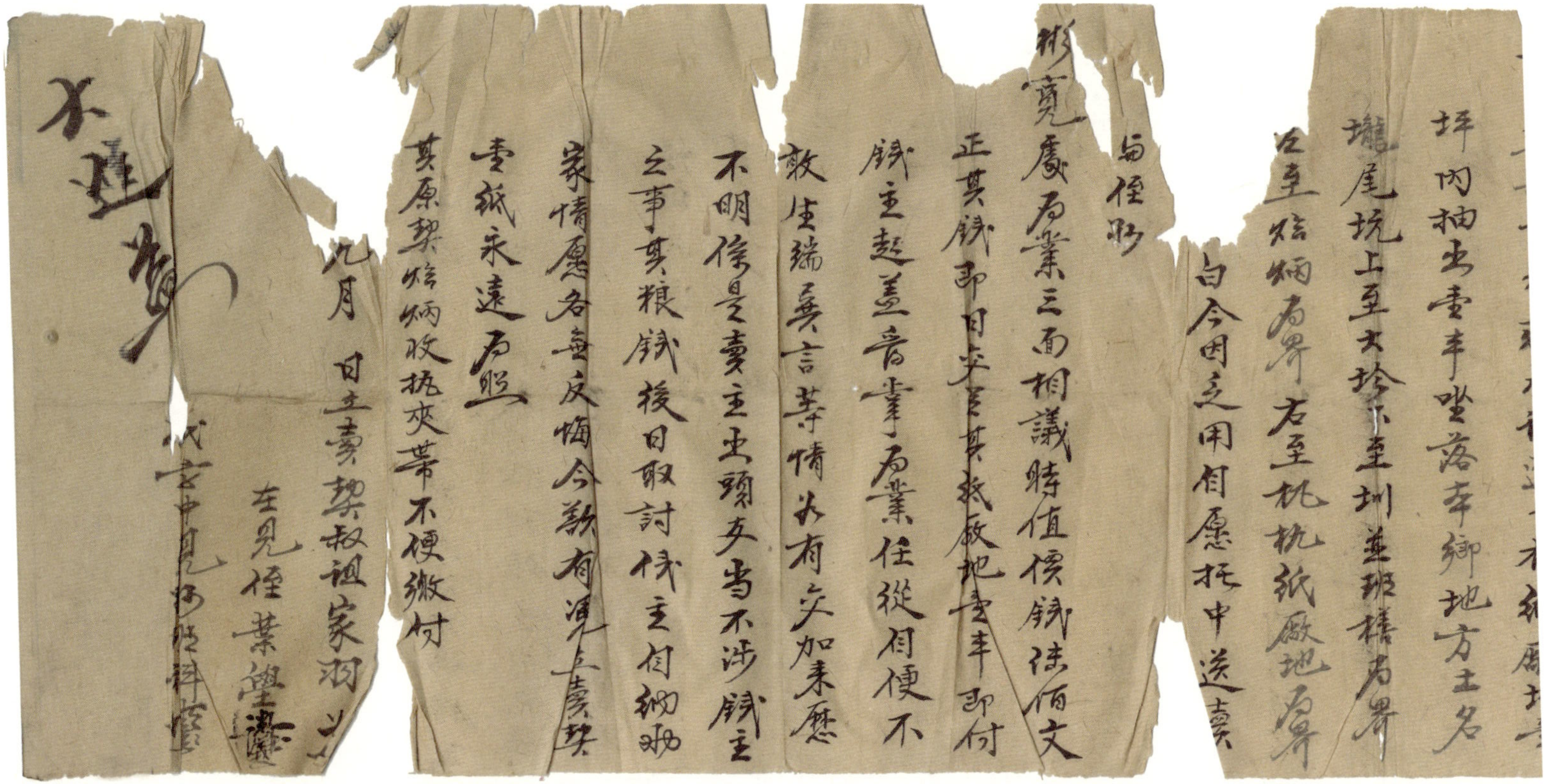

坪內抽出壹半坐落本鄉地方土名
壠尾坑上至大路下至圳並埔為界
左至焙炳為界 右至枕枕紙廠地為界
自今因乏用自愿托中送賣
與侄彬
寬處為業三面相議時值價錢陸佰文
正其錢即日交足其紙廠地壹半即付
錢主起蓋管業為業任從自便不
敢生端異言等情亦有交加來歷
不明係是賣主出頭支當不涉錢主
之事其粮錢後日取討錢主自納此
家情愿各無反悔今欲有憑立賣契
壹紙永遠為照
其原契焙炳收執夾帶不便繳付
九月 日立賣契叔祖家羽
在見侄葉
代字中見

不退契

9-1-47-3　晚清年間楊家羽立賣紙廠地契

立賣契人稱炳承叔祖有置民
户田底面全弍坵坐落本鄉地方
土名嶺頭尾竹林邊落上至宗壹
田下至坑左至坑右至竹林爲界
四至分明其受種子未載大租爲
伍觔配粮錢拾文正今因乏用自愿
托中送賣與叔祖
宗壹受爲業三面相議時值價銀
弍兩正折錢壹仟陸佰文正其銀即日
交足其田即付銀主前去管耕作
爲業办納粮錢任從自便不敢異言
生端等情如有此情係是賣主出
頭支當不涉銀主之事此係兩愿
各無反悔今欲有憑立賣契一紙付執
爲炤者

中華民国六年弍月日立賣契稱炳（押）
仝契弟稷炳（押）
中見弟錦林（押）

9-1-47-4　民國六年二月楊稱炳等立賣底面全民户田契

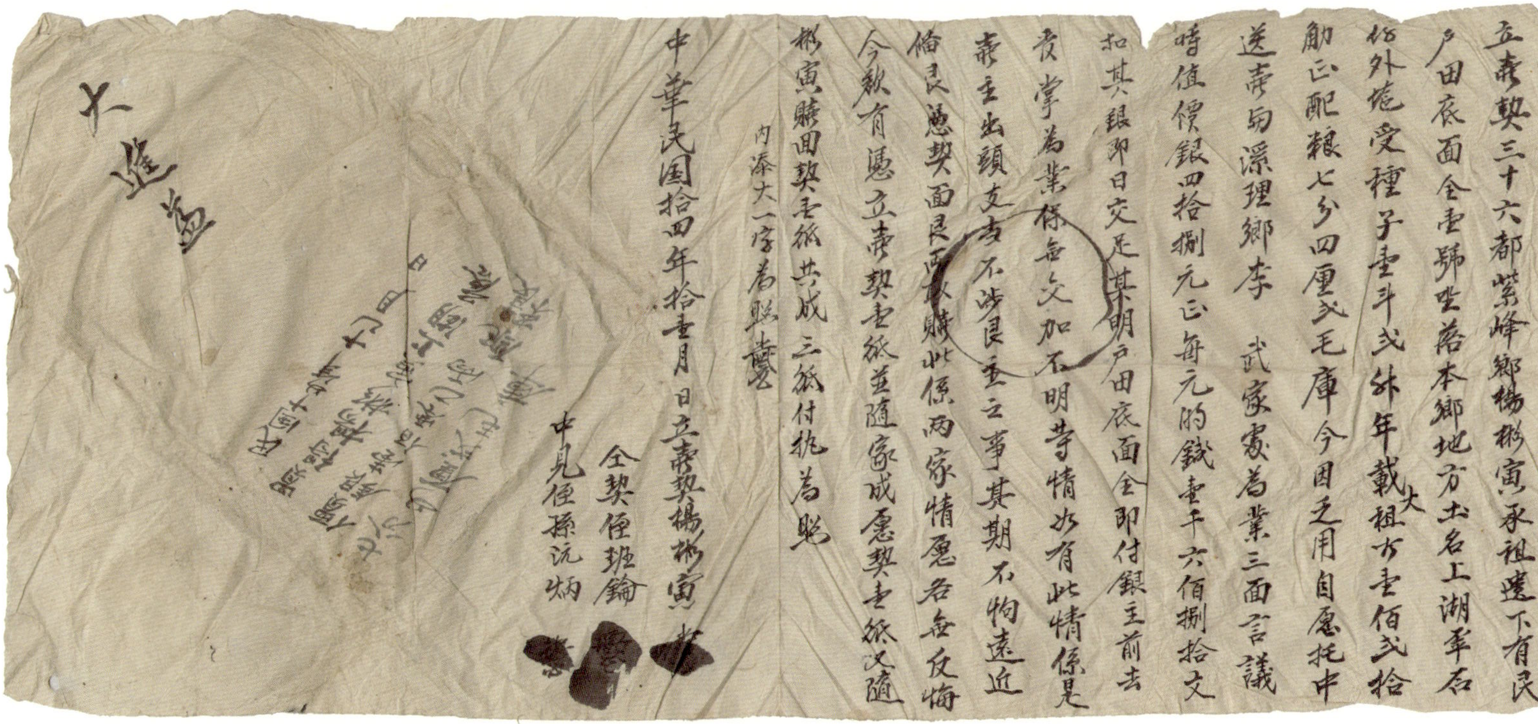

立賣契三十六都紫峰鄉楊彬寅承祖遺下有民
户田底面全壹號坐落本鄉地方土名上湖年石
伯外塆受種子壹斗弍升年載大租谷壹佰弍拾
觔正配粮七分四厘弍毛庫今因乏用自愿托中
送賣与溪理鄉李　武家處為業三面言議
時值價銀四拾捌元正每元的錢壹千六佰捌拾文
扣其銀即日交足其明户田底面全即付銀主前去
掌為業保無文加不明等情如有此情係是
賣主出頭支当不涉買主之事其期不拘遠近
備艮照契面艮取贖此係兩家情愿各無反悔
今欲有憑立賣契壹紙並隨家成愿契壹紙又隨
彬寅贖田契壹紙共成三紙付執為照
內添大一字為照
中華民国拾四年拾壹月　日立賣契楊彬寅
仝契侄班鑰
中見侄孫沅炳
大進益

9-1-47-5　民國十四年十一月楊彬寅等立賣底面全民户田契（廢契）

吉唐贖回墓業件又

9-1-48-1　包契紙

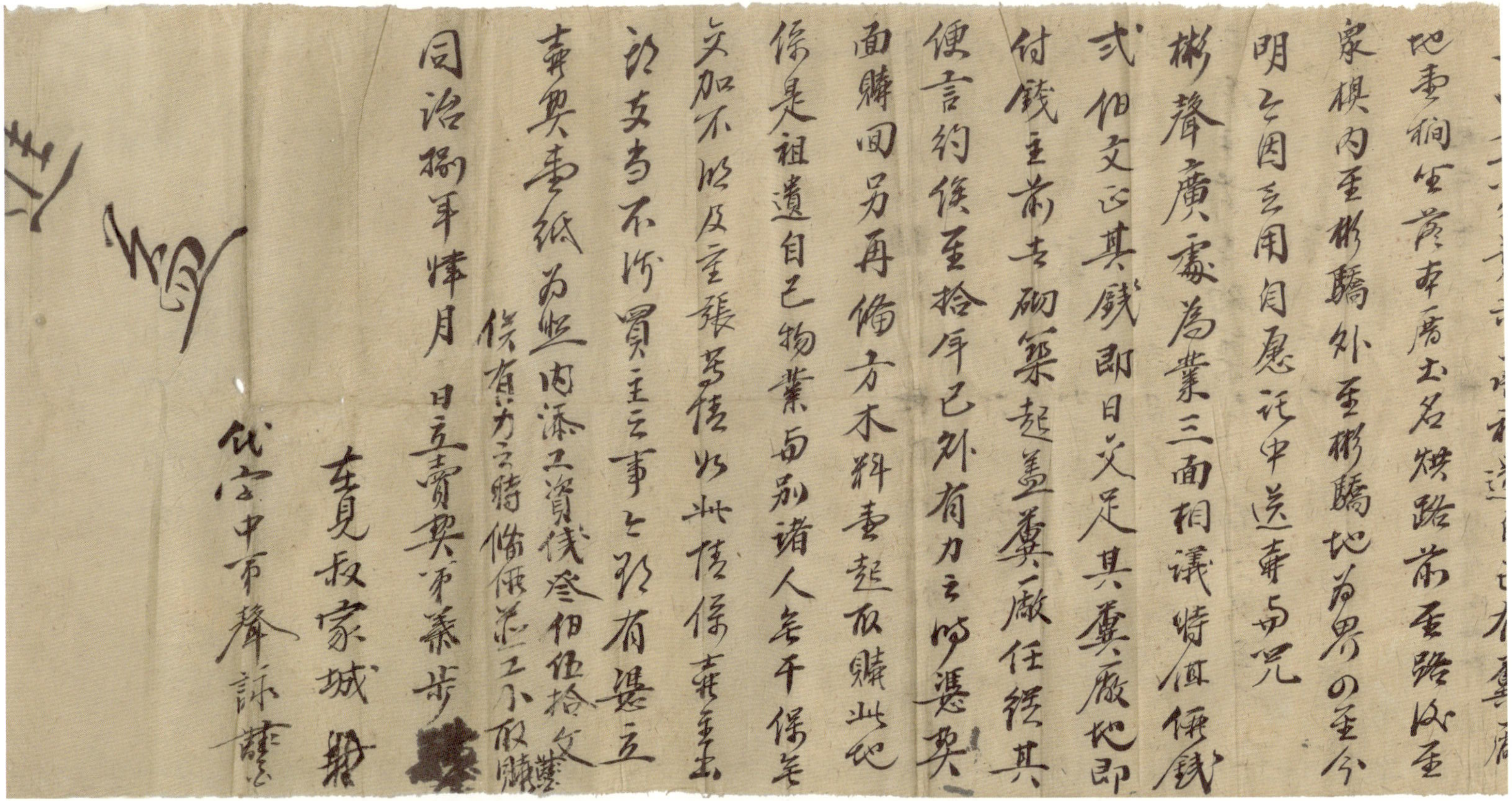

地東祠宮前本厝出名烘路前至路後至
家槓內至彬驕外至彬驕地爲界四至今
明今因乏用自愿託中送與兄
彬聲廣處爲業三面相議時值價錢
式佰文正其錢即日交足其糞廠地即
付錢主前去砌築起蓋糞廠任從其
便言約限至拾年已外有力之時備契
面贖回另再備方木料建起取贖此地
係是祖遺自己物業與別諸人無干保無
交加不明及重張典掛以此情保無未
明等不干買主之事兩相有憑立
賣契壹紙爲照 內添工資錢叁佰伍拾文
係有力之時備價照工不敢贖
同治捌年肆月 日立賣契字楊義步
在見叔家城
代字中人聲詠

9-1-48-2 清同治八年四月楊義步立賣糞廠地契

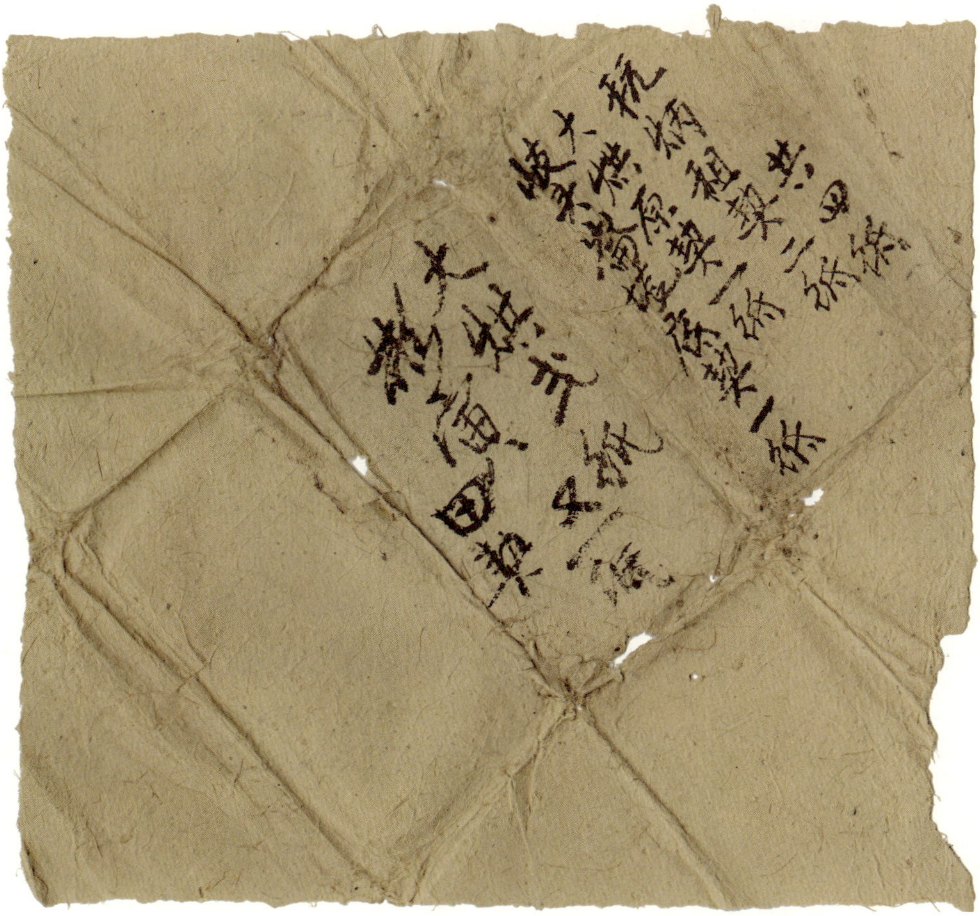

9-1-49-1　包契紙

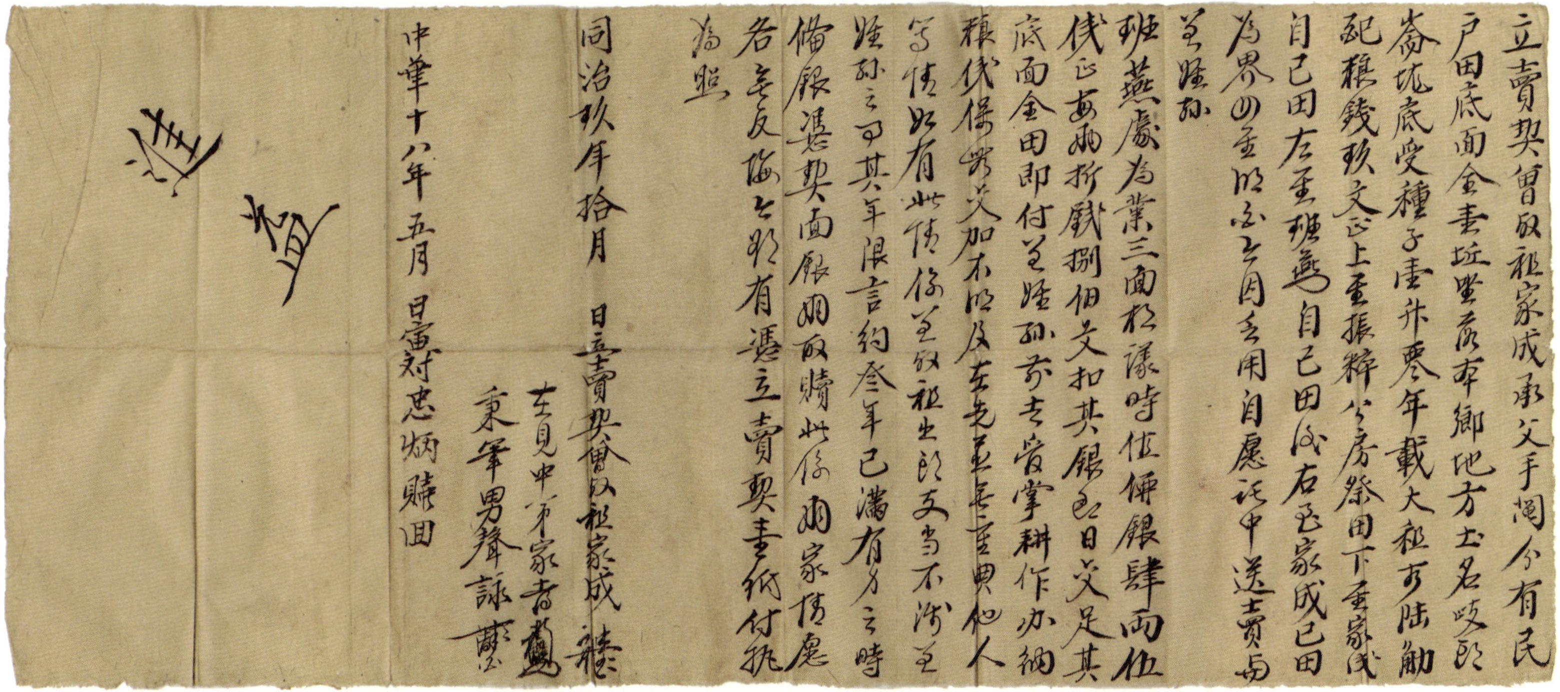

立賣契曾叔祖家成承父手閹分有民
户田底面全壹坵坐落本鄉地方土名吱郎
嵛坑底受種子壹升零年載大租弍陆觔
配粮錢玖文正上至振粹公房祭田下至家成
自己田左至班燕自己田右至家成己田
為界四至明白今因乏用自愿托中送去賣与
弟姪孫
班燕處為業三面校議時值價銀肆兩伍
錢正每兩折戲捌佰文扣其銀即日交足其
底面全田即付弟姪孫前去管耕作办納
粮钱保無交加不明及在先並無重典他人
等情如有此情係曾叔祖出頭支当不涉弟
姪孫之事其年限言約叁年已滿有力之時
備銀湛契面銀兩取贖此係兩家情愿
各無反悔今欲有憑立賣契壹紙付執
為照

同治玖年拾月　日立賣契曾叔祖家成

在見中常家吉

秉筆男聲詠

中華十八年五月　日當对忠炳贖回

[illegible]　[illegible]

9-1-49-2　清同治九年十月楊家成立賣底面全民户田契

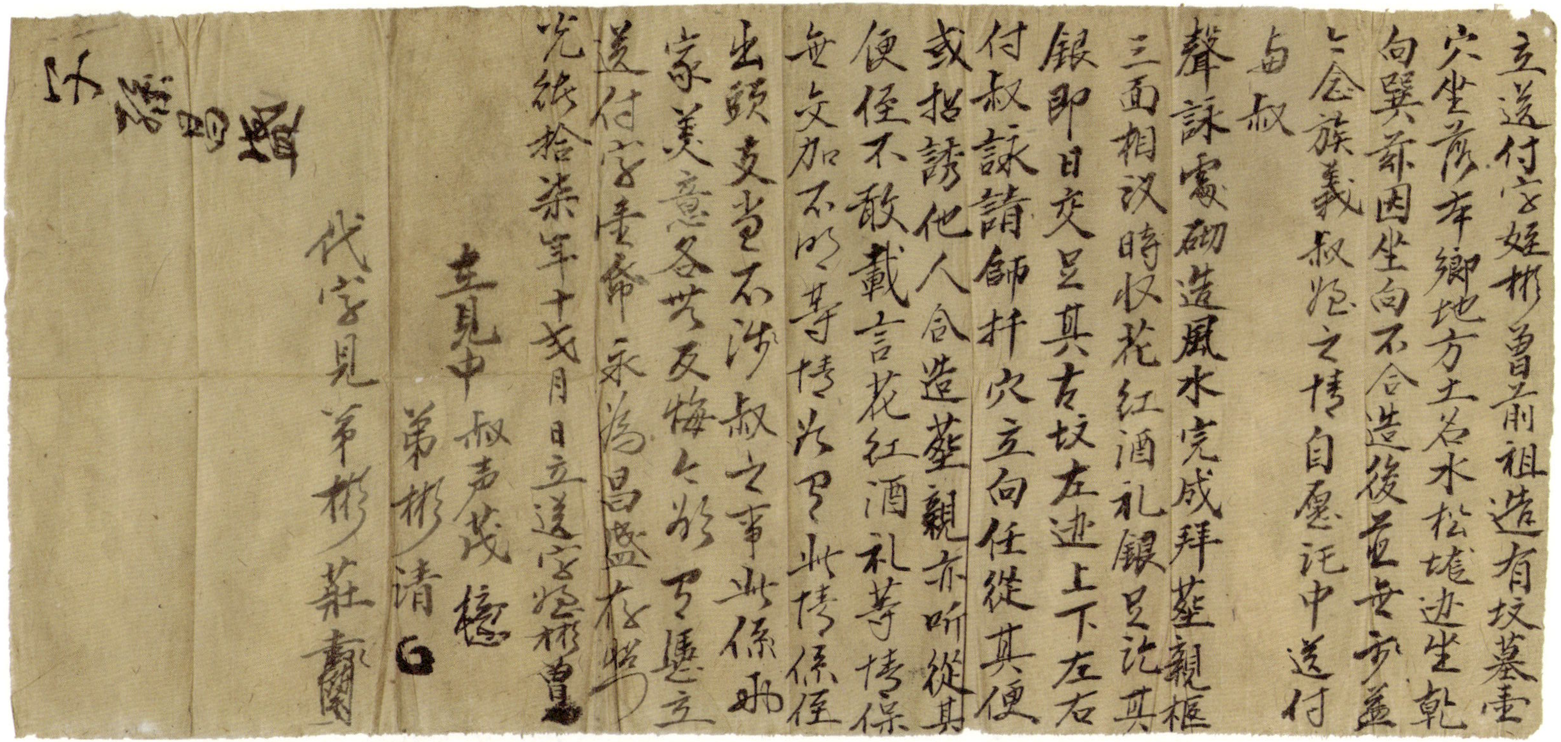

立送付字姪彬曾，前祖造有坟墓壹
穴，坐在本鄉地方土名水松墘，迹坐乾
向巽，兹因坐向不合，造後並無寸益，
今念族義叔姪之情，自愿托中送付
與叔
聲詠處砌造風水，完成拜墓親框，
三面相议，時收花紅酒礼銀足訖，其
銀即日交足，其古坟左迹上下左右
付叔詠請師扦穴立向，任從其便，
或招請他人合造墓親，亦听從其
便，侄不敢載言花紅酒礼等情，保
無交加不明等情，如有此情，係侄
出頭支當，不涉叔之事，此係兩
家美意，各無反悔，今欲有憑，立
送付字壹紙，永為昌盛，存照。
光緒拾柒年十弍月　日立送字姪彬曾（押）
立見中　叔声茂（押）
弟彬清（押）
代字見　弟彬莊（押）
墳田發[illegible]

9-1-49-3　清光緒十七年十二月楊彬曾立送付墳墓字

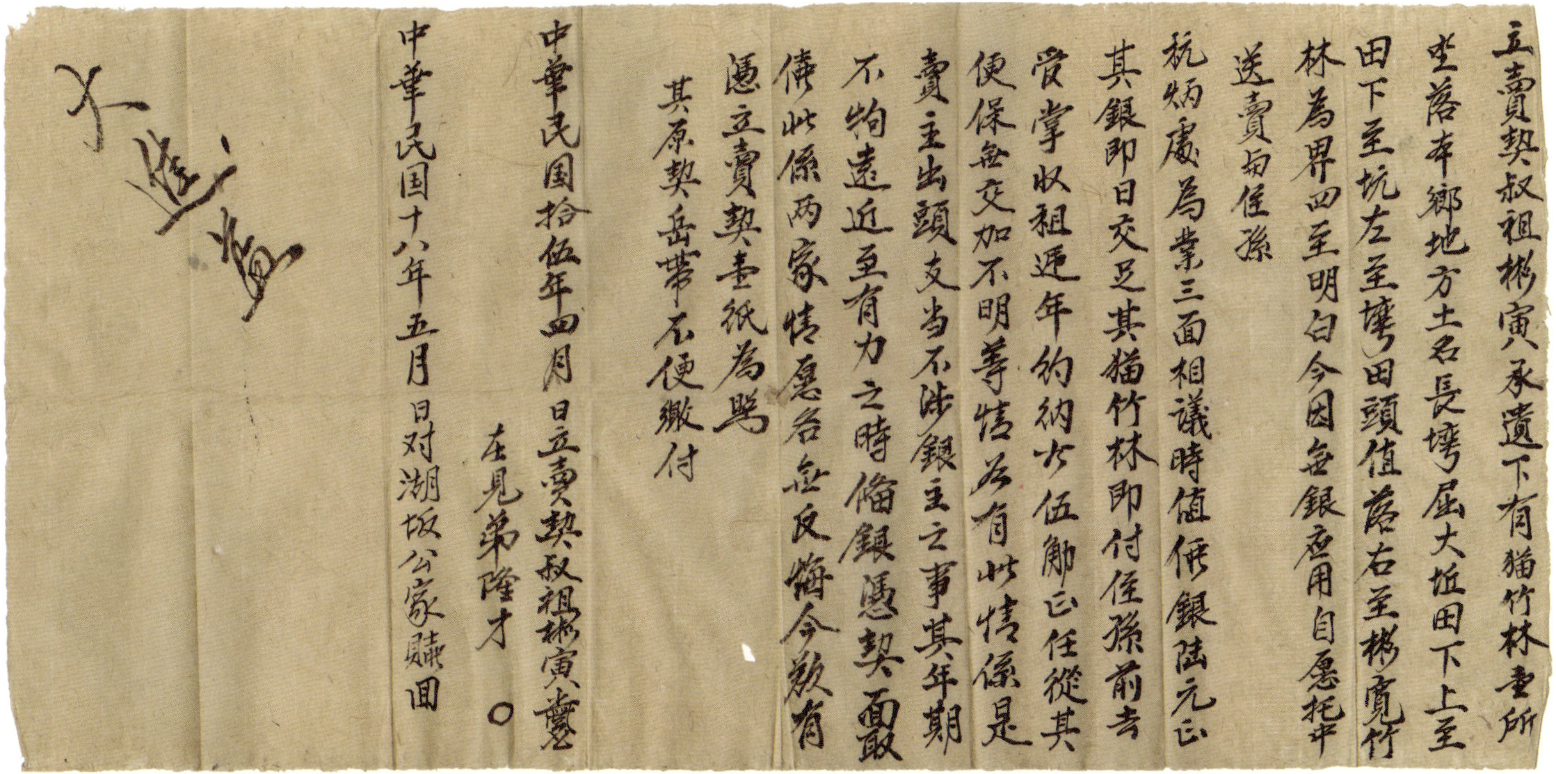
立賣契叔祖彬寅承遺下有猫竹林壹所
坐落本鄉地方土名長壿屈大坵田下上至
田下至坑左至壿田頭值落右至彬寛竹
林為界四至明白今因無銀應用自愿托中
送賣與侄孫
杭炳處爲業三面相議時值價銀陸元正
其銀即日交足其猫竹林即付侄孫前去
管掌收租逐年約納大伍觔正任從其
便保無交加不明等情如有此情係是
賣主出頭支当不涉銀主之事其年期
不拘遠近至有力之時備銀憑契面取
倘此係兩家情愿各無反悔今欲有
憑立賣契壹紙為照
其原契岳帯不便繳付
中華民国拾伍年四月　日立賣契叔祖彬寅（押）
在見弟隆才　〇
中華民国十八年五月　日对湖坂公家贖回
不進賣

9-1-49-4　民國十五年四月楊彬寅立賣猫竹林契

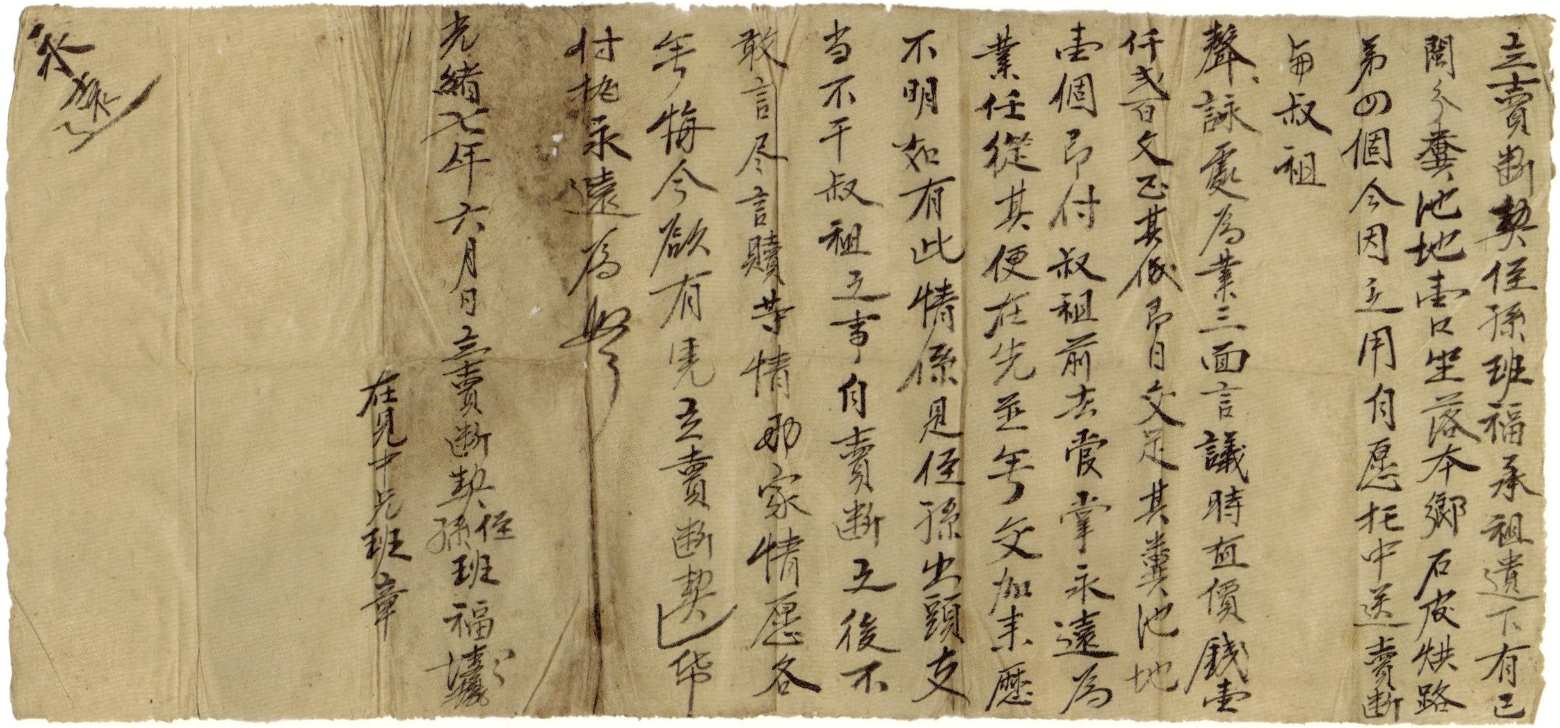

立賣斷契侄孫班福承祖遺下有巳
鬮分糞池地壹口坐落本鄉石皮烘路
弟四個今因乏用自愿托中送賣斷
與叔祖
聲、詠處為業三面言議時値價錢壹
仟文正其錢即日交足其糞池地
壹個即付叔祖前去管掌永遠為
業任從其便在先並無文加未歷
不明如有此情係是侄孫出頭支
當不干叔祖之事自賣斷之後不
敢言盡言贖等情兩家情愿各
無悔今欲有憑立賣斷契一紙
付执永遠為照
光緒七年六月　日立賣斷契侄孫班福（押）
在見中兄班章

糞池

9-1-50-1　清光緒七年六月楊班福立賣斷糞池地契

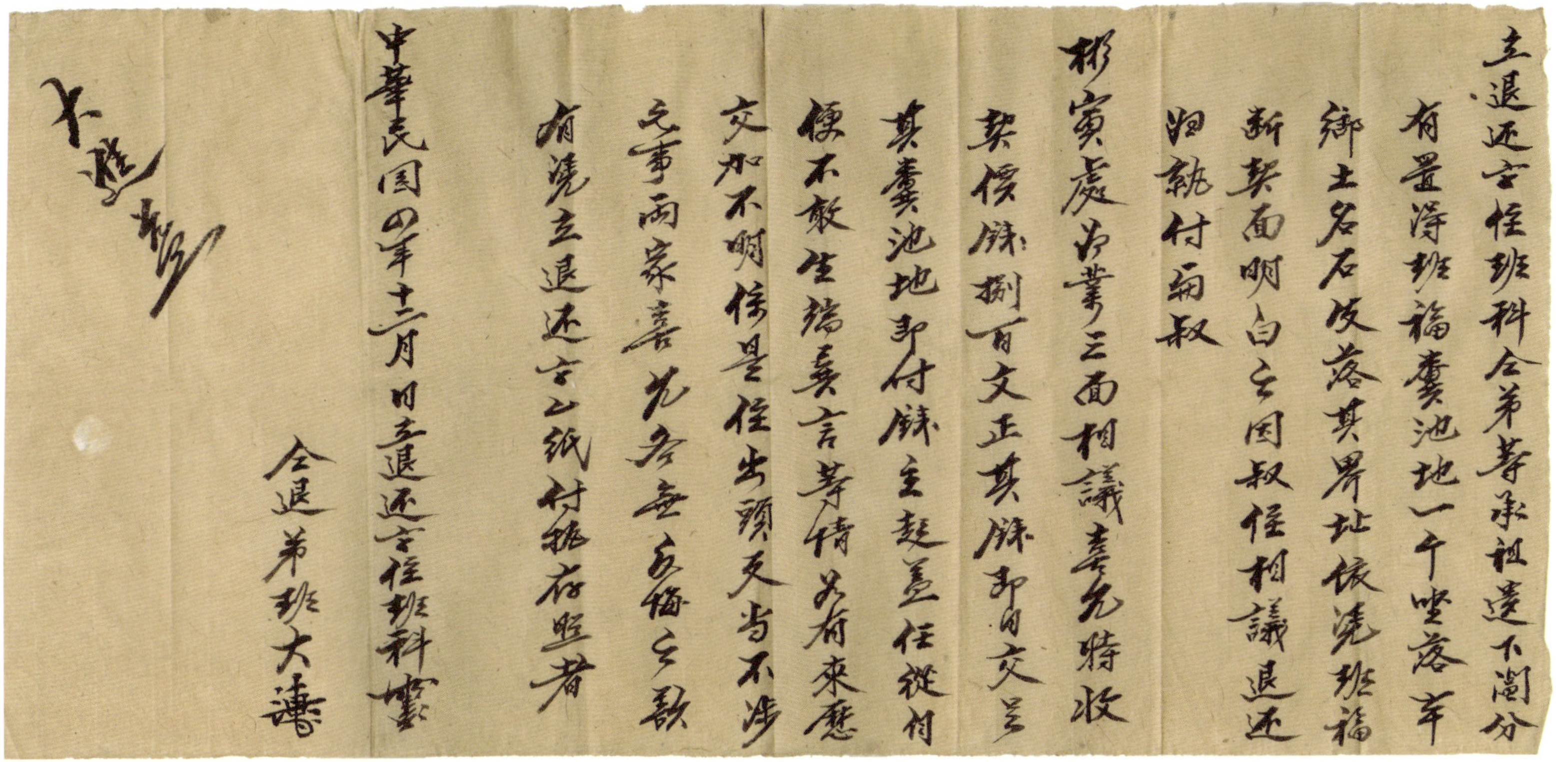
立退還字楊班科仝弟等承祖遺下闔分
有置得班福糞池地一个，坐落本
鄉土名石坡落，其界址依憑班福
新契面明白。今因叔侄相議退還
回執付兩收
彬寅處管業，三面相議，要允將收
契價錢捌百文正，其錢即日交足，
其糞池地即付錢主起蓋，任從何
便，不敢生端異言等情。如有來歷
交加不明，係是侄出頭支當，不涉
允事。兩家喜允，各無反悔。今欲
有憑，立退還字一紙，付執存照者。
中華民國四年十二月　日立退還字楊班科（押）
仝退弟班大（押）
代筆

9-1-50-2　民國四年十二月楊班科立退還糞池地字

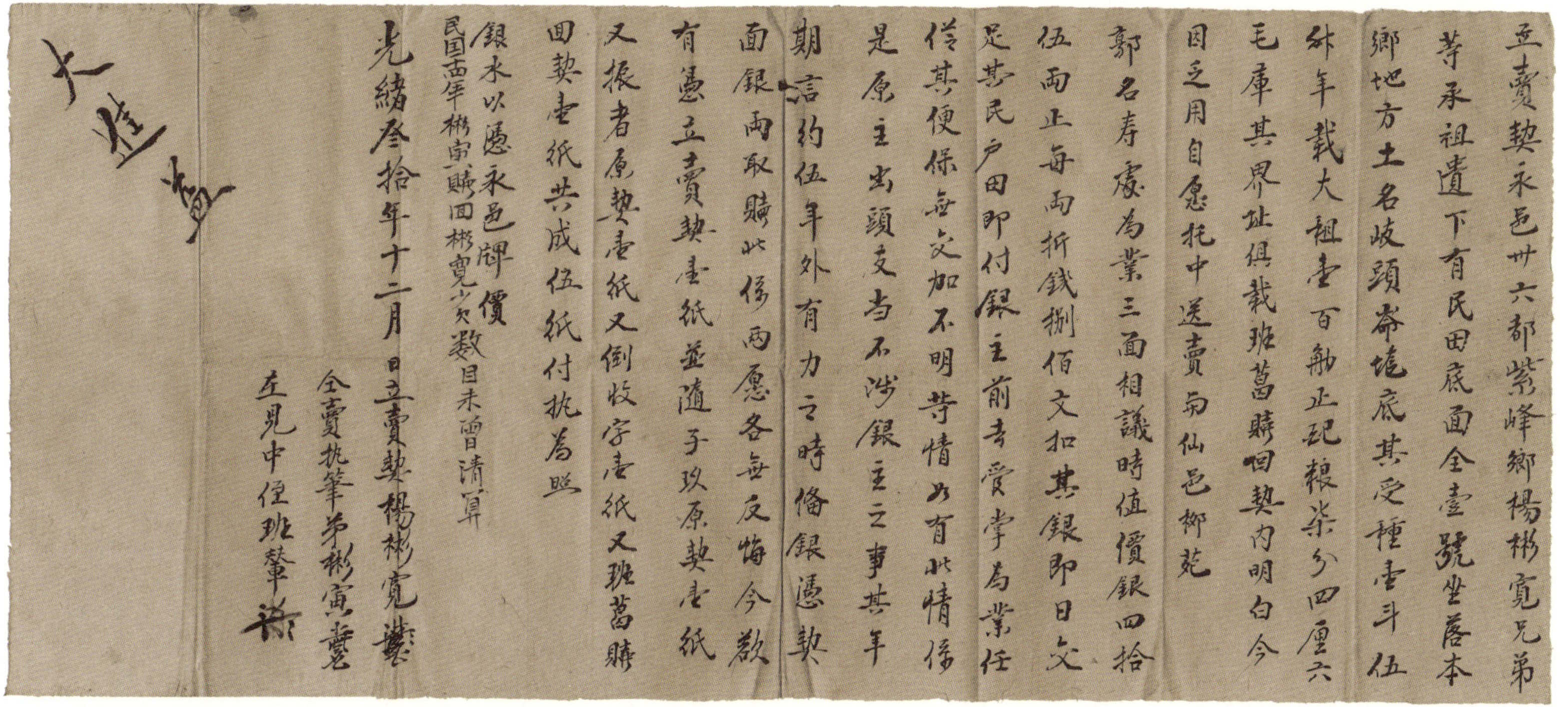

立賣契永邑廿六都紫峰鄉楊彬寬兄弟
等承祖遺下有民田底面全壹號坐落本
鄉地方土名岐頭崙墘底其受種壹斗伍
升年載大租壹百觔正記粮柒分四厘六
毛庫其界址俱載班簿賠佃契內明白今
因乏用自愿托中送賣與仙邑郁苑
郭名寿處為業三面相議時值價銀四拾
伍兩正每兩折錢捌佰文加其銀即日交
足其民户田即付銀主前去管掌為業任
從其便係無文加不明等情如有此情係
是原主出頭支當不涉銀主之事其年
期言約伍年外有力之時備銀憑契
面銀兩取贖此係兩愿各無反悔今欲
有憑立賣契壹紙並隨子次原契壹紙
又振者原契壹紙又倒收字壹紙又班簿賠
佃契壹紙共成伍紙付執為照
銀水以憑永邑牌價
民国酉年彬宗贖回彬寬少欠數目未曾清算
光緒叁拾年十二月　日立賣契楊彬寬（押）
全賣執筆弟彬寅（押）
在見中侄班肇（押）
大桂

9-1-51-1　清光緒三十年十二月楊彬寬等立賣底面全民田契

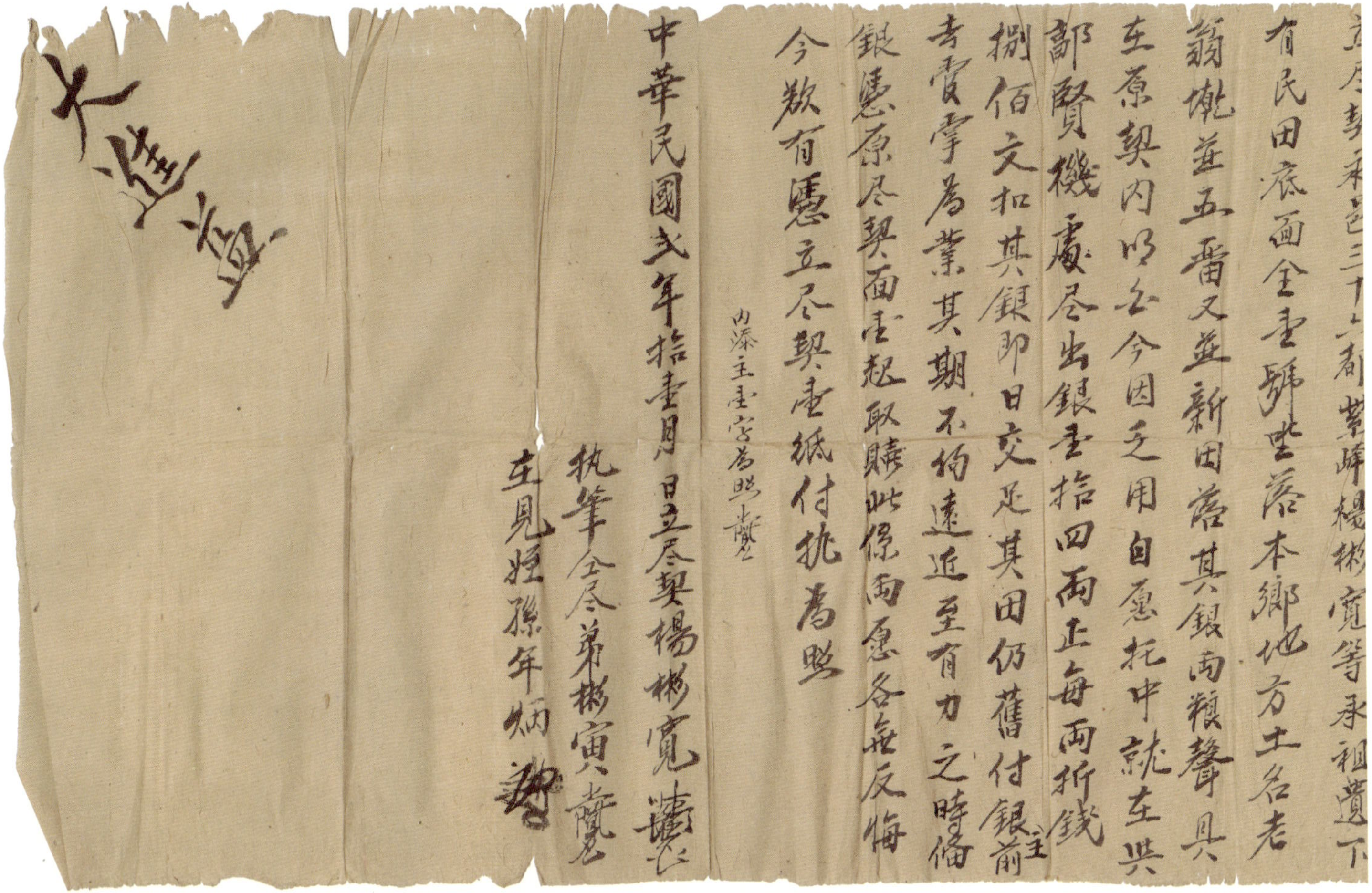

立尽契永邑三十七都紫峰楊彬寬等承祖遺下
有民田底面全壹號坐落本鄉地方土名老
翁墩并五畨又并新田落其銀兩糧聲具
在原契内明白今因乏用自愿托中就在與
鄗賢機處尽出銀壹拾四兩正每兩折錢
捌佰文扣其銀即日交足其田仍舊付銀前主
耕掌為業其期不拘遠近至有力之時備
銀憑原尽契面壹起取贖此係兩愿各無反悔
今欲有憑立尽契壹紙付執為照

内添主壹字為照

中華民國弍年拾壹月　日立尽契楊彬寬
执筆仝尽弟彬寅
在見姪孫年炳

大進益

9-1-51-2　民國二年十一月楊彬寬等立盡底面全民田契

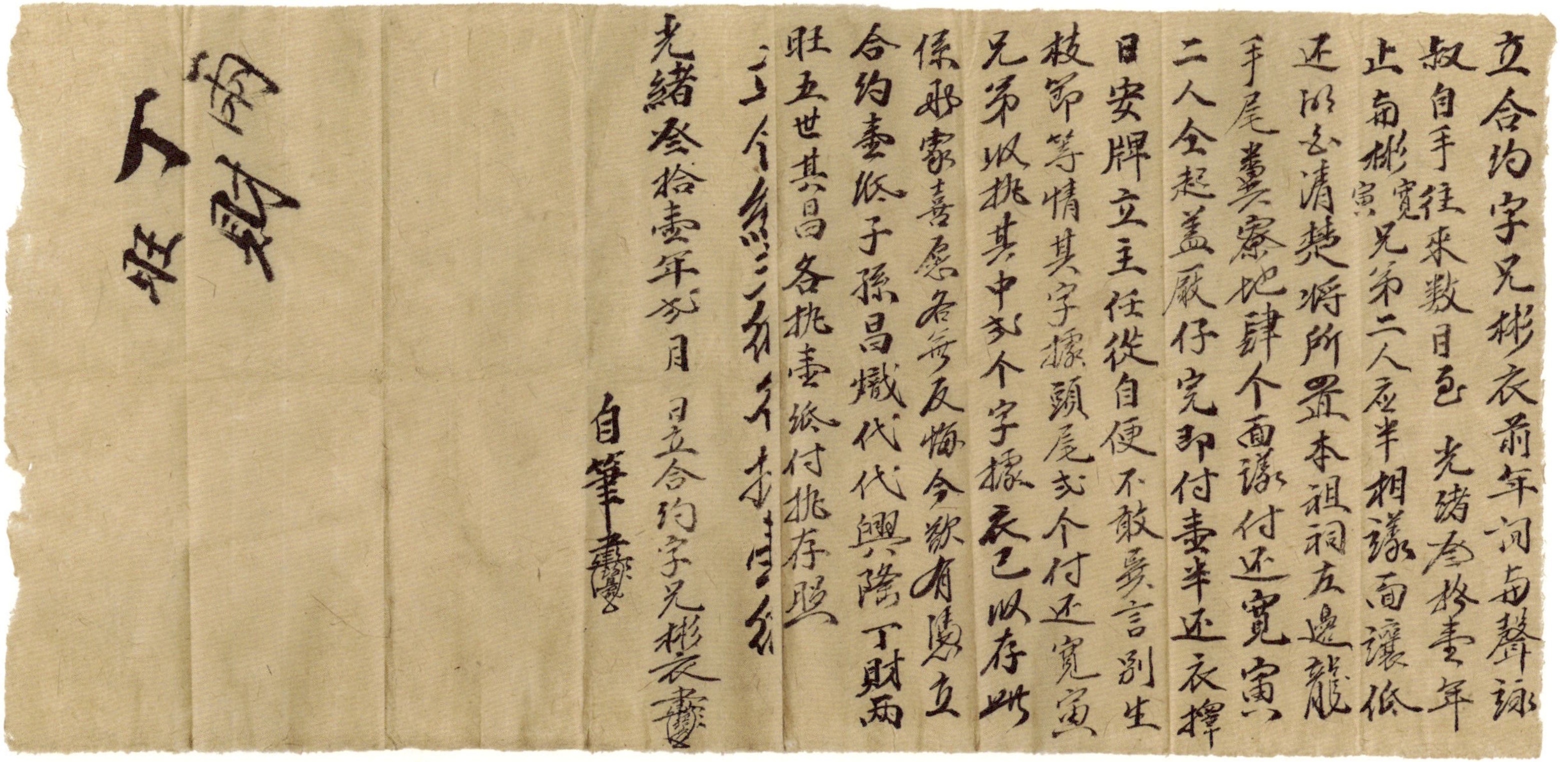
立合約字兄彬衣前年間由聲録
叔自手往來數日乙　光緒叁拾壹年
止南彬寬寅兄弟二人應半相議面讓依
还以去清楚將所置本祖祠左邊龍
手尾糞寮地肆个面議付还寬寅
二人全起蓋厰仔完即付壹半还衣擇
日安牌立主任從自便不敢異言別生
枝節等情其字據頭尾弍个付还寬寅
兄弟收執其中弍个字據衣已收存此
係兩家喜愿各無反悔今欲有憑立
合約壹紙子孫昌熾代代興隆丁財兩
旺五世其昌各執壹紙付執存照
[illegible]
光緒叁拾壹年弍月　日立合約字兄彬衣書
自筆書

9-1-52-1　清光緒三十一年二月楊彬衣立合約字

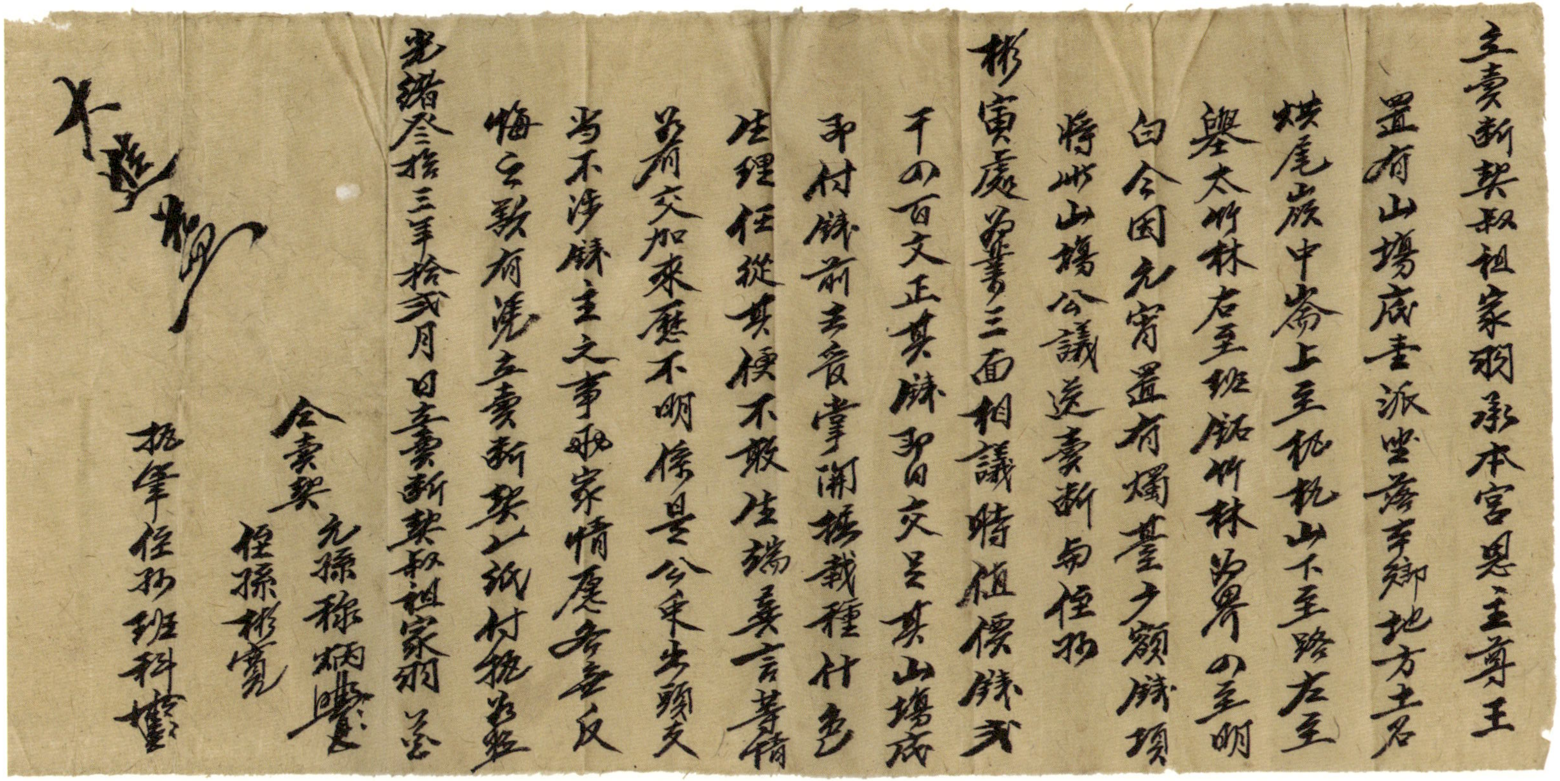

立賣斷契叔祖家羽承本宮思主尊王
置有山場底壹派坐落本鄉地方土名
烘尾崁中崙上至枧山下至路左至
壆太竹林右至班銘竹林為界四至明
白今因允宵置有燭臺乏銀賤項
將此山場公議送賣斷與侄孫
彬寅處爲業三面相議時值價錢弍
千四百文正其錢即日交足其山場底
即付錢前去掌闌栽種什色
生理任從其便不敢生端異言等情
此前交加來歷不明係是公衆出頭支
当不涉錢主之事兩家情愿無悔反
悔今欲有憑立賣斷契一紙付執為照
光緒叁拾三年拾弍月　日立賣斷契叔祖家羽
仝賣契　允孫　稼炳
侄孫　彬寬
執筆　侄孫　班科
大吉利

9-1-52-2　清光緒三十三年十二月楊家羽等立賣斷山場底契

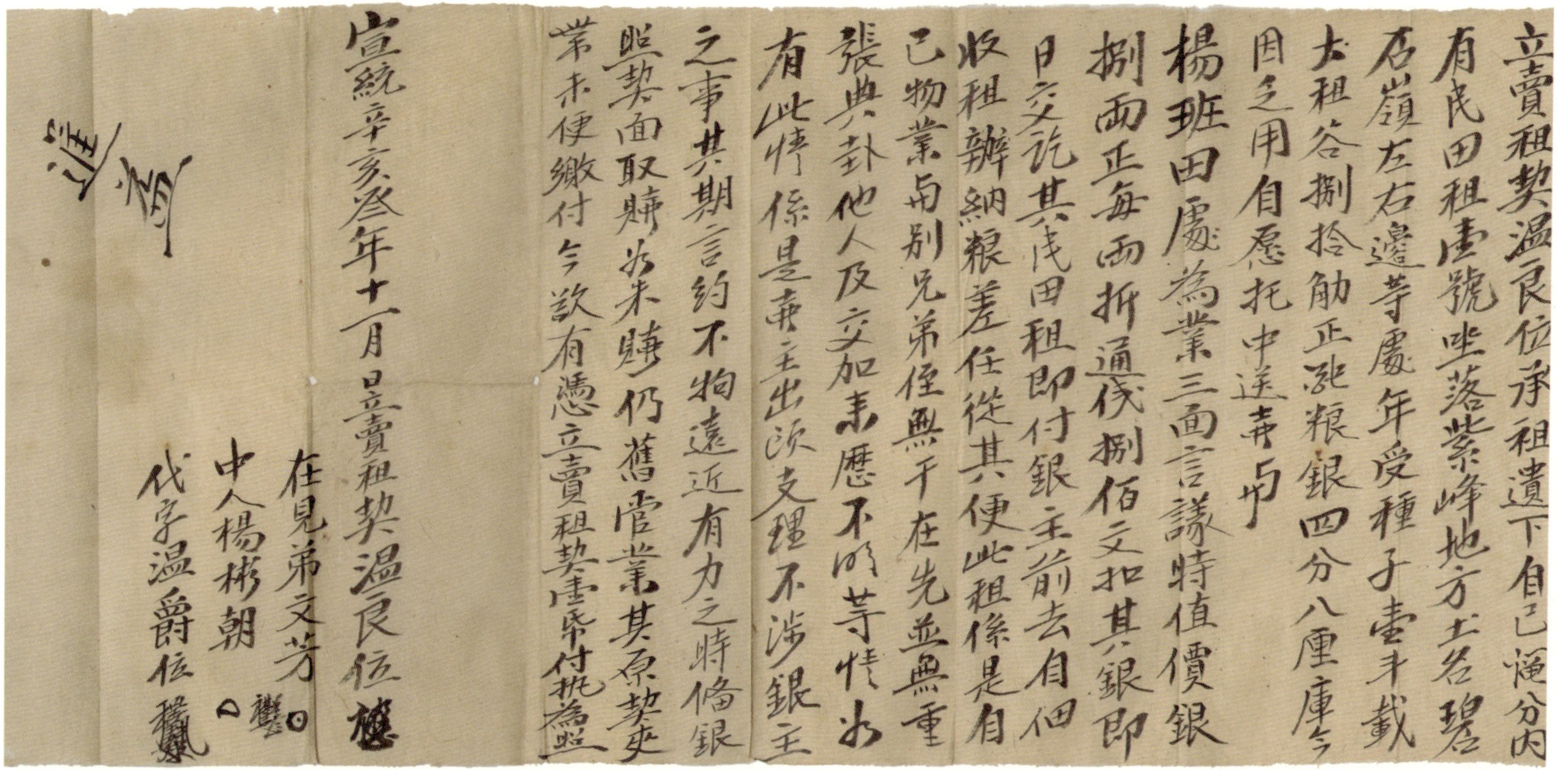
立賣租契温良位承祖遺下自己𠀤分内
有民田租壹號坐落紫峰地方土名碧
石嶺左右邊等處年受種子壹斗載
大租谷捌拾觔正𣳚粮銀四分八厘庫乡
因乏用自愿托中送與
楊班田處為業三面言議時值價銀
捌兩正每兩折通佛捌佰文扣其銀即
日交訖其民田租即付銀主前去自佃
收租辦納粮差任從其便此租係是自
己物業与别兄弟侄無干在先並無重
張典卦他人及交加未歷不明等情如
有此情係是賣主出頭支理不涉銀主
之事其期言約不拘遠近有力之時備銀
照契面取贖如未贖仍舊管業其原契要
帶未便繳付今欲有憑立賣租契壹紙付執為照

宣統辛亥叁年十一月　日立賣租契温良位（押）
在見弟文芳（押）
中人楊彬朝（押）
代字温爵位（押）

9-1-53-1　清宣統三年十一月温良位立賣民田租契

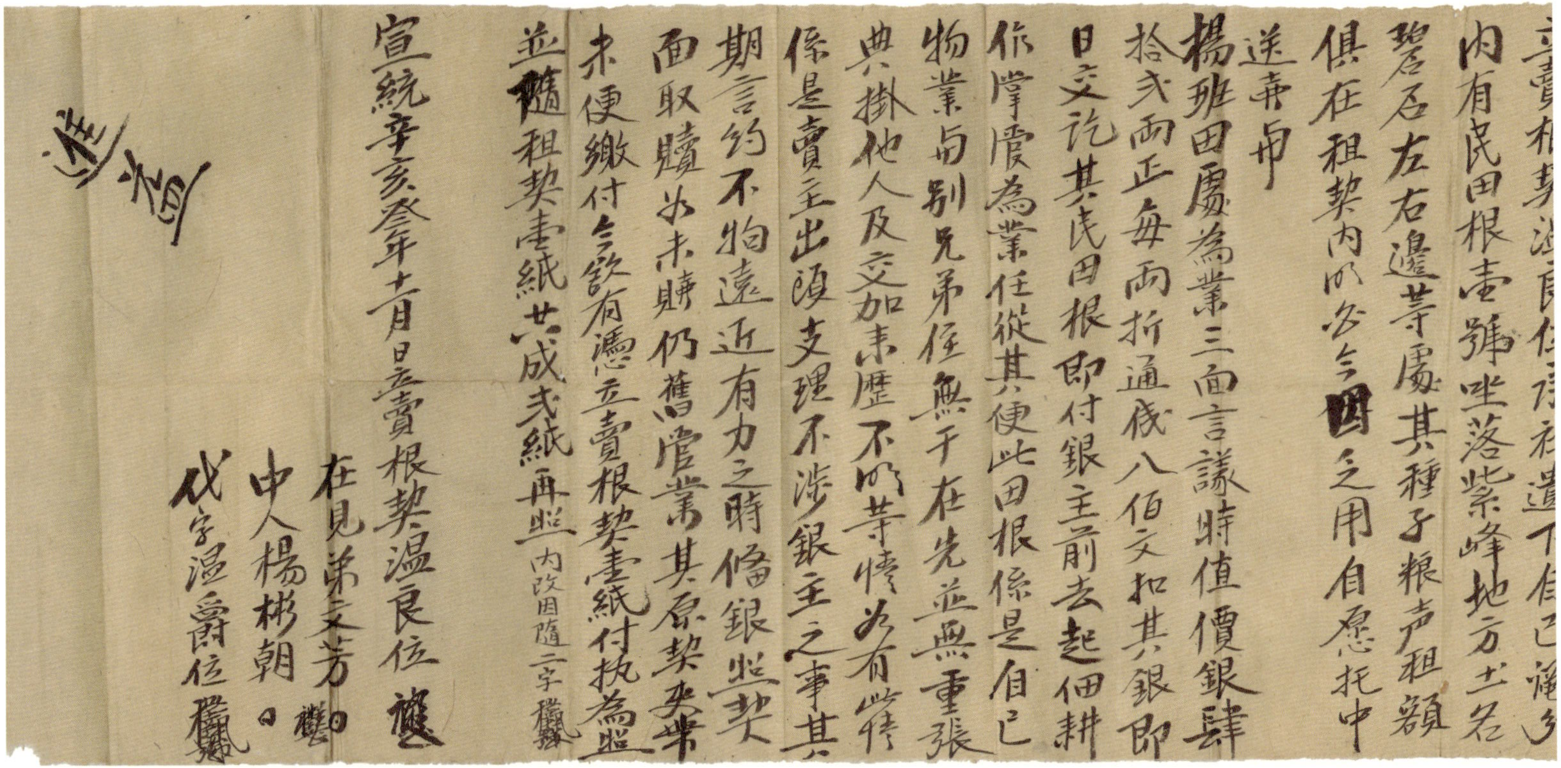
立賣根契溫良位，有祖遺下自己應分
內有民田根壹號，坐落紫峰地方，土名
碧石，左右邊等處，其種子粮戶租額
俱在租契內明登。今因乏銀之用，自愿托中
送賣與
楊班田處為業，三面言議時值價銀肆
拾弍兩正，每兩折通錢八佰文，扣其銀即
日交訖。其民田根即付銀主前去起佃耕
作掌管為業，任從其便。此田根係是自己
物業，與別兄弟侄無干，在先並無重張
典掛他人及交加來歷不明等情，如有此情，
係是賣主出頭支理，不涉銀主之事。其
期言約不拘遠近，有力之時備銀照契
面取贖，如未贖，仍舊管業。其原契來業
未便繳付。今欲有憑，立賣根契壹紙，付執為照，
並隨租契壹紙，共成弍紙，再照。內改田隨二字
宣統辛亥叁年十一月　日立賣根契溫良位
在見弟文芳
中人楊彬朝
代字溫爵位
[illegible]

9-1-53-2　清宣統三年十一月温良位立賣民田根契

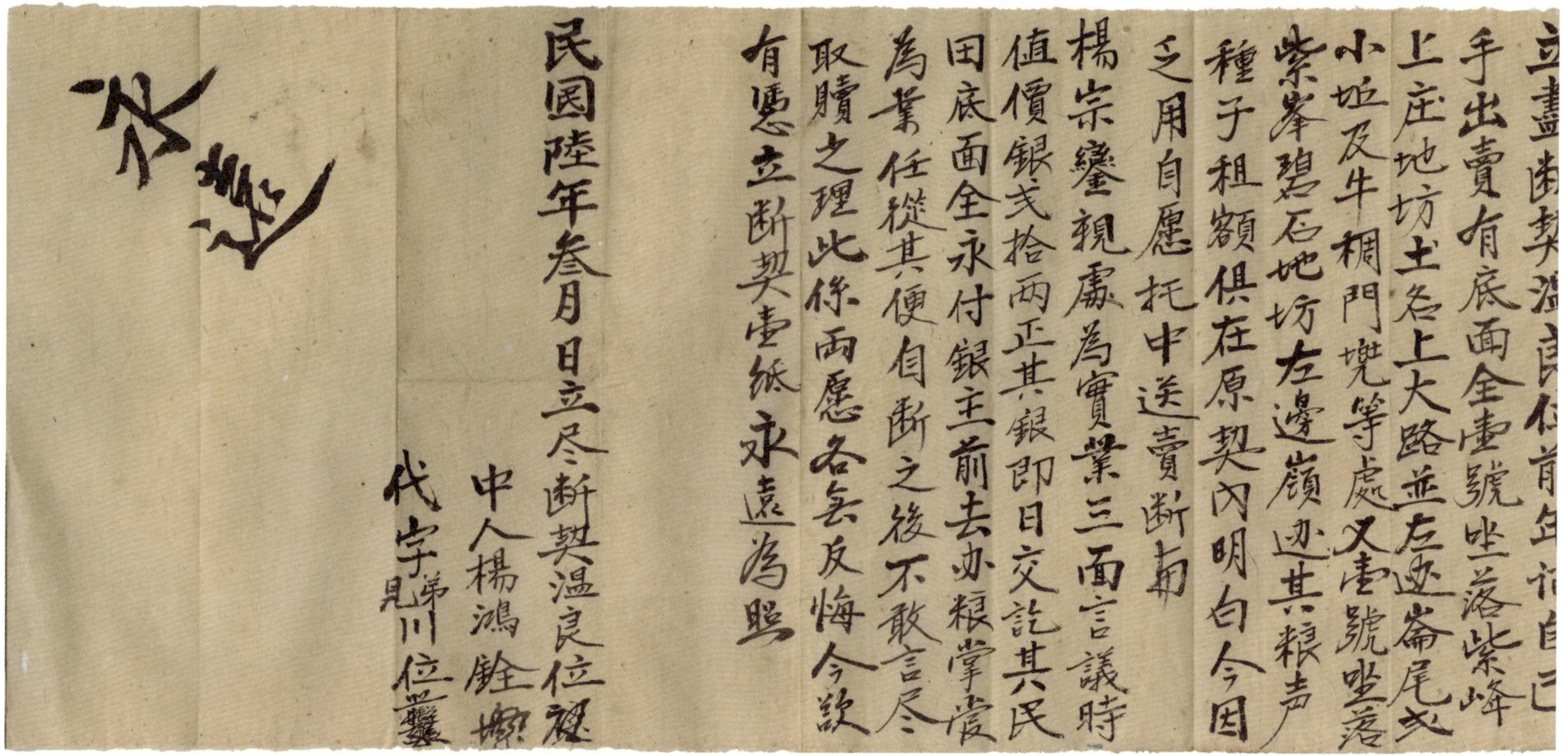
立盡斷契温良位前年向自己
手出賣有底面全壹號坐落紫峰
上庄地坊土名上大路並左邊崙尾弍
小坵及牛椆門墘等處又壹號坐落
紫峰碧石地坊左邊嶺邊其粮声户
種子租額俱在原契內明白今因
乏用自愿托中送賣斷與
楊宗鑾親處為實業三面言議時
值價銀弍拾兩正其銀即日交訖其民
田底面全永付銀主前去办粮掌管
為業任從其便自斷之後不敢言尽
取贖之理此係兩愿各無反悔今欲
有憑立斷契壹紙永遠為照
民國陸年叁月日立尽斷契温良位（押）
中人楊鴻銓（押）
代字弟見川位（押）
永遠

9-1-53-3　民國六年三月温良位立盡斷底面全田契

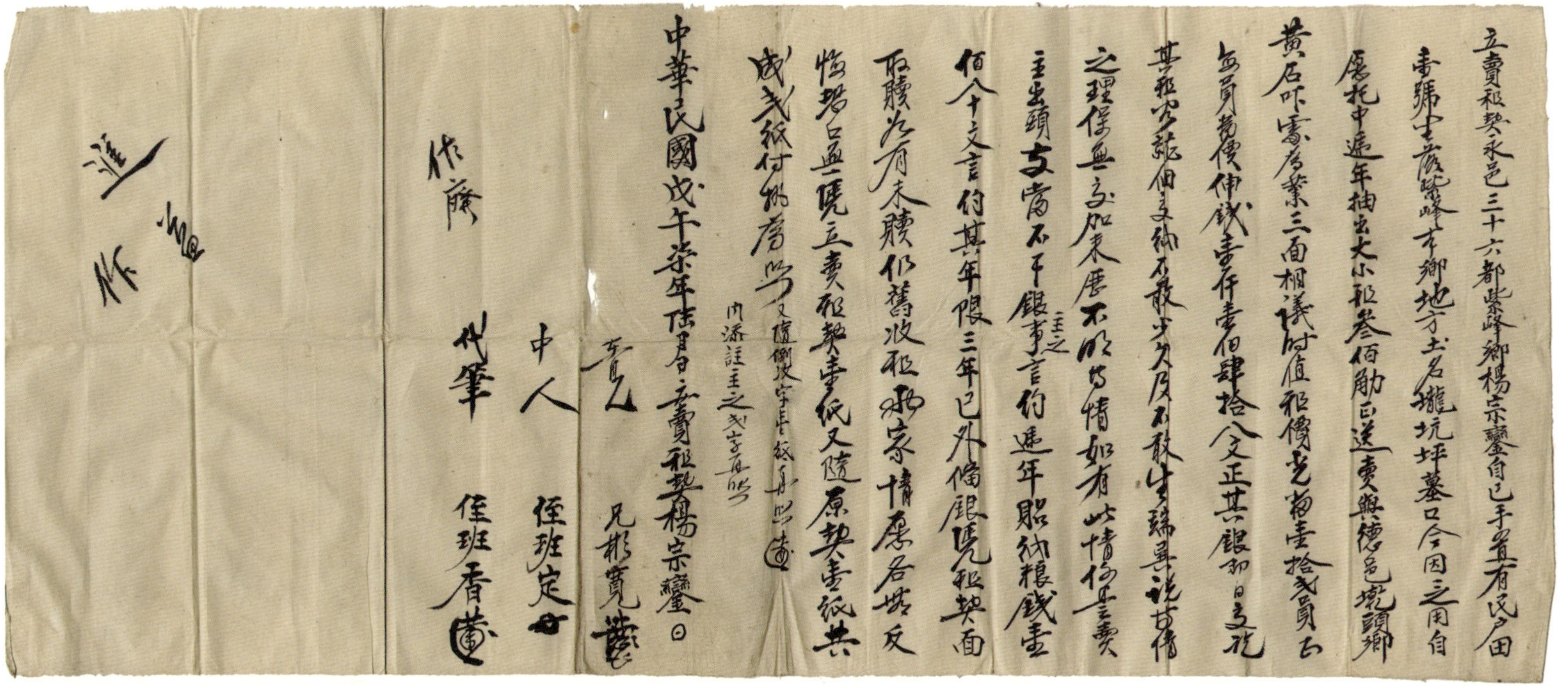
立賣租契人永邑三十六都紫峰鄉楊宗鑾自己手置有民户田
壹號坐落紫峰本鄉地方土名攏坑坪墓口仝因之用自
愿托中送年抽出大小租叁佰觔正送賣與德邑墘頭鄉
黄石吓翁爲業三面相議時值租價光番壹拾貳員正
每員荐價伸錢壹仟壹佰肆拾八文正其銀即日交訖
其租谷就佃交納不敢少欠及不敢生端異說其係
之理保無交加來歷不明等情如有此情係立賣
主出頭支當不干銀主之事言約送年貼納粮錢壹
佰八十文言約其年限三年已外備銀照租契面
取贖如有未贖仍舊收租兩家情愿各無反
悔恐口無憑立賣租契壹紙又隨原契壹紙共
成貳紙付執爲照 又隨繳收字壹紙再照
內添註「主之」貳字再照
中華民國戊午柒年陸月日立賣租契楊宗鑾
在見 兄彬寬
中人 侄班定
代筆 侄班香
作廢

9-1-54-1　民國七年六月楊宗鑾立賣民户田租契

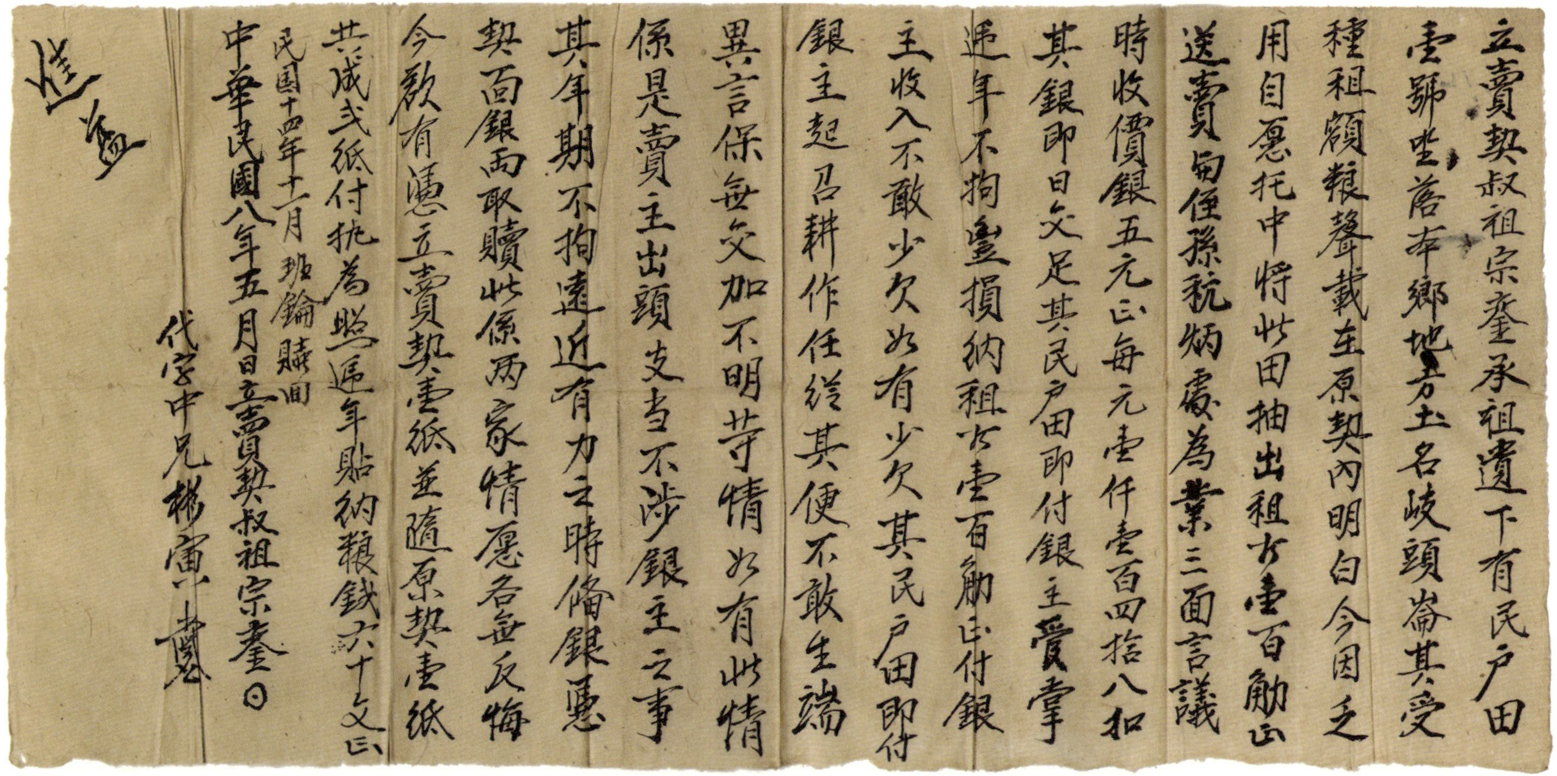
立賣契叔祖宗奎承祖遺下有民户田
壹號坐落本鄉地方土名岐頭崙其受
種租額糧聲載在原契内明白今因乏
用自愿托中將此田抽出租谷壹百觔正
送賣與侄孫貌炳處為業三面言議
時收價銀五元正每元壹仟壹百四拾八扣
其銀即日交足其民户田即付銀主實掌
逐年不拘豐損納租谷壹百觔正付銀
主收入不敢少欠如有少欠其民户田即付
銀主起召耕作任從其便不敢生端
異言係無交加不明等情如有此情
係是賣主出頭支當不涉銀主之事
其年期不拘遠近有力之時備銀贖
契面銀兩取贖此係兩家情愿各無反悔
今欲有憑立賣契壹紙並隨原契壹紙
共成弍紙付執為照　遞年貼納粮錢六十文正
民國十四年十一月班鑰贖回
中華民國八年五月日立賣契叔祖宗奎
代字中兄楊寅
送查

9-1-54-2　民國八年五月楊宗奎立賣民户田契

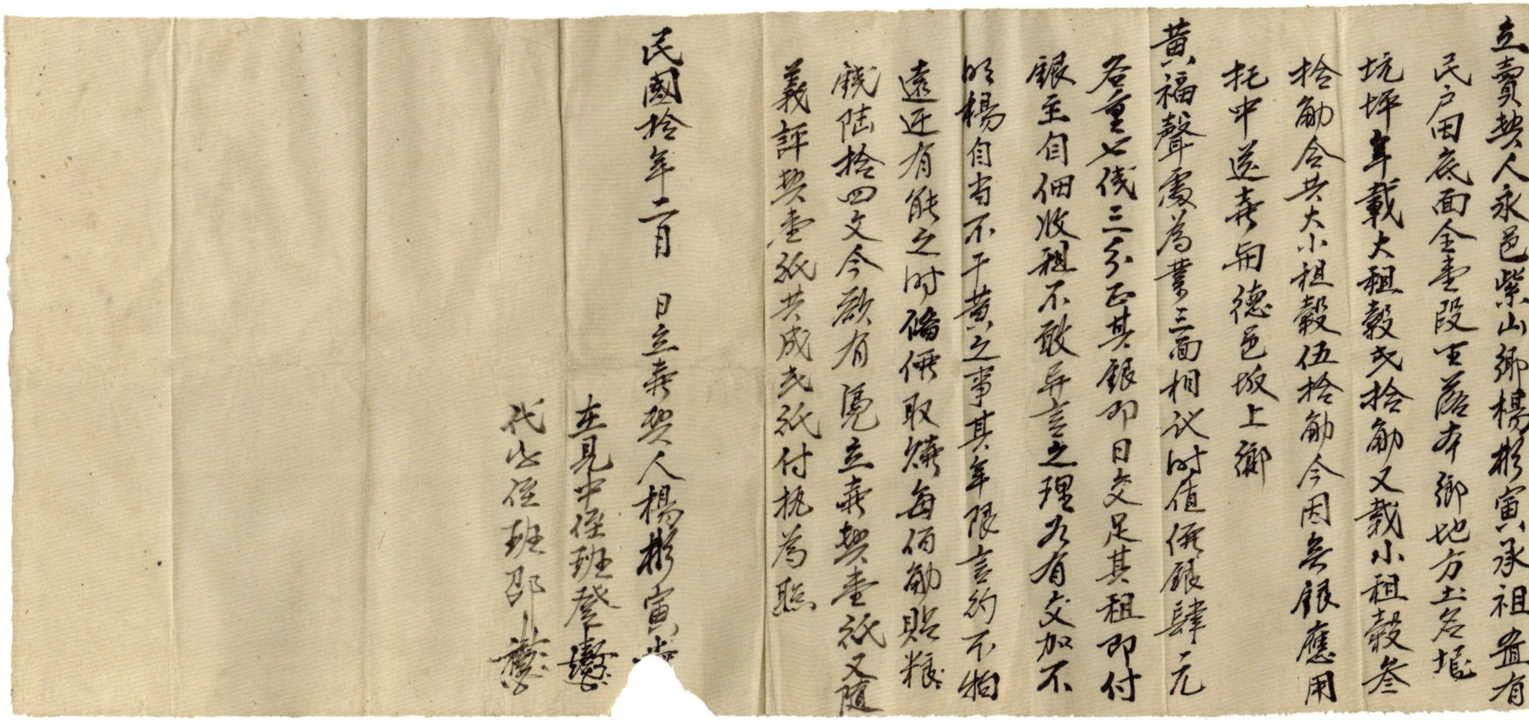
立賣契人永邑紫山鄉楊彬寅承祖並有
民戶田底面全壹段坐落本鄉地方土名埖
坑坪年載大租穀弍拾觔又載小租穀叁
拾觔合共大小租穀伍拾觔今因無銀應用
托中送賣與德邑坂上鄉
黃福聲處爲業三面相議時值價銀肆元
零壹毛仙三分正其銀即日交足其租即付
銀主自佃收租不敢異言之理如有文加不
明楊自當不干黃之事其年限言約不拘
遠近有能之時備價取贖無有觔貼粮
錢陸拾四文今欲有憑立賣契壹紙又隨
義評契壹紙共成弍紙付執爲照
民國拾年二月 日立賣契人楊彬寅（押）
在見中侄班聲（押）
代筆侄班邵（押）

9-1-54-3 民國十年二月楊彬寅立賣底面全民户田契

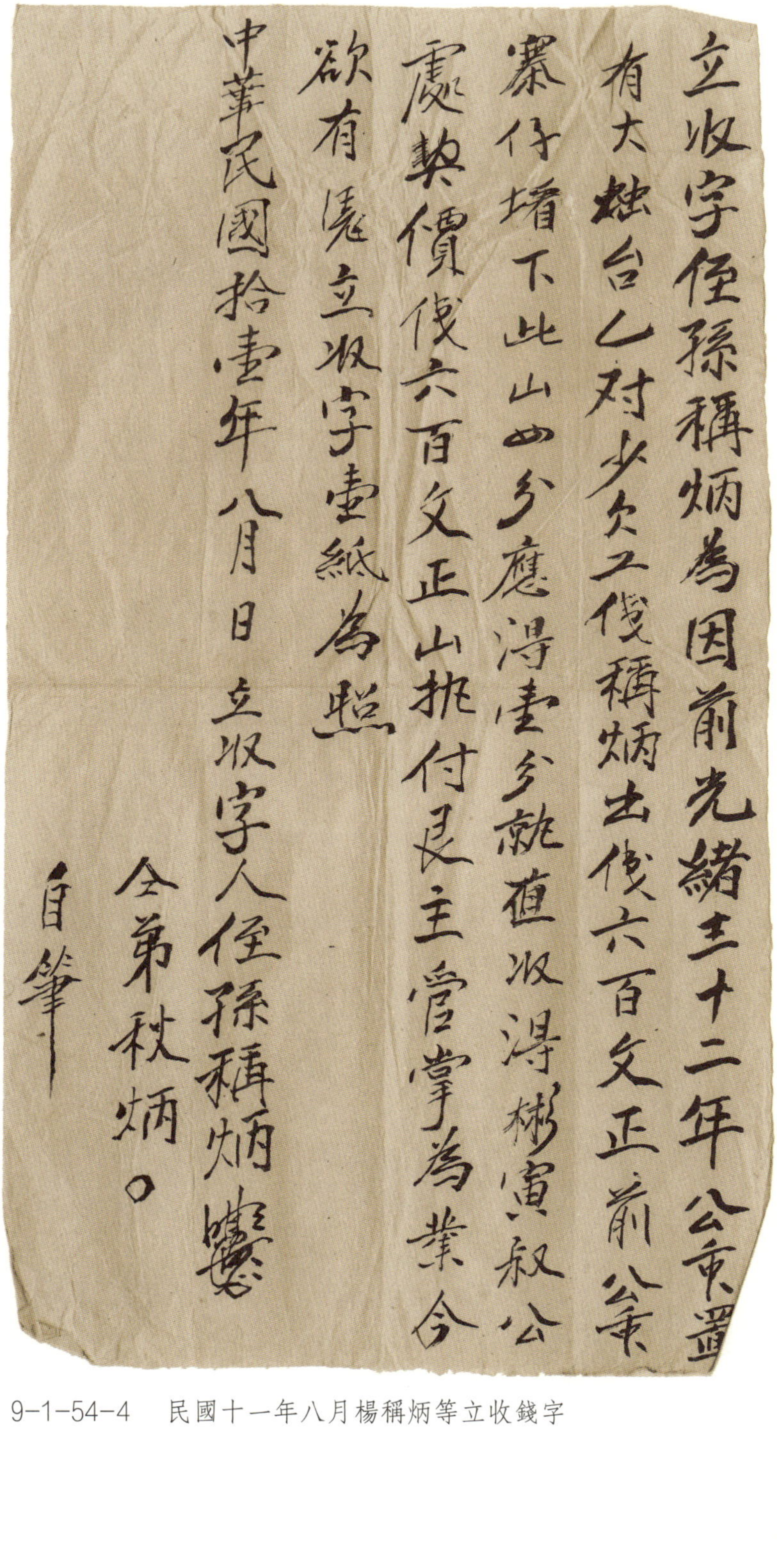
立收字侄孫稱炳，為因前光緒三十二年公眾置有大灶台乙对，少欠工錢，稱炳出錢六百文正。前公眾寨仔墘下此山四分，應得壹分，就直收得彬寅叔公處契價錢六百文正，山批付與主管掌為業。今欲有憑，立收字壹紙為照。
中華民國拾壹年八月　日　立收字人侄孫稱炳（押）
仝弟秋炳〇
自筆

9-1-54-4　民國十一年八月楊稱炳等立收錢字

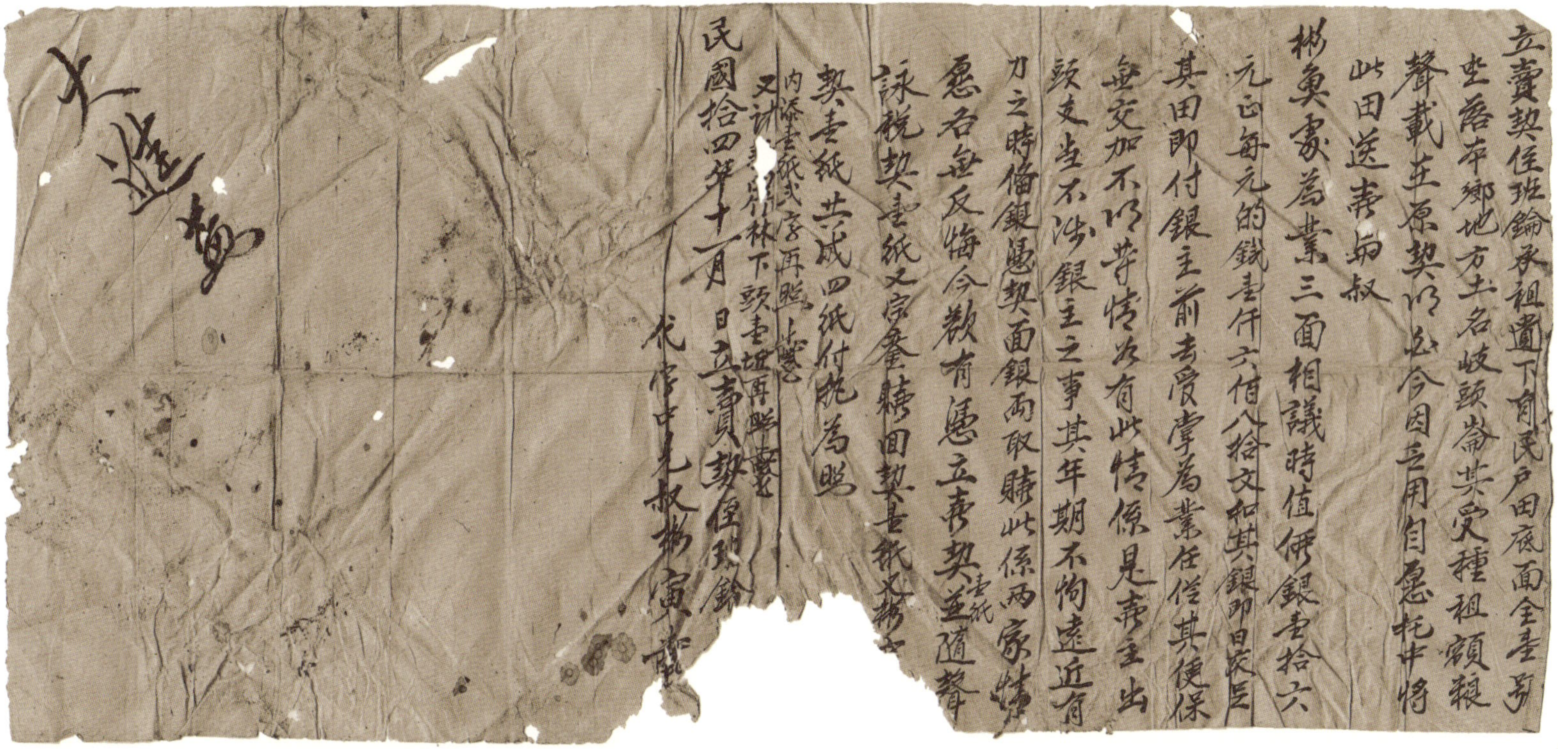

9-1-54-5　民國十四年十一月楊班鑰立賣底面全民户田契

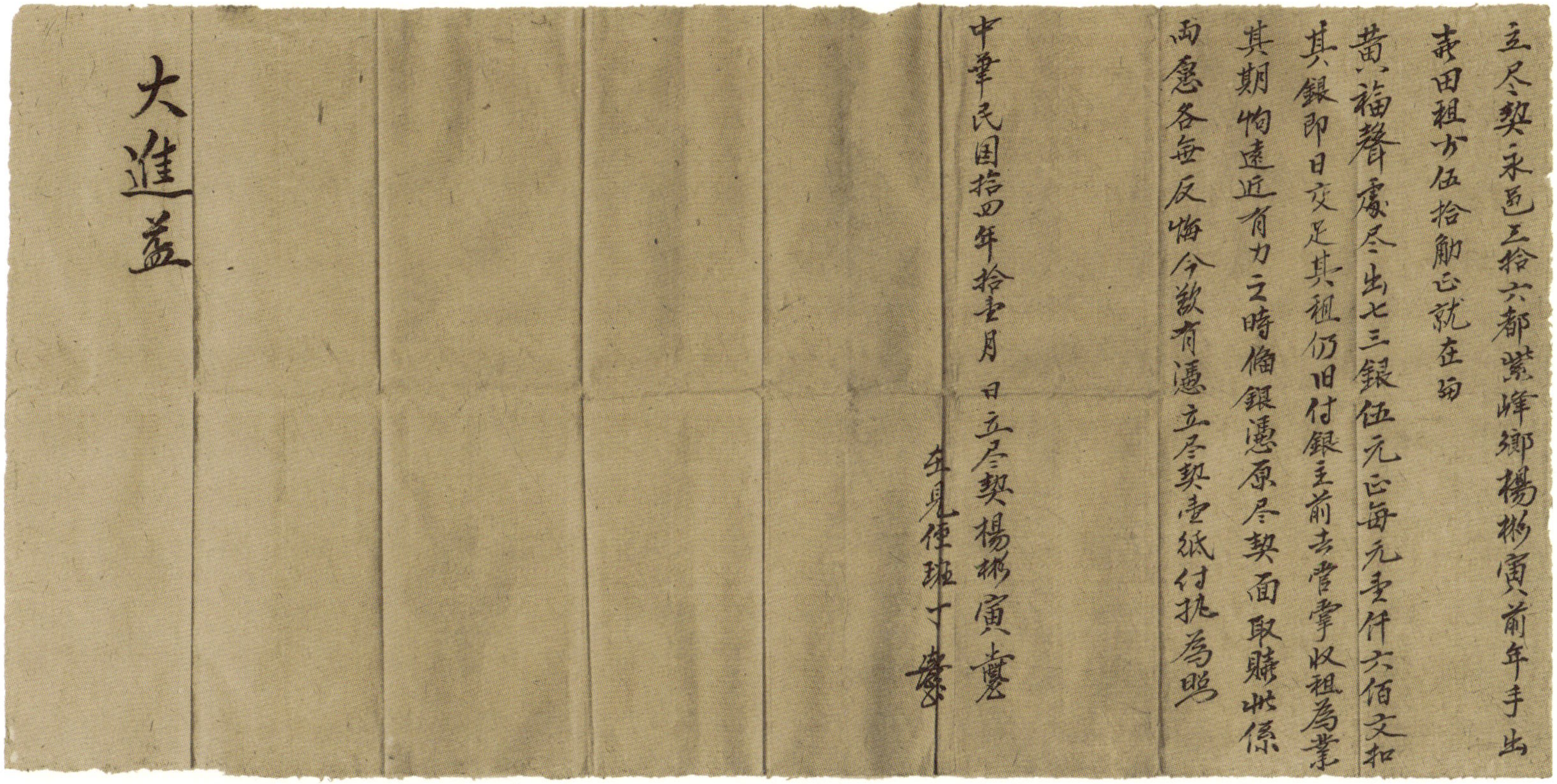
立尽契永邑三拾六都紫峰鄉楊彬寅前年手出
垄田租方伍拾觔正就在
黄福聲處尽出七三銀伍元正每元壹仟六佰文扣
其銀即日交足其租仍旧付銀主前去管掌收租為業
其期拘遠近有力之時備銀憑原尽契面取贖此係
兩愿各無反悔今欲有憑立尽契壹紙付执為照
中華民国拾四年拾壹月　日立尽契楊彬寅
在見侄班丁
大進益

9-1-54-6　民國十四年十一月楊彬寅立盡田租契

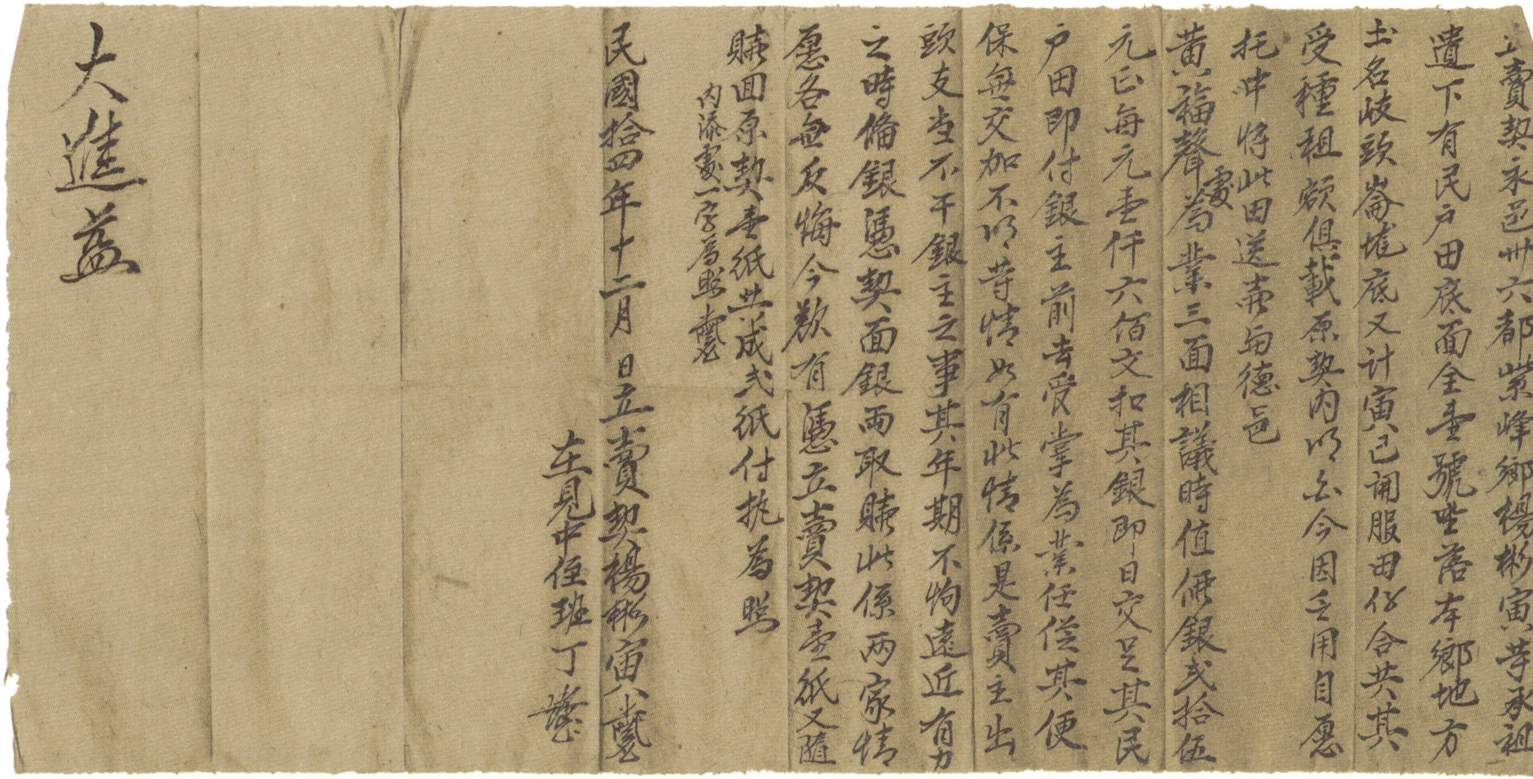

立賣契永邑卅六都崇峰鄉楊彬寅等承祖
遺下有民户田底面全壹號坐落本鄉地方
土名岐頭崙垅底又計寅己詡服田伍合共其
受種租欵俱載原契內明ム今因乏用自愿
托中將此田送賣與右德邑
黃福聲處為業三面相議時值價銀弍拾伍
元正每元壹仟六佰文和其銀即日交足其民
户田即付銀主前去受掌為業任從其便
保無交加不明等情此有此情係是賣主出
頭支当不干銀主之事其年期不拘遠近有力
之時備銀憑契面銀兩取贖此係兩家情
愿各無反悔今欲有憑立賣契壹紙又隨
贖回原契壹紙共成弍紙付執為照
內添處一字為照
民國拾四年十二月　日立賣契楊彬寅
在見中侄班丁
大進益

9-1-54-7　民國十四年十二月楊彬寅立賣底面全民户田契

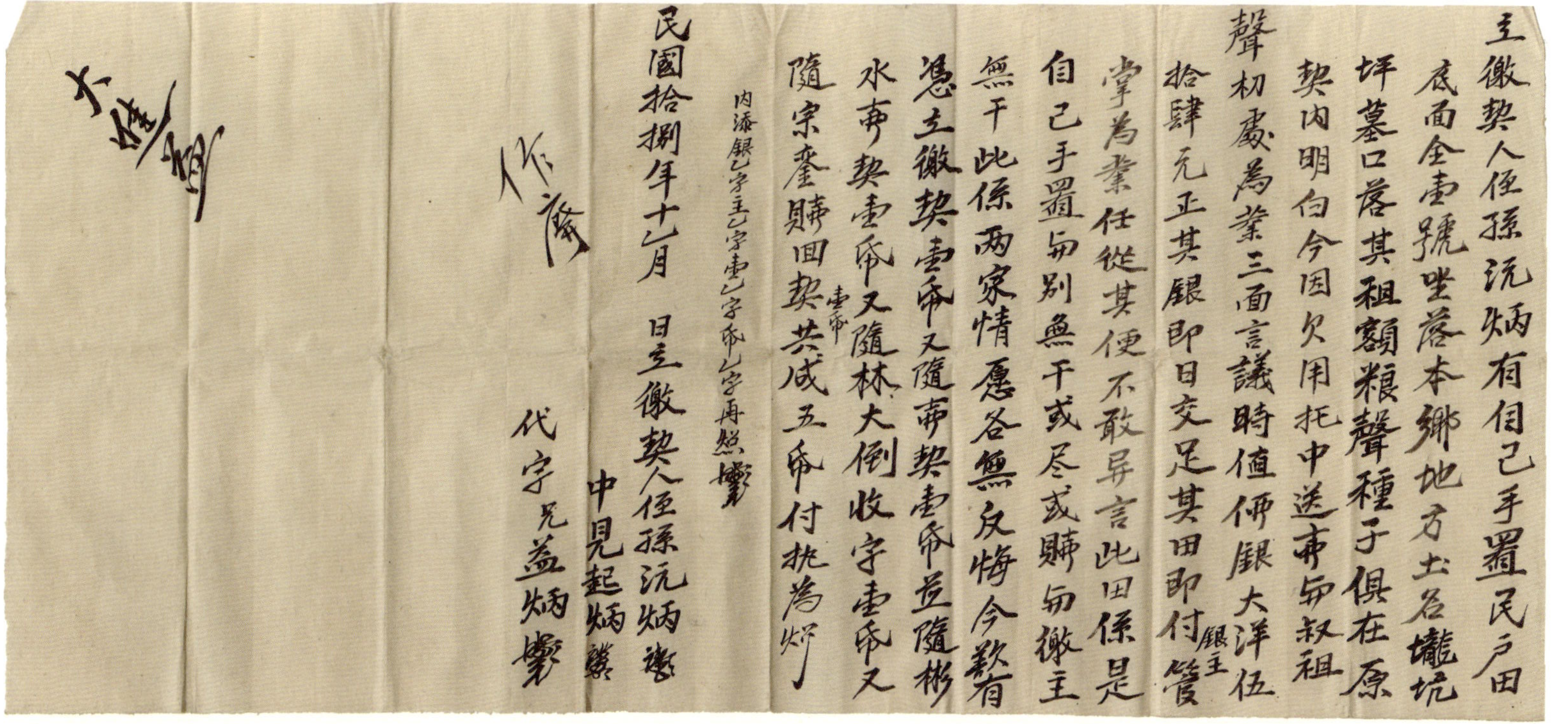

立繳契人侄孫沅炳有自己手置民户田
底面全壹號坐落本鄉地方土名壠坑
坪墓口落其租額粮聲種子俱在原
契内明白今因欠用托中送與向叔祖
聲枌處為業三面言議時值價銀大洋伍
拾肆元正其銀即日交足其田即付銀主管
掌為業任從其便不敢异言此田係是
自己手置與别無干或尽或贖向繳主
無干此係兩家情愿各無反悔今欲有
憑立繳契壹帋又隨帝契壹帋並隨彬
水帝契壹帋又隨林大例收字壹帋又
隨宗奎贖回契壹帋共成五帋付執為炤
内添銀乙字主乙字壹乙字帋乙字再照
民國拾捌年十一月　日立繳契人侄孫沅炳
中見起炳
代字兄益炳

9-1-54-8　民國十八年十一月楊沅炳立繳底面全民户田契

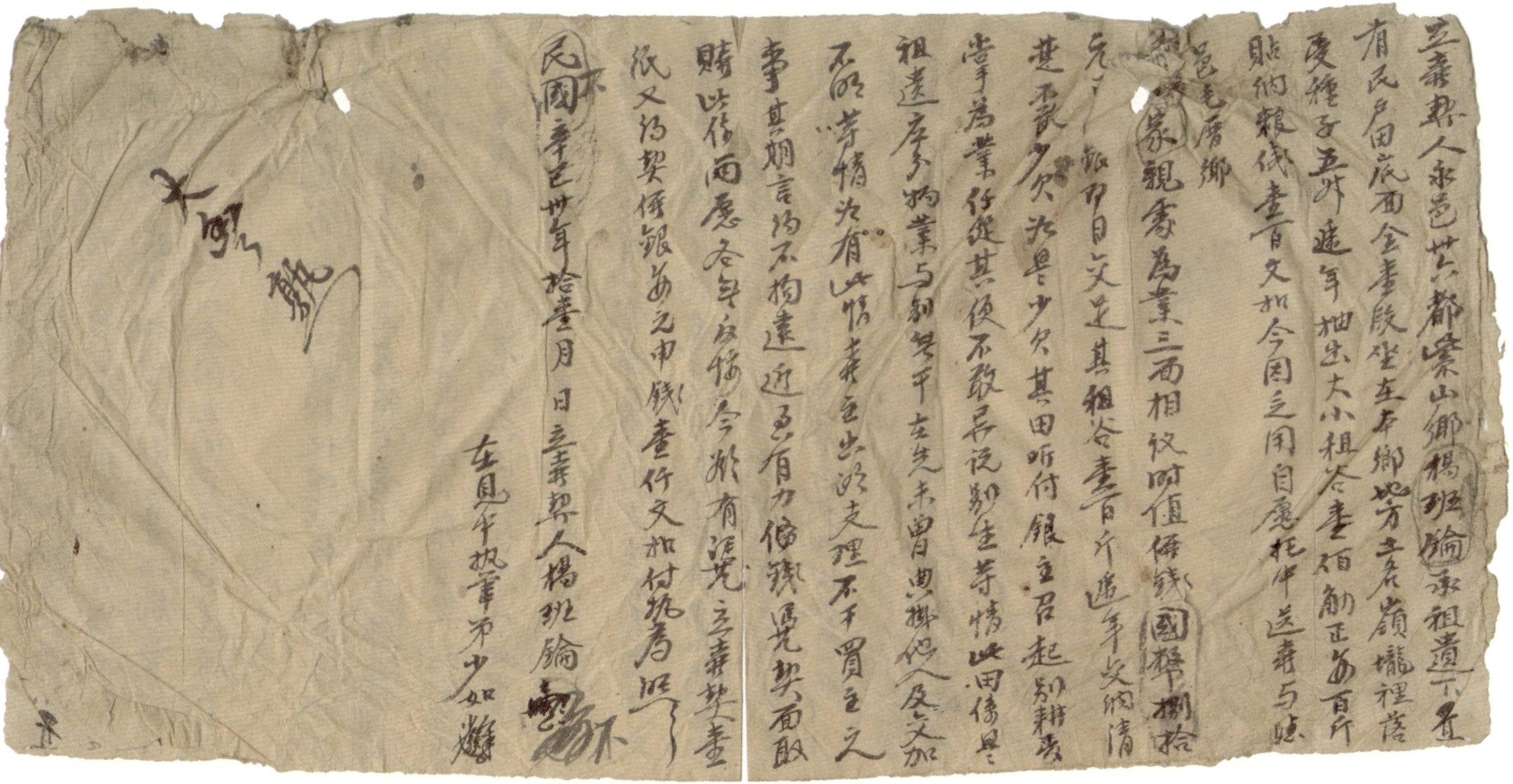
立賣契人永邑廿六都梁山鄉楊班錀承祖遺下置
有民户田底面全壹段，坐在本鄉地方土名嶺墘裡落，
受種子五升，遞年抽出大小租谷壹佰觔正，每百斤
貼納糧錢壹百文，加今因乏用，自愿托中送賣與睦
邑五唐鄉
家親房為業，三面相議，時值價錢國幣捌拾
元正，銀即日交足，其租谷壹百斤，遞年交納清
楚，不敢少欠，如是少欠，其田听付銀主召起別耕，當
年為業，任從其便，不敢異說；倘生等情，此田係是
祖遺自己物業，與叔兄弟侄無干，未曾典掛他人，及文加
不明等情，如有此情，賣主出頭抵理，不干買主之
事。其期言約不拘遠近，至有力備錢，照契面取
贖，此係兩愿，各無反悔，今欲有憑，立賣契壹
紙，又將契價銀每元申錢壹仟文，加付號為照。
民國辛巳卅年拾壹月 日立賣契人楊班錀
在見中執筆弟少如

9-1-54-9　民國三十年十一月楊班錀立賣底面全民户田契

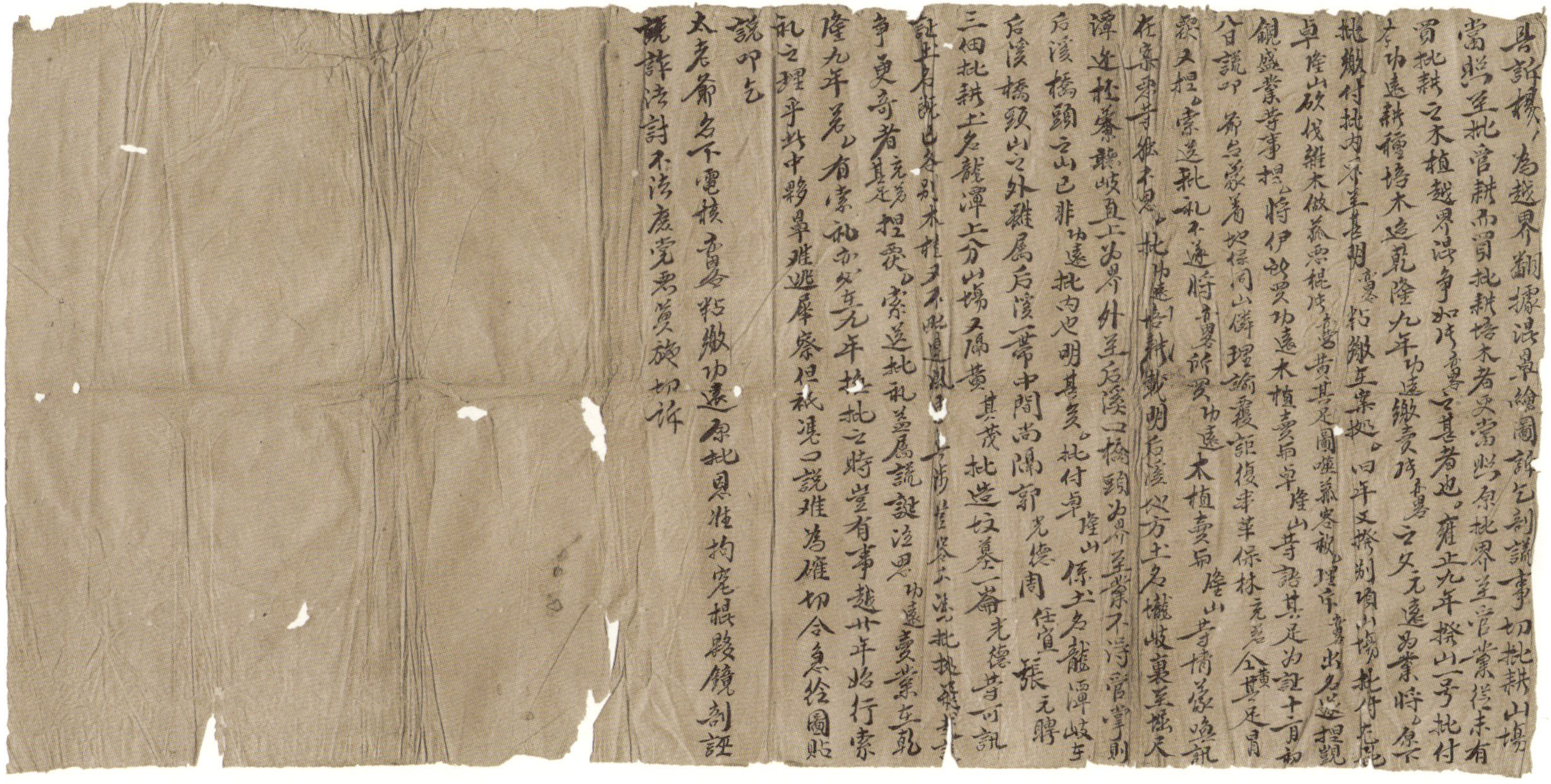

具訴楊△，為越界翻據混景繪圖許乞剖議事。切批耕山場
當照至批管耕，而買批耕培木者，又當照原批界至管業，從未有
買批耕之木植越界混爭如[illegible]之甚者也。雍正九年擒山一号批付
[illegible]功遠耕種培木，迨乾隆九年功遠繳[illegible]之，又元遠為業，將原
批繳付，批內不[illegible]甚明，[illegible]粘繳在案抄。四年又擒別項山場批付[illegible]
卓隆山砍伐雜木做[illegible]，惡棍[illegible]黃其足圖[illegible]被[illegible]出名邀提覲
覲盛業等事，捏將伊所買功遠木植賣與卓隆山等，誣其足為詐。十二月初
八日謊叩。爺台[illegible]着地保同山鄰理諭，覆訊[illegible]復牢革保林元[illegible]仝黃其足冒
契又捏△，索送批，執不違將[illegible]所買功遠木植賣與隆山等情，蒙喚訊
在案。乃[illegible]等獨不思△批功遠者，[illegible]載明后溪以方土名[illegible]岐裏至[illegible]
潭，迨批[illegible]載岐頭上為界，外至后溪口橋頭為界，至[illegible]業不得管掌，則
后溪橋頭之山已非功遠批內也，明甚矣。△批付卓隆山係土名龍潭岐左
后溪橋頭山之外，雖屬后溪一帶，中間尚隔郭光德、周任宜、張元騁
三個批耕土名龍潭上分山場，又隔黃其茂批造坟墓一崙，光德等可訊
証。[illegible]
爭，更奇者，其足[illegible]捏稟△，索送批，[illegible]屬謊誕，詎思功遠賣業在乾
隆九年，[illegible]有索批，[illegible]元年[illegible]批之時，豈有事越廿年始行索
批之理乎？此中影暴難逃[illegible]察，但[illegible]憑口說難為確切，合急繪圖貼
說叩乞
太老爺名下電核，[illegible]粘繳功遠原批，恩准拘究，[illegible]鏡剖[illegible]
謊詐，[illegible]不法，[illegible]切訴

9-1-55-1　清乾隆年間楊氏訴狀稿

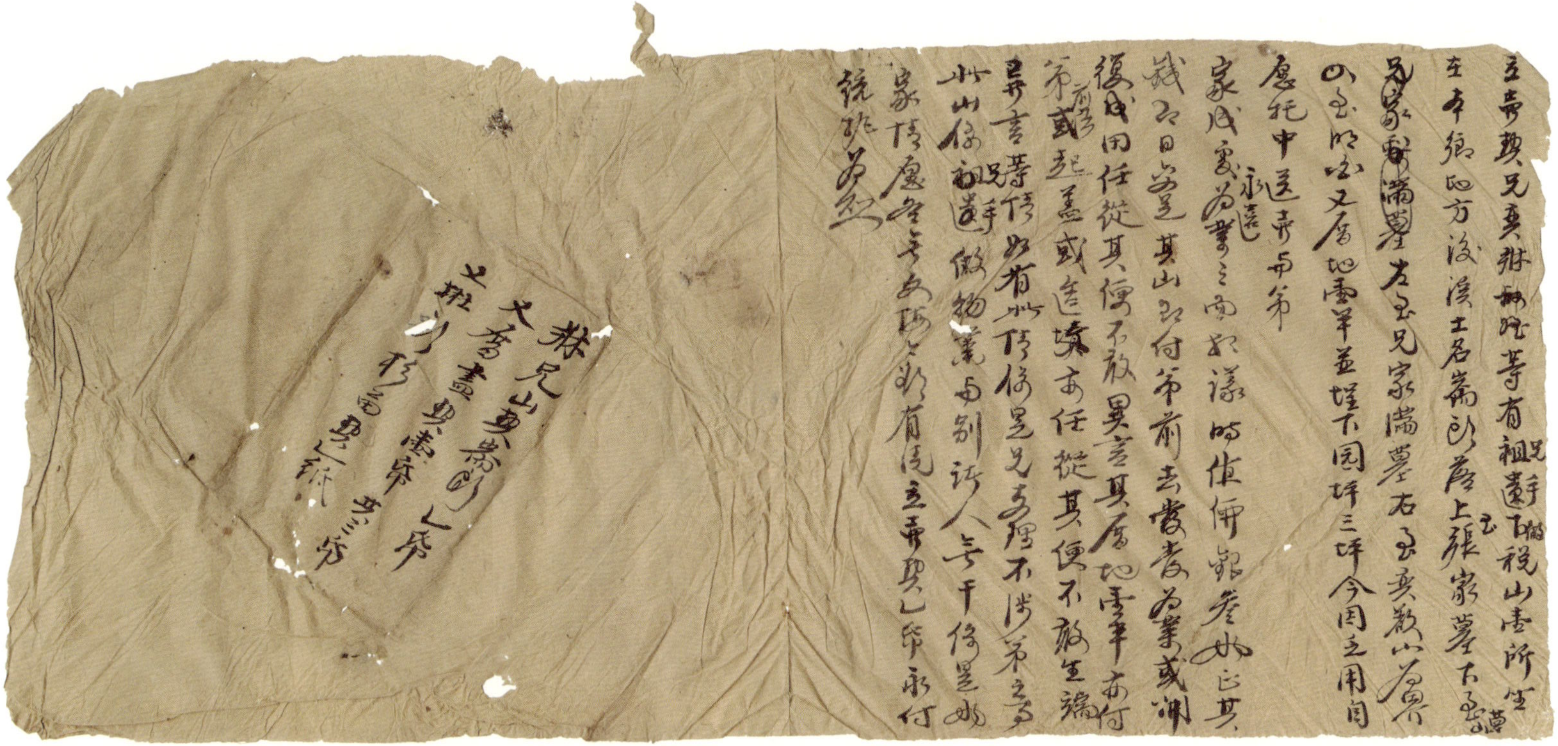

9-1-55-2　清同治年間楊奕牀等立賣稅山等契（草契）

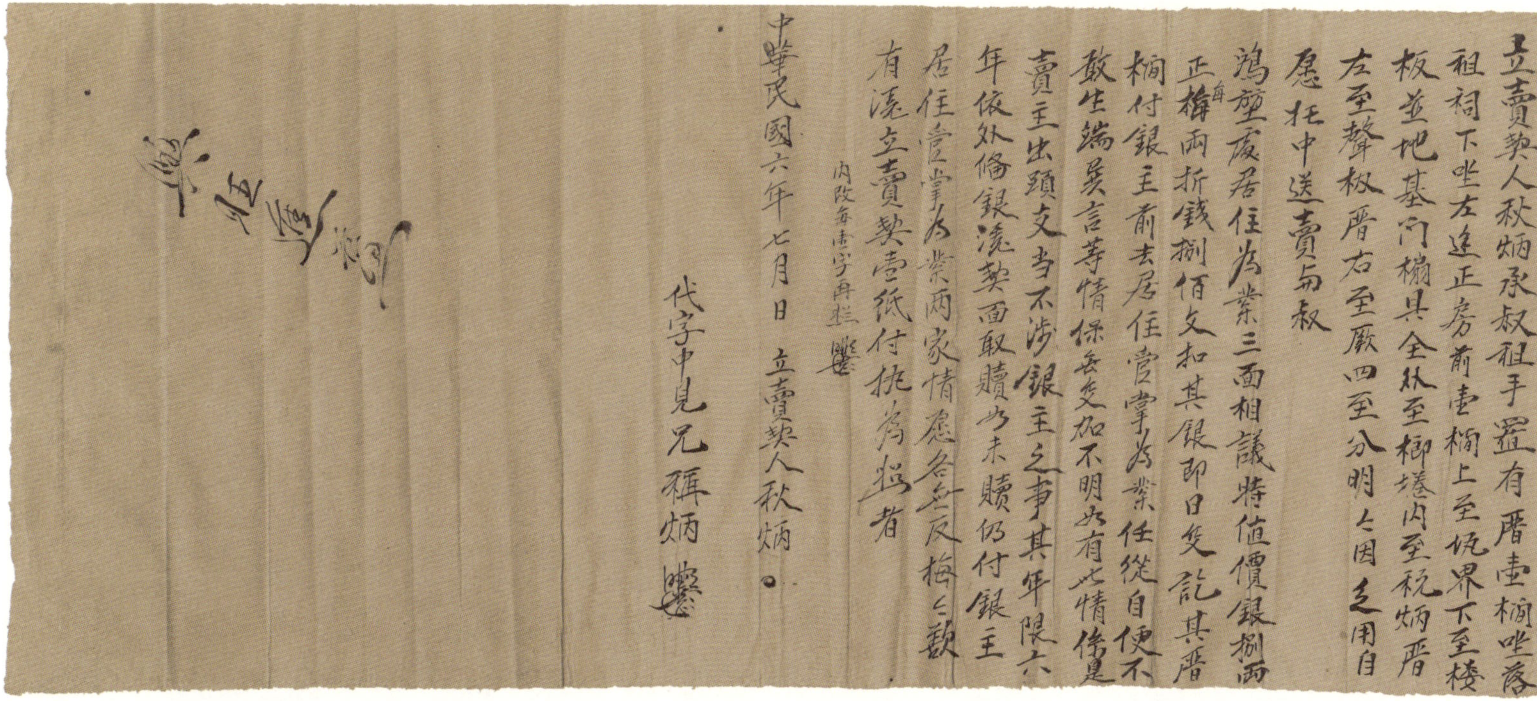
立賣契人秋炳承叔祖手置有厝壹植坐落
祖祠下坐左邊正房前壹植上至垸界下至樓
板並地基門欄具全外至柳墻內至秋炳厝
左至聲叔厝右至廠四至分明今因乏用自
愿托中送賣與叔
鴻璇處居住為業三面相議時值價銀捌兩
正每兩折錢捌佰文和其銀即日交訖其厝
植付銀主前去居住管掌為業任從自便不
敢生端異言等情保無交加不明如有此情係是
賣主出頭支當不涉銀主之事其年限六
年依外備銀送契面取贖如未贖仍付銀主
居住管掌為業兩家情愿各無反悔今欲
有憑立賣契壹紙付執為照者
內改每壹字再照
中華民國六年七月日　立賣契人秋炳
代字中見兄稱炳

9-1-55-3　民國六年七月楊秋炳立賣厝契

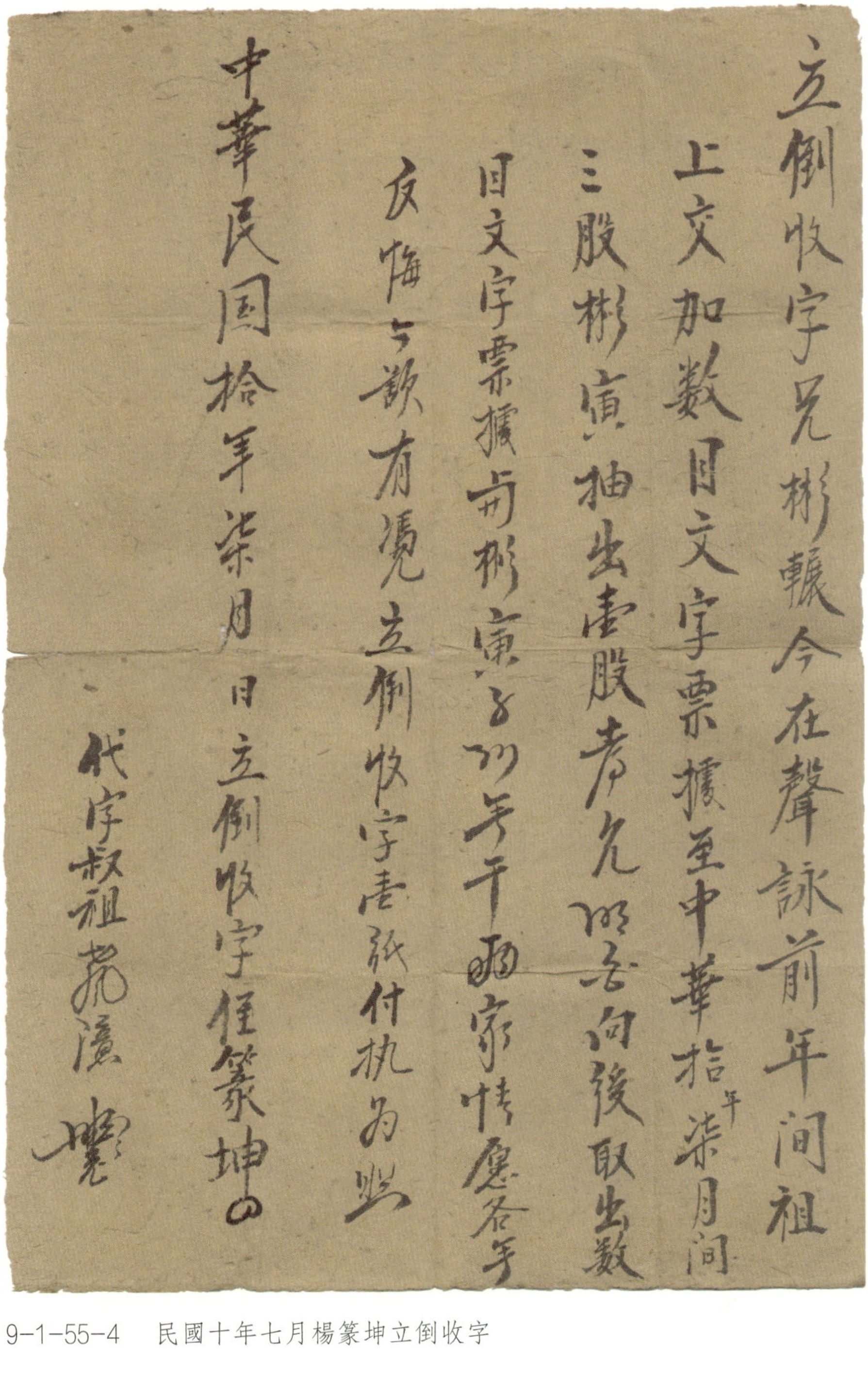

立倒收字兄彬輾今在聲詠前年間祖
上文加數目文字票據至中華拾年柒月間
三股彬演抽出壹股聲允明白向後取出數
目文字票據尚彬演手內無干兩家情愿各無
反悔之款有憑立倒收字壹紙付執為照
中華民國拾年柒月　日立倒收字侄篆坤（押）
代字叔祖彪瀛（押）

9-1-55-4　民國十年七月楊篆坤立倒收字

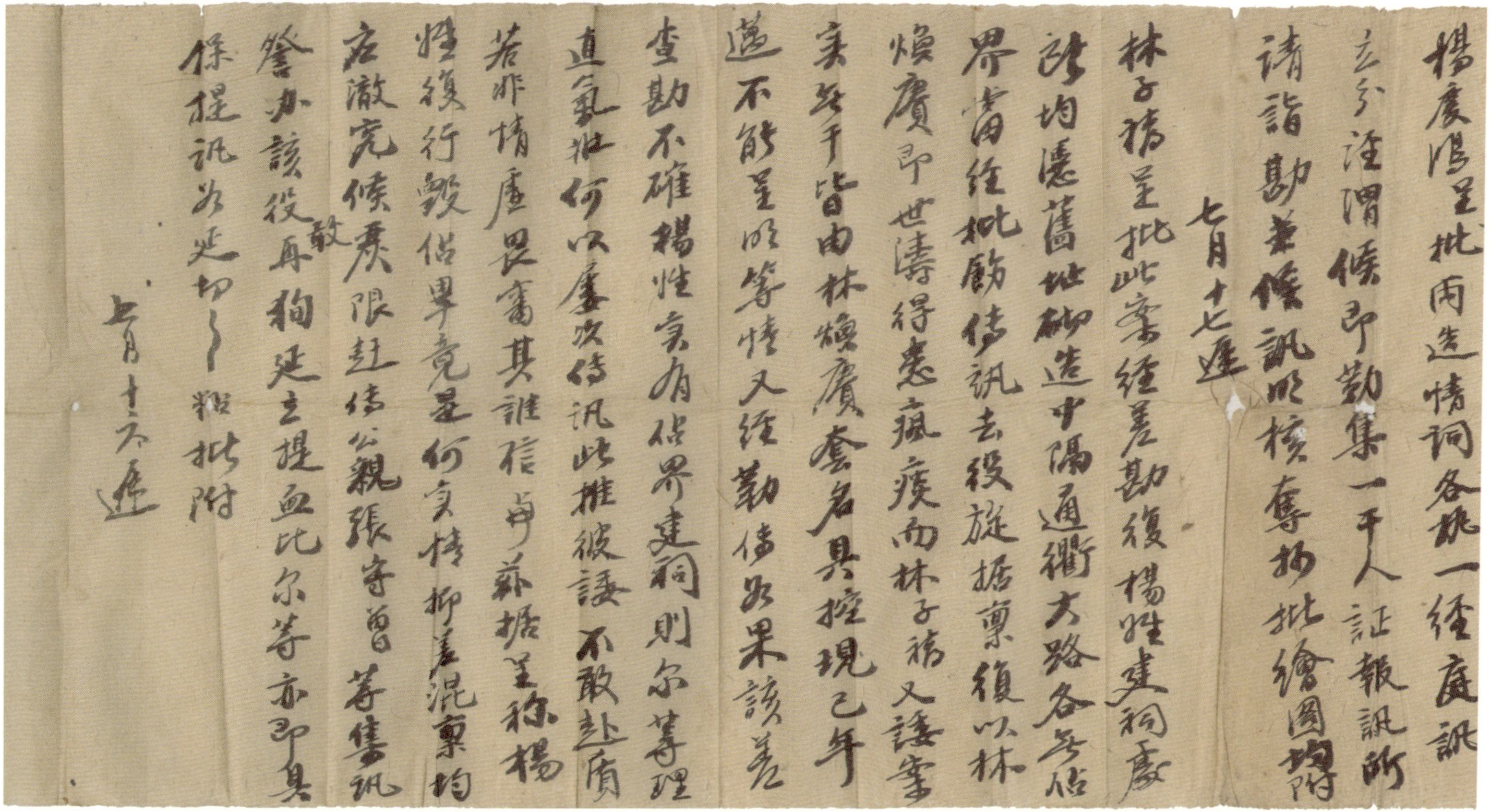

楊慶澄呈批：丙造情詞各執，一經庭訊，
該差注謂候即勘集一干人証報訊，所
請諭勘並候訊明核奪，揭批繪圖附。
七月十七進

林子禧呈批：此案經差勘復，楊姓建祠處
所均係舊址，衹造中隔通衢大路，各等佔
界，當經批飭傳訊去役，旋據稟復，以林
煥賡即世濤得患瘋疾，而林子禧又護案
多年，皆由林煥賡套名具控，現已年
邁，不能呈明等情，又經勒傳，如果該差
查勘不確，楊姓實有佔界建祠，則爾等理
直氣壯，何以屢次傳訊，此推彼諉，不敢赴質，
若非情虛畏審，其誰信乎。茲據呈稱楊
姓復行毀佔，果竟是何實情，抑差混稟，均
應徹究。候嚴限趕傳公親張寄曾等集訊，
僉如該役敢再徇延，立提血比，爾等亦即具
保提訊，毋延切切。粘批附
七月十六進

9-1-55-5　楊氏佔界建祠案批文（年代不詳）

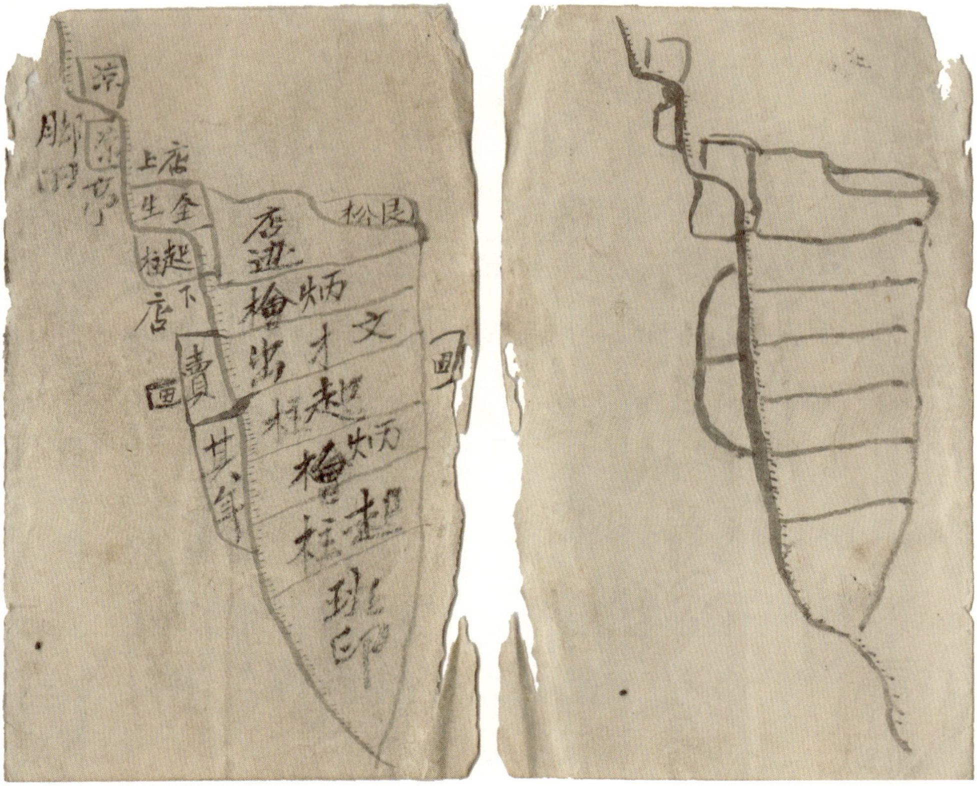

9-1-55-6　紫山村界址圖（年代不詳）

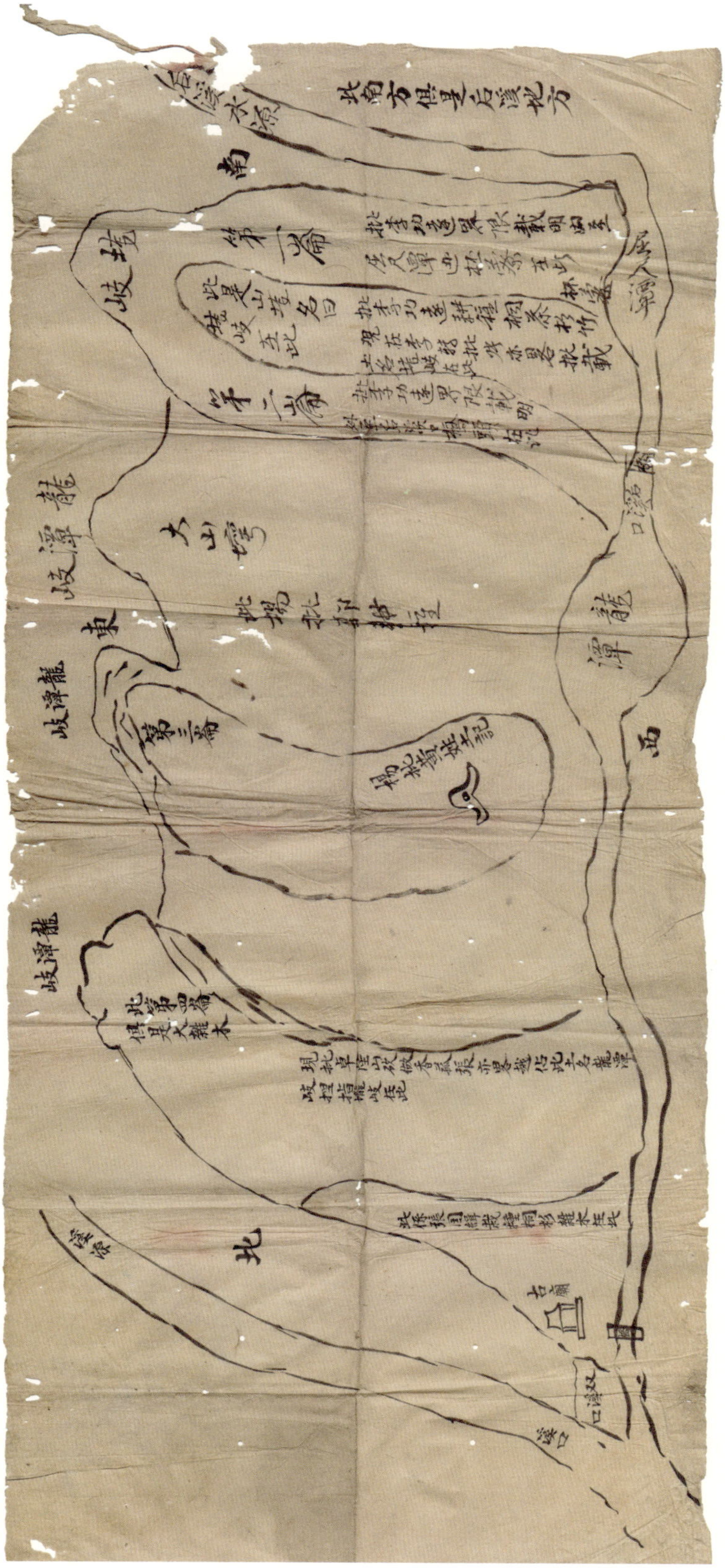

9-1-55-7　紫山村山嶺圖（年代不詳）

第二帙　楊經傑户

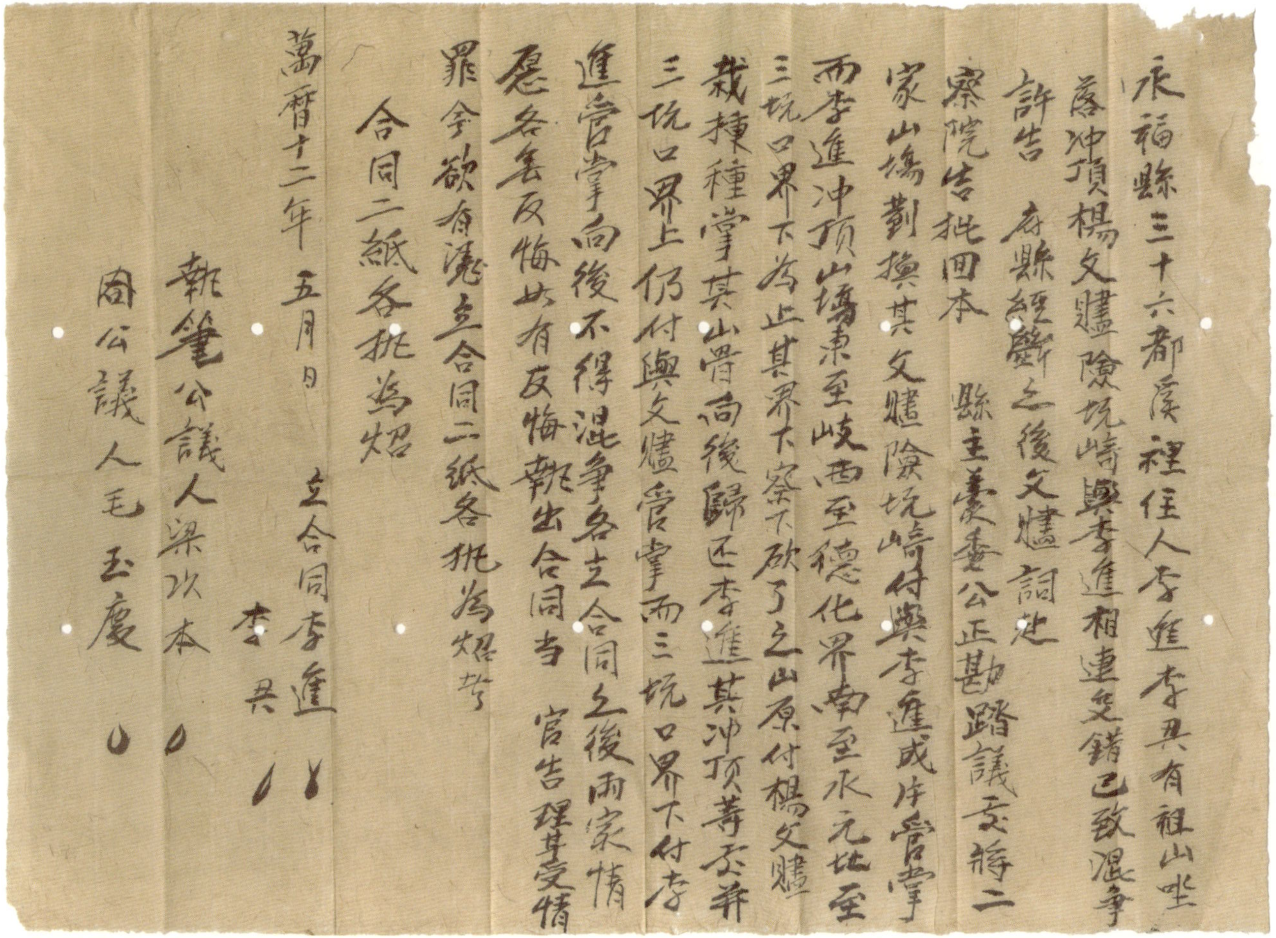

永福縣三十六都溪裡住人李進、李具有祖山坐
落沖頂，楊文鏸險坑崎與李進相連，交錯已致混爭
許告　府縣，經斷之後，文鏸詞赴
察院告批回本　縣主姜委公正勘踏，議交將二
家山塲劃換。其文鏸險坑崎付與李進成片管掌，
而李進沖頂山塲東至岐，西至德化界，南至水元坑，北至
三坑口界下為止，其界下簽下砍了之山，原付楊文鏸
栽種管掌，其山骨向後歸還李進。其沖頂壽交并
三坑口界上仍付與文鏸管掌，而三坑口界下付李
進管掌。向後不得混爭，各立合同之後，兩家情
愿，各無反悔。如有反悔，執出合同告　官，告理甘受情
罪。今欲有憑，立合同二紙，各執為照。

合同二紙各執為照

萬曆十二年五月　日　立合同李進
李具
執筆公議人梁次本
同公議人毛玉慶

9-2-1-1　明萬曆十二年五月李進等立合同

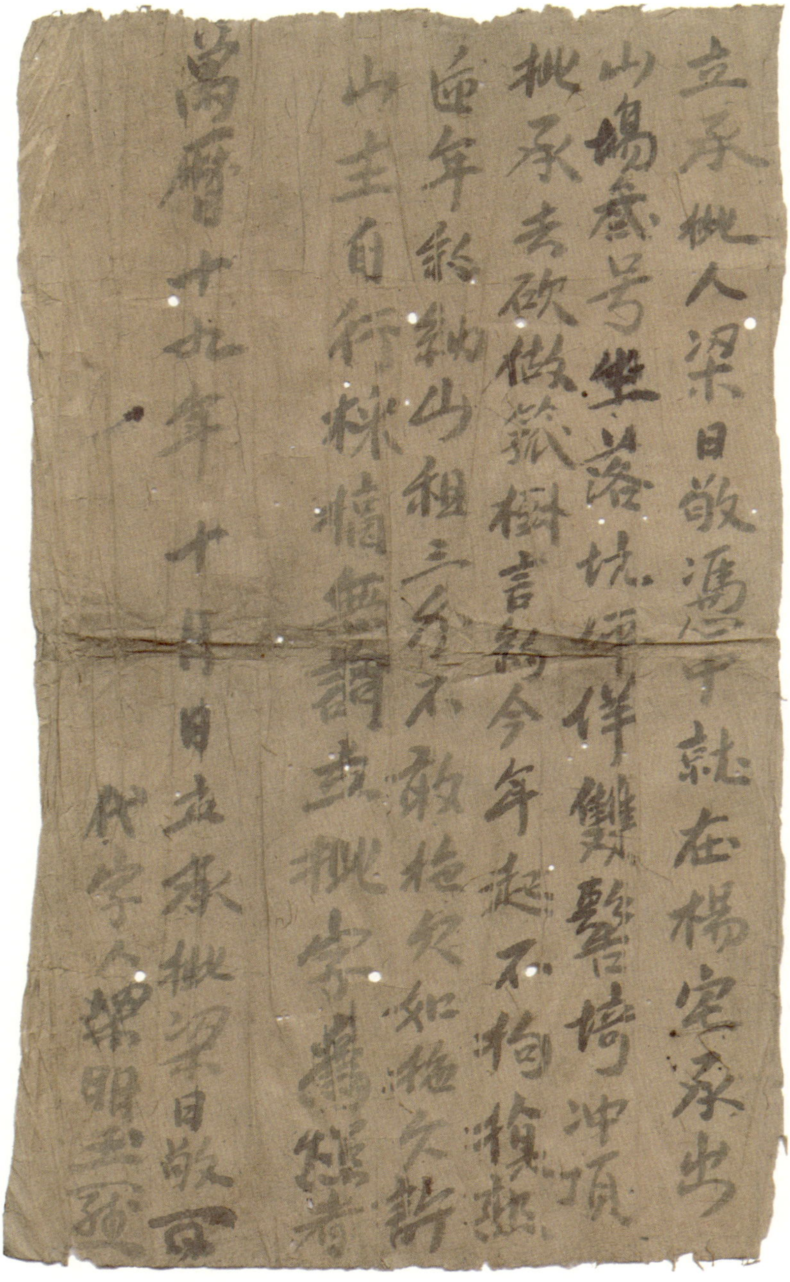

立承批人梁日敬憑中就在楊窯承出
山場叁号坐落坑源伴雙磐埼冲頂
批承去砍做鐵樹言約今年起不拘檢熟
每年納山租三分不敢拖欠如拖欠許
山主自行[illegible][illegible]無詞立批字為照者
萬曆十九年十月日立承批梁日敬
代字人梁明[illegible]

9-2-1-2　明萬曆十九年十月梁日敬立承批山場字

立賣契人本鄉住人溪裡李萻姐兄弟有祖
父遺下山場壹所坐落高樓坑上截上至楊
宅山場橫路爲界過路前下至天杉大石橫
路爲界過楊子美爲界東至崙中栄垬頭直
落橫路爲界過爲界西至坑子文山爲界
四至分明處有楊祖墳乙穴表兄欲改造厝
墓左右門前樹木有関風水者誠恐向
後子孫砍伐必致爭端爰合表親主情將
山場送賣楊君如表兄處完成片塅存蓄
風水三面商議特值契價銀弍兩正又以壹
百弍拾紋准爲花红之礼其銀即日交訖其
山即付楊君如表兄前去開造存蓄雜木遮
蔭永爲己業向後子孫永遠不得取贖增
找等情此係兩家情愿各無反悔今欲有
憑立契乙紙永遠爲照者

康熙四十年拾月　日立賣契李萻姐
仝賣弟芳姐
中人叔李周
仝見毛佺若
見人陳起懷
仝見表兄楊君進

9-2-1-3　清康熙四十年十月李萻姐等立賣山場契

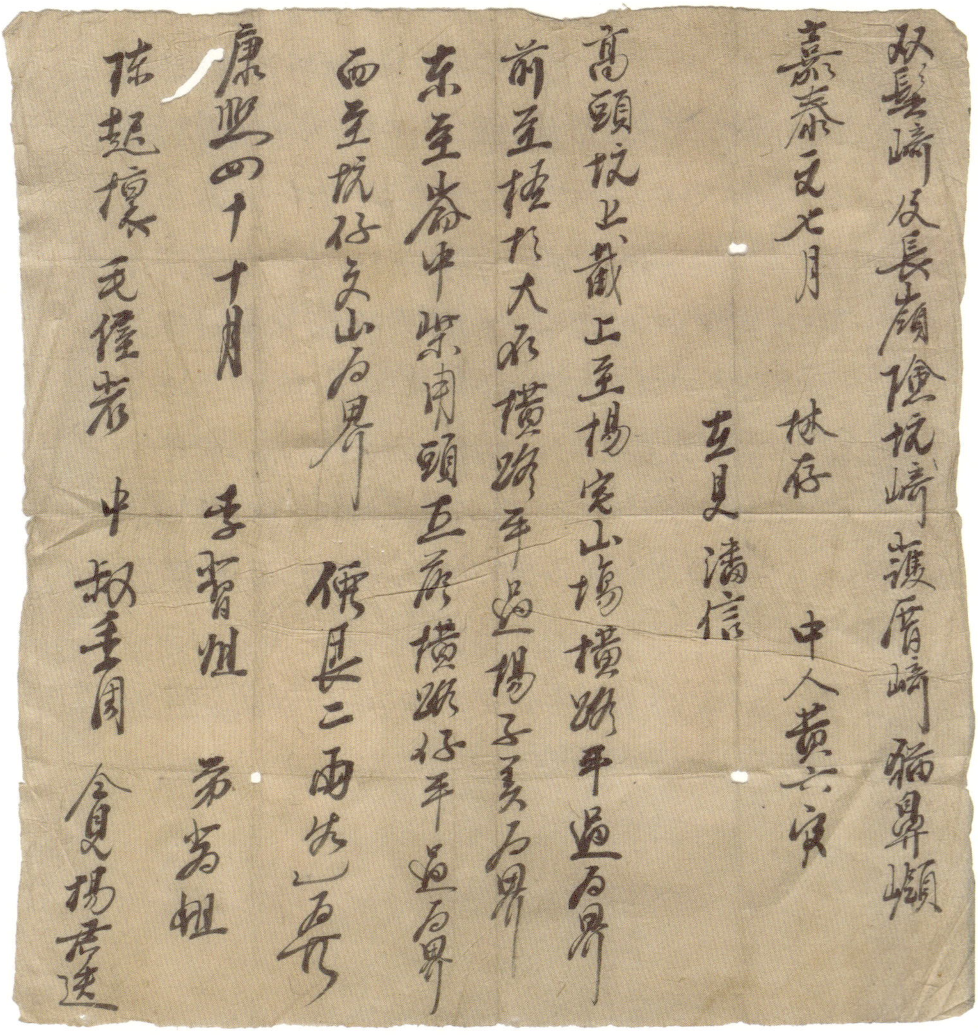

9-2-1-4　清康熙四十年十月李菅姐等立賣山場契（抄契）

立合約李爲光、爲烈、尚星等有山場數號，坐落本鄉土名欉坋坑上截小崎兜至芊面兜椅路尾長灘坑添頭上截等處，因與楊家山界毗連，互相爭執具控本縣。今親友郭欽、李瑞、楊子爲、大用、李秀叙等以有傷鄉里親誼，進前勸處，同立合約，以白葉湖中截雞心崙尾三坑口爲界，東邊自三坑口石壁坑直上至楊子昭墓左邊頭一坑仔直上至屏峰山頭爲界，西邊自三坑口起對墩中直上至崙林勉人墓隔仔爲界。其隔仔上墓右并白葉湖上截雞心崙三坑口上截并欉坋坑上截小崎兜芊面兜椅路尾長灘坑添頭上截各等處，俱是李家管掌，與楊家無干；其隔仔下并白葉湖下截雞心崙尾鄭坂田坪半坑頭大坑添下屏峰山以下各等處，俱是楊家管掌，與李家無干。所有未立合約之前，李家山界內楊家倘有批佃承佃字樣，向後不得取出行用混爭山界；楊家山界內李家倘有批佃承佃字樣，向後亦不得取出行用混爭山界。此係兩家情愿，各無反悔，如有反悔者，取出合約呈官究治無辭。今欲有憑，立合約永遠各執爲炤者。

乾隆叁年玖月　日立合約李爲光（押）

李爲烈（押）

李尚星（押）

公處郭欽、李瑞（押）

李秀叙（押）

仝公處楊子爲（押）

依筆楊大用（押）

合同

9-2-1-5　清乾隆三年九月李爲光等立合約

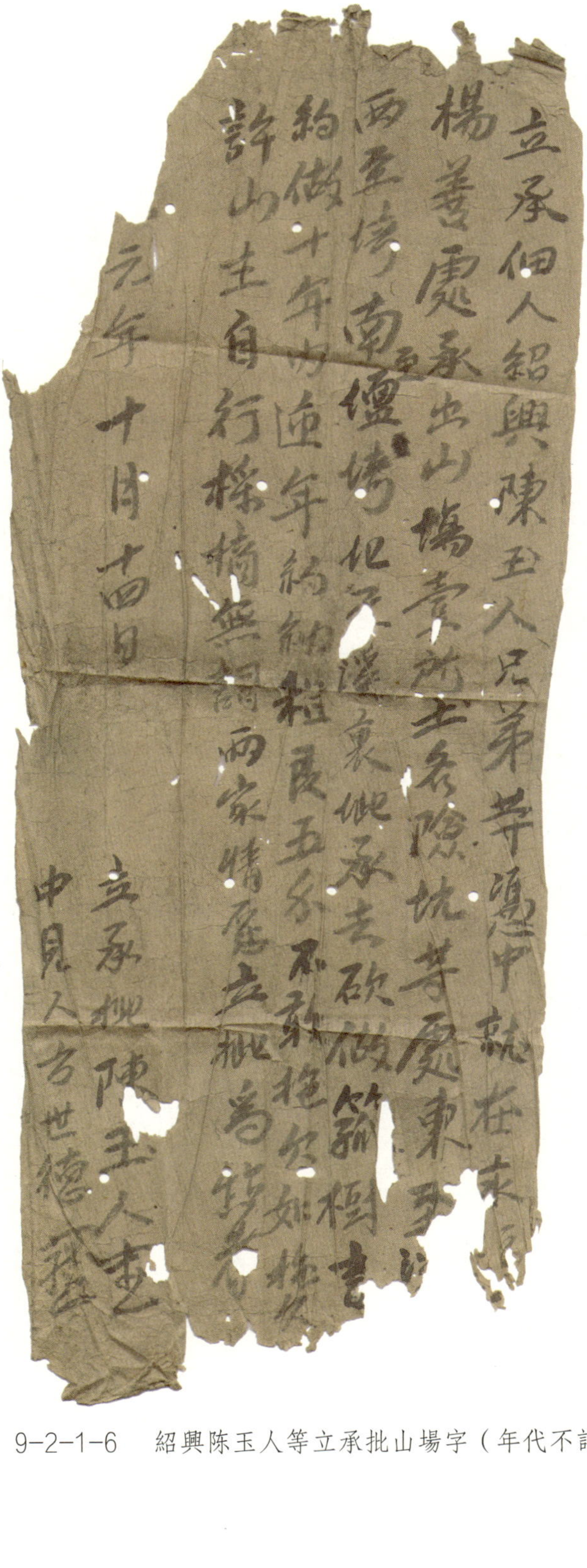

立承佃人紹興陳玉人兄弟等憑中就在東[illegible]
楊善處承出山場壹所，土名除坑等處，東至[illegible]
西至塆，南至纏塆，北至溪裏，批承去砍做竹樹書
約做十年為滿，年約納糧艮五分，不敢拖欠，如拖□
許山主自行採摘，無詞。兩家情愿，立批為照。
元年十月十四日
立承批陳玉人（押）
中見人方世德（押）

9-2-1-6　紹興陈玉人等立承批山場字（年代不詳）

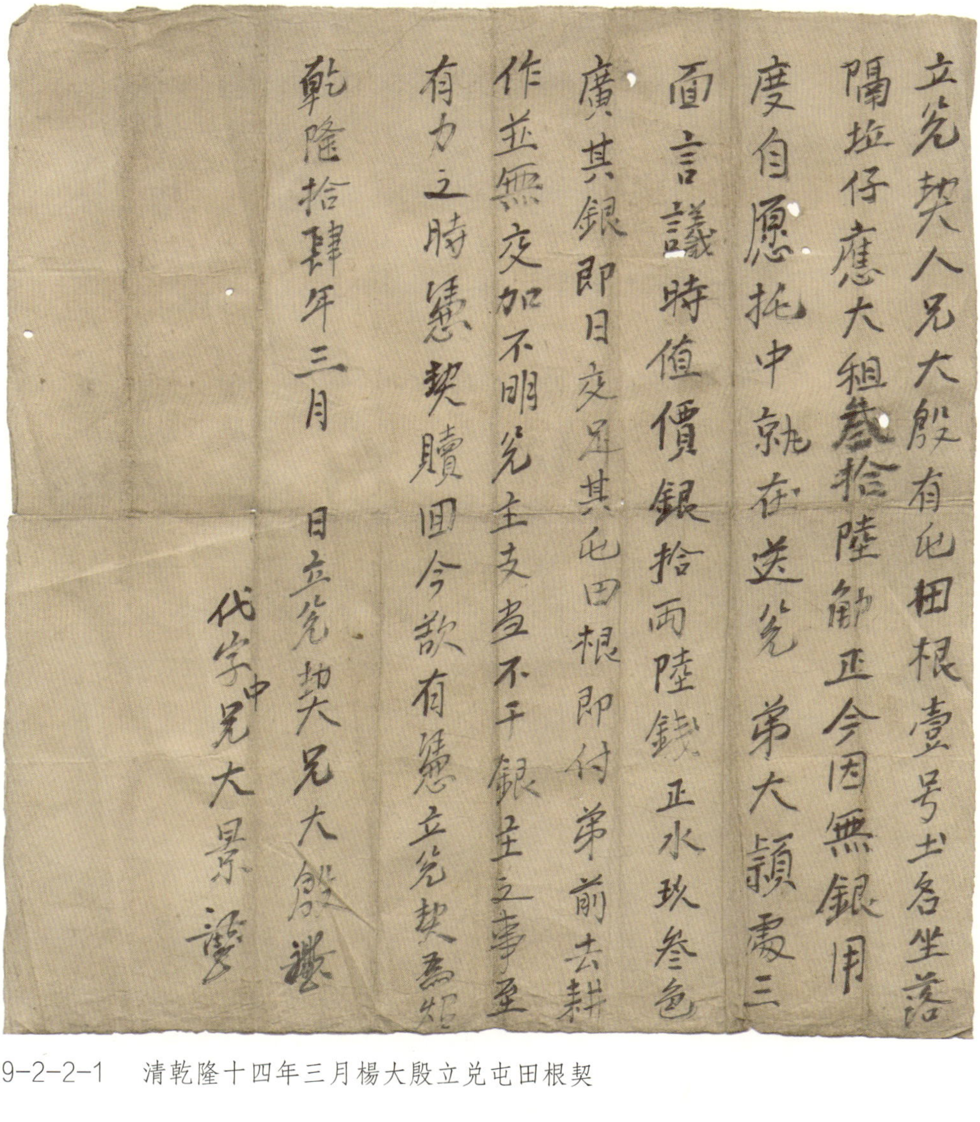
立兑契人兄大殷有屯田根壹号土名坐落
隔埞仔應大租叁拾陸觔正今因無銀用
度自愿托中就在送兑 弟大顏處三
面言議時值價銀拾兩陸錢正水玖叁色
廣其銀即日交足其屯田根即付弟前去耕
作並無交加不明兑主支當不干銀主之事至
有力之時憑契贖回今欲有憑立兑契為炤
乾隆拾肆年三月 日立兑契兄大殷（押）
代字中兄大景（押）

9-2-2-1　清乾隆十四年三月楊大殷立兑屯田根契

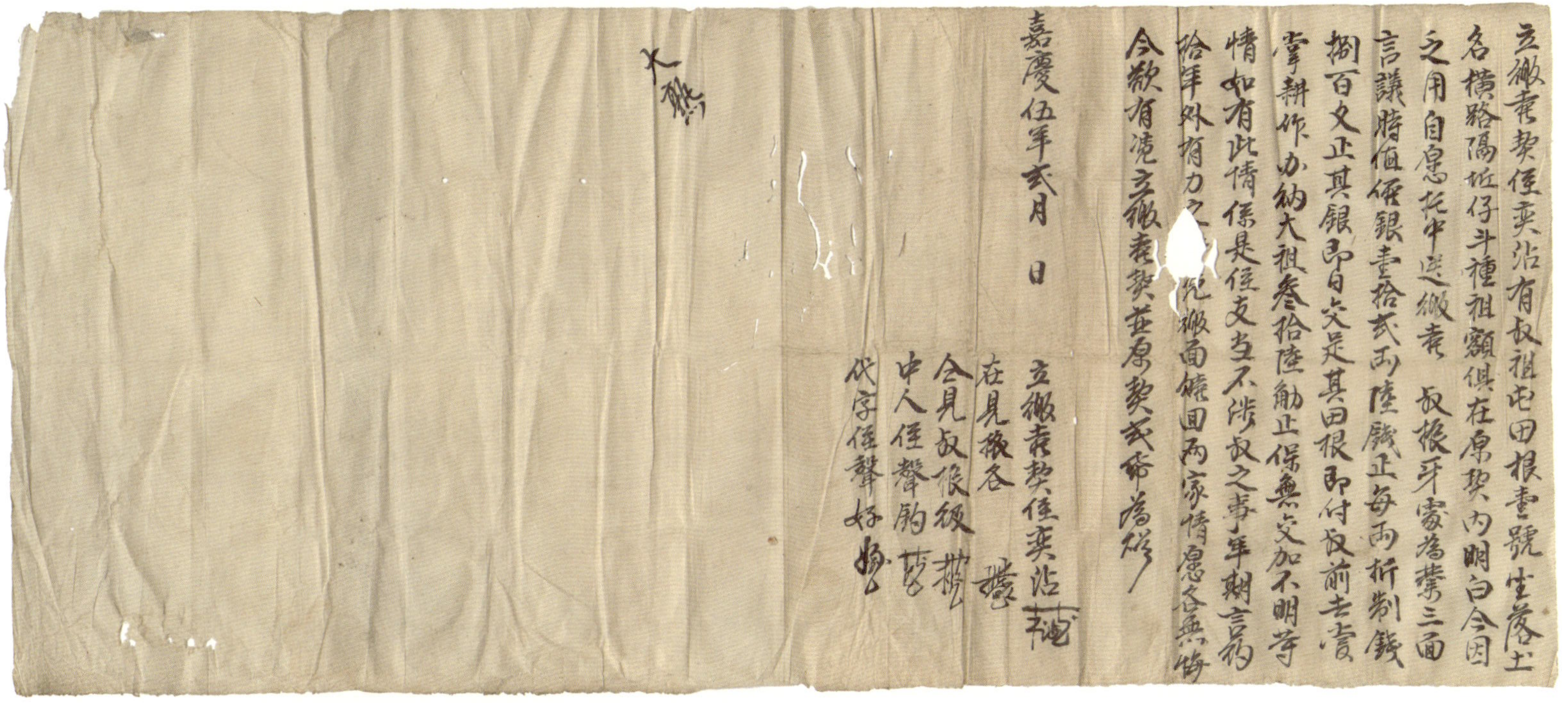

立繳賣契侄奕沾有叔祖屯田根壹號坐落土
名横路隔垅仔斗種祖額俱在原契內明白今因
之用自愿托中送繳賣 叔振牙處爲業三面
言議時值價銀壹拾貳兩陸錢正每兩折制錢
捌百文正其銀即日交足其田根即付叔前去賣
掌耕作办納大租叁拾陸觔正保無文加不明等
情如有此情係是侄支當不涉叔之事年耕言約
拾年外有力之[illegible]照繳面贖回兩家情愿各無悔
今欲有憑立繳賣契並原契貳紙爲照

嘉慶伍年貳月　日　立繳賣契侄奕沾
在見振各
仝見叔振級
中人侄聲駒
代字侄聲好

9-2-2-2　清嘉慶五年二月楊奕沾立繳賣屯田根契

立賣契兄振谷有自己闔內屯田壹號坐落土名横
路陽坵仔受種二升半載大租叁拾陸觔正今因乏用
自愿托中送賣弟　振千處為業三面言議時值價
錢貳千叁百文正其錢即日交足其田粗即付弟
前去管掌為業逐年納納粮錢叁拾文正並無文
加不明等情如有此情係是兄支当不干弟之事言約
七年外有力之時凭契贖回兩家情愿各無反悔今
欲有凭立賣契壹紙為照

嘉慶伍年貳月　　日　立賣契兄振谷（押）
在見中侄聲朐（押）
代字侄聲好（押）

9-2-2-3　清嘉慶五年二月楊振谷立賣屯田契

立盡契叔祖家枚有父置民田壹號底面全
坐落本鄉地方土名隔垃仔受種租額俱在原契
內明白，今因乏用，就在 侄孫彬初處為業，三
面言議盡出價錢叁佰貳拾文正，其錢即日交足，
其田仍付錢主前去管業耕作，今欲有憑，立盡
契一紙，並繳大祖契一紙，又根契一紙，共四紙
付執為業。炤
道光拾陆年十二月日立盡契叔祖家枚（押）
代字見兄家世（押）

9-2-2-4　清道光十六年十二月楊家枚立盡底面全民田契

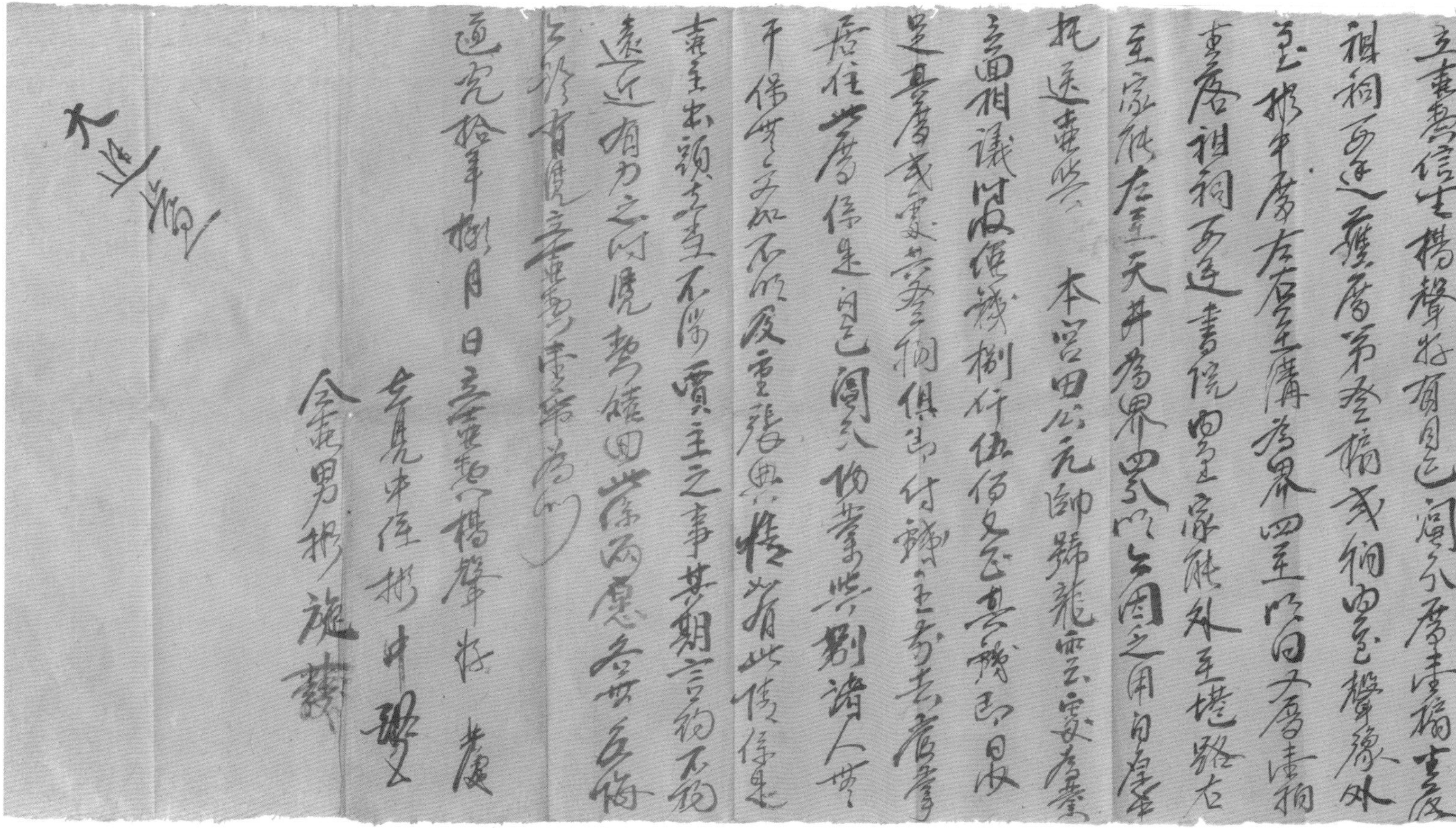

立盡賣信士楊聲好有自己鬮分厝壹植坐處
祖祠下廷護厝第叁植式間內與聲豫外
至抑中厝左右正廳為界四至明白又厝壹植
坐落祖祠下廷書院內至家祇外至塘路右
至家祇左至天井為界四至明白今因乏用自願
托送賣與　本宮田公元帥龍雲安座
三面相議時值價錢捌仟伍佰文正其錢即日收
足其厝式處共叁間俱出付錢主前去管
厝任其厝係是自己鬮分物業與別房人無
干係無不明及重張典掛如有此情係是
賣主出頭支當不涉買主之事其期言約不拘
遠近備力之時見契價回無係兩愿各無反悔
今欲有憑立盡賣契壹紙為照
道光拾年捌月　日立盡賣契楊聲好　押
在見中　依　押　中　張
今愚男　押　旋　藝
不必照

9-2-3-1　清道光十年八月楊聲好立賣厝契

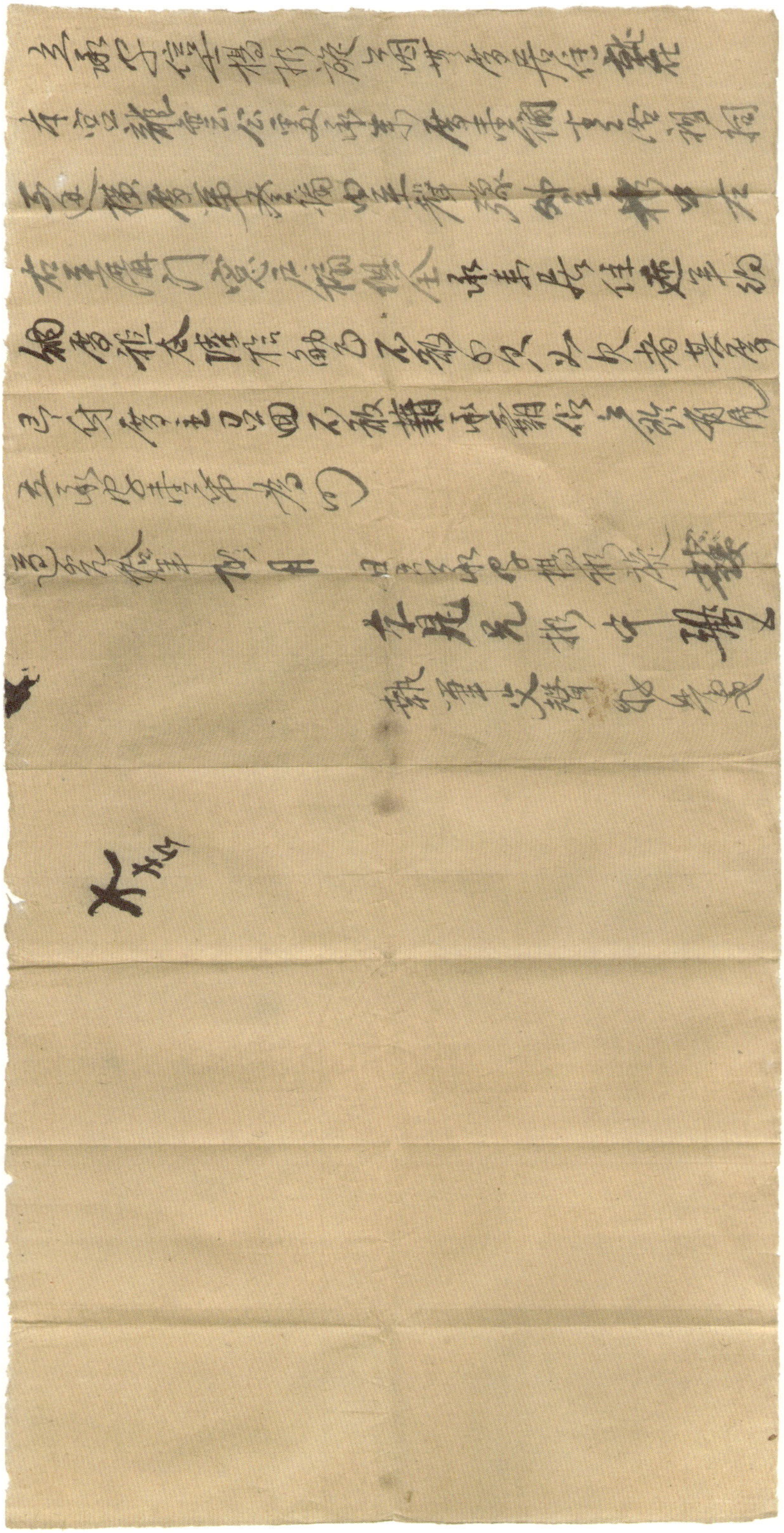

9-2-3-2 清道光十年八月楊彬旋立承厝字

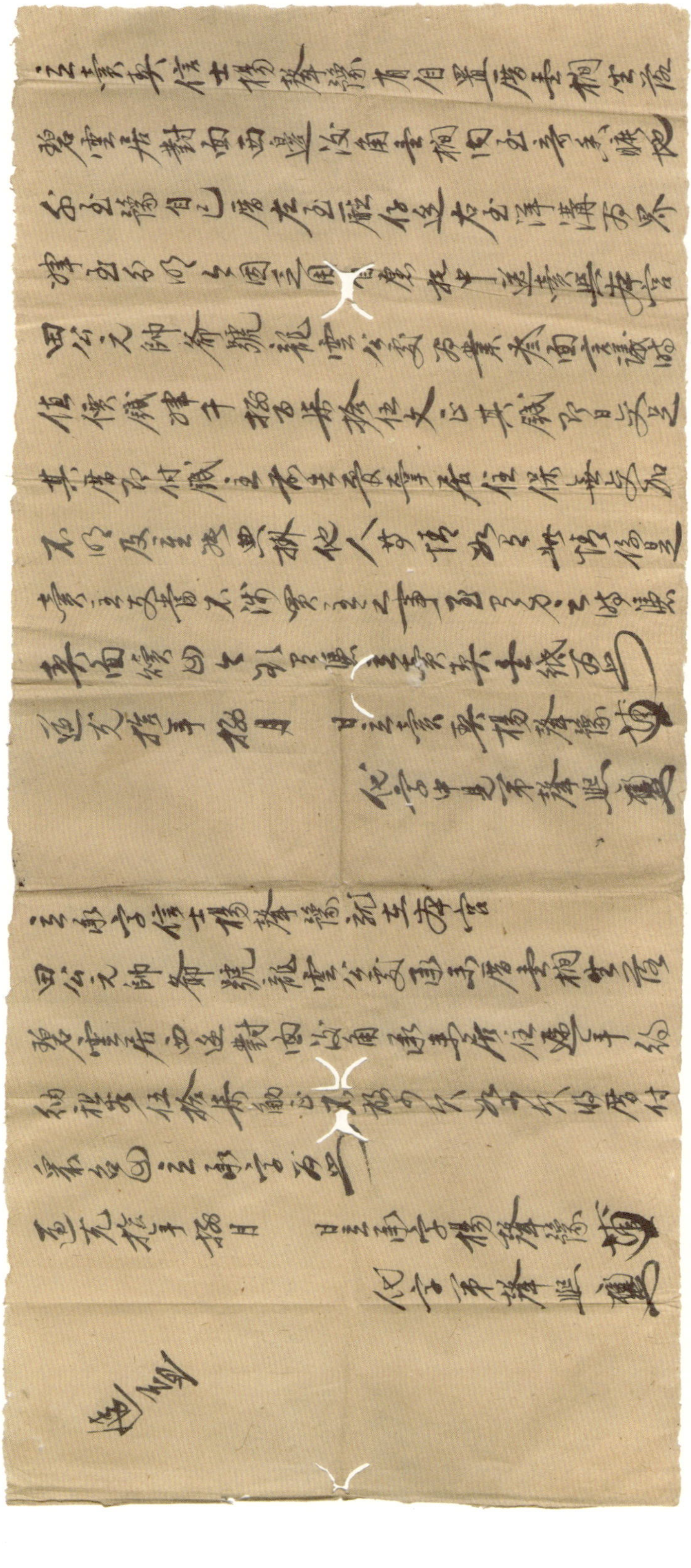

9-2-3-3　清道光十年八月楊聲豫立賣厝契

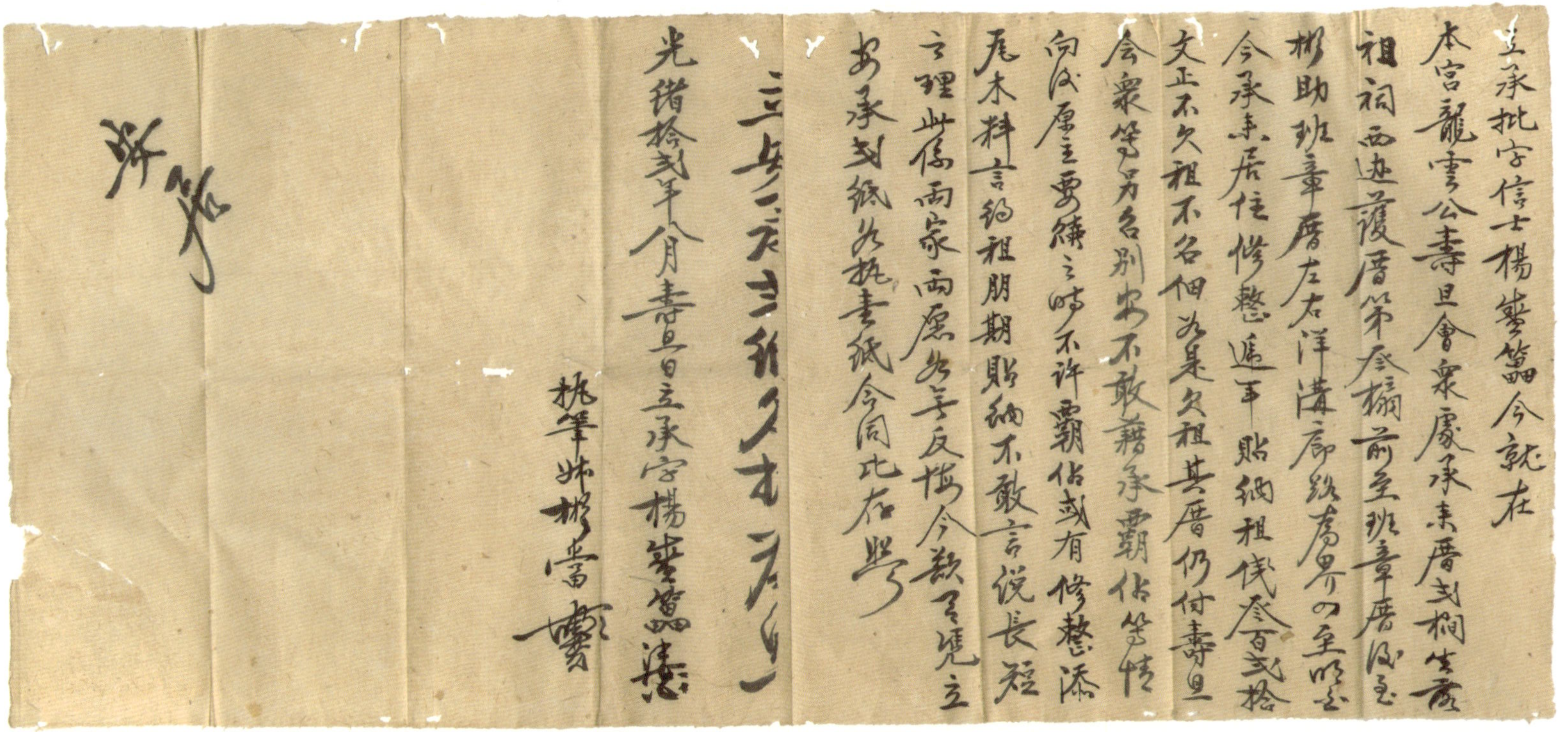
立承批字信士楊盛篇今就在
本宮龍雲公壽旦會衆處承來厝弍橺坐唐
祖祠西邊護厝第叁橺前至班章厝後至
彬助班章厝左右洋溝廊路爲界四至明白
今承來居住修整逐年貼納租錢叁百弍拾
文正不欠租不名佃爲是欠租其厝仍付壽旦
會衆等另召別安不敢藉承霸佔等情
向後屋主要練之時不許霸佔或有修整添
尾木料言納租朋期貼納不敢言說長短
立理此係兩家兩愿各無反悔今欲有憑立
出承弍紙為批書紙今同比右照
光緒拾弍年八月壽旦日立承字楊盛篇
執筆姊彬當
斯照

9-2-3-4　清光緒十二年八月楊盛篇立承批厝字

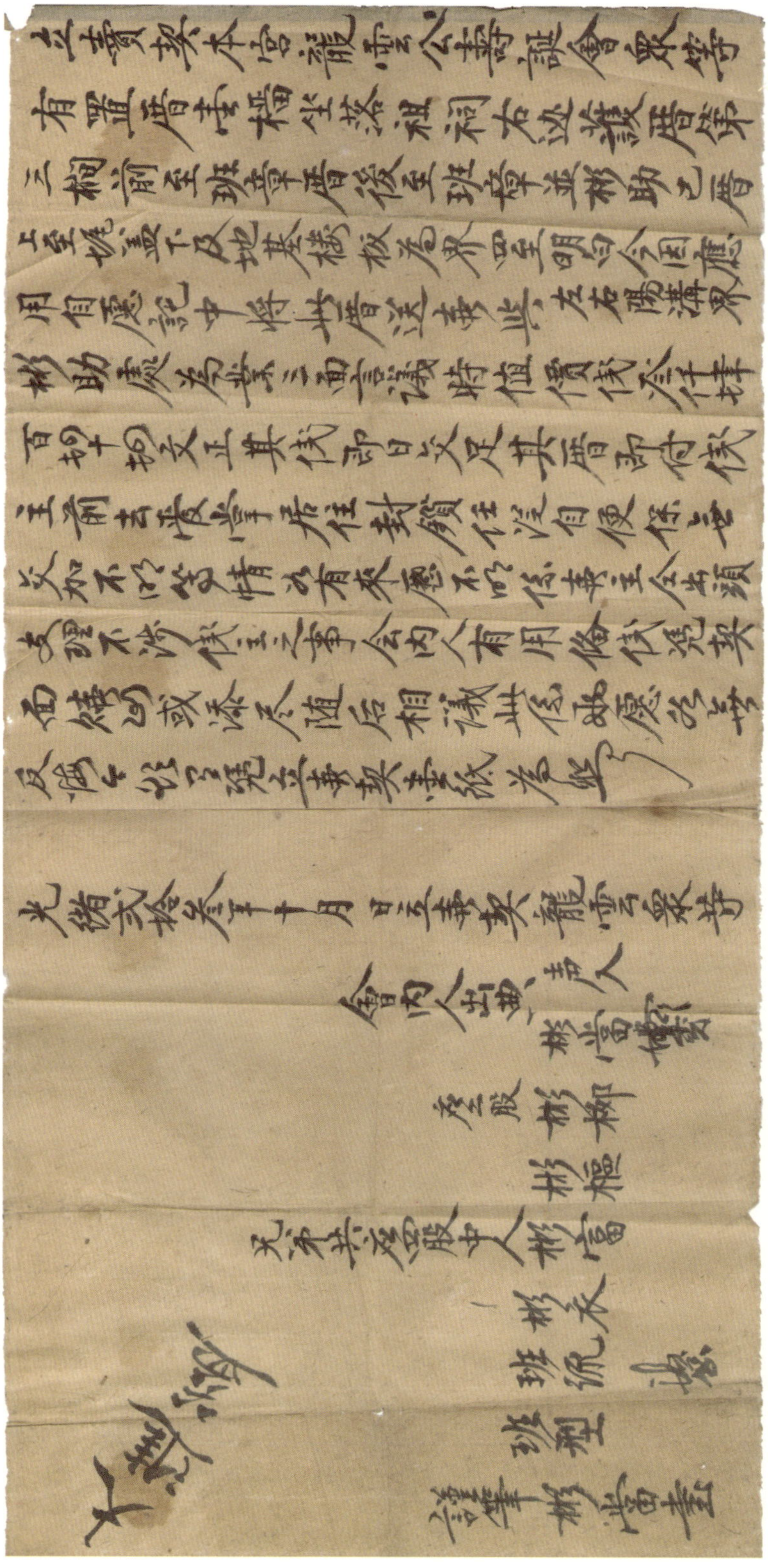
立賣契本宮龍雲公壽誕會衆等有買置厝壹植坐落祖祠右边遊撥厝第三櫚前至班壹厝後至班壹並彬助之厝上至桃瓦下及地基樓板為界四至明白今因應用自愿托中將此厝送賣與左右隣邊界彬助處為業三面言議時值價錢叁仟肆百捌十捌文正其錢即日交足其厝即付錢主前去管業居住封鎖任從自便係ミ也交加不明等情如有來歷不明係賣主会出頭支理不涉錢主之事会内人有用修錢照契面贖回或添尽隨后相議此係兩愿各無反悔今欲有憑立賣契壹紙為照

光緒貳拾叁年十月 日立賣契龍雲公會衆等

9–2–3–5 清光緒二十三年十月龍雲公會衆等立賣厝契

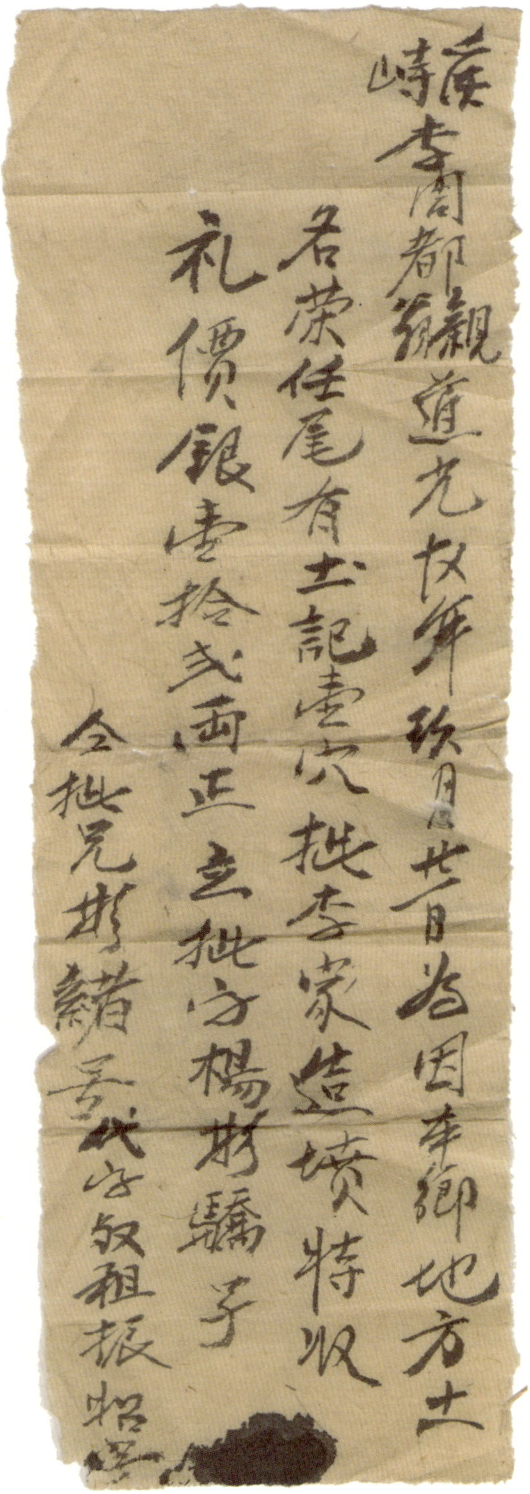

廣峙李周都翁親　道光拾肆年玖月廿一日為因本鄉地方土
名榮任尾有土記壹穴，批李家造墳，特收
禮價銀壹拾弍両正。立批字楊彬驕
仝批兄彬緒、弟彬代字、叔祖振昭

9-2-4-1　清道光十四年九月楊彬驕等立批造墳字

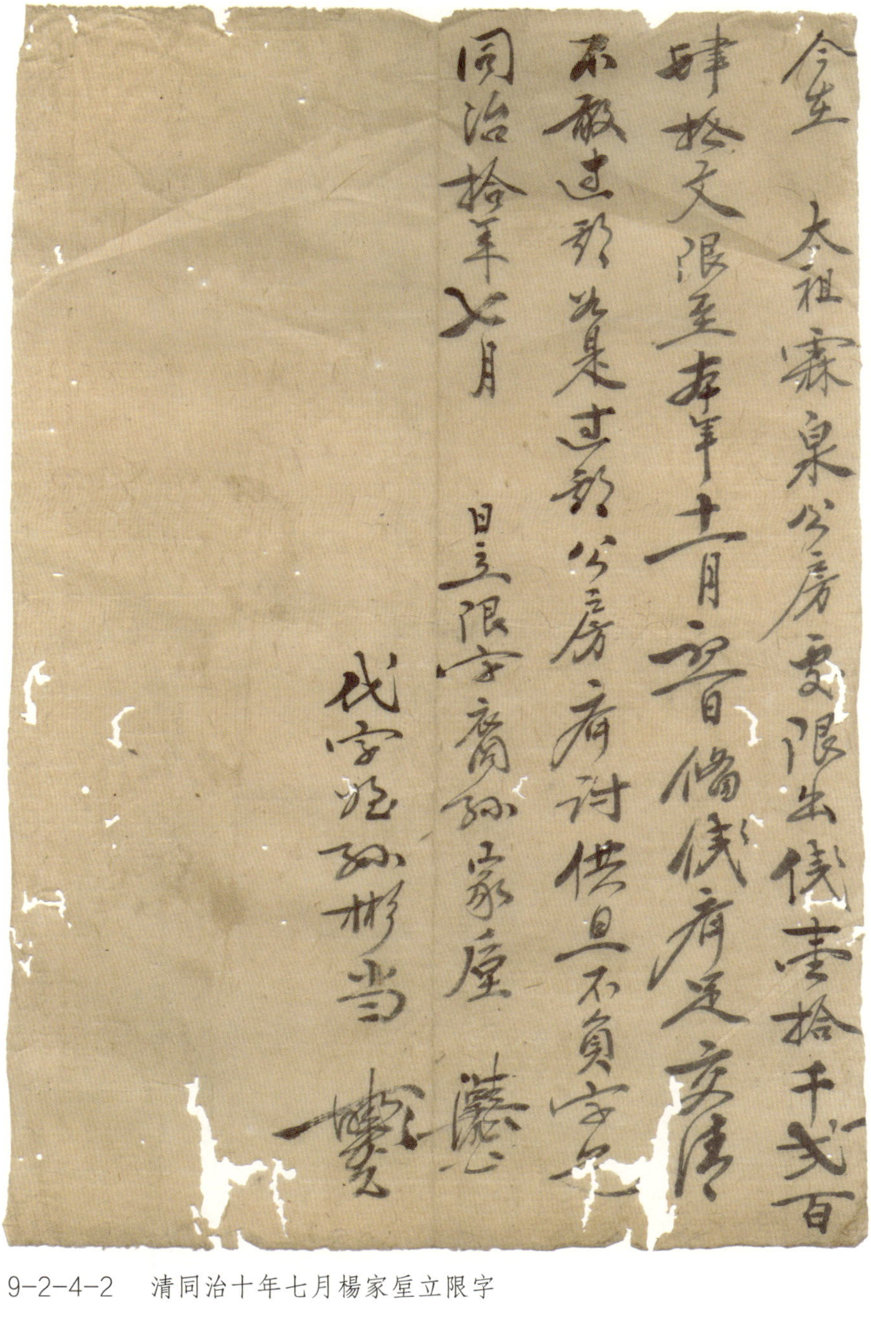

今坐太祖霖泉公房交限出錢壹拾千弍百
肆拾文限至本年十月晉備錢清足交清
不敢過期若是過期公之房清討借且不負字
同治拾年七月　日立限字廣孫家屋（押）
代字姪孫彬当（押）

9-2-4-2　清同治十年七月楊家屋立限字

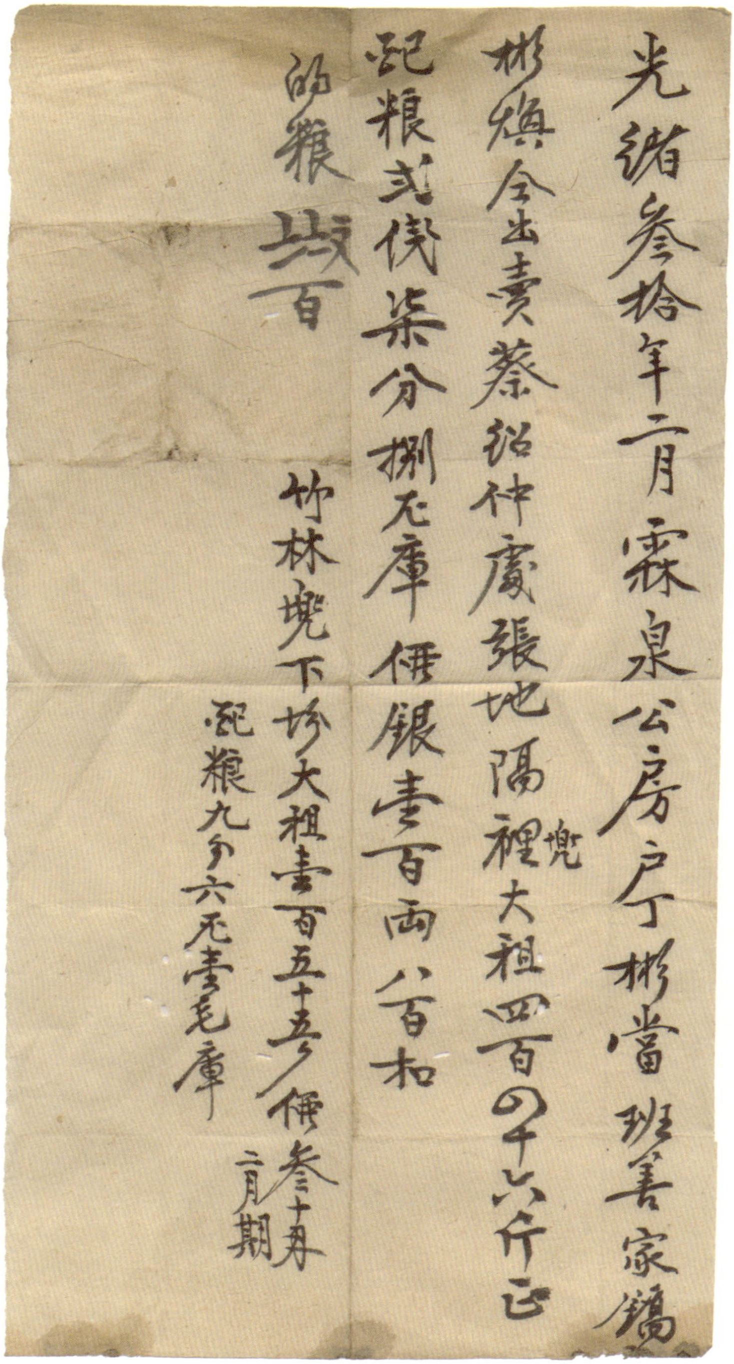
光緒叁拾年二月霖泉公房户丁彬當班善家鐫
彬燠仝出賣蔡銘仲處張地陽裡兜大祖四百四十六斤正
配粮弍錢柒分捌厘庫 價銀壹百兩八百扣
竹林兜下坋大祖壹百五十五斤價叁十两
二月期
配粮九分六厘壹毛庫
的粮收百

9-2-4-3　清光緒三十年二月楊彬當等賣大祖賬單

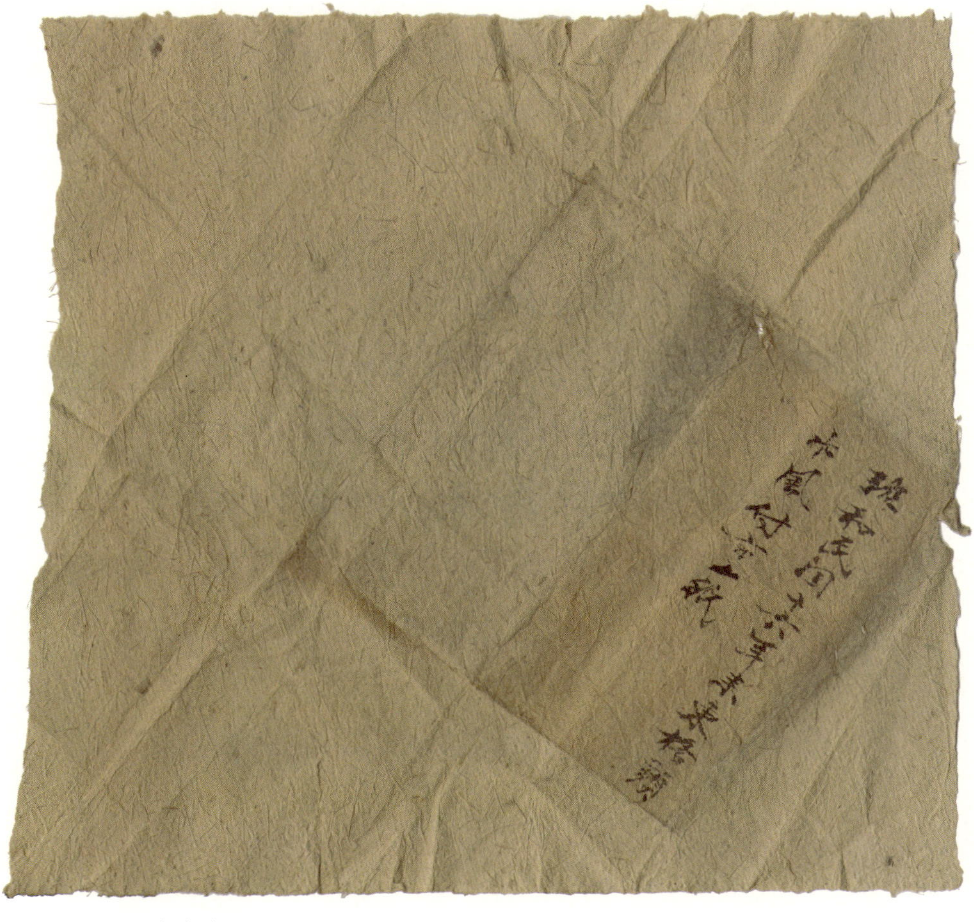

9-2-5-1　包契紙

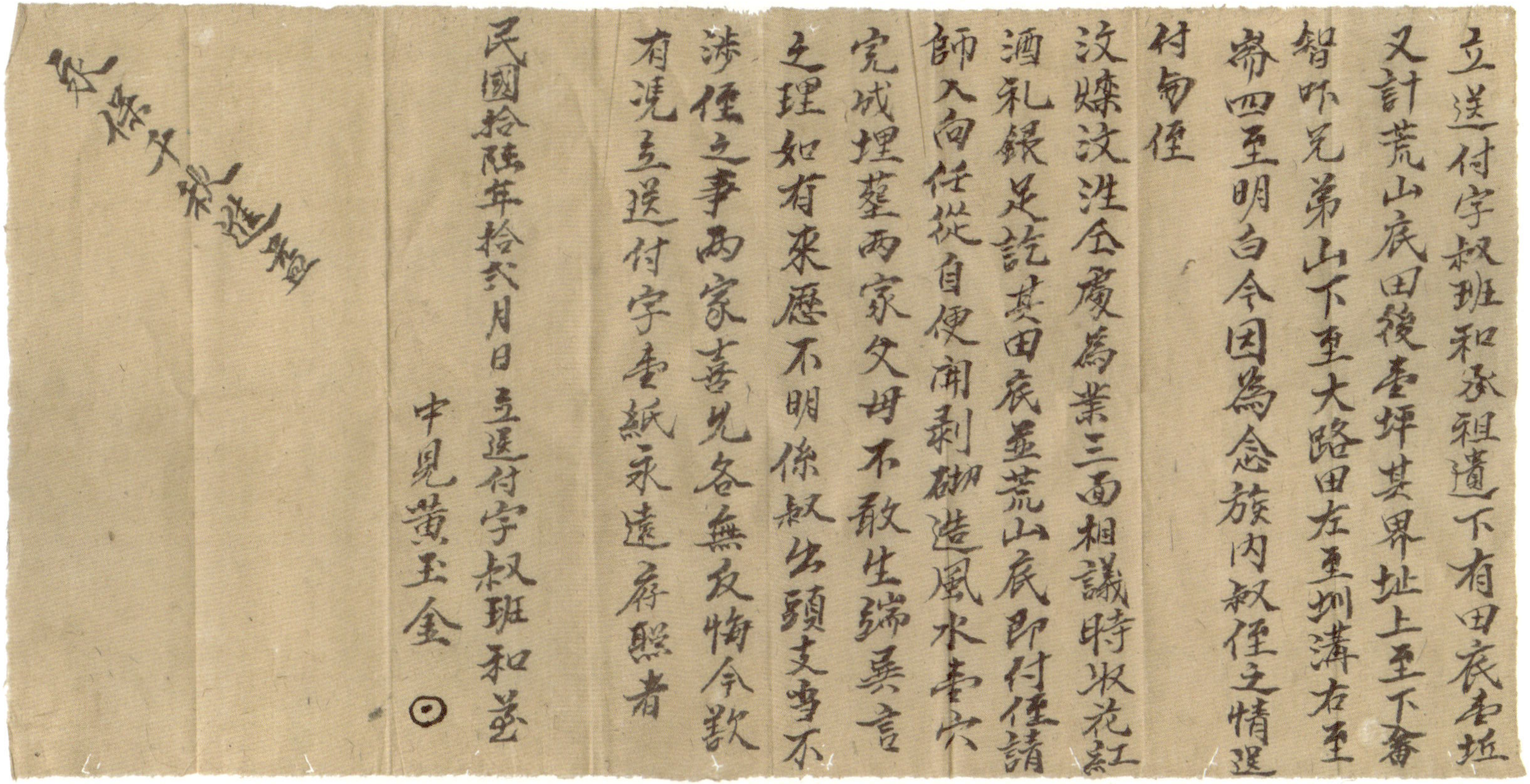
立送付字叔班和承祖遺下有田底壹坵
又計荒山底田後壹坪其界址上至下畬
智吓兄弟山下至大路田左至圳溝右至
嵛四至明白今因爲念族内叔侄之情退
付与侄
汶㸌汶泩仝處爲業三面相議時收花紅
酒礼銀足訖其田底並荒山底即付侄請
師入向任從自便開剩砌造風水壹穴
完成埋塟兩家父母不敢生端異言
之理如有來歷不明係叔出頭支當不
涉侄之事兩家喜允各無反悔今欲
有憑立送付字壹紙永遠存照者
民國拾陆年拾弍月日立送付字叔班和 押
中見黄玉金
永係子孫進益

9-2-5-2　民國十六年十二月楊班和立送付田底等字

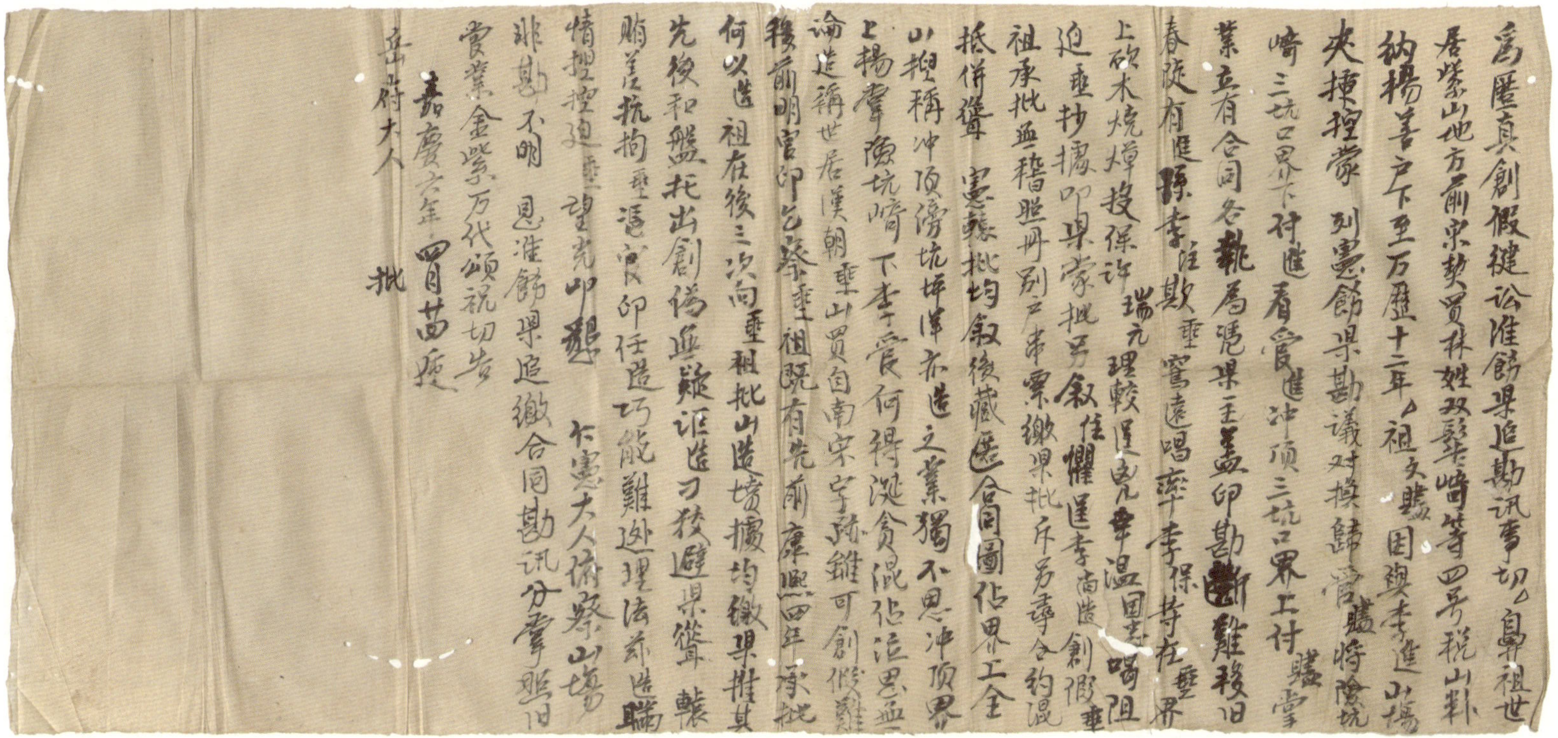

爲匿真創假謊訟准飭果追勘訊事切身祖世
居紫山地方前宋契買林姓双髻崎等四号税山粮
納楊善户下至万歷十二年身祖文聰因與李進山楊
夾揷控蒙　列憲飭果勘議对換歸　聰將陰坑
崎三坑口界下付進看管進將沖頂三坑口界上付　聰掌
業立有合同各執爲憑果王蓋印勘斷難移旧
春被有匪類李佳欺垂　窩遠唱率李保等在垂界
上砍木燒煤投保許　瑞元理較匪見垂温回出喝阻
追垂抄據叩果蒙批另叙任欄匪李尚造創假垂
祖承批并稽照册别户串票繳果批斥另尋合約混
抵併聳　憲蒙批均叙後藏匿合同圖佔界上全
山捏稱沖頂旁坑坪洋亦造之業獨不思沖頂界
上楊聲陰坑崎下李質何得混貪混佔詎思無
論進稱世居漢朝垂山買自南宋字跡雖可創假難
移前明官印乞察垂祖既有先前康熙四年承批
何以造祖在後三次向垂租批山造墳擄均繳果推其
先後和盤托出創僞無疑詎造刁技避果聳　帳
賄差抗拘垂遇寃叩任造巧能難逃理法茲造瞞
情捏控迫垂望光叩懇　大憲大人俯察山場
非勘不明　恩准飭果追繳合同勘訊分算照旧
實業金紫万代頌祝切告
嘉慶六年四月　日　呈
岳府大人　批

9-2-6-1　清嘉慶六年四月楊垂呈狀（草狀）

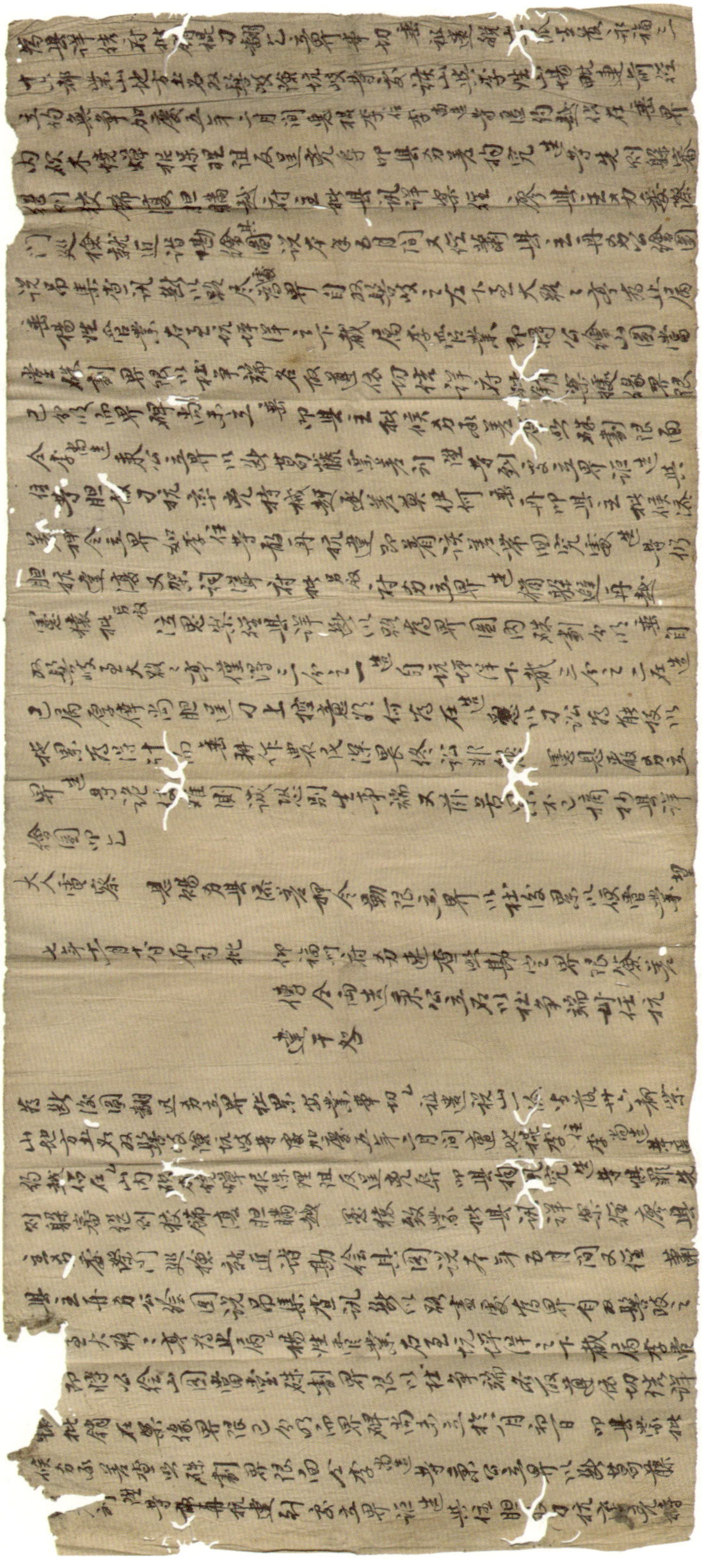

9-2-6-2　清嘉慶七年十一月楊垂乞立界呈狀

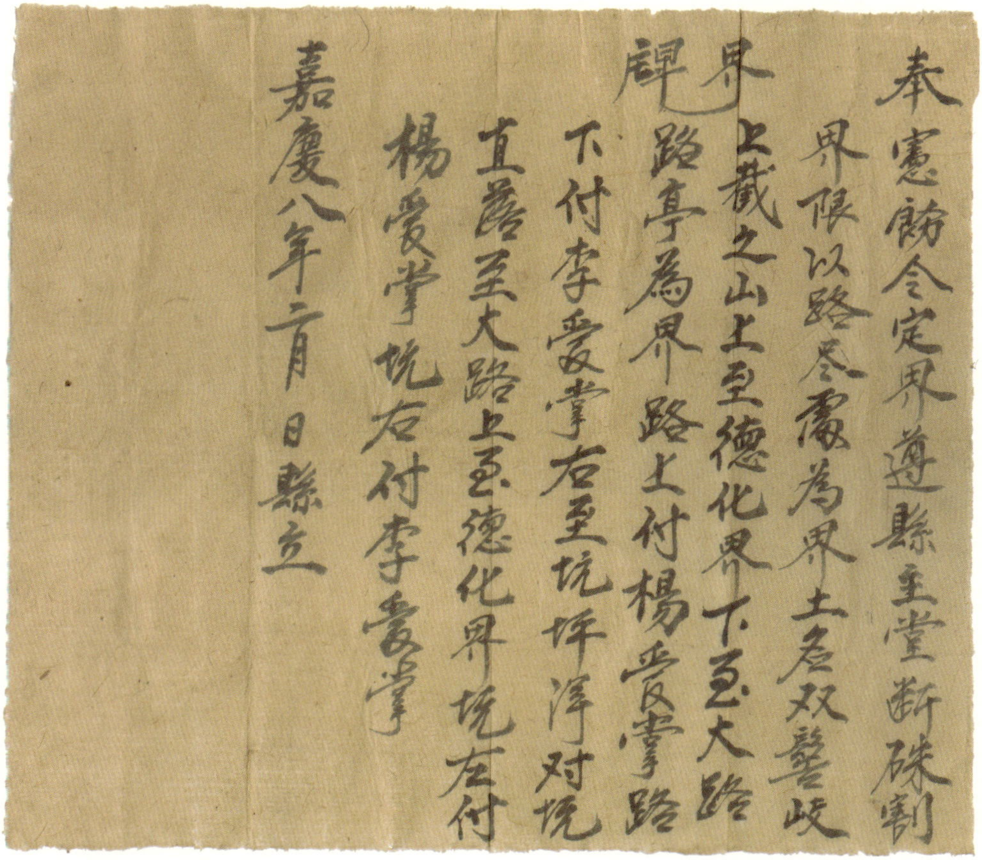

奉憲飭令定界遵縣主堂斷硃劃
界限以路盡處為界土名双磐岐
界上截之山上至德化界下至大路
碑路亭為界路上付楊愛掌路
下付李愛掌右至坑坪洋对坑
直落至大路上至德化界坑左付
楊愛掌坑右付李愛掌
嘉慶八年二月　日縣立

9-2-6-3　清嘉慶八年二月永福縣立界碑（抄件）

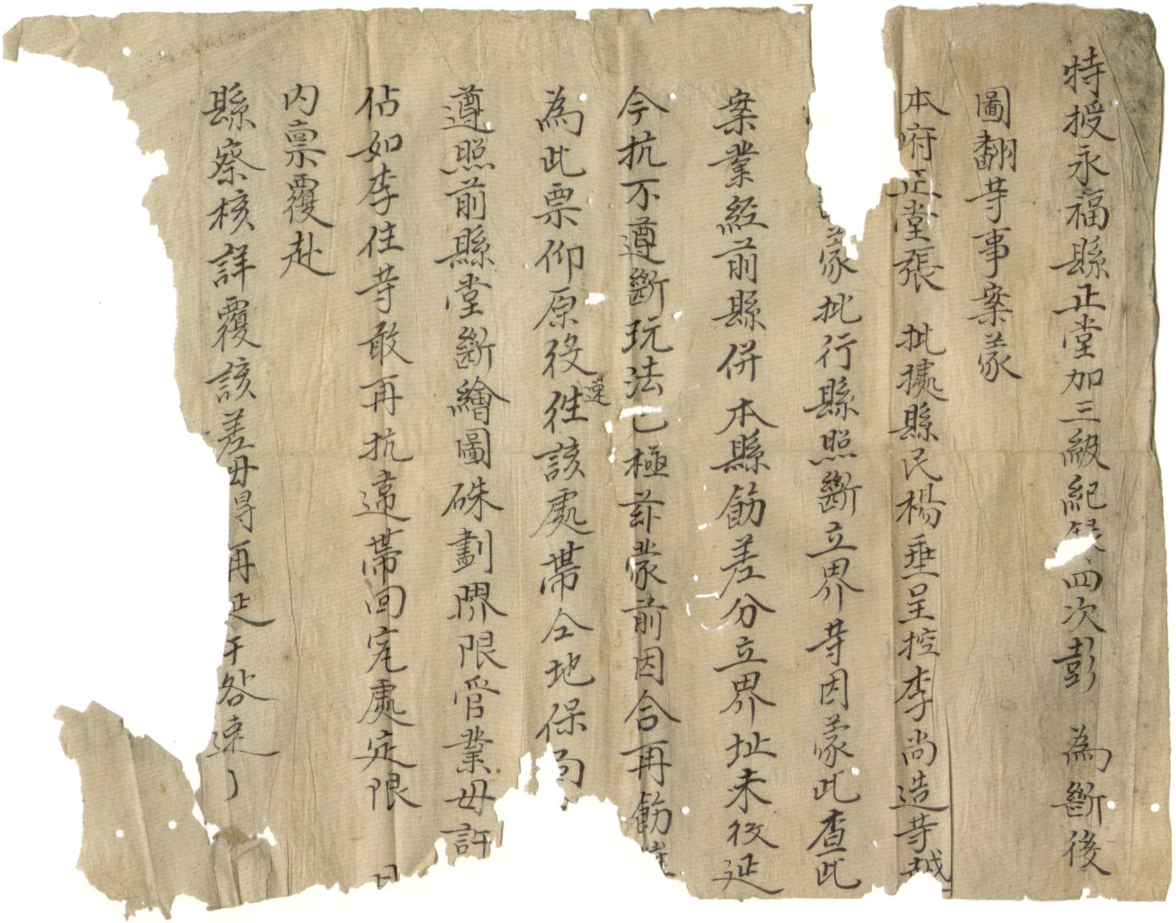
特授永福縣正堂加三級紀錄四次彭　為斷後
圖翻芧事案蒙
本府正堂張　批據縣民楊垂呈控李尚造芧栻
□蒙　批行縣照斷立界芧因蒙此查此
案業經前縣併　本縣飭差分立界址未役延
今抗不遵斷玩法已極茲蒙前因合再飭遵
為此票仰原役　往該處帶仝地保句
遵照前縣堂斷繪圖硃劃界限管業毋許
估如李仕芧敢再抗違帶回究處定限　日
內稟覆赴
縣察核詳覆該差毋得再延干咎速

9-2-6-4　清嘉慶年間永福縣正堂彭判決書（抄件）

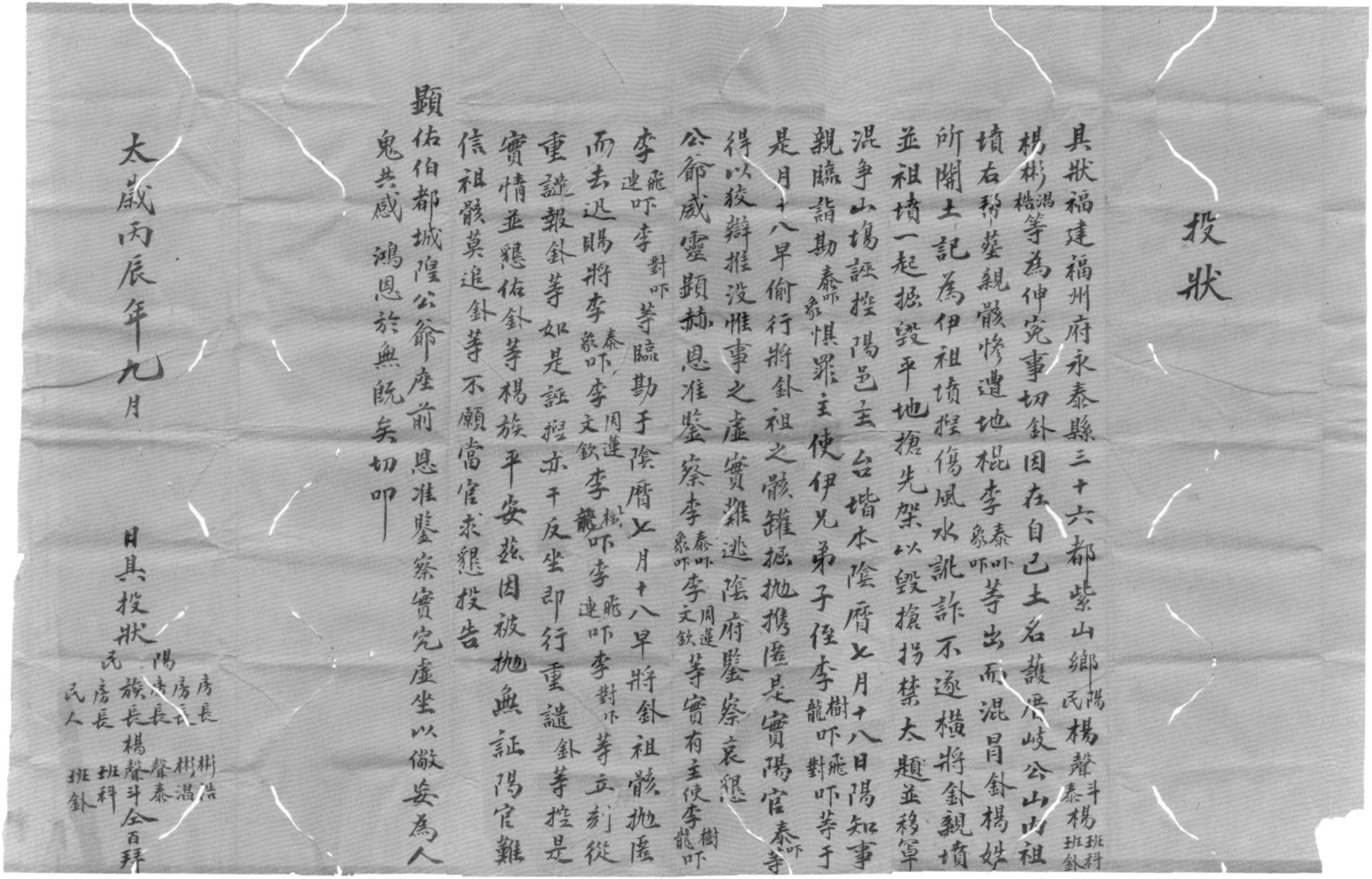

投狀

具狀福建福州府永泰縣三十六都紫山鄉陽民楊聲斗泰楊班科班鈢
楊彬湄棤等為伸究事切鈢因在自己土名護居岐公山内祖
墳右邊葬親骸慘遭地棍李泰吓象吓等出而混冒鈢楊姓
所閙土記為伊祖墳捏傷風水詭詐不遂橫將鈢親墳
並祖墳一起掘毀平地擄先架以毀擄揚禁太題並移窜
混爭山場誣控陽邑主台蒙本陰曆七月十八日陽知事
親臨詣勘泰吓象吓懼罪主使伊兄弟子侄李樹龍吓飛吓對吓等于
是月十八早偷行將鈢祖之骸罐掘拋携匿是實陽官泰吓等
得以狡辯推没惟事之虛實難逃陰府鑒察哀懇
公爺威靈顯赫恩准鑒察李泰吓象吓李周蓮文欽等實有主使李樹龍吓
李飛連吓李對吓等臨勘于陰曆七月十八早將鈢祖骸拋匿
而去迅賜將李泰吓象吓李周蓮文欽李樹龍吓李飛連吓李對吓等立刻從
重譴報鈢等如是誣控亦干反坐即行重譴鈢等控是
實情並懇佑鈢等楊族平安茲因被拋無証陽官難
信祖骸莫追鈢等不顧當官求懇投告
顯佑伯都城隍公爺座前恩准鑒察實究虛坐以儆妄為人
鬼共感鴻恩於無既矣切叩

太歲丙辰年九月　日具投狀

陽房長楊彬浩
房長楊彬湄
族長楊聲泰
族長楊聲斗仝百拜
民房長楊班科
民人楊班鈢

9-2-6-5　民國五年九月楊聲斗等具投狀

人楊声泰等狀一件請求撤銷原判由

所訴是否屬實姑候提卷核奪此批

六年六月四日

9-2-6-6　民國六年六月楊声泰等請求撤銷原判字

飭查傳訊事七月廿三日據李文欽狀訴楊波廷等挾嫌
加殃率拔毀洑等情據此除批示外合行票飭為此票仰
值役即往該處查明楊波廷等實在有無率拔毀禾
抵情事務得確實據情稟覆一面傳集被告楊波廷楊
其長楊勳廷楊堪長原告李文欽各正身限次日內稟
帶赴縣以憑訊辦去役毋延干咎速乙

中華民國六年七月卅日

黃真　鄭芳
林尚　張興

9-2-6-7　民國六年七月飭查傳訊事（抄件）

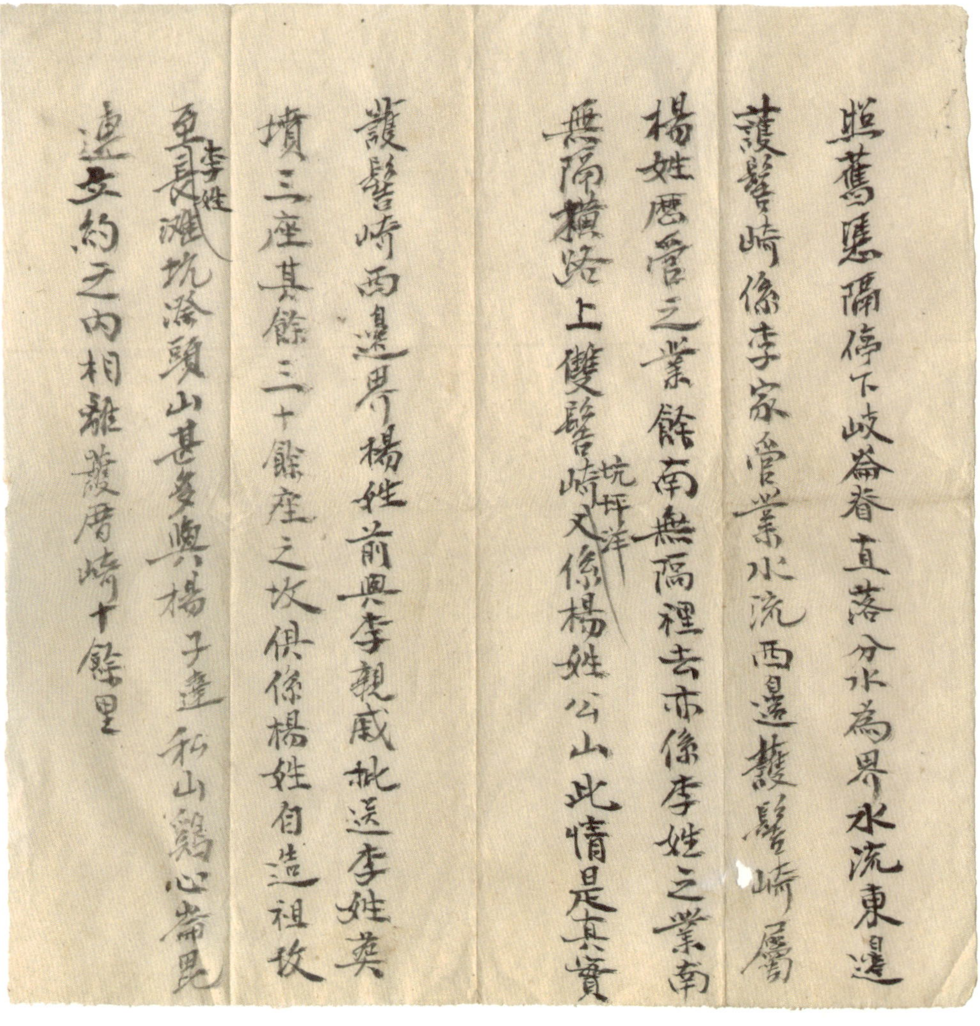
照舊憑隔停下岐崙脊直落分水為界水流東邊
護醫崎係李家管業水流西邊護醫崎屬
楊姓歷管之業餘南無隔裡去亦係李姓之業南
無隔横路上雙醫崎坑坪洋又係楊姓公山此情是真實
護醫崎西邊界楊姓前與李親戚批送李姓葬
墳三座其餘三十餘座之坟俱係楊姓自造祖坟
至李姓長灘坑溶頭山甚多與楊子達私山鷄心崙毘
邊立約之內相離護厝崎十餘里

9-2-6-8　民國時期勘明地界詳情

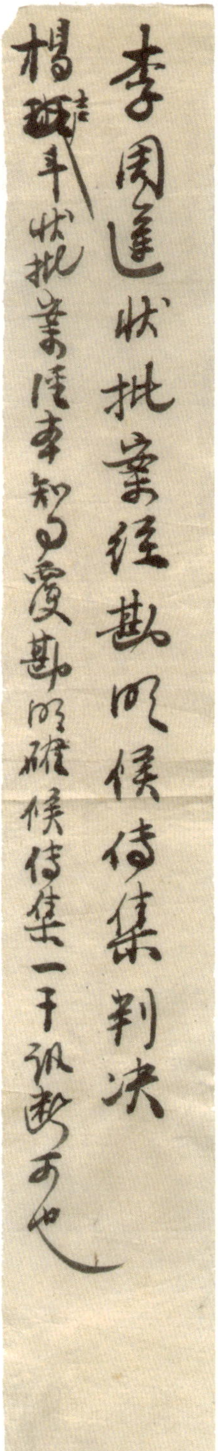
李周進狀批案經勘明候傳集判決
楊聲斗狀批案從本知事履勘明確候傳集一干訊斷可也

9-2-6-9　民國時期勘明楊聲斗越界批示

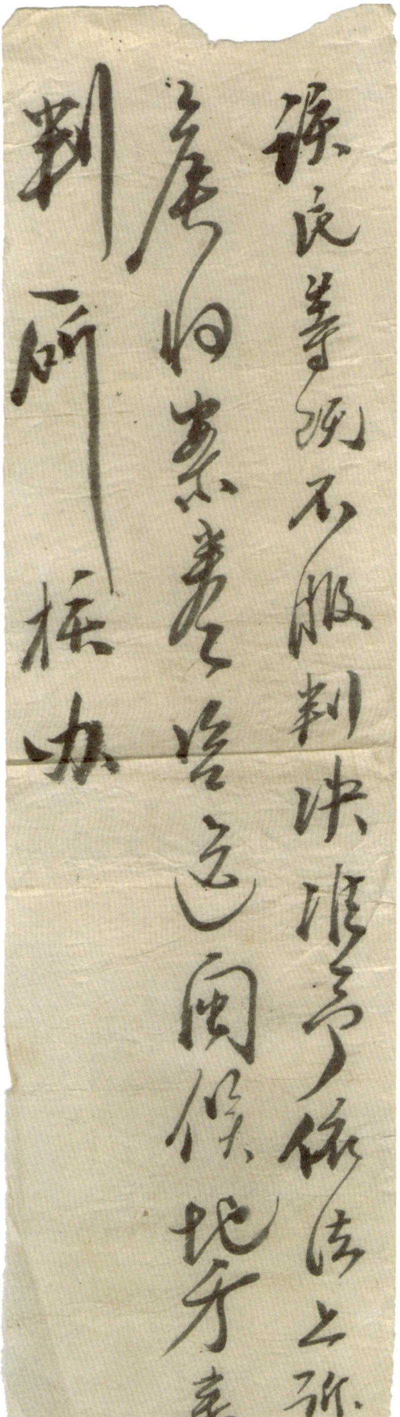
孫民等既不服判決准予依法上訴
應將案卷咨送閩侯地方審
判所核辦

9-2-6-10　民國時期勘明越界批示

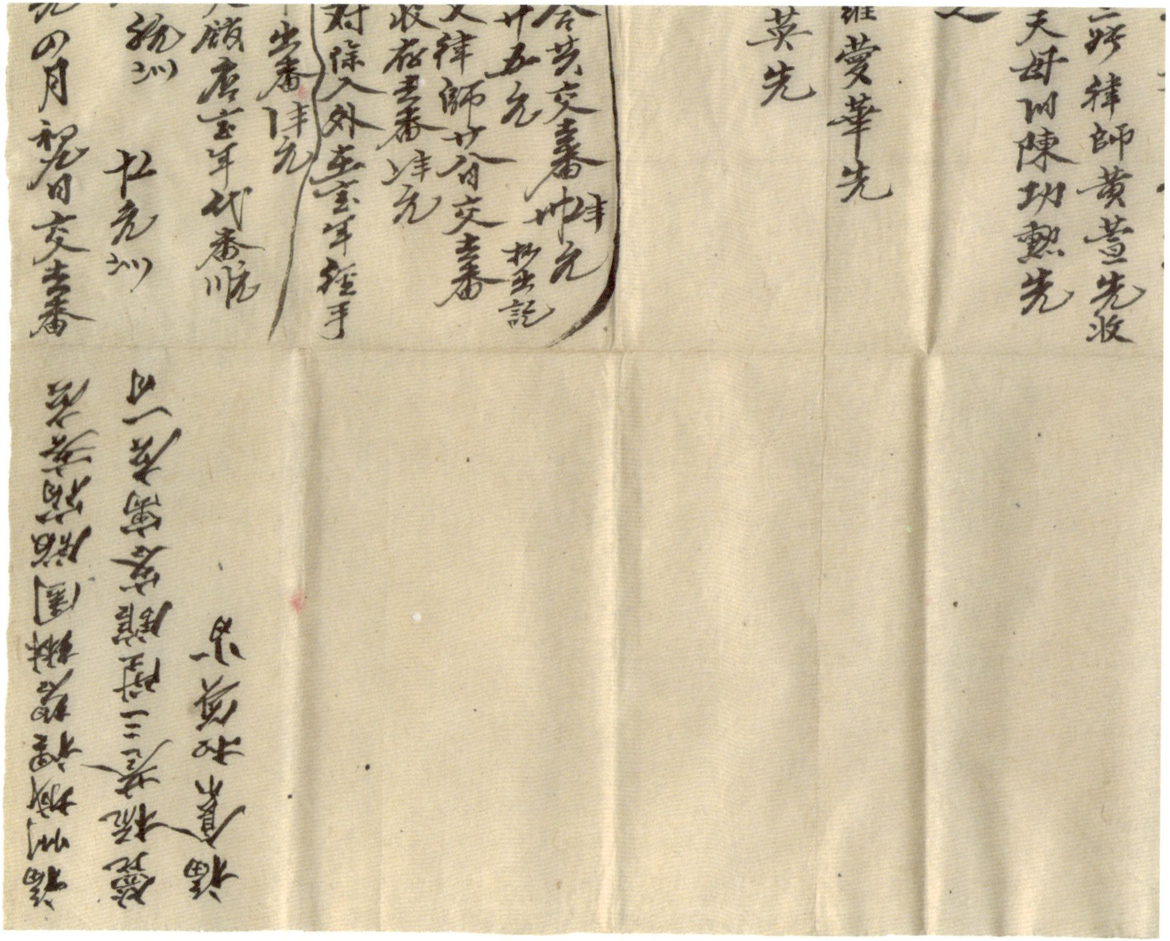

9-2-6-11　民國時期楊氏赴福州訴訟開銷記賬單

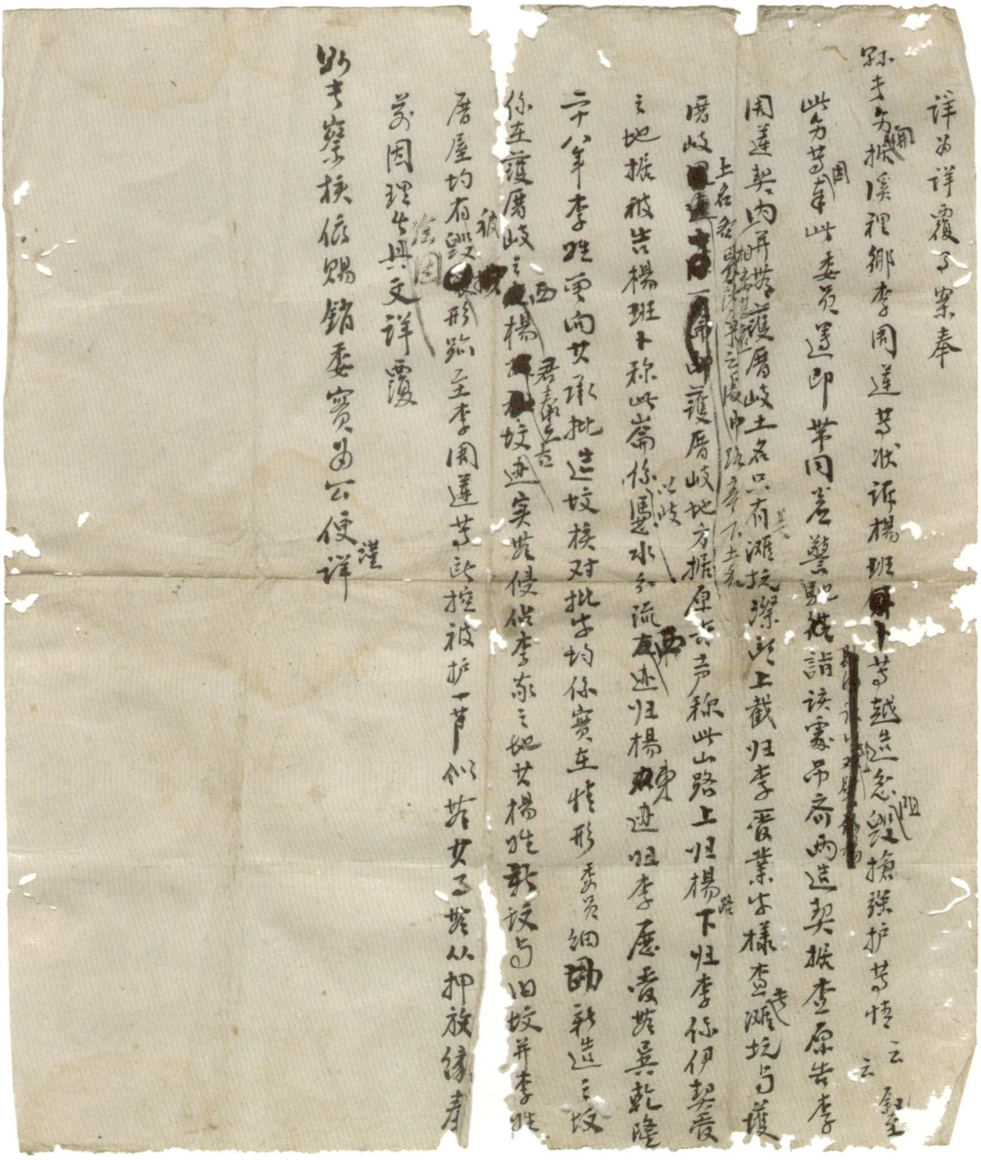

詳為詳覆了案奉
縣長鈞據溪裡鄉李阿蓮等狀訴楊班輝等越造窓毀擄拆護等情 云云 到室
此當本年此委員迅即帶同原告驗諸該處吊齊兩造契據查原告李
阿蓮契內開載護厝岐土名只有灘坑照此上載歸李管業今據查灘坑與護
厝岐[…]一帶此護厝岐地方據原告聲稱此山路上歸楊下歸李係伊契載
之地據被告楊班卜稱此崙係以岐遇水分流東邊歸楊西邊歸李歷據兩造[…]異乾隆
二十八年李姓與楊姓批造坟樣對批字均係實在情形委員細勘新造之坟
係在護厝岐之西楊姓坟近[…]係在李家之地其楊姓新坟與旧坟并李姓
厝屋均有毀壞形跡至李阿蓮等所控被拆一節似[…]其女子[…]從抑放緣[…]
并因理合具文詳覆
縣長察核依賜銷委實為公便謹詳

9-2-6-12　民國時期銷案詳文（草稿）

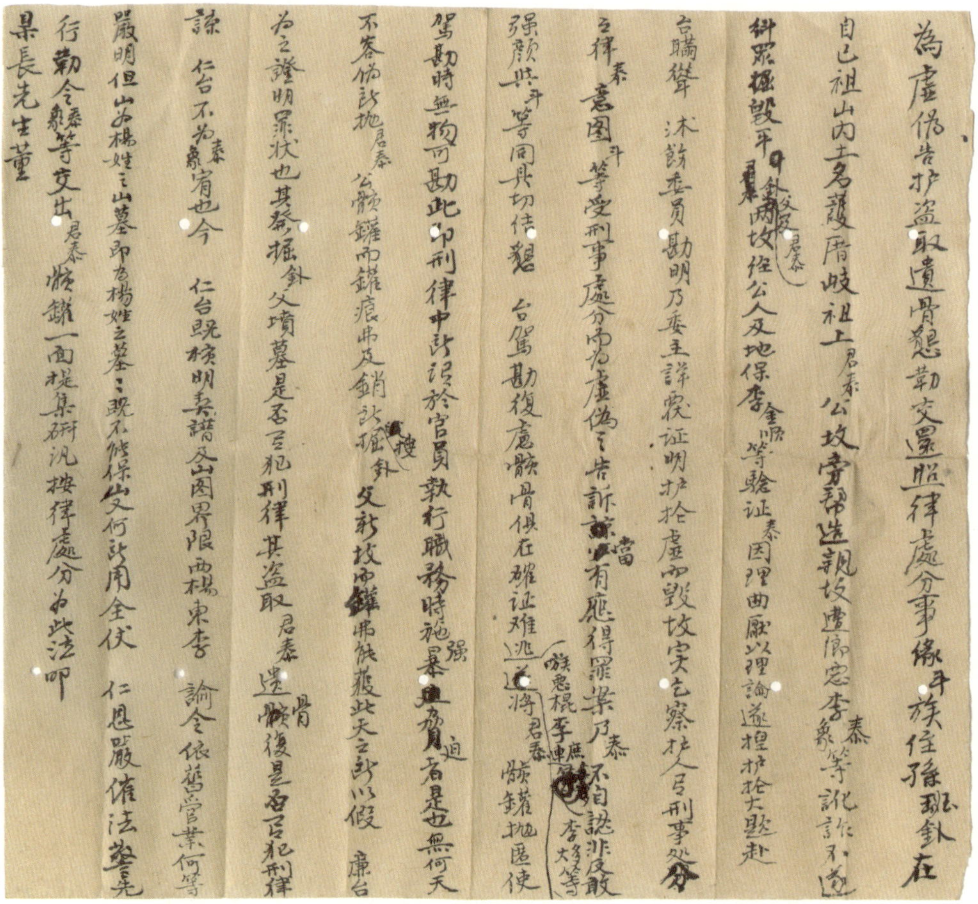
為虛偽告护盗取遺骨懇勒交還照律處分事緣斗族侄孫𨿅釗在
自己祖山内土名蘐厝岐祖上君泰公坟旁帮造親坟遣佃宠李泰象等詐訴不遂
糾眾掘毀斗釗父母两坟侄公人及地保李金喚等驗证泰因理曲辭以理論遂揑护抢大毁赴
台瞞聳 沐飭委員勘明乃委主詳覆证明护抢虛而毁坟实已察护人已刑事处分
之律泰 意图斗等受刑事處分而為虛偽之告訴當有應得罪案乃泰不自認非反敢
强顔與斗等同具切结懇 台駕勘復處骸骨俱在確证难逃遂將君泰骸罐拋匿使（族悪棍李連庶李大多等）
駕勘時無物可勘此即刑律中所謂於官員執行職務時施强暴迫脅者是也無何天
不容偽詐拋君泰公骸罐而罐痕弗及銷詐掘搜斗釗父新坟而鏵弗能獲此天之所以假 康台
為之證明罪状也其發掘斗釗父墳墓是否已犯刑律其盗取君泰遺骨骸復是否已犯刑律
諒 仁台不為泰象宥也今 仁台既核明其譜及山图界限西楊東李 諭令依舊管業何等
嚴明但山系楊姓之山墓即為楊姓之墓之既不能保山又何所用全伏 仁恩嚴依法鑒究
行勒令泰象等交出君泰骸罐一面提集研訊按律處分为此法叩
県長先生董

9-2-6-13　民國時期楊聲斗呈狀（草狀）

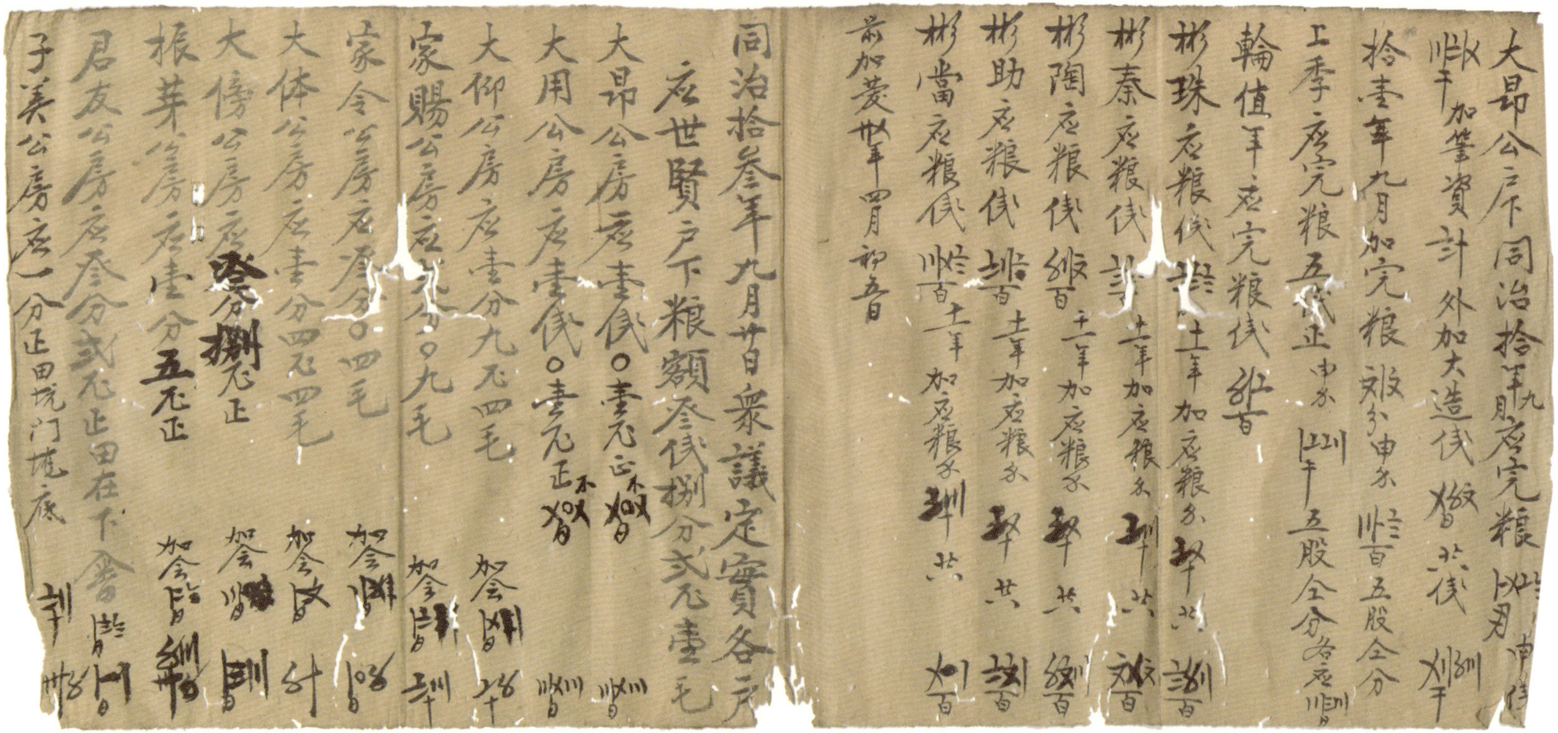
大昂公户下同治拾年九月应完粮 [illegible]
[illegible] 年加筆資計外加大造伐 [illegible]
拾壹年九月加完粮 [illegible] 五股全分
工季应完粮五伐正 [illegible] 五股全分各应 [illegible]
輪值年应完粮伐 [illegible]
彬珠应粮伐 [illegible] 十二年加应粮 [illegible]
彬泰应粮伐 [illegible] 十二年加应粮 [illegible]
彬陶应粮伐 [illegible] 十一年加应粮 [illegible]
彬助应粮伐 [illegible] 十二年加应粮 [illegible]
彬當应粮伐 [illegible] 十二年加应粮 [illegible]
前加差卅年四月初五日
同治拾叁年九月廿日衆議定實各户
应世賢户下粮額叁伐捌分貳厘壹毛
大昂公房应壹伐〇壹厘正 [illegible]
大用公房应壹伐〇壹厘正 [illegible]
大仰公房应壹分九厘四毛 [illegible]
家賜公房应〇九分〇九毛 [illegible]
家令公房应叁分〇四毛 [illegible]
大体公房应壹分四厘四毛 [illegible]
大傍公房应叁分捌厘正 [illegible]
根芽公房应壹分五厘正 [illegible]
君友公房应叁分貳厘正田在下舍 [illegible]
子美公房应一分正田坑门堤底 [illegible]

9-2-7-1 清同治年間楊氏諸房納糧清單

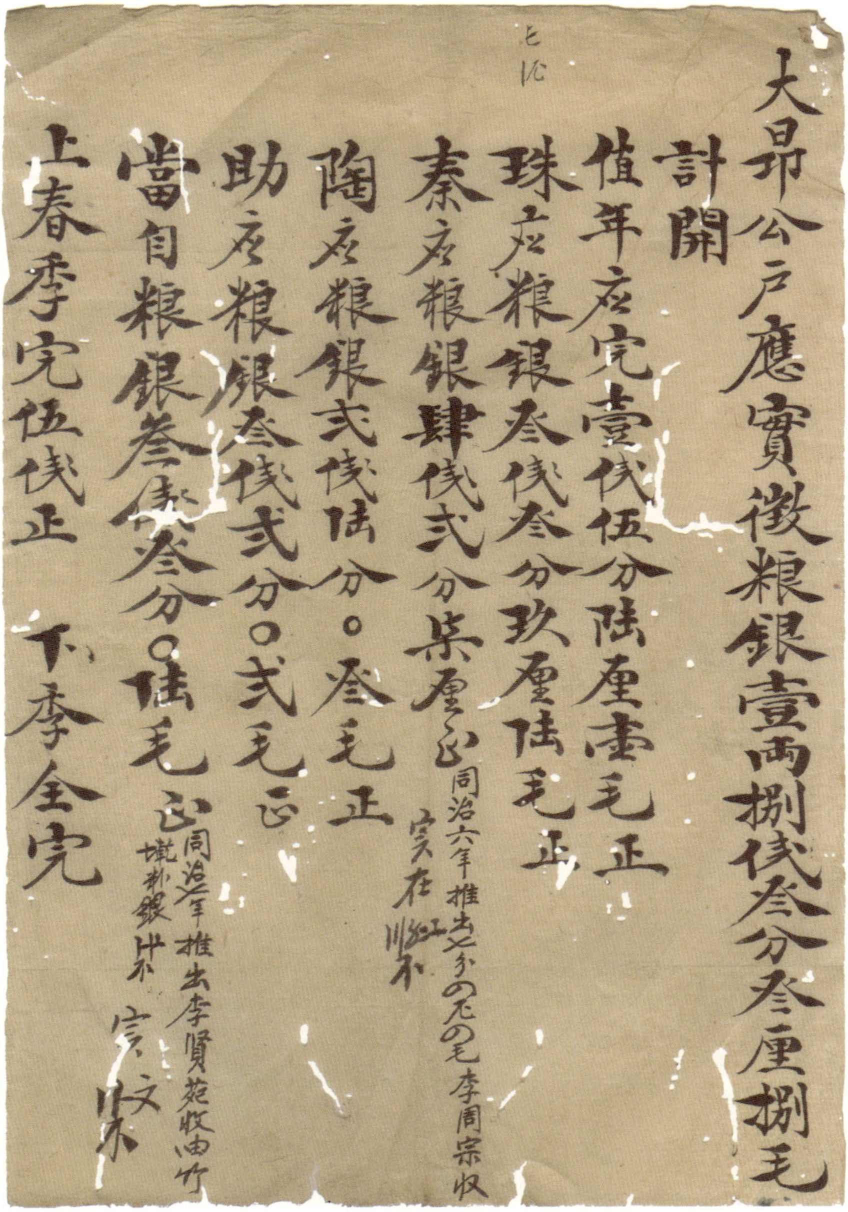

大昂公户應實徵粮銀壹兩捌錢叁分叁厘捌毛
計開
値年应完壹錢伍分陸厘壹毛正
珠应粮銀叁錢叁分玖厘陸毛正
秦应粮銀肆錢弍分柒厘正　同治六年推出七分〇厘〇毛李周宗收　實在川紅木
陶应粮銀弍錢陸分〇叁毛正
助应粮銀叁錢弍分〇弍毛正
當自粮銀叁錢叁分〇陸毛正　同治七年推出李賢苑收由竹城扑銀廿木　實文收木
上春季完伍錢正　下季全完

9-2-7-2　清同治年間楊大昂户納糧清單

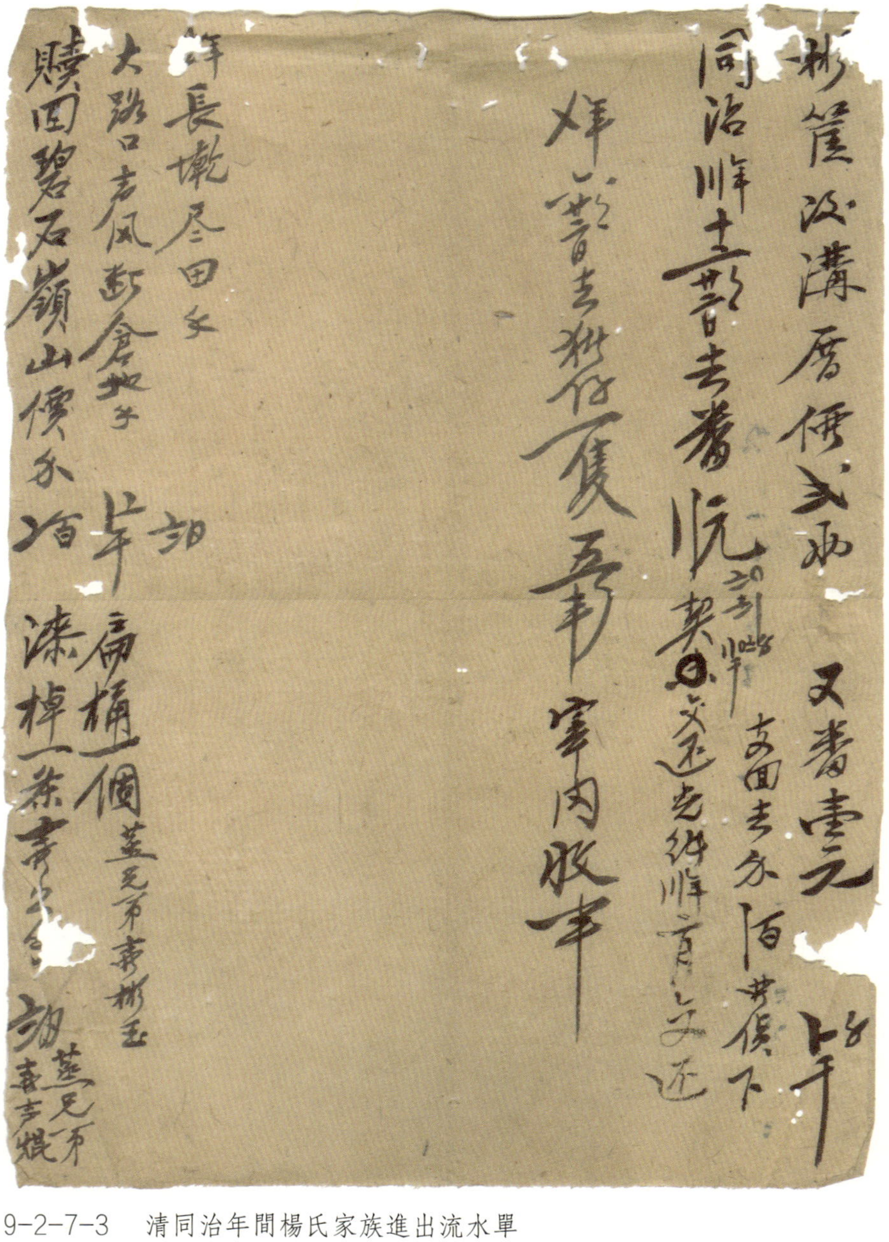
楊筐坵溝唇價式兩　又壽壹元　年
同治卅年十二月去壽恍　契[illegible]
年八月去[illegible]壽五百
[illegible]內收串
年長墩尽田分
大路口去凤断倉墩子
贖回碧石嶺山價分
[illegible]百　年　[illegible]
[illegible]桶一個
漆棹一条

9-2-7-3　清同治年間楊氏家族進出流水單

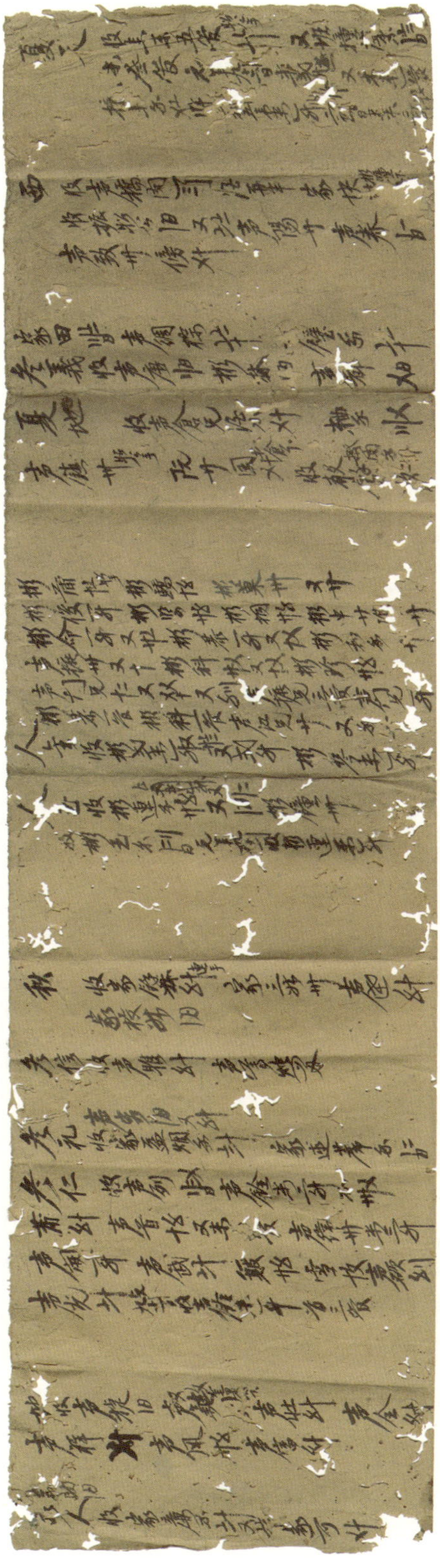

9-2-7-4　晚清時期楊氏家族收租流水單

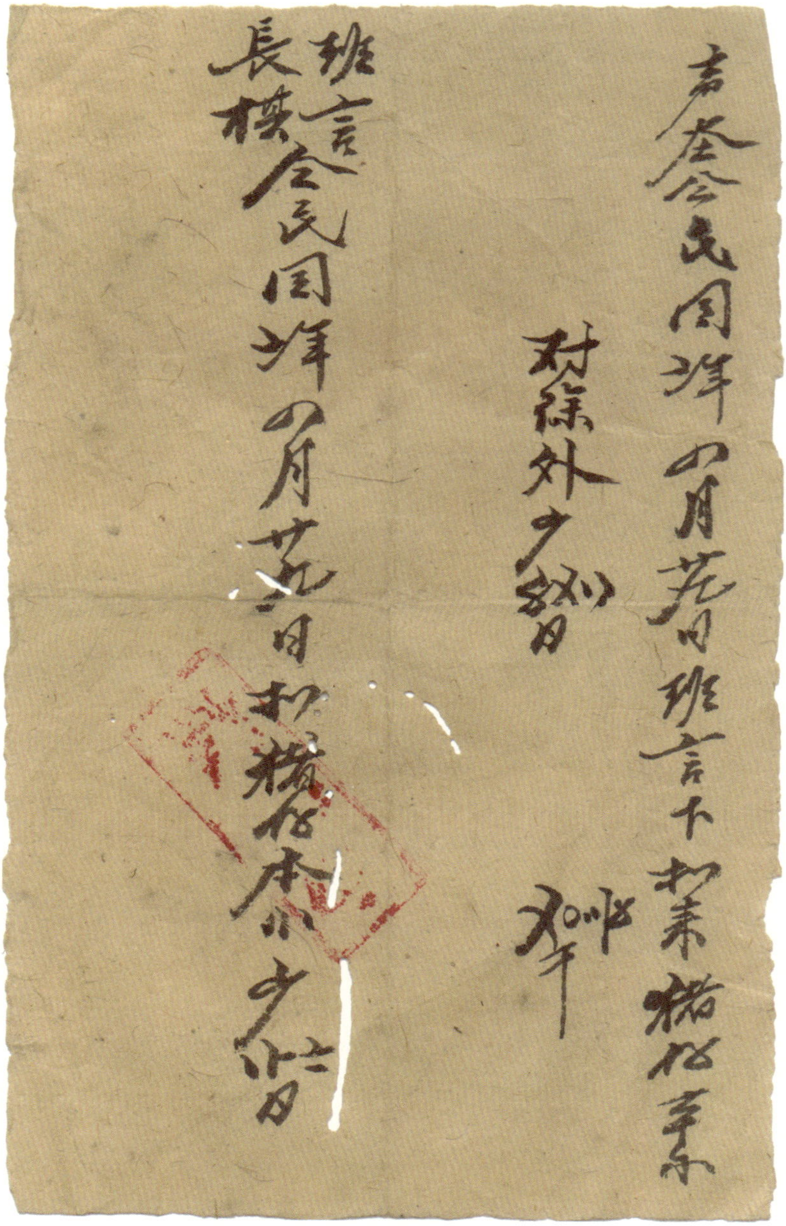

9-2-7-5　民國七年四月楊班言等扣猪仔憑單

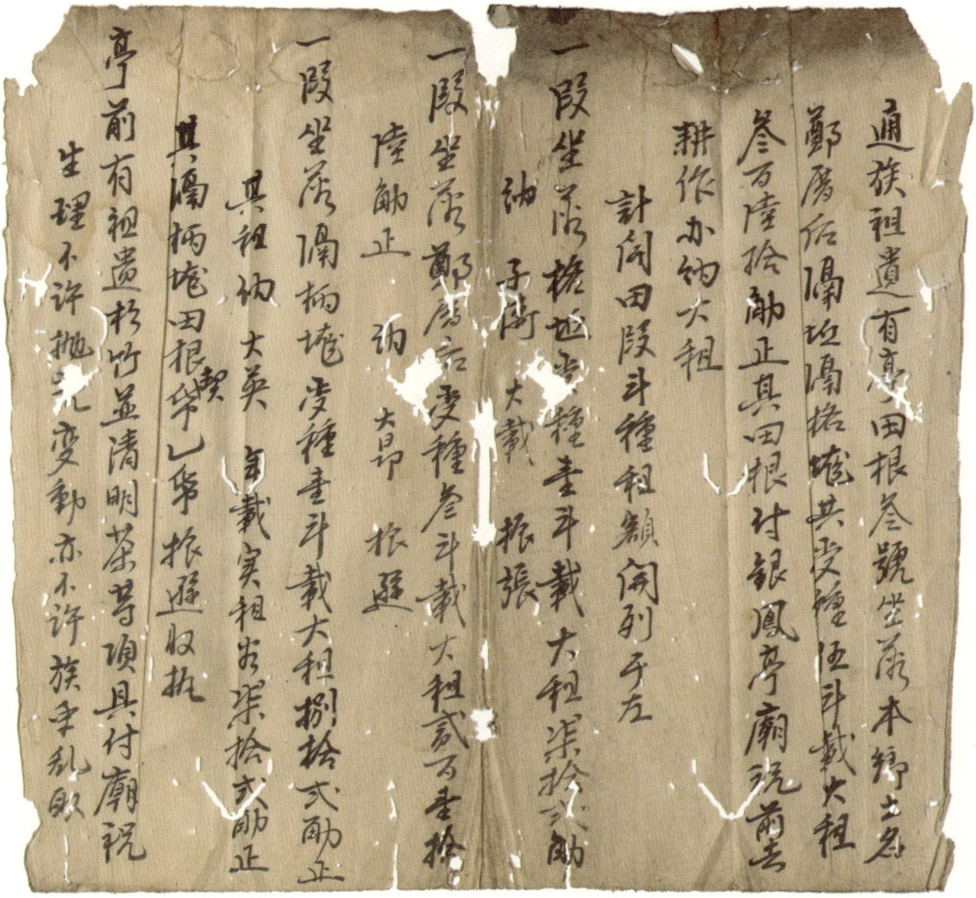

通族祖遺有高田根叁號坐落本鄉土名
鄭厝后陽坵陽格墘共受種伍斗載大租
叁百壹拾觔正其田根付銀鳳亭廟祝前去
耕作亦納大租
計開田段斗種租額開列于左
一段坐落格坵尾受種壹斗載大租柒拾弍觔
納　子厝　大戴　根張
一段坐落鄭厝后受種叁斗載大租貳百壹拾
壹觔正　納　大昂　根廷
一段坐落陽柄墘受種壹斗載大租捌拾弍觔正
其租納大英　年載實租出柒拾弍觔正
其陽柄墘田根契帋乙帋　根廷收執
亭前有祖遺杉竹並清明茶等項其付廟祝
生理不許抛荒變動亦不許族手亂取

9-2-7-6　楊氏通族立付廟祝田根等字（年代不詳）

八閩文庫

八閩文庫

專題彙編

第二種

福建民間契約文書

40

廈門大學民間歷史文獻研究中心 編

鄭振滿 主編

海峽出版發行集團
THE STRAITS PUBLISHING & DISTRIBUTING GROUP
福建人民出版社

本册目録

第九卷　永泰縣洑口鄉紫山村契約文書（二）

第二帙　楊經傑户

第九卷　永泰縣洑口鄉紫山村契約文書（二）

本卷主編　馬多　盧映輝

第二帙　楊經傑户

納户執照

福州府永福縣正堂高　為徵收錢糧事

據　鄉納户楊士元

宣統叁年地丁銀　完　叁柒弍

合給執照須至照者

宣統叁年五月　日

縣　字第　號

七百六

9-2-8-1　清宣統三年五月楊士元户納稅執照

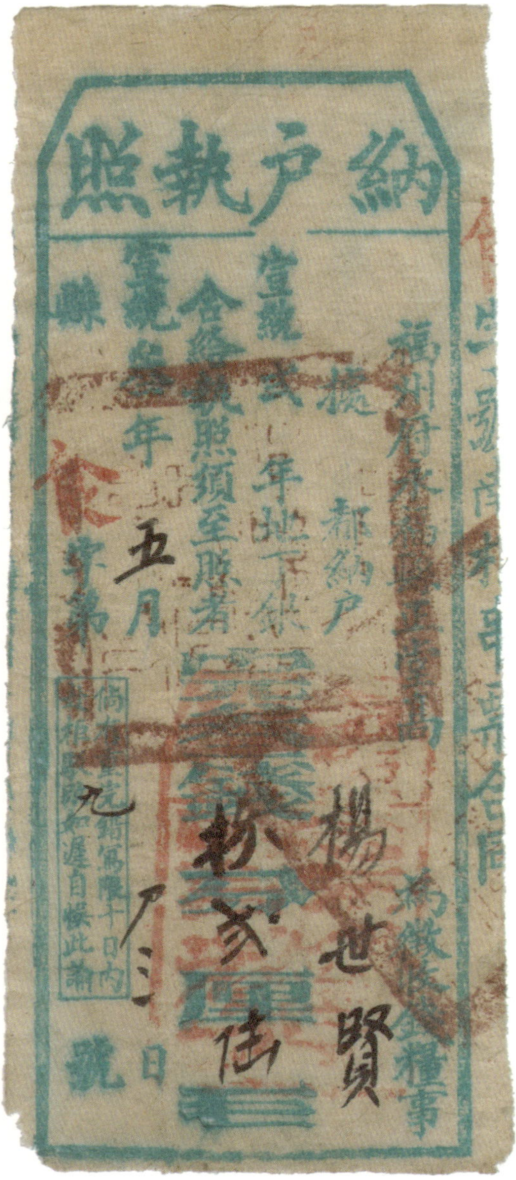

9-2-8-2　清宣統三年五月楊世賢户納稅執照

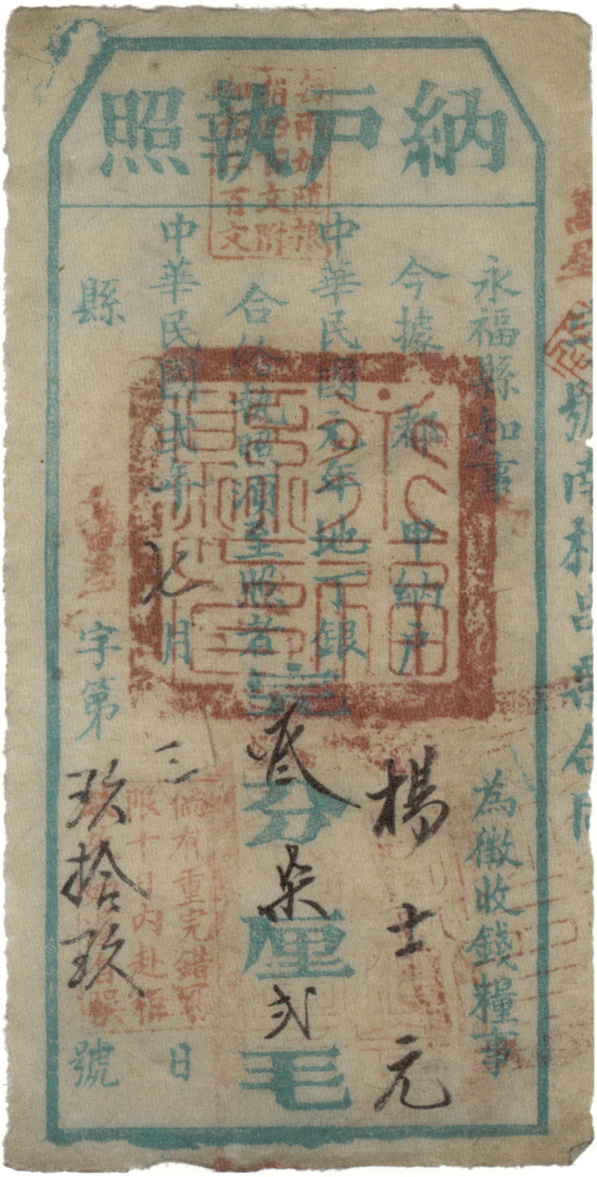

9-2-8-3　民國二年七月楊士元户納税執照

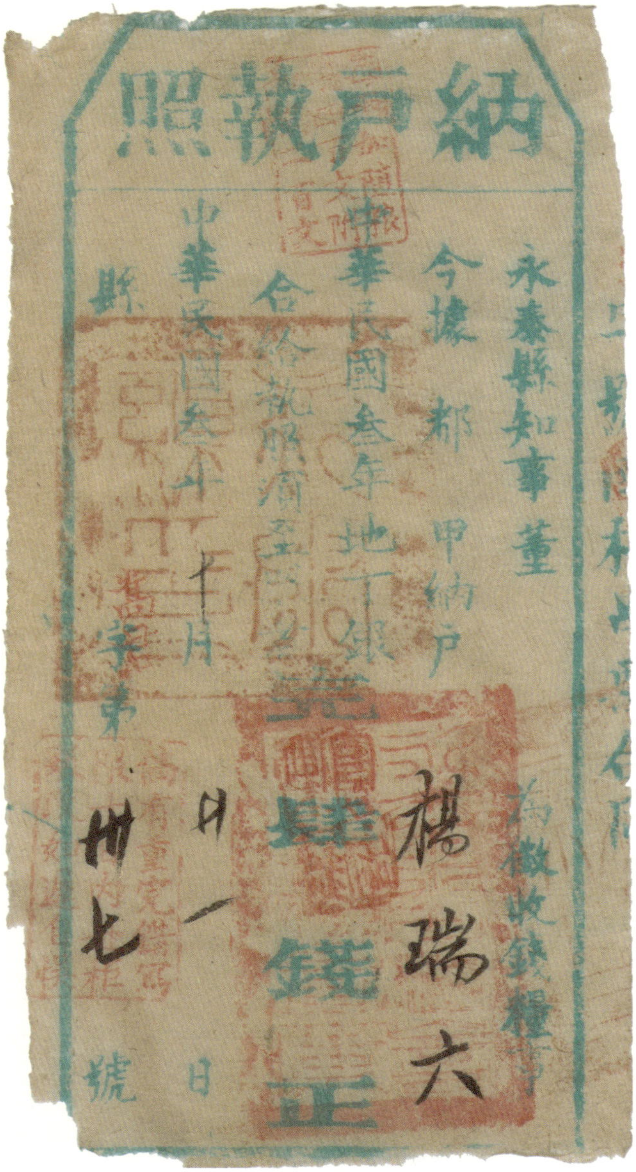
納户執照
永泰縣知事董
今據　都　甲納户楊瑞六
中華民國叁年地丁銀
合給執照爲照
中華民國叁年十月　日
縣　字第　號

9-2-8-4　民國三年十月楊瑞六户納稅執照

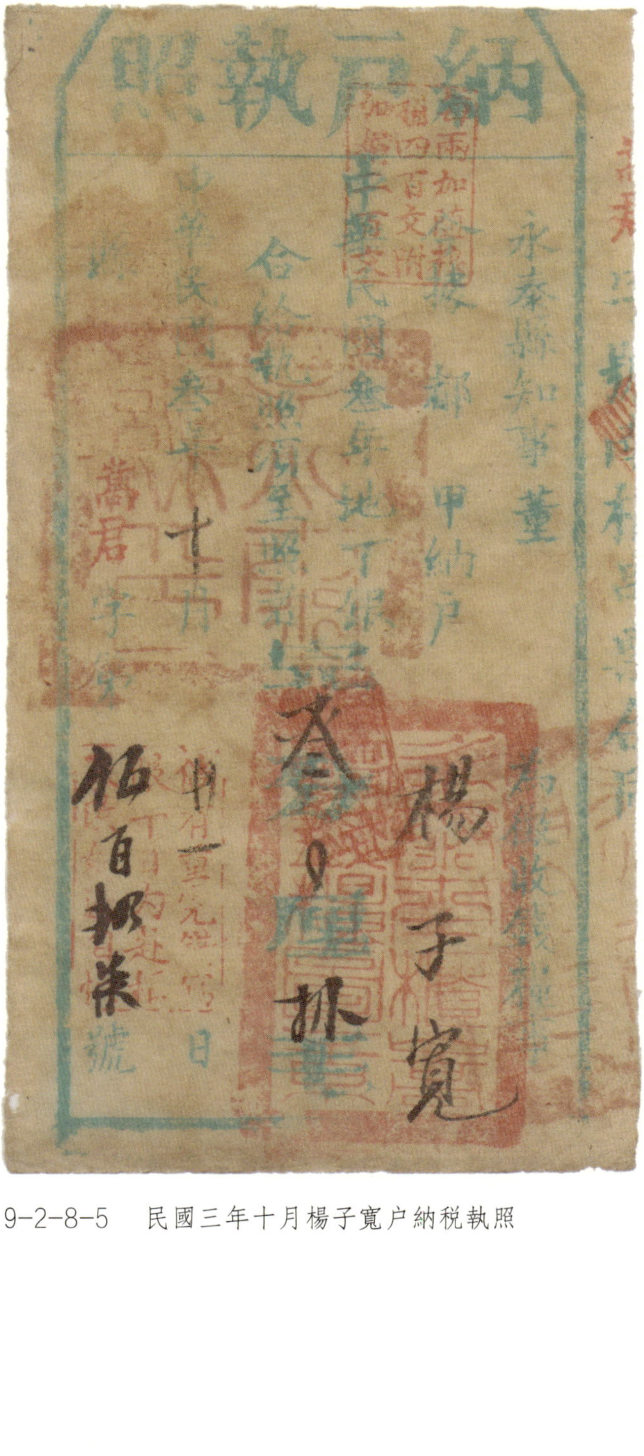
納户執照
永泰縣知事董
都　甲納户
楊子寬
伍百捌柒

9-2-8-5　民國三年十月楊子寬户納税執照

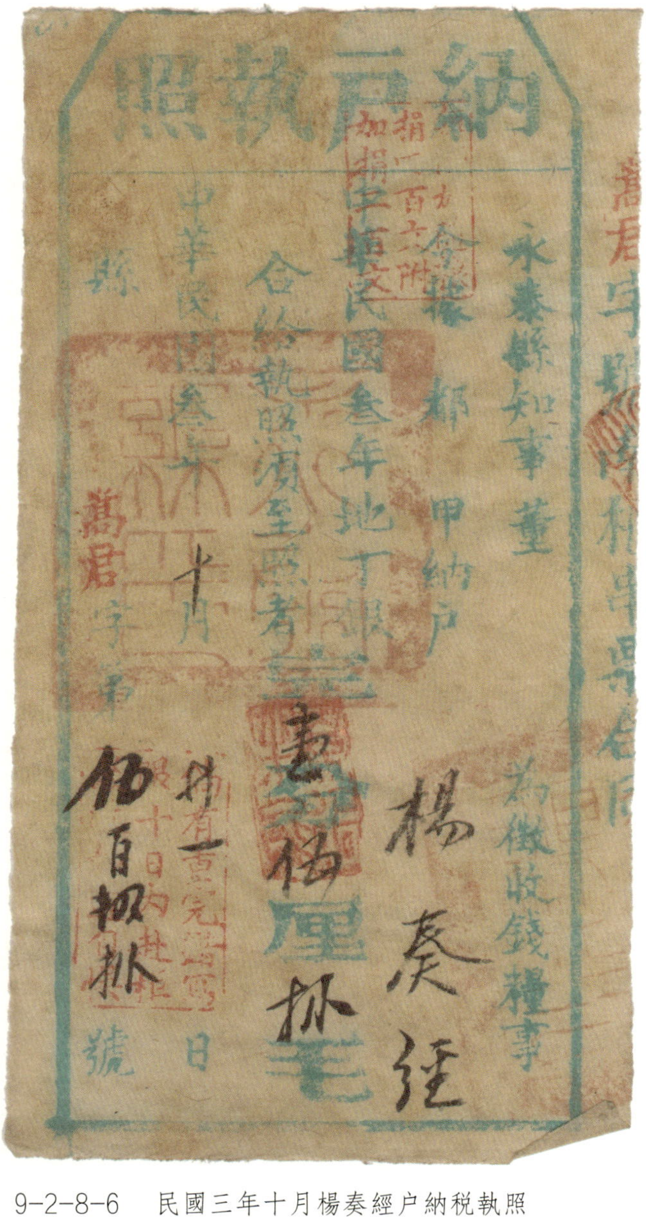

9-2-8-6　民國三年十月楊奏經户納税執照

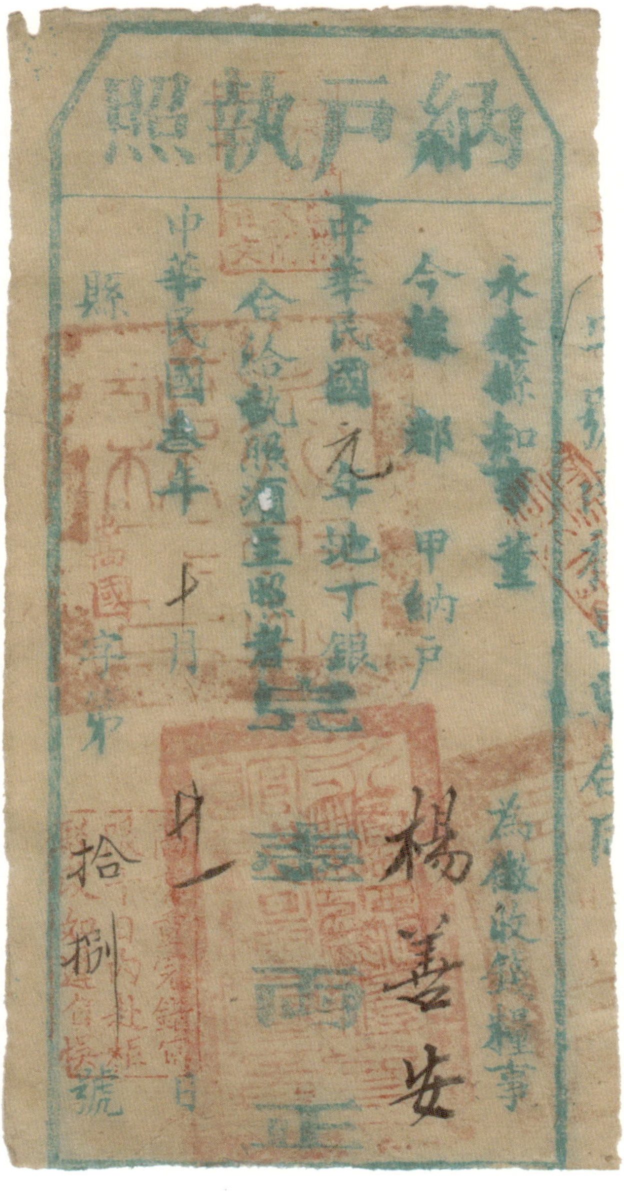

9-2-8-7　民國三年十月楊善安户納稅執照

納戶執照

永泰縣知事董 為徵收錢糧事

今據 都 甲納戶 楊大倫

中華民國貳年地丁銀 柒玖厘捌毛

合給執照

中華民國叁年 十月 廿一 日

縣 字第 壹百拾柒 號

9-2-8-8　民國三年十月楊大倫户納税執照

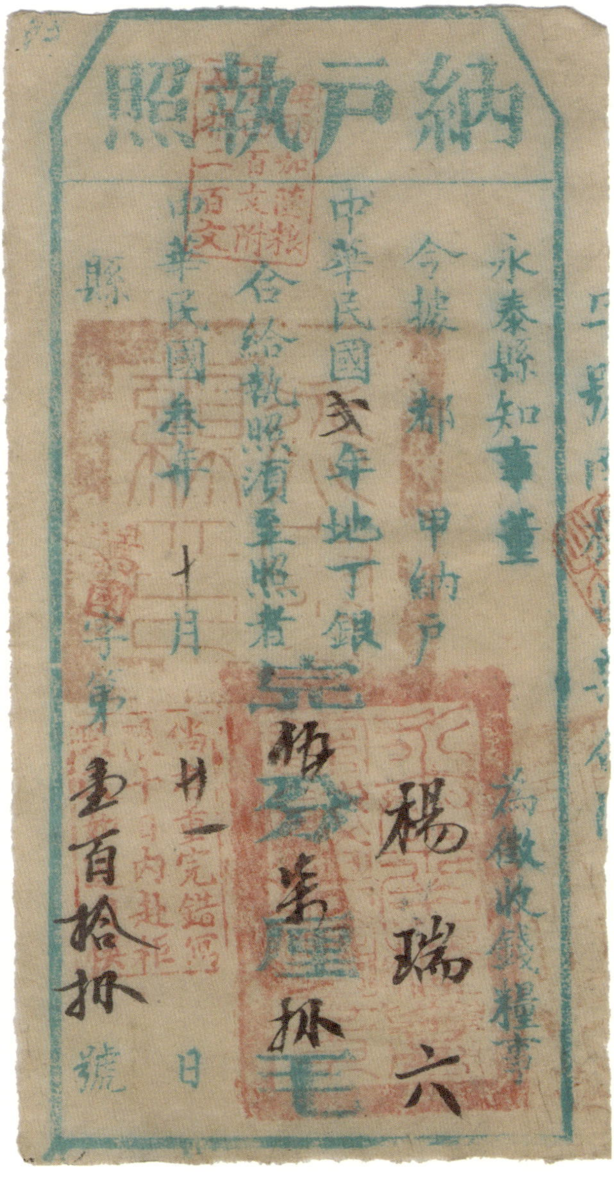
納户執照

永泰縣知事董　為徵收錢糧事

今據　都　甲納户楊瑞六

中華民國貳年地丁銀

合給執照須至照者

中華民國叁年十月廿一日

縣　字第　號

9-2-8-9　民國三年十月楊瑞六户納税執照（一）

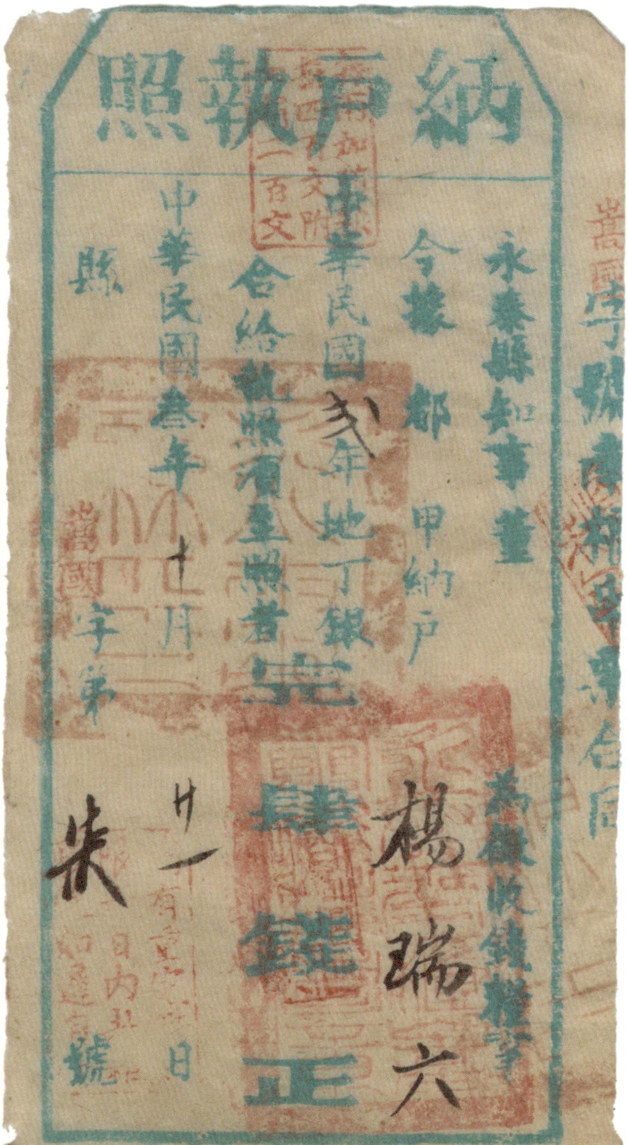
納户執照
永泰縣知事董
為征收錢糧事
今據　都　甲納户楊瑞六
完中華民國弍年地丁銀肆錢正
合給執照須至照者
中華民國叁年十月廿一日
縣　字第　號

9-2-8-10　民國三年十月楊瑞六户納稅執照（二）

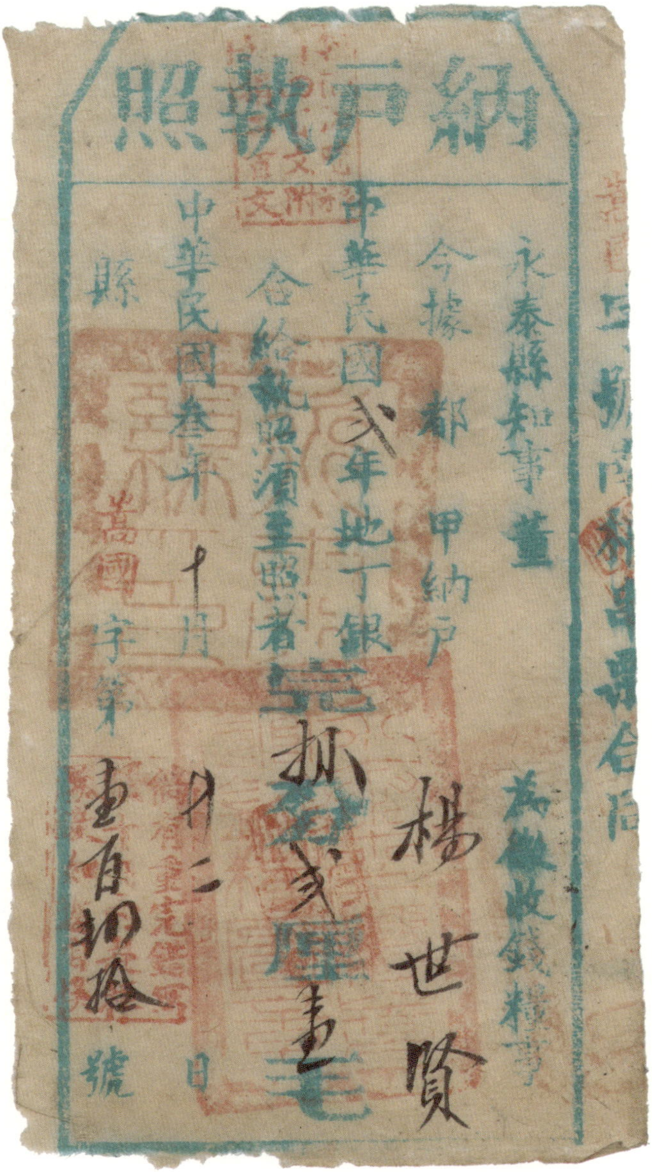
納戶執照

永泰縣知事董 為徵收錢糧事

今據 都 甲納戶 楊世賢

中華民國貳年地丁銀

合給執照須至照者

中華民國叁年 十 月 廿二 日

縣 萬國字第 壹百捌拾 號

9-2-8-11　民國三年十月楊世賢户納税執照（一）

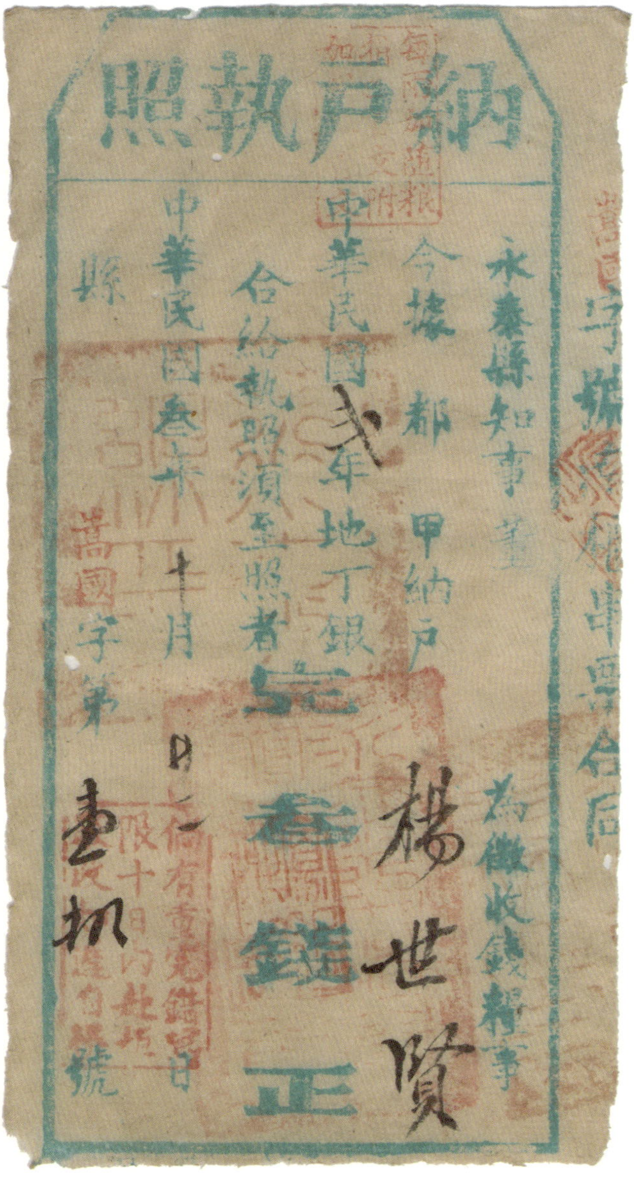
納戶執照
永泰縣知事董 為徵收錢糧事
今據 都 甲納戶 楊世賢
中華民國弍年地丁銀 乙元叁錢 正
合給執照須至照者
中華民國叁年 十 月 日
縣 萬國字第 號

9-2-8-12　民國三年十月楊世賢户納稅執照（二）

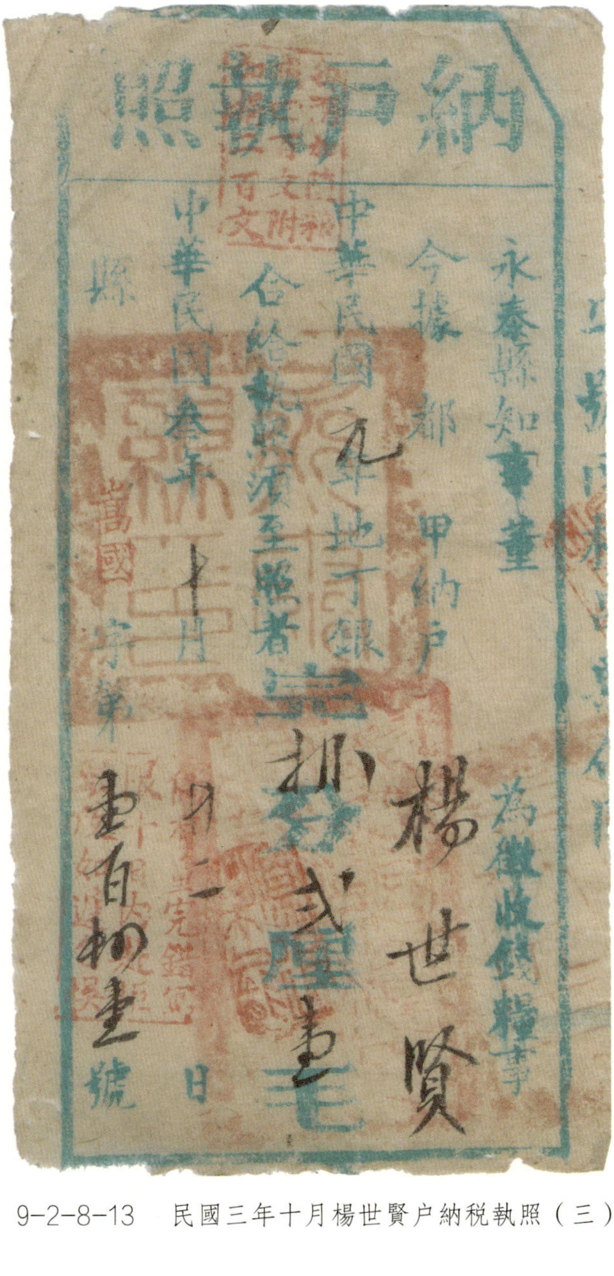

納戶執照

永泰縣知事董　為徵收錢糧事

今據　都　甲納戶楊世賢

合給執照須至照者

中華民國叁年十月　日

縣　字第　號

9-2-8-13　民國三年十月楊世賢户納稅執照（三）

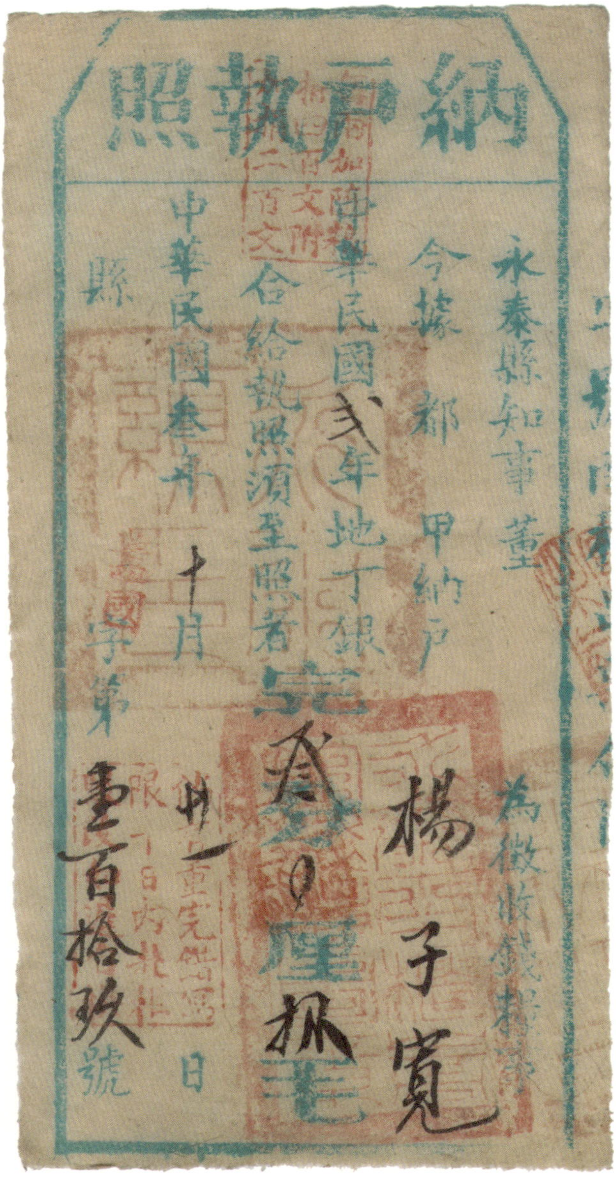

納戶執照

永泰縣知事董　為徵收錢糧事

今據　都　甲納戶　楊子寬

中華民國貳年地丁銀　完叁分四厘捌毛

合給執照須至照者

中華民國叁年十月　廿一日

縣　字第　壹百拾玖號

9-2-8-14　民國三年十月楊子寬户納稅執照

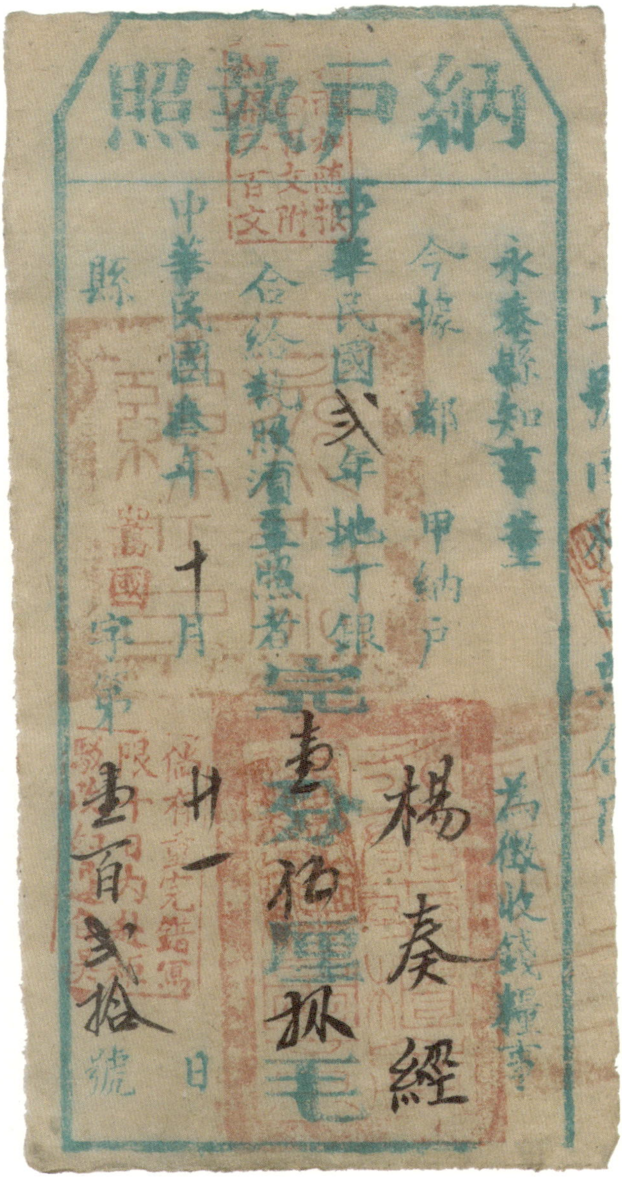

納户執照

永泰縣知事董

為徵收錢糧事

今據　都　甲納户楊奏經

中華民國弍年地丁銀完壹拾釐捌毛

合給執照須至照者

中華民國叁年十月廿一日

縣　字第壹百弍拾號

9-2-8-15　民國三年十月楊奏經户納稅執照

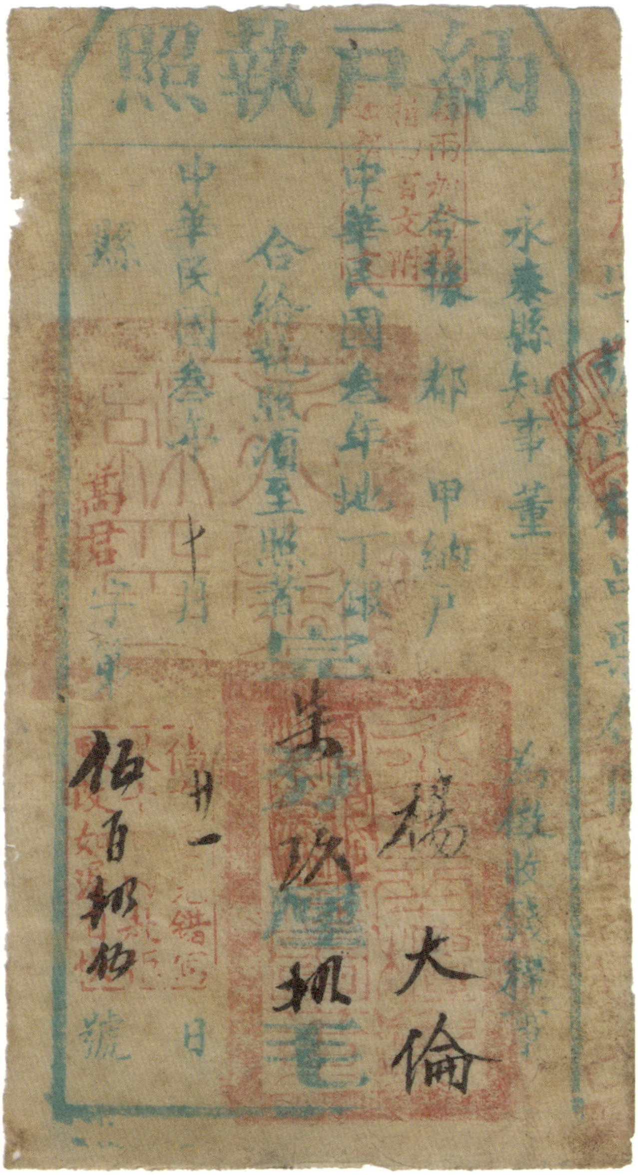

9-2-8-16　民國三年十月楊大倫户納税執照

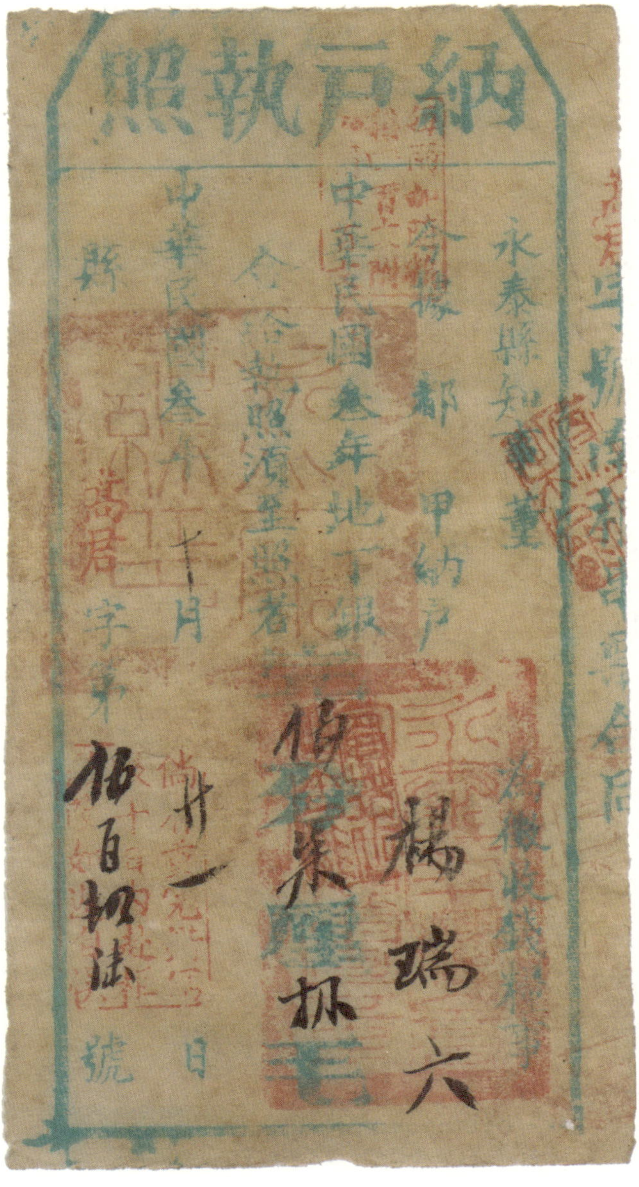

9-2-8-17　民國三年十月楊瑞六户納税執照

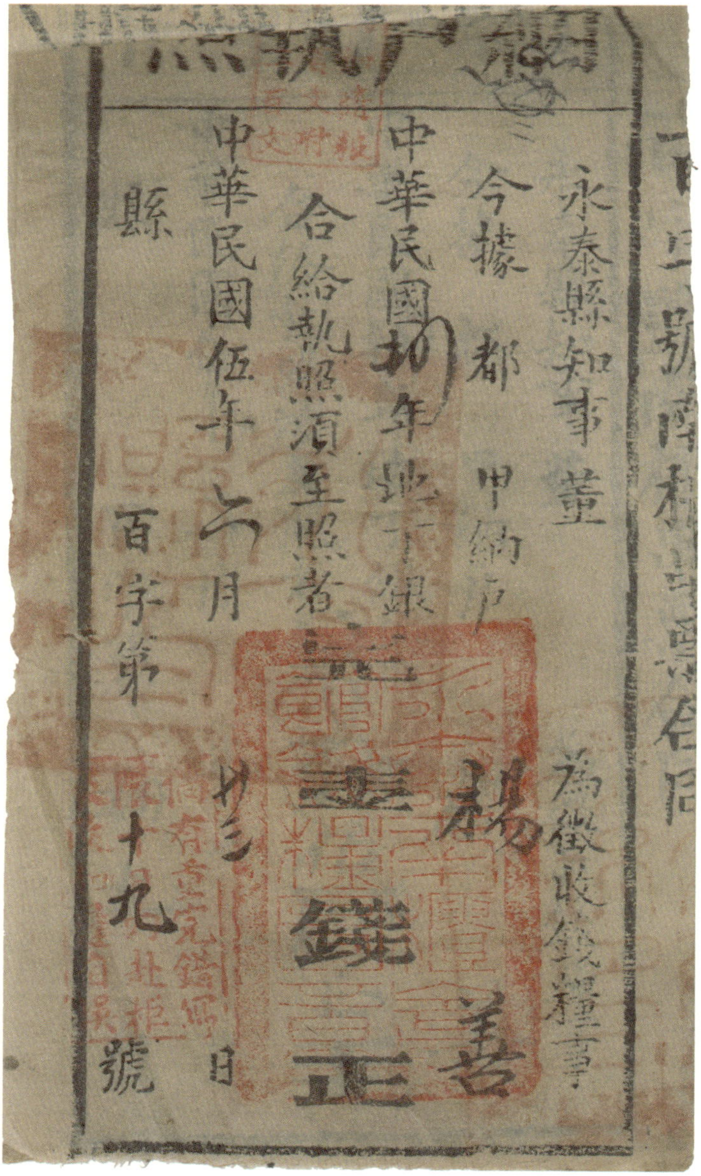

9-2-8-18　民國五年六月楊善户納稅執照（一）

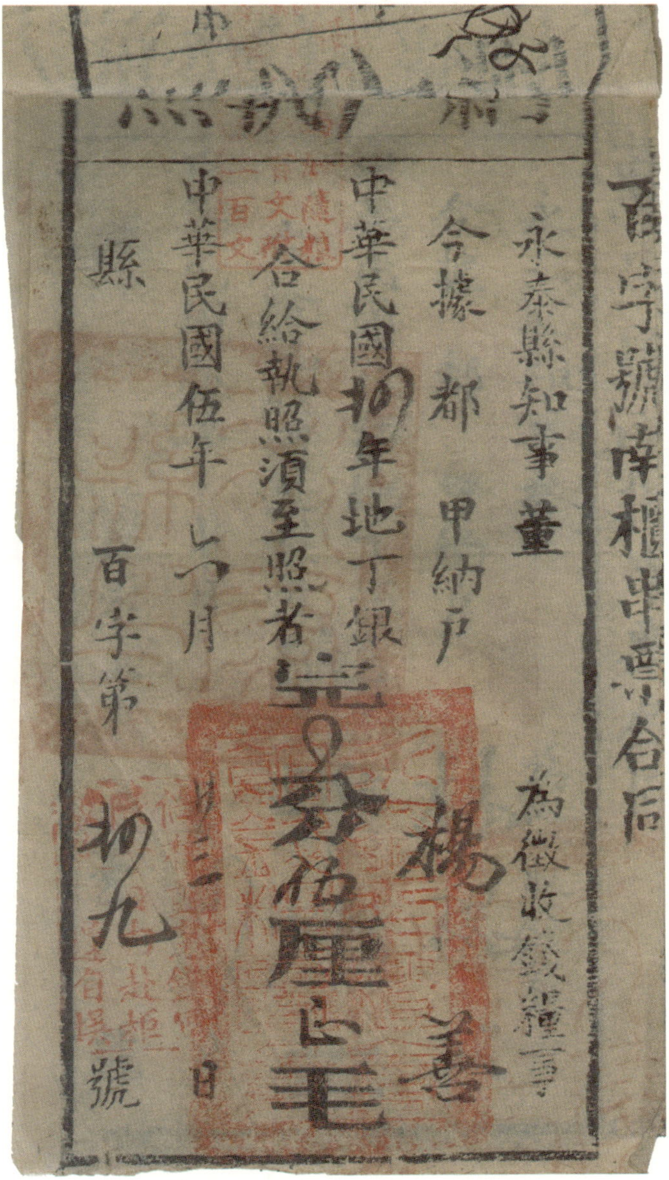

百字號庫櫃串票合同

永泰縣知事董　為徵收錢糧事
今據　都　甲納户　楊　善
中華民國　年地丁銀
合給執照須至照者
中華民國伍年六月　日
縣　百字第　號

9-2-8-19　民國五年六月楊善户納税執照（二）

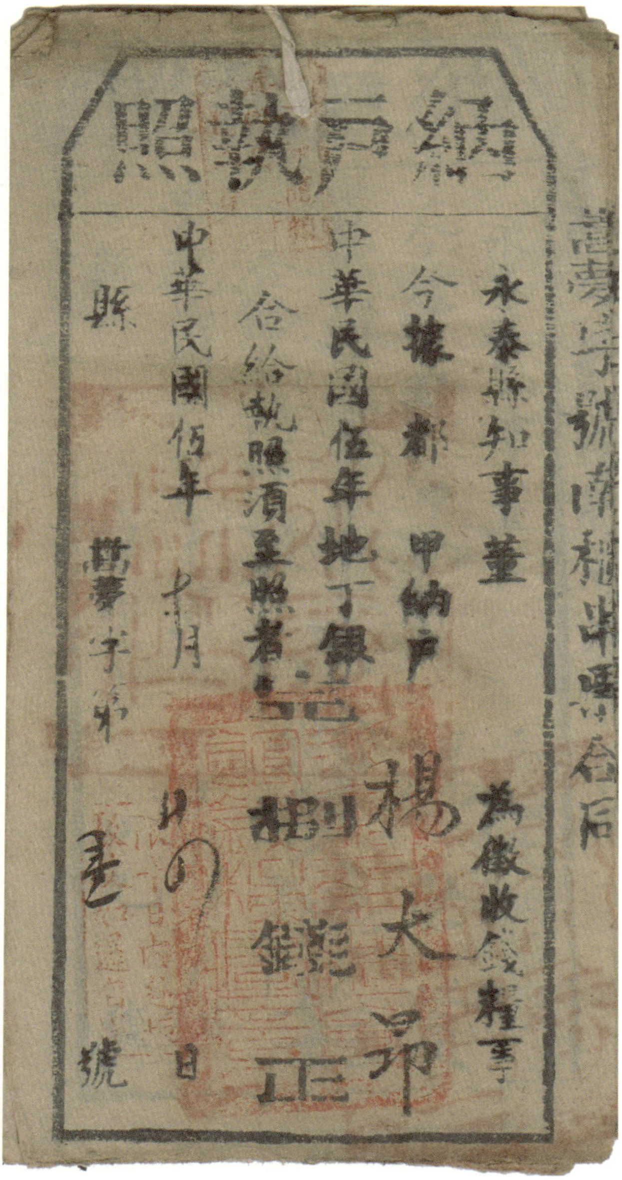

納戶執照

永泰縣知事董　為徵收錢糧事

今據　都　甲納戶　楊大昂

中華民國伍年地丁銀　捌錢　正

合給執照須至照者

中華民國伍年　十月　四日

縣　黨字第　號

9-2-8-20　民國五年十月楊大昂户納稅執照

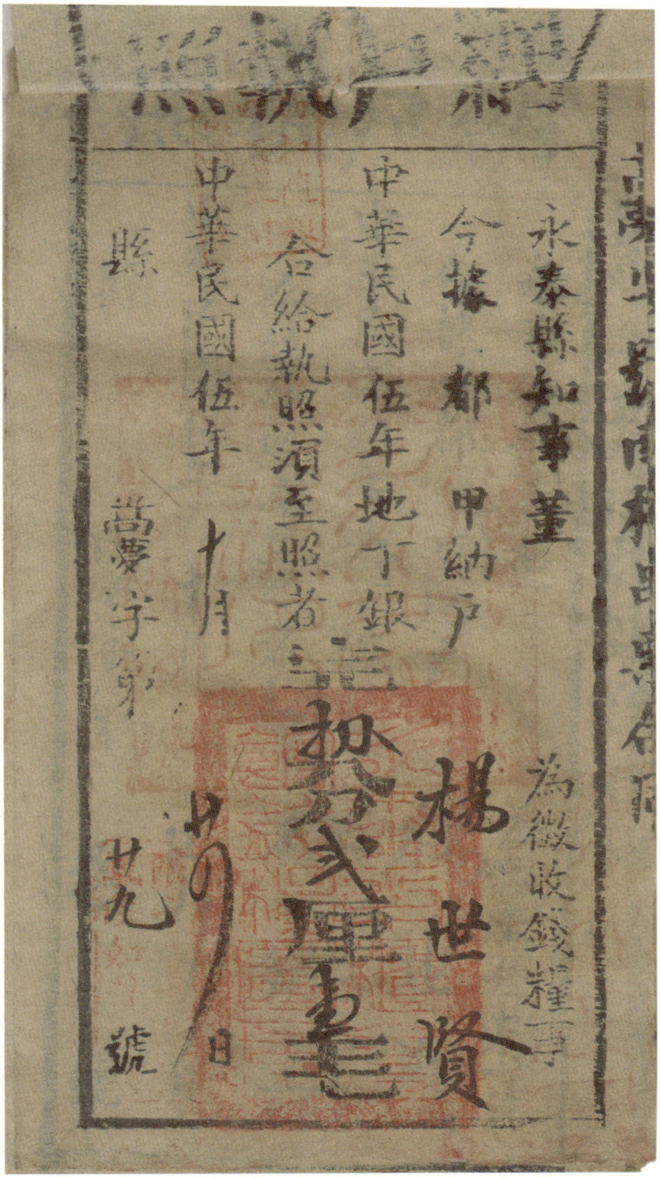
納户執照
永泰縣知事董　為徵收錢糧事
今據　都　甲納户楊世賢
中華民國伍年地丁銀　捌分弍厘壹毛
合給執照須至照者
中華民國伍年十月　日
縣　萬夢字第廿九號

9-2-8-21　民國五年十月楊世賢户納稅執照（一）

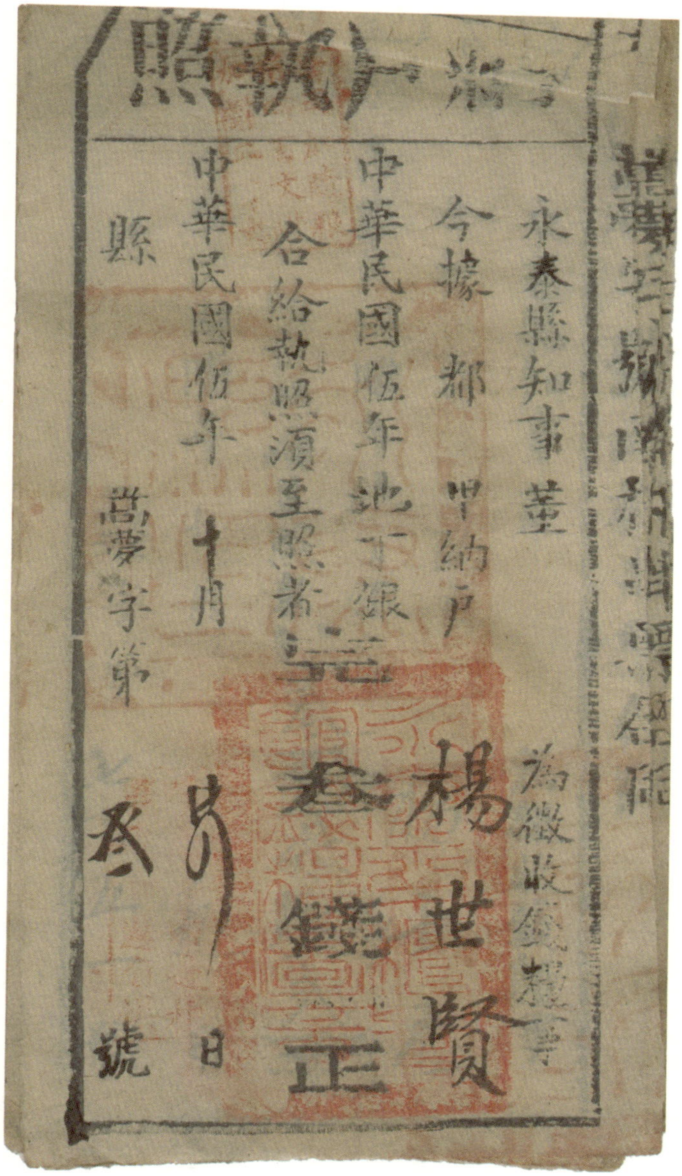

執照

永泰縣知事董　為徵收銀糧事

今據　都　甲納戶　楊世賢

中華民國伍年地丁銀　叁錢　正

合給執照須至照者

中華民國伍年　十月　日

縣　嵩夢字第　叁　號

9-2-8-22　民國五年十月楊世賢户納税執照（二）

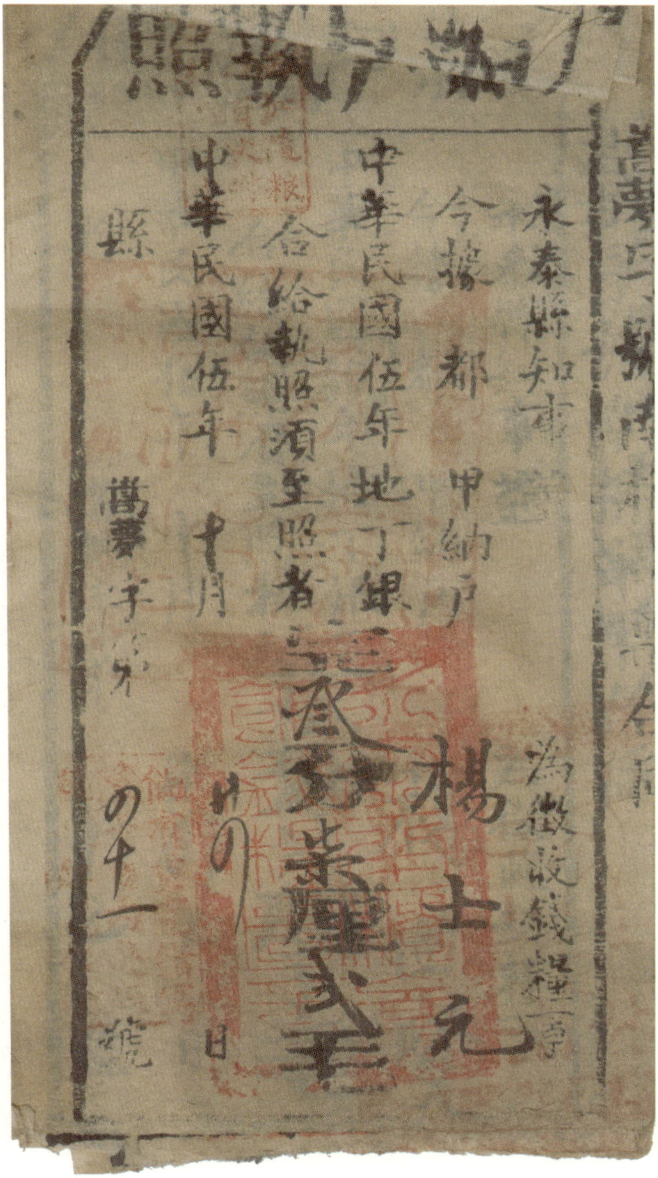

户執照

永泰縣知事為徵收錢糧事

今據　都　甲納户楊士元

中華民國伍年地丁銀叁分柒釐弍毫

合給執照須至照者

中華民國伍年　十月　廿四日

縣　萬字第　四十一號

9-2-8-23　民國五年十月楊士元户納税執照

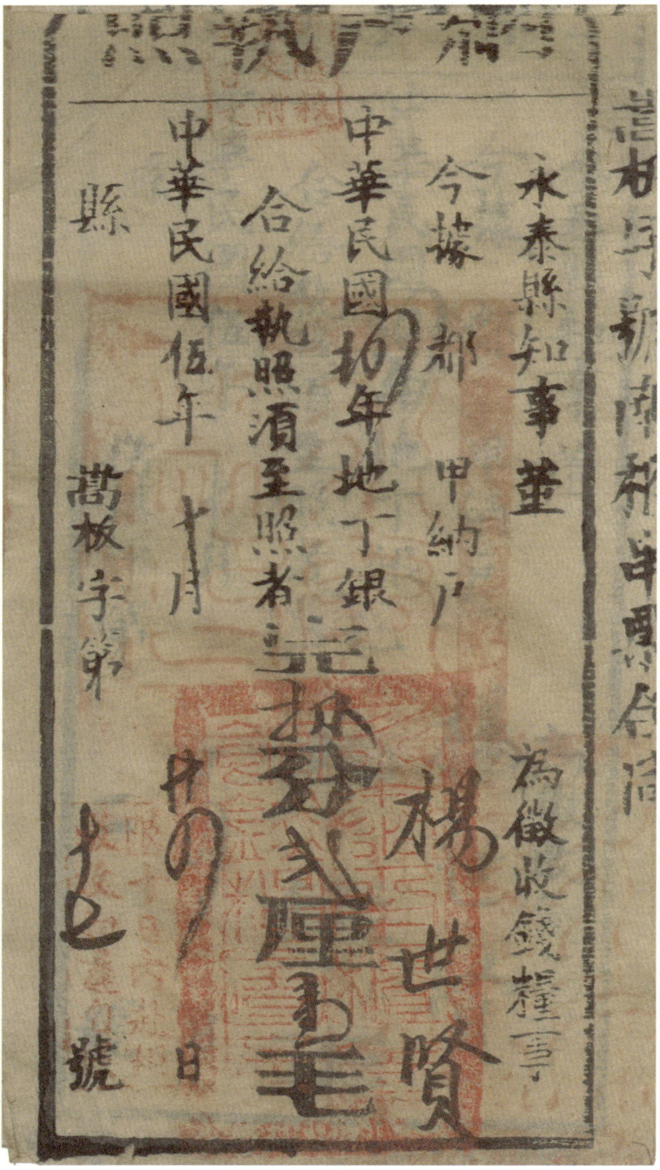
納户執照
永泰縣知事董　為徵收錢糧事
今據　都　甲納户　楊世賢
中華民國　年地丁銀
合給執照須至照者
中華民國伍年十月廿四日
縣　萬板字第　號

9-2-8-24　民國五年十月楊世賢户納税執照（一）

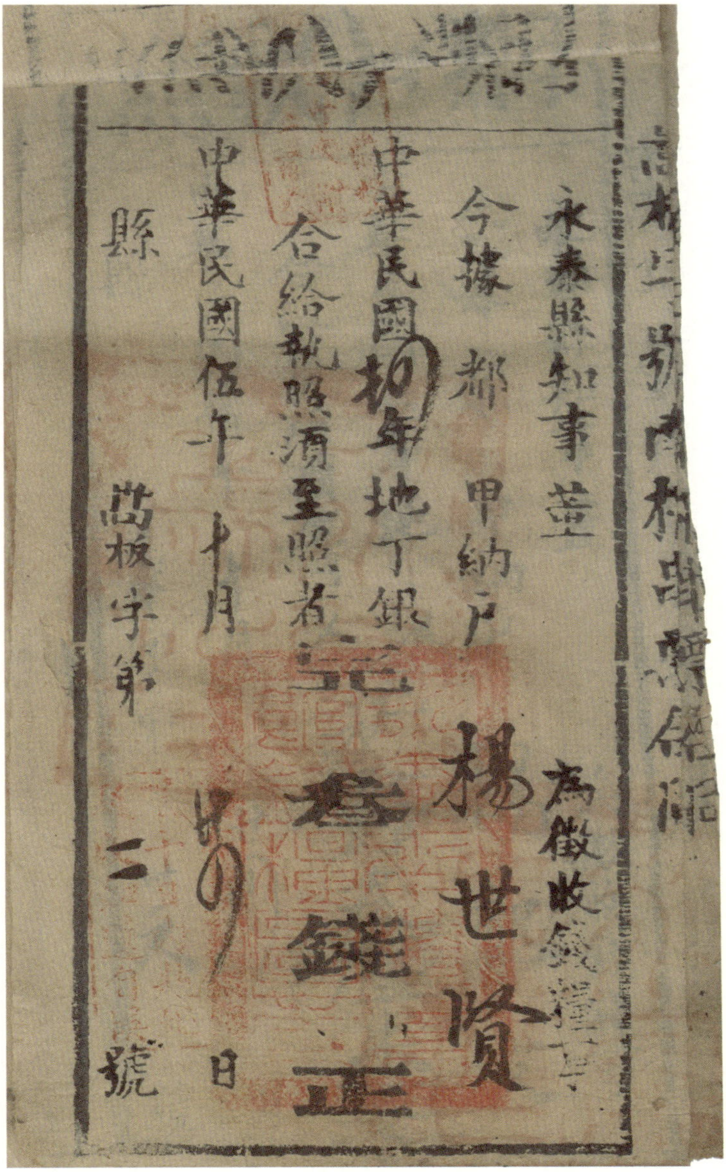

永泰縣知事董　為徵收錢糧事
今據　都　甲納户楊世賢
中華民國[illegible]年地丁銀[illegible]叁錢正
合給執照須至照者
中華民國伍年十月[illegible]日
縣
嵩板字第二號

9-2-8-25　民國五年十月楊世賢户納税執照（二）

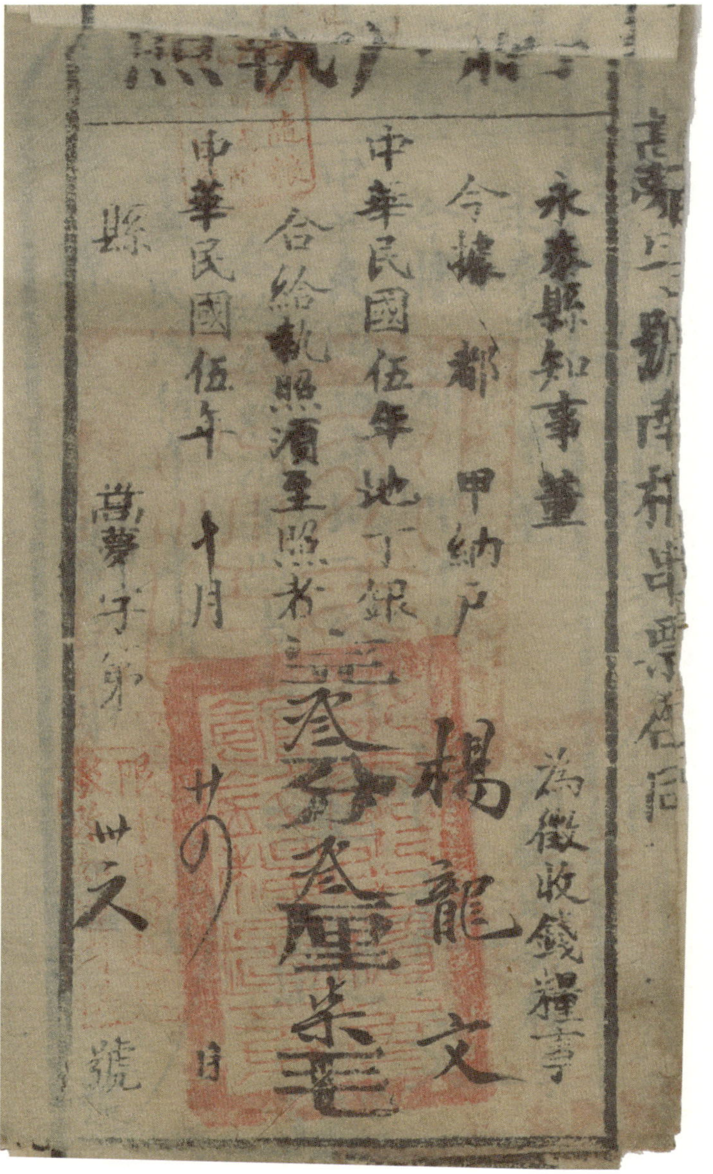

納戶執照

永泰縣知事董　為徵收錢糧事

今據　都　甲納戶　楊龍文

中華民國伍年地丁銀　叁分叁厘柒毫

合給執照須至照者

中華民國伍年　十月　廿九　日

縣　萬夢字第　卅六　號

9-2-8-26　民國五年十月楊龍文户納稅執照（一）

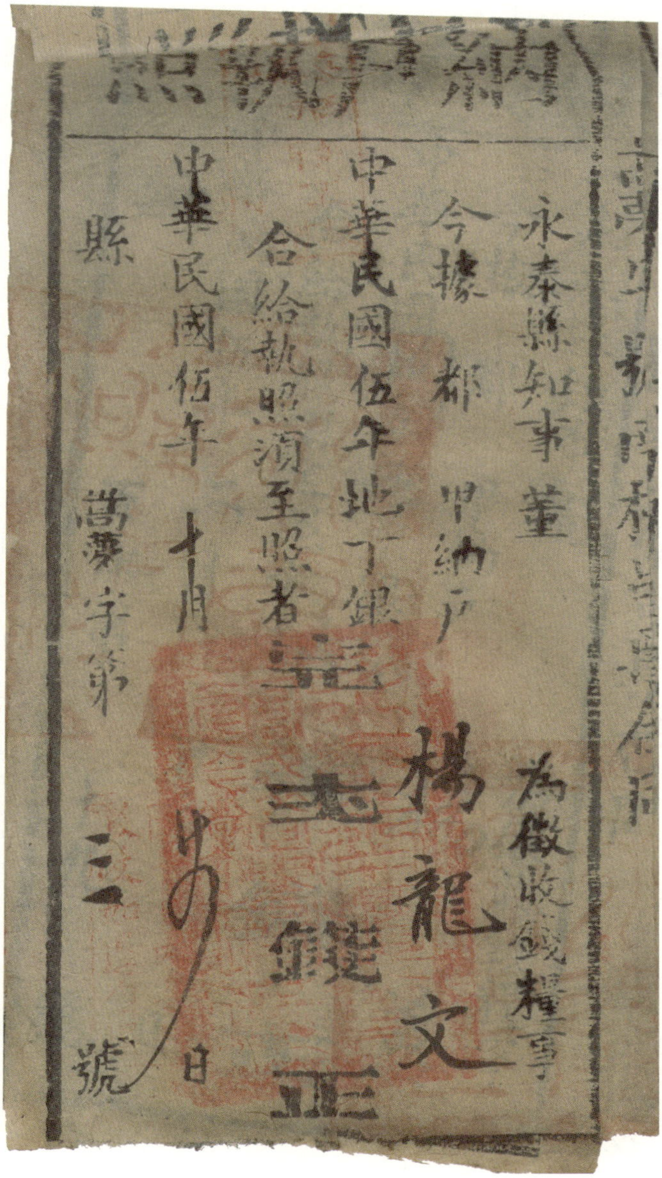

納戶執照

永泰縣知事董　為徵收錢糧事

今據　都　甲納戶　楊龍文

中華民國伍年地丁銀

合給執照須至照者

中華民國伍年十月　日

縣　字第三號

9-2-8-27　民國五年十月楊龍文户納税執照（二）

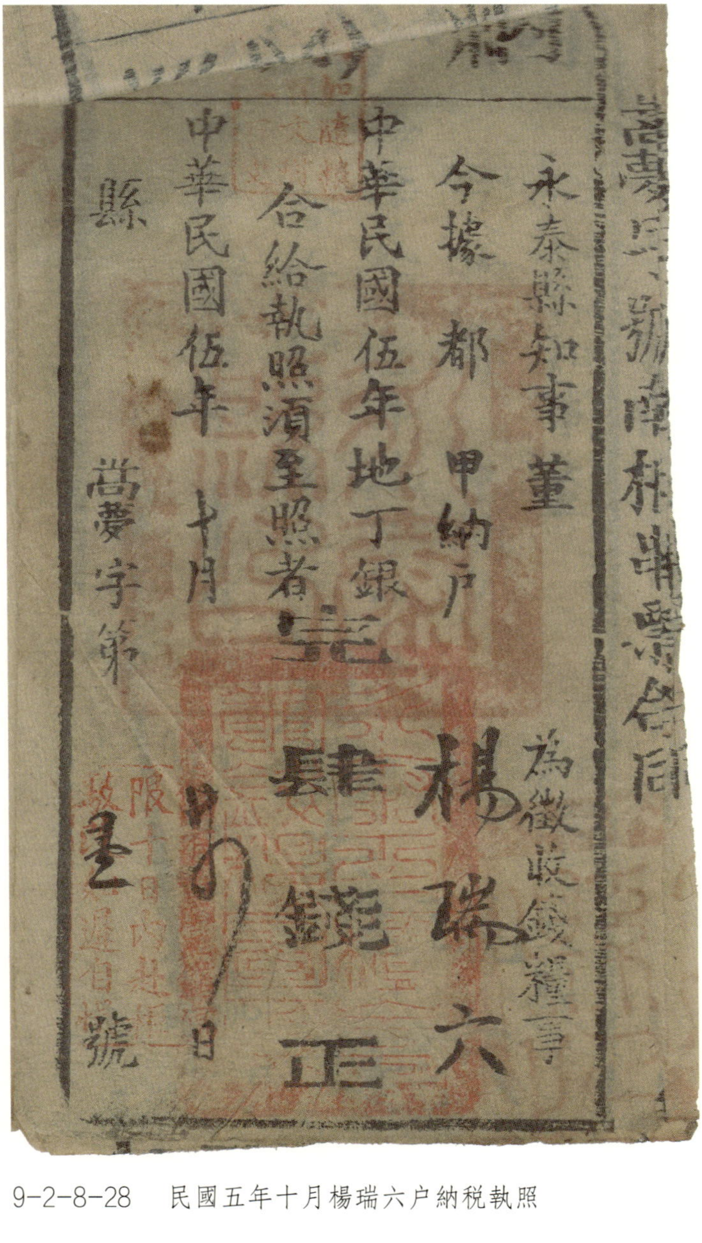

永泰縣知事董　為徵收錢糧事
今據　都　甲納户　楊瑞六
中華民國伍年地丁銀　肆錢　正
合給執照須至照者
中華民國伍年　十月　日
縣　嵩夢字第　號

9-2-8-28　民國五年十月楊瑞六户納稅執照

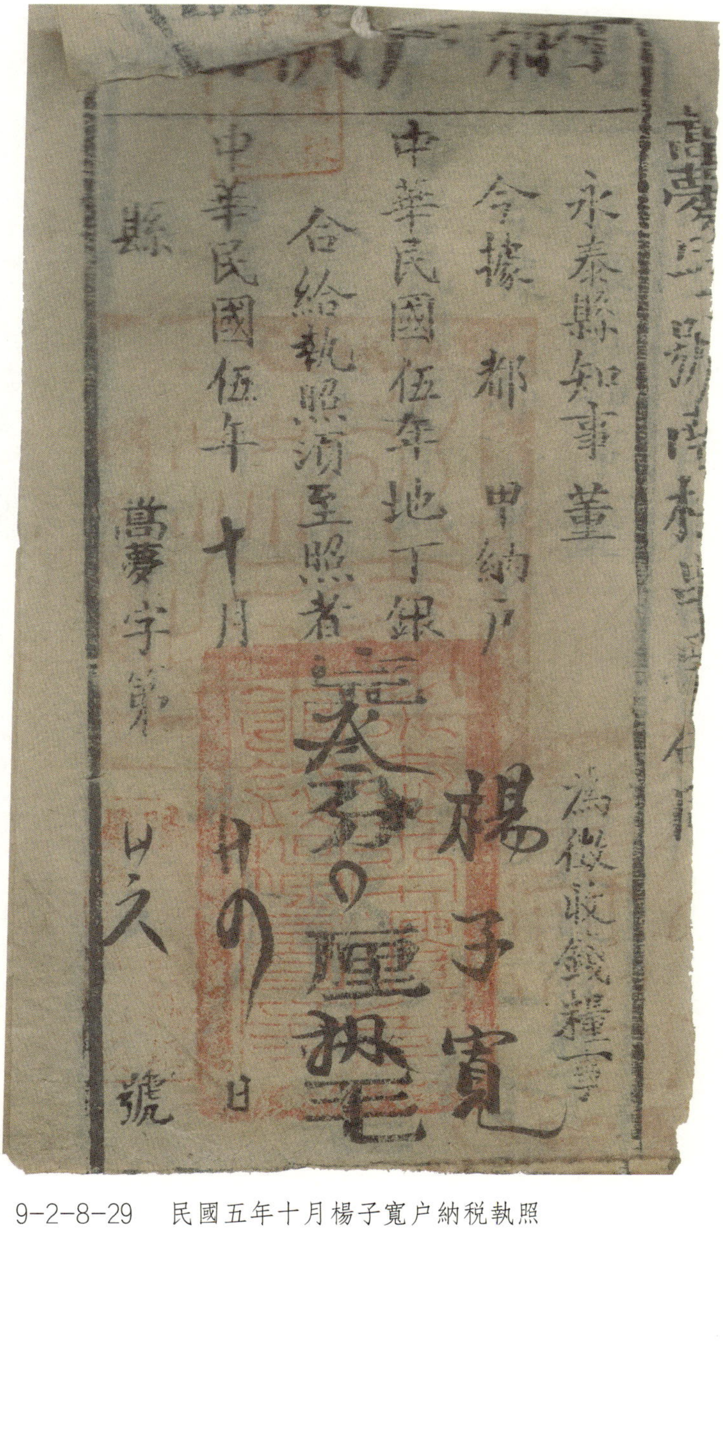

永泰縣知事董
為徵收錢糧事
今據　都　甲納户楊子寬
中華民國伍年地丁銀
合給執照須至照者
中華民國伍年十月　日
縣　萬夢字第　號

9-2-8-29　民國五年十月楊子寬户納税執照

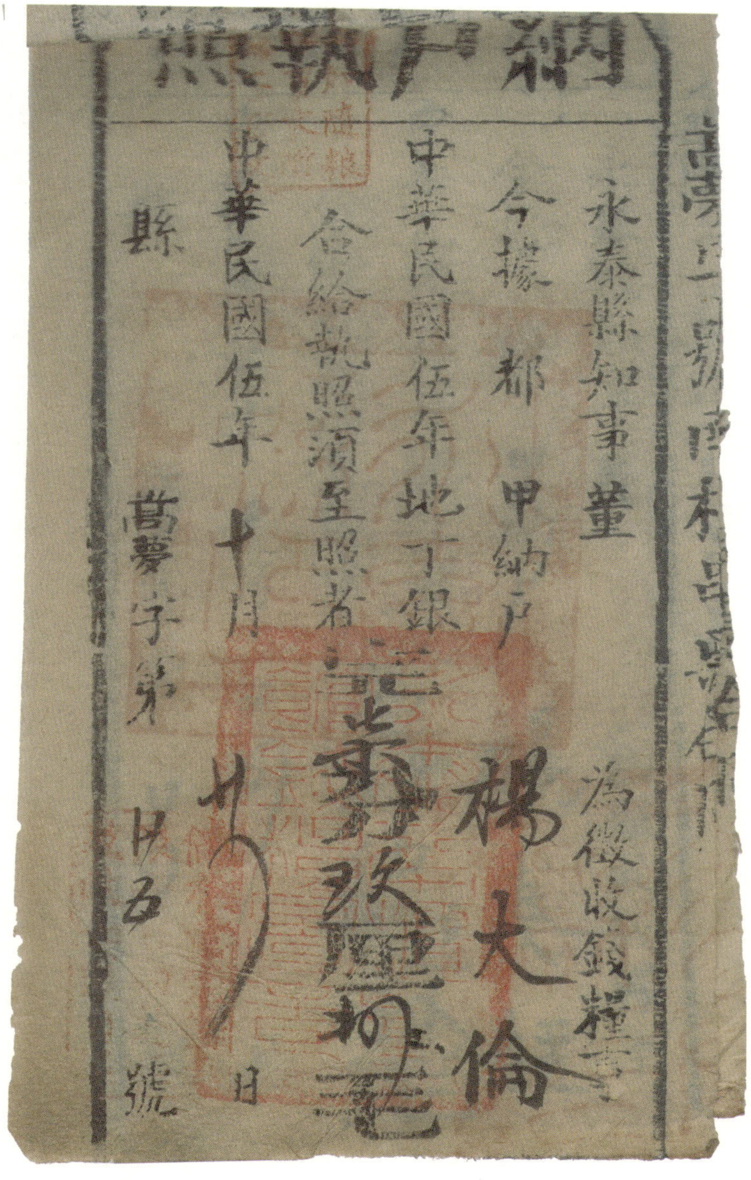

納户執照

永泰縣知事董　為徵收錢糧事

今據　都　甲納户楊大倫

中華民國伍年地丁銀[illegible]

合給執照須至照者

中華民國伍年十月廿九日

縣萬夢字第廿五號

9-2-8-30　民國五年十月楊大倫户納稅執照

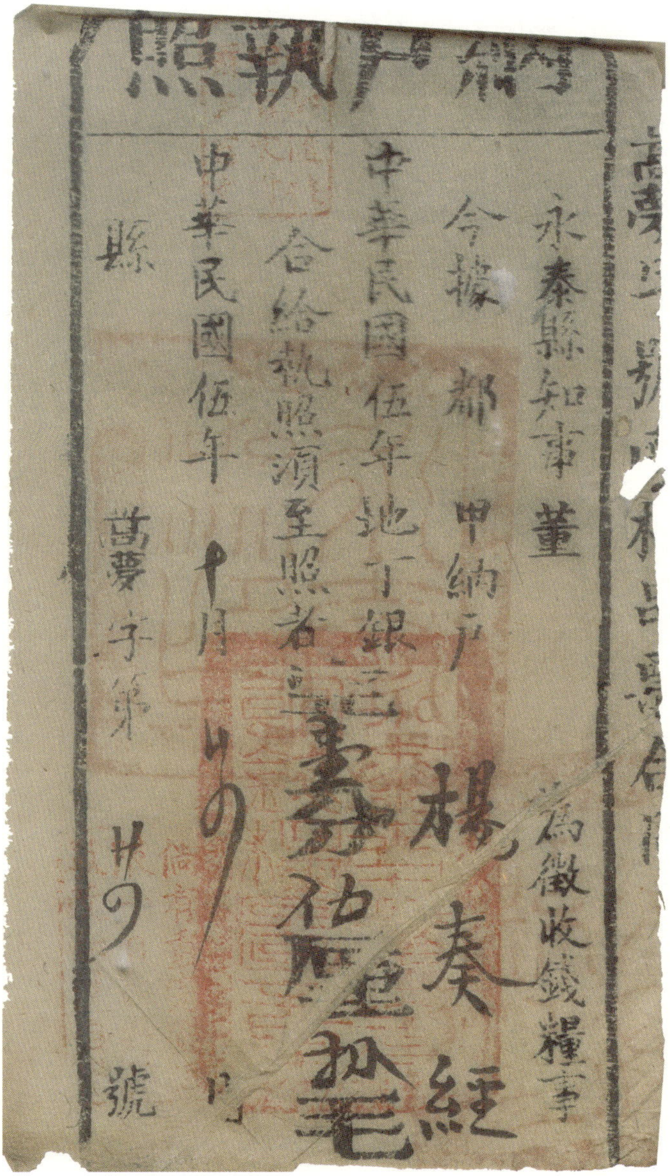

納户執照

永泰縣知事董　為徵收錢糧事

今據　都　甲納户楊奏經

中華民國伍年地丁銀

合給執照須至照者

中華民國伍年十月廿四日

縣　當夢字第廿四號

9-2-8-31　民國五年十月楊奏經户納税執照

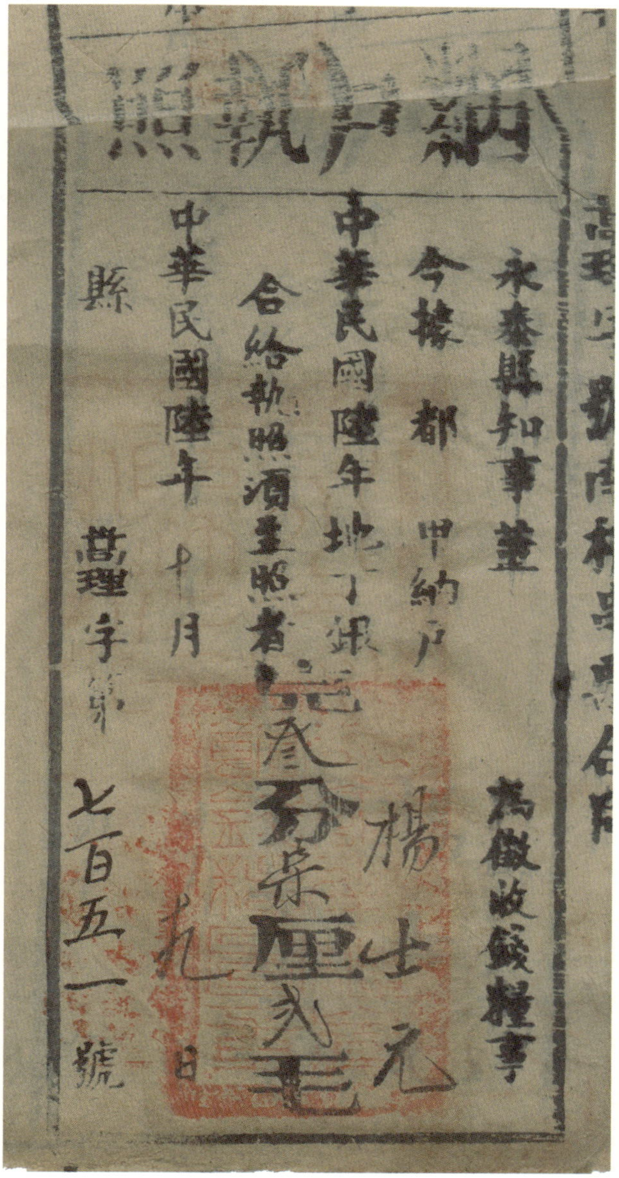

納戶執照

永泰縣知事董　為徵收錢糧事

今據　都　甲納戶　楊士元

中華民國陸年地丁銀完叁分柒厘弍毛

合給執照須至照者

中華民國陸年　十月　九日

縣　嵩理字第　七百五一號

9-2-8-32　民國六年十月楊士元戶納稅執照

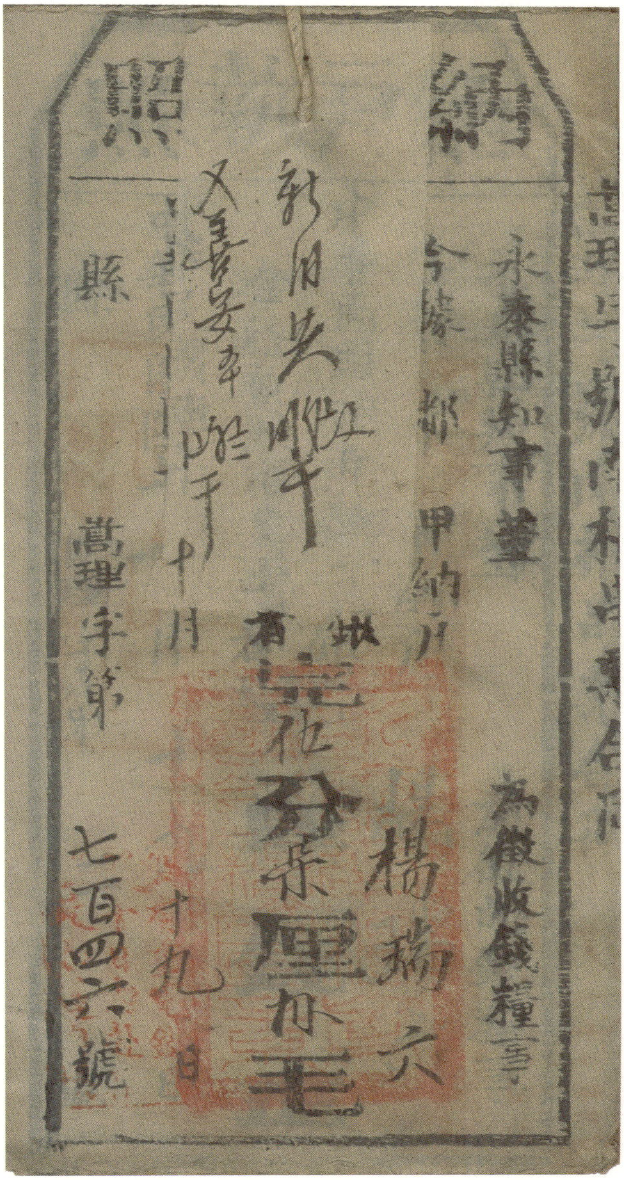

納照

永泰縣知事董　為徵收錢糧事

今據　都　甲納戶　楊瑞六

分　厘　毛

十月　十九日

縣　嵩理字第　七百四六號

9-2-8-33　民國六年十月楊瑞六户納稅執照（一）

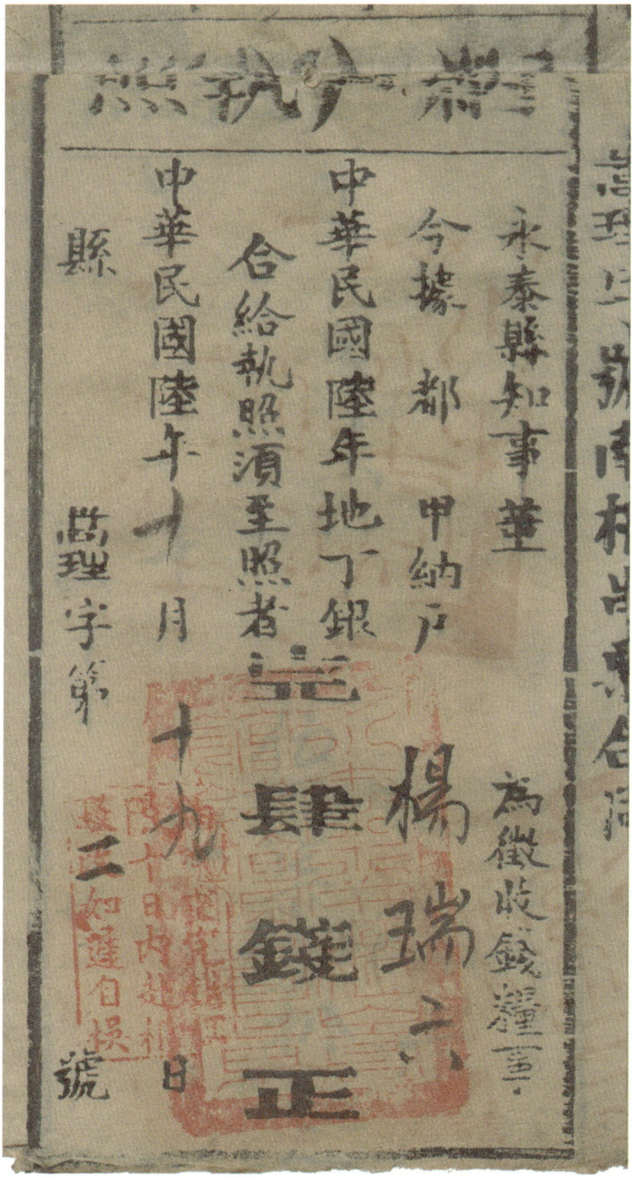
糧戶執照
永泰縣知事董　為徵收錢糧事
今據　都　甲納戶　楊瑞六
中華民國陸年地丁銀　叁肆錢正
合給執照須至照者
中華民國陸年十月　十九　日
縣　嵩理字第　二　號

9-2-8-34　民國六年十月楊瑞六户納税執照（二）

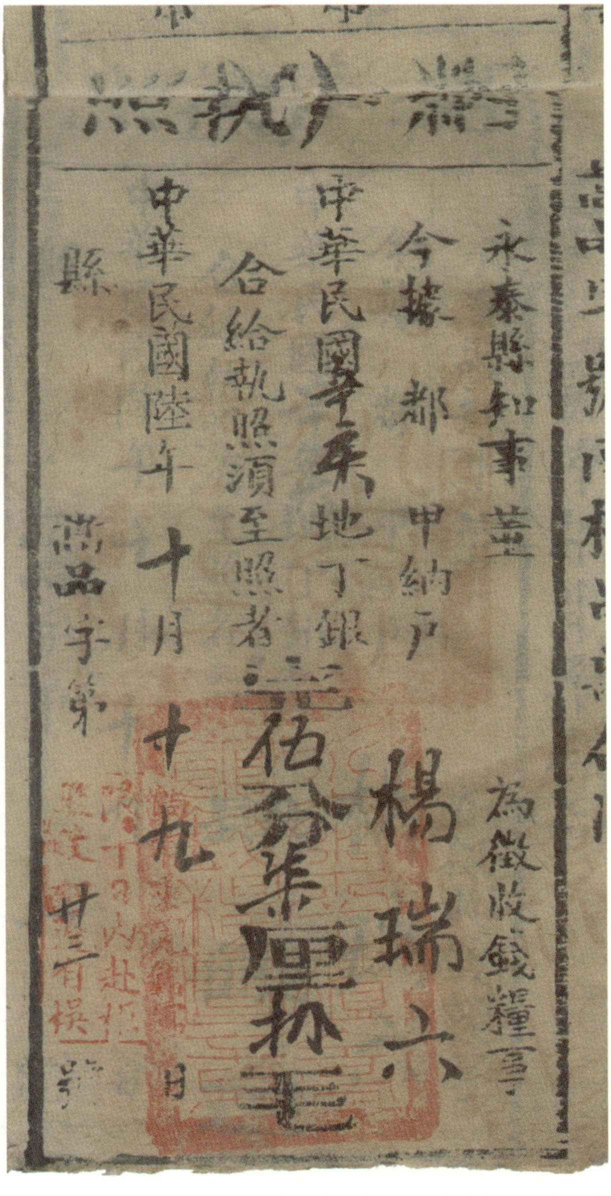

9-2-8-35　民國六年十月楊瑞六户納税執照（三）

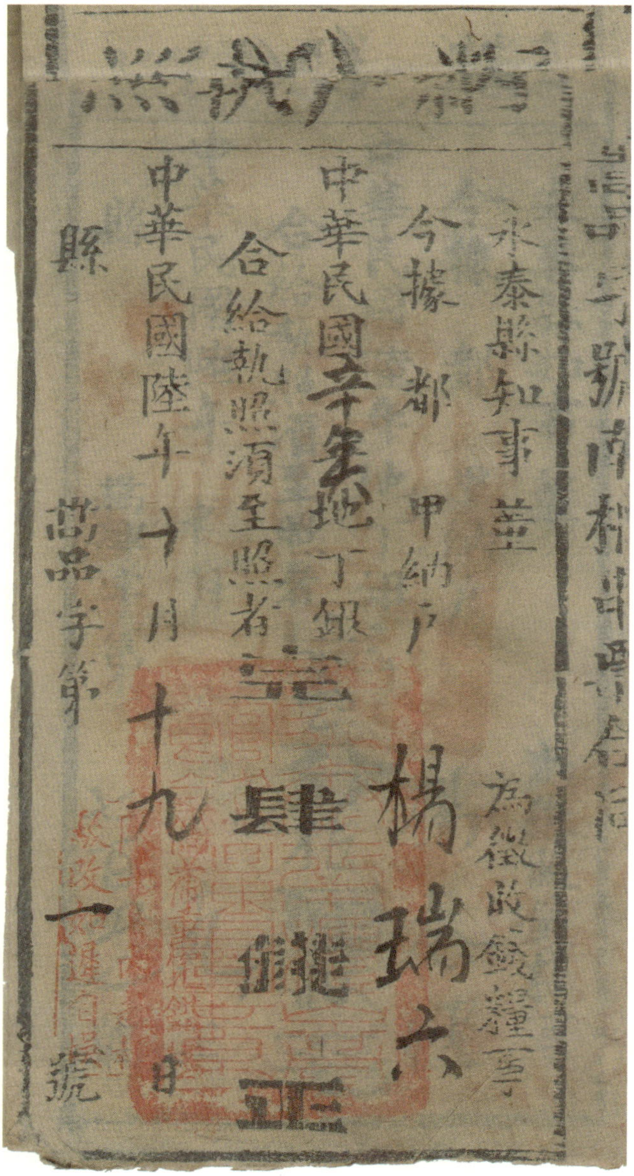
永泰縣知事董 為徵收錢糧事
今據 都 甲納户 楊瑞六
中華民國六年地丁銀壹肆錢正
合給執照須至照者
中華民國陸年十月十九日
縣 當品字第一號

9-2-8-36　民國六年十月楊瑞六户納稅執照（四）

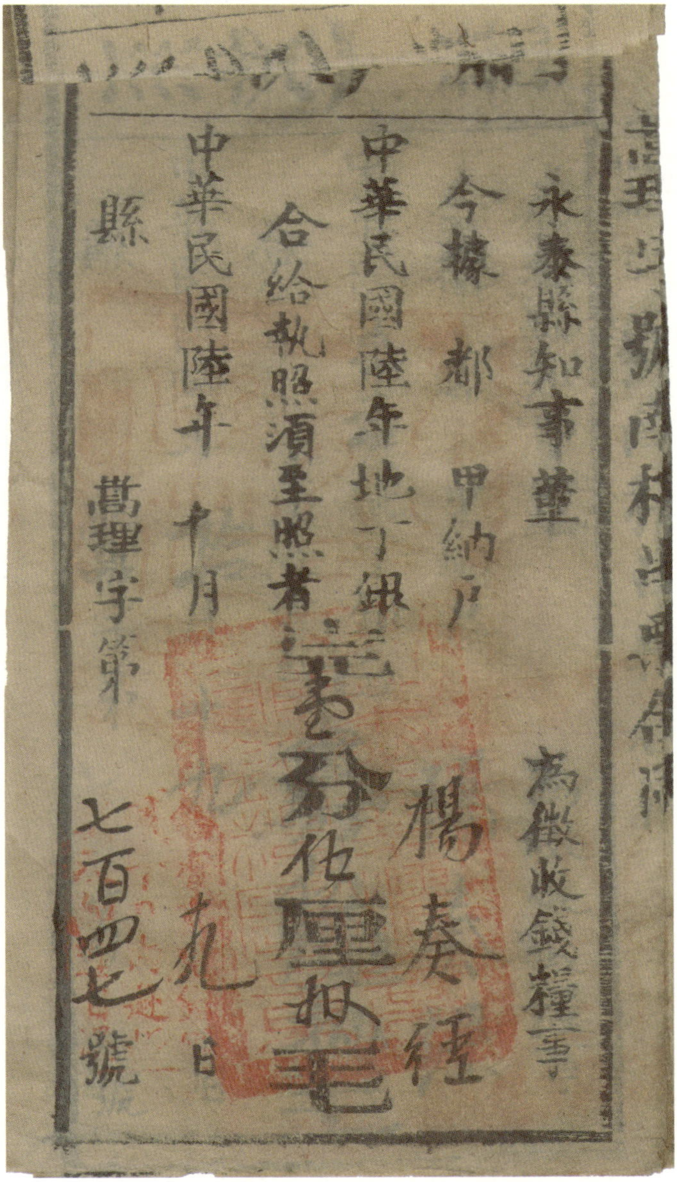

永泰縣知事董　為徵收錢糧事

今據　都　甲納户　楊奏經

中華民國陸年地丁銀　壹分伍厘捌毛

合給執照須至照者

中華民國陸年　十月　九日

縣　萬理字第　七百四七號

9-2-8-37　民國六年十月楊奏經户納税執照（一）

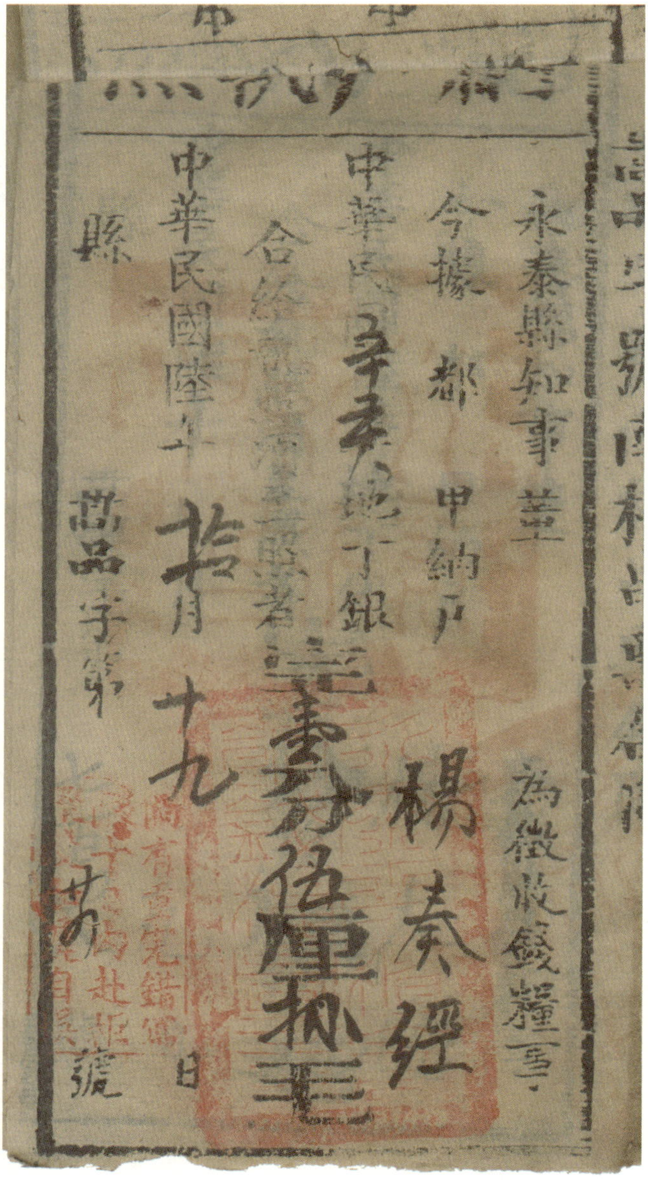

9-2-8-38　民國六年十月楊奏經户納税執照（二）

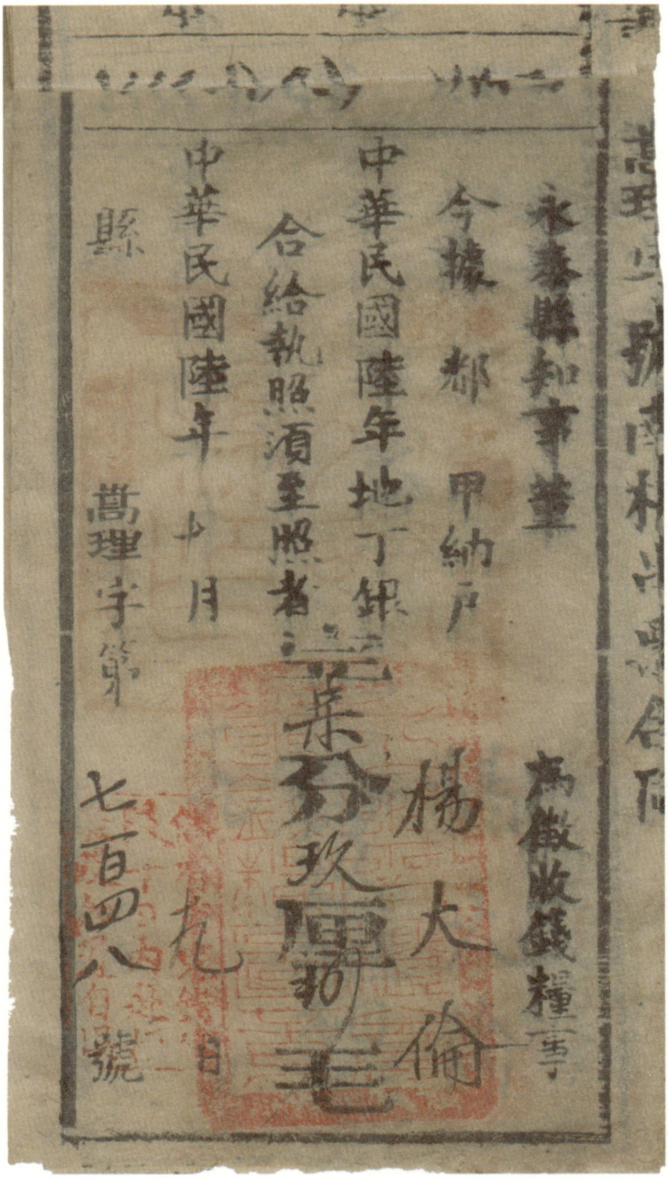

永泰縣知事董　為徵收錢糧事
今據　都　甲納戶　楊大倫
中華民國陸年地丁銀　柒分玖厘　毛
合給執照須至照者
中華民國陸年十月　九
縣　萬理字第七百四八號

9-2-8-39　民國六年十月楊大倫户納稅執照（一）

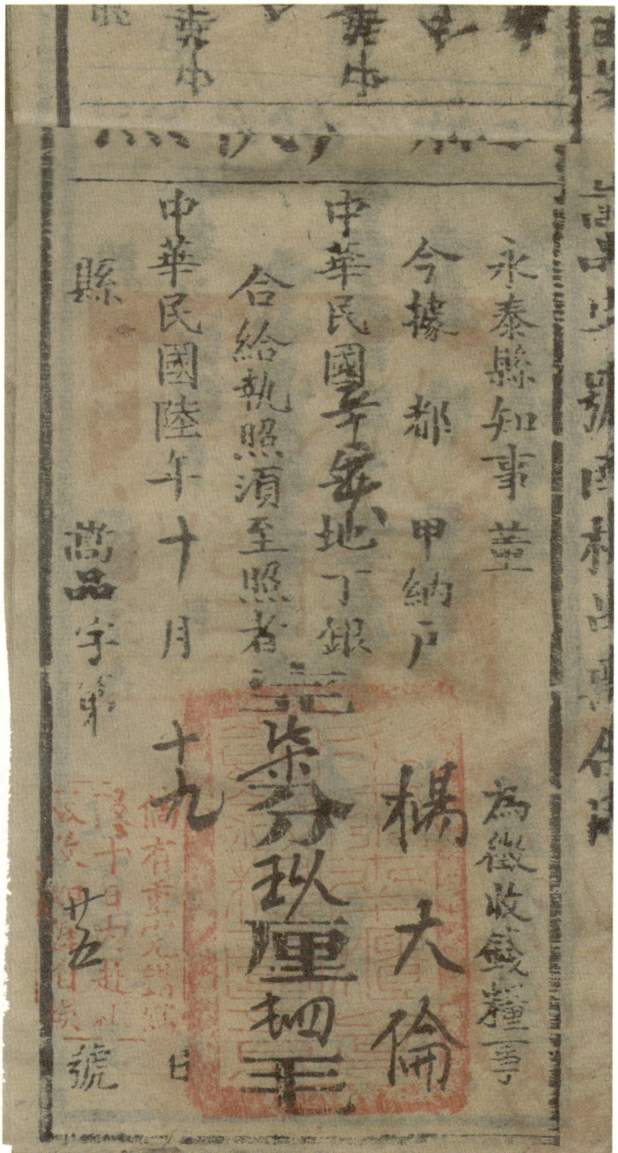

永泰縣知事董　為徵收錢糧事
今據　都　甲納户　楊大倫
中華民國年分地丁銀柒分玖厘捌毛
合給執照須至照者
中華民國陸年十月十九日
縣　萬品字第廿五號

9-2-8-40　民國六年十月楊大倫户納稅執照（二）

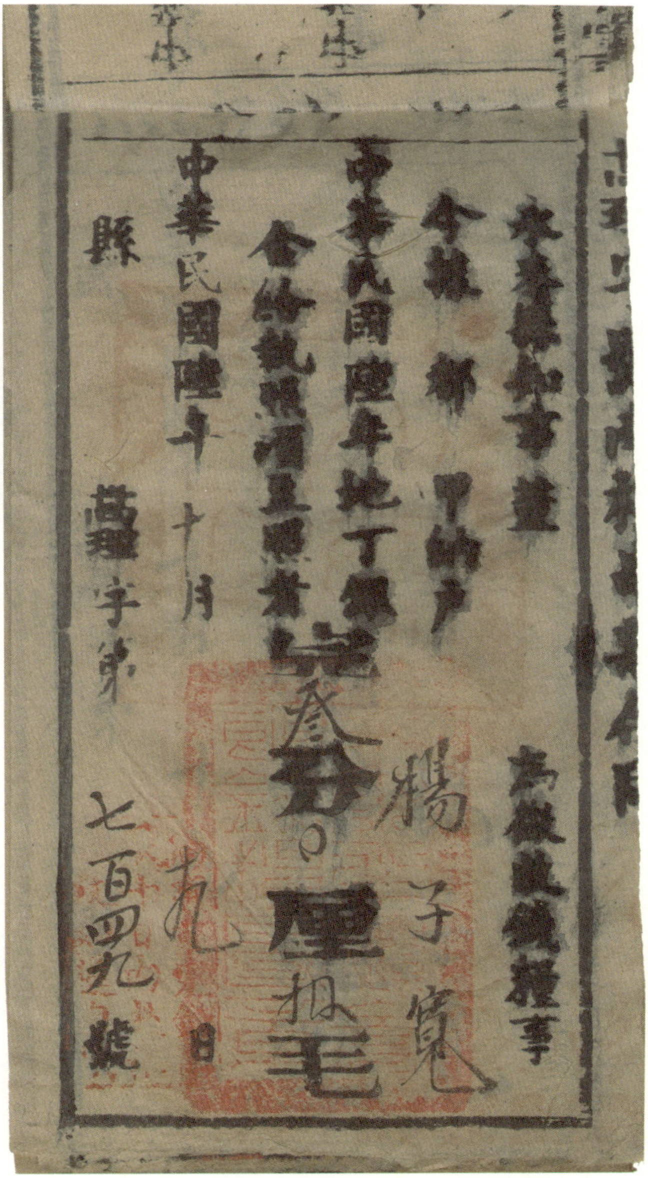

永泰縣知事黄　為徵收錢糧事

今據　鄉　甲納户　楊子寬

中華民國陸年地丁銀　叄分○厘捌毛

合給執照付該户收執照者

中華民國陸年　十月　九日

縣　萬字第七百四九號

9-2-8-41　民國六年十月楊子寬户納税執照（一）

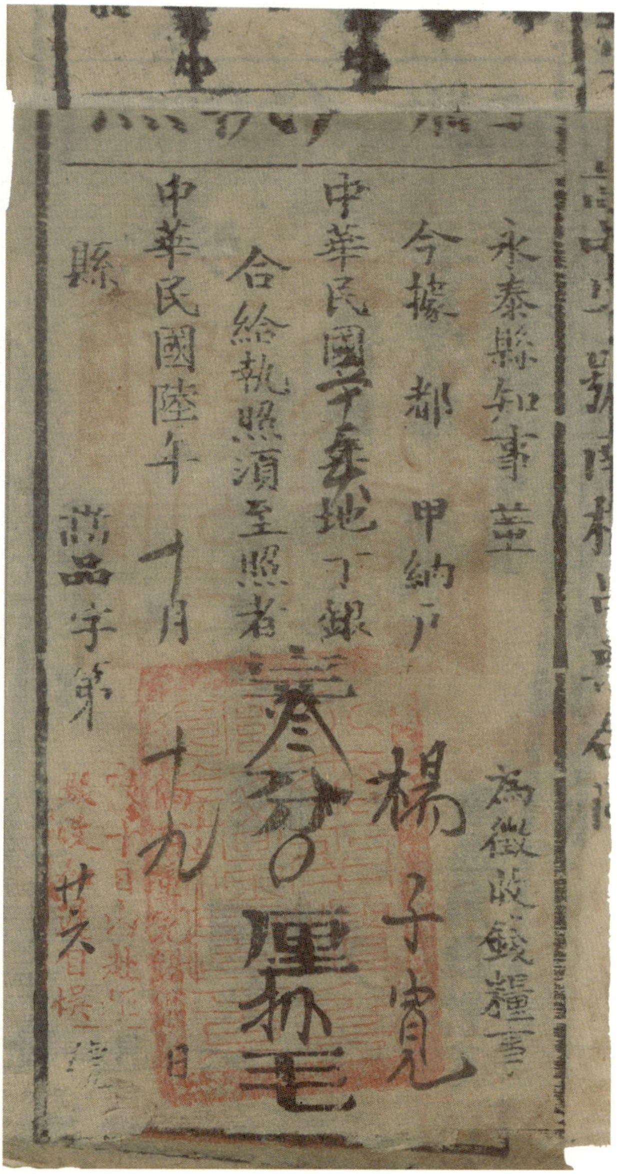
永泰縣知事董 為徵收錢糧事
今據 都 甲納户楊子寬
中華民國六年地丁銀叁分〇厘捌毛
合給執照須至照者
中華民國陸年十月十九日
縣 滿品字第廿六號

9-2-8-42　民國六年十月楊子寬户納稅執照（二）

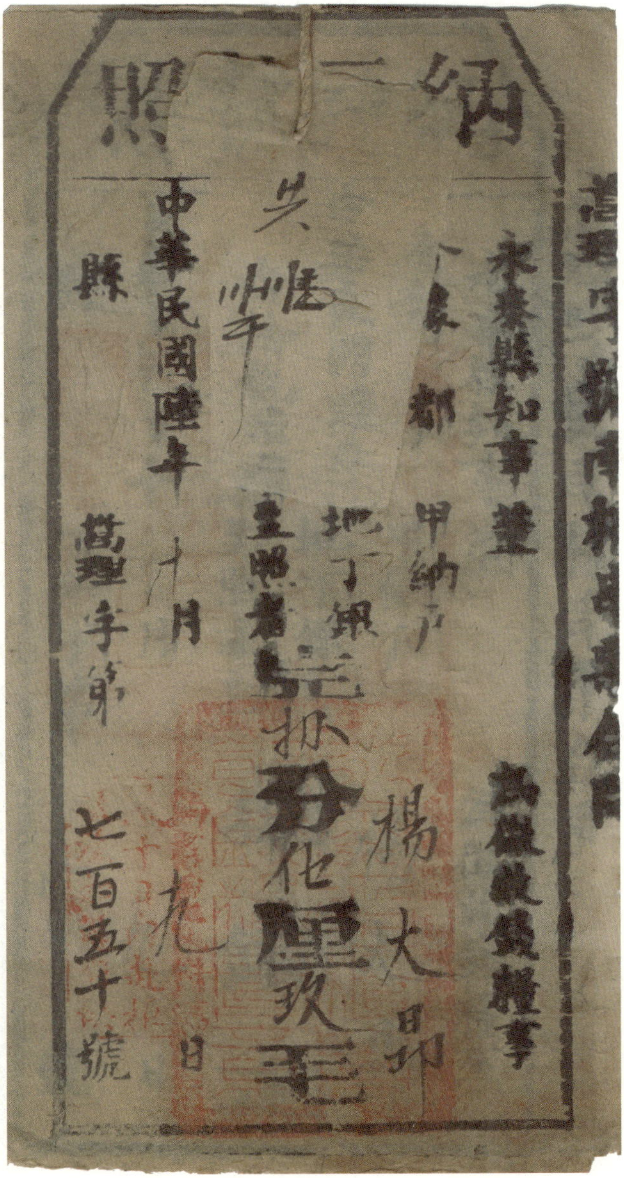

永泰縣知事董

爲徵收錢糧事

都　甲納户　楊大昂

地丁銀

中華民國陸年　十月　九日

縣

管理手第　七百五十號

9-2-8-43　民國六年十月楊大昂户納稅執照（一）

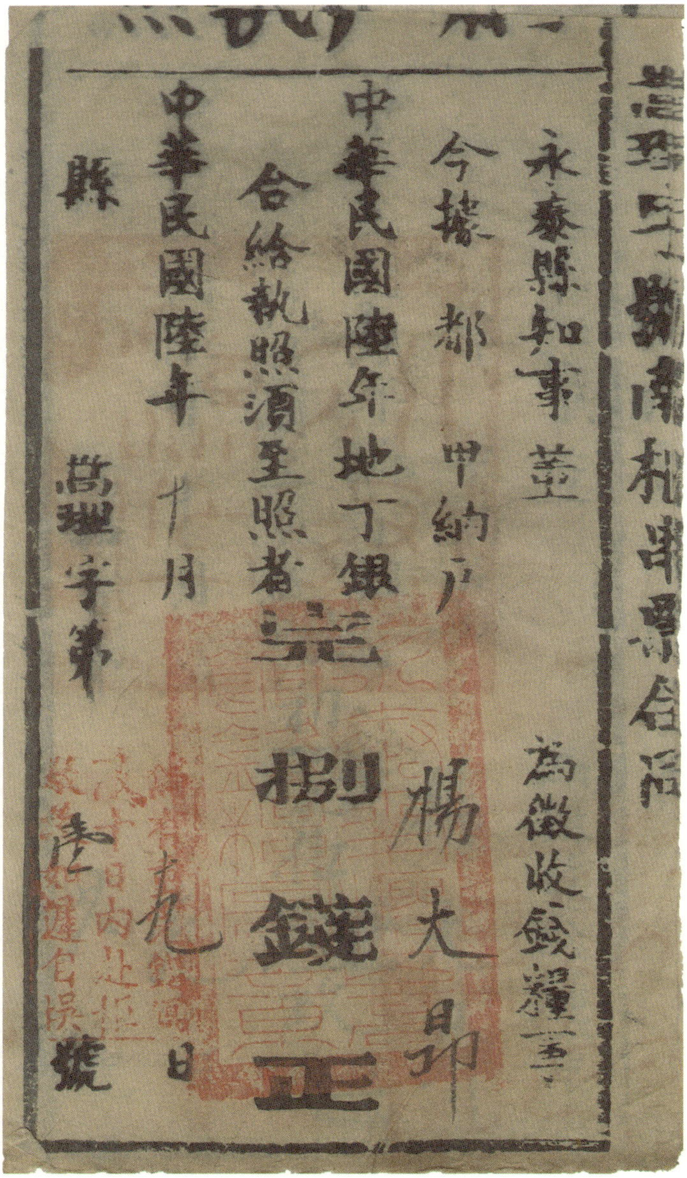
永泰縣知事董　為徵收錢糧事
今據　都　甲納户楊大昂
中華民國陸年地丁銀完捌錢正
合給執照須至照者
中華民國陸年十月九日
縣　嵩坦字第叁號

9-2-8-44　民國六年十月楊大昂户納税執照（二）

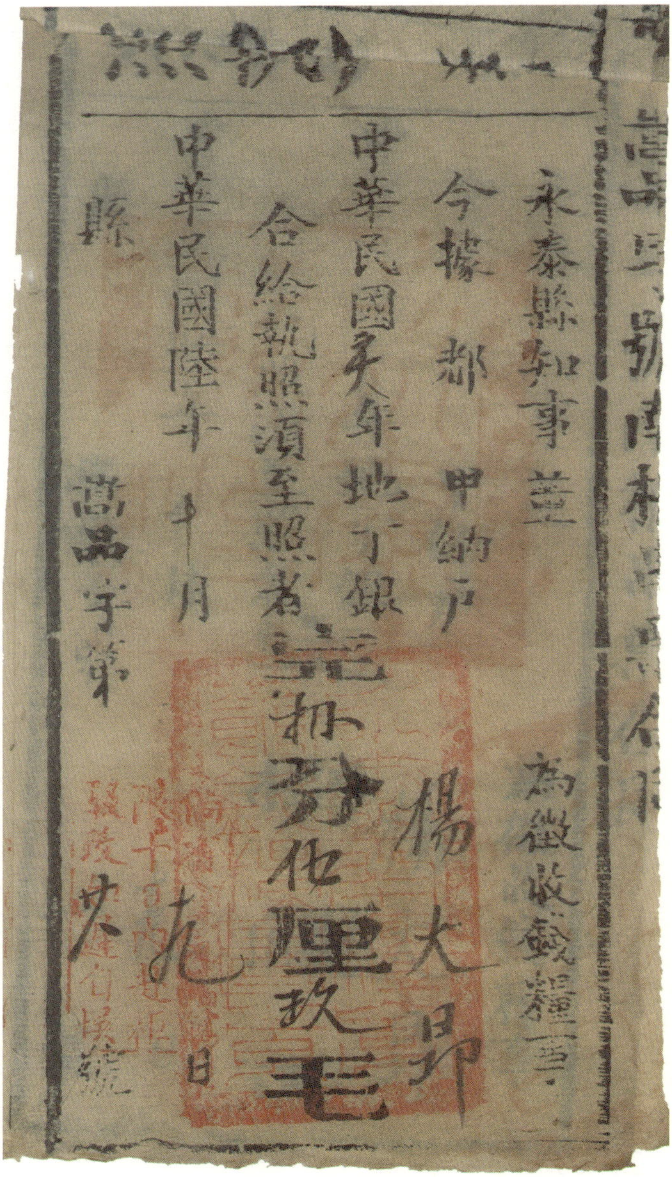

永泰縣知事董　為徵收錢糧事
今據　都　甲納户　楊大昂
中華民國六年地丁銀
合給執照須至照者
中華民國陸年　十月　九日
縣　嵩品字第　號

9-2-8-45　民國六年十月楊大昂户納税執照（三）

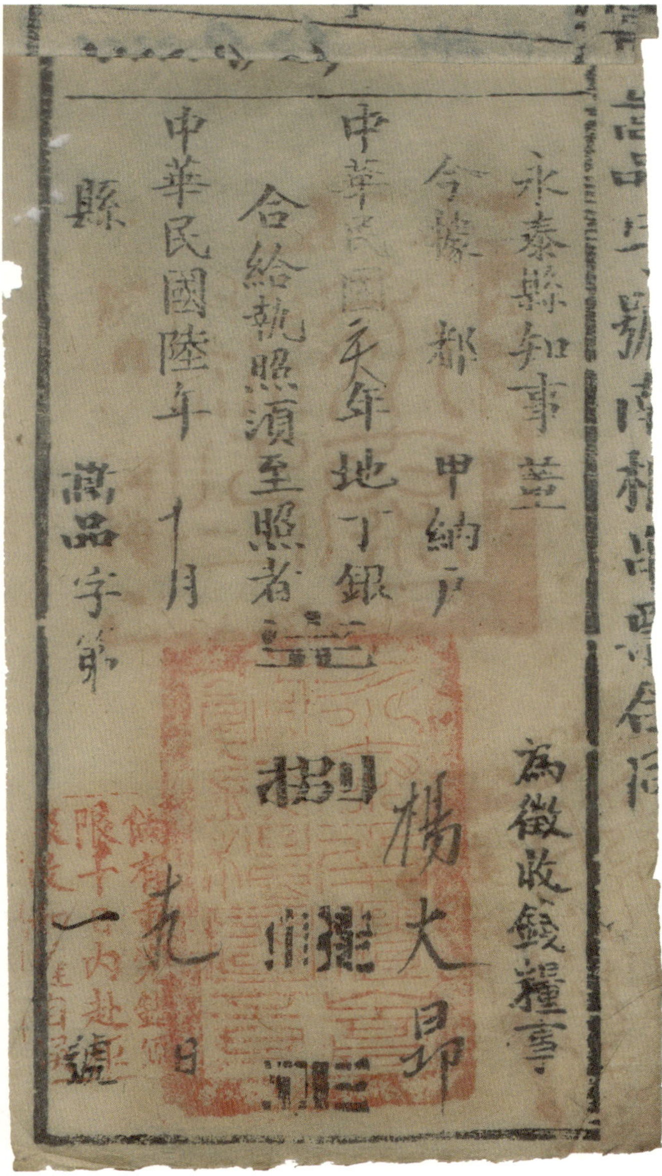

永泰縣知事董 為徵收錢糧事

今據 都 甲納户 楊大昂

中華民國六年地丁銀

合給執照須至照者

中華民國陸年十月 日

縣 字第 號

9-2-8-46　民國六年十月楊大昂户納稅執照（四）

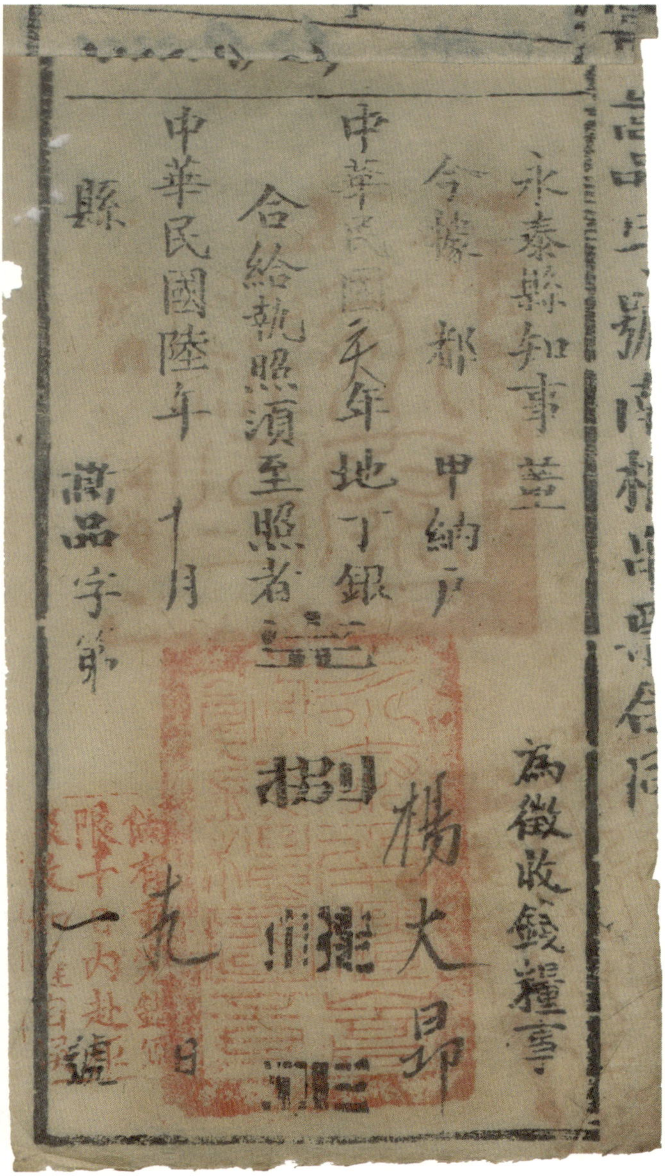

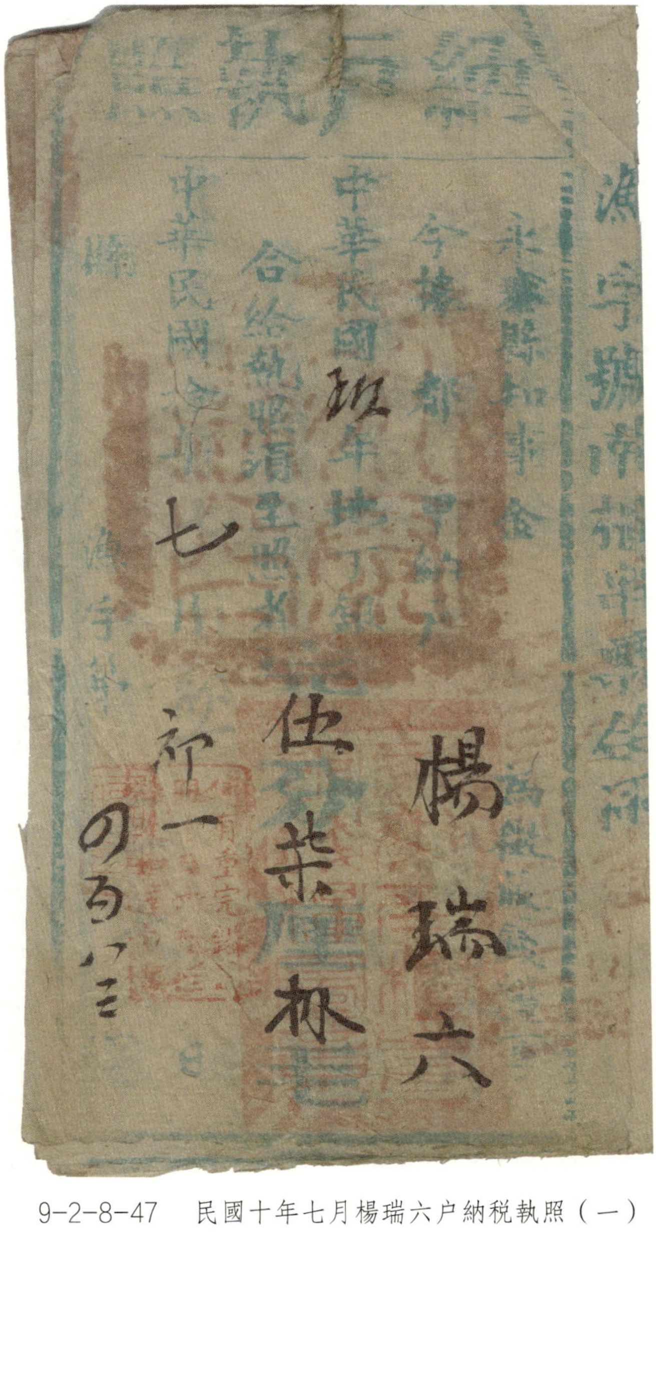

9-2-8-47　民國十年七月楊瑞六户納税執照（一）

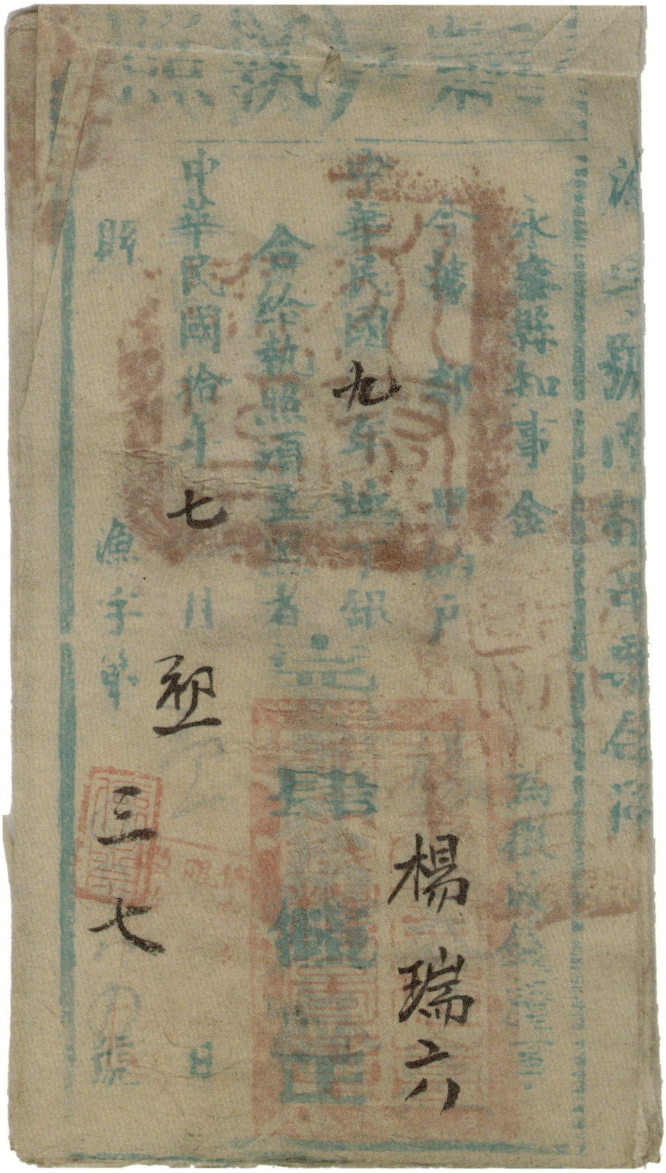

永泰縣知事金

今據 都 甲 納户 楊瑞六

中華民國九年

合給執照須至者

中華民國拾年七月初三 日

照

漁字第 三七

9-2-8-48　民國十年七月楊瑞六户納稅執照（二）

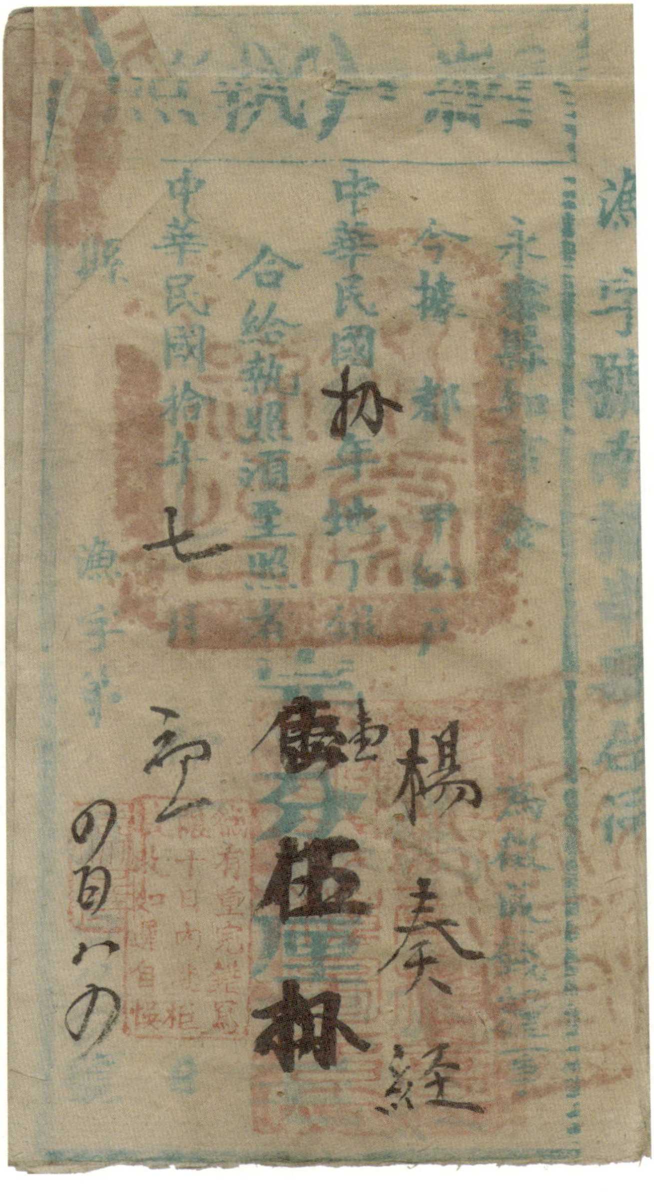

9-2-8-49　民國十年七月楊奏經户納稅執照（一）

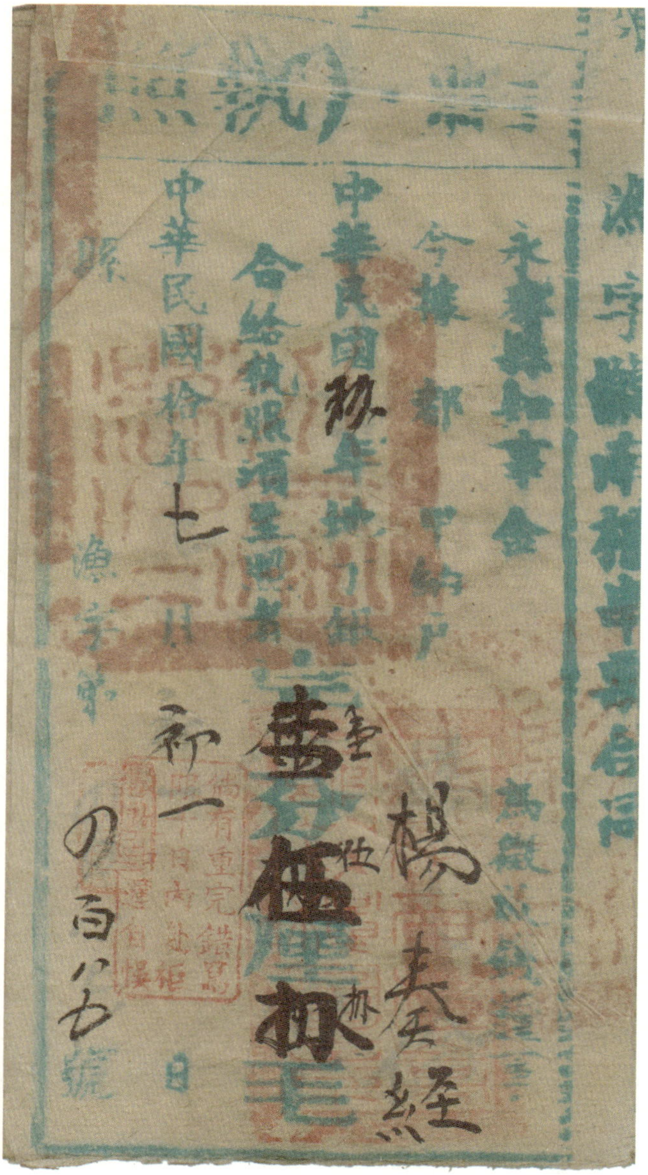

9-2-8-50　民國十年七月楊奏經户納税執照（二）

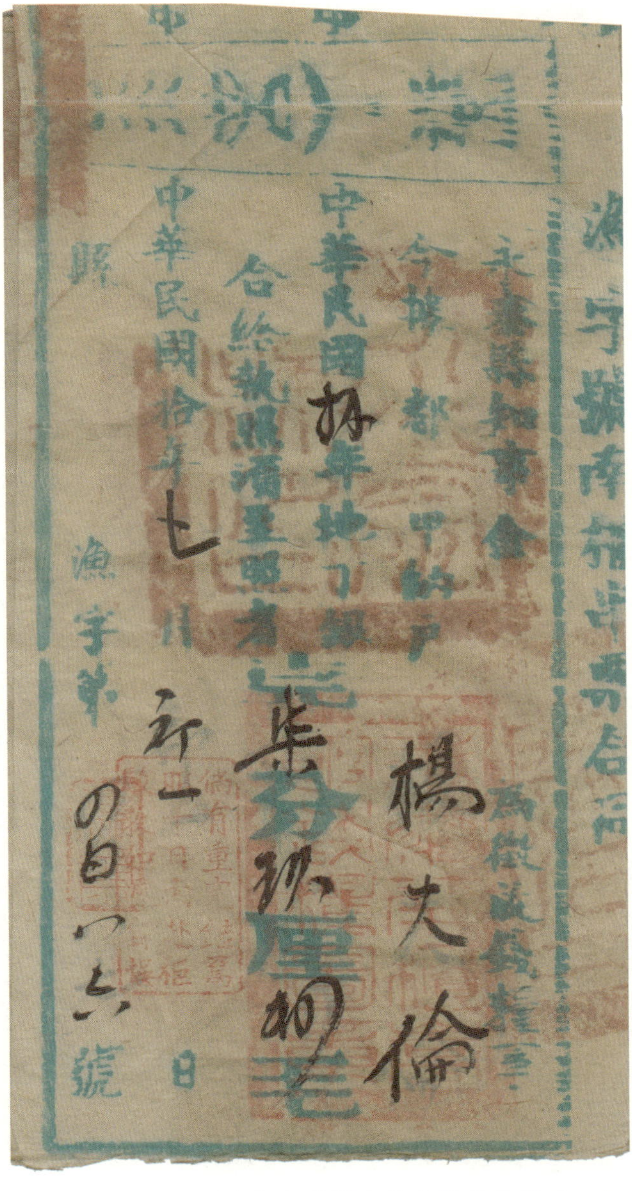

9-2-8-51　民國十年七月楊大倫户納税執照（一）

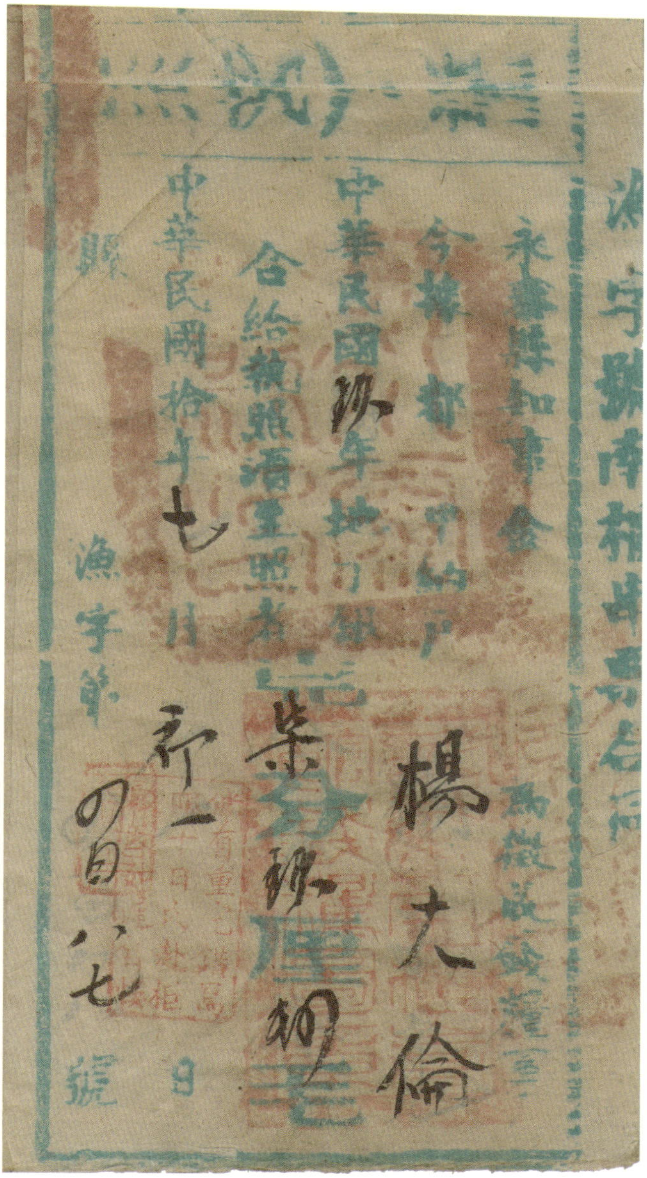

9-2-8-52　民國十年七月楊大倫户納稅執照（二）

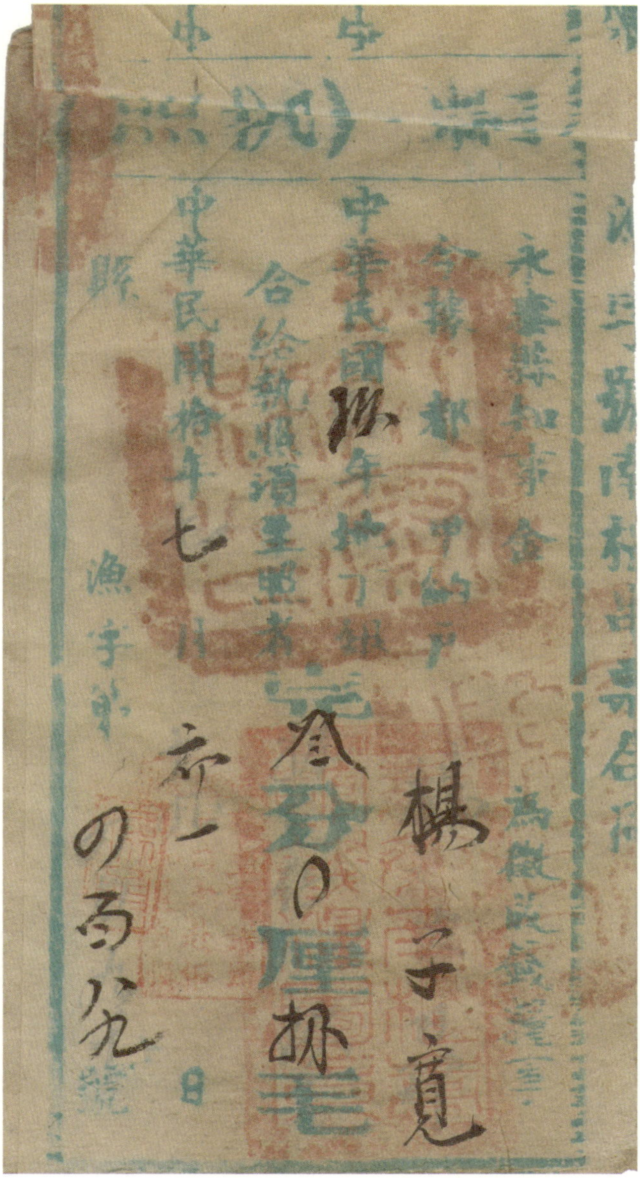

9-2-8-53　民國十年七月楊子寬户納税執照

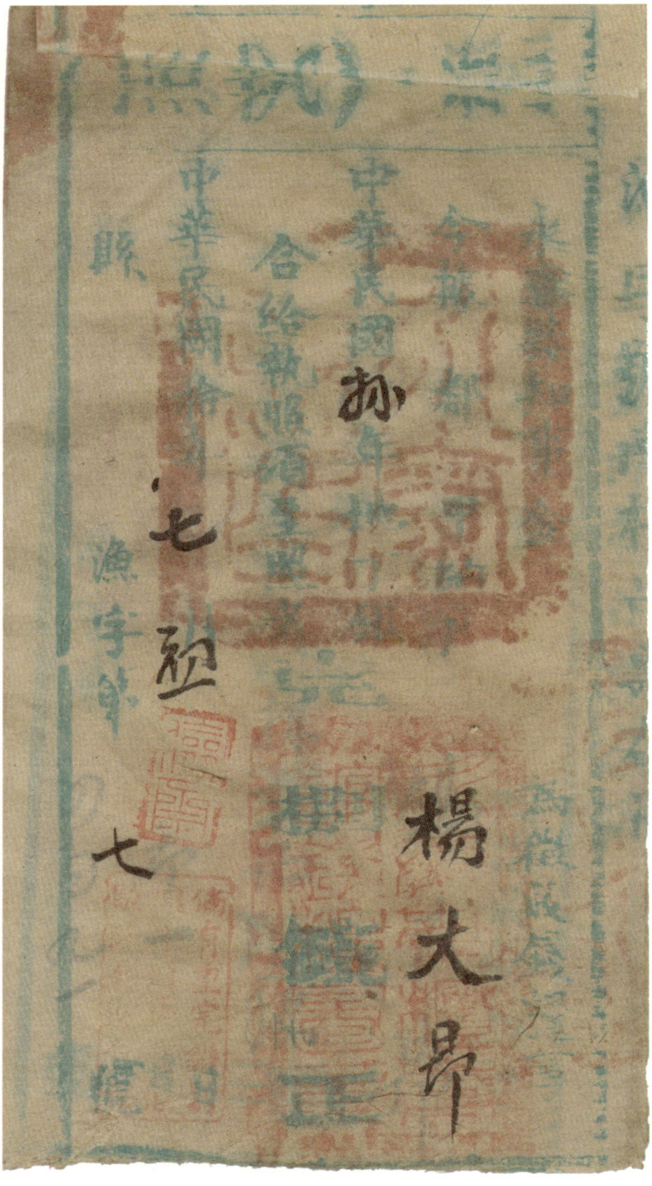

9-2-8-54　民國十年七月楊大昂户納税執照（一）

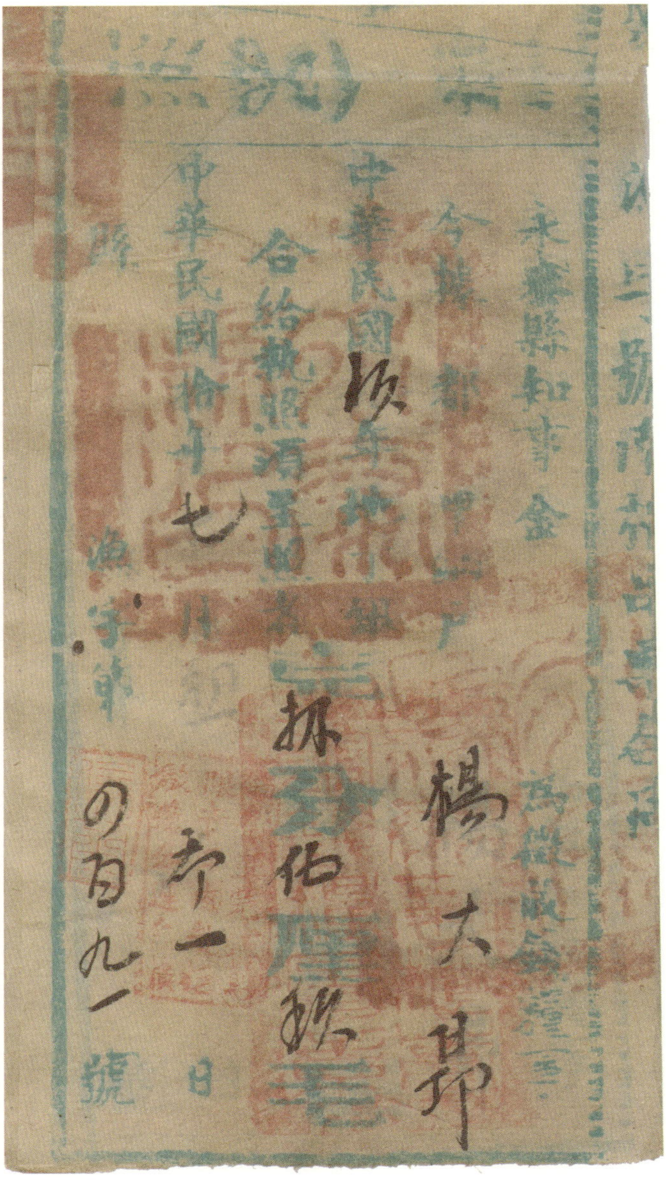

9-2-8-55　民國十年七月楊大昂户納税執照（二）

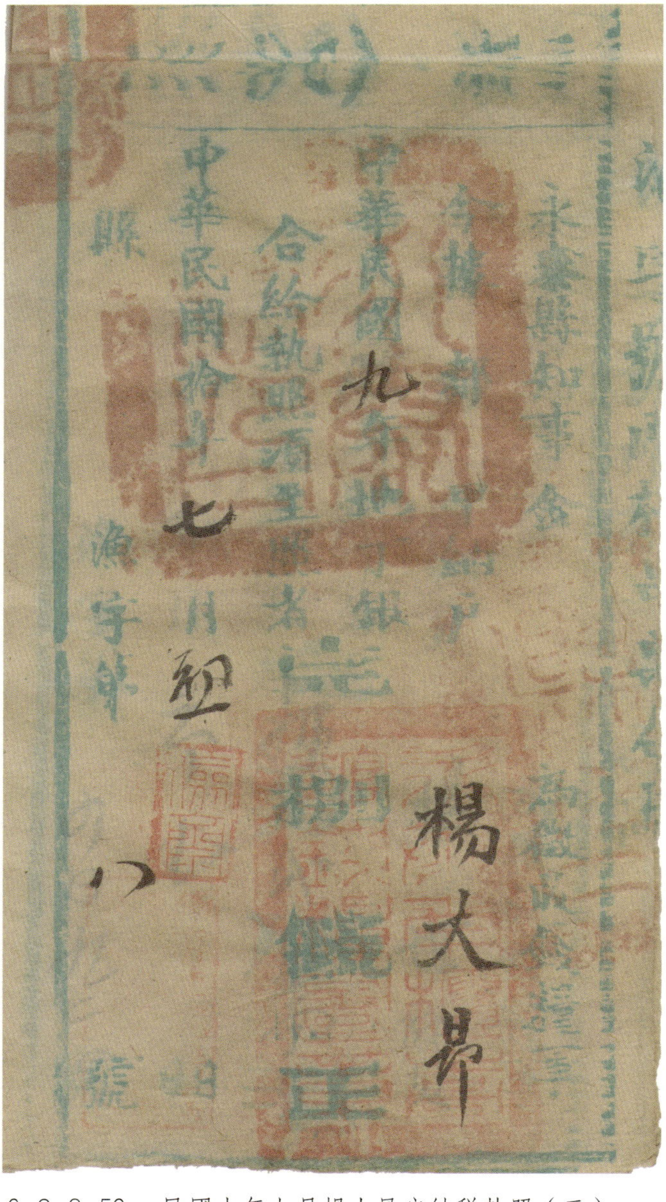

9-2-8-56　民國十年七月楊大昂户納税執照（三）

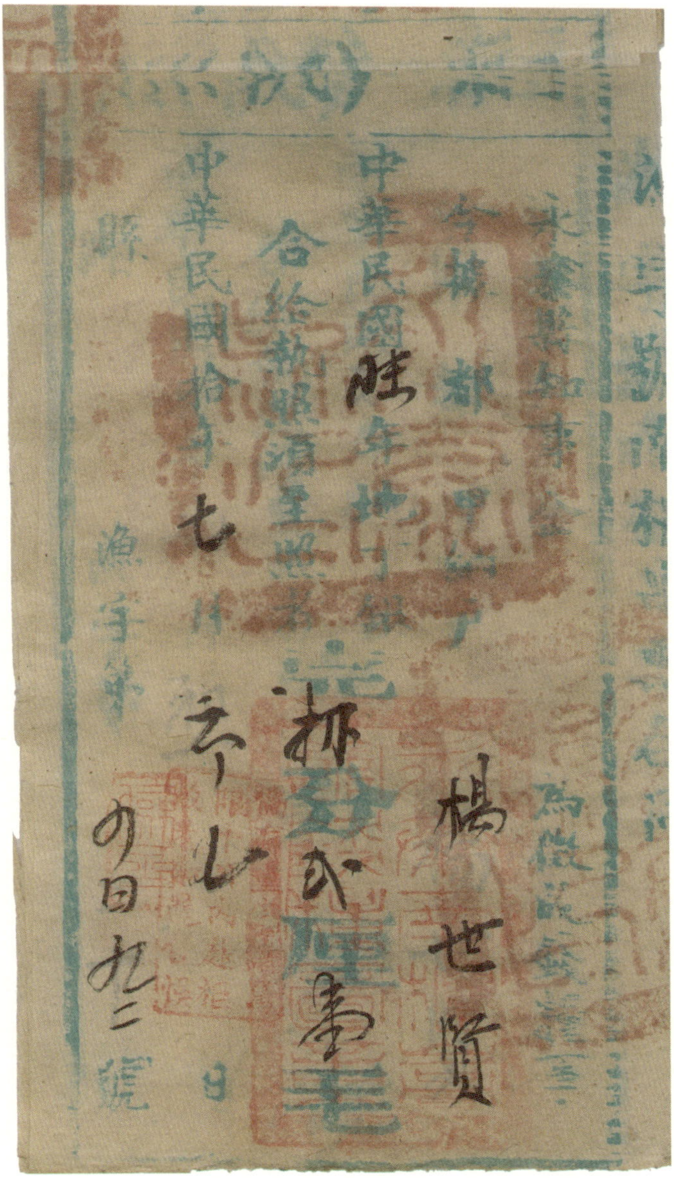

9-2-8-57　民國十年七月楊世賢户納税執照（一）

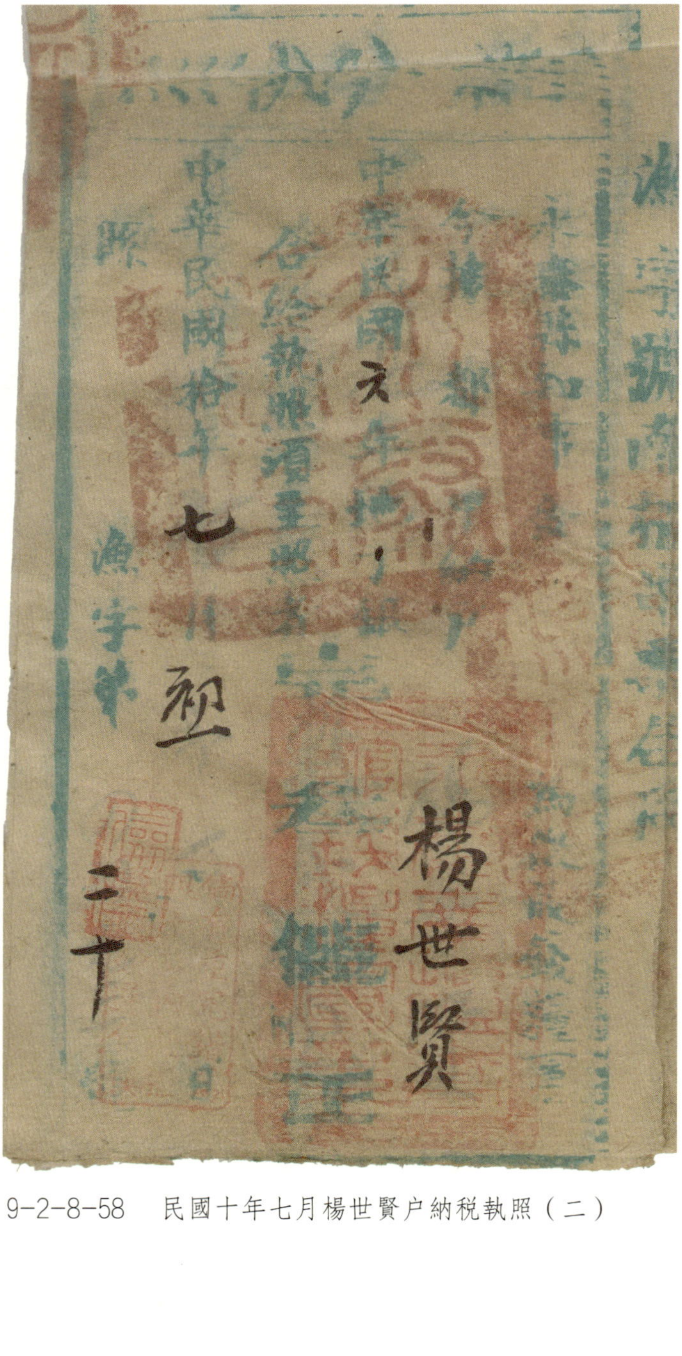

9-2-8-58　民國十年七月楊世賢户納税執照（二）

9-2-8-59　民國十年七月楊世賢户納税執照（三）

9-2-8-60　民國十年七月楊世賢户納税執照（四）

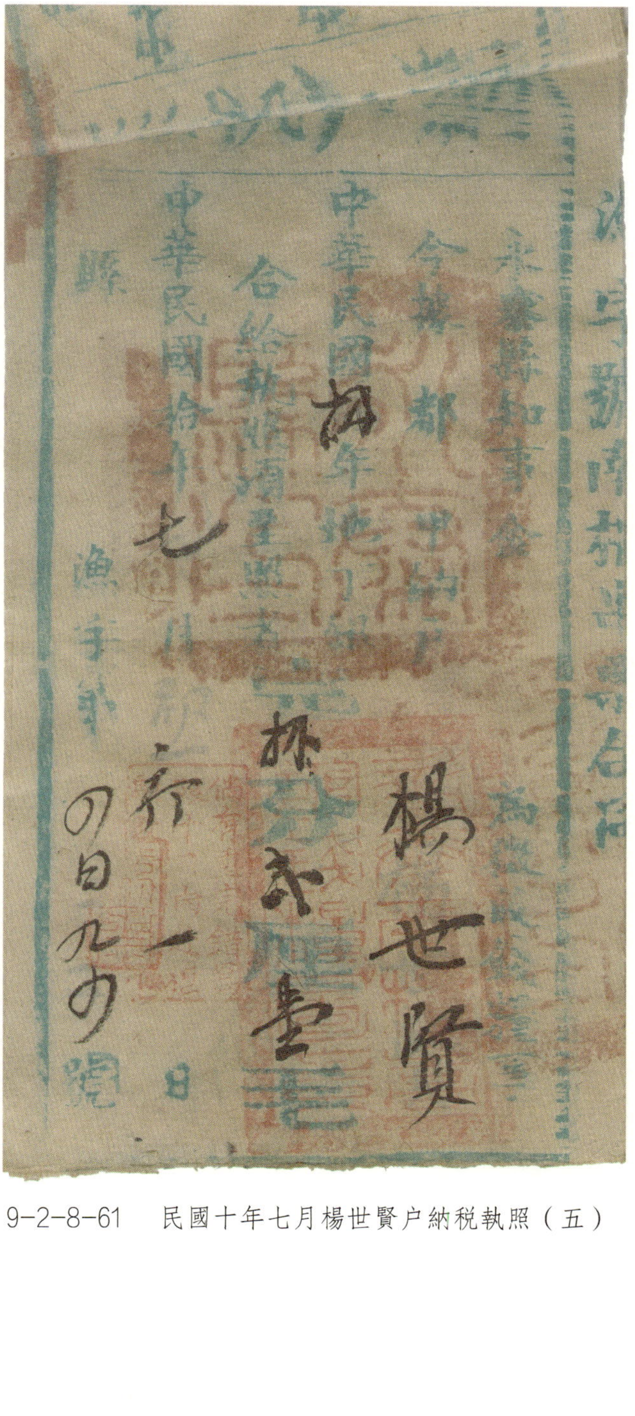

9-2-8-61　民國十年七月楊世賢户納税執照（五）

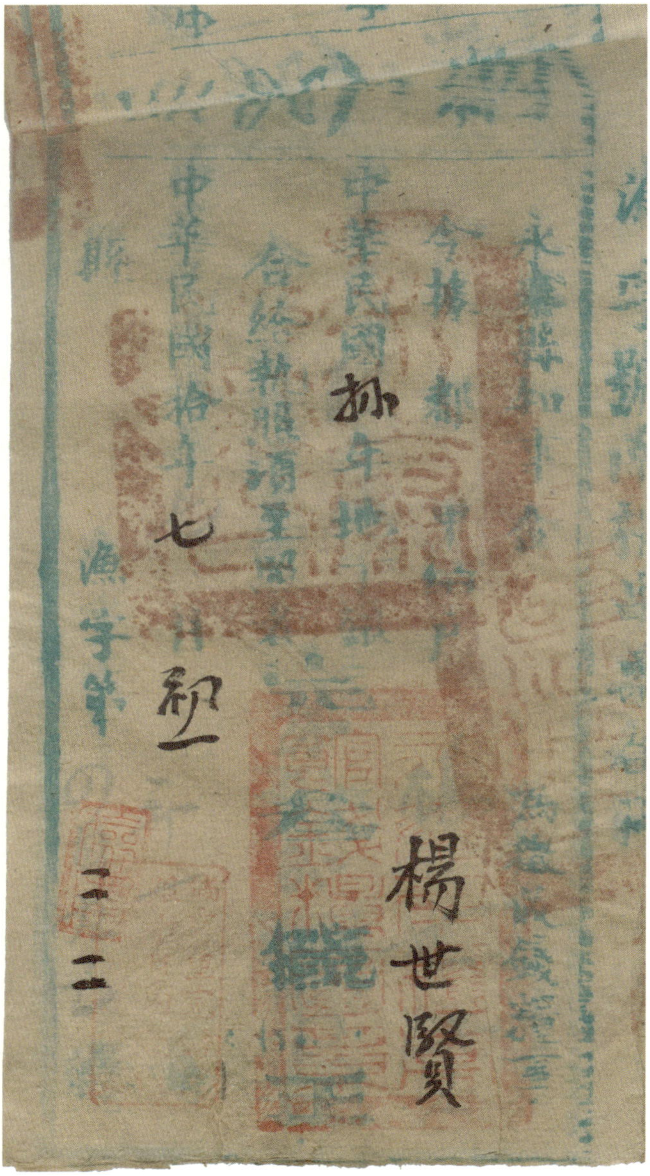

9-2-8-62　民國十年七月楊世賢户納税執照（六）

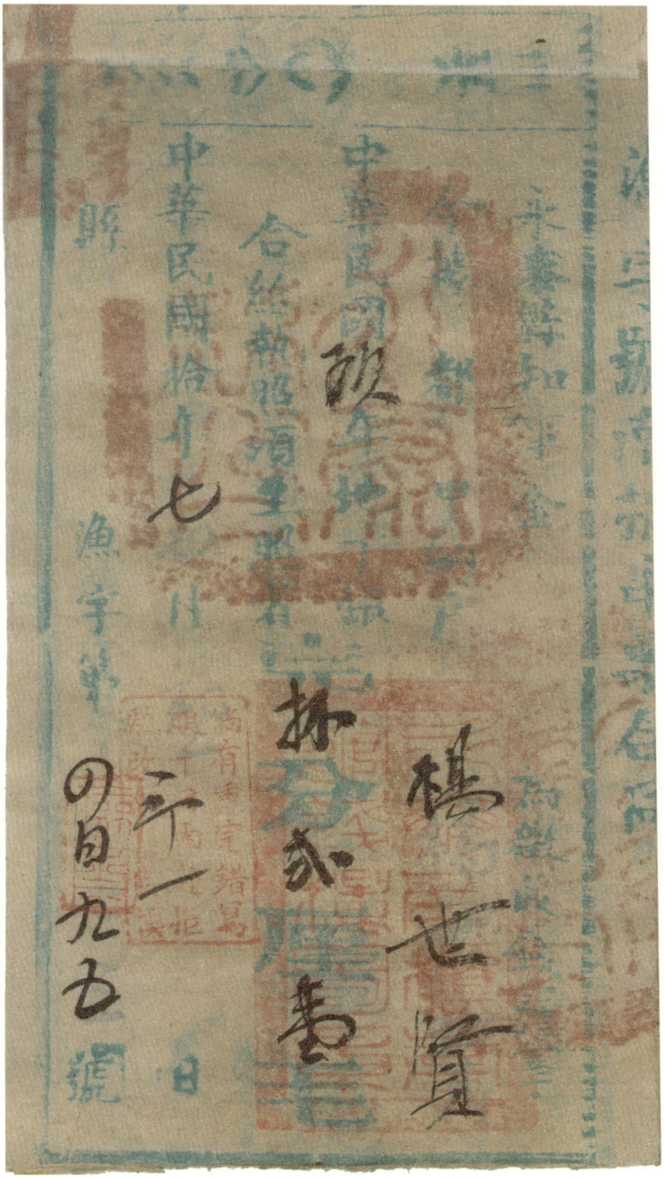

9-2-8-63　民國十年七月楊世賢户納税執照（七）

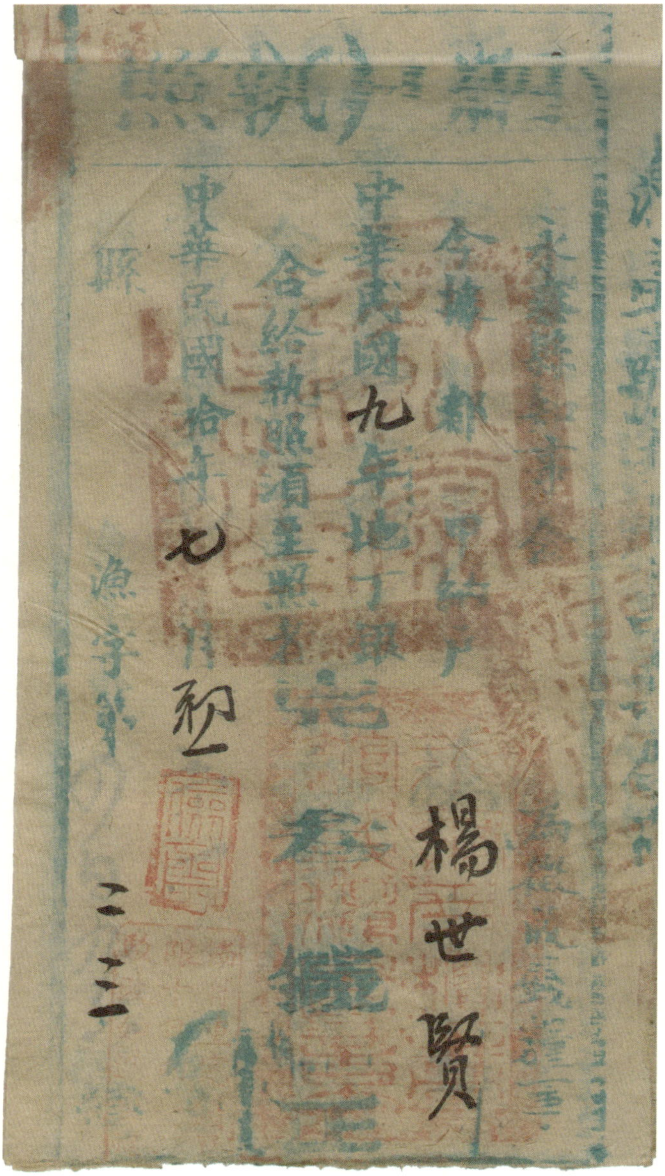

9-2-8-64　民國十年七月楊世賢户納税執照（八）

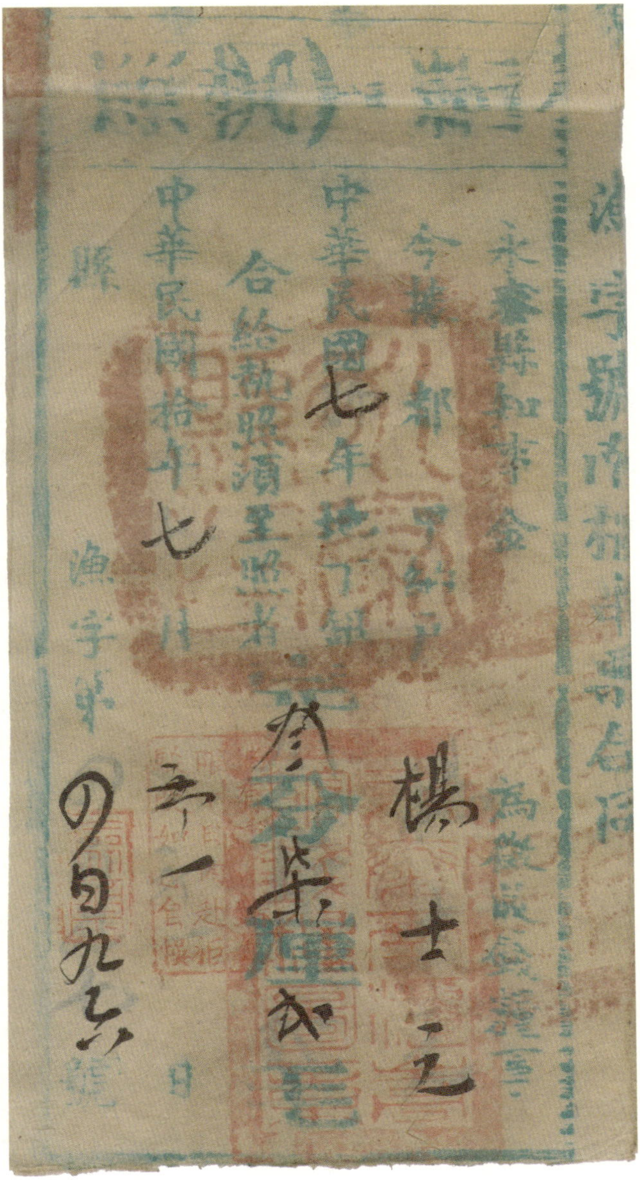

9-2-8-65　民國十年七月楊士元户納税執照（一）

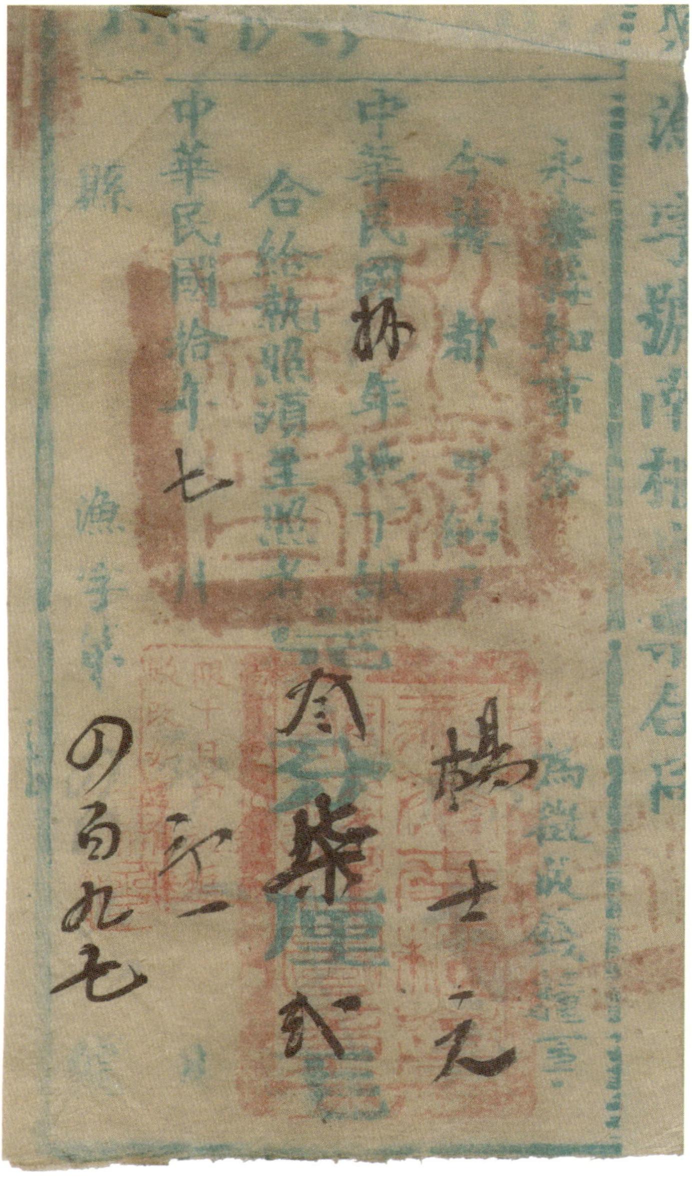

9-2-8-66　民國十年七月楊士元户納稅執照（二）

9-2-8-67　民國十年七月楊士元户納税執照（三）

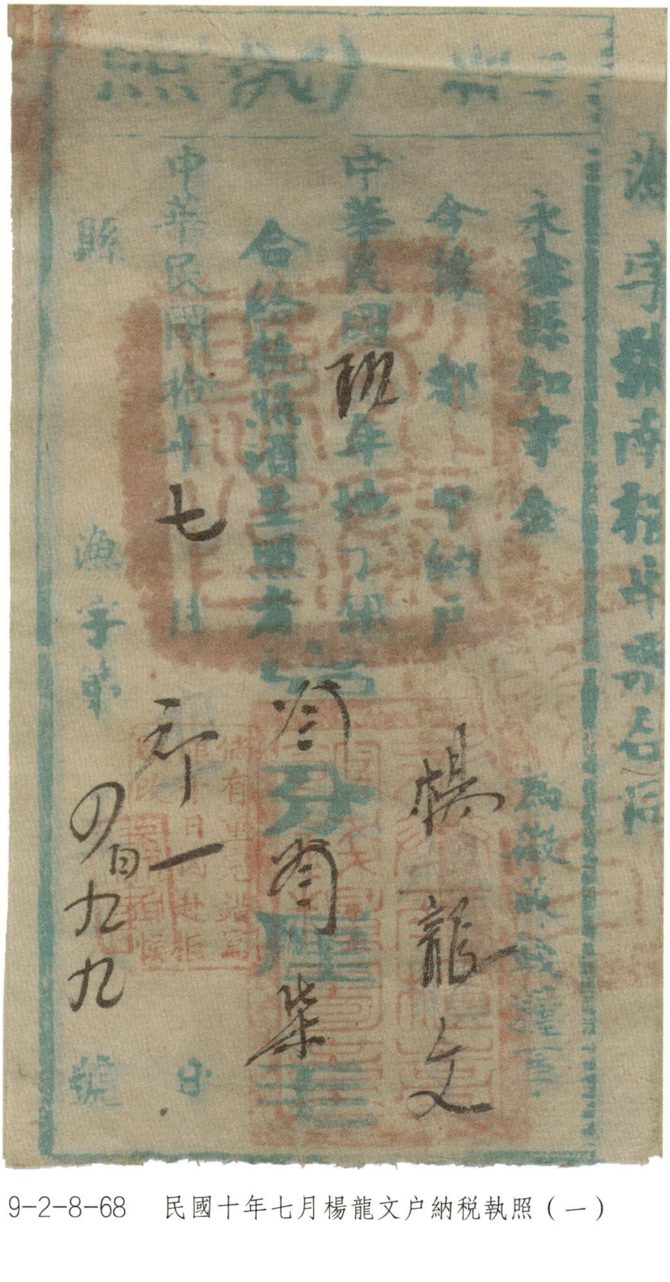

9-2-8-68　民國十年七月楊龍文户納税執照（一）

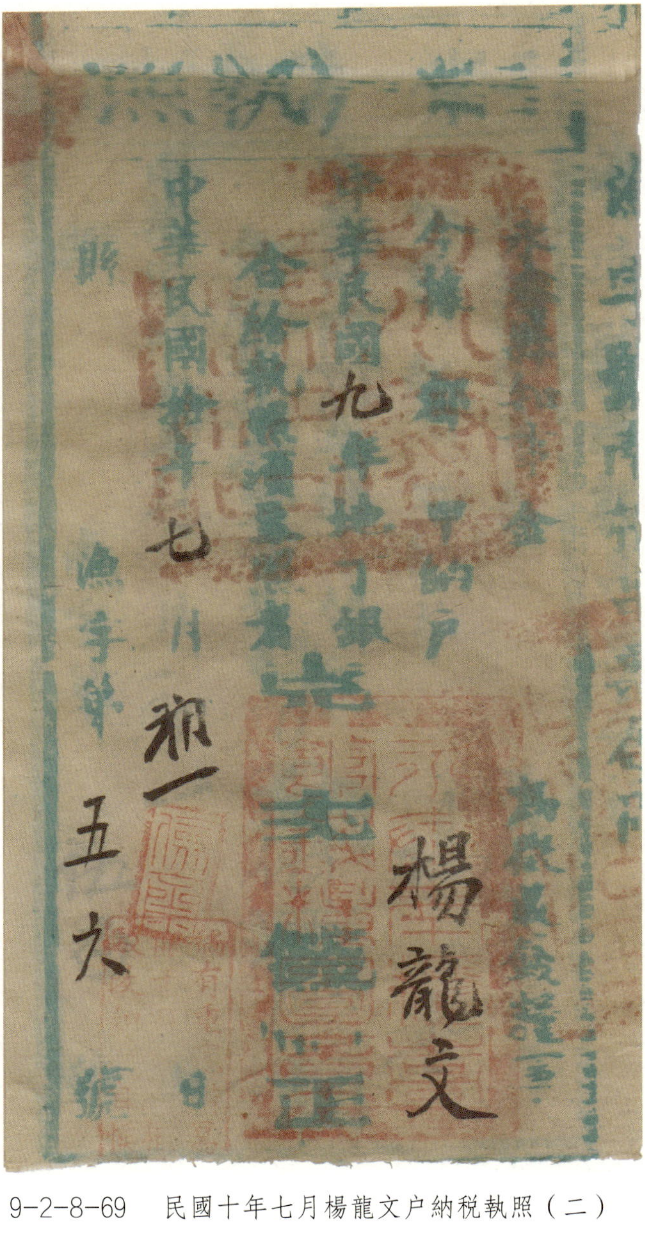

9-2-8-69　民國十年七月楊龍文户納税執照（二）

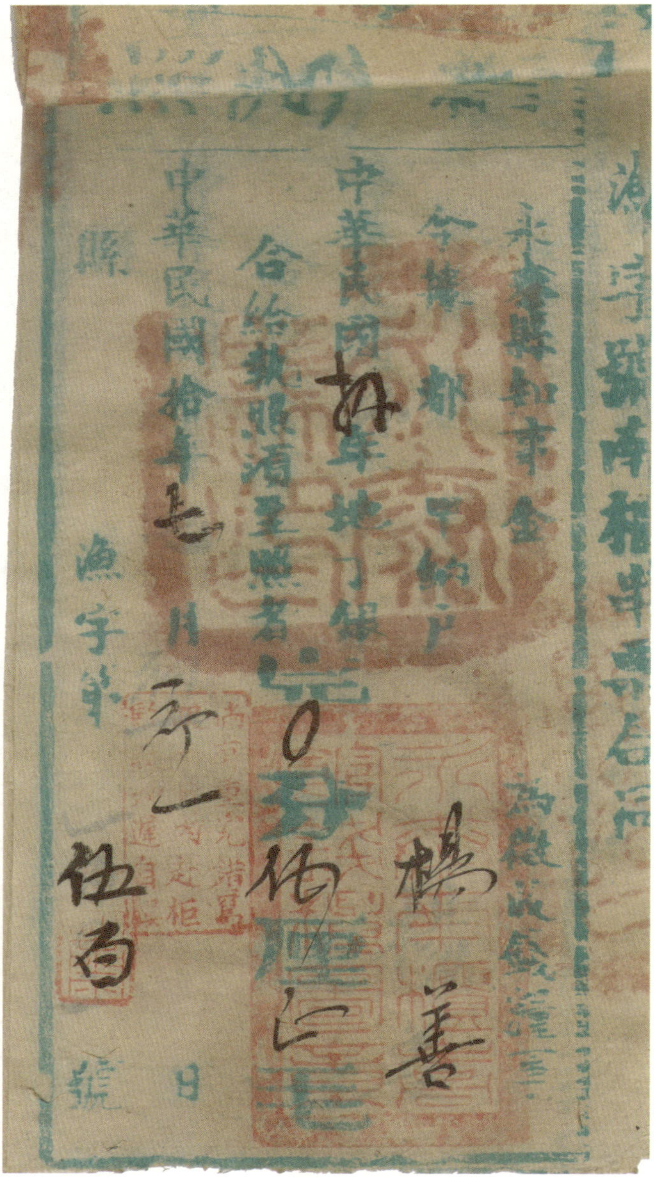
永泰縣知事金
今據 都 甲納户 楊善
中華民國 年地丁銀
合給執照須至照者
中華民國拾年七月 日
縣 漁字第 號

9-2-8-70　民國十年七月楊善户納税執照（一）

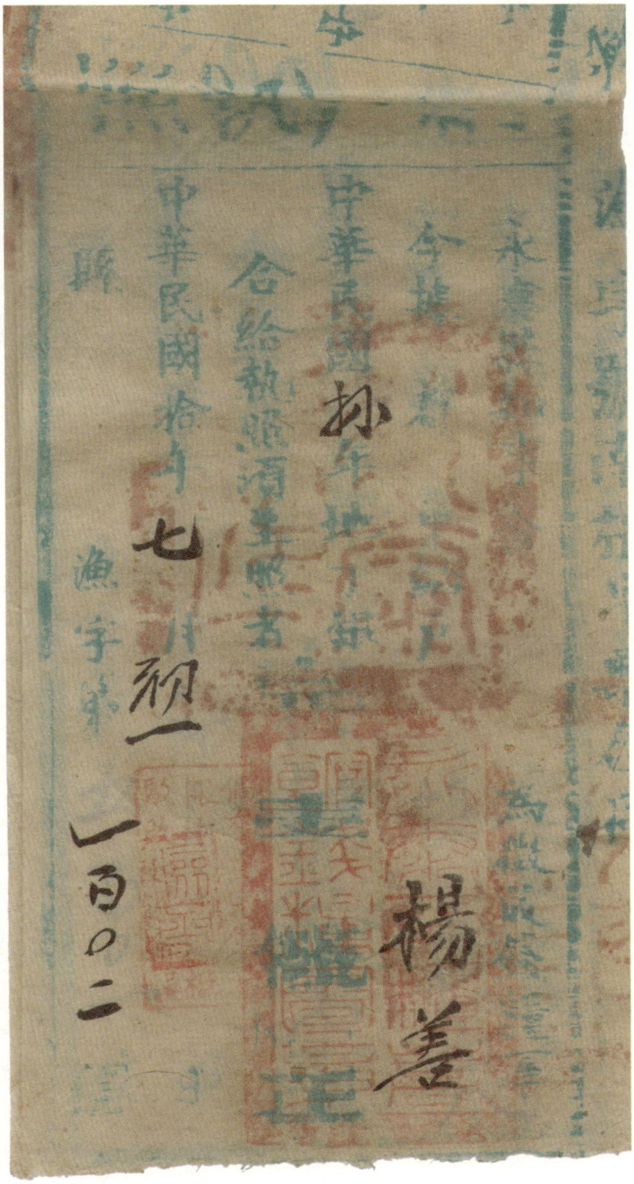

9-2-8-71　民國十年七月楊善户納税執照（二）

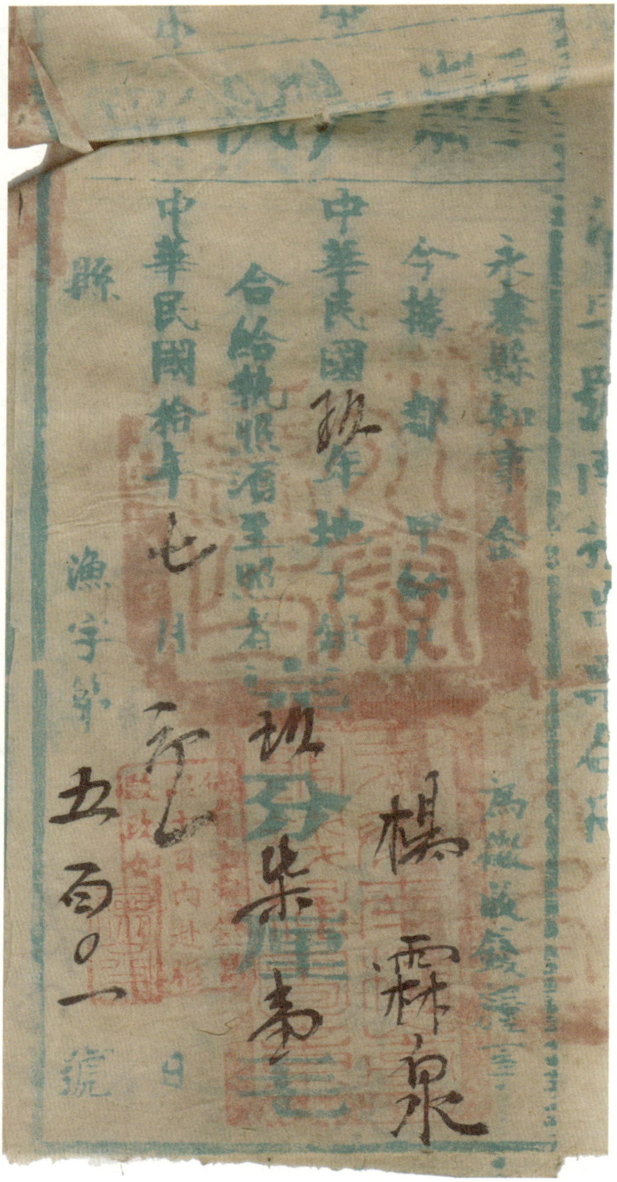
永泰縣知事 給
今據 都 甲 楊霖泉
中華民國拾年地丁
合給執照須至照者
中華民國拾年七月 日
縣 漁字第五百〇一號

9-2-8-72　民國十年七月楊霖泉户納稅執照（一）

9-2-8-73　民國十年七月楊霖泉户納稅執照（二）

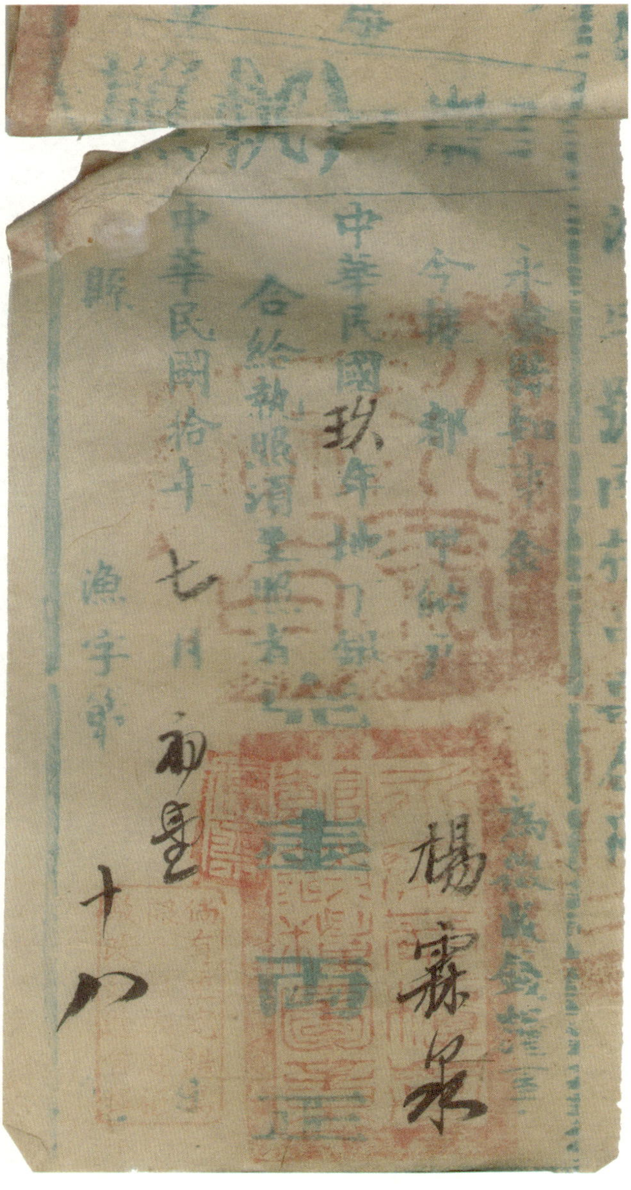

9-2-8-74　民國十年七月楊霖泉户納税執照（三）

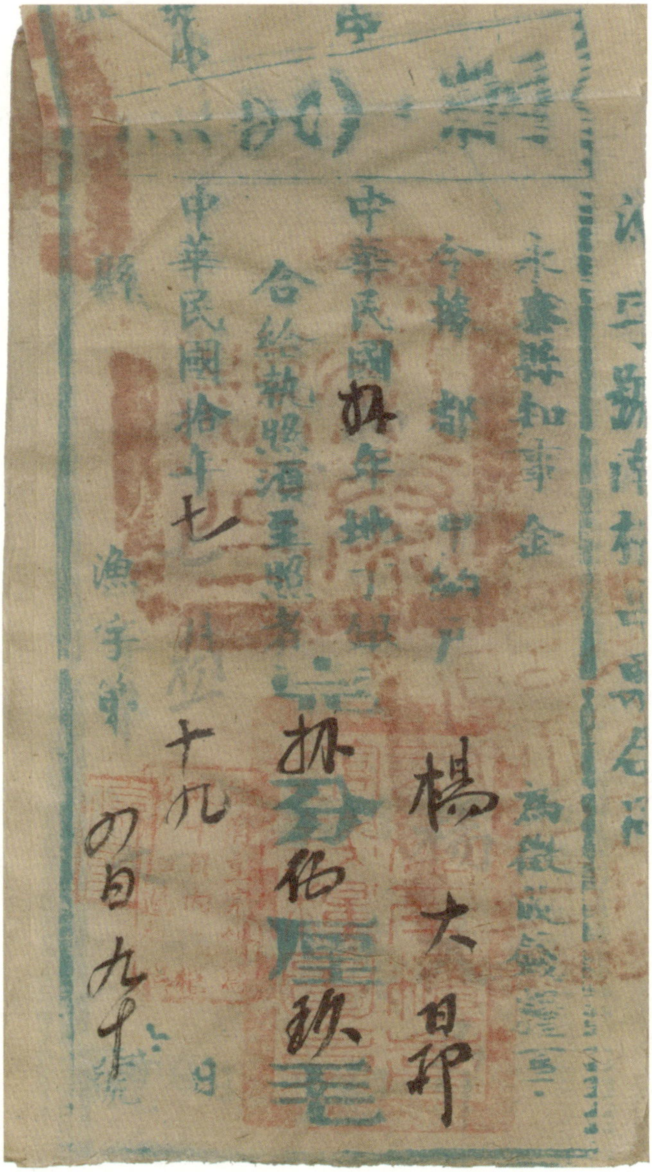

9-2-8-75　民國十年七月楊大昂户納税執照

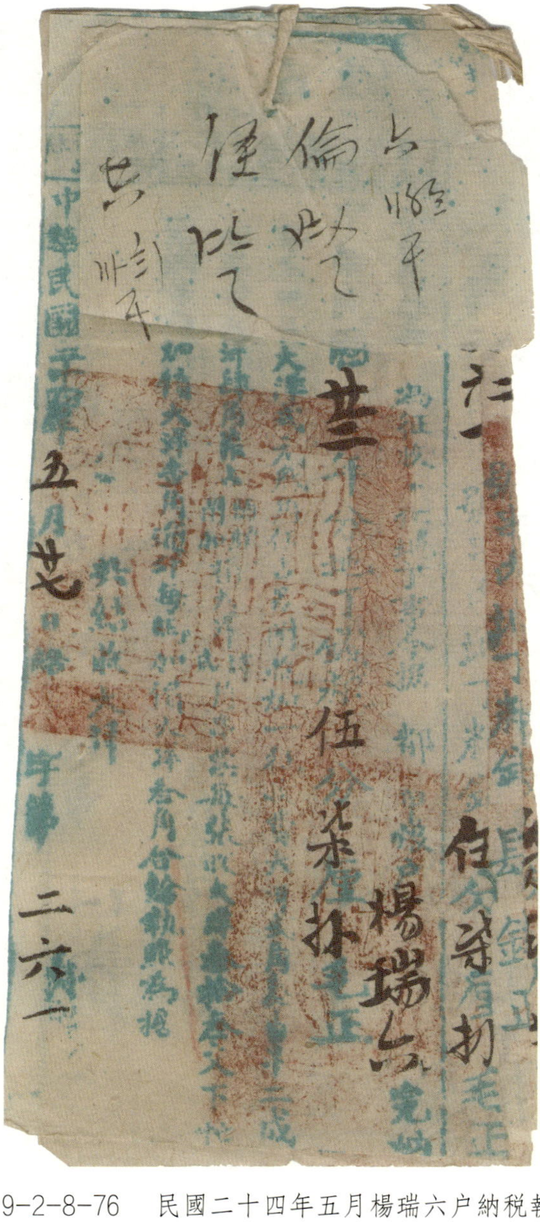

9-2-8-76　民國二十四年五月楊瑞六户納税執照（一）

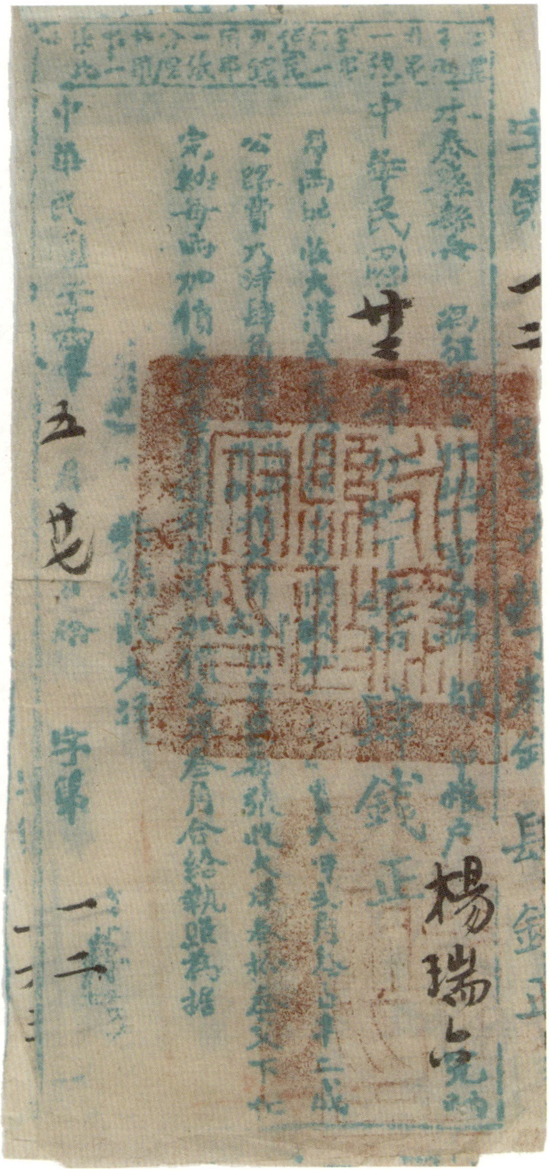

9-2-8-77　民國二十四年五月楊瑞六户納税執照（二）

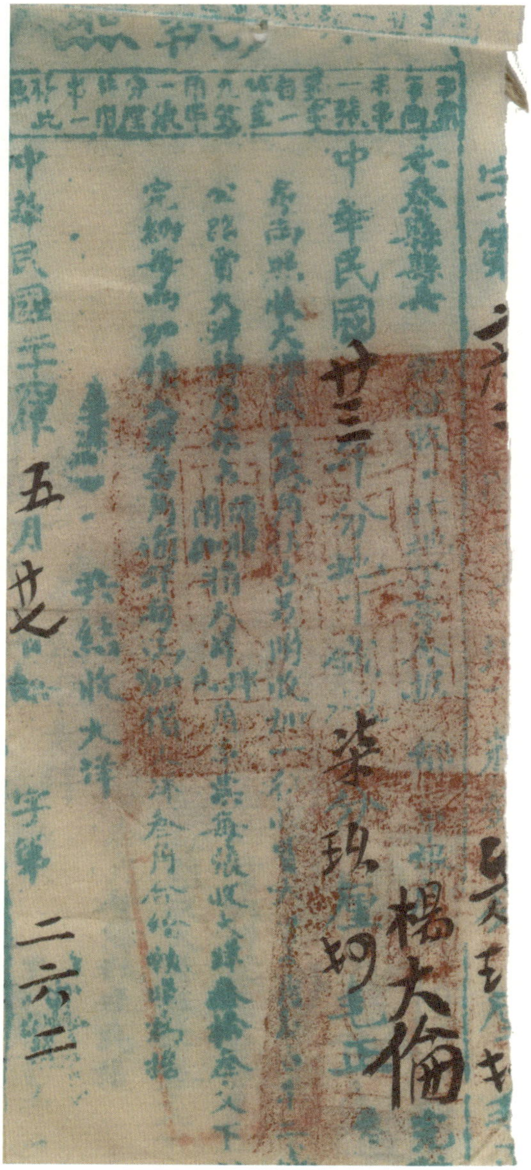

9-2-8-78　民國二十四年五月楊大倫户納税執照

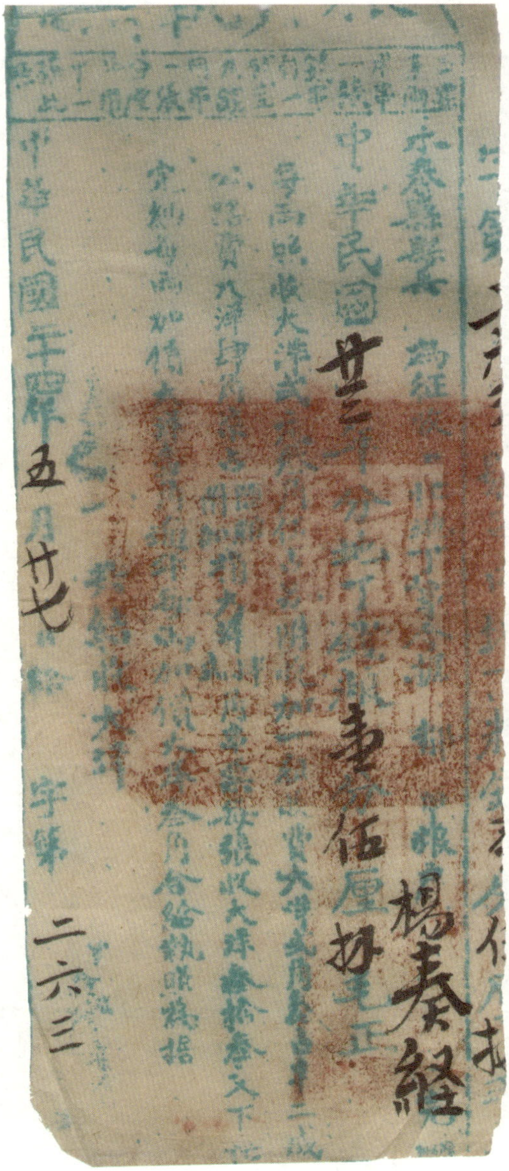

9-2-8-79　民國二十四年五月楊奏經户納税執照

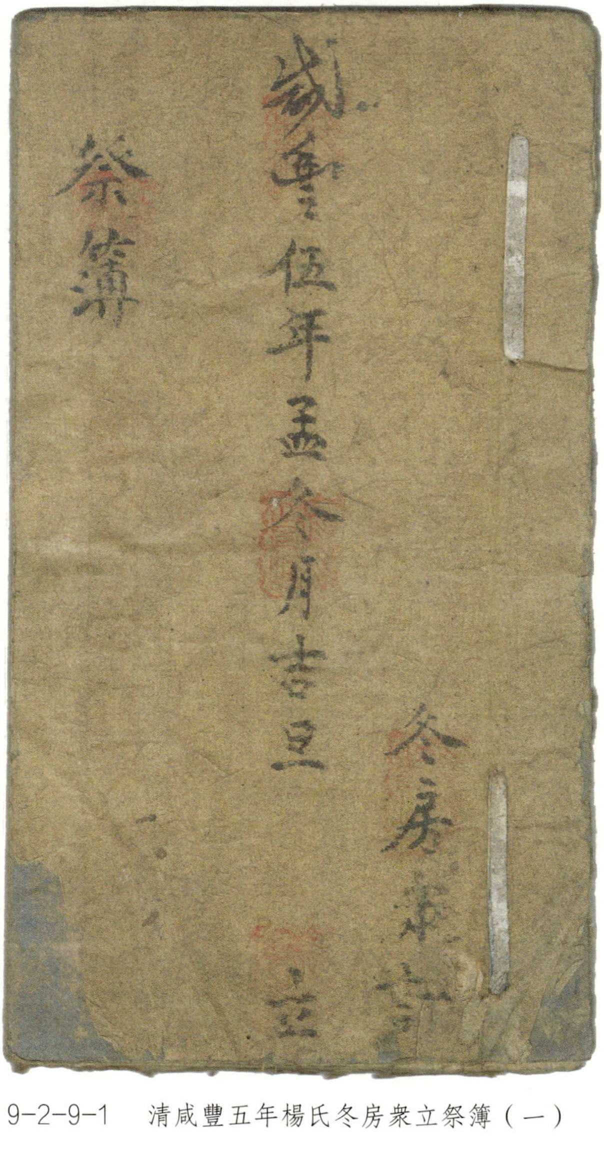

9-2-9-1　清咸豐五年楊氏冬房衆立祭簿（一）

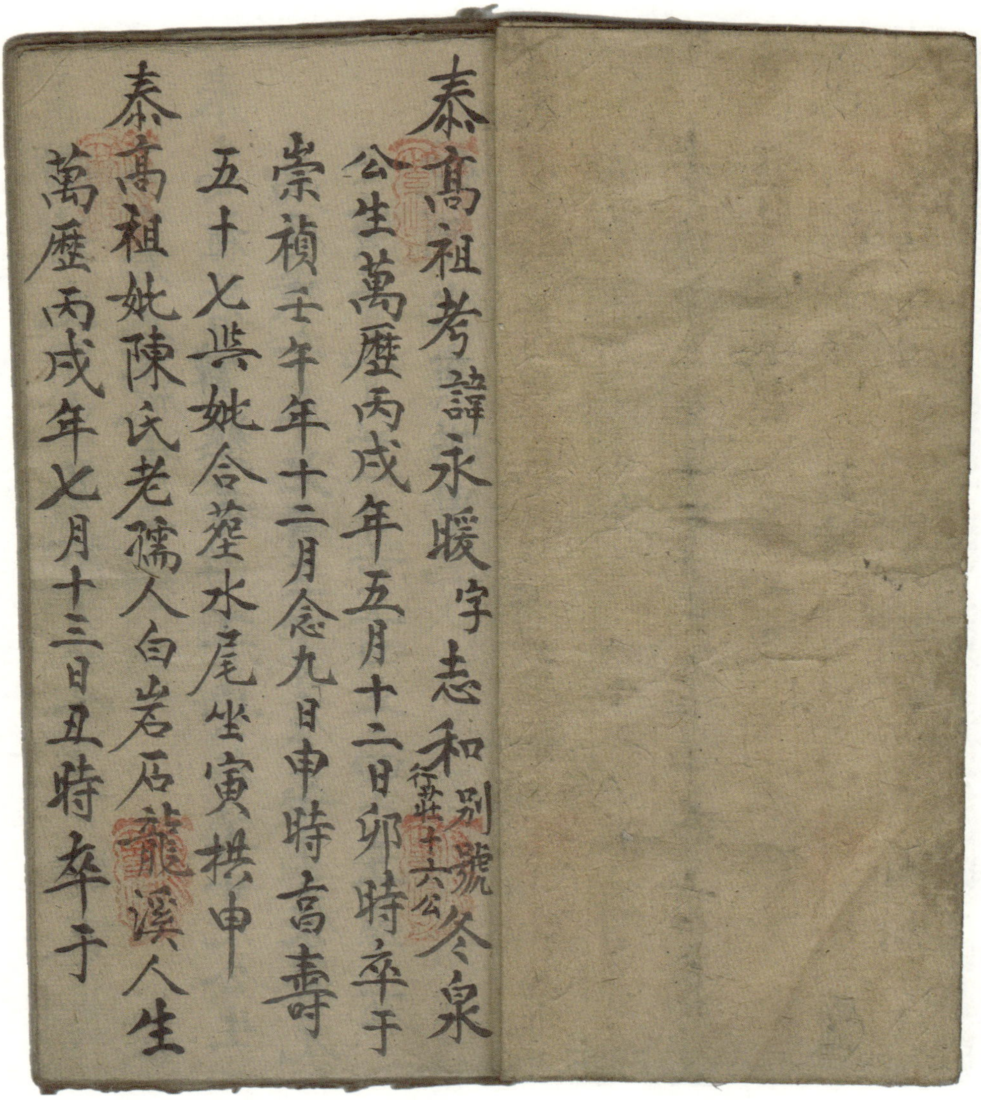
泰高祖考諱永暖字志和行廿十六公別號冬泉
公生萬曆丙戌年五月十二日卯時卒于
崇禎壬午年十二月念九日申時亯壽
五十七與妣合葬水尾坐寅拱申
泰高祖妣陳氏老孺人白岩石龍溪人生
萬曆丙戌年七月十三日丑時卒于

9-2-9-2　清咸豐五年楊氏冬房衆立祭簿（二）

順治元甲申年六月十八日午時亯壽
五十有九歲生二子
泰高祖考諱懇居字善安行美廿九公生
萬歷戊午年七月三十日辰卒于康熙元
壬寅年九月廿一日亥亯年四十五塟在
蛇形坐庚拱甲

泰高祖妣陳氏老孺人白岩居龍溪人
生萬歷丁巳年正月初三日巳時卒于
康熙辛亥年正月初二日辰時亯壽
五十五塟前坪崙格衍坐乾向巽生
三子以天地人三房鬮號
泰高叔祖考諱愿居字善祈行卅七公

9-2-9-3　清咸豐五年楊氏冬房衆立祭簿（三）

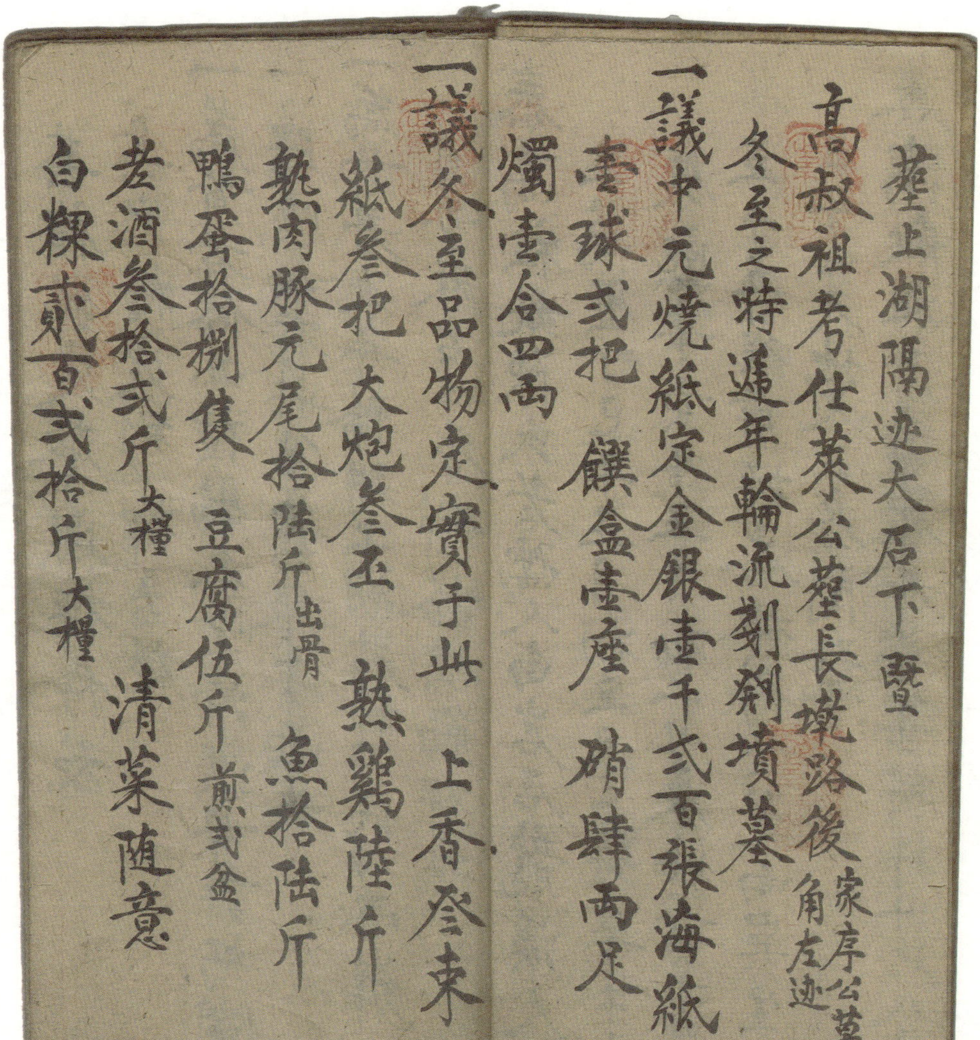
塋上湖陽迹大石下暨
高叔祖考仕萊公塋長境路後家序公墓角左迹
冬至之時遞年輪流剗剗墳墓
一議中元燒紙定金銀壹千弍百張海紙
壹球弍把　饌盒壹座　硝肆両足
燭壹合四両
一議冬至品物定實于此　上香叁束
紙叁把　大炮叁丕　熟鷄陸斤
熟肉豚元尾拾陸斤出骨　魚拾陸斤
鴨蛋拾捌隻　豆腐伍斤煎弍盆
老酒叁拾弍斤大權　清菜隨意
白粿貳百弍拾斤大權

9-2-9-4　清咸豐五年楊氏冬房衆立祭簿（四）

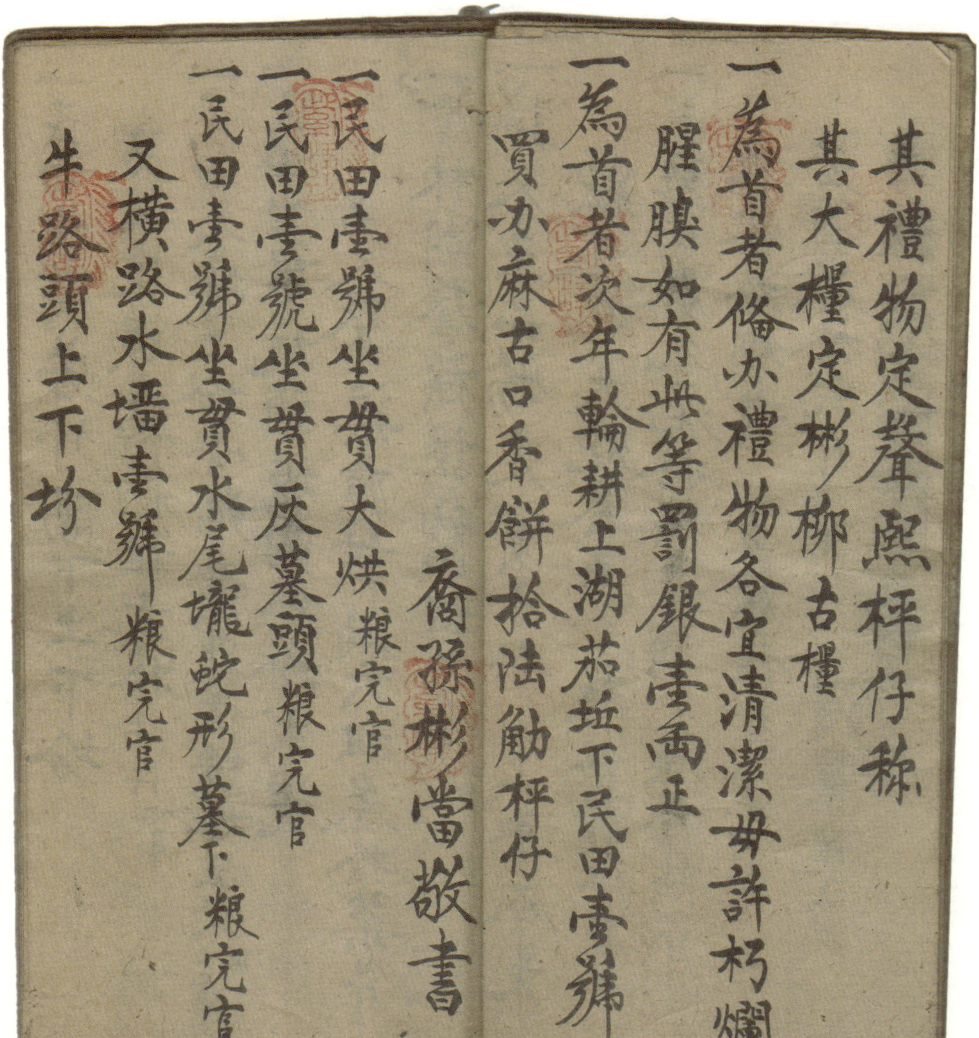

其禮物定聳熈秤仔称
其大糧定彬、椰古糧
一爲首者備辦禮物各宜清潔毋許朽爛
腥膜如有此等罰銀壹兩正
一爲首者次年輪耕上湖茄坵下民田壹號
買辦麻古口香餅拾陸觔秤仔
裔孫彬、當敬書
一民田壹號坐貫大烘糧完官
一民田壹號坐貫灰墓頭糧完官
一民田壹號坐貫水尾壠蛇形、墓下糧完官
又橫路水墻壹號、糧完官
牛路頭上下坵

9-2-9-5　清咸豐五年楊氏冬房衆立祭簿（五）

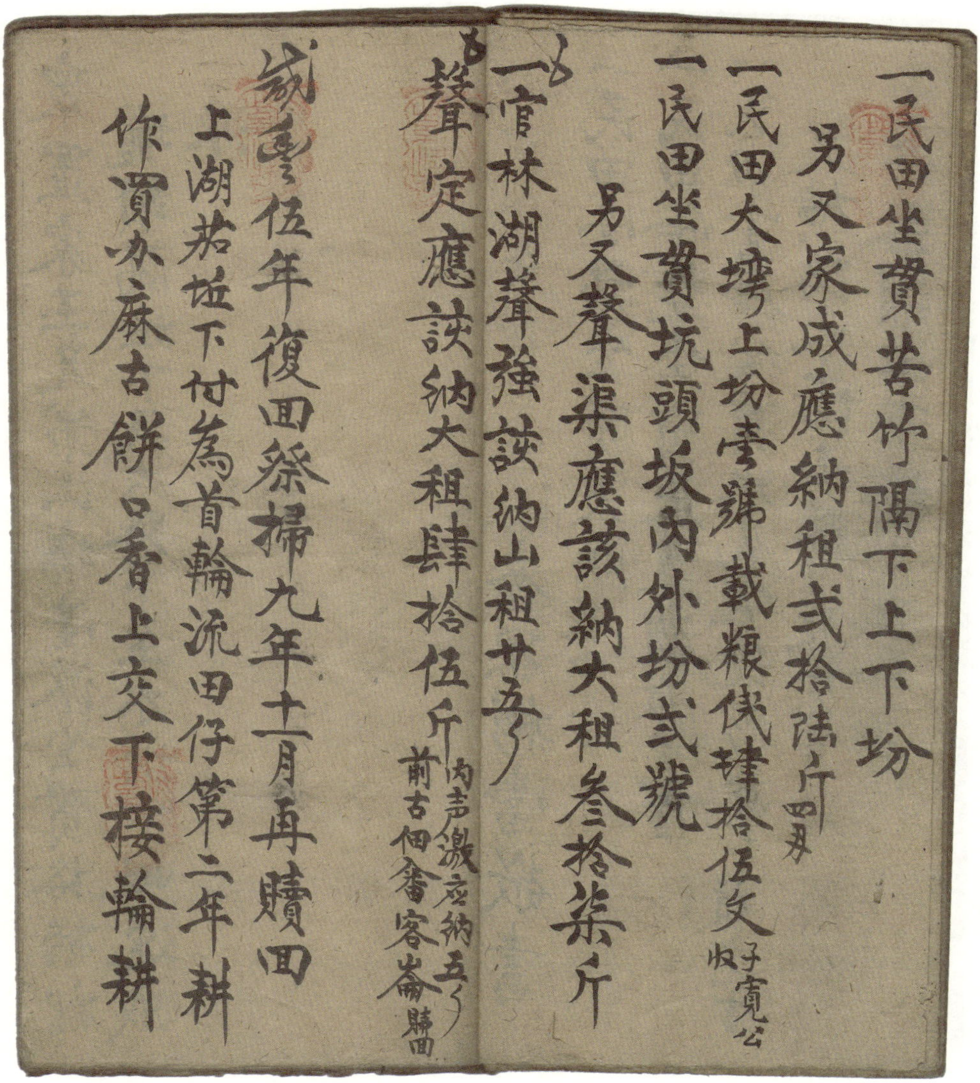

一民田坐貫苦竹隔下上下坵
另又家成應納租弍拾陆斤四月
一民田大塆上坵壹號載粮伐肆拾伍文子寬公收
一民田坐貫坑頭坂內外坵弍號
另又聳渠應該納大租叁拾柒斤
一官林湖聳強該納山租廿五斤
聳定應該納大租肆拾伍斤內声鐵應納五斤 前古佃畬容崙贖田
咸豐伍年復田祭掃九年十二月再贖田
上湖若坵下付為首輪流田仔第二年耕
作買必麻古餅口香上交下接輪耕

9-2-9-6　清咸豐五年楊氏冬房衆立祭簿（六）

衆置家玉兄弟山場壹派坐貫格柄裡
壠頭隔坵下及大路下至水圳下毗連成
派

9-2-9-7　清咸豐五年楊氏冬房衆立祭簿（七）

9-2-10-1　晚清時期龍山楊氏冬房衆立祭簿（一）

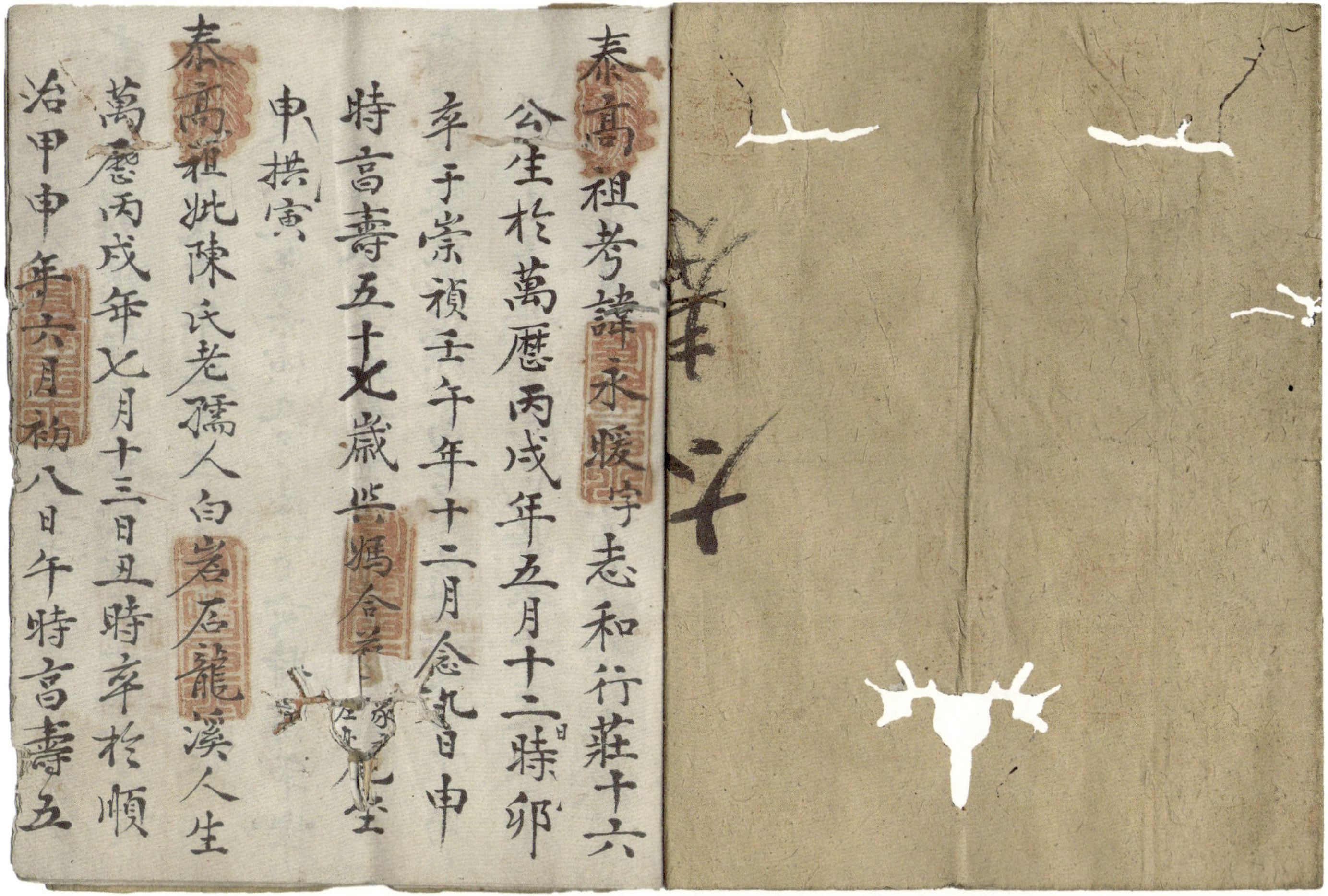
泰高祖考諱永煖字志和行莊十六
公生於萬歷丙戌年五月十二日卯時
卒于崇禎壬午年十二月念九日申
時亯壽五十七歲[illegible]塢合岩[illegible]坐
申拱寅
泰高祖妣陳氏老孺人白岩石龍溪人生
萬歷丙戌年七月十三日丑時卒於順
治甲申年六月初八日午時亯壽五

9-2-10-2　晚清時期龍山楊氏冬房衆立祭簿（二）

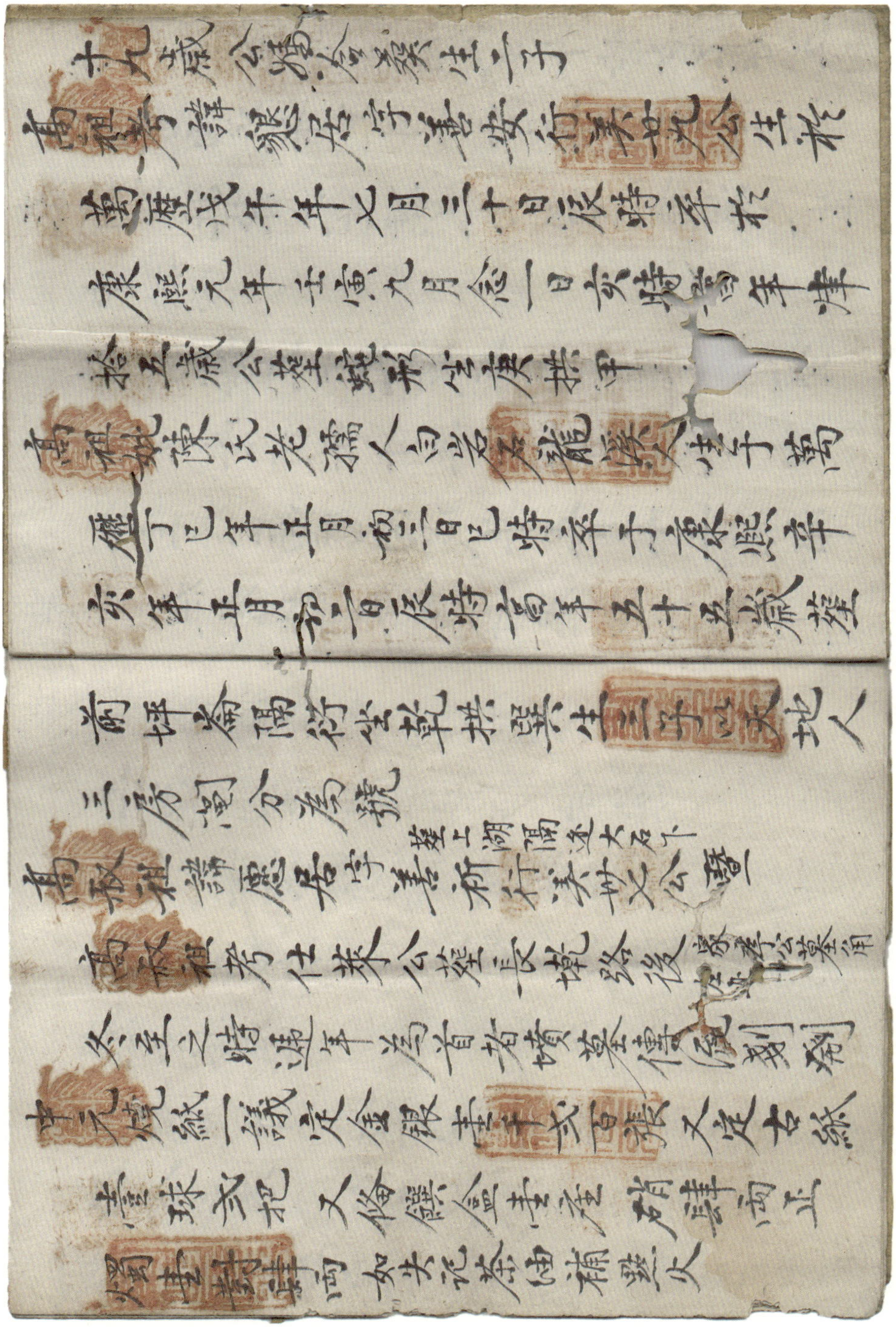
十九世叔公諱為參，生二子
高祖考諱懷安，字美貴，號元公，生於
萬曆戊午年十月三十日辰時，卒於
康熙元年壬寅九月念一日亥時，壽年律
於五歲公墓坐錢形，坐庚兼甲
高祖妣陳氏老孺人，白沙名家龍塘人，生于萬
曆丁巳年五月初三日巳時，卒于康熙辛
亥年正月初二日辰時，壽年五十五歲，葬
前坪垟尾開仔，坐乾兼巽，生三子，以天地人
三房開分為號
高叔祖諱應居，字美衍，行美世之公第一
高叔祖考仕華公，葬長坑路後
冬至之時，逐年一房首猪墓信劃劃
中元祭一議，每戶食銀壹千貳百張，又每戶各條
壹錢貳肥，又備饌食壹盒，背肆兩正
肆兩，如此花券費補墓

9-2-10-3　晚清時期龍山楊氏冬房衆立祭簿（三）

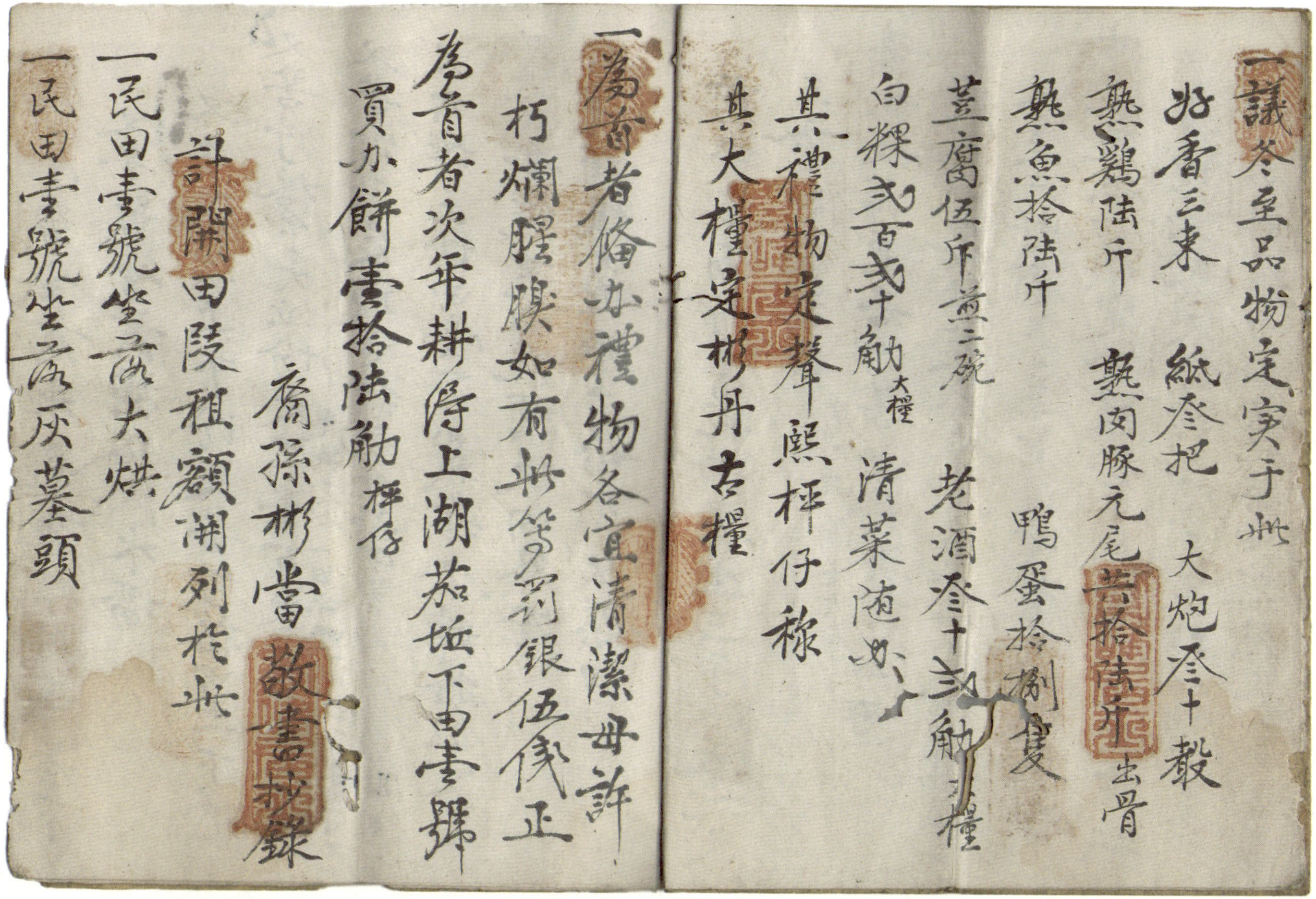
一議冬至品物定寔于此
好香三束　紙叁把　大炮叁十較
熟鷄陸斤　熟肉豚元尾　共拾陸斤出骨
熟魚拾陸斤　鴨蛋拾捌隻
荳腐伍斤并三碗　老酒叁十弍觔大橦
白粿弍百弍十觔大橦　清菜隨此、
其禮物定舉照枰仔稱
其大橦定彬丹古橦
一為首者備办禮物各宜清潔毋許
朽爛腥膜如有此等罰銀伍錢正
為首者次年耕得上湖茄坵下田壹號
買办餅壹拾陸觔枰仔
裔孫彬當敬書批錄
許開田陵租額開列於此
一民田壹號坐落大烘
一民田壹號坐落灰墓頭

9-2-10-4　晚清時期龍山楊氏冬房衆立祭簿（四）

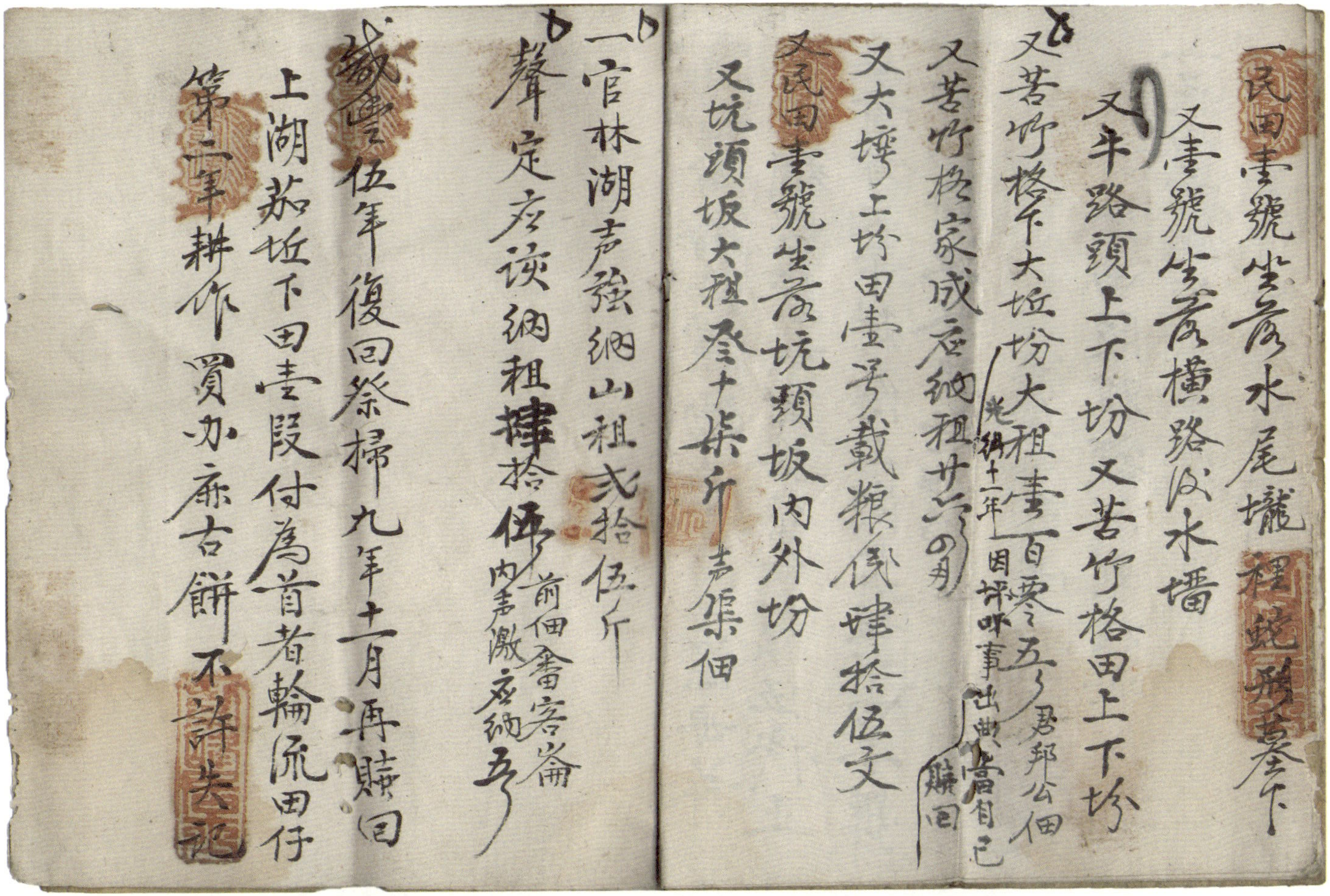
一民田壹號坐落水尾壠程乾朔墓下
又壹號坐落橫路後水墻
又牛路頭上下坋又苦竹格田上下坋
又苦竹格下大垃坋大租壹百零五斤　君邦公佃
光緒十一年因坪嘐事出典　當有已贖回
又苦竹格家成戶細租廿六斤
又大墩上坋田壹号載粮錢肆拾伍文
又民田壹號坐落坑頭坂內外坋
又坑頭坂大租叁十柒斤　声集佃
一官林湖声強細山租弍拾伍斤
聲定戶谈細租肆拾伍斤　前佃鄭寄崙　內声澂戶細五斤
咸豐伍年復回祭掃九年十一月再贖回
上湖茄垃下田壹段付為首者輪流田仔
第二年耕作買办麻古餅不許失祀

9-2-10-5　晚清時期龍山楊氏冬房衆立祭簿（五）

9-2-10-6　晚清時期龍山楊氏冬房衆立祭簿（六）

第三帙　楊經海户

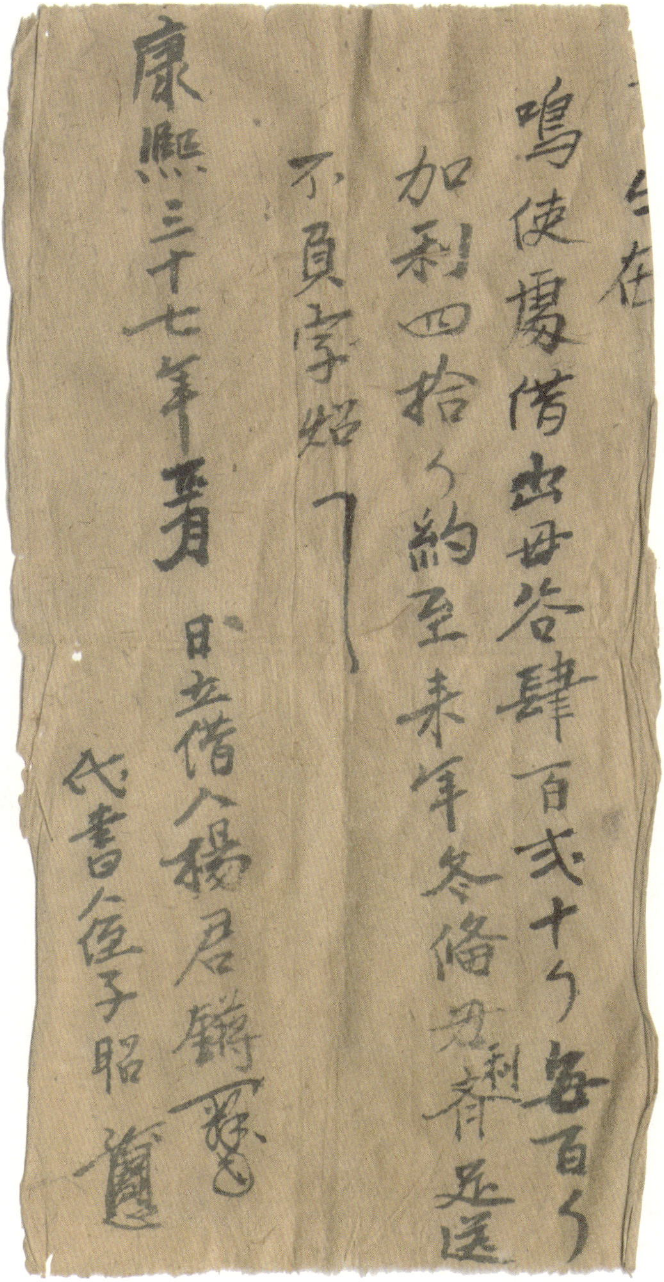
在
嗚使處借出母谷肆百弍十ゝ每百ゝ
加利四拾ゝ約至来年冬備办利斉足送
不負字炤
康熙三十七年正月　日立借人楊君鏻
代書人侄子昭

9-3-1-1　清康熙三十七年正月楊君鏻立借穀字

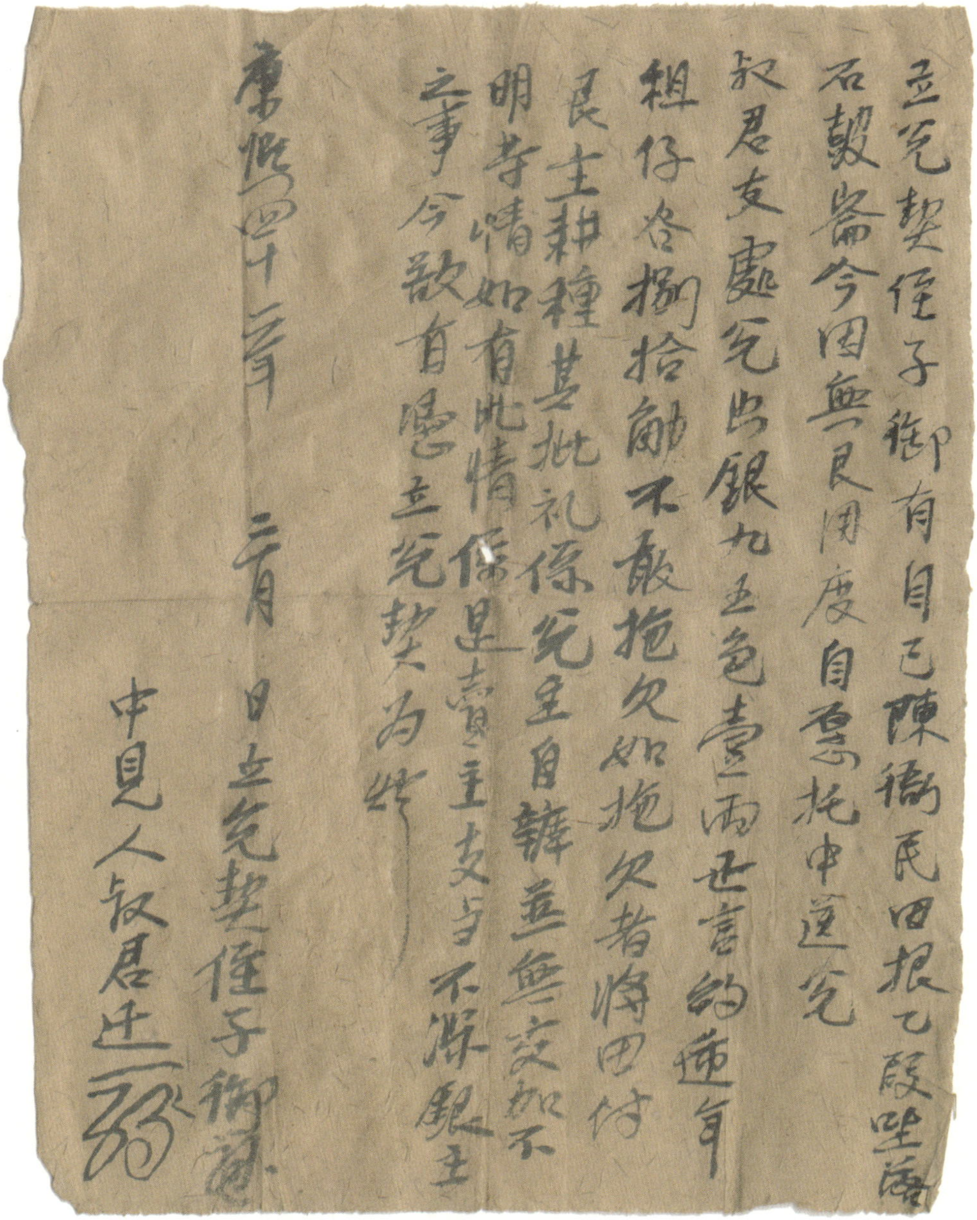

立兑契侄子御有自己陳衙民田根乙段坐落
石穀崙今因無艮用度自愿托中送兑
叔君支處兑出銀九五色壹兩正言約逐年
租仔各捌拾觔不敢拖欠如拖欠者將田付
艮主耕種其批礼係兑主自辦並無交加不
明等情如有此情係是賣主支當不涉銀主
之事今欲有憑立兑契爲照

康熙四十三年　三月　日立兑契侄子御（押）

中見人叔君迁（押）

9-3-1-2　清康熙四十三年三月楊子御立兑民田根契

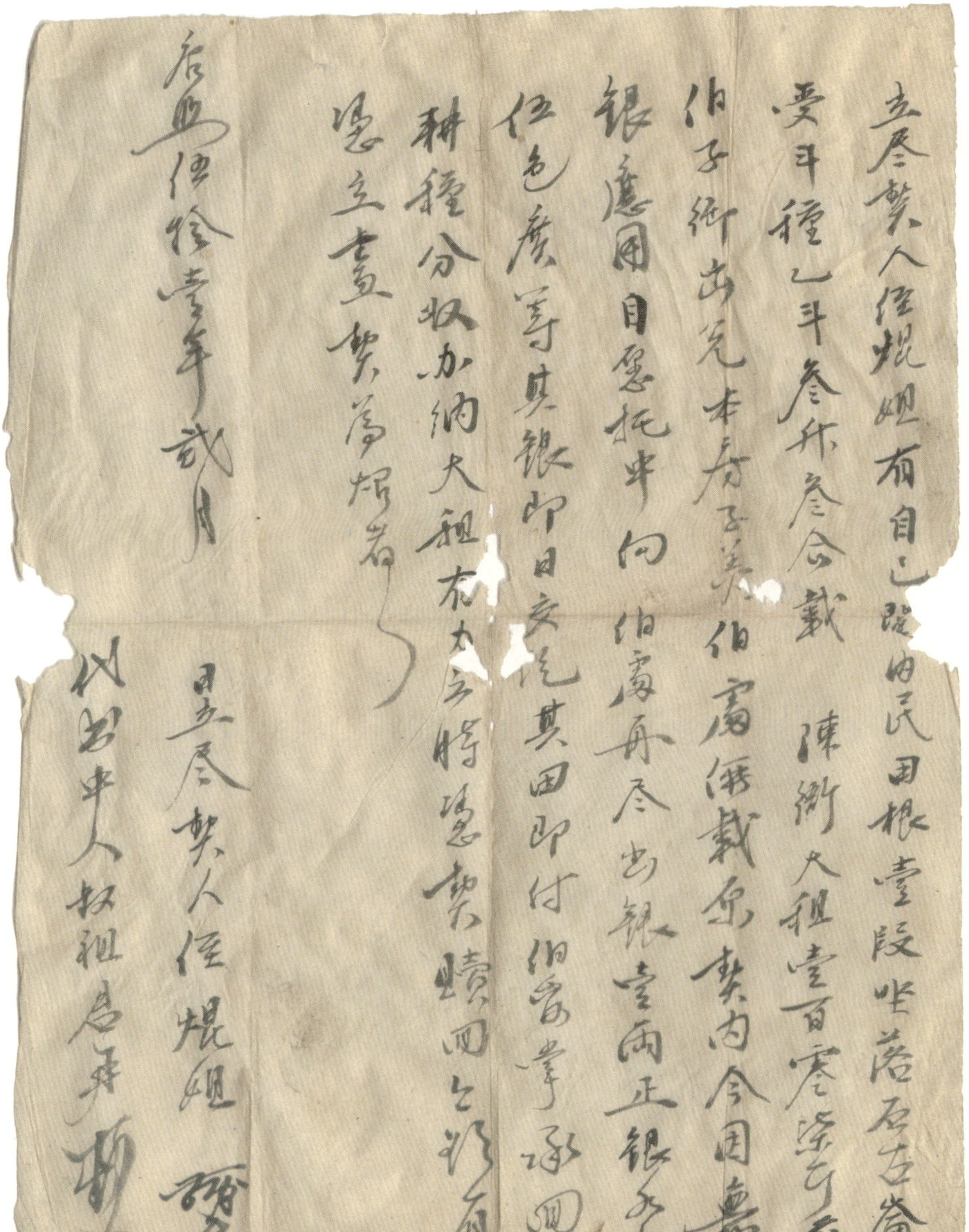

立盡契人侄焜姐有自己[illegible]民田根壹段坐落石古崙
受斗種乙斗叁升叁合載　陳衛大祖壹百零柒斤前
伯子衛出先本房子英伯富原載系契內今因無
銀應用自愿托中向伯富再盡出銀壹兩正銀系九
伍色秤等其銀即日交訖其田即付伯家掌承回
耕種分收办納大祖在大分時憑契贖回不得有
憑立盡契爲炤者
康熙伍拾壹年貳月　日立盡契人侄焜姐
代書中人叔祖忠拜

9-3-1-3　清康熙五十一年二月楊焜姐立盡民田根契

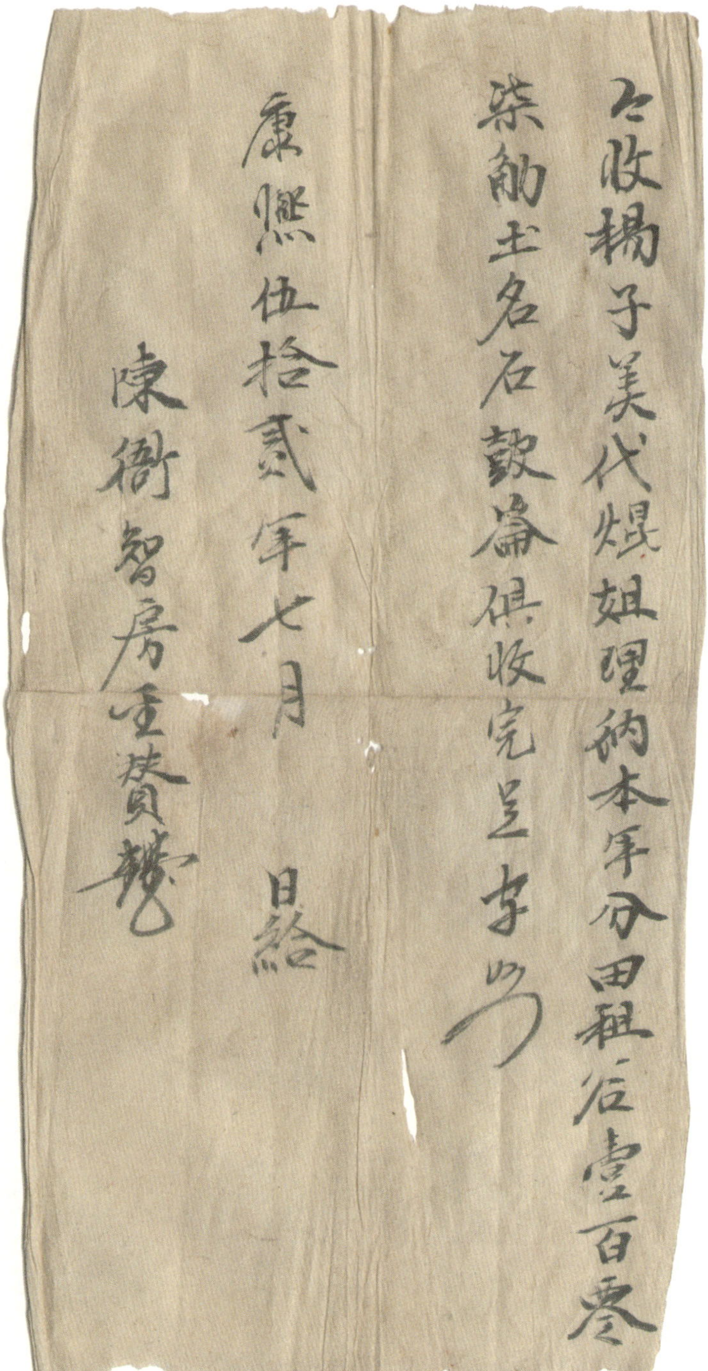

立收楊子美代煜姐理納本年分田租谷壹百零柒觔正名石穀侖俱收完足字炤

康熙伍拾貳年七月　日給

陳衙智房聖贊（押）

9-3-1-4　清康熙五十二年七月陳衙智房聖贊立收田租穀字

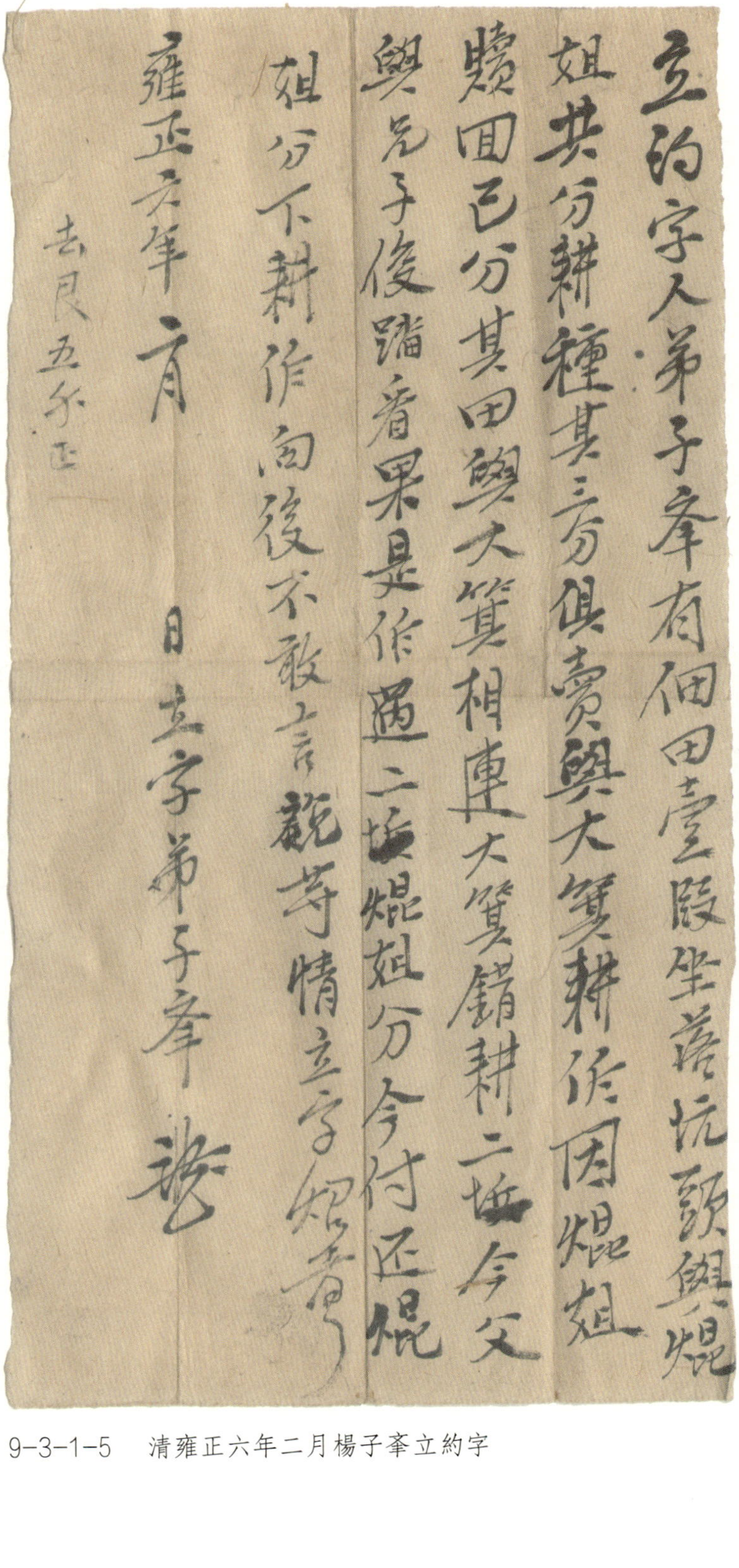
立約字人弟子夆有佃田壹段坐落坑頭與焜
姐共分耕種其三分俱賣與大箕耕作因焜姐
贖田已分其田與大箕相連大箕錯耕二坵今又
與兄子俊踏看果是作過二坵焜姐分今付還焜
姐分下耕作向後不敢言說等情立字約存照
雍正六年二月　日立字弟子夆　押
去艮五分正

9-3-1-5　清雍正六年二月楊子夆立約字

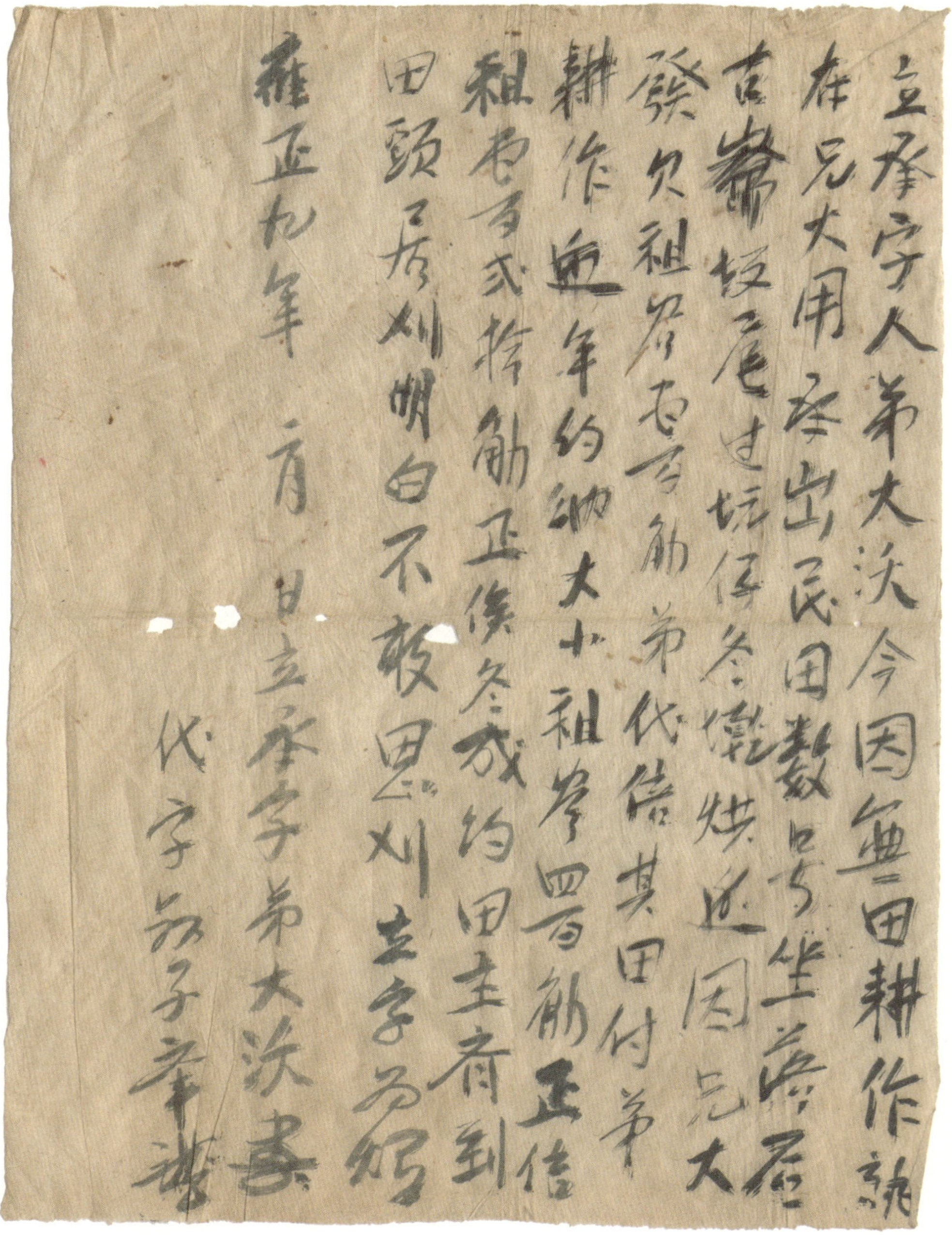

立承字人弟大沃，今因無田耕作，就
在兄大用承出民田數[illegible]，坐落屋
吉嶺坂尾大坵，係冬[illegible]，茲因兄大
發欠租谷壹百觔，弟代偿，其田付弟
耕作，逐年約納大小租谷四百觔正，信
租谷式拾觔正，候冬成約田主齎到
田頭三面分明白，不敢因思[illegible]，立字爲照。
雍正九年 二月 日立承字弟大沃書
代字叔子[illegible]

9-3-1-6　清雍正九年二月楊大沃立承民田字

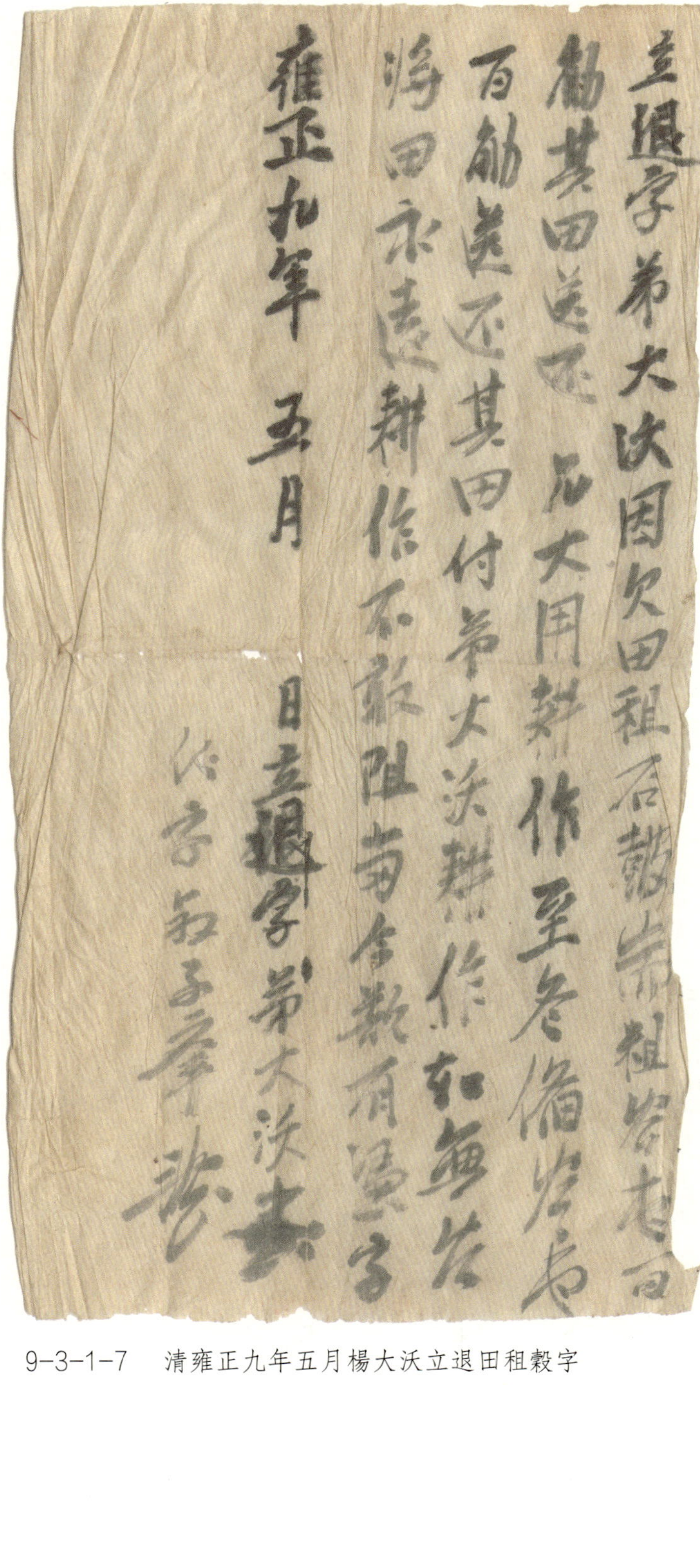

立退字弟大沃因欠田租谷數□租谷共□
觔其田送還兄大用耕作至冬備谷□
百觔送還其田付弟大沃耕作如無谷
將田永遠耕作不敢阻留今欲有憑立字
雍正九年　五月　日立退字弟大沃（押）
代字□子岸□

9-3-1-7　清雍正九年五月楊大沃立退田租穀字

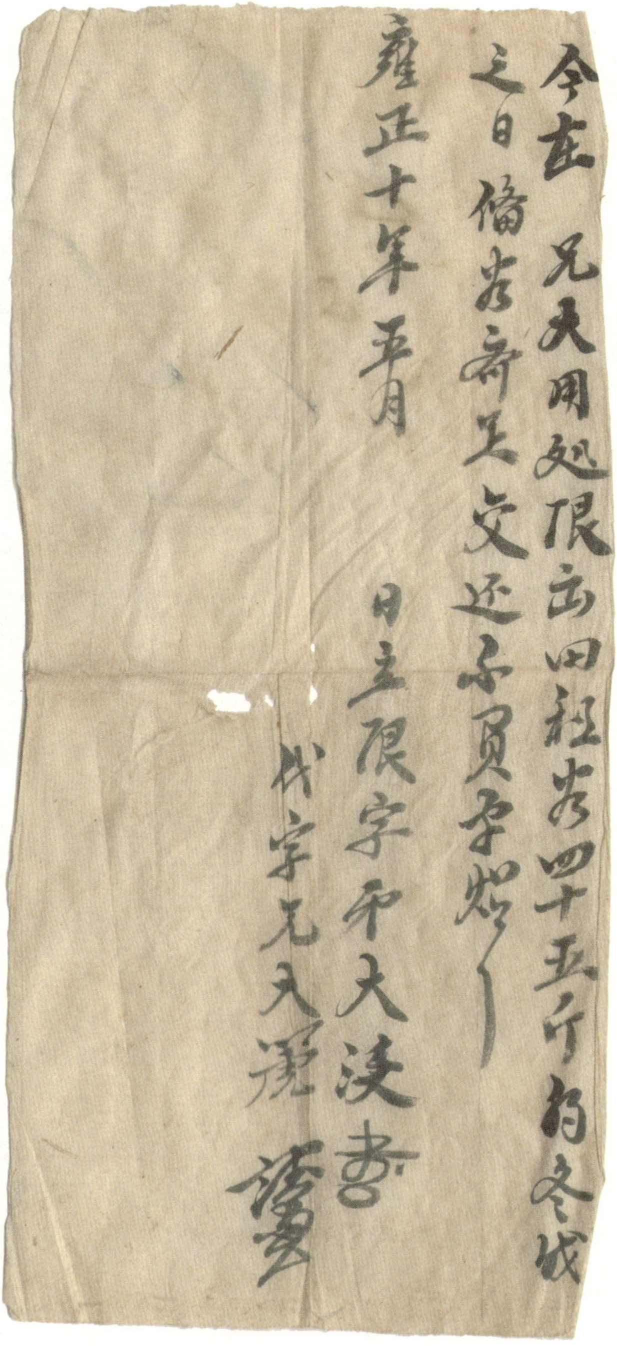

今在兄天用処限出田租米四十五斤約冬成之日備米齊足交还不負字炤〻

雍正十年五月　日立限字弟大沃書

代字兄天渥書

9-3-1-8　清雍正十年五月楊大沃立限字

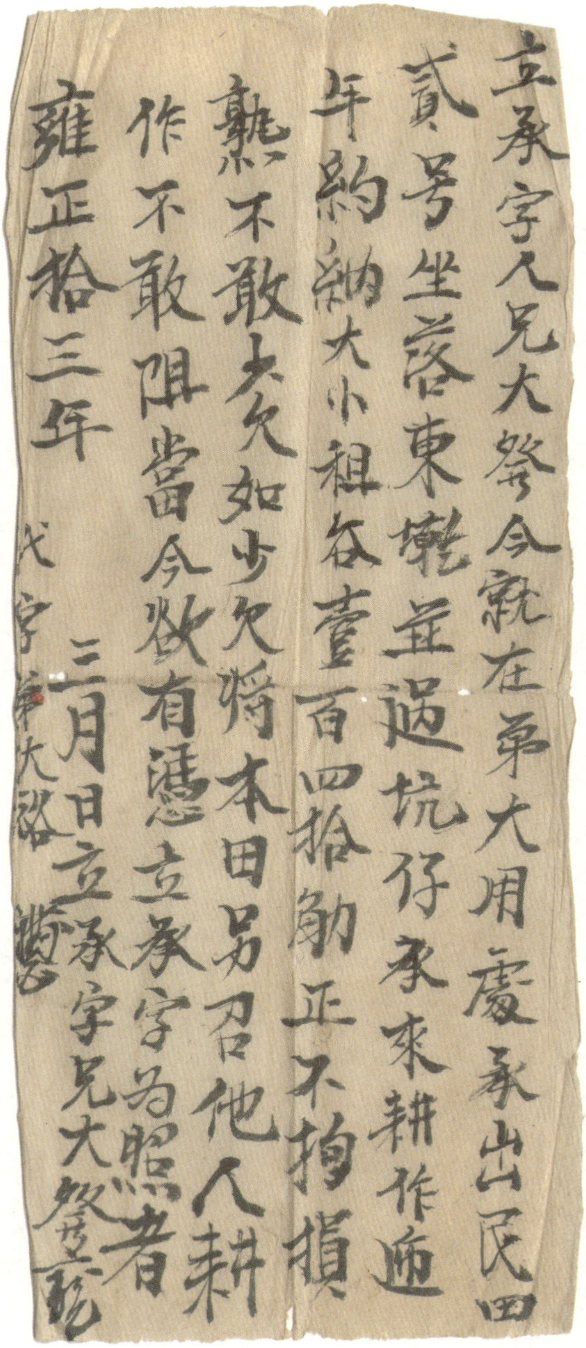
立承字人兄大發今就在弟大用處承出民田
貳号坐落東墘並逼坑仔承來耕作遞
年約納大小租谷壹百四拾觔正不拘損
熟不敢欠如少欠將本田另召他人耕
作不敢限當今欲有憑立承字為照者
雍正拾三年 三月 日立承字兄大發
代字弟大路

9-3-1-9 清雍正十三年三月楊大發立承民田字

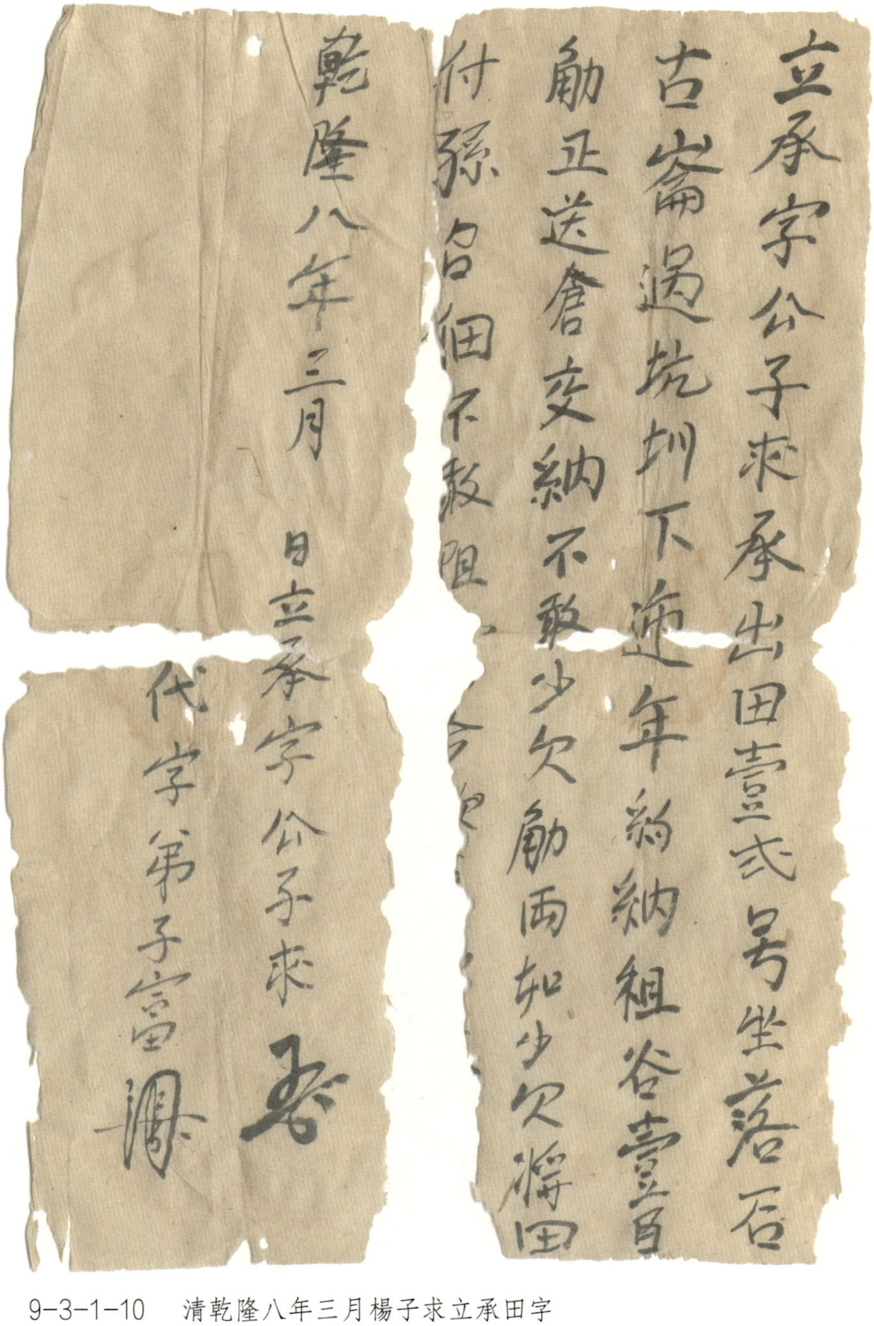
立承字公子求承出田壹式号坐落石
古崙過坑圳下遞年約納租谷壹百
斛丑送倉交納不敢少欠斛兩如少欠將田
付孫自佃不敢阻[illegible]
乾隆八年三月　日立承字公子求
代字弟子富

9-3-1-10　清乾隆八年三月楊子求立承田字

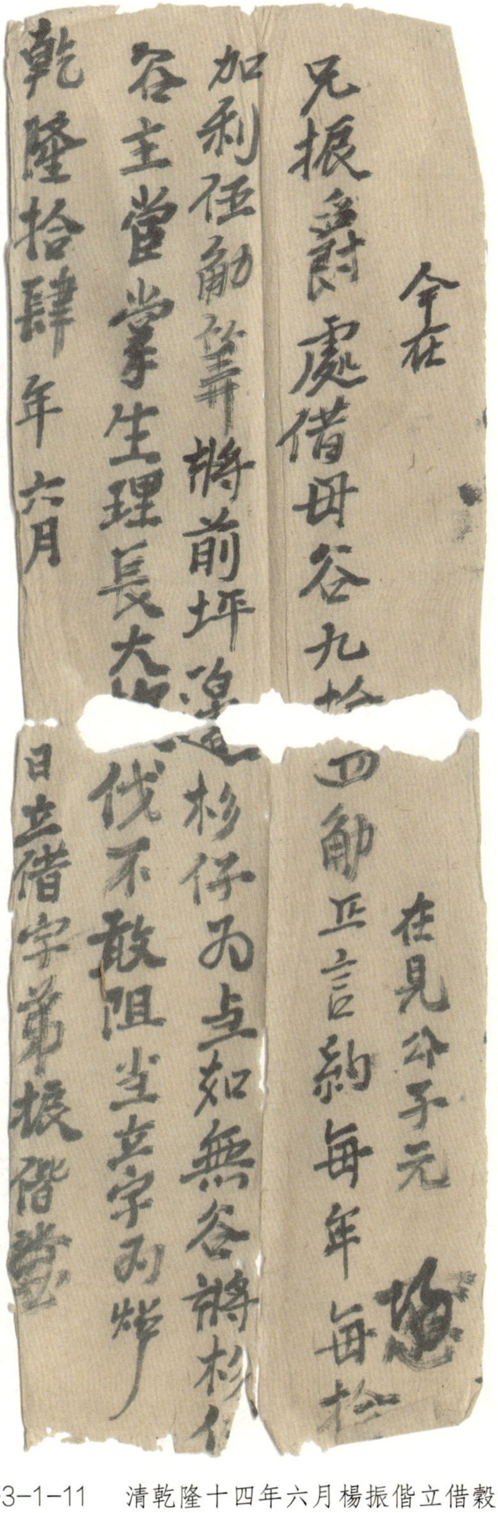

9-3-1-11　清乾隆十四年六月楊振偕立借穀字

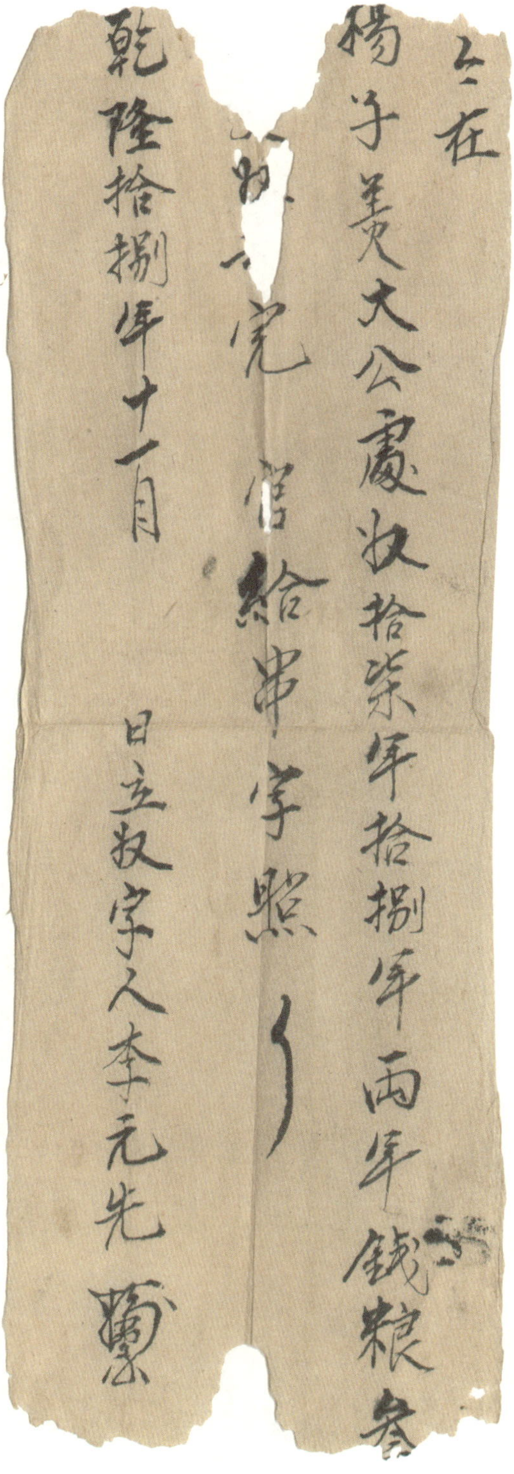

[illegible]在
楊子羡大公處收拾柒年拾捌年兩年錢粮叁
[illegible]數[illegible]完　訖給串字照　行
乾隆拾捌年十一月　　日立收字人李元先

9-3-1-12　清乾隆十八年十一月李元先立收錢糧字

立約字叔家秋有手置山塲壹所
坐落本鄉土名典圳後上至凶下至圳
左右至山四至分明又厰地壹穴坐落
本鄉土名典圳後上至杉皮下至地基
門首齊全其厰地不許轉挑他人如
是轉他人付声肅貴孝叔不得
覇佔言約吉地壹穴有能即時付
侄開据叔不得覇佔立約字壹
帋爲炤
道光叁年弍月　日立約字叔家秋
代字中叔振生
大吉

9-3-1-13　清道光三年二月楊家秋立約字

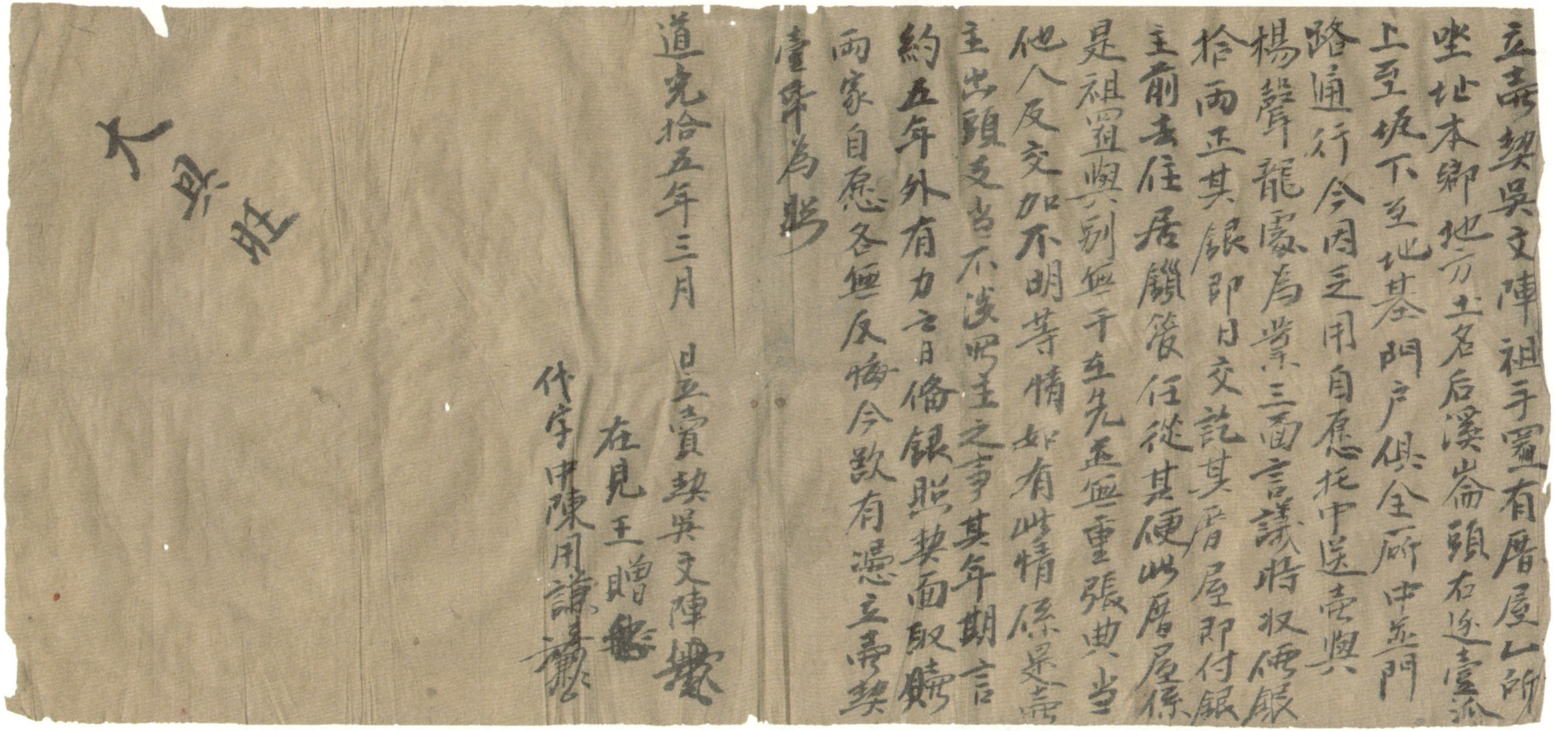
立賣契吳文陣祖手置有厝屋一所
坐址本鄉地方土名后溪崙頭右邊壹流
上至坂下至址基門户俱全廳中並門
路通行今因乏用自愿托中送賣與
楊聲龍處為業三面言議時價銀
拾兩正其銀即日交訖其厝屋即付銀
主前去住居關管任從其便此厝屋係
是祖置與別無干至先並無重張典当
他人反交加不明等情如有此情係是賣
主出頭支當不涉買主之事其年期言
約五年外有力之日備銀照契面取贖
兩家自愿各無反悔今欲有憑立賣契
壹紙為照
道光拾五年三月　日立賣契吳文陣（押）
在見王贈（押）
代字中陳用謀（押）
大吳莊

9-3-1-14　清道光十五年三月吳文陣立賣厝屋契

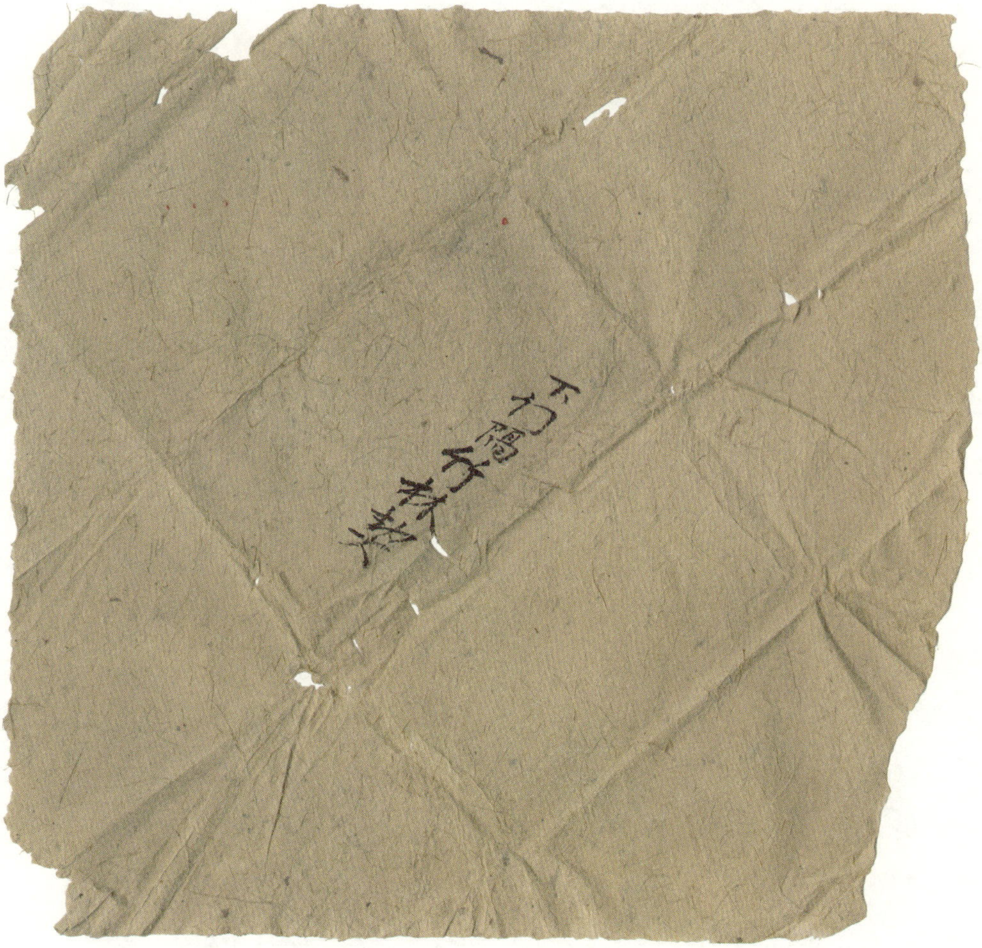

9-3-2-1　包契紙

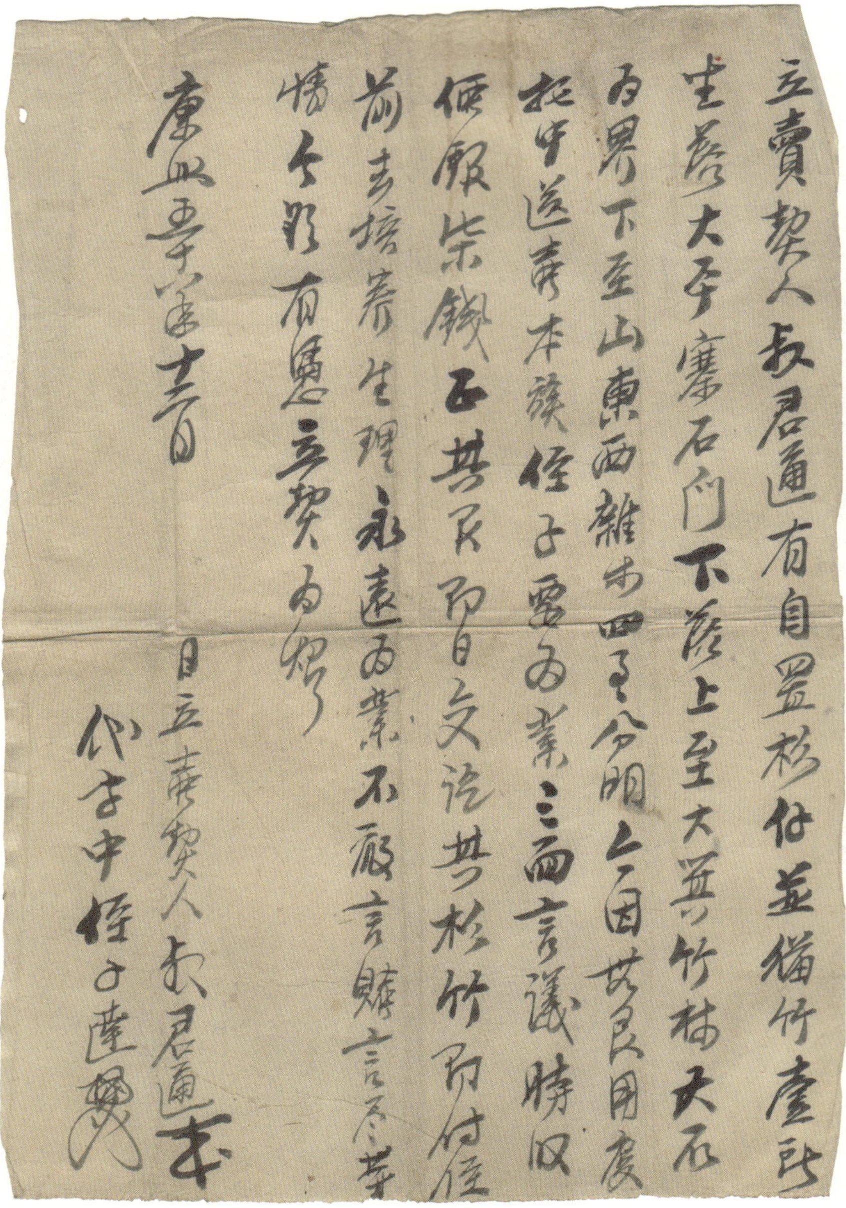

立賣契人楊君通有自置杉仔並貓竹壹段，坐落大平寨石門下，落上至大岩竹林大石爲界，下至山，東西離水，四至分明。今因乏艮用度，托中送與本族侄子處為業，三面言議時價紋銀五錢正，其艮即日交訖，其杉竹即付侄前去培養生理，永遠為業，不敢言贖，言盡等情。今欲有憑，立契為照。

康熙五十八年十二月　日立賣契人楊君通（押）

代字中侄子蓮（押）

9-3-2-2　清康熙五十八年十二月楊君通立賣杉仔等契

9-3-3-1　包契紙

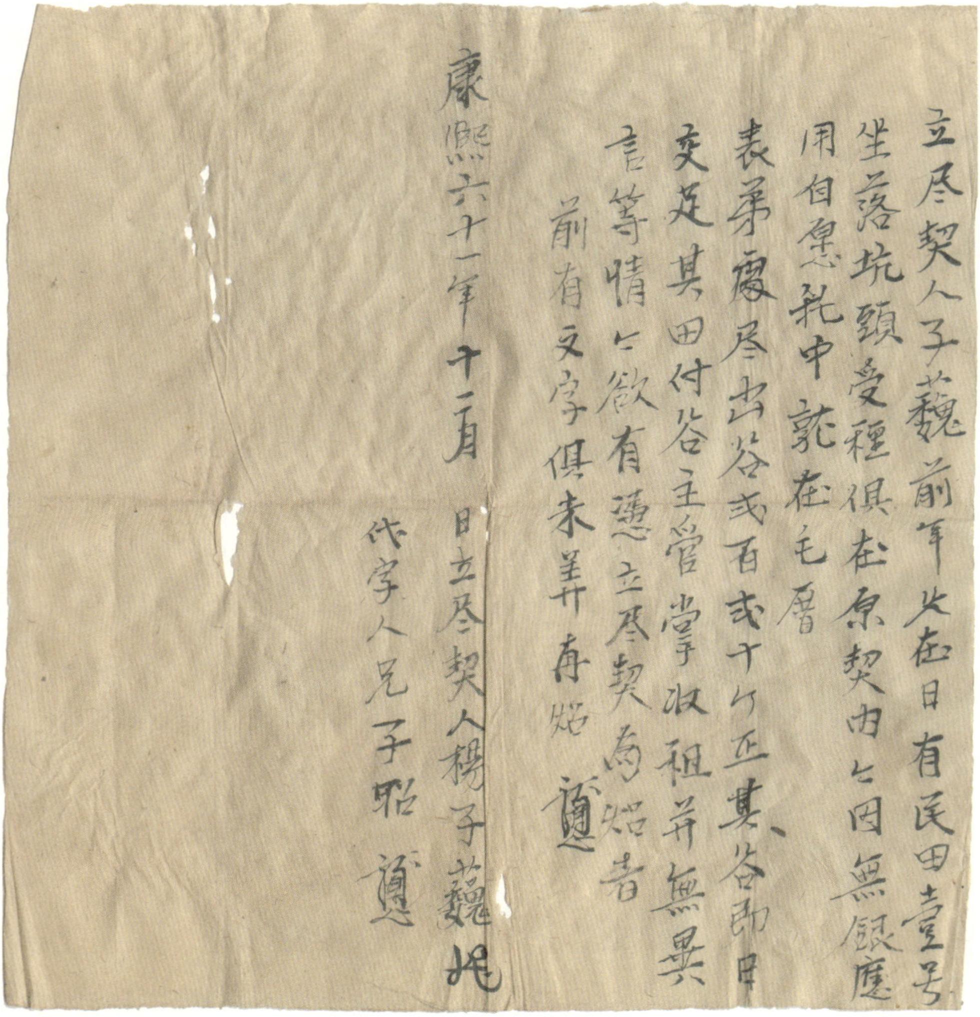

立尽契人子巍前年父在日有民田壹号坐落坑頭受種俱在原契內々因無銀應用自愿托中就在毛厝表弟處尽出谷弍百弍十斤正其谷即日交足其田付谷主管掌收租並無異言等情々欲有憑立尽契為照者

前有文字俱未并再照（押）

康熙六十一年十二月　日立尽契人楊子巍（押）

代字人兄子昭（押）

9-3-3-2　清康熙六十一年十二月楊子巍立盡民田契

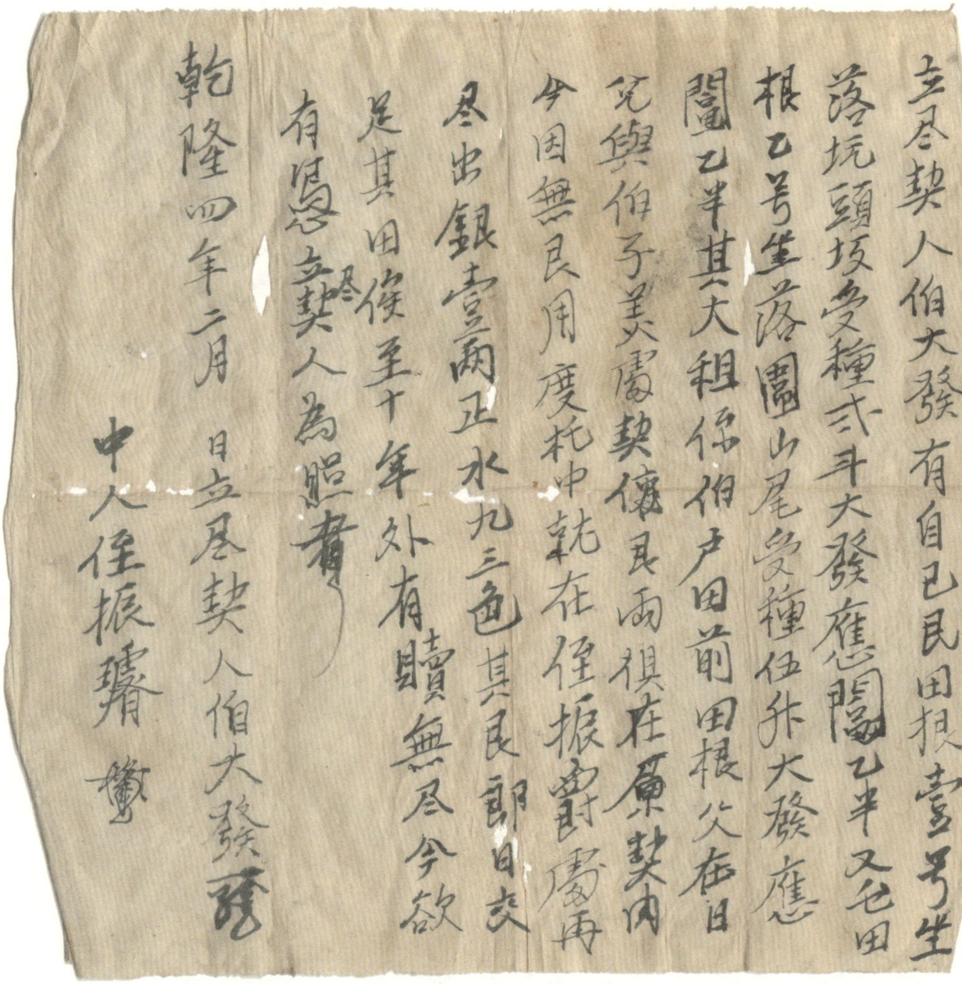

立盡契人伯大發有自己民田根壹號生
落坑頭坂受種弍斗大發應憑鬮乙半又乜田
根乙號生落園山尾受種伍升大發應
鬮乙半其大租係伯户田前田根父在日
兑與伯子美處契價艮兩俱在原契內
今因無艮用度托中就在侄振爵處再
盡出銀壹兩正水九三色其艮即日交
足其田從至十年外有贖無盡今欲
有憑立盡契人爲照者
乾隆四年二月　日立盡契人伯大發（押）
中人侄振爵（押）

9-3-3-3　清乾隆四年二月楊大發立盡民田根字

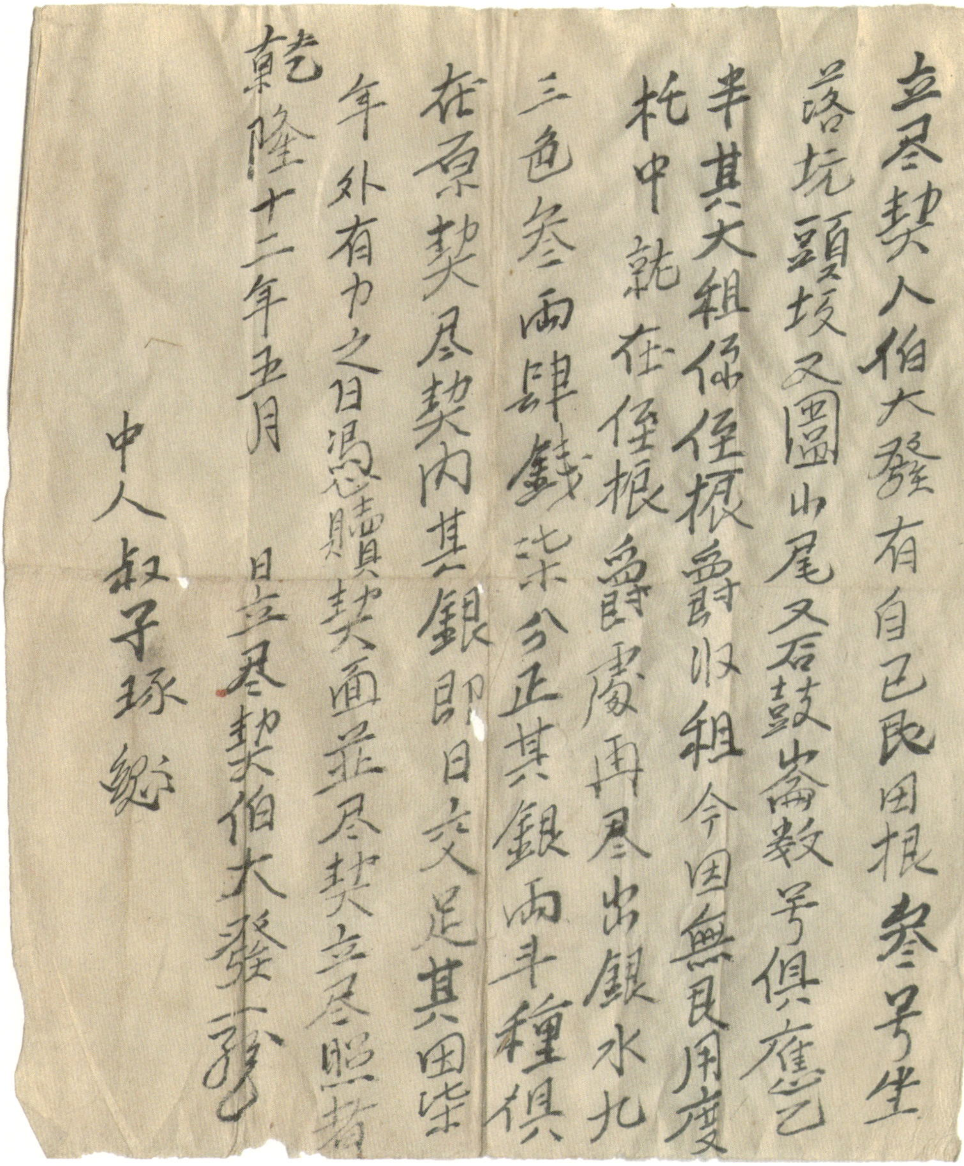
立盡契人伯大發有自己民田根叁號坐
落坑頭坂又園山尾又石鼓山崙數號俱應己
半其大租係侄根爵收租今因無銀用度
托中就在侄根爵處再盡出銀水九
三色叁両肆錢柒分正其銀両并種俱
在原契盡契内其銀即日交足其田柒
年外有力之日憑贖契面並盡契立盡照者
乾隆十二年五月　日立盡契伯大發（押）
中人叔子琢（押）

9-3-3-4　清乾隆十二年五月楊大發立盡民田根契

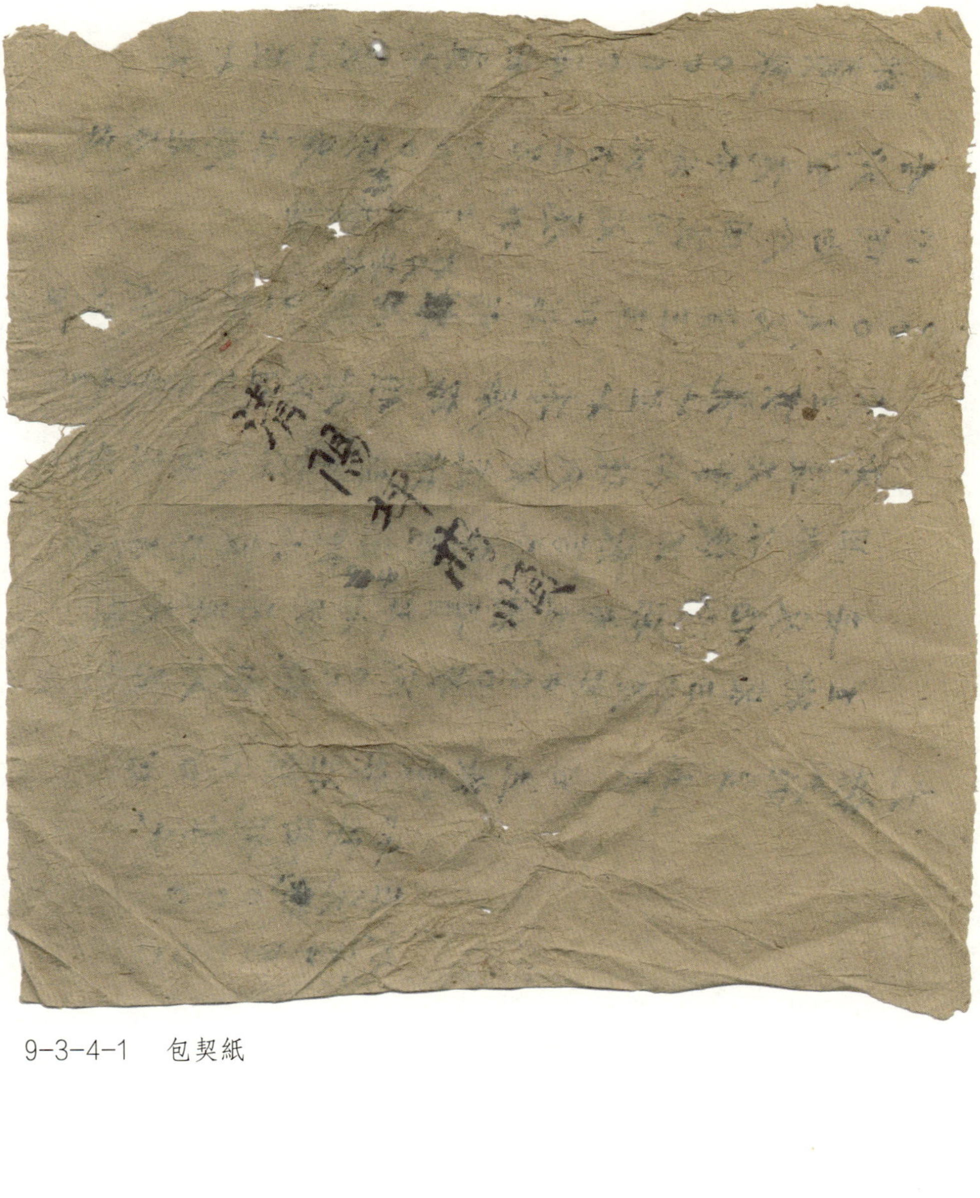

9-3-4-1　包契紙

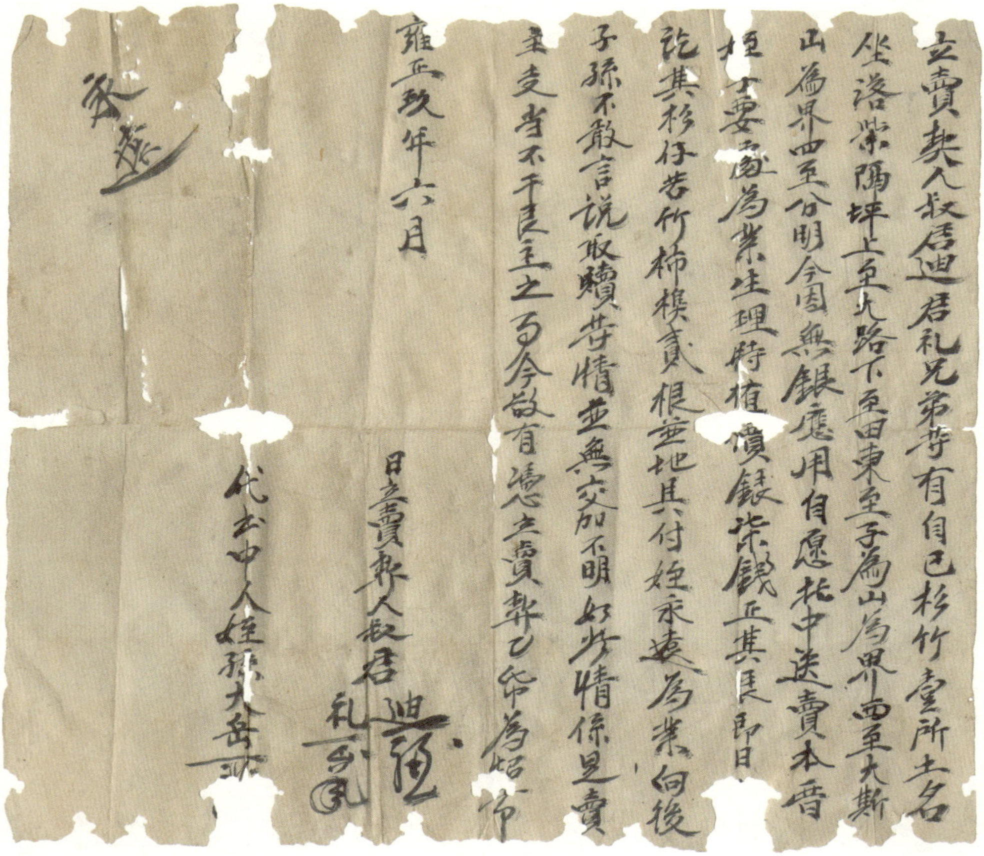
立賣契人叔君迪、君礼兄弟等有自己杉竹壹所土名
坐落棠隔坪上至大路下至田東至子為山為界西至大斯
山為界四至分明今因無銀應用自愿托中送賣本房
姪[illegible]要[illegible]為業生理時值價銀柒錢正其艮即日
訖其杉仔苦竹棉模貳根並地其付姪永遠為業向後
子孫不敢言說取贖等情並無交加不明如有情係是賣
主支當不干買主之事今欲有憑立賣契乙紙為照
雍正玖年六月　日立賣契人叔君迪
礼(押)
代筆中人姪孫大岳(押)

9-3-4-2　清雍正九年六月楊君迪等立賣杉竹契

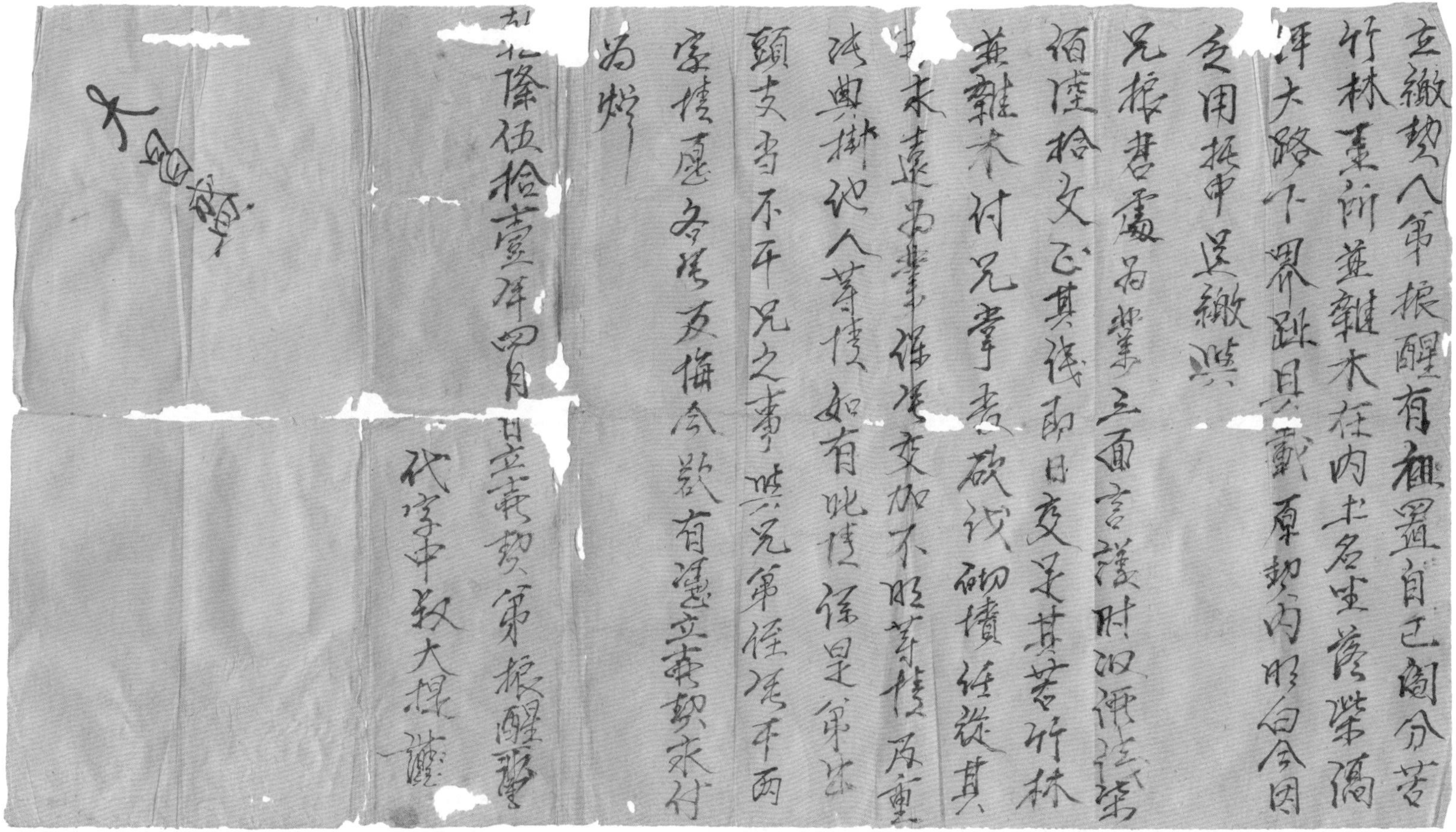

9-3-4-3　清乾隆五十一年四月楊振醒立缴賣苦竹林契

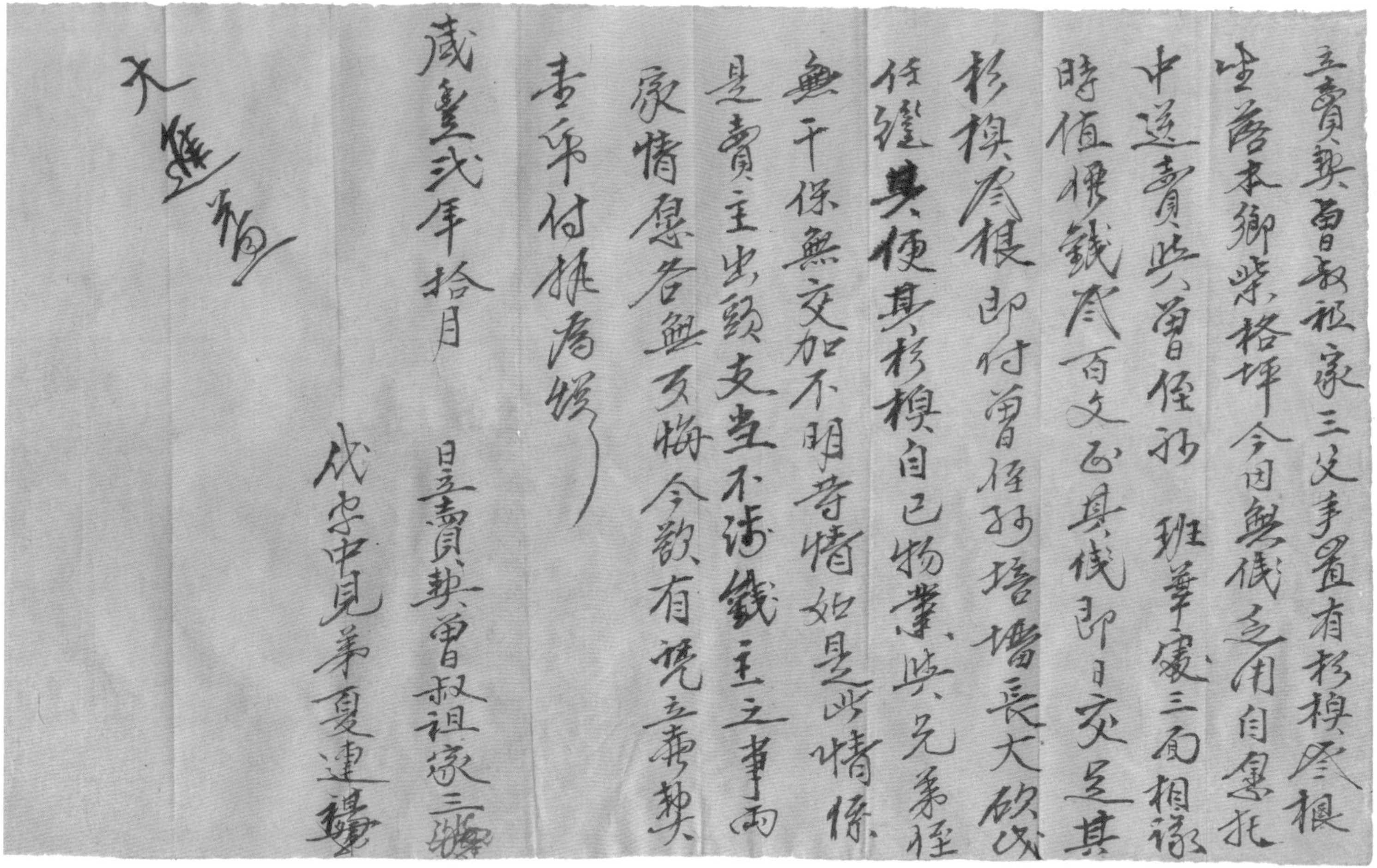

立賣契曾叔祖家三父手置有杉椑叁根，坐落本鄉紫格坪，今因無錢應用，自愿托中送賣與曾侄孫　班華處，三面相議時值價錢叁百文正，其錢即日交足，其杉椑叁根即付曾侄孫培墻長大砍伐，任從其便。其杉椑自己物業，與兄弟侄無干，保無交加不明，奇情如是此情係是賣主出頭支当，不涉錢主之事。兩家情愿，各無反悔，今欲有憑，立賣契壹紙付執為照。

咸豐弍年拾月　日立賣契曾叔祖家三（押）

代字中見弟夏建（押）

大進旺

9-3-4-4　清咸豐二年十月楊家三立賣杉椑契

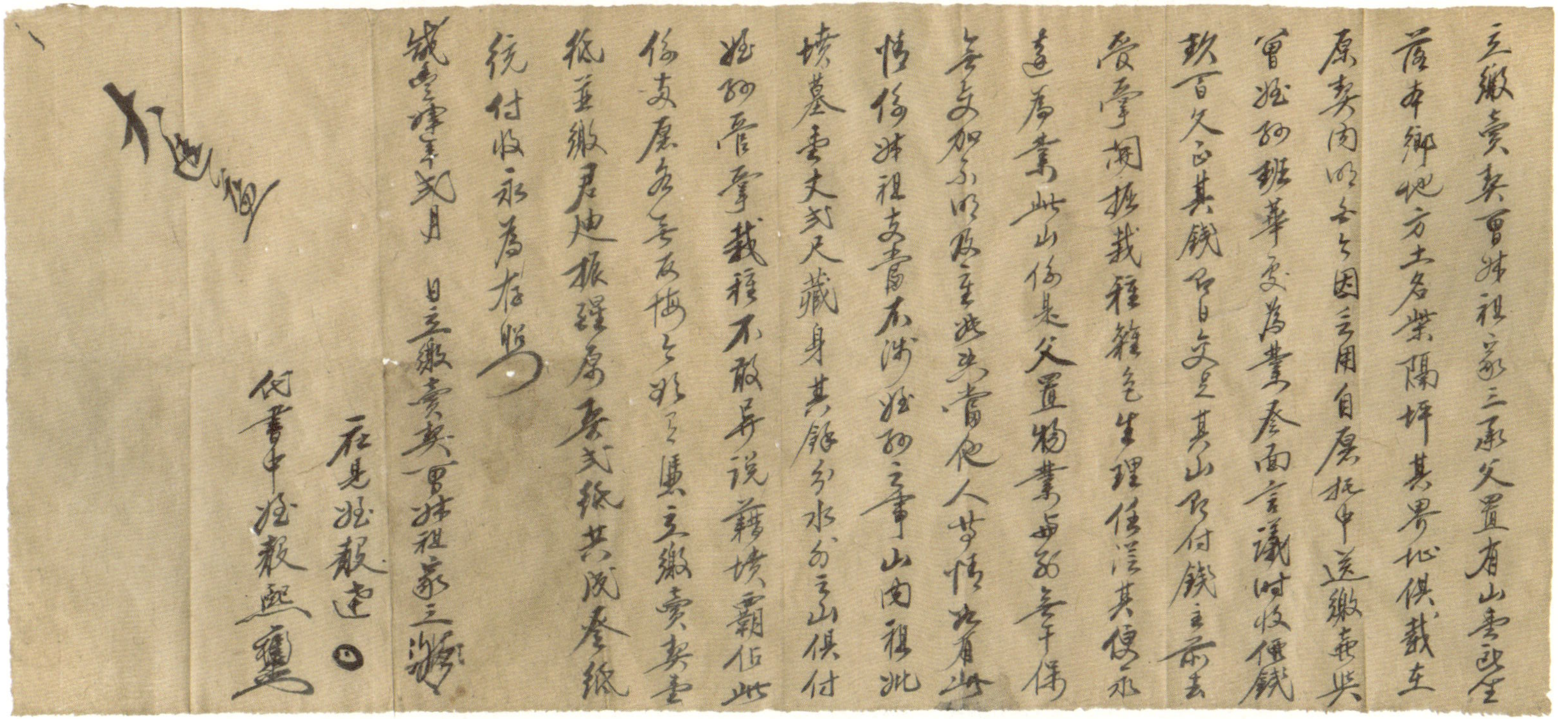
立缴賣契曾林祖家三承父置有山壹所坐
落本鄉地方土名紫陽坪其界址俱載在
原契內明白今因乏用自願托中送缴與
曾姪部班華受爲業叁面言議時收價錢
玖百文正其錢即日交足其山即付錢主前去
管掌開掘栽種雜色生理任從其便永
遠爲業此山係是父置物業與弟無干係
無交加不明及至此先當他人等情如有此
情係林祖支當不涉姪部之事山內祖坭
墳墓壹丈式尺藏身其餘分水分之山俱付
姪部管掌栽種不敢異說藉墳霸佔此
係交原無多反悔之理口無憑立缴賣契壹
紙並缴君旦根據原契式紙共成叁紙
繳付收永爲存照
咸豐肆年貳月　日立缴賣契曾林祖家三
在見姪報達
代書中姪報熙
大[illegible]

9-3-4-5　清咸豐四年二月楊家三立缴賣山契

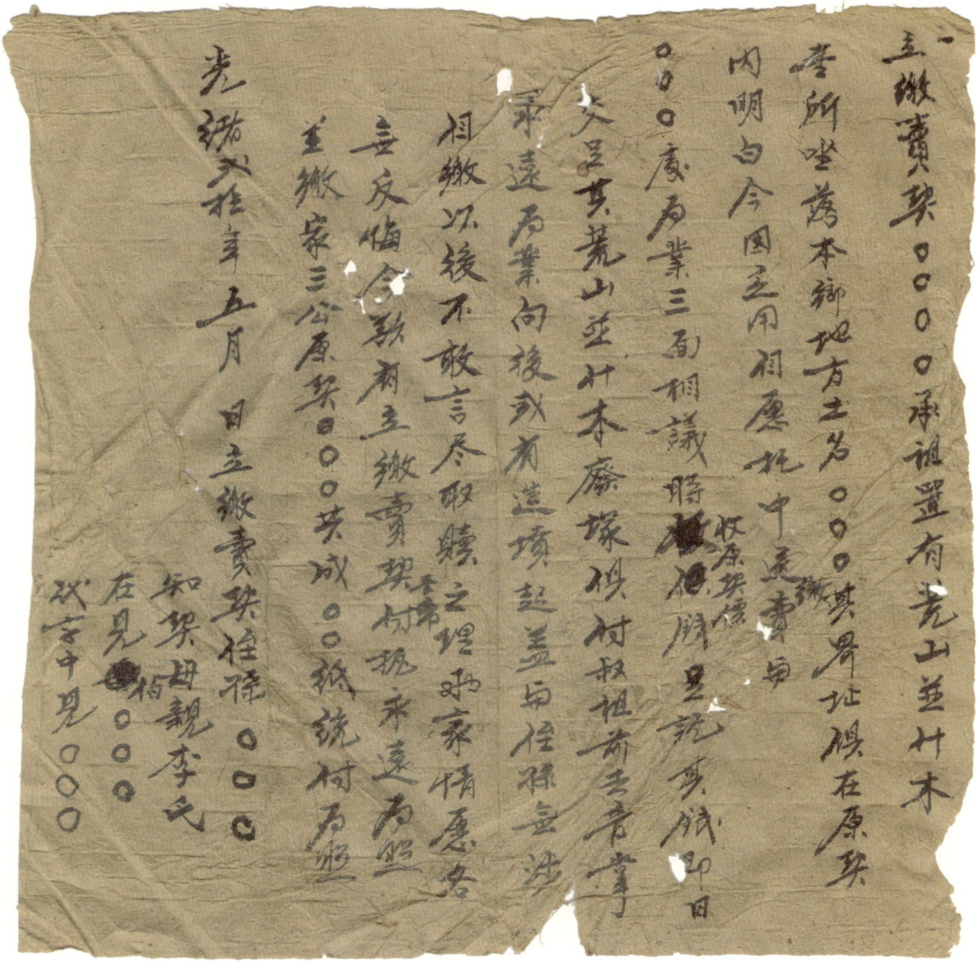
立繳賣契○○○○承祖置有荒山並什木
壹所坐落本鄉地方土名○○○其界址俱在原契
內明白今因正用相應托中送賣與
○○○處爲業三面相議時[illegible]價錢足訖其錢即日
交足其荒山並什木[illegible]塚俱付叔祖前去管業
永遠爲業向後或有遠墳起蓋與侄孫無涉
相繳以後不敢言盡取贖之理[illegible]家情愿各
無反悔今欲有立繳賣契付執永遠爲照
並繳家三公原契○○○共成○○紙號付爲照
光緒弍拾年五月　日立繳賣契侄孫○○○
知契母親李氏
在見伯○○○
代字中見○○○

9-3-4-6　清光緒二十年五月楊氏立繳賣荒山等契

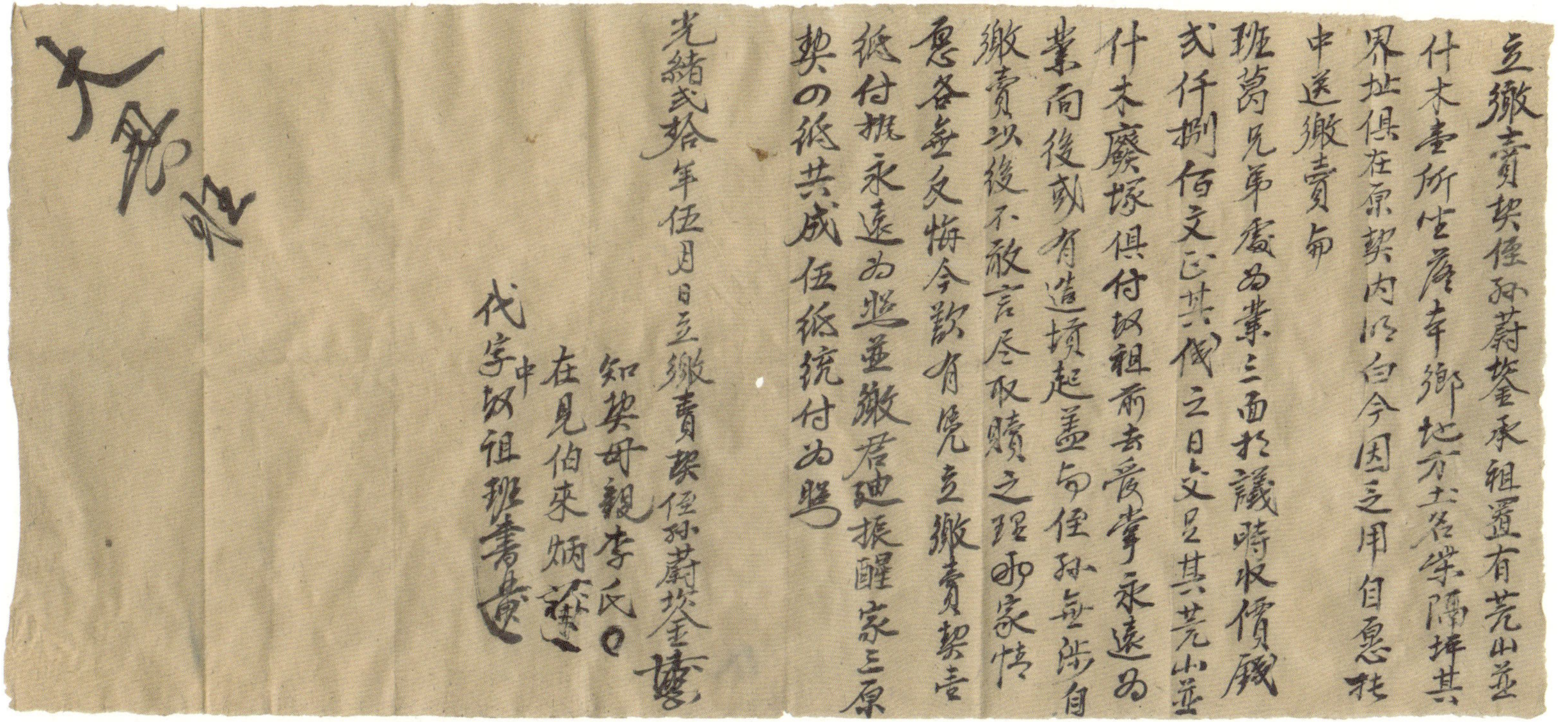
立繳賣契侄孫蔚鍪承祖置有荒山並
什木壹所坐産本鄉地方土名學隔坪其
界址俱在原契内明白今因乏用自愿托
中送繳賣與
班蔚兄弟處爲業三面於議時收價錢
弍仟捌佰文正其錢即日收足其荒山並
什木瘗塚俱付叔祖前去管掌永遠爲
業向後或有造墳起蓋與侄孫無涉自
繳賣以後不敢言盡取贖之理兩家情
愿各無反悔今欲有憑立繳賣契壹
紙付執永遠爲照並繳君廸振醒家三原
契四紙共成伍紙統付爲照

光緒弍拾年伍月　日立繳賣契侄孫蔚鍪
知契母親李氏
在見伯來炳
代字中叔祖班青

9-3-4-7　清光緒二十年五月楊蔚鍪立繳賣荒山等契

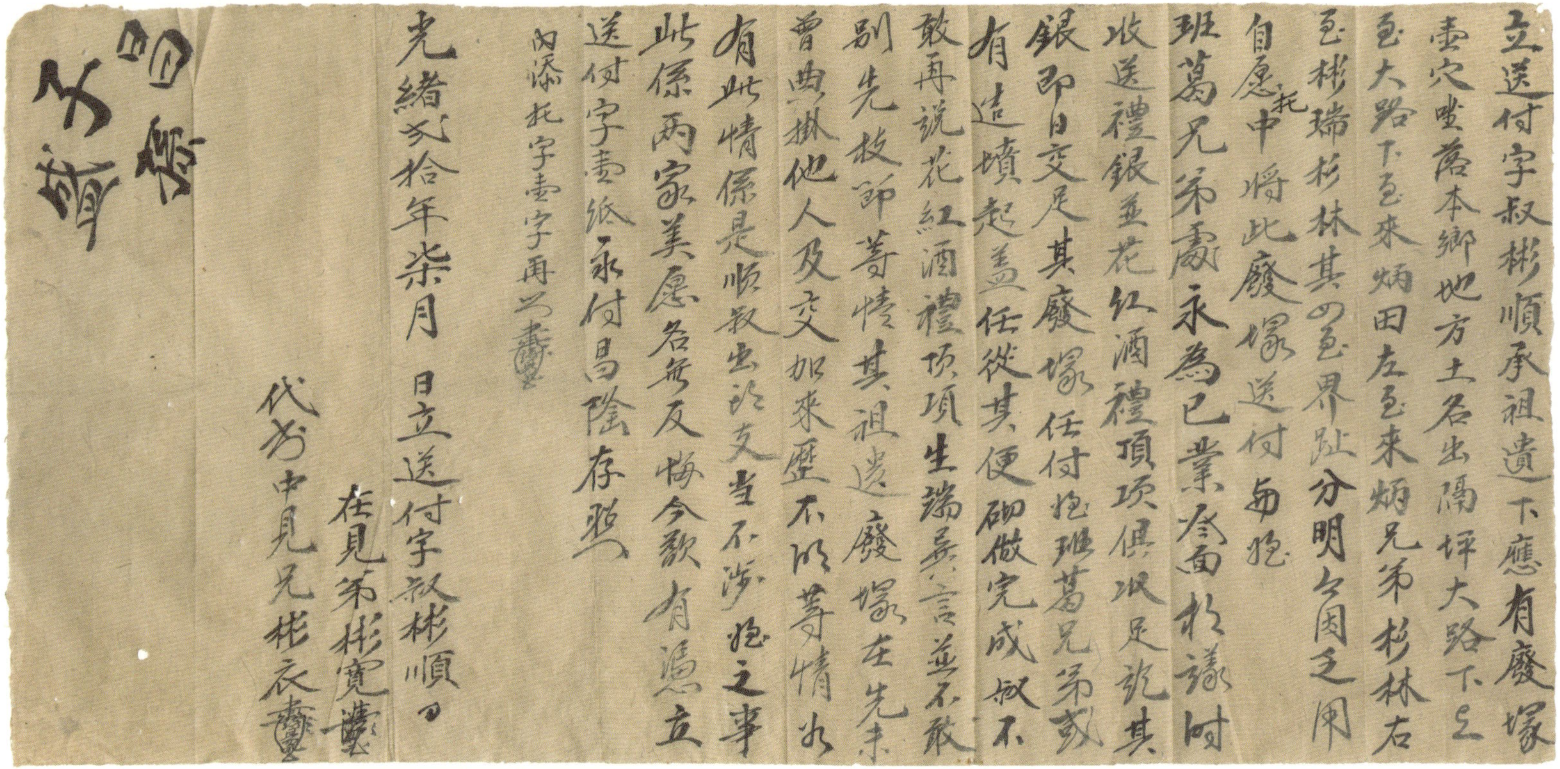
立送付字叔彬順承祖遺下應有廢塚
壹穴坐落本鄉地方土名出陽坪大路下之
至大路下至來炳田左至來炳兄弟杉林右
至彬瑞杉林其四至界趾分明今因乏用
自愿托中將此廢塚送付與侄
班葛兄弟處永為己業當面言議時
收送禮銀並花紅酒禮項項俱收足訖其
銀即日交足其廢塚任付侄班葛兄弟或
有造墳起蓋任從其便砌做完成叔不
敢再說花紅酒禮項項生端無言並不敢
別先枝節等情其祖遺廢塚在先未
曾典掛他人及交加來歷不明等情如
有此情係是順叔出頭支當不涉侄之事
此係兩家美愿各無反悔今欲有憑立
送付字壹紙永付為陰存照
內添托字壹字再照（押）
光緒貳拾年柒月　日立送付字叔彬順（押）
在見弟彬寬（押）
代书中見兄彬衣（押）

9-3-4-8　清光緒二十年七月楊彬順立送付廢塚字

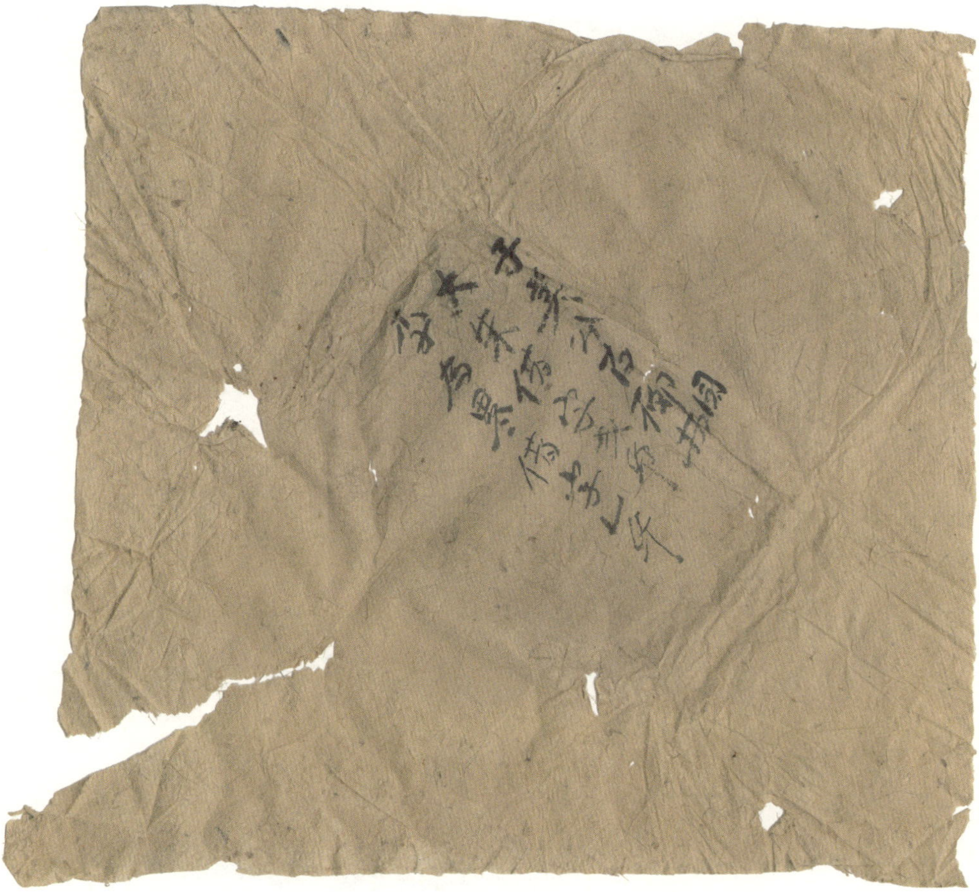

9-3-5-1　包契紙

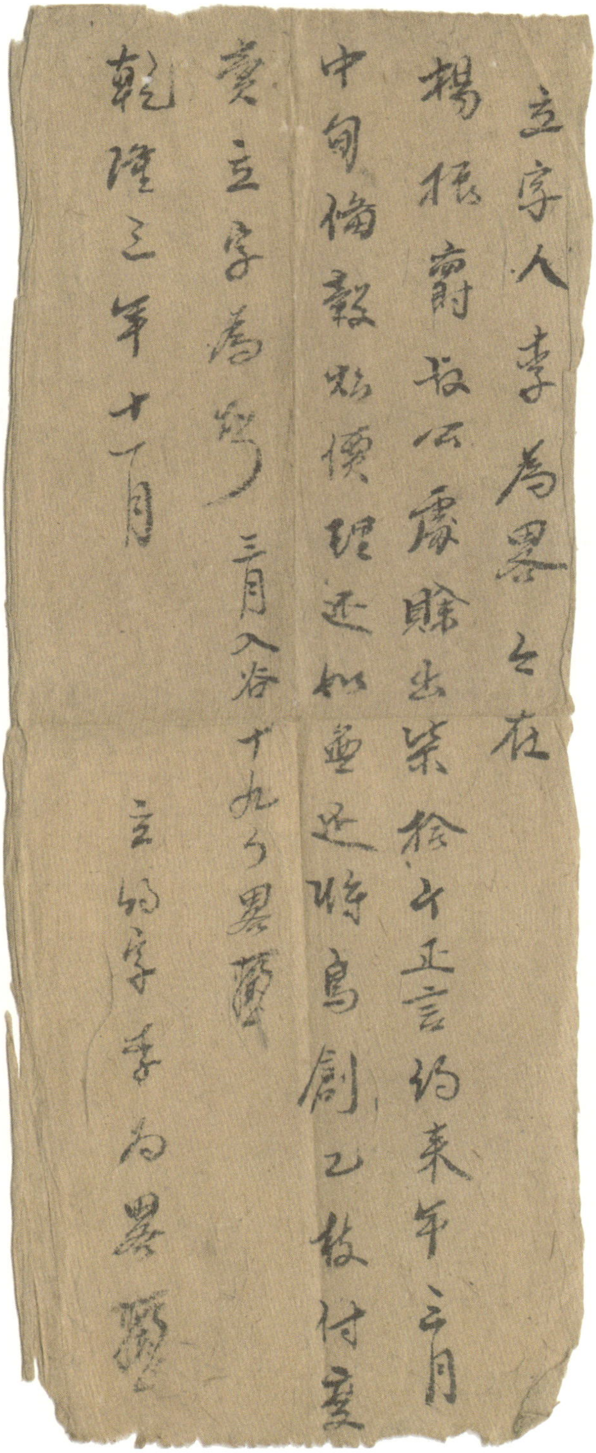
立字人李爲畧仝在楊振爵叔公處賒出柴拾斤正，言約來年六月中旬備穀照價理還，如無還，將烏創已收付賣，立字爲照。

三月入谷十九斤畧（押）

乾隆三年十一月

立約字李爲畧（押）

9-3-5-2　清乾隆三年十一月李爲畧立約字

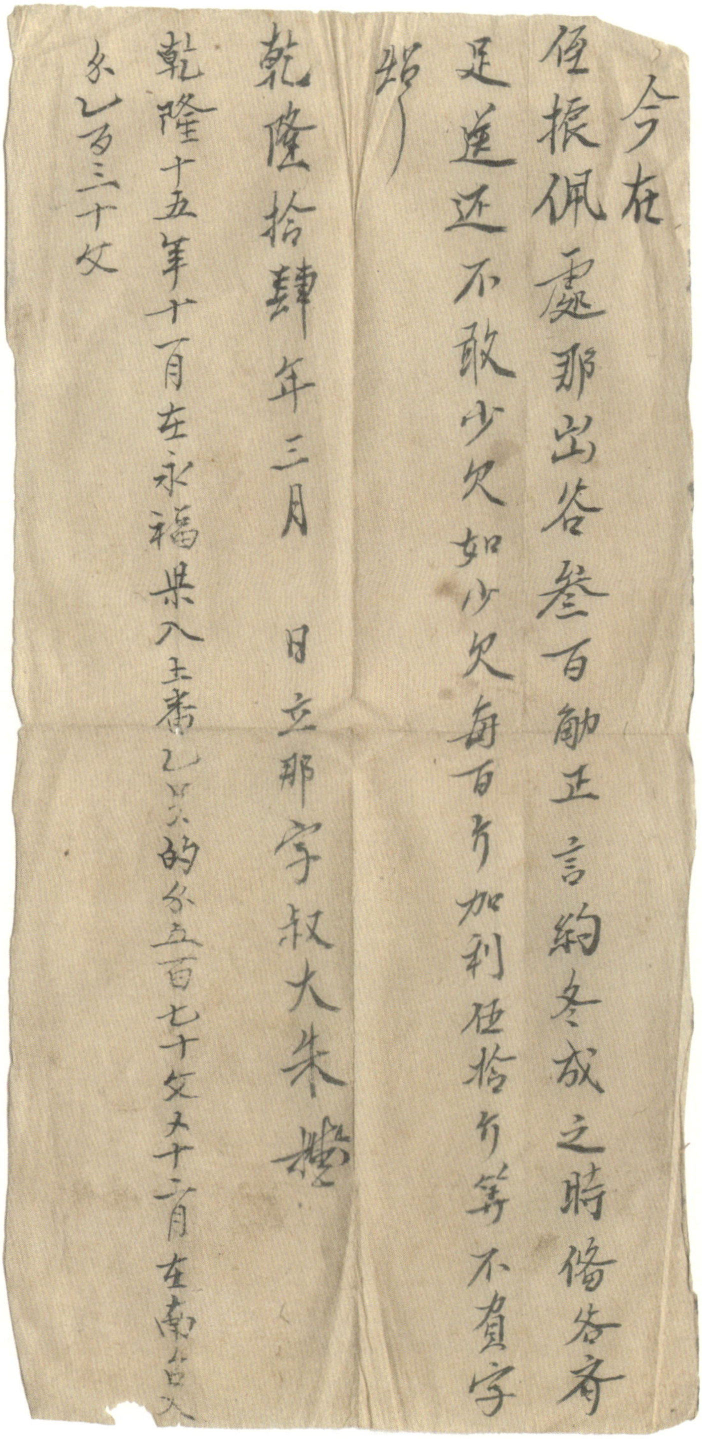
今在
侄振佩處那出谷叁百觔正言約冬成之時備谷齊
足送还不敢少欠如少欠每百斤加利伍拾斤等不負字
照
乾隆拾肆年三月　日立那字叔大朱[illegible]
乾隆十五年十月在永福県入王番乙只的谷五百七十文大十二月在南台入
谷乙百三十文

9-3-5-3　清乾隆十四年三月楊大朱立那穀字

第九卷　永泰縣洑口鄉紫山村契約文書　第三帙　楊經海户

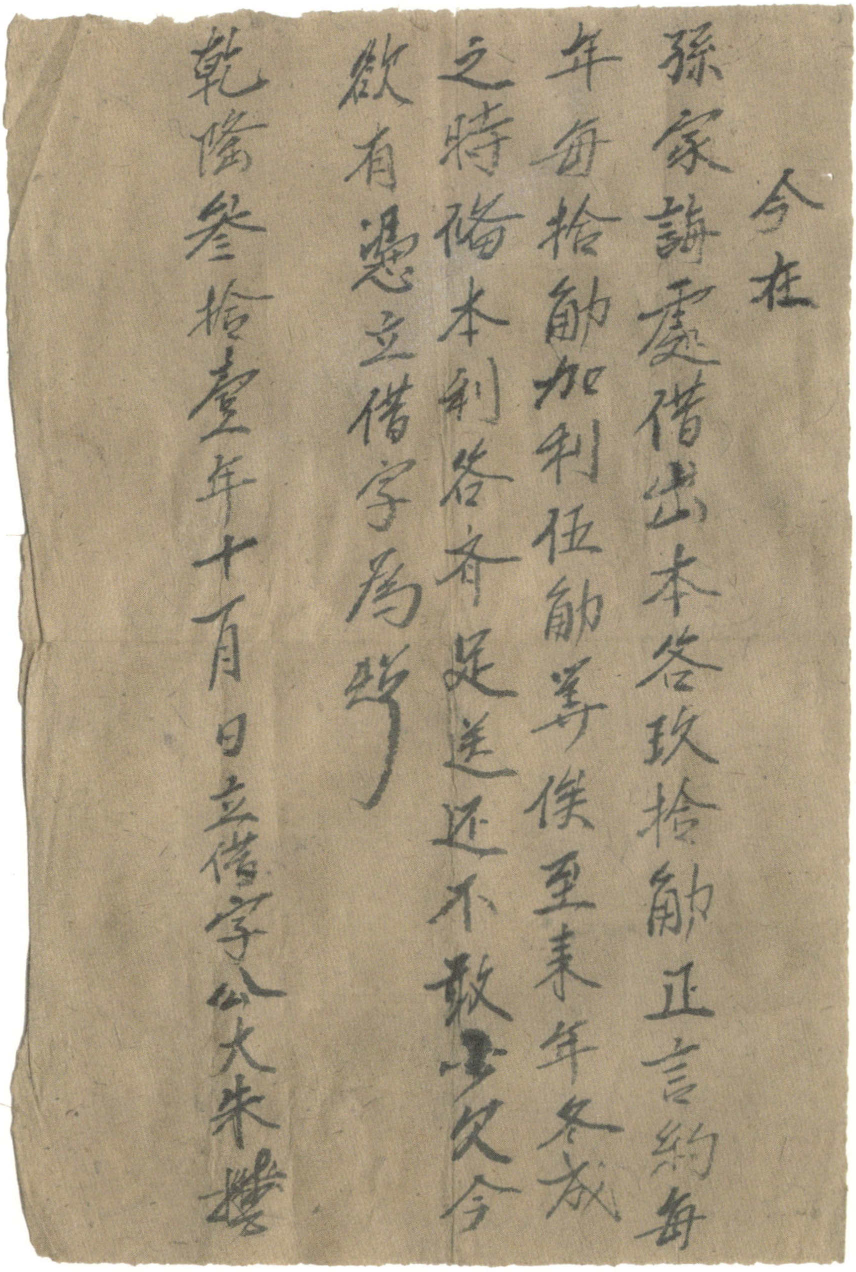
今在
孫家諱慶借出本谷玖拾觔正，言約每
年每拾觔加利伍觔算，係至來年冬成
之時備本利谷齊足送还，不敢少欠。今
欲有憑，立借字為照。
乾隆叁拾壹年十月　日立借字人大朱楊

9-3-5-4　清乾隆三十一年十一月楊大朱立借穀字

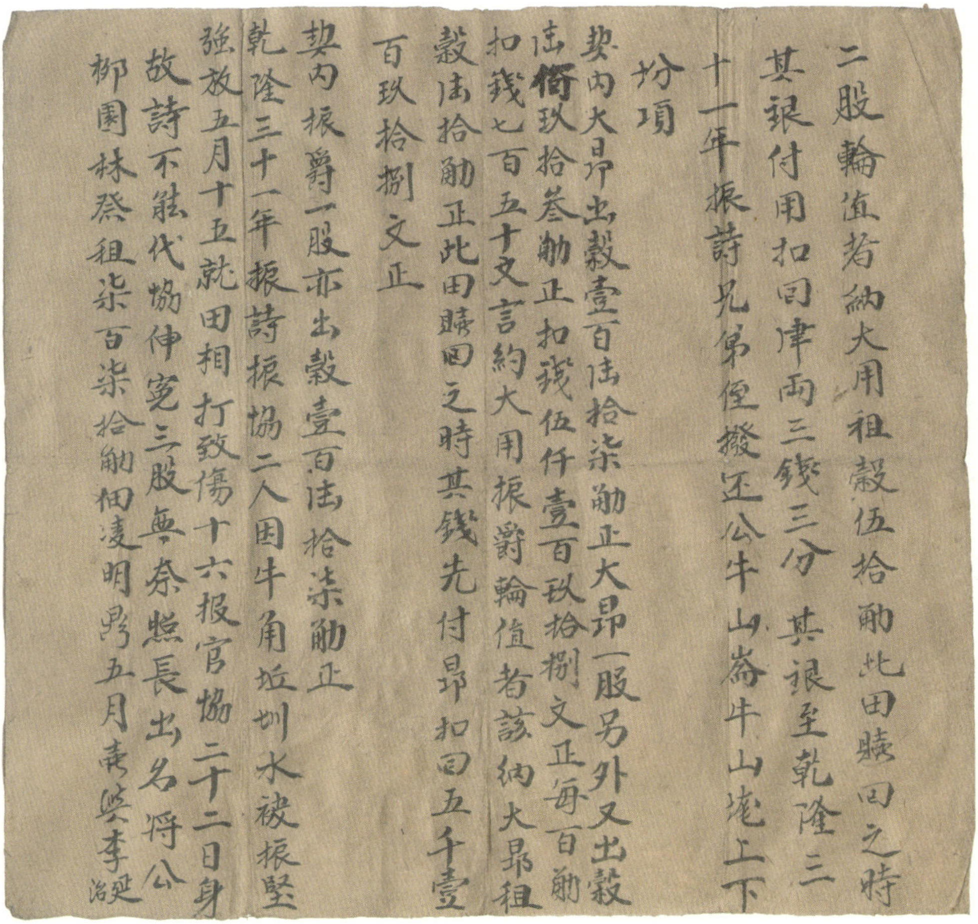

二股輪值若納大用租穀伍拾觔此田贖回之時
其銀付用扣回律两三錢三分　其銀至乾隆三
十一年振詩兄弟侄撥还公牛山崙牛山垵上下
坋項
契内大昂出穀壹百陆拾柒觔正大昂一股另外又出穀
陆佰玖拾叁觔正扣錢伍仟壹百玖拾捌文正每百觔
扣錢七百五十文言約大用振爵輪值者該納大昂租
穀陆拾觔正此田贖回之時其錢先付昂扣回五千壹
百玖拾捌文正
契内振爵一股亦出穀壹百陆拾柒觔正
乾隆三十一年振詩振協二人因牛角垅圳水被振堅
强欧五月十五就田相打致傷十六报官協二十二日身
故詩不能代協伸冤三股無奈照長出名將公
柳園林畓租柒百柒拾觔佃凌明彩五月賣與李延治

9-3-5-5　清乾隆三十一年十一月楊振詩等立祭田股份字（一）

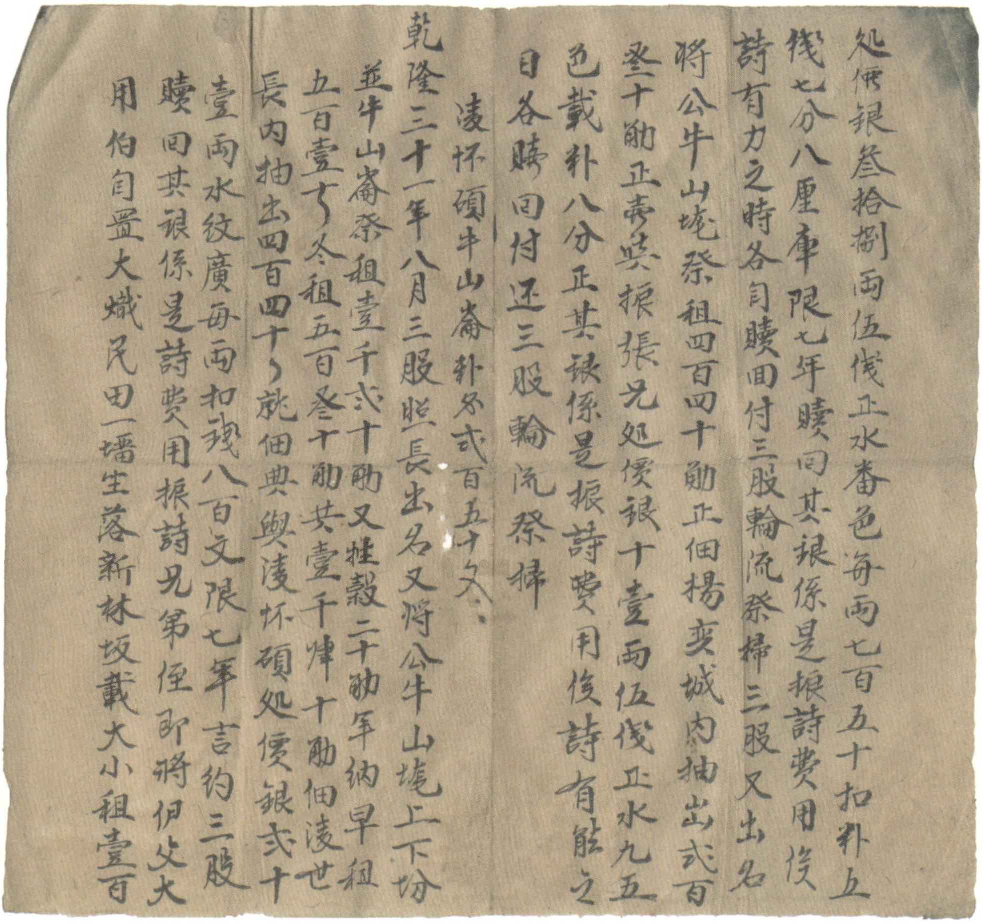
處佃銀叁拾捌両伍錢正水番色每両七百五十扣扑五
錢七分八厘庫限七年贖回其銀係是振詩費用後
詩有力之時各自贖回付三股輪流祭掃三股又出名
將公牛山墘祭租四百四十觔正佃楊奕城内抽出弍百
叁十觔正壽吳振張兄処佃銀十壹両伍錢正水九五
色載扑八分正其銀係是振詩費用後詩有能之
日各贖回付还三股輪流祭掃
淩怀碩牛山崙扑分弍百五十文、
乾隆三十一年八月三股照長出名又將公牛山墘上下坋
並牛山崙祭租壹千弍十觔又牲穀二十觔年納早租
五百壹十ㄅ冬租五百叁十觔共壹千肆十觔佃淩世
長内抽出四百四十ㄅ就佃典與淩怀碩処佃銀弍十
壹両水紋廣每両扣錢八百文限七年言约三股
贖回其銀係是詩費用振詩兄弟侄即將伊丈大
用伯自置大熾民田一墵生落新林坂載大小租壹百

9-3-5-6　清乾隆三十一年十一月楊振詩等立祭田股份字（二）

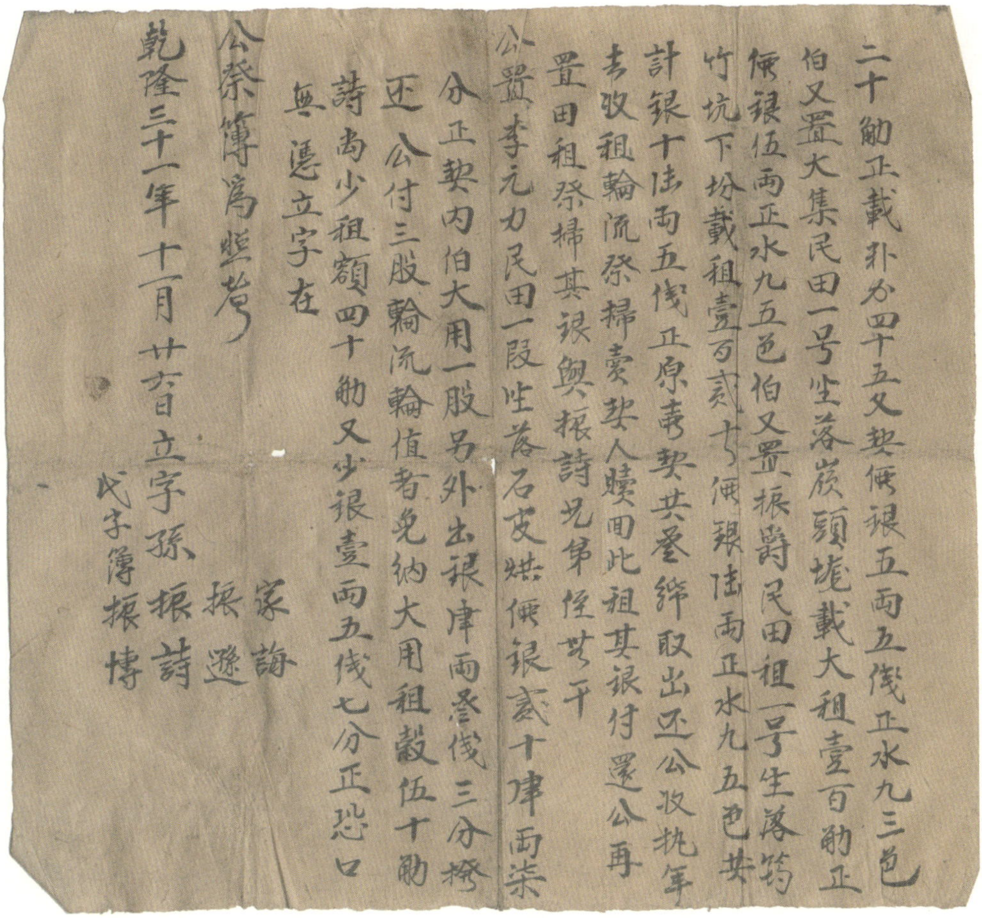
二十觔正載背分四十五又契價銀五兩五錢正水九三色
伯又置大集民田一号坐落崁頭垅載大租壹百觔正
價銀伍兩正水九五色伯又置振爵民田一号坐落筠
竹坑下垅載租壹百貳十觔價銀陆兩正水九五色共
計銀十陆兩五錢正原彝契共叁紙取出还公收执年
壹收租輪流祭掃賣契人贖回此租其銀付還公再
置田租祭掃其銀與振詩兄弟侄共干
公置李元力民田一段坐落石交垬價銀貳十肆兩柒
分正契内伯大用一股另外出銀肆兩叁錢三分換
还公付三股輪流輪值者免納大用租穀伍十觔
詩尚少租額四十觔又少銀壹兩五錢七分正恐口
無憑立字在
公祭簿為照
乾隆三十一年十一月廿六日立字孫 振詩
家諭
振遜
代字簿 振博

9-3-5-7　清乾隆三十一年十一月楊振詩等立祭田股份字（三）

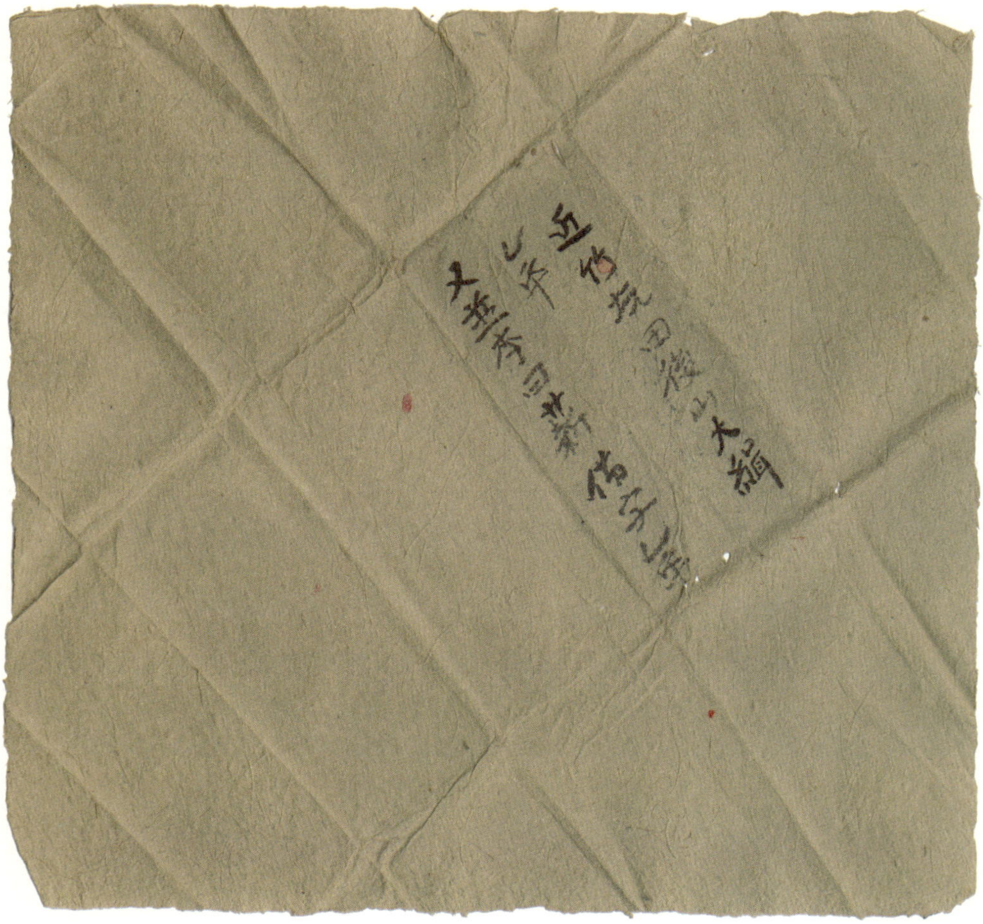

9-3-6-1　包契紙

9-3-6-2　包契紙

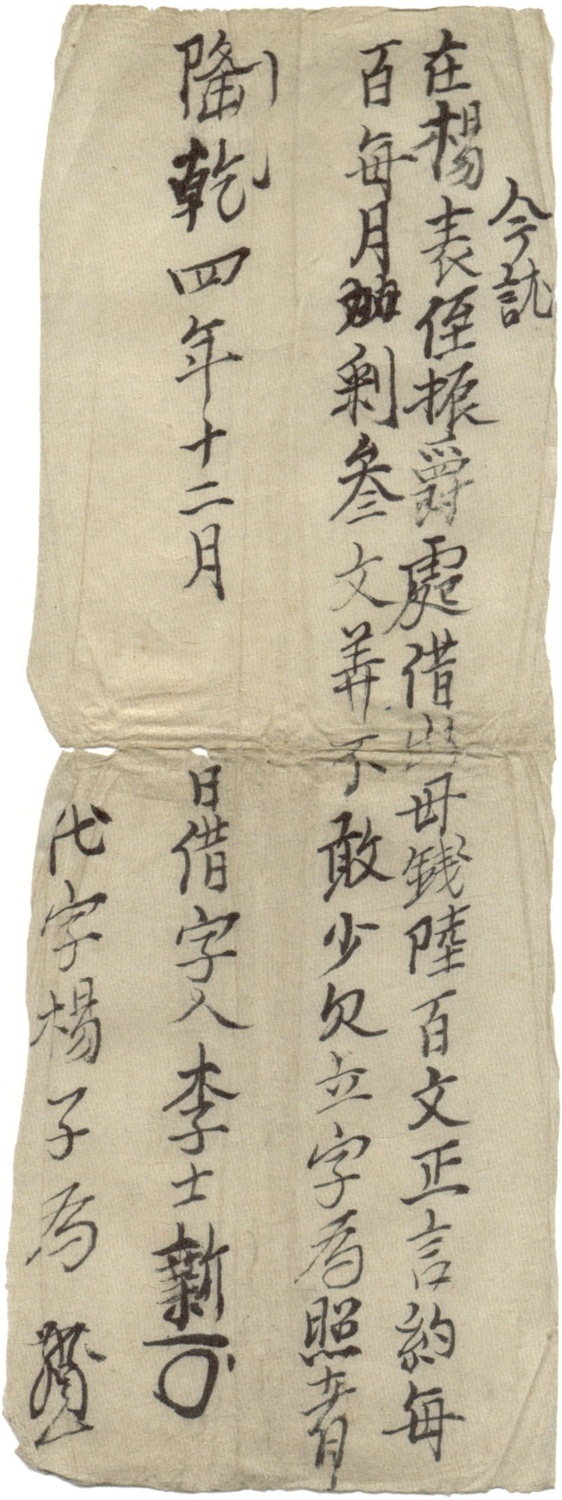
今訖
在楊表侄振爵處借出母錢陸百文正言約每
百每月加剩叁文算不敢少欠立字為照有
乾隆四年十二月　日借字人李士新（押）
代字楊子爲（押）

9-3-6-3　清乾隆四年十二月李士新立借錢字

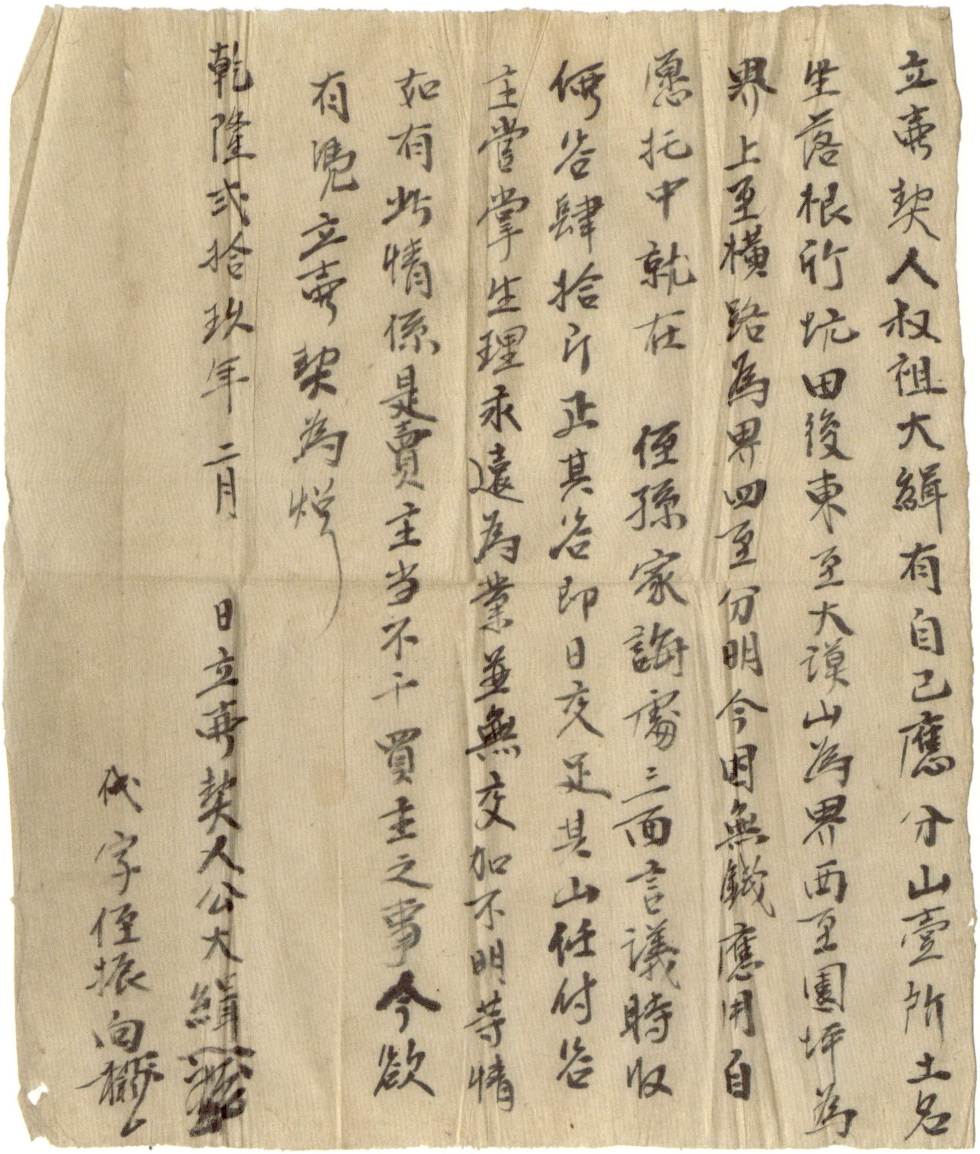
立賣契人叔祖大緝有自己應分山壹所土名
生落根竹坑田後東至大漠山為界西至園坪為
界上至橫路為界四至分明今因無錢應用自
愿托中就在　侄孫家謝偽三面言議時价
價谷肆拾斤正其谷即日交足其山任付谷
主管掌生理永遠為業並無交加不明等情
如有此情係是賣主当不干買主之事今欲
有憑立賣契為炤
乾隆貳拾玖年二月　日立賣契人公大緝（押）
代字侄振向（押）

9-3-6-4　清乾隆二十九年二月楊大緝立賣山契

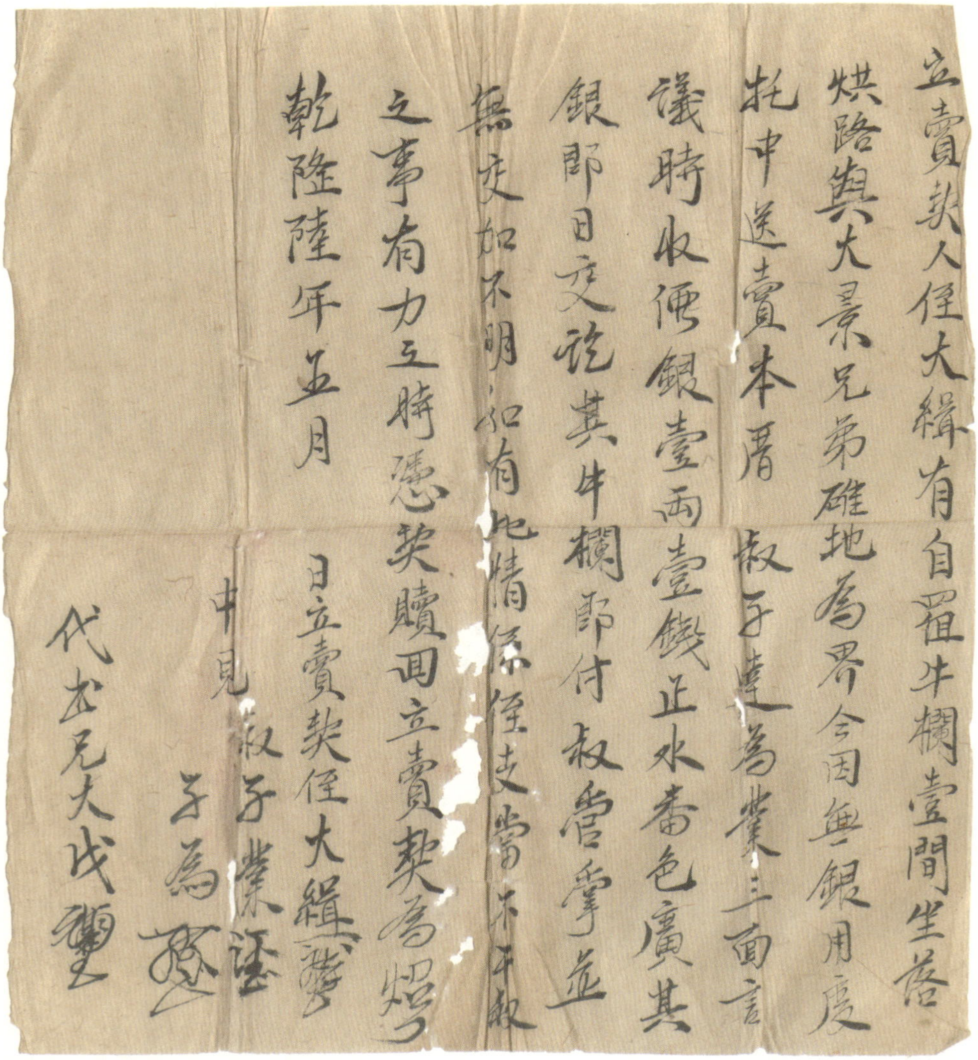
立賣契人侄大緝有自置牛欄壹間坐落
烘路與大景兄弟碓地為界今因無銀用度
托中送賣本房　叔子達為業三面言
議時收價銀壹兩壹錢正水番色廣其
銀即日交訖其牛欄即付叔管掌並
無交加不明如有此情係侄支當不干叔
之事有力之時憑契贖回立賣契為照
乾隆陸年五月　日立賣契侄大緝（押）
中見叔子業（押）
子為（押）
代書兄大成（押）

9-3-7-1　清乾隆六年五月楊大緝立賣牛欄契

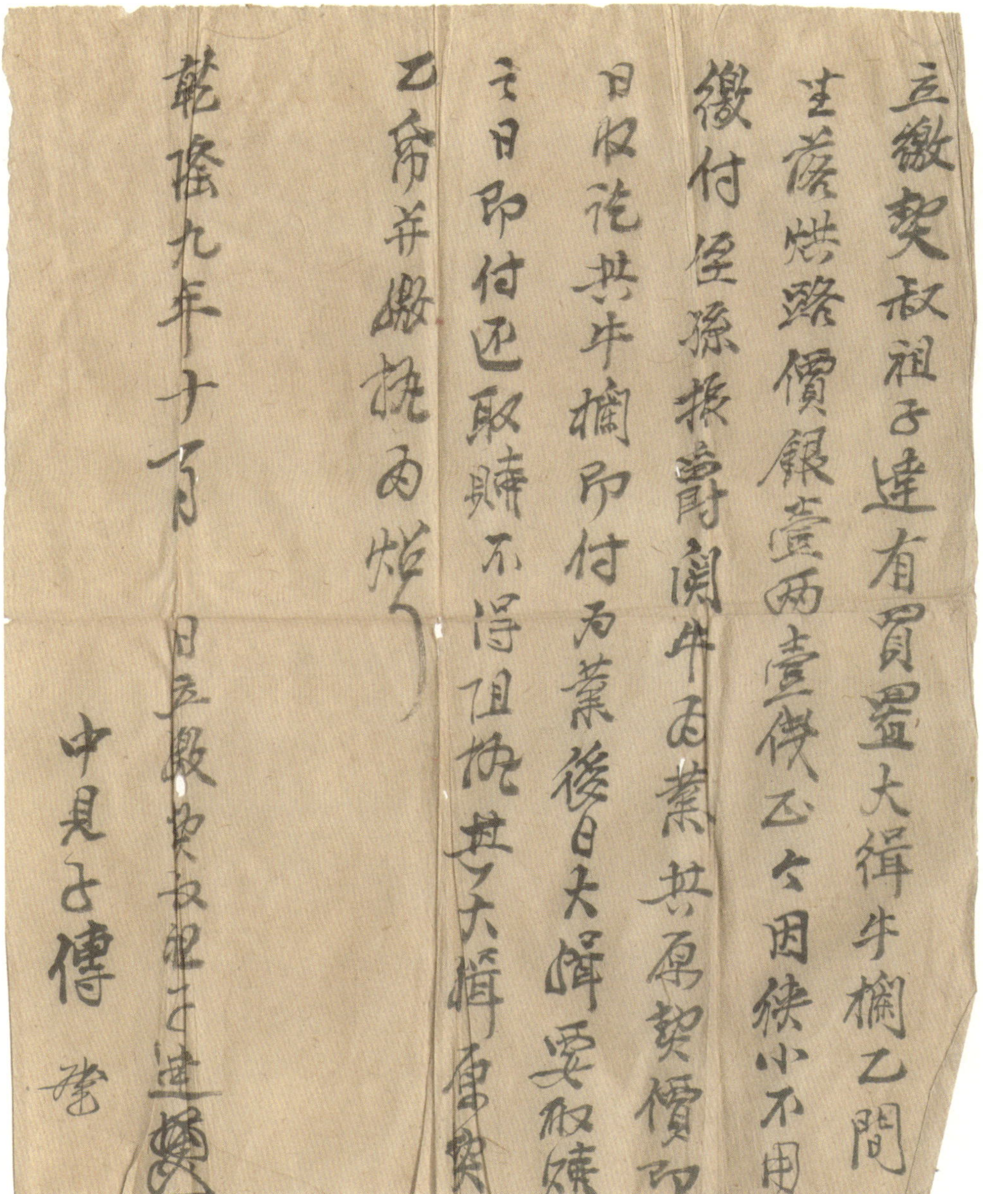
立繳契叔祖子達有買置大得牛欄乙間
坐落烘路價銀壹两壹錢正今因狭小不用
繳付侄孫振壽閣牛兩業其原契價卽
日收訖其牛欄卽付兩業後日大得要取贖
之日卽付還取贖不得阻挽其大得原契
乙紙并繳挽兩紙
乾隆九年十一月　日立繳契叔祖子達
中見子傳
筆

9-3-7-2　清乾隆九年十一月楊子達立繳牛欄契

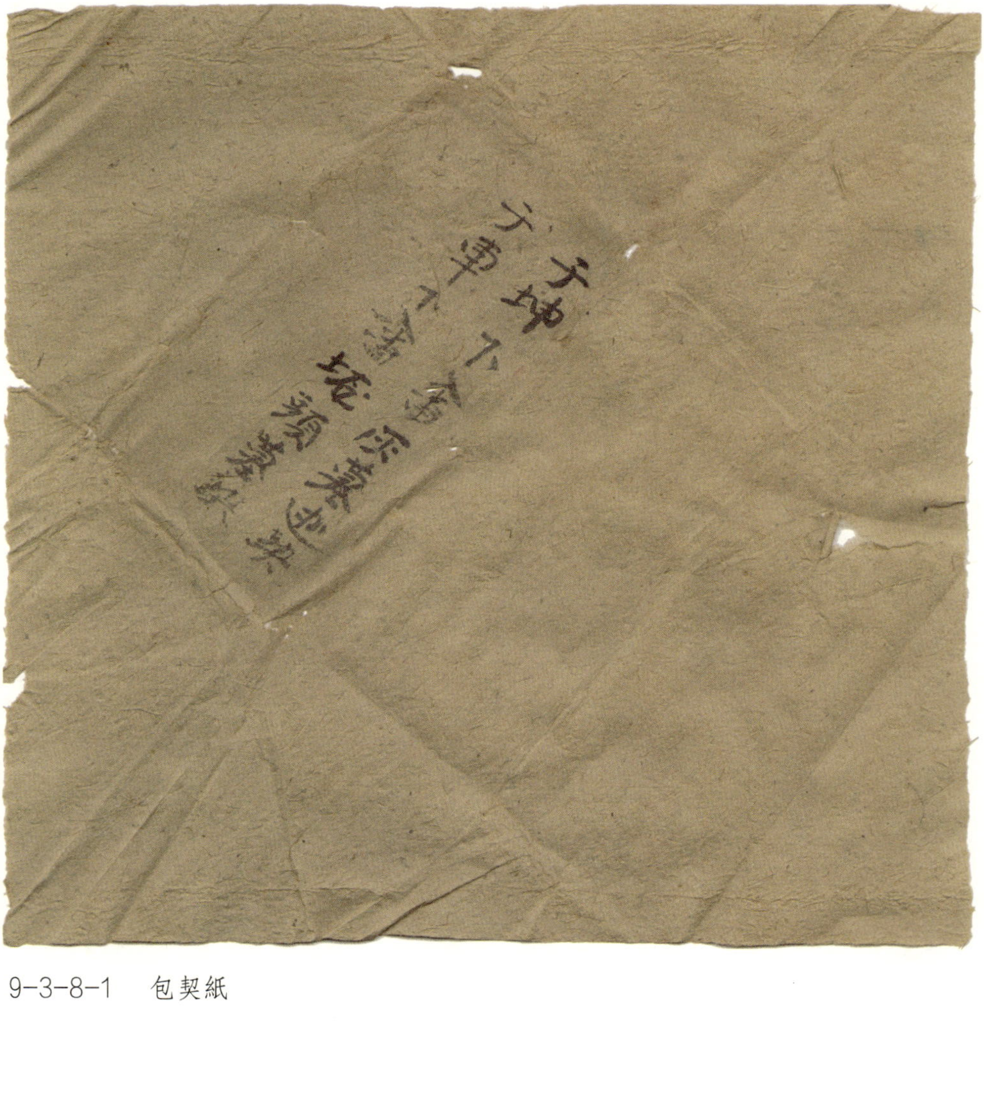

9-3-8-1　包契紙

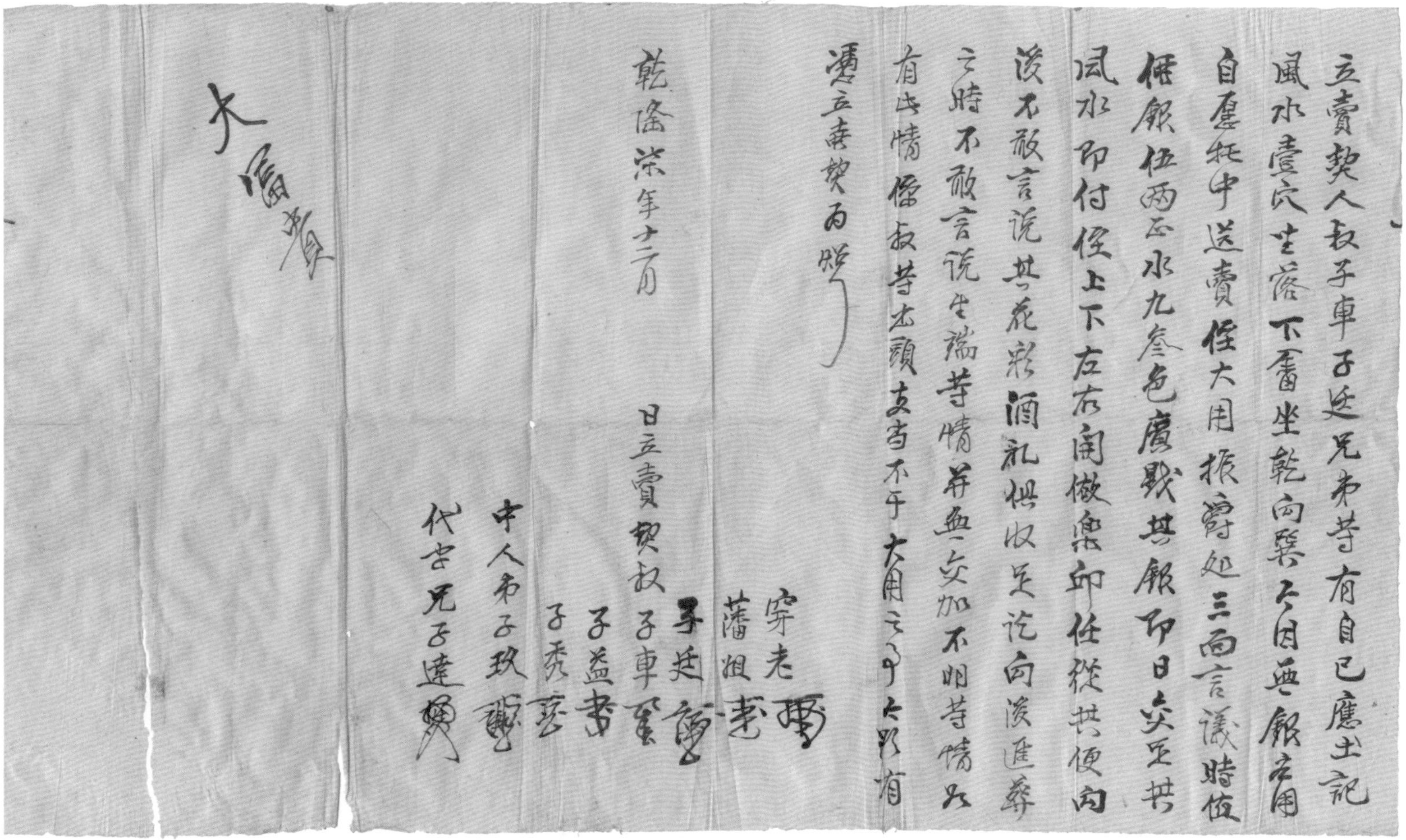

立賣契人叔子車、子廷、兄弟等，有自己應出記
風水壹穴，坐落下畬，坐乾向巽。今因無銀應用，
自愿托中送賣侄大用振爵處，三面言議時值
價銀伍兩正，水九叁色廣戥。其銀即日交足，其
風水即付侄上下左右開做墳墓，任從其便。向
後不敢言說，其花彩酒禮俱收足訖。向後進葬
之時不敢言說生端等情，并無交加不明等情。如
有此情，係叔等出頭支當，不干大用之事。今欲有
憑，立賣契為照。

乾隆柒年十二月　日立賣契叔　子車（押）

穿老（押）

藩姐（押）

子廷（押）

子益（押）

子秀（押）

中人弟　子玖（押）

代字兄　子逵（押）

大[illegible]

9-3-8-2　清乾隆七年十二月楊子車等立賣風水契

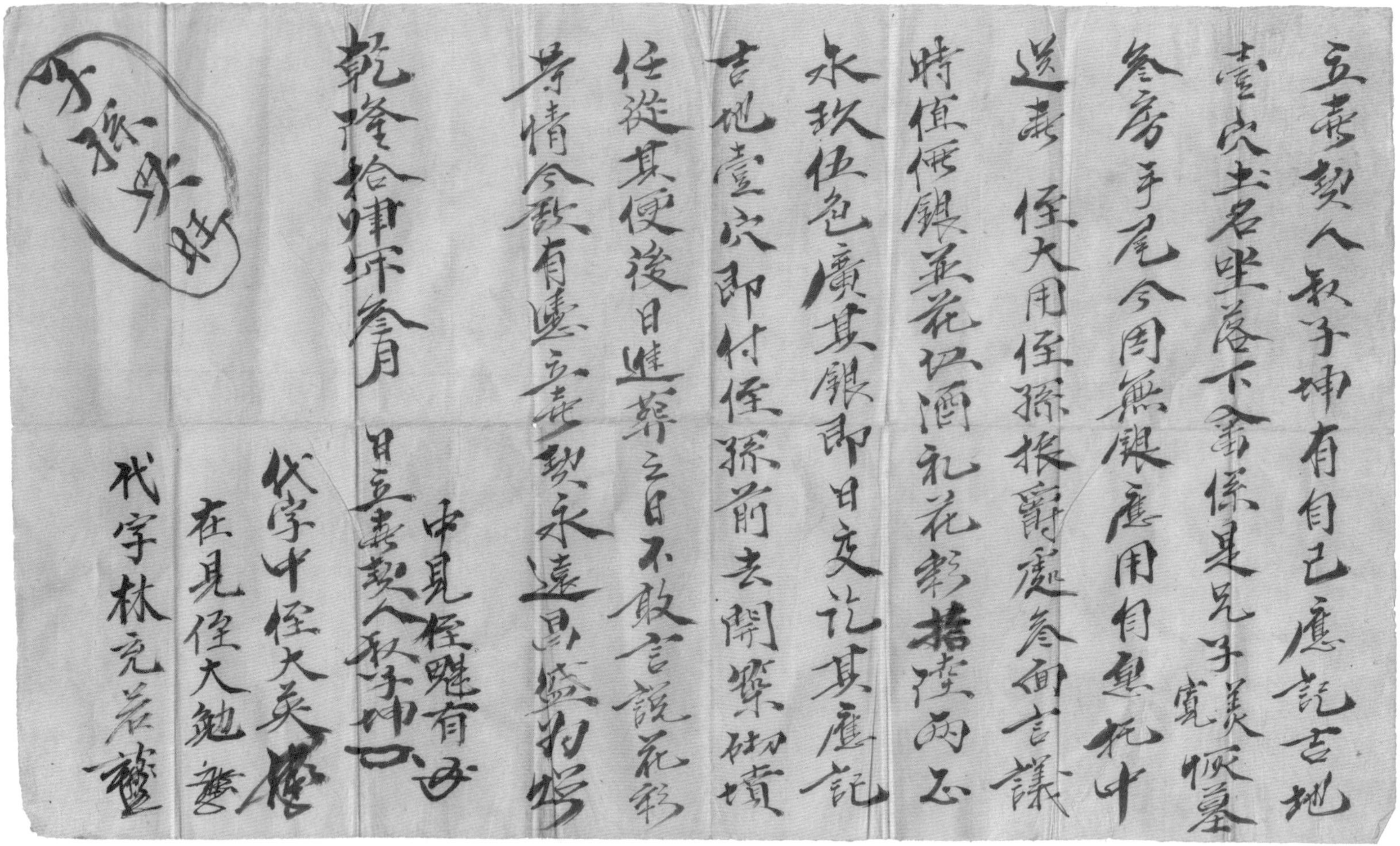

立賣契人叔子坤有自己應記吉地
壹穴土名坐落下金係是兄子美寬恢墓
叁房手尾今因無銀應用自甘托中
送賣 侄大用侄孫振爵處叁面言議
時值價銀並花紅酒礼花彩拾陸兩正
永欽伍色廣其銀即日交訖其應記
吉地壹穴即付侄孫前去開築砌墳
任從其便後日進葬之日不敢言說花彩
等情今欲有憑立賣契永遠為照
乾隆拾肆年叁月 日立賣契人叔子坤(押)
中見侄雖有(押)
代字中侄大英(押)
在見侄大勉(押)
代字林克茂(押)

9-3-8-3　清乾隆十四年三月楊子坤立賣吉地契

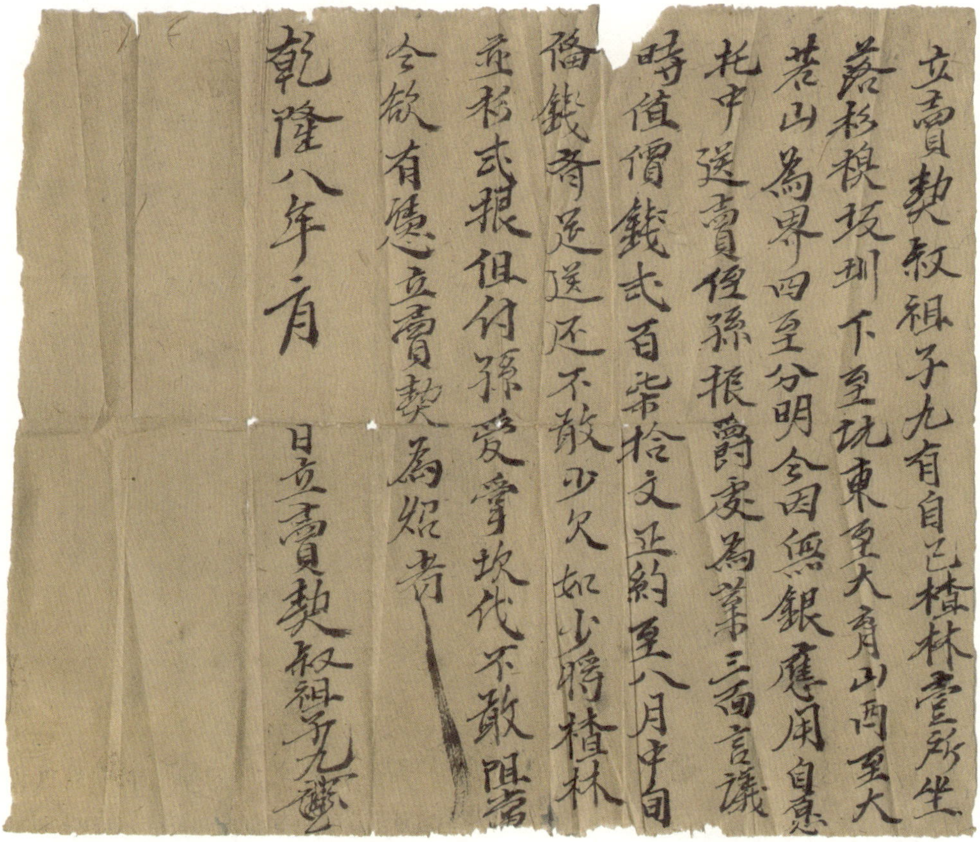

立賣契叔祖子九有自己楂林壹所坐
落杉模坂圳下至坑東至大甬山西至大
茗山爲界四至分明今因無銀應用自愿
托中送賣侄孫振爵處爲業三面言議
時值價錢弍百柒拾文正約至八月中旬
備錢齊送送還不敢少欠如少將楂林
并杉弍根任付孫受掌砍伐不敢阻當
今欲有憑立賣契爲炤者
乾隆八年二月　日立賣契叔祖子九（押）

9-3-9-1　清乾隆八年二月楊子九立賣楂林契

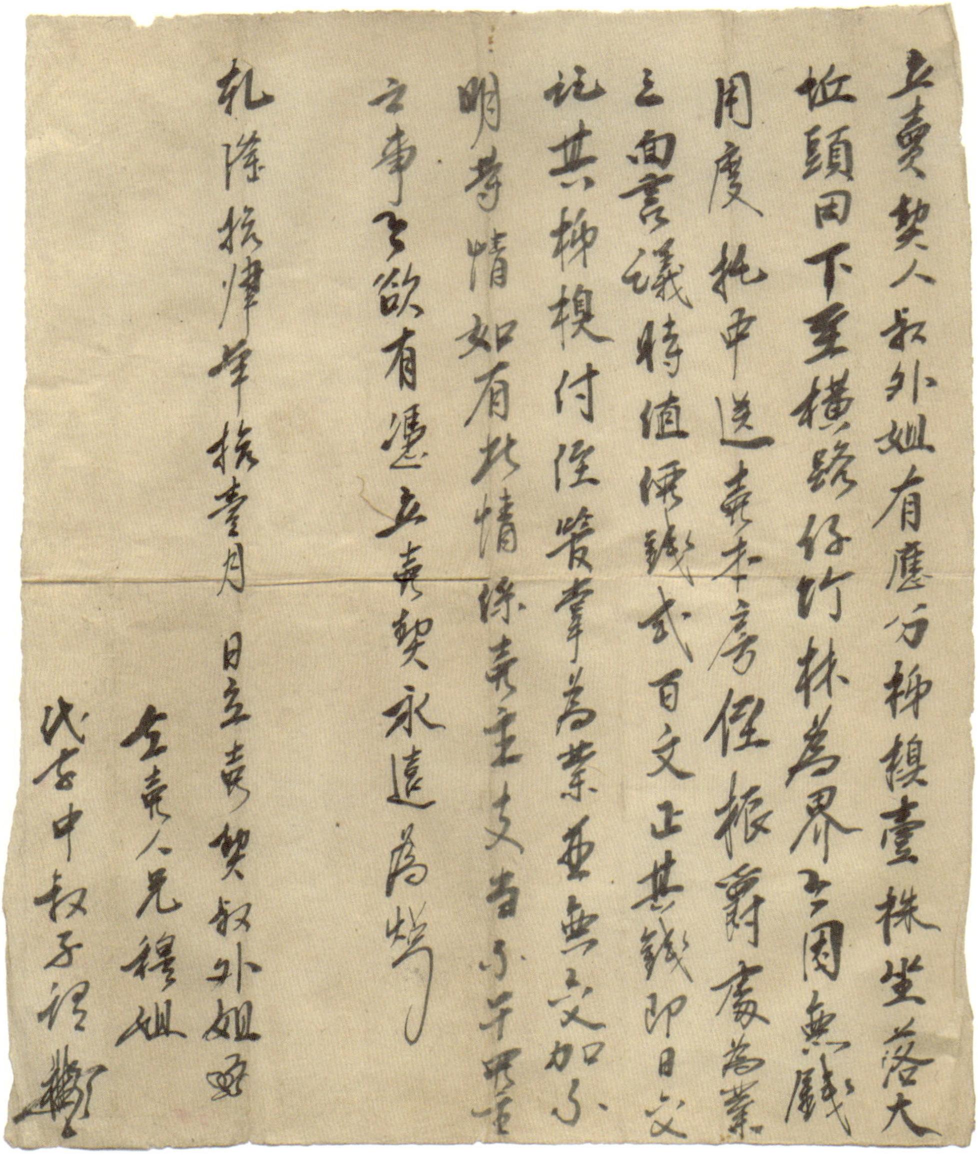
立賣契人叔外姐有應分柿模壹株坐落大
坵頭田下至橫路仔竹林為界今因無錢
用度托中送賣本房侄振爵處為業
三面言議時值價錢貳百文正其錢即日交
訖其柿模付侄管業為業並無交加不
明等情如有此情係賣主支當不干買
主事今欲有憑立賣契永遠為照
乾隆拾肆年拾壹月　日立賣契叔外姐押
仝賣人兄穆姐
代書中叔子祖押

9-3-9-2　清乾隆十四年十一月楊外姐立賣柿模契

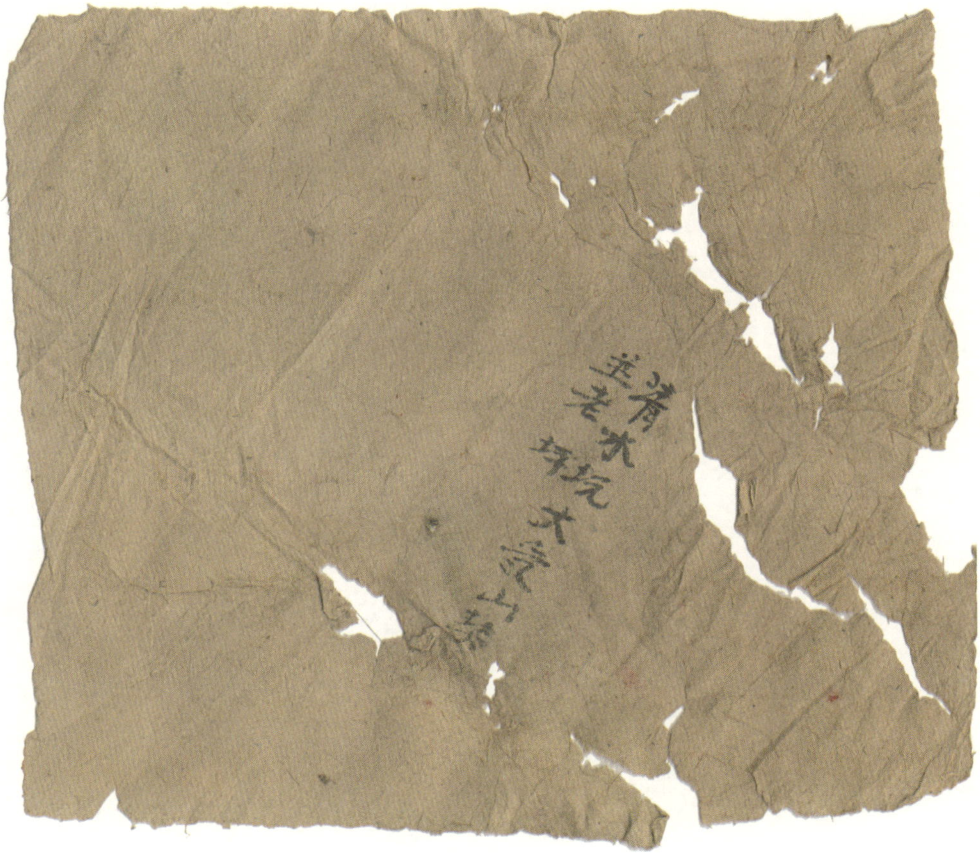

9-3-10-1　包契紙

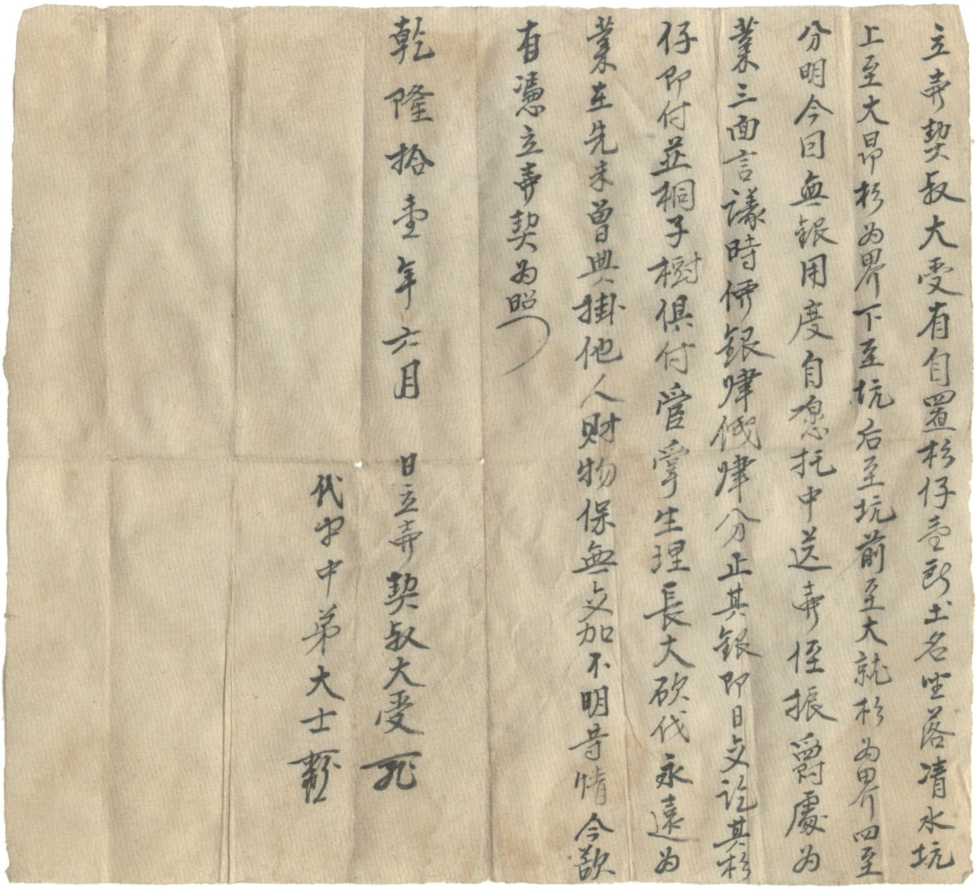

立賣契叔大受有自置杉仔壹所土名坐落清水坑
上至大昂杉为界下至坑后至坑前至大就杉为界四至
分明今因無銀用度自愿托中送賣侄振爵處为
業三面言議時價銀肆錢肆分正其銀即日交訖其杉
仔即付並桐子樹俱付管掌生理長大砍伐永遠为
業在先未曾典掛他人財物保無交加不明等情今欲
有憑立賣契为照
乾隆拾壹年六月　日立賣契叔大受（押）
代字中弟大士（押）

9-3-10-2　清乾隆十一年六月楊大受立賣杉仔契

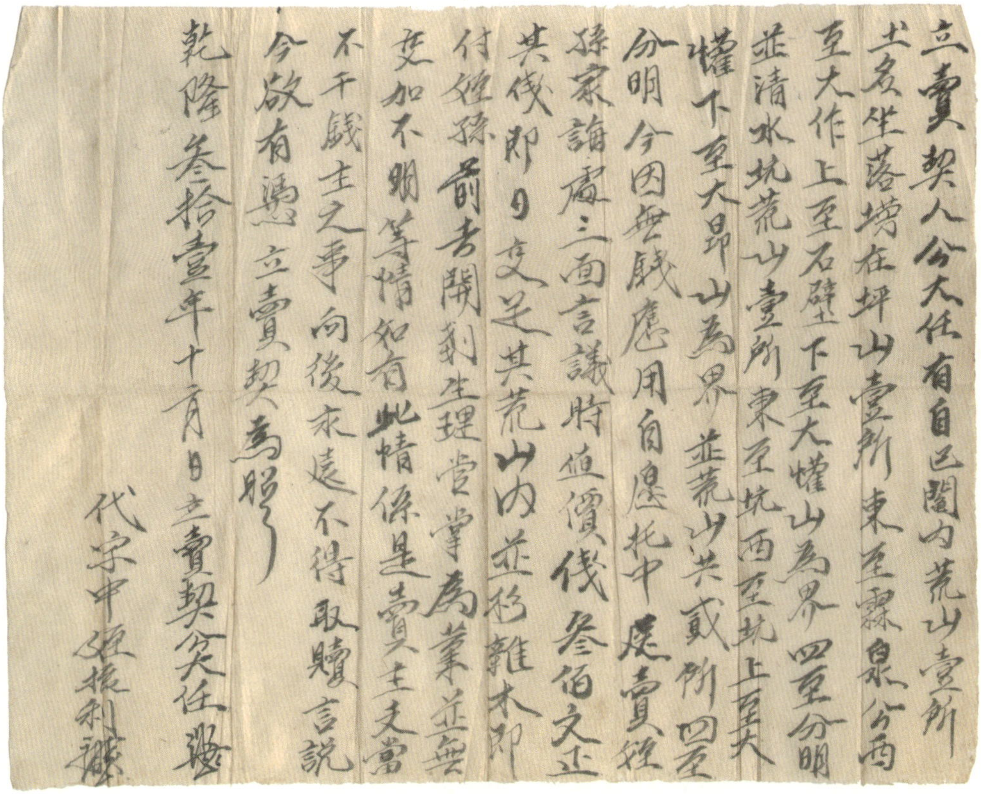
立賣契人楊大任有自己闔內荒山壹所
土名坐落坳在坪山壹所東至霖泉分爲
至大作上至石壁下至大墘山爲界四至分明
並清水坑荒山壹所東至坑西至坑上至大
墘下至大昂山爲界 並荒山共貳所四至
分明 今因無錢應用自愿托中從賣與姪
孫家論處三面言議時值價錢叁佰文正
其錢即日交足其荒山內並杉雜木即
付姪孫前去開刹生理管掌爲業並無
交加不明等情如有此情係是賣主支當
不干錢主之事向後永遠不得取贖言說
今欲有憑立賣契爲照
乾隆叁拾壹年十二月 日立賣契人楊大任
代字中 姪振利

9-3-10-3　清乾隆三十一年十二月楊大任立賣荒山契

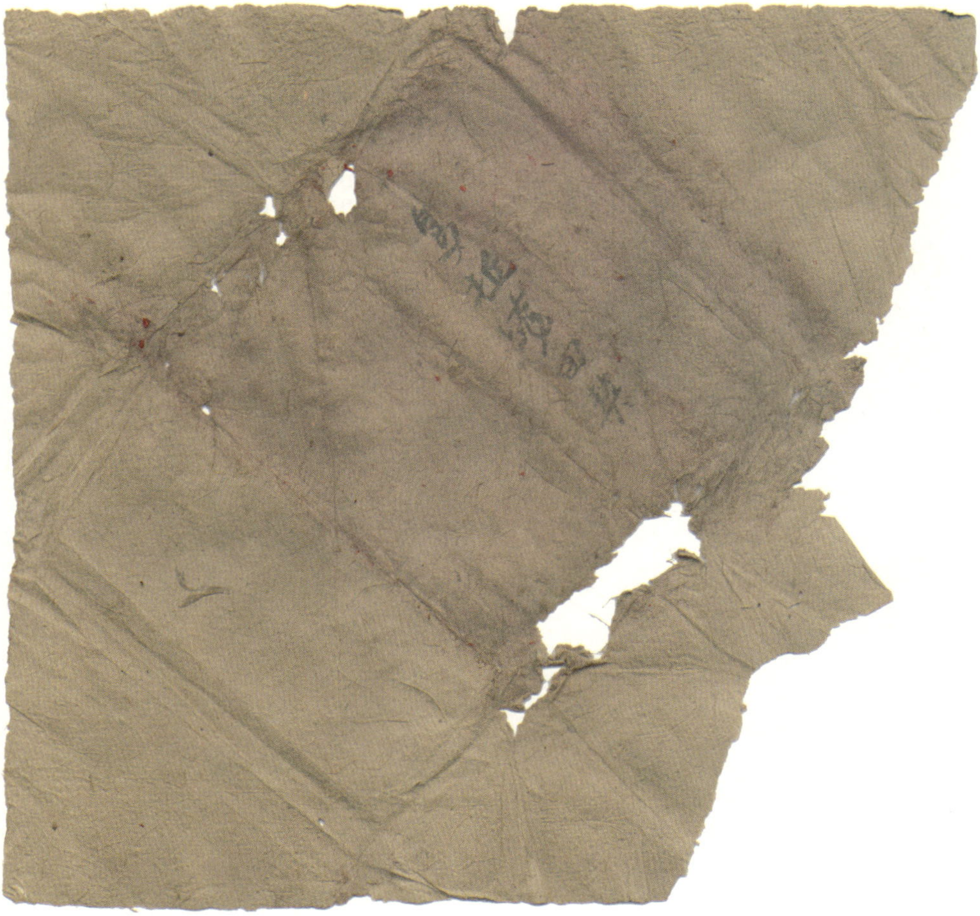

9-3-11-1　包契紙

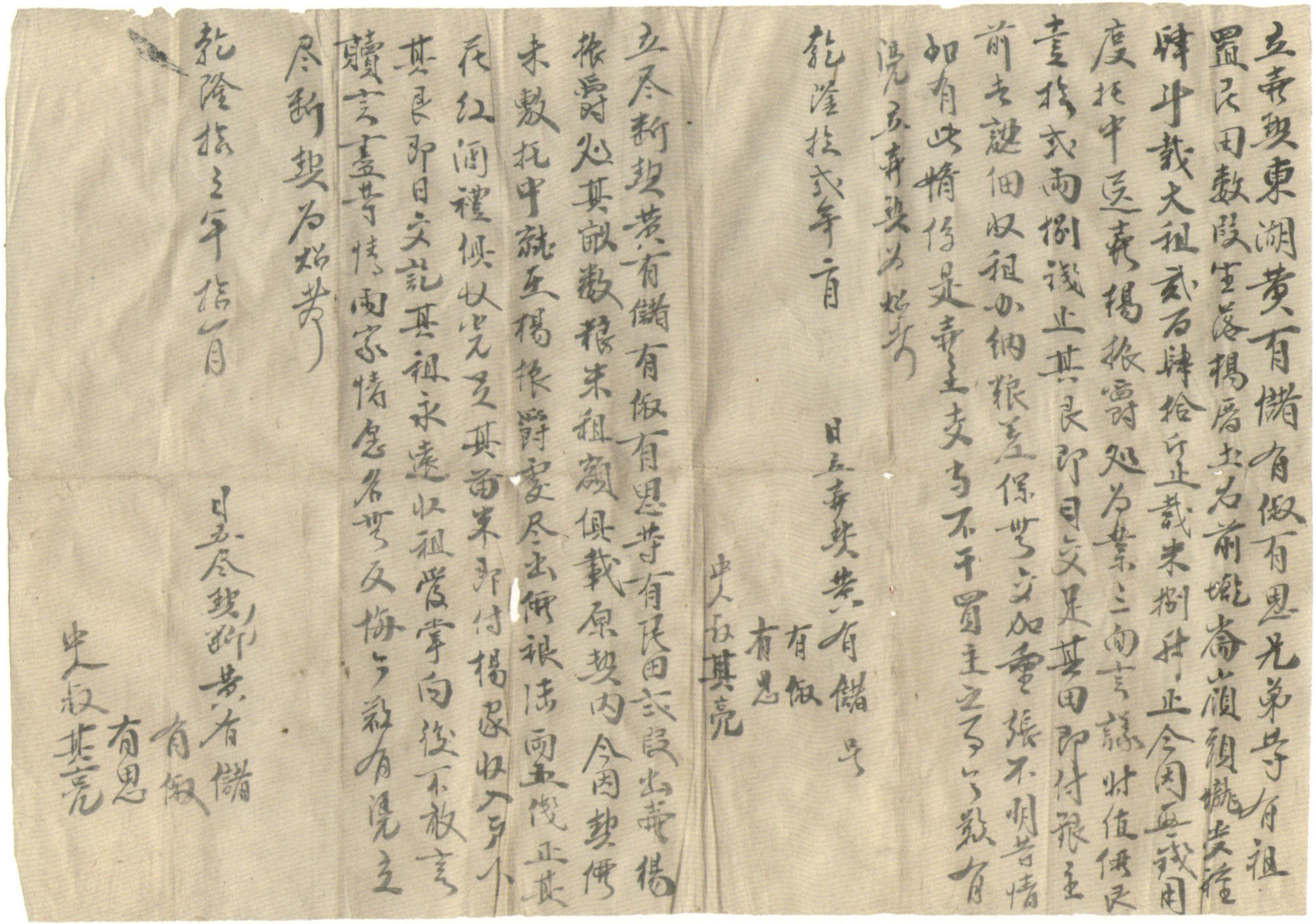

立賣契東湖黃有儲、有俶、有恩兄弟等，有祖
置民田數段，坐落楊厝土名前坵崙嶺頭坵壠岸塍
肆斗，載大租貳石肆拾斤正，載米捌升正。今因無錢用
度，托中送賣楊振爵邊為業，三面言議時值價民
壹拾貳兩捌錢正。其銀即日交足，其田即付銀主
前去起佃收租，亦納粮差。保此業並無重張不明等情；
如有此情，係是賣主支當，不干買主之事。今欲有
憑，立賣契為照者。
乾隆拾貳年二月　日立賣契黃有儲（號）
有俶
有恩
中人叔其亮

立盡斷契黃有儲、有俶、有恩等，有民田貳段，出賣楊
振爵邊，其畝數粮米租額俱載原契內。今因契價
未敷，托中就在楊振爵處盡出價銀肆兩伍錢正。其
花紅酒禮俱收完足，其苗米即付楊家收入戶下。
其田即日交訖，其租永遠收租掌管，向後不敢言
贖言盡等情，兩家情愿，各無反悔。今欲有憑，立
盡斷契為照者。
乾隆拾三年拾一月　日立盡斷契黃有儲
有俶
有恩
中人叔其亮

9-3-11-2　清乾隆十二年二月黃有儲等立賣民田契

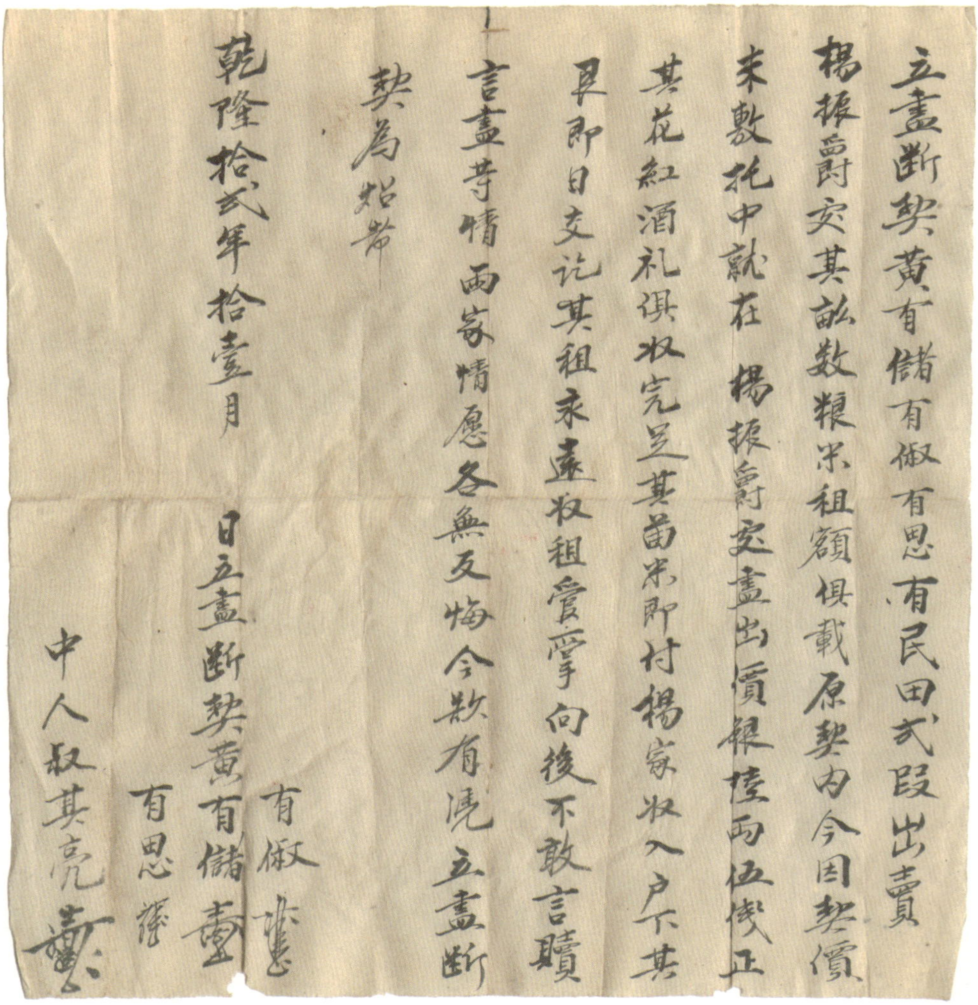

立盡斷契黃有儲 有俶 有恩 有民田弍段出賣
楊振爵處其畝數粮米租額俱載原契內今因契價
未敷托中就在 楊振爵處盡出價銀陸兩伍錢正
其花紅酒礼俱收完足其苗米即付楊家收入户下其
艮即日交訖其租永遠收租管業向後不敢言贖
言盡等情兩家情愿各無反悔今欲有憑立盡斷
契為炤者
乾隆拾弍年拾壹月 日立盡斷契黃有儲
有俶
有恩
中人叔其亮

9-3-11-3 清乾隆十二年十一月黃有儲等立盡斷民田契

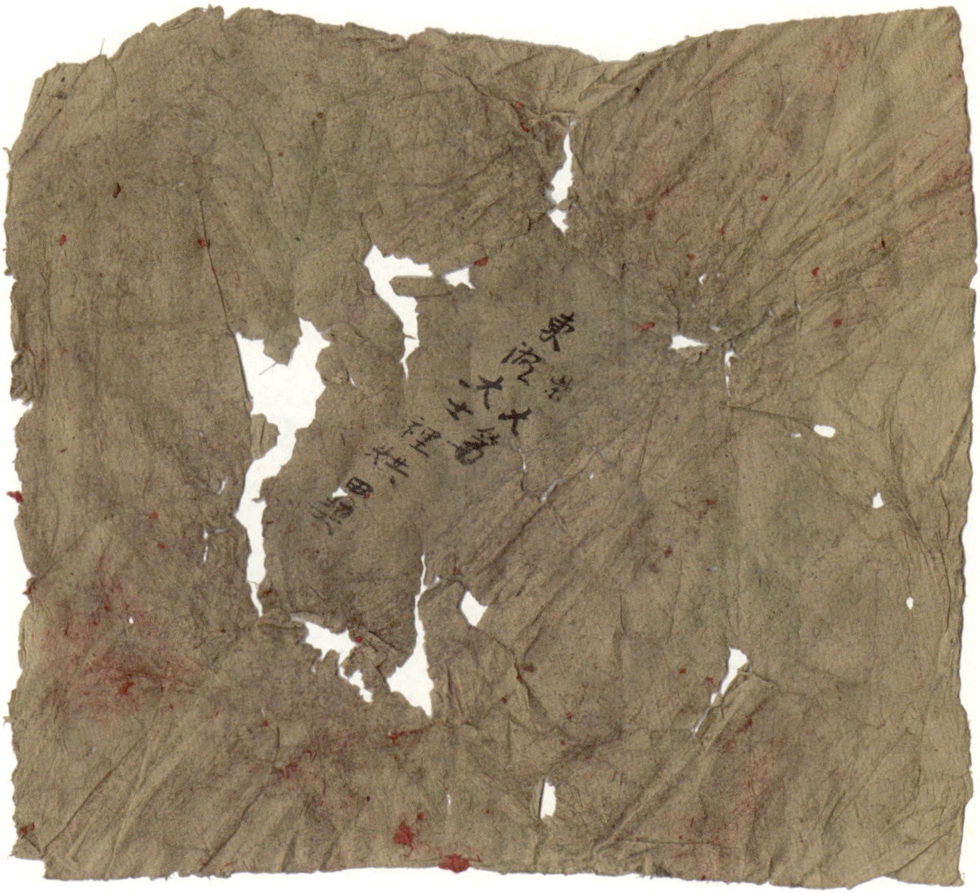

9-3-12-1　包契紙

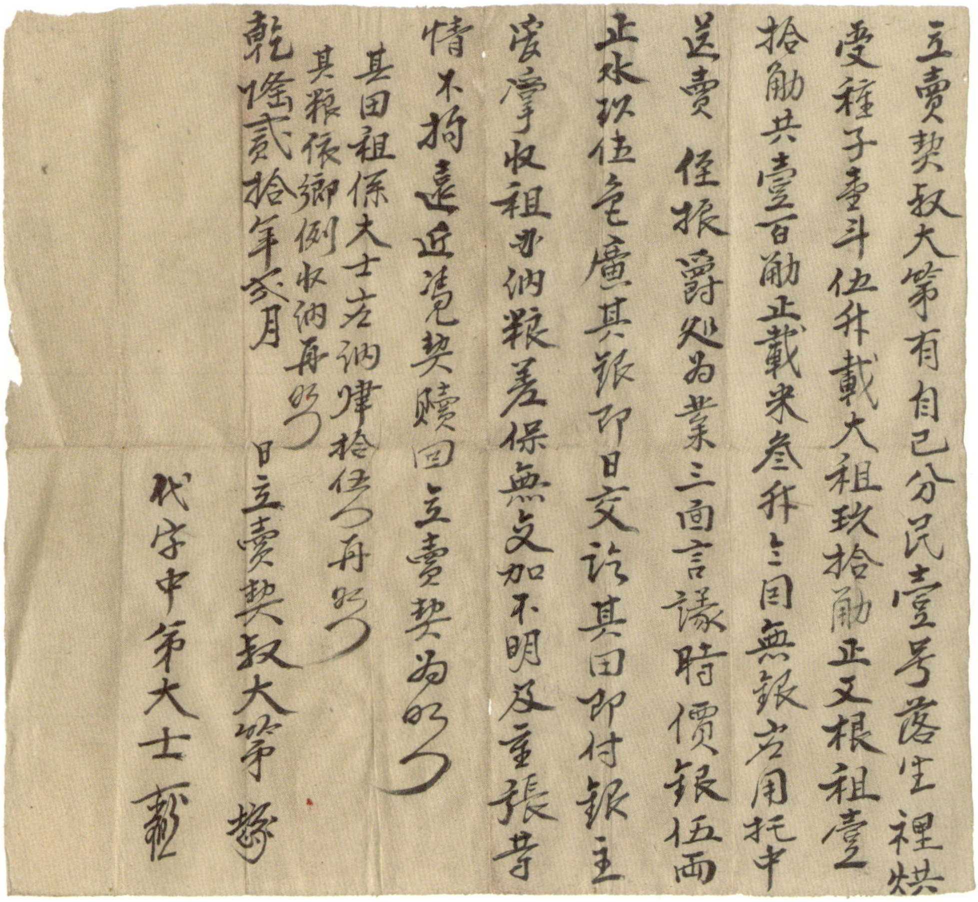
立賣契叔大第有自己分民壹号落生裡烘
受種子壹斗伍升載大祖玖拾觔正又根祖壹
拾觔共壹百觔正載米叁升正因無銀应用托中
送賣 侄振爵处為業三面言議時價銀伍両
正水玖伍色廣其銀即日交訖其田即付銀主
管掌收租办納粮差保無交加不明及重張背
情不拘遠近送契贖回立賣契為照
其田祖係大士应納肆拾伍斤再照
其粮依鄉例收納再照
乾隆貳拾年貳月 日立賣契叔大第（押）
代字中弟大士（押）

9-3-12-2　清乾隆二十年二月楊大第立賣民田契

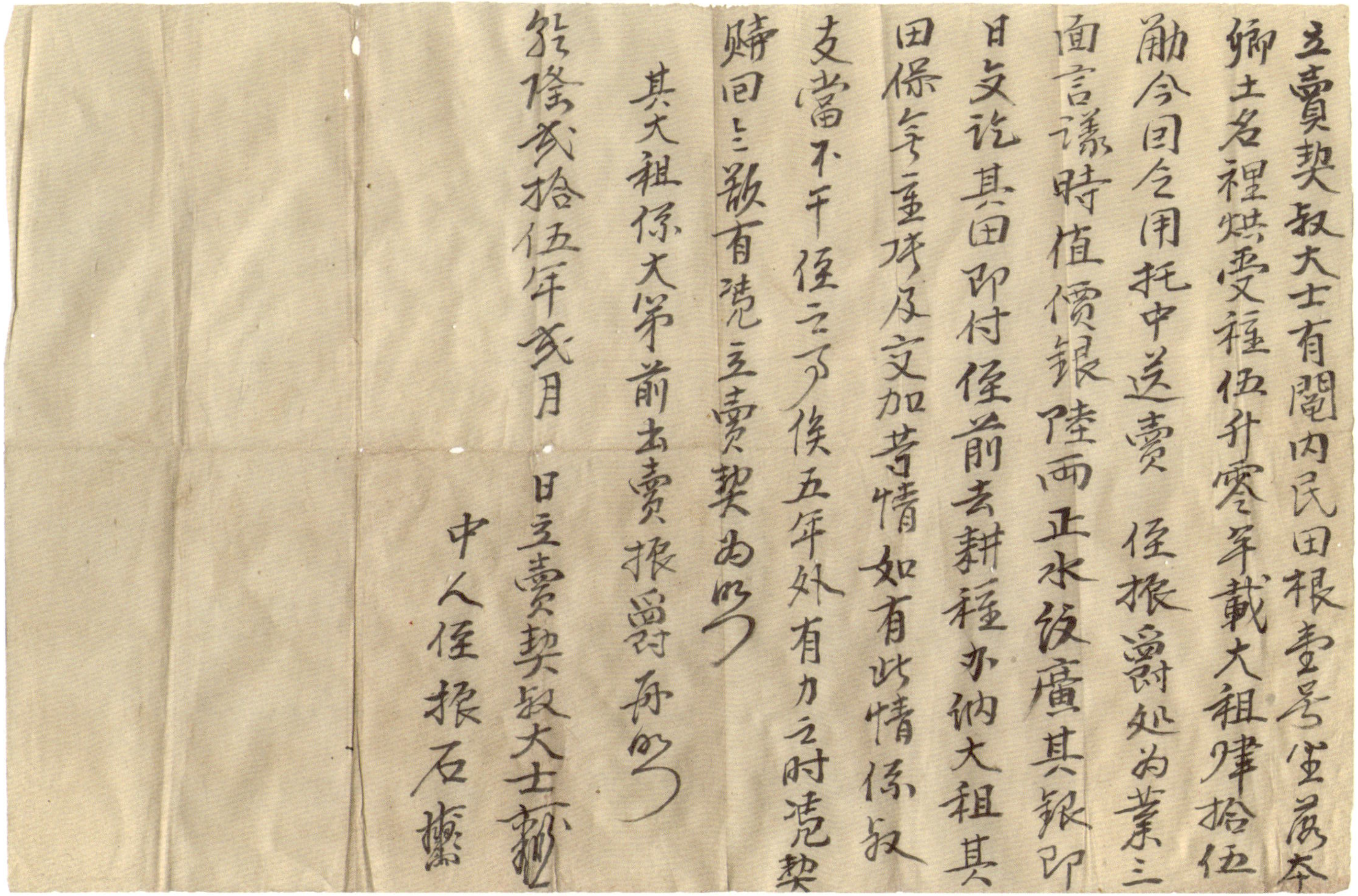
立賣契叔大士有閭內民田根壹号坐底本
鄉土名裡烘受種伍升零年載大祖肆拾伍
觔今因乏用托中送賣　侄振爵処為業三
面言議時值價銀陸両正水紋廣其銀即
日交訖其田即付侄前去耕種亦納大祖其
田係叔重坪及文加昔情　如有此情係叔
支當不干侄之事候五年外有力之时照契
贖回二比歡有憑立賣契為照
　其大祖係大弟前去賣振爵存照
乾隆貳拾伍年貳月　　日立賣契叔大士（押）
　　中人侄振石（押）

9-3-12-3　清乾隆二十五年二月楊大士立賣民田根契

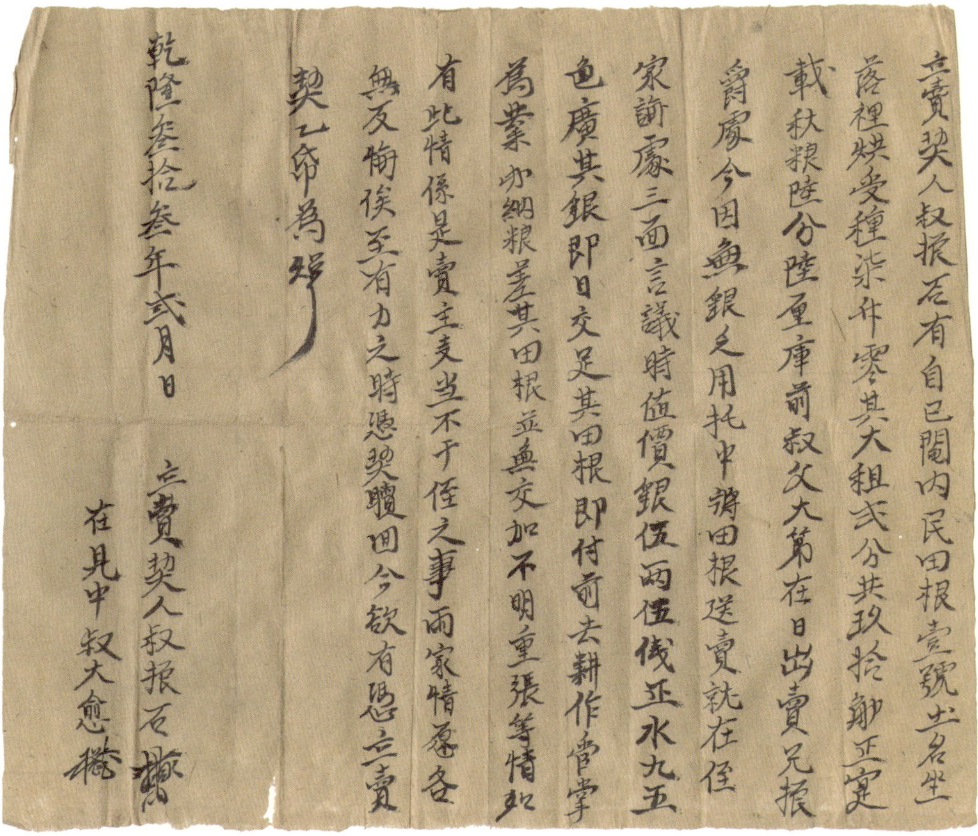
立賣契人叔振石有自己閹內民田根壹號土名坐
落裡烘受種柒升零其大租弍分共玖拾觔正實
載秋粮陸分陸厘庫前叔父大第在日出賣兄振
爵處今因無銀乏用托中將田根送賣就在侄
家前處三面言議時值價銀伍兩伍錢正水九五
色廣其銀即日交足其田根即付前去耕作管掌
爲業听納粮差其田根並無交加不明重張等情如
有此情係是賣主支当不干侄之事兩家情愿各
無反悔候至有力之時憑契贖回今欲有憑立賣
契一紙爲照
乾隆叁拾叁年弍月日
立賣契人叔振石（押）
在見中叔大愈（押）

9-3-12-4　清乾隆三十三年二月楊振石立賣民田根契

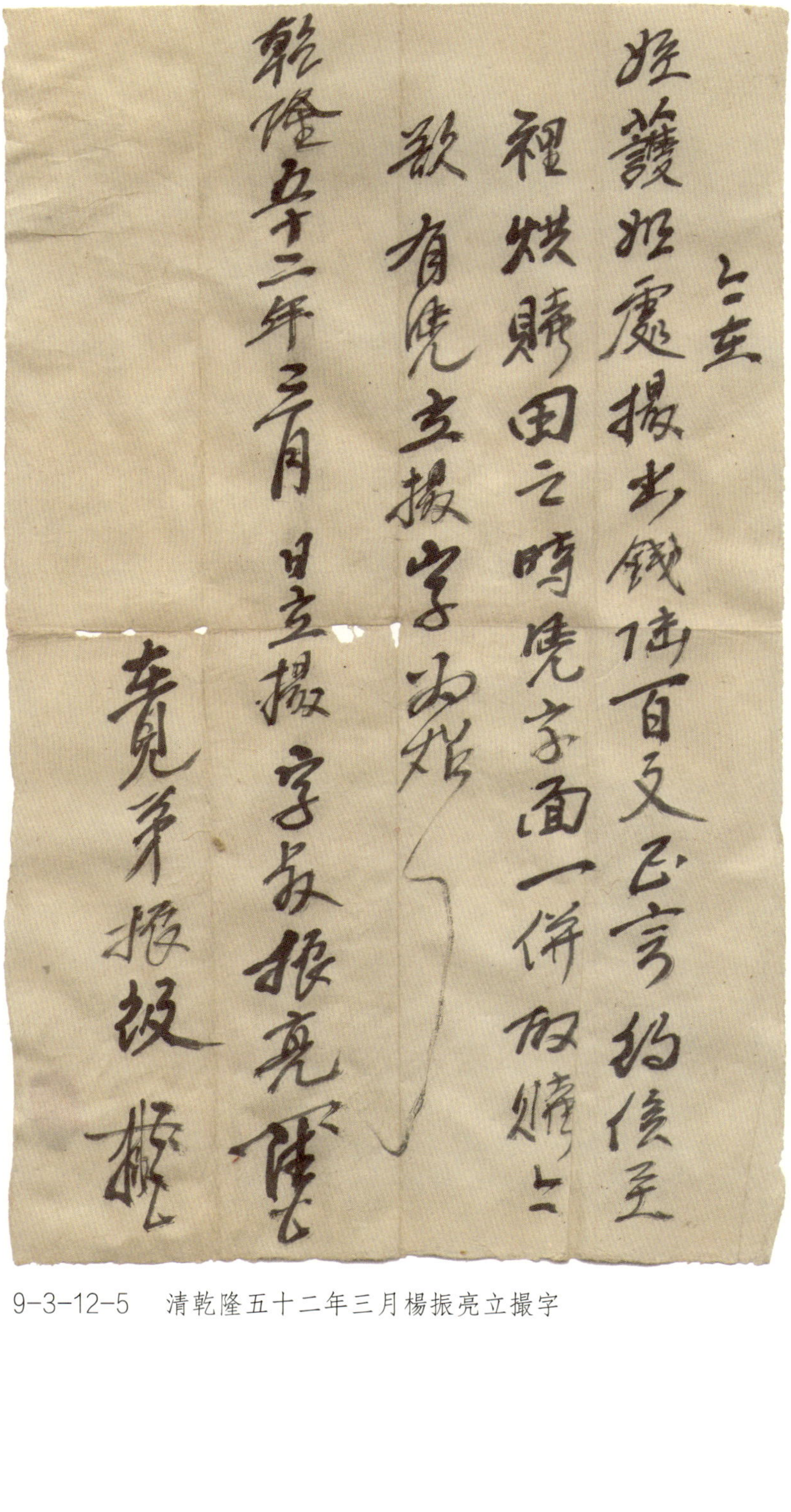

亠立
姪護姪處撮出錢伍百文正言約後至
裡烘睛田之時憑字面一併取贖亠
歉有憑立撮字為照
乾隆五十二年三月　日立撮字人振亮（押）
見弟撮級　撮

9-3-12-5　清乾隆五十二年三月楊振亮立撮字

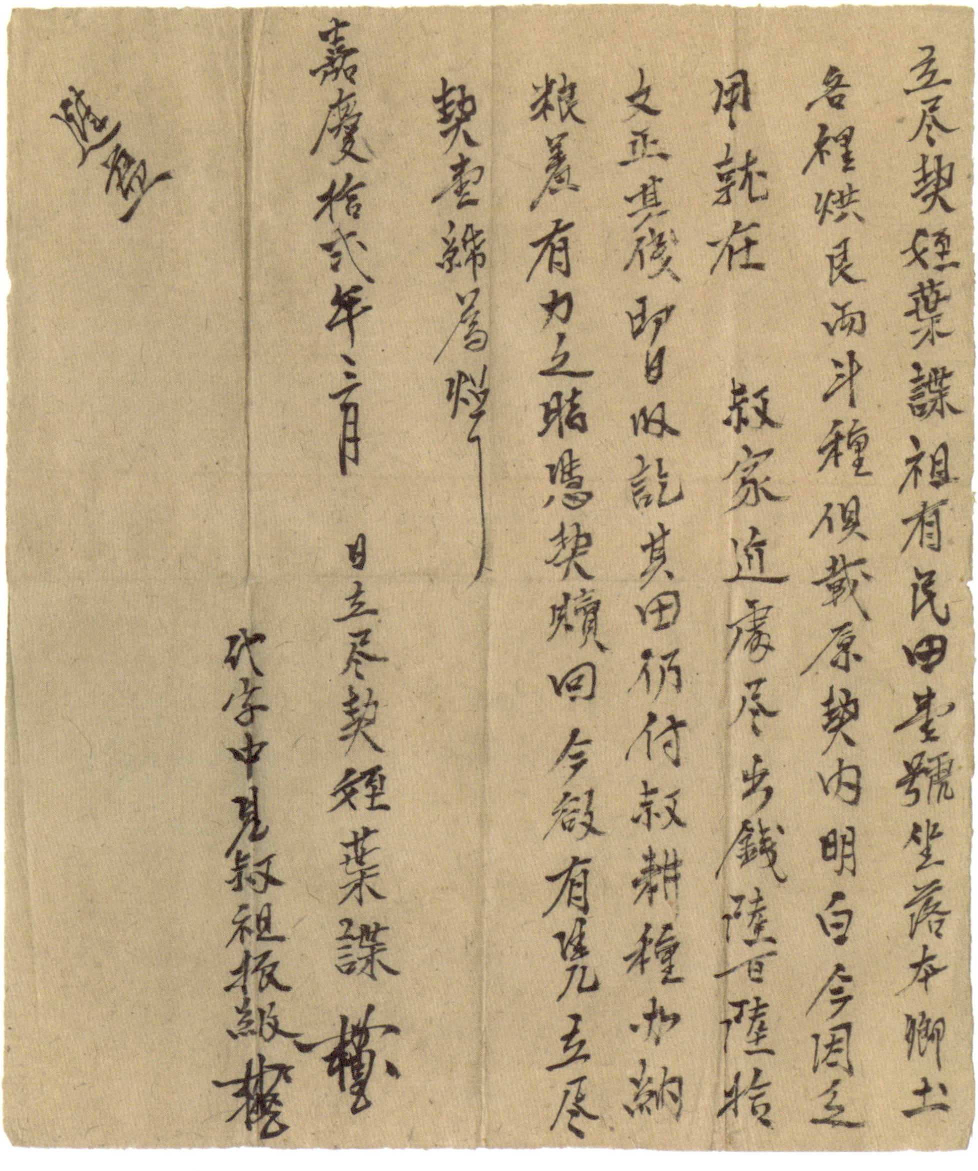

立盡契姪葉諜祖有民田壹號坐落本鄉土
名裡洪艮兩斗種俱載原契內明白今因乏
用就在
叔家邊處盡出錢陸百陸拾
文正其錢即日收訖其田仍付叔耕種办納
粮差有力之時憑契贖回今欲有憑立盡
契壹紙爲照
嘉慶拾弍年三月　日立盡契姪葉諜（押）
代字中見叔祖振紱（押）
過契

9-3-12-6　清嘉慶十二年三月楊葉諜立盡民田契

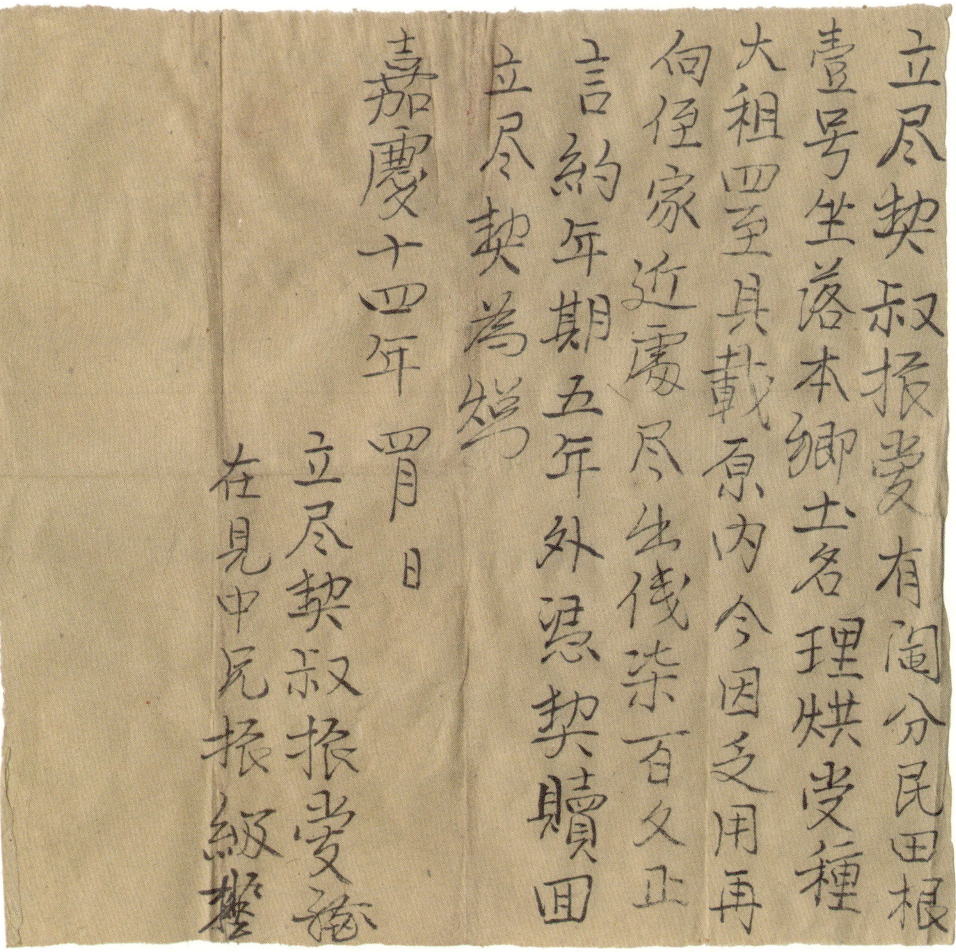
立尽契叔振愛有阄分民田根
壹号坐落本鄉土名理烘愛種
大祖四至具載原内今因乏用再
向侄家近處尽出錢柒百文正
言約年期五年外憑契贖田
立尽契為照
嘉慶十四年四月　日
立尽契叔振愛（押）
在見中兄振緞（押）

9-3-12-7　清嘉慶十四年四月楊振愛立盡民田根契

9-3-13-1　包契紙

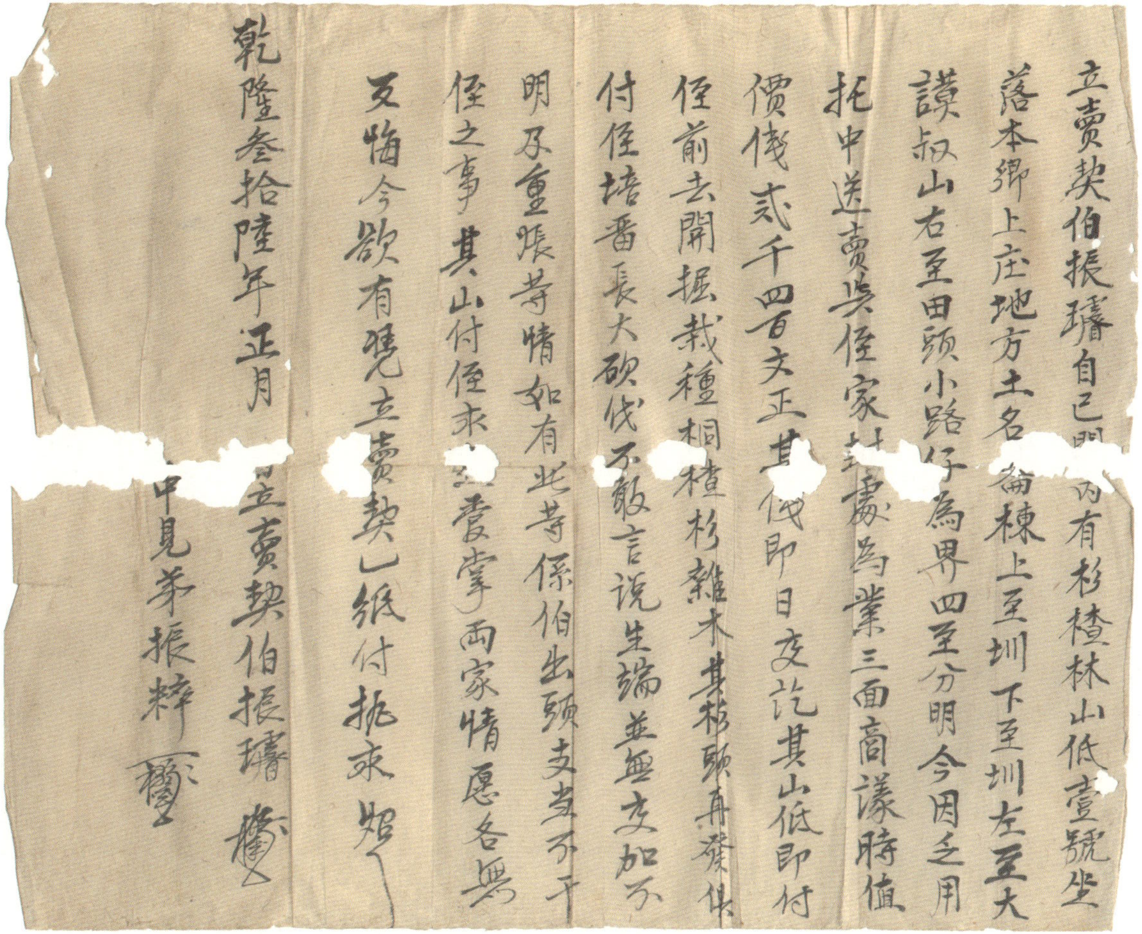

立賣契伯振璿自己[illegible]內有杉楂林山低壹號坐
落本鄉上庄地方土名[illegible]楝上至圳下至圳左至大
讃叔山右至田頭小路仔為界四至分明今因乏用
托中送賣與侄家[illegible]處為業三面商議時值
價錢貳千四百文正其錢即日交訖其山低即付
侄前去開掘栽種桐楂杉雜木其杉頭再發仍
付侄培番長大砍伐不敢言說生端並無交加不
明及重張等情如有此等係伯出頭支當不干
侄之事其山付侄永遠管掌兩家情愿各無
反悔今欲有憑立賣契一紙付執永照
乾隆叁拾陸年正月　日立賣契伯振璿（押）
中見弟振粹（押）

9-3-13-2　清乾隆三十六年正月楊振璿立賣杉楂林山底契

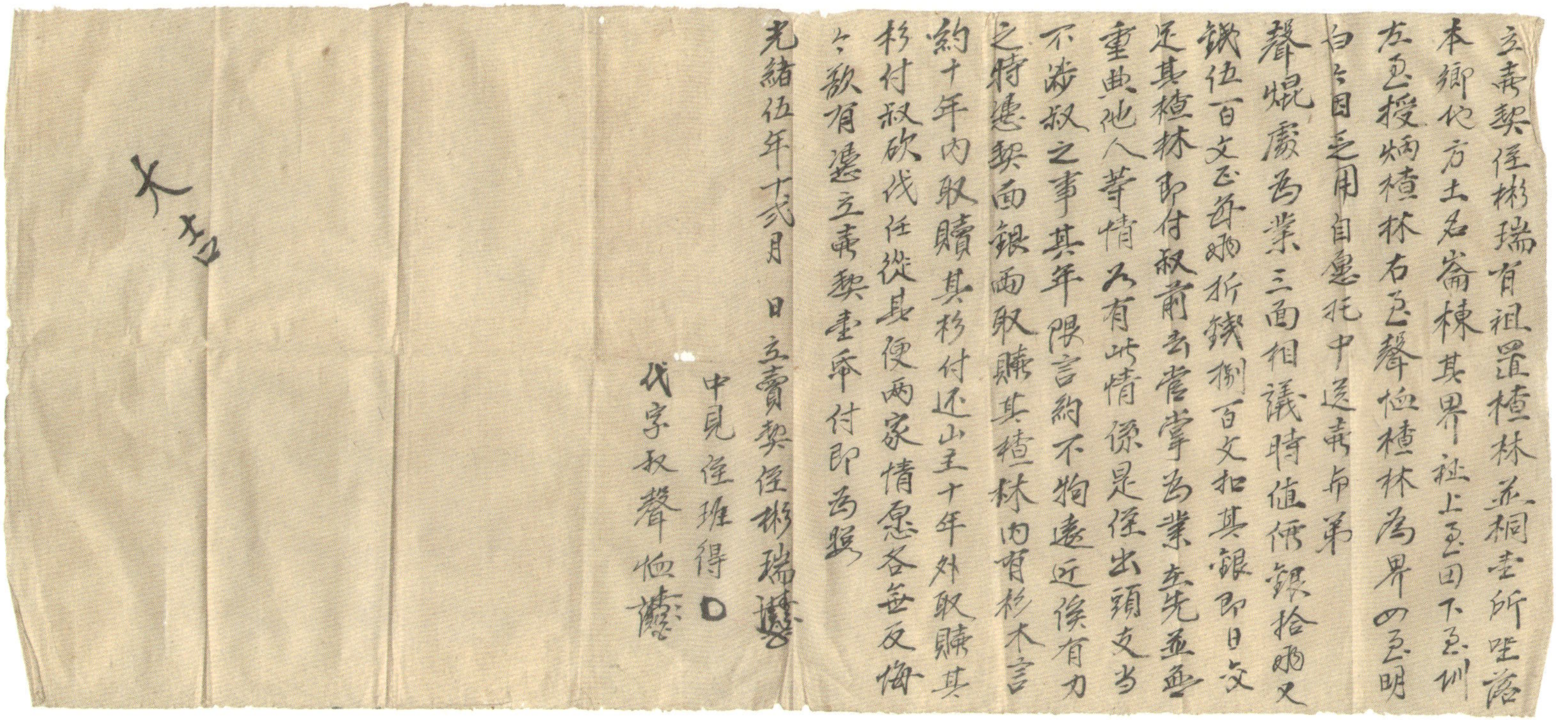
立賣契侄彬瑞有祖置楂林並桐壹所坐落
本鄉地方土名崙棟其界址上至田下至圳
左至授炳楂林右至聲恤楂林為界四至明
白今因乏用自愿托中送賣與叔弟
聲焜處為業三面相議時值價銀拾兩又
錢伍百文正每兩折錢捌百文扣其銀即日交
足其楂林即付叔前去管掌為業未賣先並無
重典他人等情如有此情係是侄出頭支當
不涉叔之事其年限言約不拘遠近侄有力
之時照契面銀兩取贖其楂林內有杉木言
約十年內取贖其杉付还山主十年外取贖其
杉付叔砍伐任從其便兩家情愿各無反悔
今欲有憑立賣契壹紙付叔為照

光緒伍年十弍月　日立賣契侄彬瑞（押）
中見侄班得（押）
代字叔聲恤（押）

大吉

9-3-13-3　清光緒五年十二月楊彬瑞立賣楂林等契

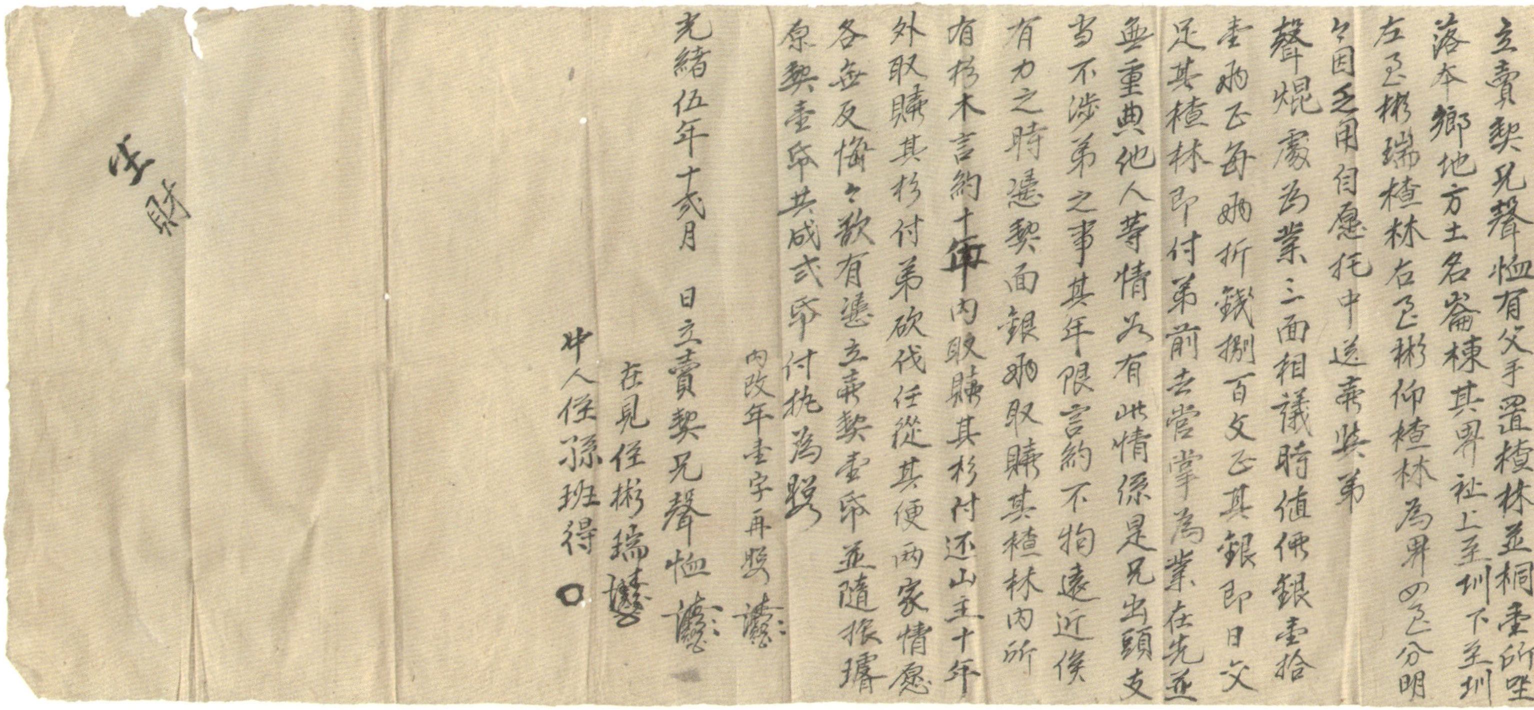

立賣契兄聲恤有父手置楂林並桐壹所坐
落本鄉地方土名崙棟其界址上至圳下至圳
左至彬瑞楂林右至彬仰楂林為界四至分明
今因乏用自愿托中送賣與弟
聲焜處為業三面相議時值價銀壹拾
壹兩正每兩折錢捌百文正其銀即日交
足其楂林即付弟前去管掌為業在先並
無重典他人等情如有此情係是兄出頭支
當不涉弟之事其年限言約不拘遠近僕
有力之時邊契面銀兩取贖其楂林內所
有杉木言約十年內取贖其杉付还山主十年
外取贖其杉付弟砍伐任從其便兩家情愿
各無反悔今欲有憑立賣契壹紙並隨根墥
原契壹紙共成弍紙付執為照
內改年壹字再照
光緒伍年十二月　日立賣契兄聲恤
在見侄彬瑞
中人侄孫班得

9-3-13-4　清光緒五年十二月楊聲恤立賣楂林等契

9-3-14-1　包契紙

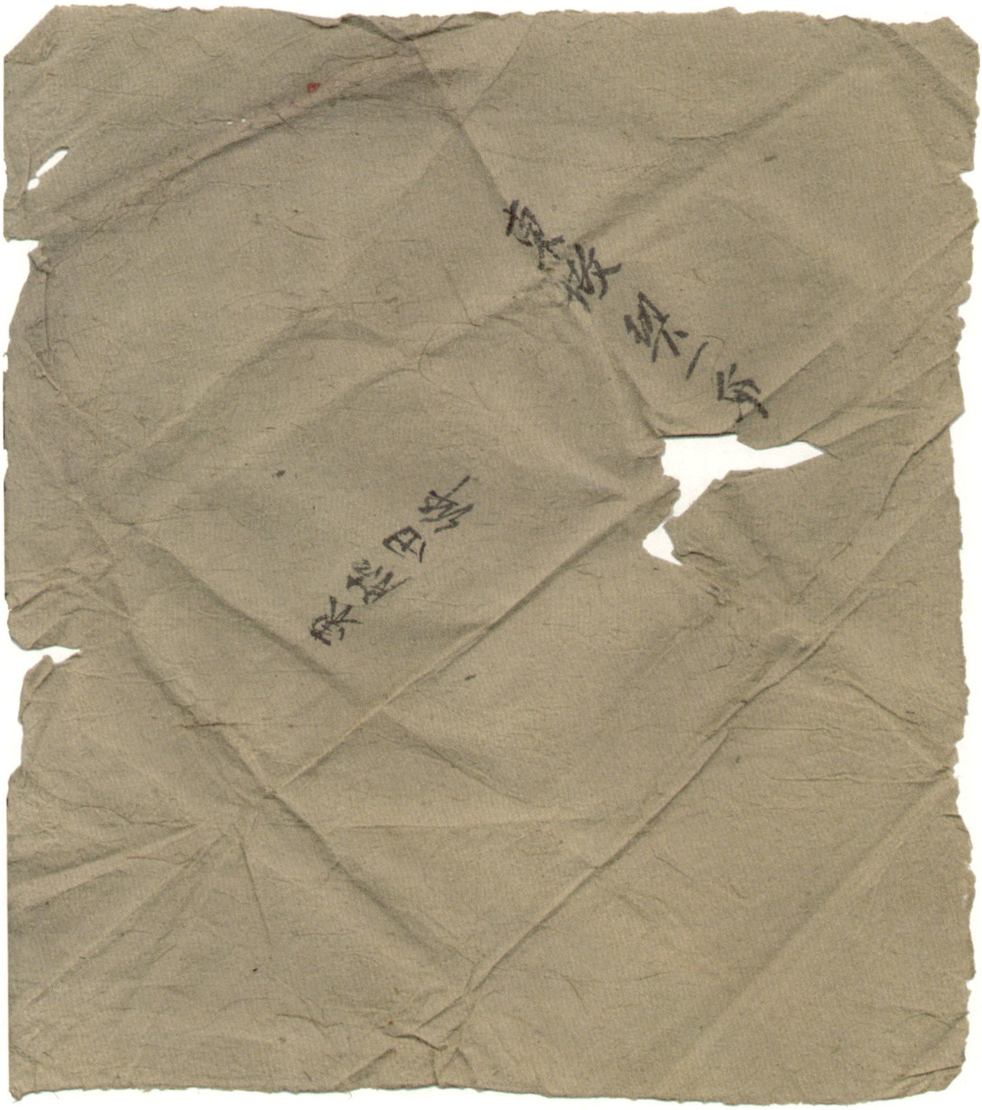

9-3-14-2　包契紙

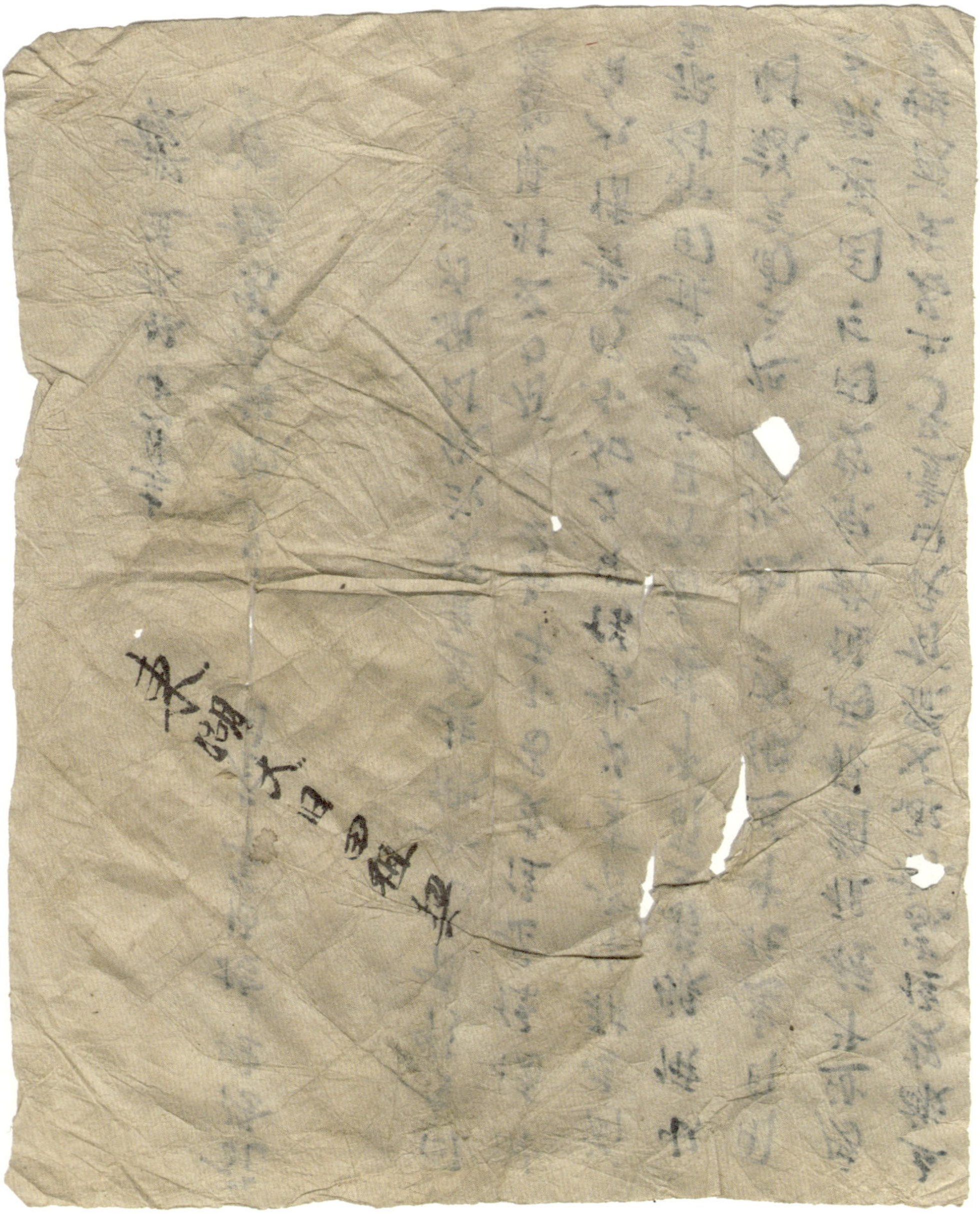
東湖大旧田租契

9-3-14-3　包契紙

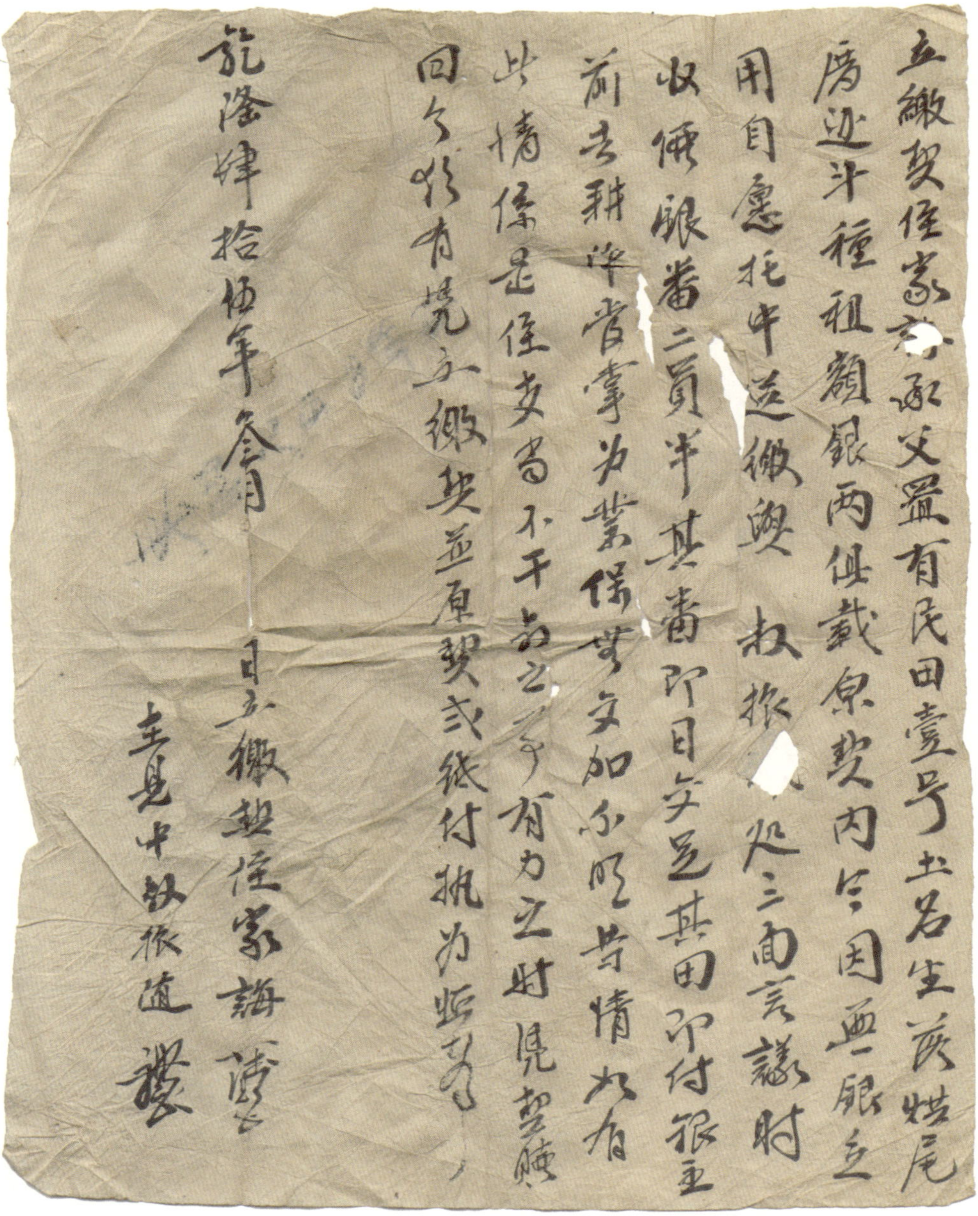
立繳契侄家誨承父置有民田壹号，土名生□嶺尾
厝边斗種，租額銀兩，俱載原契内。今因無銀应
用，自愿托中送繳與叔振□處，三面言議，時
收價銀貳員半，其番即日交足，其田即付銀主
前去耕作，管掌爲業。保無交加不明等情，如有
此情，係是侄支當，不干叔之事。有力之時，凭契贖
回。今欲有凭，立繳契並原契弍紙，付執爲照。
乾隆肆拾伍年叁月　日立繳契侄家誨（押）
在見中叔振道（押）

9-3-14-4　清乾隆四十五年三月楊家誨立繳民田契

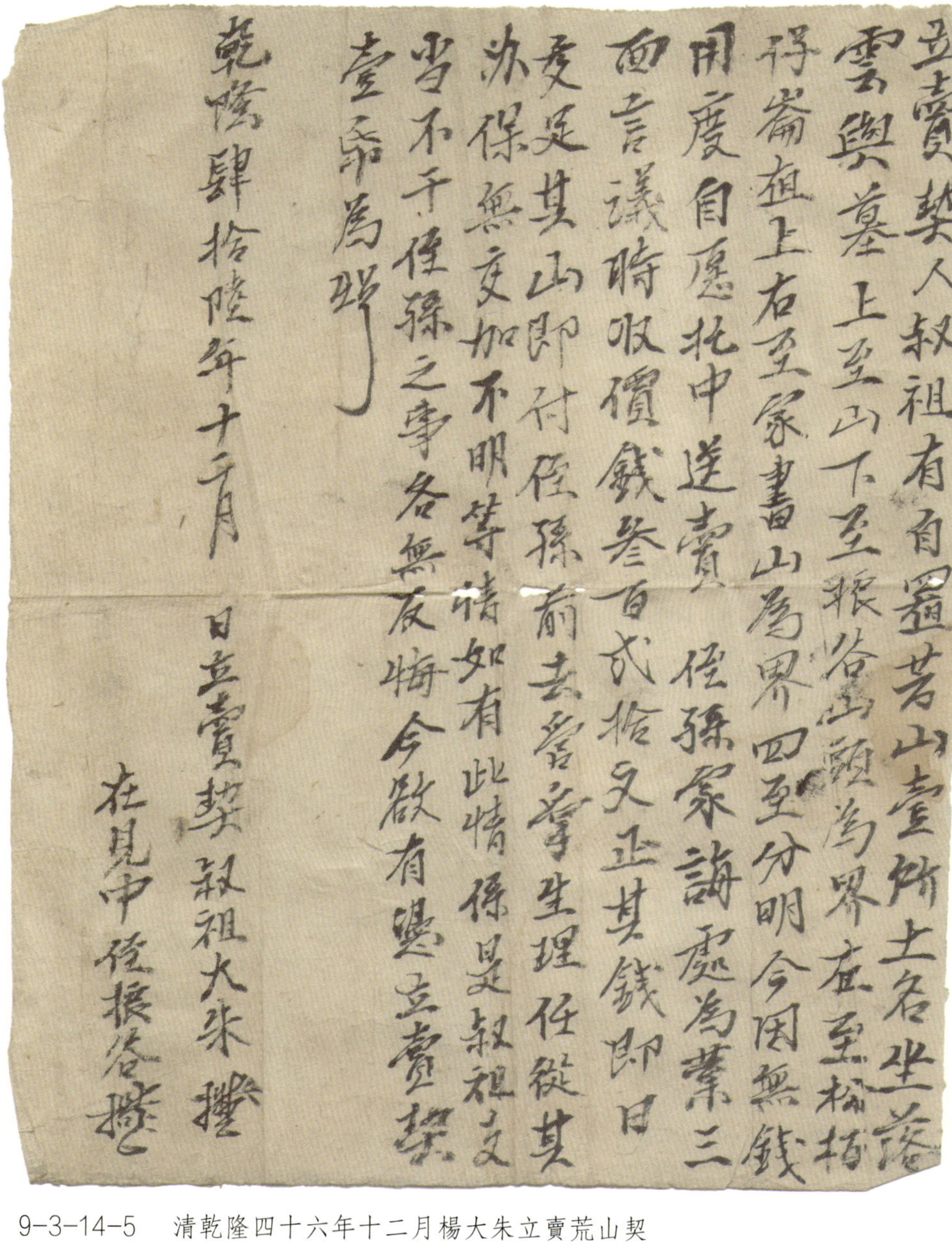
立賣契人叔祖有自置苦山壹所土名坐落
雲與墓上至山下至振谷山頭為界左至松栢
得崙頂上右至家書山為界四至分明今因無錢
用度自愿托中送賣 侄孫家誨處為業三
面言議時收價錢叁百式拾文正其錢即日
受足其山即付侄孫前去管掌生理任從其
永保無交加不明等情如有此情係是叔祖支
當不干侄孫之事各無反悔今欲有憑立賣契
壹紙為照
乾隆肆拾陸年十二月 日立賣契叔祖大朱押
在見中侄振谷押

9-3-14-5　清乾隆四十六年十二月楊大朱立賣荒山契

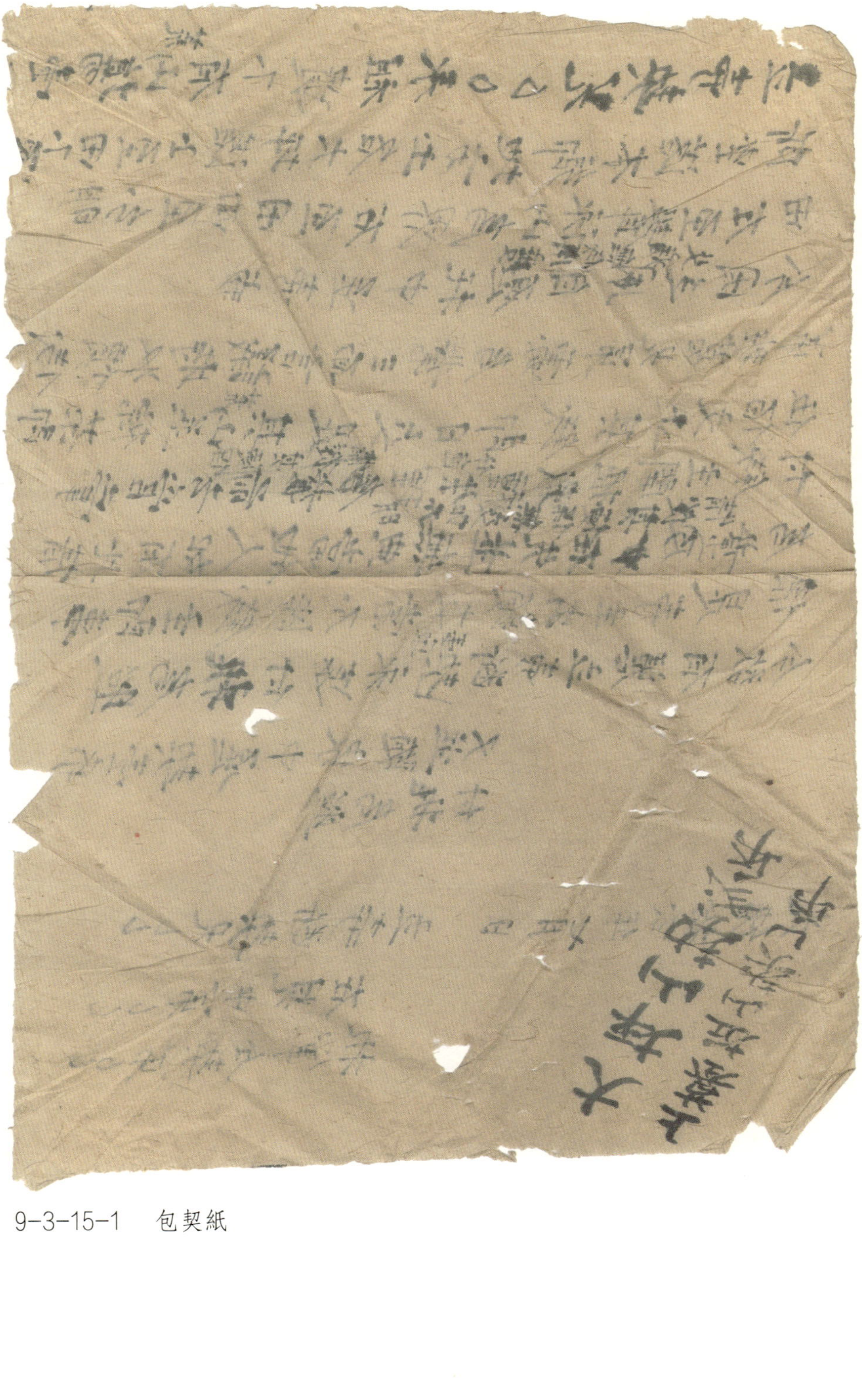

9-3-15-1　包契紙

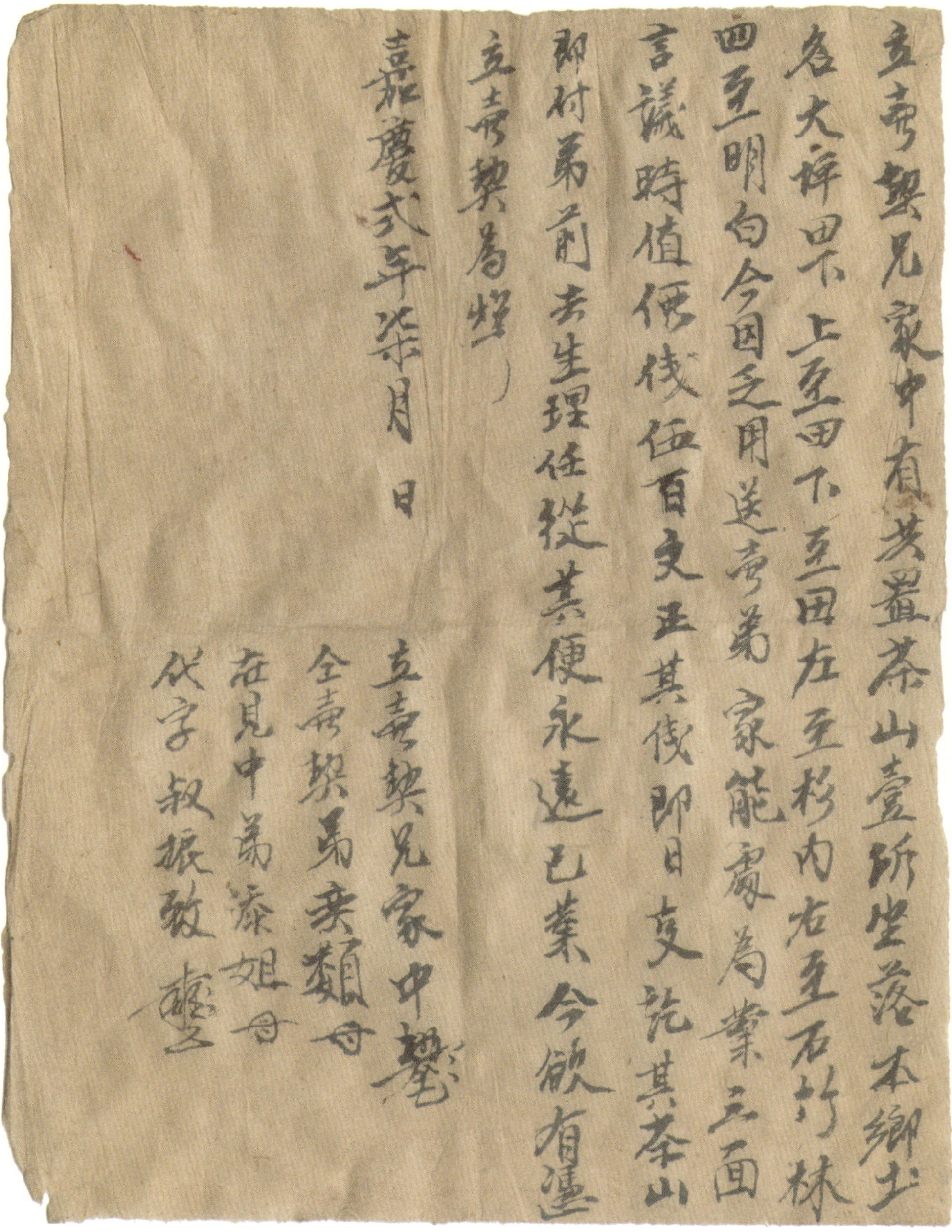
立賣契兄家中有其置茶山壹所坐落本鄉土
名大坪畀下上至田下至田左至杉内右至石竹林
四至明白今因乏用送賣弟家龍處爲業三面
言議時值價錢伍百文正其錢即日交訖其茶山
即付弟前去生理任從其便永遠己業今欲有憑
立賣契爲照
嘉慶弍年柒月　日
立賣契兄家中（押）
全賣契弟來頽（押）
在見中弟添姐（押）
代字叔振敬（押）

9-3-15-2　清嘉慶二年七月楊家中立賣茶山契

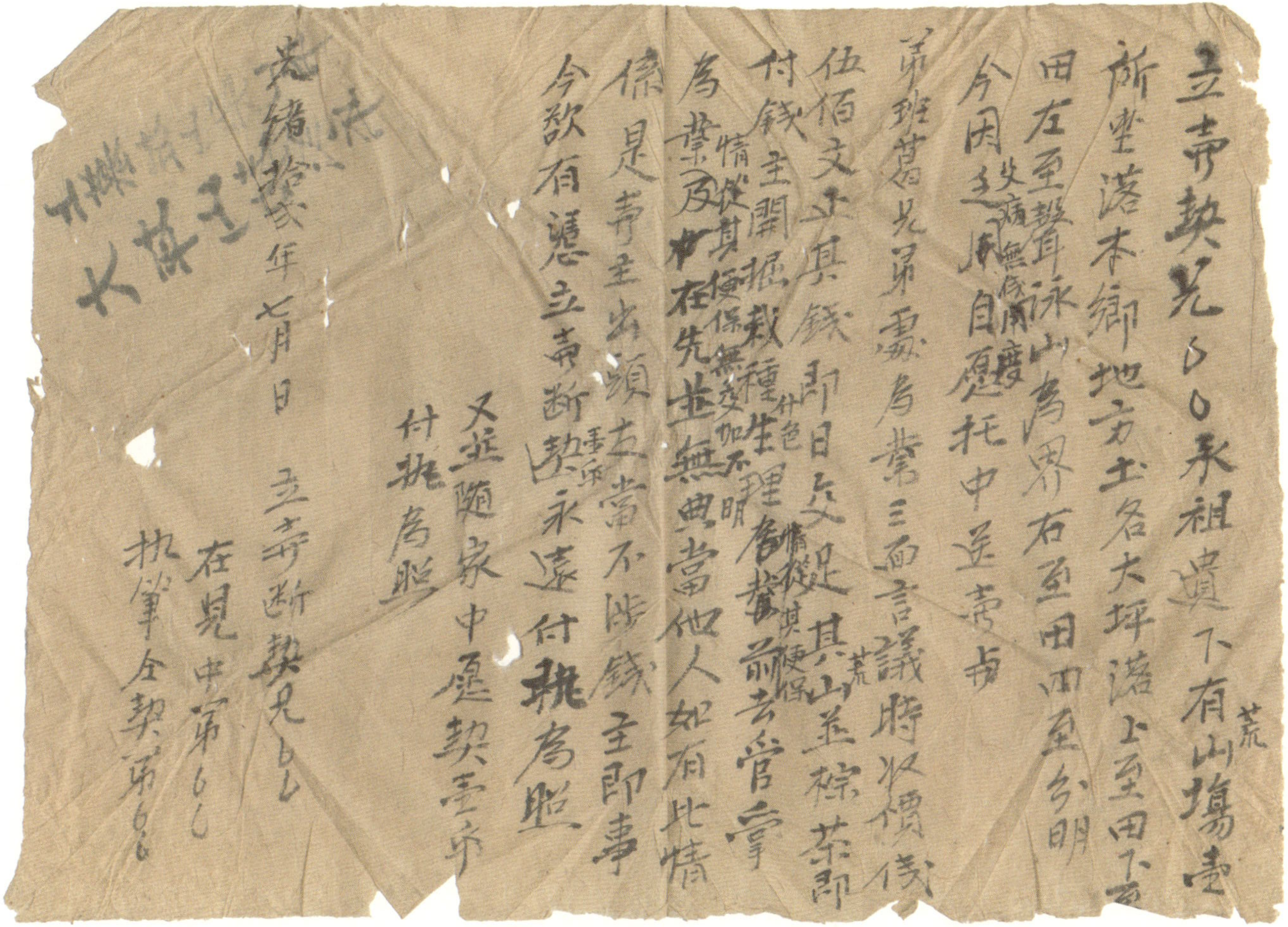
立賣契兄□□承祖遺下有荒山塲壹
所坐落本鄉地方土名大坪落上至田下至
田左至磐耳詠山為界右至田四至分明
今因父病無錢用度自愿托中送賣与
弟班葛兄弟弍人為業三面言議時值價錢
伍佰文正其錢即日交足其荒山並棕茶即
付錢主開掘栽種什色生理管業前去管掌
為業情從其便保無交加不明在先並無典當他人如有此情
係是賣主出頭支當不涉錢主即事
今欲有憑立賣斷契手字永遠付執為照
又並隨家中𢎥契壹帋
付執為照
光緒拾弍年七月日　立賣斷契兄□□
在見中弟□□
執筆全契弟□□

9-3-15-3　清光緒十二年七月楊氏立賣荒山場契（草契）

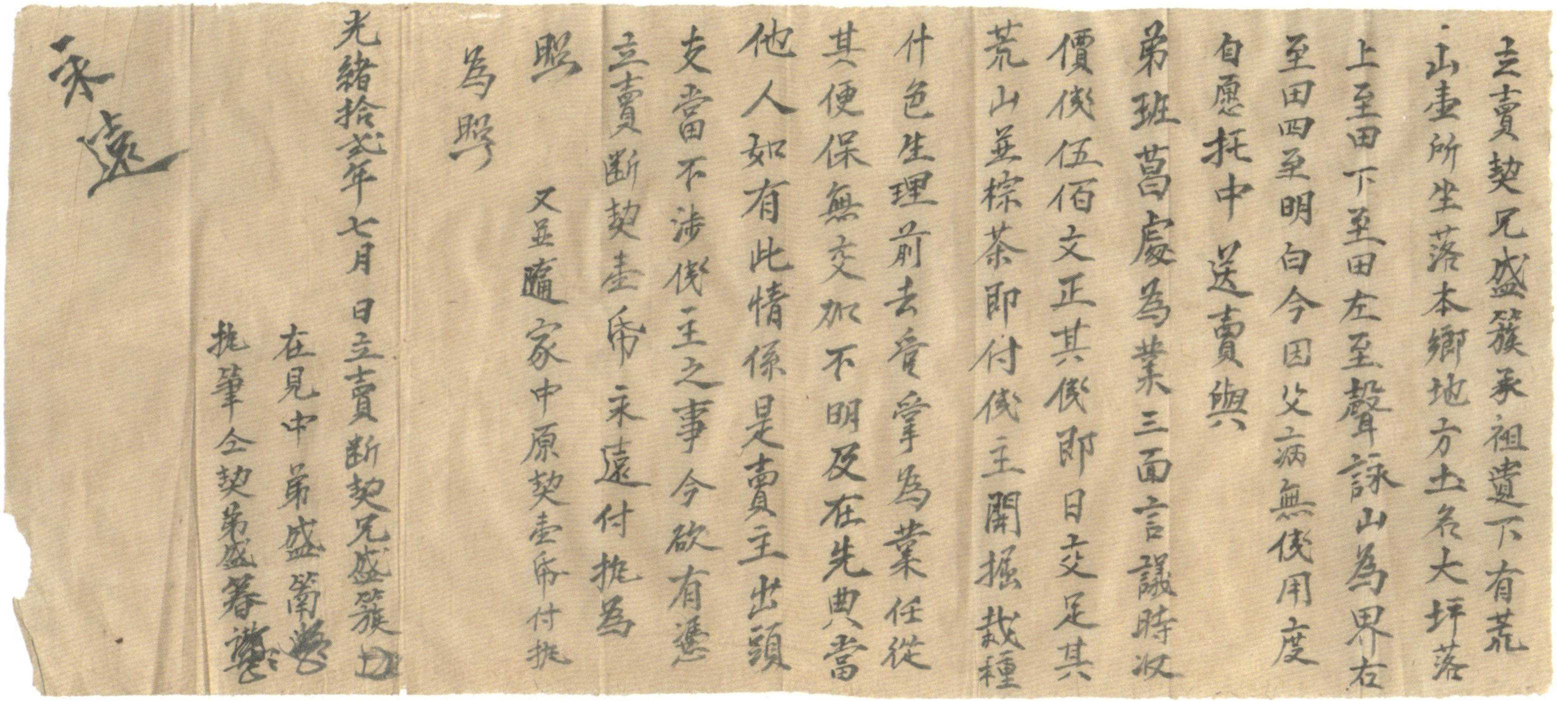
立賣契兄盛簇承祖遺下有荒
山壹所坐落本鄉地方土名大坪落
上至田下至田左至聲詠山為界右
至田四至明白今因父病無錢用度
自愿托中送賣與
弟班葛處為業三面言議時價
價錢伍佰文正其錢即日交足其
荒山並棕茶即付錢主開掘栽種
什色生理前去管掌為業任從
其便保無交加不明及在先典當
他人如有此情係是賣主出頭
支當不涉錢主之事今欲有憑
立賣斷契壹紙永遠付執為
照
又並隨家中原契壹紙付執
為照
光緒拾弍年七月　日立賣斷契兄盛簇（押）
在見中　弟盛蘭（押）
執筆仝契弟盛蕃（押）
永遠

9-3-15-4　清光緒十二年七月楊盛簇立賣荒山契

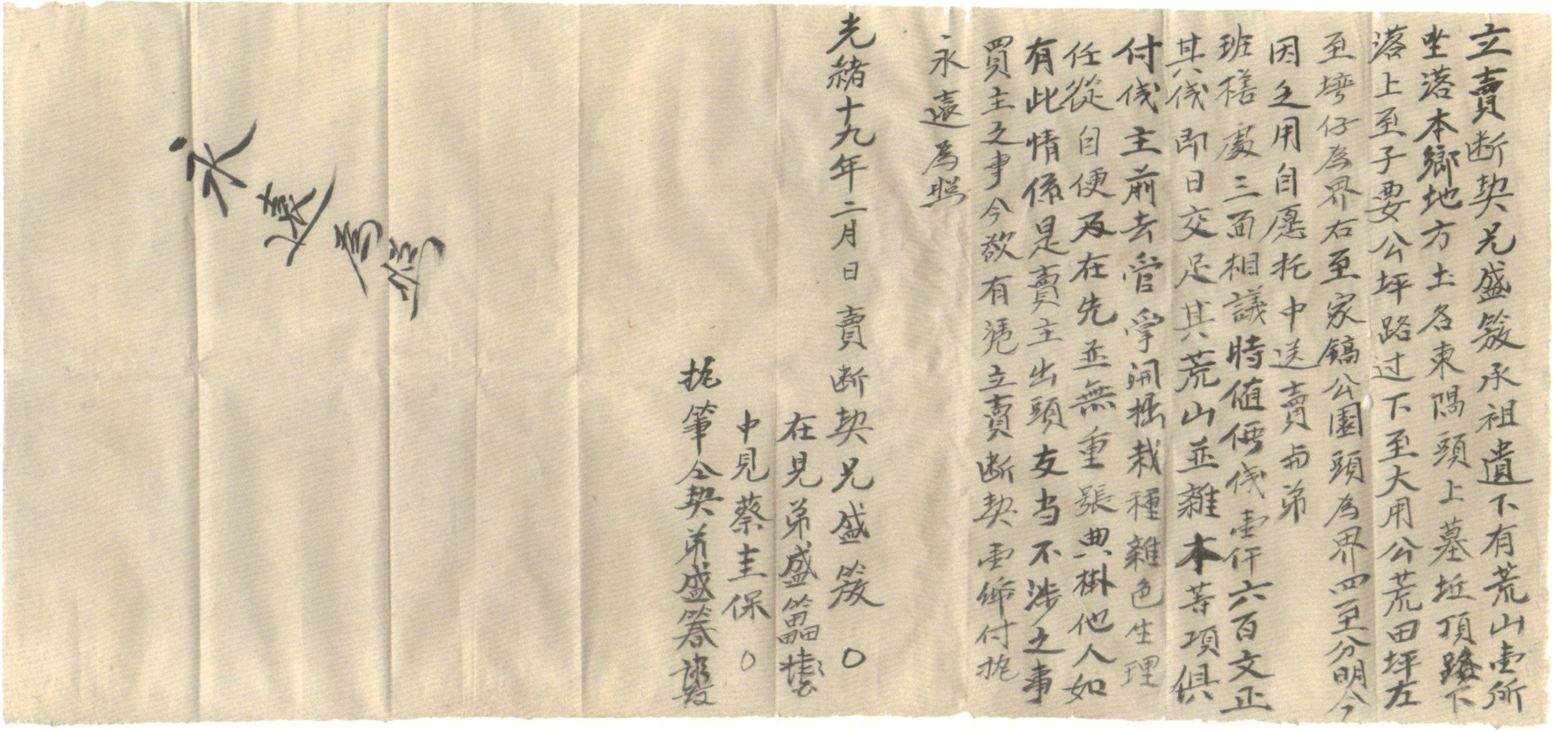

立賣斷契兄盛籛承祖遺下有荒山壹所
坐落本鄉地方土名東陽頭上墓坵項路下
落上至子要公坪路过下至大用公荒田坪左
至塆仔為界右至家鎬公園頭為界四至分明今
因乏用自愿托中送賣與弟
班禧處三面相議時值價錢壹仟六百文正
其錢即日交足其荒山並雜木等項俱
付錢主前去管掌開掘栽種雜色生理
任從自便及在先並無重張典掛他人如
有此情係是賣主出頭支当不涉之事
買主之事今欲有憑立賣斷契壹紙付執
永遠為照

光緒十九年二月　日　賣斷契兄盛籛（押）
在見弟盛篇（押）
中見蔡圭保（押）
執筆仝契弟盛簪（押）

9-3-15-5　清光緒十九年二月楊盛籛等立賣斷荒山契

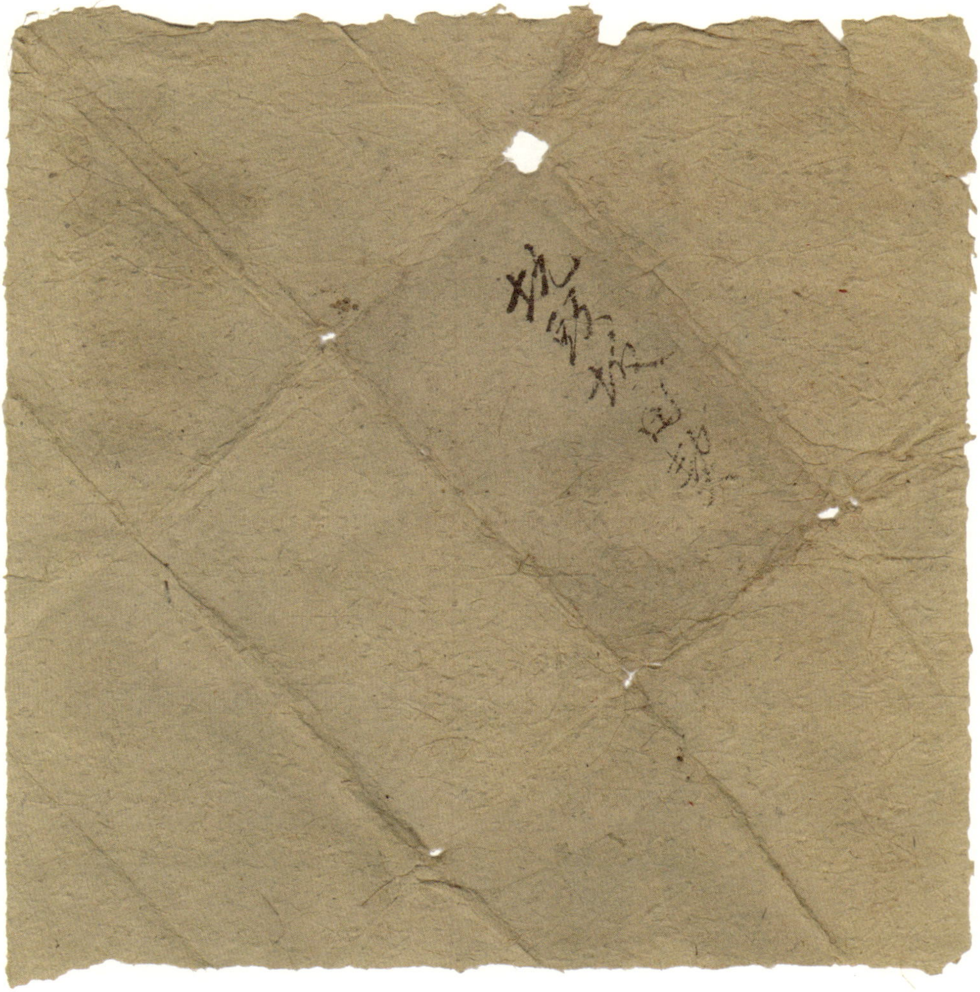

9-3-16-1　包契紙

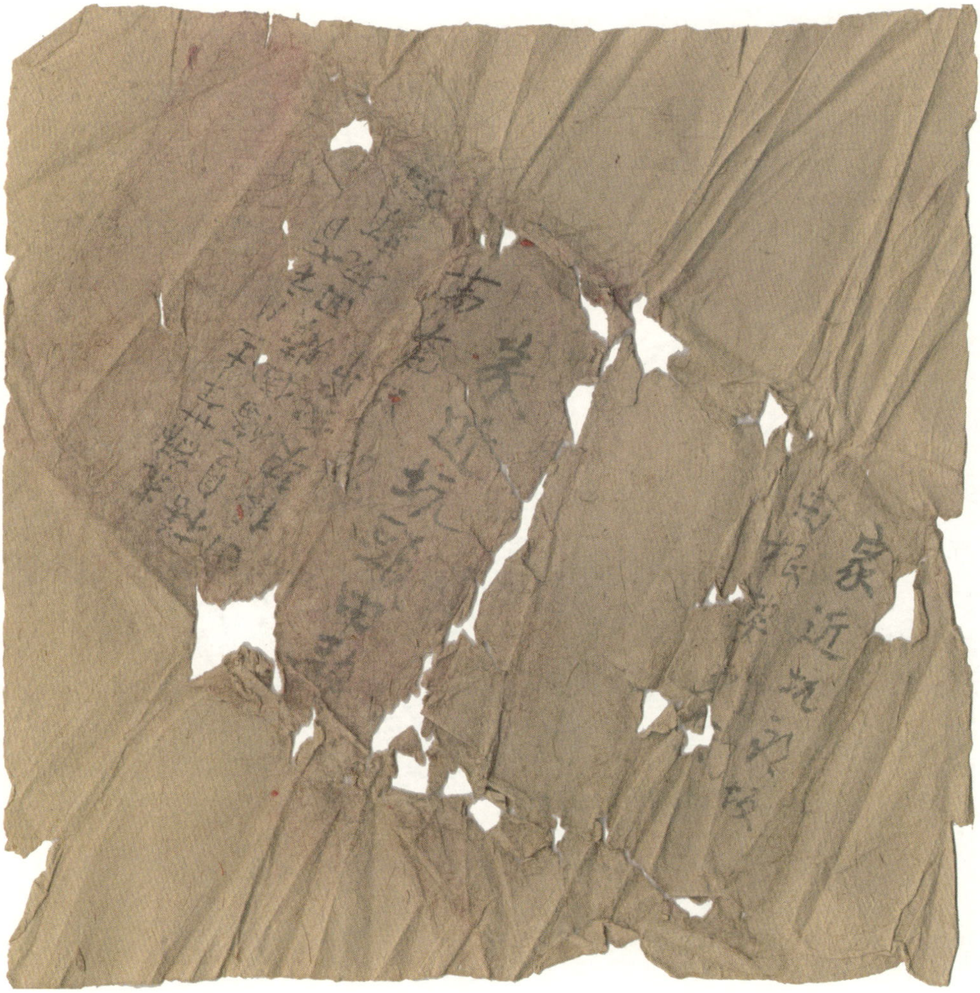

9-3-16-2　包契紙

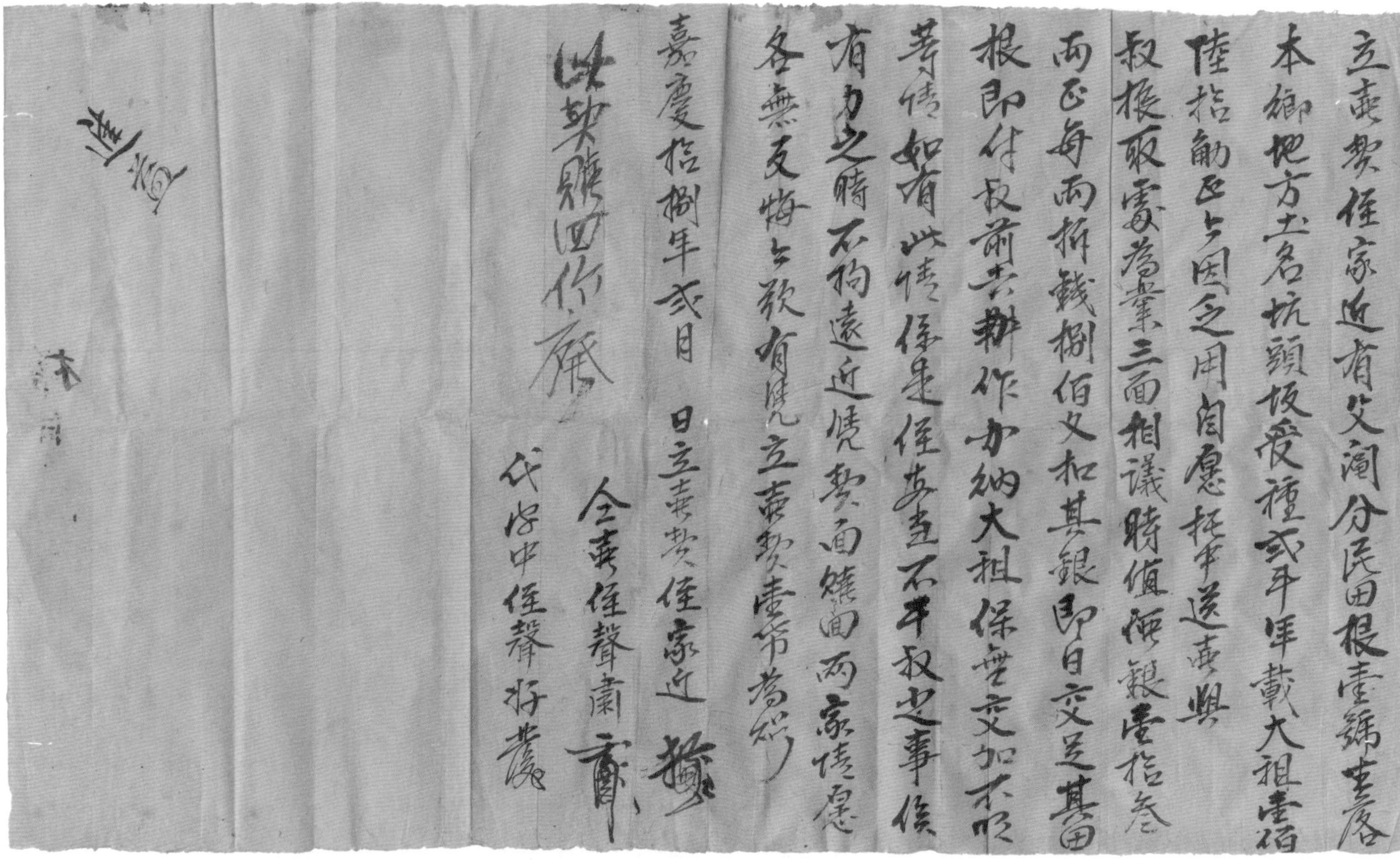
立賣契侄家近有父閹分民田根壹號坐落
本鄉地方土名坑頭坂受種弍斗年載大租壹石
陸拾觔正今因乏用自愿托中送賣與
叔根取處爲業三面相議時值價銀壹拾叁
兩正每兩折錢捌佰文扣其銀即日交足其田
根即付叔前去耕作办納大租保無交加不明
等情如有此情係是侄身自當不干叔之事倘
有力之時不拘遠近備契面價面兩家情愿
各無反悔今欲有憑立賣契壹帋爲照
嘉慶拾捌年弍月　日立賣契侄家近
全賣侄聲肅
代字中侄聲將
此契贖回作廢

9-3-16-3　清嘉慶十八年二月楊家近等立賣民田根契

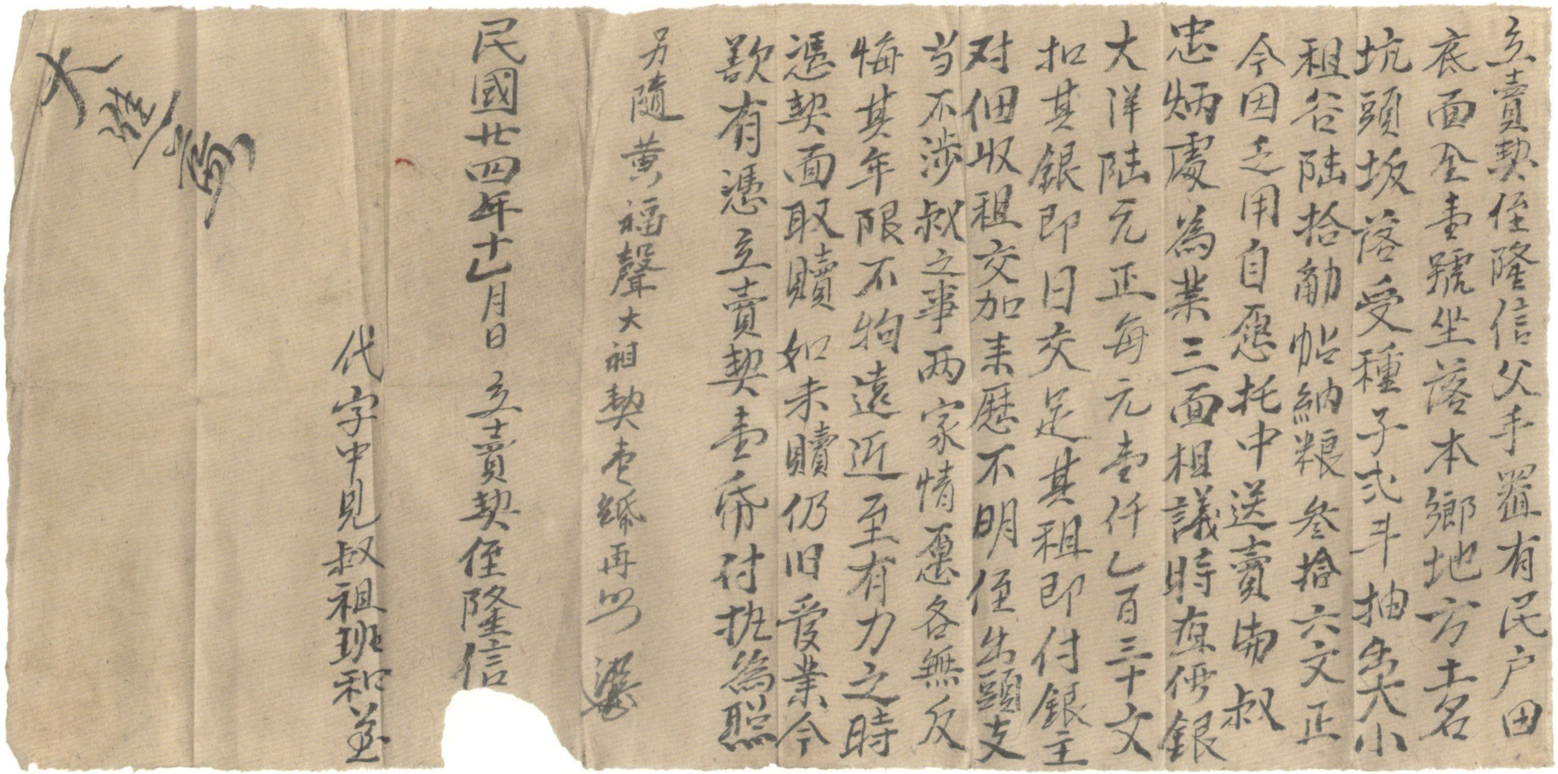

立賣契侄隆信承父手置有民户田
底面全壹號坐落本鄉地方土名
坑頭坂受種子弍斗抽出大小
租谷陸拾觔帖納粮叁拾六文正
今因乏用自愿托中送賣與叔
忠炳處為業三面相議時值價銀
大洋陸元正每元壹仟乙百三十文
扣其銀即日交足其租即付銀主
對佃收租交加來歷不明侄出頭支
當不涉叔之事兩家情愿各無反
悔其年限不拘遠近至有力之時
憑契面取贖如未贖仍旧管業今
欲有憑立賣契壹紙付執為照
另隨黄福聲大祖契壹紙再照
民國廿四年十一月日 立賣契侄隆信
代字中見叔祖班和

9-3-16-4 民國二十四年十一月楊隆信立賣底面全民户田契

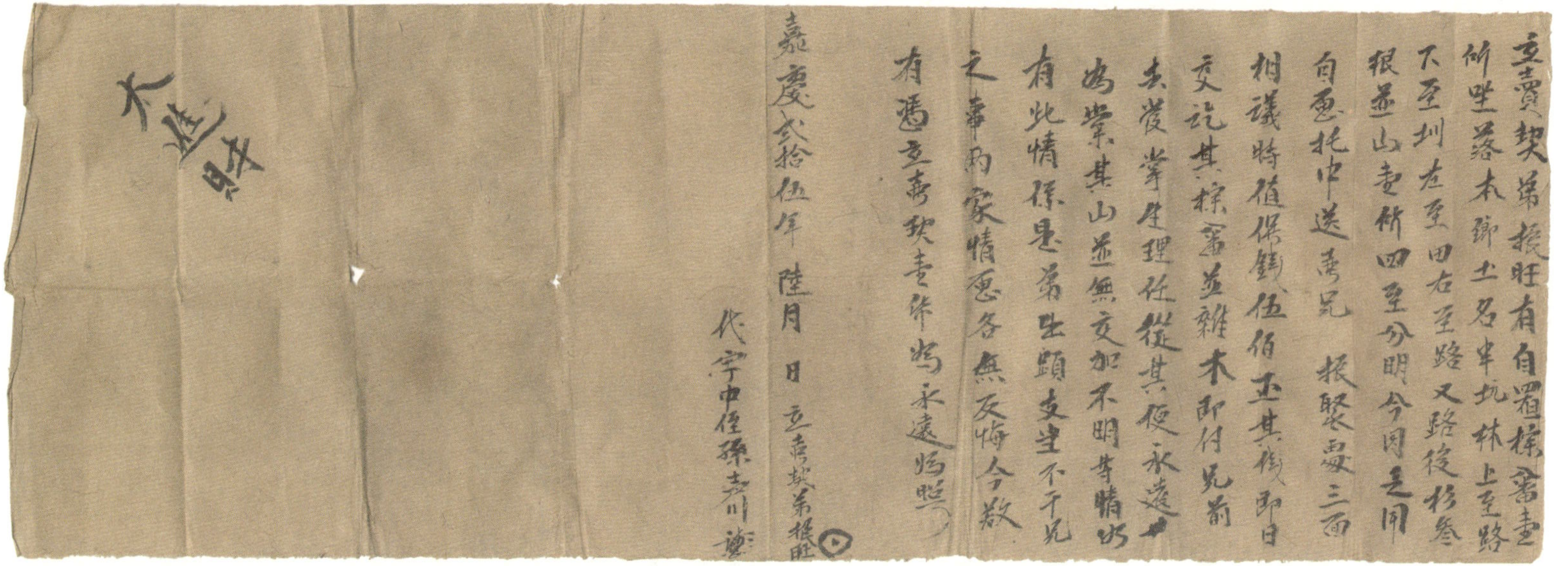
立賣契人弟振旺有自置棕畬壹
所坐落本鄉土名半坑林上至路
下至圳左至田右至路又路後杉叁
根並山壹所四至分明今因乏用
自愿托中送賣兄 振聚處三面
相議時值價錢伍佰文其錢即日
交訖其棕畬並雜木即付兄前
去發掌管理任從其便永遠
爲業其山並無交加不明等情如
有此情係是弟出頭支当不干兄
之事兩家情愿各無反悔今欲
有憑立賣契壹紙爲永遠爲照
嘉慶貳拾伍年陸月 日 立賣契弟振旺（押）
代字中侄孫[illegible]川筆
大進契

9-3-17-1　清嘉慶二十五年六月楊振旺立賣棕畬等契

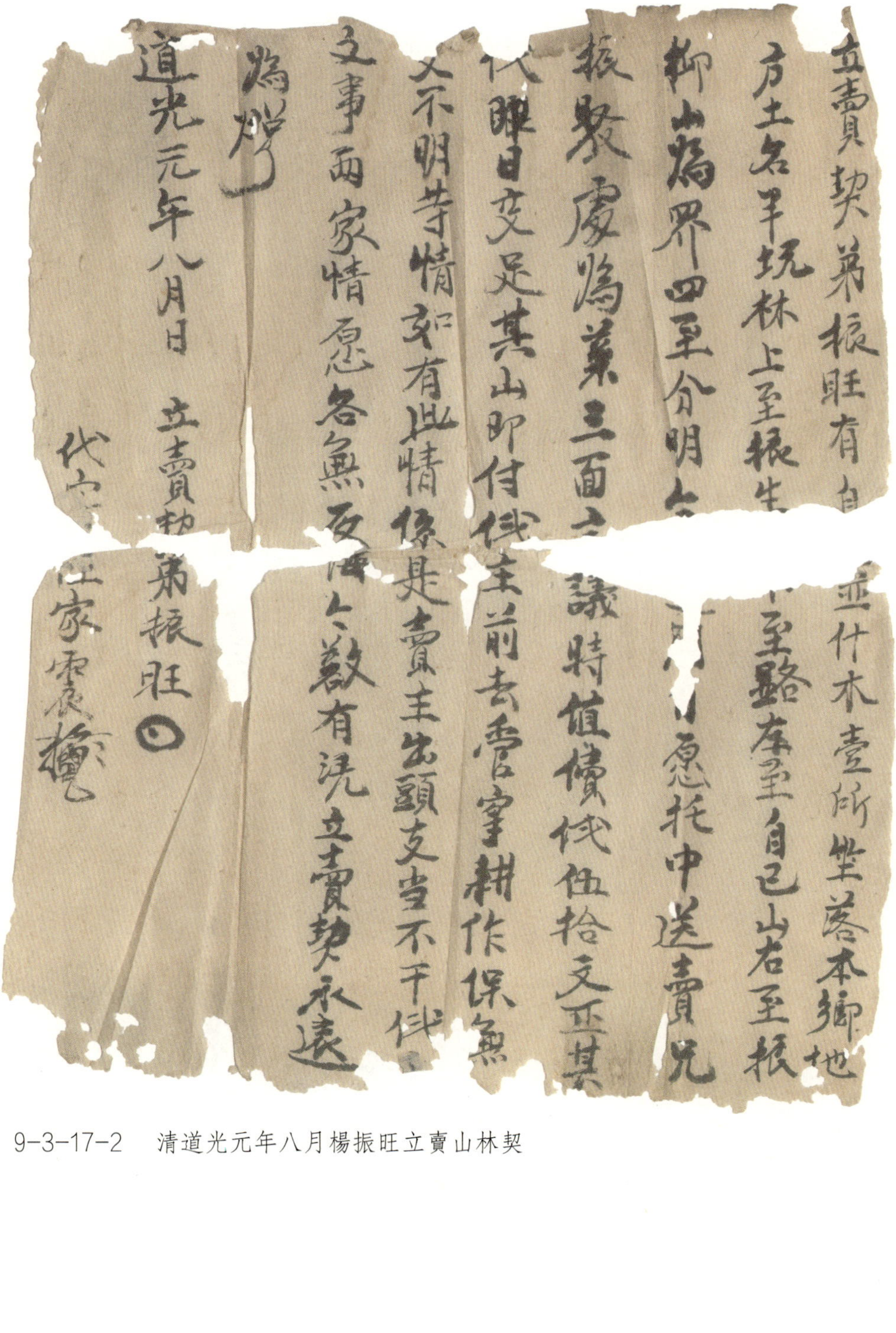
立賣契弟振旺有自[illegible]並什木壹所坐落本鄉地
方土名羊坑林上至振生[illegible]至路左至自己山右至振
柳山爲界四至分明[illegible]愿托中送賣兄
振聚處爲業三面言議特值價銭伍拾文正其
銭即日交足其山即付銭主前去管掌耕作保無
文不明等情如有此情係是賣主出頭支当不干銭
主事兩家情愿各無反悔今欲有凭立賣契永遠
爲照
道光元年八月日　立賣契弟振旺 ○
代字[illegible]家[illegible]

9-3-17-2　清道光元年八月楊振旺立賣山林契

立賣契弟振旺有自己園坪壹所坐落本鄉土名半
坑林上至聚自己山下至振椰山左至墓右至振旺山為
界四至分明今因乏用自愿托中送賣與兄振聚處
為業三面言議時值價錢叁百文正其錢即日交足其
園坪即付兄前去管掌栽種生理任從其便永遠為業
其園坪係是自己物業與別人無干兩家情愿各無反
悔今欲有憑立賣契乙紙永遠為炤

道光三年十二月　日立賣契弟振旺

代字中侄孫聲峻寫

9-3-17-3　清道光三年十二月楊振旺立賣園坪契

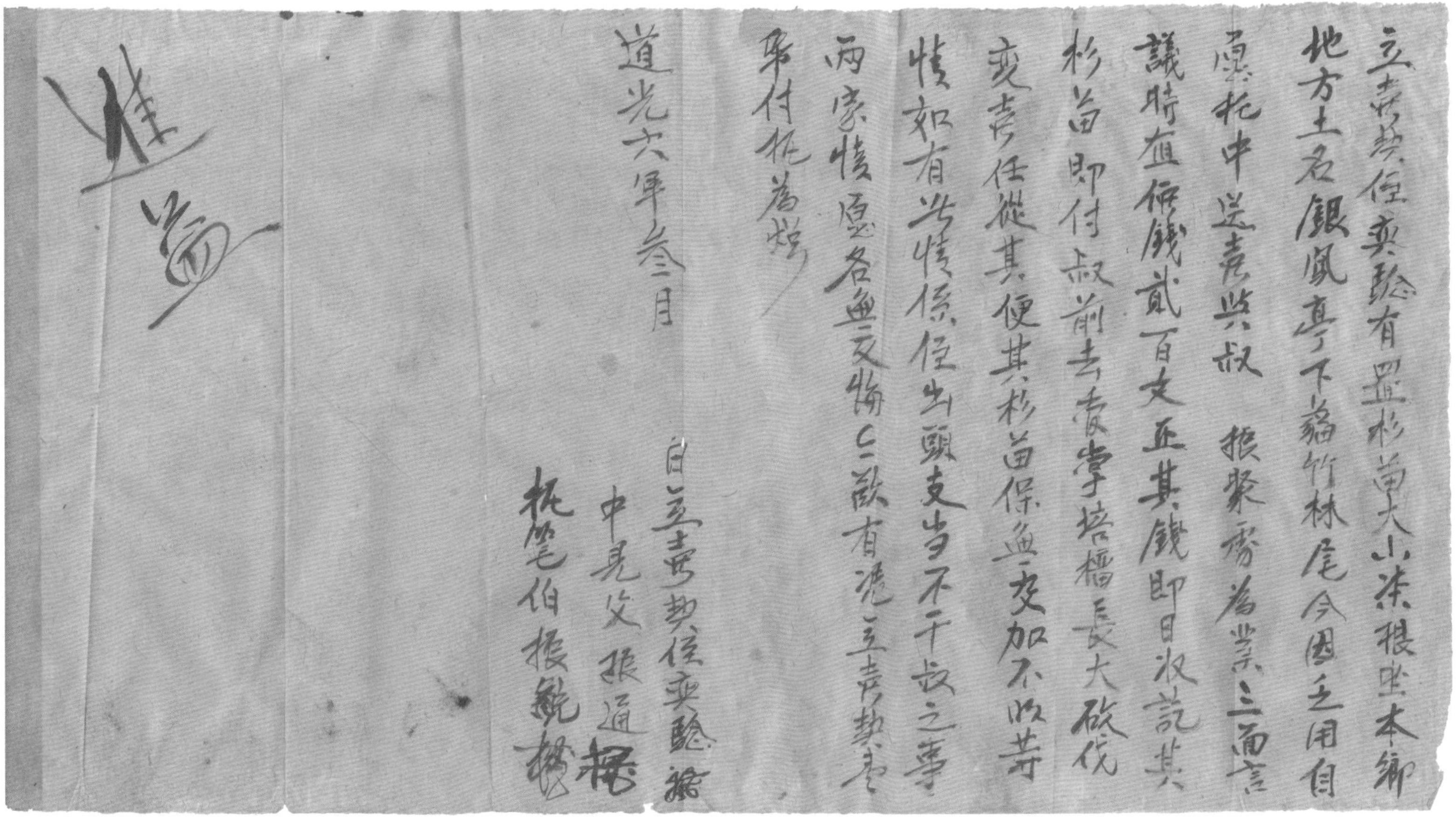
立賣契侄奕駿有置杉苗大小柒根坐本鄉
地方土名銀鳳亭下蕏竹林尾今因乏用自
愿托中送賣與叔 振聚秀為業三面言
議時值價錢貳百文正其錢即日收訖其
杉苗即付叔前去管掌培植長大砍伐
變賣任從其便其杉苗係無交加不明等
情如有此情係侄出頭支当不干叔之事
兩家情愿各無反悔今欲有憑立賣契壹
帋付執為照
道光六年叁月 日立賣契侄奕駿
中見叔 振通
執筆伯 振鏡

9-3-17-4 清道光六年三月楊奕駿立賣杉苗契

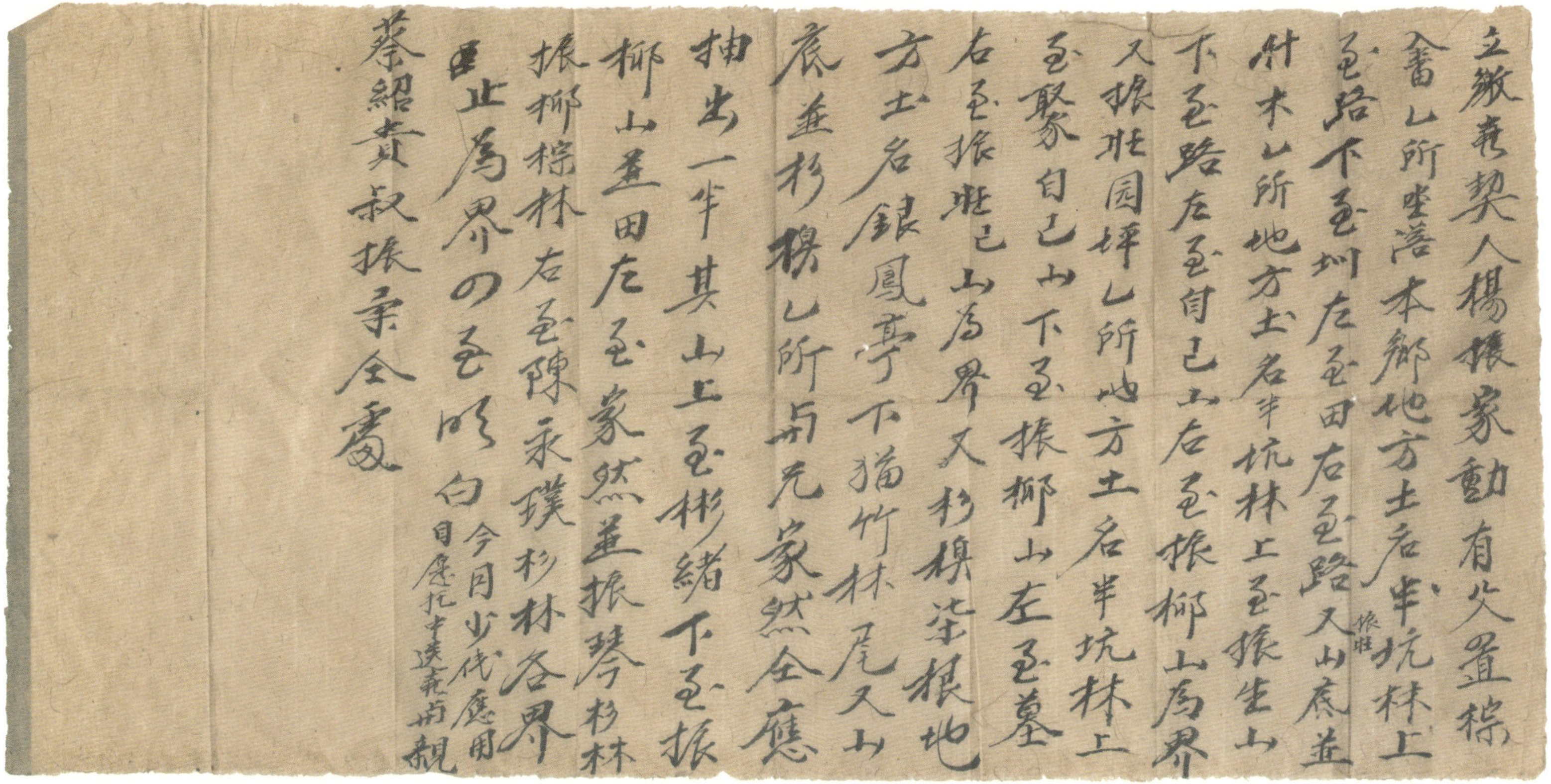
立繳賣契人楊振家動有火置棕
畬山所坐落本鄉地方土名半坑林上
至路下至圳左至田右至路又山底並
杉木山所地方土名半坑林上至振生山
下至路左至自己山右至振柳山為界
又振壯園坪山所地方土名半坑林上
至聚自己山下至振柳山左至墓
右至振壯已山為界又杉樸茶根地
方土名銀鳳亭下猫竹林尾又山
底並杉樸山所與兄家然全應
抽出一半其山上至彬緒下至振
柳山並田左至家然並振琴杉林
振柳棕林右至陳永璞杉林各界
止為界四至明白
今同步伐應用
日憑托中吳垚萬觀
叄紹黃叔振余全處

9-3-17-5　清道光十四年十一月楊家動立繳賣棕畬契（草契）

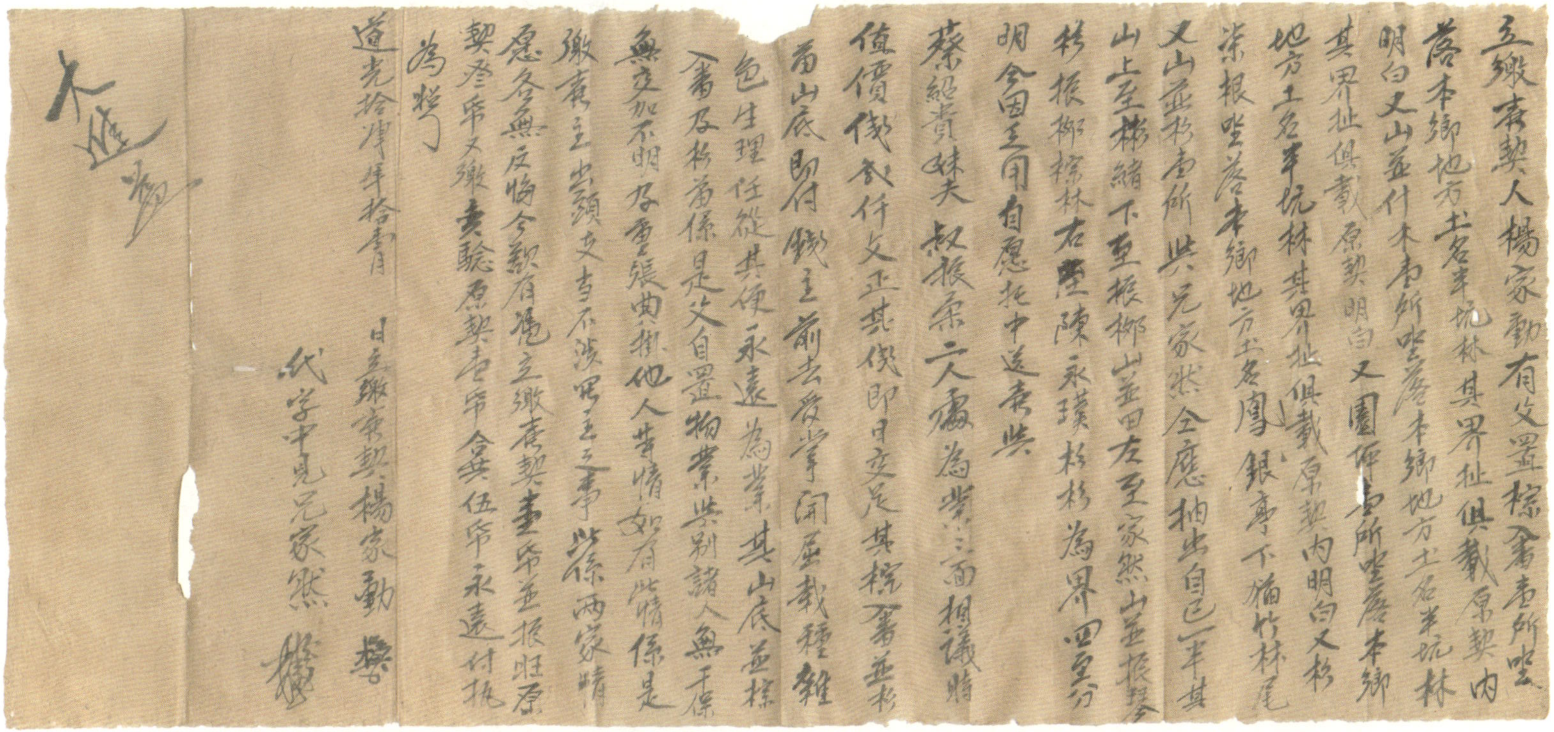
立繳賣契人楊家勤有父置棕畬壹所，坐
落本鄉地方土名半坑林，其界址俱載原契內
明白。又山並什木壹所，坐落本鄉地方土名半坑林，
其界址俱載原契明白。又園仔壹所，坐落本鄉
地方土名半坑林，其界址俱載原契內明白。又杉
棕根坐落本鄉地方土名粵銀亭下楯竹林尾。
又山並杉壹所，與兄家然全應抽出自己一半，其
山上至㭍緒，下至振鄉山並田，左至家然山並振琴
杉振鄉棕林，右至陳永璞杉杉為界，四至分
明。今因乏用，自愿托中送賣與
蔡紹貴妹夫、叔振采二人處為業，三面相議，時
值價錢叁仟文正，其錢即日交足，其棕畬並杉
苗山底即付錢主前去掌管，開墾栽種雜
色生理，任從其便，永遠為業。其山底並棕
畬及杉苗係是父自置物業，與別諸人無干，係
無交加不明及重張典掛他人等情，如有此情，係是
繳賣主出頭支當，不涉買主之事。此係兩家情
愿，各無反悔。今欲有憑，立繳賣契壹帋並振旺原
契叁帋，又繳賣驗原契壹帋，合共伍帋，永遠付執
為照。
道光拾肆年拾壹月　日立繳賣契楊家勤（押）
代字中見兄家然（押）

9-3-17-6　清道光十四年十一月楊家勤立繳賣棕畬契

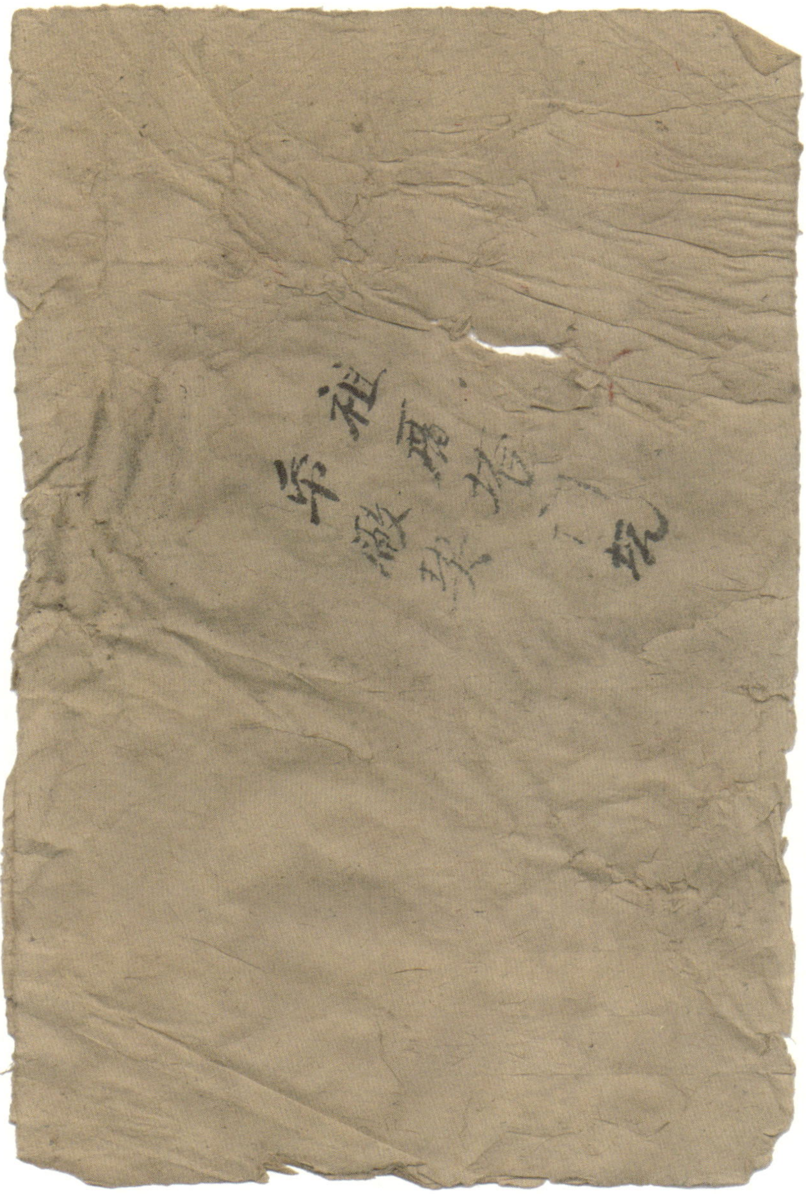

9-3-18-1　包契紙

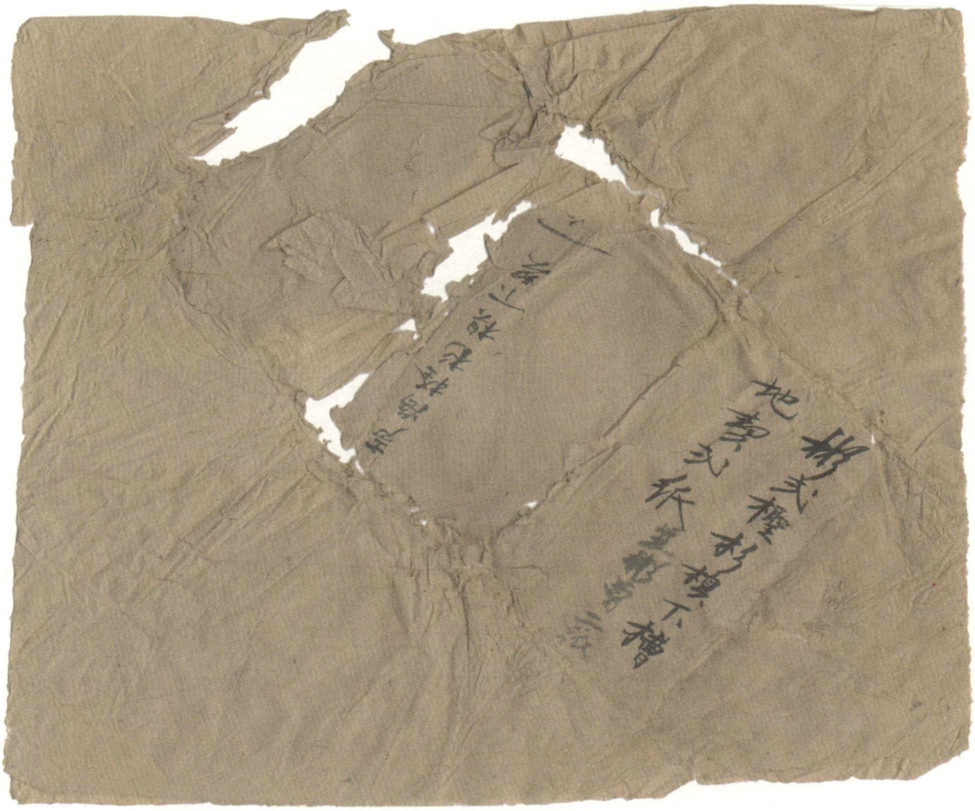

9-3-18-2　包契紙

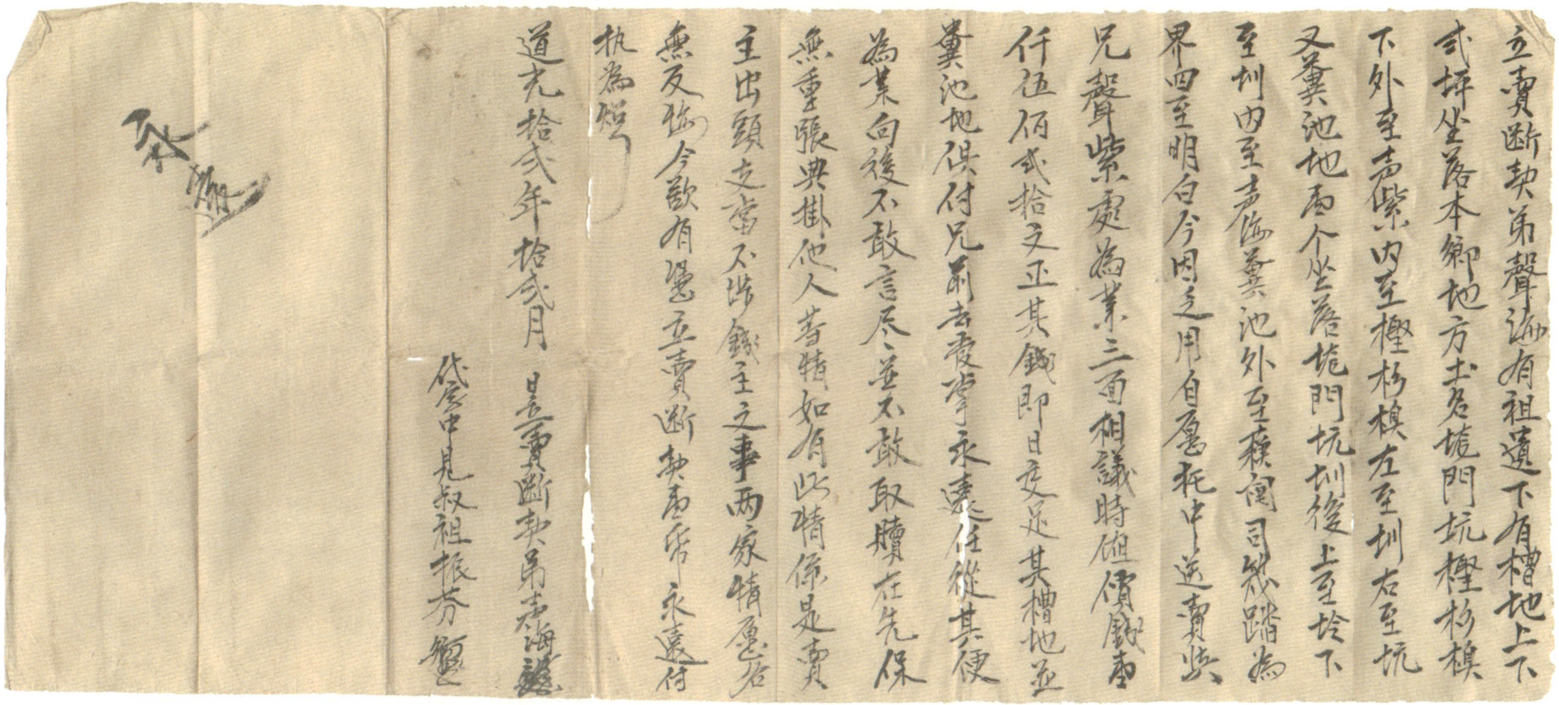
立賣斷契弟聲海有祖遺下有槽地上下
弍坪坐落本鄉地方土名塘門坑樫杉模
下外至声紫内至樫杉模左至圳右至坑
又糞池地壹个坐落塘門坑圳後上至坽下
至圳内至声海糞池外至積阛司錢踏為
界四至明白今因乏用自愿托中送賣與
兄聲紫處為業三面相議時值價錢壹
仟伍佰弍拾文正其錢即日交足其槽地並
糞池地俱付兄前去管掌永遠任從其便
為業向後不敢言添並不敢取贖在先係
無重張典掛他人等情如有此情係是賣
主出頭支當不涉錢主之事兩家情愿各
無反悔今欲有憑立賣斷契壹紙永遠付
執為照
道光拾弍年拾弍月　日立賣斷契弟聲海
代筆中見叔祖振芳

9-3-18-3　清道光十二年十二月楊聲海立賣斷槽地等契

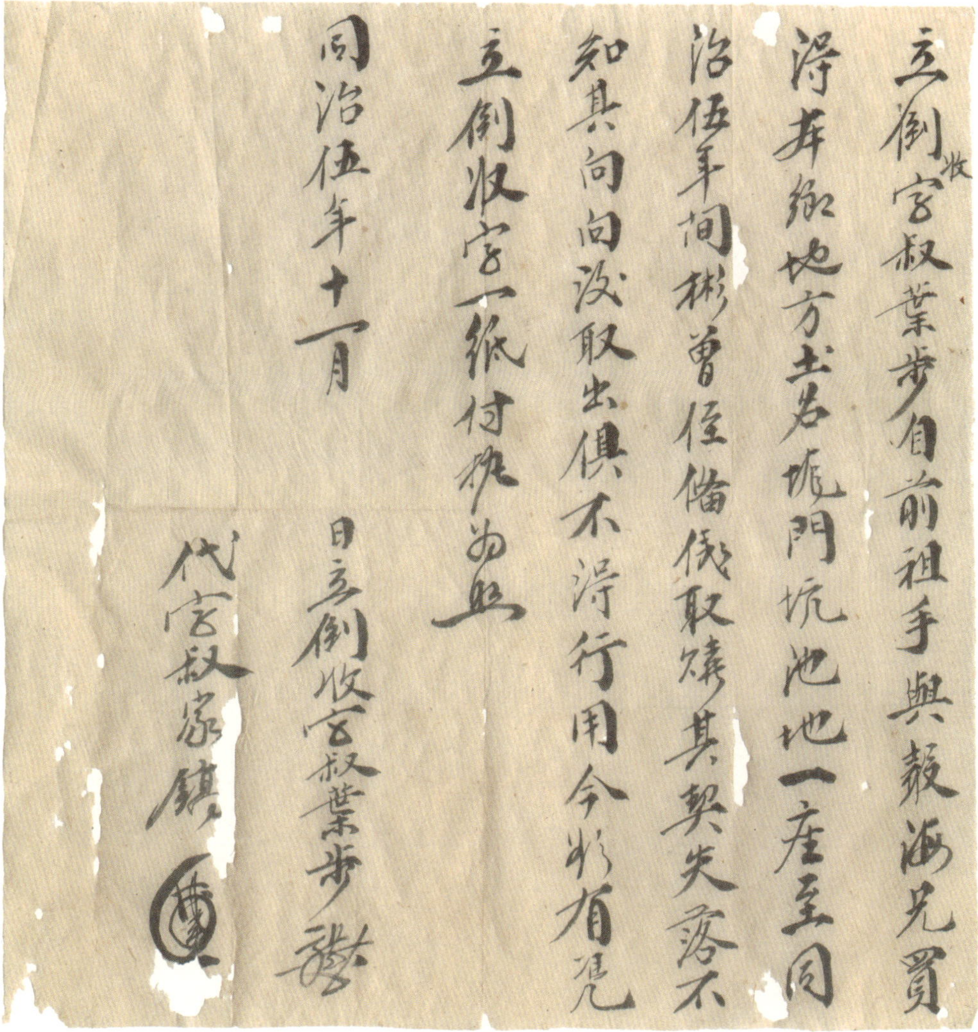
立倒收字叔葉步自前祖手與毅海兄買
得本鄉地方土名墘門坑池地一座，至同
治伍年間彬曾侄備價取贖，其契失落不
知其向，向後取出，俱不得行用。今欲有憑，
立倒收字一紙付執為照。
同治伍年十一月　日立倒收字叔葉步（押）
代字叔家鎮（押）

9-3-18-4　清同治五年十一月楊葉步立倒收字

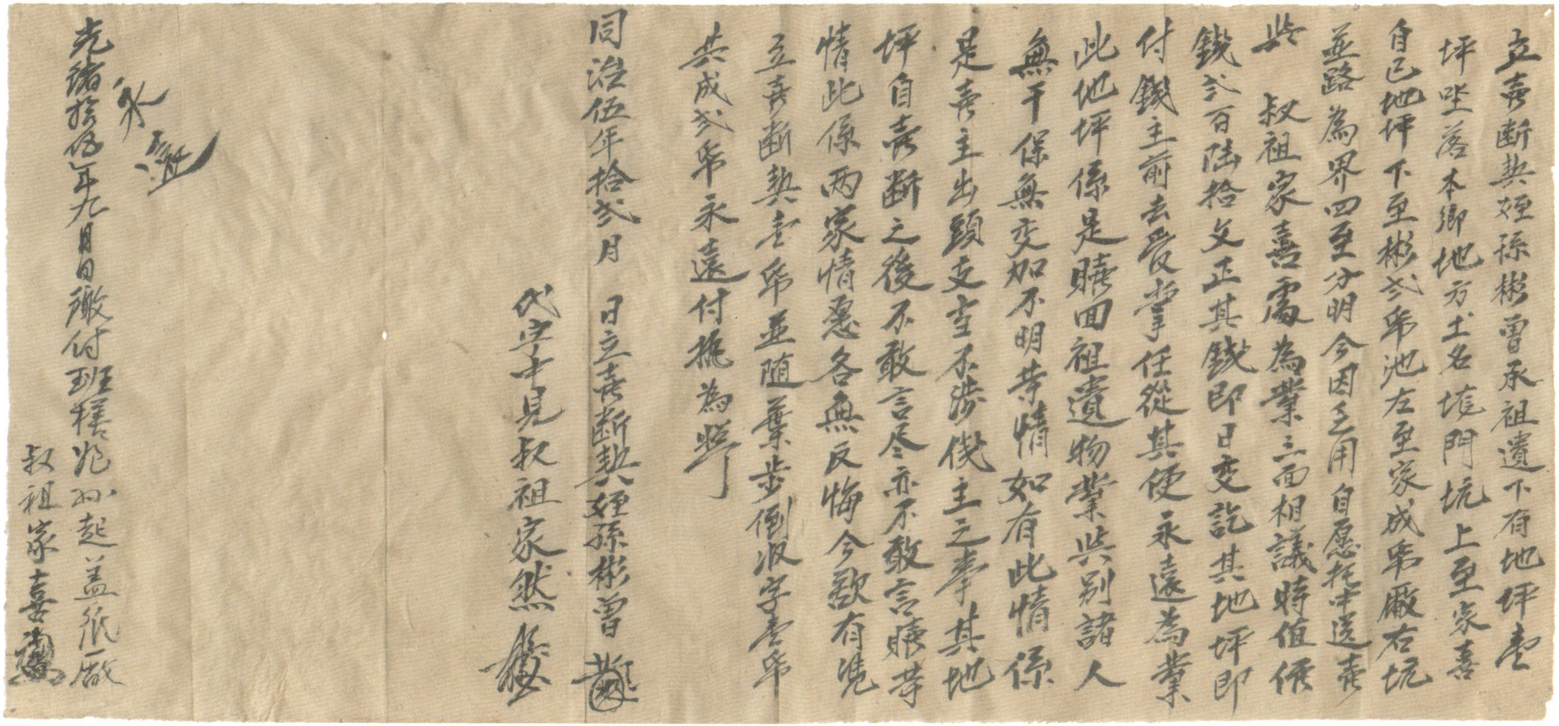
立賣斷契姪孫彬曾承祖遺下有地坪壹
坪坐落本鄉地方土名崆門坑上至家喜
自己地坪下至彬弍弟池左至家成弟厰右坑
並路為界四至分明今因乏用自愿托中送賣
與 叔祖家喜處為業三面相議時值價
錢弍百陸拾文正其錢即日交訖其地坪即
付錢主前去管掌任從其便永遠為業
此地坪係是贖回祖遺物業與別諸人
無干保無交加不明等情如有此情係
是賣主出頭支當不涉錢主之事其地
坪自賣斷之後不敢言找亦不敢言贖等
情此係兩家情愿各無反悔今欲有憑
立賣斷契壹帋並隨葉步例收字壹帋
共成弍帋永遠付執為照
同治伍年拾弍月 日立賣斷契姪孫彬曾（押）
代字中見叔祖家然（押）
永遠
光緒拾伍年九月日繳付班樓沱加起蓋紙一厰
叔祖家喜（押）

9-3-18-5 清同治五年十二月楊彬曾立賣斷地坪契

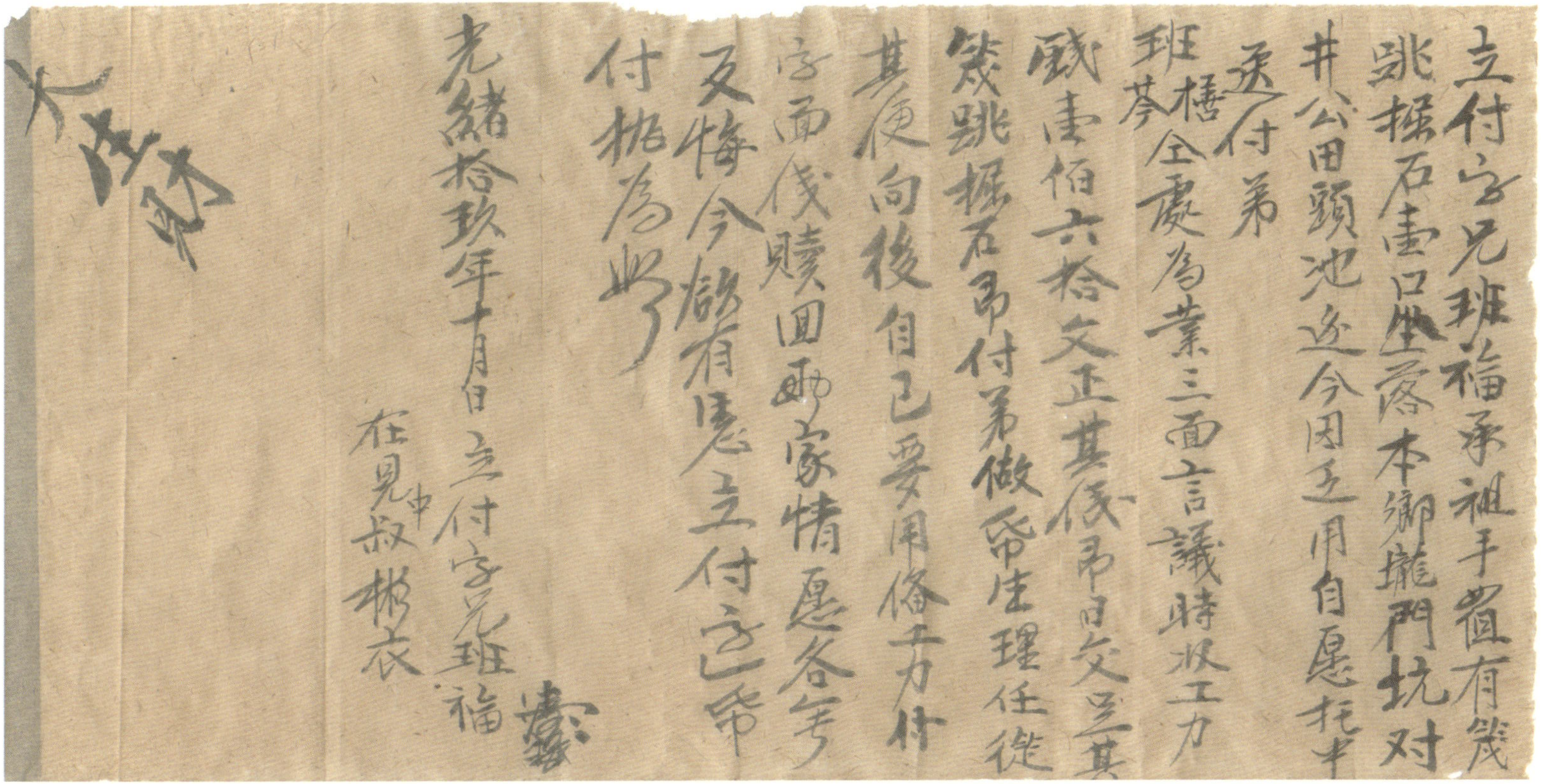
立付字兄班福承祖手置有箴
跳掘石壹口坐落本鄉壠門坑对
井公田頭池邊今因乏用自愿托中
送付弟
班棲
班苓仝處為業三面言議時价工力
錢壹佰六拾文正其錢即日交足其
箴跳掘石即付弟做節生理任從
其便向後自己要用备工力什
字面錢贖回取家情愿各無
反悔今欲有憑立付字節
付批為照
光緒拾玖年十月日立付字兄班福（押）
在見中叔桃衣
大吉

9-3-18-6 清光緒十九年十月楊班福立付箴跳掘石字

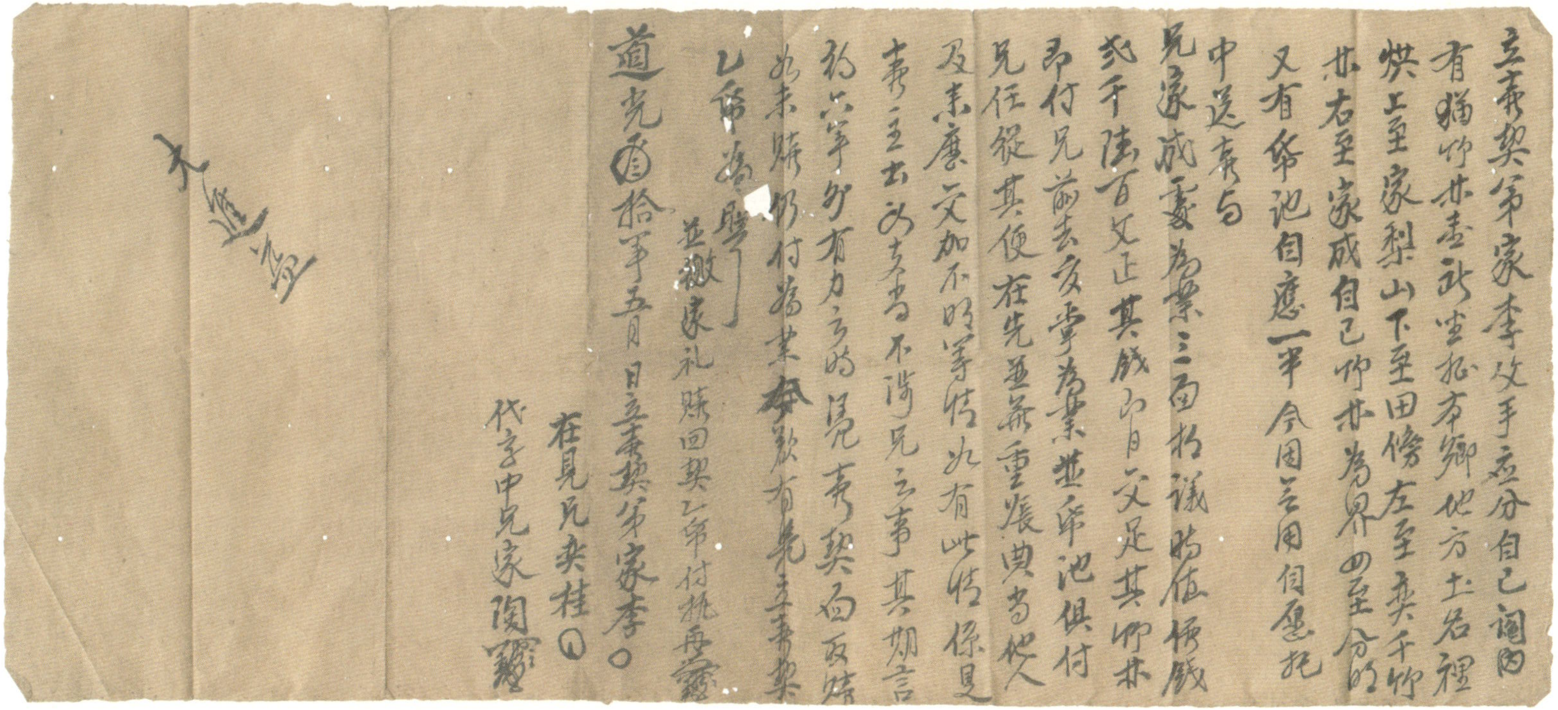
立賣契弟家李文手立分自己閬内
有猫竹林壹所，坐拉本鄉地方，土名裡
烘，上至家梨山，下至田，傍左至奕千竹
林，右至家成自己竹林為界，四至分明。
又有余池自應一半，今因乏用，自愿托
中送賣与
兄家成邊為業，三面拊議時值價錢
弍千陸百文正。其錢即日交足，其竹林
即付兄前去管業，並余池俱付
兄任從其便。在先並無重張典当他人
及未應交加不明等情，如有此情，係是
弟之出頭支當，不涉兄之事。其契言
約六年為有力之時，照賣契面取贖，
如未贖，仍付為業。今欲有凭，立賣契
乙紙為照。
並繳家礼賠回契乙紙，付執再照
道光叁拾年五月　日立賣契弟家李○
在見兄奕桂○
代字中兄家陶
大道公

9-3-19-1　清道光三十年五月楊家李立賣猫竹林契

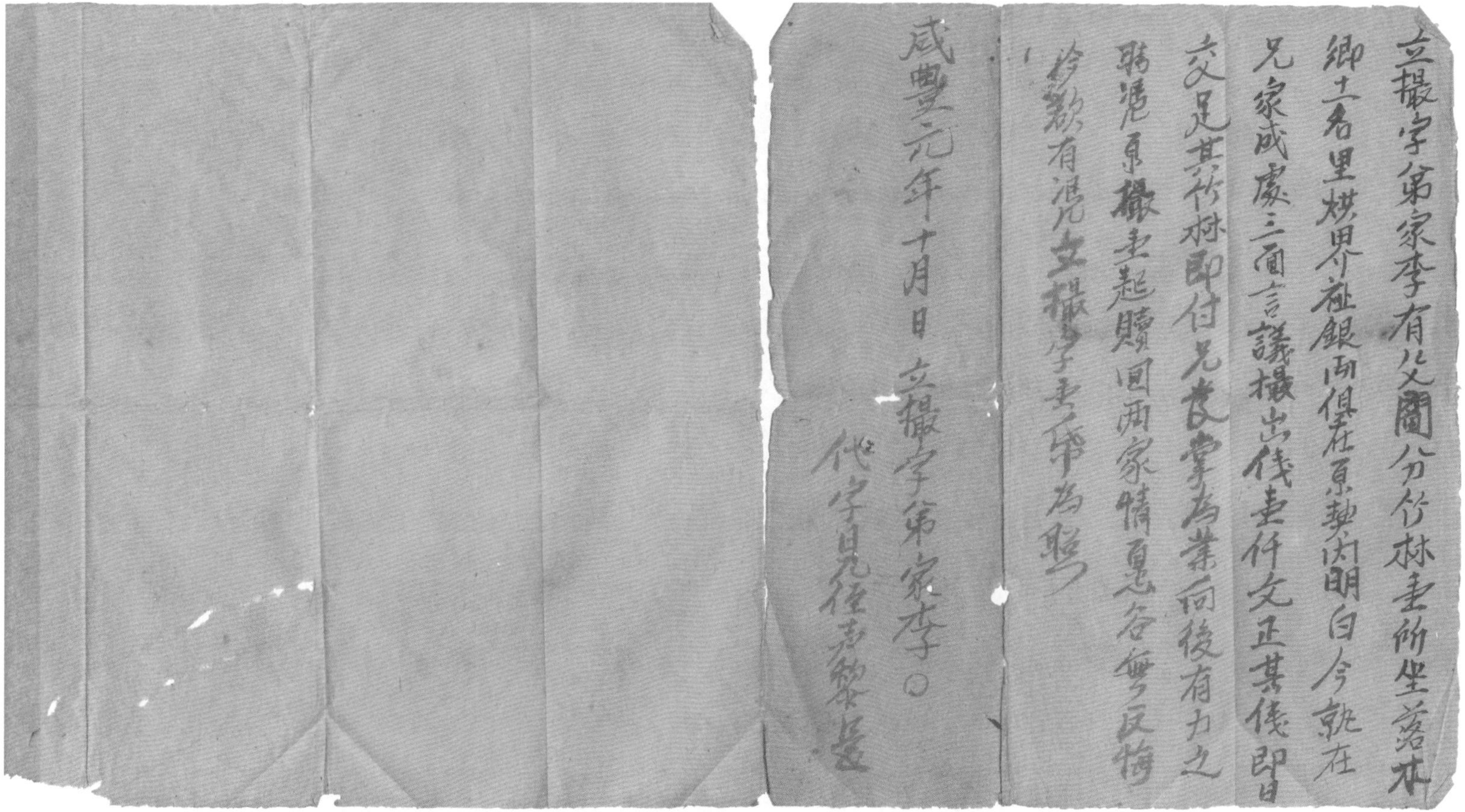
立撮字弟家李有父閹分竹林壹所，坐落本
鄉土名里林界，祖銀兩俱在原契內明白。今就在
兄家成處三面言議，撮出錢壹仟文正。其錢即日
交足，其竹林即付兄邊掌為業。向後有力之
時照原價壹起贖回，兩家情愿，各無反悔。
今欲有憑，立撮字壹紙為照。
咸豐元年十月日立撮字弟家李○
代字見侄[illegible]黎筆

9-3-19-2 清咸豐元年十月楊家李立撮字

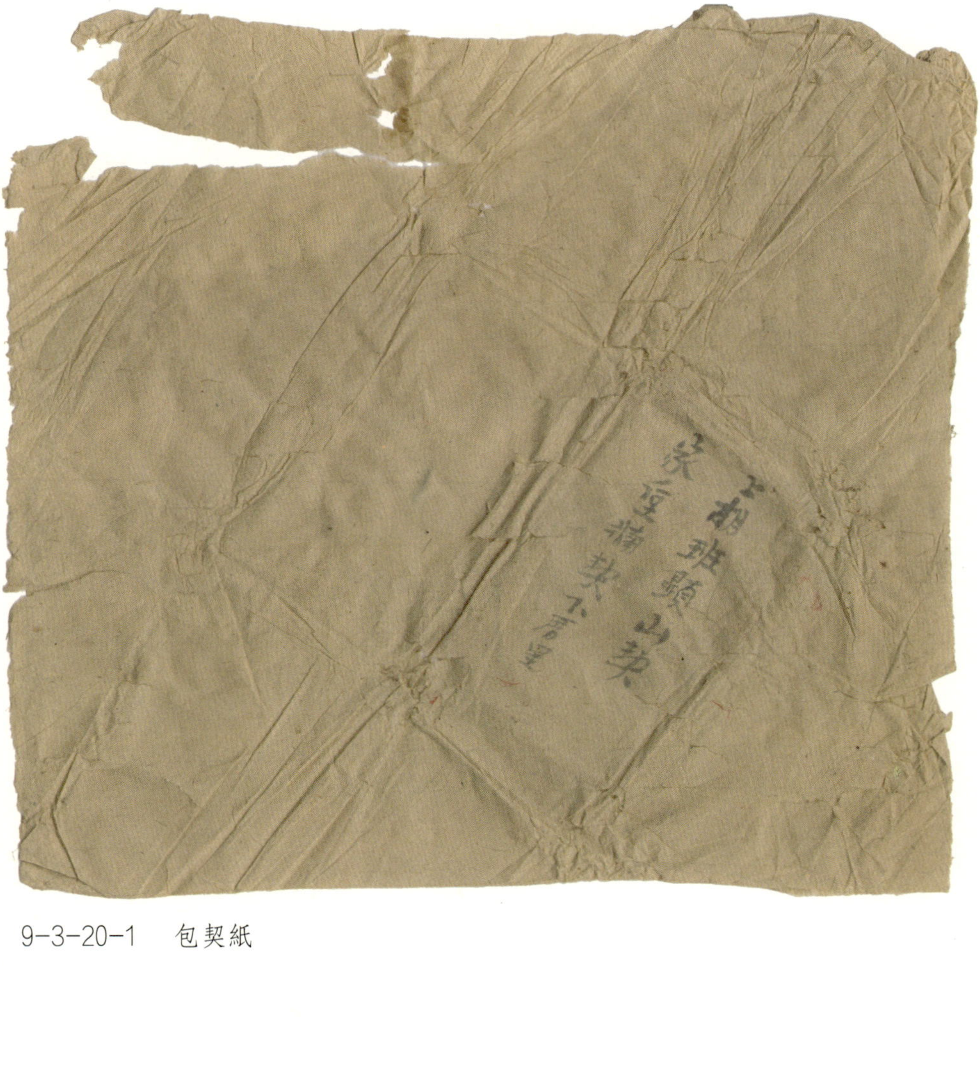

9-3-20-1　包契紙

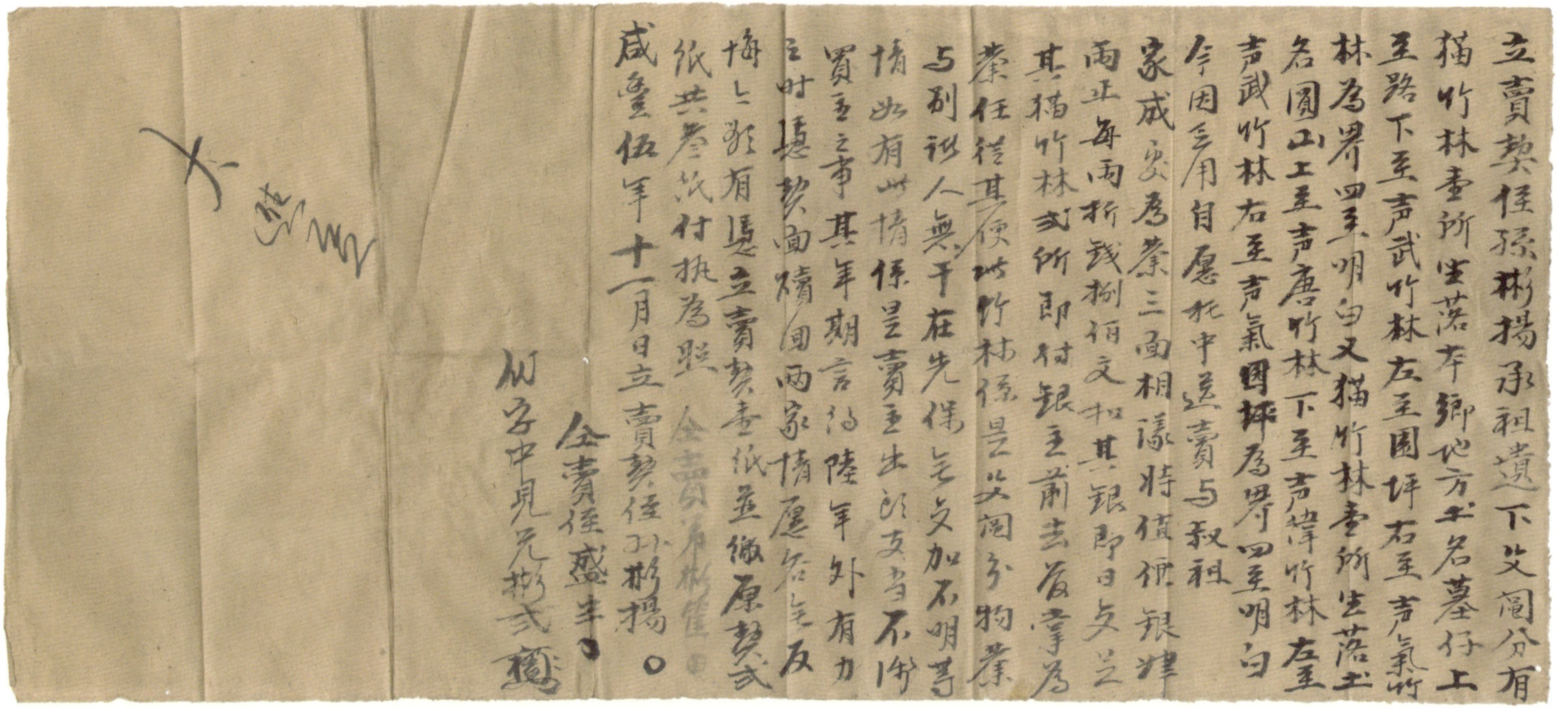
立賣契侄孫彬揚承祖遺下艾閣分有
猫竹林壹所坐落本鄉地方土名墓仔上
至路下至声武竹林左至園坪右至声氣竹
林為界四至明白又猫竹林壹所坐落土
名園山上至声唐竹林下至声偉竹林左至
声武竹林右至声氣園坪為界四至明白
今因乏用自愿托中送賣與叔祖
家成處為業三面相議時值價銀肆
兩正每兩折錢捌佰文扣其銀即日交足
其猫竹林式所即付銀主前去管掌為
業任從其便此竹林係是艾閣分物業
與别房人無干在先係未交加不明等
情如有此情係是賣主出頭支當不涉
買主之事其年期言約陸年外有力
之时照契面價回西家情愿各無反
悔今欲有憑立賣契壹紙並繳原契式
紙共叁紙付執為照
咸豐伍年十一月日立賣契侄孫彬揚
仝賣侄盛丰
代字中見兄彬式

9-3-20-2　清咸豐五年十一月楊彬揚等立賣猫竹林契

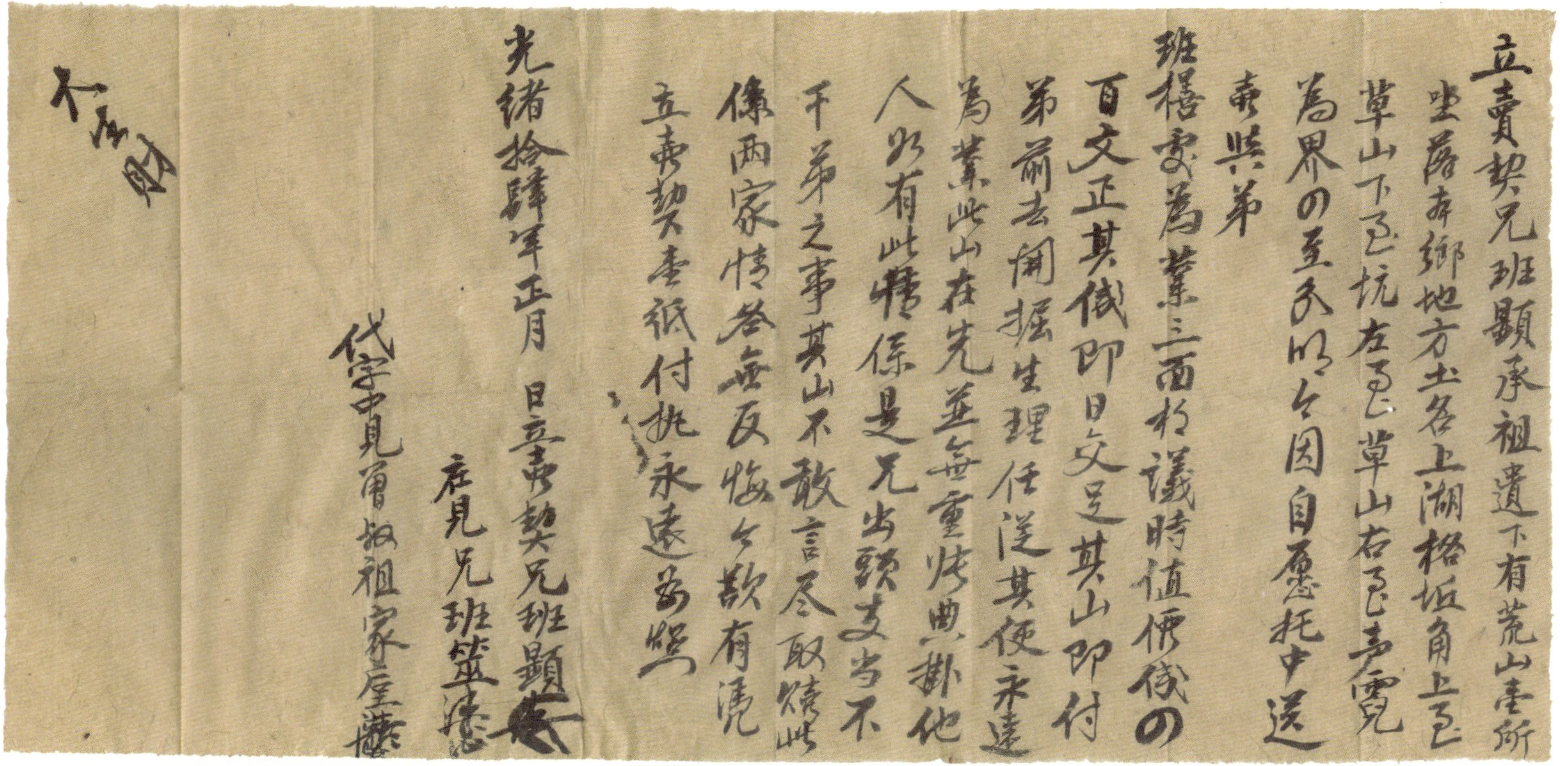
立賣契兄班顯承祖遺下有荒山壹所
坐落本鄉地方土名上湖格坵角上至
草山下至坑左至草山右至弟霓
為界四至分明今因自愿托中送
賣與弟
班穩處為業三面約議時值價錢四
百文正其錢即日交足其山即付
弟前去開掘生理任從其便永遠
為業此山在先並無重張典掛他
人如有此情係是兄出頭支當不
干弟之事其山不敢言盡取續此
係兩家情愿無反悔今欲有憑
立賣契壹紙付執永遠為照
光緒拾肆年正月　日立賣契兄班顯
在見兄班笙
代字中見會叔祖家座

9-3-20-3　清光緒十四年正月楊班顯立賣荒山契

9-3-21-1　包契紙

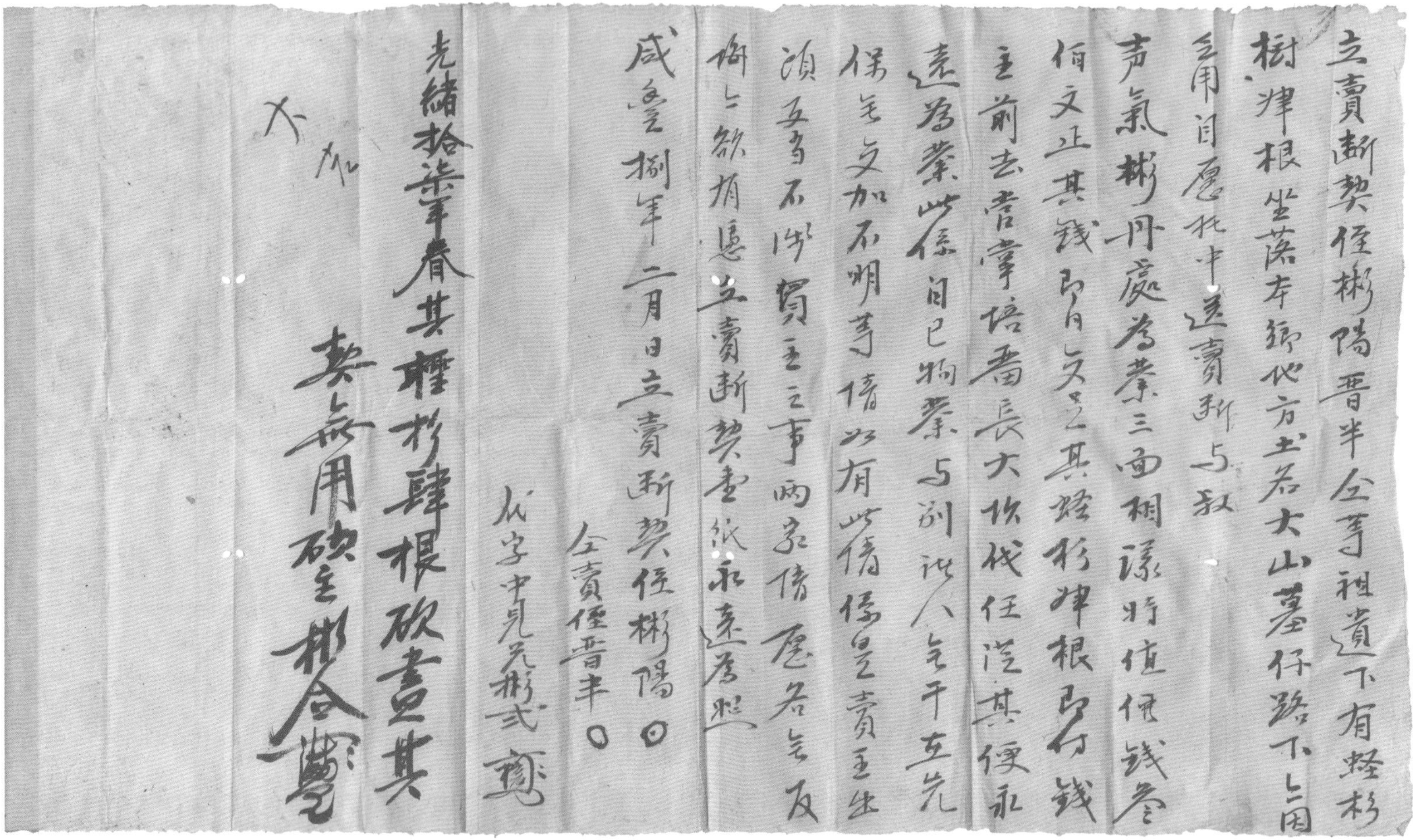
立賣斷契侄彬陽晋半仝等祖遺下有蝗杉
樹肆根坐落本鄉地方土名大山墓仔路下今因
乏用自愿托中送賣斷與叔
声氣彬丹處爲業三面相議時值價錢叁
佰文正其錢即日交足其蝗杉肆根即付錢
主前去管培蓄長大砍伐任從其便永
遠爲業此係自己物業與別房人等無干至先
係無叉加不明等情如有此情係自出賣主出
頭支當不涉買主之事兩家情愿各無反
悔今欲有憑立賣斷契壹紙永遠存照
咸豐捌年二月　日立賣斷契侄彬陽（押）
仝賣侄晋丰（押）
代字中見兄彬式（押）
光緒拾柒年春其蝗杉肆根砍盡其
契無用破之彬合[illegible]

9-3-21-2　清咸豐八年二月楊彬陽等立賣斷蝗杉樹契

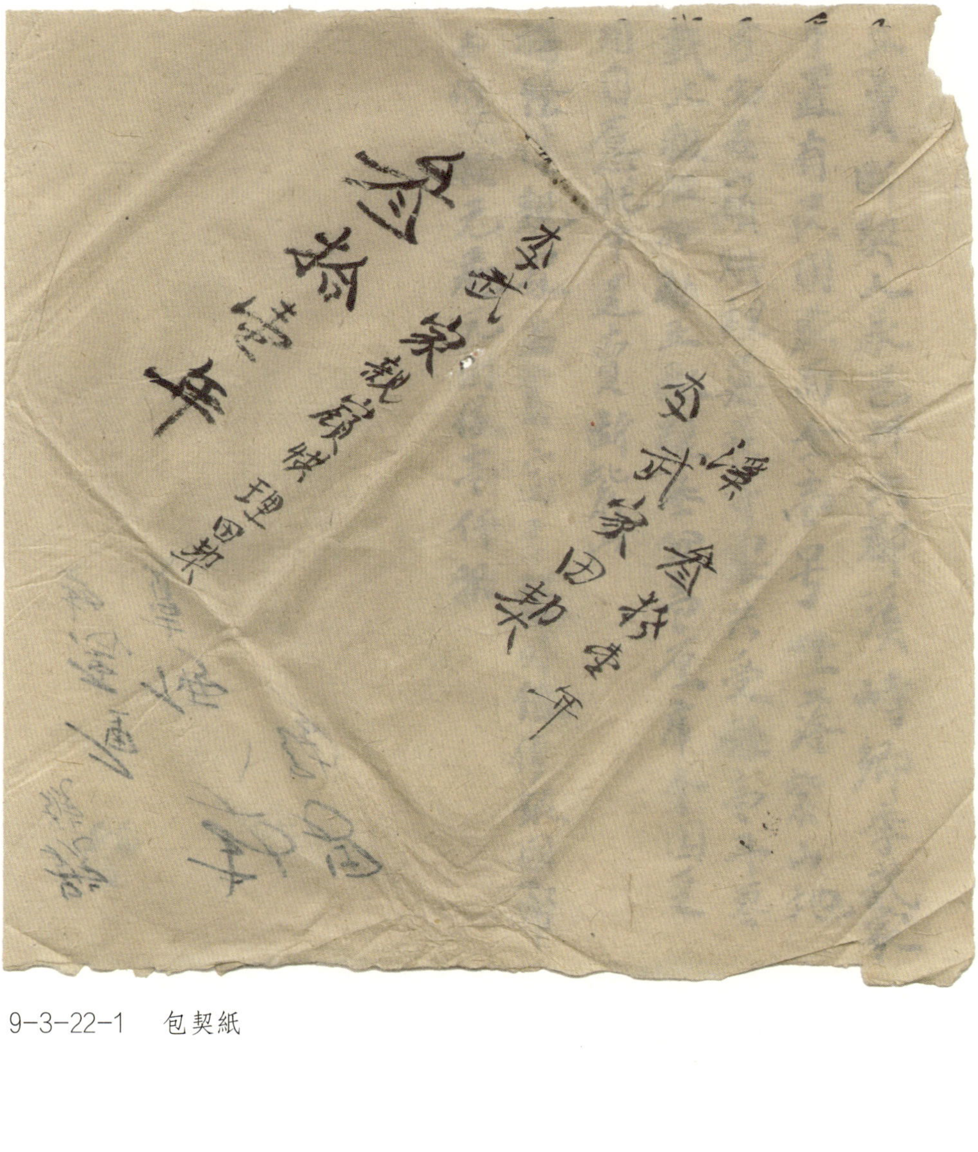

9-3-22-1　包契紙

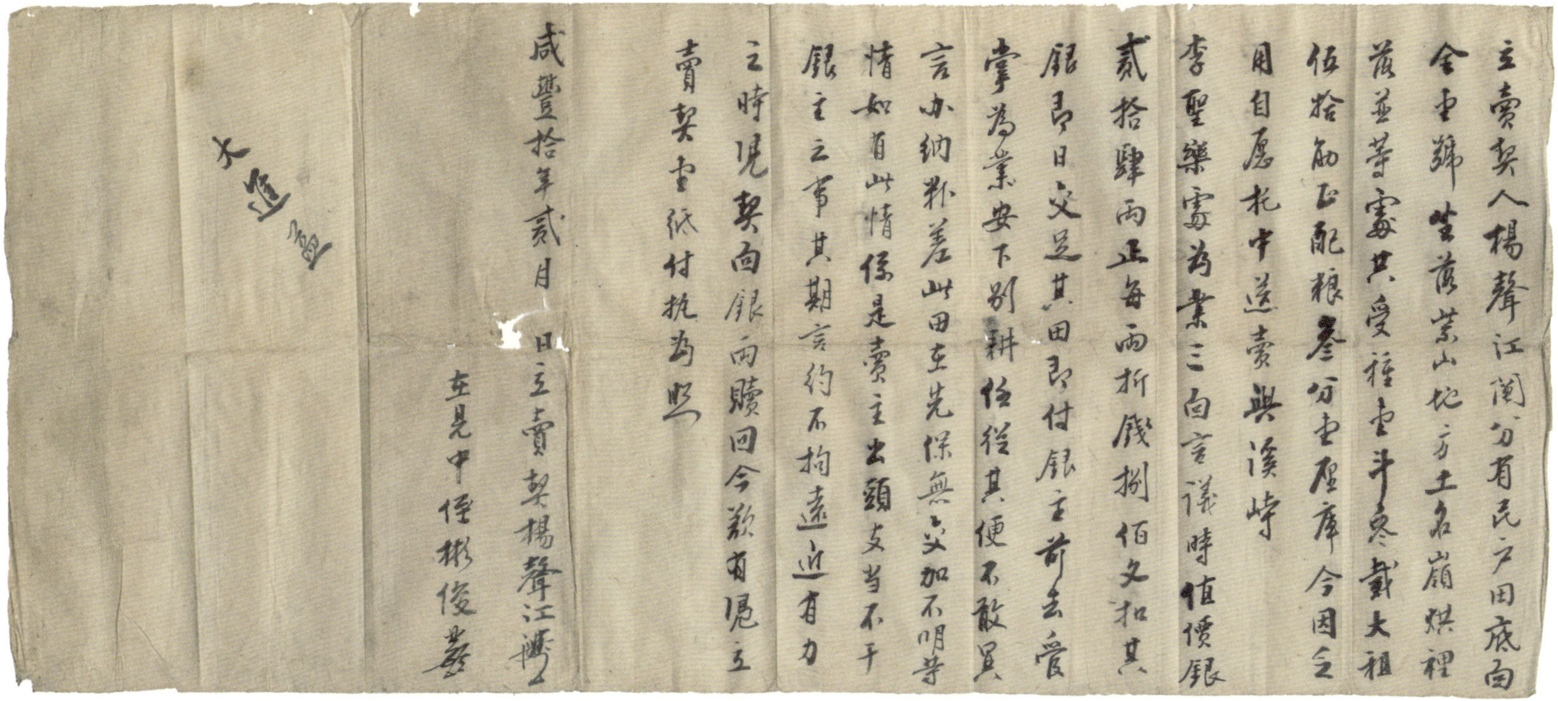
立賣契人楊聲江閏，分有民户田底面
全，坐址落茶山地方，土名崩烘裡
薦並等處，其受種壹斗零，載大租
伍拾觔，正配粮叁分，坐屋庠。今因乏
用，自愿托中送賣與溪峰
李聖樂處為業。三面言議，時值價銀
貳拾肆兩正，每兩折錢捌佰文，扣其
銀即日交足，其田即付銀主前去管
掌為業，安下别耕，任從其便，不敢異
言。亦納粮差，此田在先係無文加不明等
情，如有此情，係是賣主出頭支当，不干
銀主之事。其期言約不拘遠近，有力
之時，照契面銀兩贖回。今欲有憑，立
賣契壹紙付執為照。
咸豐拾年貳月　日立賣契楊聲江
在見中侄彬俊

9-3-22-2　清咸豐十年二月楊聲江立賣底面全民户田契

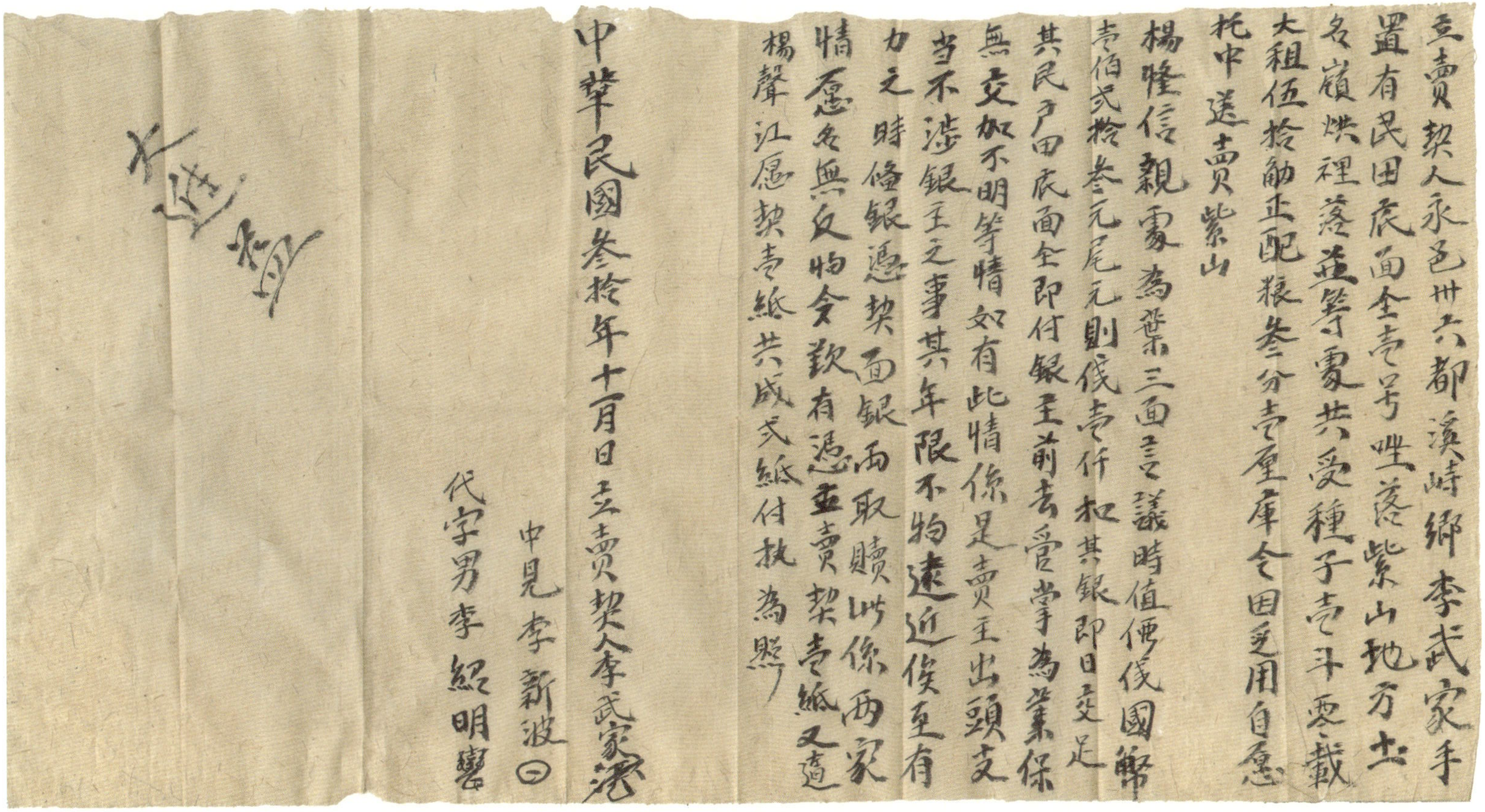

立賣契人永邑卅六都溪峙鄉李武家手
置有民田底面全壹号坐落紫山地方土
名嶺烘裡落坵等處共受種子壹斗零載
大租伍拾觔正配粮叁分壹釐庫今因乏用自愿
托中送賣紫山
楊隆信親處為業三面言議時值價國幣
壹佰弍拾叁元尾元則價壹仟和其銀即日交足
其民户田底面全即付銀主前去管掌為業保
無交加不明等情如有此情係是賣主出頭支
当不涉銀主之事其年限不拘遠近俟至有
力之時備銀憑契面銀兩取贖此係两家
情愿各無反悔今歎有憑立賣契壹紙又遺
楊聲江愿契壹紙共成弍紙付執為照

中華民國叁拾年十月日立賣契人李武家
中見李新波
代字男李紹明

9-3-22-3　民國三十年十一月李武家立賣底面全民田契

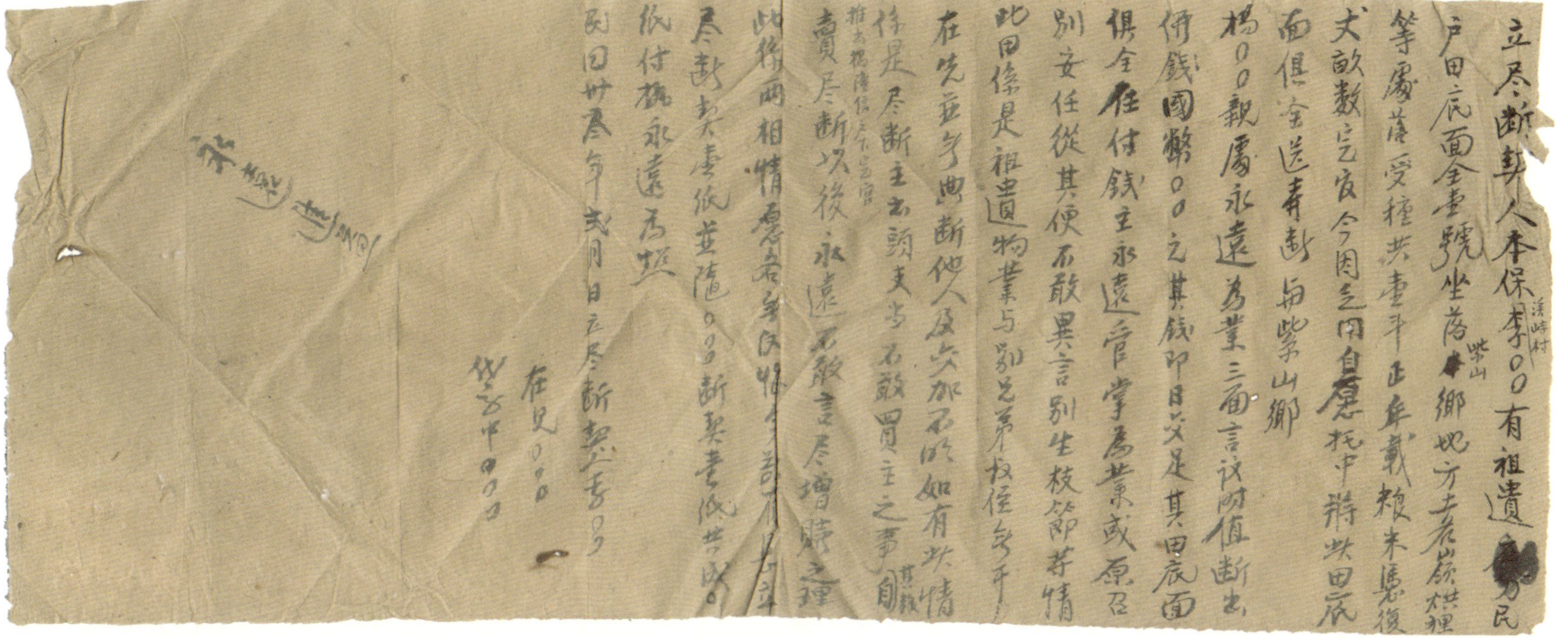

立尽断契人本保溪峙村李○○有祖遺民
户田底面全壹號坐落紫山鄉地方土名山嶺烘種
等處蔭受種共壹斗正年載粮米悉復
弍畝數完良今因乏用自愿托中將此田底
面俱全送青斷与紫山鄉
楊○○親處永遠為業三面言議时值斷出
價錢國幣○○元其錢即日交足其田底面
俱全在付錢主永遠管掌為業或原召
別安任從其便不敢異言別生枝節等情
此田係是祖遺物業与别兄弟叔侄無干
在先並無典断他人及与加不明如有此情
係是尽断主出頭支当不敢買主之事
賣尽断以後永遠不敢言尽增贖之理
此係兩相情愿各無反悔今欲有憑立
尽斷契壹紙並隨○○断契壹紙共成
紙付執永遠為照
民国卅叁年弍月　日立尽断契人李○○
在見○○○
代字中○○○

9-3-22-4　民國三十三年二月李新潤立盡斷底面全民户田契（草契）

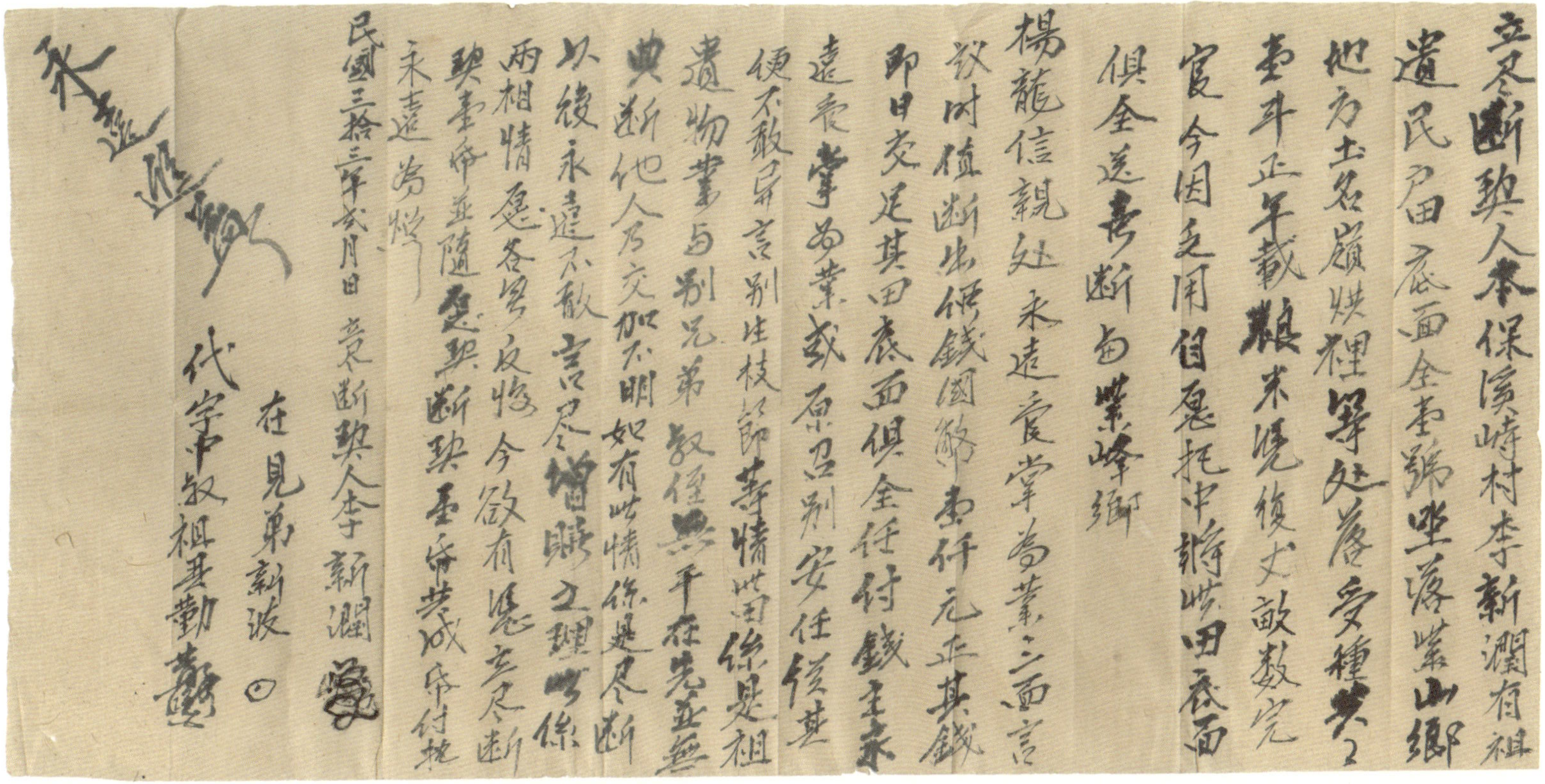

立盡斷契人李保溪峙村李新潤有祖
遺民户田底面全业坐落紫山鄉
地方土名嶺烘裡等处落受種共乙
壹斗正年載粮米憑復丈畝数完
官今因乏用自愿托中將此田底面
俱全送盡斷與紫峰鄉
楊龍信親处承達管為業三面言
议时值断出價錢國幣壹仟元正其錢
即日交足其田底面俱全任付錢主永
遠管掌為業或原召別安任從其
便不敢異言別生枝節等情此田係是祖
遺物業与別兄弟叔侄無干在先並無
典断他人为交加不明如有此情係是盡斷
以後永遠不敢言盡增贖之理此係
兩相情愿各無反悔今欲有憑立盡斷
契壹帋並隨老契斷契壹帋共成帋付执
永遠為照
民國三拾三年式月日 立盡斷契人李新潤（押）
在見弟新波（押）
代字中叔祖其勤（押）

9-3-22-5　民國三十三年二月李新潤立盡斷底面全民户田契

立賣斷契人永邑卅六都溪峙鄉李武家
手置有民田底面全壹号坐落紫山地
方土名山嶺烘裡落莊等處共受種壹斗零
載大租伍拾觔正配粮叁分壹厘庫今因乏
用自愿托中送賣斷紫山
楊隆信親處為業三面言議時值價銀國幣
壹佰貳拾元尾元則依壹仟數

9-3-22-6　民國時期李武家立賣斷底面全民田契（草契）

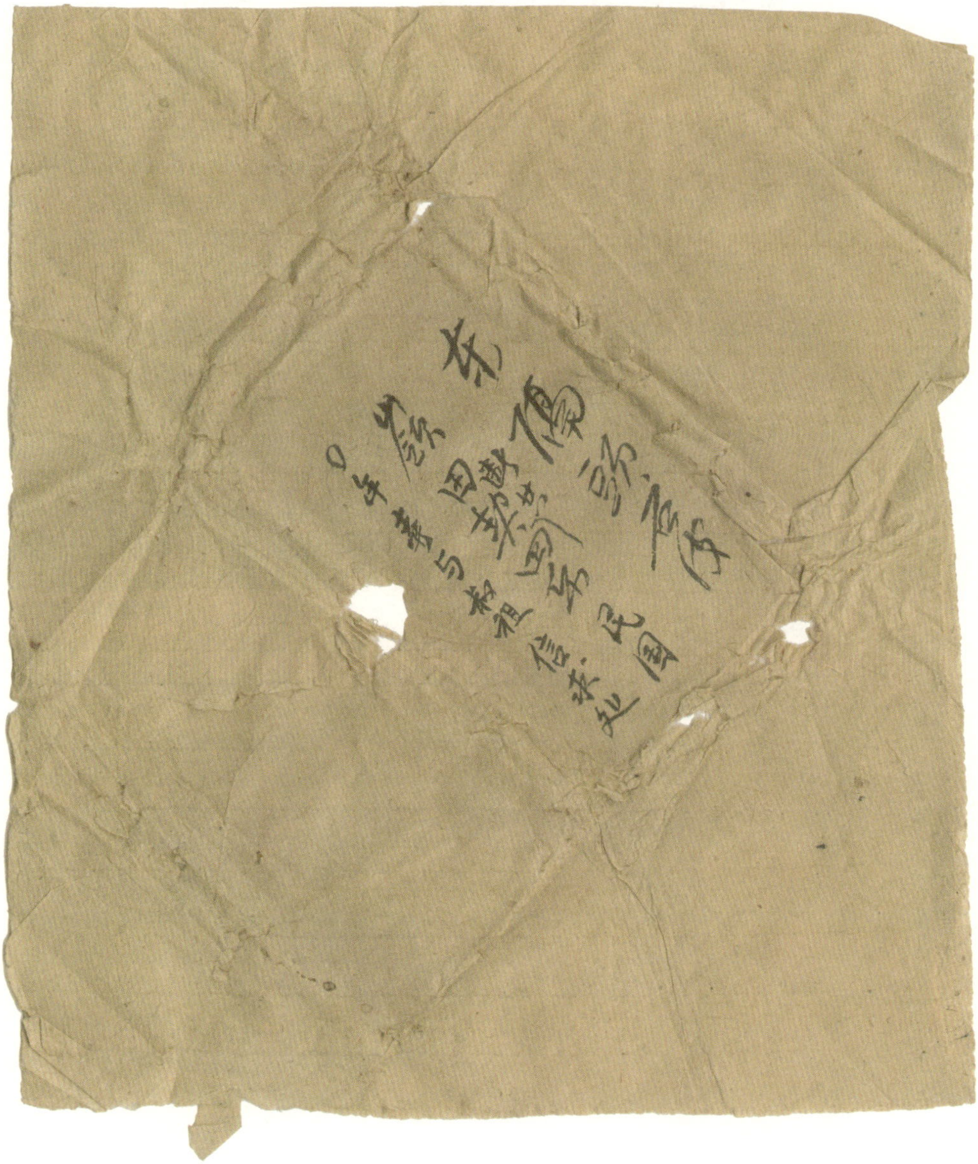

9-3-23-1　包契紙

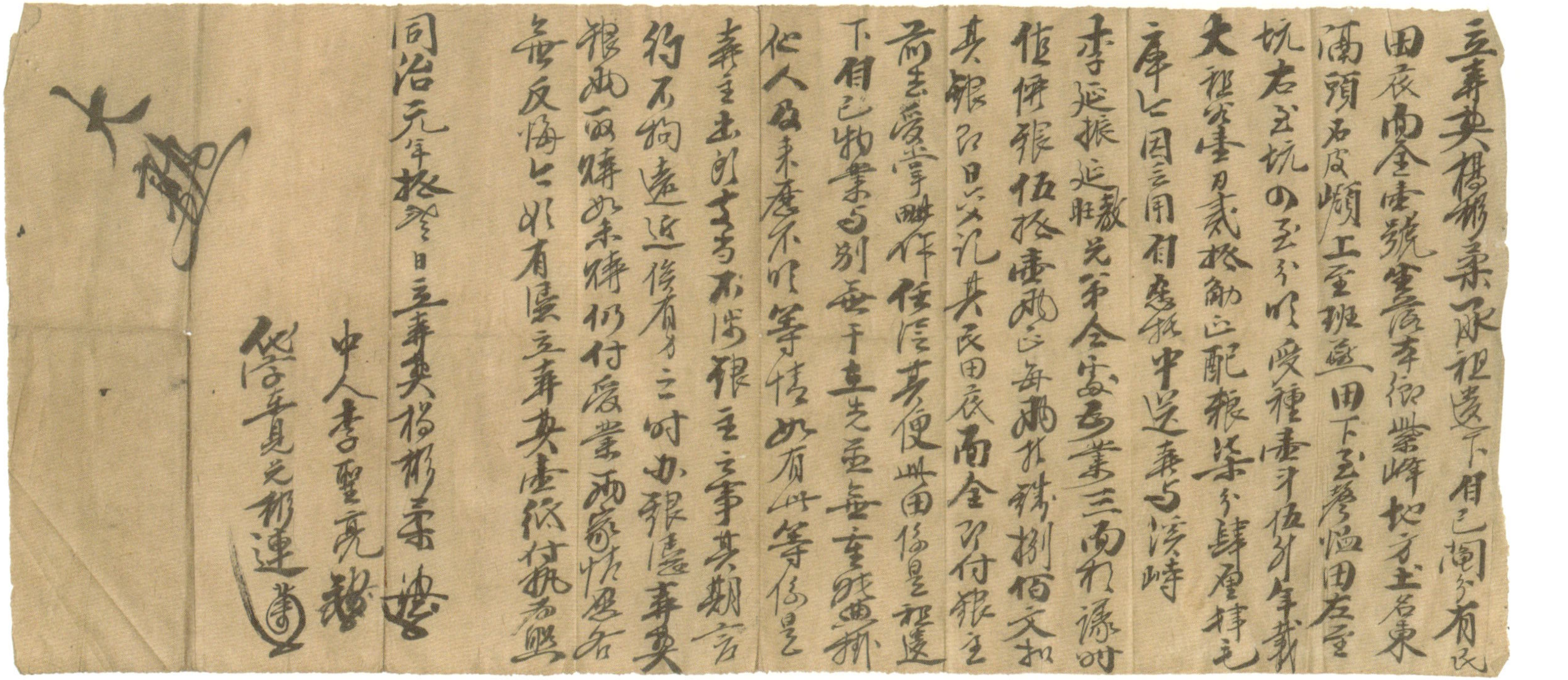
立賣契楊彬柔承祖遺下自己鬮分有民
田底面全壹號，坐落本鄉崇峰地方，土名東
滿頭石皮嶺，上至班崙田，下至[illegible]溫田，左至
坑，右至坑，四至分明，受種壹斗伍升，年載
大租谷壹石貳拾觔正，配粮柒分肆厘[illegible]毛。
[illegible]因乏用，自愿托中送賣與溪峙
李延振、延莊、延敷兄弟仝處為業，三面言議時
值價銀伍拾壹兩正，每兩折錢捌佰文扣，
其銀即日收訖，其民田底面全即付銀主
前去管業耕作，任從其便。此田係是祖遺
下自己物業，與別房兄弟無干，未賣之先並無重張典掛
他人，及來歷不明等情，如有此等，係是
賣主出頭支當，不涉銀主之事。其期言
約不拘遠近，後有方之時，如銀還賣契
銀兩取贖，如未贖仍付管業，兩家情愿，各
無反悔，口恐無憑，立賣契壹紙，付執為照。
同治元年拾貳月　日立賣契楊彬柔（押）
中人李聖亮（押）
代字堂兄彬蓮（押）

9-3-23-2　清同治元年十二月楊彬柔立賣底面全民田契

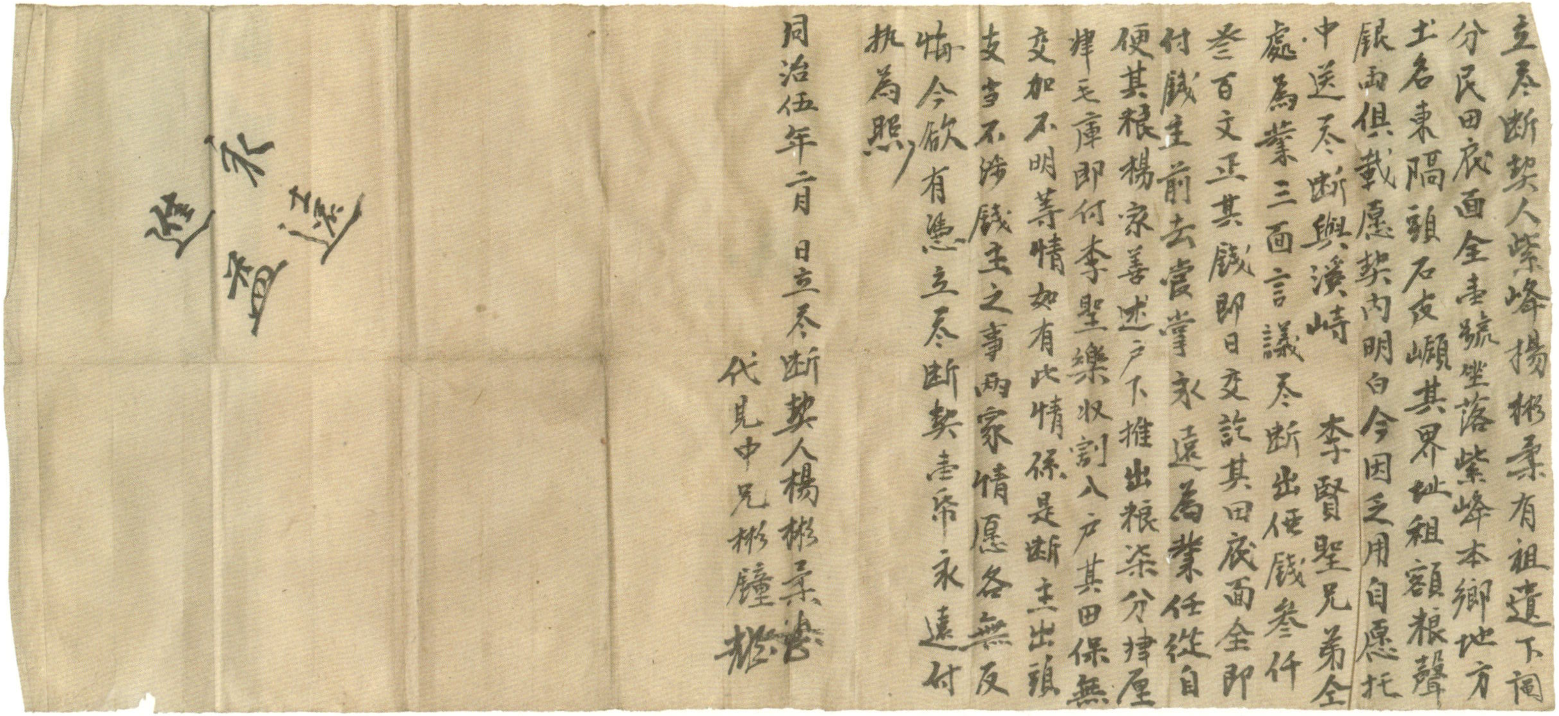

立盡斷契人紫峰楊彬柔有祖遺下閩
分民田底面全壹號坐落紫峰本鄉地方
土名東隔頭石夾瀨其界址祖額根聲
銀兩俱載原契內明白今因乏用自愿托
中送盡斷與溪崎　李賢聖兄弟仝
處為業三面言議盡斷出價錢叁仟
叁百文正其錢即日交訖其田底面全即
付錢主前去掌管永遠為業任從自
便其根楊家善述户下推出根米分肆厘
肆毛庫即付李聖樂収割入户其田保無
交加不明等情如有此情係是斷主出頭
支当不涉錢主之事兩家情愿各無反
悔今欲有憑立盡斷契壹帋永遠付
執為照

同治伍年二月　日立盡斷契人楊彬柔（押）
代見中兄彬鑣（押）

永遠管業

9-3-23-3　清同治五年二月楊彬柔立盡斷底面全民田契

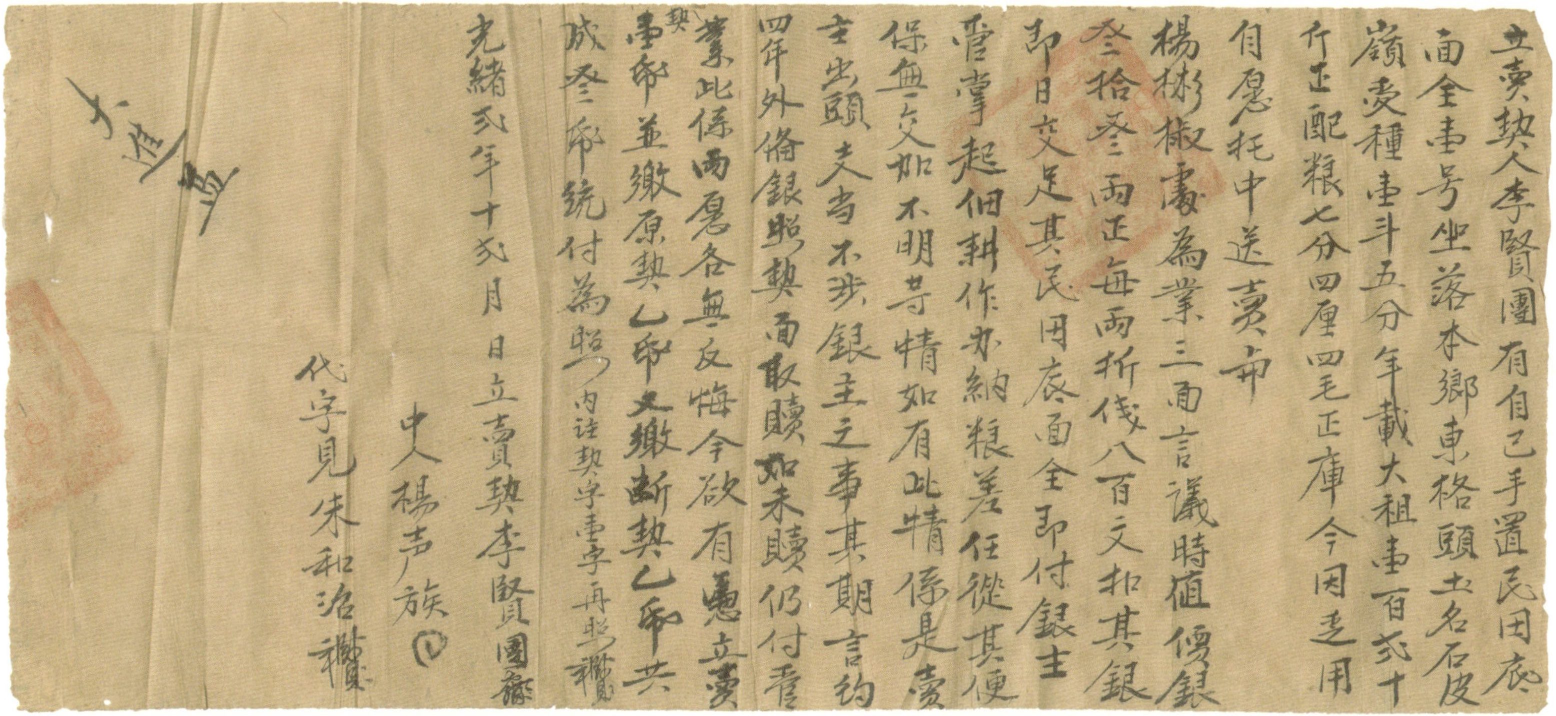
立賣契人李賢團有自己手置民田底
面全壹号坐落本鄉東格頭土名石皮
嶺受種壹斗五分年載大租壹百弍十
斤正配粮七分四厘四毛正庫今因乏用
自愿托中送賣于
楊彬徹處為業三面言議時值價銀
叁拾叁兩正每兩折伐八百文扣其銀
即日交足其民田底面全即付銀主
管掌起佃耕作办納粮差任從其便
保無交加不明等情如有此情係是賣
主出頭支当不涉銀主之事其期言約
四年外備銀照契面取贖如未贖仍付耆
業此係兩愿各無反悔今欲有憑立賣
契壹帋並繳原契乙帋又繳斷契乙帋共
成叁帋統付爲照 内註契字壹字再照
光緒弍年十弍月 日立賣契李賢團
中人楊声族
代字見朱和治

9-3-23-4 清光緒二年十二月李賢團立賣底面全民田契（紅契）

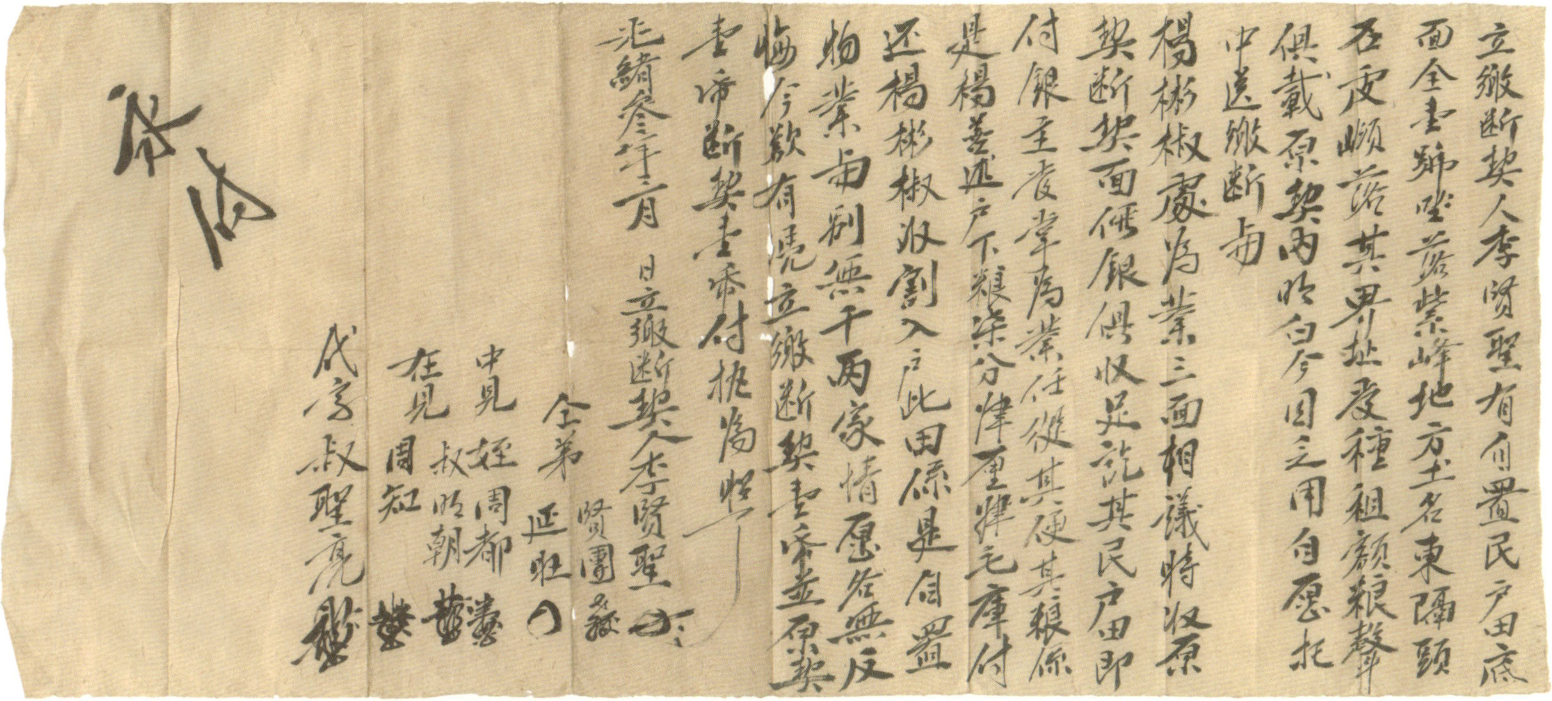
立繳斷契人李賢聖有自置民户田底
面全畝坐落紫峰地方土名東隔頭
石皮嶺落其界址受種租額粮肆
俱載原契內明白，今因乏用，自愿托
中送繳斷與
楊彬椒處為業，三面相議時收原
契斷契面價銀俱收足訖。其民户田即
付銀主管掌為業，任從其便。其粮係
是楊姜廷户下粮米分肆厘肆毛，庫付
還楊彬椒收割入户。此田係是自置
物業，與别無干，兩家情愿，各無反
悔。今欲有憑，立繳斷契壹紙並原契
壹紙斷契壹紙付執為照。
光緒叁年三月　日立繳斷契人李賢聖（押）
賢團（押）
仝弟　廷旺（押）
中見　侄周都（押）
叔明朝（押）
在見　周知（押）
代字　叔聖亮（押）

9-3-23-5　清光緒三年三月李賢聖等立繳斷底面全民户田契

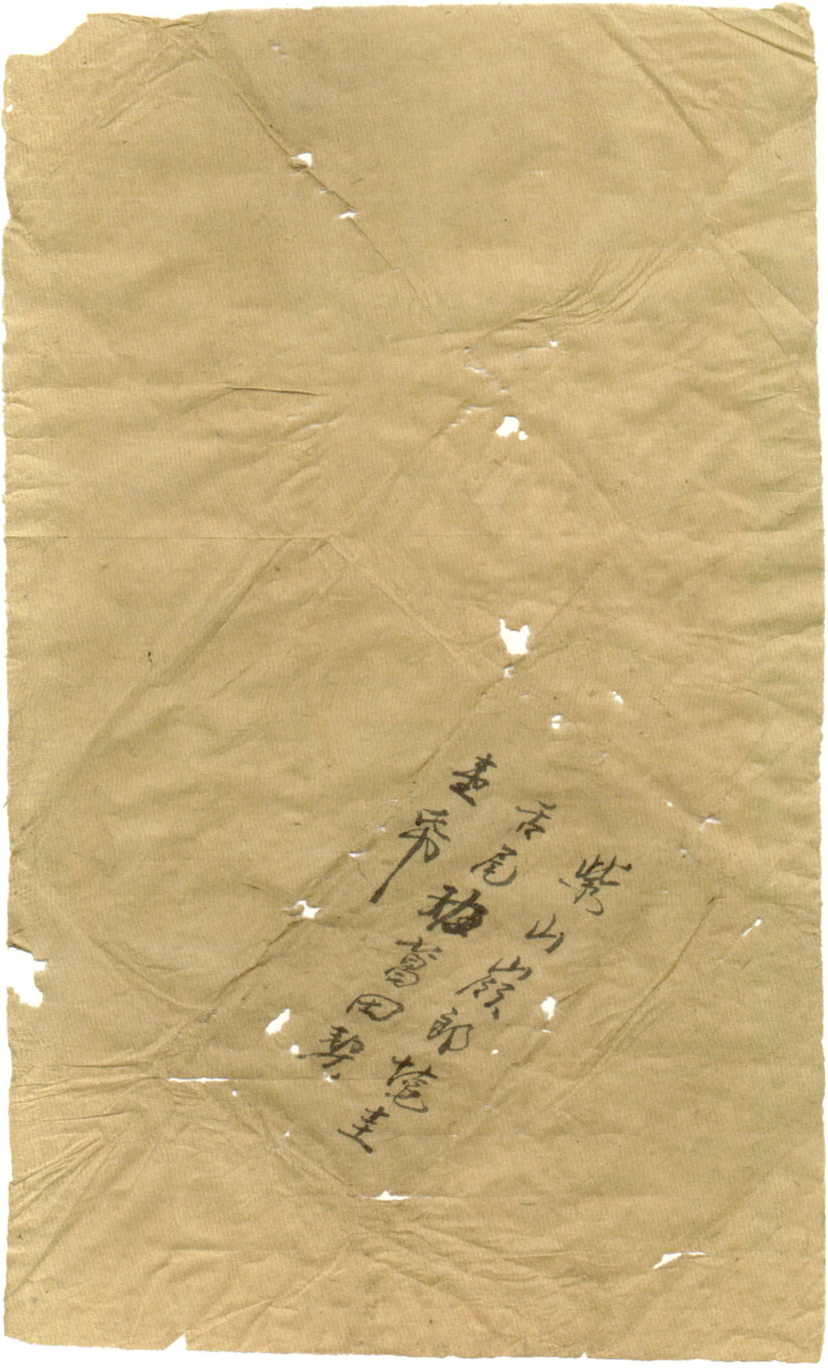

9-3-24-1　包契紙

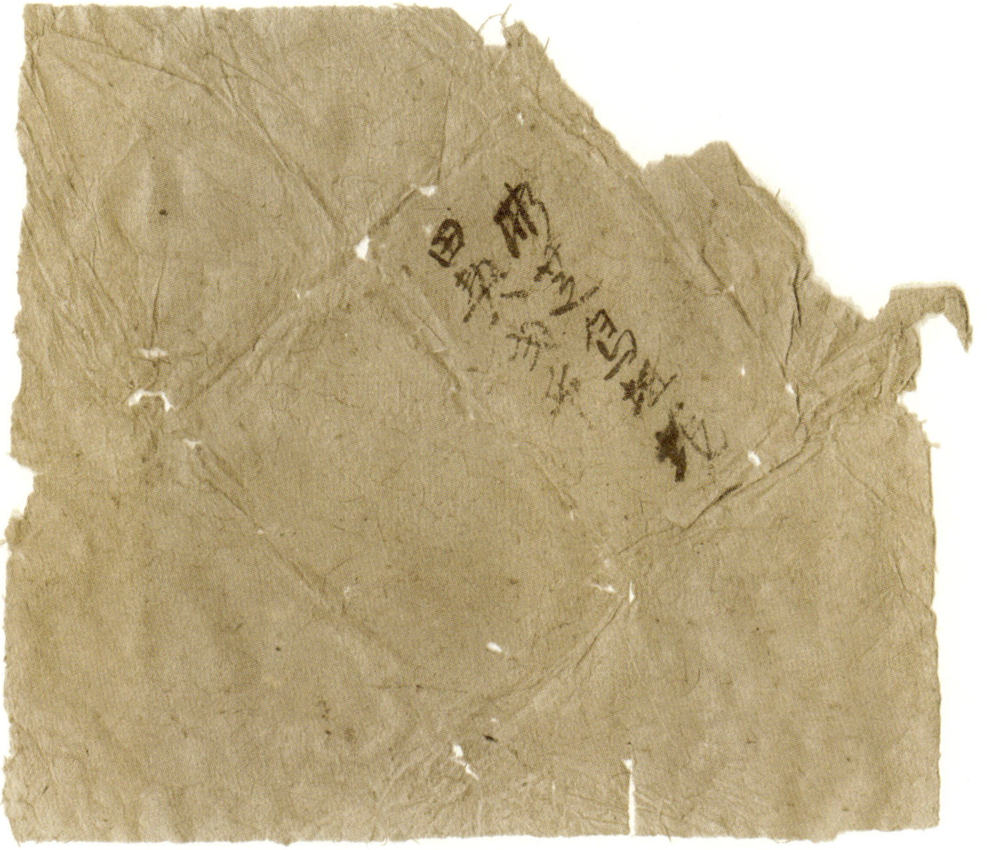

9-3-24-2　包契紙

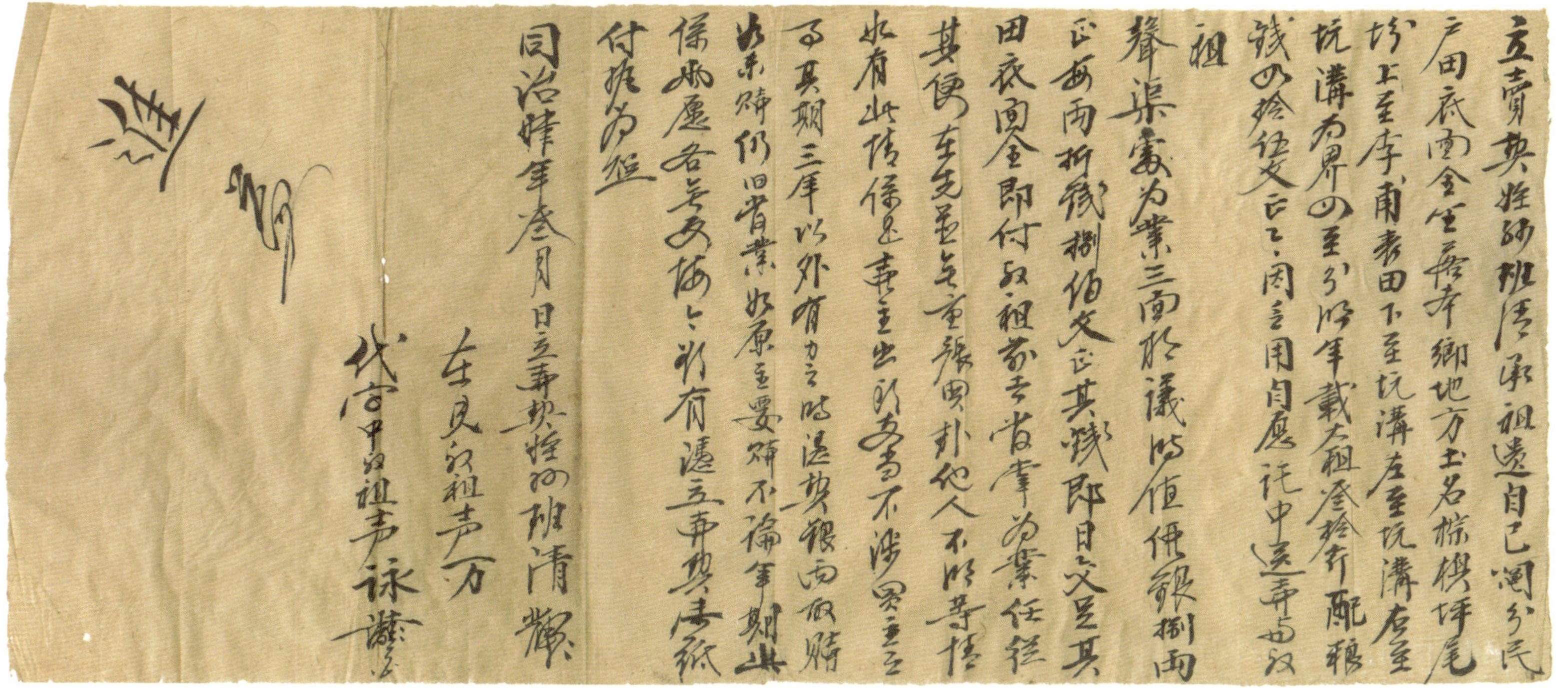

9-3-24-3　清同治四年三月楊班清立賣底面全民户田契

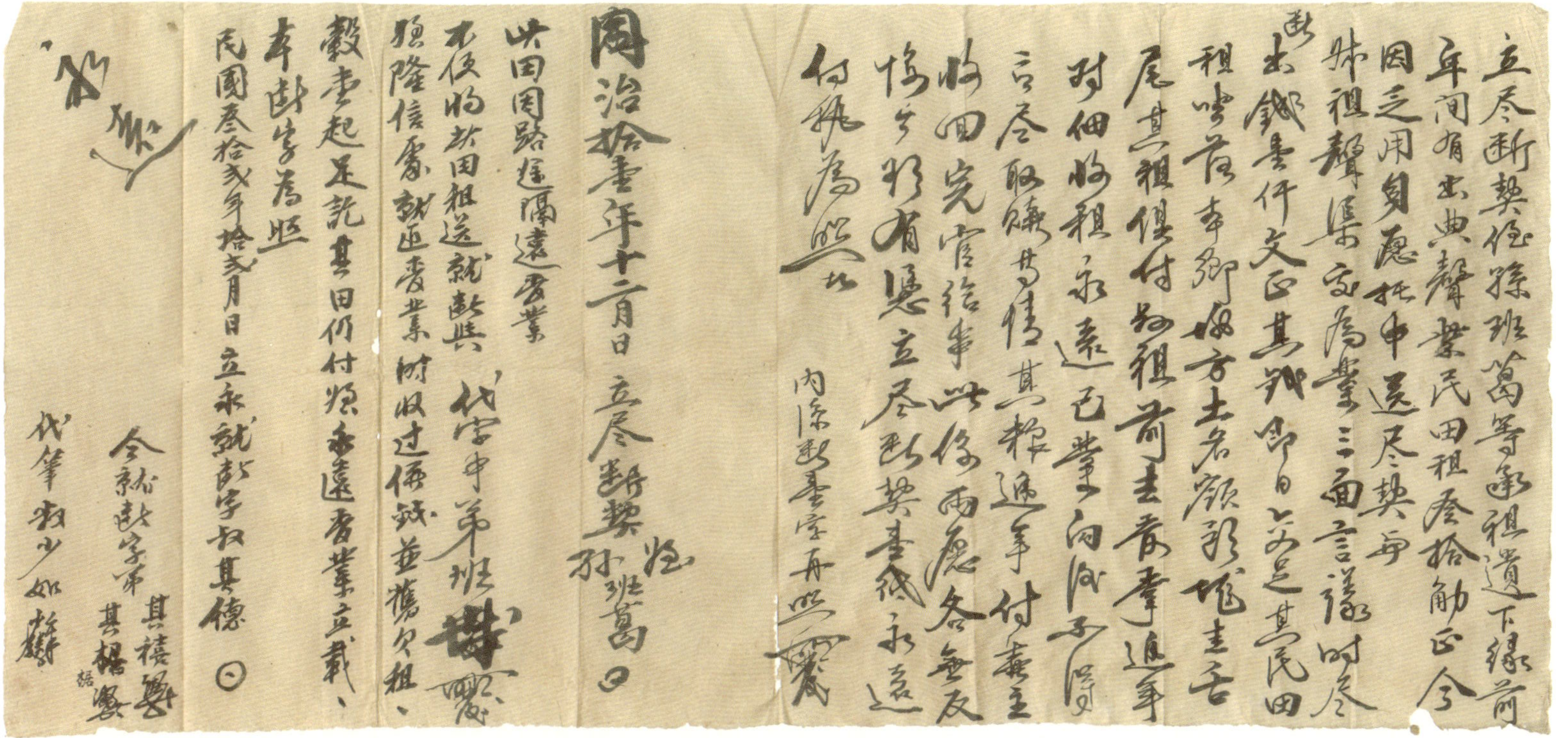

9-3-24-4　清同治十一年十二月楊班葛等立盡斷民田租契

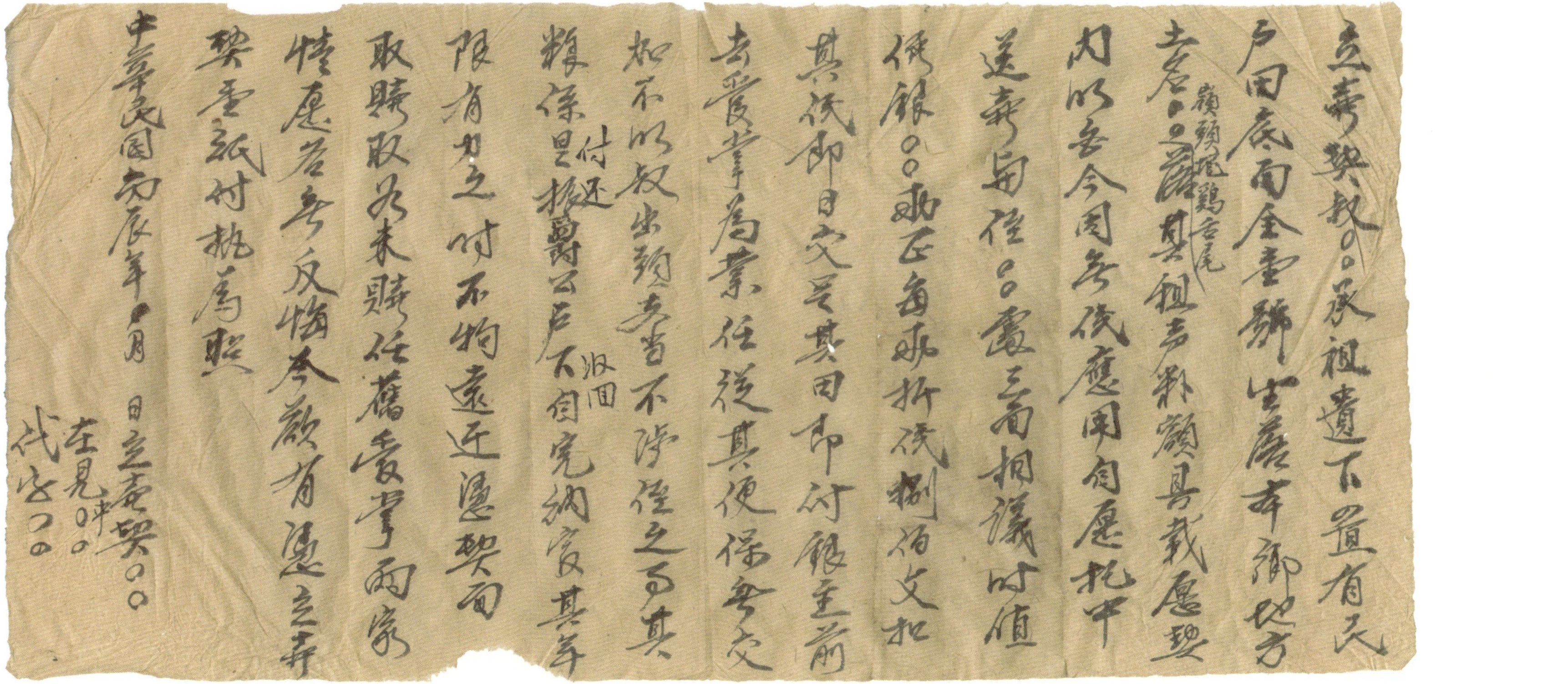

9-3-24-5　民國五年一月楊氏立賣底面全民户田契

立賣契叔彬芝承父手置有民户田底
面全，坐號坐落地方土名棕椇坪尾洛
其租户粁額其載應契內明白。今因無
錢應用，自愿托中送賣與侄
班樁處爲業，三面相議時值价銀
壹拾捌兩正，每兩折錢捌百文，知其錢
即日交足，其田即付銀主前去管掌
爲業，任從其便，係無交加不明，叔出
頭支當，不涉侄之事。其粁係是付還
振爵公戶収回自完納官，其年限
不拘遠近，有力之時，謁憑契面取贖，
如未贖，任旧管掌。兩家情愿，各無
反悔，今欲有憑，立賣契壹紙，又隨
繳清原契壹紙，共成叁紙，付執爲照。
十六年十一月日又隨班茲兄弟倒收字壹紙付執存照

中華民國丙辰年十二月日立賣契　叔彬芝（押）
在見中侄班梓（押）
自筆

大進光盈

9-3-24-6　民國五年十二月楊彬芝立賣底面全民户田契

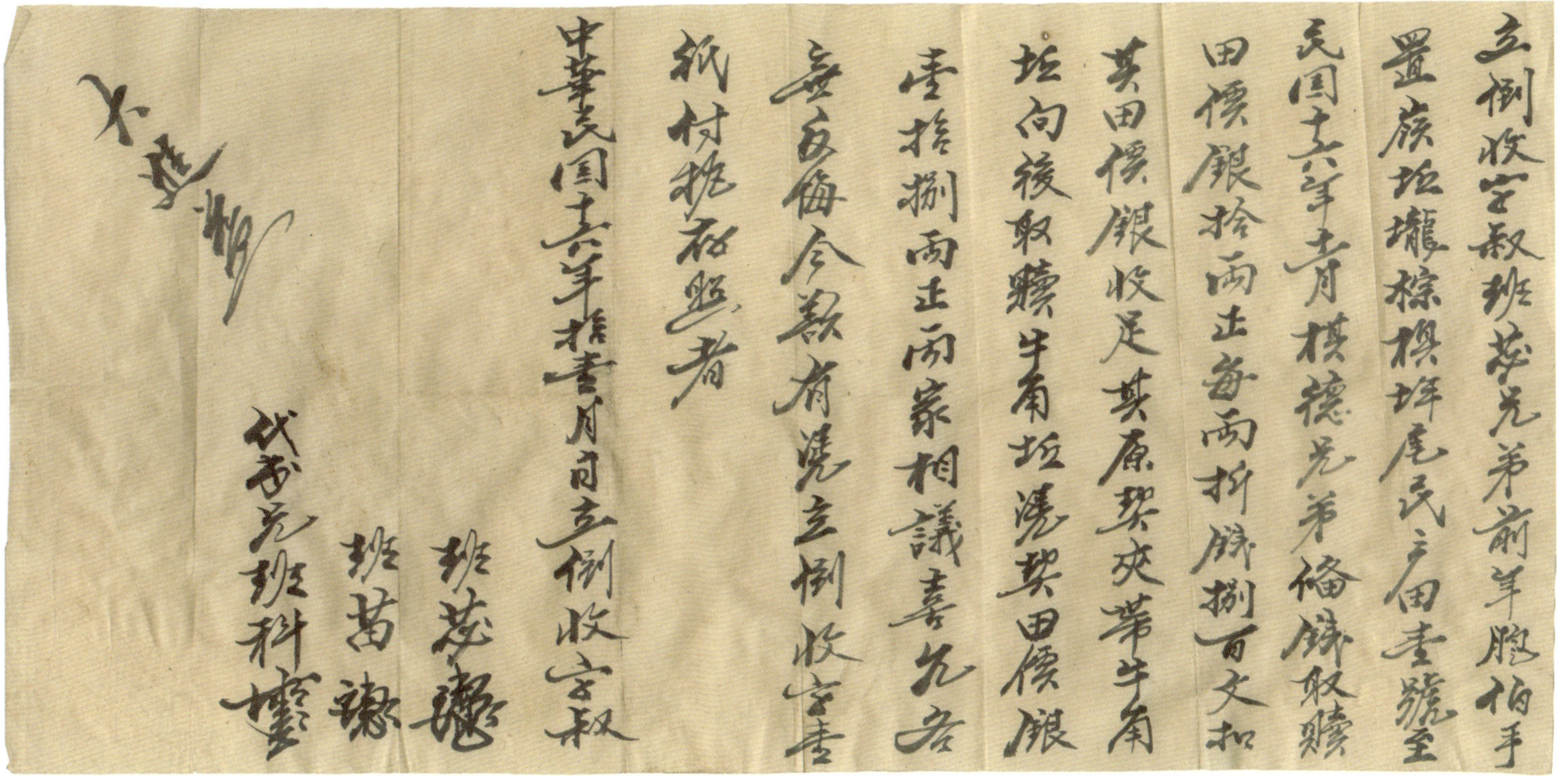
立倒收字叔班苾兄弟前年將伯手
置族坵壠棕模坪尾民户田壹號至
民国十六年十一月棋德兄弟倫錢取贖
田價銀拾兩正每兩折錢捌百文扣
其田價銀收足其原契夾帶牛角
坵向後取贖牛角坵憑契田價銀
壹拾捌兩正兩家相議喜允否
無反悔今欲有憑立倒收字壹
紙付執存照者
中華民国十六年拾壹月日立倒收字叔
班苾
班苗
代筆兄班科
大吉

9-3-24-7　民國十六年十一月楊班苾等立倒收字

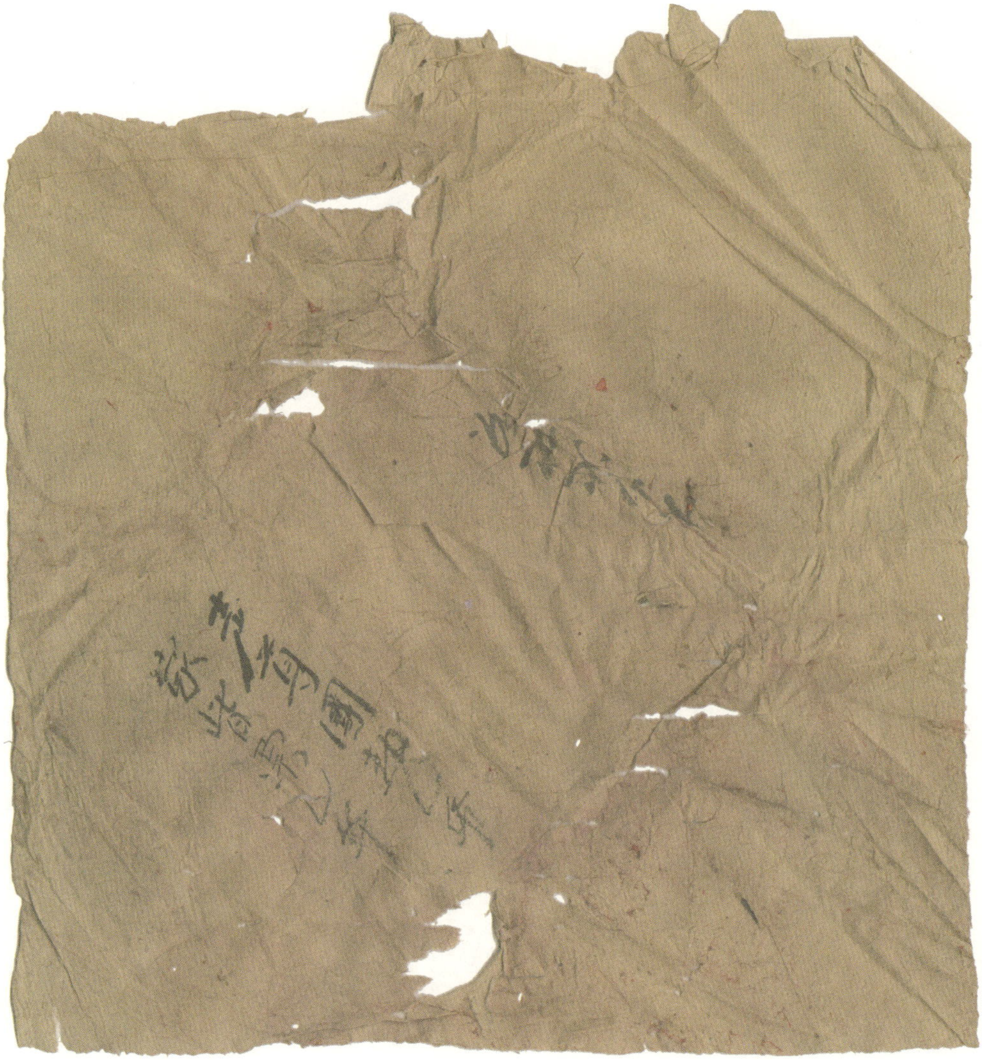

9-3-25-1　包契紙

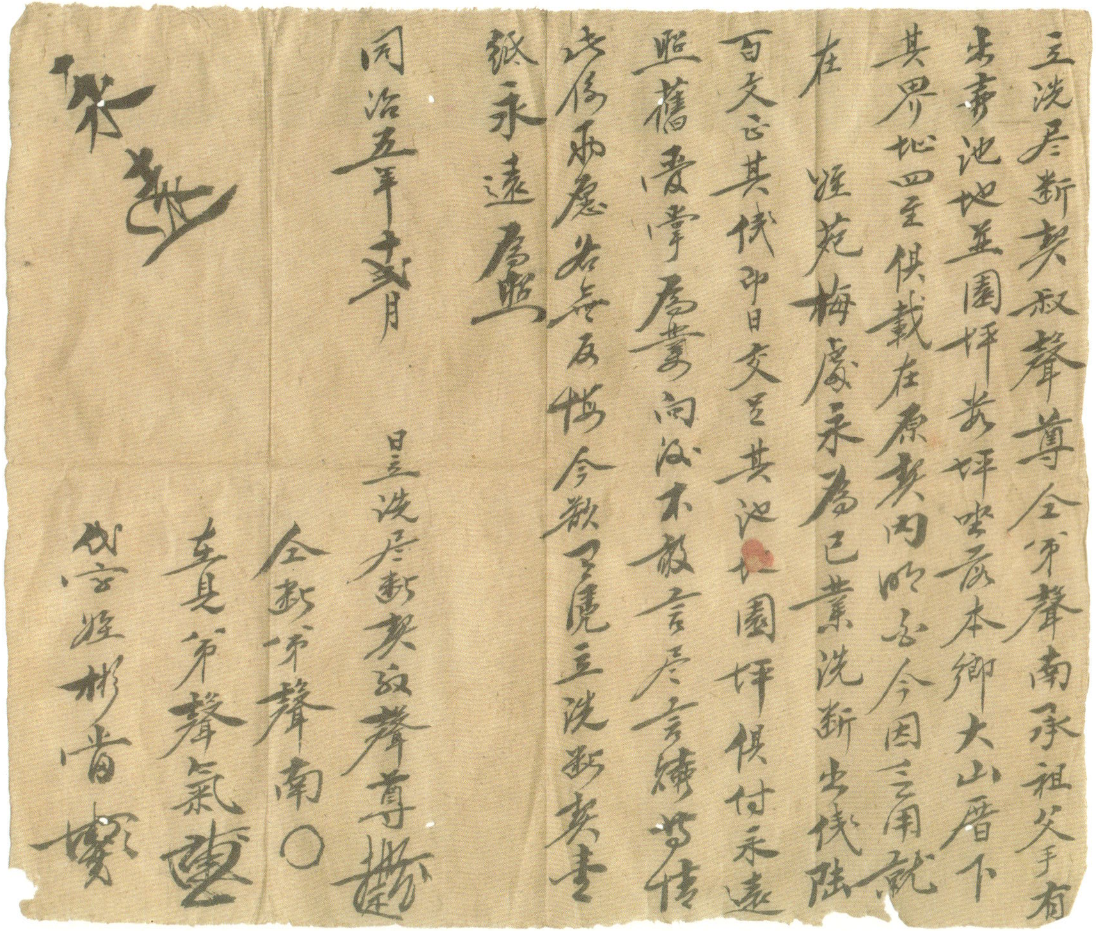

立洗盡斷契叔聲尊仝弟聲南承祖父手有
出賣池地並園坪茶坪坐落本鄉大山厝下
其界址四至俱載在原契內明，今因乏用，就
在姪苑梅處求爲已業，洗斷出錢陸
百文正，其錢即日交足，其池地園坪俱付永遠
照舊管業爲業，向後不敢言盡言續等情。
此係兩愿，各無反悔，今欲有憑，立洗斷契壹
紙永遠爲照。

同治五年十二月 日

立洗盡斷契叔聲尊（押）
仝斷弟聲南○
在見弟聲氣（押）
代字姪彬青（押）

9-3-25-2　清同治五年十二月楊聲尊等立洗盡斷池地等契

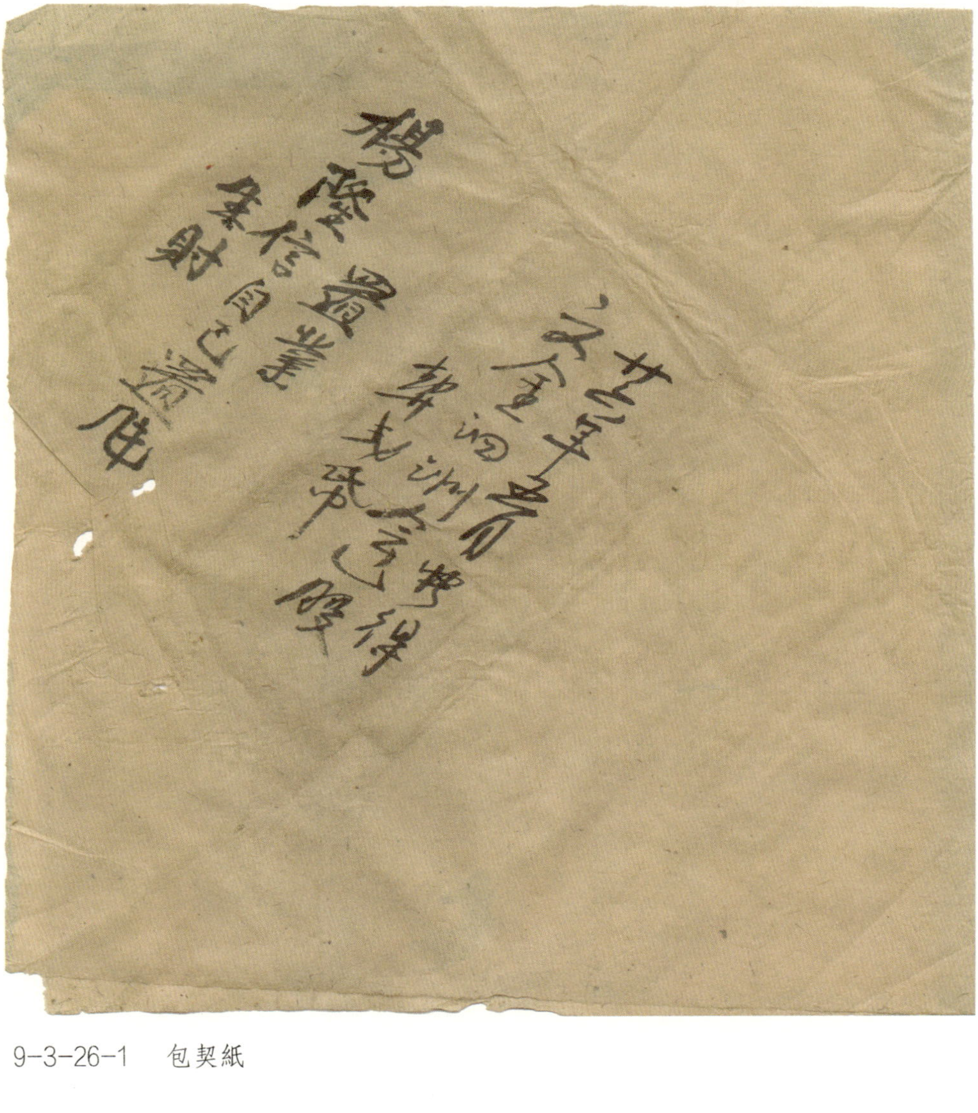
楊隆信置業
秉財自己管

9-3-26-1　包契紙

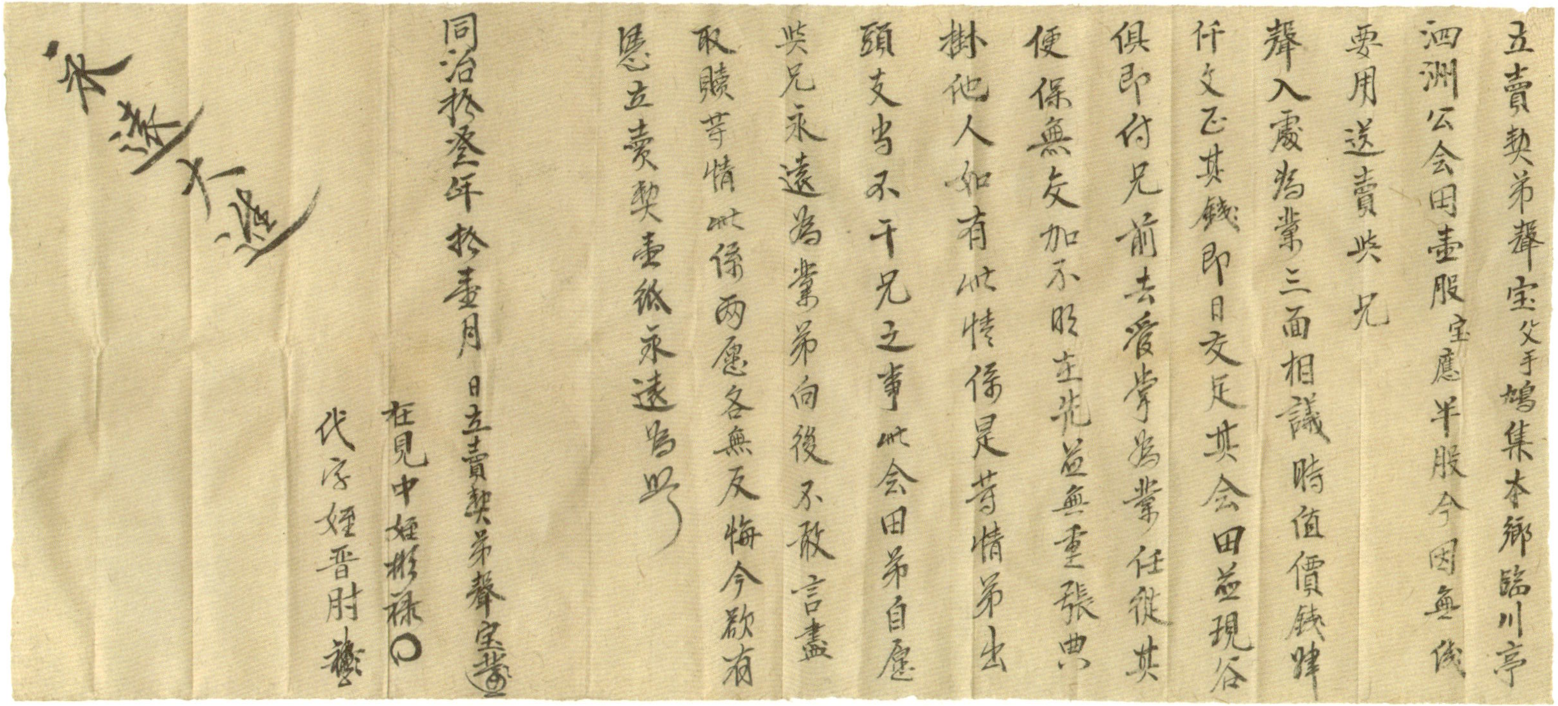

立賣契弟聲宝父手鳩集本鄉臨川亭
泗洲公会田壹股宝應半股今因無錢
要用送賣與兄
聲入處為業三面相議時值價錢肆
仟文正其錢即日交足其会田並現谷
俱即付兄前去管業為業任從其
便係無文加不明並無重張典
掛他人如有此情係是弟出
頭支当不干兄之事此会田弟自愿
與兄永遠為業弟向後不敢言盡
取贖等情此係兩愿各無反悔今欲有
憑立賣契壹紙永遠為照

同治拾叁年拾壹月　日立賣契弟聲宝(押)

在見中姪彬祿(押)

代字姪晉肘(押)

永遠大進

9-3-26-2　清同治十三年十一月楊聲宝立賣臨川亭泗洲公會田股份契

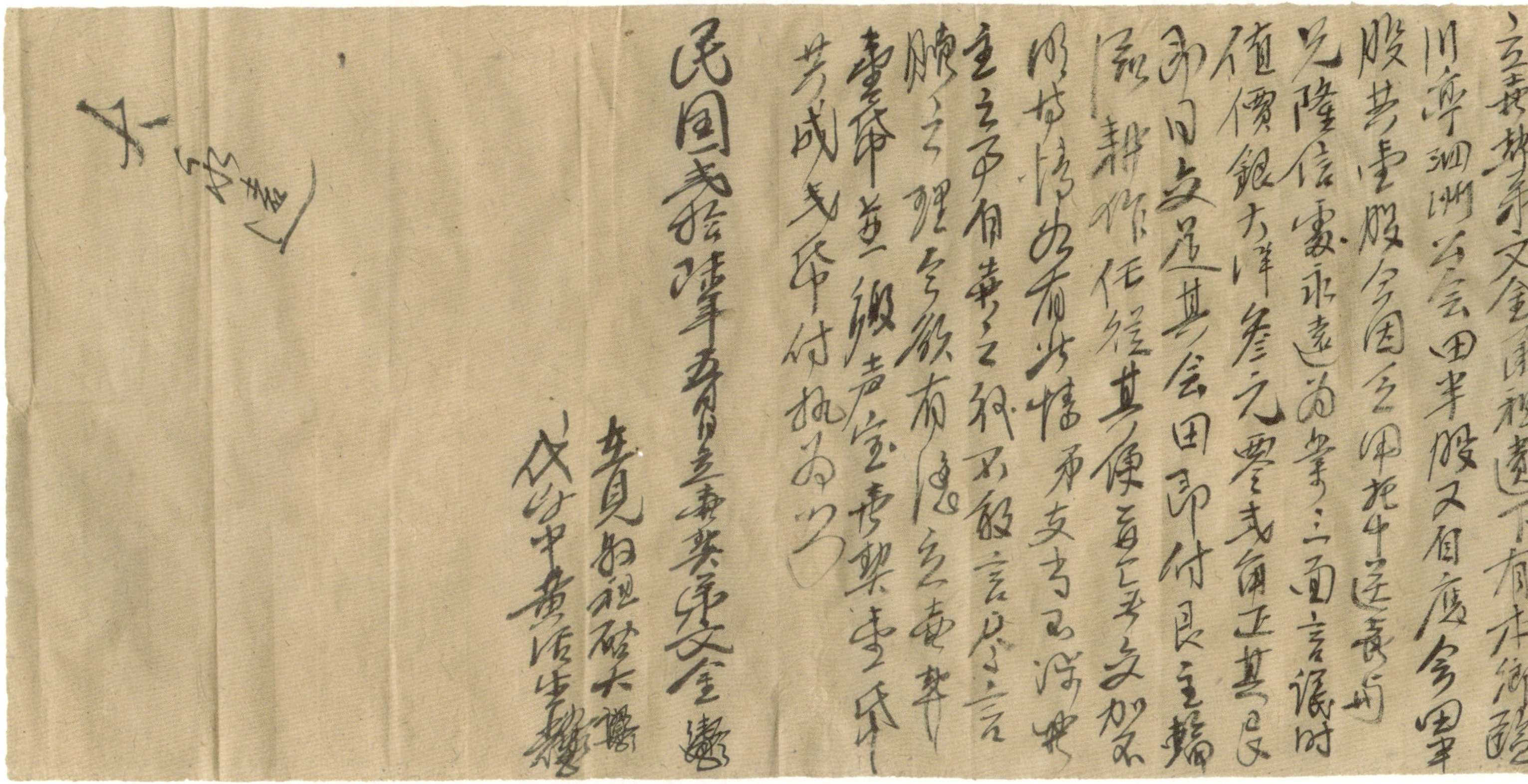

立賣契楊文金承祖遺下有本鄉臨
川亭泗洲公会田半股又白鹿会田半
股共壹股今因乏用托中送賣與
兄隆信處永遠為業三面言議時
值價銀大洋叁元零弍角正其艮
即日交足其会田即付艮主輪
流耕作任從其便無得文加贖
明此係出[illegible]情兩交[illegible][illegible]無
主之事自業之後不敢言找之言
贖之理今欲有憑立賣契
壹帋並繳老宗契壹帋
共成弍帋付執為照

民国弍拾陸年五月日立賣契楊文金

在見叔祖啟大

代筆中黃活生

9-3-26-3　民國二十六年五月楊文金立賣臨川亭泗洲公會田股份契

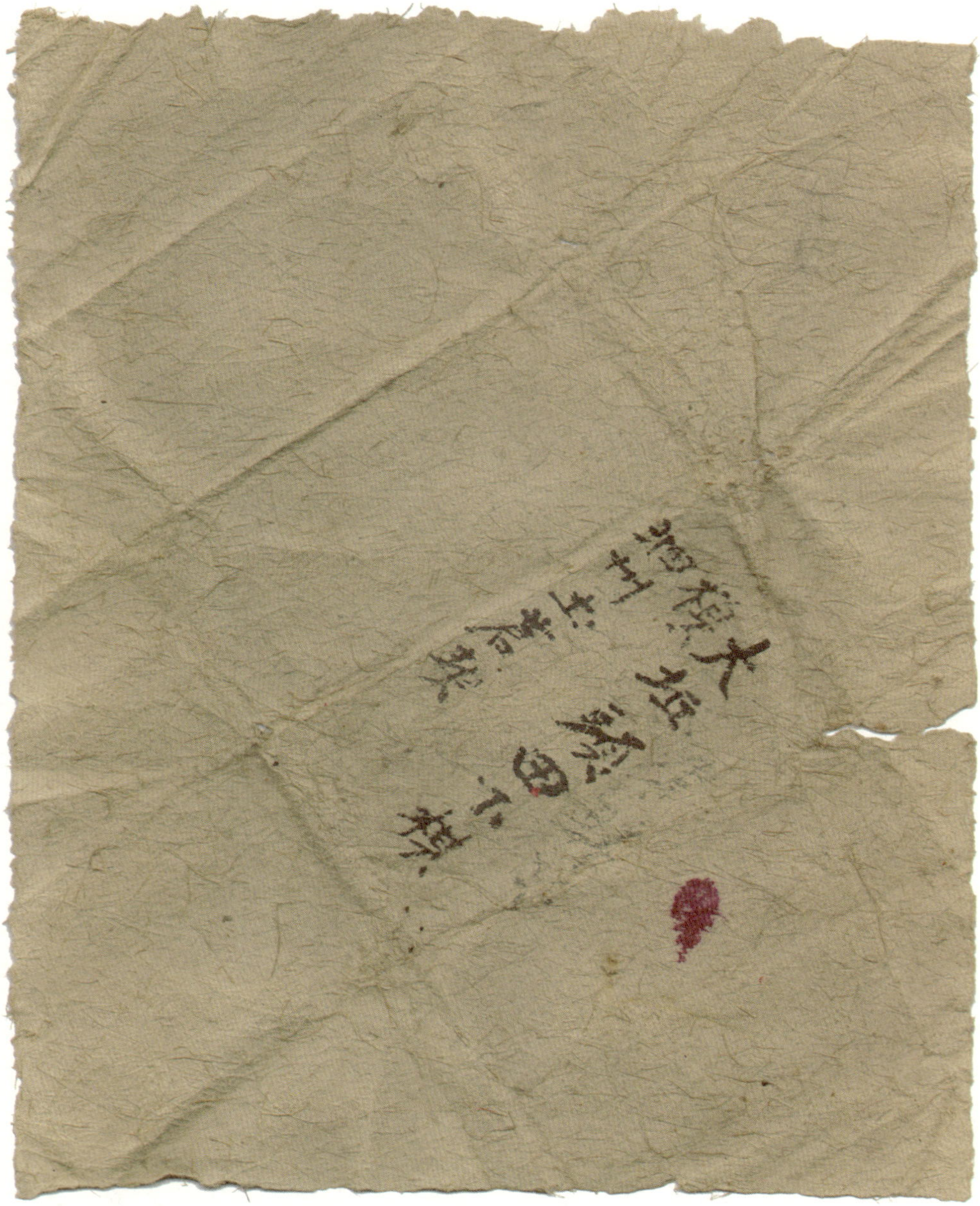

9-3-27-1　包契紙

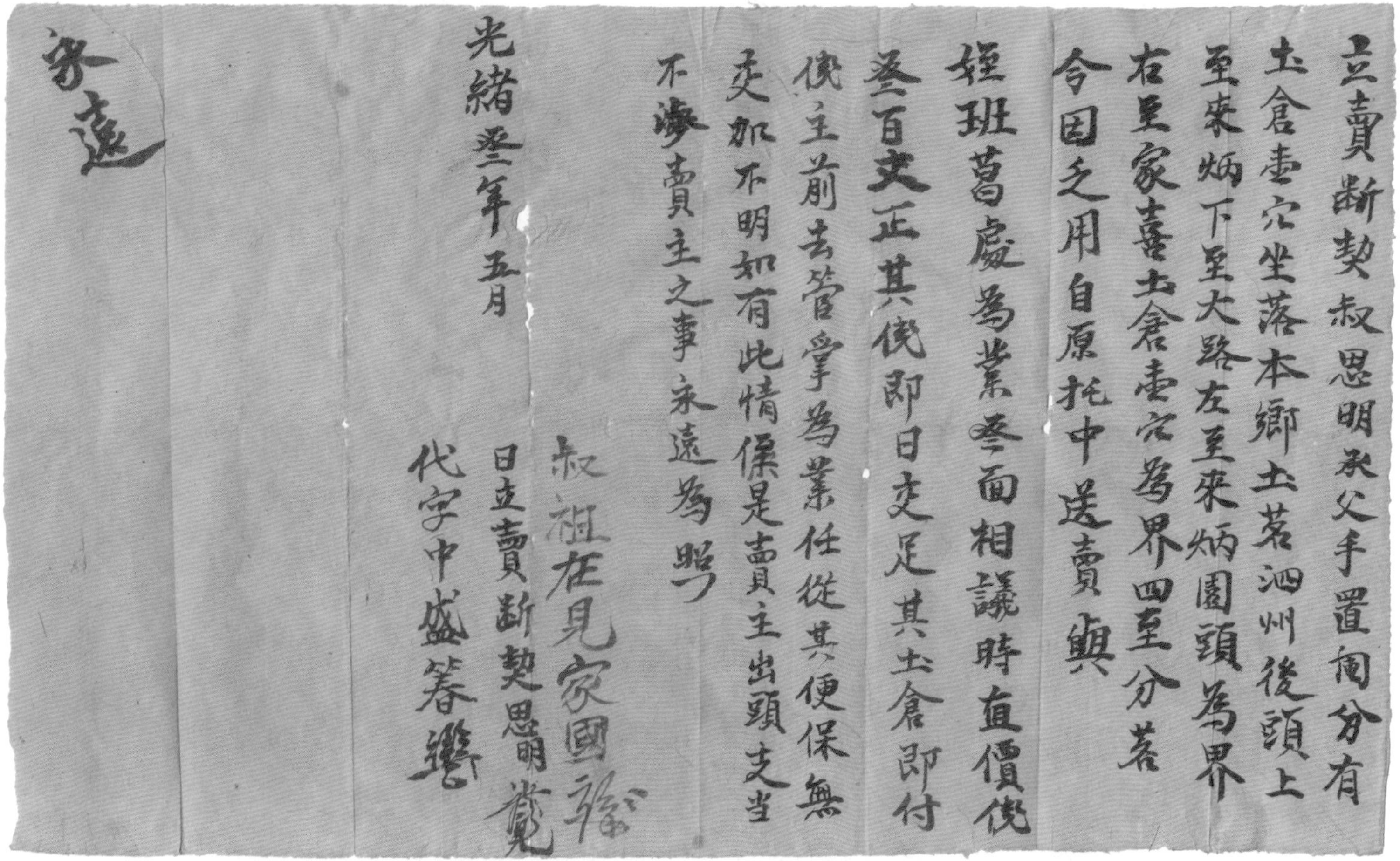

立賣斷契叔思明承父手置阄分有
土倉壹穴坐落本鄉土名泗州後頭上
至來炳下至大路左至來炳園頭為界
右至家喜土倉壹穴為界四至分茖
今因乏用自原托中送賣與
姪班葛處為業三面相議時值價佛
叁百文正其佛即日交足其土倉即付
佛主前去管掌為業任從其便保無
交加不明如有此情係是賣主出頭支當
不涉買主之事永遠為照

叔祖在見家國（押）
日立賣斷契思明（押）
代字中盛簪（押）

光緒叁年五月

永遠

9-3-27-2　清光緒三年五月楊思明立賣斷土倉契

9-3-28-1　包契紙

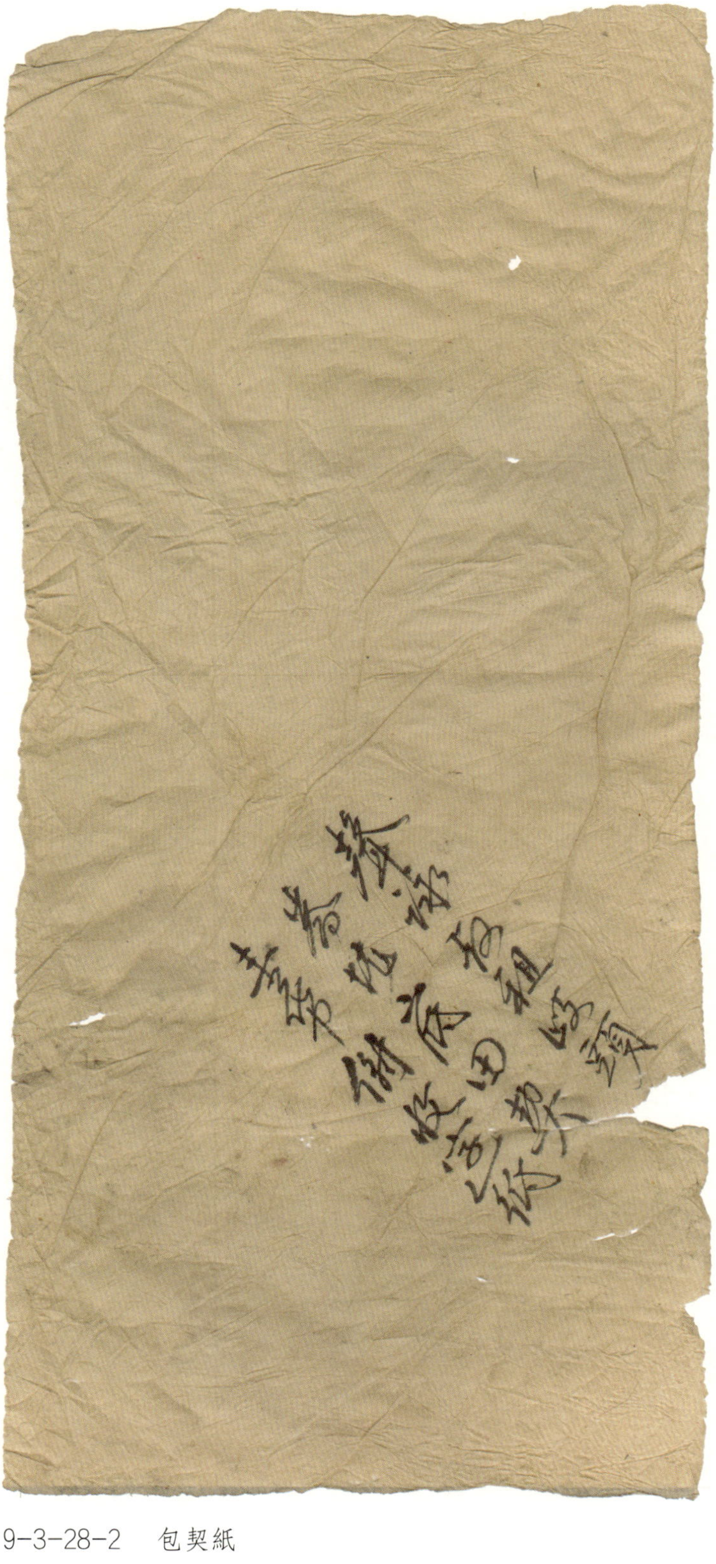

9-3-28-2　包契紙

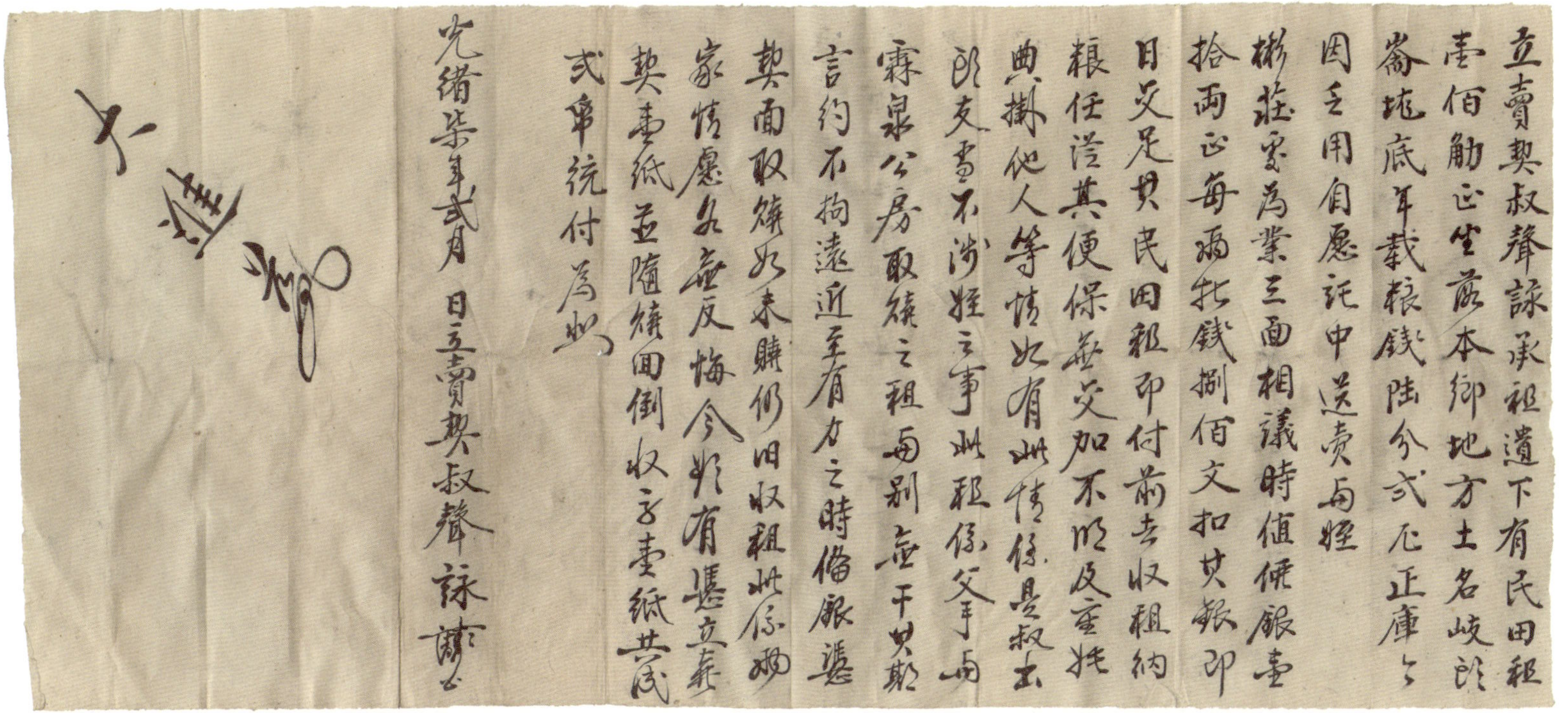
立賣契叔聲詠承祖遺下有民田租
壹佰觔正坐落本鄉地方土名岐頭
崙坵底年載粮錢陸分弍厘正庫〻
因乏用自愿託中送賣與姪
彬莊爲業三面相議時值價銀壹
拾兩正每兩扣錢捌佰文扣共銀即
日交足其民田租即付前去收租納
粮任從其便保無交加不明及重張
典掛他人等情此有此情係是叔出
頭支當不涉姪之事此租係父手與
霖泉公房取續之租兩别無干其期
言約不拘遠近至有力之時備價還
契面取續此來贖仍旧收租此係兩
家情愿各無反悔今欲有憑立賣
契壹紙並隨續回倒收字壹紙共成
弍帋統付爲照
光緒柒年弍月　日立賣契叔聲詠
大吉

9-3-28-3　清光緒七年二月楊聲詠立賣民田租契

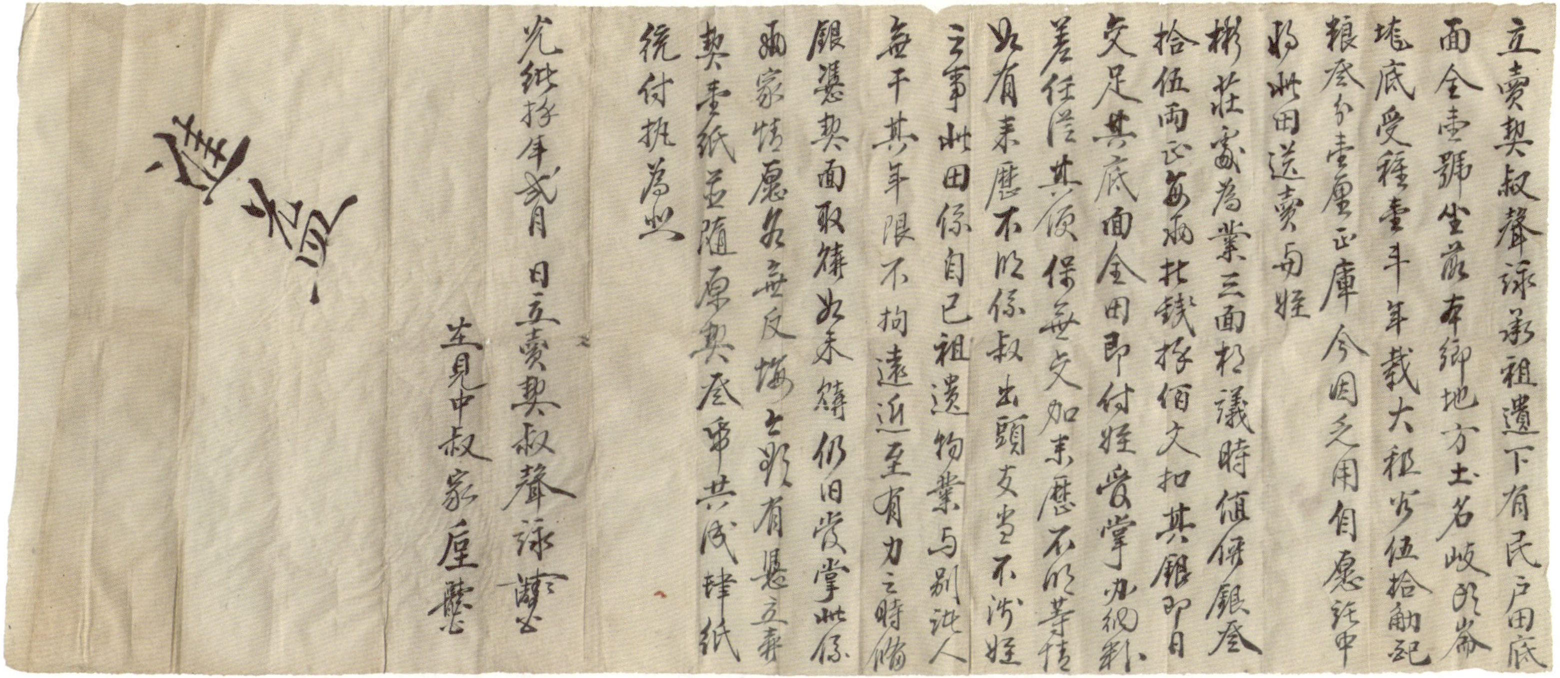

立賣契叔聲詠承祖遺下有民户田底
面全壹號坐落本鄉地方土名岐邱崙
墘底受種壹斗年載大租谷伍拾觔紀
粮叁分壹厘正庫　今因乏用自愿託中
將此田送賣與姪
彬莊處爲業三面折議時值價銀叁
拾伍兩正每兩折錢捌佰文扣其銀即日
交足其底面全田即付姪管掌收租別
差任從其便保無交加來歷不明等情
如有來歷不明係叔出頭支當不涉姪
之事此田係自己祖遺物業與别姓人
無干其年限不拘遠近至有力之時備
銀憑契面取贖如來贖仍旧管掌此係
兩家情愿各無反悔今欲有憑立賣
契壹紙並隨原契叁串共成肆紙
統付執爲照

光緒捌年貳月　日立賣契叔聲詠（押）
在見中叔家屋（押）

9-3-28-4　清光緒八年二月楊聲詠立賣底面全民户田契

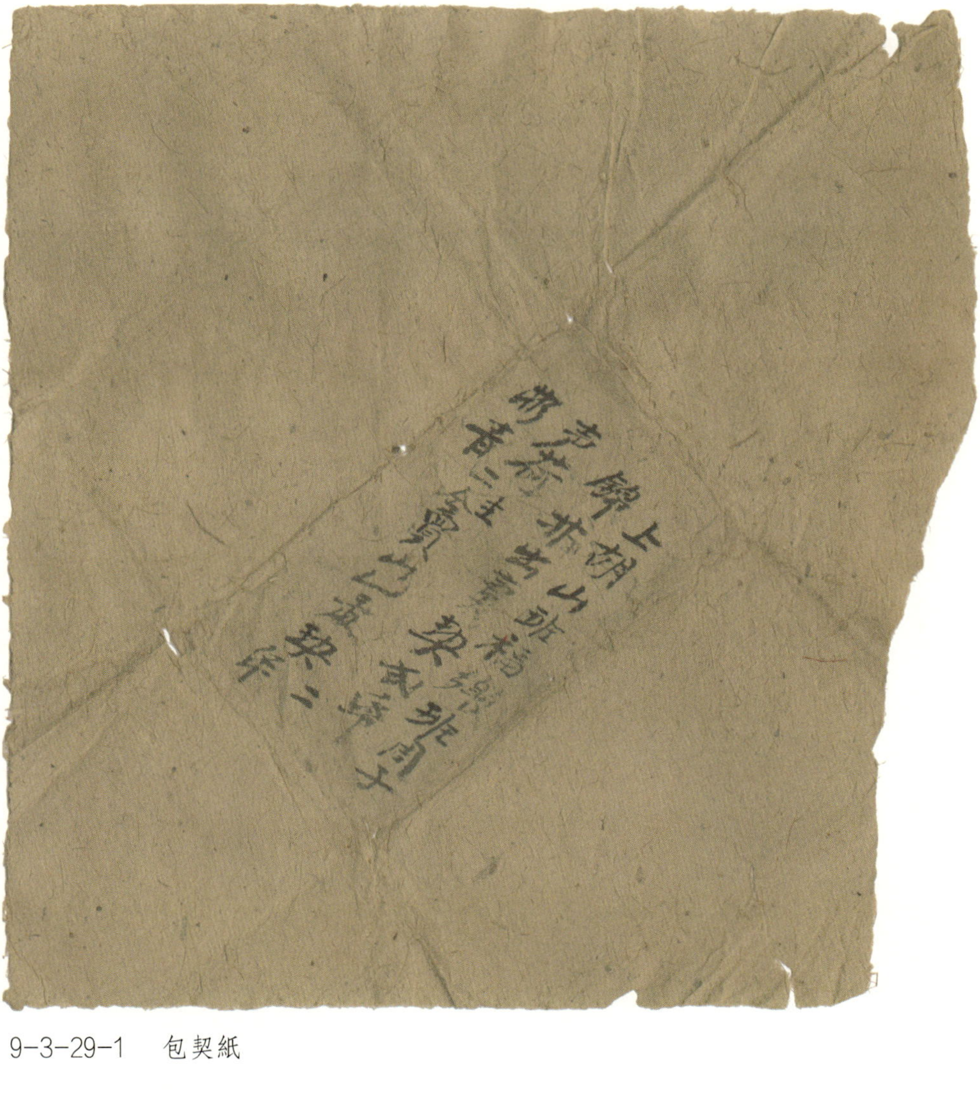

9-3-29-1　包契紙

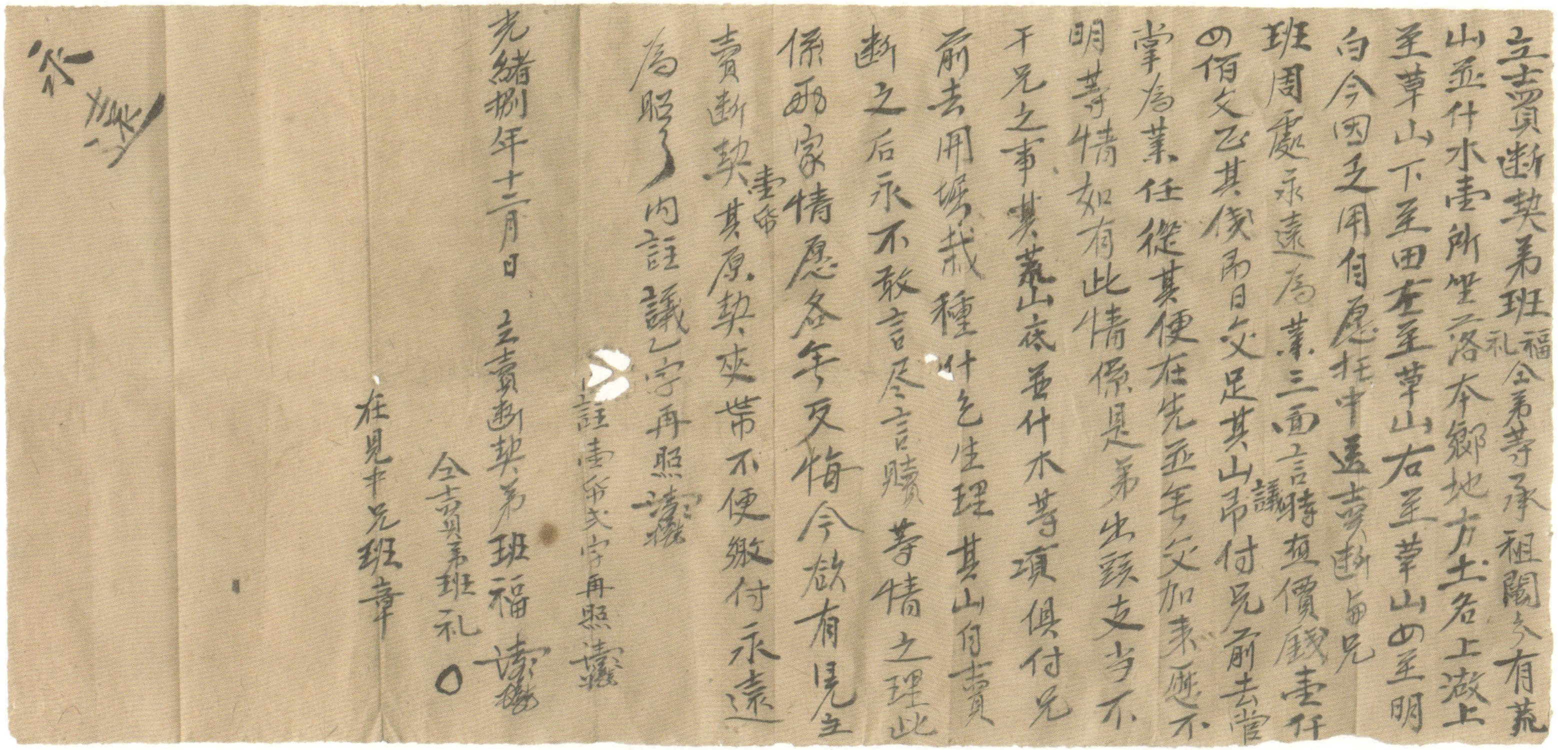
立賣斷契弟班福礼仝弟等承祖鬮下有荒
山並什木壹所坐落本鄉地方土名上㵐上
至草山下至田左至草山右至草山西至明
白今因乏用自愿托中送賣斷與兄
班周處永遠爲業三面言議時值價錢壹仟
四佰文正其錢即日交足其山即付兄前去管
掌爲業任從其便在先並無交加來歷不
明等情如有此情係是弟出頭支当不
干兄之事其荒山並什木等項俱付兄
前去用墾栽種什色生理其山自賣
斷之后永不敢言及言贖等情之理此
係兩家情愿各無反悔今欲有憑立
賣斷契其原契壹紙交帶不便繳付永遠
爲照　内註議乙字再照　讓
註壹紙二字再照　讓
光緒捌年十二月　日　立賣斷契弟班福　讓
仝賣弟班礼　〇
在見中兄班章

9-3-29-2　清光緒八年十二月楊班福等立賣斷荒山等契

立繳賣斷契侄錦林承父手置有荒山壹
所，坐落本鄉上湖，其界址俱載原契內
明白。今因無錢應用，自愿托中送賣與
叔班葛兄弟爲業，三面相議時值價
錢壹仟叁佰文正，其錢即日交足，其
荒山即付叔前去管掌開掘什
色栽種生理，任從其便。此荒山父
手置物業，與叔兄弟侄無干，在先並無
重疊典掛，如有此情，係侄出頭支當，
不涉叔之事。向後不敢言盡言贖。此
係兩家情愿，各無反悔，今欲有憑，立
繳賣斷契壹紙付執，永遠爲照。
並隨班福原契壹紙，共成貳紙。
內添業乙字再照。

光緒拾伍年七月　日立繳賣斷契侄錦林（押）
在見叔班敬（押）
中見胞叔祖藥學（押）
代字高叔祖家臺（押）

9-3-29-3　清光緒十五年七月楊錦林立繳賣斷荒山契

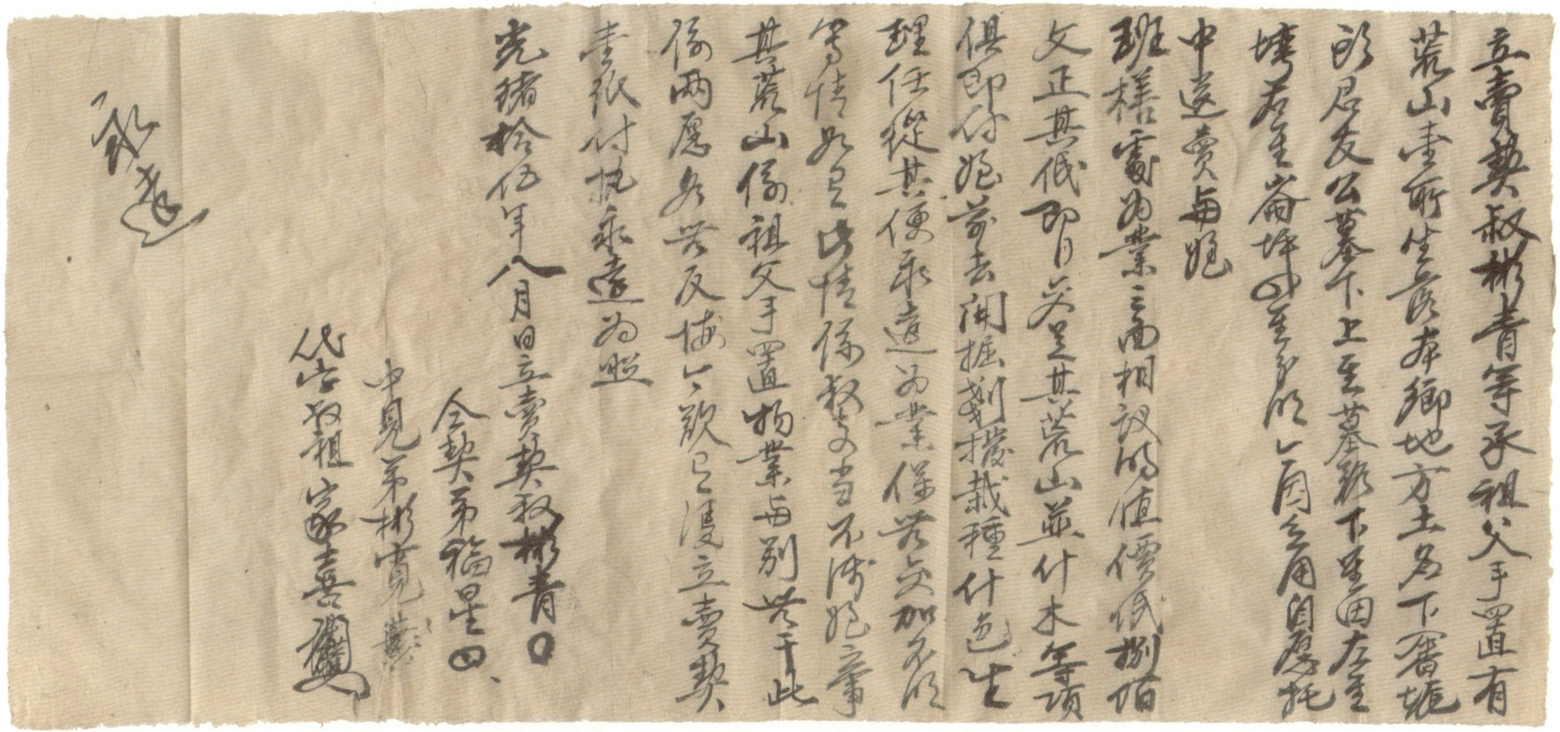
立賣契叔彬青等承祖父手置有
荒山壹所，坐落本鄉地方，土名下番墘
彭尽友公墓下，上至墓脚，下至田，左至
墳，右至崙坪，四至分明。今因自愿托
中送賣與姪
班樣處為業，三面相議，時值價銀捌佰
文正，其價即日收足，其荒山並什木等項
俱即付姪前去開掘、剷撥、栽種什色，出
理任從其便，永遠為業，保無加找、取贖
等情，如有此情，係叔出頭，不涉姪之事。
其荒山係祖父手置物業，無別房干此，
係兩愿，無反悔，恐口無憑，立賣契
壹紙，付執永遠為照。
光緒拾伍年八月　日立賣契叔彬青○
仝契弟福星○、
中見弟彬寬（押）
代字叔祖家喜（押）
[illegible]

9-3-29-4　清光緒十五年八月楊彬青等立賣荒山契

立賣契叔聲荷承祖遺下有荒山壹所
坐落本鄉地方土名乜乂落上至君友公
墓下横路仔下至田左至弟聲茂山為
界右至对崙值落四至明白今因乏用
自愿托中送賣與侄清瀾處永遠為
業三面言議時值價錢捌佰文正其
錢即日交足其荒山衣並什木即付錢
主前去管掌開掘栽種什色生理任
從其便在先並無重典他人及欠加來
歷不明等情如有此情係是賣主出
頭支当不涉錢主之事此係兩家情愿
各無反悔今欲有憑立賣斷契壹紙付
執為照

光緒十九年八月　日立賣契叔聲荷（押）

執筆中男彬梧（押）

9-3-29-5　清光緒十九年八月楊聲荷立賣荒山契

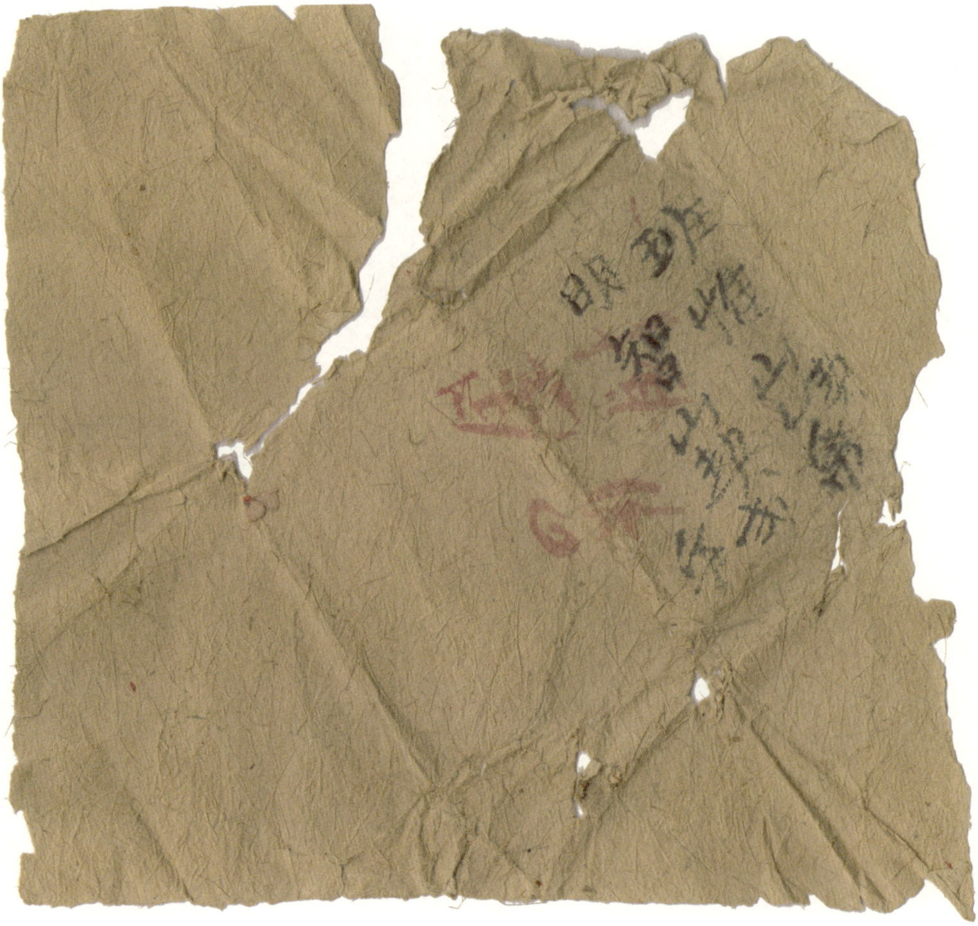

9-3-30-1　包契紙

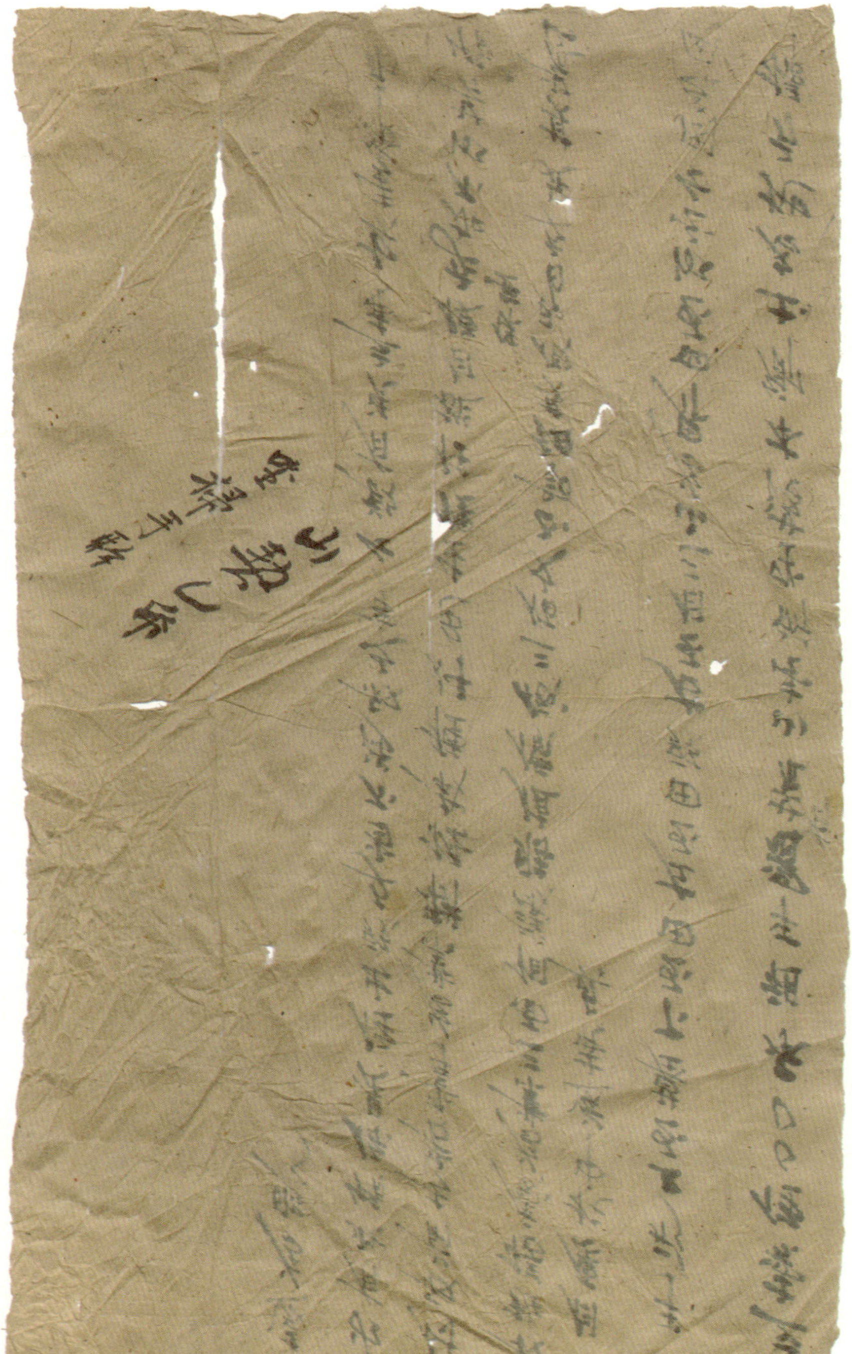

9-3-30-2　包契紙

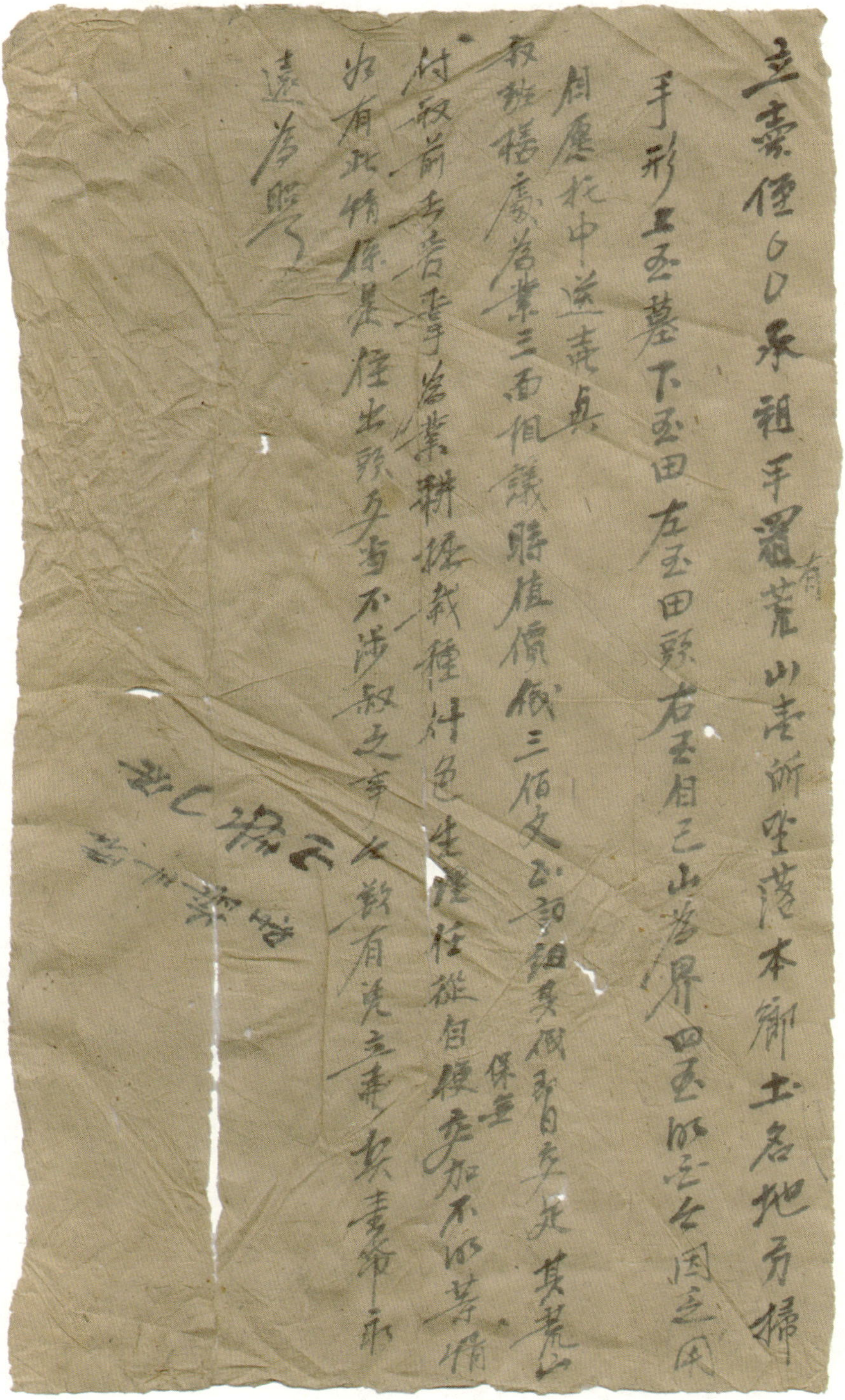
立賣佃〇〇承祖手置有荒山壹所坐落本鄉土名地方掃手形上至墓下至田左至田頭右至自己山為界四至俱已分明今因自愿托中送去與叔邊楊處為業三面憑議時值價錢三佰文正即日親收錢訖自交之後其荒山付叔前去管業耕墾栽種什色生理任從自便交加不收等情保無如有此情係是佃出頭支當不涉叔之事今欲有憑立賣契壹紙永遠為照

9-3-30-3　包契紙（草契）

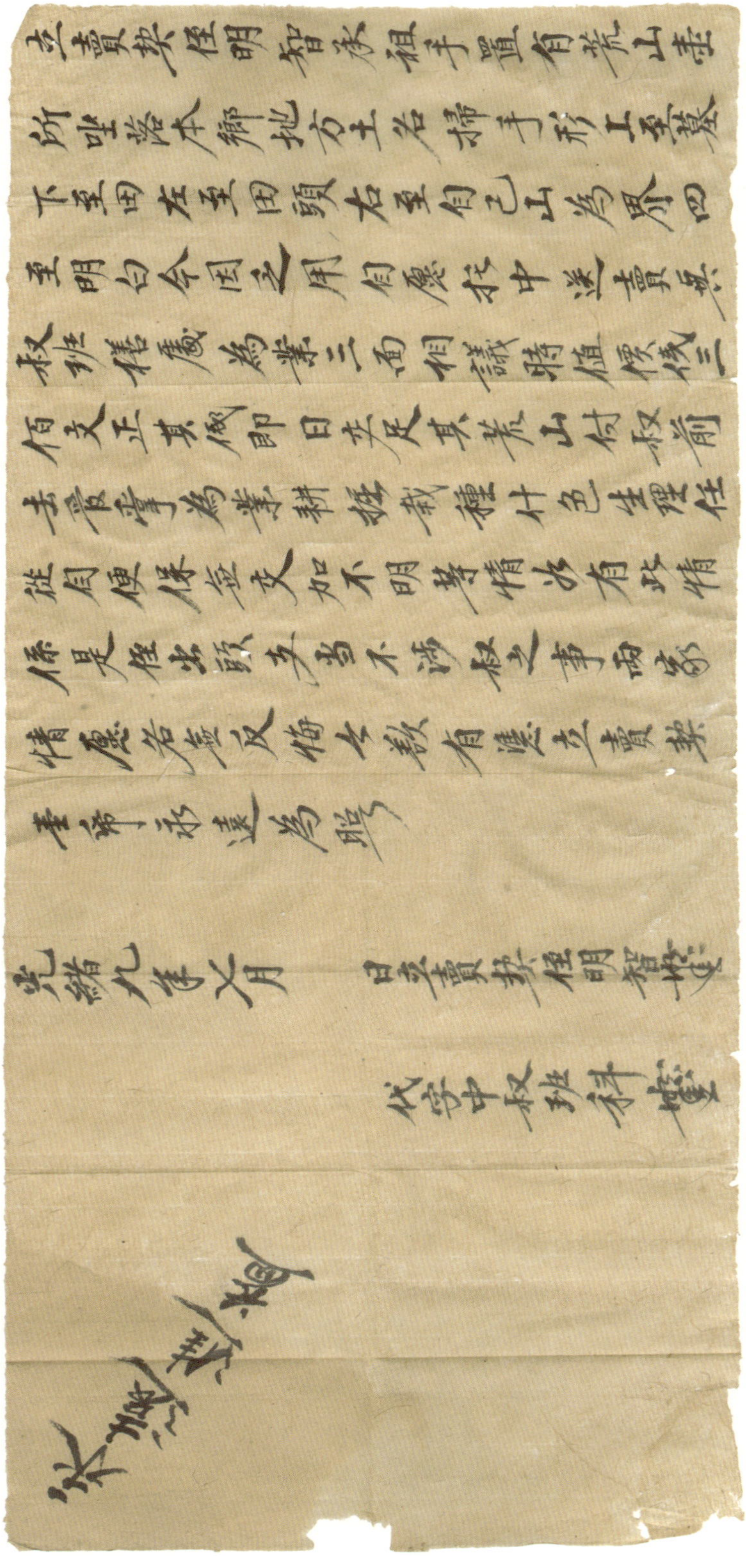
立賣契侄明智承祖手置有荒山壹處
所坐落本鄉地方土名岩埔手形上至墓
下至田左至田頭右至伯己山為界四
至明白今因乏用自愿於中送與叔
叔班權處為業三面相議時值價錢二
佰文正其價即日交足其荒山付叔前
去管掌為業耕種栽種什色生理任
從自便保係己業不明等情如有此情
係是侄出頭支當不涉叔之事兩家
情愿各無反悔今欲有憑立賣契
壹紙永遠為照
光緒九年七月　日立賣契侄明智(押)
代字中叔班祥(押)
永遠[illegible]

9-3-30-4　清光緒九年七月楊明智立賣荒山契

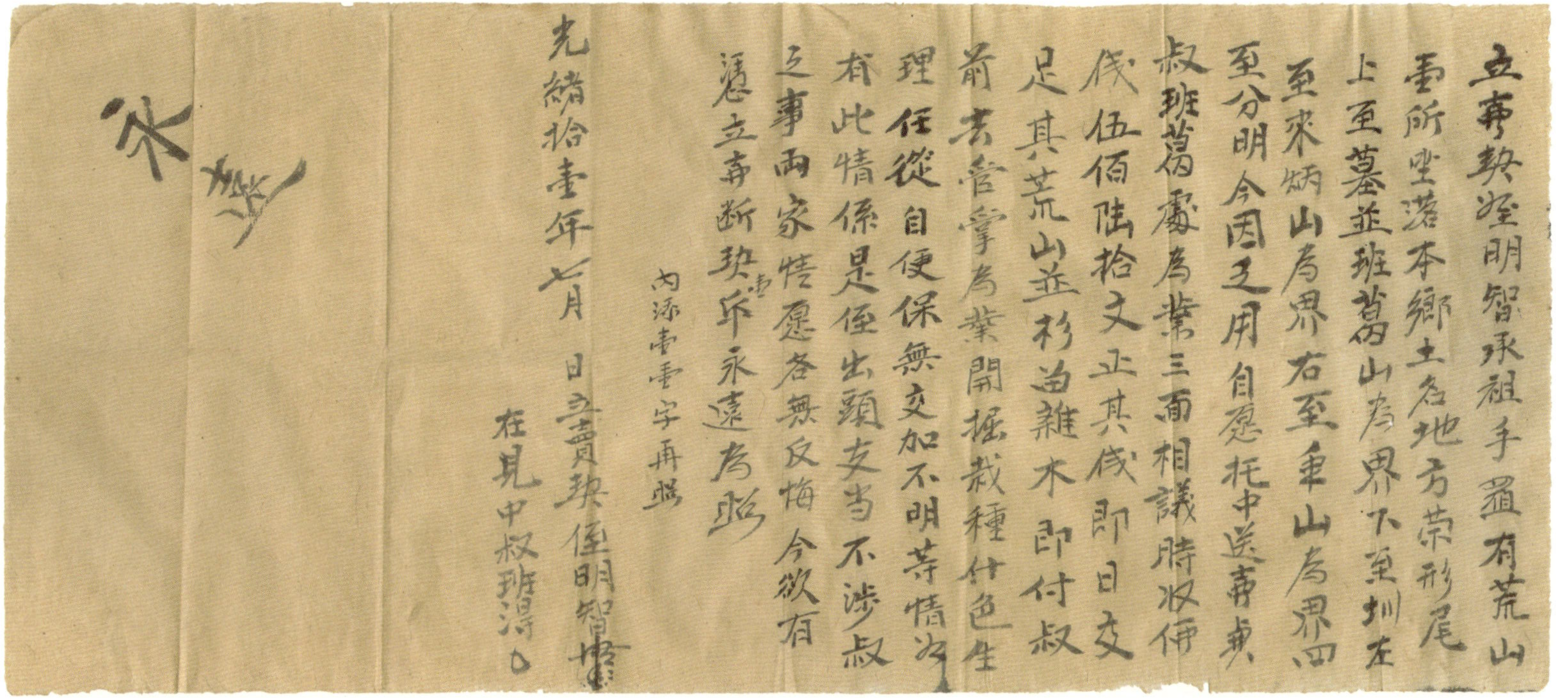
立賣契侄明智承祖手置有荒山
壹所坐落本鄉土名地方崇形尾
上至墓並班葛山為界下至圳左
至來炳山為界右至垂山為界四
至分明今因乏用自愿托中送賣與
叔班葛處為業三面相議時值價
錢伍佰陆拾文正其錢即日交
足其荒山並杉苗雜木即付叔
前去管掌為業開掘栽種什色生
理任從自便保無交加不明等情如
有此情係是侄出頭支當不涉叔
之事兩家情愿各無反悔今欲有
憑立賣斷契永遠為照
内添壹字再照
光緒拾壹年七月　日立賣契侄明智（押）
在見中叔班潯（押）
永發

9-3-30-5　清光緒十一年七月楊明智立賣荒山契

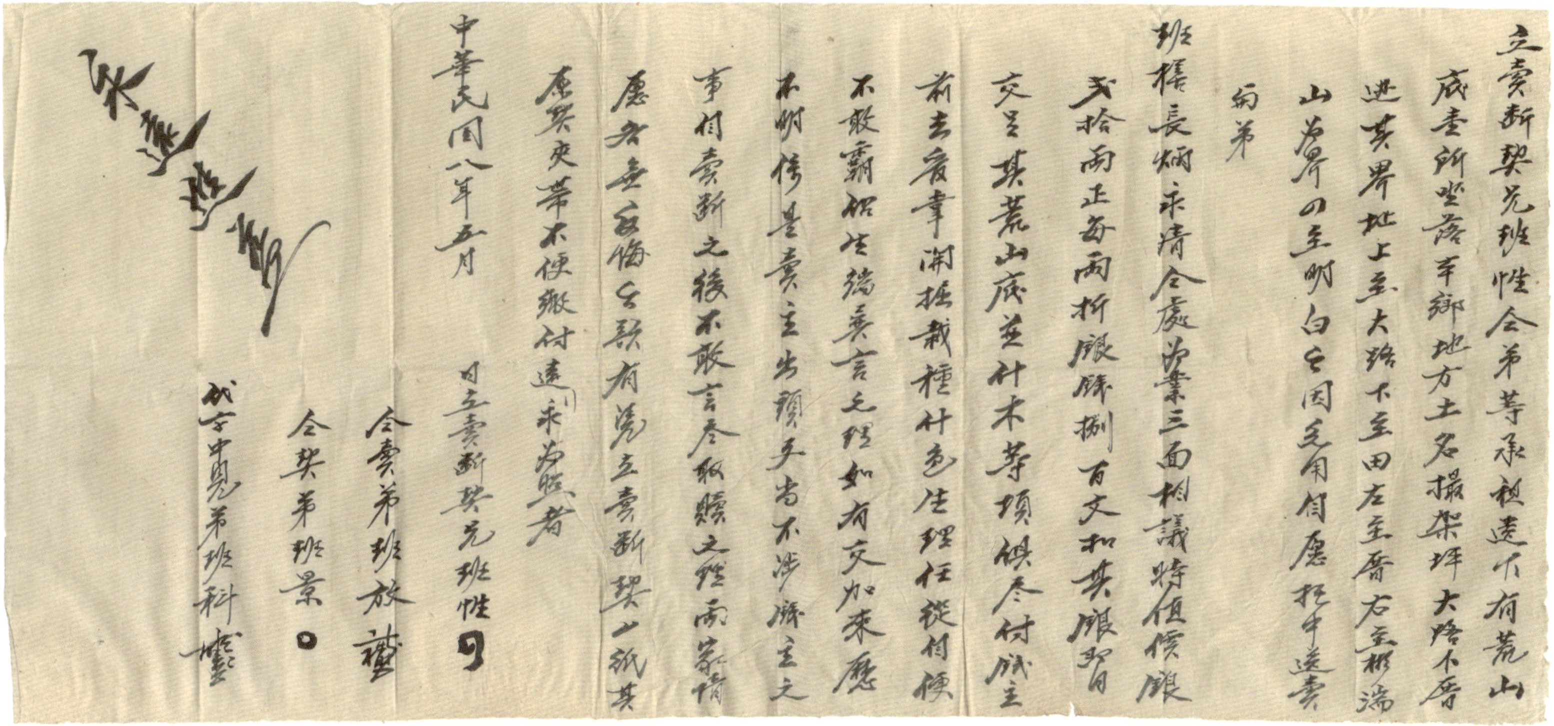
立賣斷契兄班性仝弟等承祖遺下有荒山
底壹所坐落半鄉地方土名揚架坪大路下唇
進其界址上至大路下至田左至唇右至坑端
山為界四至明白今因乏用情愿托中送賣
與弟
班楊長炳承清仝處為業三面相議時值價銀
貳拾兩正每兩折銀錢捌百文和其銀即日
交足其荒山底並竹木等項一併盡付銀主
前去管業開掘栽種竹木生理任從銀便
不敢霸阻生端異言之理如有交加來歷
不明係是賣主出頭承當不涉銀主之
事自賣斷之後不敢言盡取贖之理兩家情
愿各無反悔今欲有憑立賣斷契山紙其
原契夾帶不便繳付遠來為照者
中華民國八年五月　日立賣斷契兄班性
仝賣弟班放
仝契弟班景
代字中胞兄弟班科
永遠發達

9-3-30-6　民國八年五月楊班性等立賣斷荒山底契

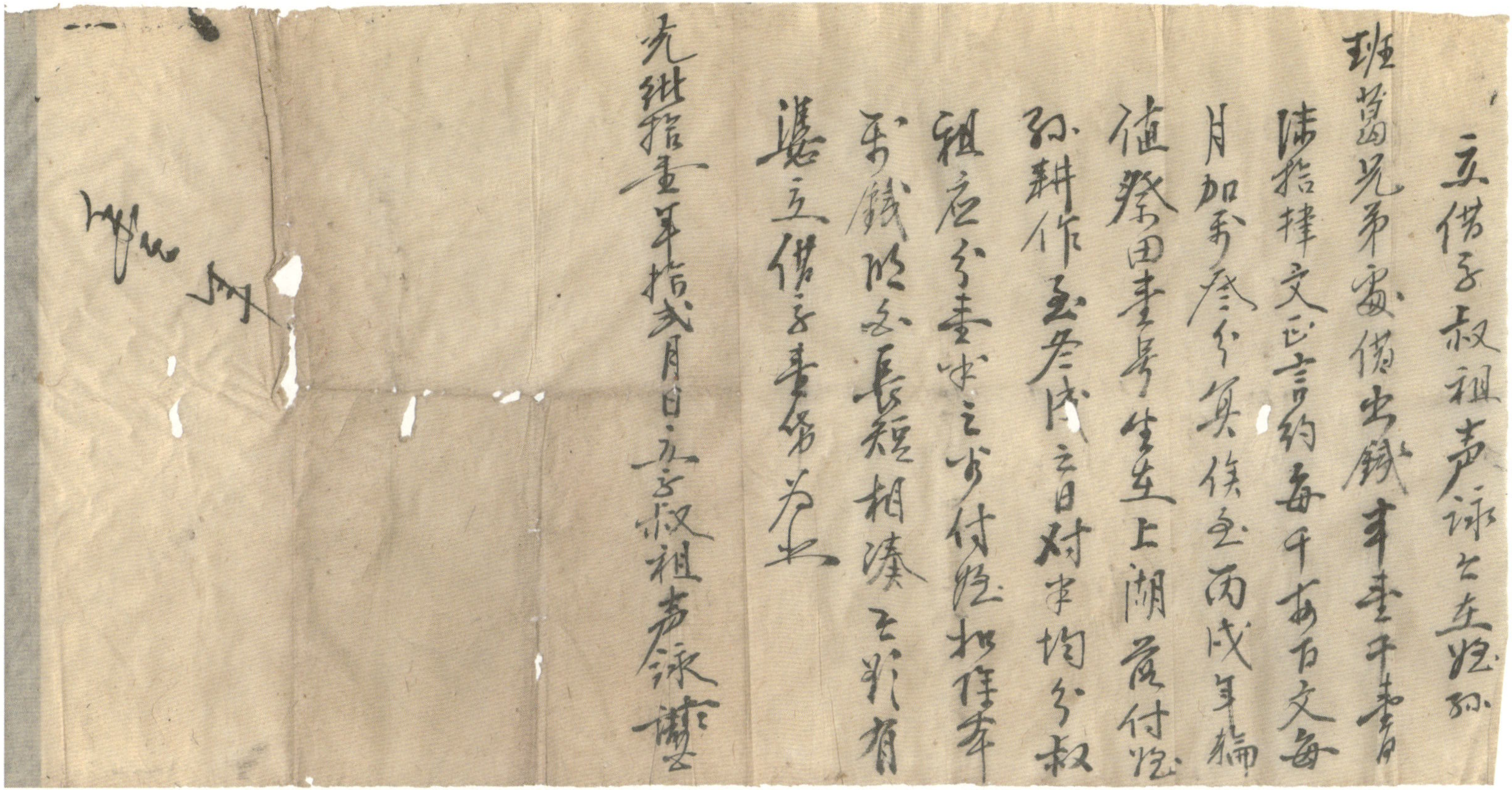

立借字叔祖声詠，今在姪孫
班蔔兄弟處借出錢本壹千壹
陸拾肆文，面言約每千每百文每
月加利叁分算，俟至丙戌年補
值祭田壹号坐上湖，度付姪
孫耕作，至冬收之日對半均分，叔
祖應分壹半之谷付姪孫作本
利錢明白，長短相凑，立此有
憑，立借字壹紙為照。
光緒拾壹年拾貳月　日　立借字叔祖声詠（押）

9-3-31-1　清光緒十一年十二月楊声詠立借錢字

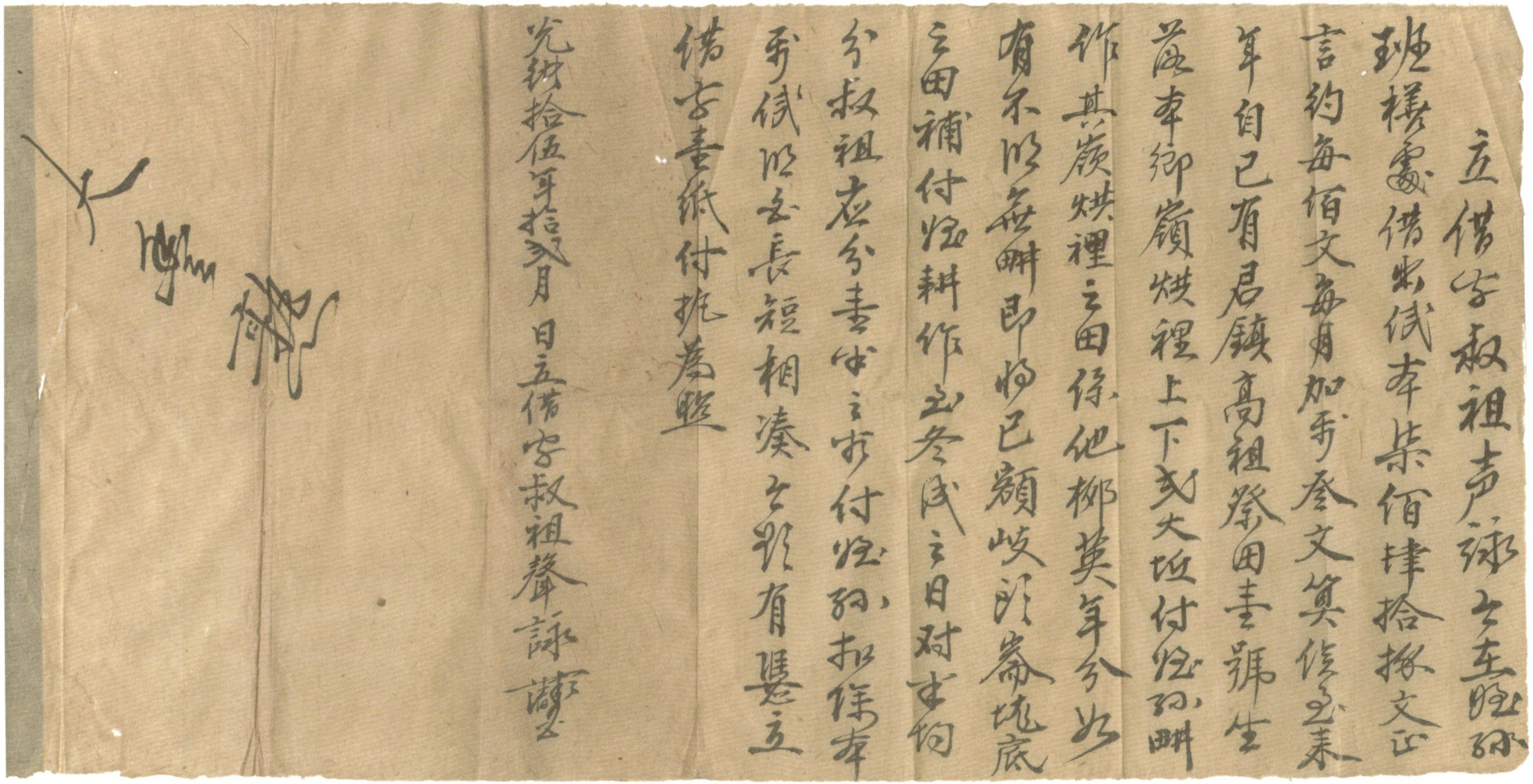
立借字叔祖声詠，今在姪孫
班樣處借出錢本柒佰肆拾捌文正，
言約每佰文每月加利叁文算，作至來
年，自己有君鎮高祖祭田壹號，坐
落本鄉嶺烘裡上下弍大坵，付姪孫耕
作，其崁烘裡之田係他柳英年分，此
有不明，無干即與己額，岐所崙坑底
之田補付姪耕作，立冬錢之日對本利
分叔祖應分壹半之本付姪孫扣除本
利錢明長短相湊之處，有憑立
借字壹紙付執為照。
光緒拾伍年拾弍月　日立借字叔祖聲詠（押）

9-3-31-2　清光緒十五年十二月楊声詠立借錢字

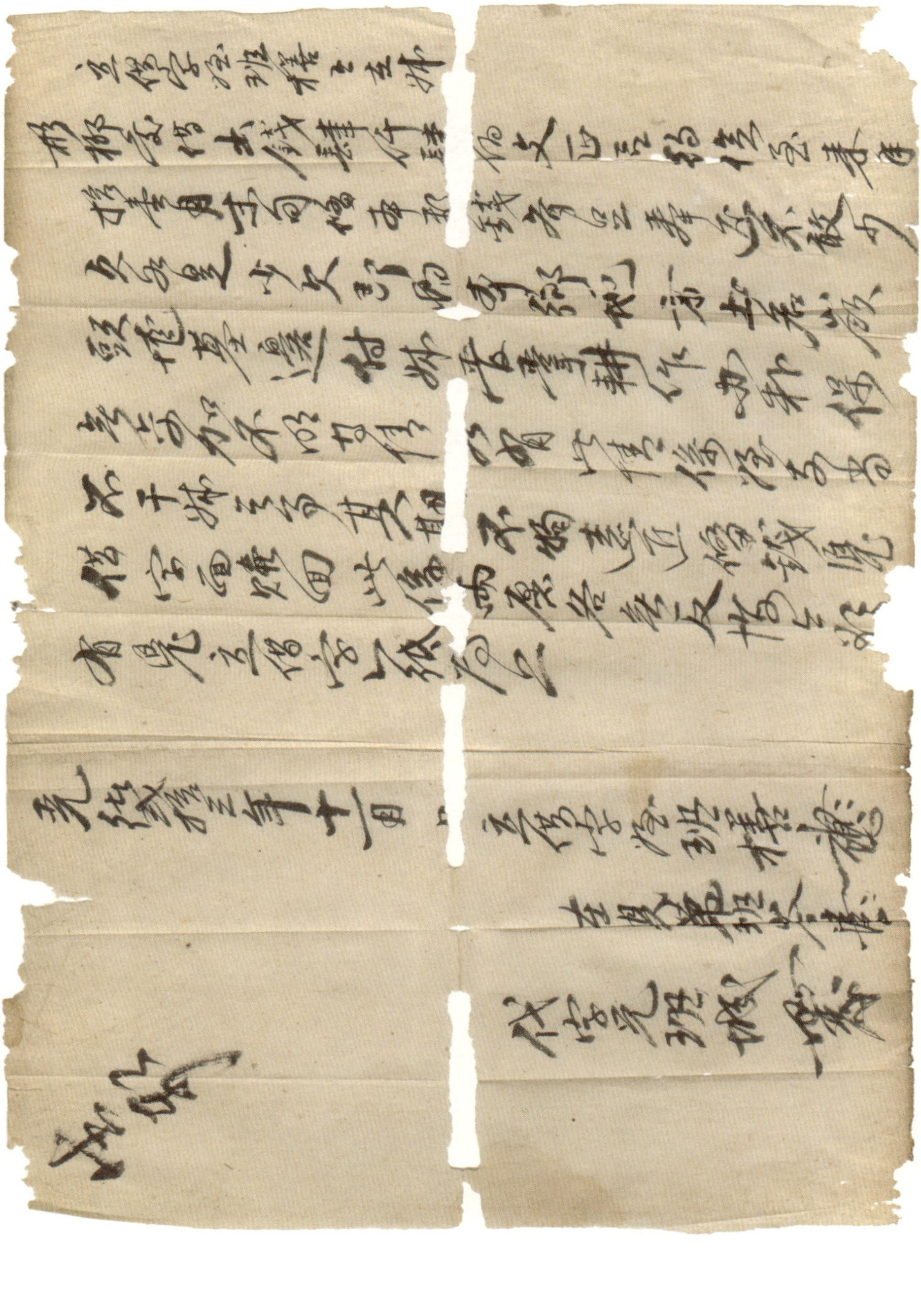

9-3-31-3 清光緒二十三年十一月楊班檣立借錢字

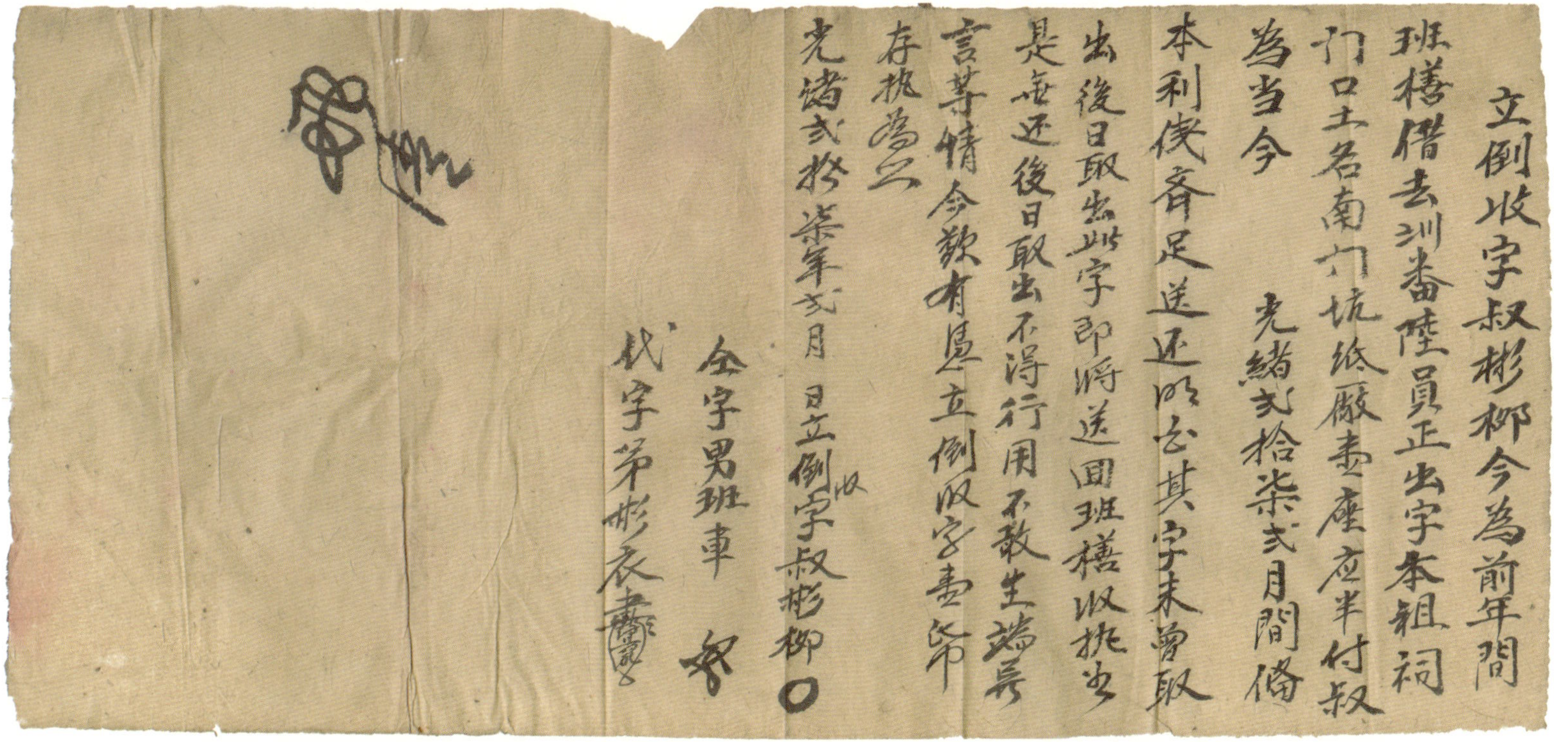
立倒收字叔彬柳今為前年間
班橲借去洋番陸員正出字本祖祠
门口土名南门坑紙厰壹座应半付叔
為当今　光緒贰拾柒弍月間備
本利俱齊足送还明白其字未曾取
出後日取出此字即將送回班橲收执為
是恐还後日取出不得行用不敢生端異
言等情今欲有憑立倒收字壹帋
存执為照
光緒贰拾柒年弍月　日立倒收字叔彬柳〇
仝字男班車　号
代字弟彬衣書

9-3-31-4　清光緒二十七年二月楊彬柳等立倒收字

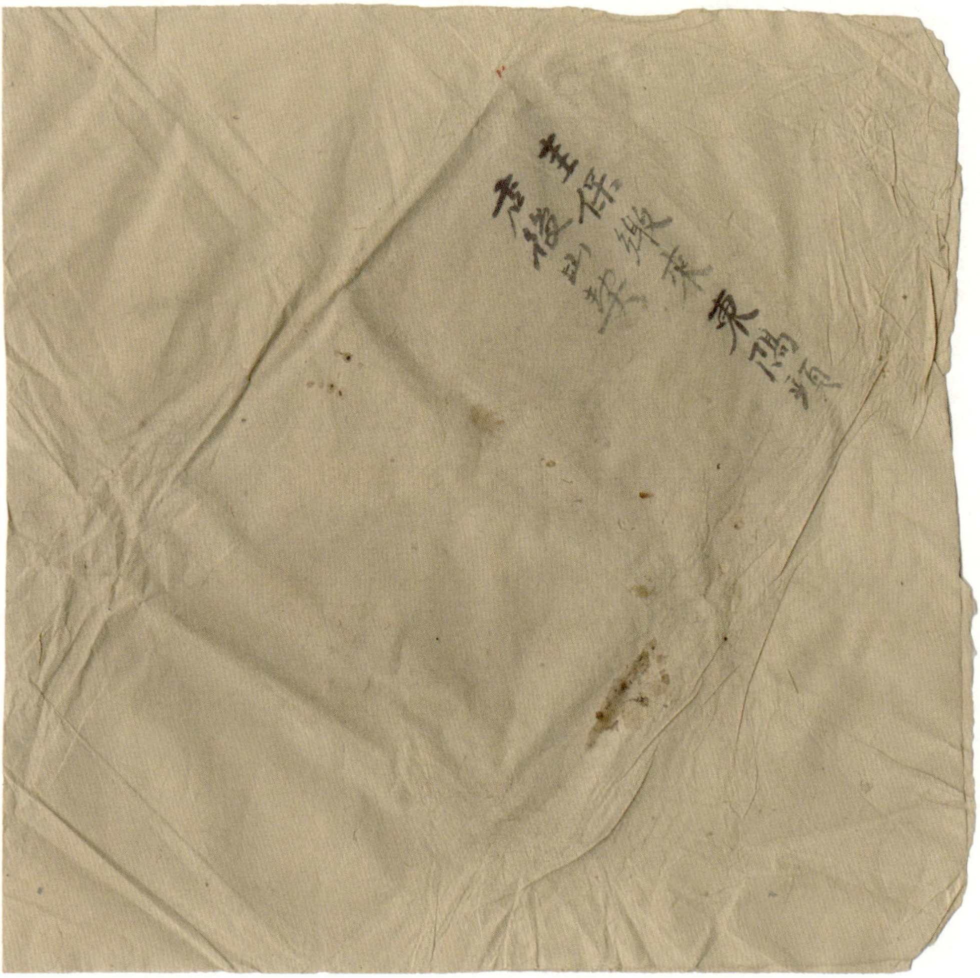

9-3-32-1　包契紙

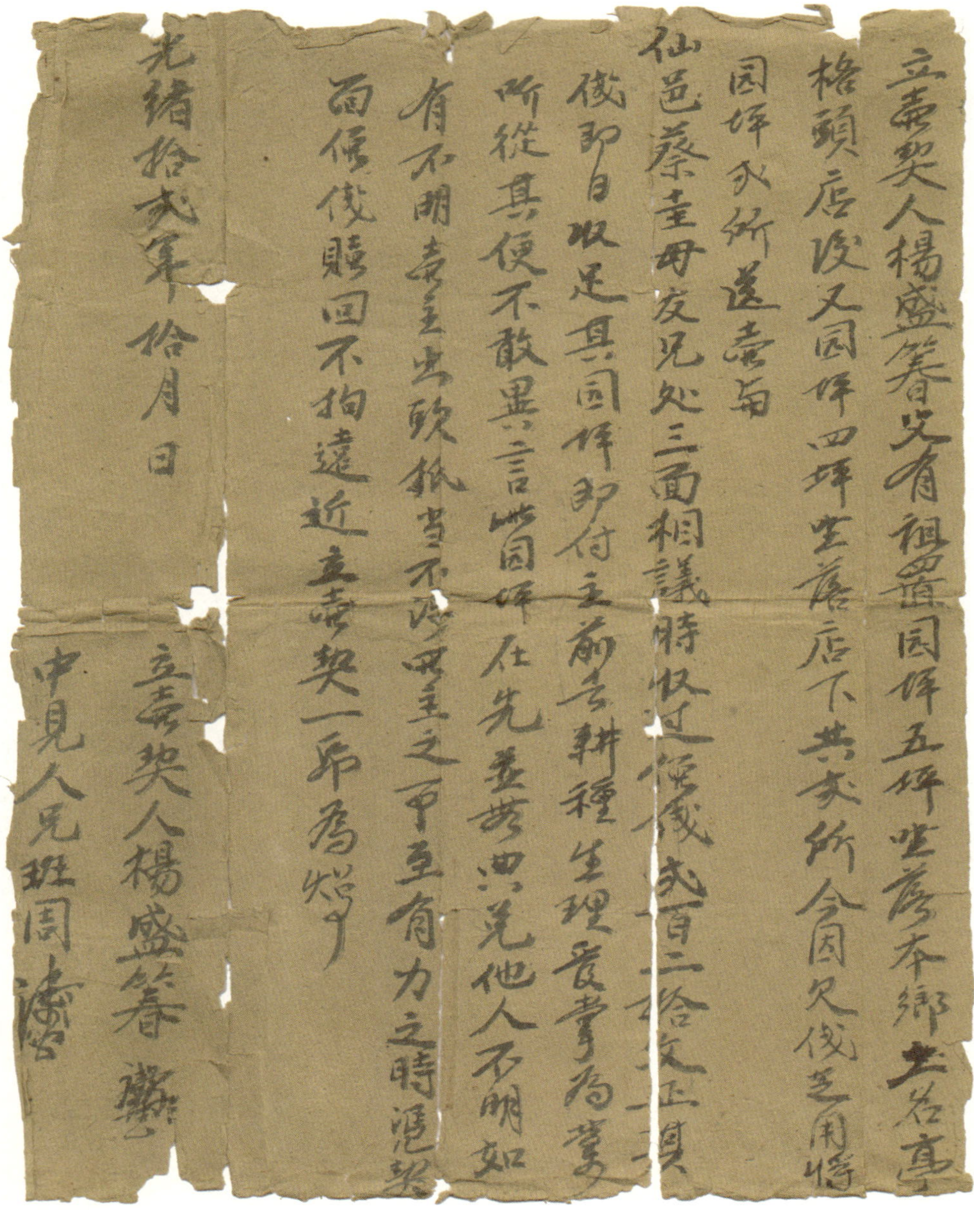
立賣契人楊盛箸父有祖置園坪五坪坐落本鄉土名亭
格頭店後又園坪四坪坐落店下共貳所今因欠錢乏用將
園坪貳所送賣与
仙邑蔡奎母皮兄处三面相議時收過價錢貳百二拾文正其
錢即日收足其園坪即付主前去耕種生理管業為業
听從其便不敢異言此園坪在先並無典兄他人不明如
有不明賣主出頭抵當不涉買主之事至有力之時照契
面価錢贖回不拘遠近立賣契一紙為照
立賣契人楊盛箸（押）
中見人兄班周（押）
光緒拾貳年拾月　日

9-3-32-2　清光緒十二年十月楊盛箸立賣園坪契

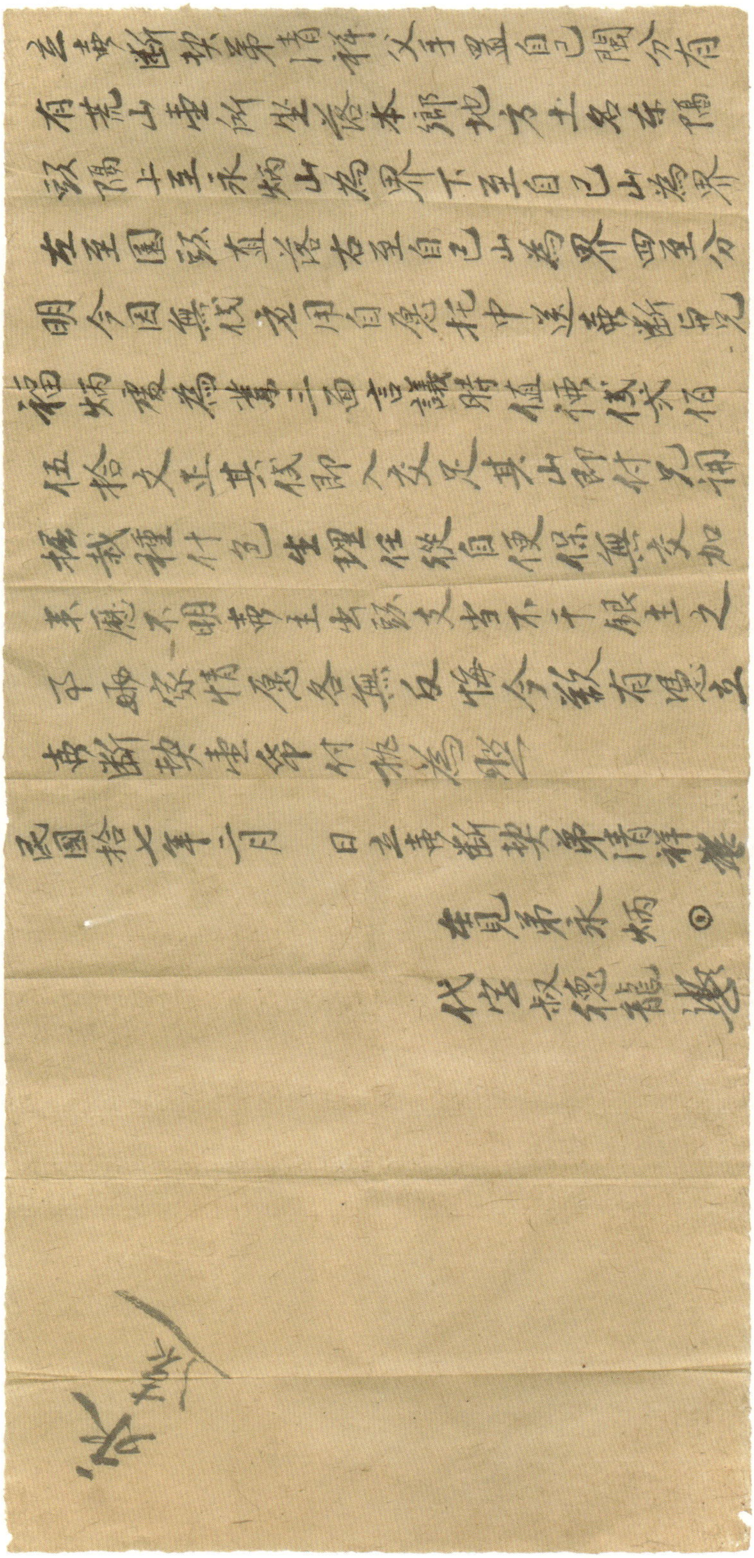
立賣斷契字楊清祥父手置自己鬮分有
有荒山壹所坐落本鄉地方土名牛隔
頭隔上至永炳山為界下至自己山為界
左至園頭直落右至自己山為界四至分
明今因無錢應用自愿托中送與斷與兄
福炳處為業三面言議時值價錢大洋佰
伍拾元正其錢即日交足其山即付兄開
掘栽種付已生理任從自便保無交加
來歷不明如有出頭支當不干買主之
事此係兩相情愿各無反悔今欲有憑立
賣斷契壹紙付執為照
民國拾七年二月　日立賣斷契字楊清祥
在見弟永炳
代筆叔德龍

9-3-32-3　民國十七年二月楊清祥立賣斷荒山契

9-3-33-1　包契紙

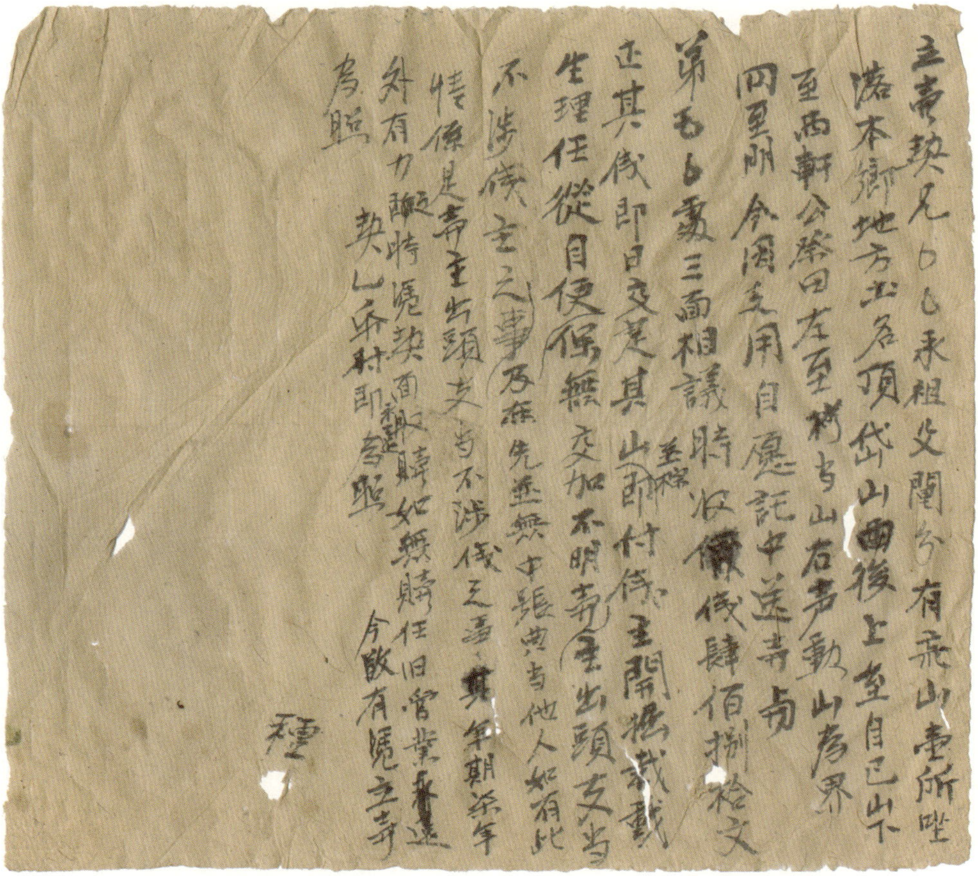

立賣契兄□□承祖父閬分有飛山壹所坐
落本鄉地方土名頂岱山西後上至自己山下
至西軒公祭田左至村吉山右声勳山為界
四至明白今因乏用自愿託中送与房
弟□□處三面相議時收價錢肆佰捌拾文
正其錢即日交足其山即付錢主開掘栽
生理任從自便保無交加不明賣主出頭支當
不涉錢主之事乃存先並無典張典與他人如有此
情係是賣主出頭支當不涉錢主之事其年期系年
外有力贖取特憑契面銀肆如無贖任旧管業永遠
契山系村即為照　今欲有憑立賣
為照

標

9-3-33-2　包契紙（草契）

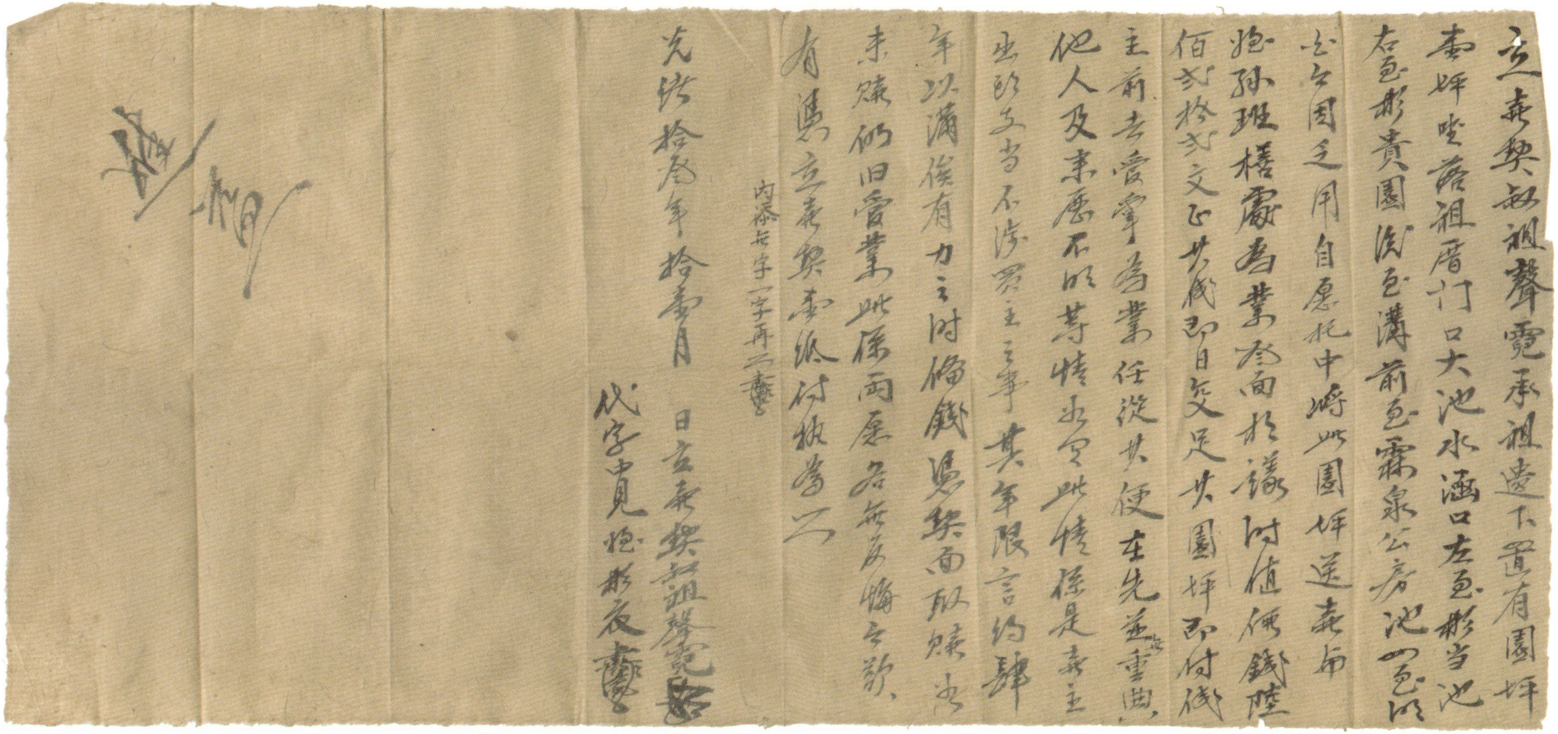
立賣契叔祖聲霓承祖遺下置有園坪
壹坪坐落祖厝门口大池水涵口左邊彬当池
右邊彬貴園後邊溝前邊霖泉公房池四邊以
上分明今因乏用自愿托中將此園坪送賣與
胞孫班樓家為業三面言議時值價錢陸
佰貳拾貳文正其錢即日交足其園坪即付錢
主前去管掌為業任從其便在先並無重典
他人及來歷不明等情此係是賣主
出頭支當不涉買主之事其年限言約肆
年以滿後有力之時備錢照契面取贖此
來贖仍旧管業此係兩愿各無反悔之款
有憑立賣契壹紙付執為照
內添□字一字再照
光緒拾叁年拾壹月　日立賣契叔祖聲霓
代字中見胞彬衣

9-3-33-3　清光緒十三年十一月楊聲霓立賣園坪契

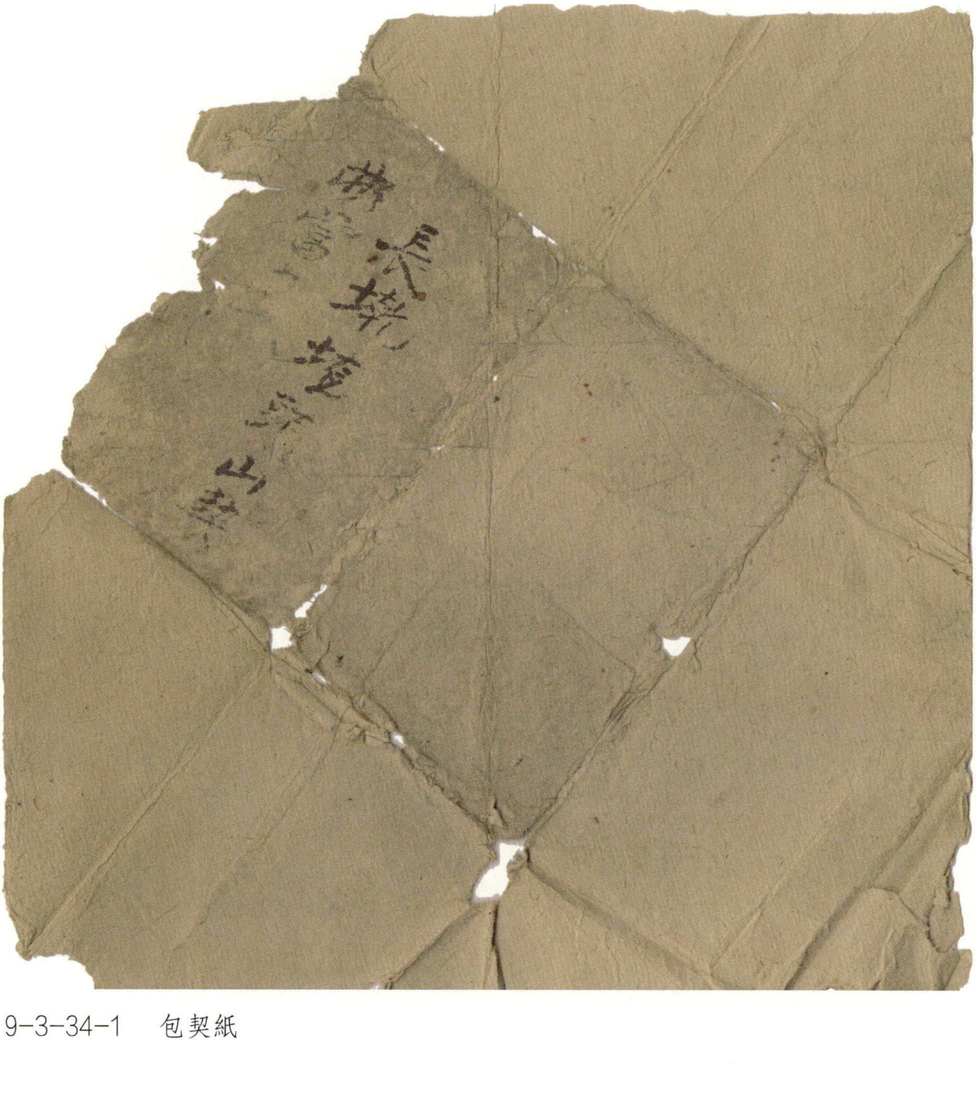

9-3-34-1　包契紙

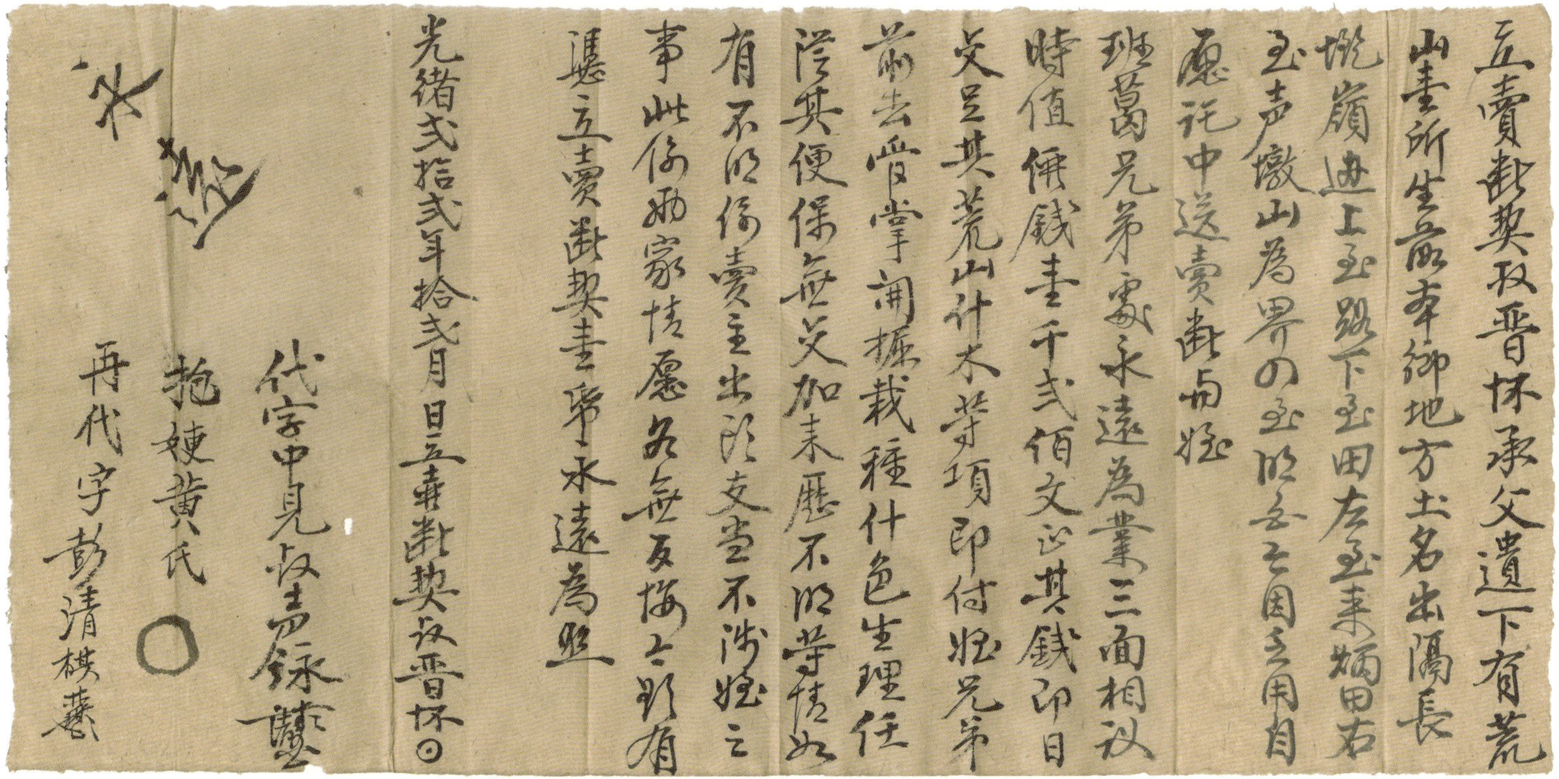

立賣斷契楊晋怀承父遺下有荒
山壹所坐落本鄉地方土名出陽長
坑嶺邊上至路下至田左至末墦田右
至声墩山為界四至明白三面自
愿托中送賣斷與
班萬兄弟家永遠為業三面相議
時值價錢壹千弍佰文正其錢即日
交足其荒山什木芽項即付與兄弟
前去管掌開掘栽種什色生理任
從其便保無父加來歷不明等情如
有不明係賣主出頭支當不涉與之
事此係兩家情愿各無反悔今欲有
憑立賣斷契壹帋永遠為照
光緒弍拾弍年拾弍月 日立賣斷契楊晋怀○
代字中見叔[illegible]
抱婕黃氏 ○
再代字彭清棋[illegible]

9-3-34-2 清光緒二十二年十二月楊晋怀立賣斷荒山契

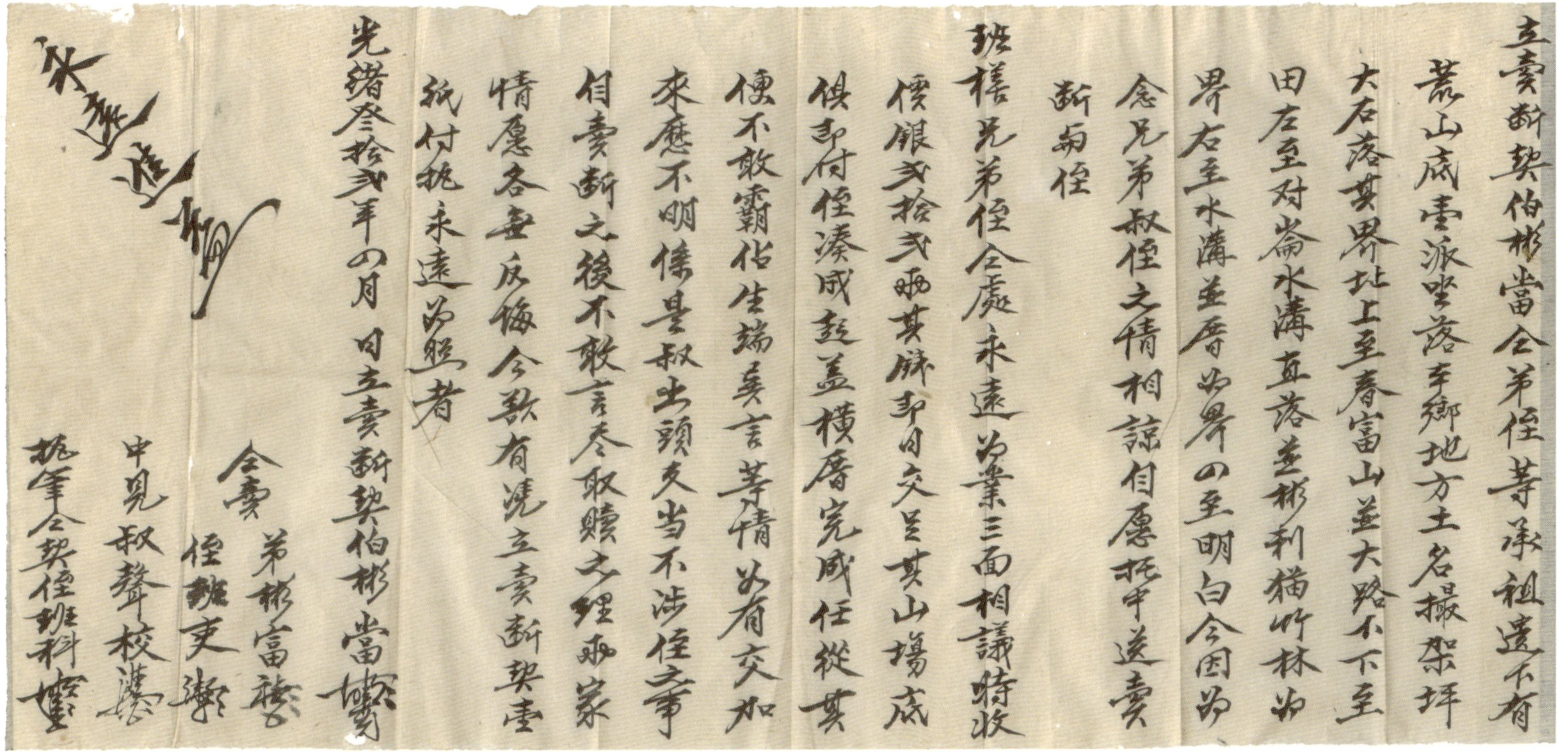
立賣斷契伯彬當仝弟侄等承祖遺下有
荒山底壹派坐落本鄉地方土名擬架坪
大石落其界址上至春富山並大路下至
田左至对崙水溝直落並彬利貓竹林為
界右至水溝並厝為界四至明白今因為
念兄弟叔侄之情相諒付愿托中送賣
斷與侄
班樣兄弟侄仝處永遠為業三面相議時收
價銀貳拾貳兩其銀即日交足其山場底
俱即付侄湊成起蓋橫厝完成任從其
便不敢霸佔生端異言等情如有交加
來歷不明係是叔出頭支当不涉侄之事
自賣斷之後不敢言今取贖之理兩家
情愿各無反悔今欲有憑立賣斷契壹
紙付執永遠為照者
光緒叁拾貳年四月　日立賣斷契伯彬當（押）
仝賣　弟彬富（押）
侄龍更（押）
中見　叔聲校（押）
執筆仝契　侄班科（押）
永遠管業

9-3-34-3　清光緒三十二年四月楊彬當等立賣斷荒山底契

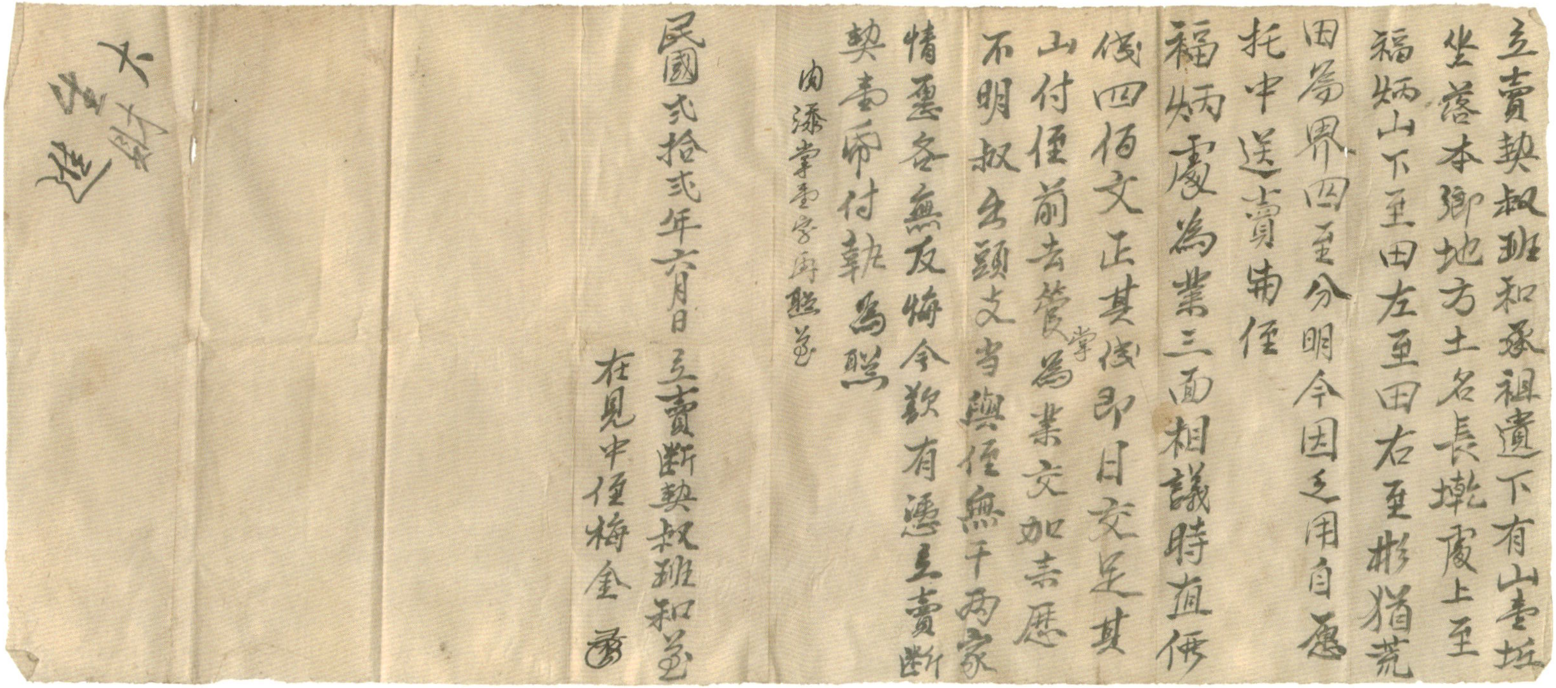

立賣契叔班和承祖遺下有山壹坵
坐落本鄉地方土名長墘處上至
福炳山下至田左至田右至彬猶荒
田爲界四至分明今因乏用自愿
托中送賣與侄
福炳處爲業三面相議時值價
錢四佰文正其錢即日交足其
山付侄前去管掌爲業交加來歷
不明叔出頭支當與侄無干兩家
情愿各無反悔今欲有憑立賣斷
契壹帋付執爲照
內添掌壹字再照

民國式拾弍年六月日 立賣斷契叔班和筆
在見中侄梅金 押

大吉

9-3-34-4 民國二十二年六月楊班和立賣斷山契

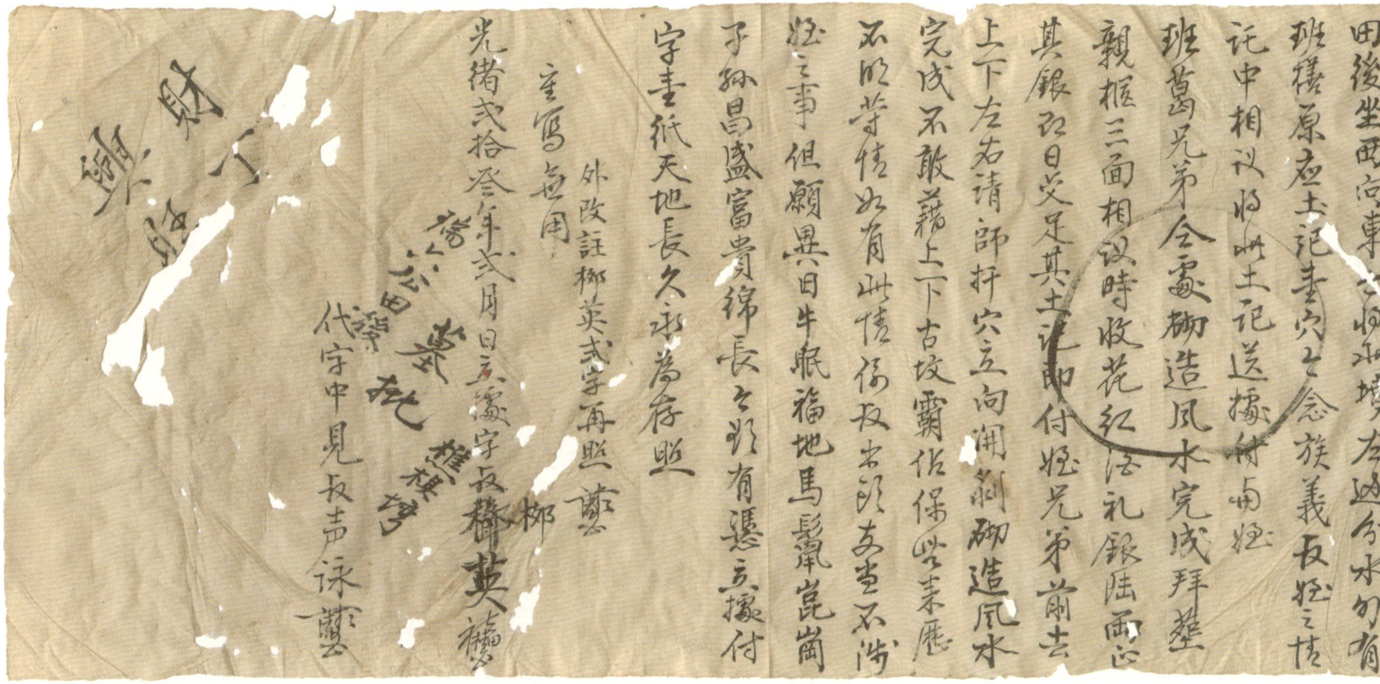
立據付字叔柳英承叔父聲登蓮有坟
墓壹穴坐落本鄉地方土名樵模墘瑞六公
田後坐西向東□□此墳左邊分水外有
班樣原在土記壹穴乞念族義叔侄之情
託中相議將此土記送據付與侄
班葛兄弟合處柳造風水完成拜埜
親眼三面相議時收花紅禮銀陸兩正
其銀即日交足其土記即付侄兄弟前去
上下左右請師扦穴立向開剏柳造風水
完成不敢藉上下古坟霸佔保無來歷
不明等情如有此情係叔出頭支當不涉
侄之事但願異日牛眠福地馬鬣崑崗
子孫昌盛富貴綿長今欲有憑立據付
字壹紙天地長久永為存照
外改註柳英弍字再照
全寫無用
光緒弍拾叁年弍月　日立據字叔楊柳英
代字中見叔声詠

9-3-35-1　清光緒二十三年二月楊柳英立據付墳墓字（廢契）

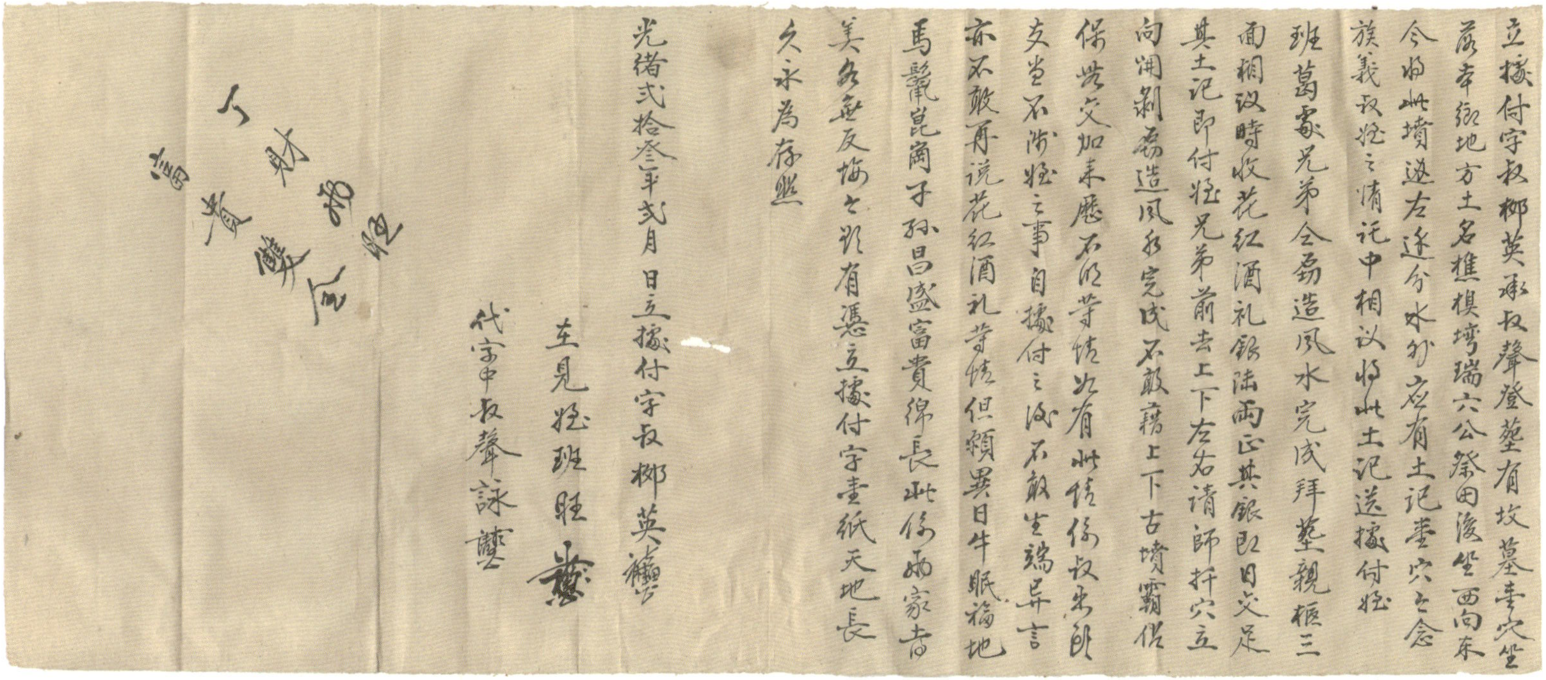

立據付字叔柳英承叔聲登塋有坟墓壹穴坐
落本鄉地方土名樵棋垮瑞六公祭田後坐西向東
今因此墳邊右邊分水外應有土圯壹穴之念
族義叔姪之情託中相议將此土圯送據付姪
班葛家兄弟合另造風水完成拜塋親振三
面相议時收花紅酒礼銀洋两正其銀即日交足
其土圯即付姪兄弟前去上下左右請師扦穴立
向開剝另造風水完成不敢藉上下古墳霸佔
保此交加未歷不仍等情如有此情係叔出頭
支當不涉姪之事自據付之後不敢生端異言
亦不敢再說花紅酒礼等情但願異日牛眠福地
馬鬣崑崗子孫昌盛富貴綿長此係兩家甘
美各無反悔之理有憑立據付字壹紙天地長
久永為存照

光緒式拾叁年式月　日立據付字叔柳英（押）
在見姪班駐（押）
代字中叔聲詠（押）

丁財兩旺
富貴雙全

9-3-35-2　清光緒二十三年二月楊柳英立據付墳墓字

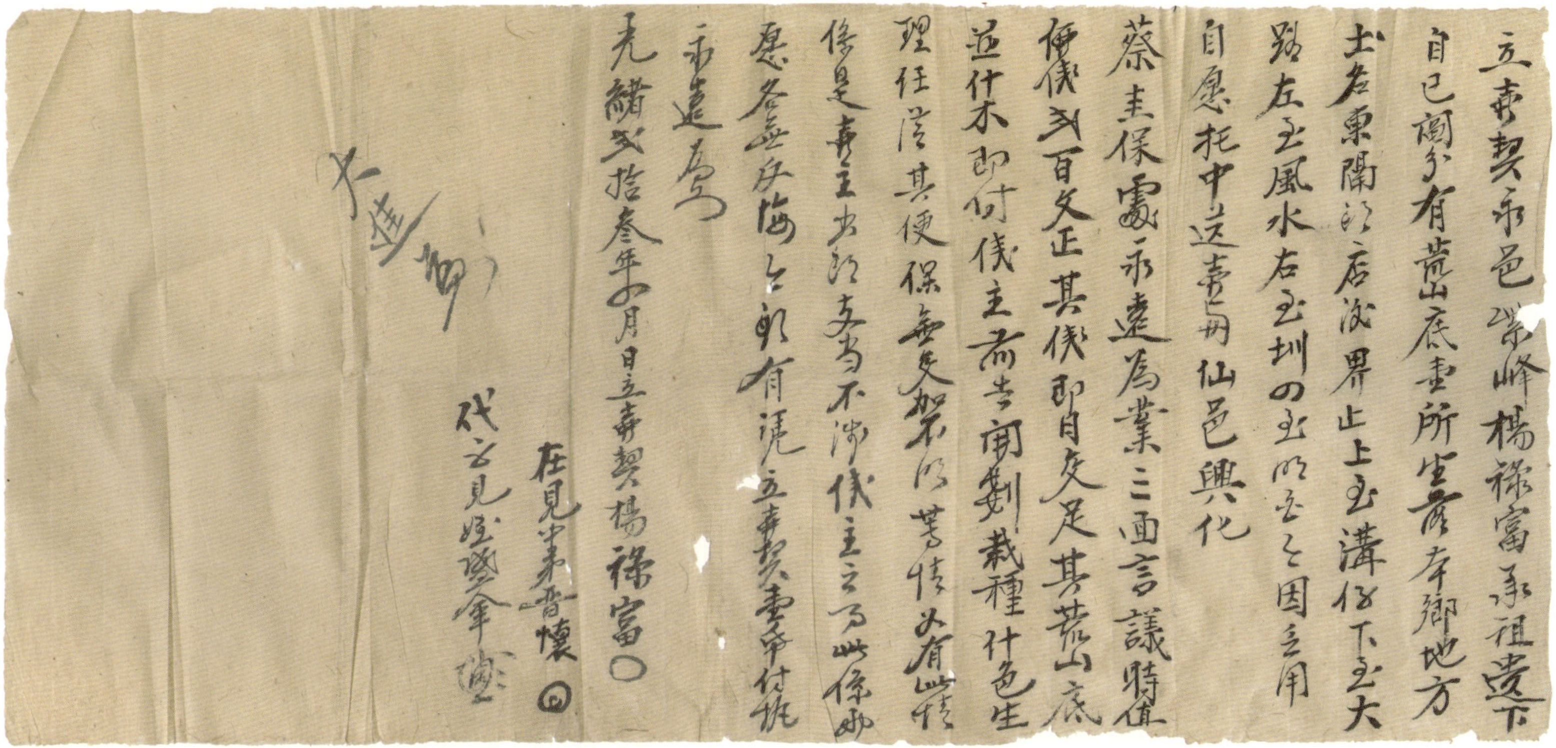
立賣契永邑紫峰楊祿富承祖遺下
自己鬮分有荒山底壹所，坐產本鄉地方，
土名東陽頭，左從界止，上至溝，下至大
路，左至風水，右至圳，四至明白。今因乏用，
自愿托中送賣與仙邑興化
蔡圭保處承買為業，三面言議時值
價錢弍百文正，其錢即日交足。其荒山底
並什木即付錢主前去開劃栽種什色生
理，任從其便。保無重張典契，以及有礙，
係是賣主出頭支當，不涉錢主之事。此係兩
愿，各無反悔，今欲有憑，立賣契壹紙付執
永遠為照。
光緒弍拾叁年四月日立賣契楊祿富〇
在見中弟晉懷
代字見姪嚴傘

9-3-36-1　清光緒二十三年四月楊祿富立賣荒山底契

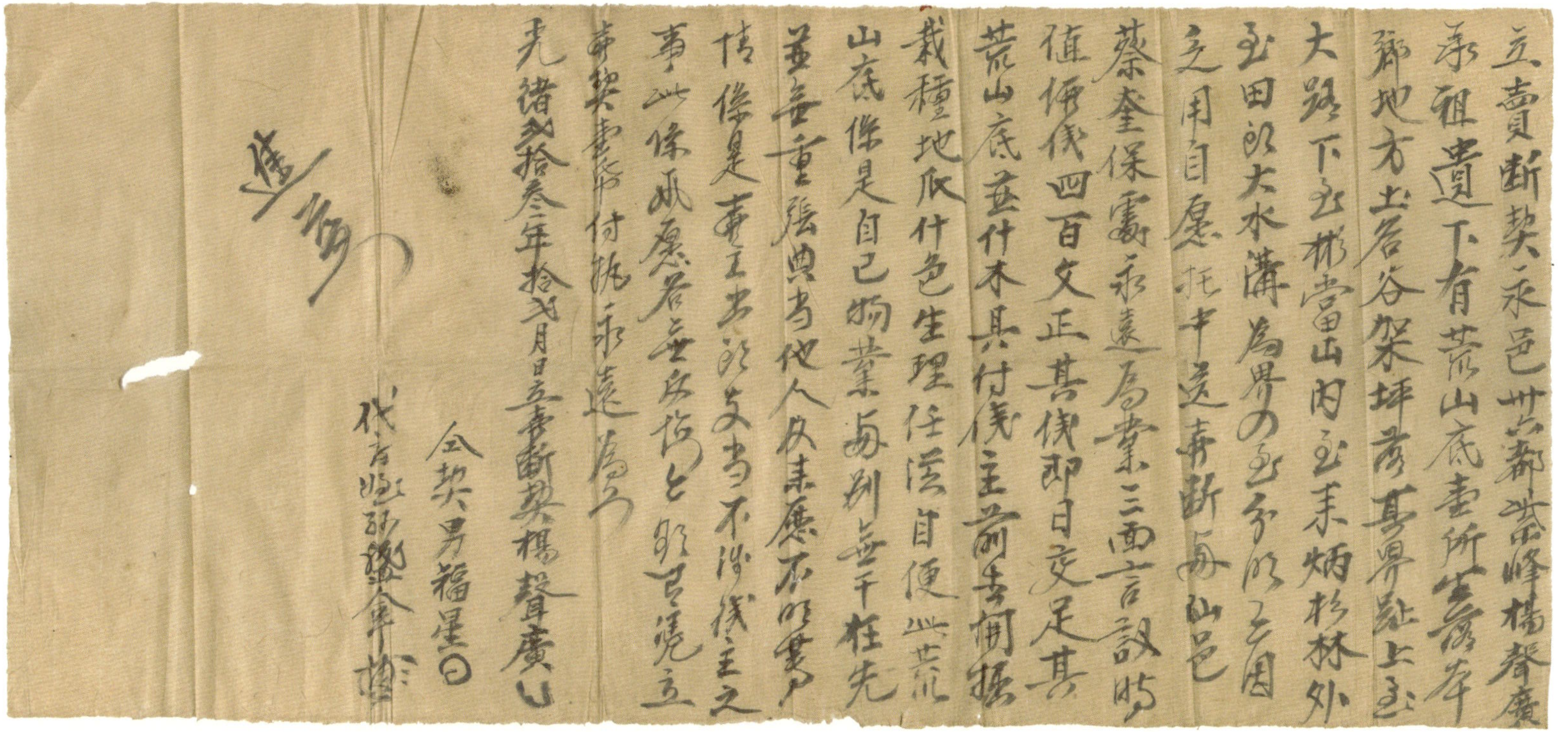
立賣斷契人永邑廿六都芹峰楊聲賡
承祖遺下有荒山底壹所坐落本
鄉地方土名谷架坪荒其界趾上至
大路下至彬當山內至耒炳杉林外
至田邊大水溝為界四至分明今因
乏用自愿托中送賣斷與仙邑
蔡奎保處永遠為業三面言議時
值價錢四百文正其錢即日交足其
荒山底並什木其付錢主前去開擬
栽種地底什色生理任從自便此荒
山底係是自己物業與別無干在先
並無重張典當他人及未應不明等
情係是賣主出頭支當不涉錢主之
事此係兩愿各無反悔今欲有憑立
賣斷契壹紙付執永遠為照
光緒貳拾叁年拾貳月日立賣斷契楊聲賡（押）
仝契男福星（押）
代筆胞弟聲金（押）

9-3-36-2　清光緒二十三年十二月楊聲賡等立賣斷荒山底契

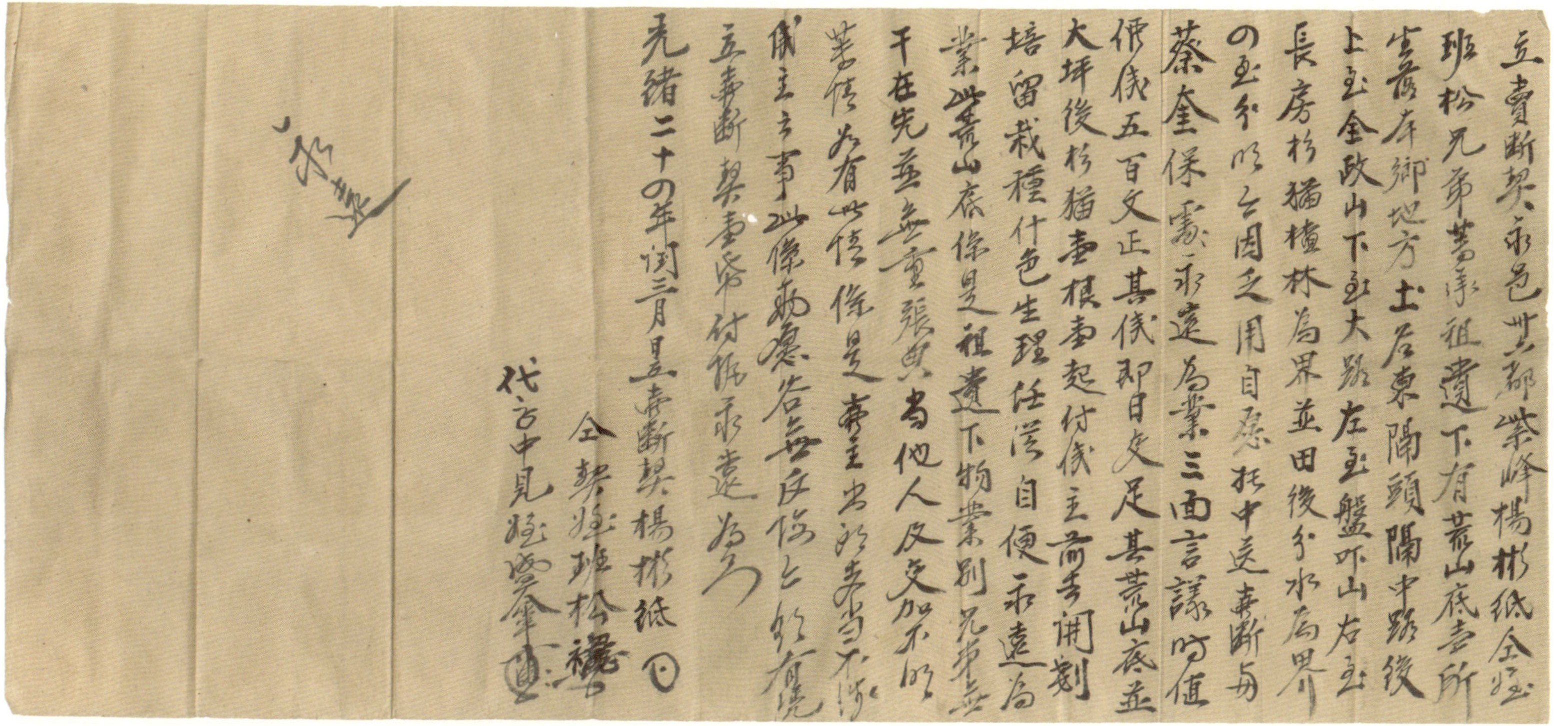
立賣斷契人永邑廿八都紫峰楊彬紙仝侄
班松兄弟等，承祖遺下有荒山底壹所，
坐落本鄉地方土名東陽頭陽中路後，
上至金敢山，下至大路，左至盤吓山，右至
長房杉貓檀林為界，並田後分水為界，
四至分明。今因乏用，自愿托中送賣斷與
蔡奎保處，永遠為業。三面言議時值
價錢五百文正。其錢即日交足。其荒山底並
大坪後杉貓壹根，壹起付錢主前去開劃
培留栽種什色生理，任從自便，永遠為
業。此荒山底係是祖遺下物業，別兄弟無
干，在先並無重張典當他人，及交加不明
等情。如有此情，係是賣主出頭當不干涉
錢主之事。此係兩愿，各無反悔。今欲有憑，
立賣斷契壹紙，付執永遠為照。
光緒二十四年閏三月　日立賣斷契楊彬紙 ⊙
仝契侄班松
代字中見姪經全

9-3-36-3　清光緒二十四年閏三月楊彬紙等立賣斷荒山底契

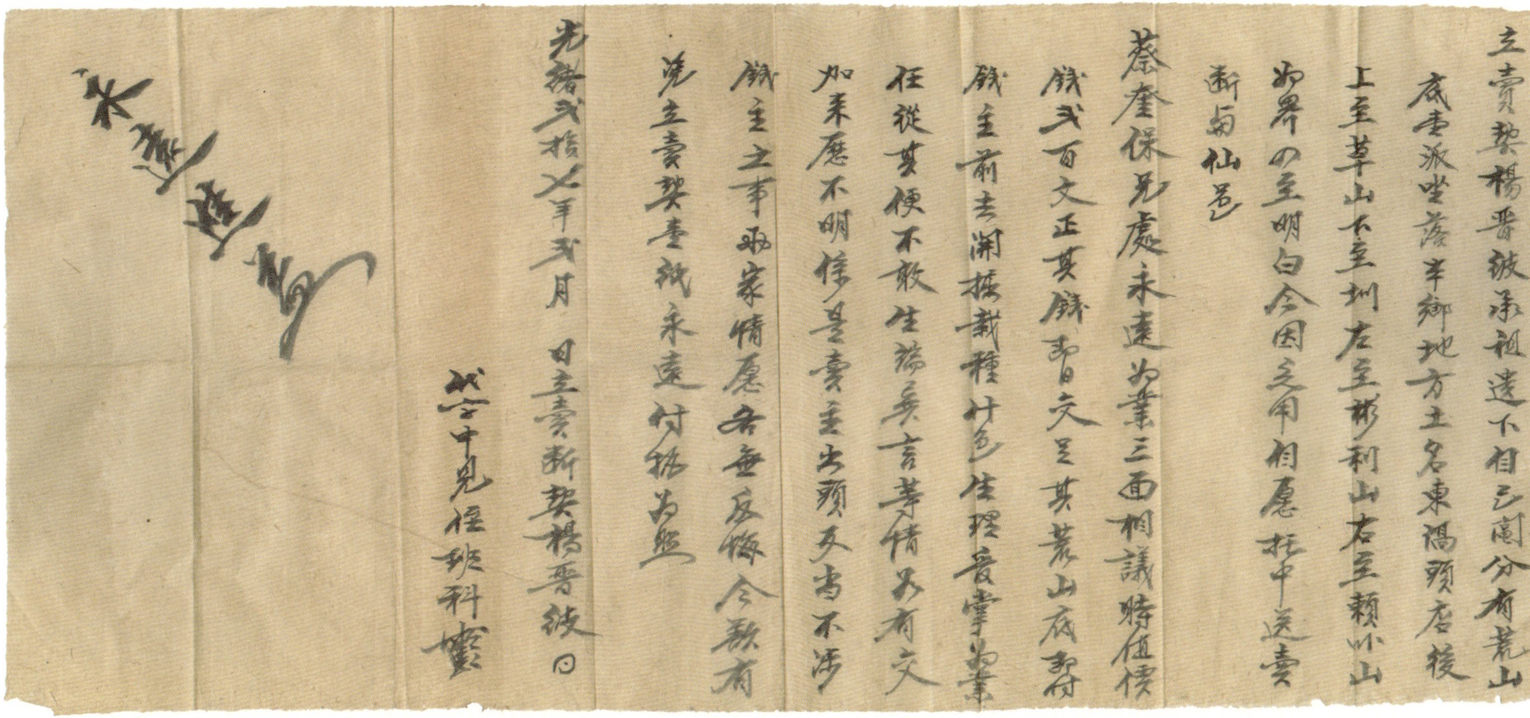
立賣契楊晋彼承祖遺下自己鬮分有荒山
底壹派坐落半鄉地方土名東湯頭店後
上至草山下至圳左至彬利山右至賴以山
為界四至明白今因乏用自愿托中送賣
斷與仙邑
蔡奎保兄處永遠為業三面相議時值價
錢貳百文正其錢當日交足其荒山底當付
錢主前去開掘栽種什色生理管掌為業
任從其便不敢生端異言等情如有交
加来歷不明係是賣主出頭支當不涉
錢主之事此係家情愿各無反悔今欲有
憑立賣契壹紙永遠付執為照
光緒貳拾柒年貳月　日立賣斷契楊晋彼 ○
代字中見侄班科
永遠管業

9-3-36-4　清光緒二十七年二月楊晋彼立賣斷荒山底契

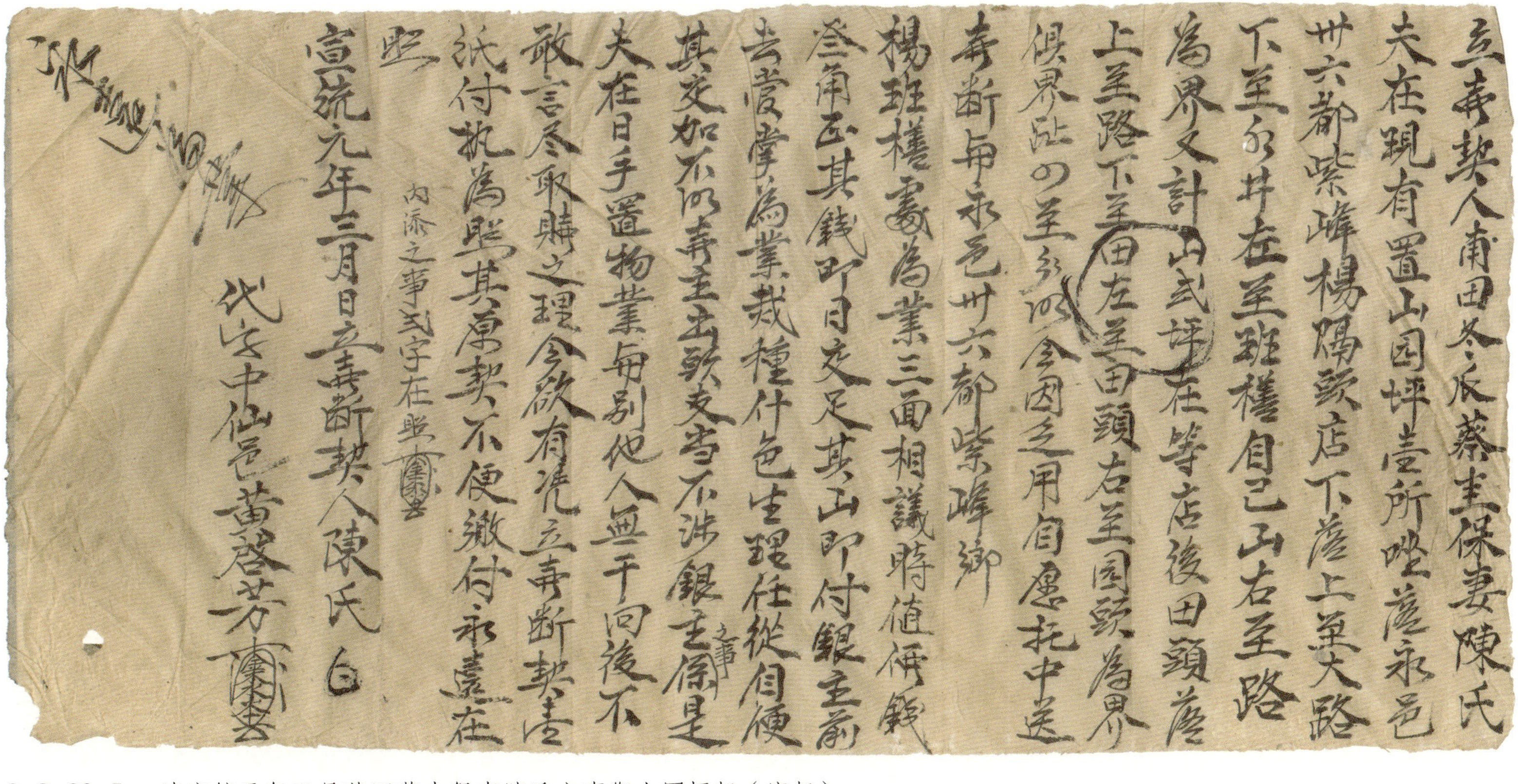

立賣契人甫田冬辰蔡圭保妻陳氏
夫在現有置山園坪壹所，坐落永邑
廿六都紫峰楊陽頭店下，落上至大路，
下至水井，左至班樣自己山，右至路
為界。又計山弍坪，在等店後田頭，落
上至路，下至田，左至田頭，右至園頭為界。
俱界址四至分明。今因乏用，自愿托中送
賣斷與永邑廿六都紫峰鄉
楊班樣處為業。三面相議，時值價錢
叁角正。其錢即日交足，其山即付銀主前
去管掌為業，栽種什色，生理任從自便。
其交加不明，賣主出頭支當，不涉銀主之事。係是
夫在日手置物業，與別他人無干，向後不
敢言及取贖之理。今欲有憑，立賣斷契壹
紙付執為照。其原契不便繳付，永遠在
照。
內添之事弍字在照
宣統元年三月　日立賣斷契人陳氏
代字中仙邑黃啟芳

9-3-36-5　清宣統元年三月莆田蔡圭保妻陳氏立賣斷山園坪契（廢契）

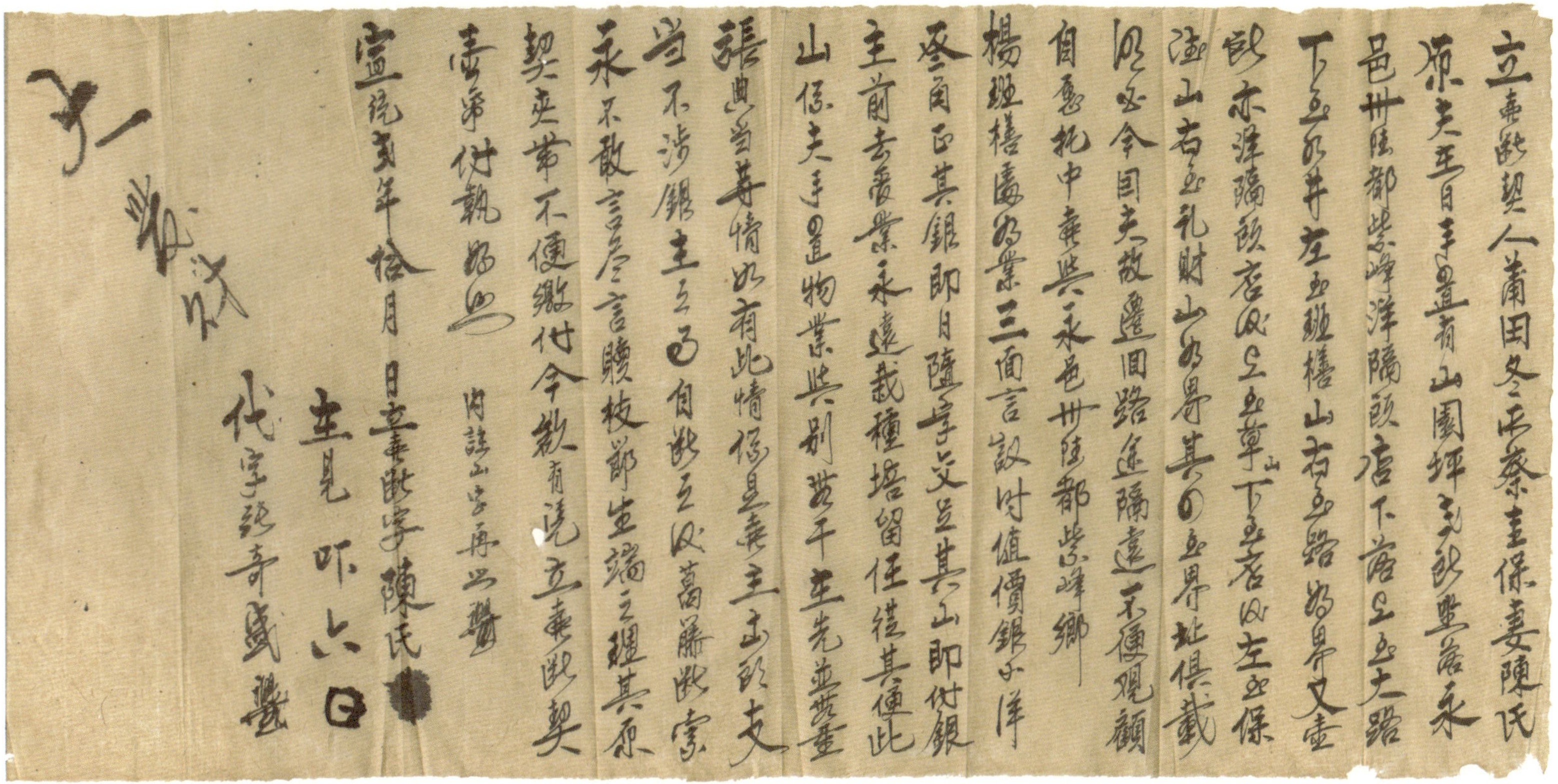
立賣斷契人莆田文賦里蔡圭保妻陳氏
承夫在日手置有山園坪乙段，坐落永
邑卅陸都紫峰洋隔頭，厝下落土名大路
下土名井左土名班樓山右土名路為界，又壹
段亦洋隔頭厝後土名草山下土名厝後左土名保
德山右土名乳財山為界，其四至界址俱載
明。今因夫故，邊回路途隔遠，不便觀顧，
自愿托中賣與永邑卅陸都紫峰鄉
楊班樓處為業，三面言議，時值價銀[illegible]洋
叁角正，其銀即日隨字交足，其山即付銀
主前去管業，永遠栽種培留，任從其便。此
山係夫手置物業，與別房兄弟無干，先並無重
張典當等情。如有此情，係是賣主出頭支
當，不涉銀主之事。自斷之後，葛藤斷處，
永不敢言找言贖、枝節生端之理。其原
契並帶不便繳付，今欲有憑，立賣斷契
壹紙，付執為照。　內註山字再照
宣統貳年拾月　日立賣斷字陳氏
主見　叭六
代字弟奇盛

9-3-36-6　清宣統二年十月莆田蔡圭保妻陳氏立賣斷山園坪契

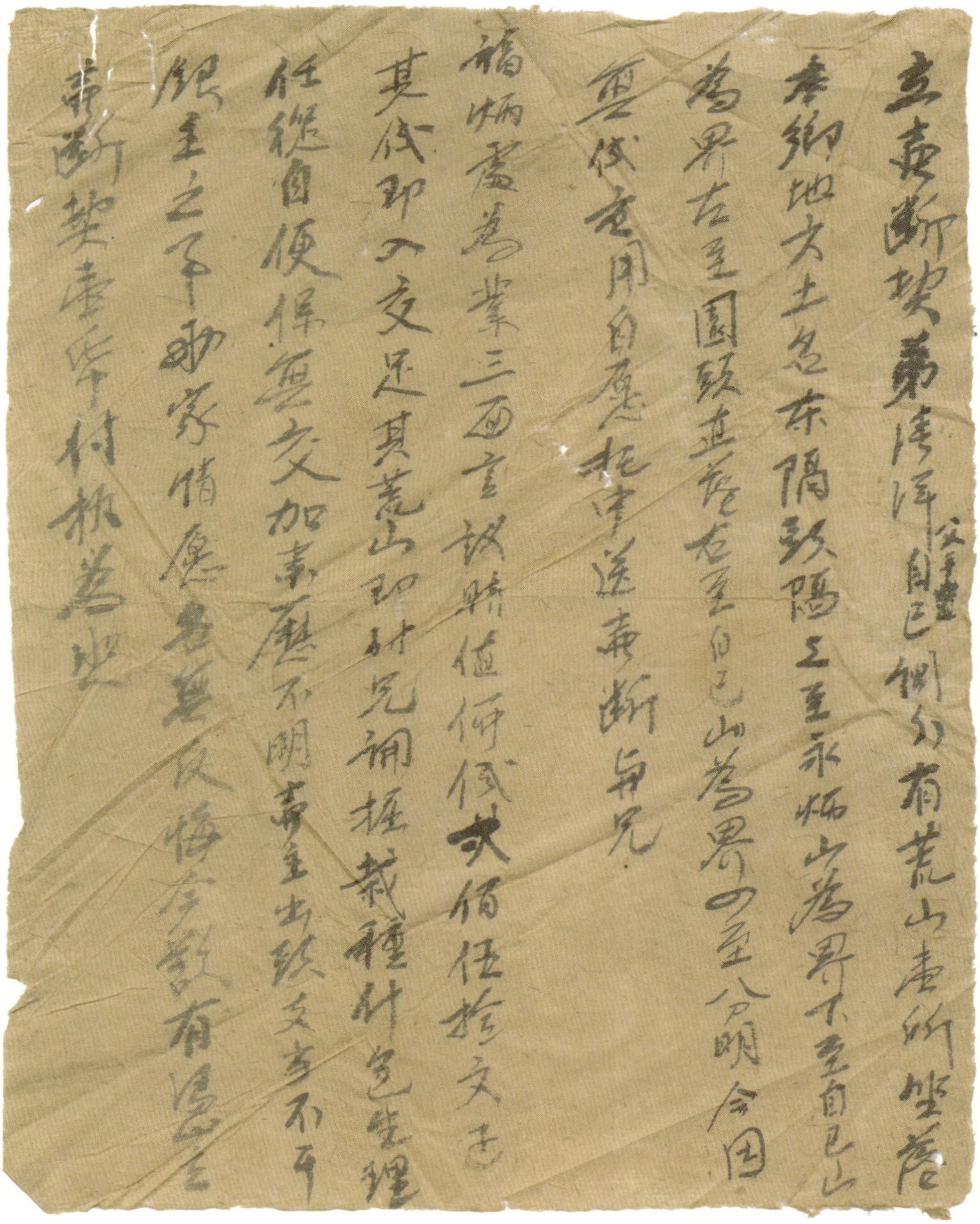
立賣斷契弟清祥父手置自己鬮分有荒山壹所坐落
本鄉地方土名东隔頭隔上至永炳山為界下至自己山
為界左至園頭直落右至自己山為界四至分明今因
無錢應用自愿托中送賣斷與兄
福炳處為業三面言議時值價錢式佰伍拾文正
其錢即日交足其荒山即付兄边掘栽種竹木管理
任從自便保無交加來歷不明賣主出頭支當不干
銀主之事兩家情愿各無反悔今欲有憑立
賣斷契壹紙付執為照

9-3-36-7　民國時期楊清祥立賣斷荒山契（草契）

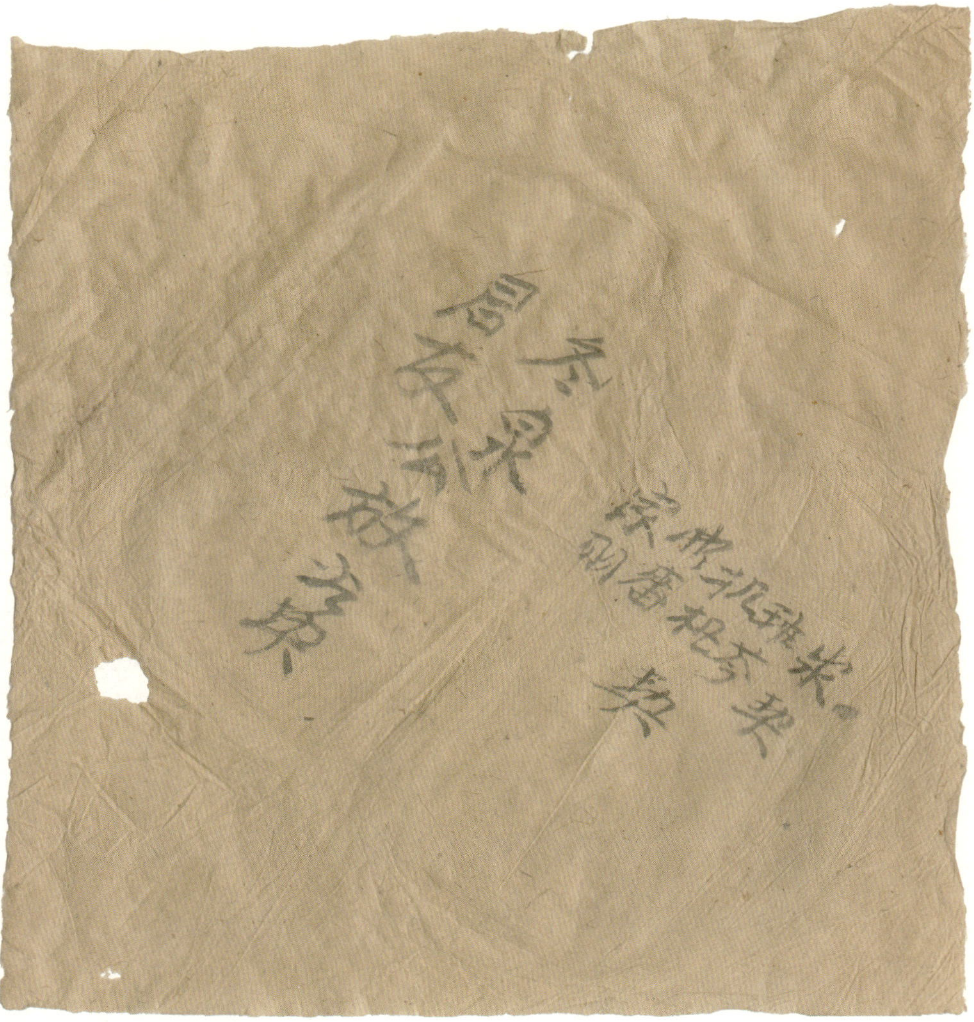

9-3-37-1　包契紙

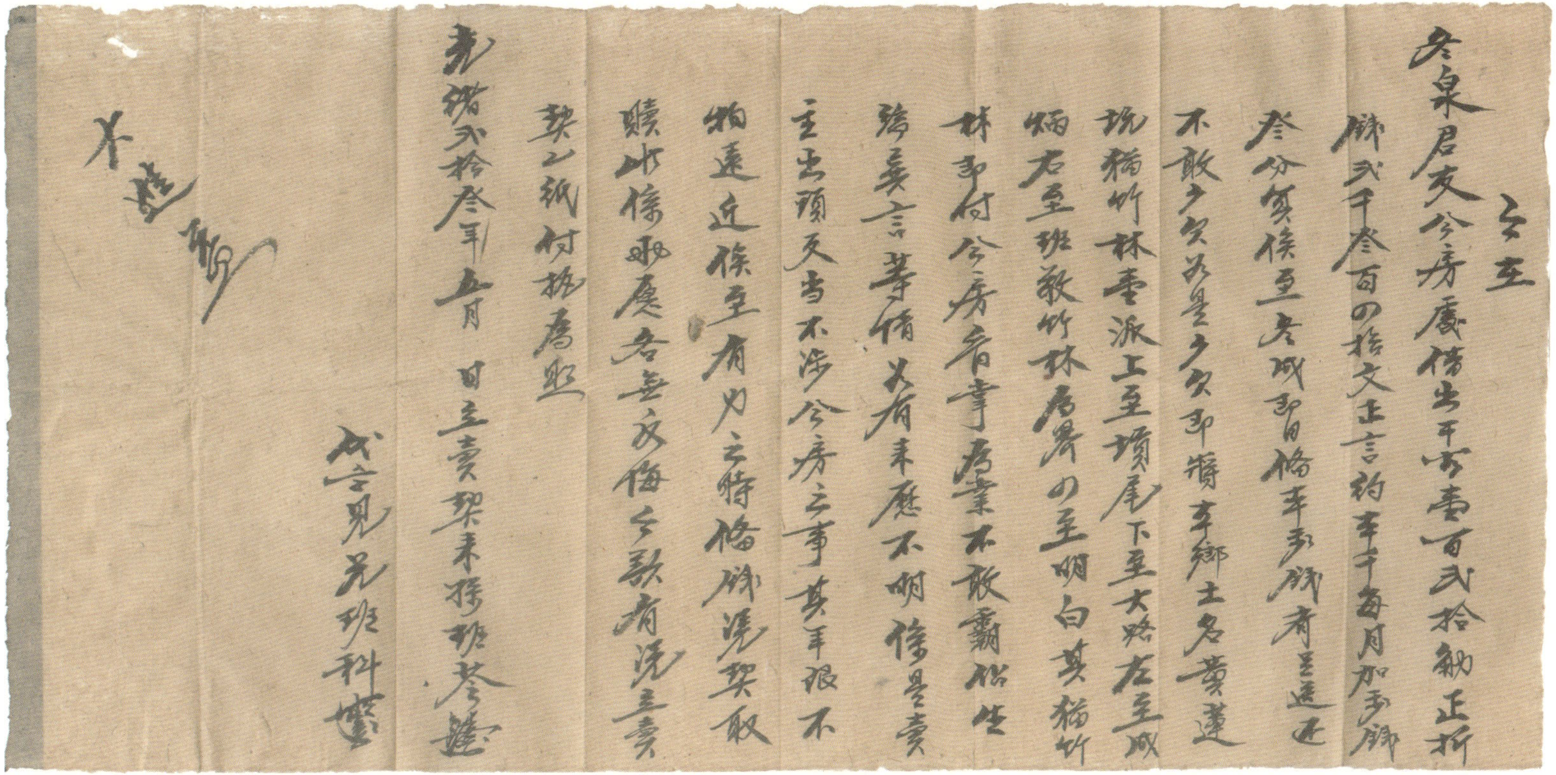

仝立
□泉君支分房處借出平穀壹百弍拾觔正，折
錢弍千叁百四拾文正，言約本千每月加弍錢
叁分算，候至冬成即日備本利清還，
不敢少欠分文。如是少欠，即將本鄉土名黃蓮
坑猫竹林壹派，上至墳尾，下至大路，左至成
炳，右至班敬竹林爲界，四至明白，其猫竹
林即付分房看掌爲業，不敢霸佔。
恐無言等情，又有來歷不明，係是壹
主出頭支當，不涉分房之事。其年限不
拘遠近，條至有日之時，備錢照契取
贖，此係兩愿，各無反悔，今欲有憑，立壹
契一紙，付執爲照。
光緒弍拾叁年五月　日立壹契人楊班苓（押）
代字見兄班科（押）
[illegible]

9-3-37-2　清光緒二十三年五月楊班苓立借穀契

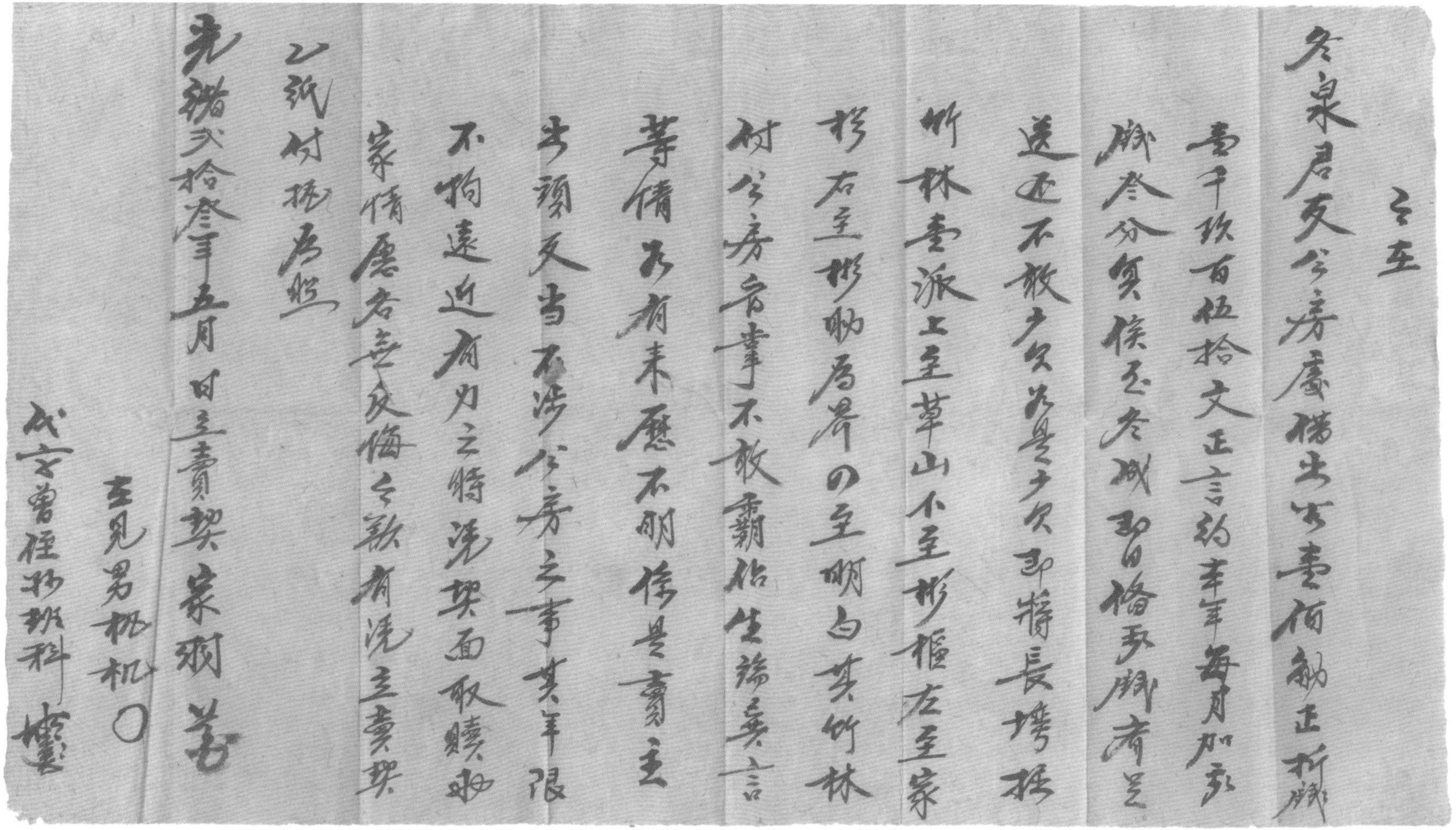
仝在
冬泉君友公房處措出本壹佰捌正折錢
壹千玖百伍拾文正言約本年每月加貳
錢叁分算俟至冬成習倫本錢清足
送還不敢少欠如是少欠即將長塆垅
竹林壹派上至草山下至彬樞左至家
彬右至彬助爲界四至明白其竹林
付公房自掌不敢霸佔生端異言
等情如有來歷不明係是賣主
出頭支當不涉公房之事其年限
不拘遠近有力之時洗契面取贖如
家情愿名無反悔今欲有凭立賣契
一紙付據爲照
光緒貳拾叁年五月　日立賣契　家羽
在見男彬机 ○
代字曾侄孫彬科

9-3-37-3　清光緒二十三年五月楊家羽立賣竹林契

〻主

各泉居叔公房處備出錢弍百捌正折錢

叁千九百文正，言約年年每月加利錢叁

分算，係至冬成即日備本利錢寄足送還，

不敢少欠分文。若少欠，即將本鄉長壙坪

竹林壹派，上至草下至路，左至班劉班六

班劉竹林，右至周森家杉竹林為

界，四至明白。其竹林即付公房管業

為業，不敢生端異言等情。此有來

歷交加不明，賣主出頭支當，不涉

公房之事。其年限不拘遠近，有力之時

照契面取贖，兩家情愿，各無反悔。今

欲有憑，立賣契乙紙，付執為照。

光緒弍拾叁年五月　日立賣契楊杋杋（押）

知契母親黃氏（押）

代字侄杋班料（押）

9-3-37-4　清光緒二十三年五月楊杋杋立賣竹林契

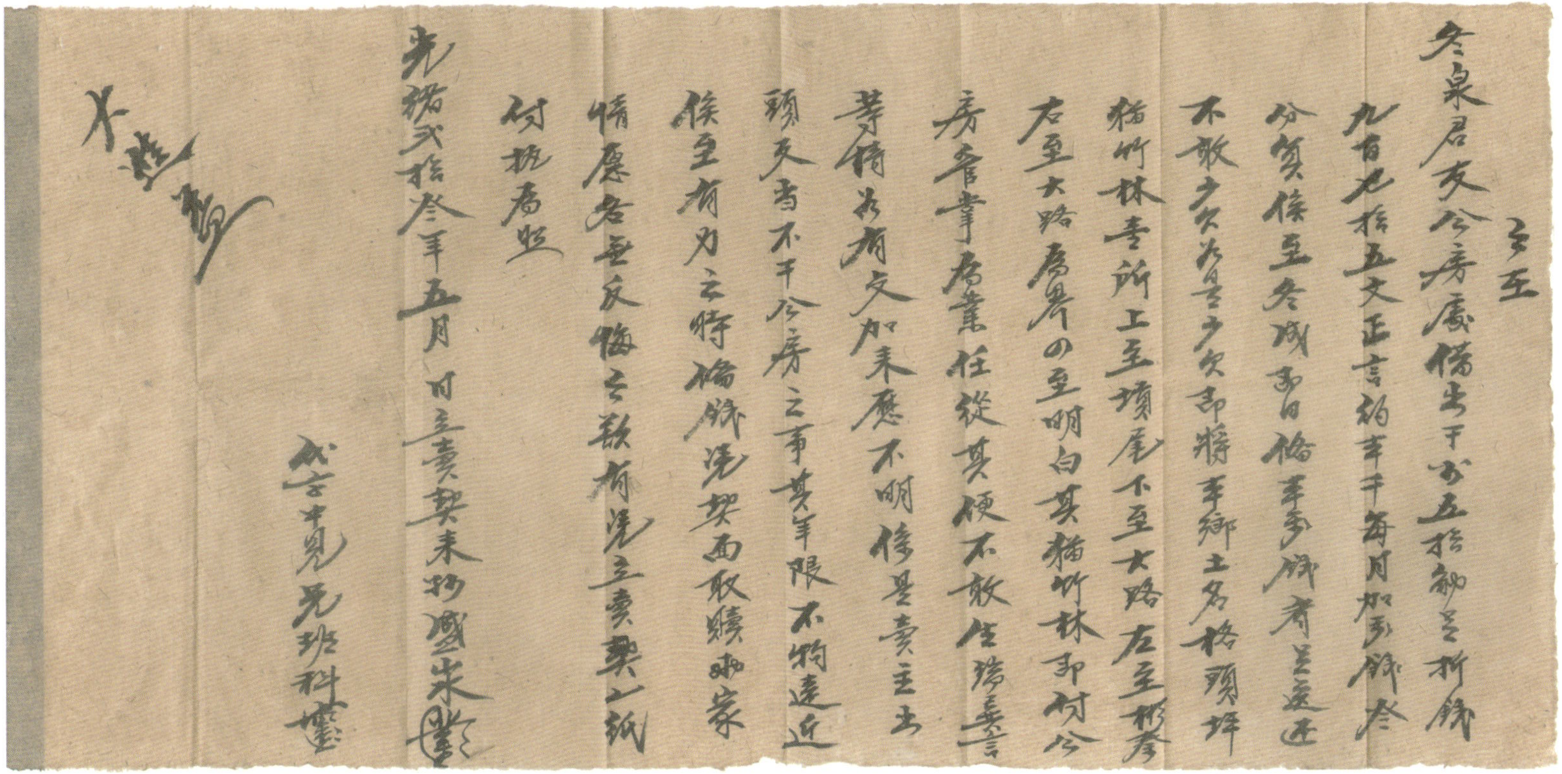

9-3-37-5　清光緒二十三年五月楊盛求立賣猫竹林契

立

冬泉

君友公房處借出本壹佰勅正折錢

壹千九百伍文正言約每千每月加利叁

分算足至冬成即將倫利錢齊呈送還

不敢少欠如是少欠即將本鄉土名竹

林松猫竹林壹派上至草山下至墳面

左至班葛並班敬右至彬秦竹林為

界四至明白其猫竹林即付公房官

掌為業不敢霸佔生端異言等情

此有來歷不明係是賣主出頭支

當不涉公房之事其年限不拘遠

近候至有力之時備錢送契面

取贖兩家情愿各無反悔今欲

有憑立賣契一紙付執為照

光緒貳拾叁年五月　日立賣契楊彬壽

代字見侄　班科

大進光

9-3-37-6　清光緒二十三年五月楊彬壽立賣猫竹林契

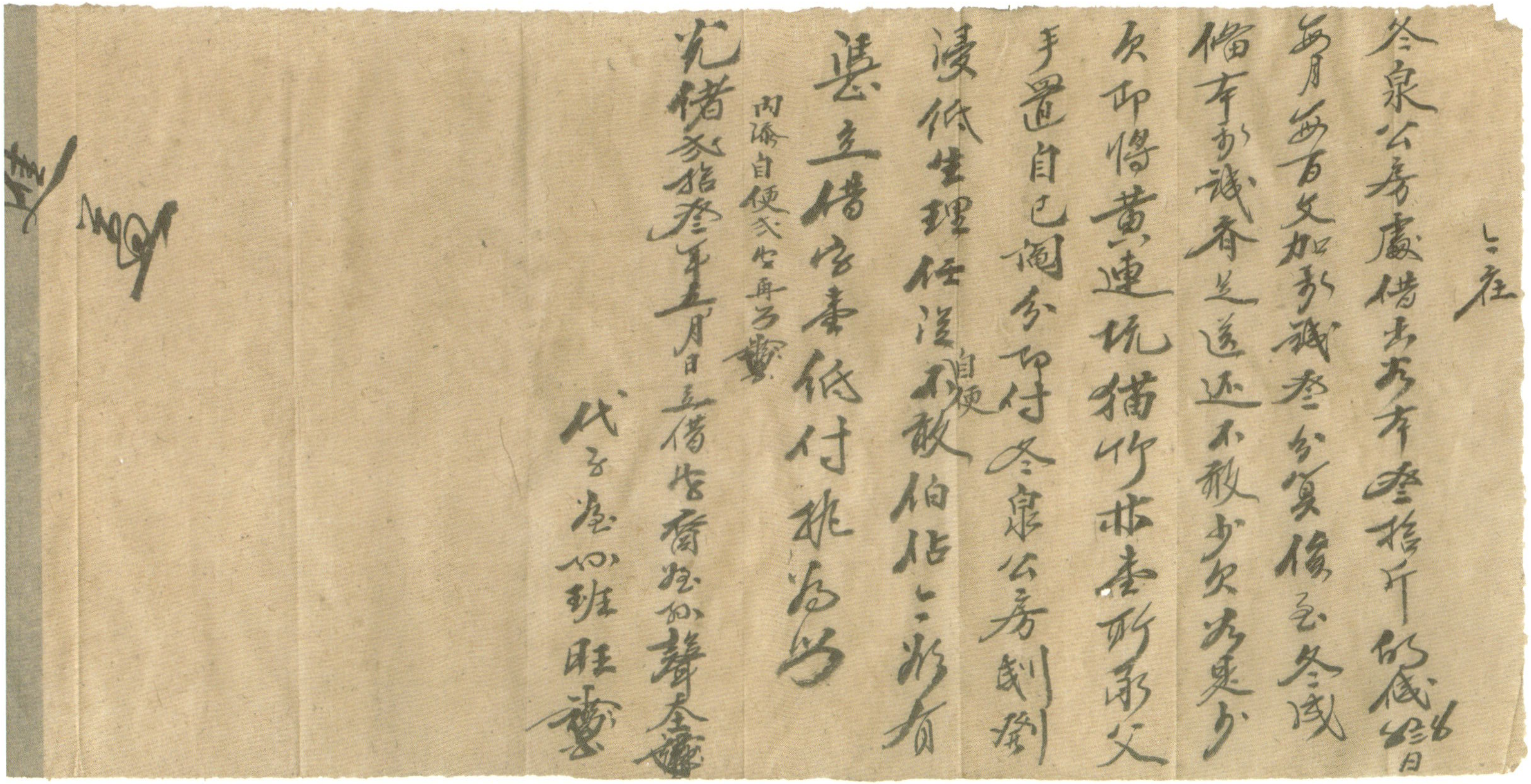
上在
仝泉公房處借出本年叁拾斤的穀[illegible]
每月每百文加利錢叁分算俟至冬成
備本利錢本息送還不敢少欠如是少
欠即將黃連坑猫竹林壹所承父
手置自己闔分即付仝泉公房割發
浸[illegible]生理任從自便不敢伯佔之[illegible]有
憑立借字為付执為照
內添自便弍字再照
光緒念叁年五月日立借字楊聲[illegible]
代字[illegible]班旺

9-3-37-7　清光緒二十三年五月楊聲坴立借穀字

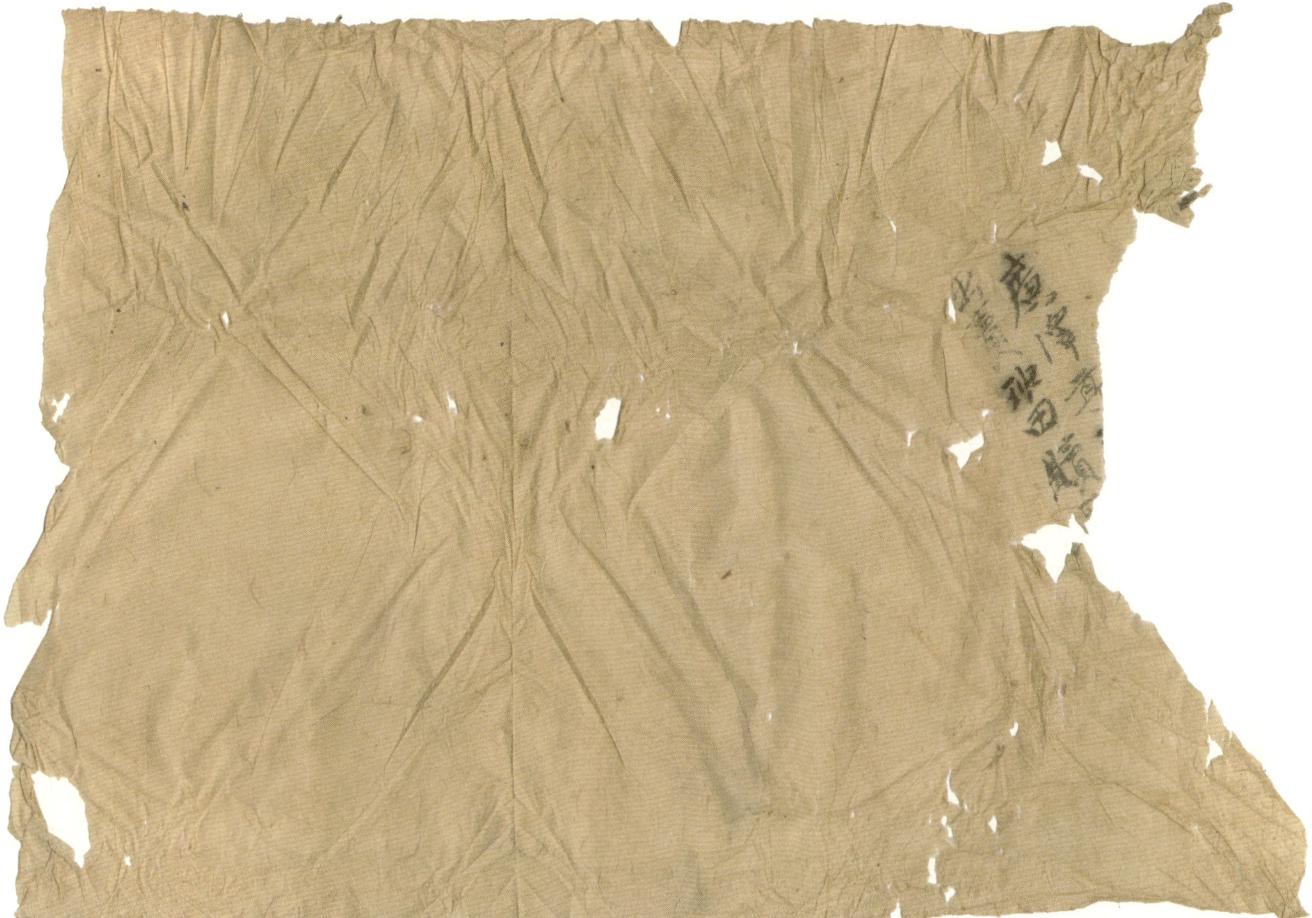

9-3-38-1　包契紙

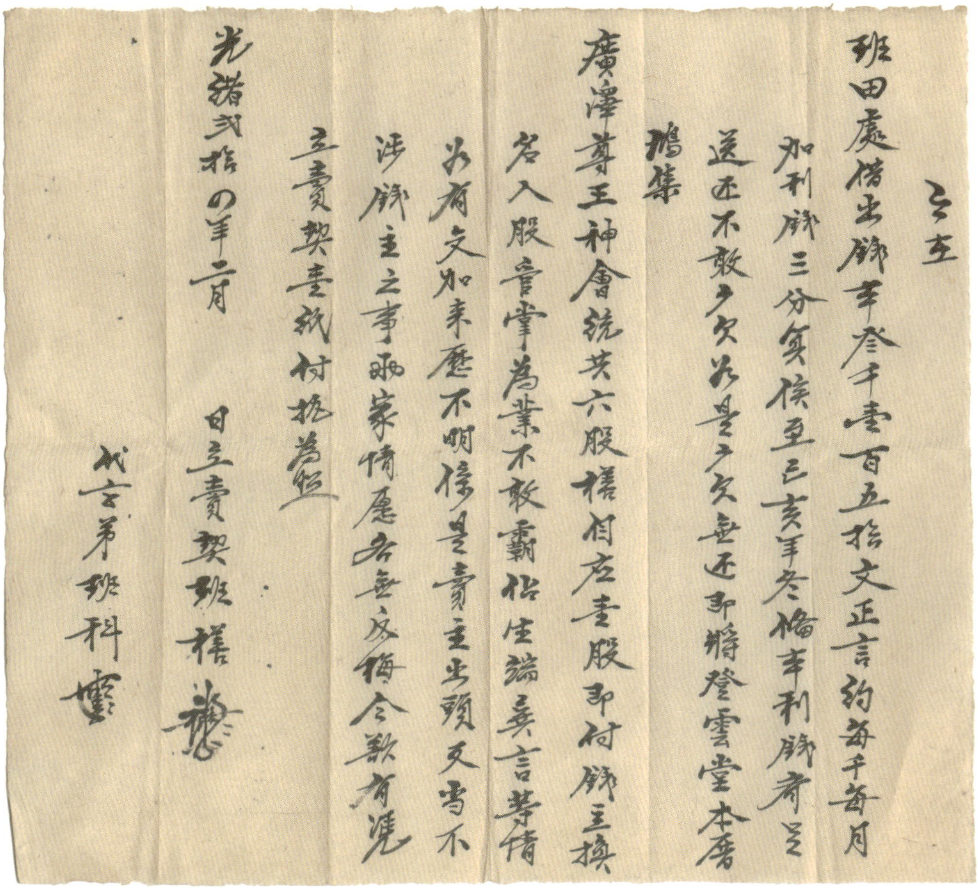
ム立
班田處借出錢本叁千壹百五拾文正言約每千每月
加利錢三分算候至己亥年冬備本利錢前呈
送還不敢少欠如是少欠無還即將登雲堂本房
鳩集
廣澤尊王神會統共六股槎得应壹股即付錢主換
名入股管掌為業不敢霸佔生端異言等情
此有文如來歷不明係是賣主出頭支當不
涉錢主之事兩家情愿各無反悔今欲有憑
立賣契壹紙付執為照
光緒弍拾四年二月　日立賣契班槎（押）
代字弟班科（押）

9-3-38-2　清光緒二十四年二月楊班槎立賣廣澤尊王神會股契

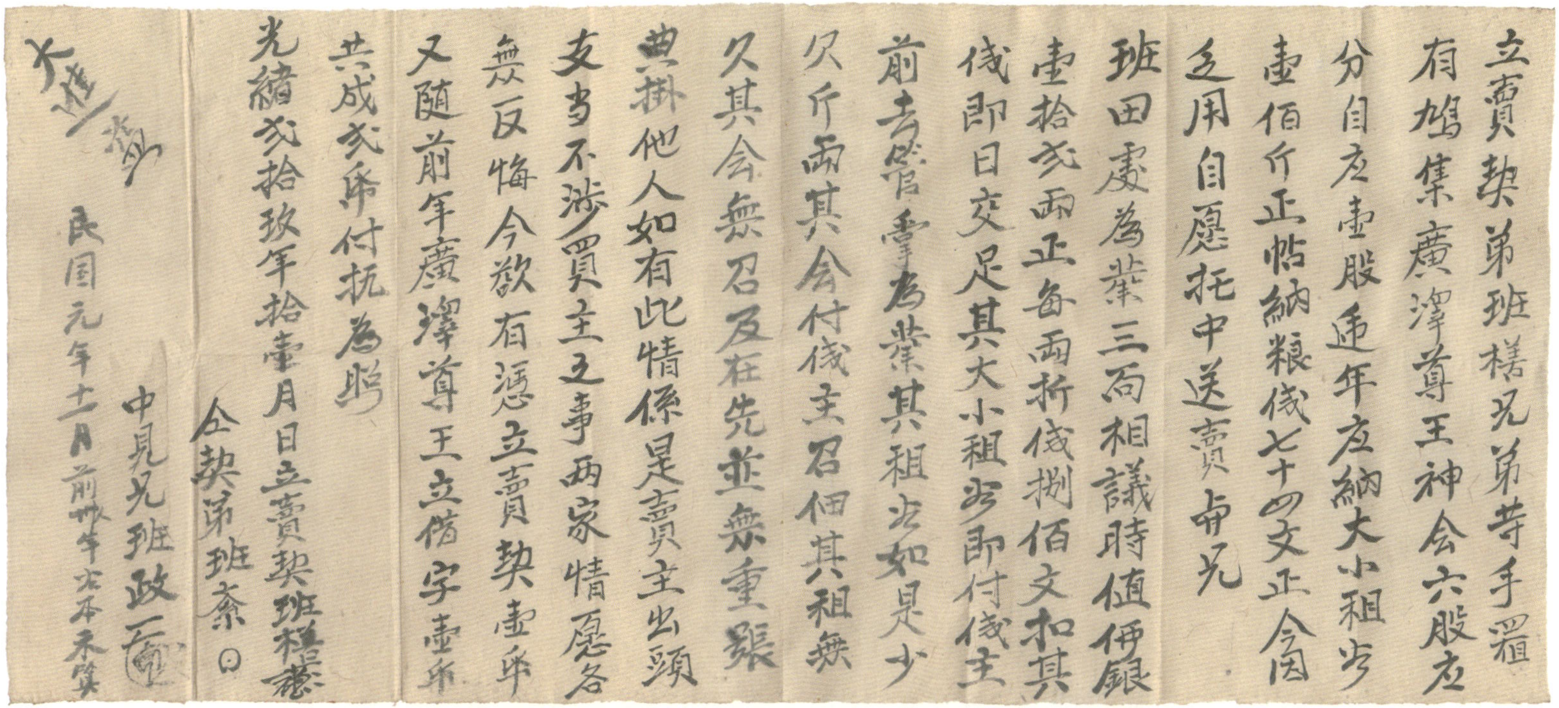
立賣契弟班橲兄弟等手羅
有鳩集廣澤尊王神会六股應
分自應壹股遞年應納大小租并
壹佰斤正帖納粮伐七十四文正今因
乏用自愿托中送賣與兄
班田處爲業三面相議時值價銀
壹拾貳兩正每兩折伐捌佰文和其
伐即日交足其大小租并即付伐主
前去管掌爲業其租并如是少
欠斤兩其会付伐主召佃其租無
欠其会無召反在先並無重張
典掛他人如有此情係是賣主出頭
支当不涉買主之事兩家情愿各
無反悔今欲有憑立賣契壹帋
又隨前年廣澤尊王立借字壹帋
共成貳帋付執爲照
光緒貳拾玖年拾壹月　日立賣契班橲
仝契弟班奈
中見兄班政
民国元年十一月前收年出本未筆
大進/大發

9-3-38-3　清光緒二十九年十一月楊班橲等立賣廣澤尊王神會股契

9-3-39-1　包契紙

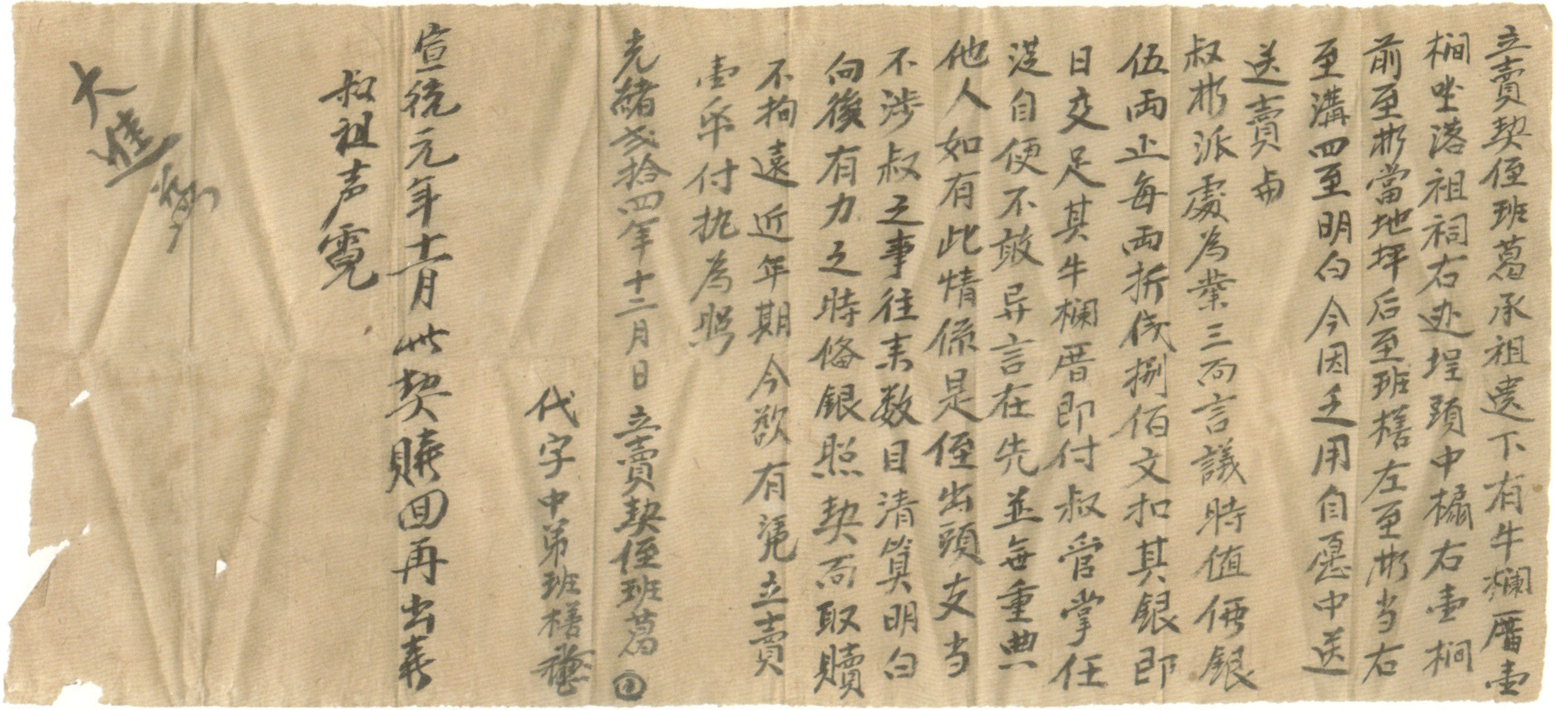
立賣契侄班葛承祖遺下有牛欄厝壹
桐坐落祖祠右边埕頭中橫右壹桐
前至邢當地坪后至班禧左至邢为右
至溝四至明白今因乏用自愿中送
送賣與
叔邢派處為業三面言議時值價銀
伍兩正每兩折錢捌佰文扣其銀即
日交足其牛欄厝即付叔管掌任
從自便不敢异言在先並無重典
他人如有此情係是侄出頭支当
不涉叔之事往來數目清算明白
向後有力之時備銀照契而取贖
不拘遠近年期今欲有憑立賣
壹紙付执為照
光緒貳拾四年十二月　日立賣契侄班葛
代字中弟班禧
宣統元年十二月此契贖回再出参
叔祖声霓
大進

9-3-39-2　清光緒二十四年十二月楊班葛立賣牛欄厝契

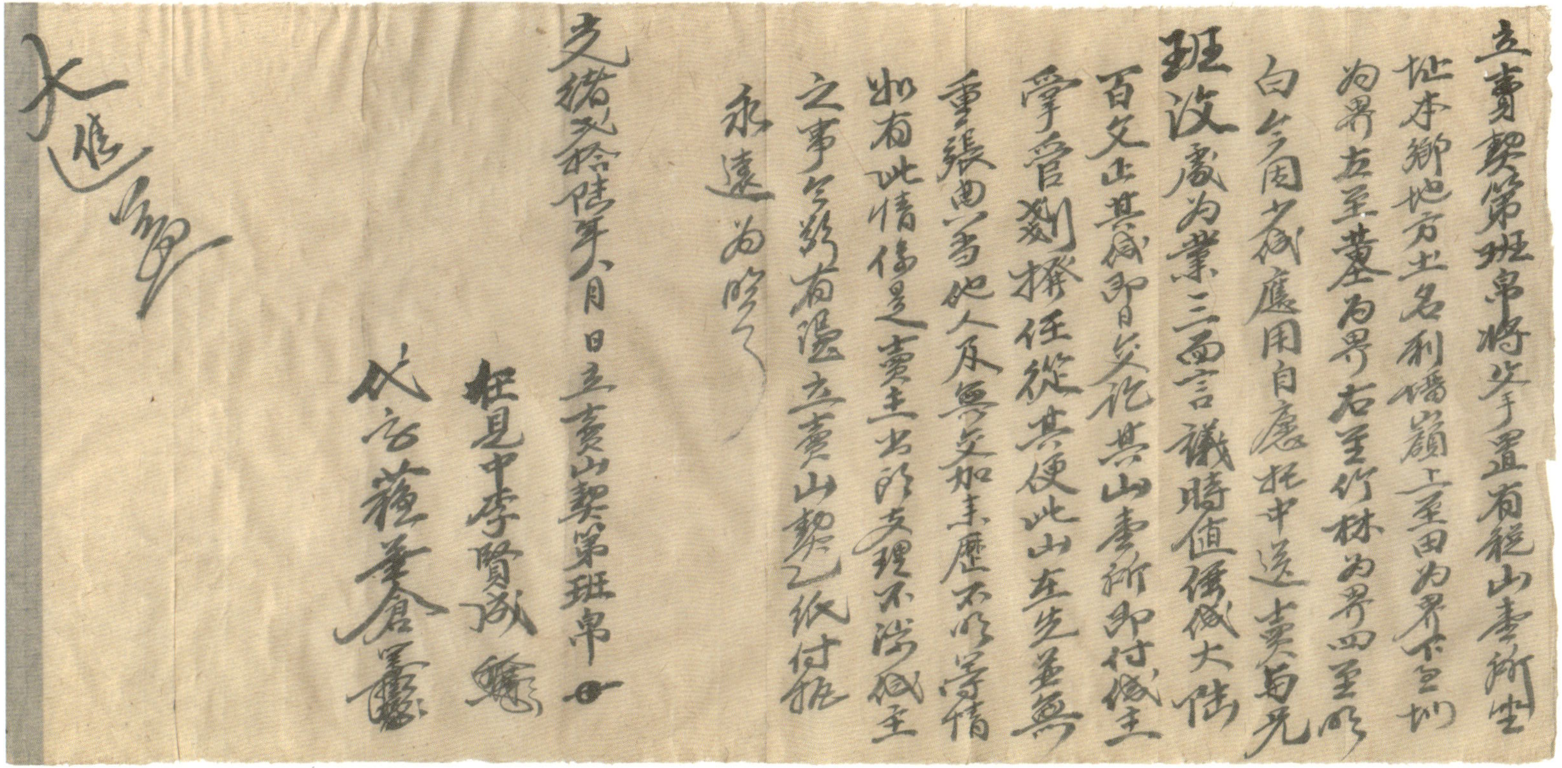

立賣契楊班帛將父手置有稅山壹所坐
址本鄉地方土名利播嶺上至田為界下至圳
為界左至墓為界右至竹林為界四至明
白今因無銀應用自愿托中送賣與先
班汶處為業三面言議時值價錢大陸
百文正其錢即日交訖其山賣所即付錢主
掌管劉擇任從其便此山在先並無
重張典當他人亦無交加來歷不明等情
如有此情係是賣主出頭支理不涉錢主
之事今欲有憑立賣山契一紙付與
永遠為照

光緒貳拾陸年八月　日立賣山契楊班帛
在見中李賢誠
代書藉華倉

大進

9-3-40-1　清光緒二十六年八月楊班帛立賣稅山契

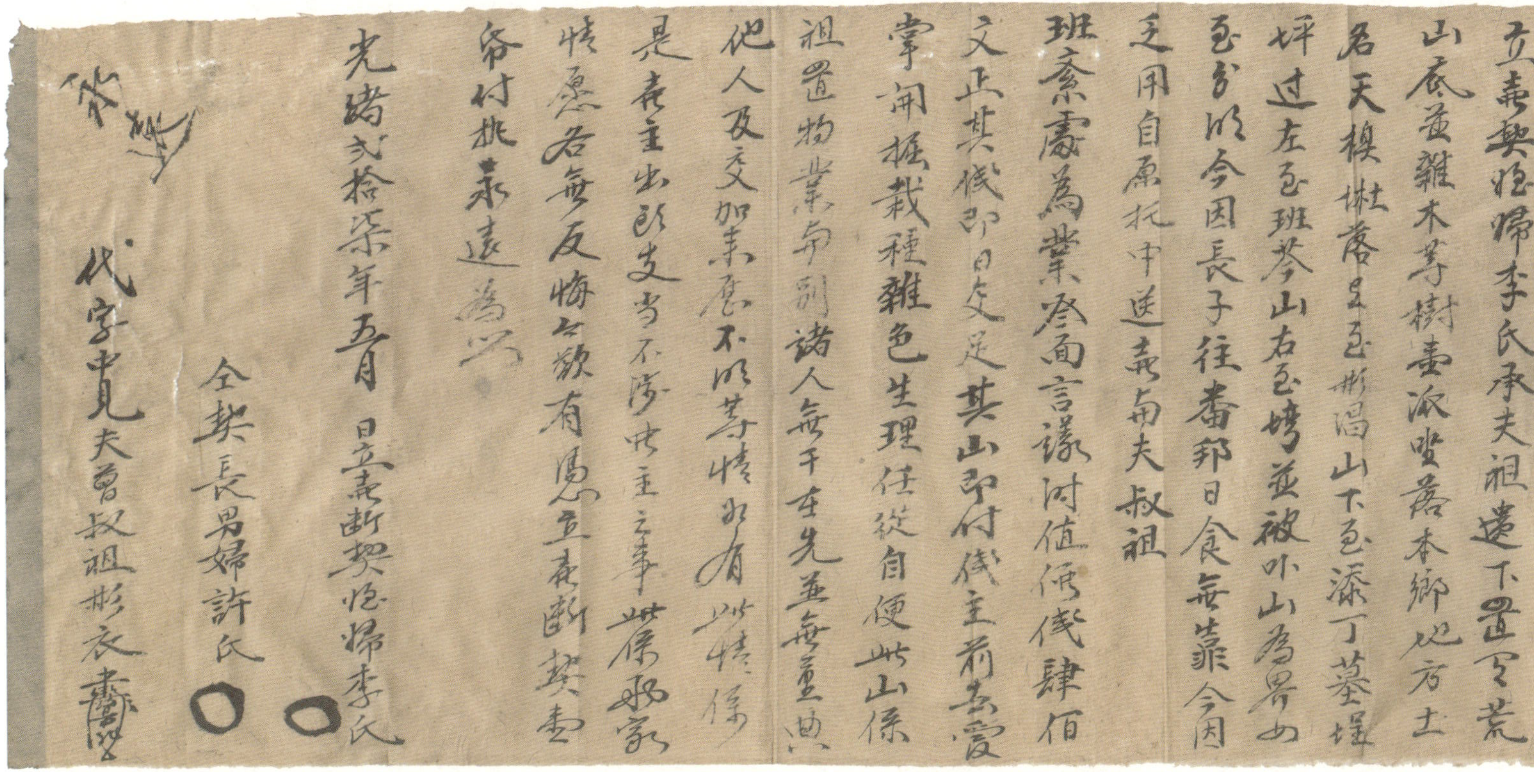

立賣契姪婦李氏承夫祖遺下置有荒
山底並雜木等樹壹派坐落本鄉地方土
名天模椒落上至彬嶺山下至添丁墓埕
坪過左至班參山右至塘並被外山為界四
至分明今因長子往番邦日食無靠今因
乏用自願托中送賣與夫叔祖
班余處為業參面言議時值價錢肆佰
文正其錢即日交足其山即付錢主前去管
掌開墾栽種雜色生理任從自便此山係
祖置物業而別諸人無干在先並無重典
他人及交加未應不明等情如有此情係
是賣主出頭支当不涉錢主之事此係兩家
情愿各無反悔今欲有憑立賣斷契壹
帋付執永遠為照
光緒貳拾柒年五月　日立賣斷契姪婦李氏
仝契長男婦許氏
代字中見夫曽叔祖彬衣壽

9-3-40-2　清光緒二十七年五月李氏等立賣荒山底等契

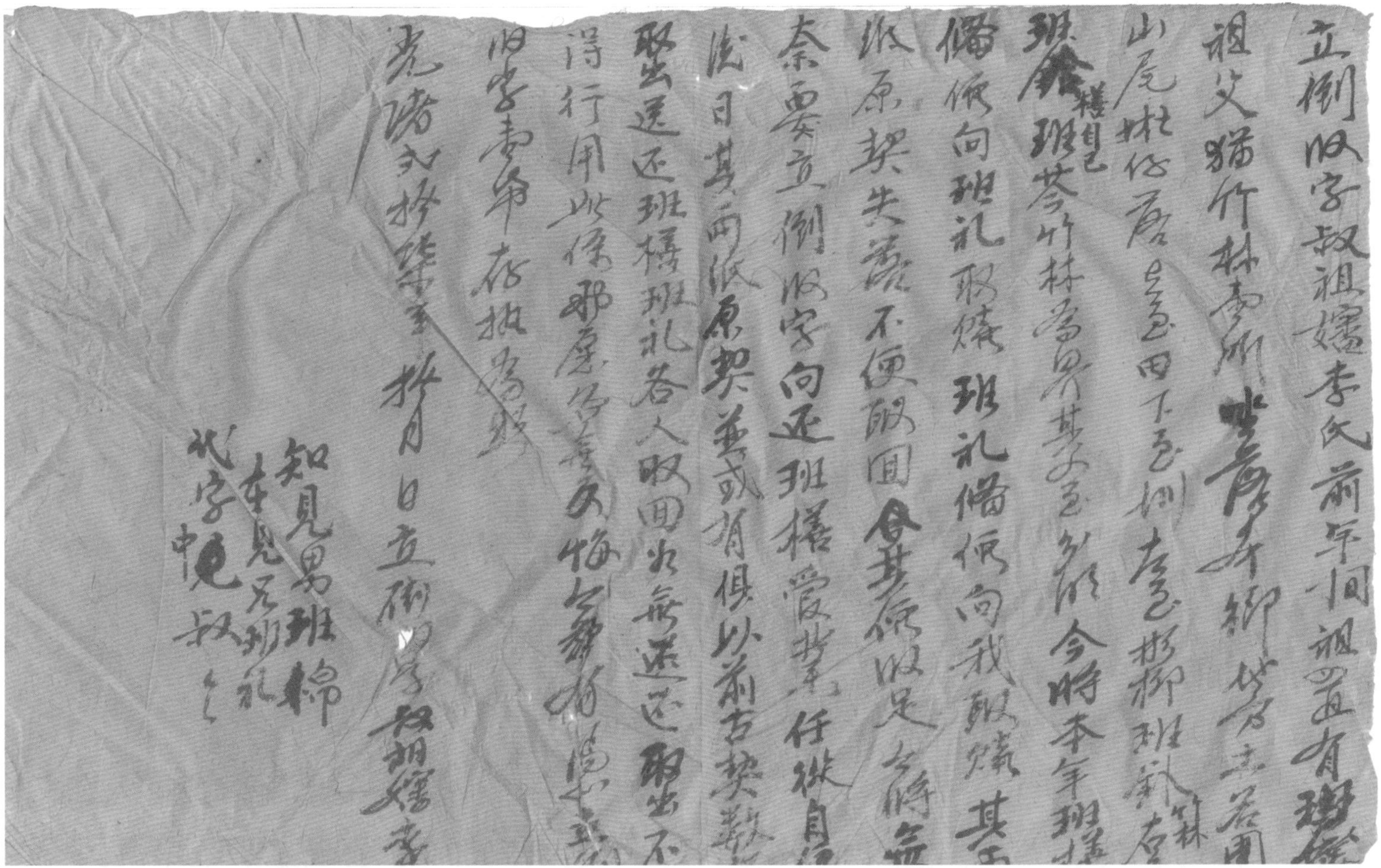

9-3-40-3　清光緒二十七年十月李氏立倒收字（草契）

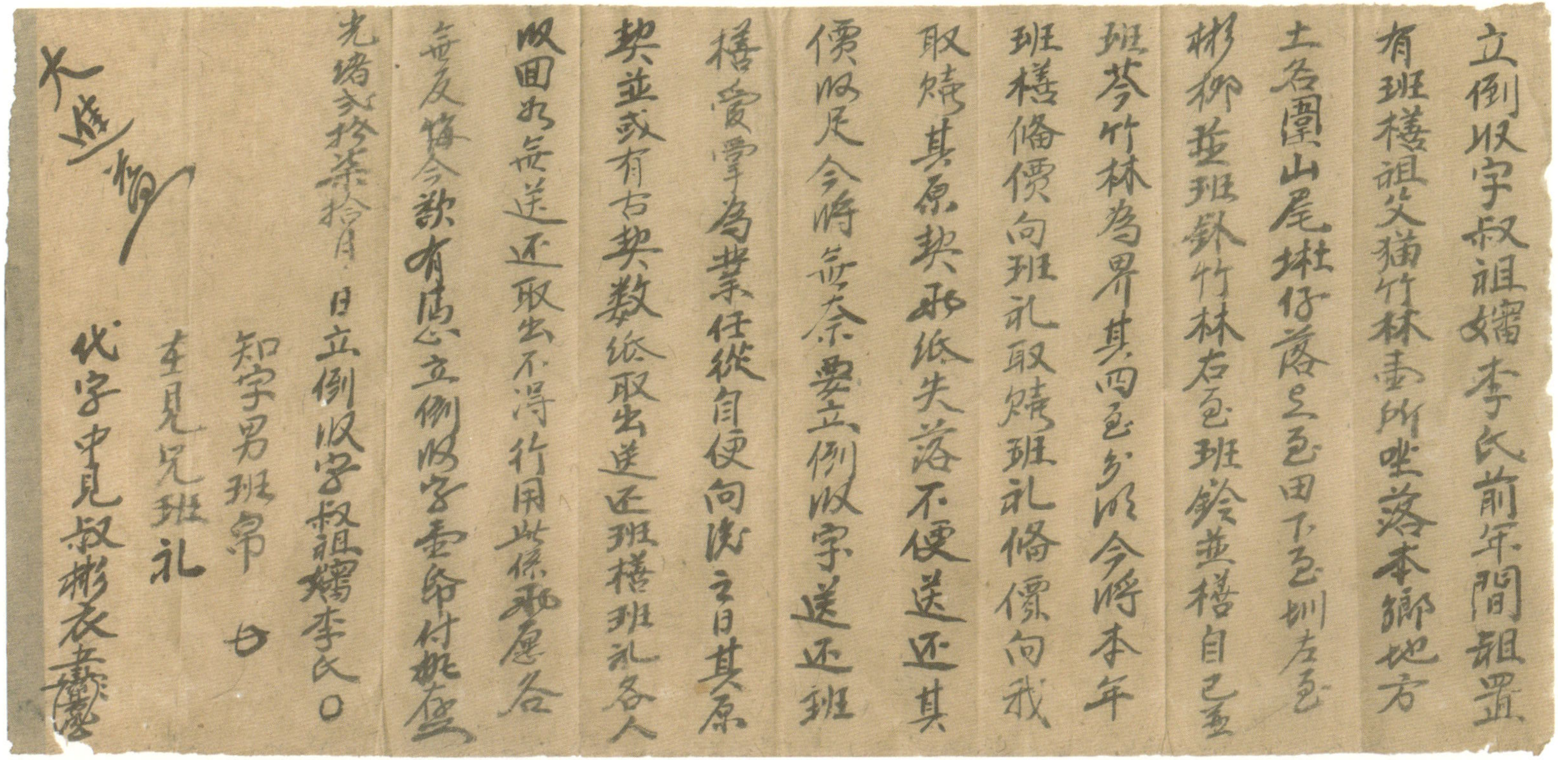

立倒收字叔祖嬸李氏前年間祖置
有班樣祖父猫竹林壹所坐落本鄉地方
土名圜山尾垬仔落上至田下至圳左至
彬卿並班鉌竹林右至班銓並樣自己並
班苓竹林為界其四至分明今將本年
班樣備價向班礼取贖班礼備價向我
取贖其原契承紙失落不便送还其
價收足今將無奈要立倒收字送还班
樣管掌為業任從自便向後之日其原
契並或有古契數紙取出送还班樣班礼各人
收回為無送还取出不得行用此係兩愿各
無反悔今欲有憑立倒收字壹帋付執為照
光緒貳拾柒年拾月　日立倒收字叔祖嬸李氏
知字男班帛
在見兄班礼
代字中見叔彬衣

9-3-40-4　清光緒二十七年十月李氏立倒收字

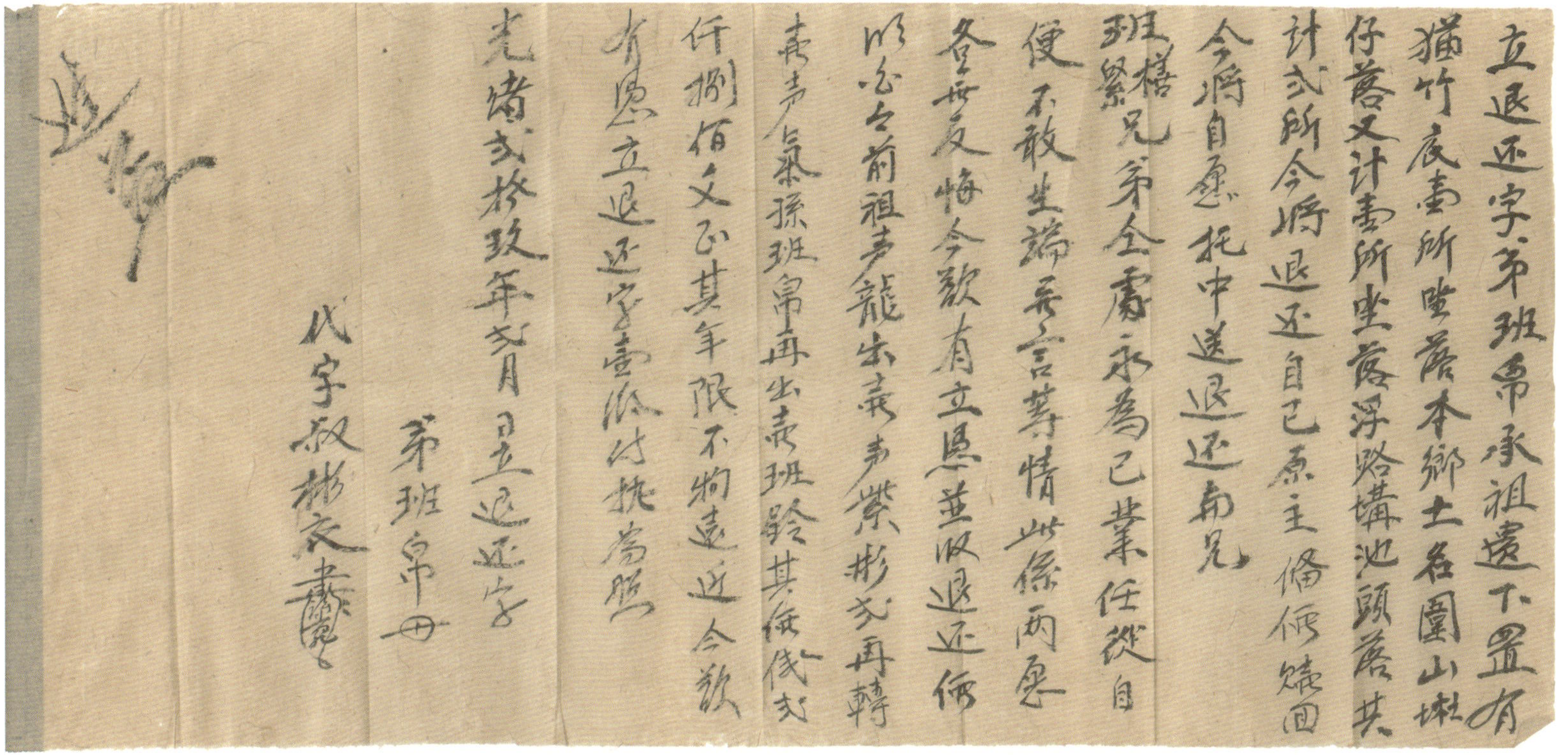

立退還字弟班帛承祖遺下置有
猫竹底壹所坐落本鄉土名園山墘
仔落又計壹所坐落浮路墘池頭落共
計弍所今將退還自己原主備價錢面
今將自愿托中送退還與兄
班楷、班緊兄弟全處承為己業任從自
便不敢生端異言等情此係兩愿
各無反悔今欲有立退並收退還價
明心向前祖弟龍出來弟紫彬弍再轉
來弟氣孫班帛再出來班聆其係錢弍
仟捌佰文正其年限不拘遠近今欲
有憑立退還字壹紙付執為照
光緒弍拾玖年弍月　日立退還字
弟班帛（押）
代字叔彬衣書

9-3-40-5　清光緒二十九年二月楊班帛立退還猫竹底契

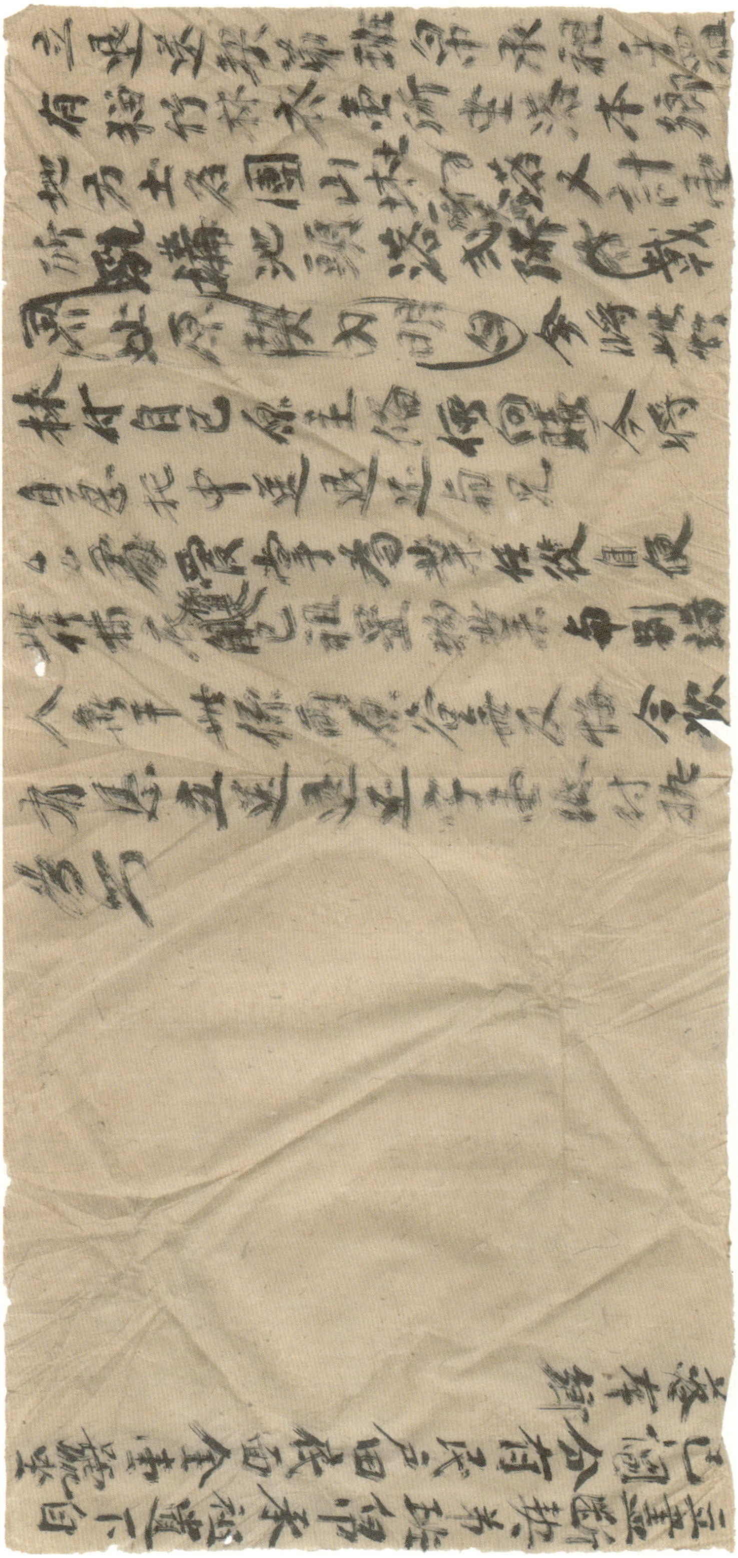

9-3-40-6 清光緒年間楊班帛立退還猫竹林底契（草契）

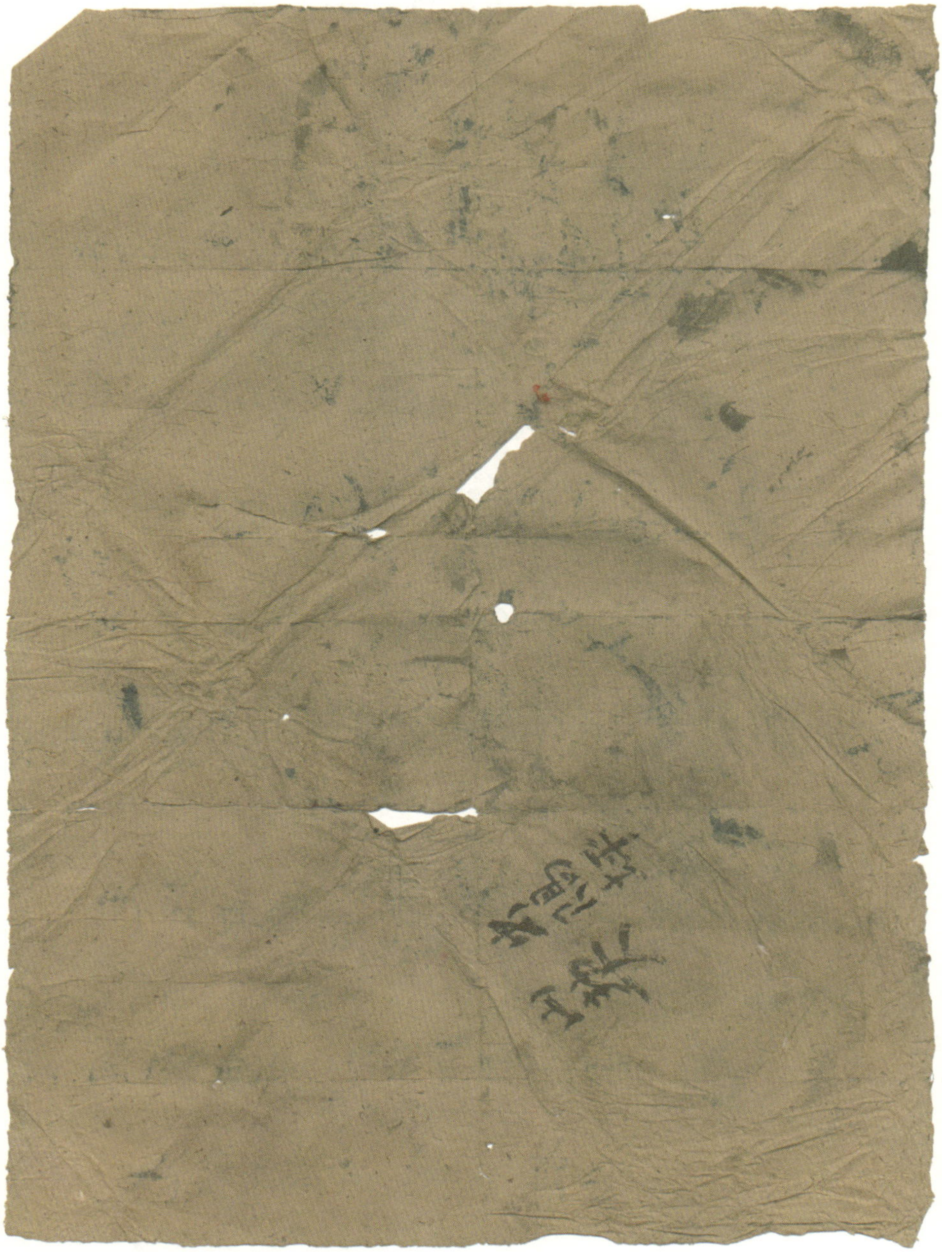

9–3–41–1　包契紙

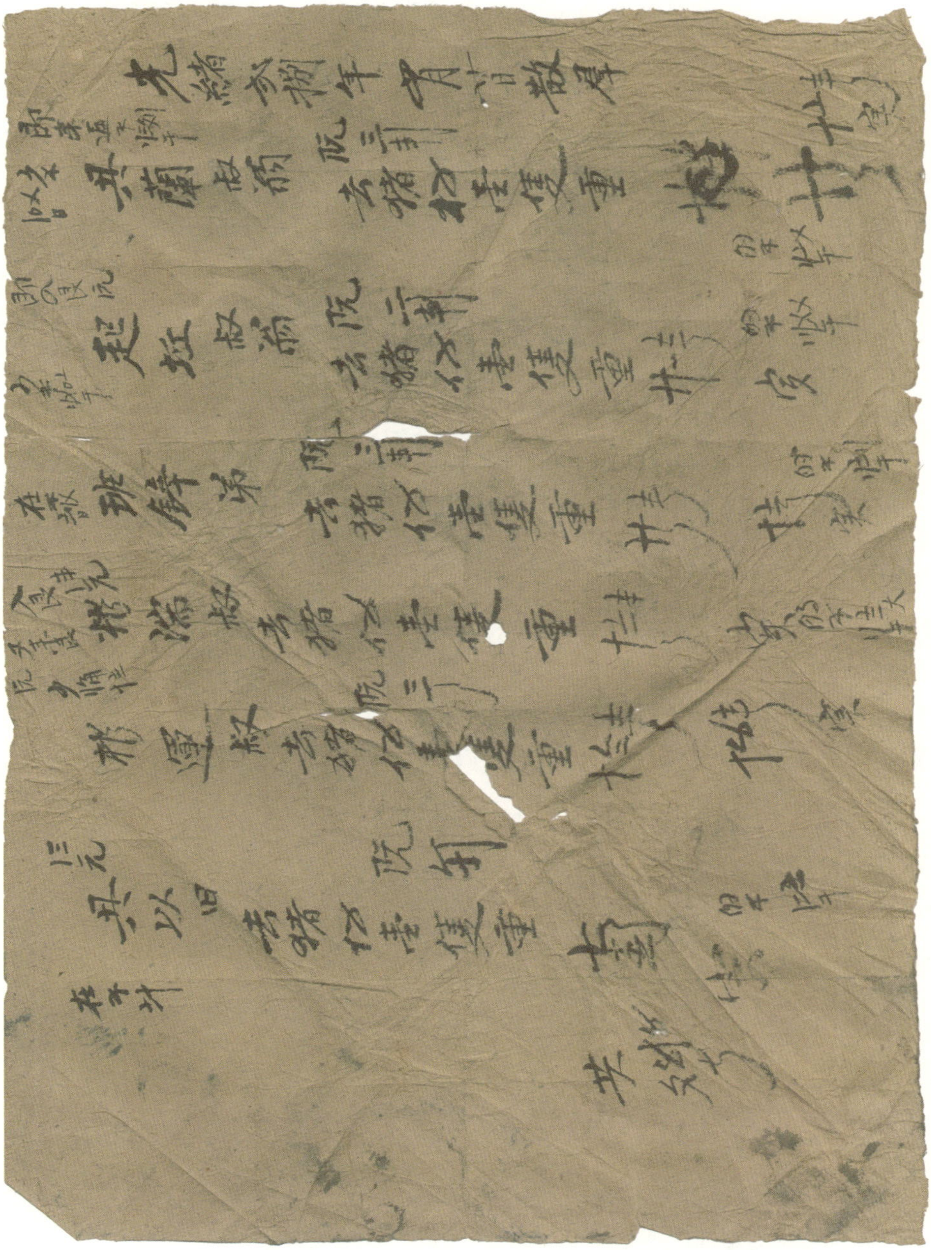

9-3-41-2　包契紙

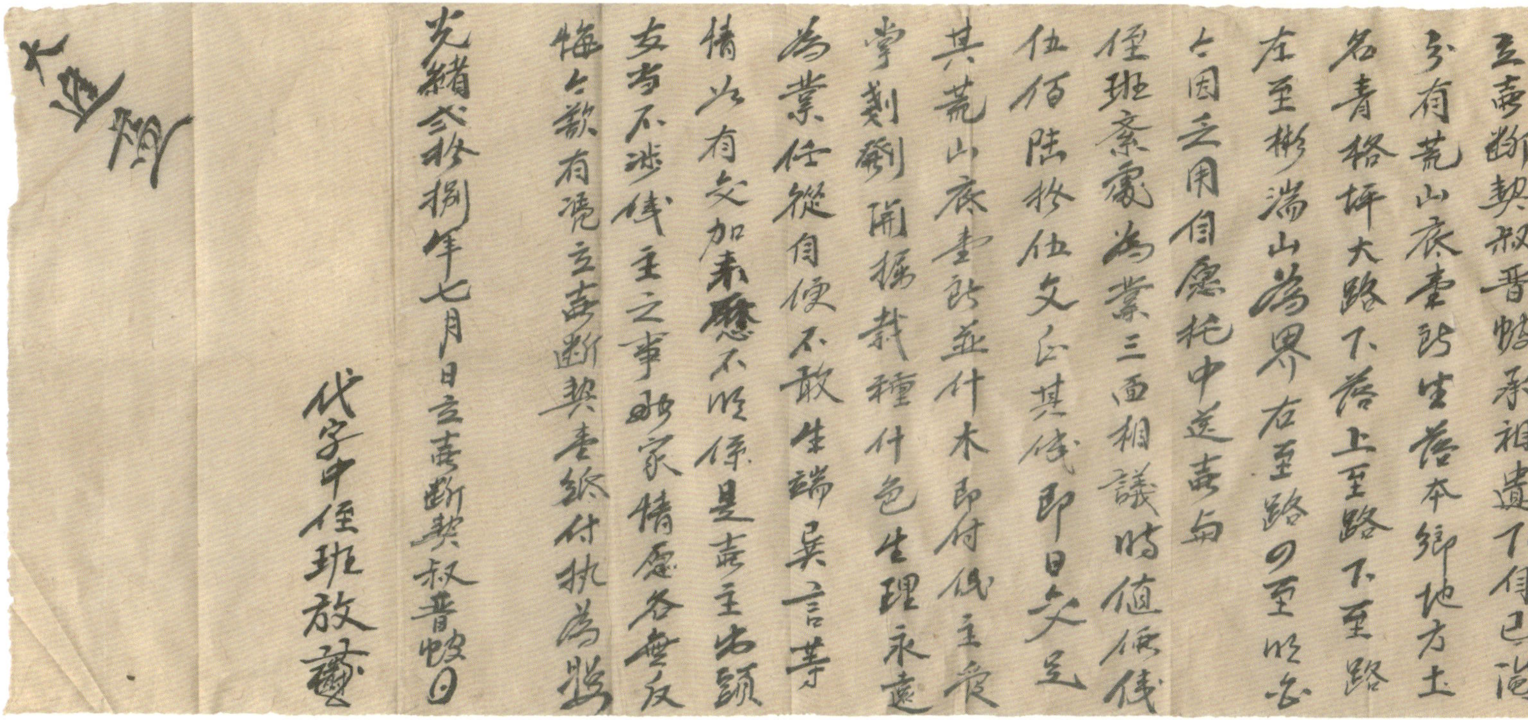

立賣斷契叔晋帔承祖遺下自己闔
分有荒山底壹所坐落本鄉地方土
名青格坪大路下落上至路下至路
左至彬満山為界右至路四至明白
今因乏用自愿托中送賣與
侄班斎處為業三面相議時值價錢
伍佰陸拾伍文正其錢即日交足
其荒山底壹所並什木即付錢主受
掌剗劉開掘栽種什色生理永遠
為業任從自便不敢生端異言等
情此有交加来歷不明係是賣主出頭
支當不涉錢主之事兩家情愿各無反
悔今欲有憑立賣斷契壹紙付執為照
光緒弍拾捌年七月日立賣斷契叔晋帔
代字中侄班放

9-3-41-3　清光緒二十八年七月楊晋帔立賣斷荒山底契

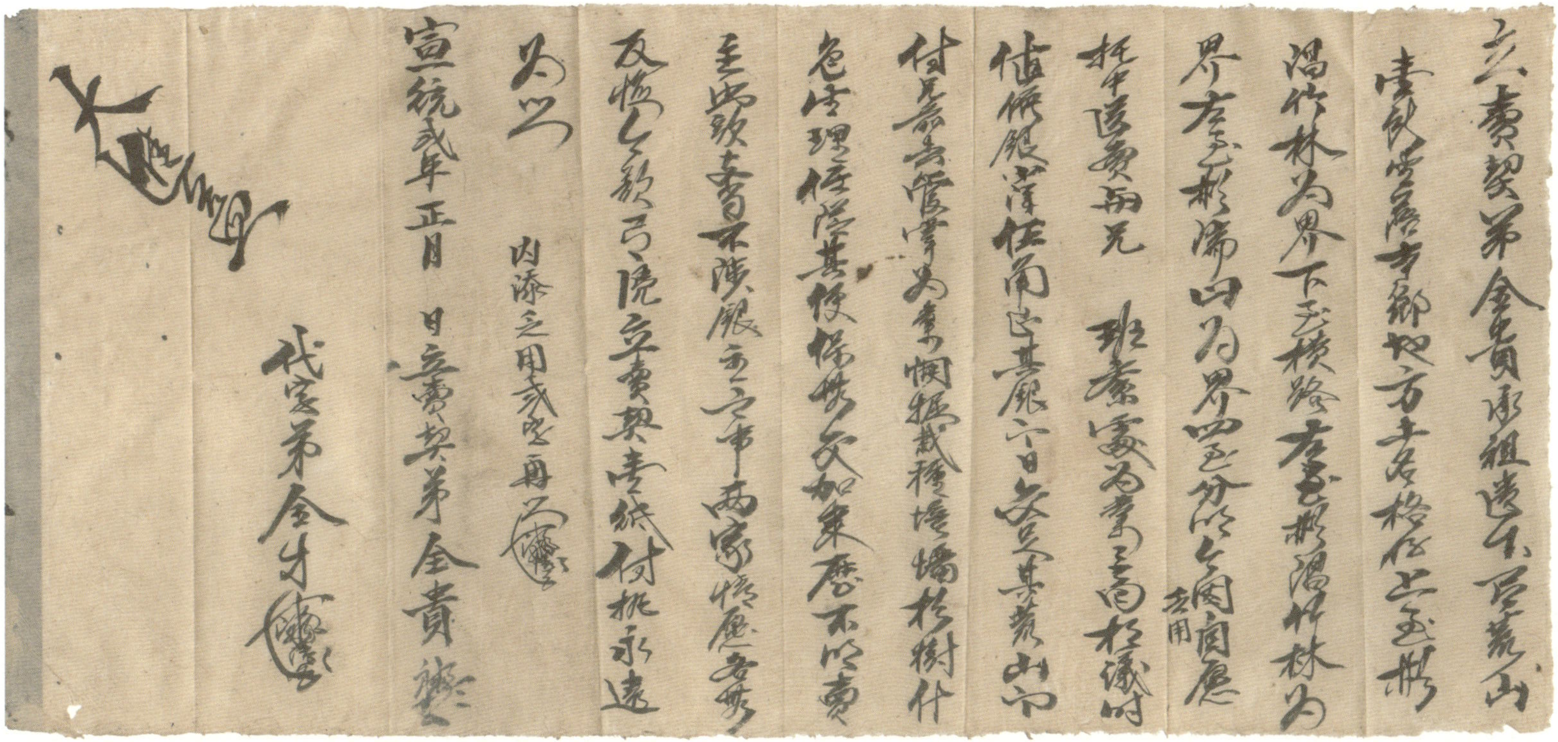
立賣契弟全貴承祖遺下有荒山
壹處坐落本鄉地方土名格仔上式處
濶竹林為界下至横路左至式處濶竹林為
界右至式處浠口為界四至分明今因乏用
托中送賣與兄　班素處為業三面杉議時
值價銀洋伍角正其銀即日交足其荒山即
付兄前去管業為業掘栽種植杉樹什
色管理係是其係物如來歷不明賣
主出頭支當不涉買限之事兩家情愿各無
反悔今欲有憑立賣契壹紙付執永遠
為照　　內添乏用式字再照
宣統貳年正月　　日立賣契弟全貴
代字弟全才

9-3-41-4　清宣統二年正月楊全貴立賣荒山契（一）

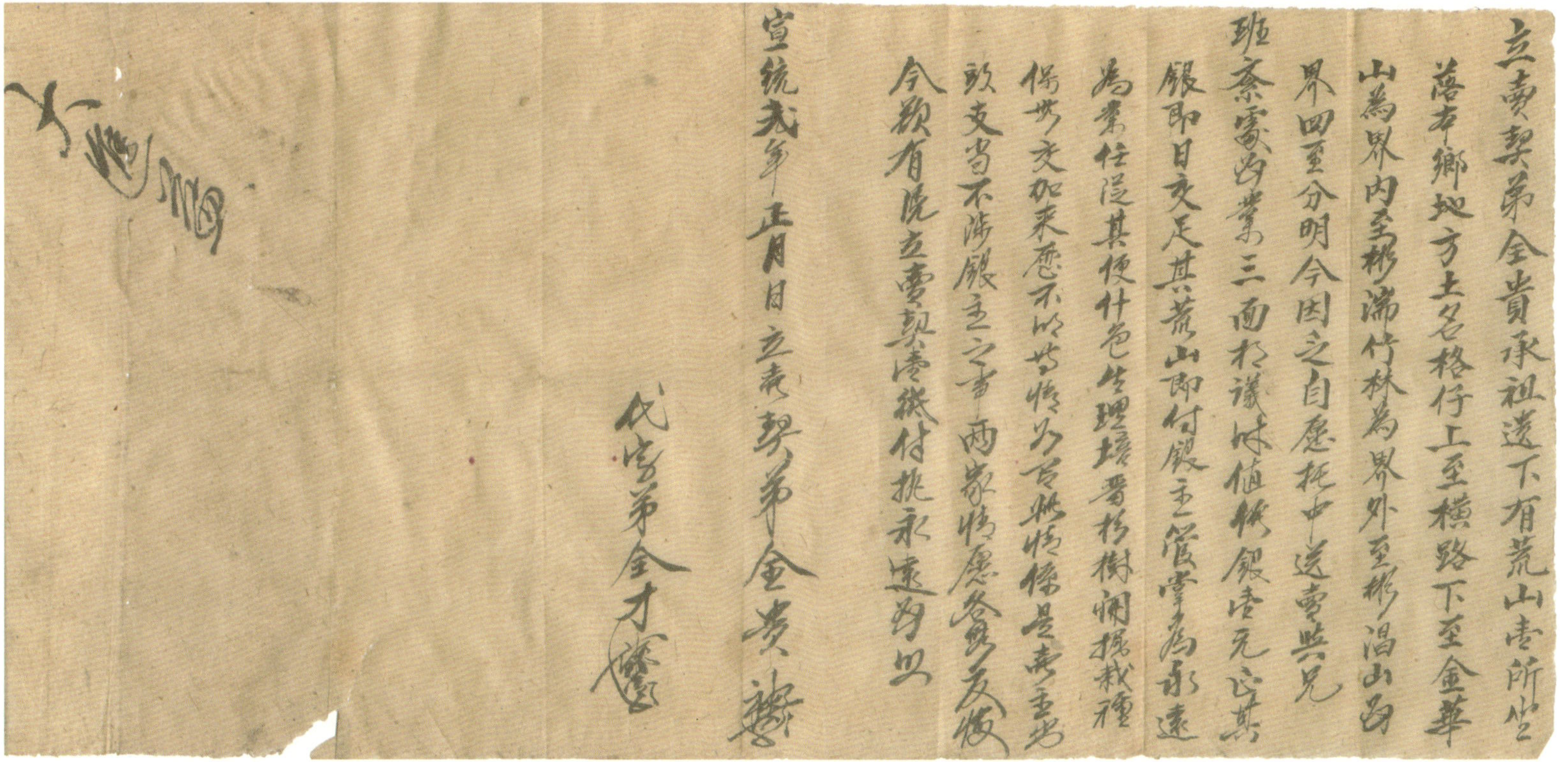
立賣契弟全貴承祖遺下有荒山壹所坐
落本鄉地方土名格仔上至橫路下至金華
山爲界内至杉湍竹林爲界外至杉㵐山爲
界四至分明今因之自愿托中送賣與兄
班斎家爲業三面言議時值價銀壹元正其
銀即日交足其荒山即付銀主管掌爲永遠
爲業任從其便什色生理墳墓杉樹開掘栽種
倘此交加來歷不明等情乃係賣主出
頭支當不涉銀主之事兩家情愿各無反悔
今欲有憑立賣契壹紙付執永遠爲照
宣統貳年正月　日立賣契弟全貴押
代字弟全才押
大吉昌

9-3-41-5　清宣統二年正月楊全貴立賣荒山契（二）

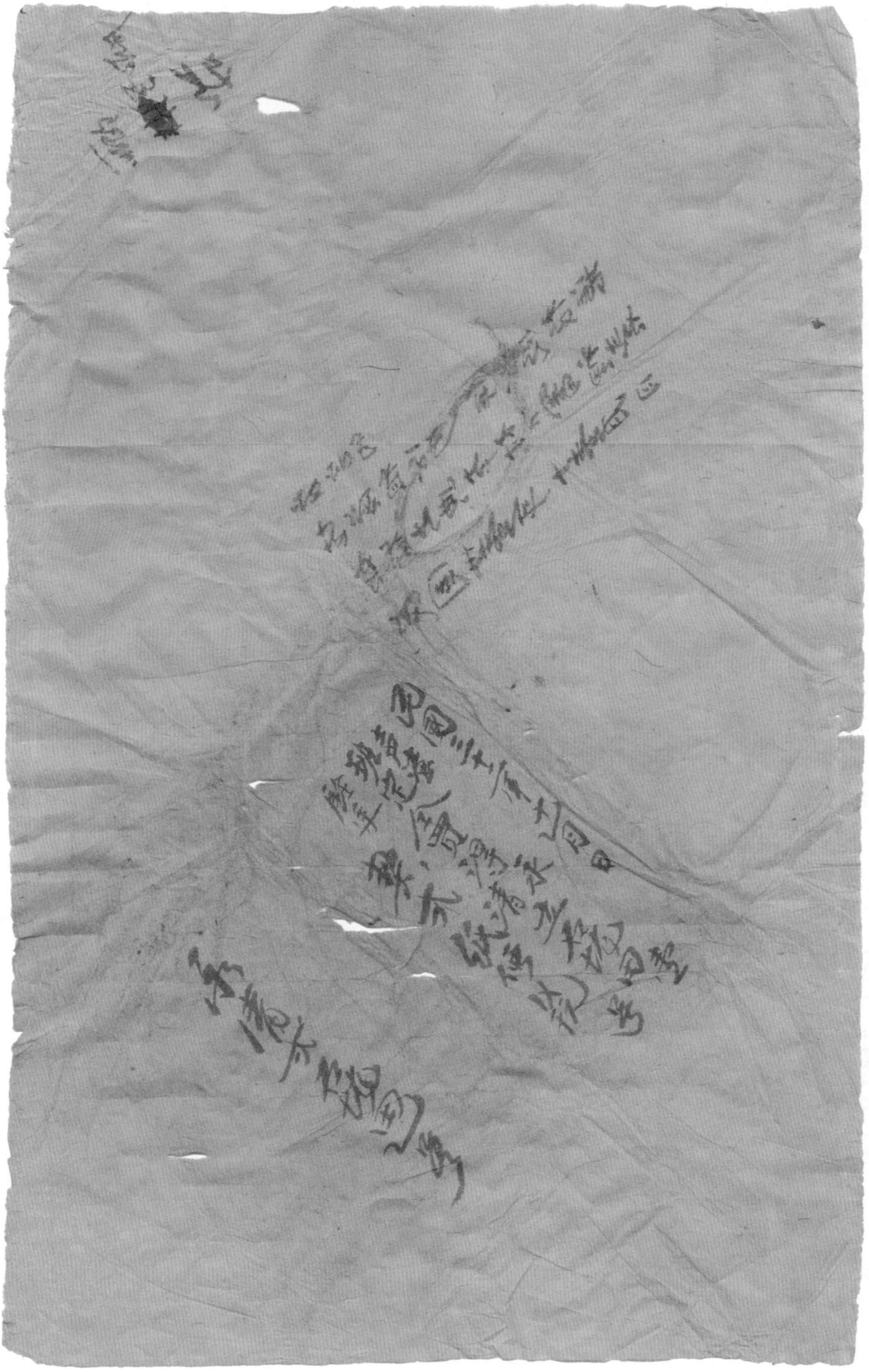

9-3-42-1　包契紙

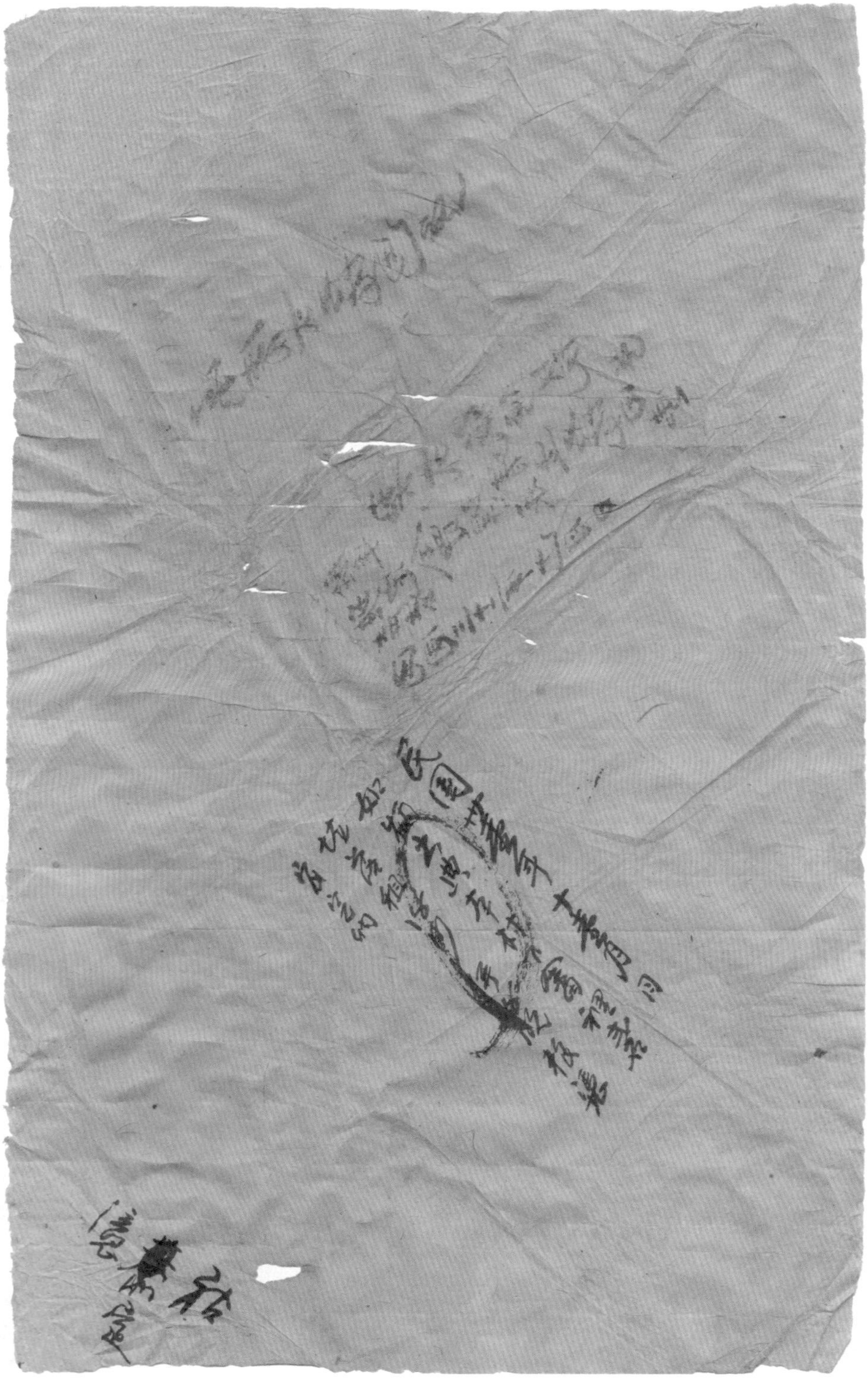

9-3-42-2　包契紙

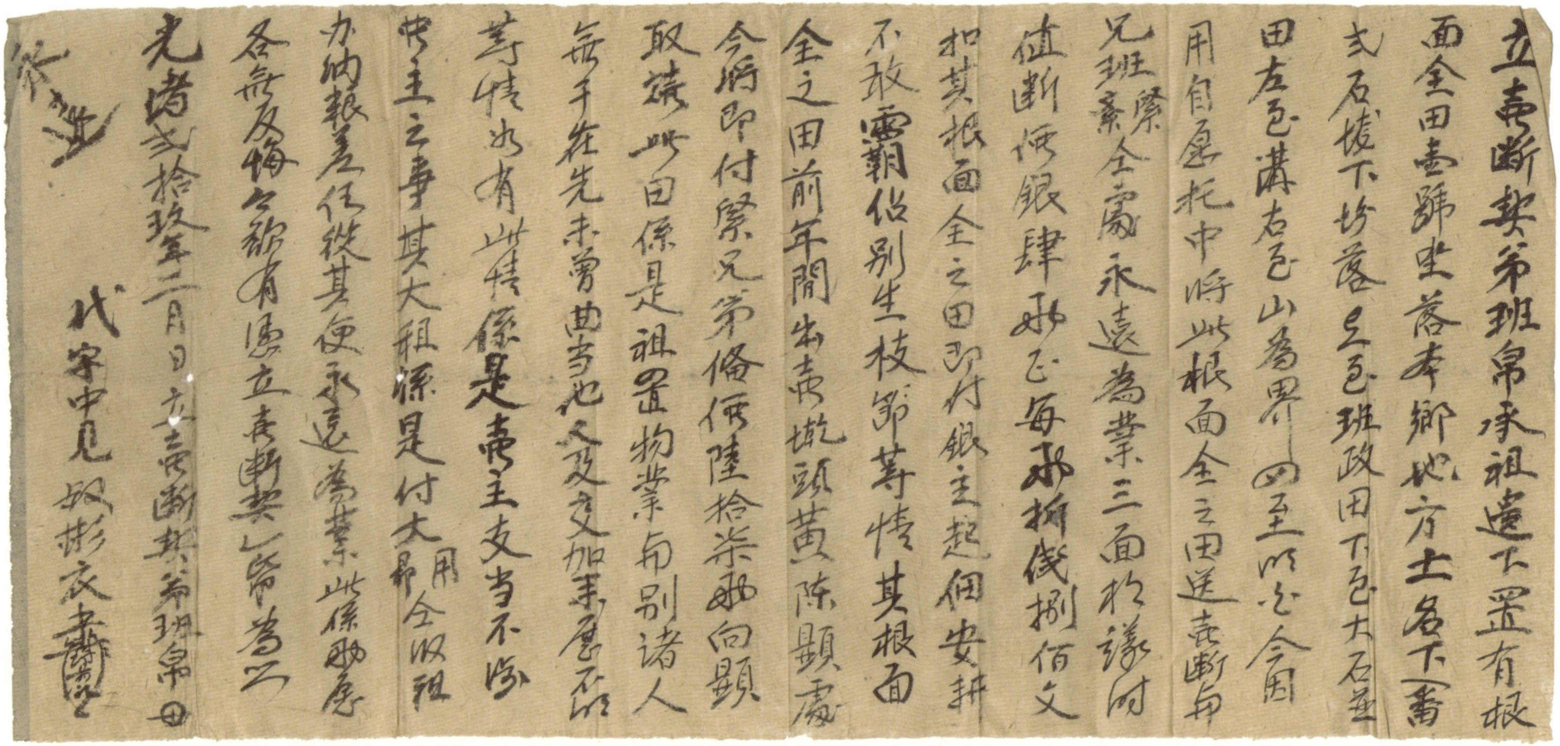

立賣斷契弟班帛承祖遺下置有根
面全田壹號坐落本鄉地方土名下𡉏
弍石坵下坪落旦乙班政田下乙大石並
田左乙溝右乙山為界　四至明白　今因
用自急托中將此根面全之田送賣斷与
兄班榮 豪全家永遠為業　三面相議時
值斷價銀肆兩乙每兩折錢捌佰文
扣其根面全之田即付銀主起佃安耕
不敢霸佔別生枝節等情　其根面
全之田前年間出賣坵頭黃陳顯處
今將即付榮兄弟備價陸拾柒兩向顯
取贖　此田係是祖置物業　与別諸人
無干　在先未曾典當他人　交加未處不明
等情　如有此情　係是賣主支当　不涉
買主之事　其大租係是付大帮用全收租
办納粮差　任從其便　永遠為業　此係兩愿
各無反悔　今欲有憑　立賣斷契一帋為照
光緒弍拾玖年二月　日　立賣斷契弟班帛（押）
代字中見　叔彬衣（押）
添弍字

9-3-42-3　清光緒二十九年二月楊班帛立賣斷根面全田契

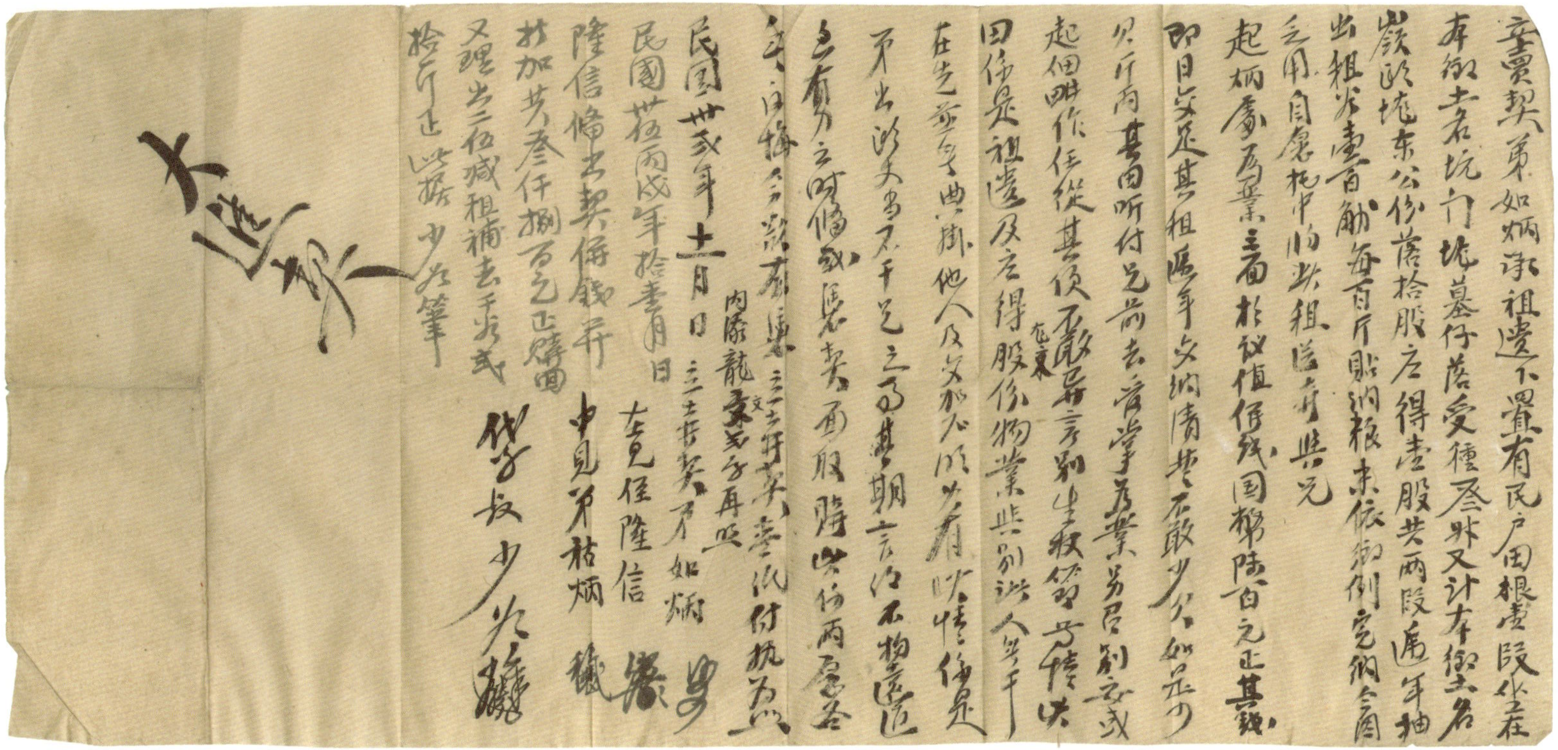

9-3-42-4　民國三十二年十一月楊如炳立賣民户田根契

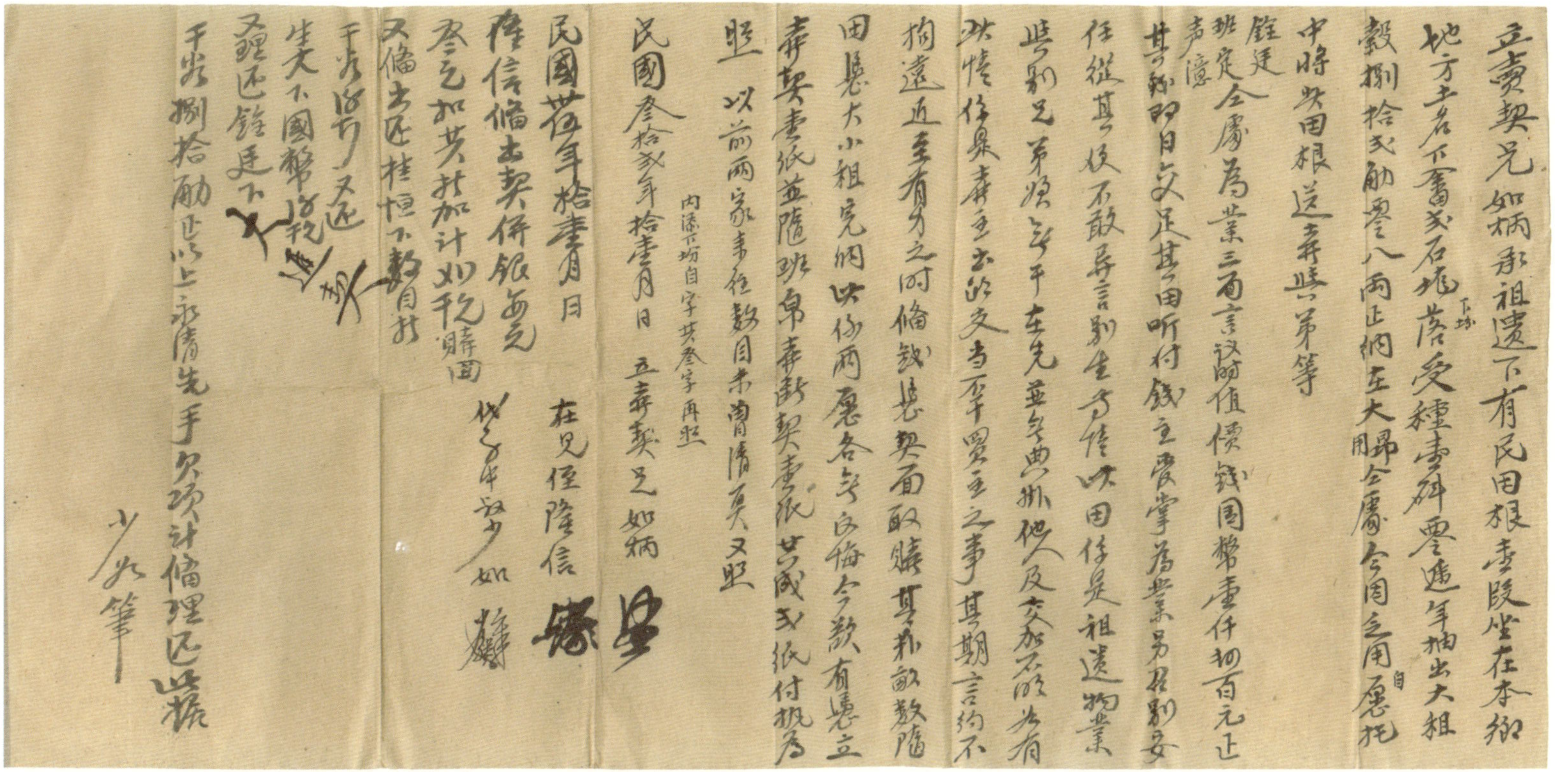

9-3-42-5　民國三十二年十一月楊如炳立賣民田根契

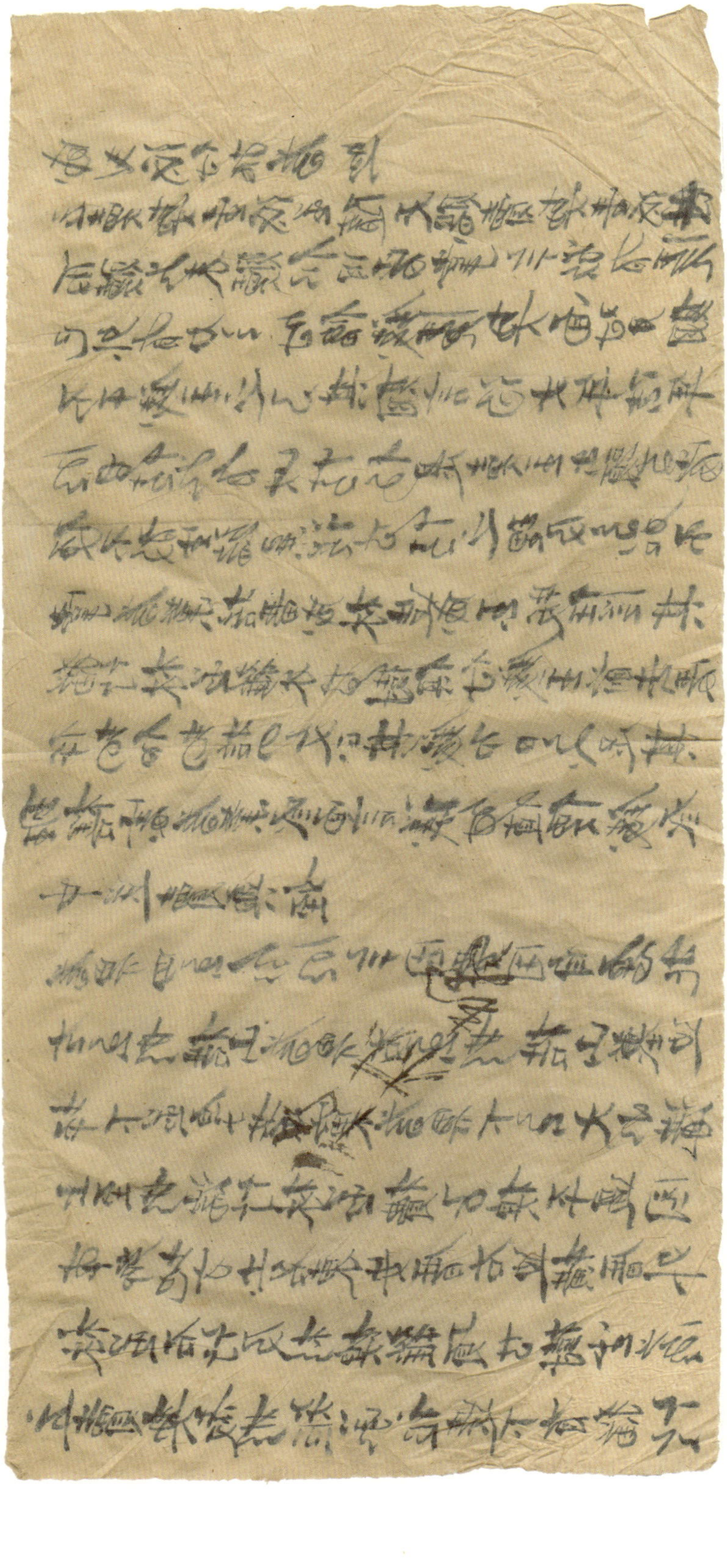

9-3-43-1　包契紙

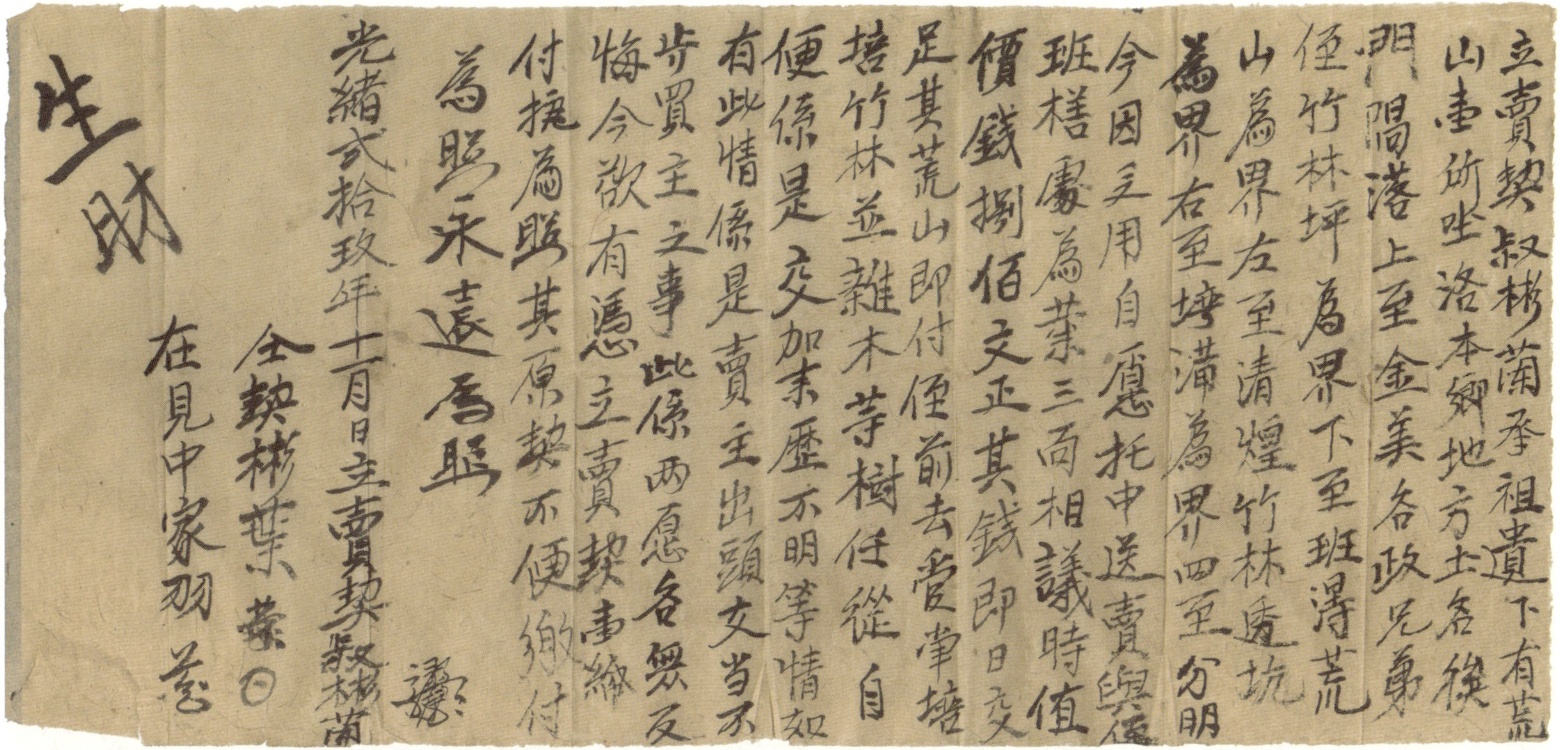
立賣契叔彬蘭季祖遺下有荒
山壹所坐洛本鄉地方土名後
門陽落上至金美各政兄弟
伍竹林坪爲界下至班潯荒
山爲界左至清煌竹林透坑
爲界右至埥滿爲界四至分明
今因乏用自愿托中送賣與侄
班樣處爲業三面相議時值
價錢捌佰文正其錢即日交
足其荒山即付侄前去管培
培竹林並雜木等樹任從自
便係是交加來歷不明等情如
有此情係是賣主出頭支当不
涉買主之事此係兩愿各無反
悔今欲有憑立賣契壹紙
付挽爲照其原契不便繳付
爲照永遠爲照
光緒式拾玖年十一月日立賣契叔彬蘭
仝契彬葉
在見中家羽
生財

9-3-43-2　清光緒二十九年十一月楊彬蘭等立賣荒山契

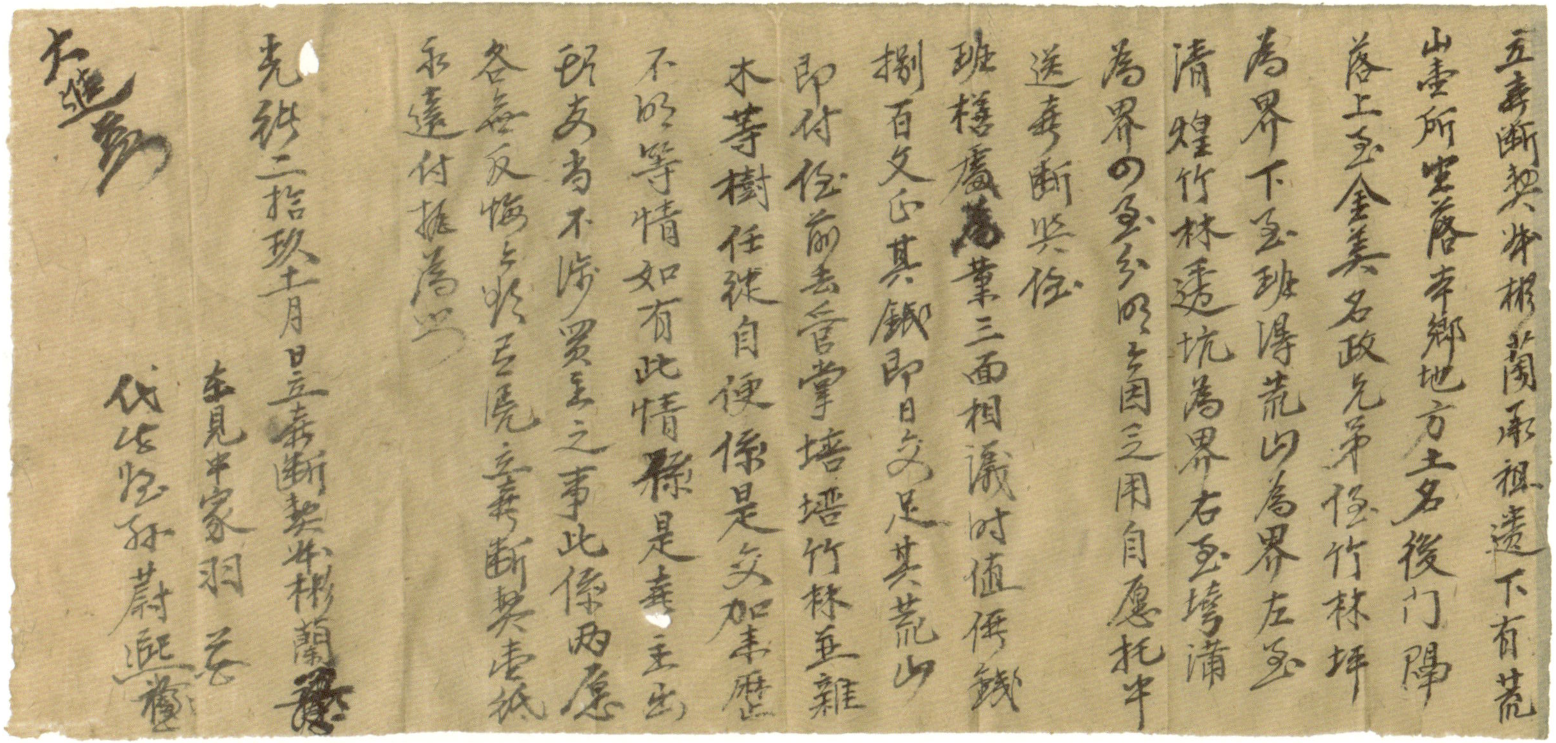

立賣斷契人楊彬蘭承祖遺下有荒山壹所，坐落本鄉地方，土名後门陽落，上至金美、名政兄弟侄竹林坪為界，下至琳得荒山為界，左至清煌竹林透坑為界，右至墻蒲為界，四至分明。今因乏用，自願托中送賣斷與侄琳樣處為業，三面相議，時值價錢捌百文正。其錢即日交足，其荒山即付侄前去管掌，培植竹林並雜木等樹，任從自便，係是交加未歷不明等情。如有此情，係是賣主出頭支當，不涉買主之事。此係兩愿，各無反悔，今恐無憑，立賣斷契壹紙，永遠付據為照。

光緒二拾玖年十一月　日立賣斷契人楊彬蘭（押）

在見中　家羽（押）

代筆　侄孫蔚延（押）

大進（押）

9-3-43-3　清光緒二十九年十一月楊彬蘭立賣斷荒山契

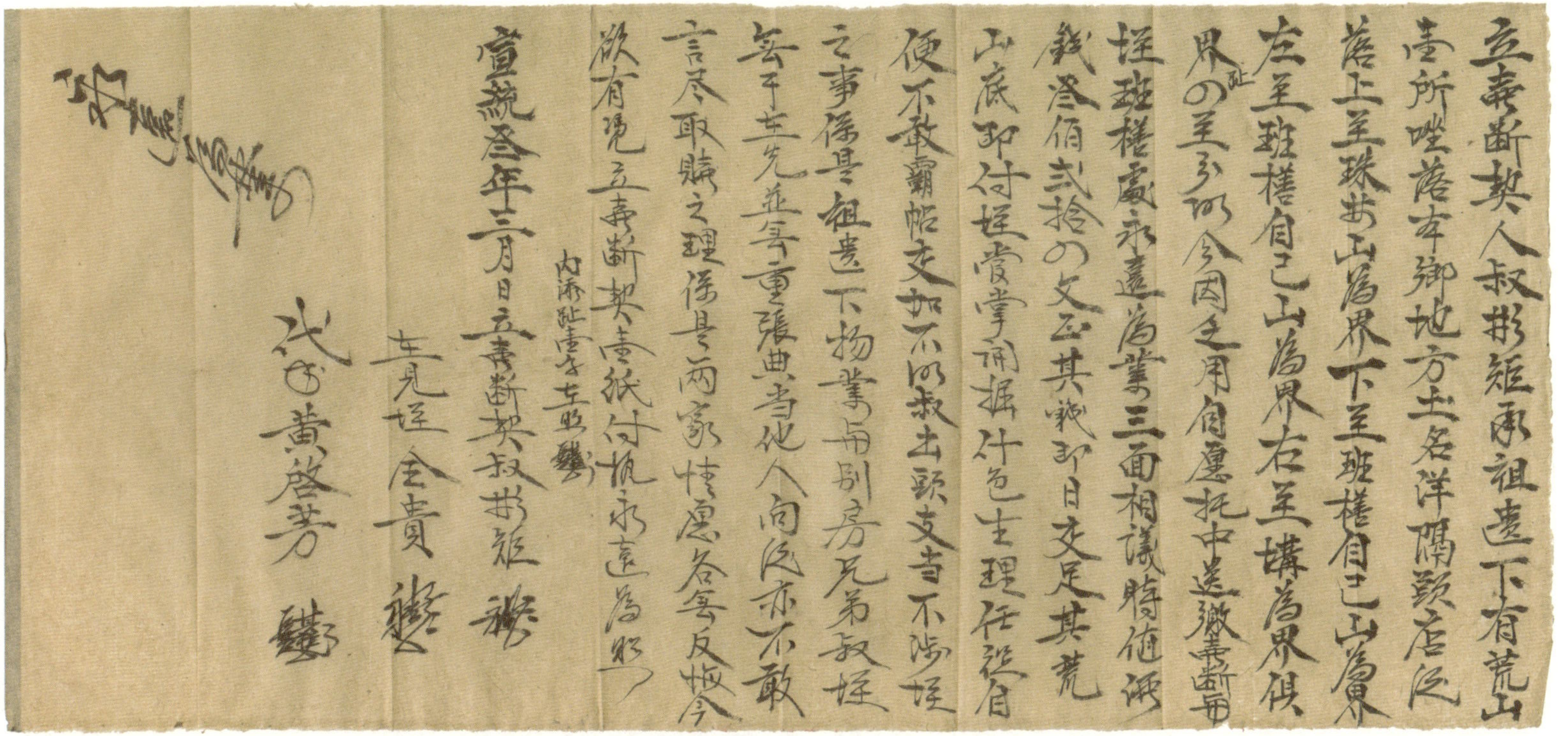
立賣斷契人叔彬矩承祖遺下有荒山
壹所坐落本鄉地方土名洋隔頭店後
落上至珠畬山爲界下至班樣自己山爲界
左至班樣自己山爲界右至溝爲界俱
界址の至分明今因乏用自愿托中送斷賣與
侄班樣處永遠爲業三面相議時值價
錢叁佰弍拾の文正其錢即日交足其荒
山底即付侄掌管耕掘什包生理任從侄
便不敢霸帖支加不明叔出頭支當不涉侄
之事係是祖遺下物業與別房兄弟叔侄
無干在先並無重張典當他人向後亦不敢
言盡取贖之理係是兩家情愿各無反悔今
欲有憑立賣斷契壹紙付執永遠爲照
（內添址壹字在此〔押〕）
宣統叁年三月　日立賣斷契叔彬矩（押）
在見侄　金貴（押）
代筆　黃啓芳（押）

9-3-43-4　清宣統三年三月楊彬矩立賣斷荒山契

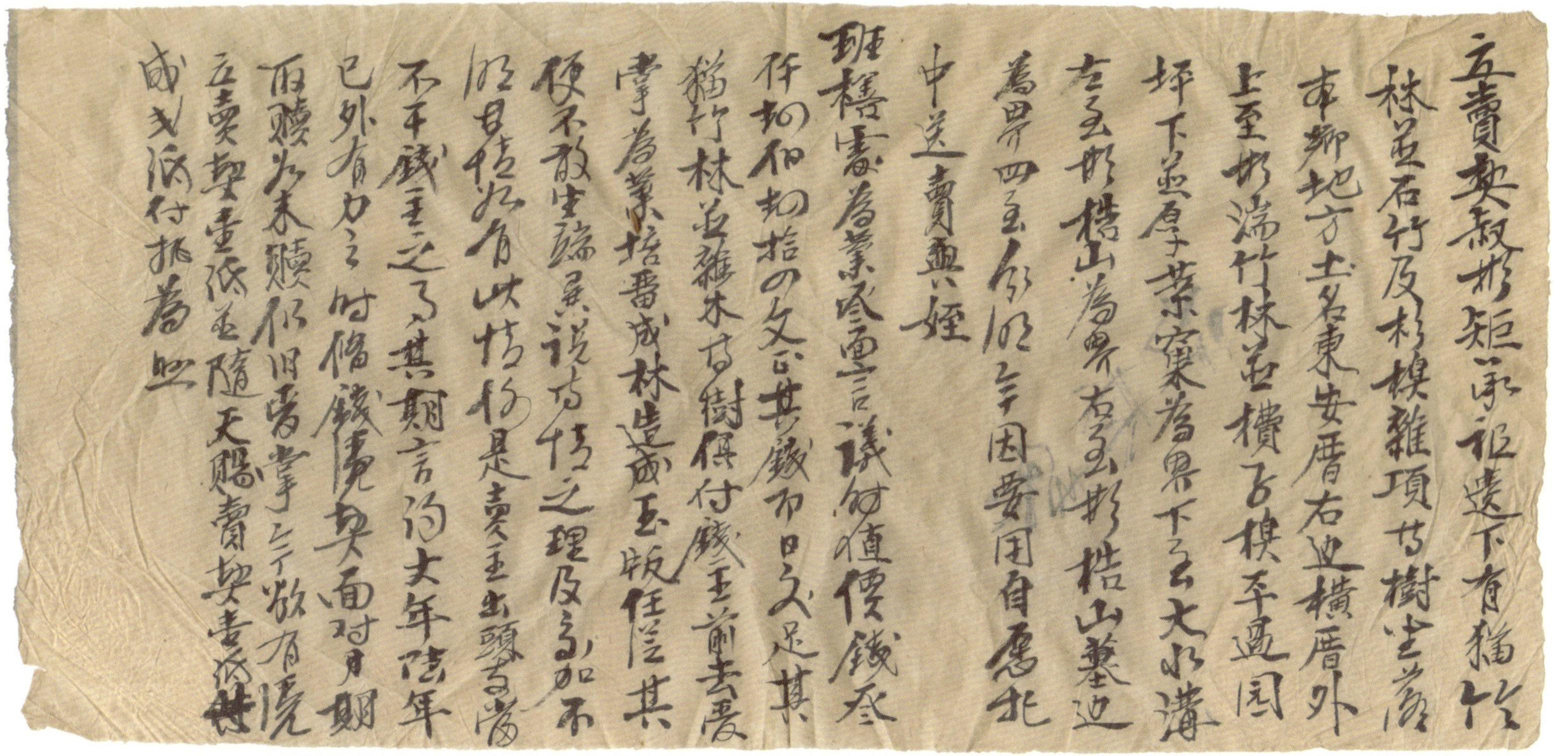
立賣契叔彬矩承祖遺下有猫竹
林并石竹及杉楧雜項等樹坐落
本鄉地方土名東安厝右边横厝外
上至彬濡竹林并攢石楧平過園
坪下并厚〻葉窠為界下至大水溝
左至彬楮山為界右至彬楮山墓边
為界四至分明今因要用自愿托
中送賣與姪
班樗處為業當日三面言議價值價錢叁
仟捌佰捌拾四文正其錢即日交足其
猫竹林并雜木等樹俱付錢主前去處
掌為業培番成林造成玉版任從其
便不敢生端異說等情之理及勾加不
明日後如有此情係是賣主出頭當
不干錢主之事其契言約大年陸年
已外有力之時備錢原契面對月贖
回贖如未贖仍归錢主掌管不敢有憑
立賣契壹紙並隨天賜賣契壹紙共
成貳紙付執為照

9-3-43-5　晚清民國楊彬矩立賣猫竹林等契（草契）

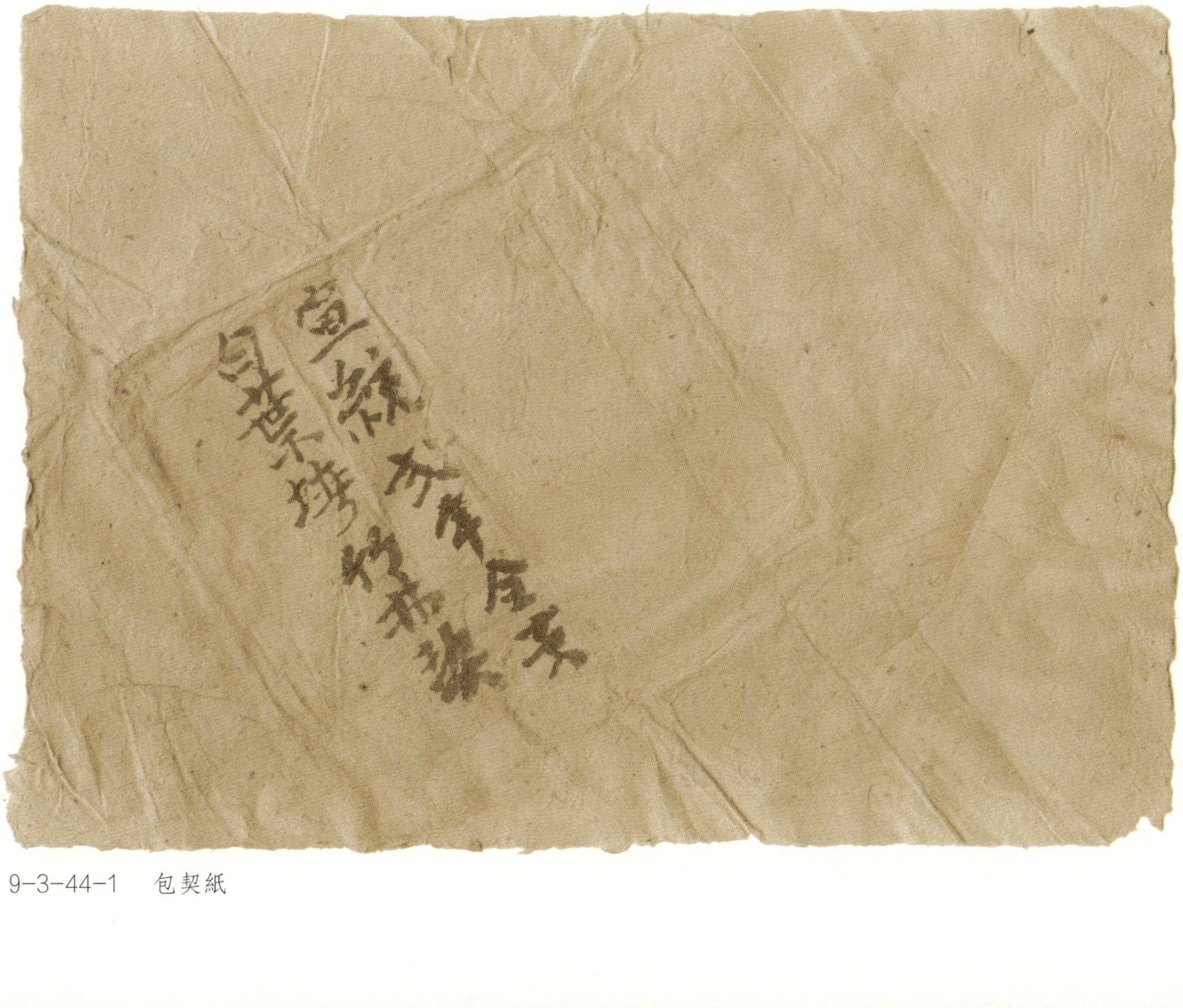

9-3-44-1　包契紙

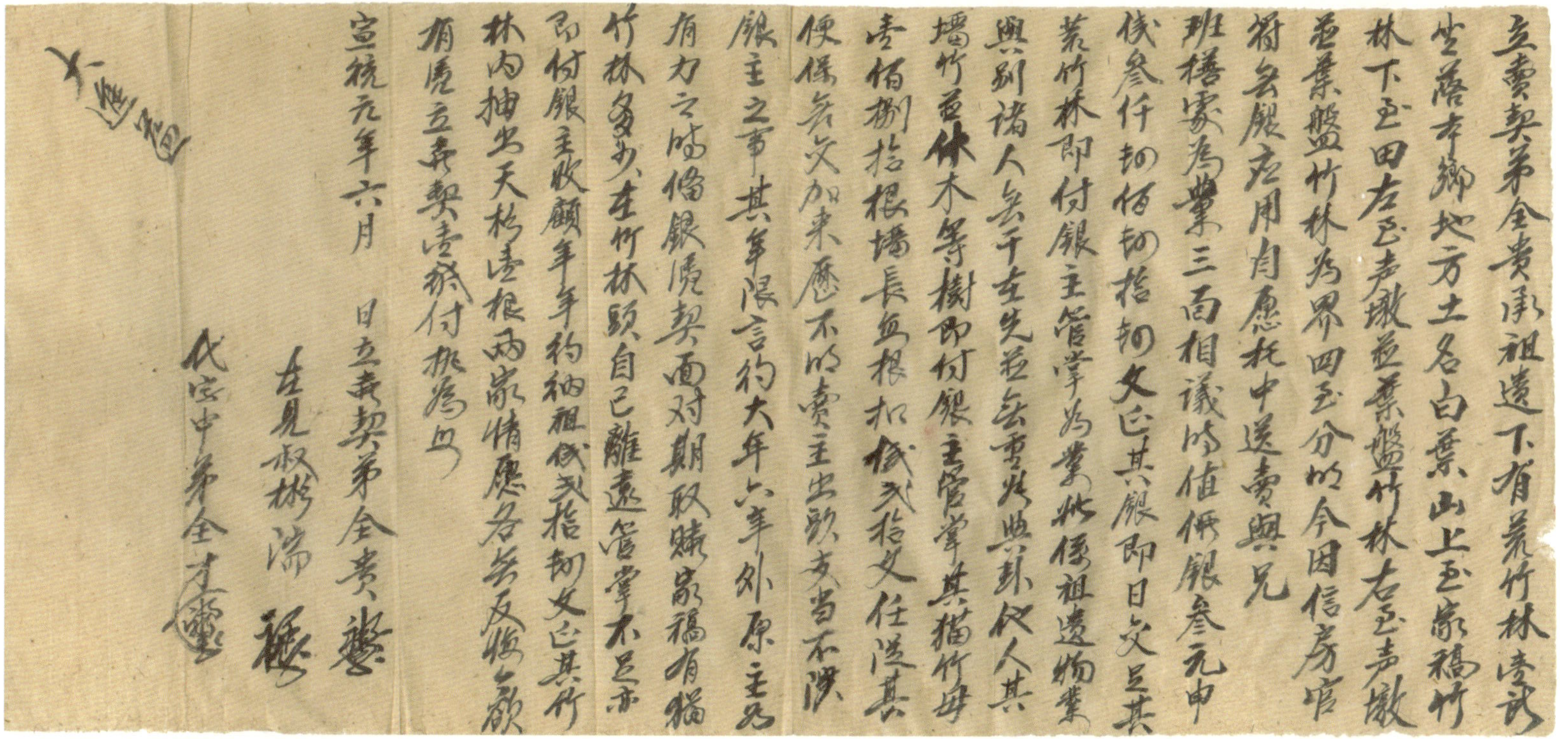
立賣契弟全貴承祖遺下有荒竹林壹所
坐落本鄉地方土名白葉山上至宗福竹
林下至田左至声墩並葉盤竹林右至声墩
並葉盤竹林為界四至分明今因信房官
將無銀應用自愿托中送賣與兄
班揚家為業三面相議時值價銀叁元申
錢叁仟捌佰捌拾捌文正其銀即日交足其
荒竹林即付銀主管掌為業此係祖遺物業
與別諸人無干在先並無重張典掛他人其
墻竹並杉木等樹即付銀主管掌其猫竹母
壹佰捌拾根墻長血根松樹弍拾文任從其
便係無文加來歷不明賣主出頭支當不涉
銀主之事其年限言約大年六年外原主照
有力之時備銀憑契面对期取贖家福有猫
竹林多少在竹林頭自己離遠管掌不足亦
即付銀主收顧年年約納租錢弍拾捌文正其竹
林內抽出天杉壹根兩家情愿各無反悔今欲
有憑立賣契壹紙付執為照
宣統元年六月　日立賣契弟全貴
在見叔彬瑞
代字中弟全才

9-3-44-2　清宣統元年六月楊全貴立賣荒竹林契

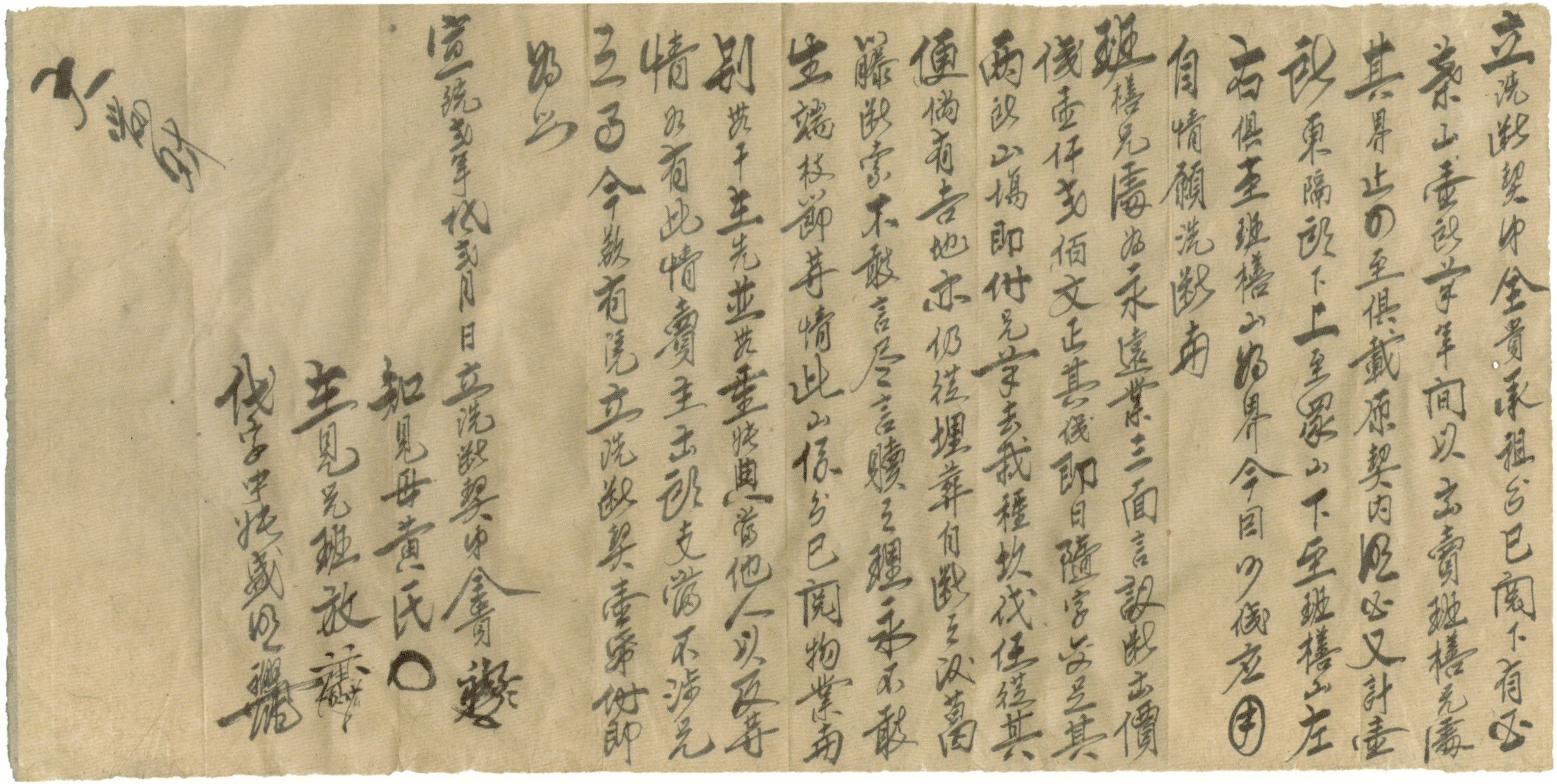

立洗斷契叔全貴承祖分已鬮下有山
業山壹號半間以出賣班禧兄處
其界止四至俱載原契内明白又計壹
號東隔號下上至嶺山下至班禧山左
右俱至班禧山為界今因少錢應用
自情願洗斷與
班禧兄處為永遠業三面言議斷出價
錢壹仟弍佰文正其錢即日隨字交足其
兩號山場即付兄掌去栽種坎伐任從其
便倘有吉地亦仍從埋葬自斷之後
藤斷葛不敢言及言贖之理永不敢
生端枝節等情此山係分已鬮物業與
別叔伯兄弟並無重張典當他人以及等
情如有此情賣主出頭支當不涉兄
之事今欲有憑立洗斷契壹帋付即
為照

宣統弍年拾弍月　日　立洗斷契叔全貴（押）
知見母黃氏〇
在見兄班啟（押）
代字堂姪盛明（押）

9-3-44-3　清宣統二年十二月楊全貴立洗斷山契

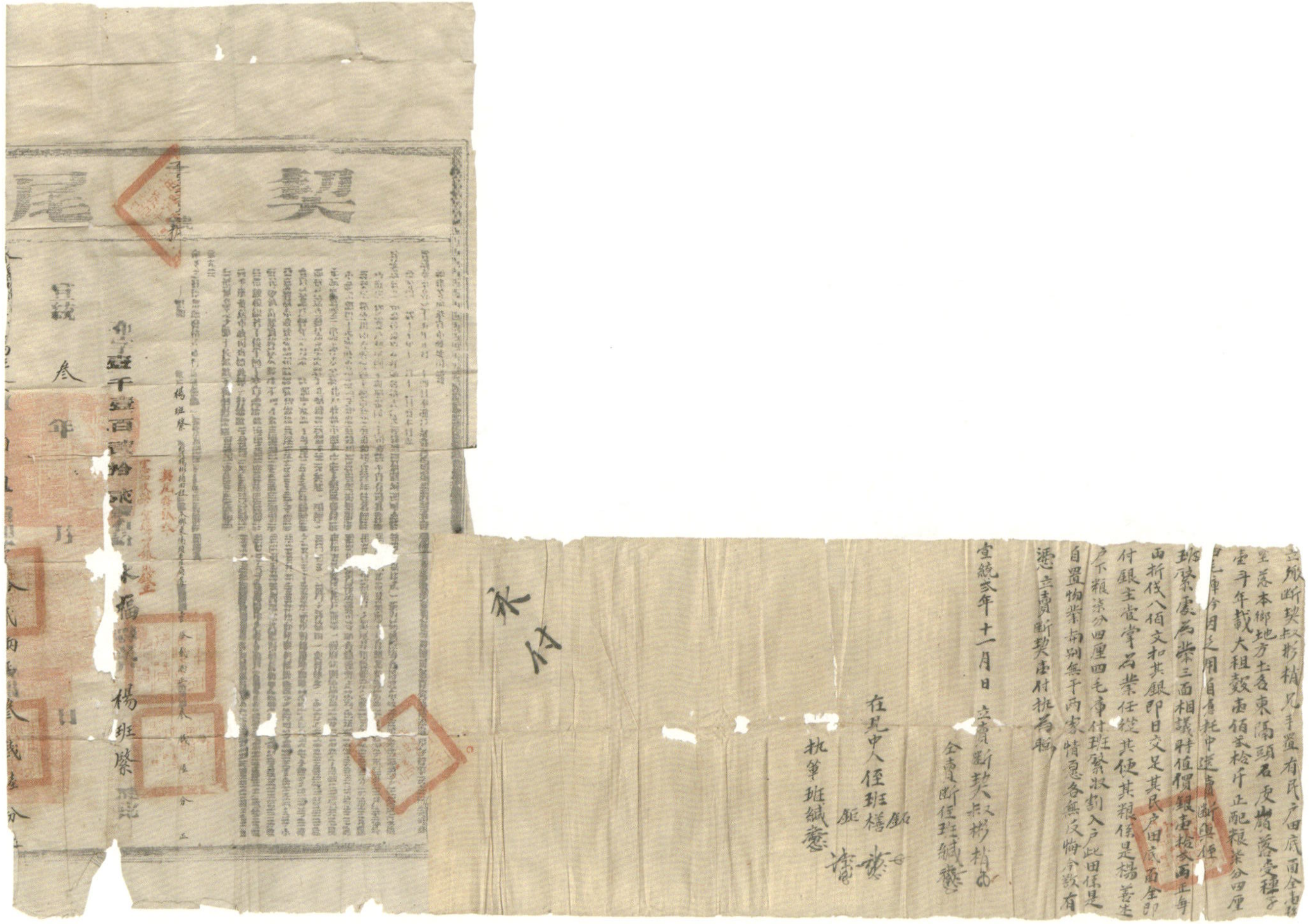

9-3-45-1　清宣統二年十一月楊彬梢立繳斷底面全民户田契（紅契）

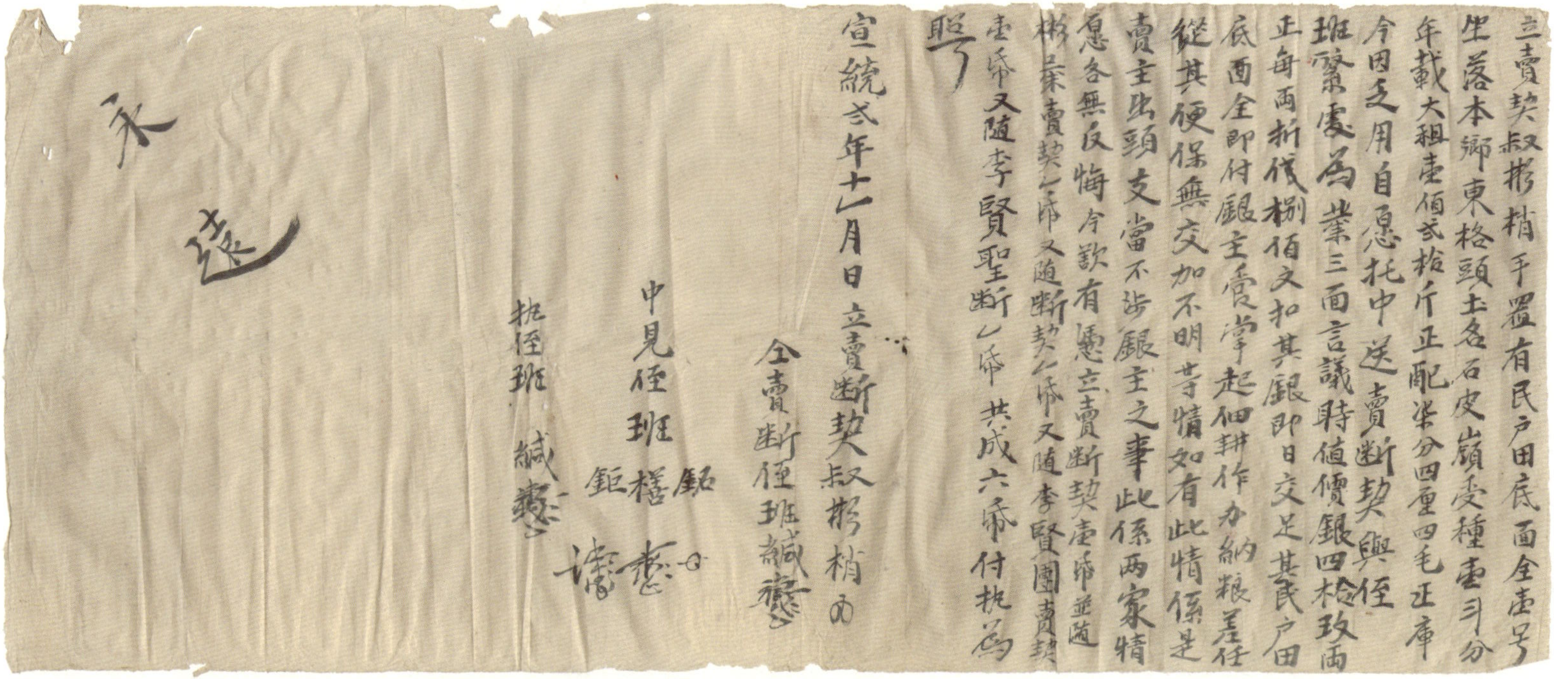

立賣契叔彬梢手置有民户田底面全壹号，坐落本鄉東格頭土名石皮嶺受種壹斗分，年載大租壹佰贰拾斤正配米分四重四毛正庫。今因乏用，自愿托中送賣斷契與侄班竂處爲業，三面言議時值價銀四拾玖兩正，每兩折代捌佰文和，其銀即日交足。其民户田底面全即付銀主管掌，起佃耕作，办納粮差，任從其便。保無交加不明等情，如有此情，係是賣主出頭支當，不涉銀主之事。此係兩家情愿，各無反悔。今欲有憑，立賣斷契壹帋，並隨彬梢賣契乙帋，又隨斷契乙帋，又隨李賢圍賣契壹帋，又隨李賢聖斷乙帋，共成六帋，付執爲照。

宣統贰年十一月　日立賣斷契叔彬梢（押）

全賣斷侄班鍼（押）

中見侄班鉊（押）　樣（押）　鉅（押）

批侄班鍼（押）

永遠

9-3-45-2　清宣統二年十一月楊彬梢等立賣斷底面全民户田契

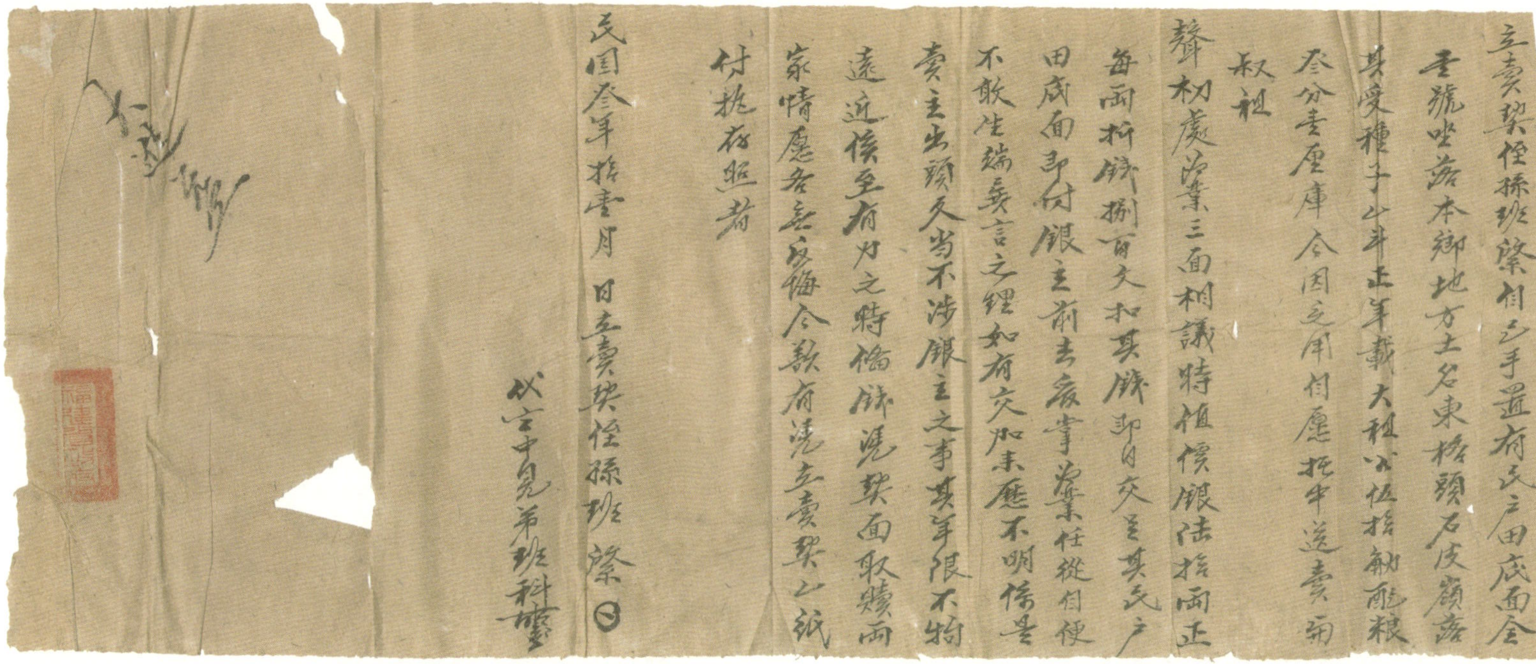

立賣契侄孫班縈，有自手置有民户田底面全
壹號，坐落本鄉地方，土名東橋頭石皮嶺落，
其受種子乙斗正，年載大租谷伍拾觔，配糧
叁分壹厘庫。今因乏用，自愿托中送賣與
叔祖
𦒿杪處為業。三面相議，時值價銀陸拾兩正，
每兩折錢捌百文，扣其錢即日交足。其民户
田底面即付銀主前去管業，任從自便，
不敢生端異言之理。如有交加來歷不明，係是
賣主出頭支當，不涉銀主之事。其年限不拘
遠近，候至有力之時，備錢照契面取贖，兩
家情愿，各無反悔。今欲有憑，立賣契乙紙，
付執存照者。

民國叁年拾壹月　日立賣契侄孫班縈（押）
代字中見弟班科（押）

9-3-45-3　民國三年十一月楊班縈立賣底面全民户田契（紅契）

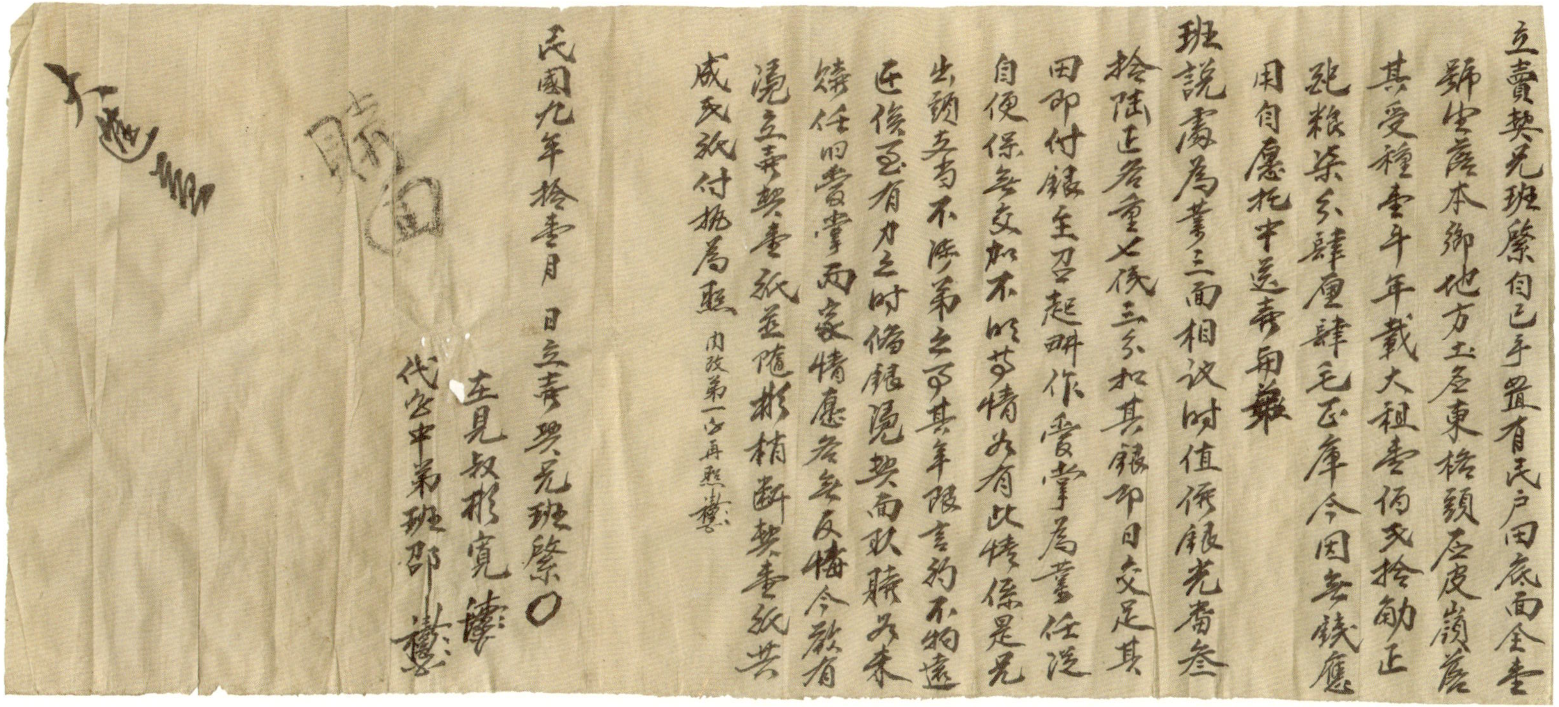

立賣契兄班縏自己手置有民户田底面全壹
號坐落本鄉地方土名東格頭厝皮嶺簷
其受種壹斗年載大租壹佰貳拾觔正
配粮柒分肆厘肆毛正庫今因無錢應
用自愿托中送賣與弟
班說處爲業三面相议时值價銀光番叁
拾陆正各重七錢三分扣其銀即日交足其
田即付銀主召起耕作管掌爲業任從
自便保無交加不明等情如有此情係是兄
出頭支当不涉弟之事其年限言約不拘遠
近俟至有力之时備銀還契面取贖回來
續任回管掌兩家情愿各無反悔今欲有
憑立賣契壹紙並隨帶楠斷契壹紙共
成貳紙付執爲照　内改第一字再照

民國九年拾壹月　日立賣契兄班縏〇
立見叔彬寬
代字中弟班邵

9-3-45-4　民國九年十一月楊班縏立賣底面全民户田契

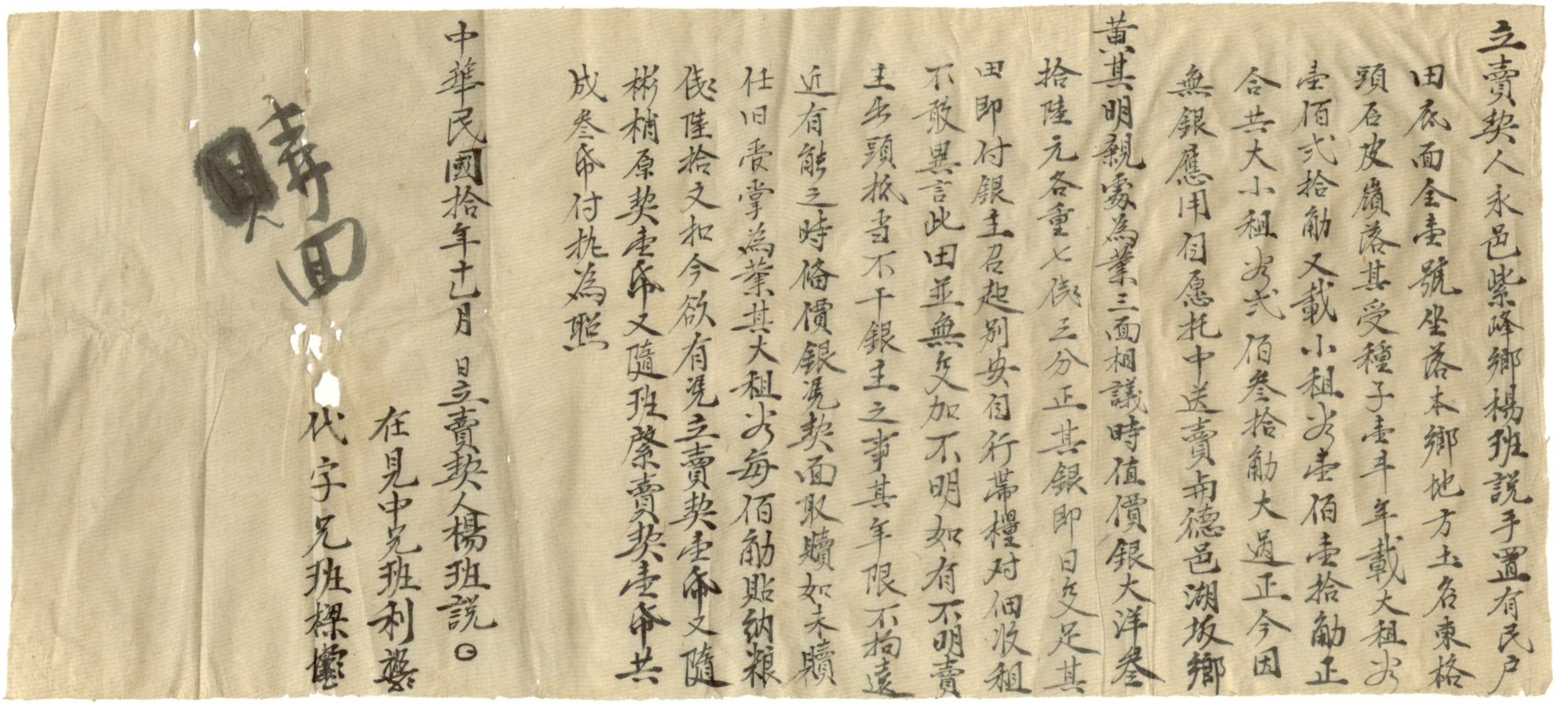

立賣契人永邑紫峰鄉楊班說手置有民户
田底面全壹號坐落本鄉地方土名東格
頭石皮嶺落其受種子壹斗年載大租谷
壹佰弍拾觔又載小租谷壹佰壹拾觔正
合共大小租谷弍佰叁拾觔大過正今因
無銀應用自愿托中送賣南德邑湖坂鄉
黃其明親處為業三面相議時值價銀大洋叁
拾陸元各重七錢三分正其銀即日交足其
田即付銀主召起別安佃行帶樓对佃收租
不敢異言此田並無交加不明如有不明賣
主出頭抵当不干銀主之事其年限不拘遠
近有能之時備價銀憑契面取贖如未贖
仕旧受掌為業其大租谷每佰觔貼納粮
錢陸拾文扣今欲有憑立賣契壹帋又隨
搿補原契壹帋又隨班綮賣契壹帋共
成叁帋付執為照

中華民國拾年十一月　日立賣契人楊班說 ㊞
在見中兄班利 押
代字兄班樑 押

9-3-45-5　民國十年十一月楊班說立賣底面全民户田契

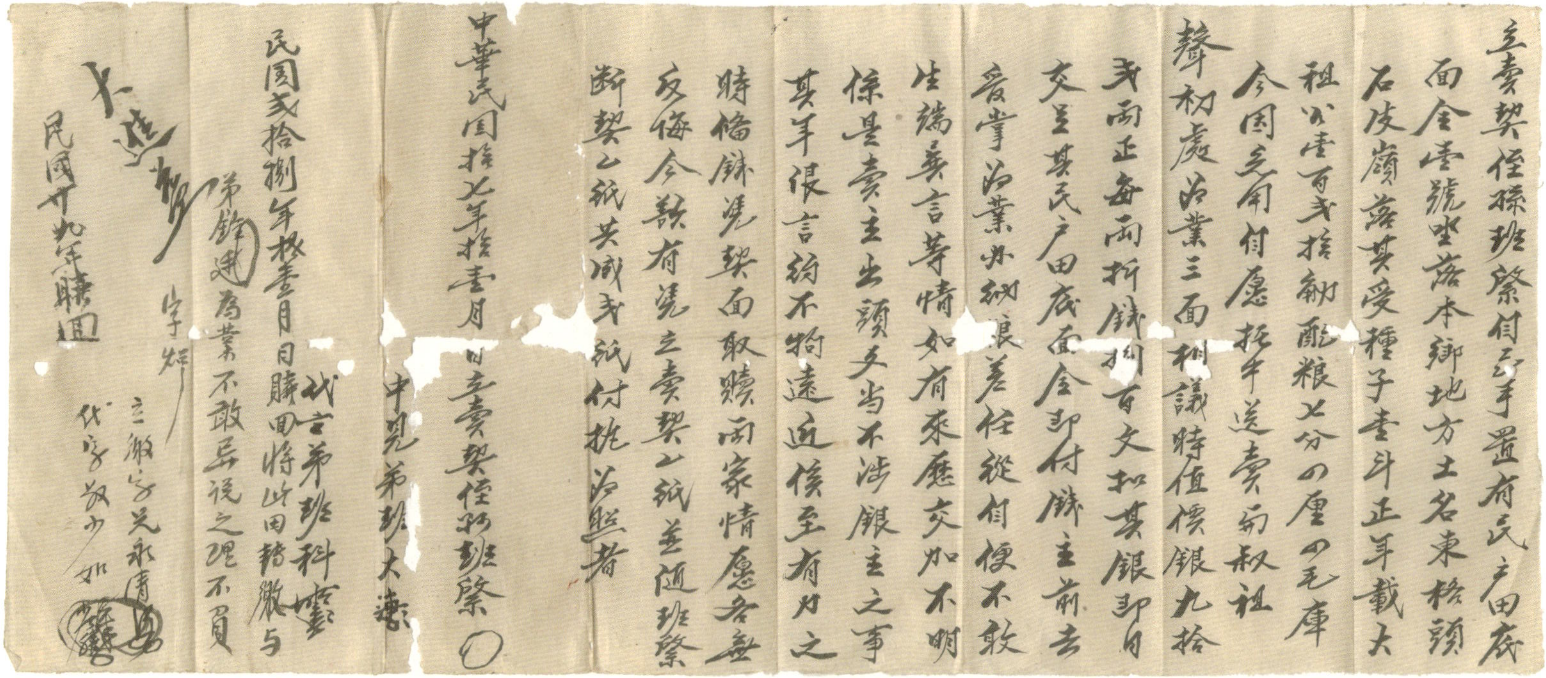

立賣契侄孫班篨自己手置有民户田底面全壹號坐落本鄉地方土名東嶺頭石垅嶺落其受種子壹斗正年載大租穀壹百弍拾觔配粮七分四厘四毛庫今因乏用自愿托中送賣與叔祖彝初處為業三面言議時值價銀九拾弍兩正每兩折錢捌百文扣其銀即日交足其民户田底面全即付錢主前去管掌為業收租很差任從自便不敢生端異言等情如有來歷交加不明係是賣主出頭支当不涉銀主之事其年限言約不拘遠近係至有月之時備錢照契面取贖兩家情愿各無反悔今欲有憑立賣契乙紙並隨班篨斷契乙紙共成弍紙付执為照者

中華民國拾七年拾壹月　日立賣契侄孫班篨（押）

中見弟班大連

代字弟班科

民国弍拾捌年拾壹月日贖回將此田轉徵與弟錦進為業不敢異說之理不貿

立繳字兄永清

代字叔[illegible]如

大進[illegible]

民國廿九年贖回

9-3-45-6　民國十七年十一月楊班篨立賣底面全民户田契

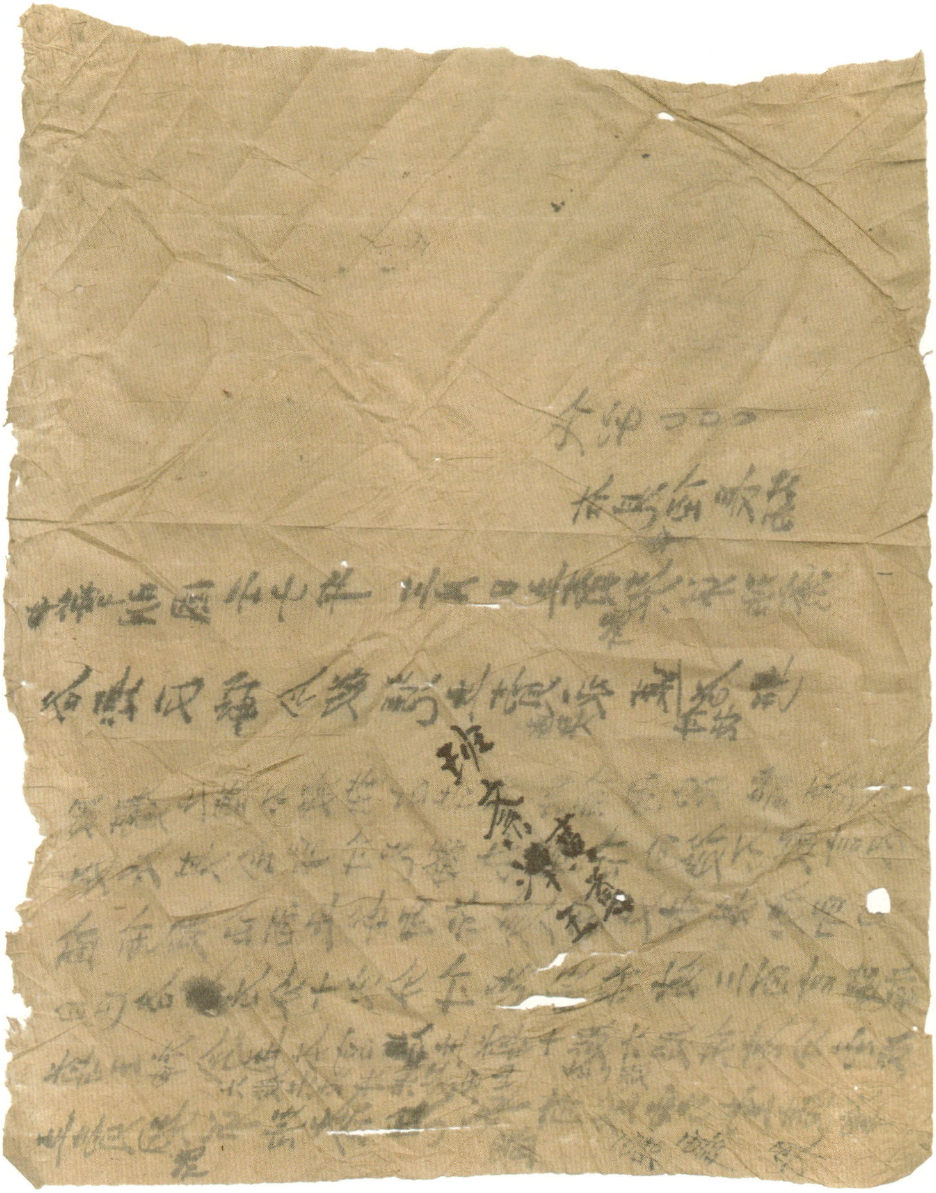

9-3-46-1　包契紙

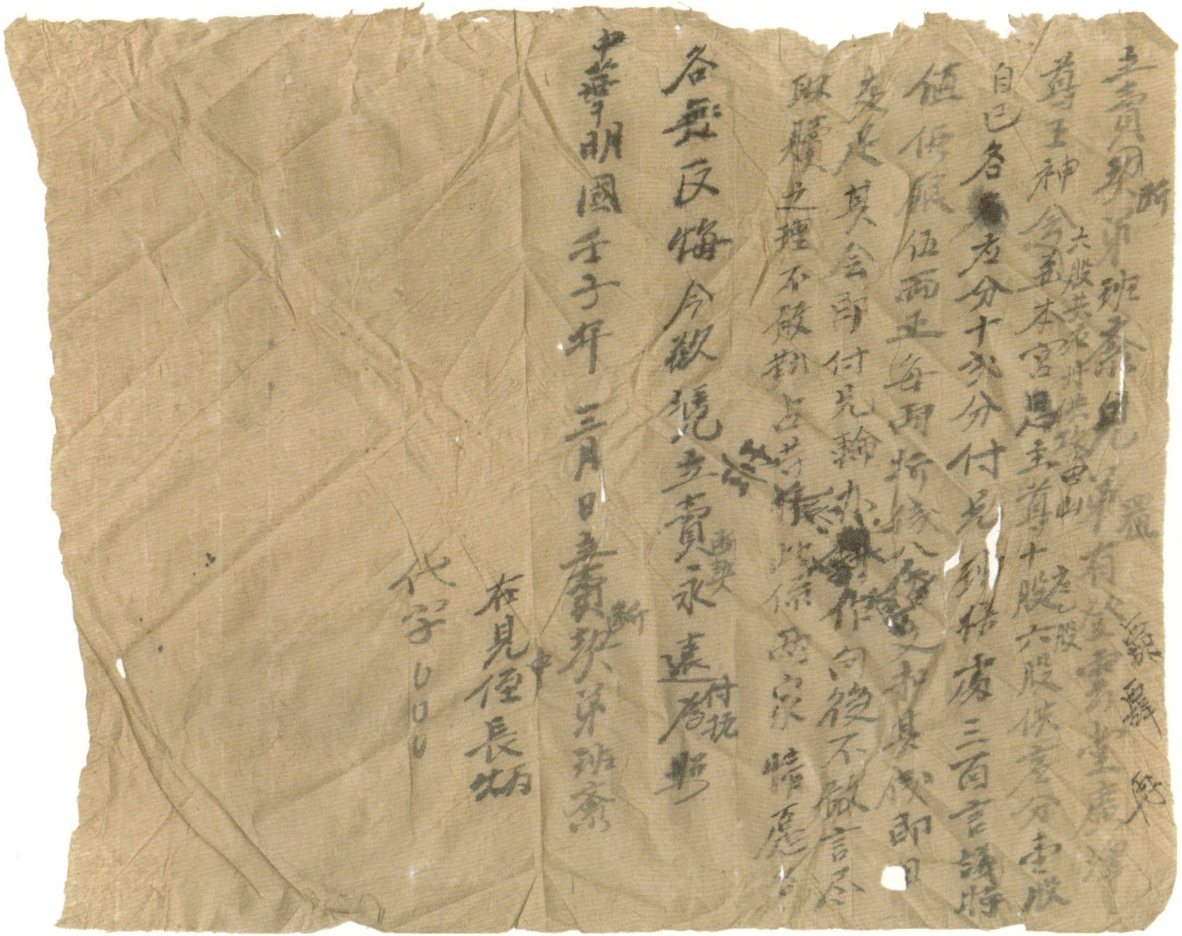

9-3-46-2 民國元年三月楊班桼等立賣斷廣澤尊王神會股契（草契）

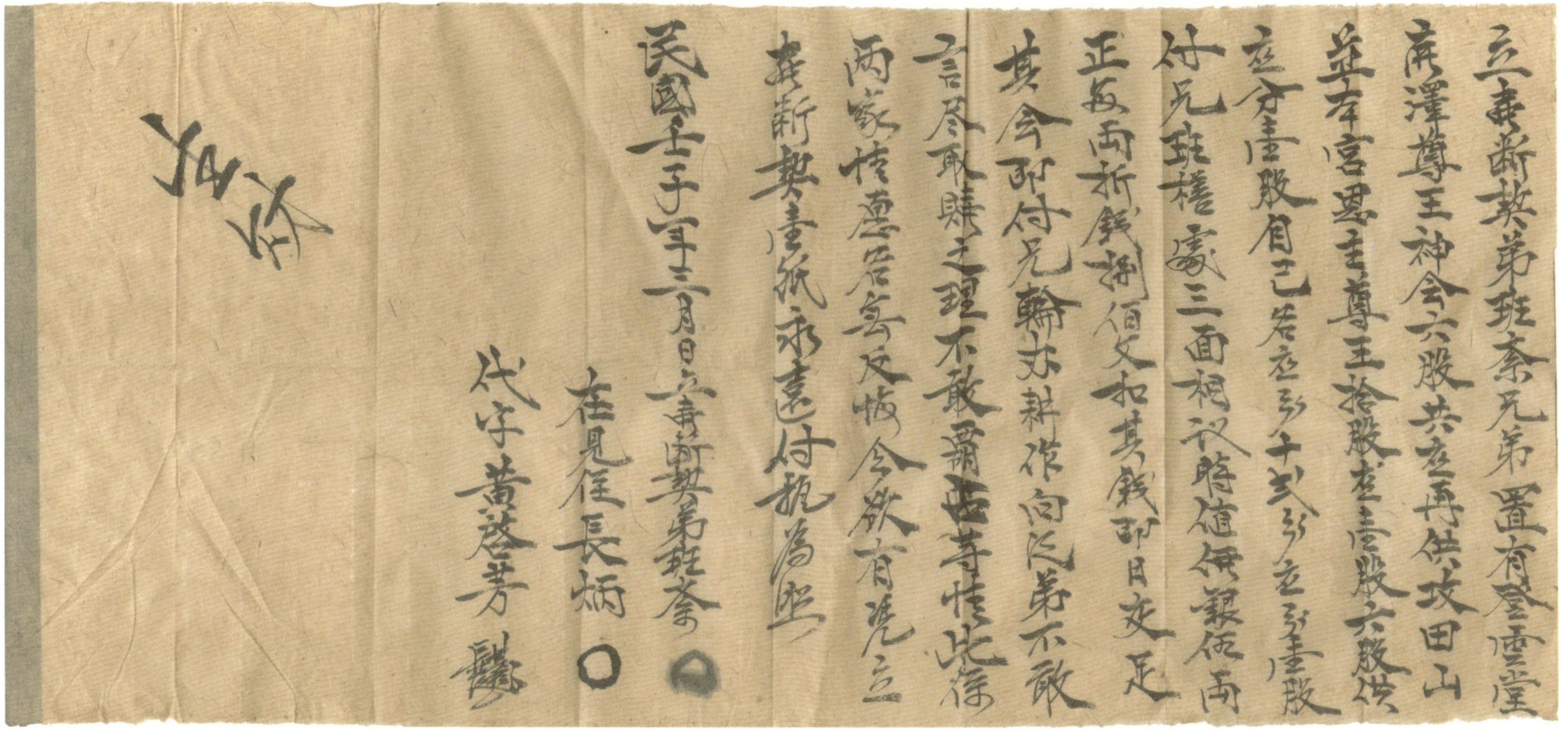
立賣斷契弟班柔兄弟置有登雲堂
廣澤尊王神会六股共在再供交田山
並本宮恩主尊王拾股在壹股六股供
在分壹股自己若在弍十弍分在分壹股
付兄班禧處三面憑衆時值價銀伍兩
正每兩折錢捌佰文扣其錢即日交足
其会即付兄輪流耕作向后弟不敢
言及取贖之理不敢霸占等情此係
兩家情愿各無反悔今欲有憑立
賣斷契壹紙永遠付執為照
民國壬子年三月日立賣斷契弟班柔 ○
在見侄長炳 ○
代字黃啓芳

9-3-46-3　民國元年三月楊班柔等立賣斷廣澤尊王神會股契

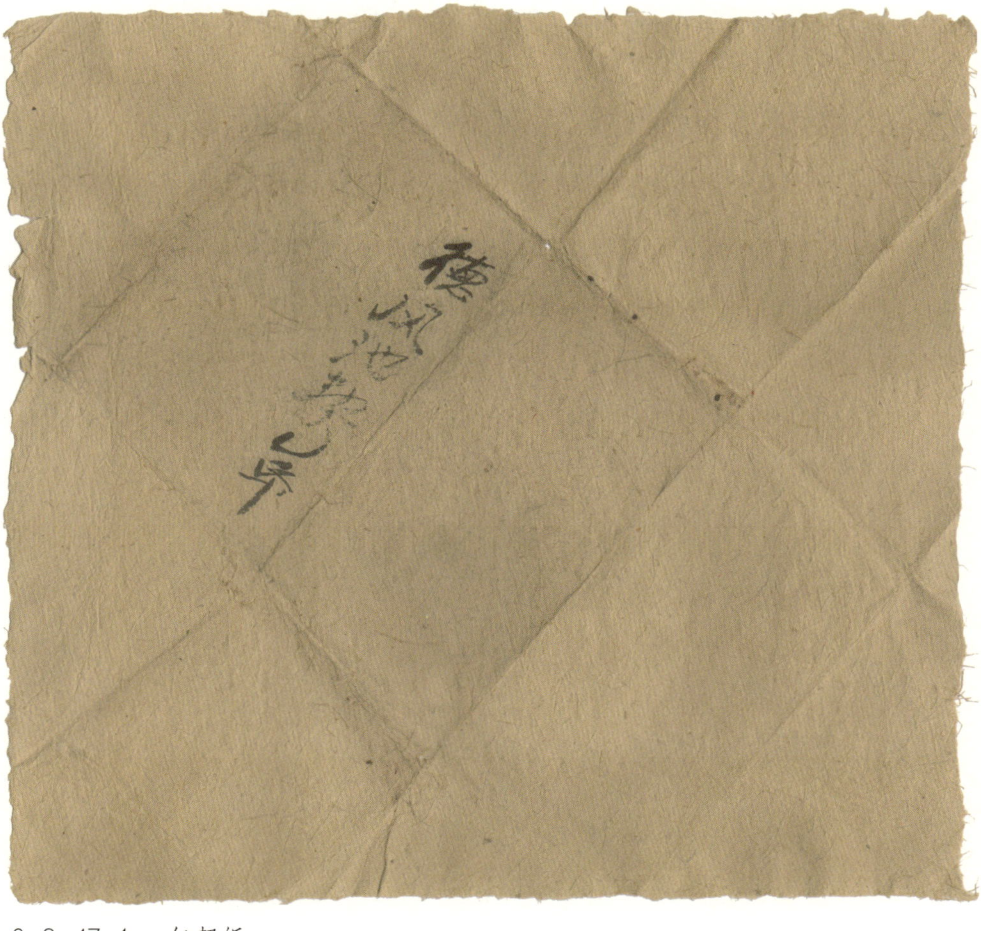

9-3-47-1　包契紙

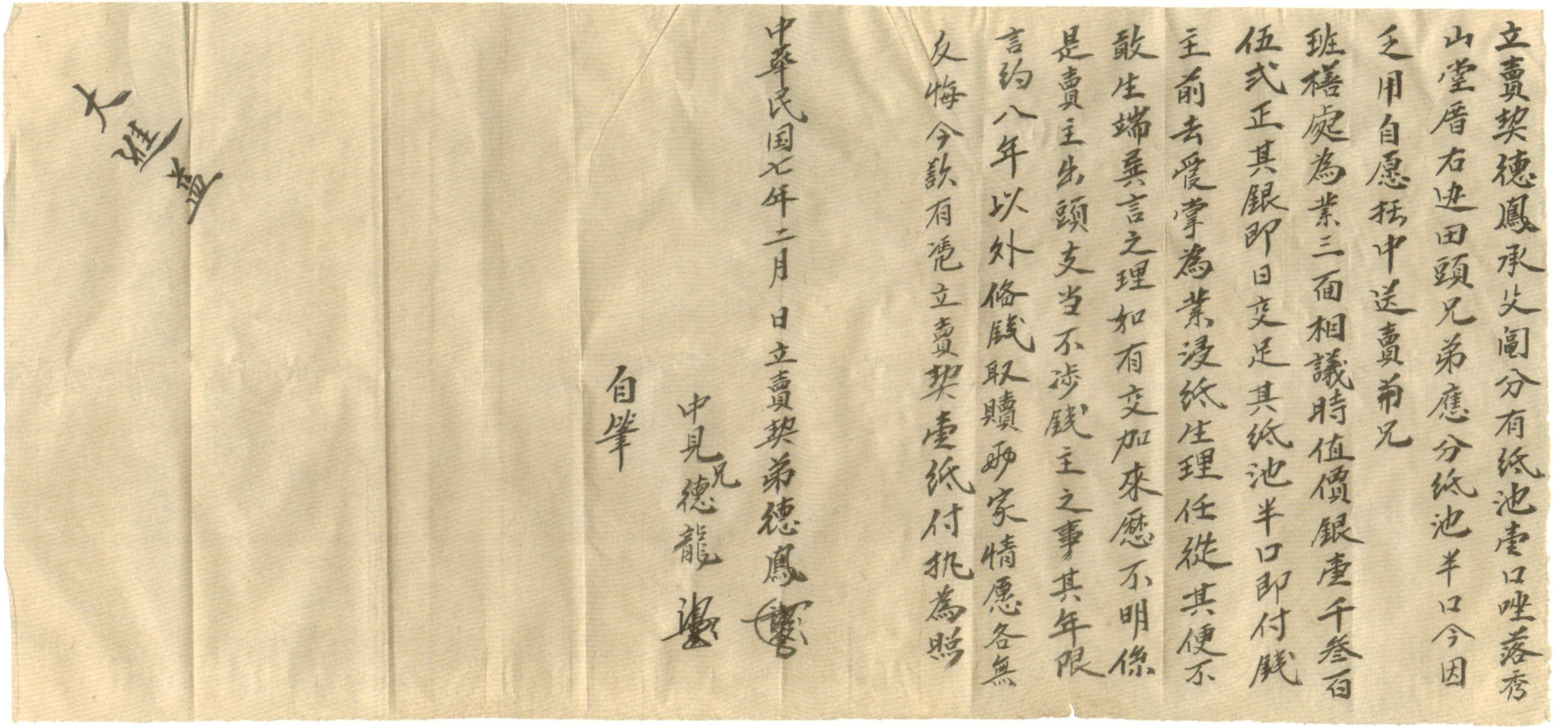
立賣契德鳳承父閹分有紙池壹口坐落秀
山堂厝右边田頭兄弟應分紙池半口今因
乏用自愿托中送賣與兄
班禧處為業三面相議時值價銀壹千叁百
伍式正其銀即日交足其紙池半口即付與
主前去管掌為業浸紙生理任從其便不
敢生端異言之理如有交加來歷不明係
是賣主出頭支当不涉錢主之事其年限
言约八年以外備錢取贖兩家情愿各無
反悔今欲有憑立賣契壹紙付执為照
中華民国七年二月　日立賣契弟德鳳（押）
中見兄德龍（押）
自筆
大继查

9-3-47-2　民國七年二月楊德鳳立賣紙池契

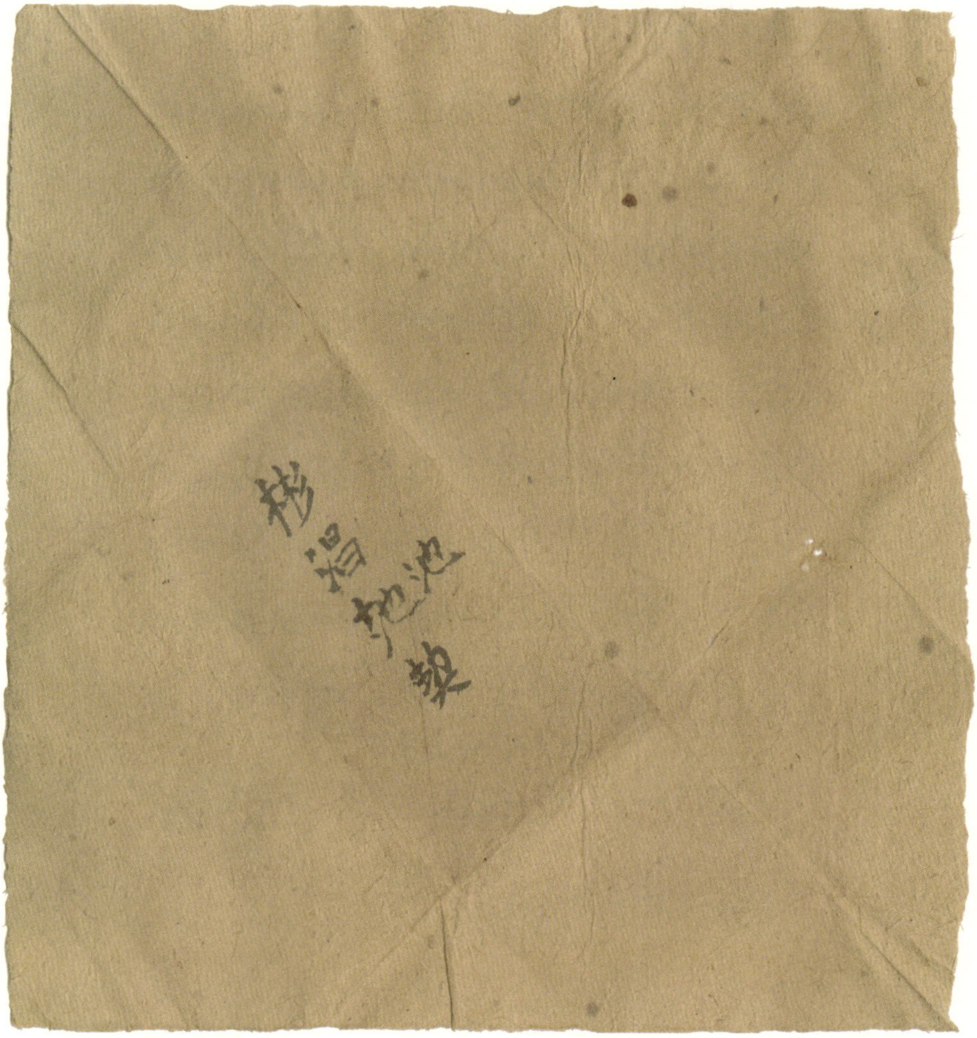

9-3-48-1　包契紙

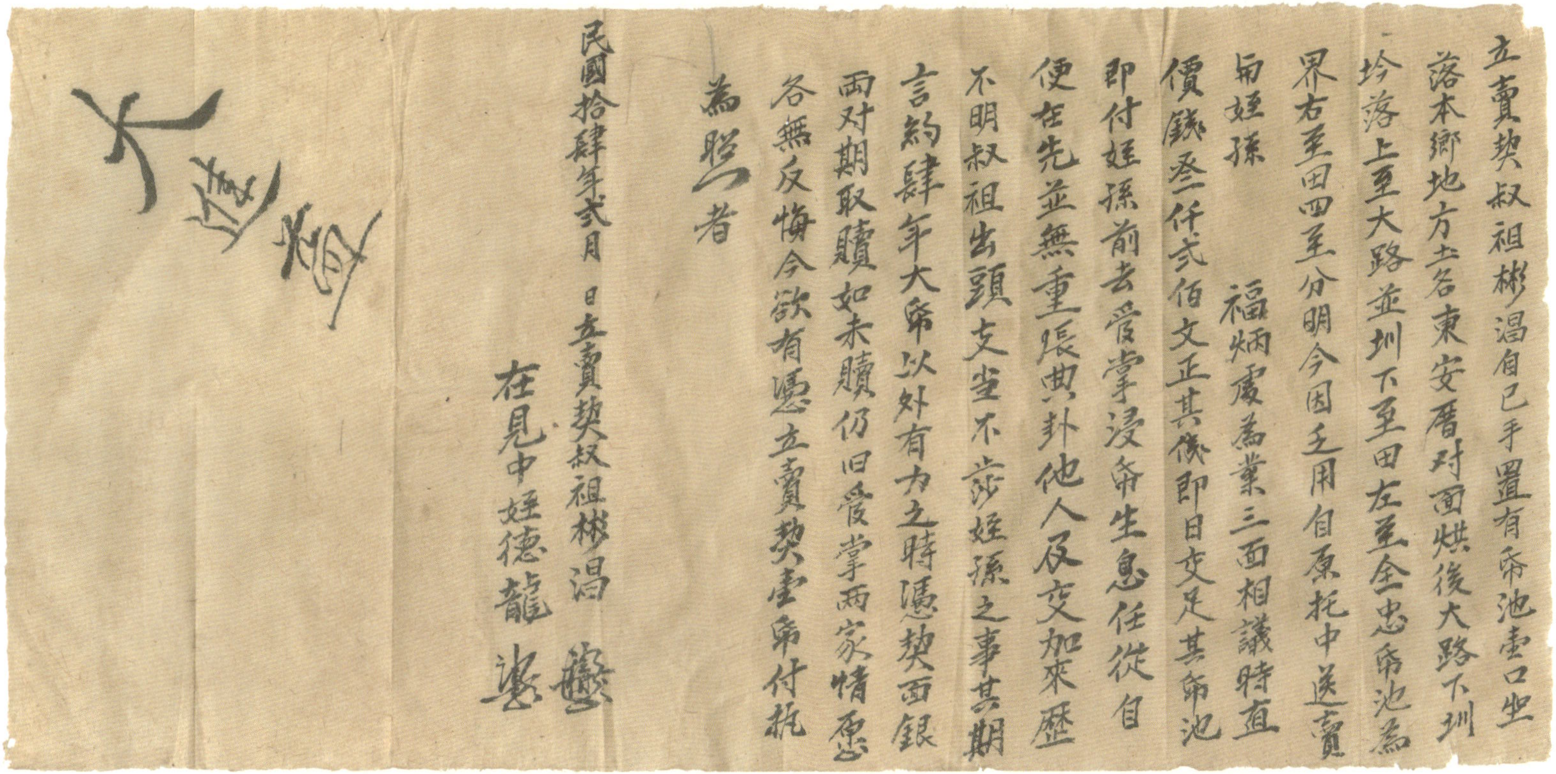
立賣契叔祖彬涓自己手置有紙池壹口坐
落本鄉地方土名東安厝对面烘後大路下圳
坽落上至大路並圳下至田左至全忠紙池為
界右至田四至分明今因壬用自愿托中送賣
與姪孫 福炳處為業三面相議時值
價錢叁仟弍佰文正其錢即日交足其紙池
即付姪孫前去管掌浸紙生息任從自
便在先並無重張典卦他人及交加來歷
不明叔祖出頭支當不涉姪孫之事其期
言約肆年大紙以外有力之時憑契面銀
兩对期取贖如未贖仍旧管掌兩家情愿
各無反悔今欲有憑立賣契壹紙付执
為照者
民國拾肆年弍月 日立賣契叔祖彬涓
在見中姪德龍

9-3-48-2 民國十四年二月楊彬涓立賣紙池契

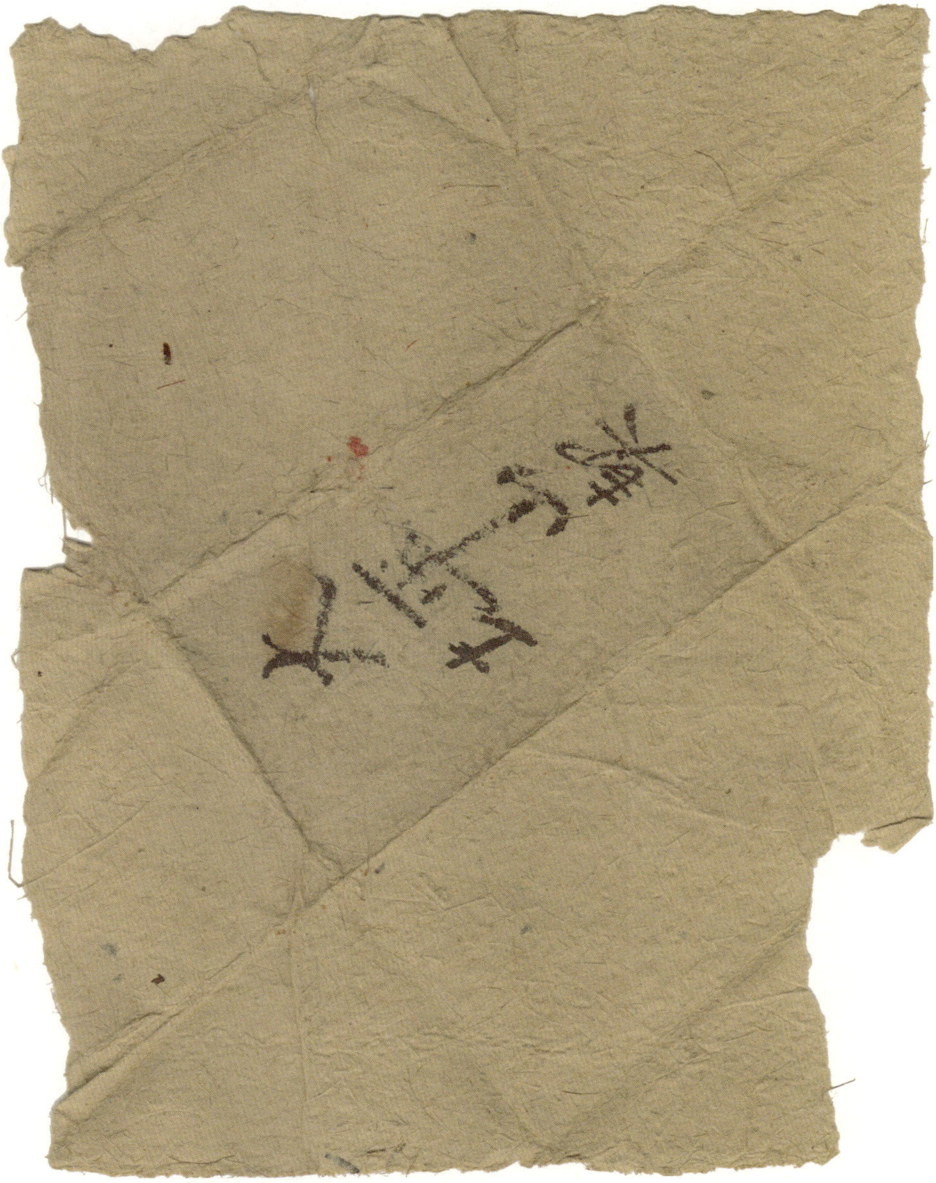

9-3-49-1　包契紙

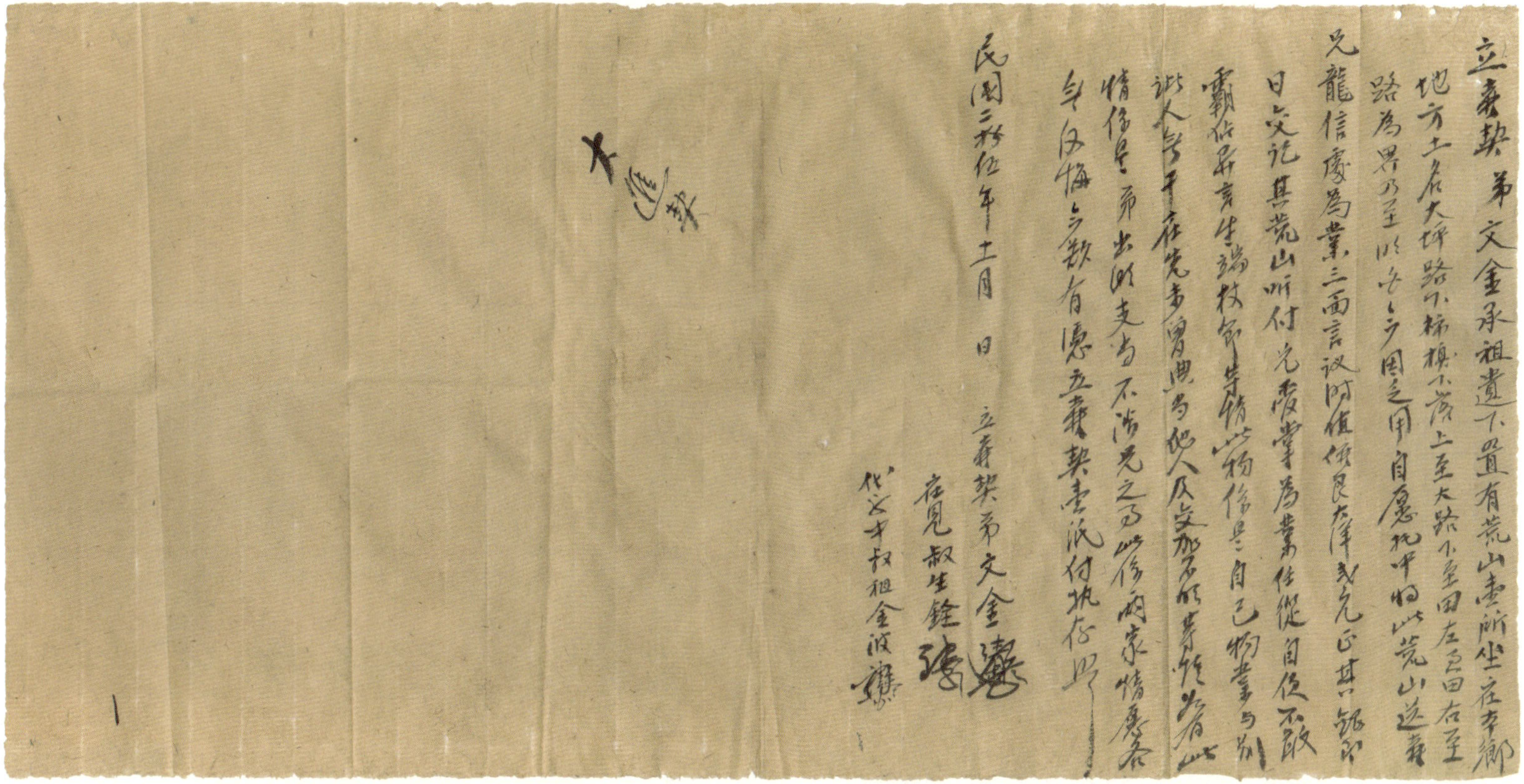
立賣契弟文金承祖遺下置有荒山壹所坐在本鄉
地方土名大坪路下棕樹下落上至大路下至田左至田右至
路為界四至明白今因乏用自愿托中將此荒山送賣
兄龍信處為業三面言议時值價良大洋弍元正其銀即
日交訖其荒山所付兄處掌為業任從自便不敢
霸佔異言生端枝節等情此物係是自己物業与别
[illegible]人等干在先未曾典当他人及交加不明等情如有此
情係是弟出頭支当不涉兄之事此係兩家情愿各
無反悔今欲有憑立賣契壹紙付執存照
民國二拾伍年十一月　日　立賣契弟文金（押）
在見叔生銓（押）
代筆叔祖金波（押）
大[illegible]

9-3-49-2　民國二十五年十一月楊文金立賣荒山契

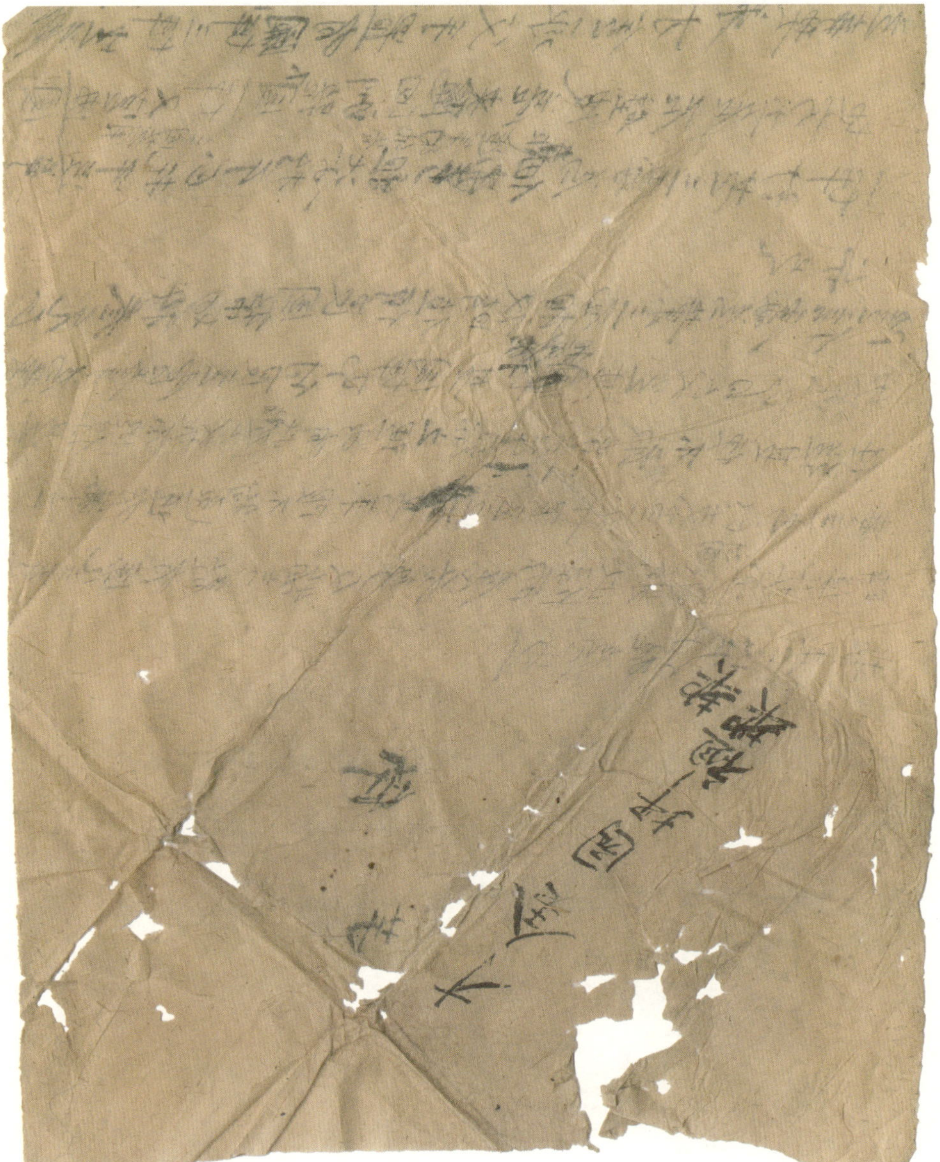

9-3-50-1　包契紙

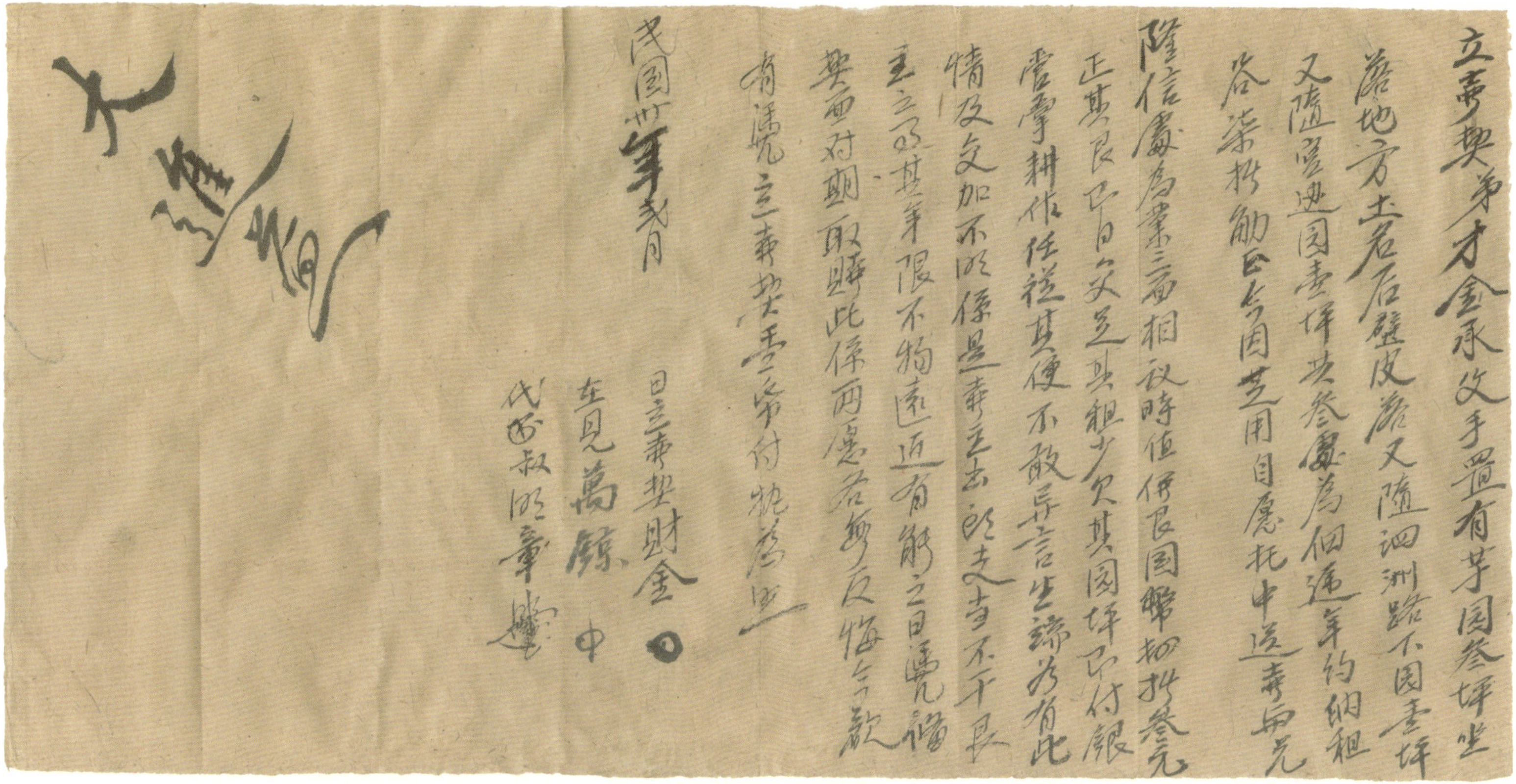

9-3-50-2　民國三十年二月楊財金立賣芋園契

立賣斷契楊財金承祖遺下本鄉有芋園壹坵
坐址本鄉地方土名祖厝左邊石壁皮下大路坪落又計
四洲厝右邊大路下並大路頂落園共弍坪又計後頭園落
園坪共叁坪合共叁處其賦穀憑新測量庚八告單分
配貽納今因乏用自愿托中將此物送賣斷與兄
隆信處永遠為業三面言議時值價錢國幣四拾叁元
又價穀干谷壹百伍拾弍觔正其錢並谷即日隨契交訖其
芋園田並園坪即付兄前去永遠耆掌為業任從
其便不敢異言生端枝節並情此物係是祖遺本分物
業與別人無干莊先並無典掛他人以及內外交加不明
如有此情弟出頭支理不涉兄之事自賣斷以後永不
敢言贖增盡等情此係兩相情愿各無反悔今欲有
憑立賣斷契壹紙付執永遠為照
民國叁拾伍年叁月　日　立賣斷契弟財金
見中叔保發
代筆叔祖少光

永遠大吉[illegible]

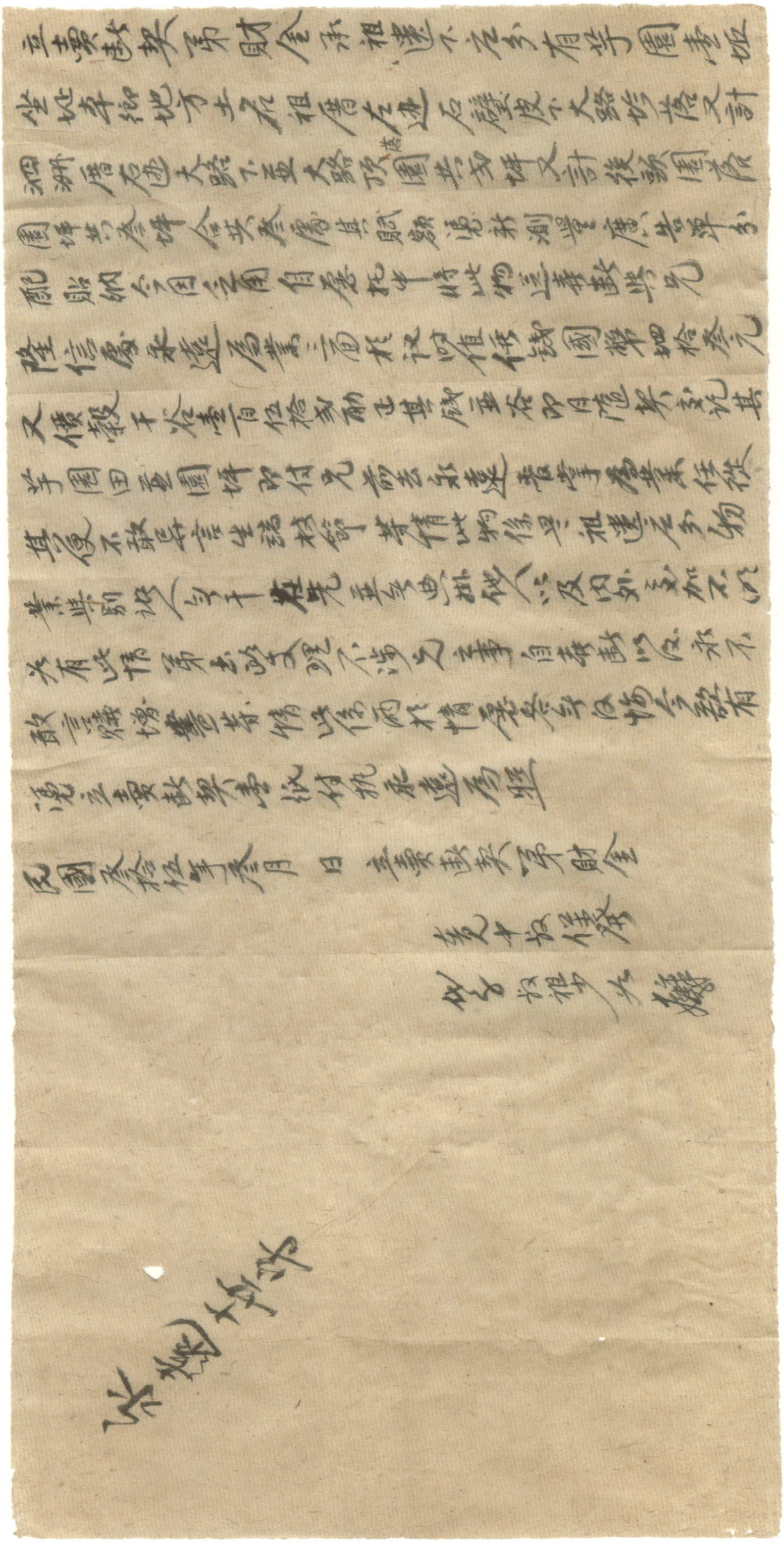

9-3-50-3　民國三十五年三月楊財金立賣斷芋園契

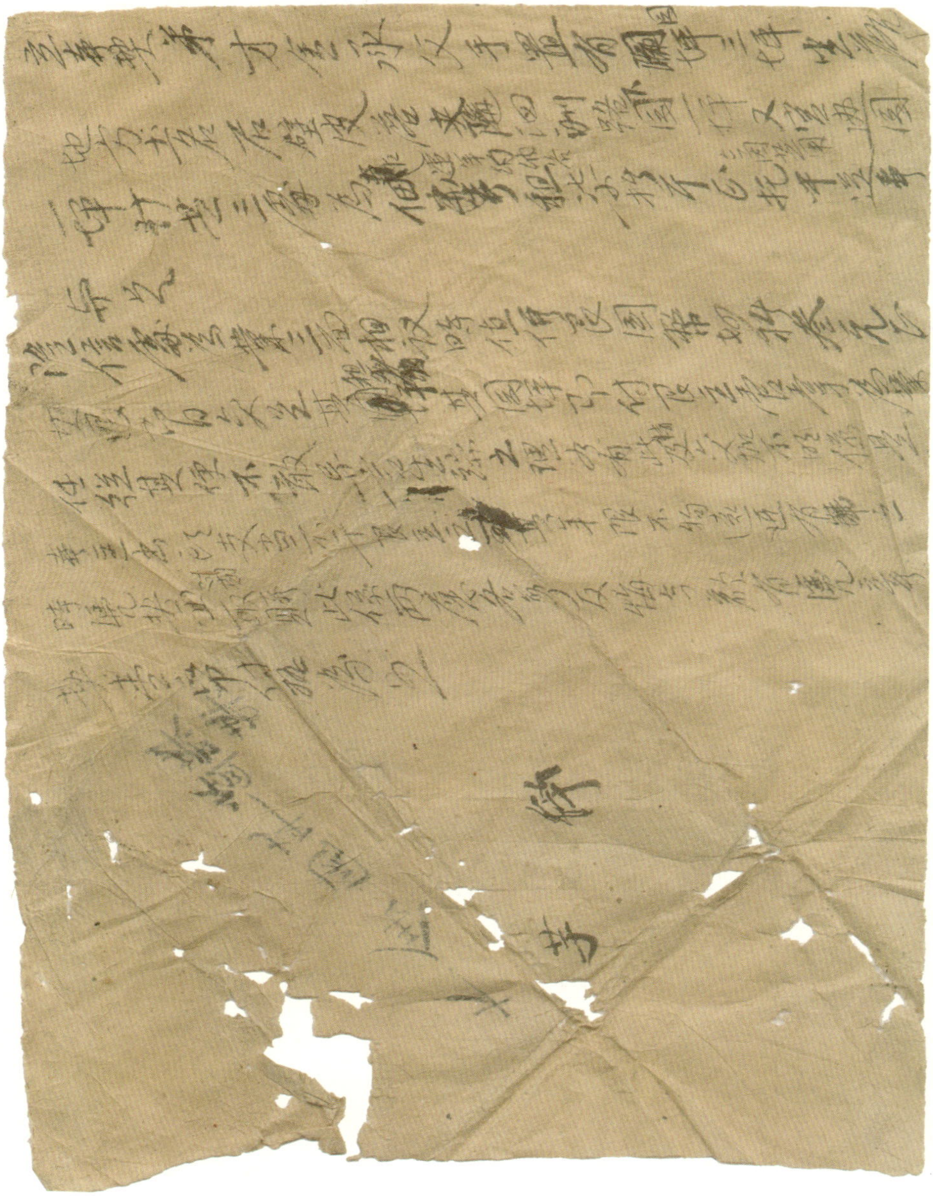

9-3-50-4 民國時期楊才金立賣園坪契（草契）

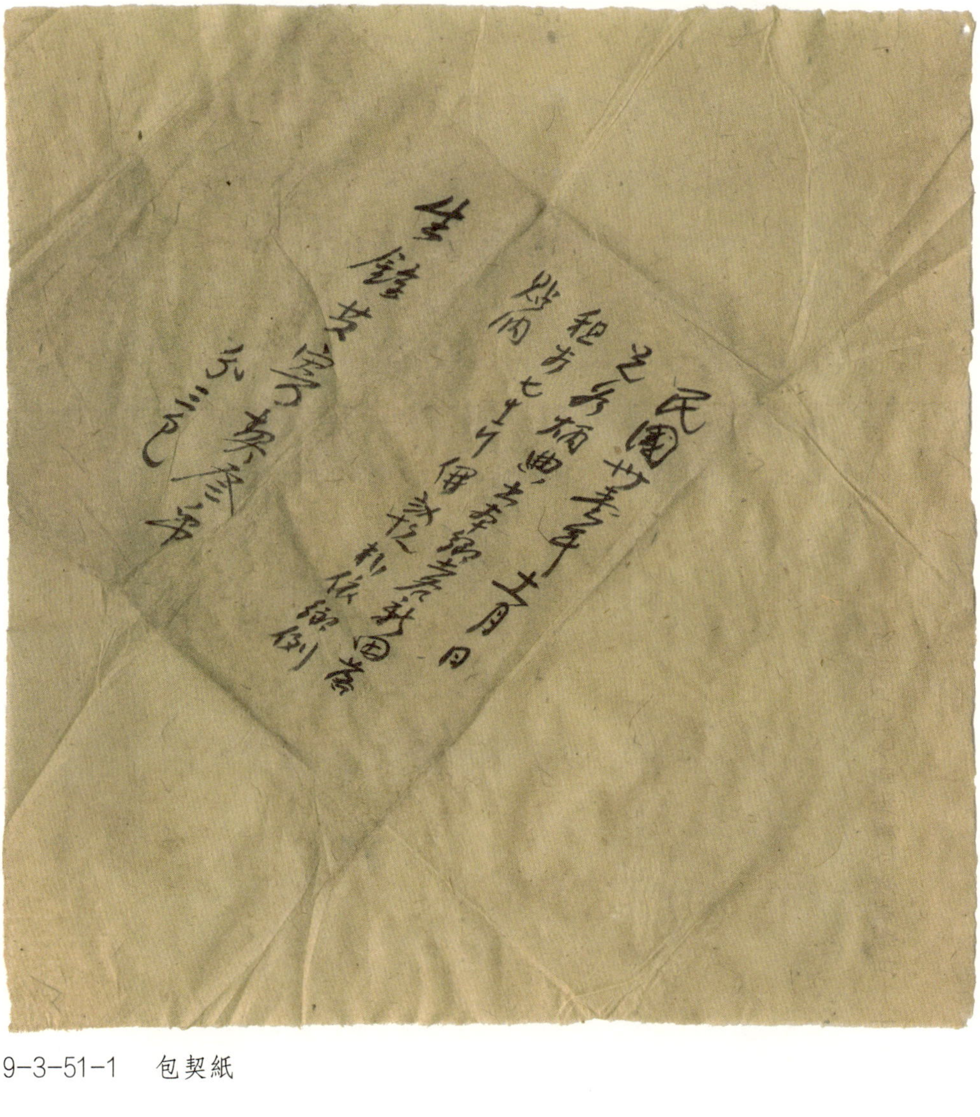

9-3-51-1　包契紙

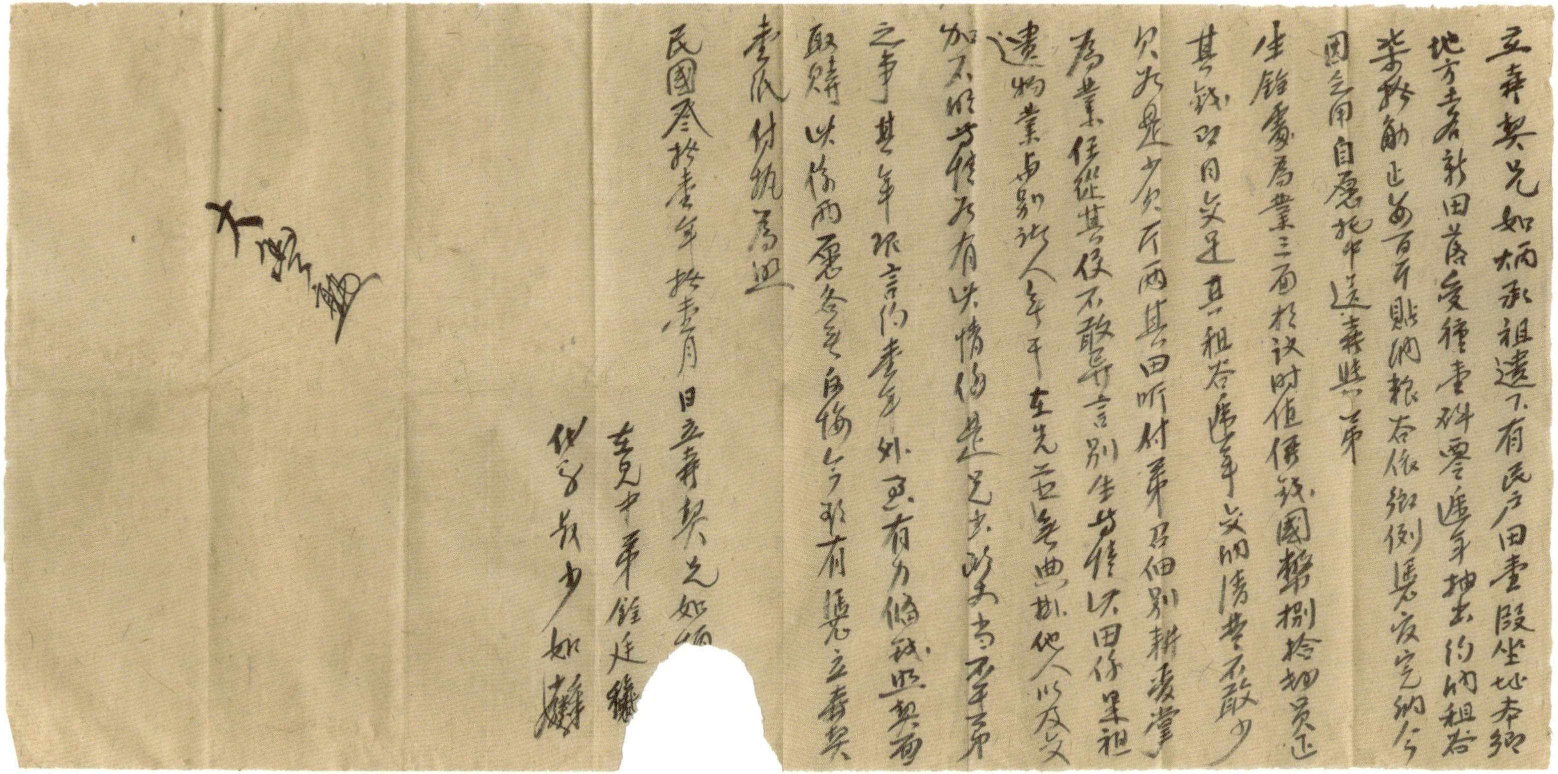

立賣契兄如炳承祖遺下有民户田壹段坐址本鄉
地方土名新田落受種壹斗零進手抽出仍納租谷
柒拾觔正並百斤貼納粮谷依鄉例送交完納今
因乏用自愿托中送賣與弟
生銓處爲業三面私議时值價錢國幣捌拾捌员正
其錢即日交足其租谷随年交納清楚不敢少
欠如是少欠斤兩其田听付弟召佃别耕管掌
爲業任從其便不敢异言别生枝節此田係是祖
遺物業与别房人等干在先並無典掛他人以及交
加不明等情如有此情係是兄出頭承當不干弟
之事其年限言約叁年外通有力備錢照契面
取贖此係兩愿各無反悔今欲有憑立賣契
壹紙付執爲照
民國叁拾壹年拾壹月 日立賣契兄如炳
在見中 弟銓廷
代筆 叔 少如

9-3-51-2 民國三十一年十一月楊如炳立賣民户田契

9-3-52-1　包契紙

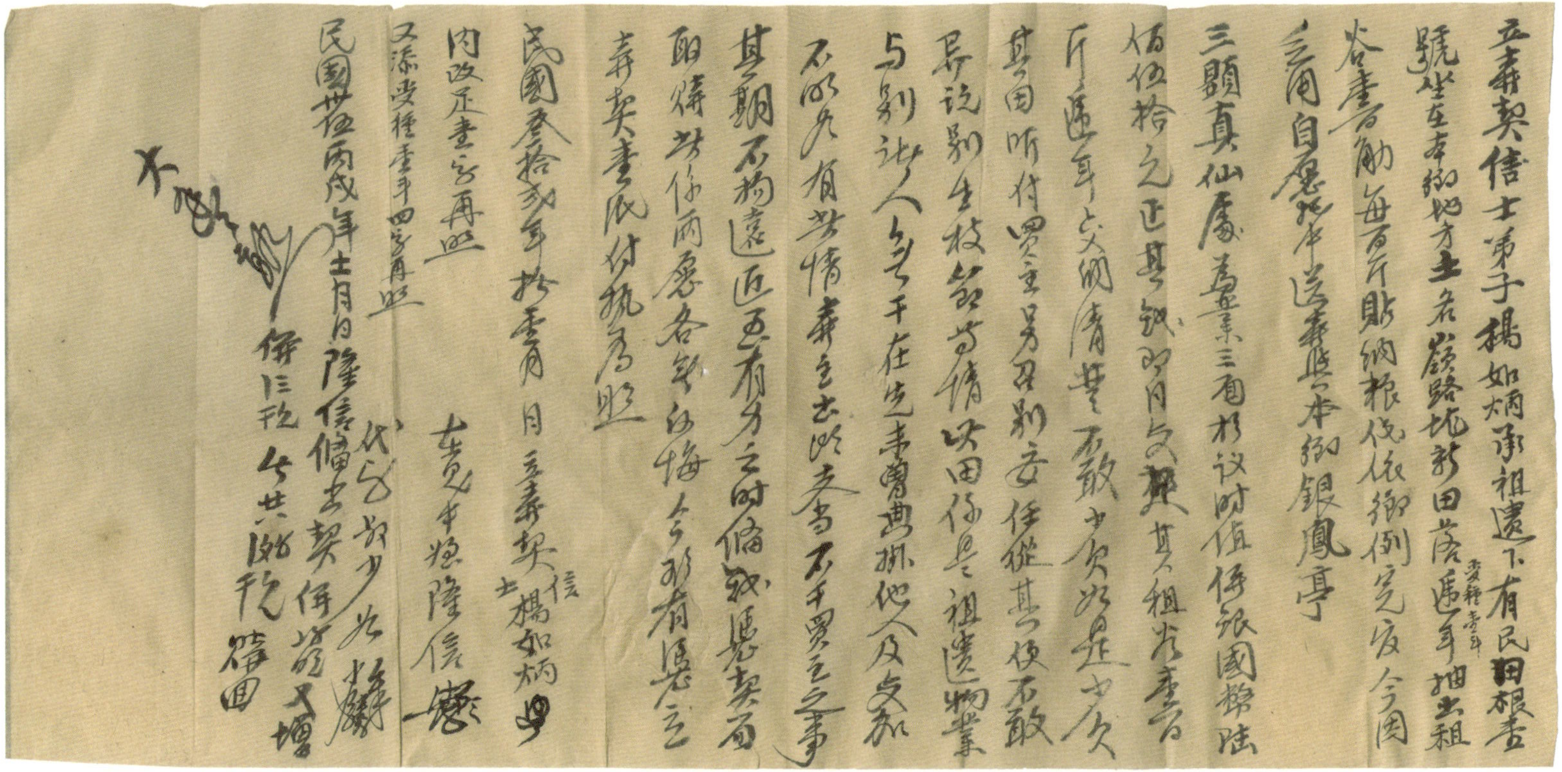

立賣契信士弟子楊如炳承祖遺下有民田根壹
號，坐在本鄉地方，土名嶺路坵新田落，受種壹斗，逐年抽出租
谷壹百觔，每百斤貼納粮𥹋依鄉例完成。今因
乏用，自愿托中送賣與本鄉銀鳳亭
三顯真仙處為業。三面村議，時值價銀國幣陆
佰伍拾元正。其銀即日交訖，其租谷壹百
斤逐年交納清楚，不敢少欠。如延少欠，
其田聽付買主另召別安，任從其便，不敢
異說，別生枝節。此係情愿，此田係是祖遺物業，
與別房人等無干，在先未曾典掛他人及交加
不明，如有此情，賣主出頭承當，不干買主之事。
其額不拘遠近，主有力之時，備銀照契面
取贖。此係兩愿，各無反悔。今欲有憑，立
賣契壹紙，付執為照。

民國叁拾弍年拾壹月　日立賣契信士楊如炳（押）
在見中　楊隆信（押）
內改正壹字再照
又添受種壹斗四字再照
代筆　叔少光（押）

民國卅五丙戌年十一月　日隆信備出契[illegible]贖回

9-3-52-2　民國三十二年十一月楊如炳立賣民田根契

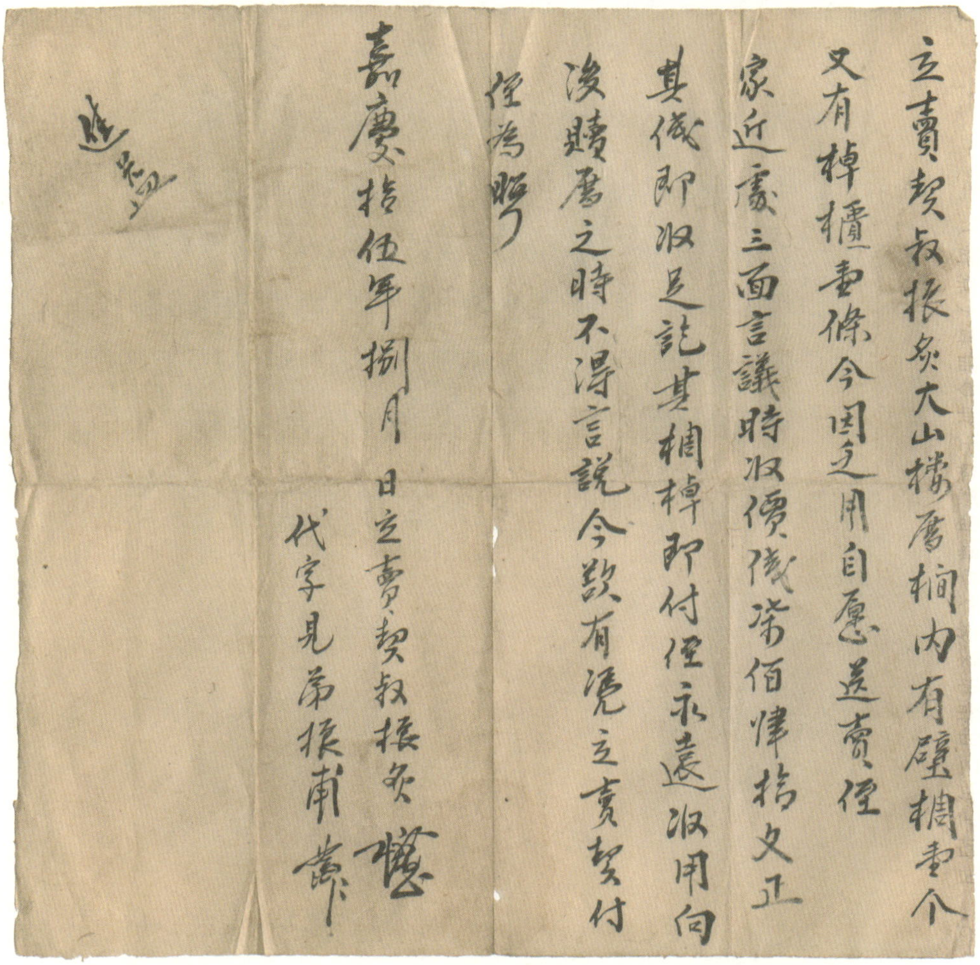

立賣契叔振炙大山樓厝桐內有壁椆壹个
又有棹櫃壹條今因乏用自愿送賣侄
家近處三面言議時收價錢柒佰肆拾文正
其錢即收足訖其椆棹即付侄永遠收用向
後贖厝之時不得言説今欲有憑立賣契付
侄為照

嘉慶拾伍年捌月　日立賣契叔振炙（押）
代字見弟振甫（押）

9-3-53-1　清嘉慶十五年八月楊振炙立賣壁椆等契

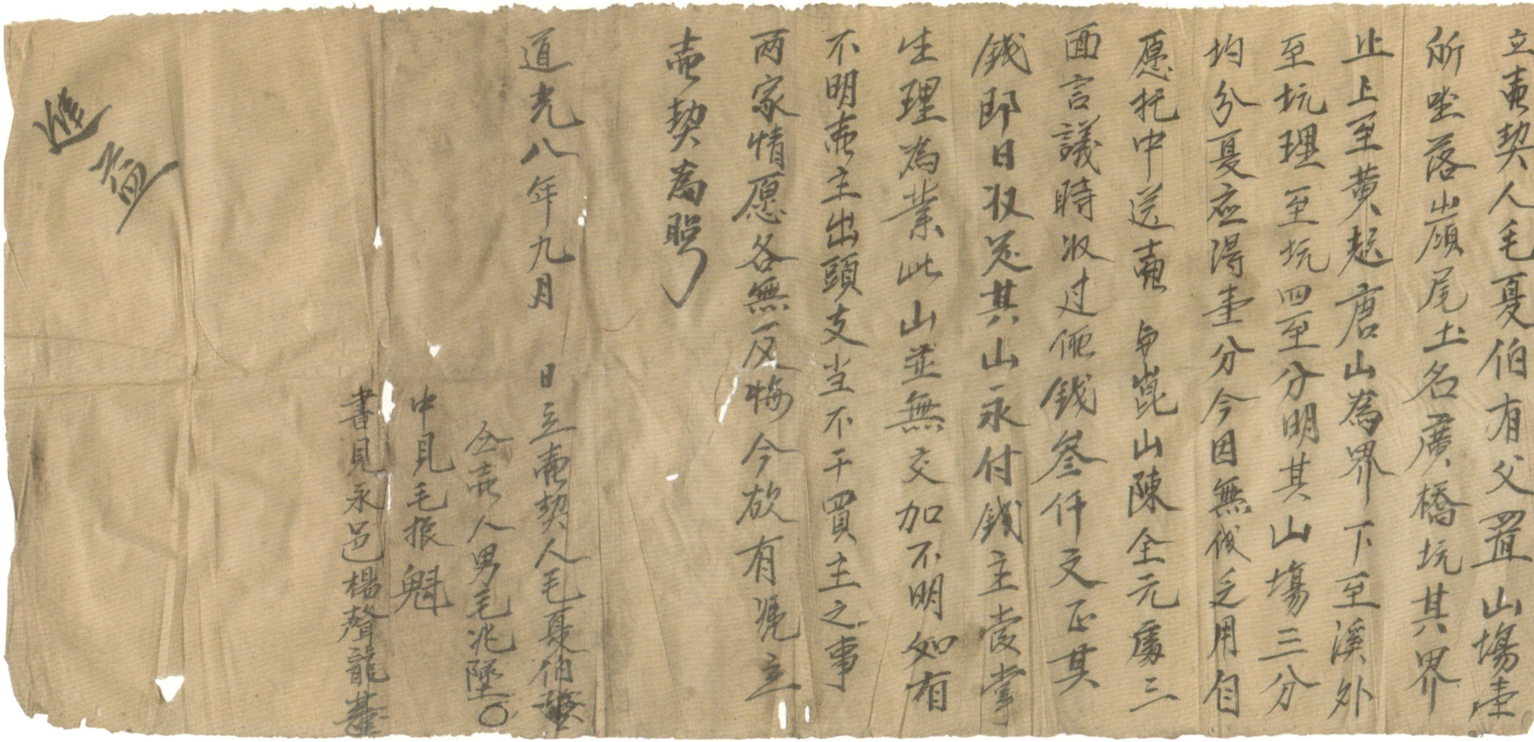

立賣契人毛夏伯有父置山場壹
所坐落山嶺尾土名廣橋坑其界
止上至黄起唐山為界下至溪外
至坑理至坑四至分明其山場三分
均分夏應得壹分今因無錢應用自
愿托中送賣 與毛崑山陳全元處三
面言議時價过價錢叁仟文正其
錢即日收足其山一永付錢主管
生理為業此山並無交加不明如有
不明賣主出頭支当不干買主之事
兩家情愿各無反悔今欲有凭立
賣契為照

道光八年九月 日立賣契人毛夏伯(押)
仝賣人男毛兆陞○
中見毛振魁
書見永邑楊聲龍(押)

9-3-53-2　清道光八年九月毛夏伯等立賣山場契

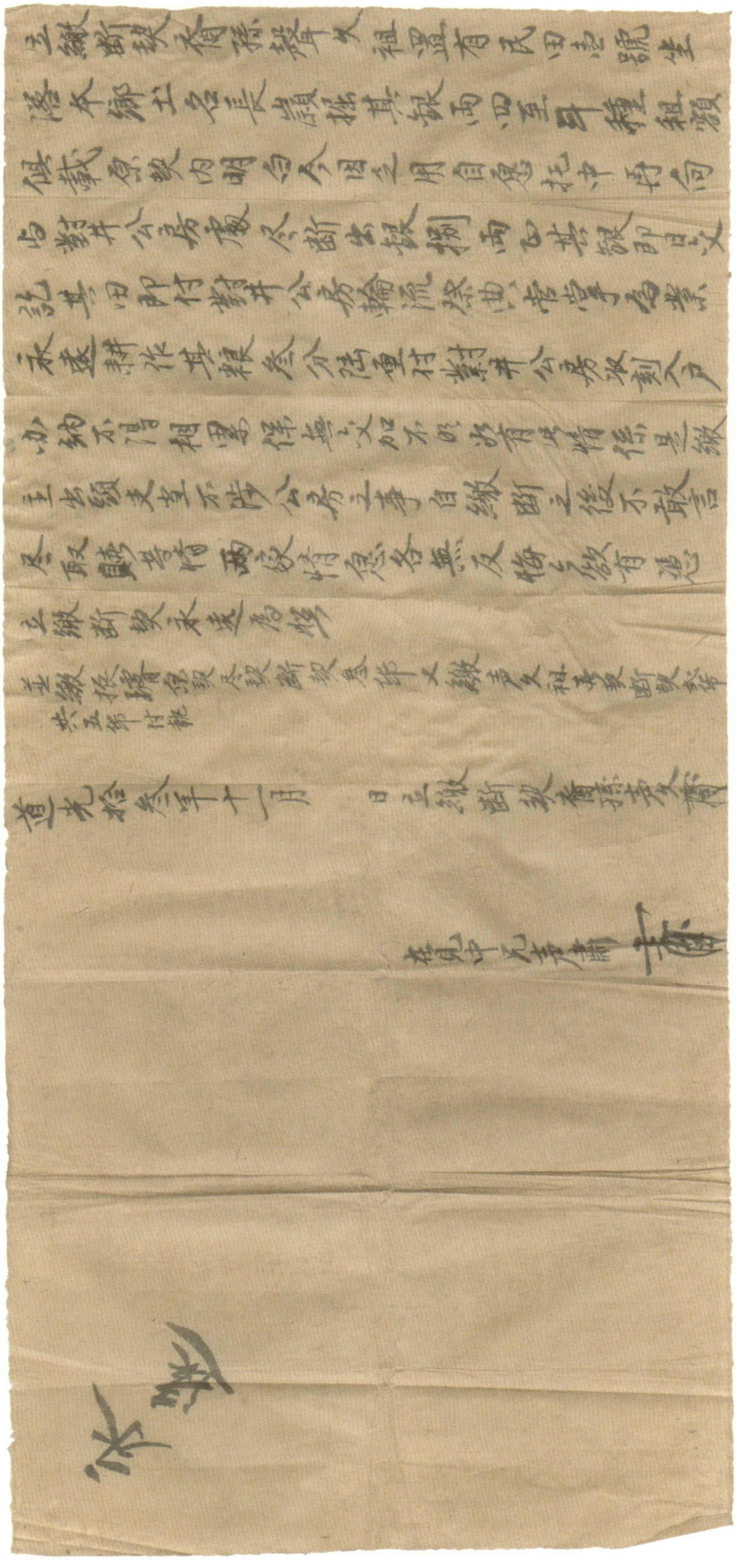
立缴斷契人楊聲久，承祖置有民田壹號，坐
落本鄉土名長嶺[illegible]，其額[illegible]田至斗種，租額
谷載原契內明白。今因乏用，自愿托中將田
出缴與對井公房處，三面言斷出價錢[illegible]兩正，其價即日交
訖。其田即付對井公房掄流[illegible]掌為業，
永遠耕作。其糧[illegible]付對井公房收割入户
办納，不得相[illegible]。保此田是久之[illegible]，不明。如有此情，係久
主出頭支當，不干對井公房之事。自缴斷之後，不敢言
盡取贖。此是兩愿，各無反悔。今欲有憑，
立缴斷契永遠為照。
[illegible]
共五紙付執
道光拾叁年十一月 日立缴斷契人楊聲久（押）
在見中人[illegible]
永照

9-3-53-3 清道光十三年十一月楊聲久立缴斷民田契

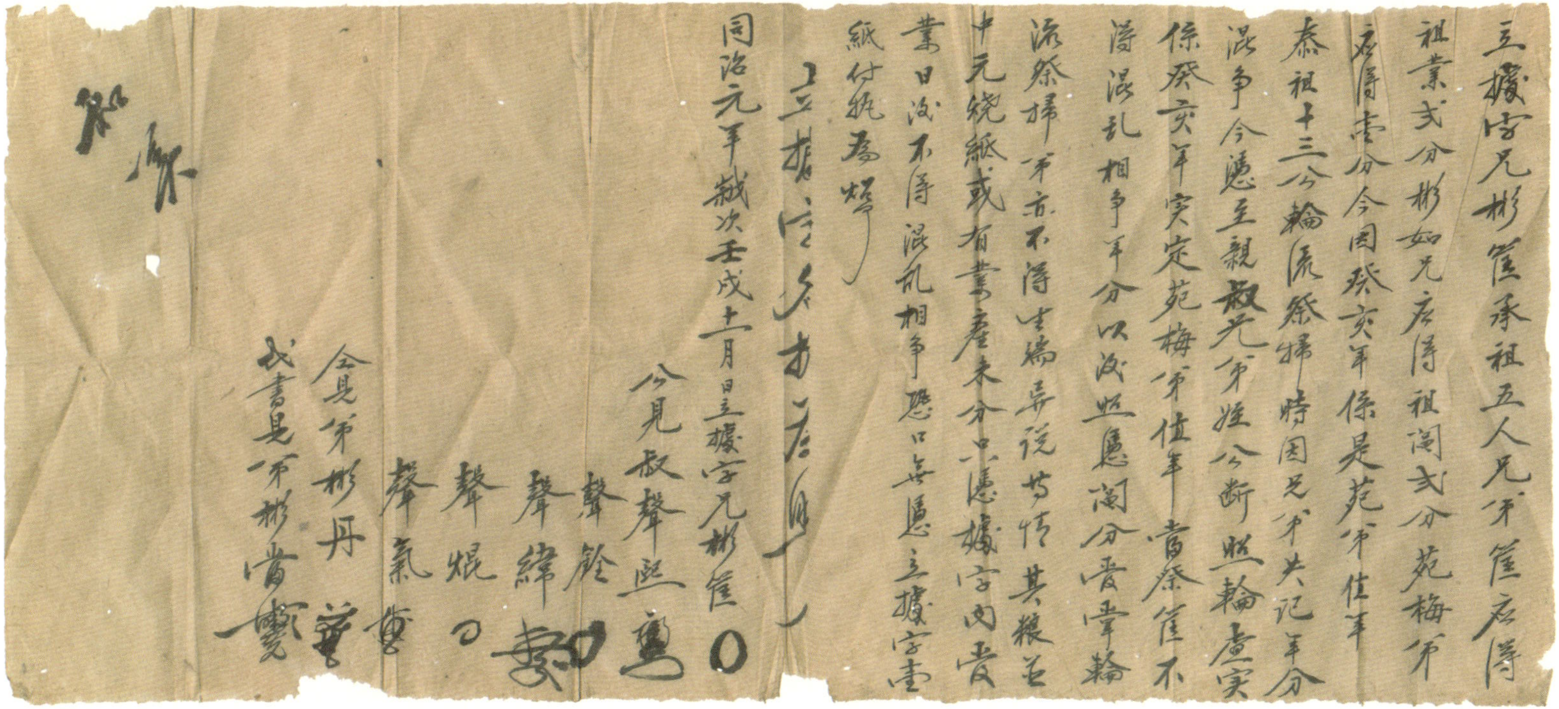
立據字兄彬筐承祖五人兄弟筐應得
祖業弍分彬如兄應得祖閣弍分苑梅弟
應得壹分今因癸亥年係是苑弟佳年
泰祖十三分輪流祭掃時因兄弟失記年分
混爭今憑至親叔兄弟姪公斷照輪壹實
係癸亥年實定苑梅弟佳年當祭筐不
得混亂相爭耳分以後照憑閣分當掌輪
流祭掃弟亦不得生端異說[illegible]情其糧至
中元燒紙或有業產未分中憑據字內當
業日後不得混亂相爭恐口無憑立據字壹
紙付執為照
立據字兄[illegible]應得[illegible]
同治元年歲次壬戌十一月日立據字兄彬筐〇
公見叔聲熙
聲銓
聲緯
聲焜
聲氣
全見弟彬丹
代書見弟彬當

9-3-53-4　清同治元年十一月楊彬筐立據字

立賣契人楊彬退、彬派兄弟侄等承祖遺下有屯田
租壹號，坐落本鄉土名坑尾，土名柳園門口坵，年載種子
弍斗載，大租谷弍佰斤，配糧米[illegible]
立用，自願托中送賣與
温𥙿傑親邊為業，三面言議時值價銀弍拾兩正，其
兩折錢捌佰文扣，其銀即日交足，其田租即付銀主
前去管業，自佃自耕，办納粮差，任從其便。此田不
租係自己物業，與別無干，在先並無重典他人及交關不
明等情，如有此情，係賣主出頭支理，不干銀主之
事。其田言約不拘遠近，備有力之時，備銀照原契面取
贖；如未贖，仍付管業收租為業。今欲有憑，立賣契
壹紙付執為照。
內添其字再照。

光緒三年十二月　日立賣契楊彬退○
仝契弟楊彬派○
在見中弟楊彬春
代筆仝賣侄楊經海

9-3-53-5　清光緒三年十二月楊彬退等立賣屯田租契

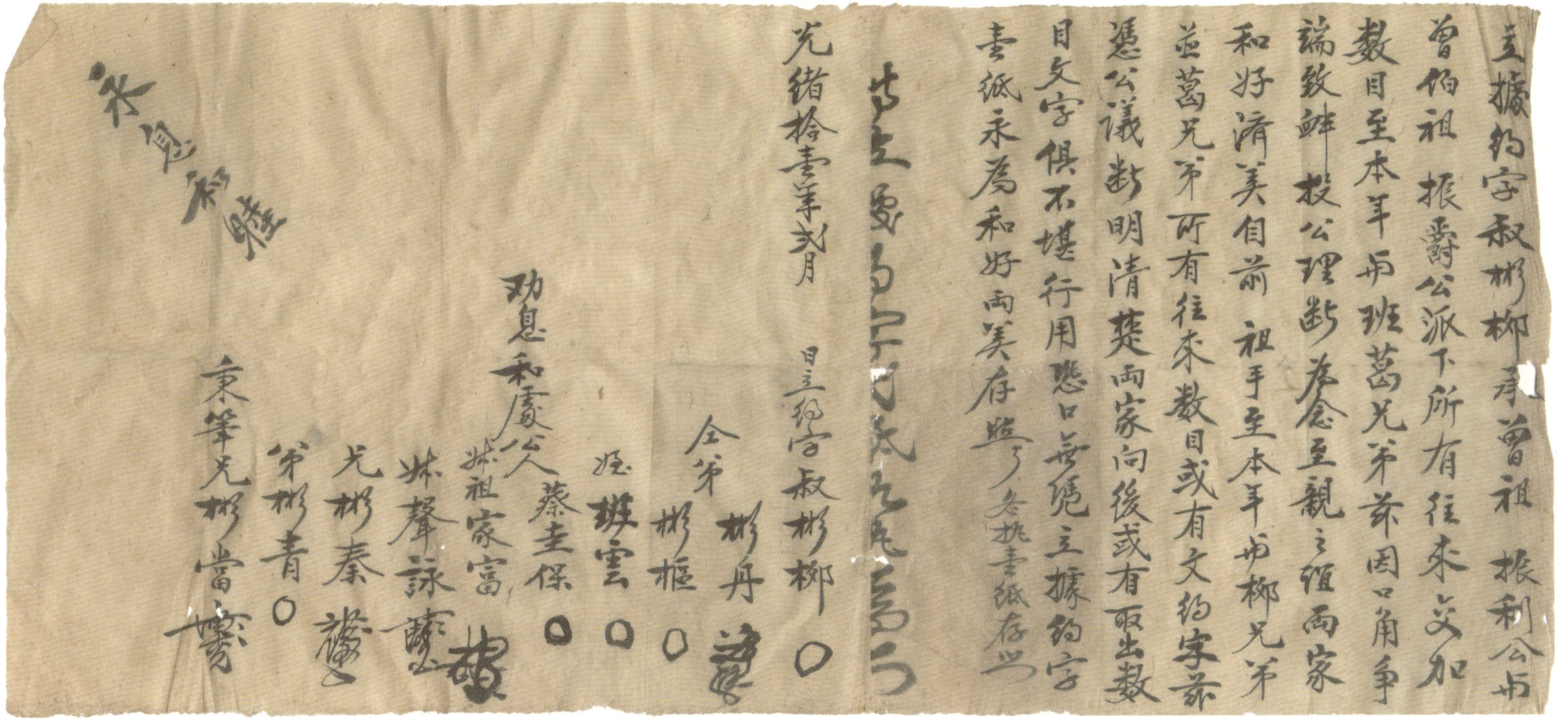

立據約字叔彬柳承曾祖 振利公吊
曾伯祖 振爵公派下所有往來交加
數目至本年弟班葛兄弟前因口角爭
端致肆 投公理斷應念至親之誼兩家
和好清美自前 祖手至本年弟柳兄弟
並葛兄弟所有往來數目或有文約字番
憑公議斷明清楚兩家向後或有取出數
目文字俱不堪行用恐口無憑立據約字
壹紙永爲和好兩美存照 各執壹紙存照

光緒拾壹年弍月 日立約字叔彬柳○
全弟 彬丹（押）
彬樞○
姪 班雲○
勸息和處公人 蔡圭保○
林祖家富（押）
林聲詠（押）
光彬秦（押）
弟彬青○
秉筆光彬當（押）

永息和睦

9-3-53-6　清光緒十一年二月楊彬柳等立據約字

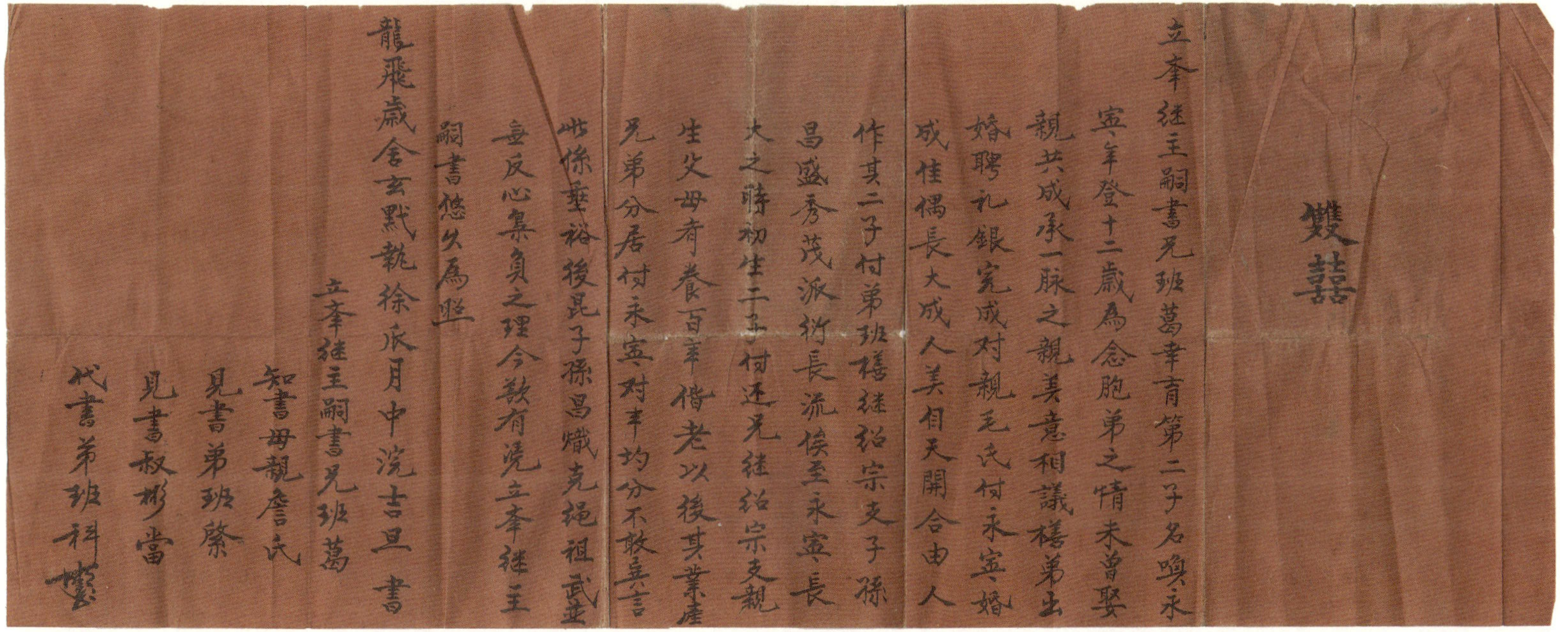

雙囍

立奉继主嗣書兄班葛幸育第二子名喚永
寅，年登十二歲，爲念胞弟之情未曾娶
親，共成承一脉之親，美意相議，橉弟出
婚聘礼銀完成，对親毛氏付永寅婚
成佳偶，長大成人，美伯天開，合由人
作其二子付弟班樣继绍宗支，子孫
昌盛，秀茂派衍，長流侯至永寅長
大之時，初生二子，付还兄继绍宗支，親
生父母，奇養百年偕老，以後其業産
兄弟分居，付永寅对半均分，不敢異言。
此係埀裕後昆子孫昌熾，克绳祖武，並
無反心集負之理。今欲有凭，立奉继主
嗣書憁久爲照。
龍飛歲舍玄默執徐辰月中浣吉旦 書
立奉继主嗣書兄班葛
知書母親詹氏
見書弟班榮
見書叔彬當
代書弟班科（押）

9-3-53-7 清光緒十八年七月楊班葛立嗣書

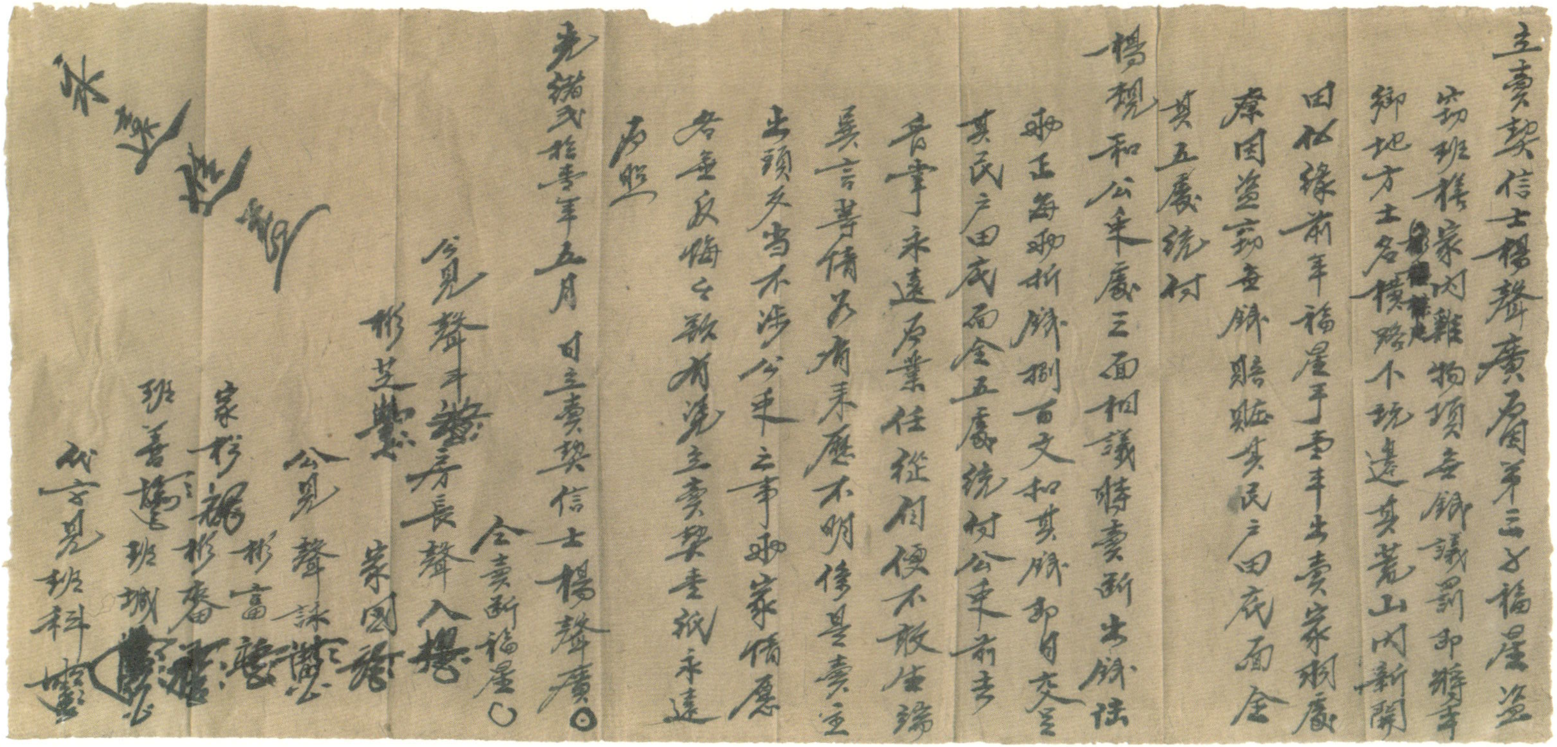

9-3-53-8　清光緒二十一年五月楊聲賡等立賣田契

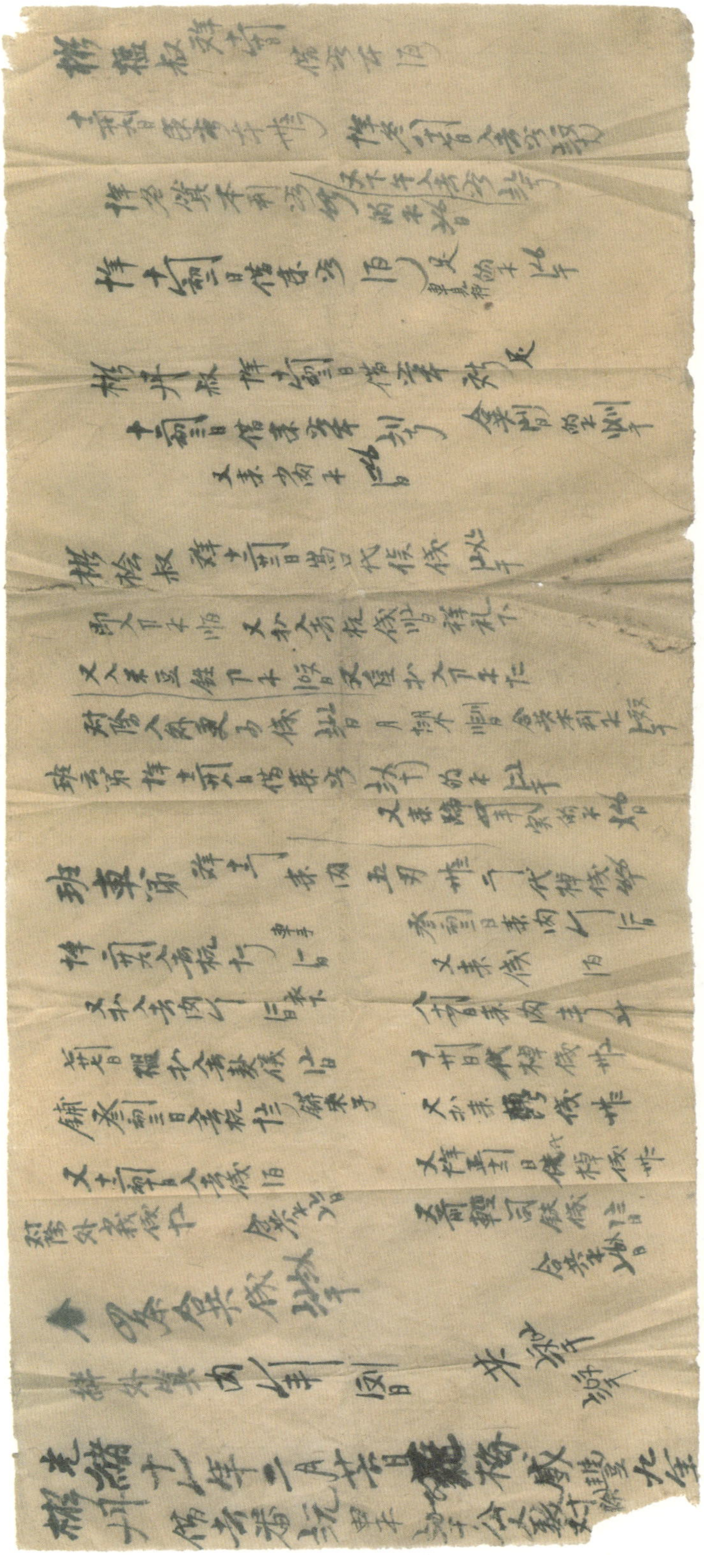

9-3-53-9　晚清時期楊氏家族進出流水單（一）

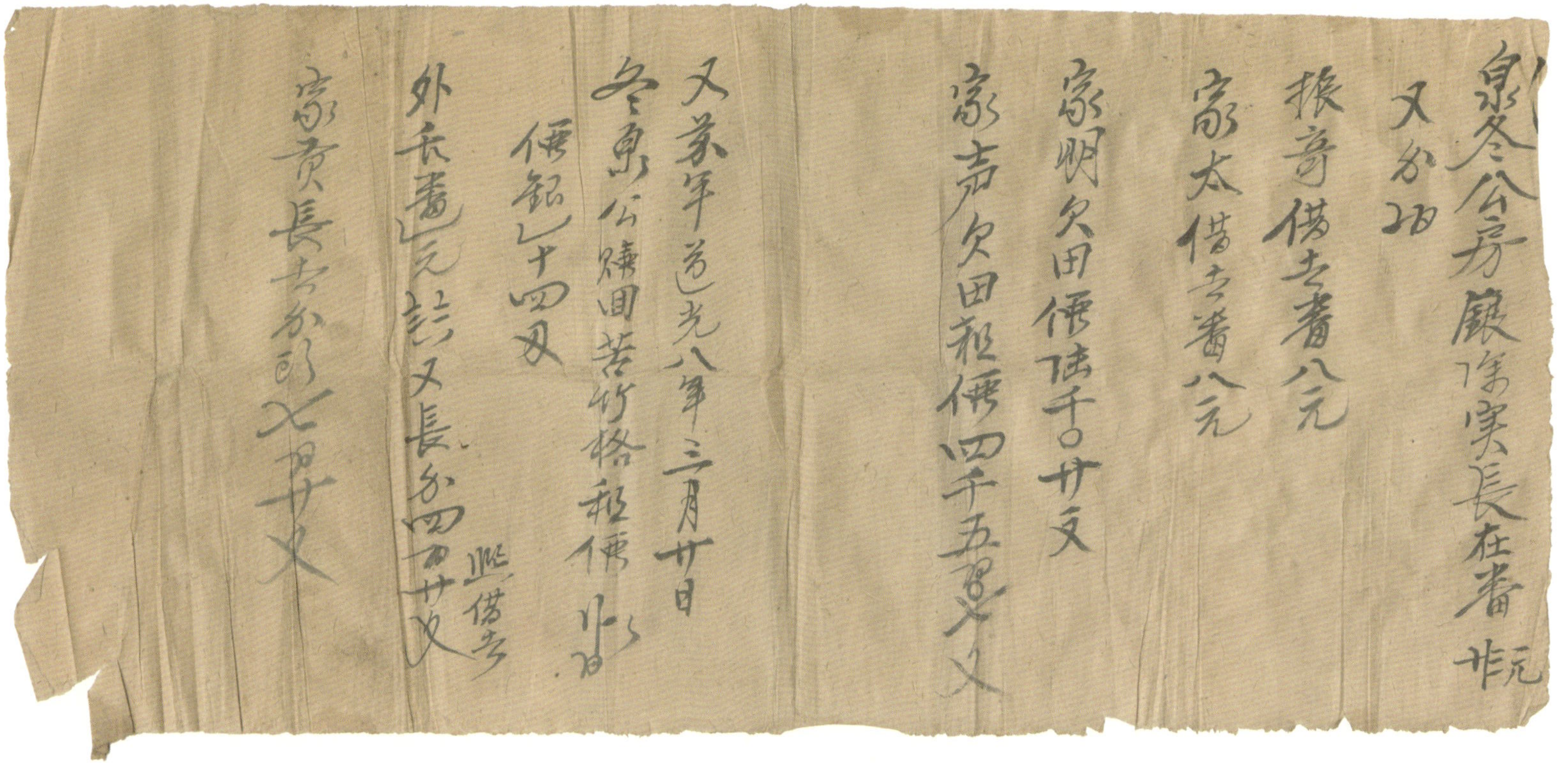

9-3-53-10　晚清時期楊氏家族進出流水單（二）

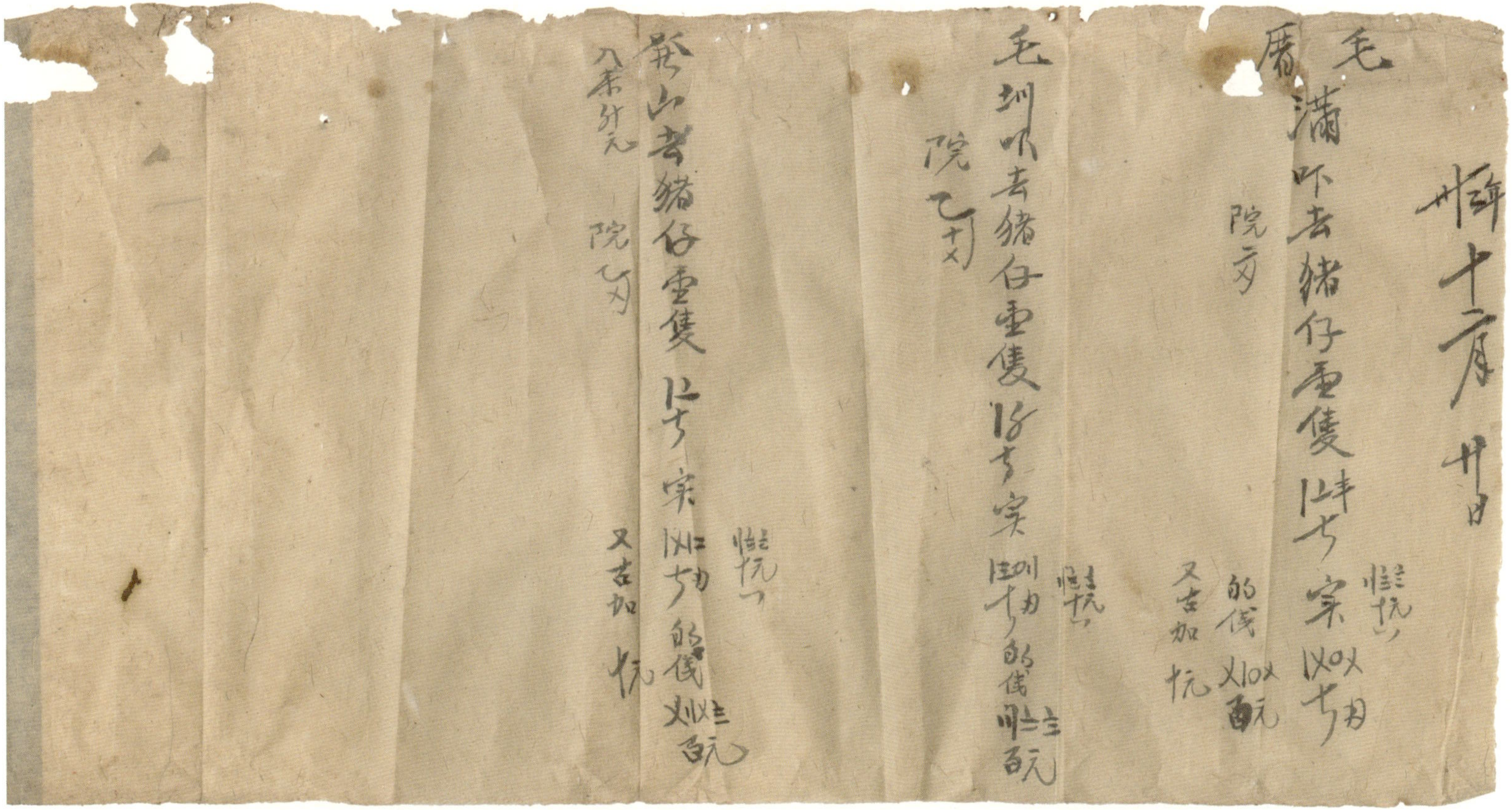

9-3-53-11 晚清時期楊氏家族進出流水單（三）

9-3-53-12　楊氏家族進出流水單（年代不詳）

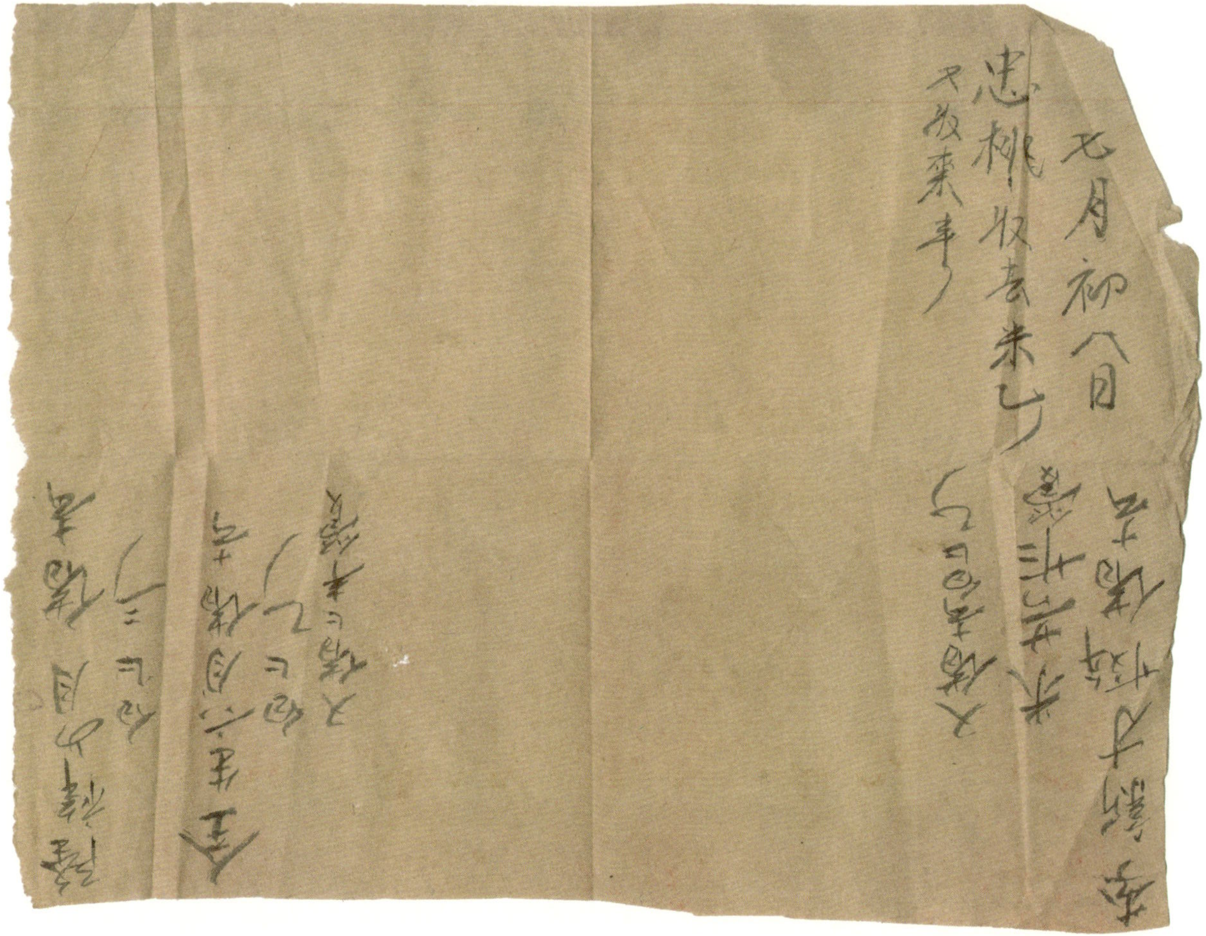

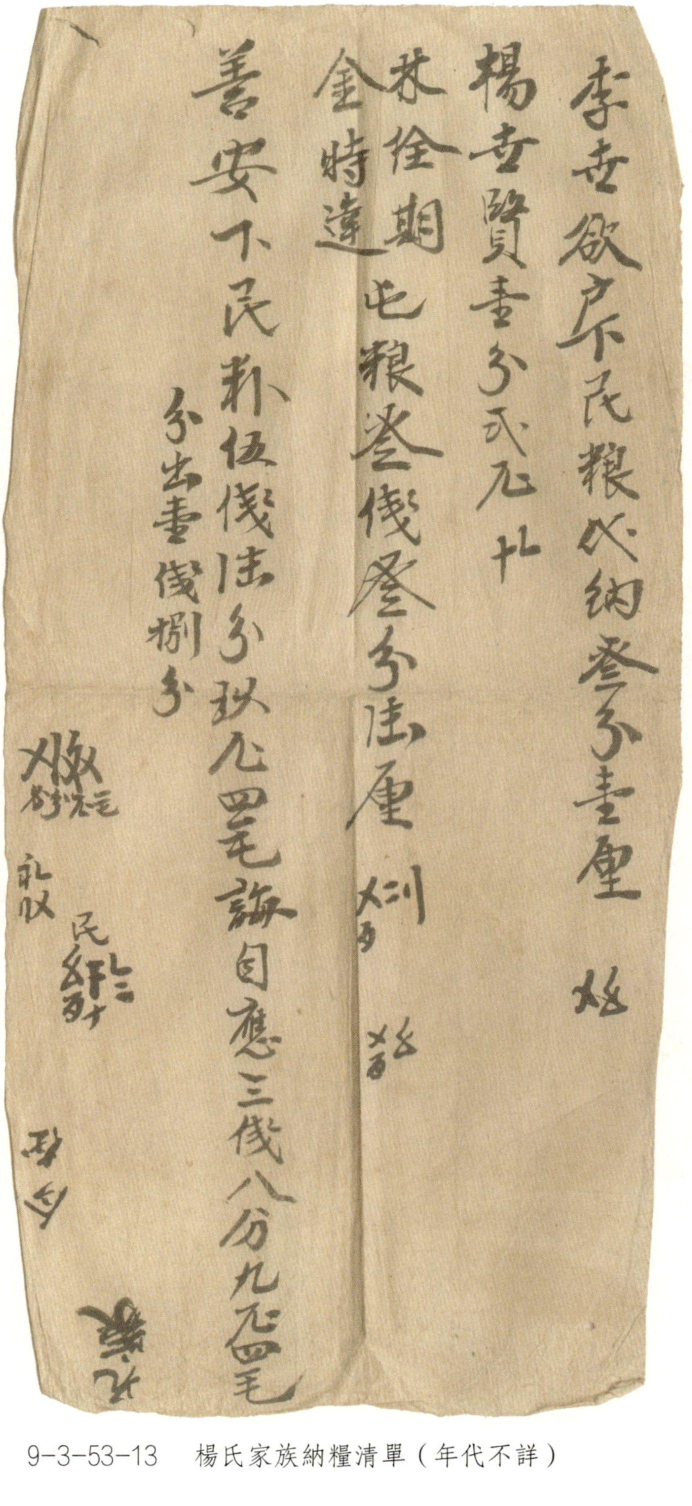

李世欲户下民粮代納叁分壹厘
楊世賢壹分弍厘
林佺期屯粮叁錢叁分伍厘
金時達
善安下民粮伍錢伍分玖厘四毛海自應三錢八分九厘四毛
分出壹錢捌分

9-3-53-13　楊氏家族納糧清單（年代不詳）

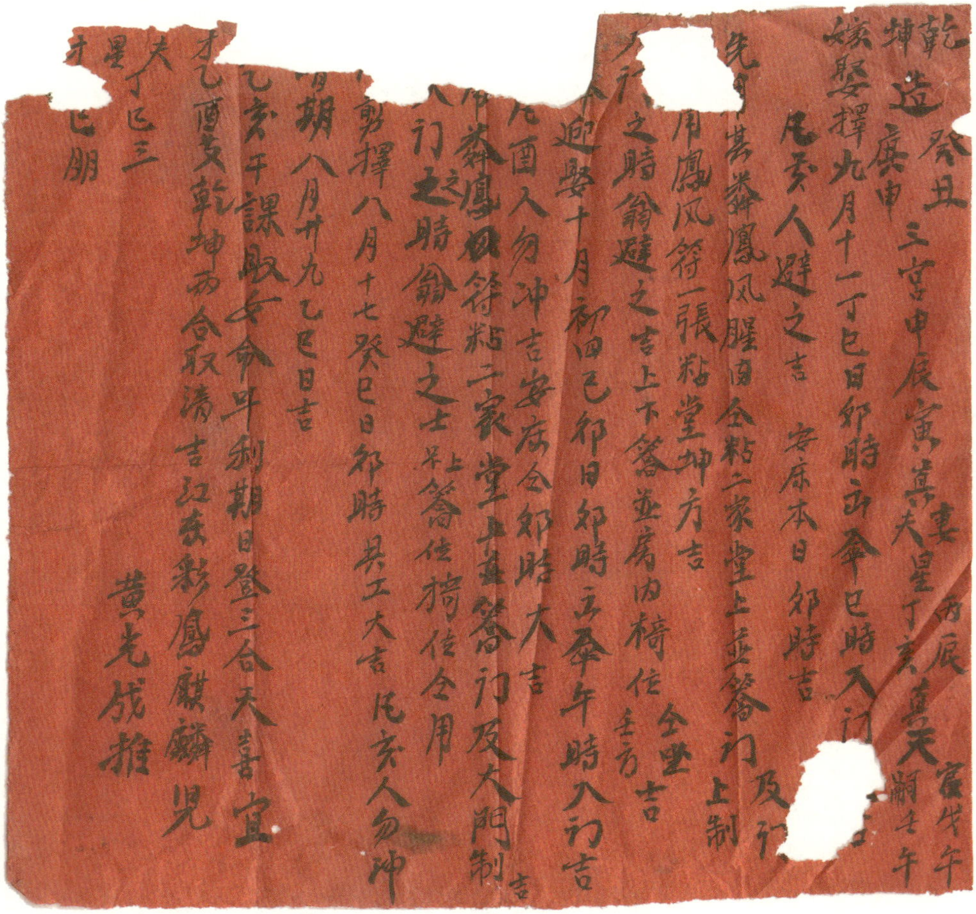

乾造癸丑 三宮申辰寅喜妻丙辰 寅戊午
坤造庚申 夫星丁亥喜天嗣壬午
嫁娶擇九月十一丁巳日卯時出傘巳時入门[illegible]吉
忌亥人避之吉 安床本日卯時吉
先[illegible]甚蓊凰凤腥白仝粘二家堂上並簪门及门[illegible]
用凰凤符一張粘堂坤方吉 上制
[illegible]行之時翁避之吉上下簪並房内椅位 仝坐 壬方 吉
[illegible]迎娶十月初四己卯日卯時出傘午時入门吉
忌酉人勿冲吉安床仝卯時大吉
用蓊凰凤符粘二家堂上並簪门及大門制 吉
入门之時翁避之士 上下簪位椅位仝用
[illegible]剪擇八月十七癸巳日卯時其工大吉 忌亥人勿冲
[illegible]期八月廿九乙巳日吉
乙亥干課取女命日利期日登三合天喜宜
乙酉支乾坤兩合取清吉紅彩凰麒麟見
夫丁巳三
星
才[illegible]朋
黃光成推

9-3-53-14　黃光成推嫁娶擇日字（年代不詳）

具呈狀人李ム为坦白受累叩恩批杜患事，緣ム有祖遺置楊起廷田根
三斗五升，坐落八墙，向來辦納陳衙田租弍百斤，康熙五十一年，祖茂哲
將本田根送賣李起祥耕作，賣盡兩契，俱係是起隆中見代书。近因本田
祖福看陳姓俱賣楊家起廷之孫，備艮取贖本田根，宝隨即向起祥
之子尚怀（贵）取贖，宝將祖跌賣買契券俱繳楊家本春，即听其首耕作。族
孽李尚理兄弟四人強霸一鄉，毒逾九頭，欺宝篤疾殘喘，乘楊家取
贖本田，欺圖染指，餘價以宝祖本田根前年賣與起祥，是伊父起隆
代书中見，亦繳還楊家，亦當剋他中見，但宝不听其言。本春實称本田係
伊共應，嗟嗟，共應物業，伊父未死之前，为通鄉領袖明理識字，肯為代書
中見數十年，俱無一語耶。宝父子全受全歸，奸容置喙。尚理兄弟暴橫
強梁，鄉里畏同蛇蝎，萬一逞兇肆橫，貽患匪輕。不已，具呈
太老爺台下，伏乞電鑒批勅，庶篤疾殘喘免罹後患，切呈。
又三月初三日呈狀。初五批：披房族理諭，無容瀆。

9-3-53-15　李氏具呈狀（年代不詳）

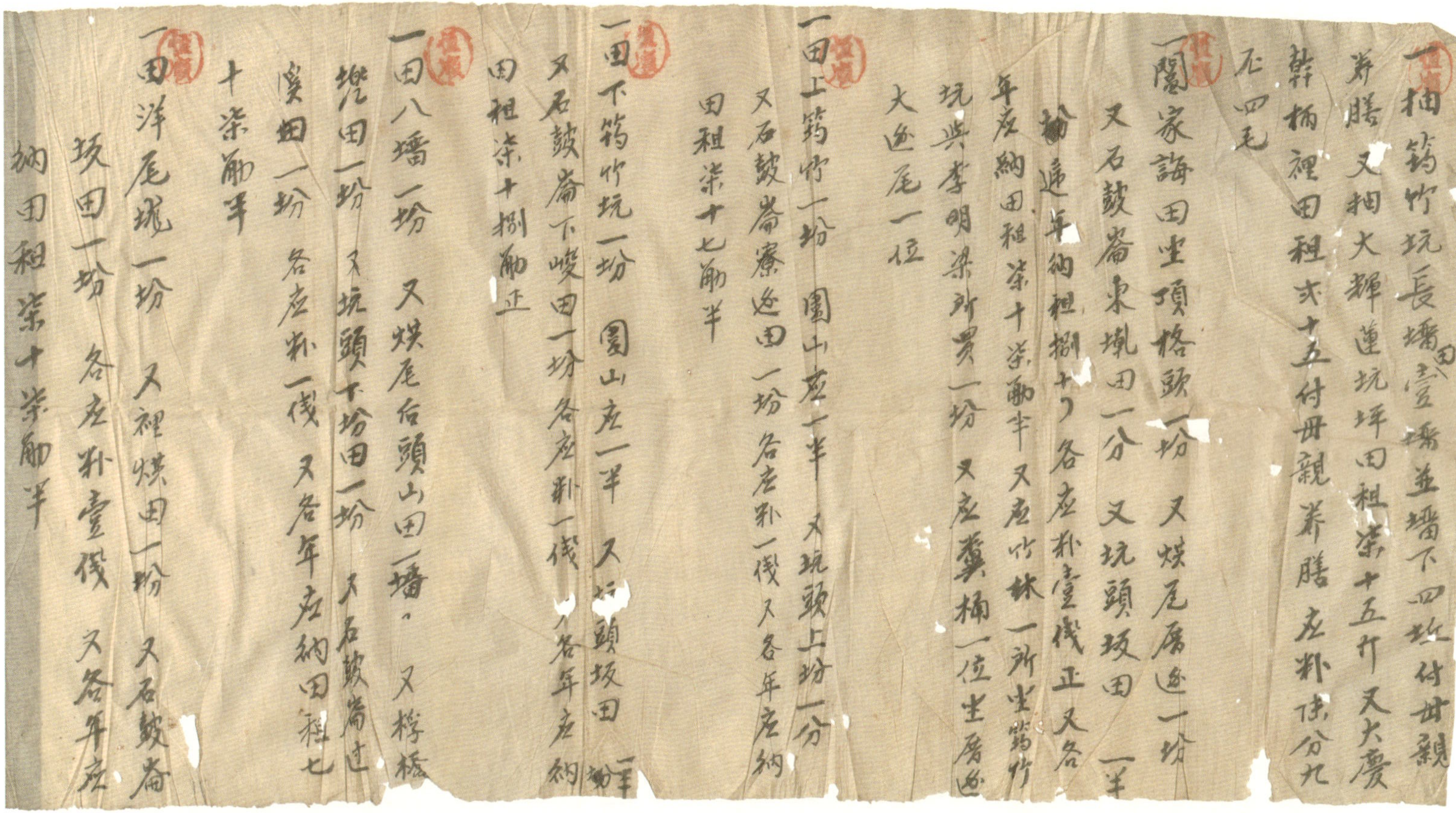

一柚筠竹坑長墻田壹坵　並墻下四坵　付毋親
养膳　又柚大輝蓮坑坪田租柒十五斤　又大慶
韓楠裡田租弍十五付毋親养膳　各物俵分九
石四毛
一鬮家誨田坐頂格頭一坵　又烘尾厝边一坵
又石鼓崙東墘田一分　又坑頭坂田　一半
輪边年納租捌十?斤　各座仆壹俵正　又各
年座納田租柒十柒觔半　又座竹林一所坐筠竹
坑與李明染所買一坵　又座糞桶一位坐厝边
大边尾一位
一田上筠竹一坵　園山座一半　又坑頭上坵一分
又石鼓崙寮边田一坵　各座仆一俵　又各年座納
田租柒十七觔半
一田下筠竹坑一坵　園山座一半　又石頭坂田　一半
又石鼓崙下峻田一坵　各座仆一俵　又各年座納
田租柒十捌觔正
一田八墻一坵　又烘尾后頭山田一墻　又樗板
墘田一坵　又坑頭下坵田一坵　又石鼓崙过
溪田一坵　各座仆一俵　又各年座納田租七
十柒觔半
一田洋尾墘一坵　又裡烘田一坵　又石鼓崙
坂田一坵　各座仆壹俵　又各年座
納田租柒十柒觔半

9-3-53-16　楊氏家族鬮書（年代不詳）

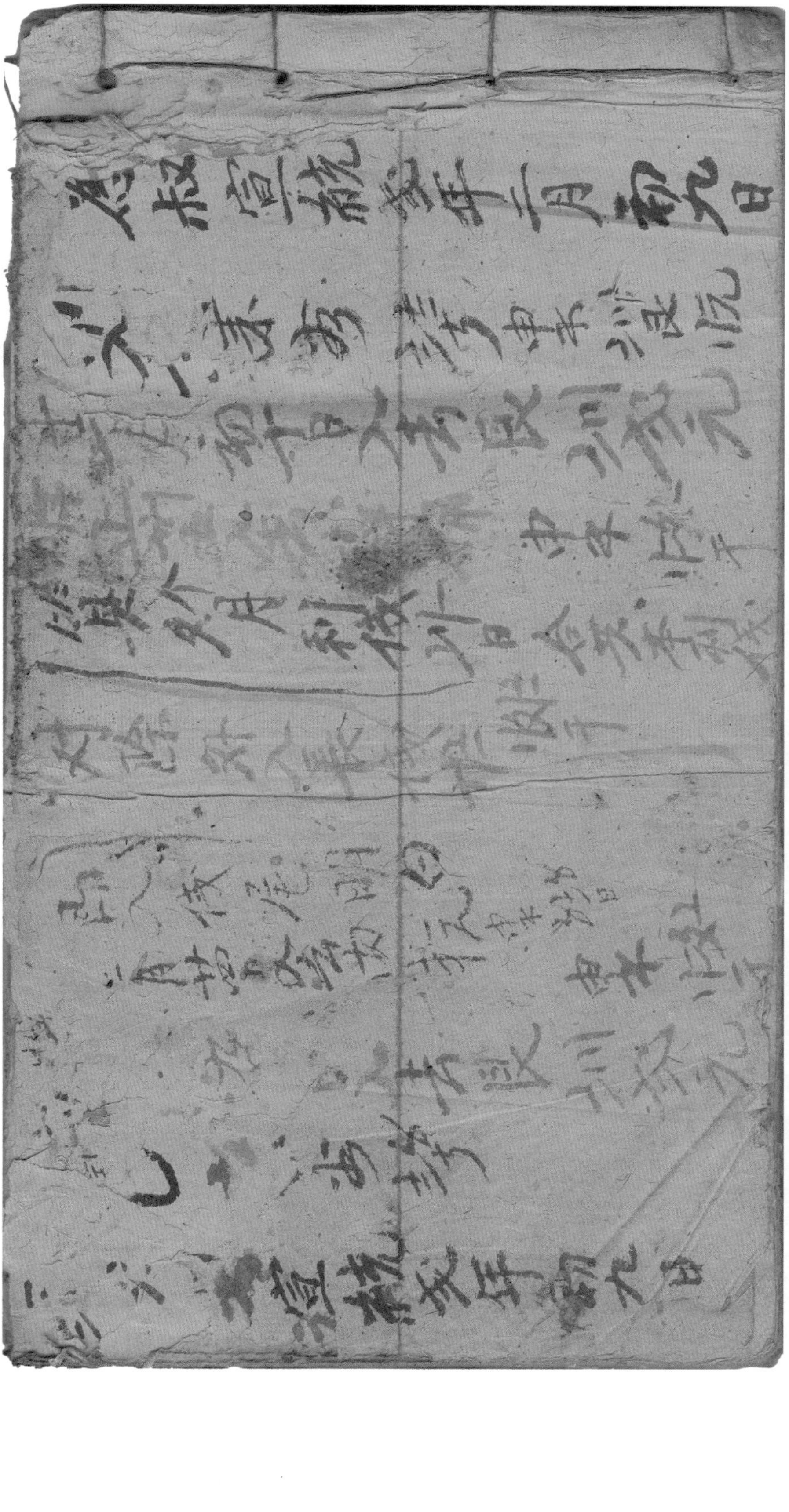

9-3-54-1　晚清民國楊氏家族收支賬簿（一）

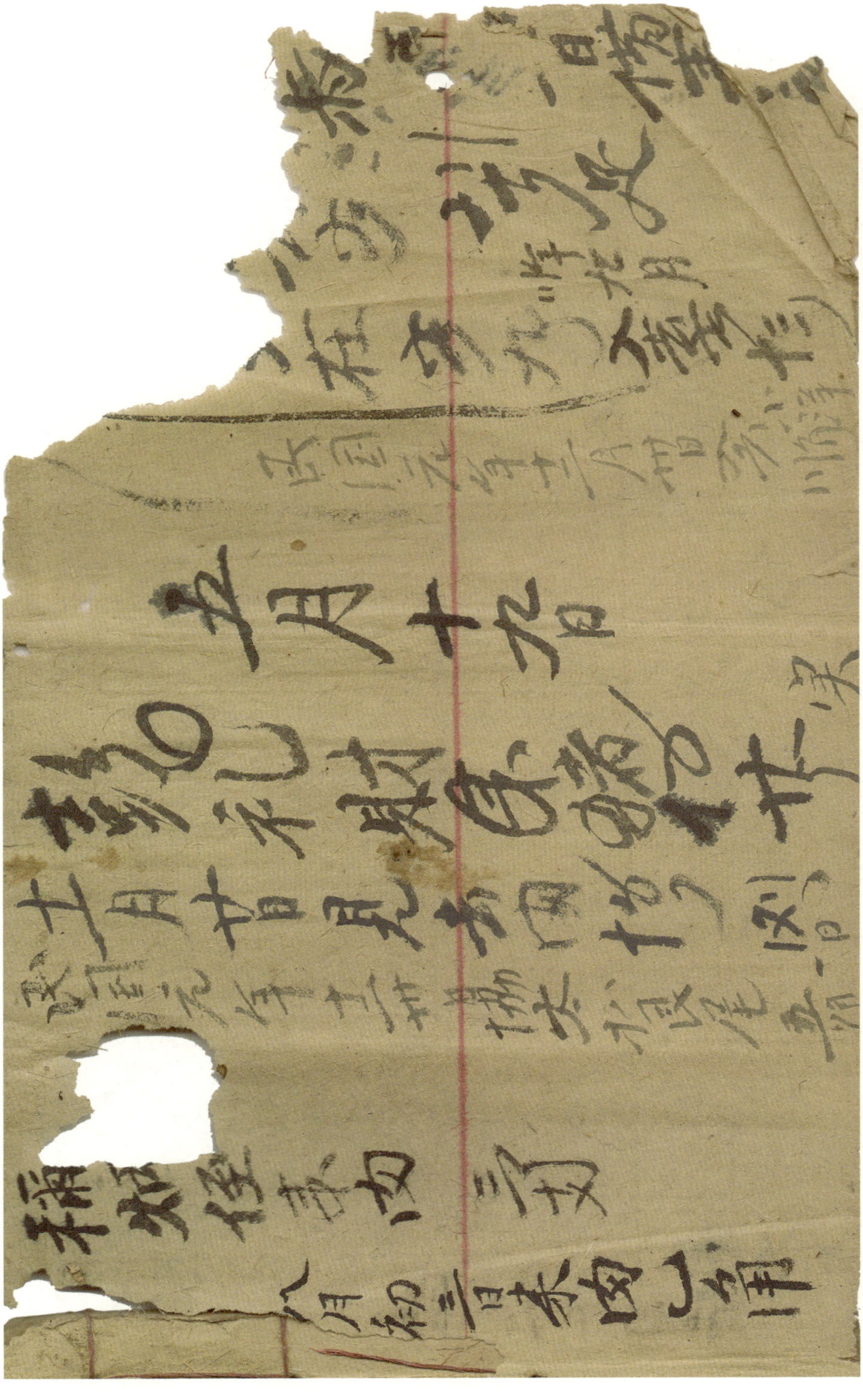

9-3-54-2　晚清民國楊氏家族收支賬簿（二）

9-3-54-3　晚清民國楊氏家族收支賬簿（三）

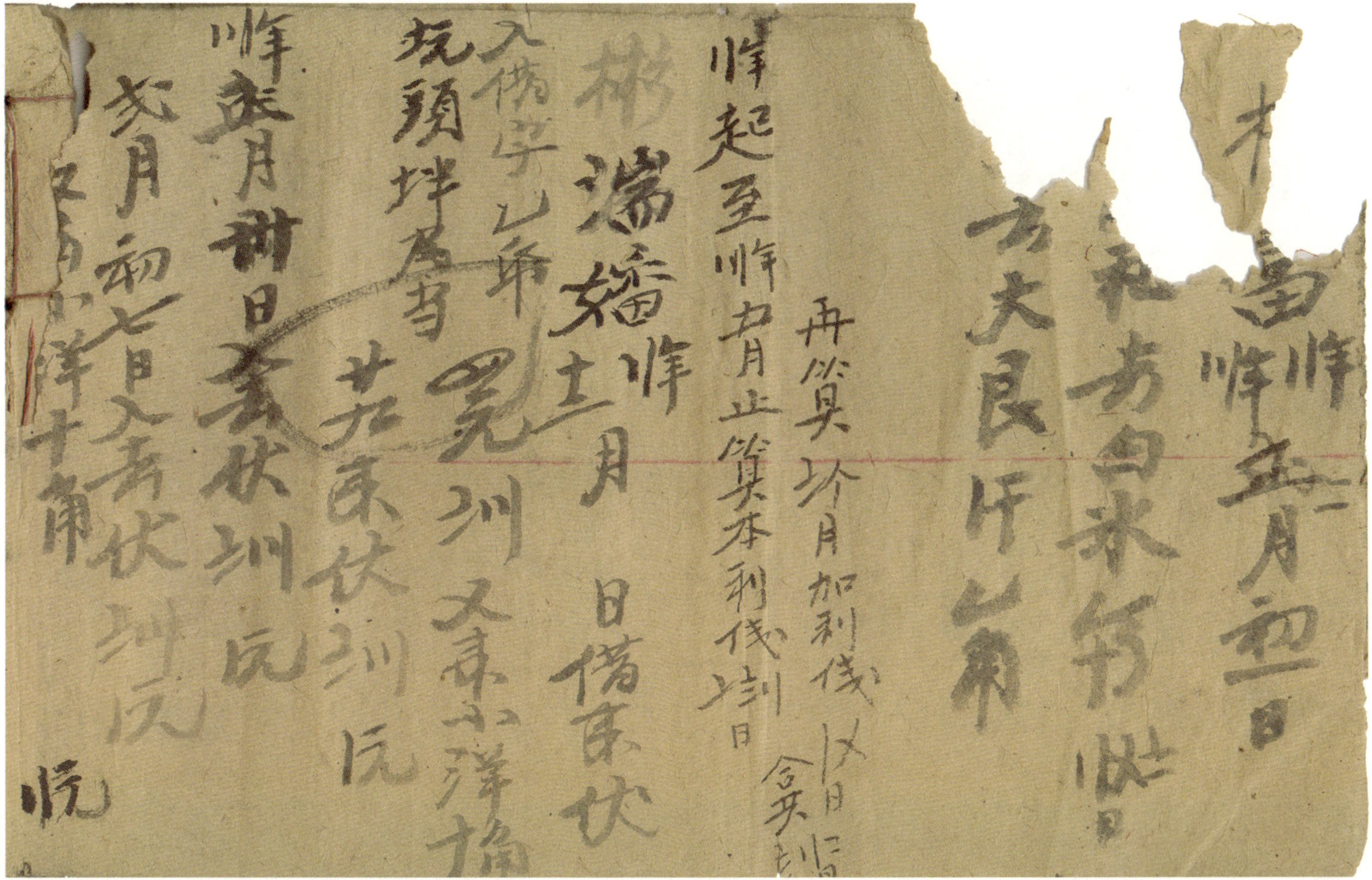

9-3-54-4　晚清民國楊氏家族收支賬簿（四）

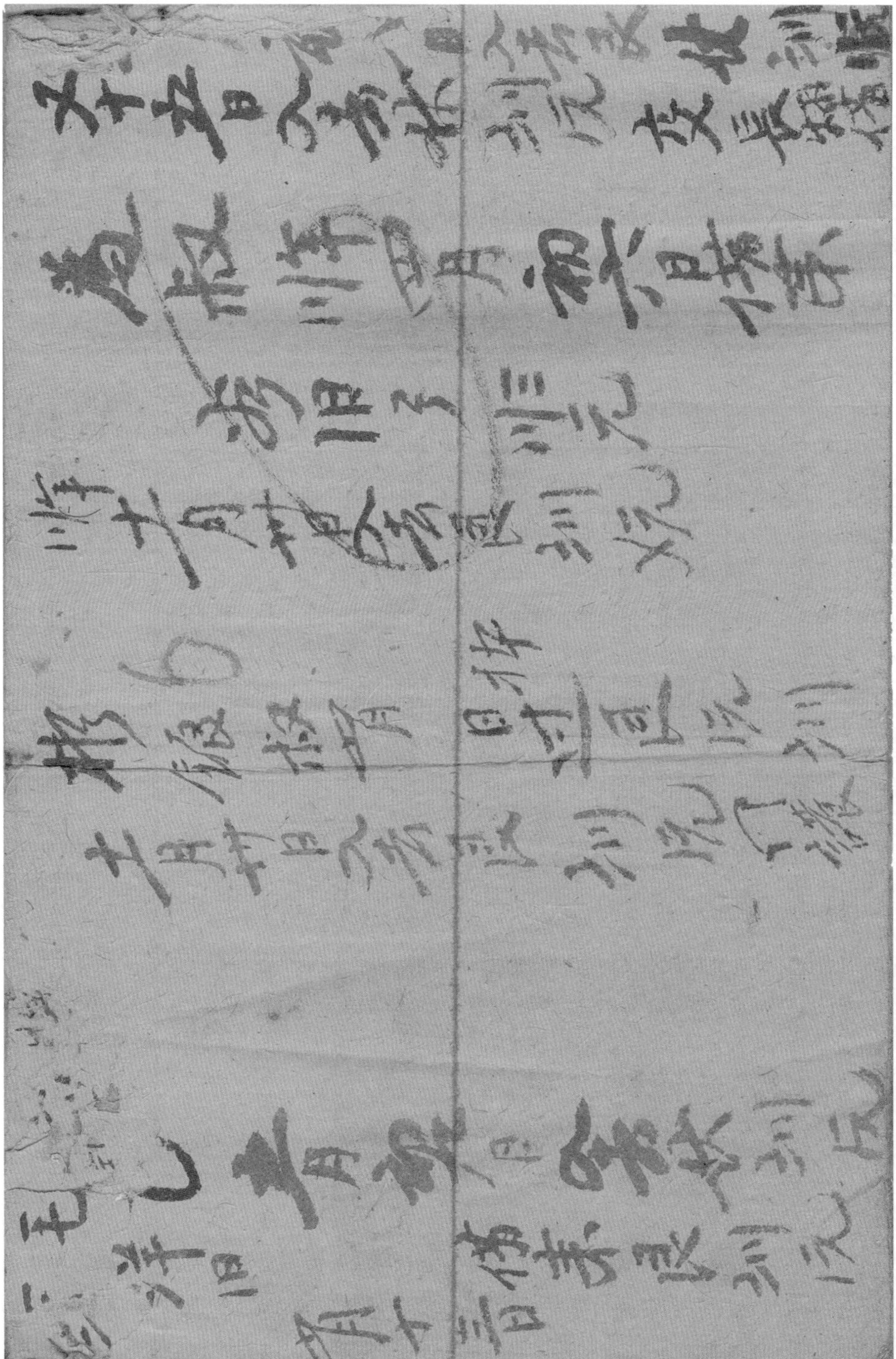

9-3-54-5 晚清民國楊氏家族收支賬簿（五）

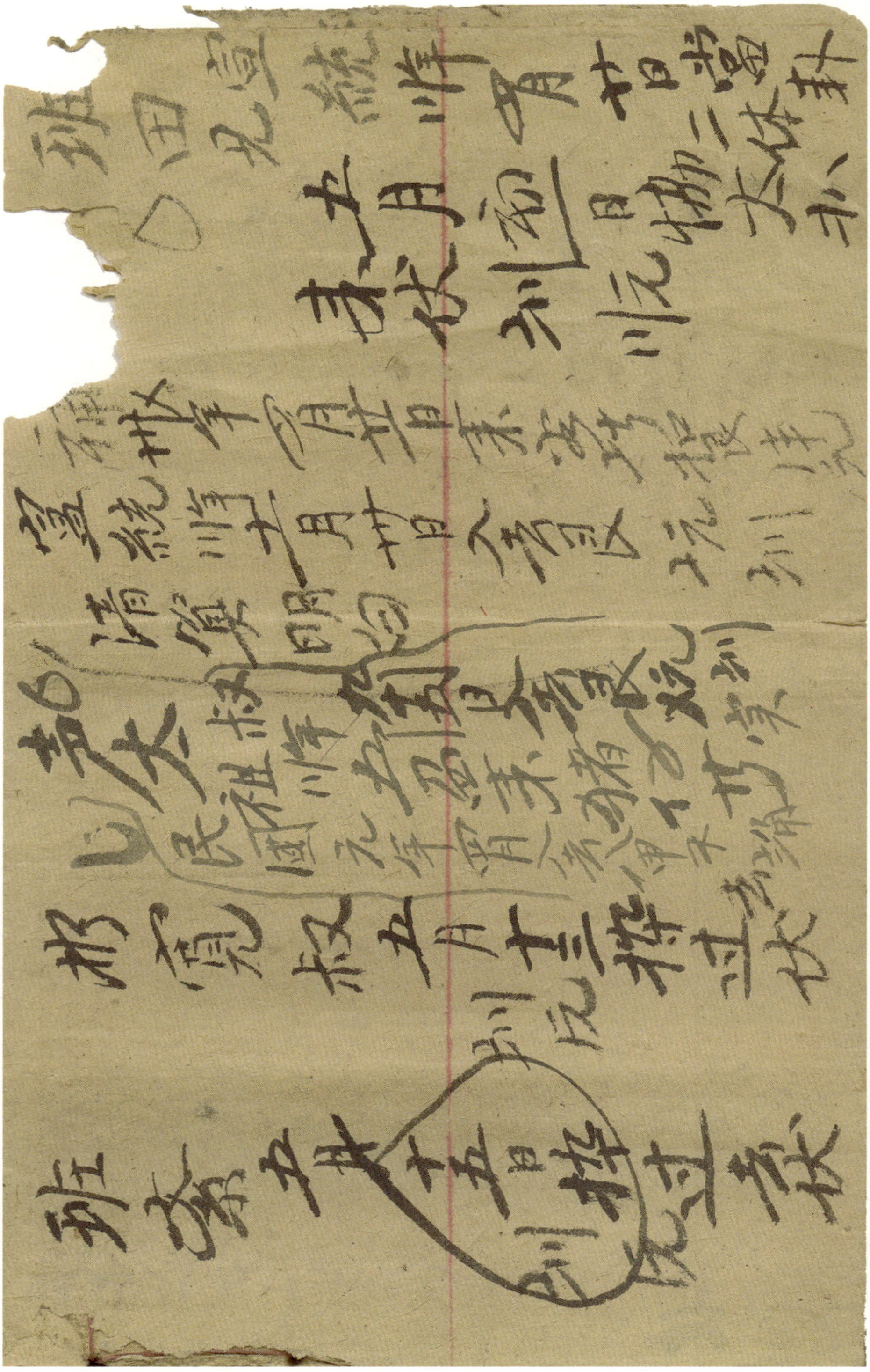

9-3-54-6　晚清民國楊氏家族收支賬簿（六）

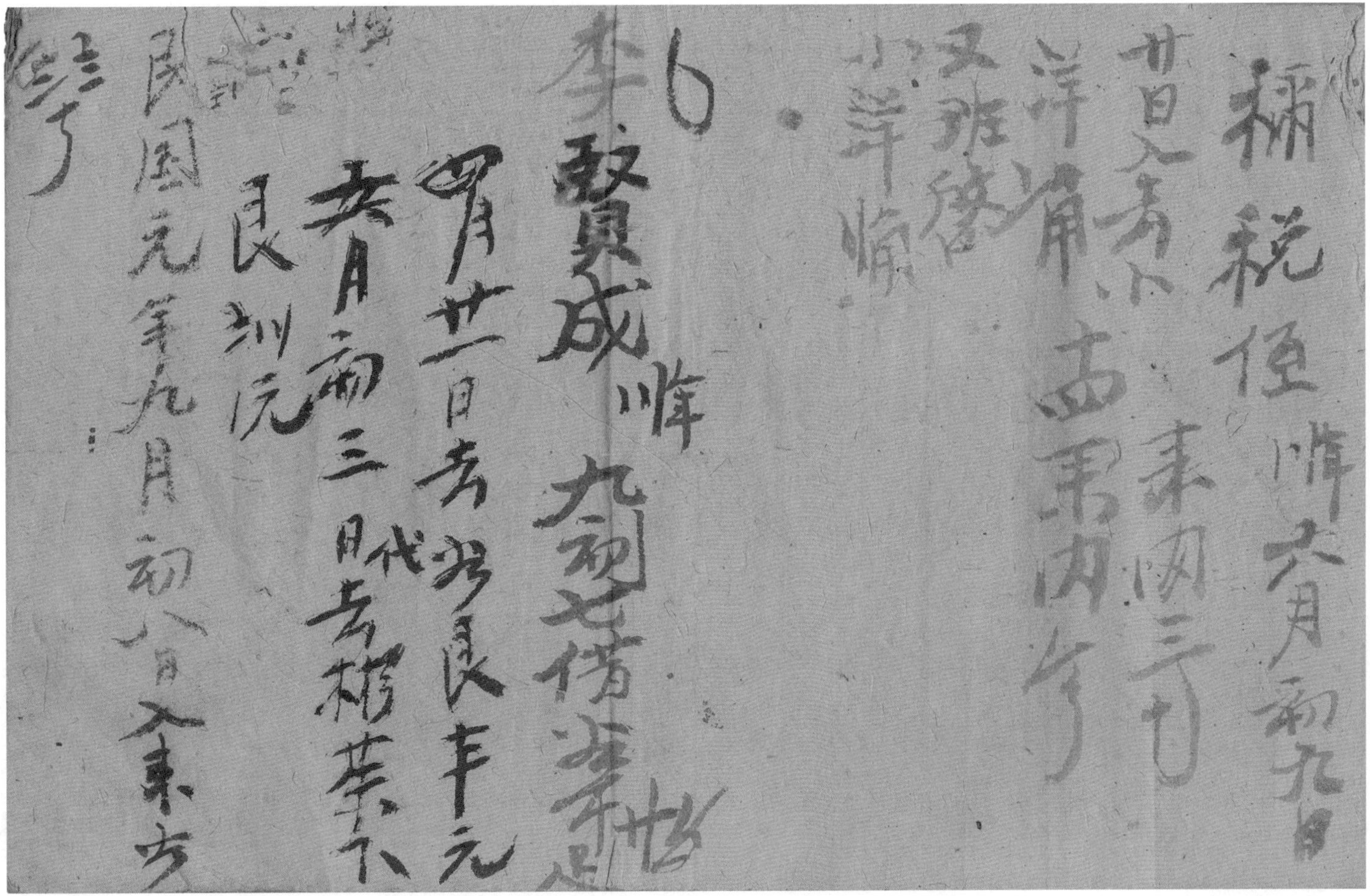
稱稅侄㑹　六月初九日
廿日入去小　未內三千乜
洋角一　西兩內乞
又班㑹
小洋㑹

6
李賢成㑹　九月初七借出半
四月廿一日去出艮丰元
六月初三日代去楷葉
艮訓元
民国元年九月初八日入東方

9-3-54-7　晚清民國楊氏家族收支賬簿（七）

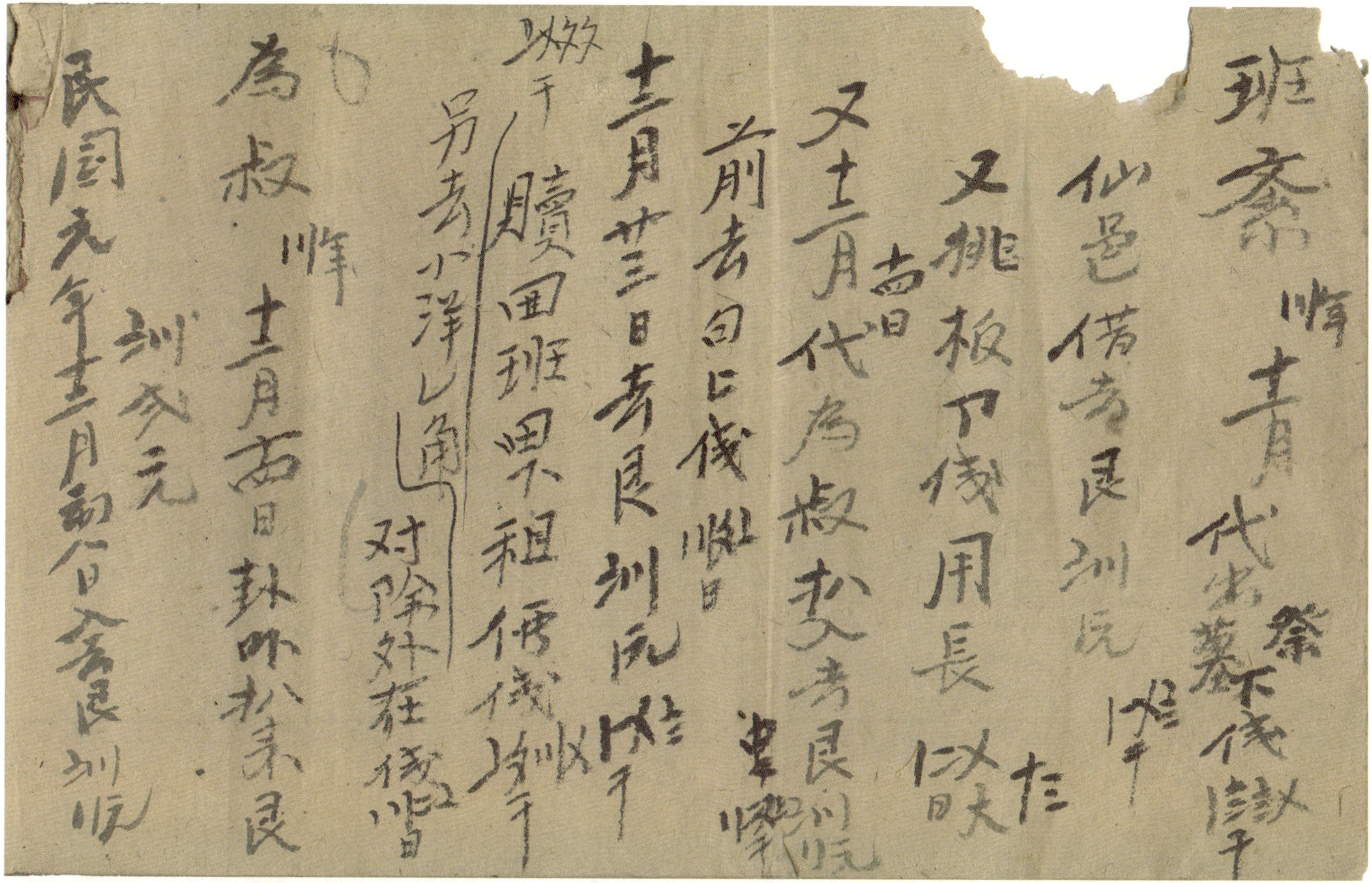

班斋　十二月　代出蔡下戲
仙邑借去艮圳元
又挑板卜戲用長
又十二月十四日代為叔扒去艮圳元
前去白仁戲
十二月廿三日去艮圳元
贖田班界租
另去小洋乙角
對除外在
為叔　十二月十五日　林外扒來艮
民国元年十二月初八日　艮圳元

9-3-54-8　晚清民國楊氏家族收支賬簿（八）

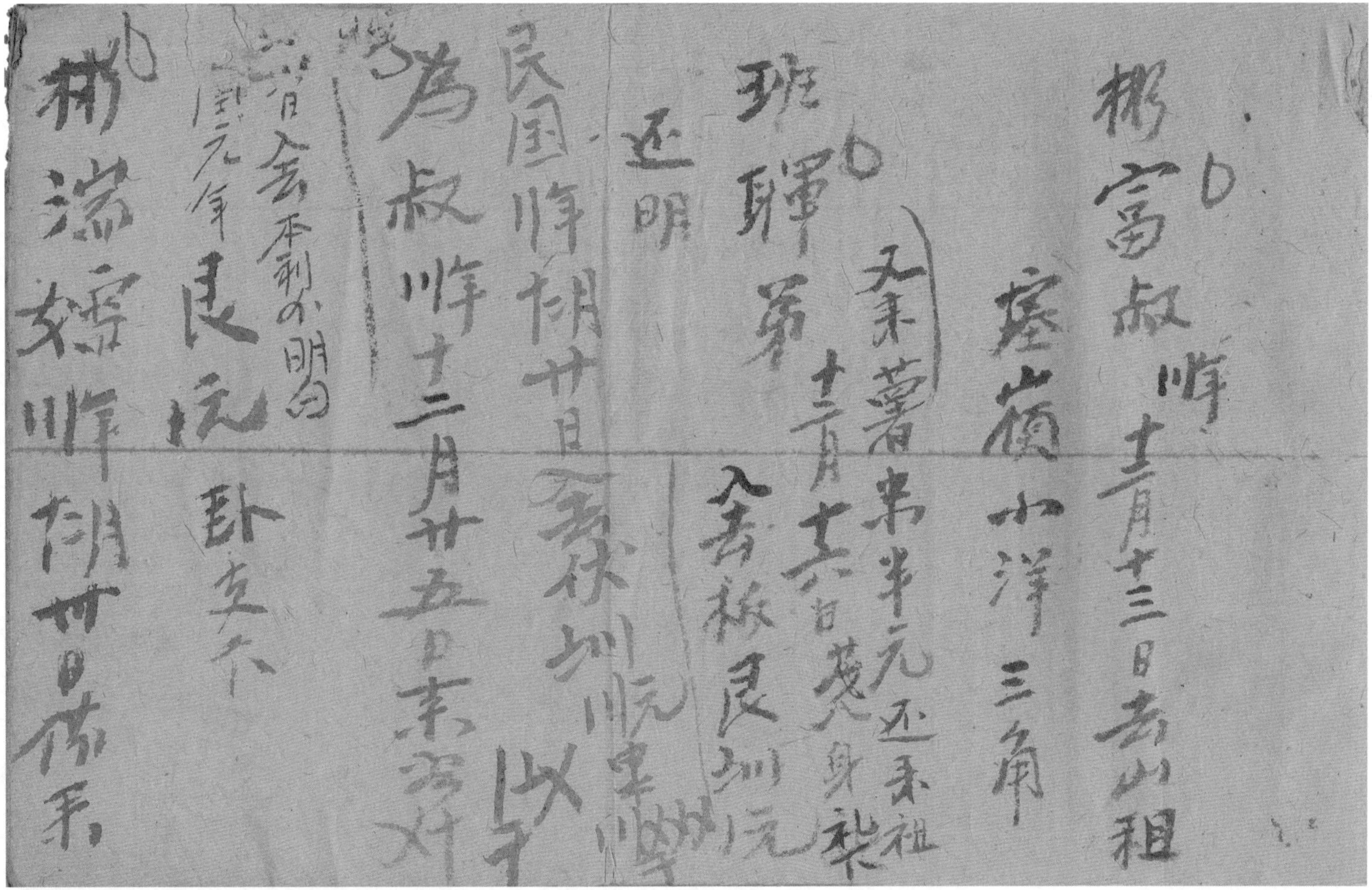

郴富叔晔　十二月十三日去山租
塞嶺小洋三角
又來薯米半元　还来祖
班驿弟　十二月十六日交身米
入去板良圳元
还明
民国晔胡廿日去秋圳坑米[illegible]
為叔晔十二月廿五日来[illegible]以
[illegible]日入会本利小明
民元年良坑
卧交六
郴瑞嫁晔胡廿日[illegible]

9-3-54-9　晚清民國楊氏家族收支賬簿（九）

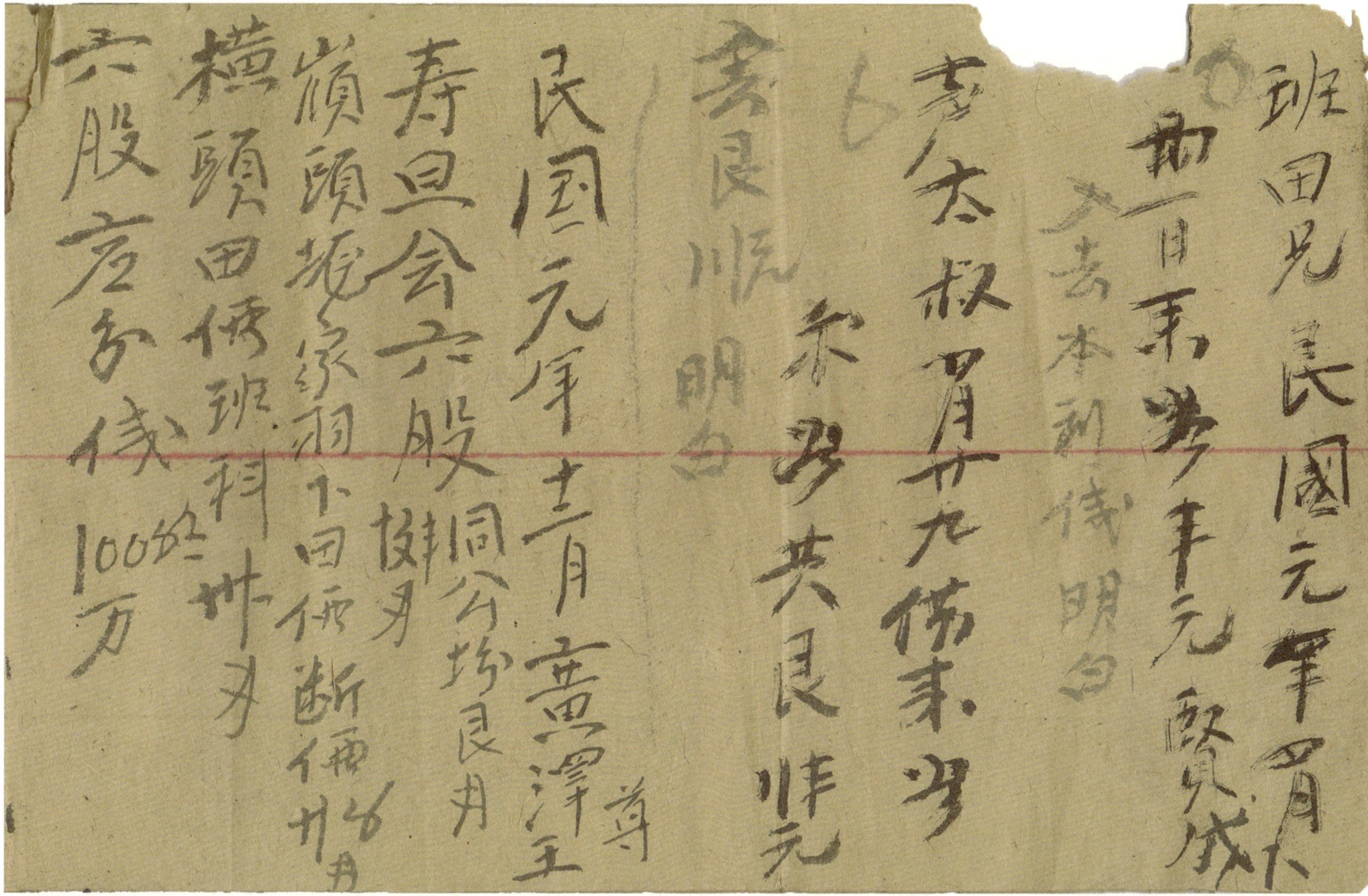

班田兄 津 民國元年四月十
初一日來洋十元 賢成
又去本利錢明白
孝太叔四月廿九佛來洋
余洋共艮非元
壹艮川元明白
民國元年十二月黃澤主 尊
壽旦公六股 同 同公均艮丹 捷月
嶺頭挖缘羽下田係斷係卅六丹
横頭田係班科卅丹
六股應分係100丝 万

9-3-54-10　晚清民國楊氏家族收支賬簿（一〇）

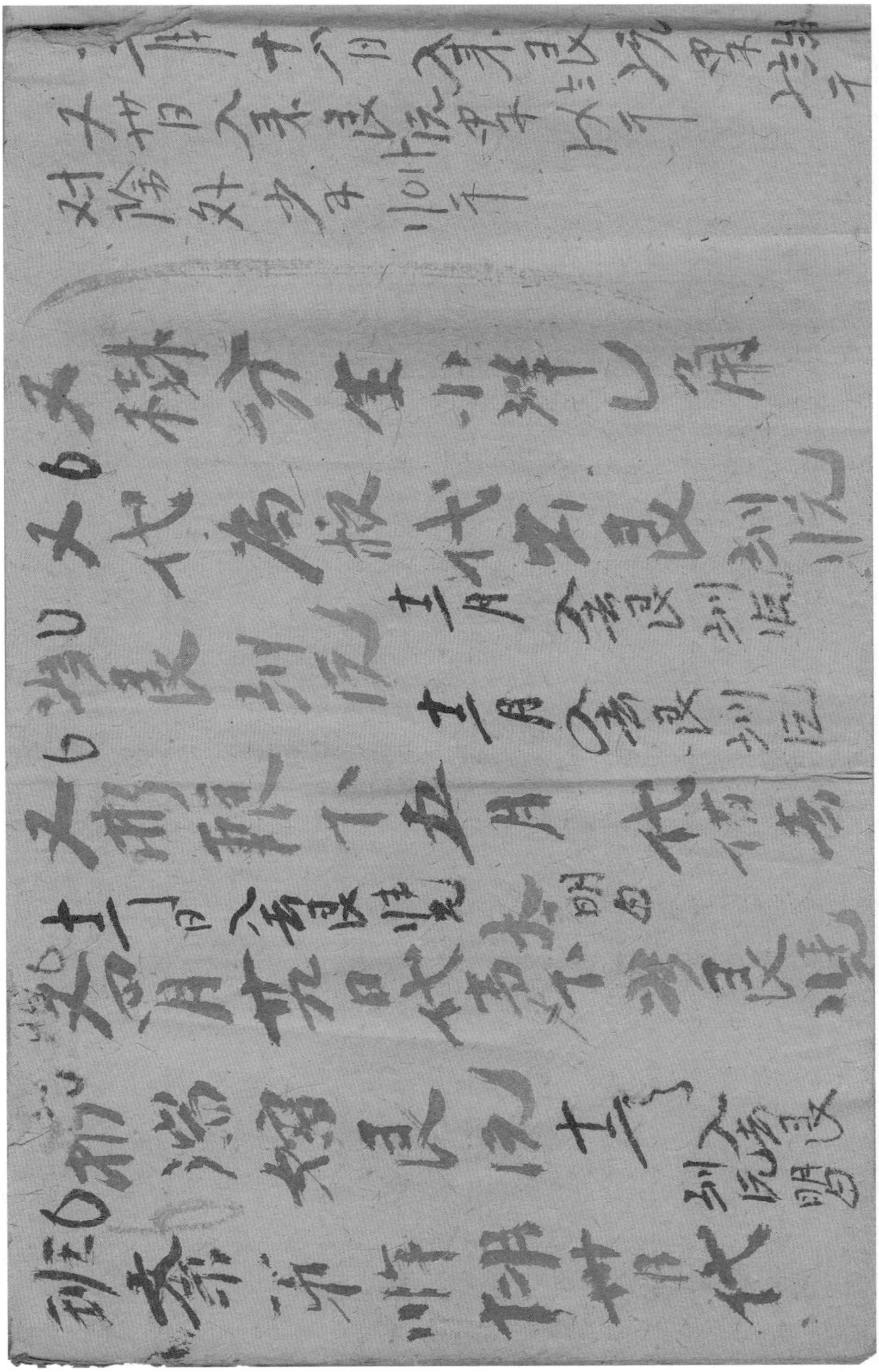

9-3-54-11　晚清民國楊氏家族收支賬簿（一一）

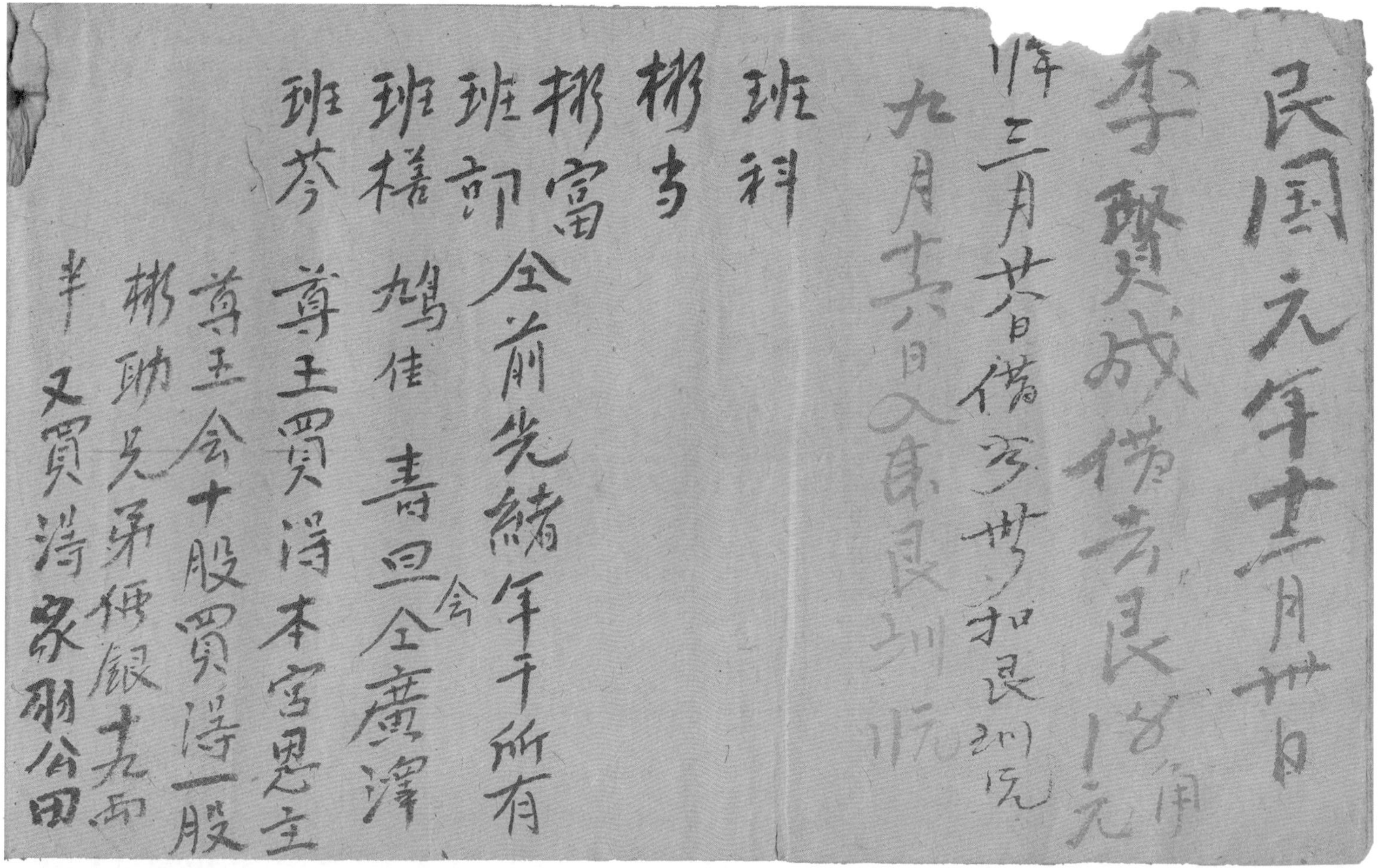

民国元年十二月廿日
李賢成借去艮拾元
併三月廿日借去廿扣艮訓元
九月十六日入來艮訓元
班科
梆肖
梆富　仝前先緒年干所有
班部　鳩佳　壽旦会仝廣澤
班槿　尊王買得本宮恩主
班芩　尊王会十股買得一股
梆助兄弟併銀十五兩
半　又買得家羽公田

9-3-54-12　晚清民國楊氏家族收支賬簿（一二）

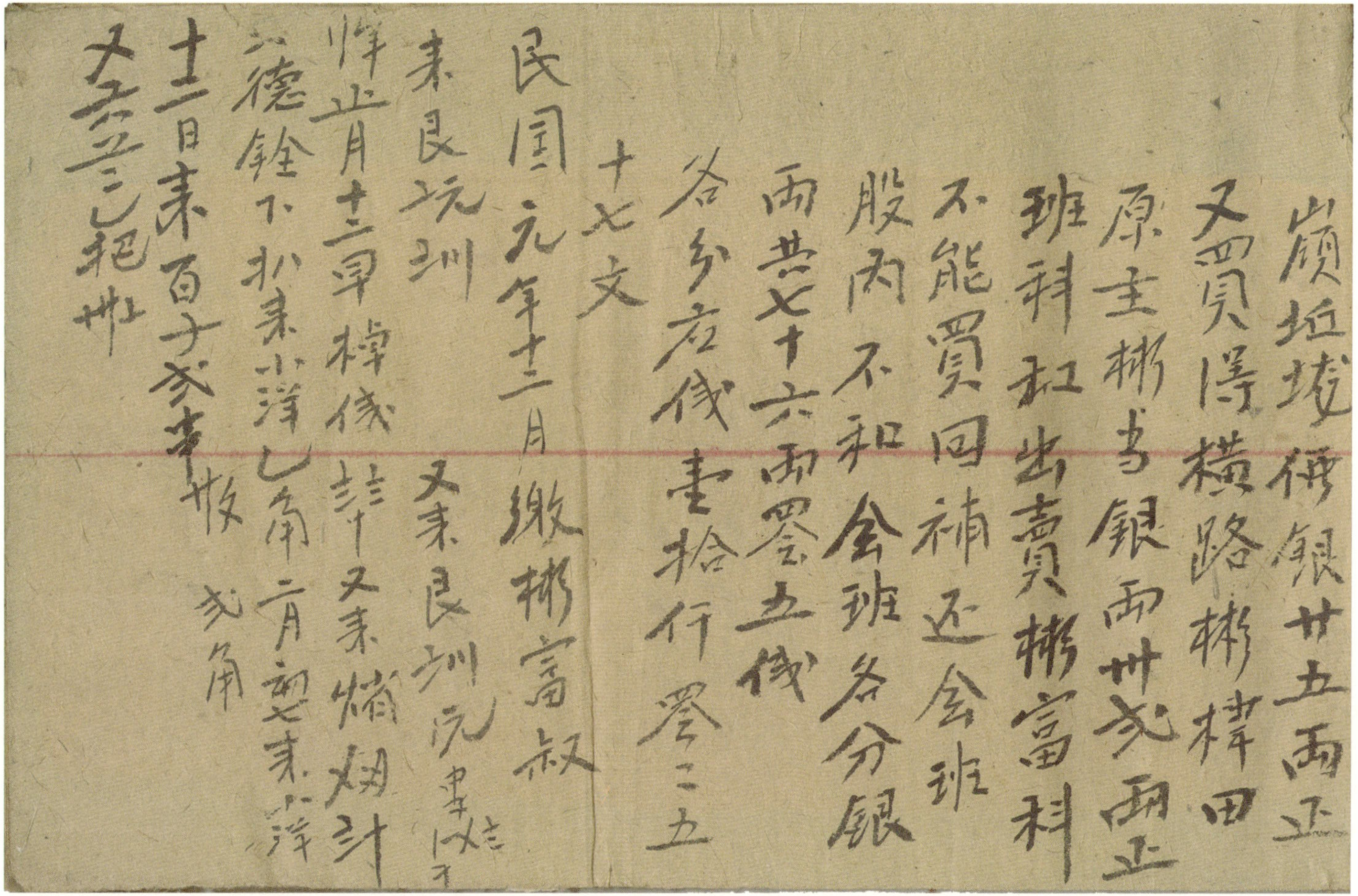
崗垣墘併銀廿五兩正
又買得横路彬樟田
原主彬号銀兩卅弍兩正
班科扛出賣彬富料
不能買回補还会班
股內不知会班各分銀
兩共七十六兩零五錢
各分店錢壹拾仟零二五
十七文
民国元年十二月　繳彬富叔
来良玩圳　又来良圳完
烊止月十二早樟儀　詳又来熾炳計
六德銓下扒来小洋乙角　二月初七来小洋
十二日来百十六文本扳　弍角
又六三已把卅

9-3-54-13　晚清民國楊氏家族收支賬簿（一三）

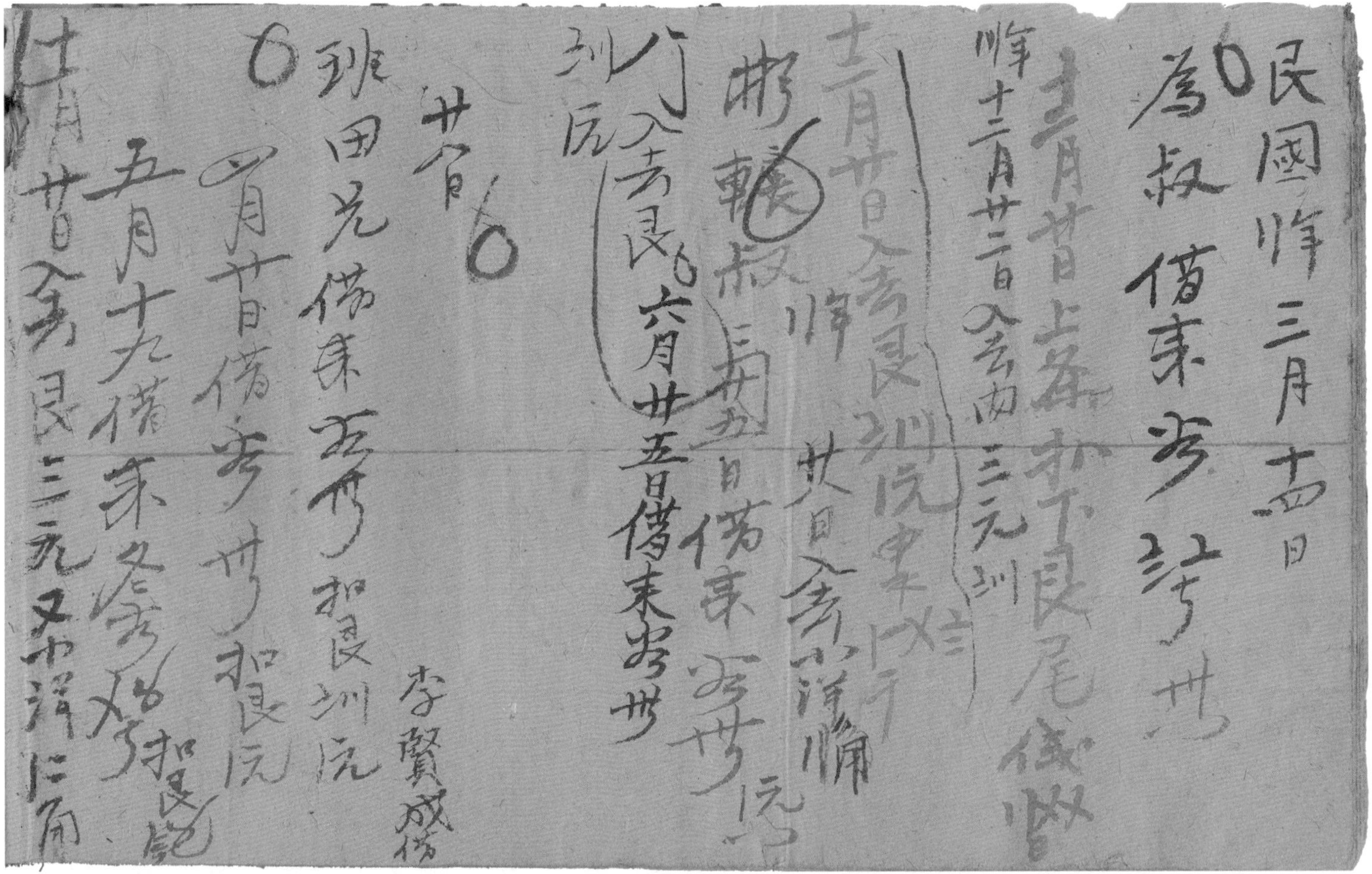

9-3-54-14　晚清民國楊氏家族收支賬簿（一四）

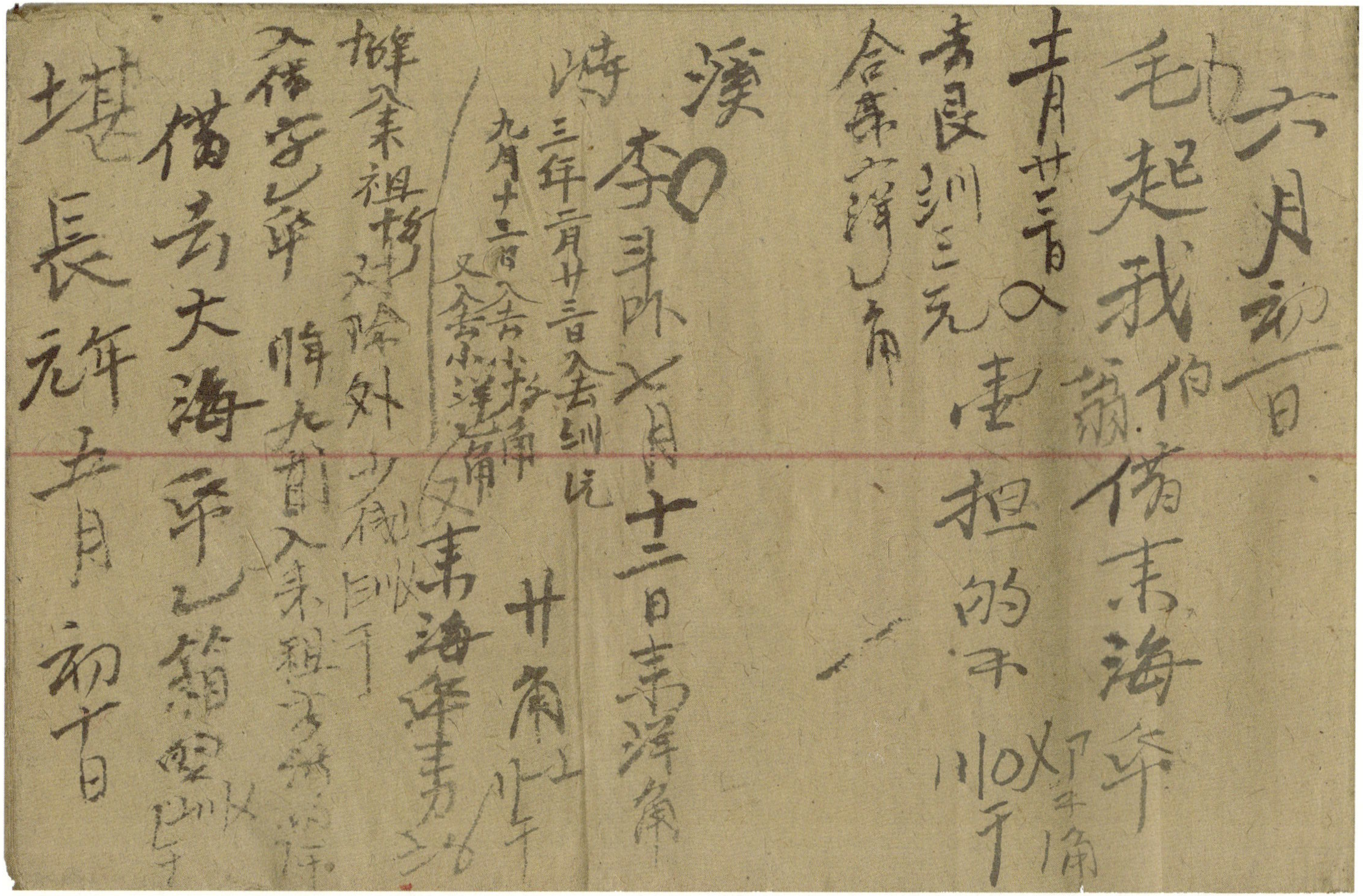

9-3-54-15　晚清民國楊氏家族收支賬簿（一五）

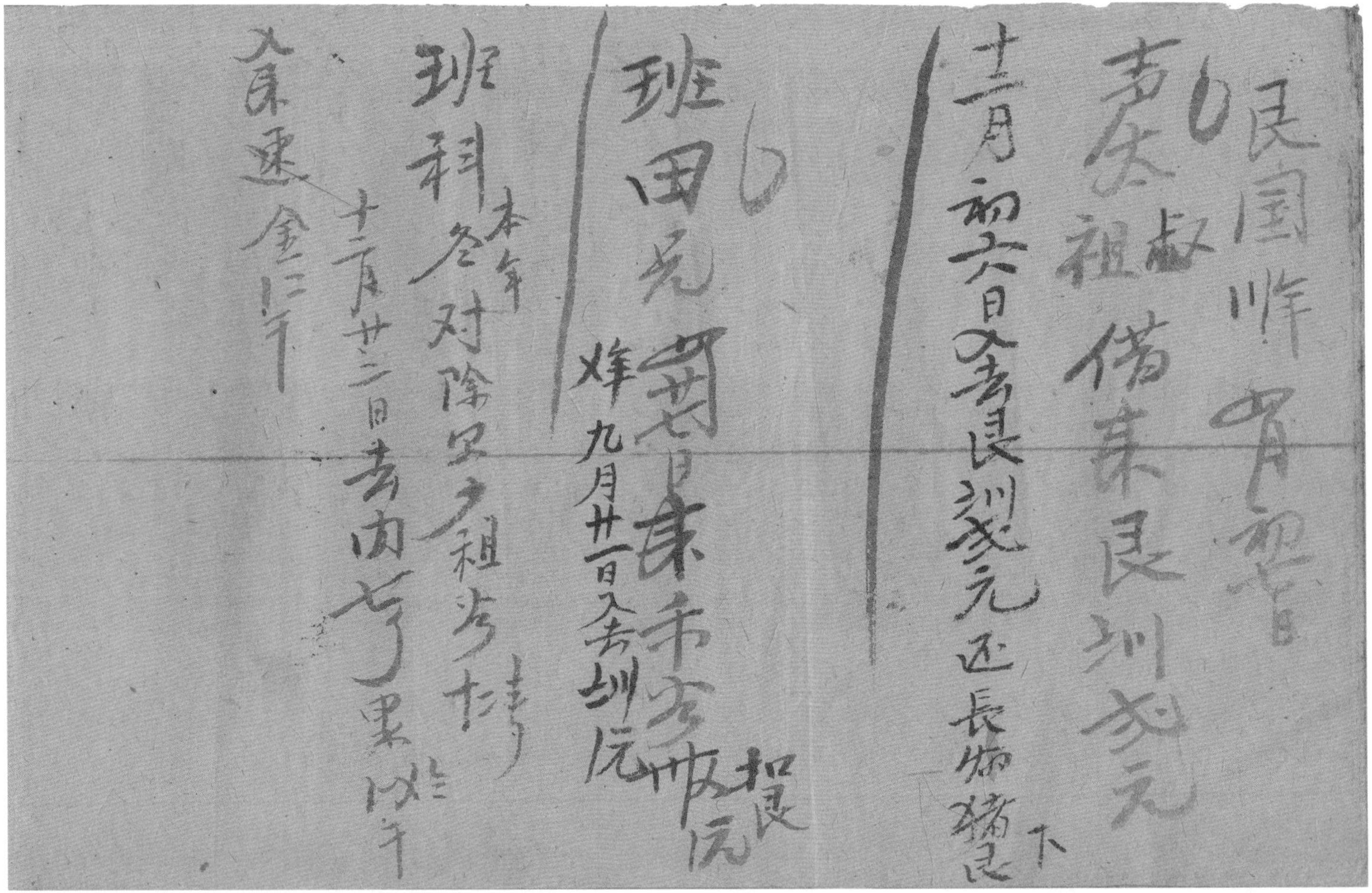

9-3-54-16 晚清民國楊氏家族收支賬簿（一六）

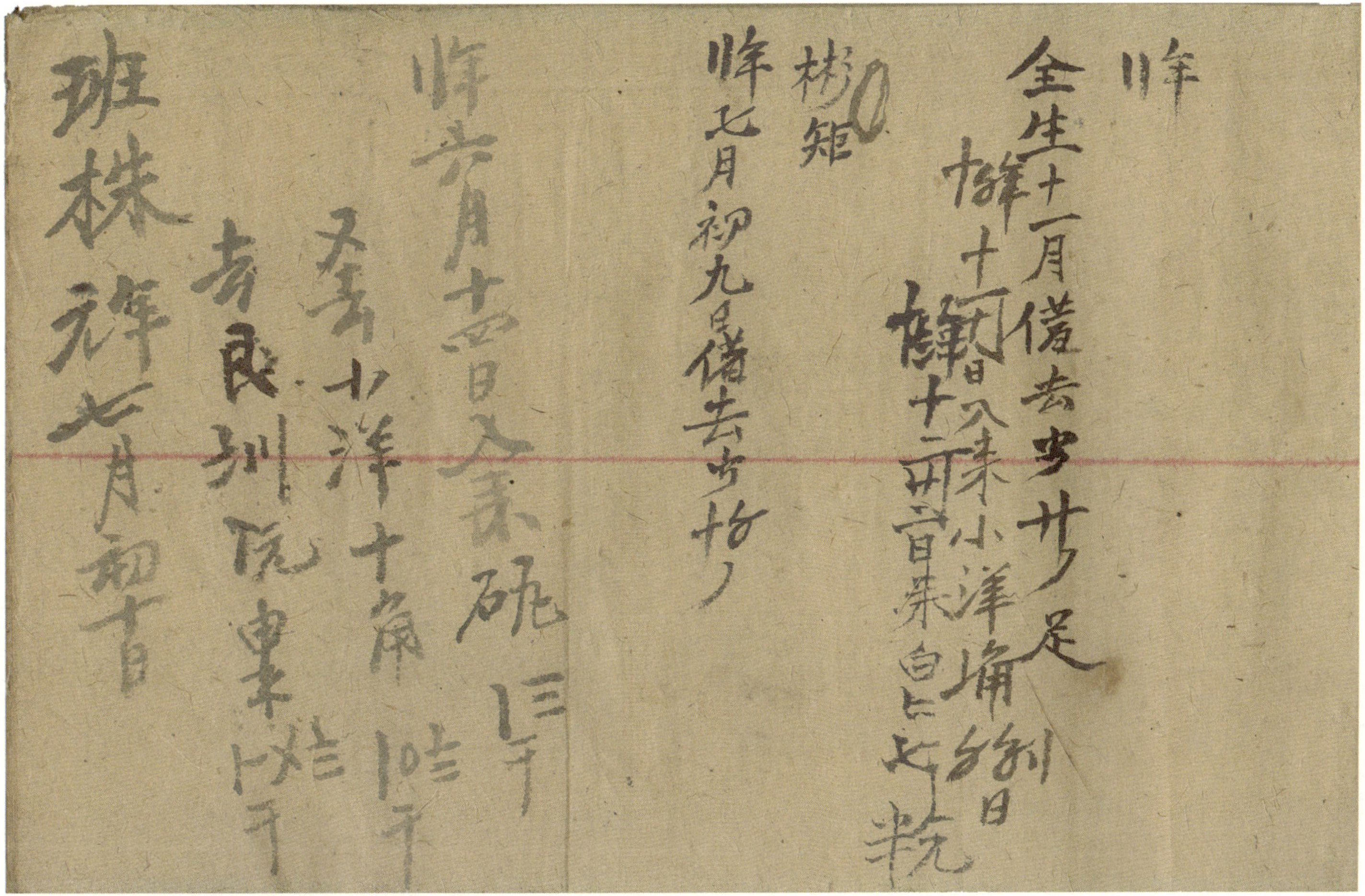

9-3-54-17　晚清民國楊氏家族收支賬簿（一七）

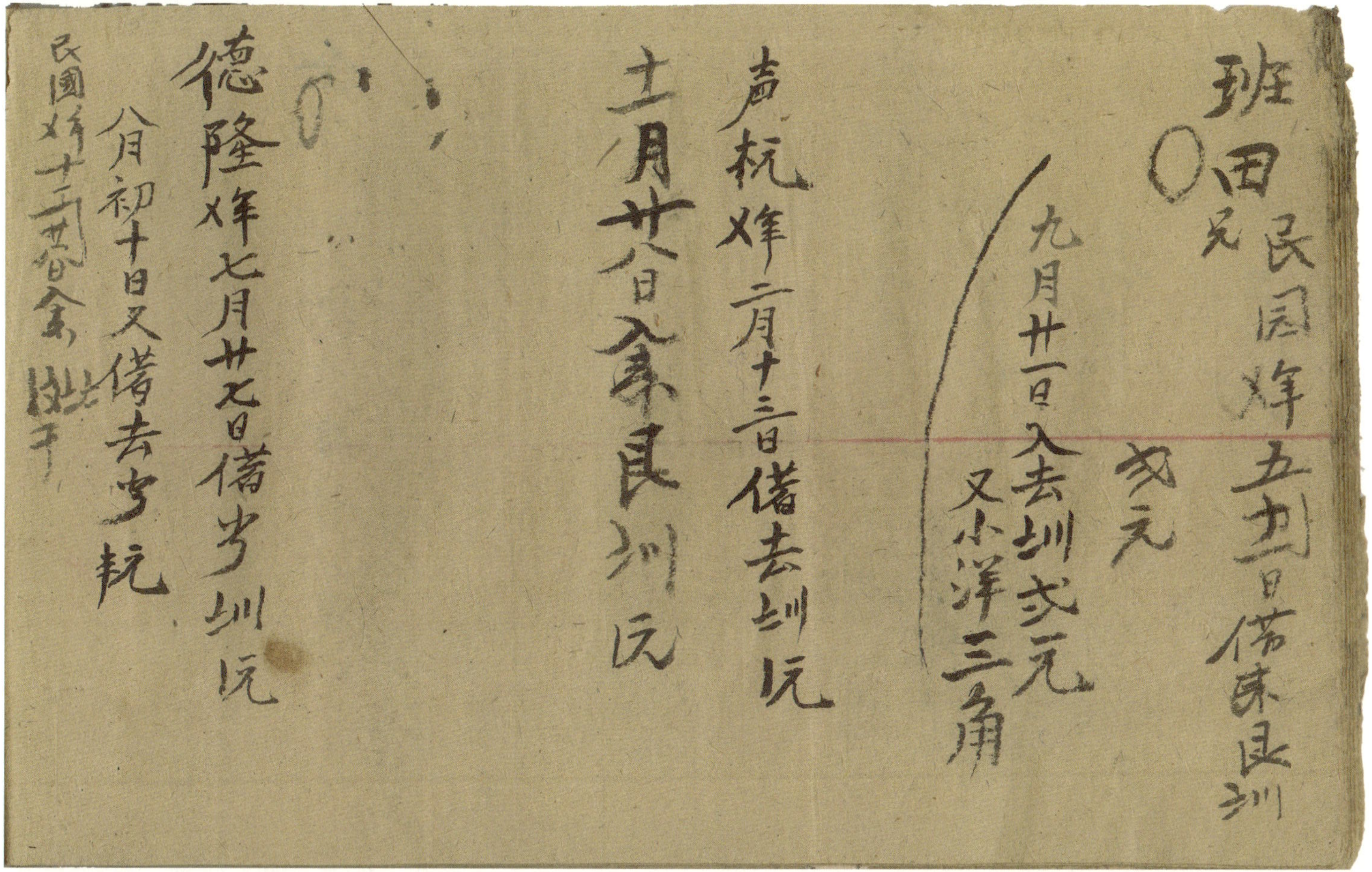
班田兄 民国年五月十五日借去艮圳
弍元
九月廿一日入去圳弍元
又小洋三角
声杭年二月十三日借去圳伍
十一月廿八日入來艮圳伍
德隆年七月廿七日借去圳伍
八月初十日又借去壹耗
民國年十二月廿四日余批子

9-3-54-18　晚清民國楊氏家族收支賬簿（一八）

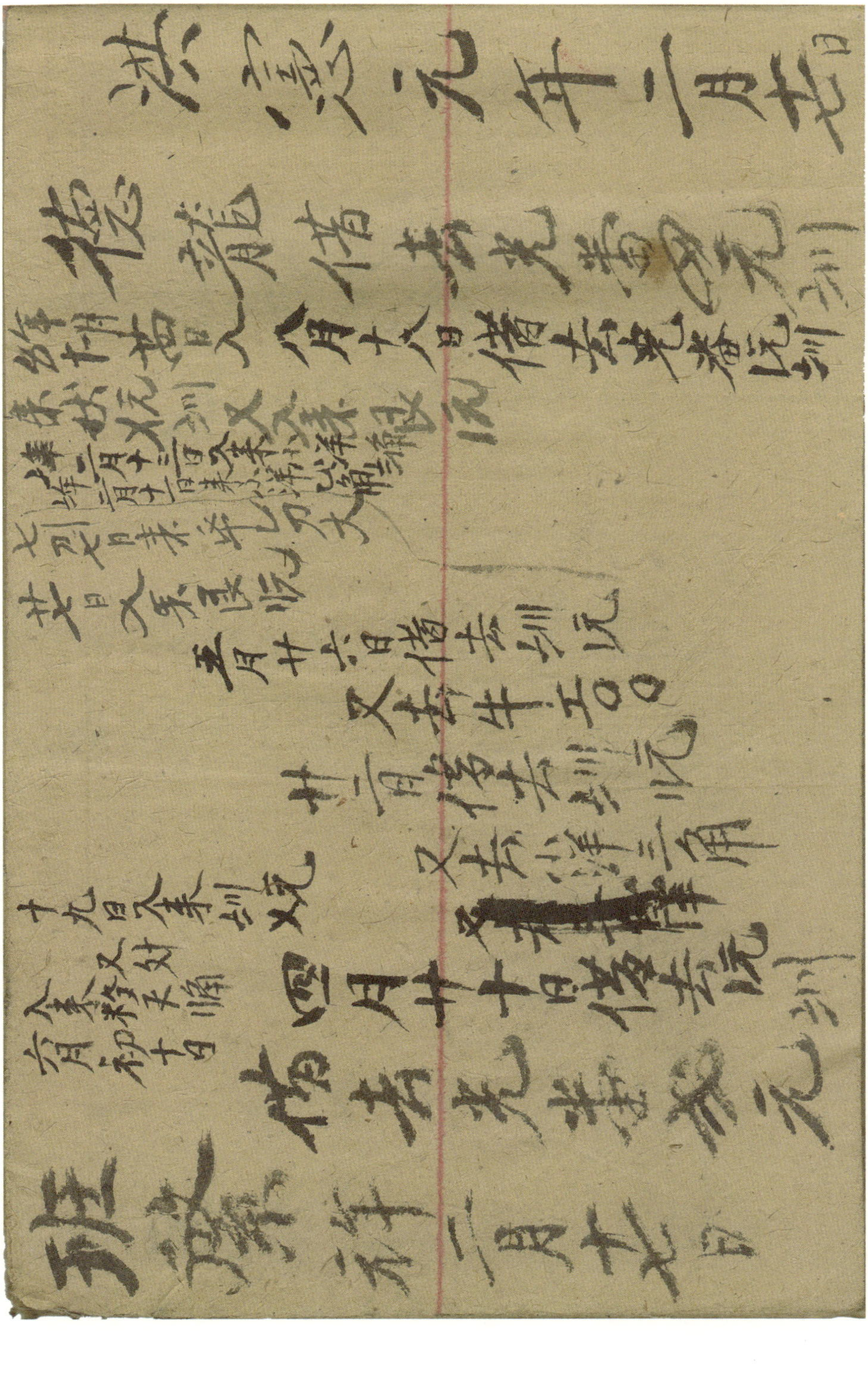

9-3-54-19　晚清民國楊氏家族收支賬簿（一九）

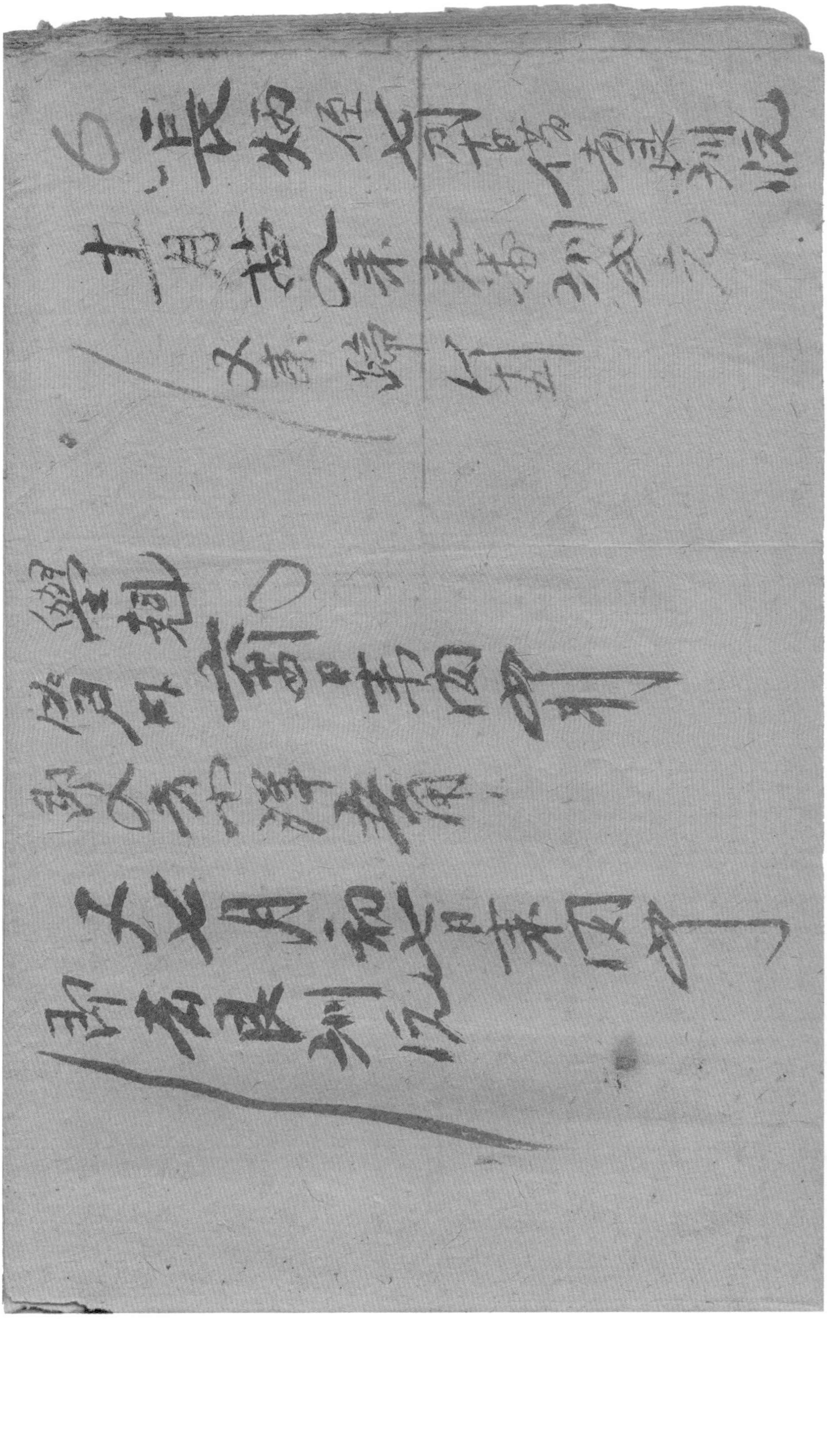

9-3-54-20　晚清民國楊氏家族收支賬簿（二〇）

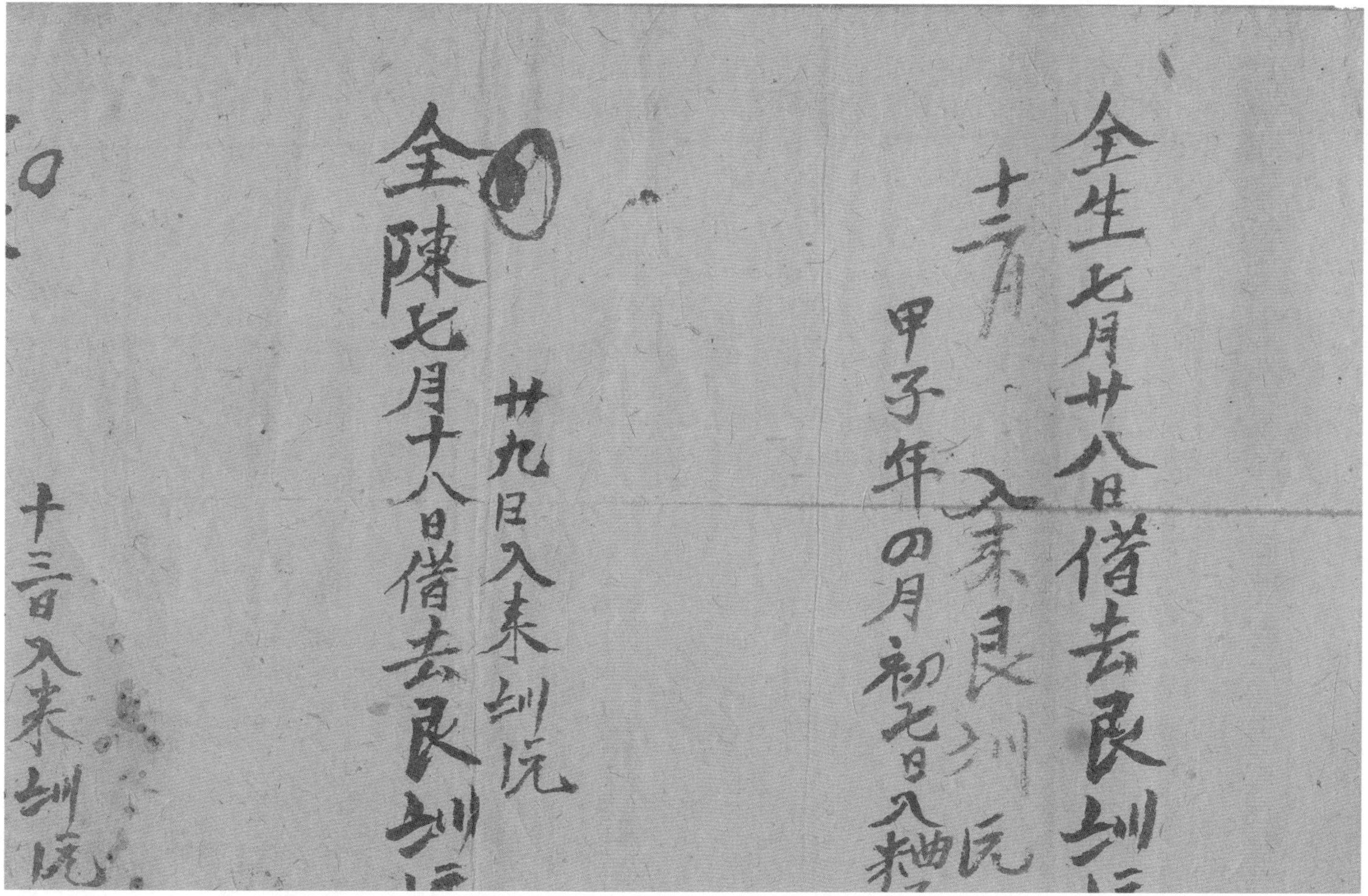
全生七月廿八日借去艮圳伝
十二月　入来艮圳伉
甲子年四月初七日入𥻗
全陳七月十八日借去艮圳伝
廿九日入来圳伉
十三日入来圳伉

9-3-54-21　晚清民國楊氏家族收支賬簿（二一）

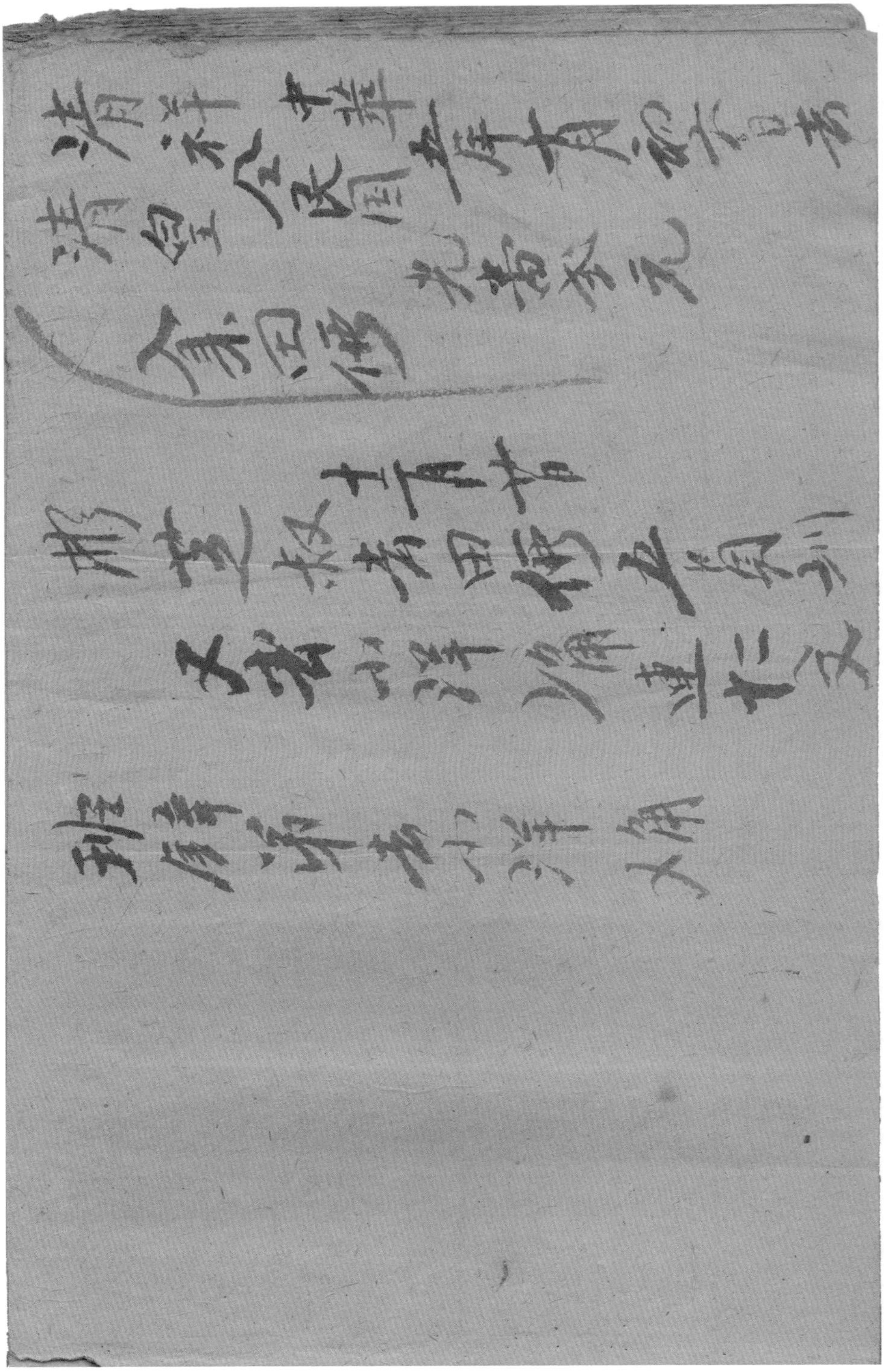

清祥仝 中華民国五年十月初六日書
清皇 光耆叁元

余田俵

彤芝叔去田俵五員圳 十月廿
又去小洋丿角連十二文

班鋒弟去小洋乂角

9-3-54-22　晚清民國楊氏家族收支賬簿（二二）

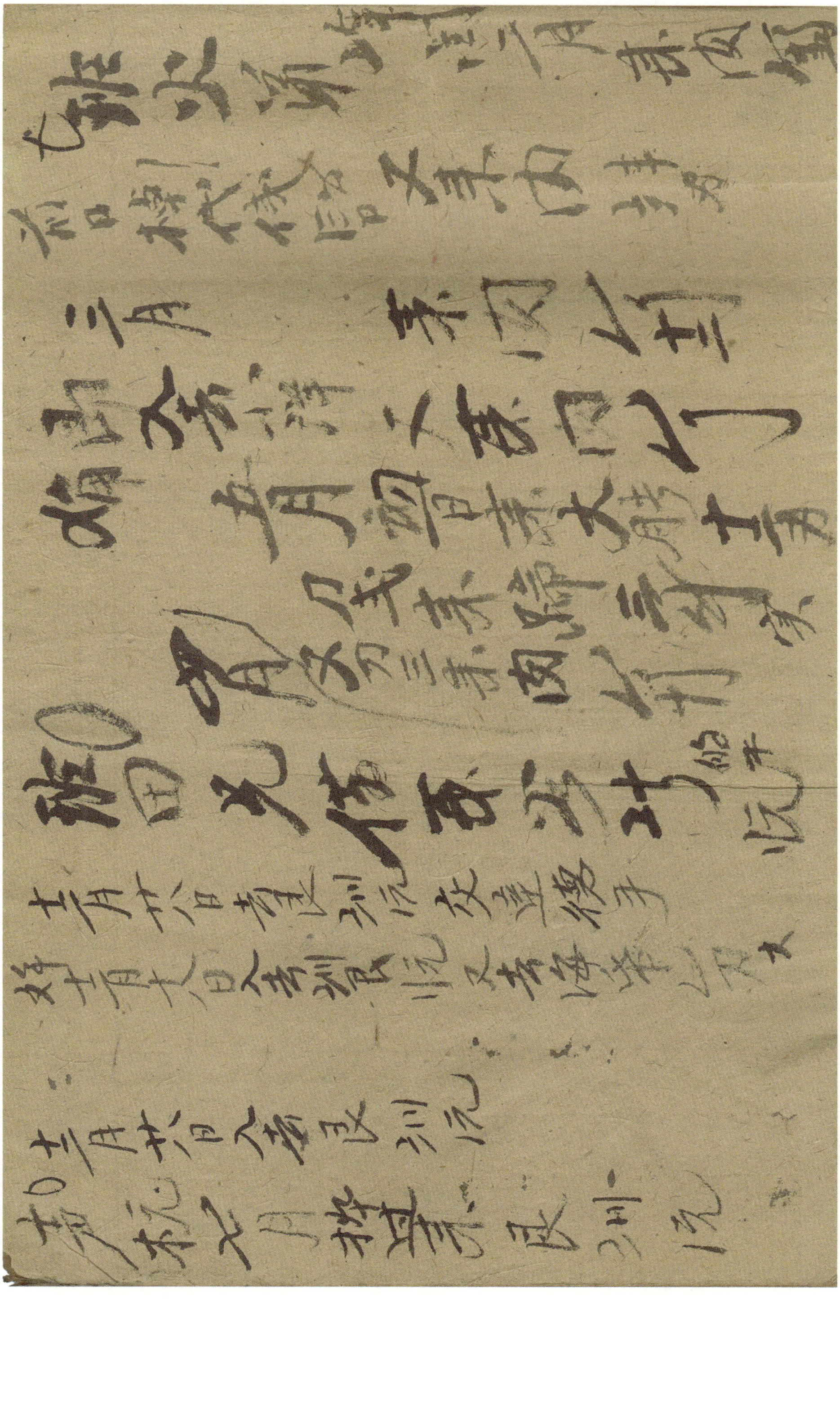

9-3-54-23　晚清民國楊氏家族收支賬簿（二三）

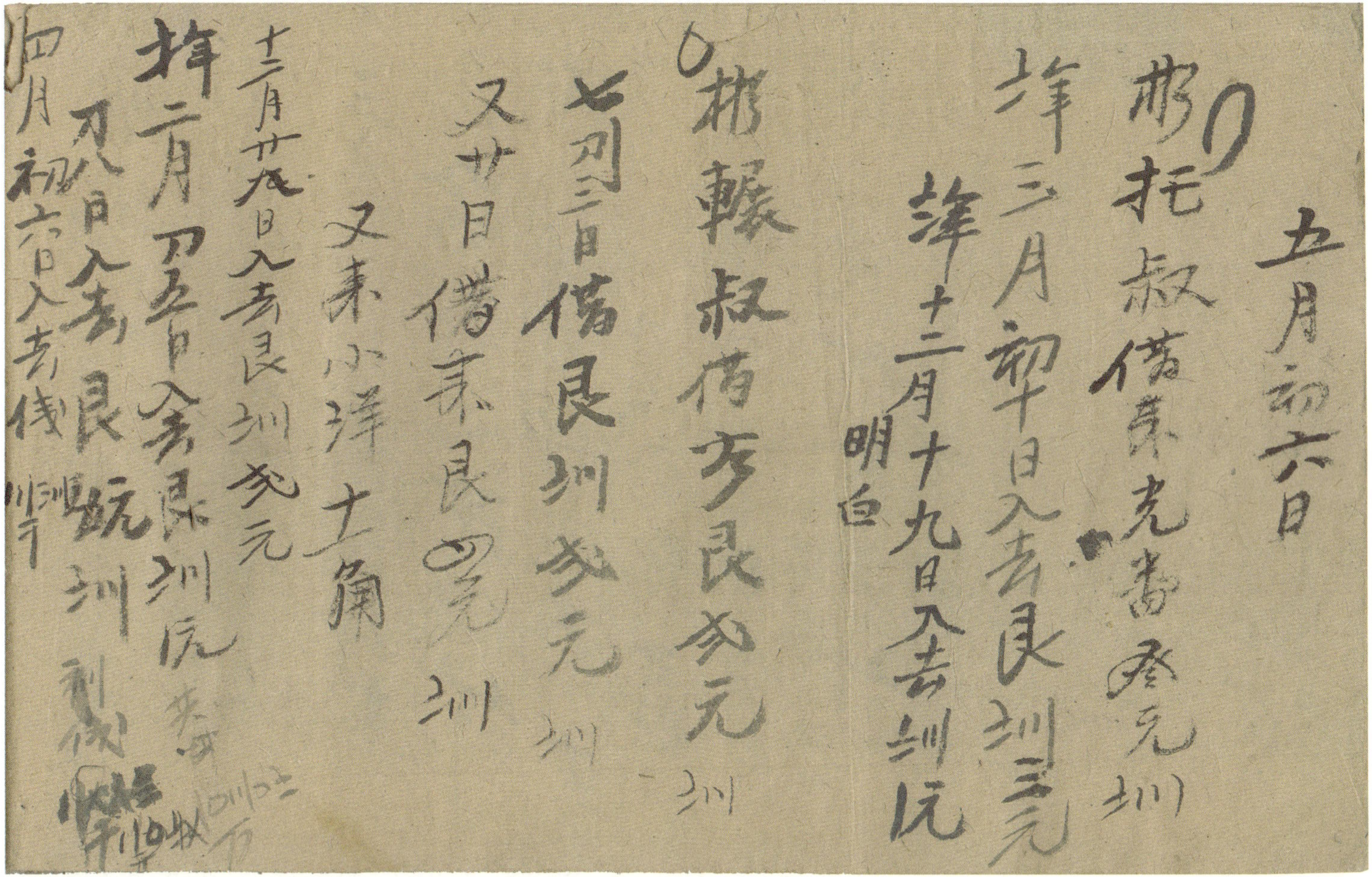

9-3-54-24　晚清民國楊氏家族收支賬簿（二四）

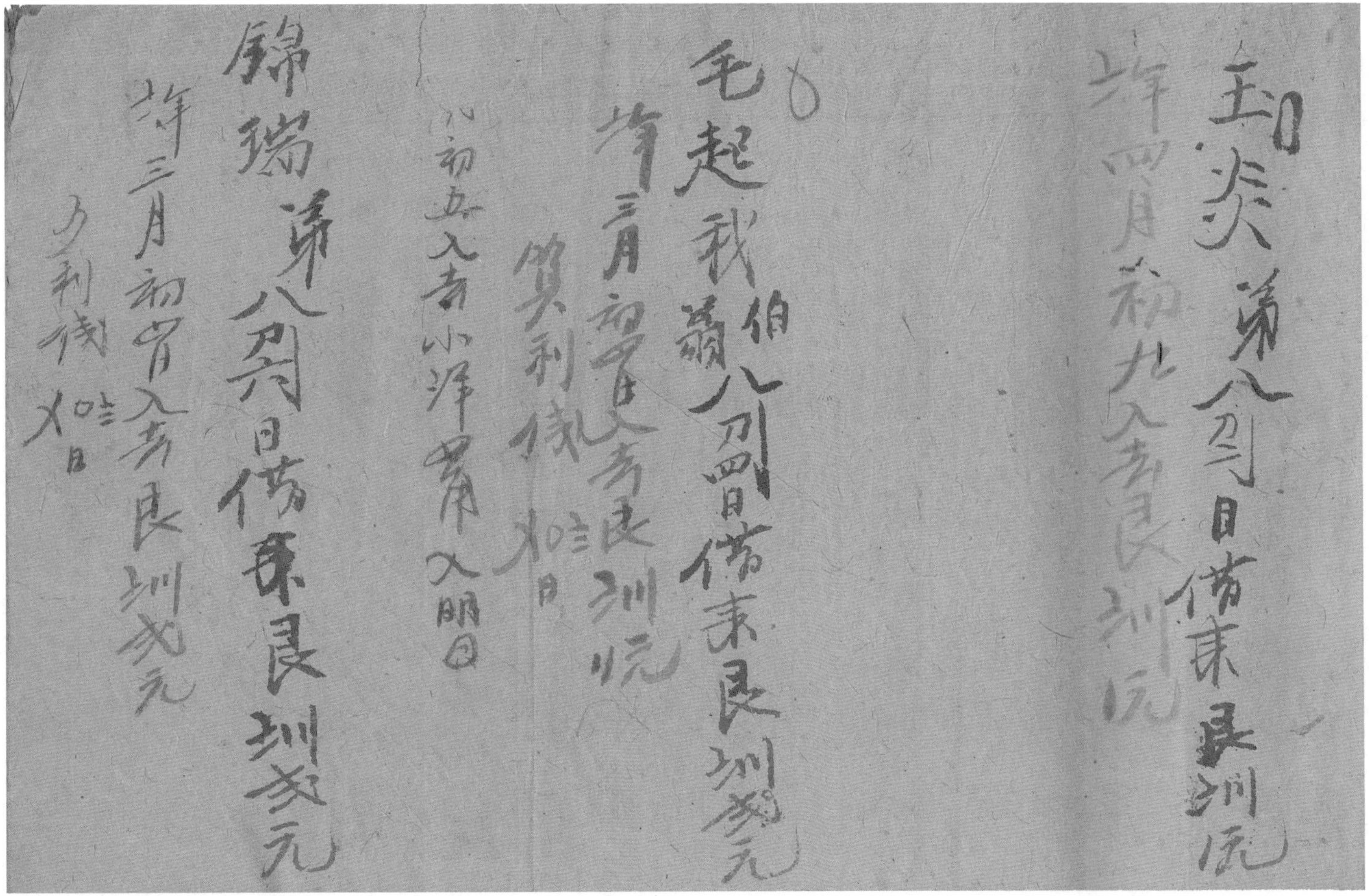

9-3-54-25　晚清民國楊氏家族收支賬簿（二五）

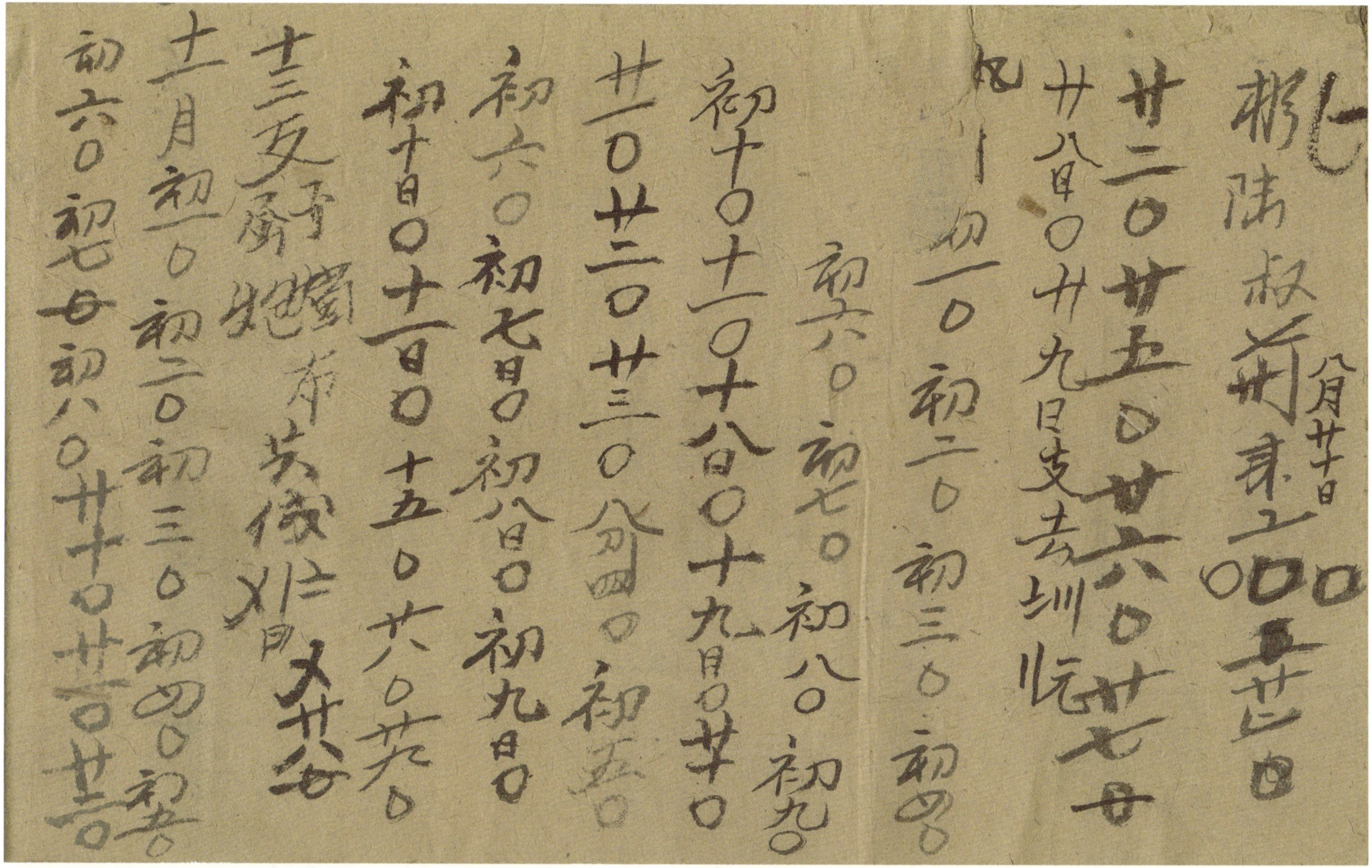

郴陸叔前来工〇〇〇 八月廿七日
廿二〇廿五〇廿六〇廿七〇
廿八〇廿九日支去圳坑
一 初一〇初二〇初三〇初四〇
初六〇初七〇初八〇初九〇
初十〇十一〇十六〇十九日〇廿一〇
廿一〇廿二〇廿三〇八月四〇初五〇
初六〇初七日〇初八日〇初九日〇
初十日〇十二日〇十五〇十六〇廿六〇
十一月初一〇初二〇初三〇初四〇初五〇
初六〇初七〇初八〇廿十〇廿二〇廿三〇

9-3-54-26　晚清民國楊氏家族收支賬簿（二六）

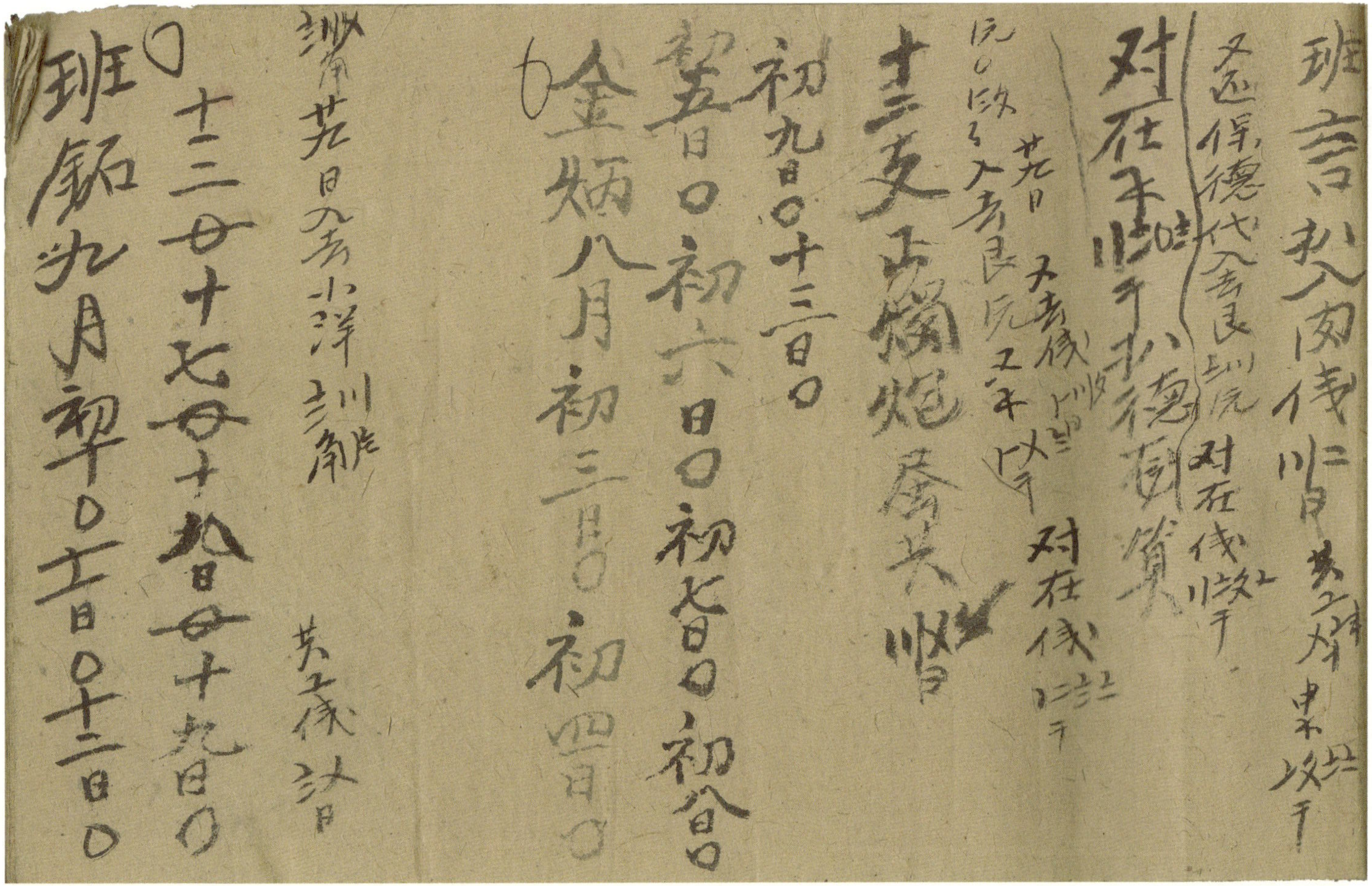

班言邦入肉錢
又還保德代入去艮　对在錢
对在手　邦入德到箕
入去艮元
又去錢　对在錢
十三支正燭炮奉共
初九日〇十三日〇
廿五日〇初六日〇初七日〇初八日〇
金烟八月初三日〇初四日〇
廿日入去小洋
班銘九月初十日〇十一日〇十二日〇
〇十三廿十七廿十八日廿十九日〇

9-3-54-27　晚清民國楊氏家族收支賬簿（二七）

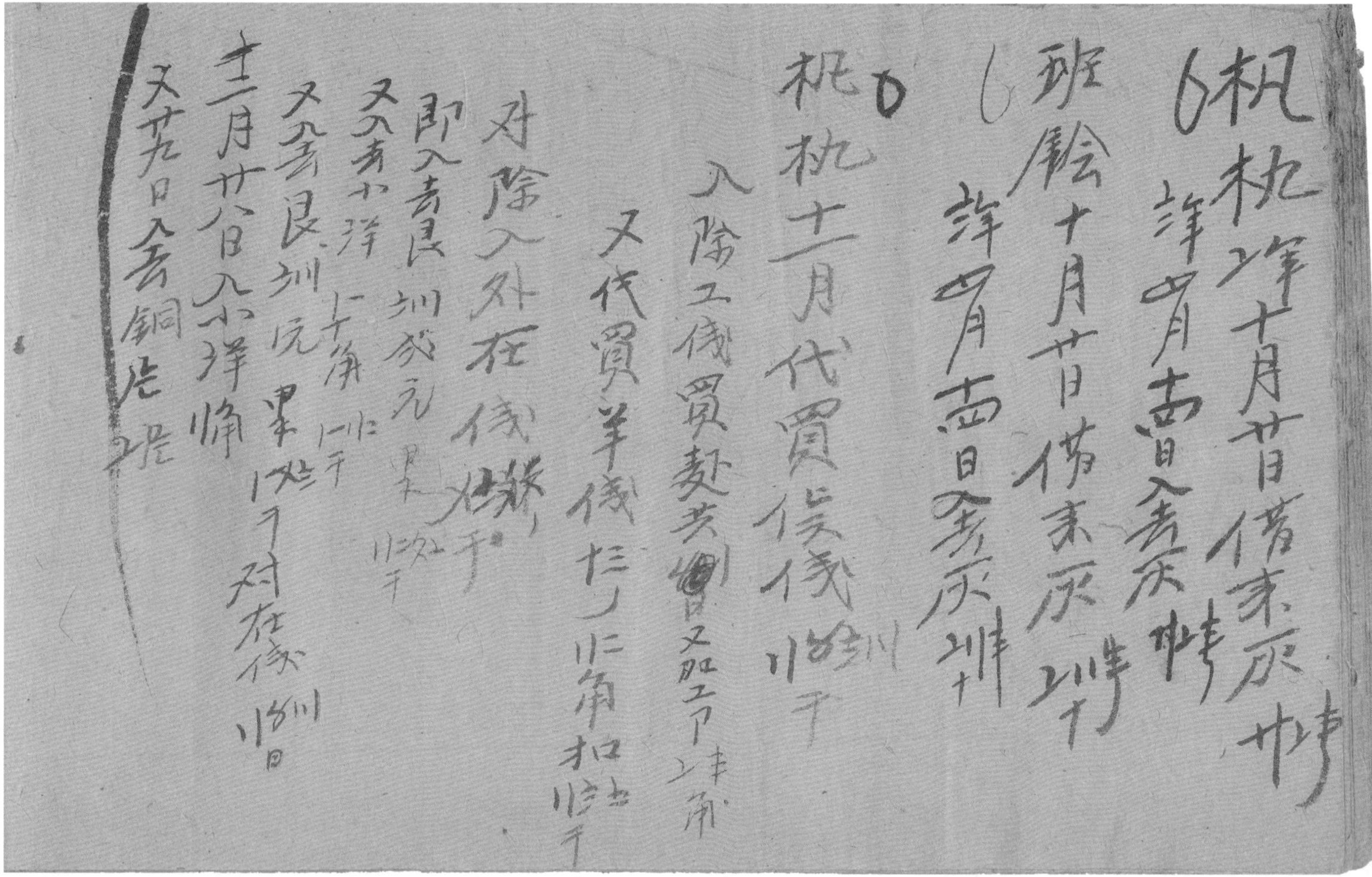

9-3-54-28　晚清民國楊氏家族收支賬簿（二八）

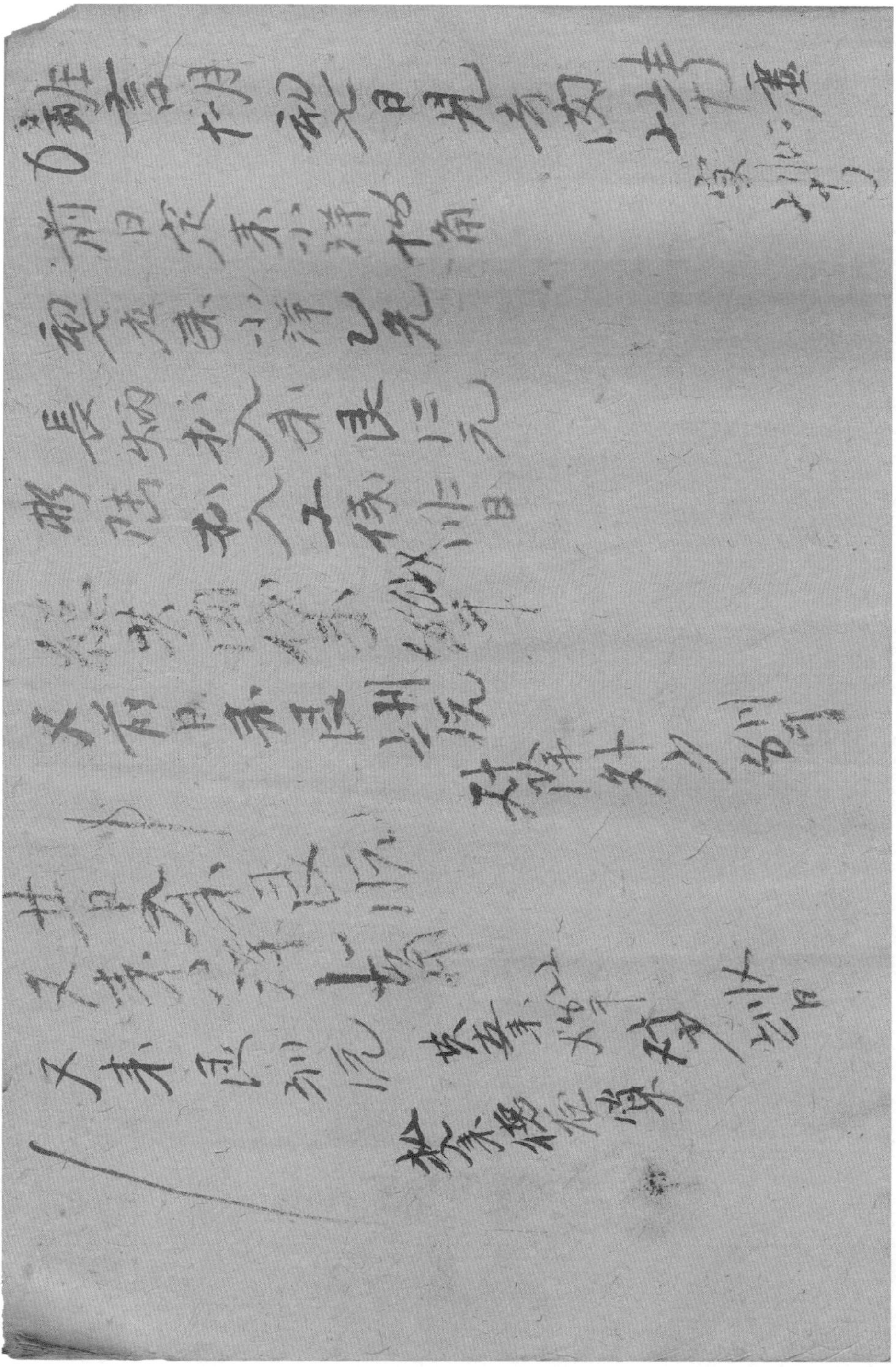

9-3-54-29　晚清民國楊氏家族收支賬簿（二九）

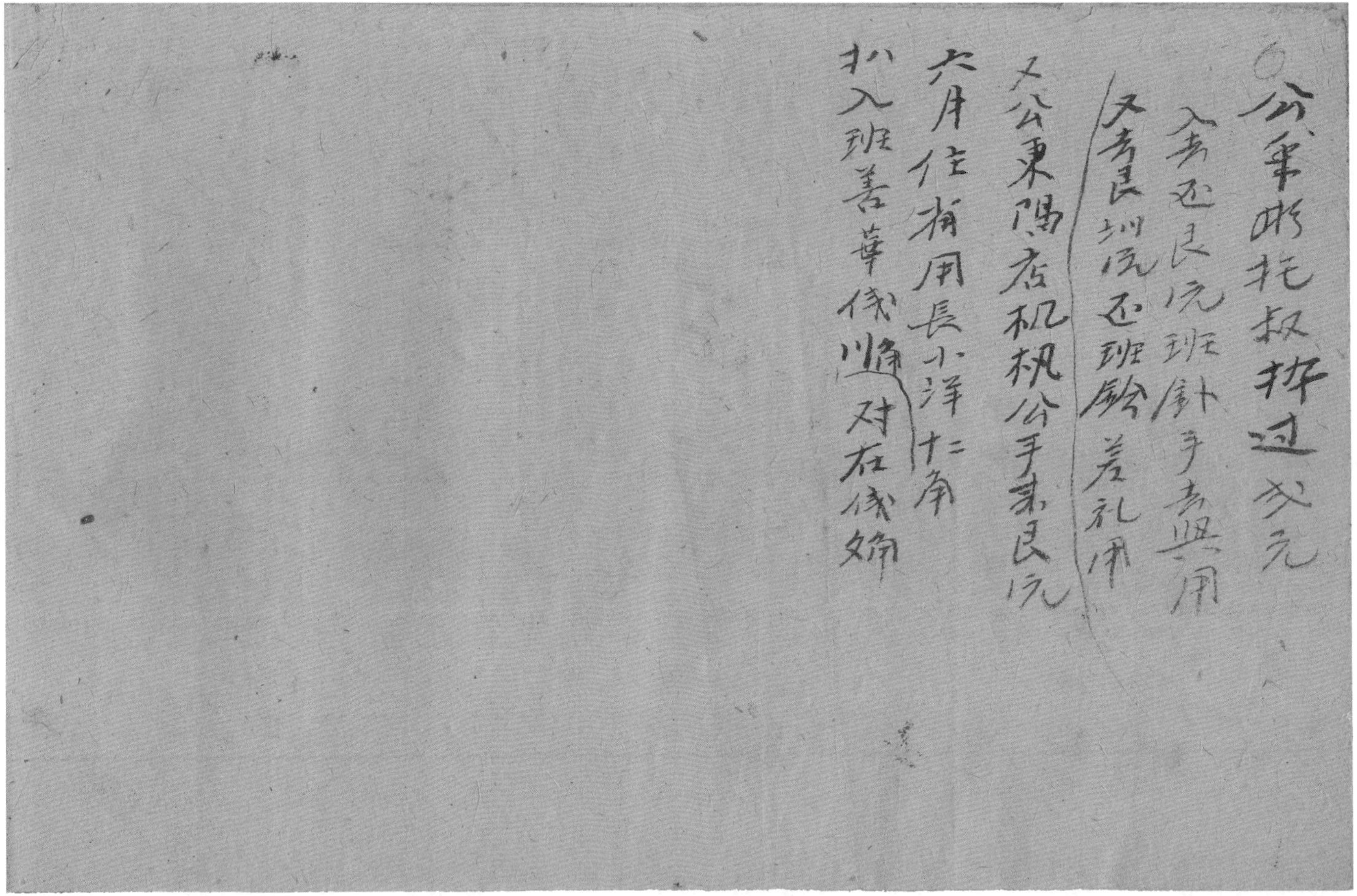

公手明托叔拆过 弍元
入去还艮元班斜手去興用
又去艮坍洋还班餘 差礼用
又公東陽店机枧公手未艮元
六月住南用長小洋十二十角
扒入班善華伐順 对在伐弟

9-3-54-30　晚清民國楊氏家族收支賬簿（三〇）

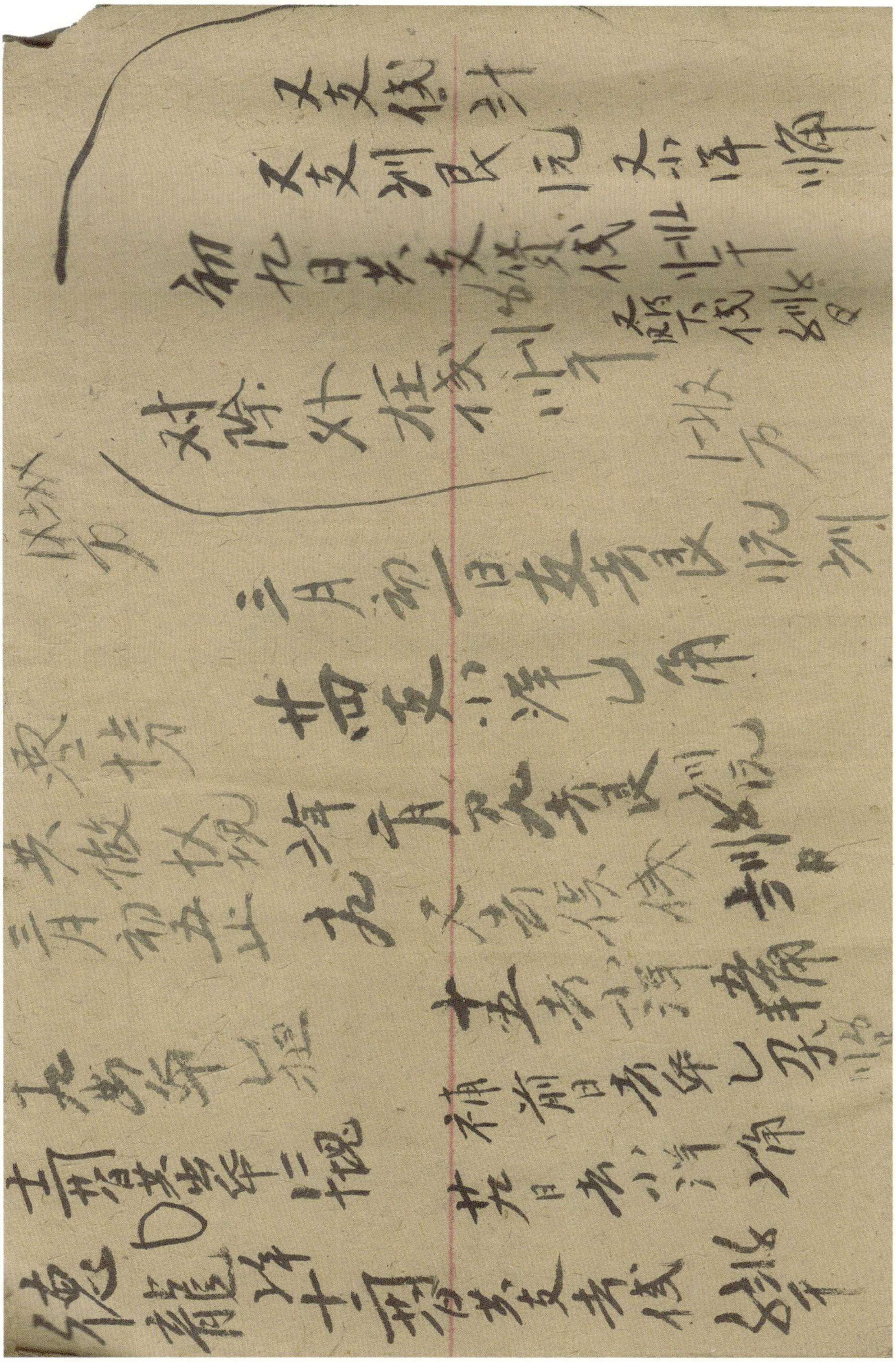

9-3-54-31　晚清民國楊氏家族收支賬簿（三一）

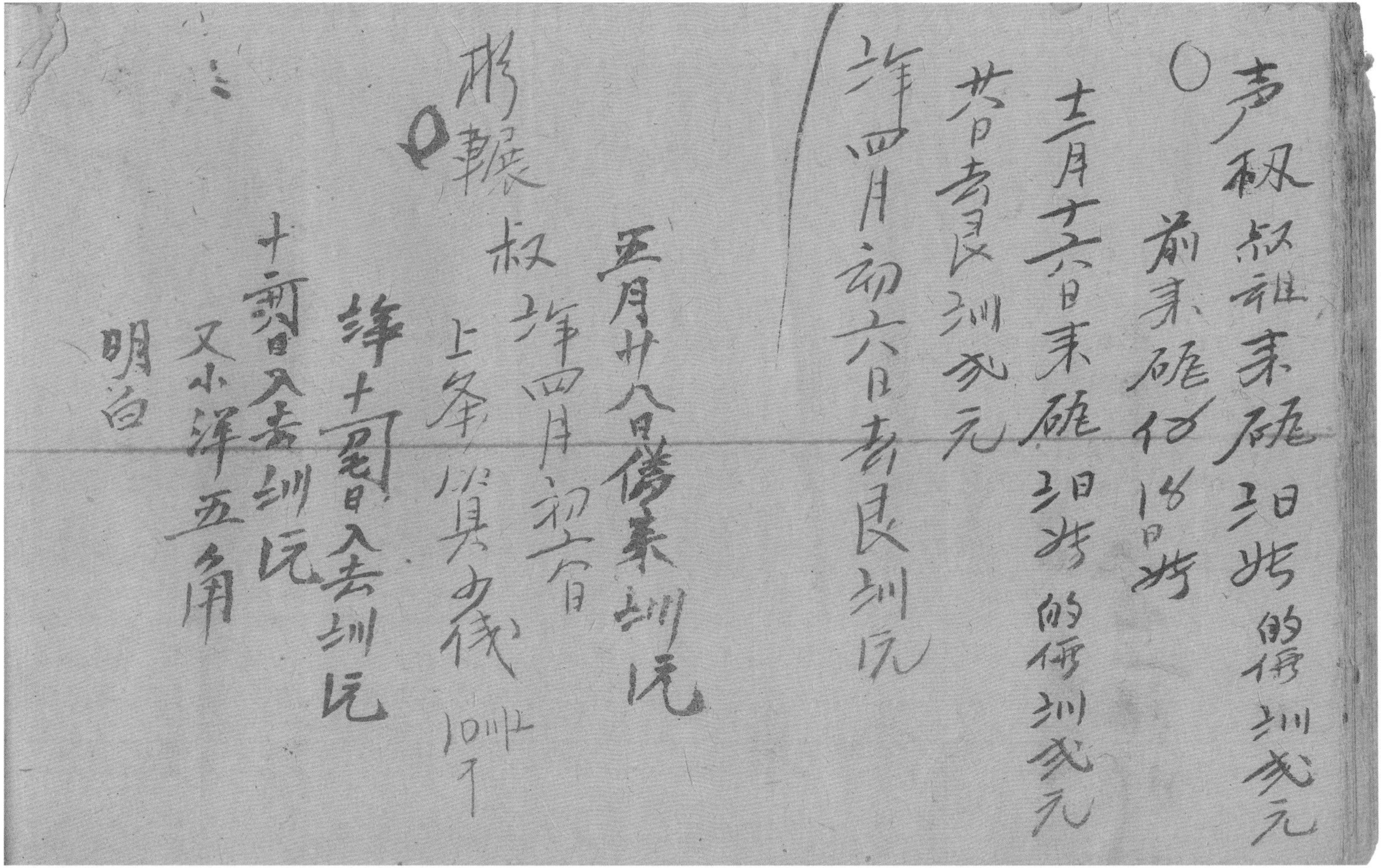

9-3-54-32　晚清民國楊氏家族收支賬簿（三二）

花廿年七月廿二日收去訓
肆十四日入去訓洋
十二月廿九日入去小洋三角
明白

肆十二月廿九日去小洋一角
九月十五日入去小洋一角
明
黃○玉金德手下收去
廿七年七月初五日

晚清民國楊氏家族收支賬簿（三三）

9-3-54-33

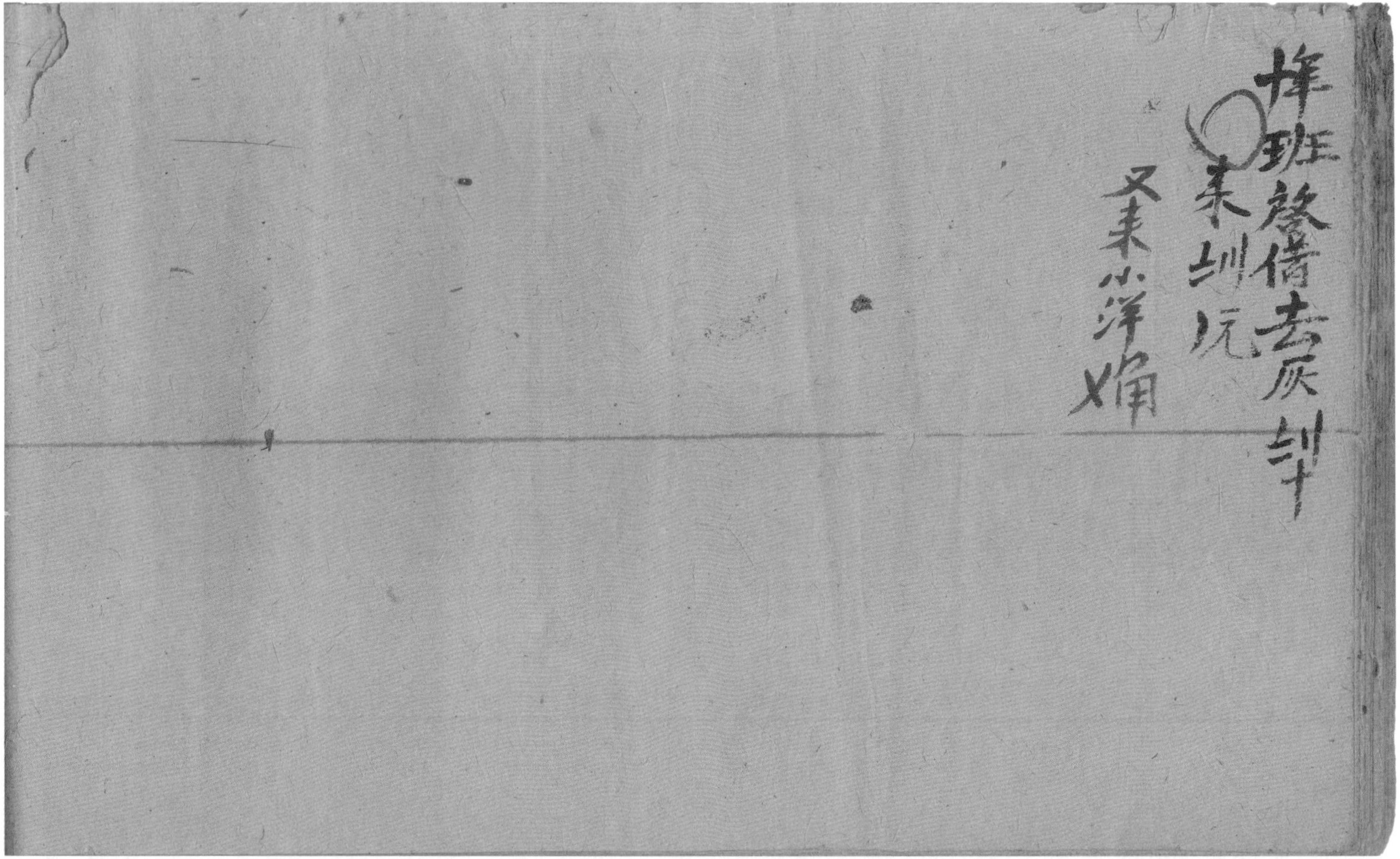
搼班發借去灰斗十
來圳坑
又來小洋煸

9-3-54-34　晚清民國楊氏家族收支賬簿（三四）

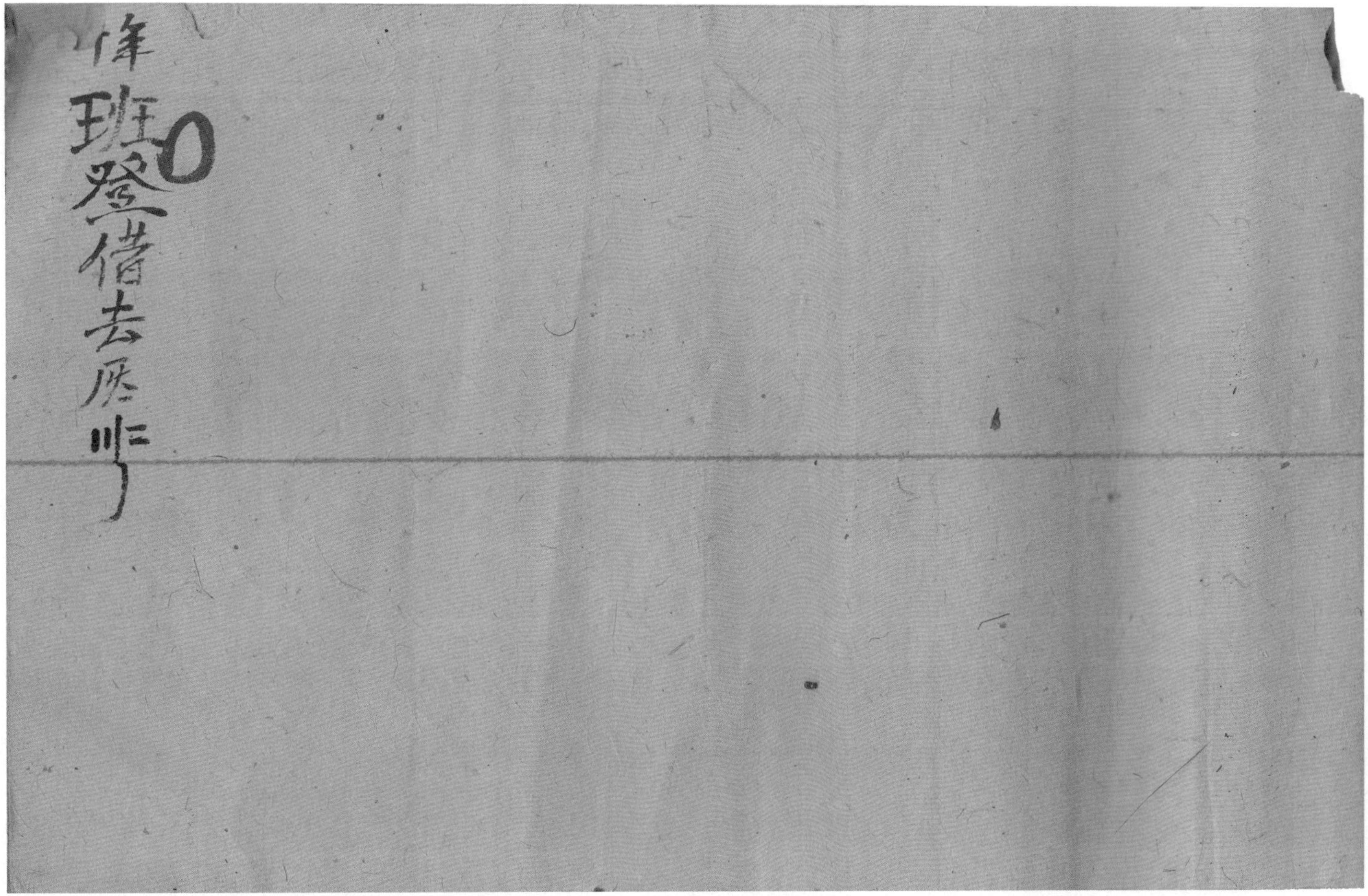

9-3-54-35　晚清民國楊氏家族收支賬簿（三五）

9-3-54-36　晚清民國楊氏家族收支賬簿（三六）

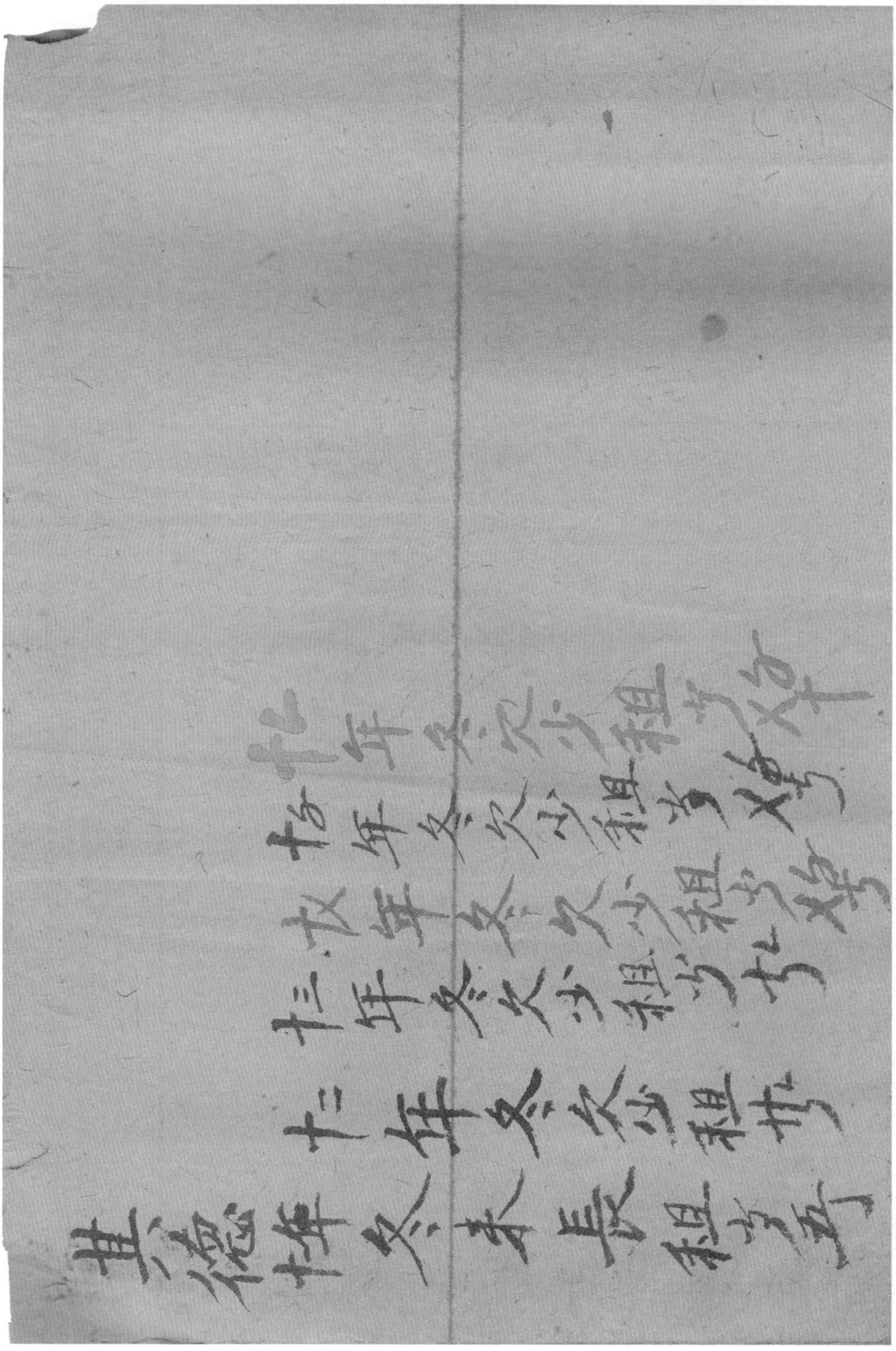

9-3-54-37　晚清民國楊氏家族收支賬簿（三七）

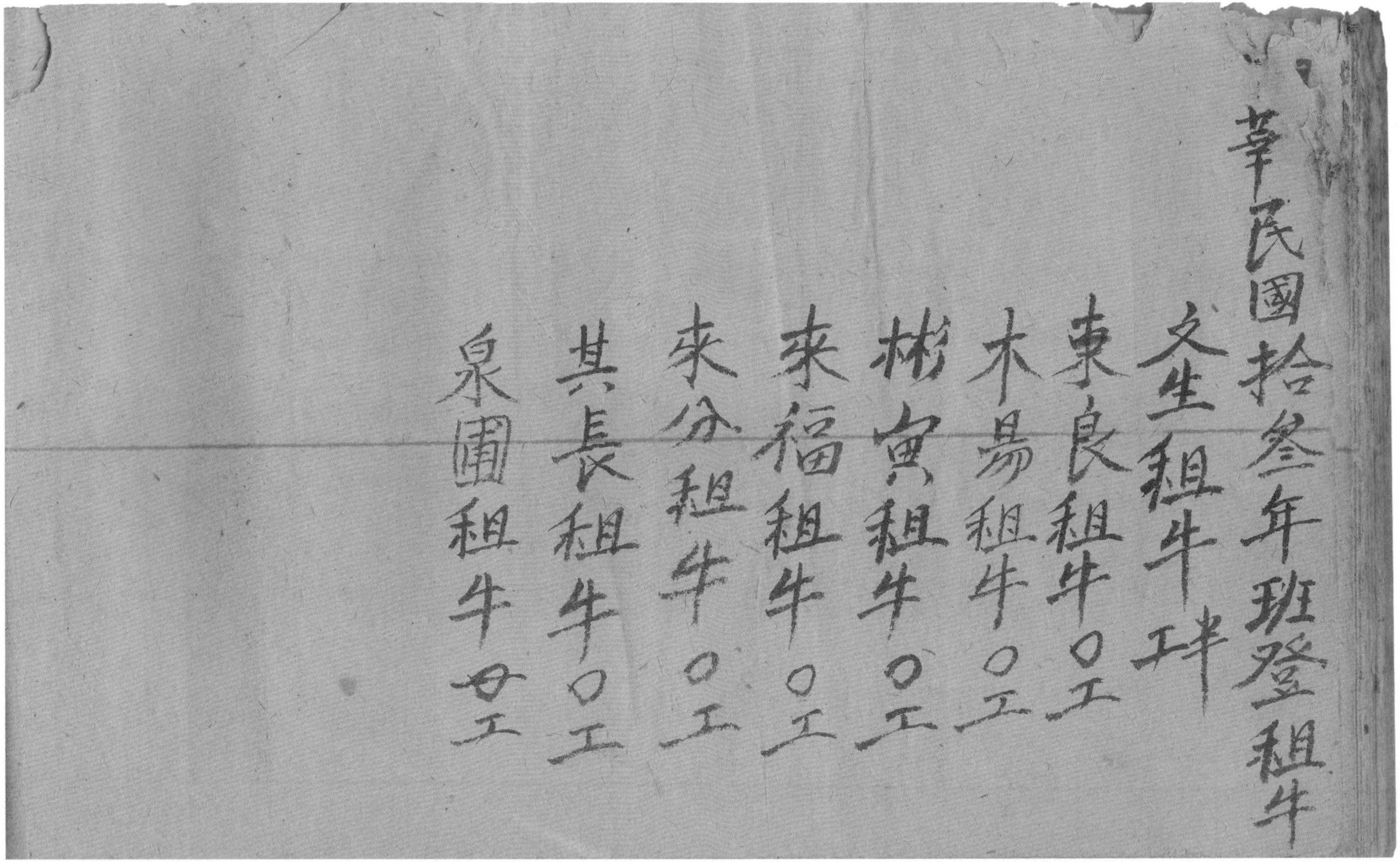

辛民國拾叁年班登租牛
文生租牛卄工
東良租牛〇工
木昜租牛〇工
彬寅租牛〇工
來福租牛〇工
來分租牛〇工
其長租牛〇工
泉園租牛廿工

9-3-54-38　晚清民國楊氏家族收支賬簿（三八）

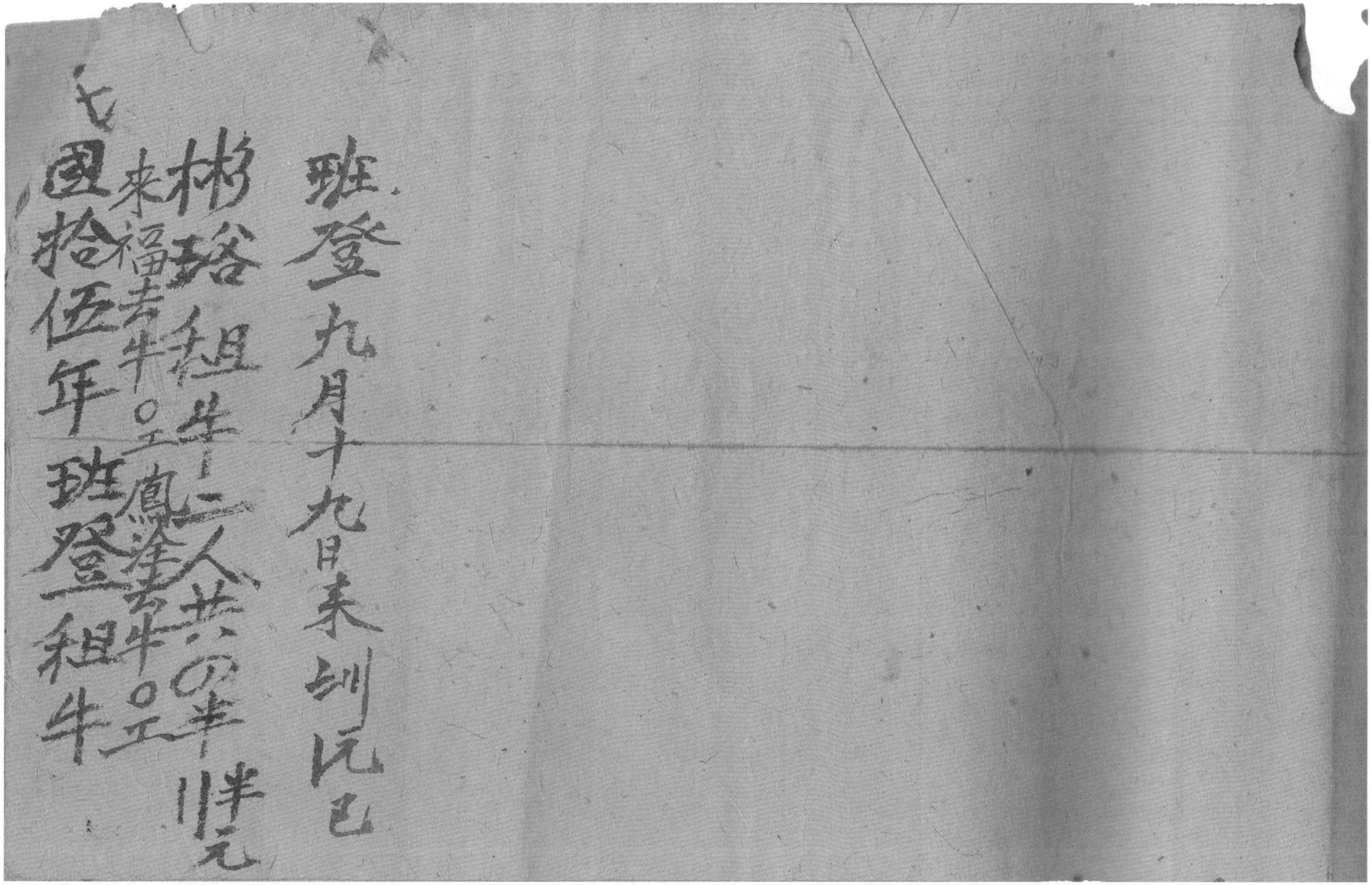
班登九月十九日來訓完已
彬珞租牛二人共〥半 〢半元
來福去牛〇工 鳳淦去牛〇工
七
國拾伍年班登租牛

9-3-54-39　晚清民國楊氏家族收支賬簿（三九）

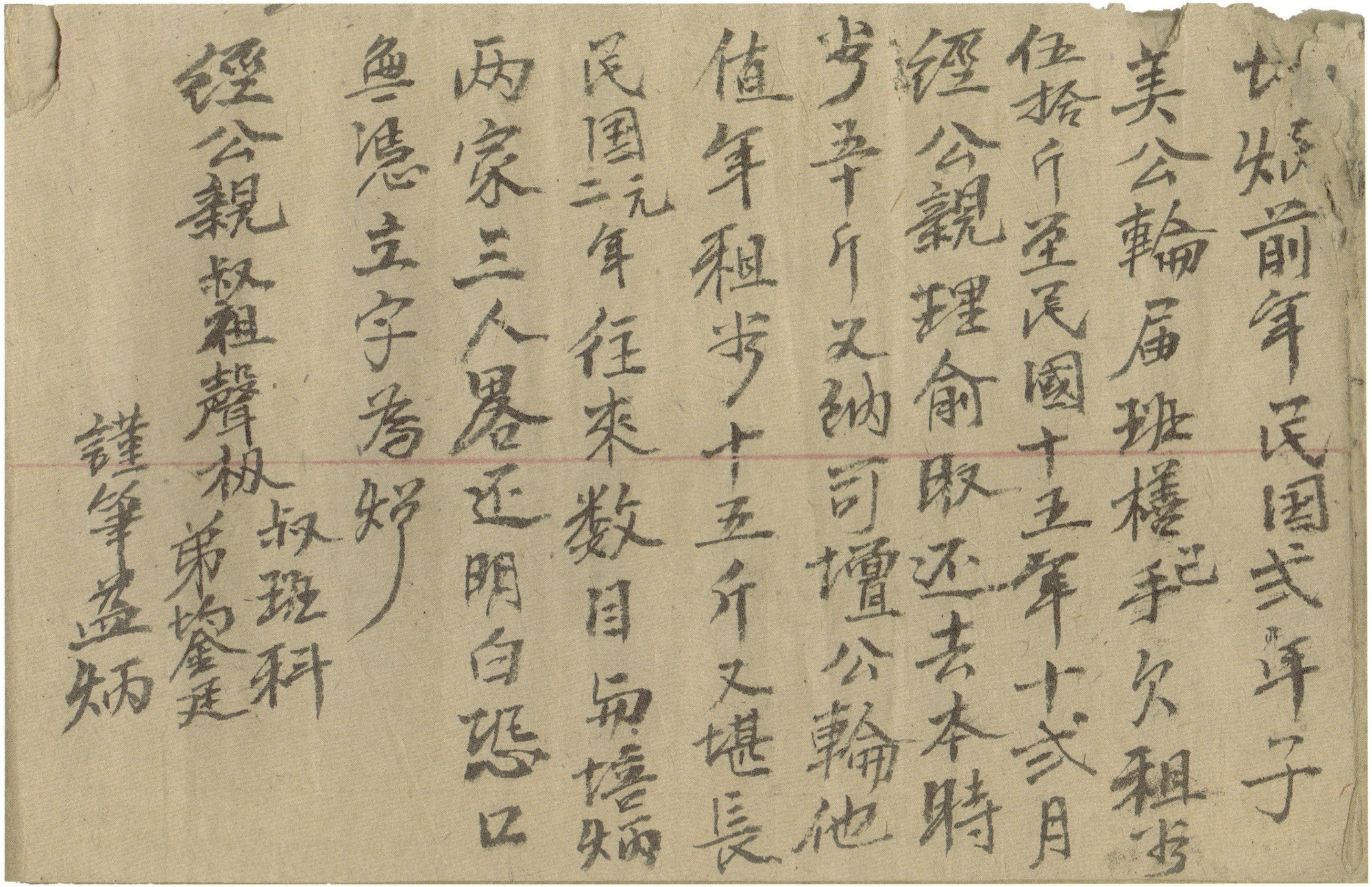
七炆前年民国弍年于
美公輪届班權已手欠租谷
伍拾斤至民國十五年十弍月
經公親理論取还去本時
谷弍十斤又納司壇公輪他
值年租谷十五斤又堪長
民国元二年往來数目向塇炳
两家三人畧还明白恐口
無憑立字為照
經公親叔祖聲柳
叔班科
弟均鎣廷
謹筆益炳

9-3-54-40　晚清民國楊氏家族收支賬簿（四〇）

拾年冬去牛岁柒
玖年冬去牛岁卅
大年冬去牛岁卅
十年冬去牛岁卅
拾年冬去牛岁卅
玖年冬去牛岁卅
叙中華八年冬去牛岁卅

9-3-54-41　晚清民國楊氏家族收支賬簿（四一）

9-3-54-42　晚清民國楊氏家族收支賬簿（四二）

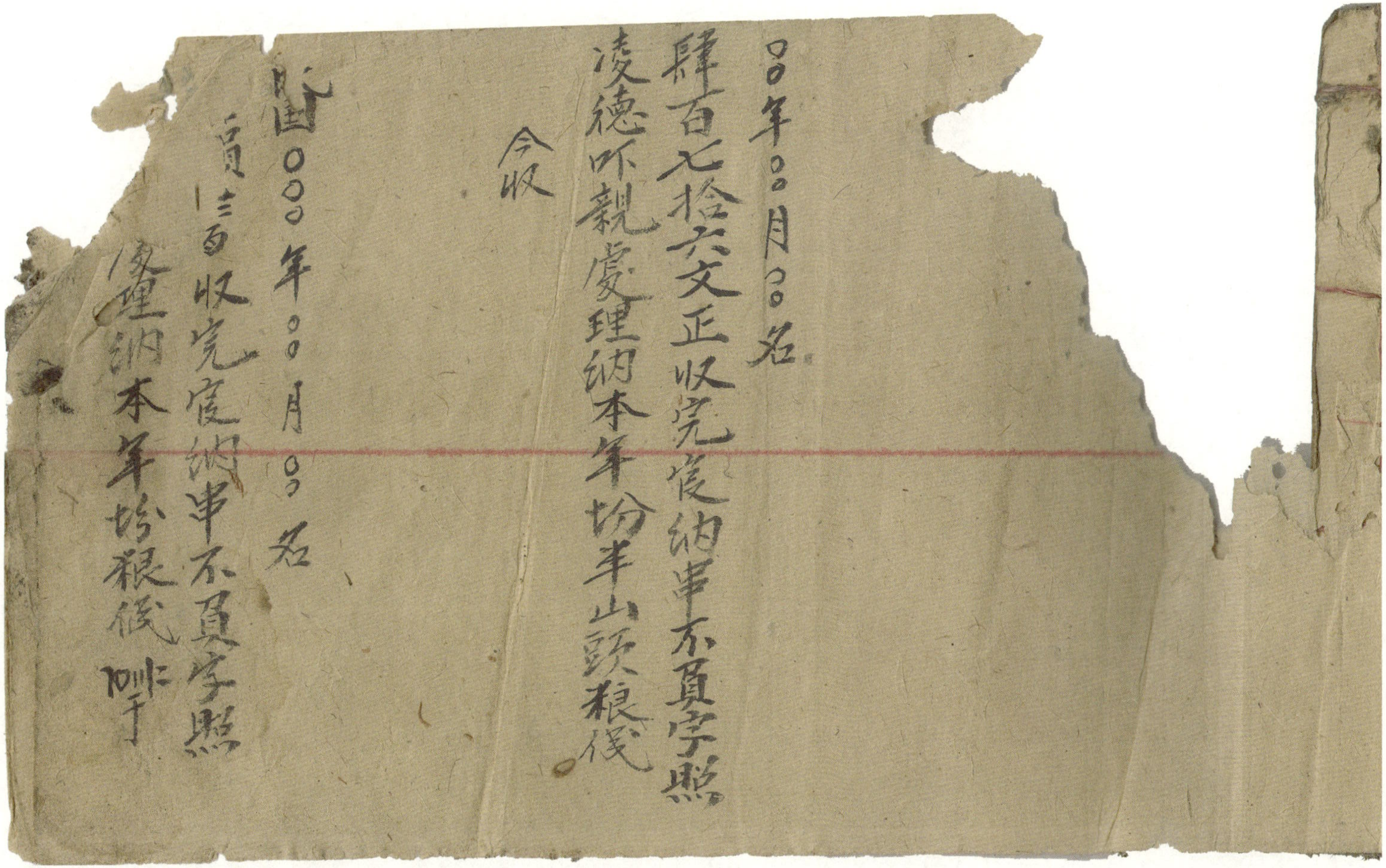

〇〇年〇〇月〇〇名
肆百七拾六文正收完宦納串不頁字照
淩德吓親慶理納本年坋半山頭粮伐
今收

民國〇〇〇年〇〇月〇〇名
員一百收完宦納串不頁字照
像運納本年坋粮伐[illegible]

9-3-54-43　晚清民國楊氏家族收支賬簿（四三）

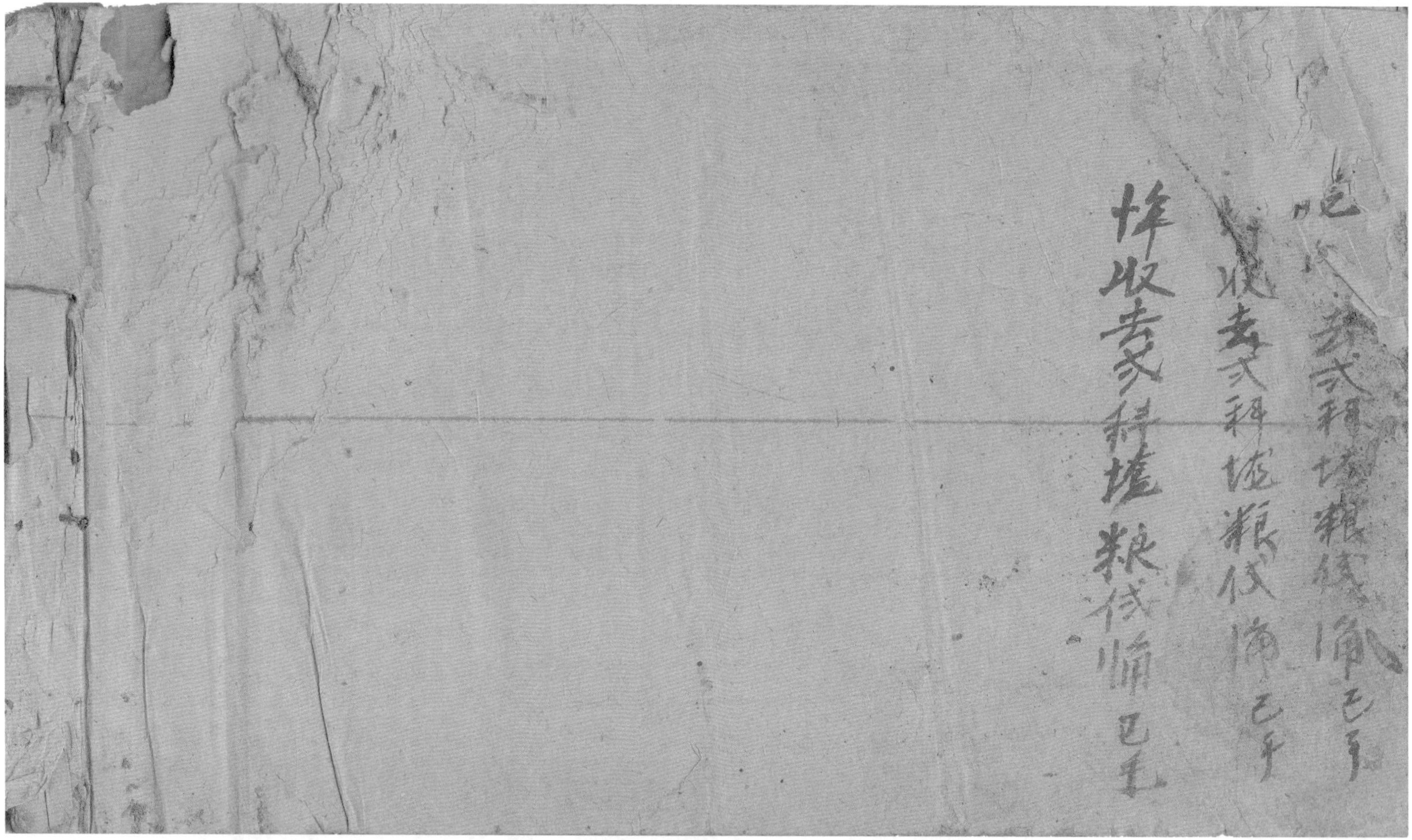

9-3-54-44　晚清民國楊氏家族收支賬簿（四四）

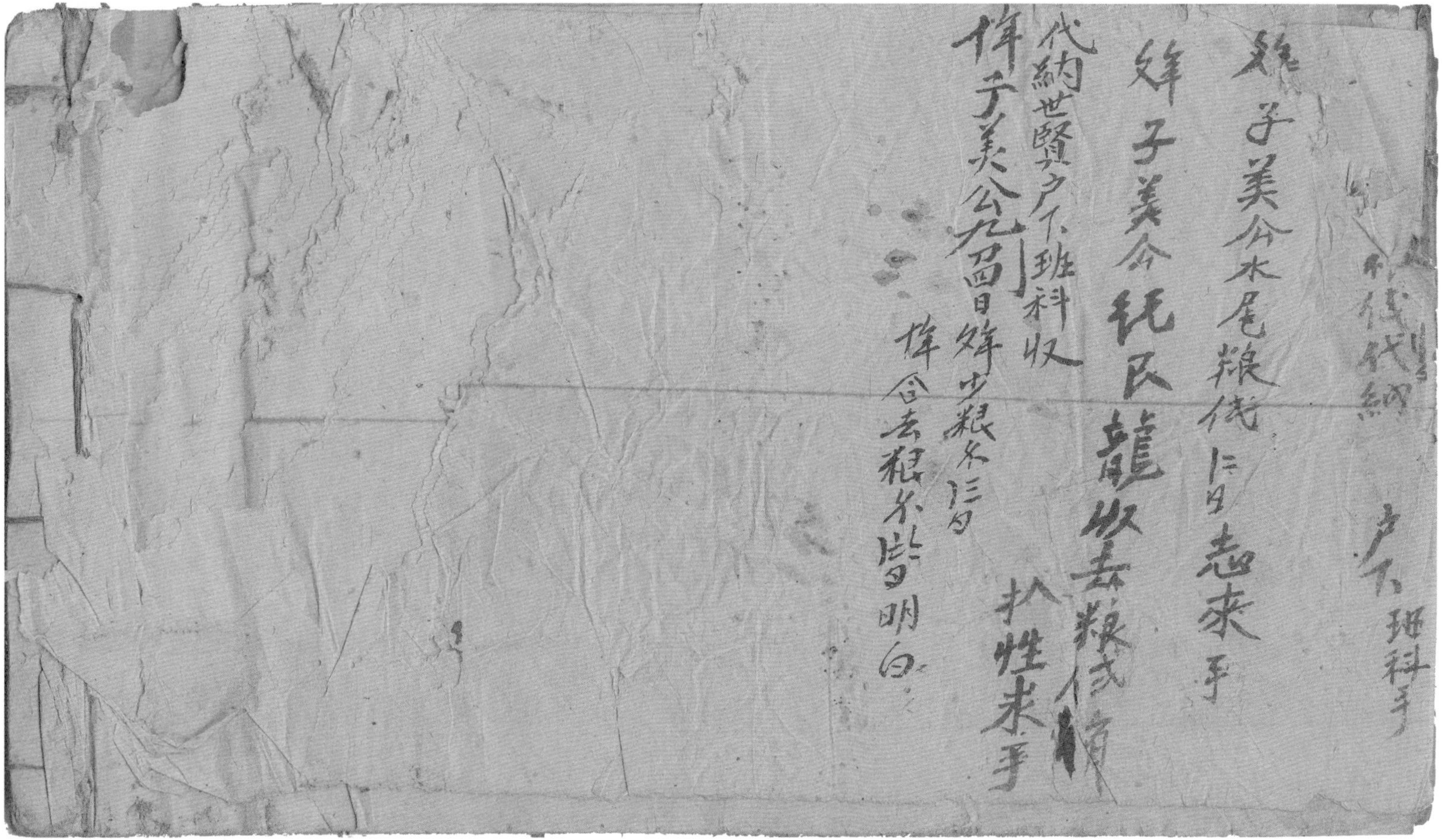
□代納　戶下班科手
雉子美公水尾粮代仁日志來手
雉子美公耗民龍收去粮代付[illegible]
扑性來手
代納世賢戶下班科收
雉子美公九留日雉少粮八仨日
雉合去粮八皆明白。

9-3-54-45　晚清民國楊氏家族收支賬簿（四五）

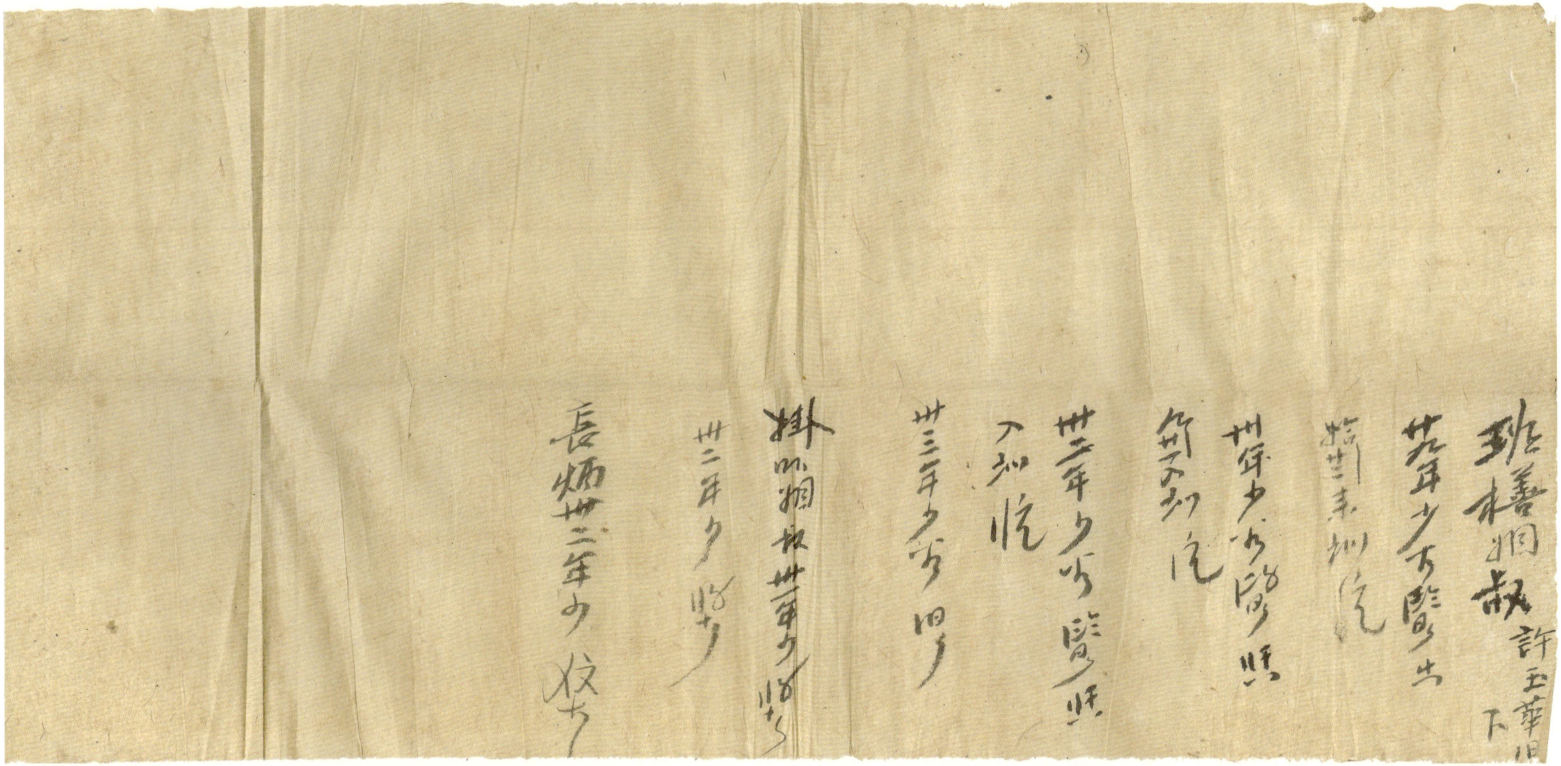

9-3-54-46　晚清民國楊氏家族收支賬簿（夾葉）

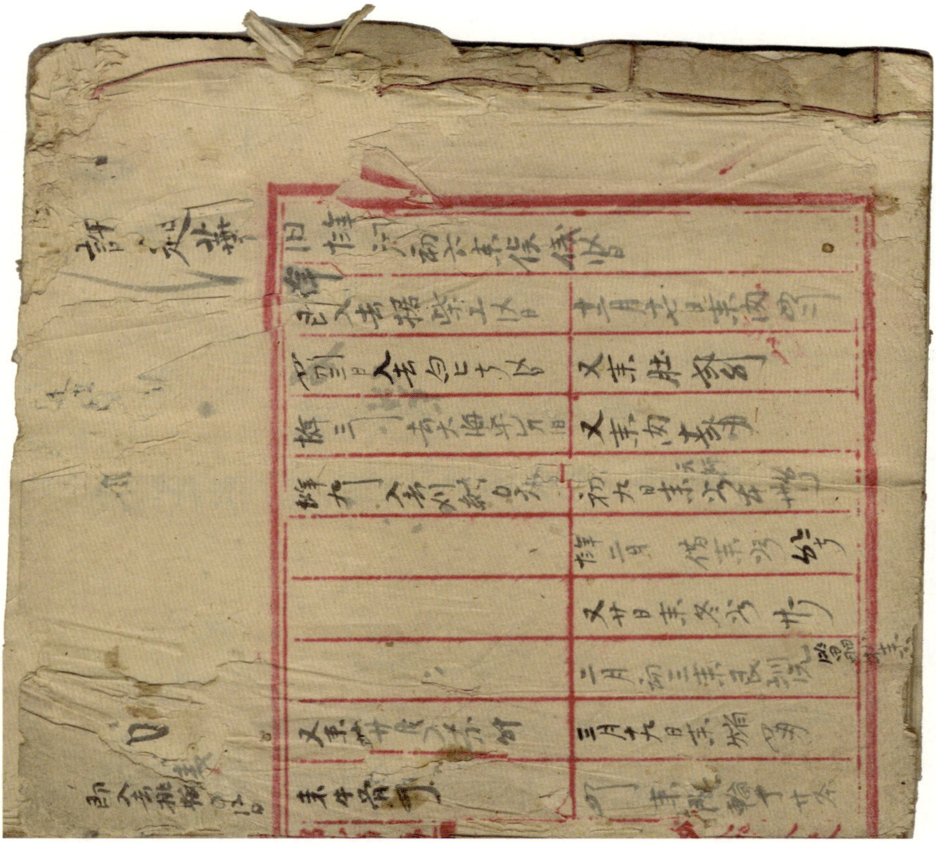

9-3-55-1　晚清民國楊氏家族日用賬簿（一）

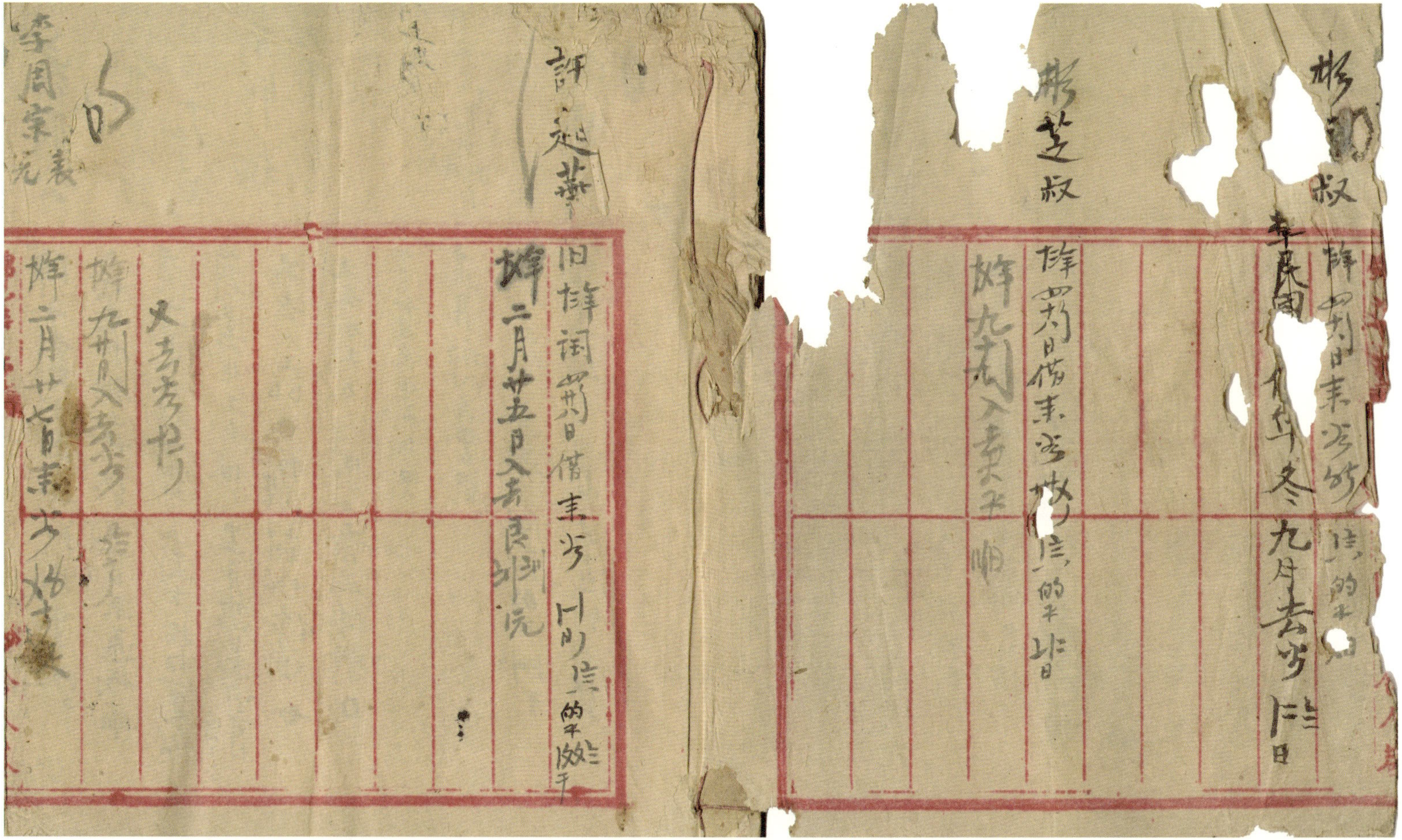

9-3-55-2　晚清民國楊氏家族日用賬簿（二）

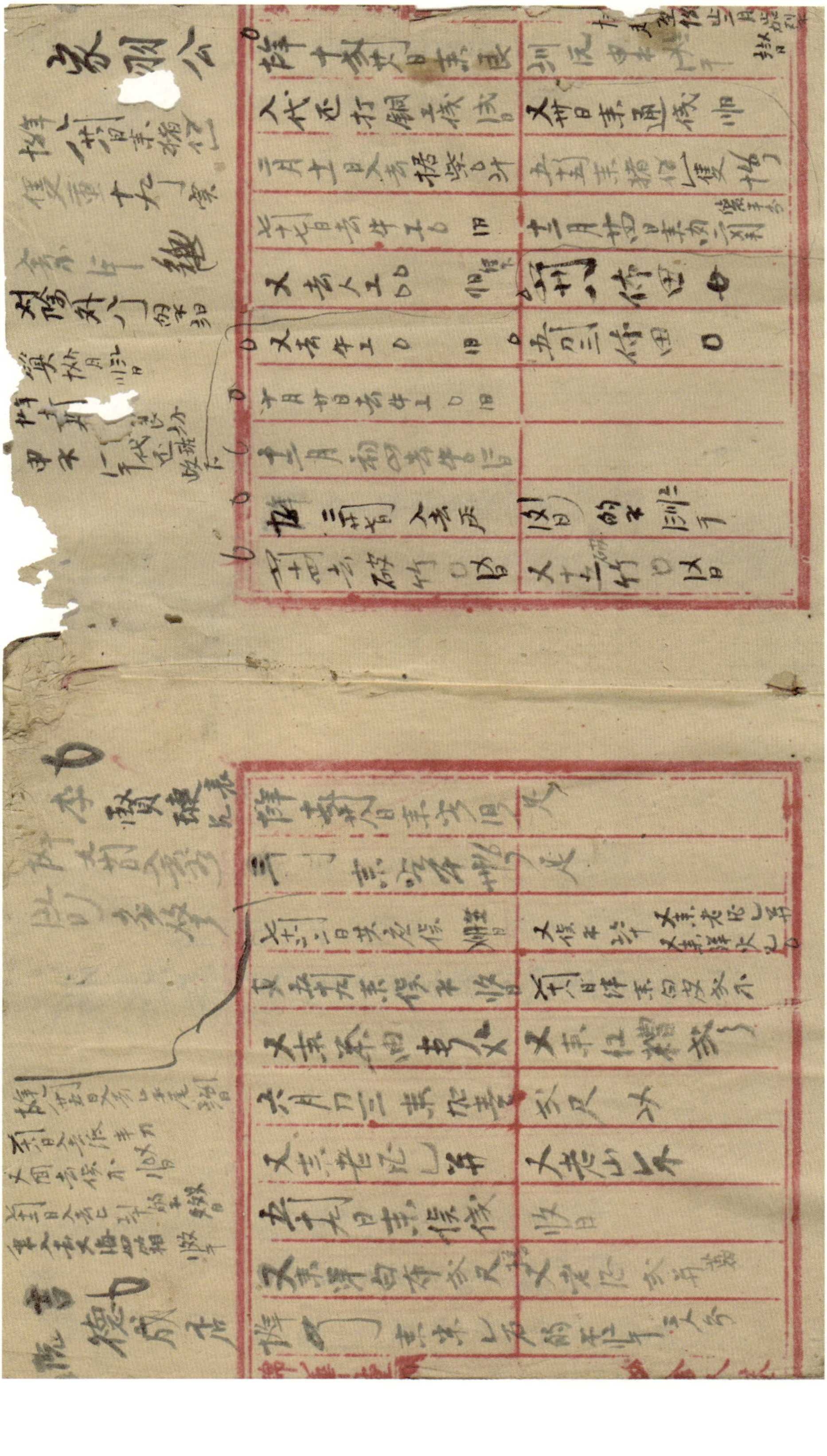

9-3-55-3　晚清民國楊氏家族日用賬簿（三）

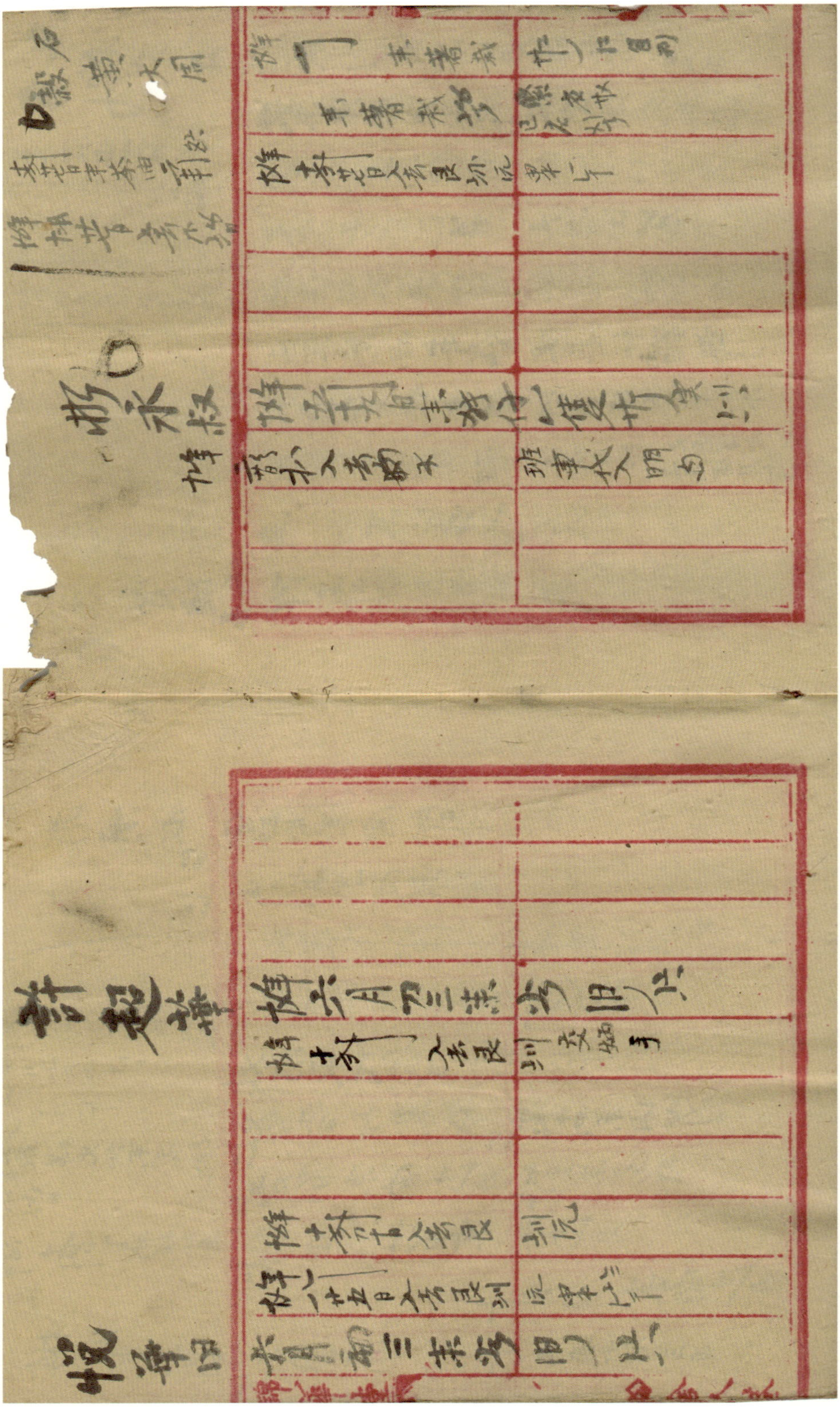

9-3-55-4　晚清民國楊氏家族日用賬簿（四）

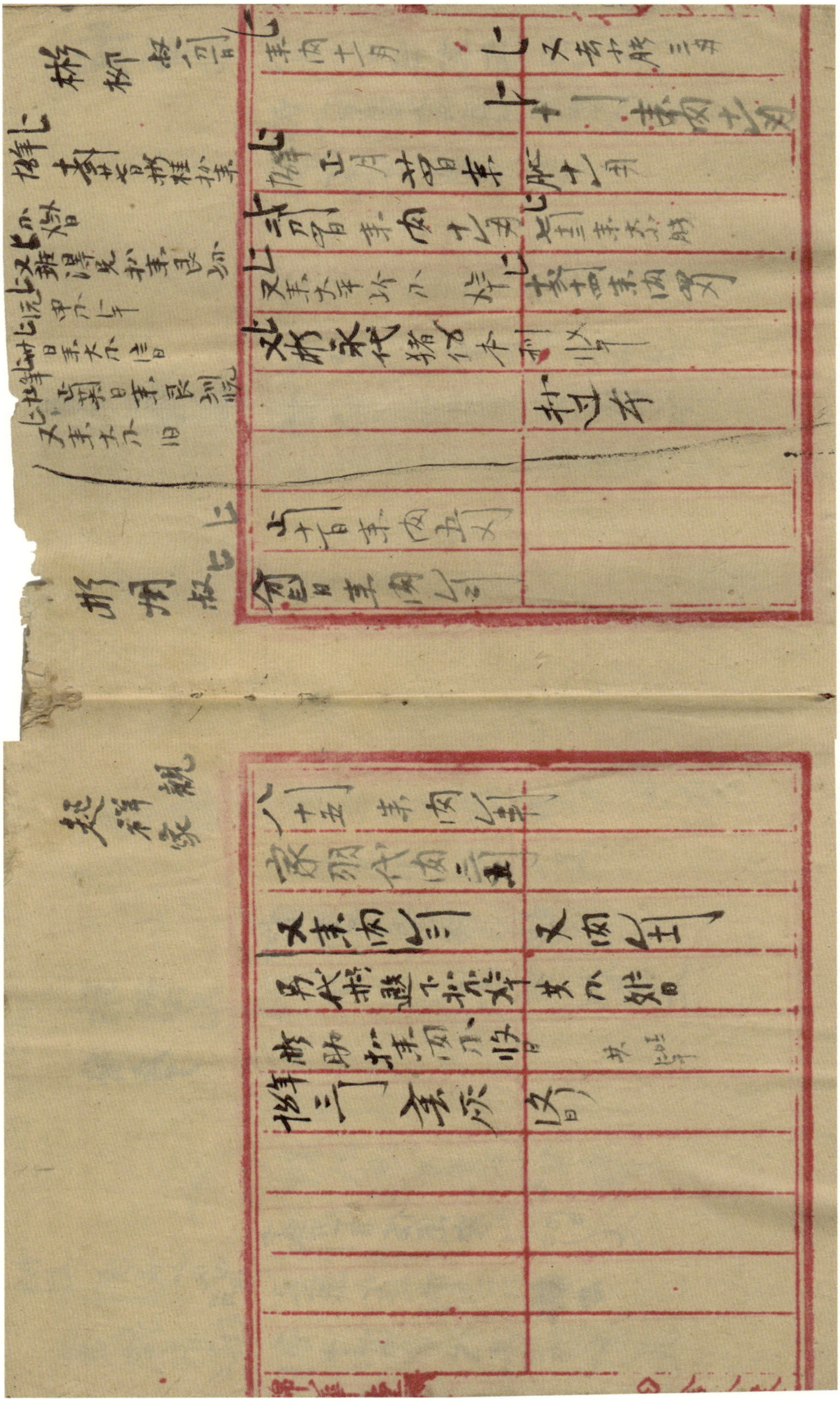

9-3-55-5 晚清民國楊氏家族日用賬簿（五）

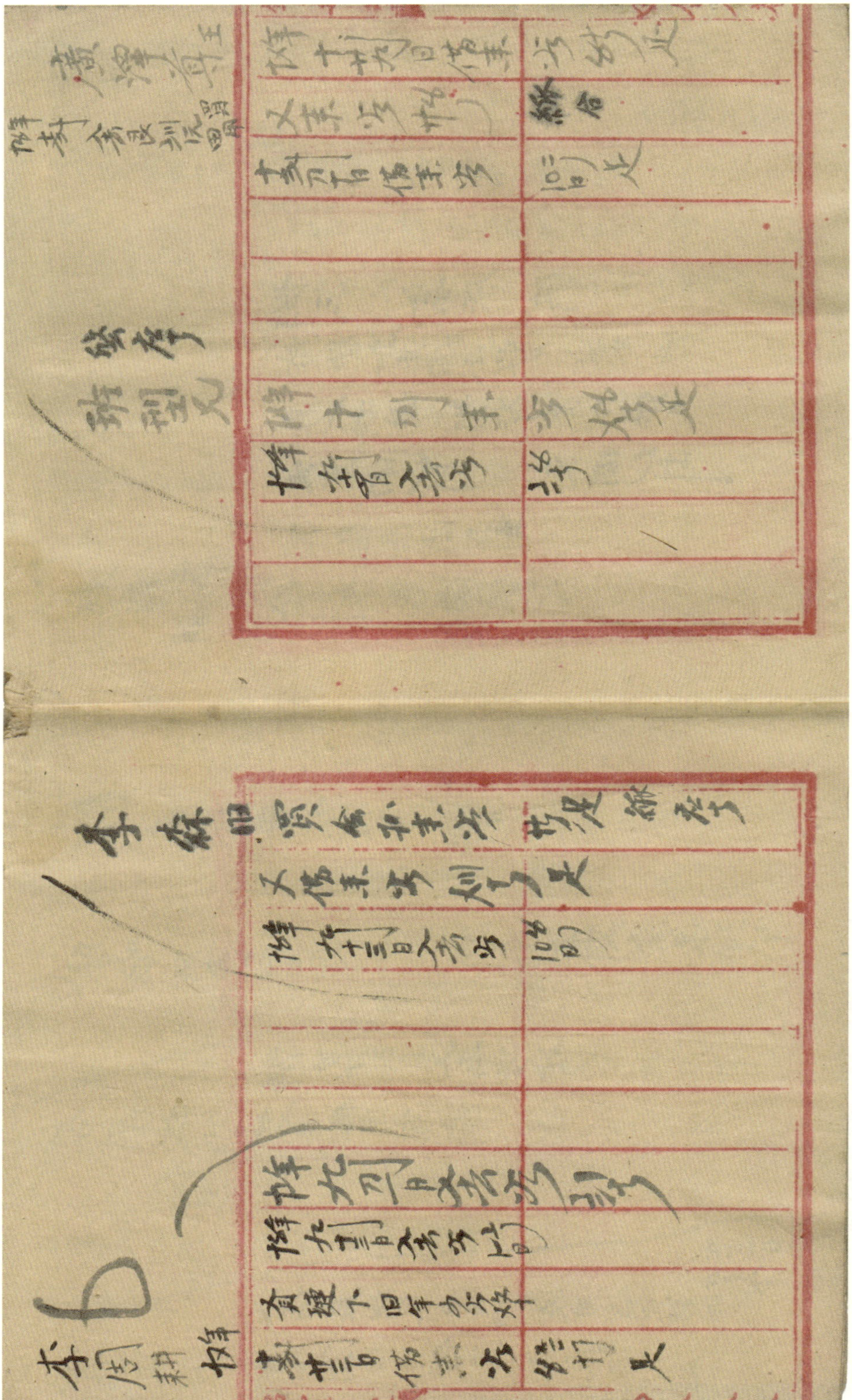

9-3-55-6　晚清民國楊氏家族日用賬簿（六）

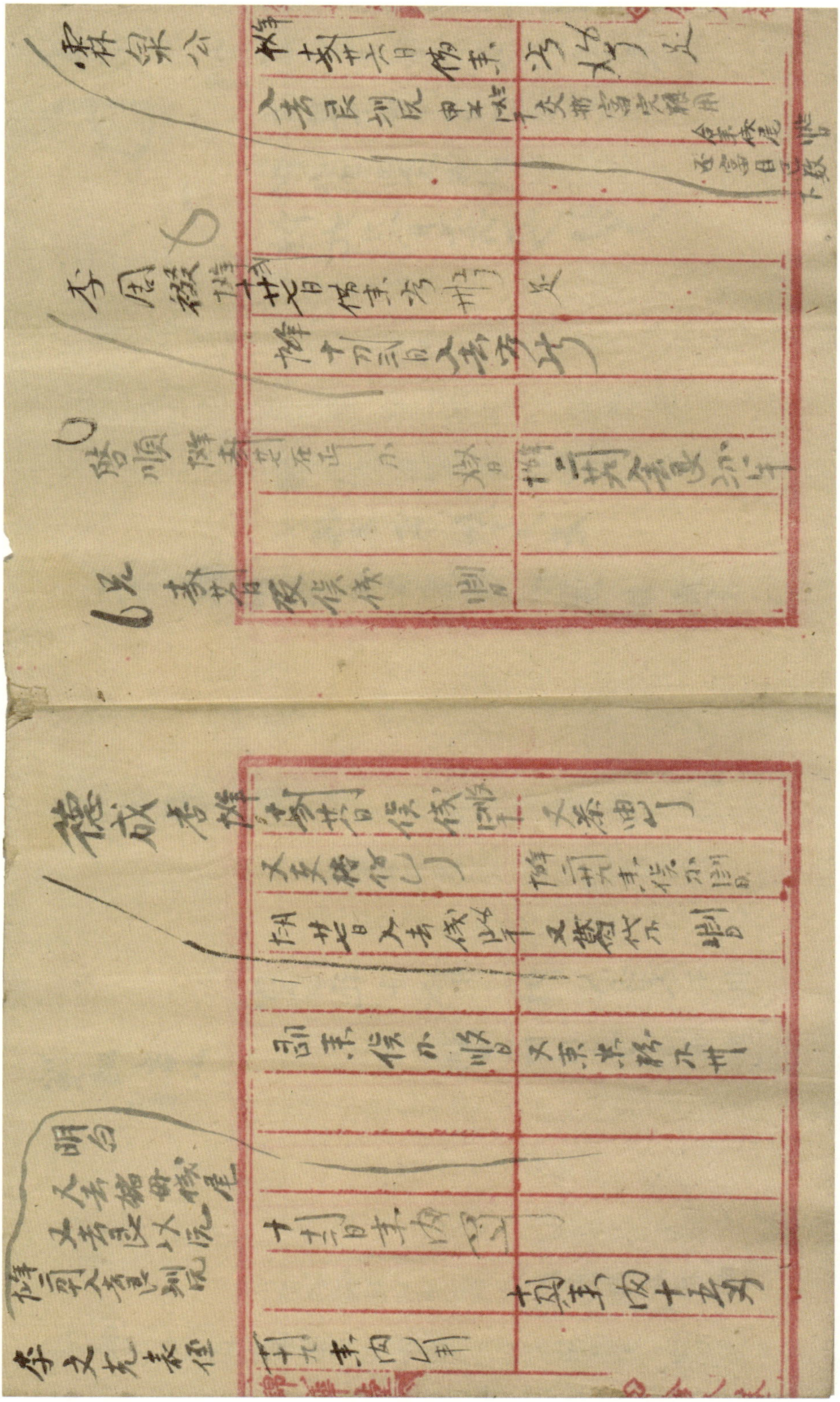

9-3-55-7　晚清民國楊氏家族日用賬簿（七）

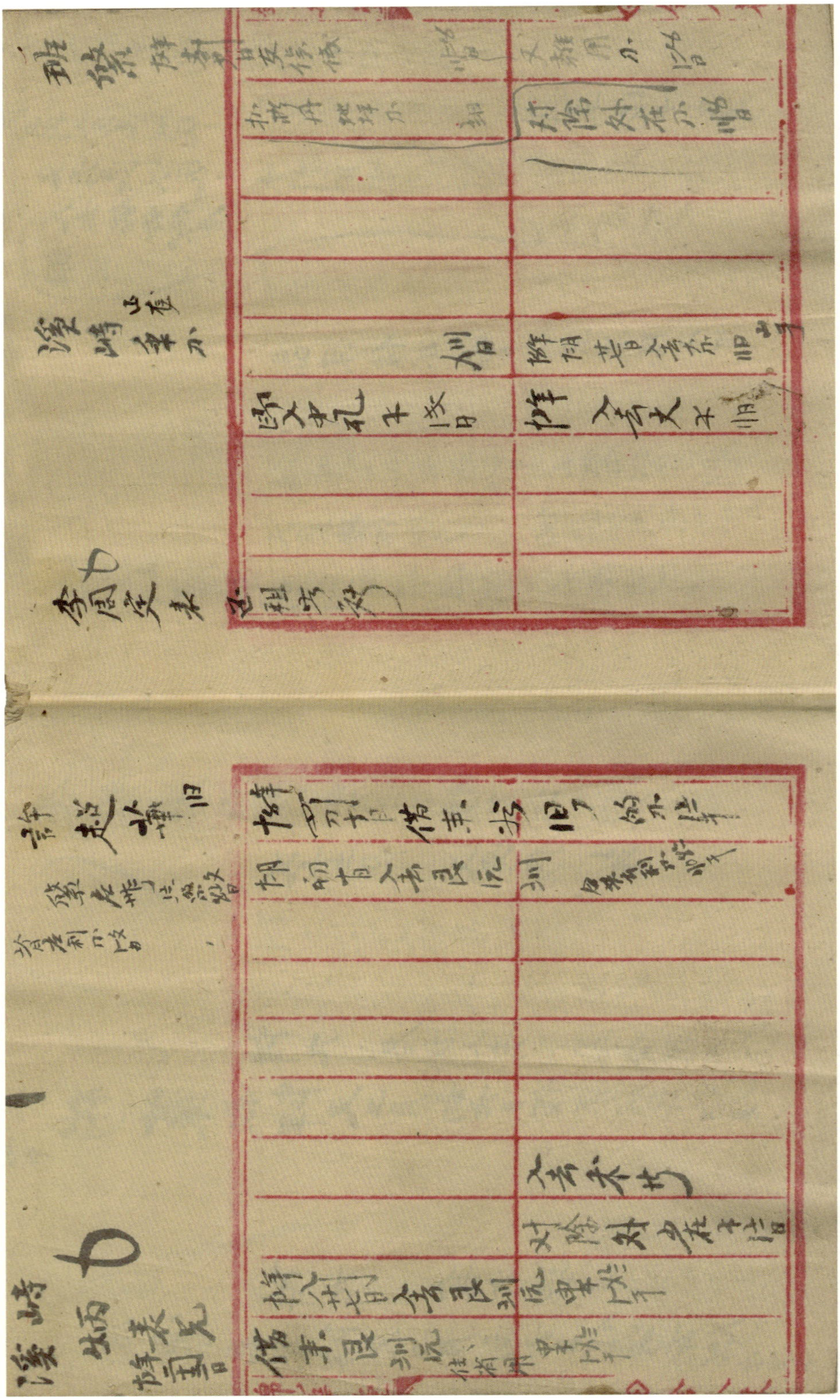

9-3-55-8　晚清民國楊氏家族日用賬簿（八）

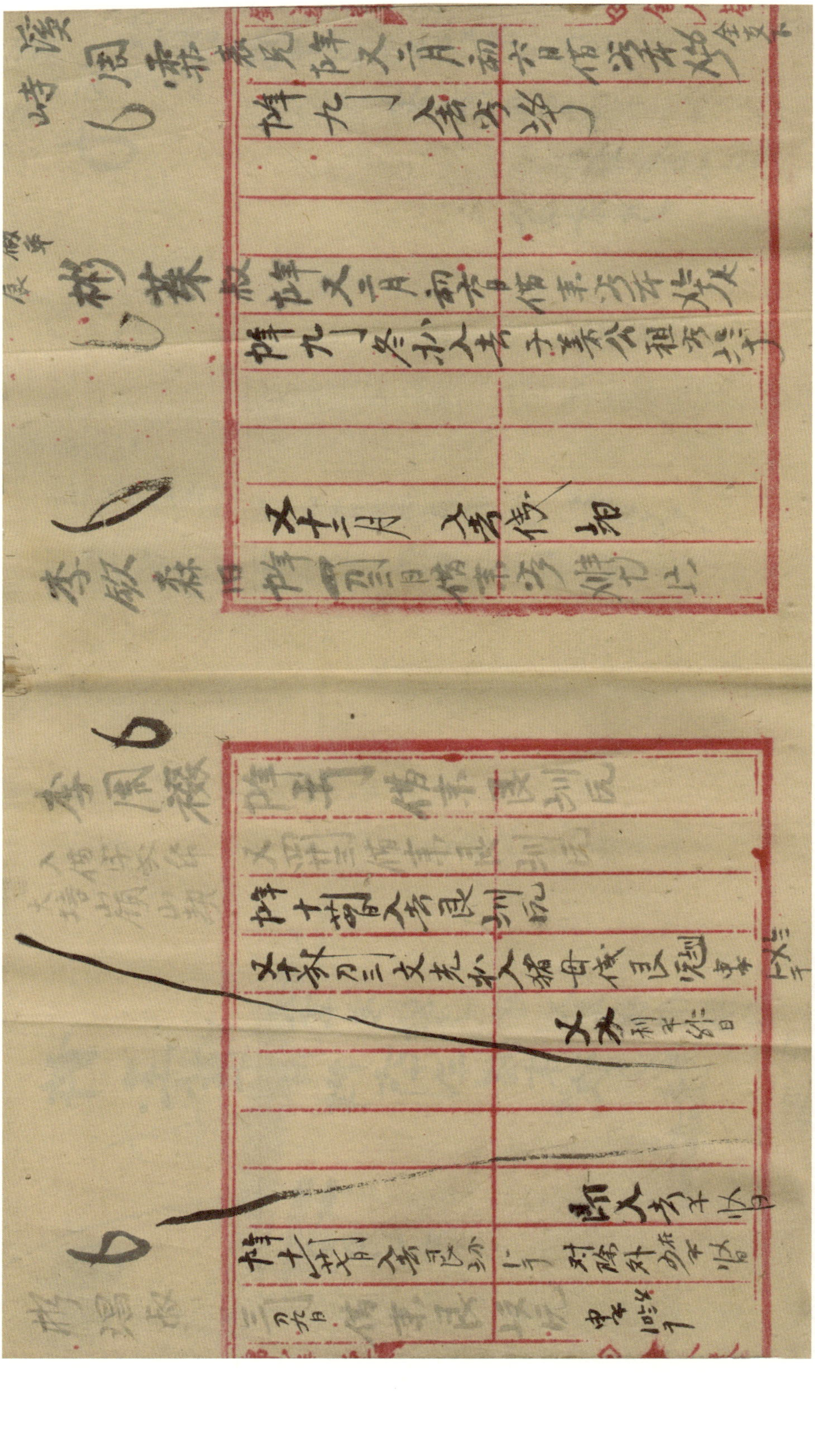

9-3-55-9　晚清民國楊氏家族日用賬簿（九）

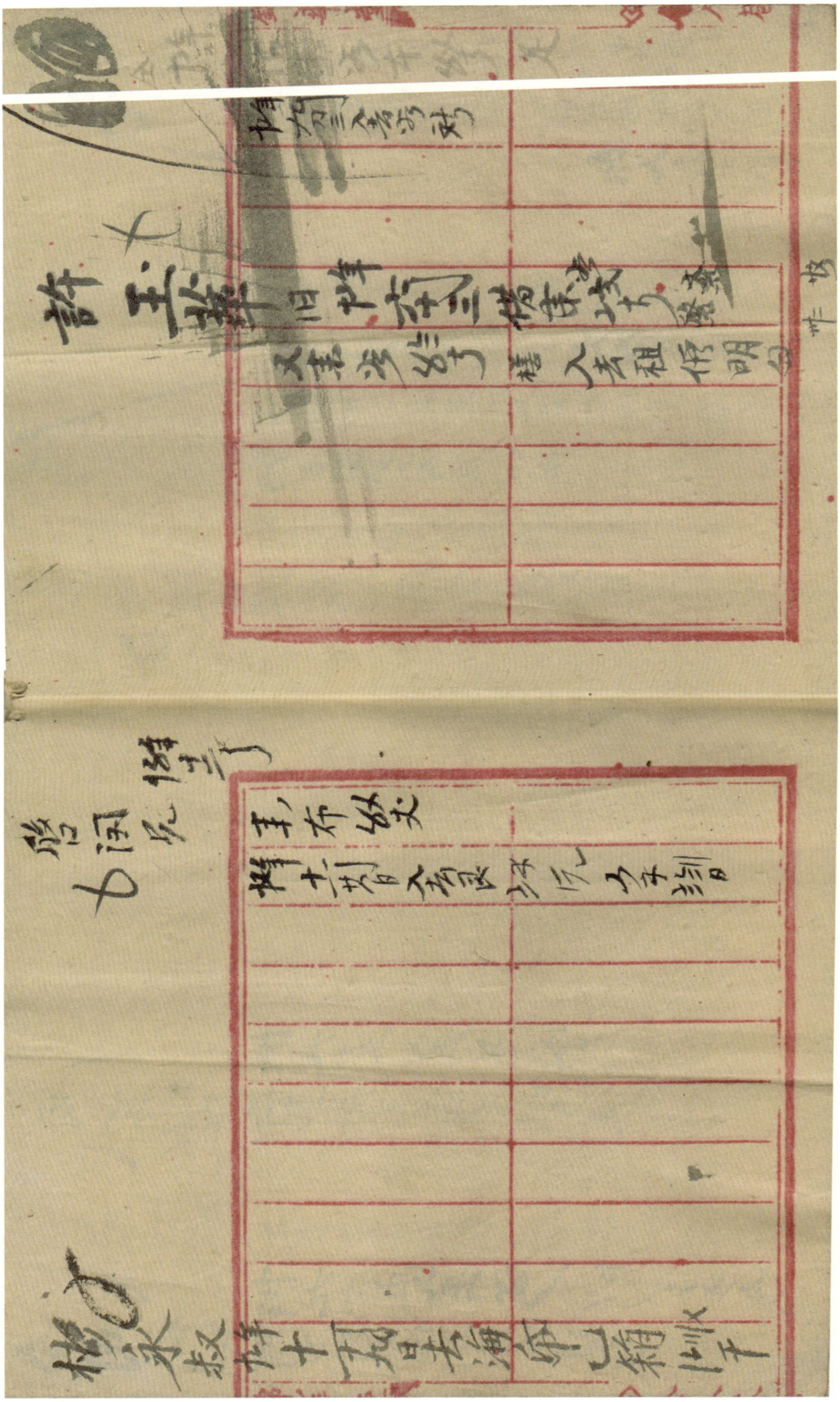

9-3-55-10　晚清民國楊氏家族日用賬簿（一〇）

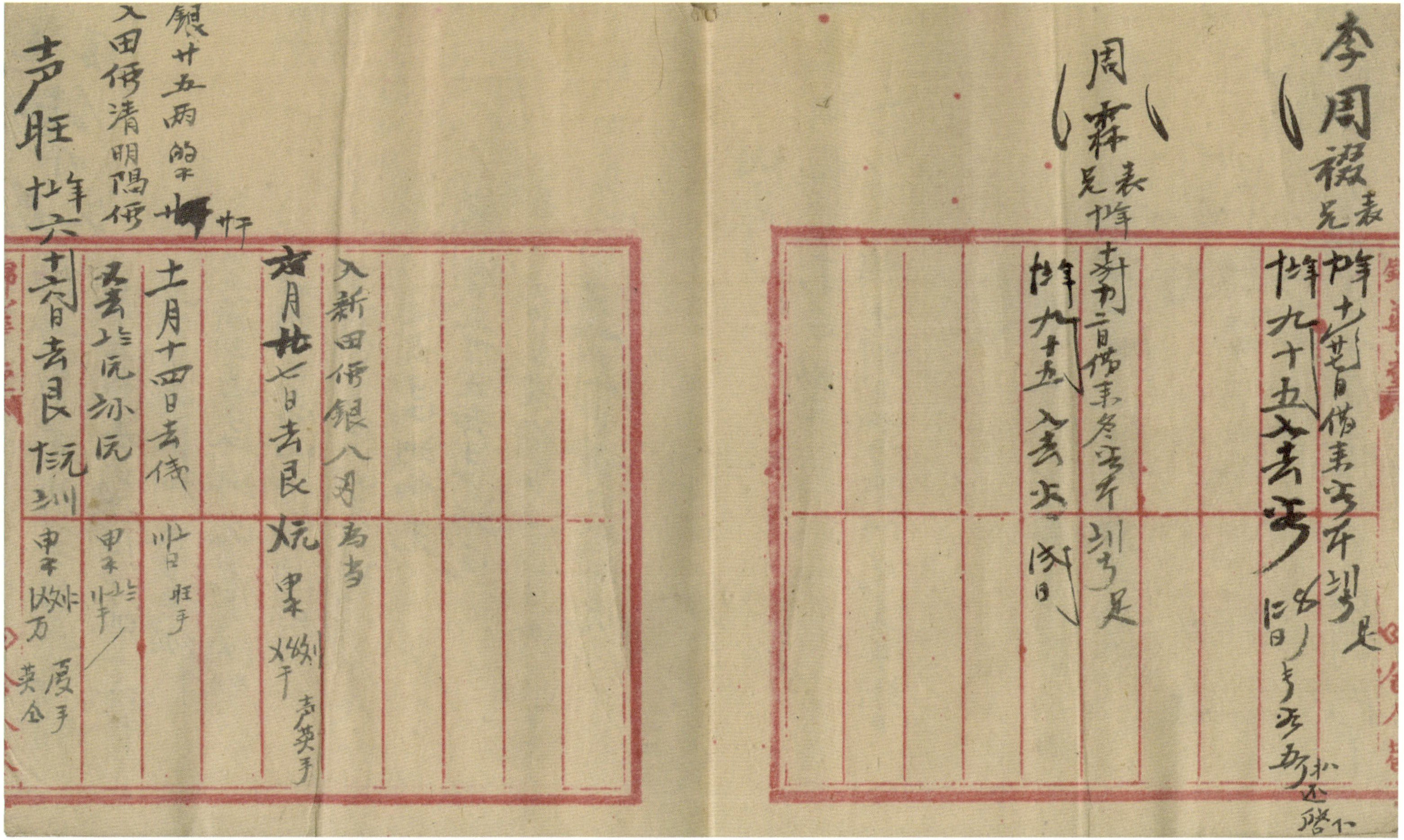

9-3-55-11　晚清民國楊氏家族日用賬簿（一一）

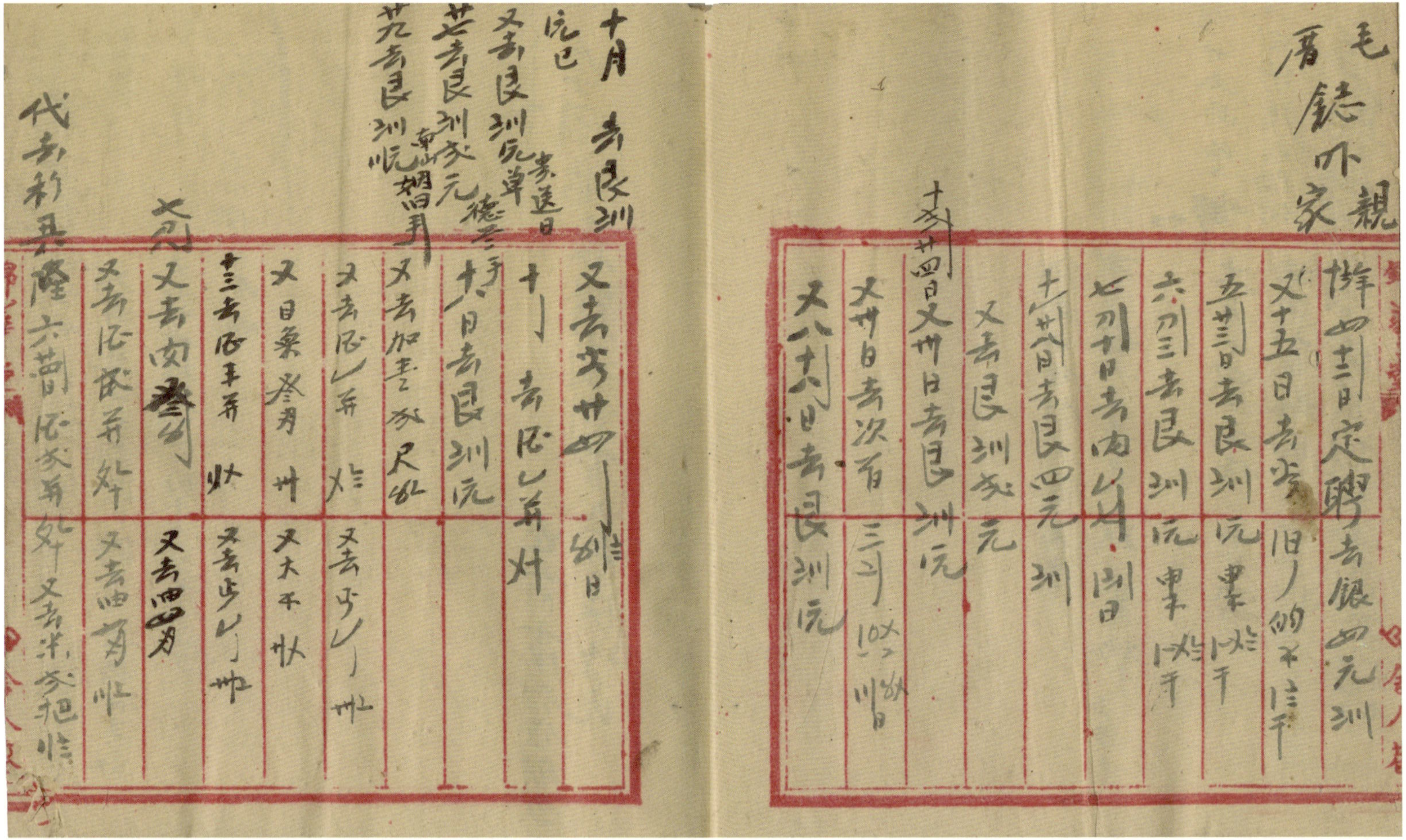

9-3-55-12　晚清民國楊氏家族日用賬簿（一二）

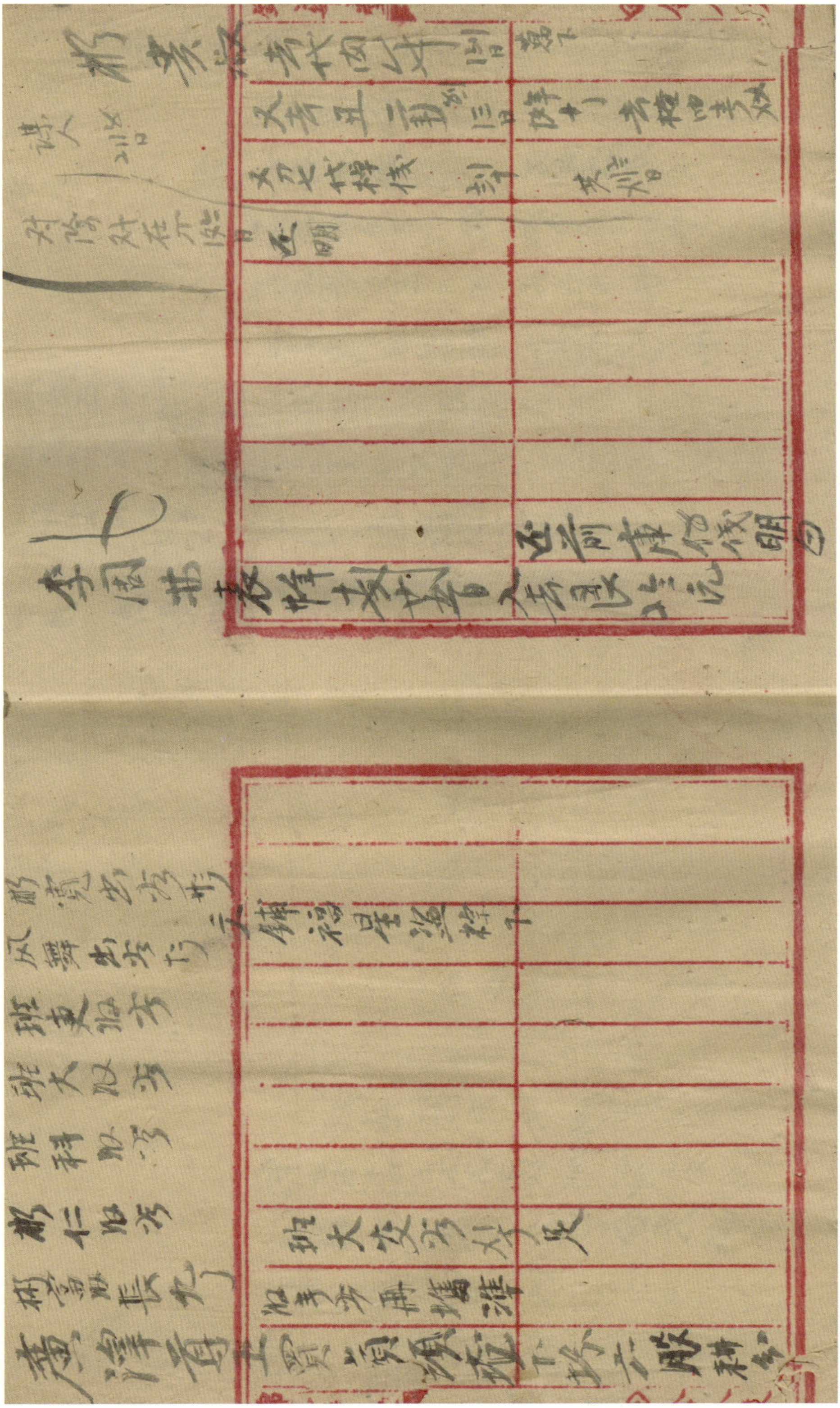

9-3-55-13 晚清民國楊氏家族日用賬簿（一三）

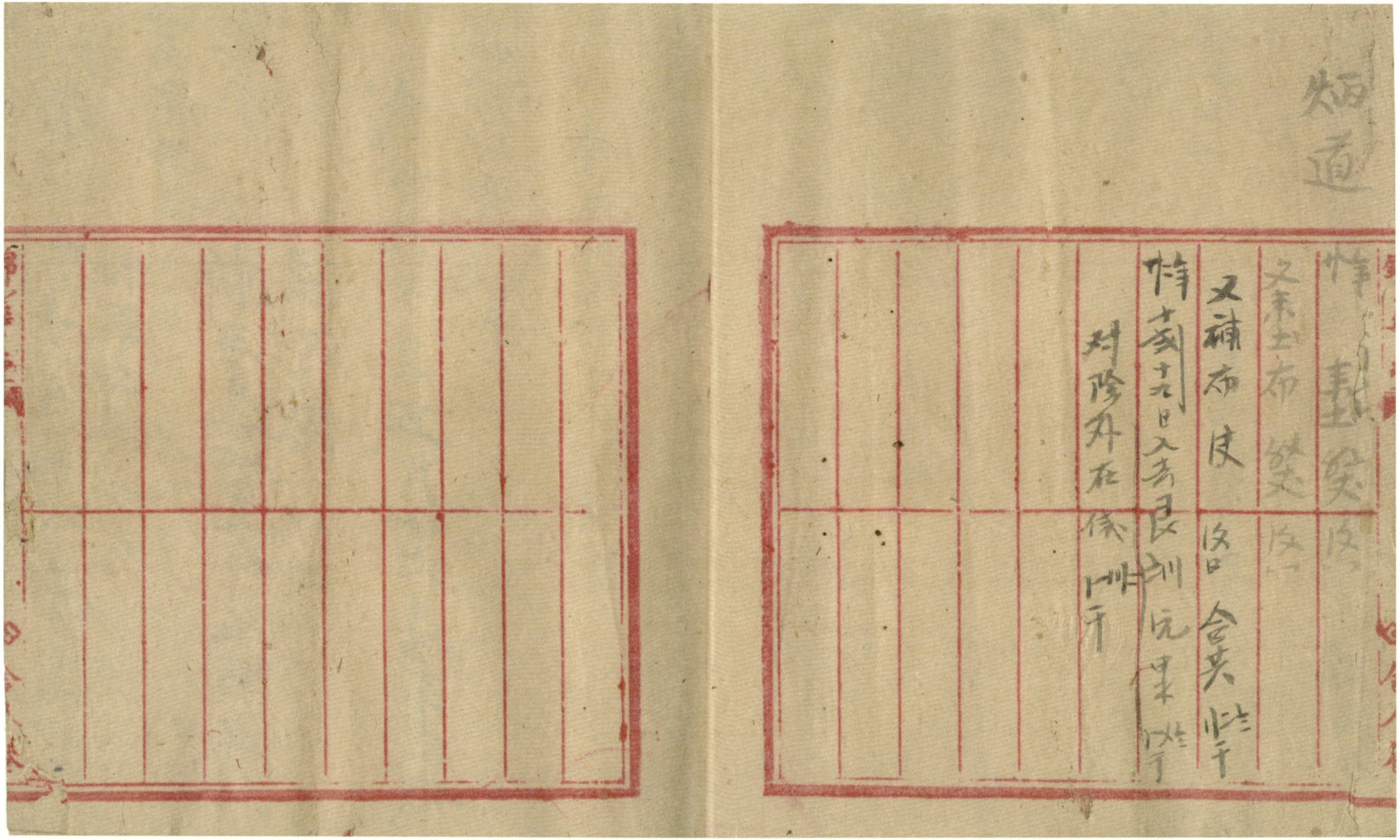

9-3-55-14　晚清民國楊氏家族日用賬簿（一四）

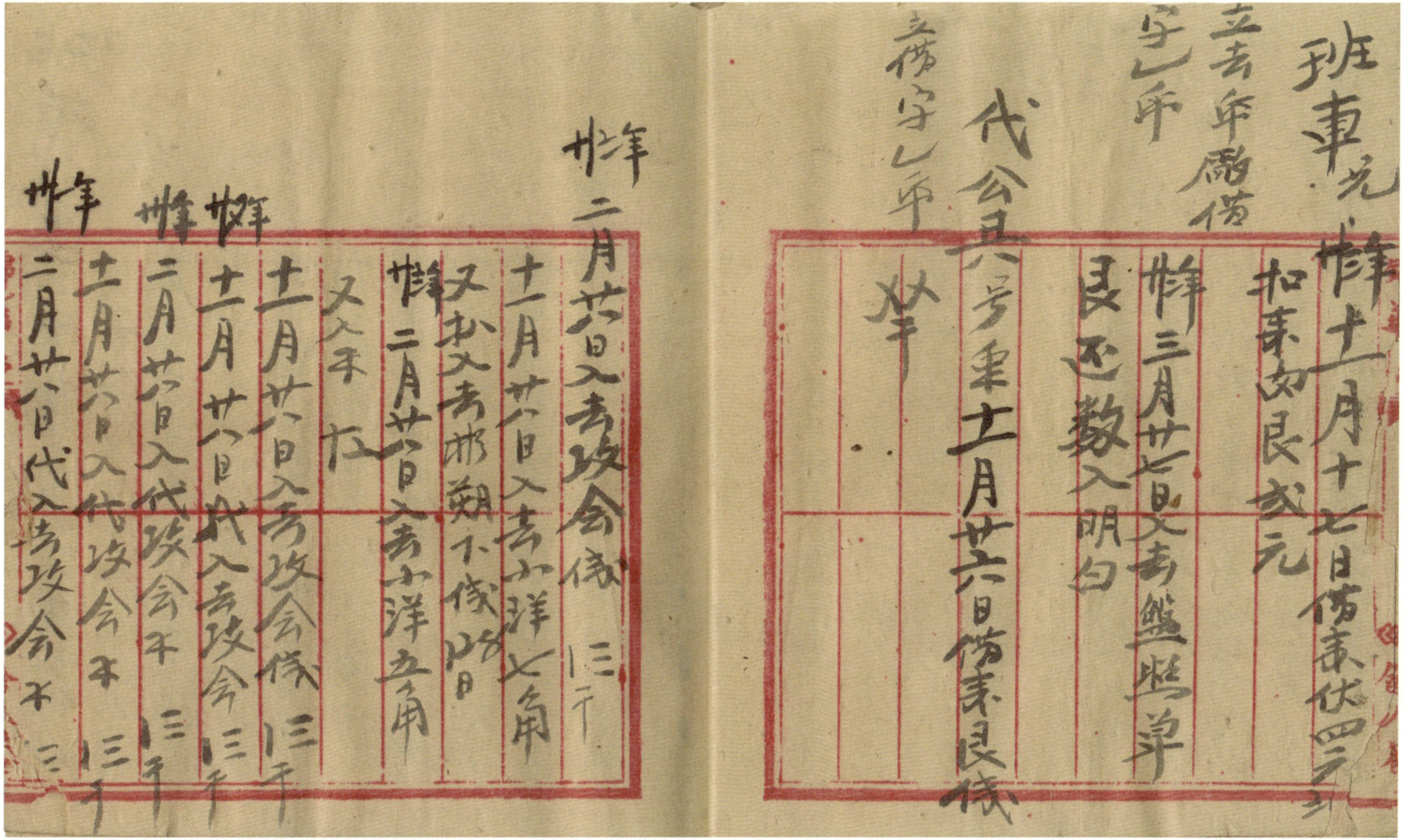
班車光
卅年十二月十七日借来伏四元
立去乎歷借
扣来旬艮貳元
字乙乎
卅年三月廿七日又去盤照单
艮还数入明白
代公具
六号里十二月廿六日借来艮伐
立簿字乙乎
卅年

卅年
二月廿八日入去攻会儀　三千
十一月廿六日入去小洋七角
又廿七日又去形朔不伐廿八日
卅年二月廿八日入去小洋五角
又入年　ㄊ
十二月廿六日入去攻会儀　三千
卅年十二月廿六日入去攻会　三千
卅年二月廿八日入代攻会千　三千
十二月廿八日入代攻会千　三千
卅年
二月廿六日代入去攻会千　三千

9-3-55-15　晚清民國楊氏家族日用賬簿（一五）

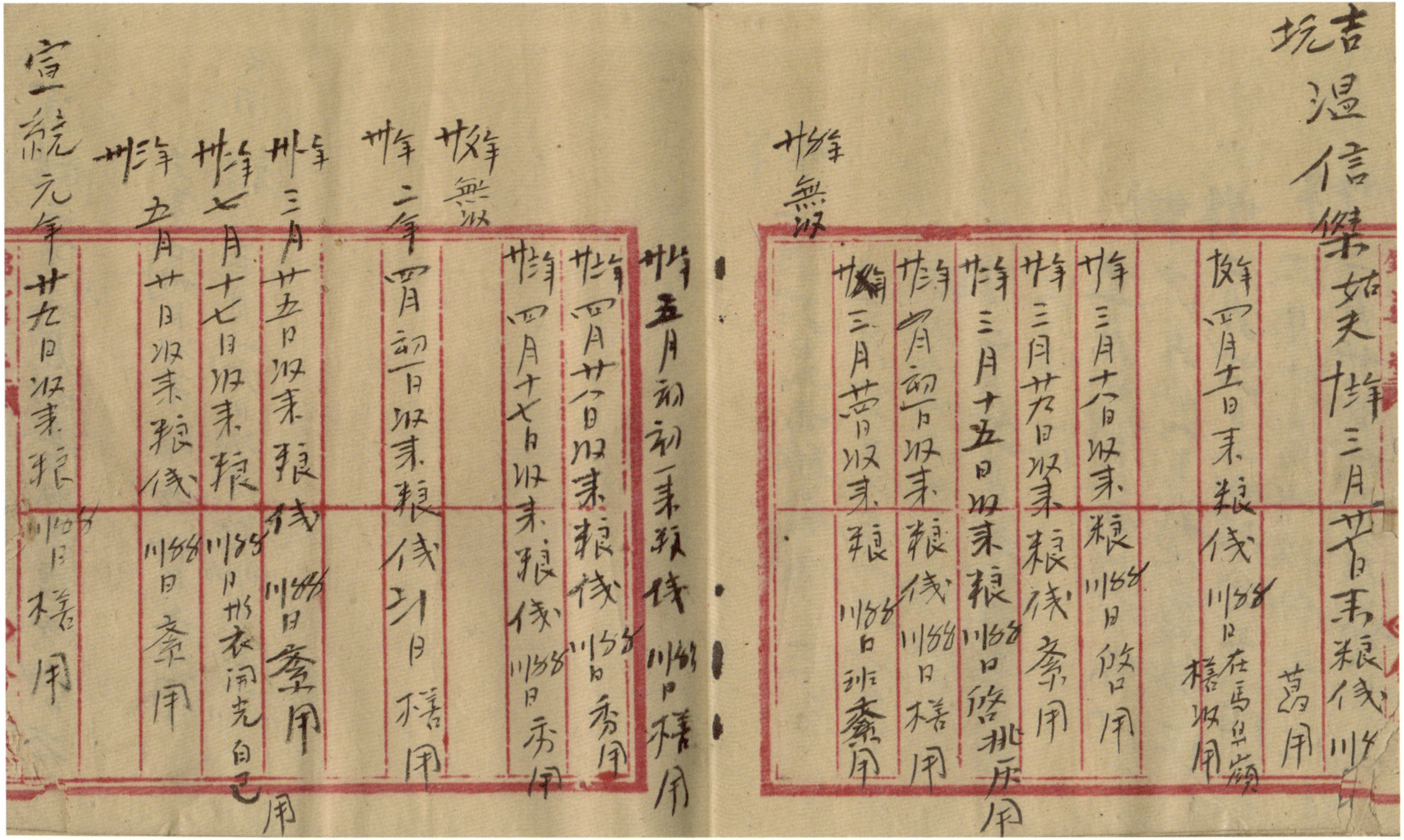

9-3-55-16　晚清民國楊氏家族日用賬簿（一六）

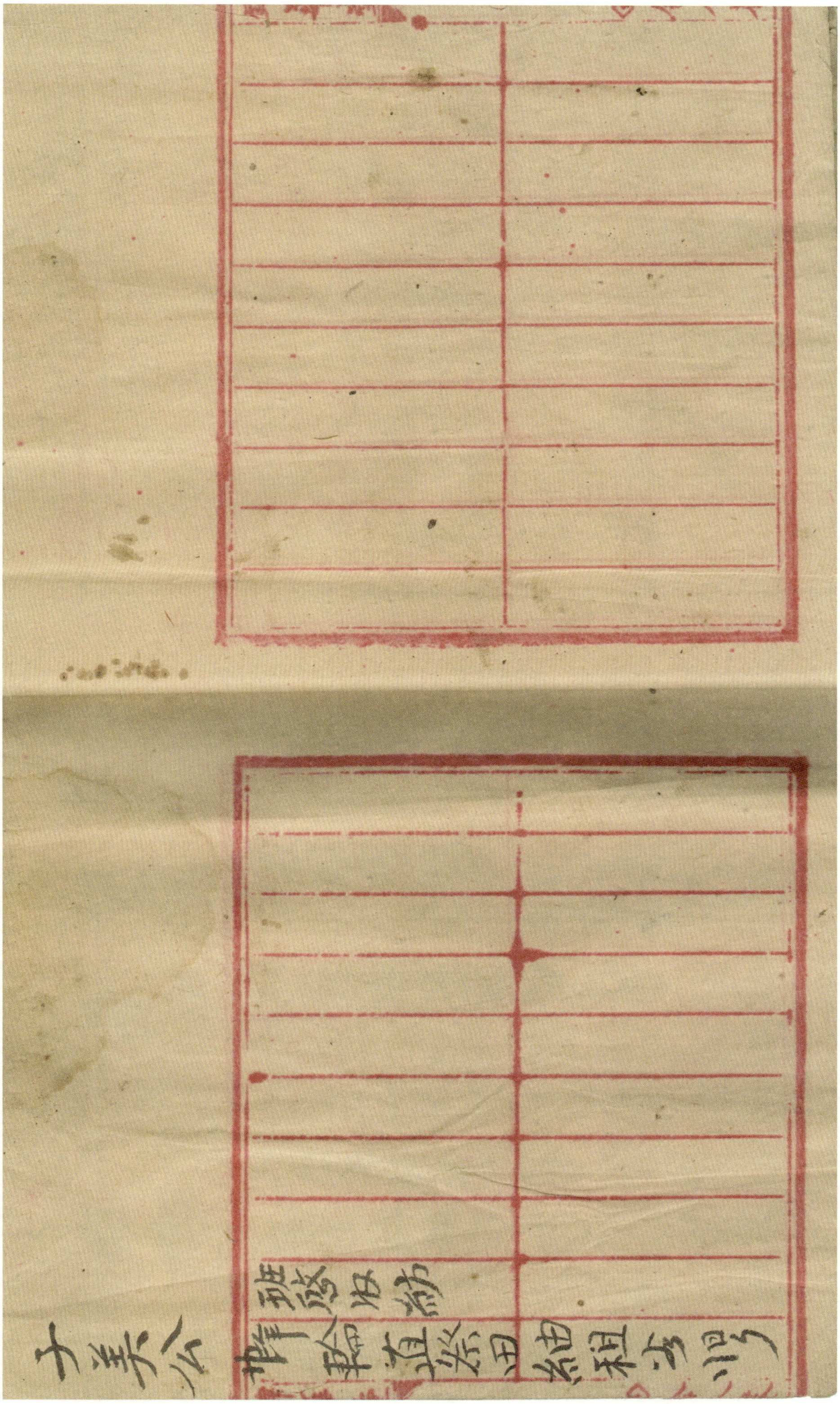

9-3-55-17　晚清民國楊氏家族日用賬簿（一七）

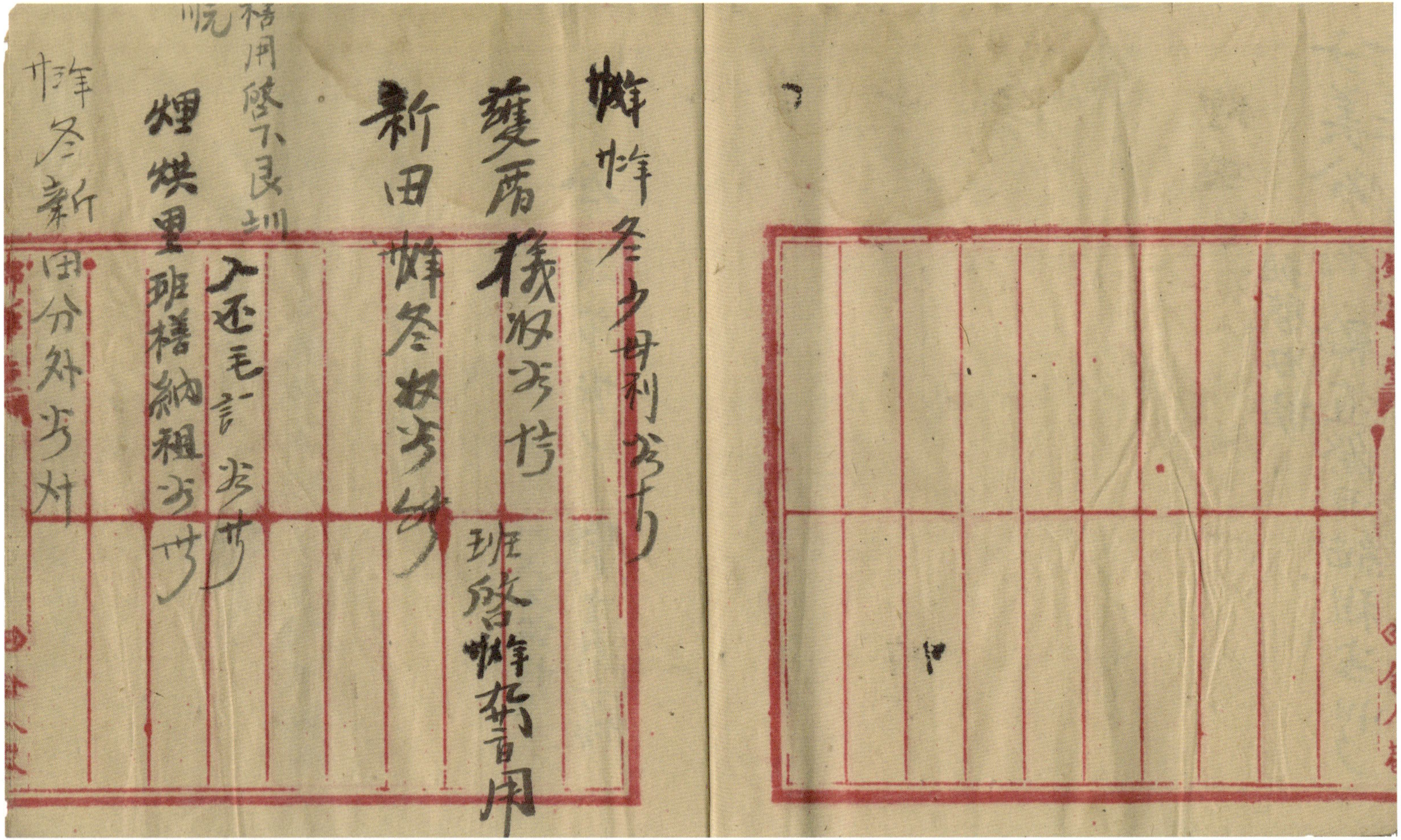

9-3-55-18　晚清民國楊氏家族日用賬簿（一八）

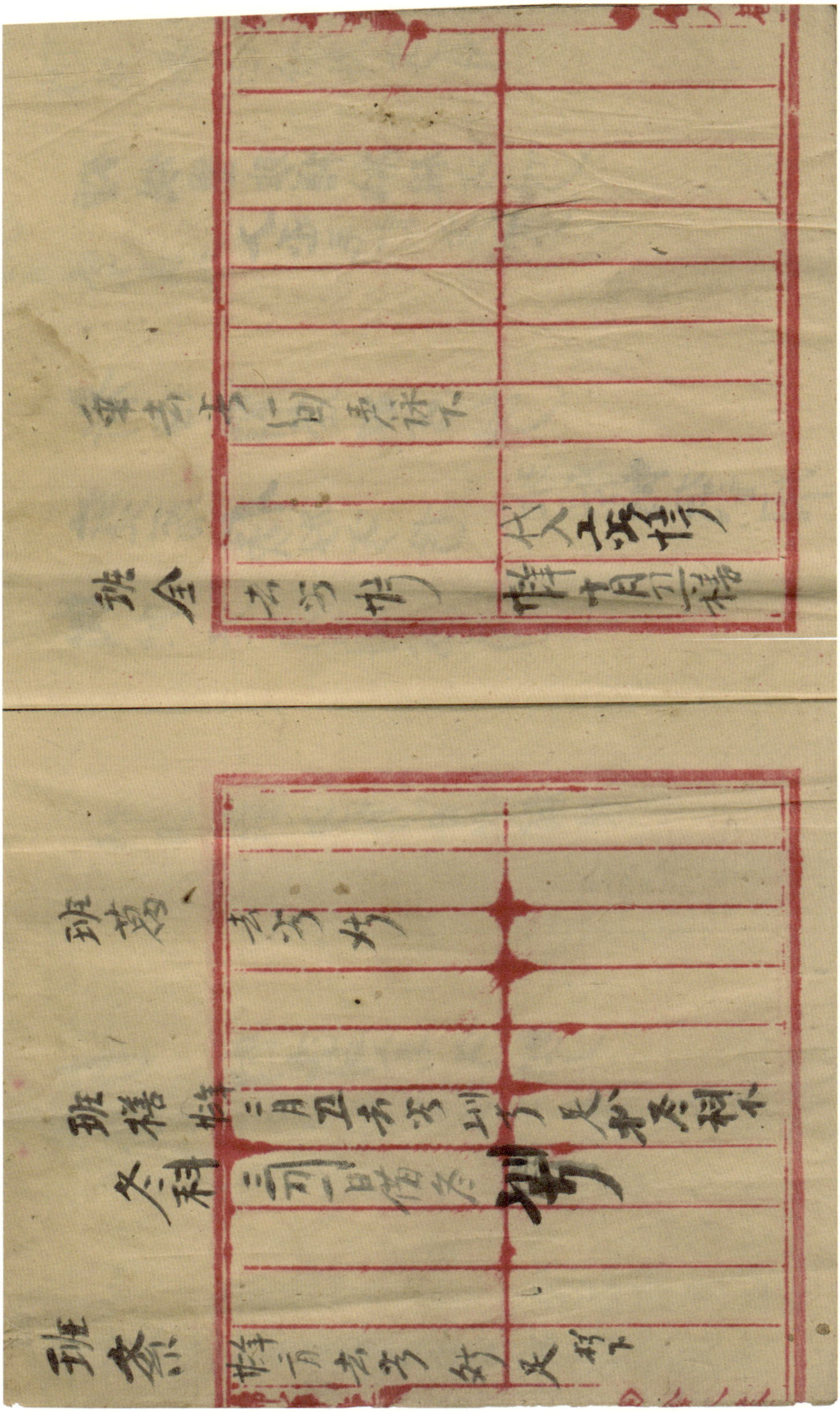

9-3-55-19　晚清民國楊氏家族日用賬簿（一九）

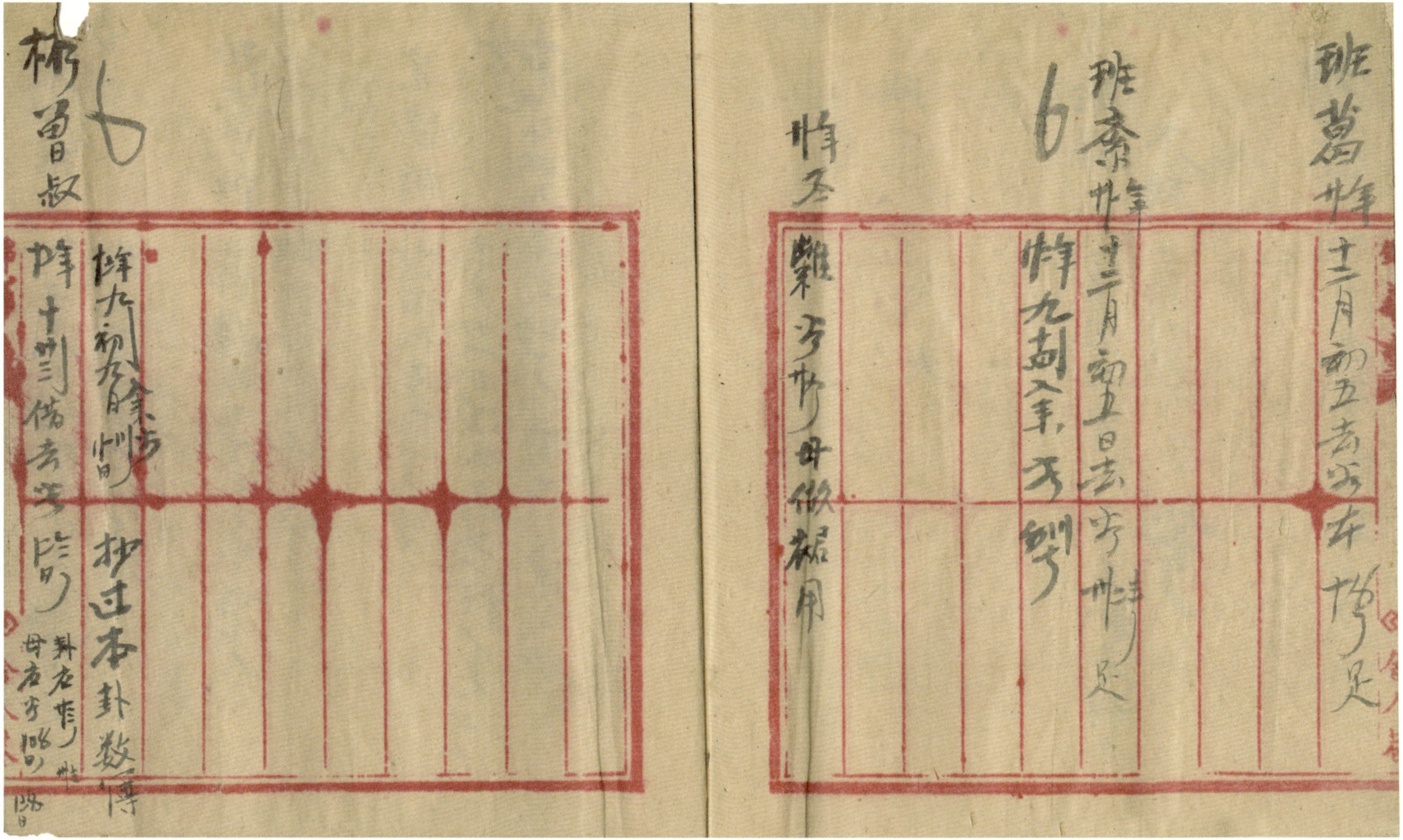

9-3-55-20　晚清民國楊氏家族日用賬簿（二〇）

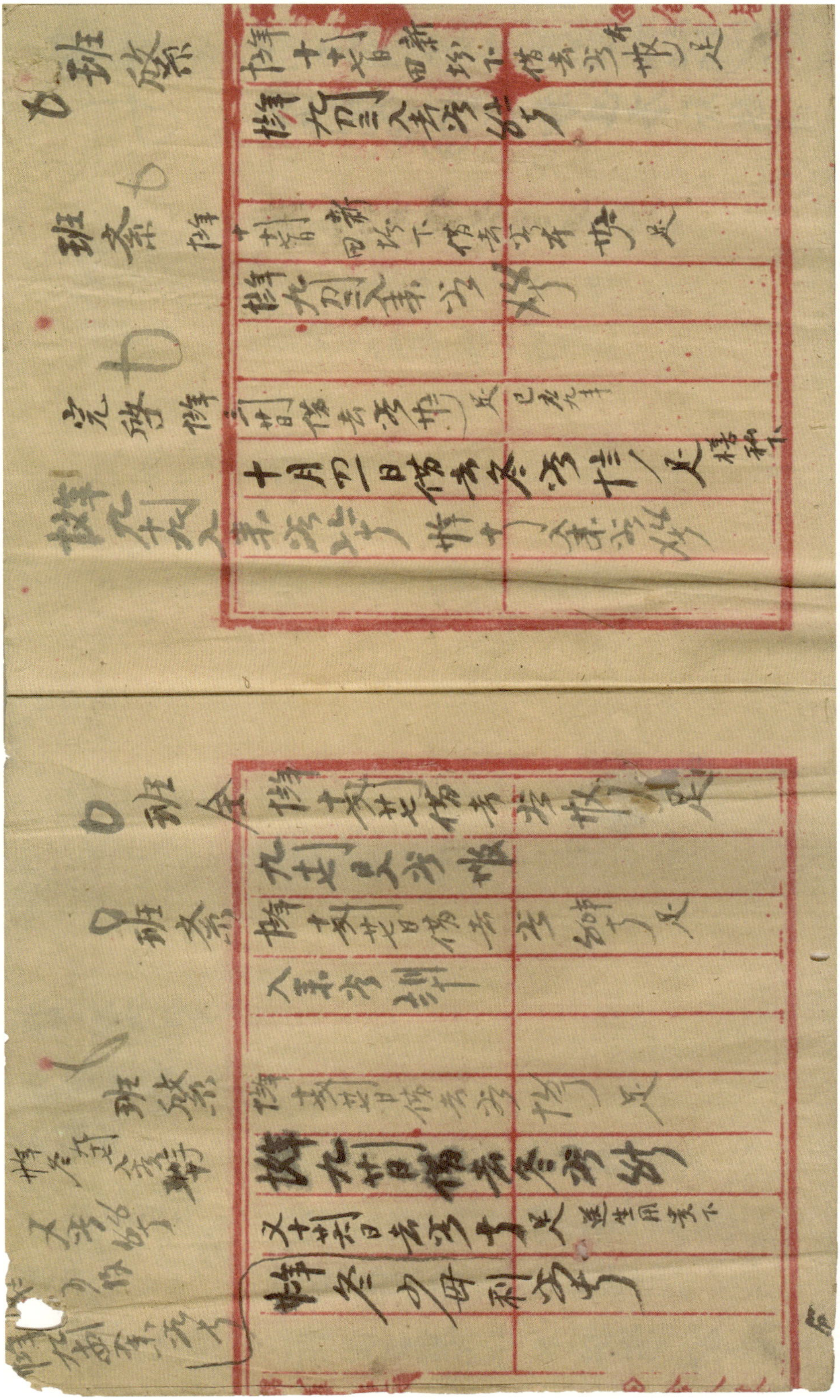

9-3-55-21　晚清民國楊氏家族日用賬簿（二一）

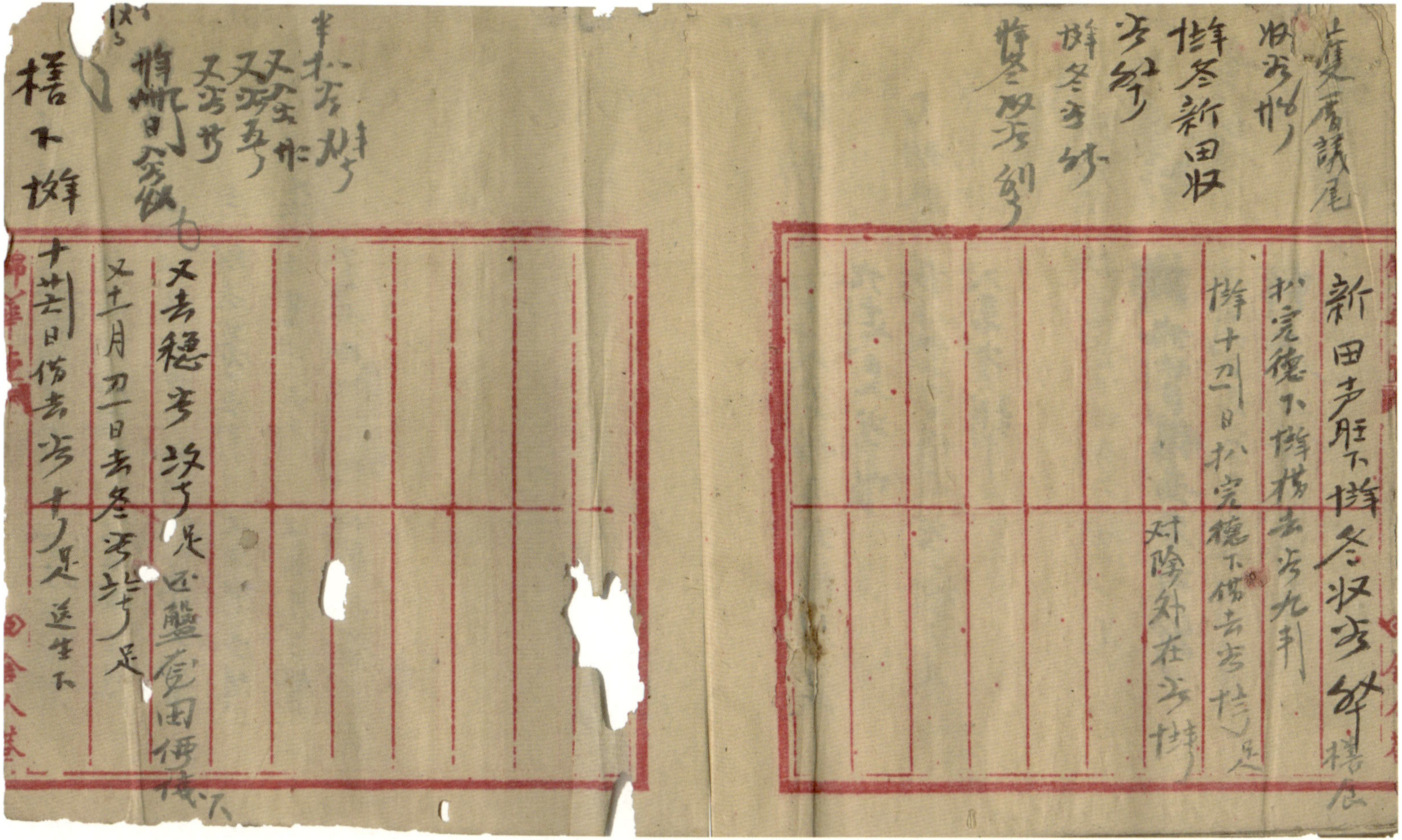

9-3-55-22　晚清民國楊氏家族日用賬簿（二二）

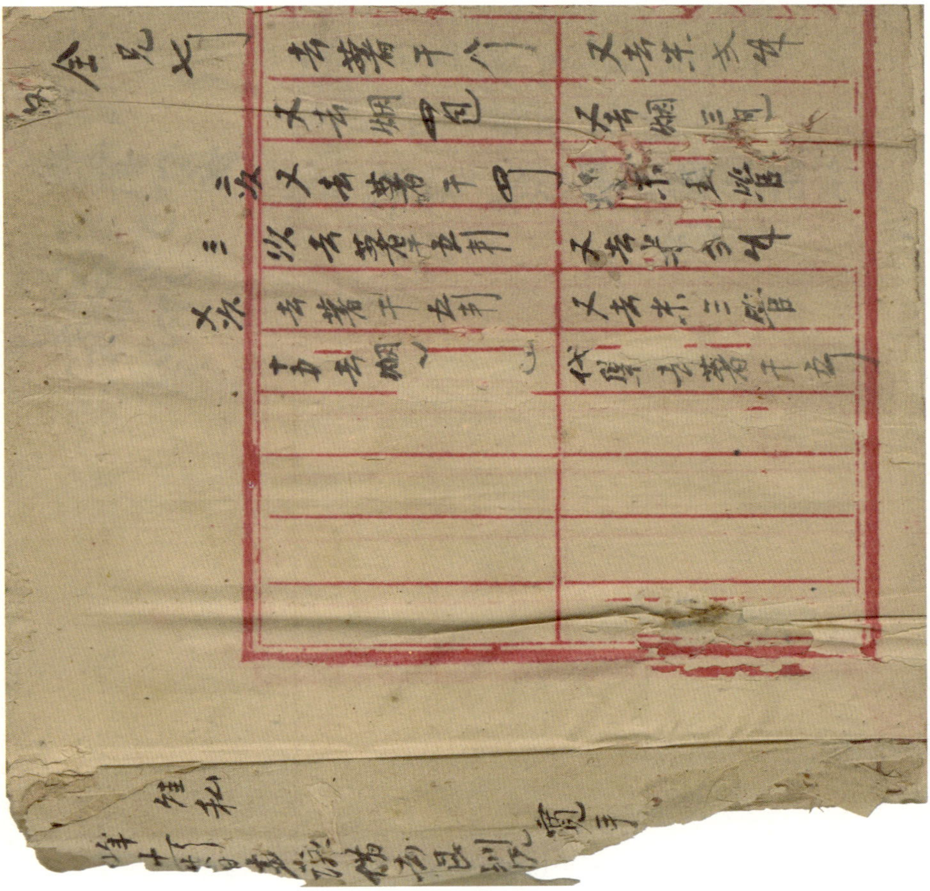

9-3-55-23　晚清民國楊氏家族日用賬簿（二三）

八閩文庫

福建民間契約文書

厦門大學民間歷史文獻研究中心 編
鄭振滿 主編

41

八閩文庫

專題彙編

第二種

海峽出版發行集團
THE STRAITS PUBLISHING & DISTRIBUTING GROUP
福建人民出版社

本册目録

第九卷　永泰縣洑口鄉紫山村契約文書（三）

第三帙　楊經海户

第四帙　楊周祥户

第九卷　永泰縣洑口鄉紫山村契約文書（三）

本卷主編　馬多　盧映輝

第三帙　楊經海户

9-3-56-1　民國時期楊氏家族賬簿（一）

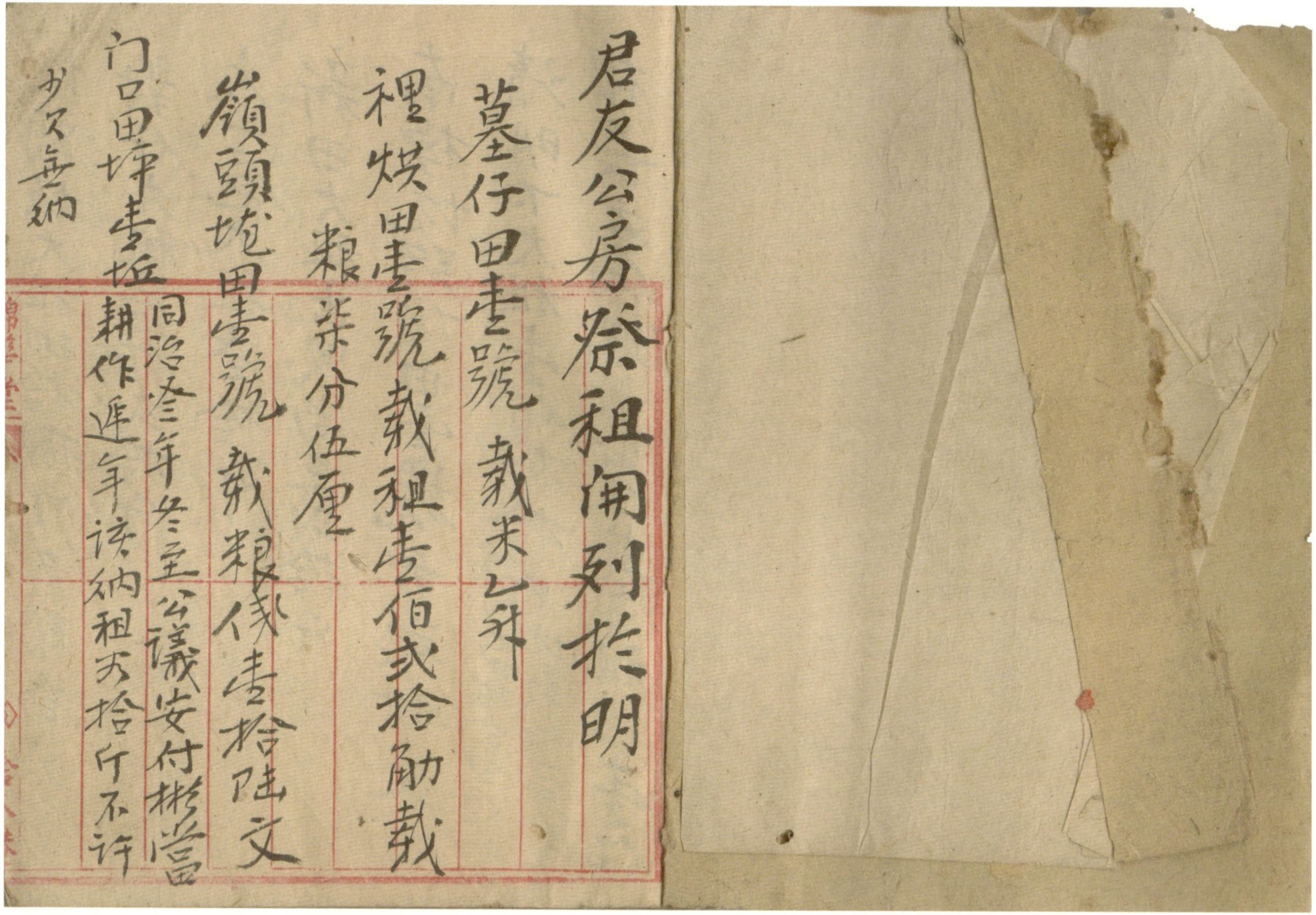
君友公房祭租開列於明
墓仔田壹號　載米乙升
裡烘田壹號載租壹佰弍拾觔載
粮柒分伍厘
嶺頭坭田壹號　載粮伐壹拾陆文
門口田坪壹坵
同治叁年冬至公議安付彬嘗
耕作逐年該納租谷拾斤不許
少欠無納

9-3-56-2　民國時期楊氏家族賬簿（二）

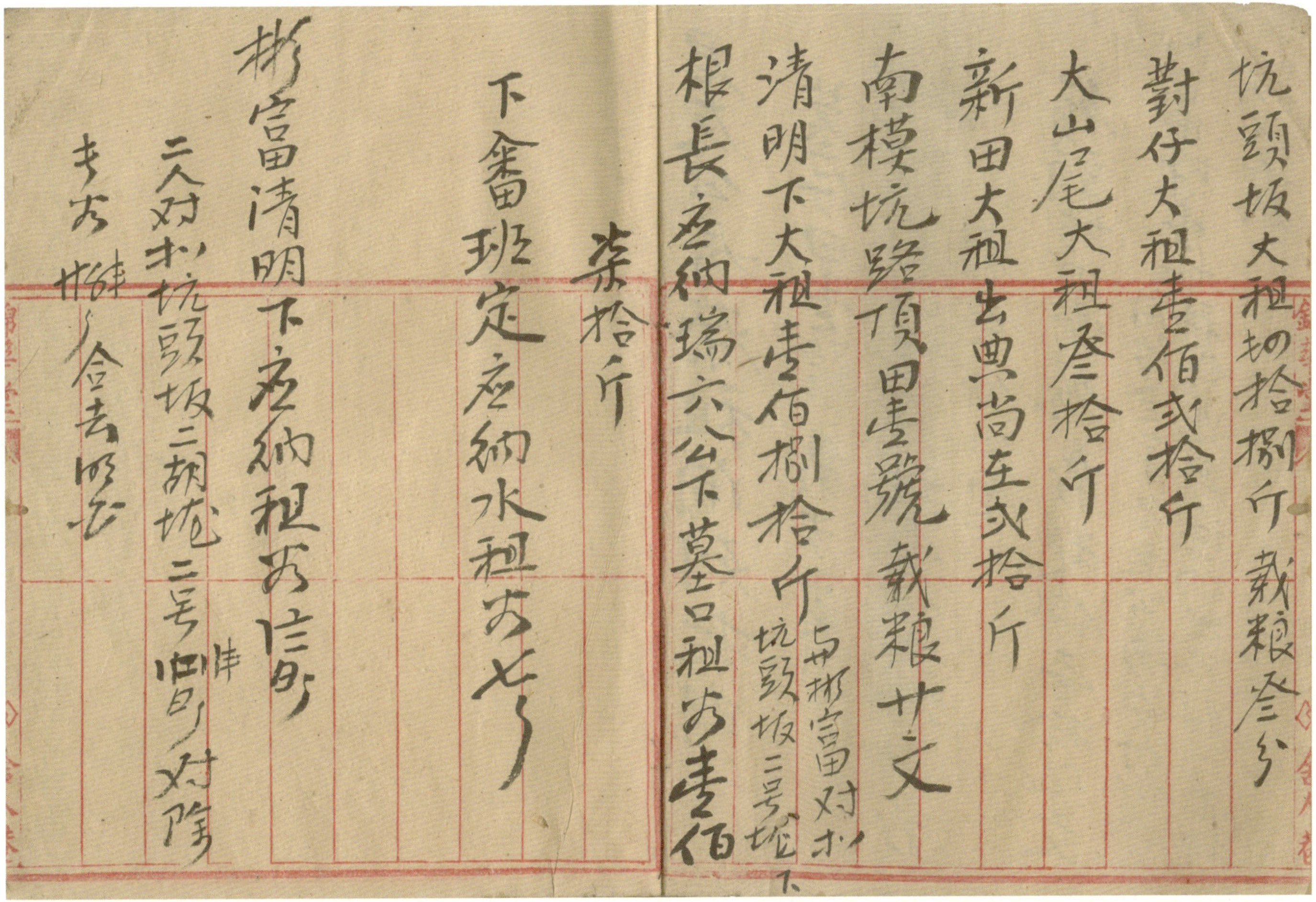
坑頭坂大租柒拾捌斤　栽粮叁分
對仔大租壹佰弍拾斤
大山尾大租叁拾斤
新田大租出典尚存弍拾斤
南模坑路頂田壹號　栽粮廿文
清明下大租壹佰捌拾斤　与楙富田对ホ　坑頭坂二号坵下
根長应納瑞六公下墓口租谷壹佰
柒拾斤
下畬班定应納水租谷七ノ
楙富清明下应納租谷仨ノ
二人对ホ坑頭坂二胡坵二号肆四ノ对除
未谷卅肆ノ合去明白

9-3-56-3　民國時期楊氏家族賬簿（三）

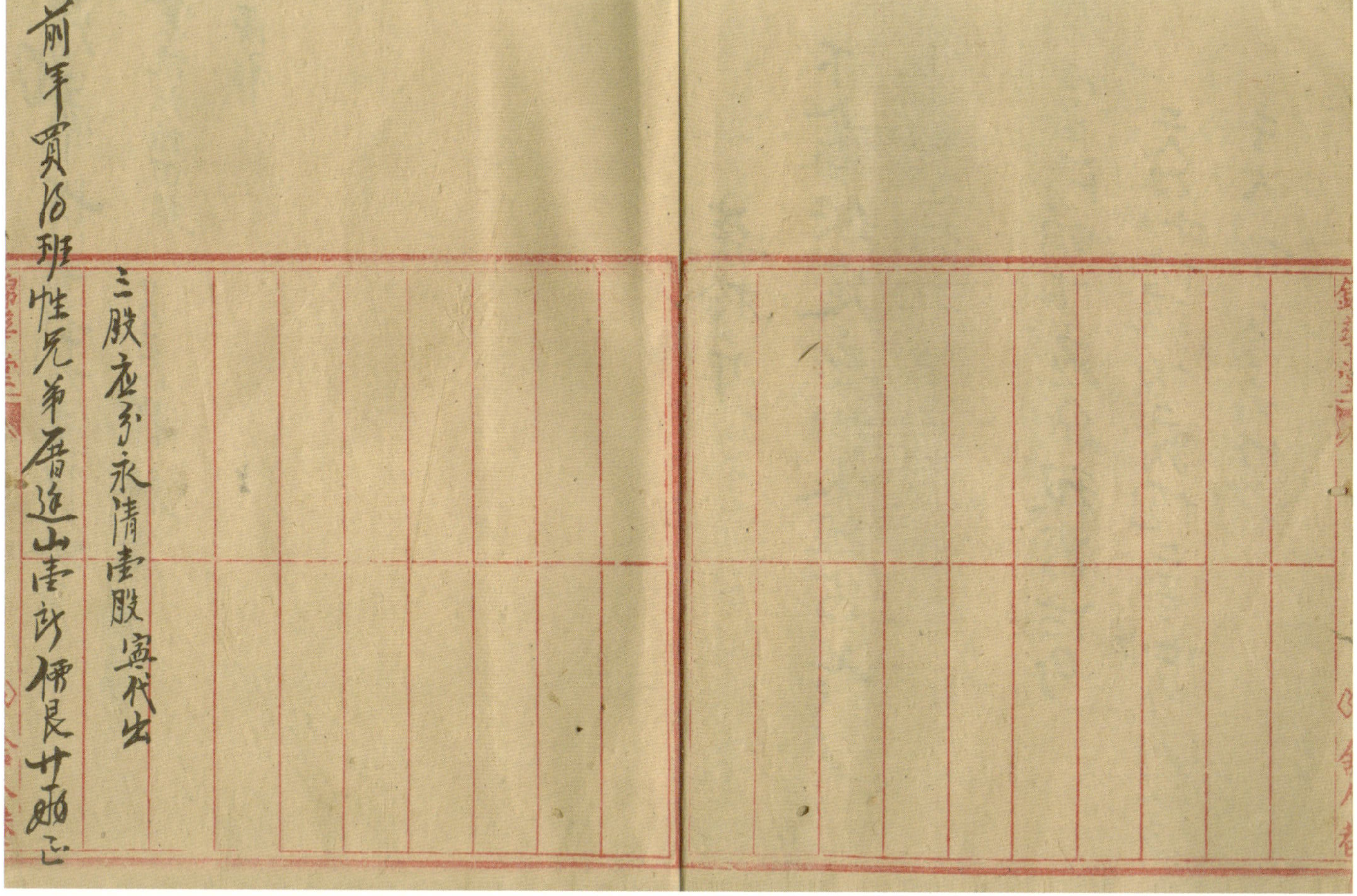
前年買洛班性兄弟厝近山壹所價艮廿兩正
三股应分永清壹股無代出

9-3-56-4　民國時期楊氏家族賬簿（四）

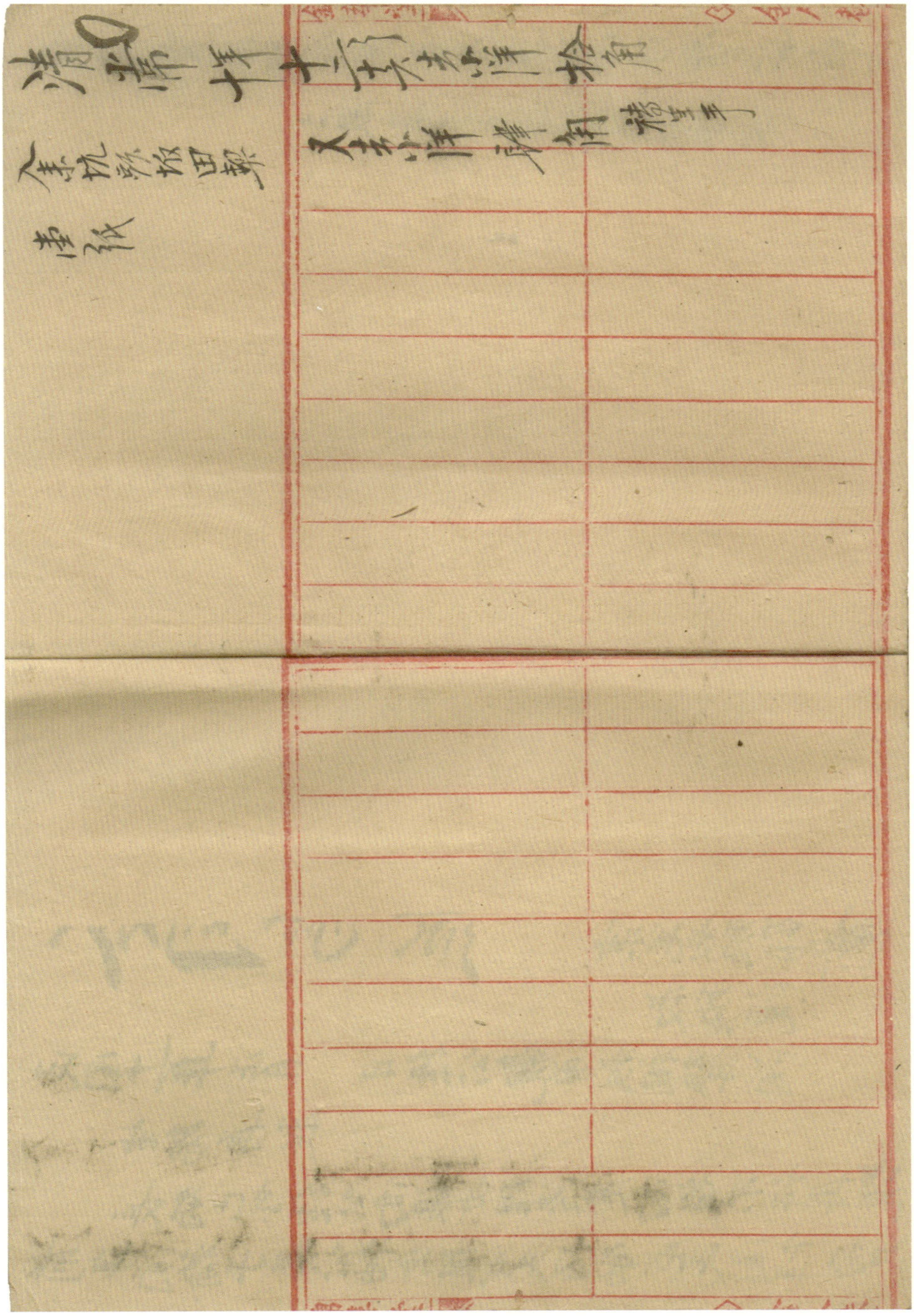

9-3-56-5　民國時期楊氏家族賬簿（五）

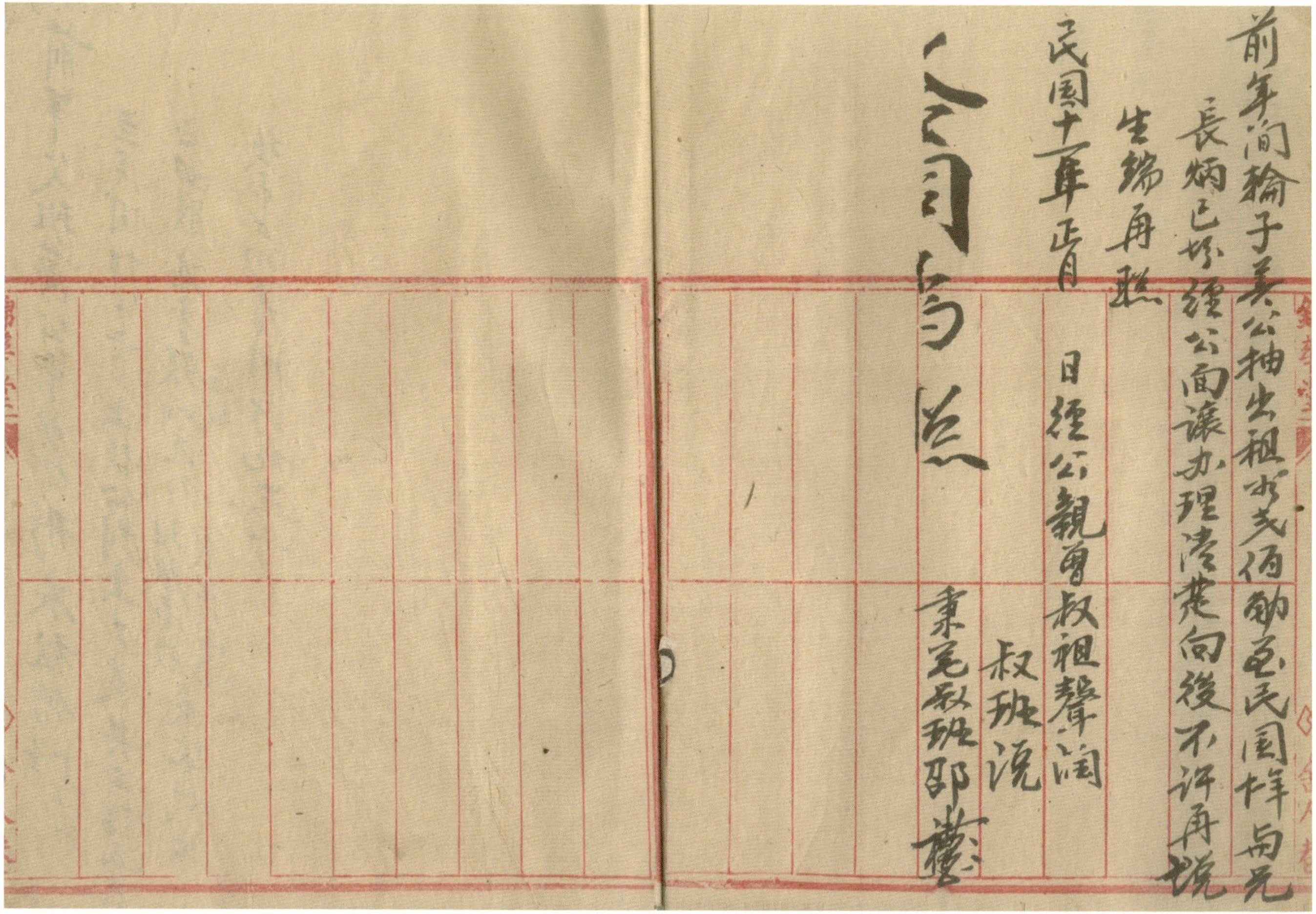
前年間輸子美公抽出租谷弍佰觔至民国拾年为兄
長炳已坏經公面議办理清楚向後不許再說
生端再照
民国十年正月　　日　經公親曾叔祖聲润
叔班浣
秉筆叔班邵藝
合同為照

9-3-56-6　民國時期楊氏家族賬簿（六）

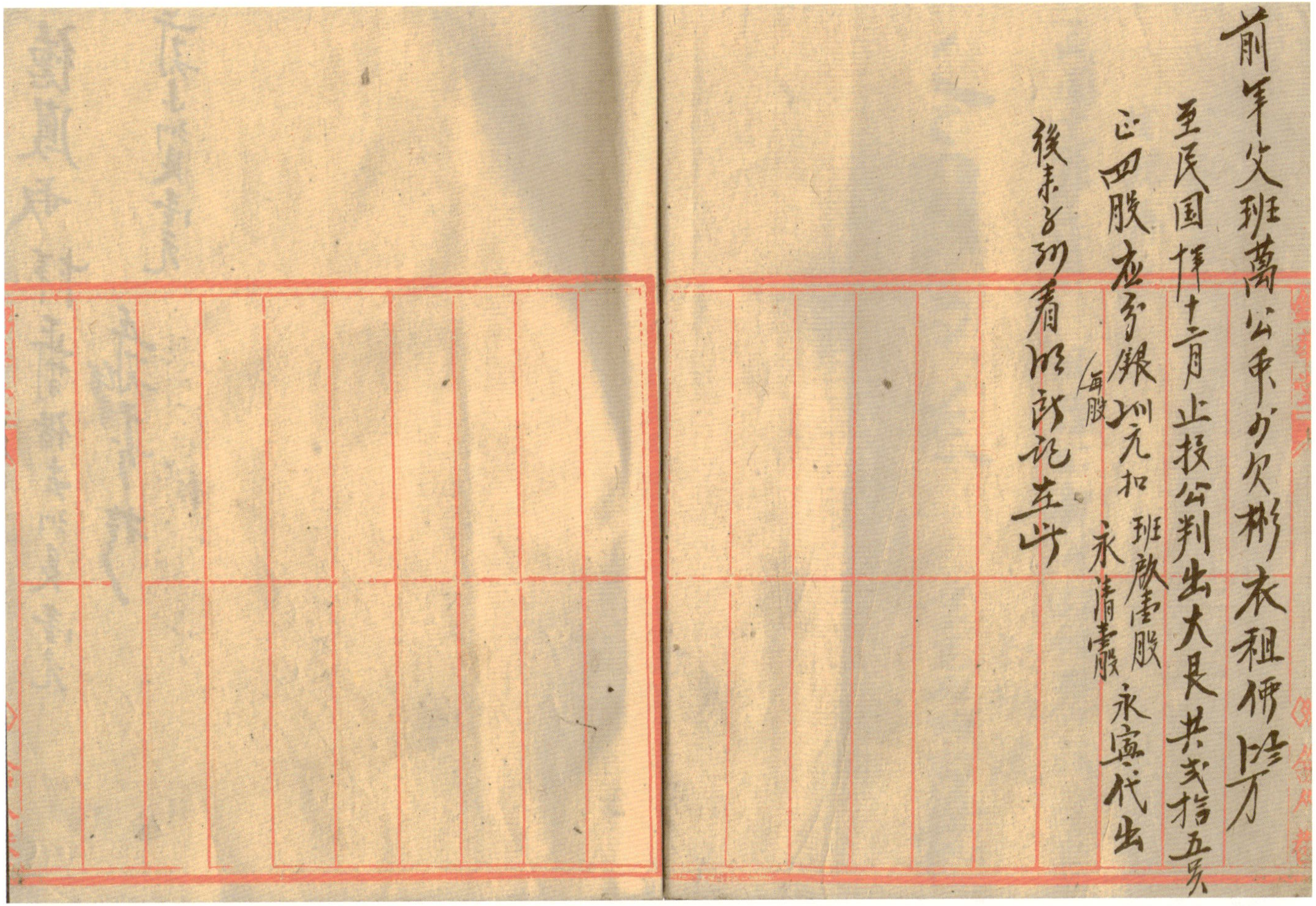
前年父班萬公手内欠彬衣租價陸万
至民国拜十二月止投公判出大艮共弍拾五员
正四股应分銀陸元扣（每股）班啟壹股　永清壹股　永寧代出
後來各孙看此就記在此

9-3-56-7　民國時期楊氏家族賬簿（七）

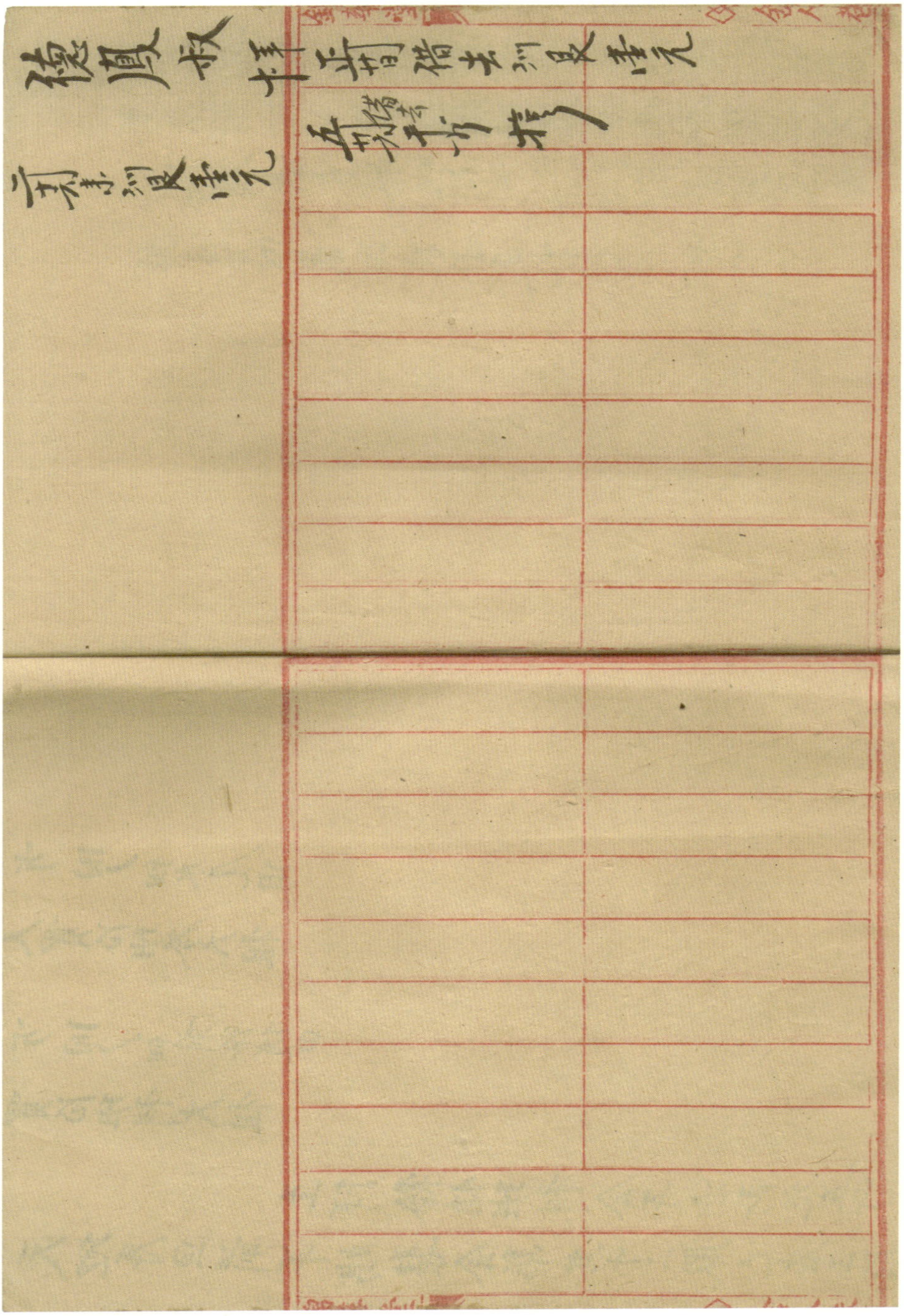

9-3-56-8　民國時期楊氏家族賬簿（八）

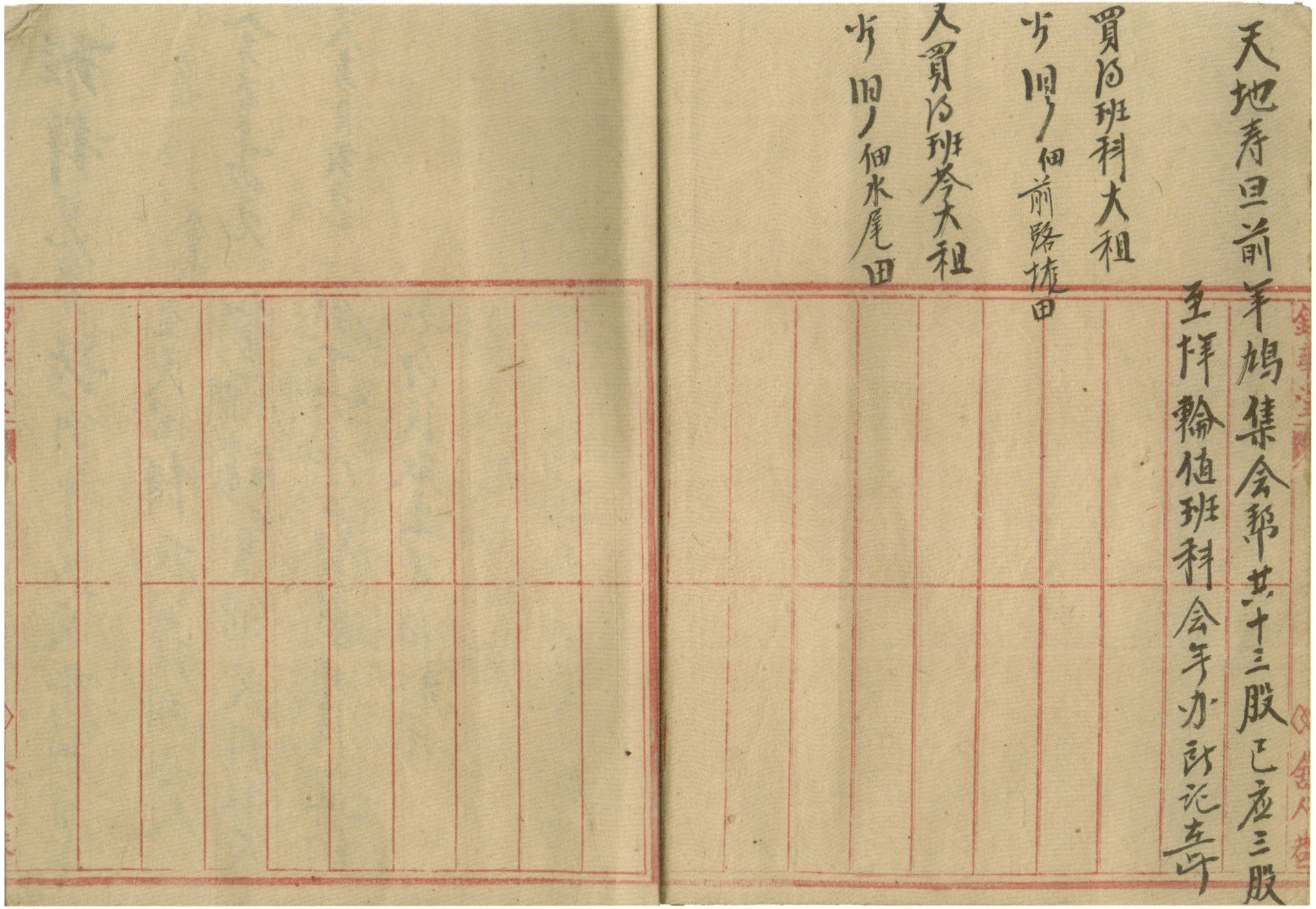
天地寿旦前年鸠集会耶共十三股已座三股
至拜輪值班科会年办酌花壹斤
買得班科大租
步田ノ佃前路墘田
又買得班參大租
步田ノ佃水尾田

9-3-56-9　民國時期楊氏家族賬簿（九）

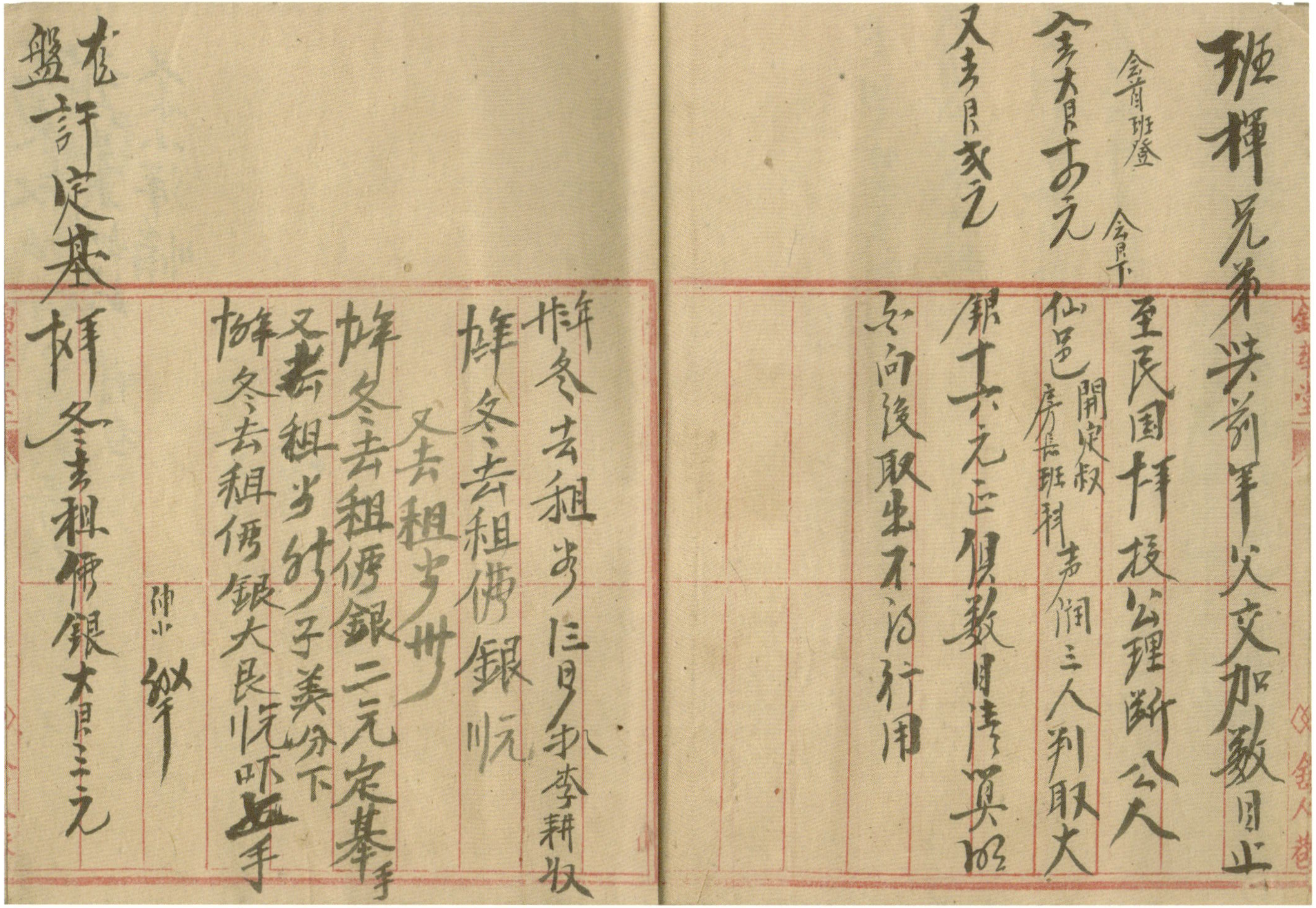

9-3-56-10　民國時期楊氏家族賬簿（一〇）

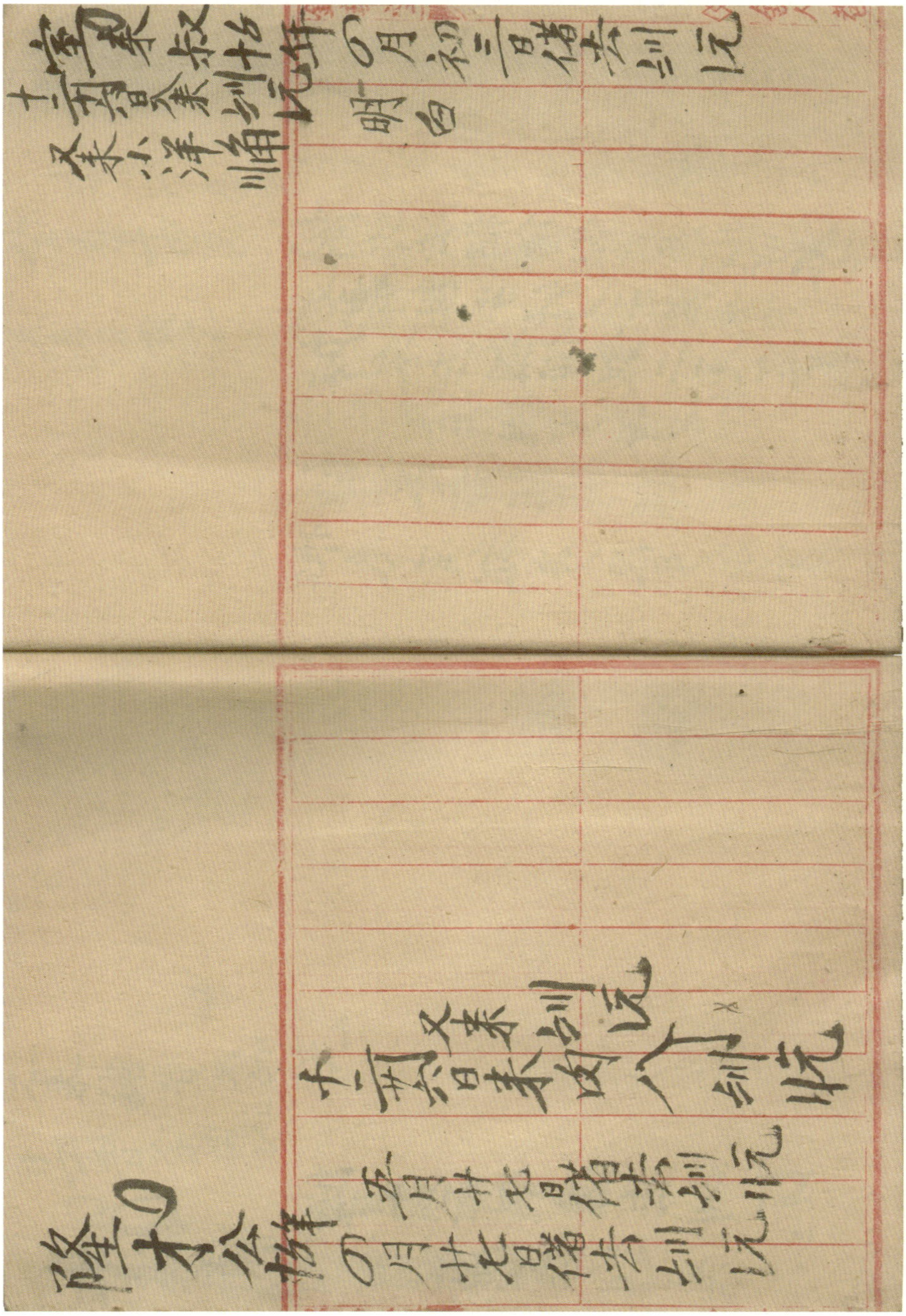

9-3-56-11　民國時期楊氏家族賬簿（一一）

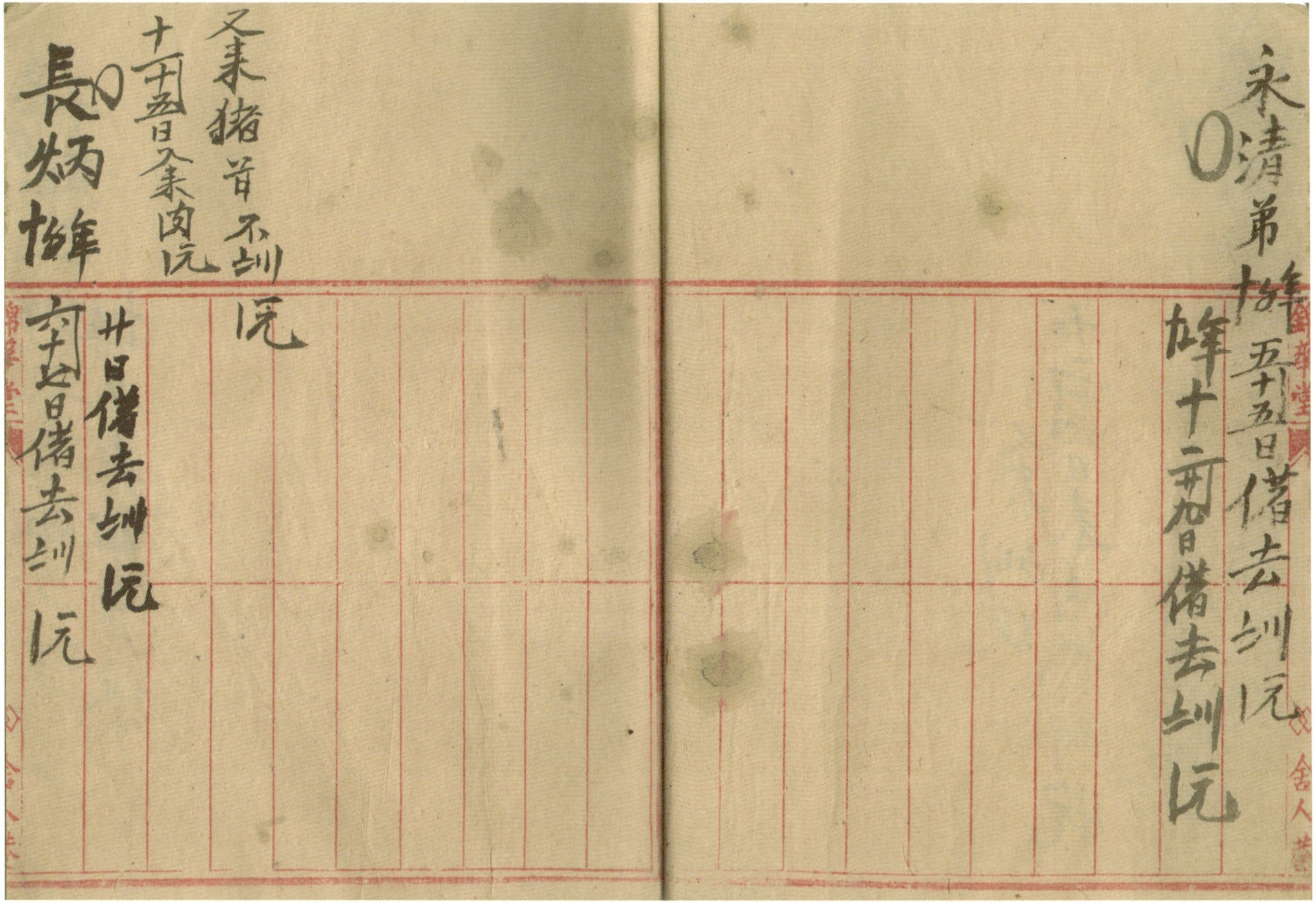

9-3-56-12　民國時期楊氏家族賬簿（一二）

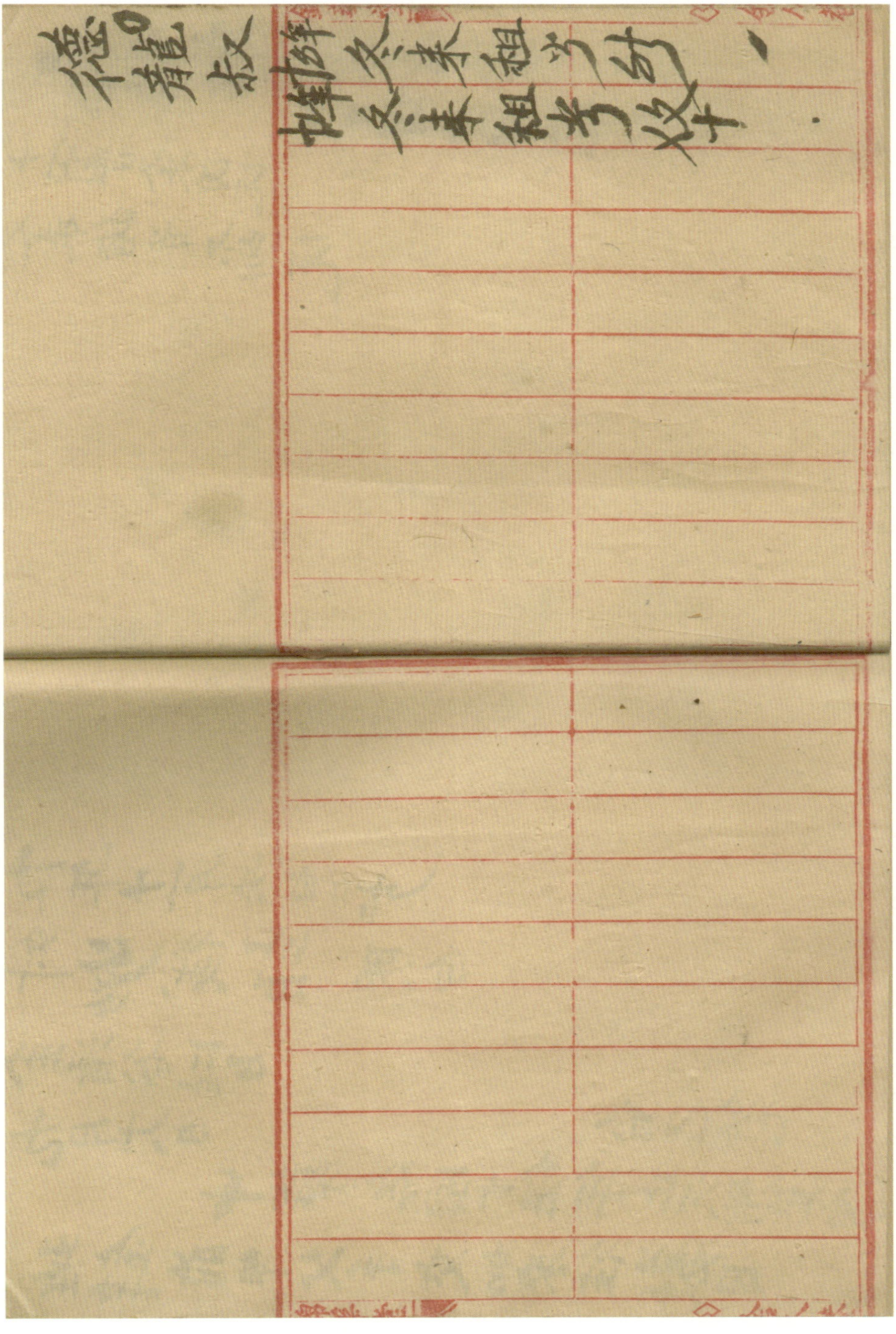
德龍叔

9-3-56-13 民國時期楊氏家族賬簿（一三）

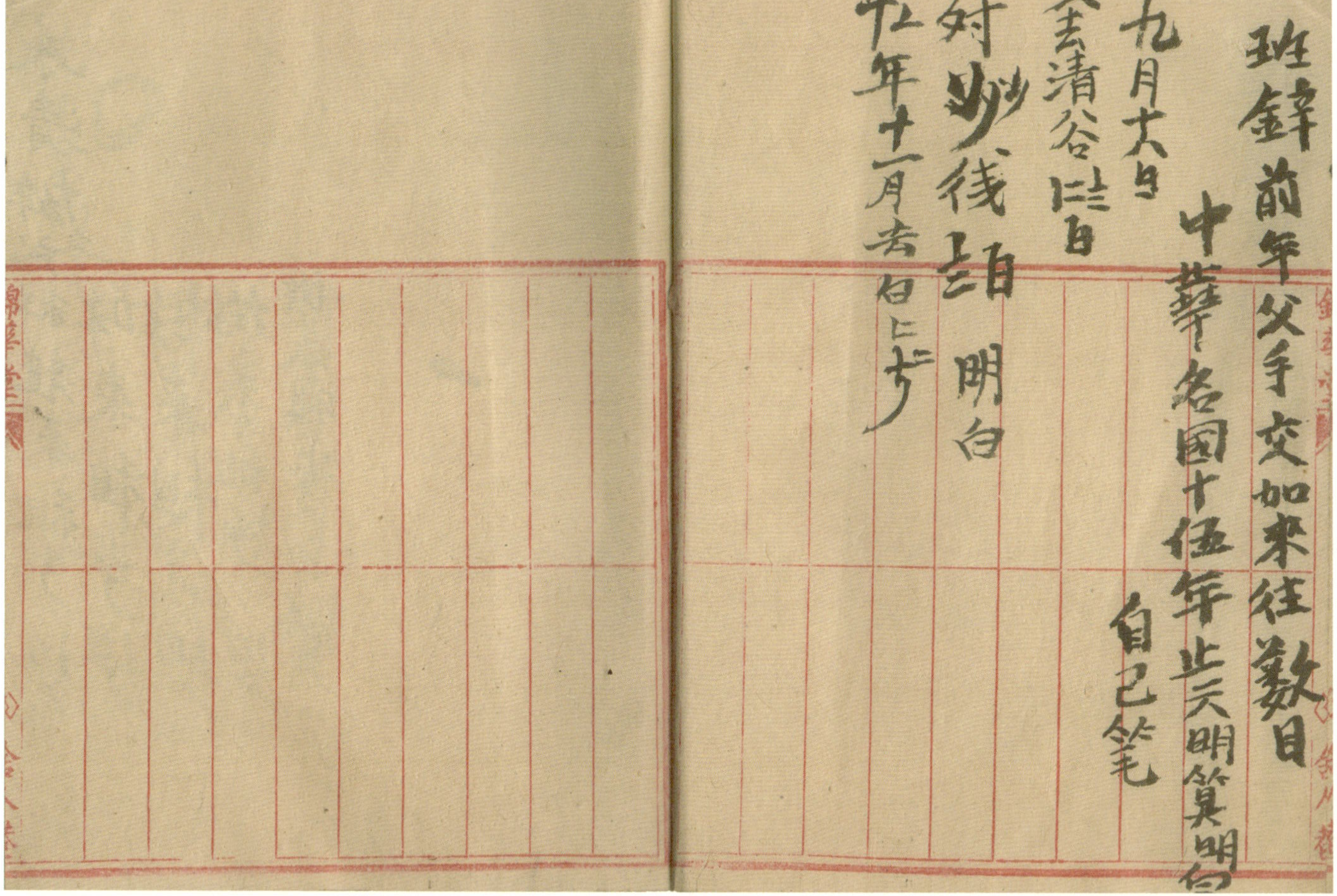
班錚前年父手交加来往数目
中華民國十伍年止天明算明白
自己笔
九月六日
全清谷仨日
对妙伐結明白
九年十二月去白亡步

9-3-56-14　民國時期楊氏家族賬簿（一四）

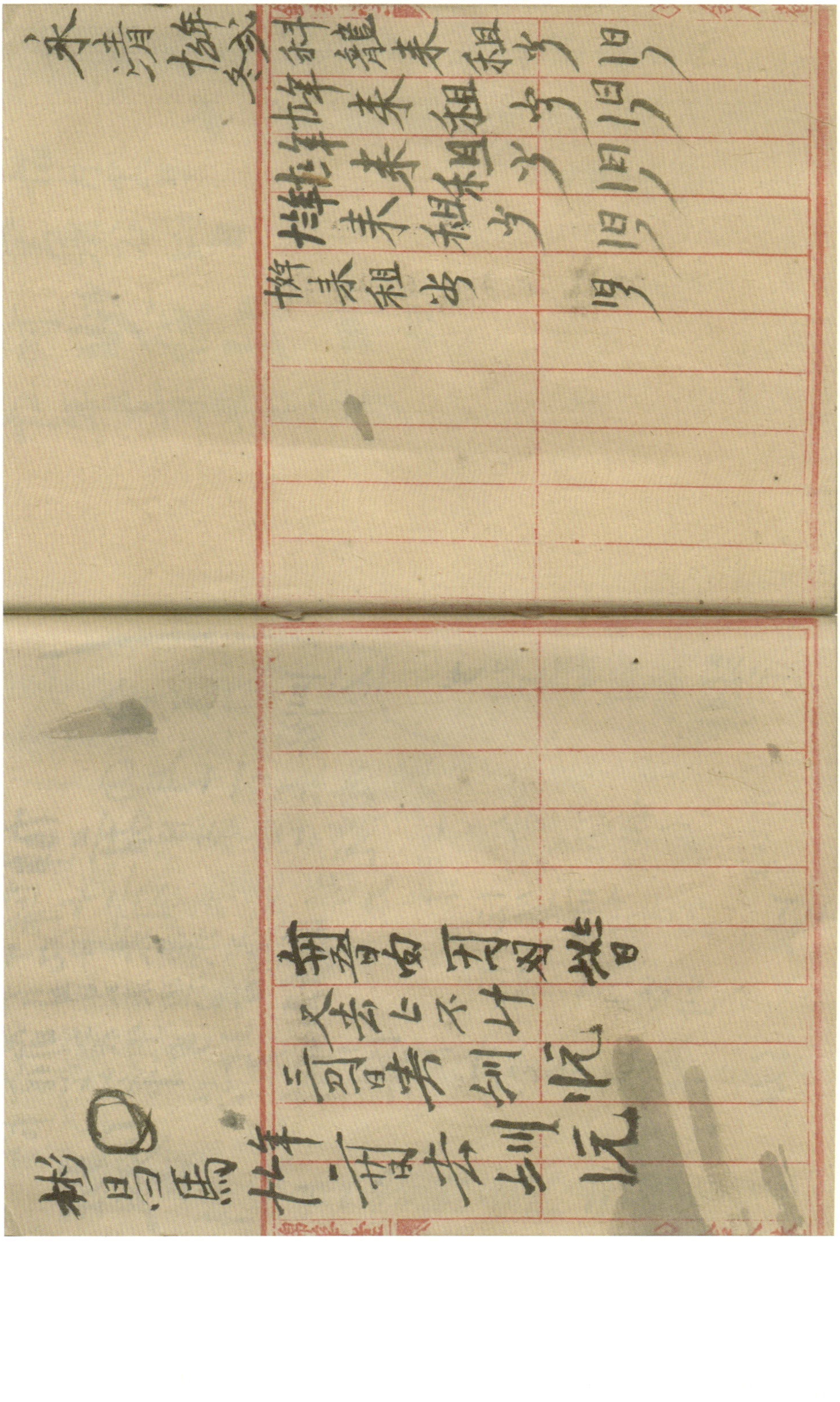

9-3-56-15　民國時期楊氏家族賬簿（一五）

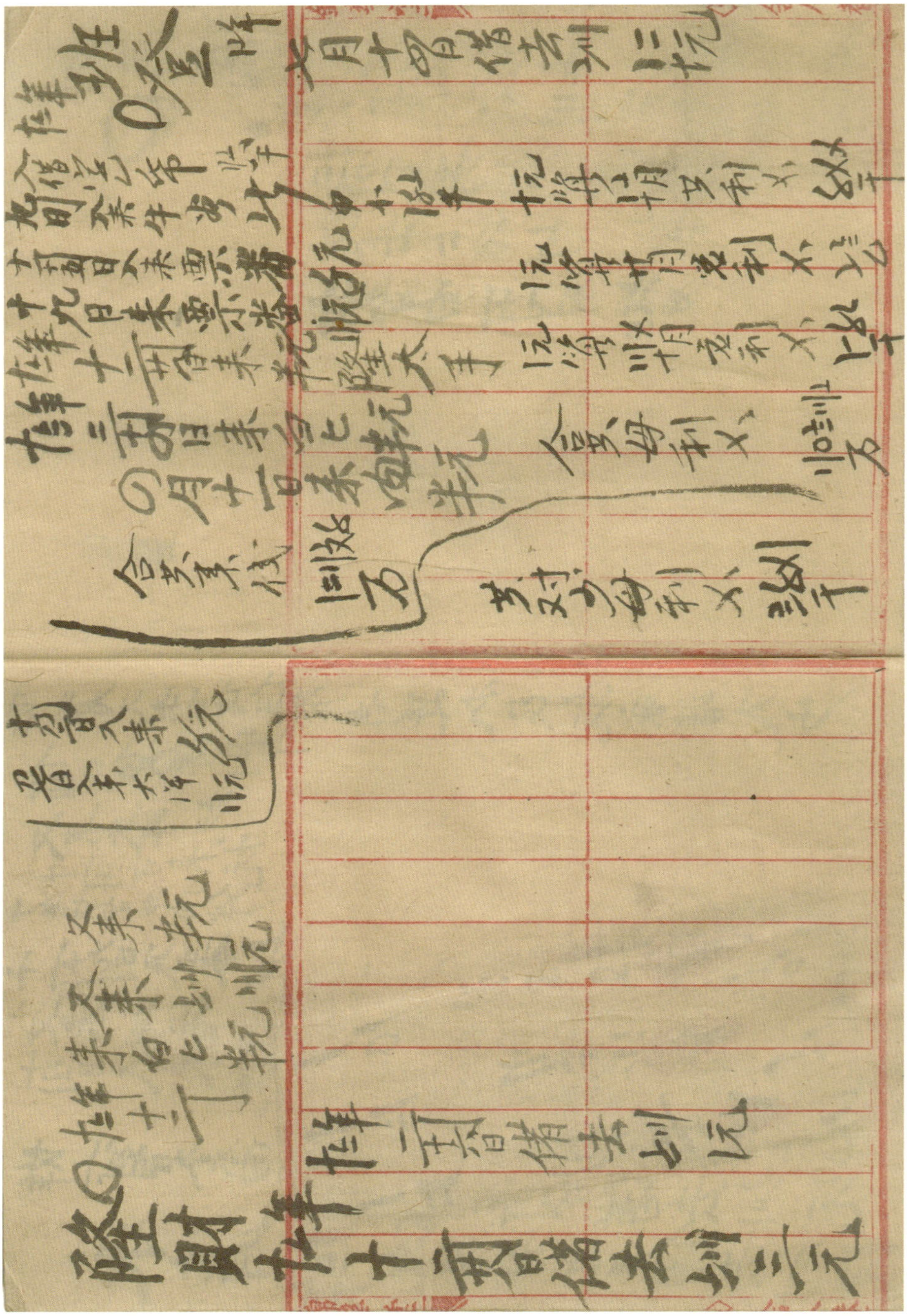

9-3-56-16　民國時期楊氏家族賬簿（一六）

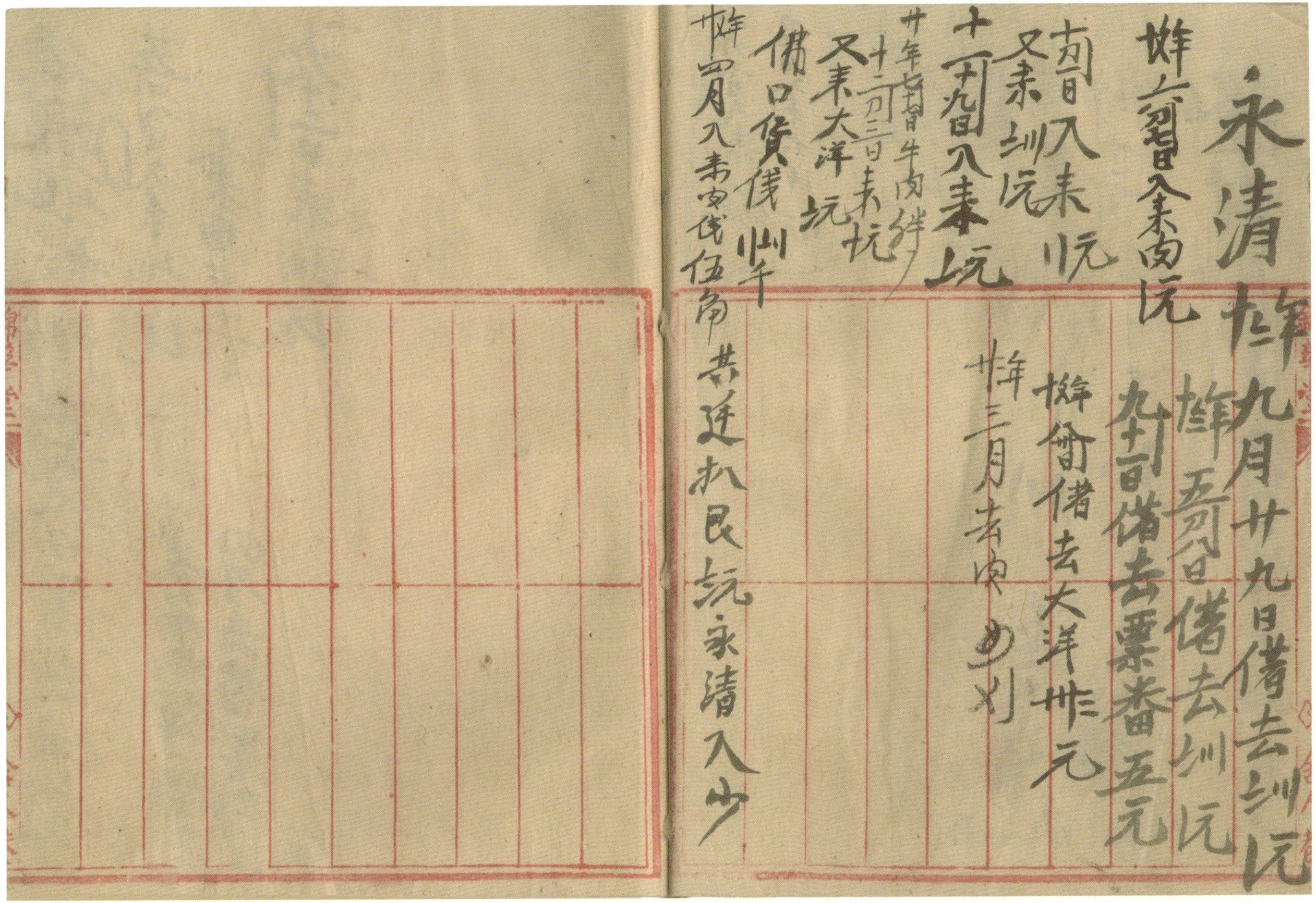

9-3-56-17　民國時期楊氏家族賬簿（一七）

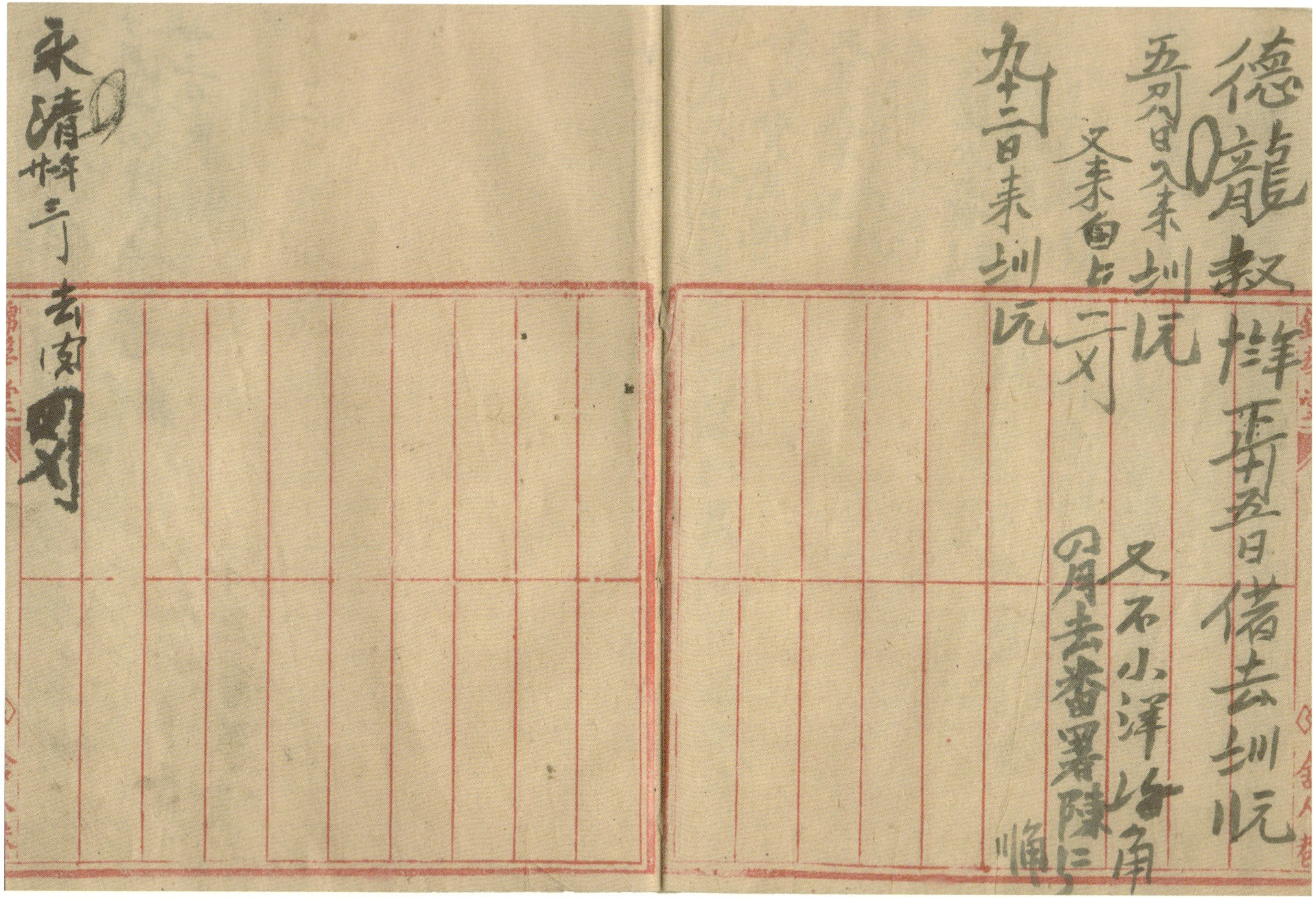

9-3-56-18　民國時期楊氏家族賬簿（一八）

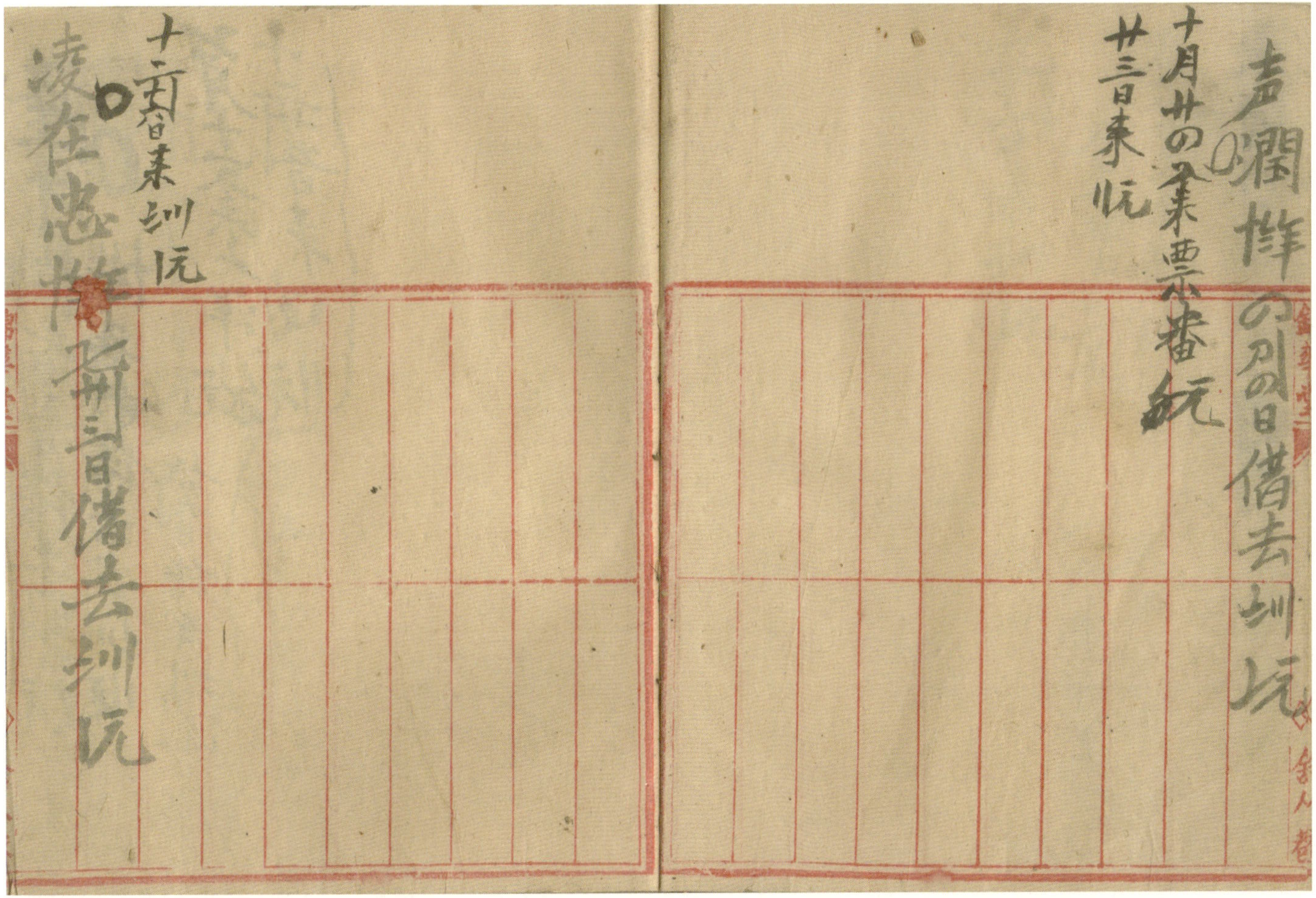

9-3-56-19　民國時期楊氏家族賬簿（一九）

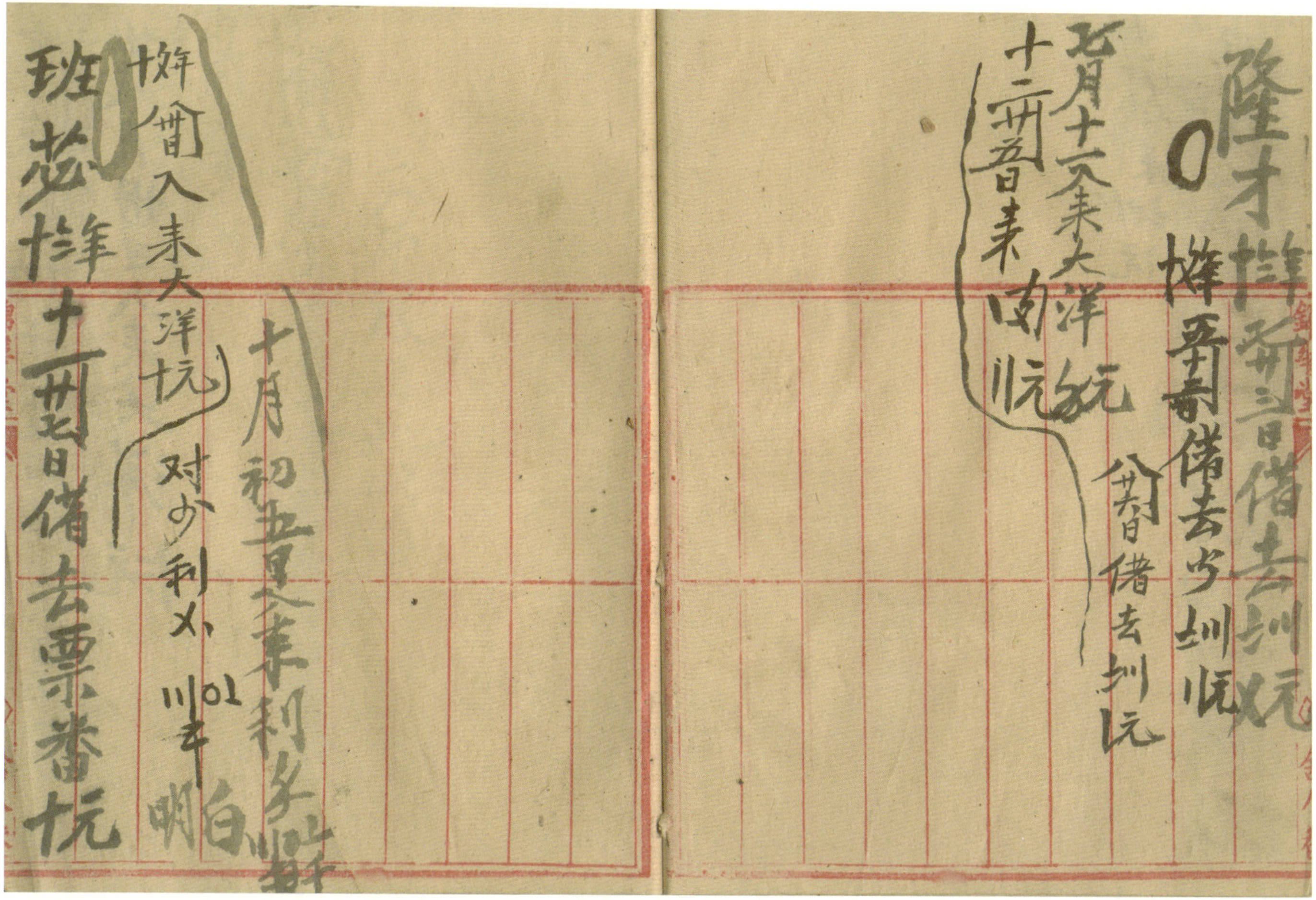

9-3-56-20　民國時期楊氏家族賬簿（二〇）

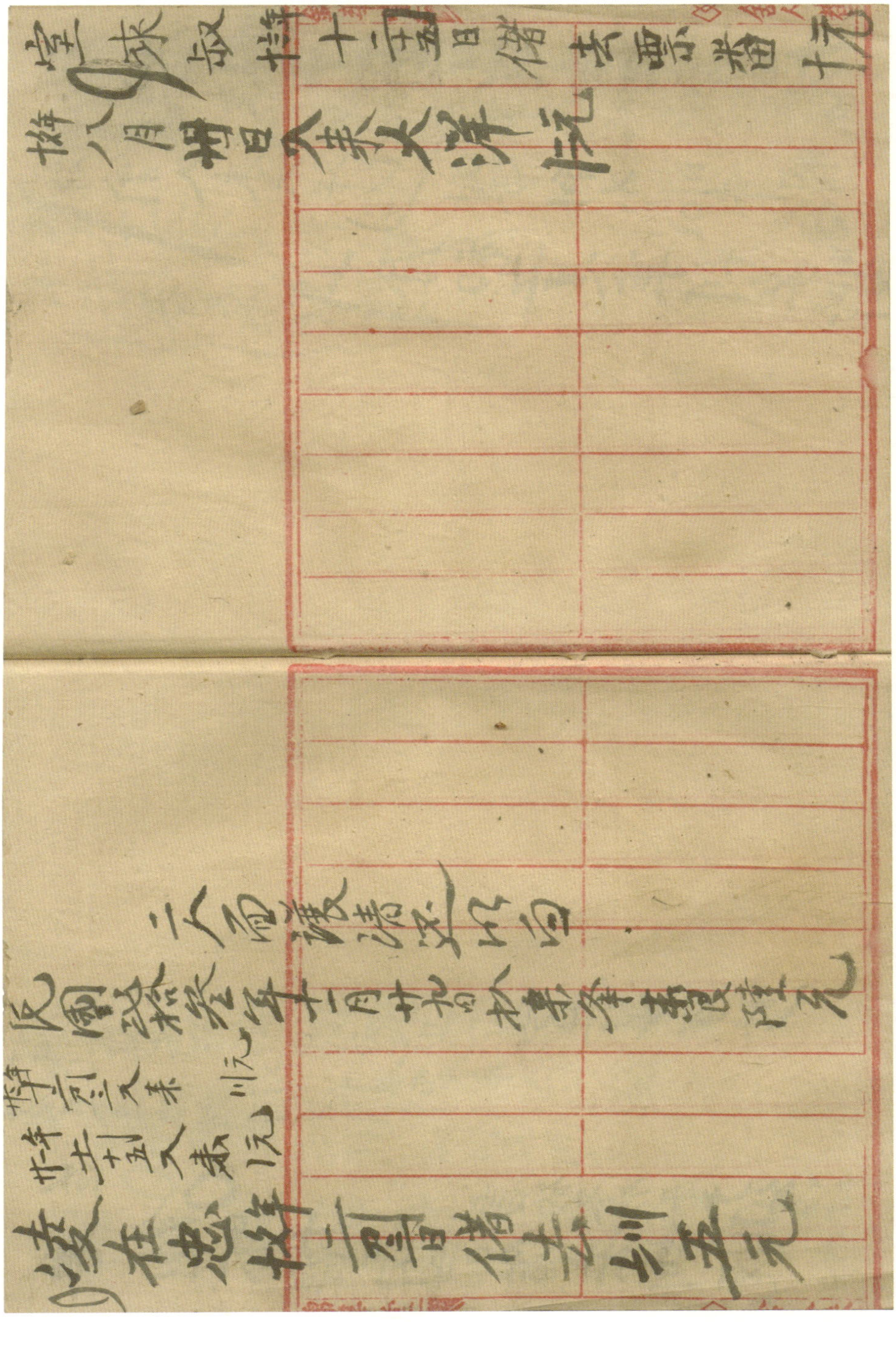

9-3-56-21　民國時期楊氏家族賬簿（二一）

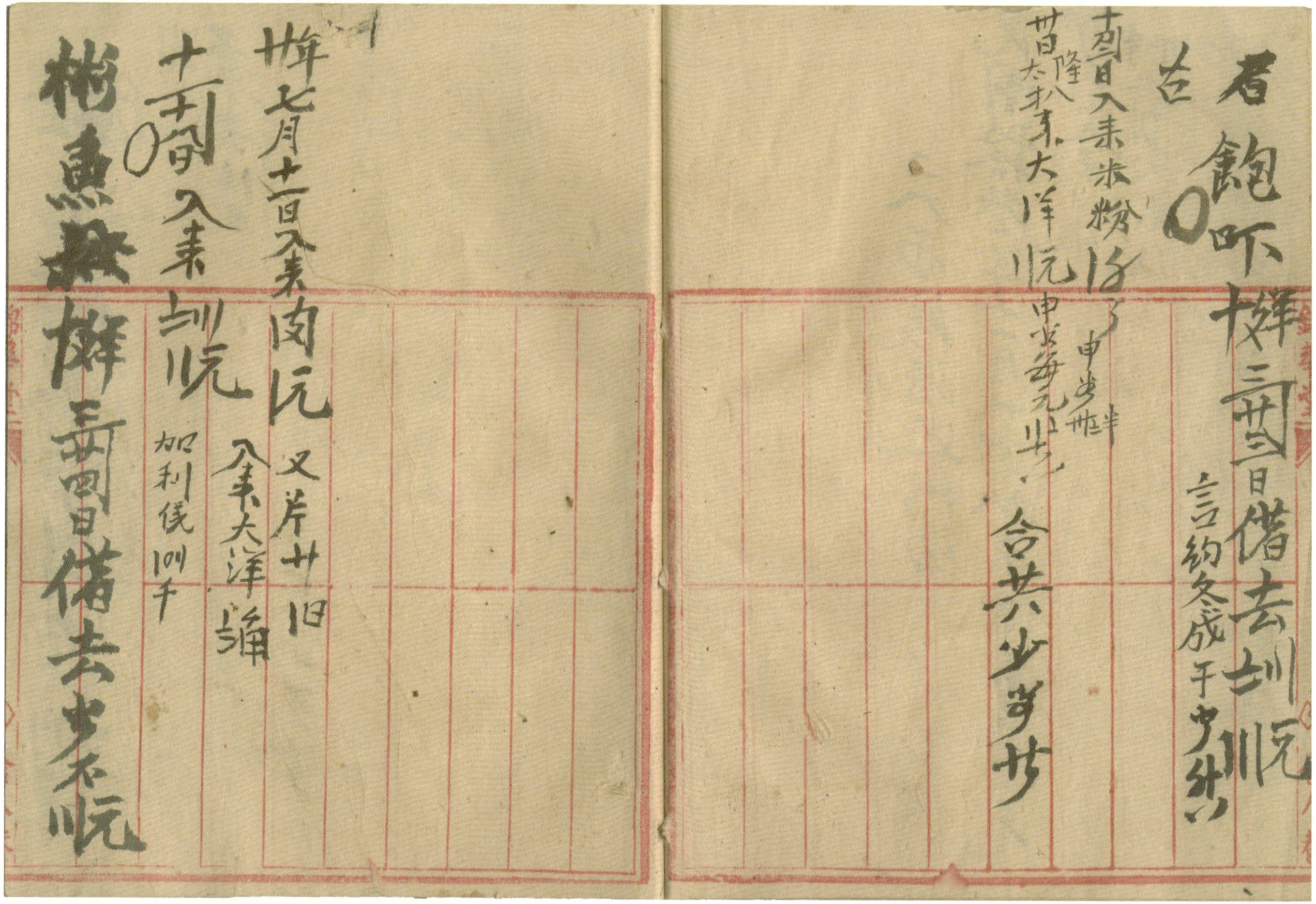

9-3-56-22　民國時期楊氏家族賬簿（二二）

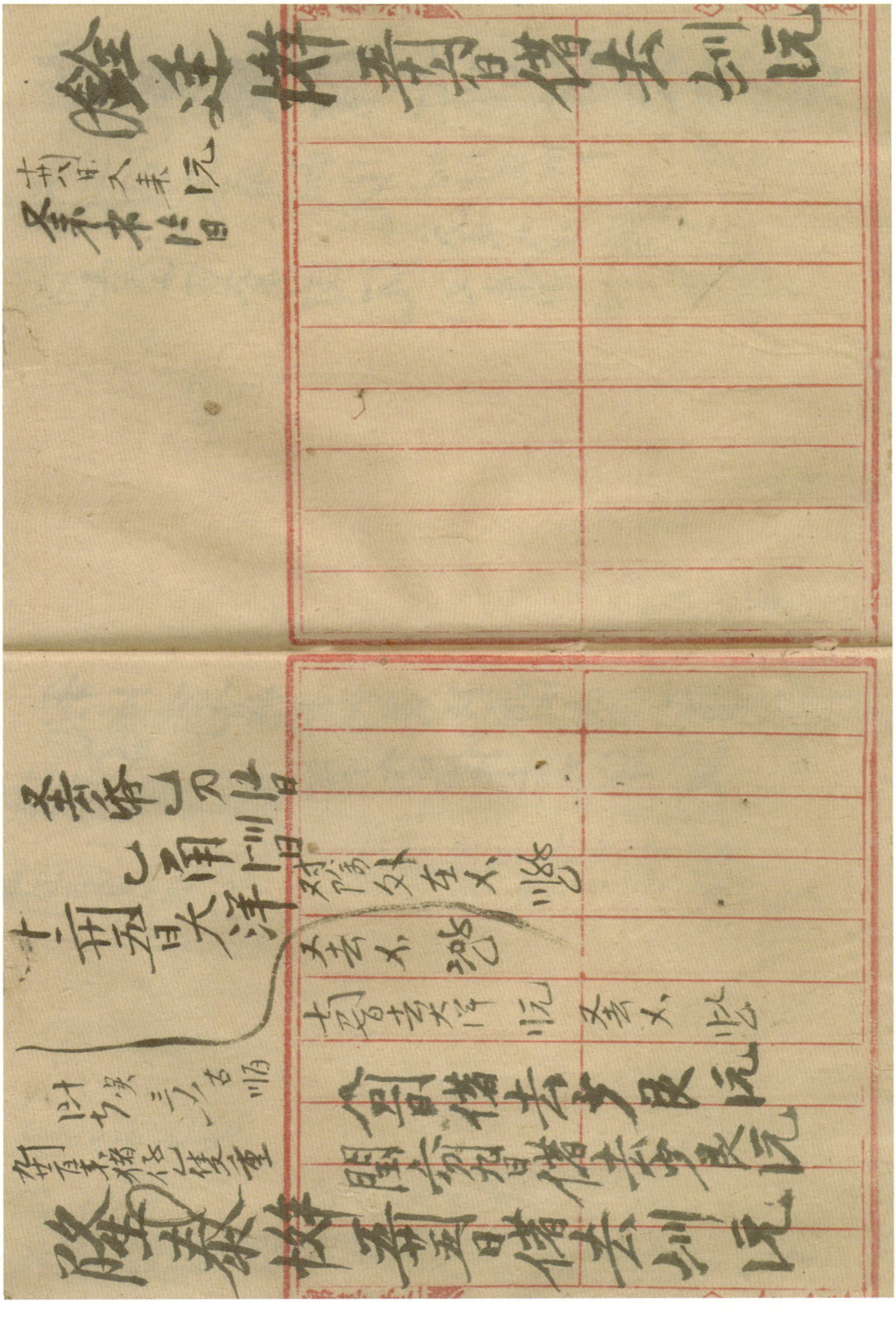

9-3-56-23　民國時期楊氏家族賬簿（二三）

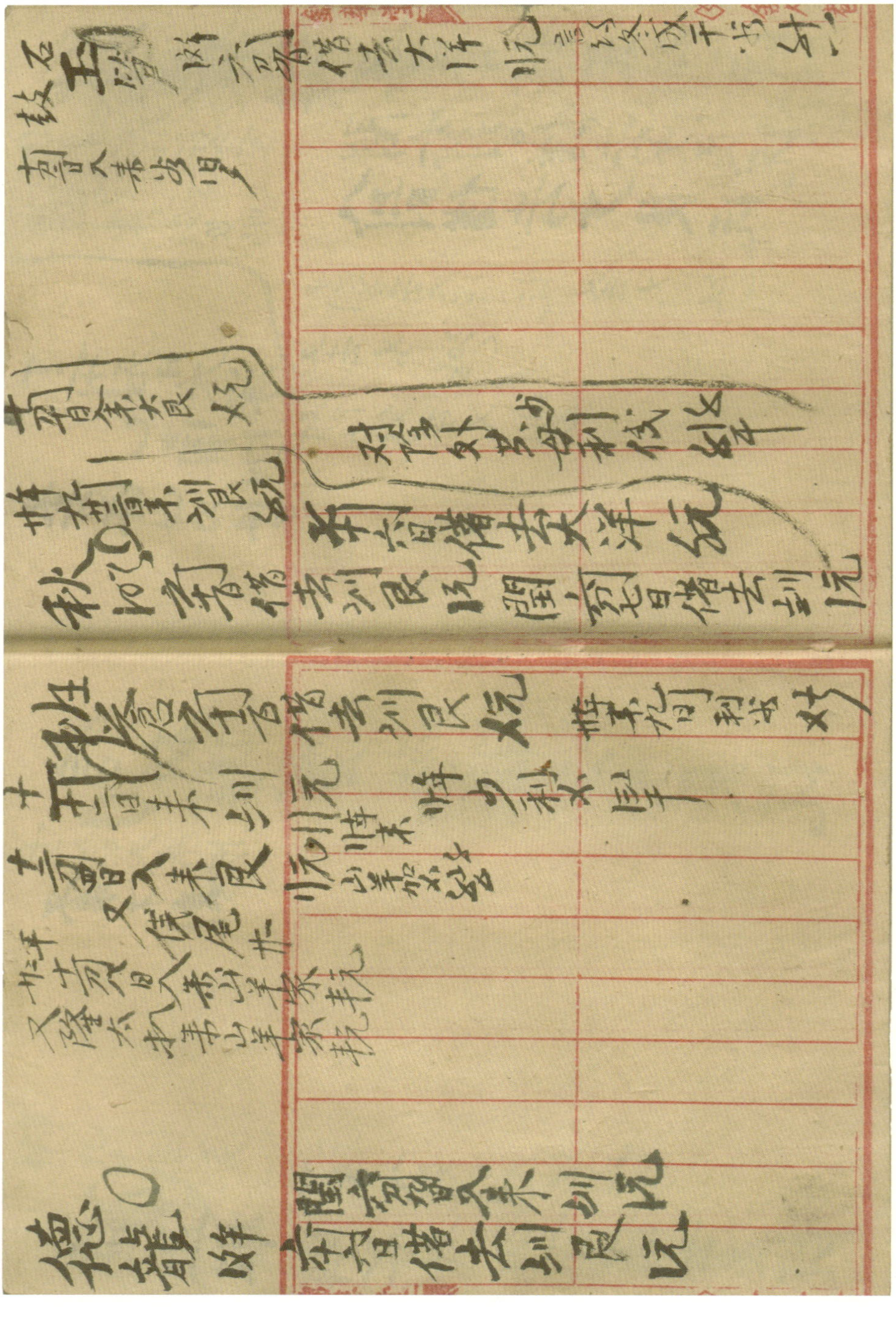

9-3-56-24　民國時期楊氏家族賬簿（二四）

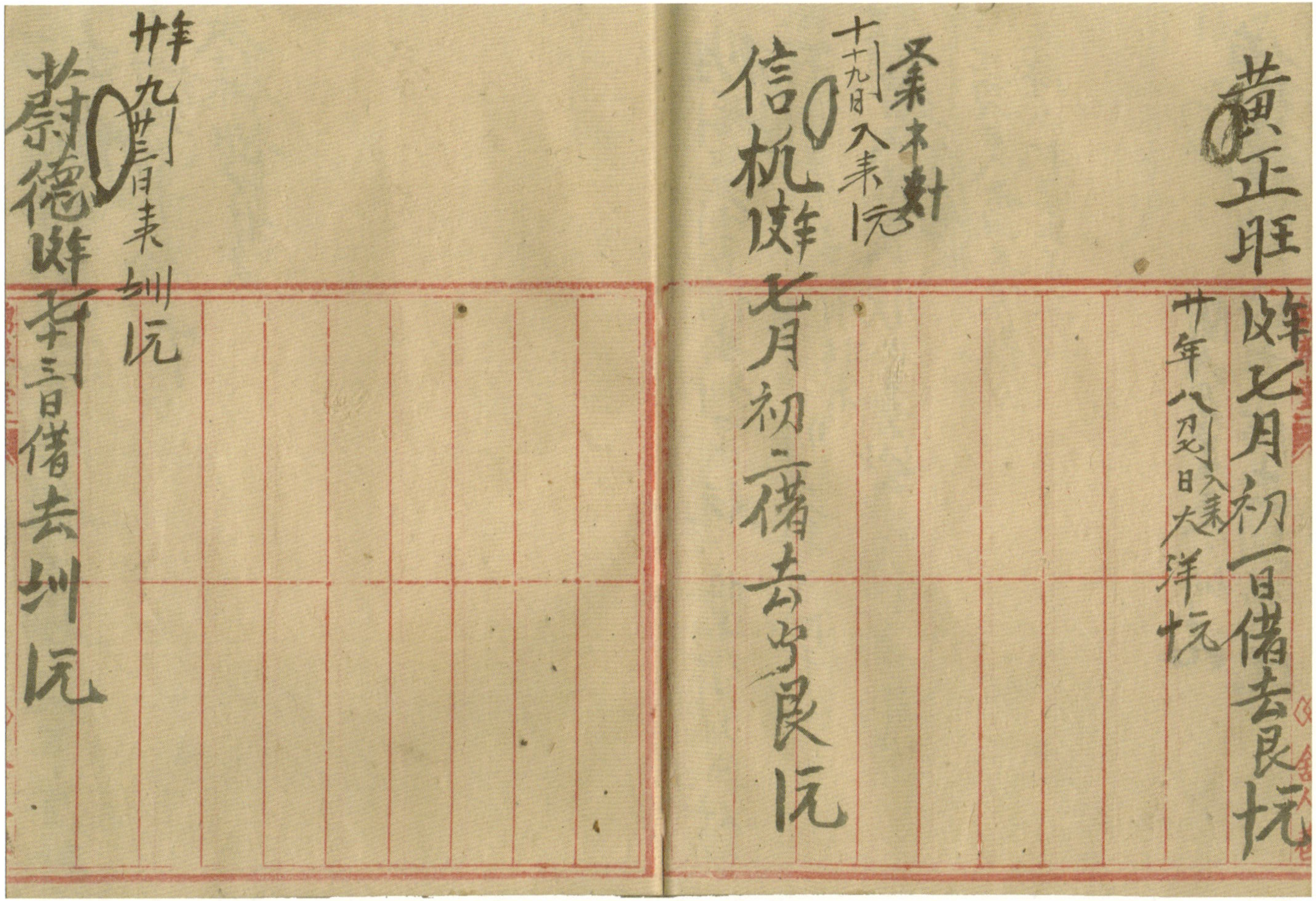

黄○正旺
卅年七月初一日借去艮元
卅年八月日入來大洋元

信机○
十一月十九日入來元
條木對
卅年七月初二借去艮元

蔚德○
卅年九月日來圳元
卅年十月十三日借去圳元

9-3-56-25　民國時期楊氏家族賬簿（二五）

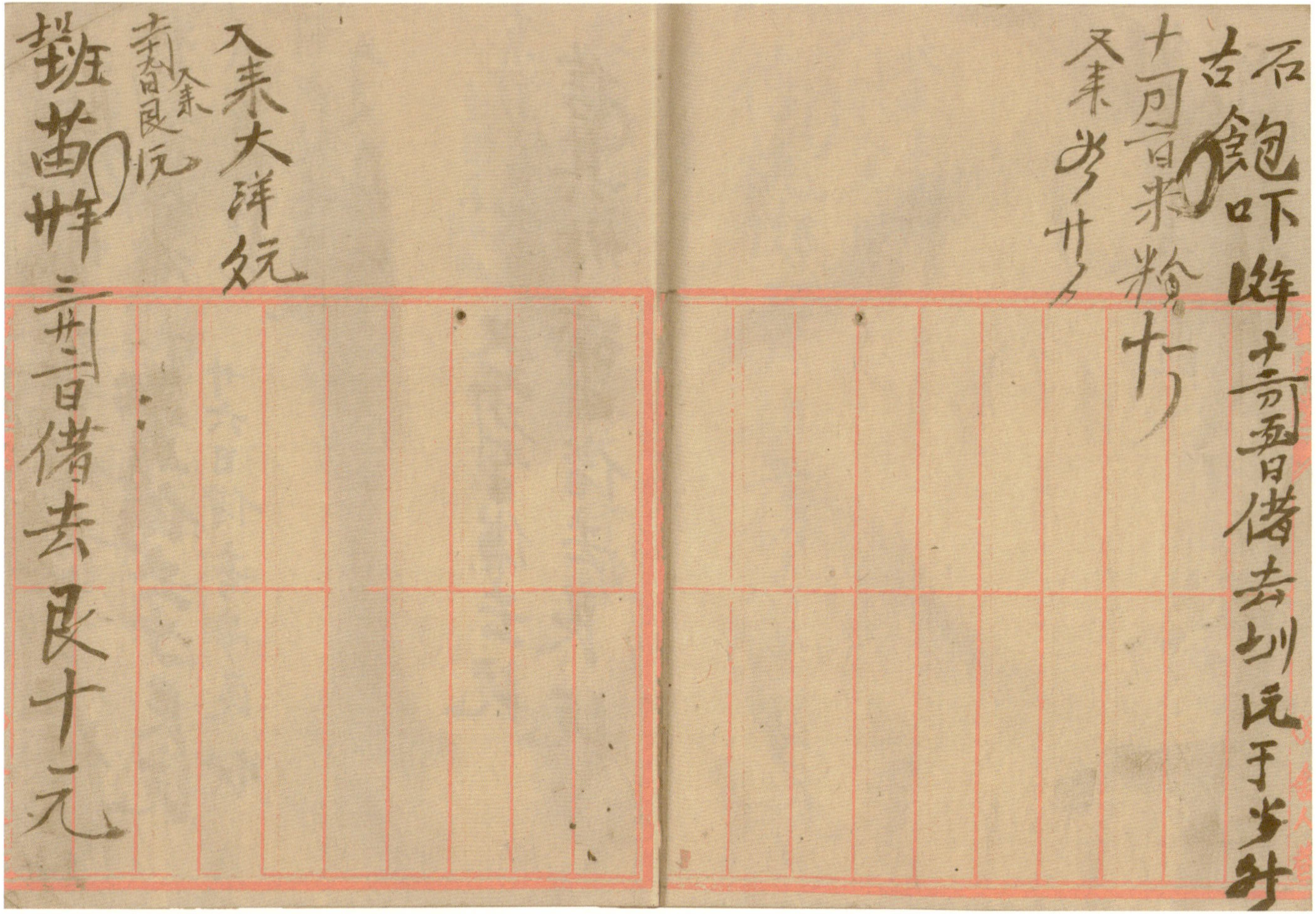

石古飽叺下
咋十二月五日借去圳氏于岁叶
十二月十日來粉十一
又來洋廿八

入來大洋銃
十二月十日入來銀元
斑苗畔 二月十三日借去銀十二元

9-3-56-26　民國時期楊氏家族賬簿（二六）

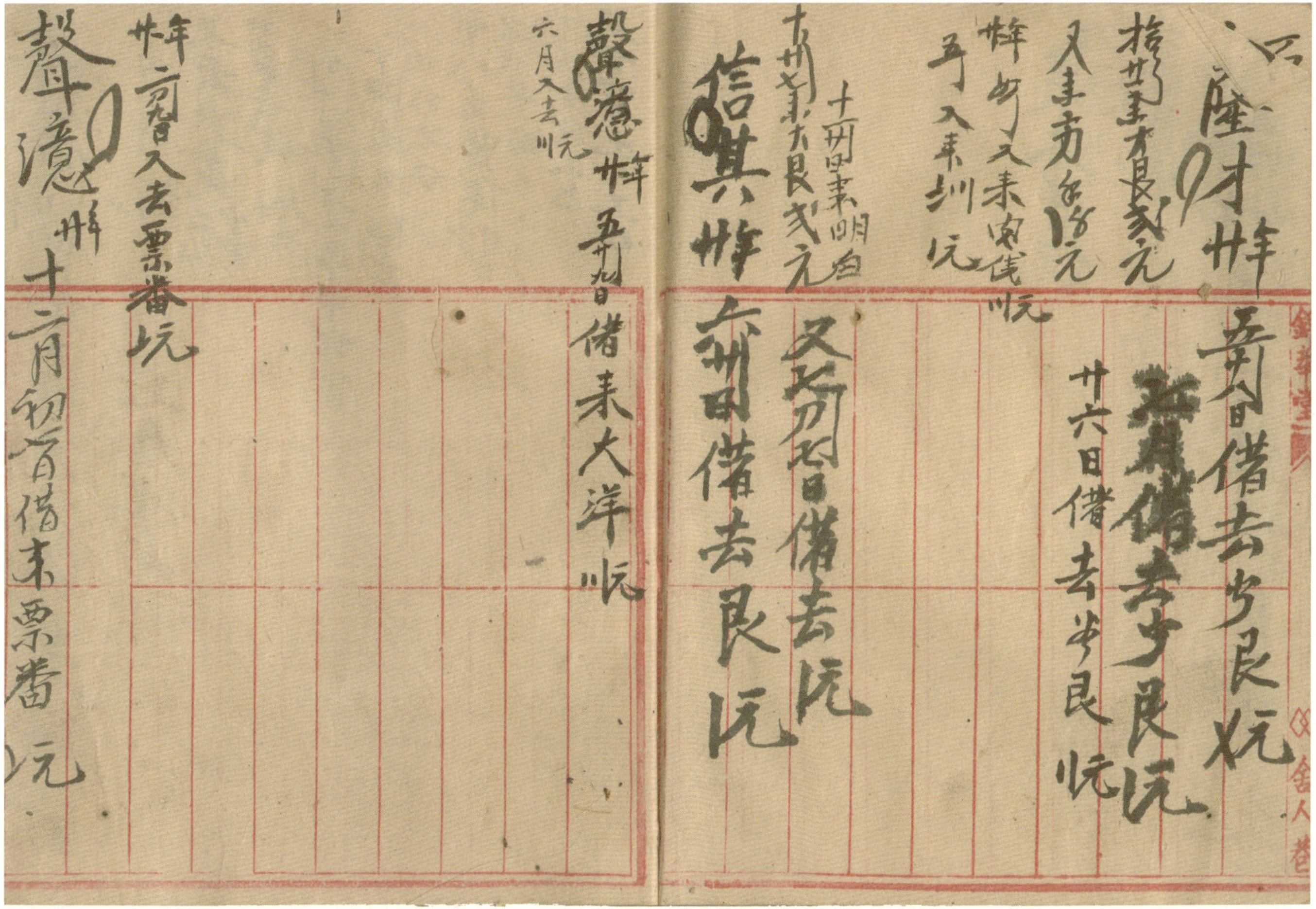

9-3-56-27　民國時期楊氏家族賬簿（二七）

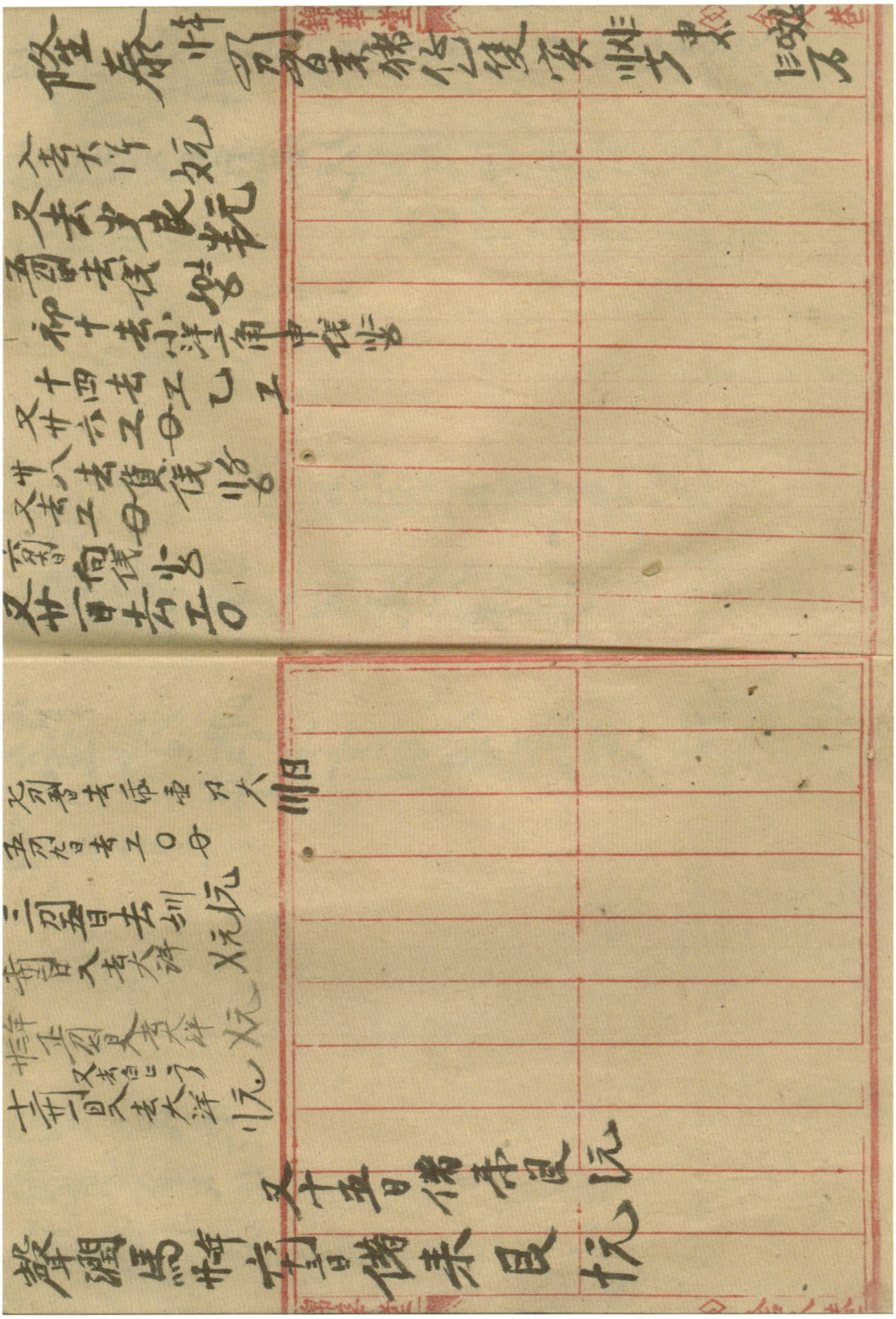

9-3-56-28　民國時期楊氏家族賬簿（二八）

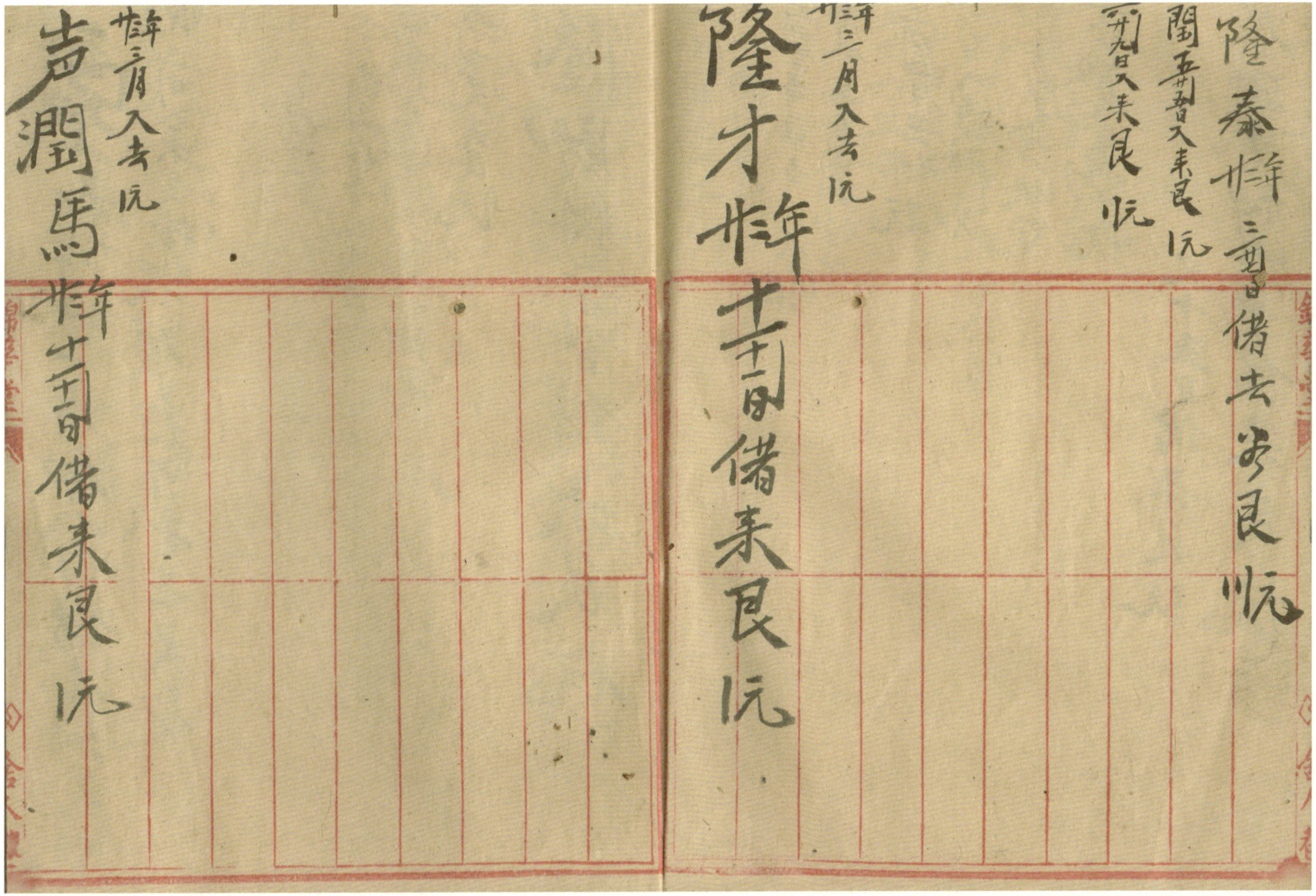

9-3-56-29　民國時期楊氏家族賬簿（二九）

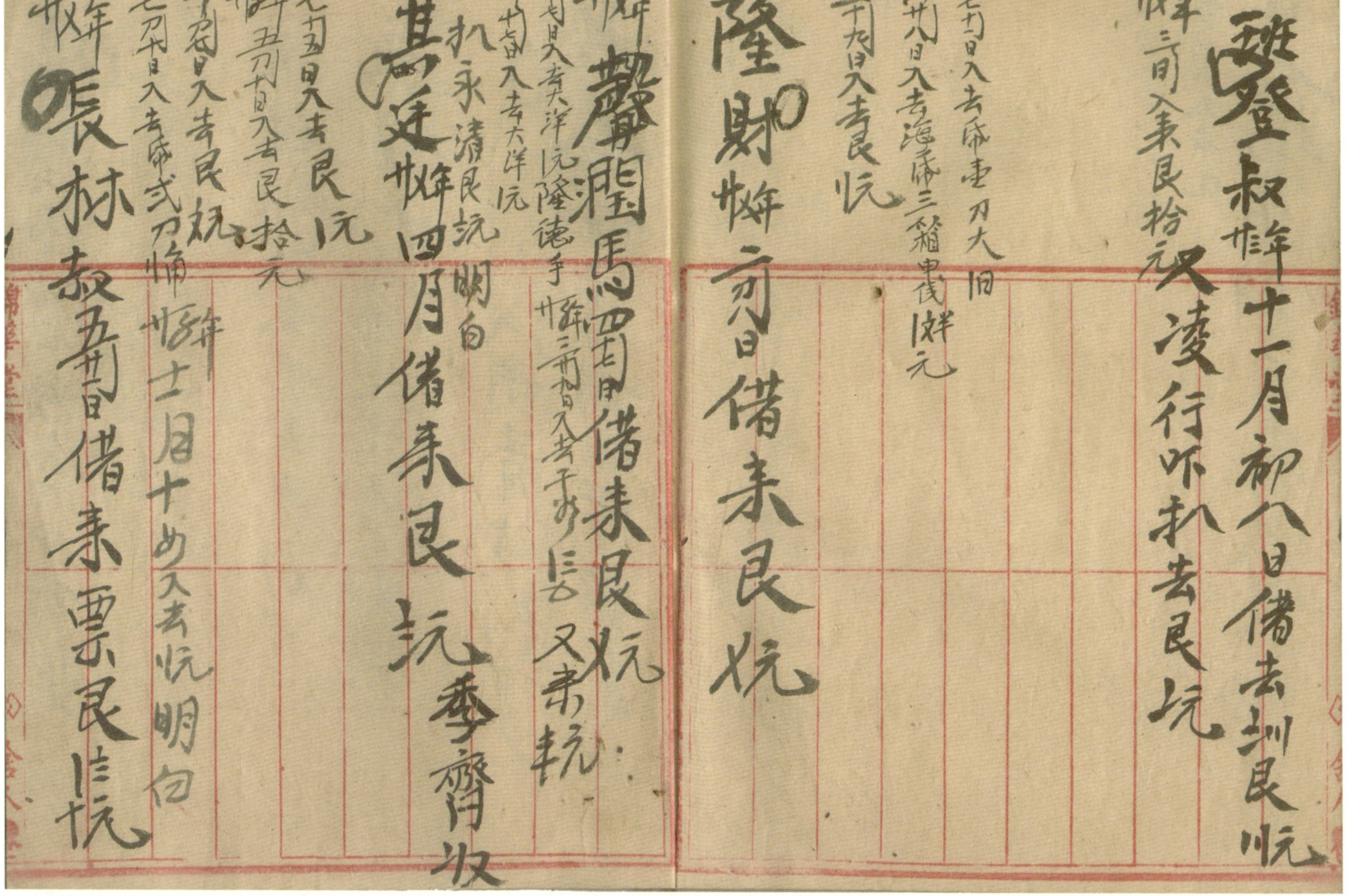
登叔 廿年十一月初八日借去[illegible]民洋
卅年三月日入來民拾元 又淩行[illegible]去民洋
七月[illegible]日入去[illegible]
[illegible]八日入去海[illegible]三箱[illegible]
[illegible]日入去民洋
隆財 卅年[illegible]日借來民洋
潤馬 卅年[illegible]日借來民洋 [illegible] 又來[illegible]
甚廷 卅年四月借來民洋 季齊收
[illegible] 明白
長林叔 五月[illegible]日借來[illegible]民洋
卅年十一月十[illegible]入去[illegible] 明白

9-3-56-30 民國時期楊氏家族賬簿（三〇）

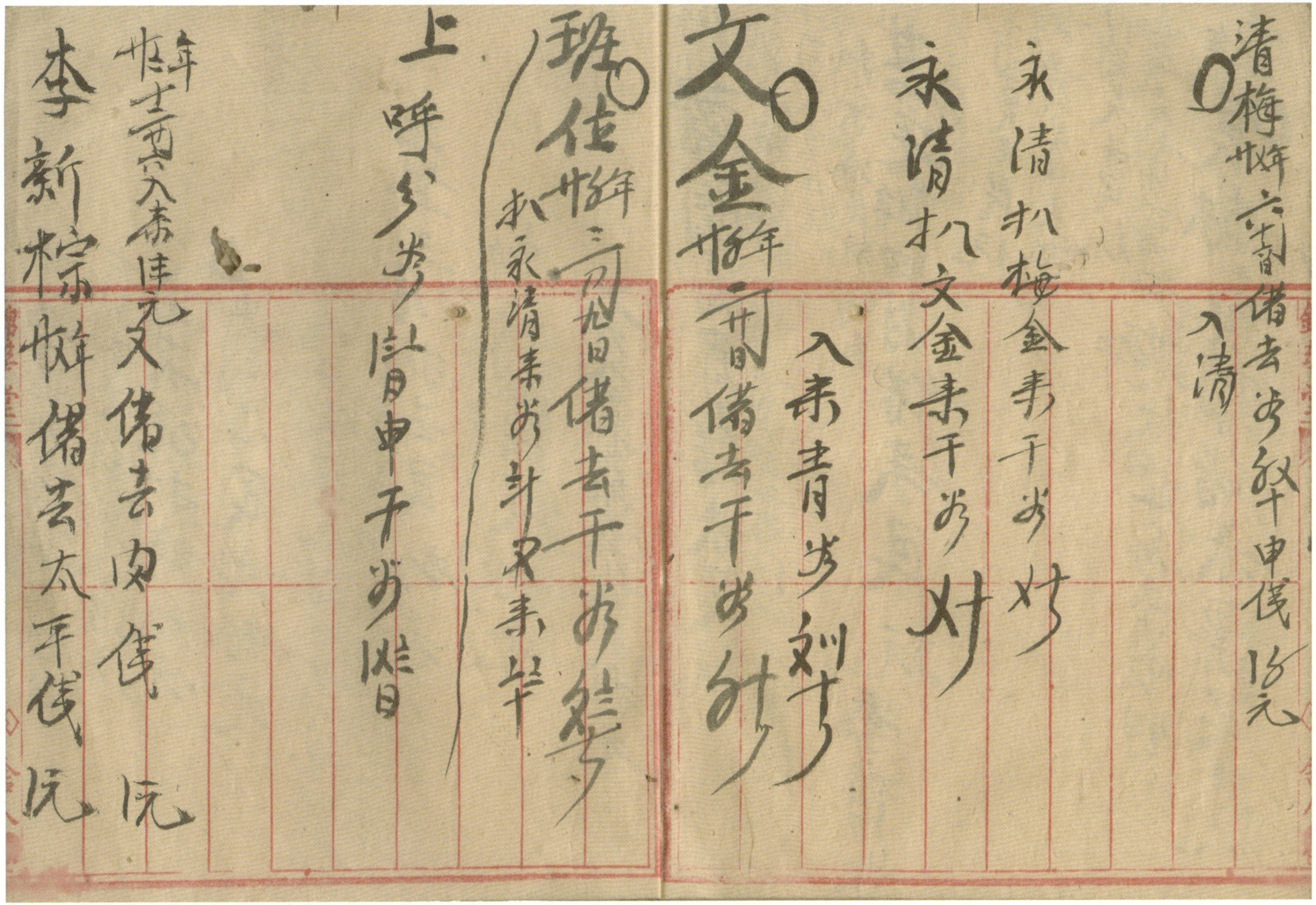

9-3-56-31　民國時期楊氏家族賬簿（三一）

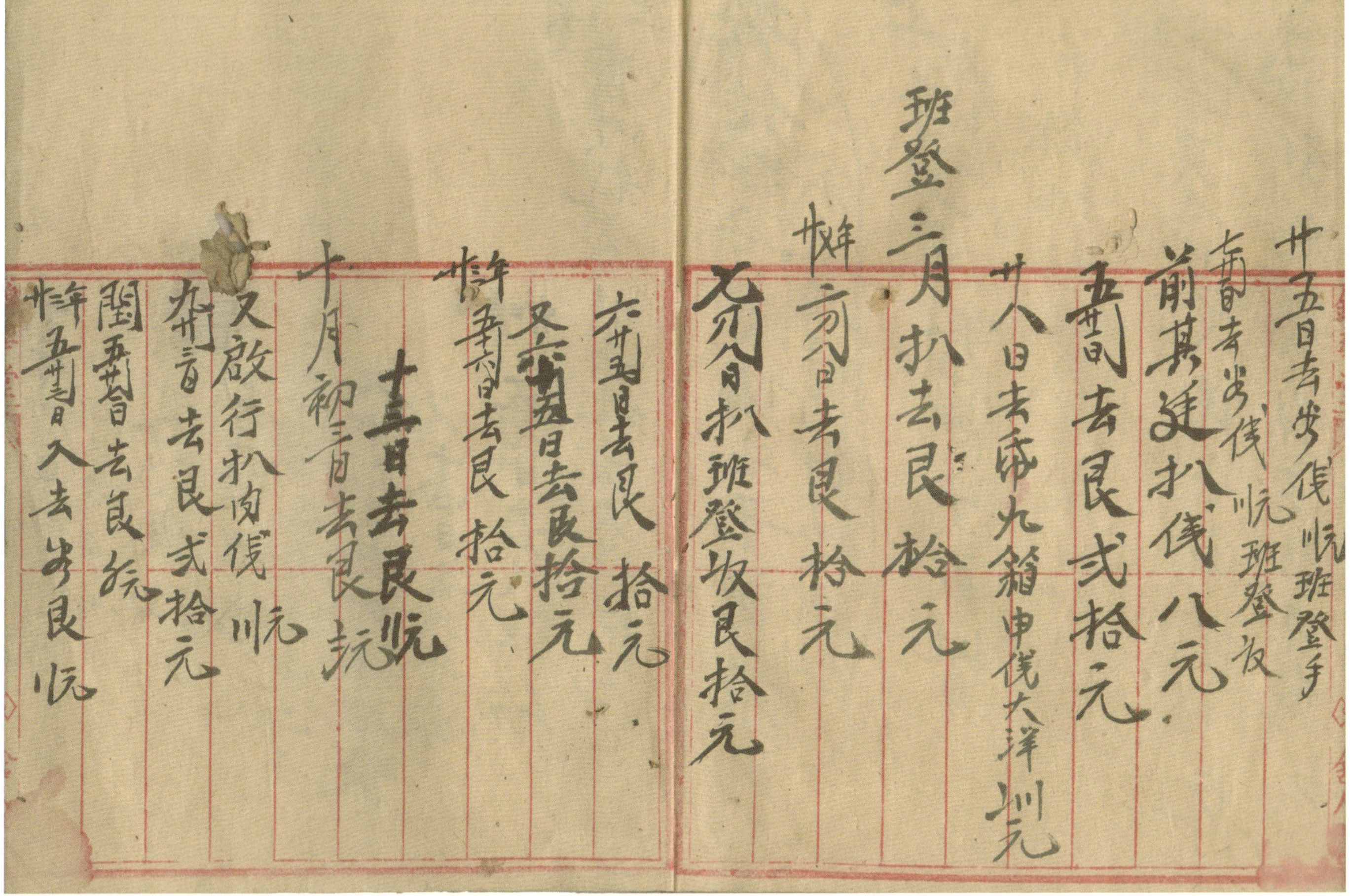

9-3-56-32　民國時期楊氏家族賬簿（三二）

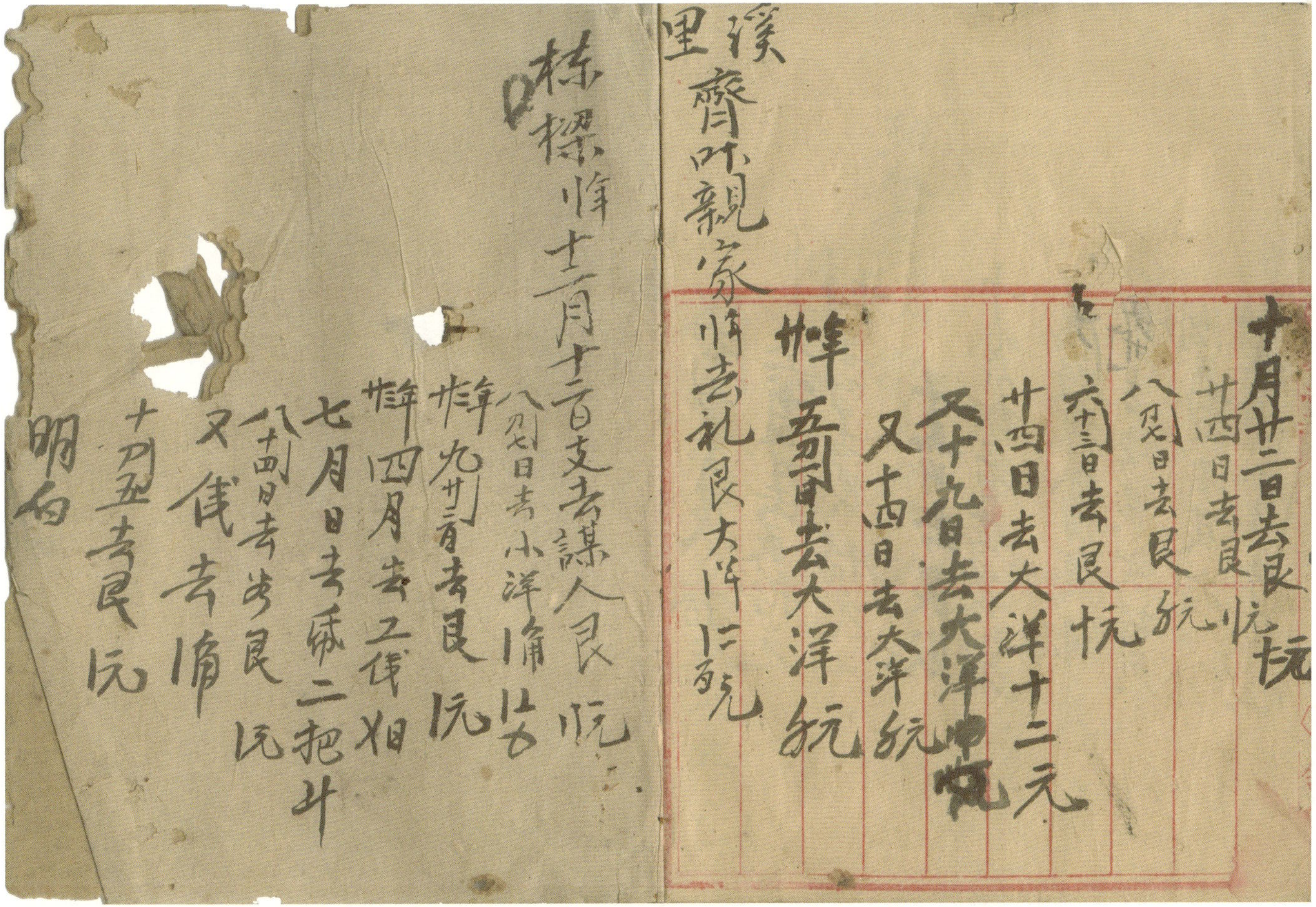

十月廿二日去良伉
廿四日去良伉
八月七日去良伉
六月十三日去良伉
廿四日去大洋十二元
又十九日去大洋中元
又十四日去大洋伉
廿五日去大洋伉
溪里齊叶親家廿去礼良大洋仁元
林棵廿十一月十二日支去謀人良伉
八月七日去小洋[illegible]
廿九日去良伉
廿四月去[illegible]
七月日去[illegible]二把斗
八月廿日去[illegible]良伉
又[illegible]去[illegible]
十一月[illegible]去良伉
明白

9-3-56-33　民國時期楊氏家族賬簿（三三）

9-3-56-34　民國時期楊氏家族賬簿（三四）

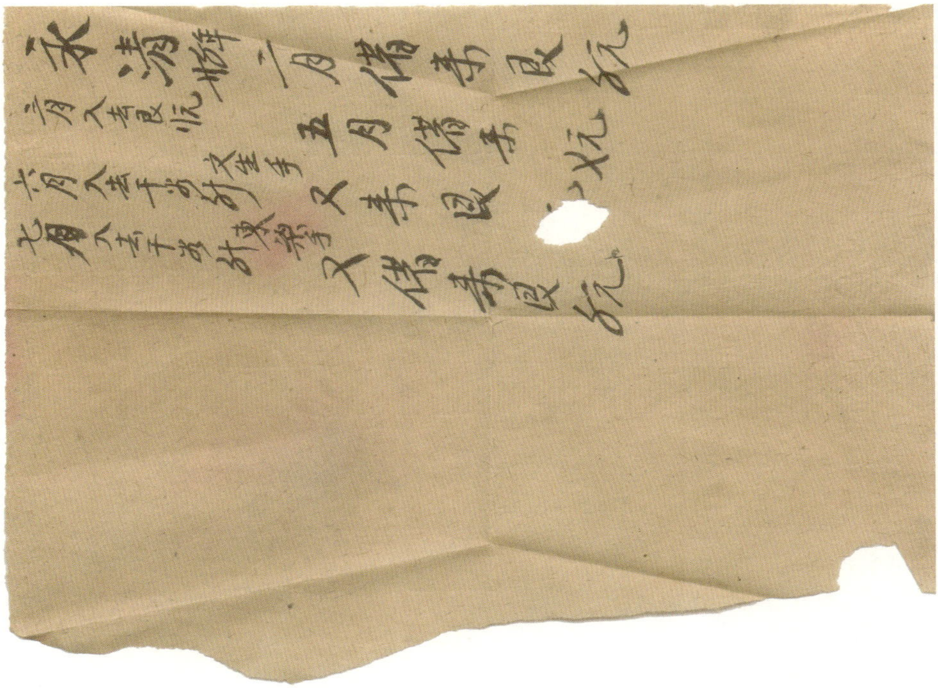

9-3-56-35 民國時期楊氏家族賬簿（夾葉一）

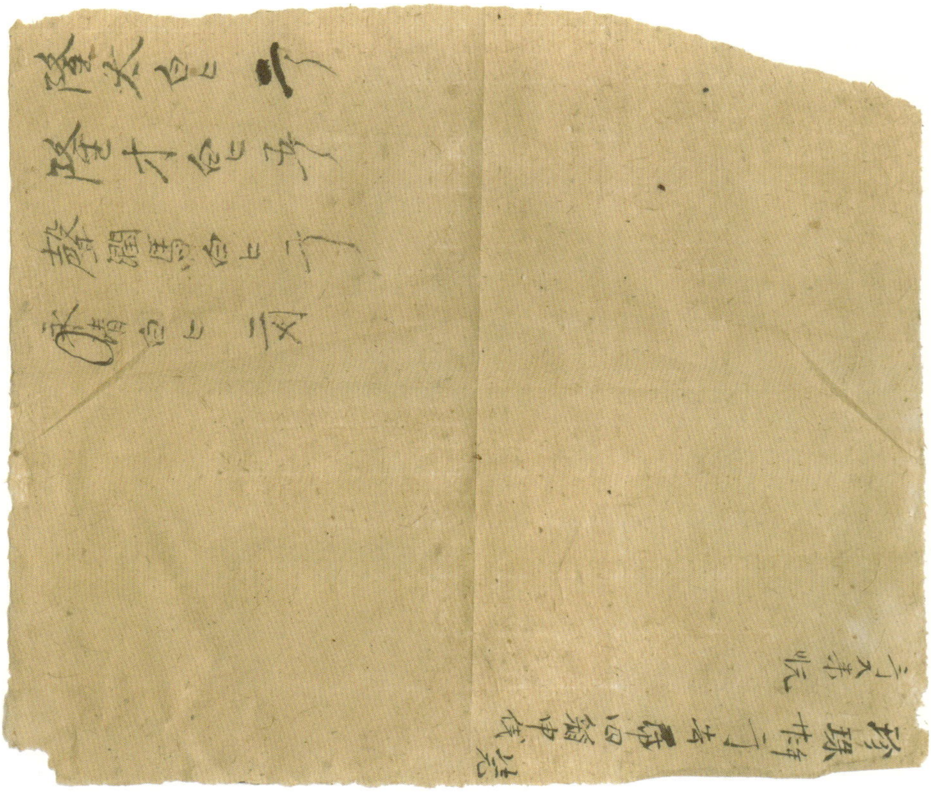

9-3-56-36　民國時期楊氏家族賬簿（夾葉二）

9-3-56-37　民國時期楊氏家族賬簿（夾葉三）

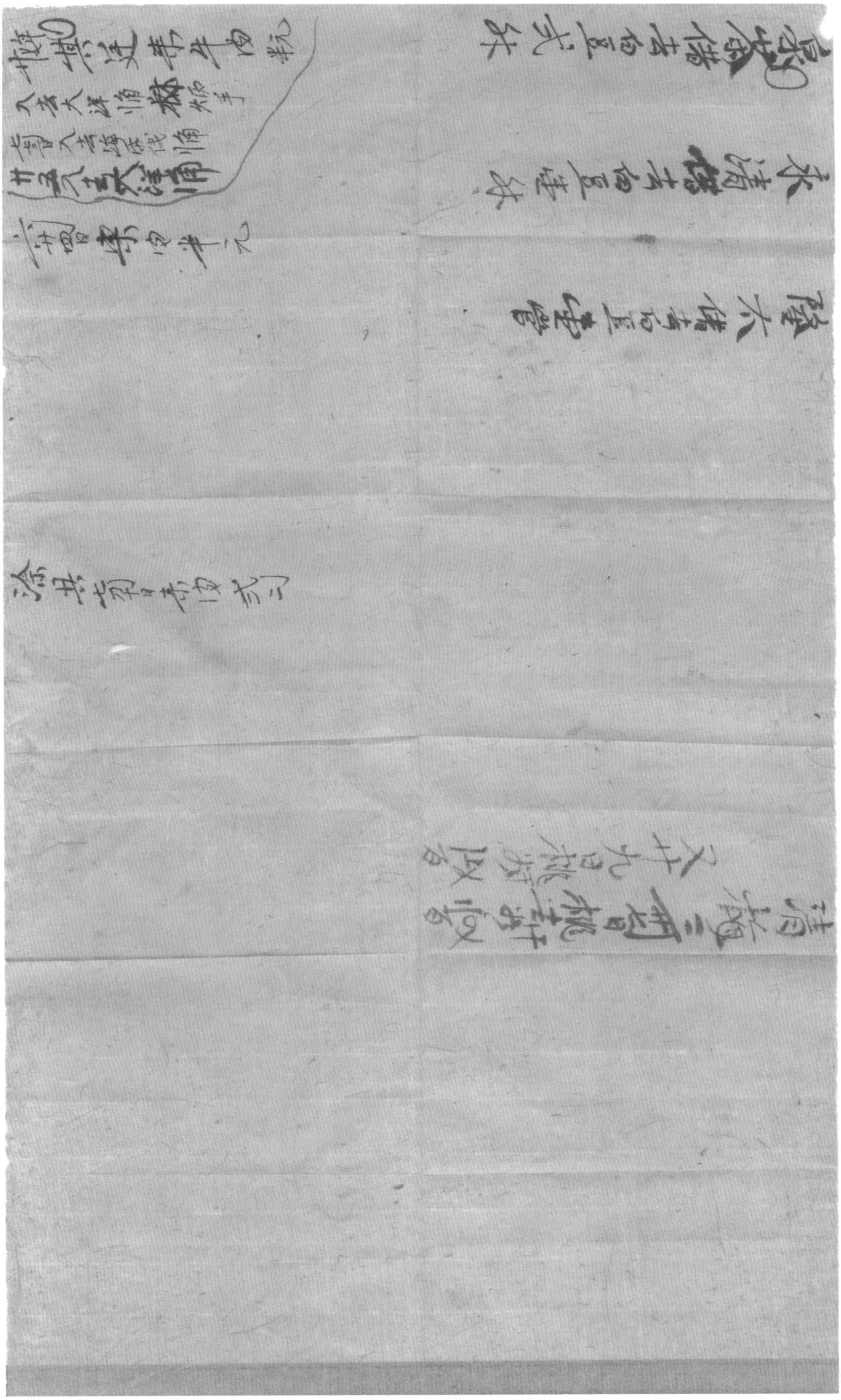

墈中英丁俵煱萬廷手
又丁俵伍角啟行手
十五日吉俵悲
八廿日俵三角啟行
十月十四日吉俵煱啟行手
清梅三两旨桃去廿四個
又廿九日桃去廿個
金生借去白乙仁
文金借去皂乙仁
注塗借去皂重ノ
涂共壽日赤皮式仁

9-3-56-38　民國時期楊氏家族賬簿（夾葉四）

9-3-57-1　民國時期楊氏家族往來賬簿（一）

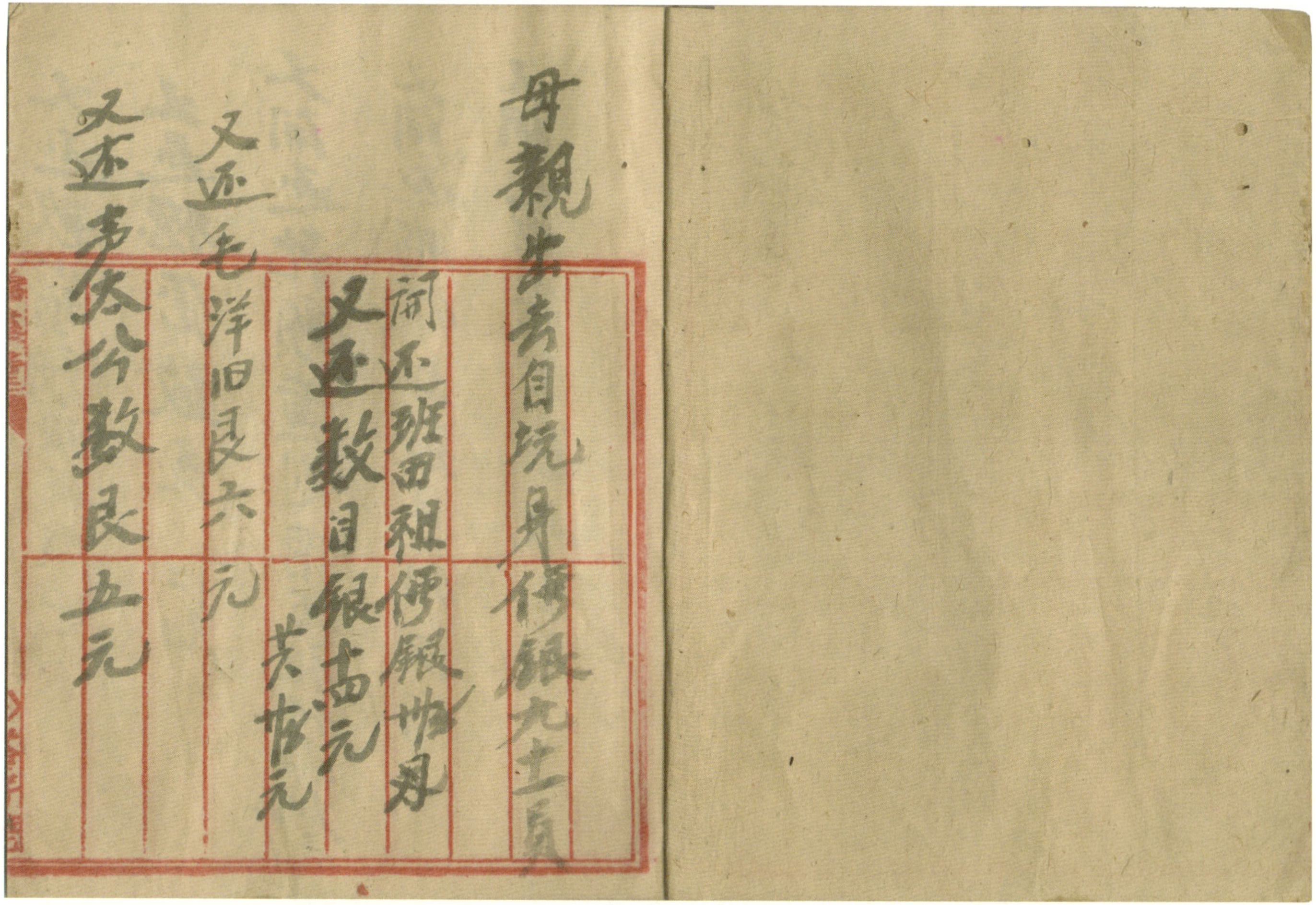
母親出去自坑丹佛銀九十五員
訶還班田租佛銀卅丹
又還數目銀十二元
共拾元
又還毛洋旧艮六元
又還李泰公數艮五元

9-3-57-2　民國時期楊氏家族往來賬簿（二）

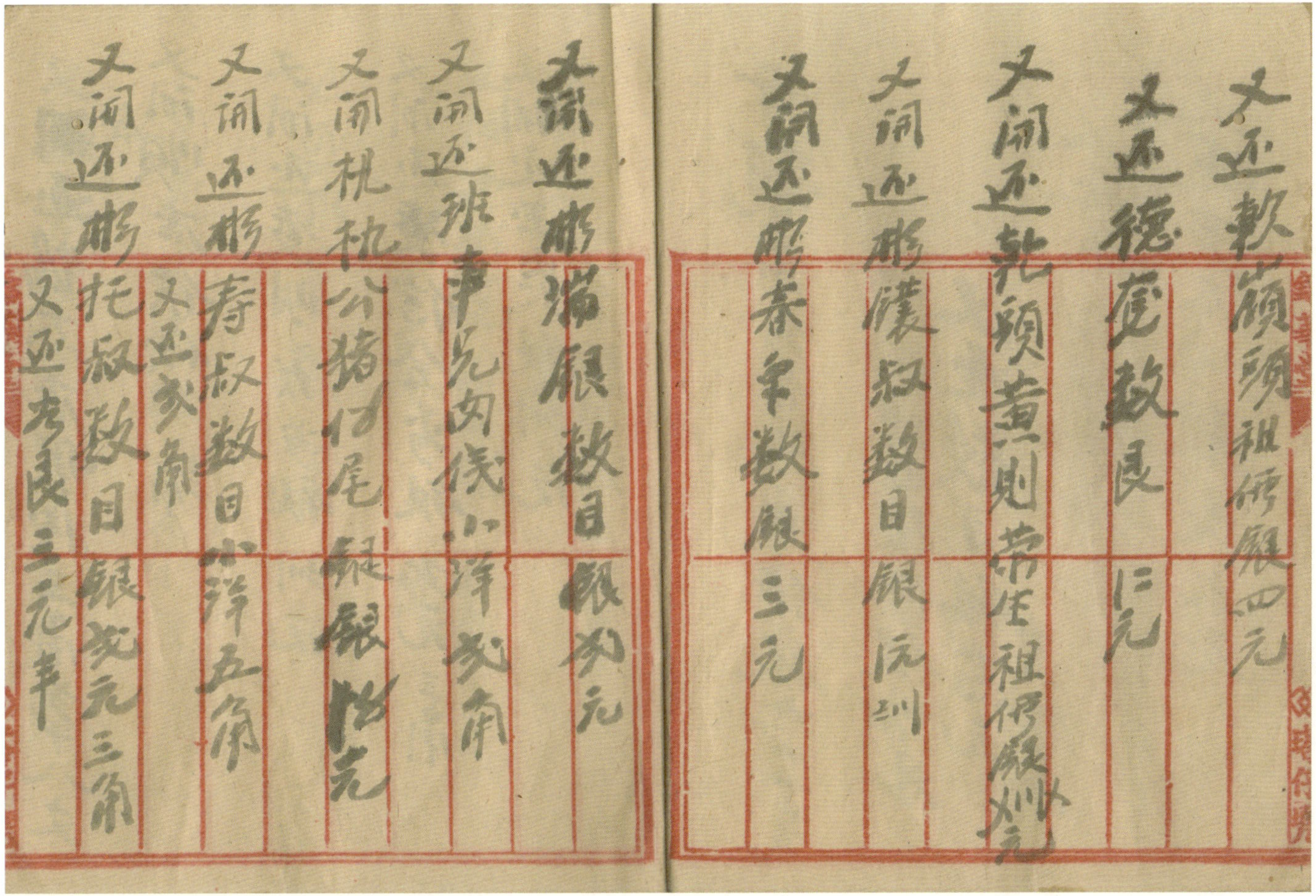

9-3-57-3 民國時期楊氏家族往來賬簿（三）

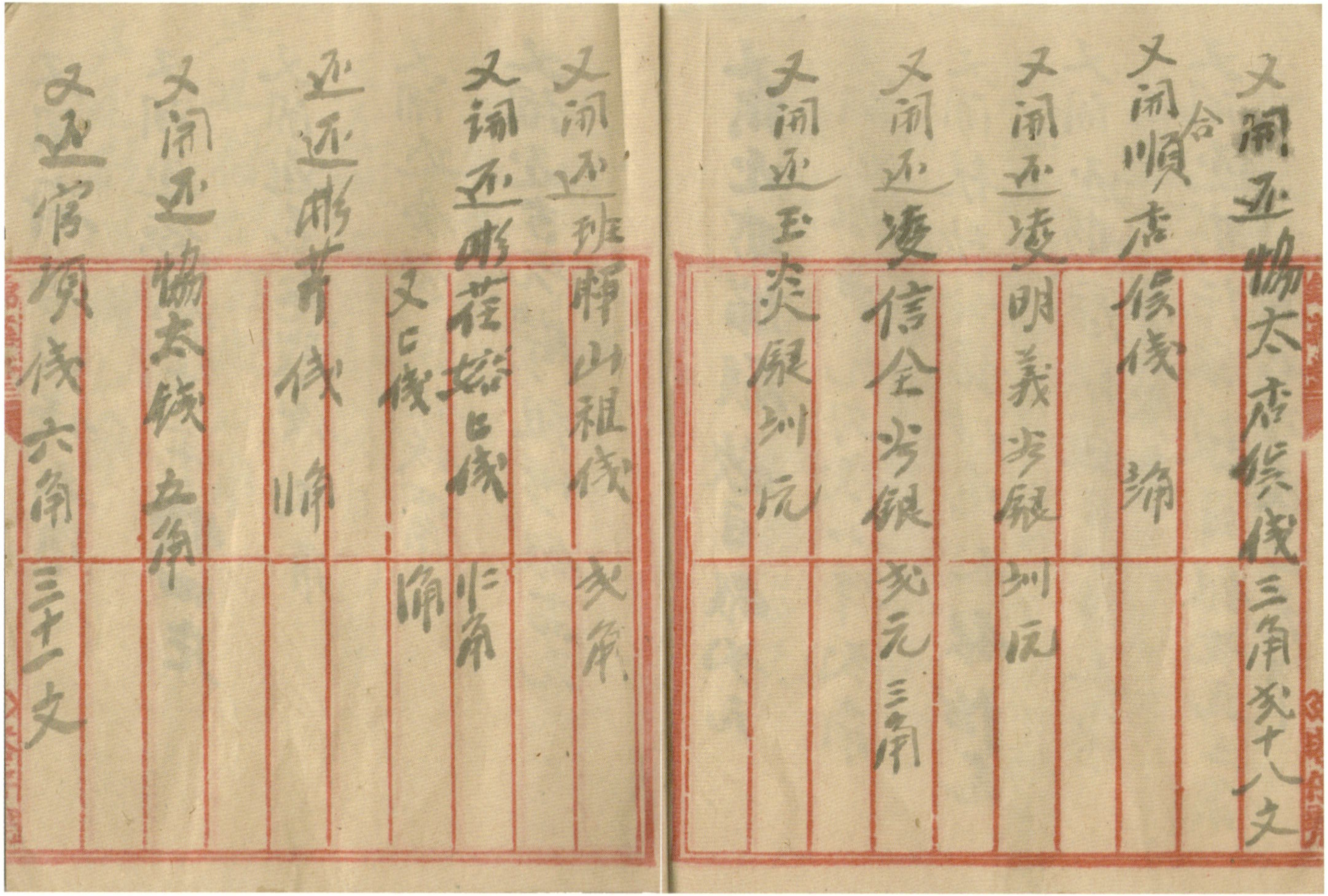

9-3-57-4　民國時期楊氏家族往來賬簿（四）

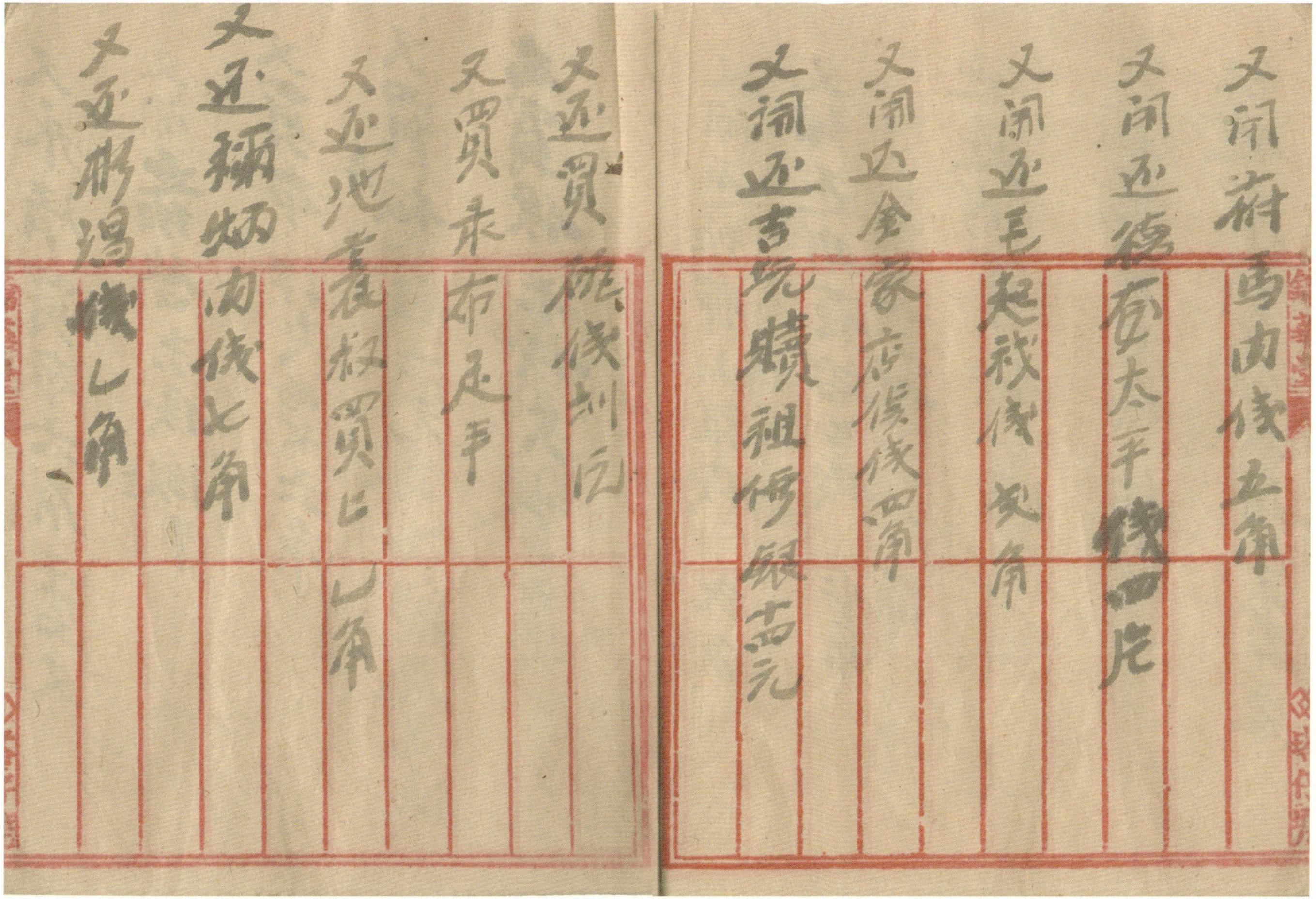
又開府馬肉錢五角
又開延德查太平錢四片
又開延長起戒錢貳角
又開延金家店候錢四角
又開延吉跪贖祖傳銀壹元
又延買龍錢卅元
又買未布足斗
又延池叢叔買七角
又延獼猴肉錢七角
又延彬鴻錢七角

9-3-57-5　民國時期楊氏家族往來賬簿（五）

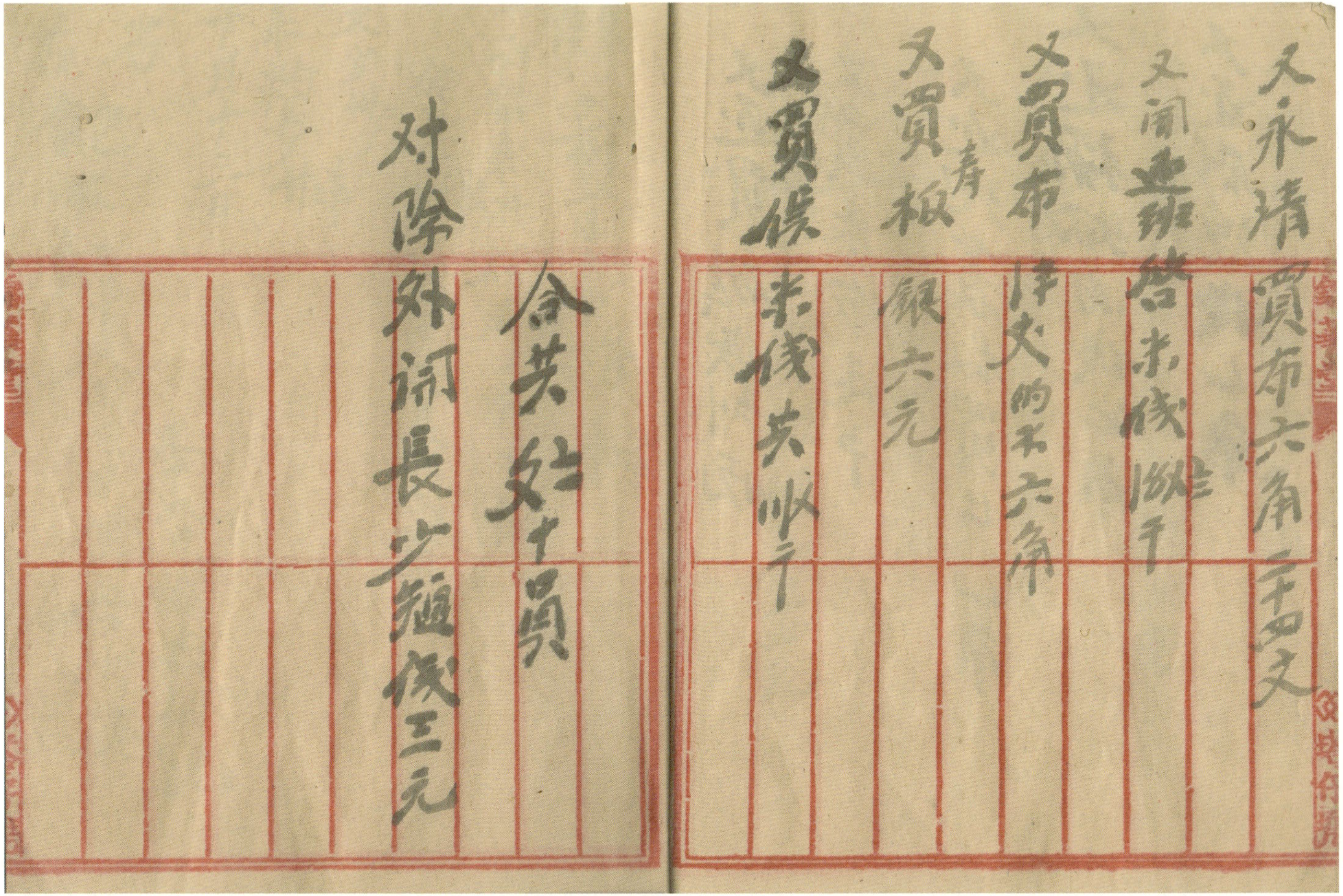
又永清買布六角一千[illegible]文
又閩[illegible]啓米錢[illegible]千
又買布[illegible]六角
又買壽板銀六元
又買[illegible]米錢共[illegible]
合共[illegible]
对除外[illegible]長少錢三元

9-3-57-6　民國時期楊氏家族往來賬簿（六）

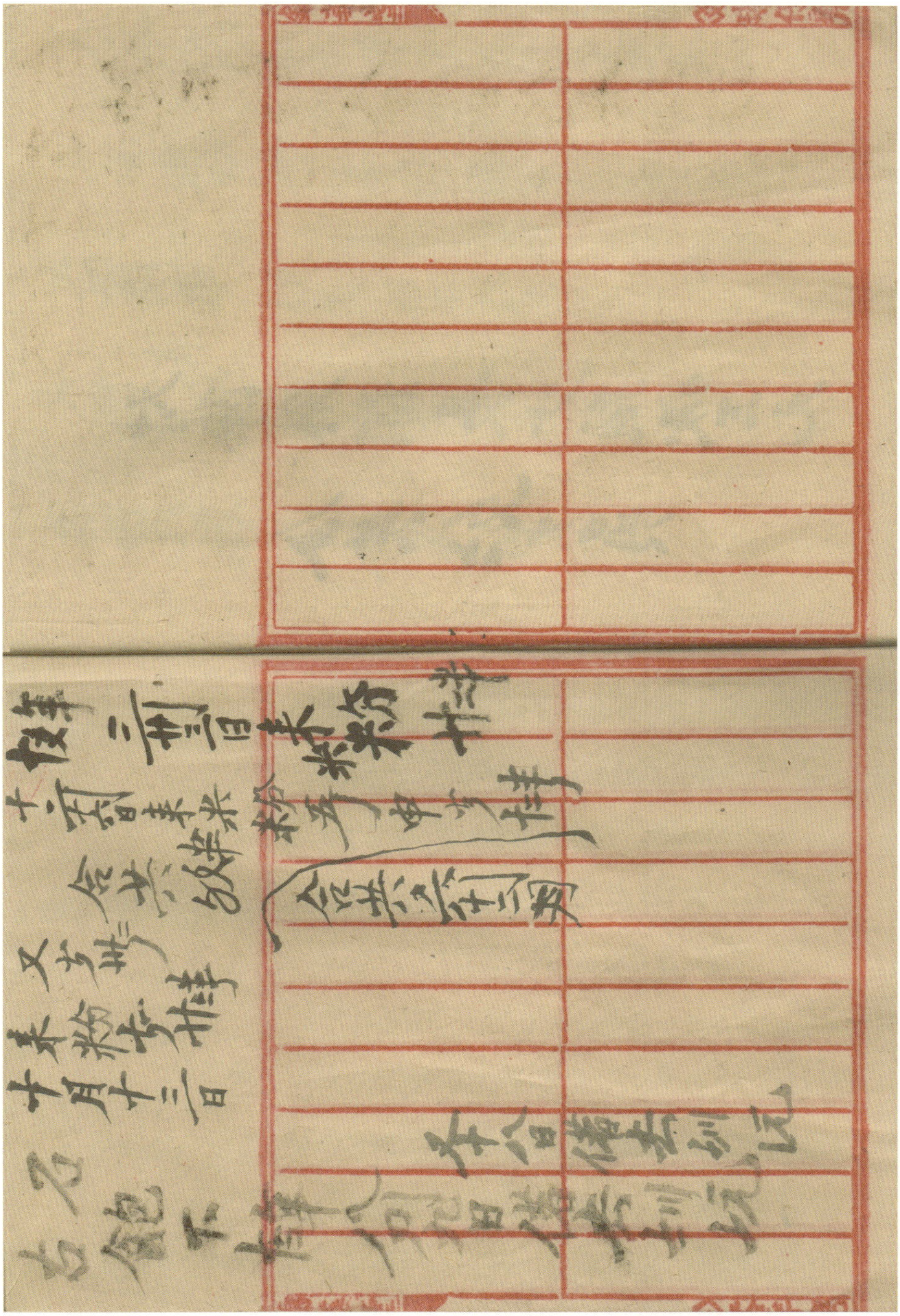

9-3-57-7　民國時期楊氏家族往來賬簿（七）

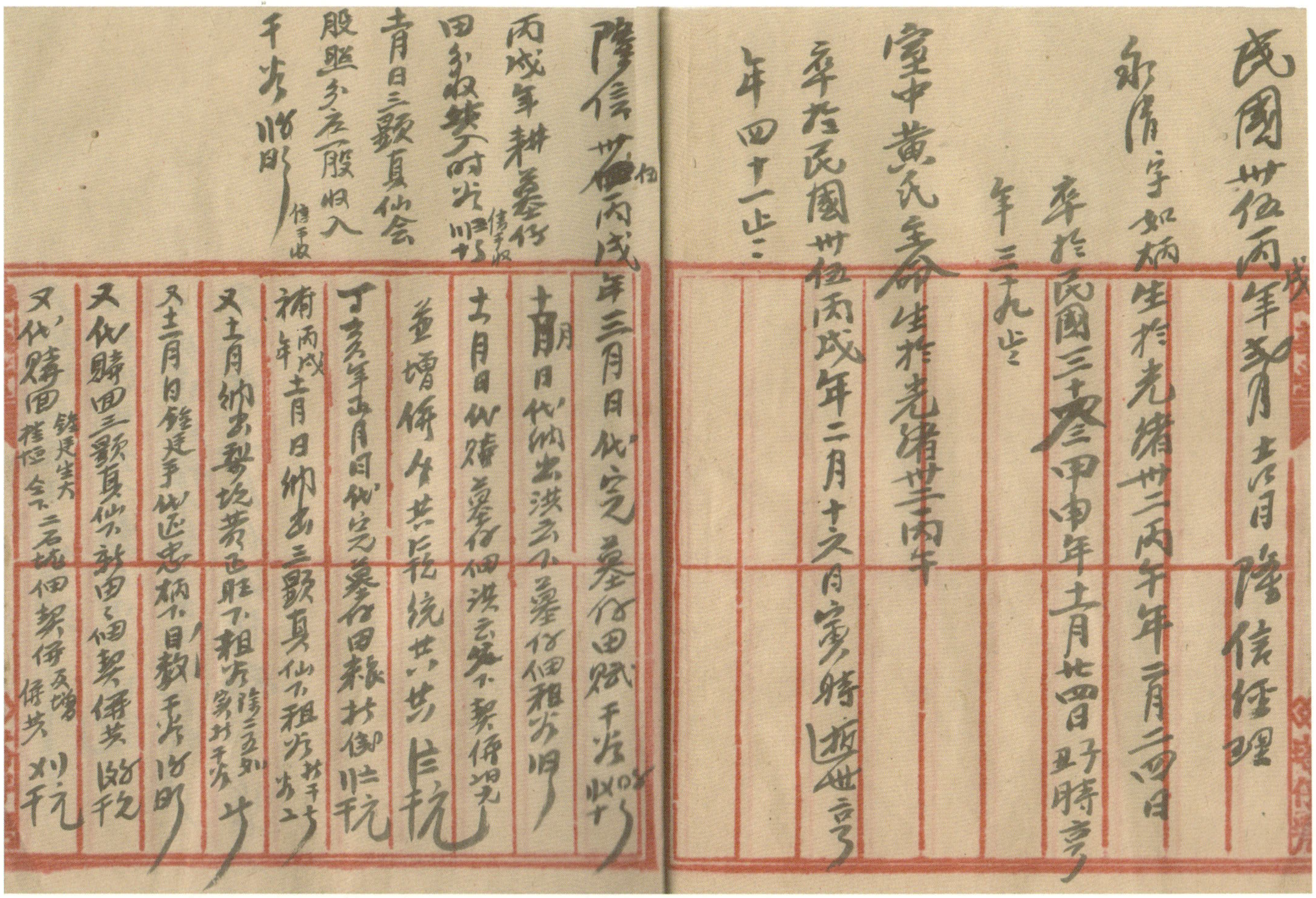

民國卅伍丙戌年柒月十六日陸信經理
永清字如柄生於光緒卅二丙午年十二月二四日
卒於民國三十叁甲申年十一月廿四日丑時亭
年三十九止
室中黃氏全命生於光緒卅三丙午
卒於民國卅伍丙戌年二月十六日寅時逝世亭
年四十一止

陸信卅伍丙戌年三月日代完墓仔田賦干[illegible]
十一月日代納出洪云下墓仔佃租谷[illegible]
十一月日代贖墓仔佃洪云等下契併[illegible]
並墳併合共統共[illegible]
丁亥年正月日代完墓仔田糧[illegible]
補丙戌年十二月日納出三畝真仙下租谷[illegible]
又十二月納出黎坑黃正旺下租谷[illegible]
又十二月日鍾廷夫手代還忠柄下目數[illegible]
又代贖田三畝真仙下新田佃契併共[illegible]
又代贖田[illegible]佃契併[illegible]
丙戌年耕墓仔田分收[illegible]
十二月日三畝真仙会股照分[illegible]股收入
干[illegible]

9-3-57-8　民國時期楊氏家族往來賬簿（八）

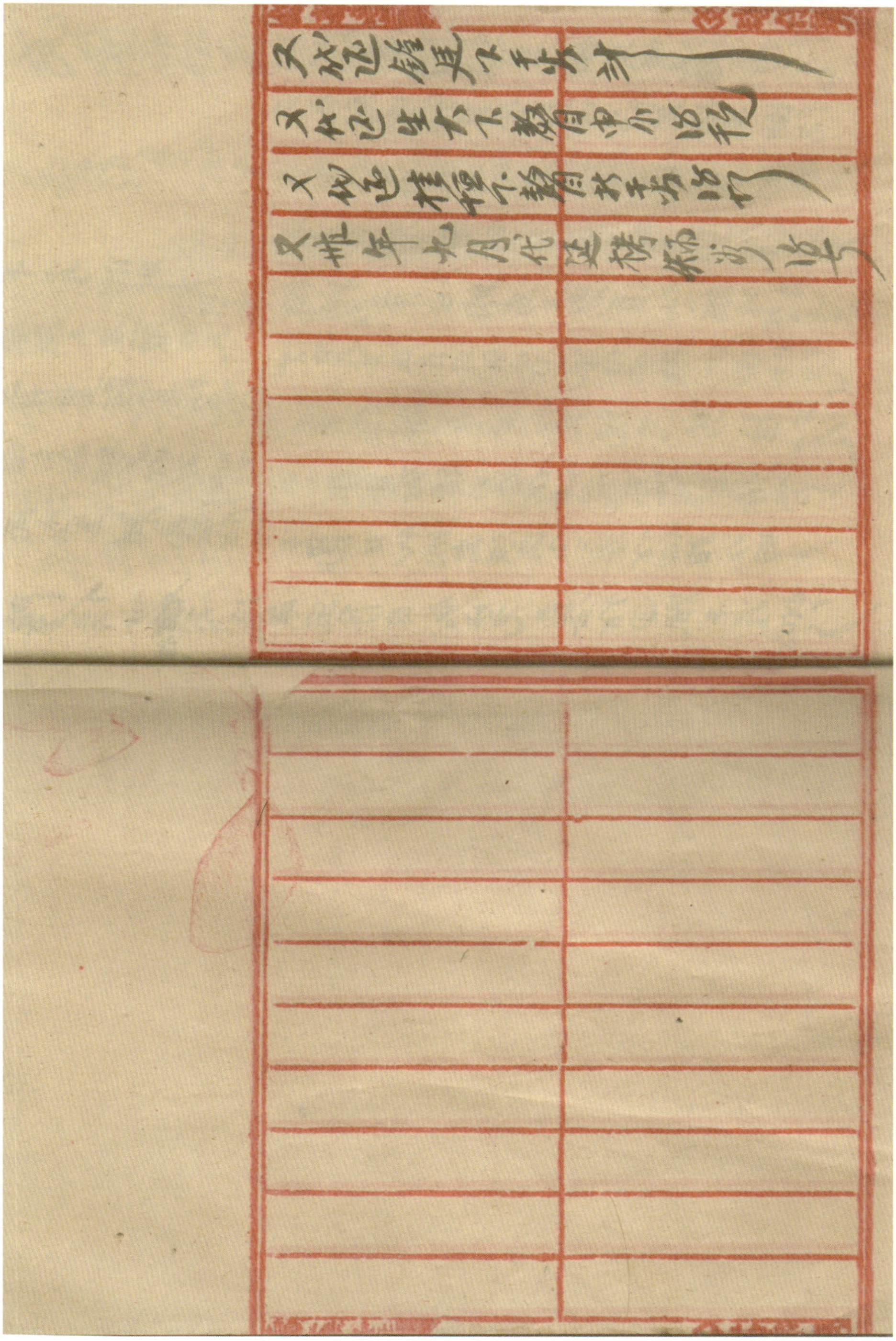

9-3-57-9　民國時期楊氏家族往來賬簿（九）

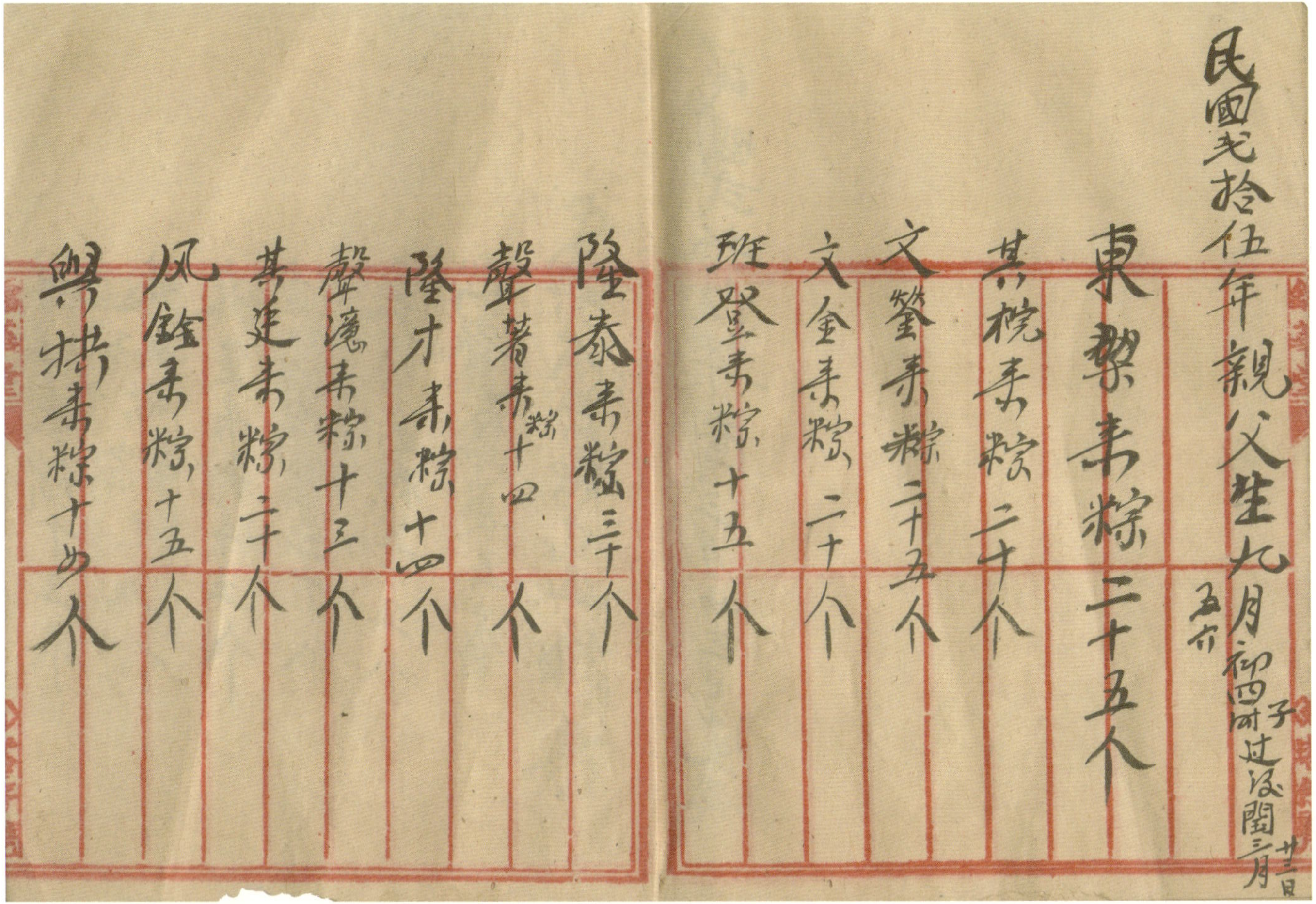
民國廿拾伍年親父生九月（五六）初四子時过後閏三月廿二日

東黎來粽二十五个

其梲來粽二十个

文鑾來粽二十五个

文金來粽二十个

班登來粽十五个

隆泰來粽三十个

聲著來粽十四个

隆才來粽十四个

聲瀛來粽十三个

其廷來粽二十个

凤銓來粽十五个

興拱來粽十四个

9-3-57-10　民國時期楊氏家族往來賬簿（一〇）

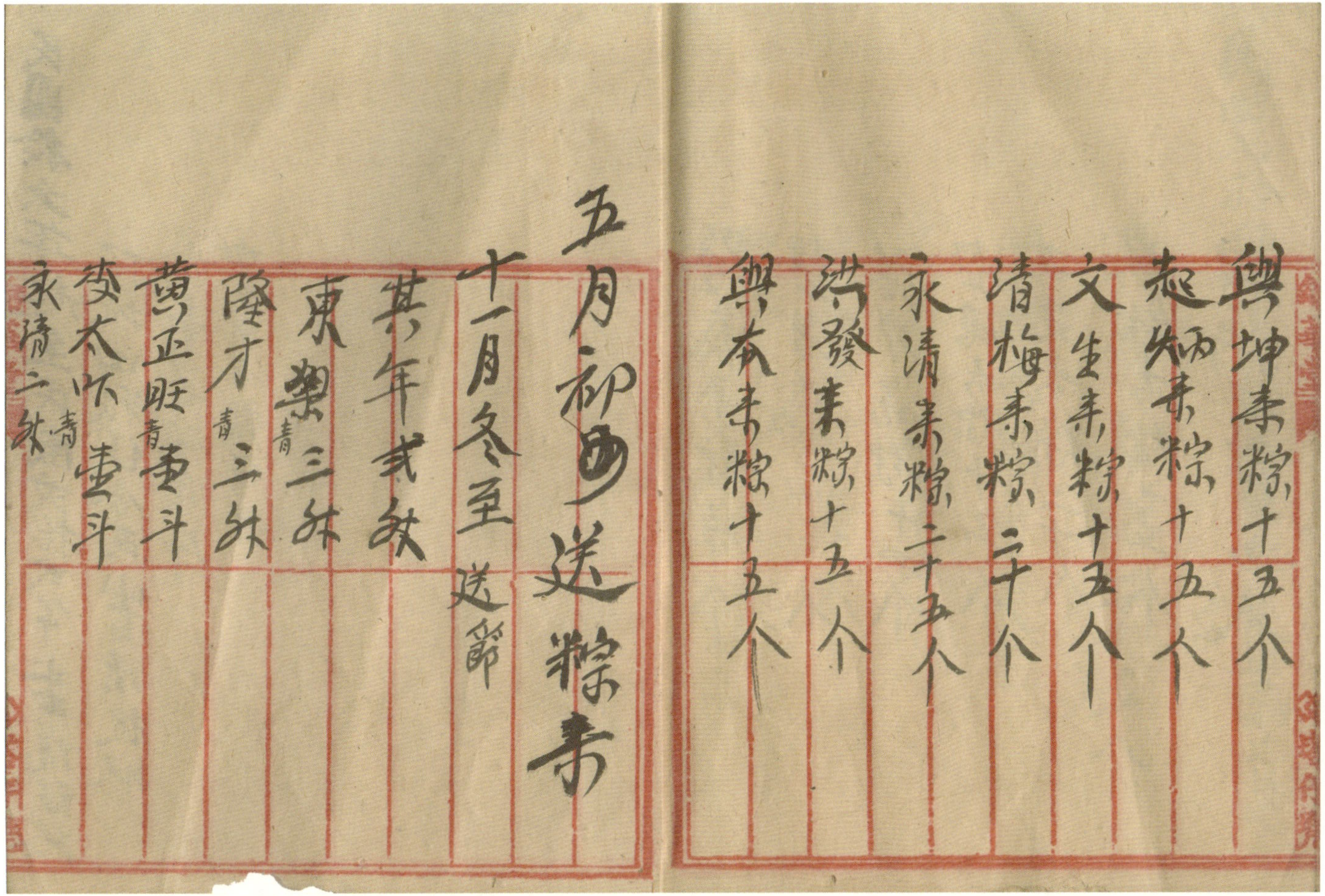
興坤來粽十五个
起炳來粽十五个
文生來粽十五个
清梅來粽二十个
永清來粽二十五个
洪發來粽十五个
興本來粽十五个

五月初四送粽來
十一月冬至送節
其年弍斤
東樂青三斤
隆才青三斤
黃丕旺青壹斗
燮太仆青壹斗
永清二斤

9-3-57-11　民國時期楊氏家族往來賬簿（一一）

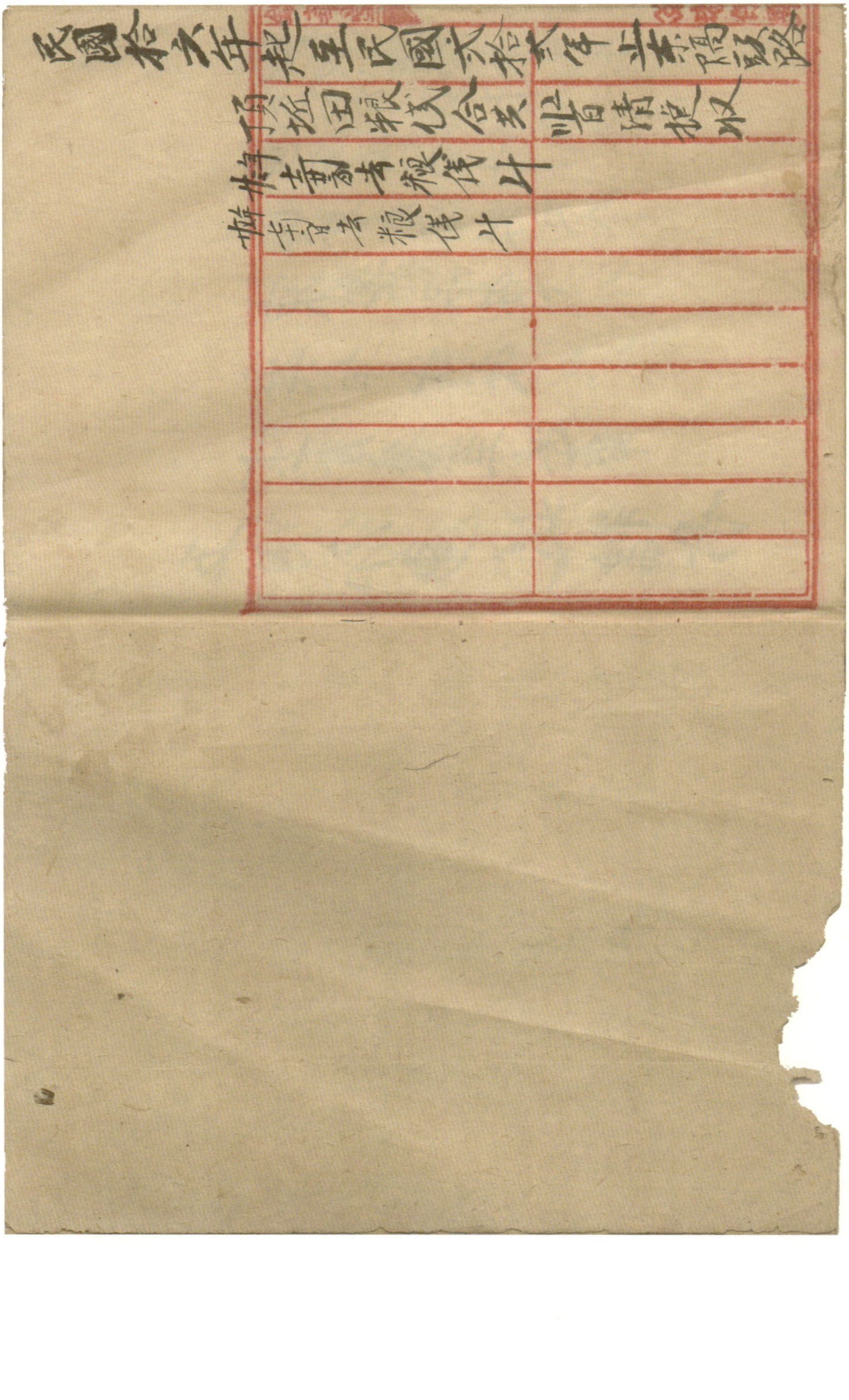

9-3-57-12 民國時期楊氏家族往來賬簿（一二）

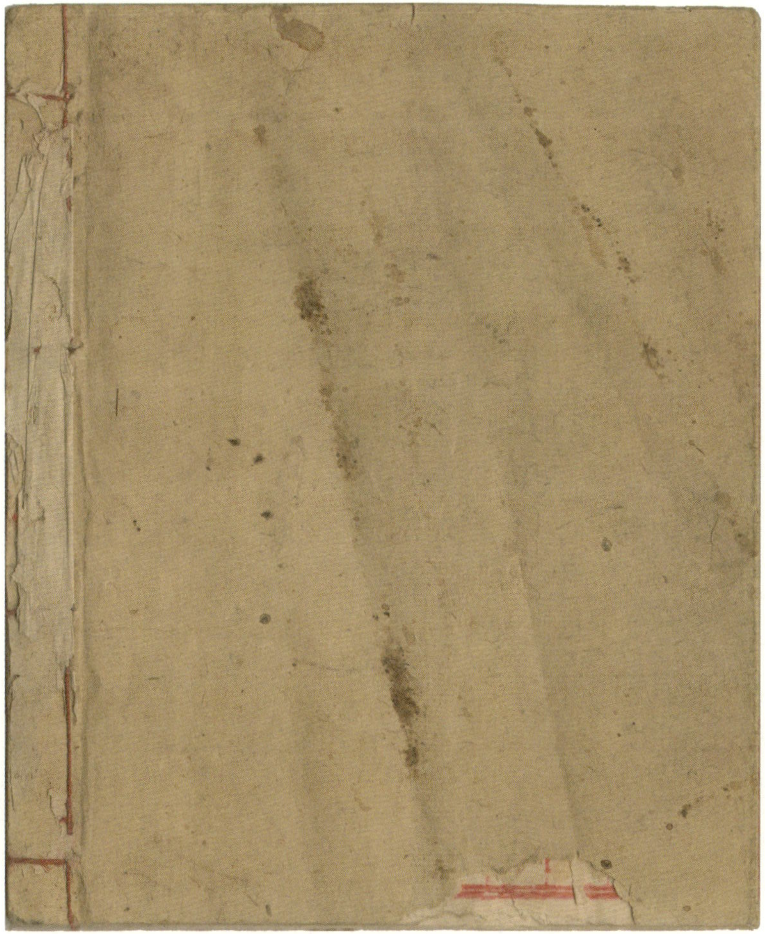

9-3-57-13　民國時期楊氏家族往來賬簿（一三）

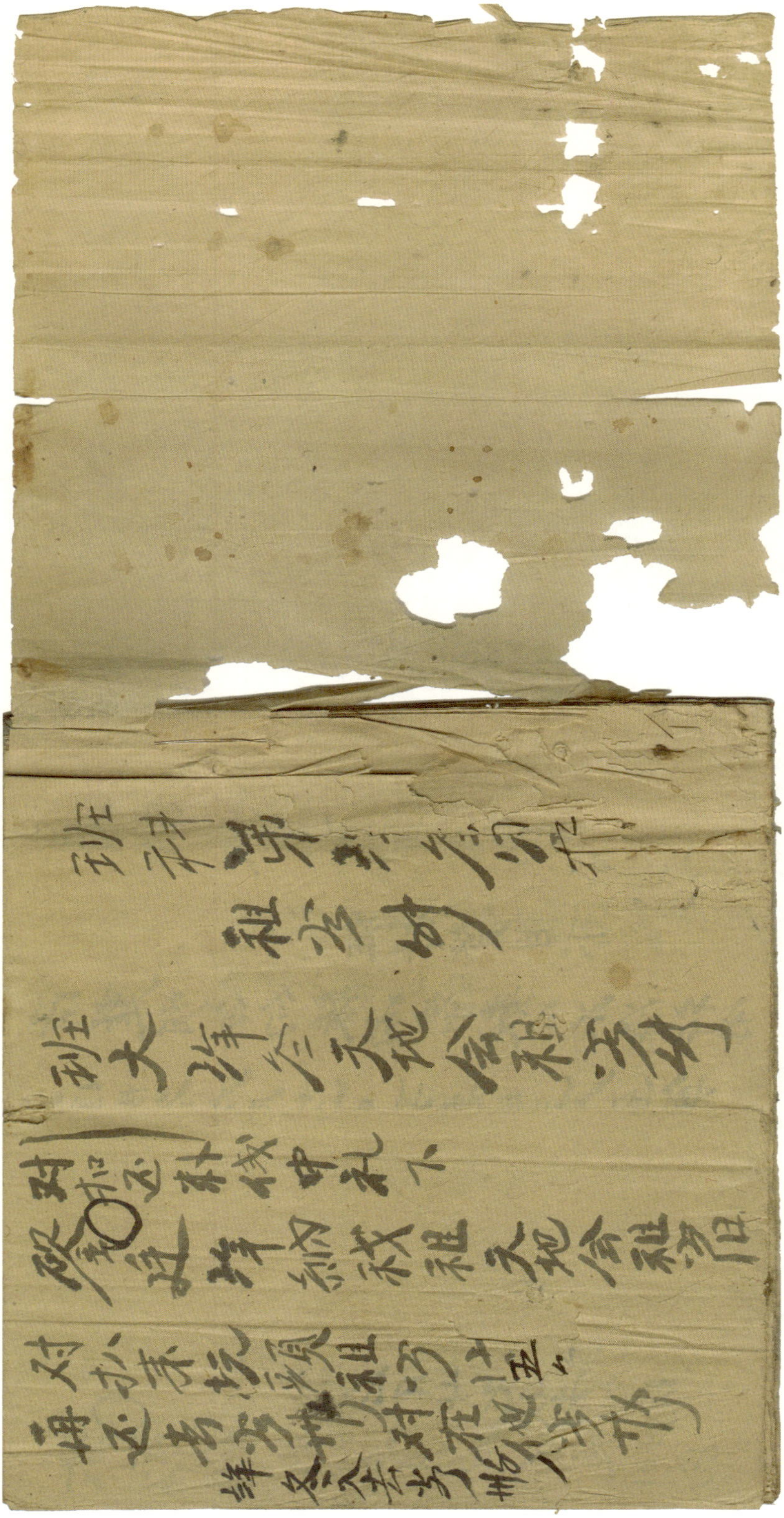

9-3-58-1　民國時期楊氏家族日用賬簿（一）

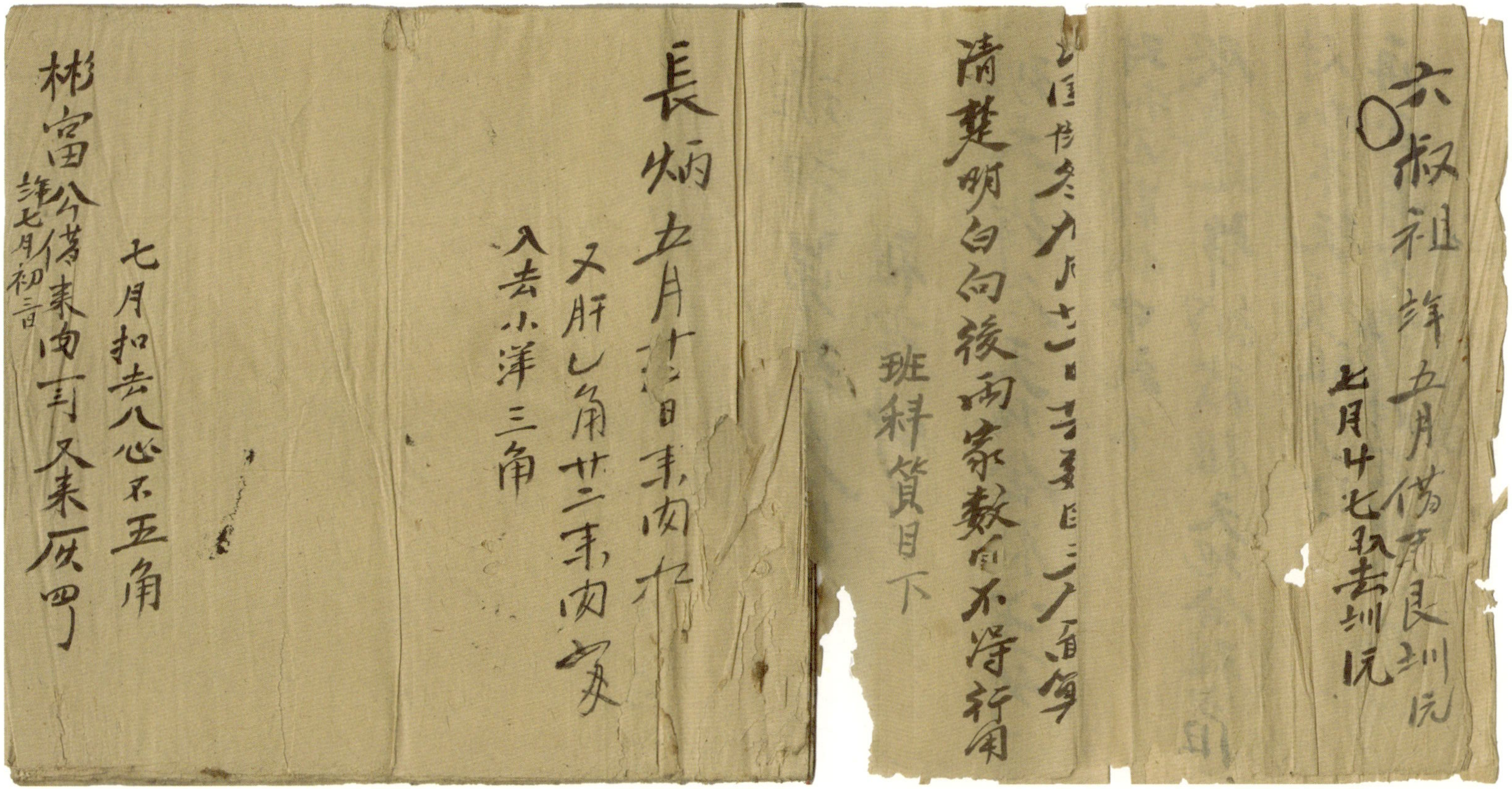
六叔祖詳五月傍良圳坑
七月廿七扒去圳坑
[illegible]
清楚明白向後兩家數目不得行用
班科貿目下
長炳五月十六日來肉十斤
又肝七角廿二來肉四斤
入去小洋三角
彬富公借來肉二斤又來厌四丁
詳七月初三
七月扣去八心不五角

9-3-58-2　民國時期楊氏家族日用賬簿（二）

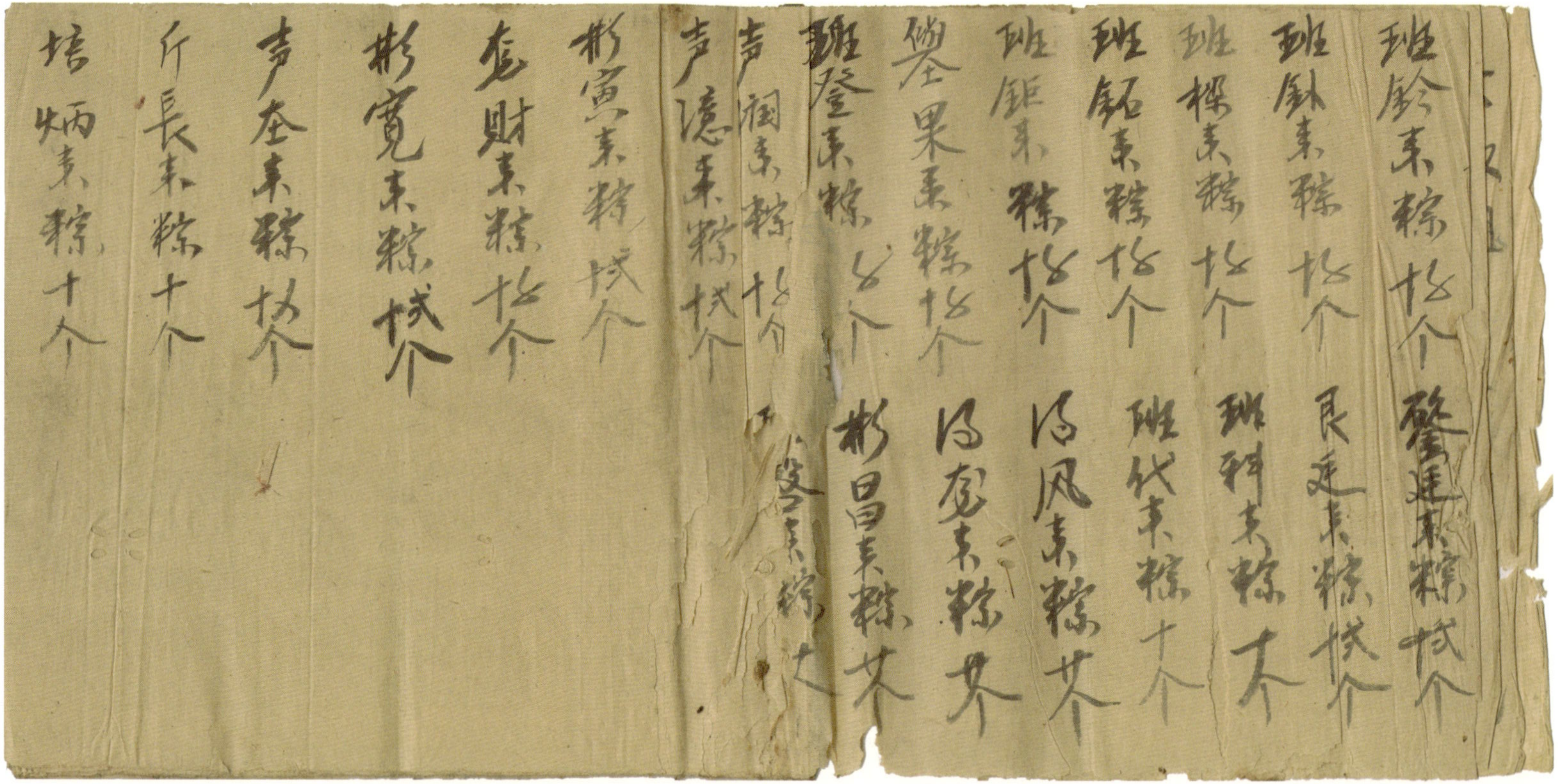

班鈴束粽拾个　發廷束粽拭个
班鈥束粽拾个　民廷束粽拭个
班樑束粽拾个　班科束粽大个
班銘束粽拾个　班代束粽十个
班鉅束粽拾个　冯風束粽廿个
燮果束粽拾个　冯家束粽廿个
班登束粽十个　彬昌束粽廿个
声濶束粽拾个　□登束粽廿个
声德束粽拭个
彬寅束粽拭个
金財束粽拾个
彬寬束粽拭个
声奎束粽拾个
斤長束粽十个
培炳束粽十个

9-3-58-3　民國時期楊氏家族日用賬簿（三）

9-3-58-4　民國時期楊氏家族日用賬簿（四）

9-3-58-5　民國時期楊氏家族日用賬簿（五）

第四帙　楊周祥户

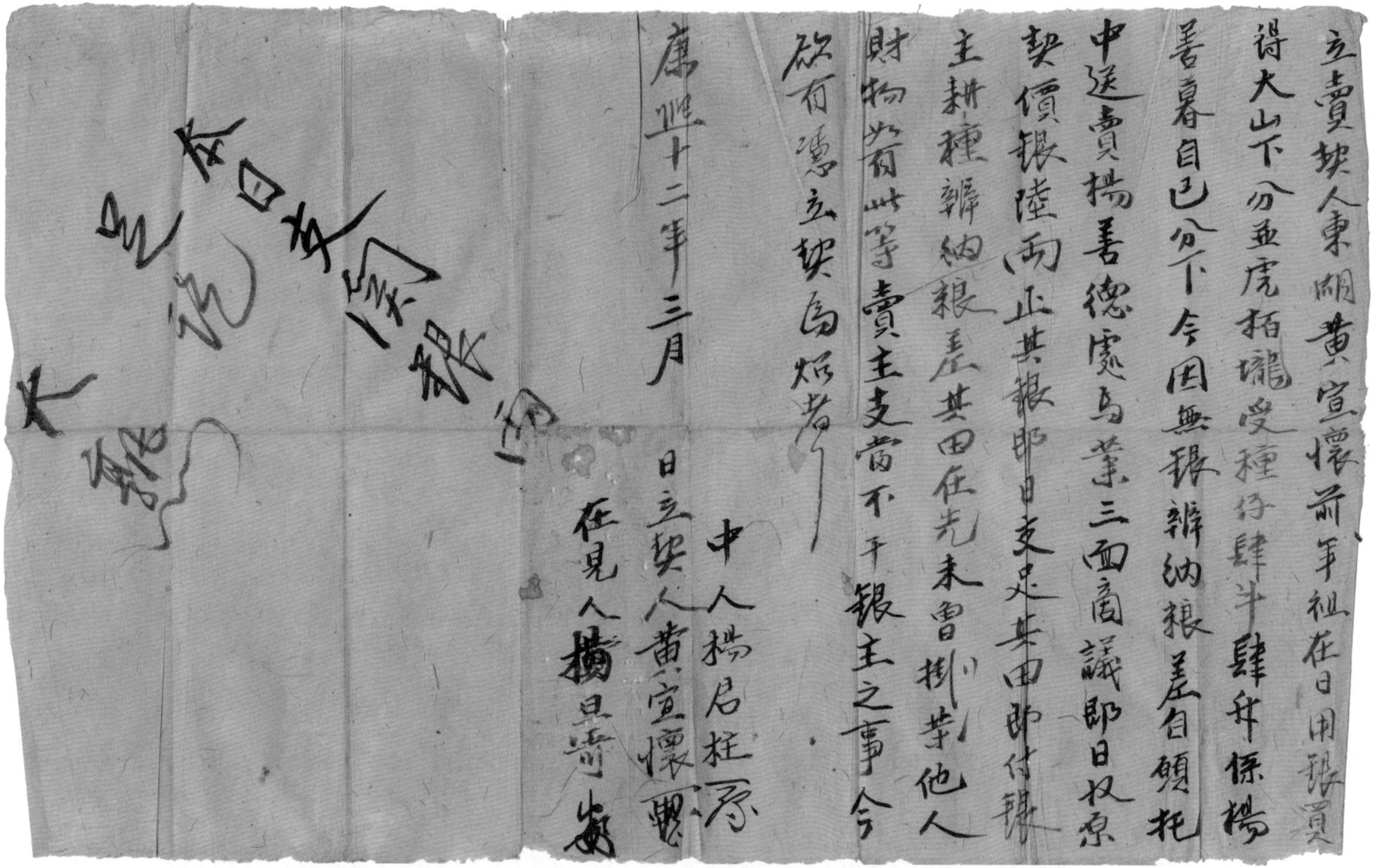

立賣契人東湖黃宣懷前手祖在日用銀買
得大山下分孟虎栢壠受種肆斗肆升係楊
善暮自己分下今因無銀辦納粮差自願托
中送賣楊善德處為業三面商議即日收京
契價銀陸兩正其銀即日交足其田即付銀
主耕種辦納粮差其田在先未曾掛荓他人
財物并有此等賣主支當不干銀主之事今
欲有憑立契為炤者

康熙十二年三月　日立契人黃宣懷
中人楊居柱
在見人楊旦哥

9-4-1-1　清康熙十二年三月東湖黃宣懷立賣田契

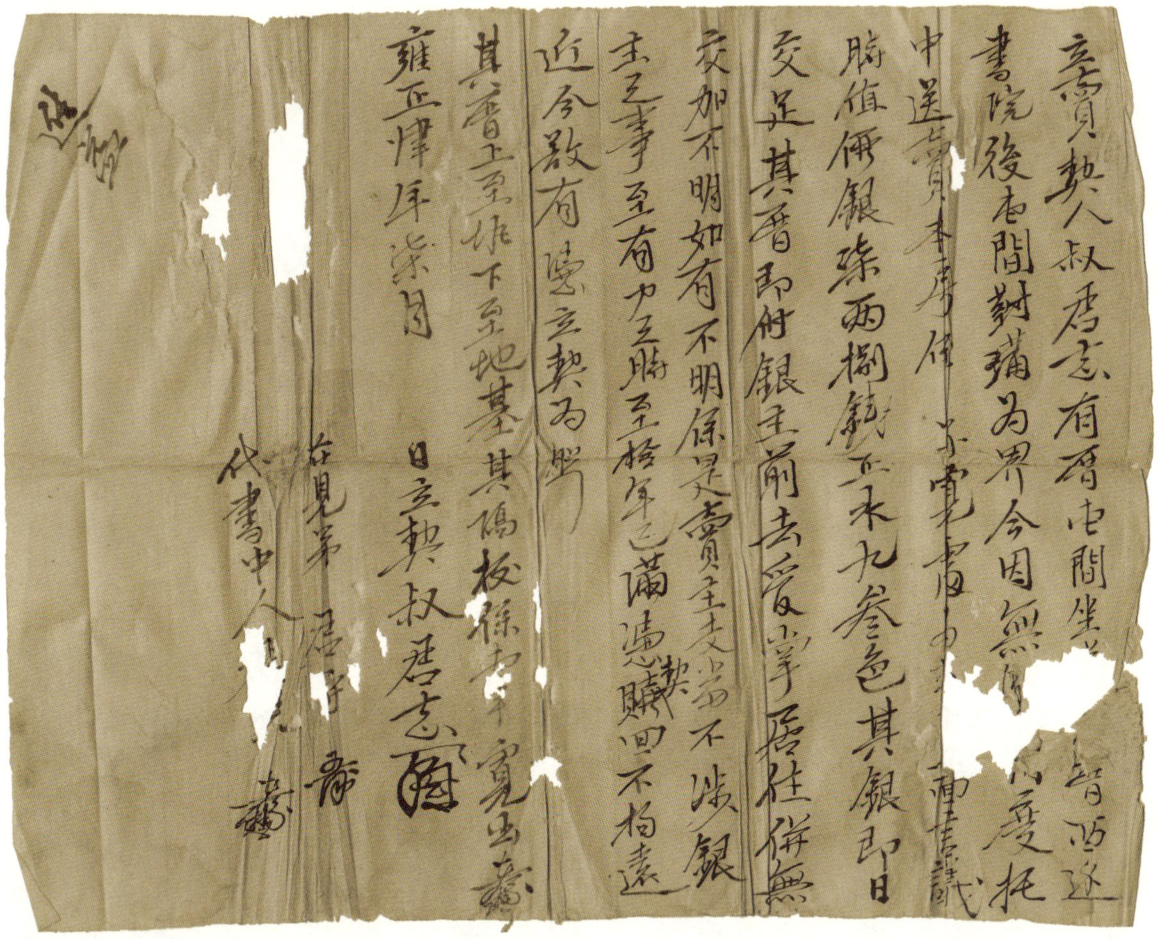
立賣契人叔君志有厝屯間坐落[illegible]背西边
書院後屯間對捕為界今因無[illegible]度托
中送賣本房侄[illegible]出首承當[illegible]面言議
時值價銀柒两捌錢正禾九叁色其銀即日
交足其厝即付銀主前去管掌居住併無
交加不明如有不明係是賣主支當不涉銀
主之事至有力之時至拾年已滿憑契贖回不拘遠
近今欲有憑立契為炤
其厝上至𣝅下至地基 其隔板係[illegible]賣出[illegible]
雍正肆年柒月　日立契叔君志（押）
在見弟　君[illegible]（押）
代書中人　[illegible]（押）

9-4-1-2　清雍正四年七月楊君志立賣厝契

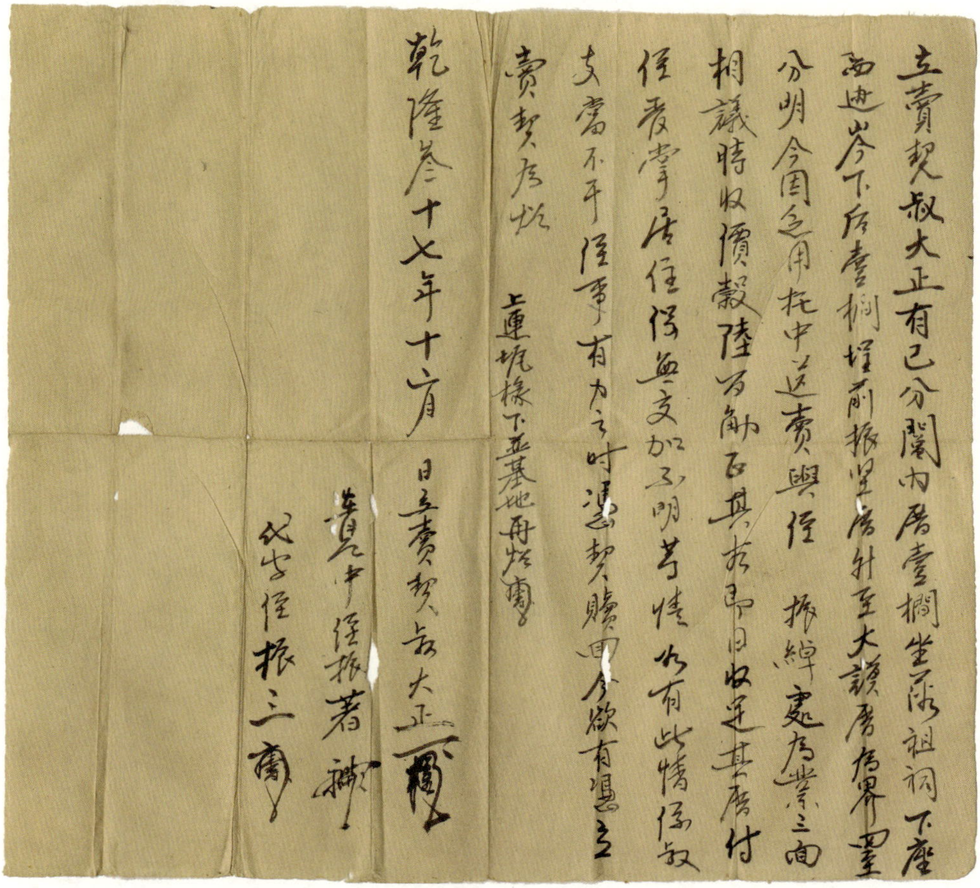

立賣契叔大正有己分閣內厝壹櫚坐落祖祠下座
西边山今下厝壹櫚埕前振坐厝外至大護厝為界墨
分明今因乏用托中送賣與侄　振綽　建為業三面
相議時收價穀陸石觔正其穀即日收足其厝付
侄前去掌管居住保無支加不明等情如有此情係叔
支當不干侄事有力之时照契贖回今欲有憑立
賣契為炤　　上連坑椽下並基地再炤
乾隆叁十七年十二月　日立賣契叔大正（押）
在見中侄振著（押）
代字侄振三（押）

9-4-1-3　清乾隆三十七年十二月楊大正立賣厝契

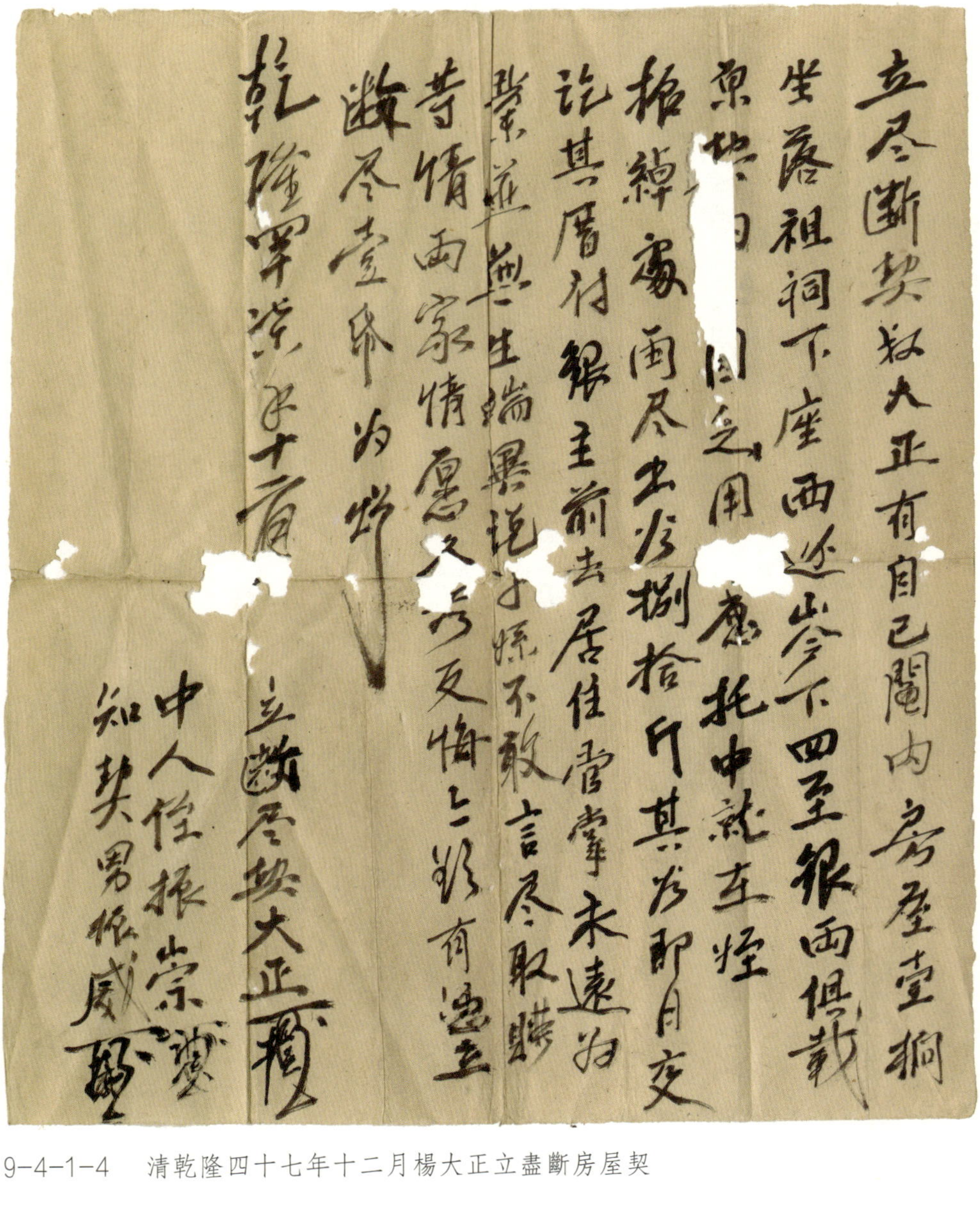
立盡斷契叔大正有自己閹内房屋壹間
坐落祖祠下座西邊岑下四至銀兩俱載
原契。今因[illegible]之用，憑托中就在侄
格緯處再盡出價捌拾斤，其價即日交
訖，其屋付銀主前去居住管掌，永遠為
業，並無生端異説，子孫不敢言盡取贖。
其情兩家情愿，各無反悔，今欲有憑，立
斷盡壹紙為照。
乾隆四十七年十二月　日
立斷盡契大正（押）
中人侄振崇（押）
知契男振威（押）

9-4-1-4　清乾隆四十七年十二月楊大正立盡斷房屋契

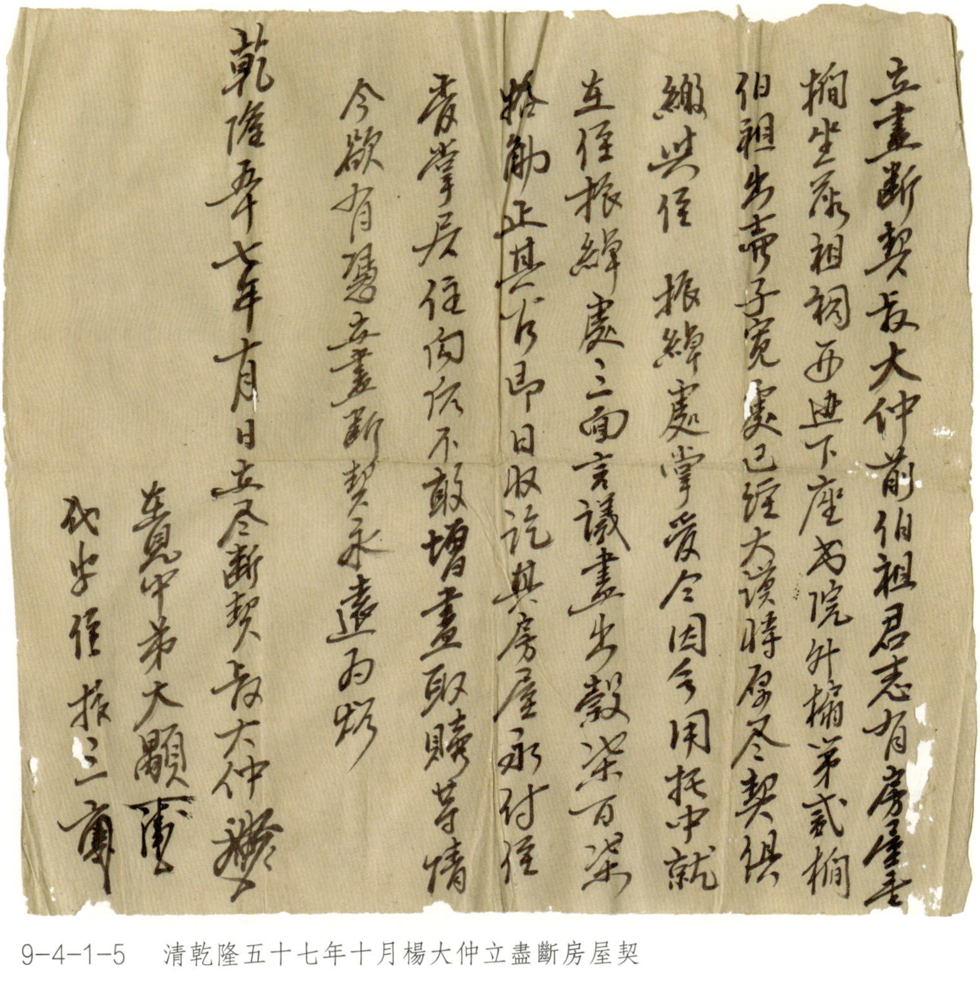

立盡斷契友大仲前伯祖君志有房屋壹
栒坐落祖祠西邊下座右院外搧第貳栒
伯祖出賣于寬袁已經大謨時房屋契据
繳與侄 振緯處掌管今因乏用托中就
立侄振緯處三面言議盡出穀柒百柒
拾觔正其穀即日收訖其房屋永歸侄
處掌管侄向後不敢增盡取贖等情
今欲有憑立盡斷契永遠為照
乾隆五十七年十月 日立盡斷契友大仲
在見中弟大顯
代字侄 振三

9-4-1-5　清乾隆五十七年十月楊大仲立盡斷房屋契

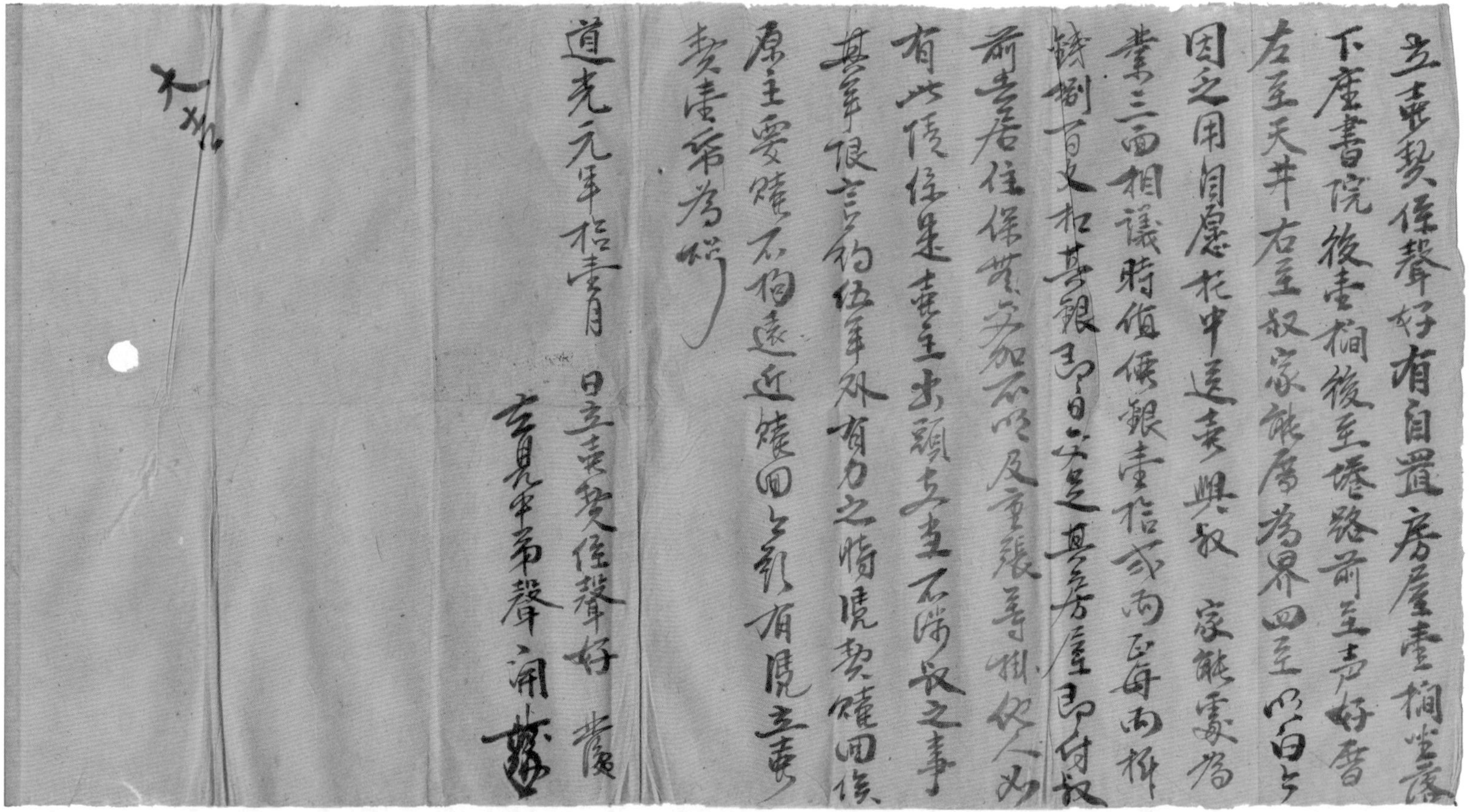

立賣契侄聲好有自置房屋壹桐坐落
下座書院後壹桐後至墻路前至声好厝
左至天井右至叔家祿厝爲界四至明白今
因乏用自愿托中送賣與叔 家祿處爲
業三面相議時値價銀壹拾弍兩正每兩捌
錢捌百文扣其銀即日交足其房屋即付叔
前去居住保其家加不明及重張等情侄一力
有此係侄是賣主出頭支当不涉叔之事
其年限言約伍年外有力之時憑契贖回侄
原主要贖不拘遠近贖回今欲有憑立賣
契壹帋爲炤

道光元年拾壹月 日立賣契侄聲好 押
在見中弟聲開 押

大利

9-4-1-6　清道光元年十一月楊聲好立賣房屋契

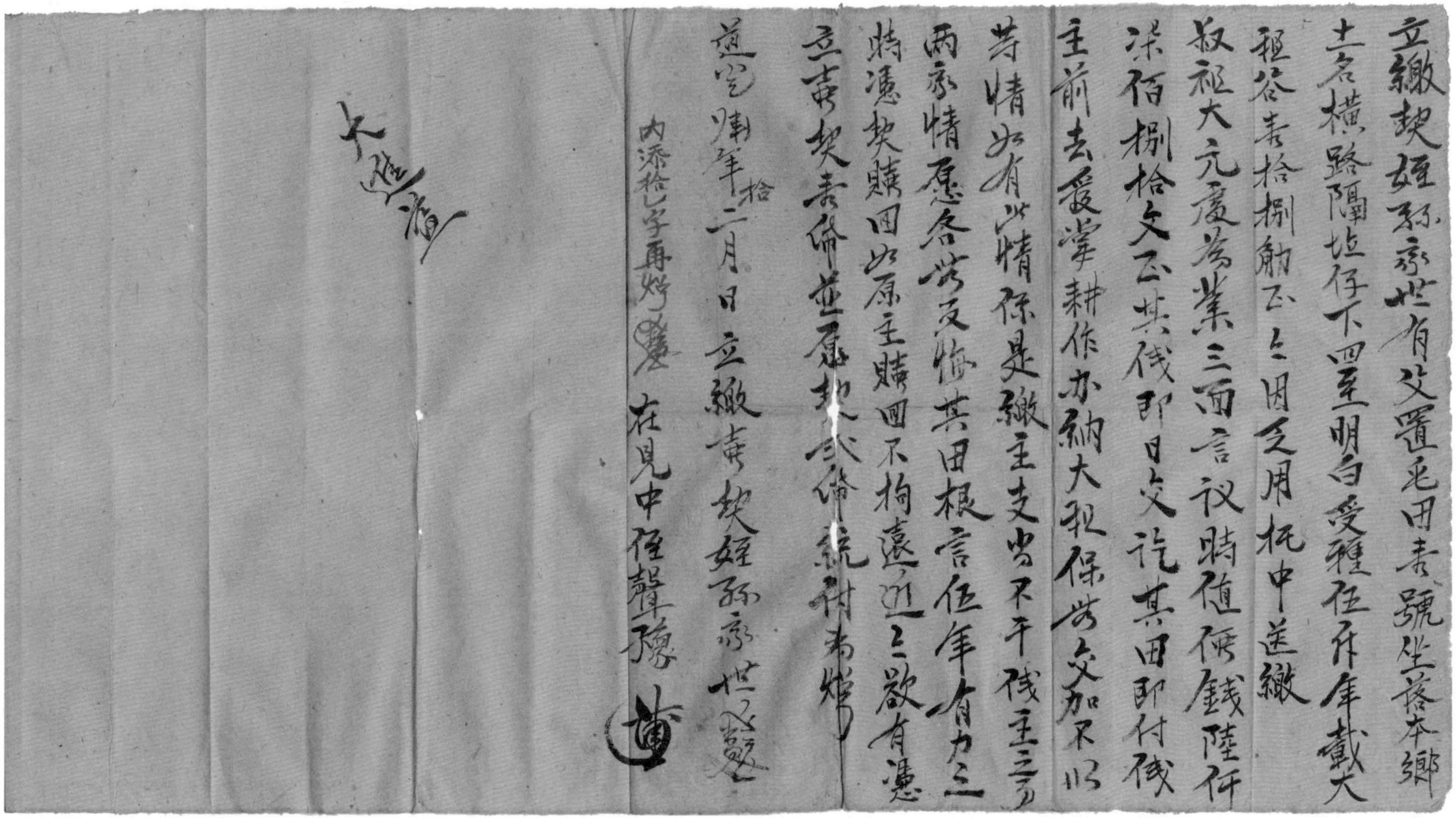

立缴契姪孫家世有父置屯田壹號坐落本鄉
土名横路隔垃仔下四至明白受種伍斤年載大
租谷壹拾捌觔正今因乏用托中送缴
叔祖大元處為業三面言议時值價錢陸仟
柒佰捌拾文正其錢即日交訖其田即付錢
主前去發掌耕作办納大租保此文加不明
等情如有此情係是缴主支当不干錢主之事
兩家情愿各無反悔其田根言伍年有力之
時憑契贖回如原主贖回不拘遠近之欵有憑
立缴契壹紙並愿契壹紙統付為炤
道光肆年拾二月　日　立缴契姪孫家世
内添拾乙字再炤　在見中侄聲豫
大進[illegible]

9-4-1-7　清道光四年十二月楊家世立繳賣屯田契

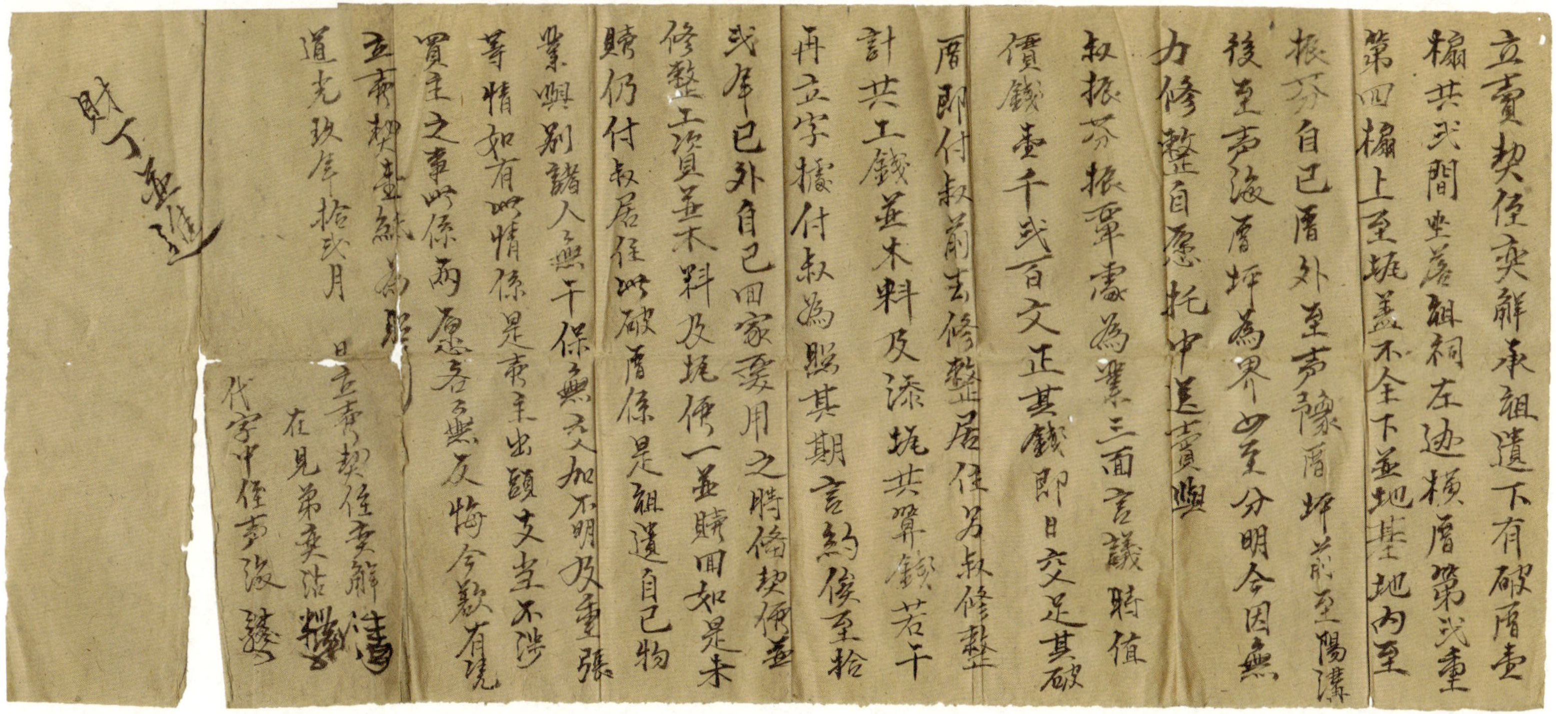
立賣契侄奕解承祖遺下有破厝壹
橺共弍間坐落祖祠左邊橫厝第弍重
第四橺上至瓦蓋不全下並地基地內至
振芬自己厝外至聲豫厝坪前至陽溝
後至聲海厝坪為界四至分明今因無
力修整自愿托中送賣與
叔振芬振翬處為業三面言議時值
價錢壹千弍百文正其錢即日交足其破
厝即付叔前去修整居住另叔修整
計共工錢並木料及添瓦共算錢若干
再立字據付叔為照其期言約候至拾
弍年已外自己回家要用之時備契價並
修整工資並木料及瓦價一並贖回如是未
贖仍付叔居住此破厝係是祖遺自己物
業與別房諸人無干保無交加不明及重張
等情如有此情係是賣主出頭支當不涉
買主之事此係兩愿各無反悔今欲有憑
立賣契壹紙為照
道光玖年拾弍月　日立賣契侄奕解（押）
在見弟奕治（押）
代字中侄聲波（押）
財丁並進

9-4-1-8　清道光九年十二月楊奕解立賣破厝契

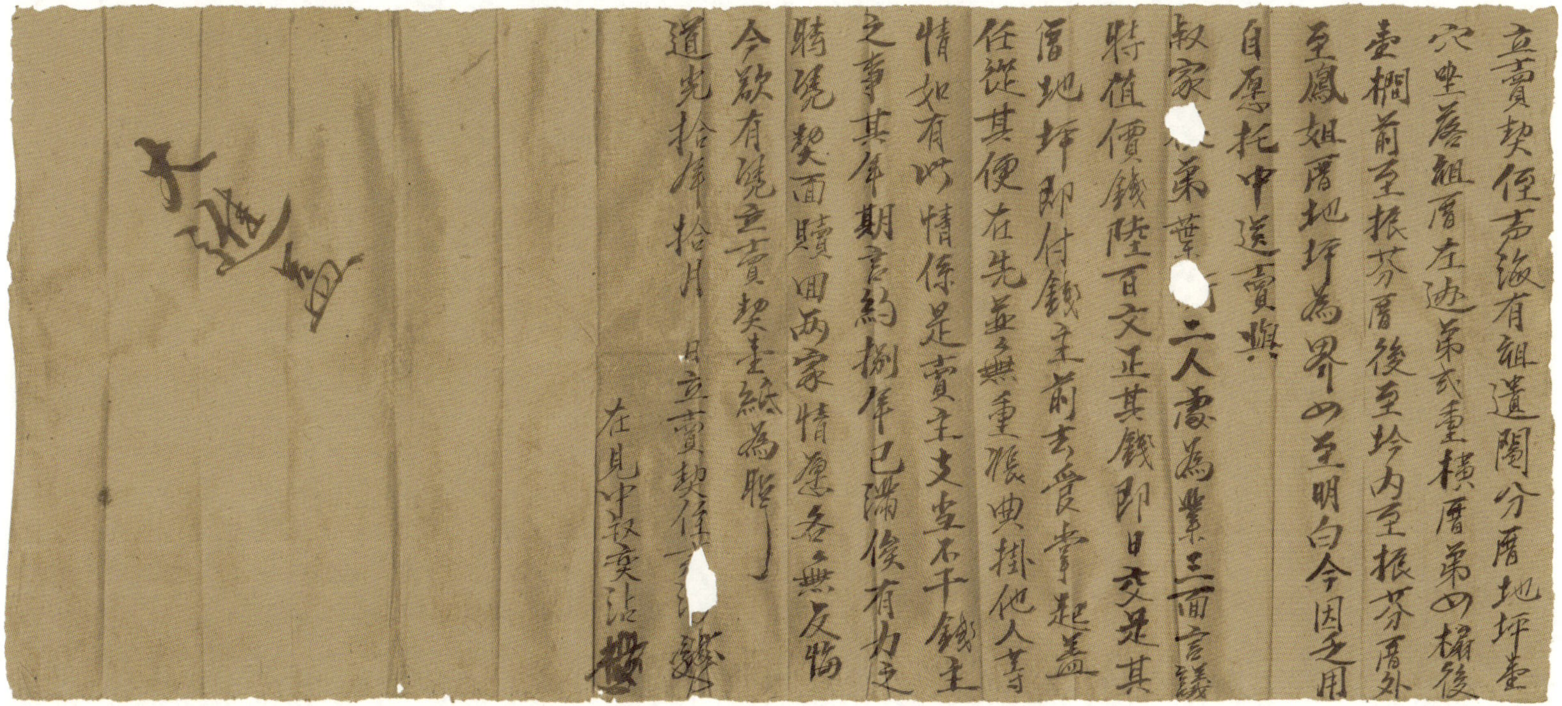
立賣契侄声海有祖遺閹分厝地坪壹
穴坐落祖厝左邊第弍重橫厝第四櫚後
壹櫚前至振芬厝後至坽内至振芬厝外
至鳳姐厝地坪為界四至明白今因乏用
自愿托中送賣與
叔家□弟葉□二人處為業三面言議
時值價錢陸百文正其錢即日交足其
厝地坪即付錢主前去管掌起蓋
任從其便在先並無重張典掛他人等
情如有此情係是賣主支当不干錢主
之事其年期言約捌年已滿俟有力之
時憑契面贖回兩家情愿各無反悔
今欲有憑立賣契壹紙為照」
道光拾年拾月　日立賣契侄□声海
在見中叔宴沾

9-4-1-9　清道光十年十月楊声海立賣厝地坪契

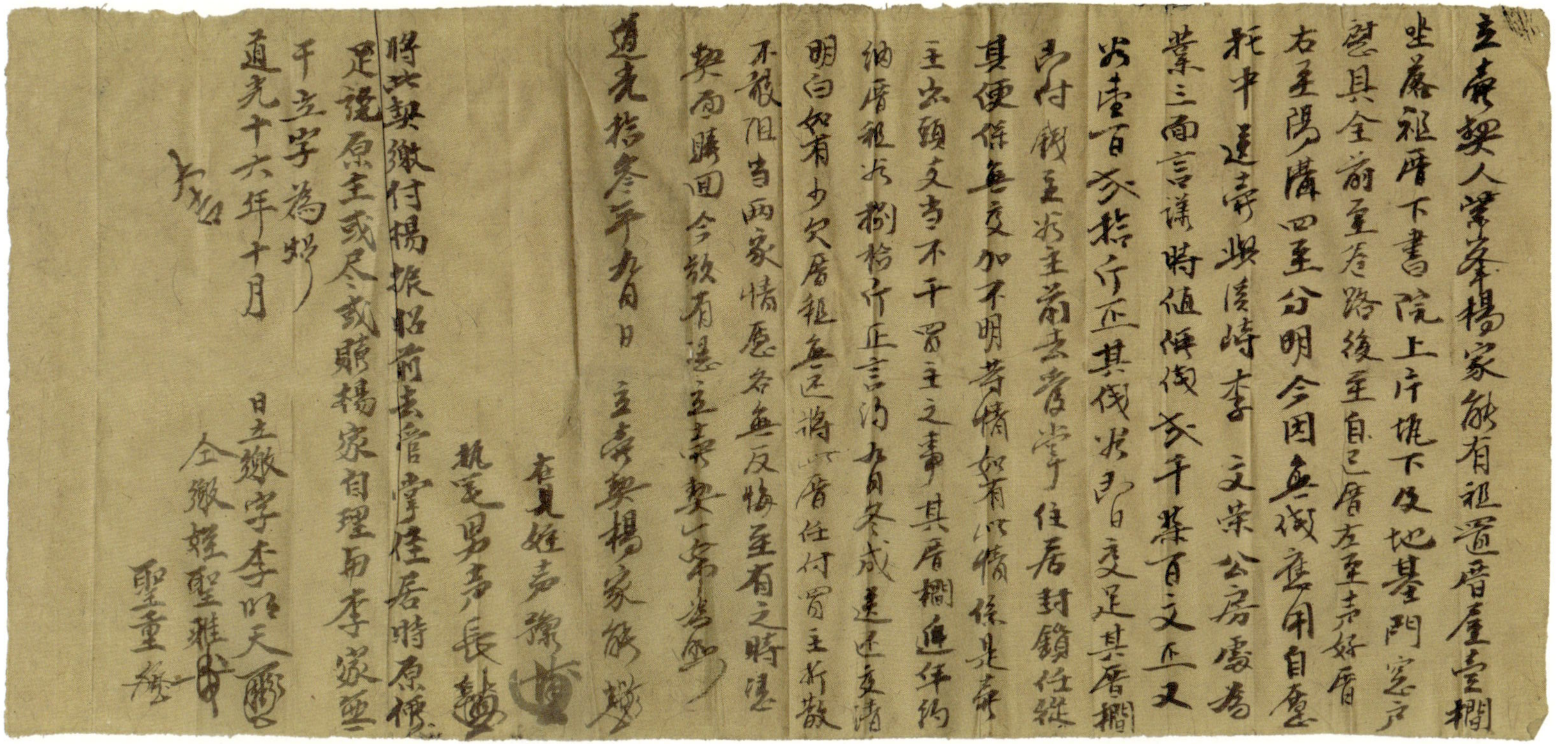
立賣契人堂叔楊家能有祖置厝屋壹欄
坐落祖厝下書院上片壠下，及地基門窓戶
扇具全，前至巷路，後至自己厝，左至聲好厝，
右至陽溝，四至分明。今因無錢應用，自愿
托中送與堂侄李 文榮公房處為
業，三面言議時值價錢弍千柒百文正，又
出壹百文，指行正，其錢即日交足，其厝欄
即付錢主前去管掌住居，封鎖任從
其便。係無交加不明等情，如有此情，係是本
主出頭支當，不干買主之事。其厝欄逐年納
納厝租米捌拾文正，言約五月冬成送還交清
明白，如有少欠厝租，無還論此厝任付買主新散
不敢阻當，兩家情愿，各無反悔。至有之時，僅
契面贖回。今欲有憑，立賣契一紙為照。
道光拾叁年玖月 日 立賣契楊家能（押）
在見姪聲豫（押）
執筆男聲長（押）
將此契繳付楊振昭前去管掌住居，時原價
足讫，原主或尽或贖，楊家自理，与李家無
干，立字為照。
道光十六年十月 日立繳字李昭天（押）
仝繳姪聖雅（押）
聖重（押）
大吉

9-4-1-10　清道光十三年九月楊家能立賣厝屋契

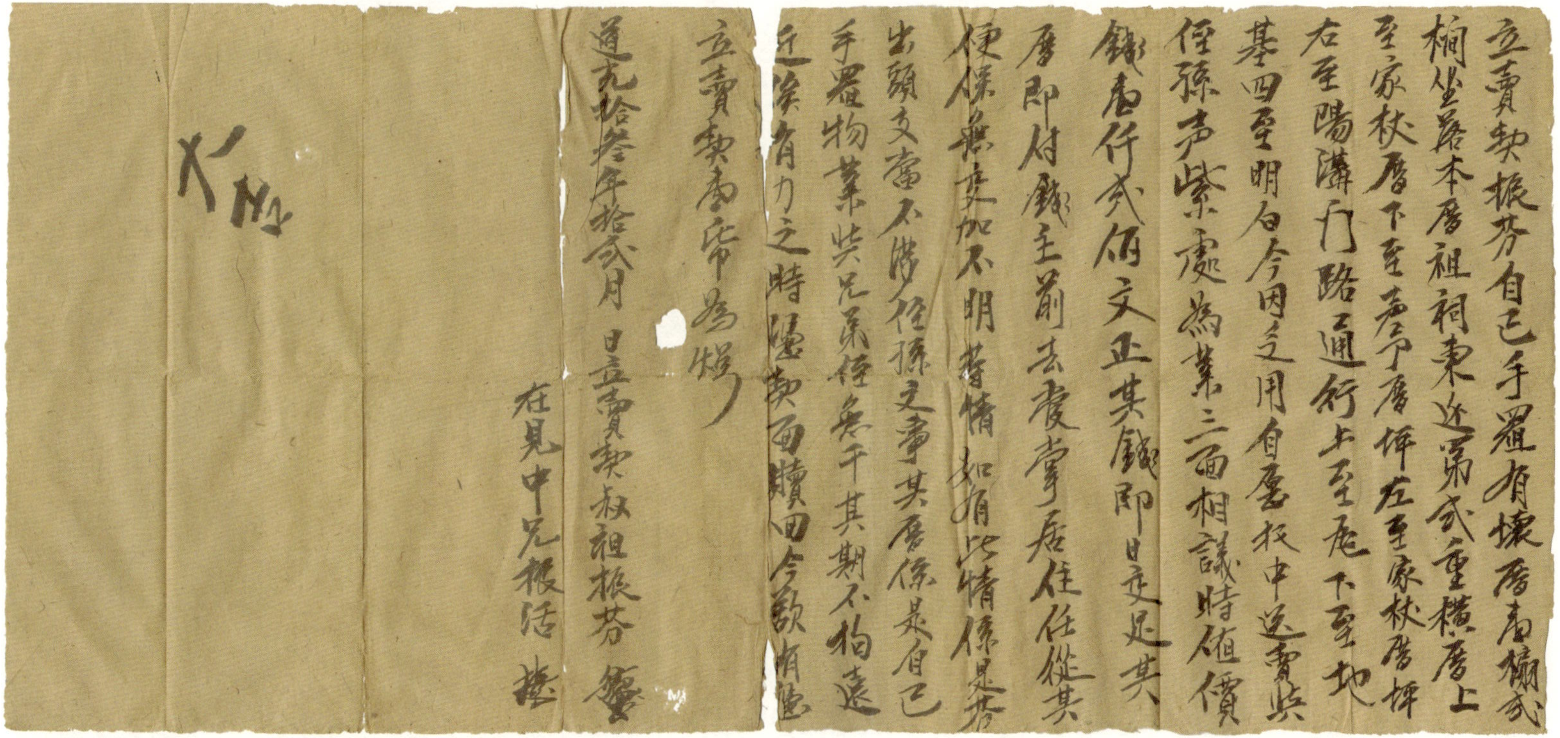

立賣契振芬自己手置有壞厝一欄貳
榈坐落本厝祖祠東边第貳重横厝上
至家秋厝下至声亨厝坪左至家秋厝坪
右至陽溝门路通行上至庵下至地
基四至明白今因乏用自愿托中送賣與
侄孫声紫處為業三面相議時值價
錢一千貳佰文正其錢即日交足其
厝即付錢主前去掌管居住任從其
便係無重加不明等情如有此情係是芬
出頭支當不涉侄孫之事其厝係是自己
手置物業與兄弟侄無干其期不拘遠
近侯有力之時照契面贖回今欲有憑
立賣契一紙為照
道光拾叁年拾貳月 日立賣契叔祖振芬(押)
在見中兄振活(押)

9-4-1-11 清道光十三年十二月楊振芬立賣壞厝契

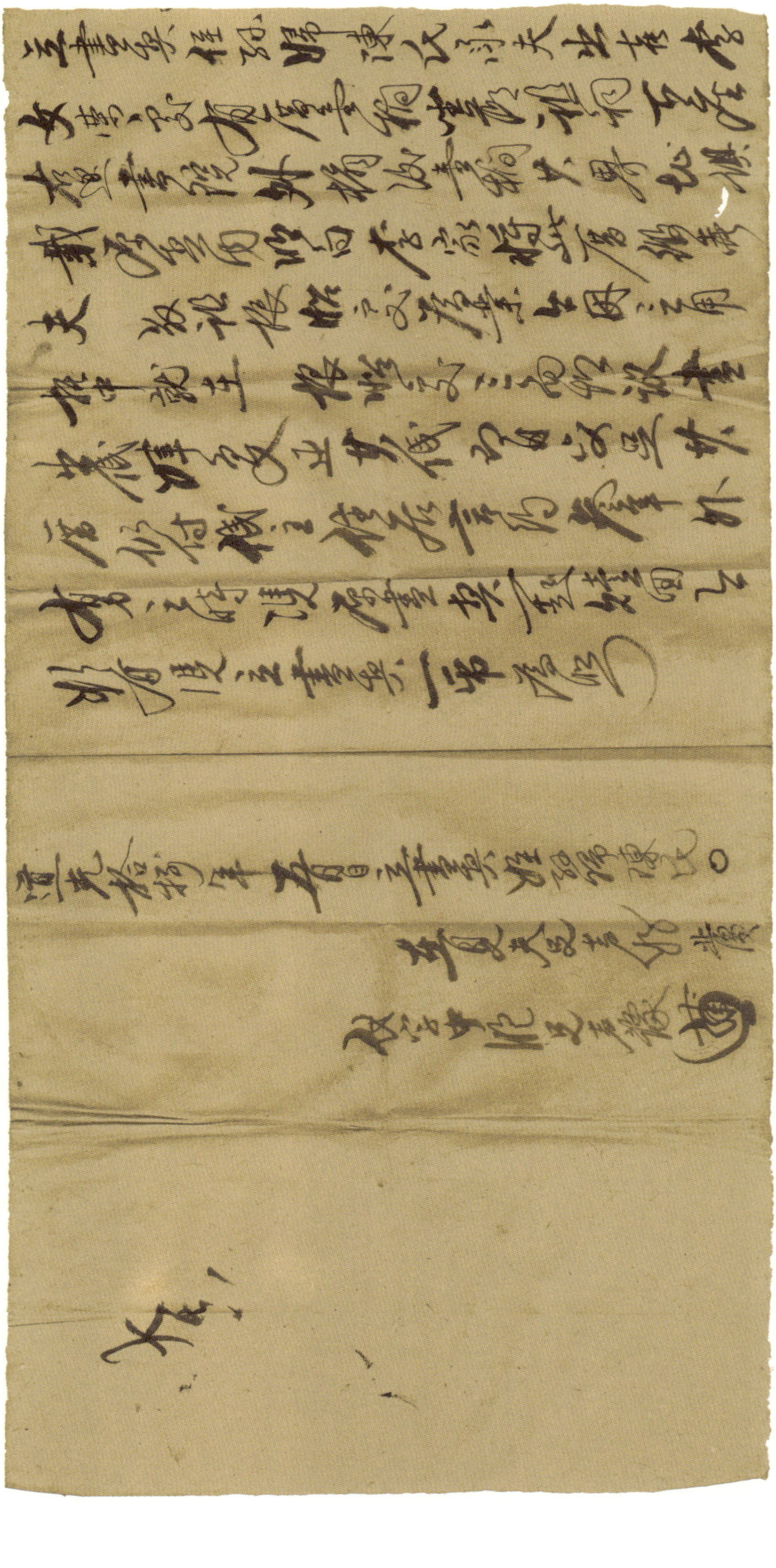

9-4-1-12　清道光十八年五月陳氏立盡厝契

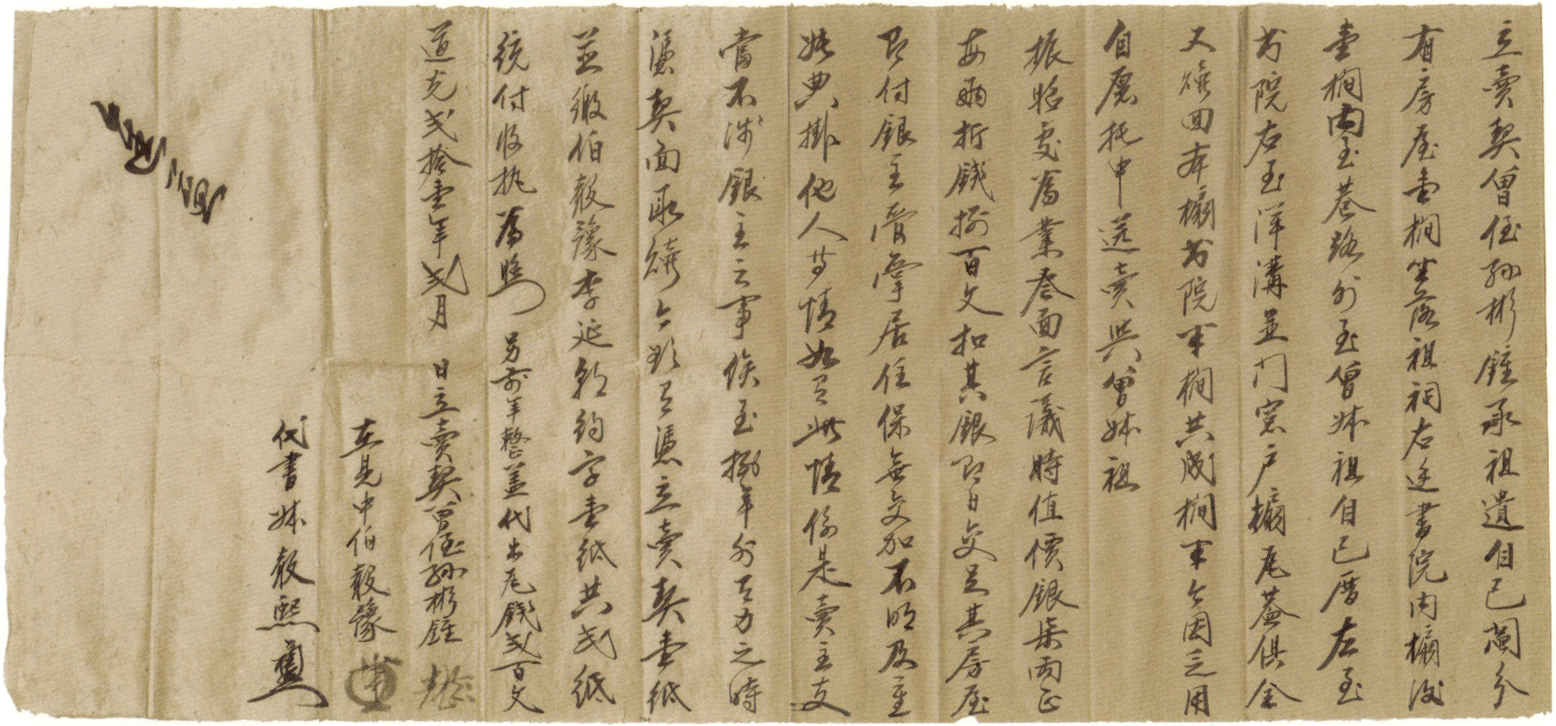

立賣契曾侄孫彬鍾，承祖遺自己閬分
有房屋壹桶，坐落祖祠右邊書院內橫段
壹桶內至叁路，與曾叔祖自己厝左至
書院右至洋溝，並門窗戶扇瓦蓋俱全，
又續田本橫書院半桶，共成桶半。今因乏用，
自愿托中送賣與曾叔祖
振炤處為業，叁面言議時值價銀柒兩正，
每兩折錢捌百文，扣其銀即日交足，其房屋
即付銀主管掌居住，保無交加不明及重
張典掛他人等情，如有此情，係是賣主支
當，不涉銀主之事。候至捌年外有力之時
還其面取續，不得刁難。立賣契壹紙，
并繳伯叔毅豫李延約字壹紙，共弍紙，
統付收執存照。　另帶年整蓋代出瓦錢弍百文
道光弍拾壹年弍月　日立賣契曾侄孫彬鍾
在見中伯毅豫
代書叔毅熙

9-4-1-13　清道光二十一年二月楊彬鍾立賣房屋契

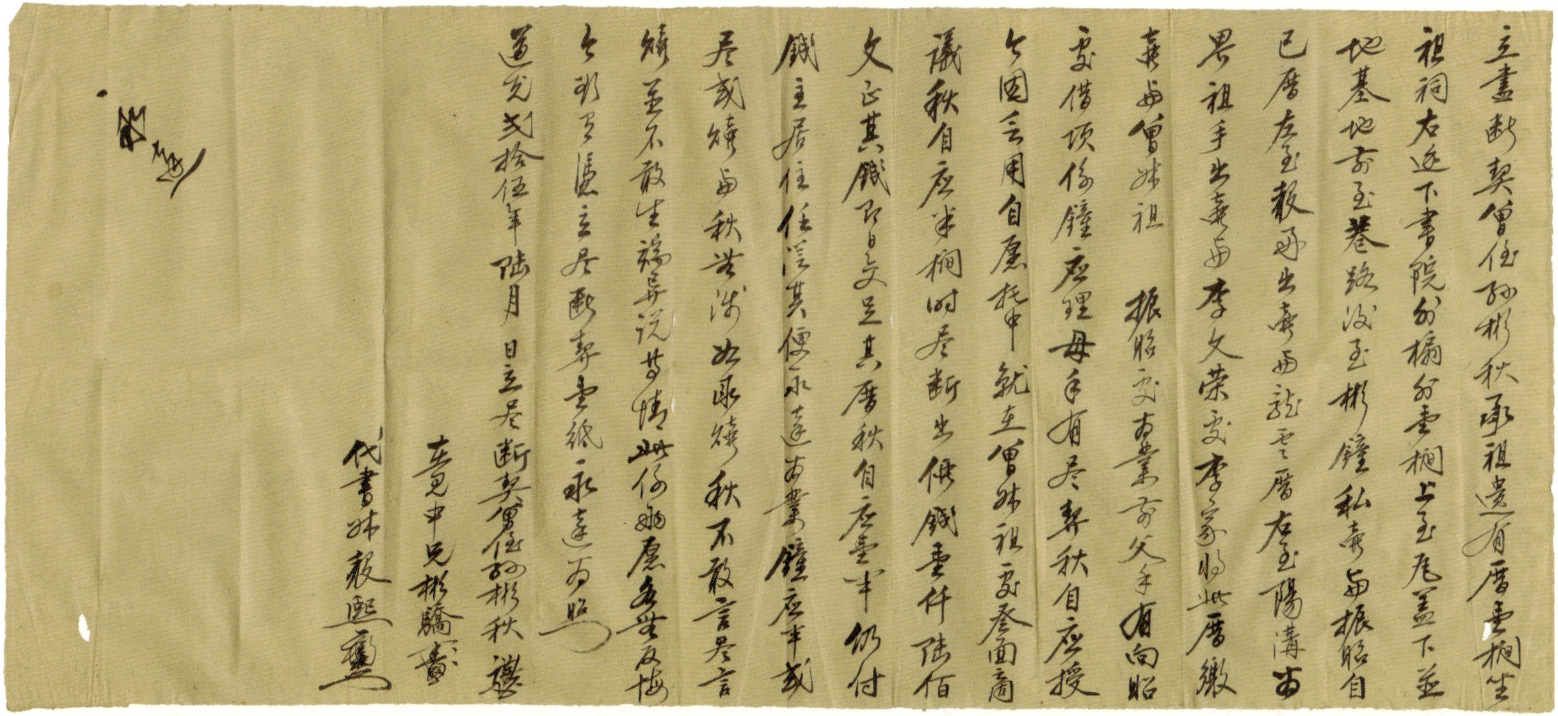
立盡斷契曾侄孫彬秋承祖遺有厝壹棟坐
祖祠右邊下書院分橋分壹棟上至瓦蓋下至
地基地前至巷路後至彬鐘私業為界照自
己厝左至報西出業西託至厝右至陽溝為
界祖手出業與李文榮受李家收此厝繳
業與曾叔祖 振照受本業前父手有向照
受借項伯鐘應理母手有再找秋自應授
今因乏用自願托中就立曾叔祖受叁面商
議秋自應半棟時再斷出價錢壹仟陸佰
文正其錢即日交足其厝秋自應壹半仍付
錢主居住任從其便永遠為業鐘應半截
再找贖與秋無涉此承續秋不敢言再言
贖並不敢生端異說等情此係兩愿各無反悔
今欲有憑立再斷契壹紙永遠為照
道光貳拾伍年陸月 日立再斷契曾侄孫彬秋
在見中兄彬驕
代書林毅邈

9-4-1-14　清道光二十五年六月楊彬秋立盡斷厝契

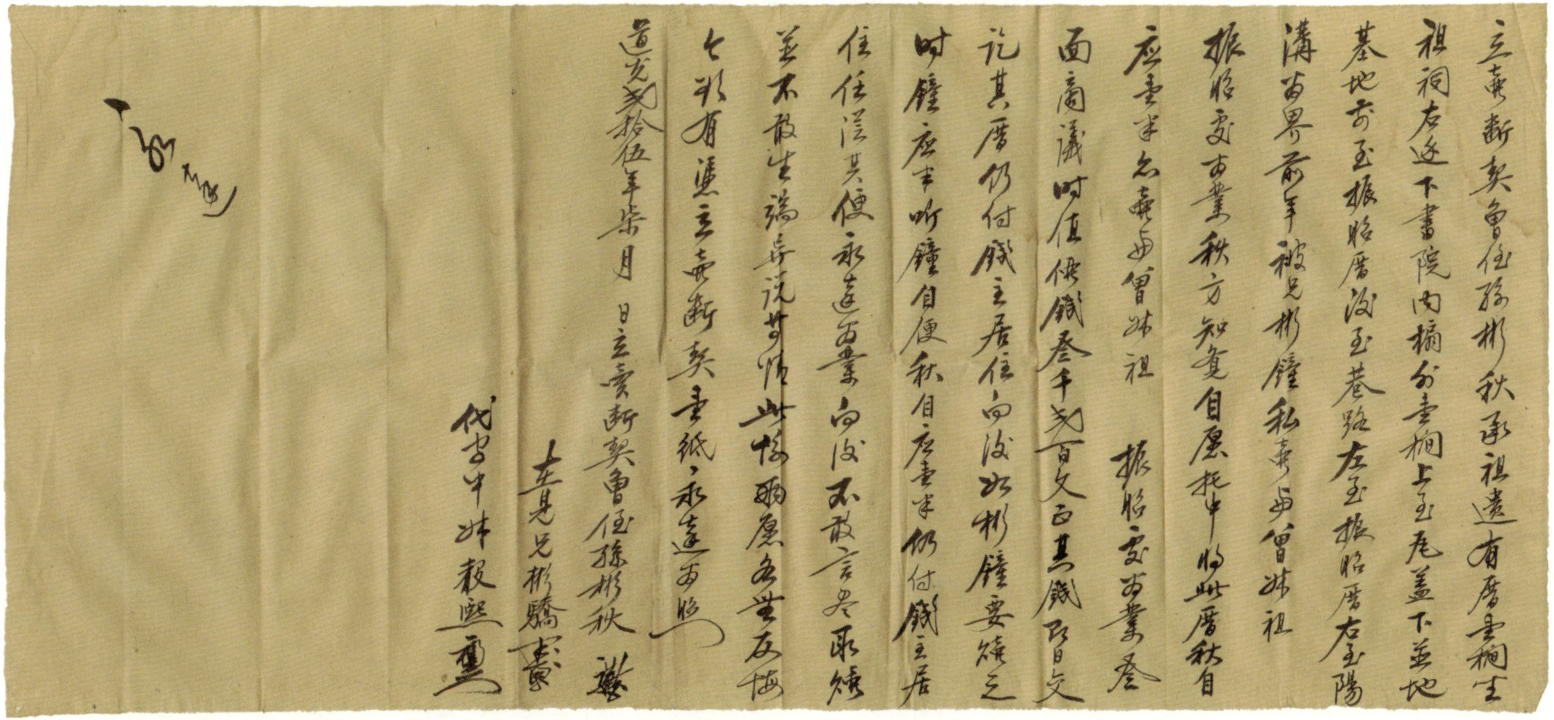
立賣斷契曾侄孫彬秋，承祖遺有厝壹棟，坐
祖祠右邊下書院內，摘分壹棟，上至厝蓋，下並地
基，地前至振昭厝後，至巷路，左至振昭厝，右至陽
溝爲界。前年被兄彬鐘私賣與曾林祖
振昭、安西業，秋方知覺，自愿托中將此厝秋自
應壹半，名賣與曾林祖　振昭、安西業，叁
面商議時值價錢叁千叁百文，其錢即日交
訖。其厝仍付錢主居住，向後彬鐘要贖之
時，鐘應半聽鐘自便，秋自應壹半，仍付錢主居
住，任從其便，永遠爲業，向後不敢言贖取贖，
並不敢生端異說等情。此係兩愿，各無反悔。
今欲有憑，立賣斷契壹紙，永遠爲照。
道光貳拾伍年柒月　日立賣斷契曾侄孫彬秋（押）
在見兄彬驕（押）
代書中林叔熙（押）

9-4-1-15　清道光二十五年七月楊彬秋立賣斷厝契

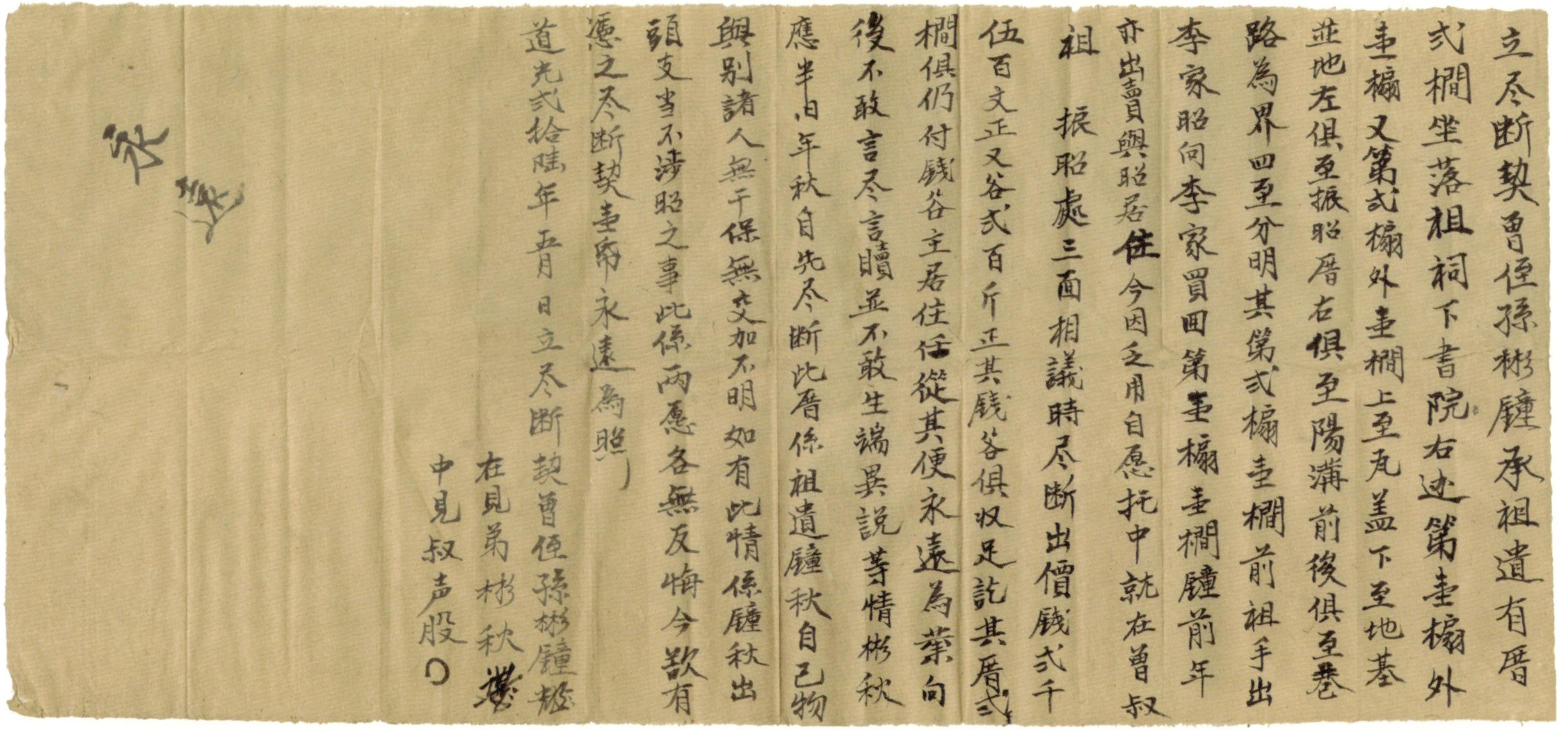
立盡斷契曾侄孫彬鍾承祖遺有厝
式橺坐落祖祠下書院右边第壹榻外
壹榻又第式榻外壹橺上至瓦盖下至地基
並地左俱至振昭厝右俱至陽溝前後俱至巷
路為界四至分明其第式榻壹橺前祖手出
李家昭向李家買回第壹榻壹橺鍾前年
亦出賣與昭居住今因乏用自愿托中就在曾叔
祖 振昭處三面相議時盡斷出價錢式千
伍百文正又谷式百斤正其錢谷俱収足訖其厝式
橺俱仍付錢谷主居住任從其便永遠為業向
後不敢言盡言贖並不敢生端異說等情彬秋
應半自年秋自先盡斷此厝係祖遺鍾秋自己物
與別諸人無干保無交加不明如有此情係鍾秋出
頭支当不涉昭之事此係兩愿各無反悔今欲有
憑立盡斷契壹帋永遠為照）
道光式拾陸年五月 日立盡斷契曾侄孫彬鍾（押）
在見弟 彬秋（押）
中見叔 声股 ○

9-4-1-16 清道光二十六年五月楊彬鍾立盡斷厝契

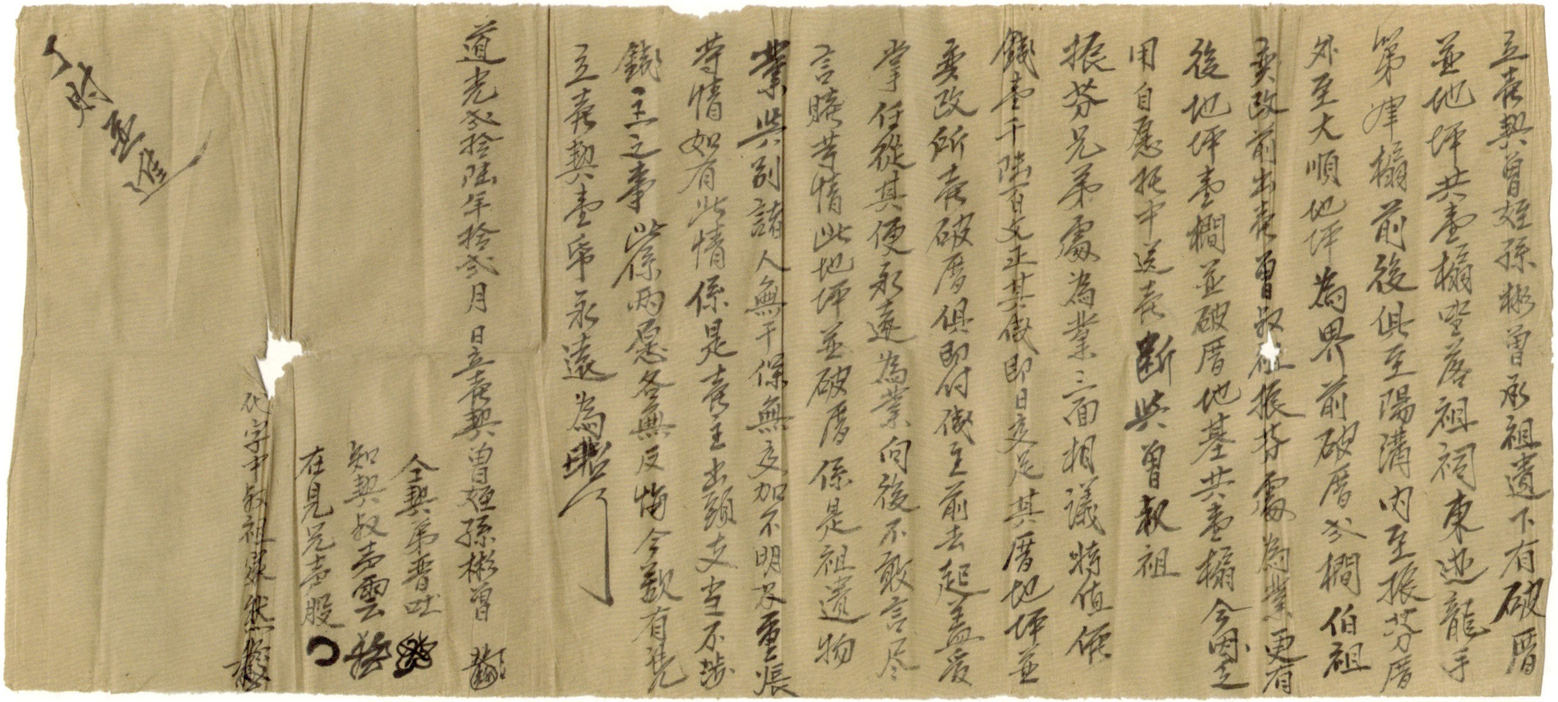

立賣契曾姪孫彬曾承祖遺下有破厝
並地坪共壹擶，坐落祖祠東邊龍手
第肆擶，前後俱至陽溝，內至振芬厝，
外至大順地坪為界。前破厝叁欄伯祖
更改前出賣曾叔祖振芬為業，更有
後地坪壹欄並破厝地基共壹擶，今因乏
用，自愿托中送賣斷與曾叔祖
振芬兄弟處為業，三面相議時值價
錢壹千陸百文正，其錢即日交足，其厝地坪並
要改所賣破厝俱即付徵至前去起蓋管
掌，任從其便，永遠為業，向後不敢言盡
言贖。苐情此地坪並破厝係是祖遺物
業，與別諸人無干，係無交加不明及重張
苐情，如有此情，係是賣主出頭支當，不涉
錢主之事。此係兩愿，各無反悔，今欲有憑，
立賣契壹帋永遠為照。

道光貳拾陸年拾貳月　日立賣契曾姪孫彬曾（押）

全契弟晉吐（押）

知契叔壽雲（押）

在見兄壽股（押）

代字中叔祖蘇然（押）

又收足訖

9-4-1-17　清道光二十六年十二月楊彬曾等立賣破厝兼地坪契

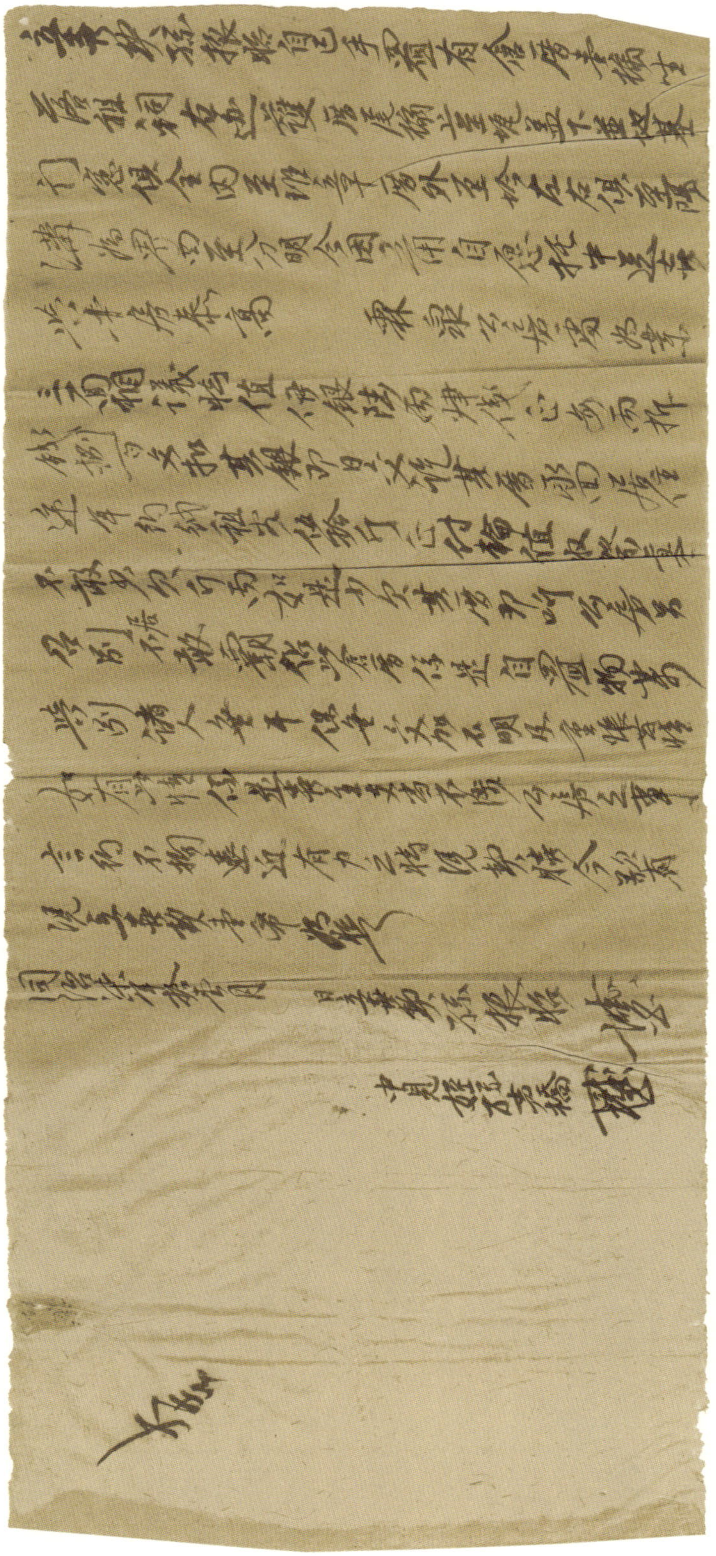

9-4-1-18 清同治七年十一月楊振昭立賣倉厝契

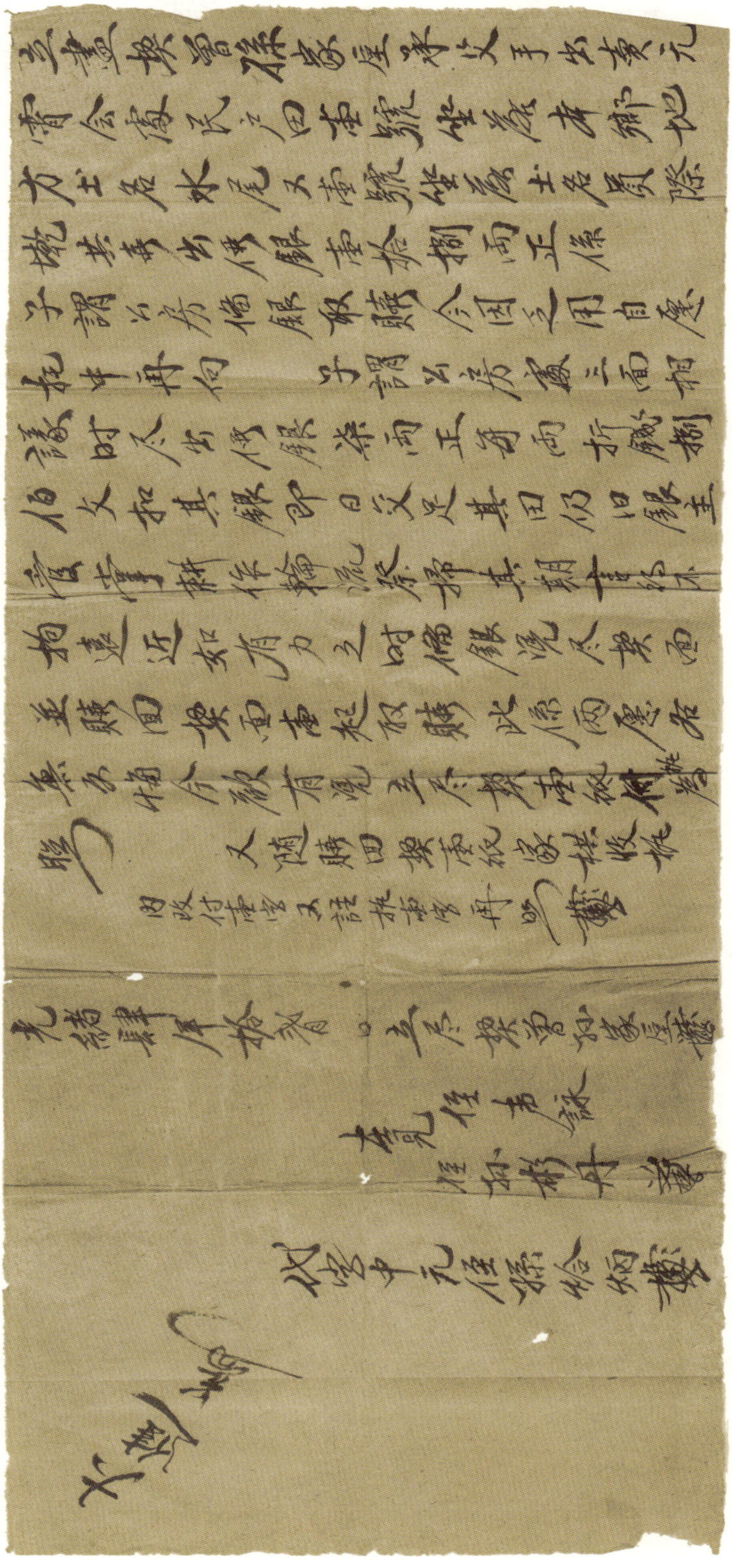

9-4-1-19 清光緒四年十二月楊家垕立盡民户田契

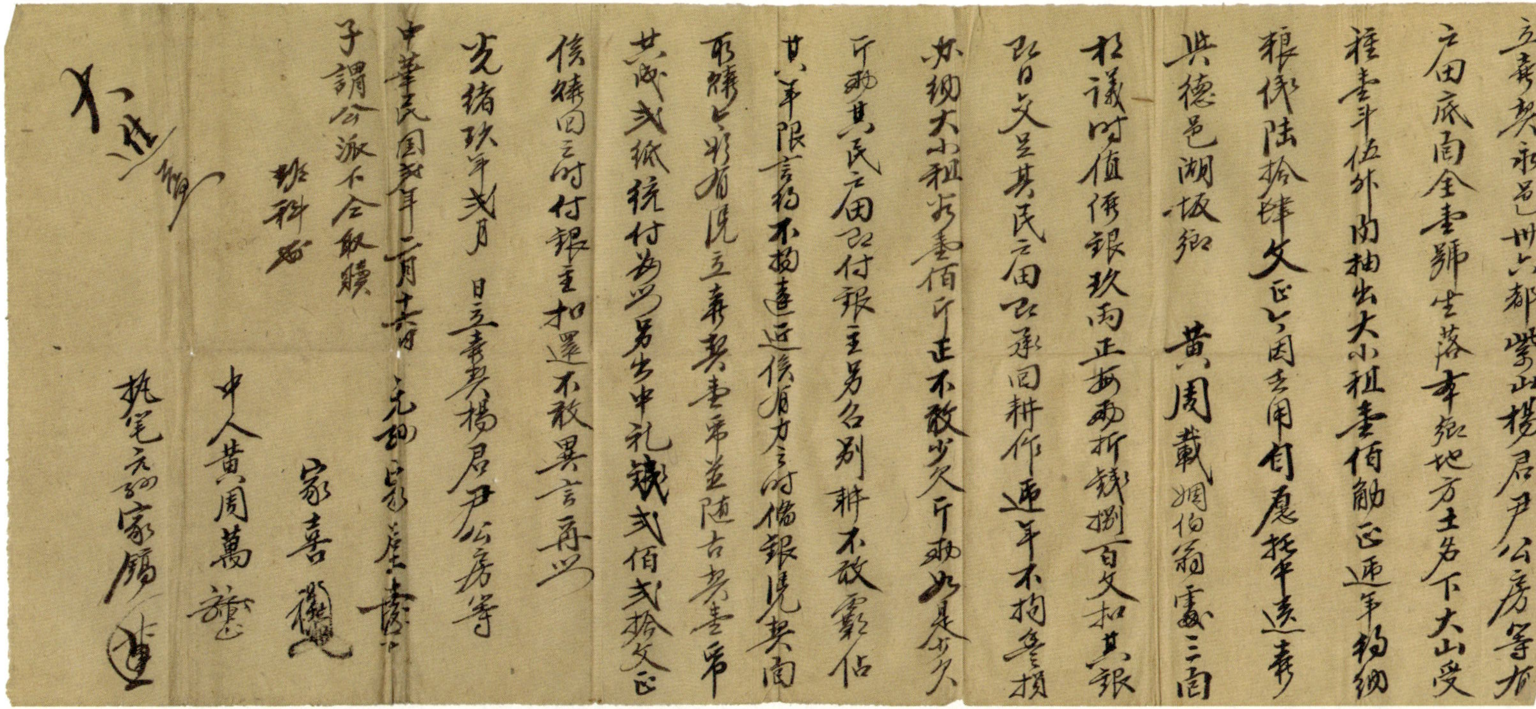
立賣契永邑廿六都紫山楊君尹公房等有
户田底面全壹號，坐落本鄉地方，土名下大山，受
種壹斗伍升，内抽出大小租壹佰觔正，逐年納
糧銀陸拾肆文正。今因要用，自愿托中送賣與
興德邑湖坂鄉　黄周載烱伯翁處，三面
在議時值價銀玖两正，每两折錢捌百文，扣其銀
即日交足。其民户田即承回耕作，逐年不拘豐歉，
外納大小租谷壹佰斤正，不敢少欠斤两。如是少欠
斤两，其民户田即付銀主另名別耕，不敢霸佔。
其年限言約不拘遠近，係有力之時備銀照契面
取贖。此係兩愿，立賣契壹帋，並隨古契壹帋，
共成貳紙，統付為照。另出中礼錢貳佰貳拾文正，
係贖回之時付銀主扣還，不敢異言，再照。
光緒玖年貳月　日立賣契楊君尹公房等
中華民國貳年二月十六日　元細、家□、□□
子謂公派下仝收贖
批料此
家喜（押）
中人黄周萬（押）
執笔元細家鏡（押）
大□

9-4-1-20　清光緒九年二月楊君尹公房等立賣底面全户田契

立付贖字侄葉塈承父手出賣有园坪
弍坪坐落本鄉土名寨仔墘上至墘下
至叔家喜园内至古岩地外至田并叔
自己山為界于前父手出賣班撞處
今叔要做風水缺用此园自愿托中即
付叔家喜處备儀向班撞取贖永付
叔為業砌做風水完成又計田頭荒园
壹坪並土倉壹个共付永遠為業三
面相議時直花紅酒禮錢壹仟陆百
文正其錢即日交足其园坪并荒园
土倉俱付叔前去取贖掌砌做風
水完成永遠為業任從其便侄無文
加不明等情如有此情係侄及当不
涉叔之事其园坪係是自已物業与別
無干自賣斷之后侄不敢生端異言並不敢
取贖增盡等情此係兩愿各無反悔今
欲有憑立賣斷契壹紙永遠為照

光緒九年十一月　日立賣盡断契侄葉塈 ○
代字中見叔家屋慶

人財兩旺

9-4-1-21　清光緒九年十一月楊葉塈立賣盡斷園坪契

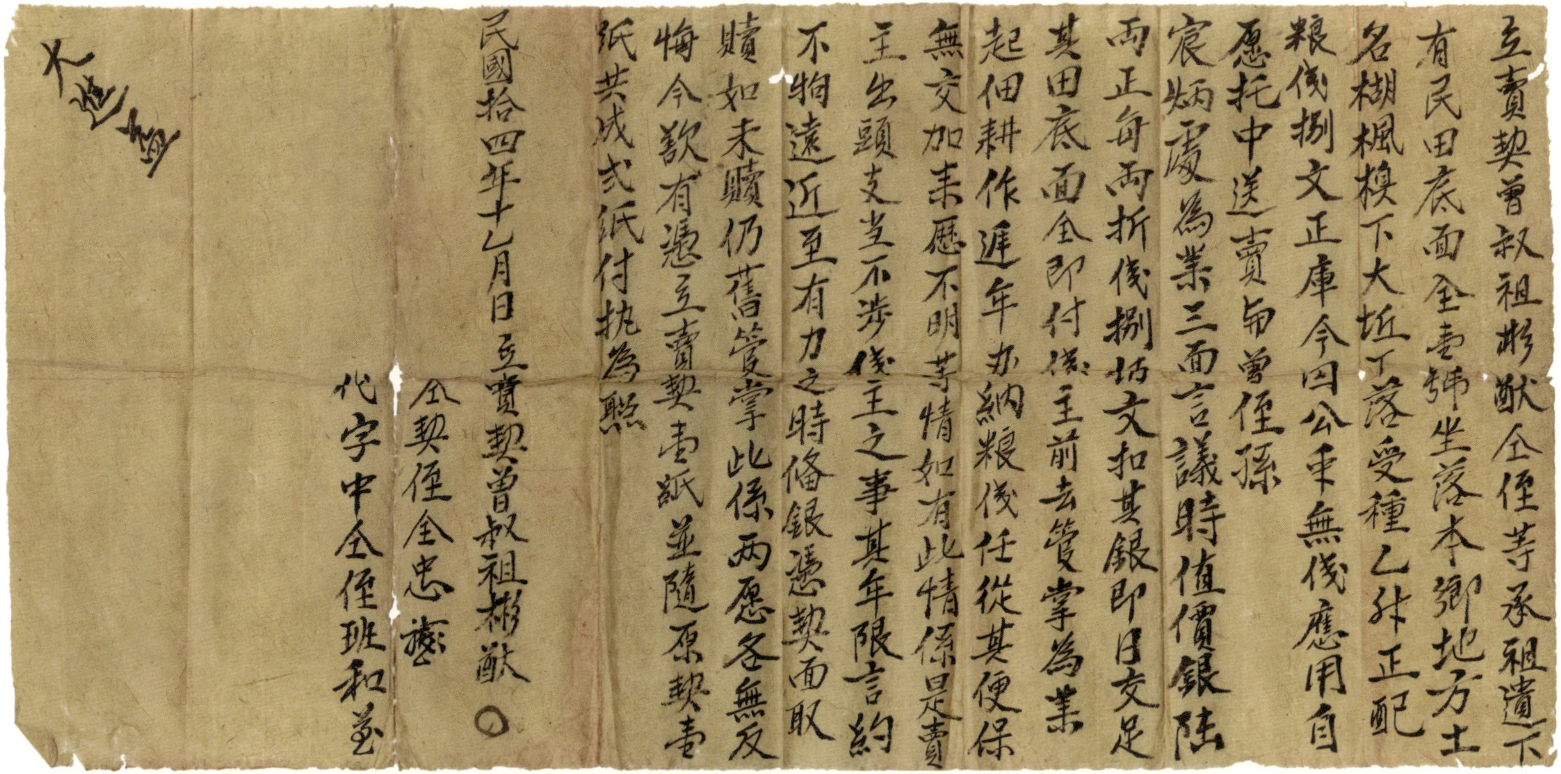

立賣契曾叔祖彬猷仝侄等承祖遺下
有民田底面全壹號坐落本鄉地方土
名楜楓模下大坵丁落受種乙斗正配
粮伐捌文正庫今因公手無伐應用自
愿托中送賣与曾侄孫
宸炳處為業三面言議時值價銀陆
兩正每兩折伐捌拾文扣其銀即日交足
其田底面全即付孫主前去管掌為業
起佃耕作逐年办納粮伐任從其便保
無交加來歷不明等情如有此情係是賣
主出頭支当不涉孫主之事其年限言約
不拘遠近至有力之時備銀憑契面取
贖如未贖仍舊管掌此係兩愿各無反
悔今欲有憑立賣契壹紙並隨原契壹
紙共成式紙付执為照
民國拾四年十乙月日立賣契曾叔祖彬猷 ○
仝契侄全忠
代字中仝侄班和

9-4-1-22　民國十四年十一月楊彬猷等立賣底面全民田契

9-4-2-1　包契紙

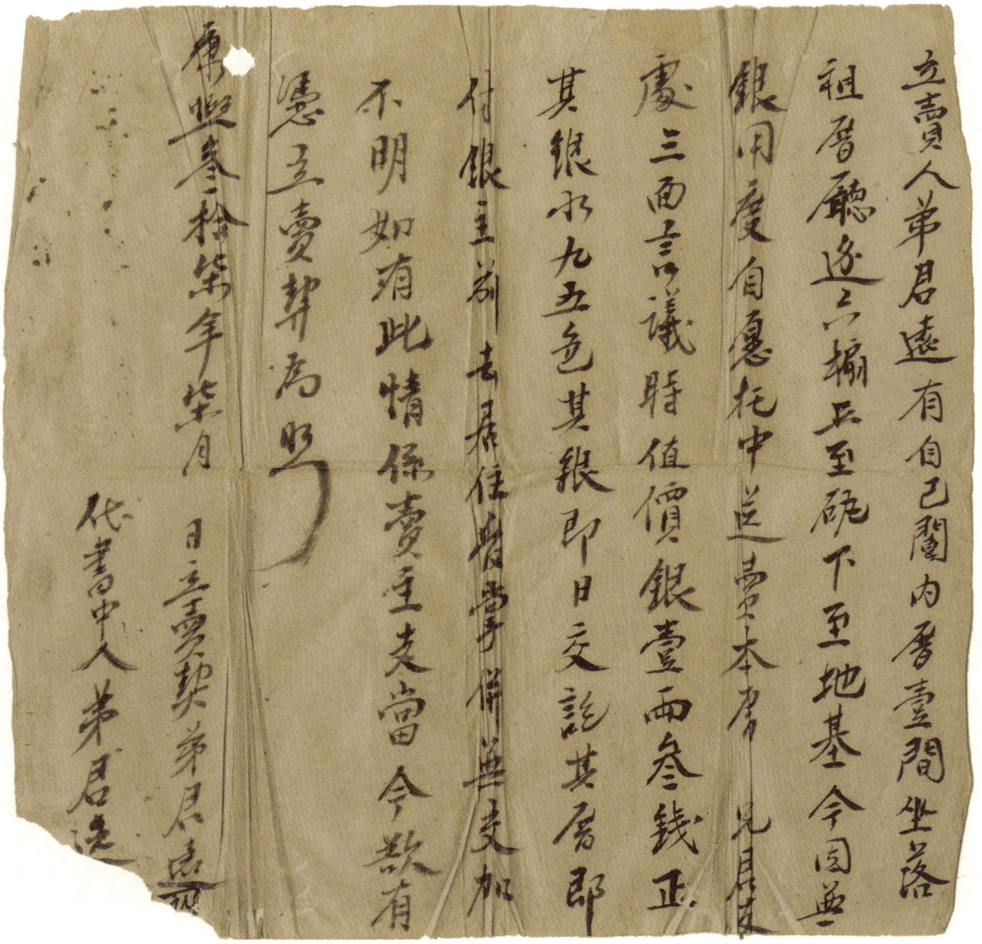
立賣人弟君遠有自己閣内厝壹間坐落
祖厝廳後二櫊上至瓦下至地基今因無
銀用度自愿托中送賣本房　兄君生
處三面言議時值價銀壹兩叁錢正
其銀水九五色其銀即日交訖其厝即
付銀主前去居住管業併無交加
不明如有此情係賣主支當今欲有
憑立賣契爲照
康熙叁拾柒年柒月　　日立賣契弟君遠
代書中人弟君[illegible]

9-4-2-2　清康熙三十七年七月楊君遠立賣厝契

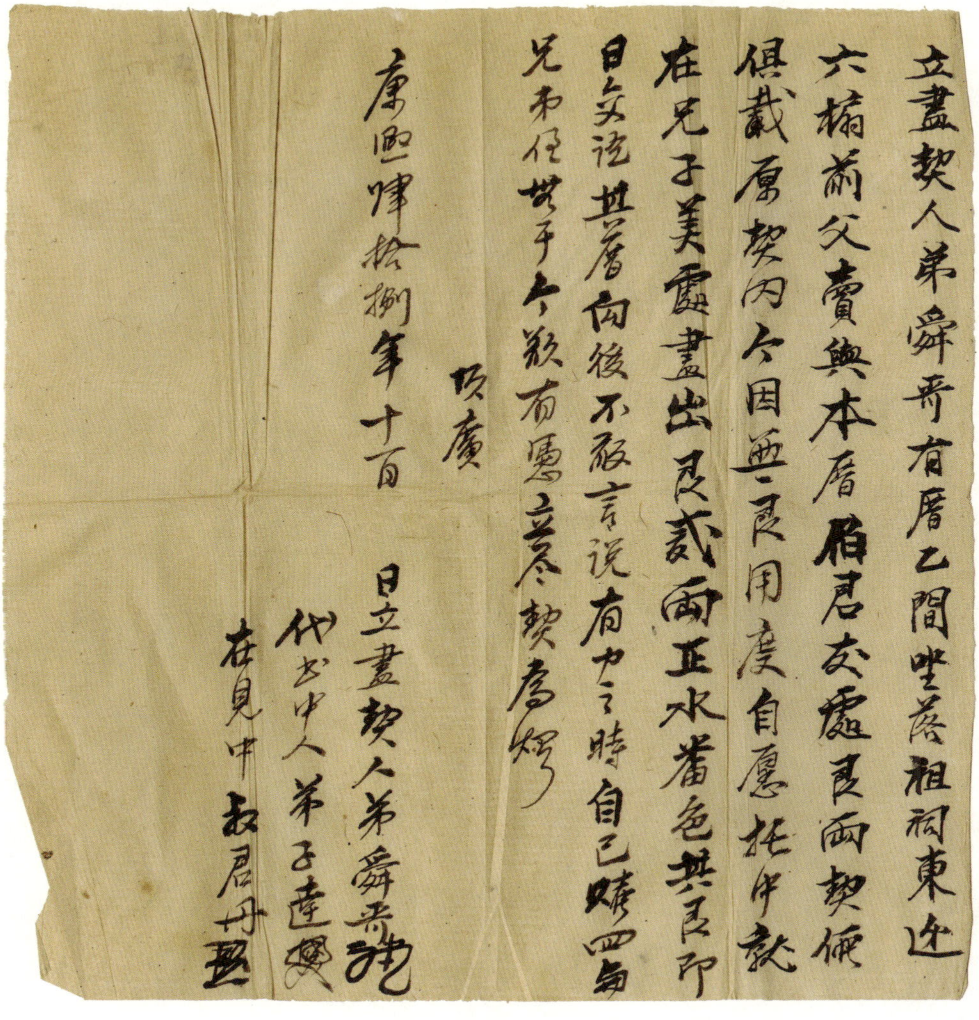

立盡契人弟舜哥有厝乙間坐落祖祠東边
六橘前父賣與本厝佰君友處艮兩契併
俱載原契內今因無艮用度自愿托中就
在兄子美處盡出艮貳兩正水當色其艮即
日交訖其厝向後不敢言说有力之時自己贖回無
兄弟侄等干今欲有憑立盡契為炤
頃廣
康熙肆拾捌年十一月　日立盡契人弟舜哥（押）
代书中人弟子達（押）
在見中叔居丹（押）

9-4-2-3　清康熙四十八年十一月楊舜哥立盡厝契

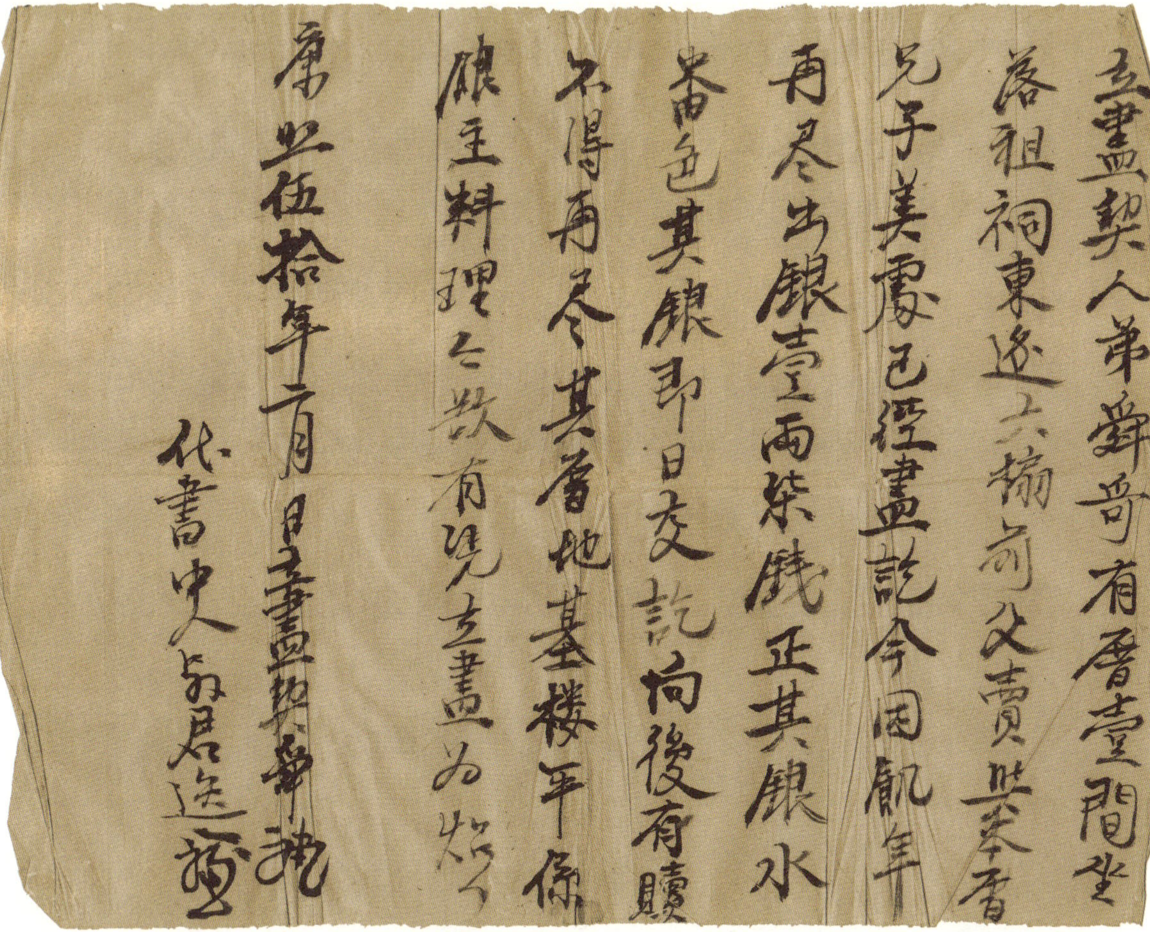

立盡契人弟舜哥有厝壹間坐
落祖祠東邊六橺前父賣與米香
兄子美震已經盡訖今因飢年
再盡出銀壹兩柒錢正其銀水
番色其銀即日交訖向後有贖
不得再盡其厝地基樓平係
銀主料理之欵有憑立盡爲炤
康熙伍拾年二月　日立盡契舜哥（押）
代書中人族兄君送（押）

9-4-2-4　清康熙五十年二月楊舜哥立盡厝契

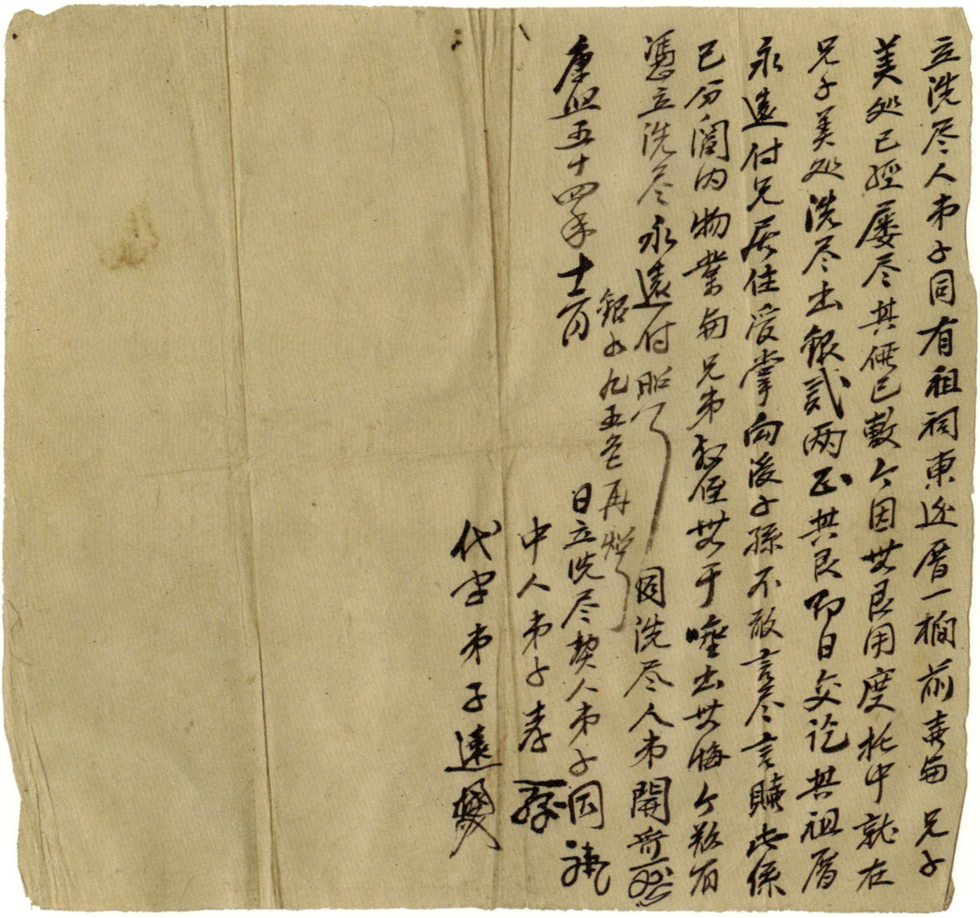

立洗尽人弟子同有祖祠東边厝一橺前来向兄子
美处已經屢尽其価已敷今因無艮用度托中就在
兄子美处洗尽出銀貳兩正其艮即日交訖其祖厝
永遠付兄居住管掌向後子孫不敢言尽言贖此係
己分閣内物業自兄弟叔侄無干嘘出無悔今欲有
憑立洗尽永遠付照
康熙五十四年十二月
銀兩九五色再批
日立洗尽契人弟子同
同洗尽人弟閣哥
中人弟子春
代字弟子遠

9-4-2-5　清康熙五十四年十二月楊子同等立洗盡厝契

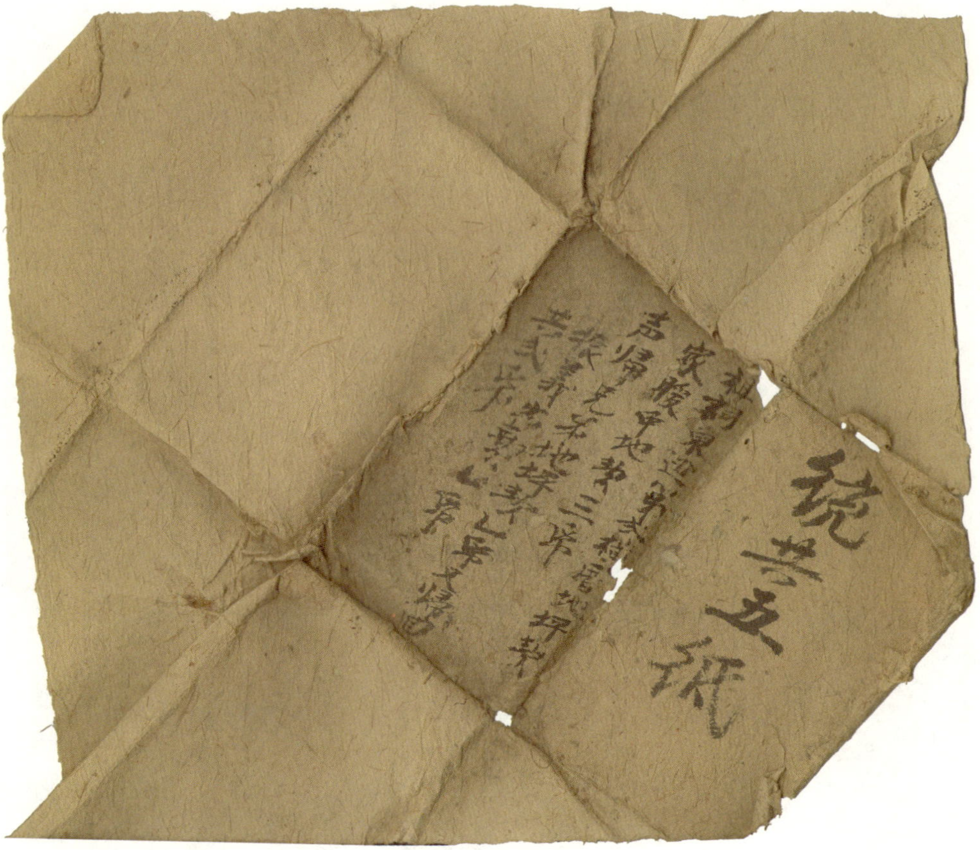

9-4-3-1　包契紙

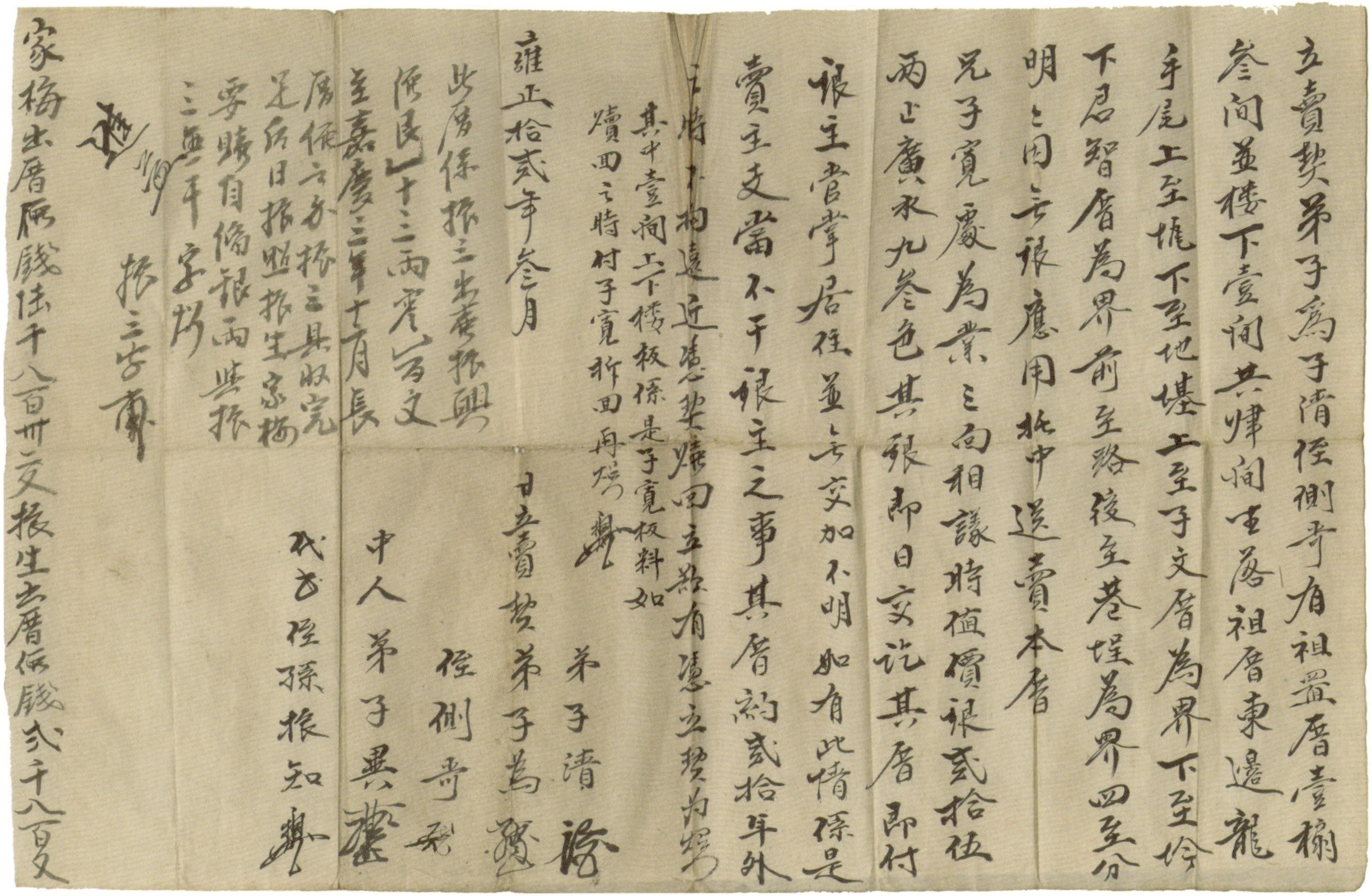
立賣契弟子爲子清侄倒哥有祖置厝壹榭
叁間並樓下壹間共肆間坐落祖厝東邊龍
手尾上至墘下至地墈上至子文厝爲界下至拾
下居智厝爲界前至路後至巷埕爲界四至分
明，今因乏銀應用，托中送賣本厝
兄子寬處爲業。三面相議時值價銀貳拾伍
兩正，廣水九叁色。其銀即日交訖，其厝即付
銀主管掌居住，並無交加不明。如有此情，係是
賣主支當，不干銀主之事。其厝約貳拾年外
不時不拘遠近，憑契贖回，立契爲照。
其中壹間上下樓板係是子寬板料，如
贖回之時，付子寬折回爲照。（押）
雍正拾貳年叁月　日立賣契弟子爲（押）
弟子清（押）
侄倒哥（押）
中人弟子異（押）
代書侄孫根知（押）
此厝係根三出番根興
備艮十三兩寫立文
至嘉慶三年十二月長
厝係六分根三具收完
足，后日根照、根生、家梅
要贖自備銀兩，無根
三無干字批
根三字（押）
家梅出厝價錢陸千八百卅二文，根生出厝價錢貳千八百文

9-4-3-2　清雍正十二年三月楊子爲等立賣厝契

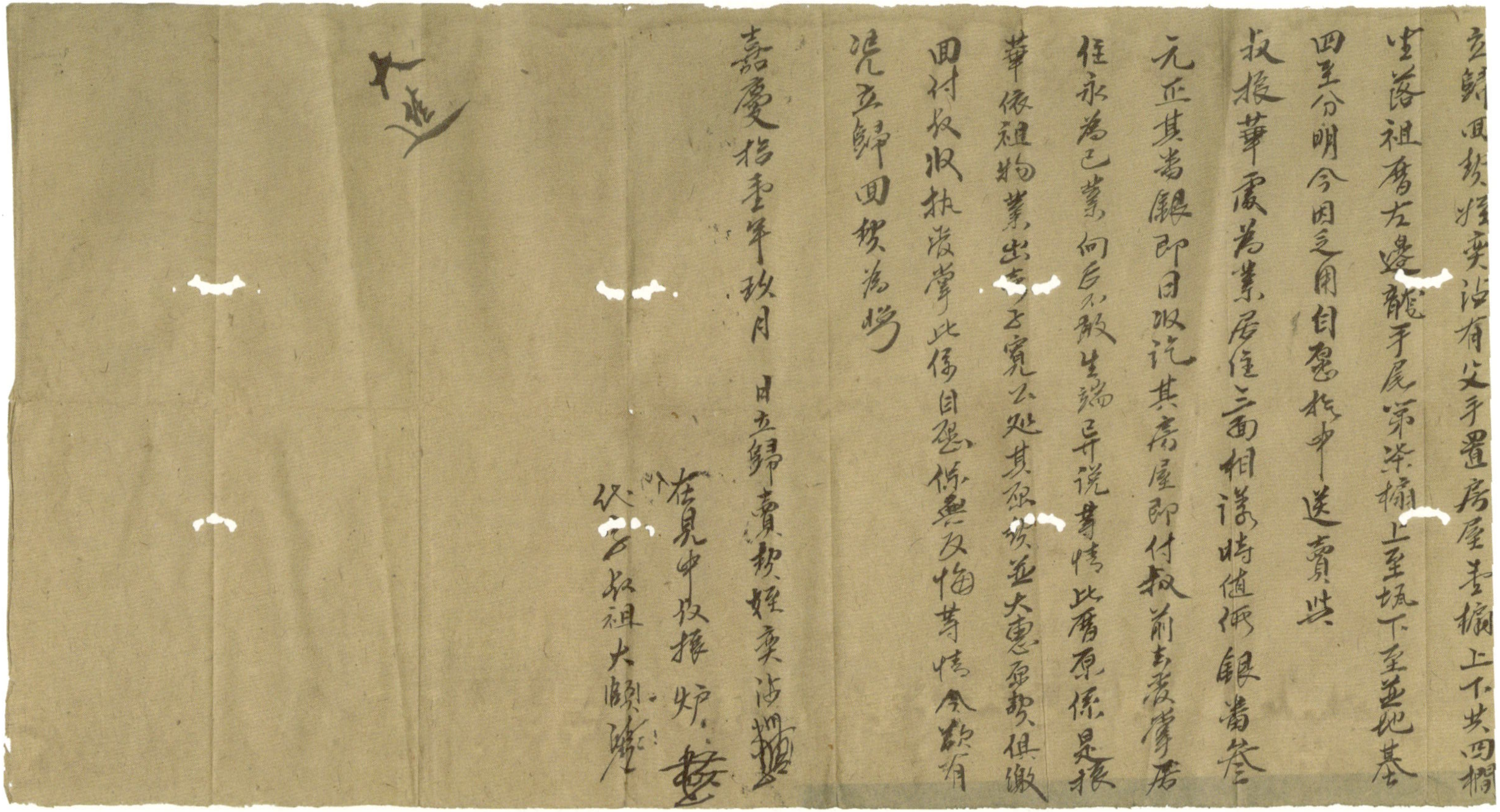

立歸回契姪奕沾有父手置房屋壹橺上下共四橺
坐落祖厝左邊龍手尾第柒橺上至坂下至並地基
四至分明今因乏用自愿托中送賣與
叔振華處為業房侄二面相議時值價銀當答
元正其當銀即日收訖其房屋即付叔前去管居
住永為己業向后不敢生端異説等情此厝原係是振
華依祖物業出賣与寬公処其原契並大惠原契俱繳
回付叔收執管掌此係自愿係無反悔等情今欲有
凴立歸回契為照

嘉慶拾壹年玖月　日立歸賣契姪奕沾（押）
在見中叔振炉（押）
代字叔祖大顯（押）

大進

9-4-3-3　清嘉慶十一年九月楊奕沾立歸回房屋契

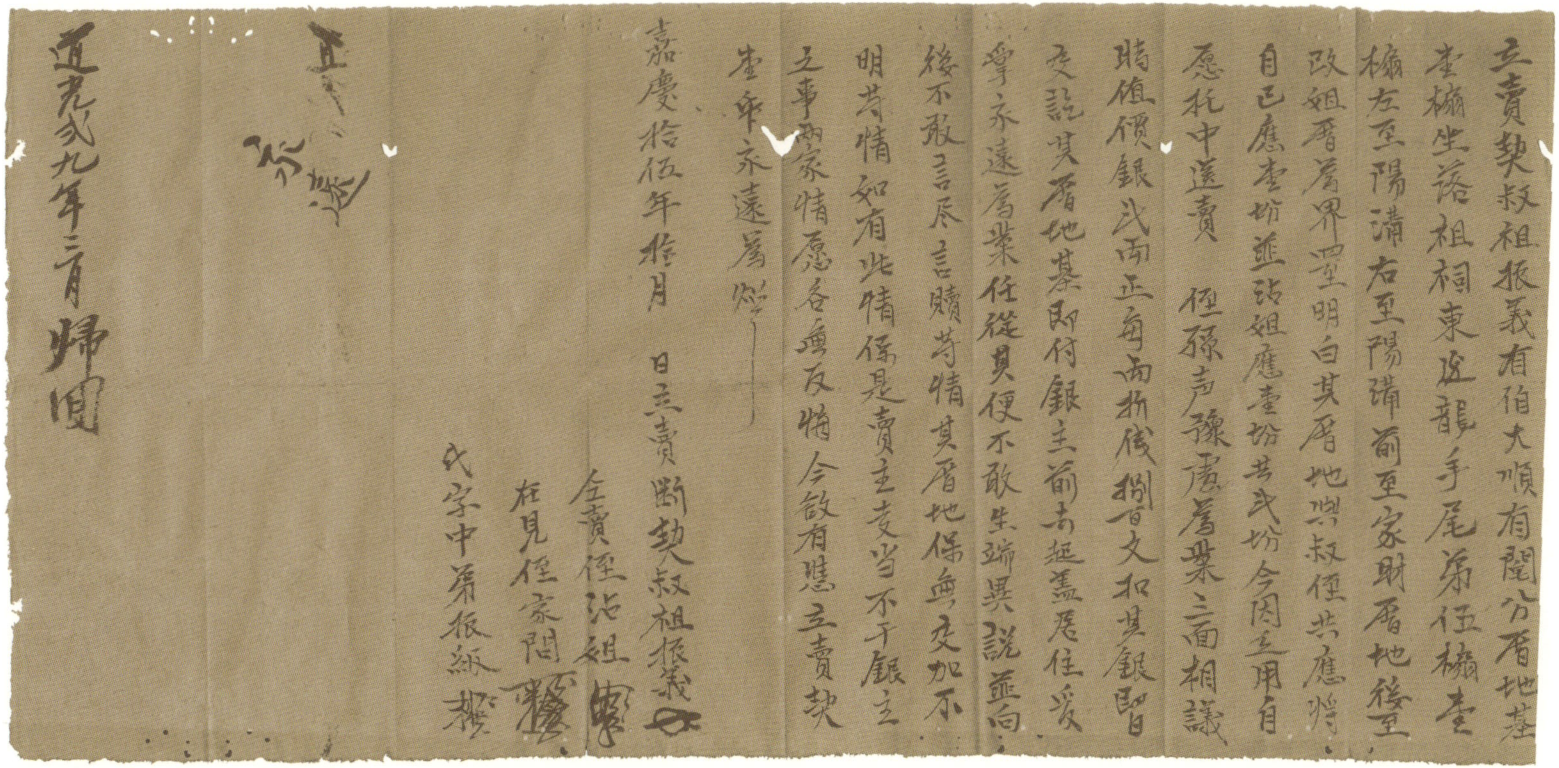
立賣契叔祖振義有伯大順有鬮分厝地基
壹槓坐落祖祠東邊龍手尾第伍槓壹
槓左至陽溝右至陽溝前至家財厝地後至
𠯋姐厝界址明白其厝地與叔侄共應賢、
自己應壹份並弍姐應壹份共弍份今因乏用自
愿托中送賣　侄孫声豫處為業三面相議
時值價銀弍兩正每兩折錢捌百文和其銀即
交訖其厝地基即付銀主前去起蓋居住永
掌永遠為業任從其便不敢生端異說並向
後不敢言尽言贖等情其厝地係無交加不
明等情如有此情係是賣主支当不干銀主
之事兩家情愿各無反悔今欲有憑立賣契
壹帋永遠為照
嘉慶拾伍年拾月　日立賣斷契叔祖振義（押）
仝賣侄汝姐（押）
在見侄家閏（押）
代字中弟振紘（押）
道光弍九年三月歸回

9-4-3-4　清嘉慶十五年十月楊振義立賣斷厝地基契

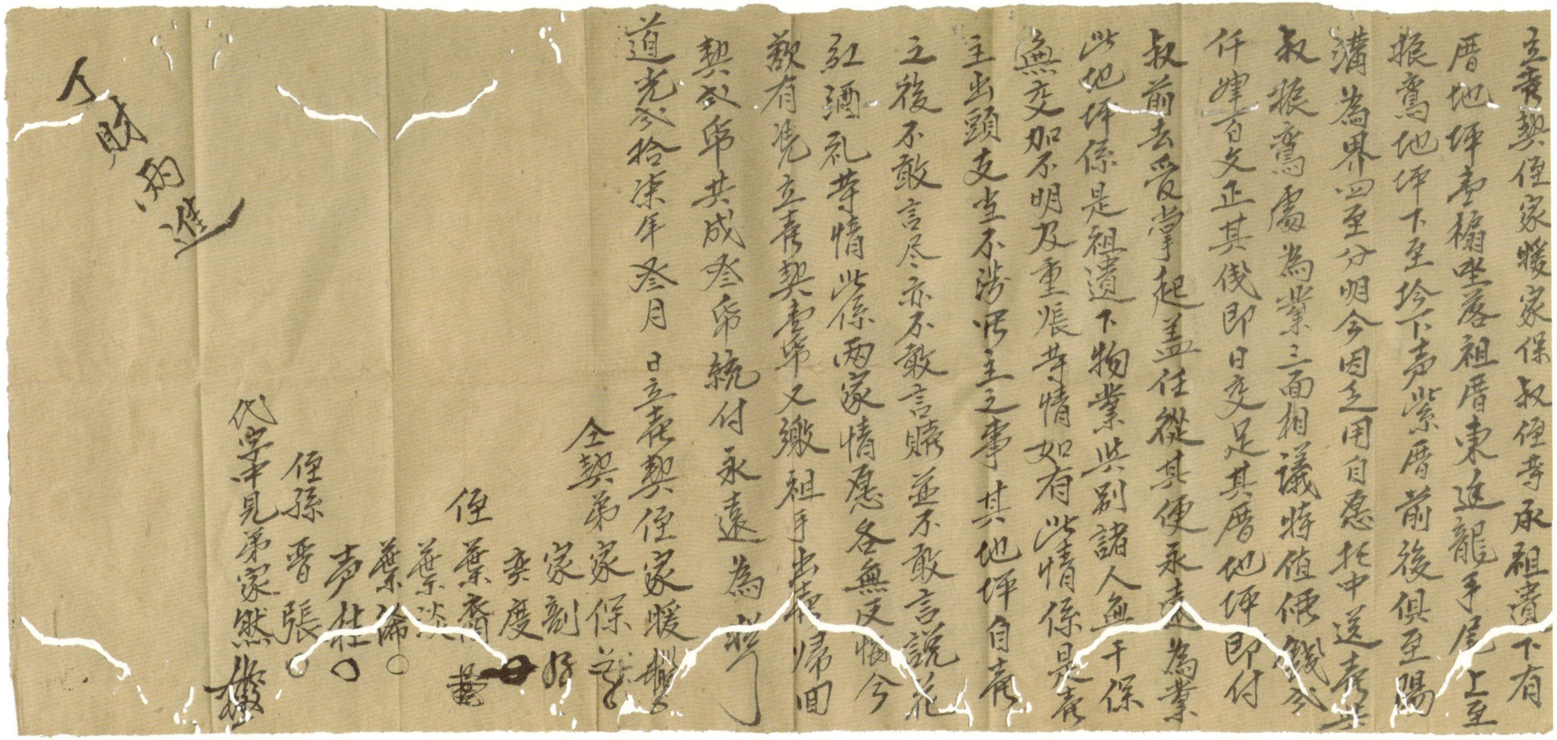

立賣契侄家暖、家保、叔侄等承祖遺下有
厝地坪壹塊，坐落祖厝東邊龍手尾，上至
粮鴦地坪，下至珍下聲紫厝，前後俱至陽
溝為界，四至分明。今因乏用，自愿托中送與
叔粮鴦處為業，三面相議，時值價錢叁
仟肆百文正，其錢即日交足，其厝地坪即付
叔前去管掌起蓋，任從其便，永遠為業。
此地坪係是祖遺下物業，與別諸人無干，保
無交加不明及重張等情，如有此情，係是賣
主出頭支當，不涉買主之事。其地坪自賣
之後，不敢言盡，亦不敢言贖，並不敢言說花
紅酒禮等情，此係兩家情愿，各無反悔。今
欲有憑，立賣契壹帋，又繳祖手出賣歸回
契叁帋，共成叁帋，統付永遠為照。
道光貳拾柒年叁月　日立賣契侄家暖
全契弟家保
家剋
奕慶
侄葉齋
葉淡
葉崙
聲仕
侄孫晉張
代字　見弟家然

丁財兩進

9-4-3-5　清道光二十七年三月楊家暖等立賣厝地坪契

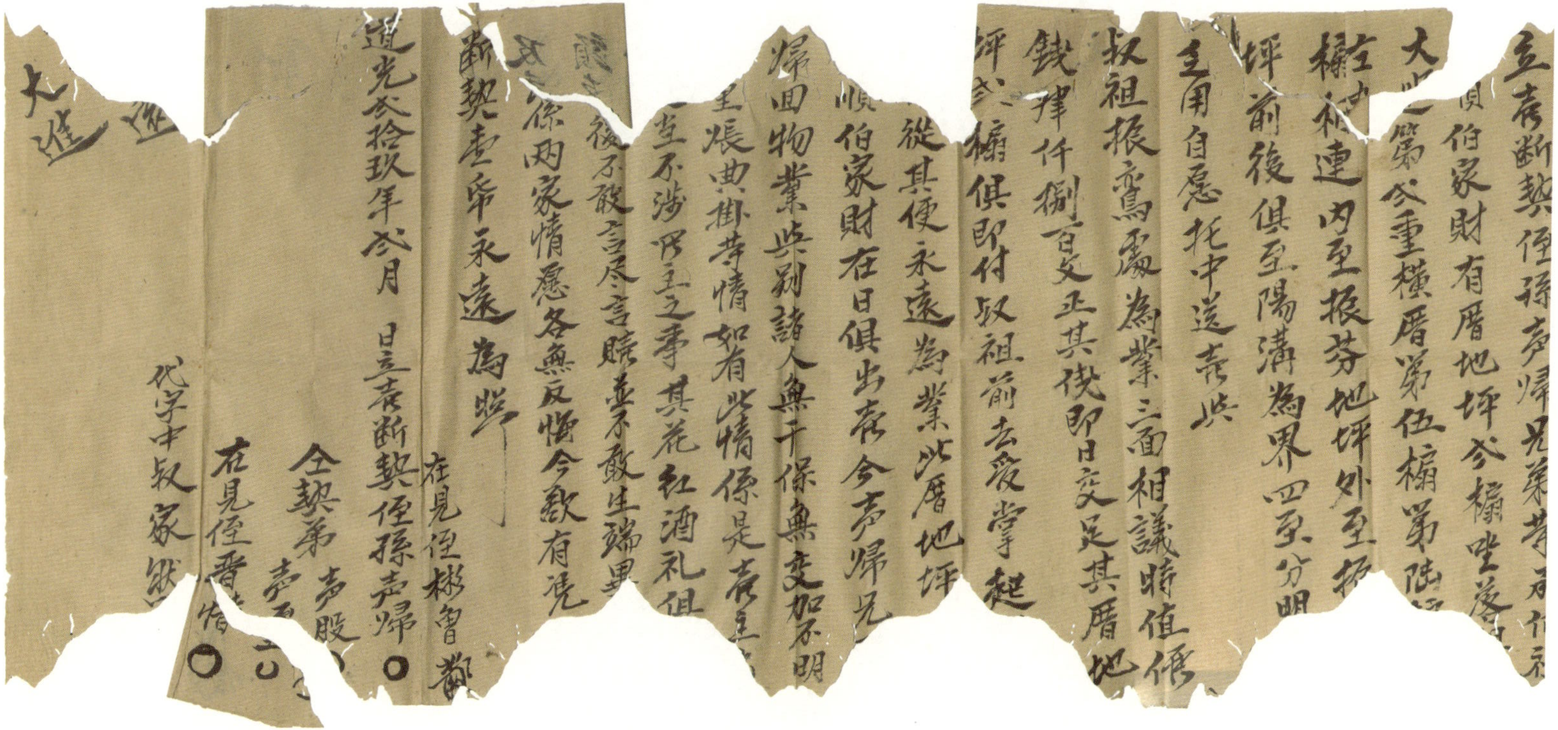

立賣斷契侄孫声歸兄弟等，有祖[illegible]
叔伯家財有厝地坪叁楹，坐落[illegible]
大[illegible]第叁重橫厝第伍楹第陸[illegible]
樹連，內至振芬地坪，外至振[illegible]
坪前後俱至陽溝為界，四至分明[illegible]
立甫自愿托中送賣與
叔祖振鸞處為業，三面相議時值價
錢肆仟捌百文正，其錢即日交足，其厝地
坪叁楹俱即付叔祖前去管業，聽
從其便，永遠為業。此厝地坪
係伯家財在日俱出賣，今声歸兄
弟田物業，與別房諸人無干，保無交加不明
並無典掛等情，如有此情，係是賣主
之事，不涉買主之事。其花紅酒礼俱
[illegible]後不敢言盡言贖，並不敢生端異[illegible]
係兩家情愿，各無反悔，今欲有凭，
立賣斷契壹帋，永遠為照。
道光貳拾玖年貳月　日立賣斷契侄孫声歸 ○
在見侄樹曾 押
仝契弟 声殷 ○
声[illegible] ○
在見侄晉[illegible] ○
代字中叔家鉞
大進

9-4-3-6　清道光二十九年二月楊声歸等立賣斷厝地坪契

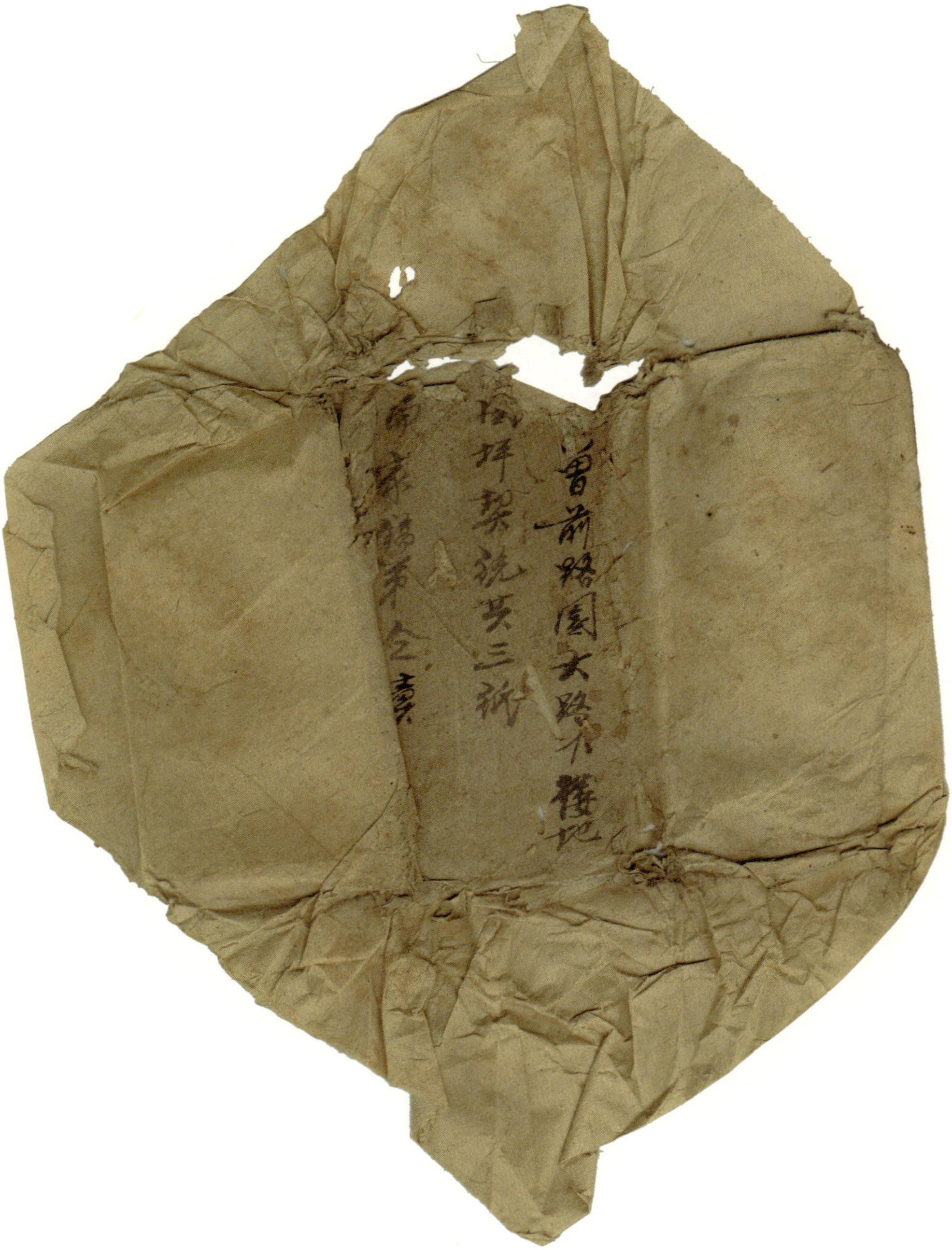

9-4-4-1　包契紙

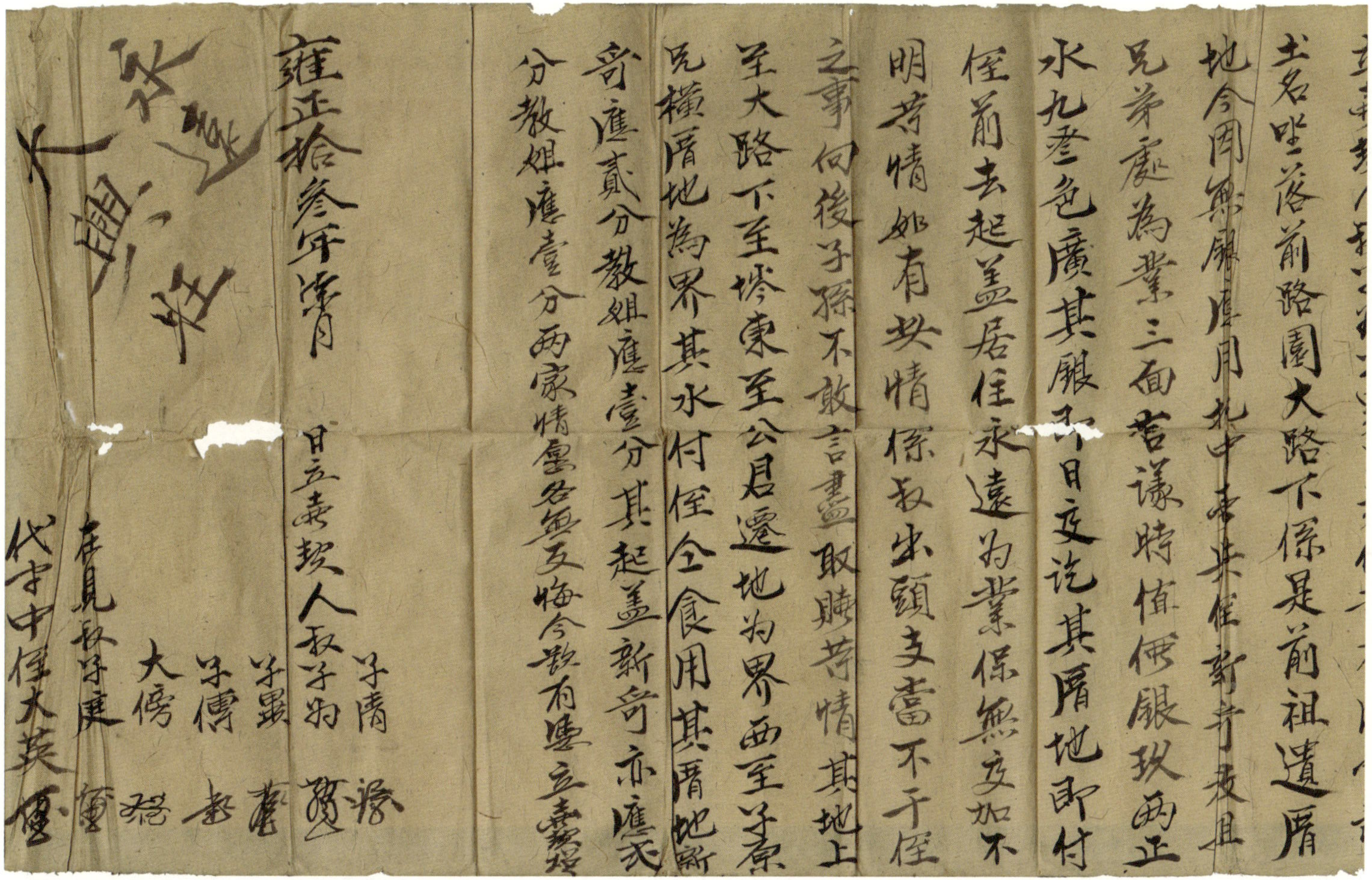
土名坐落前路圍大路下係是前祖遺厝
地今因無銀應用托中來與侄新肯承且
兄弟處為業三面言議時值價銀玖兩正
水九叁色廣其銀即日交訖其厝地即付
侄前去起蓋居住永遠為業保無交加不
明等情如有此情係叔出頭支當不干侄
之事向後子孫不敢言盡取贖等情其地上
至大路下至塍東至公君還地為界西至子原
兄橫厝地為界其水付侄仝食用其厝地新
奇應貳分敎姐應壹分其起蓋新奇亦應弍
分敎姐應壹分兩家情愿各無反悔今欲有憑立賣契
雍正拾叁年七月　日立賣契人叔子為
子清
子顯
子傳
大傍
在見叔子庭
代字中侄大英

9-4-4-2　清雍正十三年七月楊子爲等立賣厝地契

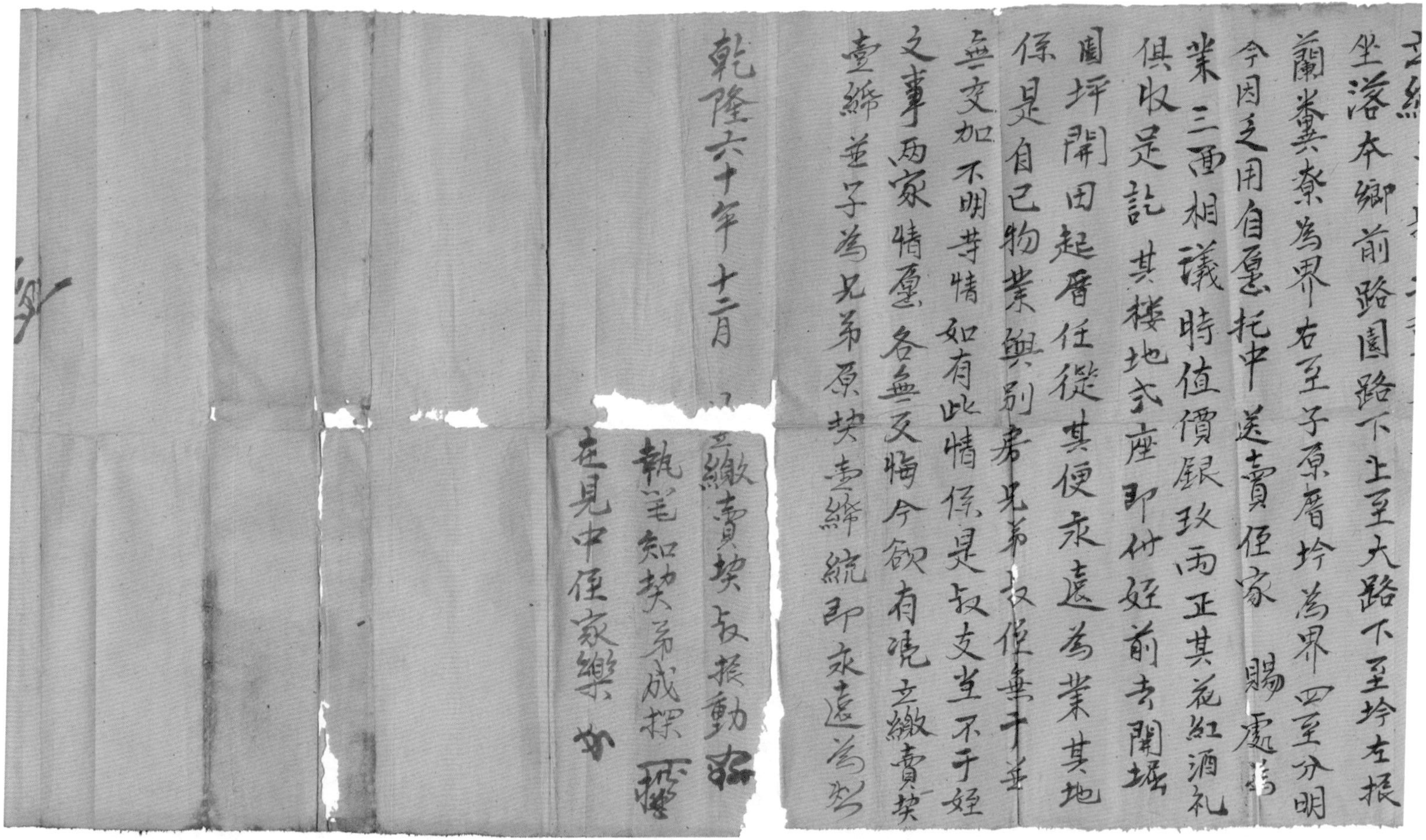
立繳
坐落本鄉前路園路下上至大路下至圩左振
蘭糞寮為界右至子原厝圩為界四至分明
今因乏用自愿托中送賣侄家 賜處為
業三面相議時值價銀玖兩正其花紅酒礼
俱收足訖其樓地弍座即付姪前去開墟
園坪開田起厝任從其便永遠為業其地
係是自己物業與別房兄弟叔侄無干並
無交加不明等情如有此情係是叔支当不干姪
之事兩家情愿各無反悔今欲有憑立繳賣契
壹紙並子為兄弟原契壹紙統即永遠為照
乾隆六十年十二月 日 立繳賣契叔振動(押)
執筆知契弟成探(押)
在見中侄家樂(押)

9-4-4-3　清乾隆六十年十二月楊振動立繳賣樓地契

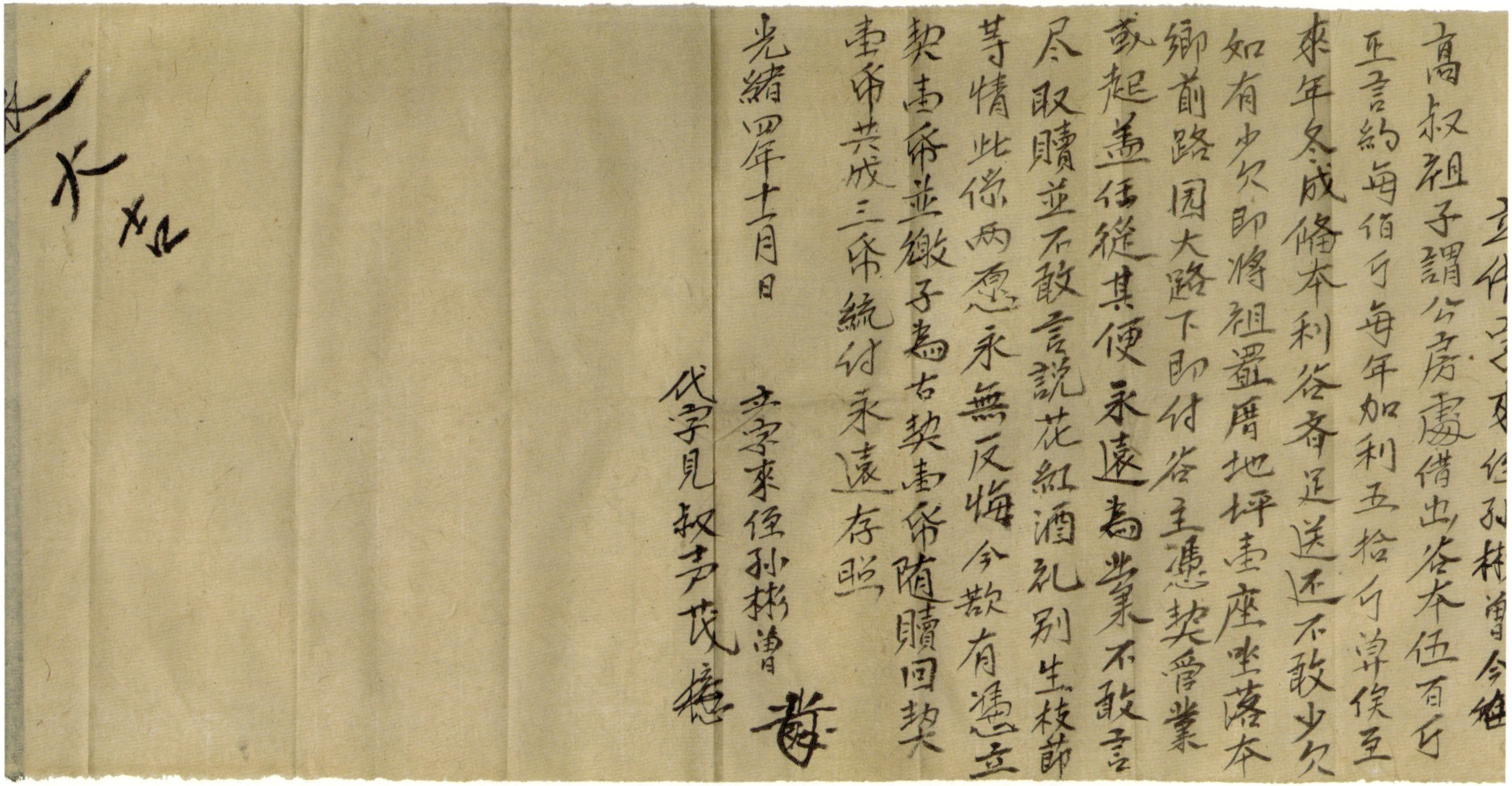
立借字人姪孫彬曾今在
高叔祖子謂公房處借出谷本伍百斤
面言約每佰斤每年加利五拾斤算俟至
來年冬成備本利谷齊足送还不敢少欠
如有少欠即將祖置厝地坪壹座坐落本
鄉前路园大路下即付谷主憑契管業
栽起蓋任從其便永遠為業不敢言
尽取贖並不敢言說花紅酒礼別生枝節
等情此係兩愿永無反悔今欲有憑立
契壹帋並繳子為古契壹帋隨贖回契
壹帋共成三帋統付永遠存照
光緒四年十一月日
立字來姪孫彬曾
代字見叔声茂
大吉

9-4-4-4　清光緒四年十一月楊彬曾立借穀字

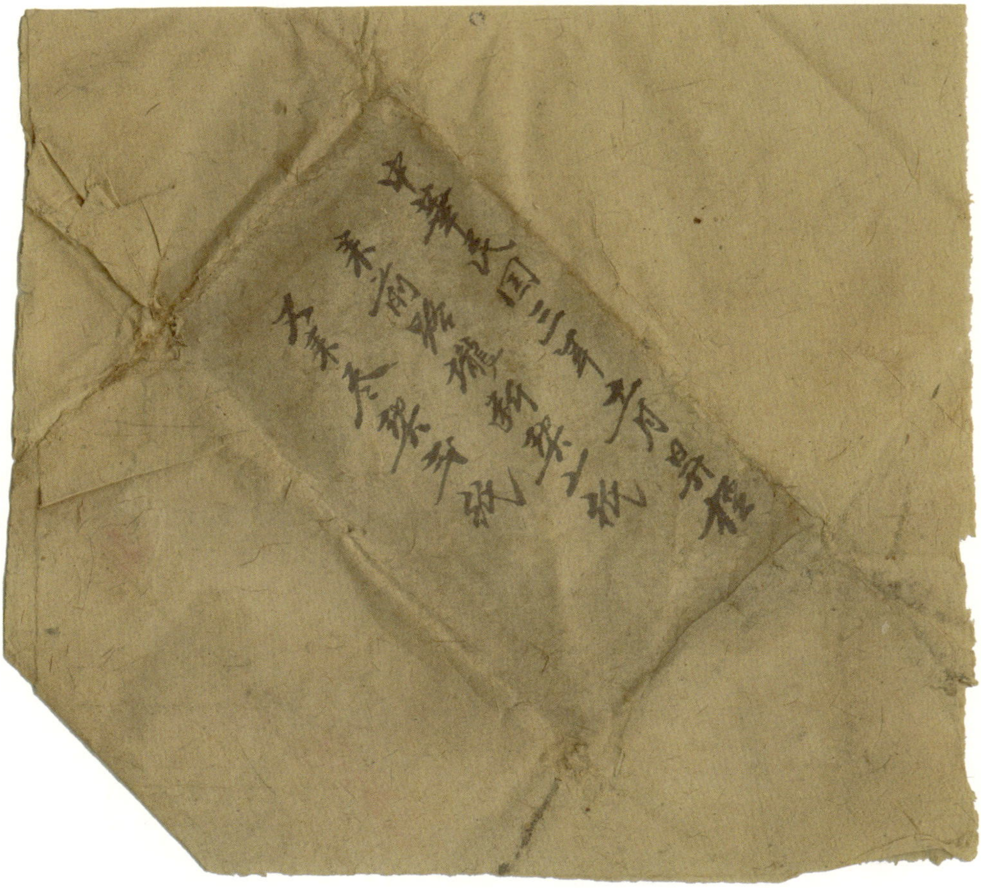

9-4-5-1　包契紙

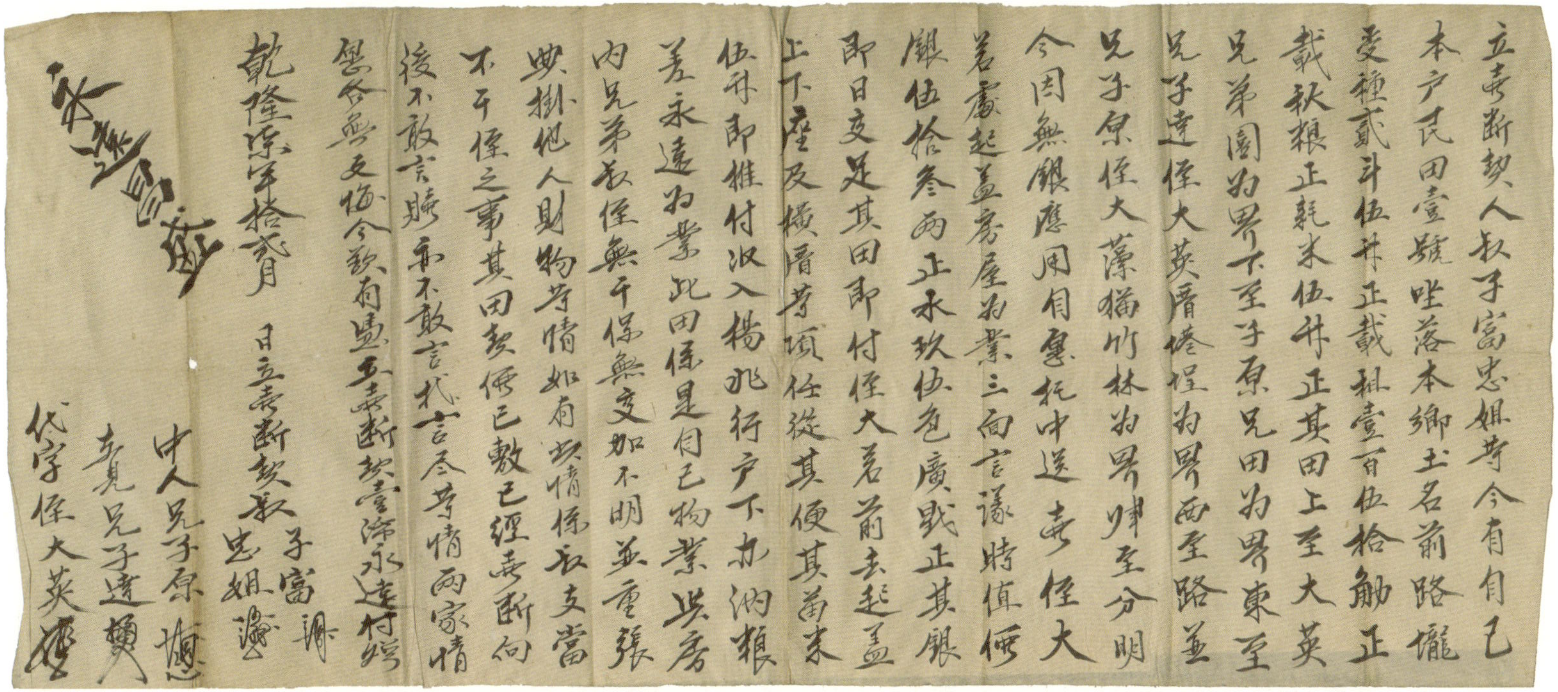

立賣斷契人叔子富忠姐等今有自己
本户民田壹號坐落本鄉土名前路壠
受種貳斗伍升正載租壹百伍拾觔正
載秋粮正耗米伍升正其田上至大英
兄弟園為界下至子原兄田為界東至
兄子達侄大英厝塆埕為界西至路並
兄子原侄大藻猫竹林為界坤至分明
今因無銀應用自愿托中送賣侄大
若處起蓋房屋為業三面言議時值價
銀伍拾叁两正永玖伍色廣戥正其銀
即日交足其田即付侄大若前去起蓋
上下屋及横厝等項任從其便其苗米
伍升即推付收入楊兆行户下办納粮
差永遠為業此田係是自己物業與房
内兄弟叔侄無干保無交加不明並重張
典掛他人財物等情如有此情係叔支當
不干侄之事其田契價已敷已經賣斷向
後不敢言贖亦不敢言找言盡等情两家情
愿各無反悔今欲有憑立賣斷契壹帋永遠付照
乾隆柒年拾貳月　日立賣斷契叔子富
忠姐
中人兄子原
在見兄子達
代字侄大英
永遠管業

9-4-5-2　清乾隆七年十二月楊子富等立賣斷民田契

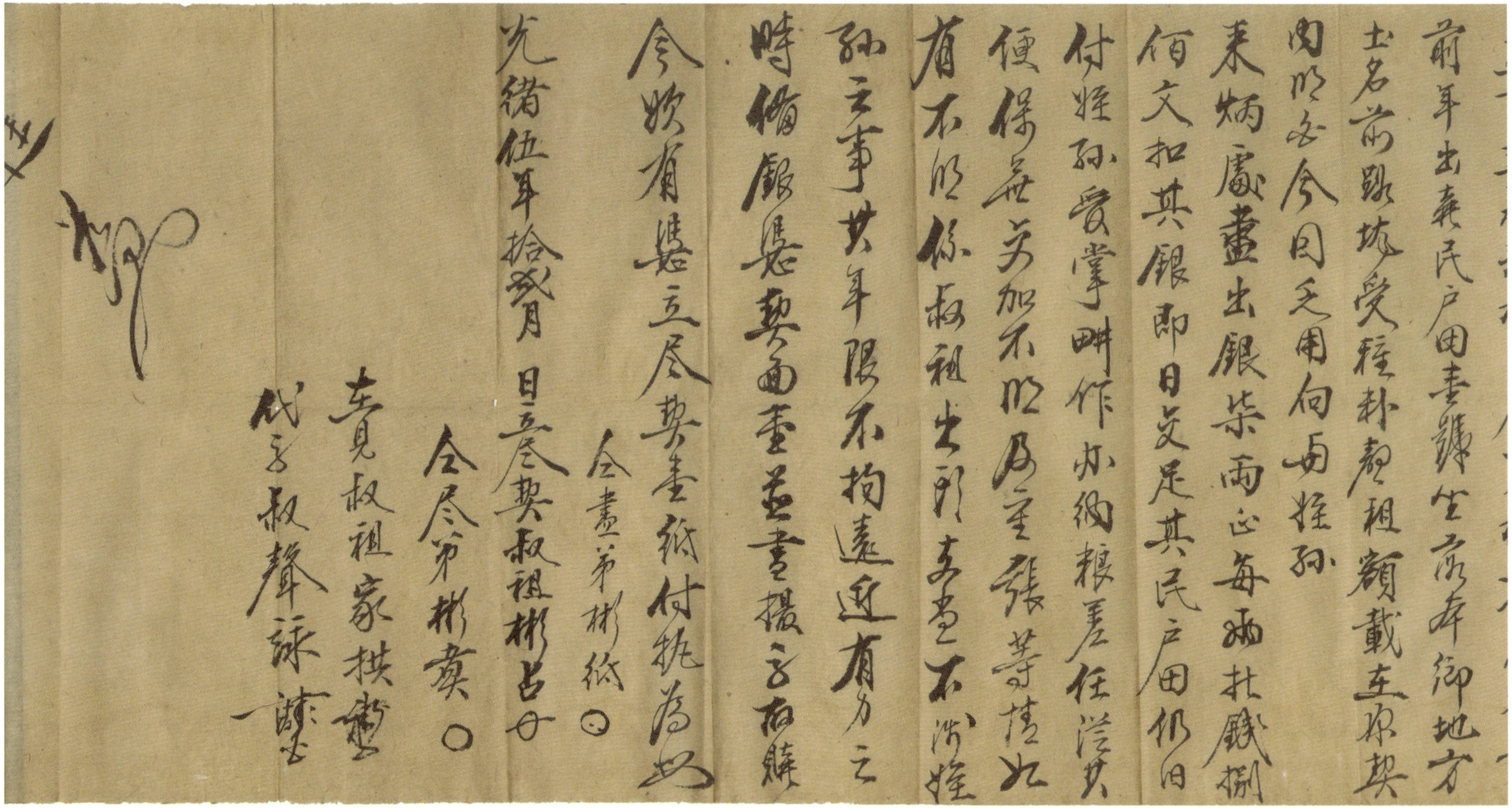

9-4-5-3　清光緒五年十二月楊彬占等立盡民户田契

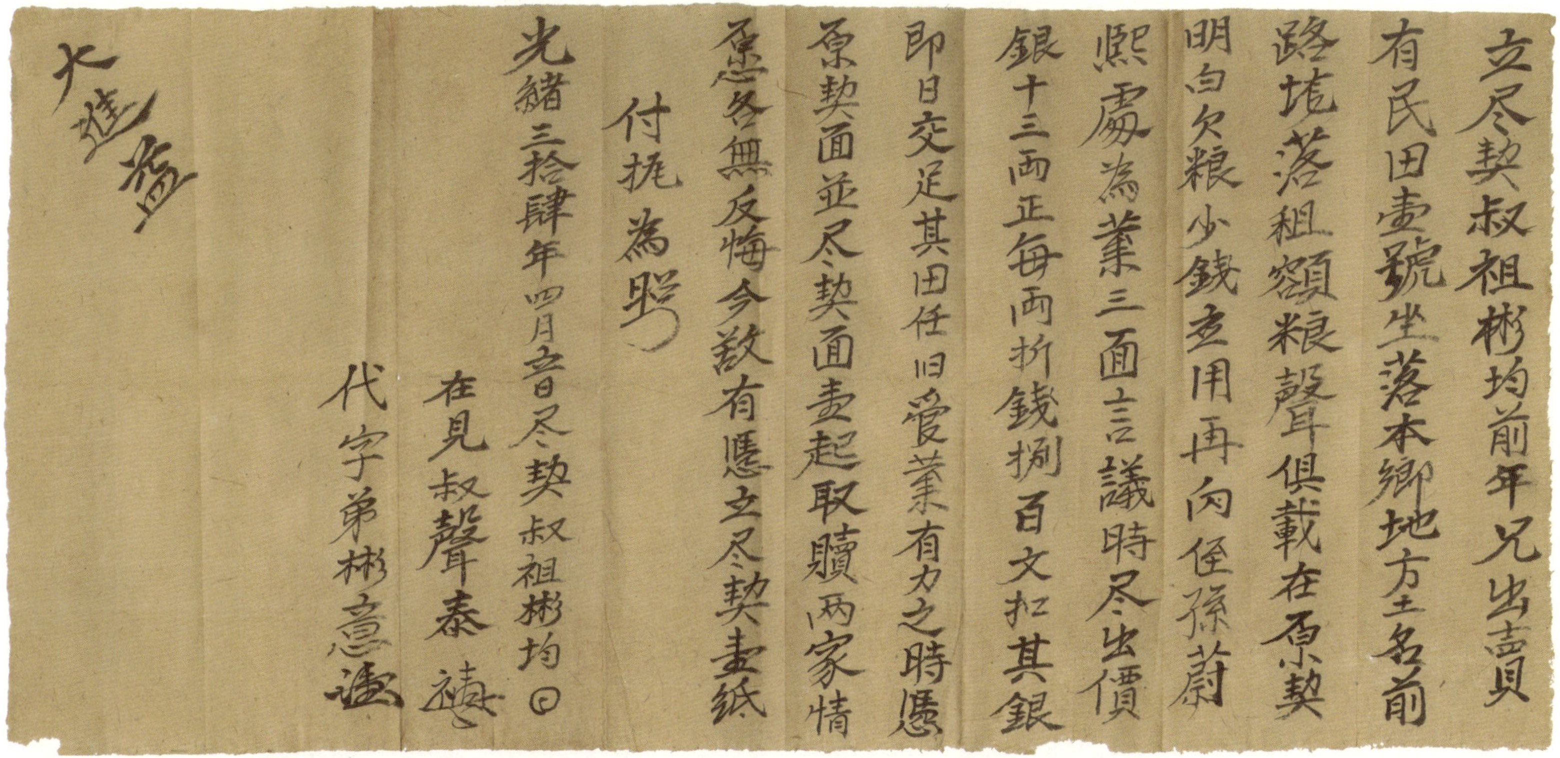

立尽契叔祖彬均前年兄出賣
有民田壹號坐落本鄉地方土名前
路垅落租額粮聲俱載在原契
明白欠粮少錢乏用再向侄孫蔚
熙處為業三面言議時尽出價
銀十三兩正每兩折錢捌百文扣其銀
即日交足其田任旧管業有力之時憑
原契面並尽契面壹起取贖兩家情
愿各無反悔今欲有憑立尽契壹紙
付挽為照
光緒三拾肆年四月吉日尽契叔祖彬均（押）
在見叔聲泰（押）
代字弟彬意（押）
大進查

9-4-5-4　清光緒三十四年四月楊彬均立盡民田契

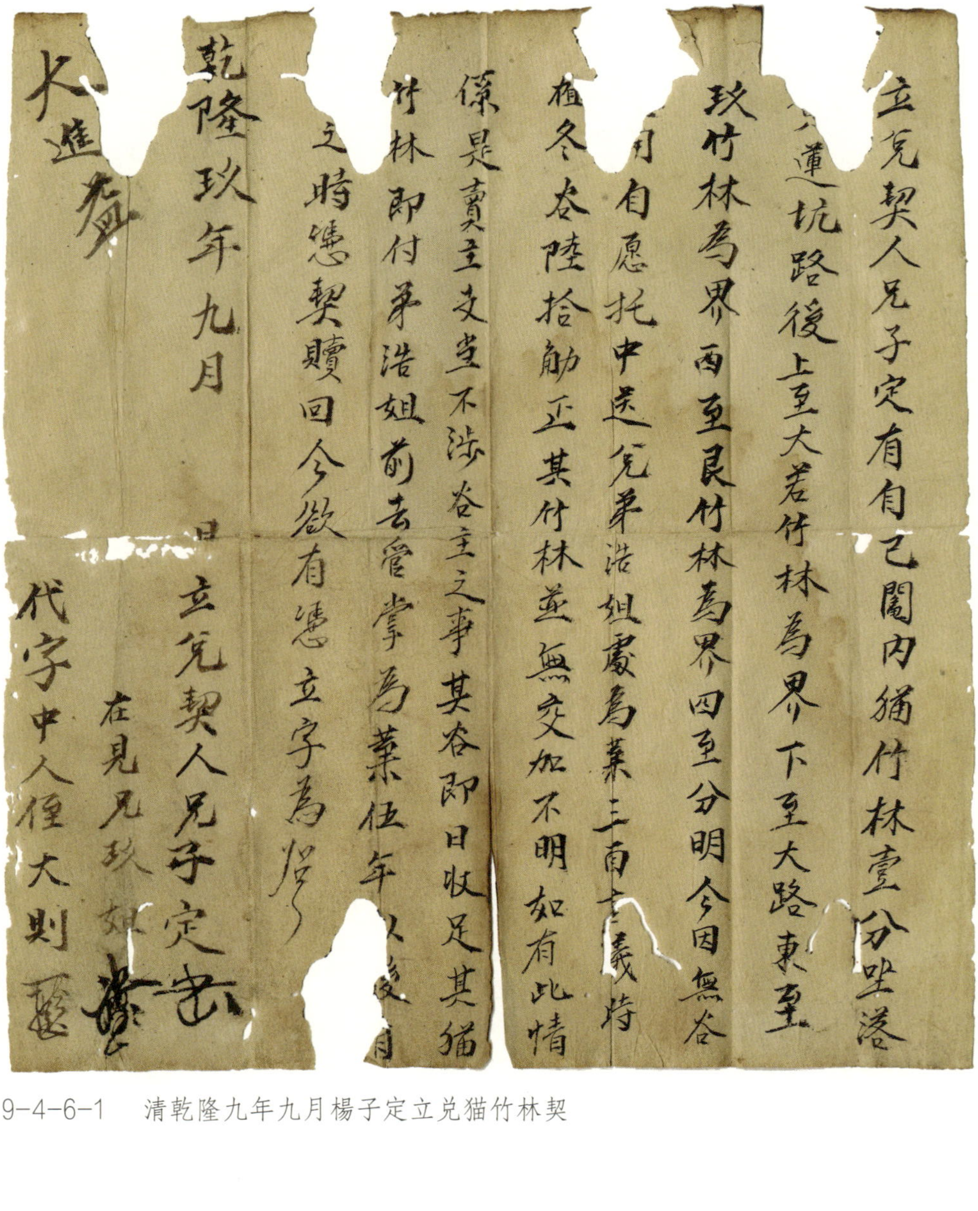

立兑契人兄子定有自己閹内猫竹林壹分坐落
[illegible]蓮坑路後上至大若竹林為界下至大路東至
玖竹林為界西至艮竹林為界四至分明今因無谷
[illegible]用自愿托中送兑弟浩姐處為業三面言議時
值冬谷陸拾觔正其竹林並無交加不明如有此情
係是賣主支当不涉兑主之事其谷即日收足其猫
竹林即付弟浩姐前去管掌為業伍年以後[illegible]自
之時憑契贖回今欲有憑立字為照
乾隆玖年九月　日立兑契人兄子定
在見兄玖姐
代字中人侄大則
大進盈

9-4-6-1　清乾隆九年九月楊子定立兑猫竹林契

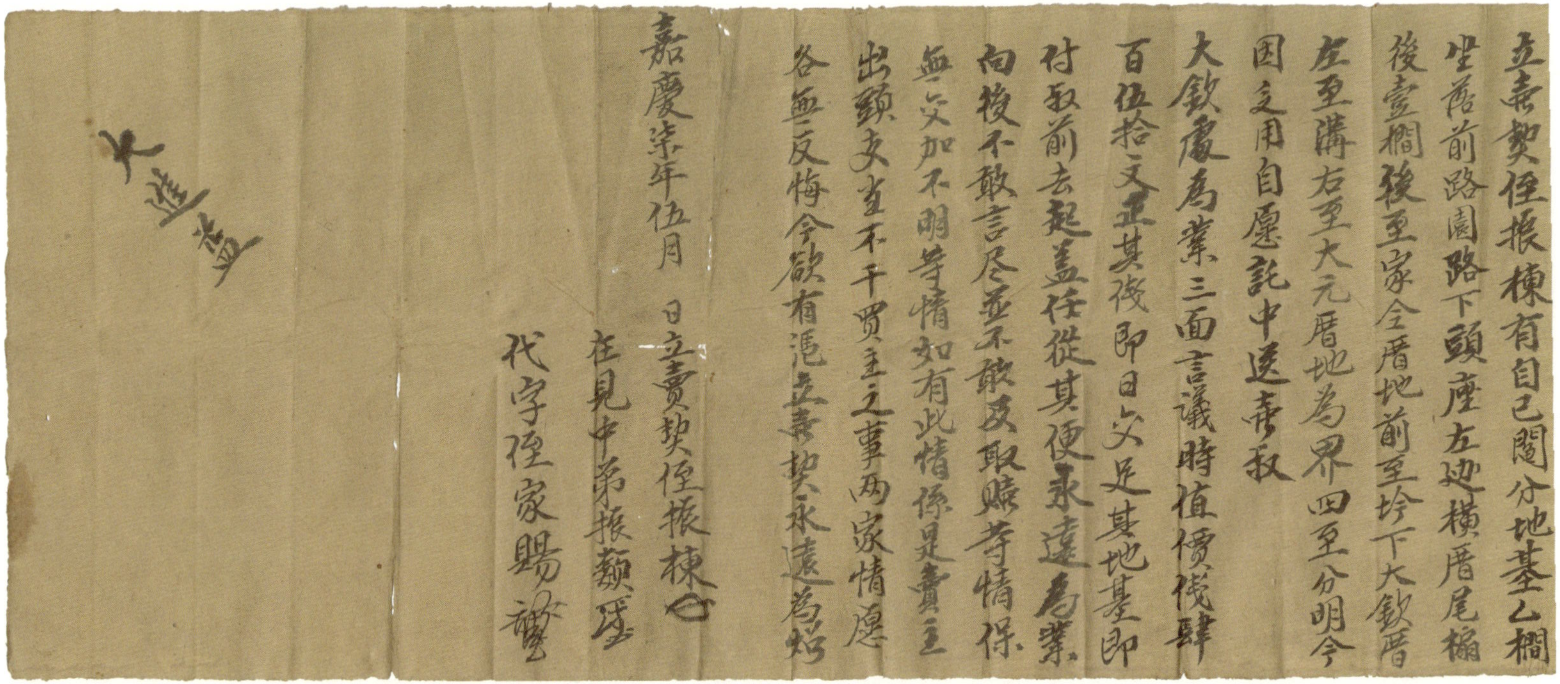

立賣契侄振棟有自己闔分地基乙橺，坐落前路園路下頭，座左边横厝尾楄後壹橺，後至家全厝地，前至坽下大欽厝，左至溝，右至大元厝地為界，四至分明。今因乏用，自愿託中送賣叔大欽處為業，三面言議時值價銭肆百伍拾文，其錢即日交足，其地基即付叔前去起蓋，任從其便，永遠為業。向後不敢言尽，並不敢反取贖等情。保無交加不明等情，如有此情，係是賣主出頭支当，不干買主之事。兩家情愿，各無反悔。今欲有憑，立賣契永遠為炤。

嘉慶柒年伍月　日立賣契侄振棟（押）

在見中弟振巍（押）

代字侄家賜（押）

9-4-6-2　清嘉慶七年五月楊振棟立賣地基契

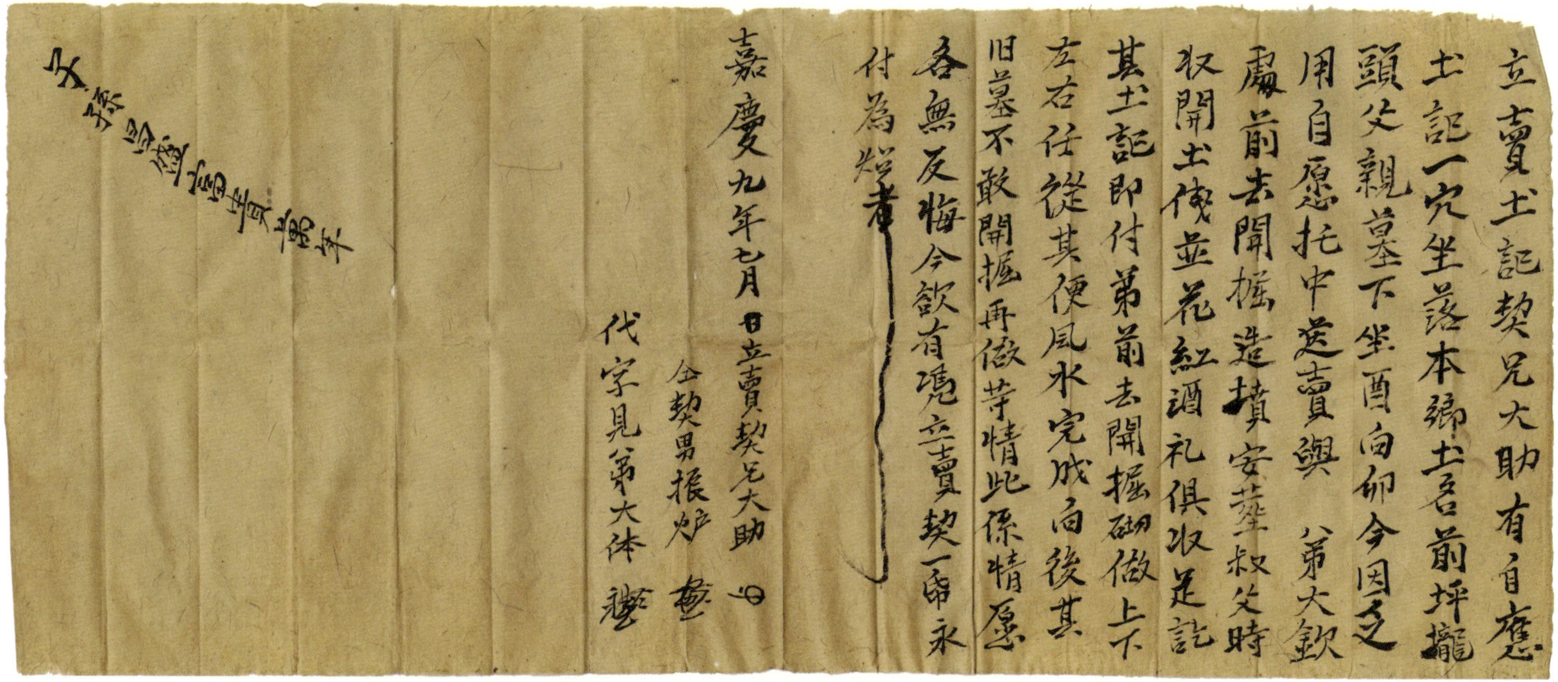

立賣土記契兄大助有自應
土記一穴坐落本鄉土名前坪壠
頭父親墓下坐酉向卯今因乏
用自愿托中送賣與　弟大欽
處前去開掘造墳安葬叔父時
收開土價並花紅酒礼俱收足訖
其土記即付弟前去開掘砌做上下
左右任從其便風水完成向後其
旧墓不敢開掘再做等情此係情愿
各無反悔今欲有憑立賣契一紙永
付為炤者

嘉慶九年七月　日立賣契兄大助（押）
仝契男振炉（押）
代字見弟大体（押）

子孫昌盛富貴萬年

9-4-6-3　清嘉慶九年七月楊大助等立賣土記契

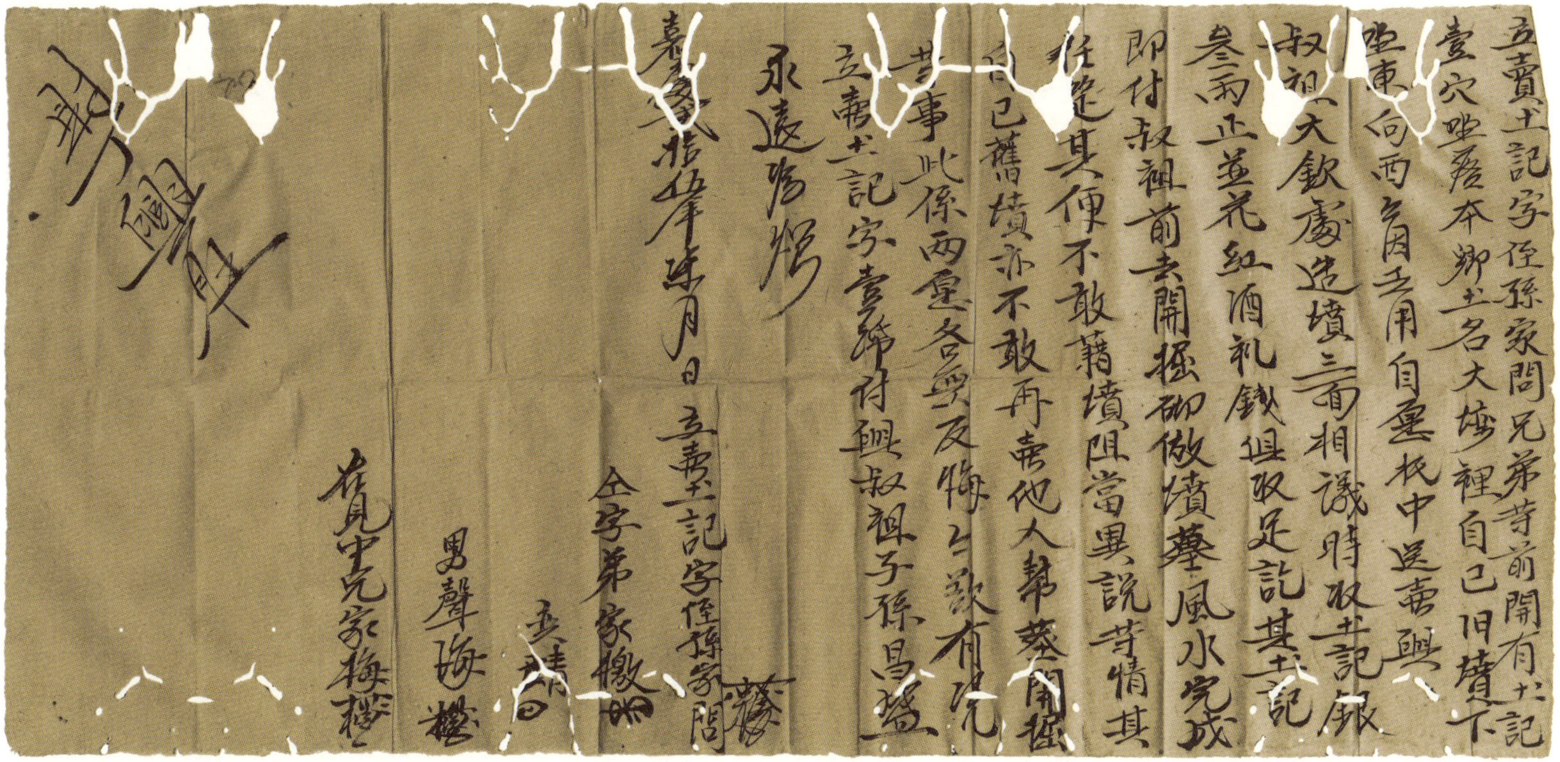
立賣土記字侄孫家問兄弟等前開有土記
壹穴坐落本鄉土名大垵裡自己旧墳下
坐東向西今因乏用自愿托中送賣與
叔祖大欽處造墳三面相議時價土記銀
叁兩正并花紅酒礼錢俱收足訖其土記
即付叔祖前去開掘砌做墳塋風水完成
任從其便不敢藉墳阻當異說等情其
自己舊墳亦不敢再賣他人幇葬開掘
其事此係兩愿各無反悔今欲有憑
立賣土記字壹紙付與叔祖子孫昌盛
永遠爲照
嘉慶廿五年七月　日　立賣土記字侄孫家問（押）
全字弟家燉（押）
[illegible]
男聲海（押）
在見中兄家梅（押）

9-4-6-4　清嘉慶二十五年七月楊家問等立賣土記字

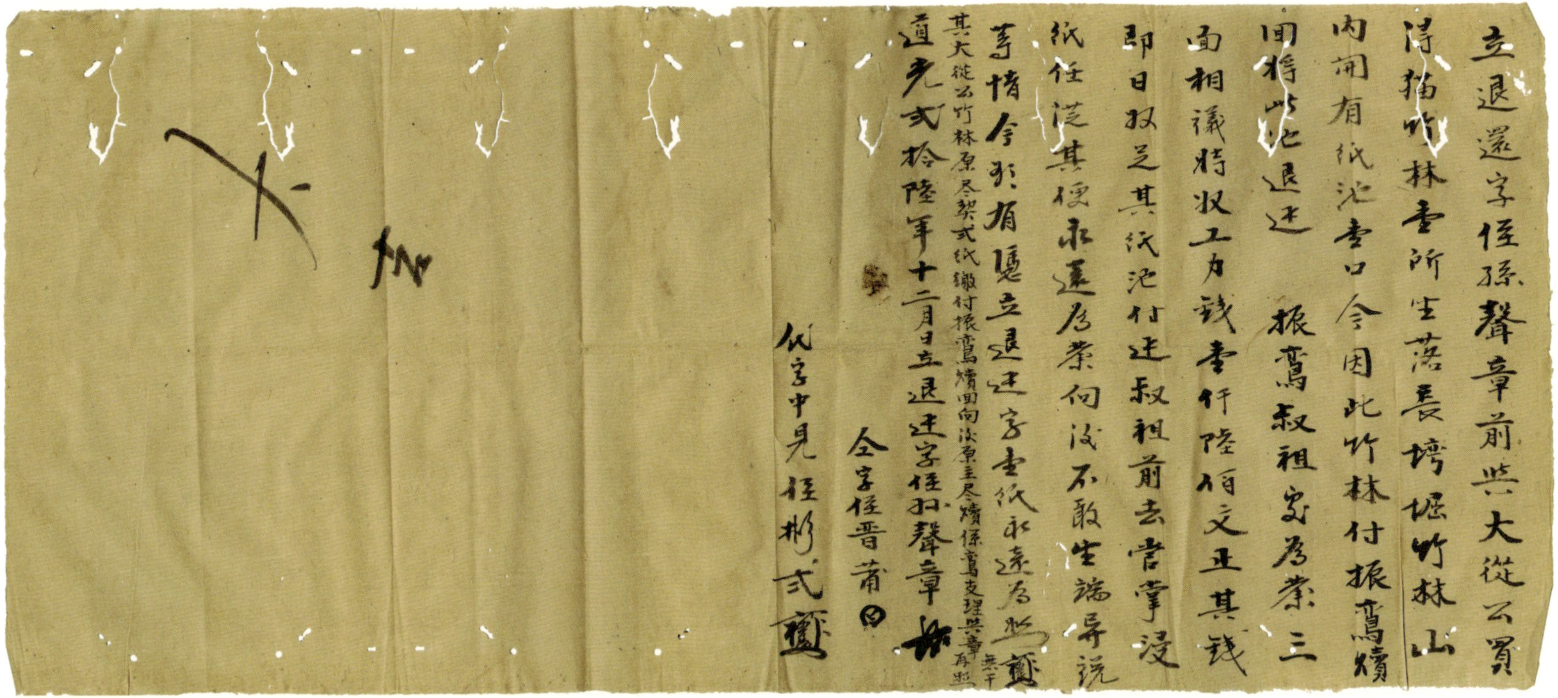

立退還字侄孫聲章、前、興、大從公買
得猫竹林壹所，坐落長塆堀竹林山
内間有伙派壹口，今因此竹林付振鸞續
間將此退還　振鸞叔祖出為業。三
面相議，將收工力錢壹仟陸佰文正，其錢
即日收足，其伙派付還叔祖前去管掌浸
伙，任從其便，永遠為業，向後不敢生端异説
等情。今欲有憑，立退還字壹紙，永遠為照。
其大從公竹林原尽契式紙繳付振鸞續回，向汝原主尽續係鸞支理，與章無干，再照。
道光式拾陸年十二月日立退還字侄孫聲章（押）
仝字侄晉甫（押）
代字中見侄彬式（押）

9-4-6-5　清道光二十六年十二月楊聲章等立退還猫竹林字

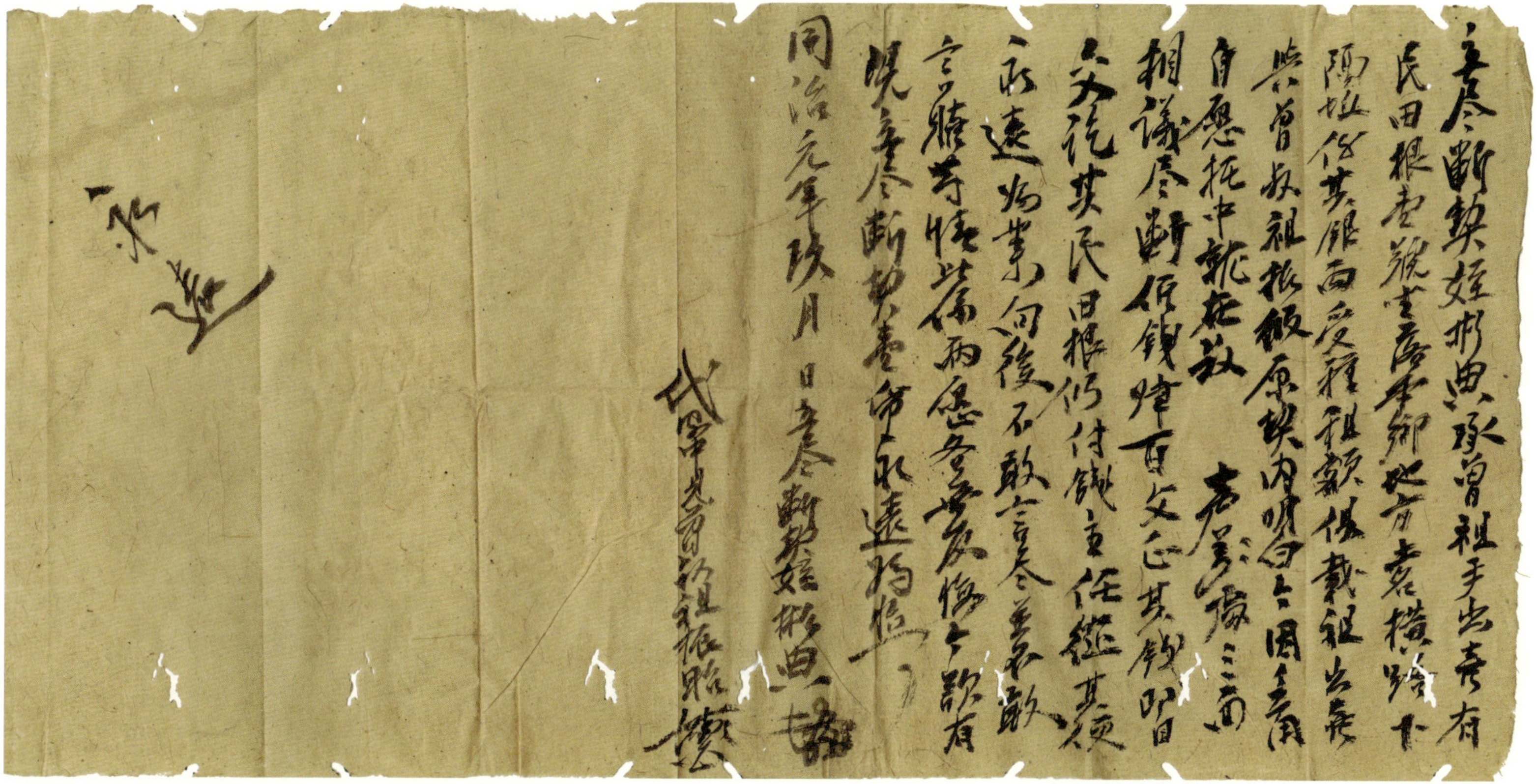
立盡斷契姪彬典，承曾祖手出有
民田根壹號，坐落本鄉地方土名橫路下
[illegible]
與曾叔祖[illegible]原契內明白。今因[illegible]
自愿托中就在叔[illegible]三面
相議盡斷價錢肆百文，正其錢即日
交訖。其民田根仍付錢主任從其[illegible]
永遠為業，向後不敢言盡言[illegible]
言贖等情，此係兩愿各無反悔。今欲有
憑，立盡斷契壹紙，永遠為據。
同治元年玖月　日立盡斷契姪彬典（押）
代字堂叔祖振[illegible]

9-4-6-6　清同治元年九月楊彬典立盡斷民田根契

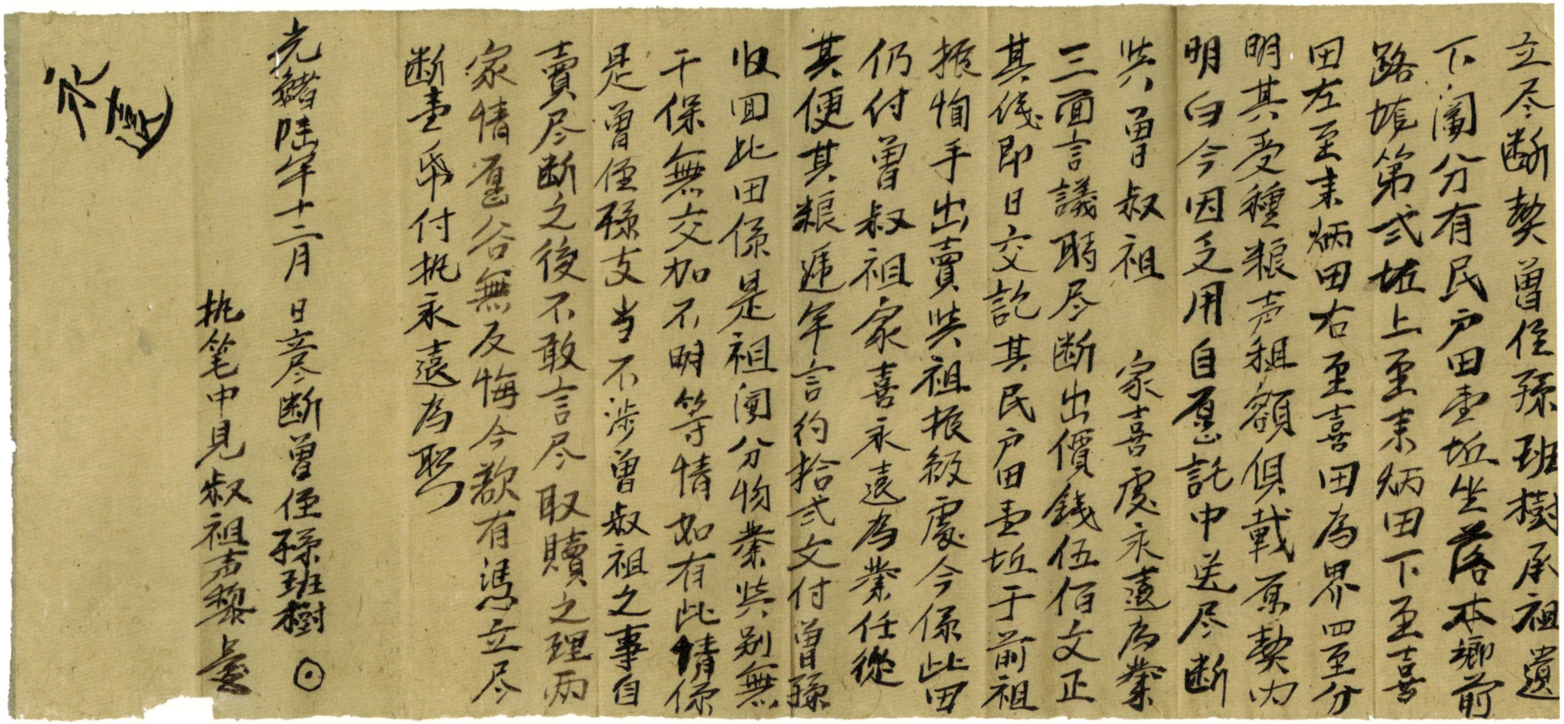

立盡斷契曾侄孫班樹承祖遺
下閫分有民户田壹坵坐落本鄉前
路墘第弍坵上至末炳田下至喜
田左至末炳田右至喜田為界四至分
明其受種粮斉租額俱載原契內
明白今因乏用自愿託中送盡斷
與曾叔祖　家喜處永遠為業
三面言議時盡斷出價錢伍佰文正
其錢即日交訖其民户田壹坵于前祖
根恂手出賣與祖根紋處今係此田
仍付曾叔祖家喜永遠為業任從
其便其粮逐年言約拾弍文付曾孫
收回此田係是祖閫分物業與别無
干係無交加不明等情如有此情係
是曾侄孫支当不涉曾叔祖之事自
賣盡斷之後不敢言盡取贖之理所
家情愿兮無反悔今欲有憑立盡
斷書爲付执永遠為照

光緒陸年十二月　日立盡斷曾侄孫班樹 ⊙
执筆中見叔祖斉黎書

永照

9-4-6-7　清光緒六年十二月楊班樹立盡斷民户田契

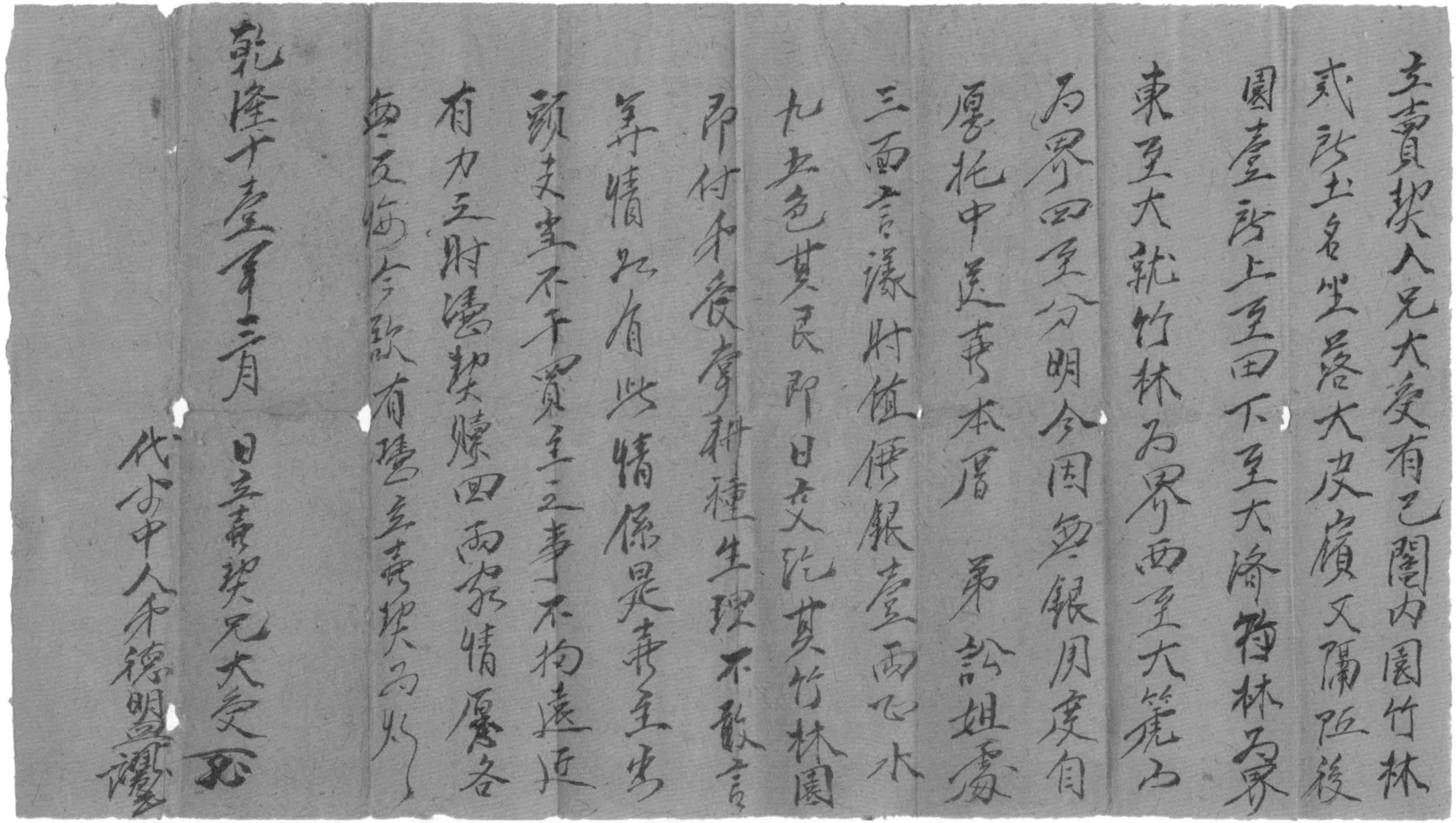
立賣契人兄大受有己闔內園竹林
弍所土名坐落大皮嶺又陽阬後
園壹所上至田下至大滂[illegible]林為界
東至大就竹林為界西至大籠山
為界四至分明今因無銀用度自
愿托中送賣本厝　弟詒姐處
三面言議時值價銀壹兩正水
九五色其艮即日交訖其竹林園
即付承受掌耕種生理不敢言
等情如有此情係是賣主出
頭支當不干買主之事不拘遠近
有力之時邊契贖回兩家情愿各
無反悔今欲有憑立賣契為炤
乾隆十壹年三月　日立賣契兄大受（押）
代字中人弟德明（押）

9-4-7-1　清乾隆十一年三月楊大受立賣園竹林契

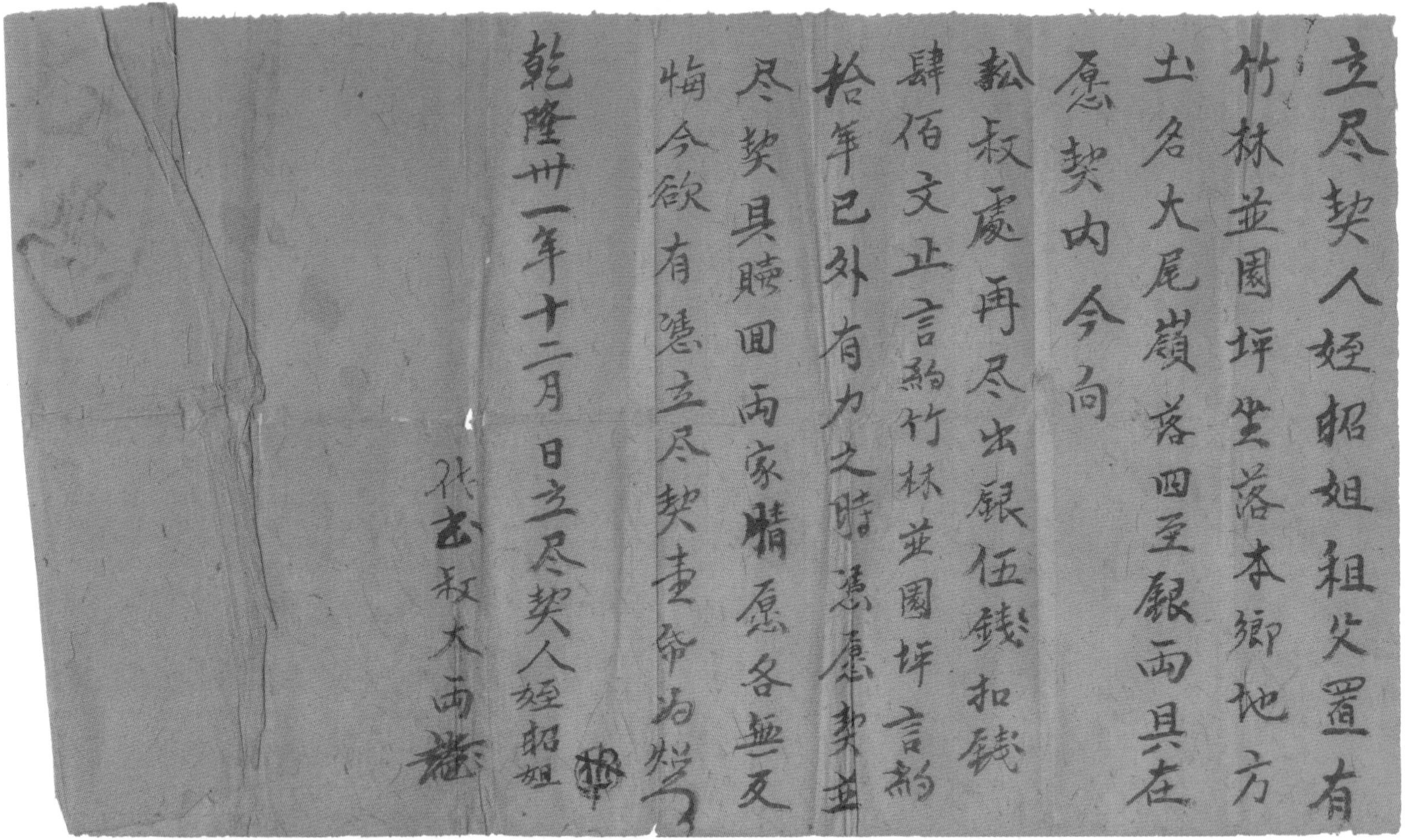
立盡契人姪昭姐祖父置有
竹林並園坪坐落本鄉地方
土名大尾嶺落四至銀兩具在
原契內今向
松叔處再盡出銀伍錢扣錢
肆佰文正言約竹林並園坪言約
拾年已外有力之時憑原契並
盡契具贖回兩家情愿各無反
悔今欲有憑立盡契壹紙為照
乾隆卅一年十二月　日立盡契人姪昭姐（押）
代書叔太兩（押）

9-4-7-2　清乾隆三十一年十二月楊昭姐立盡竹林等契

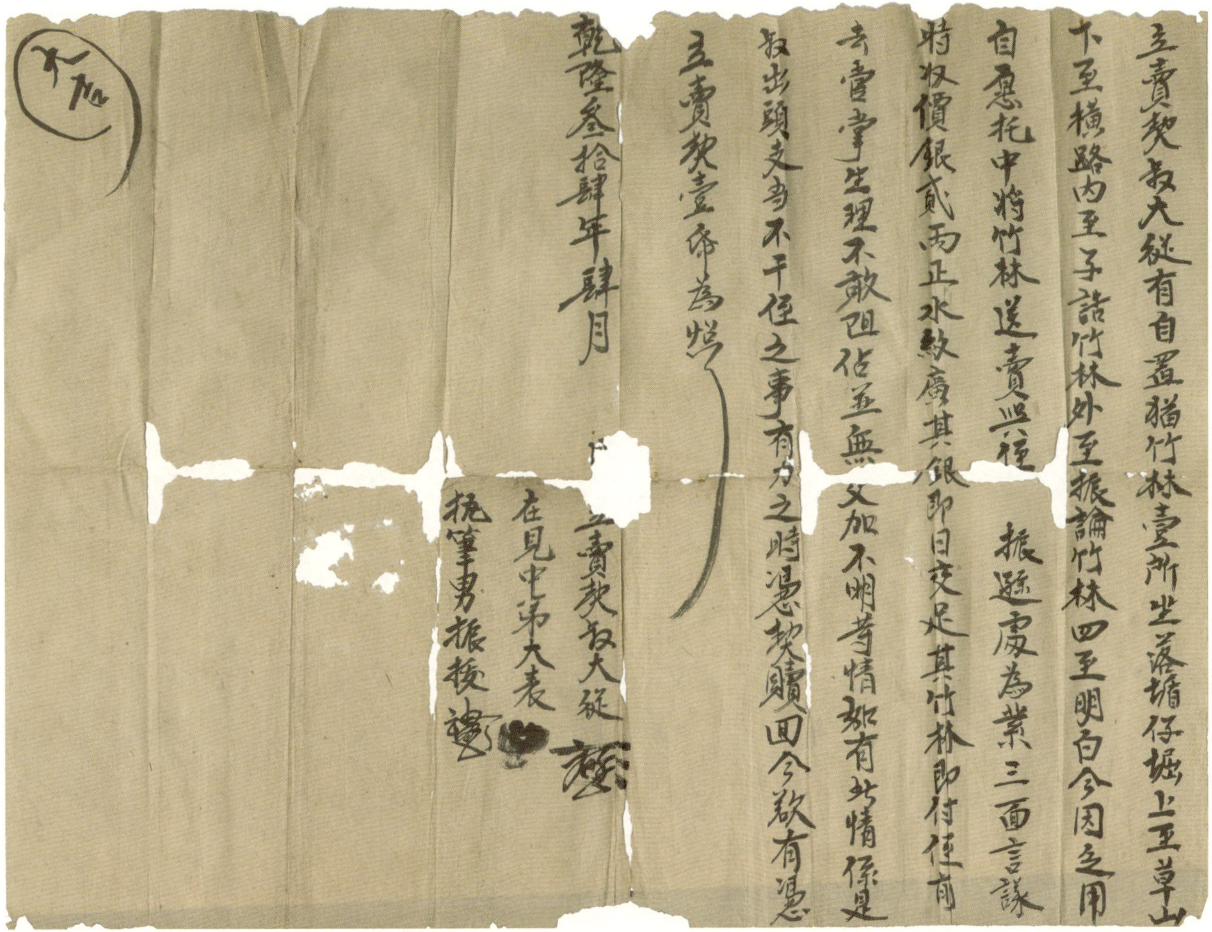

立賣契叔大從有自置猫竹林壹所坐落墻仔墘上至草山
下至横路内至子詰竹林外至振論竹林四至明白今因乏用
自愿托中將竹林送賣與侄　振遜處為業三面言議
時收價銀貳兩正水紋廣其銀即日交足其竹林即付侄前
去管掌生理不敢阻佔並無　文加不明等情如有此情係是
叔出頭支当不干侄之事有力之時憑契贖回今欲有憑
立賣契壹帋為照

乾隆叁拾肆年肆月　日　立賣契叔大從
在見中弟大表
執筆男振梭

9-4-7-3　清乾隆三十四年四月楊大從立賣猫竹林契

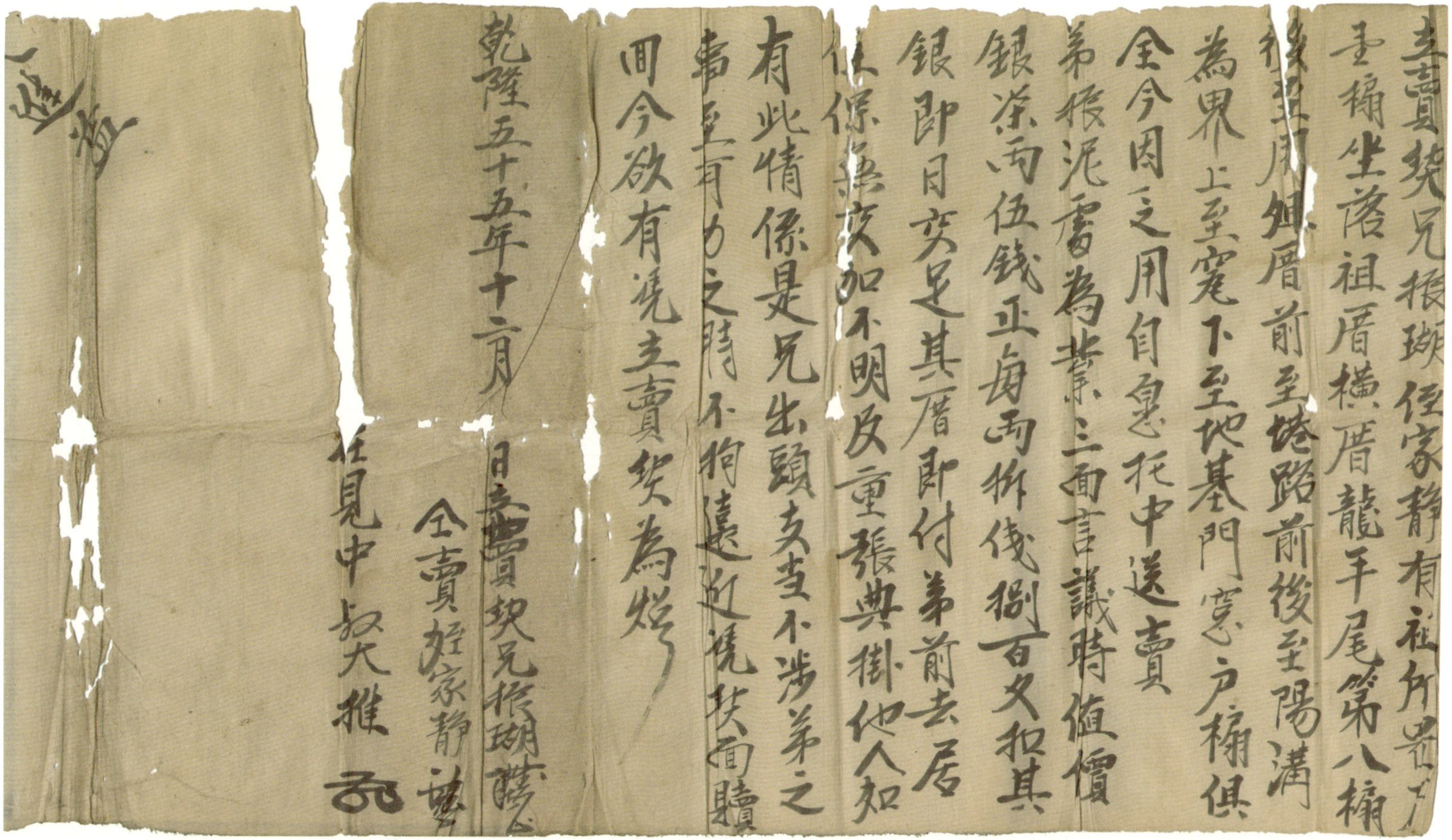
立賣契兄振瑚侄家靜有祖所置
壹楄坐落祖厝橫厝龍手尾第八楄
後至厝屏，厝前至路，前後至陽溝
為界，上至窓，下至地基，門窓戶楄俱
全。今因乏用，自愿托中送賣
弟振泥雷為業，三面言議時值價
銀柒両伍錢正，每両折錢捌百文，扣其
銀即日交足，其厝即付弟前去居
住。保無交加不明及重張典掛他人知
有此情，係是兄出頭支當，不涉弟之
事。至有力之時，不拘遠近，恁兄扶回贖。
恐今欲有憑，立賣契為照。
乾隆五十五年十二月　日立賣契兄振瑚
仝賣姪家靜
在見中叔大稚

9-4-7-4　清乾隆五十五年十二月楊振瑚等立賣厝契

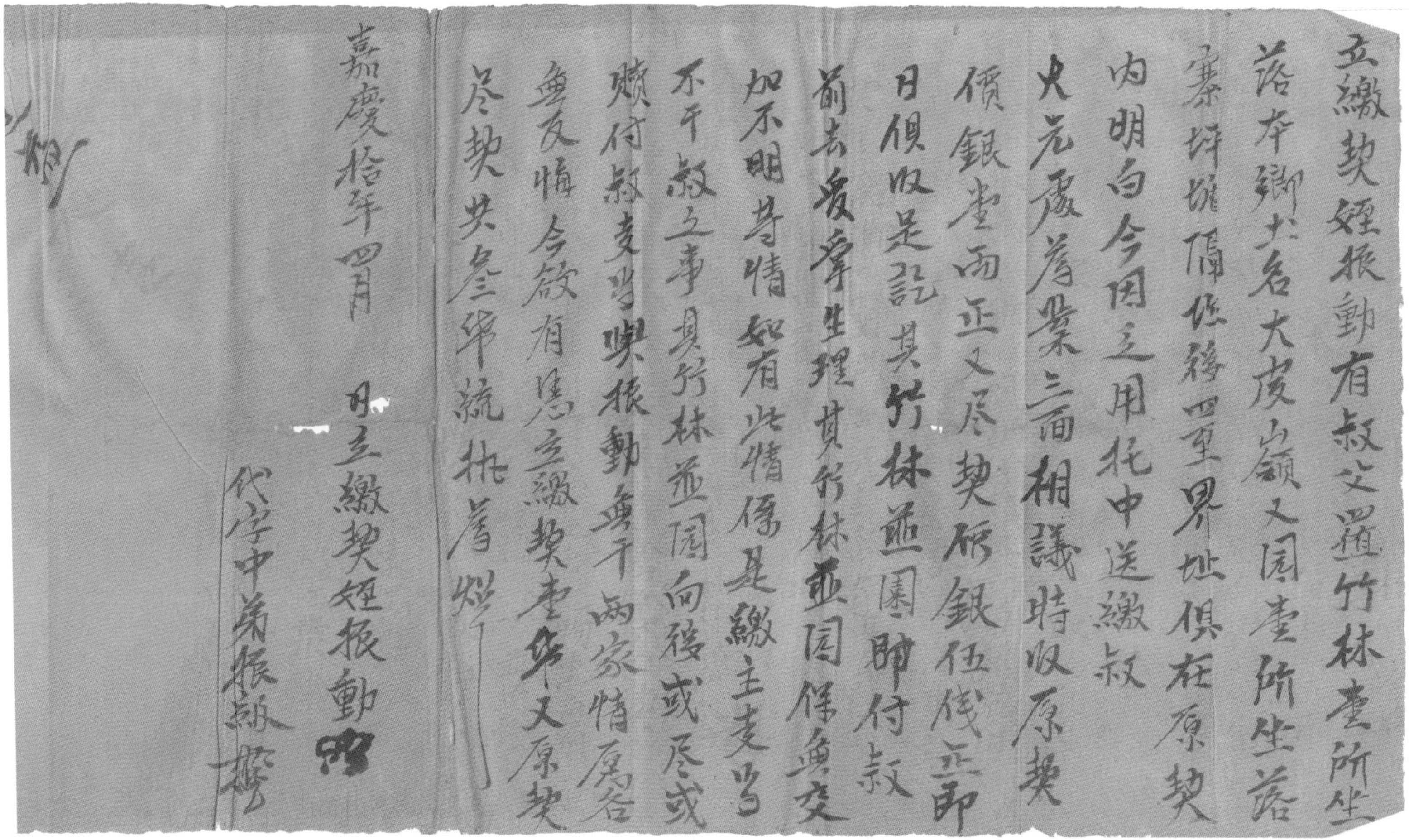
立繳契姪振動有叔文羅遺竹林壹所坐
落本鄉土名大虔山嶺又園壹所坐落
寨坪墘偏係得四至界址俱在原契
內明白今因乏用托中送繳叔
父尤處為業三面相議時收原契
價銀壹兩正又尽契價銀伍錢正即
日俱收是訖其竹林並園聽付叔
前去管業生理其竹林並園係與交
加不明等情如有此情係是繳主支当
不干叔之事其竹林並園向後或尽或
贖付叔支当與振動無干兩家情愿各
無反悔今欲有憑立繳契壹紙又原契
尽契共叁紙付執為照

嘉慶拾年四月　日立繳契姪振動（押）
代字中弟振[illegible]（押）

9-4-7-5　清嘉慶十年四月楊振動立繳竹林契

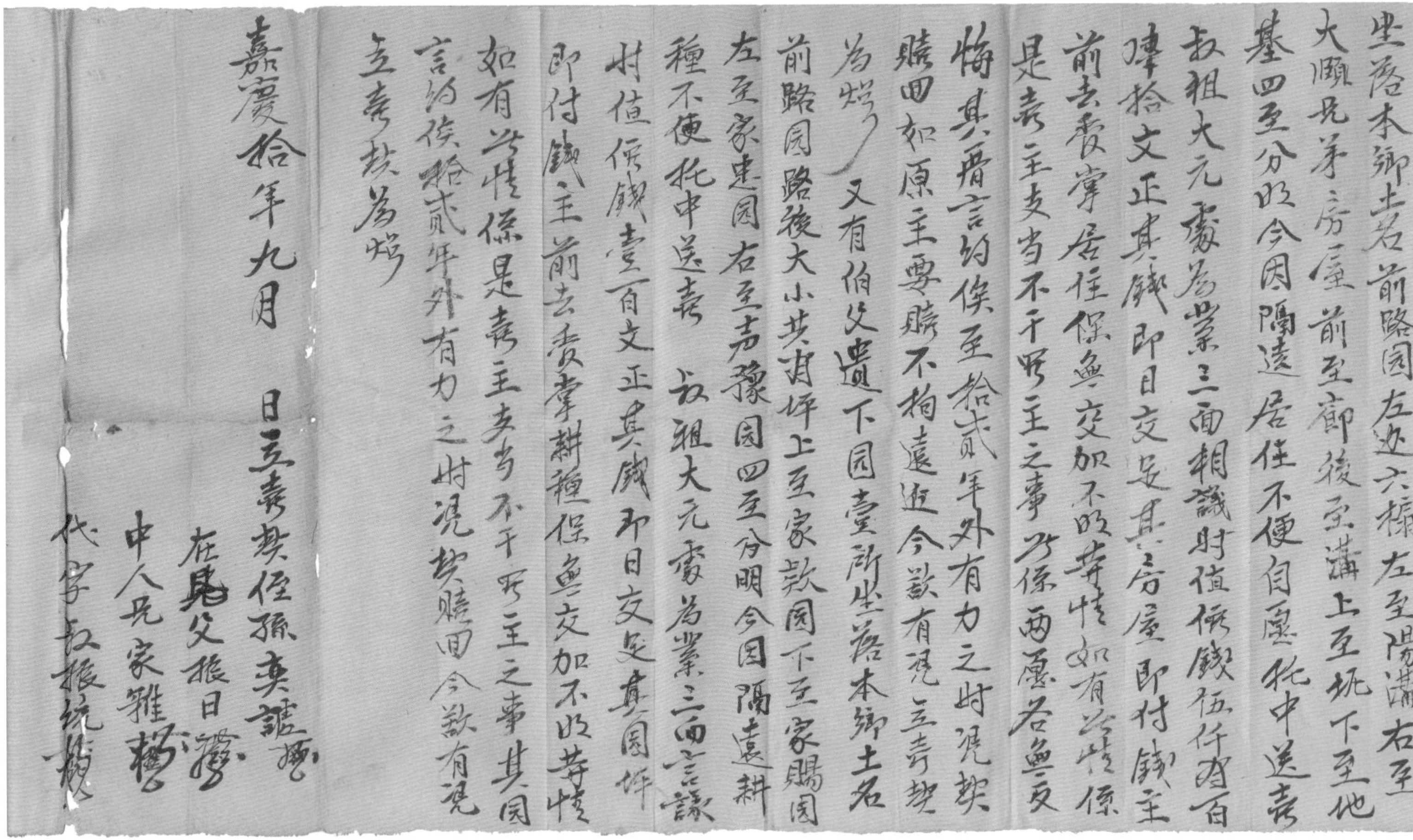
坐落本鄉土名前路園左边六楠左至陽溝右至
大願兄茅房屋前至廊後至溝上至坑下至他
基四至分明今因隔遠居住不便自愿托中送賣
叔祖大元處為業三面相識時值價錢伍仟肆百
肆拾文正其錢即日交足其房屋即付錢主
前去管居住保無交加不明等情如有等情係
是賣主支当不干買主之事兩係两愿各無反
悔其再言约侯至拾貳年外有力之時憑契
贖回如原主要贖不拘遠近今欲有憑立賣契
為照 又有伯父遺下園壹所坐落本鄉土名
前路園路後大小共肆坪上至家欵園下至家賜園
左至家建園右至声豫園四至分明今因隔遠耕
種不便托中送賣 叔祖大元處為業三面言議
時值價錢壹百文正其錢即日交足其園坪
即付錢主前去管耕種保無交加不明等情
如有等情係是賣主支当不干買主之事其园
言约侯拾貳年外有力之時憑契贖回今欲有憑
立賣契為照
嘉慶拾年九月 日立賣契侄孫奕謚押
在見父振日押
中人兄家雜押
代字叔振統押

9-4-7-6 清嘉慶十年九月楊奕謚立賣房屋契

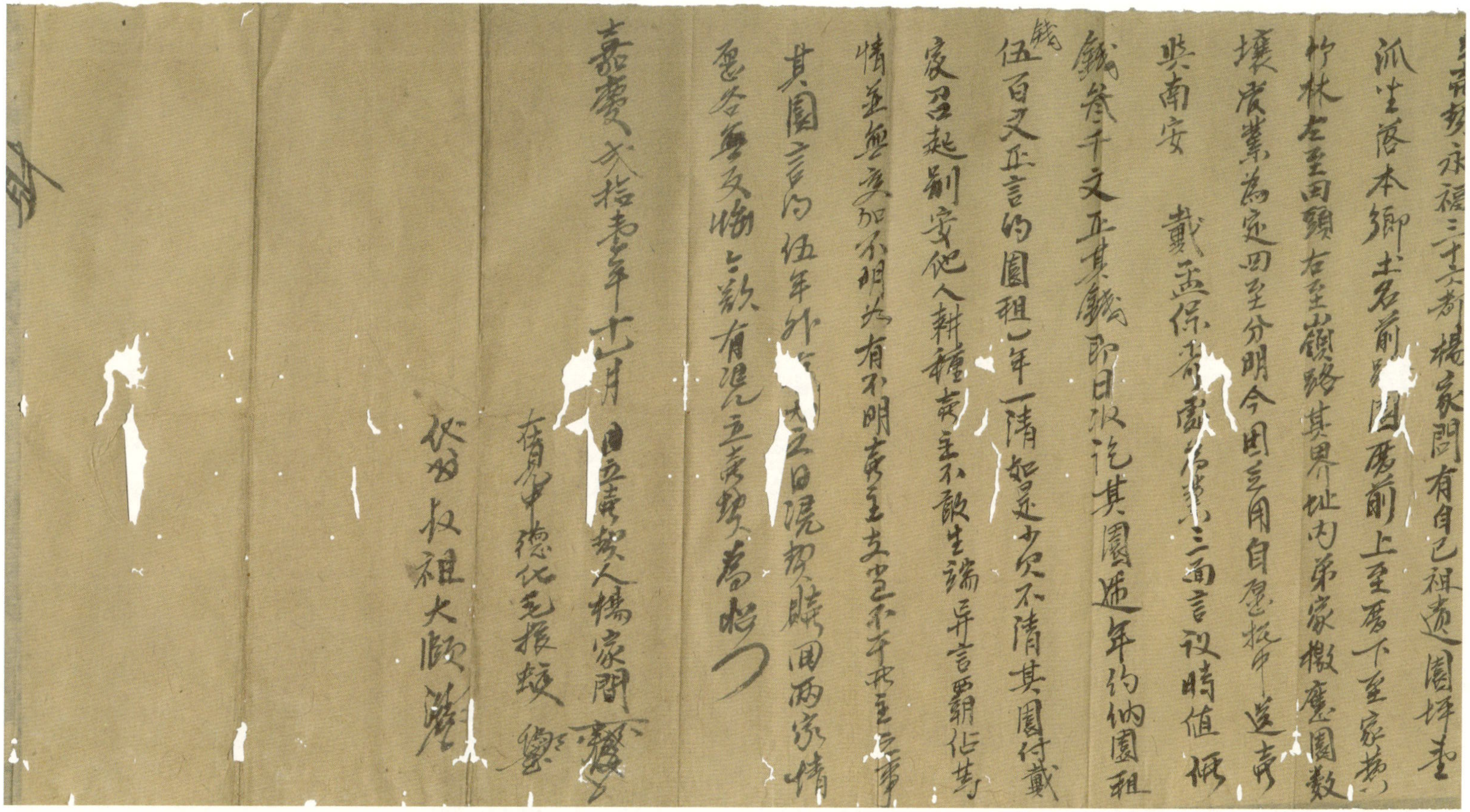

立賣契永福三十六都楊家問，有自己祖遺園坪壹
派，坐落本鄉土名前[illegible]園厝前，上至厝，下至家墓，
竹林，左至田頭，右至山嶺路，其界址內弟家[illegible]園數
塊，家業為定，四至分明。今因乏用，自愿托中送賣
與南安　戴孟保[illegible]處為業，三面言議時值價
錢叁千文正，其錢即日收訖，其園逐年約納園租
錢伍百文正，言約園租一年一清，如是少欠不清，其園付戴
家召起，另安他人耕種，賣主不敢生端異言霸佔。其
情並無交加不明等，有不明，賣主支當，不干[illegible]主之事。
其園言約伍年外，[illegible]照原價取贖，[illegible]兩家情
愿，各無反悔。今欲有憑，立賣契為照。
嘉慶貳拾壹年十一月　日立賣契人楊家問
在見中德化毛振煥
代筆叔祖大[illegible]

9-4-7-7　清嘉慶二十一年十一月楊家問立賣園坪契

立賣契兄振園承祖遺有猫竹林壹所，坐落本鄉
地方土名長塝垅，上至草山，下至家枚山，左至聲
竹林，右至弟振軍、振萬竹林為界，四至分明。
今因乏用，自愿托中送賣與弟　振軍、振萬弍
人處為業，當面言議時值價錢伍千伍百弍拾文
正，其錢即日交訖，其猫竹林即付弟前去管浸
業，無阻無干，併無交加不明及重張典當他人之情
紙。其理任從其便，此竹林係是自己承祖遺下物
業，如有此情，係是兄出頭支當，不涉弟之事。候至拾
年，兄有力之時，備錢憑契面贖回，此係兩家情
愿，各無反悔，今欲有憑，立賣契壹紙付執為照。
道光拾壹年拾弍月　日立賣契兄振園（押）
代字中見侄孫聲熙（押）

9-4-7-8　清道光十一年十二月楊振園立賣猫竹林契

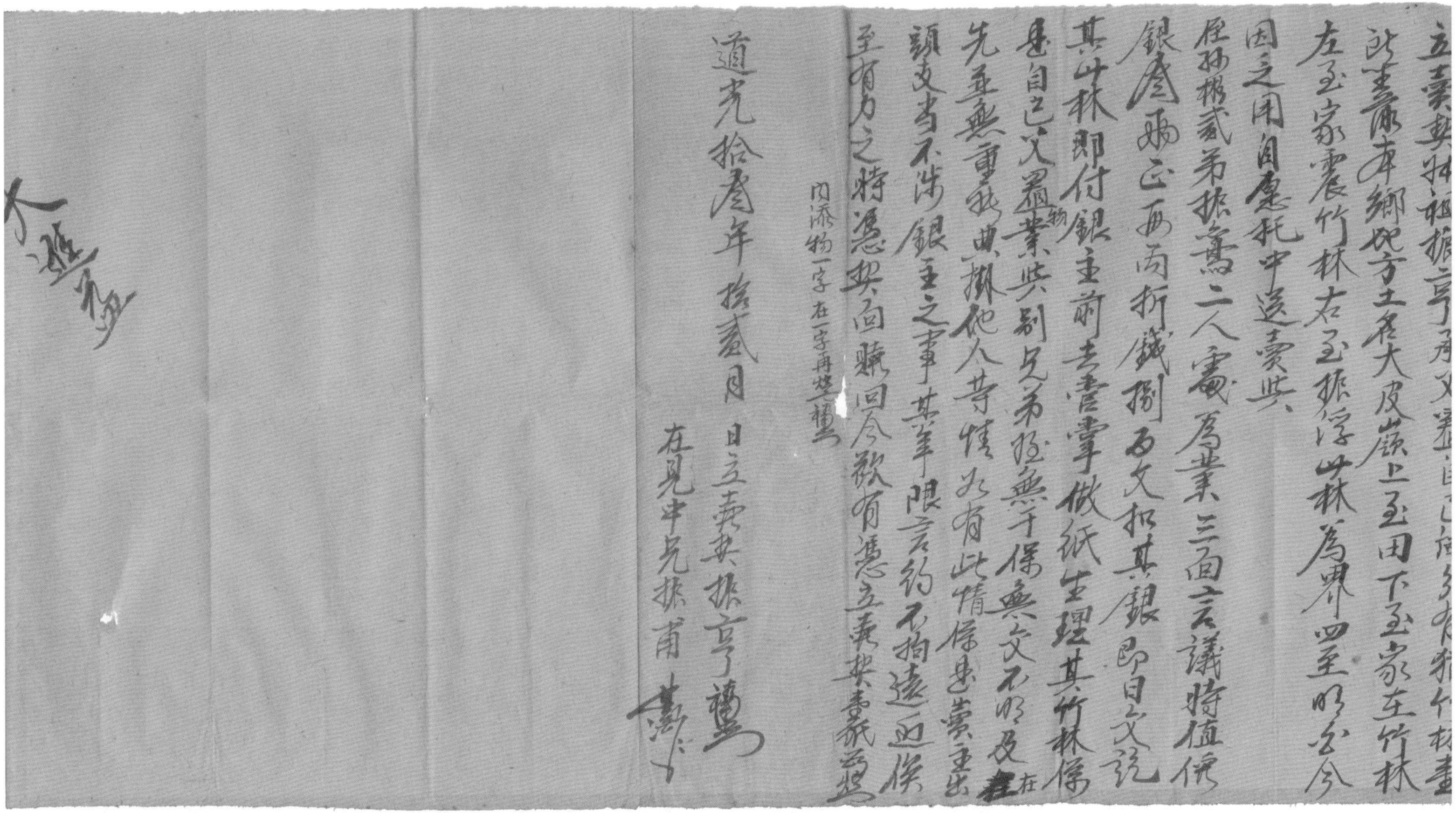

立賣契楊振亨承父遺下自己應分得猫竹林壹
所坐落本鄉地方土名大皮嶺上至田下至家左竹林
左至家震竹林右至振淳竹林為界四至明白今
因乏用自愿托中送賣與
侄孫楊貳弟振鸞二人處為業三面言議時值價
銀壹兩正每兩折錢捌百文扣其銀即日交訖
其竹林即付銀主前去掌管做紙生理其竹林係
是自己父遺物業與別兄弟侄無干係無交不明及在
先並無重張典掛他人等情如有此情係是賣主出
頭支當不涉銀主之事其年限言約不拘遠近係
至有力之時憑契面贖回今欲有憑立賣契壹紙為照

內添物一字在一字再照

道光拾叁年拾貳月　日立賣契振亨（押）

在見中兄振甫（押）

大進利

9-4-7-9　清道光十三年十二月楊振亨立賣猫竹林契

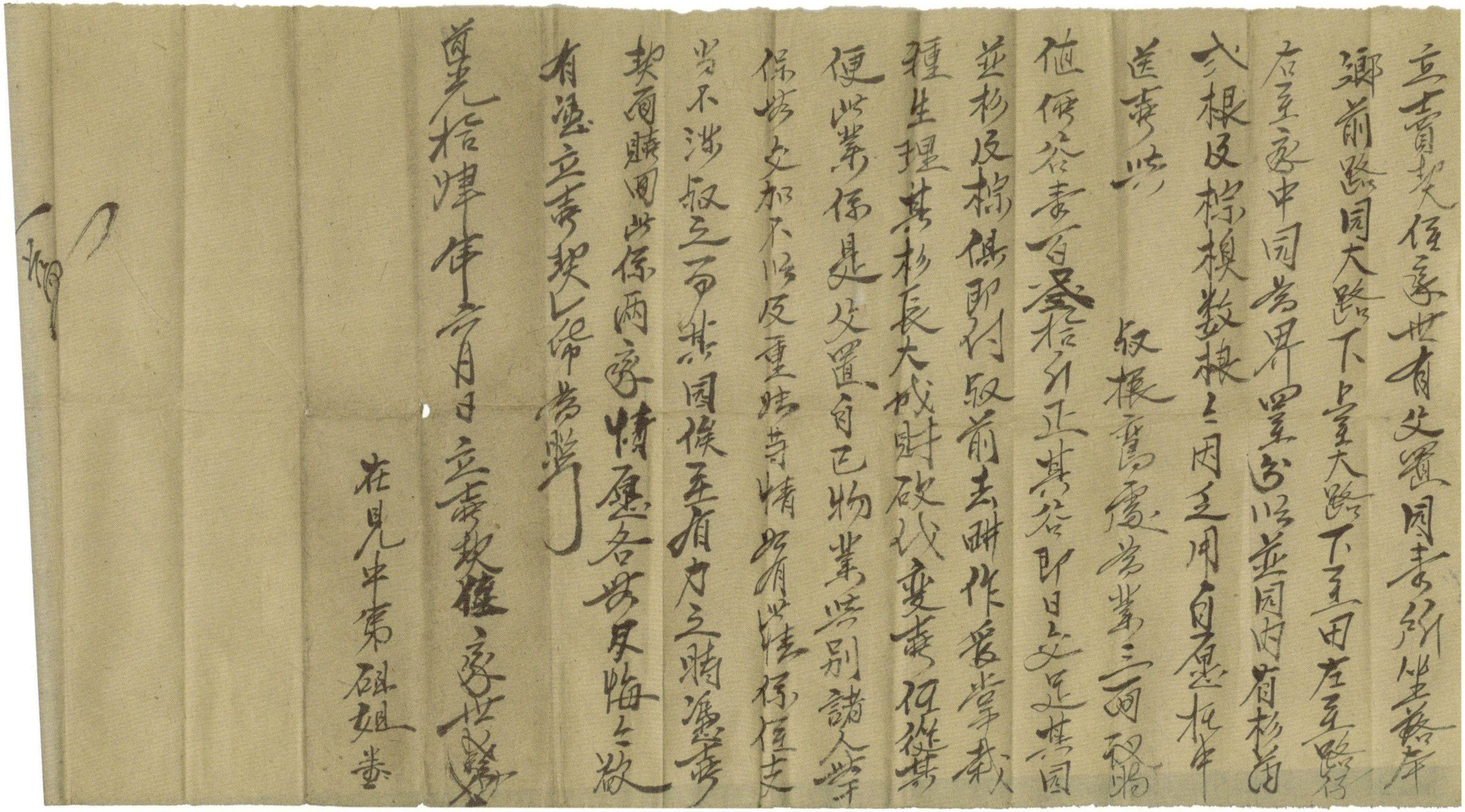

9-4-7-10　清道光十四年六月楊家世立賣園契

前路園其界址俱載原契內明白今因乏用
就在叔　根厝處盡出俾律俾正其價即日
文足其厝仍旧即付叔前去管掌居住其厝
在先並無文加不明等情如有此情係是侄出
頭支當不涉俾主之事其年限言約伍年已
外有力之時憑契原契並盡壹起贖回此
係兩愿各無反悔今欲有憑立盡契壹紙為
照

道光拾肆年十弍月　日立盡契侄家賞（押）
代字見侄毅恤（押）

9-4-7-11　清道光十四年十二月楊家賞立盡厝契

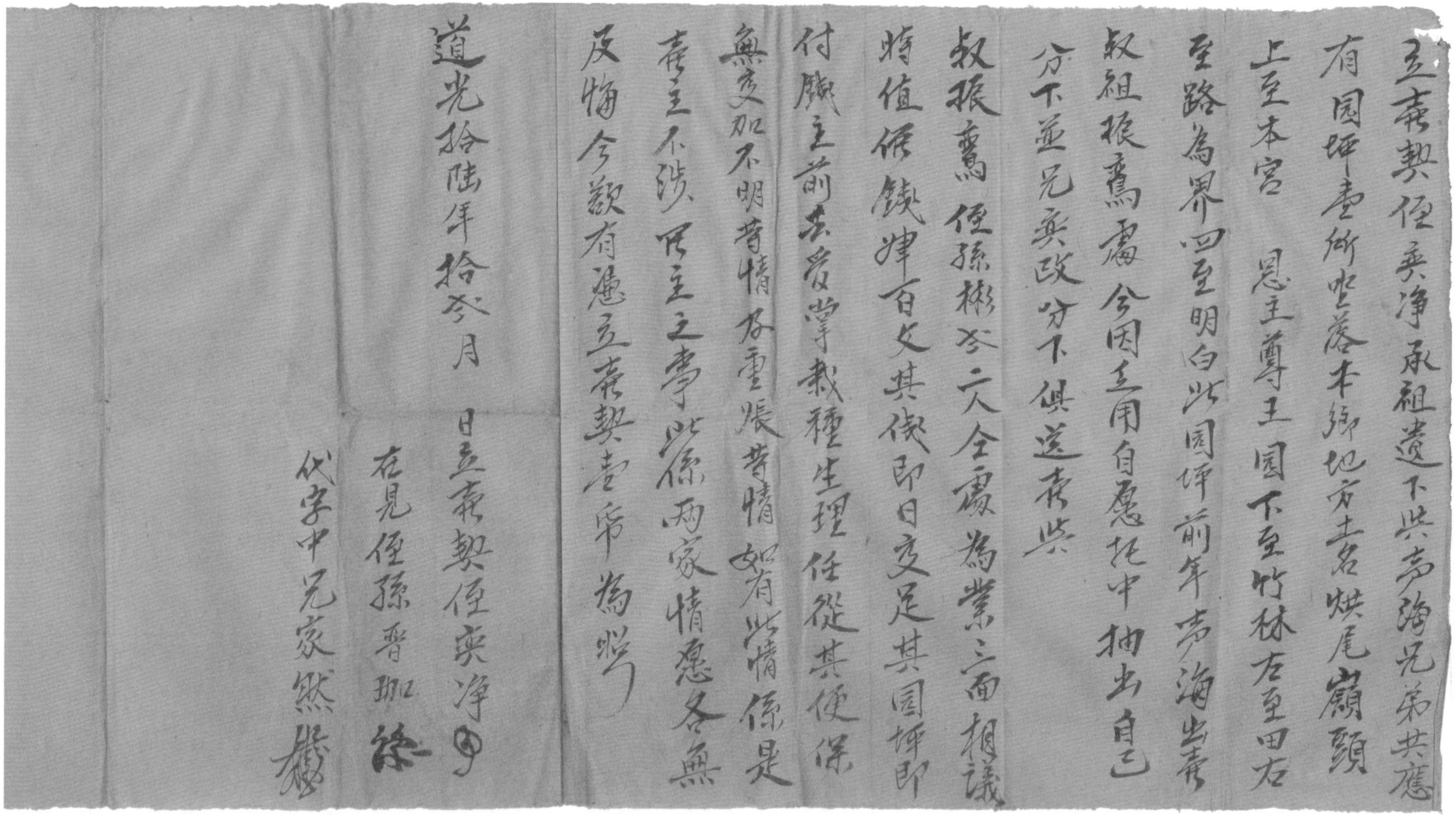

立賣契侄奕净承祖遺下與声海兄弟共應
有園坪壹所坐落本鄉地方土名烘尾嶺頭
上至本宫　恩主尊王園下至竹林左至田右
至路為界四至明白此園坪前年声海出賣
叔祖振鶯處今因乏用自愿托中抽出自己
分下並兄奕政分下俱送賣與
叔振鶯侄孫彬叁二人全處為業三面相議
時值價錢肆百文其價即日交足其園坪即
付賺主前去掌栽種生理任從其便保
無交加不明等情及重張等情如有此情係是
賣主不涉買主之事此係兩家情愿各無
反悔今欲有憑立賣契壹帋為照
道光拾陸年拾弍月　日立賣契侄奕净（押）
在見侄孫晋珈（押）
代字中兄家然（押）

9-4-7-12　清道光十六年十二月楊奕净立賣園坪契

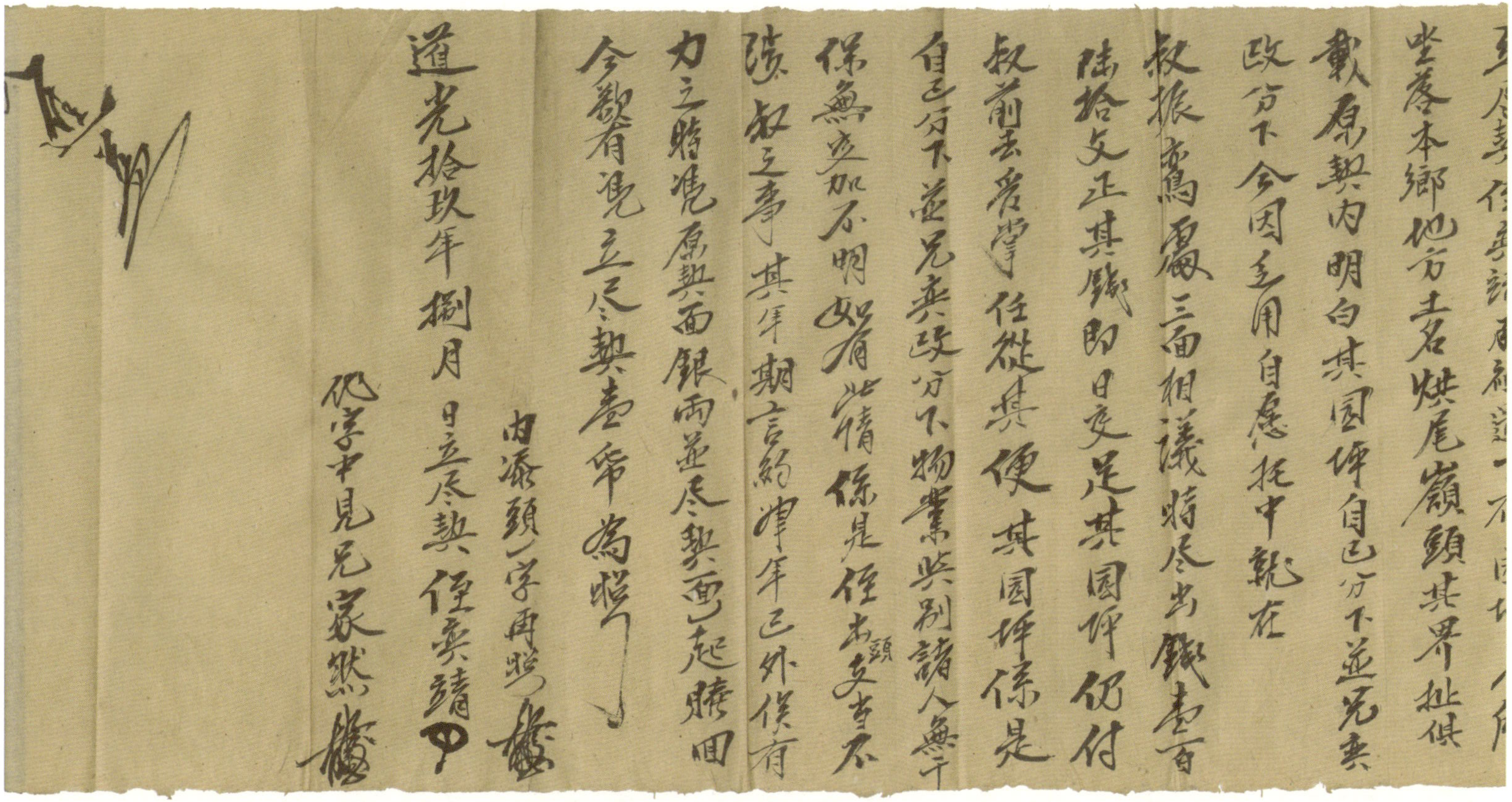

坐落本鄉地方土名烘尾嶺頭其界址俱
載原契內明白其園坪自己分下並兄弟
股分下今因乏用自愿托中就在
叔振鶯處三面相議特盡出錢壹百
陸拾文正其錢即日交足其園坪仍付
叔前去管掌任從其便其園坪係是
自己分下並兄弟股分下物業與別房人無干
保無逆加不明如有此情係是侄出頭支當不
涉叔之事其年期言約律年正外俱有
力之時憑原契面銀兩並盡契面起贖回
今欲有憑立盡契壹紙爲炤
內添頭一字再炤
道光拾玖年捌月　日立盡契侄奕靖
代字中見兄家然

9-4-7-13　清道光十九年八月楊奕靖立盡園坪契

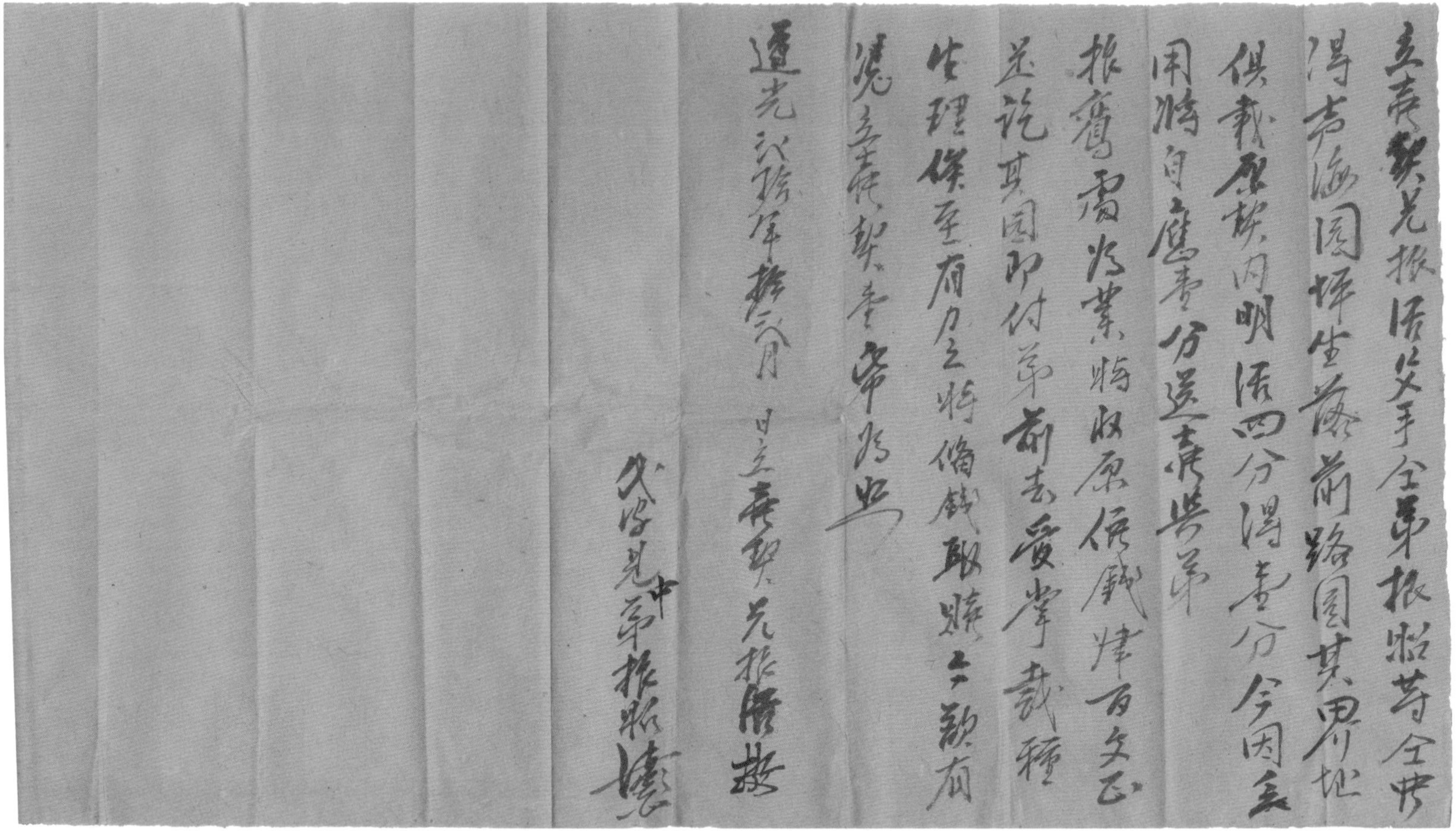
立賣契兄振活父手仝弟振鍇等仝共
得有海園坪，坐落前路園，其界址
俱載原契內明。活四分得壹分，今因乏
用，將自應壹分送賣與弟
振鍇為業，將收原價錢肆百文正。
其園即付弟前去管掌栽種
生理，俟至有力之時，將備錢取贖。今欲有
憑，立賣活契壹帋為照。
道光貳拾年拾貳月　日立賣契兄振活押
代筆見中弟振瑞懷

9-4-7-14　清道光二十年十二月楊振活立賣園坪契

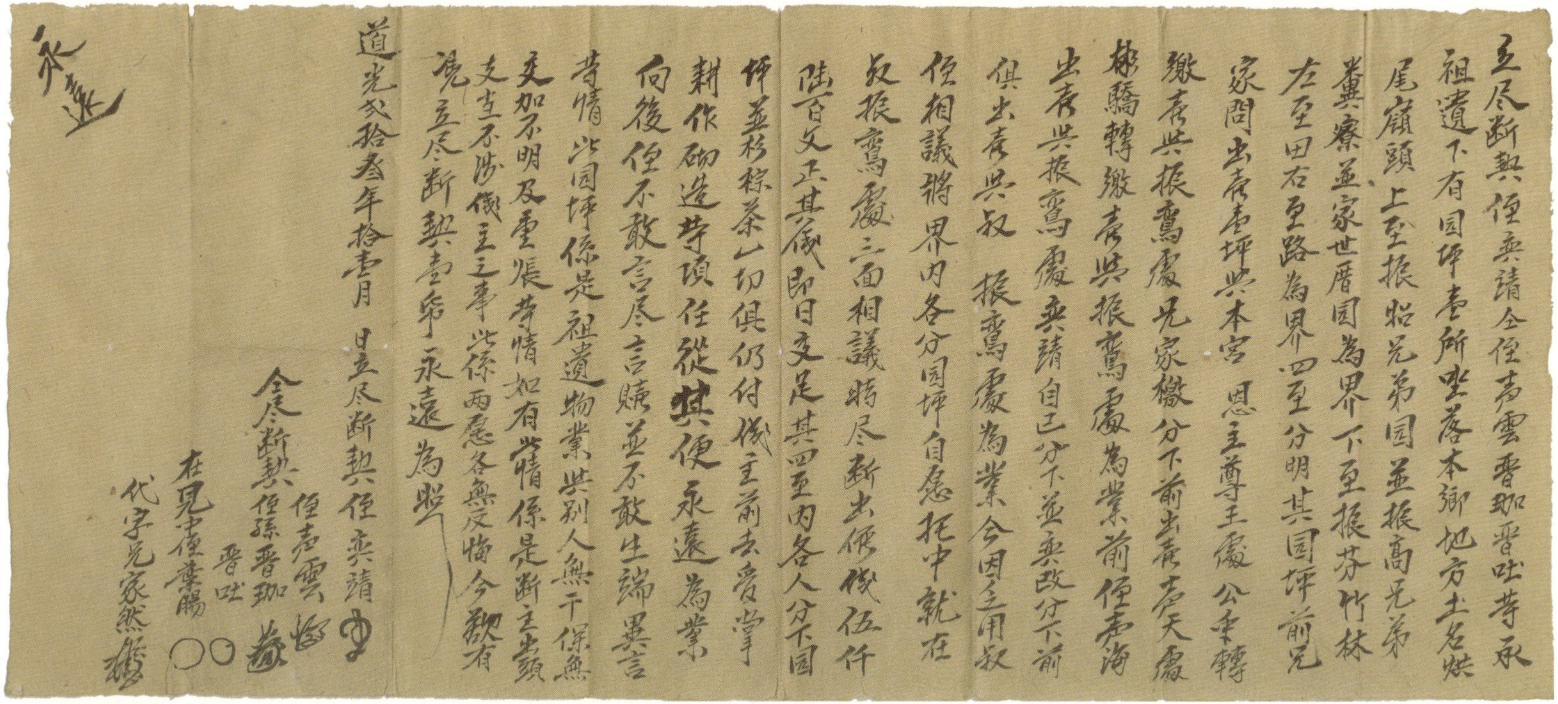

立盡斷契侄奕靖仝侄声雲、晋珈、晋吐等承
祖遺下有園坪壹所，坐落本鄉地方，土名烘
尾嶺頭。上至振粘兄弟園並振高兄弟
糞寮並家世厝園為界，下至振芬竹林，
左至田，右至路為界，四至分明。其園坪前兄
家問出產壹坪與本宮　恩主尊王處，公半轉
繳產與振鳶處，兄家繳分下前出產与声天處，
林驕轉繳產與振鳶處為業，前侄声海
出產與振鳶處，奕靖自己分下並奕政分下前
俱出產與叔　振鳶處為業。今因乏用，叔
侄相議，將界內各分園坪自愿托中，就在
叔振鳶處三面相議，將盡斷出價錢伍仟
陸百文正，其錢即日交足。其四至內各人分下園
坪並杉、棕、茶山一切，俱仍付錢主前去受掌
耕作、砌造等項，任從其便，永遠為業。
向後侄不敢言盡言贖，並不敢生端異言
等情。此園坪係是祖遺物業，與別人無干，係無
交加不明及重張等情。如有此情，係是斷主出頭
支當，不涉錢主之事。此係兩愿，各無反悔。今欲有
憑，立盡斷契壹紙，永遠為照。

道光弍拾叁年拾壹月　日立盡斷契侄奕靖（押）
仝立盡斷契侄声雲（押）
侄孫晋珈（押）
晋吐　○○
在見中侄業賜
代字兄家然（押）

永遠

9-4-7-15　清道光二十三年十一月楊奕靖等立盡斷園坪契

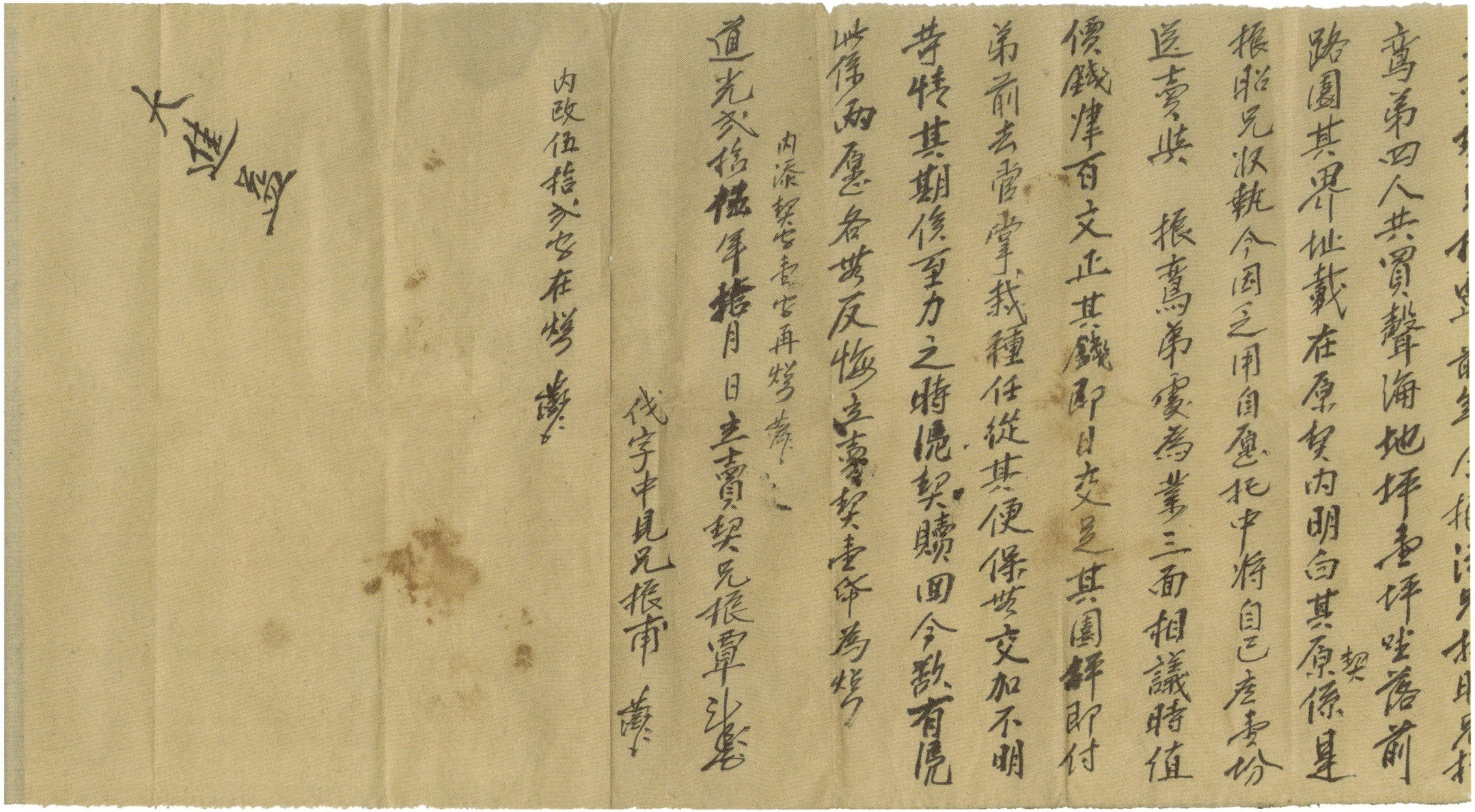

9-4-7-16　清道光二十五年十月楊振罩立賣地坪契

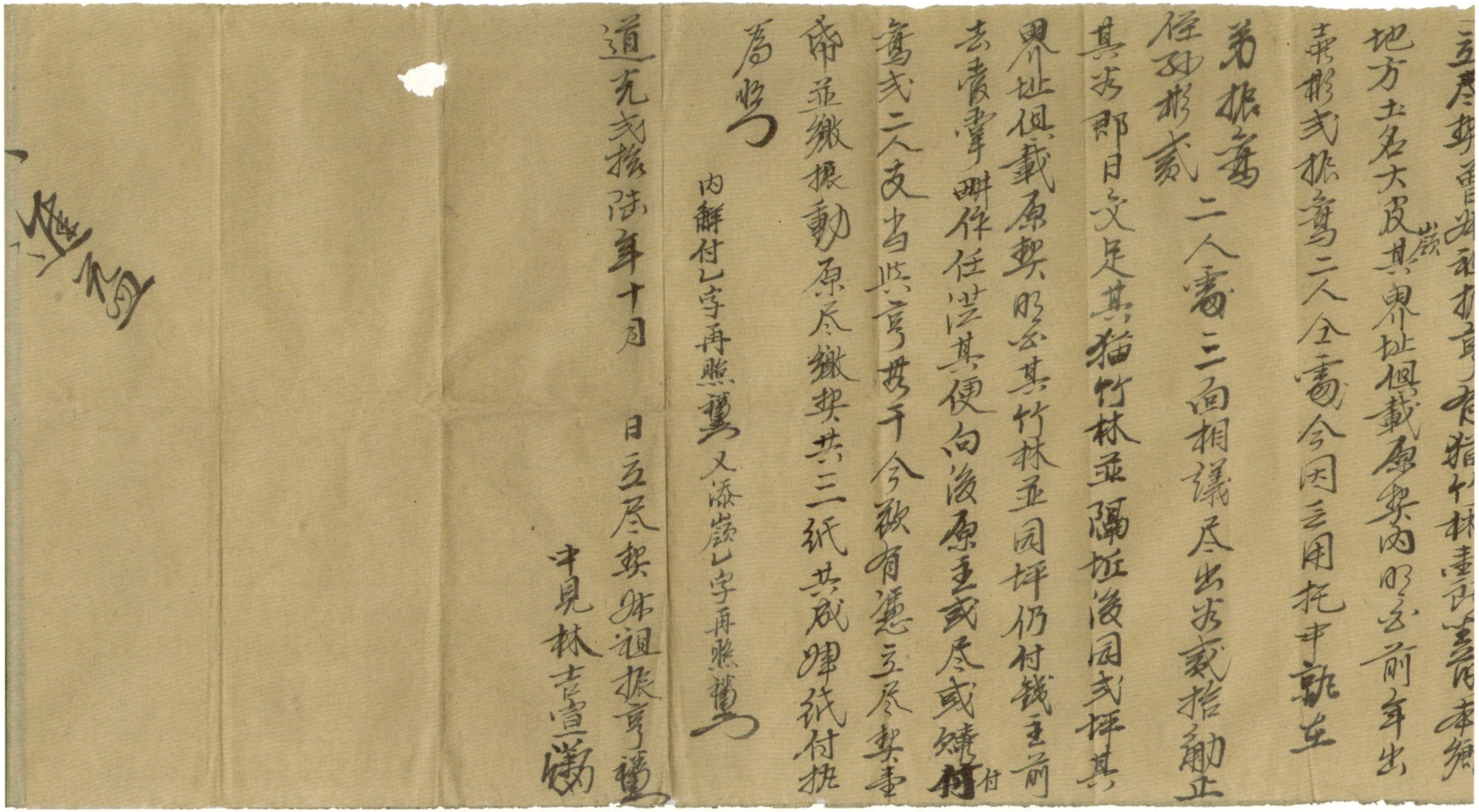
立盡契人楊振亨，有猫竹林壹段，坐落本鄉
地方，土名大皮嶺，其界址俱載原契內明白。前年出
賣與侄孫彬斌、振篤二人仝嘗。今因乏用，托中就立
弟振篤
侄孫彬斌
二人嘗三面相議，盡出價錢拾勅正。
其錢即日交足，其猫竹林並隔坵、後園弍坪，其
界址俱載原契明白。其竹林並園坪仍付錢主前
去管掌耕作，任從其便。向後原主或盡或贖付
篤弍二人支当，其亨毋干。今欲有憑，立盡契壹
帋並繳振勳原盡繳契共三紙，共成肆紙付執
爲照。
內辭付山字再照。又添嶺山字再照。
道光貳拾陸年十月　日立盡契胞祖振亨（押）
中見林吉宣（押）

9-4-7-17　清道光二十六年十月楊振亨立盡猫竹林契

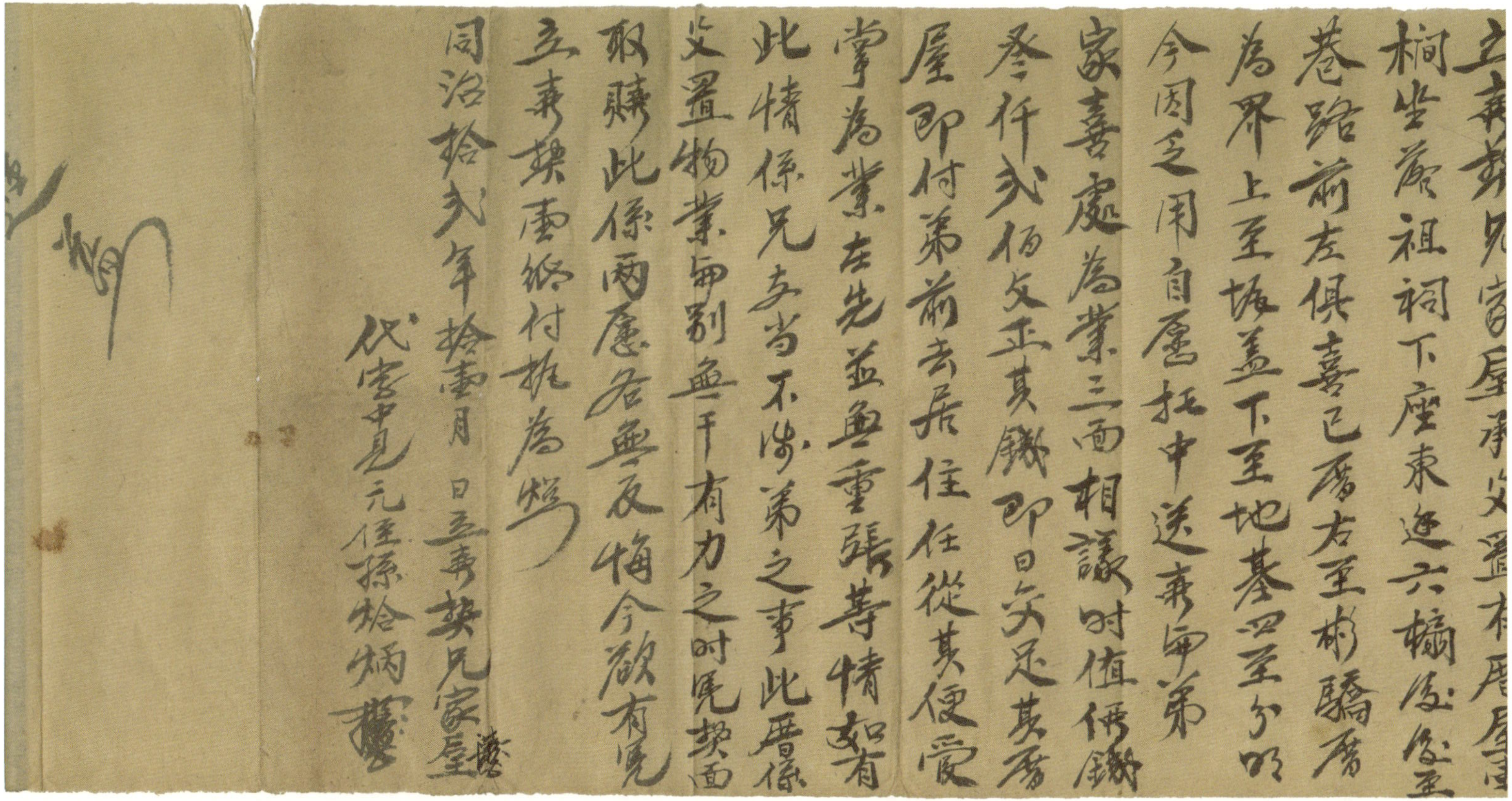

9-4-7-18　清同治十二年十一月楊家垦立賣厝屋契

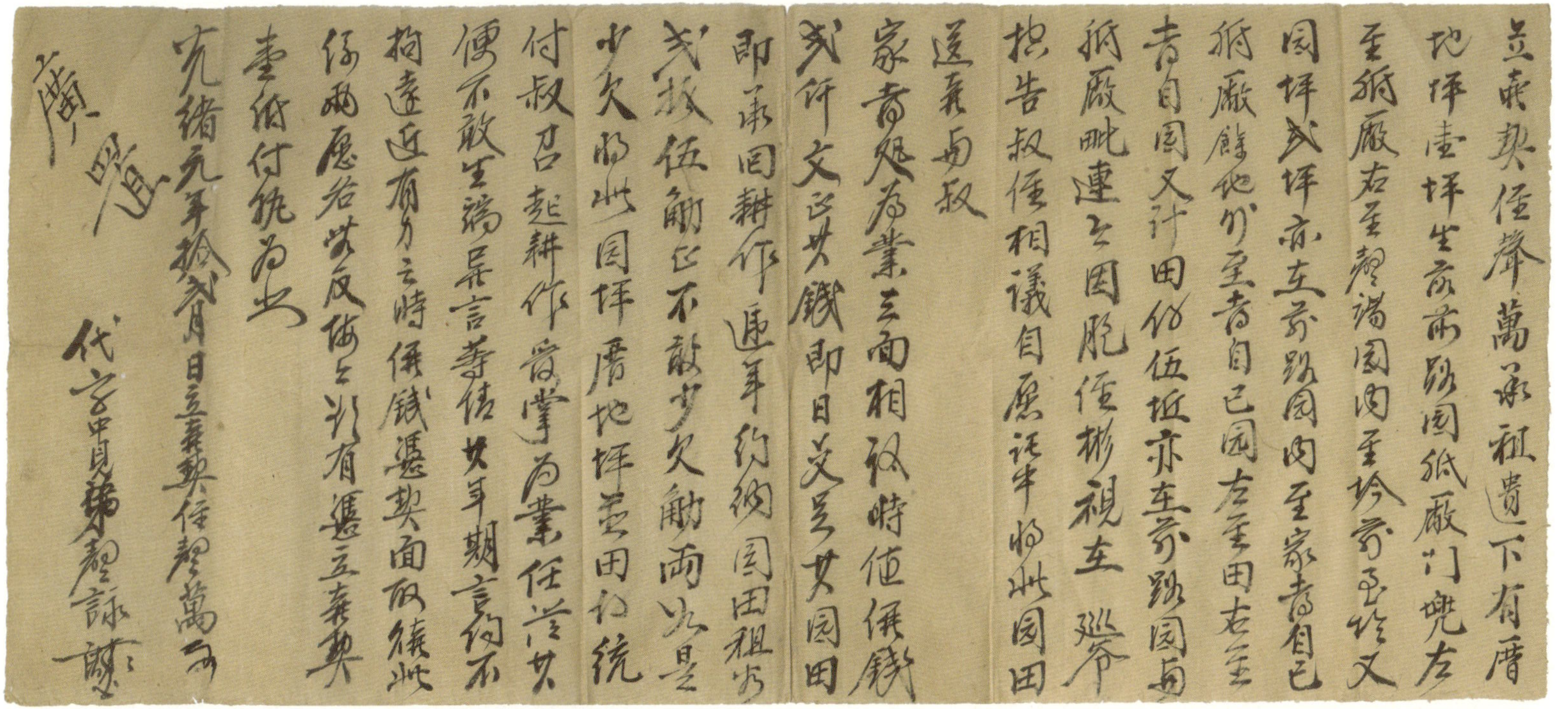
立賣契侄聲萬承祖遺下有厝
地坪壹坪坐落本路園紙廠門兜左
至紙廠右至聲諾園內至玲荷邊後又
園坪貳坪亦坐本路園內至家春自己
紙廠餘地外至春自己園右至田右至
春自園又計田份伍坵亦坐本路園上
紙廠毗連之園肥任彬視立　巡界
抵告叔侄相議自愿托中將此園田
送賣與叔
家春兄為業三面相議時值價錢
貳仟文正其錢即日交足其園田
即承回耕作逐年約納園田租谷
貳拾伍觔正不敢少欠觔兩如是
少欠將此園坪厝地坪并田聽從
付叔召起耕作管掌為業任從其
便不敢生端異言等情其年期言約不
拘遠近有力之時備錢還契面取贖此
係兩愿各無反悔今欲有憑立賣契
壹紙付執為照
光緒元年拾貳月　日立賣契侄聲萬（押）
代字中見胞兄聲詠（押）
廣呈

9-4-7-19　清光緒元年十二月楊聲萬立賣厝地坪契

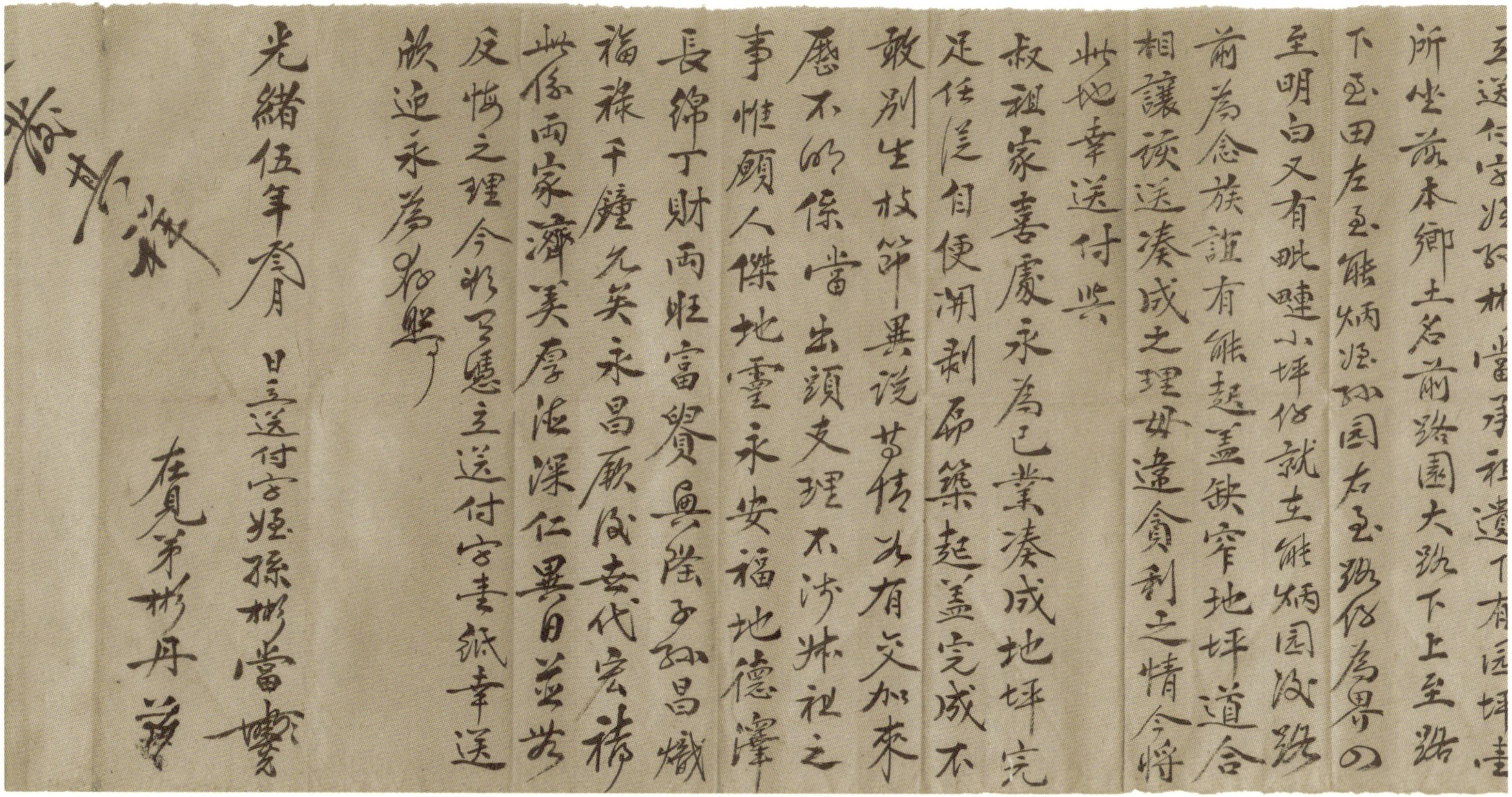

立送付字姪孫彬當承祖遺下有園坪壹
所坐落本鄉土名前路園大路下上至路
下至田左至彬炳姪孙园右至路俱爲界四
至明白又有毗嗹小坪仍就主彬炳园次路
前爲念族誼有彬起蓋缺窄地坪道合
相讓該送湊成之理毋違貪利之情今將
此地幸送付與
叔祖家喜處永爲己業湊成地坪完
足任從自便開剷砌築起蓋完成不
敢別生枝節異說等情如有交加來
歷不明係當出頭支理不涉淋祖之
事惟願人傑地靈永安福地德澤
長綿丁財兩旺富貴無隆子孫昌熾
福祿千鍾允矣永昌厥後世代宏禧
此係兩家濟美厚德深仁異日並無
反悔之理今欲有憑立送付字壹紙幸送
收迎永爲契照

光緒伍年叁月　日立送付字姪孫彬當（押）
在見弟彬丹（押）
[illegible]

9-4-7-20　清光緒五年三月楊彬當立送付園坪字

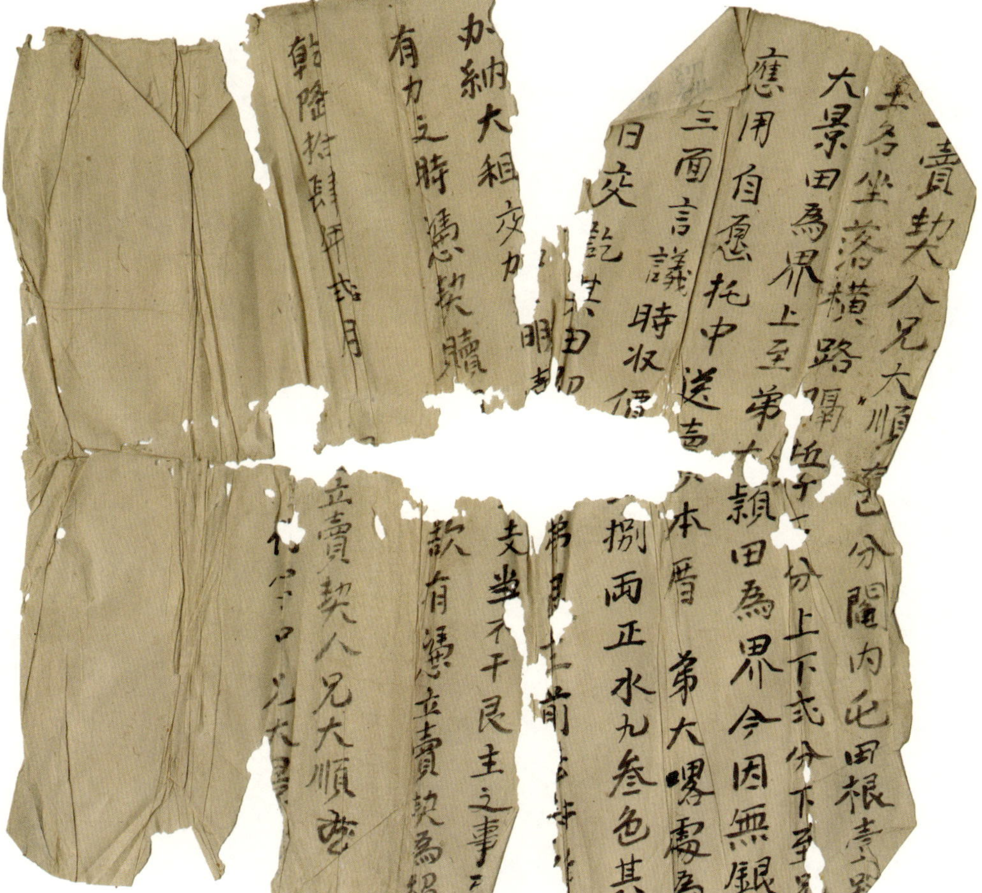
賣契人兄大順[illegible]己分闆内屯田根壹[illegible]
土名坐落横路隔垭子壹分上下式分下至兄
大景田為界上至弟大顯田為界今因無銀
應用自愿托中送壹[illegible]本房弟大曙處為
三面言議時收價[illegible]捌兩正水九叁色其
日交訖其田[illegible]
如納大租交加[illegible]支当不干艮主之事
有力之時憑契贖[illegible]款有憑立賣契為照
乾隆拾肆年弍月[illegible]立賣契人兄大順押

9-4-8-1　清乾隆十四年二月楊大順立賣屯田根契

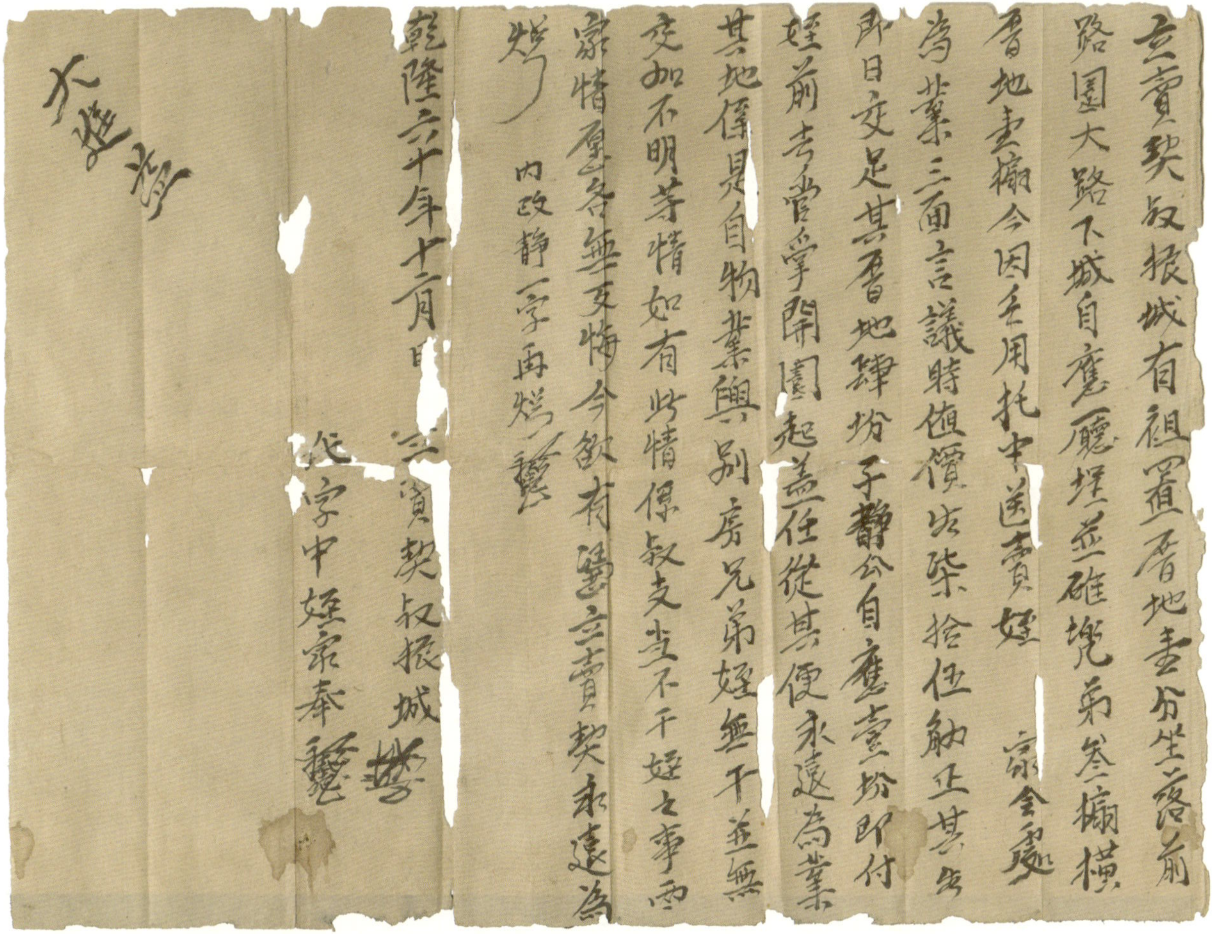

立賣契叔振城有祖置厝地壹所坐落前
路園大路下城自應厝埕並碓坵兄弟叁擁橫
厝地壹擁今因乏用托中送賣姪 宗金處
為業三面言議時值價出柒拾伍兩正其銀
即日交足其厝地肆坋于鬮分自應壹坋即付
姪前去管掌開闢起蓋任從其便永遠為業
其地係是自物業與別房兄弟姪無干並無
交加不明等情如有此情係叔支當不干姪之事而
彼情愿各無反悔今欲有憑立賣契永遠為
照 內改静一字再照
乾隆六十年十二月 日 立賣契叔振城
代字中姪宗奉
大楚材

9-4-8-2 清乾隆六十年十二月楊振城立賣厝地契

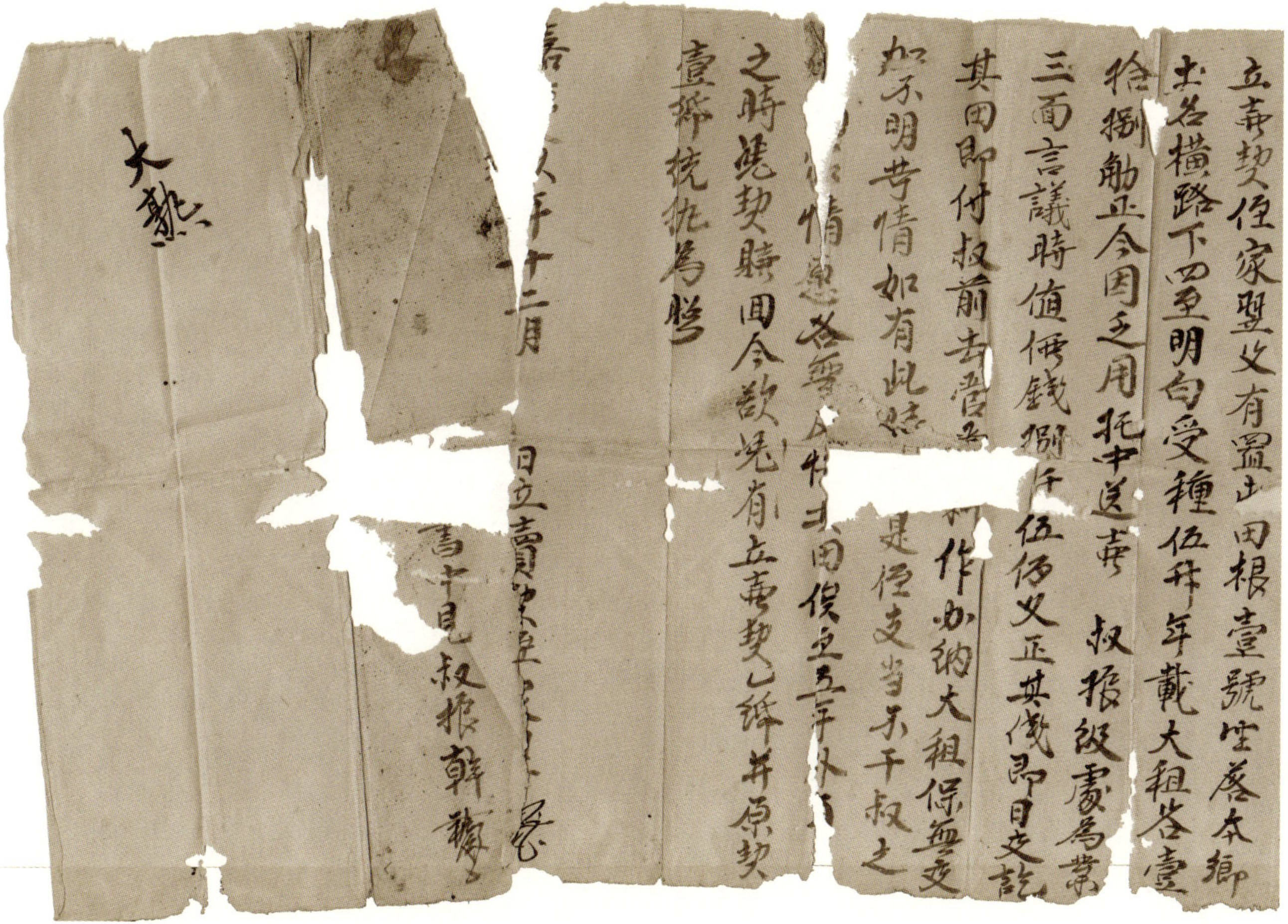

立賣契侄家翌文有置土田根壹號坐落本鄉
土名橫路下四至明白受種伍升年載大租谷壹
拾捌觔正今因乏用托中送賣　叔根設處爲業
三面言議時值價錢捌仟伍佰文正其錢即日交訖
其田即付叔前去管[illegible]耕作办納大租保無交
加不明若有此[illegible]是侄支當不干叔之
[illegible]情愿各無[illegible]悔其田俟至五年外[illegible]
之時照契贖回今欲有憑立賣契乙紙并原契
壹紙統付爲照

嘉[illegible]九年十二月　日立賣契侄家翌文
爲中見叔根韓[illegible]

大熟

9-4-8-3　清嘉慶九年十二月楊家翌立賣屯田根契

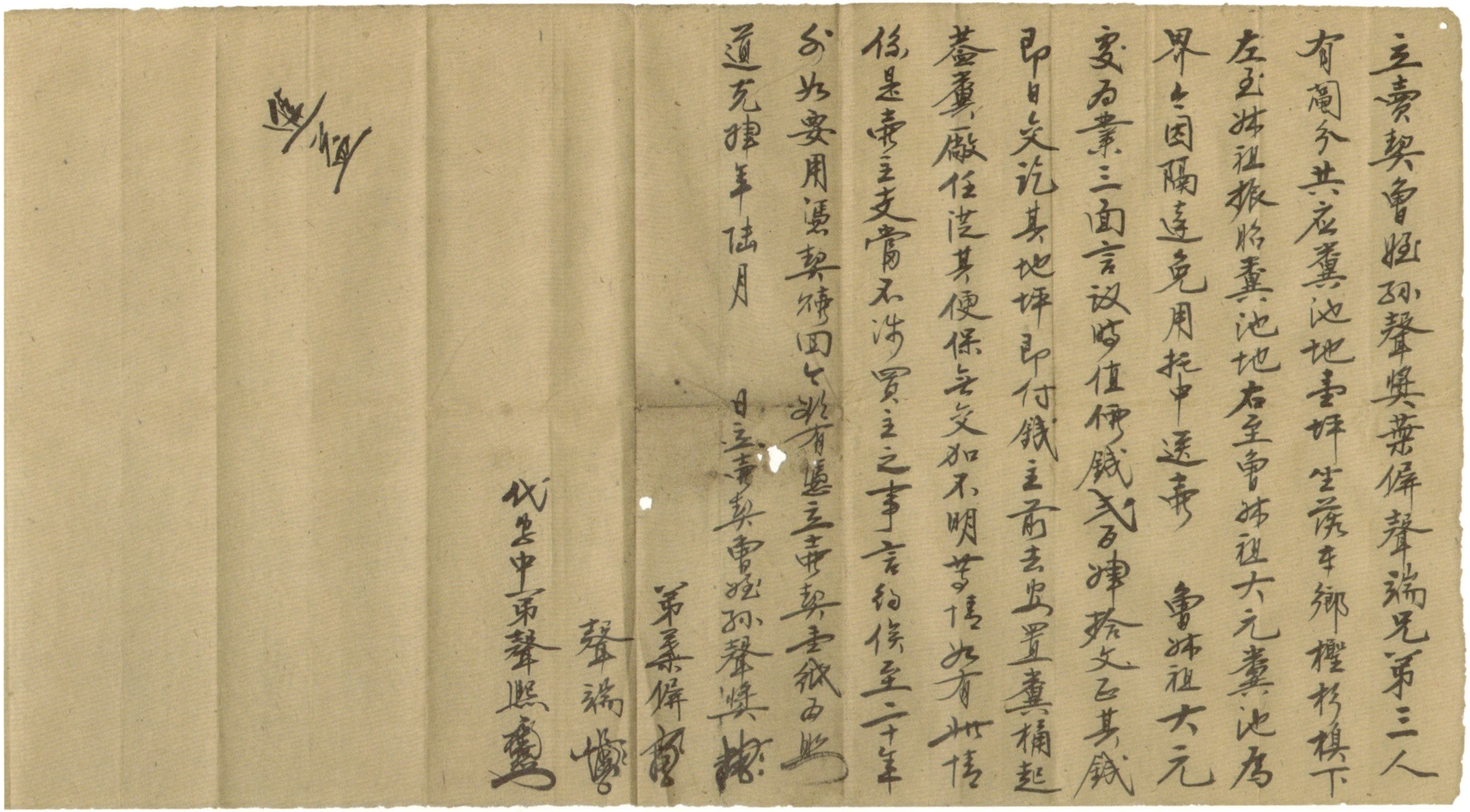

立賣契曾姪孫聲獎、葉保、聲瑞兄弟三人
有閩分共存糞池地壹坪，坐落本鄉樫杉棋下
左至林祖振將糞池地，右至曾林祖大元糞池爲
界。今因隔遠免用，托中送賣 曾林祖大元
處爲業。三面言議，時值價錢弍百肆拾文正，其錢
即日交訖，其地坪即付錢主前去安置糞桶起
蓋糞廠，任從其便，保無交加不明等情。如有此情，
係是賣主支當，不涉買主之事。言約候至二十年
外要用，憑契備回，不敢有違。立賣契壹紙爲照。
道光肆年陸月　　日立賣契曾姪孫聲獎（押）
弟葉保（押）
聲瑞（押）
代字中弟聲興（押）

9-4-8-4　清道光四年六月楊聲獎等立賣糞池地契

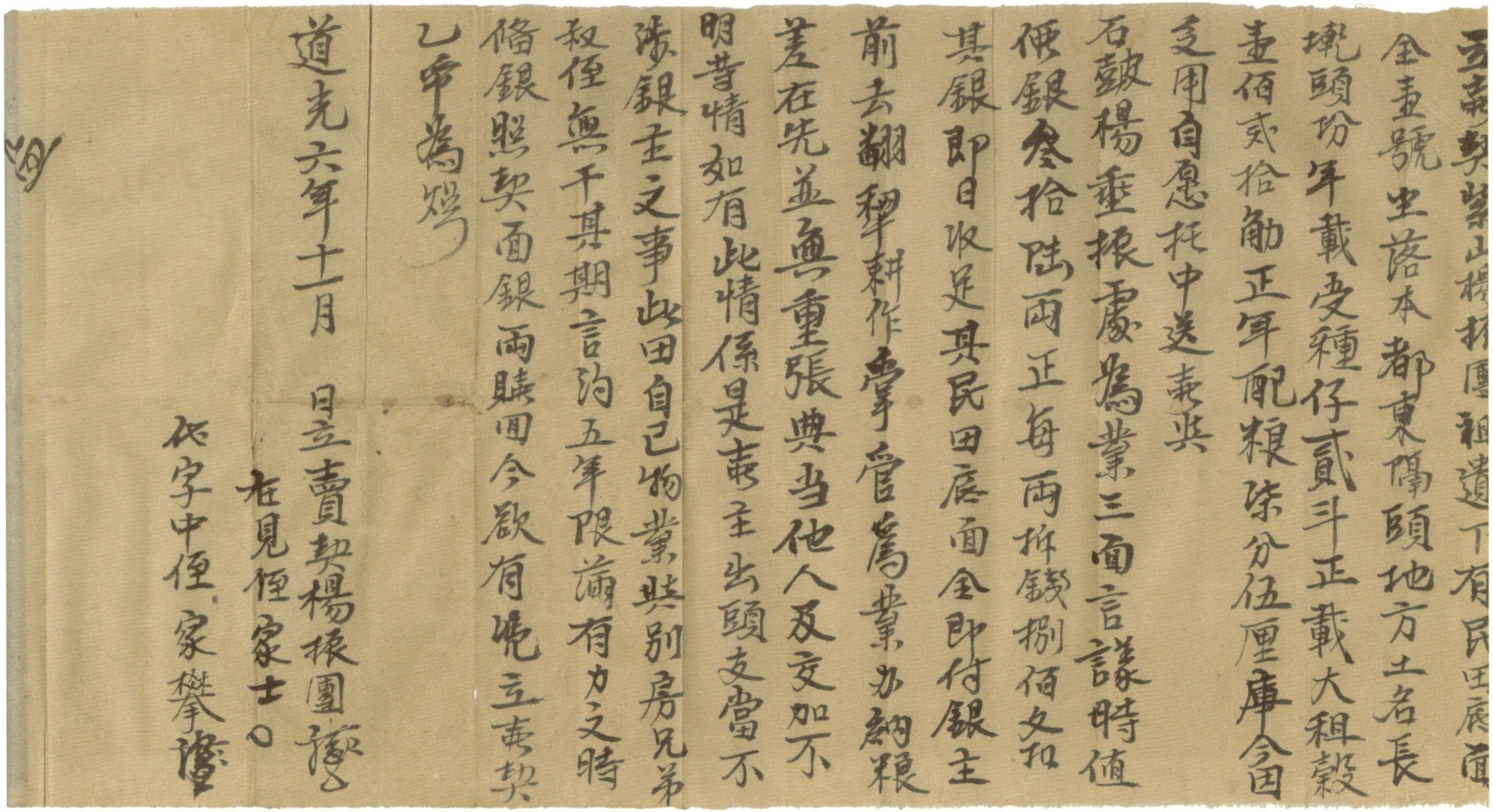
立賣契紫山楊振園祖遺下有民田底面
全壹號坐落本都東陽頭地方土名長
壠頭坋年載受種仔貳斗正載大租穀
壹佰贰拾觔正年配粮柒分伍厘庫今因
支用自愿托中送賣與
石鼓楊垂振處爲業三面言議時值
價銀叁拾陸两正每两折錢捌佰文扣
其銀即日收足其民田底面全即付銀主
前去翻犁耕作掌管爲業办納粮
差在先並無重張典当他人及交加不
明等情如有此情係是賣主出頭支當不
涉銀主之事此田自己物業與别房兄弟
叔侄無干其期言約五年限滿有力之時
備銀照契面銀两贖回今欲有憑立賣契
乙帋爲照
道光六年十一月　日立賣契楊振園（押）
在見侄家士（押）
代字中侄　家攀（押）

9-4-8-5　清道光六年十一月楊振園立賣底面全民田契

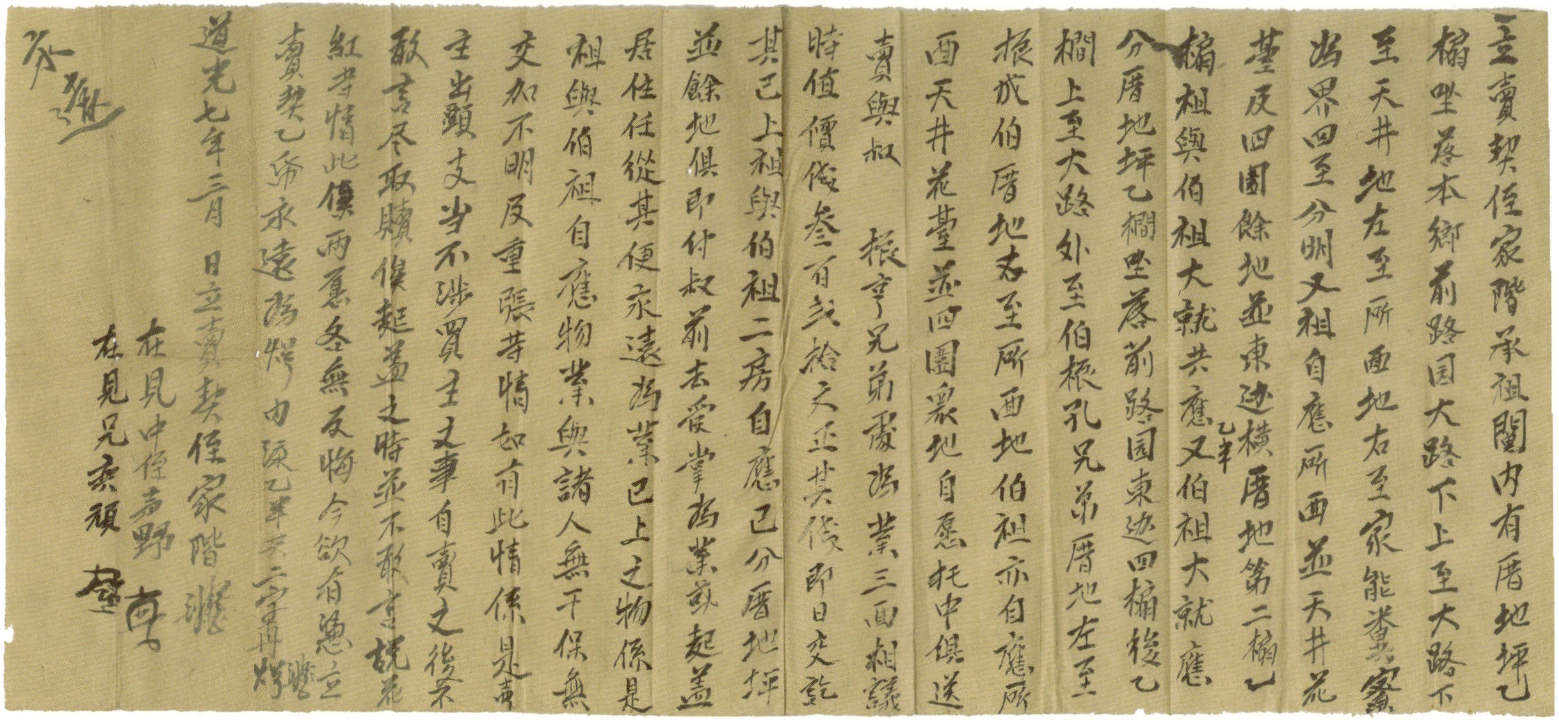
立賣契侄家階承祖閫内有厝地坪乙
槅坐落本鄉前路园大路下上至大路下
至天井地左至所西地右至家能叢
為界四至分明又祖自應所西並天井花
臺及四圍餘地並東边横厝地第二槅乙半
槅祖與伯祖大就共應又伯祖大就應
分厝地坪乙槅坐落前路园東边四槅後乙
槅上至大路外至伯振孔兄弟厝地左至
振成伯厝地右至所西地伯祖亦自應所
西天井花臺並四圍衆地自愿托中送
賣與叔　振亨兄弟處為業三面相議
時值價錢叁百文拾文正其錢即日交訖
其已上祖與伯祖二房自應已分厝地坪
並餘地俱即付叔前去管掌為業或起蓋
居住任從其便永遠為業已上之物係是
祖與伯祖自應物業與諸人無干保無
交加不明及重張等情如有此情係是賣
主出頭支当不涉買主之事自賣之後不
敢言尽取贖復起蓋之時並不敢言找花
紅等情此係兩愿各無反悔今欲有憑立
賣契乙紙永遠為炤　內添乙半共六字再炤
道光七年三月　日立賣契侄家階
在見中侄吉野
在見兄奕碩
[illegible]

9-4-8-6　清道光七年三月楊家階立賣厝地坪契

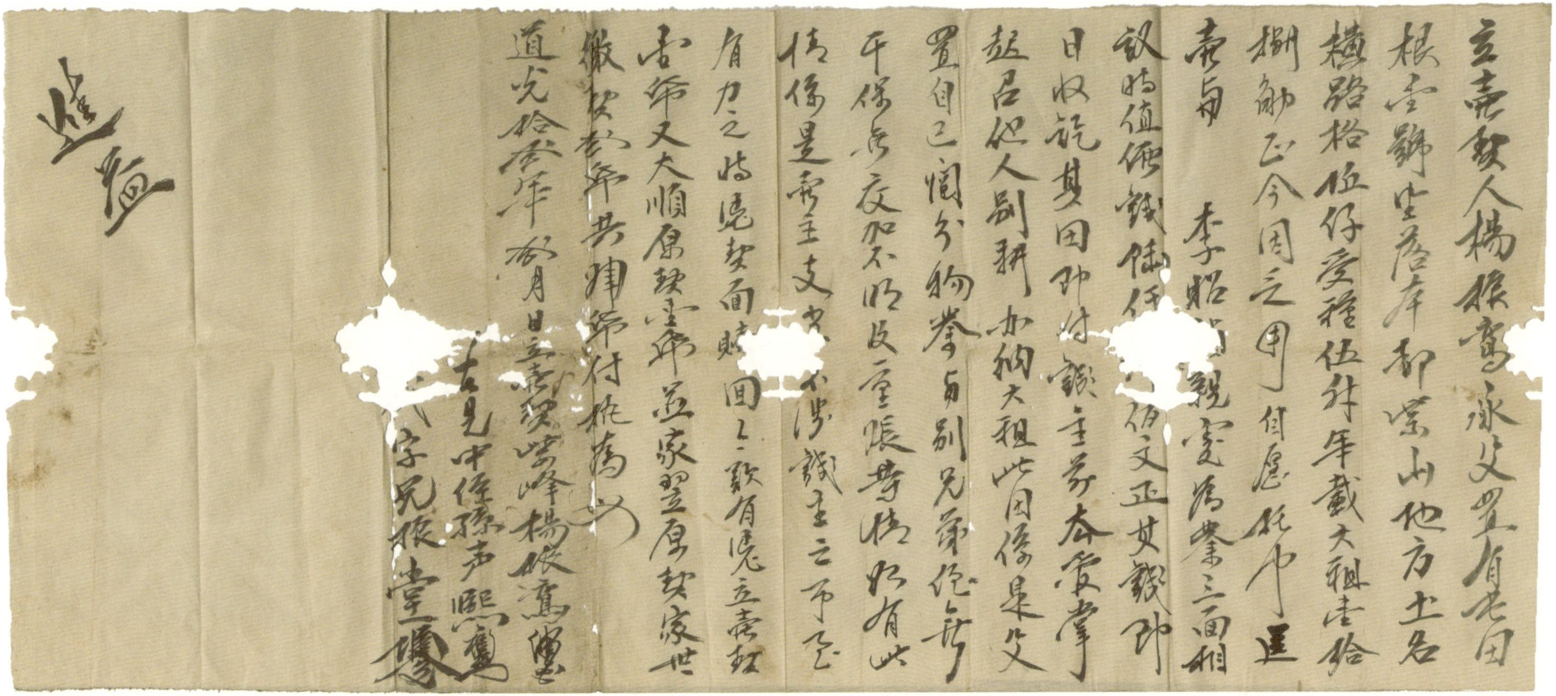

立賣契人楊振鳶承父置有屯田
根壹號坐落本都紫山地方土名
橫路格伍仔安種伍升年載大租壹拾
捌觔正今因乏用自愿托中送
賣與李昭[illegible]親邊爲業三面相
議時值價錢陸仟[illegible]佰文正其錢即
日收訖其田即付錢主前去管掌
起召佃人别耕办納大租此田係是父
置自己鬮分物業與别兄弟侄無
干保無交加不明及重張典掛如有此
情係是賣主支當不涉錢主之事其
有力之時照契面贖回二家有照立賣根
壹紙又大順原契壹紙並[illegible]原契[illegible]
繳契叁紙共肆紙付執爲照
道光拾貳年貳月　日立賣[illegible]楊振鳶
在見中保孫声熙
代字兄依堂

9-4-8-7　清道光十二年二月楊振鳶立賣屯田根契

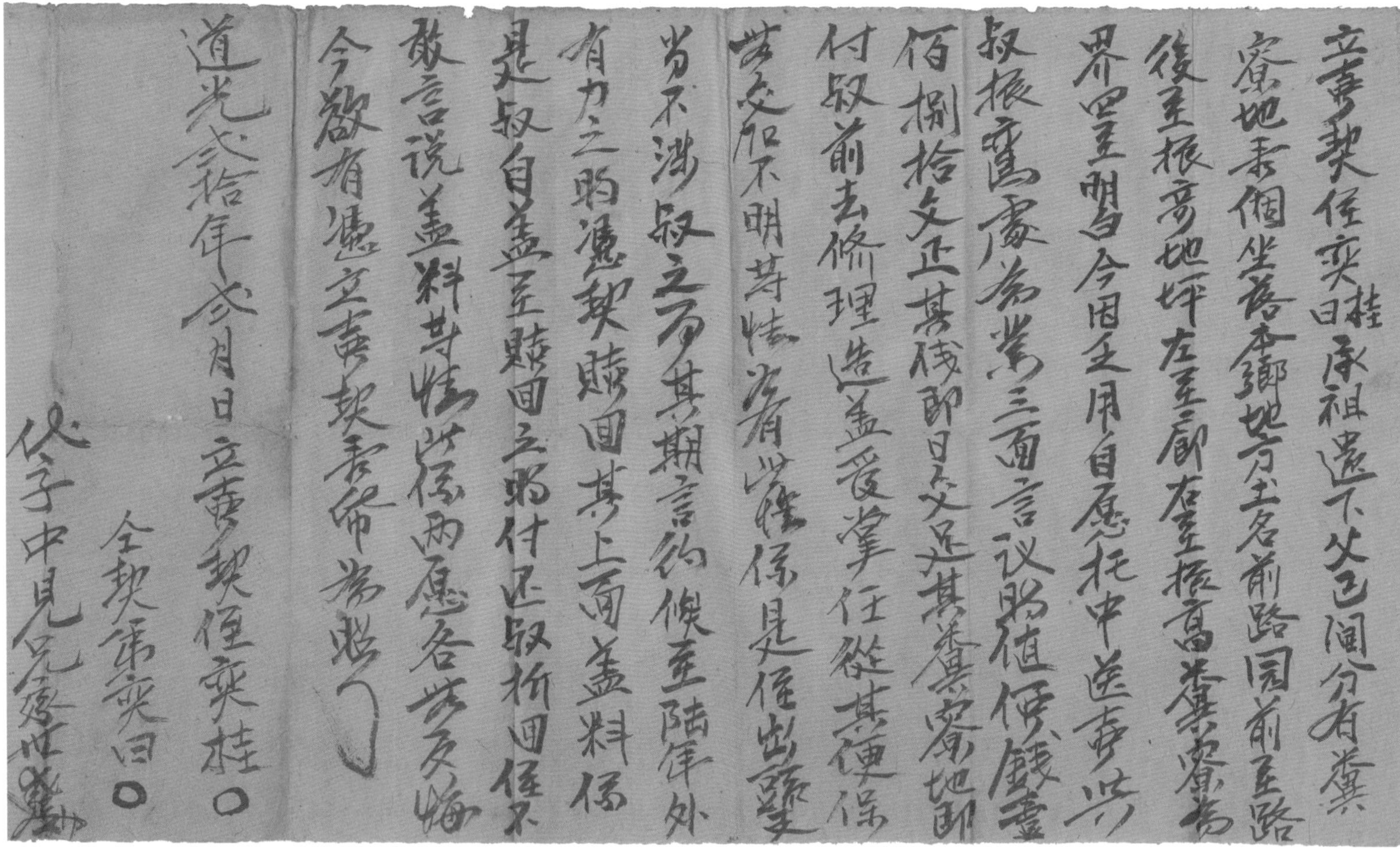

立賣契侄奕曰、桂承祖遺下父已鬮分有糞
寮地壹個，坐落本鄉地方土名前路園前，至路，
後至振高地坪，左至廊，右至振高糞寮爲
界，四至明白。今因乏用，自愿托中送賣與
叔振鷹處爲業。三面言議，時值價錢壹
佰捌拾文足。其錢即日交足，其糞寮地即
付叔前去修理造蓋，掌任從其便。保
此交加不明等情，如有此情，保是侄出頭抵擋，
爲不涉叔之事。其期言約，俟至陸年外
有力之時，憑契贖回，其上面蓋料，係
是叔自蓋，至贖回之時，付還叔折回，侄不
敢言說蓋料等情。此係兩愿，各無反悔。
今欲有憑，立賣契壹紙爲照。

道光弍拾年弍月　日立賣契侄奕桂（押）
仝契弟奕曰（押）
代字中見兄[illegible]世（押）

9-4-8-8　清道光二十年二月楊奕桂等立賣糞寮地契

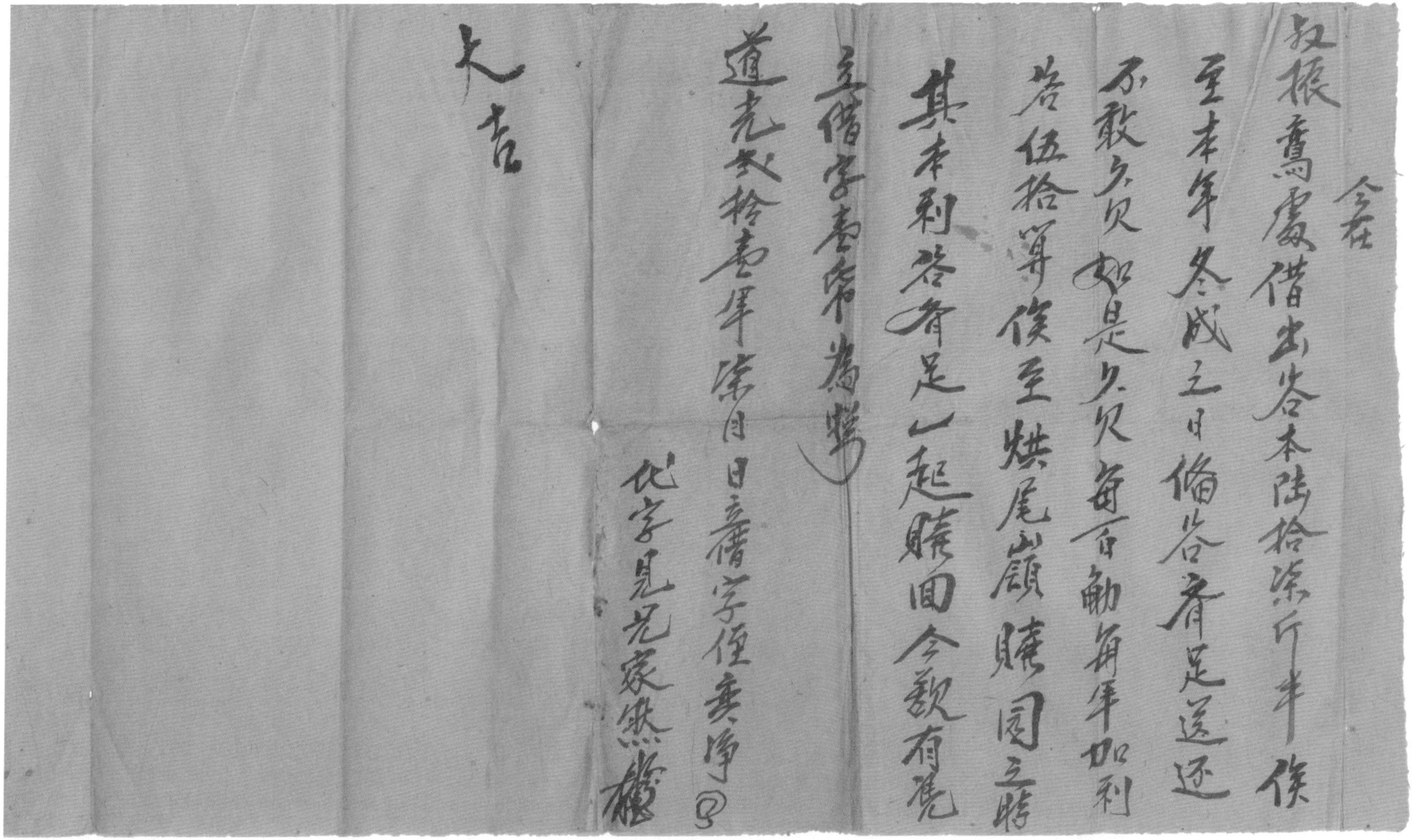
今在
叔振鳶處借出谷本陸拾柒斤半俟
至本年冬成之日備谷肴足送还
不敢少欠如是少欠每百觔每年加利
谷伍拾觔俟至烘尾嶺贖回之時
其本利谷肴足一起贖回今欲有憑
立借字壹帋為照
道光貳拾壹年柒月　日立借字侄奕净
代字見兄家燦
大吉

9-4-8-9　清道光二十一年七月楊奕净立借穀字

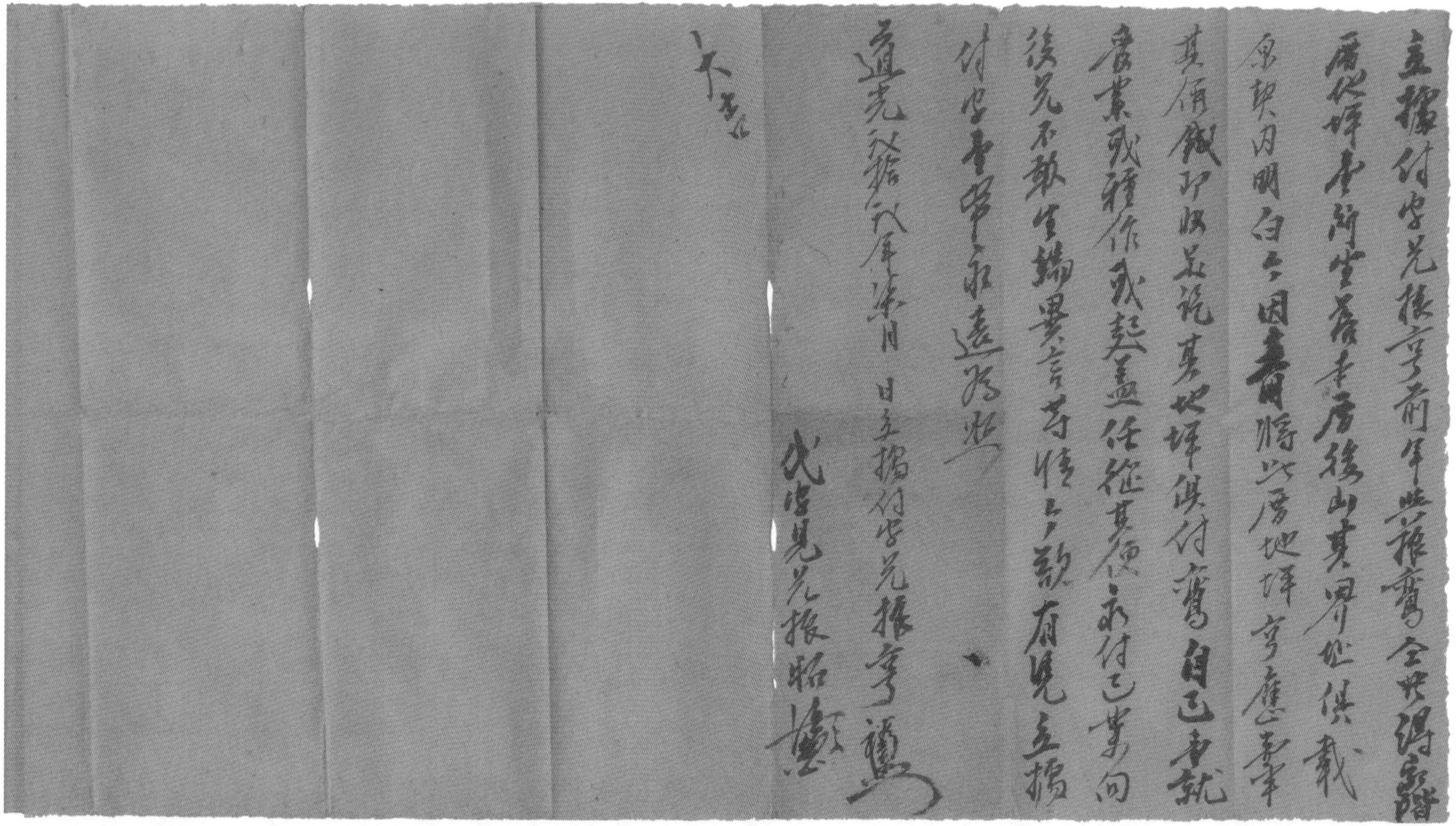
立據付字兄振亨前年與[illegible]齋全共得[illegible]
厝地坪壹所坐落本厝後山其界址俱載
原契內明白今因[illegible]將此厝地坪亨應壹半
其價錢即收足訖其地坪俱付齋自己永就
厝業或種作或起蓋任從其便永付己業向
後兄不敢生端異言等情今欲有憑立據
付字壹紙永遠爲照
道光貳拾貳年柒月　日立據付字兄振亨（押）
代字見兄振[illegible]（押）

9-4-8-10　清道光二十二年七月楊振亨立據付厝地坪字

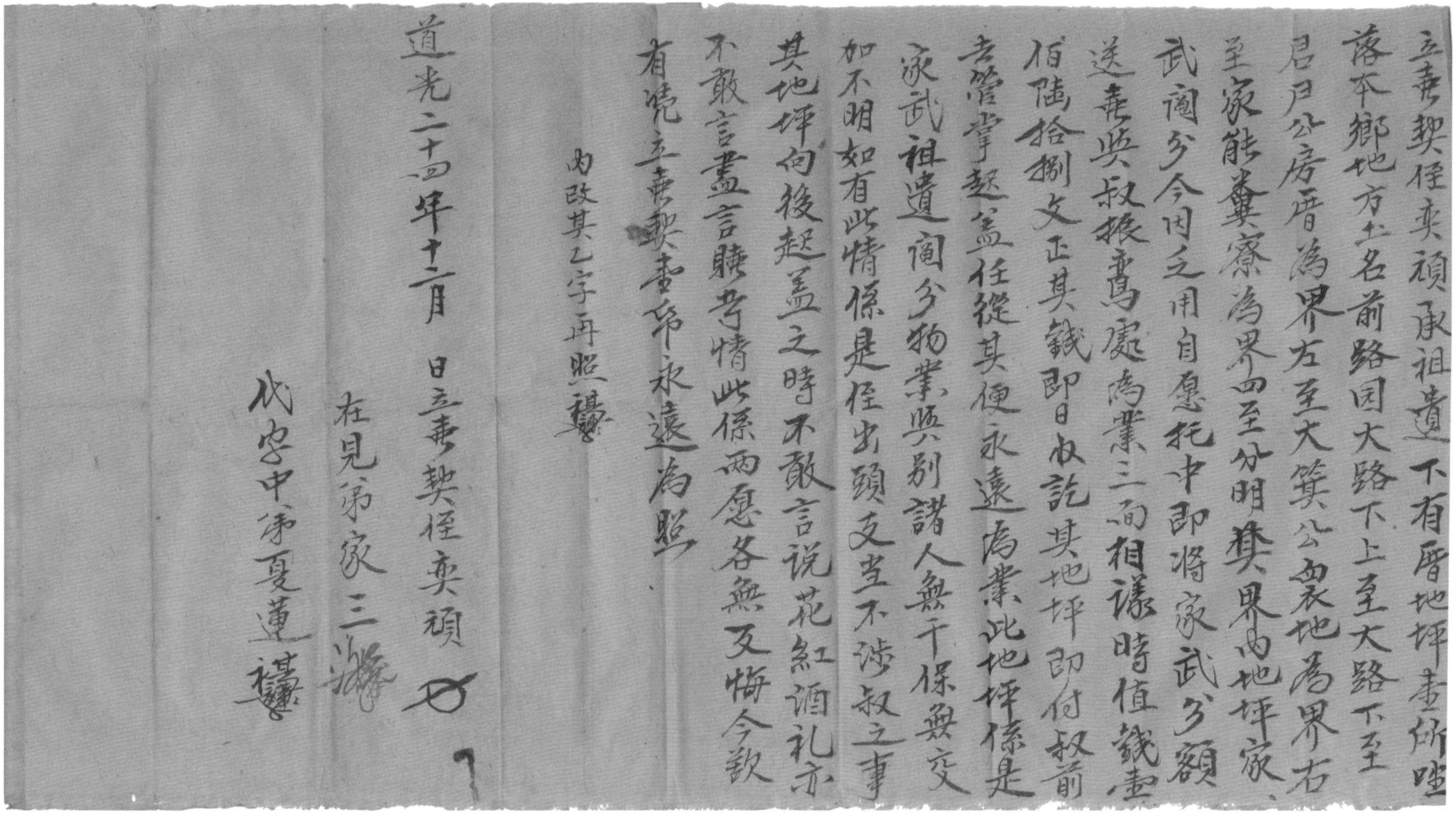
立賣契侄奕頑承祖遺下有厝地坪壹所坐
落本鄉地方土名前路因大路下上至大路下至
啟户公房厝為界左至大箕公衆地為界右
至家能蕃寮為界四至分明其界内地坪家、
武阄分今因乏用自愿托中即將家武分額
送賣與叔振高處為業三面相議時值錢壹
佰陸拾捌文正其錢即日收訖其地坪即付叔前
去管掌起蓋任從其便永遠為業此地坪係是
家武祖遺阄分物業與别諸人無干保無交
加不明如有此情係是侄出頭支当不涉叔之事
其地坪向後起蓋之時不敢言说花紅酒礼亦
不敢言盡言贖等情此係兩愿各無反悔今欲
有憑立賣契壹帋永遠為照
内改其乙字再照
道光二十四年十二月　日立賣契侄奕頑
在見弟家三
代字中弟夏蓮

9-4-8-11　清道光二十四年十二月楊奕頑立賣厝地坪契

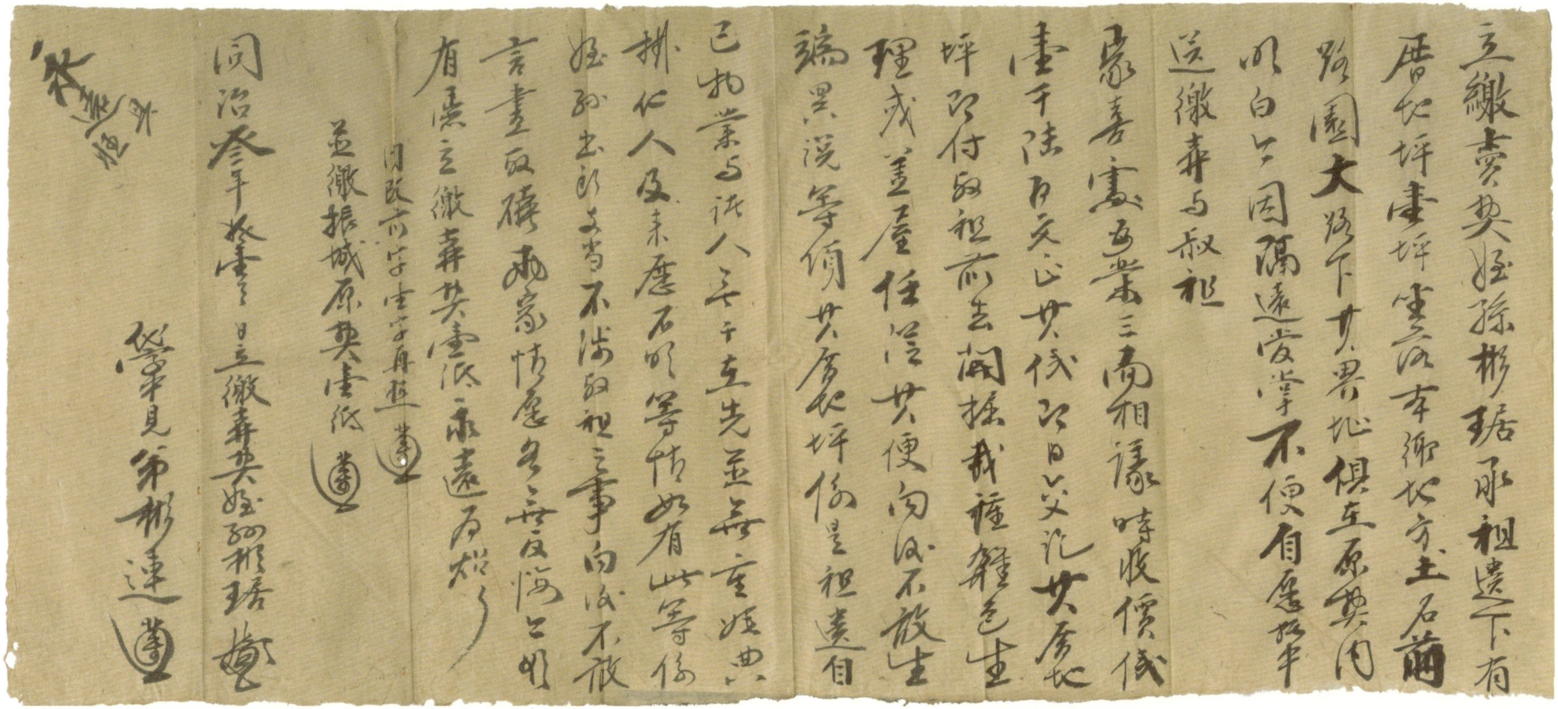

9-4-8-12　清同治三年十一月楊彬琚立繳賣厝地坪契

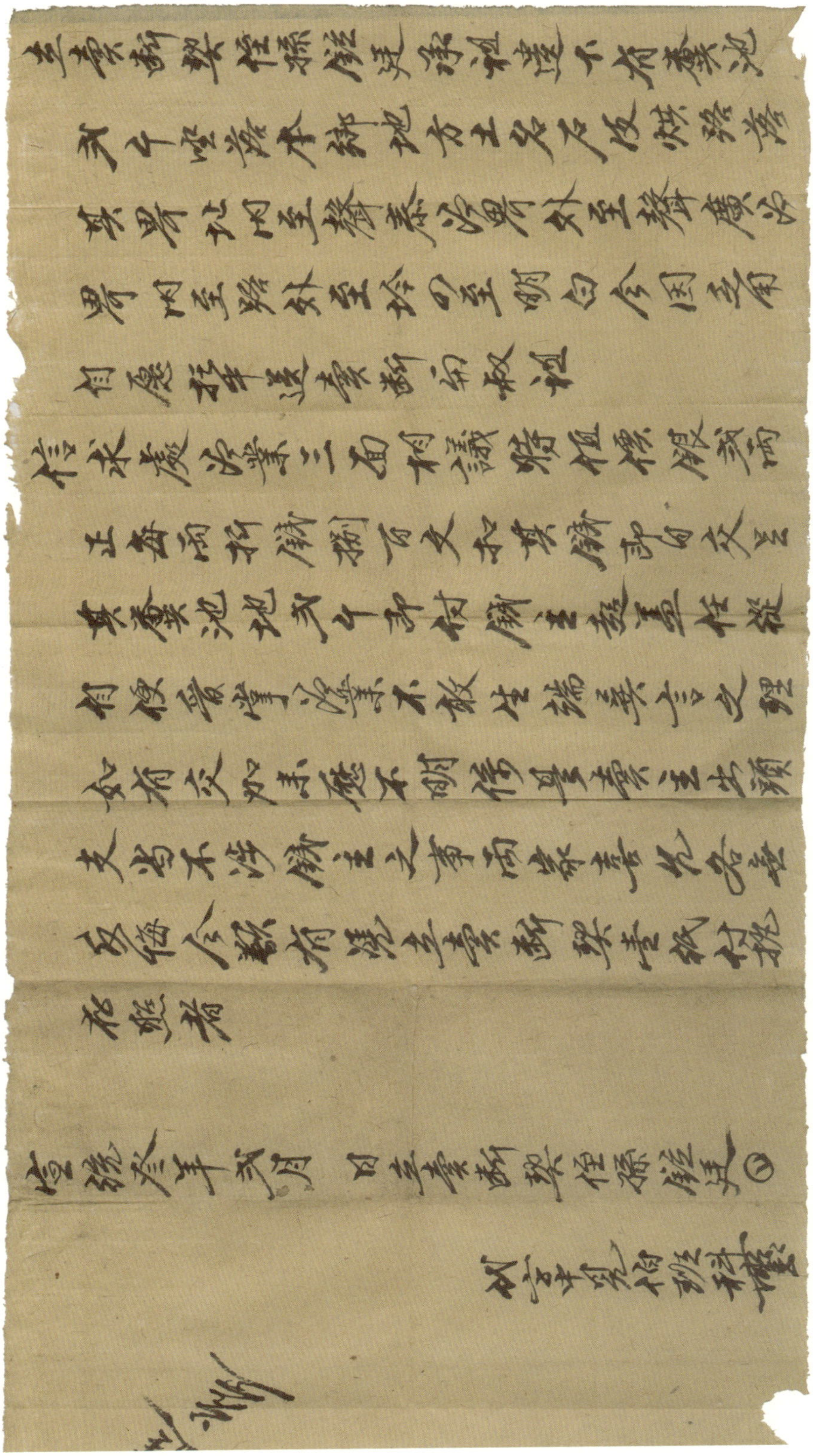

立賣斷契侄孫鉉廷承祖遺下有糞池
弍ケ坐落本鄉地方土名石坂烘路落
其界址内至聲泰為界外至聲廣為
界内至路外至玲の至明白今因乏用
自愿托中送賣斷與叔祖
信求處為業三面相議特值價銀弍兩
正每兩折錢捌百文和其錢即日交足
其糞池地弍ケ即付錢主起蓋任從
自便管掌為業不敢生端異言之理
如有交加來歷不明係是賣主出頭
支当不涉錢主之事兩家喜允各無
反悔今欲有憑立賣斷契壹紙付執
為照者

宣統叁年弍月　日立賣斷契侄孫鉉廷（押）
代字中見伯班科（押）

9-4-8-13　清宣統三年二月楊鉉廷立賣斷糞池契

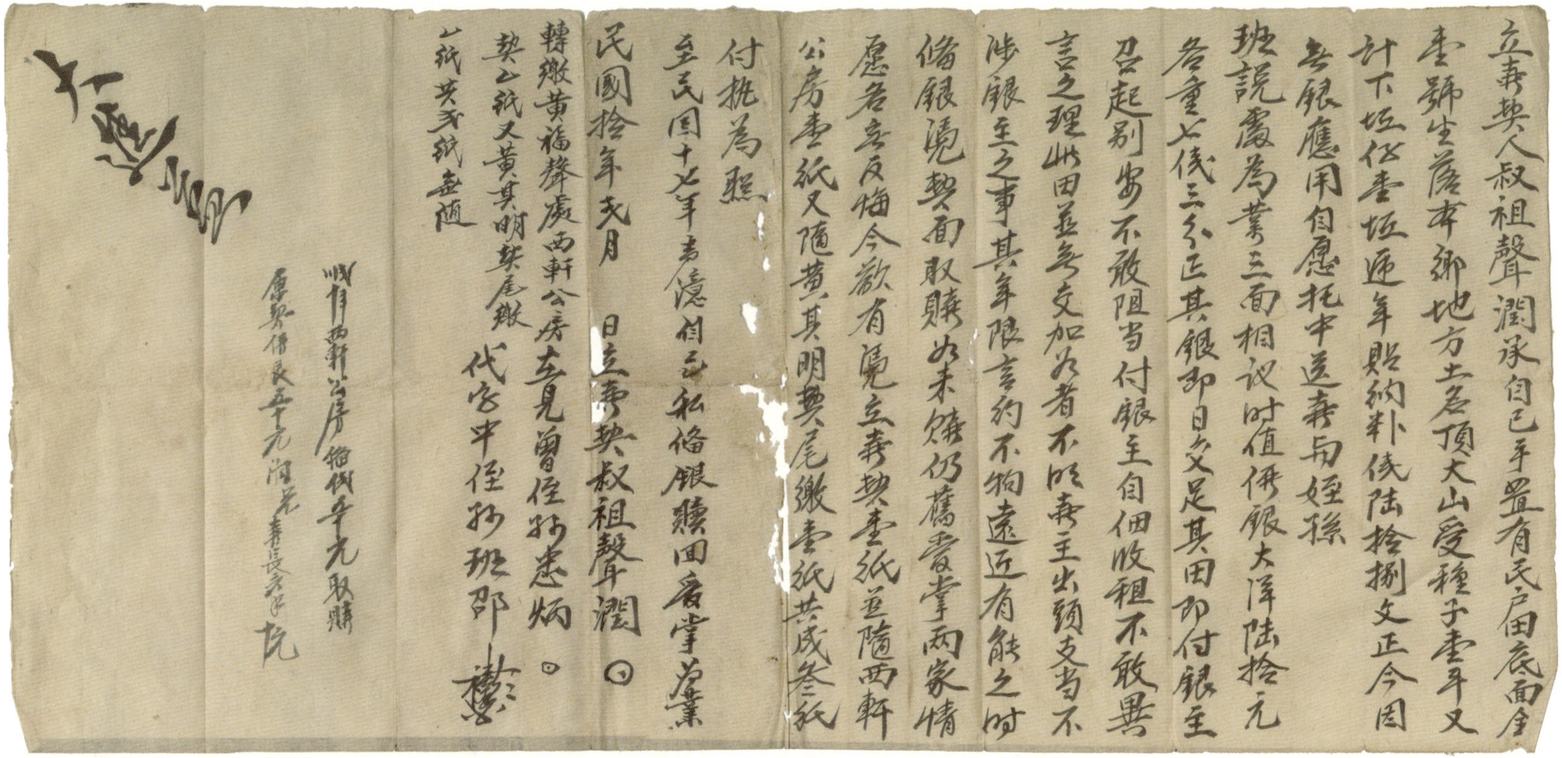

9-4-8-14　民國十年二月楊聲潤立賣底面全民户田契

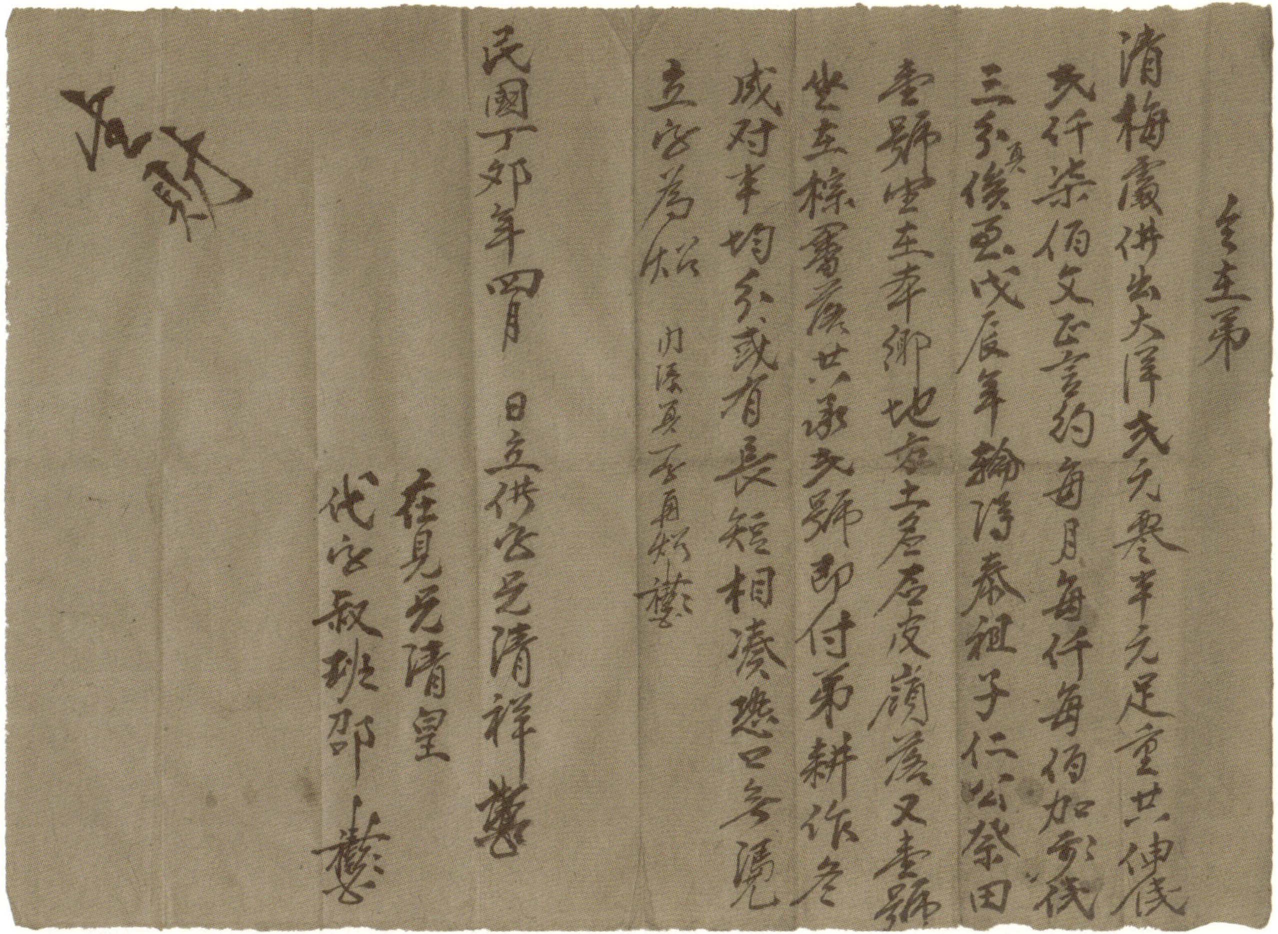

今立弟
清梅處借出大洋弍元零半元足重廿八伸錢
弍仟柒佰文正言約每月每仟每佰加弍分錢
三分後至戊辰年輪得泰祖子仁公祭田
壹號坐本鄉地名土名居皮嶺處又壹號
坐本樣處廿八承弍號即付弟耕作無
成對半均分或有長短相湊憑口無憑
立字爲照　內添真字壹個爲照　押
民國丁卯年四月　日立借字兄清祥　押
在見兄清皇
代字叔桃邵　押
存照

9-4-8-15　民國十六年四月楊清祥立借錢字

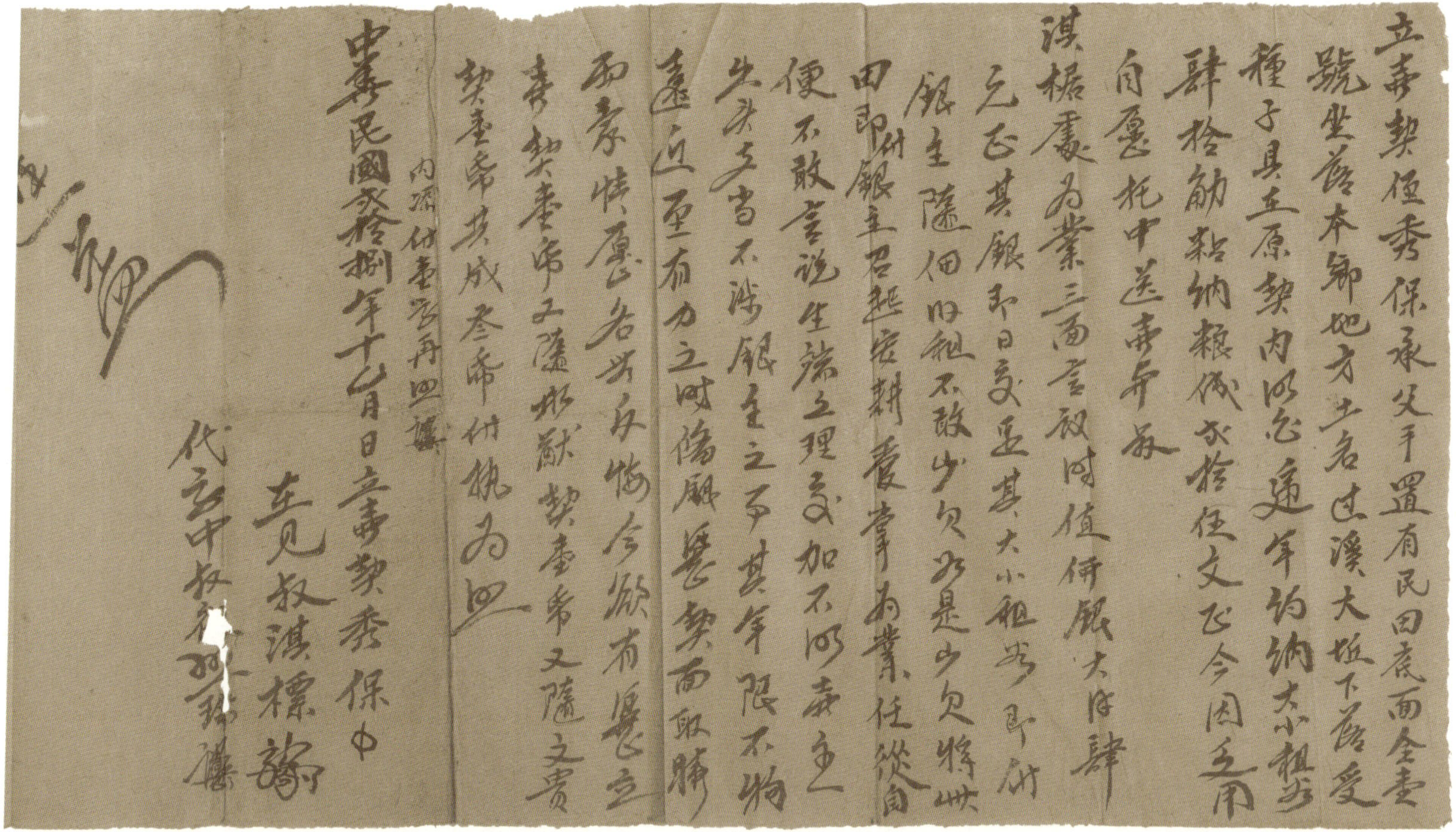

9-4-8-16　民國二十八年十一月楊秀保立賣底面全民田契

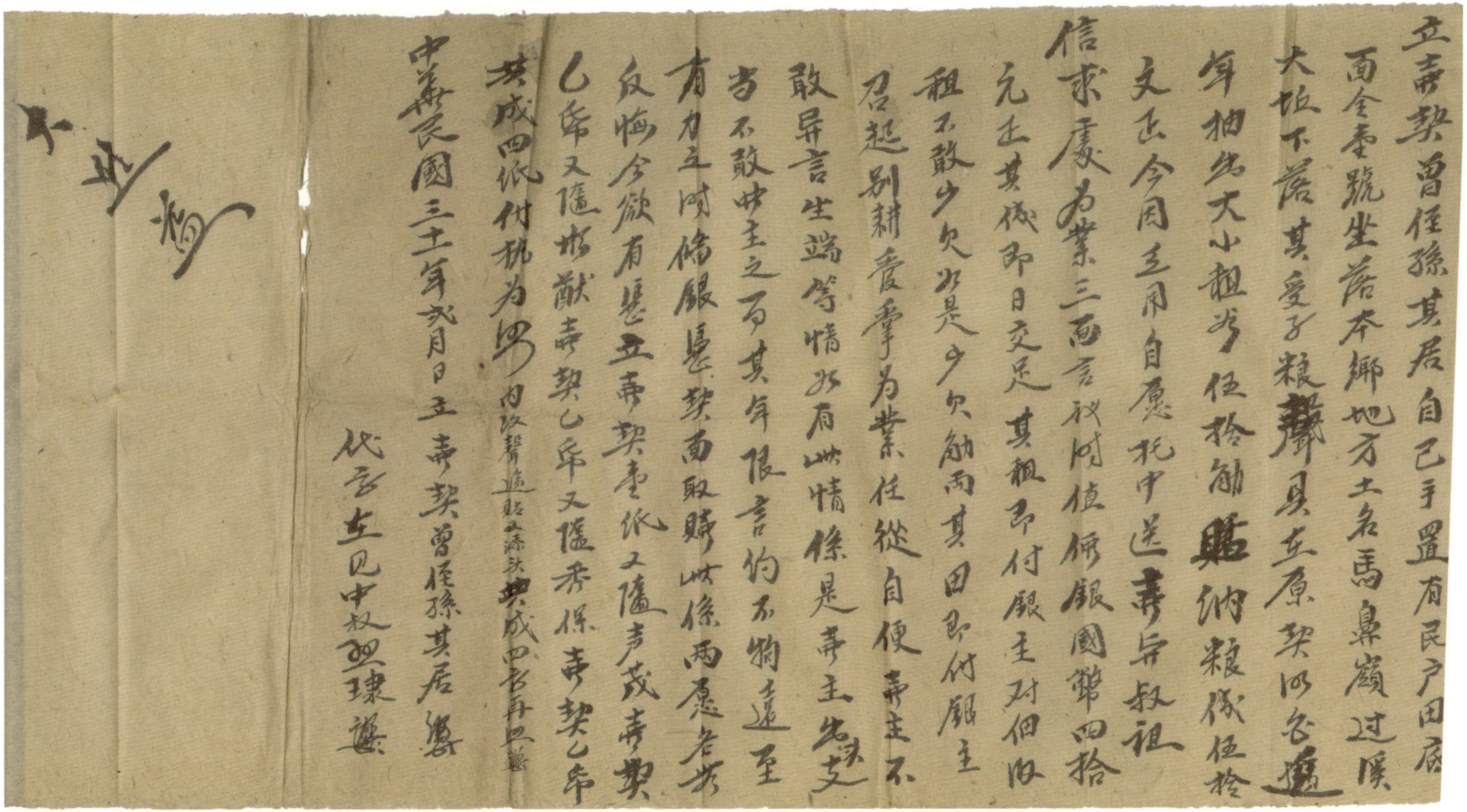
立賣契曾侄孫其居自己手置有民户田底
面全壹號坐落本鄉地方土名馬鼻嶺过溪
大垣下落其受子粮[illegible]具立原契河谷邊
年柚出大小租谷伍拾觔貼納粮伐伍拾
文正今因乏用自愿托中送賣与叔祖
信求處為業三面言议时值價銀國幣四拾
元正其價即日交足其租即付銀主对佃收
租不敢少欠如是少欠觔两其田即付銀主
召起別耕賣季為業任從自便賣主不
敢异言生端等情如有此情係是賣主出支
当不敢收主之事其年限言约不拘遠至
有力之时備銀悬契面取贖此係两愿各無
反悔今欲有悬立賣契壹紙又隨帶老契
乙帋又隨找獻賣契乙帋又隨秀係賣契乙帋
共成四紙付執為照　内改贅進貼又添找共成四帋再照
中華民國三十一年貳月日立賣契曾侄孫其居
代字在見中叔鄧璉
大吉

9-4-8-17　民國三十一年二月楊其居立賣底面全民户田契

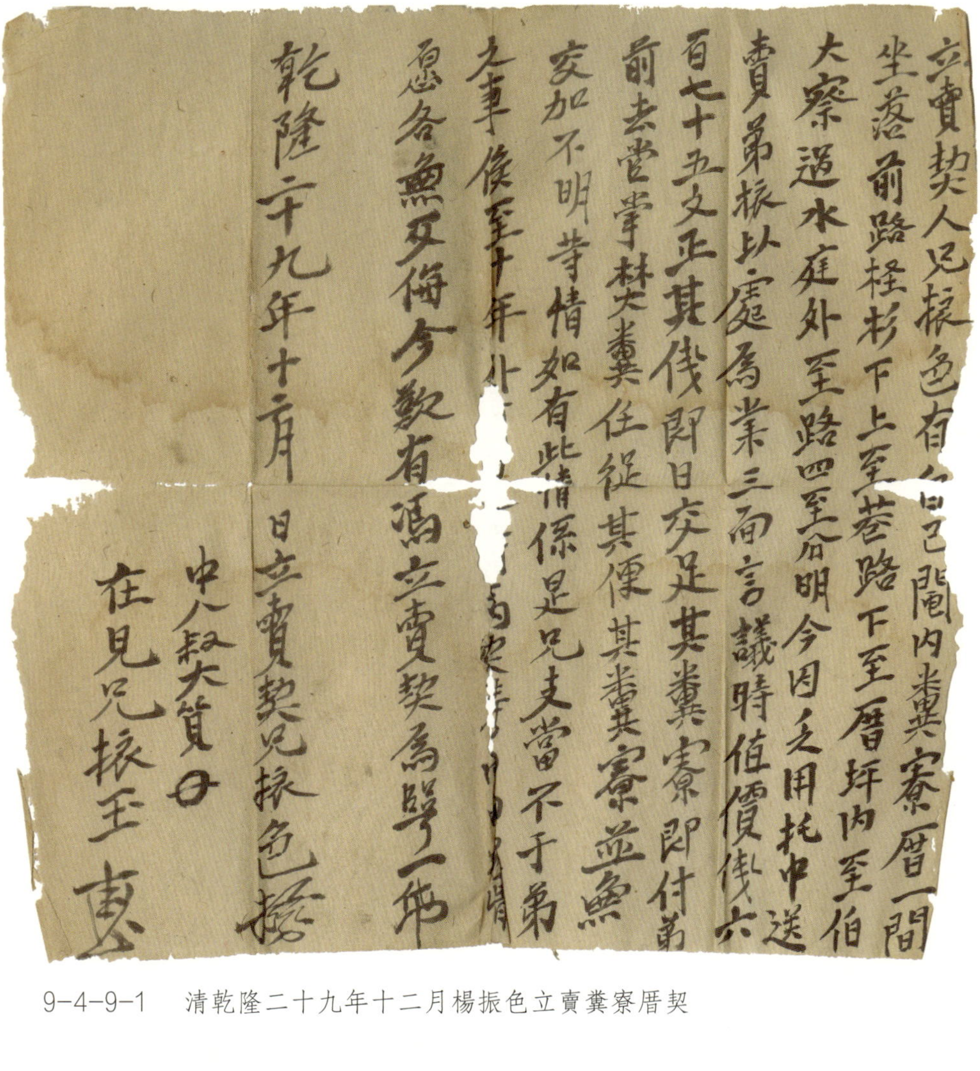
立賣契人兄振色有自己鬮內糞寮厝一間
坐落前路[illegible]杉下上至巷路下至厝坪內至伯
大寮滴水庭外至路四至分明今因乏用托中送
賣弟振以處為業三面言議時值價錢六
百七十五文正其錢即日交足其糞寮即付弟
前去管掌焚[illegible]糞任從其便其糞寮並無
交加不明等情如有此情係是兄支當不干弟
之事。俟至十年外[illegible]贖
憑各無反悔今欲有憑立賣契為照一紙
乾隆二十九年十二月　日立賣契兄振色（押）
中人叔大貿（押）
在見兄振玉（押）

9-4-9-1　清乾隆二十九年十二月楊振色立賣糞寮厝契

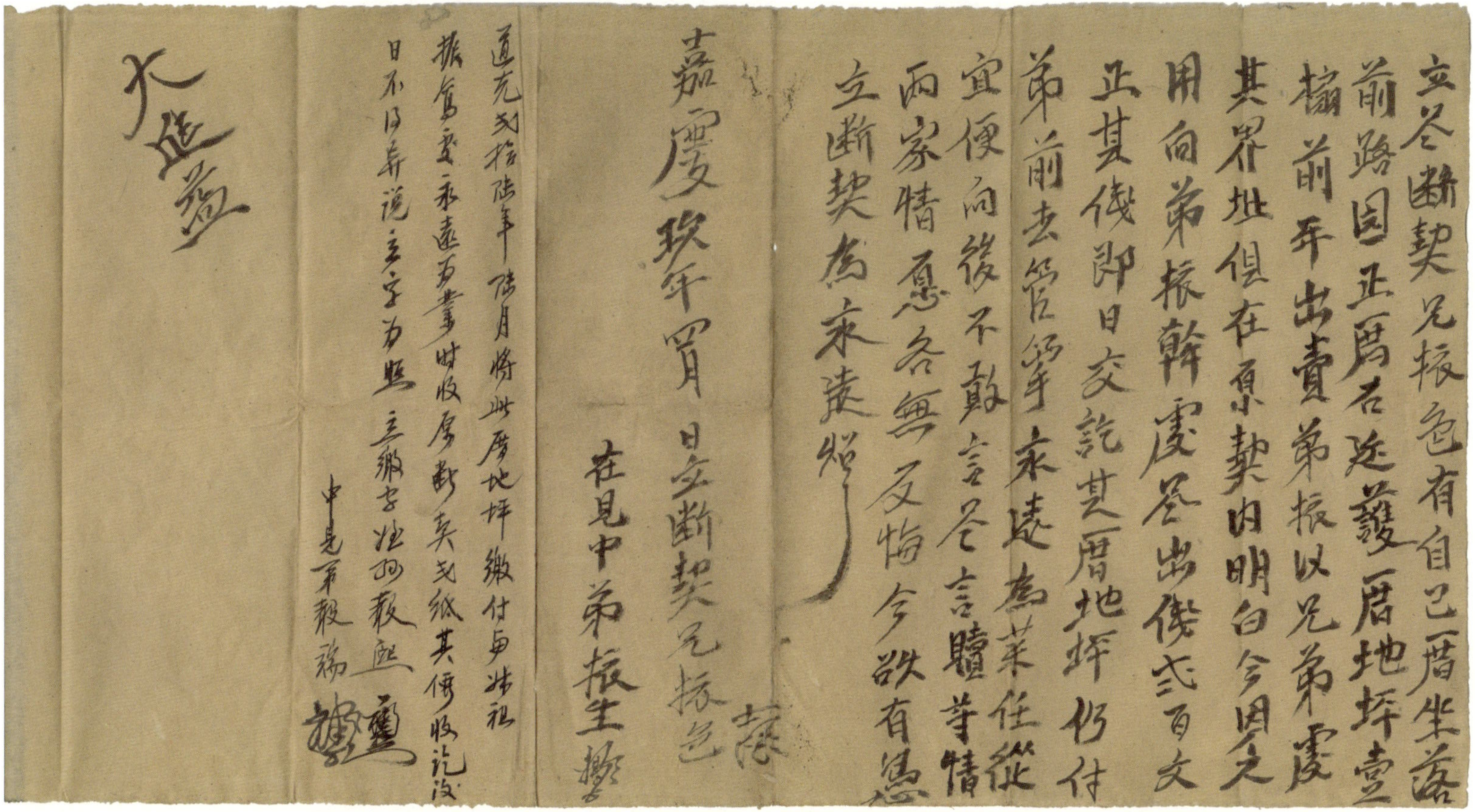
立盡斷契兄振色有自己厝坐落
前路園正厝右廷護厝地坪壹
搨前年出賣弟振以兄弟處
其界址俱在原契內明白今因乏
用向弟振幹處盡出價弍百文
正其價即日交訖其厝地坪仍付
弟前去管業永遠為業任從
宜便向後不敢言盡言贖等情
兩家情愿各無反悔今欲有憑
立斷契為永遠照

嘉慶玖年四月　日立斷契兄振色（押）
在見中弟振生（押）

道光弍拾陸年陸月將此厝地坪繳付與姓祖
振魯處永遠為業收厝斷契弍紙其價收訖沒
日不得異說立字為照　立繳字姪孫菽熙
中見弟毅瑞（押）

大進益

9-4-9-2　清嘉慶九年四月楊振色立盡斷厝契

9-4-10-1　包契紙

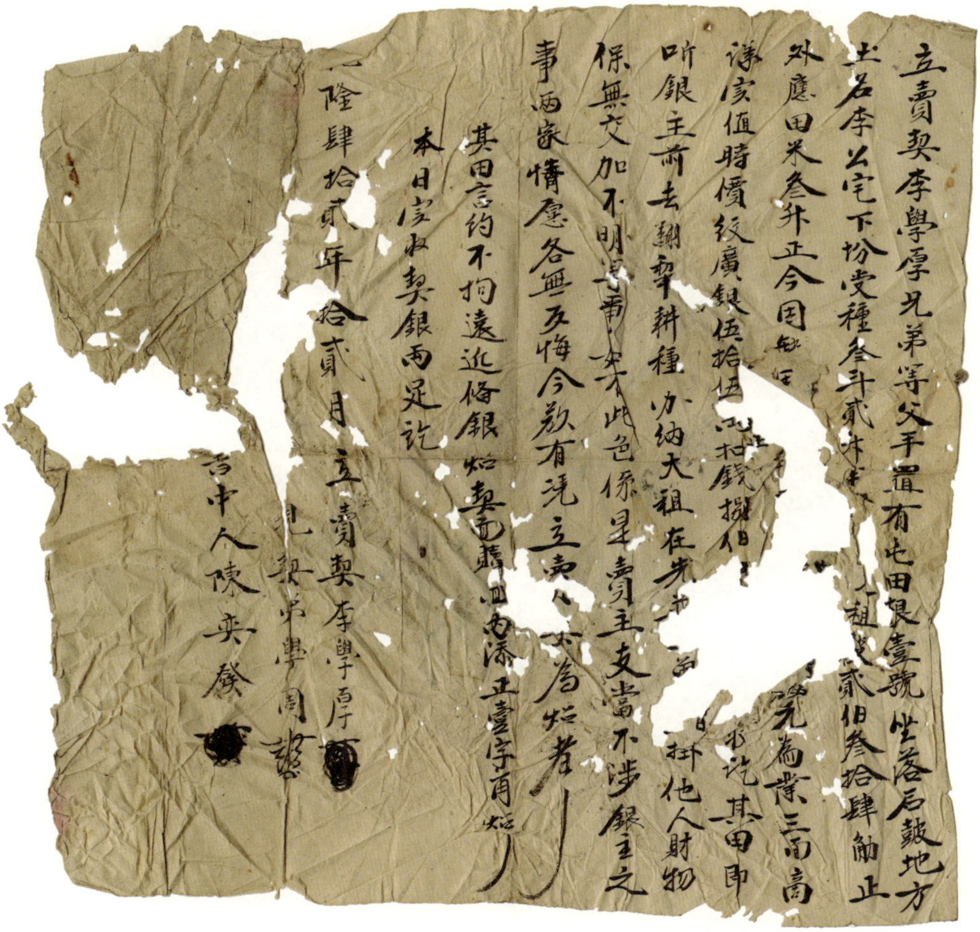

立賣契李學厚兄弟等父手置有屯田根壹號坐落后巖地方
土名李厝宅下坵受種叁斗貳升[illegible]祖[illegible]貳伯叁拾肆觔正
外應田米叁升正今因缺[illegible]為業三面商
議定価時價紋廣銀伍拾伍兩[illegible]其田即
聽銀主前去翻犁耕種办納大祖在先[illegible]掛他人財物
係無交加不明[illegible]此色係是賣主支當不涉銀主之
事兩家情愿各無反悔今欲有凭立賣[illegible]為炤者
其田言约不拘遠近備銀[illegible]契面[illegible]兩添正壹字再炤
本日實收契銀兩足訖
[illegible]隆肆拾貳年拾貳月　立賣契李學厚
仝弟學周
言中人陳奕發

9-4-10-2　清乾隆四十二年十二月李學厚等立賣屯田根契

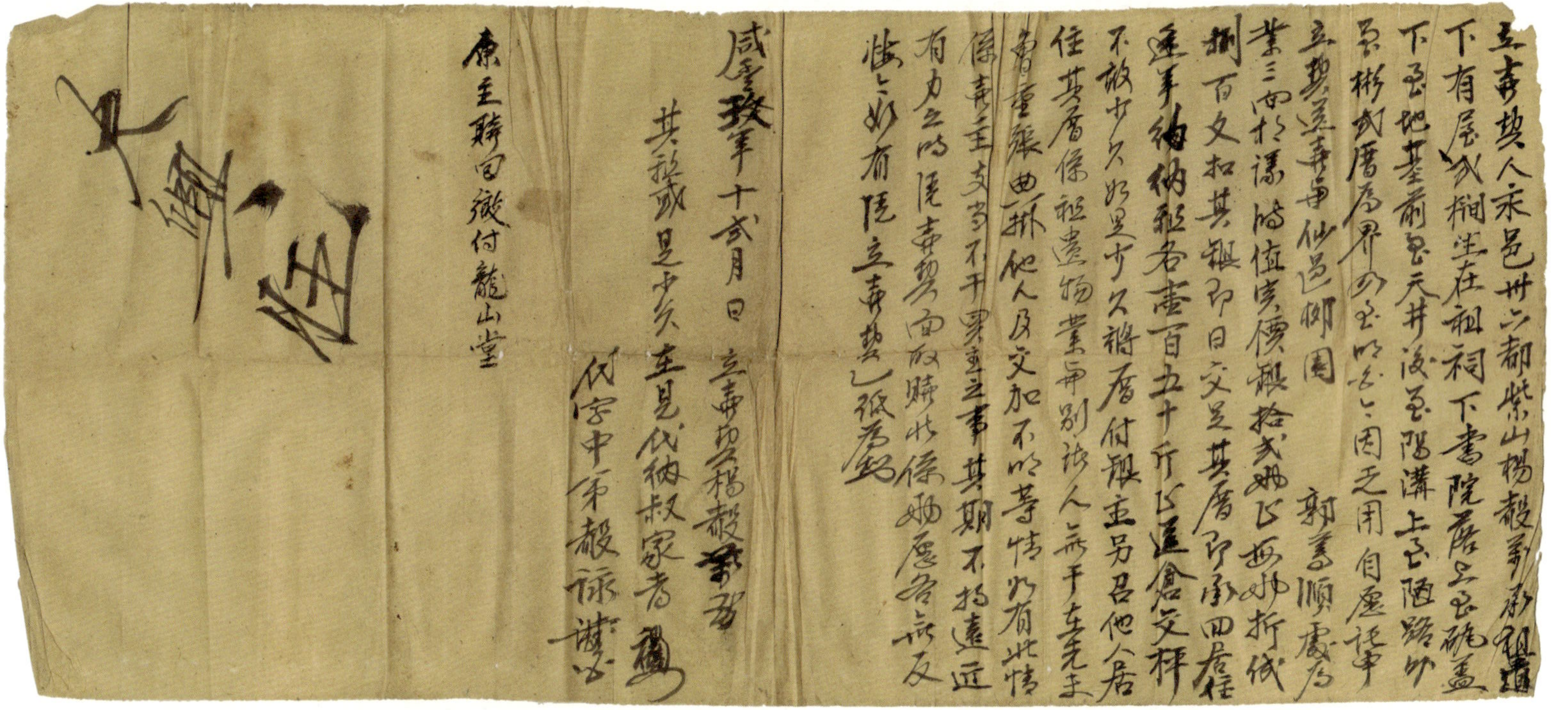
立賣契人禾邑廿六都紫山楊聲萬，今因祖遺
下有屋弍間，坐在祖祠下書院屋上至瓦蓋，
下至地基，前至天井，後至陽溝，上至隨路外，
至彬武厝為界，四至明白。今因乏用，自愿託中
立契送賣與仙邑柳園　郭壽順處為
業，三面言議，時值實價銀拾弍兩正，其銀折錢
捌百文扣，其銀即日交足。其厝即承回居住，
逐年納租谷壹百五十斤，以運倉交秤，
不敢少欠。如是少欠，將厝付銀主另召他人居
住。其厝係祖遺物業，與別房人無干，在先未
曾重張典掛他人及交加不明等情，如有此情，
係賣主支當，不干買主之事。其期不拘遠近，
有力之時，憑賣契面取贖，此係兩愿，各無反
悔。恐口無憑，立賣契一紙為照。
咸豐玖年十弍月　日　立賣契人楊聲萬（押）
其銀咸足少欠　在見代納叔家青（押）
代字中弟聲謙（押）
原主贖回繳付龍山堂

9-4-10-3　清咸豐九年十二月楊聲萬立賣屋契

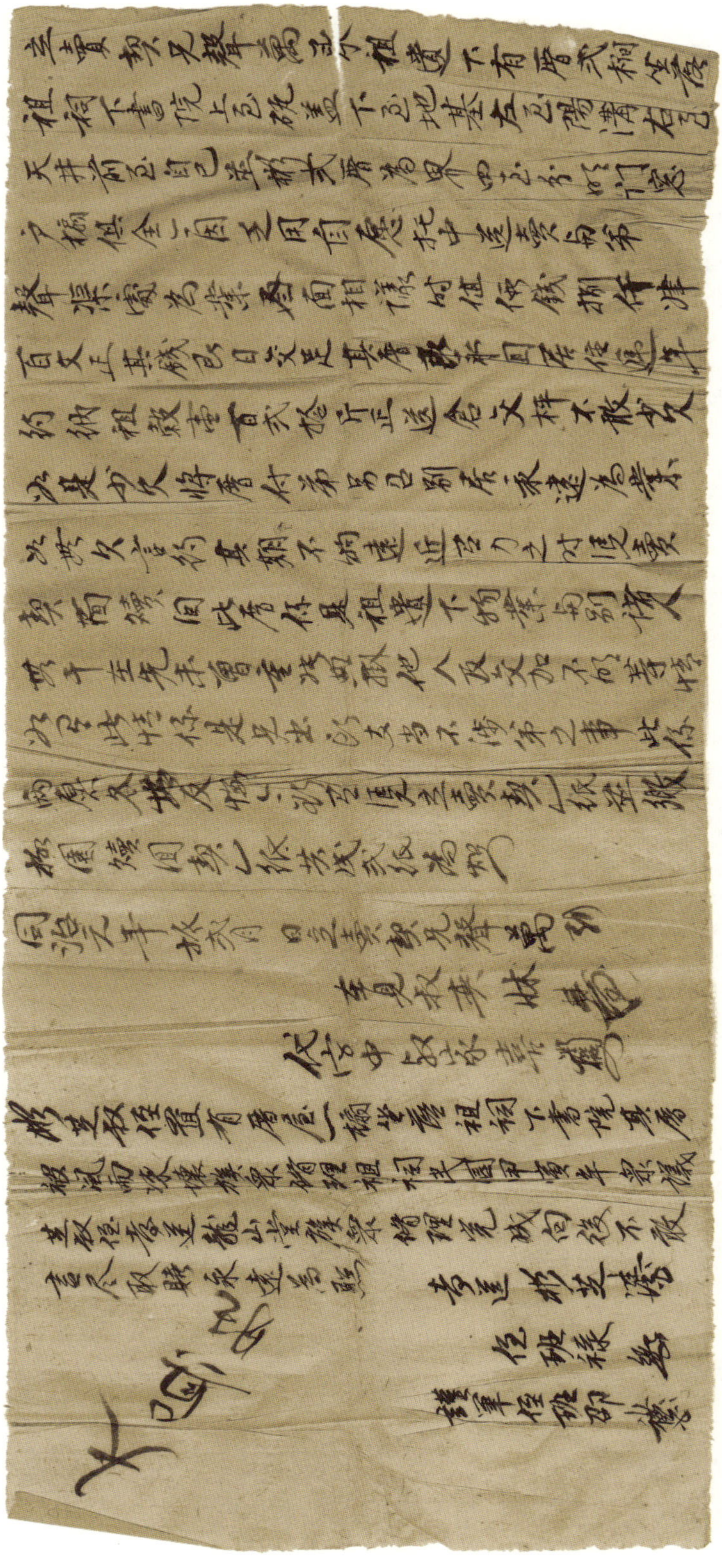

9-4-10-4　清同治元年十二月楊聲萬立賣厝契

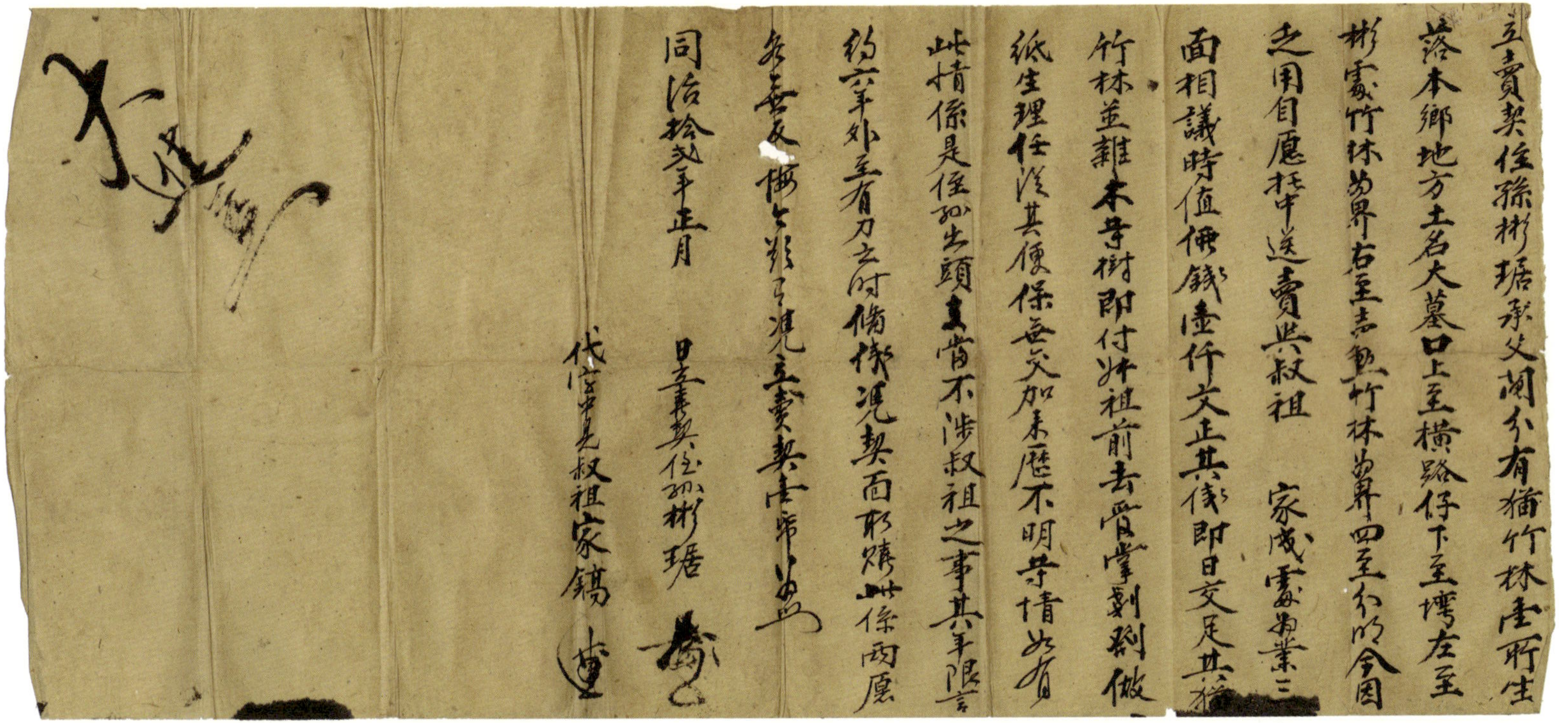
立賣契侄孫彬琚承父鬮分有猫竹林壹所，坐
落本鄉地方土名大墓口，上至橫路仔，下至墈，左至
彬處竹林為界，右至忠勲竹林為界，四至分明。今因
之用，自愿托中送賣與叔祖 家成處為業，三
面相議時值價錢壹仟文正。其錢即日交足，其猫
竹林並雜木等樹，即付與叔祖前去管業剝斫做
紙生理，任從其便。係無交加未歷不明等情，如有
此情，係是侄孫出頭支當，不涉叔祖之事。其年限壹
約六年外，至有力之時備價，照契面取贖，此係兩愿，
各無反悔。今欲有憑，立賣契壹紙為照。
同治拾貳年正月　日立賣契侄孫彬琚（押）
代筆胞叔祖家鎬（押）

9-4-10-5　清同治十二年正月楊彬琚立賣猫竹林契

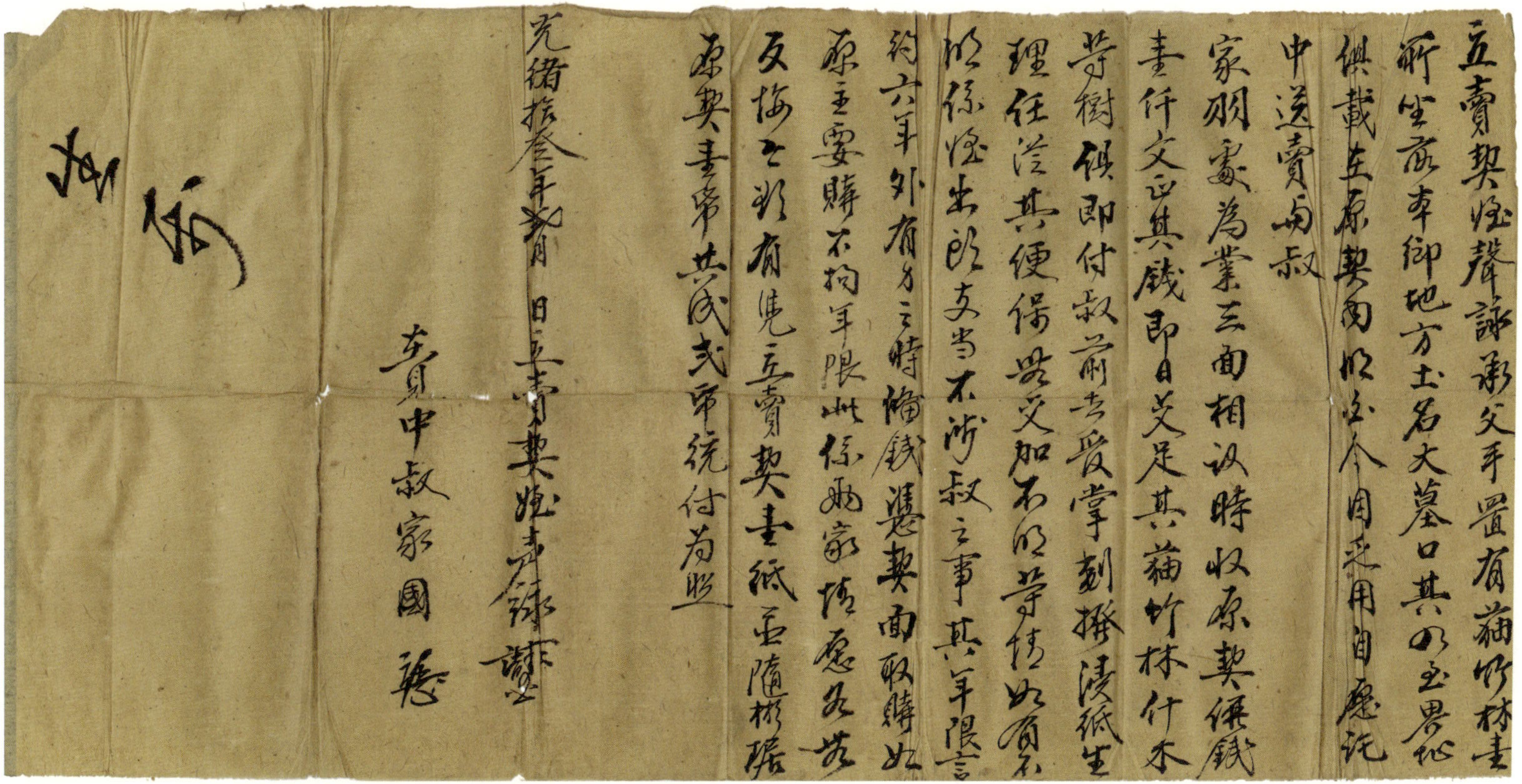
立賣契姪聲詠承父手置有貓竹林壹
所，坐落本鄉地方土名大墓口，其四至界址
俱載在原契內。今因乏用，自愿託
中送賣與叔
家羽處為業，三面相议時收原契價錢
壹仟文。其錢即日交足，其貓竹林什木
并樹俱即付叔前去管掌劃撥續紙生
理，任從其便，保無交加不明等情，如有不
明係姪出頭支當，不涉叔之事。其年限言
約六年外有力之時備錢照契面取贖，如
原主要贖，不拘年限，此係兩家情愿，各無
反悔。今欲有憑，立賣契壹紙並隨[illegible]據
原契壹帋，共成貳帋，統付為照。

光緒拾叁年二月　日立賣契姪聲詠（押）

為中叔家國（押）

9-4-10-6　清光緒十三年二月楊聲詠立賣猫竹林契

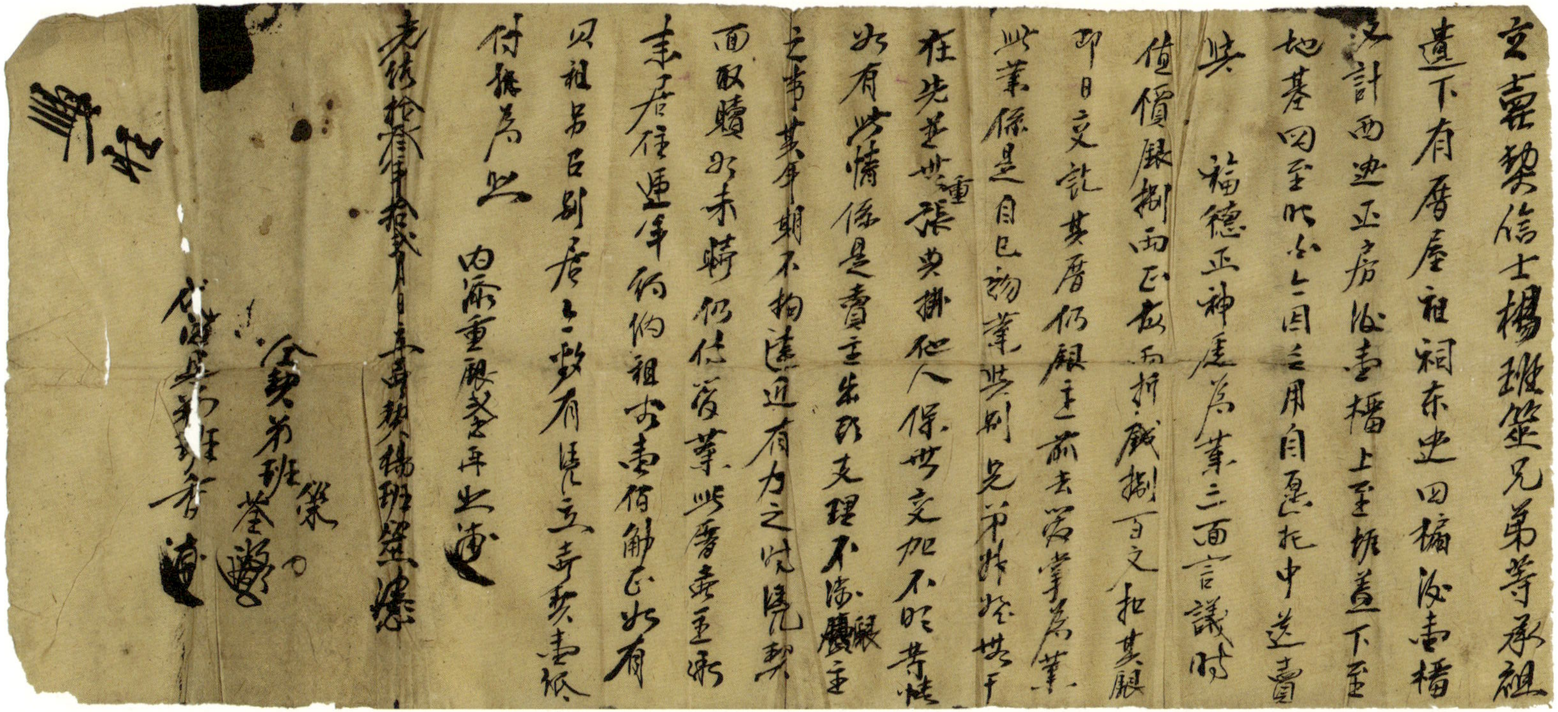

立賣契信士楊班筵兄弟等承祖
遺下有厝屋祖祠東边四橺,次壹橺,
又計西边正房次壹橺,上至瓦蓋,下至
地基,四至明白,今因乏用,自愿托中送賣
與 福德正神座爲業,三面言議時
值價銀捌両正,扣折錢捌百文,扣其銀
即日交訖。其厝仍歸主前去管掌爲業。
此業係是自己物業,與別兄弟叔姪無干,
在先並無重張典掛他人,保此交加不明,若據
此有此情,係是賣主出頭支理,不涉銀主
之事。其年期不拘遠近,有力之時,照契
面取贖,如未贖,仍付管業。此厝每年所
來厝住逐年約納租谷壹佰觔正,如有
以租另召別居之數,有憑立壹契壹紙
付執爲照。 内添重張叁字再照。
光緒拾叁年拾貳月 日立賣契楊班筵(押)
仝見弟班榮(押) 班鎣(押)
代筆弟班秀(押)

9–4–10–7 清光緒十三年十二月楊班筵立賣厝屋契

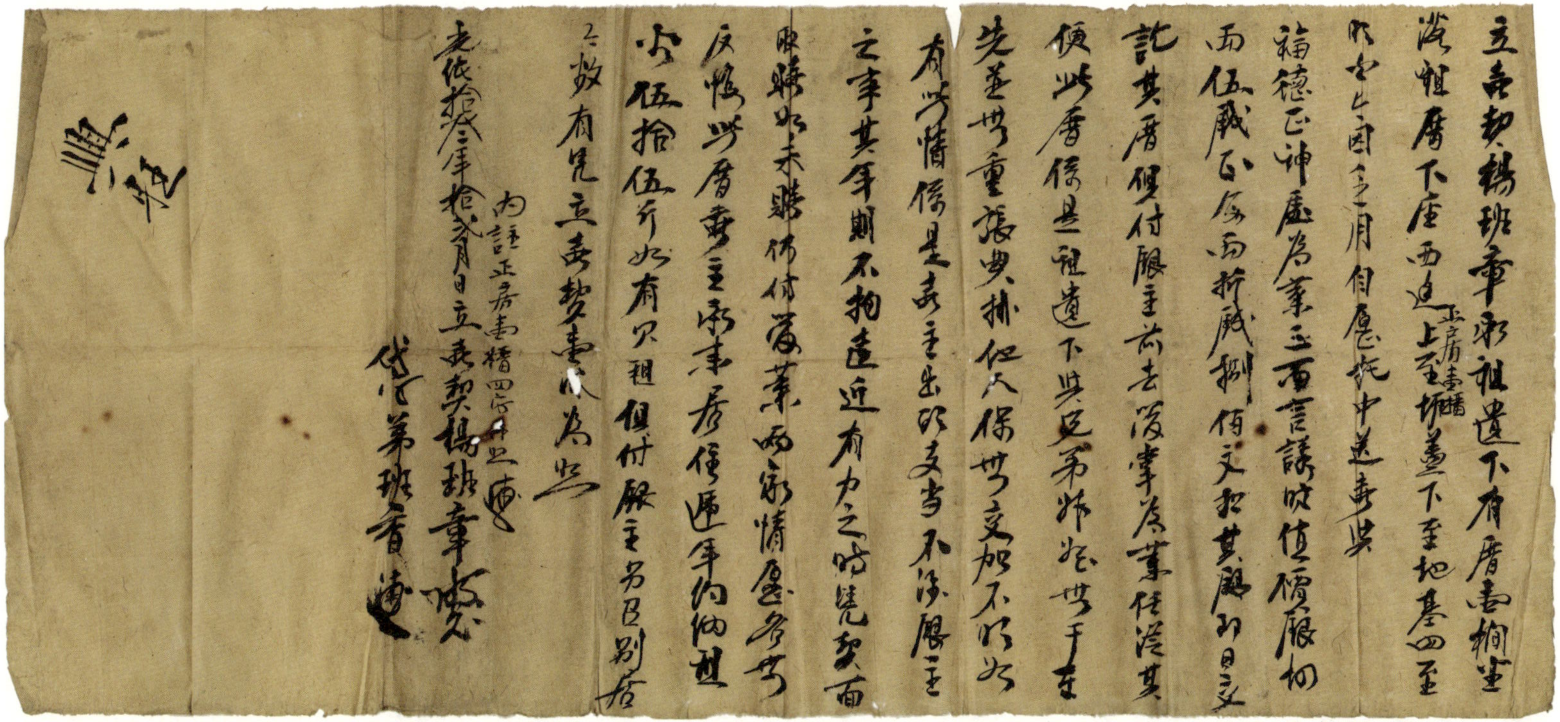

立賣契楊班章承祖遺下有厝壹桐坐
落雉厝下座西边正房壹播上至墻蓋下至地基四至
明白今因乏用自愿托中送賣與
福德正神處為業三面言議時值價銀捌
兩伍錢正每兩折錢捌佰文其銀即日交
訖其厝便付銀主前去管掌為業任從其
便此厝係是祖遺下與兄弟叔侄無干並
先並無重張典掛他人保此交加不明如
有此情係是賣主出頭支當不涉銀主
之事其年期不拘遠近有力之時照契面
原價取贖如未贖仍付管業兩家情愿各無
反悔此厝賣主承來居住每年納租
谷伍拾伍斤如有欠租任付銀主另召別居
〻故有憑立賣契壹紙為照
内註正房壹播四字押照
光緒拾叁年拾貳月　日立賣契楊班章
代筆弟班香

9-4-10-8　清光緒十三年十二月楊班章立賣厝契

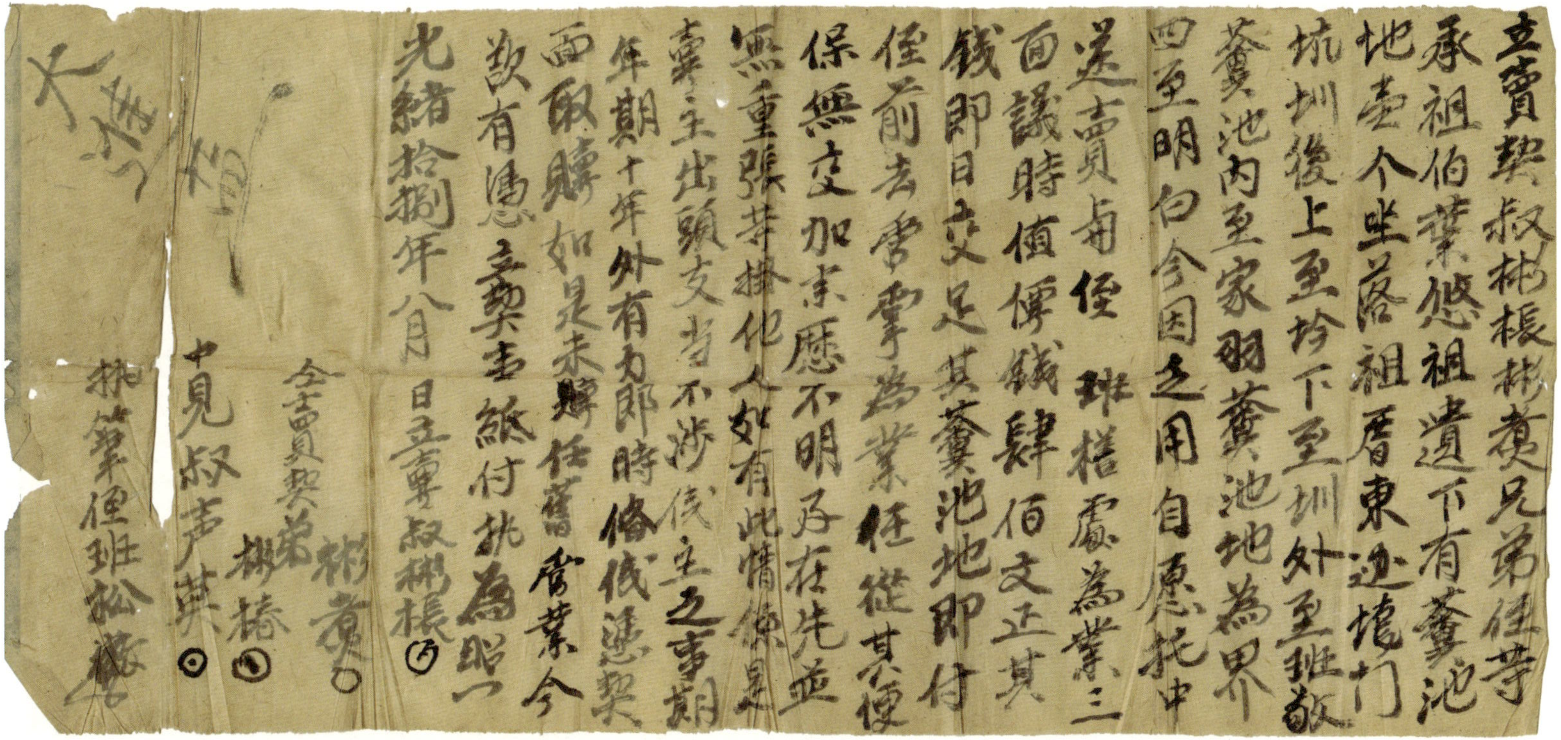

立賣契叔彬棖彬蔑兄弟侄等
承祖伯葉懋祖遺下有糞池
地壹个坐落祖厝東边墘门
坑圳後上至埒下至圳外至班啟
糞池内至家朋糞池地為界
四至明白今因乏用自愿托中
送賣与侄 班楷處為業三
面議時值價錢肆佰文正其
錢即日交足其糞池地即付
侄前去掌管為業任從其便
保無交加未歷不明及在先並
無重張典掛他人如有此情係是
賣主出頭支当不涉侄主之事期
年期十年外有力即時備價照契
面取贖如是未贖任舊管業今
欲有憑立賣契壹紙付執為照一
光緒拾捌年八月 日立賣叔彬棖
全立賣契弟 彬蔑 彬椿
中見叔 声英
代筆侄 班松
大清

9-4-10-9　清光緒十八年八月楊彬棖等立賣糞池地契

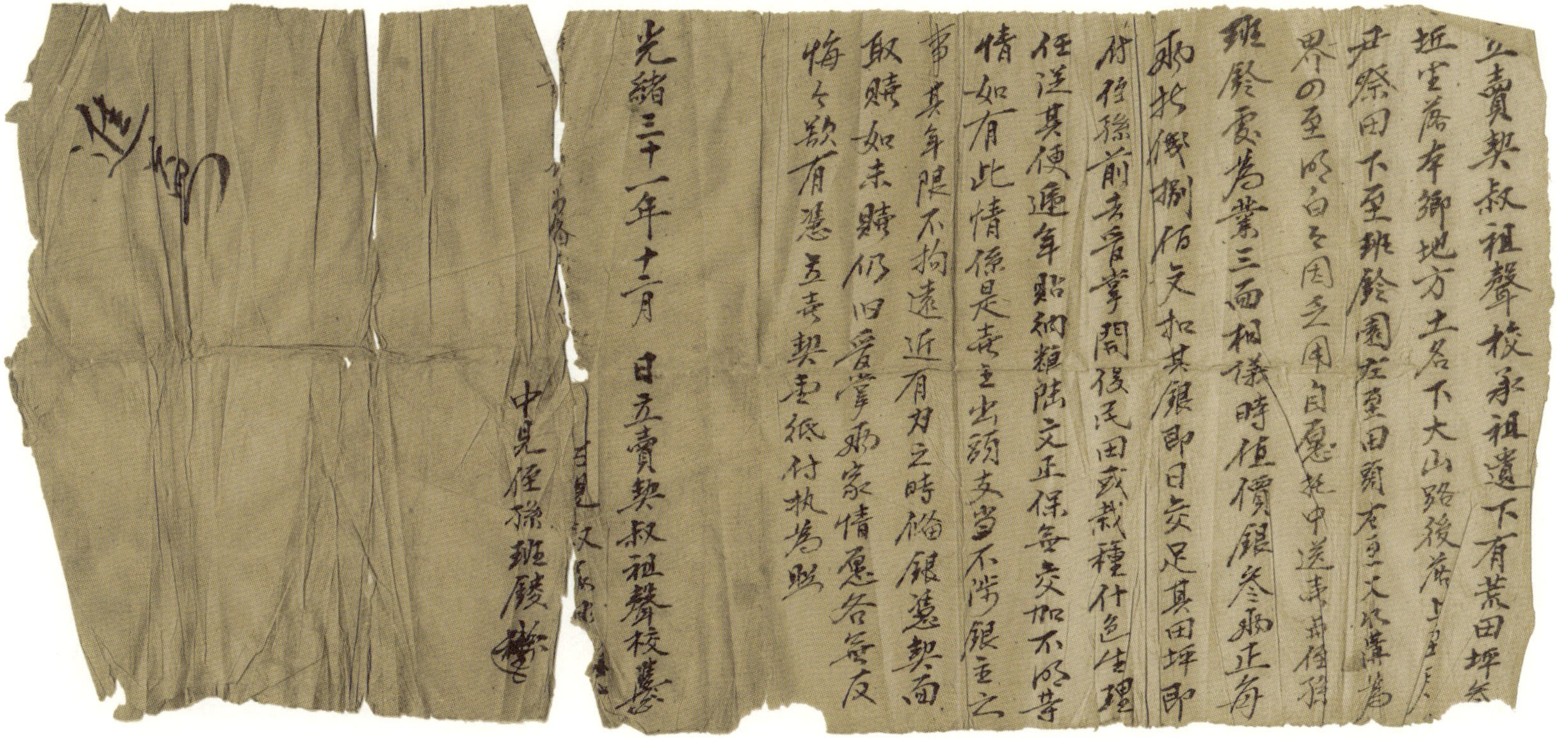
立賣契叔祖聲校承祖遺下有荒田坪[illegible]
坵坐落本鄉地方土名下大山路後[illegible]
[illegible]祭田下至班餘園左至田頭右至大水溝為
界四至明白今因乏用自愿托中送與本侄孫
班餘處為業三面相議時值價銀叁兩正每
兩[illegible]捌佰文扣其銀即日交足其田坪即
付侄孫前去管掌[illegible]民田或栽種什色生理
任從其便逐年貼納糧陆文正保無交加不明等
情如有此情係是賣主出頭支當不涉銀主之
事其年限不拘遠近有力之時備銀憑契面
取贖如未贖仍旧受掌兩家情愿各無反
悔今欲有憑立賣契壹紙付執為照
光緒三十一年十二月　日立賣契叔祖聲校（押）
中見侄孫班餘（押）

9-4-10-10　清光緒三十一年十二月楊聲校立賣荒田坪契

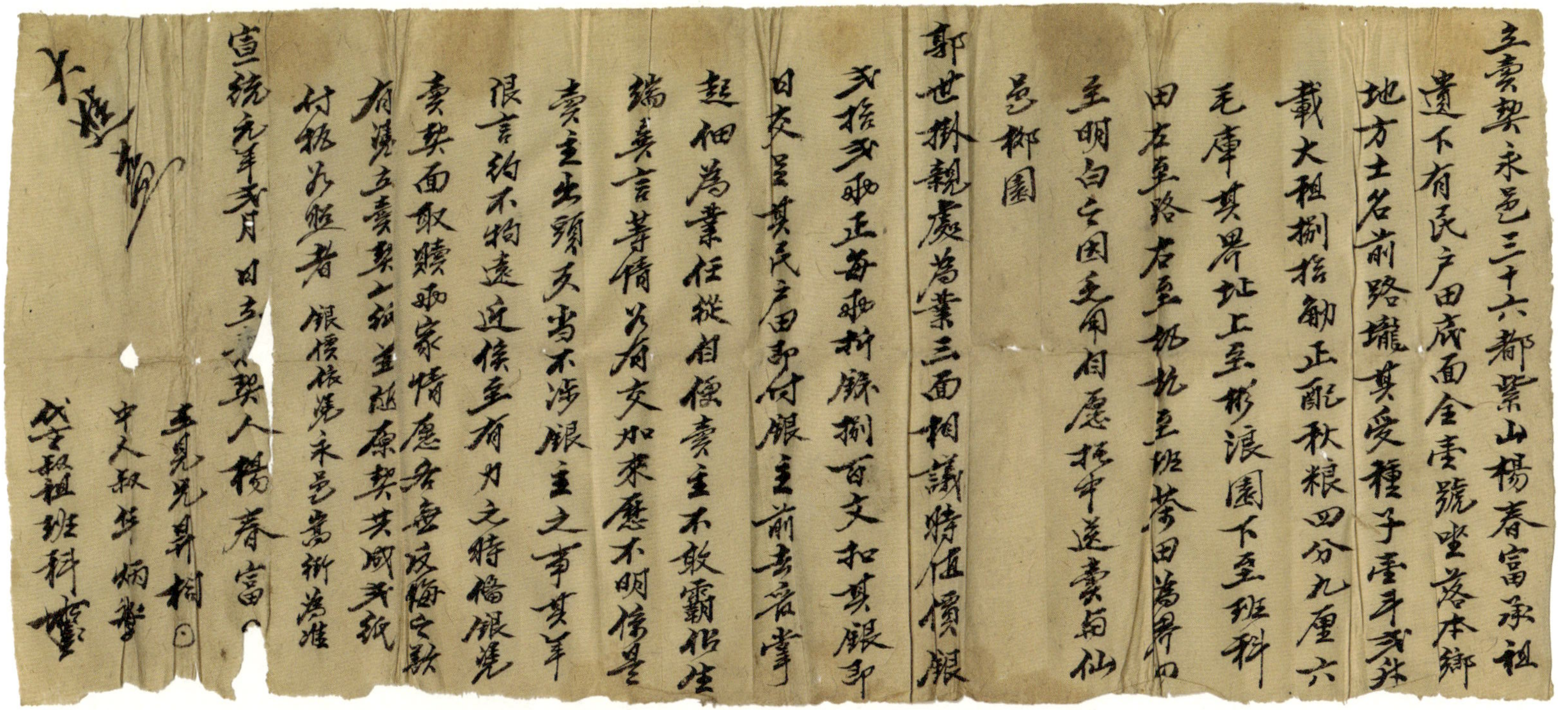

立賣契永邑三十六都紫山楊春富承祖
遺下有民户田底面全壹號，坐落本鄉
地方土名前路壠，其受種子壹斗弍升，
載大租捌拾觔正，配秋粮四分九厘六
毛庫。其界址上至彬浪園，下至班科
田，左至路，右至水圳，抱至班苓田為界，四
至明白。今因乏用，自愿托中送賣与仙
邑鄉園
郭世掛親處為業。三面相議，時值價銀
弍拾弍兩正，每兩折錢捌百文，其銀即
日交足，其民户田即付銀主前去管掌
起佃為業，任從自便，賣主不敢霸佔。此
端異言等情，如有交加來歷不明，係是
賣主出頭支當，不涉銀主之事。其年
限言约不拘遠近，候至有力之時，備銀先
賣契面取贖，兩家情愿，各無反悔。今欲
有憑，立賣契一紙，並繳原契共成弍紙，
付執為照者。　銀價依照永邑當行為准
宣統元年弍月　日立賣契人楊春富○
在見兄昇樹○
中人叔華炳
代字叔祖班科
大發利

9-4-10-11　清宣統元年二月楊春富立賣底面全民户田契

立倒收字人仙邑郭賢機親前宣统三年出典民田根
壹號坐落本鄉地方土名長墘頭其田價艮壹拾四两正
至民国十六年備艮取贖其契據典契取回乙紙並隨契據失
落乙紙藉親面議向後楊郭兩姓取出契據取出不得行用
向後行用者郭家出頭支当與楊聲相無干兩家喜允各
無反悔今欲有憑立倒收字乙紙付執存留為照

民国拾陆年十乙月　日立倒收字人郭賢機（押）　公金男代押

在見侄大綢（押）

执笔男公金（押）

9-4-10-12　民國十六年十一月仙遊郭賢機立倒收字

9-4-11-1　包契紙

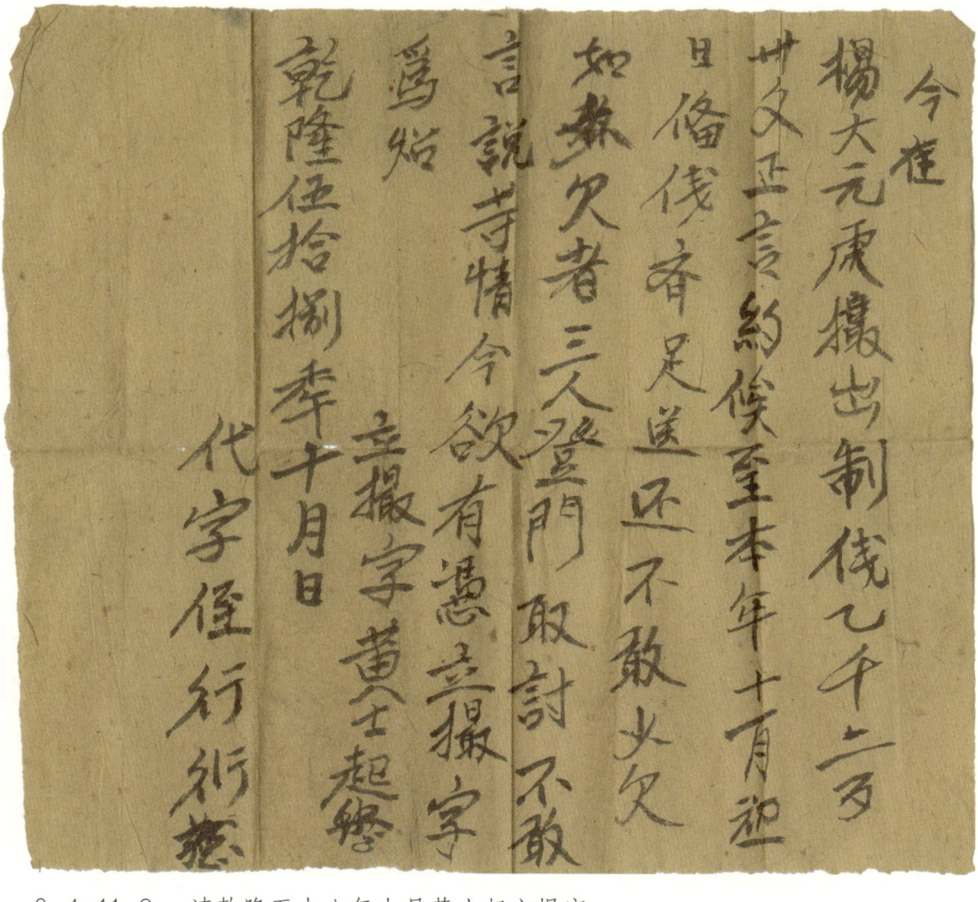
今在
楊大元處撮出制錢乙千二百
廿文正言約候至本年十月廿
日備錢齊足送还不敢少欠
如敢欠者三人登門取討不敢
言說等情今欲有憑立撮字
為照
乾隆伍拾捌年十月日　立撮字黄士起（押）
代字侄行衍（押）

9-4-11-2　清乾隆五十八年十月黄士起立撮字

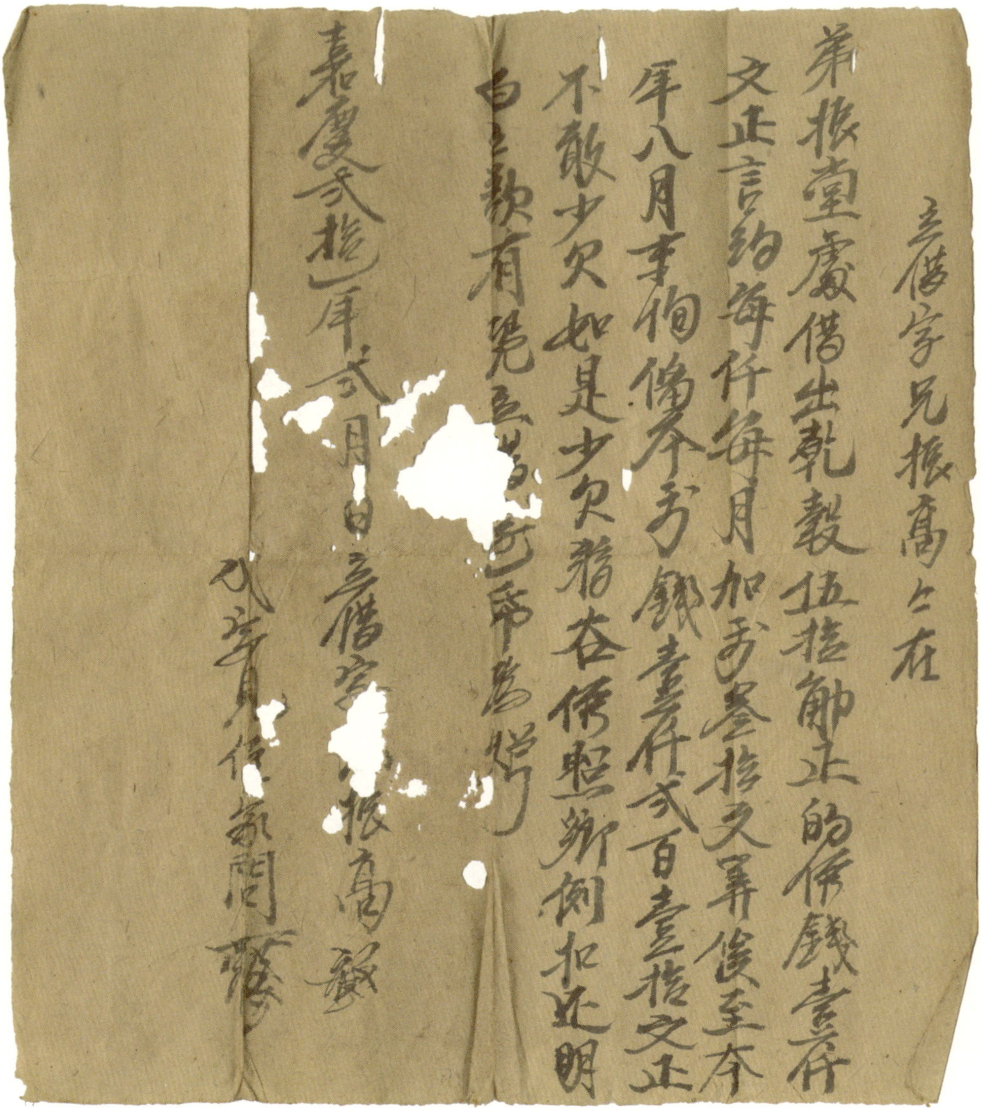
立借字兄振高今在
弟振塗處借出乾穀伍拾觔正的係錢壹仟
文正言約每仟每月加利叁拾文算後至本
年八月末旬備本利錢壹仟弍百壹拾文正
不敢少欠如是少欠稍本係照鄉例扣還明
白之数有憑立借字為照
嘉慶弍拾壹年弍月　日立借字兄振高
代筆男侍氣開

9-4-11-3　清嘉慶二十一年二月楊振高立借穀字

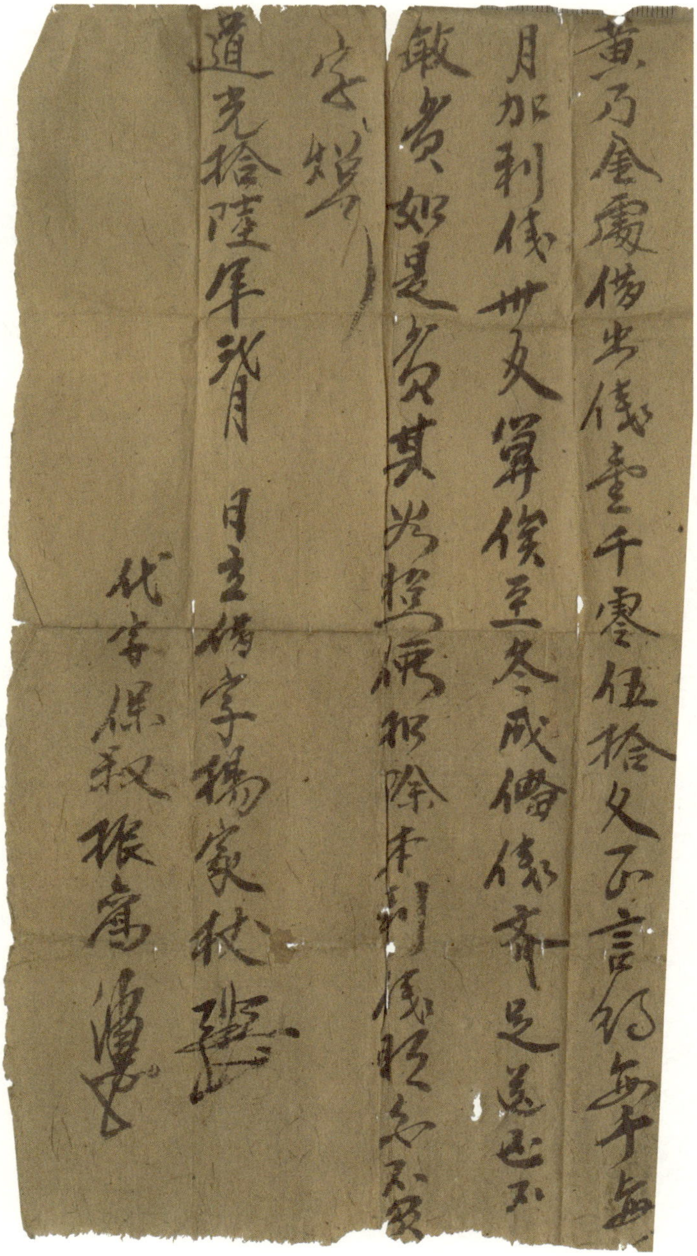
黄乃金處借出錢壹千零伍拾文正，言約每年每
月加利錢卅文算，俟至冬成備錢齊足送还，不
敢少欠。如是少欠，其米粮備扣除本利錢，不敢
字照
道光拾陸年弍月　日立借字楊家杖（押）
代字保叔張高漢

9-4-11-4　清道光十六年二月楊家杖立借錢字

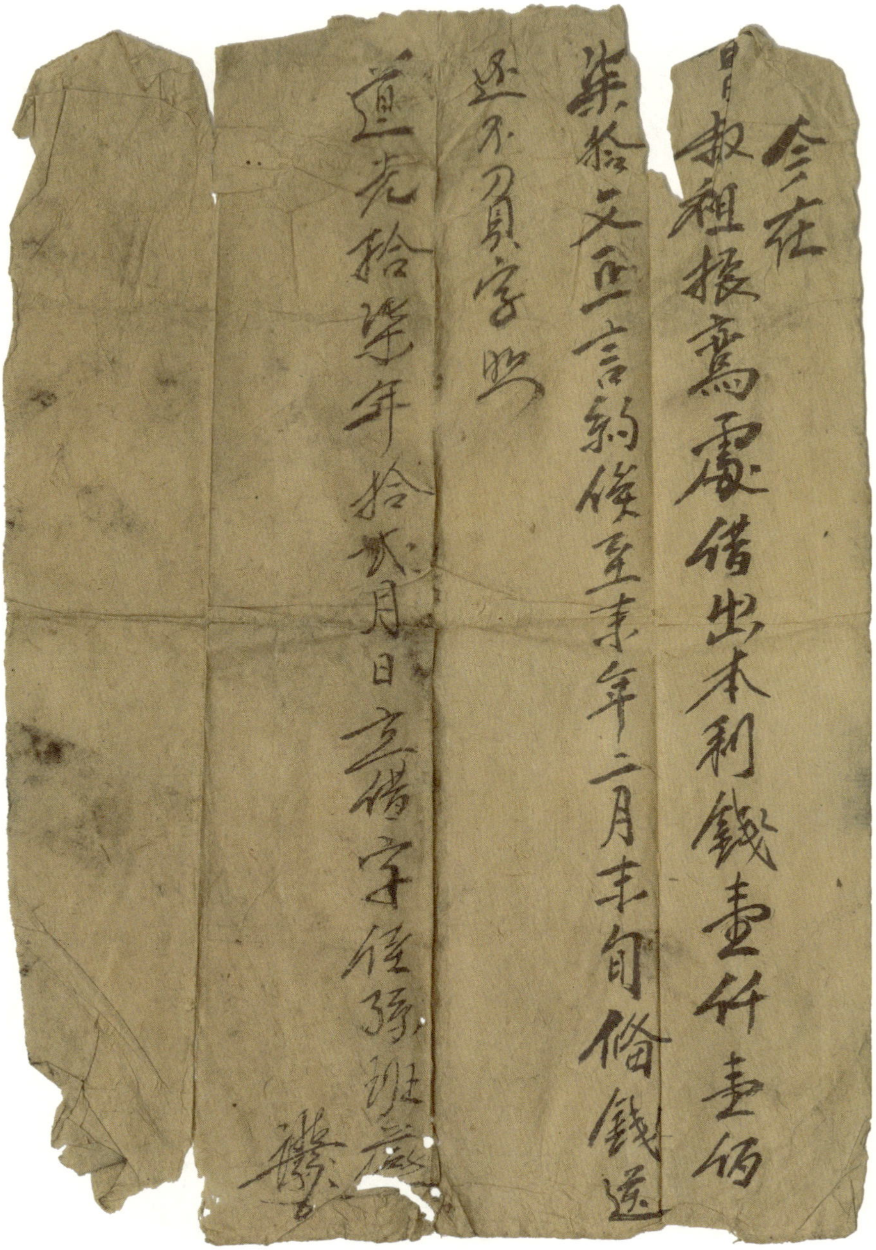
今在
叔祖振鸞處借出本利錢壹仟壹佰
柒拾文正，言約俟至來年二月末旬備錢送
還，不可負字照。
道光拾柒年拾貳月日立借字侄孫班燕

9-4-11-5　清道光十七年十二月楊班燕立借錢字

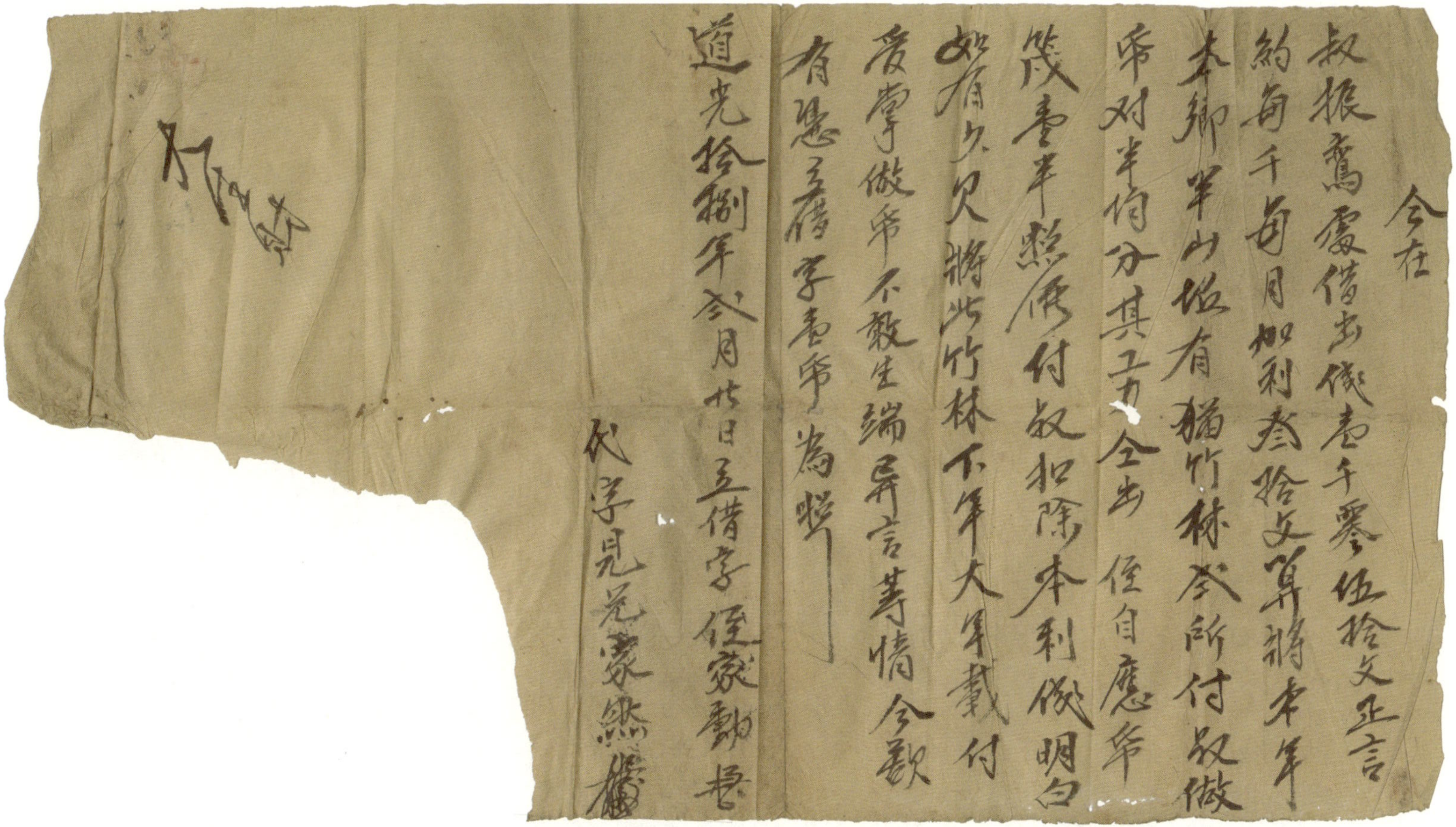

今在
叔振鸞處借出錢壹千零伍拾文正，言
約每千每月加利叁拾文算，將本年
本鄉半山坵有貓竹林叁所付叔做
帋对半均分，其工力全出。侄自應帋
筏壹半，憑係付叔扣除本利錢明白，
如有欠少，將此竹林下年大年載付
叔掌做帋，不敢生端异言等情。今欲
有憑，立借字壹帋為照。
道光拾捌年弍月廿日立借字侄家勤 押
代字兄兄家燃 押

9-4-11-6　清道光十八年二月楊家勤立借錢字

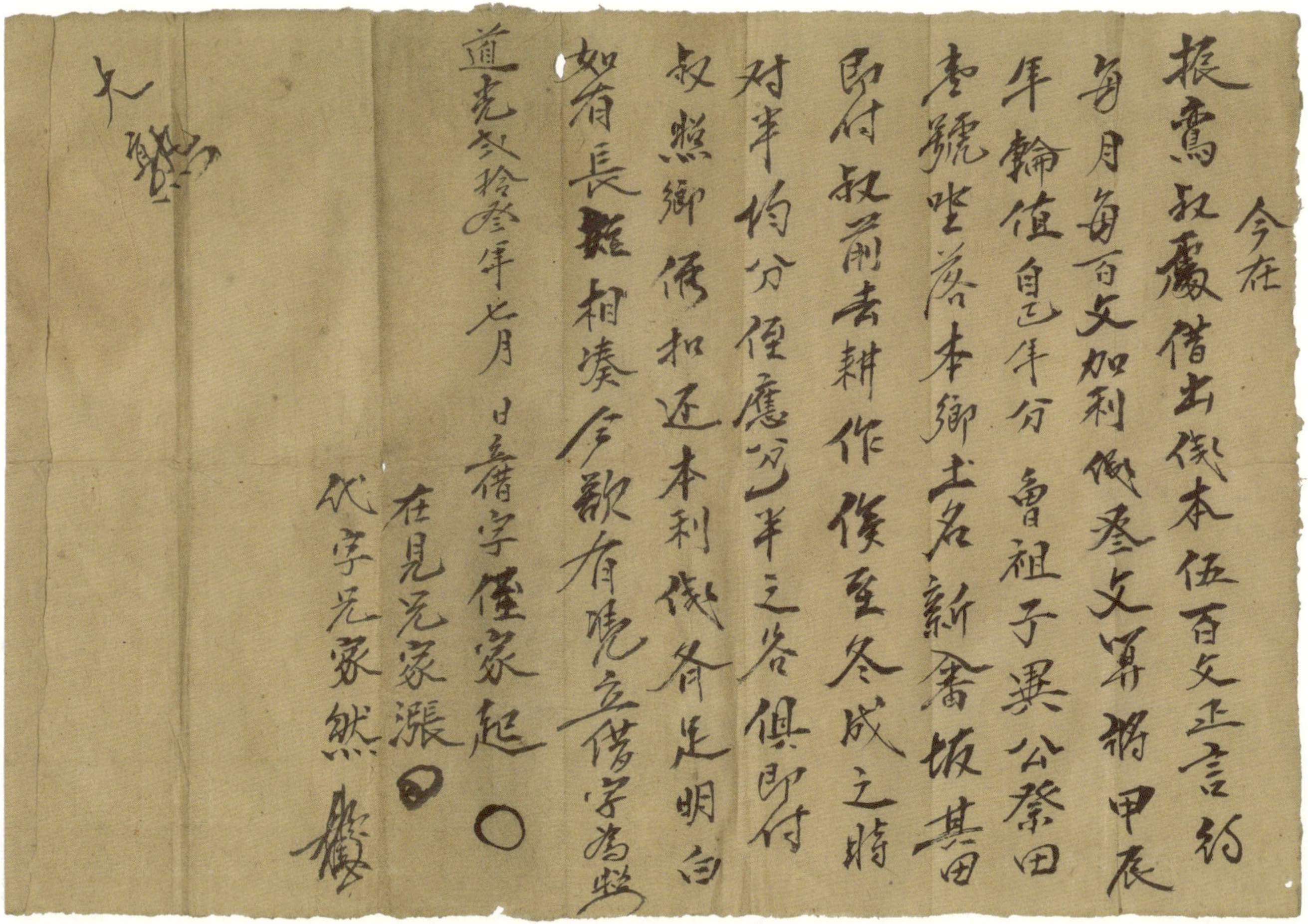
今在
振鸞叔處借出錢本伍百文正言約
每月每百文加利錢叁文算將甲辰
年輪值自己份曾祖子渠公祭田
壹號坐落本鄉土名新畬坂其田
即付叔前去耕作候至冬成之時
对半均分經應得半之谷俱即付
叔照鄉價扣還本利錢各足明白
如有長短相湊今欲有憑立借字為照
道光弍拾叁年七月　日立借字楊家起 ○
在見兄家漲
代字兄家然
大[illegible]

9-4-11-7　清道光二十三年七月楊家起立借錢字

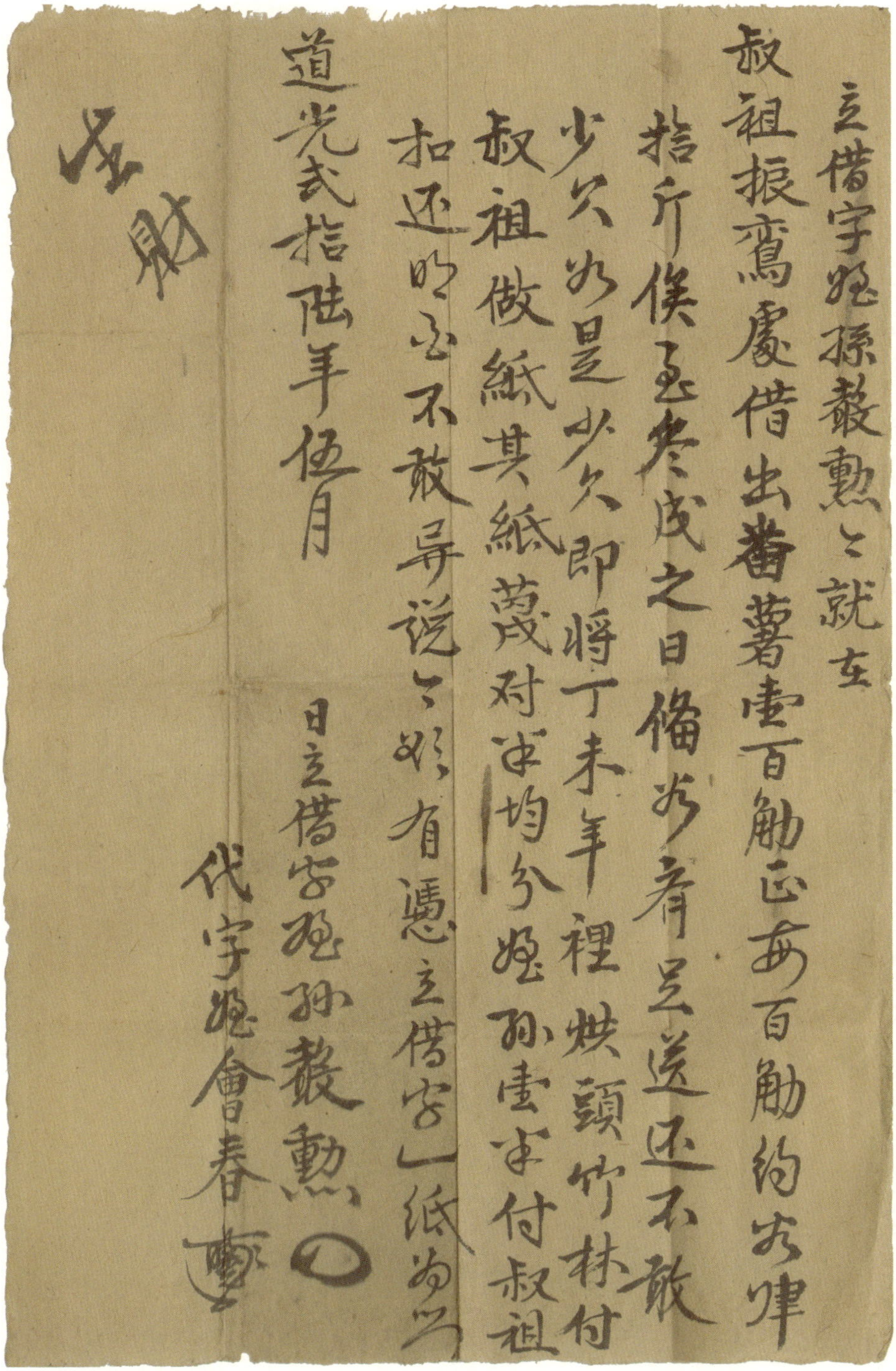

立借字姪孫聲勳〻就在
叔祖振鸞處借出番薯壹百觔正每百觔約谷肆
拾斤俟至冬成之日備谷斉足送还不敢
少欠如是少欠即將丁未年裡烘頭竹林付
叔祖做紙其紙蔑對半均分姪孫壹半付叔祖
扣还明白不敢异説今欲有憑立借字一紙為照

道光弍拾陆年伍月　日立借字姪孫聲勳（押）

代字姪會春（押）

生財

9-4-11-8　清道光二十六年五月楊聲勳立借番薯字

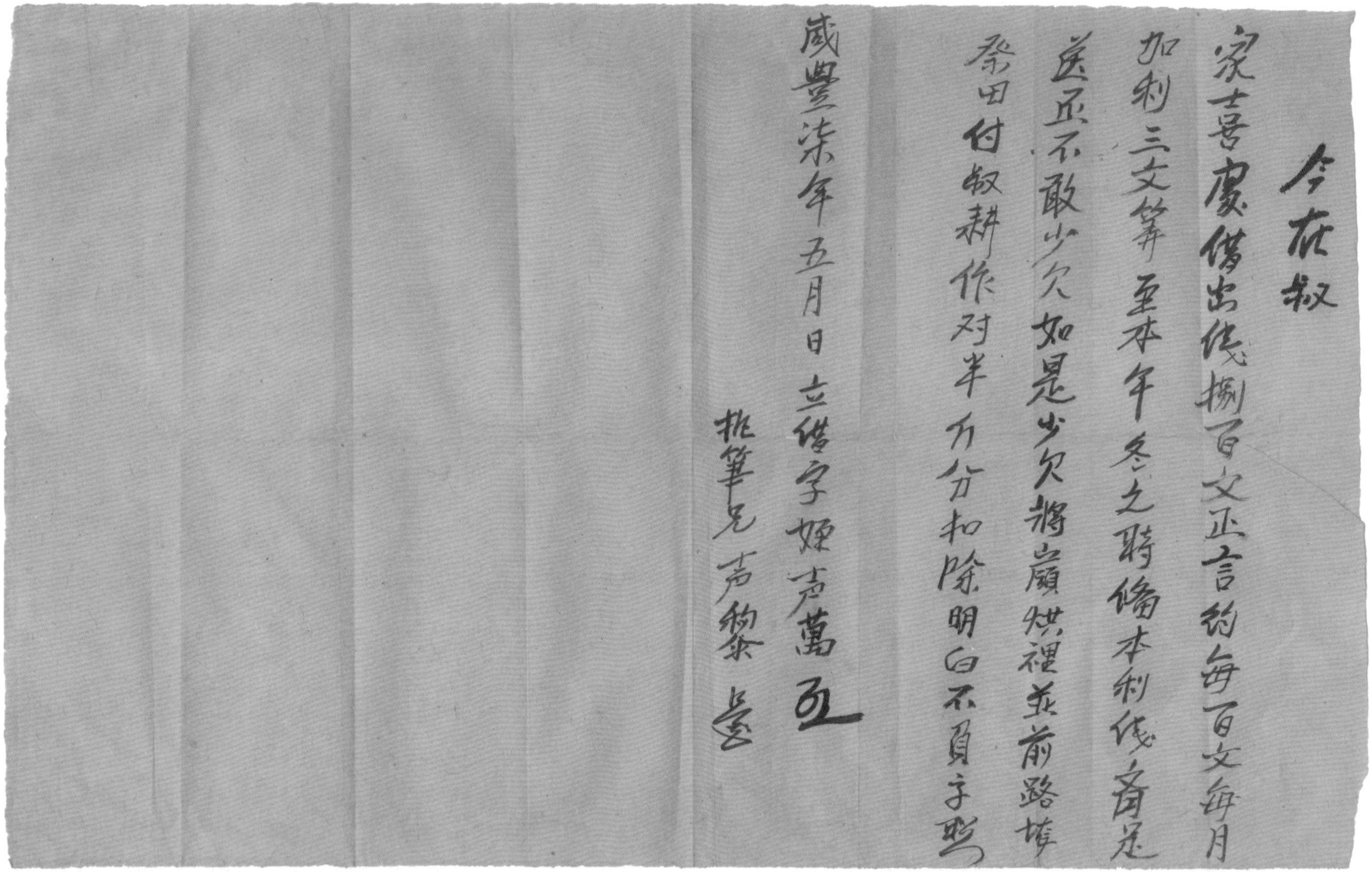
今在叔
家喜慶借出錢捌百文正言約每百文每月
加利三文算至本年冬之時備本利錢齊足
送還不敢少欠如是少欠將嶺烘裡並前路墘
黍田付叔耕作对半方分扣除明白不負字照
咸豐柒年五月日立借字姪声萬
執筆兄声黎

9-4-11-9　清咸豐七年五月楊声萬立借錢字

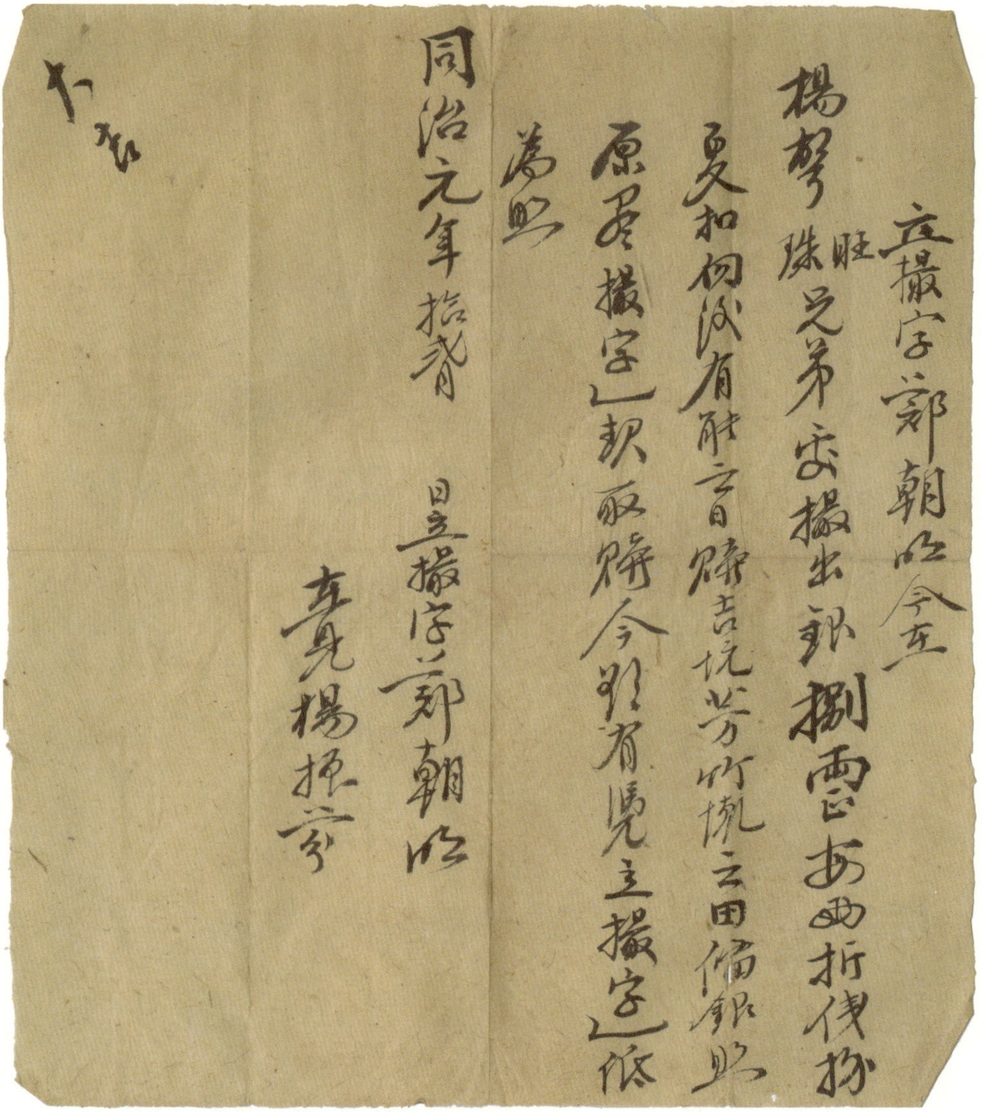
立撮字鄭朝明，今在
楊磐珠、旺兄弟處撮出銀捌圓正，每兩折[illegible]
夏和仍成有此言，歸吉坑芳竹坑之田備銀照
原撮字之契取贖。今欲有憑，立撮字乙紙
為照。
同治元年拾貳月　日立撮字鄭朝明
在見楊振芳

9-4-11-10　清同治元年十二月鄭朝明立撮字

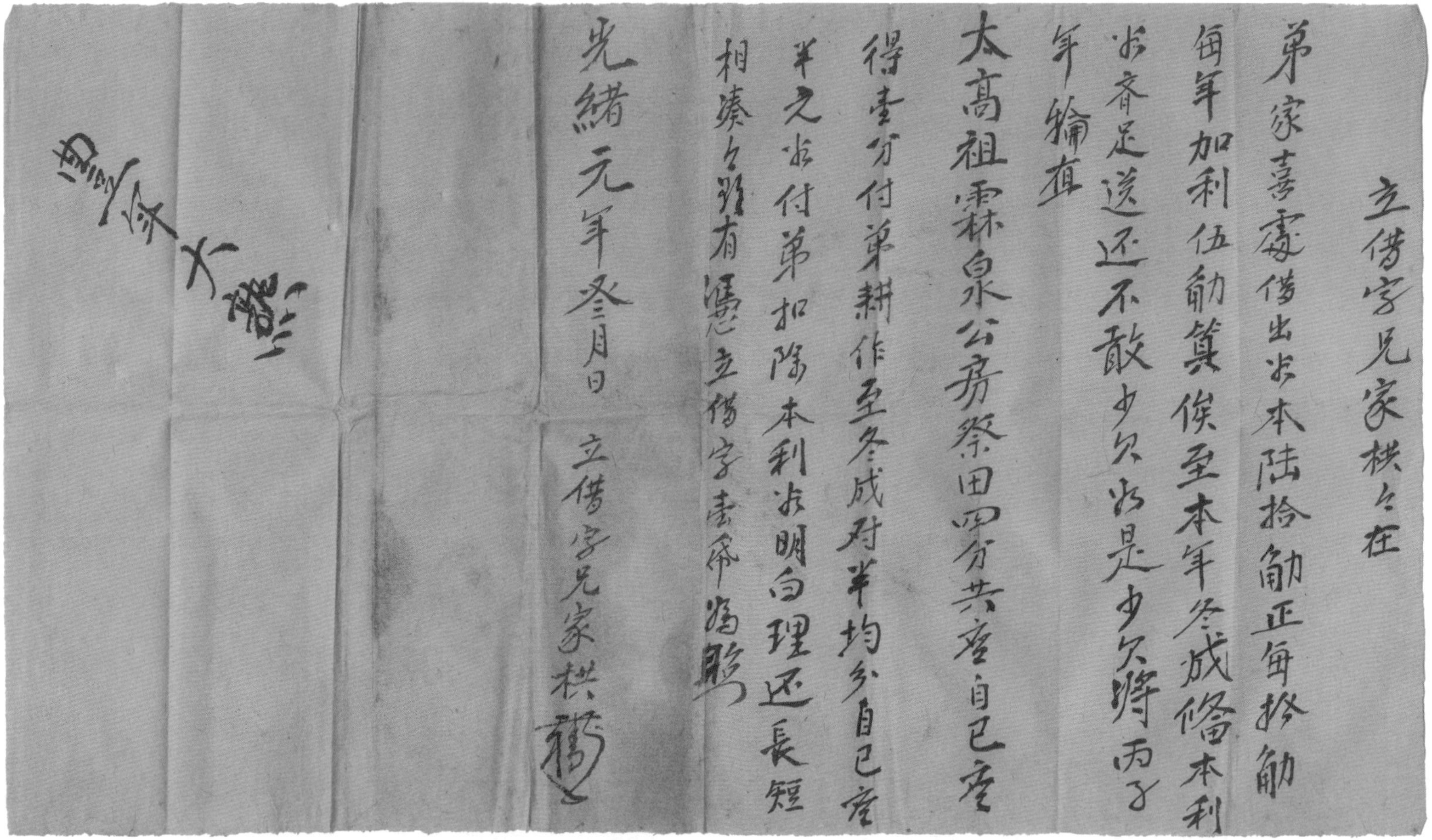
立借字兄家栱々在
弟家喜處借出谷本陸拾觔正每拾觔
每年加利伍觔算俟至本年冬成備本利
谷齊足送还不敢少欠如是少欠将丙子
年輪值
太高祖霖泉公房祭田四分共壹分自己應
得壹分付弟耕作至冬成對半均分自己應
半之谷付弟扣除本利谷明白理还長短
相湊々雖有憑立借字壹帋為照
光緒元年叁月日　立借字兄家栱（押）
由字大發

9-4-11-11　清光緒元年三月楊家栱立借穀字

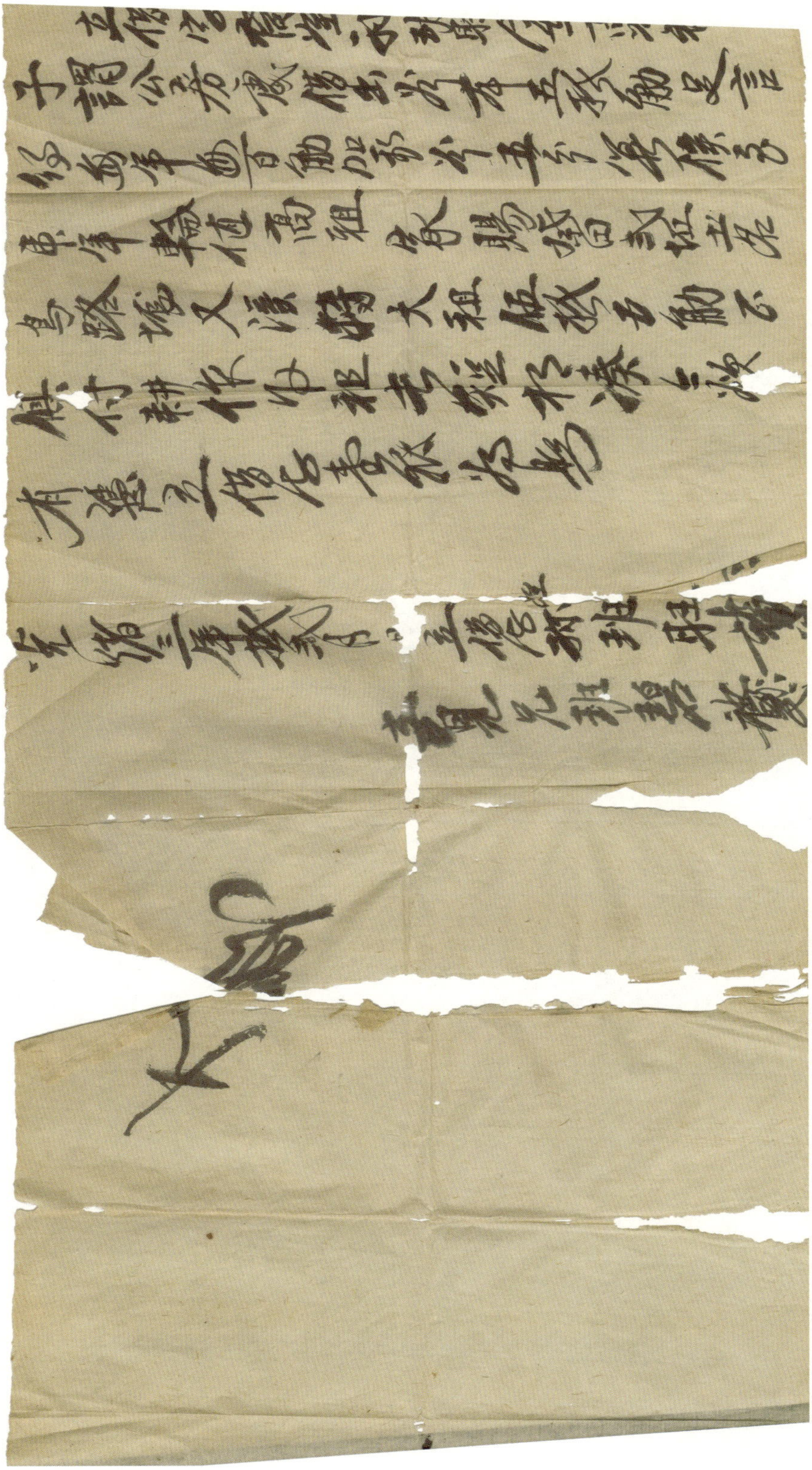

9-4-11-12　清光緒三年十二月楊班旺立借穀字

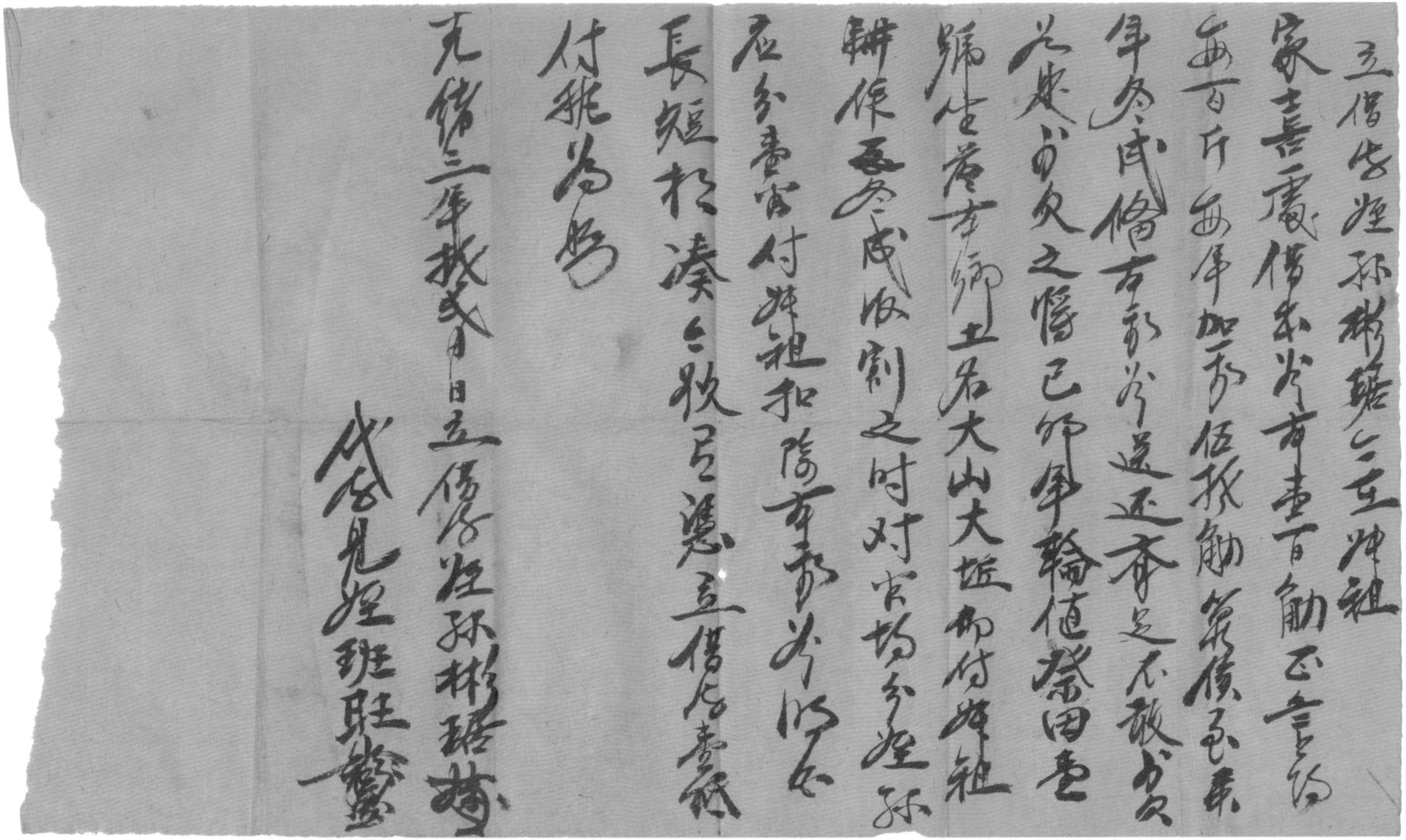
立借字姪孫彬琚今在叔祖
家嘉震借出谷壹百觔正，言約
每百斤每年加利伍拾觔算，償至來
年冬成備本利谷送還，本足不敢少欠。
若欠少升合之谷，己卯年輪值祭田直
歸坐落本鄉土名大山大坵，即付叔祖
耕作，至冬成收割之時，對當姪孫
應分壹份付叔祖扣除本利谷，此係
長短相湊，今欲有憑，立借字壹紙
付執為照。
光緒三年拾貳月　日立借字姪孫彬琚（押）
代字見姪班旺（押）

9-4-11-13　清光緒三年十二月楊彬琚立借穀字

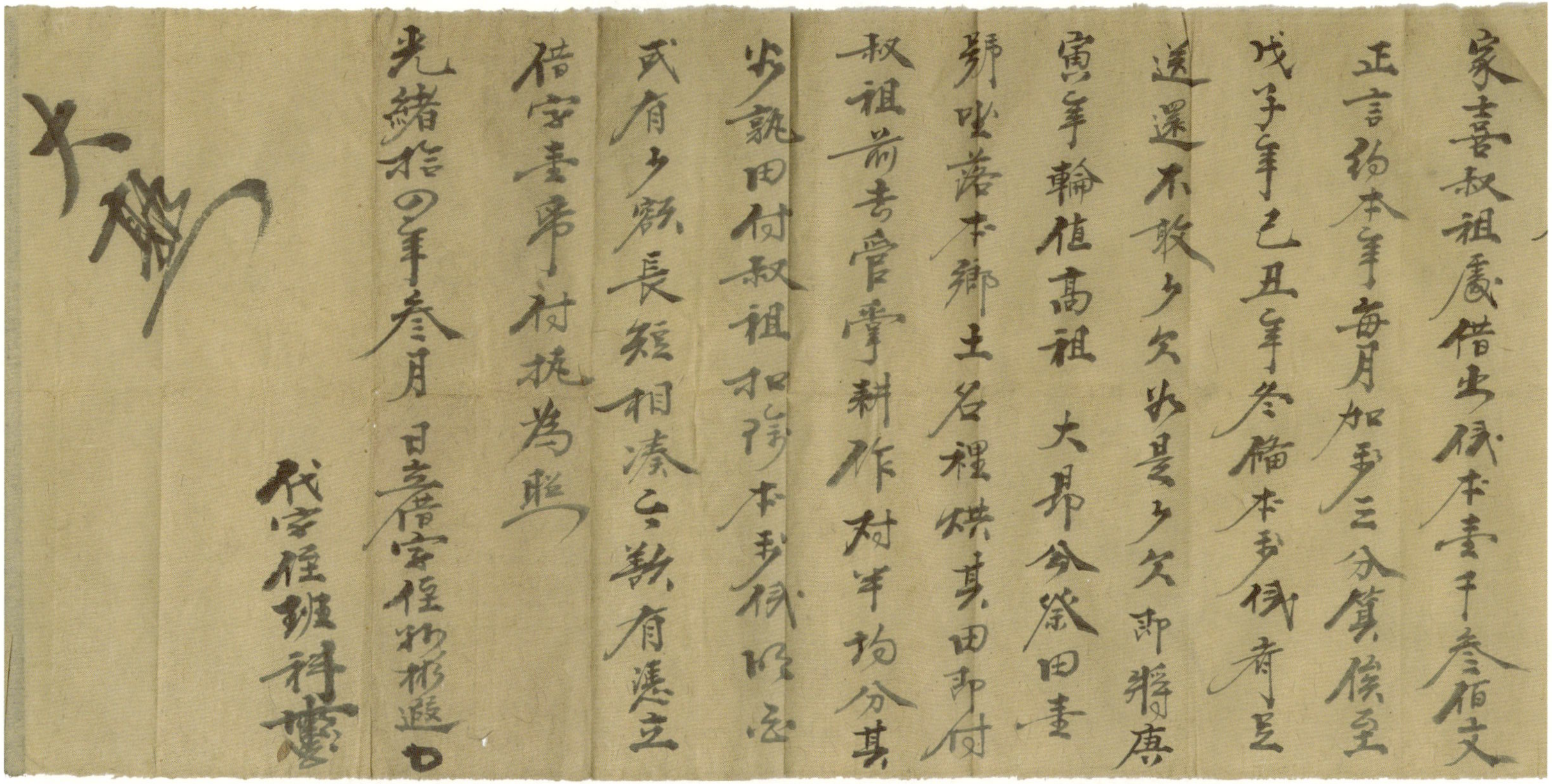
家喜叔祖處借出錢本壹千叁佰文
正言約本年每月加利三分算，候至
戊子年乙丑年冬備本利錢清足
送還不敢少欠。如是少欠，即將庚
寅年輪值高祖　大昂公祭田壹
號，坐落本鄉土名裡洪，其田即付
叔祖前去管掌耕作，對半均分。其
少執田付叔祖扣除本利錢明訖。
或有少欠，長短相湊，亦難有退。立
借字壹帋付執為照。
光緒拾四年叁月　日立借字侄孫彬退（押）
代字侄孫祥書
大發

9-4-11-14　清光緒十四年三月楊彬退立借錢字

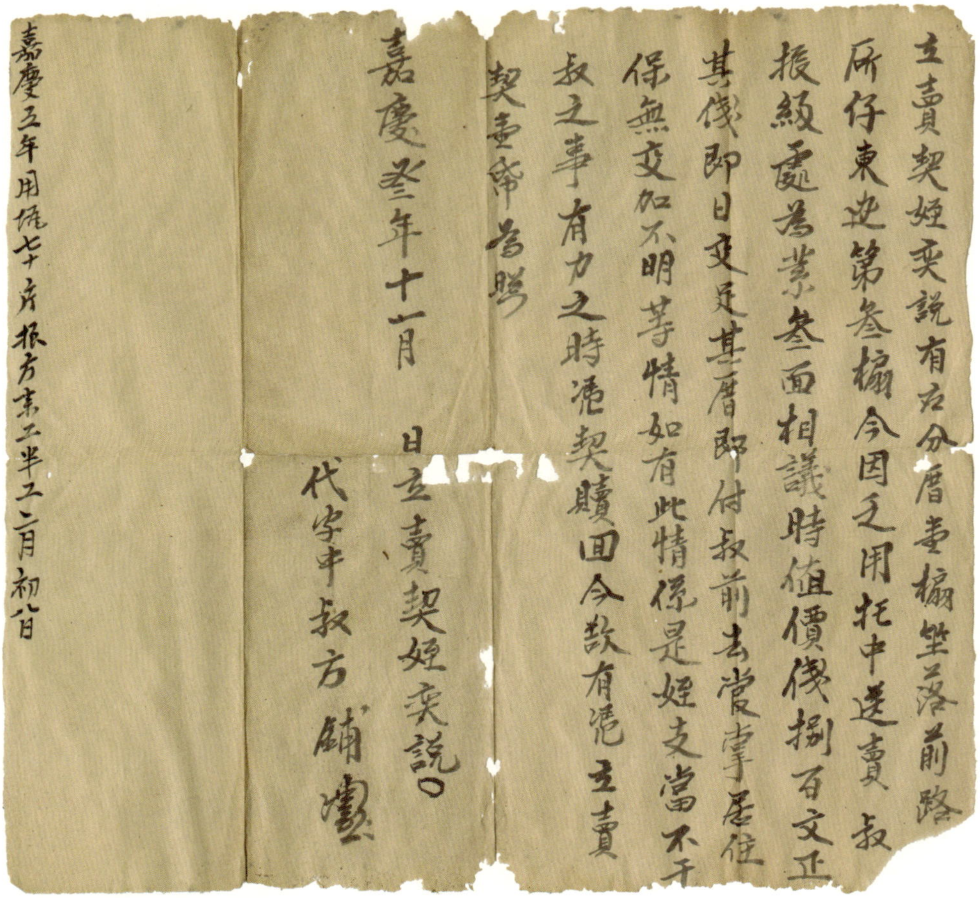
立賣契姪奕說有応分厝壹棯坐落前路
所仔東边第叁棯今因乏用托中送賣叔
振級處為業叁面相議時值價錢捌百文正
其錢即日交足其厝即付叔前去掌管居住
保無交加不明等情如有此情係是姪支當不干
叔之事有力之時照契贖回今欲有憑立賣
契壹紙為照

嘉慶叁年十一月　日立賣契姪奕說〇
代字中叔方鋪（押）

嘉慶五年用銀七十斤根方素二半二二月初八日

9-4-12-1　清嘉慶三年十一月楊奕説立賣厝契

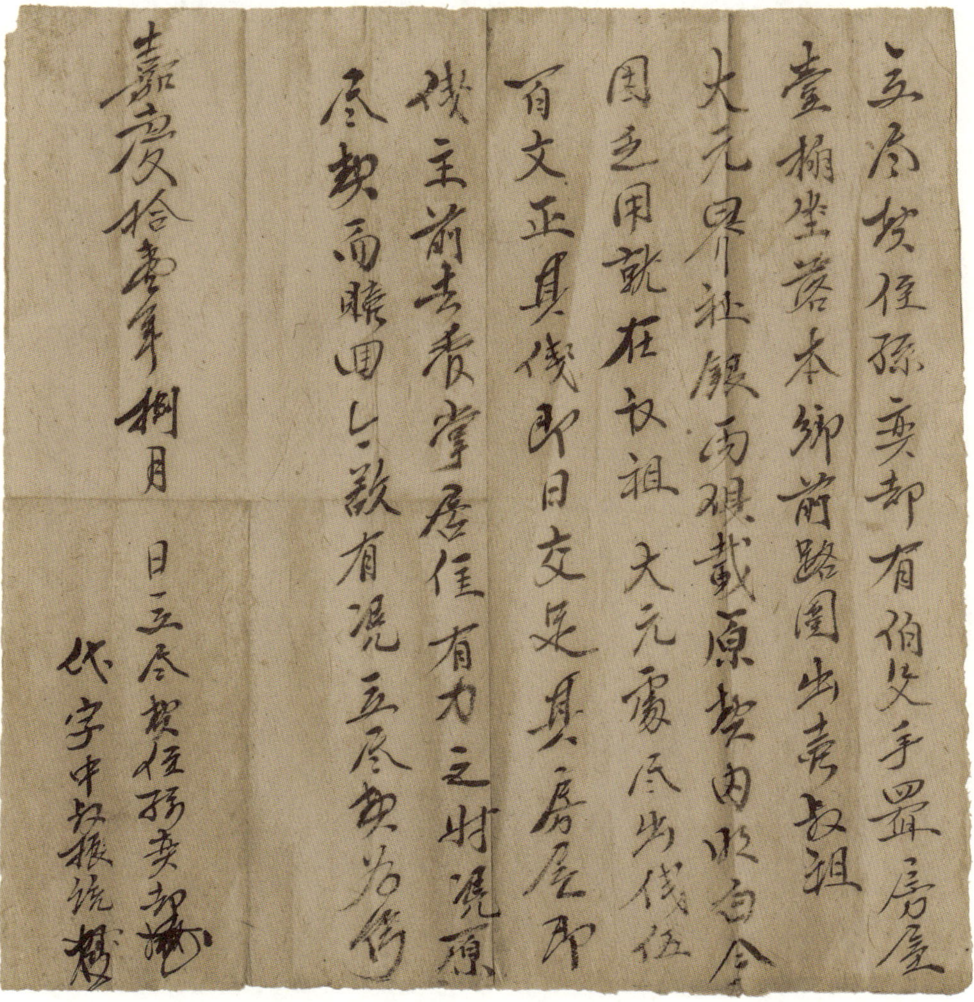
立盡契侄孫奕却有伯父手置房屋
壹植坐落本鄉前路園出賣叔祖
大元界址銀兩俱載原契內收白金
因乏用就在叔祖大元處盡出錢伍
百文正其錢即日交足其房屋即
從主前去管掌居住有力之时照原
盡契面贖回不敢有混立盡契為憑
嘉慶拾壹年捌月　日立盡契侄孫奕却（押）
代字中叔振統（押）

9-4-12-2　清嘉慶十一年八月楊奕却立盡房屋契

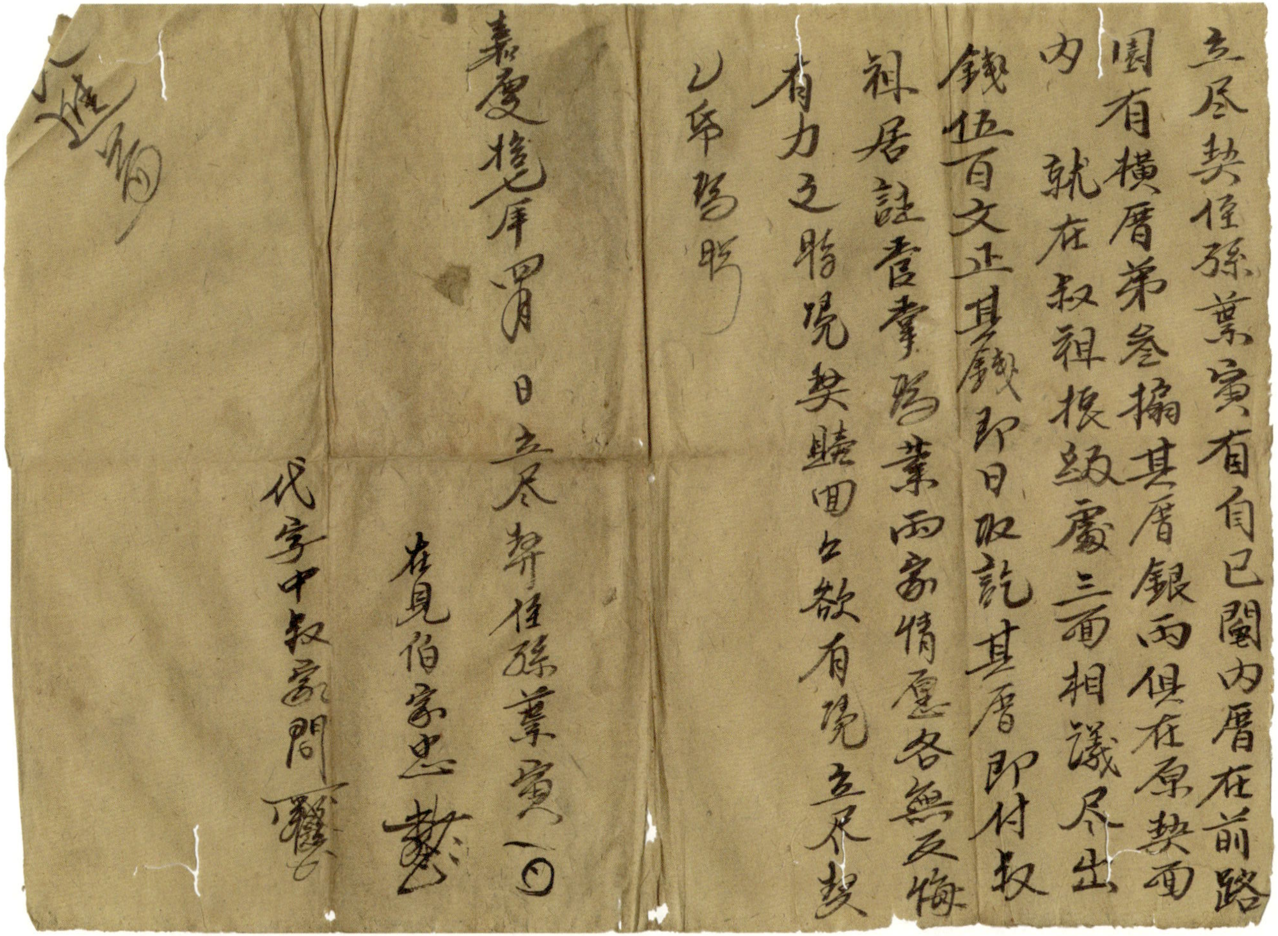
立尽契侄孫葉寅有自己闔內厝在前路
園有橫厝弟叁搧其厝銀兩俱在原契面
內　就在叔祖根級處三面相議尽出
錢伍百文正其錢即日收訖其厝即付叔
祖居註壹掌為業兩家情愿各無反悔
有力之時照契贖回亡欲有憑立尽契
乙帋為照
嘉慶拾柒年四月　日立尽契侄孫葉寅（押）
在見伯家忠（押）
代字中叔家問（押）

9-4-12-3　清嘉慶十七年四月楊葉寅立盡厝契

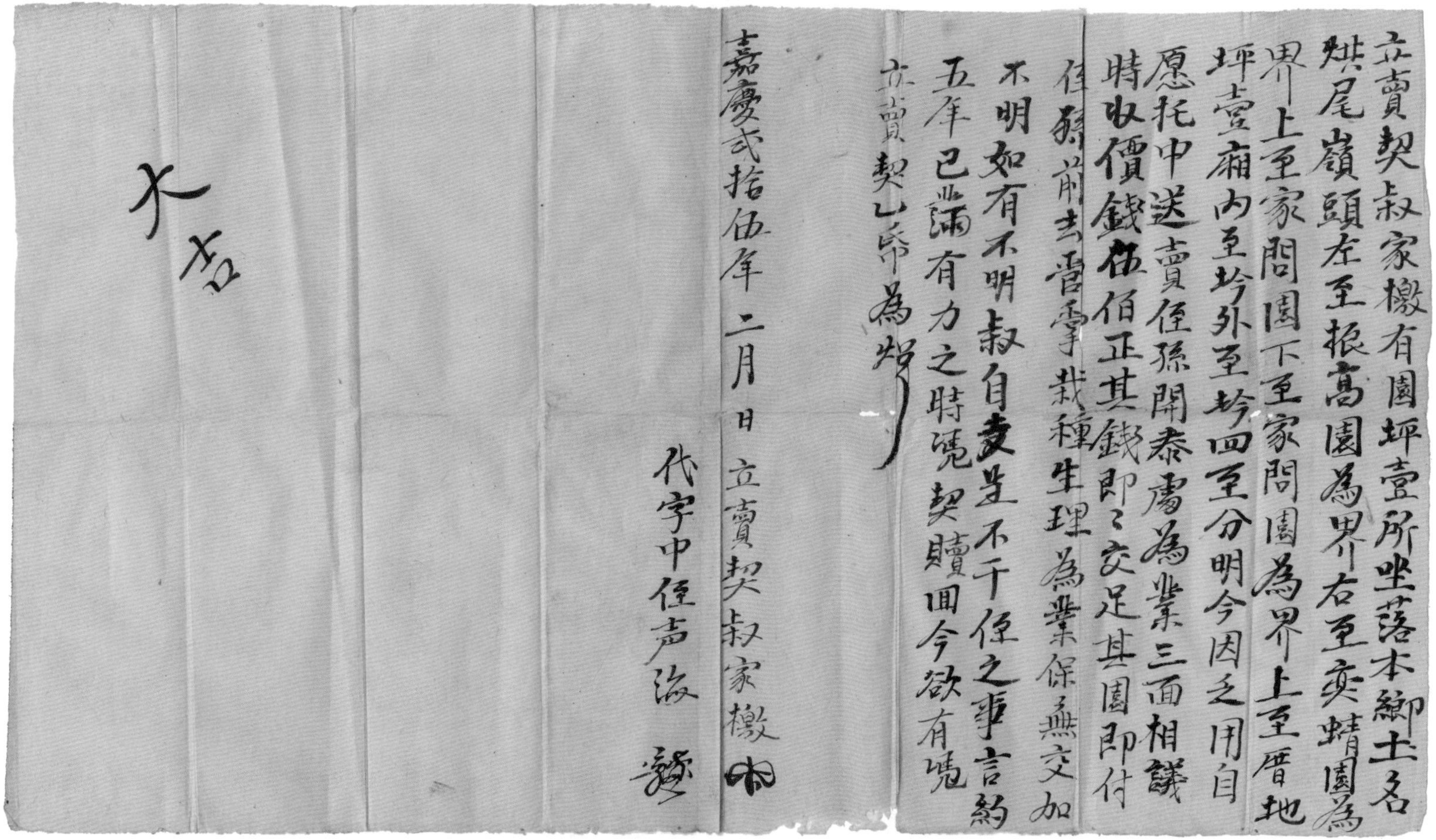
立賣契叔家檄有園坪壹所坐落本鄉土名
𡵉尾嶺頭左至根高園為界右至奕蜻園為
界上至家間園下至家間園為界上至厝地
坪壹廂內至圢外至圢四至分明今因乏用自
愿托中送賣侄孫開泰處為業三面相議
時收價錢伍佰正其錢即〻交足其園即付
侄孫前去管掌栽種生理為業保無交加
不明如有不明叔自支当不干侄之事言約
五年已満有力之時憑契贖回今欲有憑
立賣契一帋為炤
嘉慶貳拾伍年　二月　日　立賣契叔家檄（押）
代字中侄声淦（押）
大吉

9-4-12-4　清嘉慶二十五年二月楊家檄立賣園坪契

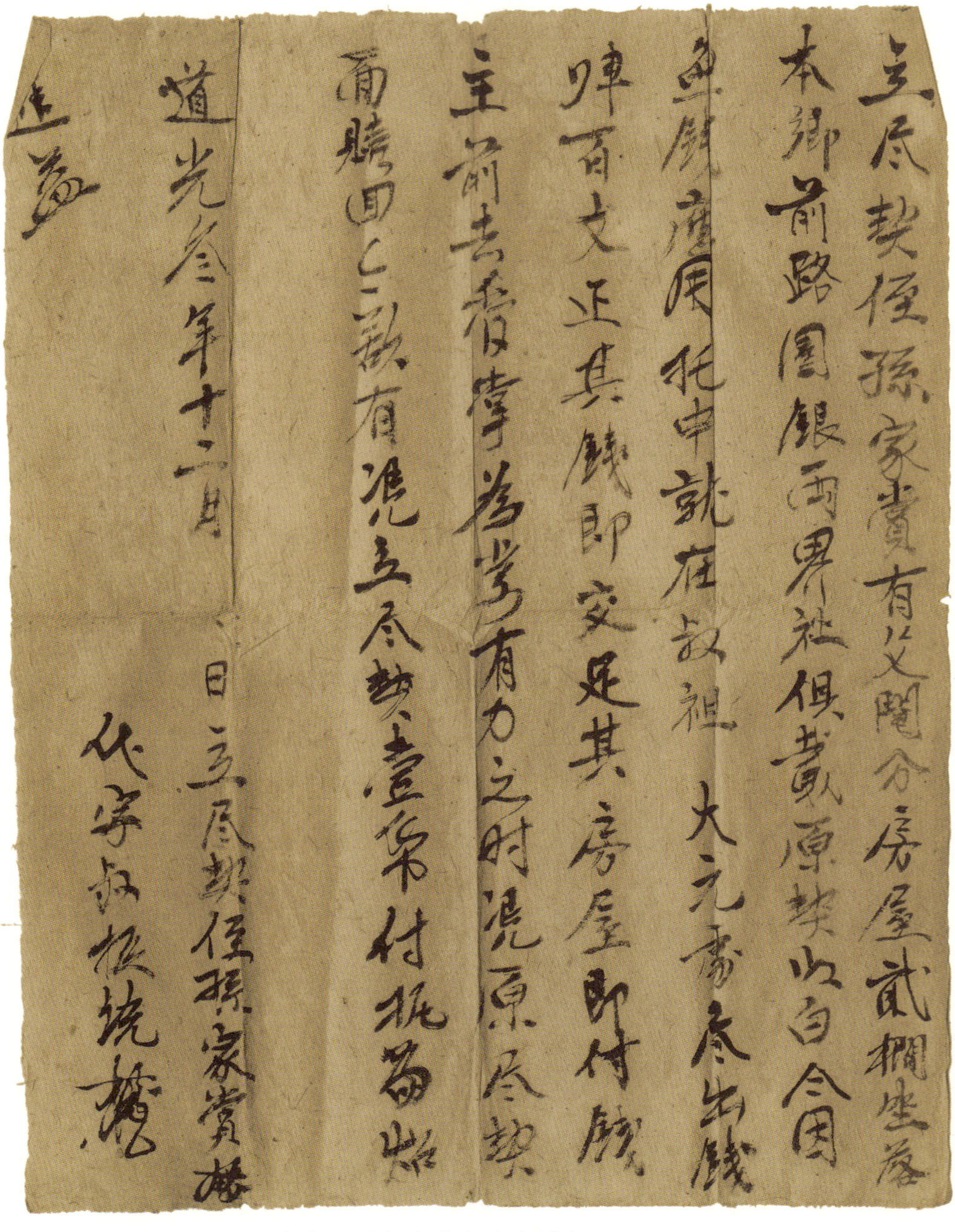
立盡契侄孫家賞有以父閹分房屋貳欄坐落
本鄉前路園銀兩界社俱載原契以白今因
無錢應用托中就在叔祖 大元處盡出錢
肆百文正其錢即交足其房屋即付錢
主前去管掌為業有力之时憑原盡契
而贖回之二家有憑立盡契壹紙付執為照
道光叁年十二月 日立盡契侄孫家賞押
代字叔 振魁
進益

9-4-12-5 清道光三年十二月楊家賞立盡房屋契

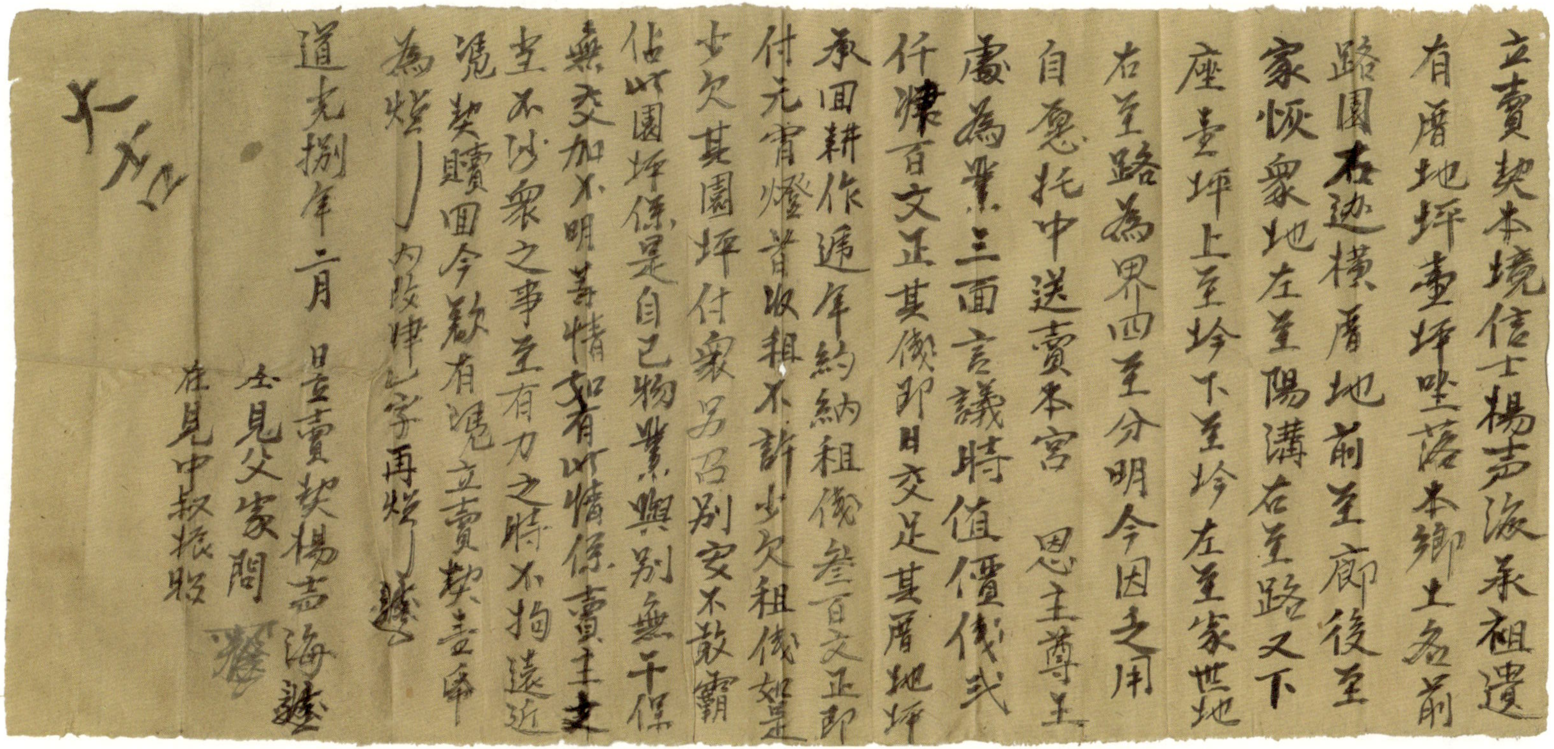

立賣契本境信士楊声海承祖遺
有厝地坪壹坪坐落本鄉土名前
路園本迹橫厝地前至廊後至
家恢衆地左至陽溝右至路又下
座壹坪上至埒下至埒左至家世地
右至路為界四至分明今因之用
自愿托中送賣本宮 恩主尊王
處為業三面言議時值價錢弍
仟津百文正其錢即日交足其厝地坪
承回耕作遞年納納租錢叁百文正即
付元宵燈首收租不許少欠租錢如是
少欠其園坪付衆另召別安不敢霸
佔此園坪係是自己物業與別無干保
無交加不明等情如有此情係賣主支
當不涉衆之事至有力之時不拘遠近
遇契贖回今欲有憑立賣契壹紙
為照 內改津字再照
道光捌年二月 日立賣契楊声海
全見父家間
在見中叔振聪

9-4-12-6 清道光八年二月楊声海立賣厝地坪契

立盡斷契姪声金兄弟叔姪等前祖自建厝宅
壹所，四至界址俱在原契內明白。今因乏用，抽出
外東邊壹間，託蓋地基，付銀主居住，永遠
爲業；內西邊壹間，即付與棟兄弟管掌，另
召別居，銀主不得阻佔。三面言議，即時声金再
就銀主家秩處爲業，盡斷出價錢壹拾肆伯文，其錢
即日交足，其厝即付銀主任從其使，永遠爲
業。向後不敢言盡，不敢言贖，並不敢先端異
說等情。如有此情（文加），係是違出頭支當，不涉
叔之事。此係兩家各無反悔，今欲有憑，
立盡斷契壹紙，永遠爲照。
內改姪壹字在照（押）
又再添文加字再照（押）

道光拾年拾月　日立盡斷契姪声金（押）
仝契弟声銀（押）
仝契弟宗現（押）
代□中□□（押）
代字中叔家進（押）

9-4-12-7　清道光十年十月楊声金立盡斷厝契

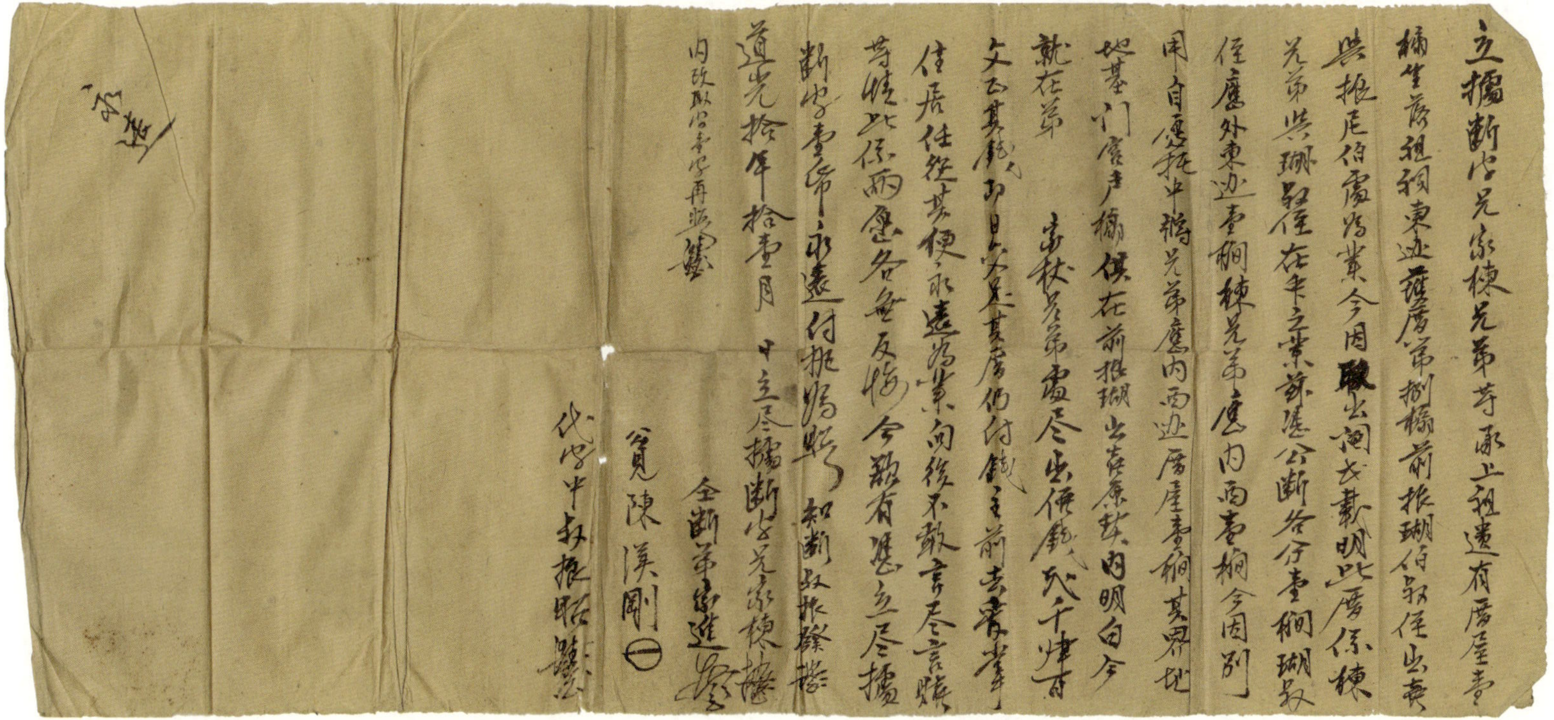

立擄斷字兄家棟兄弟等承上祖遺有厝屋壹
楠坐落祖祠東边蓮厝弟捌福前振瑚伯叔侄出賣
與振尾伯處為業今因聯出阄式款明此厝係棟
兄弟與瑚叔侄在半之業請凭公断各分壹桐瑚叔
侄應外東边壹桐棟兄弟應内西壹桐今因别
用自愿托中擄兄弟應内西边厝屋壹桐其界址
地基门窗户橘俱在前振瑚出賣原契内明白今
就在弟　步秋兄弟盡尽出價錢弍千肆百
文正其錢即日交足其厝仍付錢主前去管業
住居任從其便永遠為業向後不敢言尽言贖
等情此係兩愿各無反悔今欲有凭立尽擄
断字壹紙永遠付執為照　知断叔振鎡押
道光拾年拾壹月　十立尽擄断字兄家棟押
全断弟家進押
見陳漢剛押
代字中叔振昭押
内改假字壹字再照押

9-4-12-8　清道光十年十一月楊家棟等立盡據斷厝屋字

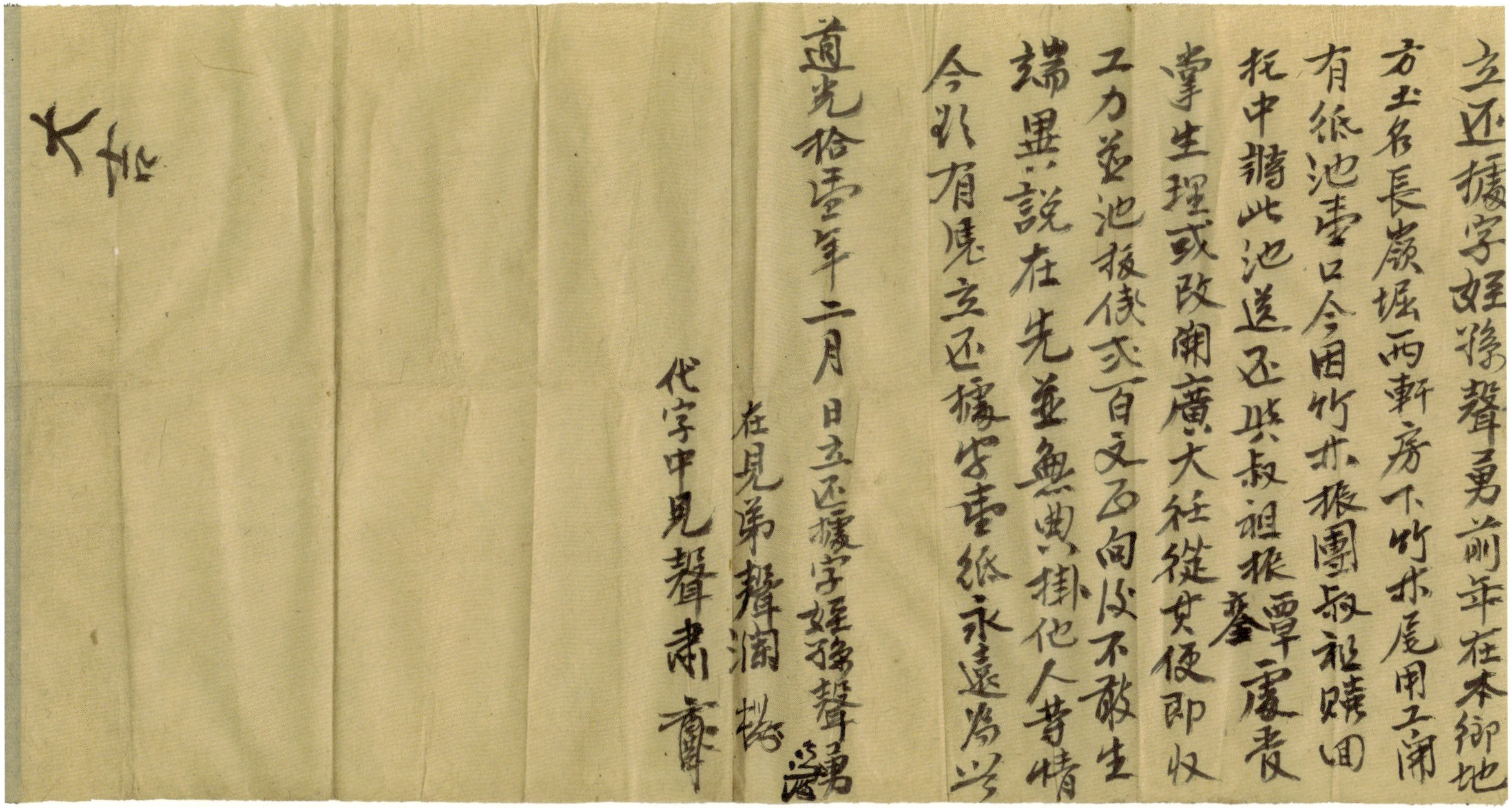
立还據字姪孫聲勇前年在本鄉地
方土名長嶺堀兩軒房下竹木尾用工開
有紙池壹口今因竹木根園叔祖贖回
托中將此池送还與叔祖根覃鑾處出
掌生理或改開廣大任從其便即收
工力並池板錢式百文正向後不敢生
端異說在先並無典掛他人等情
今欲有憑立还據字壹紙永遠為照
道光拾壹年二月　日立还據字姪孫聲勇
在見弟聲澜
代字中見聲肅
大吉

9-4-12-9　清道光十一年二月楊聲勇立還紙池據字

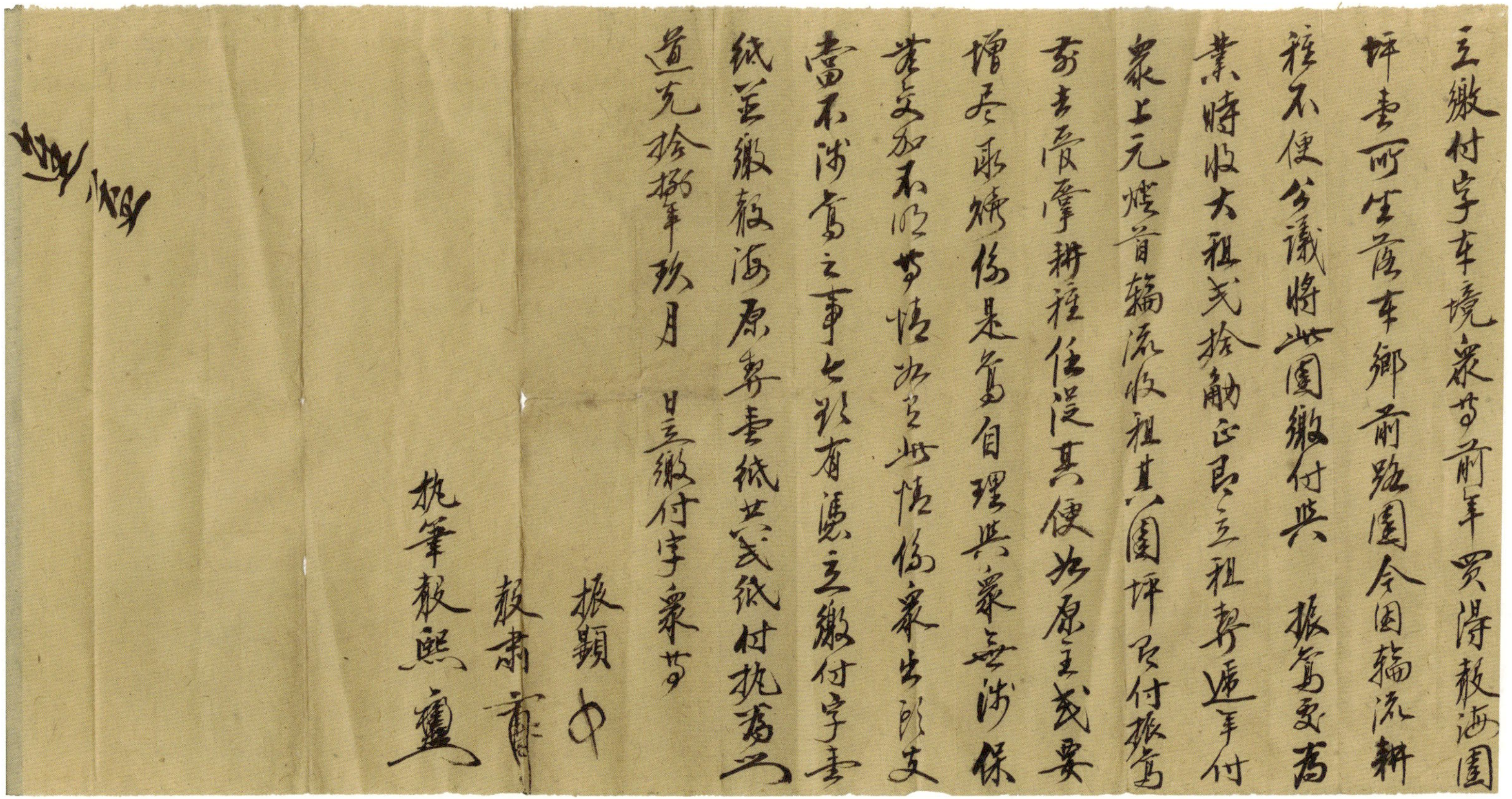
立繳付字本境衆等前年買得叔海園
坪壹所坐落本鄉前路園今因輪流耕
種不便爷議將此園繳付與 振篤爲
業時收大租弍拾觔正另立租契遞年付
衆上元燈首輪流收租其園坪交付振篤
前去掌耕種任從其便如原主或要
增找取贖係是篤自理與衆無涉保
此業交加不明等情此情係衆出頭支
當不涉篤之事今欲有憑立繳付字壹
紙並繳叔海原契壹紙共弍紙付執爲照
道光拾捌年玖月 日立繳付字衆等
振顯 中
叔肅
執筆叔熙

9-4-12-10 清道光十八年九月楊振顯等立繳付園坪字

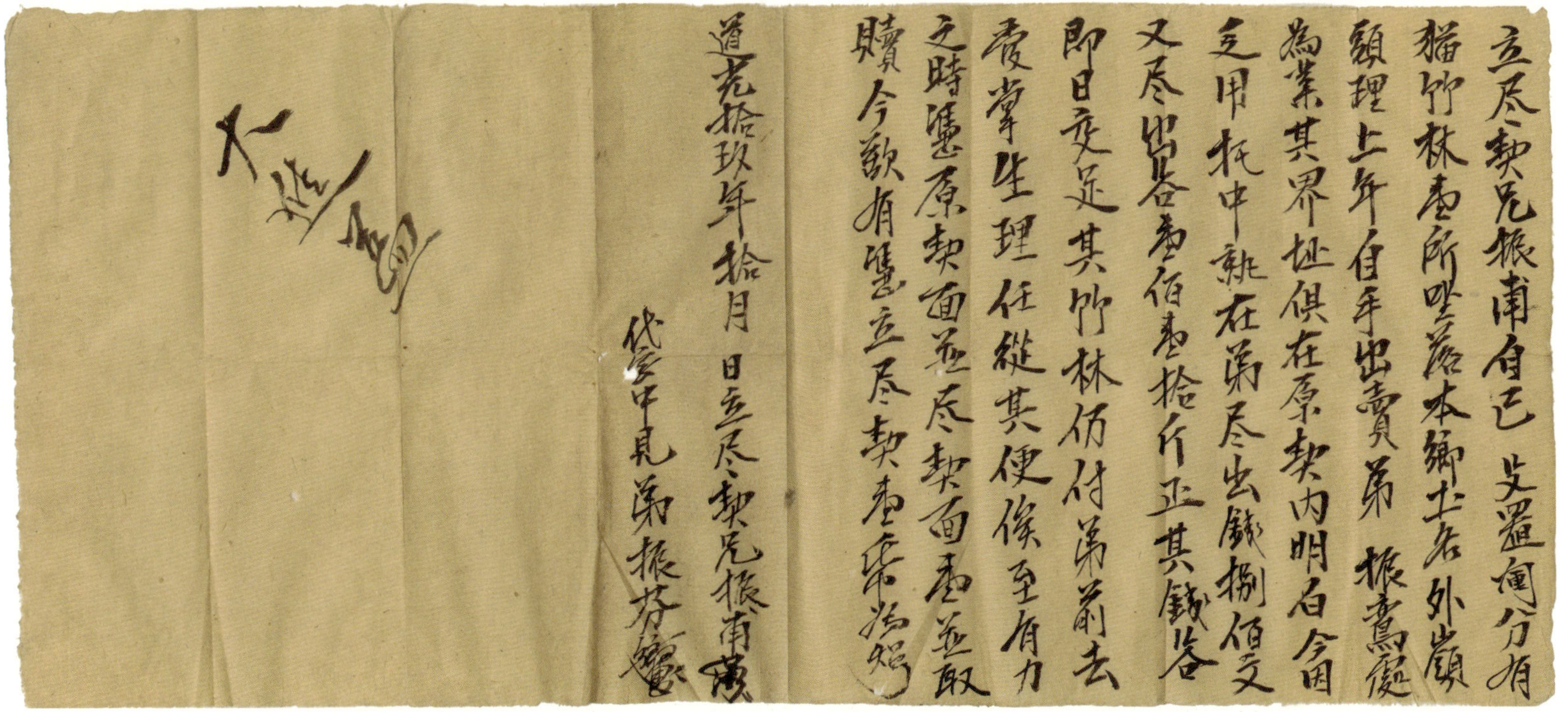

9-4-12-11　清道光十九年十月楊振甫立盡猫竹林契

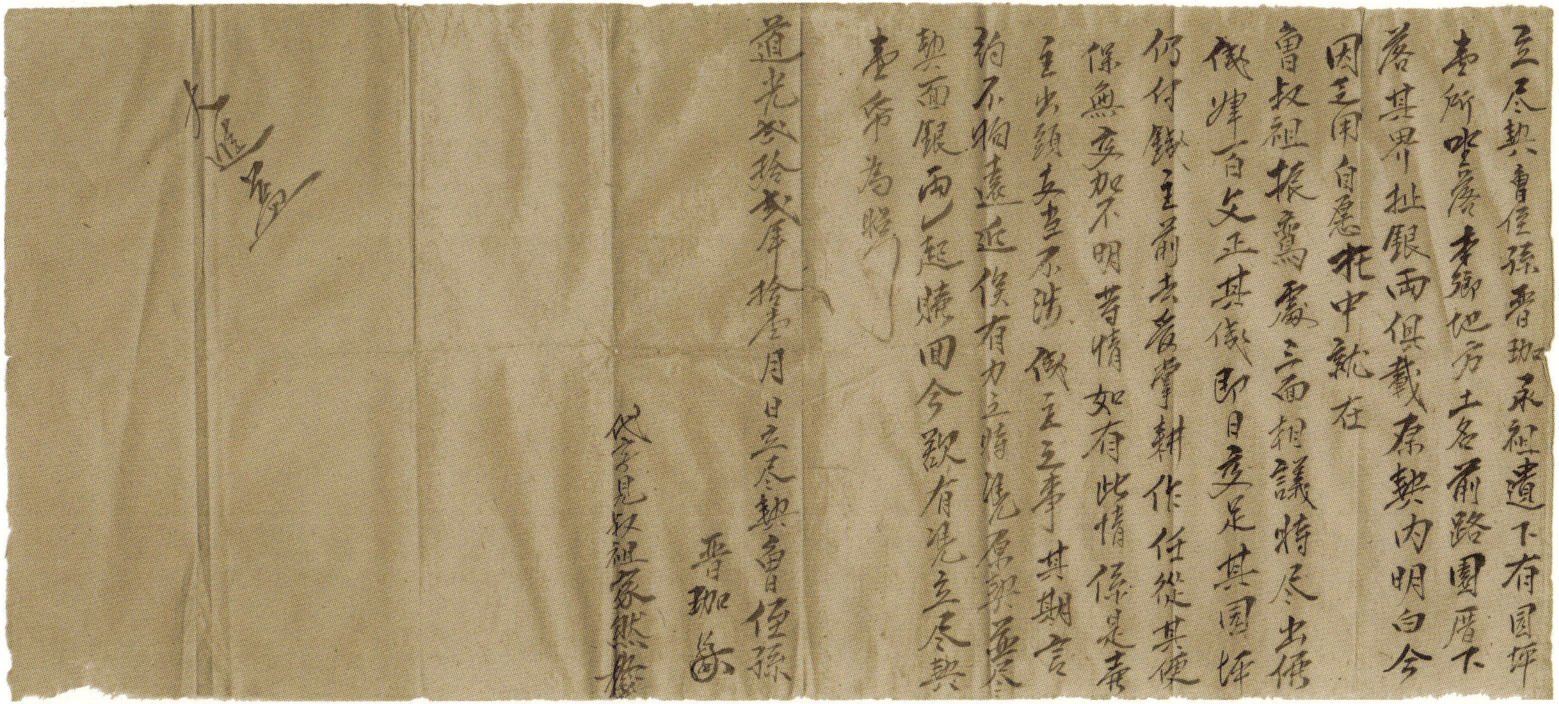

立尽契曾侄孫晋珋承祖遺下有園坪
壹所坐落本鄉地方土名前路園厝下
落其界址銀両俱載原契内明白今
因乏用自愿托中就在
曾叔祖振鳯處三面相議將尽出佛
銀肆百文正其銀即日立足其園坪
仍付叔祖前去管掌耕作任從其便
保無生加不明等情如有此情係是本
主出頭支当不涉　叔祖之事其期言
約不拘遠近侯有力之時照原契尽
契面銀両一起贖回今欲有凭立尽契
壹帋為照

道光弍拾弍年拾壹月　日立尽契曾侄孫
晋珋（押）
代字見叔祖家熊（押）

9-4-12-12　清道光二十二年十一月楊晋珋立盡園坪契

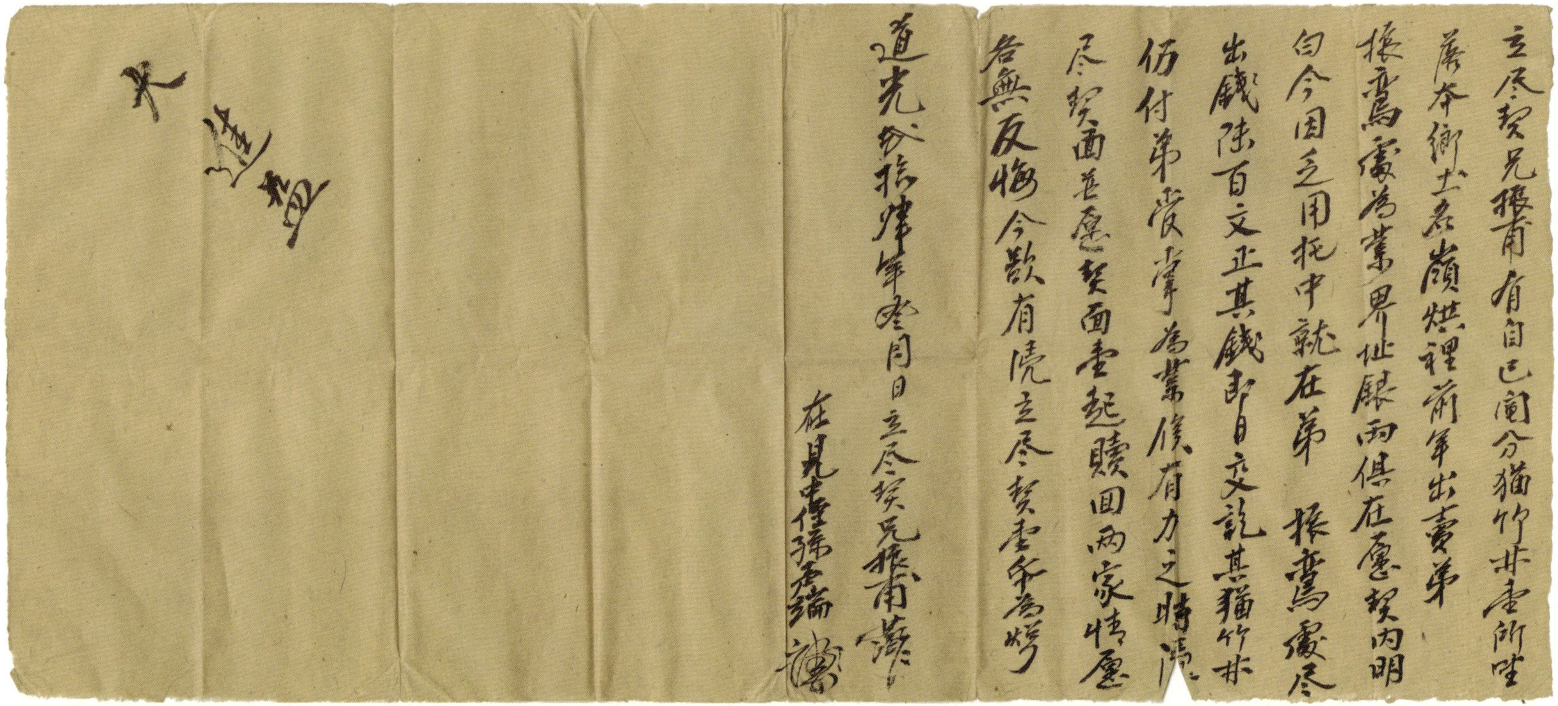
立尽契兄振甫有自己阄分猫竹林壹所坐
落本鄉土名嶺烘裡前年出賣弟
振鳶處為業界址賦兩俱在盡契內明
白今因乏用托中就在弟 振鳶處尽
出錢陸百文正其錢即日交訖其猫竹林
仍付弟管掌為業倘有力之時清
尽契面並盡契面壹起贖回兩家情愿
各無反悔今欲有憑立尽契壹紙為照
道光弍拾肆年叁月日立尽契兄振甫（押）
在見中侄孫孟端（押）

9-4-12-13　清道光二十四年三月楊振甫立盡猫竹林契

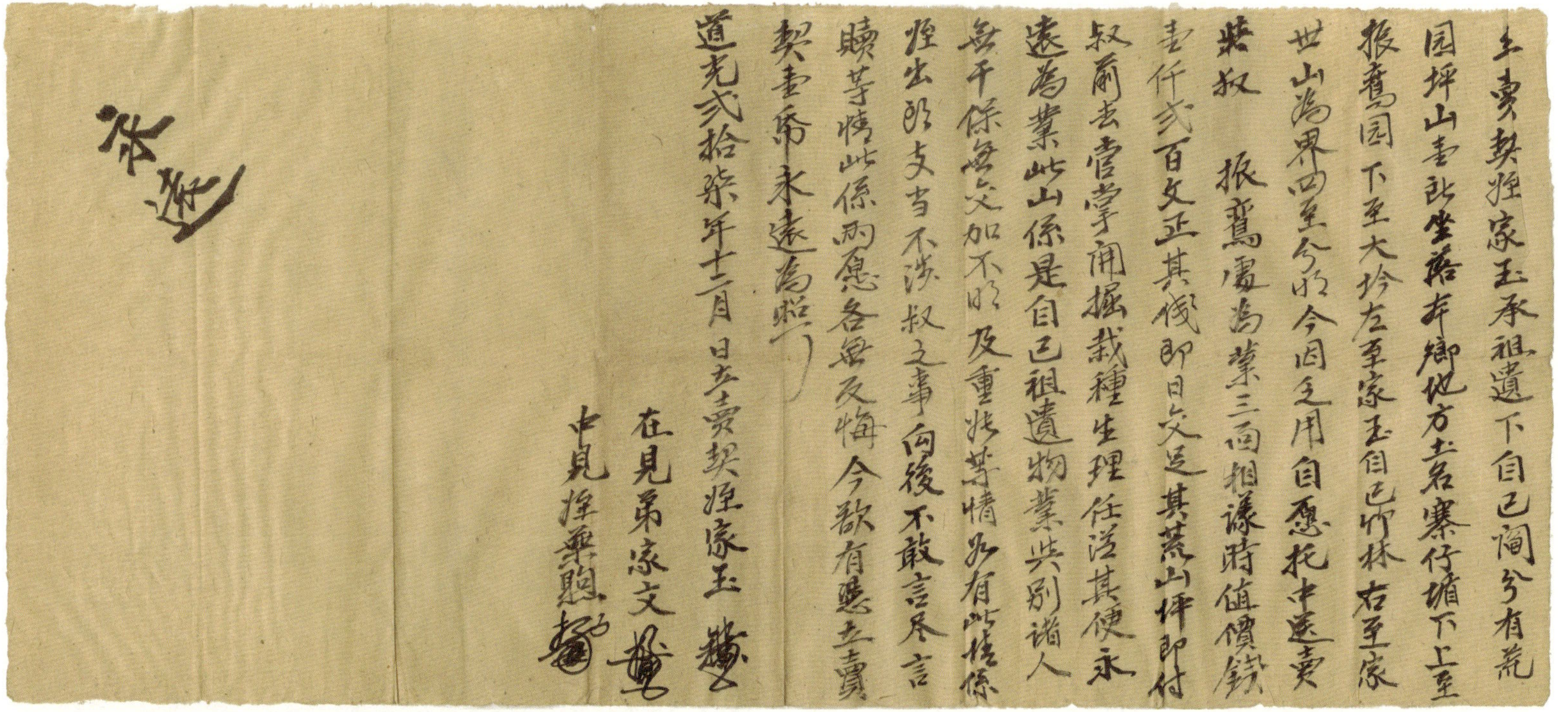

立賣契姪家玉承祖遺下自己間分有荒
園坪山壹所坐落本鄉地方土名寨仔壋下上至
振鳶園下至大坽左至家玉自己竹林右至家
世山為界四至分明今因乏用自愿托中送賣
與叔　振鳶處為業三面相議時值價錢
壹仟弍百文正其錢即日交足其荒山坪即付
叔前去管掌開掘栽種生理任從其便永
遠為業此山係是自己祖遺物業與別人
無干係無交加不明及重張等情如有此情係
姪出頭支當不涉叔之事向後不敢言盡言
贖等情此係兩愿各無反悔今欲有憑立賣
契壹帋永遠為照）
道光弍拾柒年十二月　日立賣契姪家玉（押）
在見弟家文（押）
中見姪秉聰（押）

9-4-12-14　清道光二十七年十二月楊家玉立賣荒園坪山契

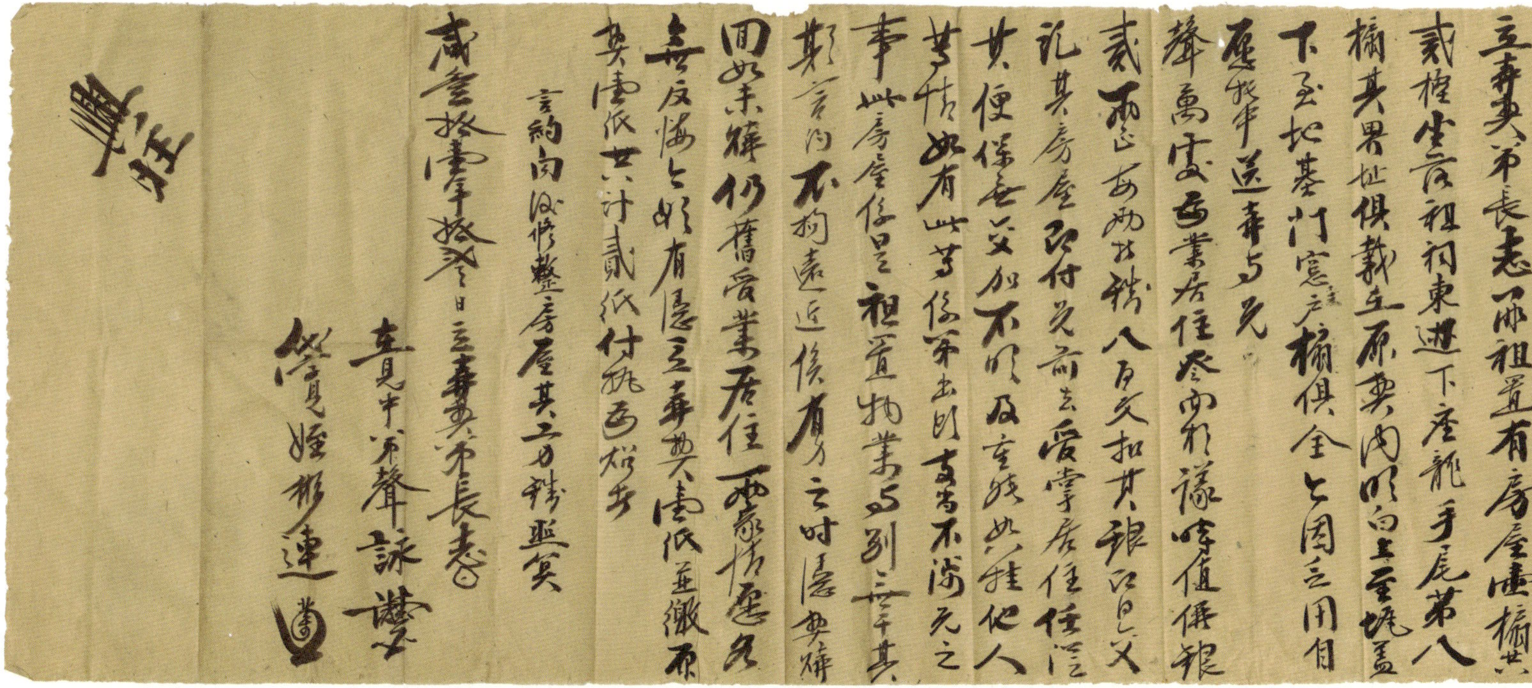

立賣契人弟長志，承祖置有房屋壹橺，坐
貳植坐落祖祠東邊下座龍手尾第八
橺，其界址俱載在原契內明白。上至瓦蓋，
下至地基，門窗戶扇俱全。今因乏用，自
愿托中送賣與兄
聲禹實出業居住。叁面議時值價銀
貳兩正，每兩折錢八百文，扣共銀即日足文
訖。其房屋即付兄前去管掌居住，任從
其便。保無交加不明，及室族如雜他人
異情。如有此等，係弟出頭支當，不涉兄之
事。此房屋係是祖置物業，與別無干。其
期言約不拘遠近，候有力之時，憑契價
回。如未贖，仍舊管業居住。兩家情愿，各
無反悔。今欲有憑，立賣契壹紙，並繳原
契壹紙，共計貳紙，付執為照。

言約內收修整房屋，其工力錢照實。

咸豐拾壹年拾貳月　日立賣契弟長志（押）

在見中弟聲詠（押）

代筆姪邦連（押）

贖[illegible]

9-4-12-15　清咸豐十一年十二月楊長志立賣房屋契

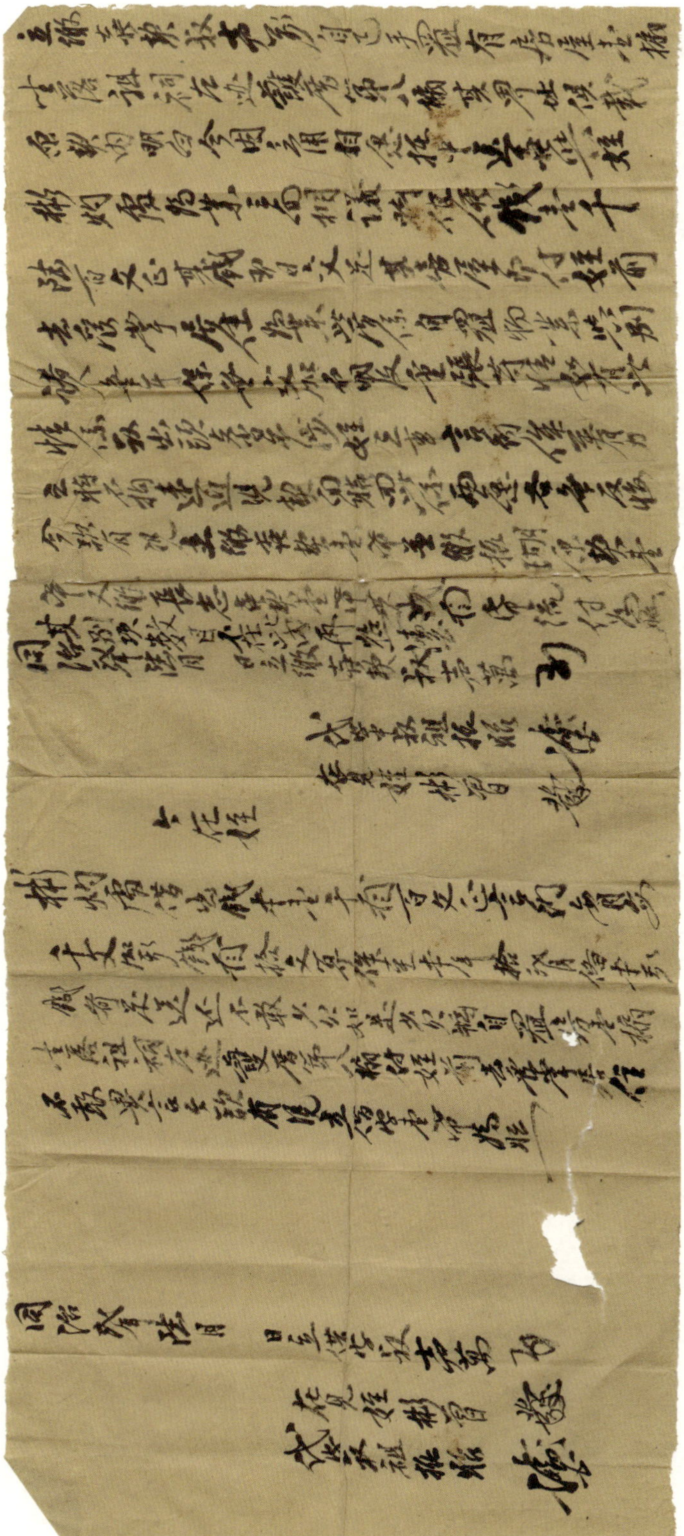

9-4-12-16 清同治二年六月楊声萬立繳賣房屋契

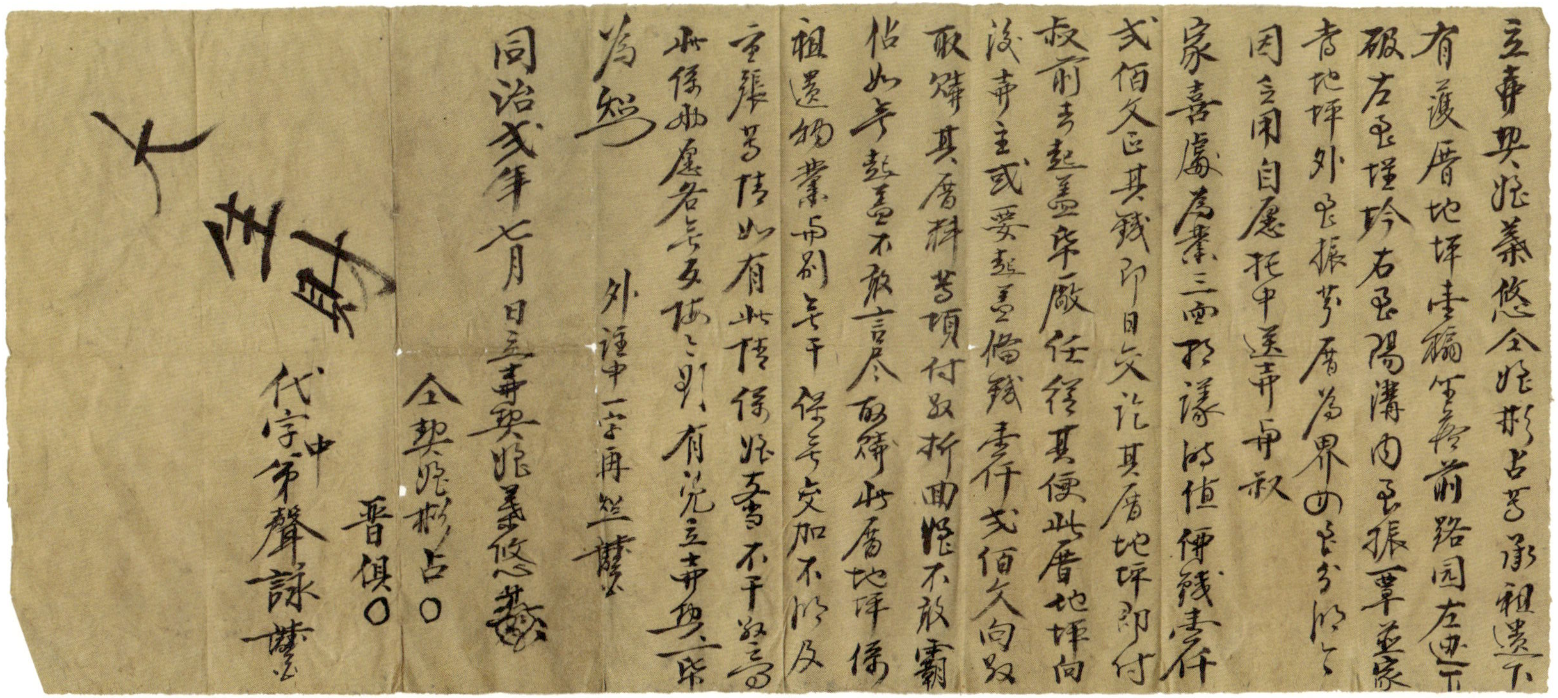

立賣契人楊葉悠仝姪彬占等承祖遺下
有護厝地坪壹穡坐落前路园左边下
破右至埕埒右至陽溝内至振覃並家
青地坪外至振芳厝為界四至分明今
因乏用自愿托中送賣與叔
家喜處為業三面言議時值價錢壹仟
式佰文足其錢即日交訖其厝地坪即付
叔前去起蓋架厰任從其便此厝地坪向
後賣主或要起蓋備錢壹仟式佰文向叔
取贖其厝料等項付叔折回悠不敢霸
佔如未起蓋不敢言及取贖此厝地坪係
祖遺物業與别人无干保無交加不明及
重張等情如有此情係悠支當不干叔之事
此係兩愿各無反悔今欲有凭立賣契一紙
為照
外注中一字再照
同治式年七月日立賣契人楊葉悠
仝契姪彬占〇
晉俱〇
代字中 弟聲詠

9-4-12-17　清同治二年七月楊葉悠等立賣厝地坪契

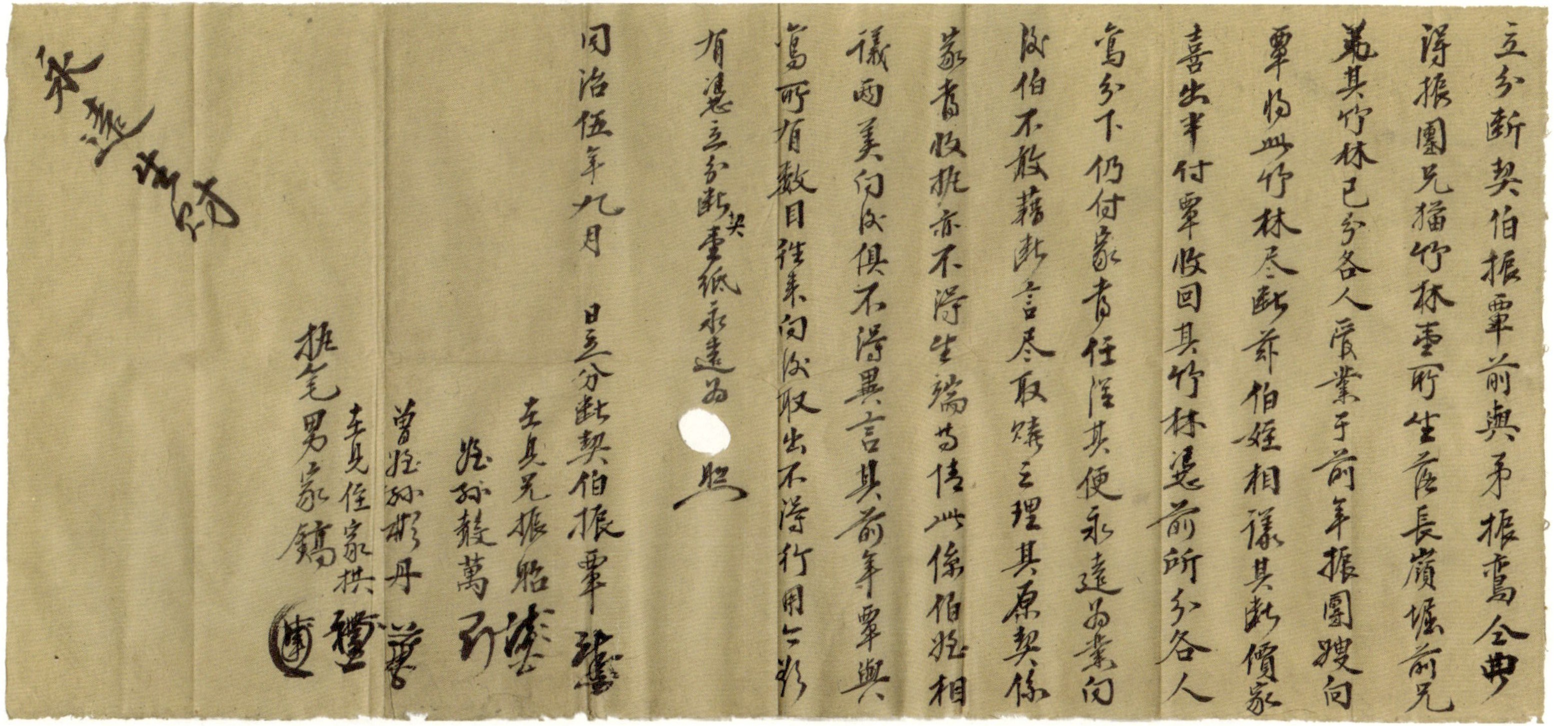

立分斷契伯振覃，前與弟振鸞仝典得振園兄猫竹林壹所，坐落長嶺堀前，兄弟其竹林已分各人管業。于前年振園將向覃將此竹林盡斷，亦伯姪相議其斷價，家喜出半付覃收回其竹林，退前所分各人管分下，仍付家青任從其便，永遠為業。向後伯不敢藉斷言盡取贖之理。其原契係家青收執，亦不得生端為借。此係伯姪相議兩美，向後俱不得異言。其前年覃與管所有數目往來，向後取出不得行用。今欲有憑，立分斷契壹紙，永遠為照。

同治伍年九月　日立分斷契伯振覃（押）

在見兄振貽（押）

姪孫韓萬（押）

曾姪孫彬丹（押）

在見侄家拱（押）

執筆男家鑄（押）

永遠[illegible]

9-4-12-18　清同治五年九月楊振覃立分斷猫竹林契

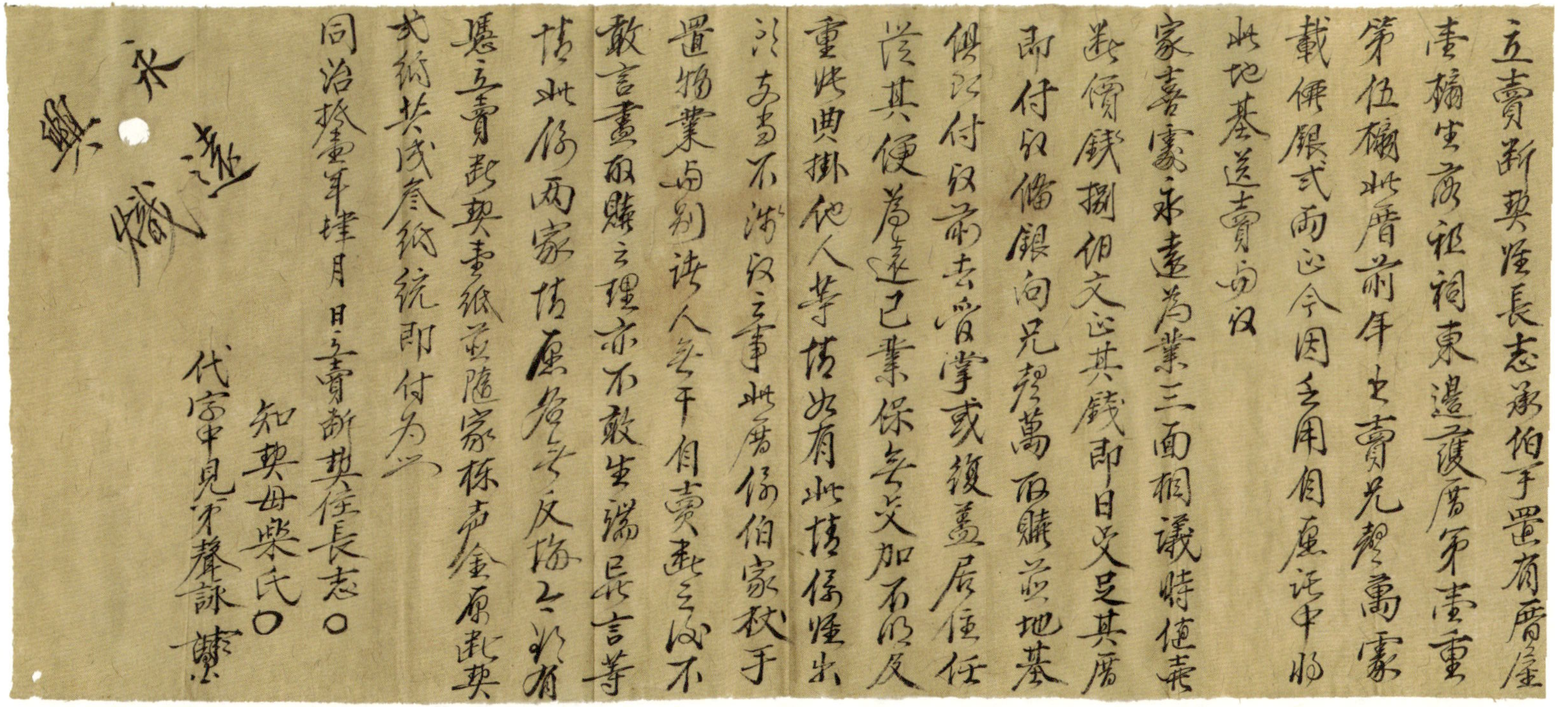
立賣斷契侄長志承伯手置有厝屋
壹植坐府祖祠東邊護厝第壹重
第伍欄此厝前年出賣兄契萬豪
載併限式兩正今因乏用自愿託中將
此地基送賣与叔
家喜豪永遠為業三面相議時值業
斷價錢捌佰文正其錢即日交足其厝
即付叔備銀向兄契萬取贖並地基
俱已付叔前去管掌或復蓋居住任
從其便為己業保無文加不明及
重典掛他人等情如有此情係侄出
頭支當不涉叔之事此厝係伯家秋手
置物業向別族人無干自賣斷之後不
敢言盡取贖之理亦不敢生端異言等
情此係兩家情愿各無反悔今欲有
憑立賣斷契壹紙並隨家椽声全原斷契
式紙共成叁紙統即付為照
同治拾壹年肆月　日立賣斷契侄長志〇
知契母梁氏〇
代字中見弟聲詠
永遠執照

9-4-12-19　清同治十一年四月楊長志立賣斷厝屋契

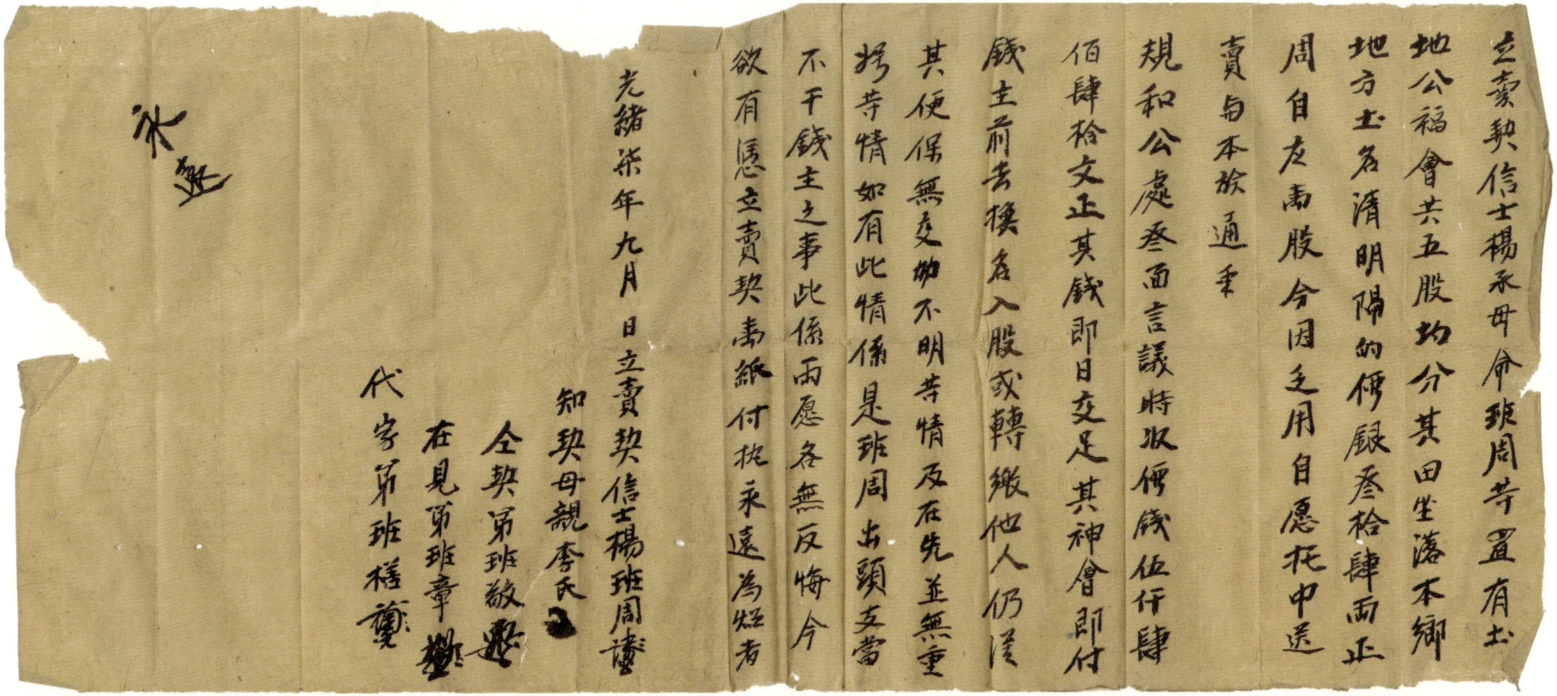

立賣契信士楊承母命班周等置有土
地公福會共五股均分其田坐落本鄉
地方土名清明陽的係穀叁拾肆両正
周自有壹股今因乏用自愿托中送
賣與本族通柔
規和公處叁面言議時收價錢伍仟肆
佰肆拾文正其錢即日交足其神會即付
錢主前去換名入股或轉賣他人仍從
其便保無交加不明等情及在先並無重
將等情如有此情係是班周出頭支當
不干錢主之事此係兩愿各無反悔今
欲有憑立賣契壹紙付執永遠為炤者
光緒柒年九月　日立賣契信士楊班周（押）
知契母親李氏（押）
全契弟班敬（押）
在見弟班章（押）
代字弟班樣（押）
永遠

9-4-12-20　清光緒七年九月楊班周等立賣土地公福會股契

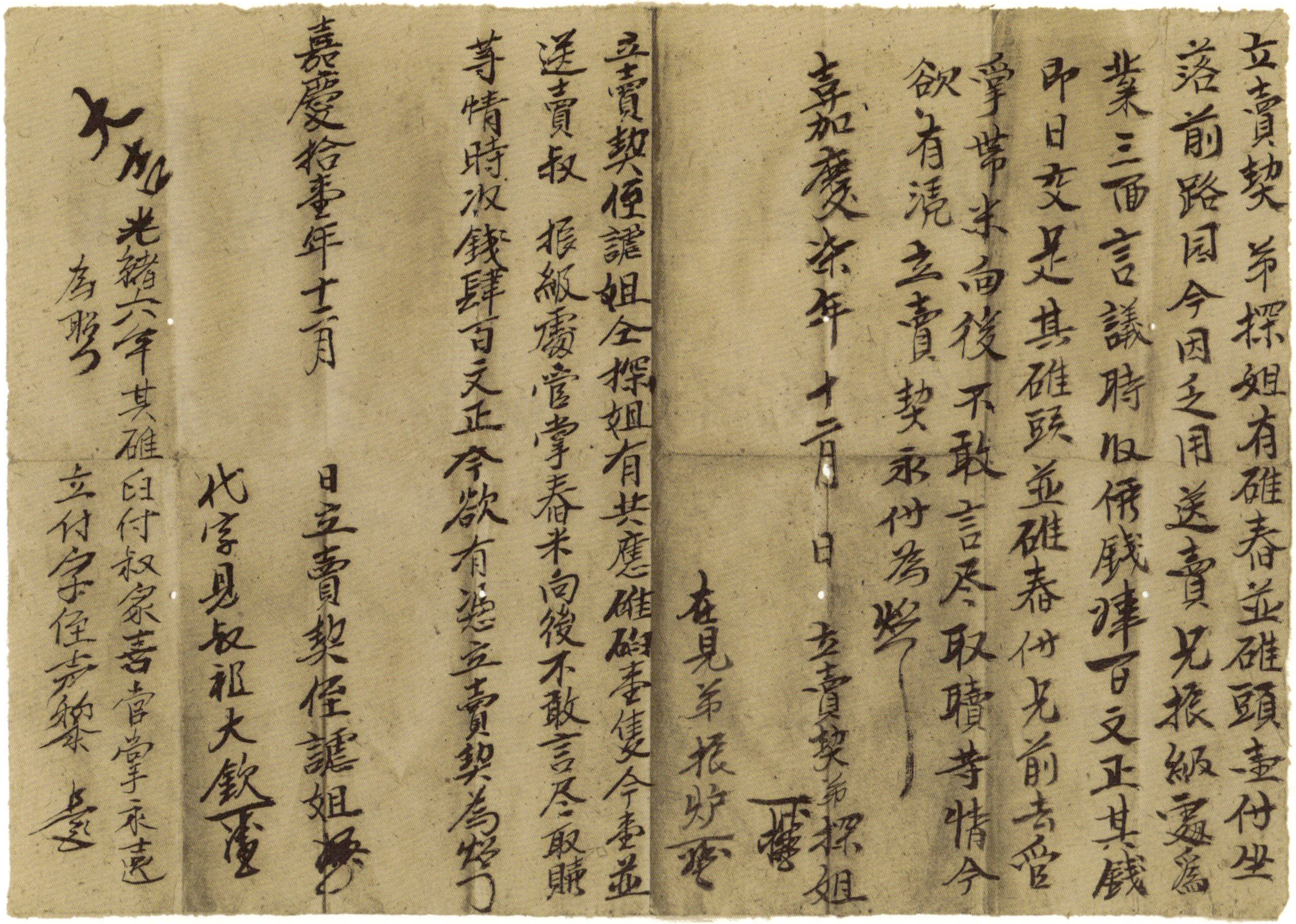

立賣契弟探姐有碓春並碓頭壹付坐
落前路因今因乏用送賣兄振級處為
業三面言議時價錢肆百文正其錢
即日交足其碓頭並碓春付兄前去管
掌舂米向後不敢言尽取贖等情今
欲有憑立賣契永付為照

嘉慶柒年十二月 日立賣契弟探姐（押）
在見弟振炉（押）

立賣契侄讁姐仝探姐有共應碓磑壹隻今壹並
送賣叔 振級處管掌舂米向後不敢言尽取贖
等情時價錢肆百文正今欲有憑立賣契為照

嘉慶拾壹年十二月 日立賣契侄讁姐（押）
代字見叔祖大欽（押）

大加
光緒六年其碓□付叔家喜官掌永遠
為照 立付字侄□黎（押）

9-4-13-1　清嘉慶七年十二月楊探姐立賣碓春等契

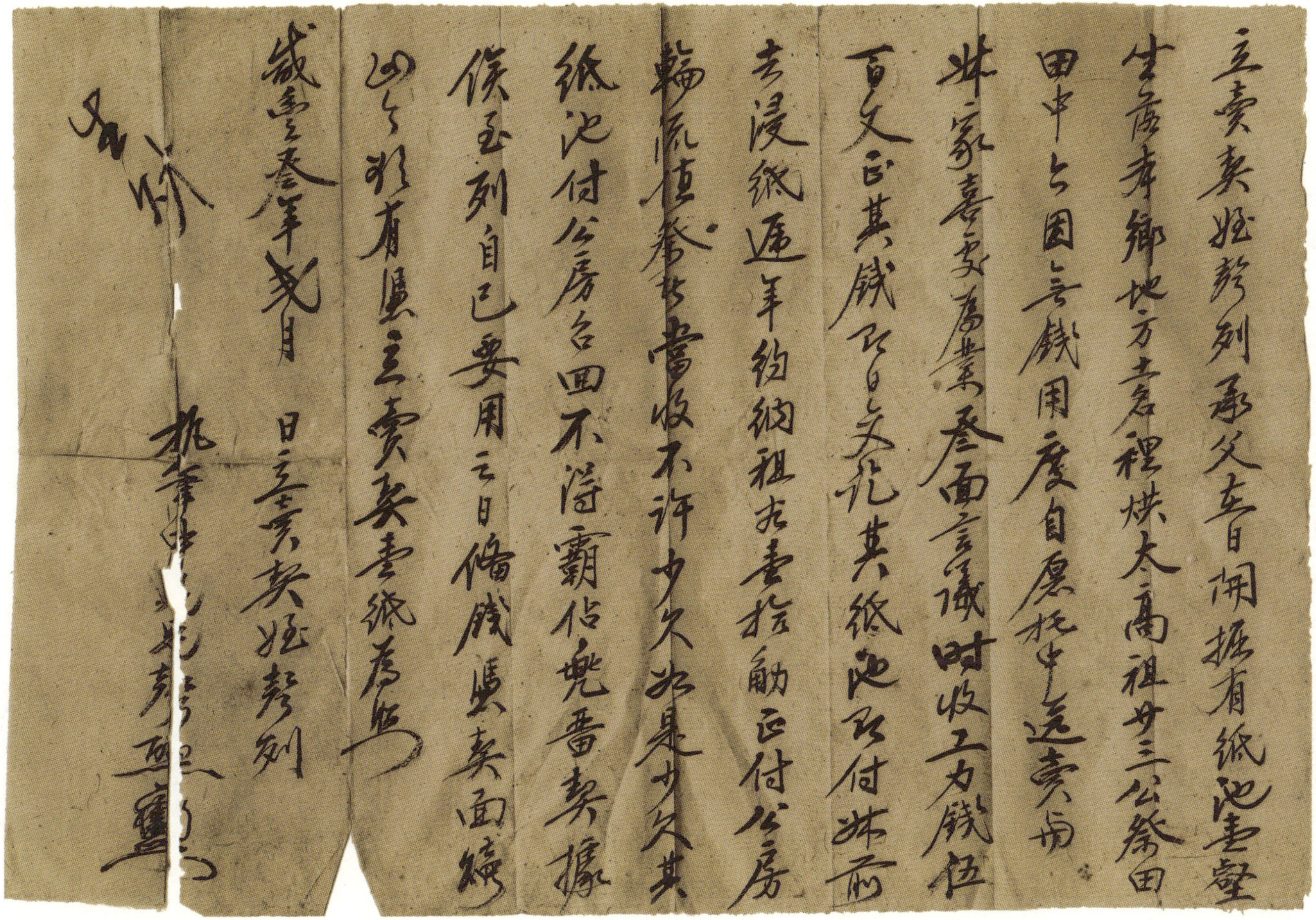

立賣契姪聲列承父存日開掘有紙池壹壟
坐落本鄉地方土名裡烘太高祖廿三公祭田
田中今因乏錢用度自愿托中送賣与
叔家喜安為業叁面言議時收工力錢伍
百文正其錢即日交訖其紙池即付叔前
去浸紙逐年約納租谷壹拾觔正付公房
輪流值祭收當收不許少欠如是少欠其
紙池付公房召回不得霸佔兇番契據
係聲列自己要用之日備錢照契面續
回永有憑立賣契壹紙為照
咸豐叁年二月　日立賣契姪聲列
執筆叔[illegible]

9-4-13-2　清咸豐三年二月楊聲列立賣紙池契

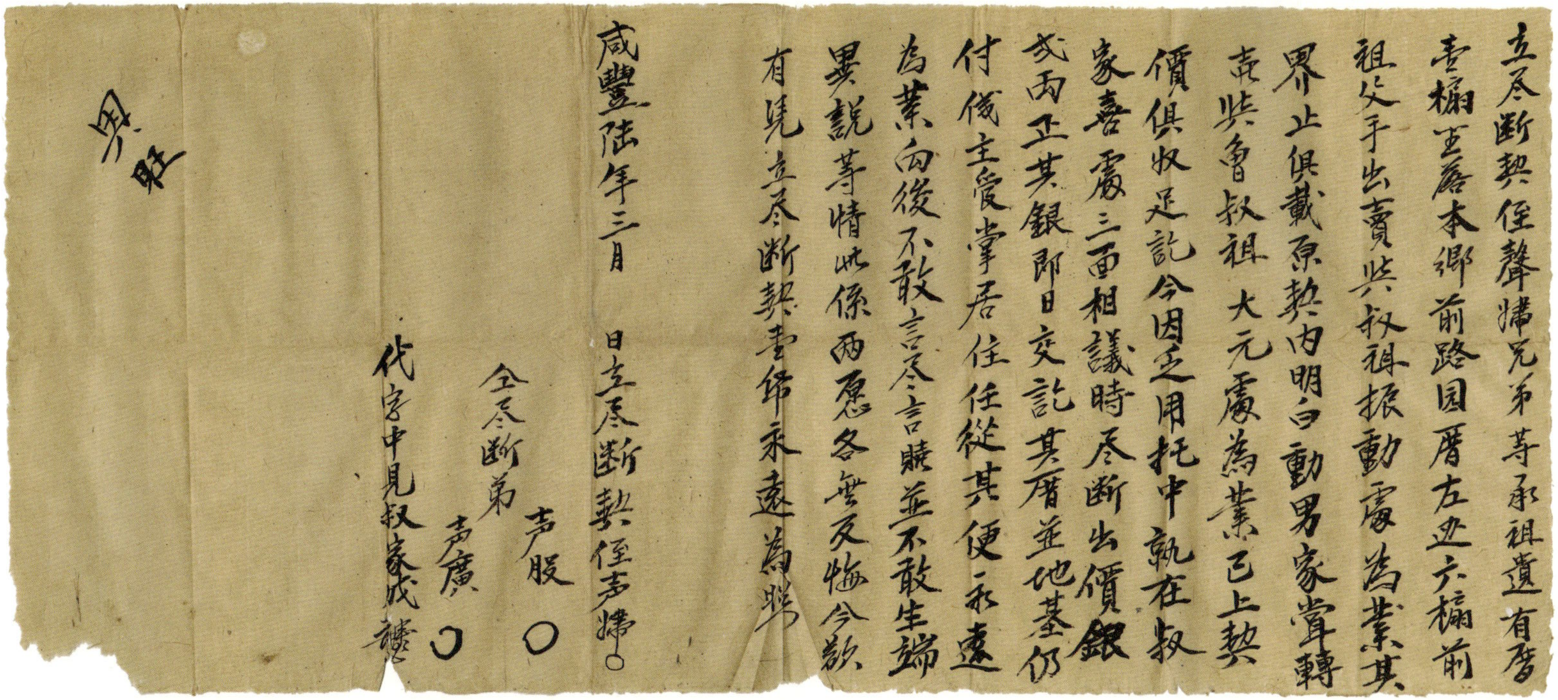

立盡斷契侄聲歸兄弟等承祖遺有厝壹橺坐落本鄉前路園厝左邊六橺前祖父手出賣與叔祖振動處為業其界止俱載原契內明白動男家嘗轉賣與曾叔祖大元處為業已上契價俱收足訖今因乏用托中執在叔家喜處三面相議時盡斷出價銀弍兩正其銀即日交訖其厝並地基仍付儀主管掌居住任從其便永遠為業而後不敢言盡言贖並不敢生端異說等情此係兩愿各無反悔今欲有憑立盡斷契壹紙永遠為照

咸豐陸年三月　日立盡斷契侄声歸○

仝盡斷弟　声服○

声廣つ

代字中見叔家成[illegible]

吳旺

9-4-13-3　清咸豐六年三月楊聲歸等立盡斷厝契

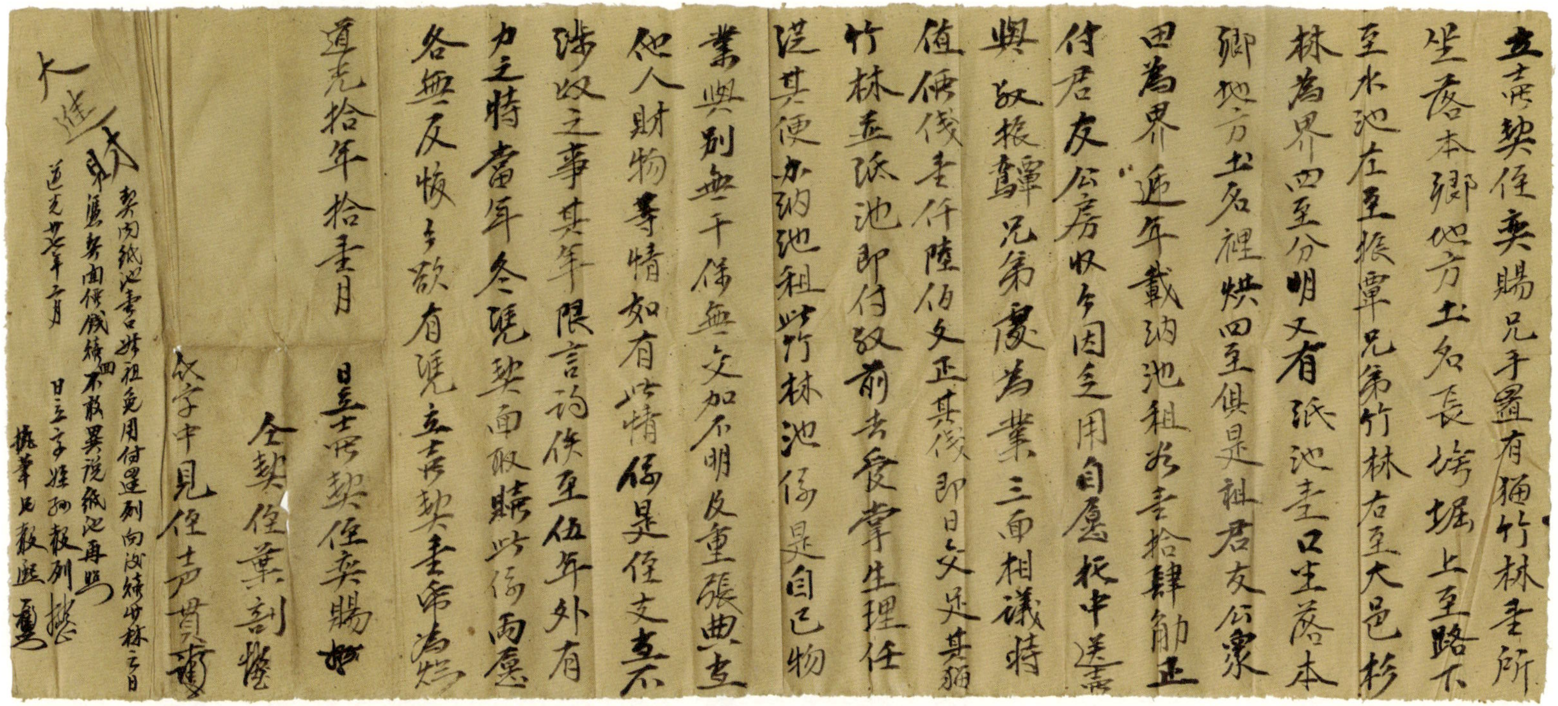

立賣契侄奕賜兄弟承祖遺有猫竹林壹所，坐落本鄉地方土名長塆堀，上至路，下至水池，左至振覃兄弟竹林，右至大邑杉林為界，四至分明。又有張池壹口，坐落本鄉地方土名裡烘，四至俱是祖君友公衆田為界，逓年載納池租谷壹拾肆觔正，付君友公房收。今因乏用，自愿托中送賣與叔振覃兄弟處為業，三面相議，時值價錢壹仟陸佰文正，其錢即日交足，其猫竹林並張池即付叔前去發掌生理，任從其便，亦納池租。此竹林池係是自己物業，與別無干，係無文加不明及重張典當他人財物等情，如有此情，係是侄支當，不涉收主之事。其年限言約俟至伍年外，有力之時，當年冬憑契面取贖，此係兩愿，各無反悔，今欲有憑，立賣契壹紙為照。

道光拾年拾壹月　日立賣契侄奕賜（押）

仝契侄葉剳（押）

依字中見侄士尹貫（押）

9-4-13-4　清道光十年十一月楊奕賜等立賣猫竹林契

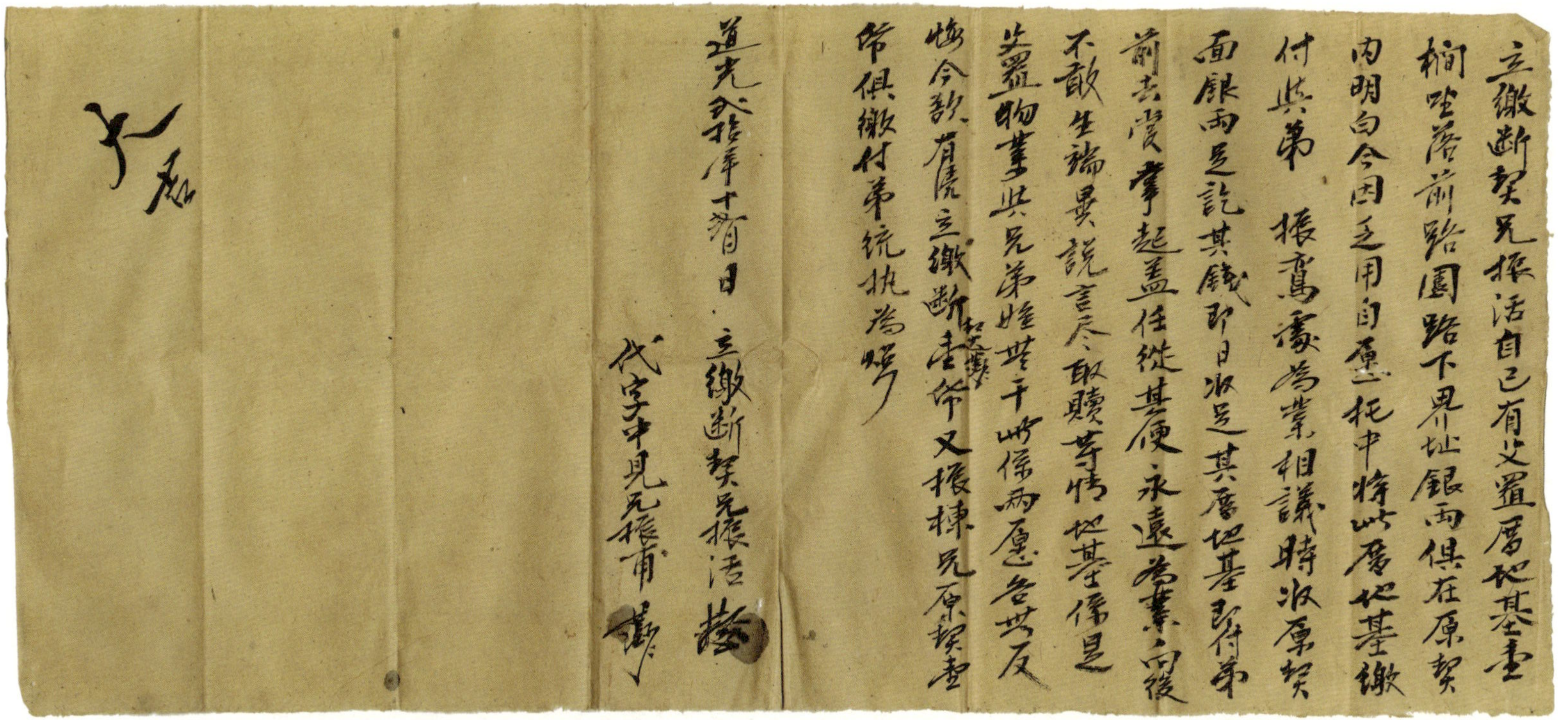
立繳斷契兄振活自己有上置厝地基壹
榀坐落前路園路下界址銀兩俱在原契
內明白今因乏用自愿托中將此厝地基繳
付與弟　振萬豪為業相議時收原契
面銀兩足訖其錢即日收足其厝地基即付弟
前去掌管起蓋任從其便永遠為業向後
不敢生端異說言盡取贖等情此基係是
先置物業與兄弟姪無干此係兩愿各無反
悔今欲有憑立繳斷契壹紙又振棟兄原契壹
帋俱繳付弟統執為照
道光貳拾年十貳月　日　立繳斷契兄振活
代字中見兄振甫

9-4-13-5　清道光二十年十二月楊振活立繳斷厝地基契

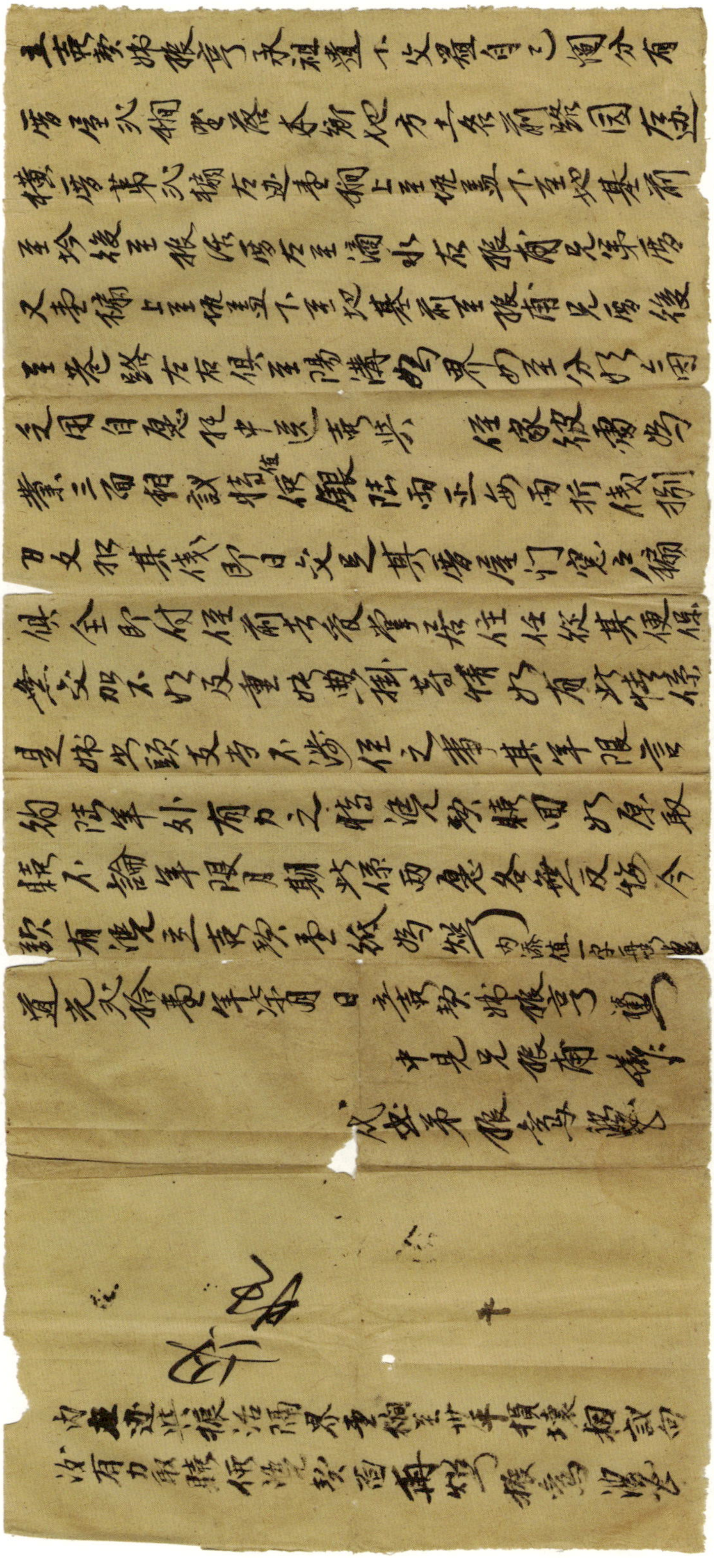

9-4-13-6　清道光二十一年七月楊振亨立賣厝屋契

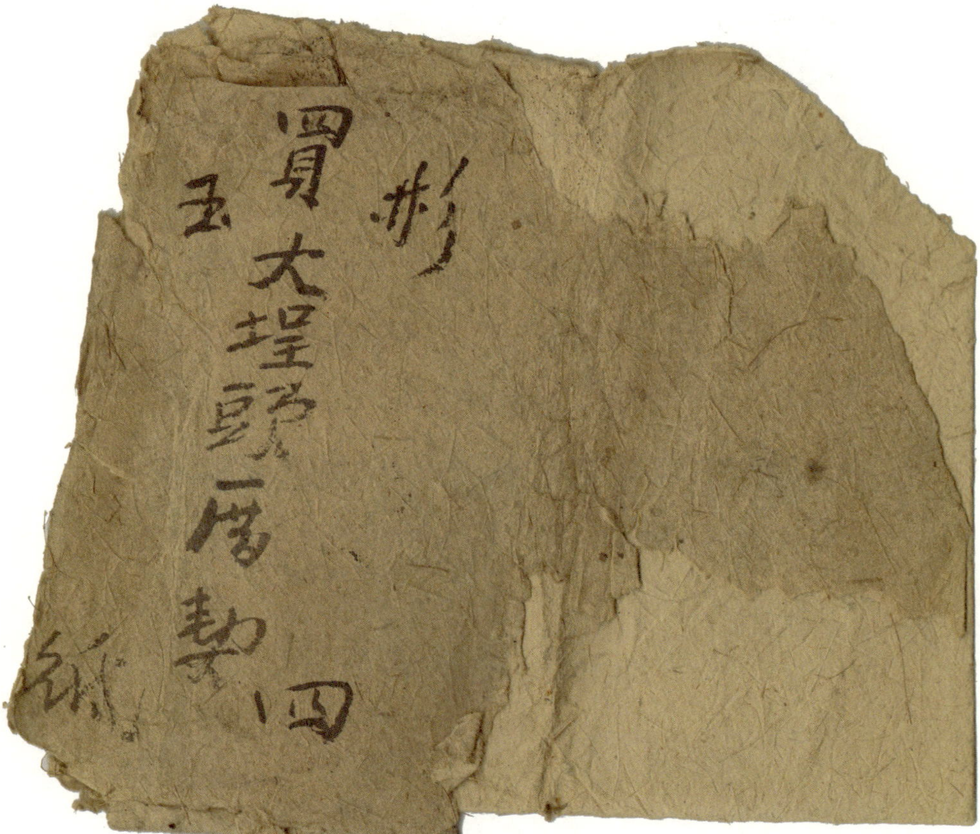
彬
買大埕頭厝契四
玉
紙

9-4-14-1　包契紙

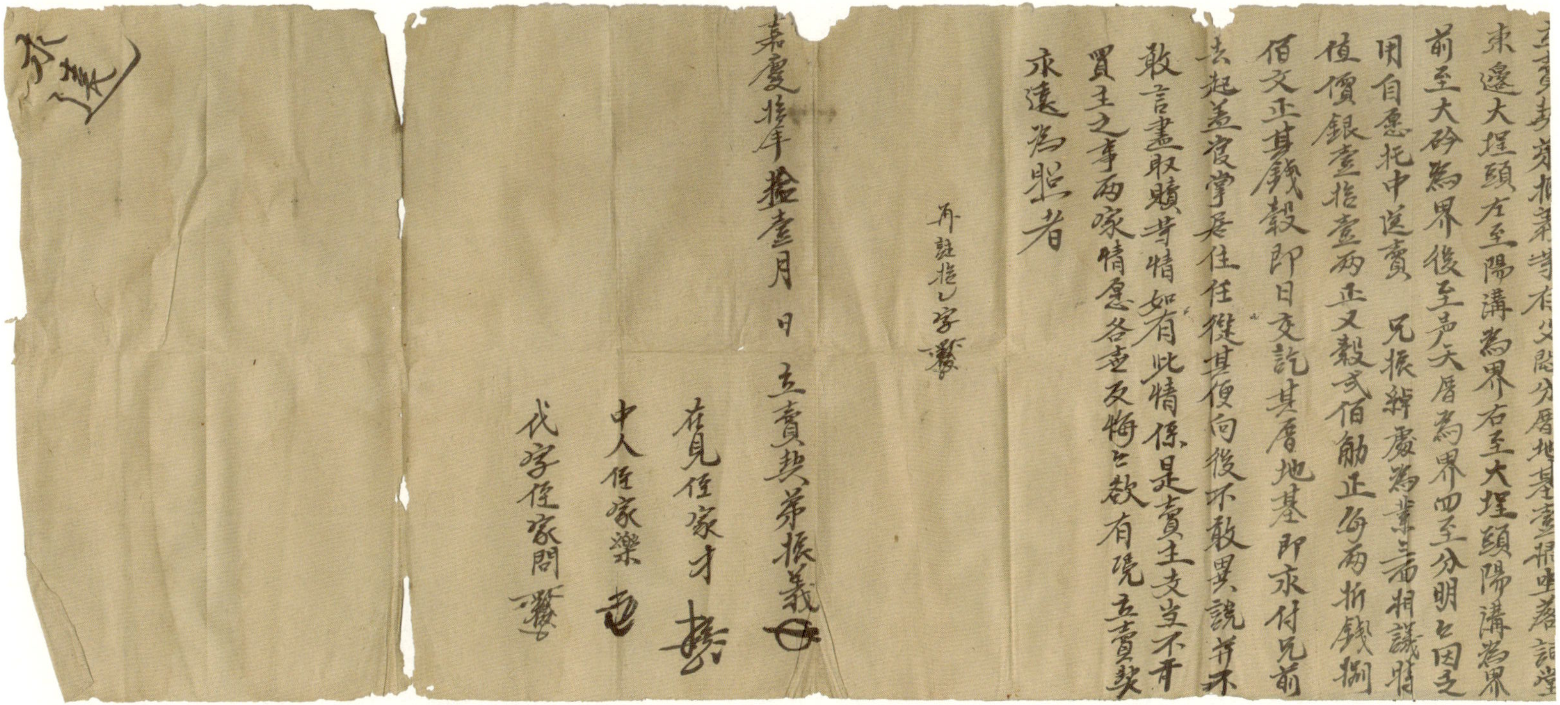

9-4-14-2　清嘉慶十年十一月楊振義立賣厝地基契

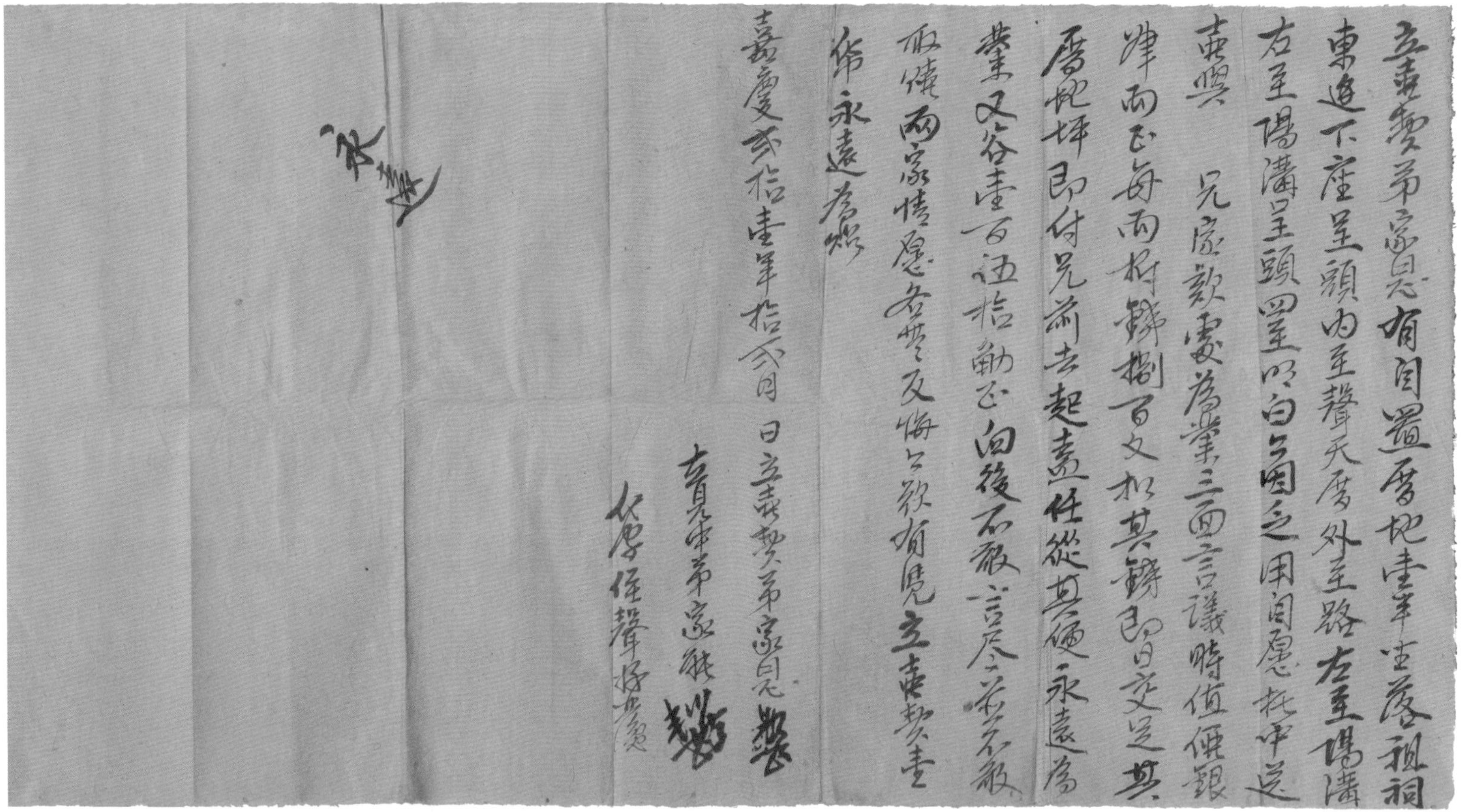

立賣弟家恩，有自置厝地壹半，坐落祖祠
東邊下座，呈頭內至聲天厝，外至路，左至陽溝，
右至陽溝，呈頭罡以白爲界。今因用度不足，托中送
與　兄家歆處爲業，三面言議時值價銀
肆兩正，每兩折錢捌百文，其錢即日交足。其
厝地坪即付兄前去起蓋，任從其便，永遠爲
業。又谷壹百伍拾觔正。自後不敢言及，不敢
取贖。兩家情愿，各無反悔。欲有憑，立賣契壹
紙永遠爲照。
嘉慶弍拾壹年拾弍月　日立賣契弟家恩（押）
在見中弟家雄（押）
代筆侄聲揚（押）
永遠

9-4-14-3　清嘉慶二十一年十二月楊家恩立賣厝地契

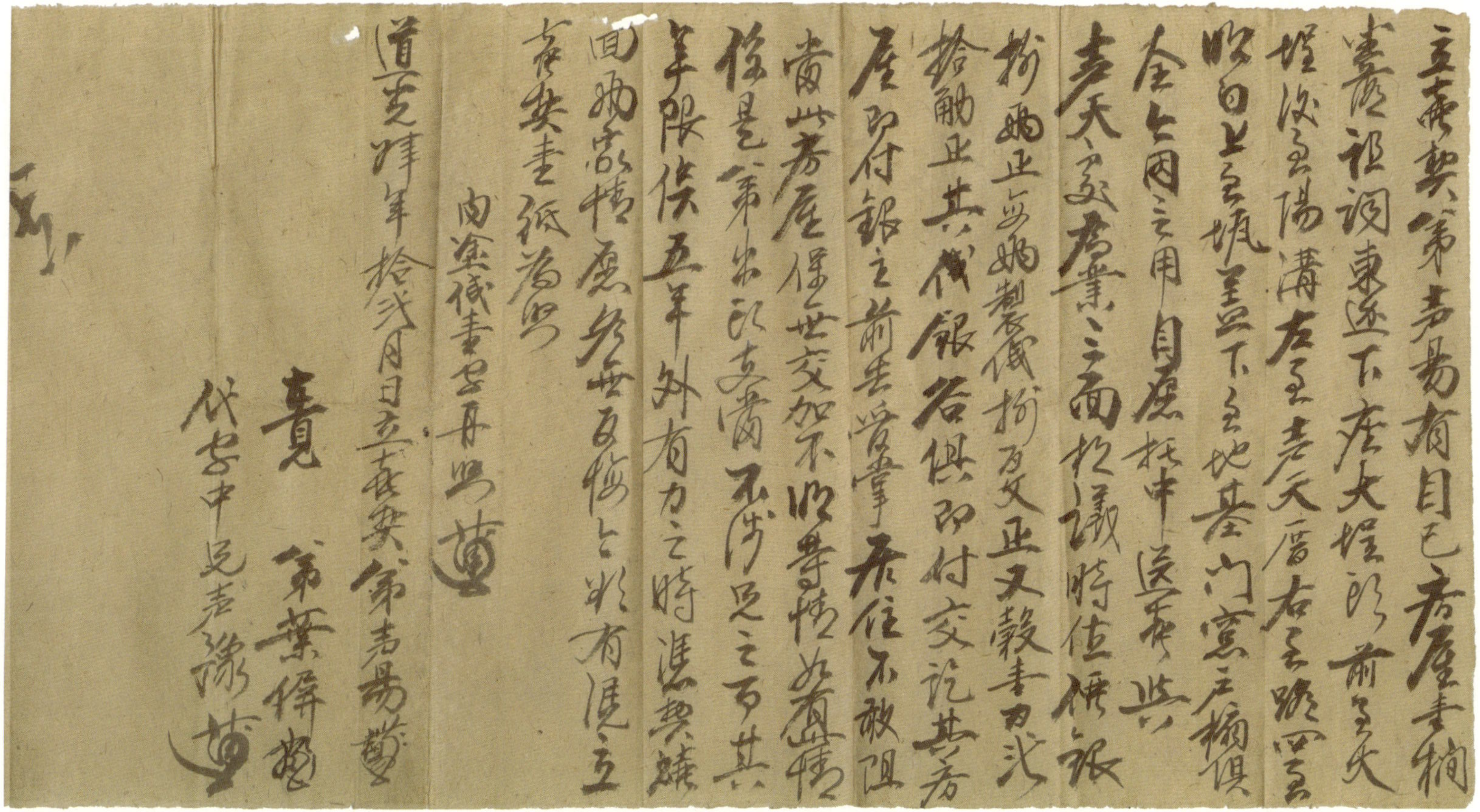

立賣契人弟声易有自己房屋壹植，
坐落祖祠東邊下座大埕頭前第二天
埕後至陽溝左至壹天厝右至路四至
明白，上至椽瓦下至地基，門窗户扇俱
全。今因乏用，自愿托中送與
壹天受為業，三面相議時值價銀
捌兩正，以每兩製錢捌百文正，又穀壹石弍
拾觔正，其錢銀谷俱即付交訖，其房
屋即付銀主前去管掌居住，不敢阻
當。此房屋係世交加不明等情，如有此情，
係是弟出頭支當，不涉受主之事。其
年限俟五年外有力之時准契贖
回，兩家情愿，各無反悔，今欲有憑，立
賣契壹紙為照。

內塗弍字再照

道光肆年拾弍月　日立賣契人弟声易

在見　弟葉儀

代字中兄声淼

9-4-14-4　清道光四年十二月楊声易立賣房屋契

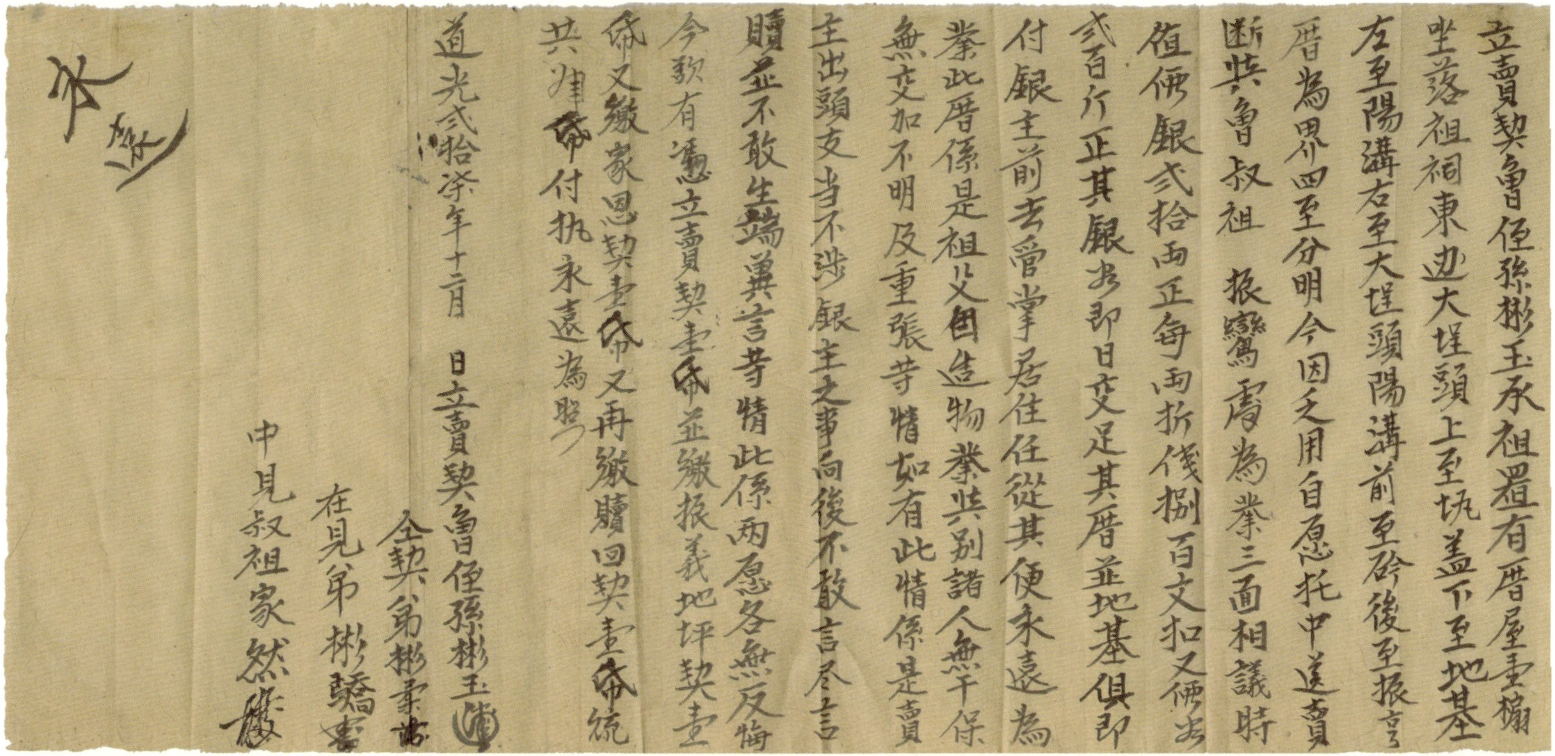
立賣契曾侄孫彬玉承祖置有厝屋壹棟
坐落祖祠東边大埕頭上至坑盖下至地基
左至陽溝右至大埕頭陽溝前至砱後至振亨
厝為界四至分明今因乏用自愿托中送賣
斷與曾叔祖 振鑾處為業三面相議時
值價銀弍拾兩正每兩折伐捌百文扣又價共
弍百斤正其銀共即日交足其厝并地基俱即
付銀主前去曾掌居住任從其便永遠為
業此厝係是祖父自造物業與别諸人無干保
無交加不明及重張等情如有此情係是賣
主出頭支当不涉銀主之事向後不敢言尽言
贖並不敢生端異言等情此係兩愿各無反悔
今欲有憑立賣契壹紙並繳振義地坪契壹
紙又繳家恩契壹紙又再繳贖回契壹紙統
共肆紙付執永遠為照
道光弍拾柒年十二月 日立賣契曾侄孫彬玉（押）
仝契弟彬彔（押）
在見弟彬驕（押）
中見叔祖家然（押）

9-4-14-5　清道光二十七年十二月楊彬玉等立賣厝屋契

立賣契叔家樂有自己厝壹榻坐落祖
厝東邊橫厝第四榻外壹榻左至振牙
厝右至家樂厝内至振牙厝爲界外至陽
溝四至分明今因乏用自愿托中送賣
侄声天處爲業三面相議時収價銀伍兩
正每兩折錢捌百文其銀即日収訖其厝
即付侄前去居住管掌爲業保無交加
不明等情如有此情係是叔支當不干侄
之事年期言約俟至捌年外已滿之時詎
契贖回兩家情愿各無悔今欲有憑立
賣契壹紙爲炤

嘉慶拾年十二月　日立賣契叔家樂（押）
代字中叔振尾[illegible]

興旺

9-4-15-1　清嘉慶十年十二月楊家樂立賣厝契

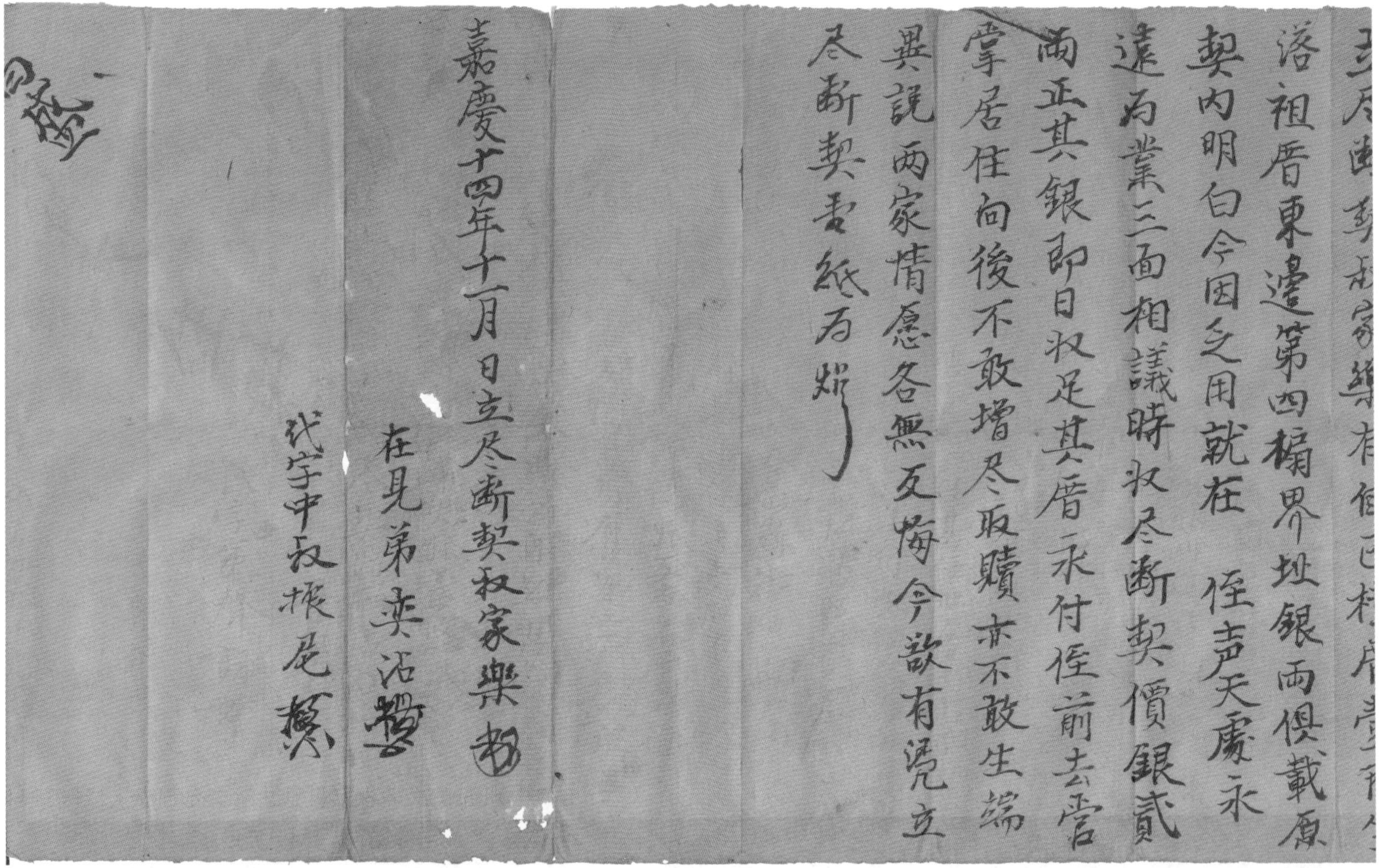

落祖厝東邊第四橺界址銀兩俱載原
契内明白今因乏用就在　侄声天處永
遠爲業二面相議時收盡斷契價銀貳
兩正其銀即日收足其厝永付侄前去營
掌居住向後不敢增盡取贖亦不敢生端
異説兩家情愿各無反悔今欲有憑立
盡斷契壹紙爲炤
嘉慶十四年十一月　日立盡斷契叔家樂（押）
在見弟奕治（押）
代字中叔振尾（押）

9-4-15-2　清嘉慶十四年十一月楊家樂立盡斷厝契

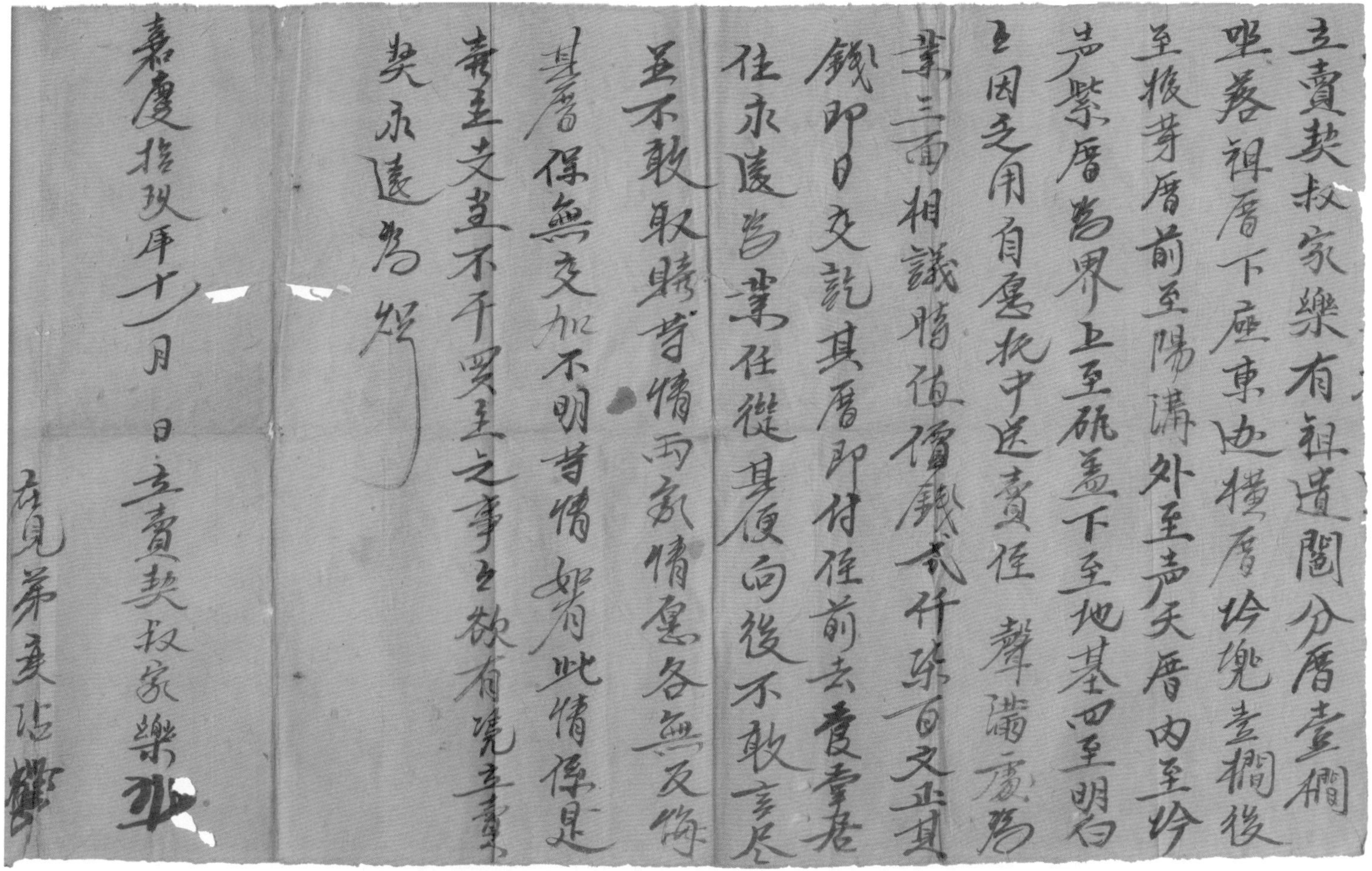

立賣契叔家樂有祖遺鬮分厝壹橺
坐落祖厝下座東邊橫厝玲兜壹橺後
至猴芽厝前至陽溝外至声天厝内至玲
声紫厝為界上至硋蓋下至地基四至明白
今因乏用自愿托中送賣任　聲滿處為
業三面相議時值價錢貳仟柒百文正其
錢即日交訖其厝即付侄前去管掌居
住永遠為業任從其便向後不敢言尽
亦不敢取贖昔情兩家情愿各無反悔
其厝保無交加不明昔情如有此情係是
賣主支直不干買主之事今欲有憑立賣
契永遠為照
嘉慶拾玖年十一月　日立賣契叔家樂（押）
在見弟亥諧（押）

9-4-15-3　清嘉慶十九年十一月楊家樂立賣厝契

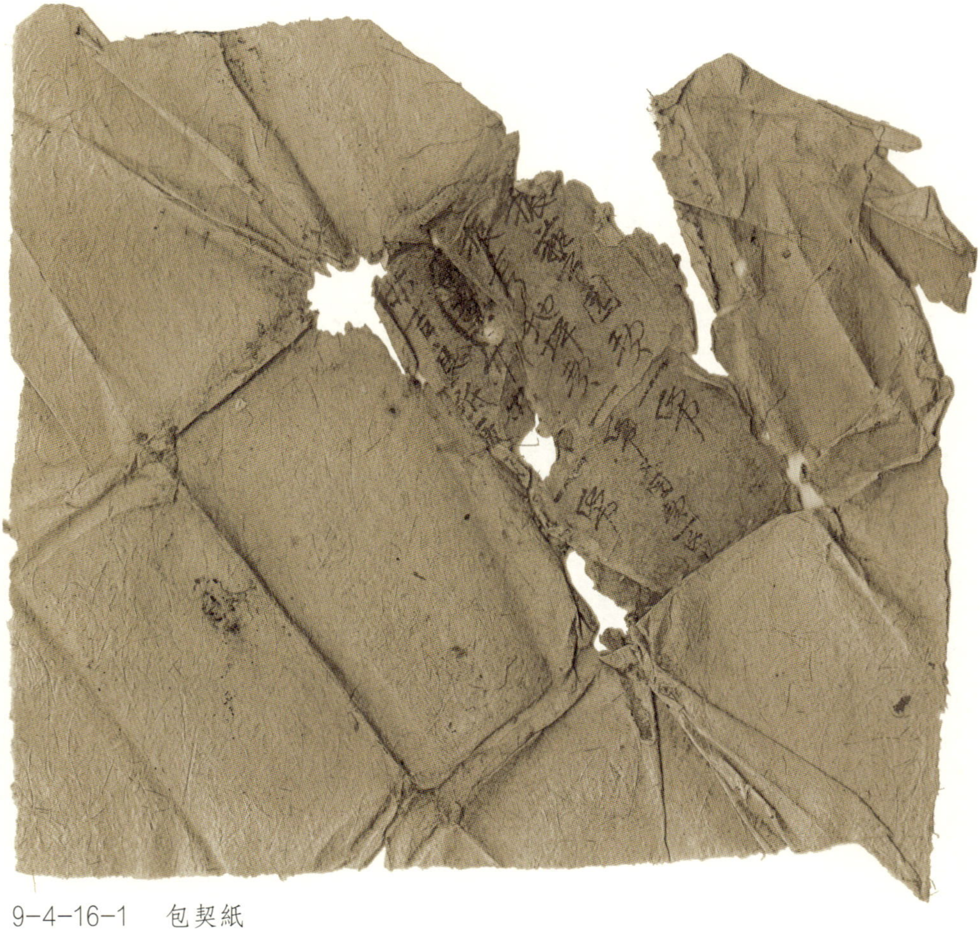

9-4-16-1　包契紙

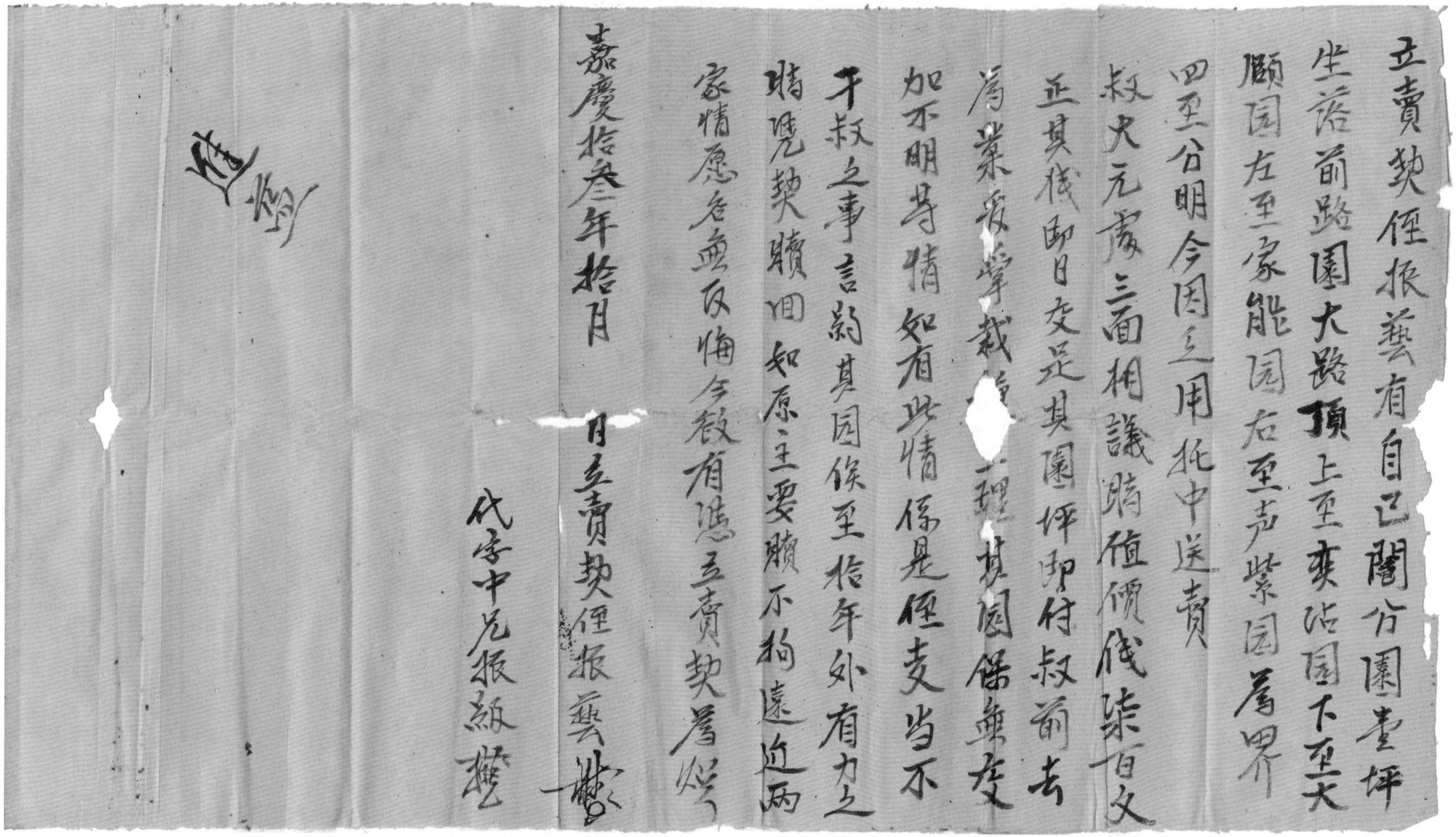

立賣契侄振藝有自己闔分園壹坪
坐落前路園大路頂上至來诂園下至大
顧園左至家能園右至声紫園爲界
四至分明今因乏用托中送賣
叔大元處三面相議賠值價錢柒百文
正其錢即日交足其園坪即付叔前去
爲業栽掌栽[illegible]理其園係無交
加不明等情如有此情係是侄支当不
干叔之事言約其園傢至拾年外有力之
時照契贖回如原主要贖不拘遠近兩
家情愿各無反悔今欲有憑立賣契爲照
嘉慶拾叁年拾月　日立賣契侄振藝（押）
代字中兄振敍（押）

9-4-16-2　清嘉慶十三年十月楊振藝立賣園契

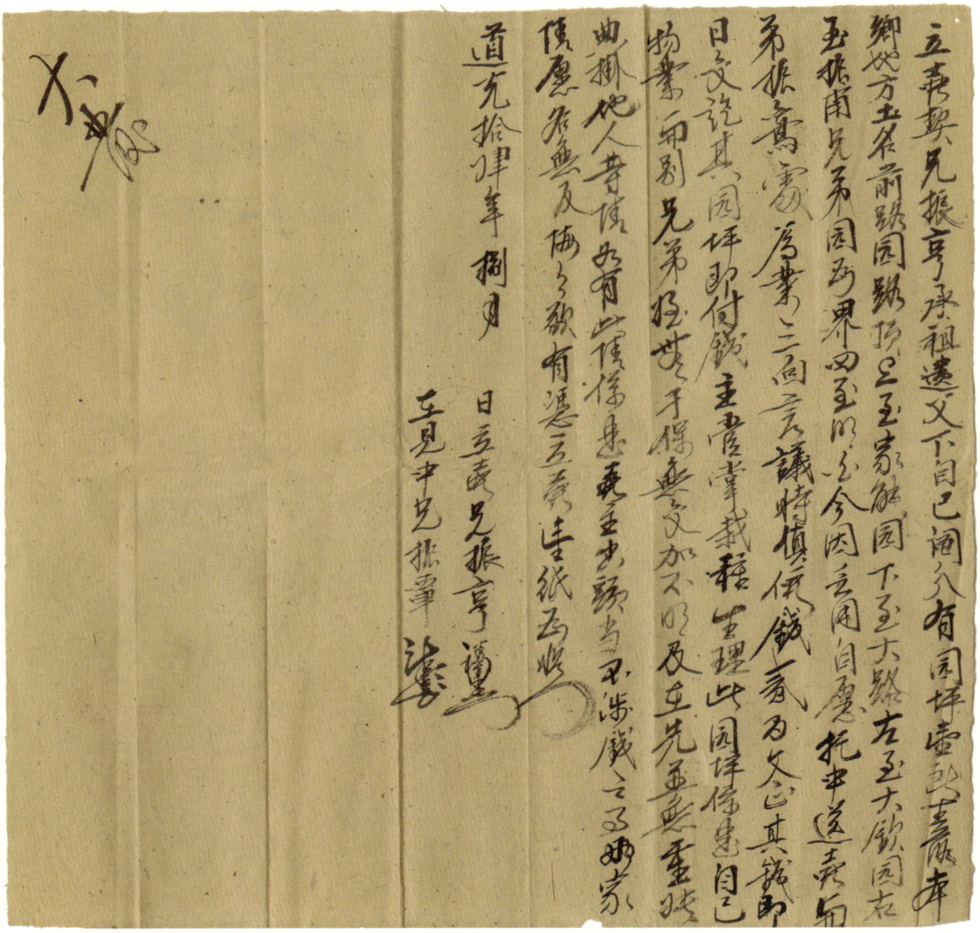

立賣契兄振亨承祖遺父下自己鬮分有園坪壹所坐[illegible]本
鄉地方土名前路園路頭上至家[illegible]園下至大路左至大[illegible]園右
至振甫兄弟園爲界四至明白今因乏用自願托中送賣與
弟振[illegible]爲業三面言議時值價錢[illegible]文正其錢即
日交訖其園坪即付錢主管掌栽種管理此園坪係是自己
物業兩無別兄弟侄等干涉亦無文加不明及重張
典掛他人等情如有此情係是賣主出頭當抵不涉錢主之事此系
情愿各無反悔今欲有憑立賣契紙爲照
道光拾肆年捌月　日立賣契兄振亨（押）
在見中兄振[illegible]（押）

9-4-16-3　清道光十四年八月楊振亨立賣園坪契

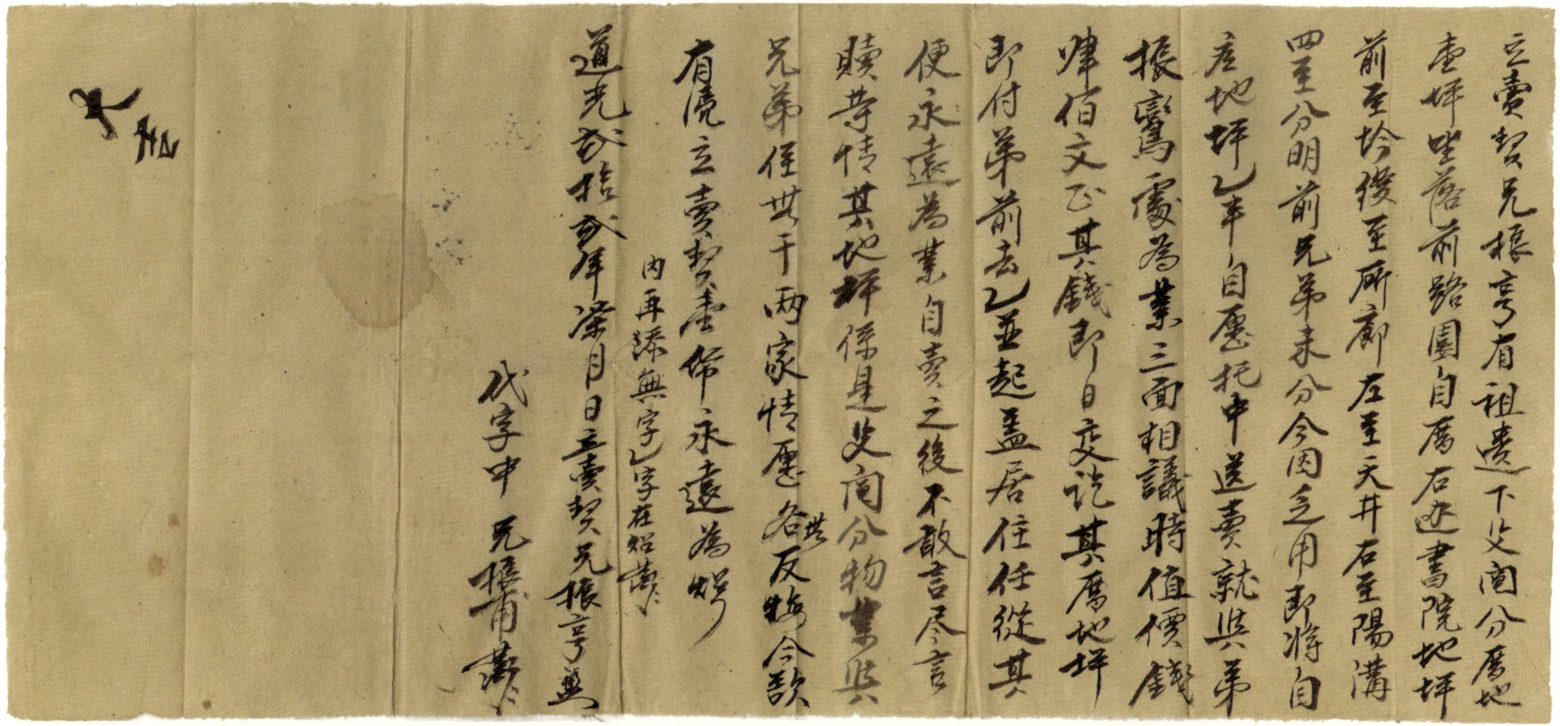
立賣契兄振亨有祖遺下叓鬮分厝地
壹坪坐落前路園自厝右邊書院地坪
前至拾級至廁廊左至天井右至陽溝
四至分明前兄弟未分今因乏用即將自
厝地坪乙半自愿托中送賣就與弟
振鸞處為業三面相議時值價錢
肆佰文正其錢即日交訖其厝地坪
即付弟前去乙並起蓋居住任從其
便永遠為業自賣之後不敢言尽言
贖等情其地坪係是叓鬮分物業與
兄弟侄共干兩家情愿各無反悔今欲
有憑立賣契壹紙永遠為炤
內再添無字乙字在炤讚
道光貳拾貳年柒月　日立賣契兄振亨（押）
代字中兄振甫讚
大利

9-4-16-4　清道光二十二年七月楊振亨立賣厝地契

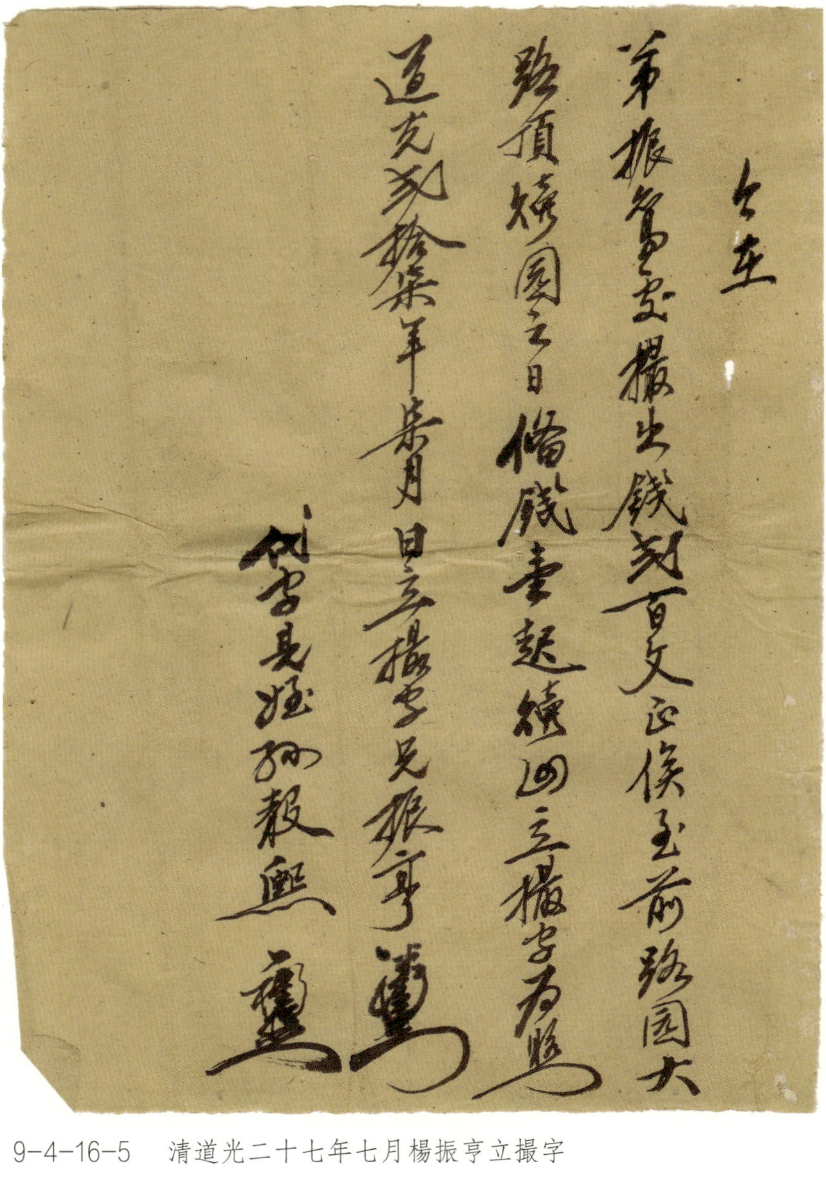

今在
弟振富處撮出錢貳百文正，係是前路園大
路貢積園之日備錢壹起續回，立撮字為照。
道光貳拾柒年柒月　日立撮字兄振亨
代字兄猛獅報照

9-4-16-5　清道光二十七年七月楊振亨立撮字

立賣契弟家問有父置糞池地壹只
坐落本鄉土名坑尾坑圳後頭壹个外至
家出糞池為界内至路下至路上至声槊
糞池為界四至分明今因乏用自愿托
中送賣與　兄家能需為業三面相議
時值價錢捌百文正其錢即日交訖其
糞池地即付兄出理管為業保無
交加不明等情如有此情係是賣主支
當不干買主之事其期言約叁年已滿
有力之時憑契贖回立數有憑立賣
契為照

嘉慶貳拾壹年十二月　日　立賣契弟家問
在見中叔義詳

9-4-17-1　清嘉慶二十一年十二月楊家問立賣糞池地契

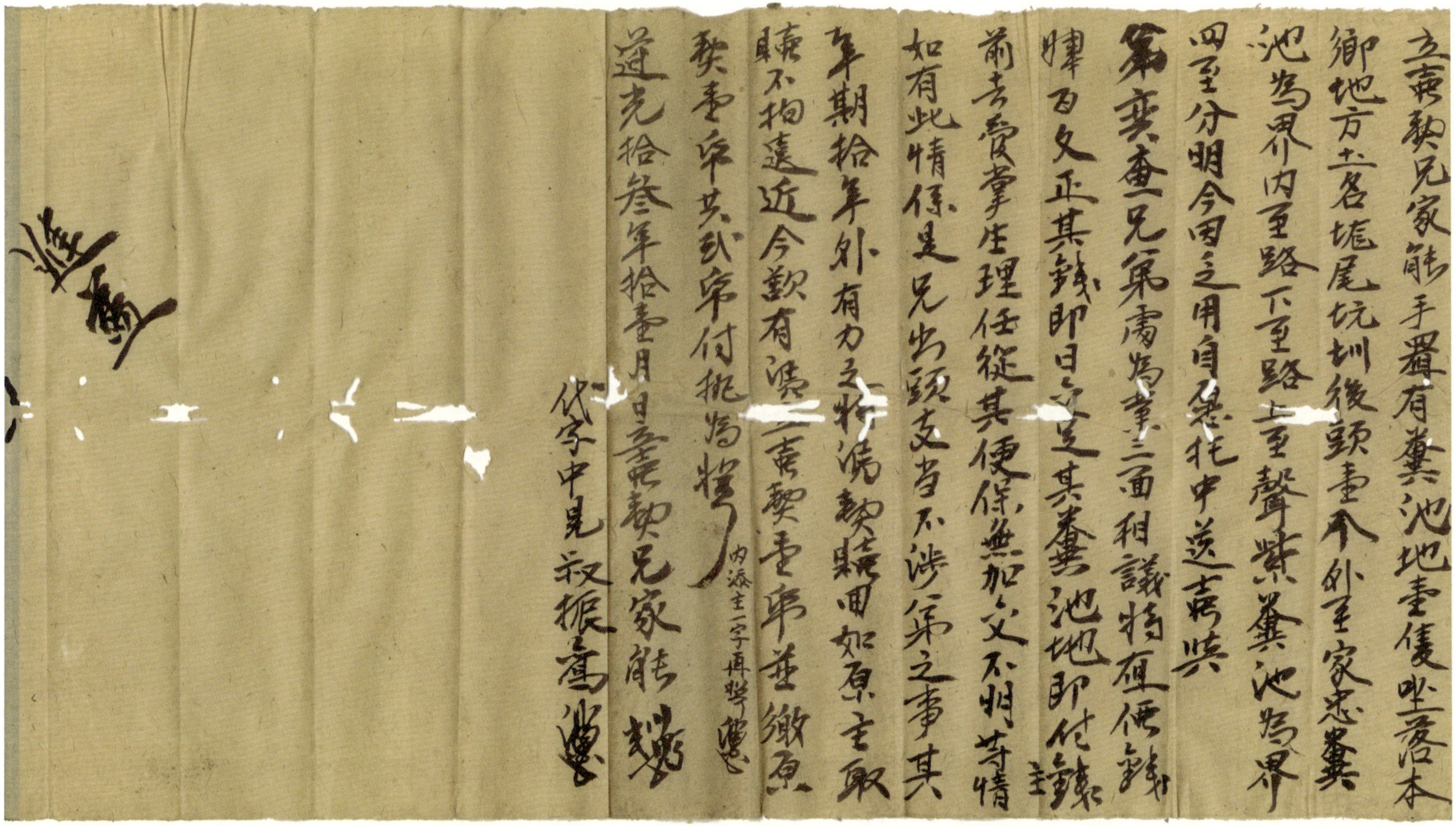

立賣契兄家能手置有糞池地壹隻，坐落本鄉地方，土名墟尾坑圳後頭壹个，外至家忠糞池為界，內至路，下至路，上至聲紫糞池為界，四至分明。今因乏用，自愿托中送吉與弟奕奎兄弟處為業，三面相議，特価錢肆百文正。其錢即日交足，其糞池地即付錢主前去管掌生理，任從其便，係無加找、不明等情。如有此情，係是兄出頭支當，不涉弟之事。其年期拾年外，有力之時，備契贖回，如原主取贖，不拘遠近，今歡有憑，立賣契壹帋並繳原契壹帋，共貳帋付執為據。（內添主一字再照）

道光拾叁年拾壹月　日立賣契兄家能（押）

代字中見叔振高（押）

9-4-17-2　清道光十三年十一月楊家能立賣糞池地契

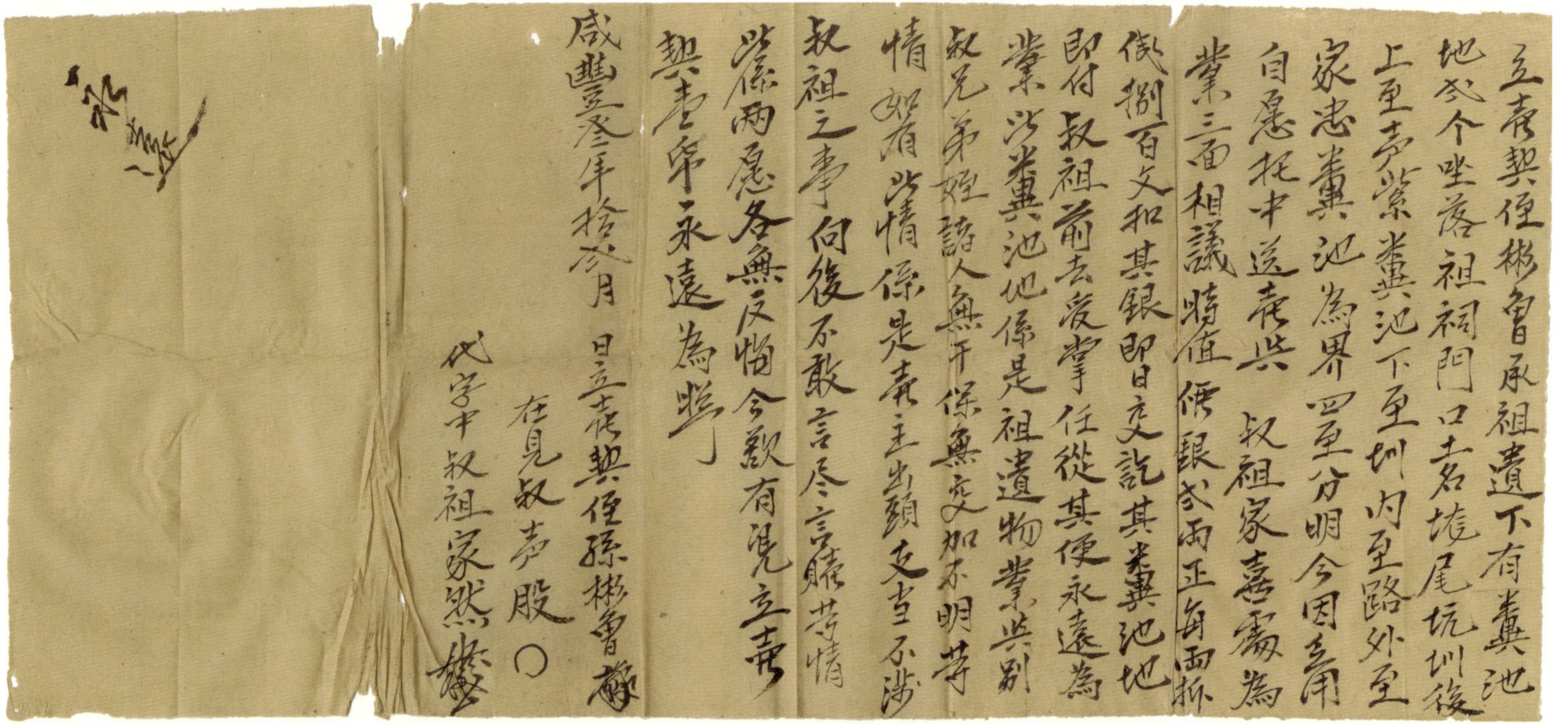
立賣契侄彬曾承祖遺下有糞池
地壹个坐落祖祠門口土名塘尾坑圳後
上至本家糞池下至圳内至路外至
家忠糞池為界四至分明今因無用
自愿托中送與　叔祖家嘉𠦃為
業三面相議時值價銀壹兩正每兩折
價捌百文扣其銀即日交訖其糞池地
即付　叔祖前去管掌任從其便永遠為
業此糞池地係是祖遺物業與別
叔兄弟姪諸人無干係無交加不明等
情如有此情係是賣主出頭支當不涉
叔祖之事向後不敢言盡言贖等情
此係兩愿各無反悔今欲有憑立賣
契壹帋永遠為照
咸豐叁年拾貳月　日立賣契侄孫彬曾（押）
在見叔本房殷　○
代字中叔祖家烋（押）

9-4-17-3　清咸豐三年十二月楊彬曾立賣糞池地契

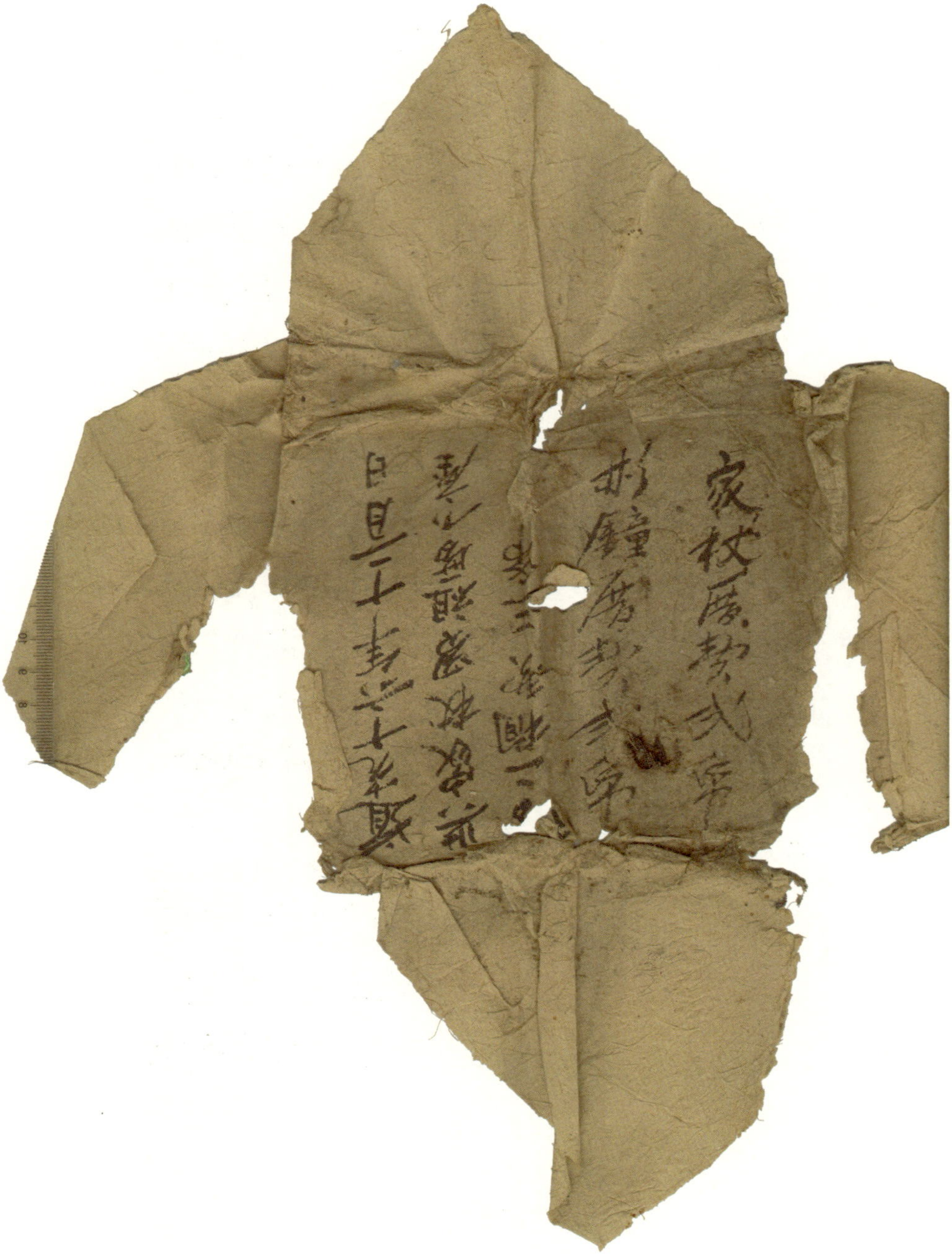

9-4-18-1　包契紙

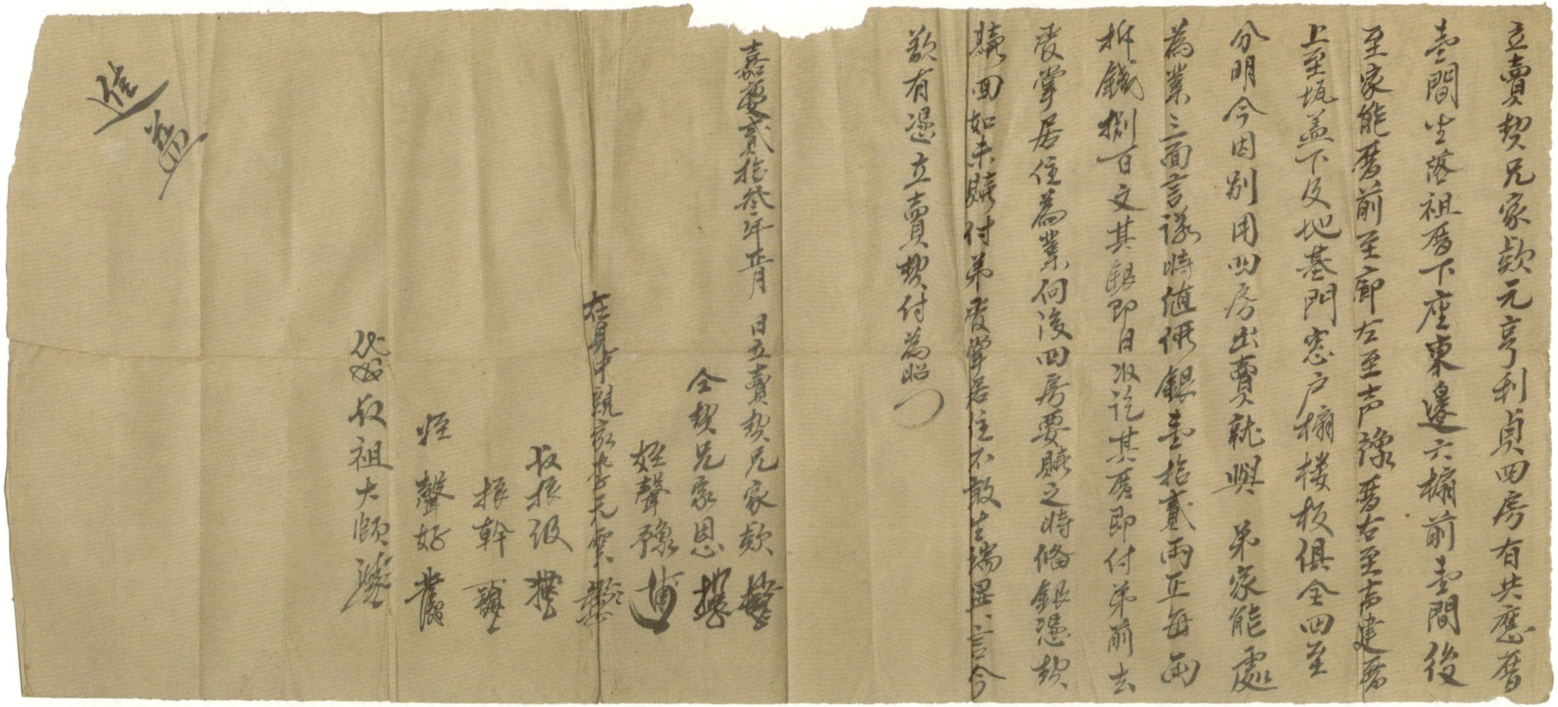

立賣契兄家欵元亨利貞四房有共應厝
壹間坐落祖厝下座東邊六𥶄前壹間後
至家能厝前至廊右至吉户𥙿厝右至吉建厝
上至瓦蓋下至地基門窓户𥶄楼板俱全四至
分明今因别用四房出賣就與 弟家能處
為業三面言議時值價銀壹拾貳兩正每兩
折錢捌百文其銀即日收訖其厝即付弟前去
管掌居住為業向後四房要贖之時備銀憑欵
贖回如未贖付弟管掌居住不敢生端異言今
欲有憑立賣契付為照

嘉慶貳拾叁年正月 日立賣契兄家欵
仝契兄家恩
姪聲豫
在見中親房叔元寶
叔振銀
振幹
姪聲如
代筆叔祖大顯

佳登

9-4-18-2 清嘉慶二十三年正月楊家欵等立賣厝契

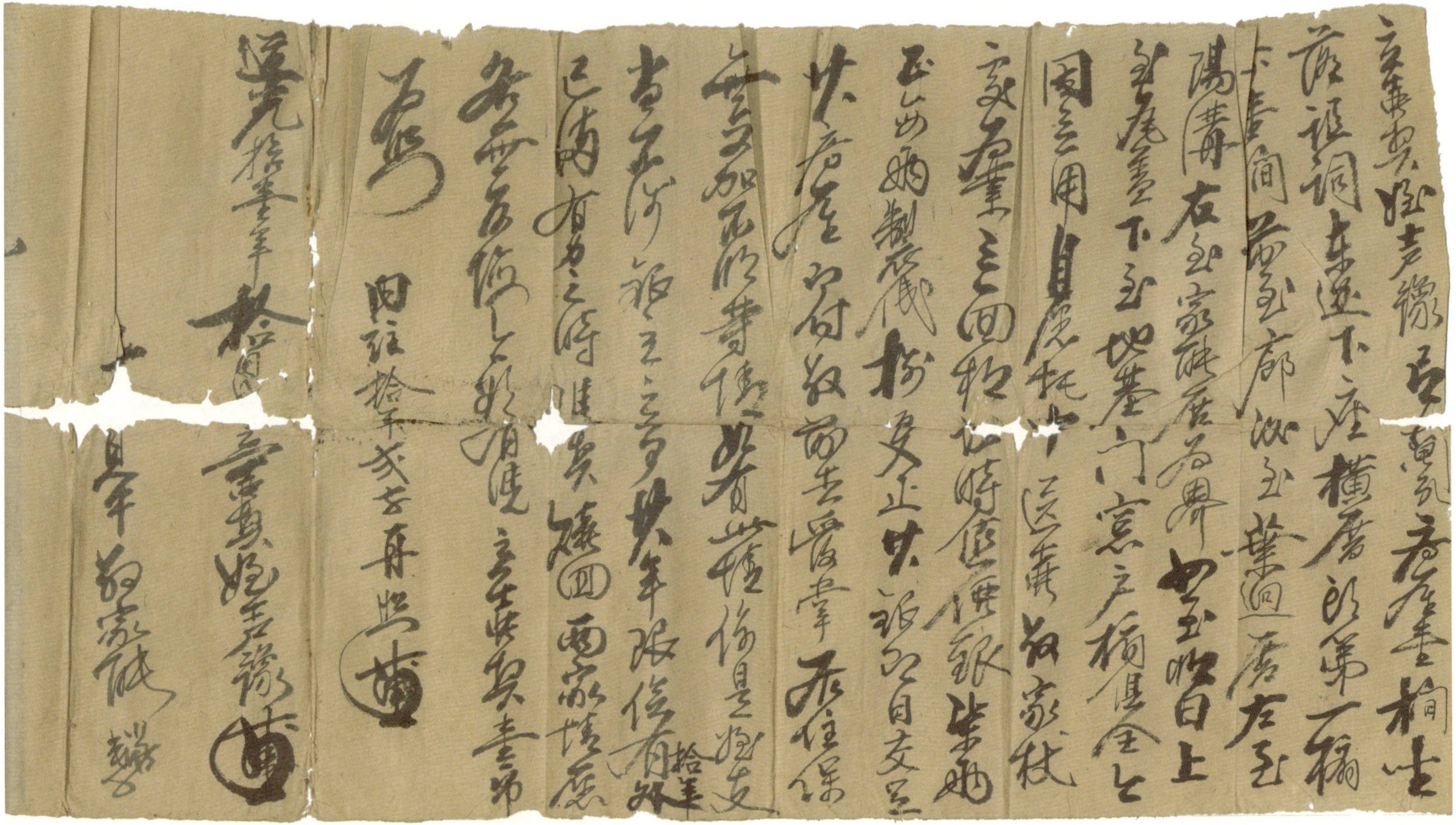

9-4-18-3　清道光十一年十月楊声豫立賣房屋契

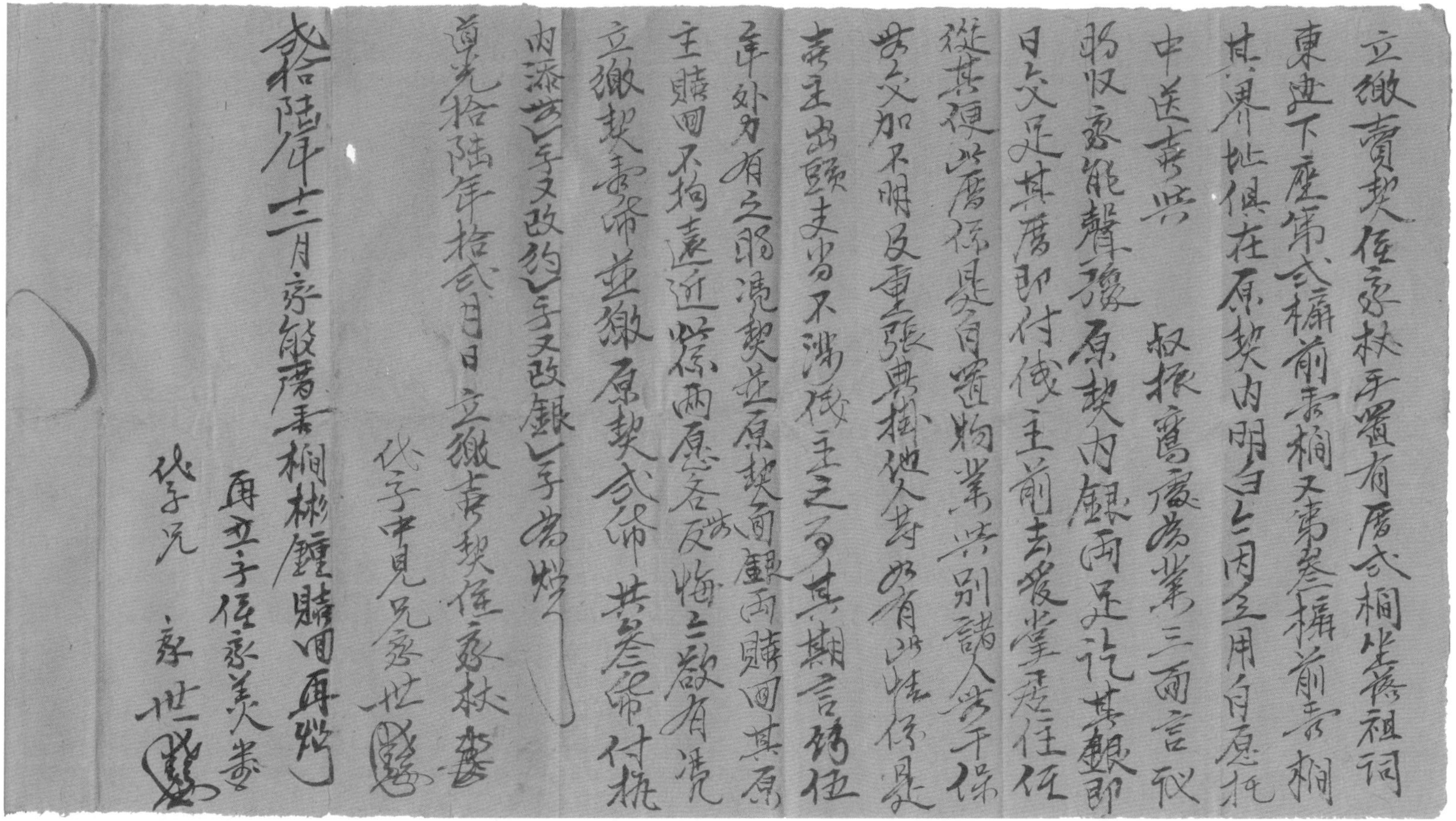
立繳賣契人侄家杖承置有厝弍桐坐落祖祠
東邊下座第弍𣕋前壹桐又第叁𣕋前壹桐
其界址俱在原契內明白今因乏用自愿托
中送與　叔振鳳處為業三面言議
時收家能聲讓原契內銀兩足訖其銀即
日交足其厝即付伐主前去發掌居住任
從其便此厝係是自置物業與別請人無干係
無交加不明及重張典掛他人等如有此情係是
賣主出頭支當不涉伐主之事其期言請伍
年外方有之照憑契並原契面銀兩贖回其原
主贖回不拘遠近此係兩愿各無反悔今欲有憑
立繳契壹帋並繳原契弍帋共叁帋付執
內添此字又改約字又改銀字為照
道光拾陸年拾弍月　日　立繳賣契侄家杖（押）
代字中見兄家世（押）
弍拾陸年十二月家能厝壹桐彬鍾贖回再照
再立子侄家美（押）
代字兄　家世（押）

9-4-18-4　清道光十六年十二月楊家杖立繳賣厝契

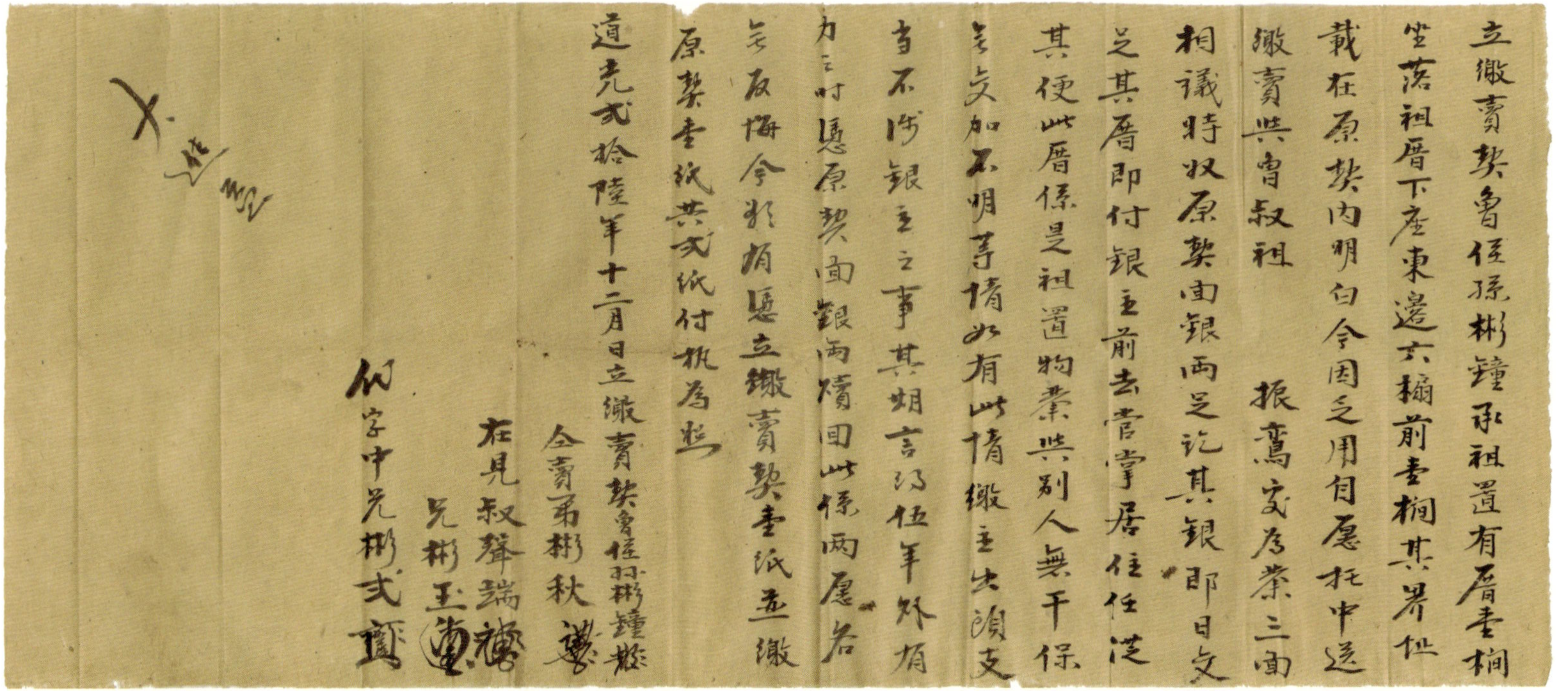

立繳賣契魯侄孫彬鐘承祖置有厝壹裀
坐落祖厝下座東邊六橺前壹裀，其界址
載在原契內明白。今因乏用，自愿托中送
繳賣與魯叔祖　振蔦安為業，三面
相議時值原契面銀兩足訖，其銀即日交
足，其厝即付銀主前去管掌居住，任從
其便。此厝係是祖置物業，與別人無干，保
無交加不明等情，如有此情，繳主出頭支
當，不涉銀主之事。其明言限伍年外，備
办原契面銀兩，續回此係兩愿，各
無反悔。今欲有憑，立繳賣契壹紙，並繳
原契壹紙，共貳紙，付執為照。
道光貳拾陸年十二月　日立繳賣契魯侄孫彬鐘（押）
仝賣弟彬秋（押）
在見叔聲端（押）
兄彬玉（押）
代字中兄彬式（押）

9-4-18-5　清道光二十六年十二月楊彬鐘等立繳賣厝契

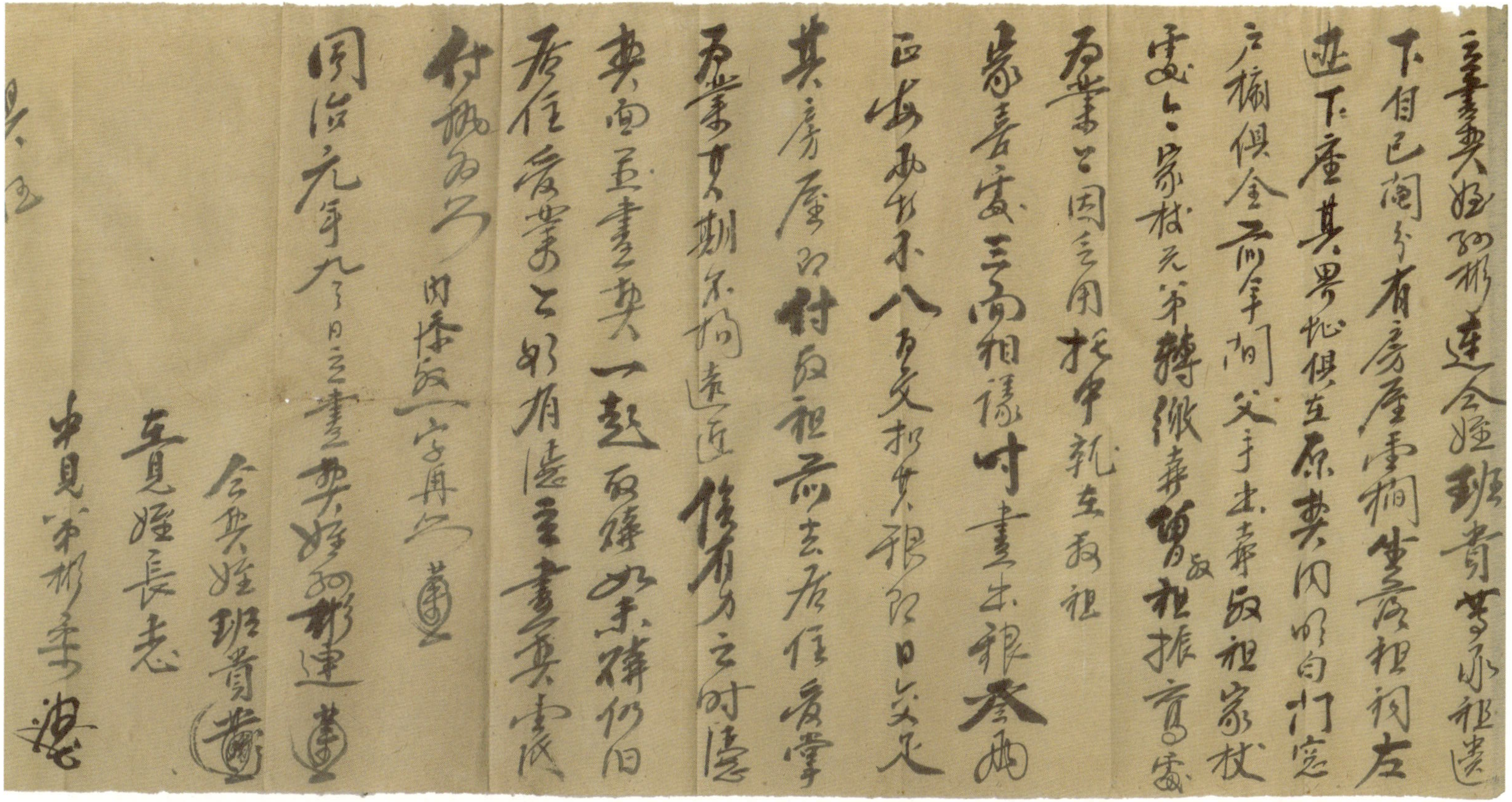
立賣契姪孫彬連仝姪班貴等承祖遺
下自己閹分有房屋壹橺坐落祖祠左
邊下座，其界址俱在原契內明白，門窗
户樀俱全。今年間父手出賣與叔祖家杖
處，今家杖兄弟轉繳賣與曾叔祖振育處
為業。今因乏用，托中就在叔祖
壽喜處三面相議時賣出銀叁兩
正，此係不入分文，收其銀即日交足。
其房屋即付叔祖前去居住管業
為業，其期不拘遠近，俟有力之時憑
契面並賣契一起取贖，如業價仍旧
居住管業。今欲有憑，立賣契壹紙
付執為照。　內添叔一字再照
同治元年九月　日立賣契姪孫彬連
仝契姪班貴
在見姪長志
中見叔彬年

9-4-18-6　清同治元年九月楊彬連等立賣房屋契

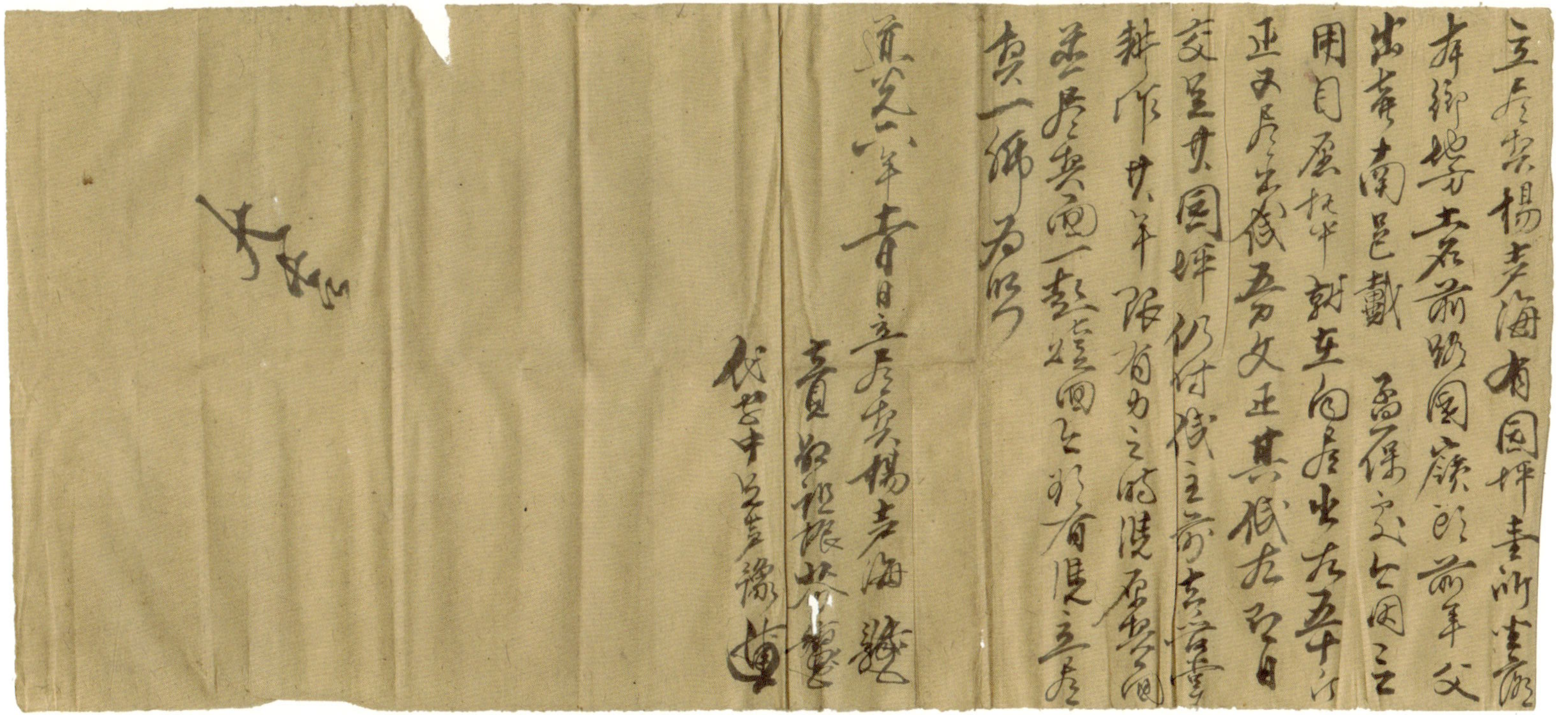

立盡契楊声海有園坪壹所坐落
本鄉地方土名前路園嶺頭前年父
出賣南邑戴 為業今因乏
用自愿托中就在向[illegible]出盡五千文
正又盡出錢五百文正其錢[illegible]日
交足其園坪仍付錢主前去管業
耕作其年限有力之時[illegible]原價贖回
並無異言一盡[illegible]有憑立盡
契一紙為照
道光六年十一月 日立盡契楊声海 號
[illegible]
代書中[illegible]

9-4-19-1　清道光六年十一月楊声海立盡園坪契

立賣契侄孫声海承祖遺下有園坪壹
所坐落本鄉地方土名前路園厝下上至本
宮恩主尊王園下至竹林左至田右至路
為界四至分明今因乏用自愿托中送賣
與叔祖根鸞侄彬貳二人仝處為業三面相
議時值價錢壹仟弍百文正其錢即日交足
其園坪即付錢主前去掌管栽種生理任
從其便此園係是自己祖遺物業與別房人
無干保無交加不明及重張等情如有此情
係是賣主出頭支當不涉買主之事此係兩
愿各無反悔今欲有憑立賣契壹紙為照

道光拾叁年十月　日立賣契侄孫声海（押）
知契弟葉淩海（押）
在見中叔奕沾（押）

大進

9-4-19-2　清道光十三年十月楊声海立賣園坪契

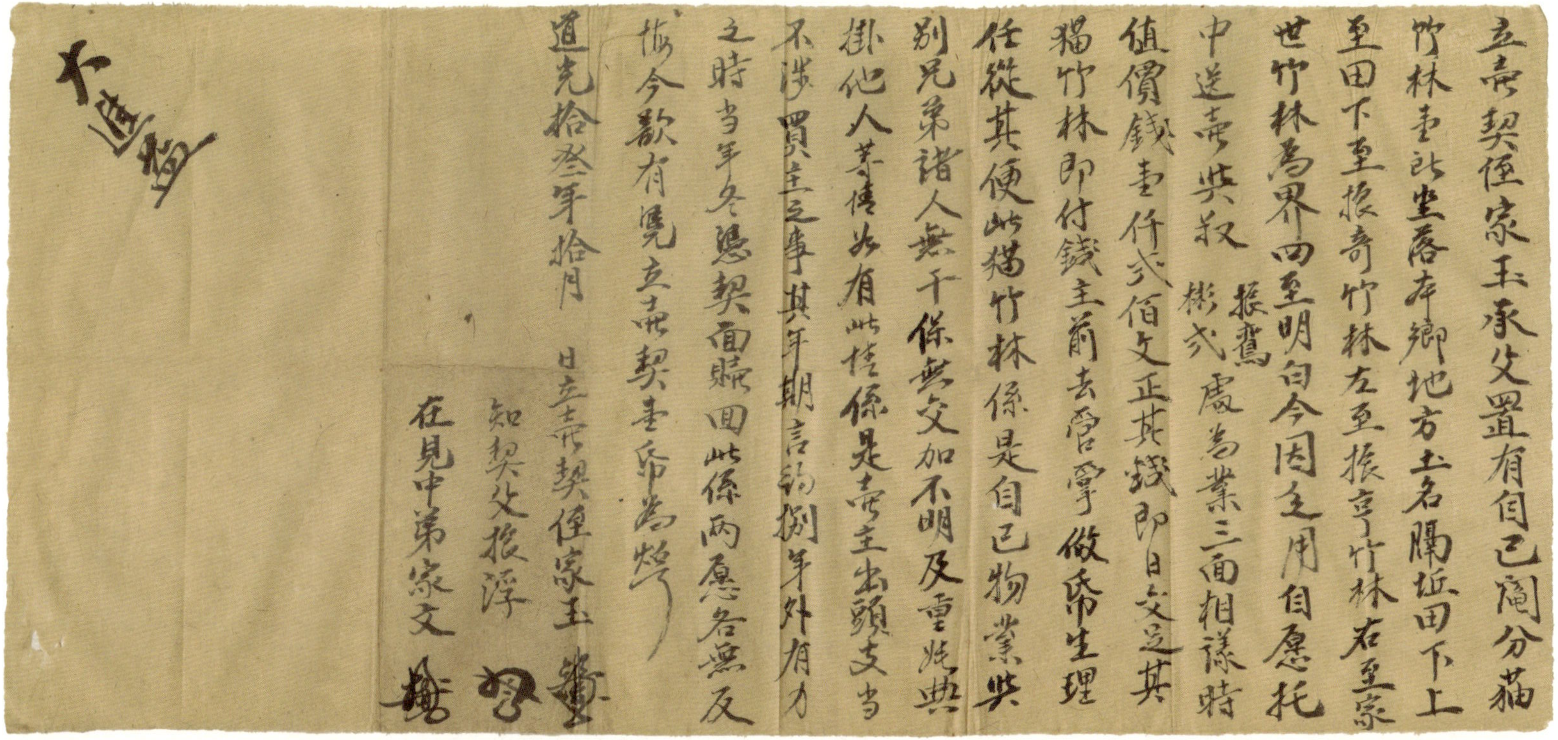
立賣契侄家玉承父置有自己閹分猫
竹林壹所坐落本鄉地方土名隔垅田下上
至田下至振奇竹林左至振亨竹林右至家
世竹林為界四至明白今因乏用自愿托
中送賣與叔振鸞彬式處為業三面相議時
值價錢壹仟弍佰文正其錢即日交足其
猫竹林即付錢主前去管掌做䉶生理
任從其便此猫竹林係是自己物業與
別兄弟諸人無干係無文加不明及重張典
掛他人等情如有此情係是賣主出頭支當
不涉買主之事其年期言約捌年外有力
之時當年冬憑契面贖回此係兩愿各無反
悔今欲有憑立賣契壹帋為照
道光拾叁年拾月　日立賣契侄家玉（押）
知契父振浮（押）
在見中弟家文（押）

9-4-19-3　清道光十三年十月楊家玉立賣猫竹林契

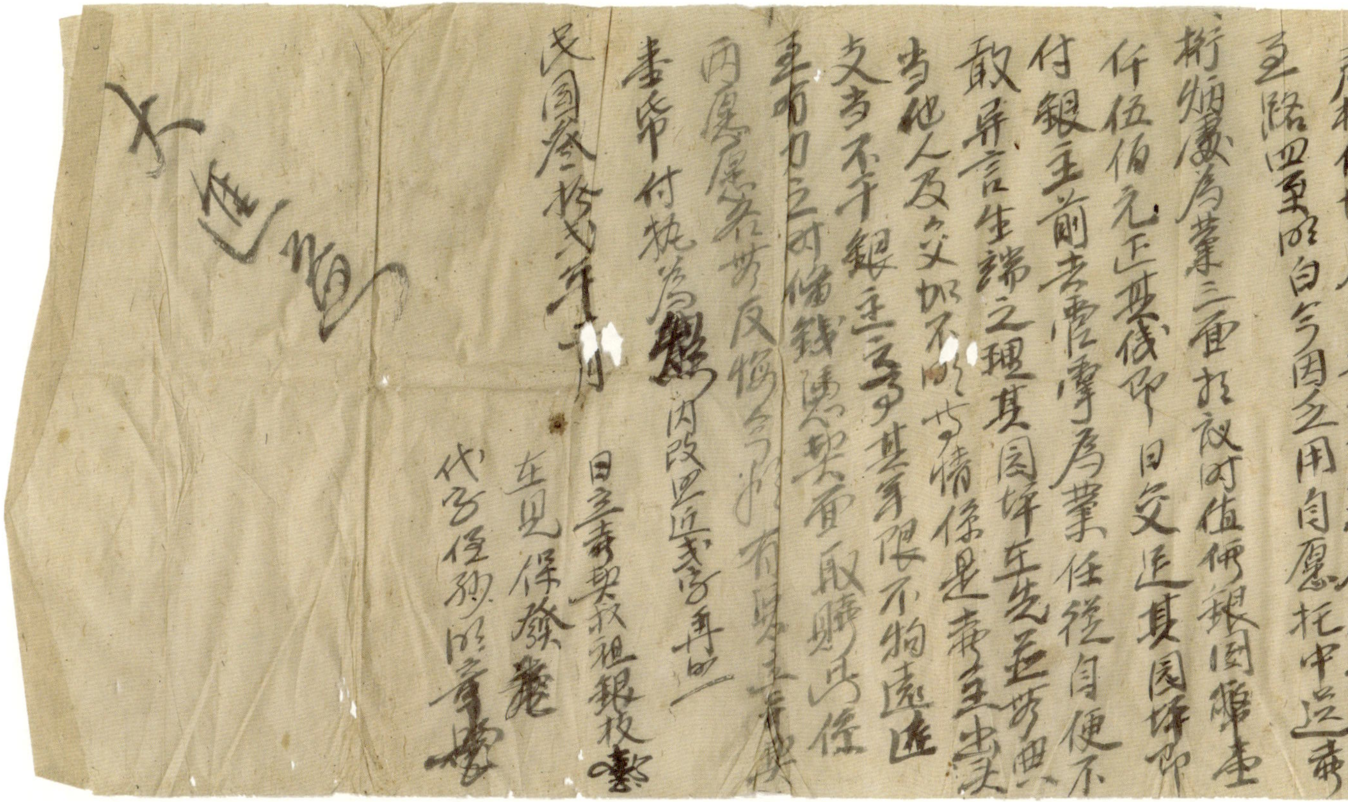
立賣契叔祖銀枝承祖遺下有園坪壹
所坐落本鄉地方土名前路園落上至
声初園坪為業下至本枝為界左田右
至路四至明白今因乏用自愿托中送賣
與姪孫處為業三面言議時値價銀國幣壹
仟伍佰元正其錢即日交足其園坪即
付銀主前去管掌為業任從自便不
敢異言生端之理其園坪在先並無典
當他人及交加不明等情係是賣主出
支當不干銀主之事其年限不拘遠近
主有力之時備錢憑契面取贖此係
兩愿甘休各無反悔今欲有憑立賣契
壹帋付執為照　內改四近式字再照
民國叁拾弍年二月　日立賣契叔祖銀枝（押）
在見保發（押）
代字侄孫照章（押）
大吉

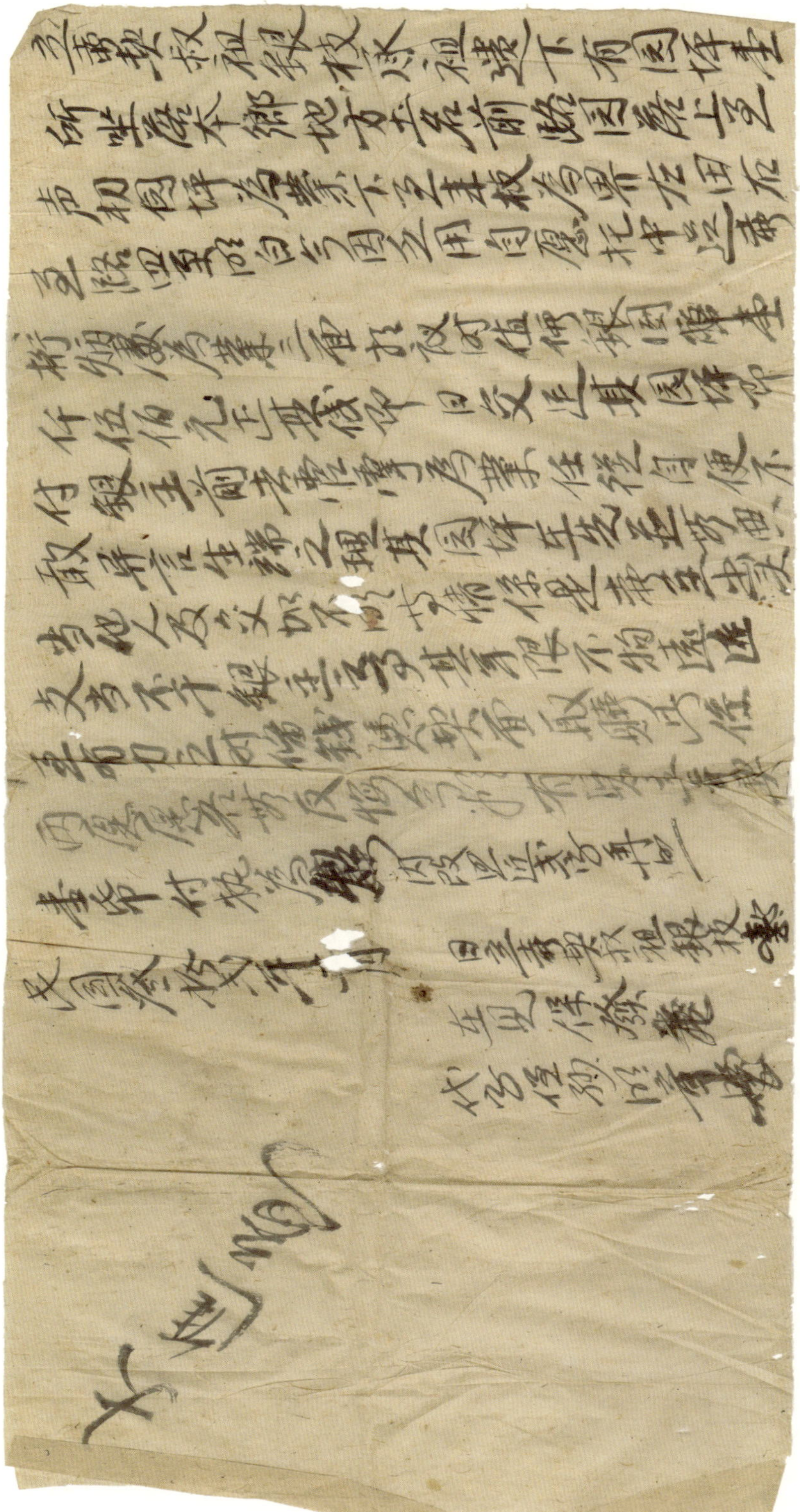

9-4-19-4　民國三十二年二月楊銀枝立賣園坪契

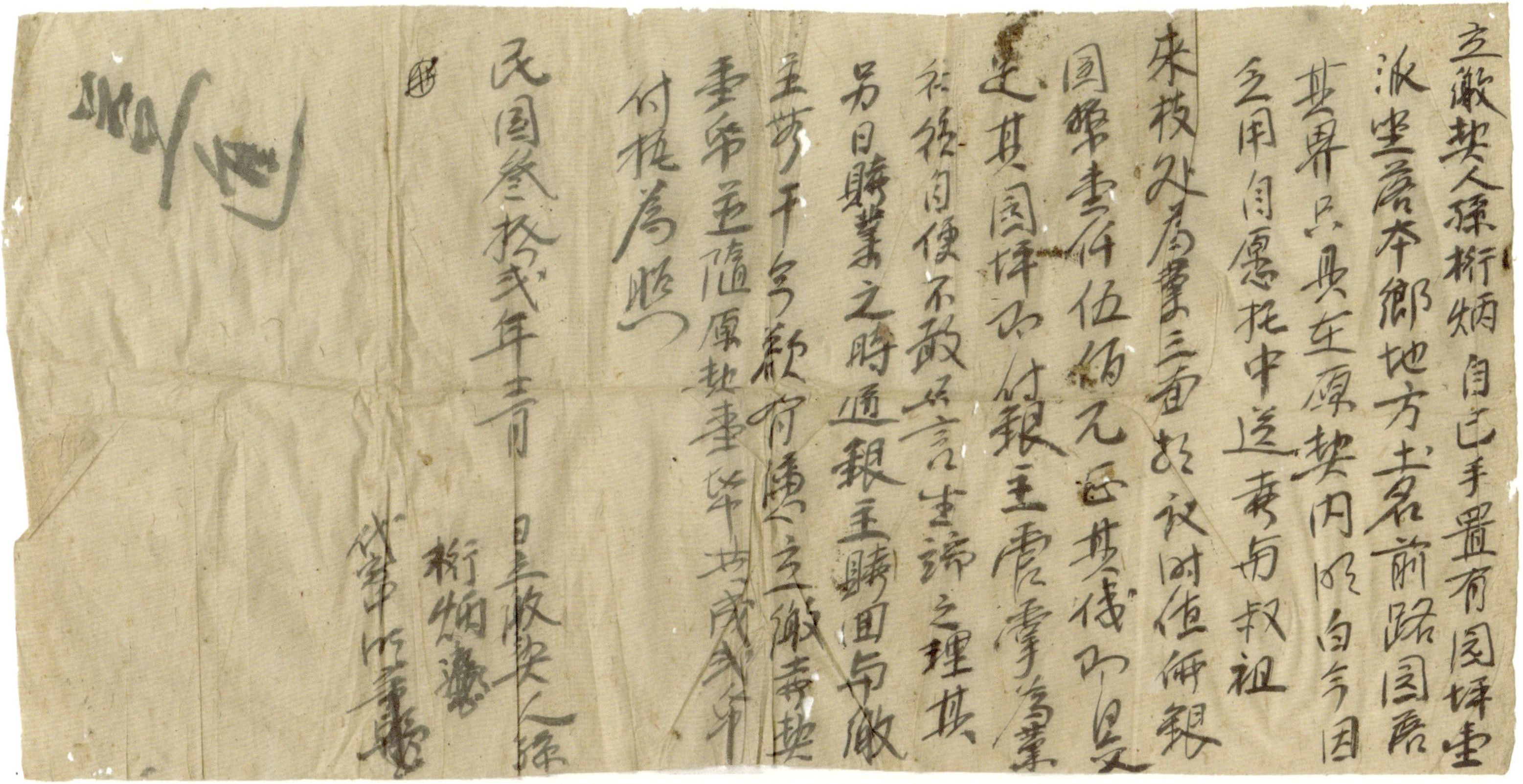

立繳契人楊桁炳自己手置有園坪壹
派坐落本鄉地方土名前路園厝
其界只具在原契內明白今因
乏用自愿托中送與胞叔祖
來枝叉爲業三面議時值佛銀
園價壹仟伍佰元正其銭即日交
足其園坪即付銀主管業爲業
永後自便不敢異言生端之理其
另日贖業之時通銀主贖回與繳
主契平[illegible]款有憑立繳壹契
壹帋並隨原契壹帋共成弍帋
付執爲照
民國叁拾弍年十二月　日立繳契人楊
桁炳（押）
代筆叔叶華（押）

9-4-19-5　民國三十二年十二月楊桁炳立繳園坪契

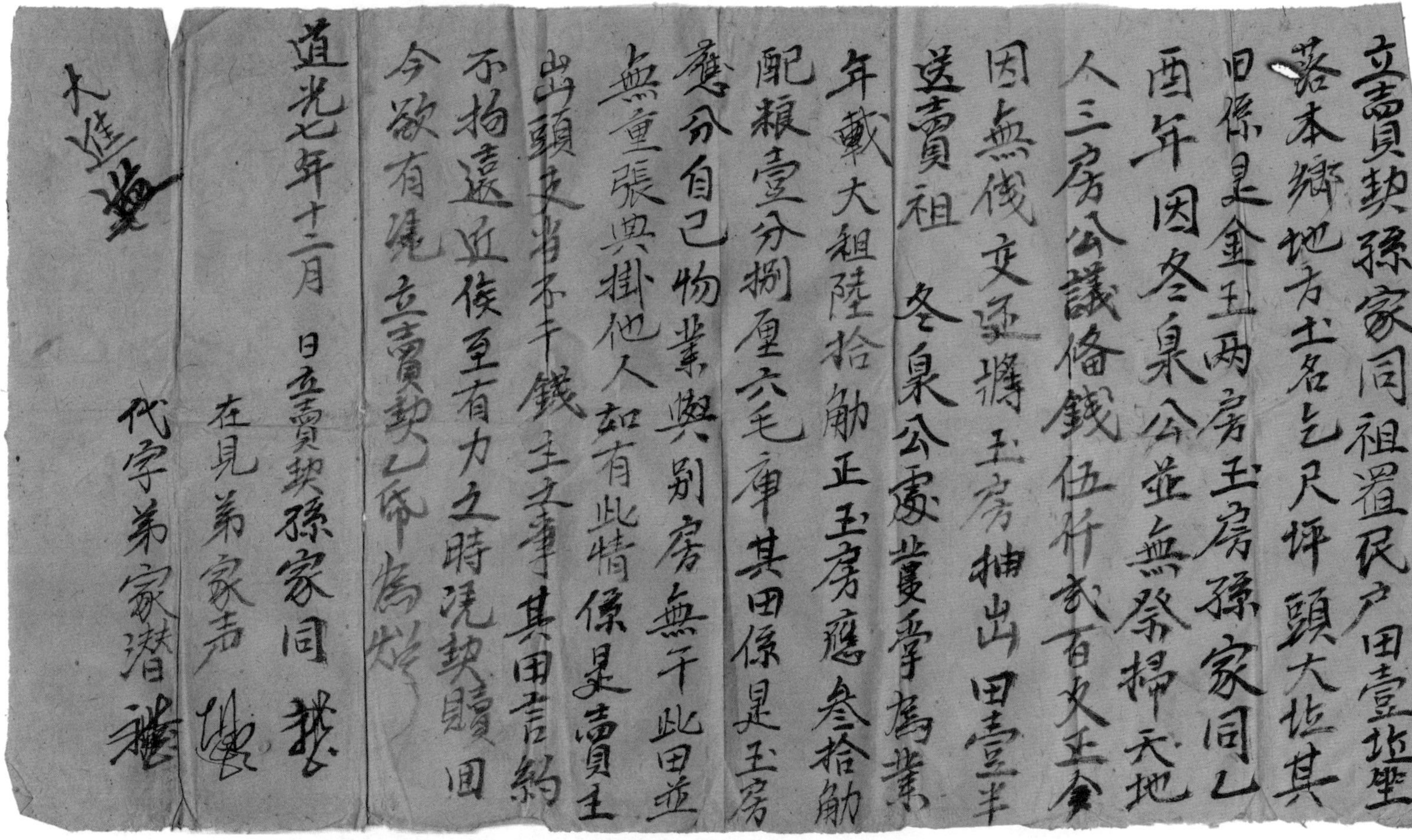

立賣契孫家同祖置民户田壹坵坐
落本鄉地方土名乞尺坪頭大坵其
田係是金玉兩房玉房孫家同乙
酉年因冬梟公並無祭掃天地
人三房公議備錢伍仟貳百文正僉
因無代支送將玉房抽出田壹半
送賣祖　冬梟公處叢學爲業
年載大租陸拾觔正玉房應叁拾觔
配粮壹分捌厘六毛庫其田係是玉房
應分自己物業與別房無干此田並
無重張典掛他人如有此情係是賣主
出頭支當不干錢主之事其田言約
不拘遠近侯至有力之時凭契贖回
今欲有憑立賣契乙紙爲炤

道光七年十二月　日立賣契孫家同（押）
在見弟家声（押）
代字弟家潜（押）

大進（押）

9-4-20-1　清道光七年十二月楊家同立賣民户田契

9-4-21-1　包契紙

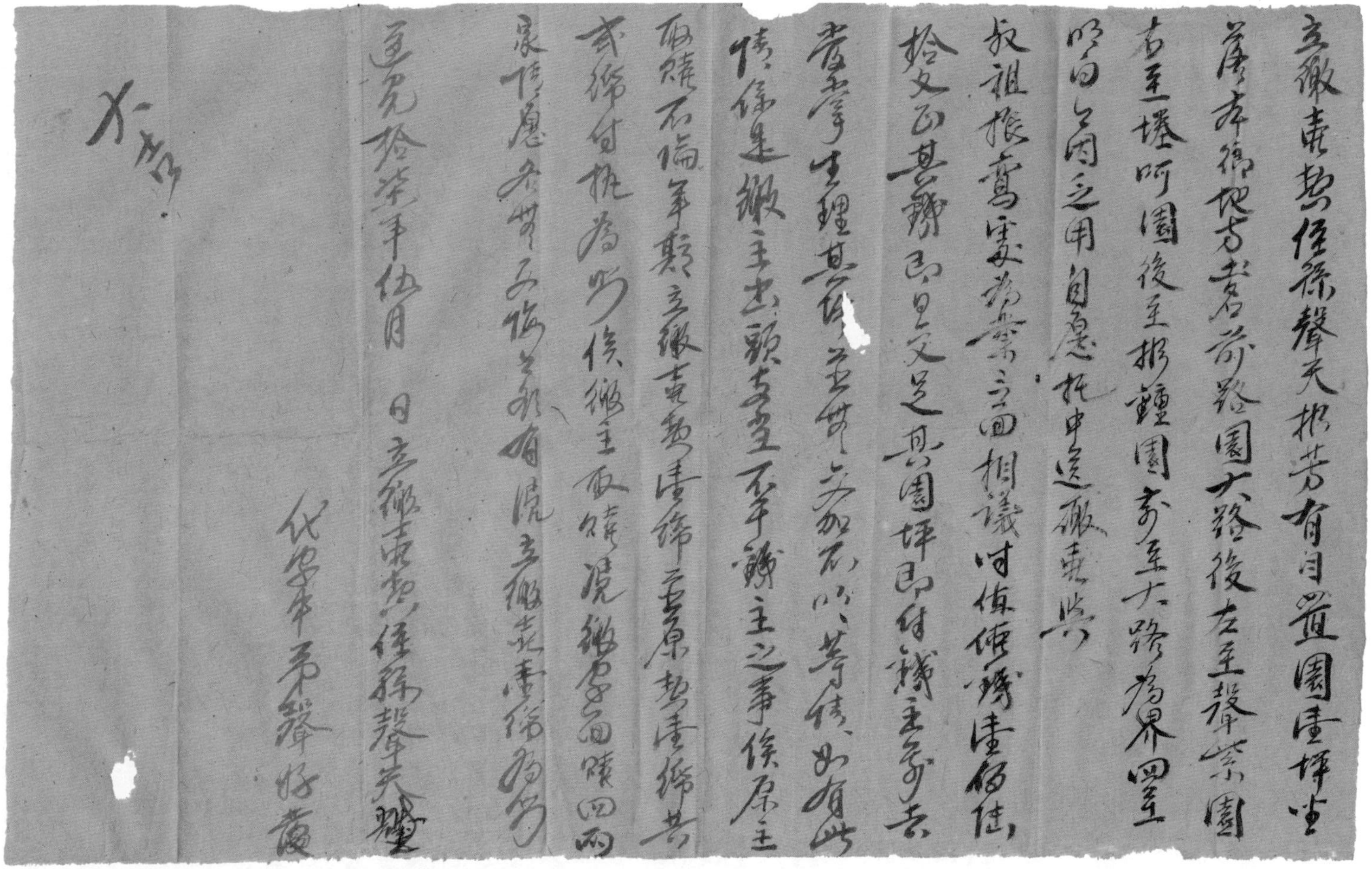

9-4-21-2　清道光十七年五月楊聲天等立繳賣園契

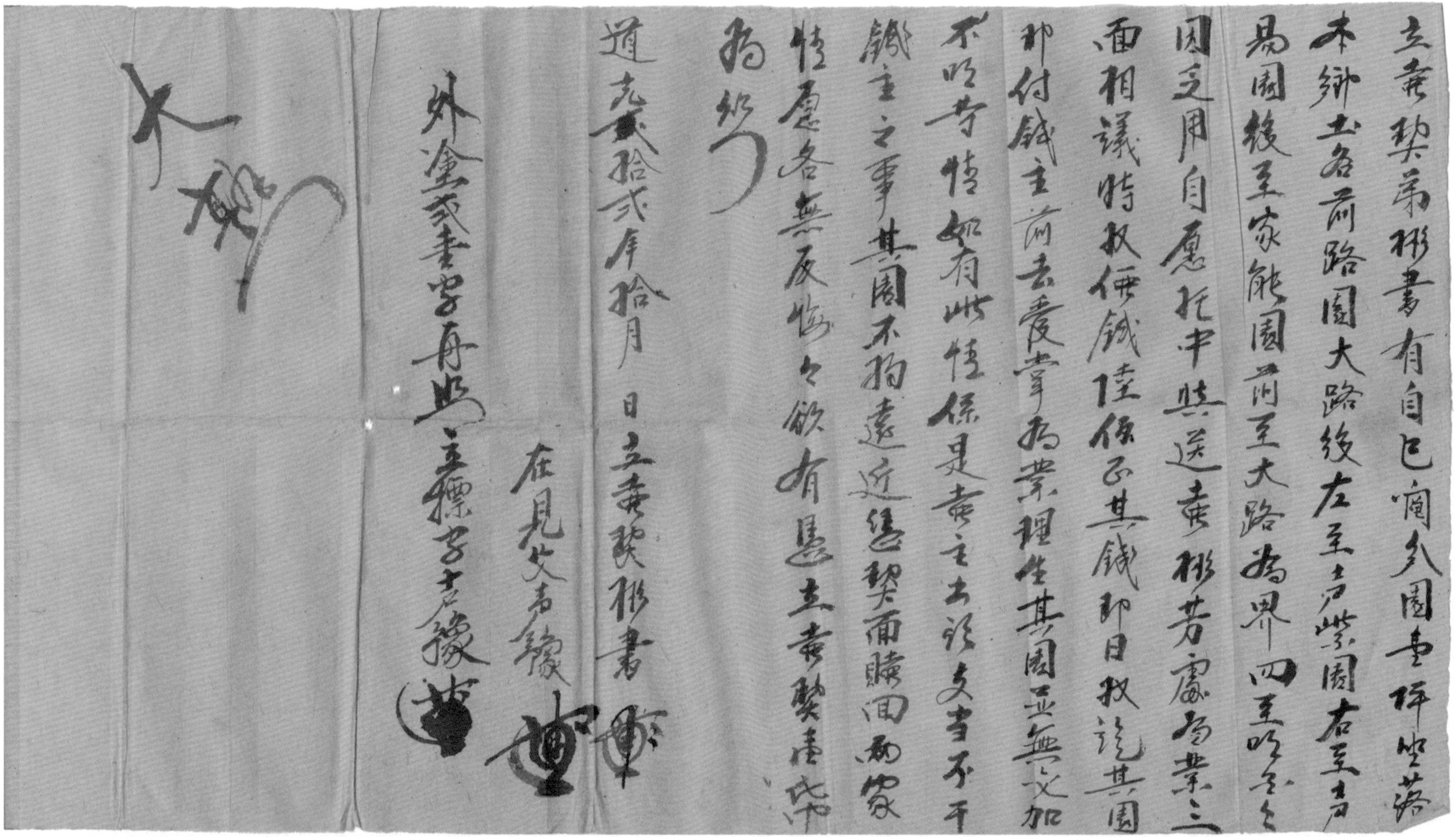

立賣契弟彬書有自己鬮分園壹坪坐落
本鄉土名前路園大路後左至声紫園右至声
爲園後至家能園前至大路爲界四至明白今
因乏用自愿托中送賣彬芳處爲業三
面相議時收価錢陸佰正其錢即日收訖其園
即付錢主前去受掌爲業理值其園並無文加
不明等情如有此情係是賣主出頭支當不干
錢主之事其園不拘遠近繳契面贖回爲家
情愿各無反悔今欲有憑立賣契壹紙
爲照
道光貳拾弍年拾月　日立賣契彬書
在見父吉祿
外塗貳字再照主標字吉祿

9-4-21-3　清道光二十二年十月楊彬書立賣園契

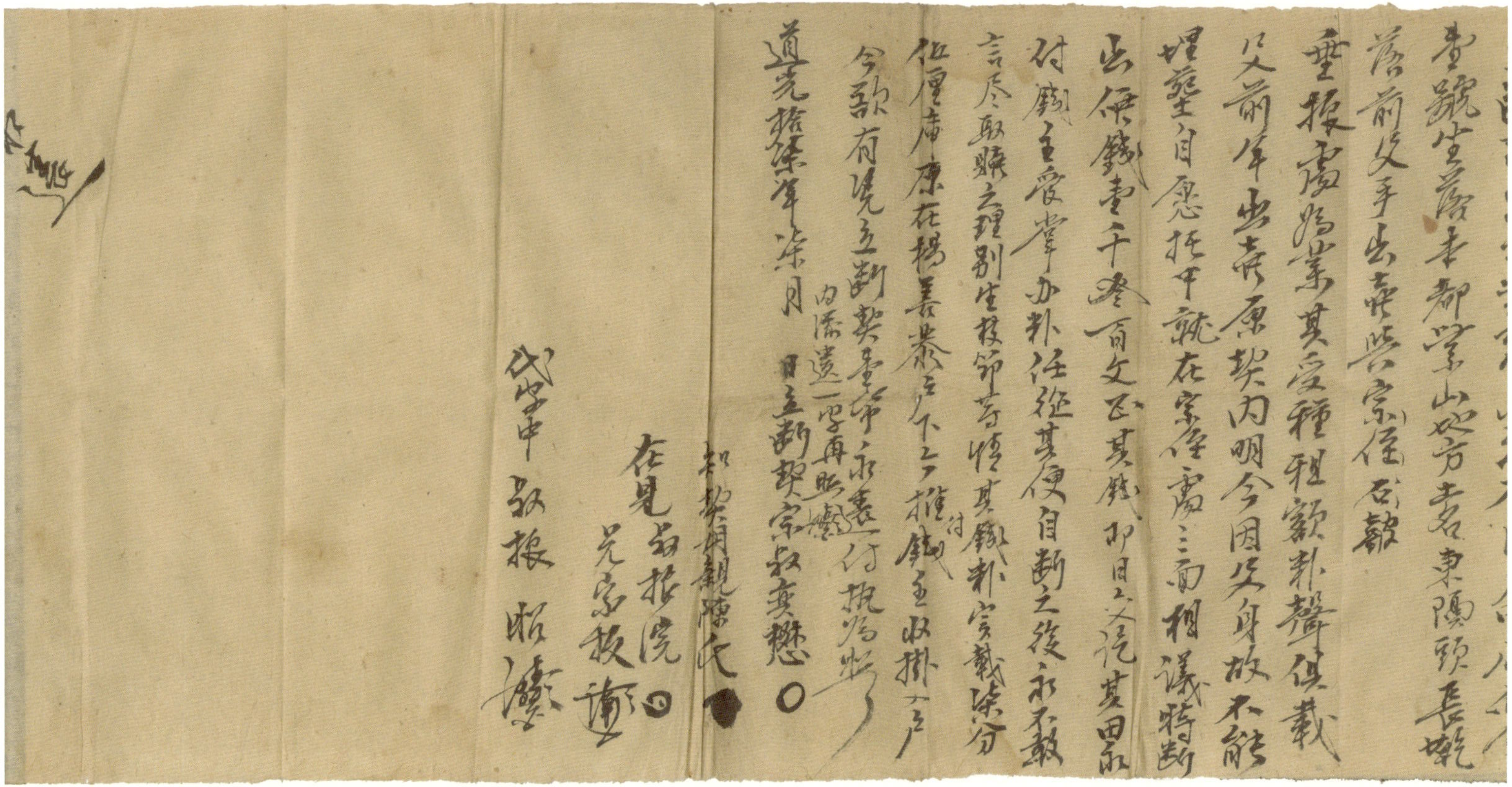
壹號坐落本都紫山後方土名東陽頭長垅
落前又手出賣與宗侄石鎔
垂振處為業其受種租穀斛聲俱載
又前年出賣原契內明今因又身故不能
埋塟自愿托中就在宗侄處三面相議將斷
出價錢壹千叁百文正其錢即日交訖其田永
付錢主管掌為業任從其便自斷之後永不敢
言盡取贖之理別生枝節等情其錢糧宗載陸分
仍便庫原在楊善恭户下之户推付錢主收掛户
今欲有憑立斷契壹帋永遠付執為照
內添遠一字再照懋
道光拾柒年柒月　日立斷契宗叔奕懋 〇
知契胞親陳氏
在見姪孫振浣
兄宗叔衛
代字中叔振懋

9-4-22-1　清道光十七年七月楊奕懋立斷民田契

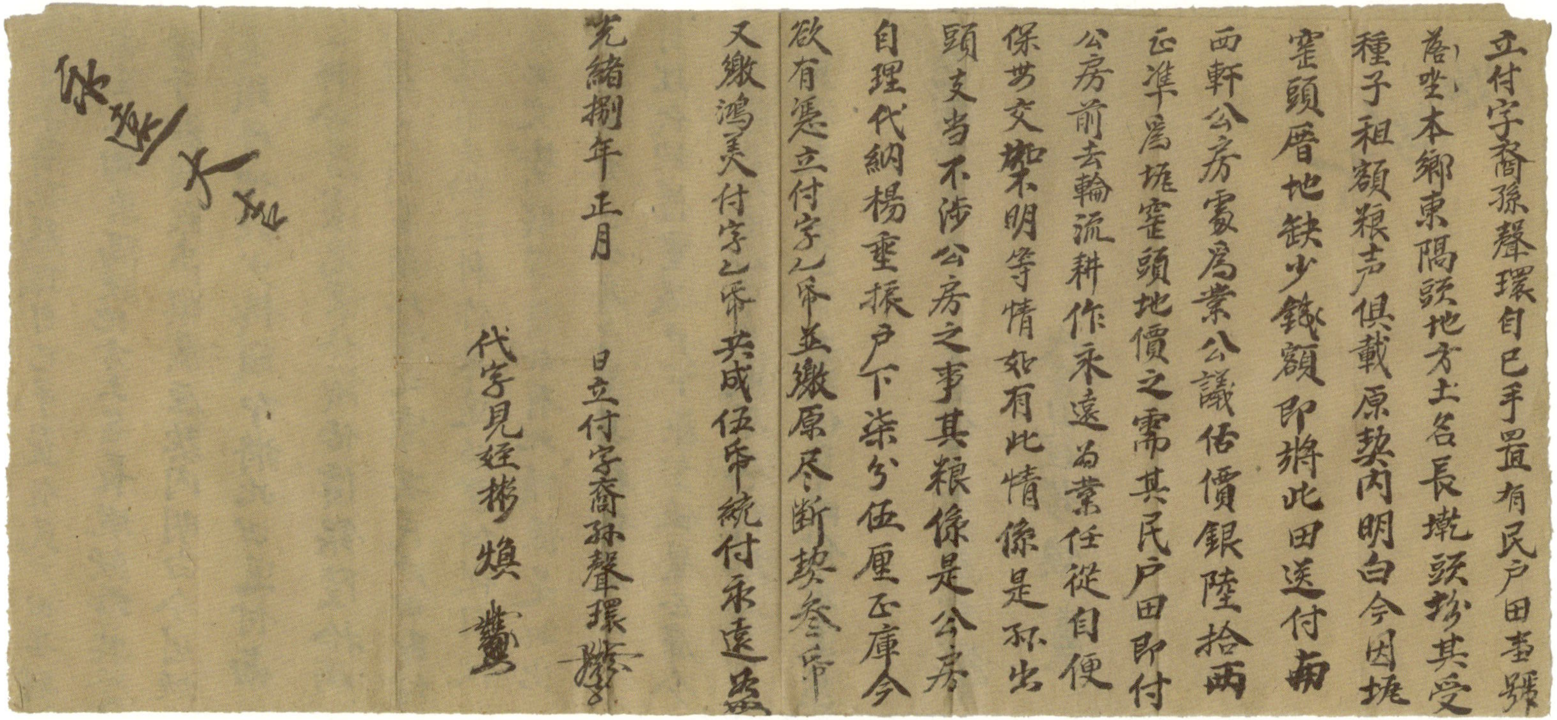

立付字裔孫聲環自己手置有民户田壹號
落坐本鄉東隅頭地方土名長壠頭抄其受
種子租額粮户俱載原契内明白今因堤
壅頭厝地缺少錢額即將此田送付兩
西軒公房衆爲業公議估價銀陸拾兩
正準爲堤壅頭地價之需其民户田即付
公房前去輪流耕作永遠爲業任從自便
保無交加不明等情如有此情係是孫出
頭支當不涉公房之事其粮係是公房
自理代納楊垂振户下柒分伍厘正庫今
欲有憑立付字乙紙並繳原参斷契叁紙
又繳鴻美付字乙紙共成伍紙統付永遠爲照

光緒捌年正月　日立付字裔孫聲環（押）

代字見姪楊煥（押）

永遠大吉

9-4-22-2　清光緒八年正月楊聲環立付民户田字

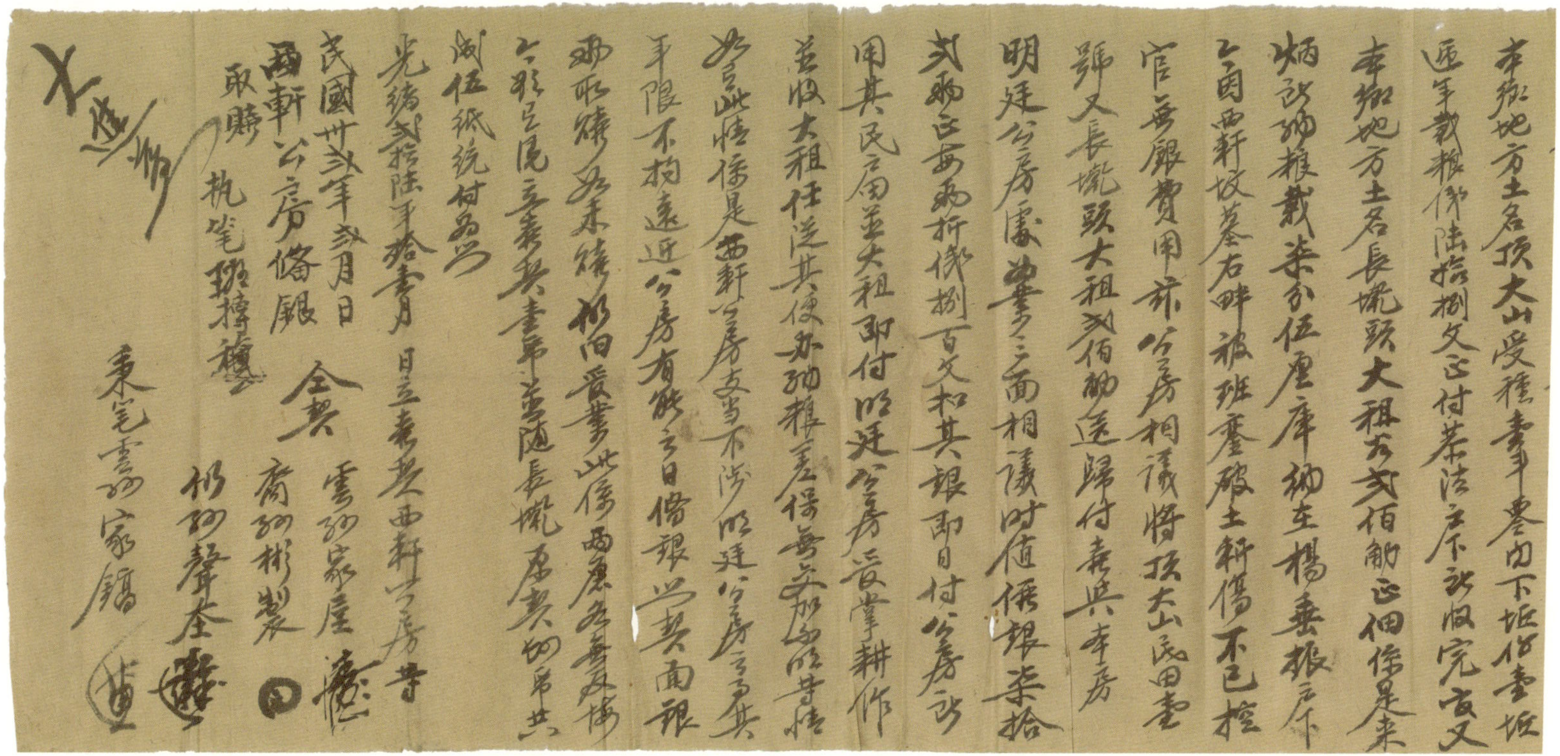

本鄉地方土名頂大山受種壹手墓內下坵什壹坵
逕年載粮伍陸拾捌文正付茶法之庄下訖收完交又
本鄉地方土名長墘頭大租谷貳佰觔正佃係是來
炳訖納粮載谷伍厘庫納在楊垂根之仟
之因西軒坟墓右畔被班壅破土耕傷不已控
官無銀費用亦公房相議將頂大山民田壹
號又長墘頭大租貳佰觔送歸付壽兵本房
明廷公房處出賣三面相議時值價銀柒拾
貳兩正每兩折錢捌百文扣其銀即日付公房訖
用其民田並大租即付明廷公房前去掌耕作
並收大租任從其便亦納粮差係無交加如有
如有此情係是西軒公房支當不涉明廷公房之事其
手限不拘遠近公房有銀之日備銀照契面銀
兩取續不得刁難向前買業此係兩廂各無反悔
今欲有憑立賣契壹紙并隨長墘原契內中共
□伍紙統付為照
光緒貳拾陸年拾壹月　日立賣契西軒公房等
仝契　雲珂家座（押）
裔珂彬裝（押）
根珂聲奎（押）
秉笔雲珂家鎬（押）
民國廿叁年叁月日
西軒公房備銀
取贖　執筆琨擇
又進秀

9-4-22-3　清光緒二十六年十一月西軒公房等立賣民田租契

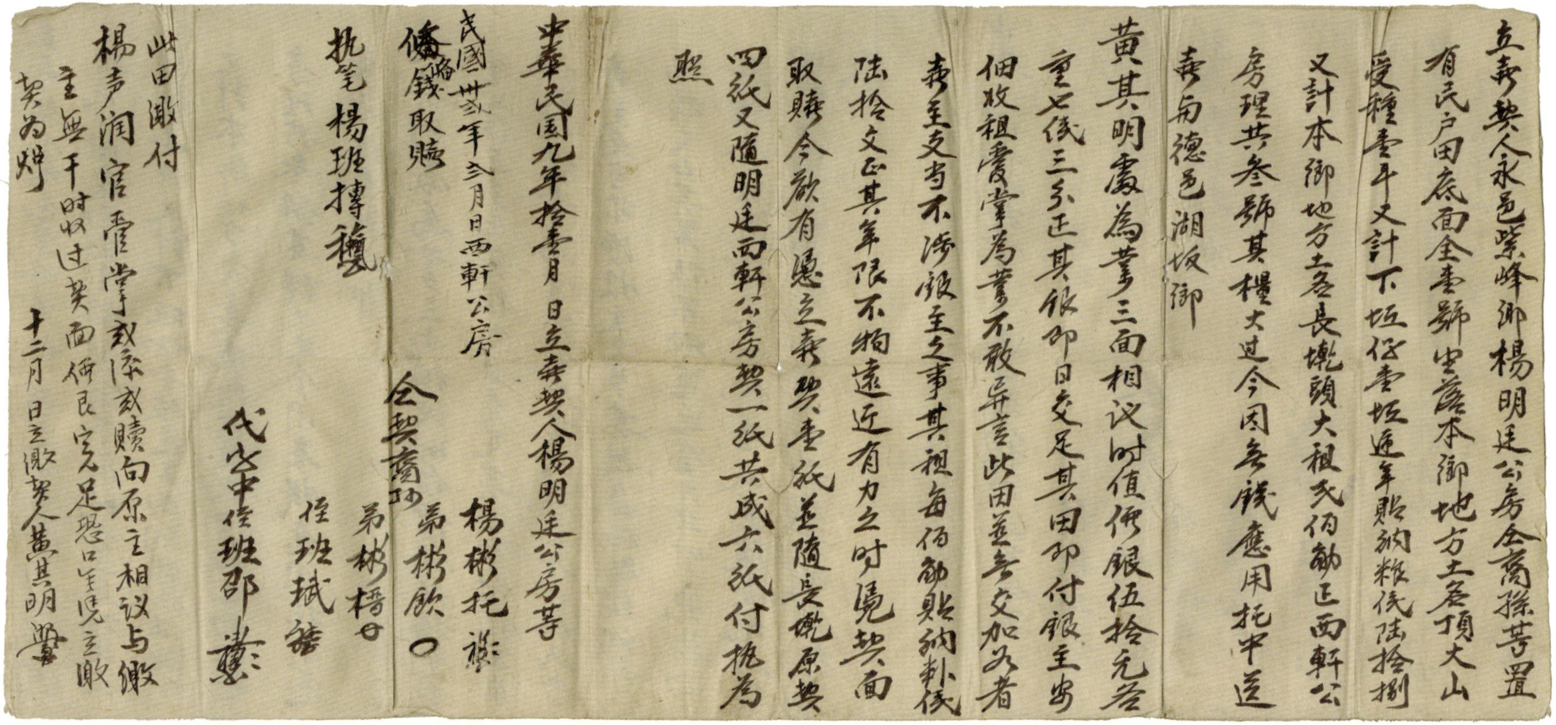
立賣契人永邑紫峰御楊明廷公房仝裔孫等置
有民户田底面全壹號坐落本御地方土名頂大山
侵種壹斗丈計下坵仔壹坵逐年貼納粮侯陆拾捌
文計本御地方土名長塊頭大租弍佰觔正西軒公
房理共叁號其權大過今因無錢應用托中送
賣與德邑湖坂御
黄其明處爲業三面相议时值價銀伍拾元叁
重七錢三分正其銀即日交足其田即付銀主掌
佃收租管掌爲業不敢异言此田並無交加又者
賣主支當不涉銀主之事其租每佰觔貼納秫侯
陆拾文正其年限不拘遠近有力之时憑契面
取贖今欲有憑立賣契壹紙並隨缴原契
四紙又隨明廷西軒公房契一紙共成六紙付執爲
照
中華民国九年拾壹月 日立賣契人楊明廷公房等
楊彬托
弟彬欣
仝契裔孫 弟彬檣
侄班城
代字中侄班邵
民國卅三年三月日西軒公房
備錢取贖
執笔 楊班摶
此田缴付
楊声润官壹掌我承我贖向原主相议与缴
主無干时收过契面價艮完足恐口無憑立缴
契爲炤
十二月 日立缴契人黄其明

9-4-22-4 民國九年十一月楊明廷公房等立賣底面全民户田契

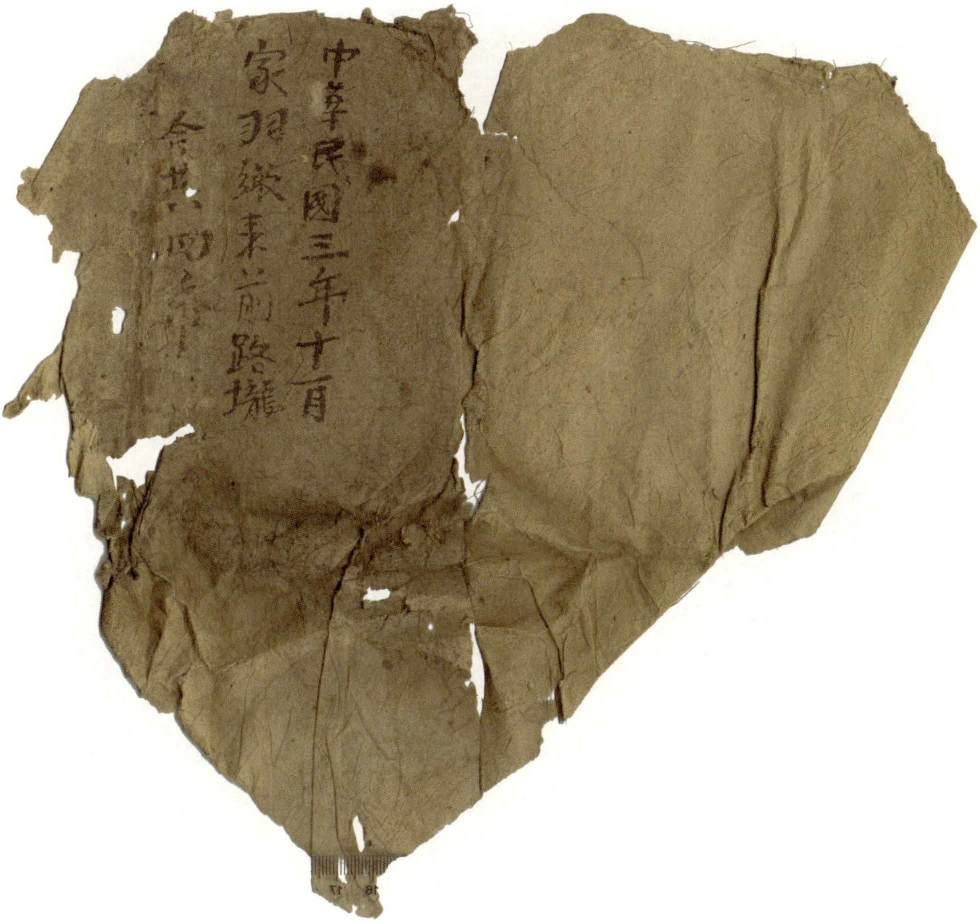

中華民國三年十月

家羽鄉東前路壠

合共四[illegible]

9-4-23-1　包契紙

立賣契侄弟奕桂承祖遺下有民田壹號坐落
本鄉地方土名前路墘，今因乏用，自愿托中
送賣與兄　家成處為業，三面相議，時
值價錢柒千文。其錢即日交足，其田
即付兄前去管掌耕作，保無交加不明及
重張典掛等情。如有此情，係弟出頭支當，不
涉兄之事。其年限言約五年外有力
之時，憑契面贖回，此係兩家情愿，各
無反悔。今欲有憑，立賣契壹紙為照。
道光拾柒年拾月　日立賣契弟奕桂（押）
仝契弟奕日（押）
在見姪猴齊（押）
代字中姊張鳳滿（押）

大桂□□

9-4-23-2　清道光十七年十月楊奕桂等立賣民田契

立賣契信士楊家世，承祖遺下鬮分并買三
置有民田底面全壹號，坐落本鄉地方土名前路
墘，共五坵，受種叁斤零，配秋粮叁分庫，今因
乏用，自愿托中送賣與
合宮三位信君號日乃武公處為業，三面言議
時值價銀洋司伍錢正，每兩折錢捌百文，扣其
艮即日交足，其田即付錢主耕作，办納粮差。保
其交加不明等情，如有此情，係是賣人出頭抵
當，不涉錢主之事。其年期言肆年，有力之日
憑賣契面贖回，如原主取贖，不論年期，兩愿
性愿，各無反悔。今欲有憑，立賣契一紙，又原
契式紙，共叁紙，付執為照。
根舊　家藏　並賣　本家紫尚祥　彬玉　彬瑞　家世
道光二十肆年拾壹月　日立賣契信士楊家世（押）
在見叔植春（押）

9-4-23-3　清道光二十四年十一月楊家世立賣底面全民田契

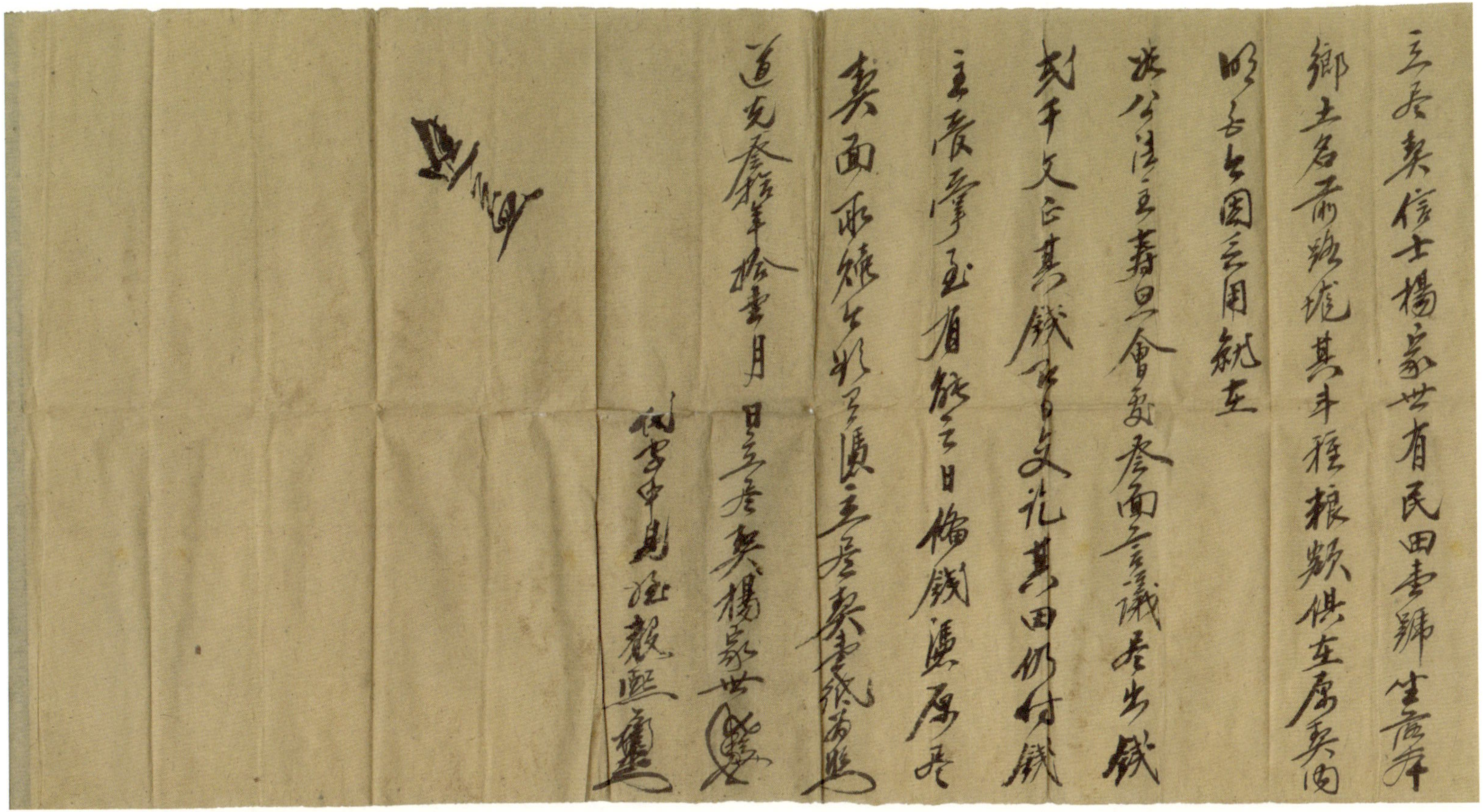

立盡契信士楊家世有民田壹號坐落本
鄉土名茶路垅其田種粮數俱在原契內
明今因乏用託在
族公注立壽旦會處參面言議再出錢
弍千文正其錢即日交訖其田仍付錢
主耕管到有餘之日備錢照原契
契面取贖不得阻擋立盡契書紙為照
道光叁拾年拾壹月　日立盡契楊家世（押）
代字中見姪觀璧（押）

9-4-23-4　清道光三十年十一月楊家世立盡民田契

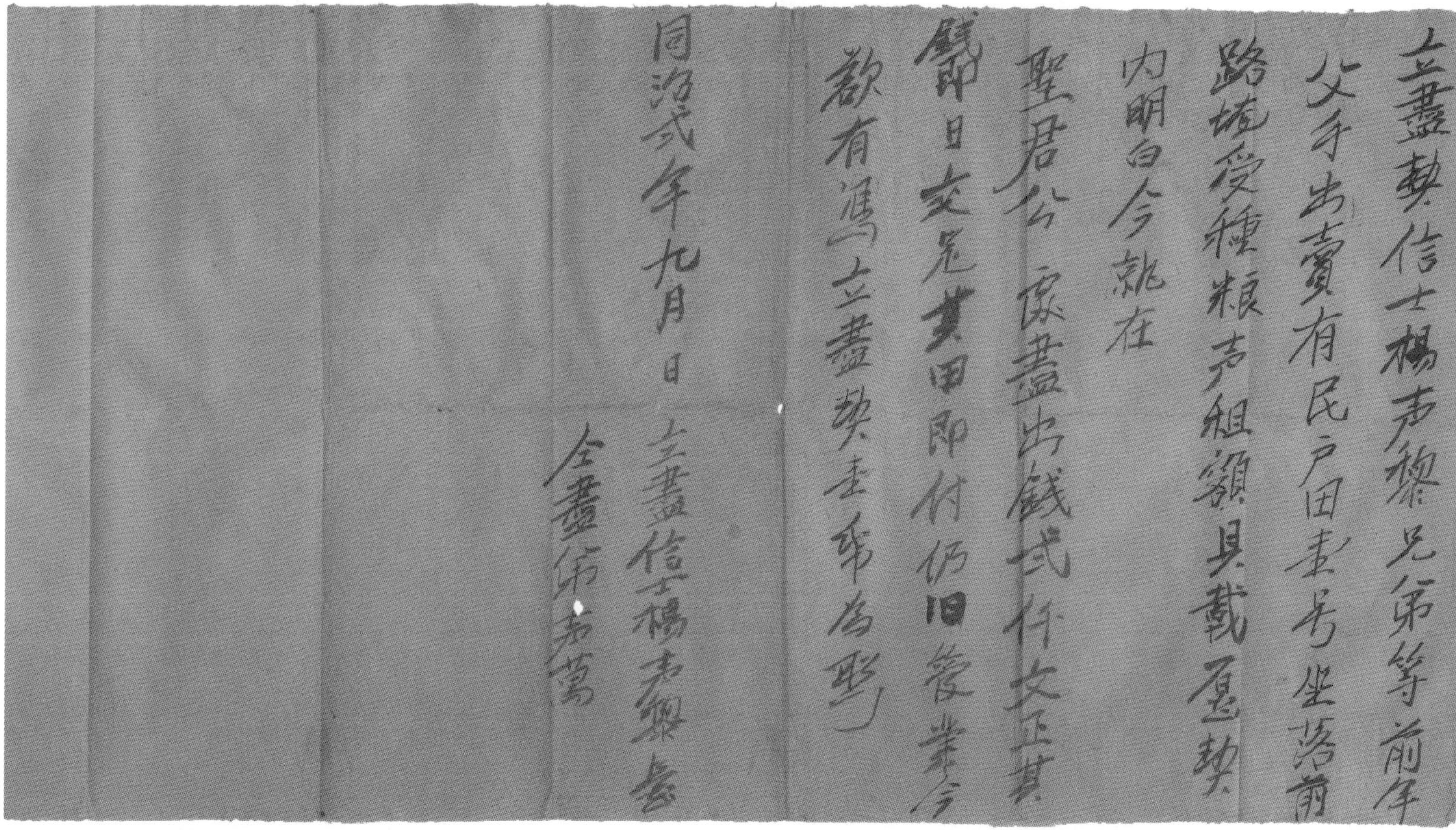

立盡契信士楊声黎兄弟等前年
父手出賣有民户田壹号坐落前
路墘受種粮声組額具載原契
内明白今就在
聖君公　處盡出錢弍仟文正其
錢即日交足其田即付仍旧管業今
欲有凴立盡契壹紙為照）
同治弍年九月　日　立盡信士楊声黎
全盡弟声萬

9-4-23-5　清同治二年九月楊声黎等立盡民户田契

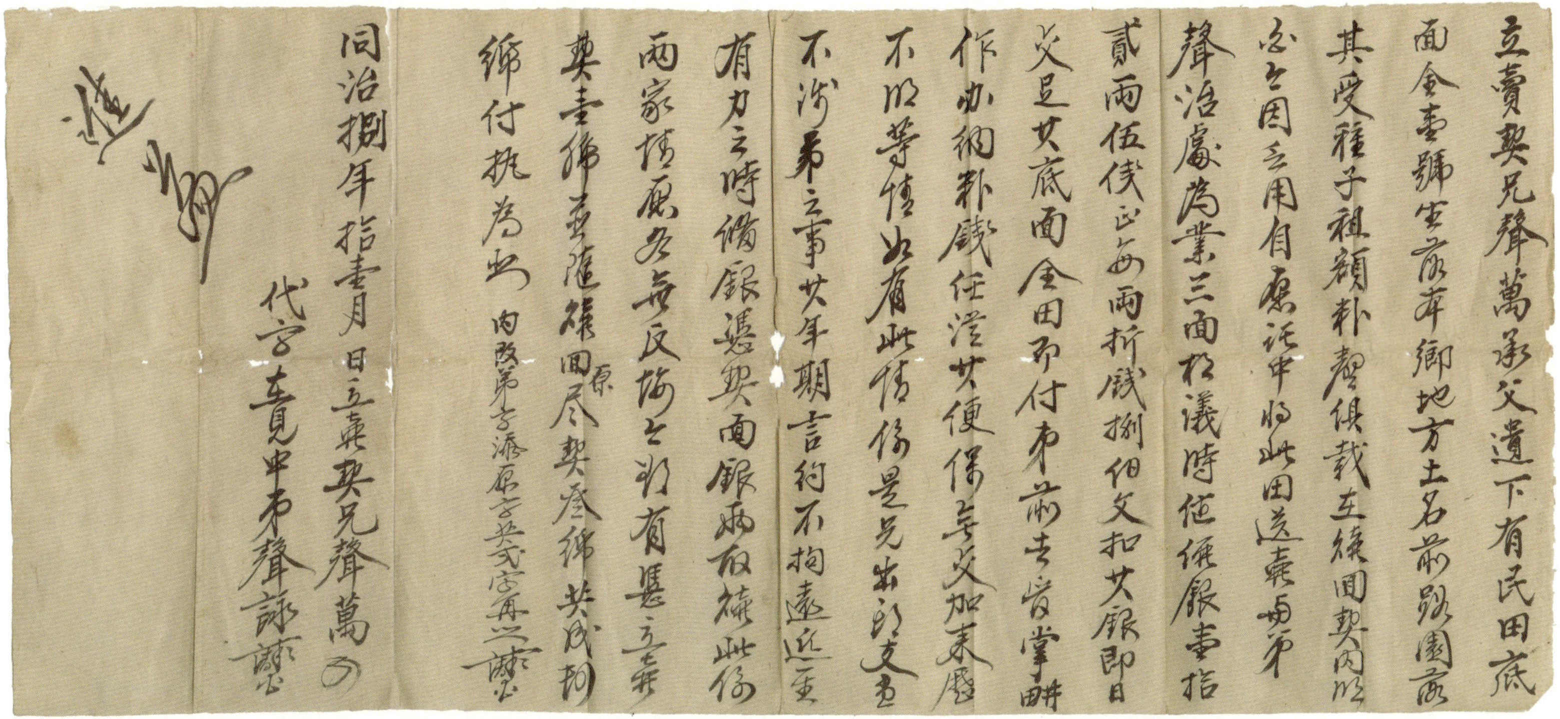

立賣契兄聲萬承父遺下有民田底
面全壹號坐落本鄉地方土名前段園底
其受種子祖額秤壹俱載在條田契內明
今因乏用自愿託中將此田送賣與弟
聲治處爲業三面極議時值價銀壹拾
貳兩伍錢正每兩折錢捌佰文扣共銀即日
交足其底面全田即付弟前去管耕
作办納粮錢任從其便保無交加來歷
不明等情如有此情係是兄出頭支當
不涉弟之事其年期言約不拘遠近至
有力之時備銀退契面銀兩取贖此係
兩家情愿各無反悔今欲有憑立賣
契壹紙並連條田原契叁紙共成肆
紙付執為照　內改弟字添原字共式字再照
同治捌年拾壹月　日立賣契兄聲萬（押）
代字在見中弟聲諒（押）

9-4-23-6　清同治八年十一月楊聲萬立賣底面全民田契

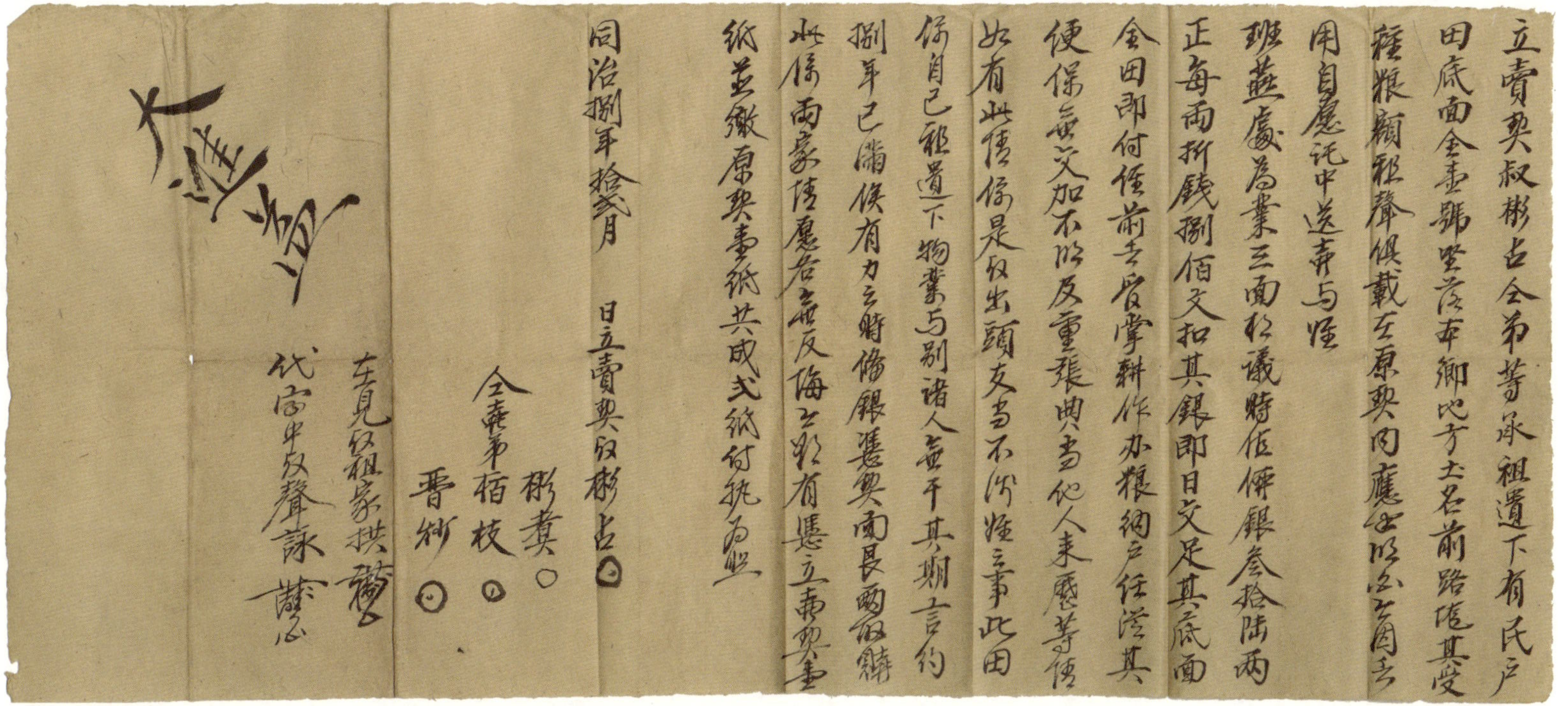
立賣契叔彬占仝弟等承祖遺下有民户
田底面全壹號坐落本鄉地方土名前路墘其受
種粮額租聲俱載在原契内應出[illegible]今因乏
用自愿托中送賣与侄
班燕處爲業三面北議時值價銀叁拾陸兩
正每兩折錢捌佰文扣其銀即日文足其底面
全田即付侄前去管掌耕作办粮納户任從其
便保無文加不贖及重張典当他人來歷等情
如有此情係是叔出頭支当不涉侄之事此田
係自己祖遺下物業与别諸人無干其期言約
捌年已滿備有力之時備銀照契面艮兩取贖
此係兩家情愿各無反悔之理有憑立賣契壹
紙並繳原契壹紙共成弍紙付執爲照
同治捌年拾貳月　日立賣契叔彬占〇
仝兄弟　彬蓂〇　栢枝〇　晋鈔〇
在見叔祖家拱押
代字中叔聲詠押
大進寶

9-4-23-7　清同治八年十二月楊彬占等立賣底面全民户田契

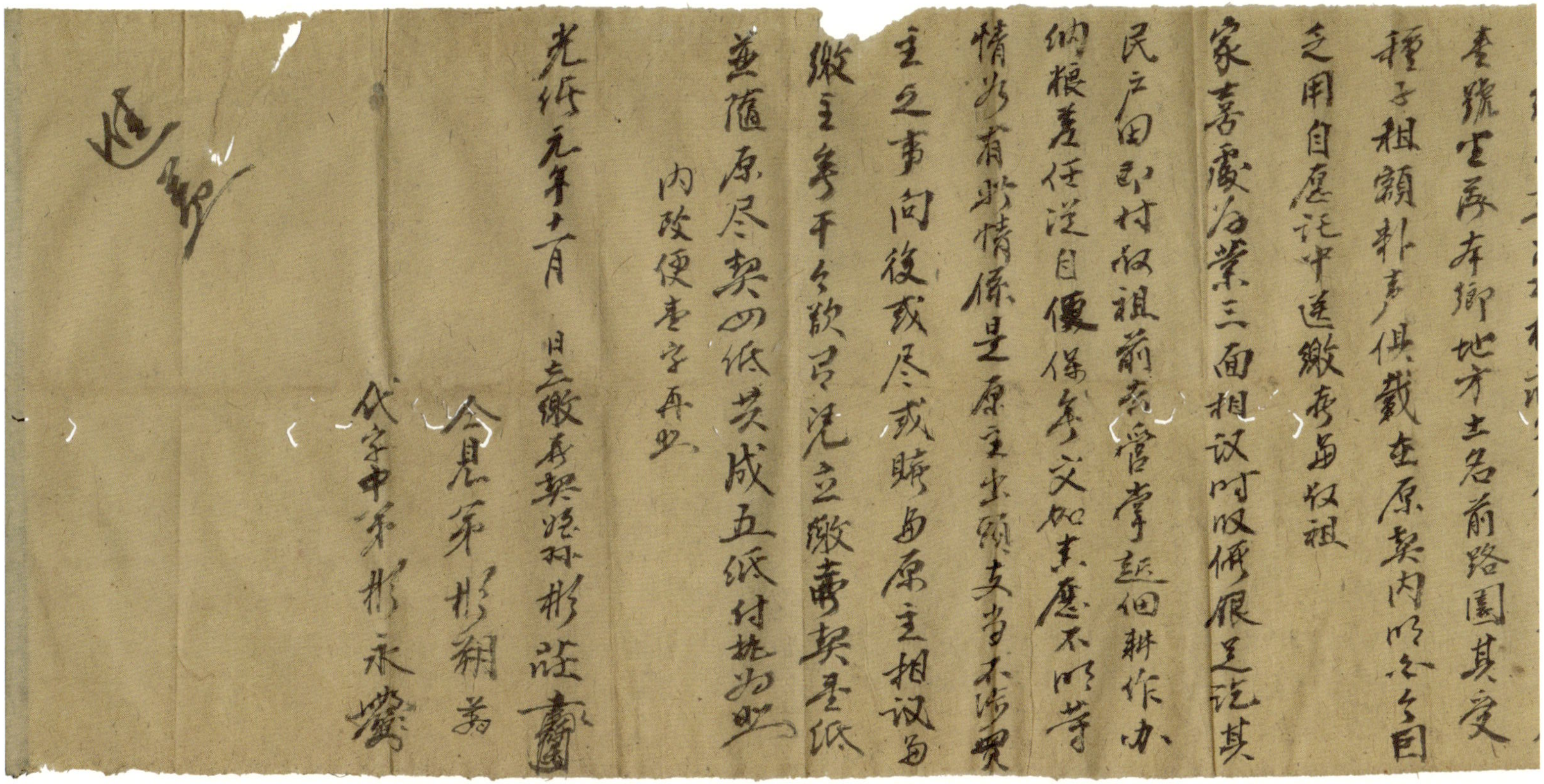

壹號坐落本鄉地方土名前路園其受
種子粗額糾户俱載在原契內明今因
乏用自愿託中送繳賣與叔祖
家喜處爲業三面相议时收價銀足訖其
民户田聽付叔祖前去管業起佃耕作办
納粮差任從自便係負父加未應不明等
情如有此情係是原主出頭支當不涉買
主之事向後或尽或贖與原主相议写
繳主參干仝歉另兑立繳賣契壹紙
並隨原尽契四紙共成五紙付執爲照
內改便壹字再照
光緒元年十一月　日立繳賣契姪孫彬莊
仝見弟彬翔
代字中弟彬永

9-4-23-8　清光緒元年十一月楊彬莊立繳賣底面全民户田契

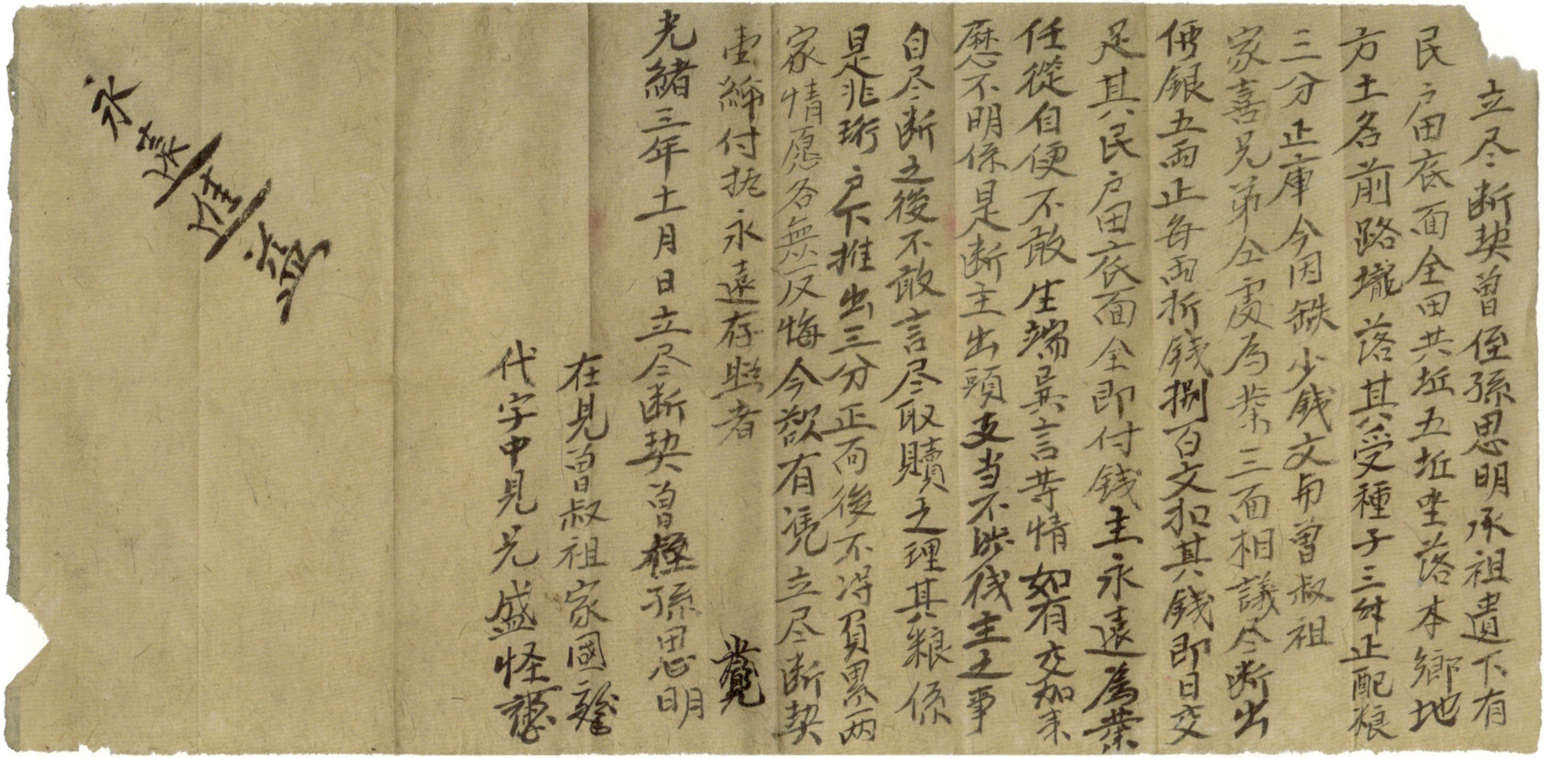
立盡斷契曾侄孫思明承祖遺下有
民户田底面全田共坵五坵坐落本鄉地
方土名前路壠落其受種子三升正配粮
三分正庫今因缺少錢文向曾叔祖
家喜兄弟仝處爲業三面相議盡斷出
價銀五兩正每兩折錢捌百文扣其錢即日交
足其民户田底面全即付錢主永遠爲業
任從自便不敢生端異言等情如有交加未
歷不明係是斷主出頭支当不干錢主之事
自盡斷之後不敢言盡取贖之理其粮係
是兆珩户下推出三分正而後不得貿累兩
家情愿各無反悔今欲有凴立盡斷契
壹紙付执永遠存照者
覺
光緒三年十一月日立盡斷契曾侄孫思明
在見曾叔祖家國
代字中見兄光盛

9-4-23-9　清光緒三年十一月楊思明立盡斷底面全民户田契

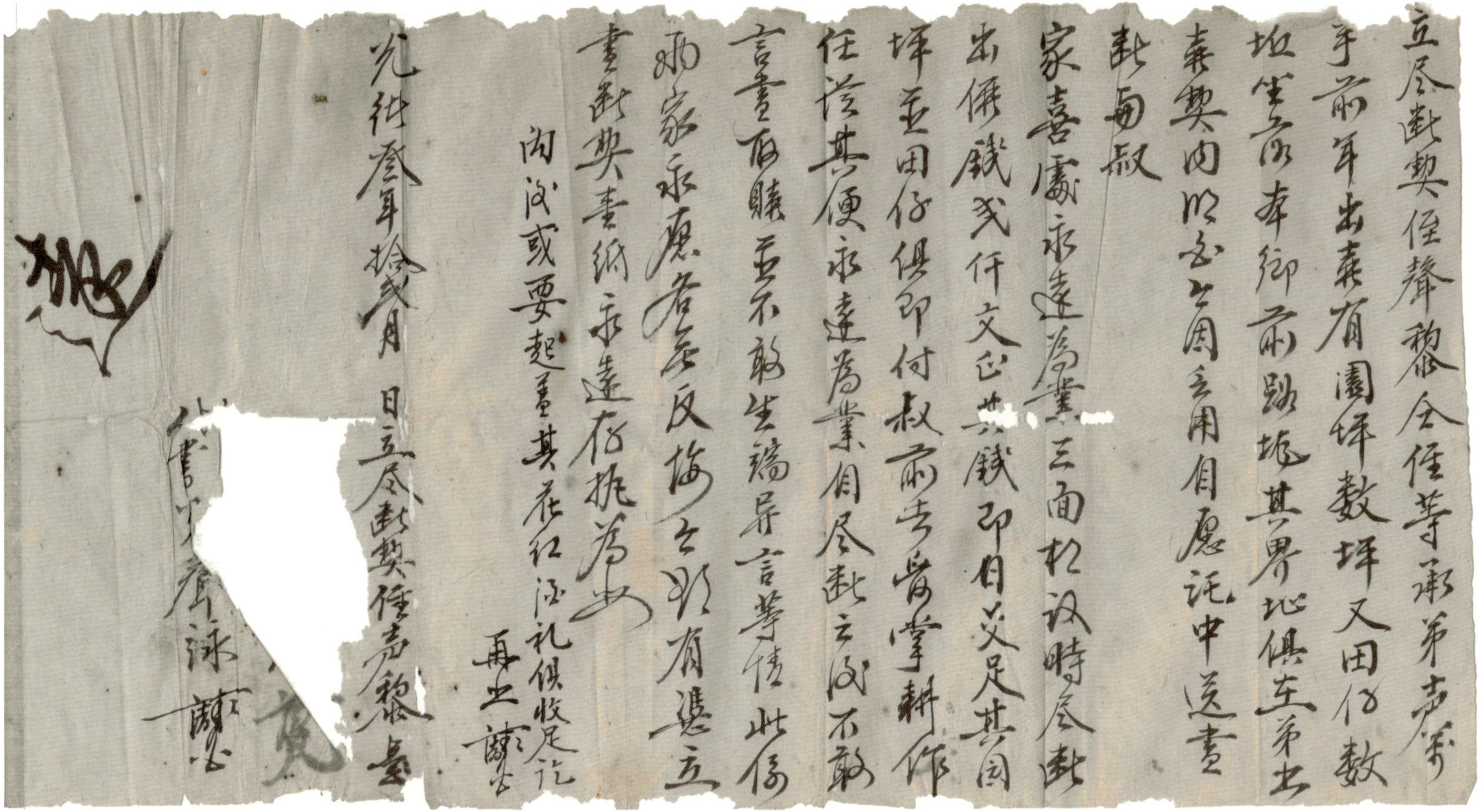
立盡斷契侄聲黎仝侄等承父声芳
手前年出賣有園坪數坪又田仔數
坵坐落本鄉前跡坵其界址俱在弟出
賣契內明白今因乏用自愿托中送盡
斷與叔
家喜處承達為業三面相議時盡斷
出價錢弍仟文正其錢即日交足其園
坪並田仔俱即付叔前去管掌耕作
任從其便永遠為業自盡斷之後不敢
言盡亦無贖並不敢生端異言等情此係
兩家永愿各無反悔之理有憑立
盡斷契壹紙永遠存據為照
內添或要起墓其在紅泥礼俱收足訖　再照
光緒叁年拾弍月　日立盡斷契侄声黎
代書□□詠

9-4-23-10　清光緒三年十二月楊聲黎等立盡斷園坪契

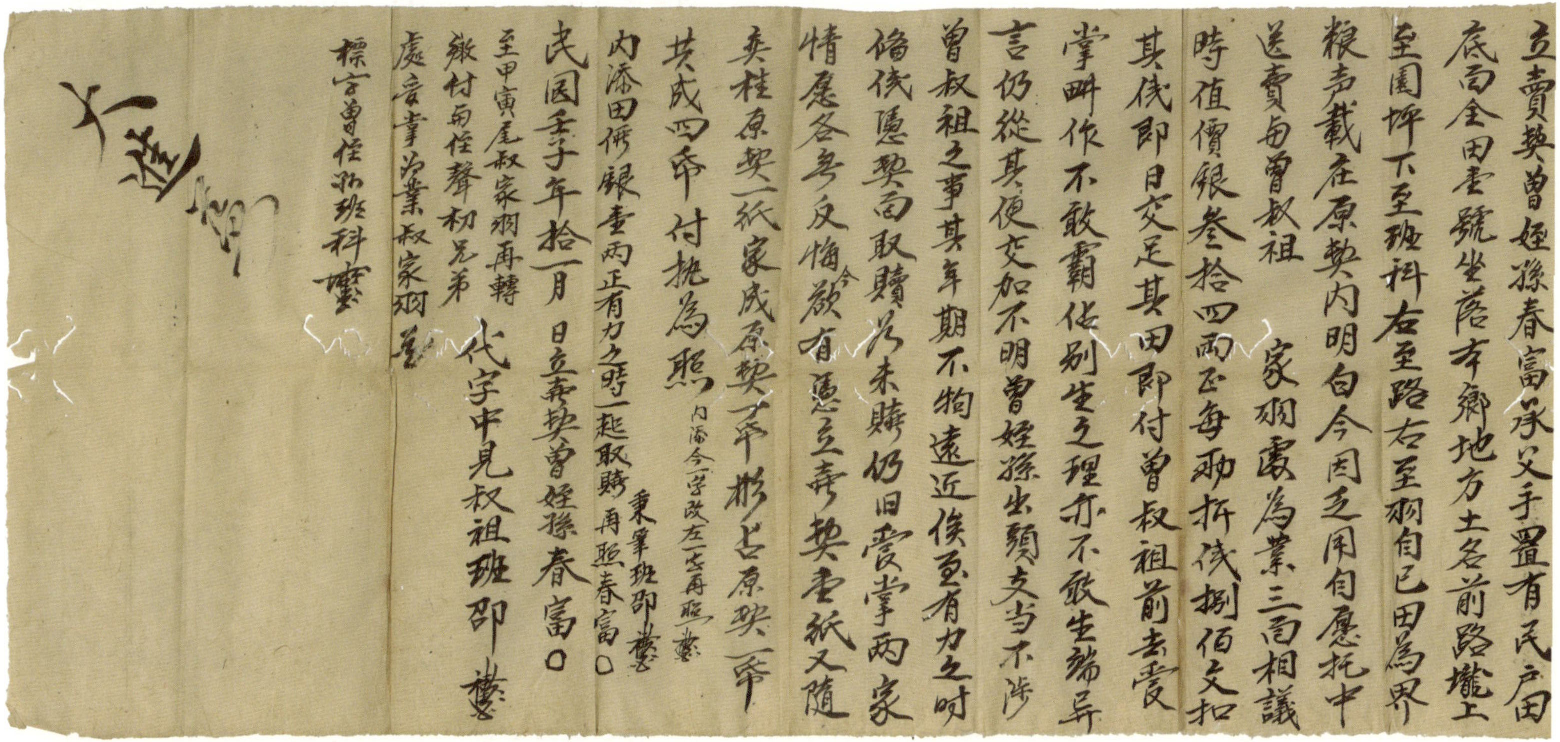
立賣契曾姪孫春富承父手置有民户田
底面全田壹號坐落本鄉地方土名前路壠上
至園坪下至班科左至路右至烱自己田為界
粮声載庄原契内明白今因乏用自應托中
送賣與曾叔祖　家烱處為業三面相議
時值價銀叁拾四兩正每两折錢捌佰文扣
其錢即日交足其田即付曾叔祖前去管
掌畊作不敢霸佔別生之理亦不敢生端异
言仍從其便交加不明曾姪孫出頭支当不涉
曾叔祖之事其年期不拘遠近候至有力之时
備錢照契面取贖如未贖仍旧管掌兩家
情愿各無反悔今欲有憑立賣契壹紙又随
交桂原契一紙家戍原契一帋形占原契一帋
共戍四帋付執為照　内添今一字改左一字再照
内添田價銀壹兩正有力之時一起取贖再照春富○　秉筆班卭
民国壬子年拾一月　日立賣契曾姪孫春富○
至甲寅年叔家烱再轉　代字中見叔祖班卭
與付與姪聲初兄弟
處管掌為業叔家烱
標字曾姪孫班科

9-4-23-11　民國元年十一月楊春富立賣底面全民户田契

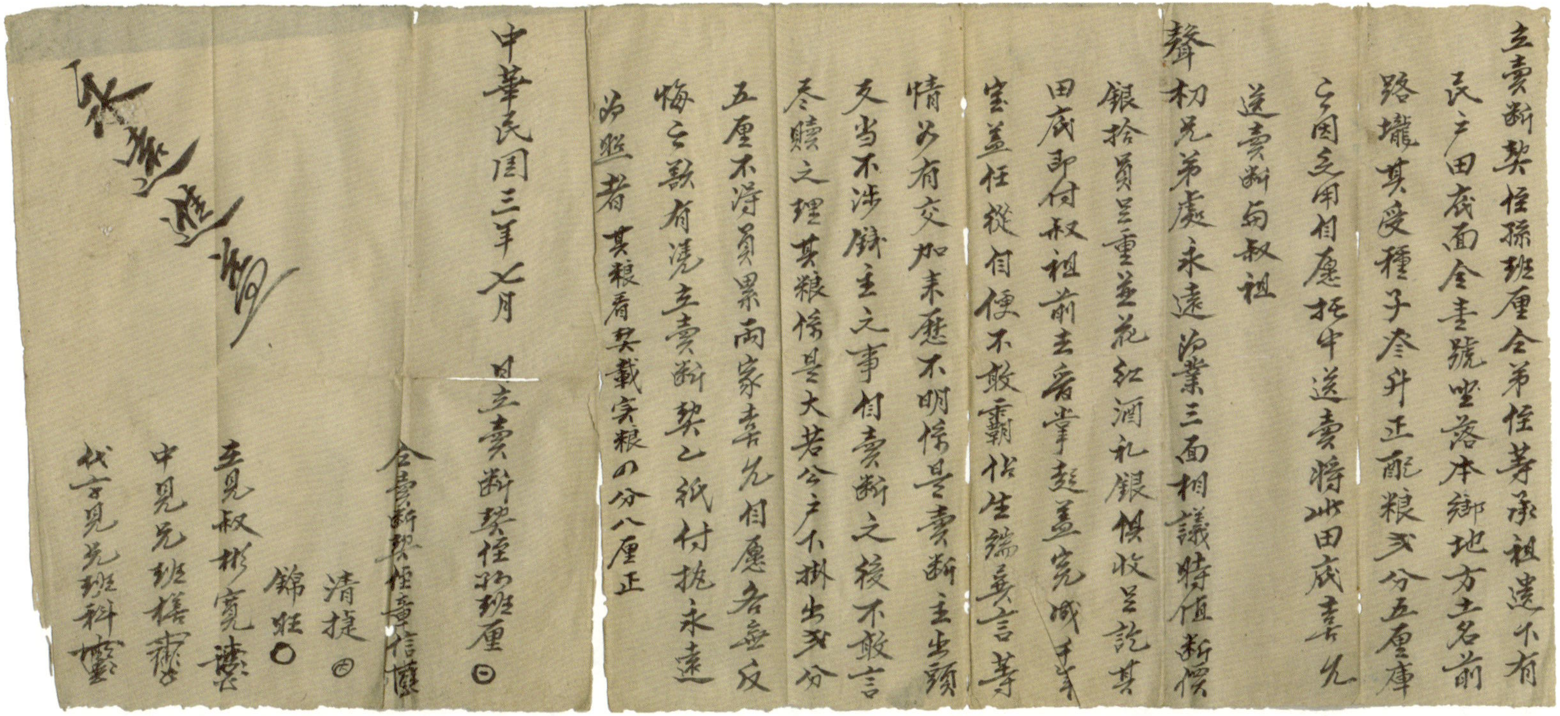

9-4-23-12　民國三年七月楊班厘等立賣斷底面全民户田契

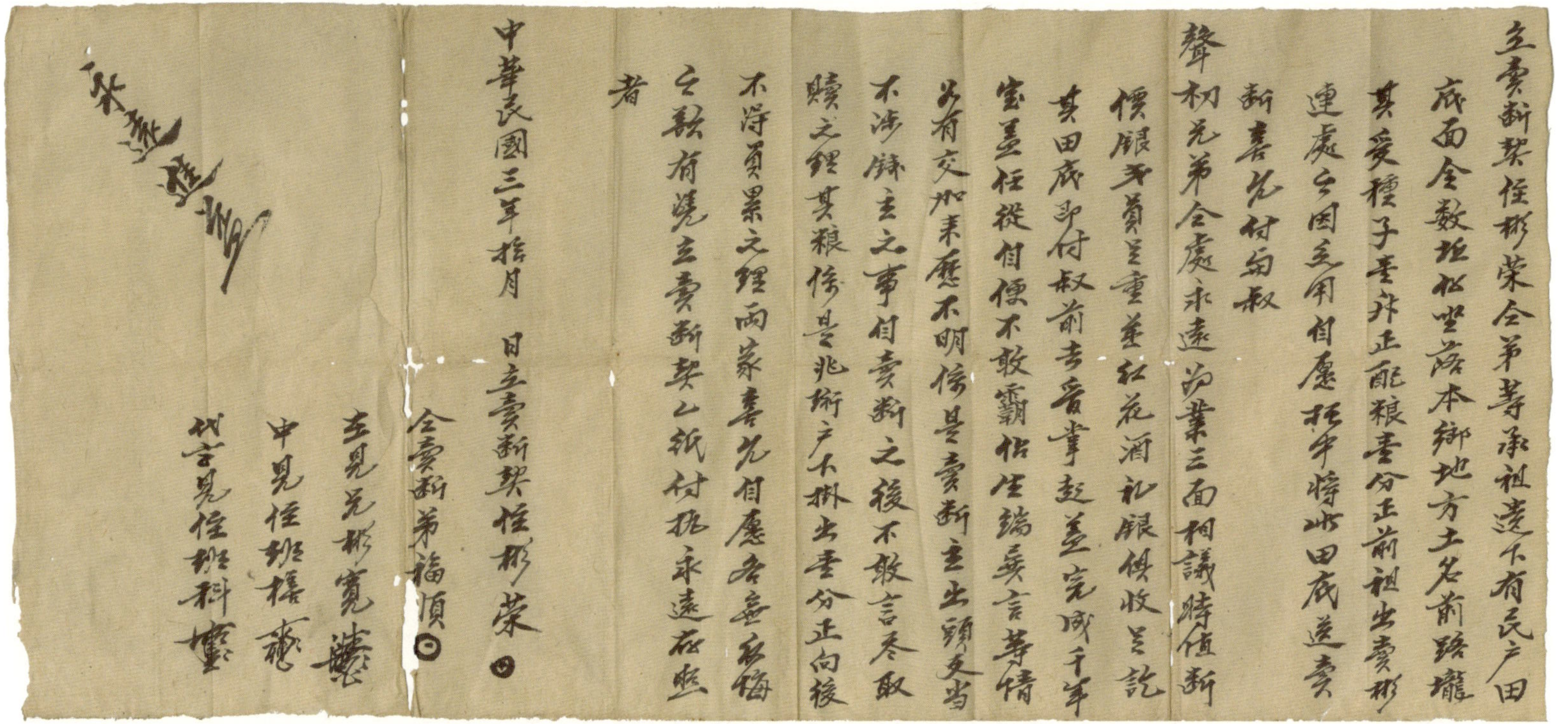
立賣斷契侄彬荣仝弟等承祖遺下有民户田
底面全數址在坐落本鄉地方土名前路壠
其受種子壹升正配粮壹分正前祖出賣彬
連處◯因乏用自愿托中將此田底送賣
斷叔書允付与叔
聲初兄弟仝處永遠為業三面相議時值斷
價銀弍員足重並紅花酒礼銀俱收足訖
其田底即付叔前去管掌起蓋完成千年
実基任從自便不敢霸佔生端異言等情
如有交加来歷不明係是賣斷主出頭支当
不涉錢主之事自賣斷之後不敢言找取
贖之理其粮係是兆衙户不掛出壹分正向後
不得資累之理兩家喜允自愿無反悔
今欲有憑立賣斷契乙紙付執永遠存照
者

中華民國三年拾月　日立賣斷契侄彬荣（押）
仝賣斷弟福順（押）
在見兄彬寬（押）
中見侄班樓（押）
代字見侄班科（押）

永遠管業

9-4-23-13　民國三年十月楊彬荣等立賣斷底面全民户田契

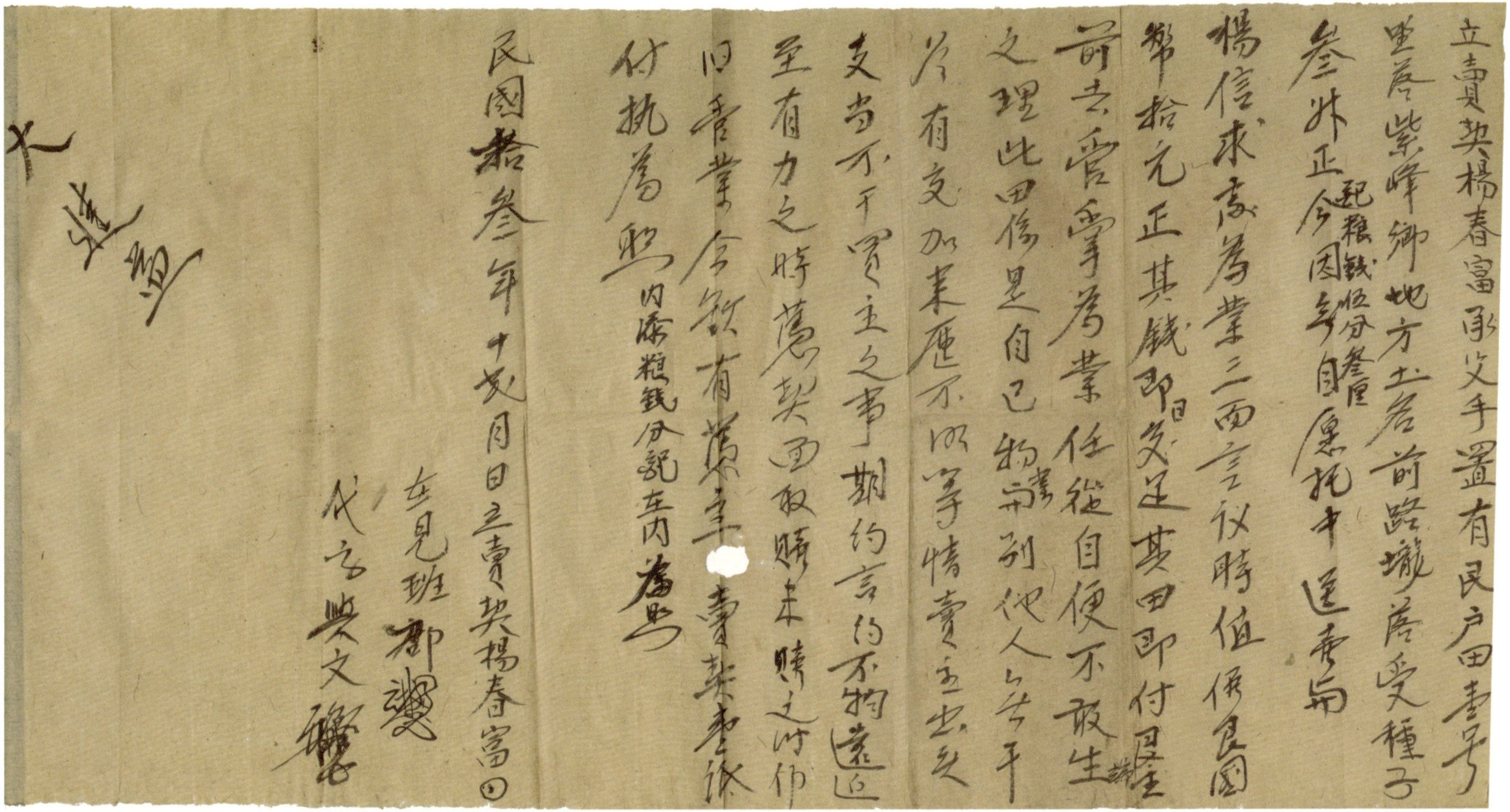

9-4-23-14　民國十三年十二月楊春富立賣民户田契

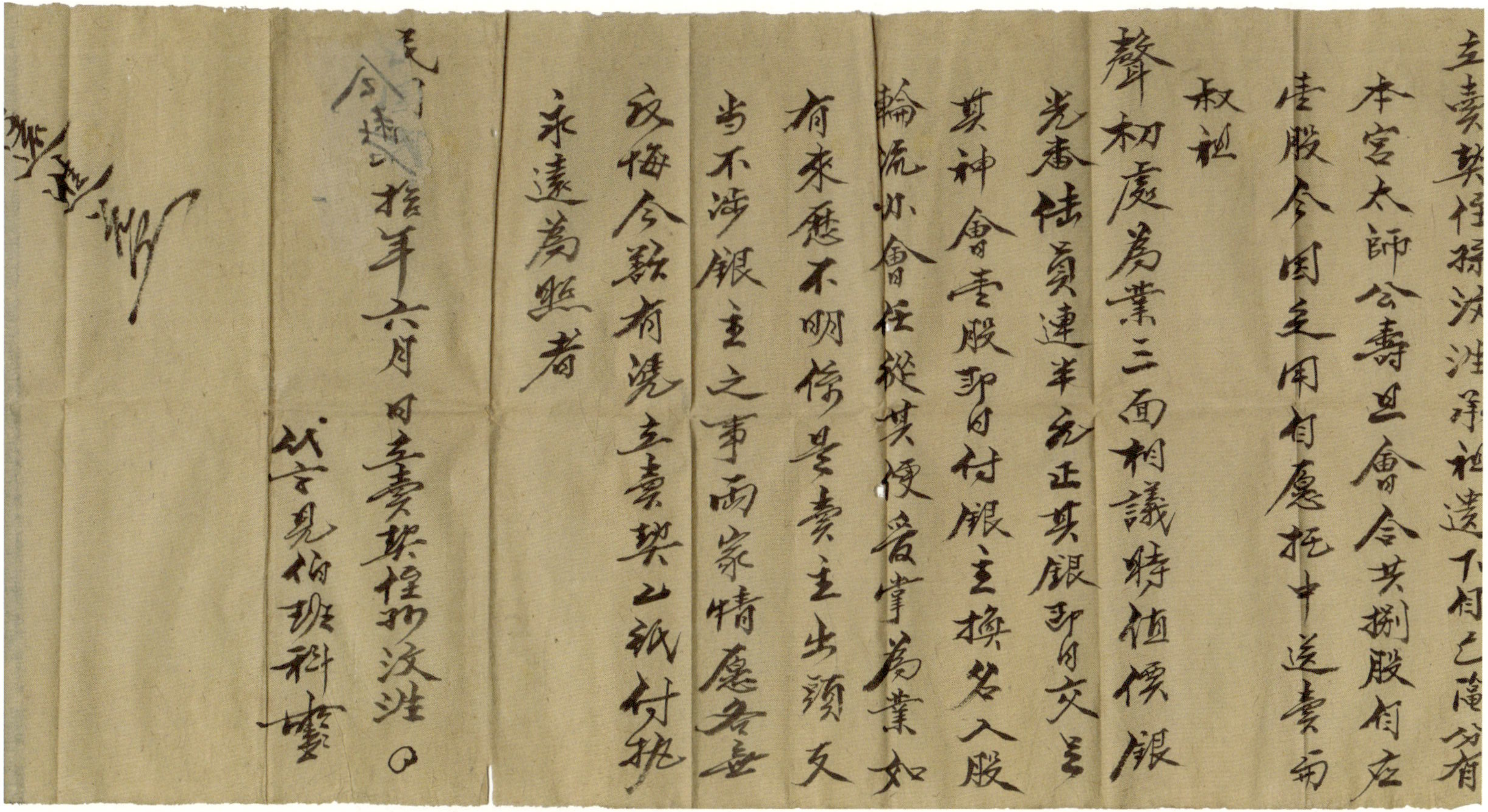
立賣契楊汶泩承祖遺下有己名分有
本宮太師公壽旦會今共捌股有應
壹股今因乏用有處托中送賣與
叔祖
聲初處爲業三面相議時值價銀
光番佉員連半元正其銀即日交足
其神會壹股即日付銀主換名入股
輪流作會任從其便管掌爲業如
有來歷不明係是賣主出頭支
當不涉銀主之事兩家情愿各無
反悔今欲有憑立賣契一紙付執
永遠爲照者
民國□拾年六月　日立賣契楊汶泩
代字見伯班科

9-4-23-15　民國二十年六月楊汶泩立賣太師公壽旦會股契

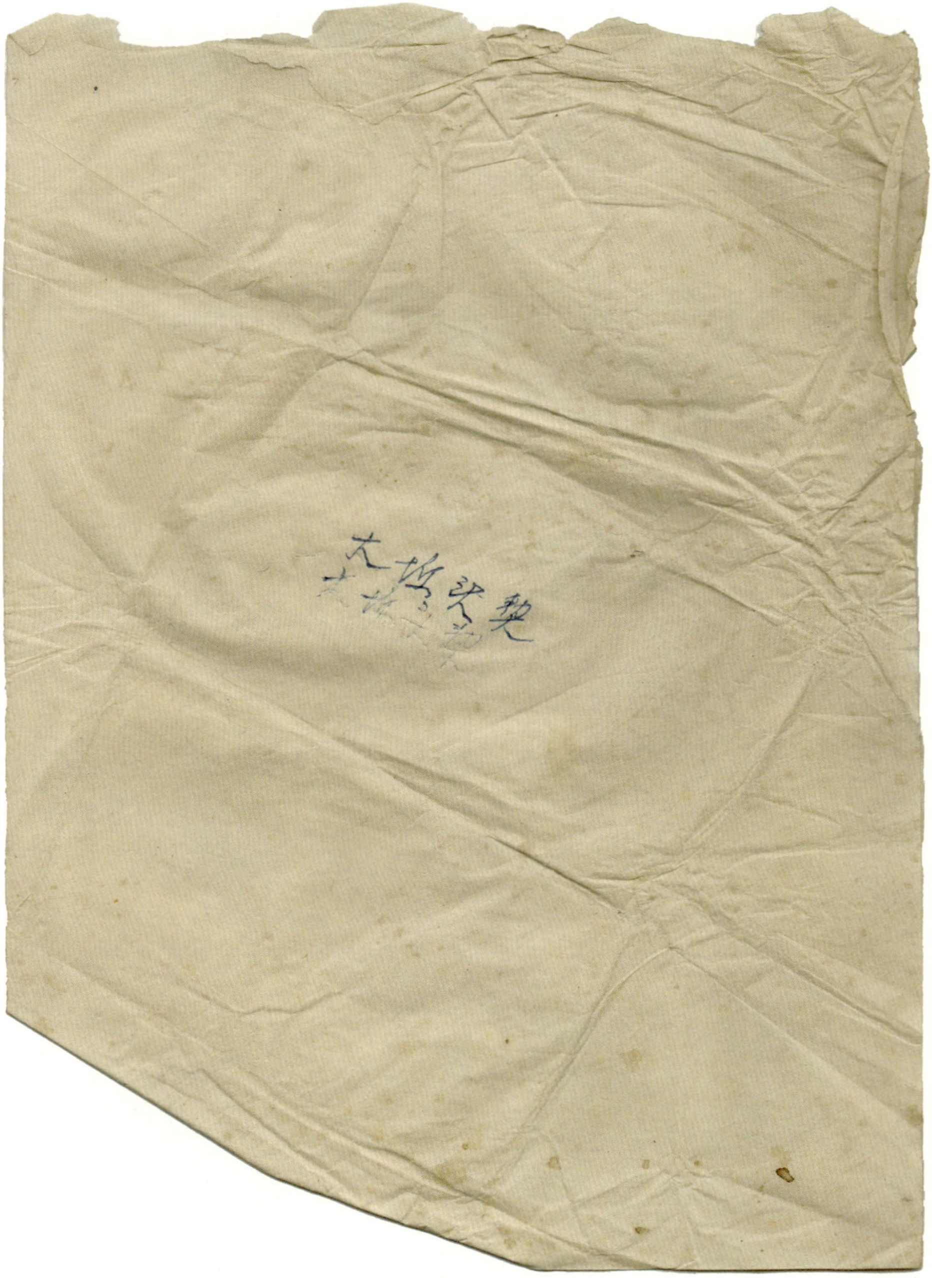
大坳头契

9-4-24-1　包契紙

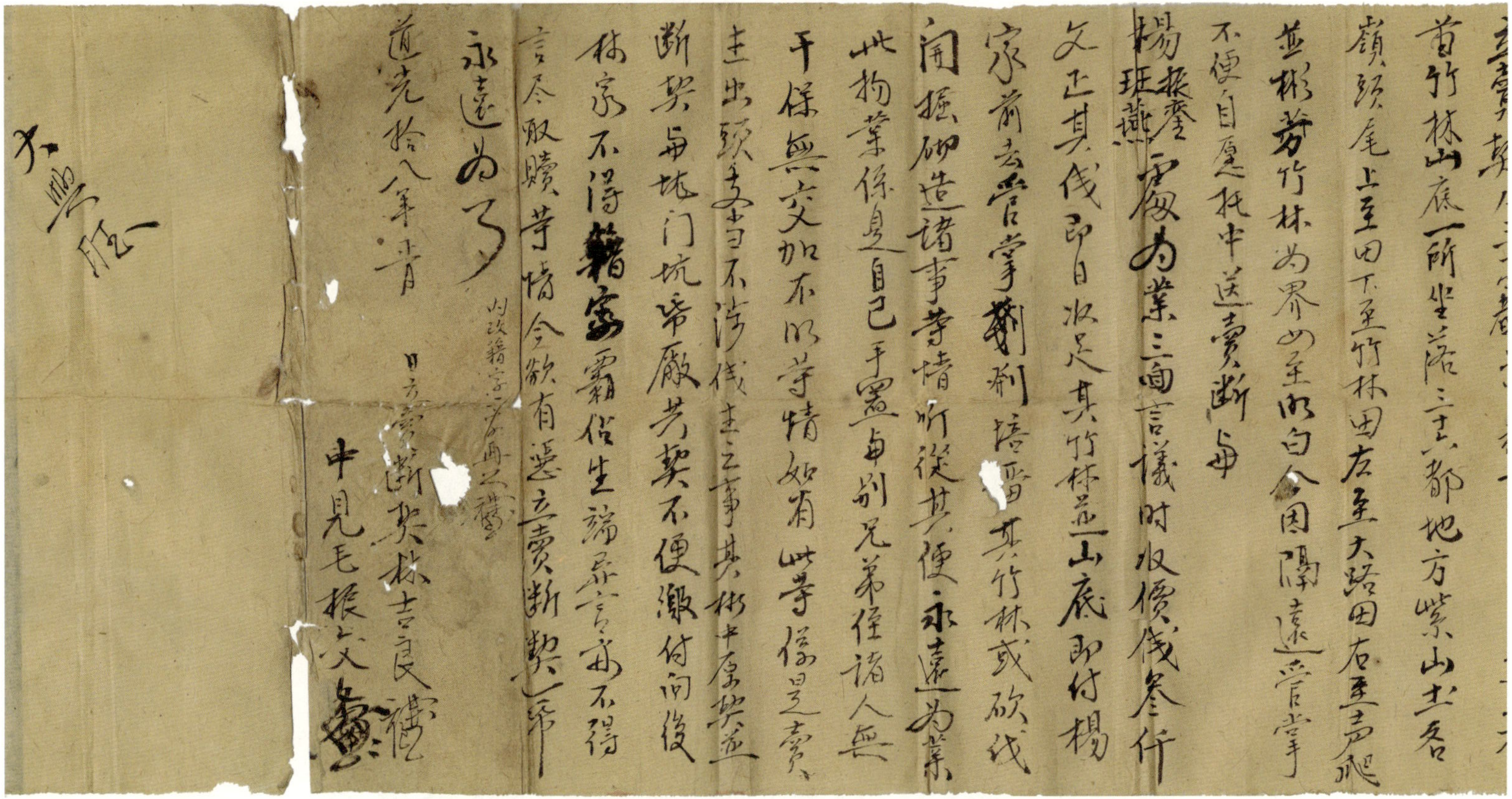

首竹林山底一所坐落二十二都地方紫山土名
嶺頭尾上至田下至竹林田左至大路田右至声爬
並彬旁竹林為界四至明白今因隔遠管掌
不便自愿托中送賣斷與
楊振鑾班照處為業三面言議时值價錢叁仟
文正其錢即日收足其竹林並山底即付楊
家前去管掌剗削培晉其竹林或砍伐
閹掘砌造諸事等情听從其便永遠為業
此物業係是自己手置與別兄弟侄諸人無
干係無交加不明等情如有此等係是賣
主出頭支當不涉錢主之事其彬中原契並
斷契與坵門坑帝廠共契不便繳付向後
林家不得籍[illegible]霸佔生端異言亦不得
言添取贖等情今欲有憑立賣斷契一帋
永遠為照
內改籍字一字再照
道光拾八年正月　日立賣斷契林吉良（押）
中見毛振六（押）

9-4-24-2　清道光十八年正月林吉良立賣斷竹林山底契

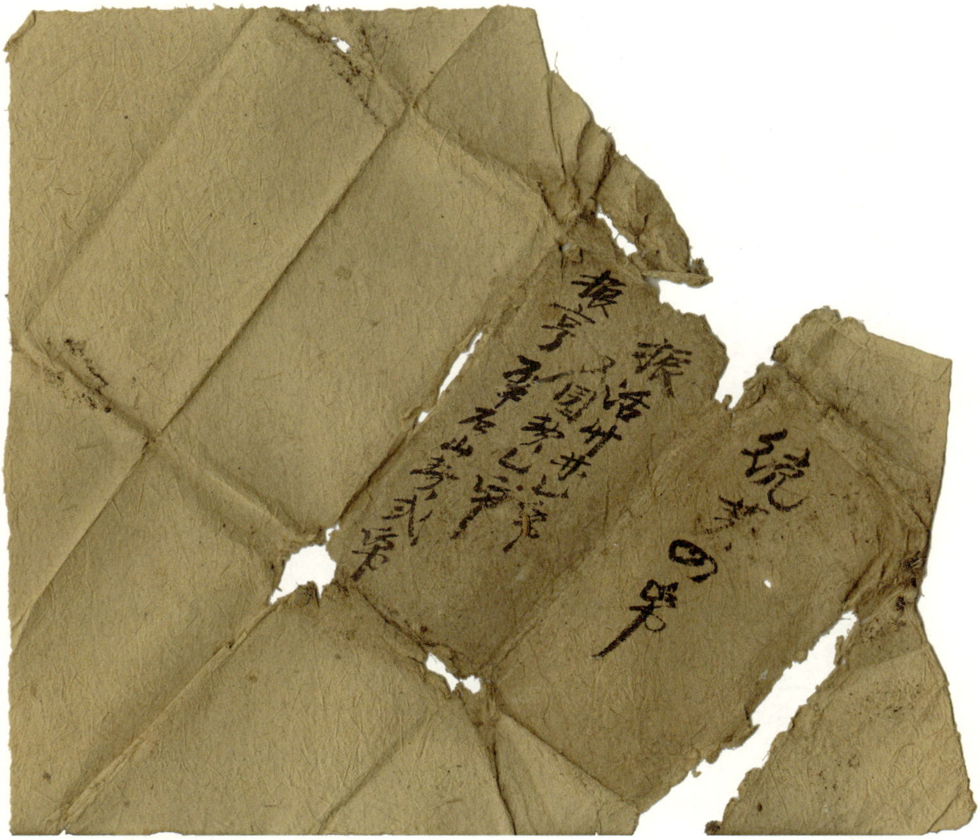

9-4-25-1　包契紙

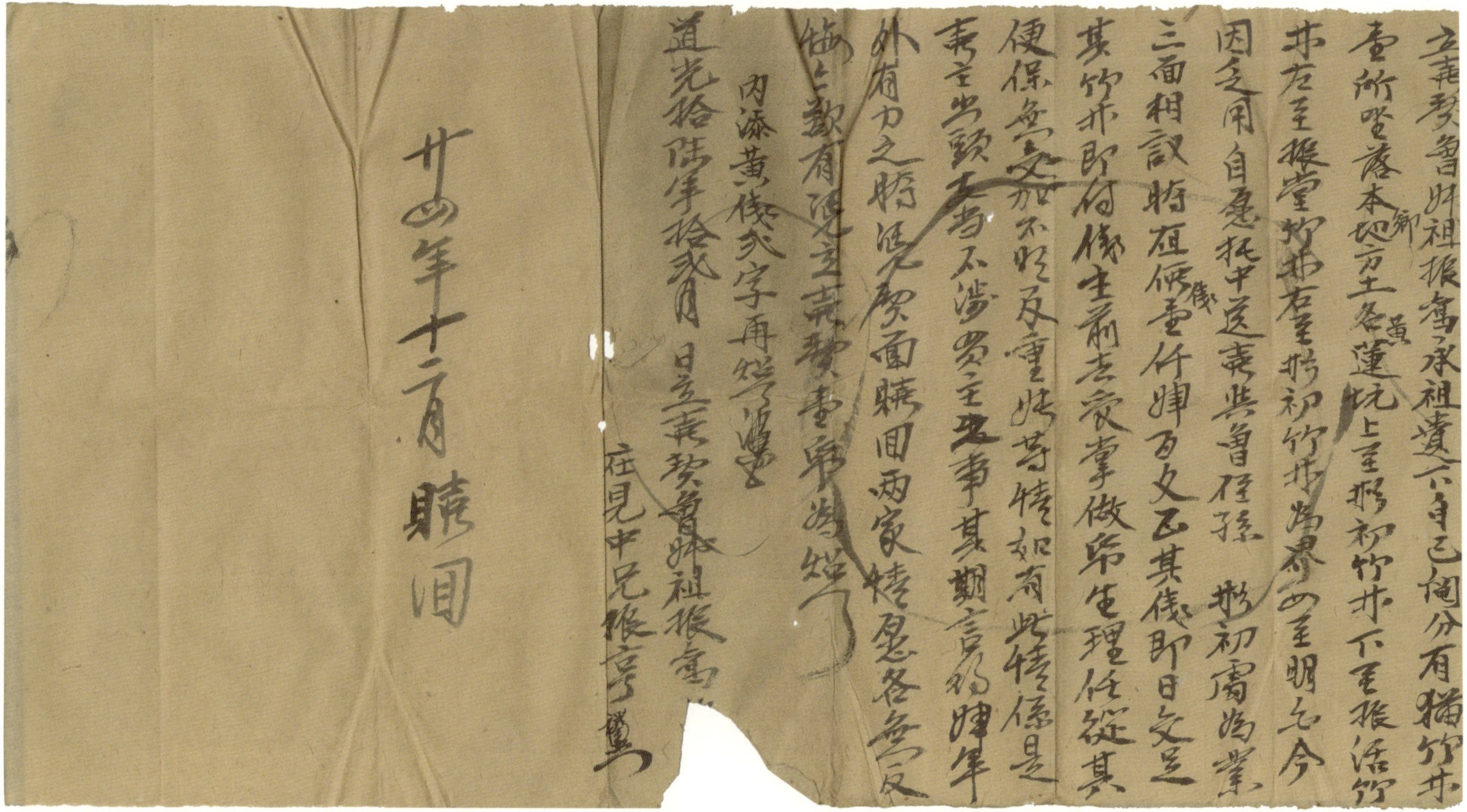

立賣契曾叔祖振鳶承祖遺下自己閫分有猫竹林
壹所坐落本鄉地方土名黃蓮坑上至將初竹林下至振活竹
林左至振堂竹林右至將初竹林為界四至明白今
因乏用自愿托中送賣與曾侄孫 將初甯為業
三面相議將值價錢壹仟肆百文正其錢即日交足
其竹林即付與主前去掌管做帋生理任從其
便保無交加不明及重張典掛等情如有此情係是
賣主出頭支當不涉買主之事其期言約肆年
外有力之時照契面贖回兩家情愿各無反
悔今欲有憑立賣契壹紙為照
內添黃錢貳字再照
道光拾陸年拾貳月 日立賣契曾叔祖振鳶
在見中兄振亨

廿四年十二月贖回

9-4-25-2 清道光十六年十二月楊振鳶立賣猫竹林契（廢契）

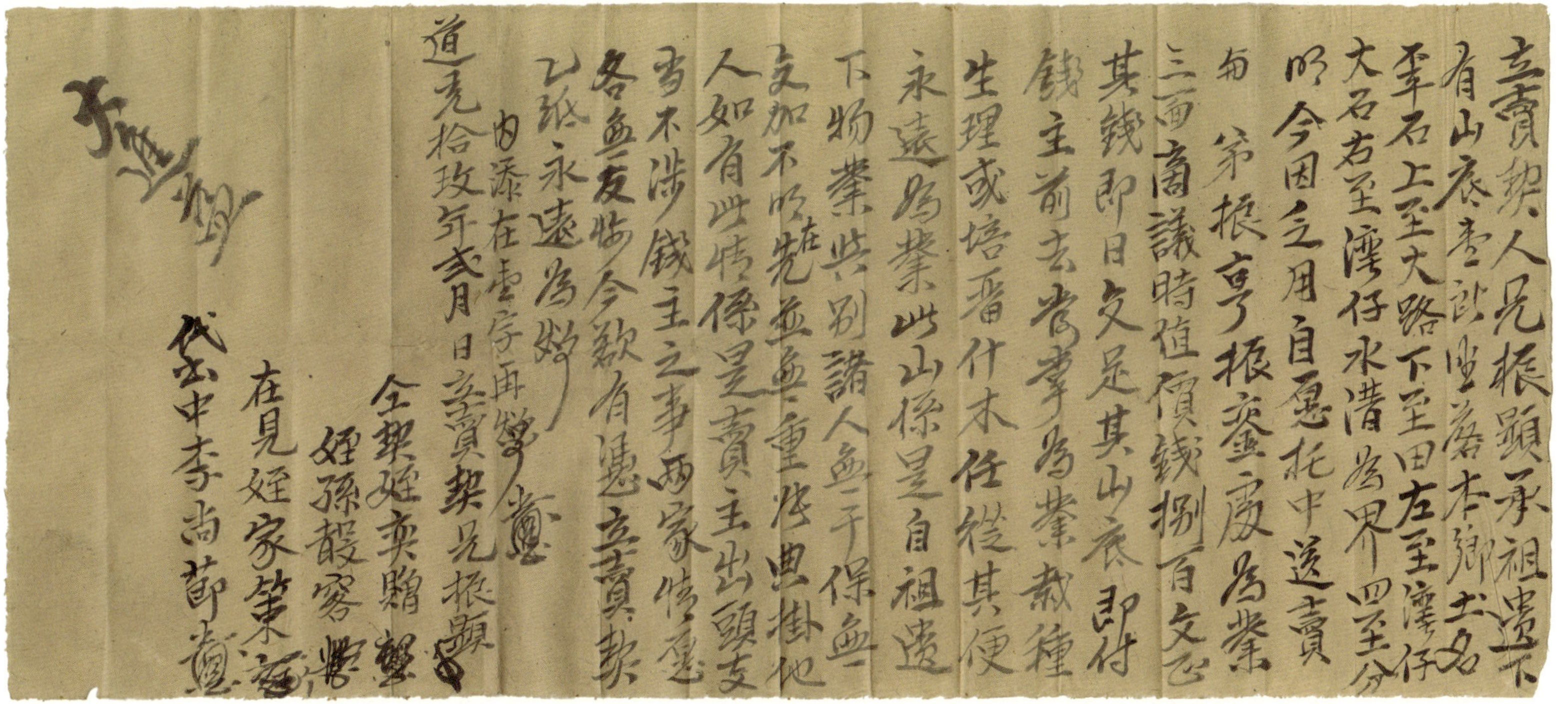
立賣契人兄振顕承祖遺下
有山底壹號坐落本鄉土名
牽石上至大路下至田左至溪仔
大石右至溪仔水漕為界四至分
明今因乏用自愿托中送賣
與 弟振亨根鑾處為業
三面商議時值價錢捌百文正
其錢即日交足其山底即付
錢主前去管掌為業栽種
生理或培番什木任從其便
永遠為業此山係是自祖遺
下物業與別諸人無干保無
交加不明在先無重張典掛他
人如有此情係是賣主出頭支
當不涉錢主之事兩家情愿
各無反悔今欲有憑立賣契
乙紙永遠為照
內添在壹字再照
道光拾玖年貳月 日立賣契兄振顕
仝契姪奕賜
姪孫馥𥧌
在見姪家第
代書中李尚節

9-4-25-3　清道光十九年二月楊振顕等立賣山底契

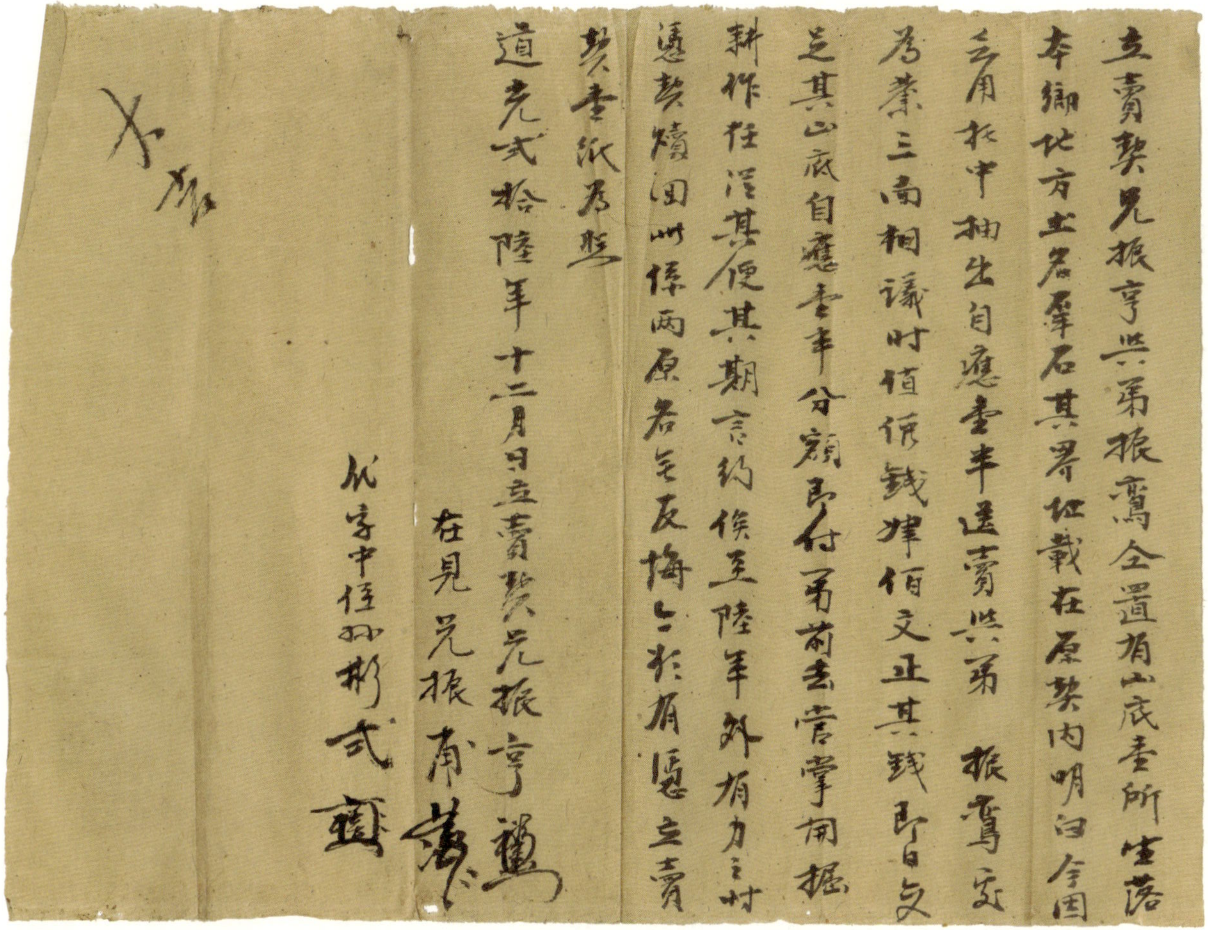
立賣契兄振亨與弟振鶯仝置有山底壹所，坐落
本鄉比方，土名犀石，其界址載在原契內明白。今因
乏用，托中抽出自應壹半，送賣與弟 振鶯，交
為業。三面相議，時值價錢肆佰文正，其錢即日交
足。其山底自應壹半分額，即付弟前去管掌開掘
耕作，任從其便。其期言約俟至陸年外，有力之時
還贖，回此係兩原，各無反悔。今欲有憑，立賣
契壹紙為照。
道光式拾陸年十二月　日立賣契兄振亨（押）
在見兄振甫（押）
代字中任如彬（押）

9-4-25-4　清道光二十六年十二月楊振亨立賣山底契

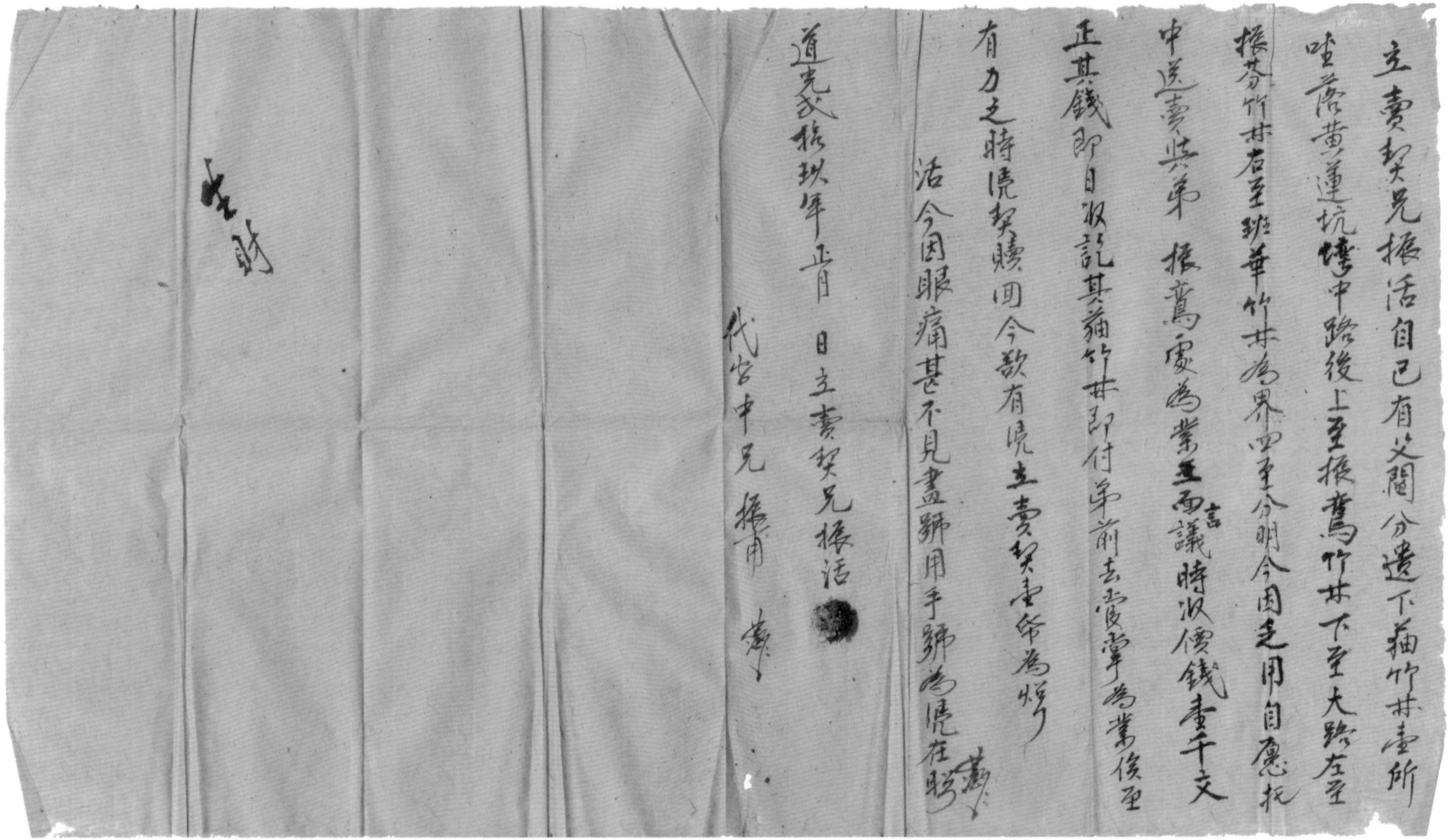
立賣契兄振活自己有父閹分遺下貓竹林壹所
坐落黄蓮坑墈中路後上至振鶯竹林下至大路左至
振芬竹林右至班華竹林為界四至分明今因乏用自愿托
中送賣與弟　振鶯處為業三面言議時值價錢壹千文
正其錢即日收訖其貓竹林即付弟前去管業為業後至
有力之時憑契贖回今欲有憑立賣契壹紙為炤
活今因眼痛甚不見書歸用手歸為憑在炤
道光弍拾玖年正月　日立賣契兄振活
代字中兄　振甫　筆
生財

9-4-25-5　清道光二十九年正月楊振活立賣貓竹林契

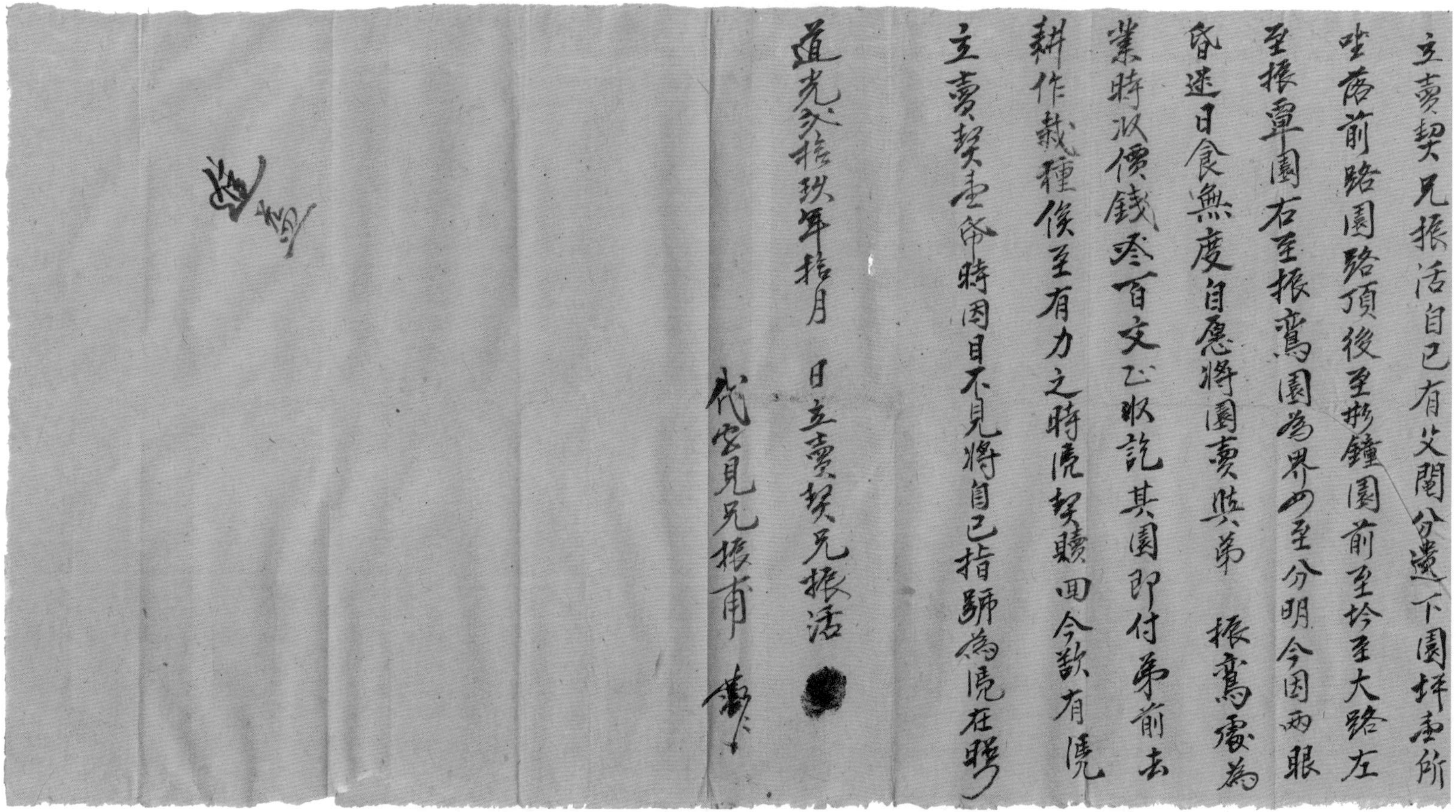

立賣契兄振活自己有父閹分遺下園坪壹所
坐落前路園路頂後至彬鍾園前至坽至大路左
至振章園右至振鸞園為界四至分明今因兩眼
昏迷日食無度自愿將園賣與弟　振鸞處為
業時収價錢叁百文正收訖其園即付弟前去
耕作栽種候至有力之時憑契贖回今欲有憑
立賣契壹帋付園目不見將自己指跡為憑在照
道光弍拾玖年拾月　　日立賣契兄振活
代字見兄振甫

9-4-25-6　清道光二十九年十月楊振活立賣園坪契

9-4-26-1　包契紙

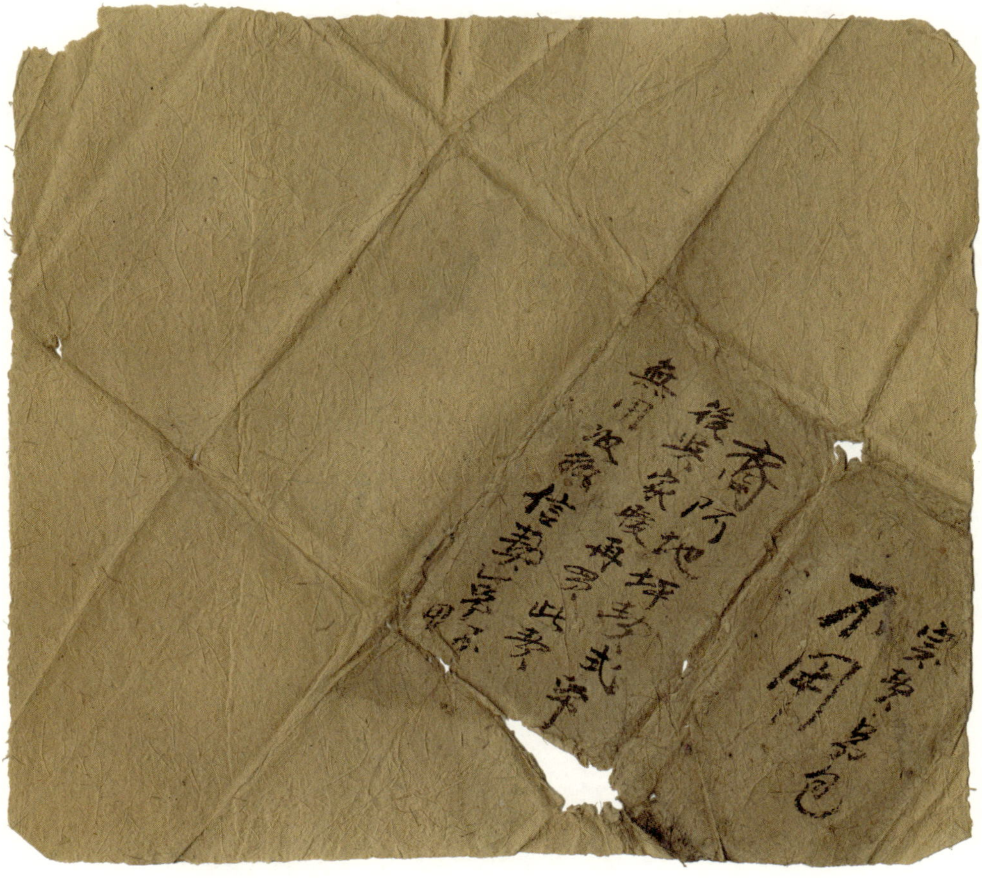

9-4-26-2　包契紙

9-4-26-3　清道光二十年十二月楊彬驕立繳賣園坪契

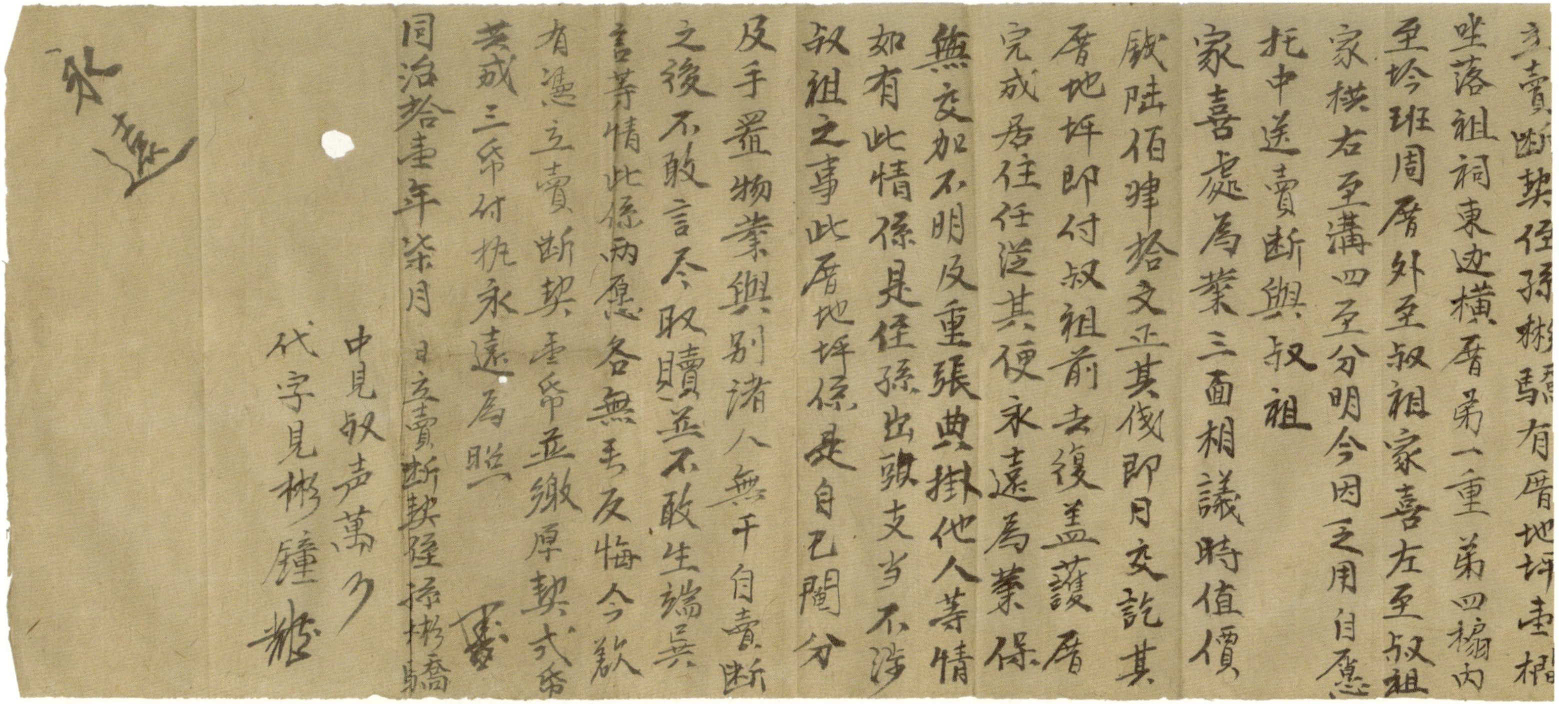
立賣斷契侄孫彬驕有厝地坪壹植
坐落祖祠東边横厝第一重第四植內
至埒班周厝外至叔祖家喜左至叔祖
家楳右至溝四至分明今因乏用自愿
托中送賣斷與叔祖
家喜處為業三面相議時值價
錢陸佰肆拾文正其錢即日交訖其
厝地坪即付叔祖前去復盖護厝
完成居住任從其便永遠為業保
無交加不明及重張典掛他人等情
如有此情係是侄孫出頭支当不涉
叔祖之事此厝地坪係是自己閹分
及手置物業與別諸人無干自賣斷
之後不敢言不取贖並不敢生端異
言等情此係兩愿各無反悔今欲
有憑立賣斷契壹帋並繳厚契弍帋
共成三帋付執永遠為照
同治拾壹年柒月　日立賣斷契侄孫彬驕
中見叔声萬
代字見彬鍾
永遠

9-4-26-4　清同治十一年七月楊彬驕立賣斷厝地坪契

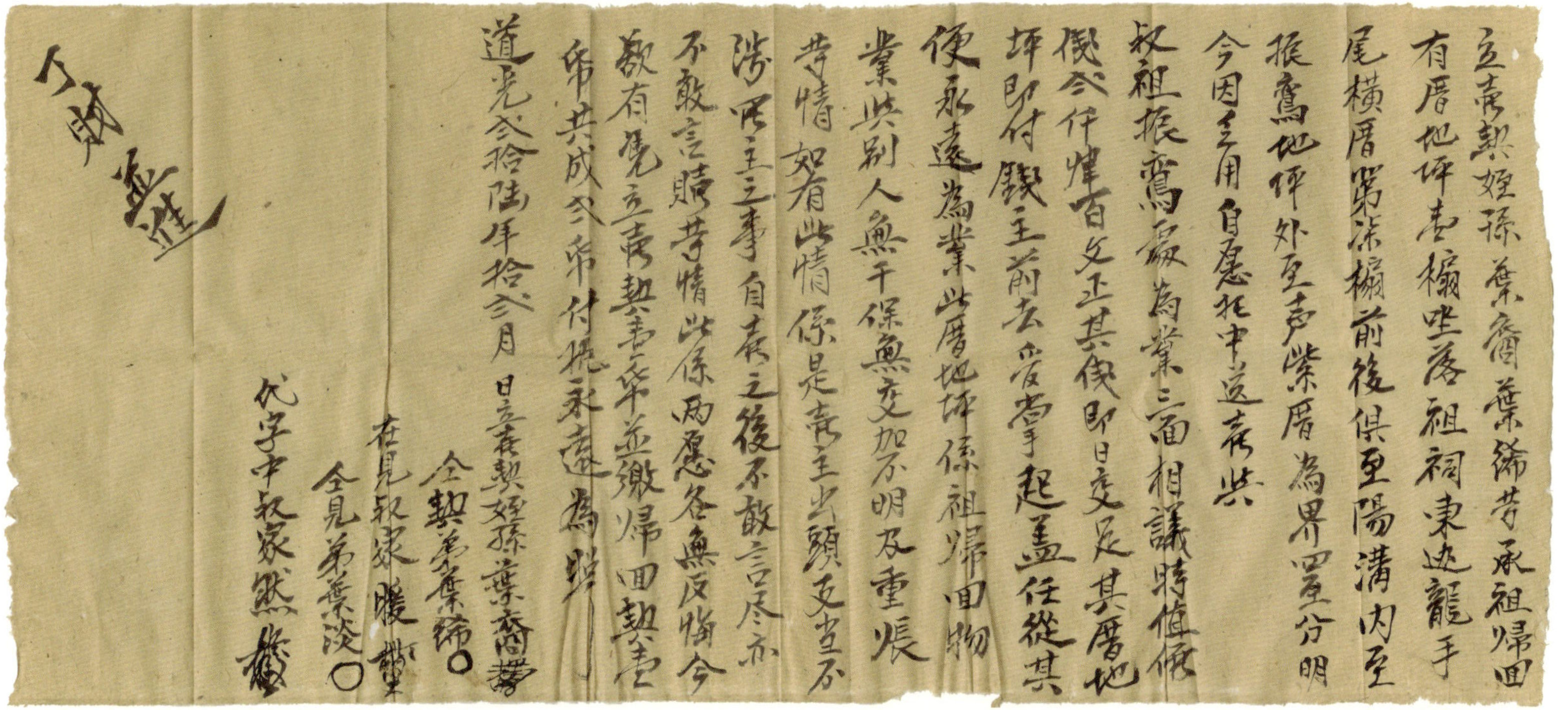

立賣契姪孫葉裔、葉締等承祖歸田
有厝地坪壹櫊坐落祖祠東邊龍手
尾橫厝第柒櫊前後俱至陽溝內至
振鳶地坪外至声紫厝為界四至分明
今因乏用自愿托中送賣與
叔祖振鳶處為業三面相議時值價
銀貳仟肆佰文正其銀即日交足其厝地
坪即付銀主前去管掌起蓋任從其
便永遠為業此厝地坪係祖歸田物
業與別人無干保無交加不明及重張
等情如有此情係是賣主出頭支當不
涉銀主之事自賣之後不敢言尽亦
不敢言贖等情此係兩愿各無反悔今
欲有憑立賣契壹紙並繳歸田契壹
帋共成貳帋付執永遠為照
道光貳拾陸年拾貳月　日立賣契姪孫葉裔（押）
仝契弟葉締○
在見叔泉曖（押）
仝見弟葉淡○
代字中叔家然（押）
[illegible]

9-4-26-5　清道光二十六年十二月楊葉裔等立賣厝地坪契

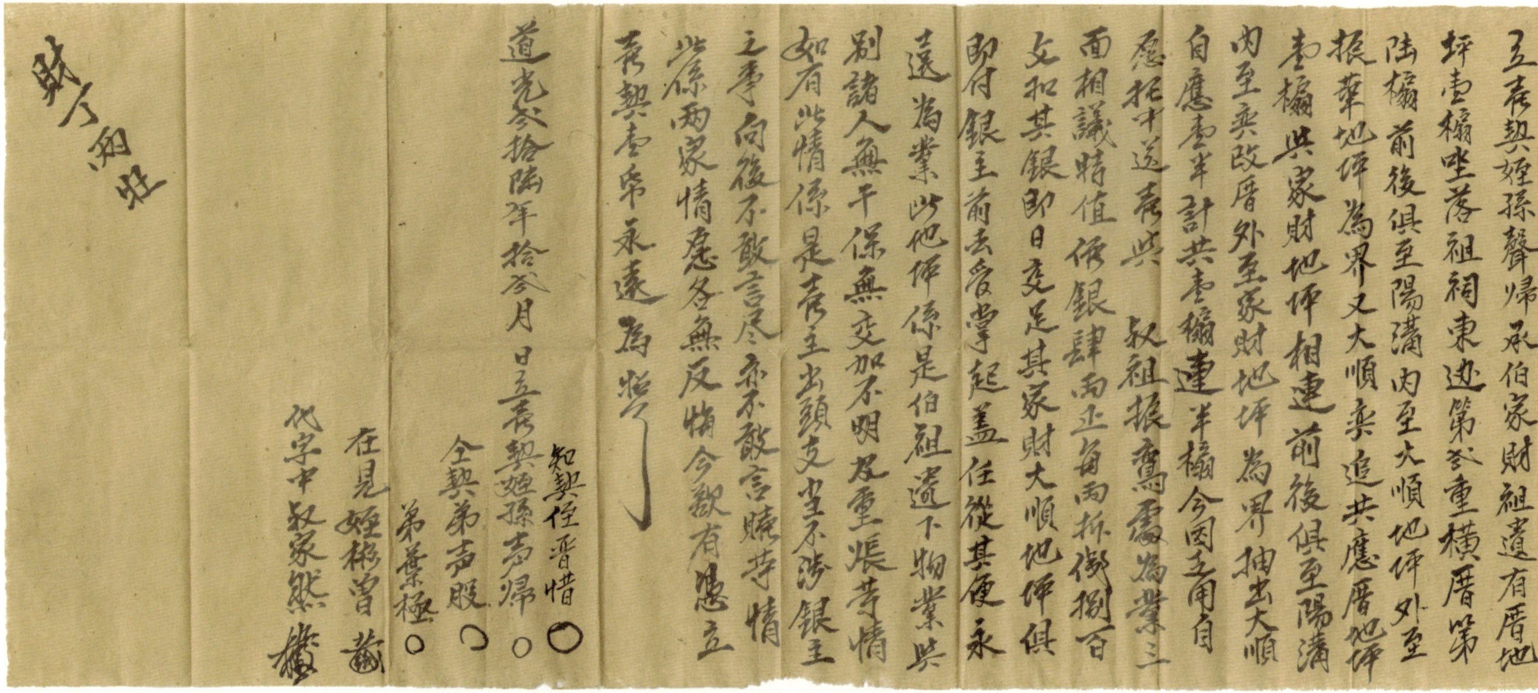

立賣契姪孫聲歸承伯家財祖遺有厝地
坪壹橺坐落祖祠東邊第弍重橫厝第
陸橺前後俱至陽溝內至大順地坪外至
振華地坪為界又大順棄追共應厝地坪
壹橺與家財地坪相連前後俱至陽溝
內至棄改厝外至家財地坪為界抽出大順
自應壹半計共壹橺連半橺今因乏用自
愿托中送賣與　叔祖振鶯處為業三
面相議時值價銀肆兩正每兩折錢壹百
文和其銀即日交足其家財大順地坪俱
即付銀主前去管掌起蓋任從其便永
遠為業此地坪係是伯祖遺下物業與
別諸人無干保無交加不明及重張等情
如有此情係是賣主出頭支當不涉銀主
之事向後不敢言找亦不敢言贖等情
此係兩家情愿各無反悔今欲有憑立
賣契壹帋永遠為照。

道光弍拾陆年拾弍月　日立賣契姪孫聲歸○
知契侄晉惜○
仝契弟聲殿○
弟葉極○
在見姪孫曾藏
代字中叔家照

財丁兩旺

9-4-26-6　清道光二十六年十二月楊聲歸等立賣厝地坪契

9-4-27-1　包契紙

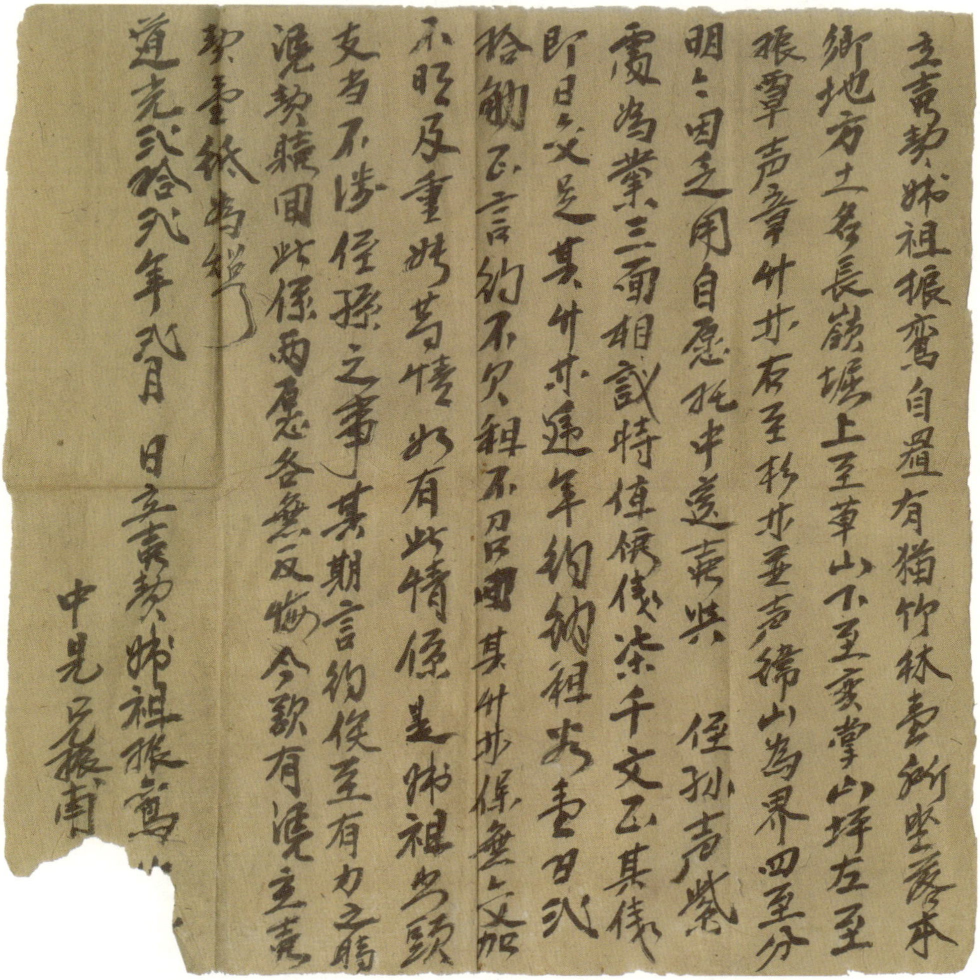

立賣契姊祖振鸞自置有猫竹林壹所坐落本
鄉地方土名長嶺垅上至華山下至雲掌山坪左至
振翠声章竹林右至杉林並声錦山為界四至分
明今因乏用自愿托中送賣與　侄孫声紫
處為業三面相議特值價錢柒千文正其錢
即日交足其竹林逐年約納租米壹百弍
拾觔正言約不欠租不得召佃其竹林保無交加
不明及重姊葛情如有此情係是姊祖自出頭
支當不涉侄孫之事其期言約俟至有力之時
憑契贖回此係兩愿各無反悔今欲有憑立賣
契壹紙為照
道光弍拾弍年弍月　日立賣契姊祖振鸞
中見兄振甫

9-4-27-2　清道光二十二年二月楊振鸞立賣猫竹林契

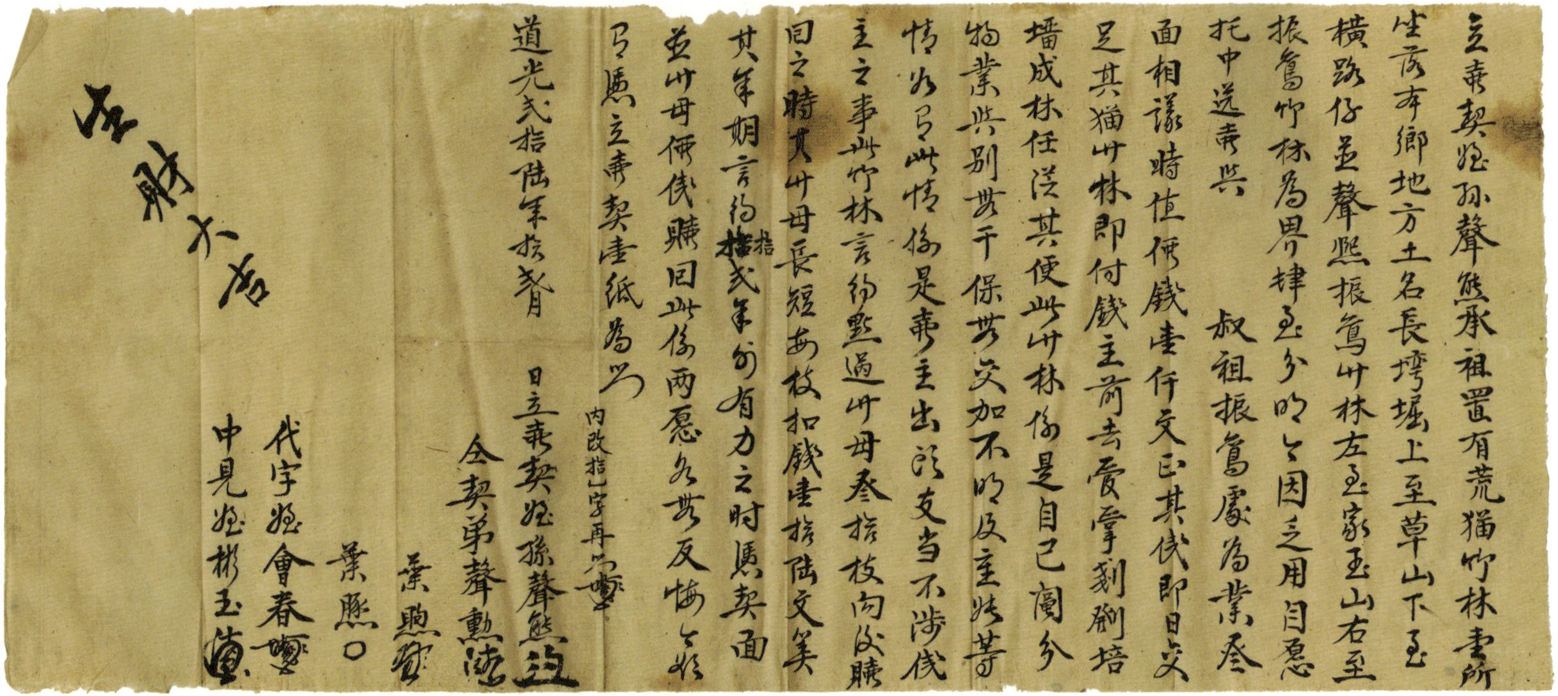
立賣契楊聲熊承祖置有荒猫竹林壹所
坐落本鄉地方土名長灣墘上至草山下至
横路仔並聲熙振篤竹林左至家玉山右至
振篤竹林為界肆至分明今因乏用自愿
托中送賣與　　叔祖振篤處為業叁
面相議時值價錢壹仟文正其錢即日交
足其猫竹林即付錢主前去管業剗削培
墻成林任從其便此竹林係是自己閹分
物業與別人無干保無交加不明及重張典
掛等情如有此情係是賣主出頭支当不涉錢
主之事此竹林言約照過竹母叁拾枝向後聽
回之時其竹母長短每枝扣錢壹拾陸文算
其年限言約拾貳年有力之時憑契面
並竹母價錢贖回此係兩愿各無反悔今欲
有憑立賣契壹紙為照　内改拾一字再照
道光貳拾陸年拾貳月　日立賣契楊孫聲熊
仝契弟聲勳
葉聰
葉熙
代字楊會春
中見楊彬玉
生財大吉

9-4-27-3　清道光二十六年十二月楊聲熊等立賣荒猫竹林契

立賣契姪孫聲熊兄弟等承祖遺下有杉
苗仔數拾根坐落本鄉地方土名長垵堀竹林內
上至草山下至橫路仔左至卖貢竹林右至振
覃竹林為界四至分明今因乏用自愿托中送
與　叔祖振篤處為業叁面相議時值
價錢捌佰文正其錢即日交足其杉苗仔即
付叔祖前去管掌剡劉培養長大砍伐變賣
任從其便保此交加不明及重張等情如有
此情係是姪孫出頭支當不涉叔祖之事言
約俟至長大砍盡去木還土此係兩愿各無反
悔今欲有憑立賣契壹紙為照
內添林一字再照

道光貳拾柒年伍月　日立賣契姪孫聲熊（押）
仝弟　藁煦（押）
聲勳（押）
藁照（押）
代字中見姪會春（押）

大吉[illegible]

9-4-27-4　清道光二十七年五月楊聲熊等立賣杉苗仔契

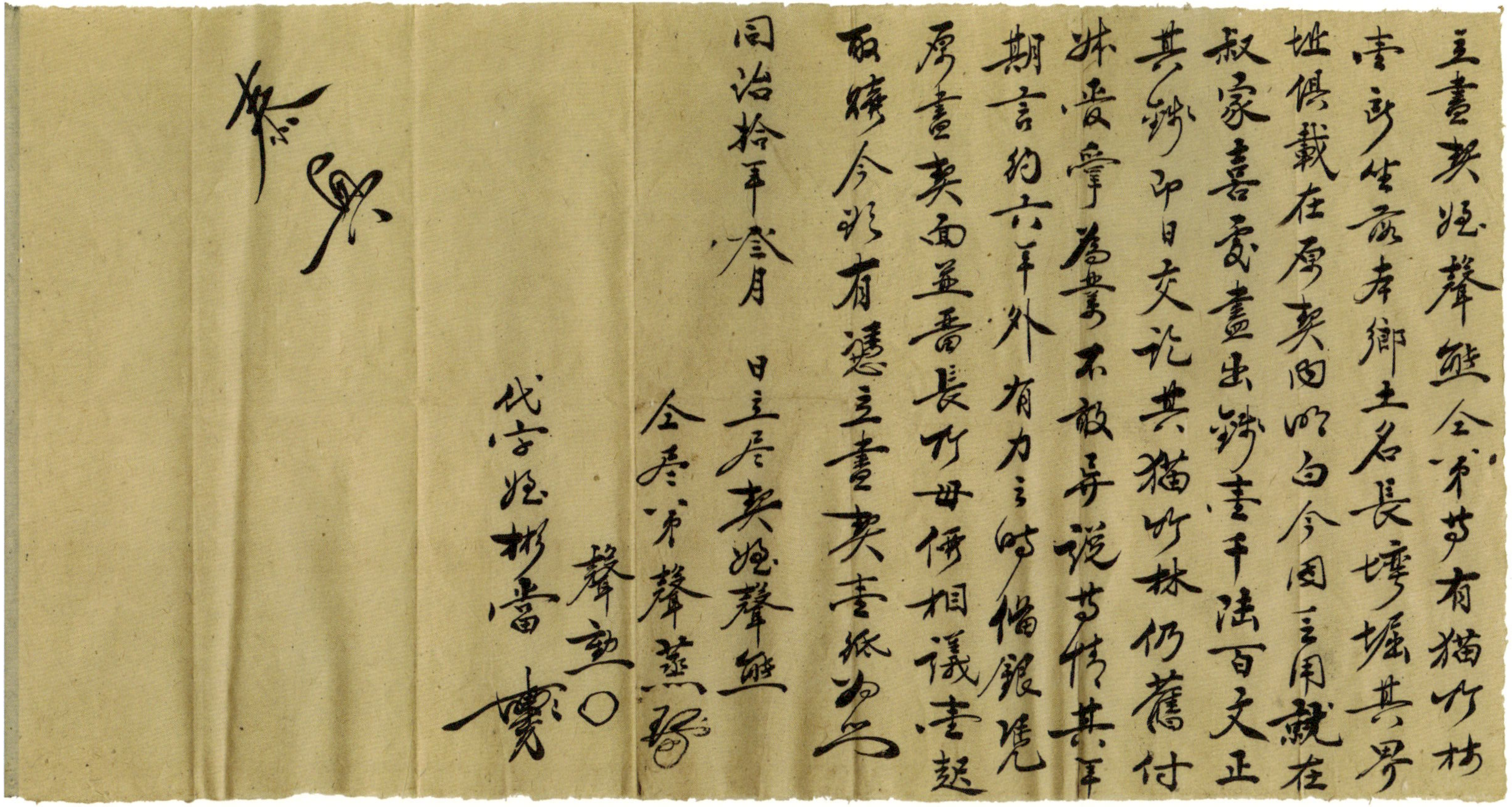
立盡契姪聲熊仝弟等有猫竹林
壹所坐落本鄉土名長壢堀其界
址俱載在原契内明白今因乏用就在
叔家喜處盡出錢壹千柒百文正
其錢即日交訖其猫竹林仍舊付
叔管掌為業不敢异說等情其年
期言約六年外有力之時備銀退
原盡契面並番長竹毋得相議壹起
恐後今欲有憑立盡契壹紙為照
同治拾年叁月　日立盡契姪聲熊
仝弟聲燕
聲勲○
代字姪彬當

9-4-27-5　清同治十年三月楊聲熊等立盡猫竹林契

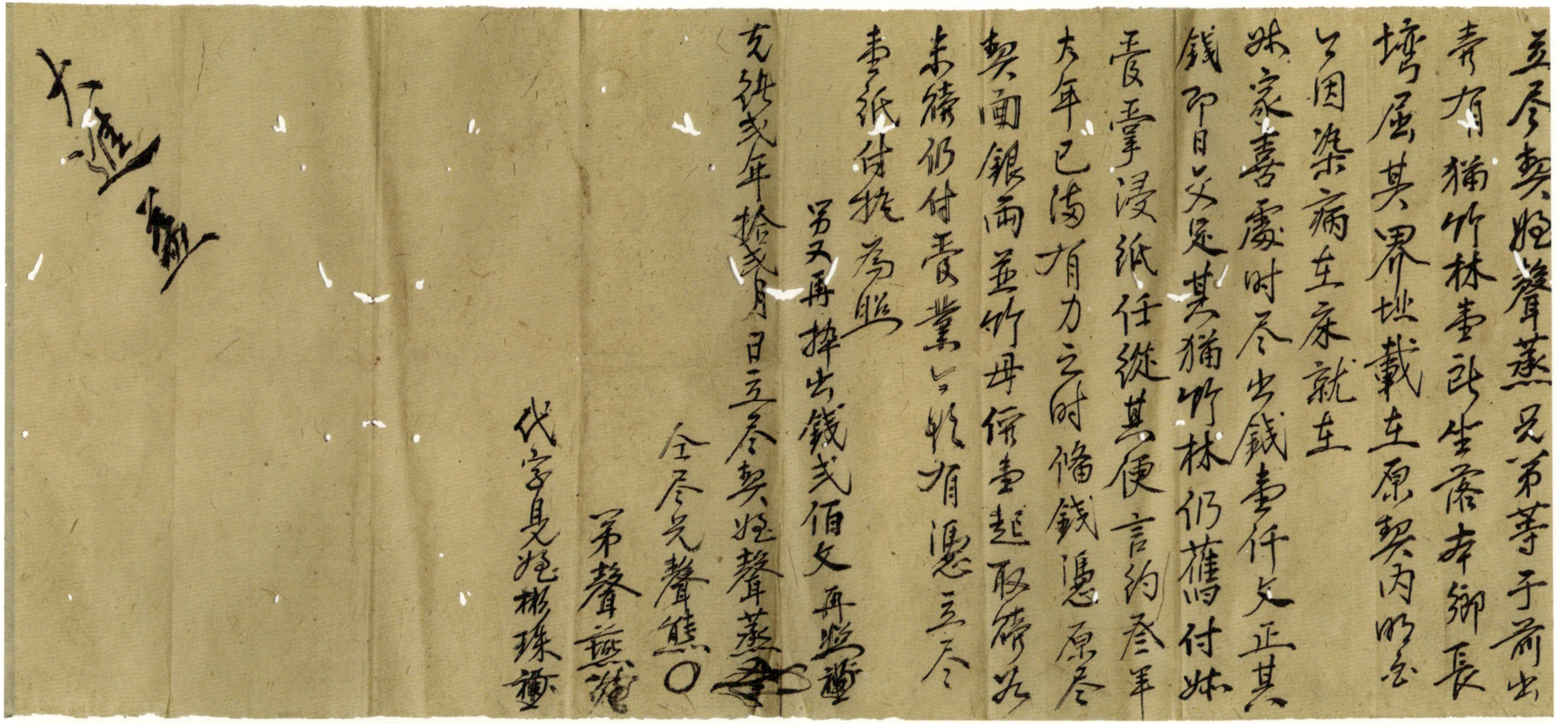

立盡契姪聲蒸兄弟等于前出
賣有猫竹林壹所坐落本鄉長
墘厝其界址載在原契內明白
今因染病在床就在
咊家喜處時盡出錢壹仟文正其
錢即日交足其猫竹林仍舊付咊
賣掌浸紙任從其便言約叁年
大年已滿有力之時備錢憑原盡
契面銀兩並竹母儹壹起取贖如
未贖仍付賣業之㸔有憑立盡
壹紙付執為照
另又再挼出錢弍佰文　再照㸔
光緒弍年拾弍月　日立盡契姪聲蒸
全盡兄聲熊〇
弟聲燕
代字見姪彬珠

9-4-27-6　清光緒二年十二月楊聲蒸等立盡猫竹林契

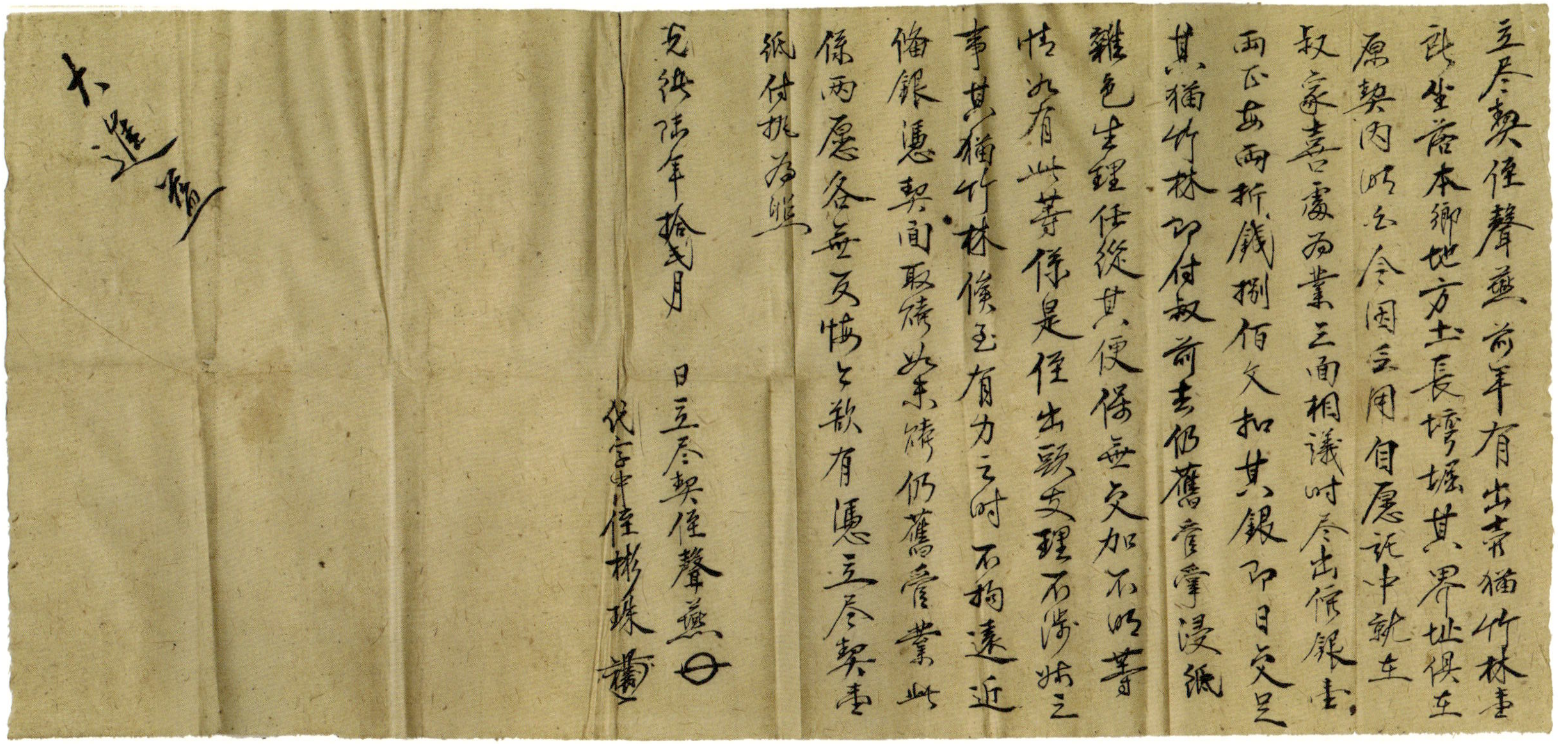
立盡契侄聲燕前年有出業猫竹林壹
段坐落本鄉地方土長[illegible][illegible]其界址俱在
原契內明白今因乏用自愿託中就在
叔家喜處爲業三面相議时盡出價銀壹
兩正每兩折錢捌佰文扣其銀即日交足
其猫竹林即付叔前去仍舊管掌浸紙
雜色生理任從其便保無交加不明等
情如有此等係是侄出頭支理不涉叔之
事其猫竹林俟至有力之时不拘遠近
備銀憑契面取贖此業贖仍舊管業此
係兩愿各無反悔今欲有憑立盡契壹
紙付執爲照
光緒陸年拾貳月　　日立盡契侄聲燕（押）
代字中侄彬珠（押）
大進看

9-4-27-7　清光緒六年十二月楊聲燕立盡猫竹林契

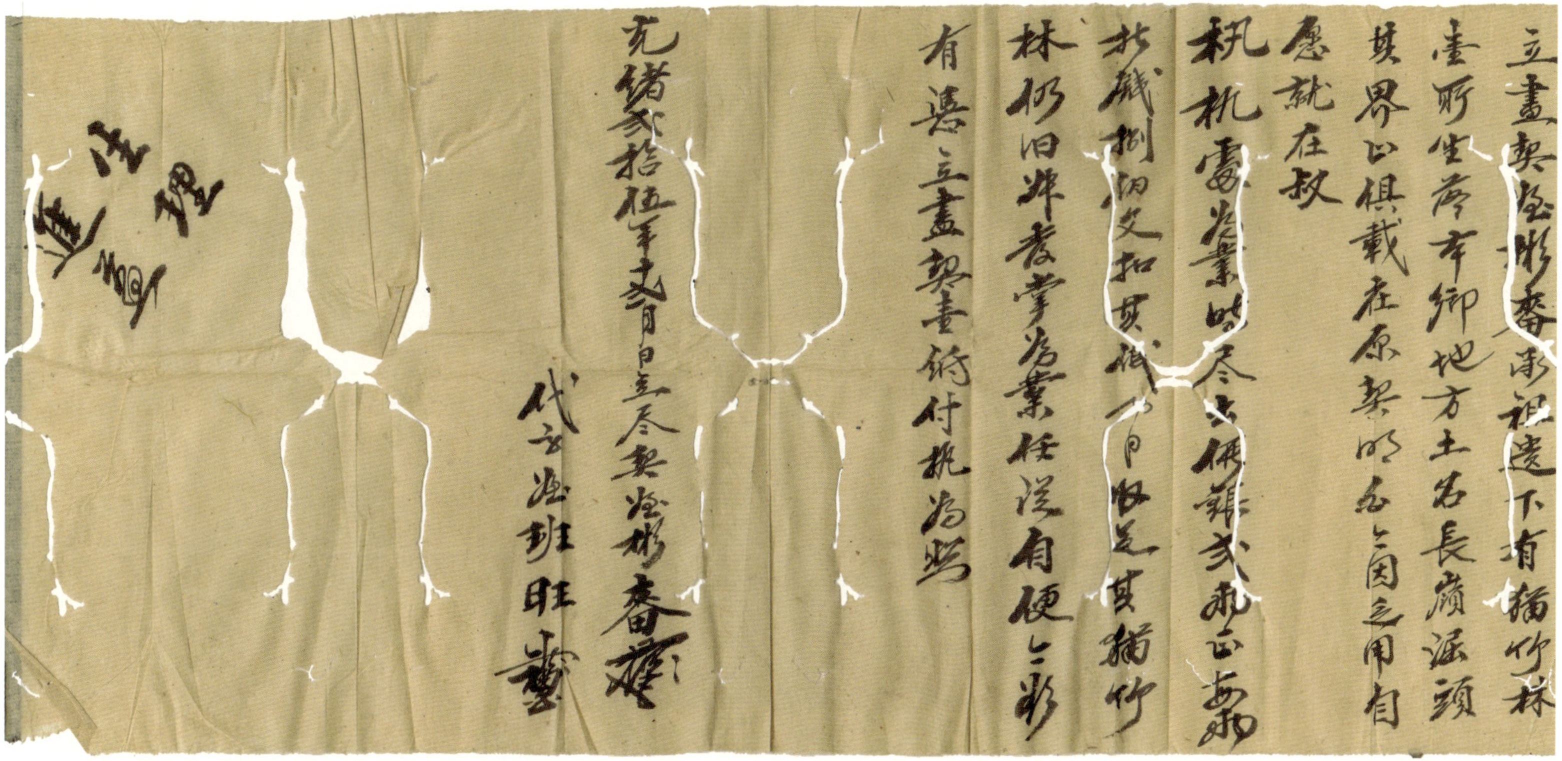
立盡契楊彬番，承祖遺下有猫竹林
壹所，坐落本鄉地方，土名長嶺㘭頭，
其界至俱載在原契明白，今因乏用，自
愿就在叔
邦机、机處出業，時盡出價錢貳元正，無
折減。剛日交収其錢，一月收足，其猫竹
林仍旧許叔掌為業，任從自便。今欲
有憑，立盡契壹紙，付机為照。
光緒貳拾伍年十二月　日立盡契楊彬番（押）
代字楊班旺（押）

9-4-27-8　清光緒二十五年十二月楊彬番立盡猫竹林契

民国肆乙月来前路壠田契
今契合共乙紙候勝收執

9-4-28-1　包契紙

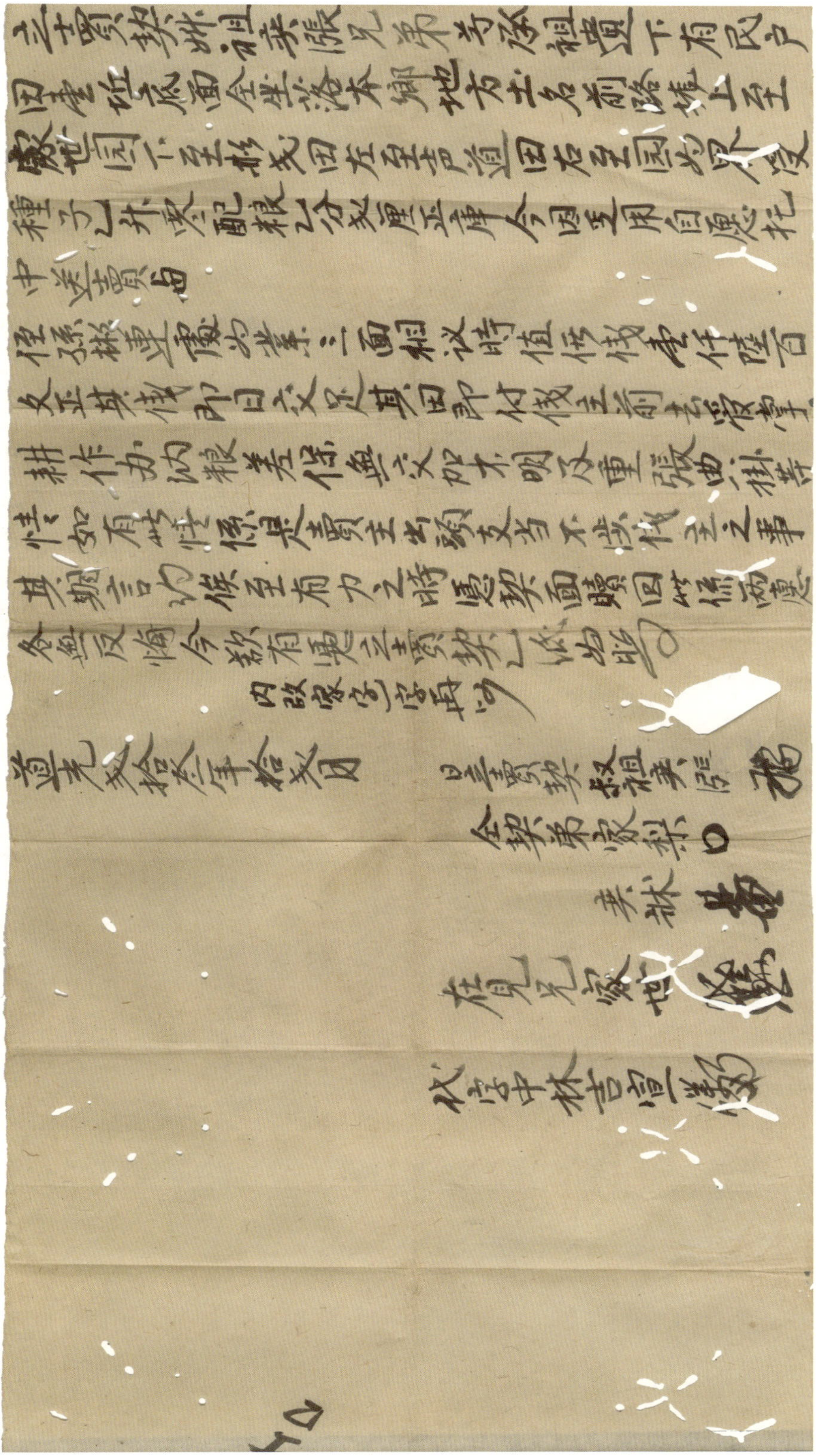

立賣契艸祖奕漲兄弟等承祖遺下有民户
田壹坵底面全坐落本鄉地方土名前路墘上至
家世园下至彬戋田左至吉户道田右至园为界今受
種子乙升零配粮乙分弍厘正庫今因乏用自愿托
中送賣與
侄孫彬連處為業三面相议時值價錢壹仟陸百
文正其錢即日交足其田即付錢主前去管掌
耕作办納粮差保無交加不明及重張典掛等
情如有此情係是賣主出頭支當不涉錢主之事
其田言約候至有力之時憑契面贖回此係兩愿
各無反悔今欲有憑立賣契乙紙為照
内改家字乙字再照
道光弍拾叁年拾弍月　日立賣契叔祖奕漲（押）
全契弟家梨口
奕琳（押）
在見兄家世（押）
代字中林吉宣（押）

9-4-28-2　清道光二十三年十二月楊奕漲等立賣底面全民户田契

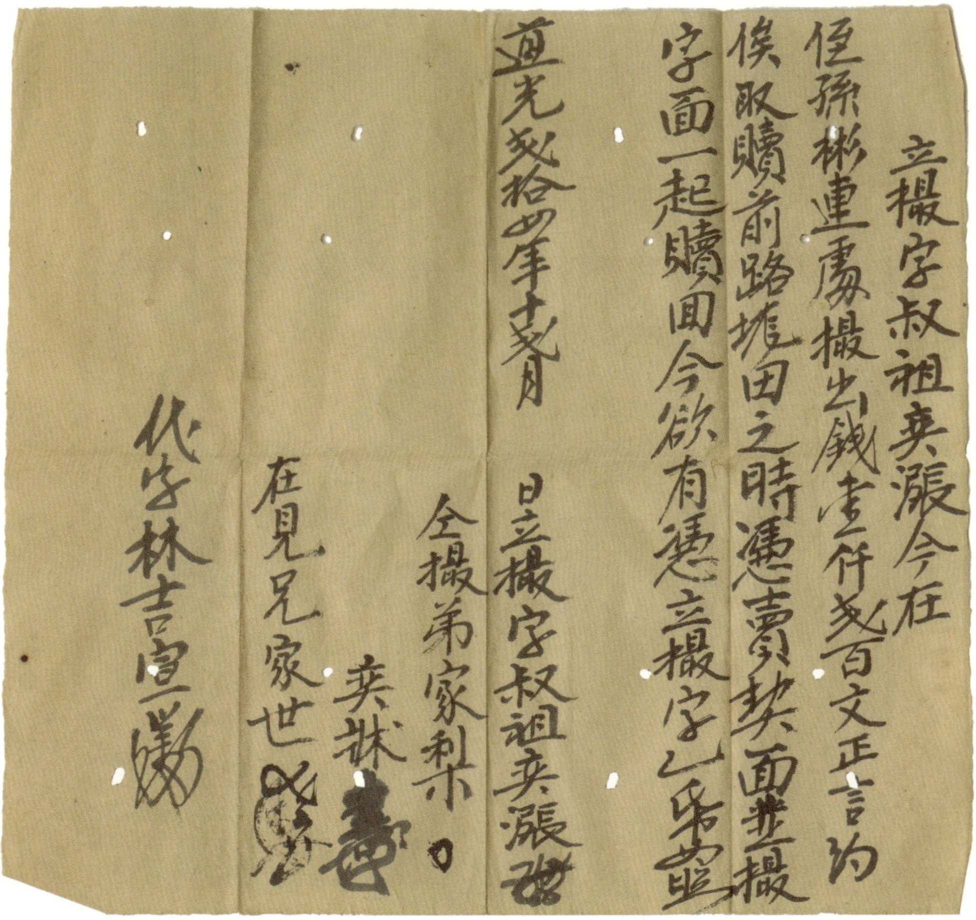

立撮字叔祖奕漲今在
侄孫彬連處撮出錢壹仟貳百文正言約
候取贖前路堆田之時憑賣契面並撮
字面一起贖回今欲有憑立撮字為照
道光貳拾四年十二月　日立撮字叔祖奕漲（押）
仝撮弟家利（押）
奕洙（押）
在見兄家世（押）
代字林吉宣（押）

9-4-28-3　清道光二十四年十二月楊奕漲立撮字

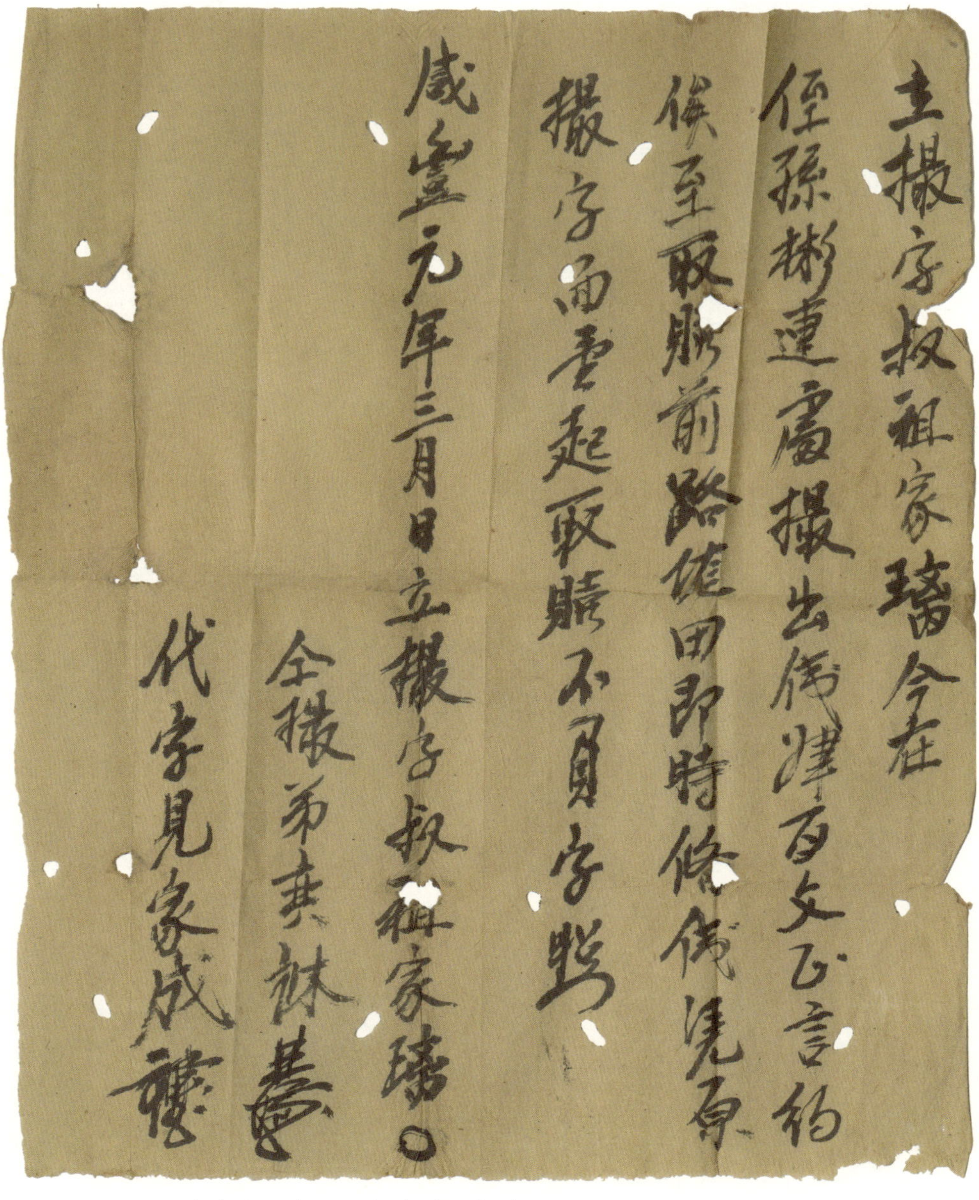

立撮字叔祖家璿今在
侄孫彬蓮處撮出銭肆百文正言約
候至取贖前路塅田即時備銭洗原
撮字面壹起取贖不負字照
咸豐元年三月　日立撮字叔祖家璿〇
仝撮弟英林基
代字見家成

9-4-28-4　清咸豐元年三月楊家璿立撮字

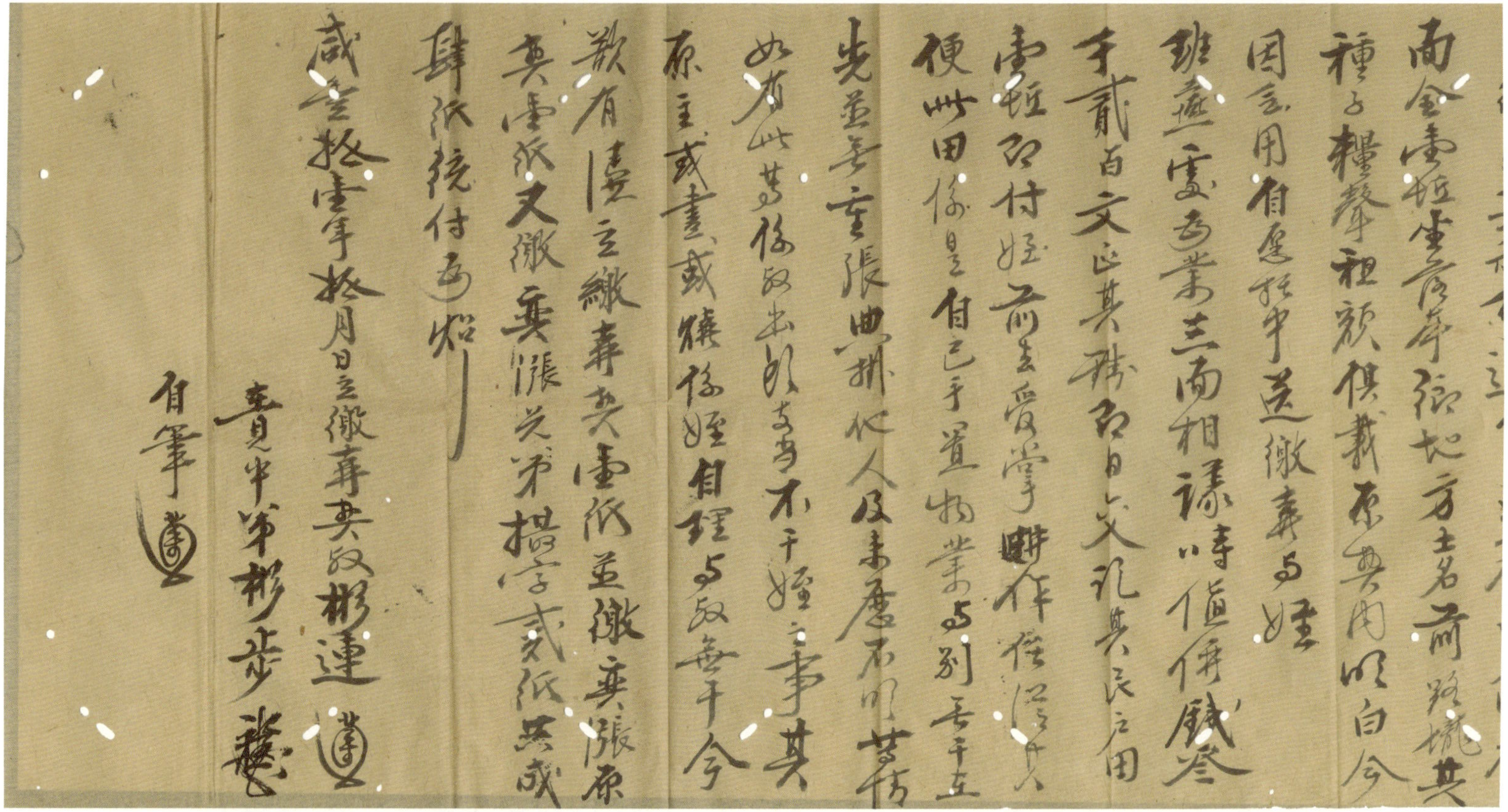

9-4-28-5　清咸豐十一年十月楊彬連立繳賣底面全民田契

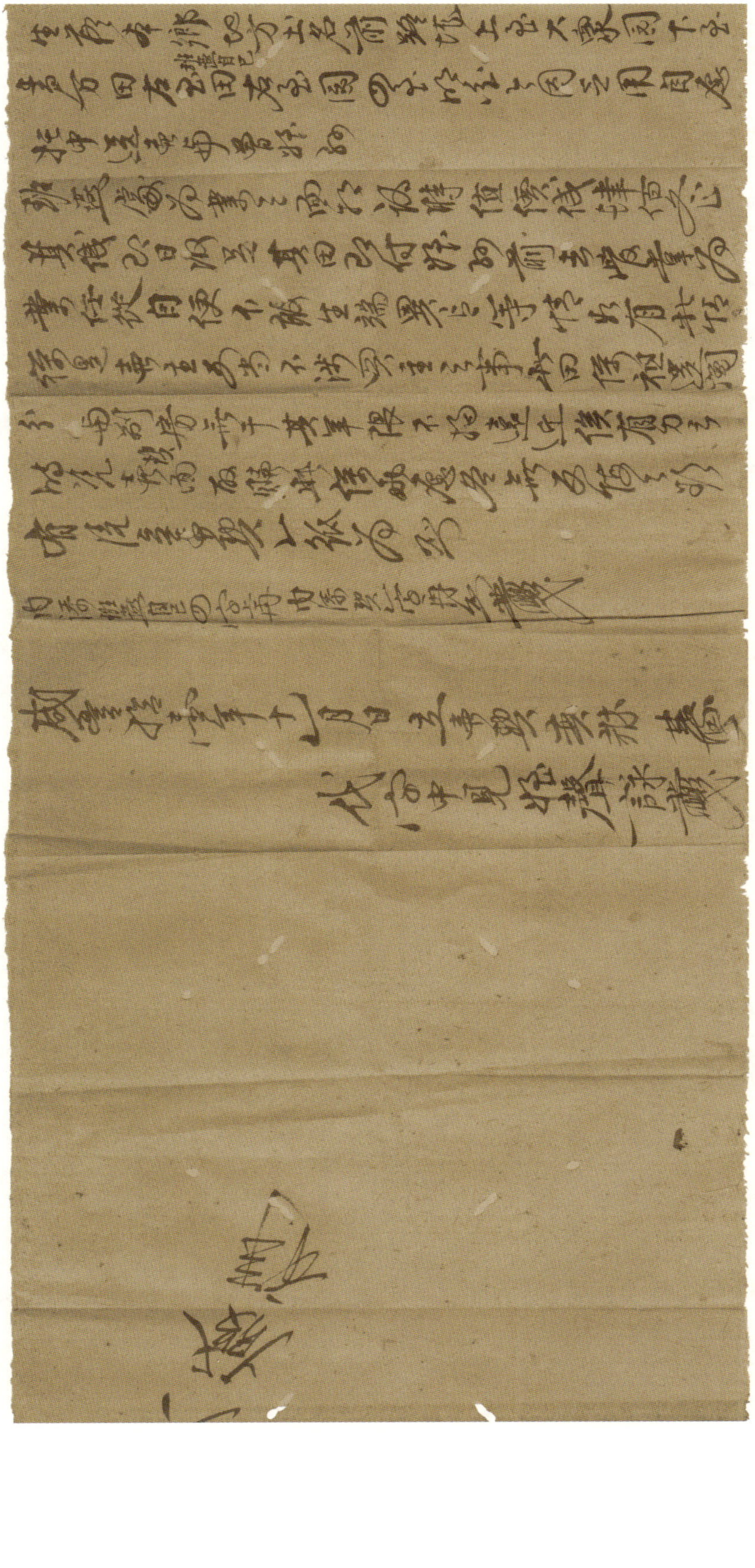

9-4-28-6　清咸豐十一年十一月楊奕牀立賣田契

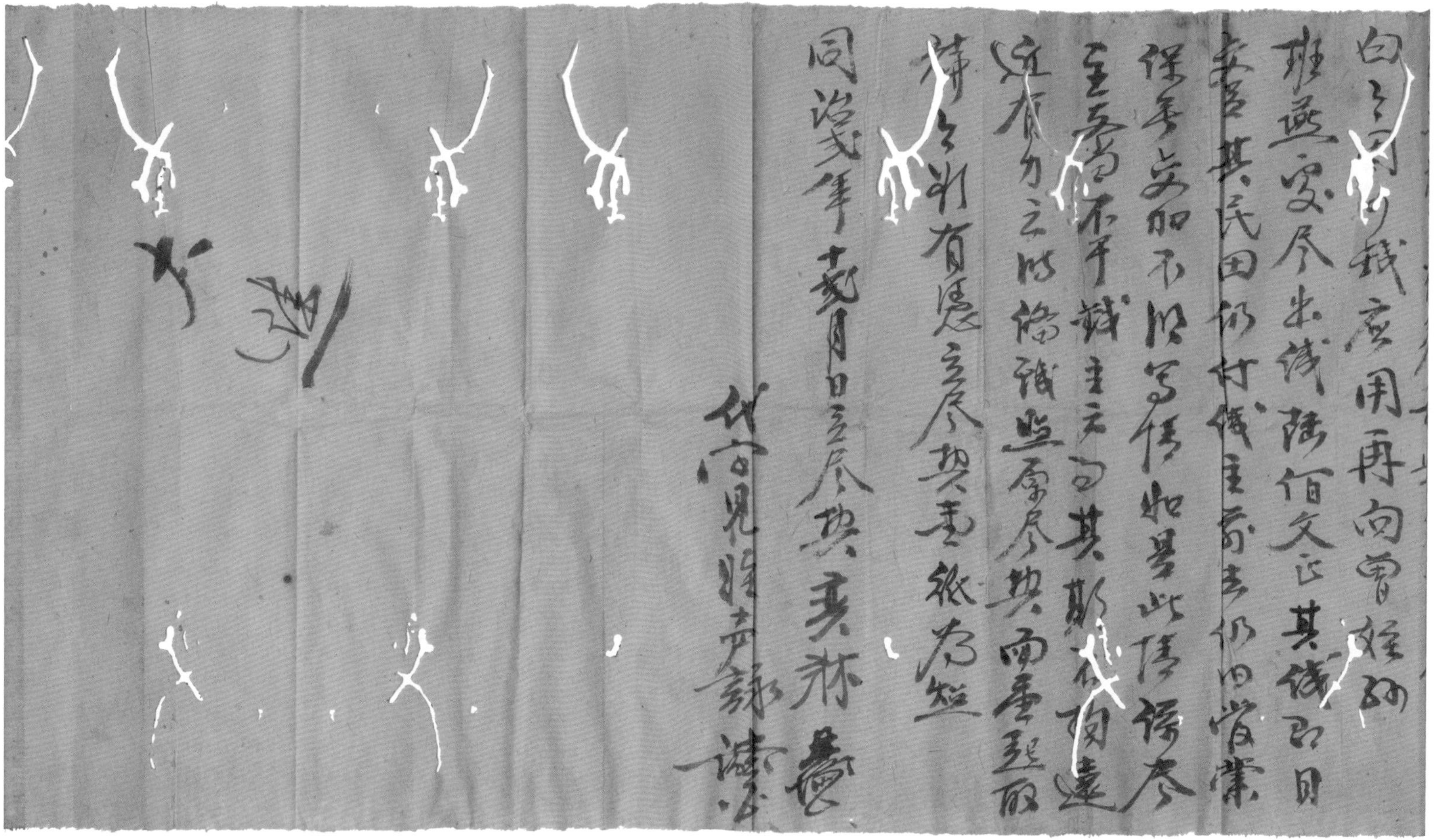

9-4-28-7　清同治二年十二月楊奕㳂立盡底面全民田契

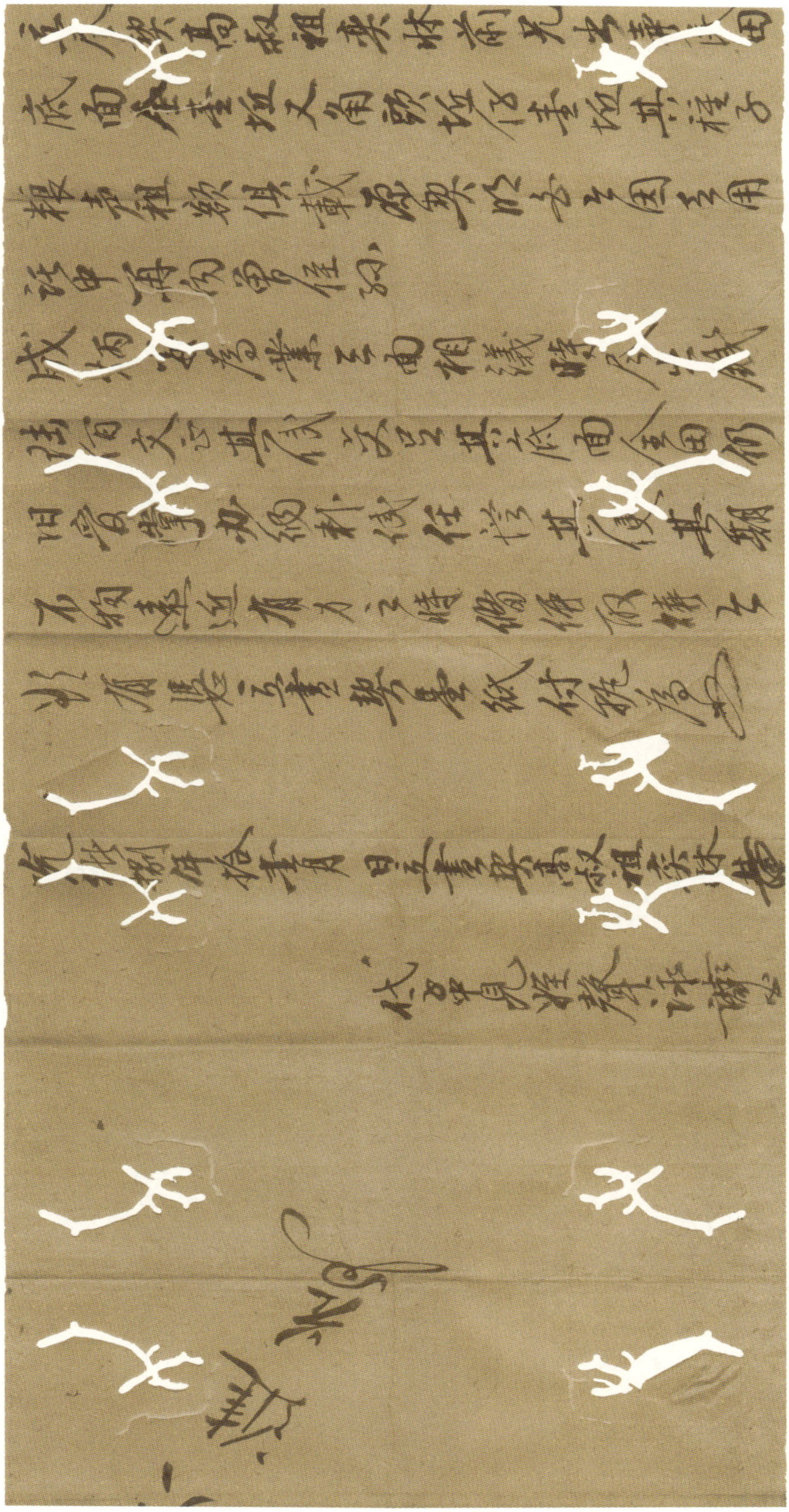

9-4-28-8　清光緒八年十一月楊奕牀立盡底面全民田契

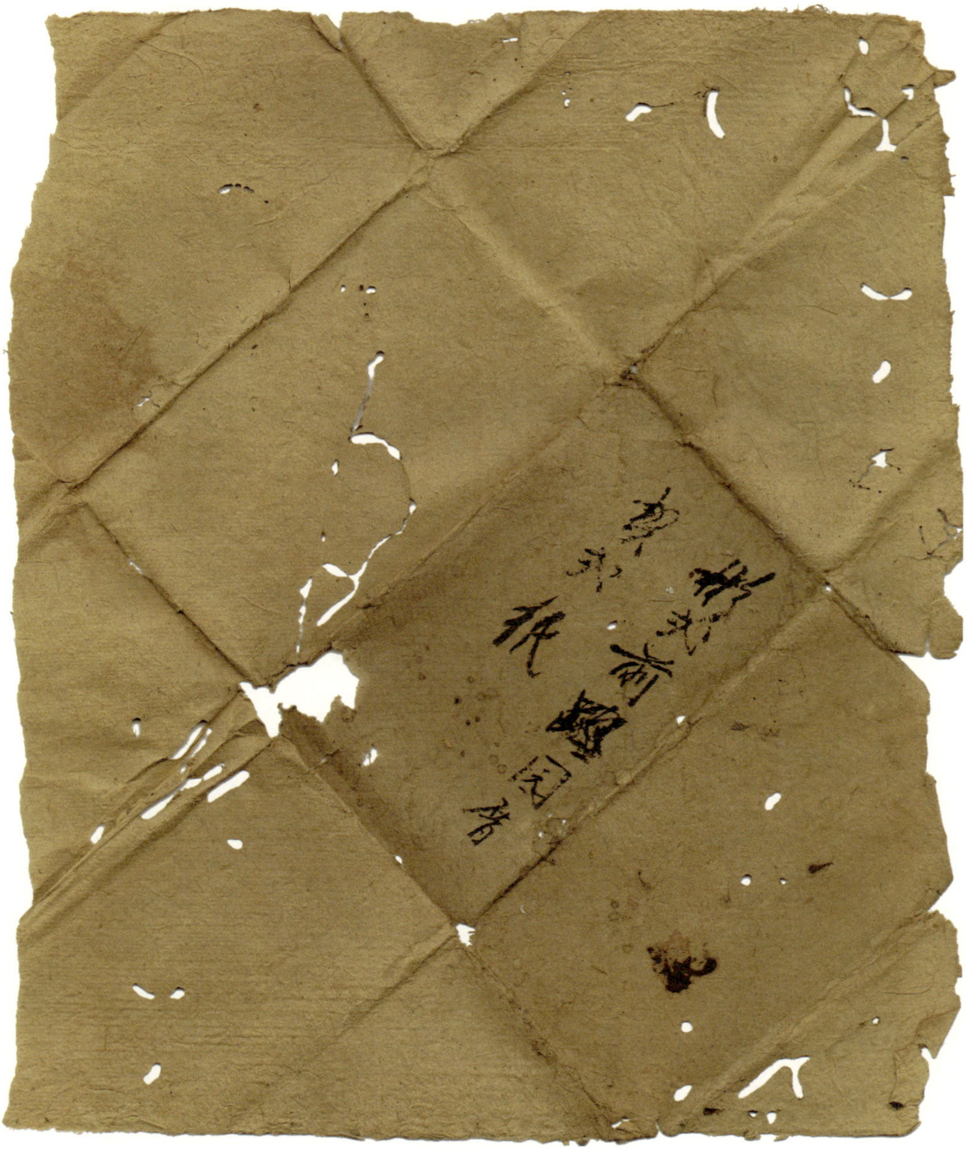

9-4-29-1　包契紙

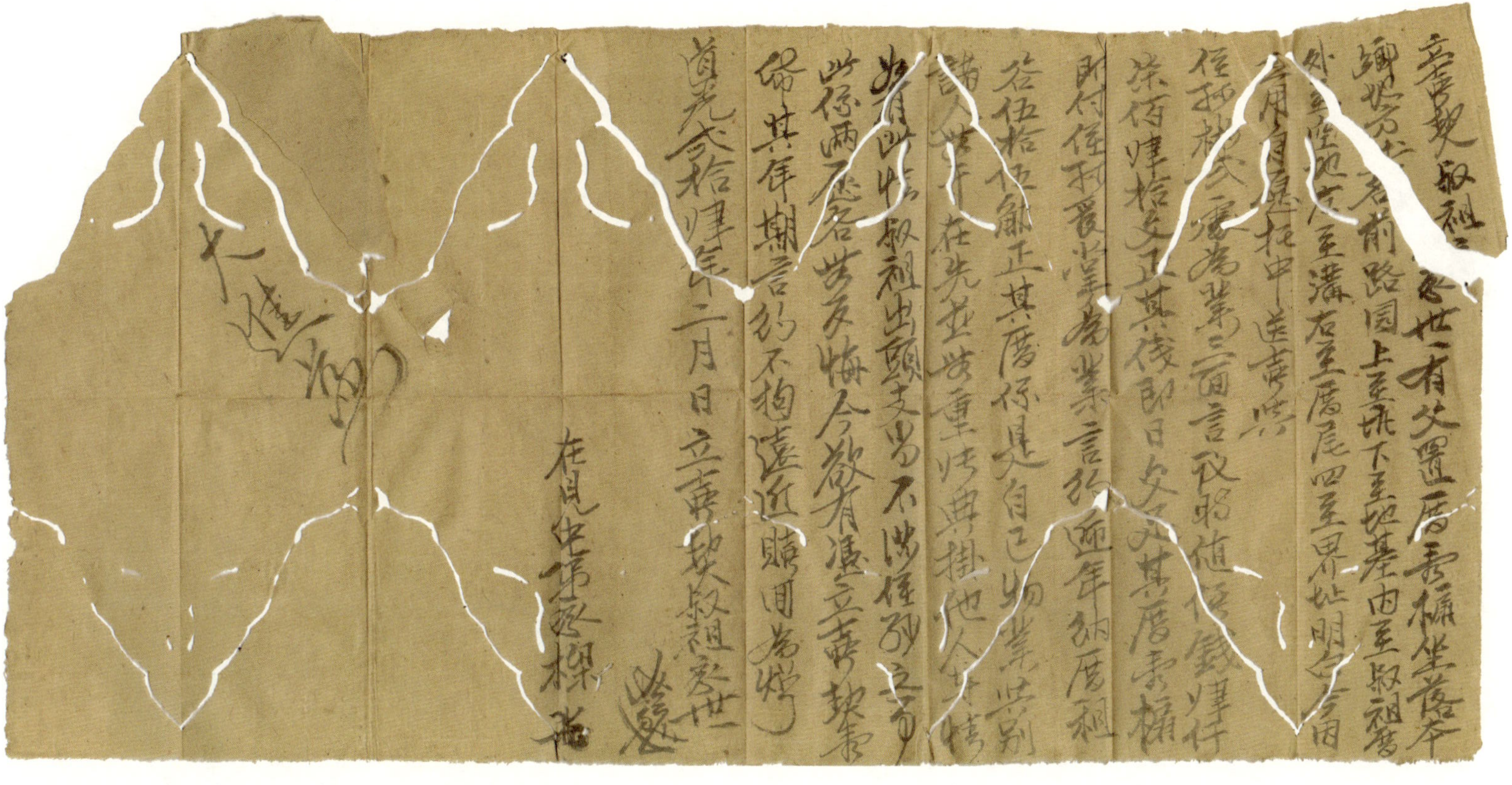

立賣契叔祖家世一，有父置厝壹𣘻，坐落本
鄉地方土名厝前路園，上至洮下至地基，由至叔祖厝
外至坐地，左至溝，右至厝尾，四至界址明白。今因
要用，自愿托中送賣與
侄孫周祥處為業，三面言議，時值價錢肆仟
柒佰肆拾文，其錢即日交足，其厝壹𣘻
即付侄孫前去管業為業，言約逐年納厝租
谷伍拾伍觔正。其厝係是自己物業，與別
諸人無干，在先並無重張典掛他人等情。
如有此情，叔祖出頭支當，不涉侄孫之事。
此係兩愿，各無反悔，今欲有憑，立賣契壹
帋，其年期言約不拘遠近，贖回為照。
道光貳拾肆年二月　日立賣契叔祖家世一
在見胞弟家標

9-4-29-2　清道光二十四年二月楊家世立賣厝契

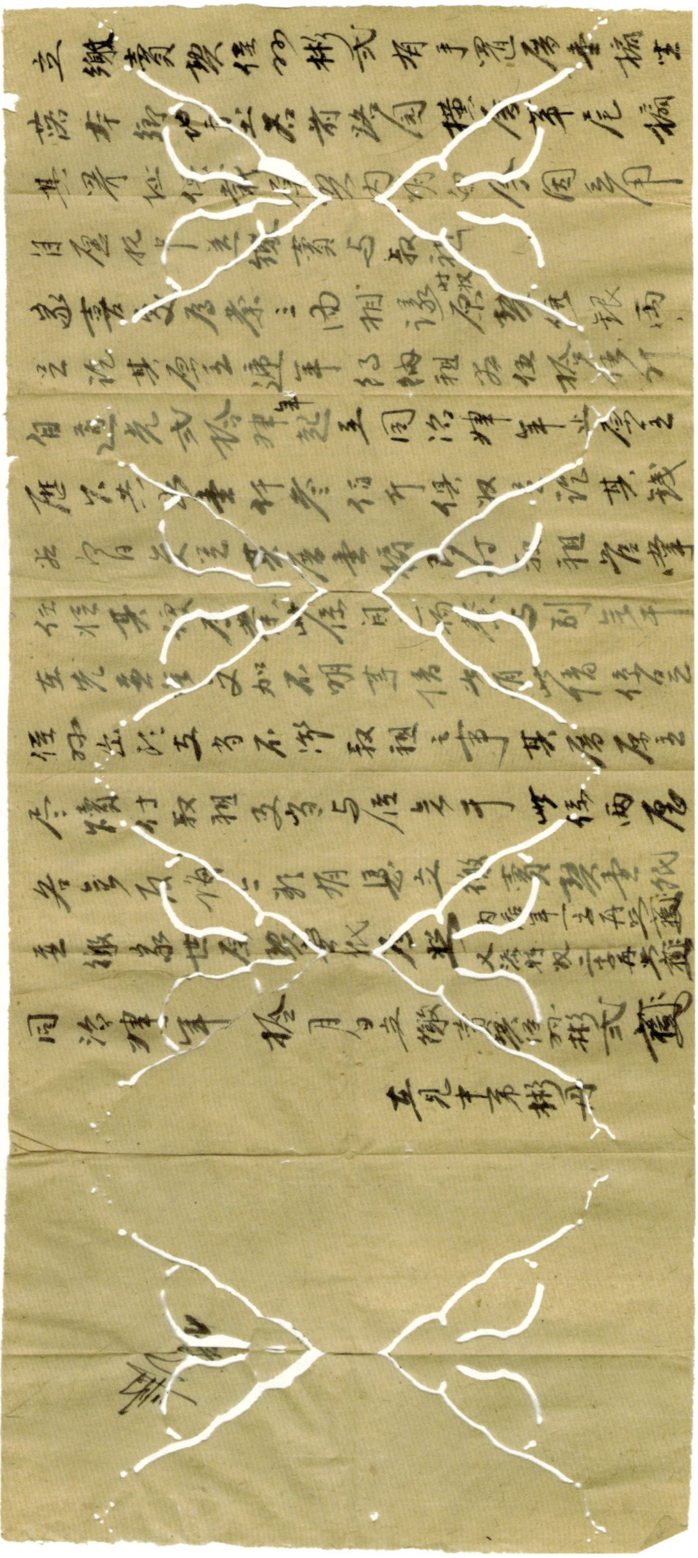

9-4-29-3　清同治四年十月楊彬弍立繳賣厝契

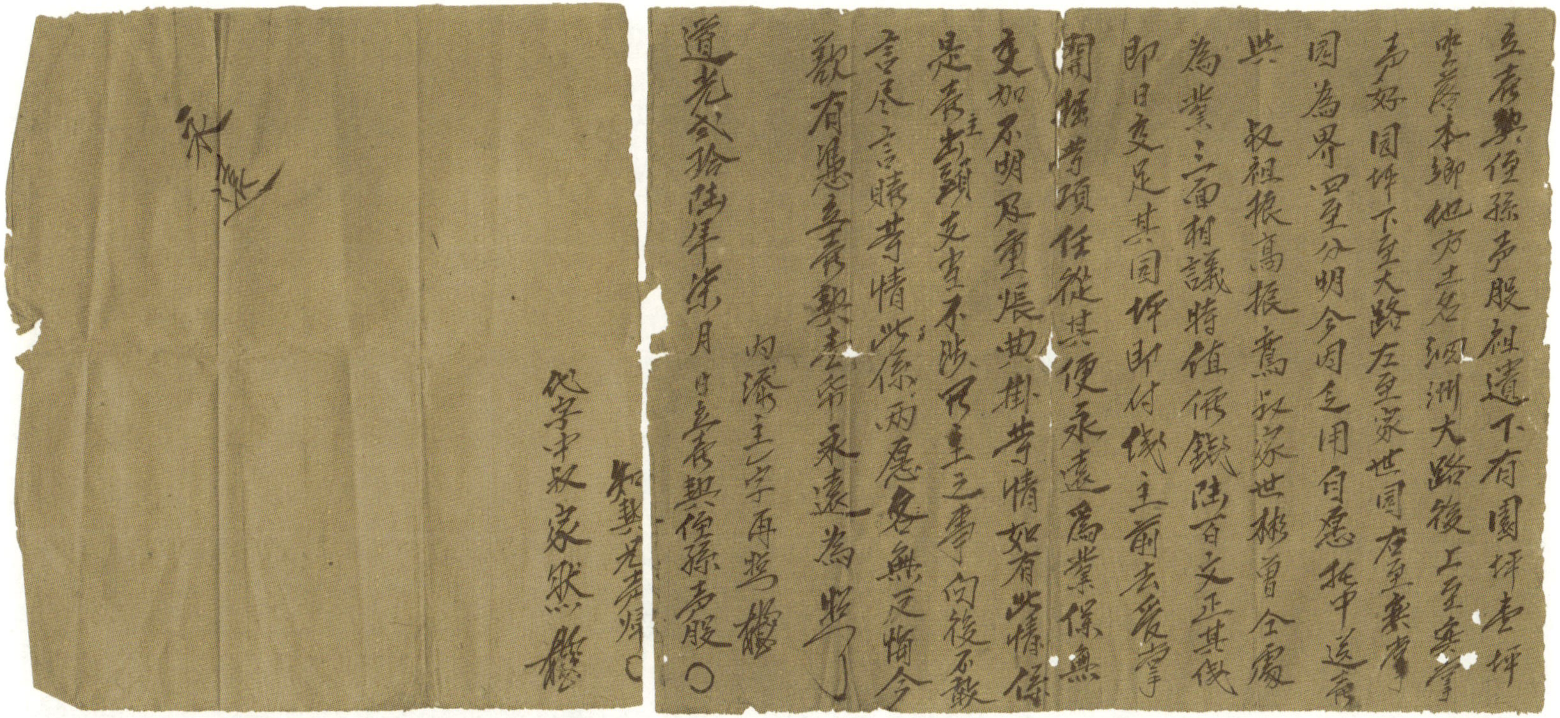
立賣契侄孫声股，祖遺下有園坪壹坪，
坐落本鄉地方，土名䃃洲大路後，上至吳厝
声好園坪，下至大路，左至家世園，右至黃厝
園為界，四至分明。今因乏用，自愿托中送賣
與　叔祖根高、振鳶、叔家世、彬、曾全處
為業，三面相議，時值價錢陸百文正，其價
即日交足，其園坪即付錢主前去管掌
開墾耕種，任從其便，永遠為業，保無
交加不明及重張典掛等情，如有此情，係
是賣主出頭支當，不涉錢主之事。向後不敢
言盡言贖等情，此係兩愿，各無反悔，今
欲有憑，立賣契壹帋，永遠為照。
內添主乙字再照
道光貳拾陸年柒月　日立賣契侄孫声股○
知見堂兄声焕○
代字叔家燃

9-4-30-1　清道光二十六年七月楊声股立賣園坪契

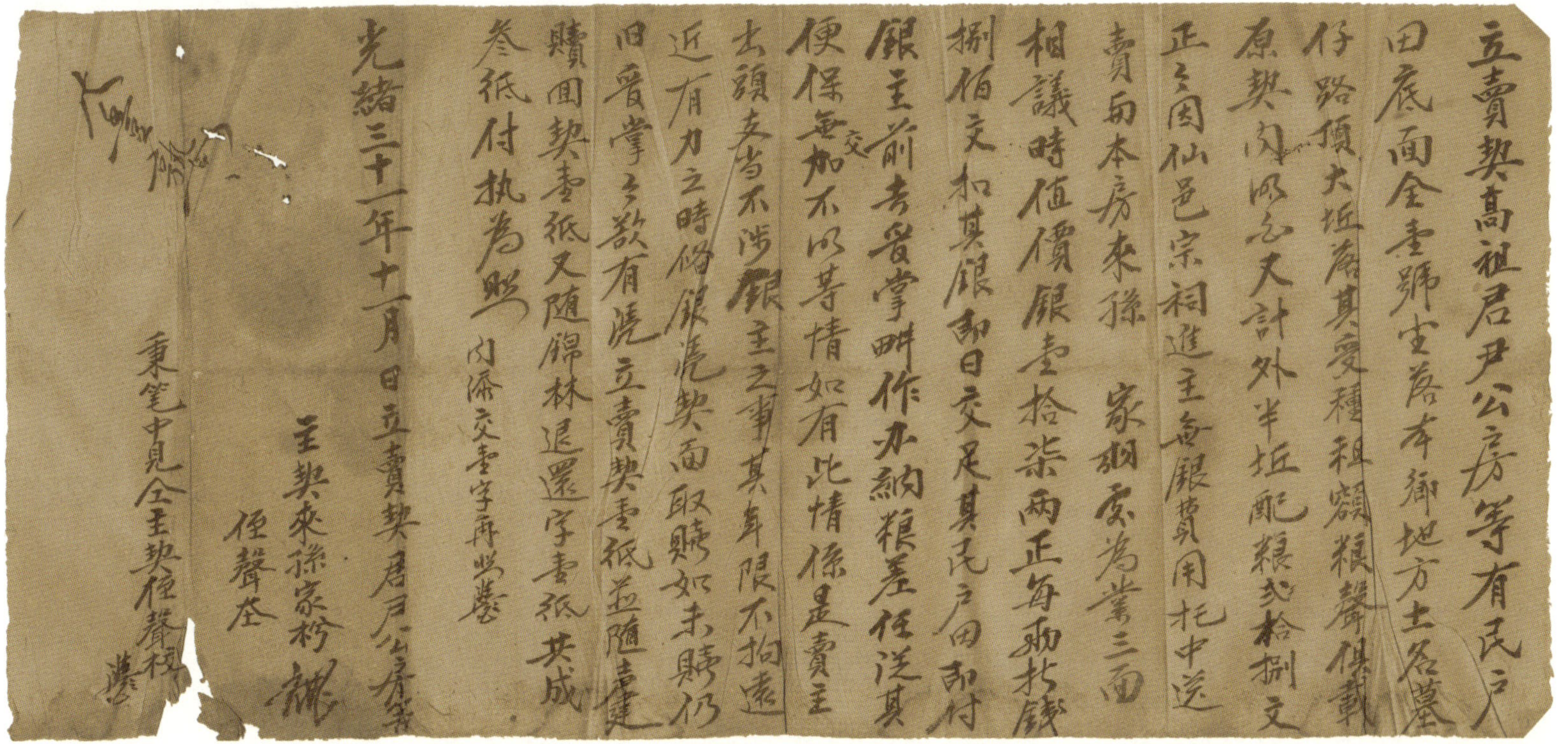

立賣契高祖君尹公房等有民户
田底面全壹號坐落本鄉地方土名墓
仔路頭大坵落其受種租穀糧聲俱載
原契內明白大計外半坵配糧弍拾捌文
正今因仙邑宗祠進主乏銀費用托中送
賣與本房來孫　家樹處為業三面
相議時值價銀壹拾柒兩正每兩扣錢
捌佰文和其銀即日交足其民户田即付
銀主前去管掌耕作辦納糧差任從其
便保無交加不明等情如有此情係是賣主
出頭支當不涉銀主之事其年限不拘遠
近有力之時備銀照契面取贖如未贖仍
旧管掌今欲有憑立賣契壹紙並隨老
贖回契壹紙又隨錦林退還字壹紙共成
叁紙付執為照　內添交壹字再照

光緒三十一年十一月　日立賣契君尹公房等
主契來孫家柃
侄聲垄
秉筆中見仝主契侄聲校

9-4-30-2　清光緒三十一年十一月楊氏君尹公房等立賣底面全民户田契

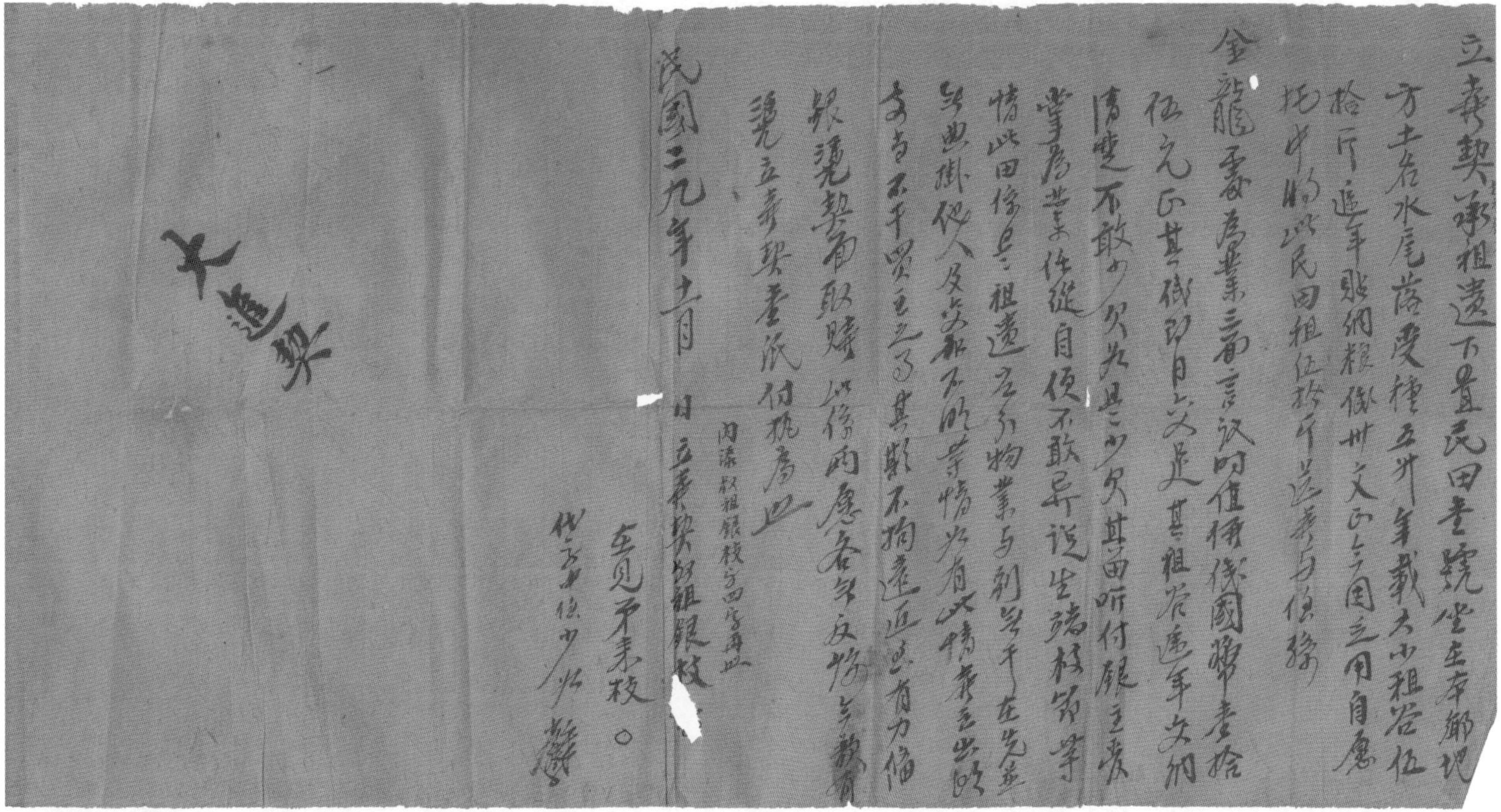

立賣契人[illegible]承祖遺下置民田壹號，坐在本鄉地
方土名水尾落，受種五升，年載大小租谷伍
拾斤，递年收納糧銀卅文正，今因乏用，自愿
托中將此民田租伍拾斤送賣與侯務
金龍[illegible]為業，三面言議，時值價國幣壹拾
伍元正，其幣即日交足，其租谷递年交納
清楚，不敢少欠，如是少欠，其田聽付銀主起
掌為業，任從自便，不敢异說生端枝節等
情。此田係是祖遺之分物業，與別房兄弟無干，在先並
無典掛他人及交加不明等情，如有此情，賣主出頭
支當，不干買主之事。其田不拘遠近，無有力備
銀照契面取贖，此係兩愿，各無反悔，今欲有
憑，立賣契壹紙付執為照。

內添叔祖銀枝字四字再照

民國二九年十一月　日　立賣契叔祖楊銀枝

在見平來枝 ○

代筆伍少[illegible]

大[illegible]契

9-4-30-3　民國二十九年十一月楊銀枝立賣民田契

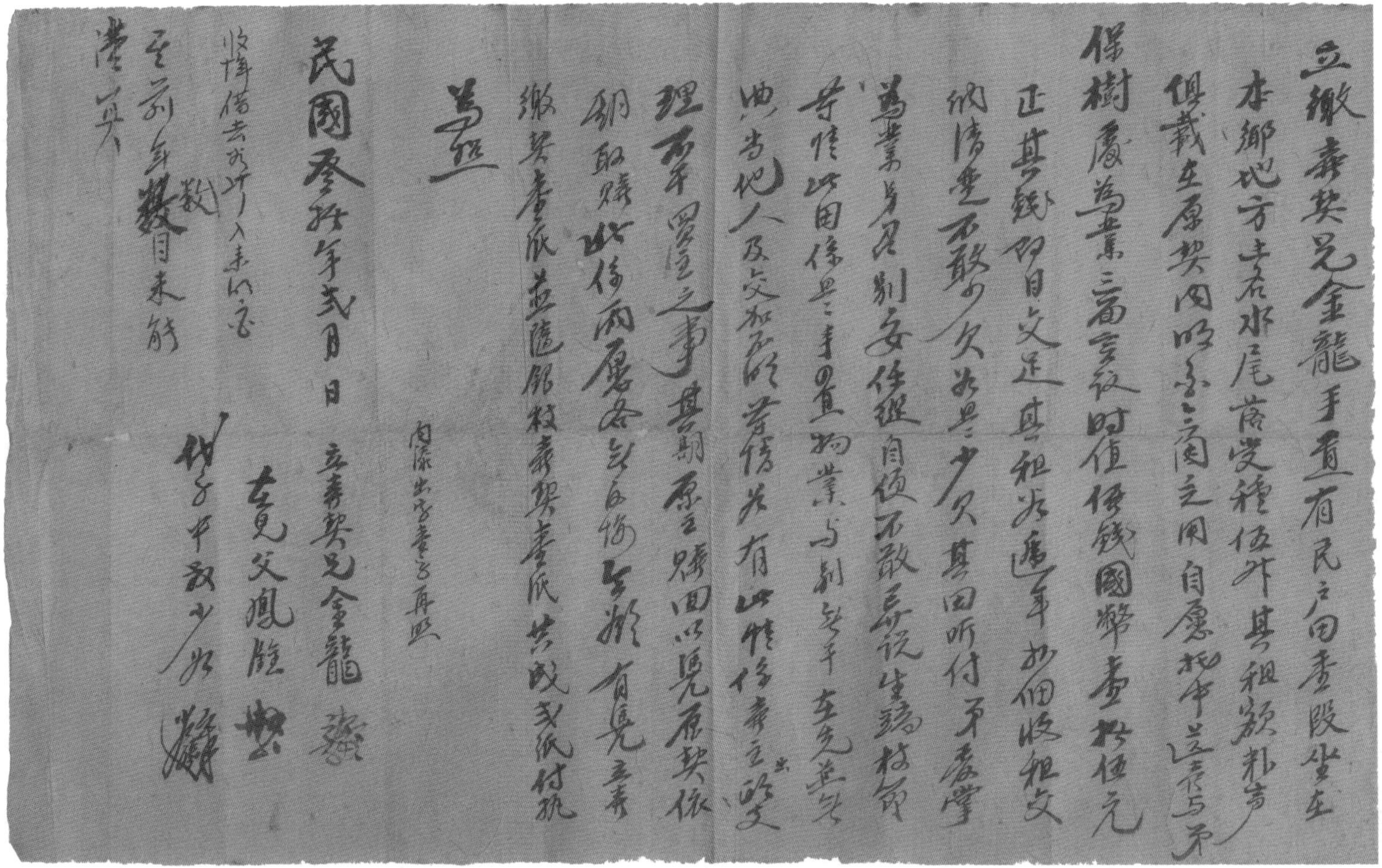
立繳賣契兄金龍手置有民户田壹段坐在
本鄉地方土名水尾蓓受種伍斗其租額[illegible]
俱載在原契內明今因乏用自愿托中送賣與弟
保樹處為業三面言定時值價錢國幣壹拾伍元
正其錢即日交足其租[illegible]遞年[illegible]佃收租交
納清楚不敢少欠若是少欠其田聽付弟處掌
為業另召別人任從自便不敢另說生端找價
等情此田係是自置物業與別房兄弟並無
典當他人及交加不明等情如有此情係賣主承
理不干買主之事其田原無賠[illegible]以憑兄原契依
願取贖此係兩愿各無反悔恐口無憑立賣
繳契壹紙並隨[illegible]契壹紙共計貳紙付執
為照
內添出字壹字再照
民國叁拾年貳月　日　立賣契兄金龍（押）
在見父鳳陞（押）
代字中叔少添（押）
收得信去[illegible]入手以[illegible]
至前年[illegible]目未解
[illegible]

9-4-30-4　民國三十年二月楊金龍立繳賣民户田契

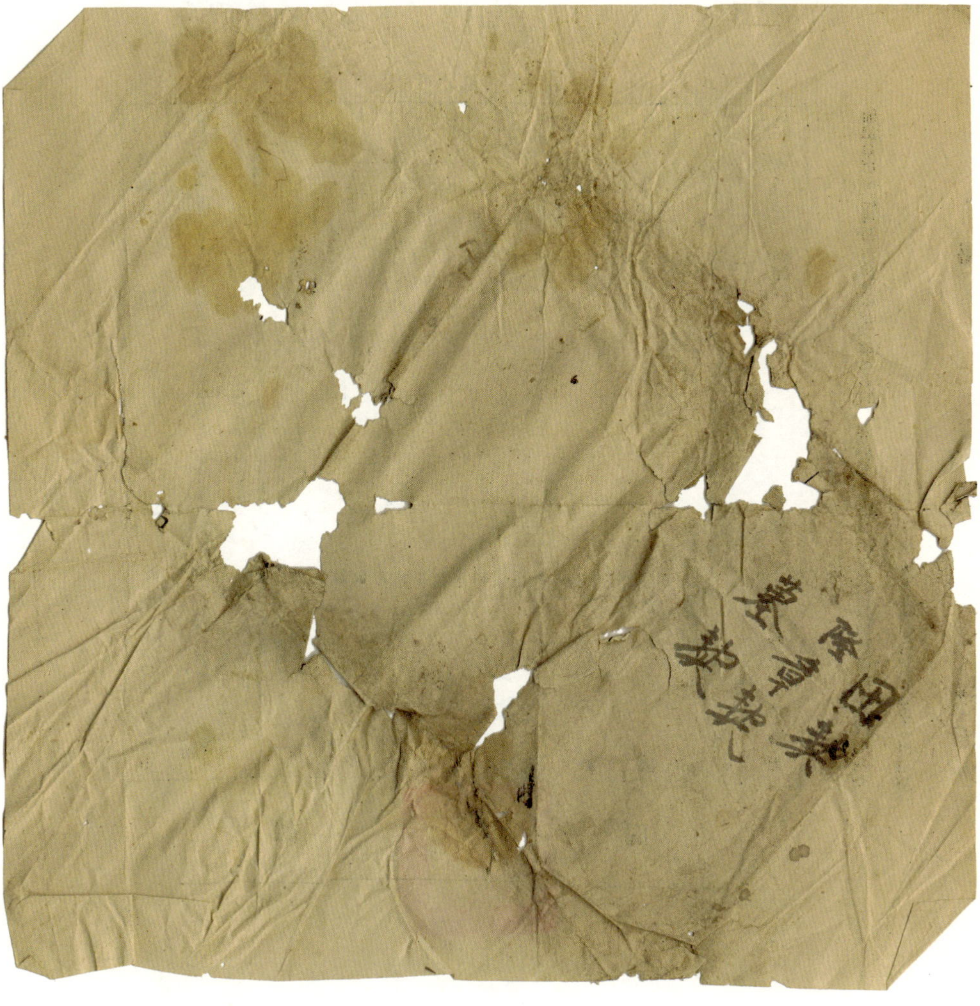

9-4-31-1　包契紙

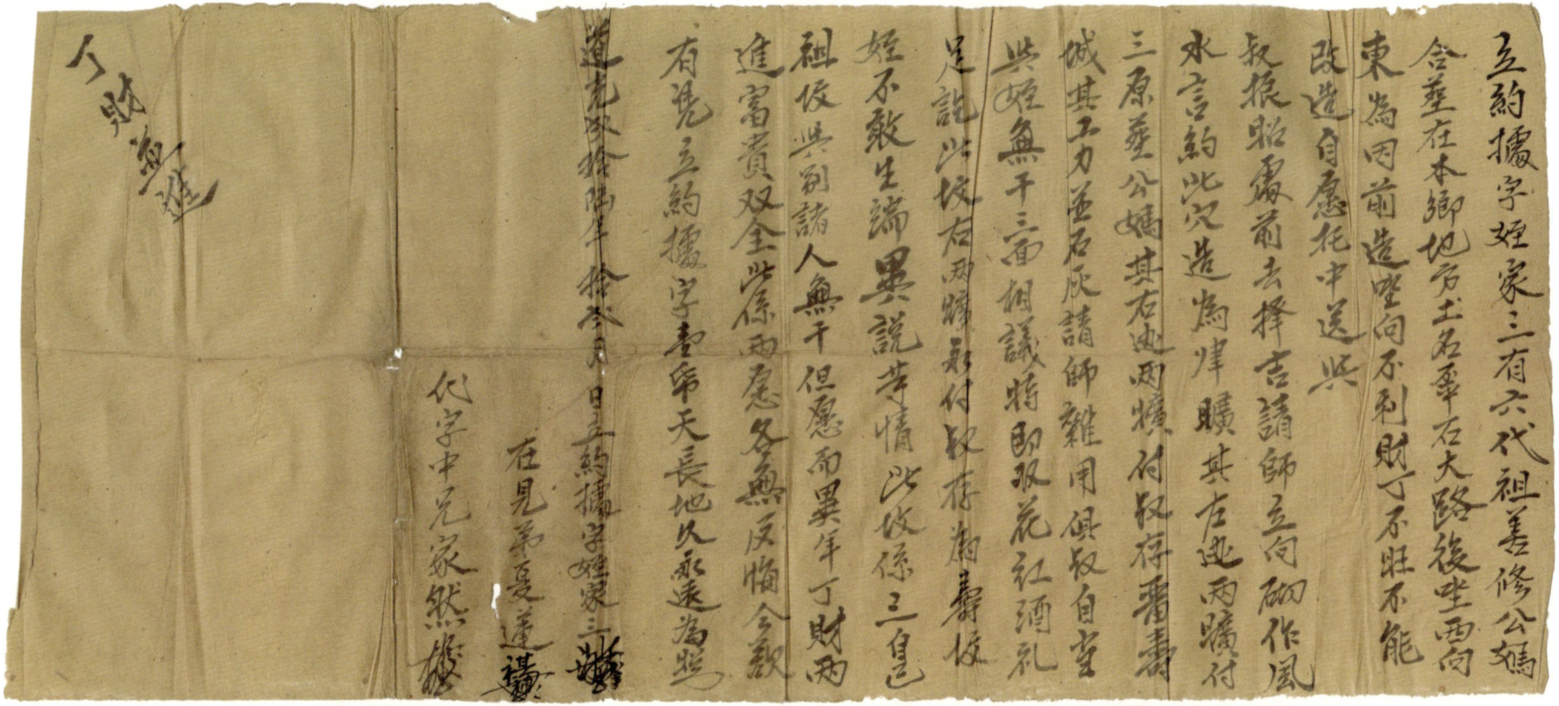

立約據字姪家三有六代祖善修公媽
合葬在本鄉地方土名平石大路後坐西向
東為因前造坐向不利財丁不旺不能
改造自愿托中送與
叔振聪處前去擇吉請師立向砌作風
水言約此穴造為肆贖其左邊兩壙付
三原葬公媽其右邊兩壙付叔存留壽
域其工力並石灰請師雜用俱叔自當
與姪無干三面相議特取花紅酒礼
足訖此後右兩壙叔付叔存為壽域
姪不敢生端異說等情此後係三息
祖後與別諸人無干但愿兩異年丁財兩
進富貴双全此係兩愿各無反悔今欲
有憑立約據字壹帋天長地久永遠為照

道光貳拾陸年拾貳月　日立約據字姪家三
在見弟夏達
代字中兄家然

人丁興旺

9-4-31-2　清道光二十六年十二月楊家三立約據字

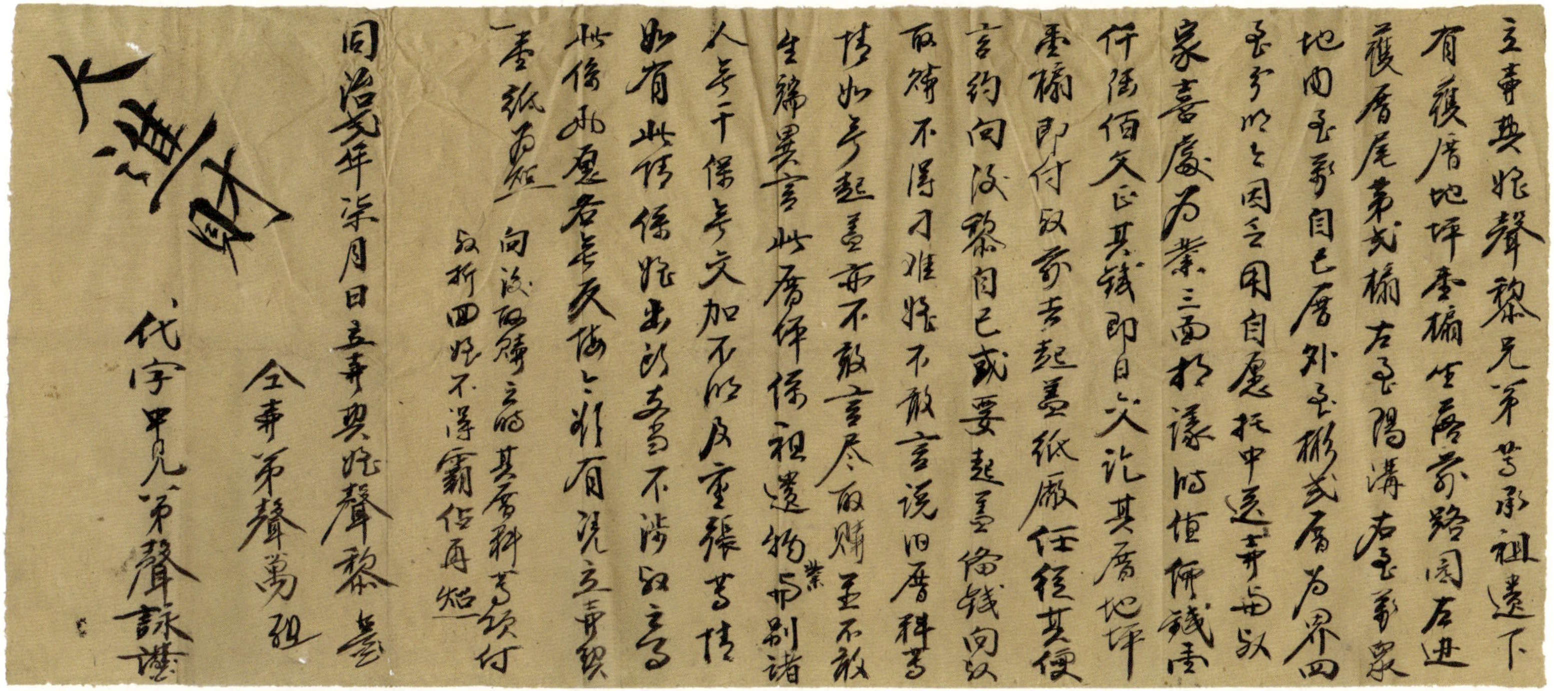
立賣契姪聲黎兄弟等承祖遺下
有穫厝地坪壹塊坐落前路園右边
穫厝尾弟式塊左至陽溝右至弟衆
地内至弟自己厝外至枋岙厝為界四
至分明今因乏用自愿托中送賣與叔
家喜處為業三面朴議時值價錢壹
仟伍佰文正其錢即日交訖其厝地坪
壹塊即付叔前去起蓋紙廠任從其便
言約向後黎自己或要起蓋備錢向叔
取贖不得刁难姪不敢言說旧厝料等
情如其起蓋亦不敢言盡取贖至不敢
生端異言此厝坪係祖遺物業界別諸
人無干係無文加不明及重張等情
如有此情係姪出頭支當不涉叔之事
此係兩愿各無反悔今欲有憑立賣契
一壹紙為照　向後取贖之時其厝料等項付
叔折回姪不得霸佔再照
同治弍年柒月日立賣契姪聲黎 書
全賣弟聲萬 押
代字中見弟聲詠 押
大吉

9-4-31-3　清同治二年七月楊聲黎等立賣厝地坪契

立約字兄聲潤承伯前年間向彬曾批來有風
水墳墓壹穴坐落本鄉地方土名樣嶺坪大
路後再轉與姪枳機處茲念至親之情兄弟
相議其彬曾批字壹紙取回至中華民国四年
元月其風水請師立向合做三壙中壹壙
伯姆埋葬左壙付述自己母親壽墳祿位右
壹壙添壹壙付弟父親埋葬棺柩向後勿
造墓面言約三股同做勿造風水完峨壁
房財丁兩旺欣繼錦長其山內龍虎手左右
沙或有培蓄什木兩家護蔭風水子孫不
敢亂砍致害之理言約杉模壹株抽出長大
砍伐兩家喜允各無反悔今欲有憑立約
字二紙付執永遠存照者

中華民国四年元月　日立約字兄聲潤 ㊞

全約弟聲遠

代筆見姪孫班科

不准起土

9-4-31-4　民國四年元月楊聲潤等立約字

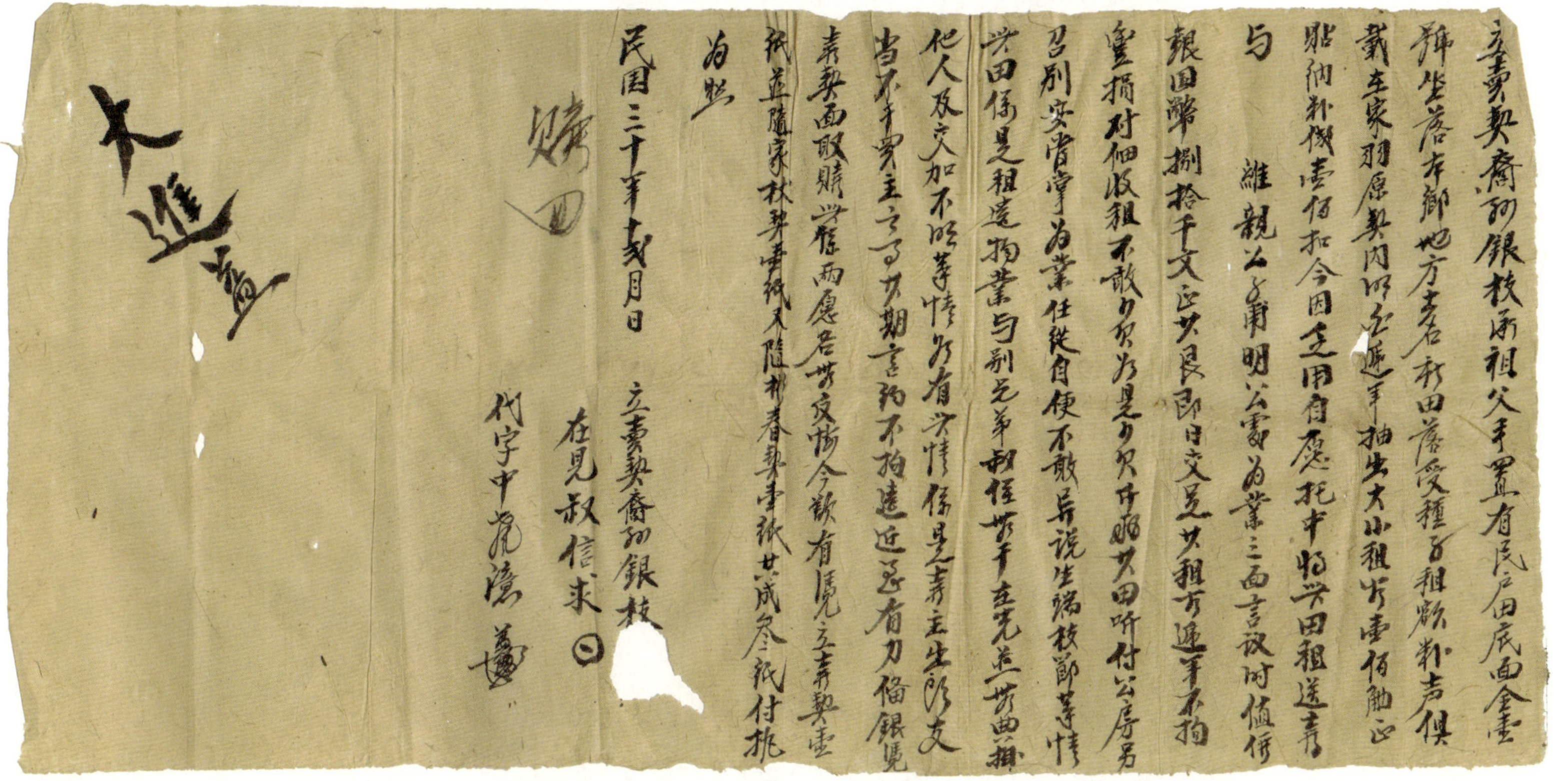

立賣契裔孫銀枝承祖父手置有民户田底面全壹
號坐落本鄉地方土名杉田落受種子租穀料声俱
載在家羽原契内明白遞年抽出大小租穀壹佰觔正
賠納粮差壹佰扣今因乏用自愿托中將此田租送賣
与　維親公子甫明公處為業三面言議時值價
銀國幣捌拾千文正其銀即日交足其租方遞年不拘
豐歉對佃收租不敢少欠為是少欠所照其田听付公房另
召别安宵管為業任從自便不敢异說生端枝節等情
此田係是祖遺物業与别兄弟叔侄並無干涉在先並無典掛
他人及交加不明等情如有此情係是賣主出頭支
當不干買主之事其期言明不拘遠近遂有力備銀照
壹契面取贖此係兩愿各無反悔今欲有憑立賣契壹
紙並隨家秋契壹紙又隨粮春契壹紙共成叁紙付執
為照

民国三十年十二月日

立賣契裔孫銀枝

在見叔信来

代字中飛濤

大進益

9-4-31-5　民國三十年十二月楊銀枝立賣底面全民户田契

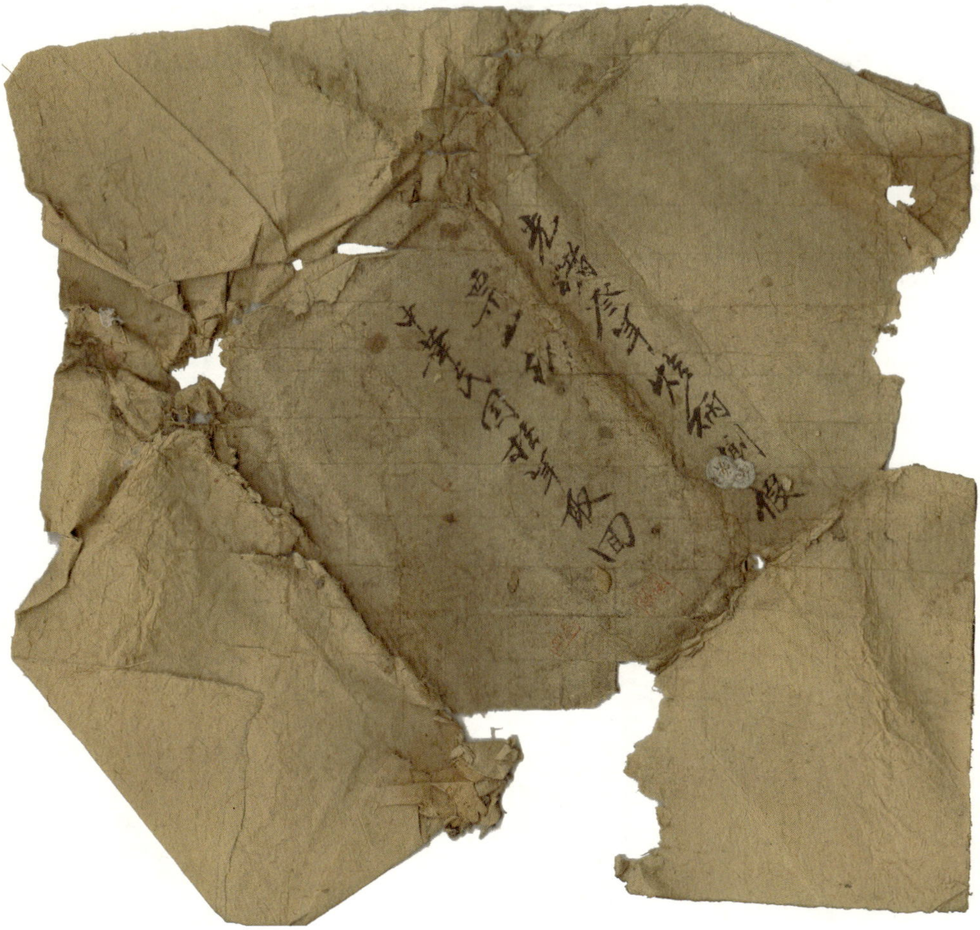

9-4-32-1　包契紙

立賣契侄孫彬曾，承祖遺有芳山底一所，坐落
本鄉地方土名羊林坵，上至田，下至圳，左至葉倧
竹林，右至田頭直上為界，四至分明。今因乏用，
自愿托中送與嫡叔祖
以仁處承永遠為業，三面相議時值價錢　　文正。其
錢即日交足，其芳山底即付叔祖開掘栽種
什色生理，任從及交契不明其便，永遠為業，在先並無重
張典掛他人，如有此情，系是侄孫出頭支當，不涉
叔祖之事。此山系是自己物業，與兄弟叔無干。
兩家情愿，各無反悔，今欲有憑，立賣斷契山帶一紙
付與叔祖為照。

咸豐柒年二月　日立賣斷契侄孫彬曾
知契弟晋吐
在見叔彭云
在見中叔春蘭
代字弟

彬曾山契乙帋

9-4-32-2　清咸豐七年二月楊彬曾立賣荒山底契（草契）

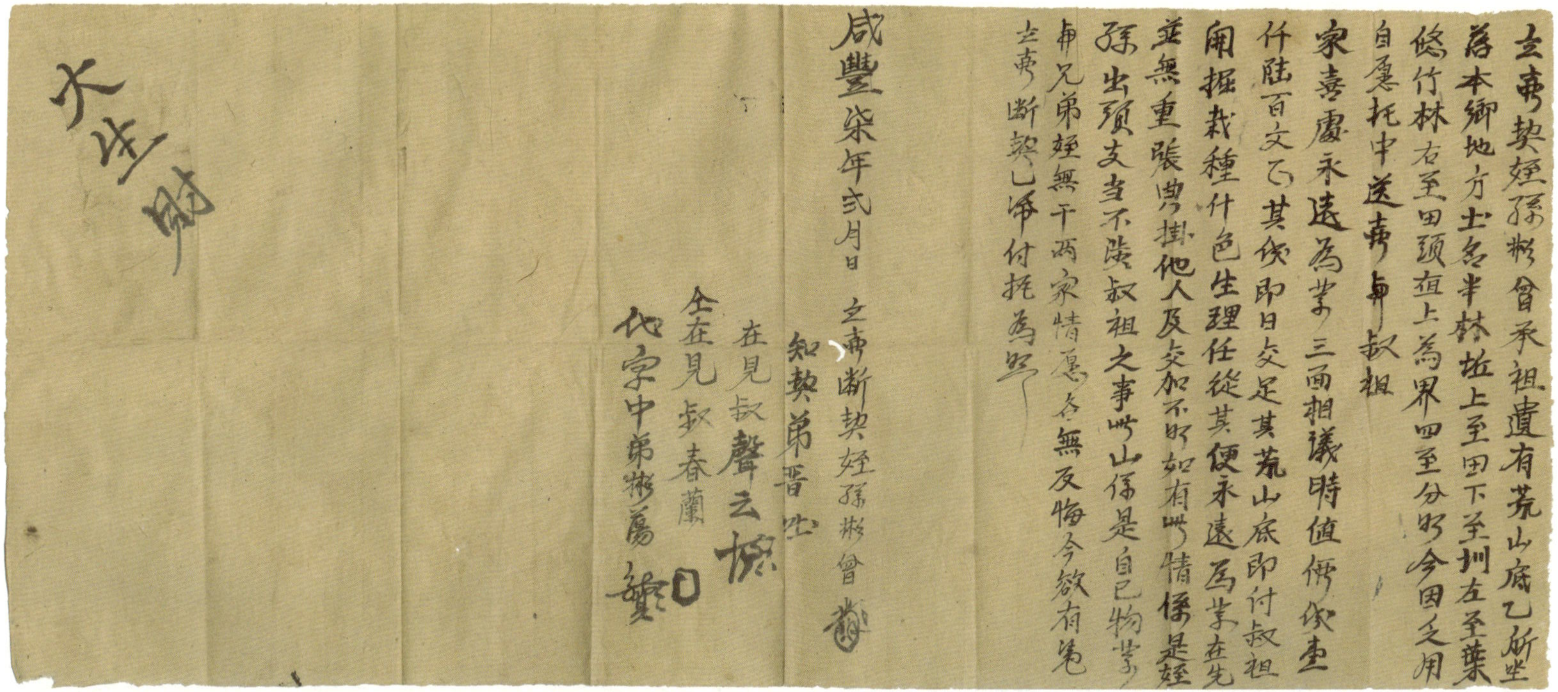

立賣斷契侄孫楊彬曾承祖置有荒山底乙所坐
落本鄉地方土名半林坵上至田下至圳左至楊家
竹林右至田頭直上為界四至分明今因乏用
自愿托中送賣與叔祖
家老處承買為業三面相議時值價錢壹
仟陸百文正其錢即日交足其荒山底即付叔祖
開掘栽種竹木砍伐生理任從其便承買為業在先
並無重張典掛他人及上手來歷不明如有此情係是侄
孫出頭支當不涉叔祖之事此山係是自己物業
弟兄叔侄無干兩家情愿各無反悔今欲有憑
立賣斷契山底付執為照

咸豐柒年弍月日　立賣斷契侄孫楊彬曾（押）

知契弟楊晉岱

在見叔楊聲之（押）

仝在見叔楊春蘭（押）

代字中弟楊為鑾

大吉利

9-4-32-3　清咸豐七年二月楊彬曾立賣斷荒山底契

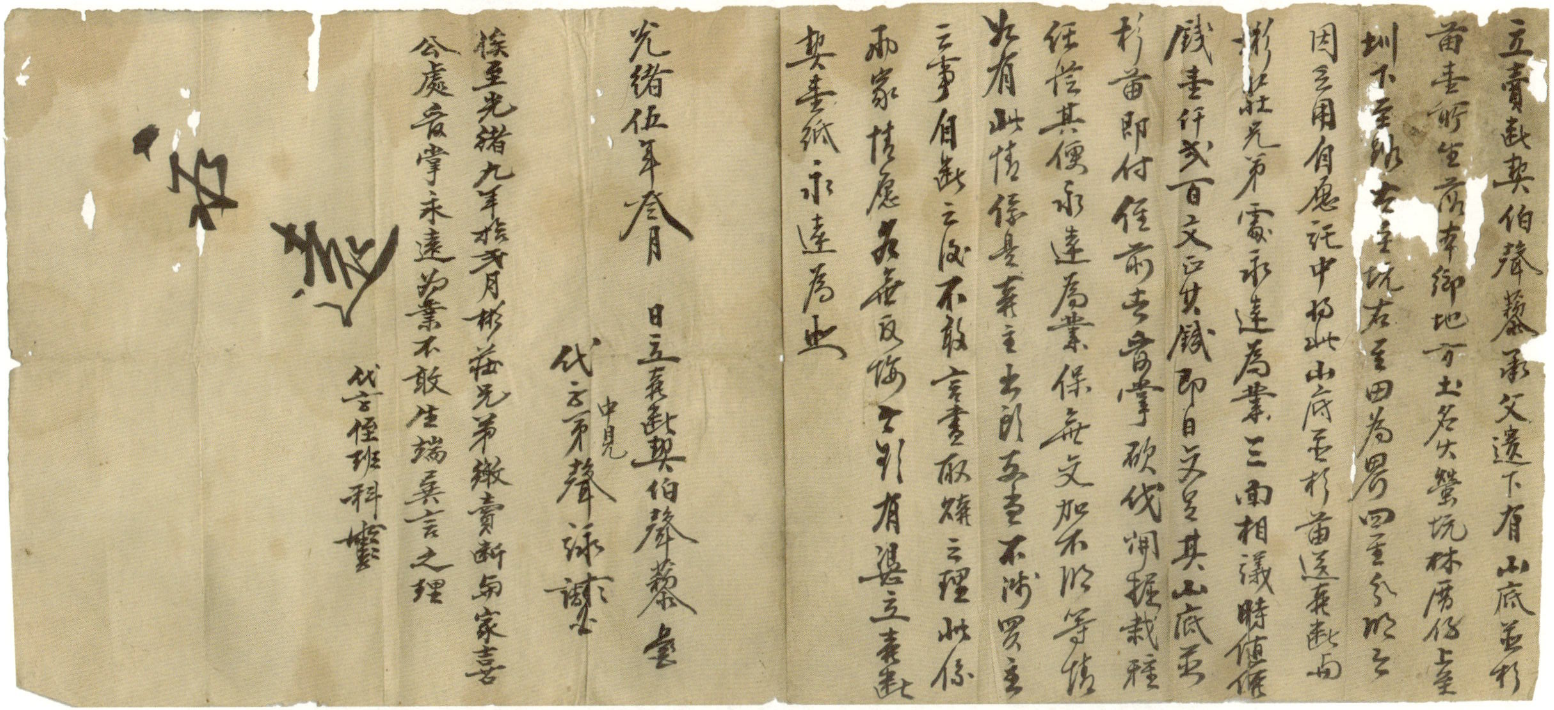

立賣斷契伯聲蔡承父遺下有山底並杉
苗壹所，坐産本鄉地方，土名大鑿坑林厝後，上至
圳，下至路，左至坑，右至田為界，四至分明。今
因乏用，自愿託中將此山底並杉苗送賣斷與
彬莊兄弟處承買為業，三面相議時值價
錢壹仟貳百文正。其錢即日交足，其山底並
杉苗即付任前去管掌，砍伐開掘栽種，
任從其便，永遠為業。保無文加不明等情，
如有此情，係是蔡主出頭承當，不涉買主
之事。自斷之後，不敢言盡取贖之理。此係
兩家情愿，各無反悔。今欲有憑，立賣斷
契壹紙，永遠為照。

光緒伍年叁月　日立賣斷契伯聲蔡（押）
中見
代字弟聲詠（押）

候至光緒九年拾弍月彬莊兄弟繳賣斷與家喜
公處管掌，永遠為業，不敢生端異言之理。
代字侄班科（押）

9-4-32-4　清光緒五年三月楊聲蔡立賣斷山底等契

養端祖祠下產
東边厝契紙

9-4-33-1　包契紙

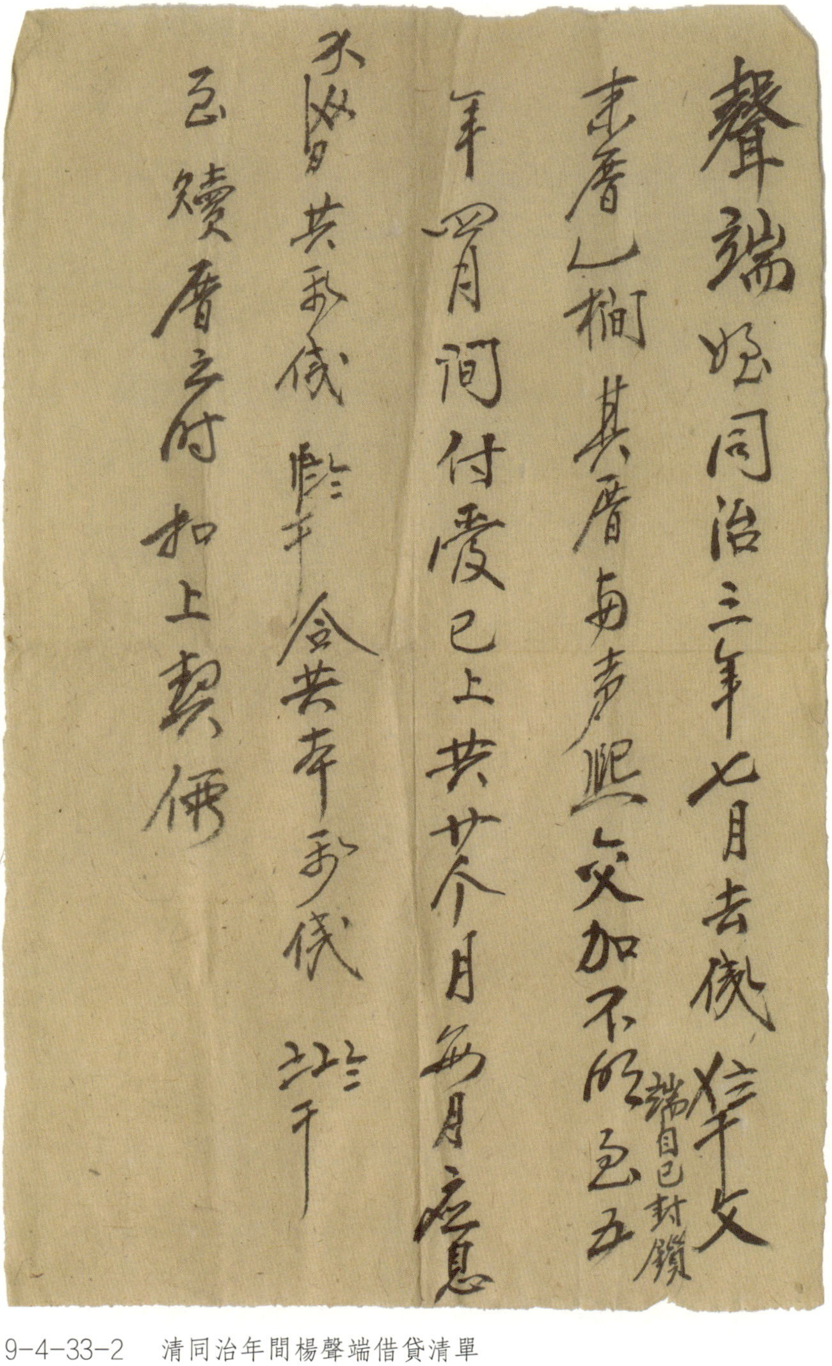

聲端
姪同治三年七月去借[illegible]千文
未曆人[illegible]其曆每声照文加不的息五　端自己封鎖
年四月間付愛已上共廿个月每月應息
本[illegible]共利錢[illegible]合共本利錢[illegible]千
息續曆交付扣上契便

9-4-33-2　清同治年間楊聲端借貸清單

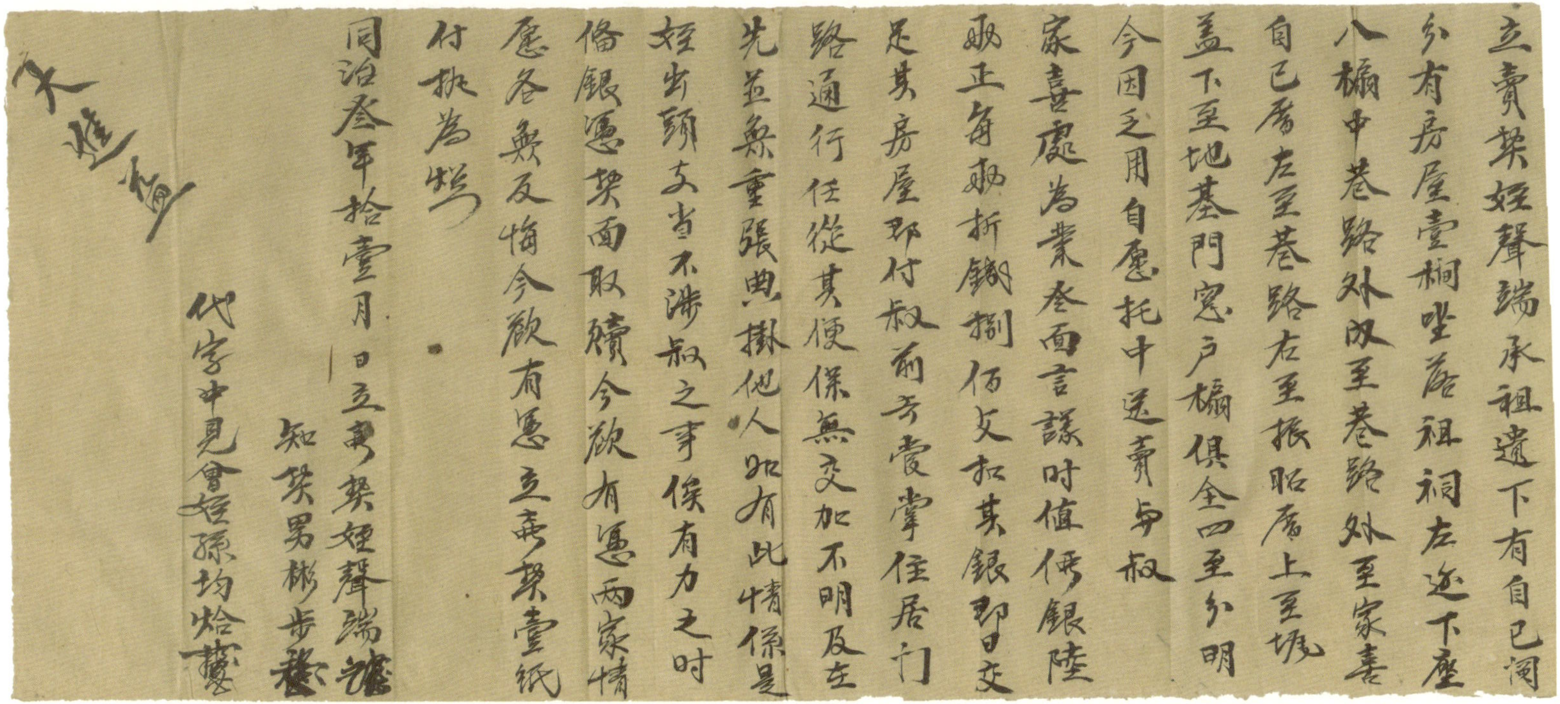

立賣契姪聲端承祖遺下有自己闕
分有房屋壹桐坐落祖祠左邊下座
八櫥中巷路外㕥至巷路外至家喜
自己厝左至巷路右至振貽厝上至瓦
蓋下至地基門窓戶櫥俱全四至分明
今因乏用自愿托中送賣與叔
家喜處為業叁面言議时值價銀陸
兩正每兩折錢捌佰文扣其銀即日交
足其房屋即付叔前去管掌住居门
路通行任從其便係無交加不明及在
先並無重張典掛他人如有此情係是
姪出頭支當不涉叔之事係有力之时
備銀憑契面取續今欲有憑兩家情
愿各無反悔今欲有憑立賣契壹紙
付執為照
同治叁年拾壹月　日立賣契姪聲端
知契男彬步
代字中見會姪孫均焓
大姪首

9-4-33-3　清同治三年十一月楊聲端立賣房屋契

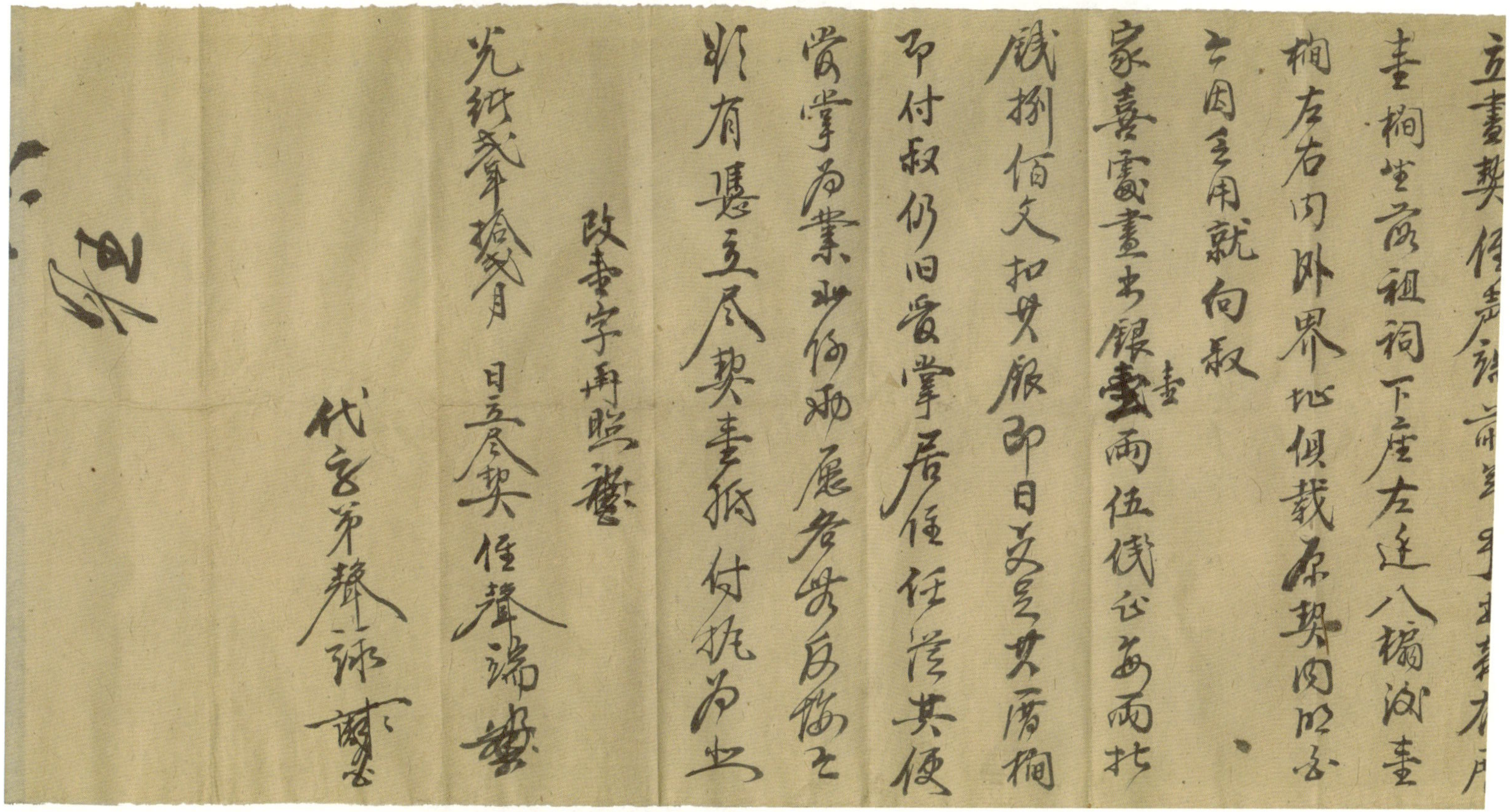

立盡契侄聲端[illegible]有厝
壹榴坐落祖祠下座左邊八櫊，欲壹
榴左右內外界址俱載原契內明白。
今因乏用，就向叔
家喜處盡出銀壹兩伍錢正，每兩扣
錢捌佰文，扣其服即日交足。其厝榴
即付叔仍旧管掌居住，任從其便
管掌為業。此係兩愿，各無反悔。今
欲有憑，立盡契壹紙付執為照。

改壹字再照。[押]

光緒貳年拾貳月　日立盡契侄聲端[押]

代字弟聲詠[押]

9-4-33-4　清光緒二年十二月楊聲端立盡厝契

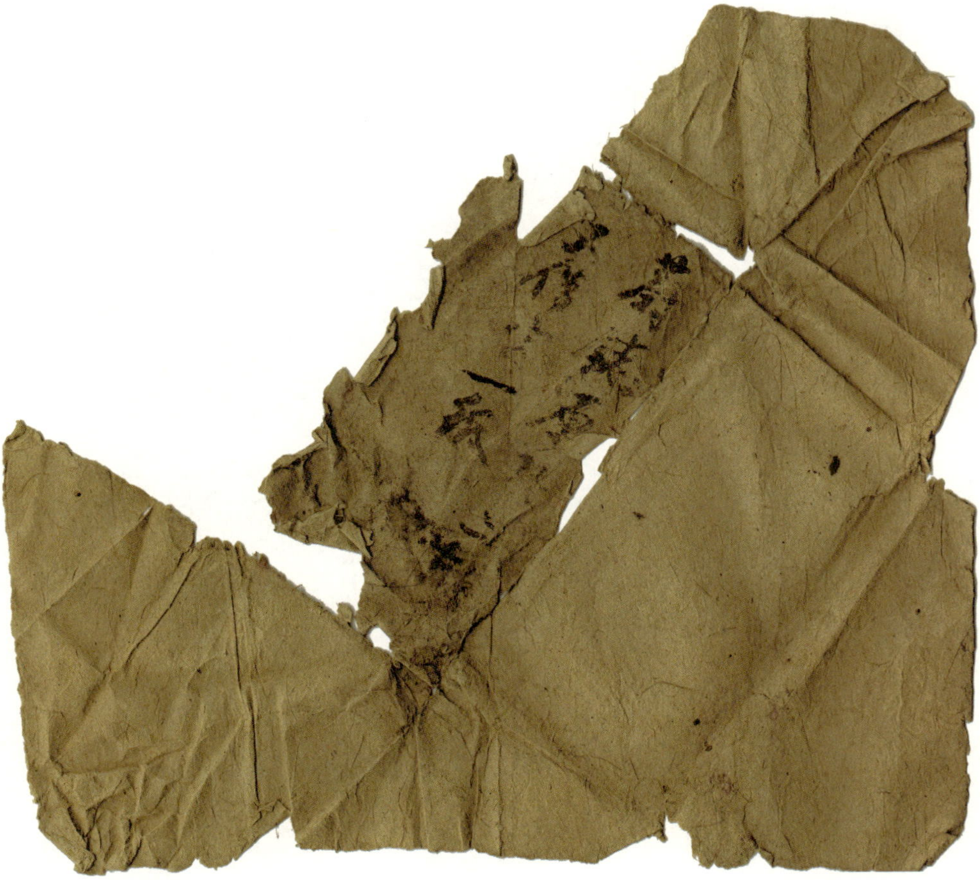

9-4-34-1　包契紙

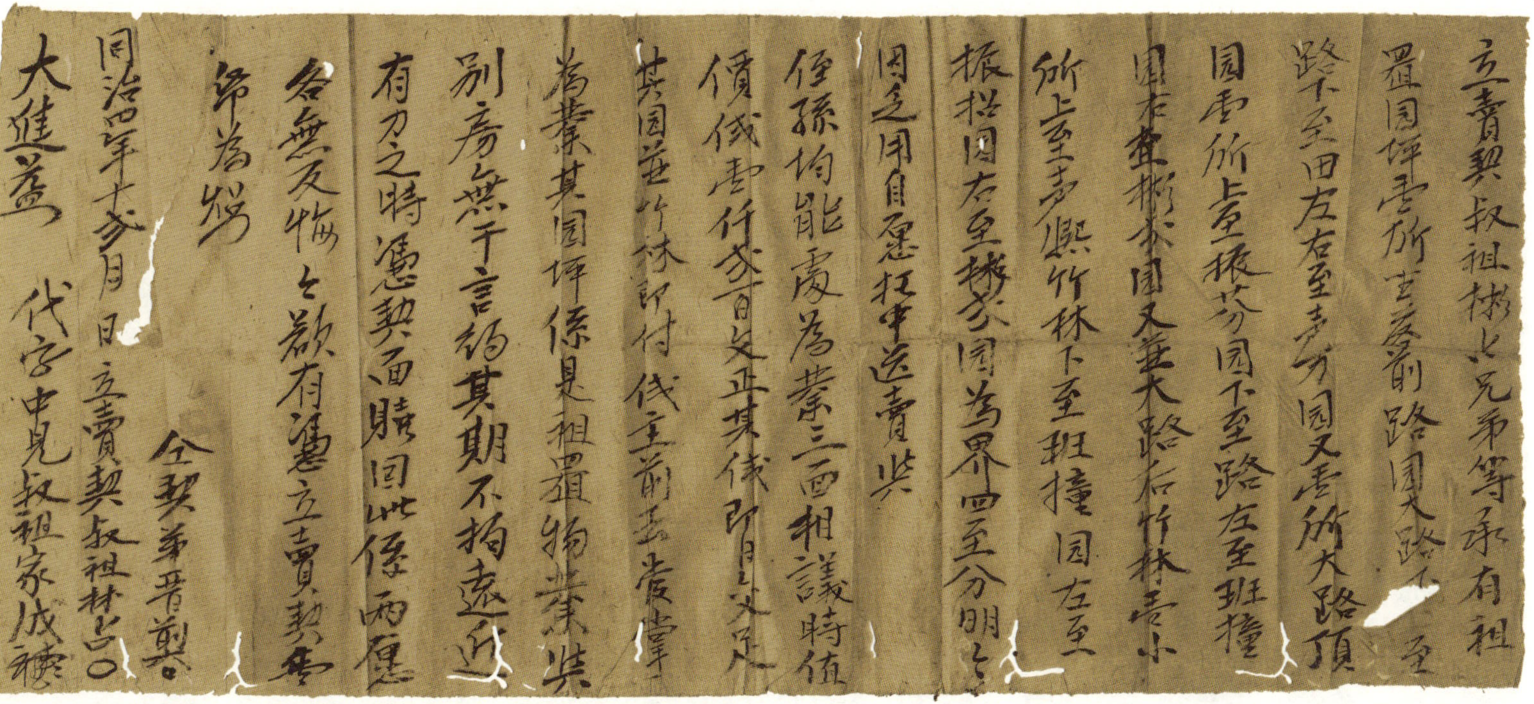
立賣契叔祖彬占兄弟等承有祖
置園坪壹所，坐落前路園大路下至
路下至田，左右至玉秀園，又壹所大路頂
園壹所，上至振芬園，下至路，左至班撞
園，右至彬茶園，又並大路右竹林壹小
所，上至玉秀與竹林，下至班撞園，左至
振樹園，右至彬茶園為界，四至分明，今
因乏用，自愿托中送賣與
侄孫均能處為業，三面相議，時值
價錢壹仟叁百文正，其錢即日交足，
其園並竹林即付錢主前去管
為業，其園坪係是祖置物業，與
別房無干，言約其期不拘遠近，
有力之時，憑契面贖回，此係兩愿，
各無反悔，今欲有憑，立賣契壹
紙為照。
仝契弟晉奠
同治四年十二月　日立賣契叔祖彬占〇
大進蓋　代字中見叔祖家成穗

9-4-34-2　清同治四年十二月楊彬占等立賣園坪契

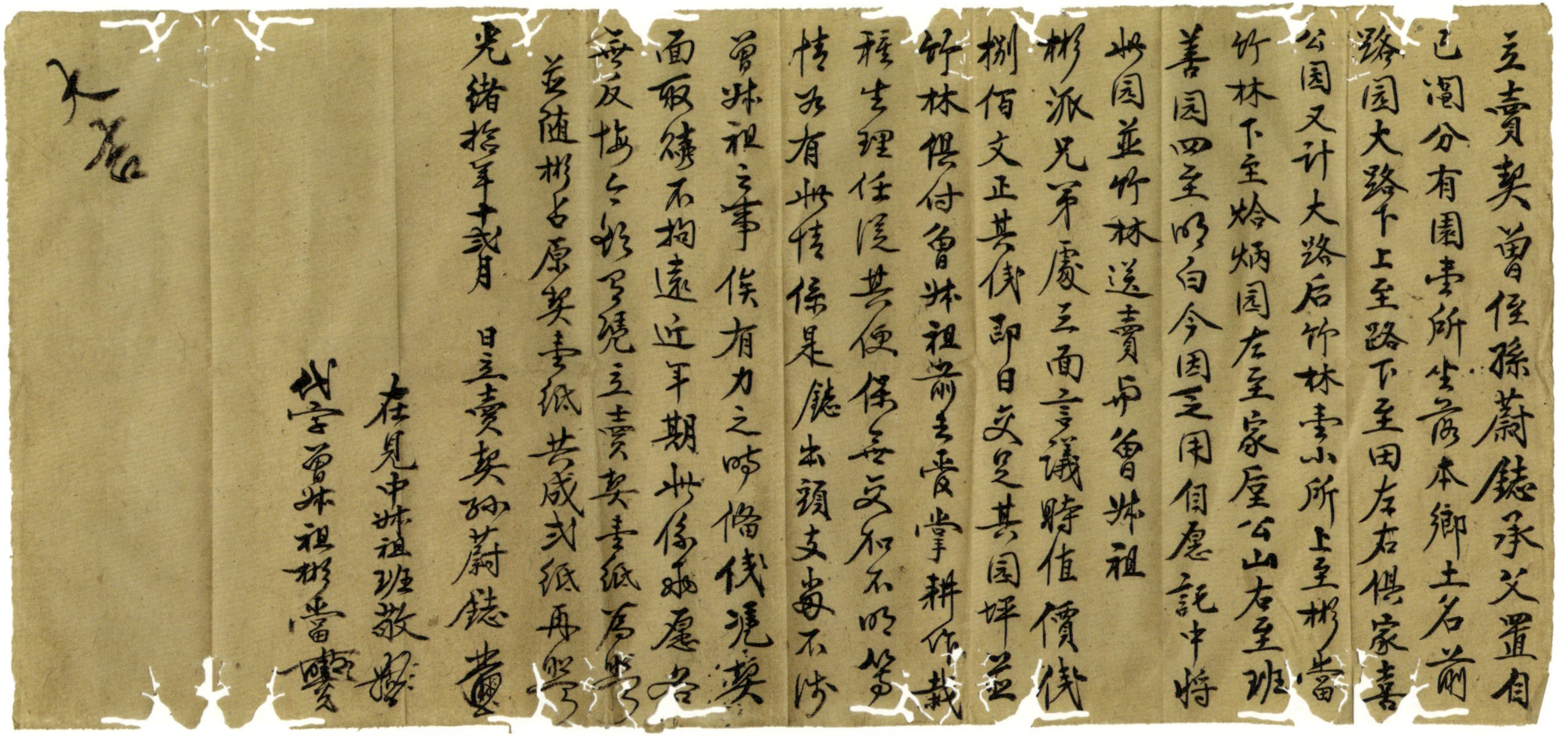

9-4-34-3　清光緒十年十二月楊蔚鋕立賣園契

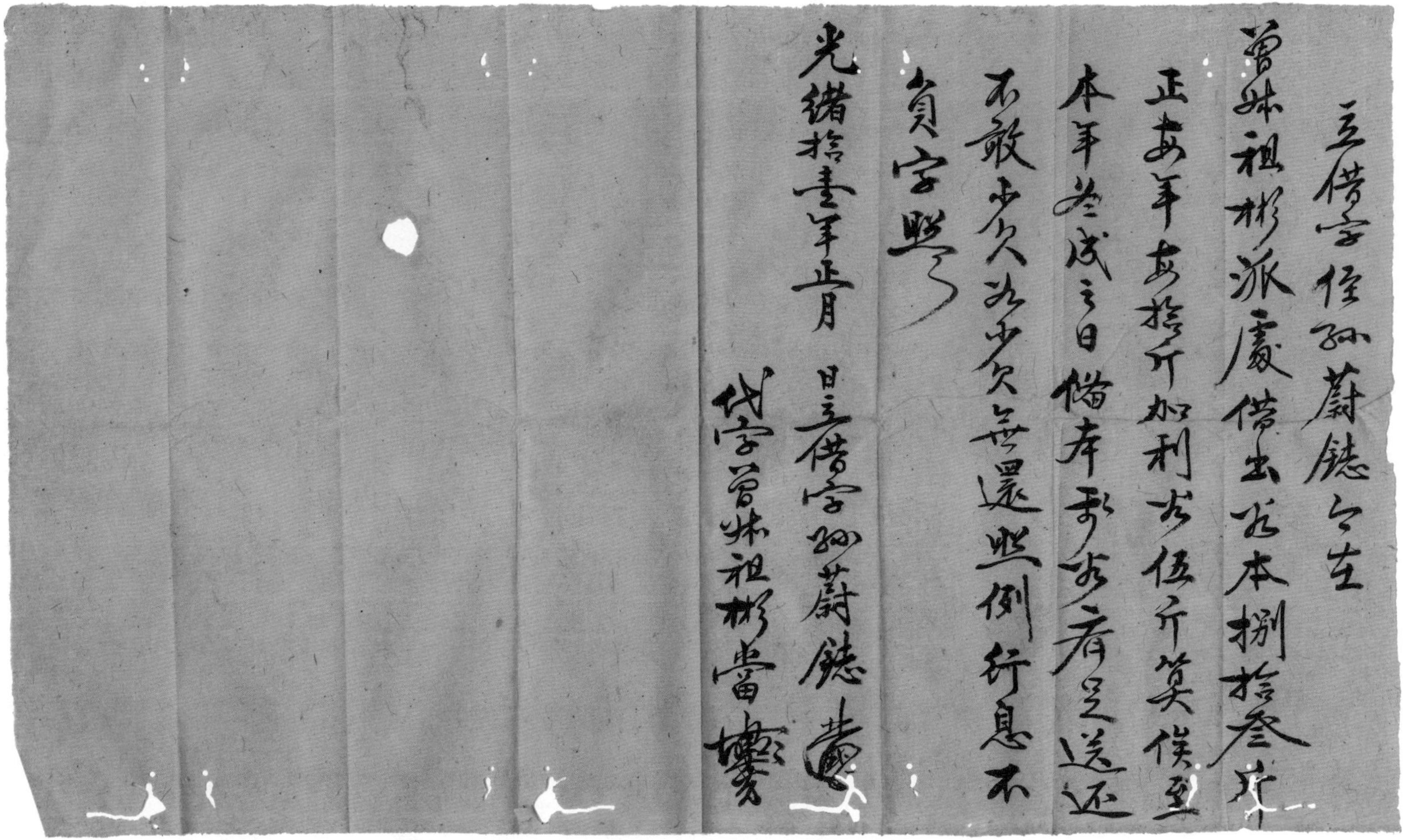

立借字侄孫蔚鈜，今在
曾叔祖彬派處借出谷本捌拾叁斤，
正每年每拾斤加利弍伍斤筭，俟至
本年冬成之日，備本利谷齊足送还，
不敢少欠，如少欠無還，照例行息，不
負，字照。
光緒拾壹年正月　日立借字孫蔚鈜（押）
代字曾叔祖彬當（押）

9-4-34-4　清光緒十一年正月楊蔚鈜立借穀字

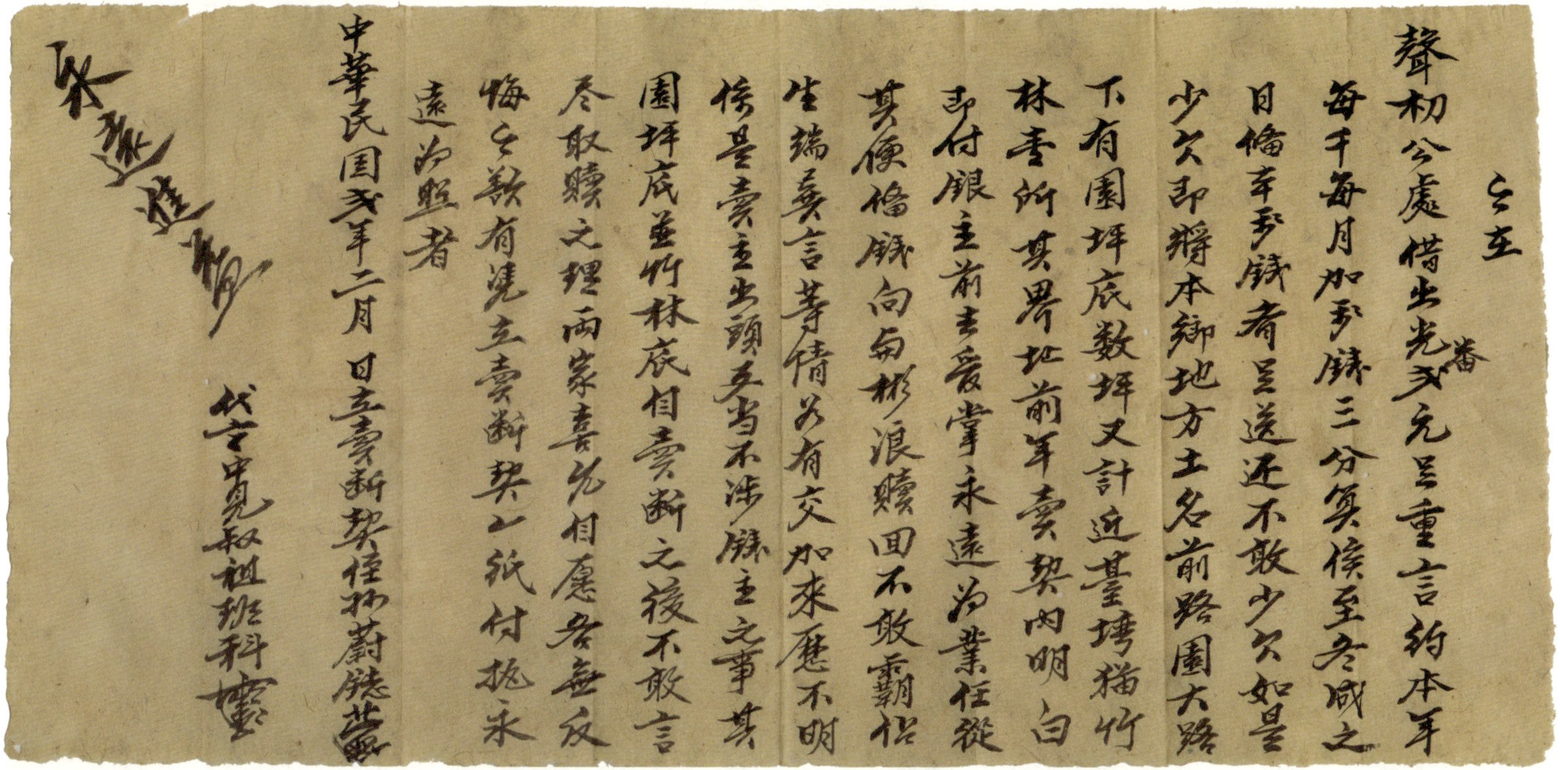

仝立
聲明公處借出光洋番元足重言約本年
每千每月加弍錢三分算俟至冬成之
日備本利錢清足送还不敢少欠如是
少欠即將本鄉地方土名前路園大路
下有園坪底數坪又計近基埗貓竹
林壹所其界址前年賣契內明白
即付銀主前去管掌永遠為業任從
其便備錢向前找浪贖回不敢霸佔
生端異言等情如有交加來歷不明
係是賣主出頭支當不涉銀主之事其
園坪底並竹林底自賣斷之後不敢言
及取贖之理兩家喜允自愿各無反
悔今欲有憑立賣斷契一紙付執永
遠為照者
中華民國弍年二月　日立賣斷契侄孫蔚銈（押）
代字中見叔祖班科（押）
永遠進財

9-4-34-5　民國二年二月楊蔚銈立賣斷園坪等契

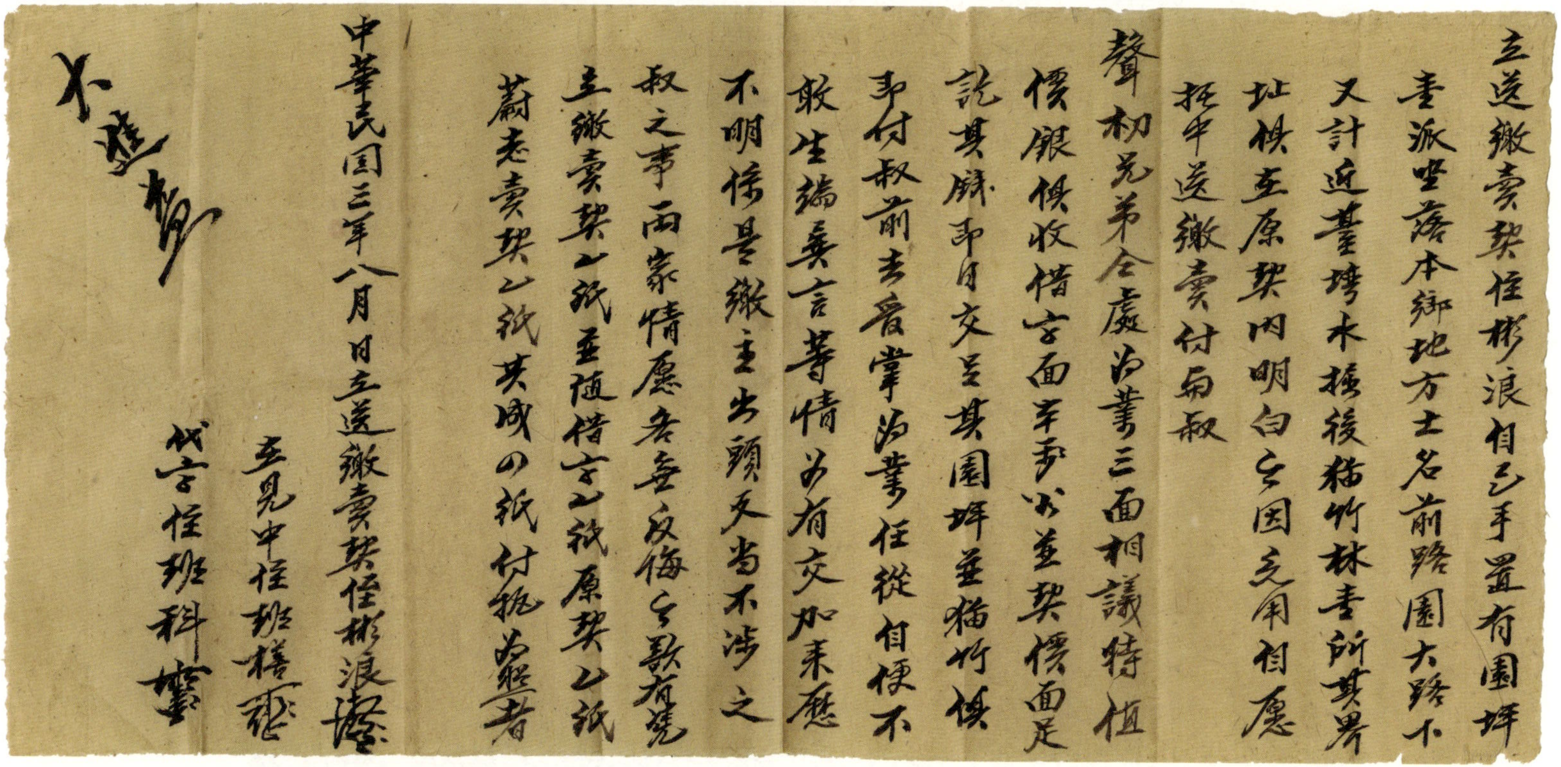

立送繳賣契侄彬浪自己手置有園坪
壹派坐落本鄉地方土名前路園大路下
又計近墓塝水橫後貓竹林壹所其界
址俱在原契內明白今因乏用自愿
托中送繳賣付与叔
聲初兄弟仝處為業三面相議時值
價銀俱收借字面洋弍以並契價面足
訖其銀即日交足其園坪並貓竹俱
即付叔前去管為業任從自便不
敢生端異言等情如有交加來歷
不明係是繳主出頭支當不涉之
叔之事兩家情愿各無反悔今歎有憑
立繳賣契一紙並隨借字一紙原契一紙
蔚老賣契一紙共成四紙付執為照者

中華民國三年八月　日立送繳賣契侄彬浪
在見中侄班橲
代字侄班科

不進查

9-4-34-6　民國三年八月楊彬浪立送繳賣園坪契

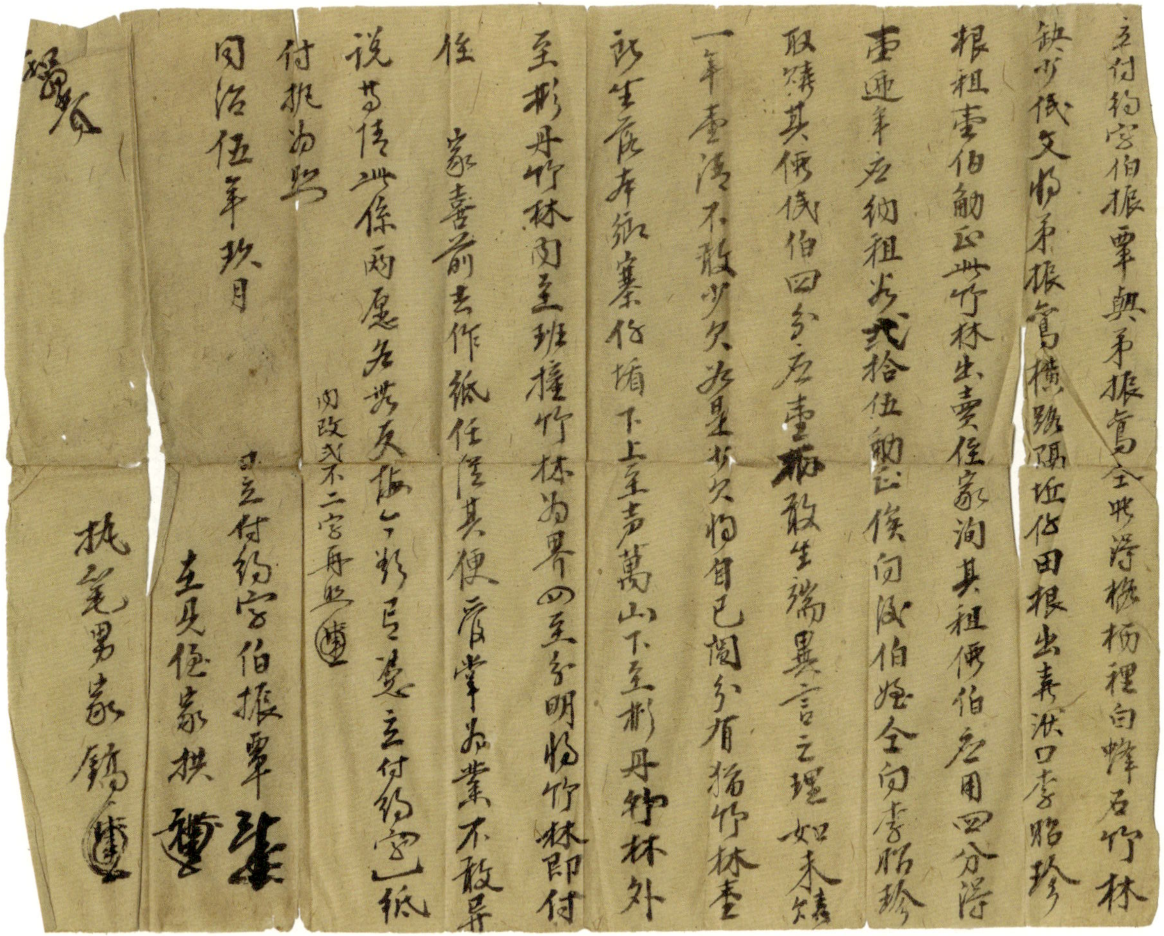
立付約字伯振覃與弟振寫仝此滸橋柄裡白蜂石竹林
缺少低文，弟振寫橫路頭坵仔田根出青洪口李貽珍
根租季伯勳正，此竹林出賣任家洵，其祖偶伯邑用四分浮
重迎年石約租谷弍拾伍斤正，係向咸伯姪全向李貽珍
取贖其價錢伯四分，各重稱，敢生端異言之理。如未贖
一年，壹清不敢少欠；若是少欠，物自己閹分有猫竹林壹
所，坐落本鄉寨仔墻，下上至声萬山，下至彬丹竹林外
至彬丹竹林，內至班權竹林為界，四至分明，將竹林即付
任家喜前去作紙，任從其便，管業為業，不敢異
說。此係兩愿，各無反悔，今欲有憑，立付約字一紙
內改弍不二字再照
付執為照。
同治伍年玖月　日立付約字伯振覃
立見侄家拱
執筆男家鑄

9-4-35-1　清同治五年九月楊振覃等立付約字

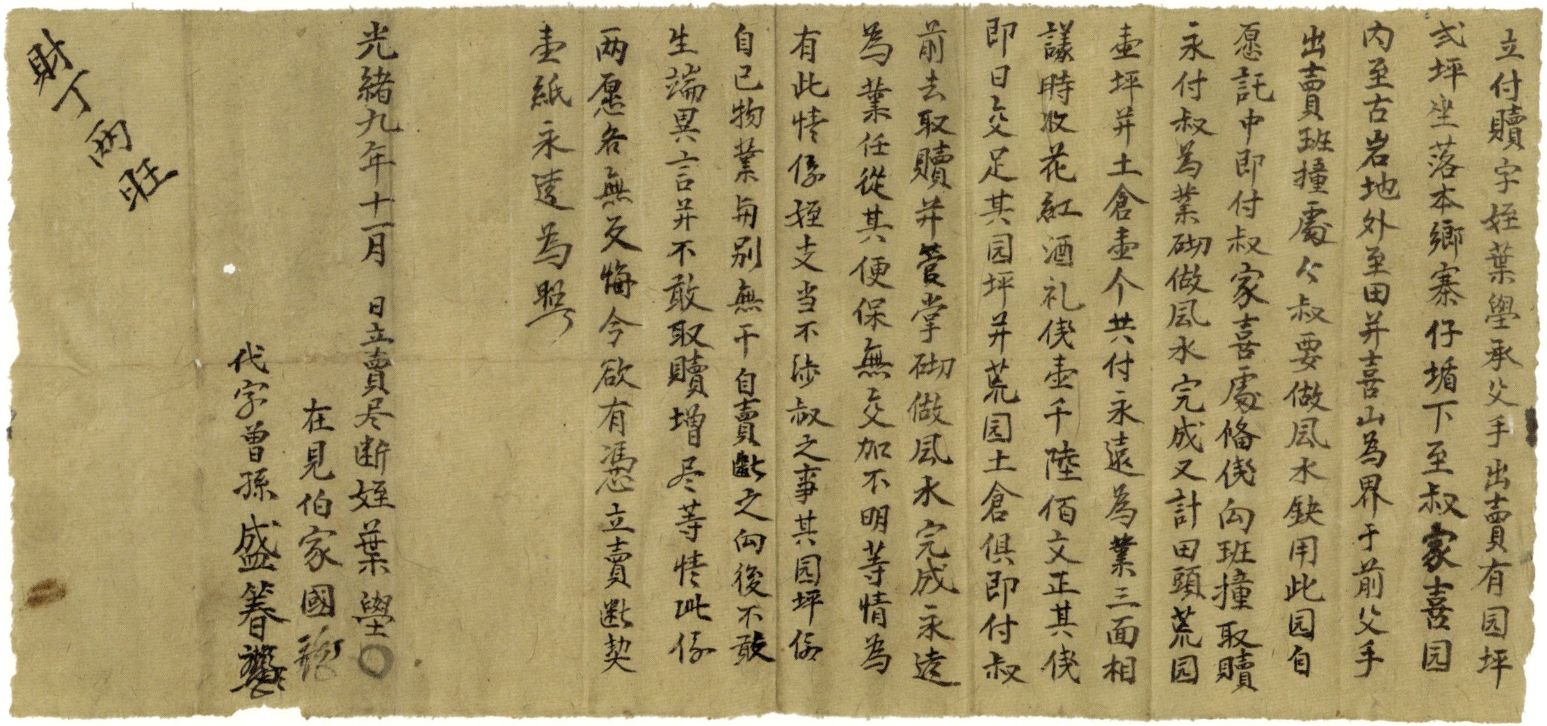

立付盡賣字姪楊業塋承父手出賣有園坪
式坪坐落本鄉寨仔墘下至叔家喜園
內至右岩地外至田并喜山為界于前父手
出賣與班〔種〕處今叔要做風水缺用此園自
愿託中即付叔家喜處備價向班〔種〕取贖
永付叔為業砌做風水完成又討田頭並園
壹坪并土倉壹个共付永遠為業三面相
議時收花紅酒禮價壹千陸佰文正其價
即日收足其園坪并並園土倉但即付叔
前去取贖并開掘砌做風水完成永遠
為業任從其便保無上父叔不明等情為
有此情係姪支當不涉叔之事其園坪係
自己物業與別無干自賣斷之後不敢
生端異言并不敢取贖增找等情此係
兩愿〔悉〕余無反悔今欲有憑立賣斷契
壹紙永遠為照

光緒九年十一月　日立賣盡斷姪楊業塋〇
在見伯家國〔秘〕
代字曾孫〔盛〕〔焄〕〔謨〕

〔畝〕〔人〕約批

9-4-35-2　清光緒九年十一月楊業塋立賣盡斷園坪契

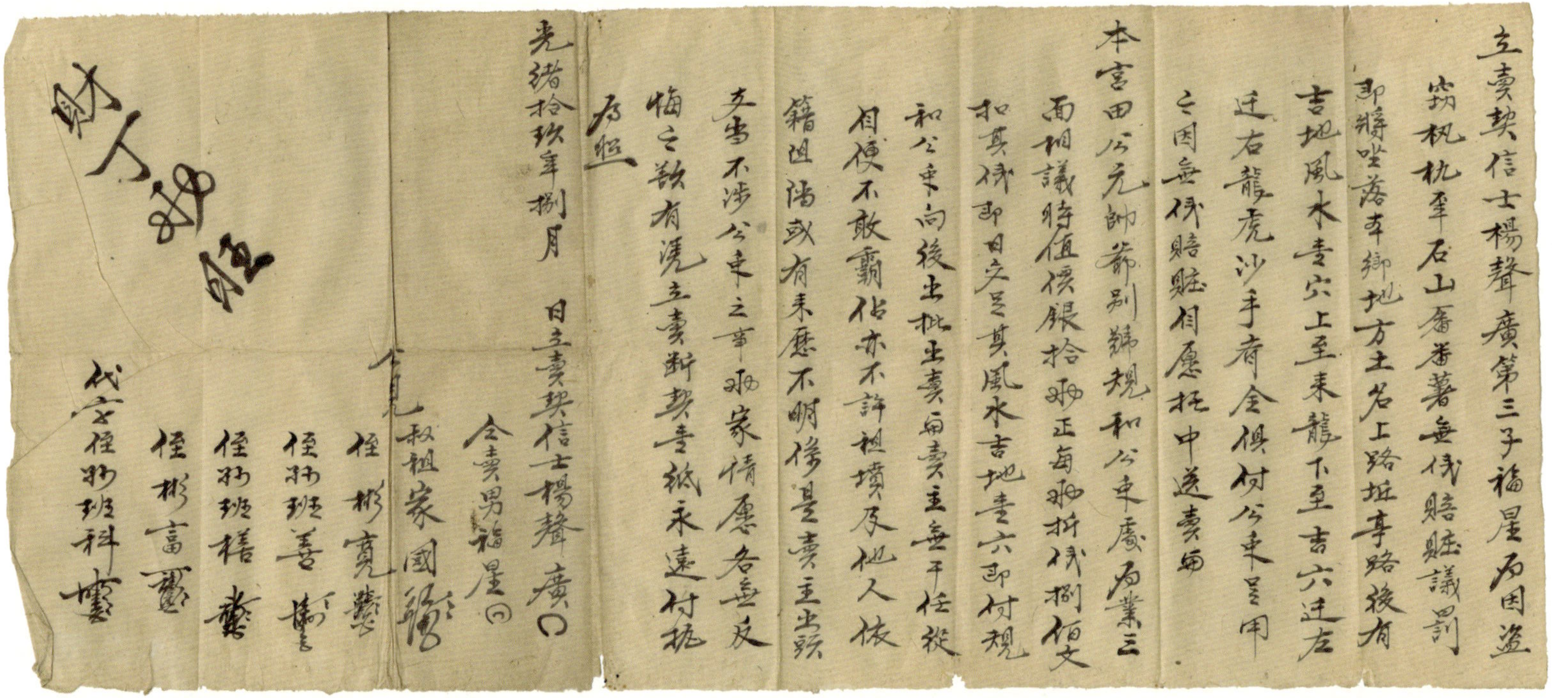

立賣契信士楊聲廣第三子福星爲因盜
砍杭杭峯石山番薯無伐賠賍議罰
即將坐落本鄉地方土名上路坵亭路後有
吉地風水壹穴上至來龍下至吉穴迸左
迸右龍虎沙手府全俱付公來呈用
亡因無伐賠賍自愿托中送賣與
本宮田公元帥爺列錦規和公來廣爲業三
面相議時值價銀拾兩正每兩折伐捌佰文
扣其伐即日交足其風水吉地壹穴即付規
和公來向後出批出賣兩無干任從
自便不敢霸佔亦不許祖墳及他人依
籍阻謁或有來歷不明係是賣主出頭
支當不涉公來之事兩家情愿各無反
悔恐口無憑立賣斷契壹紙永遠付執
爲照
光緒拾玖年捌月　日立賣契信士楊聲廣〇
仝賣男福星〇
在見叔祖家國
姪彬寬
姪孙班善
姪孙班楷
姪彬富
代字姪孙班科
財丁兩旺

9-4-35-3　清光緒十九年八月楊聲廣等立賣吉地契

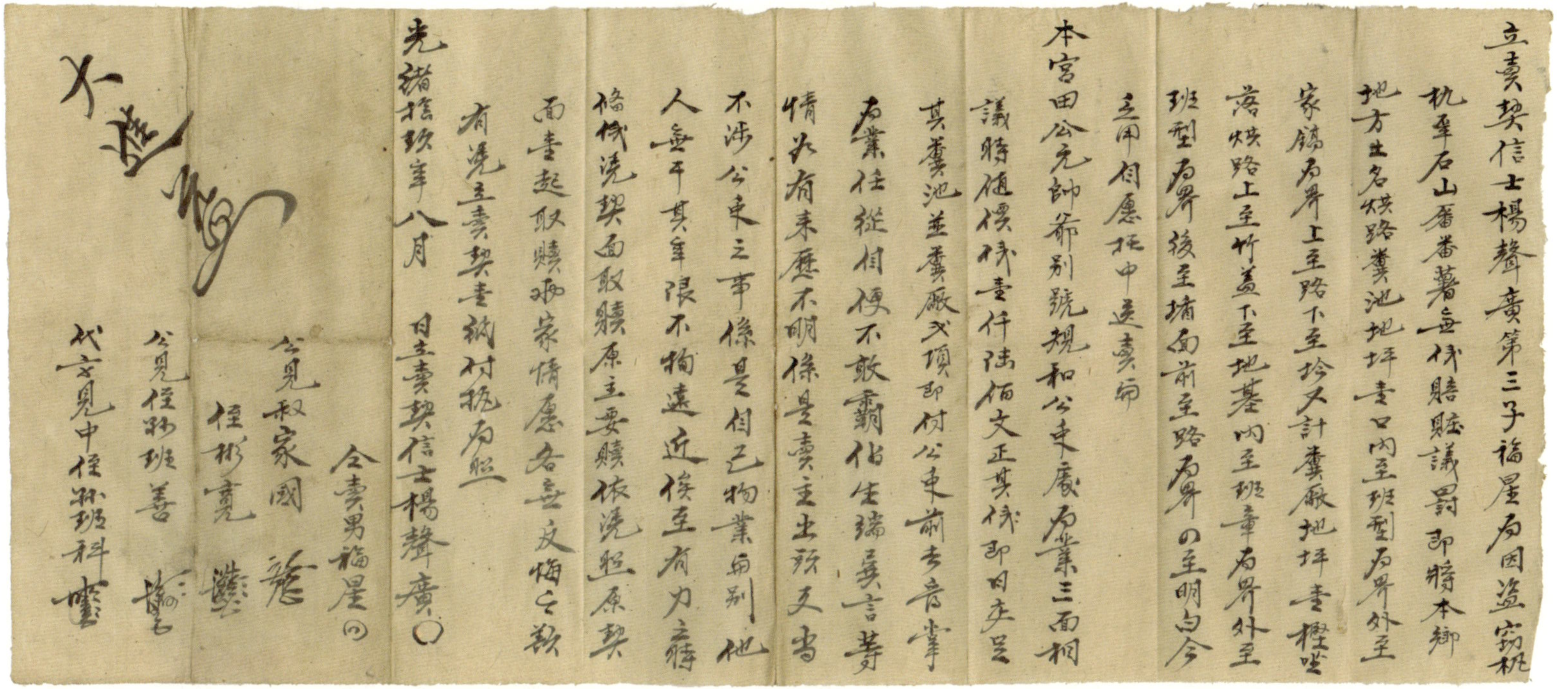
立賣契信士楊聲廣第三子福星爲因盜竊耕
牛至石山番薯無從賠贓議罰即將本鄉
地方土名烘路糞池地坪壹口內至班型爲界外至
[illegible]鋪爲界上至路下至坽又計糞廠地坪壹坐
落烘路上至竹蓋下至地基內至班章爲界外至
班型爲界後至埔面前至路爲界四至明白今
立甲自愿托中送賣與
本宮田公元帥爺別號規和公東廣爲業三面相
議時值價錢壹仟陸佰文正其錢即日交足
其糞池並糞廠弍項即付公東前去掌
爲業任從伊便不敢霸佔生端異言等
情此有來歷不明係是賣主出頭支當
不涉公東之事係是自己物業自別他
人無干其年限不拘遠近候主有力備
偹錢送契面取贖原主要贖依送照原契
面壹起取贖兩家情愿各無反悔今欲
有憑立賣契壹紙付執爲照
光緒拾玖年八月　日立賣契信士楊聲廣
仝賣男福星
公見叔家國
侄彬寬
公見侄孙班善
代字見中侄孙班科

9-4-35-4　清光緒十九年八月楊聲廣等立賣糞池地坪契

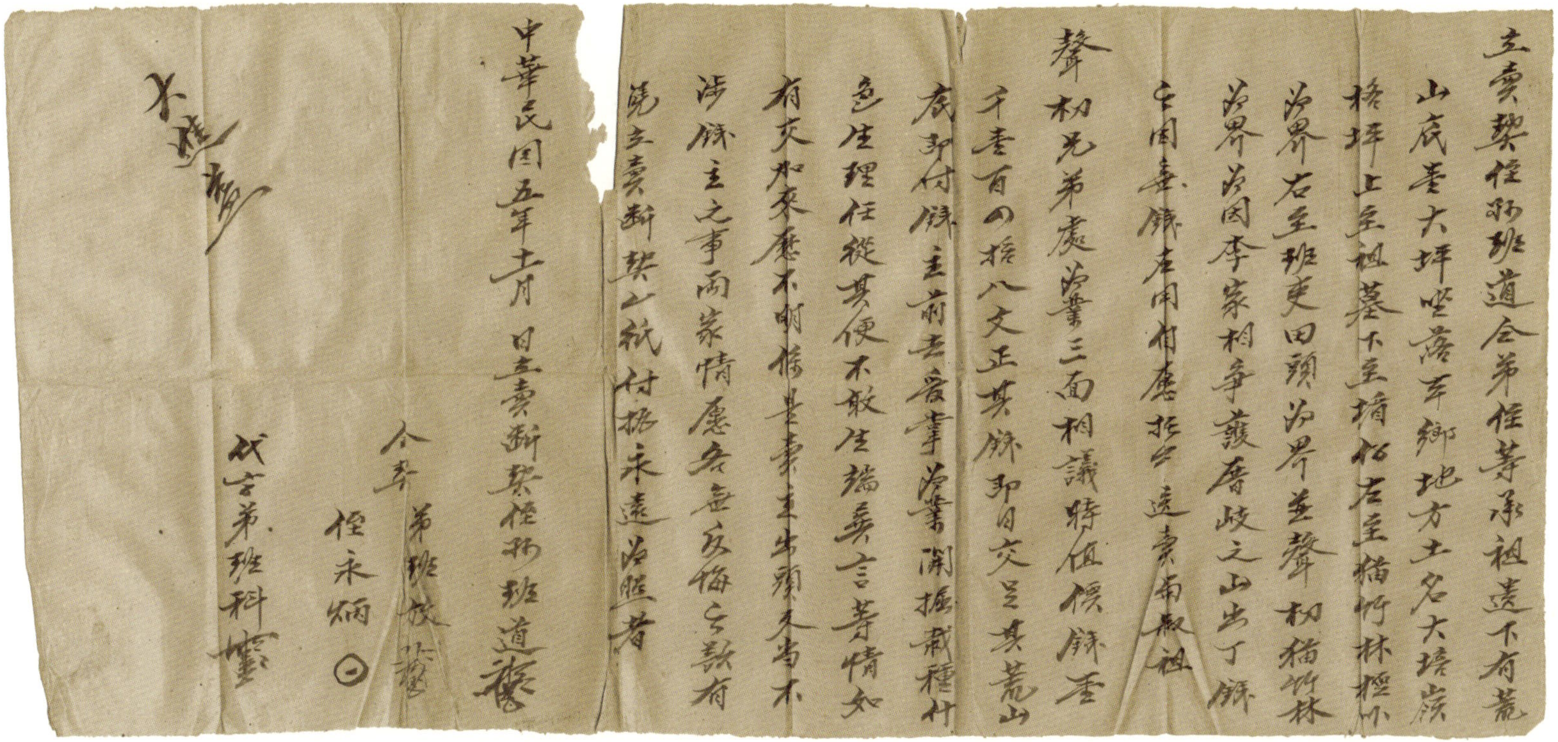

立賣契侄孫班道仝弟侄等承祖遺下有荒
山底壹大坪坐落本鄉地方土名大塘崁
橋坪上至祖墓下至塘松左至猫竹林徑小
為界右至班吏田頭為界並聲杉猫竹林
為界為因李家相爭蘸唇岐之山出丁錢
今因無錢應用自愿托中遠賣南畝祖
聲杉光弟處為業三面相議時值價錢壹
千壹百四拾八文正其錢即日交足其荒山
底即付錢主前去管業為業開掘栽種竹
木生理任從其便不敢生端異言等情如
有交加來歷不明係是賣主出頭承當不
涉錢主之事兩家情愿各無反悔今欲有
憑立賣斷契山紙付與永遠為照者

中華民國五年十一月　日立賣斷契侄孫班道（押）
仝弟　班放（押）
侄永炳　○
代字弟班科（押）

[illegible]

9-4-35-5　民國五年十一月楊班道等立賣斷荒山底契（一）

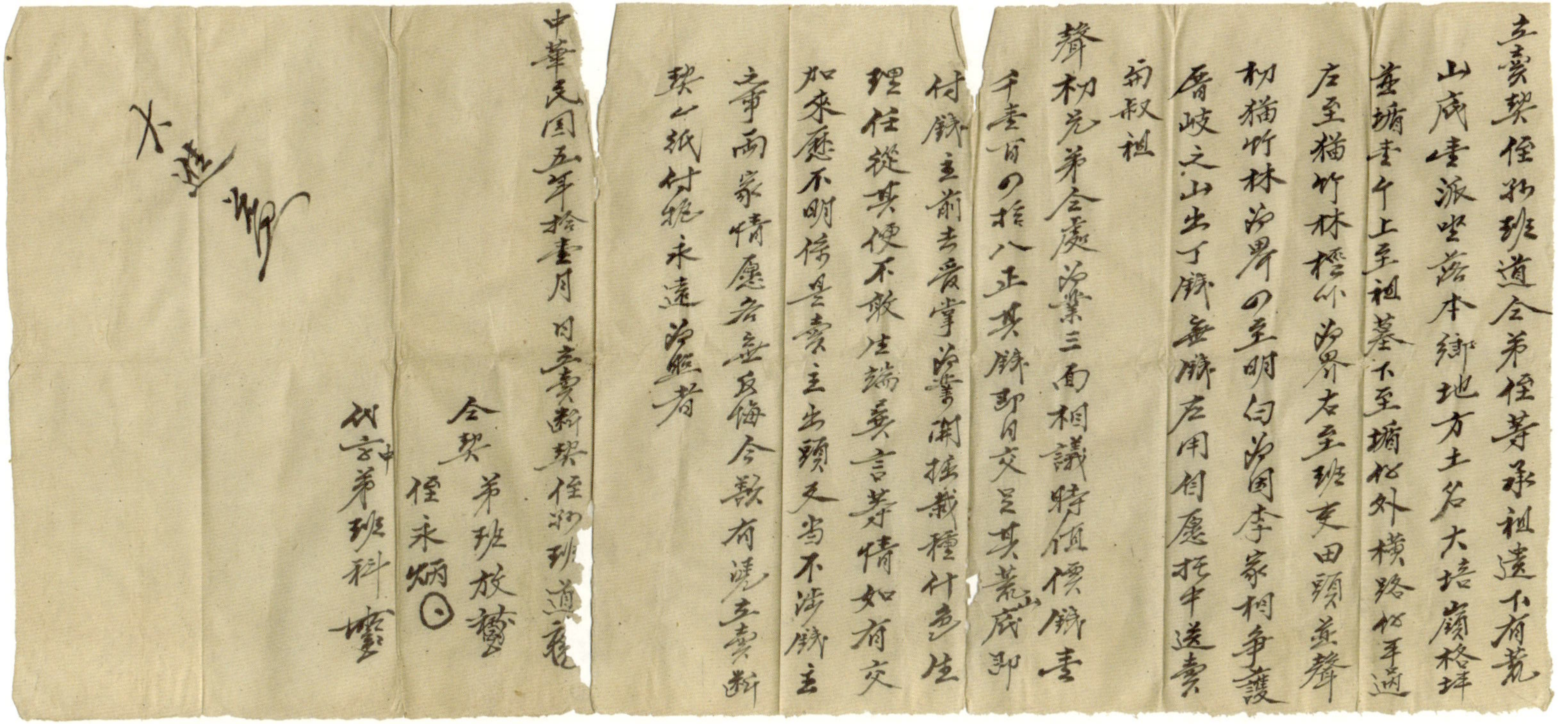

立賣契侄楊班道仝弟侄等承祖遺下有荒
山底壹派坐落本鄉地方土名大培嶺格坪
并塘壹个上至祖墓下至塘坳外横路坳手過
左至猫竹林摽外爲界右至班吏田頭並聲
杉猫竹林爲界四至明白爲因李家相爭護
屬岐之山出丁錢無辦左用自愿托中送賣
與叔祖
聲杉允弟仝處爲業三面相議時值價錢壹
千壹百四拾八正其錢即日交足其荒山底即
付錢主前去管爲業開掘栽種什色生
理任從其便不敢阻端異言等情如有交
加來歷不明係是賣主出頭支當不涉錢主
之事兩家情愿各無反悔今欲有憑立賣斷
契山紙付錢永遠爲照者

中華民國五年拾壹月 日立賣斷契侄楊班道（押）
全契 弟班放（押）
侄永炳 ⊙
代字中 弟班科（押）

大吉

9-4-35-6 民國五年十一月楊班道等立賣斷荒山底契（二）

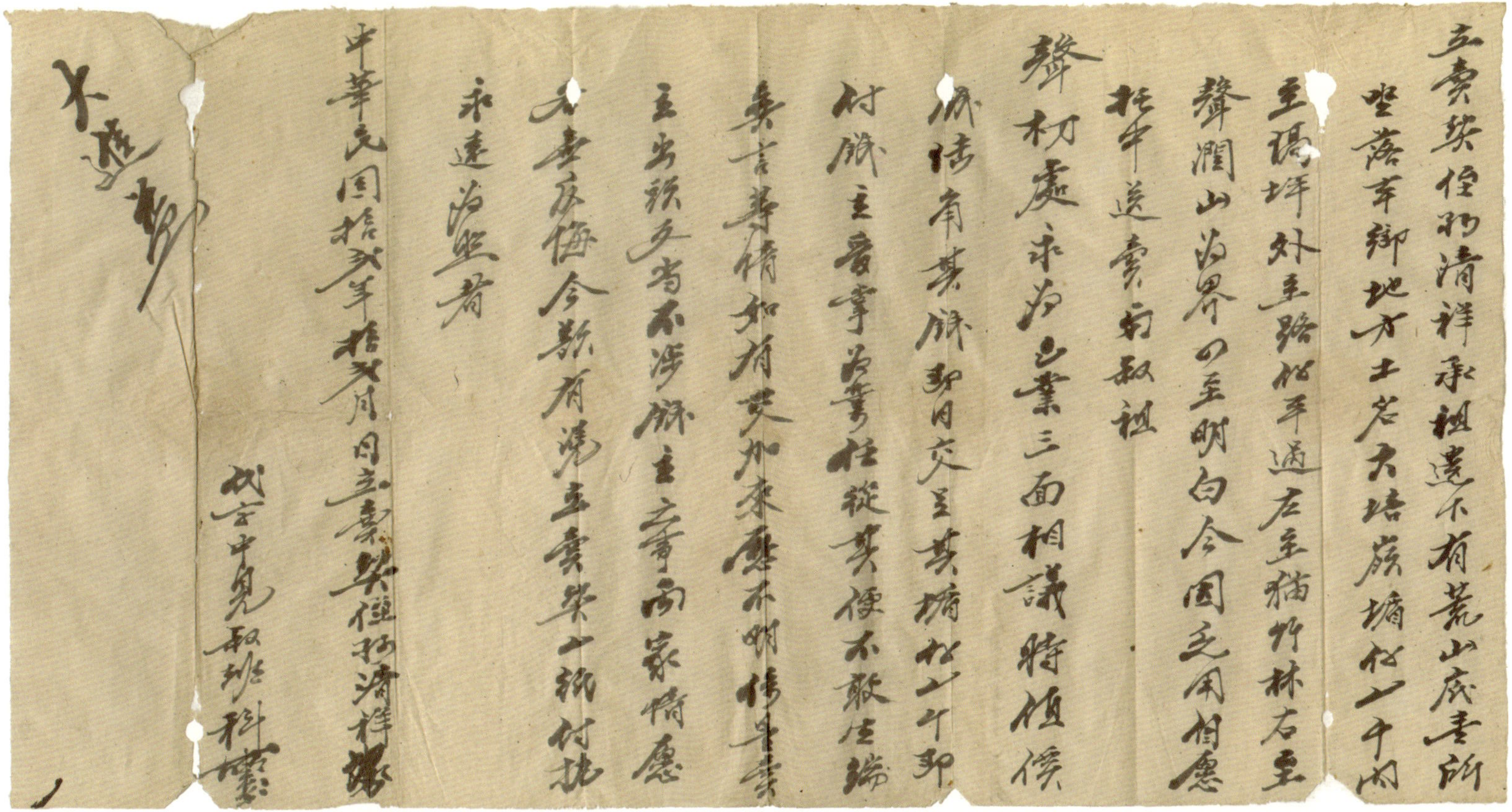
立賣契侄孙清祥承祖遺下有荒山底壹所
坐落本鄉地方土名大培底塘松山十內
上至瑪坪外至路松半遇左至猫竹林右至
聲潤山為界四至明白今因乏用情愿
托中送賣於叔祖
聲材處承為已業三面相議時值價
錢陸角其錢即日交足其塘松山什即
付錢主管掌為業任從其便不敢生端
異言等情如有爻加來歷不明係是賣
主出頭支當不涉錢主之事兩家情愿
各無反悔今欲有憑立賣契一紙付執
永遠為照者
中華民國拾弍年拾弍月　日立賣契侄孙清祥（押）
代字中見叔祖班科（押）

9-4-35-7　民國十二年十二月楊清祥立賣荒山底契

9-4-36-1　包契紙

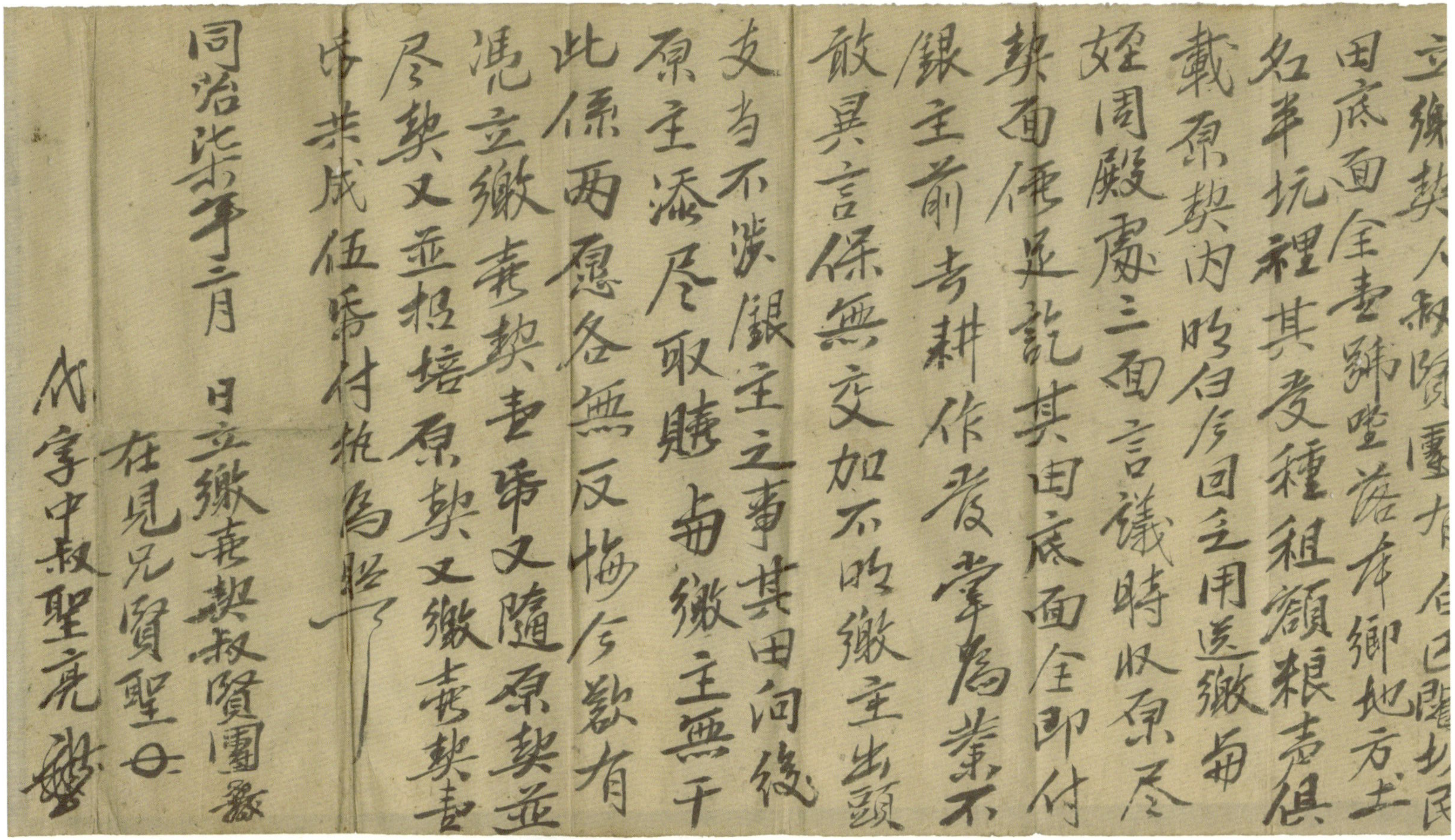
立繳契人叔賢團，有自己鬮分民
田底面全壹號，坐落本鄉地方土
名羊坑裡，其麥種、租額、粮赤俱
載原契內明白。今因乏用，送繳與
姪團殿處，三面言議，時收原盡
契面價足訖。其田底面全即付
銀主前去耕作，掌為業，不
敢異言。保無交加不明，繳主出頭
支當，不涉銀主之事。其田向後
原主添盡取贖，與繳主無干。
此係兩愿，各無反悔。今欲有
憑，立繳賣契壹紙，又隨原契並
盡契又並招培原契，又繳賣契壹
共成伍紙，付執為照。

同治柒年三月　日立繳賣契叔賢團（押）
在見兄賢聖（押）
代字中叔聖亮（押）

9-4-36-2　清同治七年三月楊賢團立繳賣底面全民田契

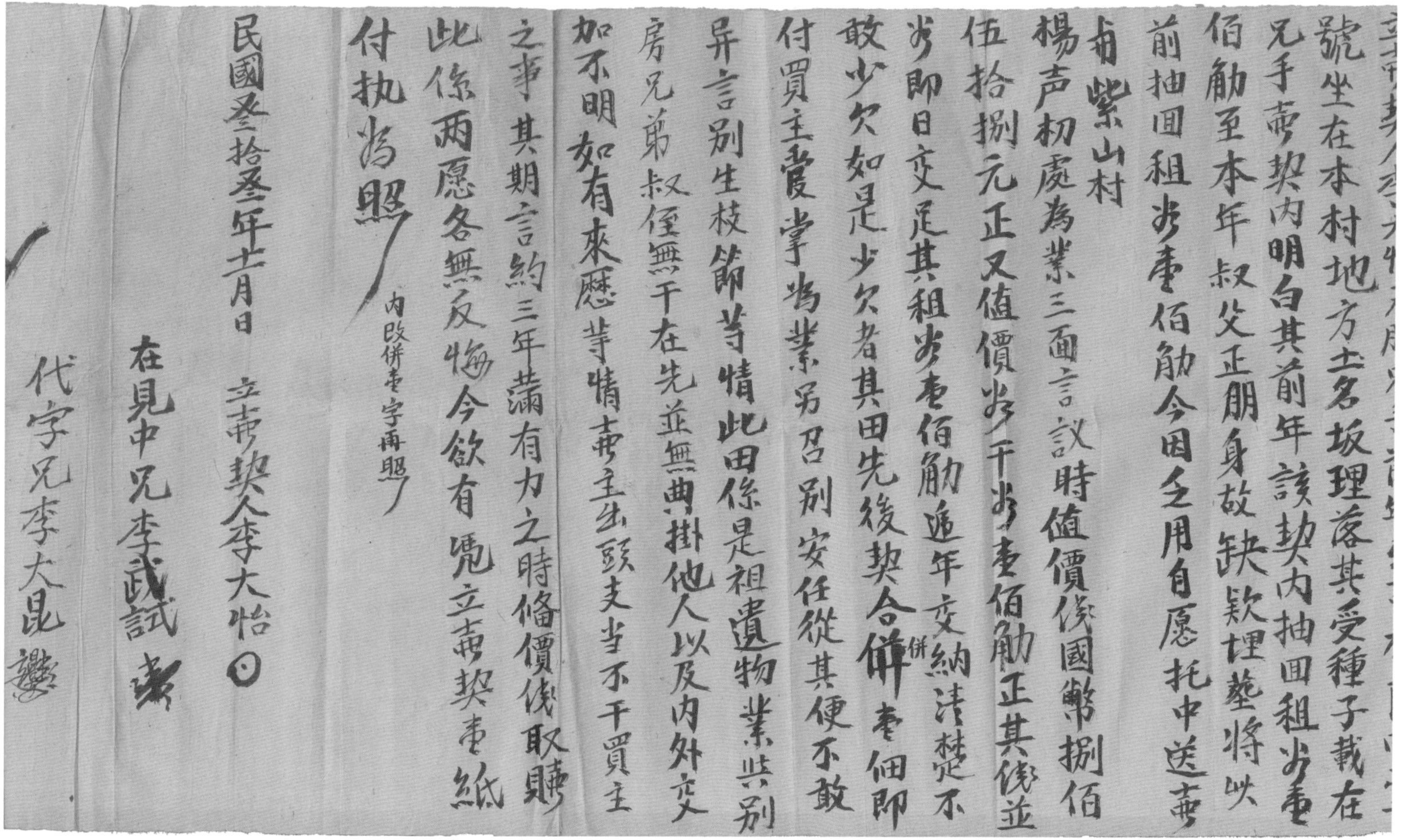

號坐在本村地方土名坂理落其受種子載在
兄手賣契内明白其前年該契内抽回租谷壹
佰觔至本年叔父正朋身故缺欵埋塟將此
前抽回租谷壹佰觔今因乏用自愿托中送賣
与紫山村
楊声杒處為業三面言議時值價俵國幣捌佰
伍拾捌元正又值價谷千谷壹佰觔正其俵並
谷即日交足其租谷壹佰觔逐年交納清楚不
敢少欠如是少欠者其田先後契合併壹佃即
付買主掌管為業另召別佃安任從其便不敢
异言別生枝節等情此田係是祖遺物業並別
房兄弟叔侄無干在先並無典掛他人以及内外交
加不明如有來歷等情賣主出頭支当不干買主
之事其期言約三年滿有力之時備價俵取贖
此係兩愿各無反悔今欲有憑立賣契壹紙
付執為照／　内改併壹字再照／

民國叁拾叁年十一月日　立賣契人李大怡 ◎
在見中兄李武試 押
代字兄李大昆 押

9-4-36-3　民國三十三年十一月李大怡立賣民田契

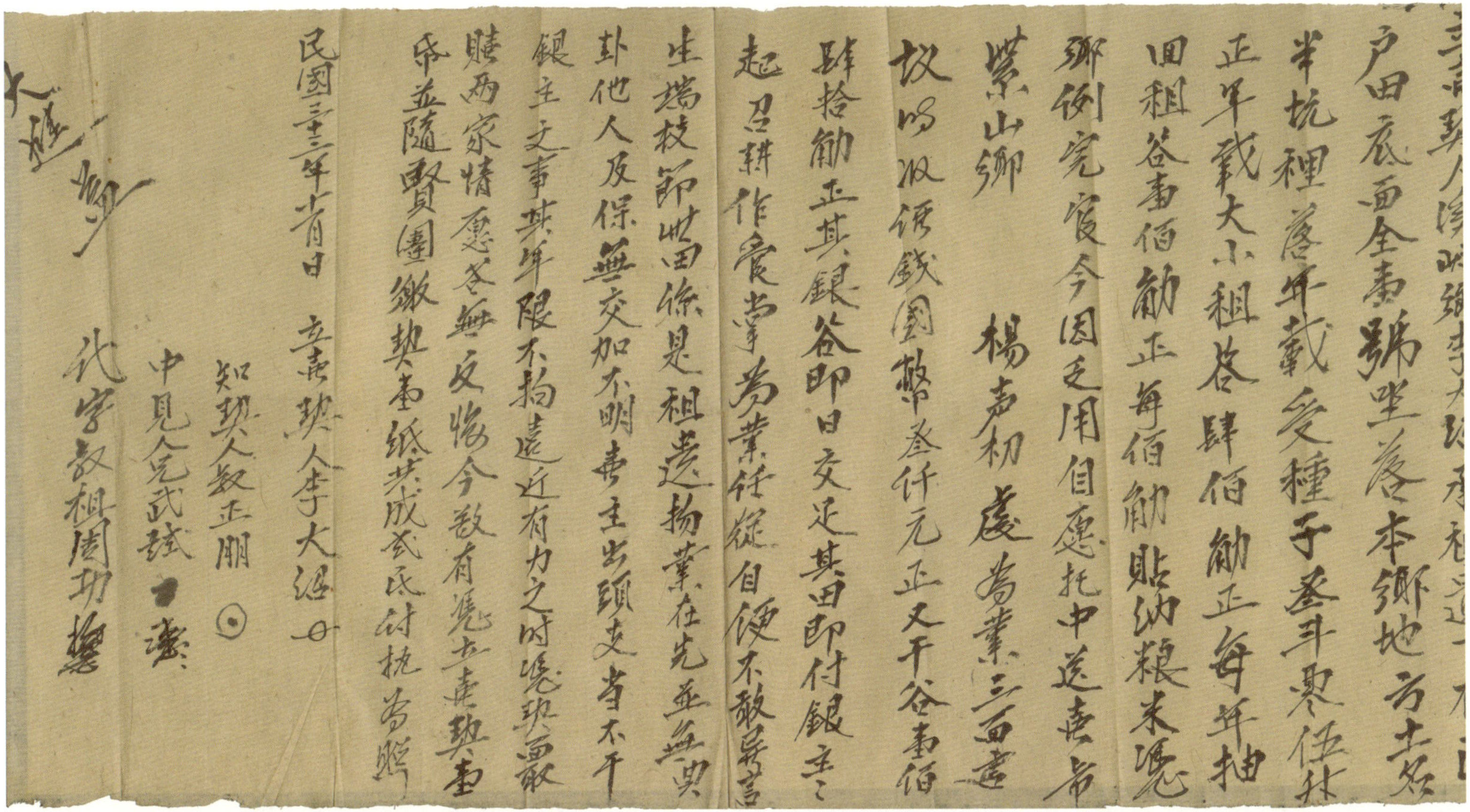
立賣契人溪頭鄉李大沼承祖遺下有民
戶田底面全壹號坐落本鄉地方土名
半坑裡落年載受種子叁斗吳伍秤
正年載大小租谷肆佰觔正每年抽
回租谷壹佰觔正每佰觔貼納粮米憑
鄉例完官今因乏用自愿托中送賣與
紫山鄉　楊声初處為業三面喜
議時價錢國幣叁仟元正又干谷壹佰
肆拾觔正其銀谷即日交足其田即付銀主
起召耕作管出掌為業任從自便不敢異言
生端枝節此田係是祖遺物業在先並無典
卦他人及保無交加不明等事出頭支當不干
銀主之事其年限不拘遠近有力之時憑契面取
贖兩家情愿各無反悔今欲有憑立賣契壹
紙並隨賢園繳契壹紙共成貳紙付執為照
民國三十三年十一月日　立賣契人李大沼
知契人叔正朋
中見人兄武鋕
代字叔祖周功
大糧一刃

9-4-36-4　民國三十三年十一月李大沼立賣底面全民户田契

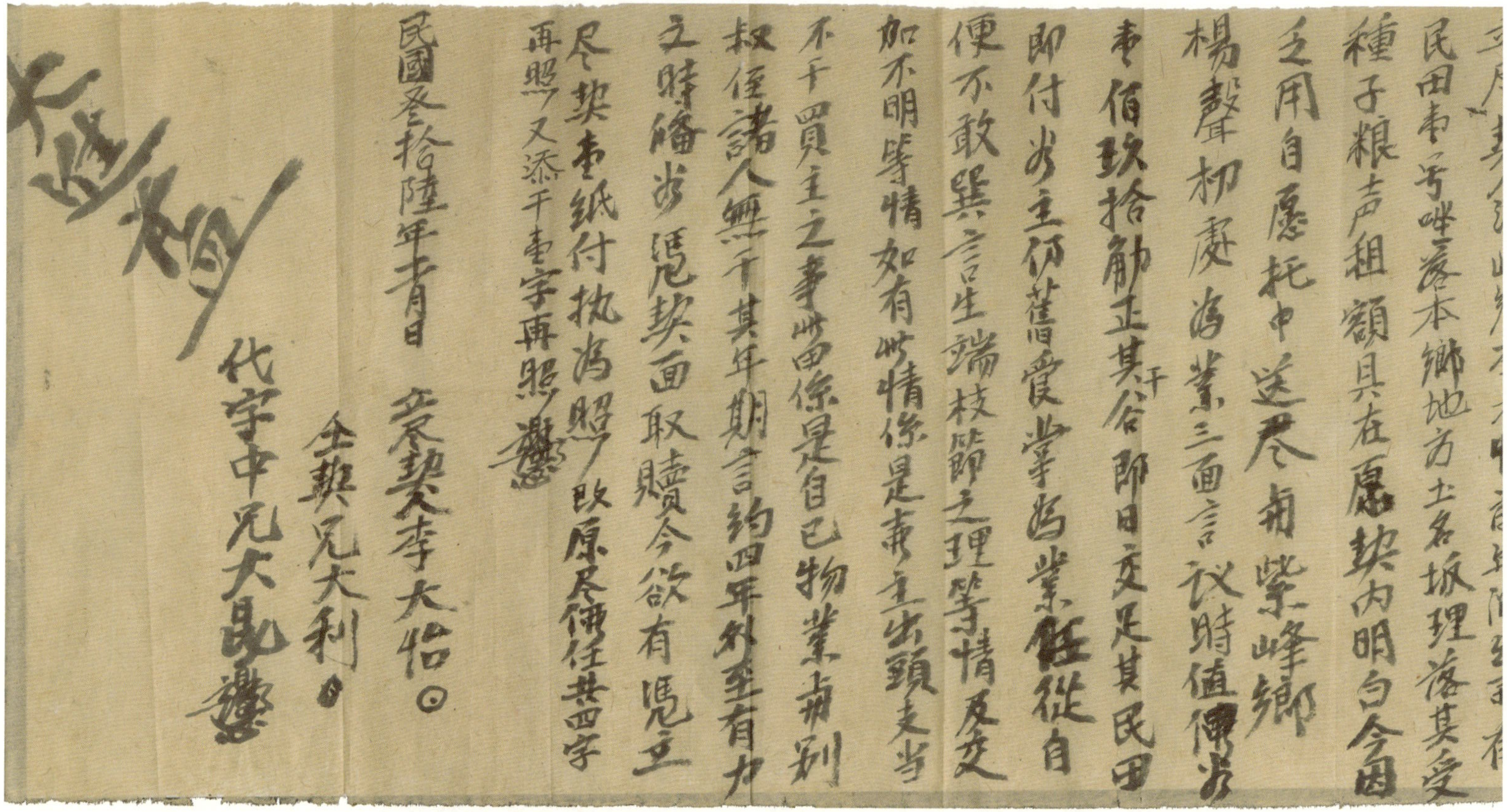
民田壹號坐落本鄉地方土名垅理落其受
種子粮戶租額具在原契內明白今因
乏用自愿托中送尽與紫峰鄉
楊聲材處為業三面言議時值價洋
壹佰玖拾肆正其谷即日交足其民田
即付與主仍舊管掌為業任從自
便不敢異言生端枝節之理等情及交
加不明等情如有此情係是本主出頭支当
不干買主之事此田係是自己物業與别
叔侄諸人無干其年期言約四年外至有力
之時備出原契面取贖今欲有憑立
尽契壹紙付執為照　比原尽價任共四字
再照　又添干壹字再照
民國叁拾陸年十一月　日　立尽契李大怡
全與兄大利
代字中兄大昆

9-4-36-5　民國三十六年十一月李大怡等立盡民田契

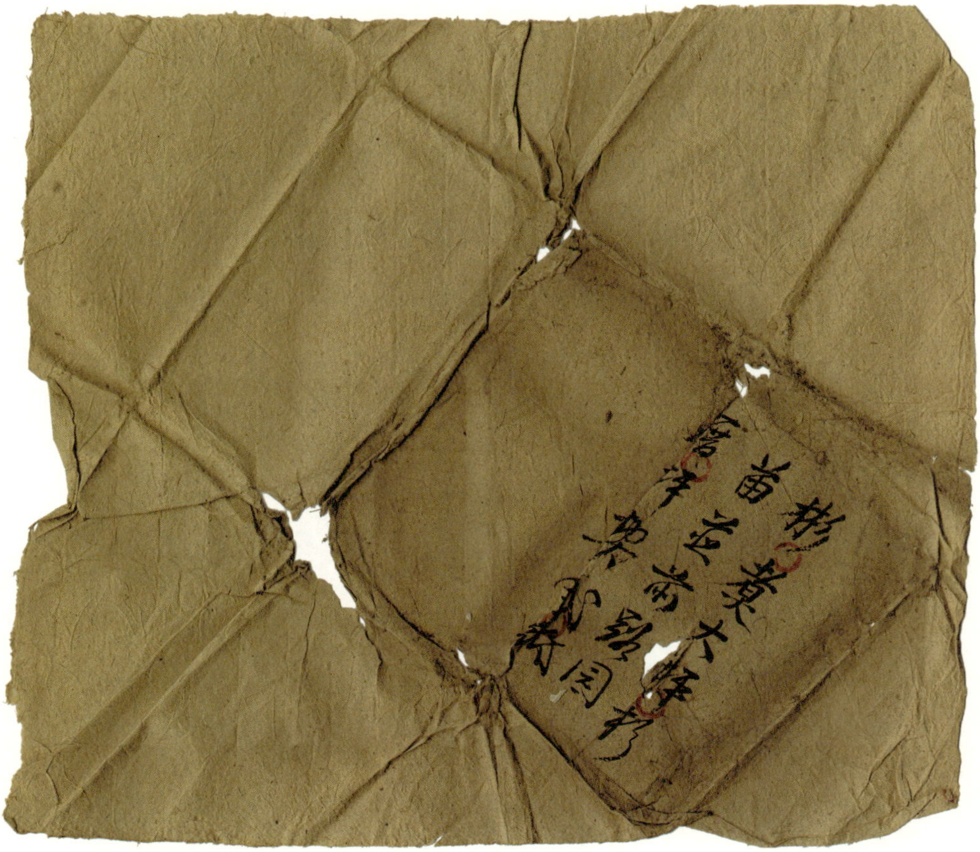

9-4-37-1　包契紙

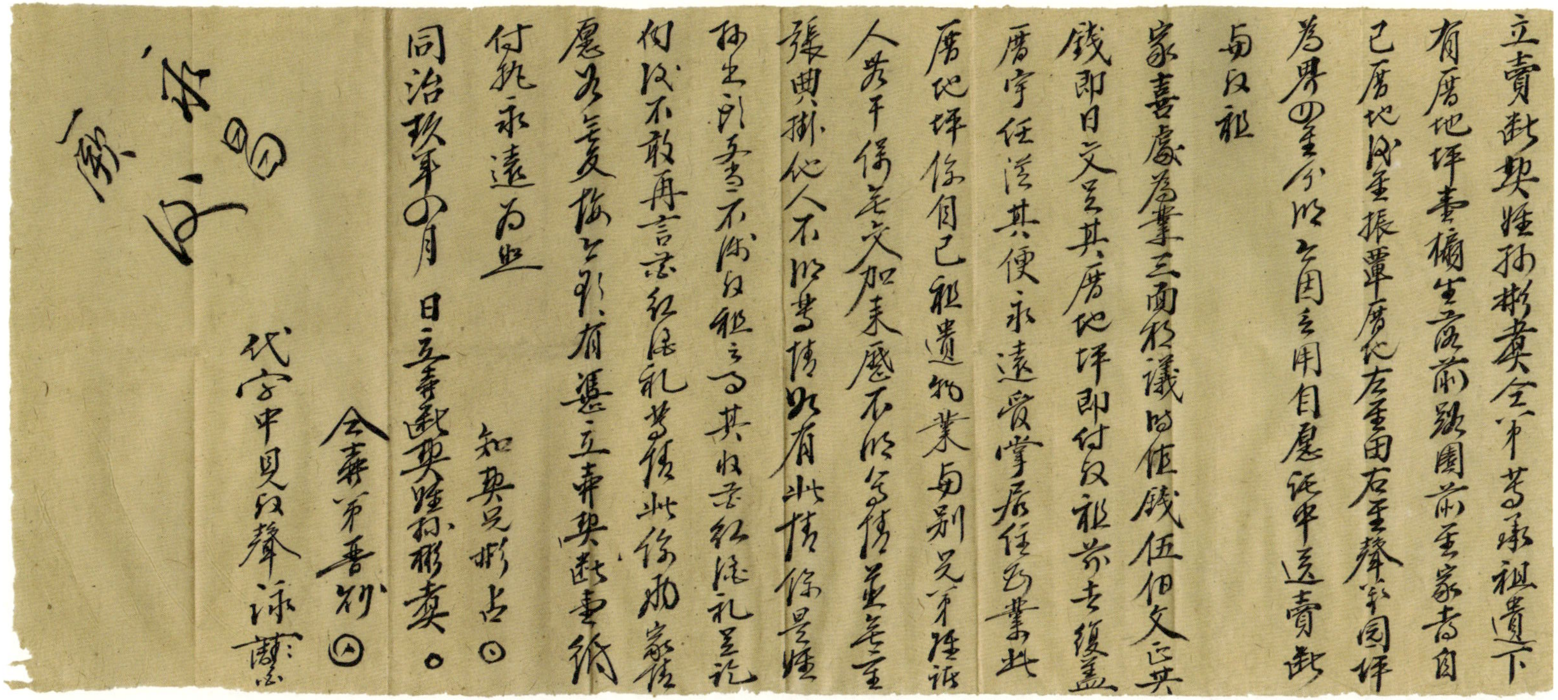
立賣斷契姪孫彬袁仝弟[illegible]承祖遺下
有厝地坪壹橺坐落前路園前土名壽自
己厝地坪仝張單厝地左至田右至[illegible]同坪
為界四至分明今因乏用自愿托中送賣斷
與叔祖
家喜處為業三面行議時值錢伍佰文正其
錢即日交足其厝地坪即付叔祖前去復蓋
厝宇任從其便永遠管掌居住為業此
厝地坪係自己祖遺物業與別房兄弟姪諸
人無干保無交加來歷不明等情並無重
張典掛他人不明等情如有此情係是姪
孫出頭承當不涉叔祖之事其以前紅紙禮足訖
日後不敢再言找紅紙禮等情此係兩家
甘愿各無反悔今欲有憑立賣契斷壹紙
付執永遠為照
知契兄彬占
同治玖年四月　日立賣斷契姪孫彬袁
仝弟[illegible]
代字中見叔[illegible]

9-4-37-2　清同治九年四月楊彬袁等立賣斷厝地坪契

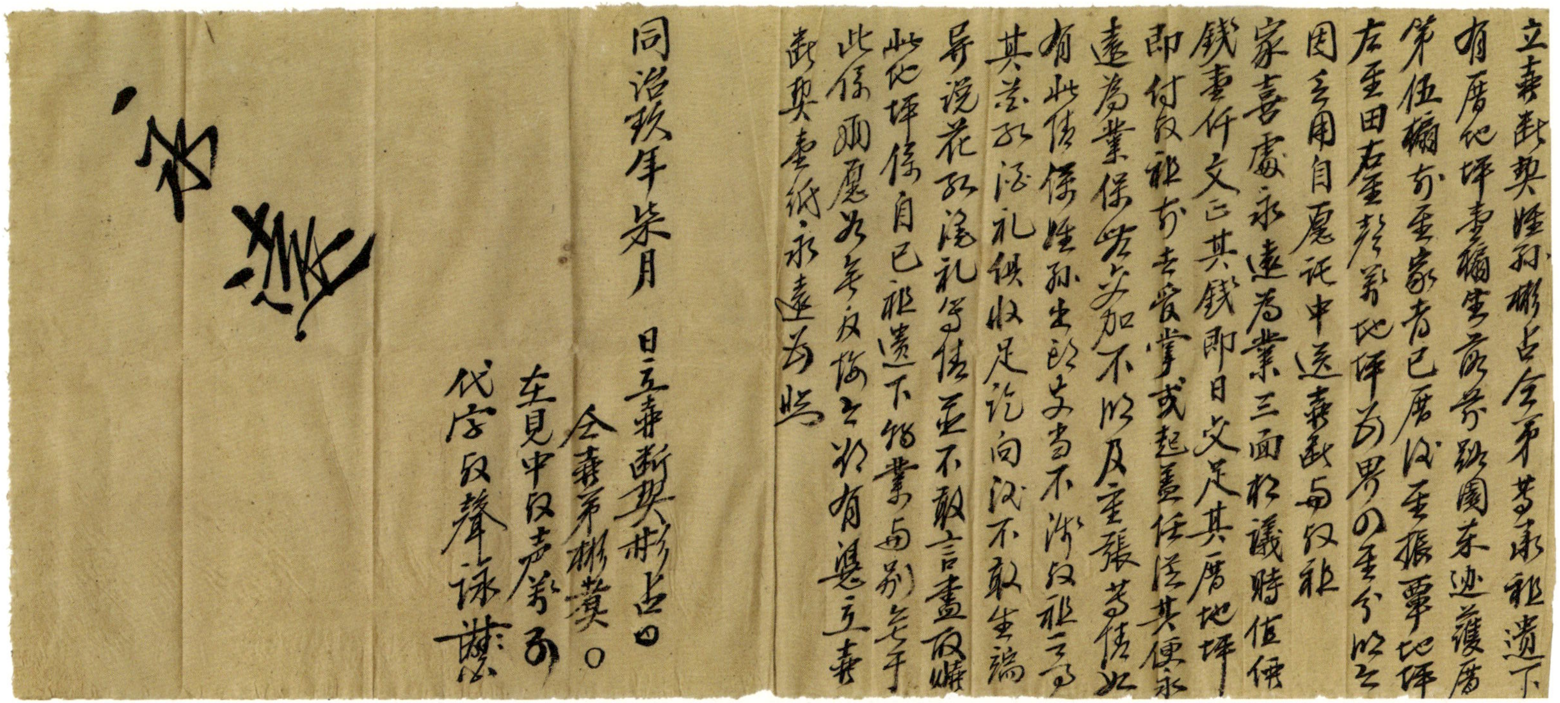

立賣斷契楊彬占今有承父遺下
有厝地坪壹牆坐落蘇園茶逕蘿厝
第伍牆分至家青已厝後至振覃地坪
左至田右至彭家地坪爲界四至分明今
因乏用自愿託中送賣與族叔
家喜處永遠爲業三面相議時值價
錢壹仟文正其錢即日交足其厝地坪
即付與叔前去管掌或起蓋任從其便永
遠爲業保無重加不明及重張等情如
有此情係姪孫出頭當不干叔之事
其茶水酒禮領收足訖向後不敢生端
異說花紅酒禮係足不敢言盡取贖
此地坪係自己祖遺不干業與別房手
此係兩愿各無反悔今恐無憑立賣
斷契壹紙永遠爲照

同治玖年柒月　日立賣斷契楊彬占〇
仝賣弟彬葉〇
在見中叔声彩〇
代字叔聲詠〇

9-4-37-3　清同治九年七月楊彬占立賣斷厝地坪契

9-4-38-1　包契紙

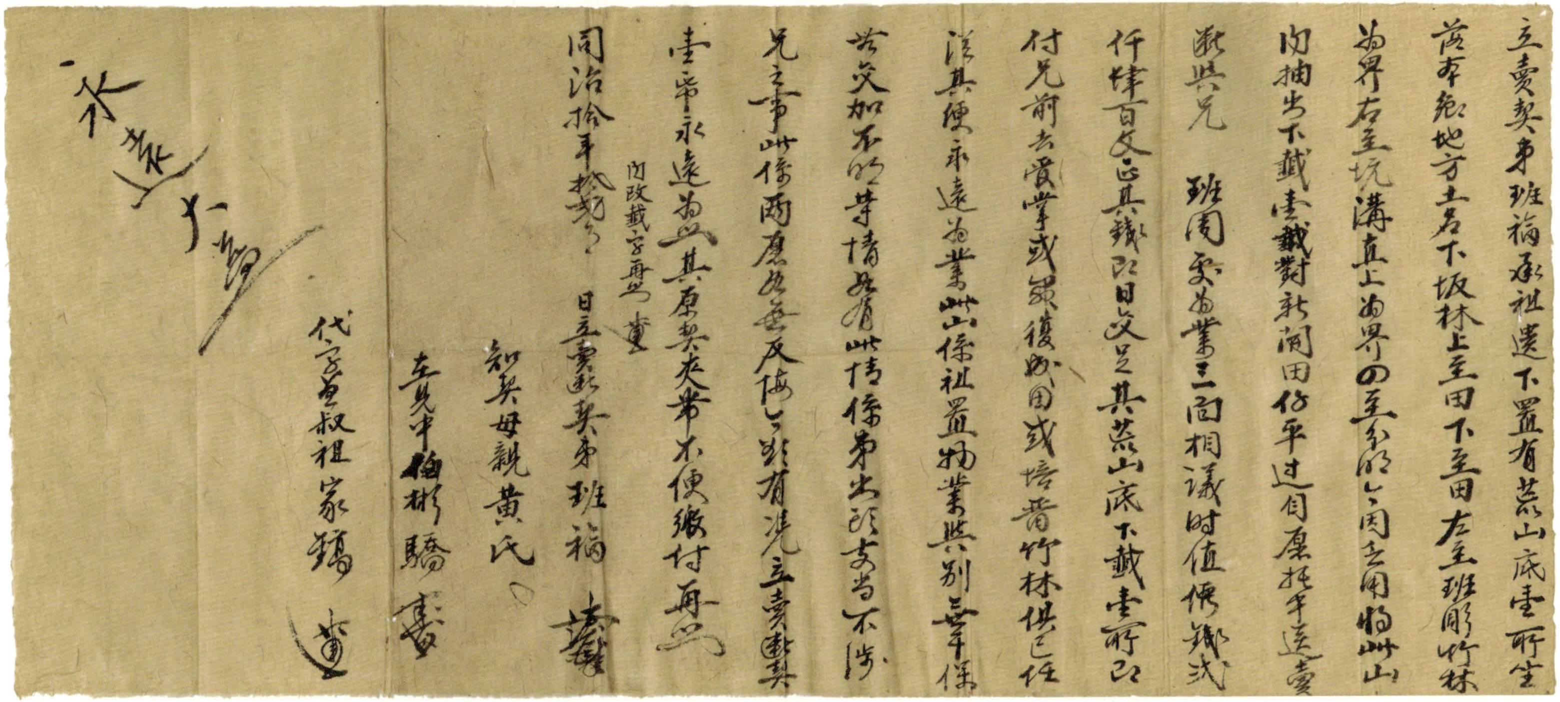

立賣契弟班福承祖遺下置有荒山底壹所坐
落本鄉地方土名下坂林上至田下至田左至班彫竹林
為界右至坑溝直上為界四至分明今因無錢用將此山
內抽出不載壹載對新開田作平過自愿托中送賣
與兄　班周受為業三面相議時值價錢弍
仟肆百文正其錢即日交足其荒山底不載壹所即
付兄前去管掌或栽種或田或培晉竹林供其任
從其便永遠為業此山係祖置物業與別房無涉
並交加不明等情如有此情係弟出頭支當不涉
兄之事此係兩愿各無反悔今欲有憑立賣斷契
壹帋永遠為照　其原契夾帶不便繳付再照
內改載字再照　畫
同治拾年拾弍月　日立賣斷契弟班福　畫
知契母親黄氏
在見中伯彬驕　畫
代字堂叔祖家鑄　畫
一本來付照

9-4-38-2　清同治十年十二月楊班福立賣斷荒山底契

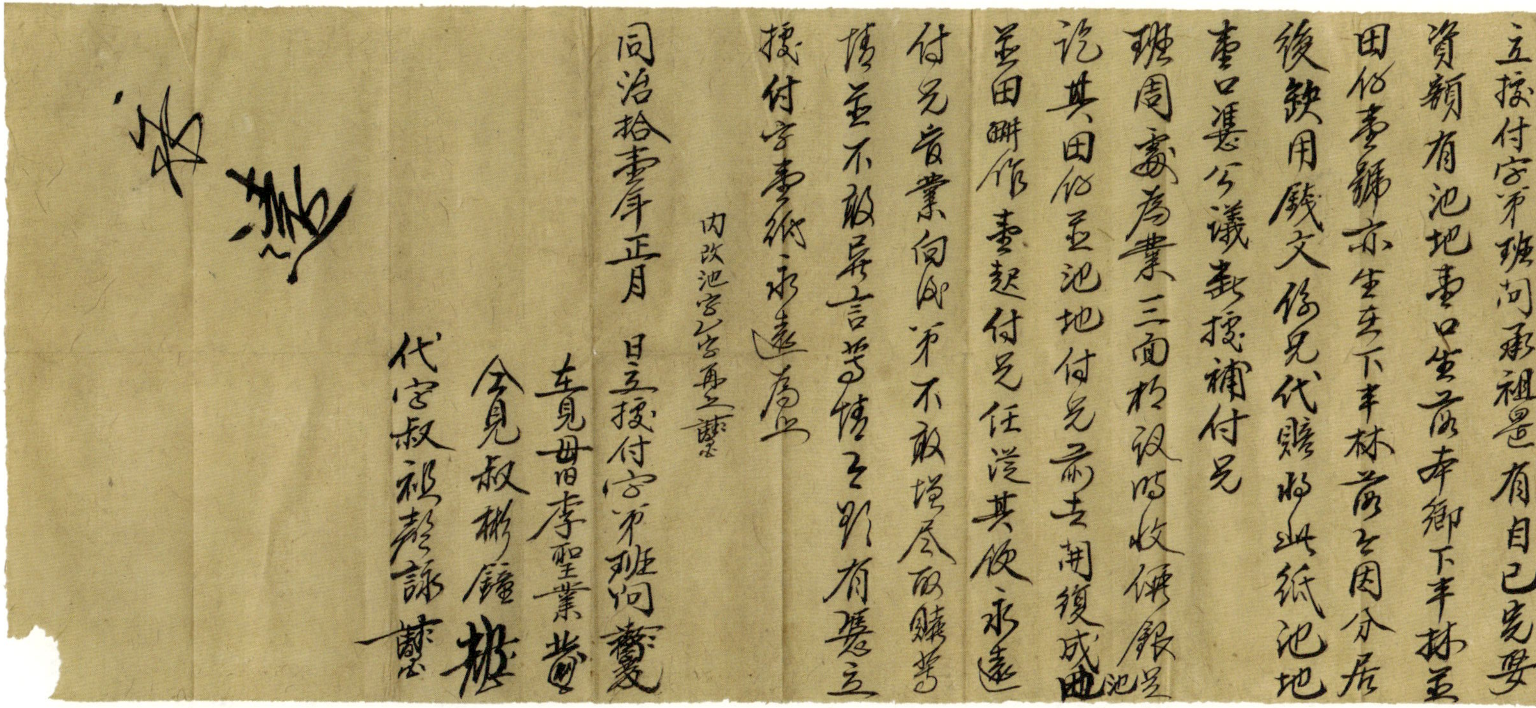

立據付字弟班問承祖邑有自己兄嫂
資額有池地壹口坐落本鄉下半林並
田仍壹號亦坐在下半林崙上因分居
後缺用錢文係兄代贖將此紙池地
壹口憑公議劃據補付兄
班周家為業三面約設時收價銀足
訖其田仍並池地付兄前去開復成池田
並田耕作壹起付兄任從其便永遠
付兄管業向後弟不敢增找取贖等
情並不敢异言等情之别有憑立
據付字壹紙永遠為照
内改池字乙字再立（押）
同治拾壹年正月　日立據付字弟班問（押）
在見母李聖業（押）
仝見叔彬鐘（押）
代字叔祖彬詠（押）

9-4-38-3　清同治十一年正月楊班問立據付字

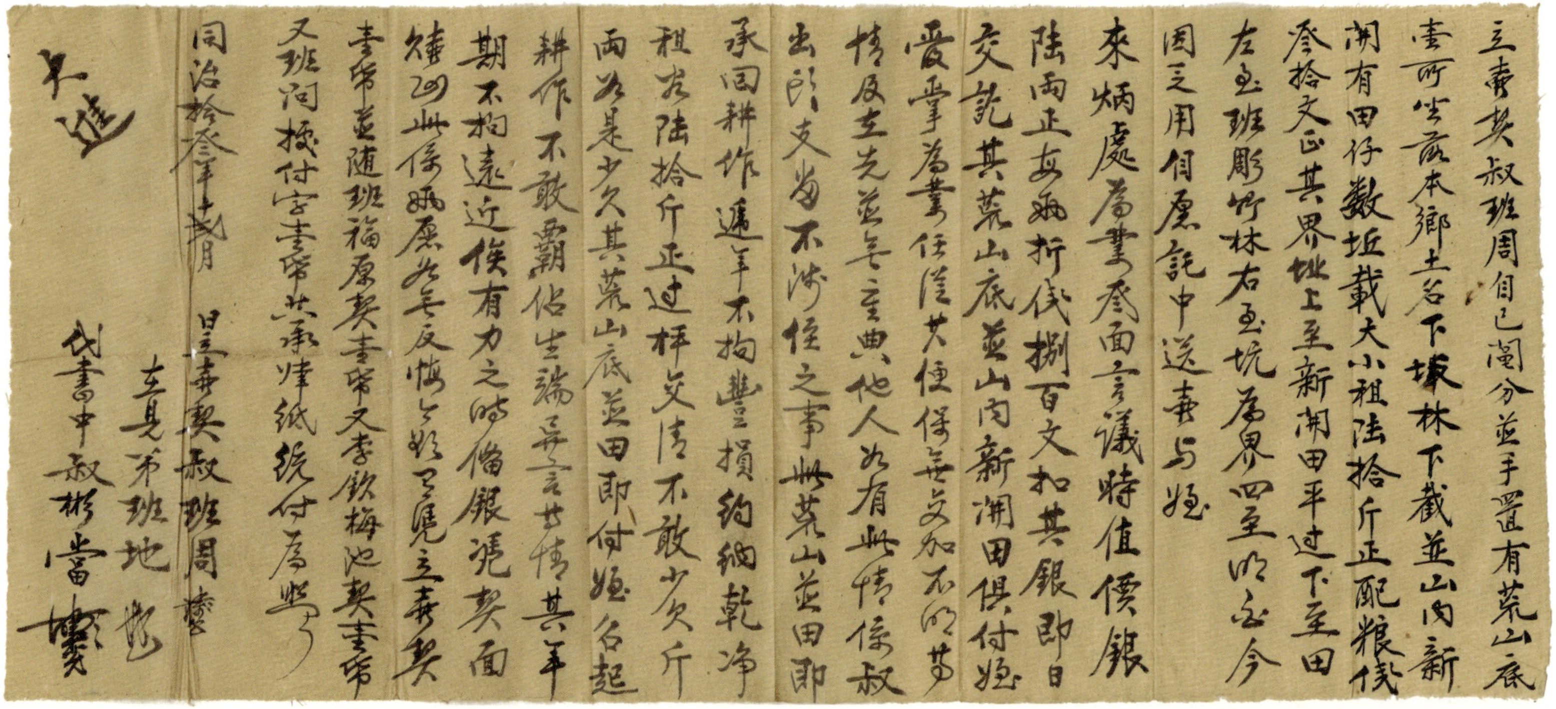

立賣契叔班周自己閹分並手置有荒山底
壹所坐落本鄉土名下壩林下截並山內新
開有田仔數坵載大小租陸拾斤正配粮伐
叁拾文正其界址上至新開田平過下至田
左至班彫竹林右至坑爲界四至明白今
因乏用情願託中送賣與姪
來炳處爲業叁面言議時值價銀
陸兩正每兩折伐捌百文扣其銀即日
交訖其荒山底並山內新開田俱付姪
管掌爲業任從其便係無交加不明等
情及先並無重典他人如有此情係叔
出頭支當不涉姪之事此荒山並田即
承回耕作遞年不拘豐損約納乾淨
租谷陸拾斤正過秤交清不敢少欠斤
兩如是少欠其荒山底並田即付姪另起
耕作不敢霸佔生端異言其年
期不拘遠近候有力之時備銀憑契面
贖回此係兩愿各無反悔今欲有憑立賣契
壹帋並隨班福原契壹帋又李欽梅池契壹帋
又班閏換付字壹帋共承肆紙統付爲照
同治拾叁年十弍月　日立賣契叔班周（押）
在見弟班地（押）
代書中叔彬當（押）
大進

9-4-38-4　清同治十三年十二月楊班周立賣荒山底契

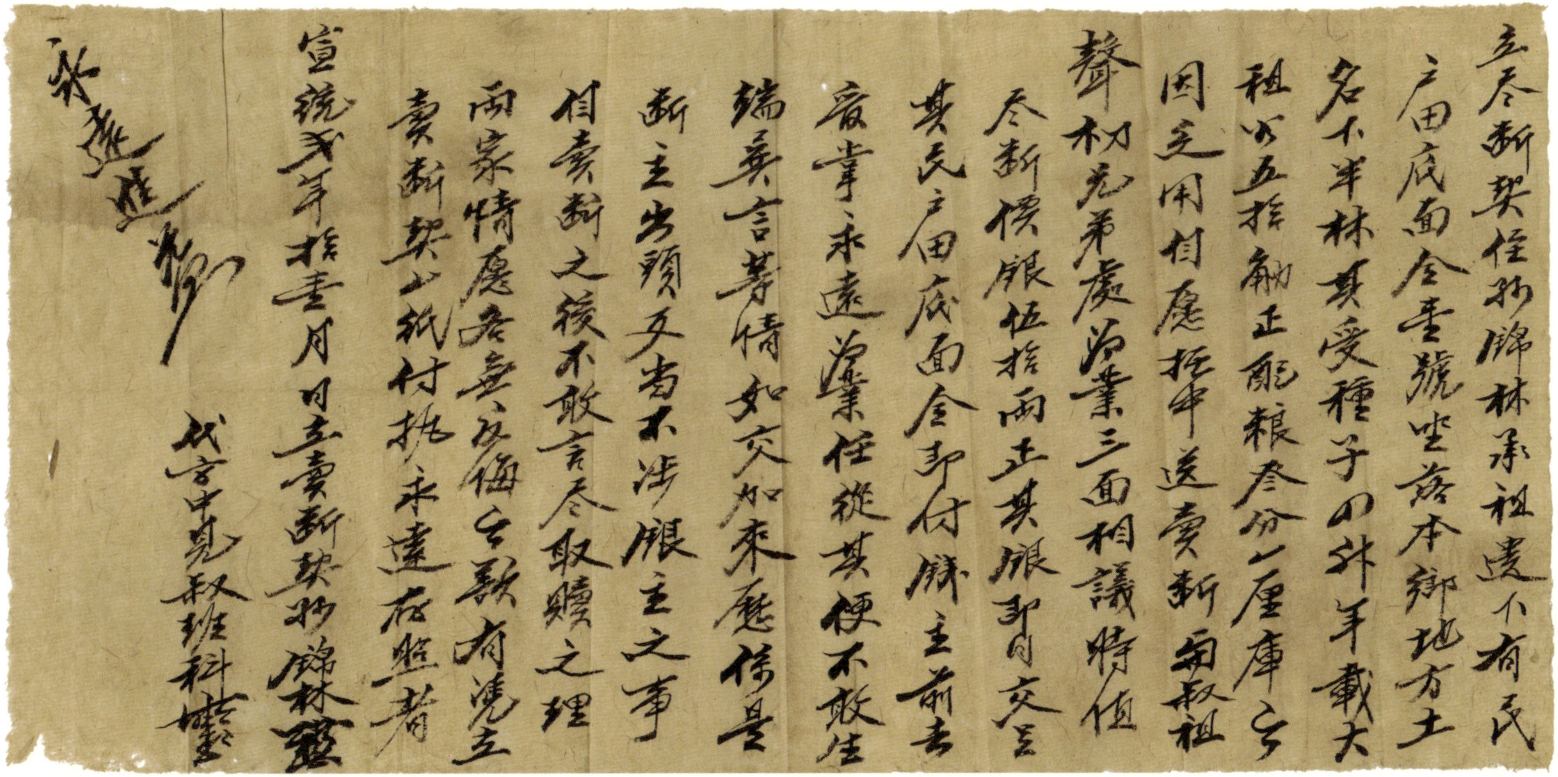
立盡斷契侄孫錦林承祖遺下有民
户田底面全壹號坐落本鄉地方土
名下半林其受種子四升半載大
租谷五拾觔正配粮叁分一厘庫平
因乏用自愿托中送賣斷與叔祖
彝杓兄弟處為業三面相議時值
盡斷價銀伍拾兩正其銀即日交足
其民户田底面全即付斷主前去
管業永遠為業任從其便不敢生
端異言等情如交加來歷係是
斷主出頭支當不涉銀主之事
自賣斷之後不敢言盡取贖之理
兩家情愿各無反悔今欲有憑立
賣斷契一紙付執永遠存照者
宣統弍年拾壹月　日立賣斷契侄孫錦林
代字中見叔班科
永遠進光

9-4-38-5　清宣統二年十一月楊錦林立盡斷底面全民户田契

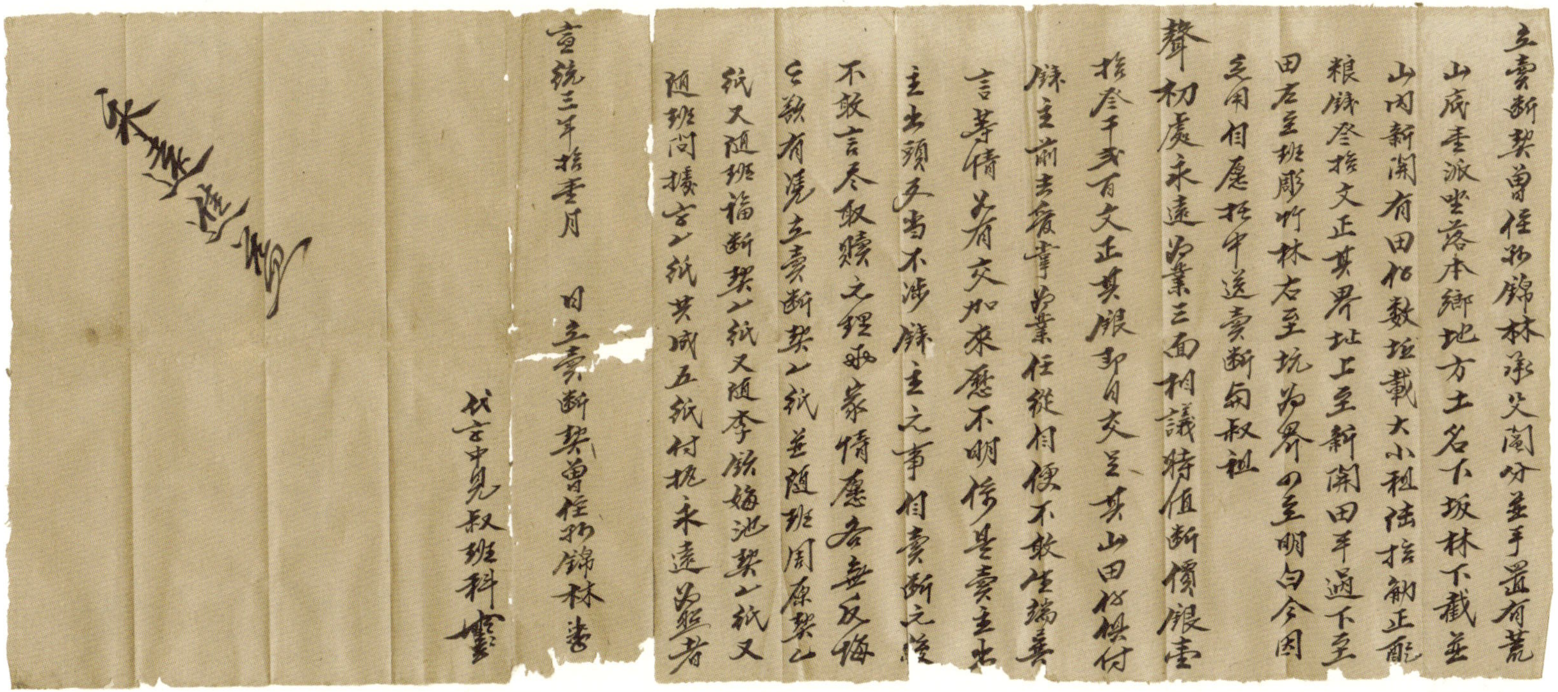

9-4-38-6　清宣統三年十一月楊錦林立賣斷荒山底契

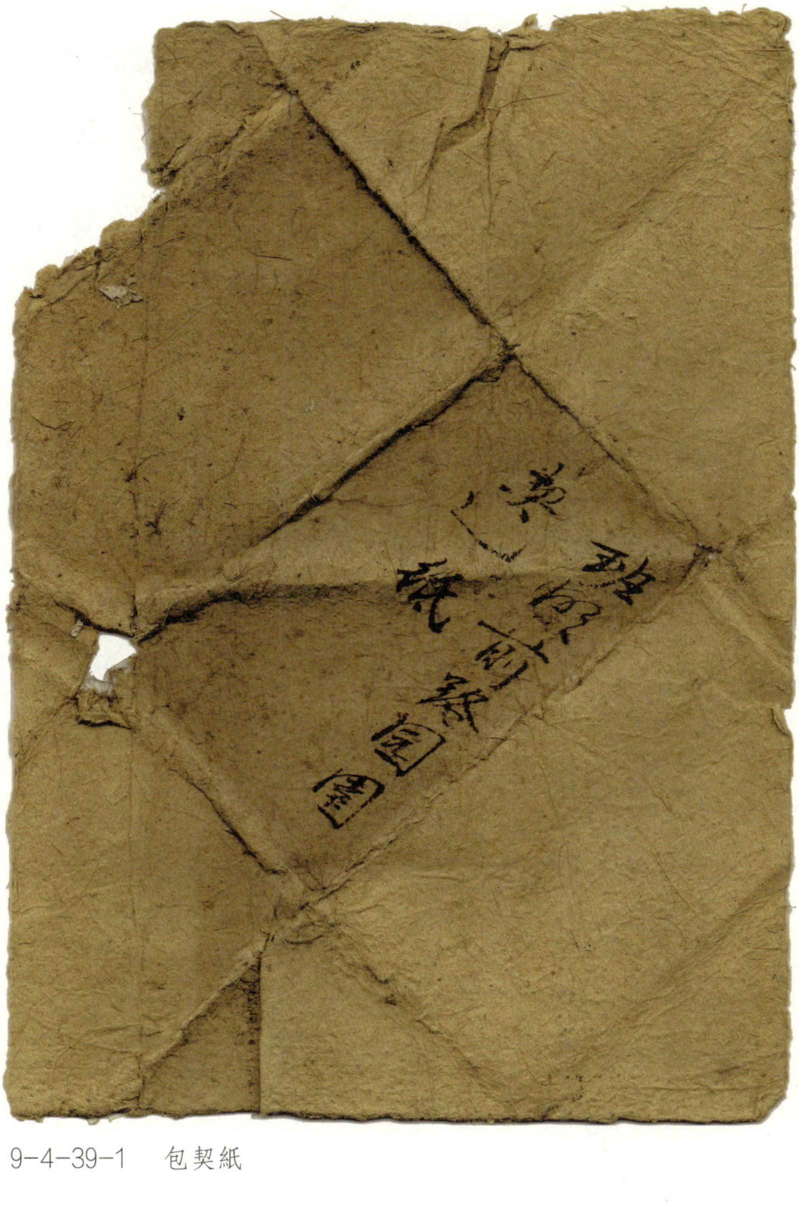

9-4-39-1　包契紙

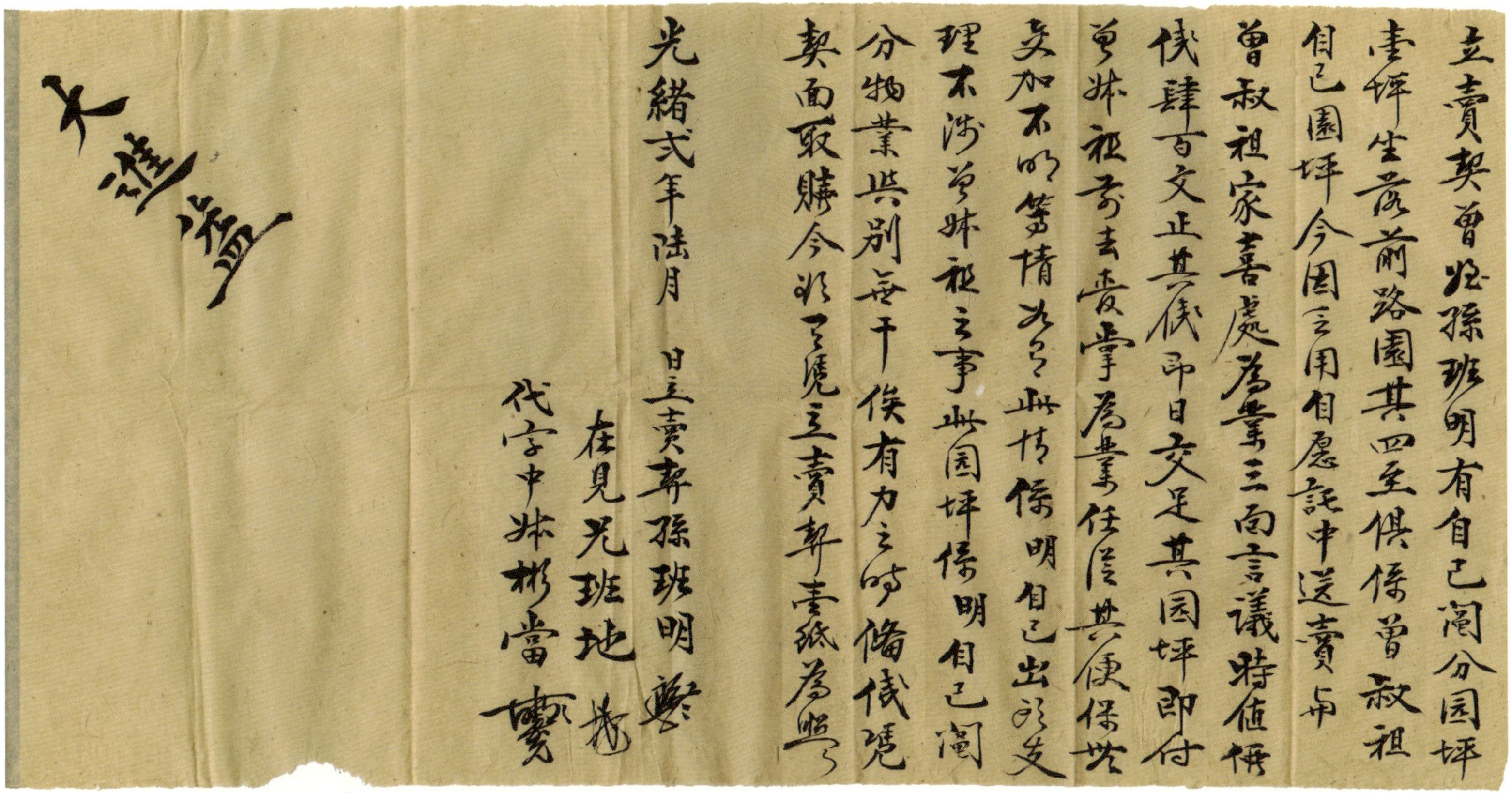

立賣契曾姪孫班明有自己閹分園坪
壹坪坐落前路園其四至俱係曾叔祖
自己園坪今因乏用自愿託中送賣與
曾叔祖家喜處為業三面言議時值價
錢肆百文正其錢即日交足其園坪即付
曾叔祖前去掌為業任從其便保此
交加不明等情如有此情係明自己出頭支
理不涉曾叔祖之事此園坪係明自己閹
分物業與別無干倘有力之時備錢照
契面取贖今欲有憑立賣契壹紙為照

光緒弍年陸月　日立賣契孫班明（押）
在見兄班地（押）
代字中叔彬當（押）

大進益

9-4-39-2　清光緒二年六月楊班明立賣園坪契

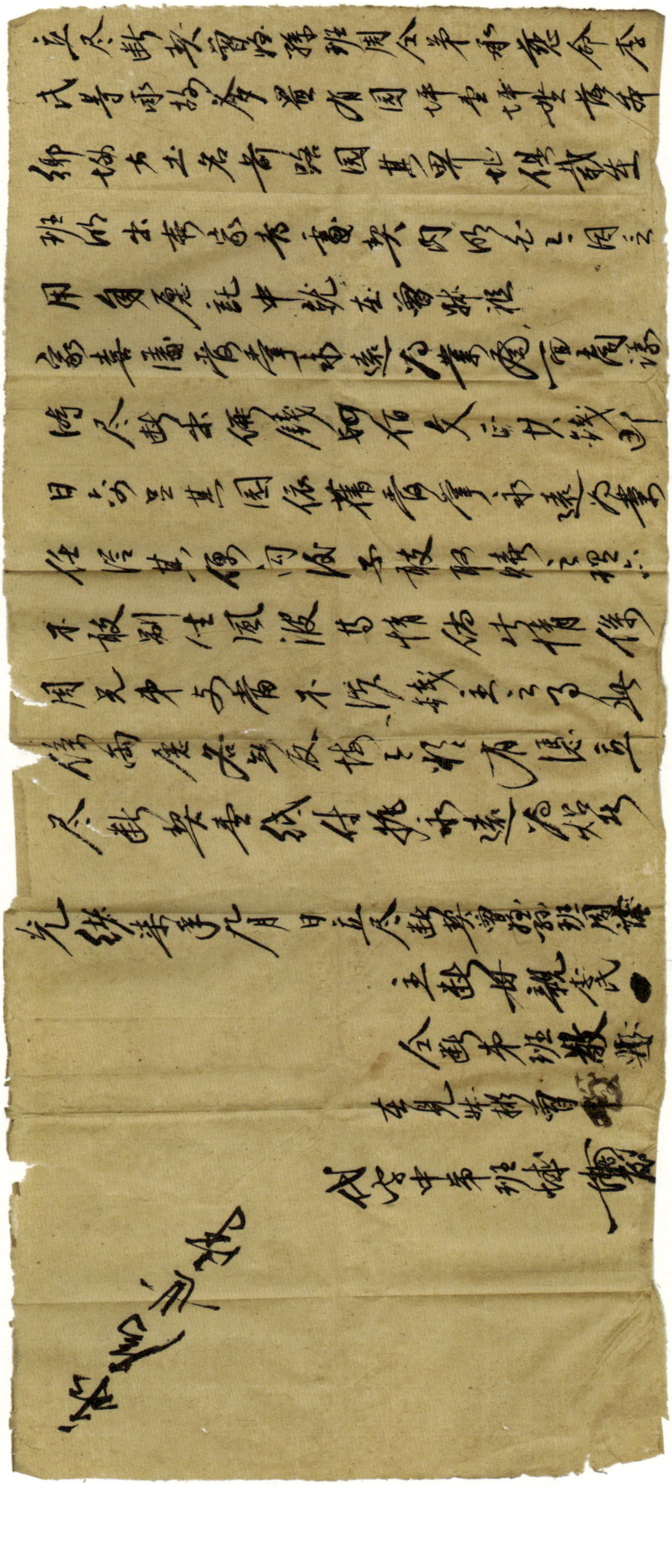

9-4-39-3　清光緒七年九月楊班周等立盡斷園坪契

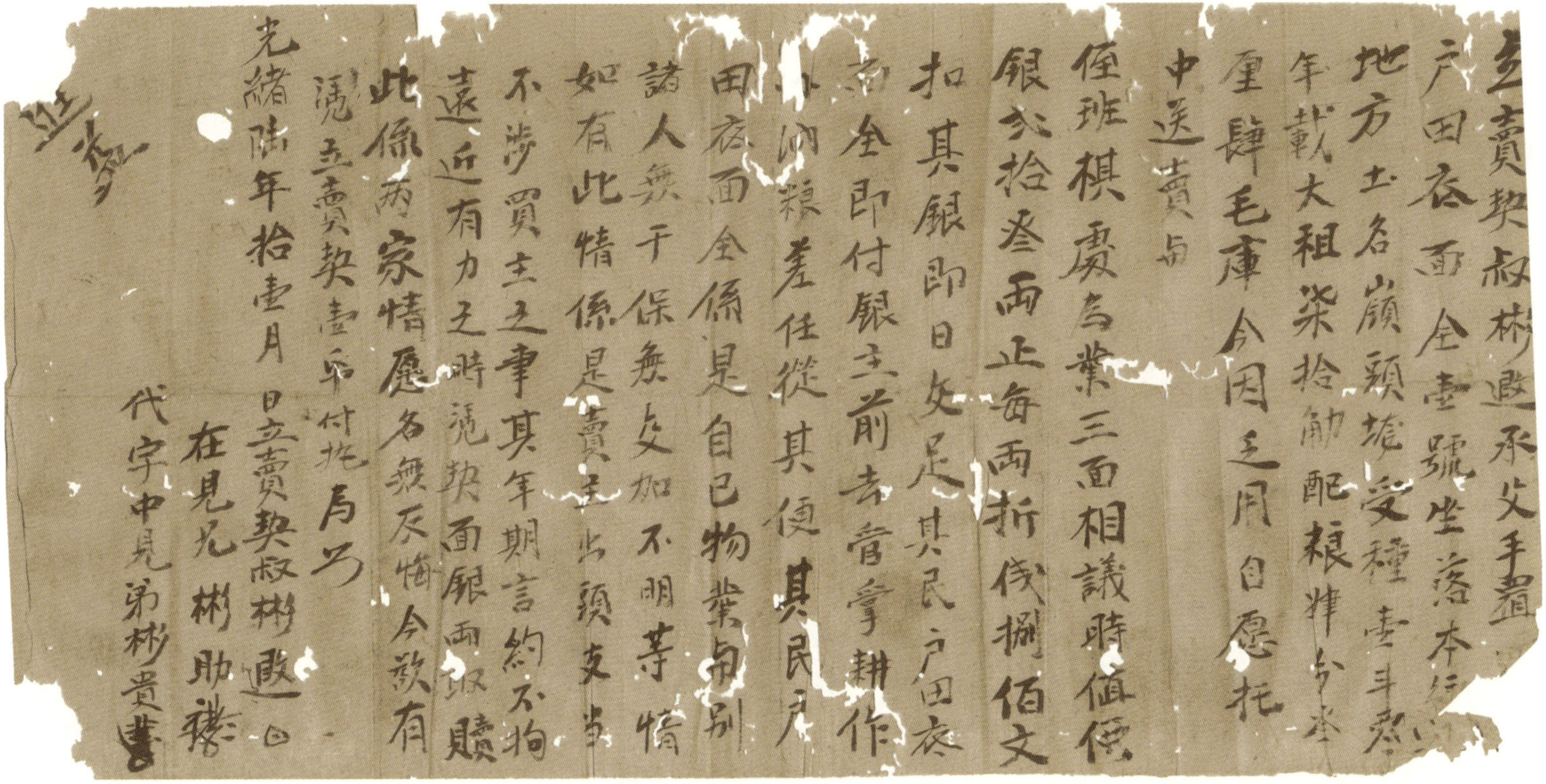
立賣契叔彬遐承父手置
户田底面全壹號坐落本[illegible]
地方土名山嶺頭垅受種壹斗叁
年載大租柒拾觔配粮粺分叁
厘肆毛連今因乏用自愿托
中送賣与
侄班棋處為業三面相議時值價
銀弍拾叁兩正每兩折伐捌佰文
扣其銀即日交足其民户田底
面全即付銀主前去管耕作
納粮差任從其便其民户
田底面全係是自己物業与别
諸人無干保無交加不明等情
如有此情係是賣主出頭支當
不涉買主之事其年期言約不拘
遠近有力之時憑契面銀兩取贖
此係兩家情愿各無反悔今欲有
憑立賣契壹帋付抱為照
光緒陸年拾壹月 日立賣契叔彬遐
在見兄 彬 助
代字中見弟彬貴 書

9-4-40-1 清光緒六年十一月楊彬遐立賣底面全民户田契

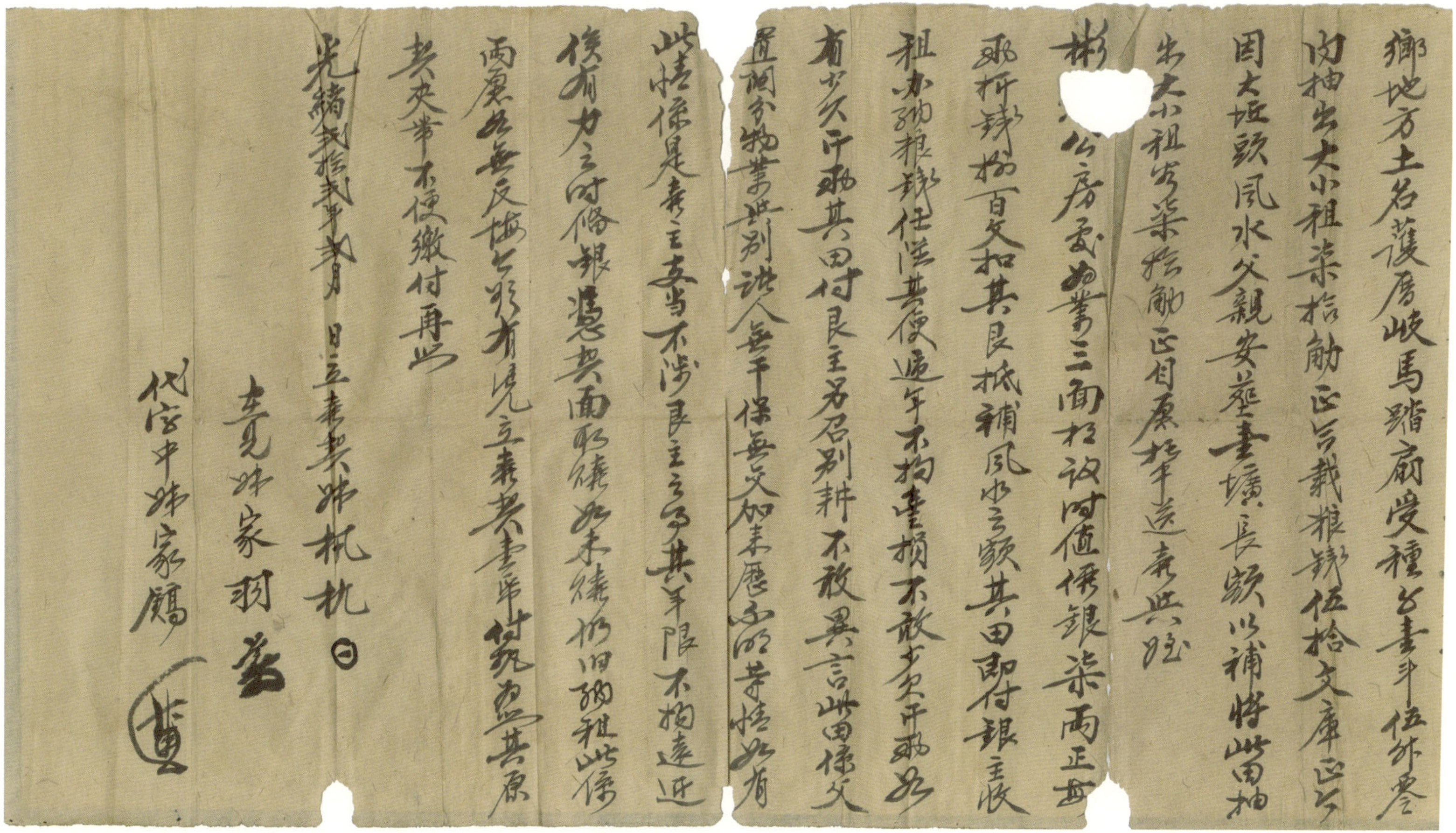

鄉地方土名蓮唐峡馬踏窟受種子壹斗伍升參
內抽出大小租柒拾觔正，另載粮錢伍拾文庫正，另
因大坵頭風水父親安塟壹壙長缺，以補將此田抽
出大小租柒拾觔正，付原主邊賣與[illegible]
楊[illegible]公房孟如業，三面相議時值價銀柒兩正，無
飛拆錢粮百文，扣其艮抵補風水之缺。其田即付銀主收
租办納粮錢，任從其便，逐年不拘豐歉，不敢少欠升斤。如
有少欠斤兩，其田付艮主另召別耕，不敢異言。此田係父
置鬮分物業，與別人無干，係無文加來歷不明等情，如有
此情，係是賣主之事，不涉艮主之事。其年限不拘遠近，
候有力之時，備銀照契面取續，如未續，仍舊納租。此係
兩願，各無反悔，今欲有憑，立賣契壹紙付與爲照。其原
契夾帶不便繳付，再照。
光緒貳拾貳年貳月　日立賣契楊枞杌（押）
在見楊家羽（押）
代字中楊家鶴（押）

9-4-40-2　清光緒二十二年二月楊枞杌立賣底面全民田契

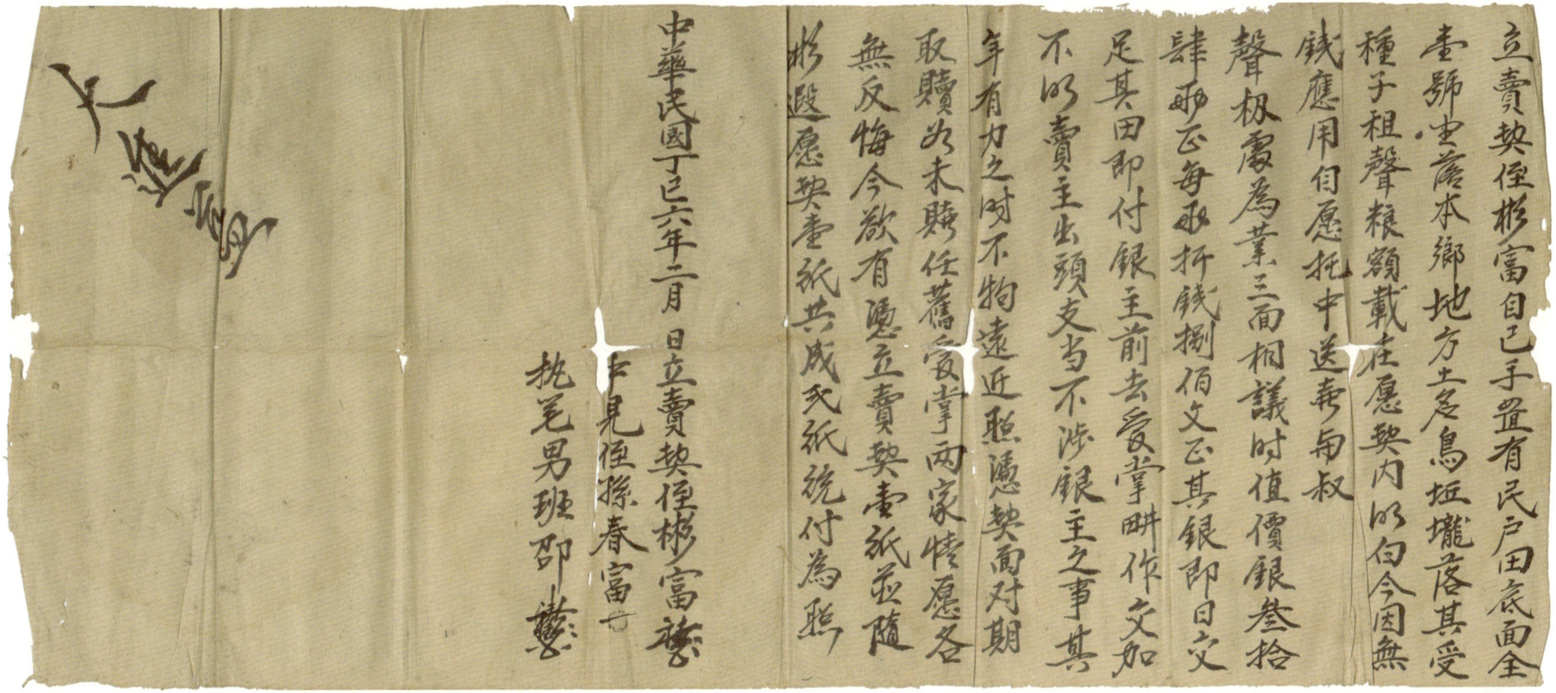

立賣契侄彬富自己手置有民户田底面全
壹號坐落本鄉地方土名鳥坵壠落其受
種子租聲粮額載在應契内明白今因無
錢應用自愿托中送奉與叔
聲极處爲業三面相議时值價銀叁拾
肆兩正每兩折錢捌佰文正其銀即日文
足其田即付銀主前去爰掌耕作文如
不明賣主出頭支当不涉銀主之事其
年有力之时不拘遠近照憑契面对期
取贖如未贖任舊管掌兩家情愿各
無反悔今欲有憑立賣契壹紙並隨
彬退愿契壹紙共成弍紙繳付爲照

中華民國丁巳六年二月　日立賣契侄彬富（押）
在見侄孫春富（押）
執筆男班卯（押）

9-4-40-3　民國六年二月楊彬富立賣底面全民户田契

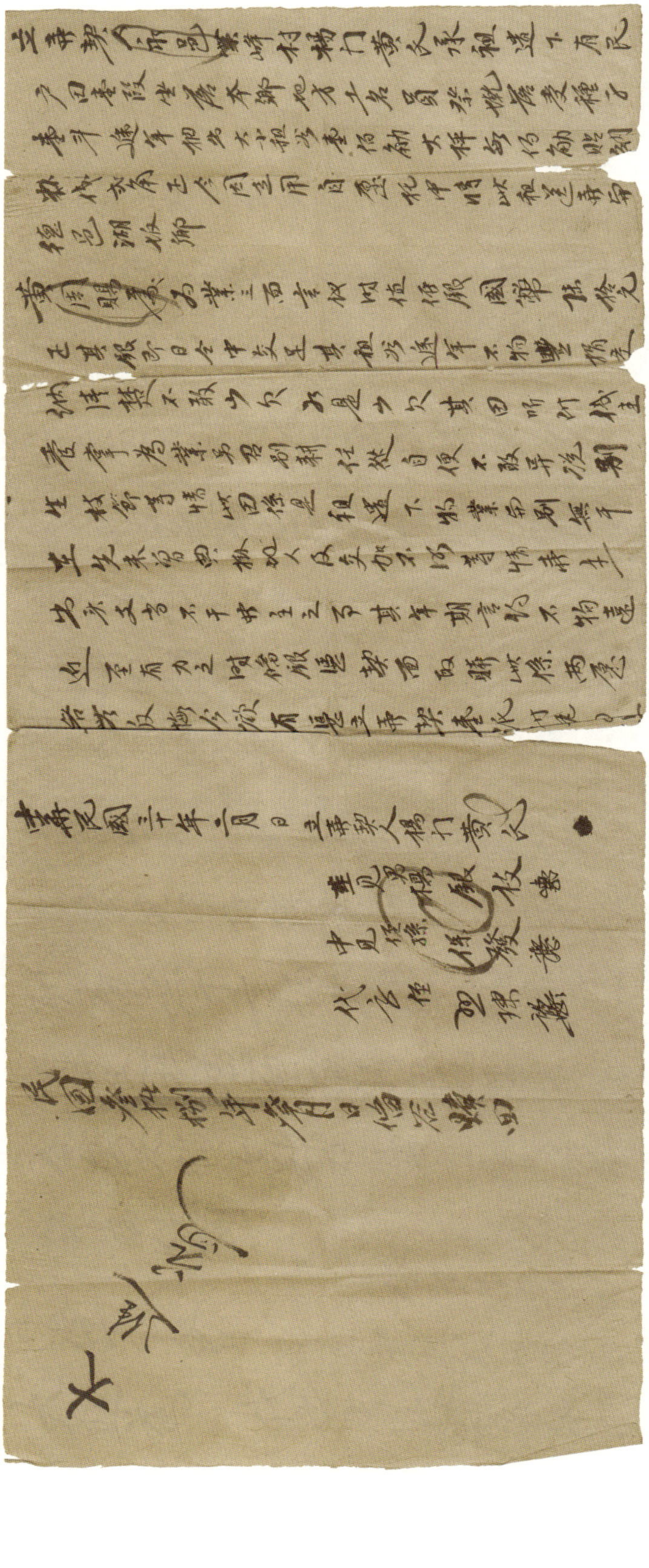

9-4-40-4 民國三十年二月楊門黃氏立賣民户田契

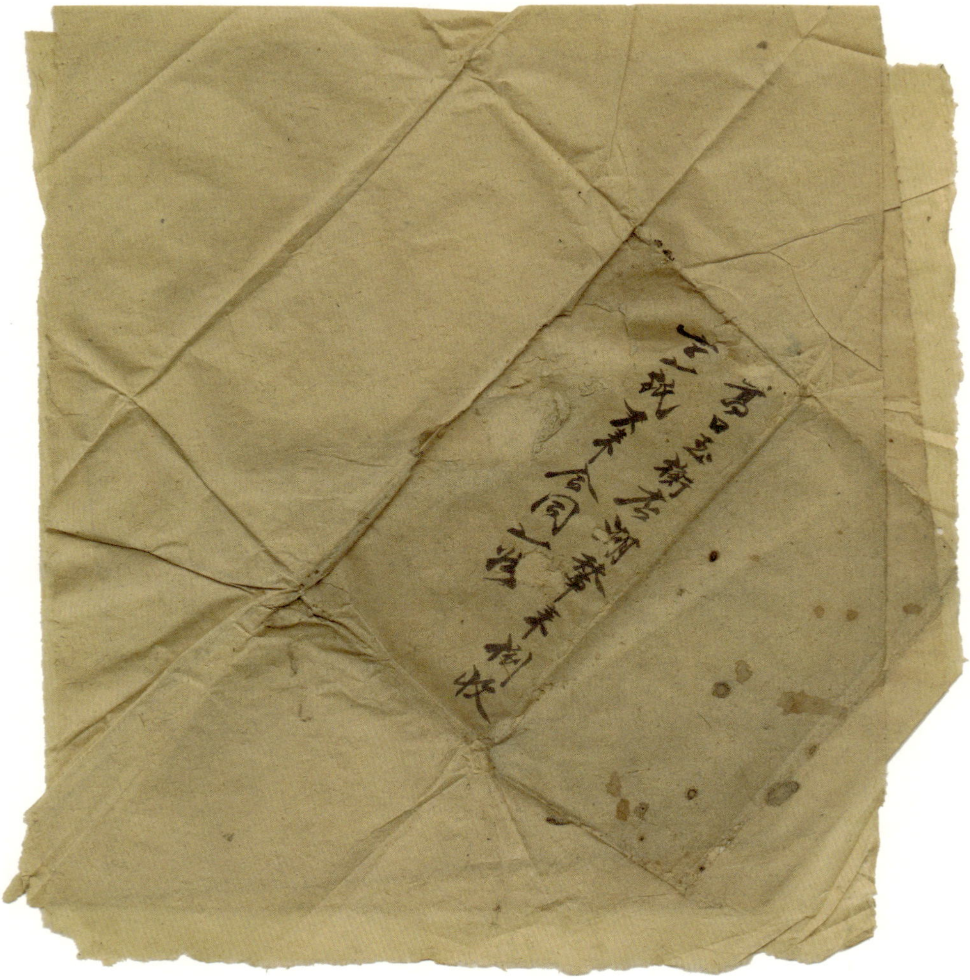

9-4-41-1　包契紙

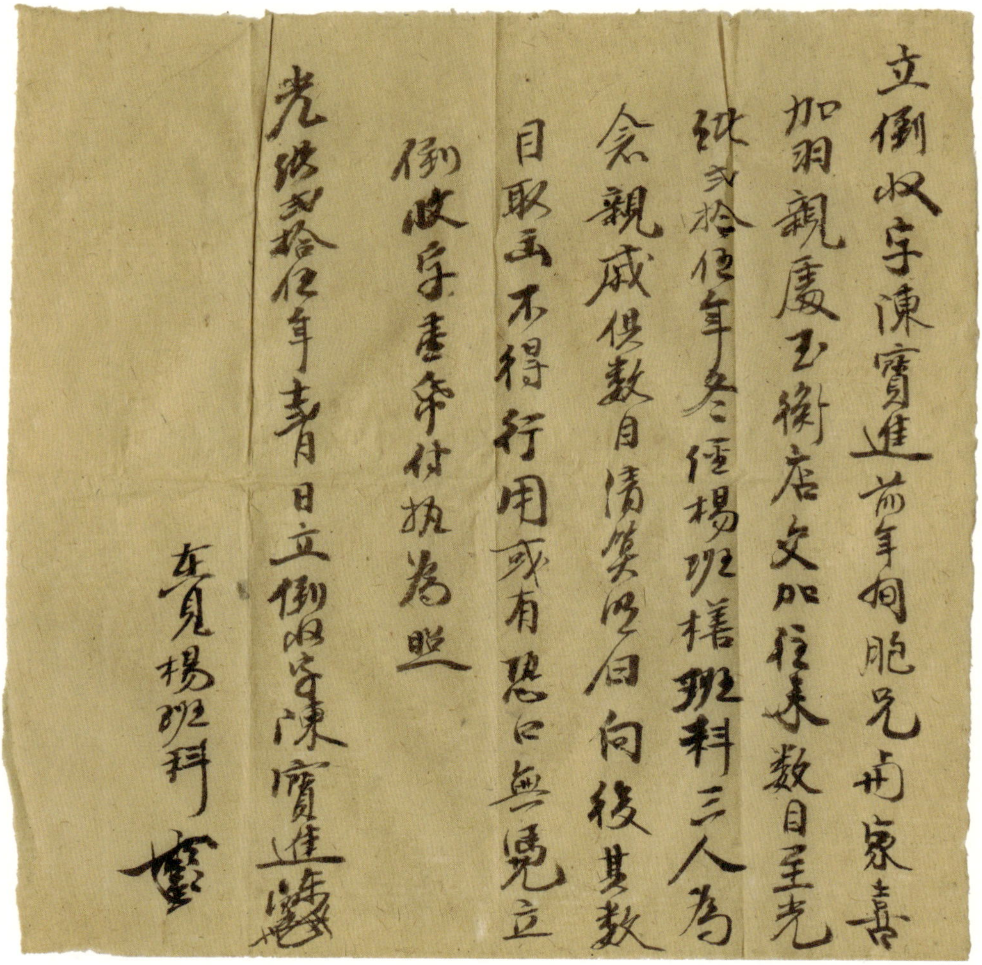
立倒收字陳寶進前年同胞兄弟家喜
加羽親處玉衡店文加往來數目至光
緒弍拾伍年冬月侄楊班搓班科三人爲
念親戚俱數目清楚以白向後其數
目取出不得行用或有恐口無憑立
倒收字壹帋付執爲照
光緒弍拾伍年十二月日立倒收字陳寶進（押）
在見楊班科（押）

9-4-41-2　清光緒二十五年十二月陳寶進立倒收字

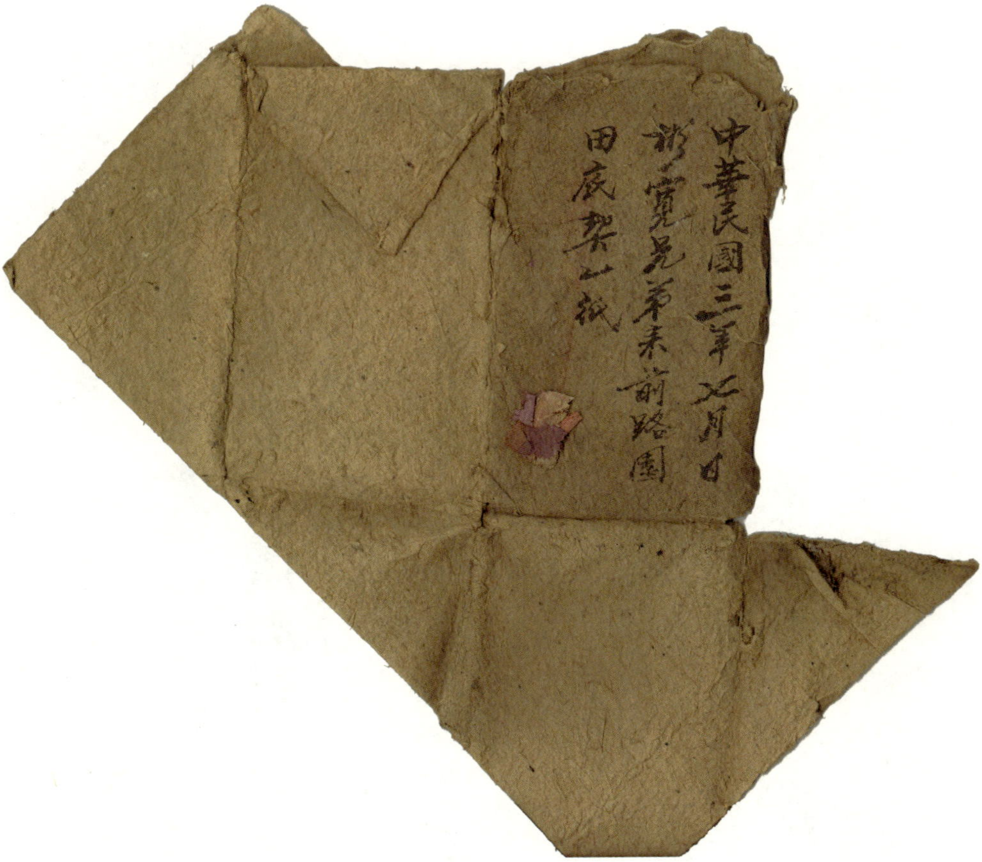

9-4-42-1　包契紙

9-4-42-2　清光緒三十二年十一月楊班和立賣斷底面全民户田契

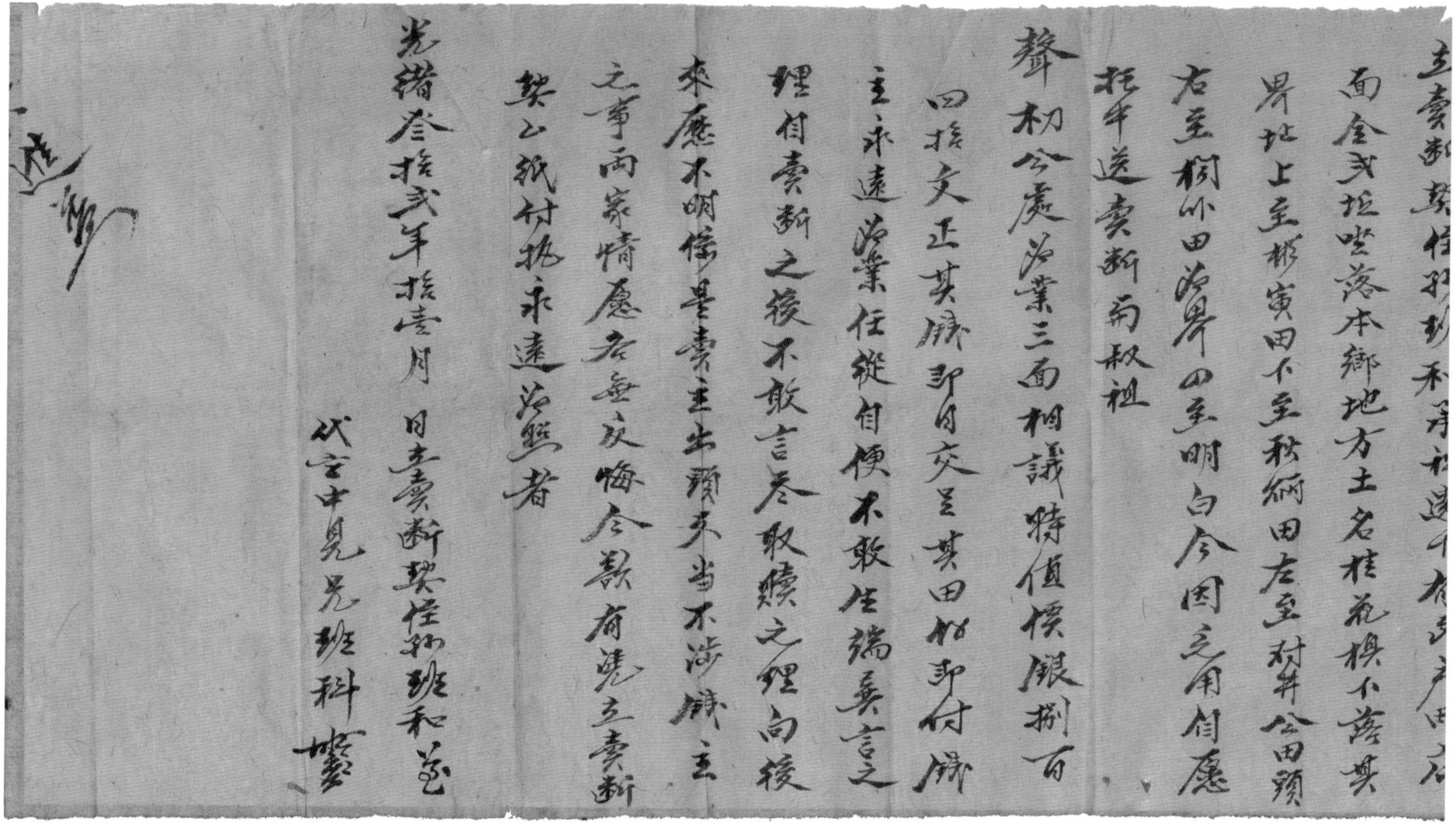

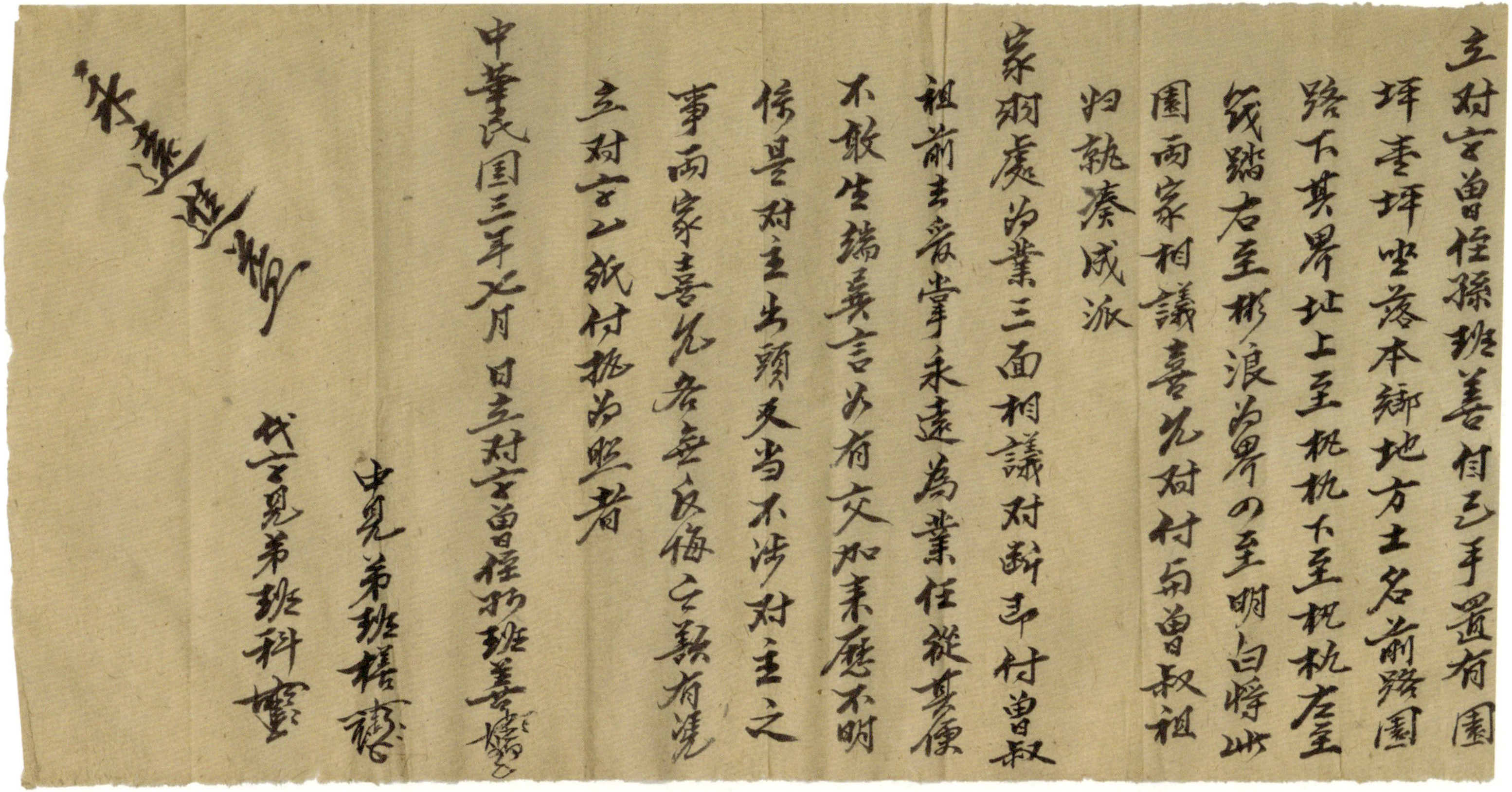
立対字曾侄孫班善付己手置有園
坪壹坪坐落本鄉地方土名前路園
路下其界址上至枕杭下至枕杭左至
綫踏右至彬浪為界の至明白將此
園兩家相議喜允対付与曾叔祖
归執湊成派
家兩處為業三面相議対斷與付曾叔
祖前去掌業永遠為業任從其便
不敢生端異言如有交加來歷不明
係是対主出頭支当不涉対主之
事兩家喜允各無反悔今欲有憑
立対字山紙付執為照者
中華民国三年七月　日立対字曾侄孫班善（押）
中見弟班椿（押）
代字見弟班科（押）
永遠為照

9-4-42-3　民國三年七月楊班善立對園坪字

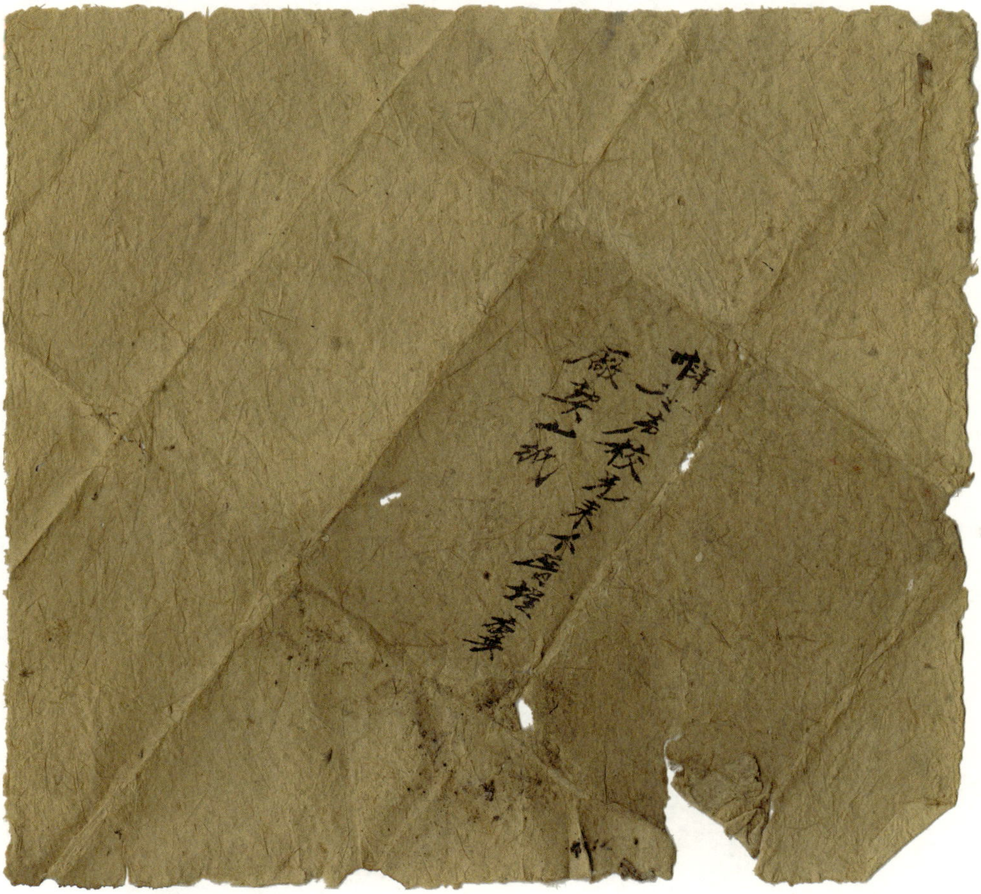

9-4-43-1　包契紙

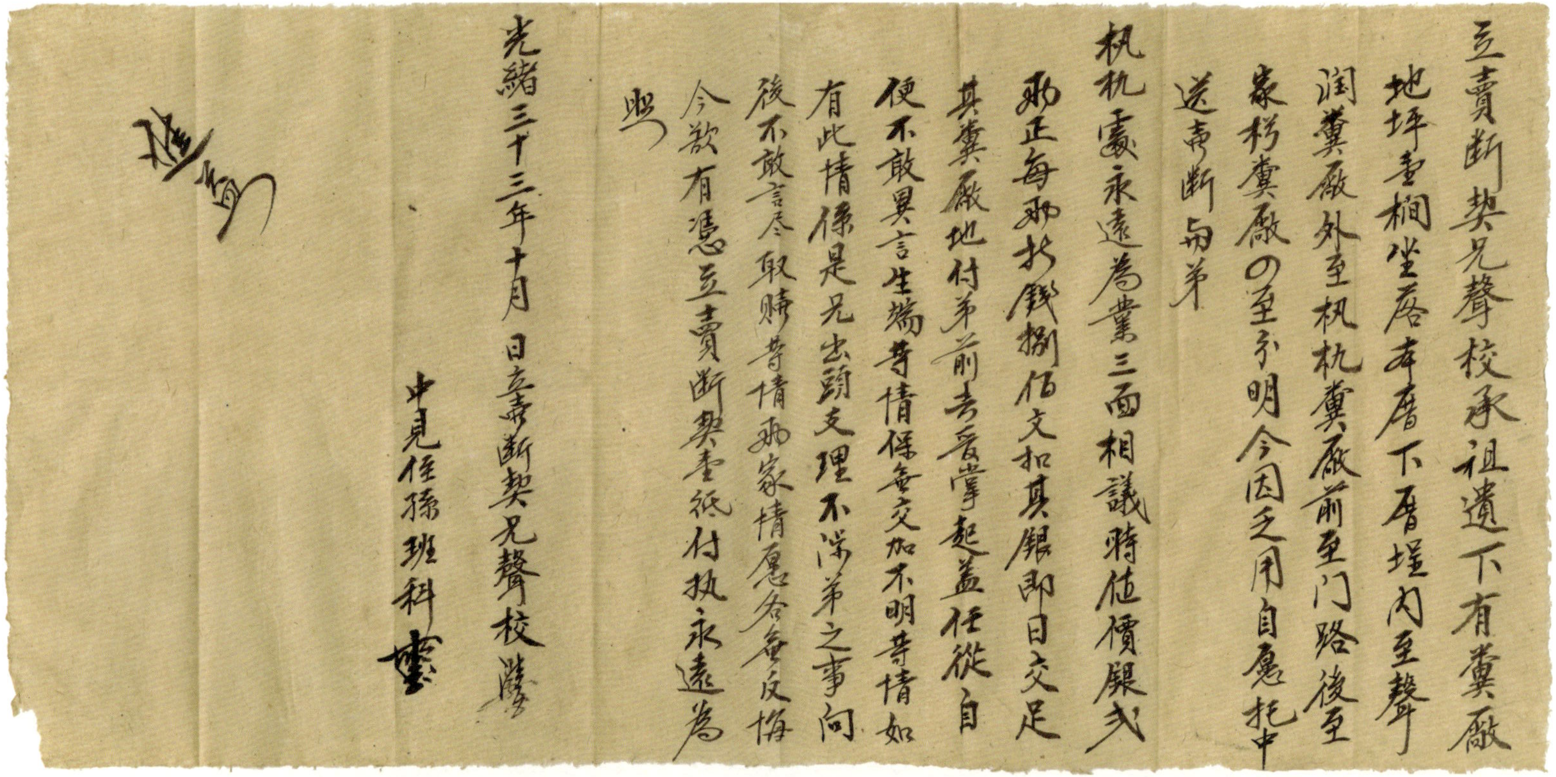
立賣斷契兄聲校承祖遺下有糞厰
地坪壹桐坐落本厝下厝埕內至聲
潤糞厰外至杌杌糞厰前至门路後至
家杉糞厰為至分明今因乏用自愿托中
送壽斷与弟
杌杌處永遠為業三面相議時值價銀弍
两正每两扣錢捌佰文扣其銀即日交足
其糞厰地付弟前去管掌起蓋任從自
便不敢異言生端等情保無交加不明等情如
有此情係是兄出頭支理不涉弟之事向
後不敢言盡取贖等情两家情愿各無反悔
今欲有憑立賣斷契壹紙付执永遠為
照
光緒三十三年十月　日立賣斷契兄聲校（押）
中見侄孫班科（押）
推寫

9-4-43-2　清光緒三十三年十月楊聲校立賣斷糞厰地坪契

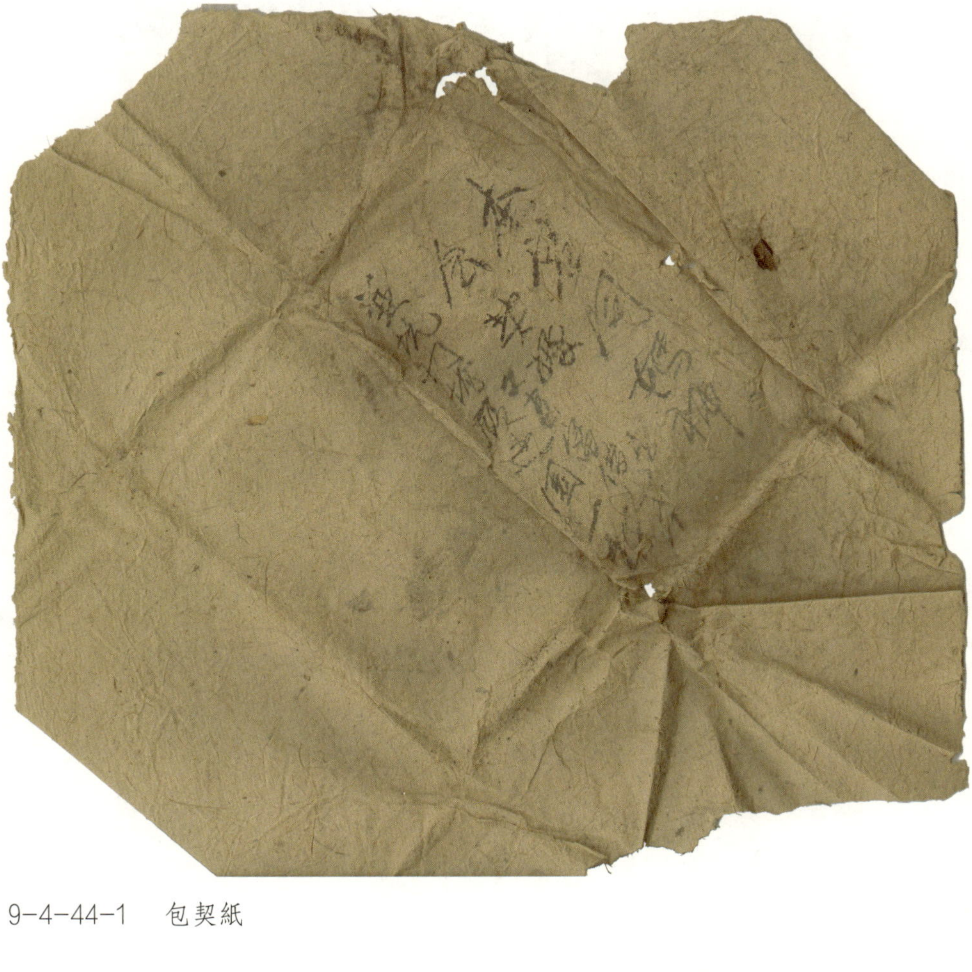

9-4-44-1　包契紙

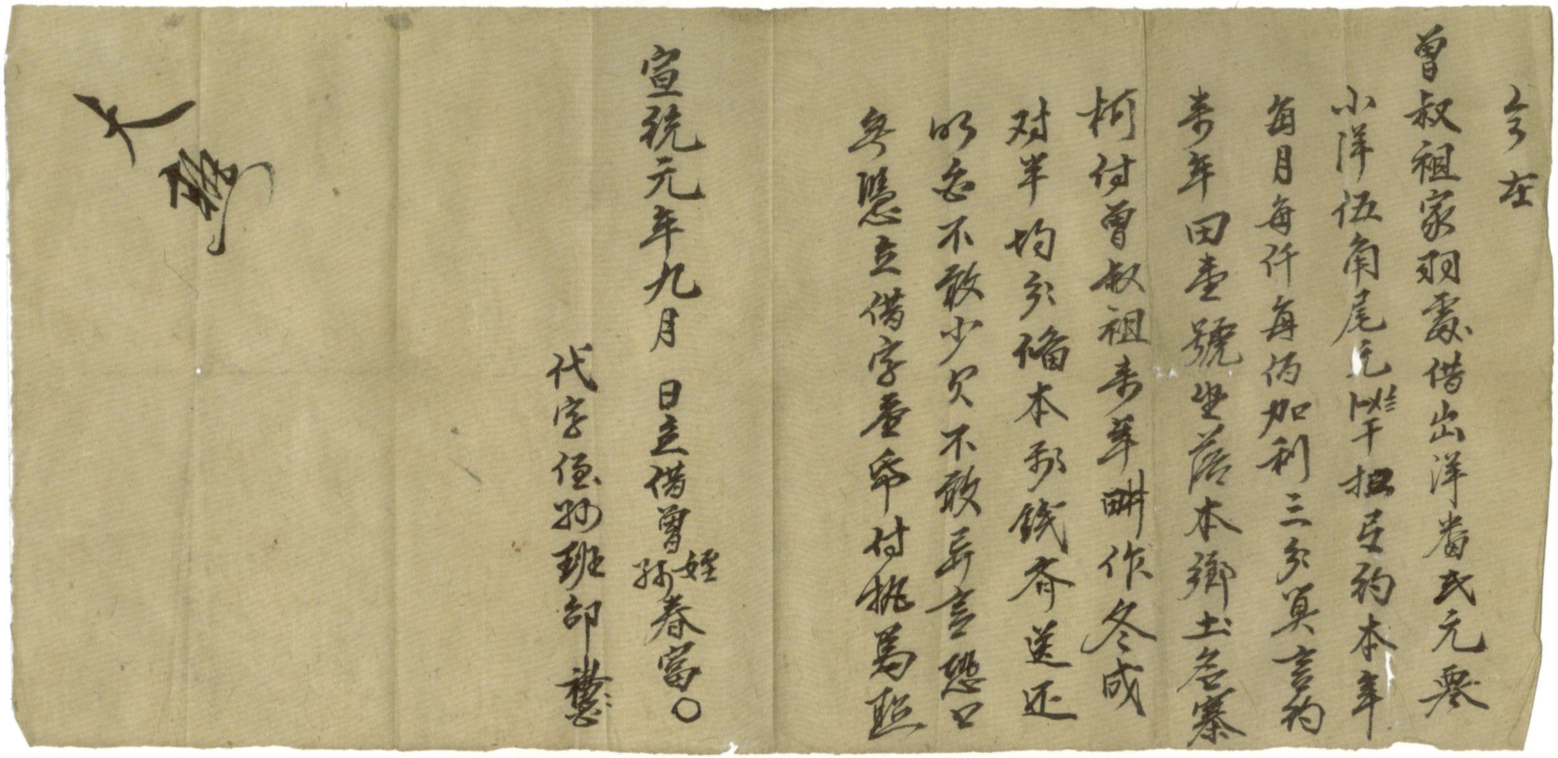

立字左
曾叔祖家頭處借出洋番弍元，聚
小洋伍角尾元柒千抵足，約本年
每月每仟每仍加利三分算，言約
本年田壹號坐落本鄉土名寨
栖付曾叔祖本年耕作冬成
对半均分，備本利錢齊送还
明，不敢少欠，不敢异言。恐口
無憑，立借字壹帋付執為照。

宣統元年九月　日立借曾姪孫春富〇
代字侄孙班部燾

9-4-44-2　清宣統元年九月楊春富立借洋番字

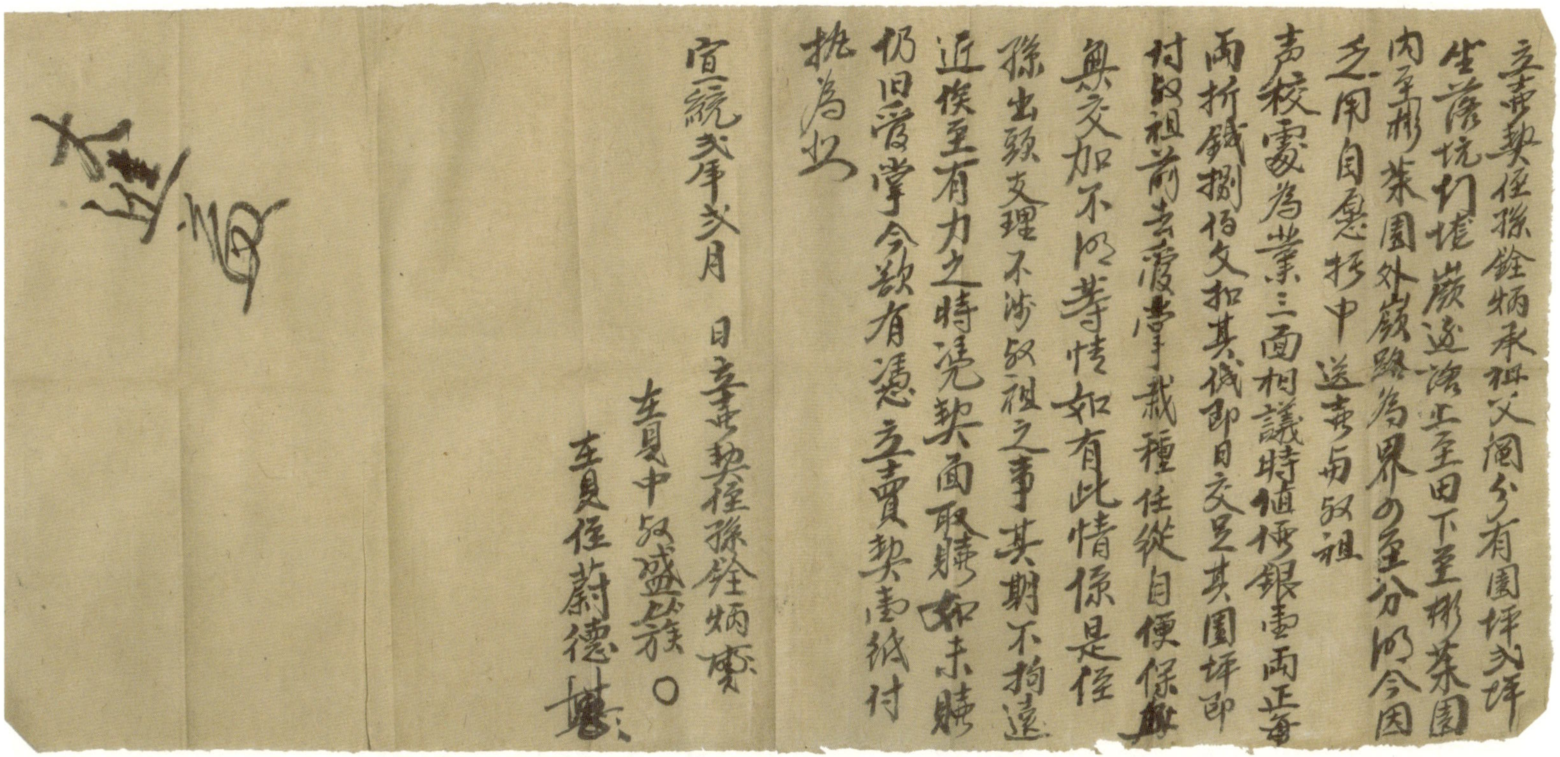

立賣契侄孫銓炳承祖父鬮分有園坪弍坪
坐落坑打壠崁逐湳上至田下至彬茶園
內至彬茶園外崁路為界四至分明今因
乏用自愿托中送賣與叔祖
聲校處為業三面相議時值價銀壹兩正每
兩折錢捌佰文扣其錢即日交足其園坪即
付叔祖前去管掌栽種任從自便保無
與支加不明等情如有此情係是侄
孫出頭支理不涉叔祖之事其期不拘遠
近侯至有力之時照契面取贖如未贖
仍旧管掌今欲有憑立賣契壹紙付
執為照

宣統弍年弍月　日立賣契侄孫銓炳（押）
在見中叔盛簇〇
在見侄蔚德（押）

9-4-44-3　清宣統二年二月楊銓炳立賣園坪契

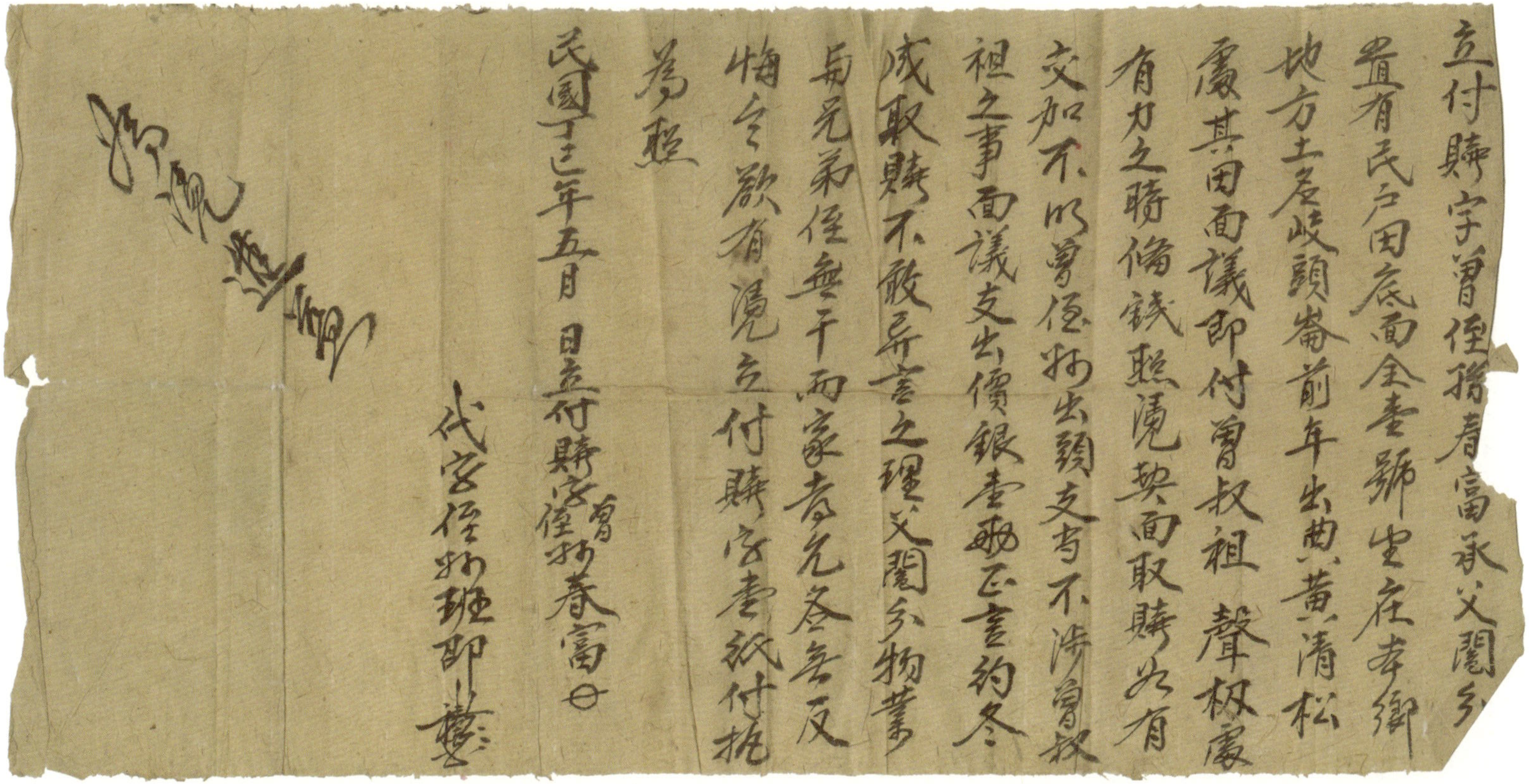
立付贖字曾侄楊春富承父閭分
置有民户田底面全壹號坐庄本鄉
地方土名岐頭嶺前年出典黄清松
處其田面議即付曾叔祖 聲权處
有力之贖備錢照還契面取贖以有
交加不明曾侄孫出頭支當不涉曾叔
祖之事面議支出價銀壹兩正言約冬
成取贖不敢异言之理又閭分物業
兄弟侄無干兩家意允各無反
悔今欲有憑立付贖字壹紙付執
為照
民國丁巳年五月 日立付贖字曾侄孫春富（押）
代字侄孫班郎（押）

9-4-44-4 民國六年五月楊春富立付贖底面全民户田字

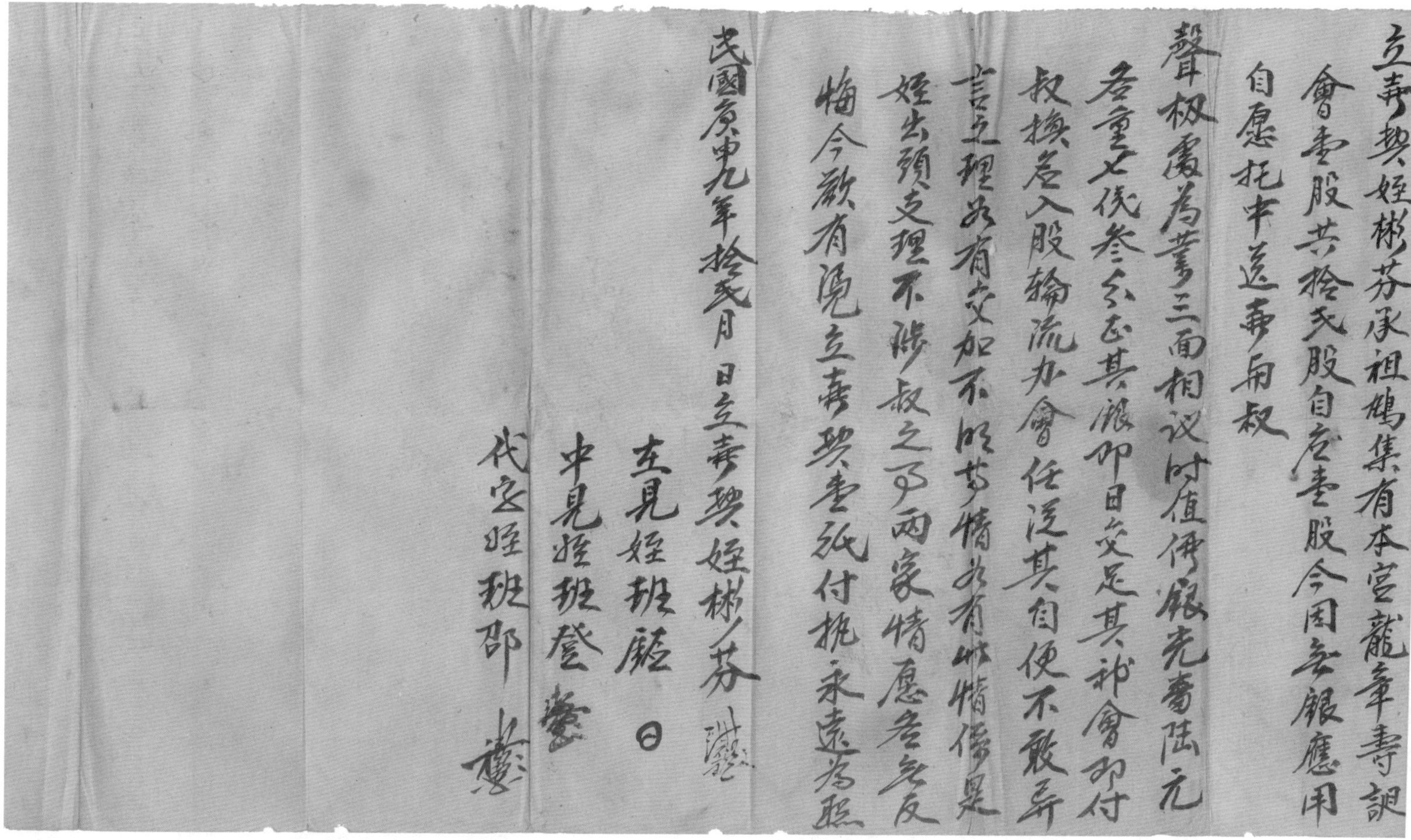
立壽契侄彬芬承祖嫡集有本宮龍章壽誕
會壹股共拾弍股自應壹股今因無銀應用
自愿托中送與扇叔
聲叔處爲業三面相議時值佛銀光番陸元
各重七钱叁分正其銀即日交足其神會即付
叔換名入股輪流办會任從其自便不敢异
言之理如有交加不明等情如有此情係是
侄出頭支理不涉叔之事兩家情愿各無反
悔今欲有憑立壽契壹紙付執永遠爲照
民國庚申九年拾弍月　日立壽契侄彬芬（押）
在見侄班驥 ○
中見侄班登（押）
代字侄班邵（押）

9-4-44-5　民國九年十二月楊彬芬立賣龍章壽誕會股契

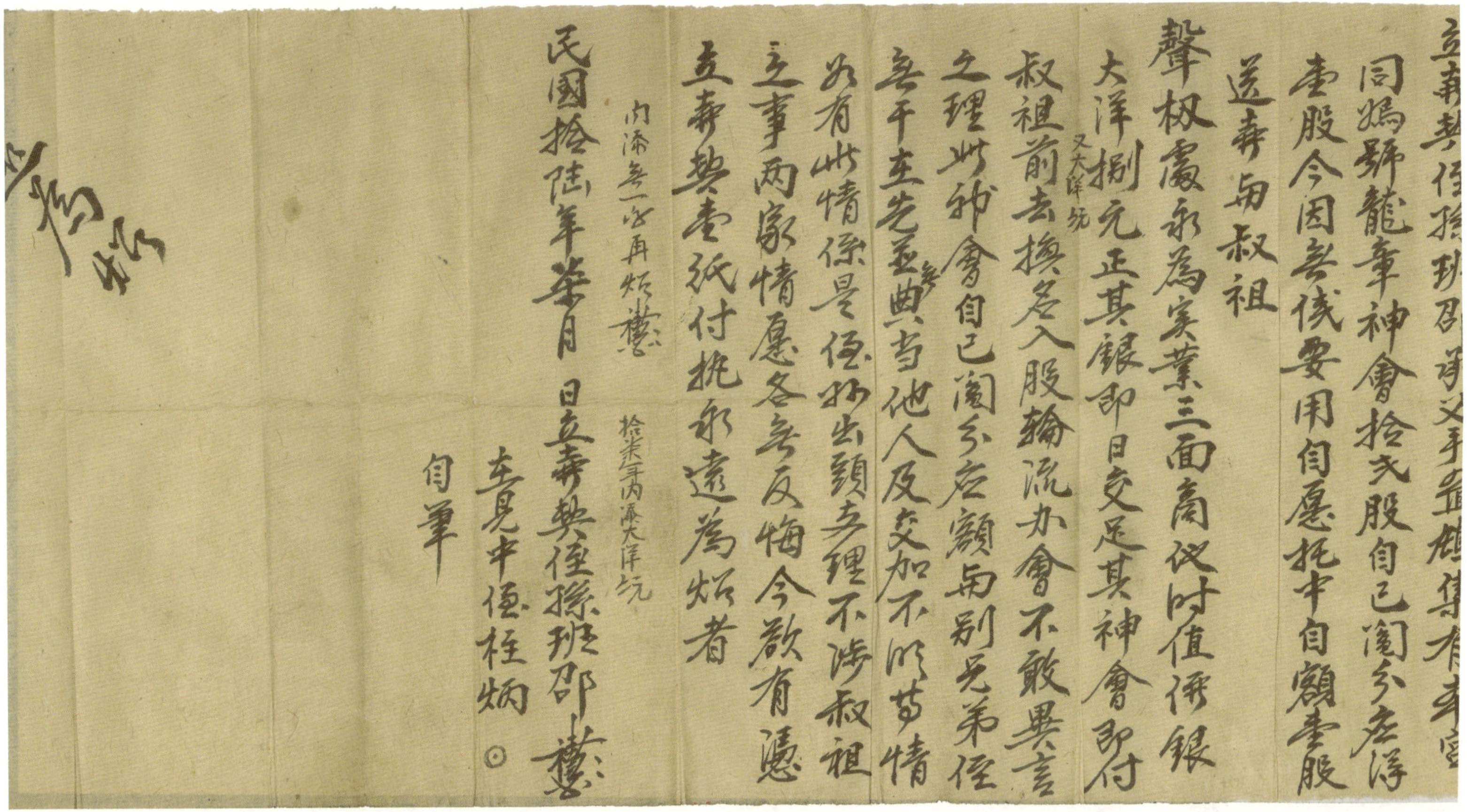

立賣契侄孫班邵承父手置有本宮
同媽駢龍章神會拾弍股自己闔分應得
壹股今因無錢要用自愿托中自願壹股
送賣與叔祖
聲叔處承為實業三面商议时值價銀
大洋捌元正其銀即日交足其神會即付　又大洋弍元
叔祖前去換名入股輪流办會不敢異言
之理此神會自己闔分應額與别兄弟侄
無干並先無典當他人及交加不明等情
如有此情係是侄孫出頭承理不涉叔祖
之事兩家情愿各無反悔今欲有憑
立賣契壹紙付執永遠為炤者
內添無一字再炤
於末年内添大洋弍元
民國拾陸年柒月　日立賣契侄孫班邵
在見中侄柱炳
自筆

9-4-44-6　民國十六年七月楊班邵立賣龍章神會股契

9-4-45-1　包契紙

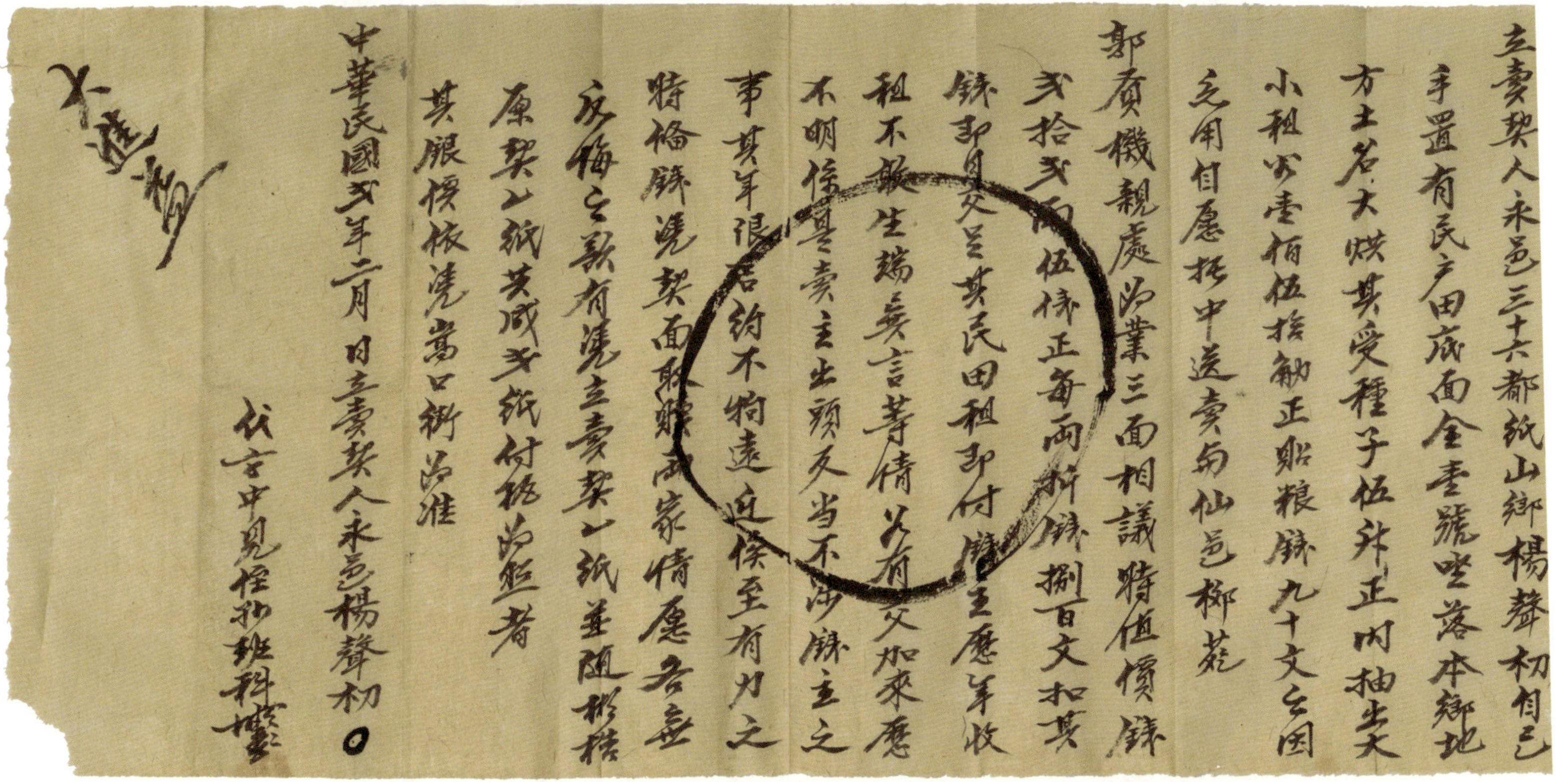
立賣契人永邑三十六都紙山鄉楊聲杓自己
手置有民户田底面全壹號，坐落本鄉地
方土名大烘，其受種子伍升正，內抽出大
小租谷壹佰伍拾觔正，貼粮錢九十文。今因
乏用，自愿托中送賣與仙邑柳莊
郭賡機親處為業，三面相議，特值價錢肆
貳拾貳元伍角正，每元折錢捌百文扣，其
錢即日交足，其民田租即付錢主應年收
租，不敢生端異言等情。如有文加來歷
不明，係是賣主出頭，不涉錢主之
事。其年限不約遠近，候至有力之
時備錢照契面取贖，兩家情愿，各無
反悔。今欲有憑，立賣契一紙，並隨彬粘
原契一紙，共成二紙，付執為照者。
其限價依憑當口衙為准
中華民國貳年二月　日立賣契人永邑楊聲杓
代字中見侄抄班科

9-4-45-2　民國二年二月楊聲杓立賣底面全民户田契（廢契）

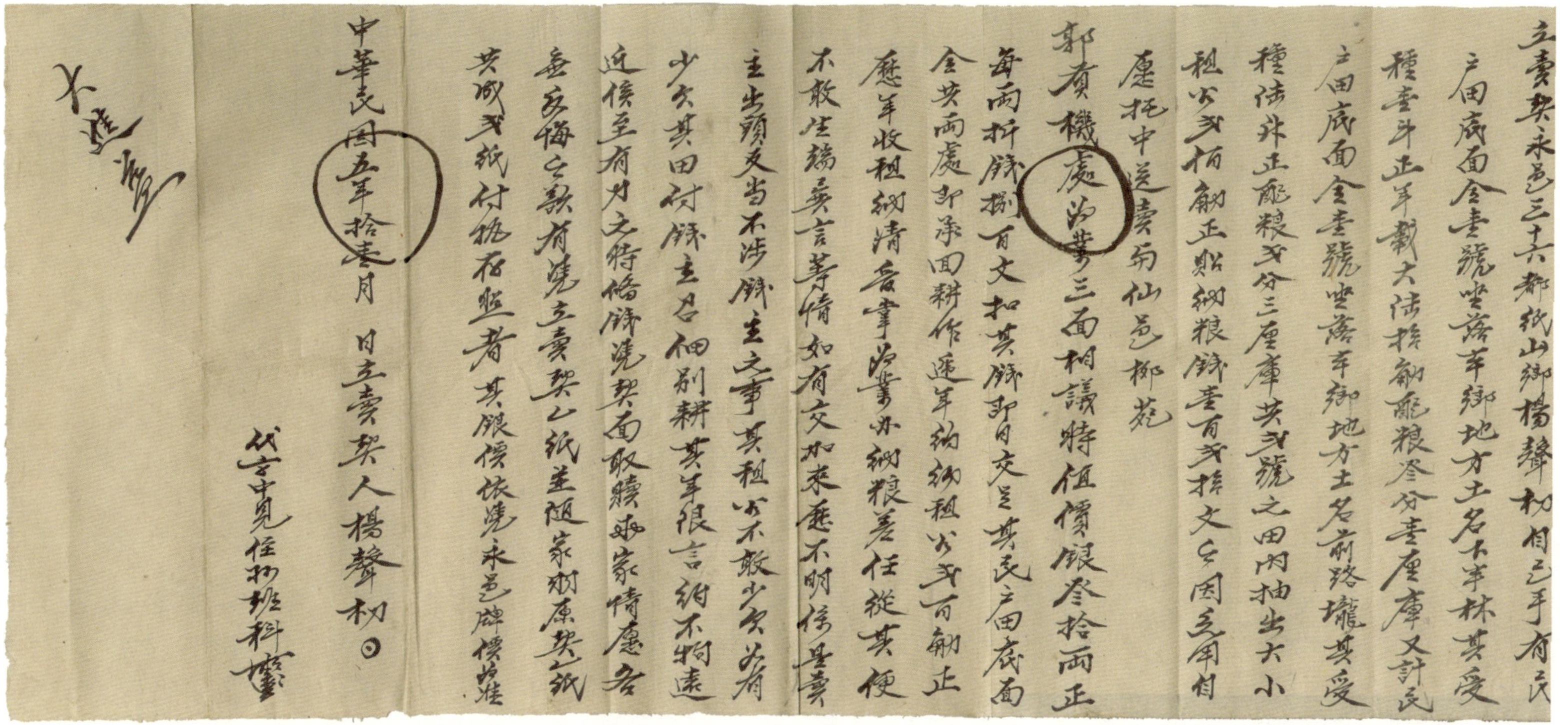

立賣契永邑三十六都紙山鄉楊聲杓，自己手有民
户田底面全壹號，坐落本鄉地方，土名大羊林，其受
種壹斗正，年載大法拾觔，配糧叁分壹厘庫，又計民
户田底面全壹號，坐落本鄉地方，土名前路壠，其受
種陸升正，配糧貳分三厘庫，其貳號之田內抽出大小
租谷貳佰觔正，貼納糧錢壹百貳拾文，今因乏用，自
愿托中送賣與仙邑椰苑
郭有機處爲業，三面相議，特值價銀叁拾兩正，
每兩折錢捌百文，扣其錢即日交足，其民户田底面
全其兩處，即承田耕作，逐年納納租谷貳百觔正，
歷年收租納清，合掌爲業，外納糧差，任從其便，
不敢生端異言等情。如有交加來歷不明，係是賣
主出頭支當，不涉錢主之事。其租谷不敢少欠，如有
少欠，其田付錢主召佃別耕。其年限言約不拘遠
近，候至有力之時，備錢憑契面取贖，兩家情愿，各
無反悔。今欲有憑，立賣契一紙，並隨家樹原契一紙，
共成貳紙，付執存照者。其銀價依憑永邑碑價爲准。

中華民國五年拾壹月　日立賣契人楊聲杓（押）

代字中見侄杓班科（押）

9-4-45-3　民國五年十一月楊聲杓立賣底面全民户田契（廢契）

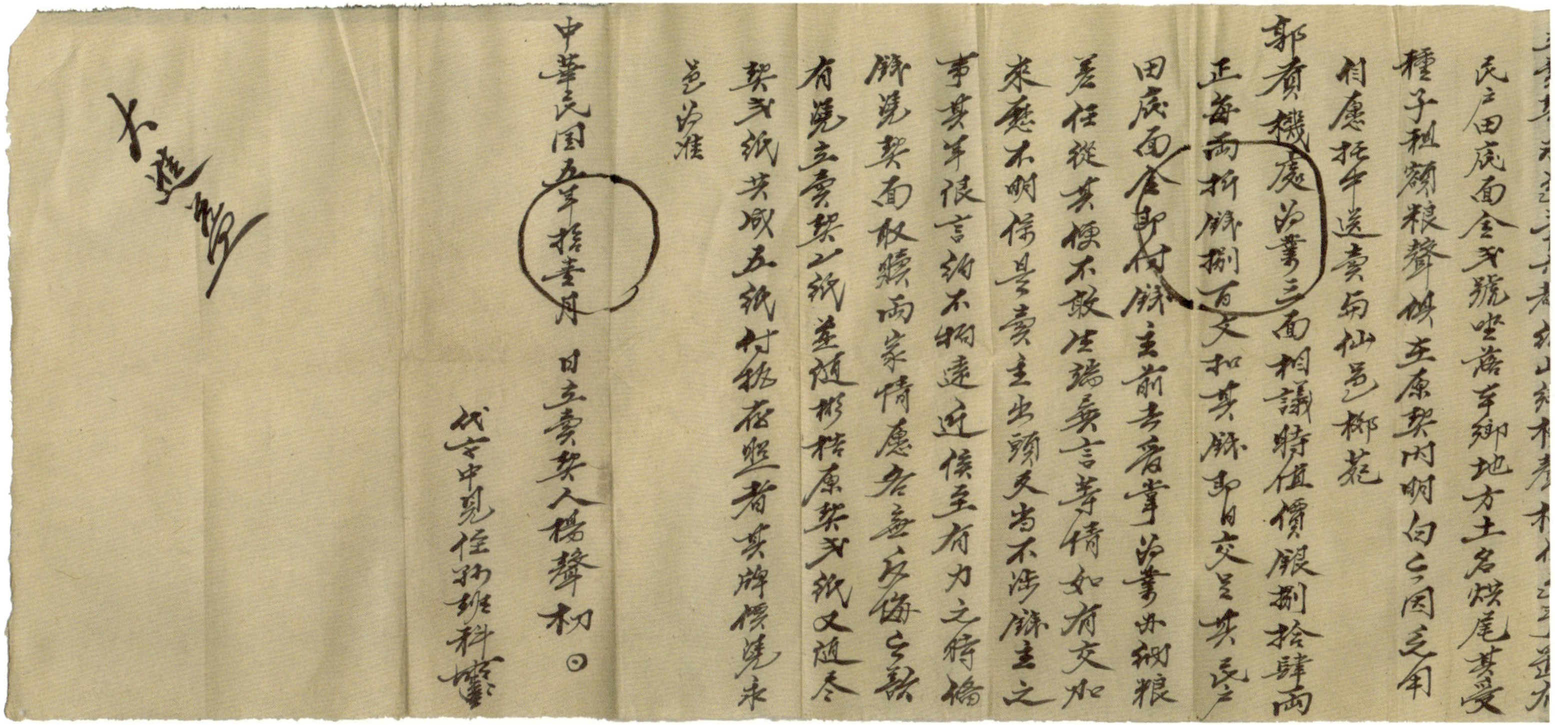

9-4-45-4　民國五年十一月楊聲切立賣底面全民户田契（廢契）

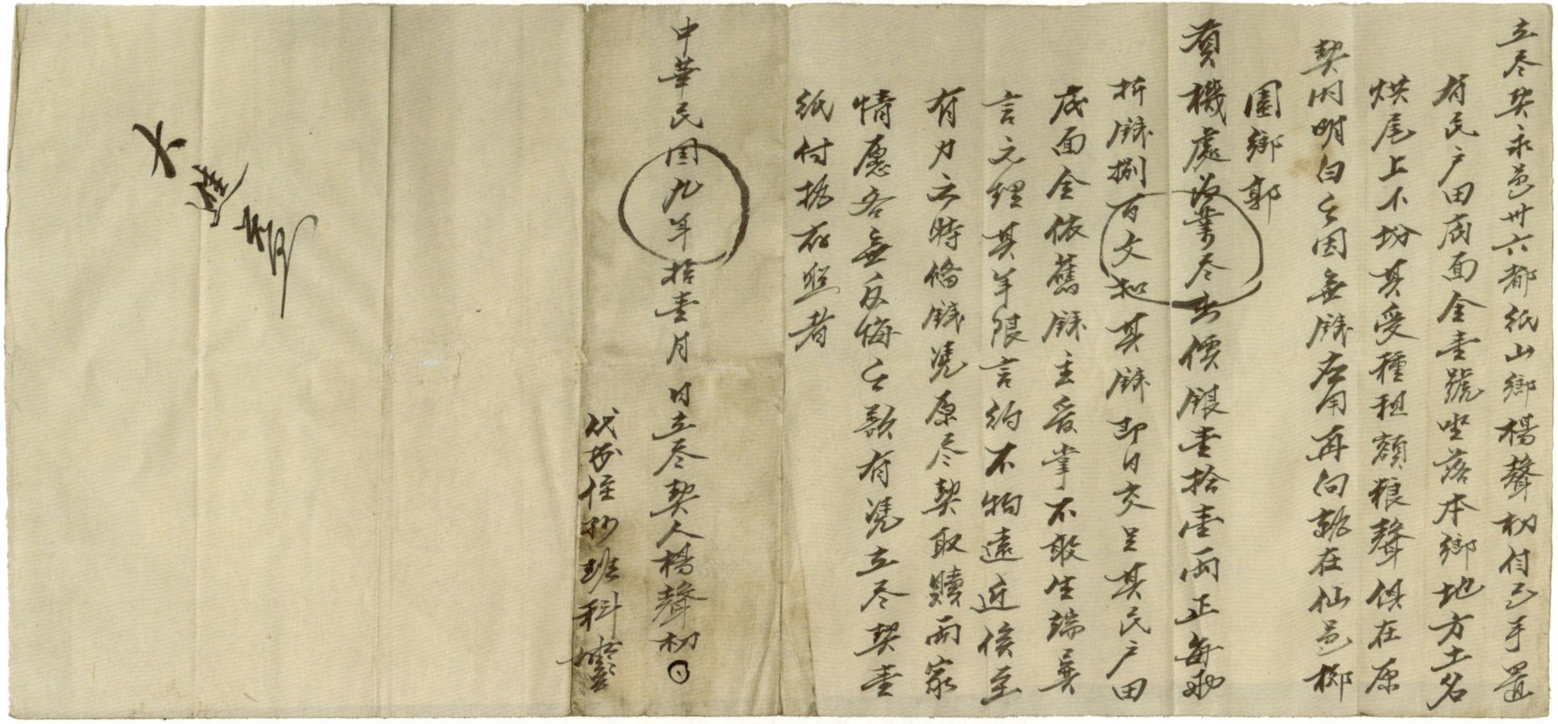

立盡契永泰卅六都紫山鄉楊聲杒有己手置
有民户田兩面全壹號坐落本鄉地方土名
烘尾上下坵其受種租額粮聲俱在原
契內明白今因無錢應用再向就在仙邑椰
園鄉郭
賓機處盡出價銀壹拾壹兩正每兩
折錢捌百文其錢即日交足其民户田
底面全依舊錢主管掌不敢生端異
言之理其年限言約不拘遠近備足
有日六時備錢憑原盡契取贖兩家
情愿各無反悔今欲有憑立盡契壹
紙付執為照者

中華民國九年拾壹月　日立盡契人楊聲杒（押）
代筆侄孙班科（押）

大吉昌

9-4-45-5　民國九年十一月楊聲杒立盡底面全民户田契（廢契）

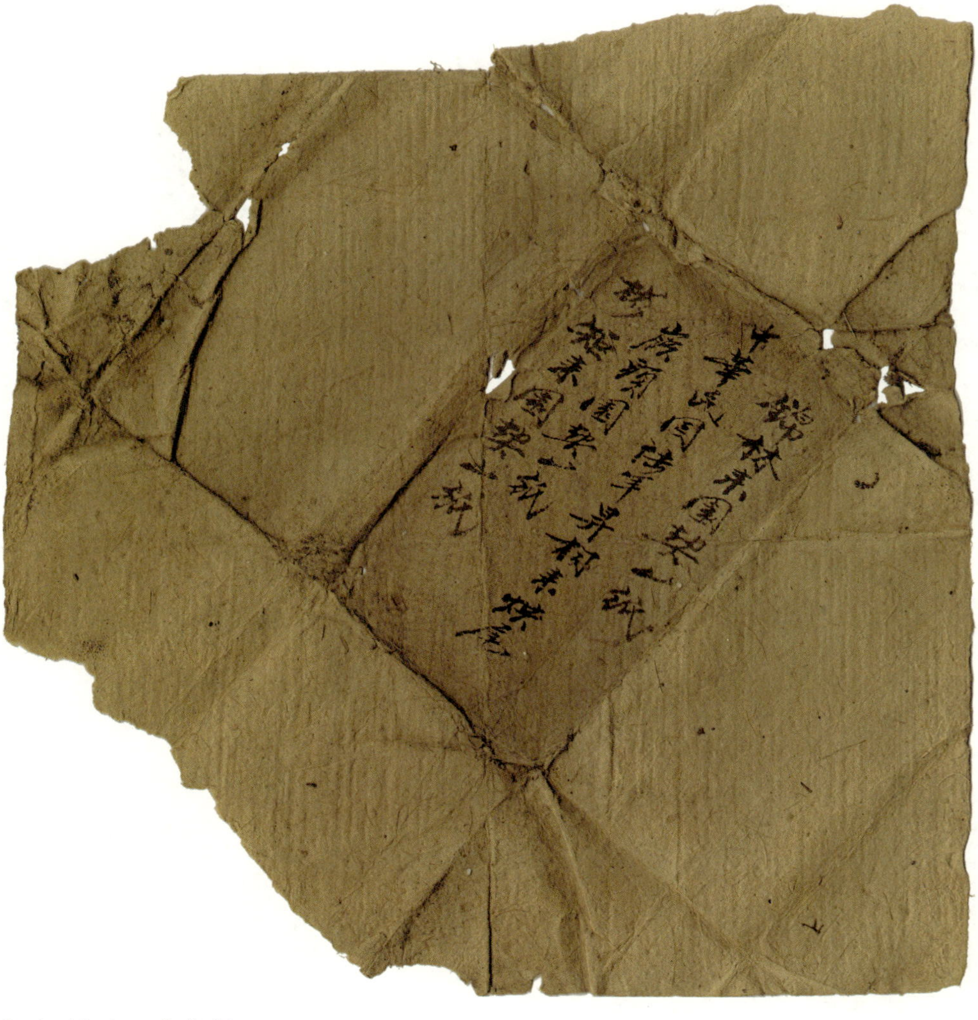

9-4-46-1　包契紙

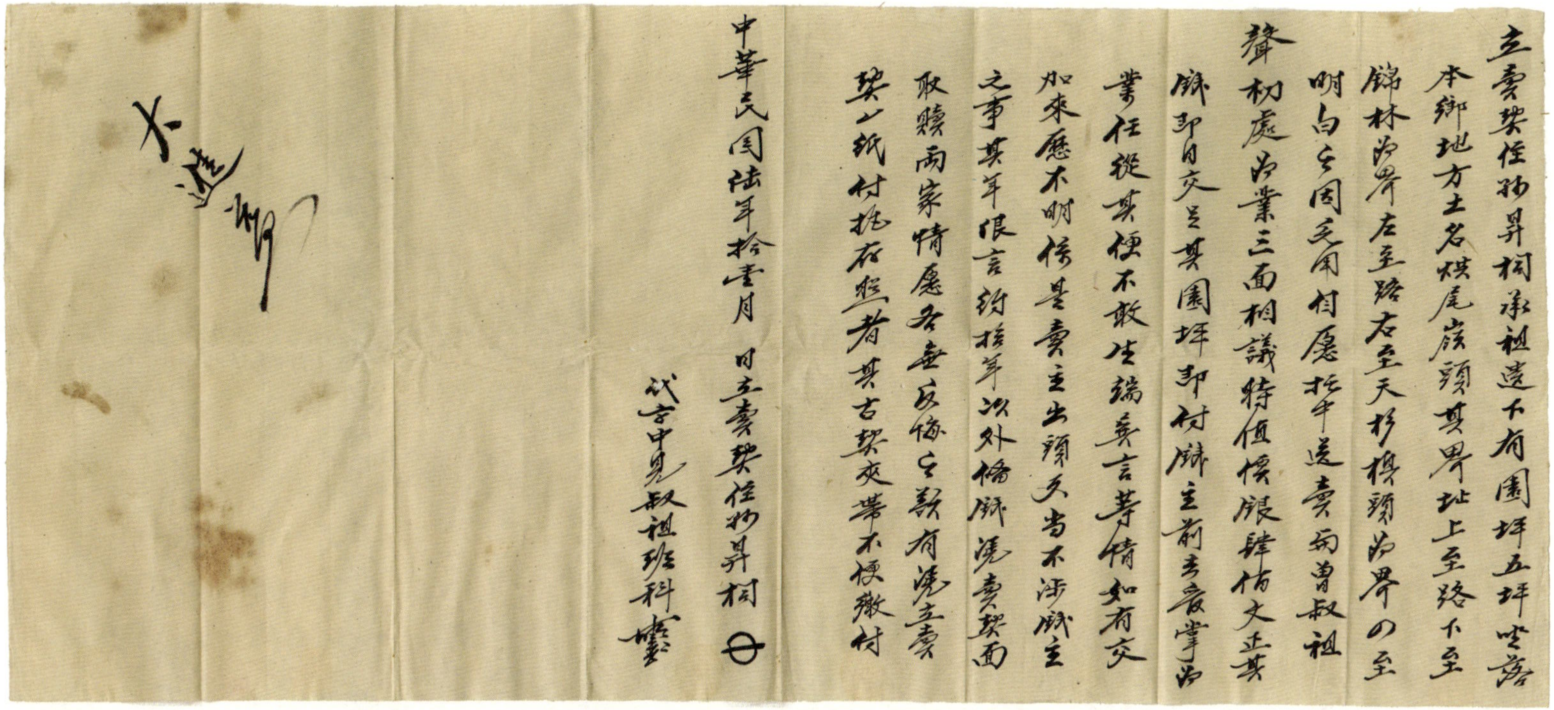
立賣契侄孙昇桐承祖遗下有園坪五坪坐落
本鄉地方土名烘尾嶺頭其界址上至路下至
錦林為界左至路右至天杉樹頭為界四至
明白今因乏用自愿托中送賣與曾叔祖
發杉處為業三面相議時值價銀肆佰文正其
銀即日交足其園坪即付銀主前去管業為
業任從其便不敢生端異言等情如有交
加來歷不明係是賣主出頭支當不涉銀主
之事其年限言約拾年以外備銀憑賣契面
取贖兩家情愿各無反悔今欲有憑立賣
契一紙付執存照者其古契交帶不便繳付
中華民國陸年拾壹月　日立賣契侄孙昇桐（押）
代字中見叔祖班科（押）

9-4-46-2　民國六年十一月楊昇桐立賣園坪契

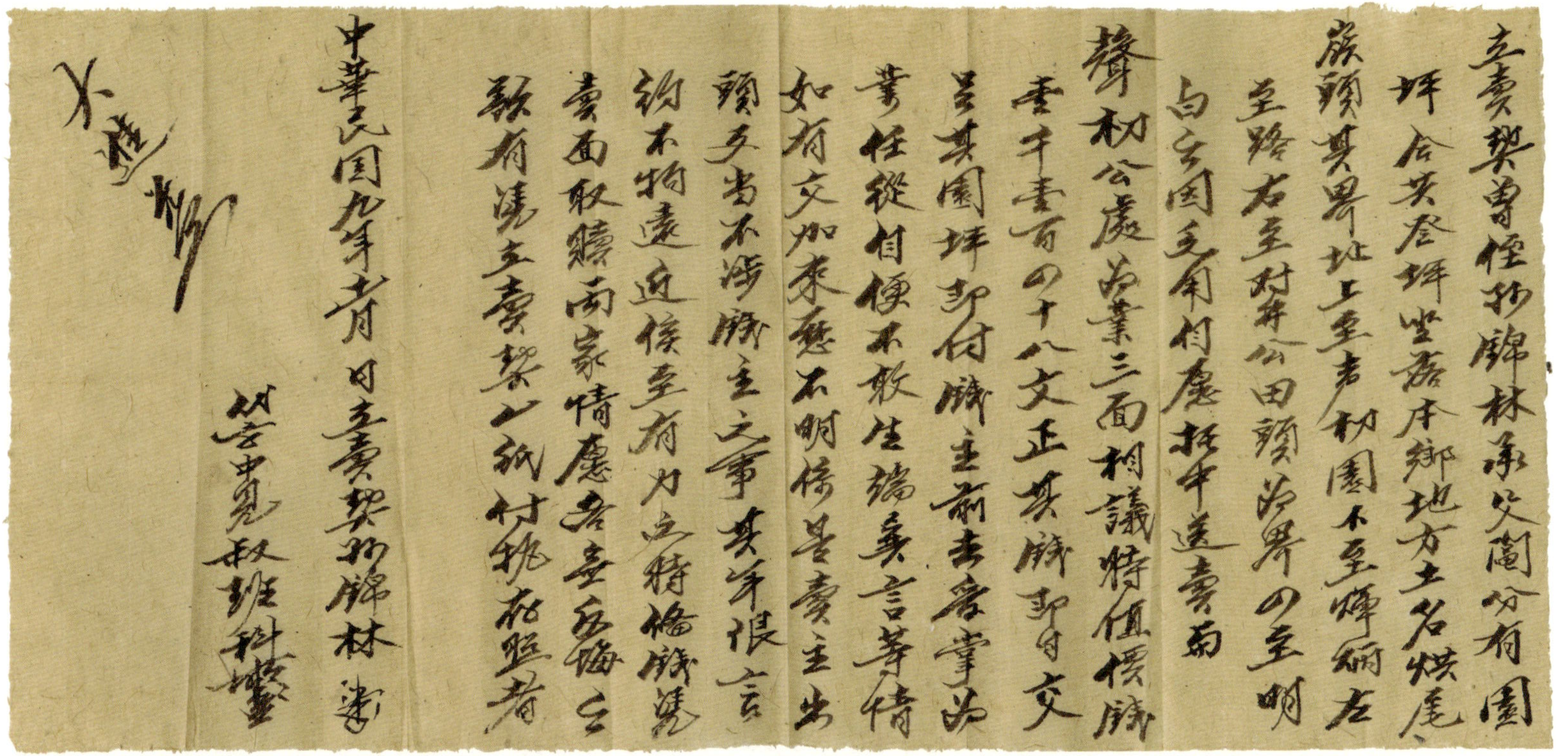
立賣契曾侄孫錦林承父鬮分有園
坪一所坐落本鄉地方土名烘尾
嶺頭其界址上至本初園下至埤硐左
至路右至對并公田頭爲界四至明
白今因乏用自情愿托中送賣與
聲初公處爲業三面相議時值價錢
壹千壹百四十八文正其錢即日交
足其園坪即付錢主前去管業爲
業任從自便不敢生端異言等情
如有交加來歷不明係是賣主出
頭支當不涉錢主之事其坪限言
約不拘遠近候至有力之時備錢送
賣面取贖兩家情愿各無反悔今
欲有憑立賣契一紙付執存照者
中華民國九年十一月 日立賣契孫錦林（押）
代字中見叔姪科樣（押）
大吉

9-4-46-3　民國九年十一月楊錦林立賣園坪契

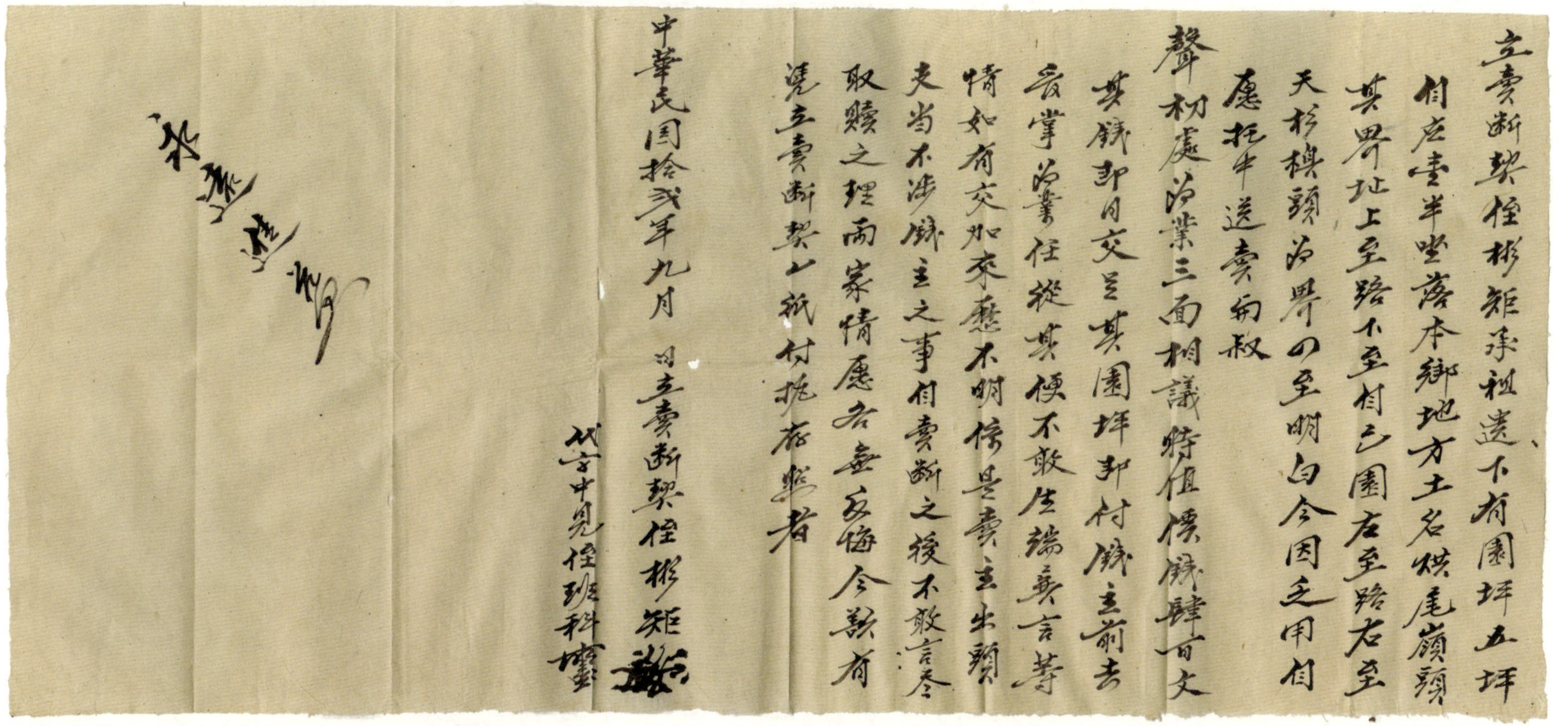

立賣斷契侄彬矩承祖遺下有園坪五坪
自庄壹半坐落本鄉地方土名烘尾嶺頭
其界址上至路下至自己園左至路右至
天杉模頭為界四至明白今因乏用自
願托中送賣與叔
聲初處為業三面相議特值價錢肆百文
其錢即日交足其園坪即付錢主前去
管掌為業任從其便不敢生端異言等
情如有交加來歷不明係是賣主出頭
支當不涉錢主之事自賣斷之後不敢言叅
取贖之理兩家情愿各無反悔今欲有
憑立賣斷契一紙付執存照者
中華民国拾弍年九月　日立賣斷契侄彬矩（押）
代字中見侄班科（押）
永遠存照

9-4-46-4　民國十二年九月楊彬矩立賣斷園坪契

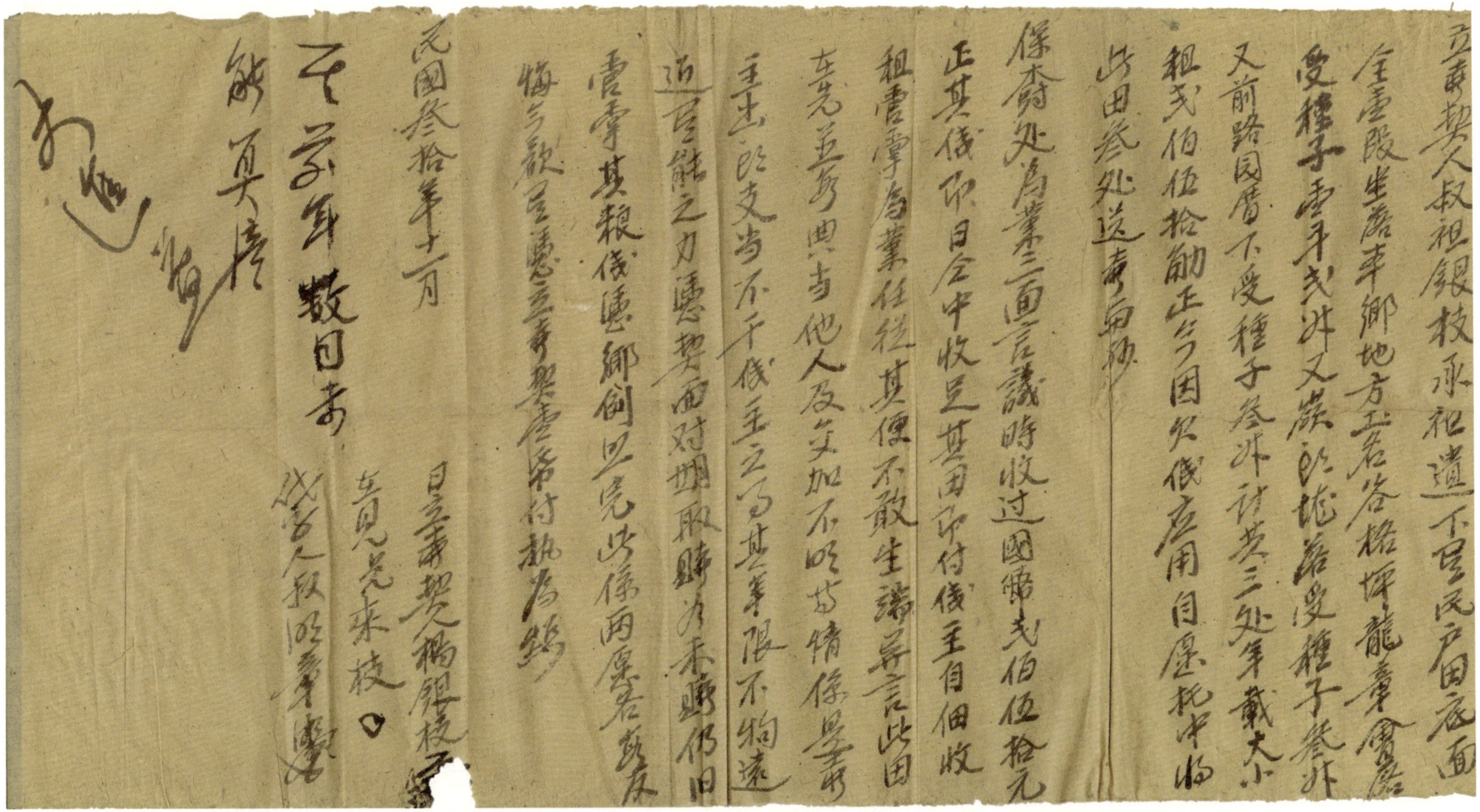

9-4-47-1　民國三十年十一月楊銀枝立賣底面全民户田契

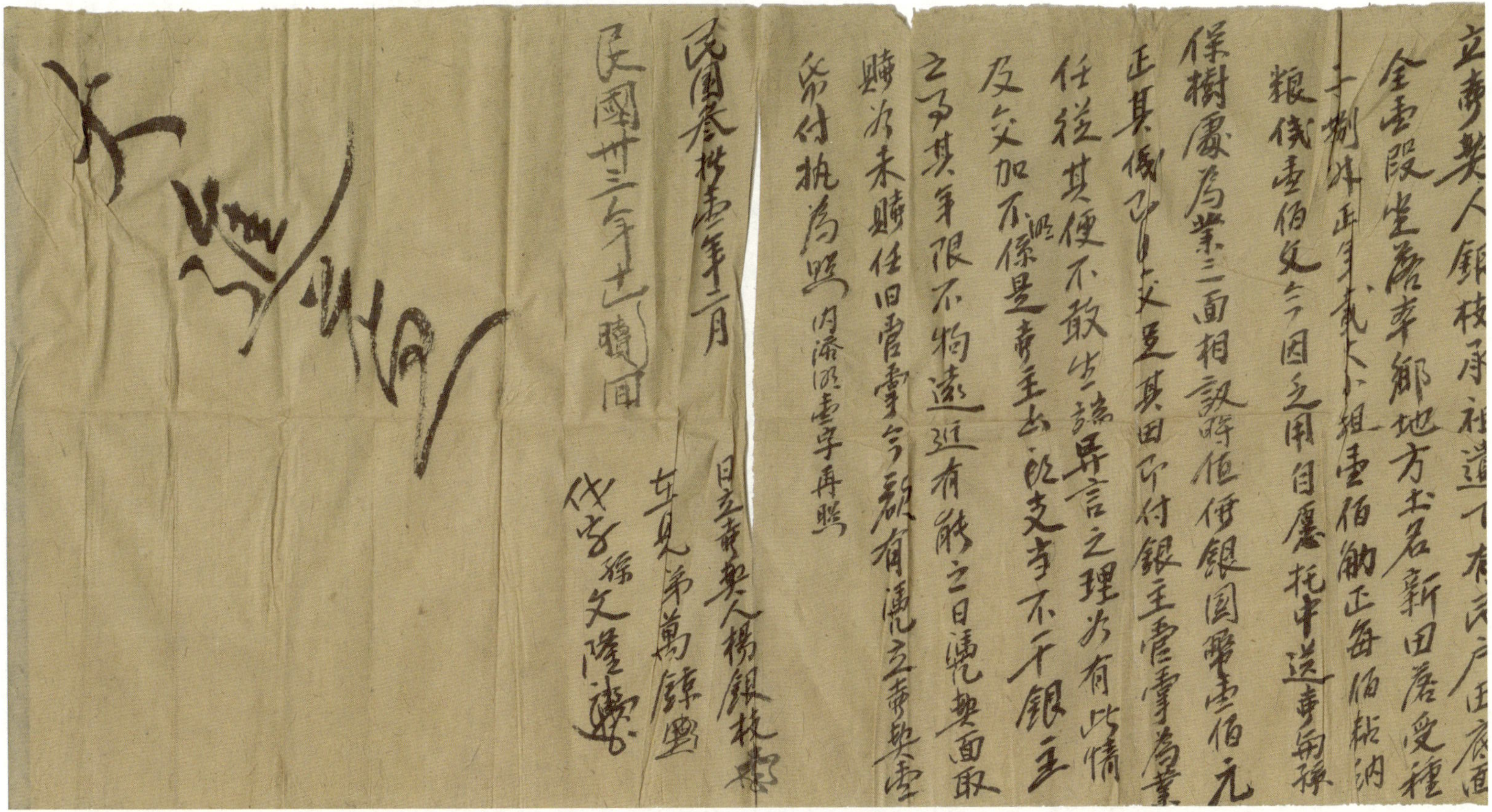

立賣契人銀枝承祖遺下有民户田底面
全壹段坐落本鄉地方土名新田落受種
子捌升正年載大小租壹佰觔正每佰耗納
粮錢壹佰文今因乏用自愿托中送賣與楊
保樹處為業三面相議時值價銀國幣壹佰元
正其銀即日交足其田即付銀主管掌為業
任從其便不敢生端異言之理此有此情
及交加不照係是賣主出头支当不干銀主
之事其年限不拘遠近有能之日憑契面取
贖如未贖任從管掌今欲有憑立賣契壹
紙付執為照　内添[illegible]壹字再照

民國叁拾壹年二月　日立賣契人楊銀枝（押）
在見弟萬錦（押）
代字孫文隆（押）
民國卅三年十二月贖回

9-4-47-2　民國三十一年二月楊銀枝立賣底面全民户田契

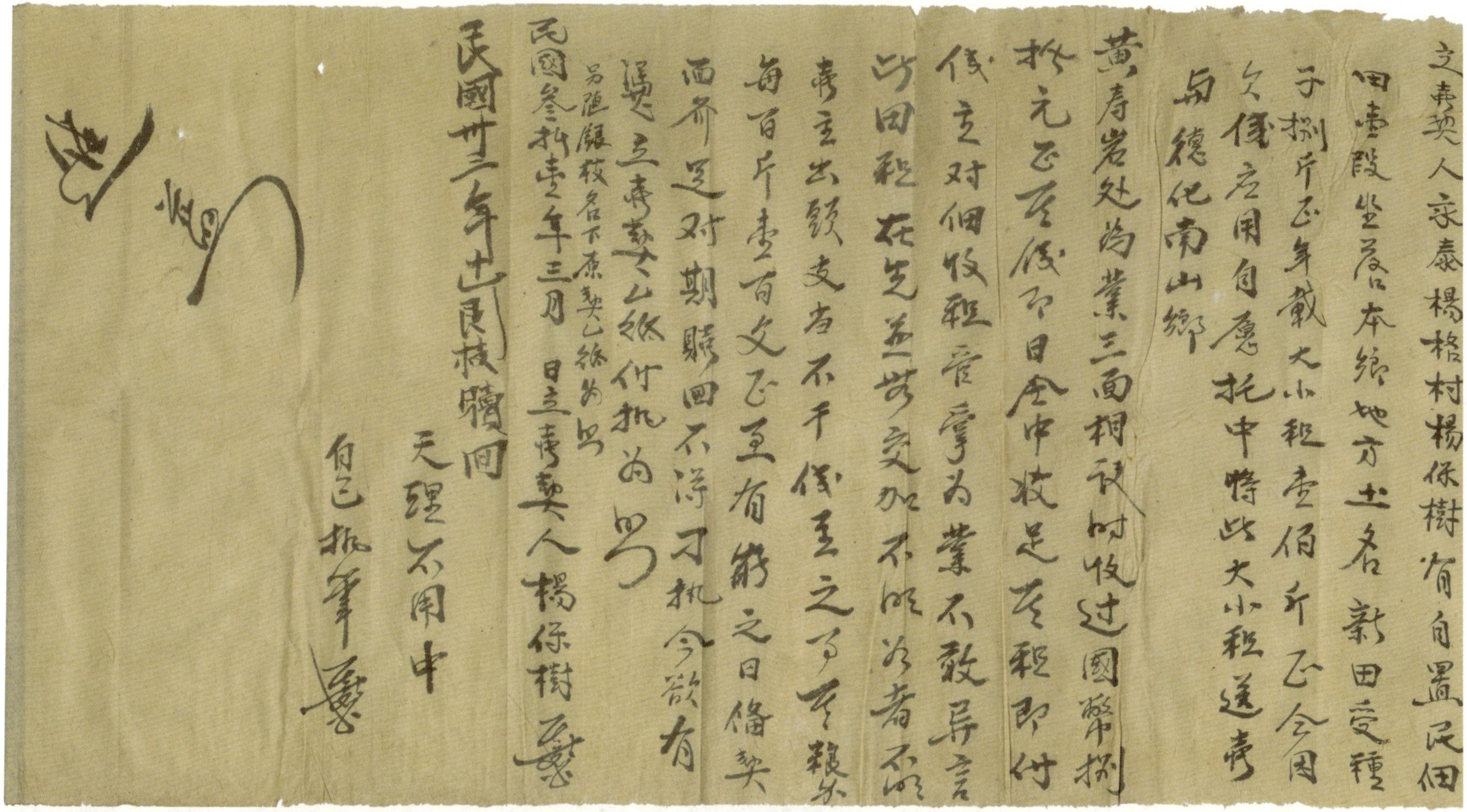
立賣契人永泰楊格村楊保樹有自置民佃
田壹段坐落本鄉地方土名新田受種
子捌斤正年載大小租壹佰斤正今因
欠錢應用自愿托中將此大小租送賣
與德化南山鄉
黄壽岩处為業三面相議时值國幣捌
拾元正其錢即日仝中收足其租即付
錢主对佃收租管掌為業不敢异言
此田租在先並無交加不明等情不明
賣主出頭支當不干錢主之事其粮米
每百斤壹百文正至有銷之日備契
西府足对期贖回不得刁执今欲有
憑立賣契壹紙付执為照
另随銀枝名下原契乙紙為照
民國叁拾壹年三月　日立賣契人楊保樹（押）
民國卅三年十一月民枝贖回
天理不用中
自己执筆（押）

9-4-47-3　民國三十一年三月楊保樹立賣民佃田契

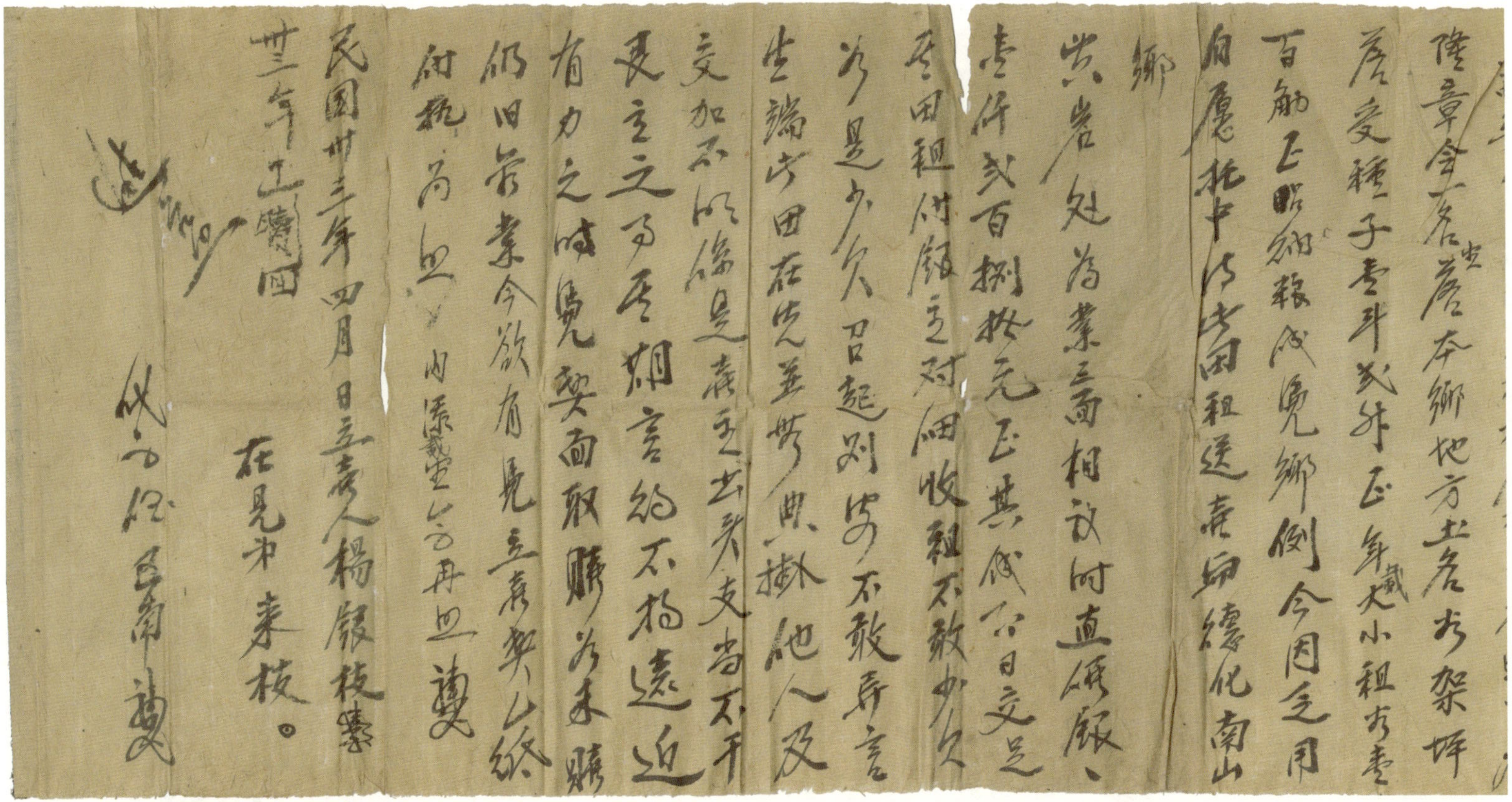
隆章仝名坐落本鄉地方土名茶坪
落受種子壹斗貳升正年載大小租共壹
百觔正照納粮依照鄉例今因乏用
自愿托中將此田租送賣與續化南山
鄉
尖岩坵為業三面相議時值價銀、
壹仟貳百捌拾元正其錢即日交足
其田租付銀主對佃收租不敢少欠
如是少欠召起別此不敢异言
生端此田在先並無典掛他人及
交加不明係是賣主出頭支當不干
買主之事后期言約不拘遠近
有力之時照契面取贖如未贖
仍田歸業今欲有憑立賣契一紙
付執為照　內添載坐二字再照
民國卅三年四月　日立賣人楊銀枝（押）
在見弟　來枝〇
代筆侄　盛南書
卅三年上贖回

9-4-47-4　民國三十三年四月楊銀枝立賣民田租契

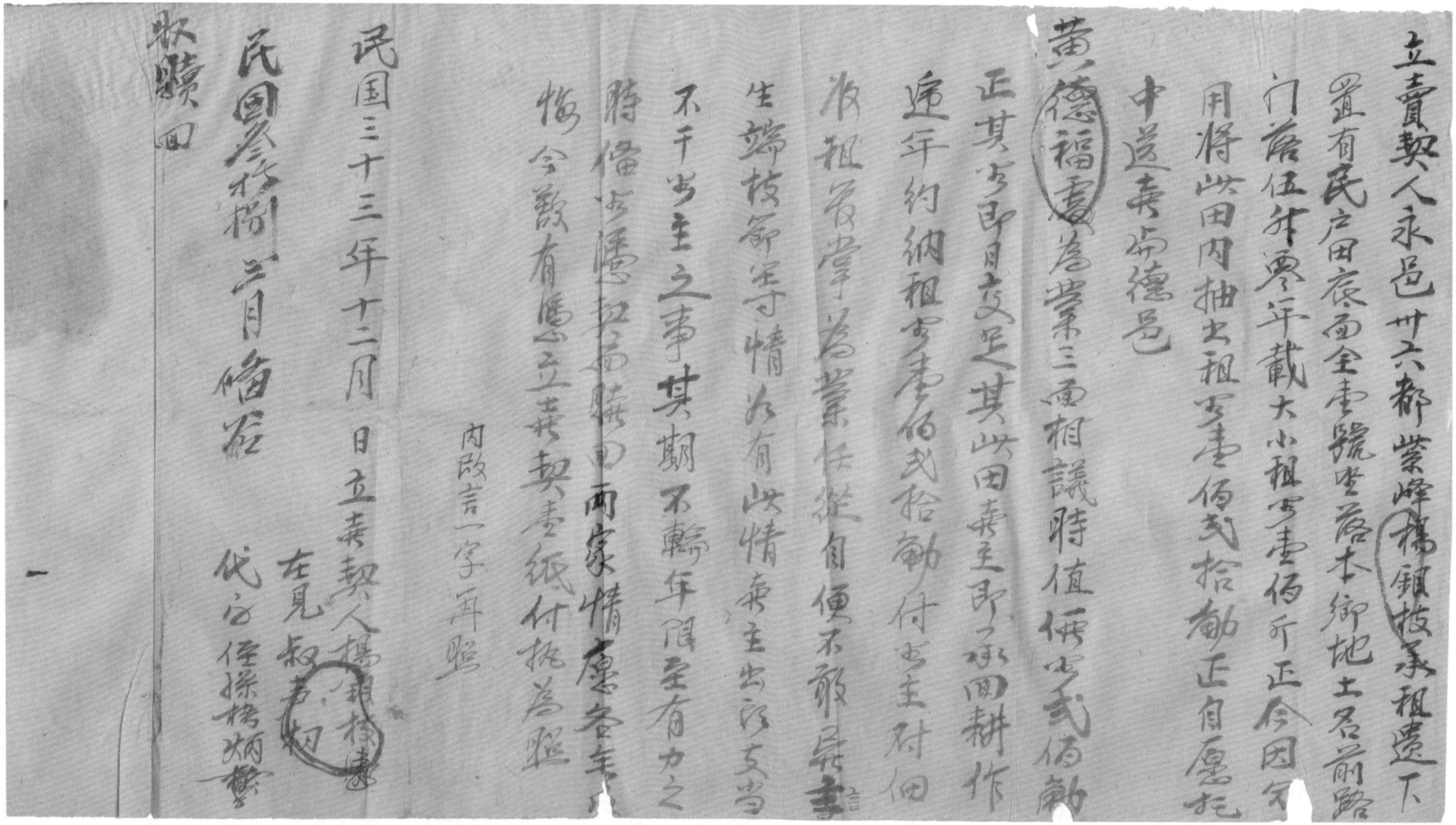
立賣契人永邑卅六都棠峰楊銀枝承祖遺下
置有民户田底面全壹號坐落本鄉地土名前路
门着伍斗乘年載大小租谷壹佰斤正今因乏
用將此田内抽出租谷壹佰貳拾觔正自愿托
中送賣與德邑
黃德福處爲業三面相議時值價谷貳佰觔
正其谷即日交足人其此田賣主即承回耕作
逐年約納租谷壹佰貳拾觔付谷主收佃
收租管業爲業任從自便不敢異言
生端枝節等情如有此情賣主出頭支當
不干谷主之事其期不轉年限至有力之
時備出原契面贖回兩家情愿各無
悔今欲有憑立賣契壹紙付執爲照
内改言一字再照
民国三十三年十二月 日立賣契人楊銀枝
在見叔[illegible]
代字侄孫楊炳[illegible]
民國叁拾捌年三月備谷
收贖回

9-4-47-5　民國三十三年十二月楊銀枝立賣底面全民户田契（廢契）

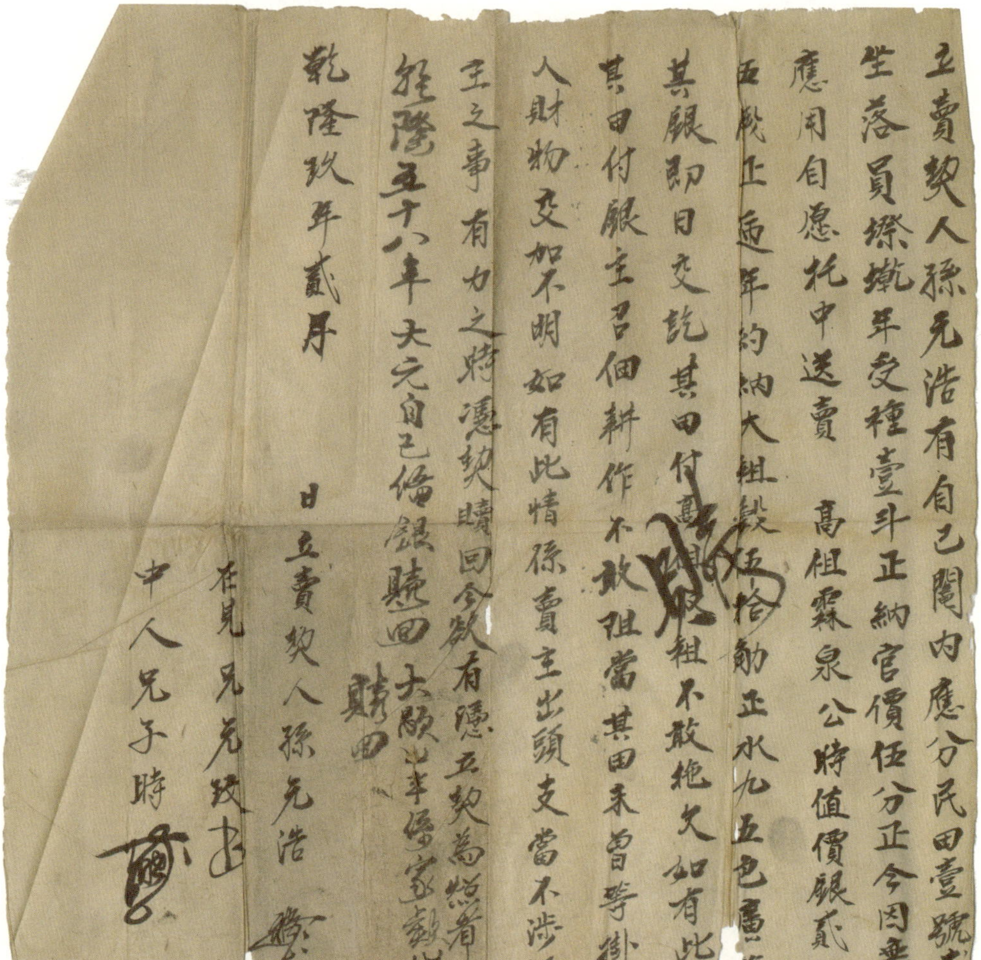
立賣契人孫元浩有自己閣內應分民田壹號土名
坐落員㙮墩年受種壹斗正納官價伍分正今因無銀
應用自愿托中送賣　高祖霖泉公時值價銀貳兩
伍錢正近年約納大租穀伍拾觔正水九五色量亭
其銀即日交訖其田付高祖收租不敢拖欠如有此情
其田付銀主召佃耕作不敢阻當其田未曾等掛他
人財物交加不明如有此情係賣主出頭支當不涉銀
主之事有力之時憑契贖回今欲有憑立契爲照者
乾隆五十八年大元自己備銀贖回　大股此半歸家叔代
贖回
乾隆玖年貳月　日立賣契人孫元浩（押）
在見兄元玫（押）
中人兄子時（押）

9-4-48-1　清乾隆九年二月楊元浩立賣民田契

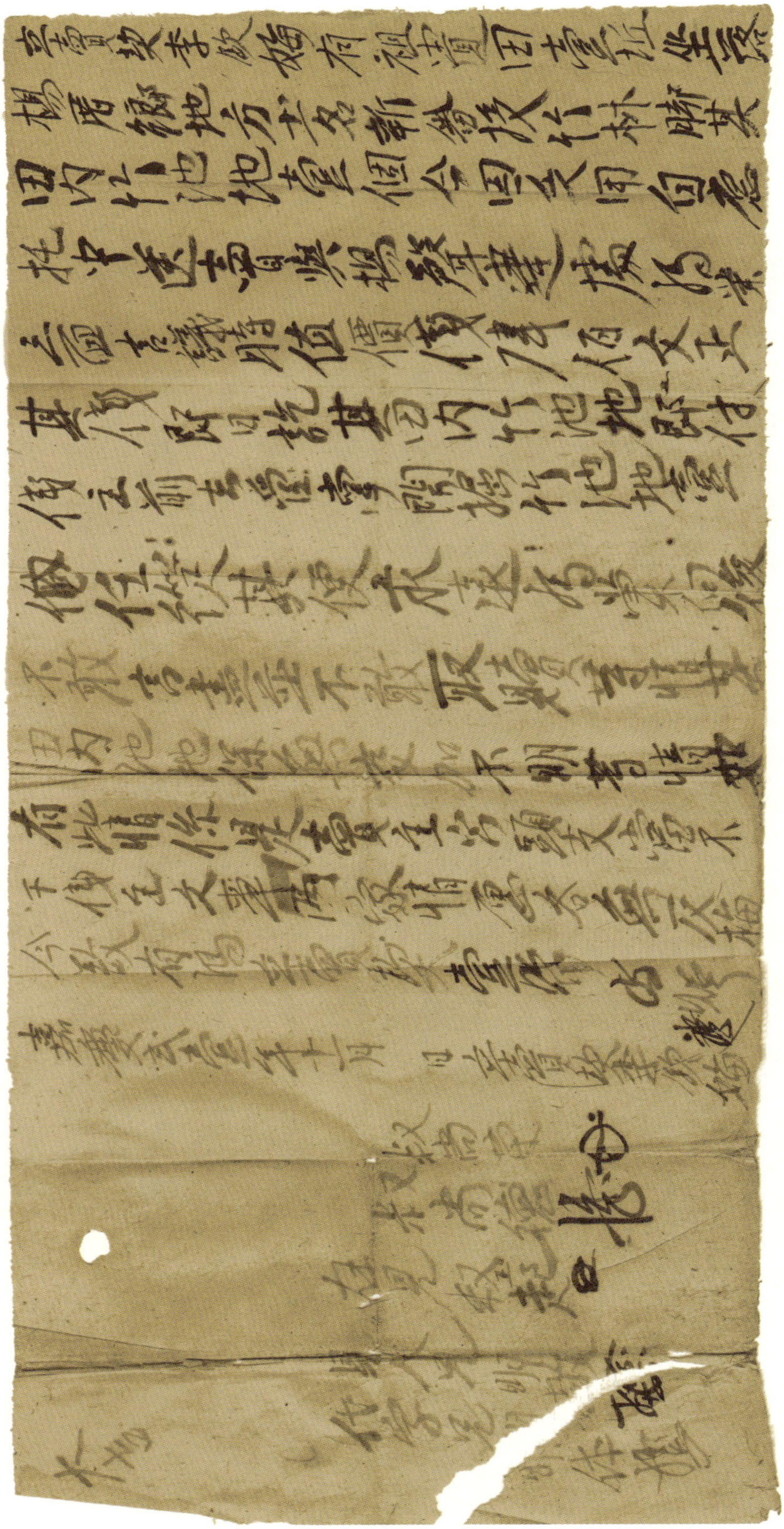

9-4-48-2　清嘉慶二十一年十一月李欽姆立賣田契

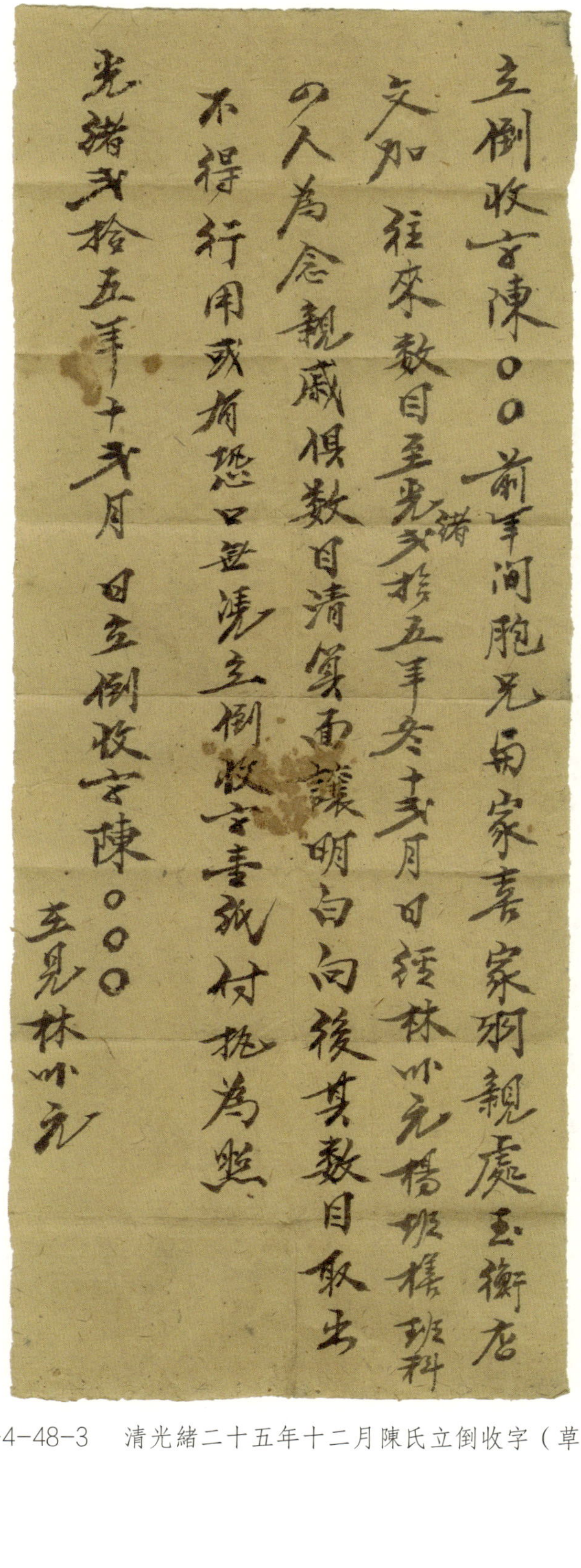

立倒收字陳〇〇前年間胞兄兩家喜家列親處玉衡店
交加往來數目至光緒貳拾五年冬十貳月日經林叫元楊坂樣班科
的人為念親戚俱數目清算面讓明白向後其數目敢出
不得行用或有揔口無憑立倒收字壹紙付挽為照
光緒貳拾五年十貳月　日立倒收字陳〇〇〇
在見林叫元

9-4-48-3　清光緒二十五年十二月陳氏立倒收字（草契）

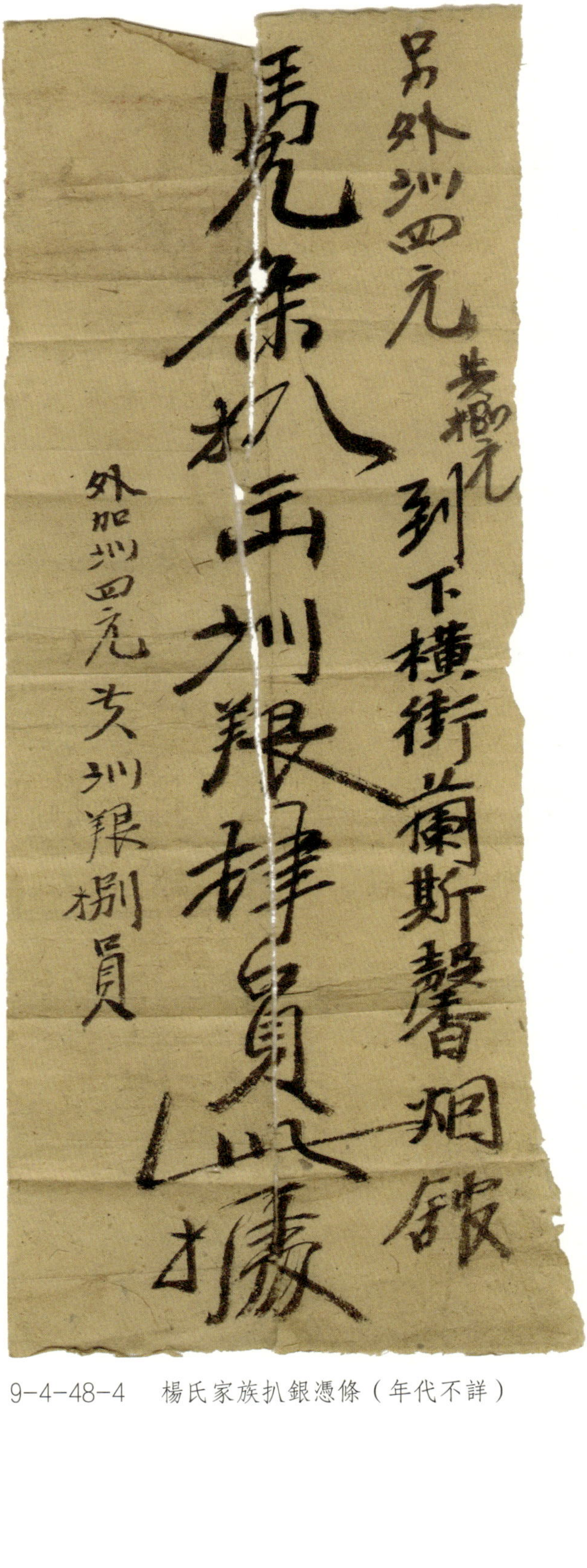
另外卅四元 共捌元 到下横街蘭斯馨烟舖
凴條扒五卅銀肆員正據
外加卅四元 共卅銀捌員

9-4-48-4　楊氏家族扒銀憑條（年代不詳）

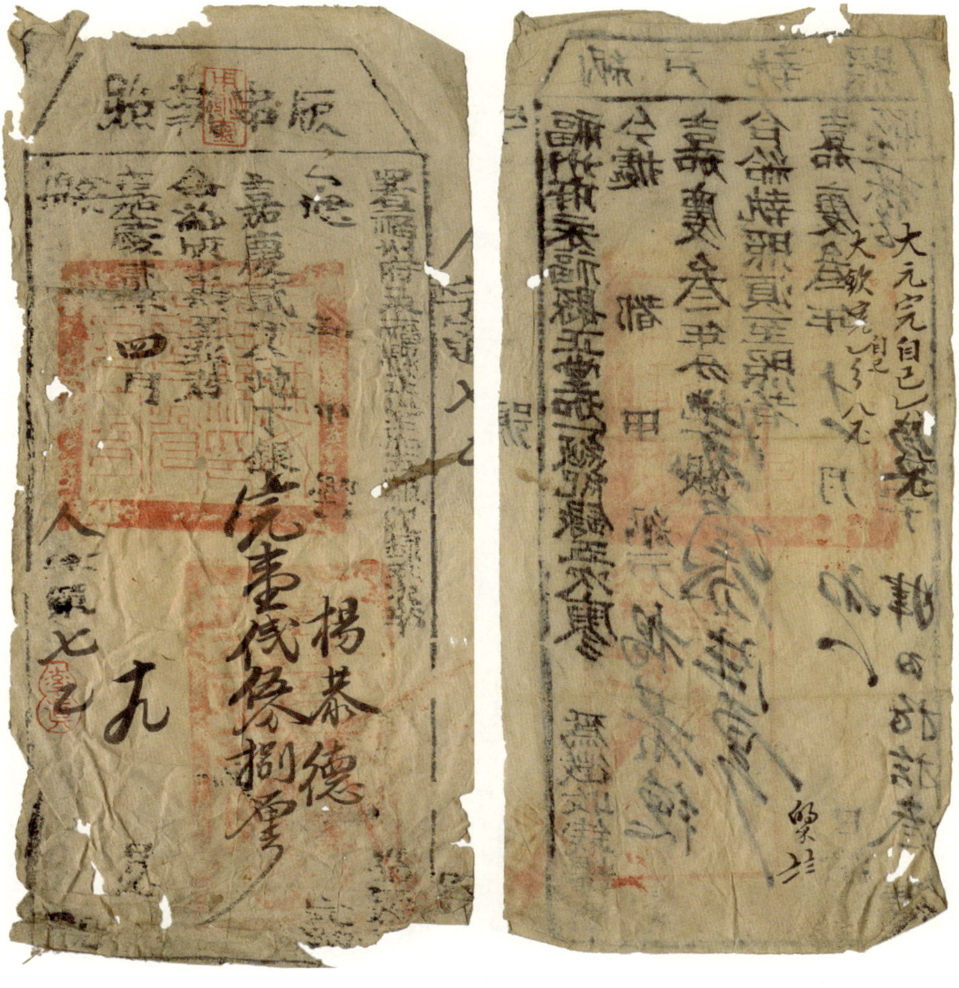

9-4-49-1　清嘉慶二年四月楊恭德户納税執照

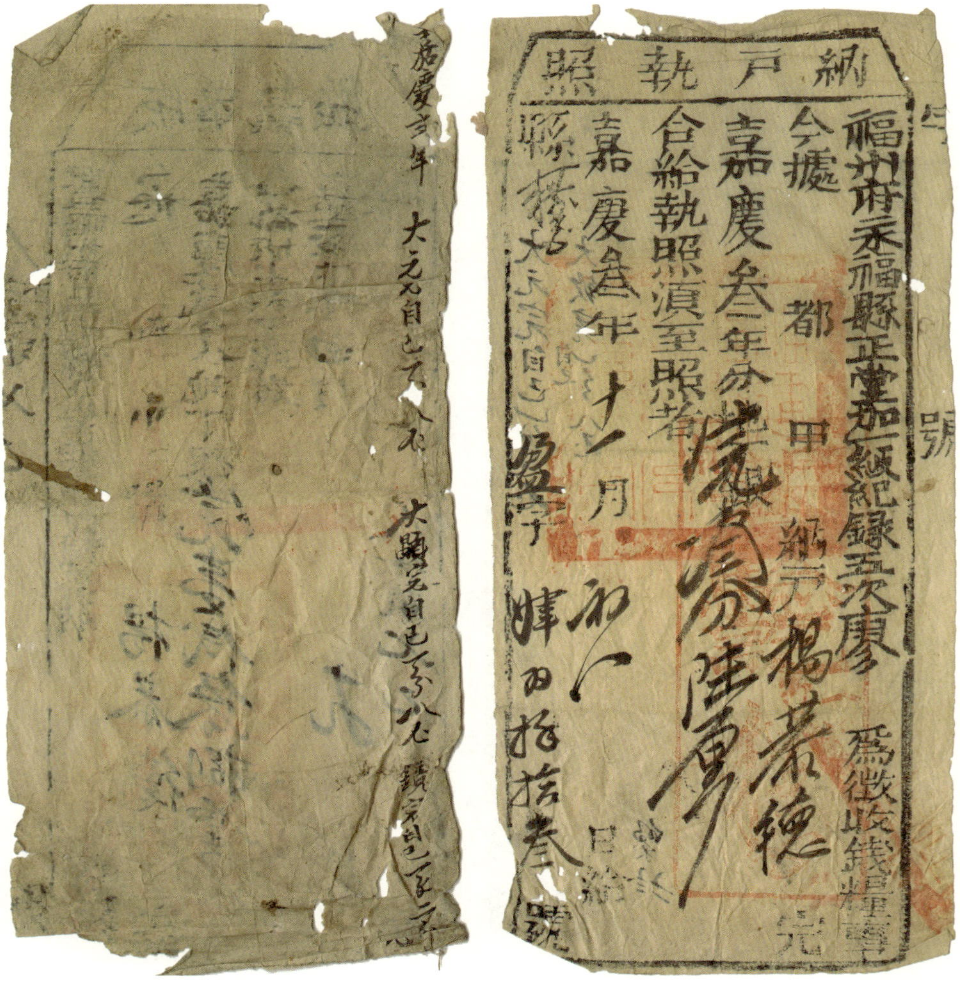
納戶執照
福州府永福縣正堂加一級紀錄五次廖　為徵收錢糧事
今據　都　甲　納戶楊恭德
嘉慶叁年分
合給執照須至照者
嘉慶叁年十一月初八日給

9-4-49-2　清嘉慶三年十一月楊恭德户納稅執照

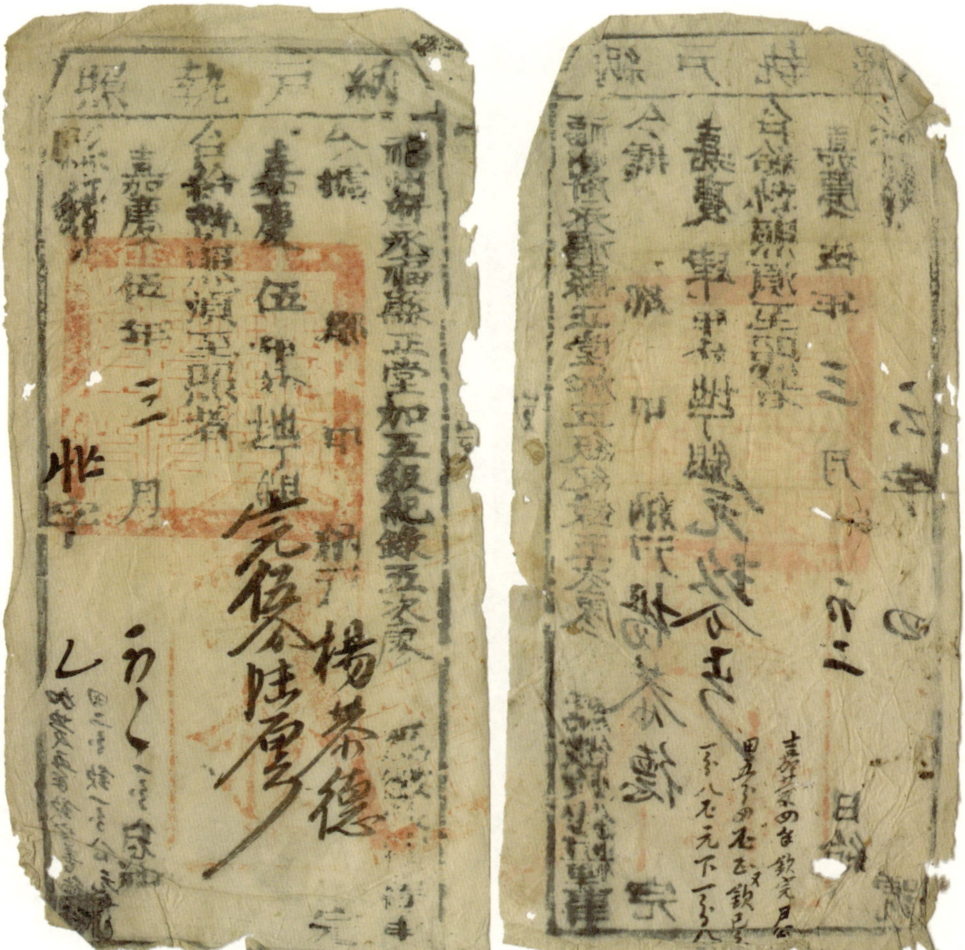

9-4-49-3　清嘉慶五年三月楊恭德户納稅執照（一）

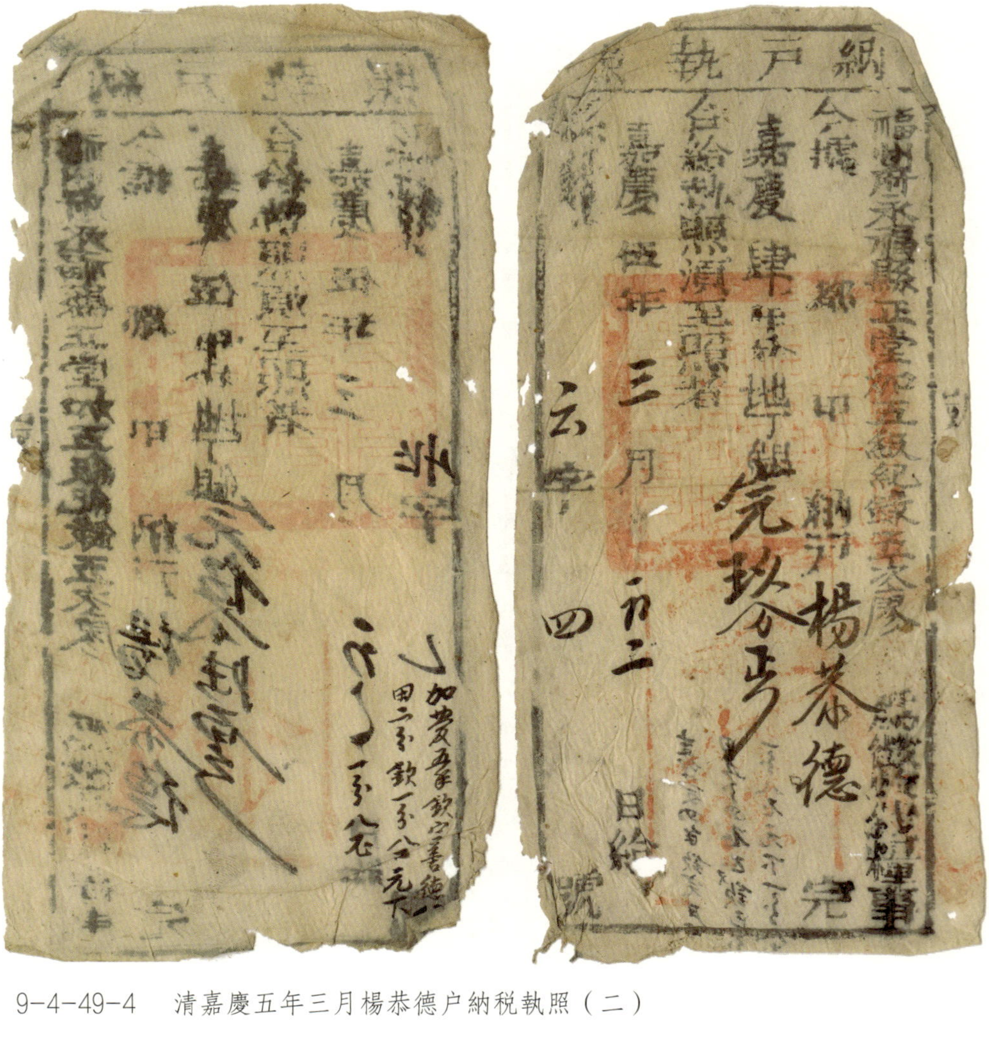
納戶執照
福州府永福縣正堂加五級紀錄五次廖
嘉慶肆年分地丁銀
納户楊恭德
完
嘉慶伍年三月　日給

9-4-49-4　清嘉慶五年三月楊恭德户納稅執照（二）

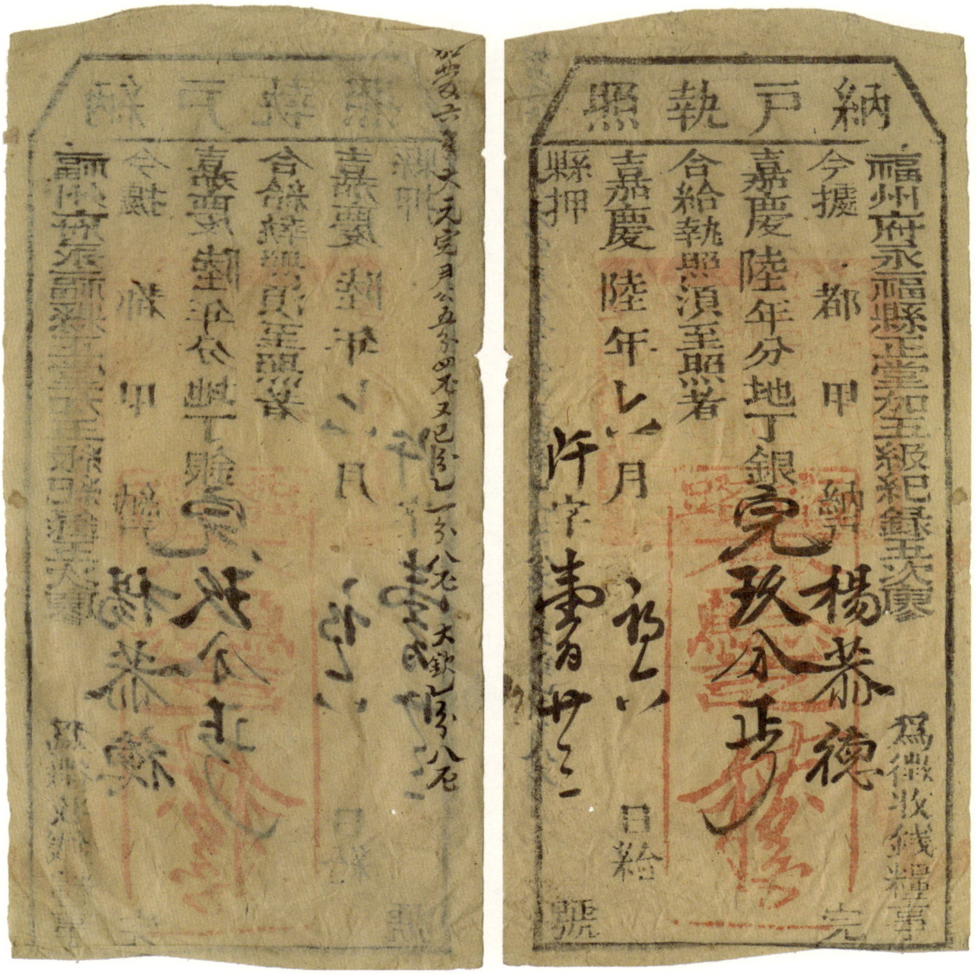

納户執照
福州府永福縣正堂加五級紀錄五次處
為徵收錢糧事
今據 都 甲 納户楊恭德
嘉慶陸年分地丁銀 完玖分正
合給執照須至照著
嘉慶陸年六月 日給
縣押
號

9-4-49-5　清嘉慶六年六月楊恭德户納税執照

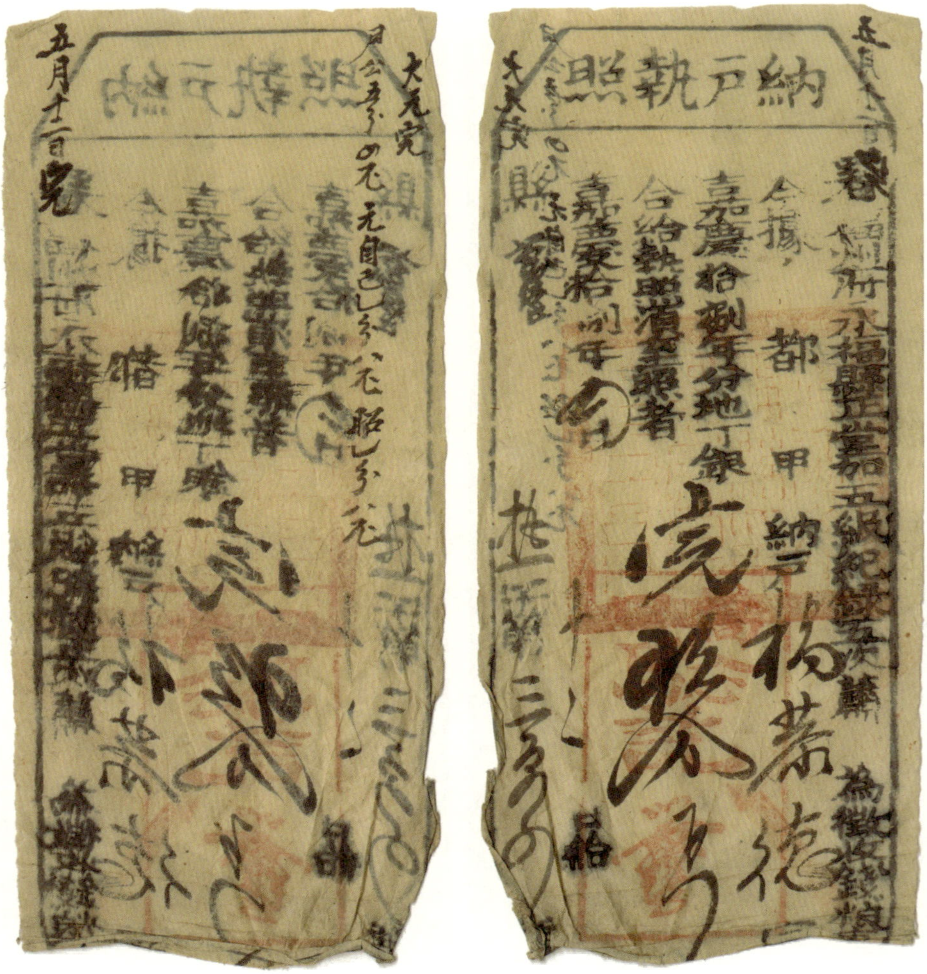

9-4-49-6　清嘉慶十八年五月楊恭德户納税執照

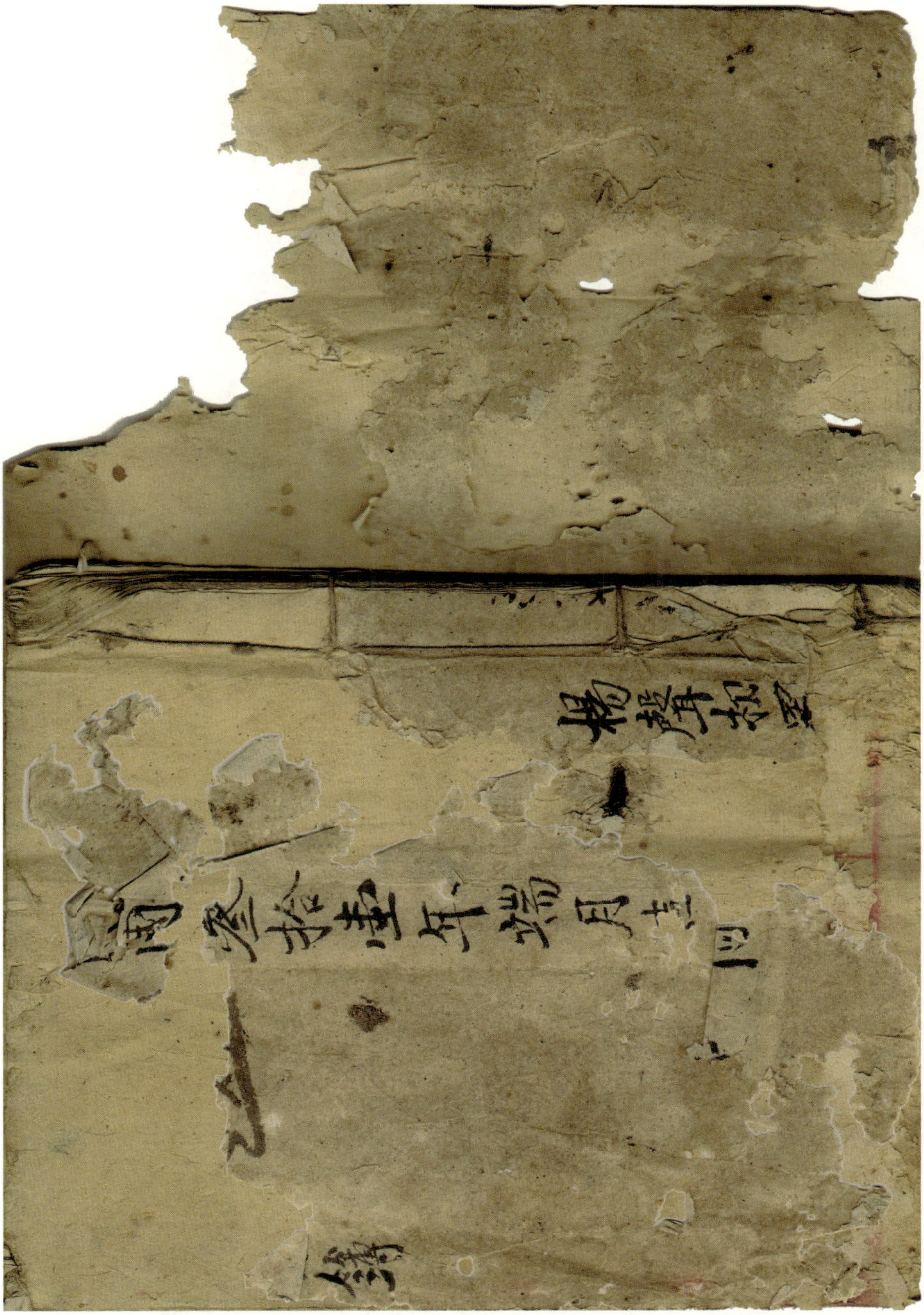

9-4-50-1　民國三十一年楊聲初置人情簿（一）

9-4-50-2　民國三十一年楊聲杓置人情簿（二）

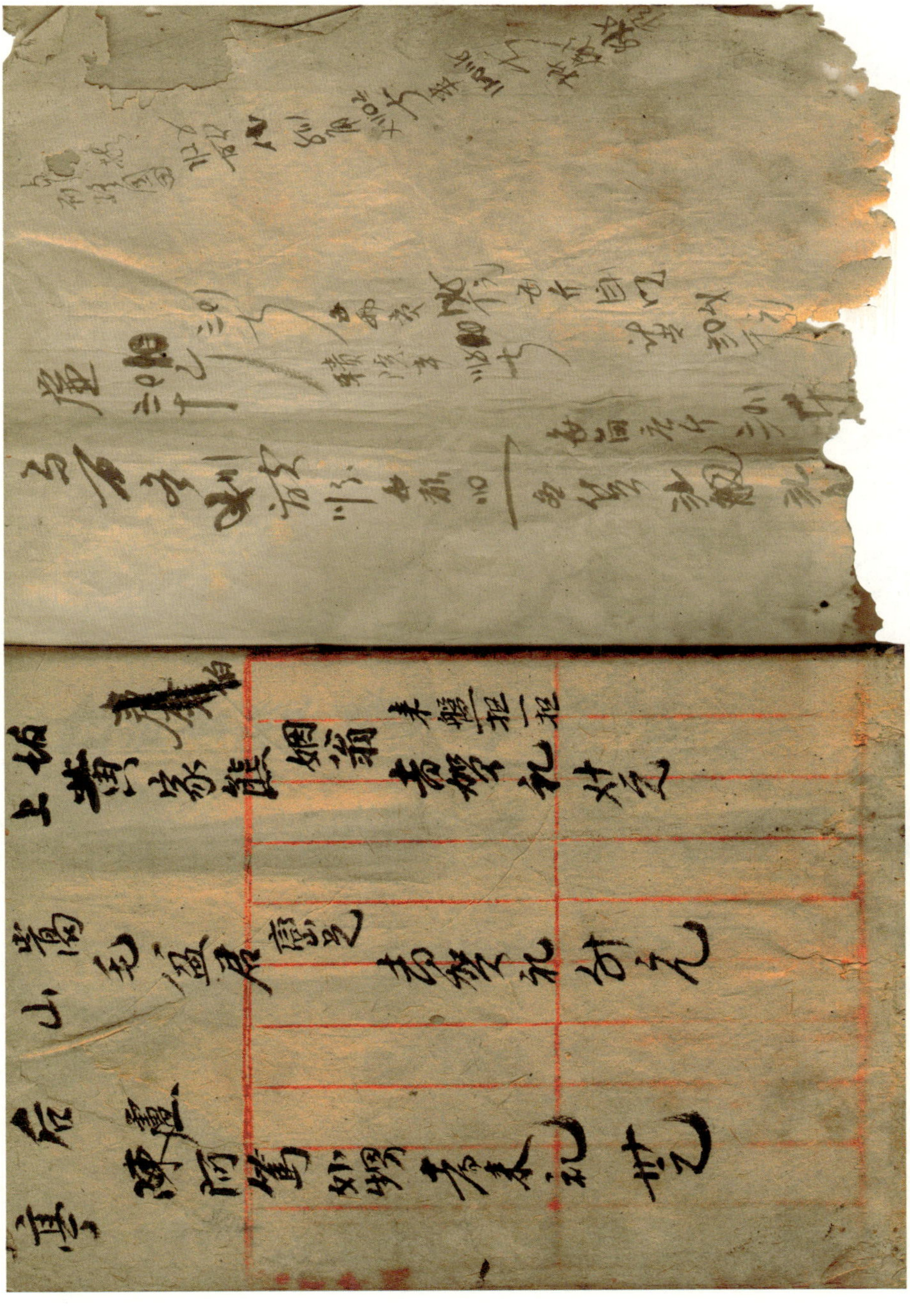

9-4-50-3　民國三十一年楊聲杒置人情簿（三）

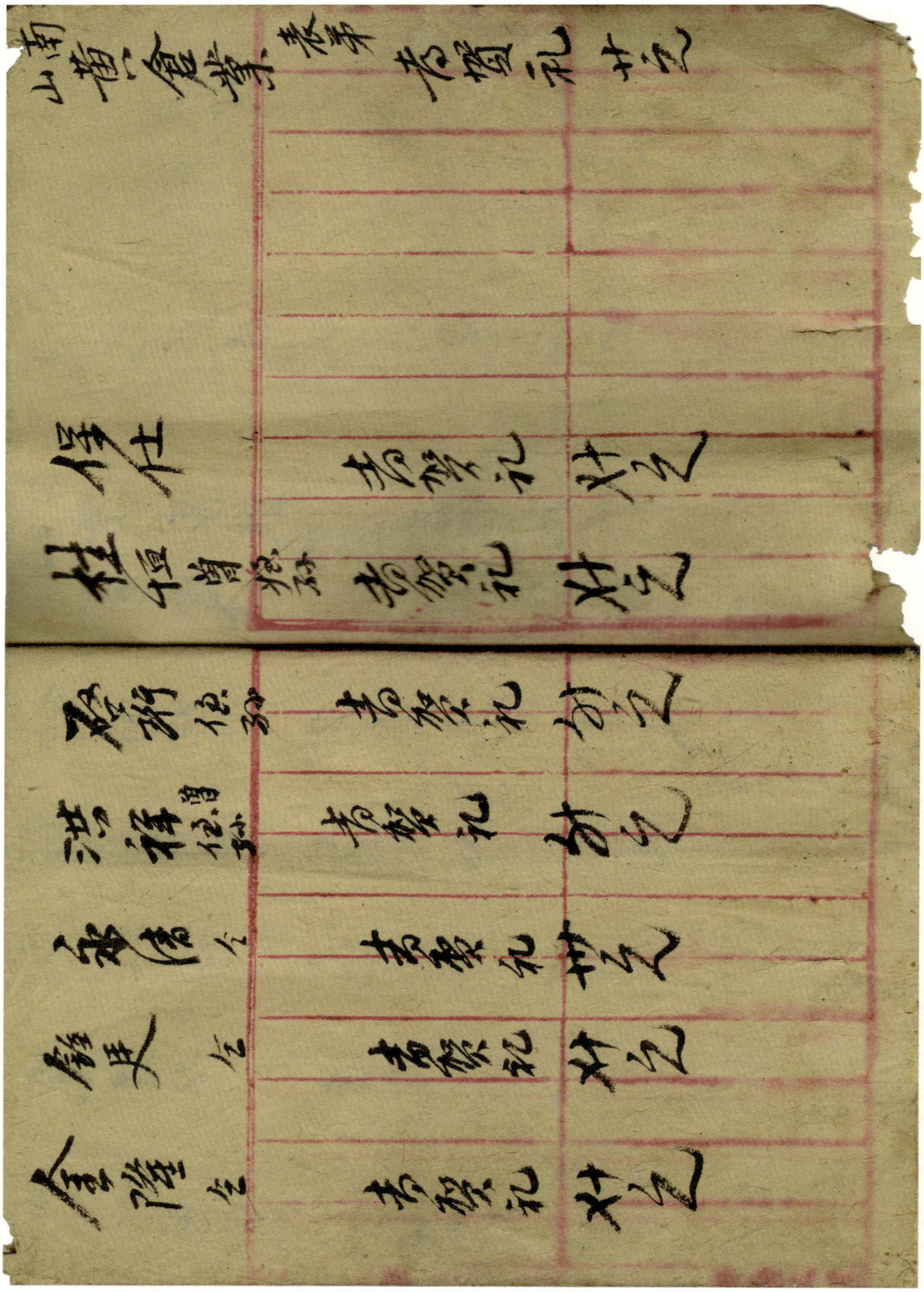

南山黄倉業 表弟 青賀礼 廿元

保仕 青賀礼 廿元

桂恒 曾姪孫 青賀礼 廿元

啓珩 侄孫 青賀礼 卅元

洪祥 曾侄孫 青賀礼 卅元

永清 仝 青賀礼 廿元

錫廷 仝 青賀礼 廿元

金隆 仝 青賀礼 廿元

9-4-50-4　民國三十一年楊聲切置人情簿（四）

洪城曾振和　青賀礼　卅元

㐌才振　青賀礼　卅元

金波振和　青賀礼　卅元

聲濃弟　青賀礼　卅元

琳菌振和　青賀礼　廿元

保輝曾振和　青賀礼　卅元

良元仝　青賀礼　廿元

来枝振　青賀礼　廿元

友以　青賀礼　卅元

青春之　青賀礼　卅元

9-4-50-5　民國三十一年楊聲切置人情簿（五）

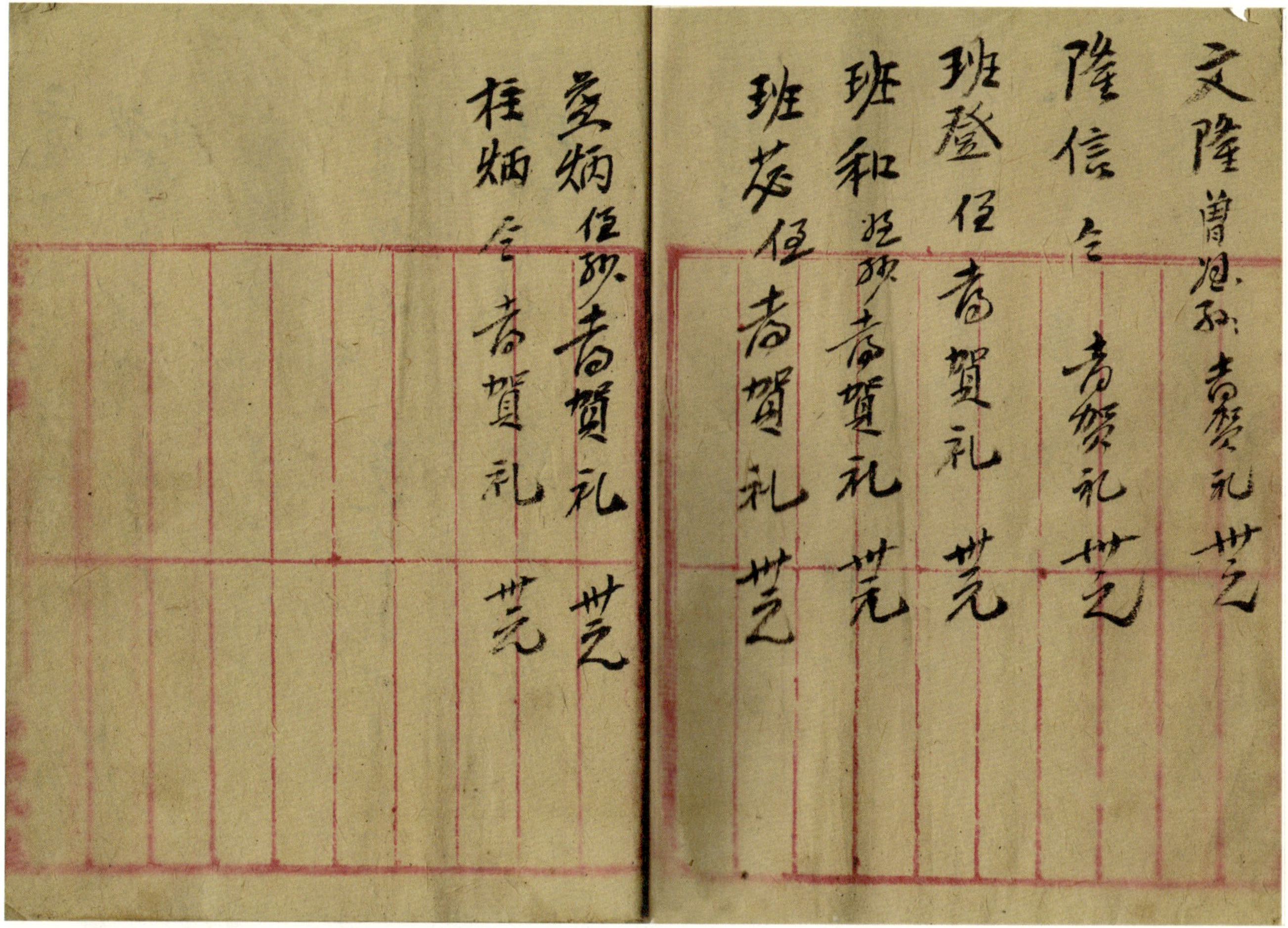
文隆 曾姪孫 青蚨礼 卅元
隆信 仝 青蚨礼 卅元
班登 侄 青賀礼 卅元
班和 姪孫 青賀礼 卅元
班炎 侄 青賀礼 卅元
金炳 侄孫 青賀礼 卅元
桂炳 仝 青賀礼 卅元

9-4-50-6　民國三十一年楊聲初置人情簿（六）

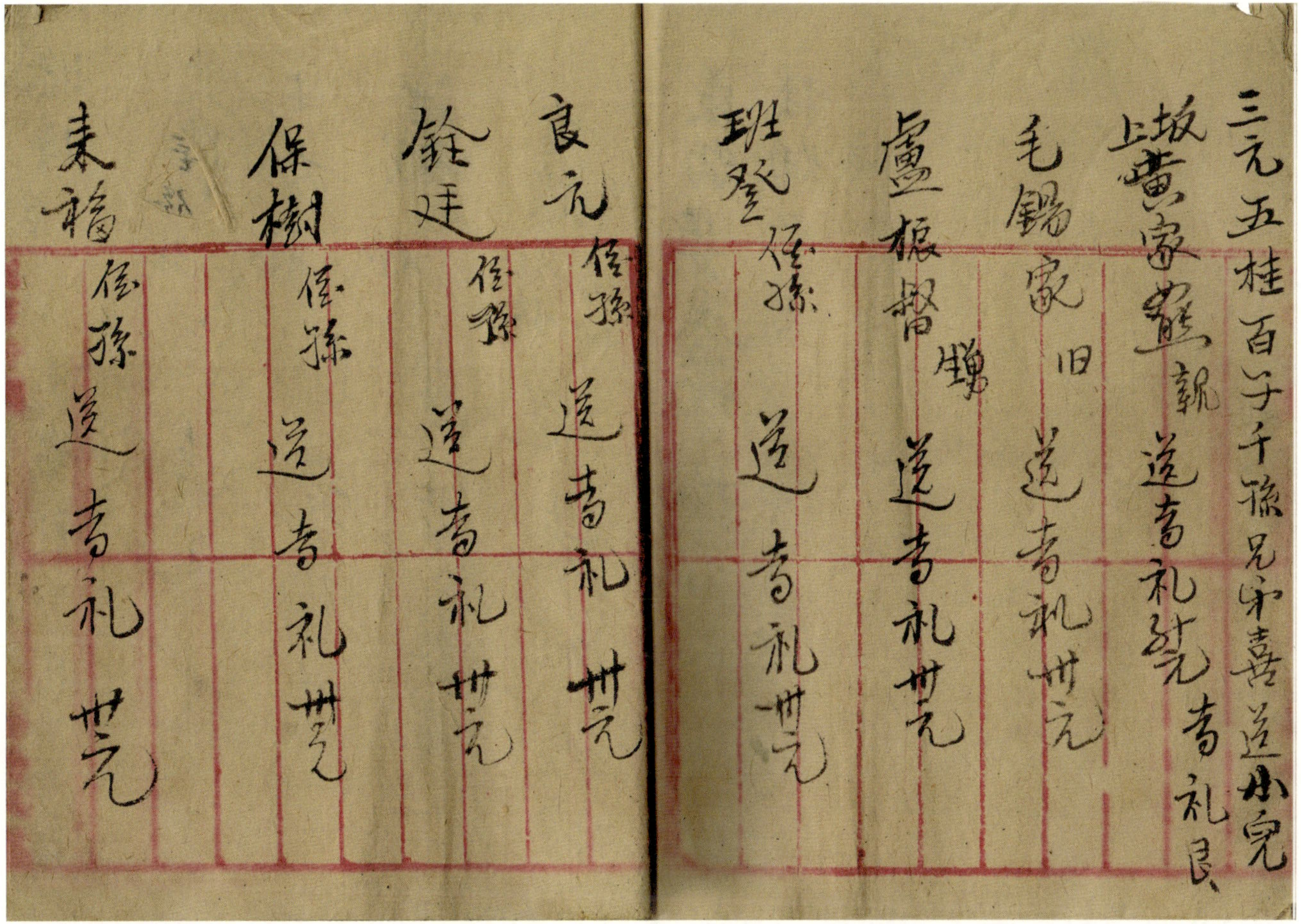
三元五桂百子千孫兄弟喜送水完
坂上黃家雞　親　送青礼弍元　青礼艮
毛錫家　旧　送青礼卅元
盧振聲　親　送青礼卅元
班登　侄孫　送青礼卅元
良元　侄孫　送青礼卅元
銓廷　侄孫　送青礼卅元
保樹　侄孫　送青礼卅元
来福　侄孫　送青礼卅元

9-4-50-7　民國三十一年楊聲切置人情簿（七）

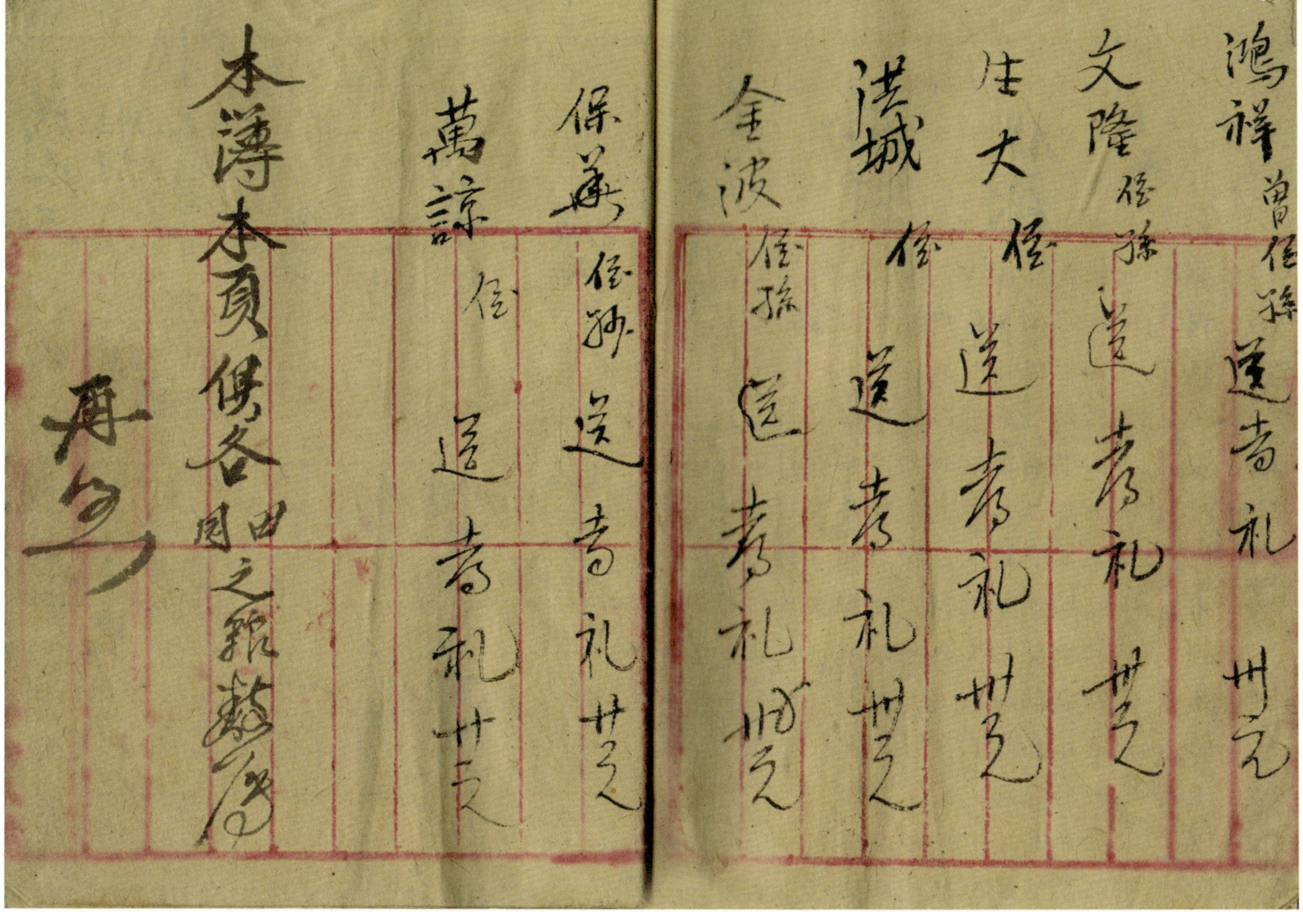

9-4-50-8　民國三十一年楊聲杒置人情簿（八）

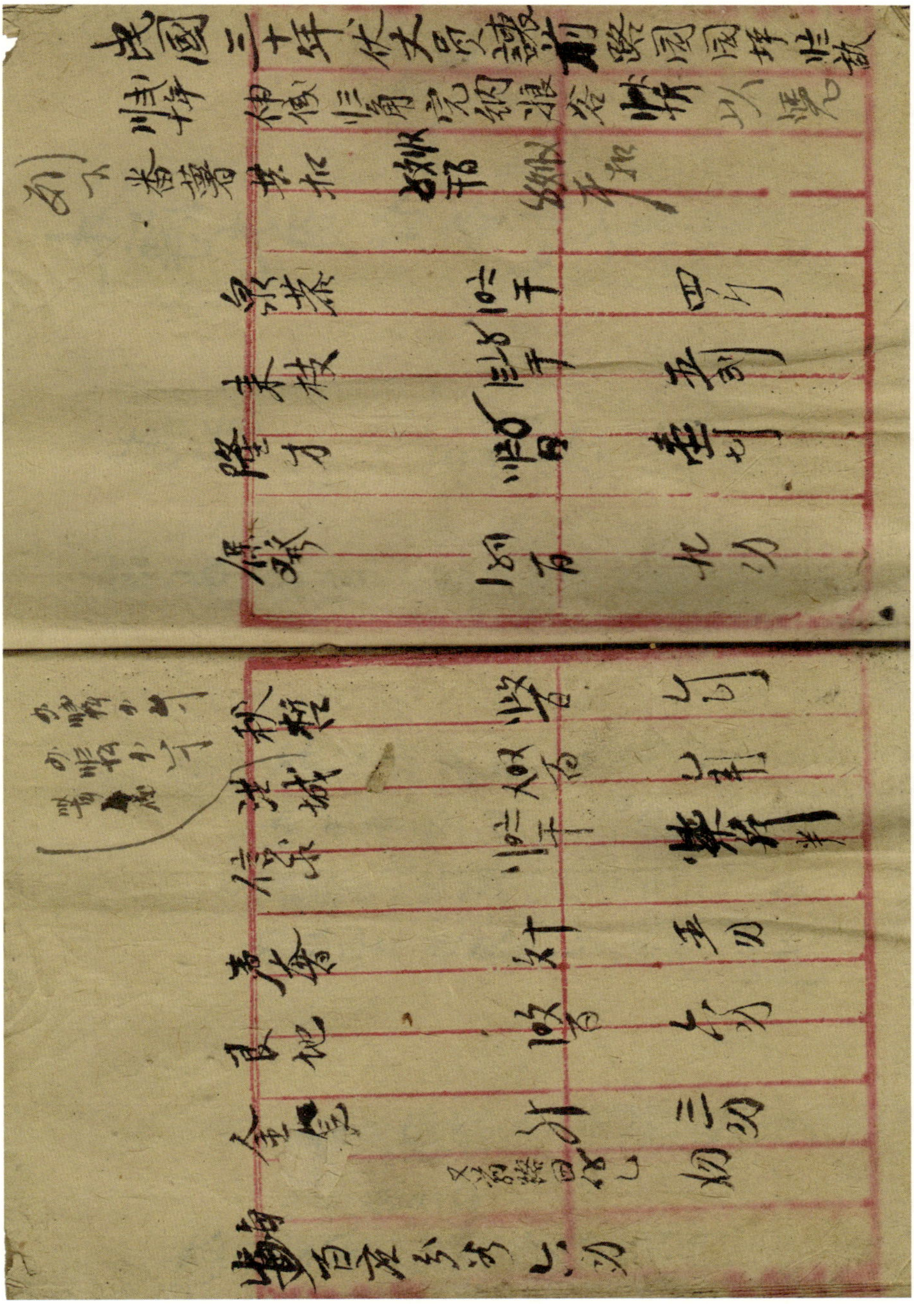

9-4-50-9　民國三十一年楊聲切置人情簿（九）

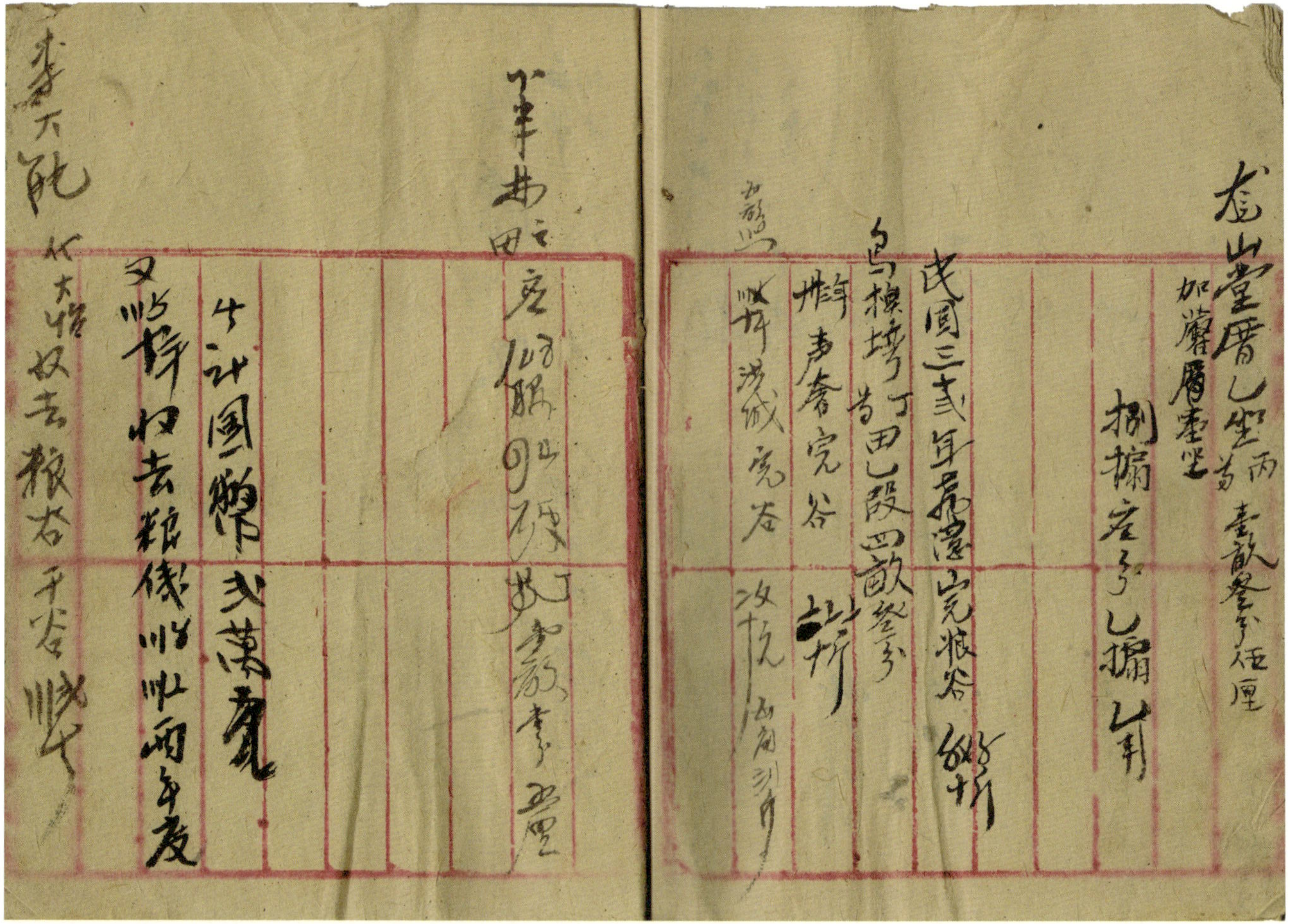

9-4-50-10　民國三十一年楊聲朸置人情簿（一〇）

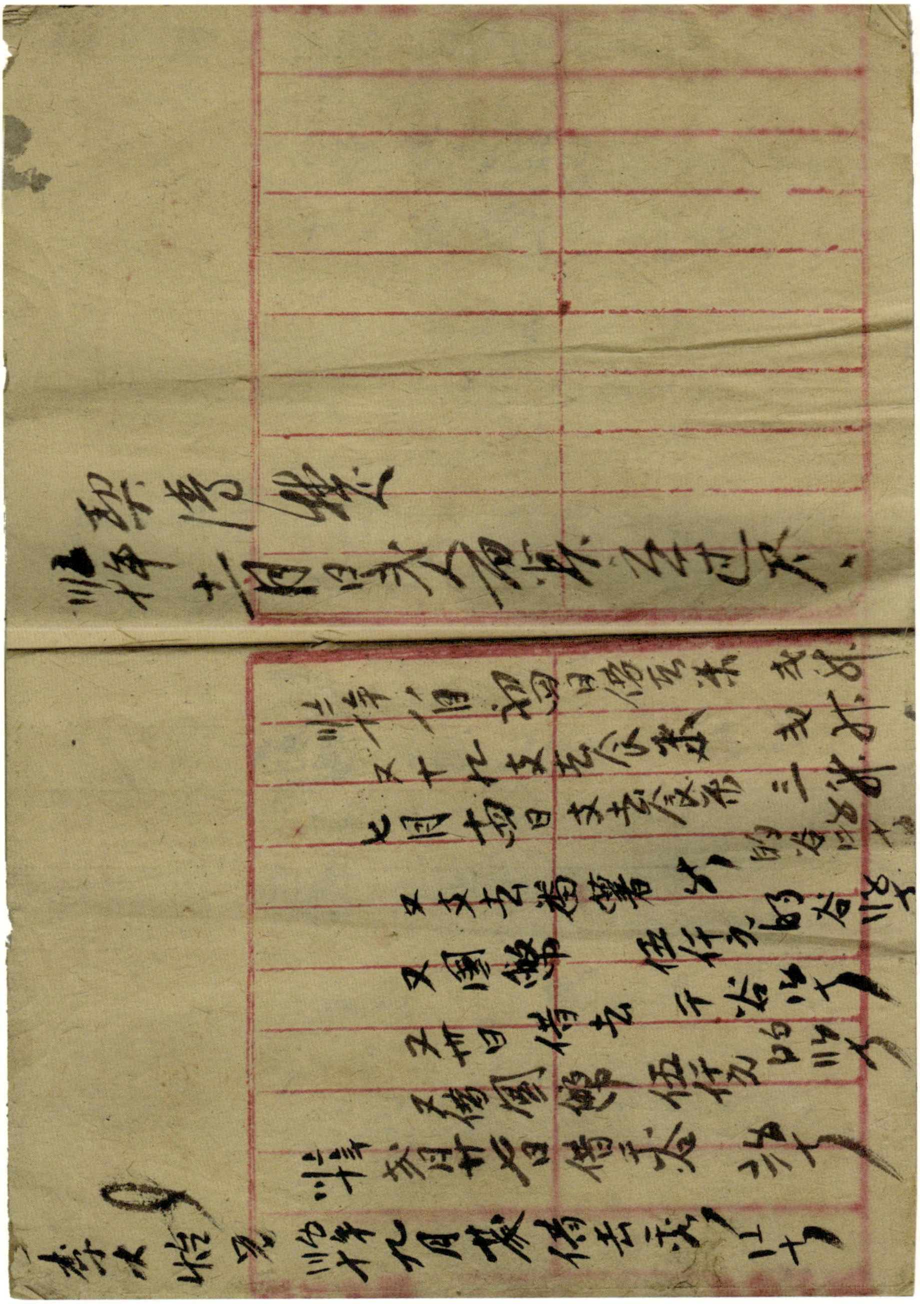

9-4-50-11　民國三十一年楊聲切置人情簿（一一）

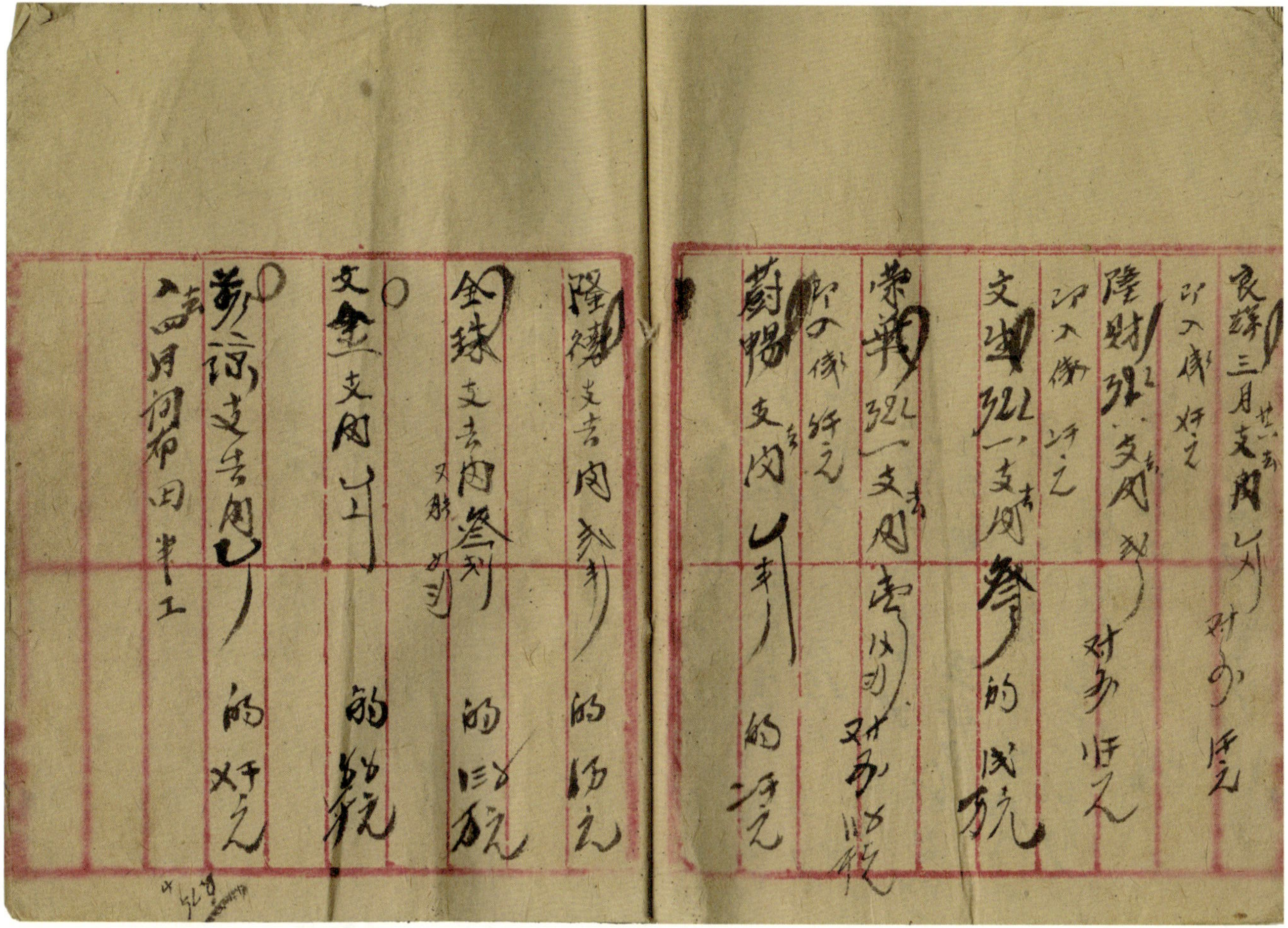

9-4-50-12　民國三十一年楊聲切置人情簿（一二）

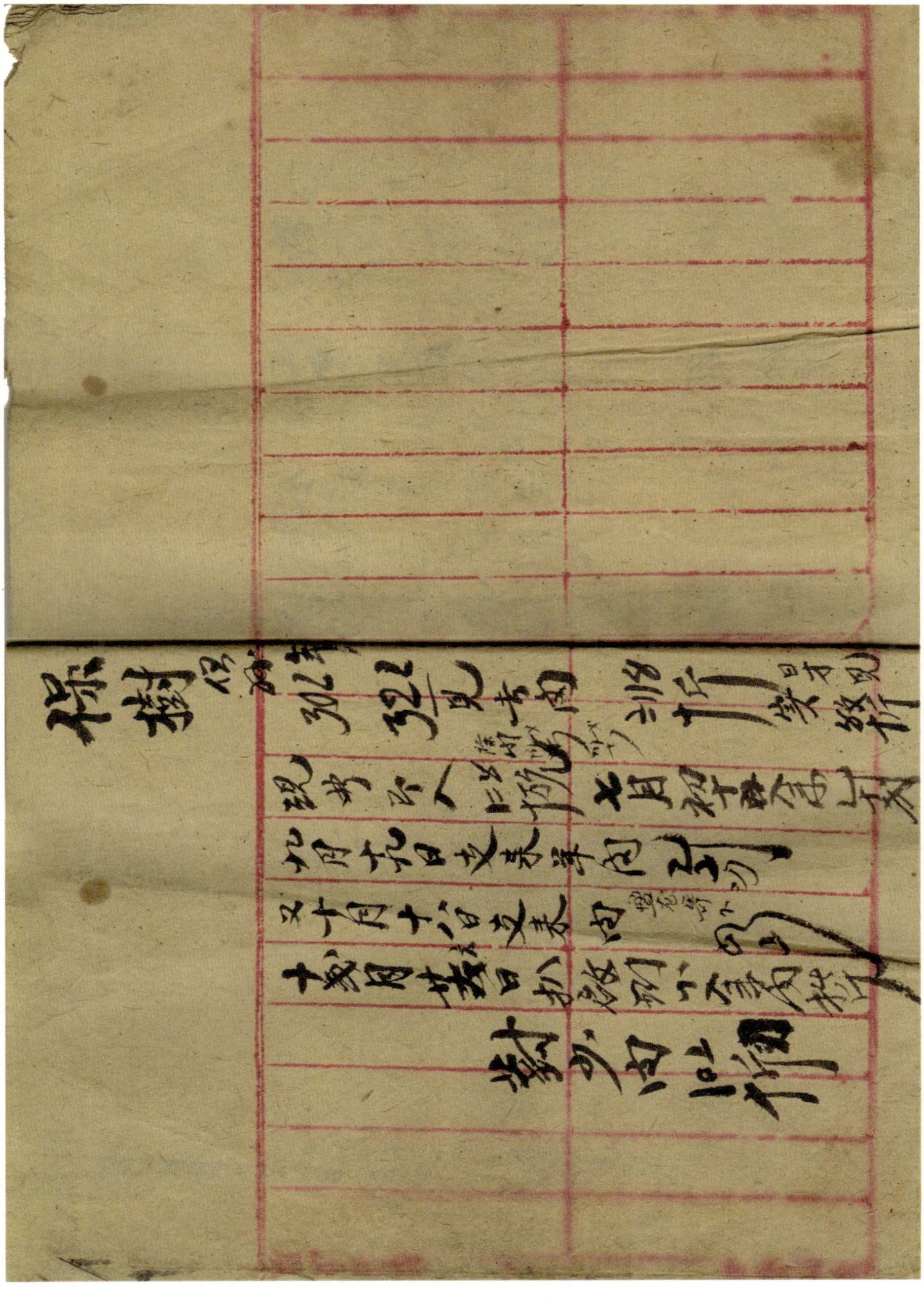

9-4-50-13　民國三十一年楊聲枂置人情簿（一三）

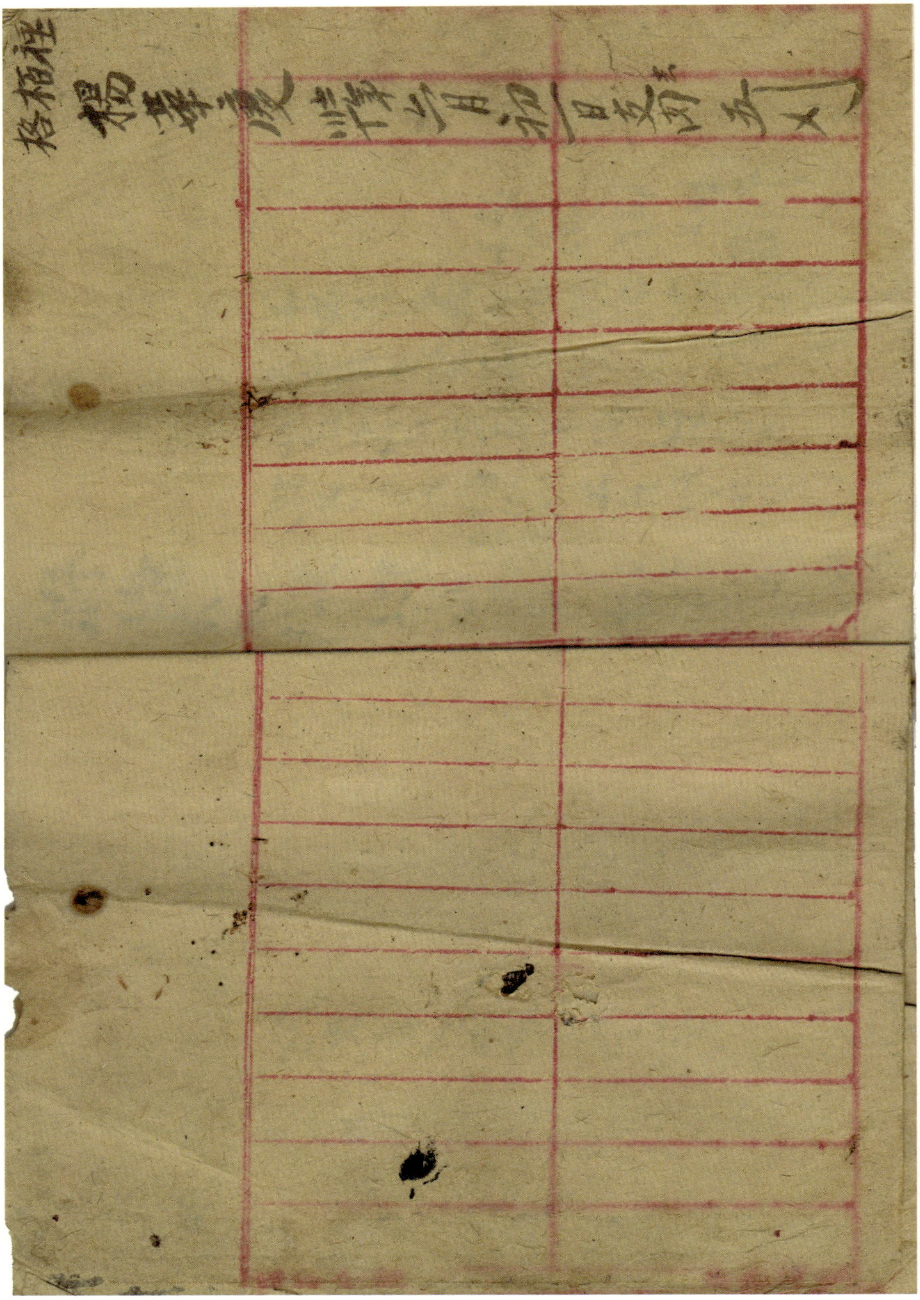
格栢桂
楊聲三慶
卅一年七月初一日立簿大吉

9-4-50-14　民國三十一年楊聲切置人情簿（一四）

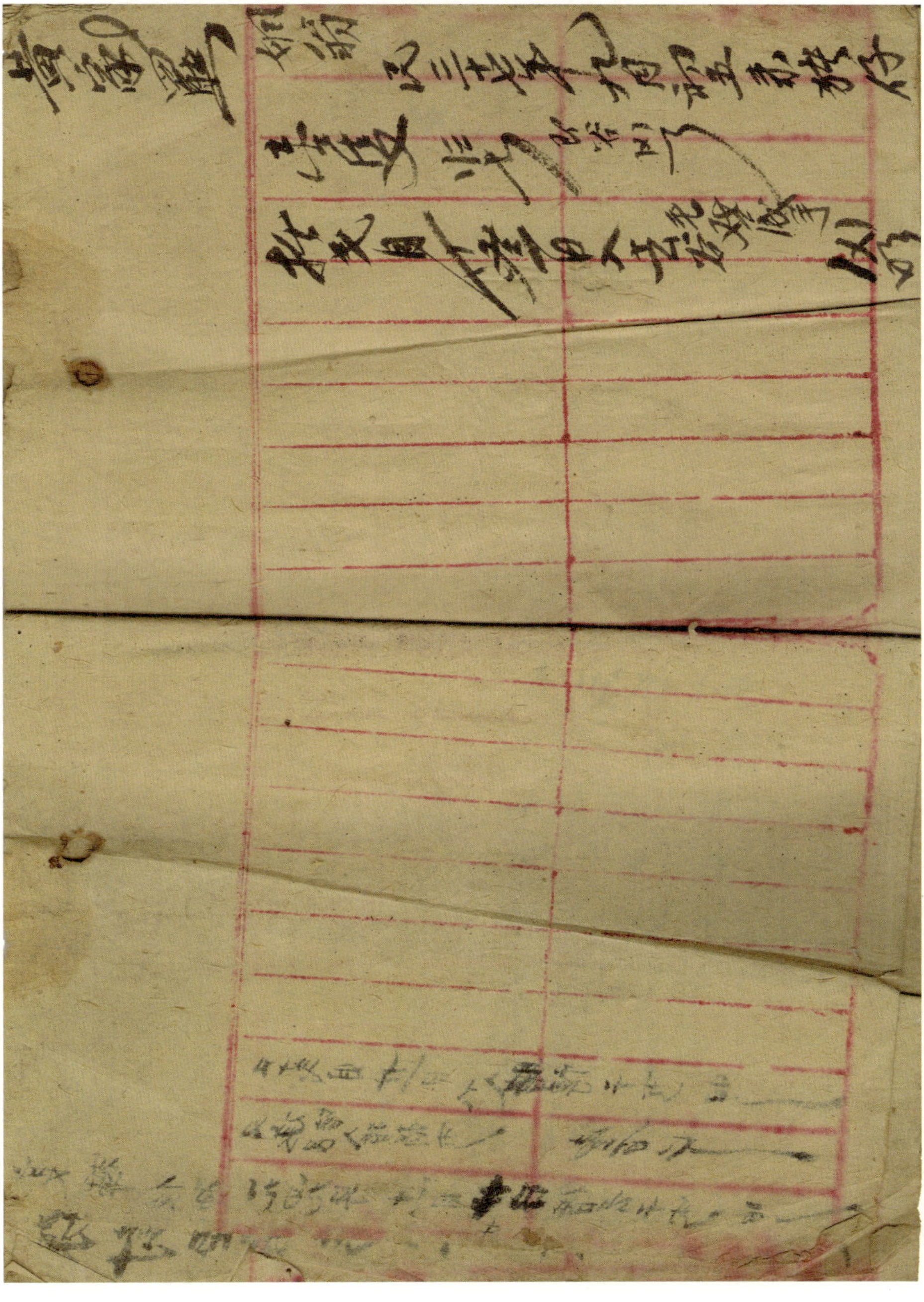

9-4-50-15　民國三十一年楊聲切置人情簿（一五）

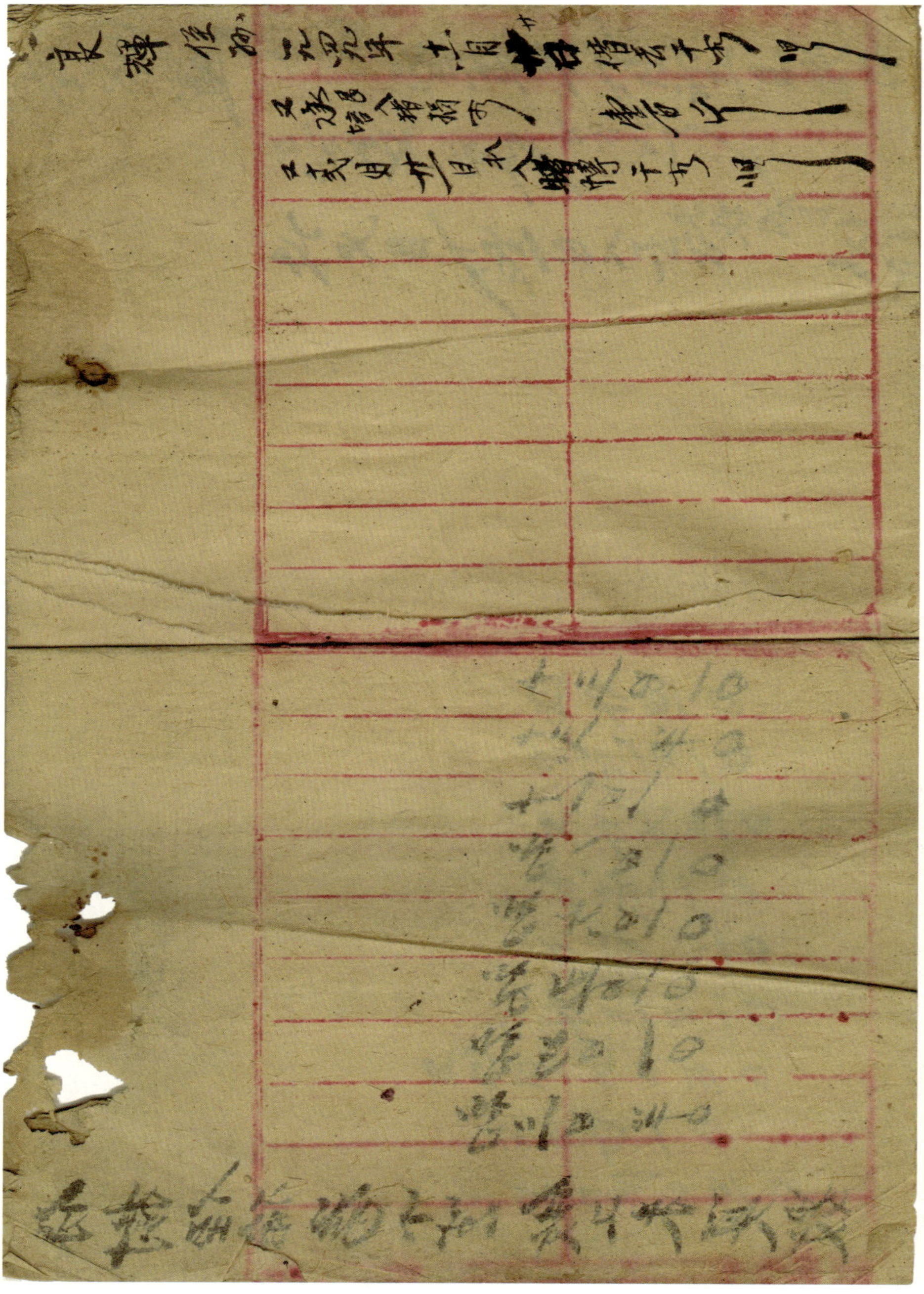

9-4-50-16　民國三十一年楊聲切置人情簿（一六）

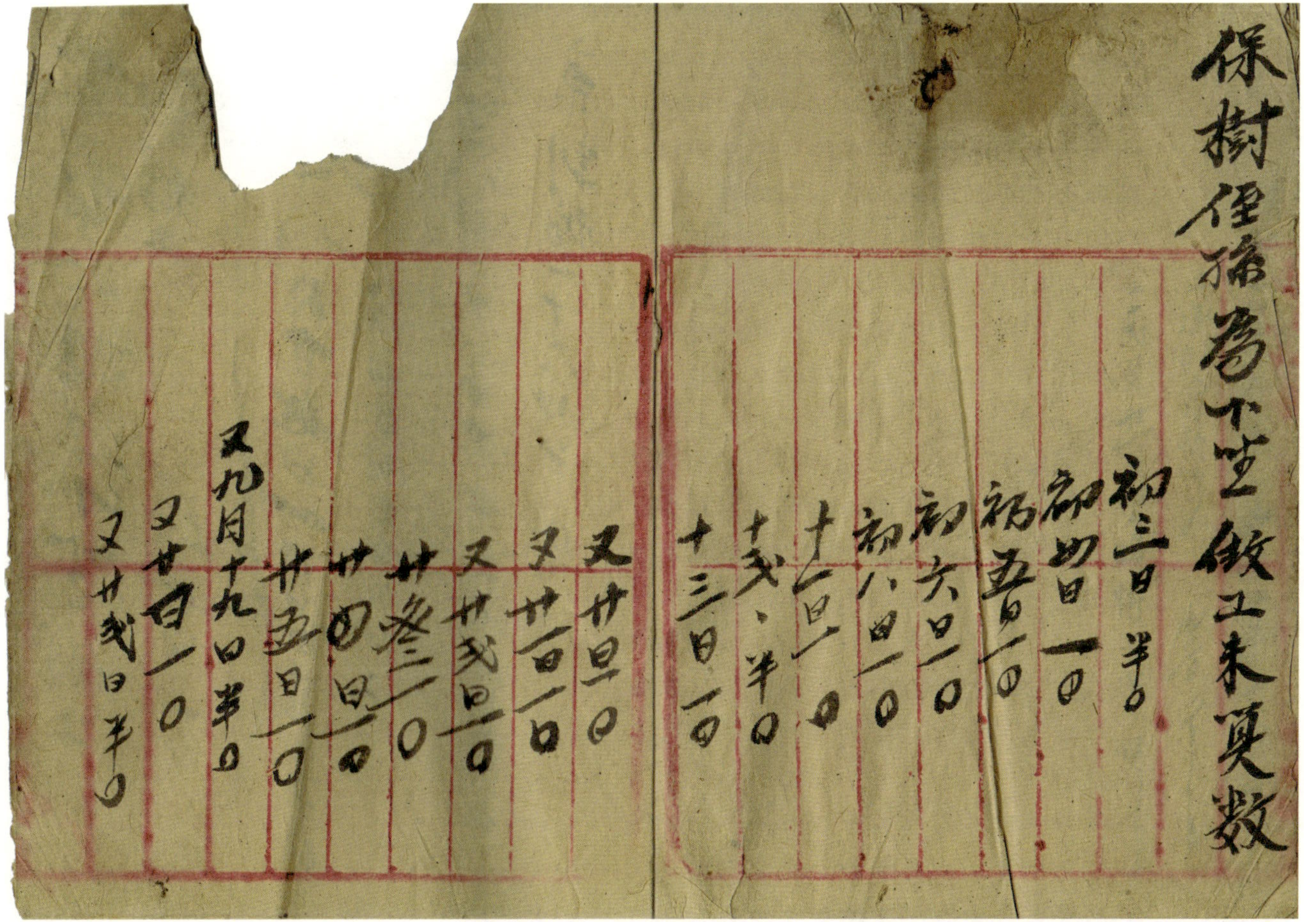
保樹侄孫為下堂做工未算數
初三日半〇
初四日一〇
初五日一〇
初六日一〇
初八日一〇
十七日一〇
十弍、半〇
十三日一〇
又廿一日〇
又廿二日一〇
又廿弍日一〇
廿叁一〇
廿四日一〇
廿五日一〇
又九月十九日半〇
又廿日一〇
又廿弍日半〇

9-4-50-17　民國三十一年楊聲切置人情簿（一七）

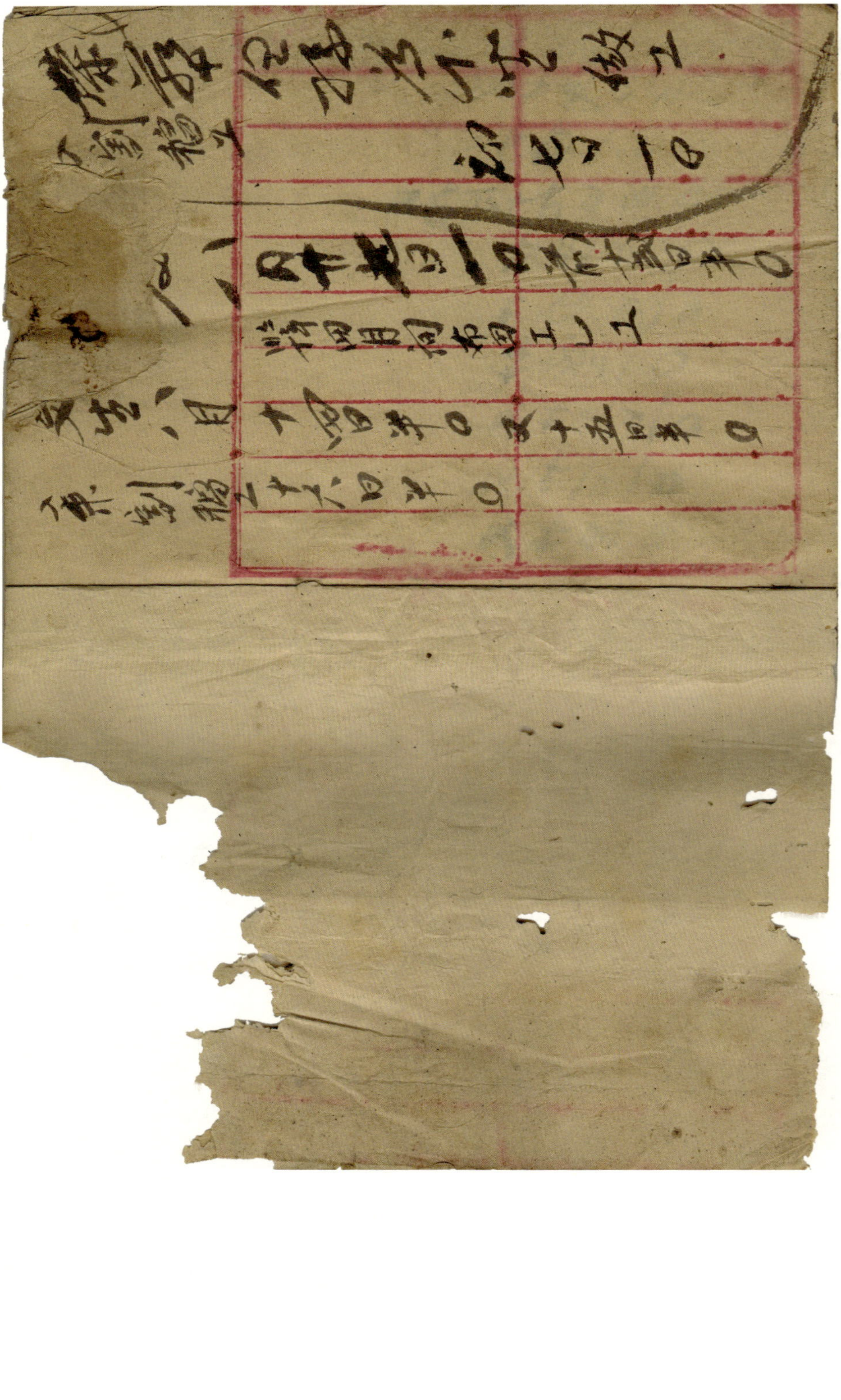

9-4-50-18　民國三十一年楊聲杒置人情簿（一八）

八閩文庫

八閩文庫

專題彙編 第二種

福建民間契約文書

厦門大學民間歷史文獻研究中心 編

鄭振滿 主編

42

海峽出版發行集團
THE STRAITS PUBLISHING & DISTRIBUTING GROUP
福建人民出版社

本册目録

第九卷　永泰縣洑口鄉紫山村契約文書（四）

第五帙　楊經禄户

第六帙　楊良春户

第九卷　永泰縣洑口鄉紫山村契約文書（四）

本卷主編　馬　多　盧映輝

第五帙　楊經祿户

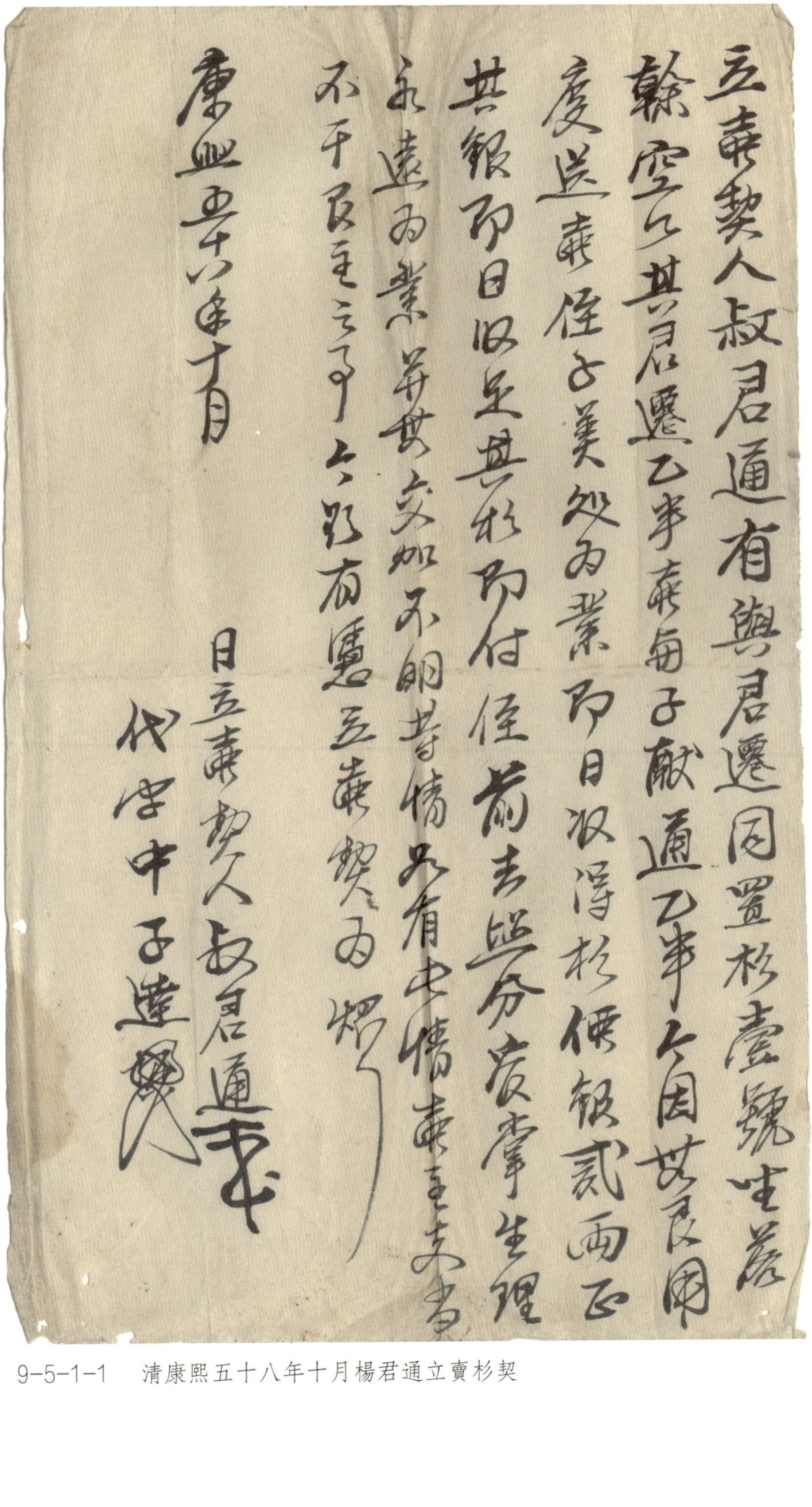
立賣契人叔君通有與君遷同置杉壹號，土名
鞍空乙處，其君遷乙半賣與子猷，通乙半今因無艮用
度，送賣姪子美然為業，即日收得杉價銀貳兩正，
其銀即日收足，其杉即付姪前去照分管掌生理，
永遠為業，并無交加不明等情，如有此情，賣主支當，
不干買主之事。今欲有憑，立賣契為照。
康熙五十八年十月 日立賣契人叔君通（押）
代字中子達（押）

9-5-1-1 清康熙五十八年十月楊君通立賣杉契

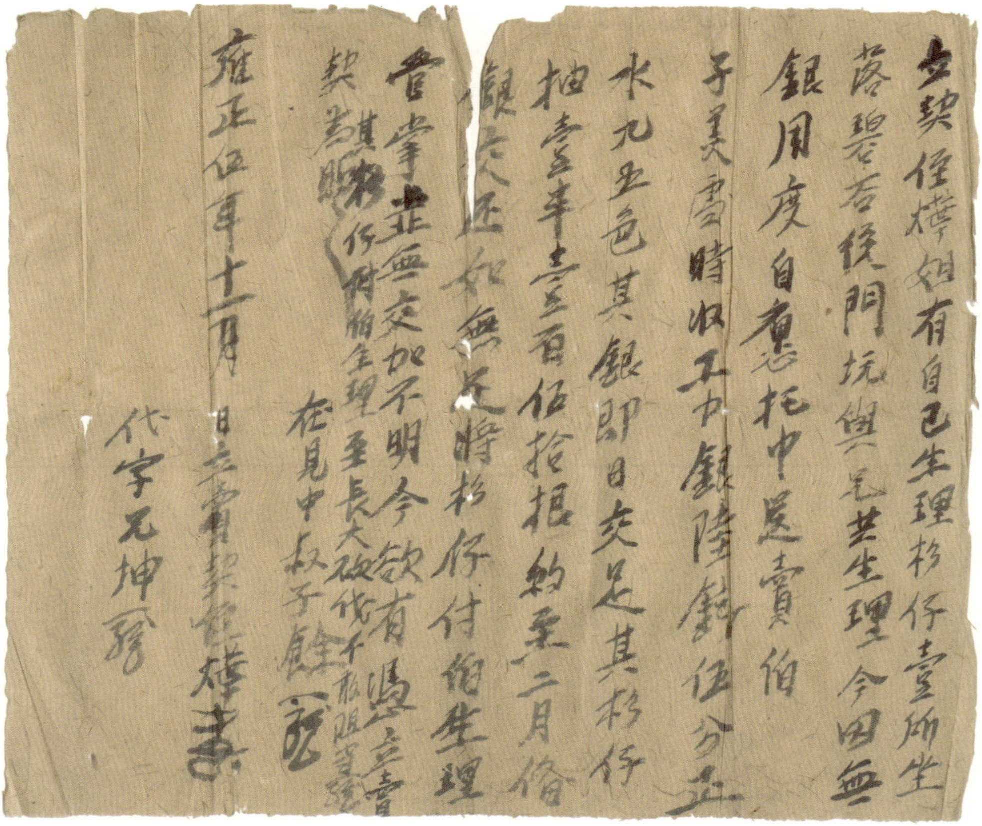
立契侄熚姐有自己生理杉仔壹所坐
落碧岩後門坑與兄共生理今因無
銀用度自愿托中送賣伯
子美處時收工本銀陸錢伍分正
水九五色其銀即日交足其杉仔
抽壹半壹百伍拾根約至二月備
銀在人還如無足將杉仔付伯生理
管掌並無交加不明今欲有憑立賣
契為照其杉仔付伯生理至長大砍伐不敢阻當
在見中叔子銓
雍正伍年十一月　日立賣契侄熚　書
代字兄坤

9-5-1-2　清雍正五年十一月楊熚姐立賣杉仔契

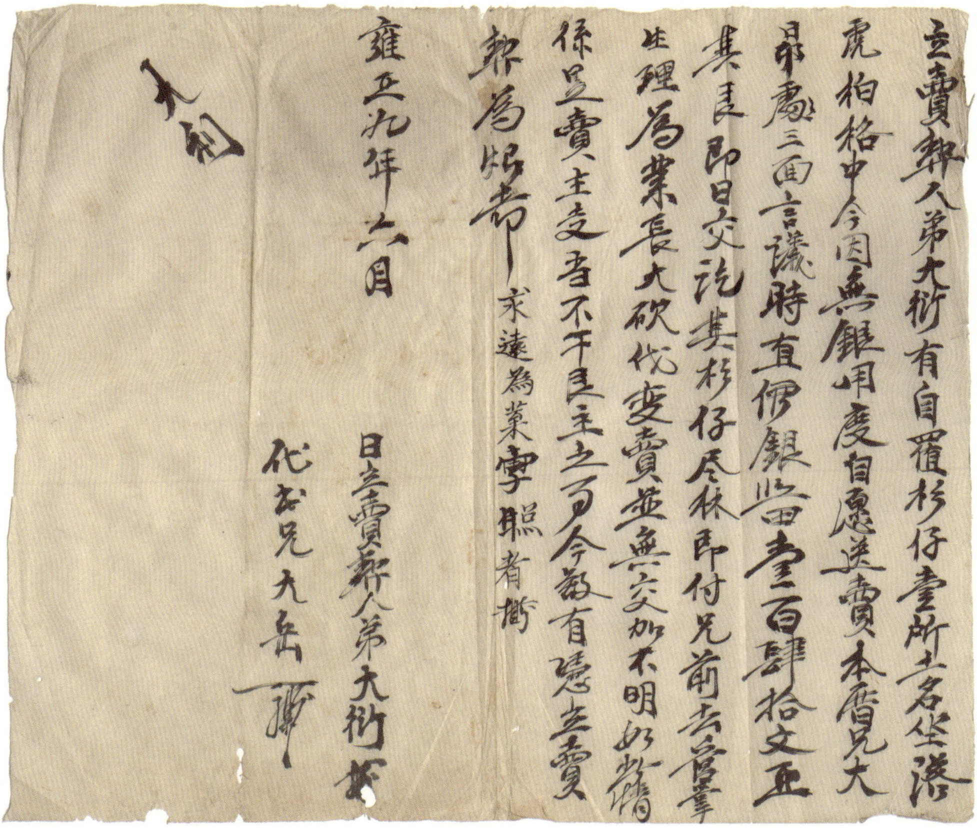

立賣契人弟大衍有自置杉仔壹所土名坐落
虎柏格中今因無銀用度自愿送賣本厝兄大
昂處三面言議時直價銀壹百肆拾文正
其艮即日交訖其杉仔尽林即付兄前去管業
生理為業長大砍伐變賣並無交加不明如此情
係是賣主支當不干艮主之事今欲有憑立賣
契為照帋 永遠為業字照者批

雍正九年六月 日立賣契人弟大衍
代書兄大岳

大利

9-5-1-3 清雍正九年六月楊大衍立賣杉仔契

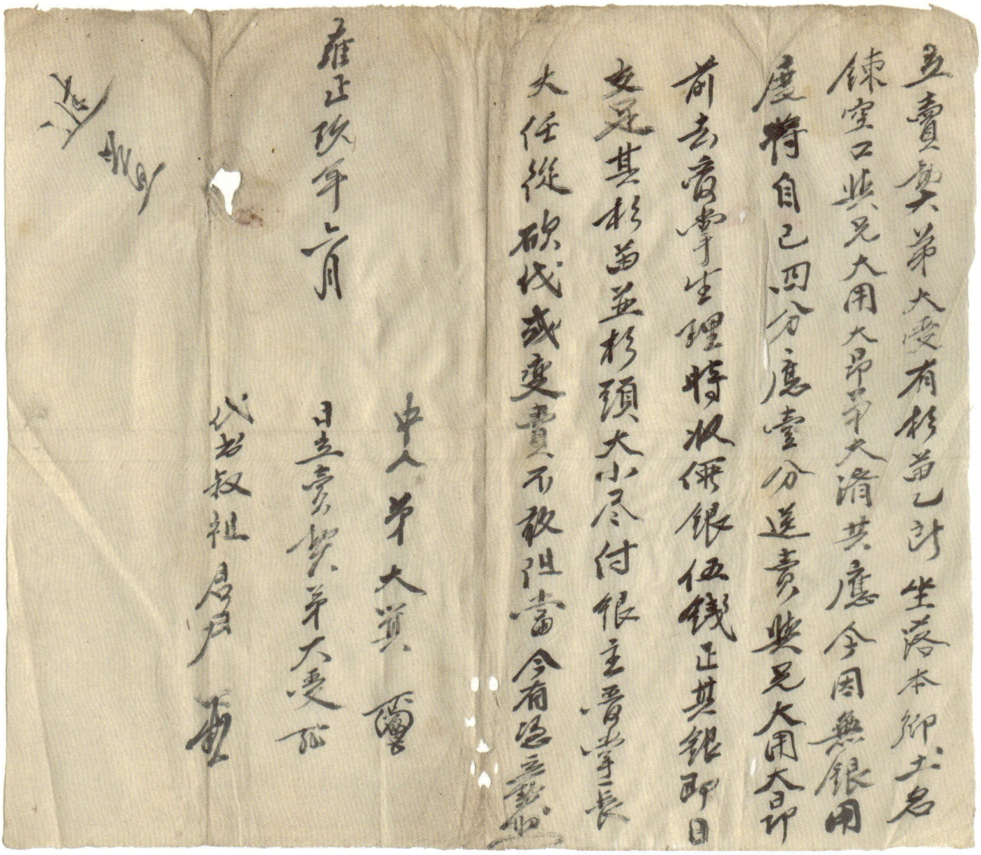

立賣契人弟大受有杉苗乙訂生落本鄉土名
倈室口與兄大用大昂弟大清共應仝因無銀用
度特自己四分應壹分送賣與兄大用大昂許
前去管掌生理特收價銀伍錢正其銀即日
交足其杉苗並杉頭大小尽付銀主管掌長
大任從砍伐或變賣不敢阻當今有憑立契為照
雍正玖年六月
中人弟大賓 押
日立賣契弟大受 押
代書叔祖居户 押

9-5-1-4　清雍正九年六月楊大受立賣杉苗契

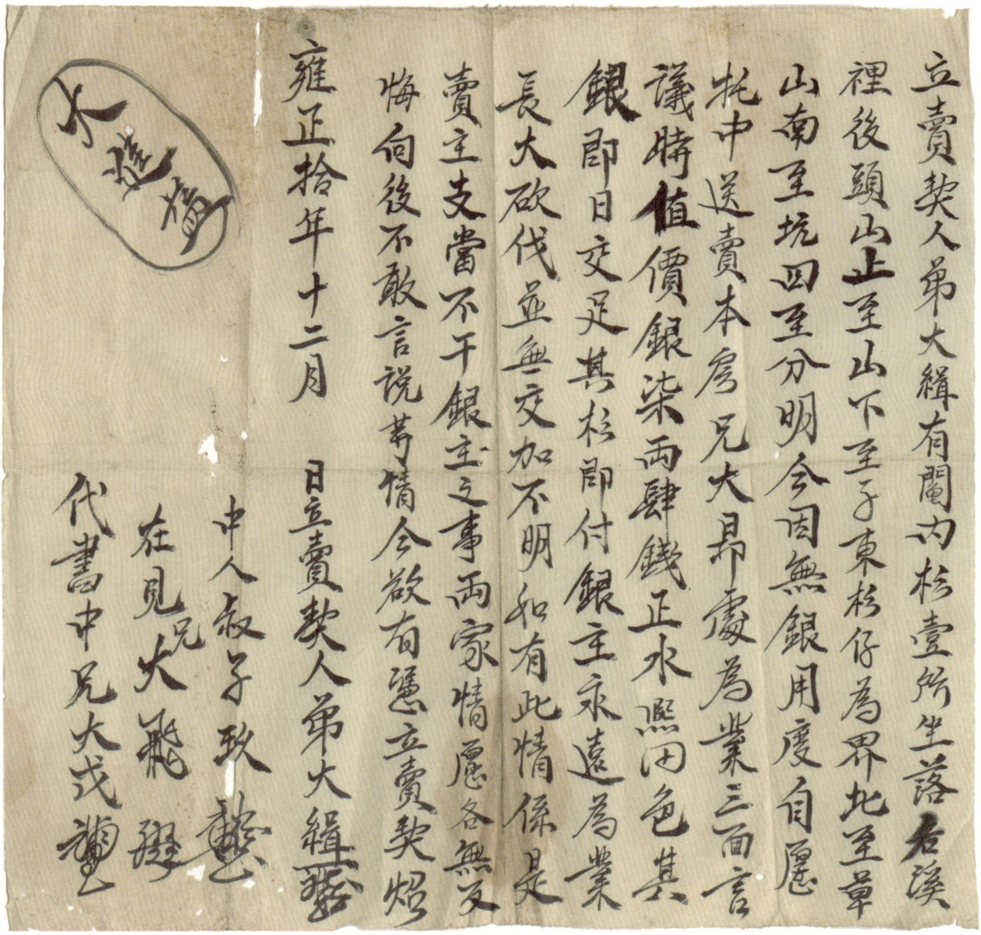

立賣契人弟大緝有闔內杉壹所坐落右溪
裡後頭山上至山下至子東杉仔為界北至草
山南至坑四至分明今因無銀用度自愿
托中送賣本房兄大昂處為業三面言
議時值價銀柒兩肆錢正水照田色其
銀即日交足其杉即付銀主永遠為業
長大砍伐並無交加不明如有此情係是
賣主支當不干銀主之事兩家情愿各無反
悔向後不敢言說等情今欲有憑立賣契爲炤

雍正拾年十二月　日立賣契人弟大緝（押）
中人叔子玖（押）
在見兄大飛（押）
代書中兄大戊（押）

9-5-1-5　清雍正十年十二月楊大緝立賣杉契

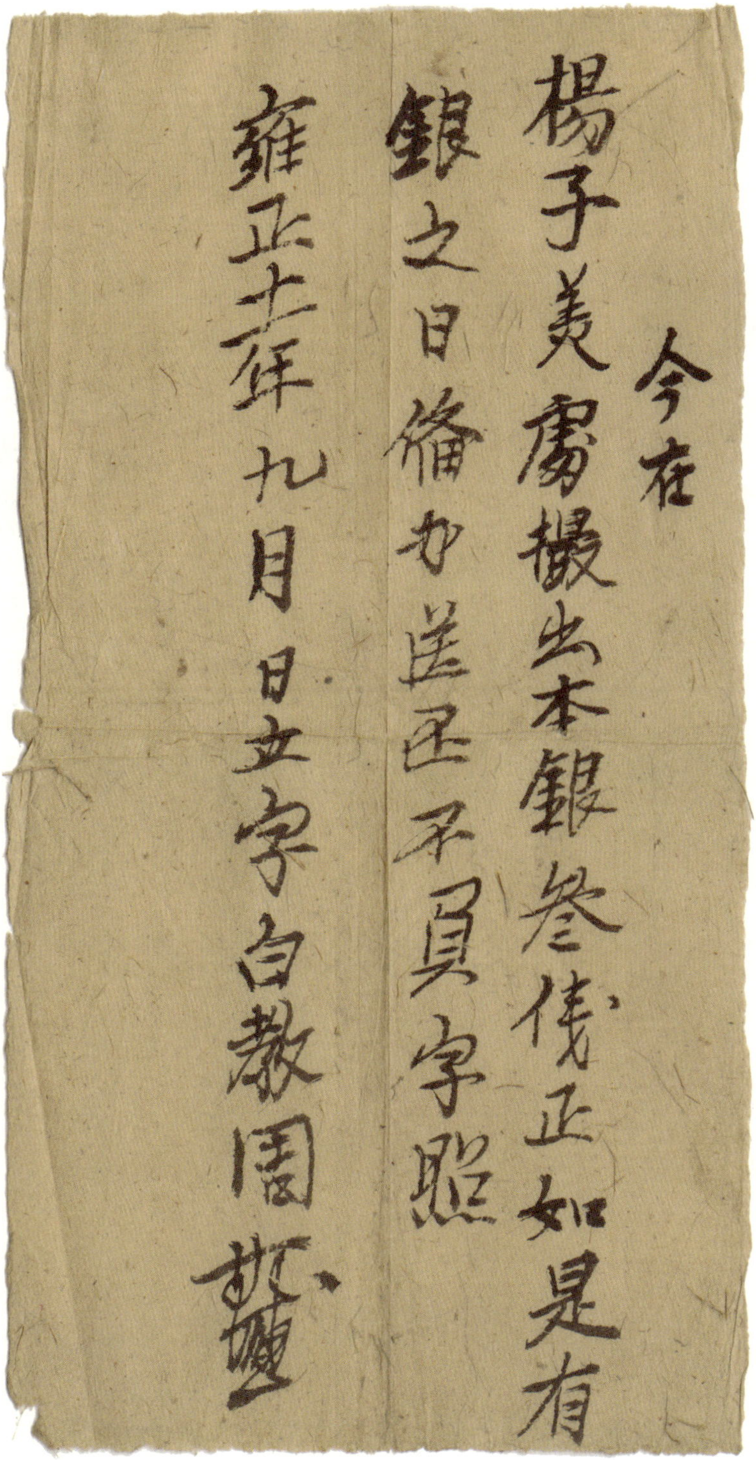

今在
楊子美處撮出本銀叁倆正如是有
銀之日備女送還不負字照
雍正十一年九月　日立字　白教周（押）

9-5-1-6　清雍正十一年九月白教周立撮字

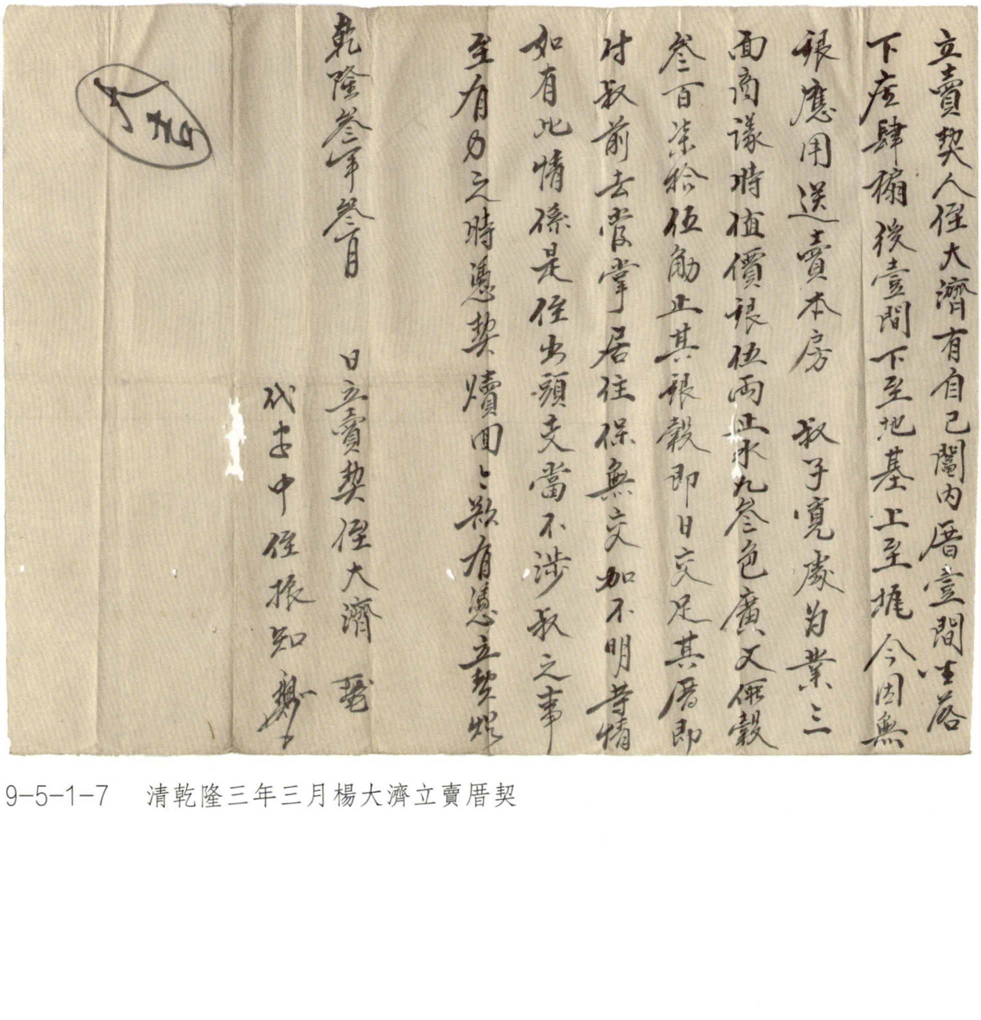
立賣契人侄大濟有自己闔内厝壹間坐落
下座肆橺後壹間下至地基上至椽今因無
銀應用送賣本房 叔子寬處為業三
面商議時值價銀伍兩正水九叁色廣又併穀
叁百柒拾伍觔正其銀穀即日交足其厝即
付叔前去管掌居住保無交加不明等情
如有此情係是侄出頭支當不涉叔之事
至有力之時憑契續回〻欲有憑立契為照
乾隆叁年叁月 日立賣契侄大濟 筆
代書中侄振知 押

9-5-1-7　清乾隆三年三月楊大濟立賣厝契

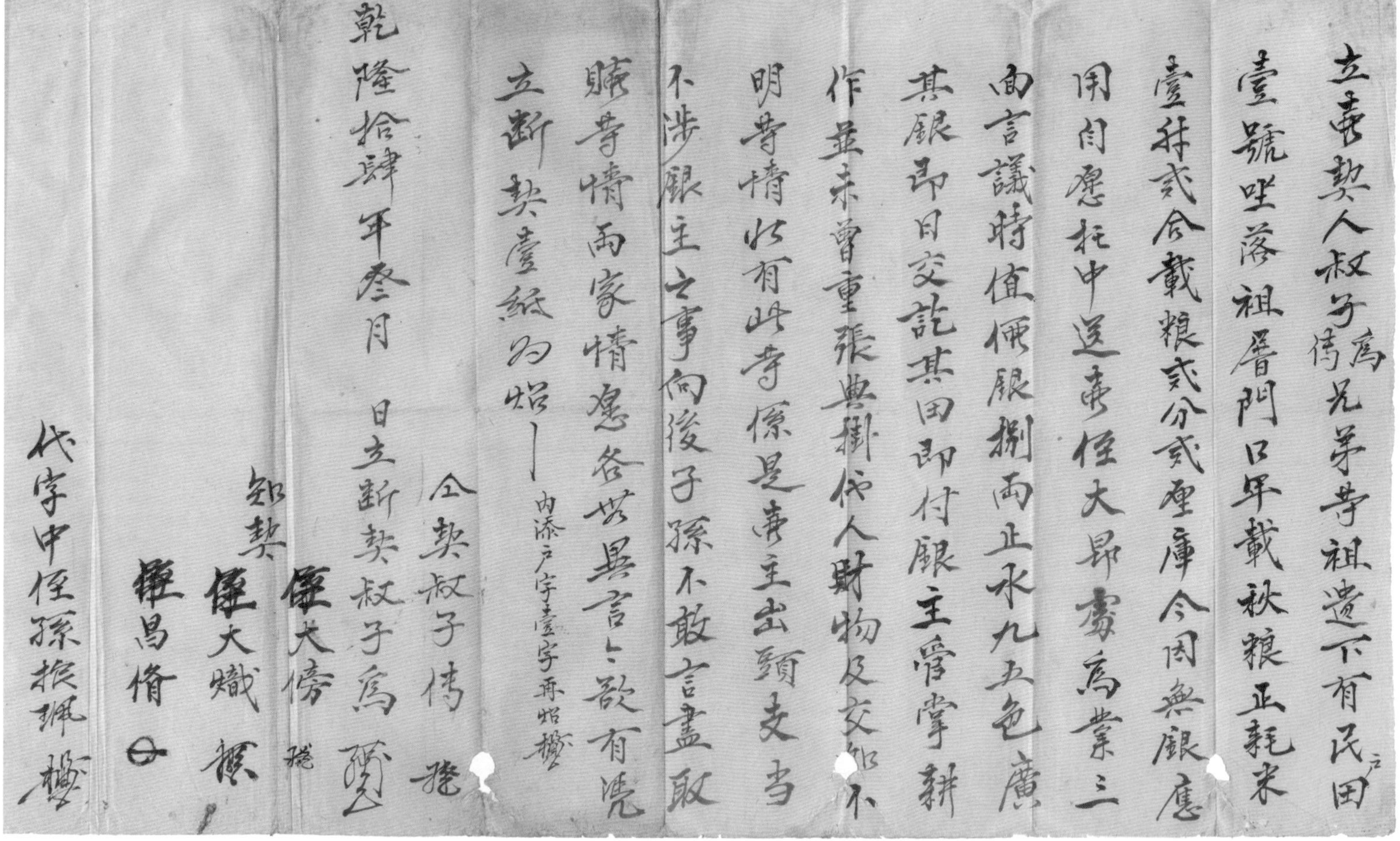
立賣契人叔子爲、傳兄弟等祖遺下有民田
壹號，坐落祖厝門口，年載秋粮正耗米
壹升弍合，載粮弍分弍厘庫。今因無銀應
用，自愿托中送賣侄大昂處爲業，三
面言議時值價銀捌両正，水九五色廣
其銀即日交訖，其田即付銀主管掌耕
作。並未曾重張典掛他人財物及交加不
明等情。如有此等，係是賣主出頭支当，
不涉銀主之事。向後子孫不敢言盡取
贖等情。兩家情愿，各無異言。今欲有凭，
立斷契壹紙爲炤。|　内添户字壹字，再炤。
乾隆拾肆年叁月　日立斷契叔子爲
仝契叔子傳
知契　侄大傍
侄大熾
侄昌脩
代字中侄孫振琲

9-5-1-8　清乾隆十四年三月楊子爲等立賣民户田契

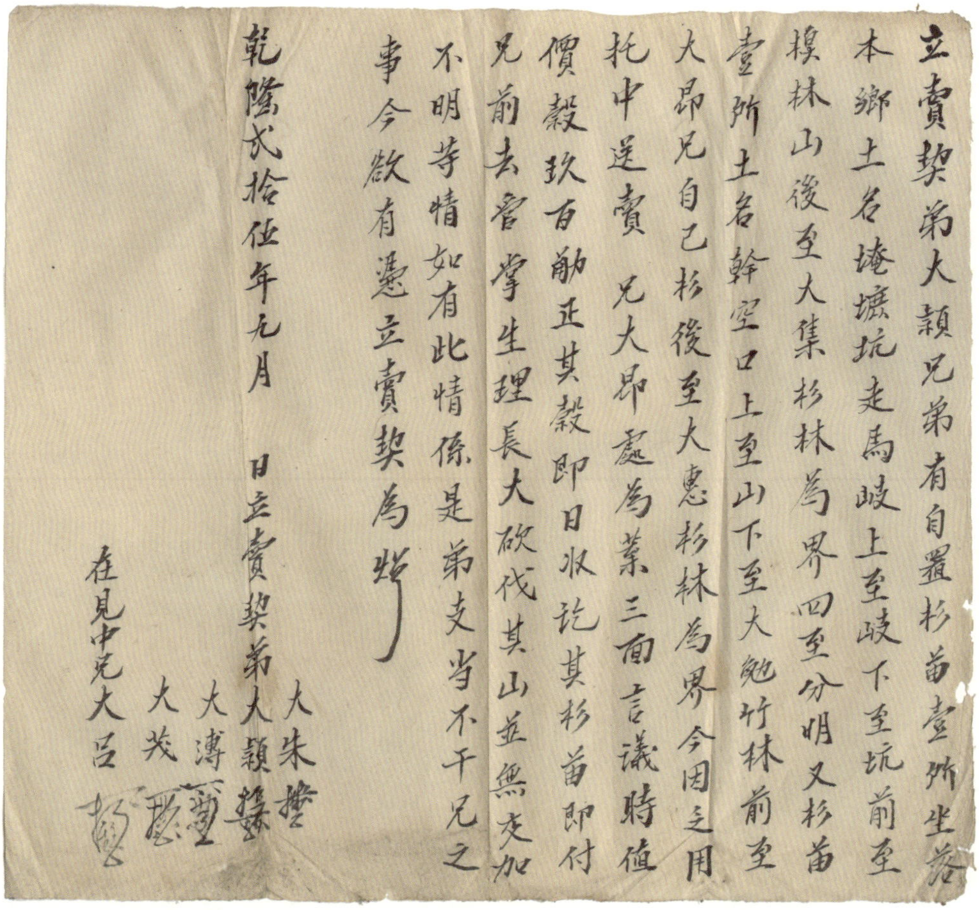
立賣契弟大穎兄弟有自置杉苗壹所坐落
本鄉土名埯壙坑走馬岐上至岐下至坑前至
摸林山後至大集杉林爲界四至分明又杉苗
壹所土名斡空口上至山下至大勉竹林前至
大昴兄自己杉後至大惠杉林爲界今因乏用
托中送賣　兄大昴處爲業三面言議時值
價穀玖百觔正其穀即日收訖其杉苗即付
兄前去管掌生理長大砍伐其山並無交加
不明等情如有此情係是弟支当不干兄之
事今欲有憑立賣契爲照
乾隆貳拾伍年九月　　日立賣契弟大穎（押）
大朱（押）
大溥（押）
大羙（押）
在見中兄大呂（押）

9-5-1-9　清乾隆二十五年九月楊大穎等立賣杉苗契

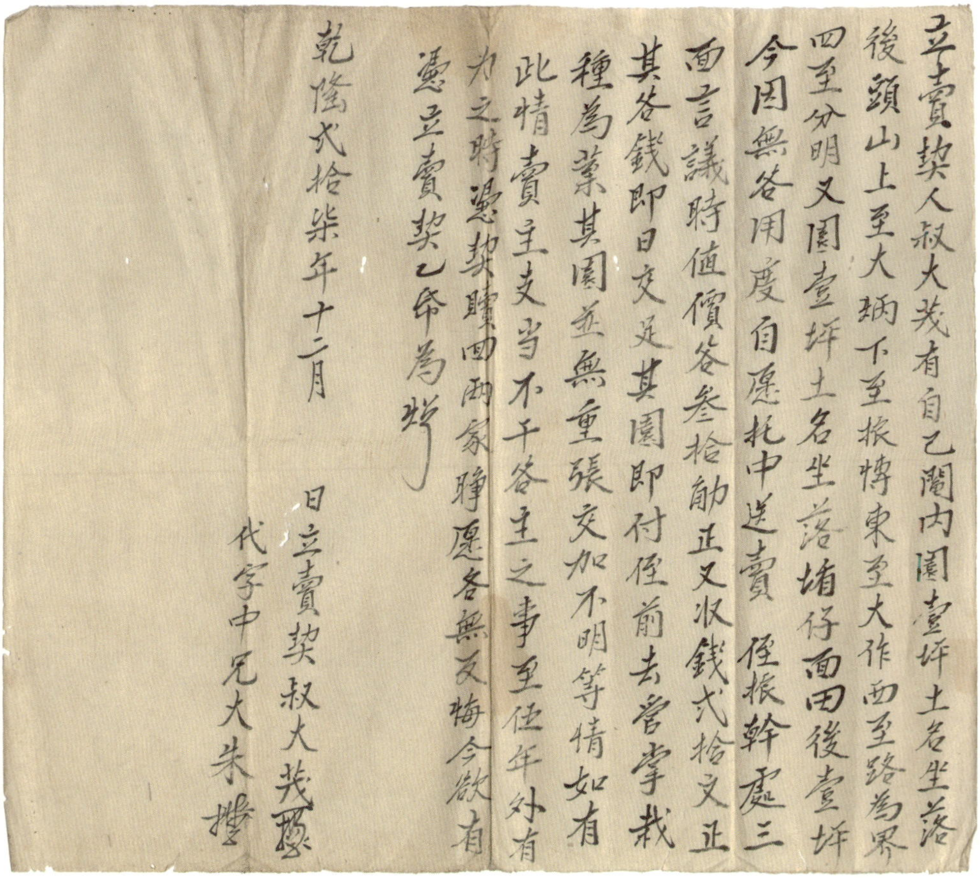
立賣契人叔大茂有自己閹內園壹坪土名坐落
後頭山上至大坳下至振博東至大作西至路為界
四至分明又園壹坪土名坐落墘仔面田後壹坪
今因無銭用度自愿托中送賣　侄振幹處三
面言議時值價銭叁拾觔正又收銭弍拾文正
其銭即日交足其園即付侄前去管掌栽
種為業其園並無重張交加不明等情如有
此情賣主支当不干銭主之事至任年外有
力之時憑契贖回兩家靜愿各無反悔今欲有
憑立賣契乙紙為照
乾隆弍拾柒年十二月　日立賣契叔大茂（押）
代字中兄大朱（押）

9-5-1-10　清乾隆二十七年十二月楊大茂立賣園契

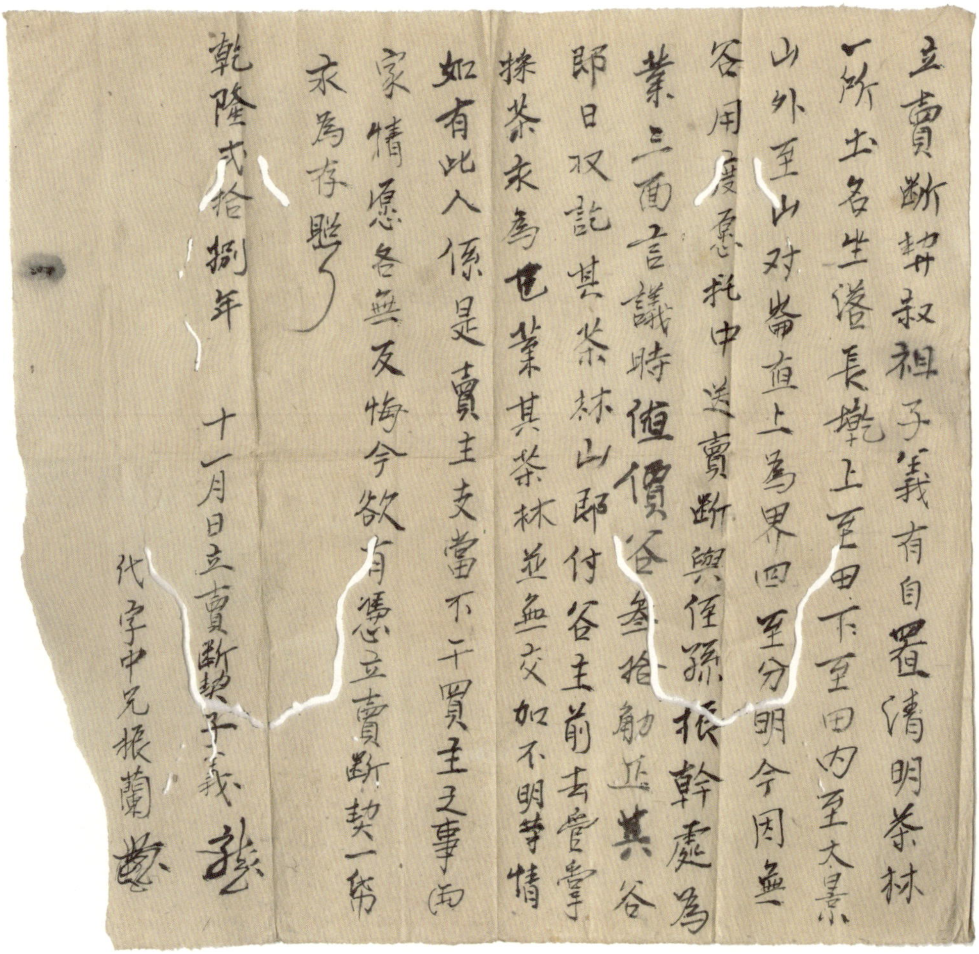
立賣斷契叔祖子義有自置清明茶林
一所土名生溍長墘上至田下至田內至太景
山外至山对崙直上為界四至分明今因無
谷用度憑托中送賣斷與侄孫振幹處為
業三面言議時值價谷叁拾觔正其谷
即日收訖其茶林山即付谷主前去管掌
採茶永為世業其茶林並無交加不明等情
如有此人係是賣主支當不干買主之事兩
家情愿各無反悔今欲有憑立賣斷契一紙
永為存照
乾隆式拾捌年　十一月日立賣斷契子義（押）
代字中兄振蘭（押）

9-5-1-11　清乾隆二十八年十一月楊子義立賣斷清明茶林契

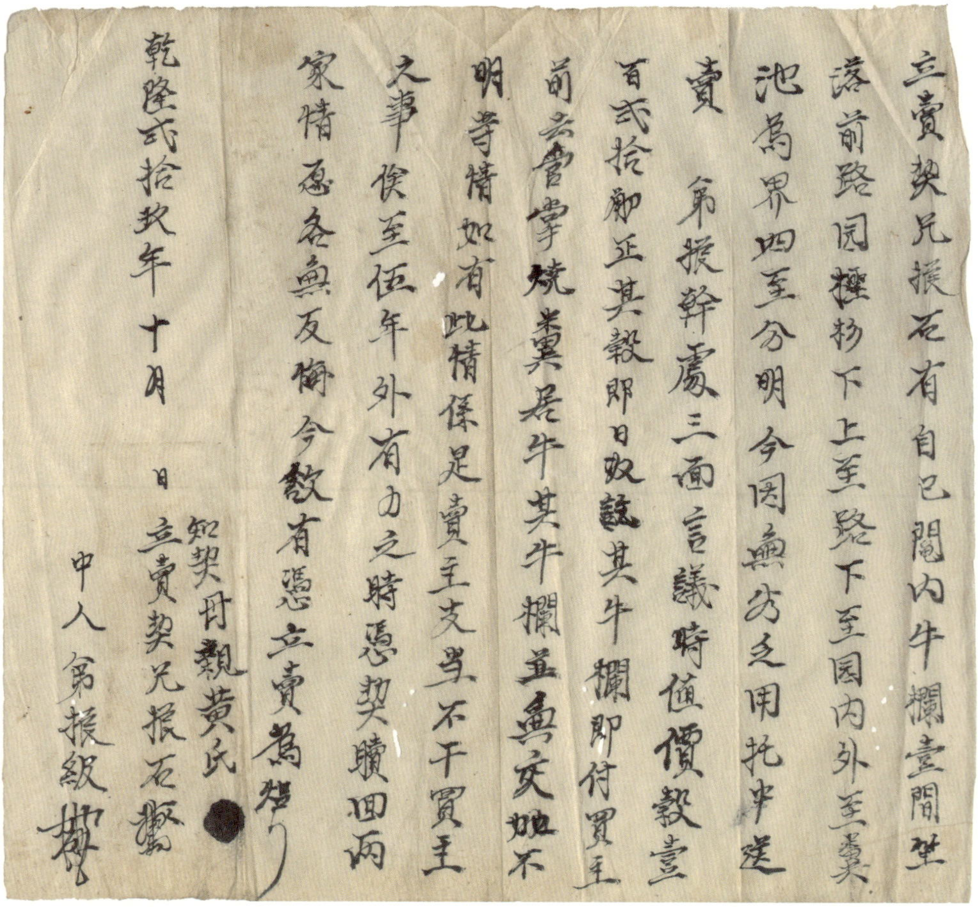

立賣契兄振石有自己閹內牛欄壹間坐
落前路园埂杉下上至路下至园內外至糞
池為界四至分明今因無力乏用托中送
賣　弟振幹處三面言議時值價穀壹
百弍拾觔正其穀即日收訖其牛欄即付買主
前去管掌燒糞居牛其牛欄並無交加不
明等情如有此情係是賣主支当不干買主
之事俟至伍年外有力之時憑契贖回兩
家情愿各無反悔今欲有憑立賣為照
乾隆弍拾玖年十月　日　立賣契兄振石（押）
如契母親黃氏
中人弟振紋（押）

9-5-1-12　清乾隆二十九年十月楊振石立賣牛欄契

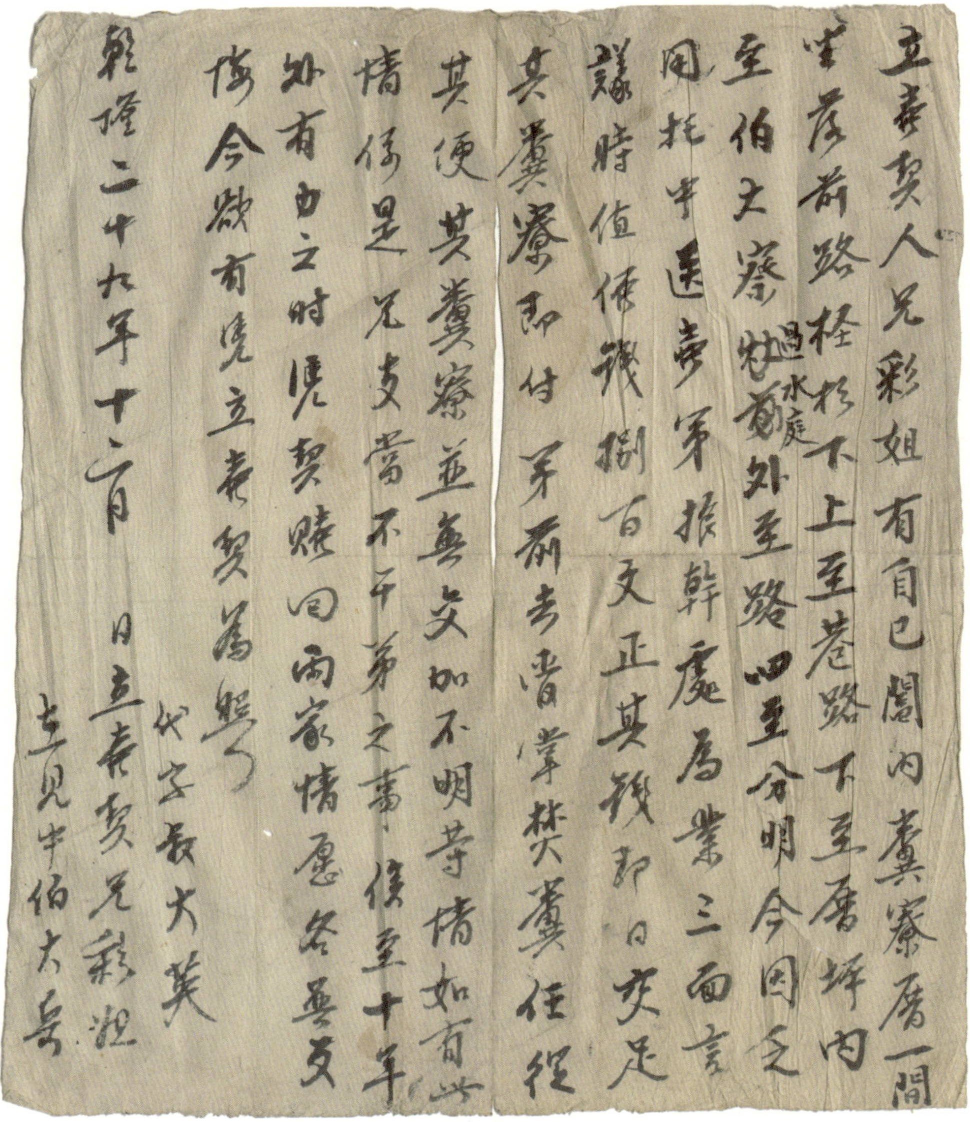

立賣契人兄彩姐有自己闔内糞寮厝一間
坐落前路桂於不上至巷路下至厝坪内
至伯大寮過水庭外至路四至分明今因乏
用托中送與弟振韓處為業三面言
議時值價錢捌百文正其錢即日交足
其糞寮即付弟前去管掌糞任從
其便其糞寮並無交加不明等情如有此
情係是兄支當不干弟之事係至十年
外有白之時憑契贖回兩家情愿各無反
悔今欲有憑立賣契為照
乾隆二十九年十二月　日立賣契兄彩姐
代字長大莫
在見中伯大岳

9-5-1-13　清乾隆二十九年十二月楊彩姐立賣糞寮厝契

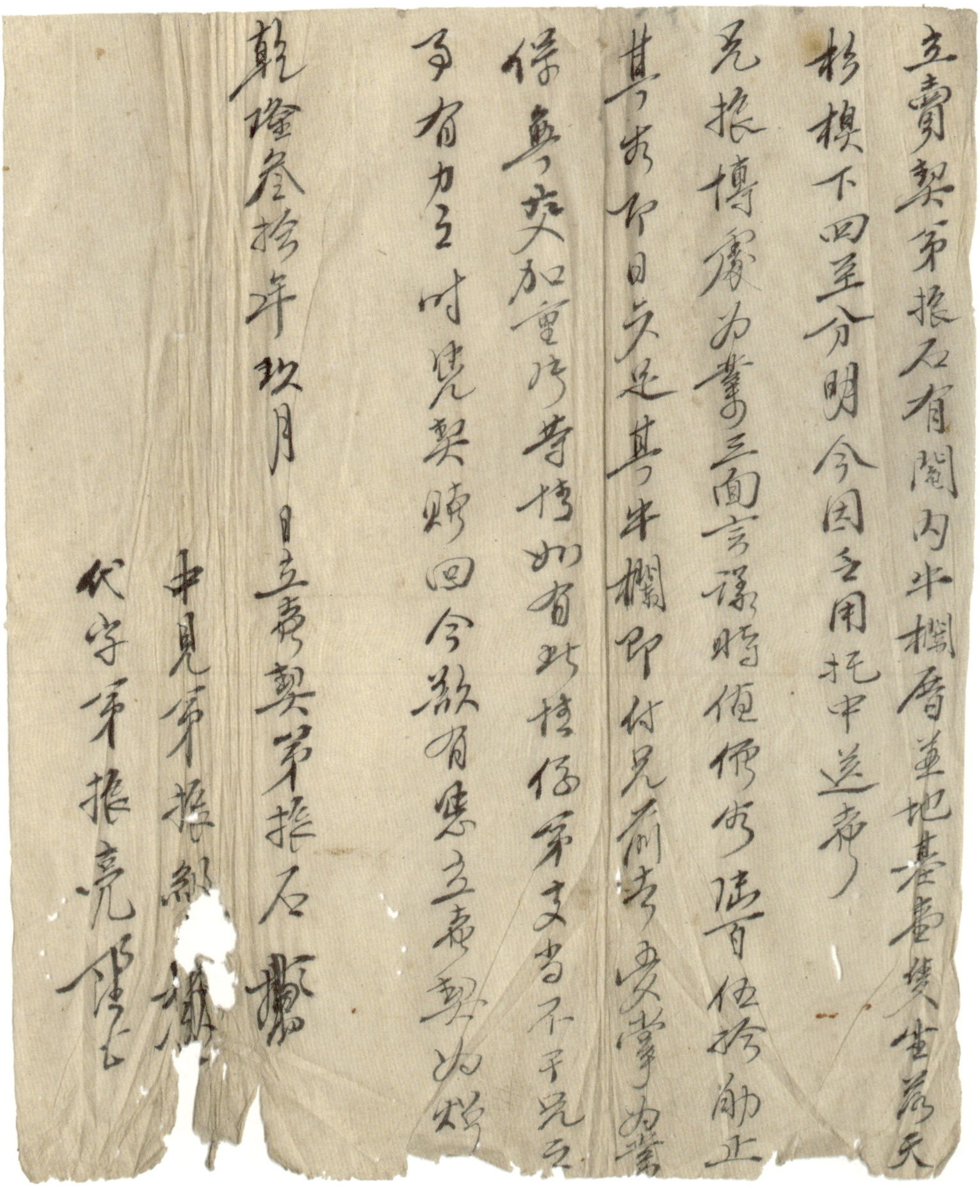
立賣契弟振石有閣內牛欄厝並地基壹所坐落天
杉模下四至分明今因乏用托中送與
兄振博處為業三面言議時值價錢陸百伍拾前正
其錢即日交足其牛欄即付兄前去管掌為業
係無交加重疊等情如有此情係弟支當不干兄之
事有力之時憑契贖回今欲有憑立賣契為照
乾隆叁拾年玖月　日立賣契弟振石（押）
中見弟振紹（押）
代字弟振亮（押）

9-5-1-14　清乾隆三十年九月楊振石立賣牛欄厝等契

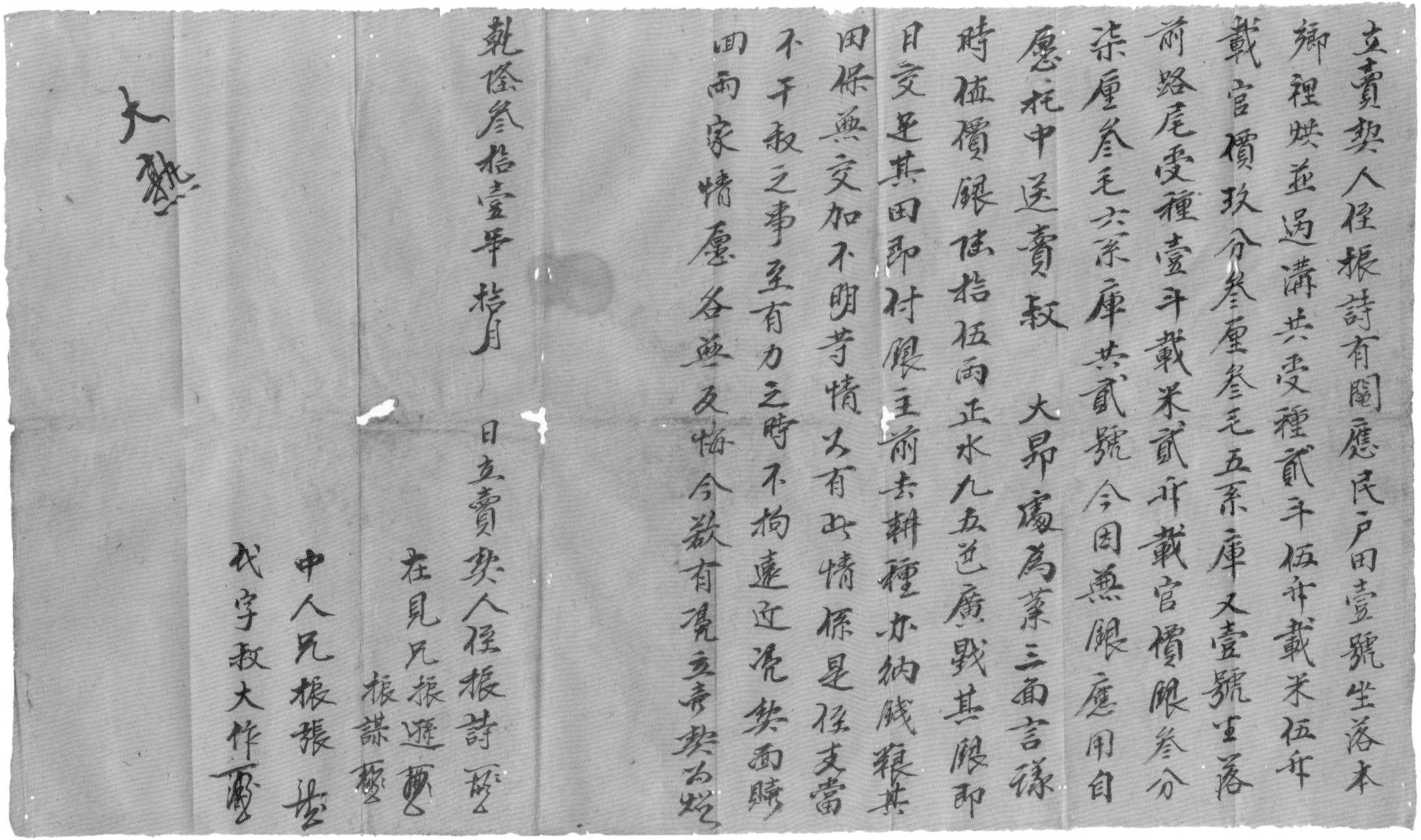

立賣契人侄振詩有閹應民户田壹號坐落本
鄉裡洪莊過溝共受種貳斗伍升載米伍升
載官價玖分叁厘叁毛五系庫又壹號坐落
前路尾受種壹斗載米貳升載官價銀叁分
柒厘叁毛六系庫共貳號今因無銀應用自
愿托中送賣叔　大昴處爲業三面言議
時植價銀陆拾伍兩正水九五色廣戥其銀即
日交足其田即付銀主前去耕種亦納錢粮其
田保無交加不明等情又有此情係是侄支當
不干叔之事至有力之時不拘遠近児契面贖
田兩家情愿各無反悔今欲有凴立賣契爲照

乾隆叁拾壹年拾月　日立賣契人侄振詩（押）

在見兄振遐（押）

振謀（押）

中人兄振張（押）

代字叔大作（押）

大發

9-5-1-15　清乾隆三十一年十月楊振詩立賣民户田契

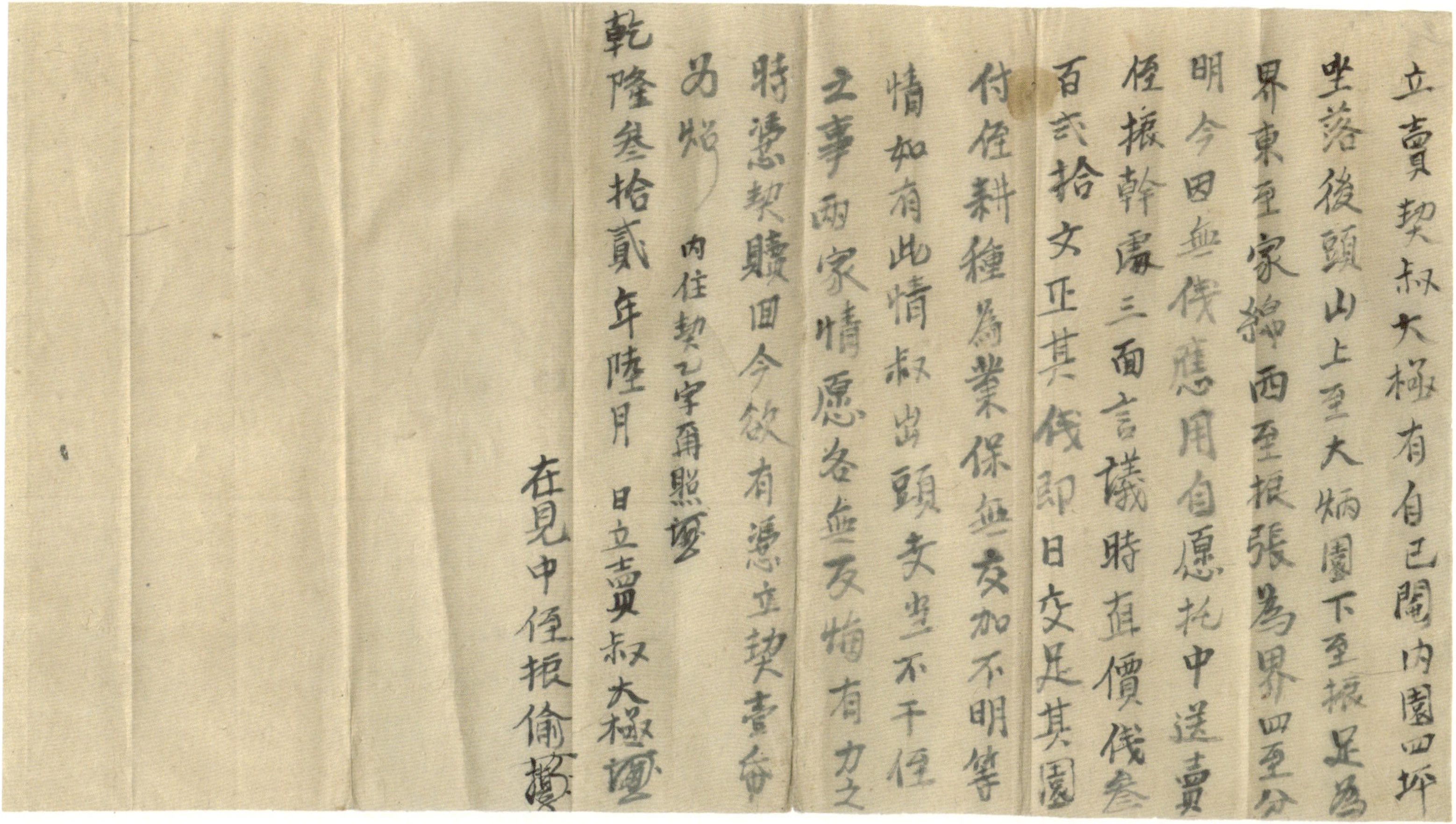
立賣契叔大極有自己閹內園四坪
坐落後頭山上至大炳園下至振足為
界東至家錦西至根張為界四至分
明今因無錢應用自愿托中送賣
侄振幹處三面言議時值價錢叁
百貳拾文正其錢即日交足其園
付侄耕種為業保無交加不明等
情如有此情叔出頭支當不干侄
之事兩家情愿各無反悔有力之
時憑契贖回今欲有憑立契壹帋
爲照　內住契乙字爲照（押）
乾隆叁拾貳年陸月　日立賣叔大極（押）
在見中侄振倫（押）

9-5-1-16　清乾隆三十二年六月楊大極立賣園契

立賣契叔大極有自己天杉壹根坐
落后頭山根幹竹林内抽出大者壹
根送賣侄振幹邊前去長大砍伐
時沏價錢壹百肆拾文正其錢即日
交訖其天杉付侄任從其便不敢言説
兩家情愿各無反悔今欲有憑立賣契
□□為照者
乾隆叁拾肆年五月　日立賣契叔大極（押）

9-5-1-17　清乾隆三十四年五月楊大極立賣杉契

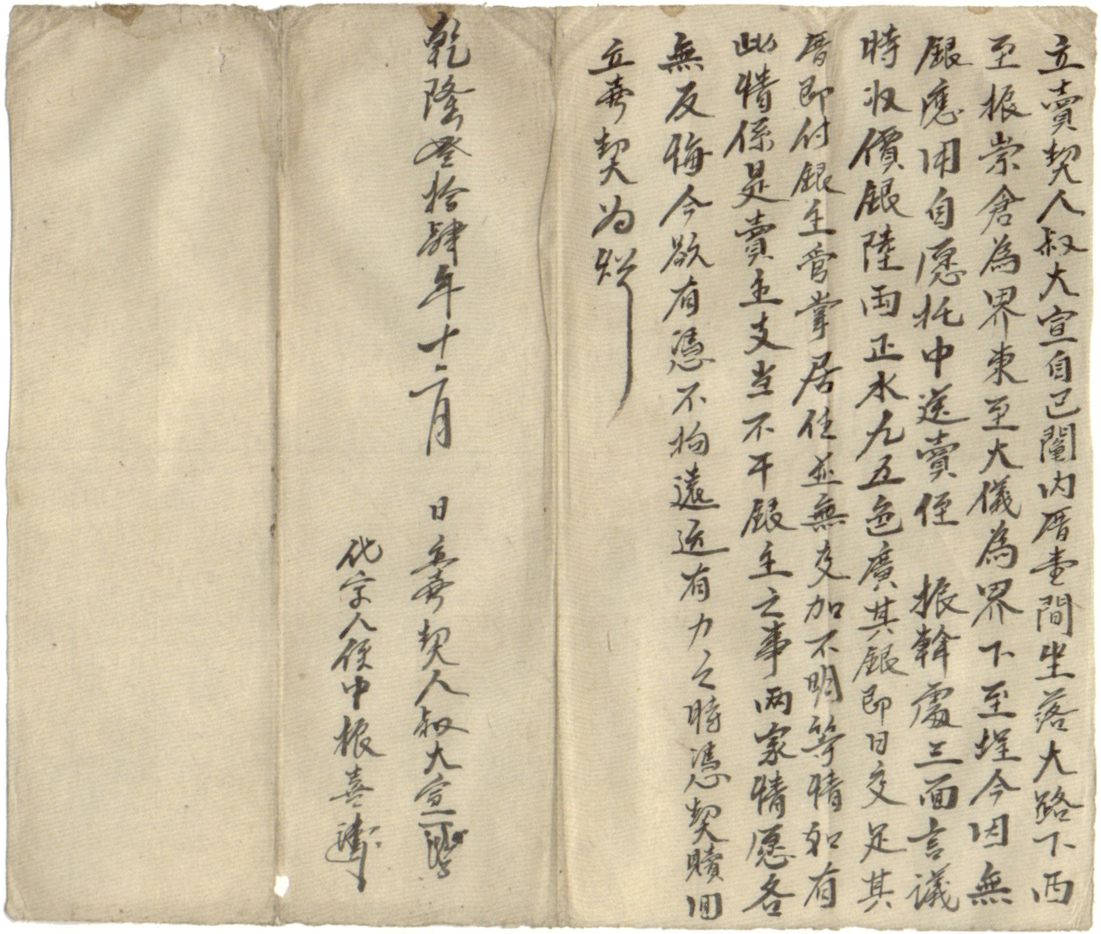

立賣契人叔大宣自己鬮内厝壹間坐落大路下西
至根崇倉為界東至大儀為界下至埕今因無
銀應用自愿托中送賣侄　根幹處三面言議
時價銀陸两正水九五色廣其銀即日交足其
厝即付銀主管掌居住並無交加不明等情如有
此情係是賣主支当不干銀主之事两家情愿各
無反悔今欲有憑不拘遠近有力之時憑契贖回
立賣契為炤

乾隆叁拾肆年十二月　日立賣契人叔大宣（押）
代字人侄中根喜（押）

9-5-1-18　清乾隆三十四年十二月楊大宣立賣厝契

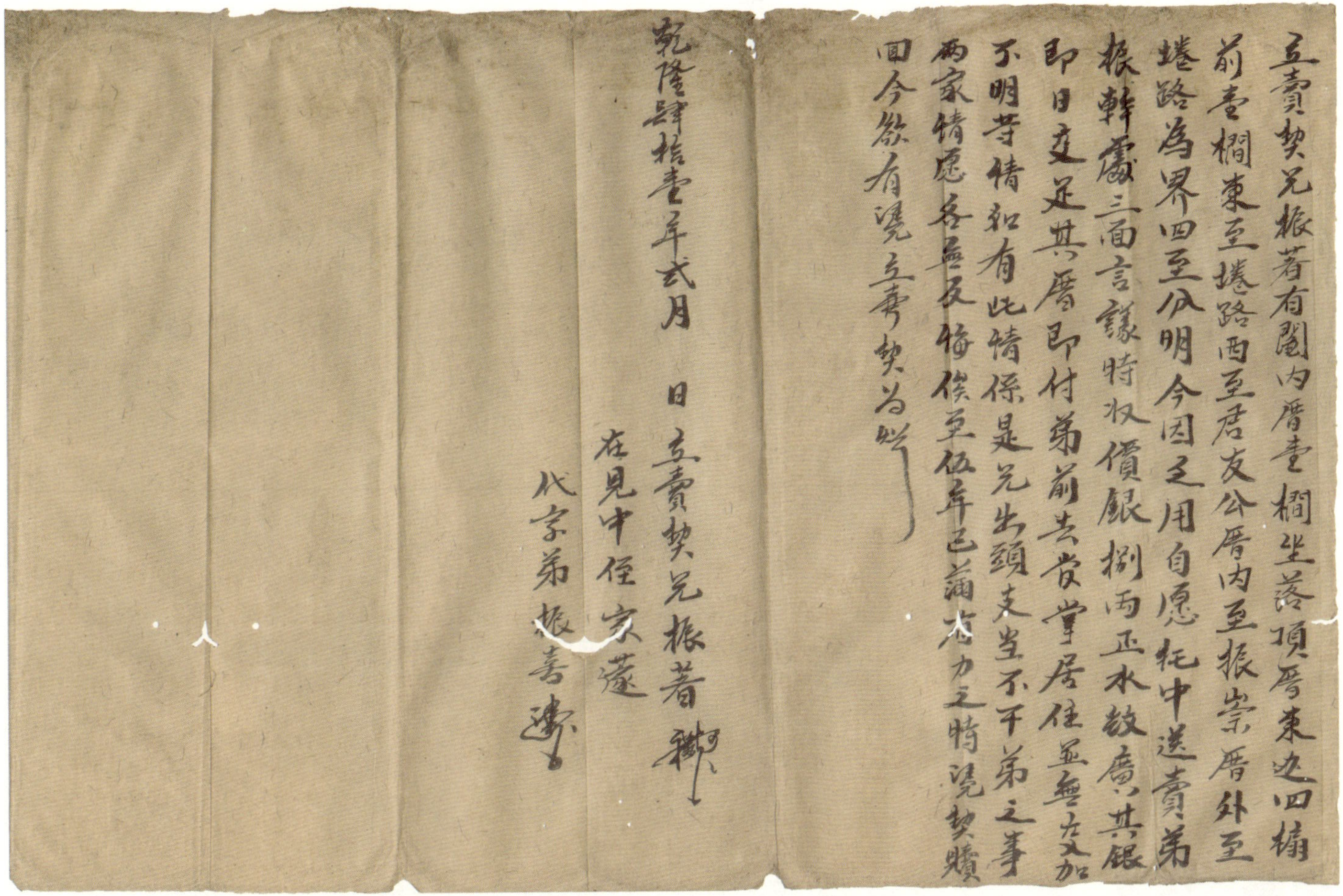
立賣契兄振著有閫内厝壹榴坐落頂厝東边四植
前壹榴東至塍路西至居友公厝内至振崇厝外至
塍路為界四至分明今因乏用自愿托中送賣弟
振榦處三面言議特收價銀捌兩正水紋廣其銀
即日交足其厝即付弟前去管掌居住並無在文加
不明等情如有此情係是兄出頭支当不干弟之事
兩家情愿各無反悔候至伍年已滿有力之時憑契贖
回今欲有憑立賣契為照

乾隆肆拾壹年貳月　日立賣契兄振著（押）
在見中侄家蓬
代字弟振善（押）

9-5-1-19　清乾隆四十一年二月楊振著立賣厝契

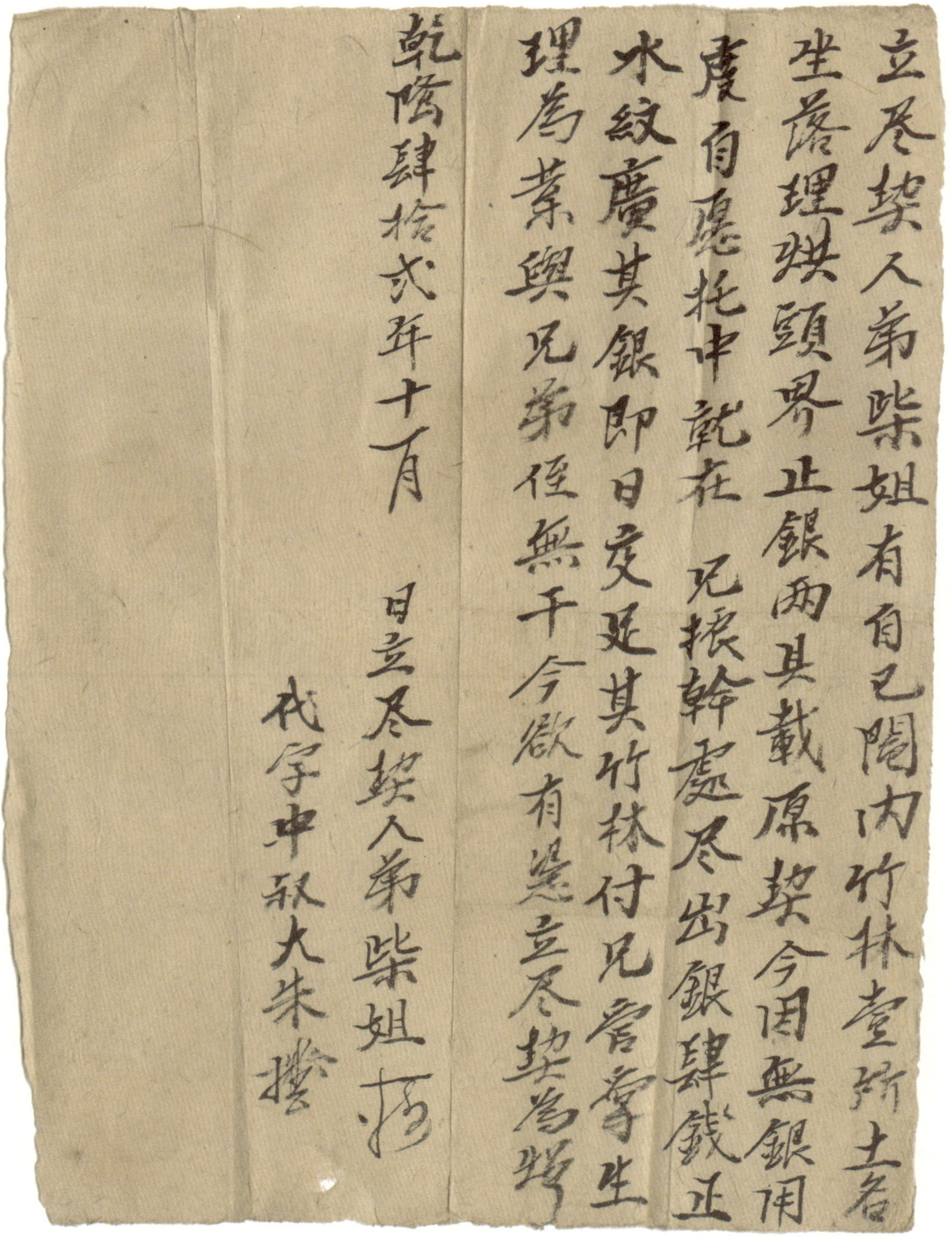

立尽契人弟柴姐有自己闔內竹林壹所土名
坐落理洪頭界止銀兩其載原契今因無銀用
度自愿托中就在 兄振榦處尽出銀肆錢正
水紋廣其銀即日交足其竹林付兄管掌生
理為業與兄弟侄無干今欲有憑立尽契為炤
乾隆肆拾弍年十月
日立尽契人弟柴姐（押）
代字中叔大朱（押）

9-5-1-20　清乾隆四十二年十一月楊柴姐立盡竹林契

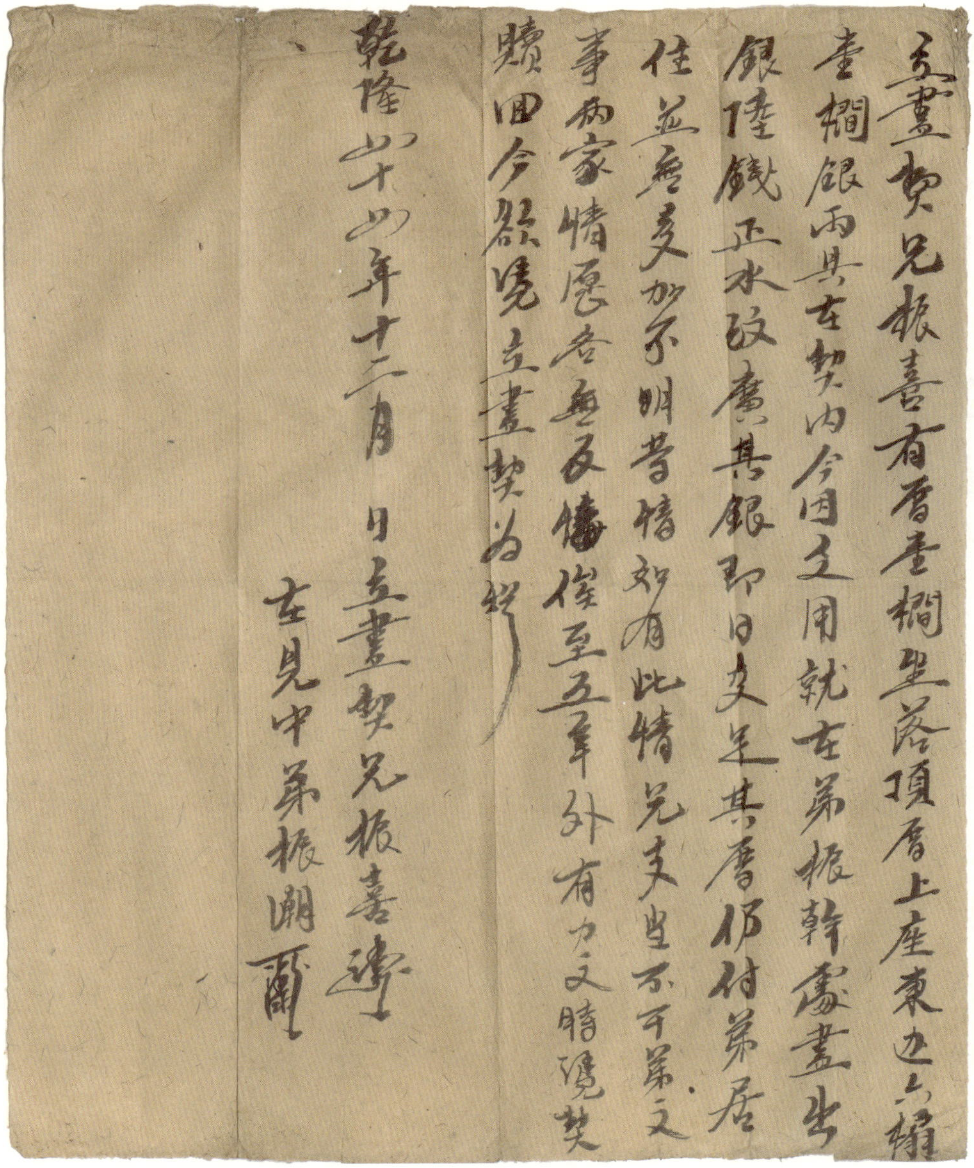
立盡契兄振喜有厝壹榴坐落頂厝上座東邊六榴
壹榴銀兩其在契內今因乏用就在弟振幹處盡出
銀陸錢正水放盡其銀即日交足其厝仍付弟居
住並無異加不明等情如有此情兄支出不干弟之
事兩家情愿各無反悔俟至五年外有力之時憑契
贖回今欲有憑立盡契為照
乾隆四十四年十二月　日立盡契兄振喜（押）
在見中弟振瀾（押）

9-5-1-21　清乾隆四十四年十二月楊振喜立盡厝契

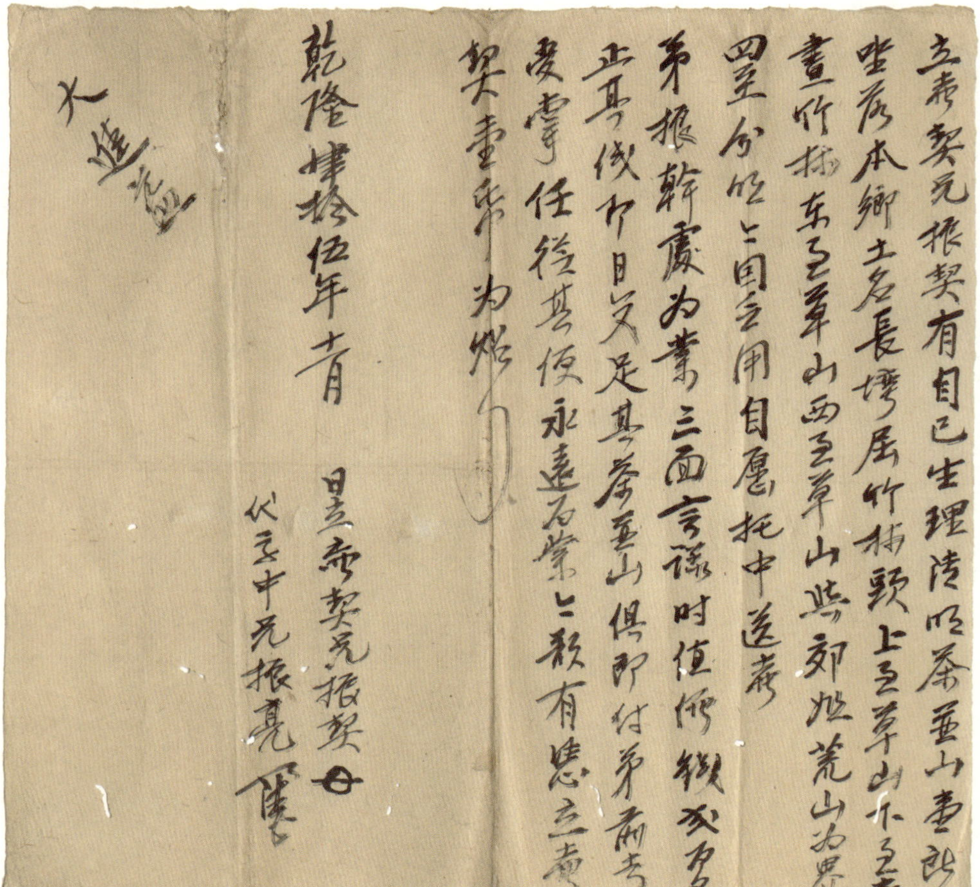
立賣契兄振契有自己生理清明茶並山壹段
坐落本鄉土名長塆居竹林頭上至草山下至[illegible]
壹竹林東至草山西至草山與郊[illegible]荒山為界
四至分明今因乏用自愿托中送賣
弟振幹處為業三面言議时值價錢[illegible]文
正其錢即日交足其茶並山俱即付弟前去
管業任從其便永遠[illegible]之數有憑立賣
契壹紙為照
乾隆肆拾伍年十一月　日立賣契兄振契（押）
代字中兄振亮（押）

9-5-1-22　清乾隆四十五年十一月楊振契立賣清明茶并山契

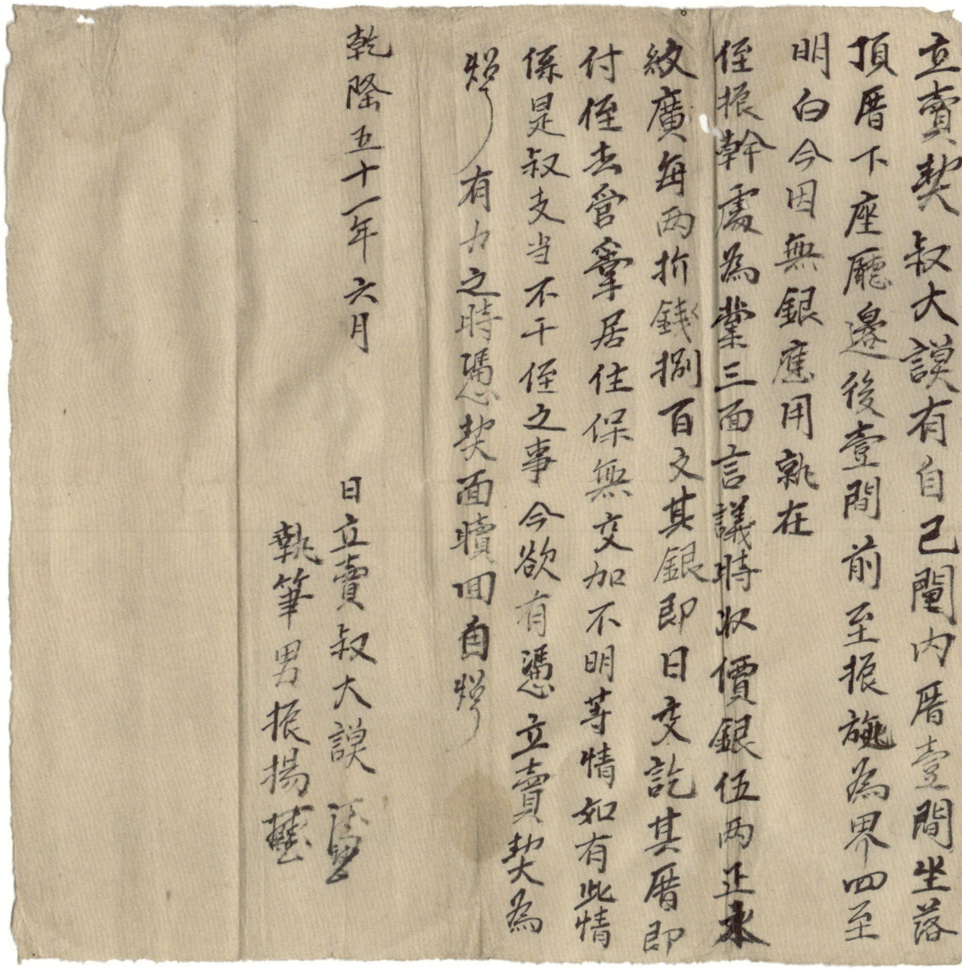
立賣契叔大謨有自己闔内厝壹間坐落
頂厝下座廳邊後壹間前至振旋為界四至
明白今因無銀應用就在
侄振幹處為業三面言議時價銀伍两正本
紋廣每两折錢捌百文其銀即日交訖其厝即
付侄去管掌居住保無交加不明等情如有此情
係是叔支当不干侄之事今欲有憑立賣契為
照　有力之時憑契面贖回自照
乾隆五十一年六月　日立賣叔大謨（押）
執筆男振揚（押）

9-5-1-23　清乾隆五十一年六月楊大謨立賣厝契

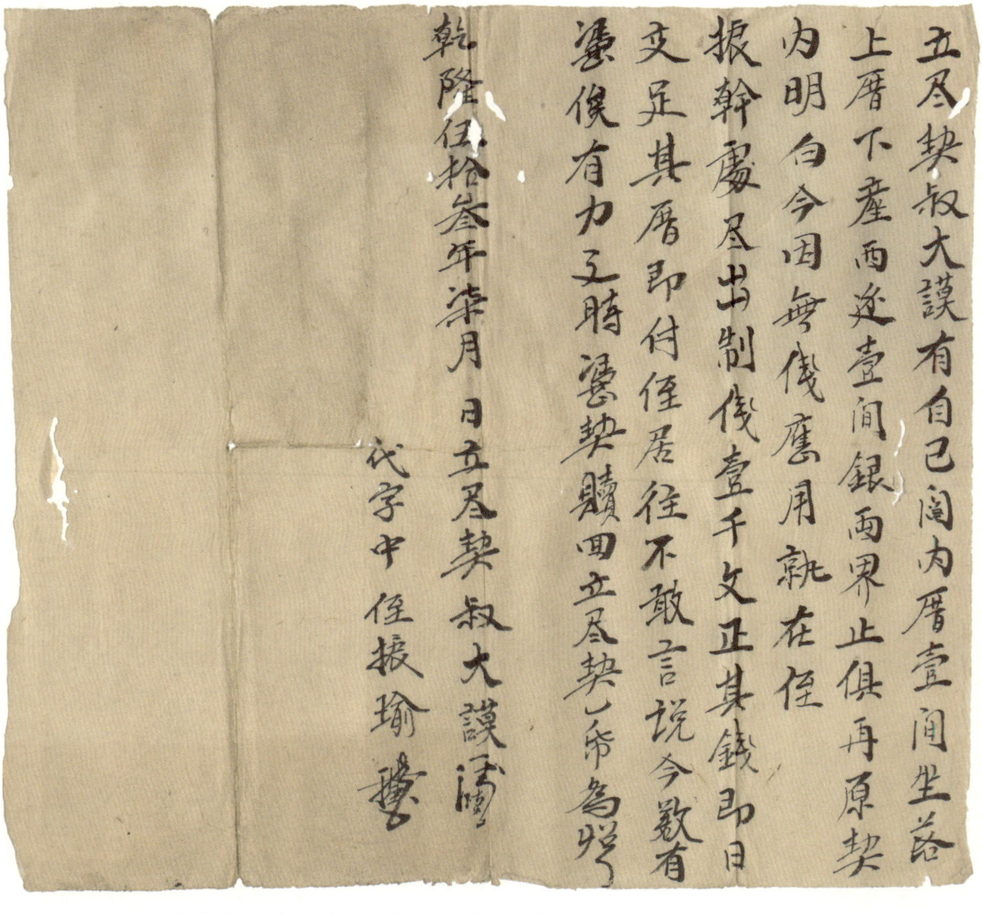

立盡契叔大謨有自己閣內厝壹間坐落
上厝下產兩進壹間銀兩界止俱再原契
內明白今因無錢應用就在侄
振幹處盡出制錢壹千文正其錢即日
交足其厝即付侄居住不敢言說今欲有
憑候有力之時還契贖回立盡契一紙為照
乾隆伍拾叁年柒月　日立盡契叔大謨（押）
代字中侄振瑜（押）

9-5-1-24　清乾隆五十三年七月楊大謨立盡厝契

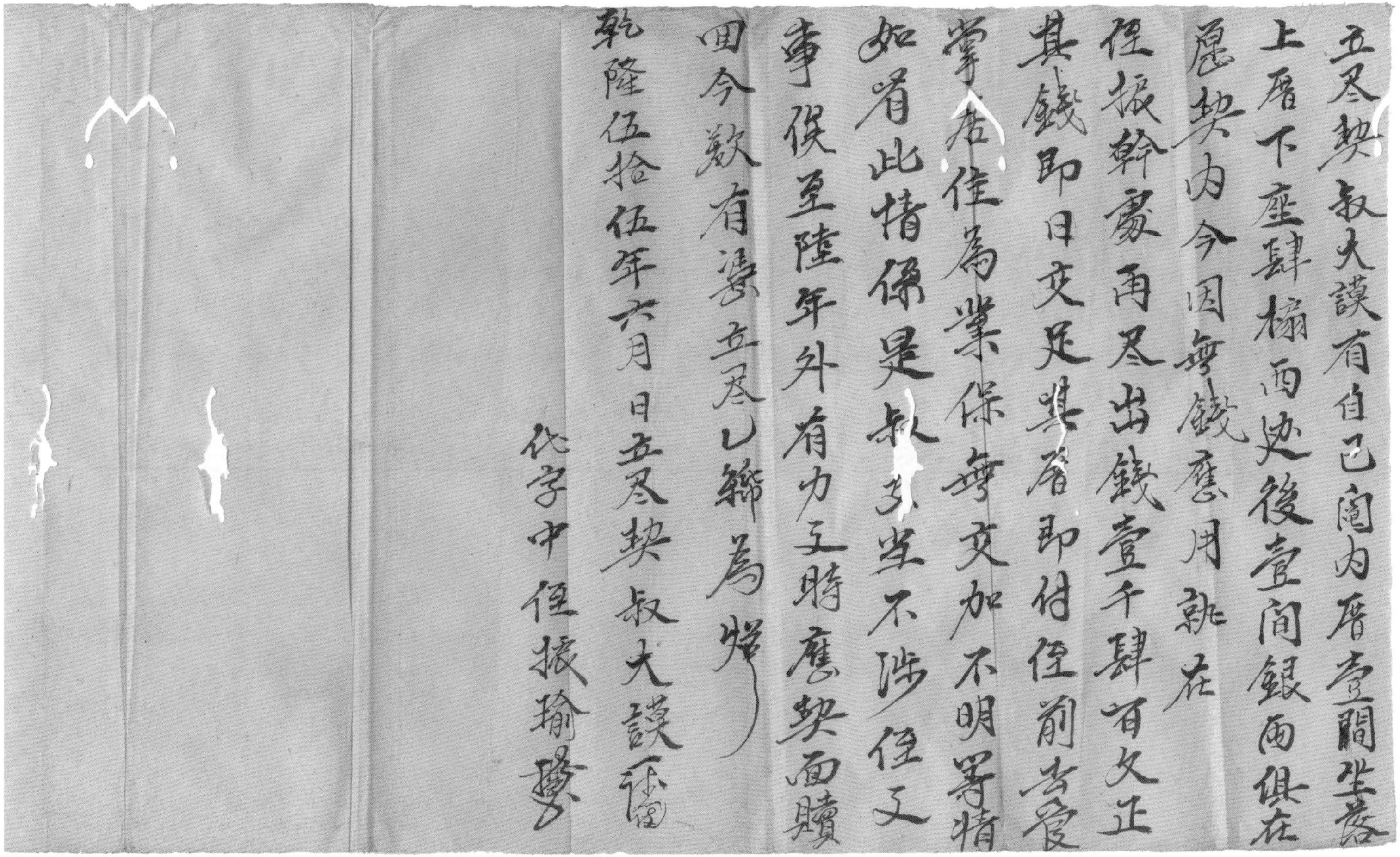
立尽契叔大謨有自己阄内厝壹間坐落
上厝下座肆榀西边後壹間銀两俱在
盡契内今因無錢應用就在
侄振翰處再尽出錢壹千肆百文正
其錢即日交足其厝即付侄前去管
掌居住爲業保無交加不明等情
如有此情係是叔支當不涉侄之
事俟至陸年外有力之時應契面贖
回今欲有憑立尽一紙爲照
乾隆伍拾伍年六月　日立尽契叔大謨
代字中侄振瑜

9-5-1-25　清乾隆五十五年六月楊大謨立盡厝契

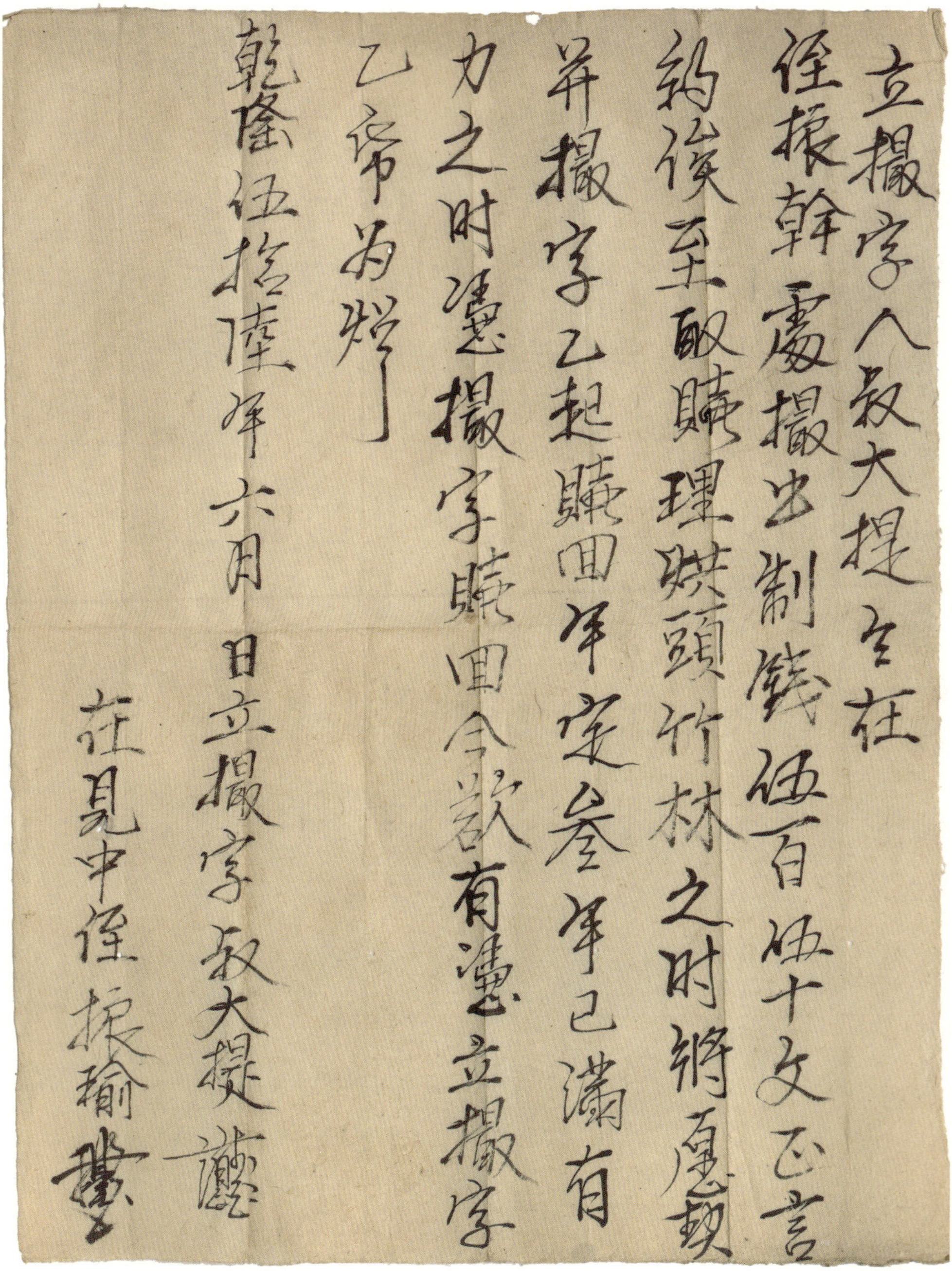

立撮字人叔大提今在
侄振幹處撮出制錢伍百伍十文正，言
約俟至敢贖理洪頭竹林之时將原數
并撮字乙起贖回，年定叁年已滿，有
力之时還撮字贖回。今欲有憑，立撮字
乙帋為照。
乾隆伍拾陸年六月　日立撮字叔大提（押）
在見中侄振榆筆

9-5-1-26　清乾隆五十六年六月楊大提立撮字

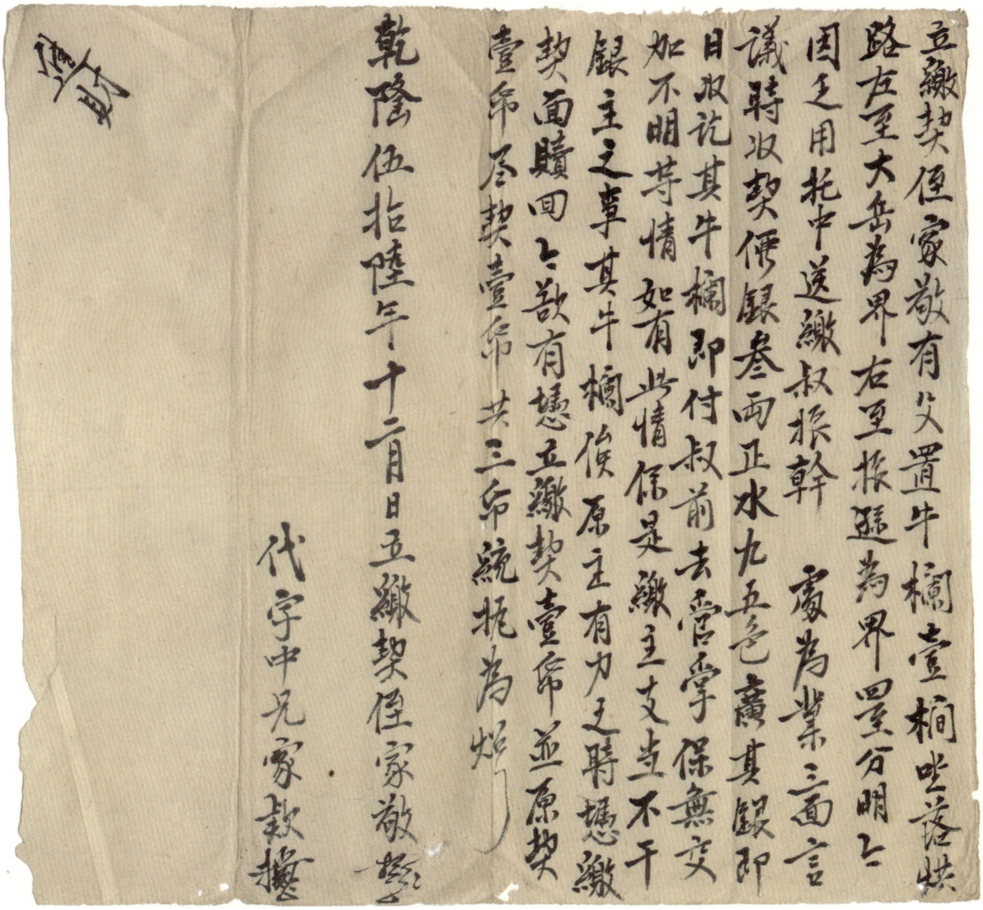

立繳契侄家敬有父置牛欄壹桐坐落洪
路左至大岳為界右至振瑶為界四至分明今
因乏用託中送繳叔振幹處為業三面言
議時收契價銀叁両正水九五色廣其銀即
日收訖其牛欄即付叔前去管業保無交
加不明等情如有此情係是繳主支当不干
銀主之事其牛欄俟原主有力之時憑繳
契面贖回今欲有憑立繳契壹帋並原契
壹帋合契壹帋共三帋繳抵為炤
乾隆伍拾陸年十二月日立繳契侄家敬（押）
代字中兄家款（押）

9-5-1-27　清乾隆五十六年十二月楊家敬立繳牛欄契

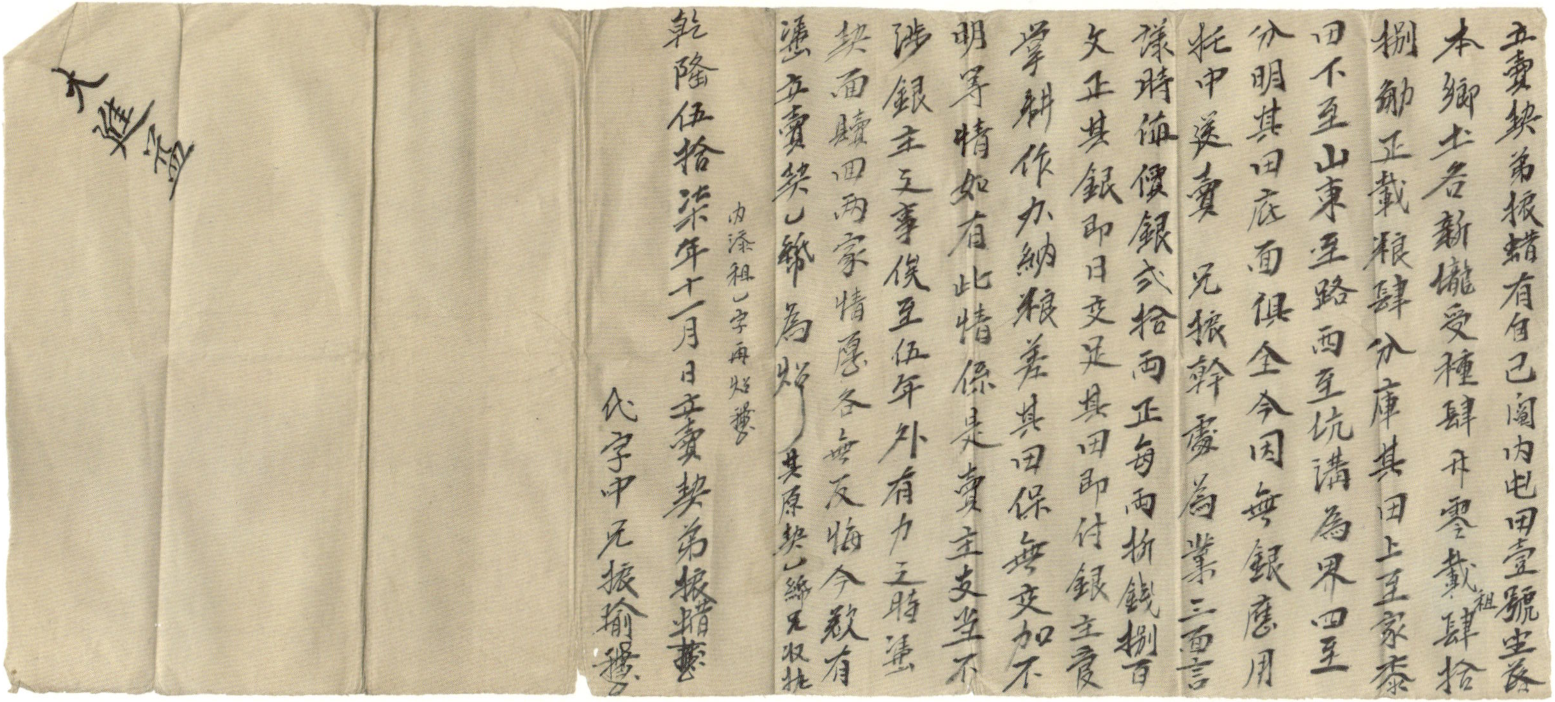
立賣契弟振蜡有自己阄内屯田壹號坐落
本鄉土名新壠受種肆斗零載祖肆拾
捌觔正載粮肆分庫其田上至家泰
田下至山東至路西至坑满為界四至
分明其田庄面俱全今因無銀應用
托中送賣　兄振幹處為業三面言
議時值價銀弍拾兩正每兩折錢捌百
文正其銀即日交足其田即付銀主管
掌耕作办納粮差其田保無交加不
明等情如有此情係是賣主支當不
涉銀主之事俟至伍年外有力之時湊
契面贖回兩家情愿各無反悔今欲有
憑立賣契一紙為炤　其原契一紙兄收執
内添祖一字再炤
乾隆伍拾柒年十一月日立賣契弟振蜡
代字中兄振瑜

9-5-1-28　清乾隆五十七年十一月楊振蜡立賣屯田契

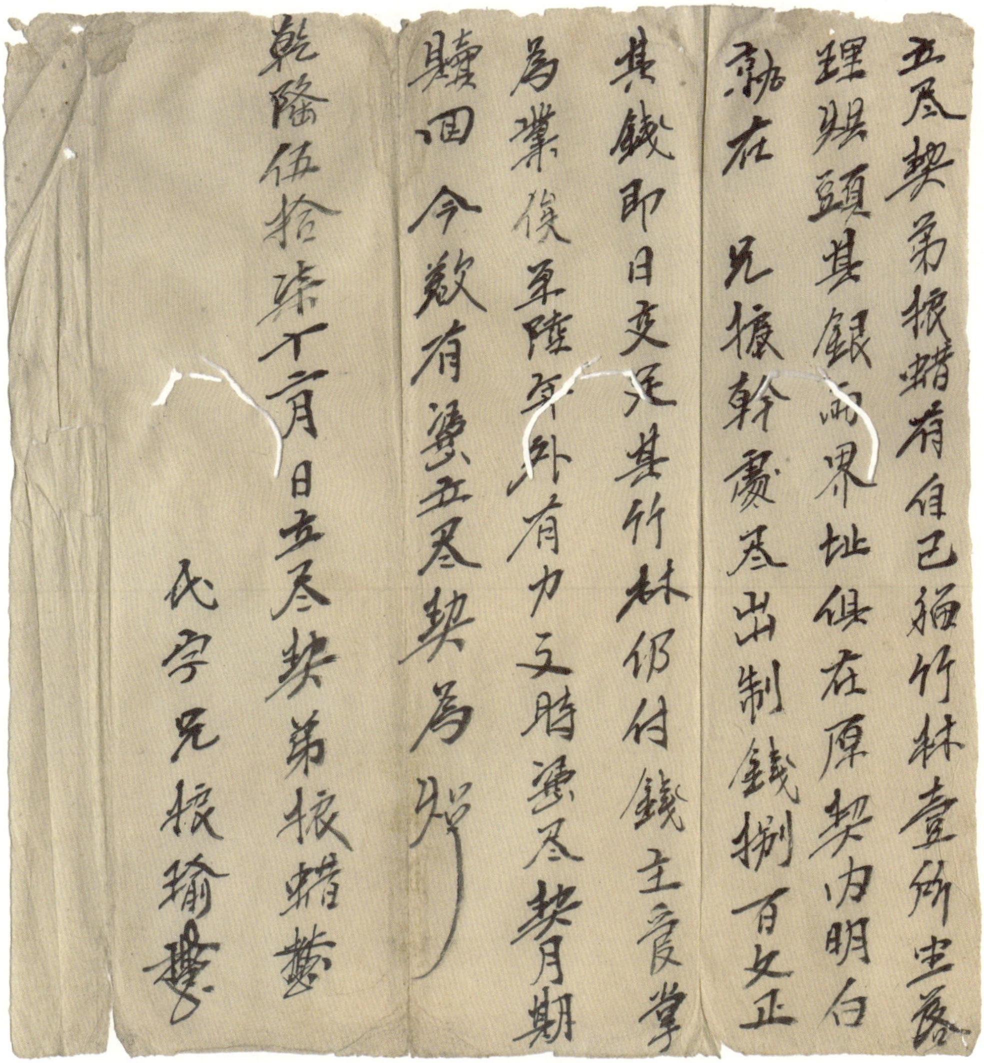
立盡契弟振蜡有自己猫竹林壹所坐落
理坑頭其山四至界址俱在原契内明白
就在 兄振斡處盡出制錢捌百文正
其錢即日交足其竹林仍付錢主管
為業後限陸年外有力之時照盡契月期
贖回今欲有憑立盡契為照
乾隆伍拾柒年十二月 日立盡契弟振蜡（押）
代字兄振瑜（押）

9-5-1-29 清乾隆五十七年十二月楊振蜡立盡猫竹林契

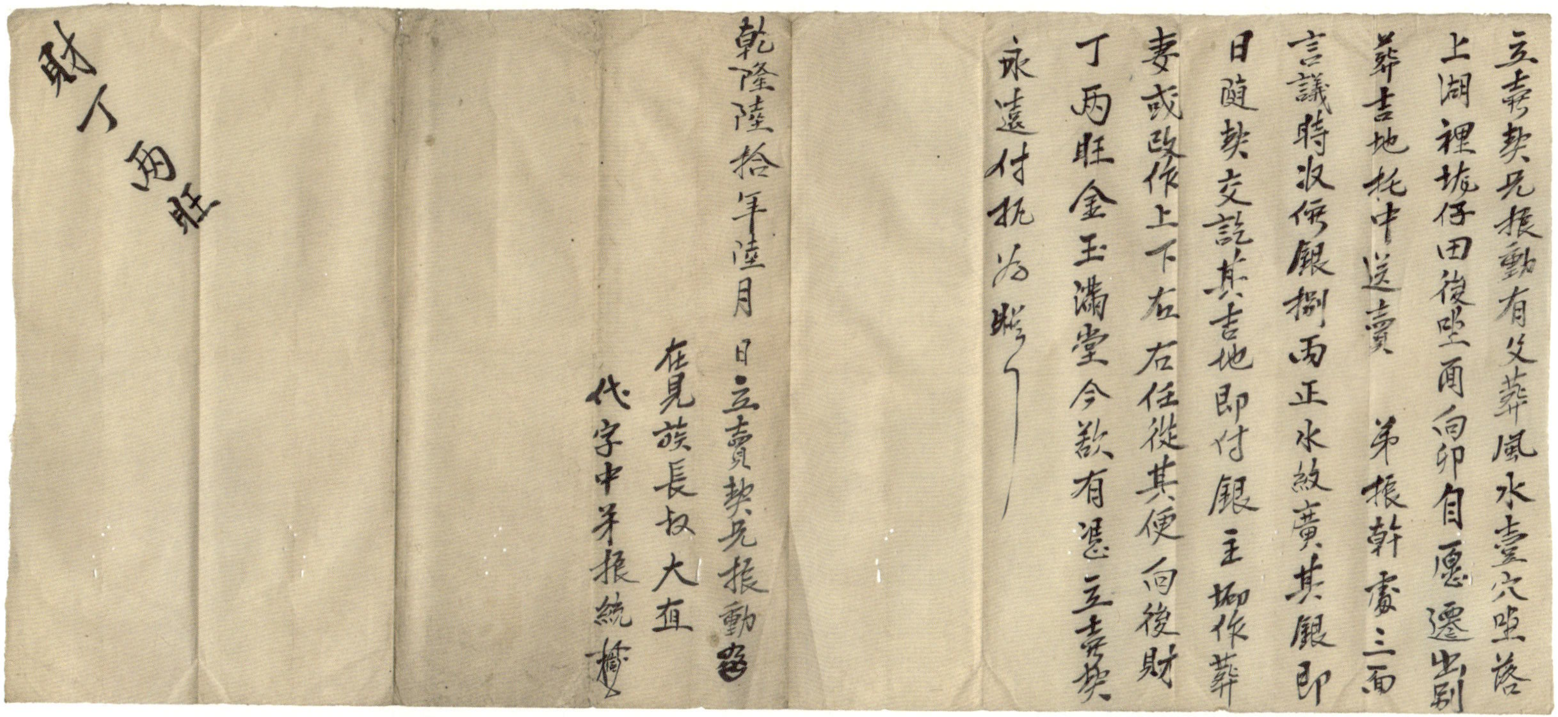

立賣契兄振勳有父葬風水壹穴坐落
上湖裡垅仔田後坐酉向卯自愿遷出剔
葬吉地托中送賣　　弟振幹處三面
言議時收價銀捌兩正水紋廣其銀即
日隨契交訖其吉地即付銀主掘作葬
妻或改作上下左右任從其便向後財
丁兩旺金玉滿堂今欲有憑立賣契
永遠付執為照

乾隆陸拾年陸月　日立賣契兄振勳（押）
在見族長叔大直
代字中弟振統（押）

財丁兩旺

9-5-1-30　清乾隆六十年六月楊振勳立賣吉地契

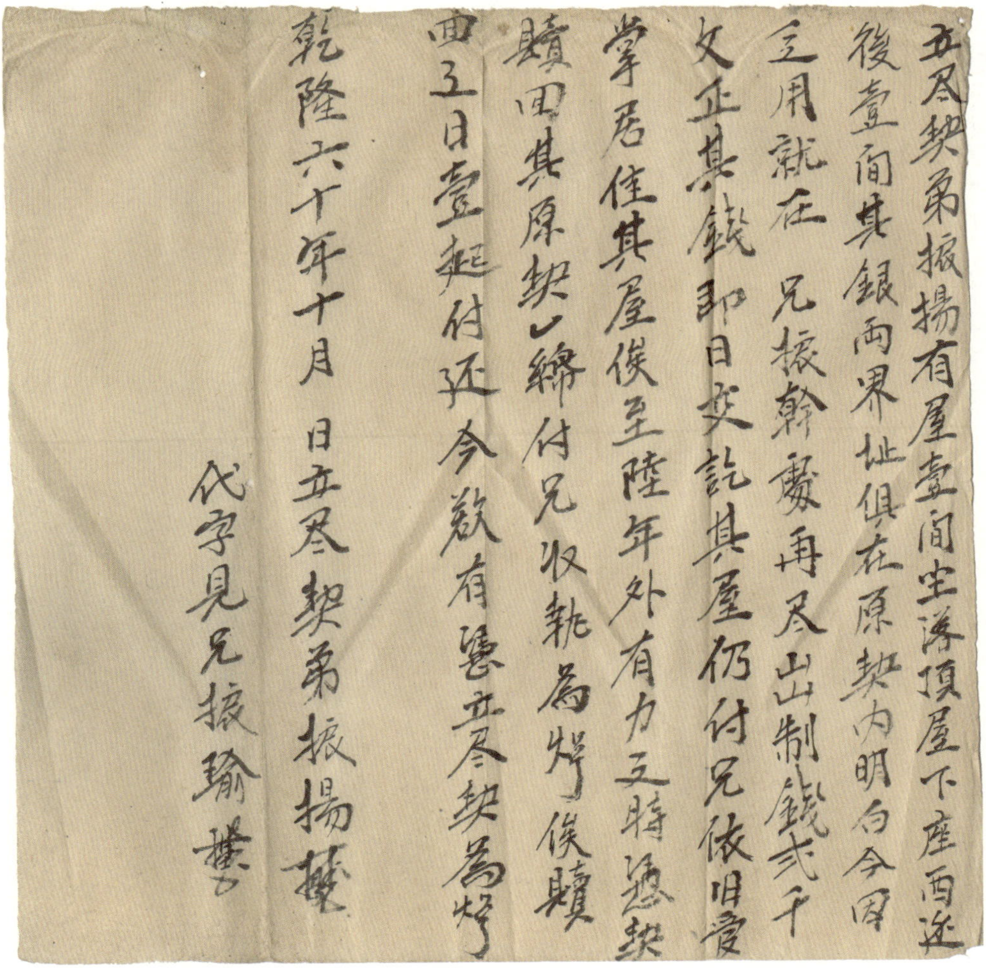
立盡契弟振揚有屋壹間坐落頂屋下座西边
後壹間其銀兩界址俱在原契內明白今因
乏用就在　兄振斡邊再盡出制錢弍千
文正其錢即日交訖其屋仍付兄依旧管
掌居住其屋俟至陸年外有力之時憑契
贖回其原契已繳付兄收執為炤俟贖
回之日壹起付还今欲有憑立盡契為炤
乾隆六十年十月　日立盡契弟振揚押
代字見兄振瑜押

9-5-1-31　清乾隆六十年十月楊振揚立盡屋契

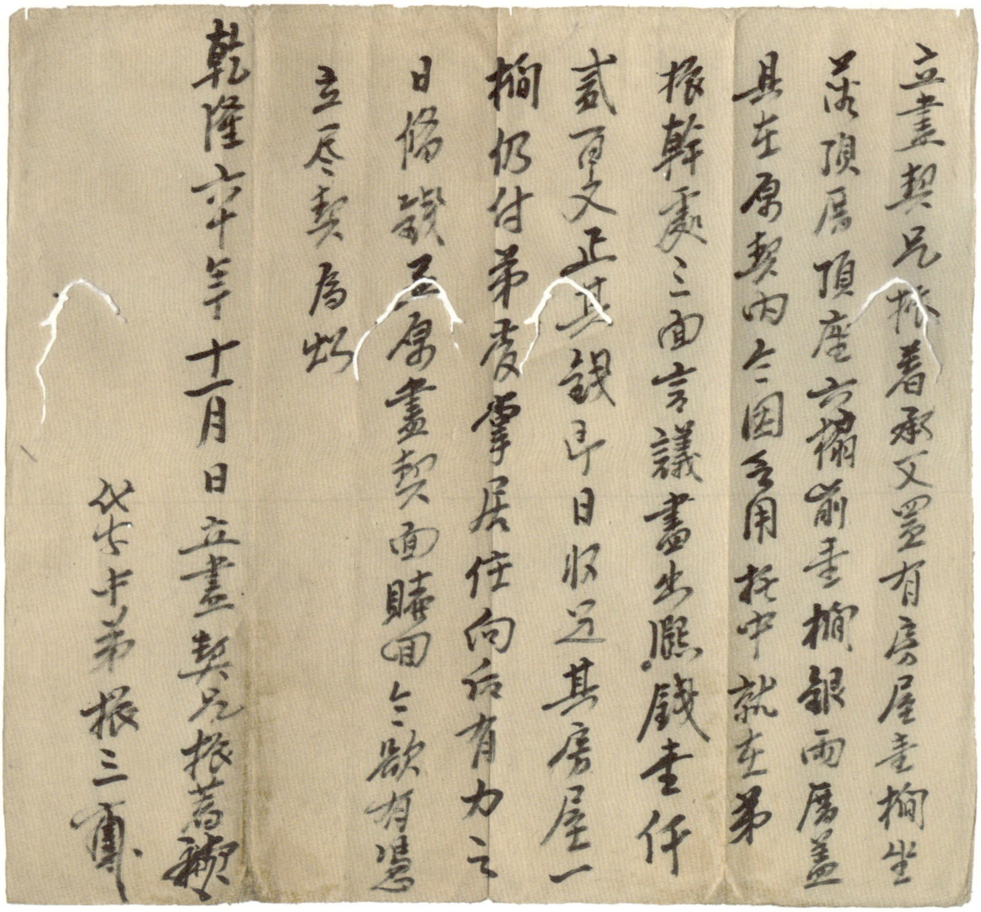
立盡契兄振著承父置有房屋壹榍坐
落頂厝頂座六榍前壹榍銀兩房並
其在房契內今因乏用托中就在弟
振韓處三面言議盡出應錢壹仟
貳百文正其錢即日收足其房屋一
榍仍付弟處掌居住向后有力之
日備錢其房盡契面贖回今欲有憑
立盡契為炤
乾隆六十年十一月日立盡契兄振著（押）
代字中弟振三（押）

9-5-1-32　清乾隆六十年十一月楊振著立盡房屋契

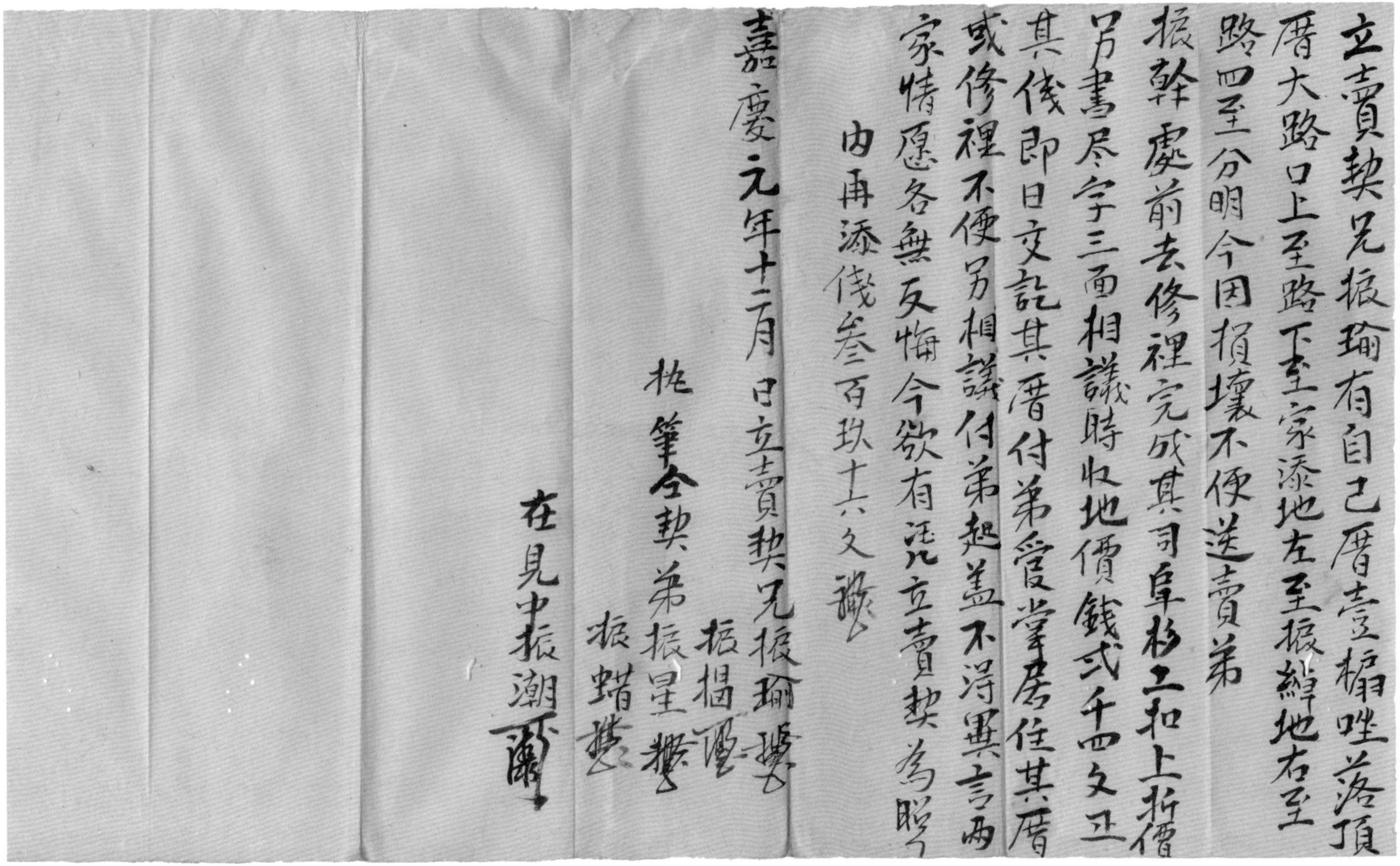

立賣契兄振瑜有自己厝壹榻坐落頂
厝大路口上至路下至宗添地左至振緯地右至
路四至分明今因損壞不便送賣弟
振幹處前去修裡完成其司阜杉工和上折價
另書尽字三面相議時收地價錢弍千四文正
其錢即日交訖其厝付弟管掌居住其厝
或修裡不便另相議付弟起蓋不得異言兩
家情愿各無反悔今欲有憑立賣契為照
内再添錢叁百玖十六文撇

嘉慶元年十二月　日立賣契兄振瑜（押）
振揭（押）
代筆仝契弟振星（押）
振蜡（押）
在見中振潮（押）

9-5-1-33　清嘉慶元年十二月楊振瑜等立賣厝契

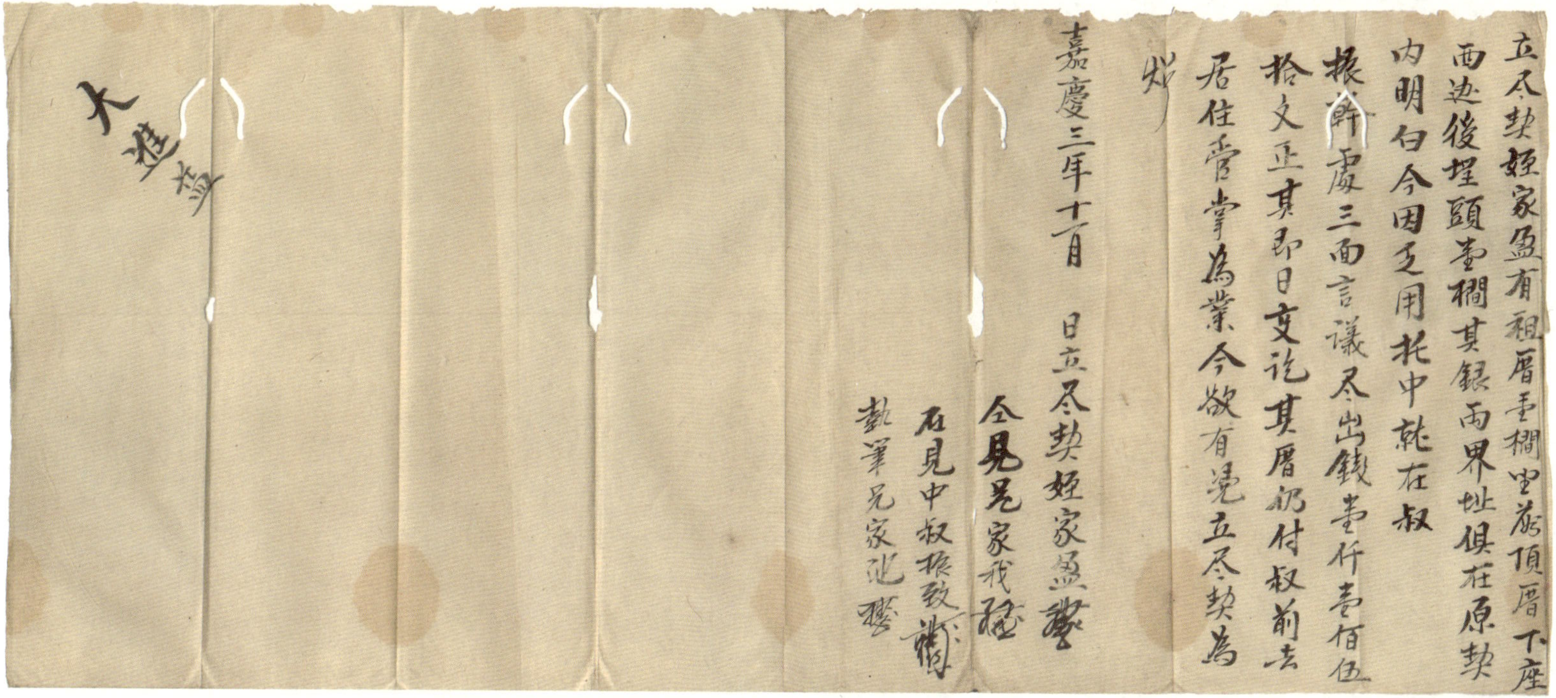

9-5-1-34　清嘉慶三年十一月楊家盈立盡厝契

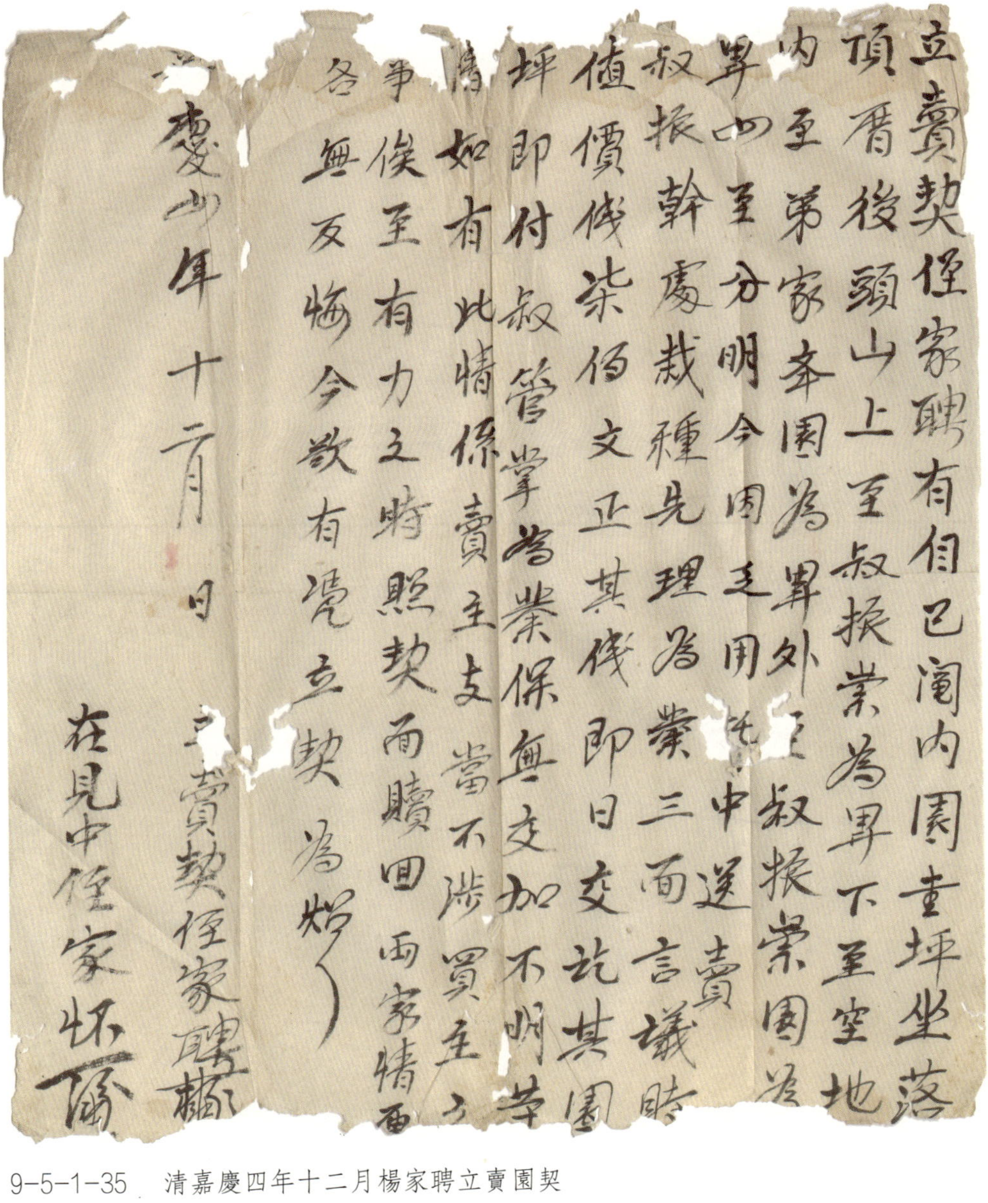
立賣契侄家聘有自己阄内園壹坪坐落
項厝後頭山上至叔振崇為界下至空地
内至弟家本園為界外至叔振崇園為
界山至分明今因乏用託中送賣
叔振幹處栽種先理為業三面言議時
值價錢柒佰文正其錢即日交訖其園
坪即付叔管掌為業保無支加不明等
情如有此情係賣主支當不涉買主之
事俟至有力之時照契面贖回兩家情愿
各無反悔今欲有憑立契為炤
嘉慶四年十二月　日　立賣契侄家聘
在見中侄家怀

9-5-1-35　清嘉慶四年十二月楊家聘立賣園契

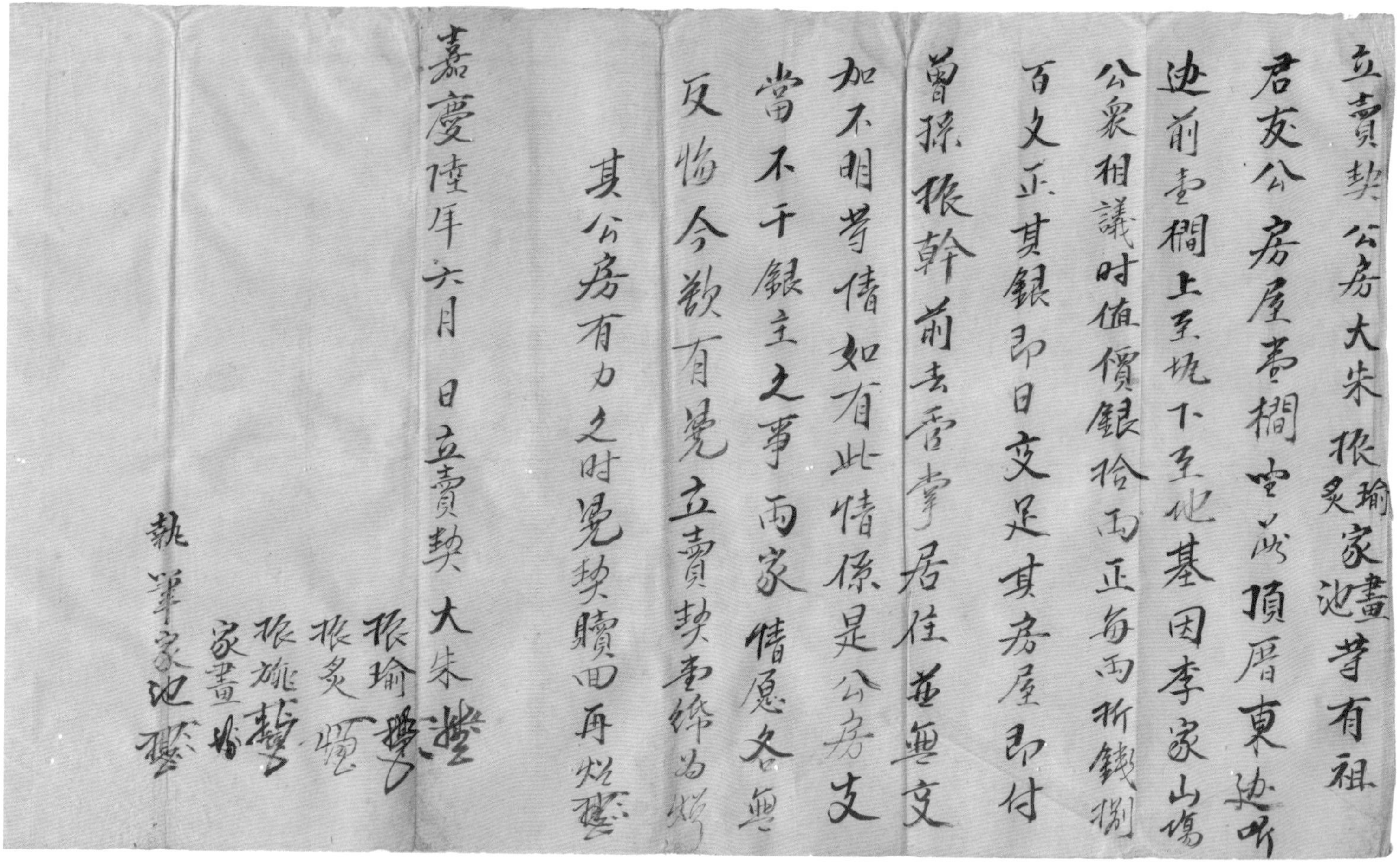
立賣契公房大朱張瑜炙家盡池等有祖
君友公房屋壹棡坐落頂厝東邊听
邊前壹棡上至坑下至地基因李家山場
公衆相議时値價銀拾兩正每兩折錢捌
百文正其銀即日交足其房屋即付
曾孫張幹前去管掌居住並無支
加不明等情如有此情係是公房支
當不干銀主之事兩家情愿各無
反悔今欲有憑立賣契壹紙爲炤
其公房有力之时憑契贖回再炤
嘉慶陸年六月　日立賣契　大朱
張瑜
張炙
張旒
家盡
執筆　家池

9-5-1-36　清嘉慶六年六月楊大朱等立賣房屋契

嘉慶六年十二月出典載孟係黄竹格田價廿五两
載租谷廿石粮七分四厘四毛十三年以後價無收
道光廿三年十二月吉繼出賣吉餘墘途廿株價五百文
其內載竹母廿枚約於年已清繳的

9-5-1-37　清嘉慶道光年間楊氏交易清單

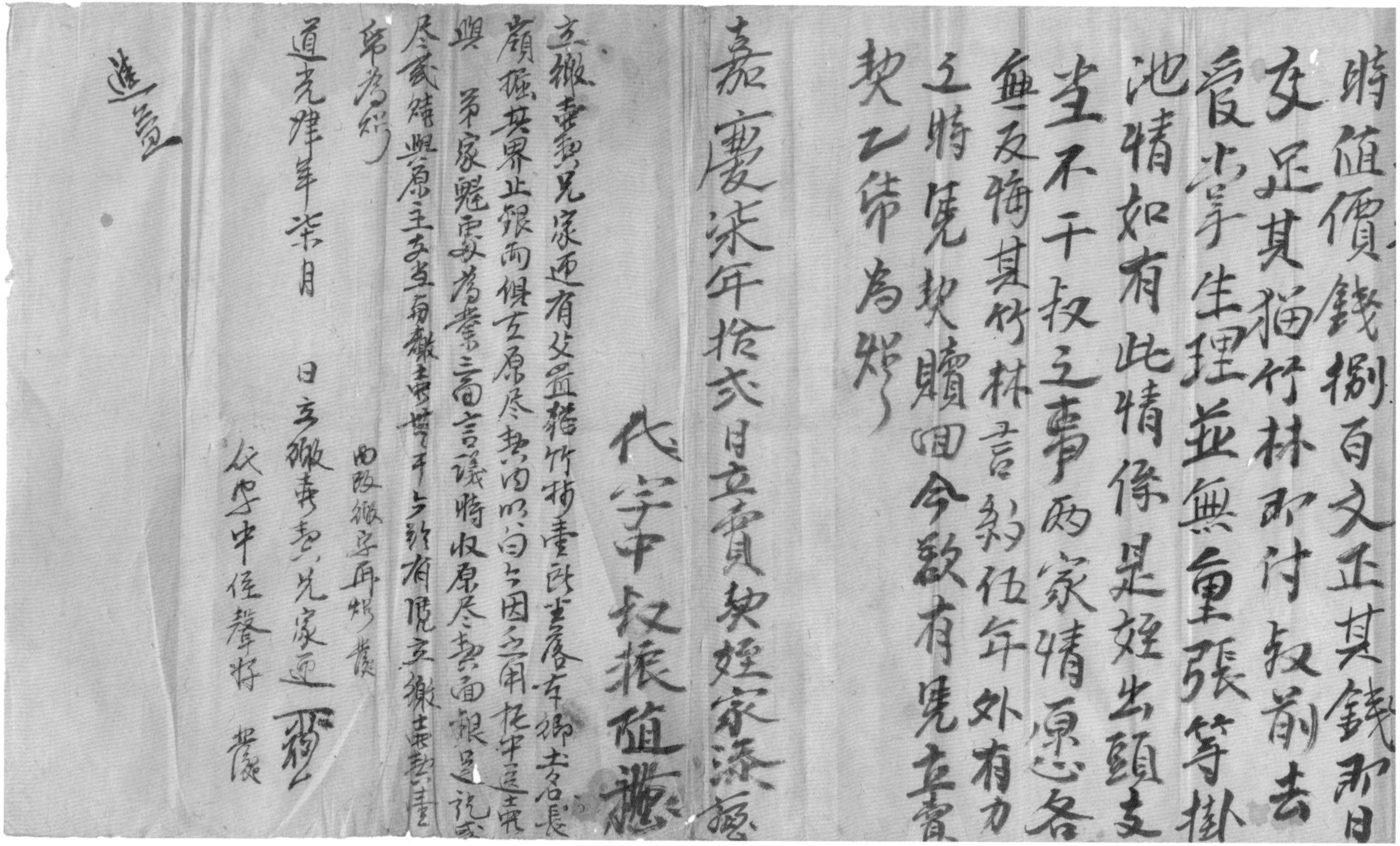

時値價錢捌百文正其錢即日
交足其猫竹林即付叔前去
管業生理並無重張等掛
池情如有此情係是姪出頭支
當不干叔之事兩家情愿各
無反悔其竹林言約伍年外有力
立將先契贖回今欲有先立賣
契一帋為炤
嘉慶柒年拾弍月日立賣契姪家添（押）
代字中叔振値（押）

立缴盡契兄家通有父置猫竹杉壹段坐落本鄉土名長
嶺堀其界止銀兩俱立原盡契内明白今因乏用托中送出
與　弟家魁處為業三面言議時收原盡契面銀足訖或
尽弍姪與原主交出無缴盡契其年以後有侵立缴盡契壹
帋為炤
内改缴字再炤（押）
道光肆年柒月　日立缴盡契兄家通（押）
代字中侄馨將（押）
進益

9-5-1-38　清嘉慶七年十二月楊家添立賣猫竹林契

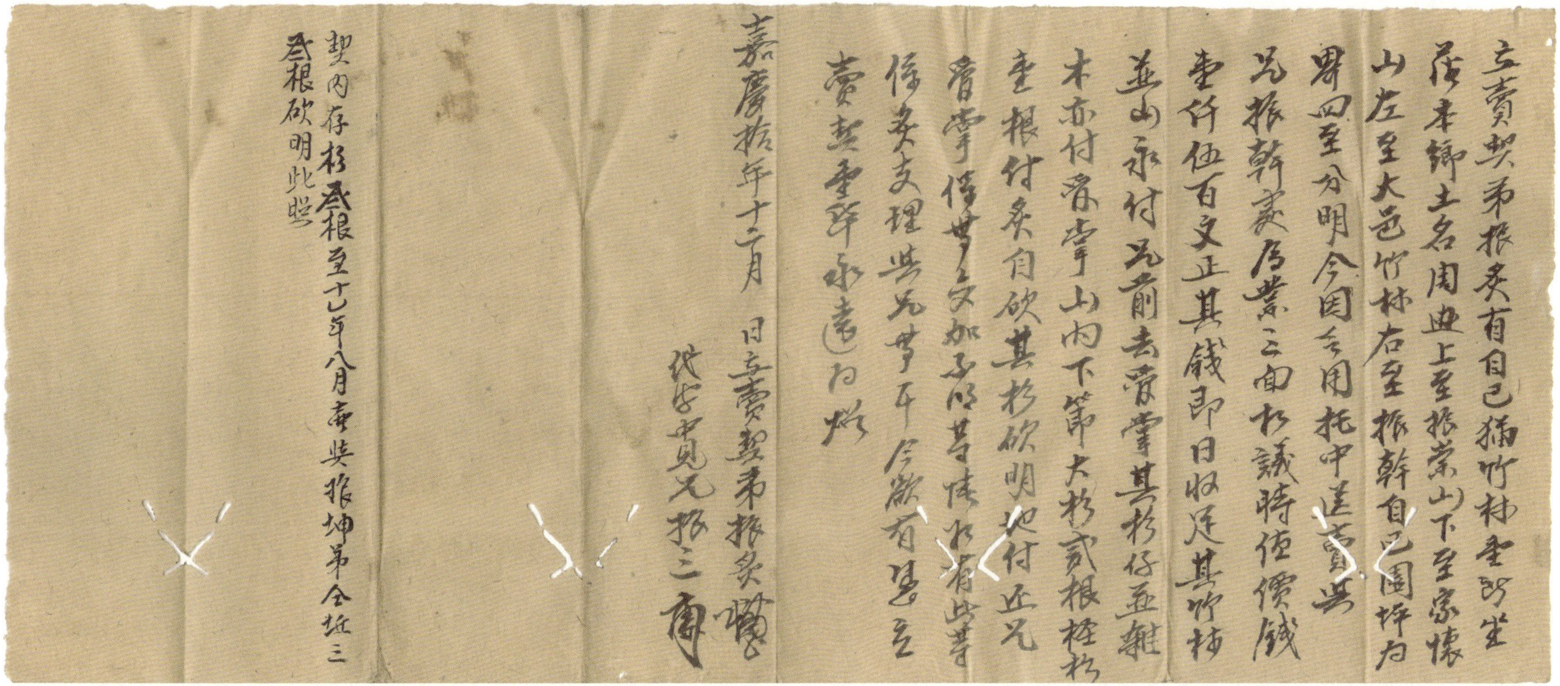

立賣契弟振炙有自己猫竹林壹所坐
落本鄉土名周垱上至振崇山下至崇懷
山左至大邑竹林右至振榦自己園坪為
界四至分明今因乏用托中送賣與
兄振榦家為業三面言議時值價錢
壹仟伍百文正其錢即日收足其竹林
並山永付兄前去管業其杉仔并雜
木亦付管掌山内下節大杉貳根樟杉
壹根付炙自砍其杉砍明地付兄
管掌倘世上不加不贖等情如有此等
係炙支理與兄等不干今欲有憑立
賣契壹紙永遠為照

嘉慶拾年十二月　日立賣契弟振炙（押）
代字中見兄振三（押）

契内存杉貳根至十七年八月賣與振坤弟仝坎三
貳根砍明批照

9-5-1-39　清嘉慶十年十二月楊振炙立賣猫竹林契

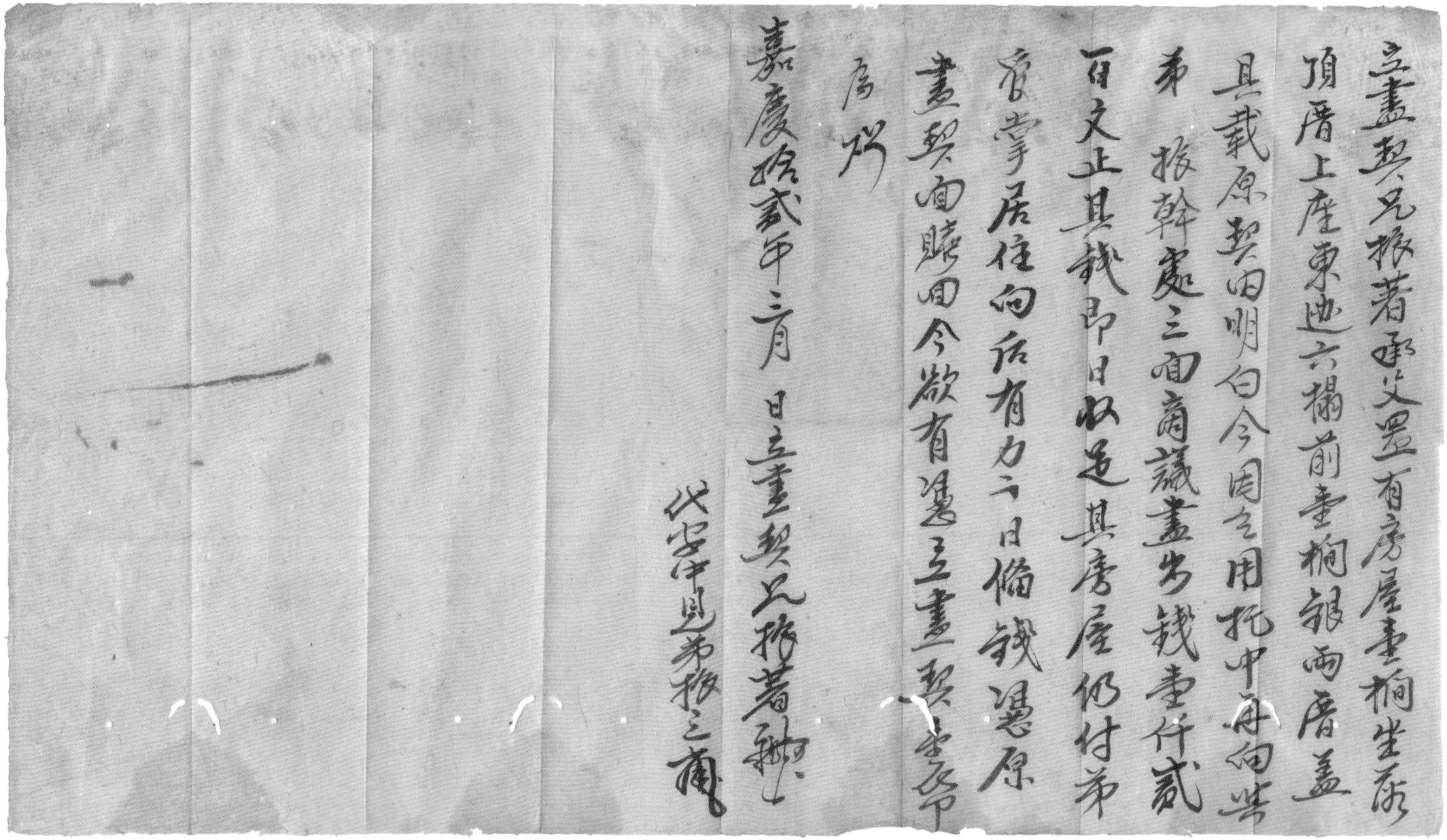
立盡契兄振著承父置有房屋壹榍坐落
頂厝上座東邊六榍前壹榍銀兩厝蓋
具載原契內明白今因乏用托中向與
弟 振幹處三面商議盡出錢壹仟貳
百文正其錢即日收足其房屋仍付弟
管掌居住向后有力之日備錢還原
盡契兩贖回今欲有憑立盡契壹帋
為炤
嘉慶拾貳年三月　日立盡契兄振著（押）
代字中見弟振之德

9-5-1-40　清嘉慶十二年三月楊振著立盡房屋契

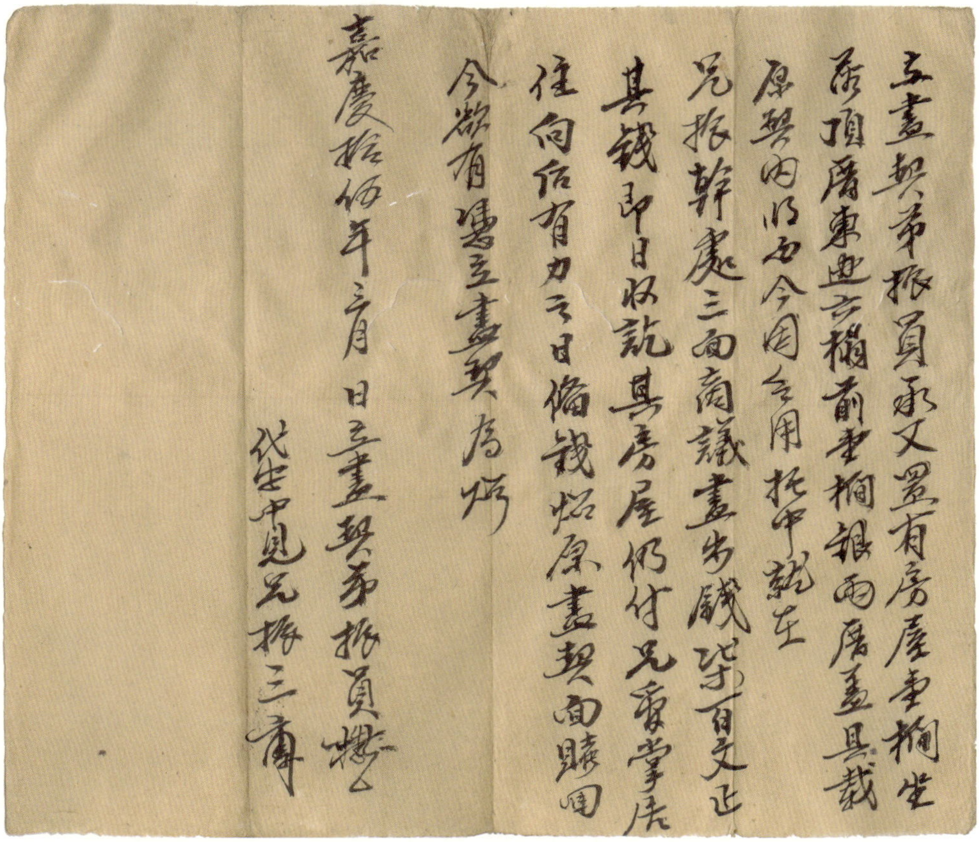
立盡契弟振員承父置有房屋壹栱坐
落頂厝東邊六植前壹栱根兩厝並其栽
原契內明白今因乏用托中就在
兄振幹處三面商議盡出錢柒百文正
其錢即日收訖其房屋仍付兄管掌居
住向后有力之日備錢照原盡契面贖回
今欲有憑立盡契為炤
嘉慶拾伍年三月　日立盡契弟振員（押）
代書中見兄振三（押）

9-5-1-41　清嘉慶十五年三月楊振員立盡房屋契

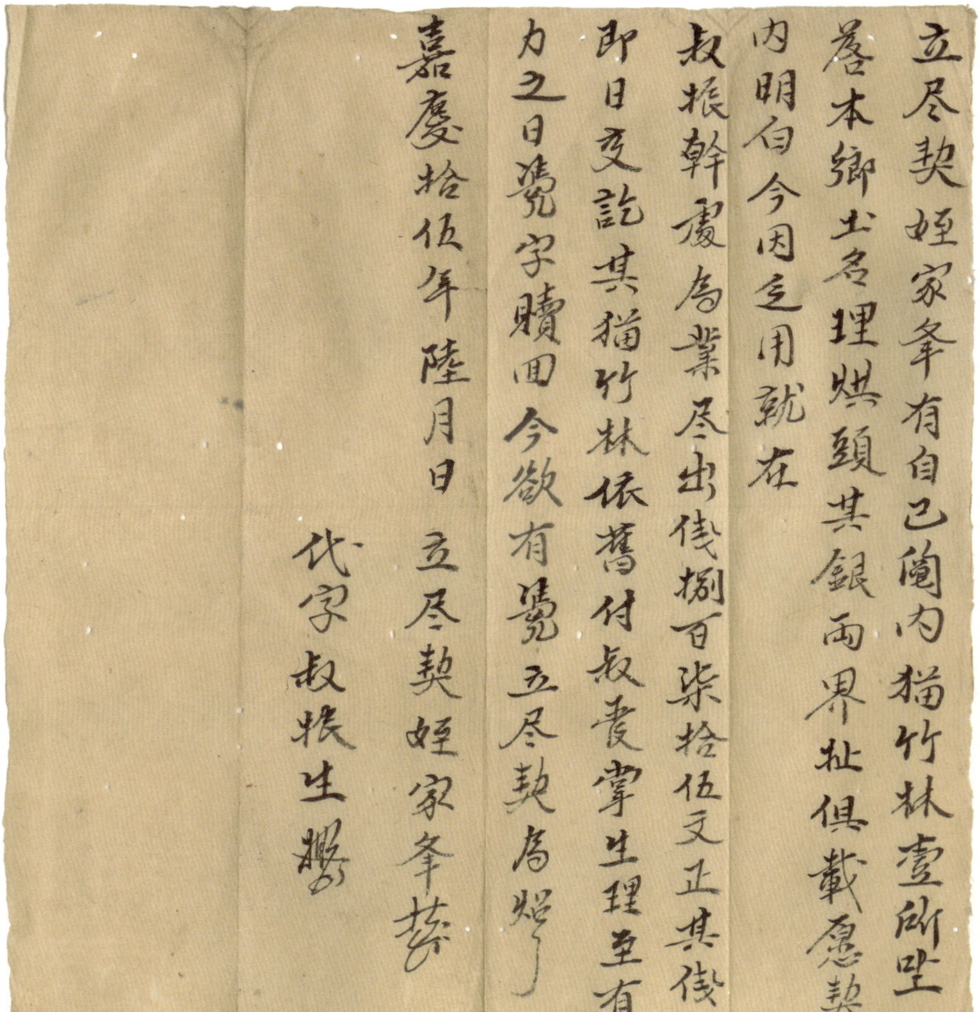
立盡契姪家夆有自己閫內猫竹林壹所坐
落本鄉土名理烘頭其銀兩界址俱載原契
內明白今因乏用就在
叔振榦處為業盡出價捌百柒拾伍文正其價
即日交訖其猫竹林依舊付叔養掌生理至有
力之日憑字贖回今欲有憑立盡契為照
嘉慶拾伍年陸月日　立盡契姪家夆（押）
代字叔振生（押）

9-5-1-42　清嘉慶十五年六月楊家夆立盡猫竹林契

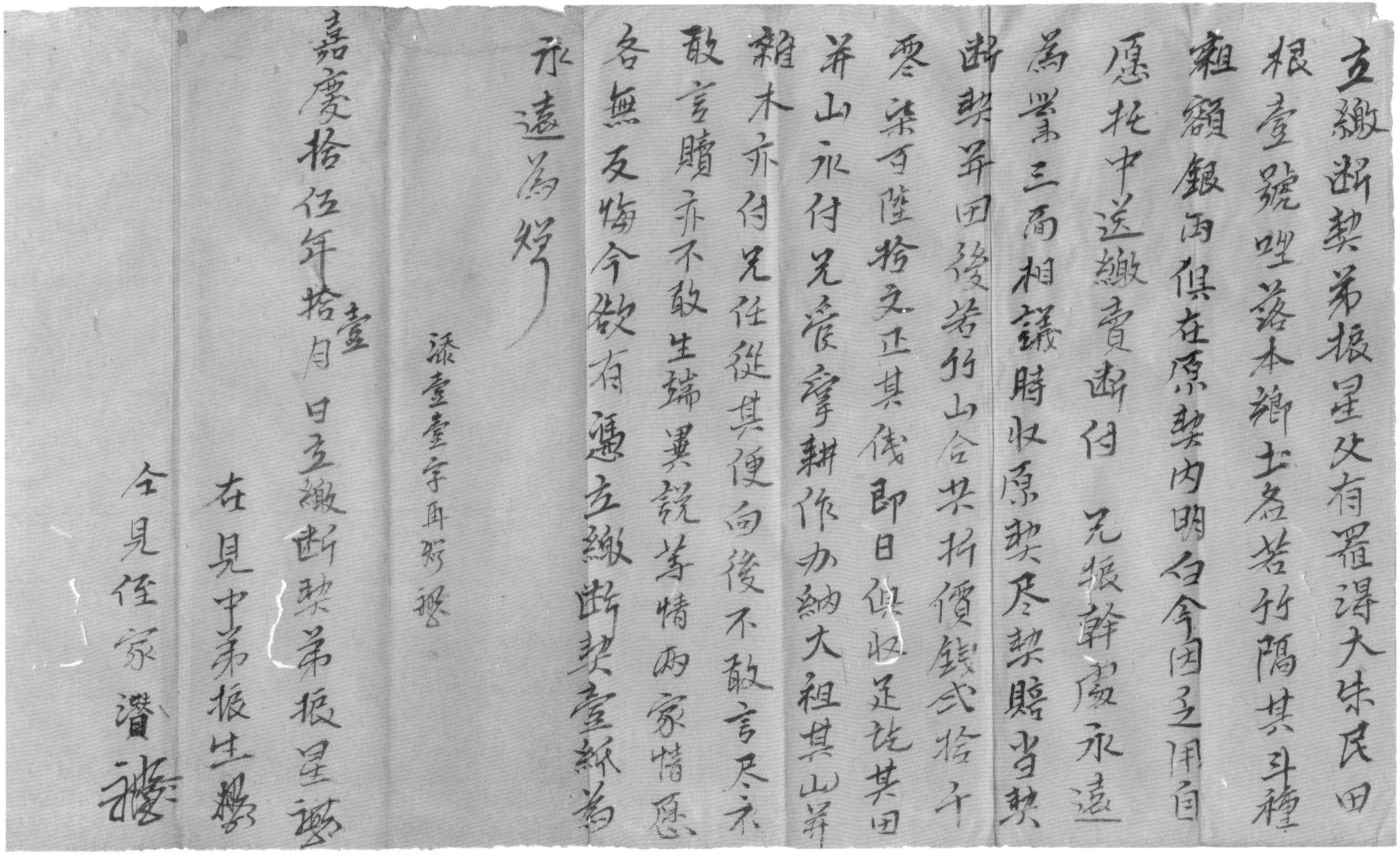
立繳斷契弟振星父有罝得大宗民田
根壹號坐落本鄉土名若竹隔其斗種
租額銀兩俱在原契內明白今因乏用自
愿托中送繳賣斷付　兄振斡處永遠
為業三面相議時收原契尽契賠当契
斷契并田後若竹山合共折價錢弍拾千
零柒百陸拾文正其錢即日俱收足訖其田
并山永付兄管耕作办納大祖其山并
雜木亦付兄任從其便向後不敢言尽亦
敢言贖亦不敢生端異說等情兩家情愿
各無反悔今欲有憑立繳斷契壹紙為
永遠為炤
添壹壹字再炤
嘉慶拾伍年拾壹月　日立繳斷契弟振星押
在見中弟振生押
全見侄家潛押

9-5-1-43　清嘉慶十五年十一月楊振星立繳斷民田根契

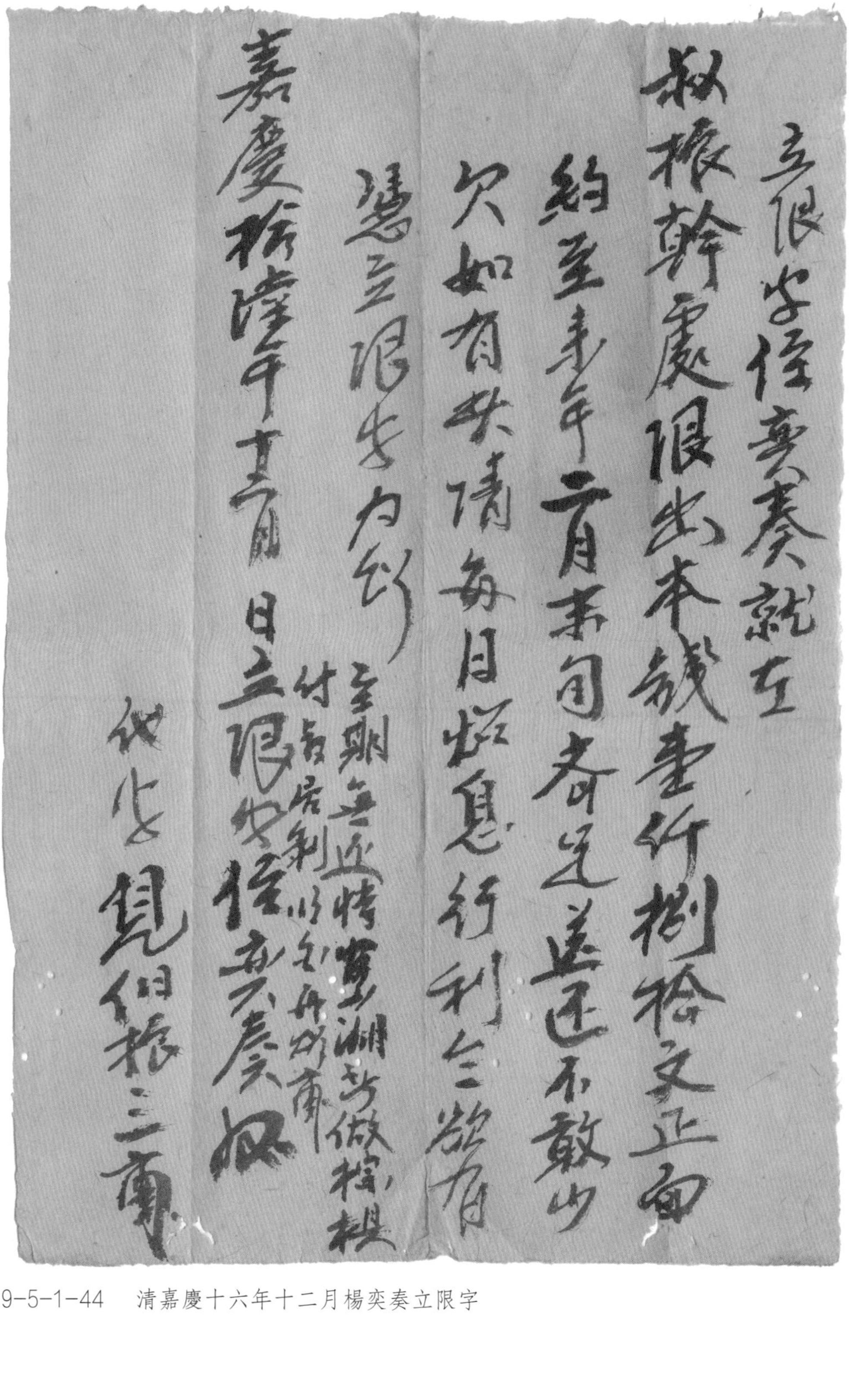
立限字侄奕奏就在
叔振幹處限出本錢壹仟捌拾文正，面
約至來年二月末旬奉足送还，不敢少
欠。如有欠情，每月照息行利。今欲有
憑，立限字為照。
至期無还，将賓湖出做粮根
付与居剝以充本利。
嘉慶拾陸年十二月　日立限字侄奕奏（押）
代字　見伯振三甫（押）

9-5-1-44　清嘉慶十六年十二月楊奕奏立限字

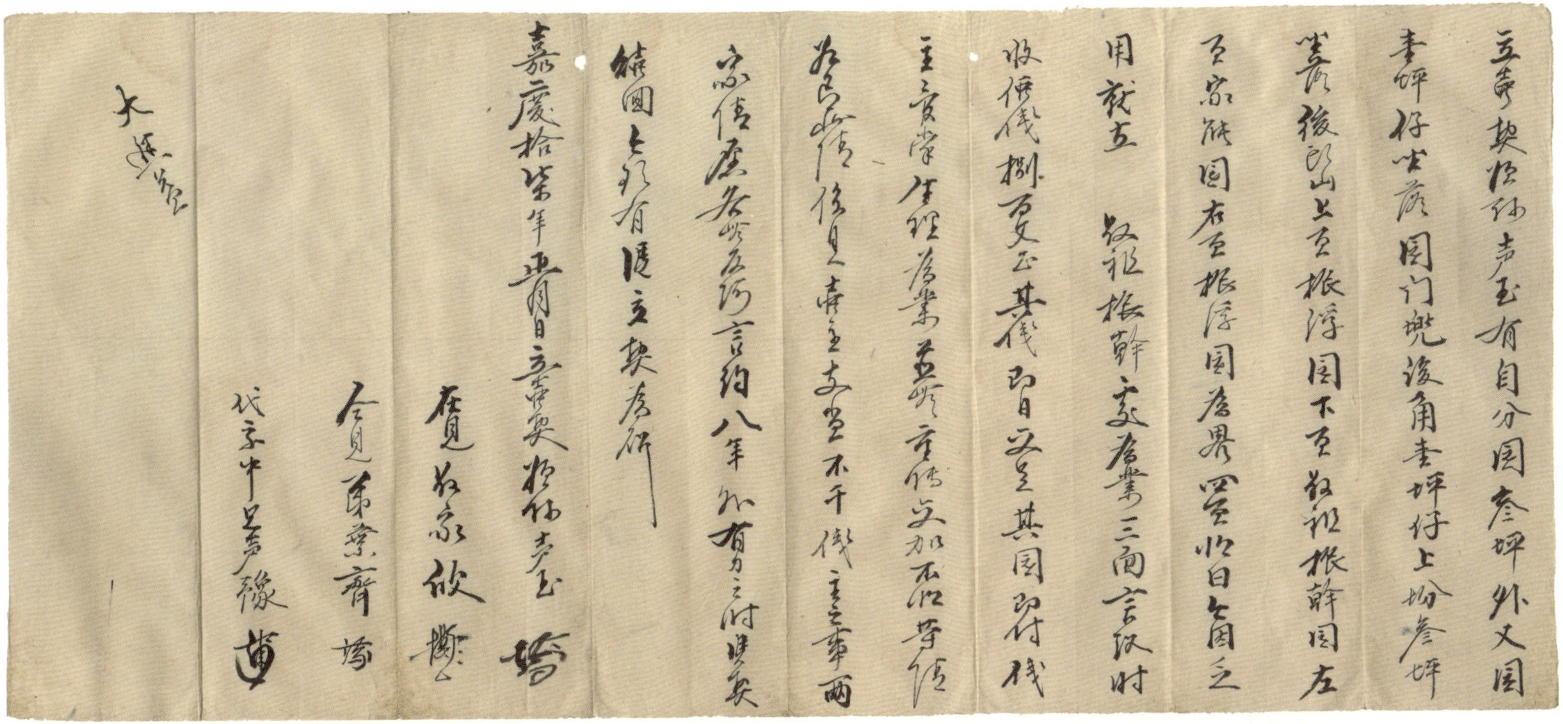
立賣契楊声玉有自分园叁坪外又园
壹坪仔坐落园门兜後角壹坪仔上坳叁坪
[illegible]後頭山上至振浮园下至叔祖振薛园左
至家饒园右至振浮园為界四至明白今因乏
用托立　叔祖振薛[illegible]為業三面言议时
收價錢捌百文正其錢即日交足其园即付錢
主管業種理為業並無重張亦係安加不明等情
如有此情係自出頭承當不干錢主之事兩
家情愿各無反悔言约八年外有力之时[illegible]
[illegible]园上分有憑立契為照
嘉慶拾柒年正月　日立賣契楊声玉（押）
在見叔家欣（押）
仝見弟[illegible]斎（押）
代字[illegible]禄（押）
大吉[illegible]

9-5-1-45　清嘉慶十七年正月楊声王立賣園契

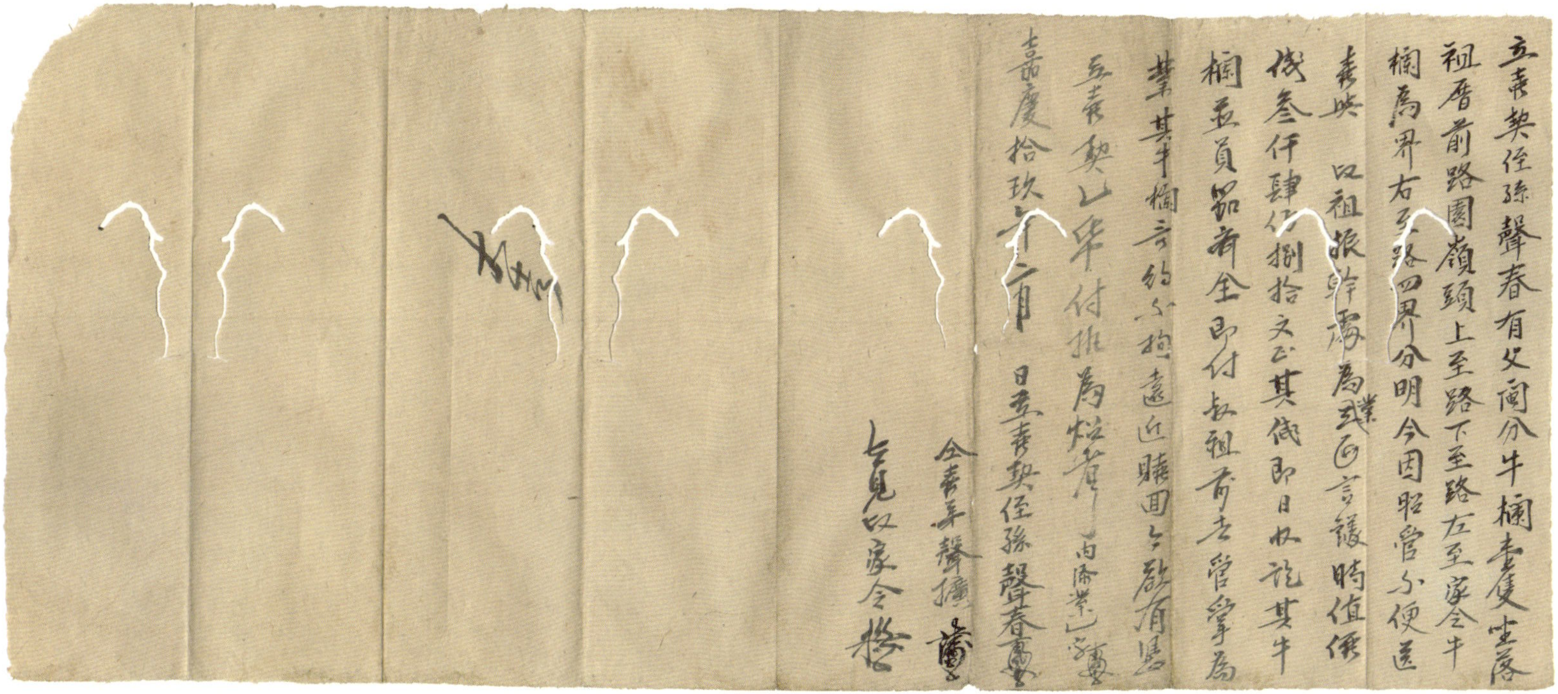

立賣契侄孫聲春有父閹分牛欄壹隻坐落
祖厝前路園嶺頭上至路下至路左至家全牛
欄為界右至路四界分明今因缺管不便送
賣與　以祖振[illegible]為業三面言議時值價
錢叁仟肆佰捌拾文正其錢即日收訖其牛
欄並無留存全即付叔祖前去管掌為
業其牛欄亦約不拘遠近贖回不敢有異
立賣契山牛付批為炤
嘉慶拾玖年二月　日立賣契侄孫聲春
全賣弟聲[illegible]
在見以家令

9-5-1-46　清嘉慶十九年二月楊聲春立賣牛欄契

立賣契楊家舉有自己鬮分倉地基壹
處，坐落大路口，內至欲根辞厝，外至水溝，
左至聲開倉，右至水溝為界，四至分明。
今因乏用，自愿托中送賣與
欲根辞處為業，三面商議時值價錢弍
千肆百柒拾文正，其錢即日交訖，其倉地
基即付欲管掌自便。此係保無交加不
明，及主諸典掛他人等情，如有此情，係是楊
出頭支當，不干欲之事。至有力之時，亦指
遠近年期，照契價回。今欲有憑，立賣
契壹紙為照。
嘉慶弍拾壹年正月　日立賣契楊家舉（押）
在見楊声澍（押）
代字中楊声瓏（押）
大進

9-5-1-47　清嘉慶二十一年正月楊家舉立賣倉地基契

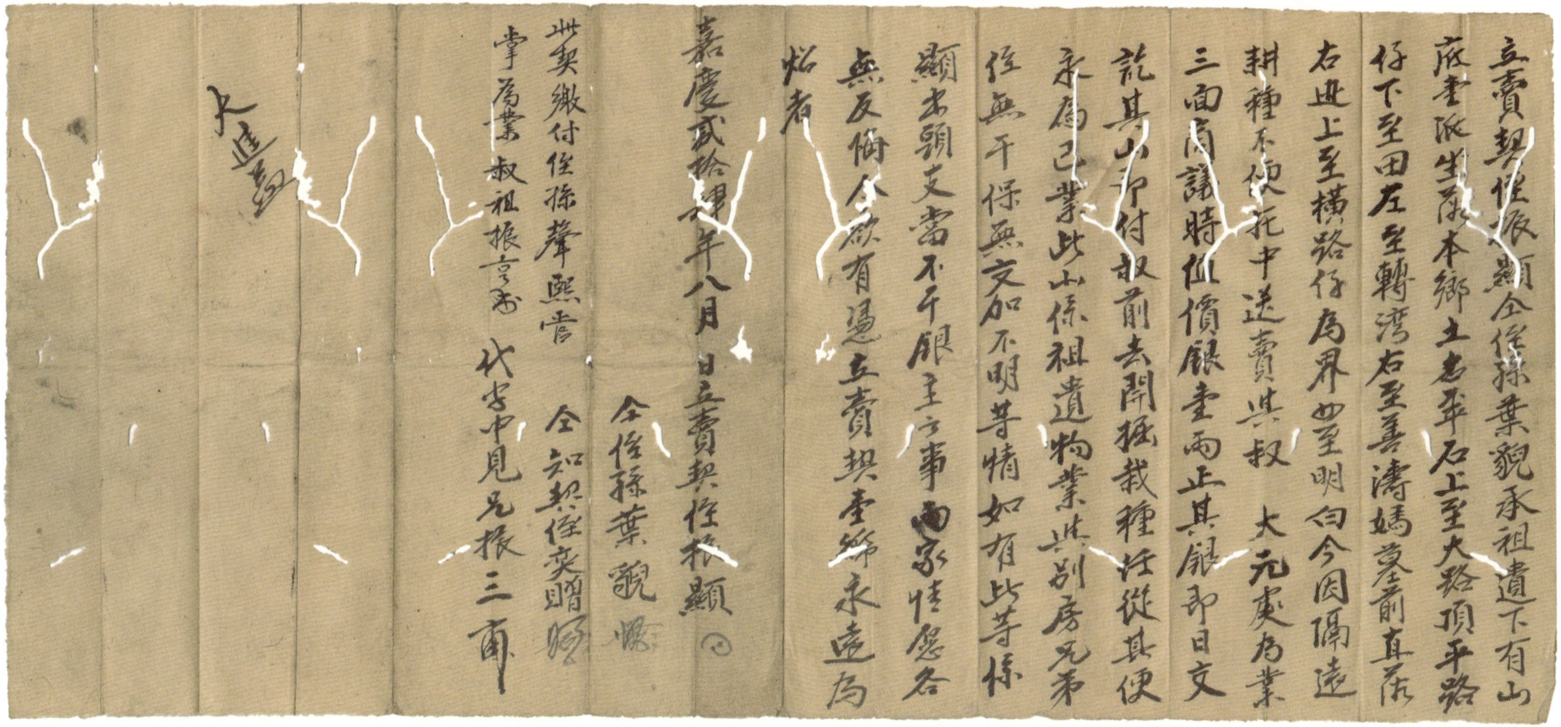
立賣契侄振顯仝侄孫葉觀承祖遺下有山
底壹派坐落本鄉土名華石上至大路項平路
仔下至田左至轉灣右至善濤媽墓前直落
右邊上至橫路仔為界四至明白今因侷迫
耕種不便托中送賣與叔 大元處為業
三面言議時值價銀壹兩正其銀即日交
訖其山即付叔前去開掘栽種任從其便
永為己業此山係祖遺物業與別房兄弟
侄無干保無交加不明等情如有此等係
顯出頭支當不干銀主之事兩家情愿各
無反悔今欲有憑立賣契壹紙永遠為
炤者
嘉慶貳拾肆年八月 日立賣契侄振顯
仝侄孫葉觀
仝知契侄奕暄
代字中見兄振三甫
丗契繳付侄孫聲照管
掌為業 叔祖振亨

9-5-1-48 清嘉慶二十四年八月楊振顯等立賣山底契

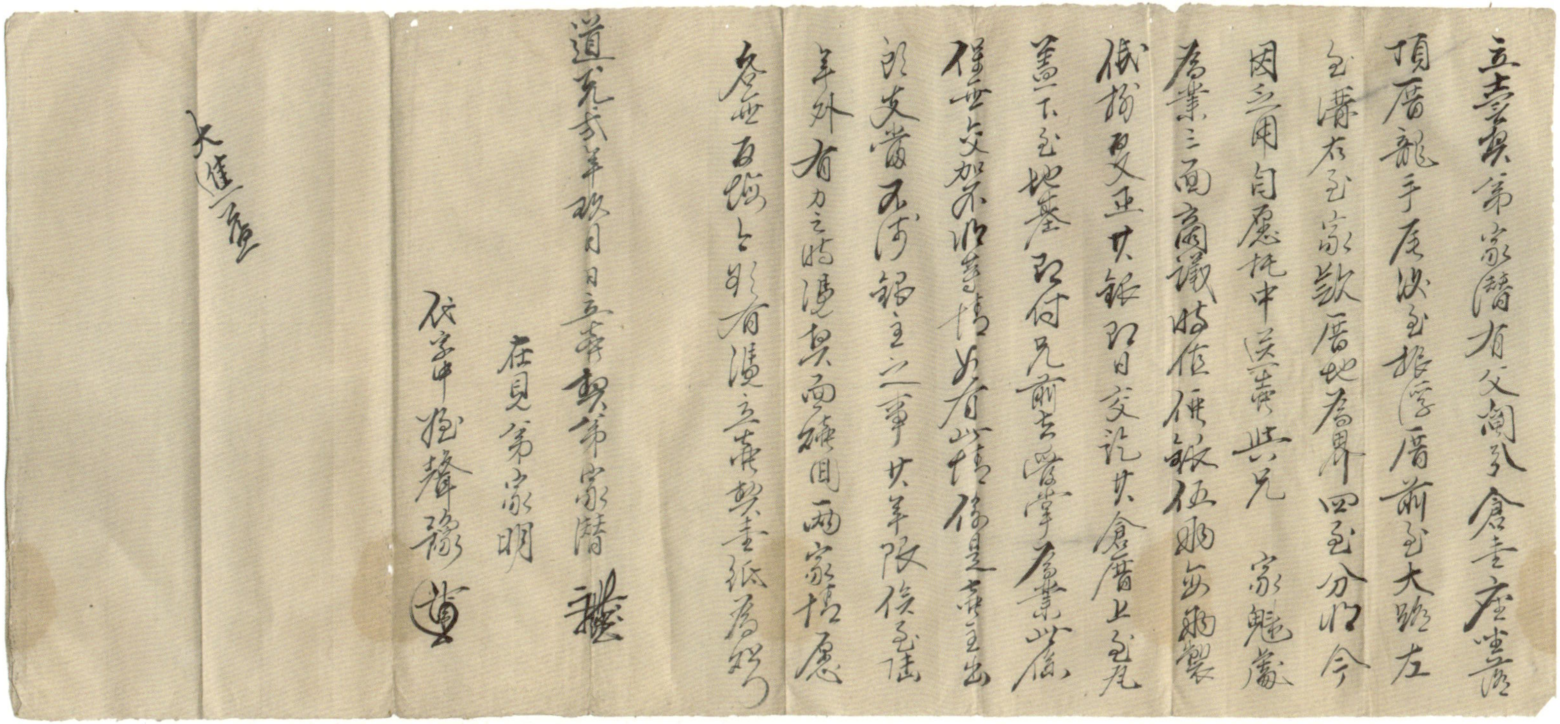

立賣契弟家潛有父閹分倉壹座坐落
頂厝龍手底洑至[illegible]厝前至大路左
至厝右至家欽厝地為界四至分明今
因乏用自愿托中送賣與兄　家魁處
為業三面商議時值價銀伍兩正兩製
俱折足文正其銀即日交訖其倉厝上至瓦
蓋下至地基即付兄前去管掌為業此係
保無支加不明等情如有此情係是弟出
頭支當不干銀主之事其年限[illegible]至[illegible]
年外有力之時憑契面銀回兩家情愿
各無反悔今欲有憑立賣契壹紙為照

道光貳年玖月　日立賣契弟家潛（押）
在見弟家明
代字中侄聲[illegible]（押）

大進益

9-5-1-49　清道光二年九月楊家潛立賣倉契

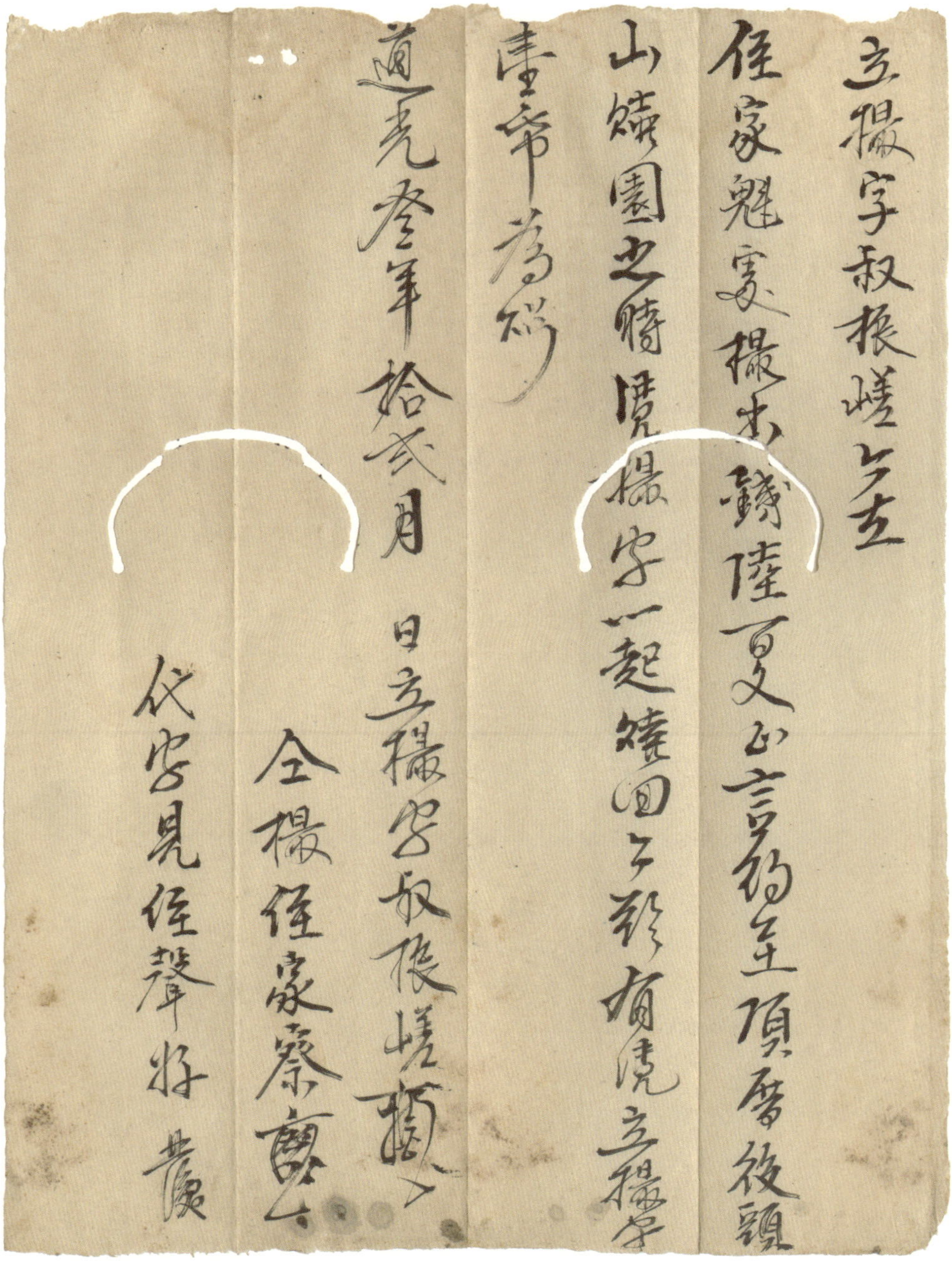

立撮字叔振嵯仝立侄家魁、家寮撮出錢陸百文正，言約至項屋後頭山蟯園之贖價撮字一起蟯回之證，有憑立撮字壹帋為照。

道光叁年拾貳月　日立撮字叔振嵯（押）

仝撮侄家寮（押）

代字見侄聲將（押）

9-5-1-50　清道光三年十二月楊振嵯等立撮字

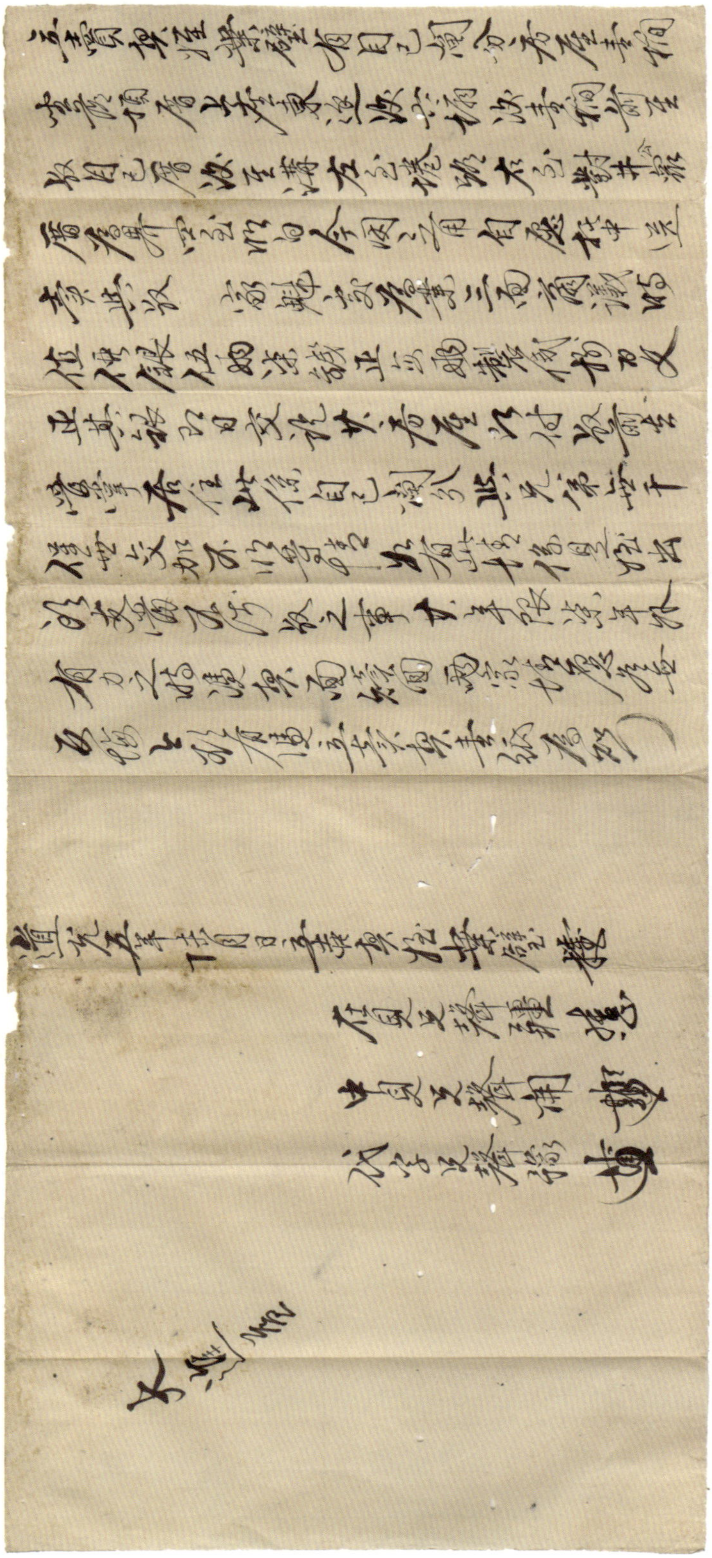

9-5-1-51 清道光五年六月楊葉璧立賣房屋契

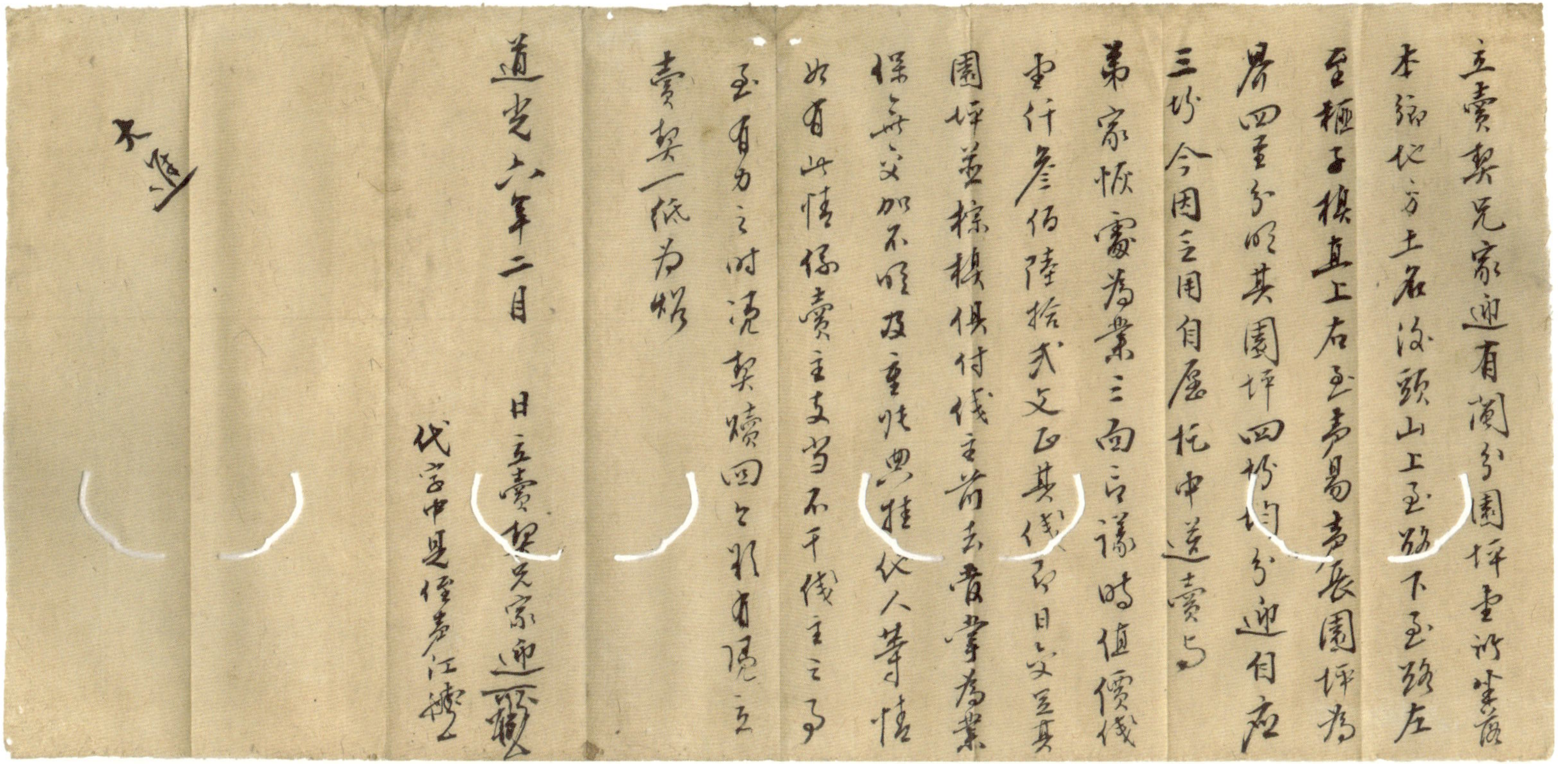
立賣契兄家迎有阄分園坪壹所坐落
本鄉地方土名後頭山上至路下至路左
至𣗳子根直上右至聲昌聲喜園坪為
界四至分明其園坪四股均分迎得應
三股今因乏用自愿托中送賣與
弟家恢霽為業三面言議時值價錢
壹仟叁佰陸拾貳文正其錢即日交足其
園坪並棕樹俱付錢主前去管業為業
係無交加不明及重張典挂他人等情
如有此情係賣主支當不干錢主之事
至有力之時照契贖回之不得有阻立
賣契一紙為照
道光六年二月　　日立賣契兄家迎（押）
代字中見侄聲江（押）
大吉

9-5-1-52　清道光六年二月楊家迎立賣園坪契

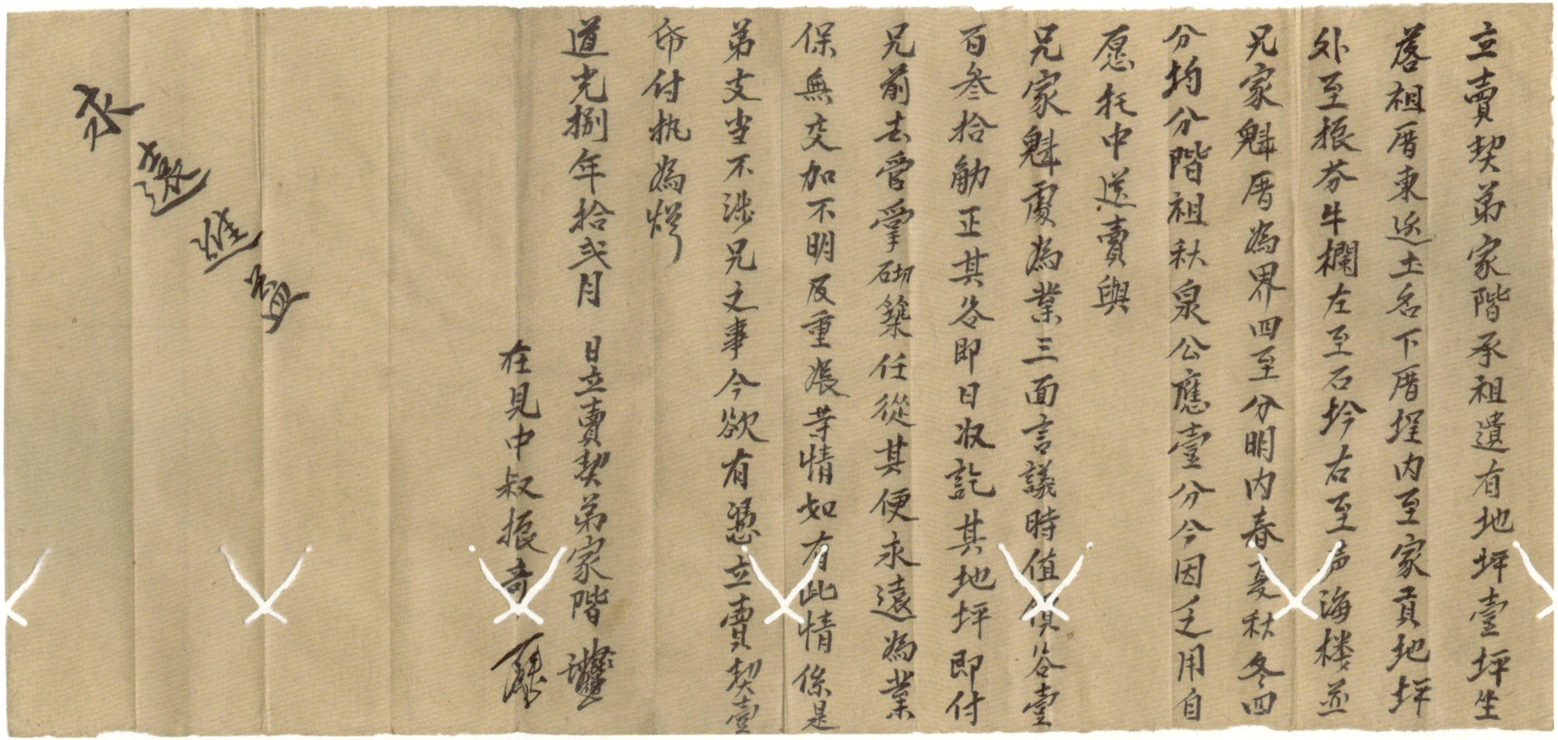
立賣契弟家階承祖遺有地坪壹坪坐
落祖厝東邊土名下厝埕内至家貢地坪
外至振芬牛欄左至石埒右至聲海樓並
兄家魁厝為界四至分明内春夏秋冬四
分均分階祖秋泉公應壹分今因乏用自
愿托中送賣與
兄家魁處為業三面言議時值價谷壹
百叁拾觔正其谷即日收訖其地坪即付
兄前去管掌砌築任從其便永遠為業
保無交加不明反重張等情如有此情係是
弟支當不涉兄之事今欲有憑立賣契壹
帋付執為照
道光捌年拾弍月　日立賣契弟家階（押）
在見中叔振奇（押）
永遠進資

9-5-1-53　清道光八年十二月楊家階立賣地坪契

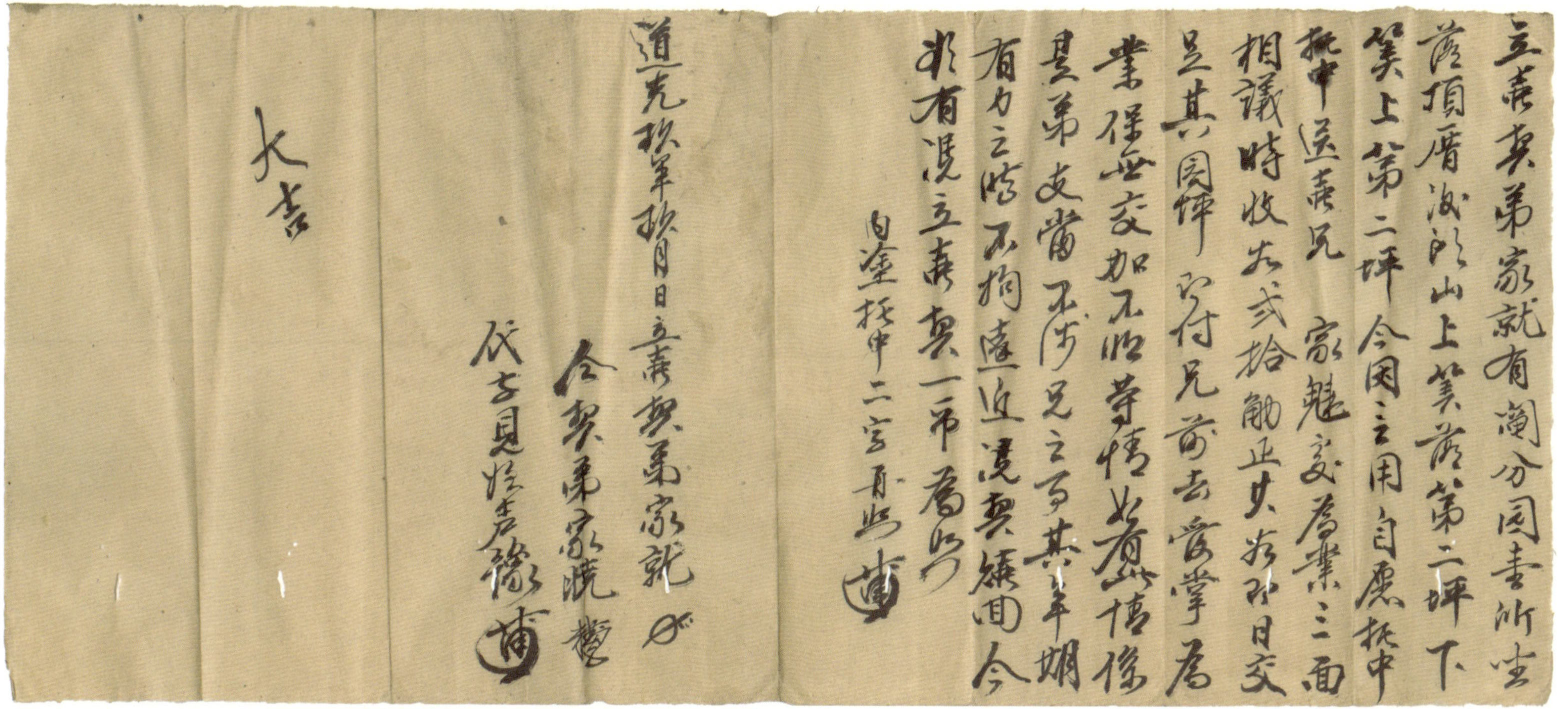

立賣契弟家就有鬮分園壹所，坐
落碩厝後門山上，其落第二坪下，
其上第二坪。今因乏用，自愿托中
托中送賣兄　家魁處為業。三面
相議時收去銭弍拾觔正，其銭即日交
足。其園坪即付兄前去管掌為
業，保無交加不明等情，如有此情係
是弟支當，不干兄之事。其年限
有力之時，不拘遠近，憑契錢回。今
欲有憑，立賣契一帋為照。
白塗托中二字再照（押）

道光玖年玖月　日立賣契弟家就（押）
仝賣弟家[illegible]（押）
代字見姪孝德（押）

大吉

9-5-1-54　清道光九年九月楊家就等立賣園契

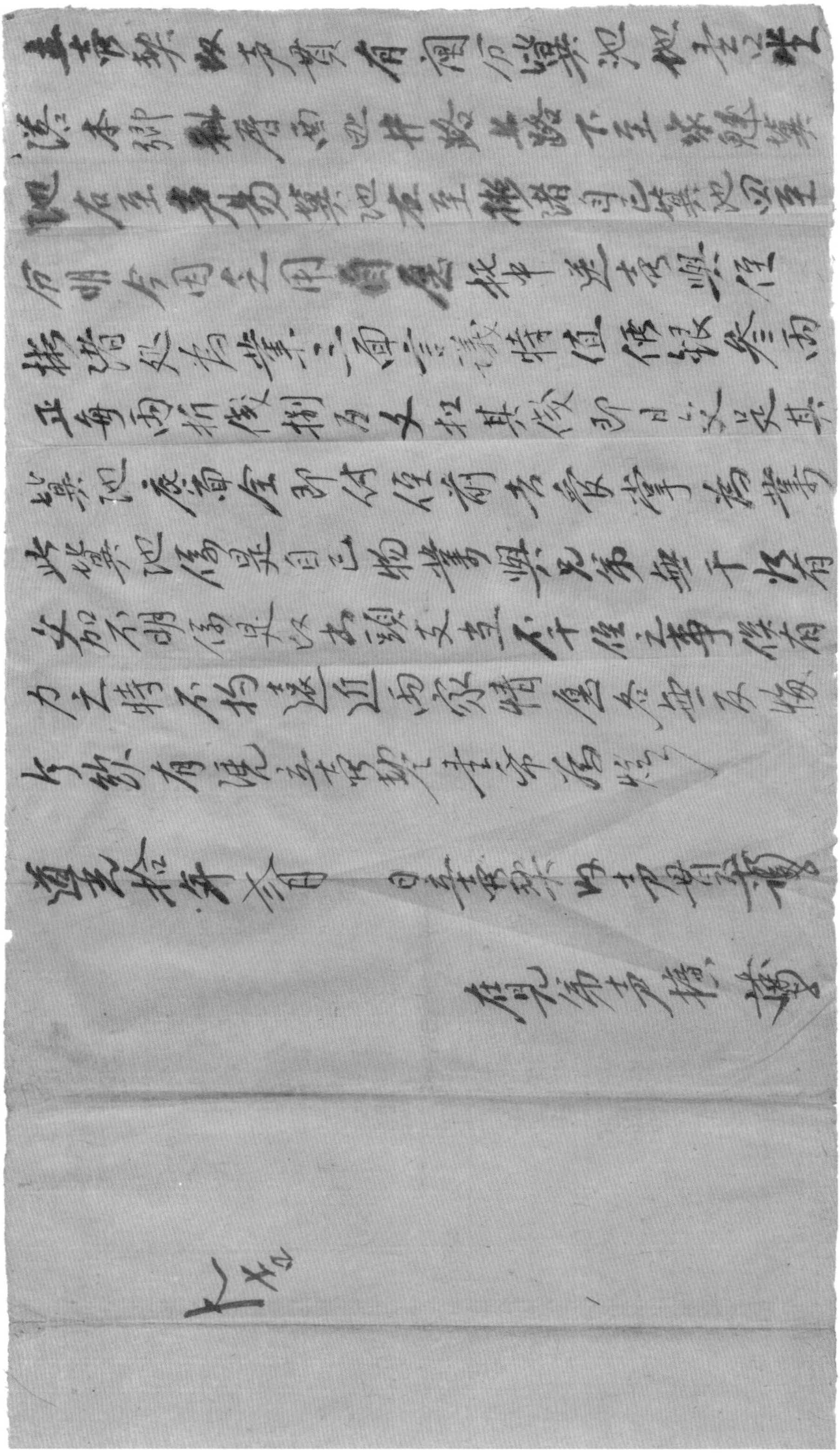

9-5-1-55　清道光十年二月楊声貫立賣糞池地契

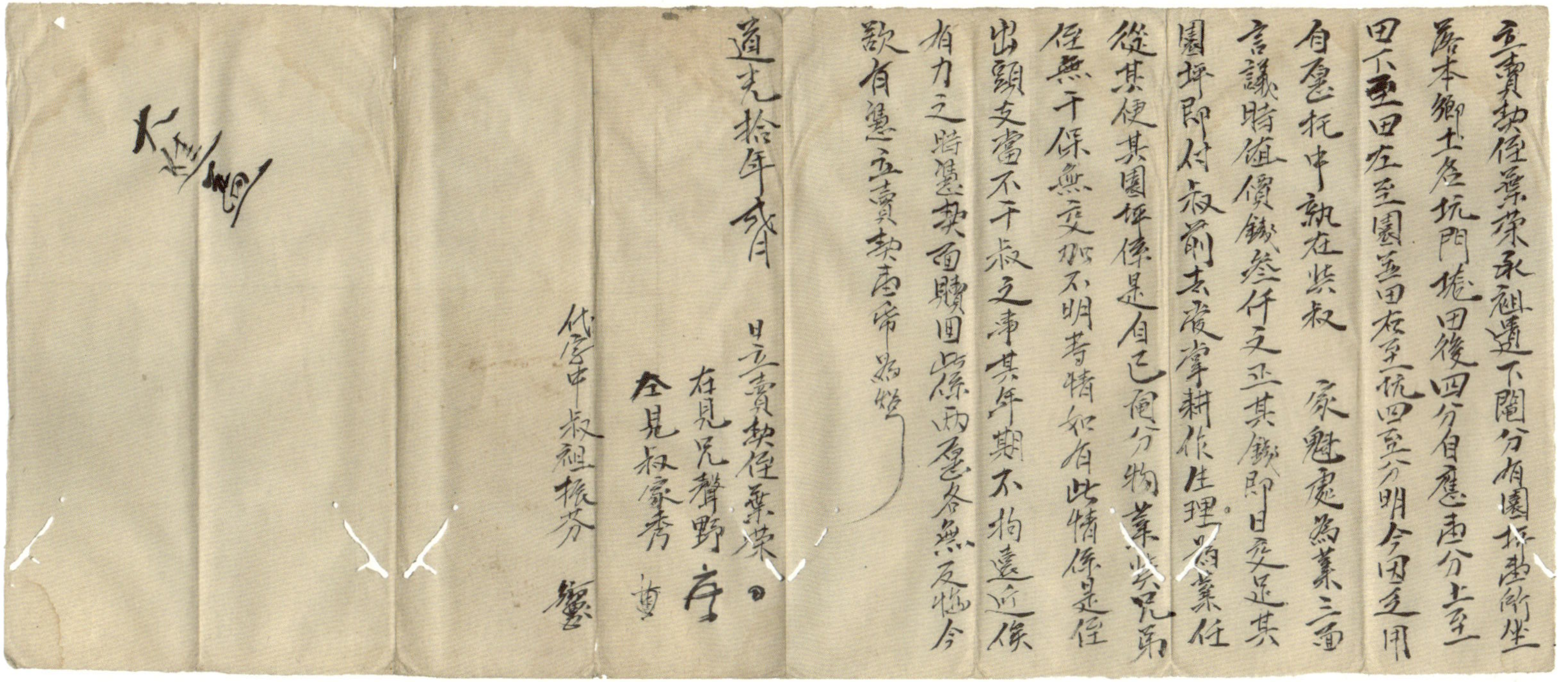
立賣契侄葉荣承祖遺下閹分有園坪壹所坐
落本鄉土名坑門垅田後四分自愿壹分上至
田下至田左至園至田右至坑四至分明今因乏用
自愿托中就在出叔 家魁處為業三面
言議時值價錢叁仟文正其錢即日交足其
園坪即付叔前去管耕作生理為業任
從其使其園坪係是自己閹分物業出兄弟
侄無干係無交加不明等情如有此情係是侄
出頭支當不干叔之事其年期不拘遠近係
有力之時憑契面贖回出係兩愿各無反悔今
欲有憑立賣契壹帋為照
道光拾年弍月 日立賣契侄葉荣
在見兄聲野
仝見叔家秀
代筆中叔祖振芳

9-5-1-56　清道光十年二月楊葉荣立賣園坪契

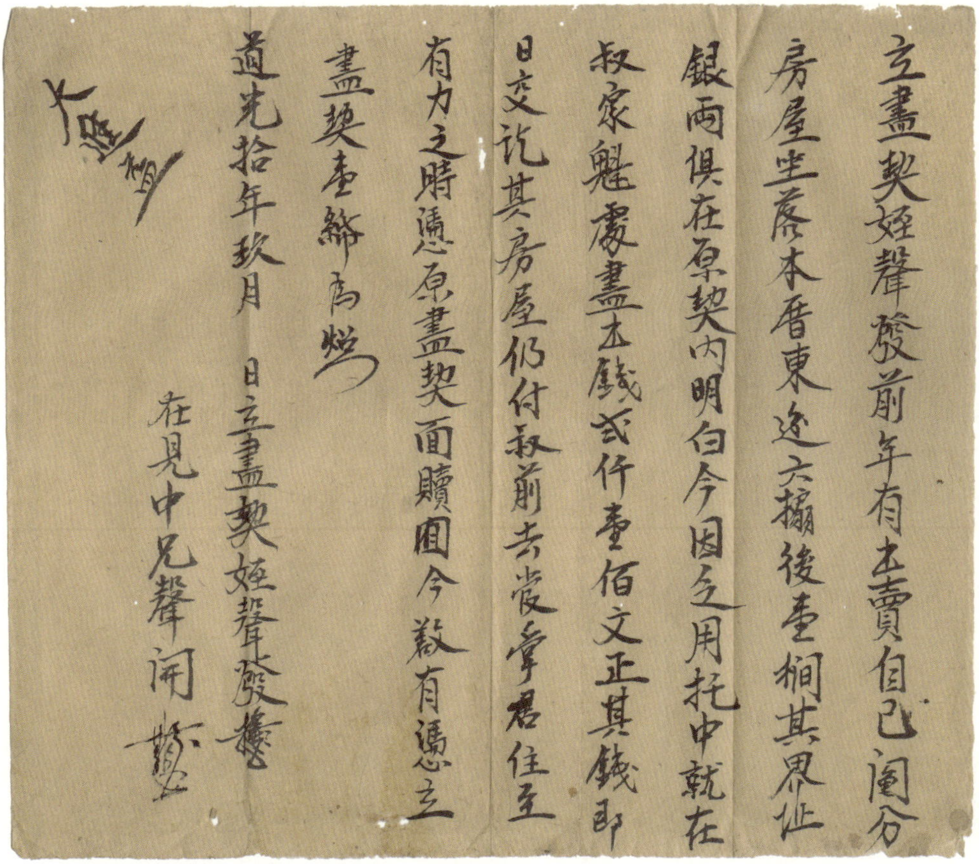

立盡契姪聲發前年有本賣自己閫分房屋坐落本厝東邊六扇後壹桶其界址銀兩俱在原契内明白今因乏用托中就在叔家魁處盡出錢弍仟壹佰文正其錢即日交訖其房屋仍付叔前去掌管居住至有力之時憑原盡契面贖回今欲有憑立盡契壹紙爲照

道光拾年玖月　日立盡契姪聲發（押）

在見中兄聲開（押）

9-5-1-57　清道光十年九月楊聲發立盡房屋契

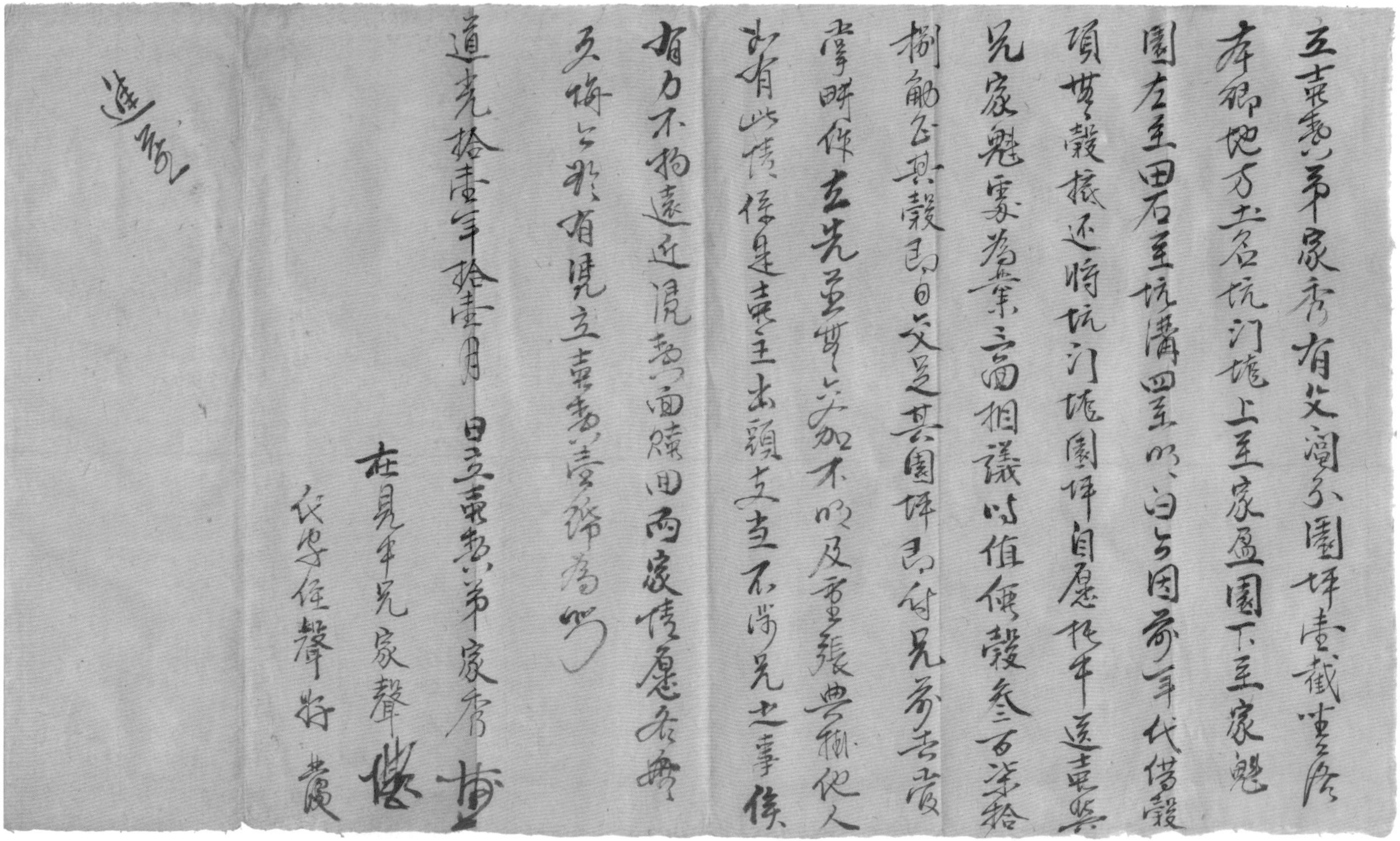
立賣契人弟家秀有父閹分園坪壹截坐落本鄉地方土名坑门墘上至家盈園下至家魁園左至田右至坑溝四至明白今因前年代借穀項無穀抵還將坑门墘園坪自愿托中送賣與兄家魁處爲業三面相議時值價穀叁百柒拾捌觔正其穀即日交足其園坪即付兄前去管掌耕作立先並無加不明及重張典掛他人如有此情係是賣主出頭支当不涉兄之事係有力不拘遠近照契面贖田兩家情愿各無反悔今欲有憑立賣契壹紙爲照

道光拾壹年拾壹月 日立賣契人弟家秀

在見中兄家聲

代字侄聲將

9-5-1-58 清道光十一年十一月楊家秀立賣園坪契

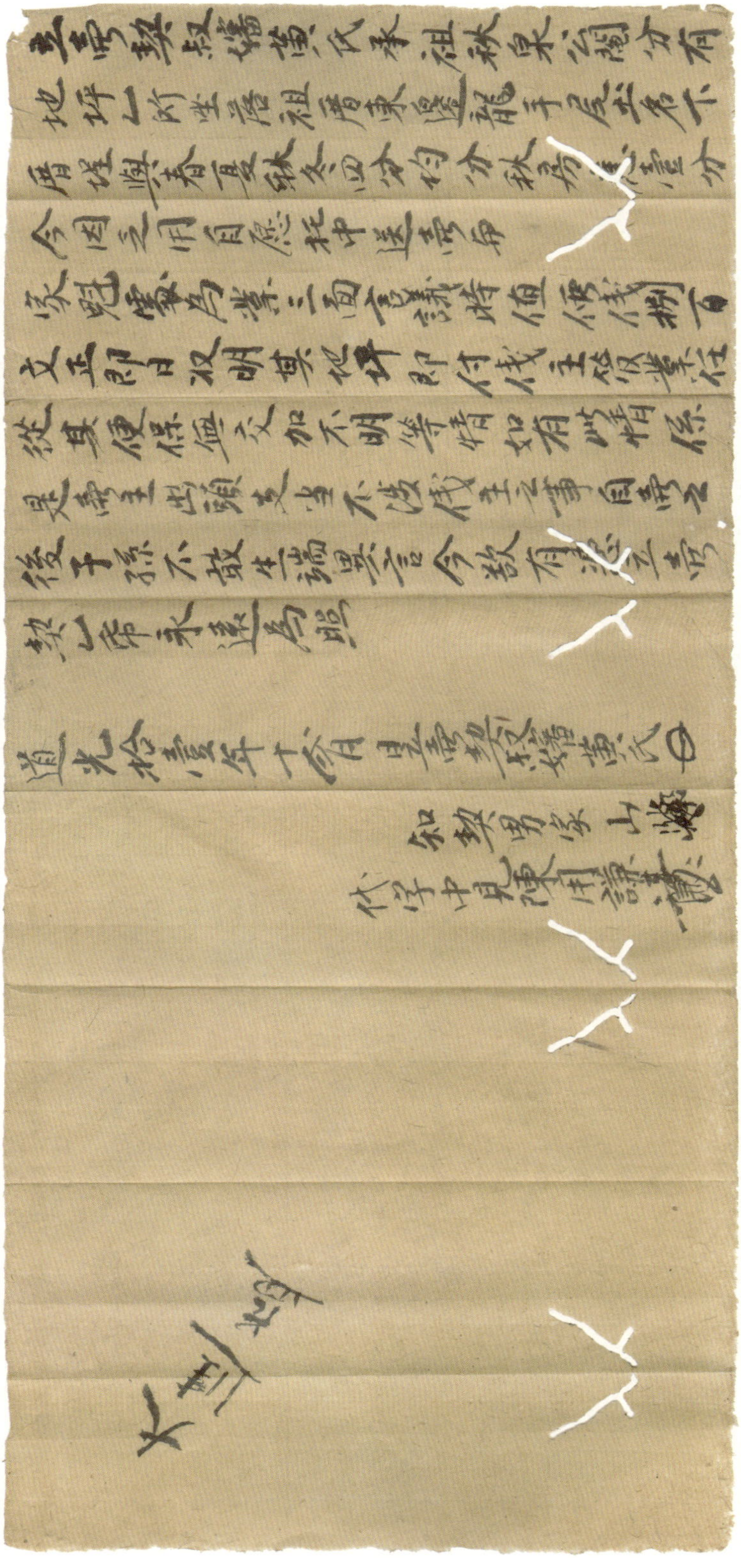
立賣契一段嬸黄氏承祖秋泉公閫分有
地坪一所坐落祖厝東邊龍手后土名下
厝埕與叔春貞錫冬四分均分秋爲三分
今因乏用自愿托中送賣與
宗姪侄家爲業三面言議時值價錢捌百
文正即日收明其地坪即付錢主掌管任
從其便係己分之物不明等情如有此情係
是賣主出頭支當不涉錢主之事自賣之
後子孫不敢生端異言今欲有憑立賣
契一紙永遠爲照
道光拾壹年十二月　日立賣契一段嬸黄氏
知契男家山
代字中見陳開謹
大吉

9-5-1-59　清道光十一年十二月黄氏立賣地坪契

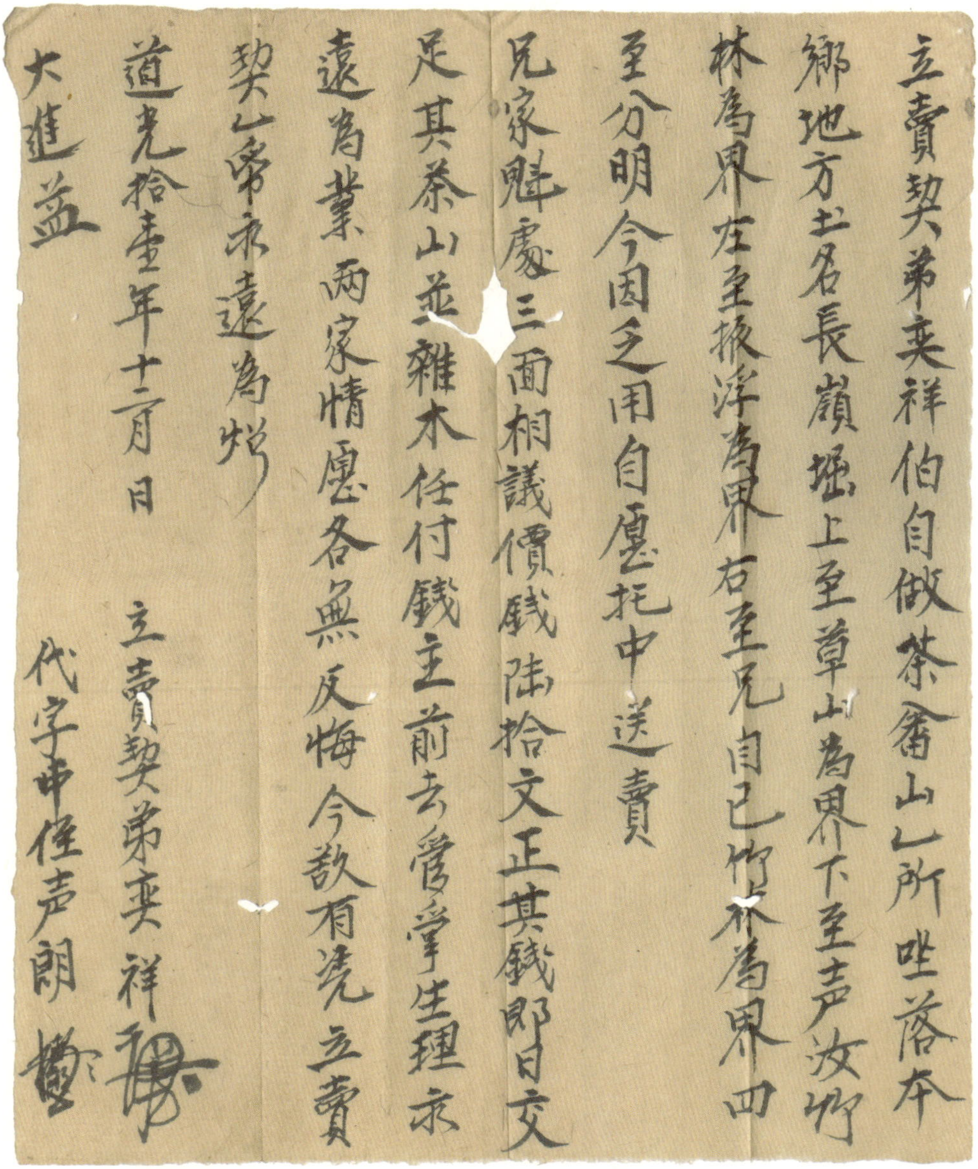

立賣契弟奕祥伯自做茶畬山一所坐落本
鄉地方土名長嶺墘上至草山為界下至声汝竹
林為界左至振浮為界右至兄自己竹林為界四
至分明今因乏用自愿托中送賣
兄家肆處三面相議價錢陸拾文正其錢即日交
足其茶山並雜木任付錢主前去管掌生理永
遠為業兩家情愿各無反悔今欲有凭立賣
契山帋永遠為炤
道光拾壹年十二月　日　立賣契弟奕祥（押）
大進益　代字弟侄声朗（押）

9-5-1-60　清道光十一年十二月楊奕祥立賣茶畬山契

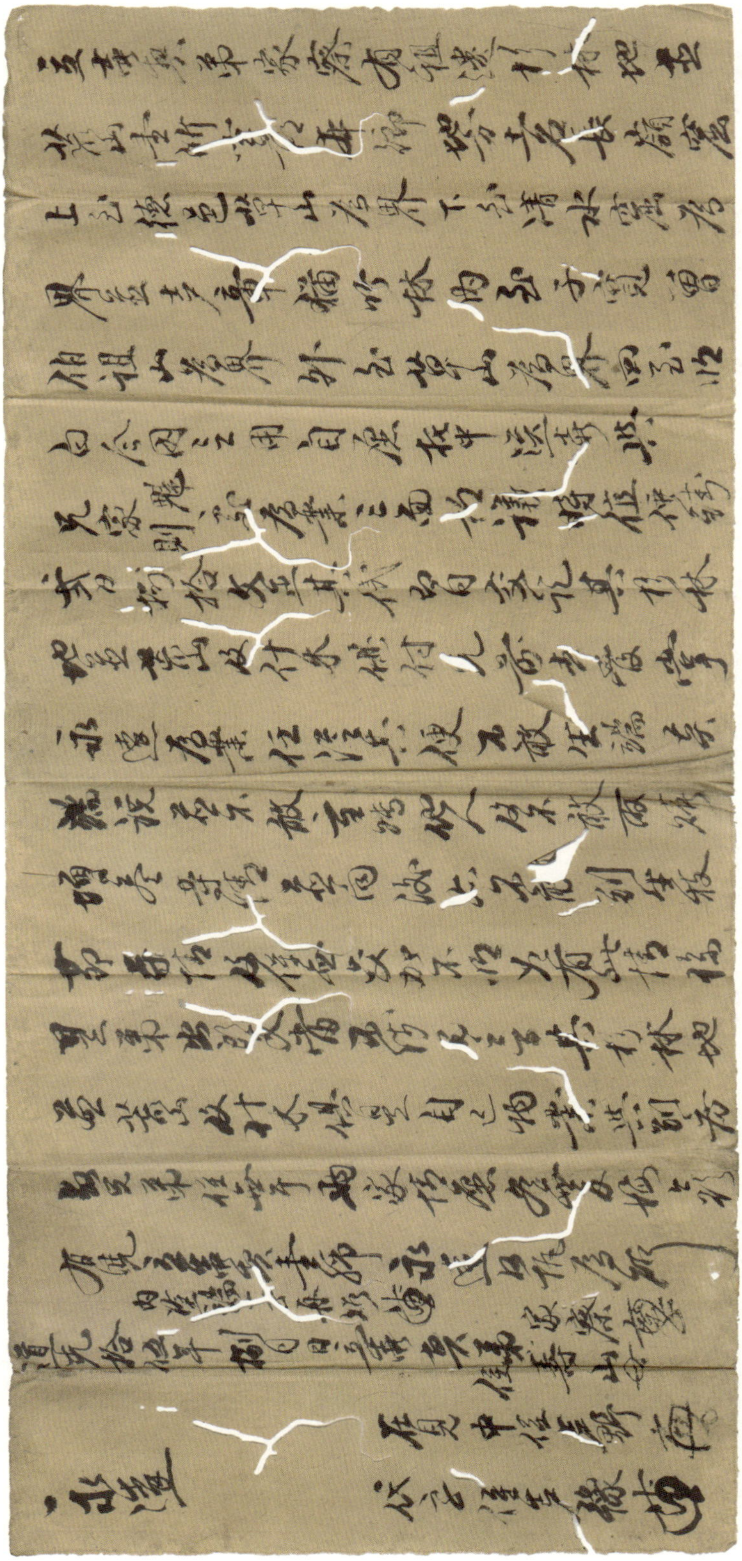

9–5–1–61　清道光十五年八月楊家察等立賣杉林地等契

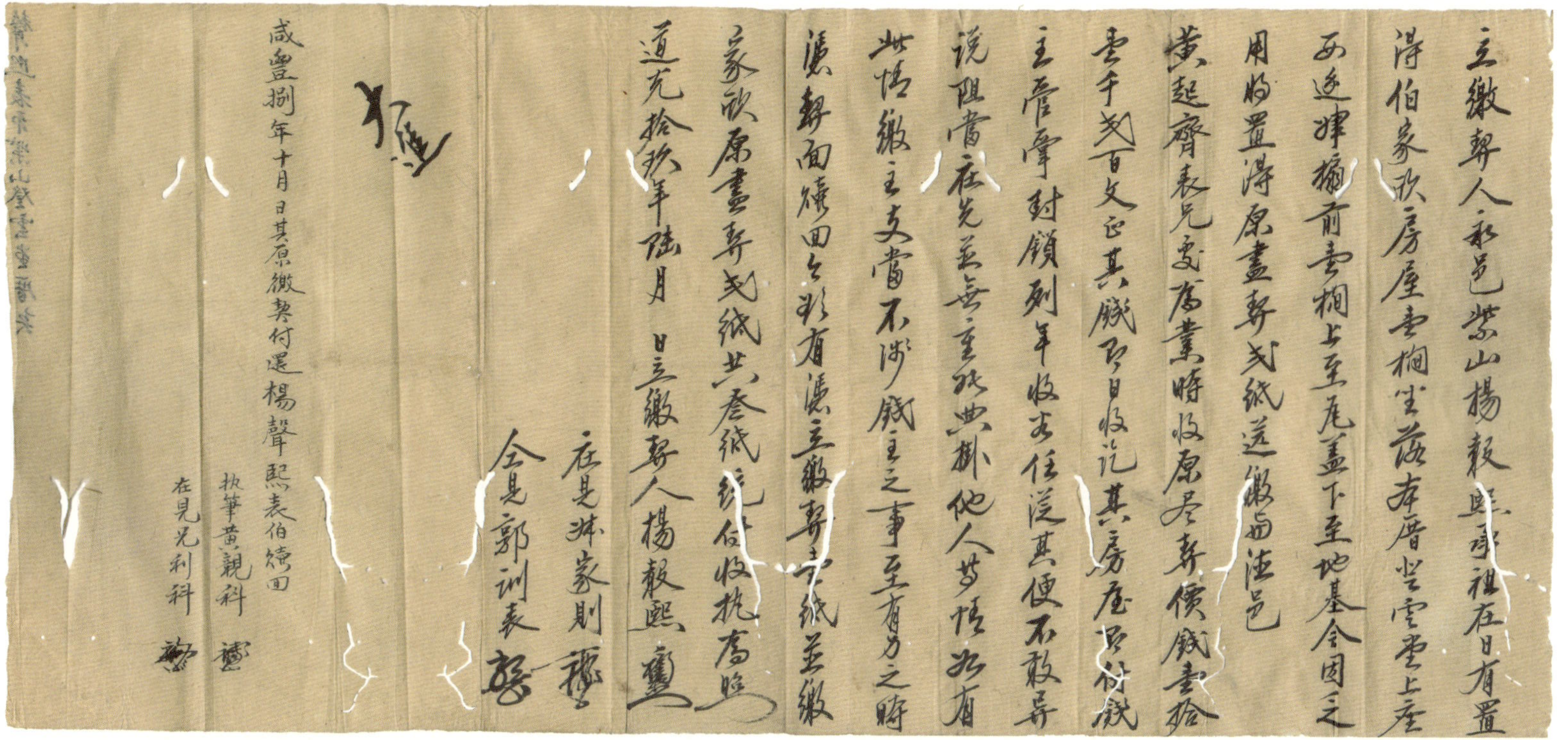

立繳契人永邑紫山楊叔熙承祖在日有置
得伯家欣房屋壹植坐落本厝嶺雲壹上座
西邊肆榻前壹植上至瓦蓋下至地基今因乏
用將置得原畫契弍紙送繳與族邑
黃起齊表兄處爲業時收原契價錢壹拾
壹千弍百文正其錢即日收訖其房屋既付錢
主管掌封鎖列年收去任從其便不敢异
說阻當在先並無重張典掛他人等情如有
此情繳主支當不涉錢主之事至有力之時
憑契面續回不得有違立繳契弍紙並繳
家欣原畫契弍紙共叁紙統付收執爲照

道光拾玖年陸月　日立繳契人楊叔熙
在見 林家則
仝見 郭訓表

咸豐捌年十月　日其原繳契付還楊聲熙表伯續回
執筆 黃親科
在見 兄利科

9-5-1-62　清道光十九年六月楊聲熙立繳房屋契（正面）

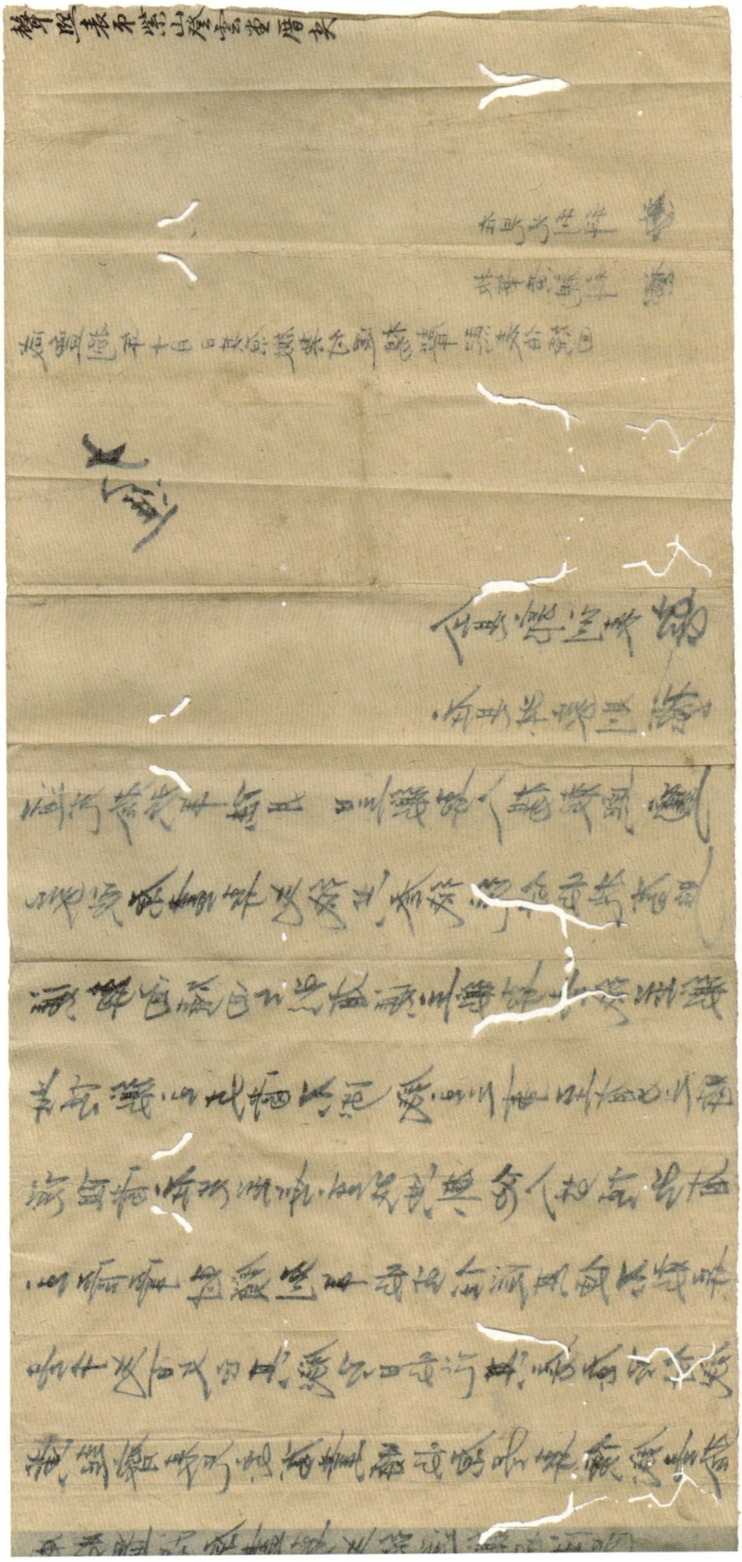

9-5-1-63　清道光十九年六月楊聲熙立繳房屋契（背面）

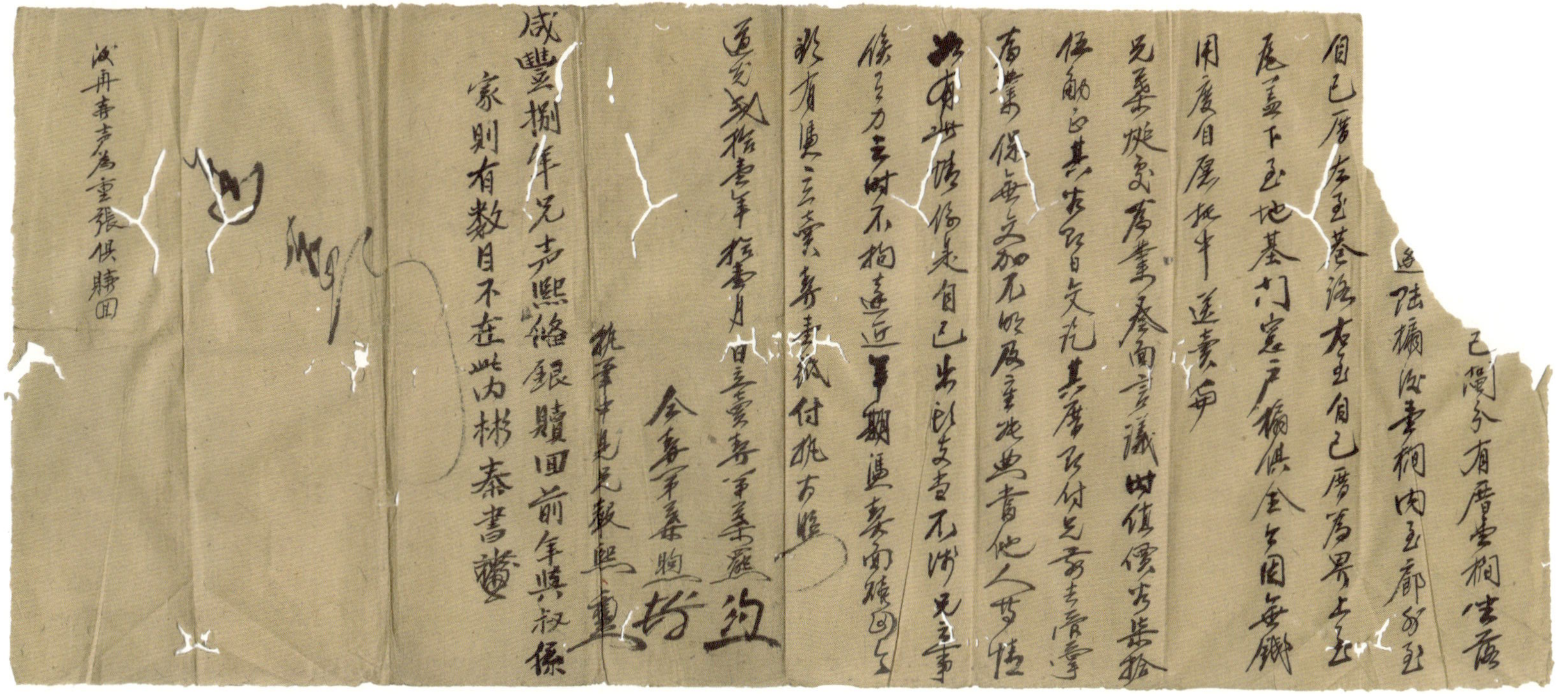

已鬮分有厝壹棟坐落
[illegible]陆[illegible]後壹棟內並廊弍至
自己厝左至巷路右至自己厝為界上至
瓦蓋下至地基門窗戶扇俱全今因無錢
用度自愿托中送賣與
兄基璇處為業叁面言議時值價銀壹拾
伍兩正其銀即日交訖其厝即付兄前去管掌
為業係無交加不明及重張典當他人等情
如有此情係是自己出頭支當不涉兄之事
係二比甘愿之時不拘遠近取贖還本價回之
恐有憑立賣契紙付執為照
道光弍拾壹年拾壹月　日立賣契葉羆（押）
仝立賣葉胸（押）
執筆中見兄鼓熙（押）
咸豐捌年兄壽熙備銀贖回前年興叔係
家則有數目不在此內　彬泰書（押）
收冉壹弟為重張供贖田

9-5-1-64　清道光二十一年十一月楊葉羆等立賣厝契

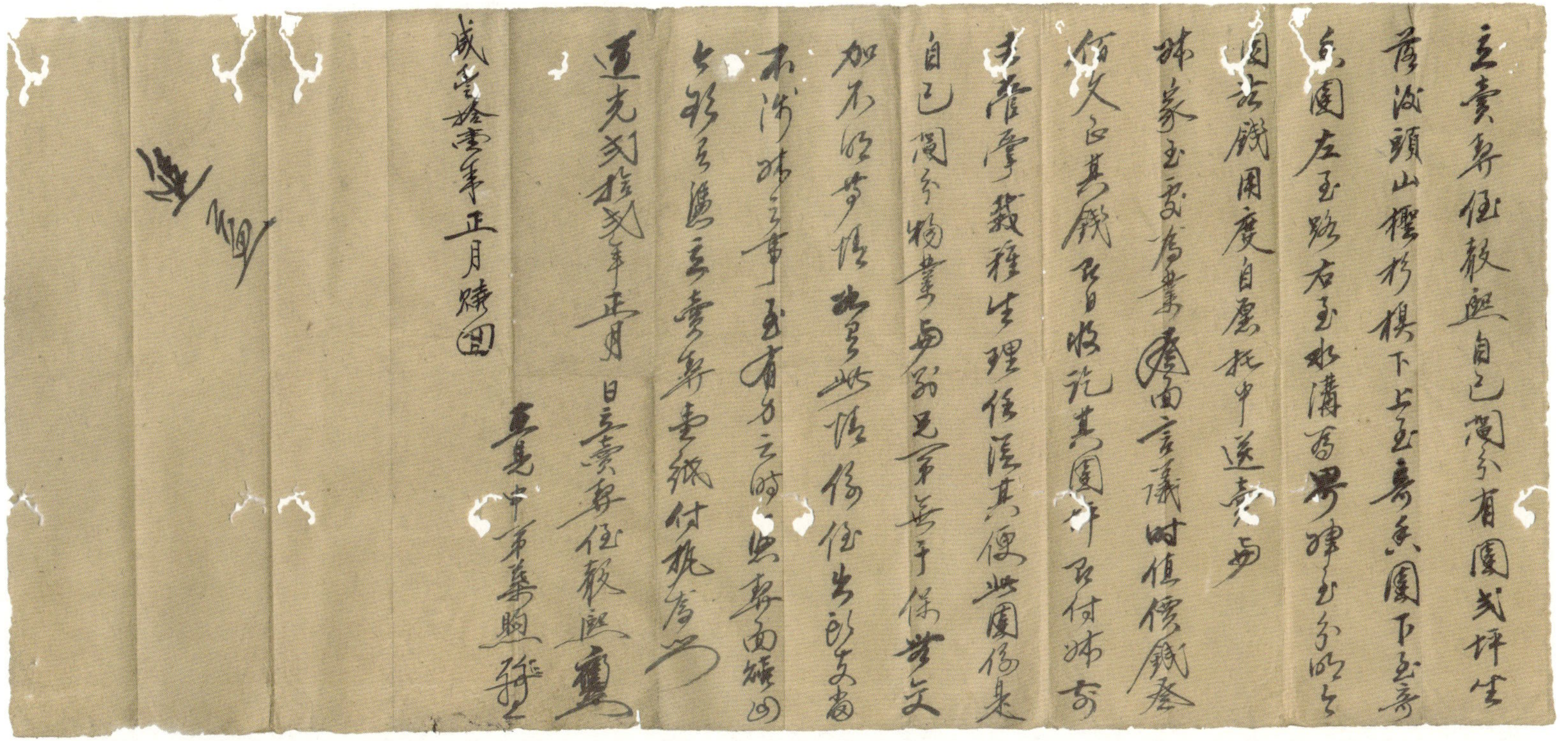
立賣契侄聲熙自己鬮分有園弍坪，坐
落洑頭山樓杉棋下，上至壽系園，下至壽
系園，左至路，右至水溝爲界，肆至分明。今
因乏錢用度，自愿托中送賣與
胞叔家玉爲業，當面言議時值價錢叁
佰文正，其錢即日收訖，其園即付胞叔
前去管掌栽種生理，任從其便。此園係是
自己鬮分物業，與兄弟無干，保其交
加不明等情，如有此情，係侄出頭抵當，
不涉胞叔之事。後有銀之時，照契面贖回。
今欲有憑，立賣契壹紙付執爲照。
道光弍拾弍年正月　日立賣契侄聲熙（押）
在見中弟聲照（押）
咸豐拾壹年正月贖回

9-5-1-65　清道光二十二年正月楊聲熙立賣園契

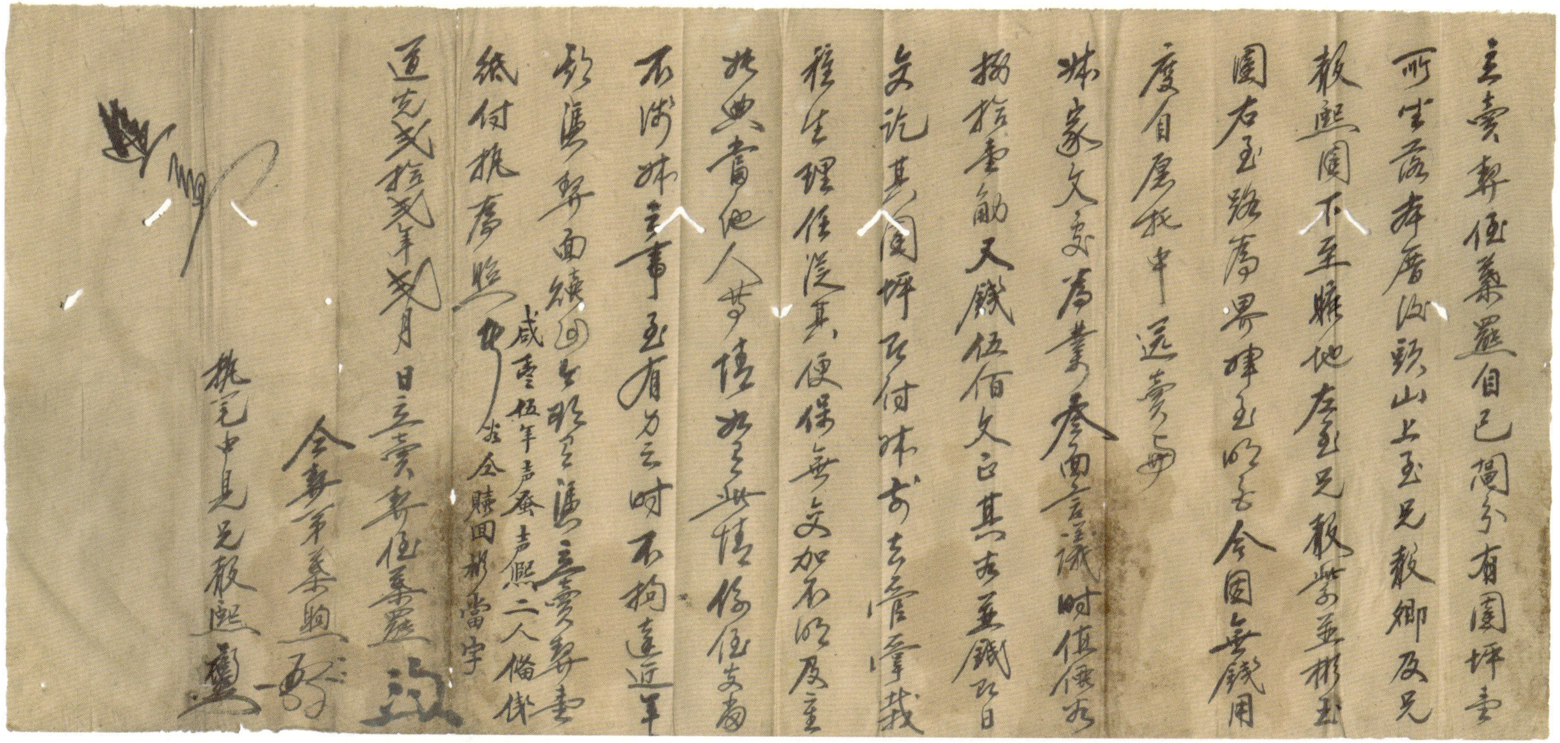
立賣契侄葉熙自己閫分有園坪壹
所坐落本厝後頭山上至兄教鄉及兄
教熙園下至嬸地左至兄教業並彬右
園右至路爲界肆至明白今因無錢用
度自愿托中送賣與
林家文彩爲業叁面言議時值價錢
捌拾壹觔大錢伍佰文正其錢並即日
交訖其園坪即付林處去管業栽
種生理任從其便保無交加不明及重
張典當他人等情如有此情係侄支當
不涉林家之事至有力之時不拘遠近年
分准其[illegible]贖回[illegible]立賣契壹
紙付執爲照　咸豐伍年[illegible]二人備價[illegible]全贖田[illegible]當字
道光貳拾貳年貳月　日立賣契侄葉熙
全契弟葉駒
執筆中見兄教熙

9-5-1-66　清道光二十二年二月楊葉熙等立賣園坪契

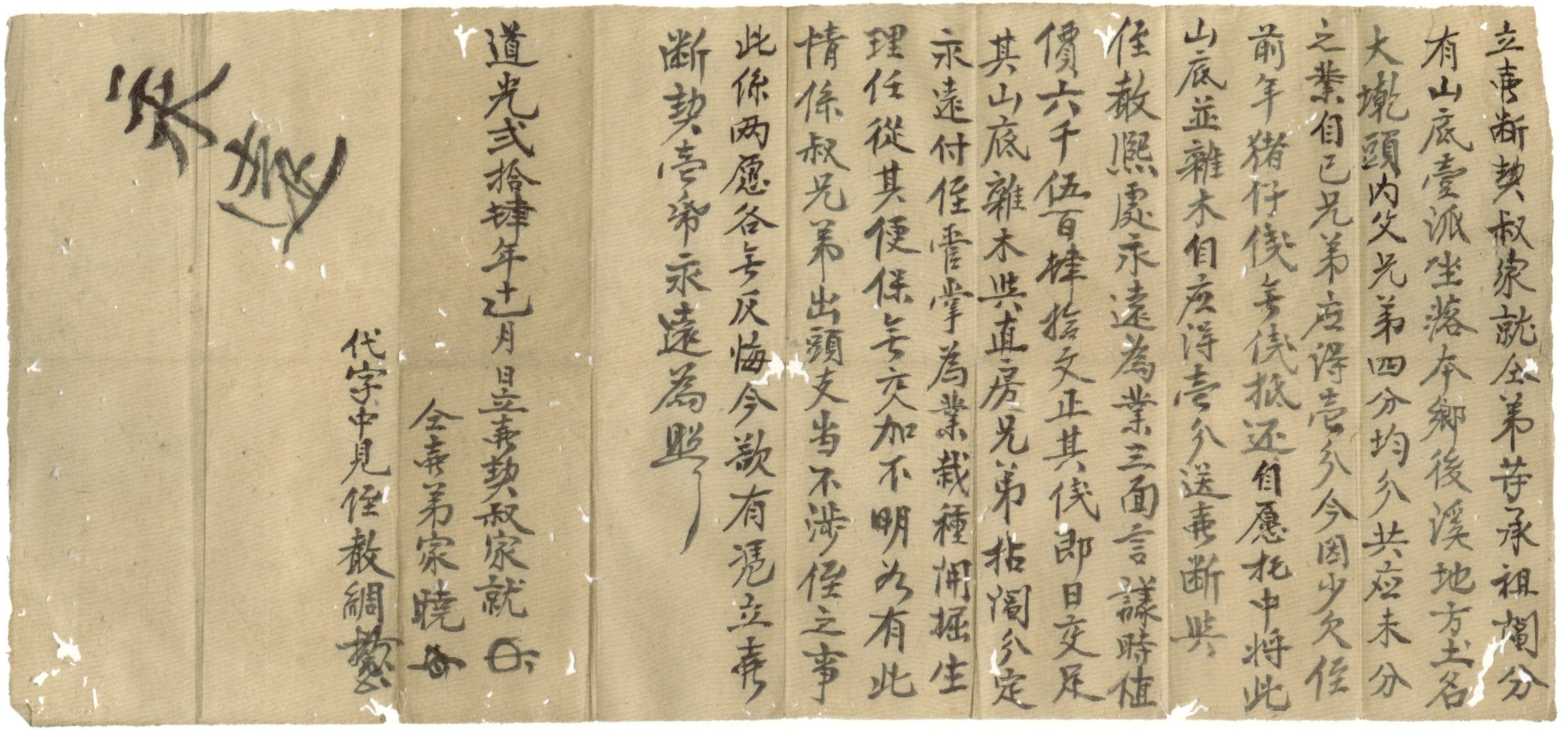

立賣斷契叔家就仝弟等承祖鬮分
有山底壹派坐落本鄉後溪地方土名
大墘頭内父兄弟四分均分共应未分
之業，自己兄弟应得壹分，今因少欠侄
前年猪仔錢無錢抵还，自愿托中將此
山底並雜木自应得壹分送賣斷與
侄敍熙處永遠為業，三面言議時值
價六千伍百肆拾文正，其錢即日交足，
其山底雜木與直房兄弟拈鬮分定，
永遠付侄管掌為業栽種開掘生
理，任從其便，係無交加不明為有此
情，係叔兄弟出頭支当，不涉侄之事。
此係两愿，各無反悔，今欲有凭，立賣
斷契壹帋永遠為照。

道光弍拾肆年十一月　日立賣契叔家就（押）
仝賣弟家曉（押）
代字中見侄敍綢（押）

永遠

9-5-1-67　清道光二十四年十一月楊家就等立賣斷山底契

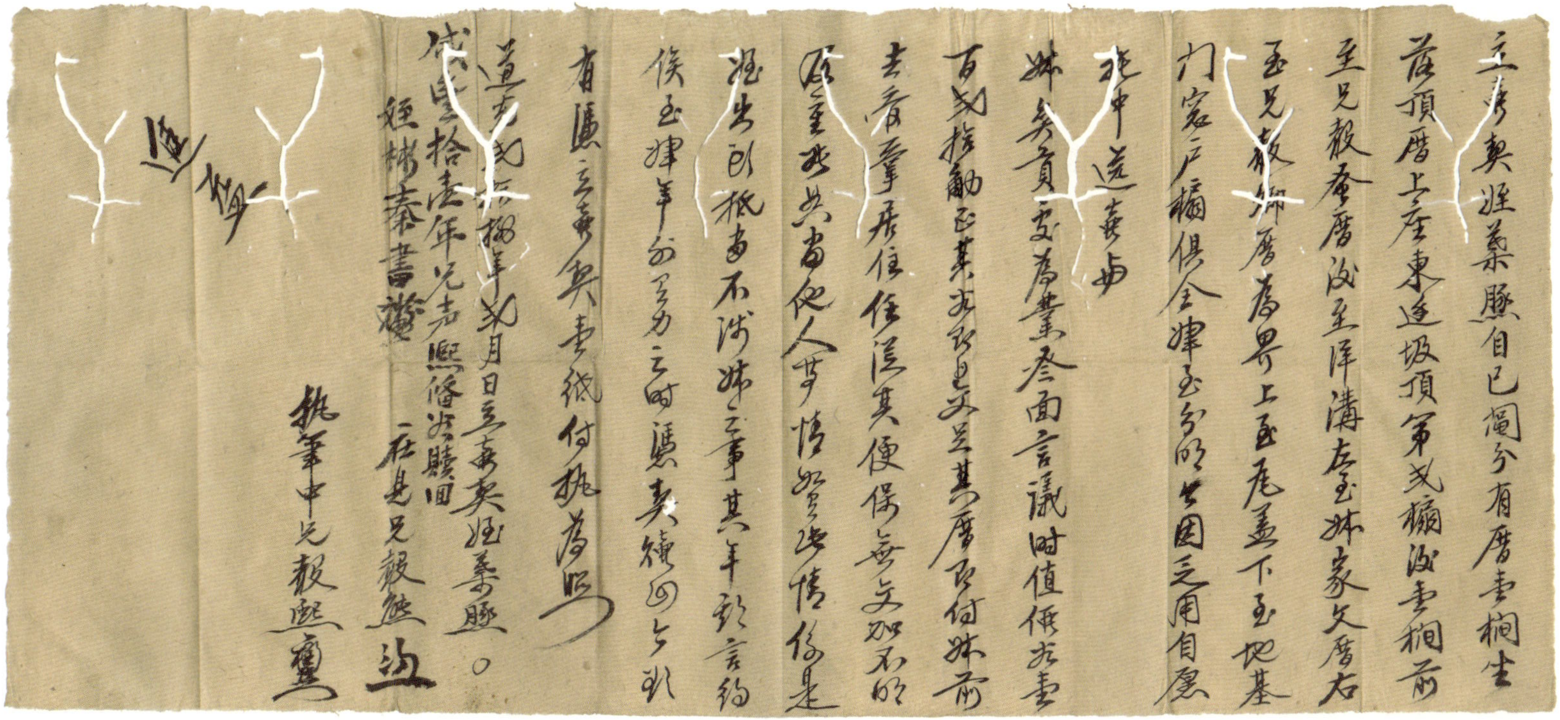
立賣契姪葉縣自己閹分有厝壹柄坐
落頂厝上座東邊坂頂第弍櫊並壹柄前
至兄報叁厝並至牌溝右至林家大厝右
至兄報林厝為界上至屋蓋下至地基
門窗戶櫊俱全肆至分明今因乏用自愿
托中送與
林吳貢官為業叁面言議時值價銀壹
百弍拾兩正其銀即日交足其厝即付林前
去管業居住任從其便保無交加不明
係家豈與伯叔兄弟人等情事係是
姪出頭抵當不涉林之事其年銀言約
候至肆年為期三面照契價回贖
有憑立賣契壹紙付執為照
道光弍拾捌年弍月日立賣契姪葉縣 ○
咸豐拾壹年兄吉興備出贖回
姪林泰書
在見兄報延
執筆中兄報延

9-5-1-68　清道光二十八年二月楊葉縣立賣厝契

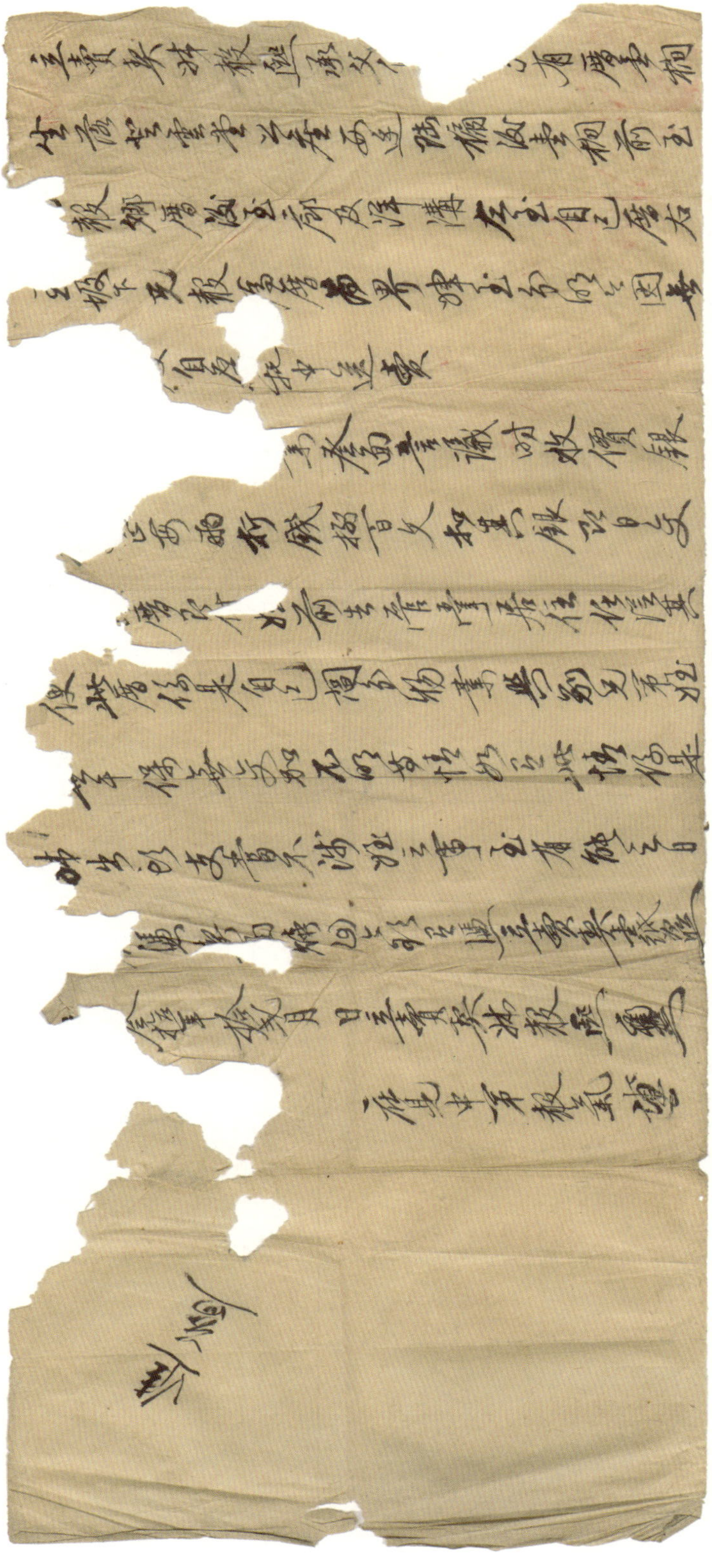

9-5-1-69 清道光三十年十二月楊聲熙立賣厝契

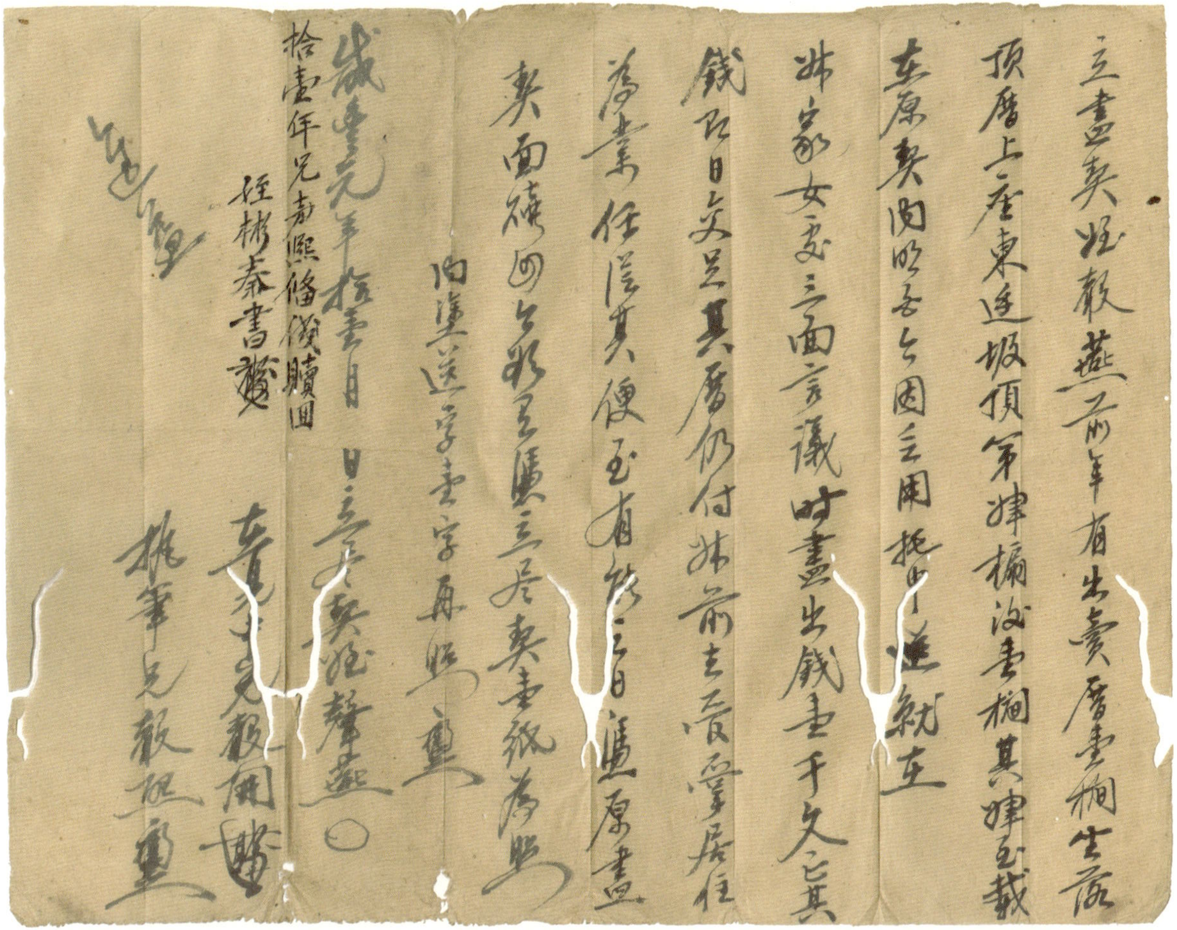

9-5-1-70　清咸豐元年十一月楊聲燕立盡厝契

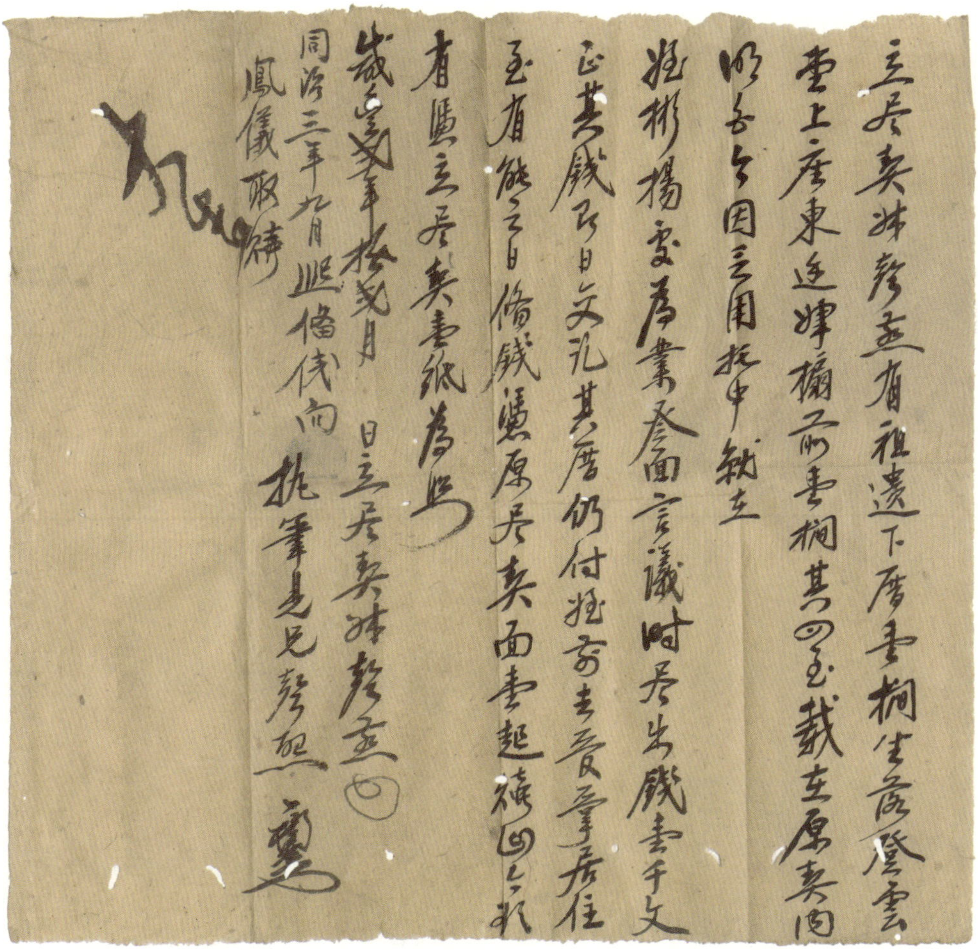
立盡契楊聲燕有祖遺下厝壹植坐落麼雲
壹上厝東邊埠橫房壹間其四至載在原契內
明今因乏用托中就在
雅彬楊處盡業三面言議時值出錢壹千文
正其錢即日交訖其厝仍付雅房去管掌居住
未有帳如日備錢照原價契面壹起贖回不許
有憑立盡契壹紙為照
咸豐二年拾貳月　日立盡契楊聲燕（押）
同治三年九月　照備價向　托筆見兄聲旭（押）
鳳儀取俸

9-5-1-71　清咸豐二年十二月楊聲燕立盡厝契

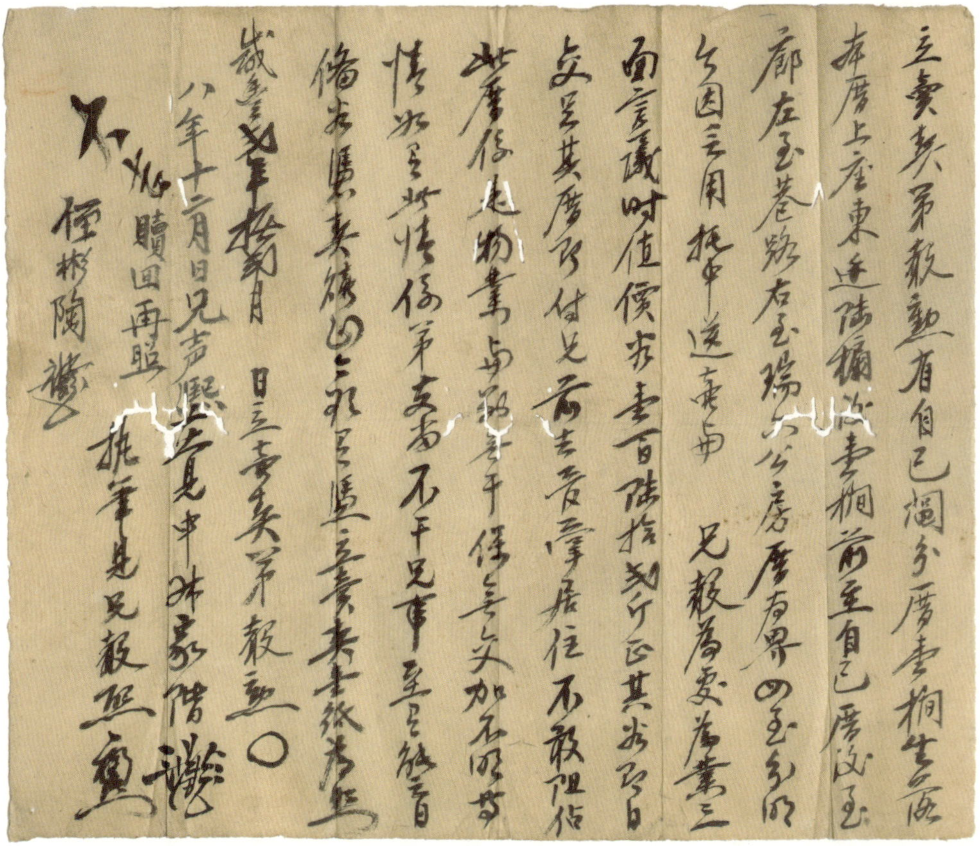

立賣契弟聲勳，有自己闔分厝壹栟坐落
本厝上座東邊[illegible]壹栟，前至自己厝，後至
廊，左至巷路，右至瑞公房厝為界，四至分明。
今因乏用，托中送與兄聲毅為要為業，三
面言議時值價錢壹百陸拾弍斤正，其錢即日
交足，其厝即付兄前去管業居住，不敢阻佔。
此厝係是物業，與弟無干，係是交加不明，亦
情此是此情，係弟支當，不干兄事。至[illegible]
[illegible]有憑，立賣契壹紙為照。
咸豐弍年拾弍月　日立賣契弟聲勳　○
八年十二月日兄声熙贖回再照
見中　胞弟家階　押
執筆是兄聲毅　押
侄彬陶　押

9-5-1-72　清咸豐二年十二月楊聲勳立賣厝契

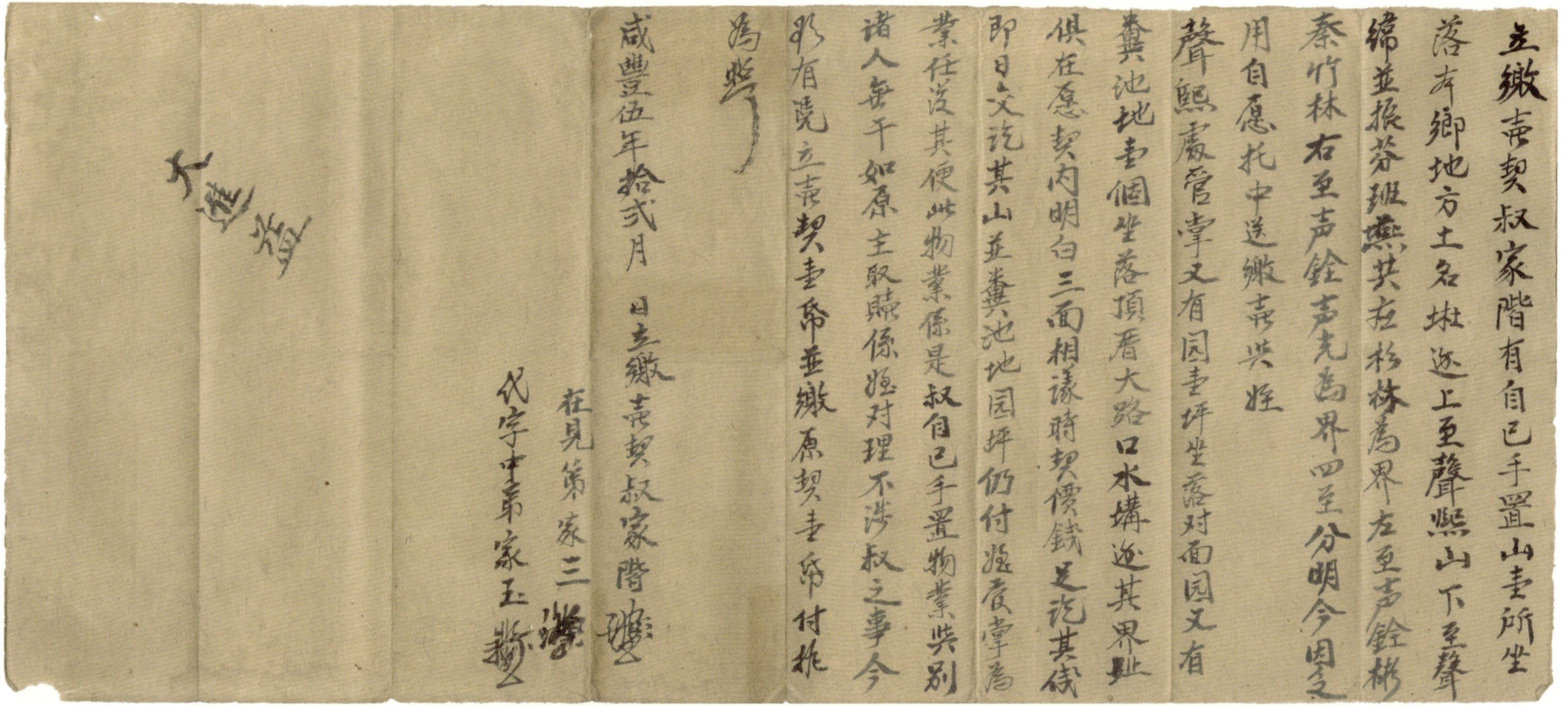

立缴賣契叔家階有自己手置山壹所坐
落本鄉地方土名垙迹上至聲熙山下至聲
綿並振芬班燕共右杉林為界左至声銓彬
秦竹林右至声銓声光為界四至分明今因乏
用自愿托中送缴賣与侄
聲熙處管掌又有园壹坪坐落对面园又有
糞池地壹個坐落頂厝大路口水墘迹其界址
俱在愿契内明白三面相議時契價錢足讫其錢
即日交讫其山並糞池地园坪仍付侄前去掌為
業任從其便此物業係是叔自己手置物業与别
諸人無干如原主取贖係侄对理不涉叔之事今
欲有憑立賣契壹帋並缴原契壹帋付執
為照

咸豐伍年拾弍月　日立缴賣契叔家階
在見弟家三
代字中弟家玉

大進益

9-5-1-73　清咸豐五年十二月楊家階立缴賣山契

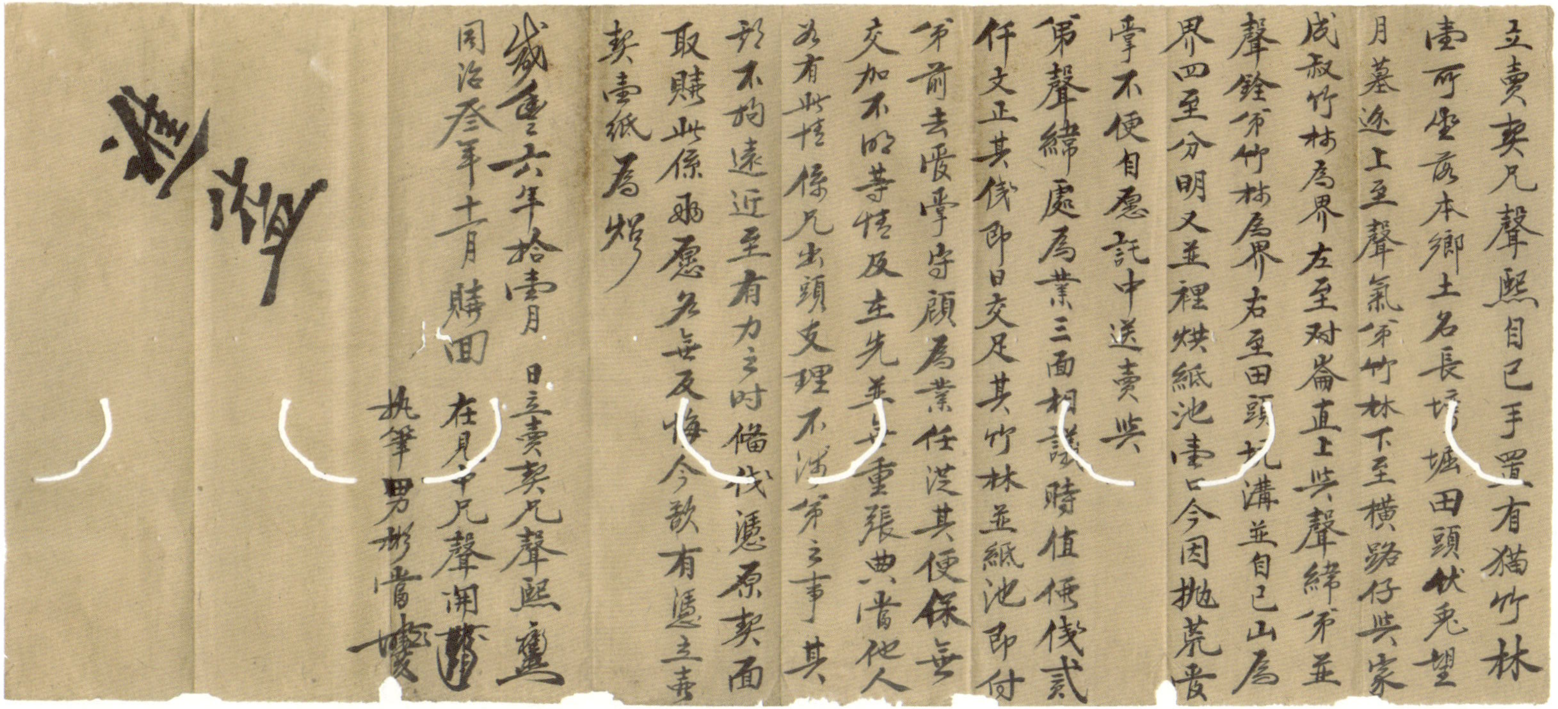

立賣契凡聲熙自己手置有猫竹林
壹所坐落本鄉土名長垳墘田頭伏兎望
月墓邊上至聲氣弟竹林下至横路仔與家
戍叔竹林爲界左至對崙直上與聲緯弟並
聲銓弟竹林爲界右至田頭坑溝並自己山爲
界四至分明又並裡烘紙池壹口今因拋荒賣
掌不便自愿託中送賣與
弟聲緯處爲業三面相議時值價錢貳
仟文正其錢即日交足其竹林並紙池即付
弟前去管掌守顧爲業任從其便保無
交加不明等情及在先並無重張典當他人
爲有此情係凡出頭支理不涉弟之事其
竹不拘遠近至有力之時備錢還原契面
取贖此係兩愿各無反悔今欲有憑立賣
契壹紙爲照
咸豐六年拾壹月　日立賣契凡聲熙
同治叁年十一月贖回　在見叔凡聲潤
執筆男彬常
塗消

9-5-1-74　清咸豐六年十一月楊聲熙立賣猫竹林契

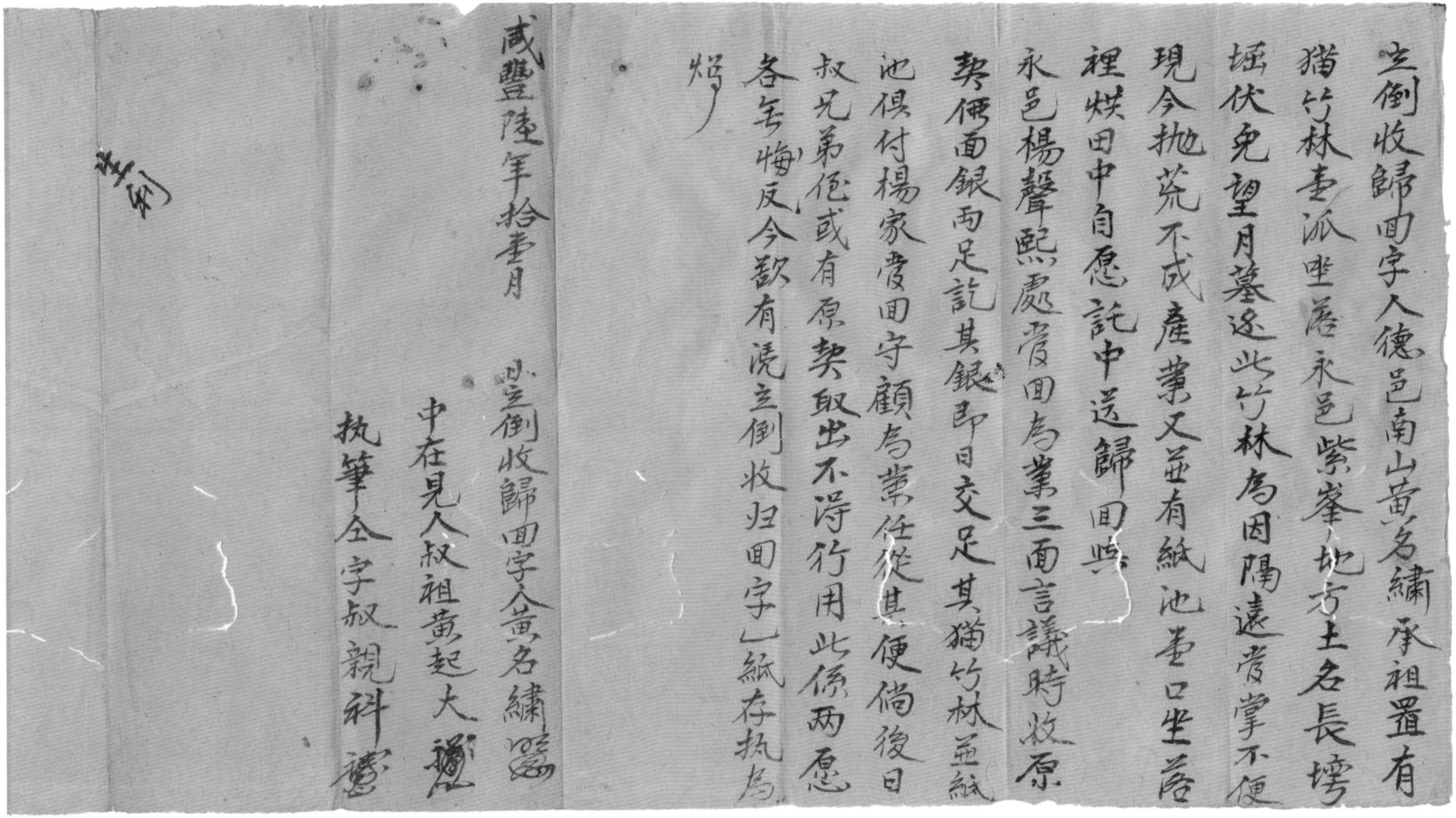
立倒收歸回字人德邑南山黄名鏞承祖置有
猫竹林壹派坐落永邑紫峯地方土名長壟
塅伏兎望月墓邊此竹林爲因陽遠管掌不便
現今拋荒不成産業又並有紙池壹口坐落
裡烘田中自愿託中送歸回與
永邑楊聲熙處管田爲業三面言議時收原
契價面銀兩足訖其銀即日交足其猫竹林並紙
池俱付楊家管田守顧爲業任從其便倘後日
叔兄弟侄或有原契取出不得行用此係兩愿
各無悔反今欲有凴立倒收歸田字一紙存執爲
炤
咸豐陸年拾壹月
立倒收歸田字人黄名鏞（押）
中在見人叔祖黄起大（押）
執筆仝字叔親科（押）

9-5-1-75　清咸豐六年十一月德化南山黄名鏞立倒收歸回字

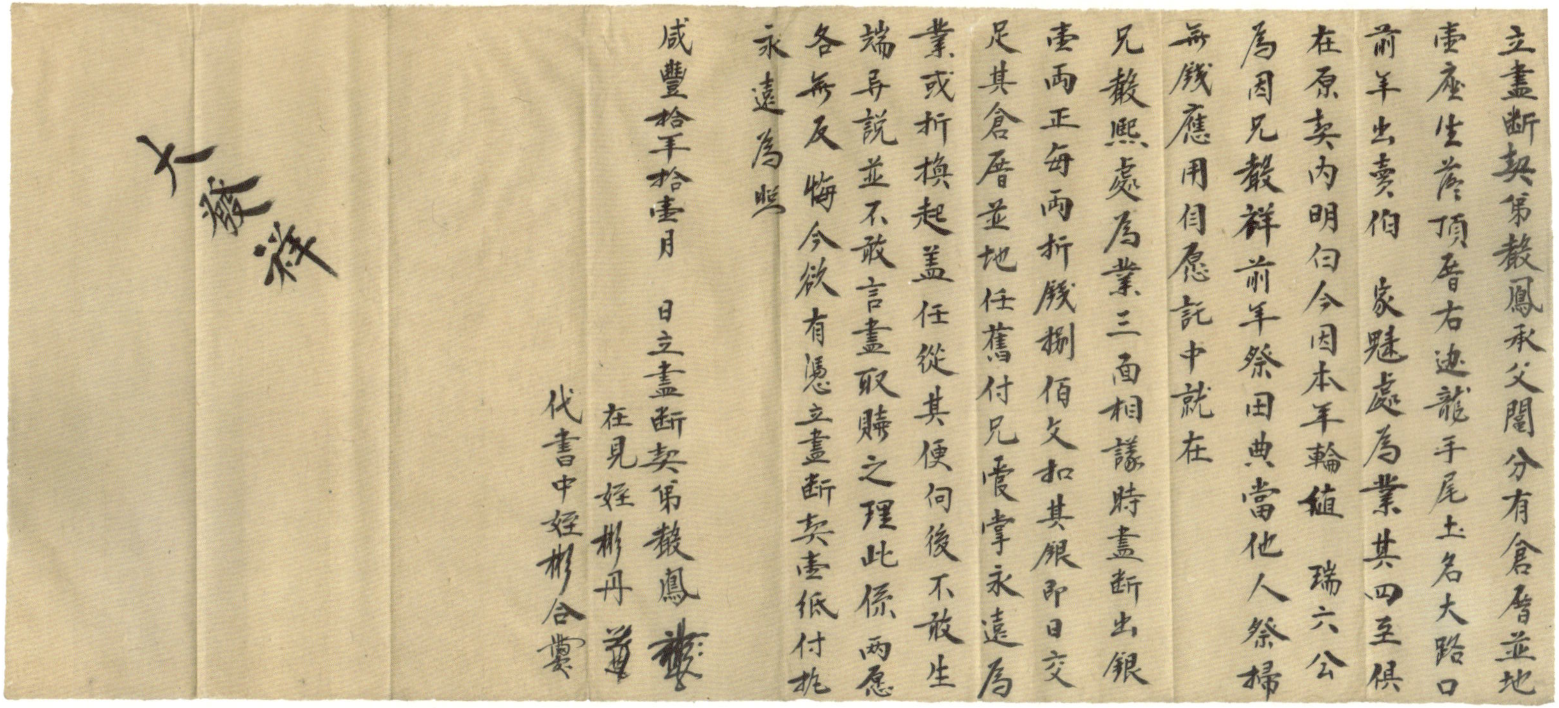
立盡斷契弟馥鳳承父閣分有倉厝並地
壹座坐落頂厝右邊龍手尾土名大路口
前年出賣伯　家魁處爲業其四至俱
在原契內明白今因本年輪值　瑞六公
爲因兄馥祥前年祭田典當他人祭掃
無錢應用自愿託中就在
兄馥熙處爲業三面相議時盡斷出銀
壹兩正每兩折錢捌佰文扣其銀即日交
足其倉厝並地任舊付兄管掌永遠爲
業或折換起蓋任從其便向後不敢生
端异說並不敢言盡取贖之理此係兩愿
各無反悔今欲有憑立盡斷契壹紙付執
永遠爲照

咸豐拾年拾壹月　日立盡斷契弟馥鳳（押）
在見姪彬丹（押）
代書中姪彬合（押）

大發祥

9-5-1-76　清咸豐十年十一月楊聲鳳立盡斷倉厝等契

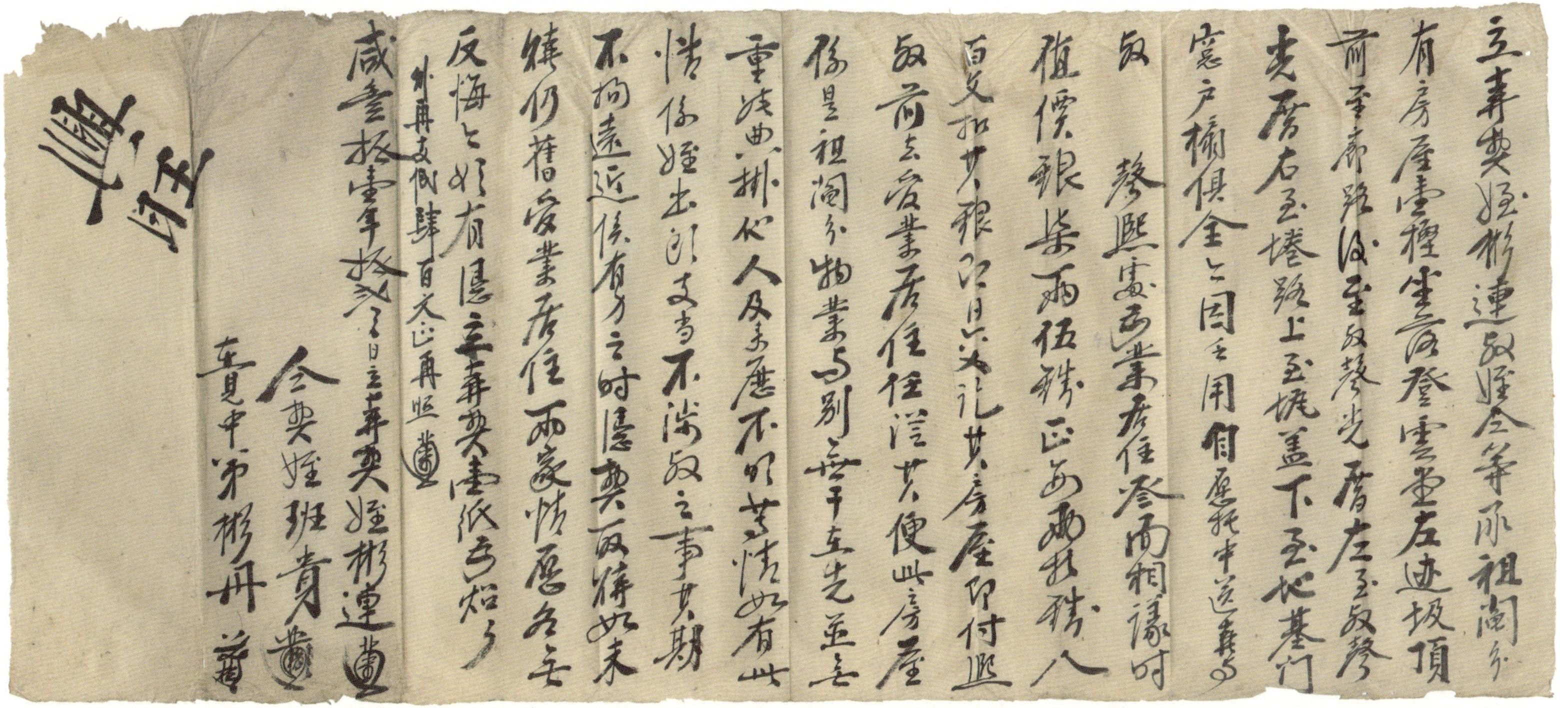

立賣契姪彬連、叔經全等，承祖闔分
有房屋壹種，坐落登雲里左邊坂頂，
前至本廳路，後至叔琴光厝，左至叔琴
光厝，右至墻頭，上至墘蓋，下至地基，門
窗户槅俱全。今因乏用，自愿托中送賣與
叔 琴興處為業，當日三面相議，時
值價銀柒兩伍錢正，其兩收訖，八
百文扣其銀，即日交訖。其房屋即付與
叔前去管業居住，任從其便。此房屋
係是祖闔分物業，與別房無干，亦先並無
重張典掛他人及來歷不明等情，如有此
情，係姪出頭支當，不涉叔之事。其期
不拘遠近，候有力之時，照契取贖；如未
贖，仍舊管業居住。兩家情愿，各無
反悔。今欲有憑，立賣契壹紙為炤。
外再交價肆百文正，再照。
咸豐拾壹年拾貳月　日　立賣契姪彬連
仝契姪班青
在見中叔彬丹

9-5-1-77　清咸豐十一年十二月楊彬連等立賣房屋契

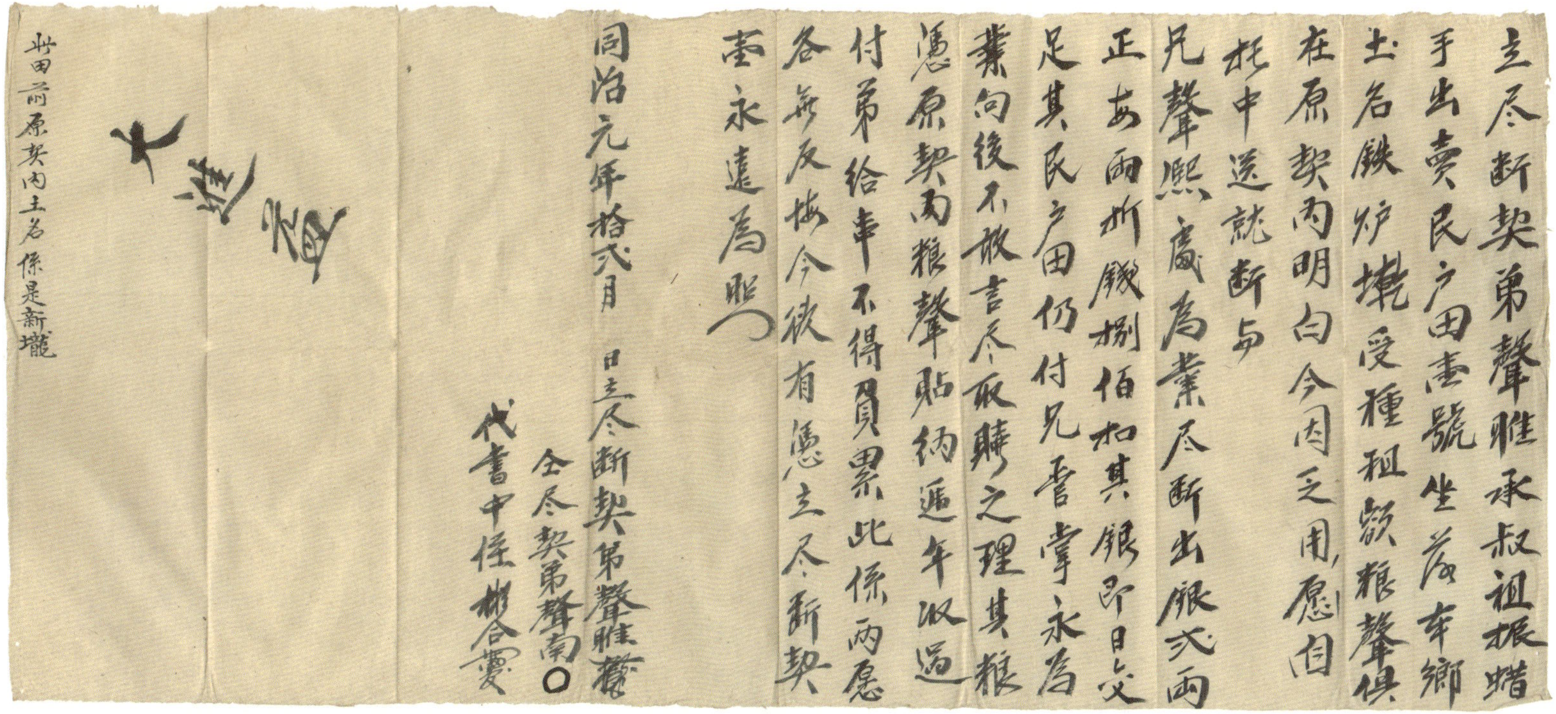
立盡斷契弟聲雎承叔祖振蜡
手出賣民户田壹號坐落本鄉
土名鐵炉壠受種租穀粮聲俱
在原契內明白今因乏用愿自
托中送就斷与
兄聲熙處爲業盡斷出銀弍兩
正當兩折錢捌佰加其銀即日交
足其民户田仍付兄管掌永爲
業向後不敢言盡取贖之理其粮
憑原契內粮聲貼納逓年收逓
付弟給串不得負累此係兩愿
各無反悔今欲有憑立盡斷契
壹永遠爲照

同治元年拾弍月　日立盡斷契弟聲雎
仝盡契弟聲南○
代書中侄彬合

此田前原契內土名係是新壠

9-5-1-78　清同治元年十二月楊聲雎等立盡斷民户田契

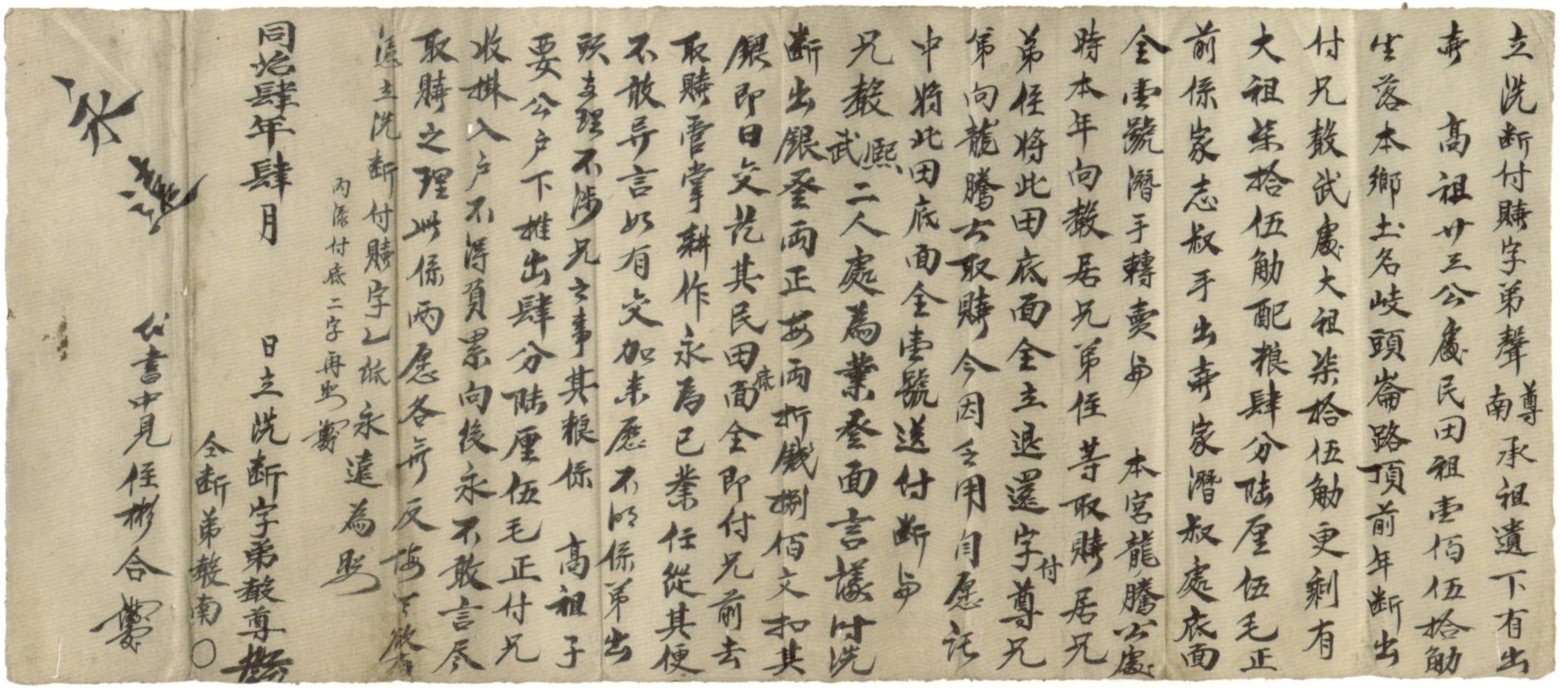

立洗斷付賤字弟聲尊、南，承祖遺下有出
寺　高祖廿三公處民田租壹佰伍拾觔，
坐落本鄉土名岐頭崙路頂，前年斷出
付兄敎武處大租柒拾伍觔，更剩有
大租柒拾伍觔，配粮肆分陆厘伍毛正，
前係家志叔手出寺家潛叔處，底面
全壹號潛手轉賣與　本宮龍騰公處。
時本年向敎居兄弟侄等取賤，居兄
弟侄將此田底面全立退還字付尊兄
弟向龍騰公取賤。今因乏用，自愿託
中將此田底面全壹號送付斷與
兄敎武、熙二人處爲業，當面言議付洗
斷出銀叁兩正，每兩折錢捌佰文，扣其
銀即日交訖，其民田底面全即付兄前去
取賤管掌耕作，永爲己業，任從其便，
不敢异言。如有交加來歷不明，係弟出
頭支理，不涉兄之事。其粮係　高祖子
要公戶下推出肆分陆厘伍毛正，付兄
收掛入戶，不得負累。向後永不敢言盡
取賤之理，此係兩愿，各無反悔，今欲有
憑，立洗斷付賤字一紙，永遠爲照。
內添付底二字，再照。
同治肆年肆月　日立洗斷字弟敎尊（押）
仝斷弟敎南○
代書中見侄彬合（押）
永遠

9-5-1-79　清同治四年四月楊聲尊等立洗斷付贖民田租字

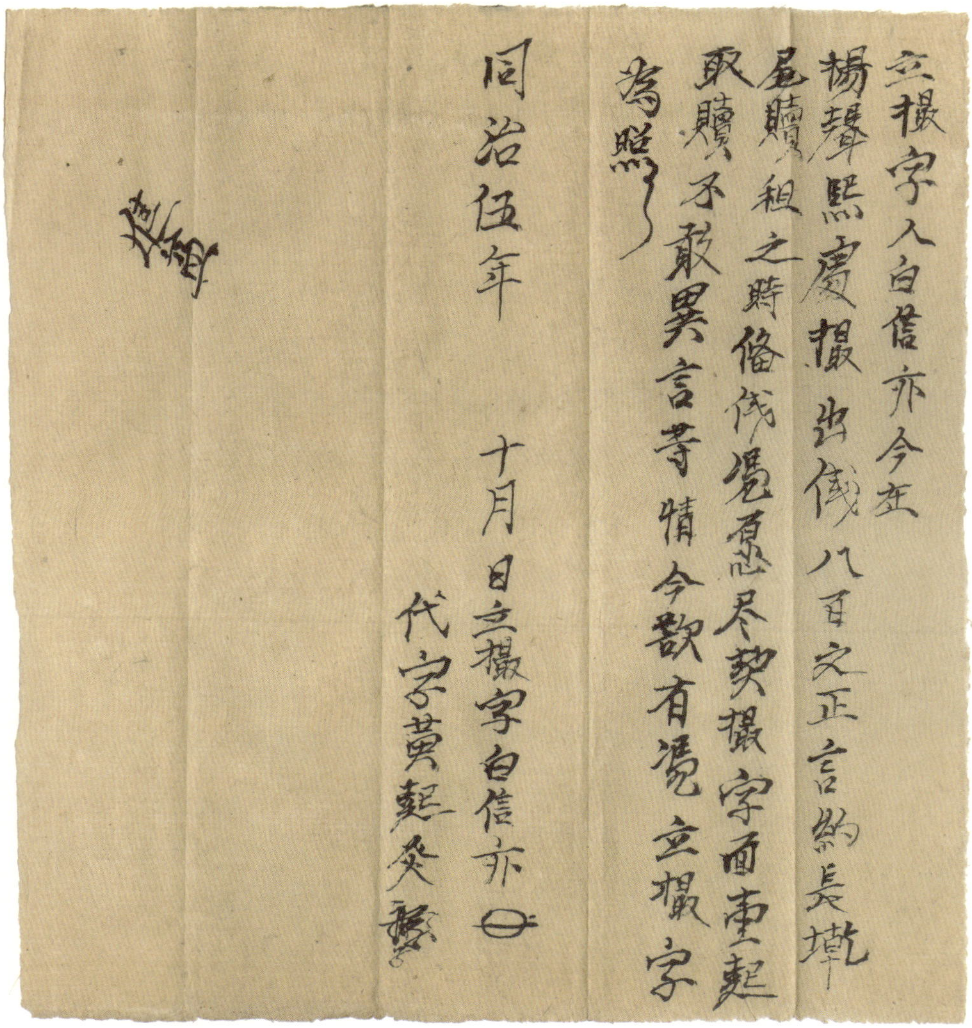
立撮字人白信亦今在
楊聲照處撮出錢八百文正言約長墘
屋贖〻租之時備錢還愿尽契撮字面查起
取贖〻不敢異言等情今欲有憑立撮字
為照〻
同治伍年　十月　日立撮字白信亦
代字黃起癸

9-5-1-80　清同治五年十月白信亦立撮字

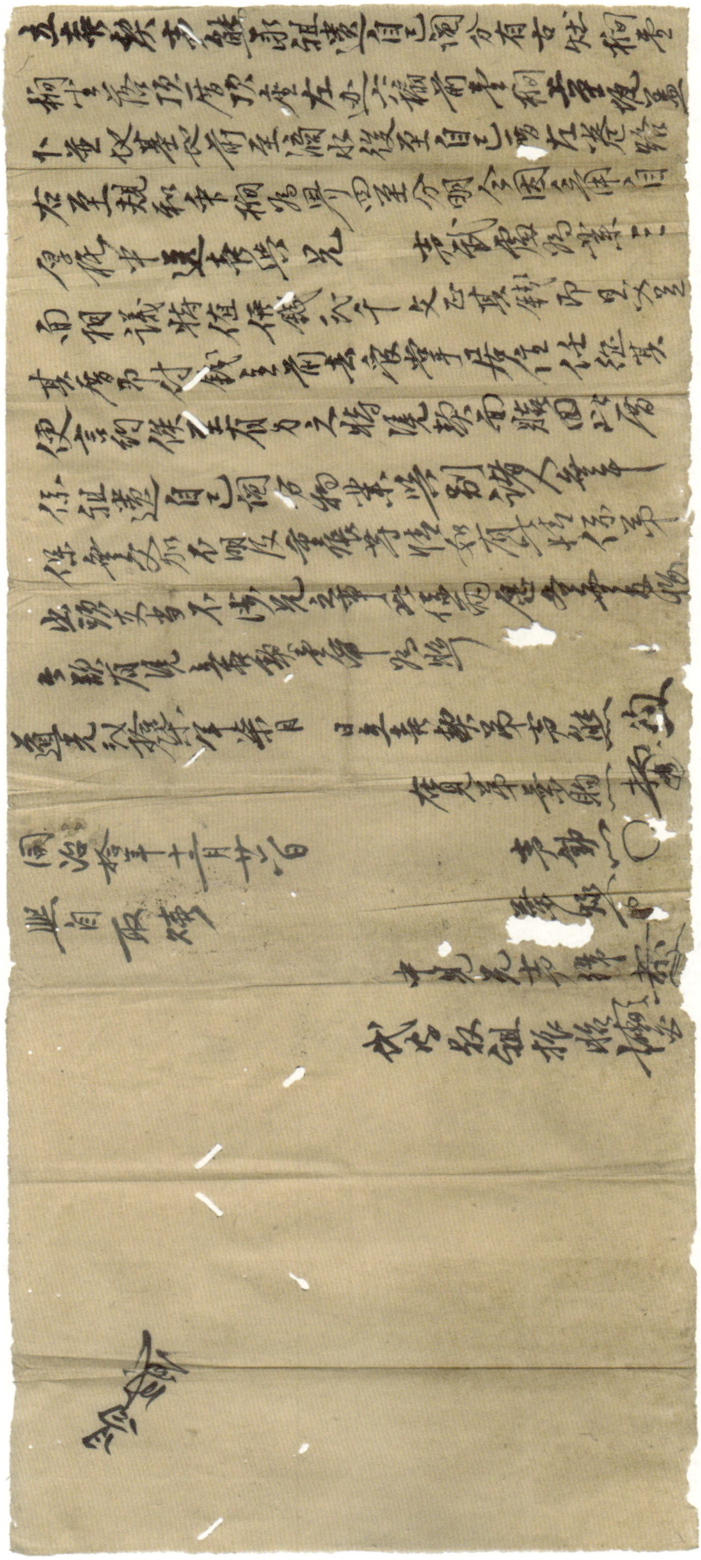

9-5-1-81 清同治十年十二月楊声熊立賣古灶棡契

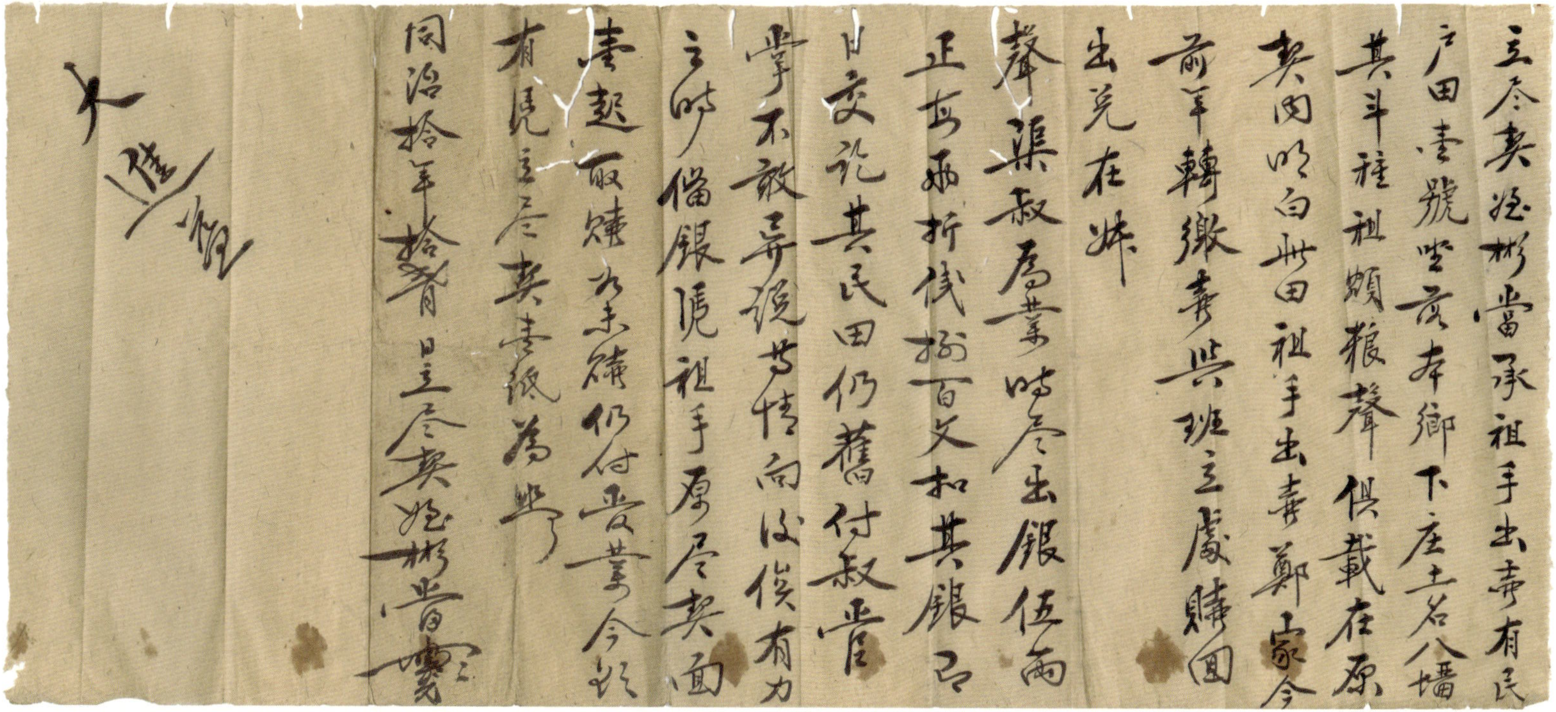

立盡契楊彬當承祖手出𦘦有民
户田壹號坐落本鄉下庄土名八墻
其斗種祖額粮聲俱載在原
契內明白，此田祖手出𦘦鄭家，今
前年轉繳𦘦與班立處贖回
出息在此。
聲渠叔爲業，時盡出銀伍兩
正，其兩折錢柒百文，和其銀已
日交訖，其民田仍舊付叔管
掌，不敢異說。此係情願，以後有力
之時備銀照祖手原盡契面
壹趙取贖，如未贖，仍付管業。今欲
有憑，立盡契壹紙爲照。
同治拾年拾貳月　日立盡契楊彬當（押）
大[illegible]

9-5-1-82　清同治十年十二月楊彬當立盡民户田契

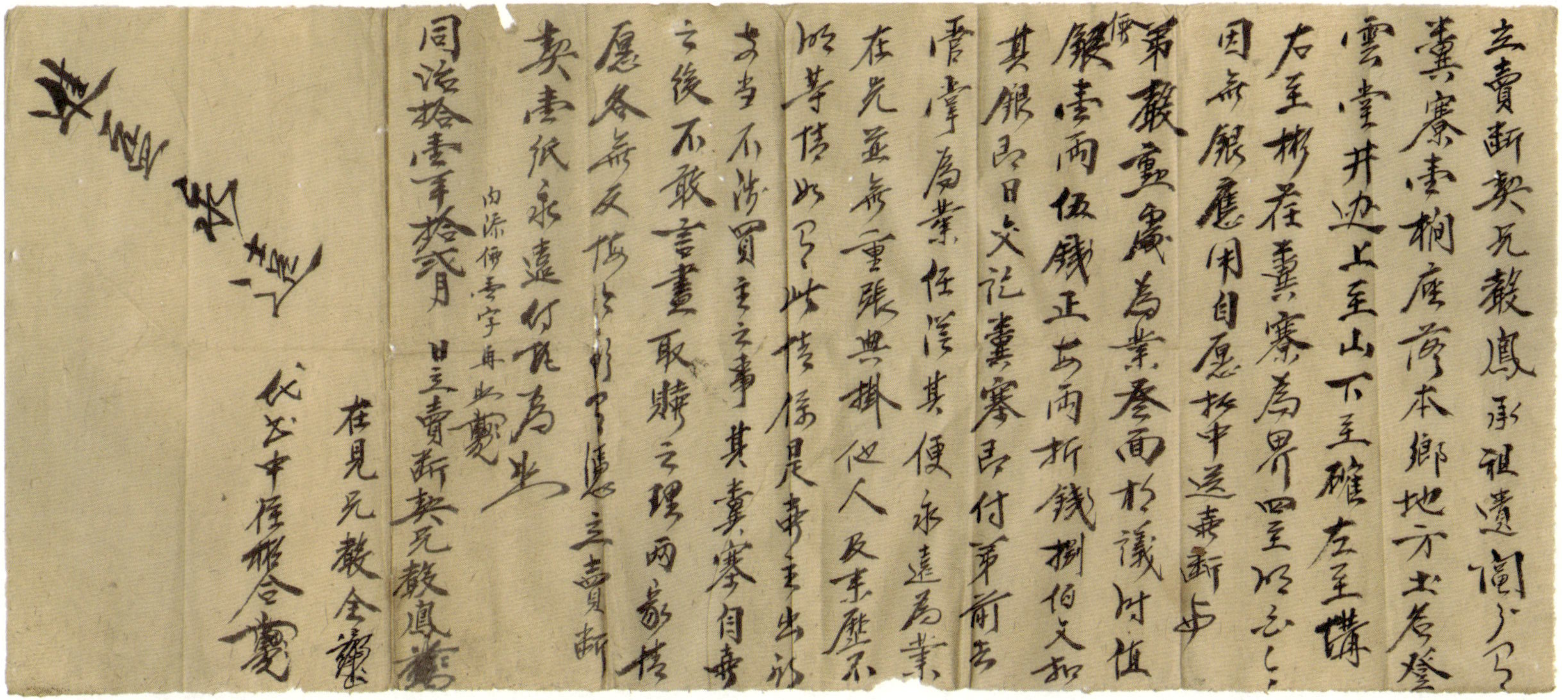

立賣斷契兄聲鳳承祖遺闔下有
糞寮壹間座落本鄉地方土名登
雲堂井边上至山下至碓左至構
右至坪在糞寮為界四至明白今
因无銀應用自愿托中送與斷与
弟聲寶處為業叁面議時值
價銀壹两伍錢正其两折錢捌佰文和
其銀即日文訖糞寮即付弟前去
管掌為業任從其便永遠為業
在兄並無重張典掛他人及來歷不
明等情如有此情係是兄自出抵
當不涉買主之事其糞寮自賣
之後不敢言盡取贖之理两家甘
愿各無反悔今欲有憑立賣斷
契壹紙永遠付照為照
內添價壹字再照
同治拾壹年拾貳月　日立賣斷契兄聲鳳
在見兄聲全
代筆中侄彬合

9-5-1-83　清同治十一年十二月楊聲鳳立賣斷糞寮契

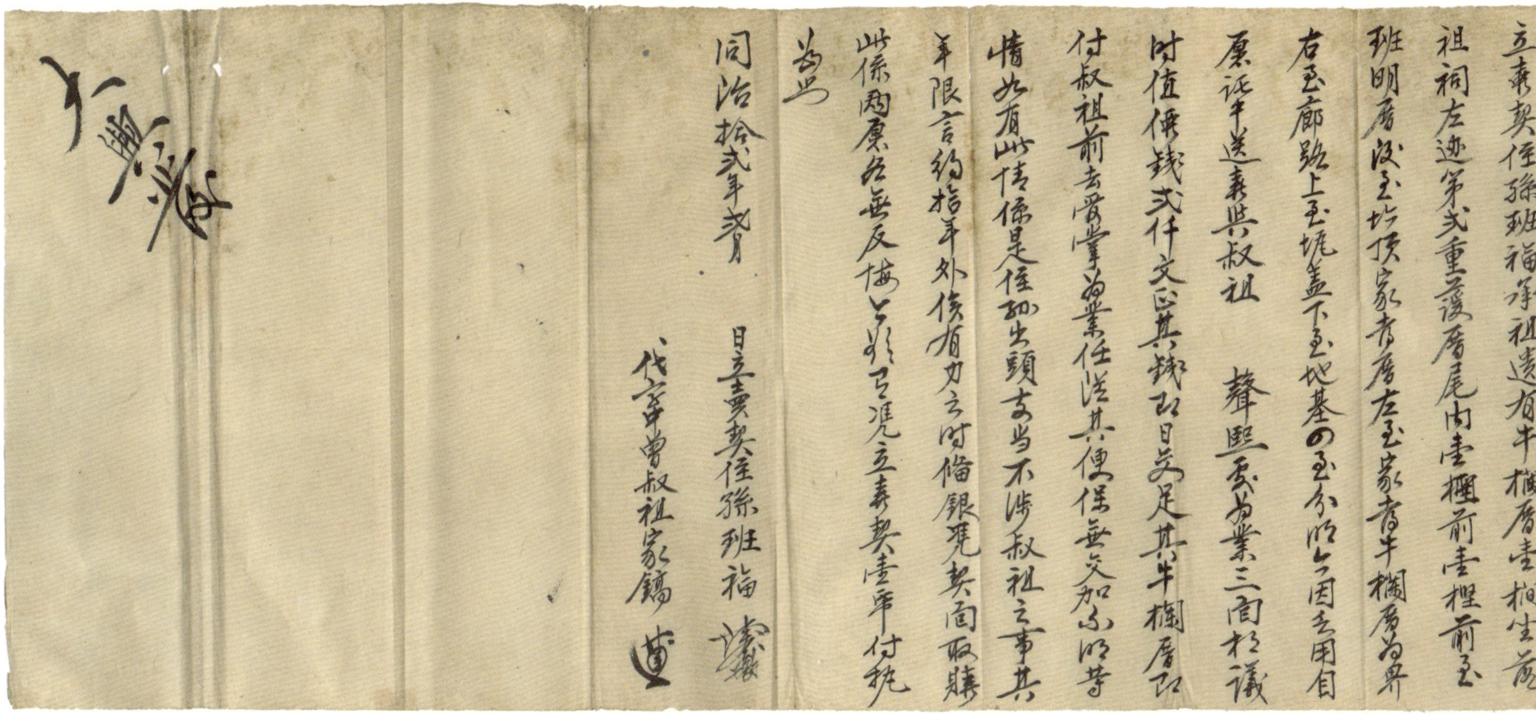
立賣契侄孫班福承祖遺有牛欄厝壹間坐落
祖祠左邊第弍重護厝尾內壹植前壹植前至
班明厝後至圳墘家吉厝左至家吉牛欄厝為界
右至廊路上至瓦蓋下至地基四至分明今因乏用自
願託中送賣與叔祖　肇熙承為業三面言議
時值價錢弍仟文正其錢即日交足其牛欄厝即
付叔祖前去管掌為業任從其便保無交加不明等
情如有此情係是侄孫出頭支當不涉叔祖之事其
年限言約拾年外備有力之時備銀照契面取贖
此係兩愿各無反悔今欲有憑立賣契壹帋付執
為照
同治拾弍年弍月　日立賣契侄孫班福（押）
代字曾叔祖家鑄（押）

9-5-1-84　清同治十二年二月楊班福立賣牛欄厝契

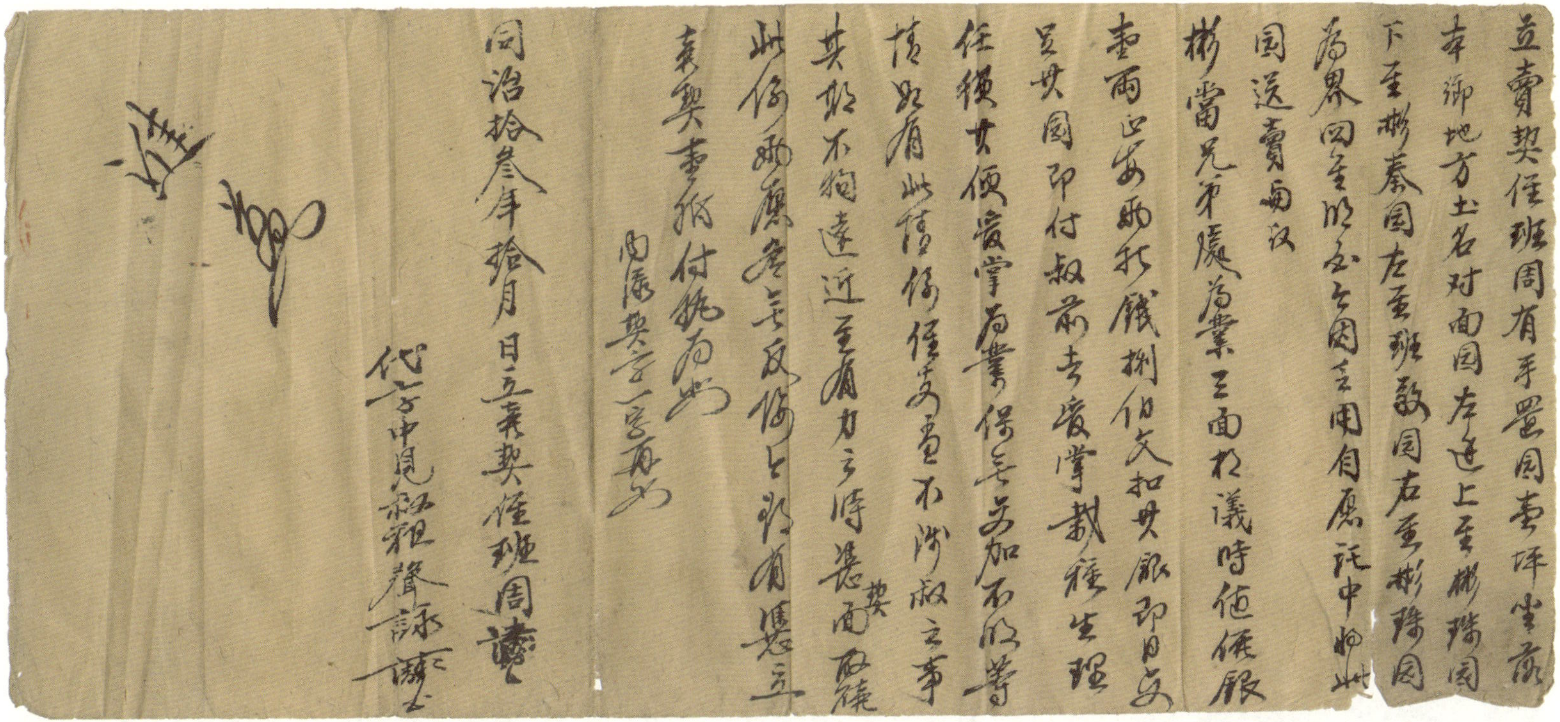

立賣契侄班周有手置園壹坪坐落
本鄉地方土名对面園存上至彬瑞園
下至彬泰園左至班敬園右至彬瑞園
為界四至明白今因乏用自愿託中將此
園送賣與叔
彬當兄弟處為業三面相議時值價銀
壹兩正每兩折錢捌伯文扣共銀即日交
足其園即付叔前去管掌栽種生理
任從其便管掌為業保無加不贖等
情如有此情侄自当不涉叔之事
其銀不拘遠近至有力之時憑契面取贖
此係兩愿各無反悔今欲有憑立
賣契壹紙付執為照
內添契字一字再照
同治拾叁年拾月　日立賣契侄班周
代字中見叔祖登詠

9-5-1-85　清同治十三年十月楊班周立賣園契

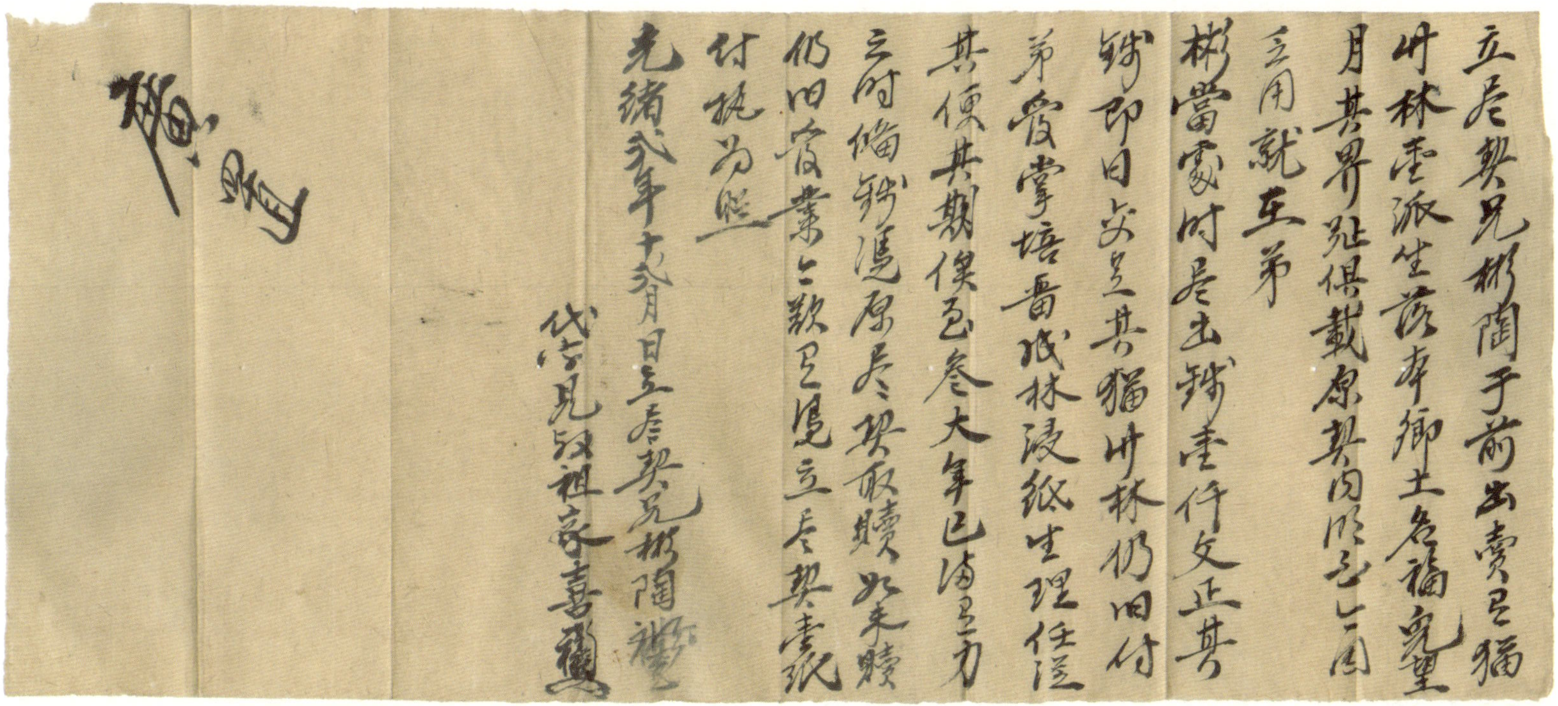

立尽契兄彬陶，于前出賣己猫竹林壹派，坐落本鄉土名福亳里月，其界址俱載原契內明白，今因乏用，就在弟彬當處，討長出錢壹仟文正，其錢即日交足，其猫竹林仍回付弟發掌培番成林浸縱生理，任從其便，其期限已冬大年已湊足力，立時備錢還原長契取贖，以來贖仍回管業，二欵見退立尽契壹紙付執為照。

光緒貳年十二月　日立尽契兄彬陶（押）

代字兄紋祖家喜（押）

9-5-1-86　清光緒二年十二月楊彬陶立盡猫竹林契

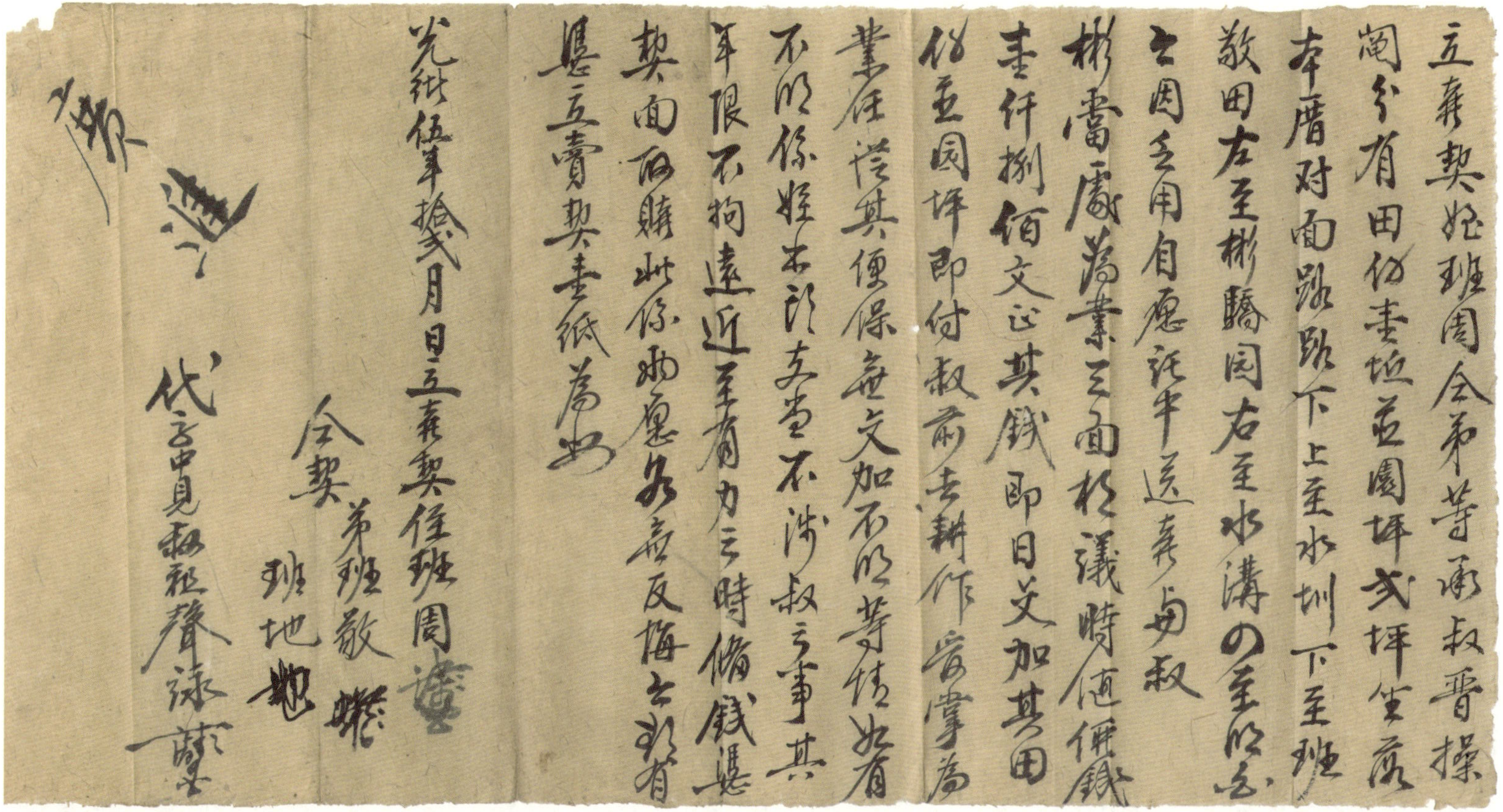

立賣契姪班周仝弟等承叔晋操
閹分有田仔壹坵并園坪弍坪坐底
本厝对面路頭下上至水圳下至班
敬田左至彬驕園右至水溝四至明白
今因乏用自愿託中送賣与叔
彬當處爲業三面議時值價錢
壹仟捌佰文正其錢即日交加其田
併並園坪即付叔前去耕作管掌爲
業任從其便保無交加不明等情如有
不明係姪出頭支當不涉叔之事其
年限不拘遠近聽有力之時備錢退
契兩相情愿各無反悔今欲有
憑立賣契壹紙爲照

光緒伍年拾弍月　日立賣契姪班周（押）
仝契弟班敬（押）
班地（押）
代字中見叔祖聲詠（押）

9-5-1-87　清光緒五年十二月楊班周等立賣田仔等契

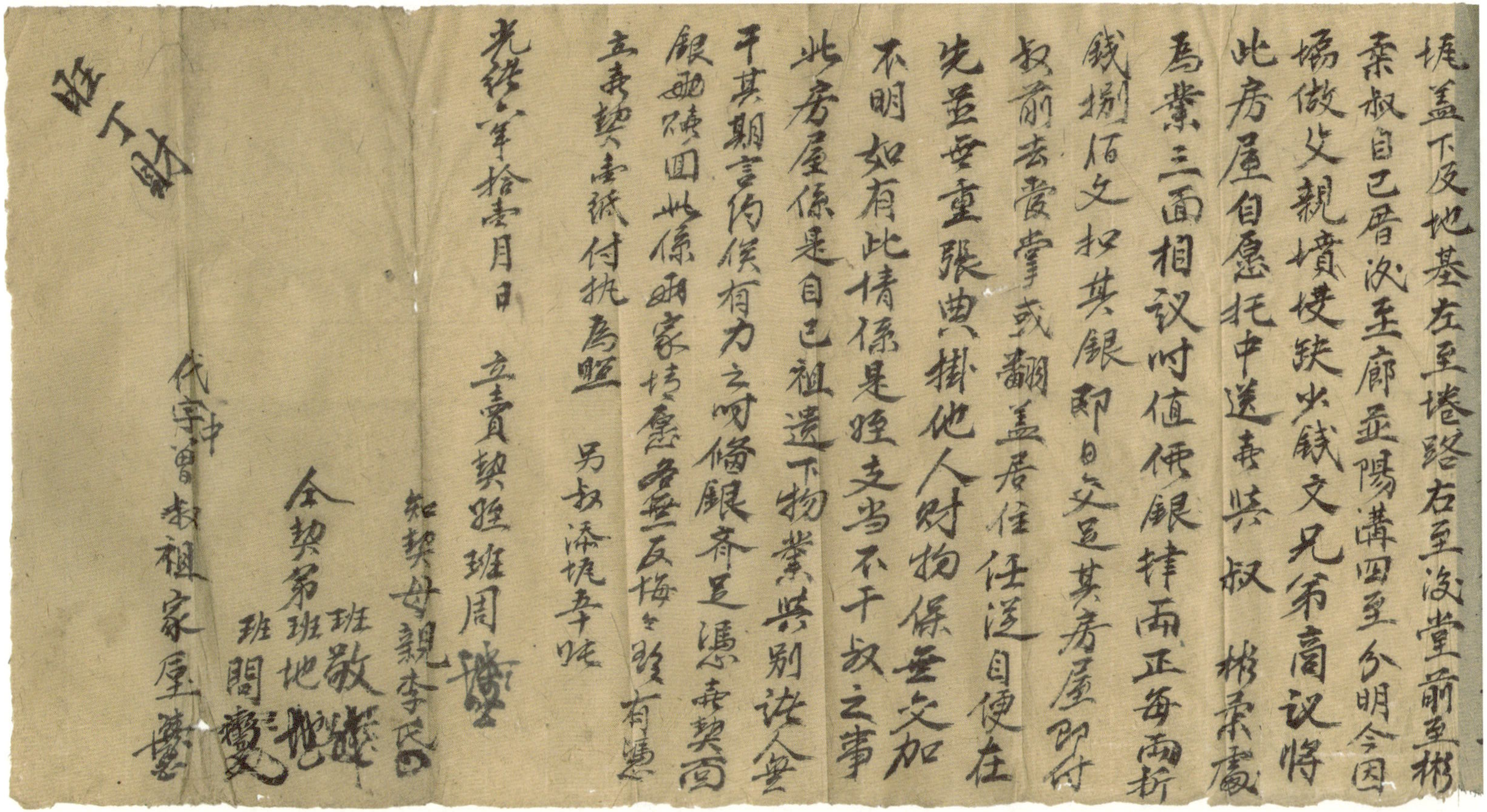
垸盖下及地基左至巷路右至汝堂前至樹
業叔自己厝汶至廊並陽溝四至分明今因
協做父親墳堡缺少钱文兄弟商议将
此房屋自愿托中送与其叔　樹業處
為業三面相议时值價銀肆両正每両折
錢捌佰文扣其銀即日交足其房屋即付
叔前去掌或翻盖居住任从自便在
先並無重張典掛他人財物保無交加
不明如有此情係是班支当不干叔之事
此房屋係是自己祖遺下物業與別房人無
干其期言约俟有力之时备银赍足憑亲契面
銀兩續回此係兩家甘愿各無反悔今欲有憑
立亲契壹紙付执為照　另叔添垸半吪
光緒六年拾壹月日　立賣契班班周
知契母親李氏
仝契弟班地　班敬
班閏
代字中曾叔祖家屋

9-5-1-88　清光緒六年十一月楊班周等立賣房屋契

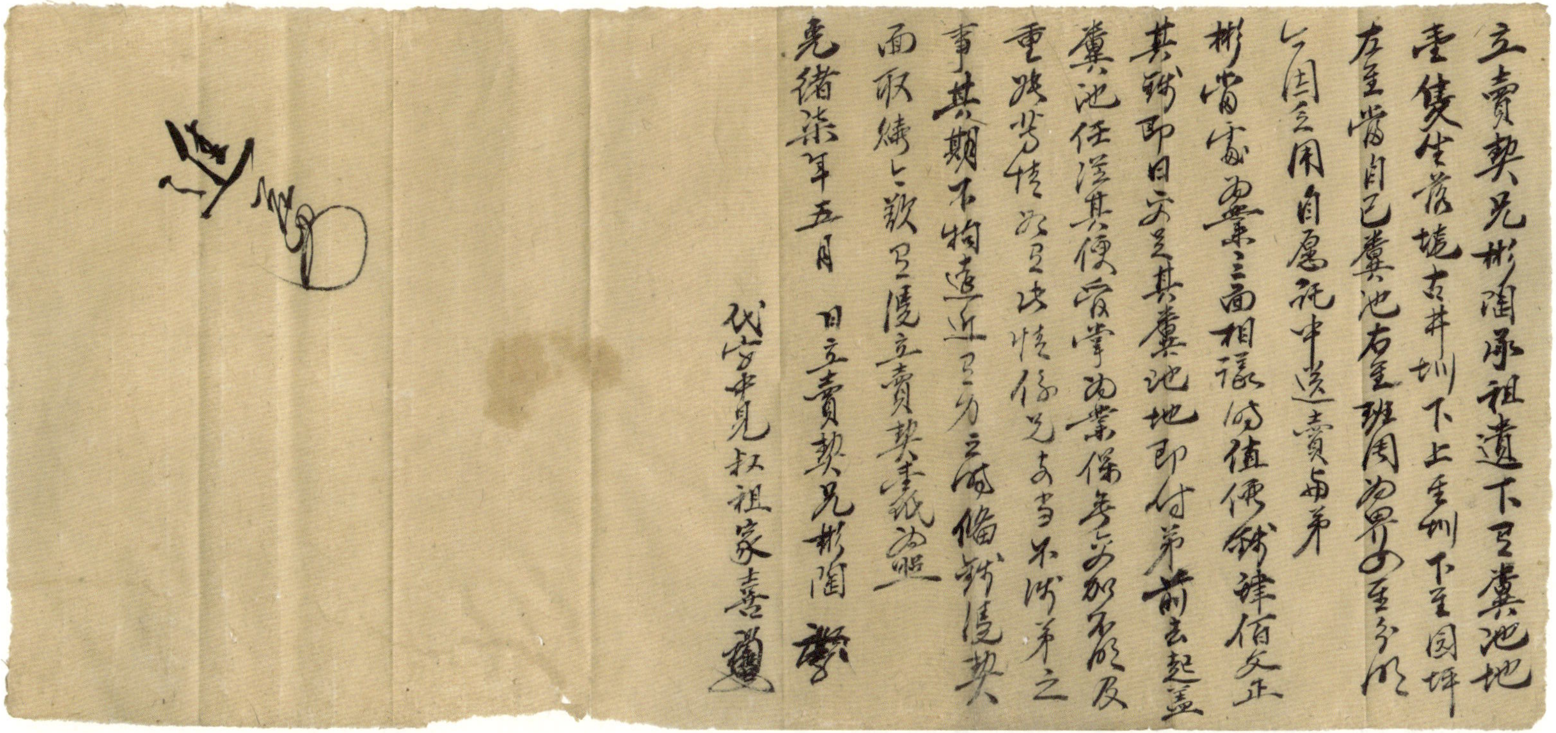

立賣契兄彬陶承祖遺下有糞池地
壹隻，坐落土名井圳下，上至圳，下至園坪，
左至嵩自己糞池，右至班周爲界，四至分明。
今因乏用，自愿托中送賣與弟
彬嵩處爲業，三面相議，時值價錢肆佰文正。
其錢即日交足，其糞池地即付弟前去起蓋
糞池，任從其便管掌為業。保無交加不明及
重張典掛等情，此係兄之事，不涉弟之
事。其期不拘遠近，兄力之備錢贖契
面取續。今欲有憑，立賣契壹紙為照。
光緒柒年五月　日立賣契兄彬陶（押）
代字中見叔祖家喜（押）

9-5-1-89　清光緒七年五月楊彬陶立賣糞池地契

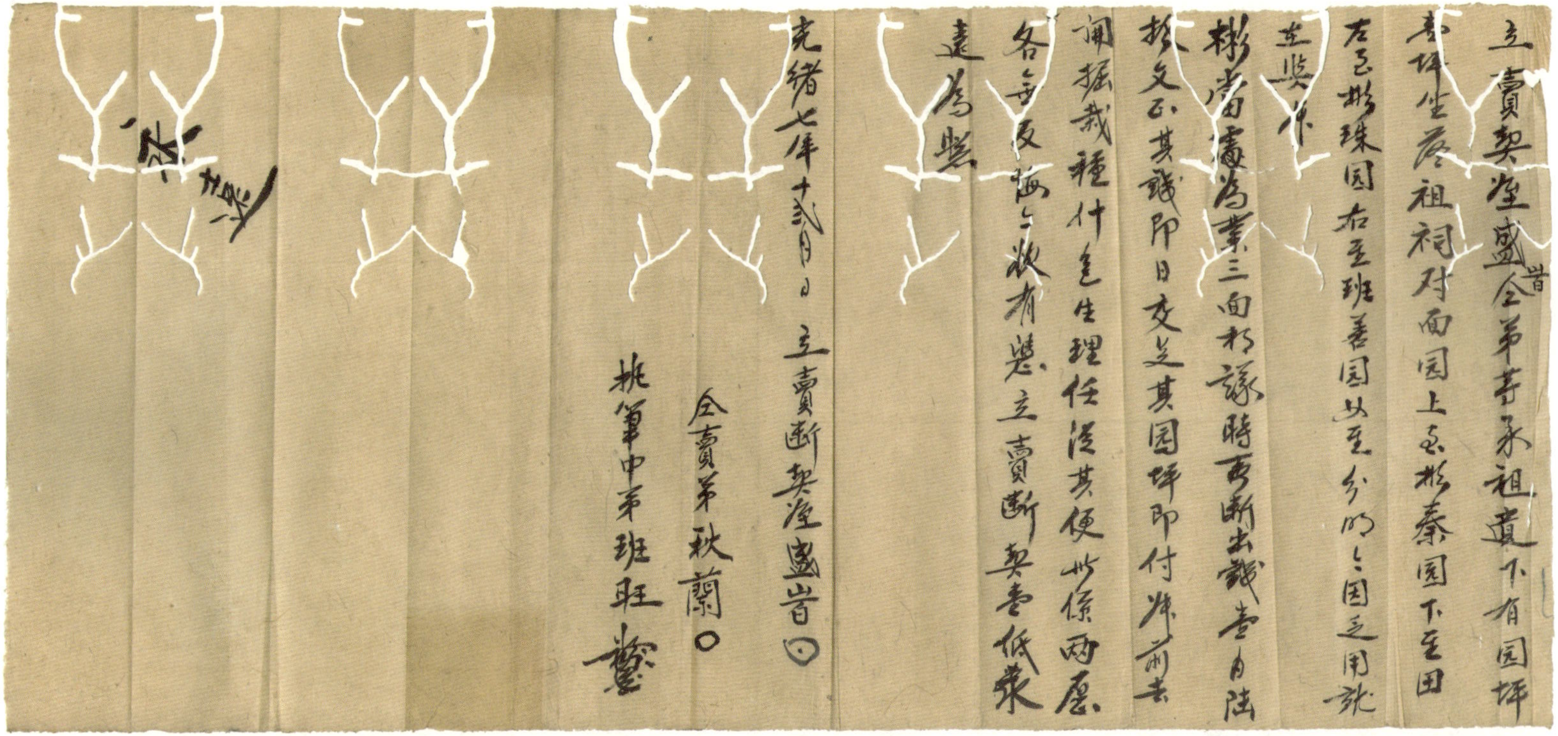
立賣契楊盛旹仝弟等承祖遺下有園坪
壹坪坐落祖祠对面园上至楊秦園下至田
左至楊珠園右至班善園以至分明，園之周就
並照界
楊當處為業，三面於議時斷出錢壹百陸
拾文正，其錢即日交足，其園坪即付楊前去
開掘栽種什色生理，任從其便，此係兩愿
各無反悔，今欲有憑，立賣斷契壹紙永
遠為照
光緒七年十二月　日　立賣斷契楊盛旹〇
仝賣弟秋蘭〇
執筆中弟班旺押

9-5-1-90　清光緒七年十二月楊盛旹等立賣園坪契

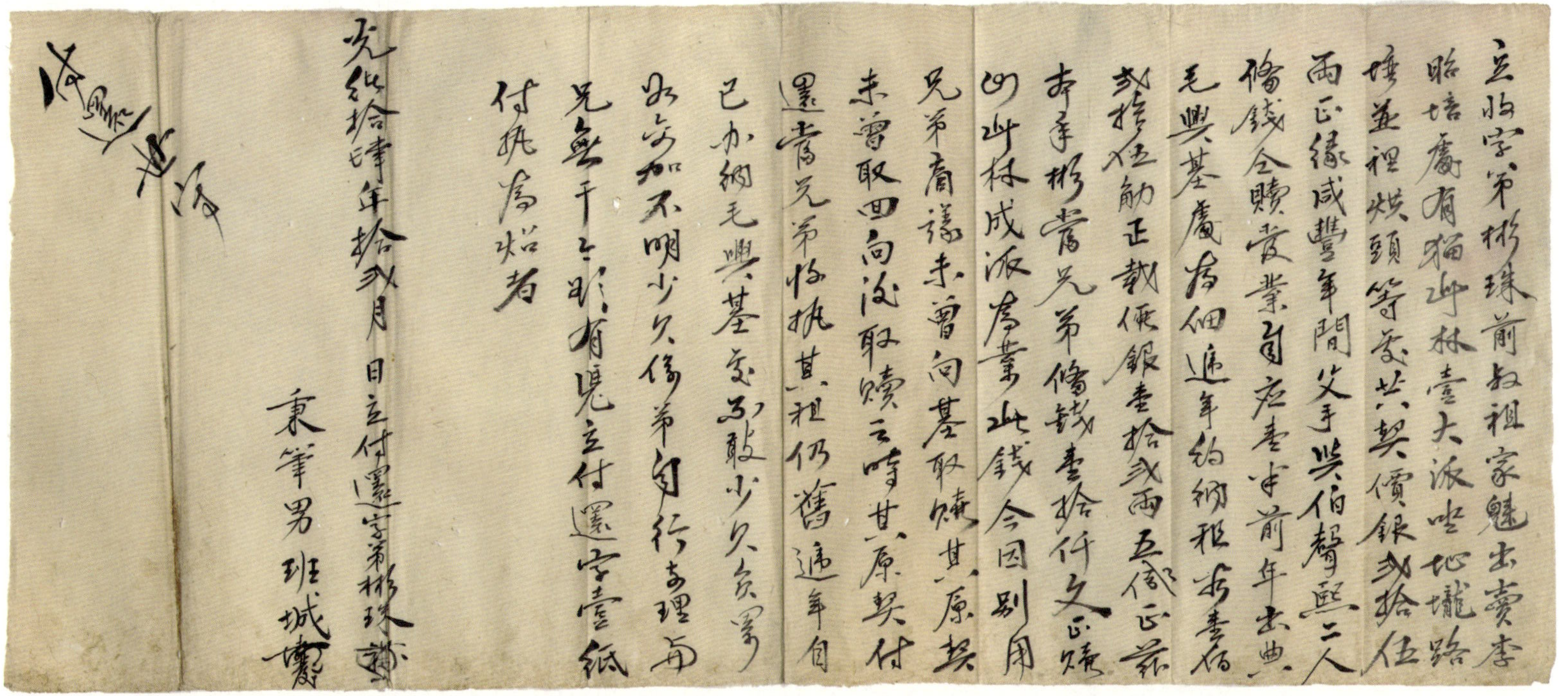
立收字弟彬珠，前叔祖家魁出賣李
昭培處有猫竹林壹大派，坐地壠路
墘並裡烘頭等處，共契價銀貳拾伍
兩正。緣咸豐年間父手興佰、聲熙二人
備錢仝贖，並業自应壹半，前年出典
毛興基處為佃，逐年約納租谷壹佰
貳拾伍觔正，欵便銀壹拾貳兩五錢正。茲
本年彬當兄弟備錢壹拾仟文正，贖
此竹林成派為業。此錢今因别用，
兄弟商議，未曾向基取贖其原契；
未曾取回，向從取贖之時，其原契付
還當兄弟收執，其祖仍舊逐年自
己办納毛興基處不敢少欠負累。
如有加不明，少欠，係弟自行支理，与
兄無干。今欲有憑，立付還字壹紙
付執為炤。

光緒拾肆年拾貳月　日立付還字弟彬珠（押）
東筆男班城（押）

[illegible]

9-5-1-91　清光緒十四年十二月楊彬珠立付還猫竹林字

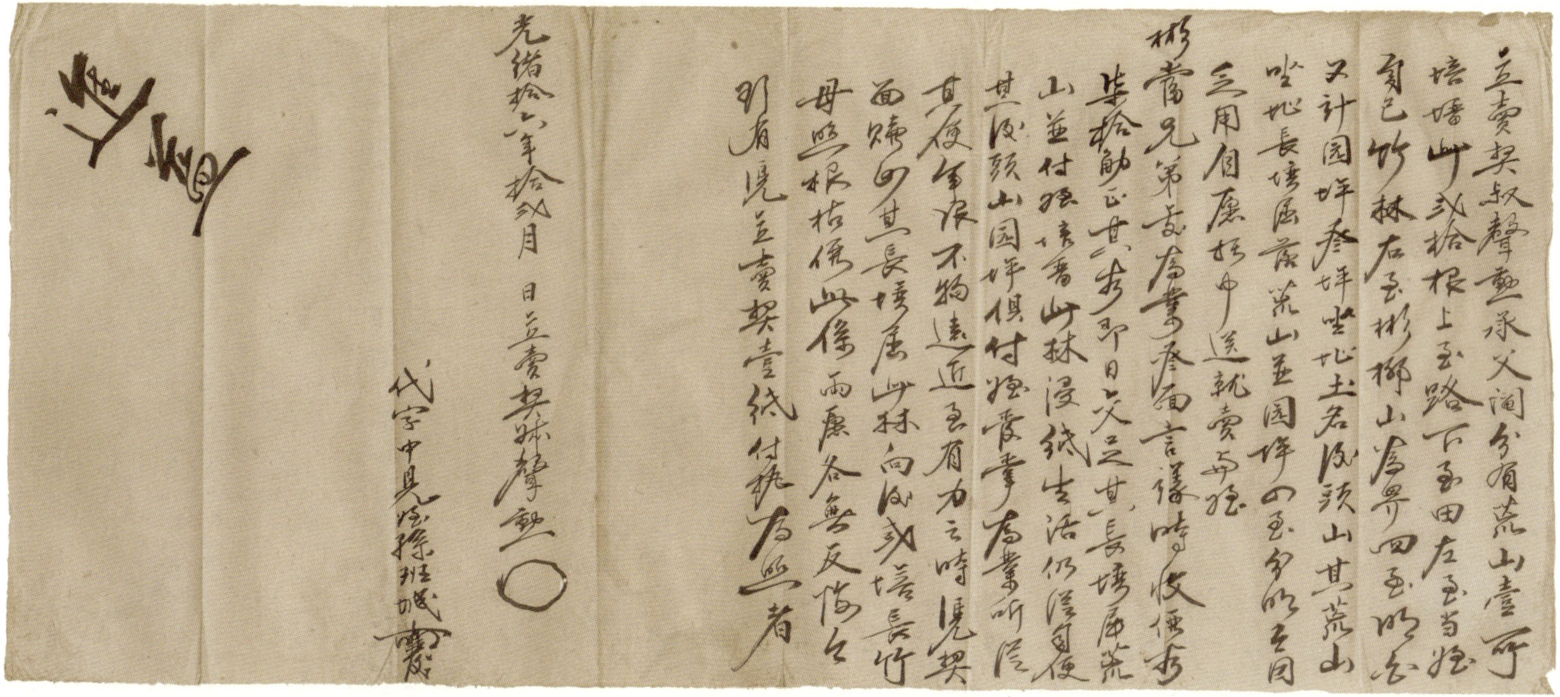
立賣契叔聲勲承父闔分有荒山壹所
培塆屮弍拾根上至路下至田左至苗姪
旁已竹林右至彬柳山為界四至明白
又計園坪叁坪坐址土名溪頭山其荒山
坐址長塆屋底荒山並園坪四至分明立因
三用自愿托中送就賣與姪
彬富兄弟出為業叁面言議時收價錢
柒拾動正其錢即日交乞其長塆屋荒
山並付姪培香山林浸栽生活仍溪頭便
其溪頭山園坪俱付姪管業為業所管
其便年限不拘遠近自有力之時憑契
面贖回其長塆屋山林向後或培長竹
毋得根枯係山係兩愿各無反悔今
欲有憑立賣契壹紙付執為照者
光緒拾六年拾弍月　日立賣契叔聲勲〇
代字中見姪孫班城

9-5-1-92　清光緒十六年十二月楊聲勳立賣荒山契

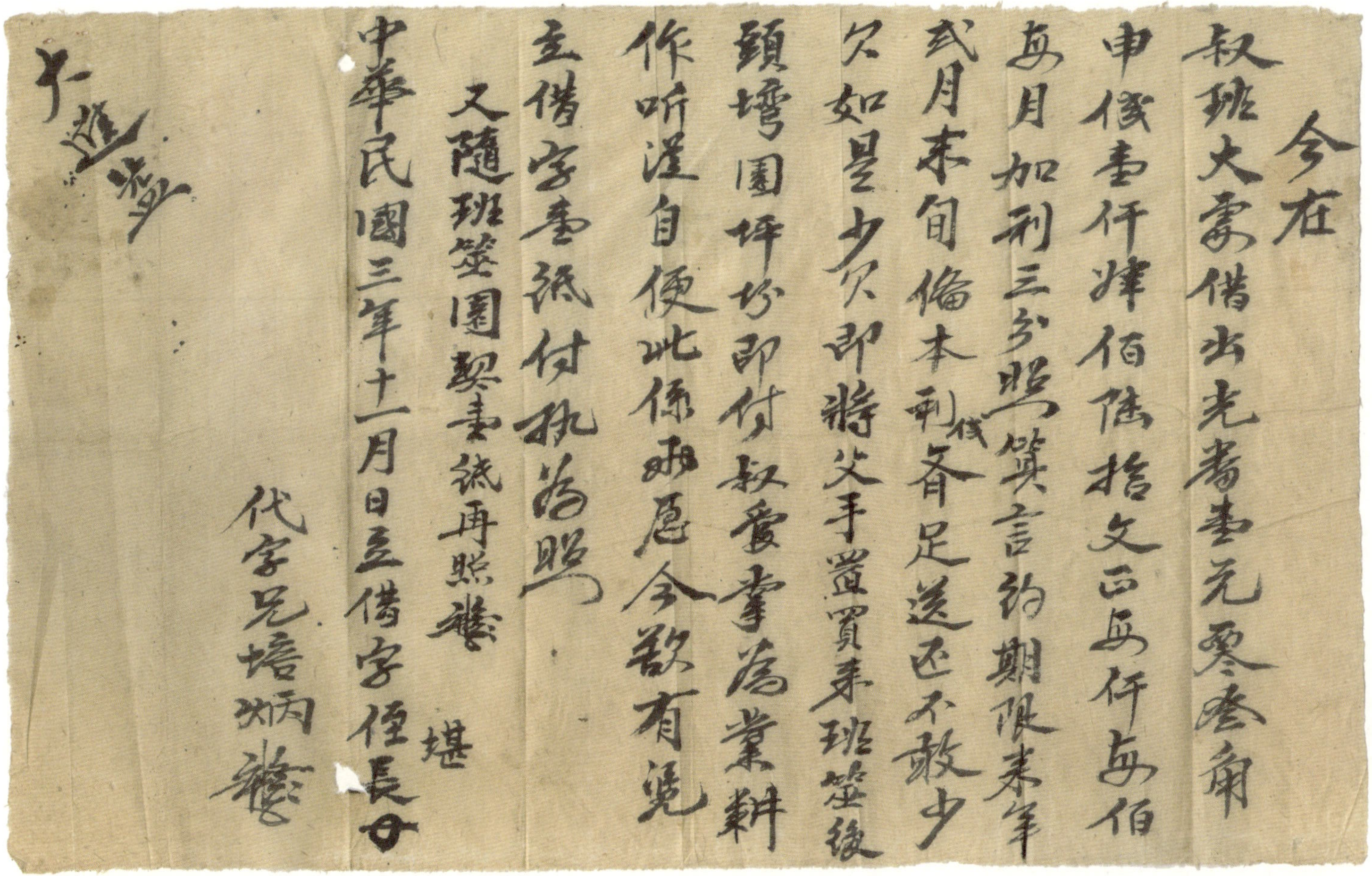

今在
叔班大家借出光番壹元零叁角
申錢壹仟肆佰陸拾指文正每仟每佰
每月加利三分照算言約期限來年
貳月末旬備本利代齊足送還不敢少
欠如是少欠即將父手置買來班笠後
頭壪園坪坵即付叔爱掌為業耕
作聽從自便此係兩愿今欲有憑
立借字壹紙付執為照
又隨班笠園契壹紙再照
中華民國三年十一月日立借字侄長堪
代字兄培炳
大進

9-5-1-93　民國三年十一月楊堪長立借錢字

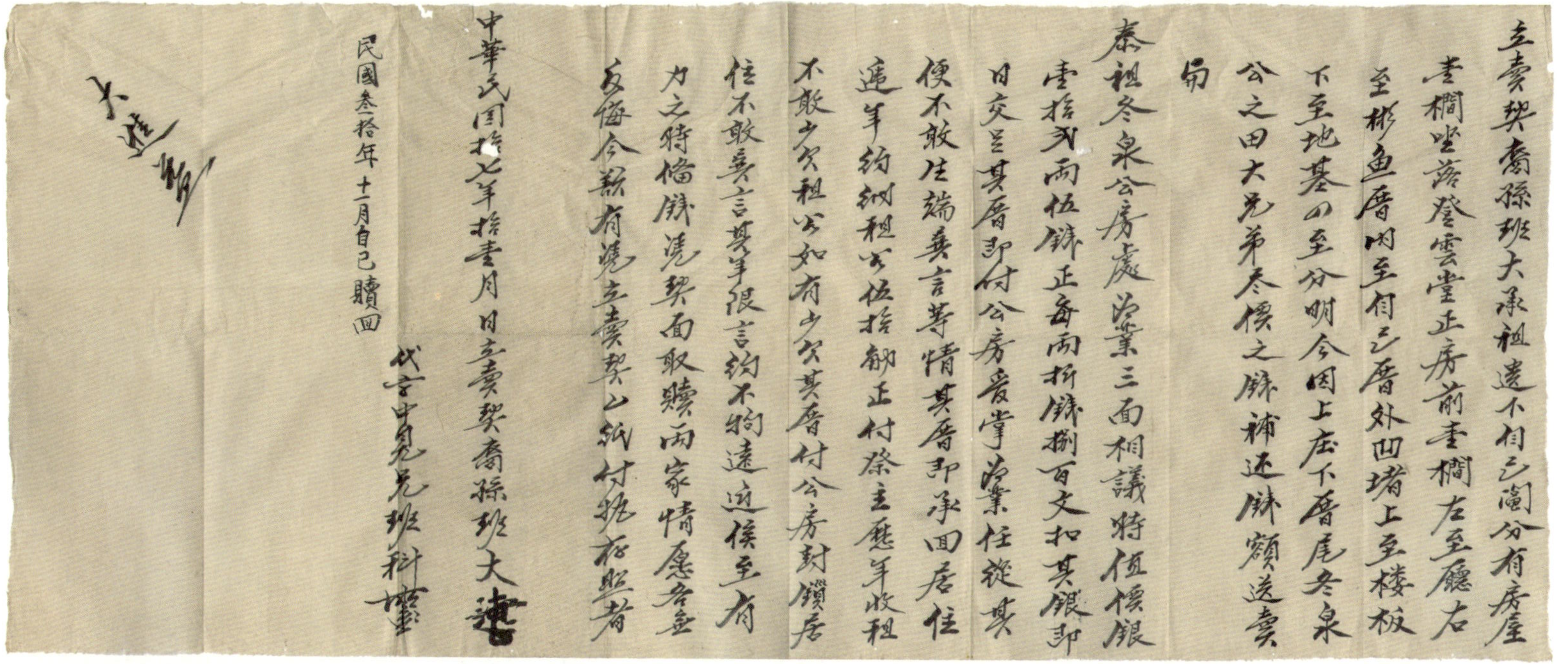

立賣契裔孫班大承祖遺下自己鬮分有房屋
壹欄坐落登雲堂正房前壹欄左至廳右
至彬魚厝內至自己厝外四堵上至樓板
下至地基四至分明今因上庄下厝尾冬泉
公之田大兄弟冬標之錢補述錢額送賣
與
泰祖冬泉公房處為業三面相議時值價銀
壹拾贰兩伍錢正每兩折錢捌百文扣其銀即
日交足其厝即付公房管掌為業任從其
便不敢生端異言等情其厝即承回居住
逐年納納租穀伍拾觔正付祭主應年收租
不敢少欠租穀如有少欠其厝付公房封鎖居
住不敢異言其年限言約不拘遠近候至有
力之時備錢洗契面取贖兩家情愿各無
反悔今欲有憑立賣契一紙付執存照者
中華民國拾七年拾壹月 日立賣契裔孫班大（押）
代字中見兄班科（押）
民國叁拾年十一月自己贖回
大進

9-5-1-94　民國十七年十一月楊班大立賣房屋契

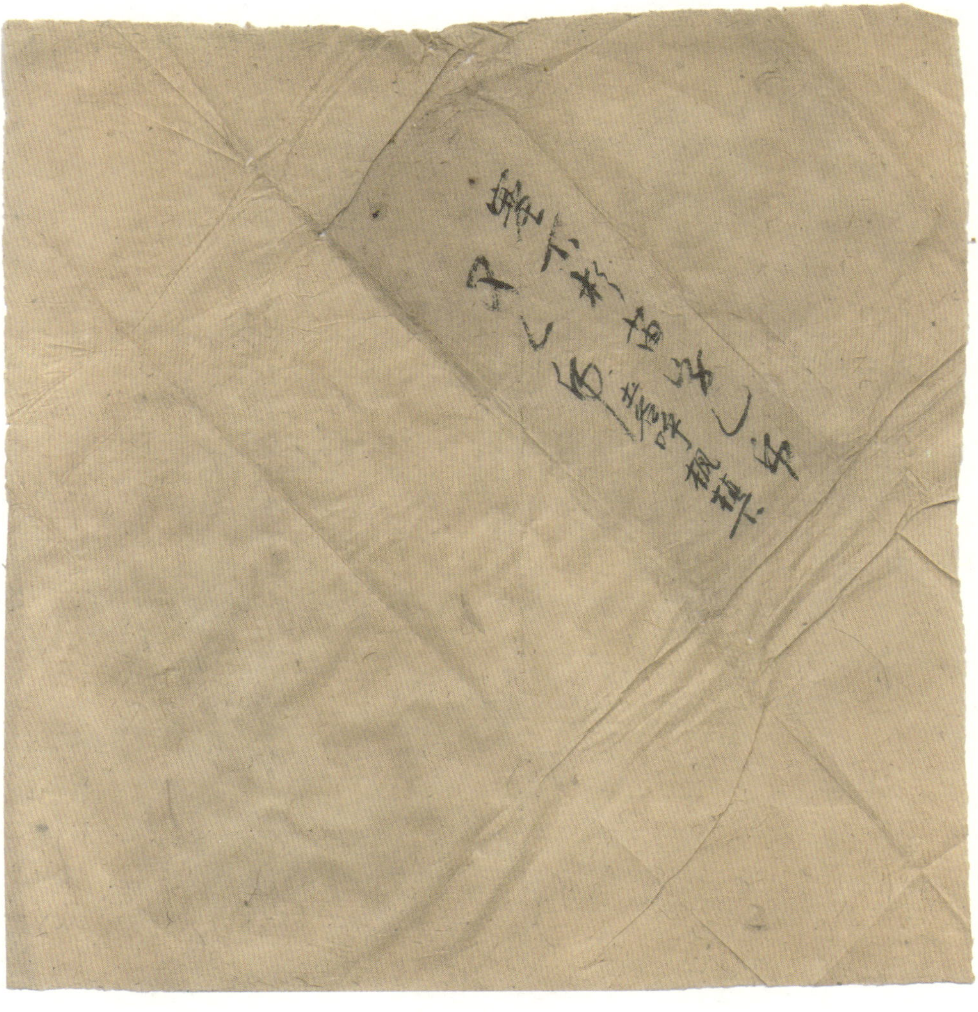

9-5-2-1　包契紙

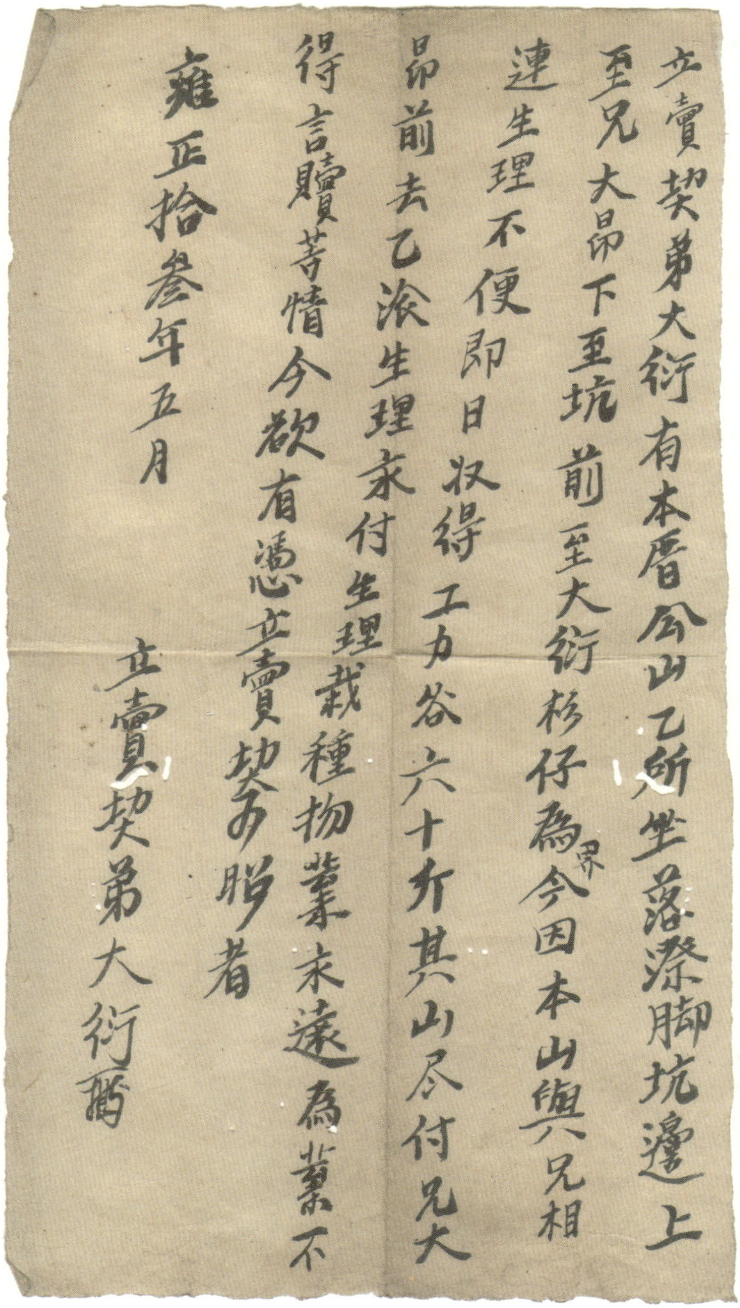

立賣契弟大衍有本厝公山乙所坐落漈脚坑邊上至兄大昂下至坑前至大衍杉仔為界今因本山與兄相連生理不便即日收得工力谷六十斤其山尽付兄大昂前去乙凃生理永付生理栽種物業永遠為業不得言贖等情今欲有憑立賣契為照者

雍正拾叁年五月　　立賣契弟大衍押

9-5-2-2　清雍正十三年五月楊大衍立賣公山契

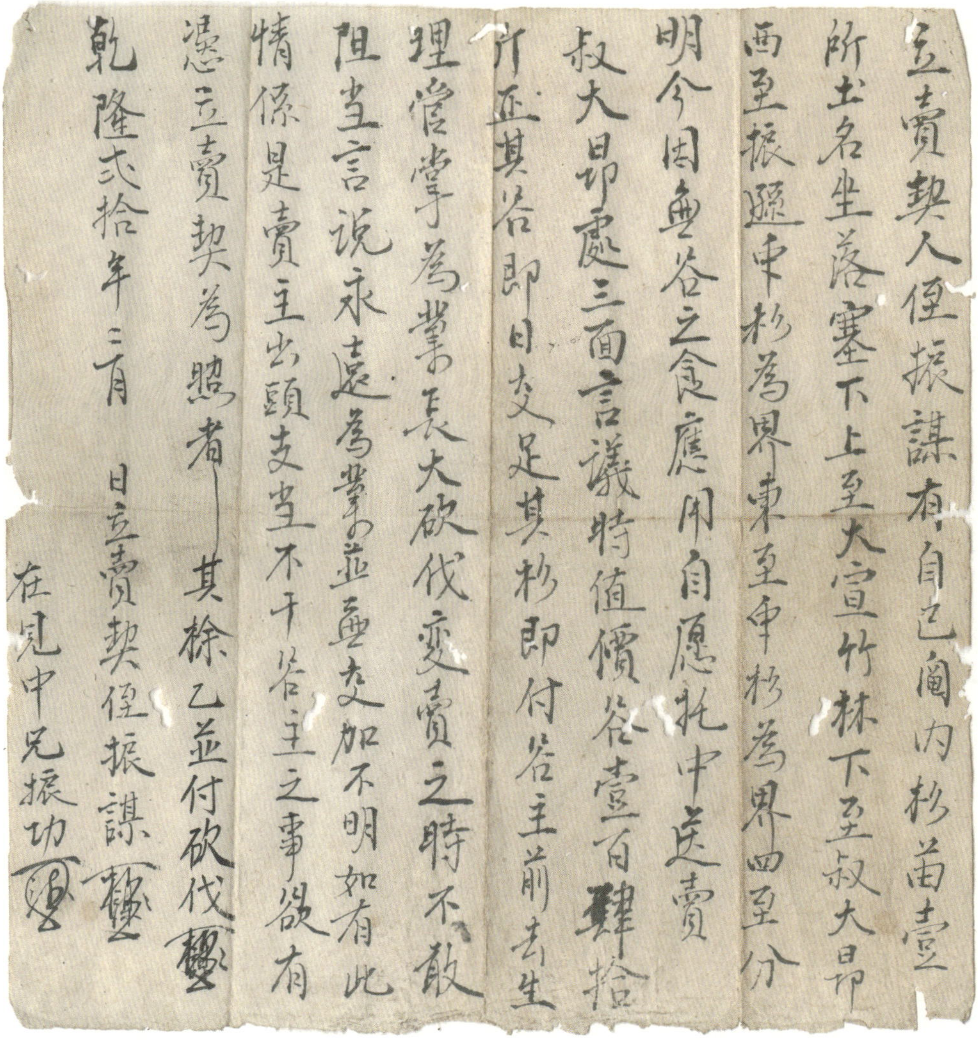
立賣契人侄振謀有自己面内杉苗壹
所土名坐落塞下上至大宣竹林下至叔大昂
西至振邏中杉為界東至中杉為界四至分
明今因無谷之食應用自愿托中送賣
叔大昂處三面言議時值價谷壹百肆拾
斤正其谷即日交足其杉即付谷主前去生
理管掌為業長大砍伐變賣之時不敢
阻当言說永遠為業並無交加不明如有此
情係是賣主出頭支当不干谷主之事恐有
憑立賣契為照者 其杉乙並付砍伐（押）
乾隆弍拾年三月 日立賣契侄振謀（押）
在見中兄振功（押）

9-5-2-3 清乾隆二十年三月楊振謀立賣杉苗契

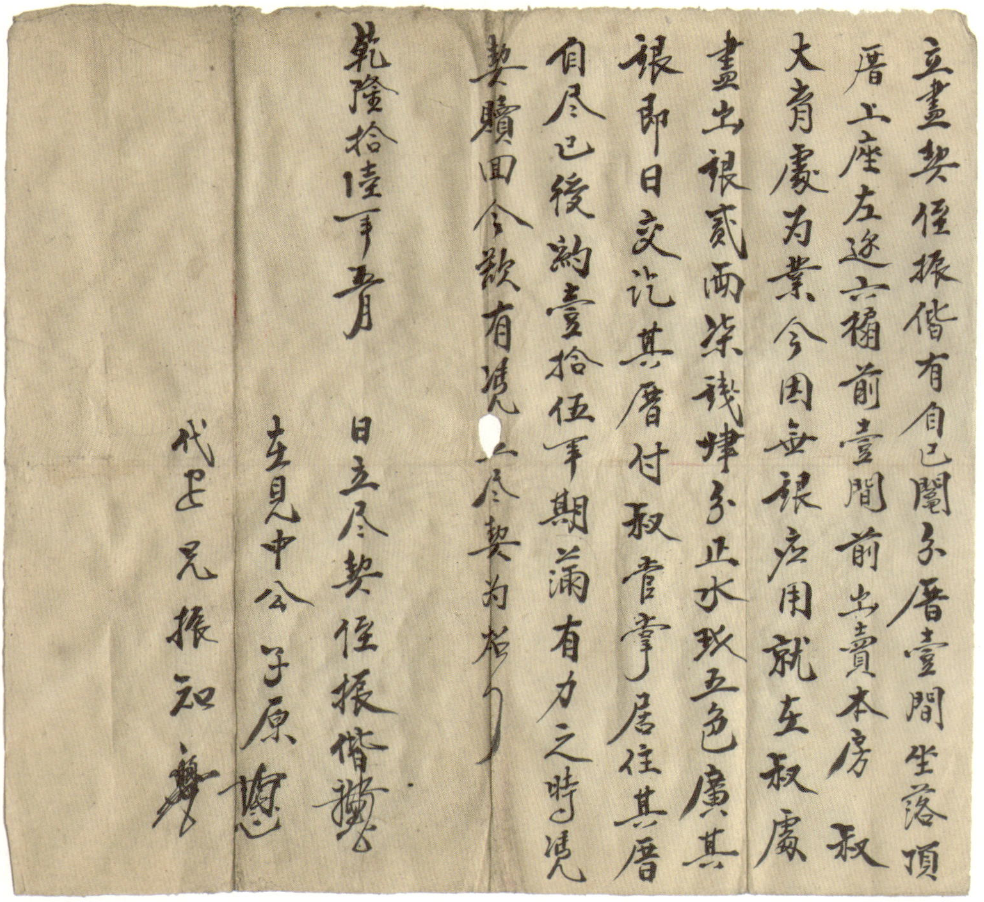
立盡契侄振偕有自己闔分厝壹間坐落頂
厝上座左邊六稱前壹間前出賣本房 叔
大育處為業今因無銀應用就在叔處
盡出銀貳兩柒錢肆分正水玖五色廣其
銀即日交訖其厝付叔掌居住其厝
自盡已後約壹拾伍年期滿有力之時憑
契贖回今欲有憑立盡契為炤
乾隆拾陸年五月 日立盡契侄振偕
在見中公 子原
代書 兄振知

9-5-3-1 清乾隆十六年五月楊振偕立盡厝契

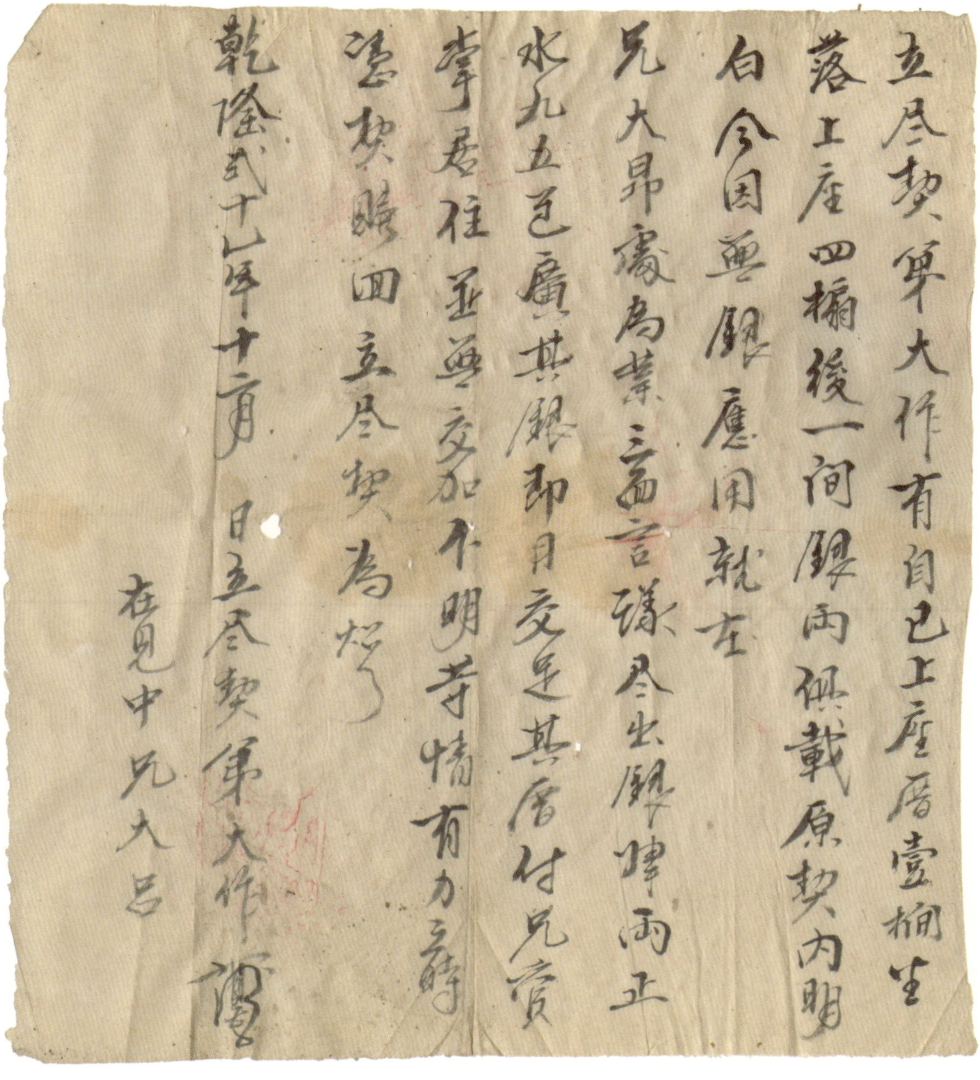

立盡契弟大作有自己上座厝壹榀坐
落上座四榀後一間銀兩係載原契内明
白今因無銀應用就在
兄大昇處爲業三面言議盡出銀肆兩正
水九五色廣其銀即月交足其厝付兄資
掌居住並無交加不明等情有力之辭
憑契照四立盡契爲炤
乾隆弍十一年十二月　日立盡契弟大作（押）
在見中兄大呂

9-5-3-2　清乾隆二十一年十二月楊大作立盡厝契

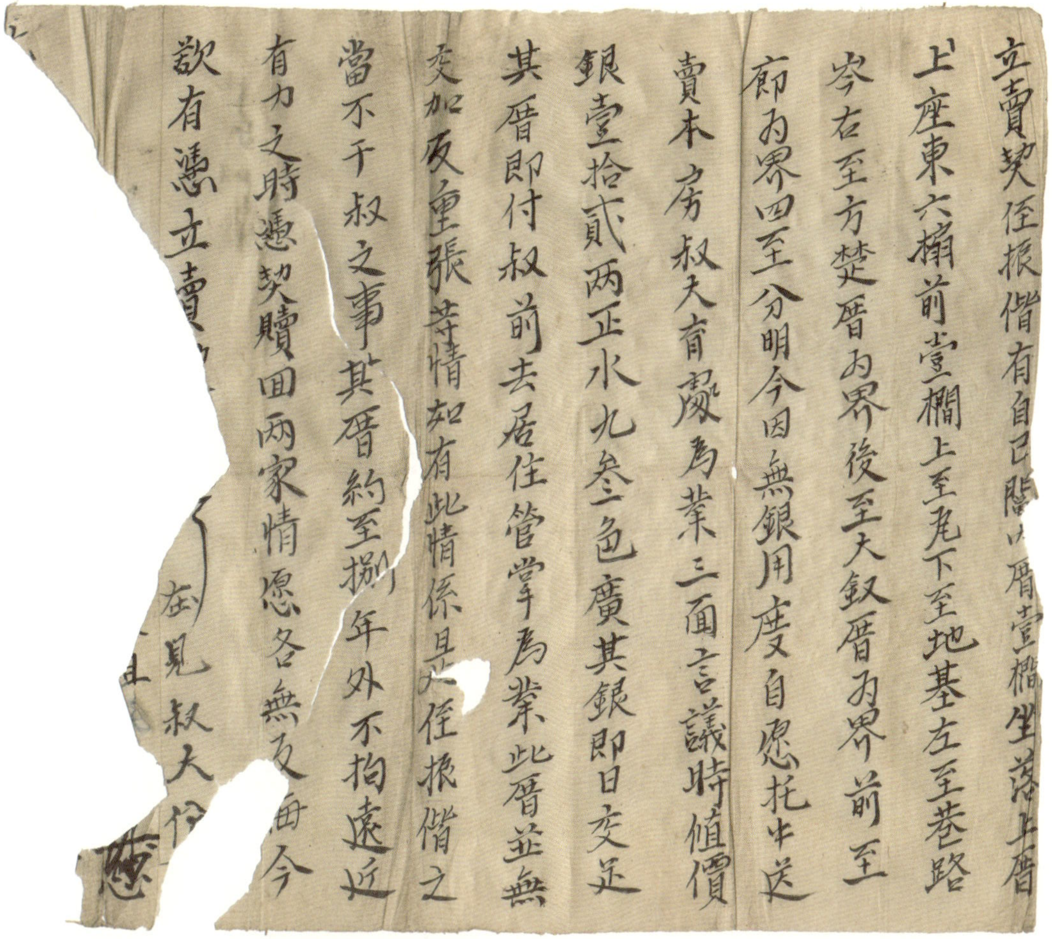
立賣契侄振偕有自己賠𠃊厝壹檔坐落上厝
上座東六櫥前壹欄上至瓦下至地基左至巷路
今右至方楚厝為界後至大叙厝為界前至
廊為界四至分明今因無銀用度自愿托中送
賣本房叔大育處為業三面言議時值價
銀壹拾貳両正水九叁色廣其銀即日交足
其厝即付叔前去居住管掌為業此厝並無
交加反重張寺情如有此情係是侄振偕之
當不干叔之事其厝約至捌年外不拘遠近
有力之時憑契贖回两家情愿各無反悔今
欲有憑立賣契……
……在見叔大信……

9-5-3-3　清乾隆年間楊振偕立賣厝契

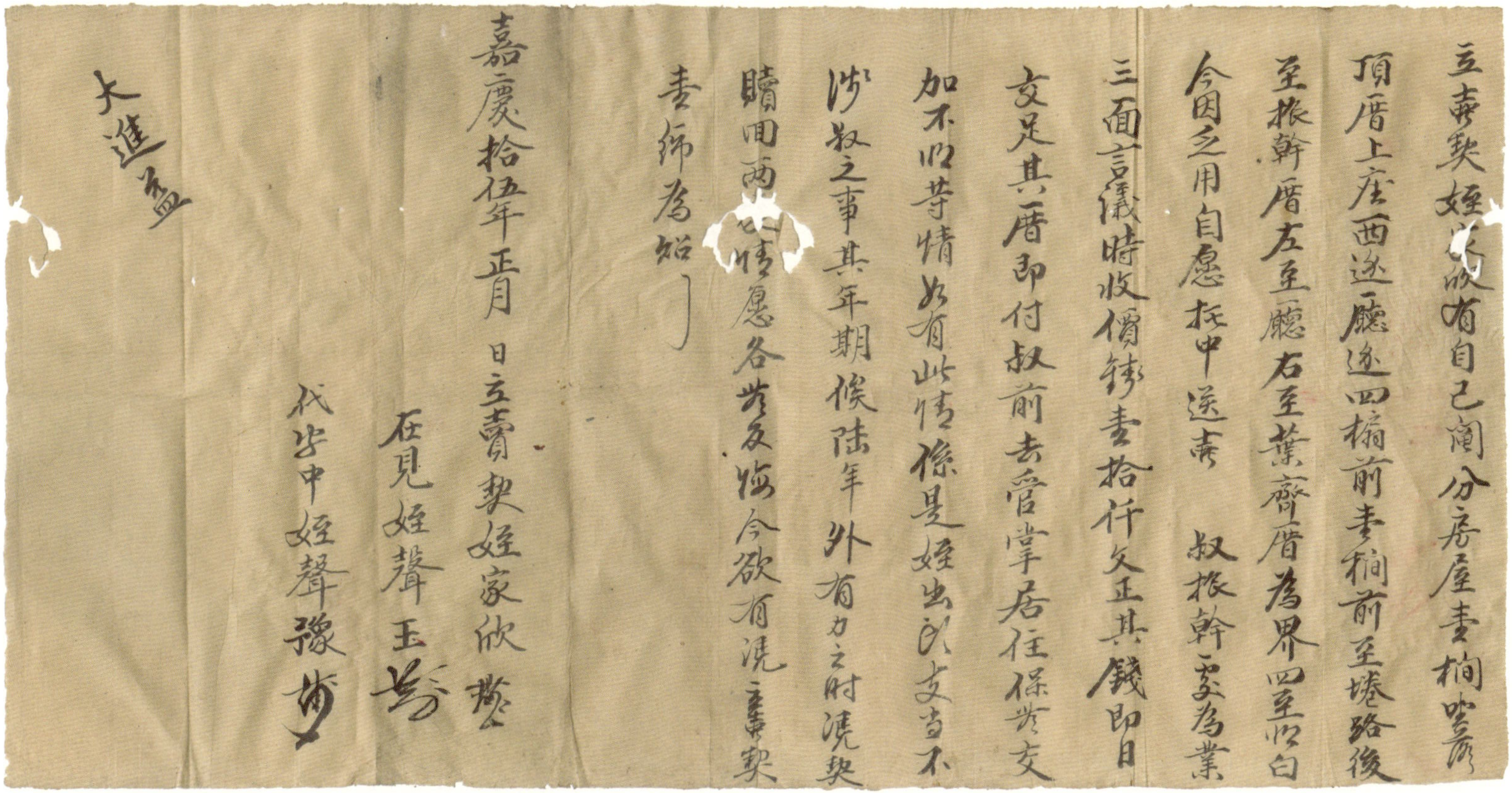
立賣契姪□欣有自己鬮分房屋壹植坐落
頂厝上座西边廳边四榀前壹植前至塆路後
至振幹厝左至廳右至葉齊厝為界四至明白
今因乏用自愿托中送壹　叔振幹承買為業
三面言議時收價錢壹拾仟文正其錢即日
交足其厝即付叔前去管掌居住保此交
加不明等情如有此情係是姪出頭支當不
涉叔之事其年期候陸年外有力之时凭契
贖回两□情愿各無反悔今欲有凭立賣契
壹紙為照
嘉慶拾伍年正月　日立賣契姪家欣（押）
在見姪聲玉（押）
代字中姪聲豫（押）
大進益

9-5-3-4　清嘉慶十五年正月楊家欣立賣房屋契

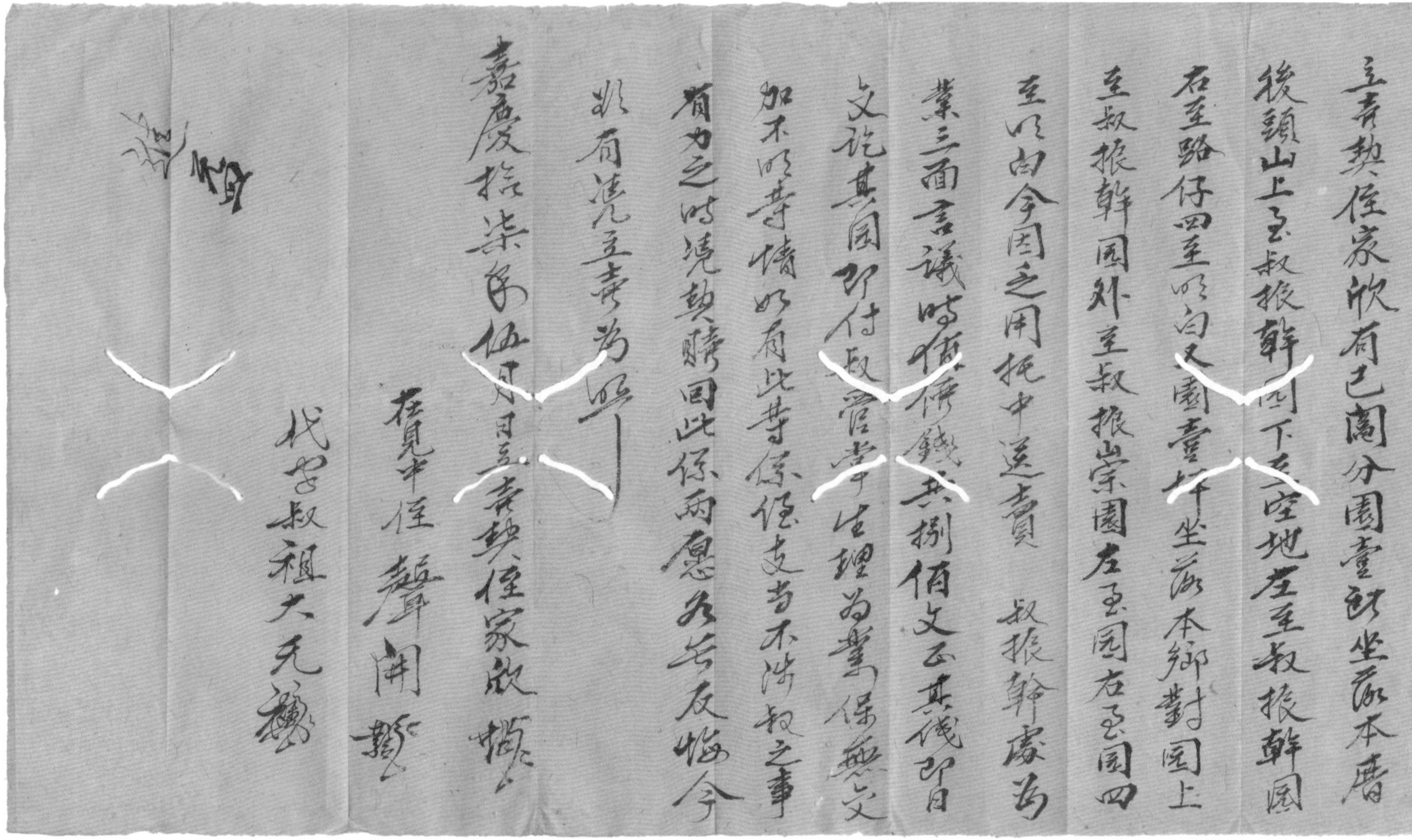

立青契侄家欣有已閣分園壹計坐落本唐
後頭山上至叔振幹園下至空地左至叔振幹園
右至路仔四至明白又園壹坪坐落本鄉對園上
至叔振幹園外至叔振山宗園左至園右至園四
至明白今因乏用托中送賣 叔振幹處爲
業三面言議時價錢共捌佰文正其錢即日
文訖其園即付叔管掌生理爲業保無交
加不明等情如有此等係侄支當不涉叔之事
有力之時憑契贖回此係兩愿各無反悔今
欲有憑凡立青契爲照
嘉慶拾柒年伍月 日立青契侄家欣
在見中侄 聲開
代字叔祖大元

9-5-3-5　清嘉慶十七年五月楊家欣立賣園契

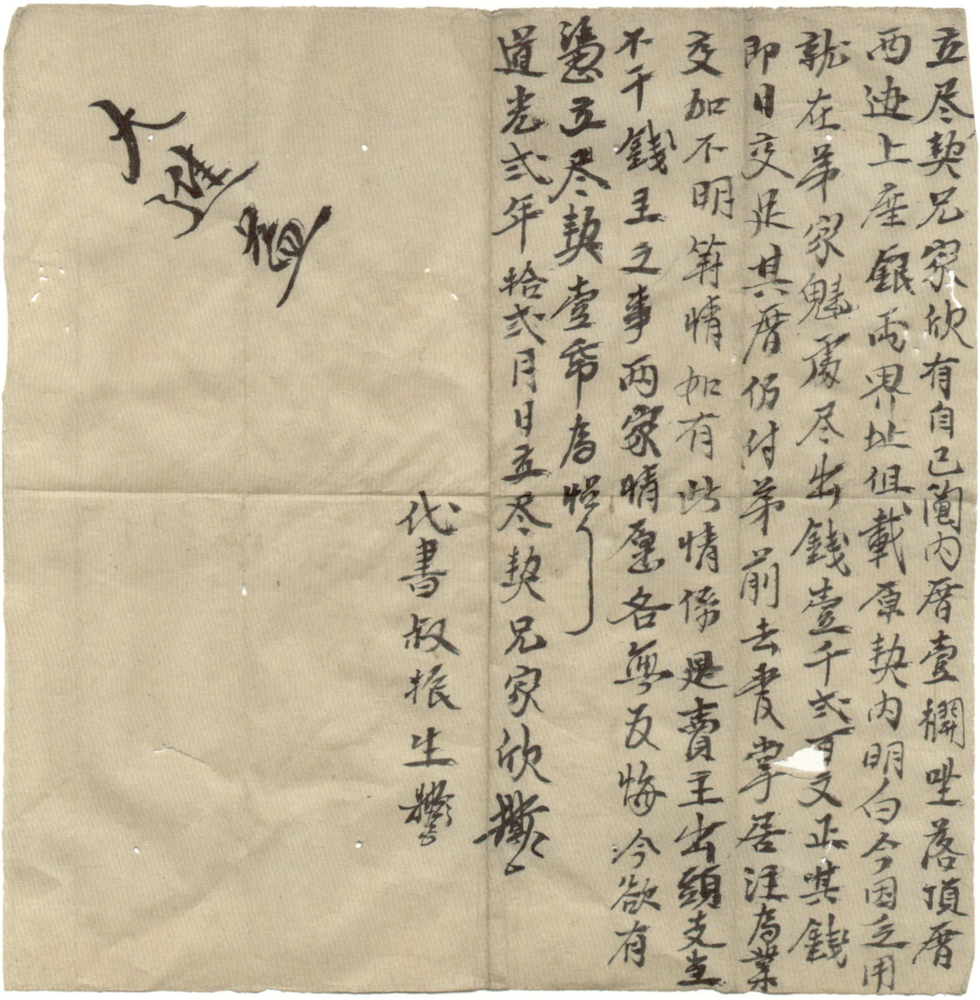

立盡契兄家欣有自己闔內厝壹欄坐落頂厝
西邊上座銀兩界址俱載原契內明白今因乏用
託在弟家魁處盡出錢壹千弍百文正其錢
即日交足其厝仍付弟前去掌居住為業
交加不明等情如有此情係是賣主出頭支當
不干錢主之事兩家情愿各無反悔今欲有
憑立盡契壹紙為照
道光弍年拾弍月　日立盡契兄家欣（押）
代書叔振生（押）
大進福

9-5-3-6　清道光二年十二月楊家欣立盡厝契

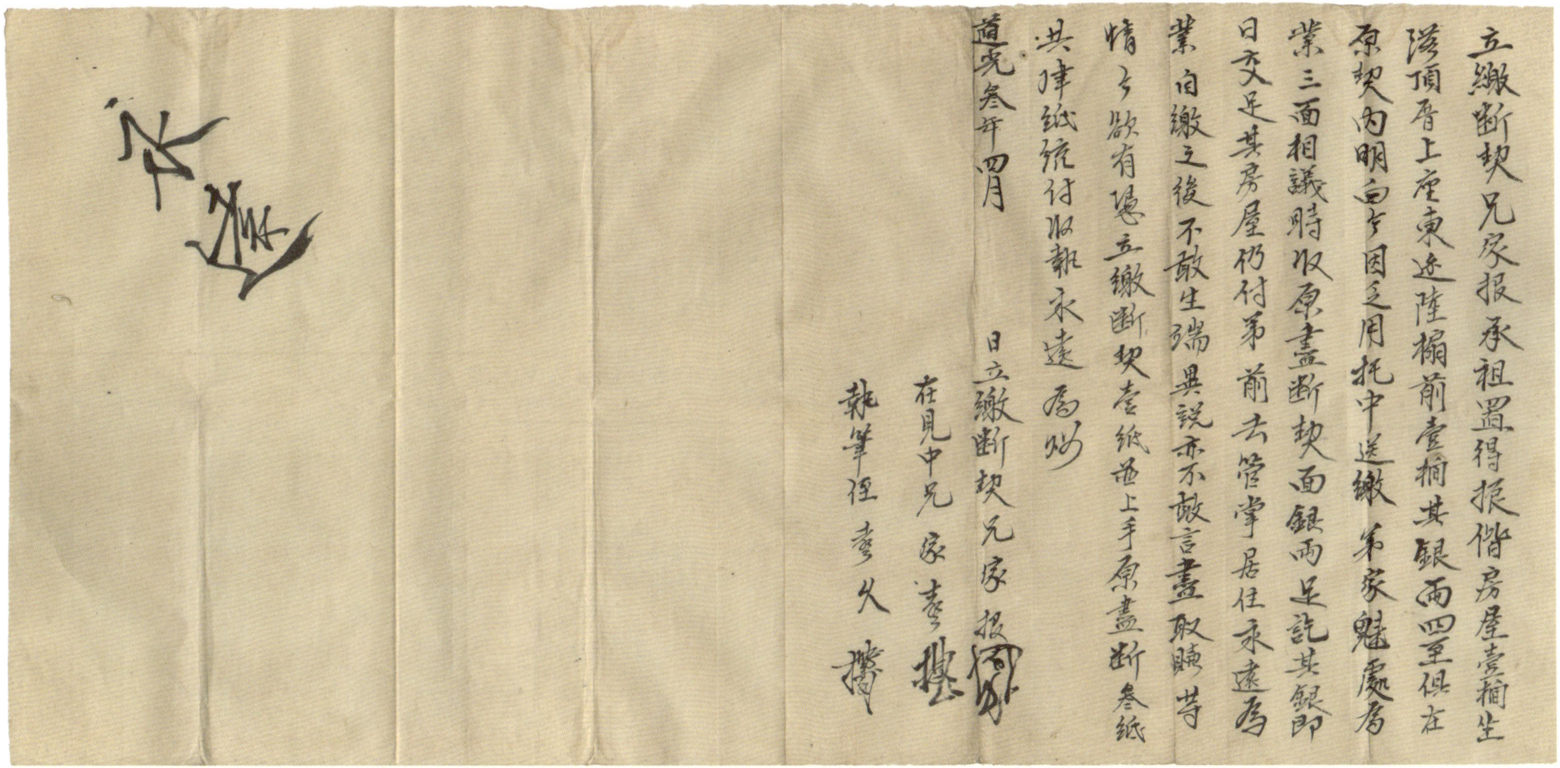

9-5-3-7　清道光三年四月楊家报立繳斷房屋契

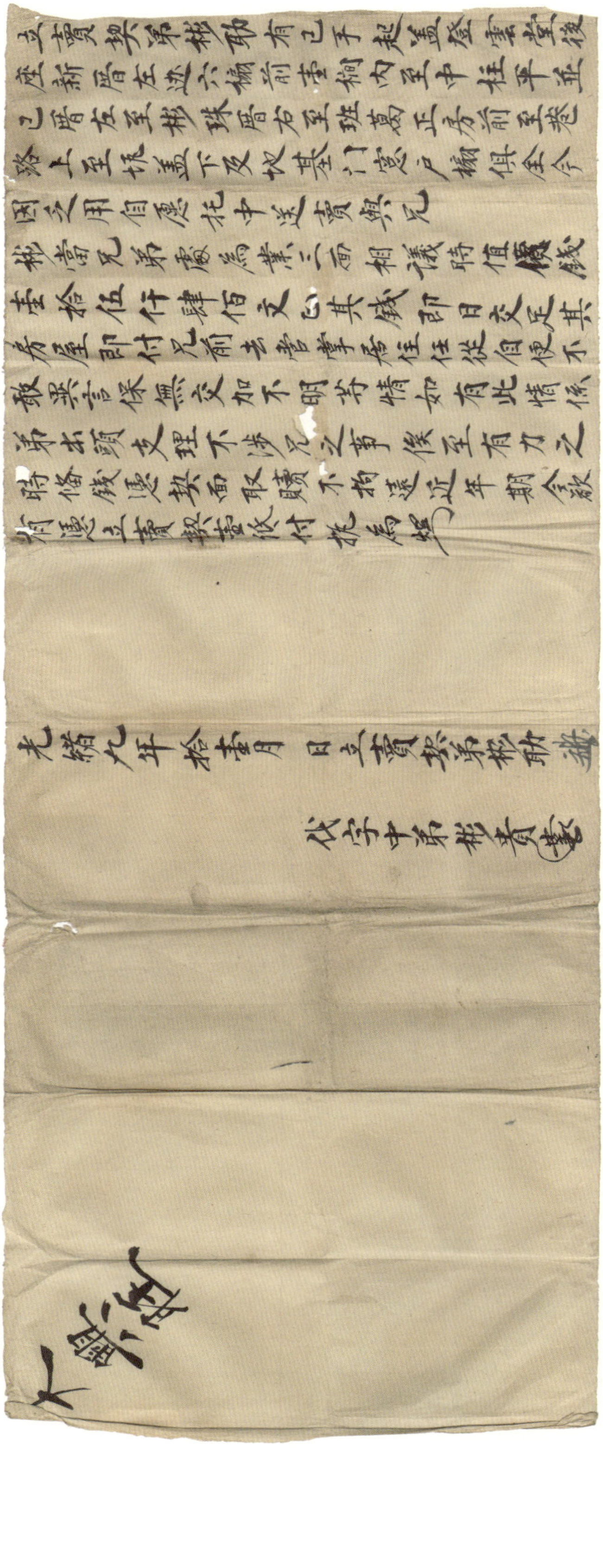
立賣契弟彬助有己手起蓋登壹堂後
座新厝左边六橺前壹橺内至中柱平并
己厝左至彬珠厝右至班葛正房前至巷
路上至椽盖下及坎基门窗户橺俱全今
因乏用自愿托中送賣與兄
彬當兄弟處為業，三面相議時值價錢
壹拾伍仟肆佰文正，其錢即日交足，其
房屋即付兄前去管掌居住任從伯便，不
敢異言。保無交加不明等情，如有此情，係
弟出頭支理，不涉兄之事。俟至有力之
時，備錢照契面取贖，不拘遠近年期，令欲
有憑，立賣契壹紙付執為照。

光緒九年拾壹月　日立賣契弟彬助
代字中弟彬青

9-5-3-8　清光緒九年十一月楊彬助立賣厝契

立賣盡斷契弟彬助等有前年手出賣
兄彬當處坐登雲堂上座新厝左邊六
橋前壹櫚上下樓其界址四至在原契內
明白今因無銀應用自愿託中送盡斷
與兄　彬當出永遠為業當面商議
時值斷價錢伍仟柒佰文正其錢即日
仝中交足其厝即付兄前去永遠管
掌永為己業仍舊居住聽從其便
其厝係弟自己物業與別房無涉保
無交加來歷不明如有不明係弟支
理不干兄之事其業既賣斷之後不
得言盡亦不得言贖等情此係兩愿
各反悔今欲有憑立賣盡斷契壹
紙付執永遠為照者

光緒弍拾弍年拾月　日立盡斷契弟彬助（押）
仝斷長男班華（押）
代書中姪班城（押）

永遠興旺

9-5-3-9　清光緒二十二年十月楊彬助等立賣盡斷厝契

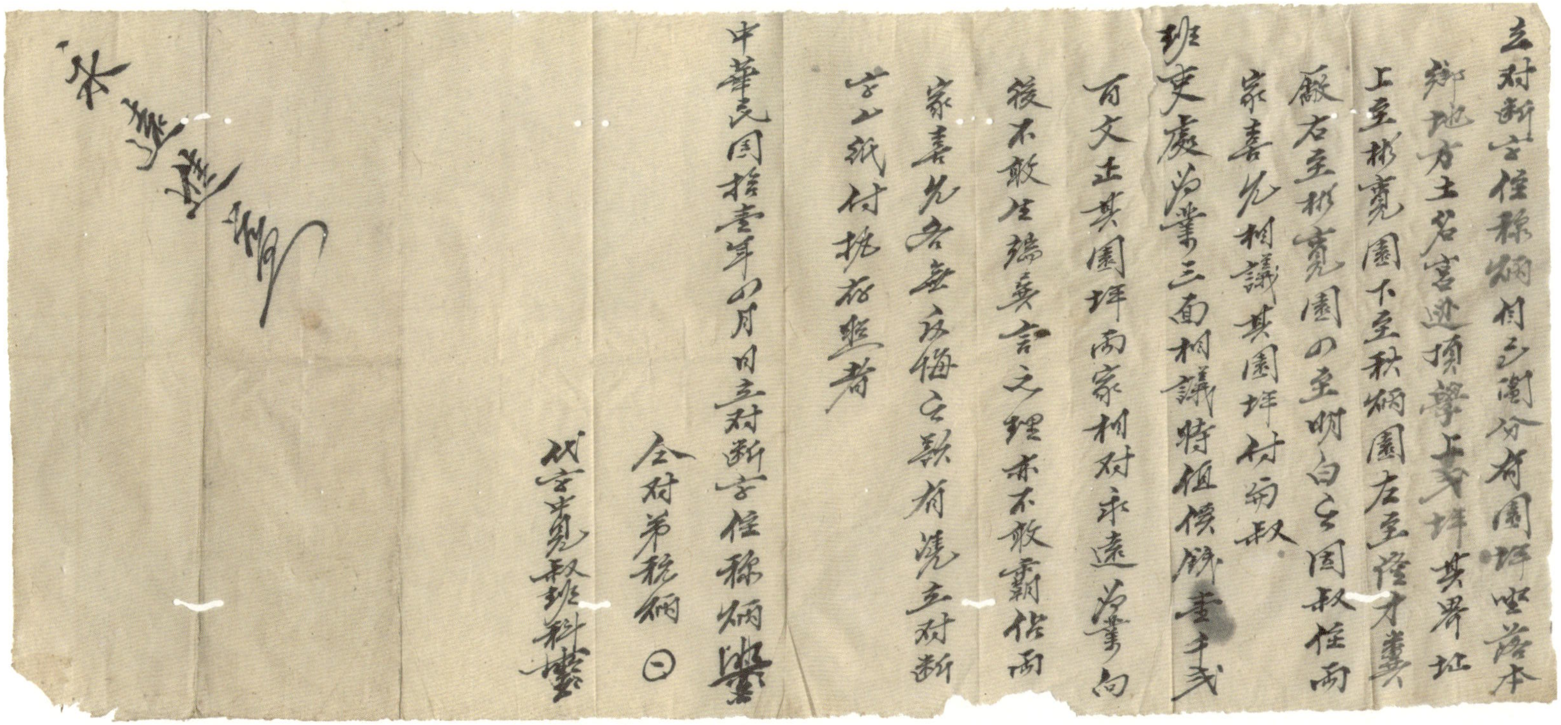

立对断字侄秋炳、树、乙阑分有园坪坐落本
乡地方土名宫边顶擘上(?)坪，其界址
上至彬宽园，下至秋炳园，左至隆才叶(?)
厥，右至彬宽园，四至明白。今因叔侄两
家喜允相议，其园坪付与叔
班(?)更处为业。三面相议，特值價钱壹千贰
百文，正其园坪两家相对永远为业，向
後不敢生端異言之理，亦不敢霸佔。两
家喜允，各無反悔，今欲有凭，立对断
字一纸，付执存照者。
中華民国拾壹年四月　日立对断字侄称炳（押）
仝对弟称炳（押）
代字中見叔班(?)科（押）

9-5-3-10　民國十一年四月楊称炳等立對斷園坪字

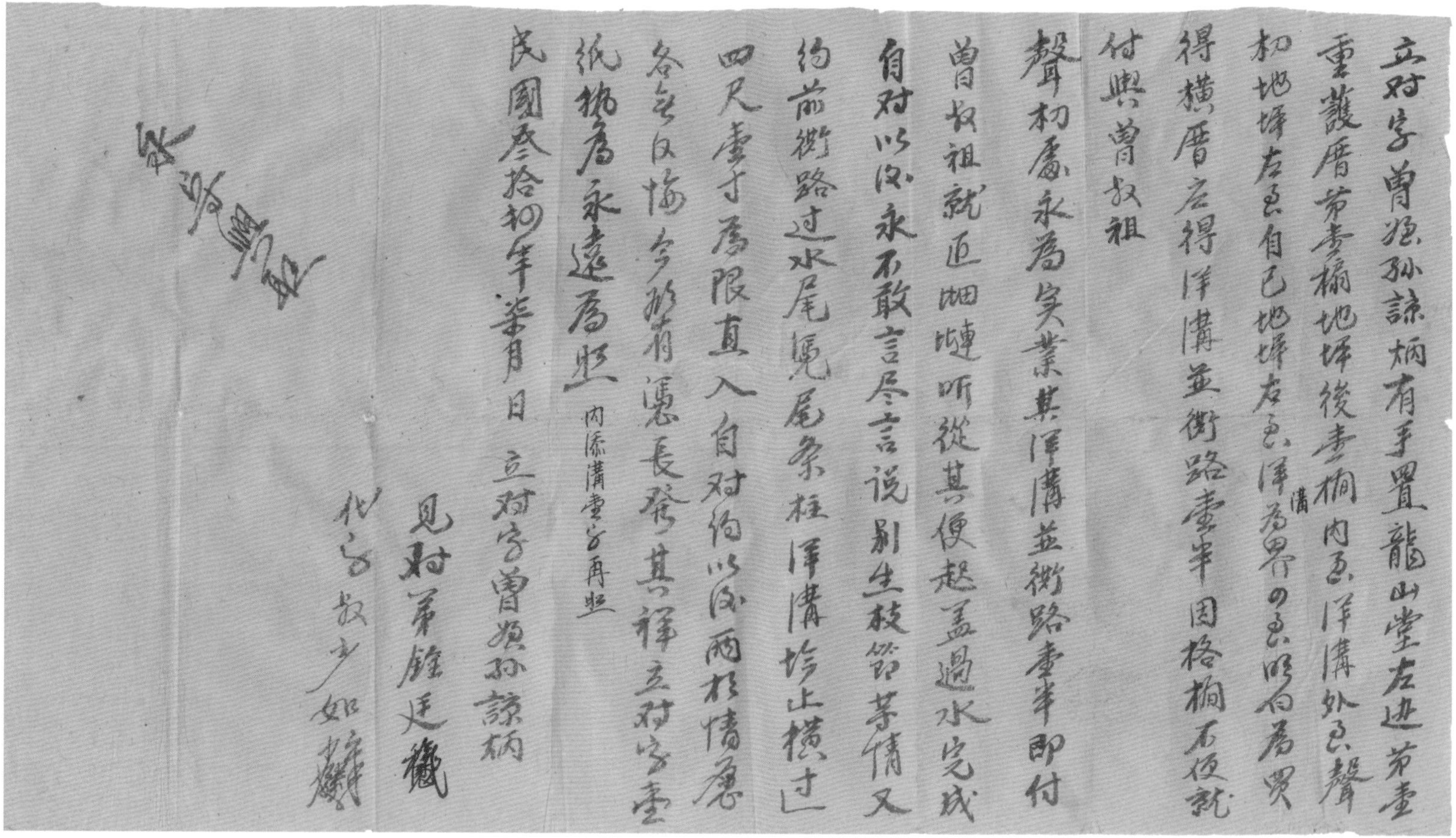

立对字曾姪孫諒炳有手置龍山堂右边茅壹
重護厝茅壹橺地坪後壹橺内至洋溝外至聲
杓地坪右至自己地坪右至洋溝為界の至明白為界
得横厝应得洋溝並街路壹半因格橺不便就
付與曾叔祖
聲杓處永為实業其洋溝並街路壹半即付
曾叔祖就近畑𡍼听從其便起蓋過水完成
自对以後永不敢言尽言说别生枝節等情又
約前街路过水尾见尾条柱洋溝埒止横过
四尺壹寸為限直入自对約以後兩相情愿
各无反悔今欲有憑恳長發其祥立对字壹
纸付为永远為照　内添溝壹字再照
民國叁拾肆年柒月　日　立对字曾姪孫諒炳
見对　弟　銓廷
代字　叔　少如

9-5-3-11　民國三十四年七月楊諒炳立對厝地坪字

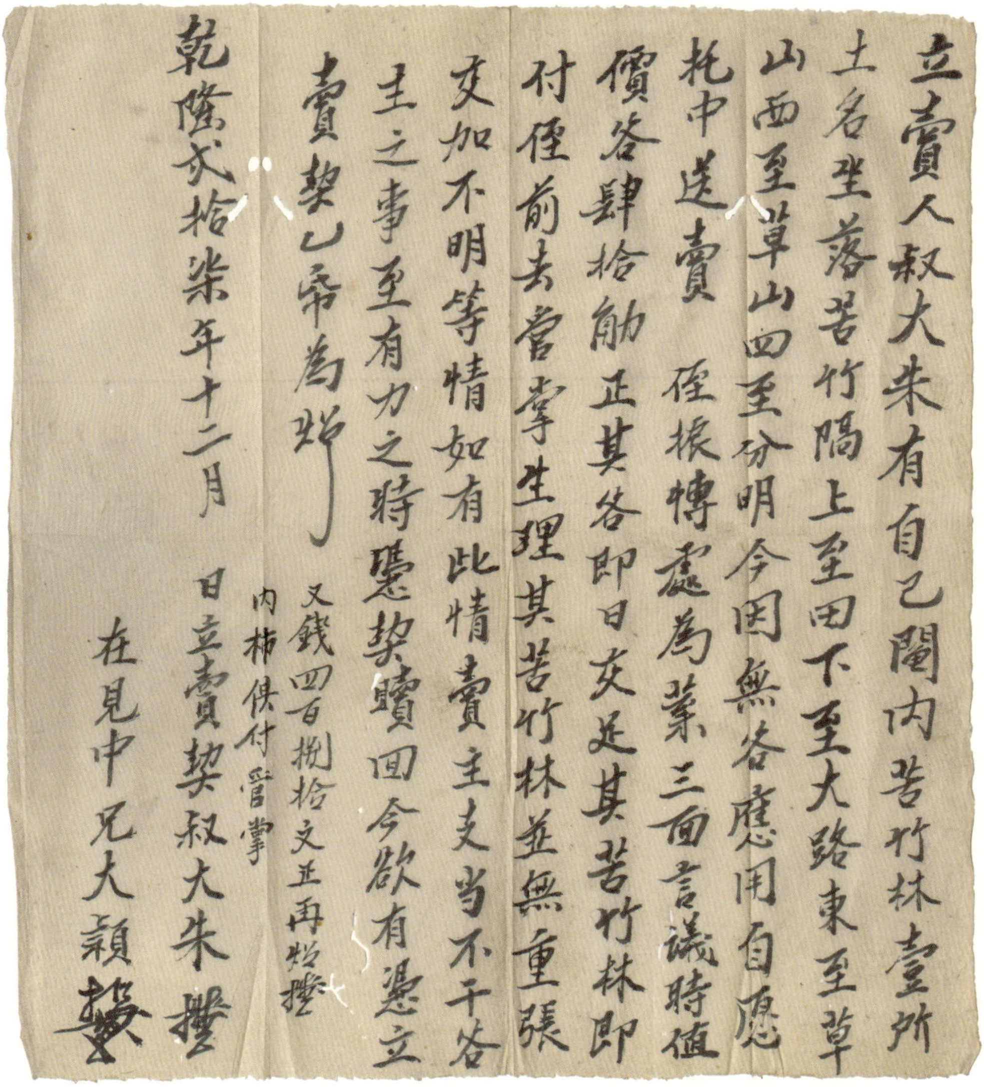
立賣人叔大朱有自己閣内苦竹林壹所
土名坐落苦竹隔上至田下至大路東至草
山西至草山四至分明今因無谷應用自愿
托中送賣　侄振博處為業三面言議時值
價谷肆拾觔正其谷即日交足其苦竹林即
付侄前去管掌生理其苦竹林並無重張
交加不明等情如有此情賣主支當不干谷
主之事至有力之時憑契贖回今欲有憑立
賣契乙帋為照

又錢四百捌拾文正再炤撻
内柿供付管掌

乾隆貳拾柒年十二月　日立賣契叔大朱撻

在見中兄大賴押

9-5-4-1　清乾隆二十七年十二月楊大朱立賣苦竹林契

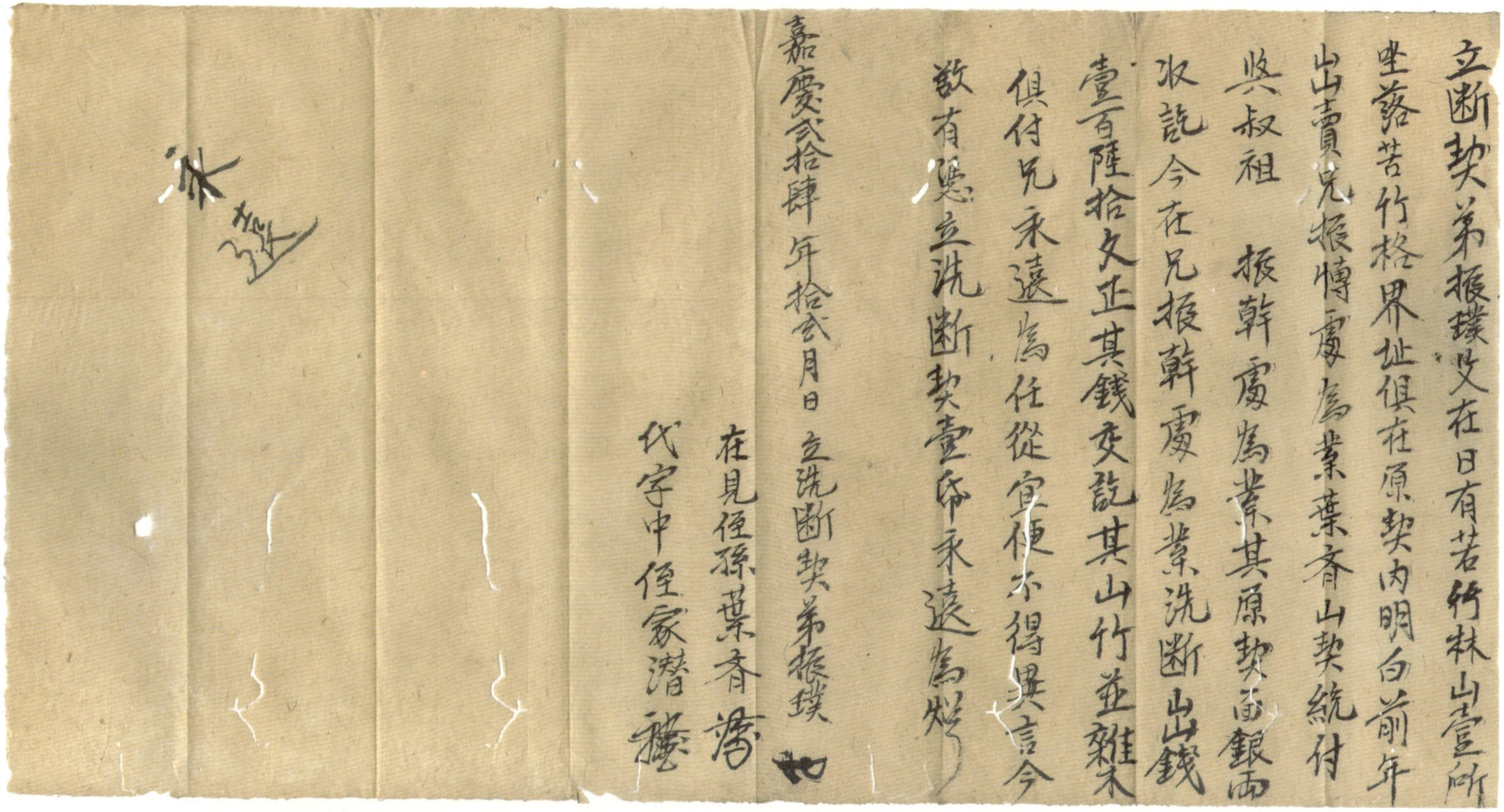

9-5-4-2　清嘉慶二十四年十二月楊振璞立洗斷苦竹林契

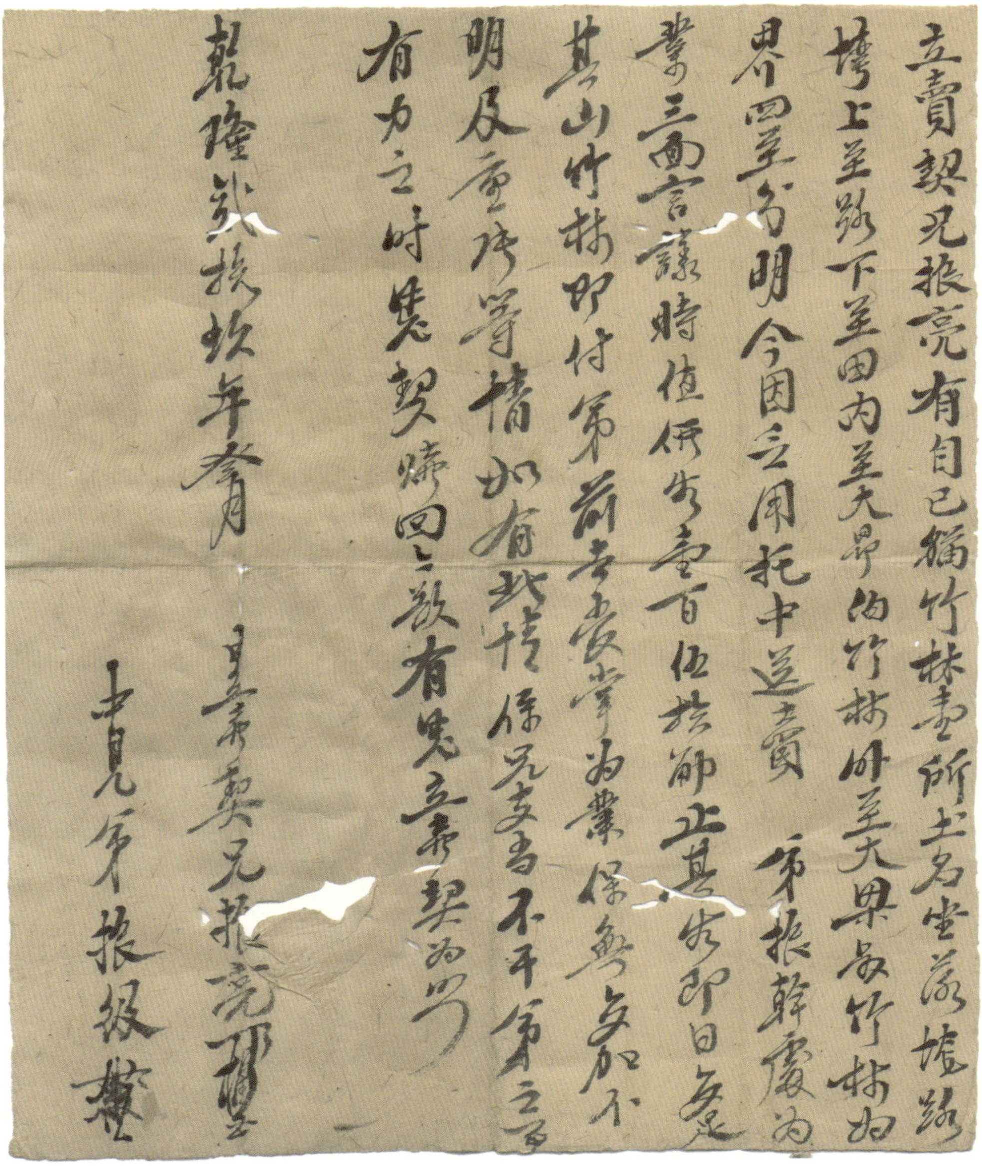

立賣契兄振亮有自己貓竹林壹所土名坐落墟路
塝上至路下至田内至大界為竹林外至大界及竹林為
界四至分明今因乏用托中送賣　弟振韓處為
業三面言議時值價錢壹百伍拾節正其錢即日交足
其山竹林即付弟前去管業為業保無交加不
明及重張等情如有此情係兄支當不干弟之事
有力之时凴契續回二數有凴立賣契為照
乾隆貳拾玖年叁月　日立賣契兄振亮押
中見弟振級押

9-5-5-1　清乾隆二十九年三月楊振亮立賣猫竹林契

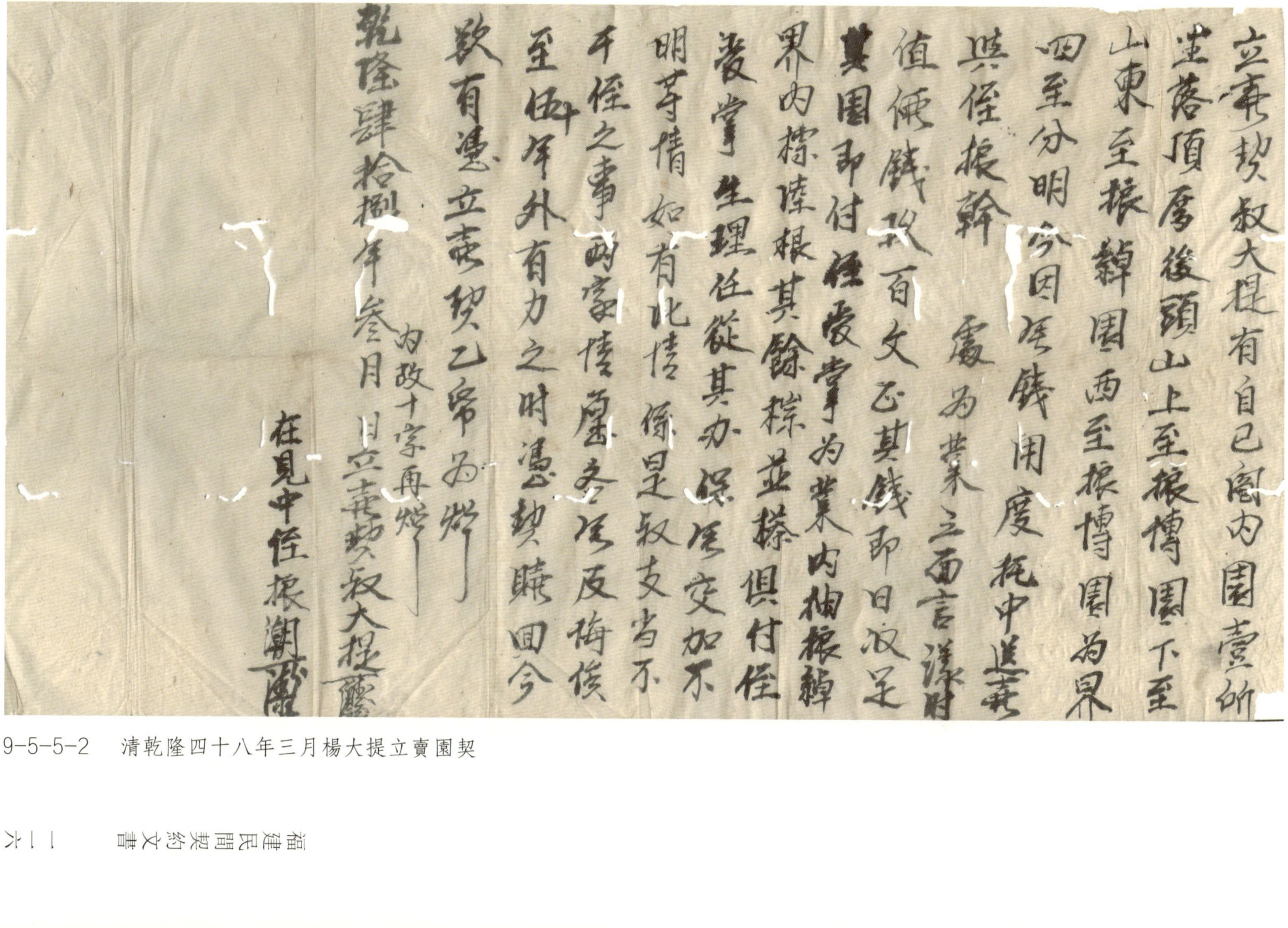
立賣契叔大提有自己闔內園壹所
坐落屋後頭山上至振博園下至
山東至振韓園西至振博園為界
四至分明今因乏錢用度托中送賣
與侄振榦處為業三面言議時
值價錢捌百文正其錢即日收足
其園即付侄愛掌為業內柚根韓
界內㯗榛根其餘棕並搽俱付侄
愛掌生理任從其办保乏交加不
明等情如有此情係是叔支當不
干侄之事兩家情愿各無反悔後
至伍年外有力之時憑契贖回今
欲有憑立賣契乙帋為炤
內改十字再炤
乾隆肆拾捌年叁月　日立賣契叔大提
在見中侄振瀾

9-5-5-2　清乾隆四十八年三月楊大提立賣園契

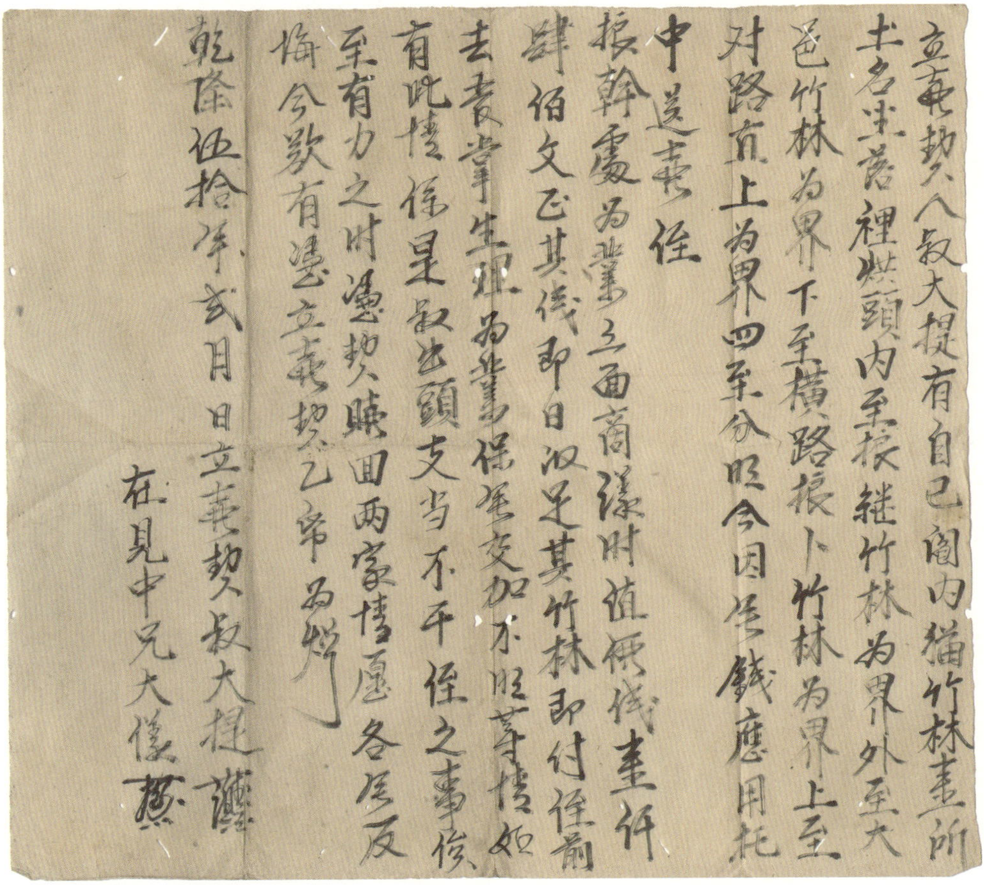
立賣契人叔大提有自己園内猫竹林壹所
土名米落裡燉頭内至核樹竹林為界外至大
邑竹林為界下至横路根下竹林為界上至
对路直上為界四至分明今因乏錢應用托
中送賣侄
振幹處為業三面商議时值價錢壹仟
肆佰文正其錢即日收足其竹林即付侄前
去耕掌生理為業保此交加不明等情如
有此情係是叔出頭支当不干侄之事倘
至有力之时憑契贖回两家情愿各無反
悔今欲有憑立賣契乙帋為照
乾隆伍拾年貳月日立賣契人叔大提
在見中兄大儀

9-5-5-3　清乾隆五十年二月楊大提立賣猫竹林契

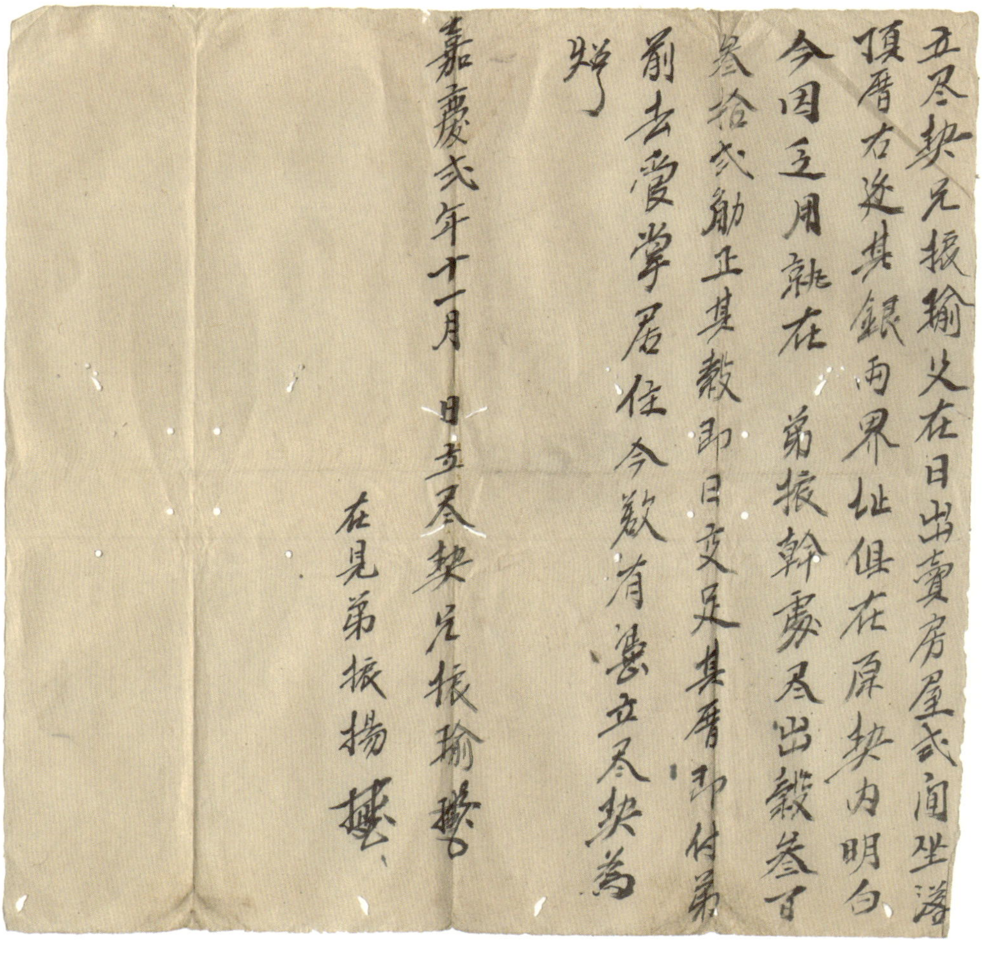
立盡契兄振瑜文在日出賣房屋弍間坐落
頂厝右邊其銀兩界址俱在原契內明白
今因乏用就在 弟振幹處盡出穀叁石
叁拾弍觔正其穀即日交足其厝即付弟
前去當掌居住今欲有憑立盡契為
照
嘉慶弍年十一月 日立盡契兄振瑜（押）
在見弟振揚（押）

9-5-5-4　清嘉慶二年十一月楊振瑜立盡房屋契

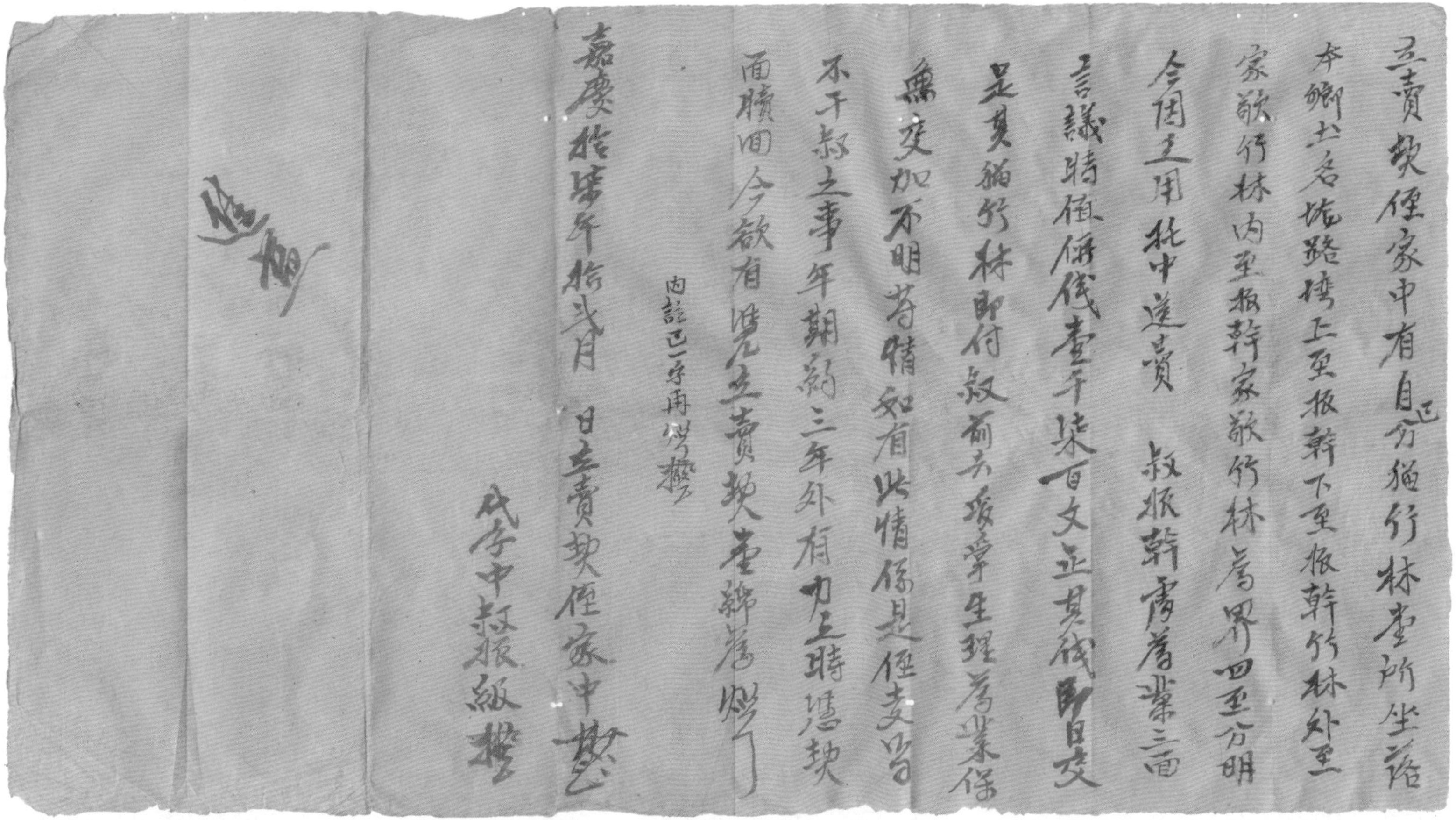

立賣契侄家中有自己分貓竹林壹所坐落
本鄉土名坑路墘上至振幹下至振幹竹林外至
家欽竹林內至振幹家欽竹林爲界四至分明
今因乏用托中送賣　叔振幹處爲業三面
言議時值價錢壹千柒百文正其錢即日交
足其貓竹林即付叔前去管業生理爲業保
無交加不明等情如有此情係是侄支當
不干叔之事年期約三年外有力上時照契
面贖回今欲有憑立賣契壹紙爲照

內註乙字再照

嘉慶拾柒年拾弍月　日立賣契侄家中押

代字中叔振紘押

9-5-5-5　清嘉慶十七年十二月楊家中立賣猫竹林契

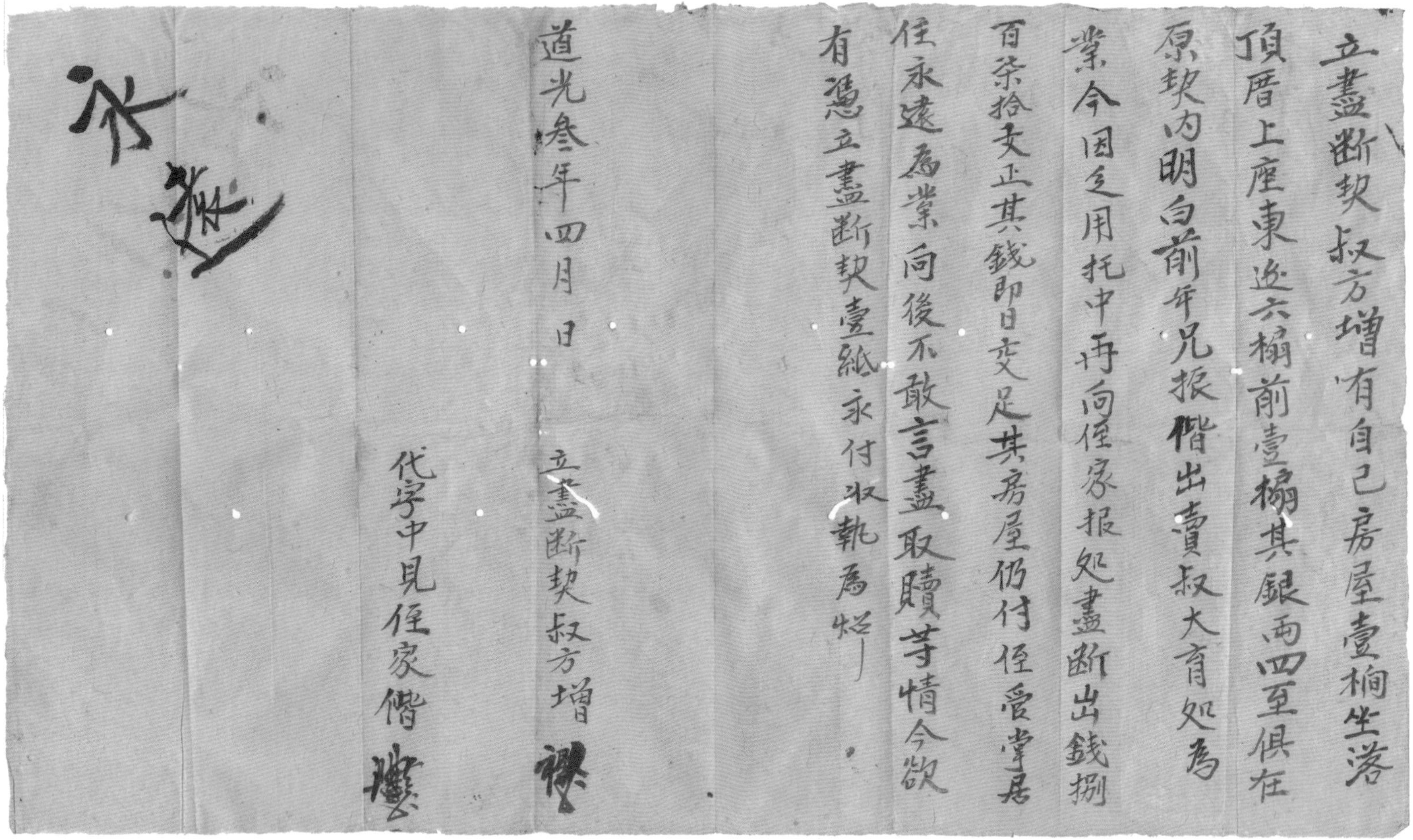
立盡斷契叔方增有自己房屋壹椾坐落
頂厝上座東邊六樠前壹樠其銀兩四至俱在
原契內明白前年兄振偕出賣叔大育処為
業今因乏用托中再向侄家振処盡斷出錢捌
百柒拾文正其錢即日交足其房屋仍付侄晋掌居
任永遠為業向後不敢言盡取贖等情今欲
有憑立盡斷契壹紙永付收執為炤
道光叁年四月　日
立盡斷契叔方增
代字中見侄家偕
永遠

9-5-5-6　清道光三年四月楊方增立盡斷房屋契

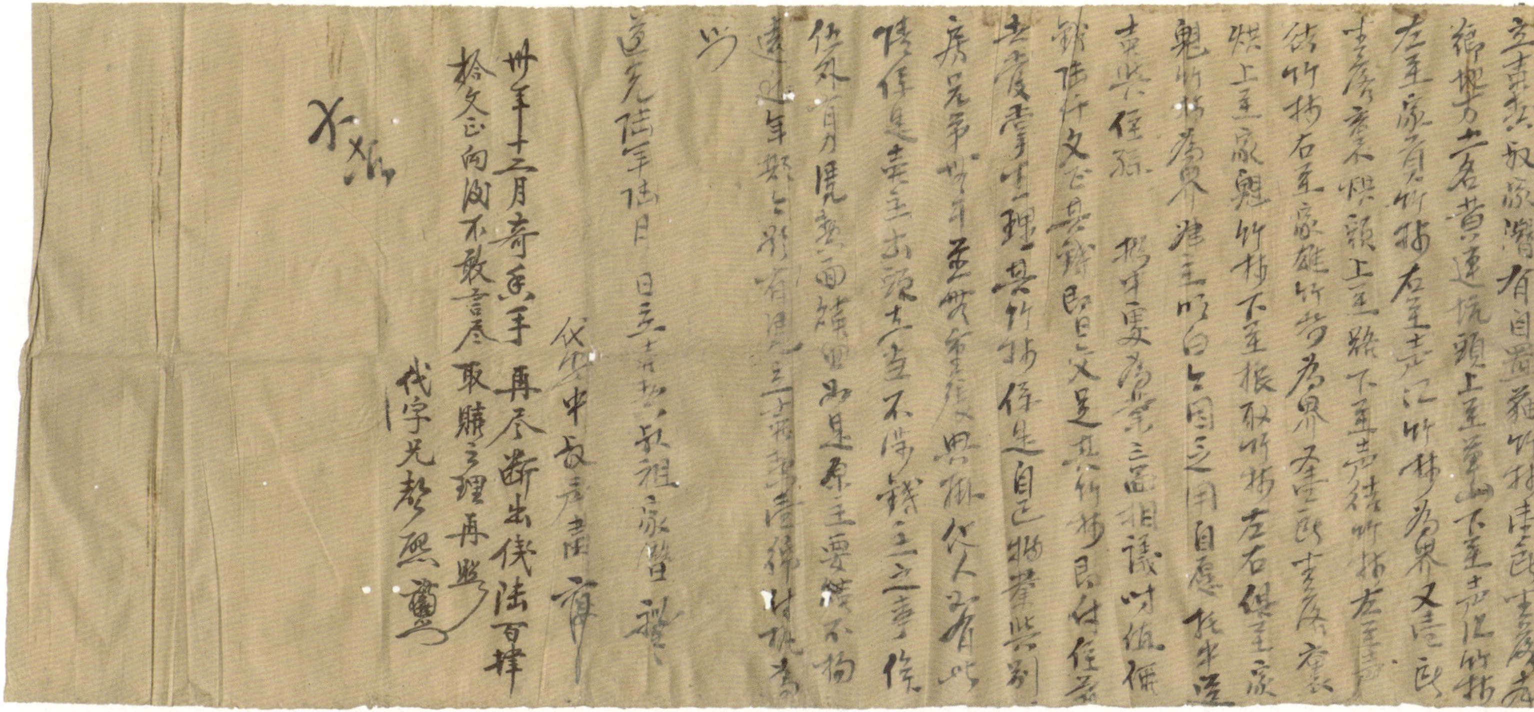

9-5-5-7　清道光六年六月楊家潛立賣猫竹林契

9-5-5-8　清道光七年十一月楊聲易立借穀字

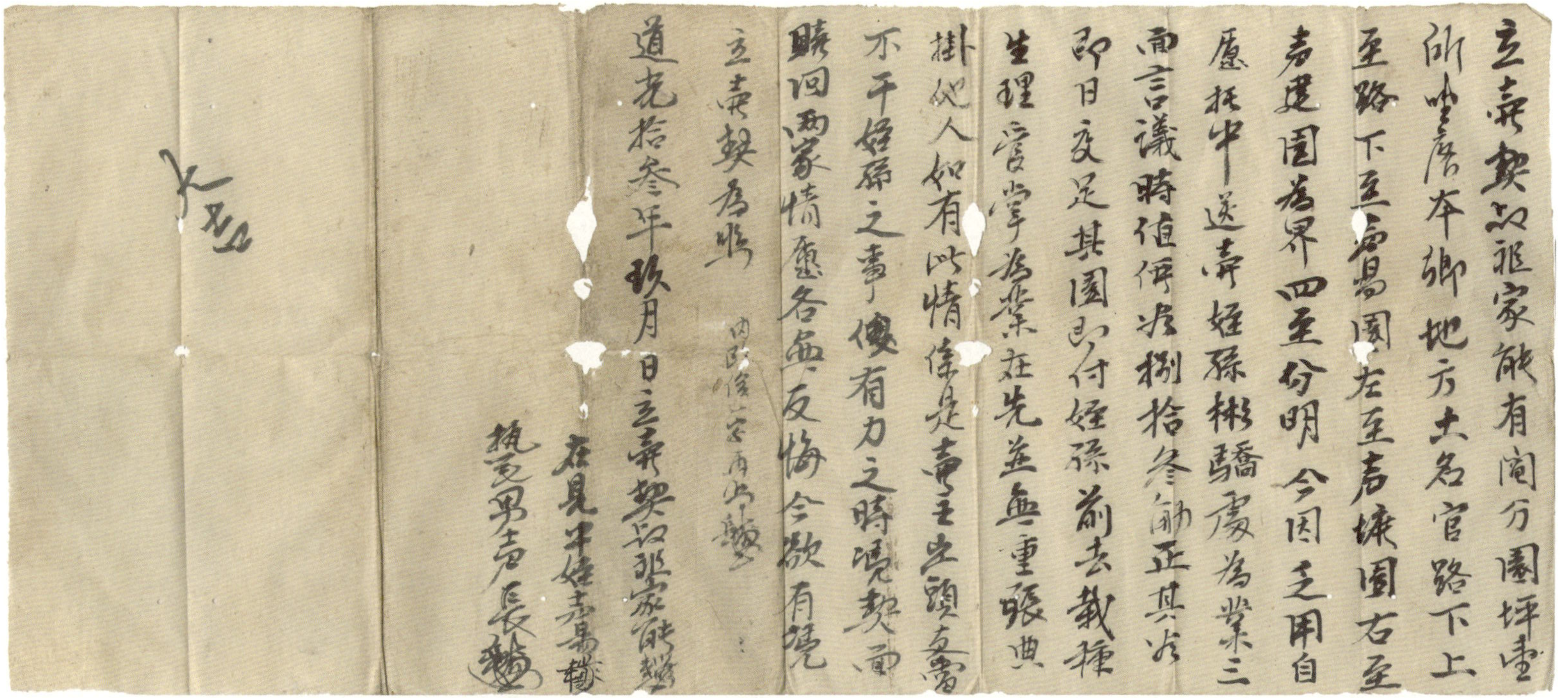
立賣契人楊家能有鬮分園坪壹
所坐落本鄉地方土名官路下上
至路下至楊昌園左至壽棟園右至
壽建園為界四至分明今因乏用自
愿托中送賣姪孫彬驕處為業三
面言議時值價洋銀拾叁角正其洋
即日交足其園即付姪孫前去栽種
生理管掌為業在先並無重張典
掛他人如有此情係是賣主出頭支當
不干姪孫之事倘有力之時照契面
贖回兩家情愿各無反悔今欲有憑
立賣契為照　內改價一字再照
道光拾叁年玖月　日立賣契人楊家能
在見中姪壽昌
執筆男壽長
大吉

9-5-5-9　清道光十三年九月楊家能立賣園坪契

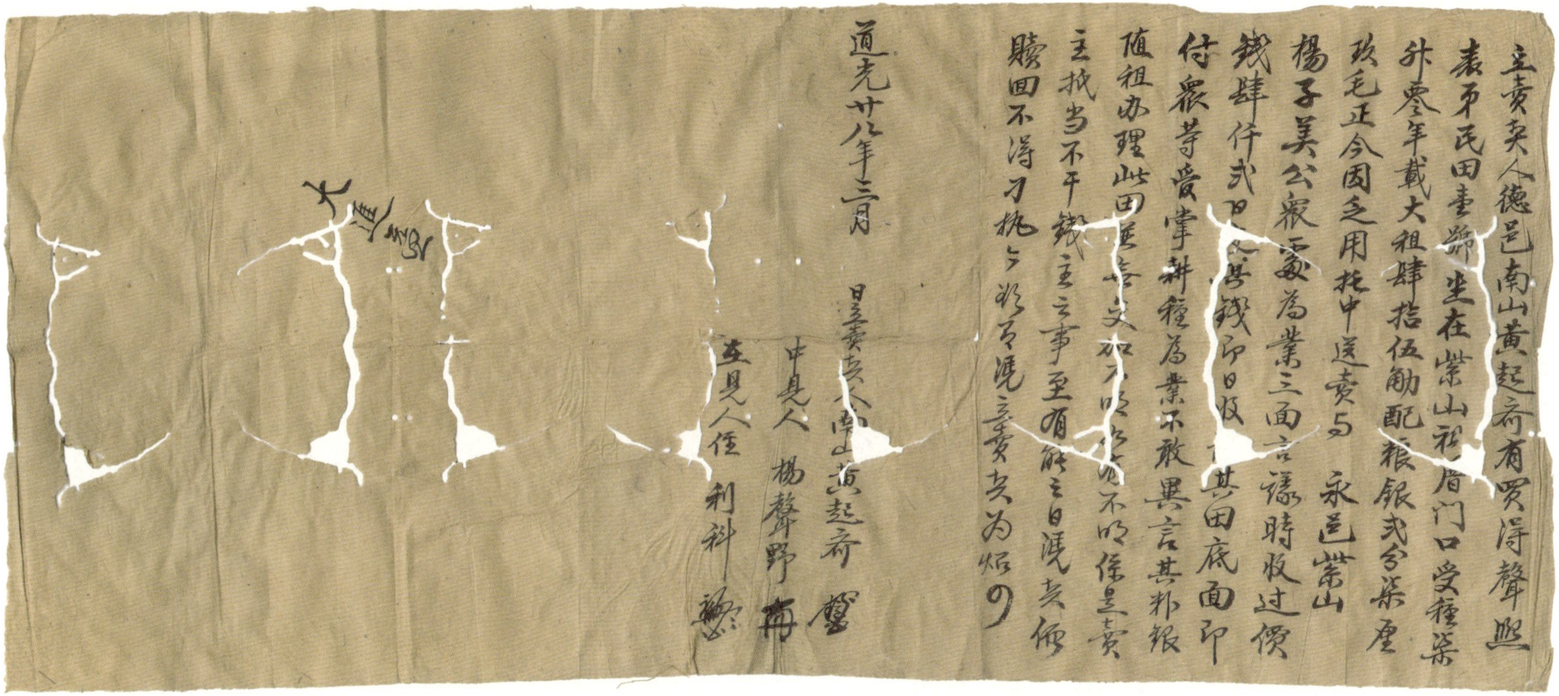

9-5-5-10　清道光二十八年三月德化黃起齊立賣民田契

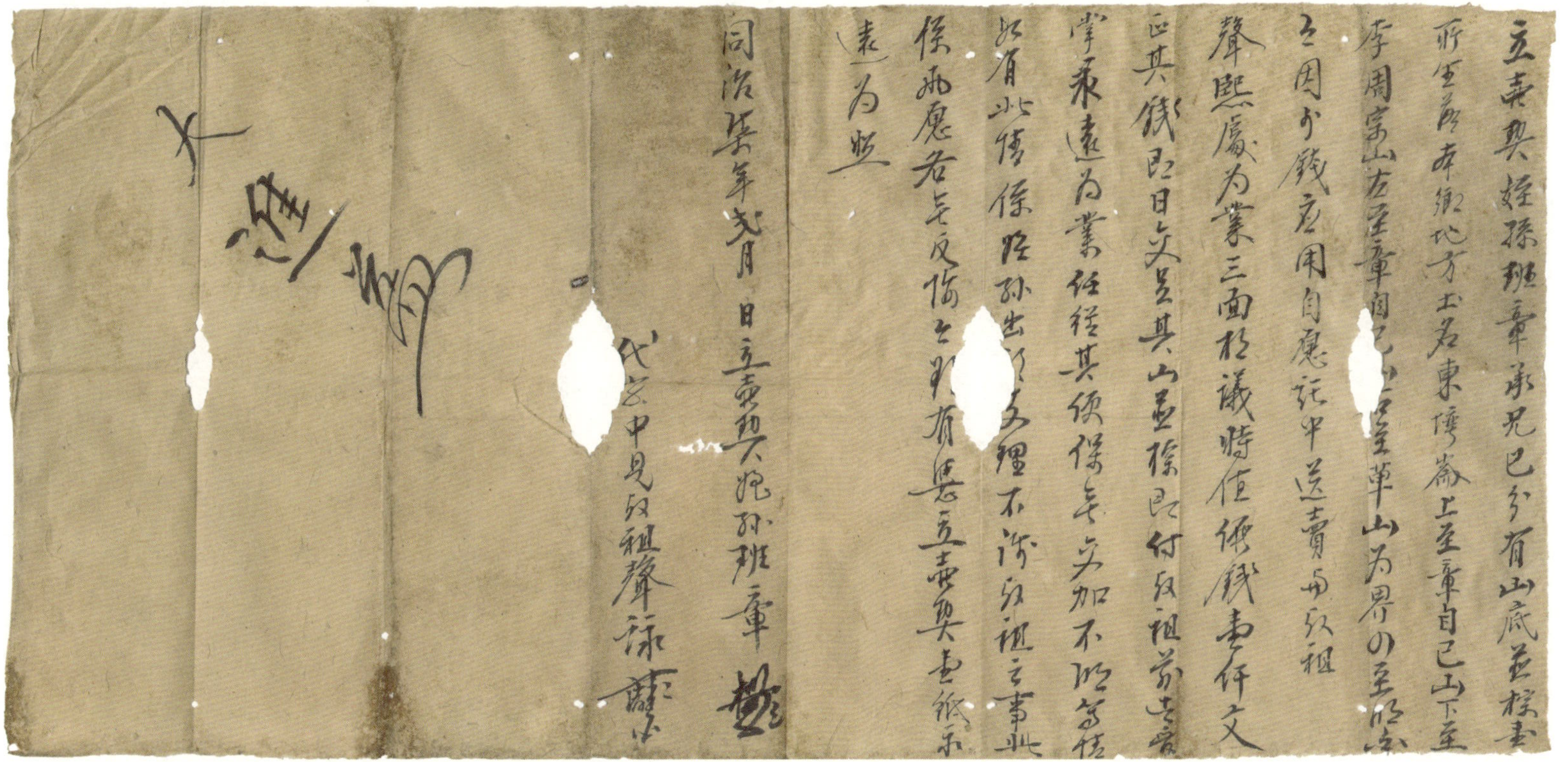

立賣契姪孫班章承兄已分有山底並松杉
所坐落本鄉地方土名東墰崙上至章自己山下至
李周家山左至章自己山右至草山為界四至明白
今因乏錢應用自愿托中送賣與叔祖
聲熙處為業三面言議時值價錢壹仟文
正其錢即日交足其山並松即付叔祖前去管
掌永遠為業任從其便保無重加不贖等情
如有此情係姪孫出頭料理不涉叔祖之事此
係兩愿各無反悔恐口無憑立賣契壹紙永
遠為照

同治柒年貳月　日立賣契姪孫班章（押）
代筆中見叔祖聲祿（押）

9-5-5-11　清同治七年二月楊班章立賣山底等契

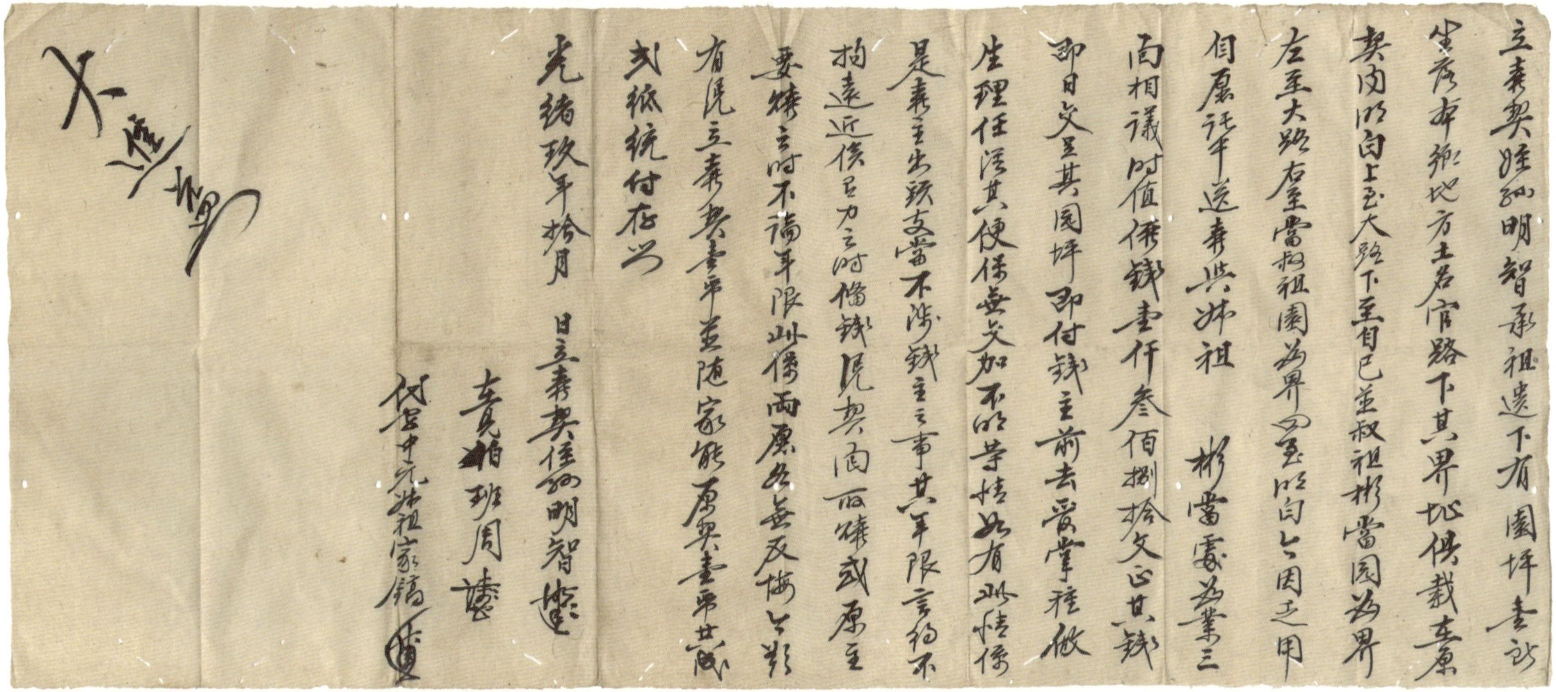
立賣契姪細明智承祖遺下有園坪壹所
坐產本鄉地方土名官路下其界址係栽壹兜
契內明白上至大路下至自己並叔祖彬當園為界
左至大路右至當叔祖園為界四至明白今因乏用
自願託中送賣與叔祖　彬當處為業三
面相議時值價錢壹仟叁佰捌拾文正其錢
即日交足其園坪即付錢主前去管掌種做
生理任憑其便係無欠加不明等情如有此情係
是賣主出頭支當不涉錢主之事其年限言約不
拘遠近備足力之時備錢照契面兩無或原主
要贖之時不論年限此係兩愿各無反悔今欲
有憑立賣契壹帋並隨家能原契壹帋共貳
式紙統付存照
光緒玖年拾月　日立賣契侄細明智（押）
書契　班周（押）
代筆中　叔祖家鎬（押）
大進

9-5-5-12　清光緒九年十月楊明智立賣園坪契

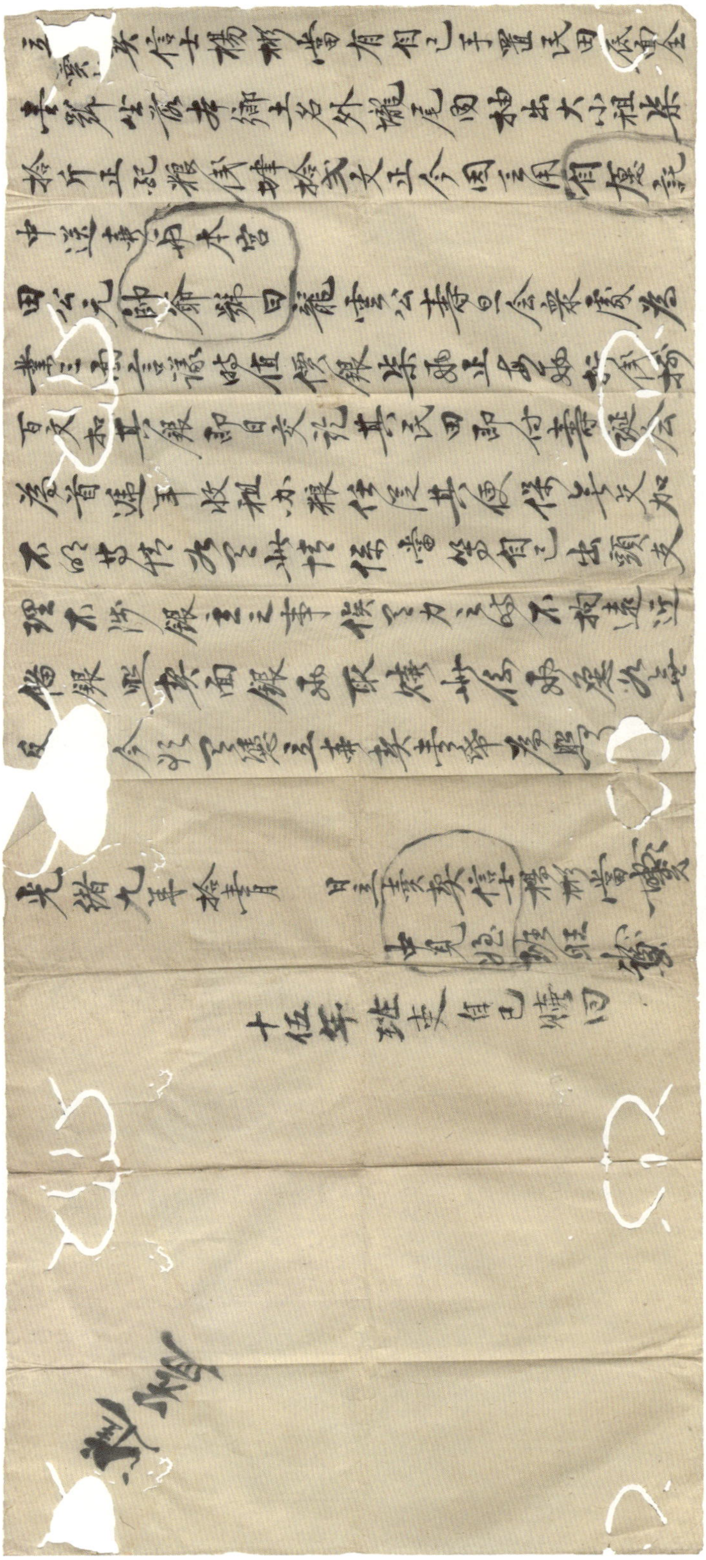

立賣契信士楊彬當有自己手置民田底面全
壹號坐落本鄉土名外壠尾園柚出大小租柒
拾斤正配粮錢肆拾弍文正今因乏用自應託
中送與本宮
田公元帥爺爺回龍雲公壽旦会衆處為
業三面言議時值價銀柒兩正每兩折錢捌
百文和其銀即日交訖其民田即付壽誕会
首進手收租办粮任從其便保此業交加
不明等情如有此情係當等自己出頭支
理不涉銀主之事候有力之時不拘遠近
備銀照契面銀兩取贖此係兩願各無
反悔今欲有憑立賣契壹紙為照

光緒九年拾壹月　日立賣契信士楊彬當（押）
中見鮑班旺（押）

十伍年班走自己贖回

9-5-5-13　清光緒九年十一月楊彬當立賣底面全民田契

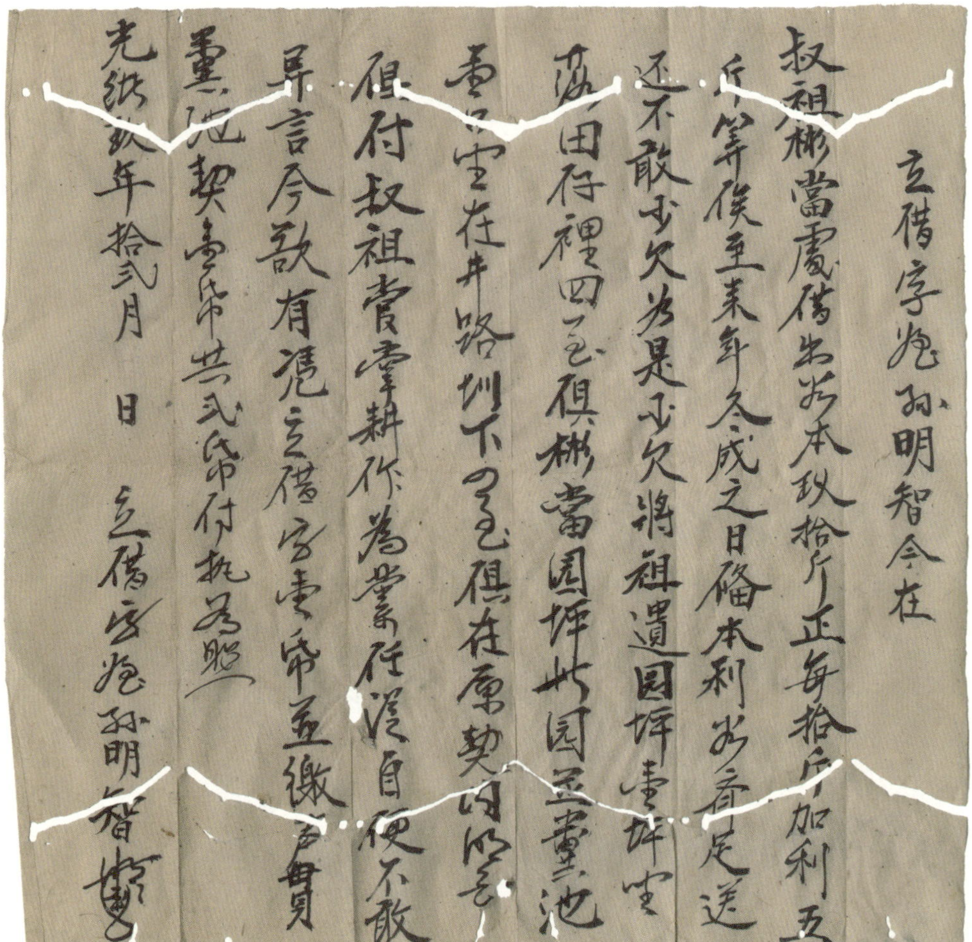

立借字侄孫明智今在
叔祖彬當處借出谷本玖拾斤正每拾斤加利五
斤算俟至来年冬成之日備本利谷齊足送
还不敢少欠為是少欠將祖遺園坪壹坪坐
落田仔裡四至俱彬當園坪此園並壹池
壹口坐在井路圳下四至俱在原契內明
俱付叔祖賣掌耕作為業任從自便不敢
異言今欲有憑立借字壹帋並繳原買
董施契壹帋共弍帋付執為照
光緒玖年拾弍月　日　立借字侄孫明智（押）

9-5-5-14　清光緒九年十二月楊明智立借穀字

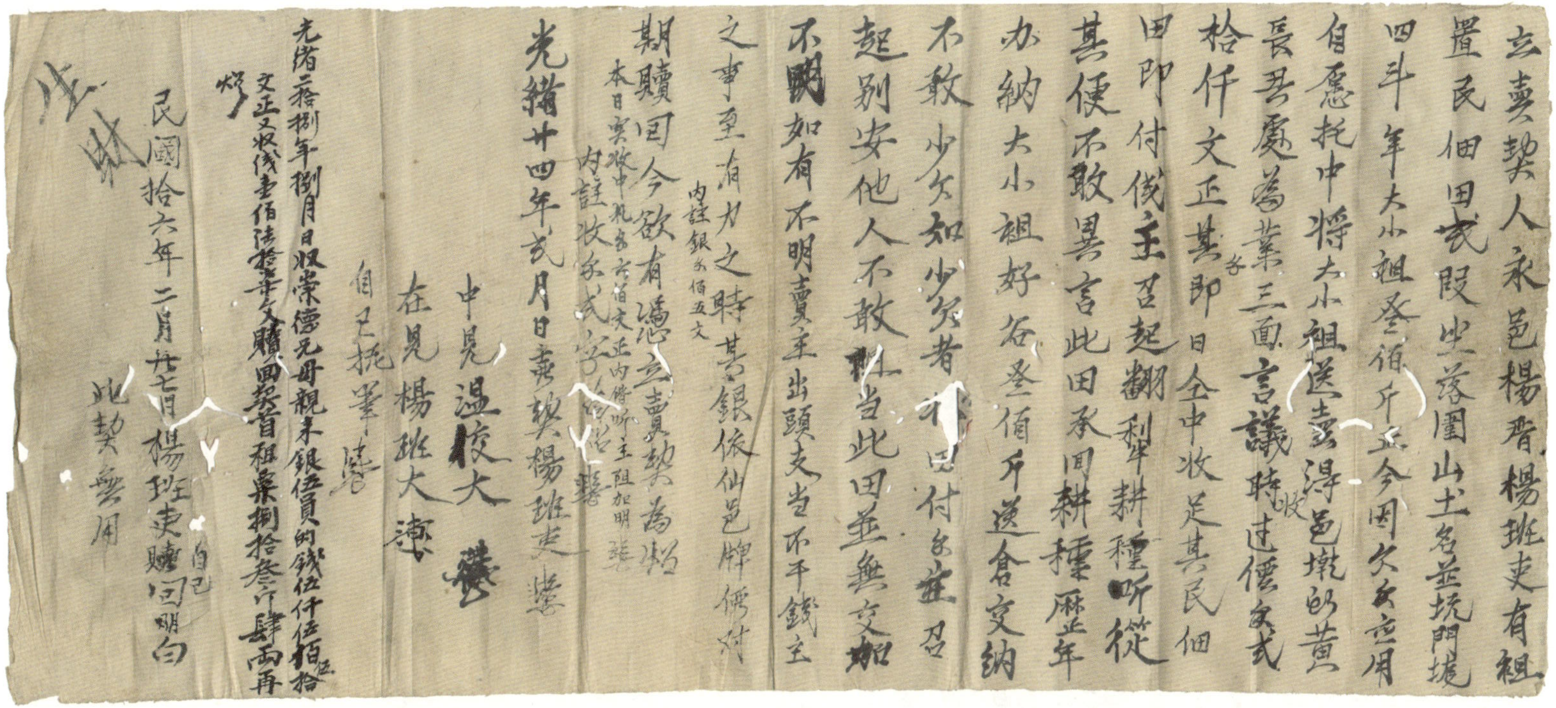

立賣契人永邑楊胥、楊班吏有祖
置民佃田弍段，坐落園山土名並坑門堤
四斗年大小租叁佰斤正，今因乏銀應用，
自愿托中將大小租送賣得邑城郎黃
長君處爲業，三面言議時過價錢弍
拾仟文正，其錢即日仝中收足，其民佃
田即付錢主召起翻耕種，聽從
其便，不敢異言。此田承佃耕種歷年
办納大小租好谷叁佰斤，送倉交納，
不敢少欠，如少欠者，付錢主召
起別安他人，不敢阻当。此田並無交加
不明，如有不明，賣主出頭支当，不干錢主
之事。至有力之時，其銀依仙邑牌價付
内註銀弍佰五文
期贖回。今欲有憑，立賣契爲照。
本日實收中礼弍佰文正，内[illegible]聽主阻加明照
内註收弍字
光緒廿四年弍月　日立賣契楊班吏
中見　溫俊大
在見　楊班大
自己執筆
光緒二拾捌年捌月日收崇德兄母親來銀伍員的錢伍仟伍佰伍拾文正，又收錢壹佰陸拾[illegible]文，贖回契首租粟捌拾叁斤肆兩，再炤。
民國拾六年二月廿七日楊班吏贖回，自己明白。
此契無用

9-5-5-15　清光緒二十四年二月楊班吏等立賣民佃田契

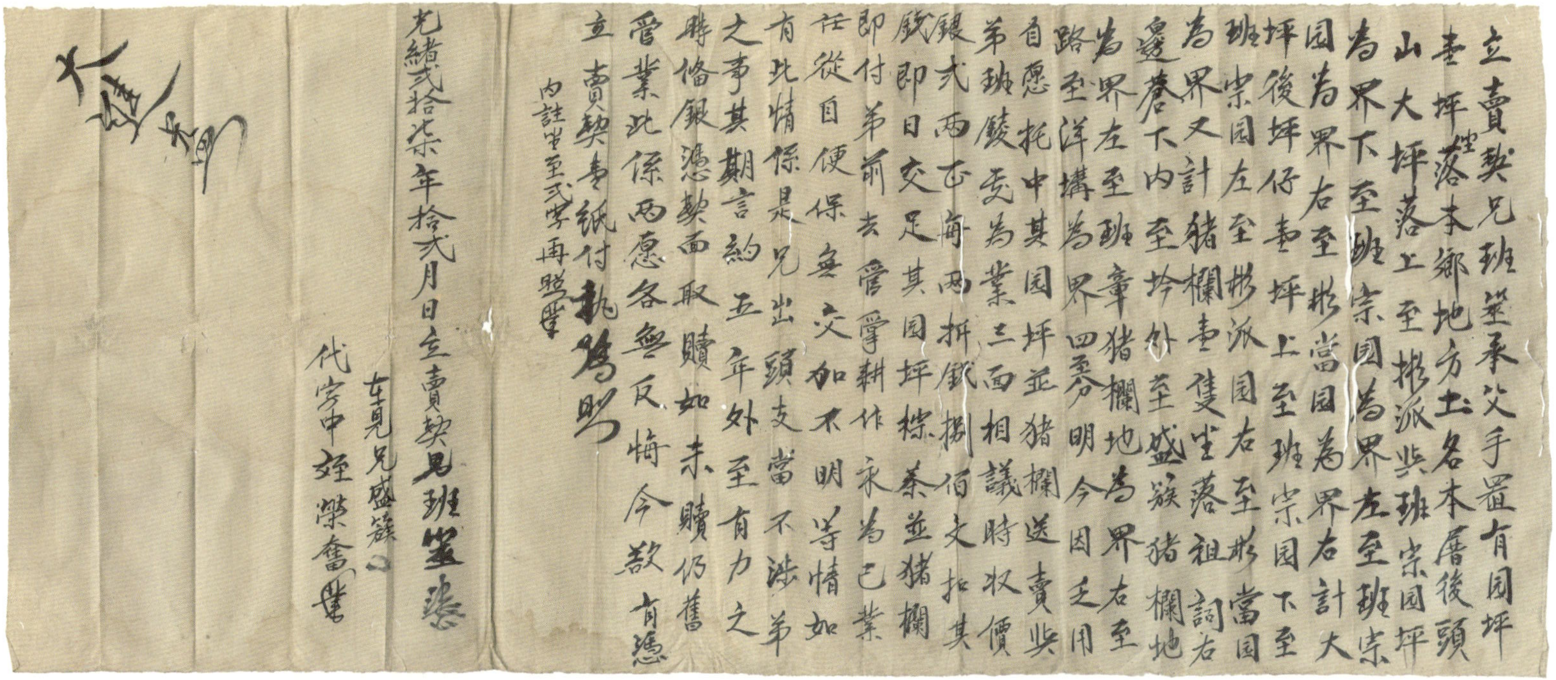

立賣契兄班筮承父手置有園坪
壹坪，坐落本鄉地方土名本厝後頭
山大坪落上至彬派與班宗園坪
為界，下至班宗園為界，左至班宗
園為界，右至彬當園為界，右計大
坪後坪仔壹坪，上至班宗園，下至
班宗園，左至彬派園，右至彬當園
為界，又計猪欄壹隻，坐落祖祠右
邊巷下，內至埕外，至盛簇猪欄地
為界，左至班章猪欄地為界，右至
路，至洋構為界，四至分明。今因乏用，
自愿托中，其園坪並猪欄送賣與
弟班駿受為業，三面相議，時收價
銀弍兩正，每兩拼錢捌佰文，扣其
錢即日交足，其園坪棕茶並猪欄
即付弟前去管業耕作，永為己業，
任從自便，係無交加不明等情。如
有此情，係是兄出頭支當，不涉弟
之事。其期言約五年外至有力之
時備銀憑契面取贖，如未贖，仍舊
管業。此係兩愿，各無反悔。今欲有憑，
立賣契壹紙付執為照。

內註坐字，至弍字再照。

光緒弍拾柒年拾弍月　日立賣契兄班筮（押）
在見兄盛簇（押）
代字中姪榮奮（押）

大[illegible]

9-5-5-16　清光緒二十七年十二月楊班筮立賣園坪契

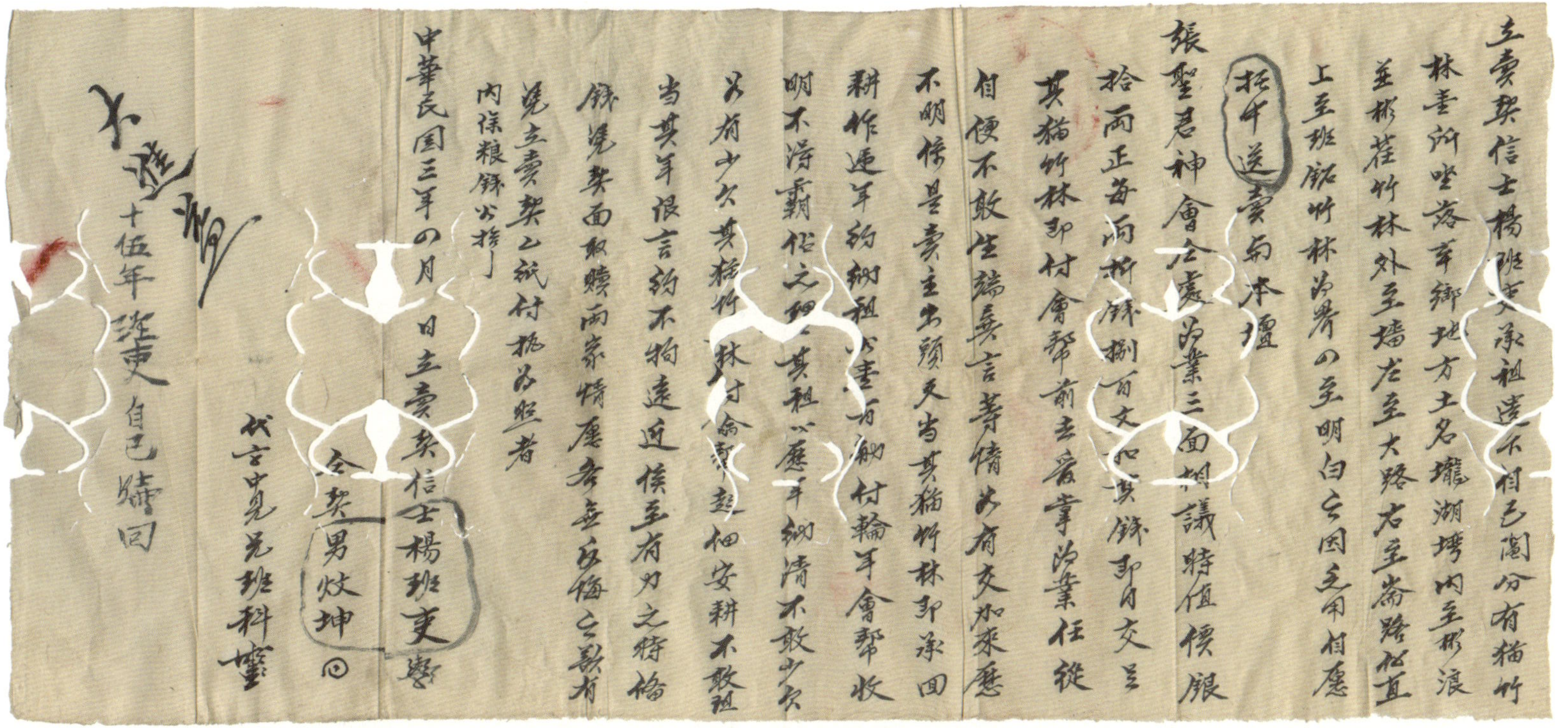

立賣契信士楊班吏承祖遗下自己阄分有猫竹
林壹所坐落本鄉地方土名壠湖塆內至彬浪
並彬荏竹林外至墙左至大路右至崙路松直
上至班錦竹林為界四至明白今因乏用相應
托中送賣與本壇
張聖君神會合處為業三面相議時值價銀
拾兩正每兩折錢捌百文其錢即日交足
其猫竹林即付會帮前去管為業任從
自便不敢生端異言等情如有交加來歷
不明係是賣主出頭支当其猫竹林即承回
耕作逐年納租谷壹百觔付輪年會帮收
明不得霸佔之理其租谷歷年納清不敢少欠
如有少欠其猫竹林付會帮起佃安耕不敢阻
当其年限言約不拘遠近候至有力之特備
錢照契面取贖兩家情愿各無反悔今欲有
憑立賣契一紙付執為照者
內係粮錢公拨丁
中華民国三年四月 日立賣契信士楊班吏（押）
仝契男炊坤 ㊞
代字中見兄班科（押）
十伍年班吏自己贖回

9-5-5-17　民國三年四月楊班吏等立賣猫竹林契

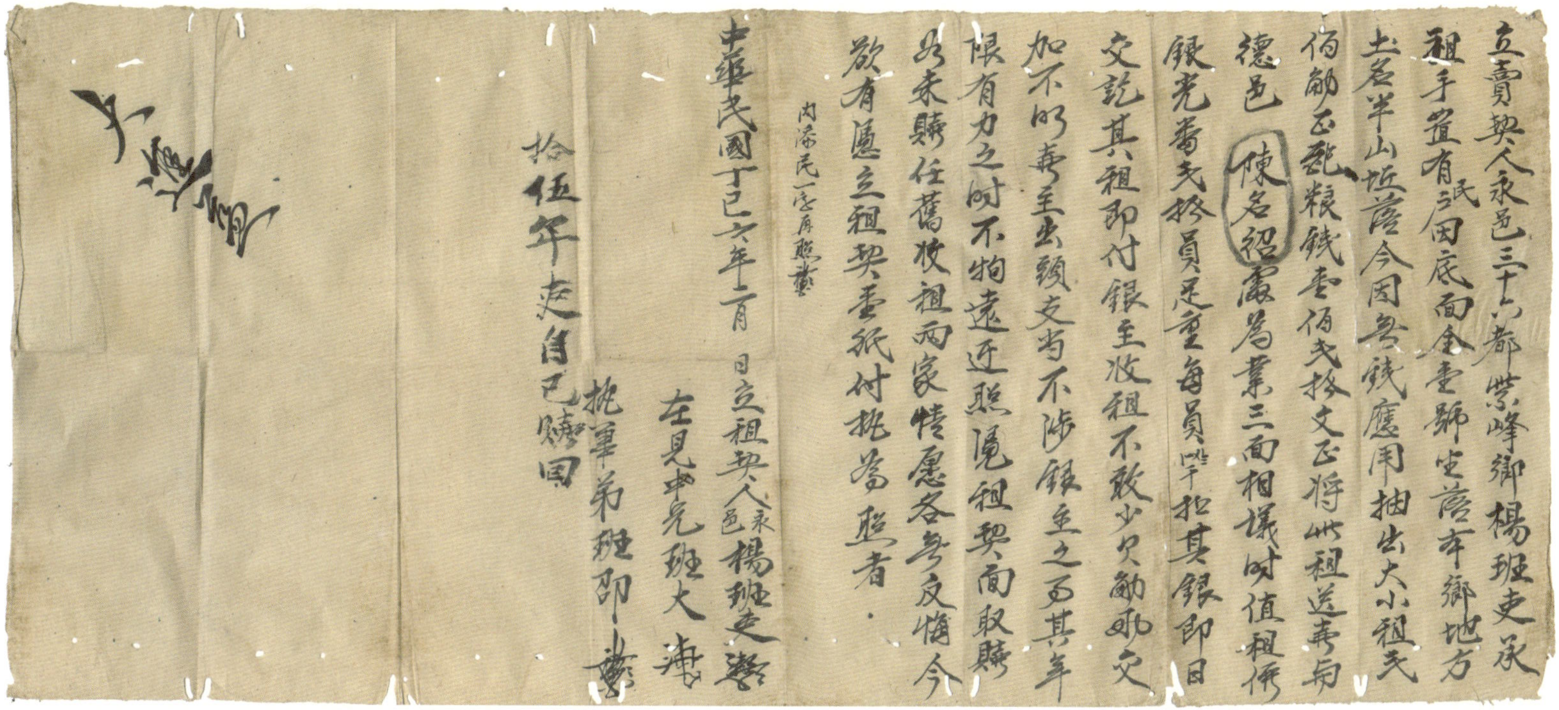
立賣契人永邑三十六都崇峰鄉楊班吏承
祖手置有民户田底面全壹號坐落本鄉地方
土名羊山坵落今因無錢應用抽出大小租共
佰觔正並糧錢壹佰弍拾文正將此租送賣向
德邑陳名紹處爲業三面相議時值租價
銀光番弍拾員足重每員此平扣其銀即日
交訖其租即付銀主收租不敢少欠觔兩如交
加不明賣主出頭支當不涉銀主之事其年
限有力之時不拘遠近照原租契面取贖
如未贖任舊收租兩家情愿各無反悔今
欲有憑立租契壹紙付執爲照者。
內添民一字再照
中華民國丁巳六年二月　日立租契人永邑楊班吏（押）
左見中兄班大（押）
執筆弟班卲（押）
拾伍年走自己贖回

9-5-5-18　民國六年二月楊班吏立賣底面全民户田契

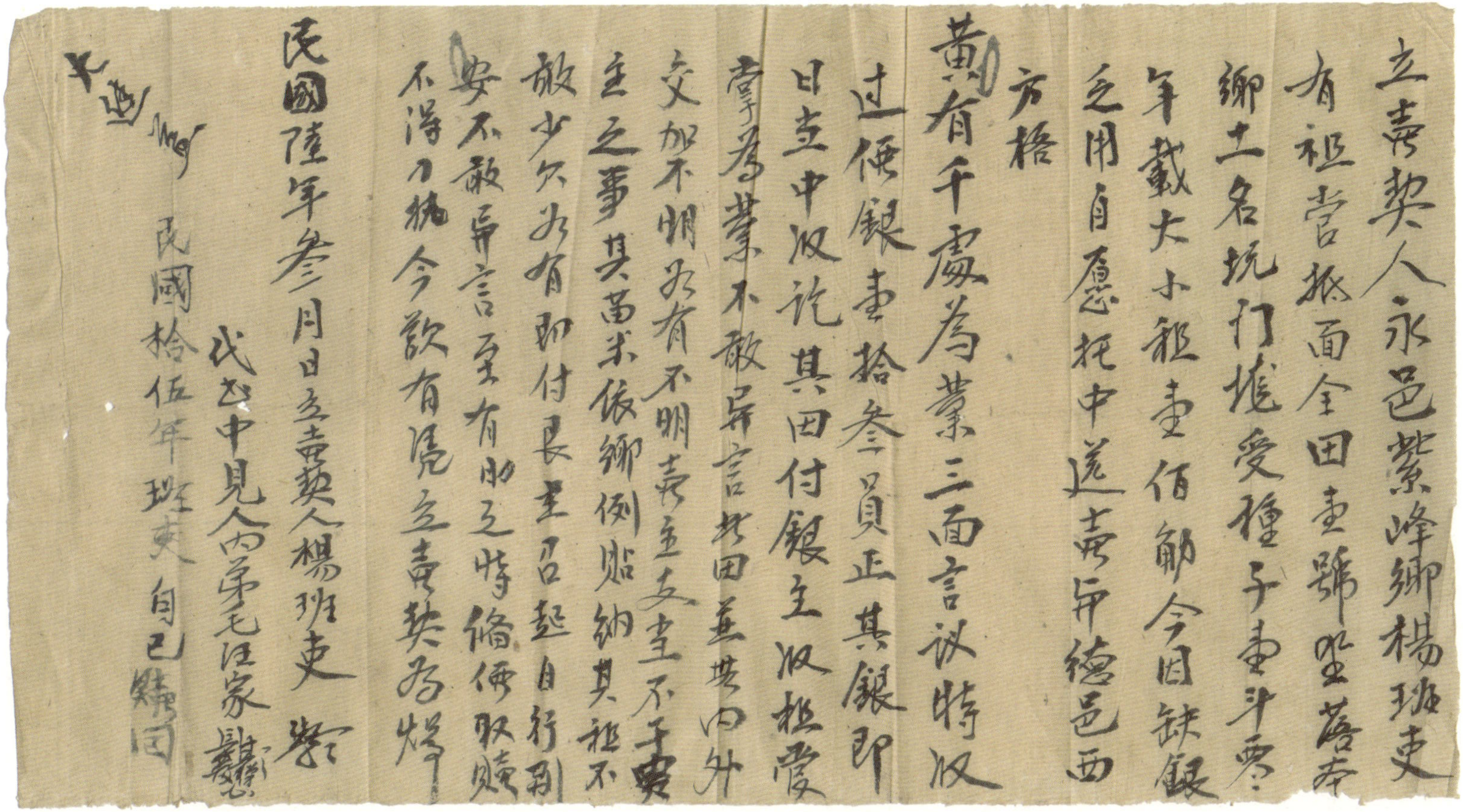

立賣契人永邑紫峰鄉楊班吏
有祖営抵面全田壹號坐落本
鄉土名坑门墘受種子壹斗零
年載大小租壹佰觔今因缺銀
乏用自愿托中送賣與德邑西
方格
黄有千處為業三面言议時值
过價銀壹拾叁員正其銀即
日立中收讫其田付銀主收租管
掌為業不敢异言其田並無內外
文加不明及有不明賣主支当不干
主之事其苗米依鄉例貼納其租不
敢少欠如有即付長主召起自行別
安不敢异言至有如之時備價取贖
不得刁掯今欲有凭立賣契為炤
民國陸年叁月　日立賣契人楊班吏
代筆中見人內弟毛ㄙ家
民國拾伍年班吏自己贖回
大吉

9-5-5-19　民國六年三月楊班吏立賣底面全田契

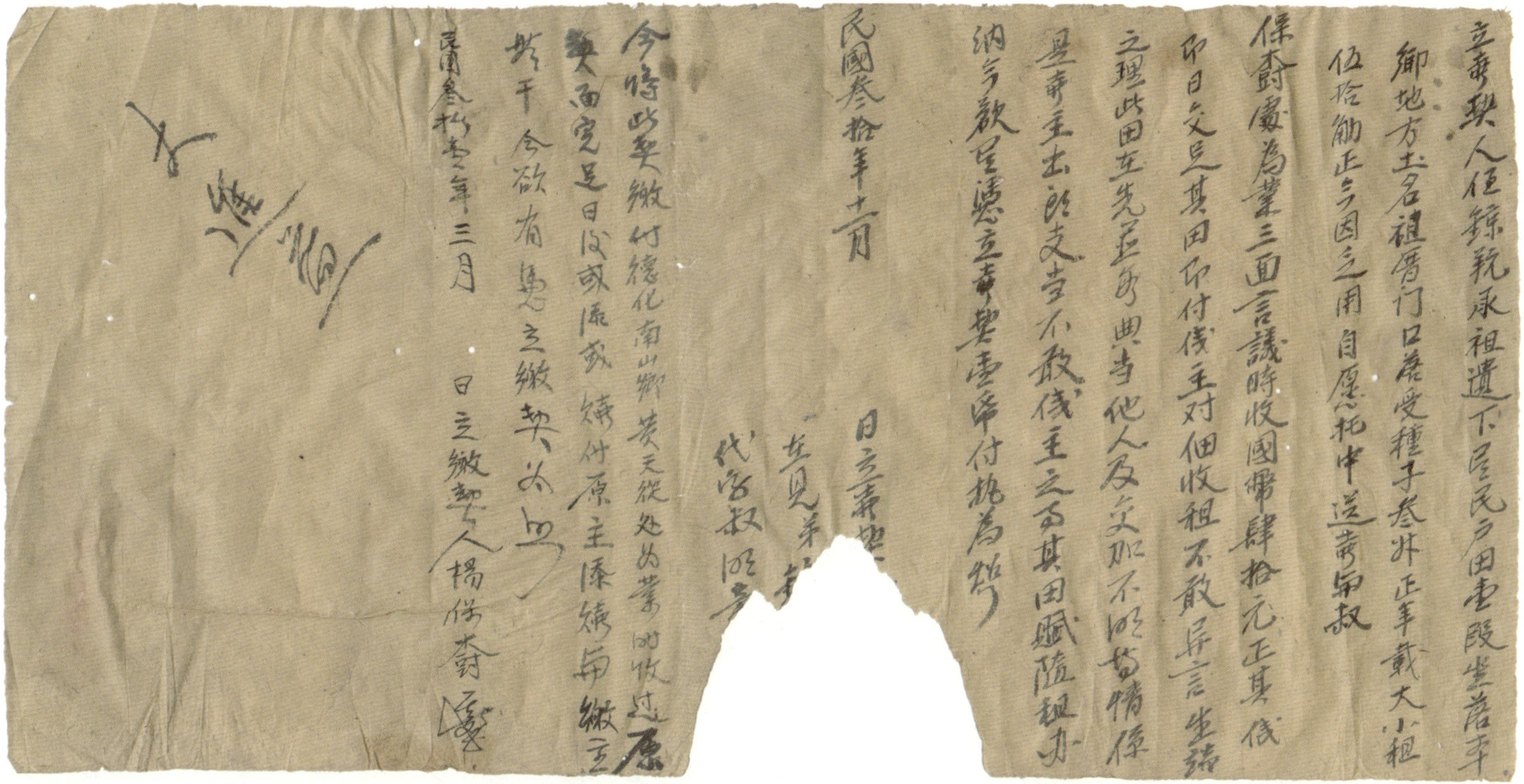
立賣契人楊錄羗承祖遺下民户田壹段坐落本
鄉地方土名祖厝门口巷受種子叁斗正年載大小租
伍拾觔正今因乏用自愿托中送賣與叔
保爵處爲業三面言議時收國幣肆拾元正其價
即日交足其田即付錢主对佃收租不敢异言生端
之理此田在先並無典當他人及交加不明等情係
是賣主出頭支當不干錢主之事其田賦隨租办
纳今欲有憑立賣契壹帋付執爲照
民國叁拾年十一月　日立賣契人[illegible]
在見弟[illegible]
代字叔[illegible]
今將此契繳付德化南山鄉黄天從处爲業田收过原
契面完足日後或係我続付原主係錡向繳立
批干今欲有憑立繳契爲照
民國叁拾叁年三月　日立繳契人楊保爵

9-5-5-20　民國三十年十一月楊錄羗立賣民户田契

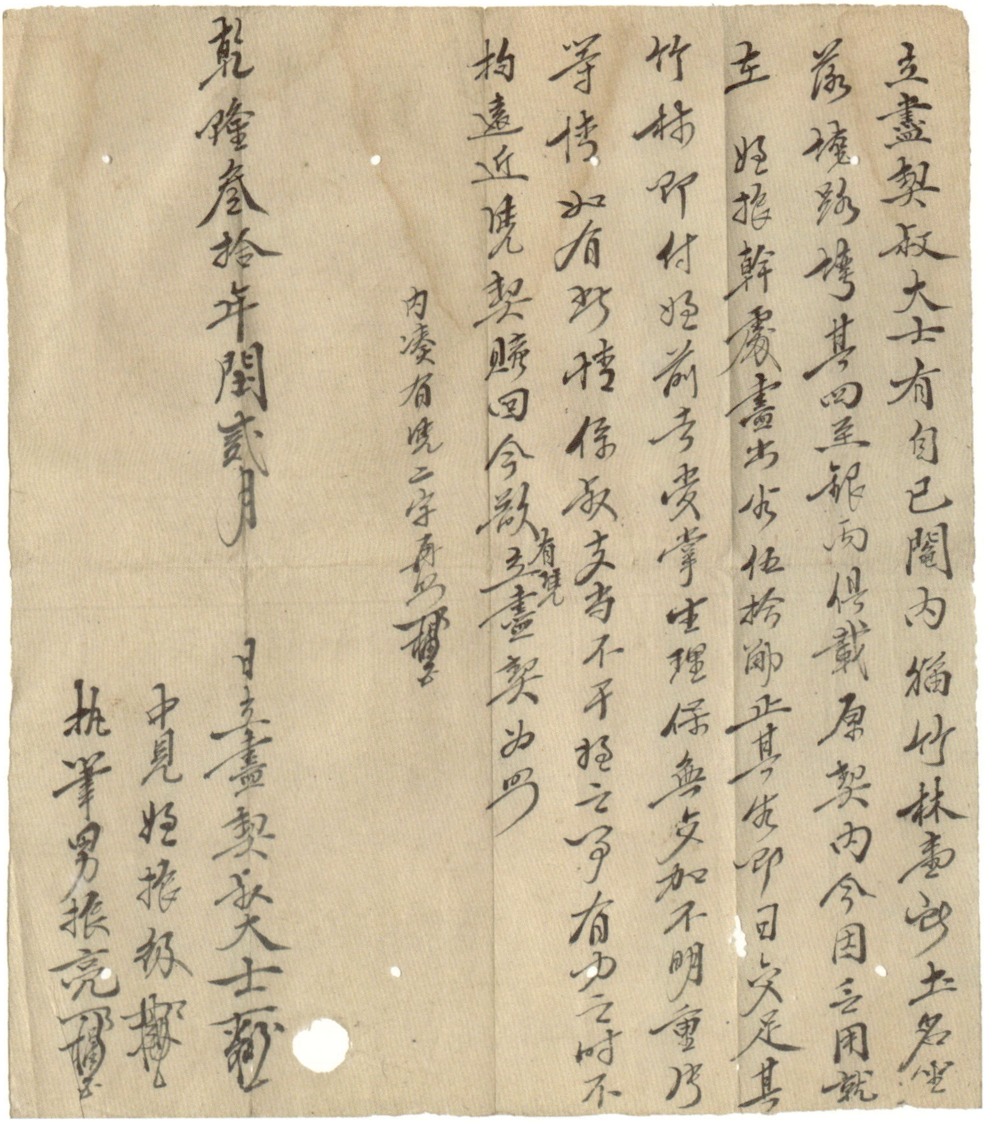
立盡契叔大士有自己闔内猫竹林壹所土名坐
落墘路塆其四至銀兩俱載原契内今因乏用就
立姪振幹處盡出價伍拾兩正其價即日交足其
竹林即付姪前去賣掌生理保無交加不明重張
等情如有此情係叔支當不干振之事有出之时不
拘遠近憑契贖回今欲有憑立盡契为照
内湊有憑二字再照
乾隆叁拾年閏貳月　日立盡契叔大士（押）
中見姪振極（押）
執筆男振亮（押）

9-5-6-1　清乾隆三十年閏二月楊大士立盡猫竹林契

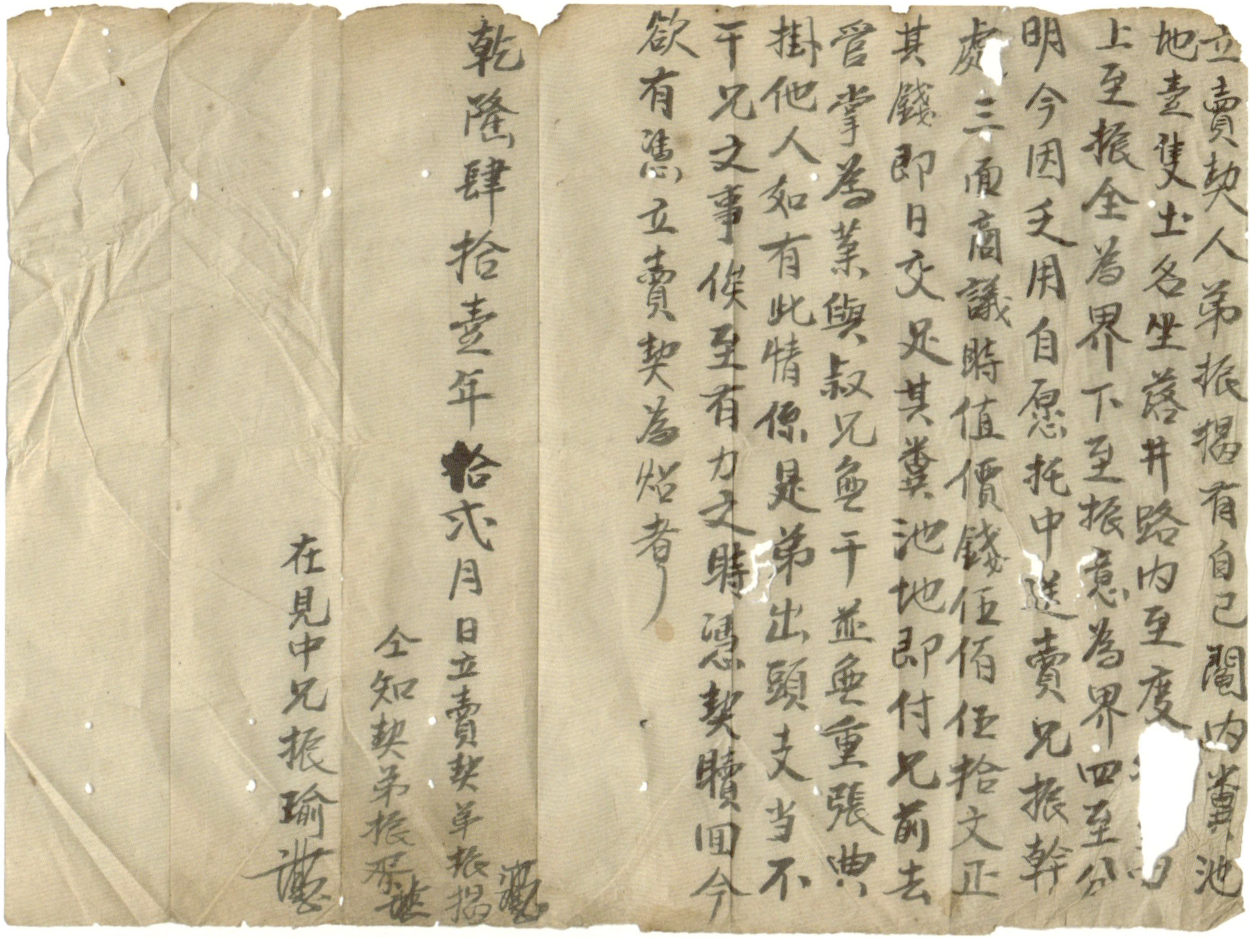
立賣契人弟振揭有自己閹内糞池
地壹隻，土名坐落井路内至度[illegible]
上至振全為界，下至振意為界，四至分
明。今因乏用，自愿托中送賣兄振幹
處，三面商議時值價錢伍佰伍拾文正。
其錢即日交足，其糞池地即付兄前去
管掌為業，與叔兄無干，並無重張典
掛他人，知有此情，係是弟出頭支当，不
干兄之事。倘至有力之時，憑契贖回。今
欲有憑，立賣契為炤者。

乾隆肆拾壹年拾弍月　日立賣契弟振揭（押）
仝知契弟振琛（押）
在見中兄振瑜（押）

9-5-6-2　清乾隆四十一年十二月楊振揭等立賣糞池地契

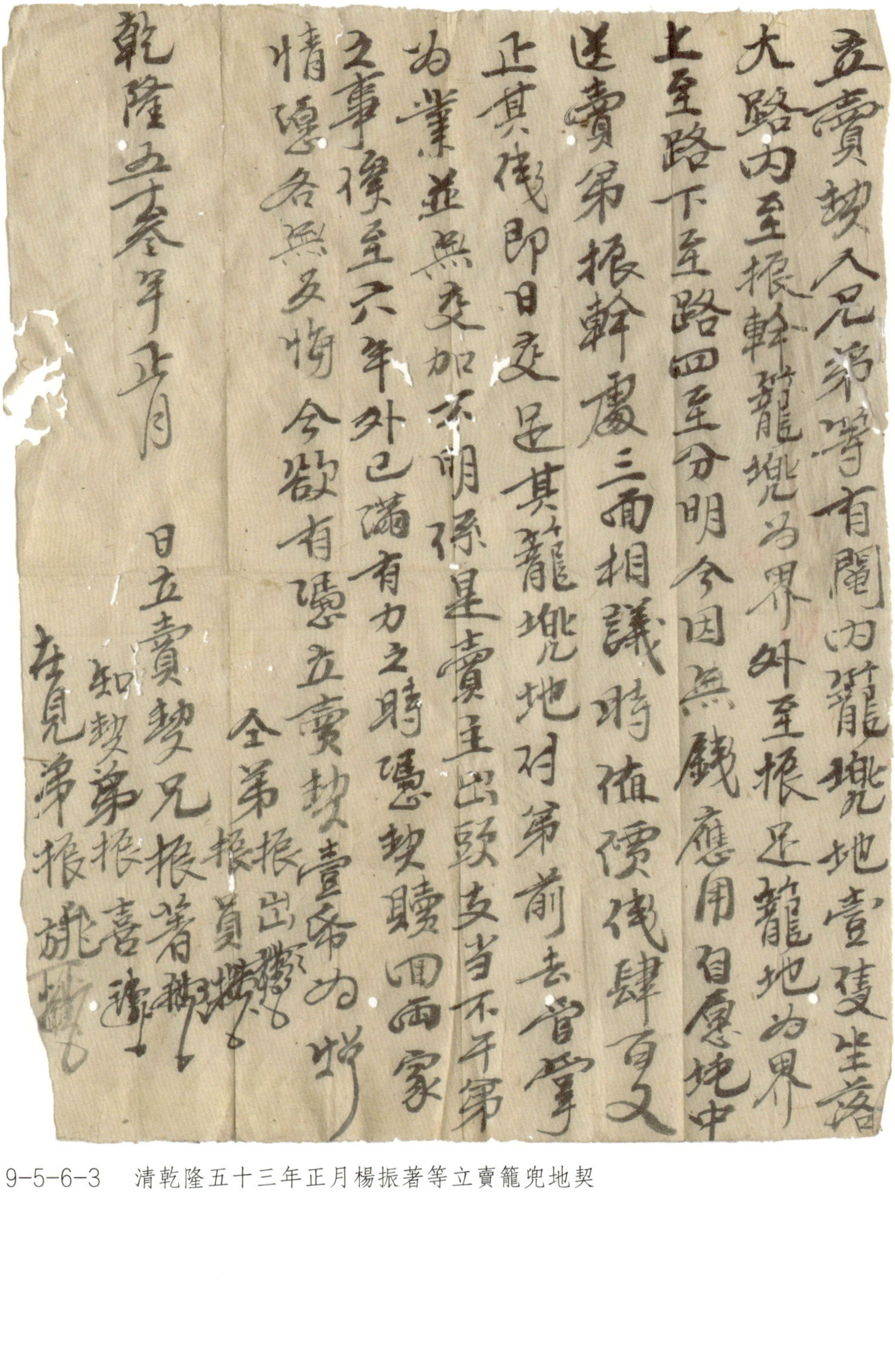

立賣契人兄弟等有閹內籠兜地壹塊坐落
大路內至振幹籠兜為界外至振足籠地為界
上至路下至路四至分明今因無錢應用自愿托中
送賣弟振幹處三面相議時值價錢肆百文
正其錢即日交足其籠兜地付弟前去管掌
為業並無交加不明係是賣主出頭支当不干弟
之事後至六年外已滿有力之時憑契贖回兩家
情愿各無反悔今欲有憑立賣契壹帋為照

仝弟振出（押）振員（押）

乾隆五十叁年正月　　日立賣契兄振著（押）

知契弟振喜（押）

在見弟振旐（押）

9-5-6-3　清乾隆五十三年正月楊振著等立賣籠兜地契

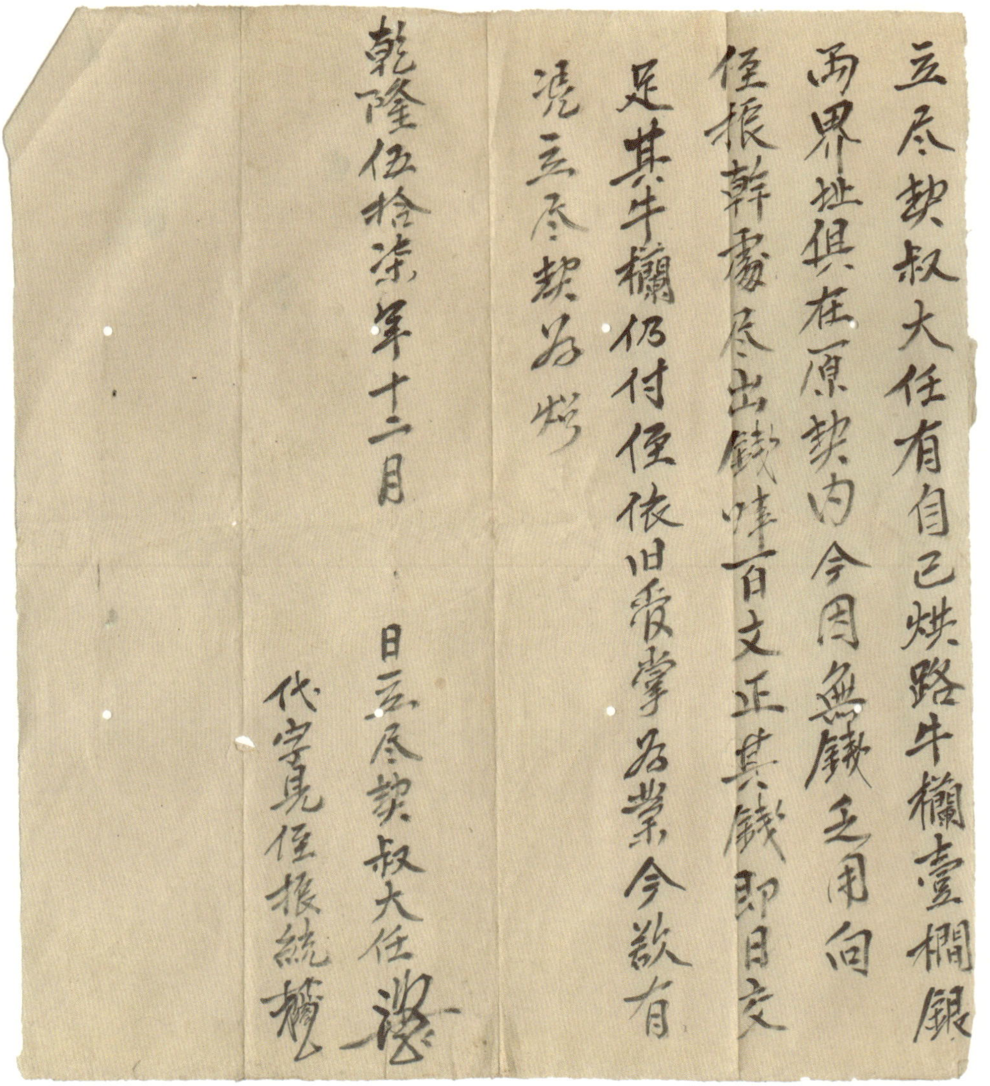
立盡契叔大任有自己烘路牛欄壹間銀
兩界址俱在原契內今因無錢乏用向
侄振幹處盡出錢肆百文正其錢即日交
足其牛欄仍付侄依旧管掌為業今欲有
憑立盡契為照
乾隆伍拾柒年十二月　　日立盡契叔大任（押）
代字見侄振統（押）

9-5-6-4　清乾隆五十七年十二月楊大任立盡牛欄契

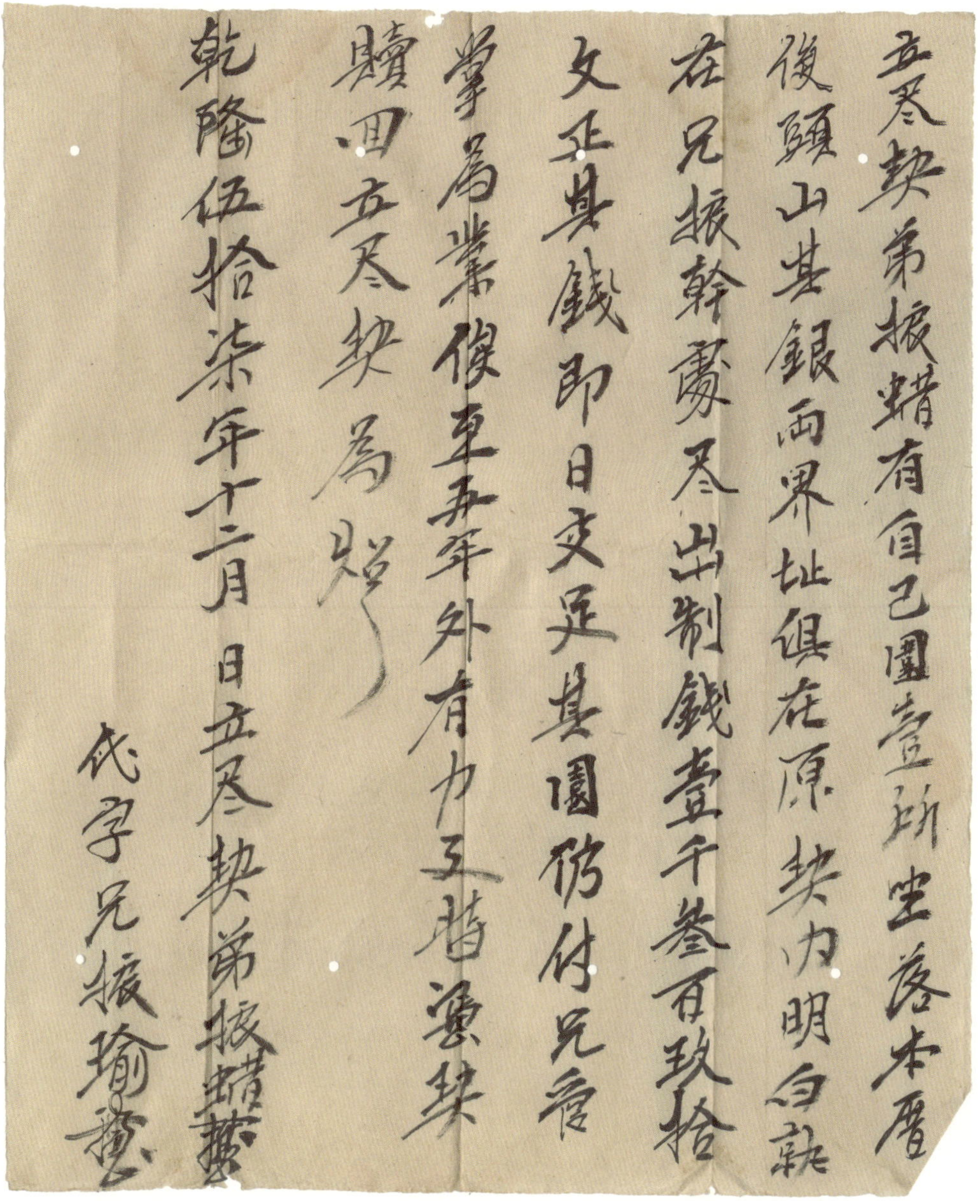
立盡契弟振蜡有自己園壹所，坐落本厝
後頭山，其銀兩、界址俱在原契內明白，就
在兄振幹處盡出制錢壹千叁百玖拾
文正，其錢即日交足，其園仍付兄官
掌爲業。俟至五年外有力之日遵契
贖回。立盡契爲照。
乾隆伍拾柒年十二月　日立盡契弟振蜡（押）
代字兄振瑜（押）

9-5-6-5　清乾隆五十七年十二月楊振蜡立盡園契

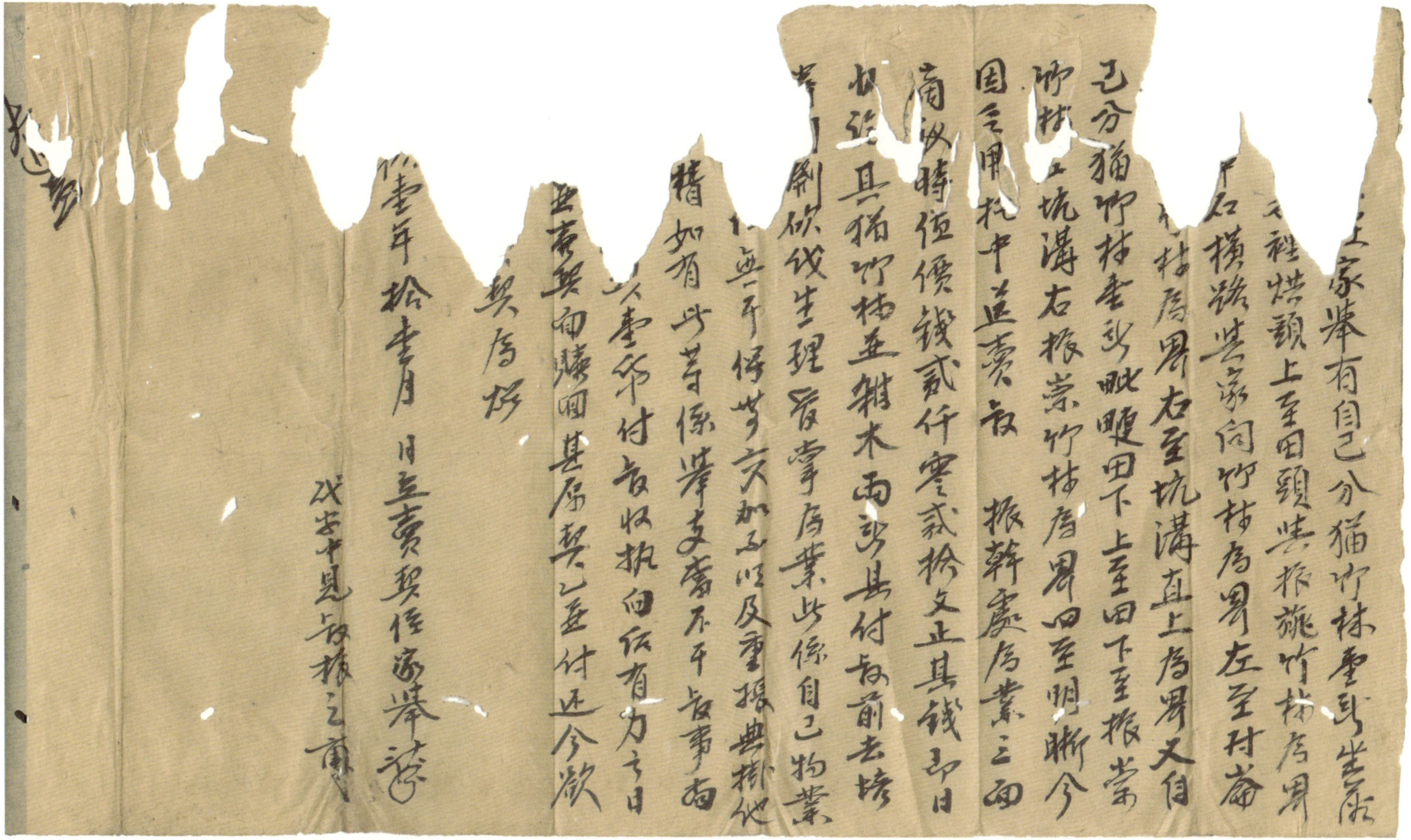
立賣契□楊家舉有自己分猫竹林壹所坐落
□□禮洪頭上至田頭洪振旋竹林爲界
□□石橫路洪家向竹林爲界左至付崙
□□林爲界右至坑溝直上爲界又自
己分猫竹林壹所毗連田下上至田下至振崇
竹林上坑溝右振崇竹林爲界四至明晰今
因乏用托中送賣與 振榦處爲業三面
言議時值價錢貳仟零貳拾文正其錢即日
收訖其猫竹林並雜木兩處其付與前去培
養□剝砍伐生理管掌爲業此係自己物業
與□房伯叔兄弟子侄無干亦無重張典掛他
精如有此等係舉支當不干買事兩
□人其即付買收執日後有力之日
照賣契面聽回其原契亦並付還今欲
有憑立賣契爲照
嘉慶拾壹年拾壹月 日立賣契侄家舉（押）
代筆中見兄振之（押）

9-5-6-6 清嘉慶十一年十一月楊家舉立賣猫竹林契

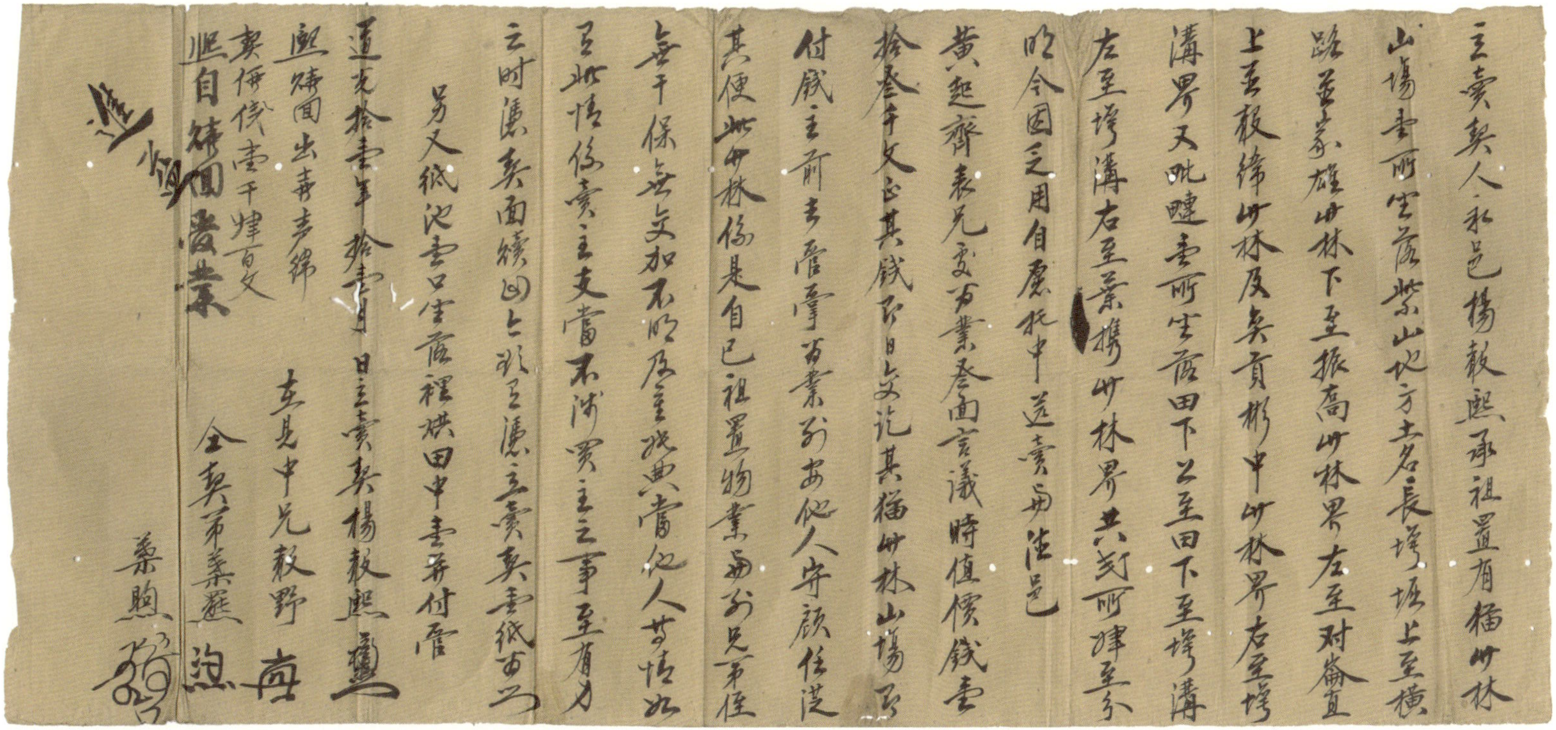

9-5-6-7　清道光十一年十一月楊聲熙等立賣猫竹林契

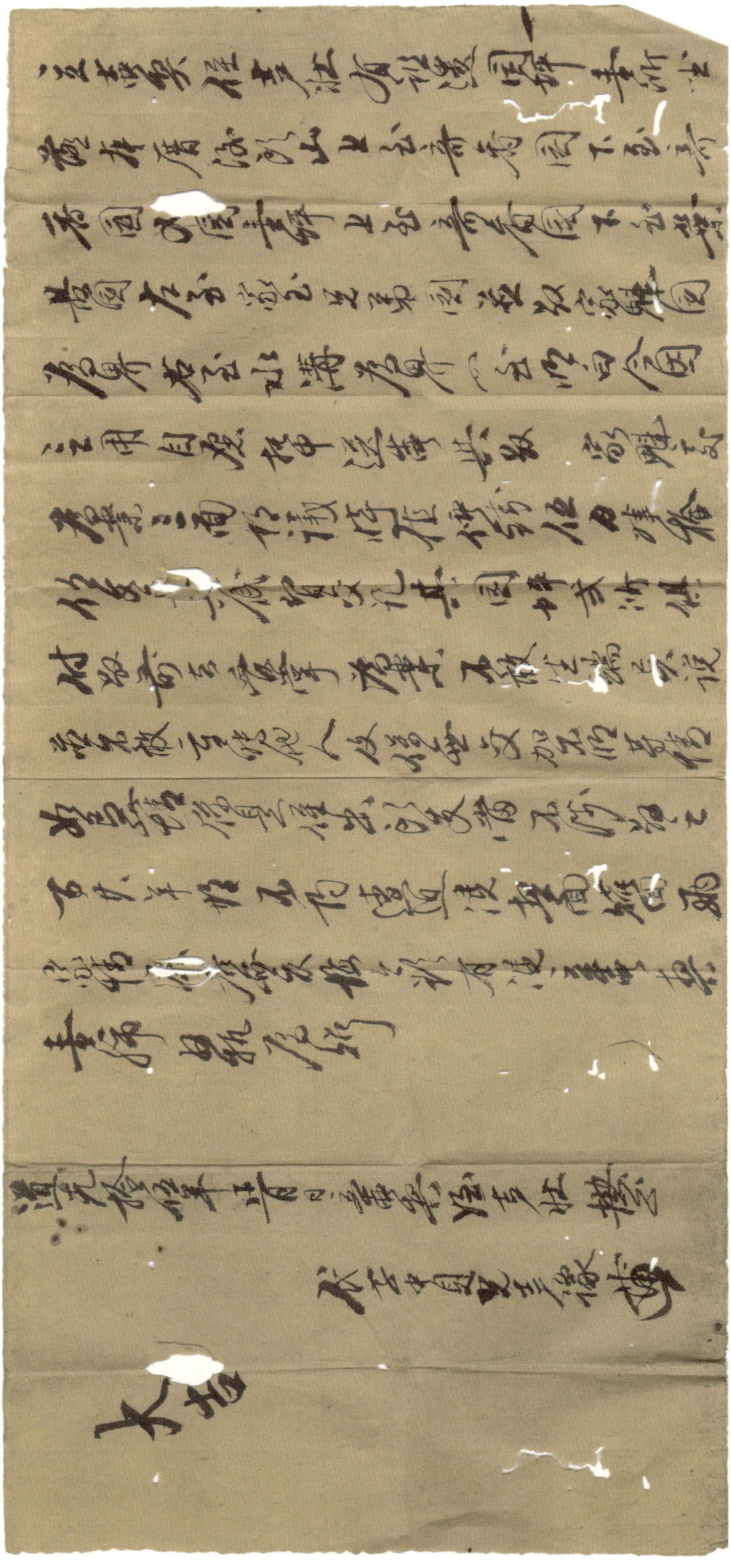

9-5-6-8　清道光十五年正月楊声壯立賣園坪契

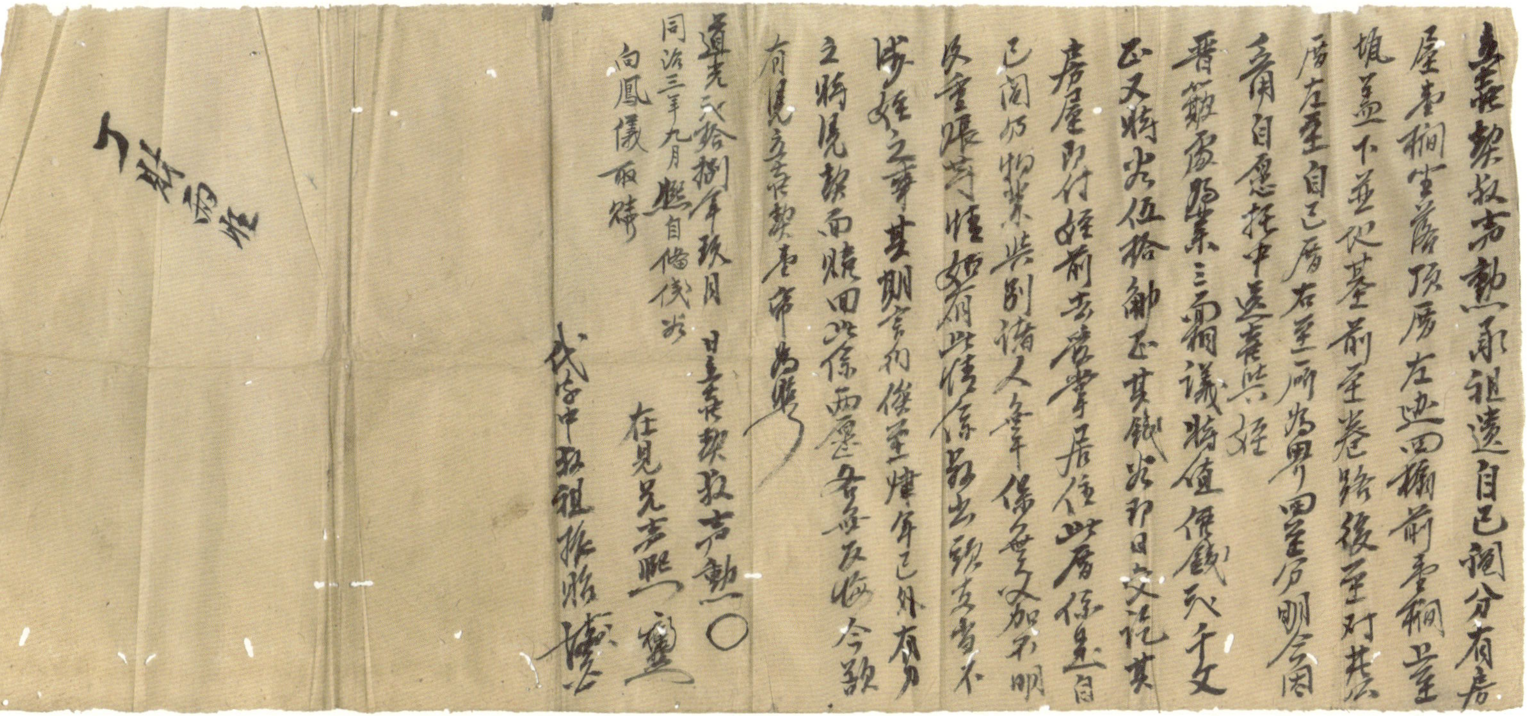

立賣契叔声勲，承祖遺自己鬮分有房
屋壹棟，坐落頂厝，左邊四櫚前壹間，上至
墳蓋，下並從基，前至巷路，後至对共
厝，左至自己厝，右至二所為界，四至分明。今因
乏用，自愿托中送賣與姪
晋鏡處為業，三面憑議，時值價錢弍千文
正，又將出伍拾觔正，其錢即日交訖。其
房屋即付姪前去管業居住。此房係是自
己鬮分物業，與别房人無干，係無重叠加找不明
及重張典掛情弊。如有此情，係叔出頭支當，不
涉姪之事。其厝今約係至肆年已外，有力
之時，憑契面贖回。此係兩愿，各無反悔。今欲
有憑，立賣契壹帋為照。

道光弍拾捌年玖月　日立賣契叔声勲〇
在見兄声熙
代字中叔祖振淞

同治三年九月憑自倫代為
向鳳儀取贖

9-5-6-9　清道光二十八年九月楊声勲立賣房屋契

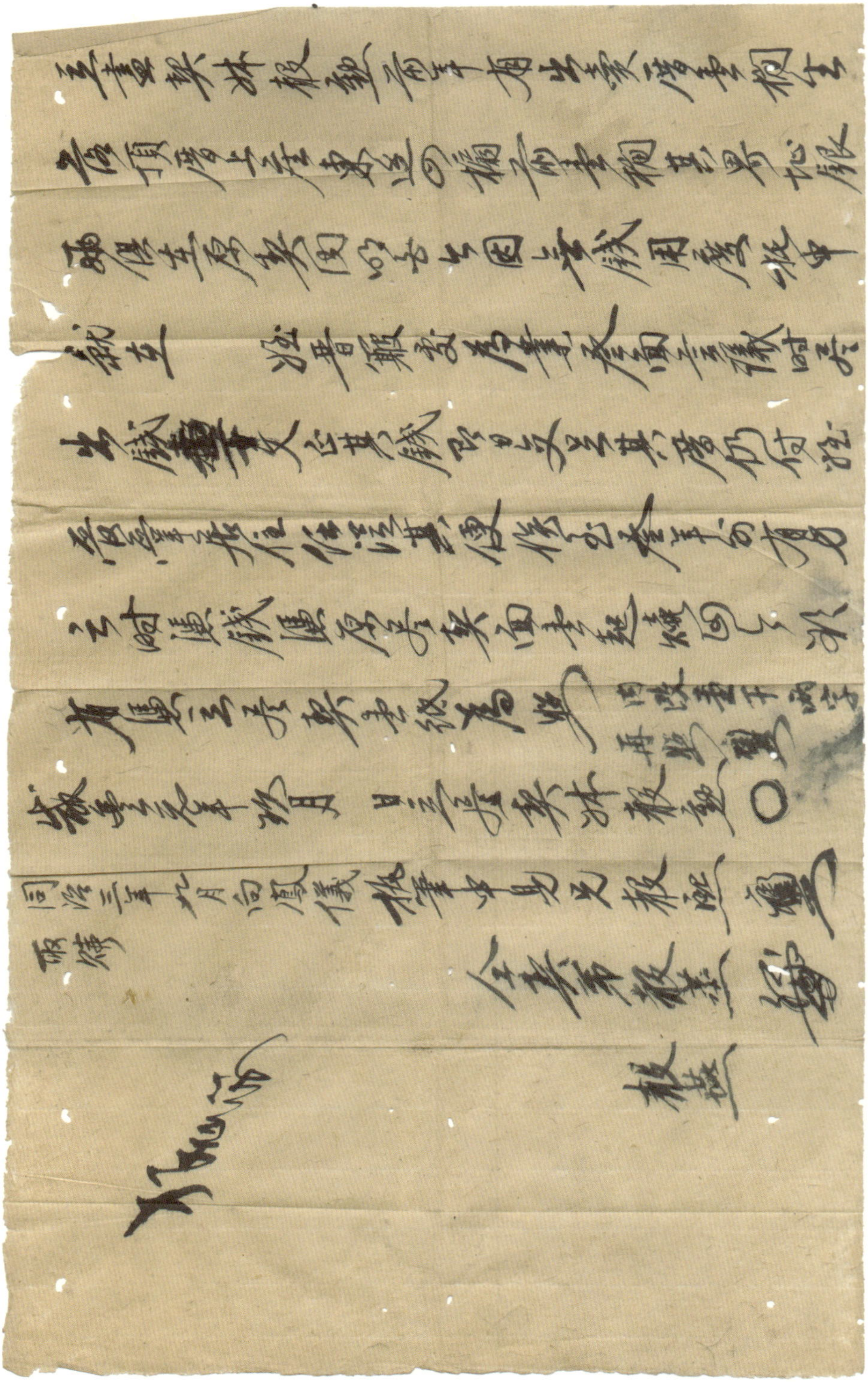

9-5-6-10　清咸豐元年九月楊聲勳等立盡厝契

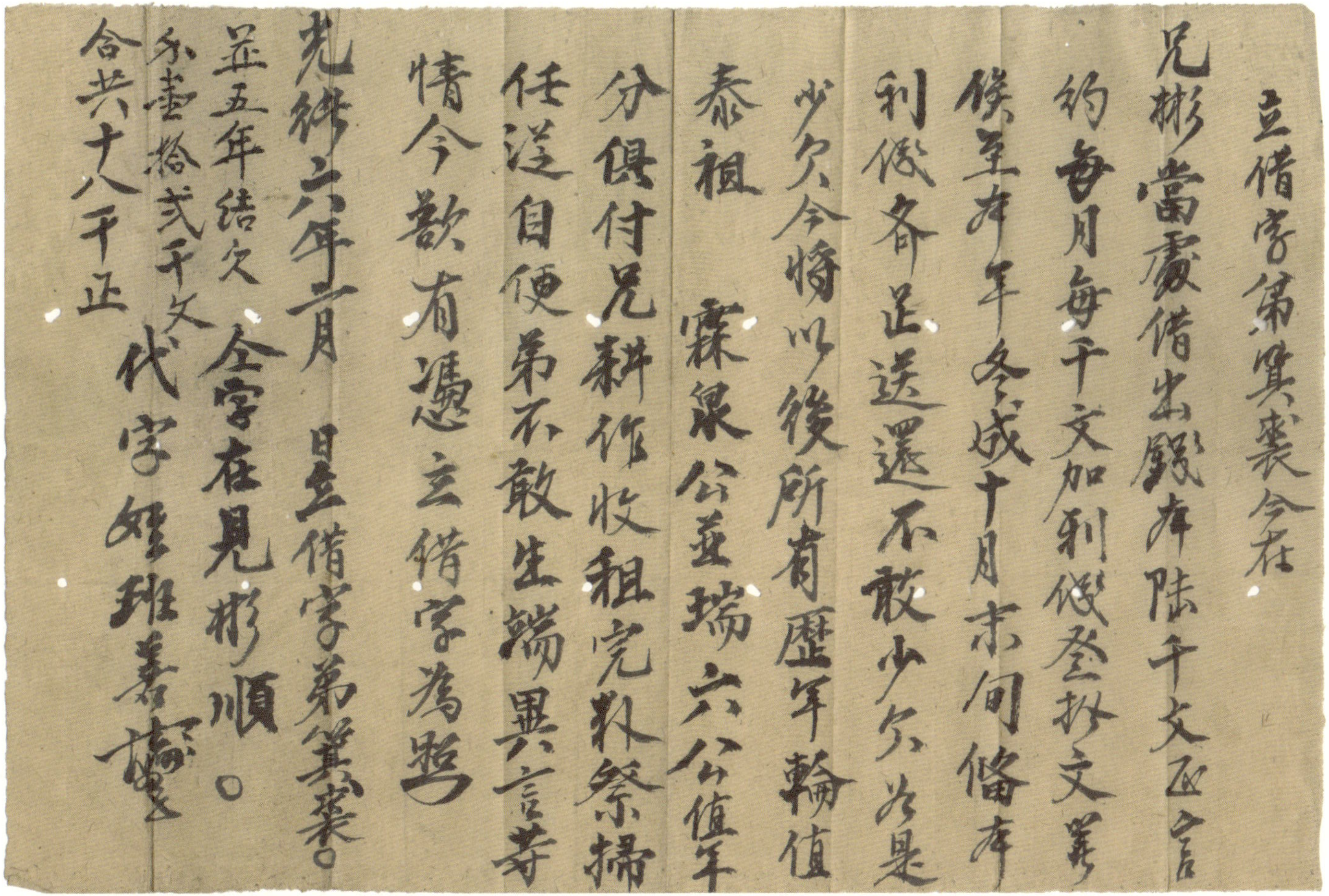

立借字弟箕裘今在
兄彬當處借出錢本陆千文正，言
約每月每千文加利錢叁拾文算，
俟至本年冬成十月末同備本
利錢各足送還，不敢少欠。如是
少欠，今將以後所有歷年輪值
泰祖　霖泉公並瑞六公值年
分俱付兄耕作收租完粮祭掃，
任從自便，弟不敢生端異言等
情。今欲有憑，立借字為照。
光緒六年二月　日立借字弟箕裘。
並五年結欠　全字在見彬順。
本壹拾弍千文　代字姪班善壽
合共十八千正

9-5-6-11　清光緒六年二月楊箕裘立借錢字

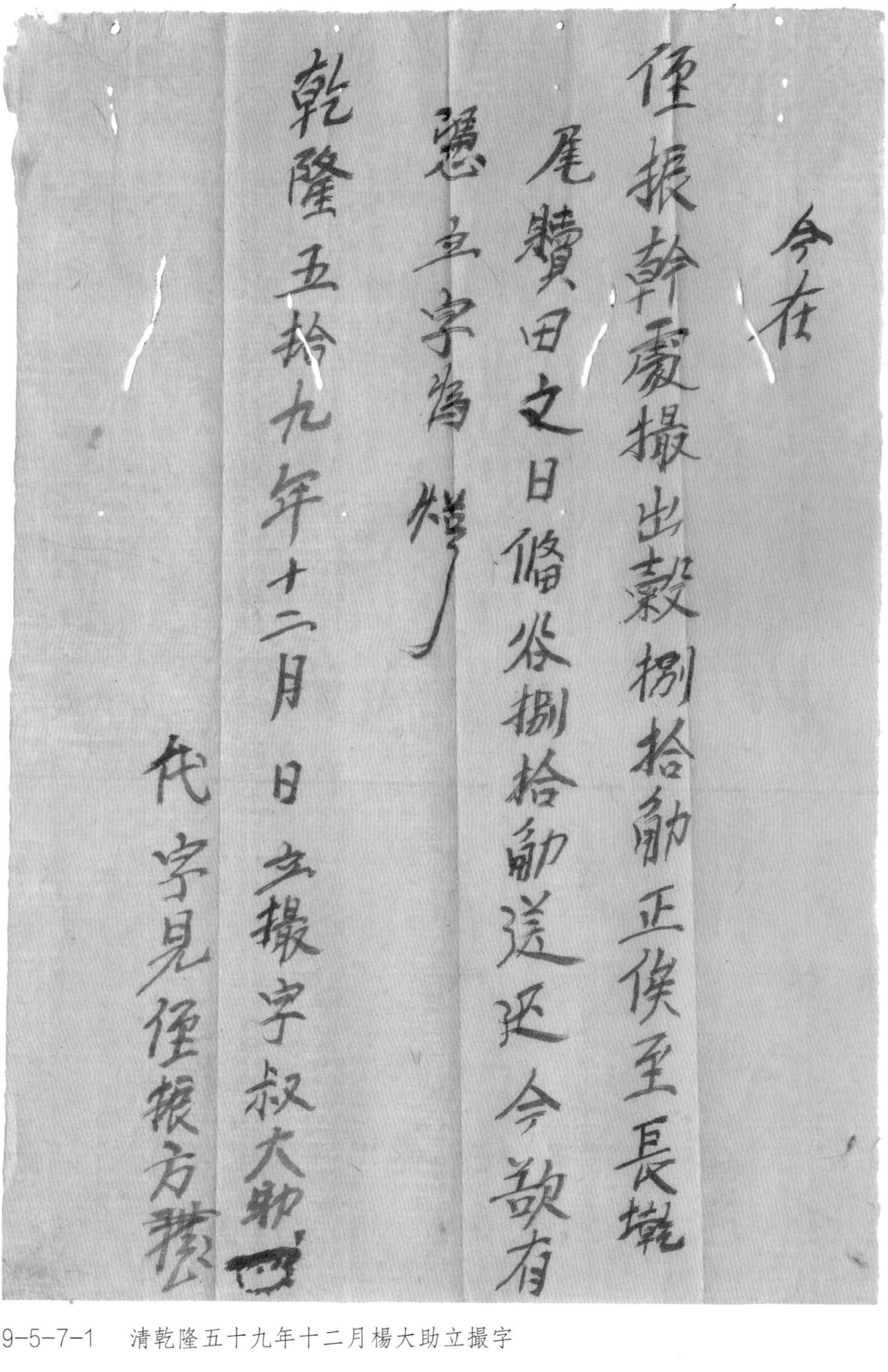

今在

侄振幹處撮出穀捌拾觔正俟至長墘

尾贌田文日借谷捌拾觔送还今欲有

憑立字為照

乾隆五拾九年十二月　日　立撮字叔大助（押）

代字見侄振方（押）

9-5-7-1　清乾隆五十九年十二月楊大助立撮字

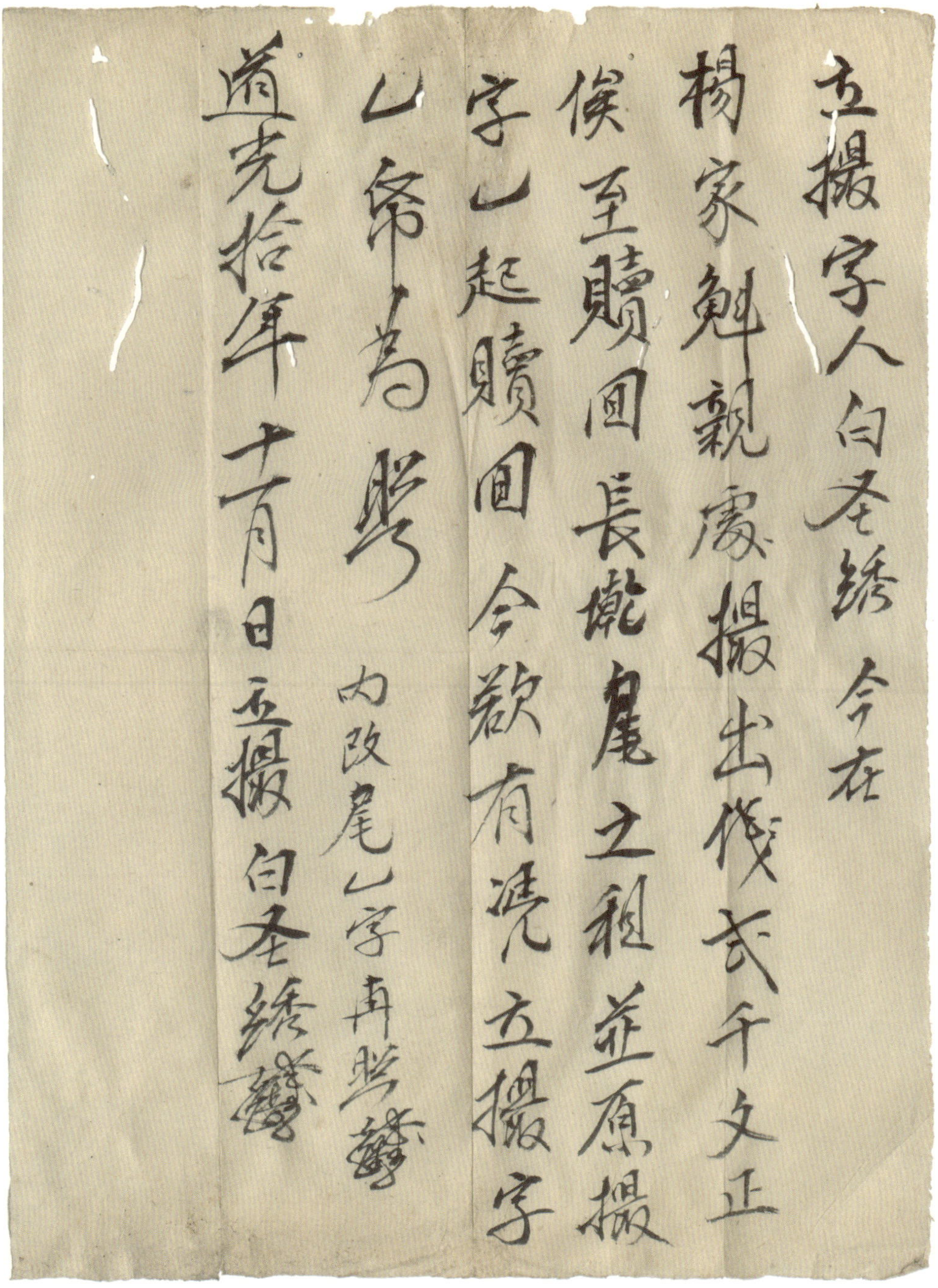
立撮字人白圣綉今在
楊家勉親處撮出錢弍千文正
俟至贖回長壠尾之租並原撮
字一起贖回今欲有憑立撮字
一紙為照
內改尾山字再照（押）
道光拾年十一月日立撮白圣綉（押）

9-5-7-2　清道光十年十一月白圣绣立撮字

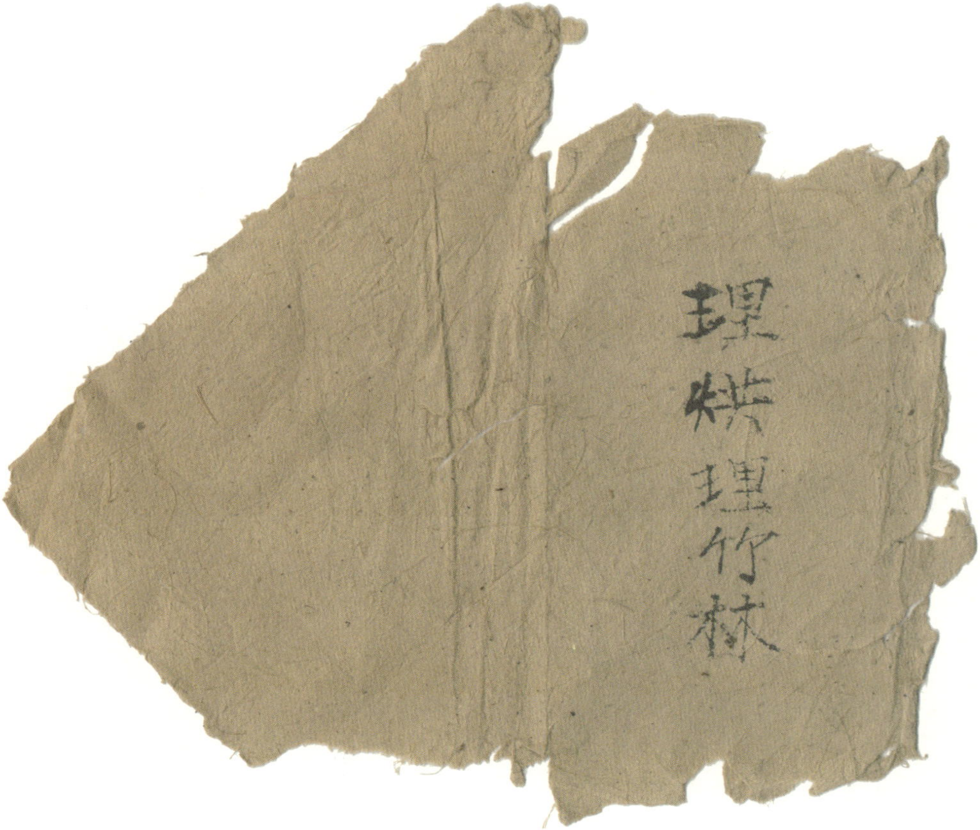
埋烘埋竹林

9-5-8-1　包契紙

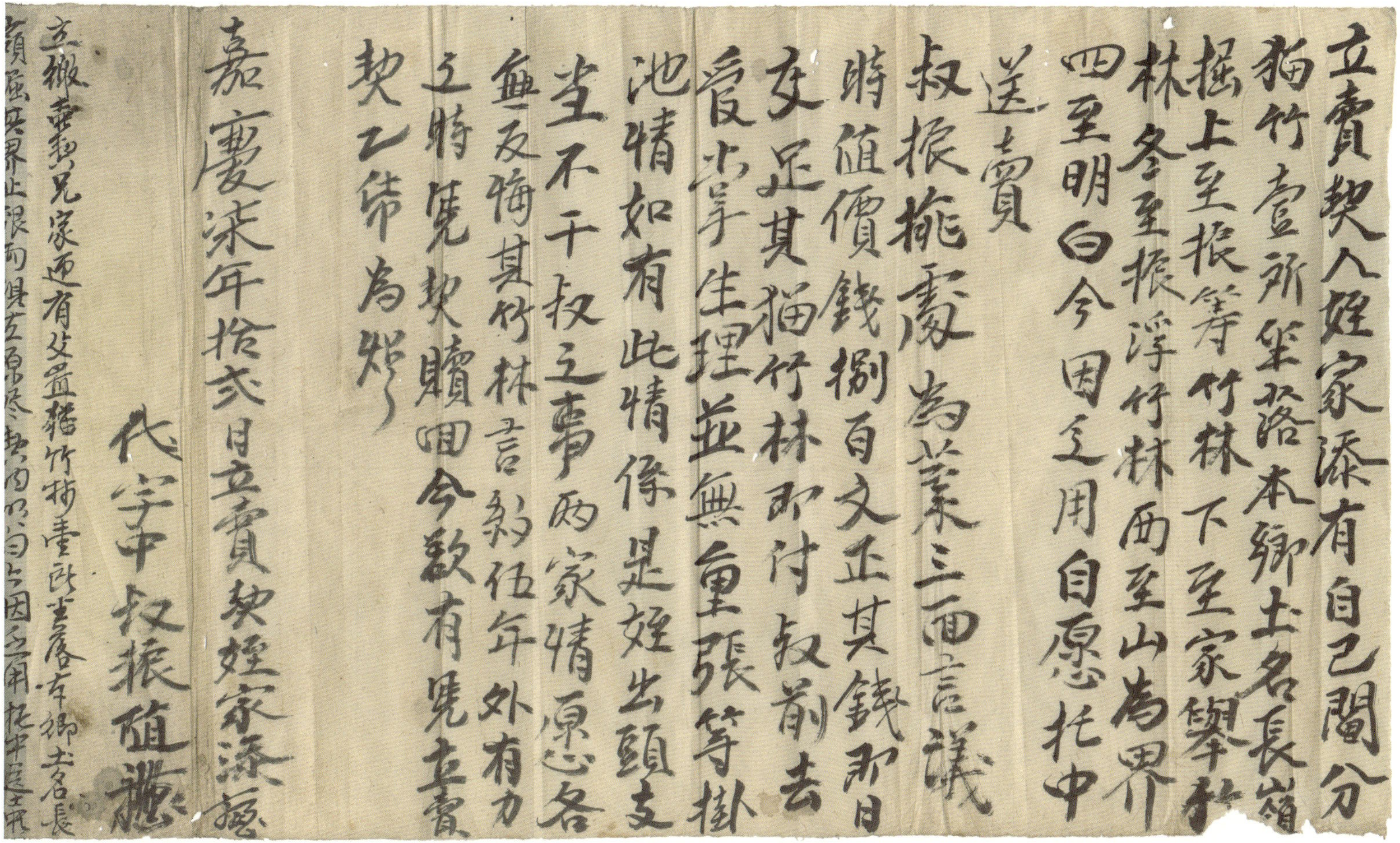

立賣契人姪家添有自己鬮分
猫竹壹所坐落本鄉土名長嶺
搖上至振等竹林下至家擧秋
林冬至振浮竹林西至山爲界
四至明白今因乏用自愿托中
送賣
叔振樀處爲業三面言議
時值價錢捌百文正其錢即日
交足其猫竹林即付叔前去
管掌生理並無重張等掛
池情如有此情係是姪出頭支
当不干叔之事兩家情愿各
無反悔其竹林言約伍年外有力
之時凭契贖回今欲有凭立賣
契乙帋爲炤
嘉慶柒年拾弍月　日立賣契姪家添（押）
代字中叔振值（押）
立撥契兄家廷有父置猫竹林壹所坐落本鄉土名長
嶺搖其界止限兩俱立原契內明白今因乏用托中送至叔

9-5-8-2　清嘉慶七年十二月楊家添立賣猫竹林契

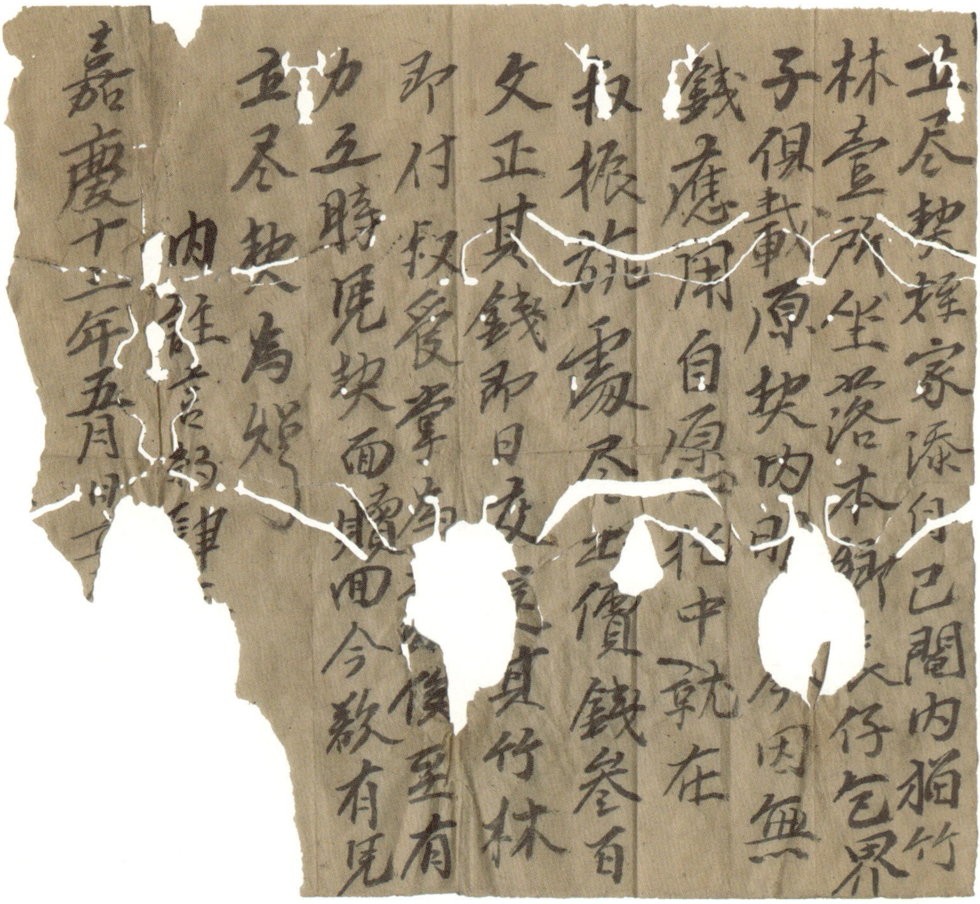
立盡契楊家添自己閣内猫竹
林壹所坐落本鄉[illegible]仔乞界
子俱載原契内明[illegible]今因無
錢應用自願托中就在
叔振旋處盡出價錢叁百
文正其錢即日交足其竹林
即付叔邊掌為[illegible]後至有
力五時恁契面贖回今欲有凭
立盡契為炤
内註[illegible]約肆[illegible]
嘉慶十三年五月[illegible]

9-5-8-3　清嘉慶十三年五月楊家添立盡猫竹林契

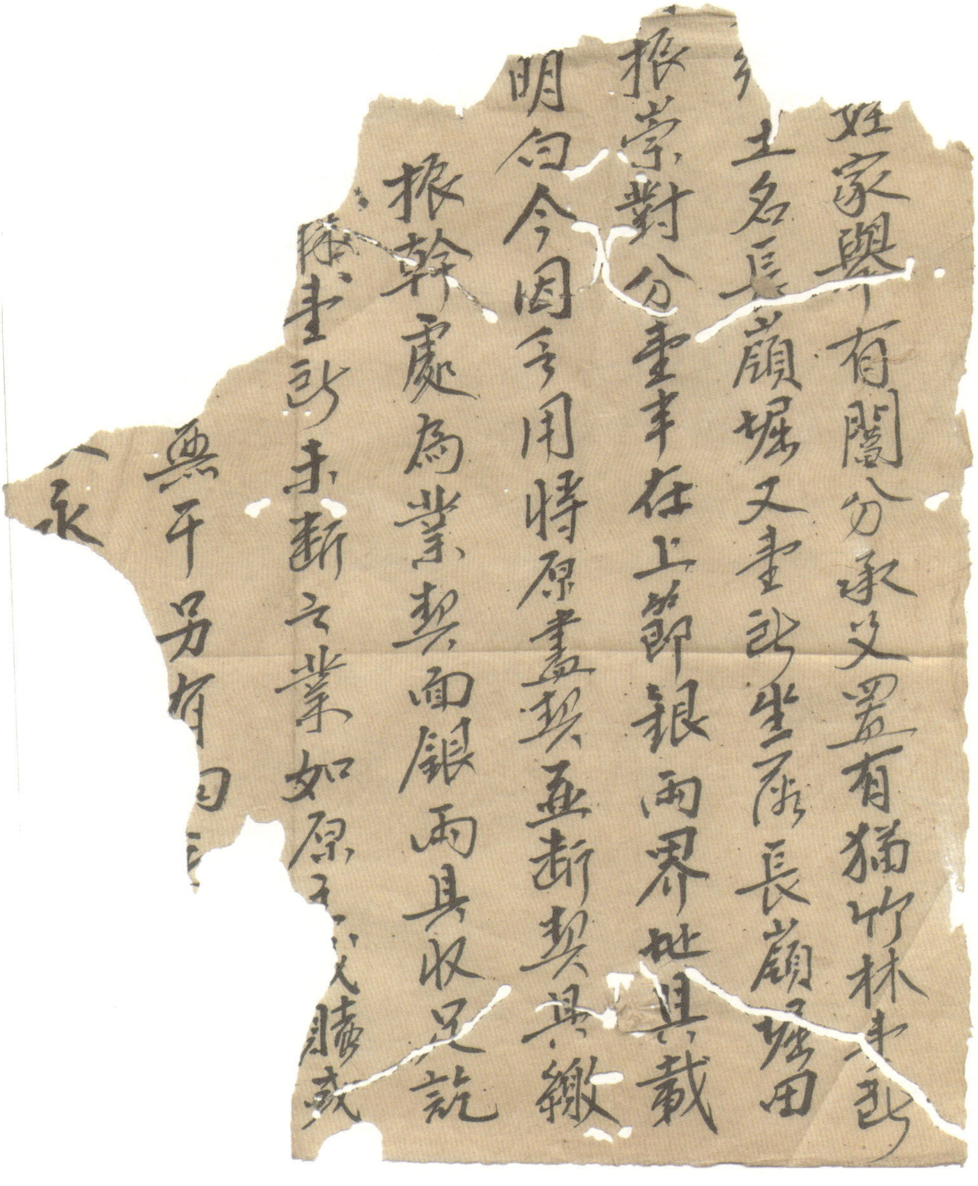
姪家舉有鬮分承父置有猫竹林壹處
土名長嶺墘又壹處坐落長嶺頭墘田
振崇對分壹半在上節銀兩界址具載
明白今因乏用特將原盡契並斷契具繳
振榦處為業契面銀兩具收足訖
孫壹處未斷之業如原[illegible]契繳
無干另有回[illegible]
永

9-5-8-4　清嘉慶年間楊家舉立繳猫竹林契

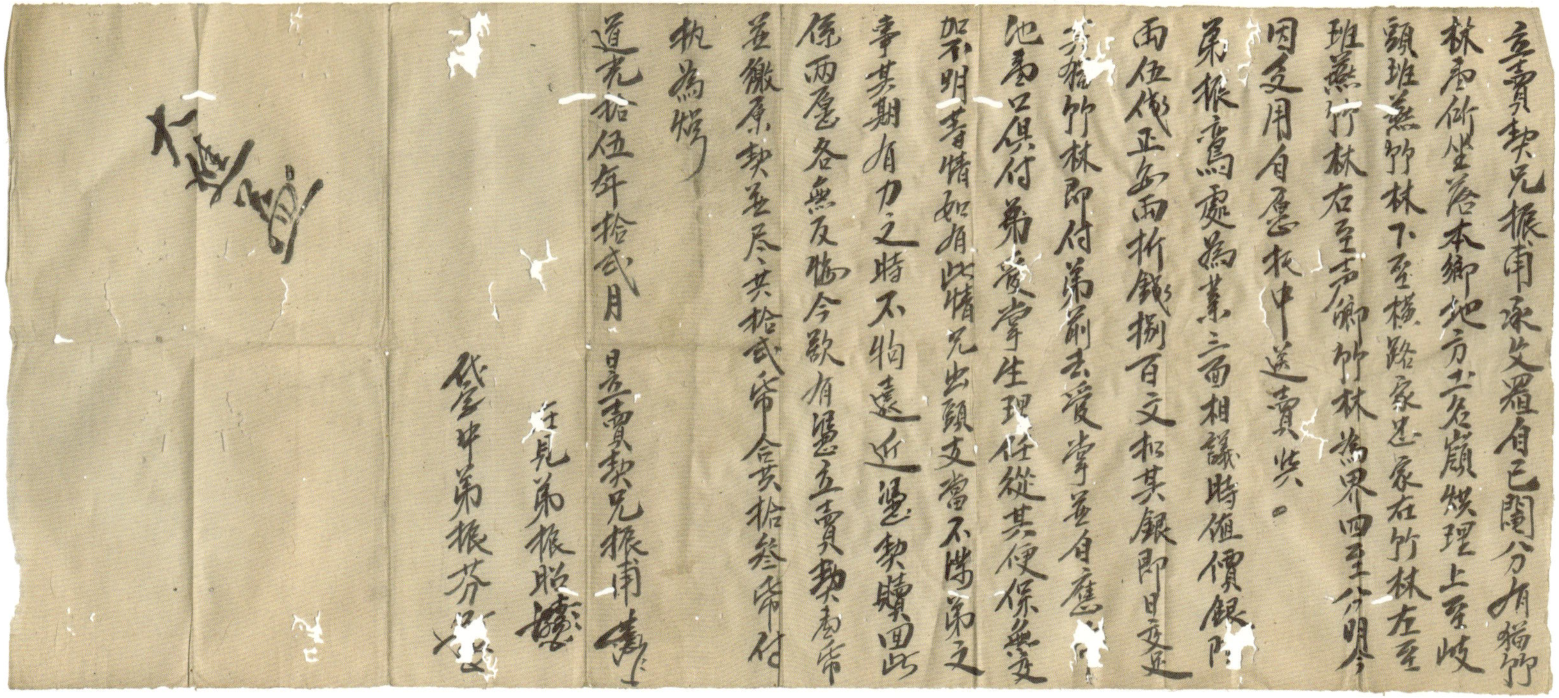

立賣契兄振甫承父羅有已鬮分有猫竹林壹所，坐落本鄉地方，土名嶺燦理，上至岐頭班蕉竹林，下至橫路家邊家，右竹林左至班蕉竹林，右至本鄉竹林為界，四至分明。今因乏用，自願托中送賣與弟振爲處爲業，三面相議時值價銀陸兩伍錢正，每兩折錢捌百文，其銀即日交足。其猫竹林即付弟前去管業自應，池邊口俱付弟永掌生理，任從其便，係無變加不明等情，如有此情，兄出頭支當，不涉弟之事。其期有力之時，不拘遠近，照契贖回。此係兩愿，各無反悔，今欲有憑，立賣契壹帋，並繳原契並尽，共拾弍帋，合共拾叁帋，付執爲照。

道光拾伍年拾弍月　日立賣契兄振甫（押）

在見弟振昭（押）

代筆中弟振芬（押）

9-5-8-5　清道光十五年十二月楊振甫立賣猫竹林契

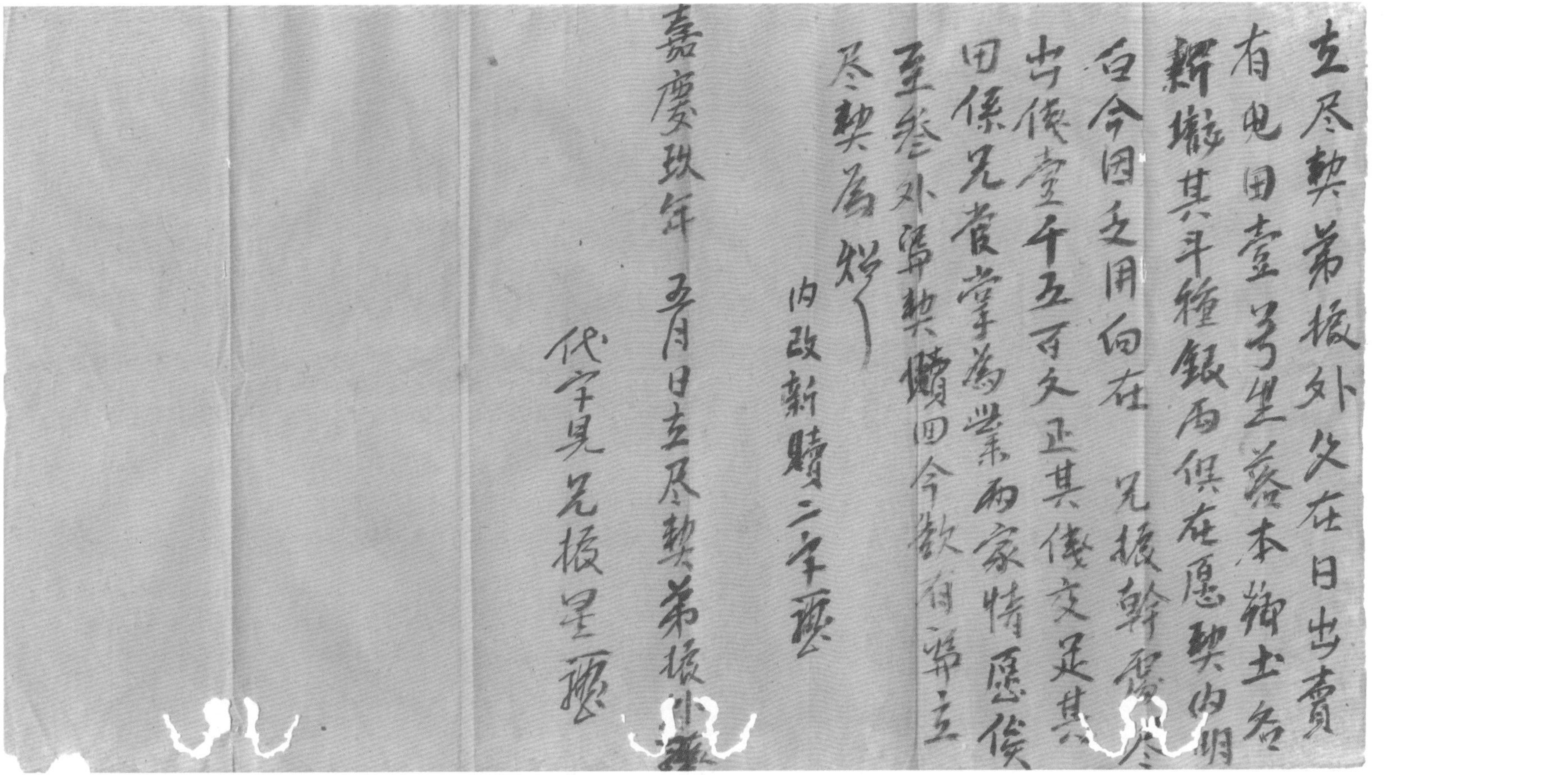
立尽契弟振外父在日出賣
有屯田壹号坐落本鄉土名
新墩其斗種銀兩俱在原契內明
白今因乏用向在 兄振幹處盡
出錢壹千五百文正其錢交足其
田係兄掌管為業兩家情愿後
至叁外準契贖回今欲有憑立
尽契為照
内改新贖二字 照
嘉慶玖年 五月 日立尽契弟振外
代字見兄振星

9-5-9-1 清嘉慶九年五月楊振外立盡屯田契

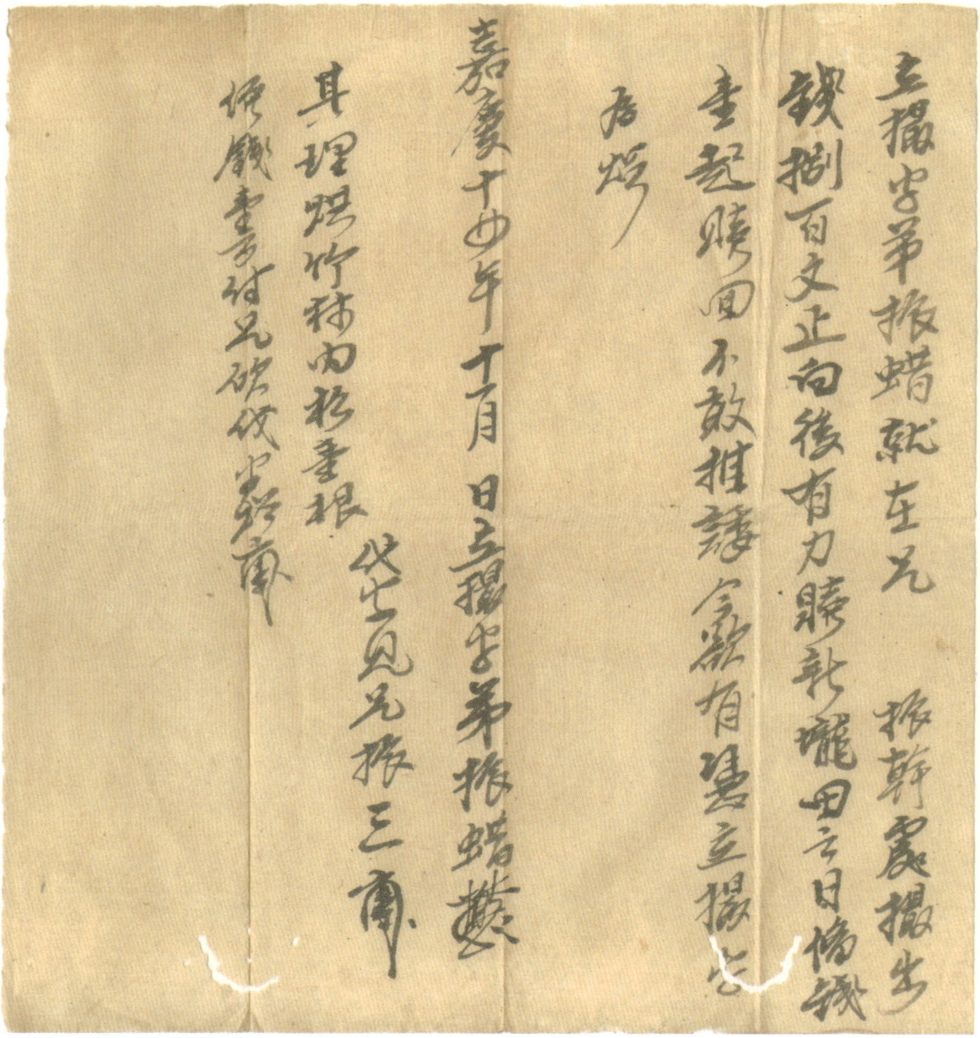
立撮字弟振蜡，就在兄振軒處撮出
錢捌百文正，向後有力贖轉，壠田六日備錢
壹起贖回，不敢推諉。今欲有憑，立撮字
爲照。
嘉慶十四年十一月　日立撮字弟振蜡（押）
其理煙竹特內抄壹根
代字見兄振三（押）
價錢壹百付兄收代字錢（押）

9-5-9-2　清嘉慶十四年十一月楊振蜡立撮字

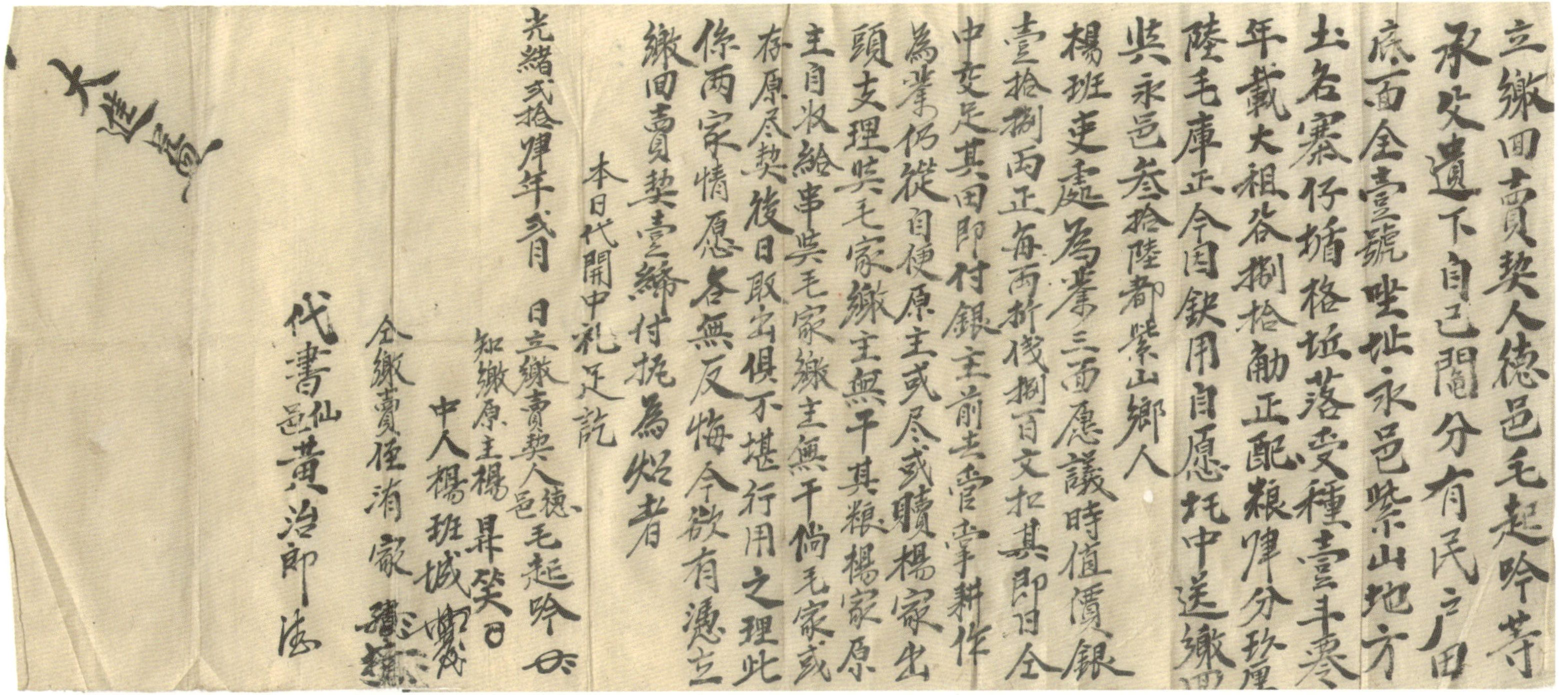

立繳回賣契人德邑毛起吟等
承父遺下自己鬮分有民户田
底面全壹號，坐址永邑紫山地方，
土名寨仔墘格垅，落受種壹斗叁
年載大祖谷捌拾觔正，配粮肆分玖厘
陸毛庫正。今因缺用，自愿托中送繳回
與永邑叁拾陸都紫山鄉人
楊班吏處為業。三面應議時值價銀
壹拾捌两正，每两折伐捌百文，扣其即日全
中交足，其田即付銀主前去管掌耕作
為業，仍從自便。原主弍、叁或贖楊家出
頭支理，與毛家繳主無干。其粮楊家原
主自收給串，與毛家繳主無干，倘毛家或
存原契，後日取出，俱不堪行用之理。此
係兩家情愿，各無反悔。今欲有憑，立
繳回賣契壹紙，付執為炤者。
本日代開中礼足訖
光緒弍拾肆年弍月　日立繳賣契人德邑毛起吟
知繳原主楊昇癸
中人楊班城
全繳賣侄消家
代書仙邑黄治郎

9-5-9-3　清光緒二十四年二月德化毛起吟等立繳回賣底面全民户田契

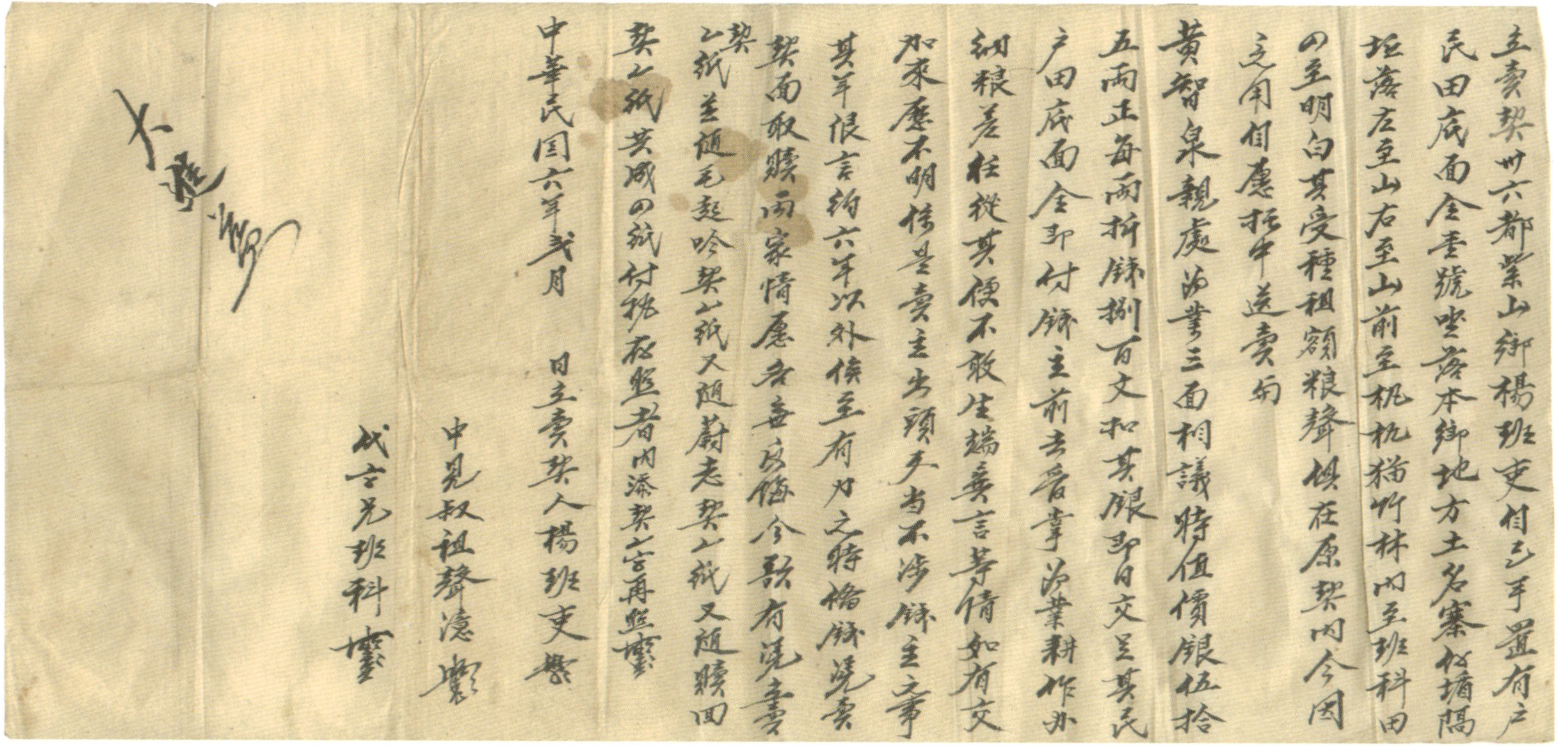
立賣契廿六都叢山鄉楊班吏自己手置有户
民田底面全壹號坐落本鄉地方土名寨仔墘隔
坵落左至山右至山前至机杭猫竹林内至班科田
四至明白其受種租額粮聲載在原契内今因
乏用自愿托中送賣與
黄智泉親處為業三面相議特值價銀伍拾
五兩正每兩折錢捌百文和其銀即日交足其民
户田底面全即付錢主前去管掌為業耕作办
納粮差任從其便不敢生端異言等情如有交
加來歷不明係是賣主出頭支当不涉錢主之事
其年限言約六年以外俟至有力之時備錢送贖
契面取贖兩家情愿各無反悔今欲有凴立賣
契山紙並通毛趣吟契山紙又通蔚志契山紙又通贖回
契山紙共減四紙付執存照者　内添契二字再照
中華民国六年貳月　　日立賣契人楊班吏（押）
中見叔祖聲濃（押）
代字兄班科（押）
[illegible]

9-5-9-4　民國六年二月楊班吏立賣底面全户民田契

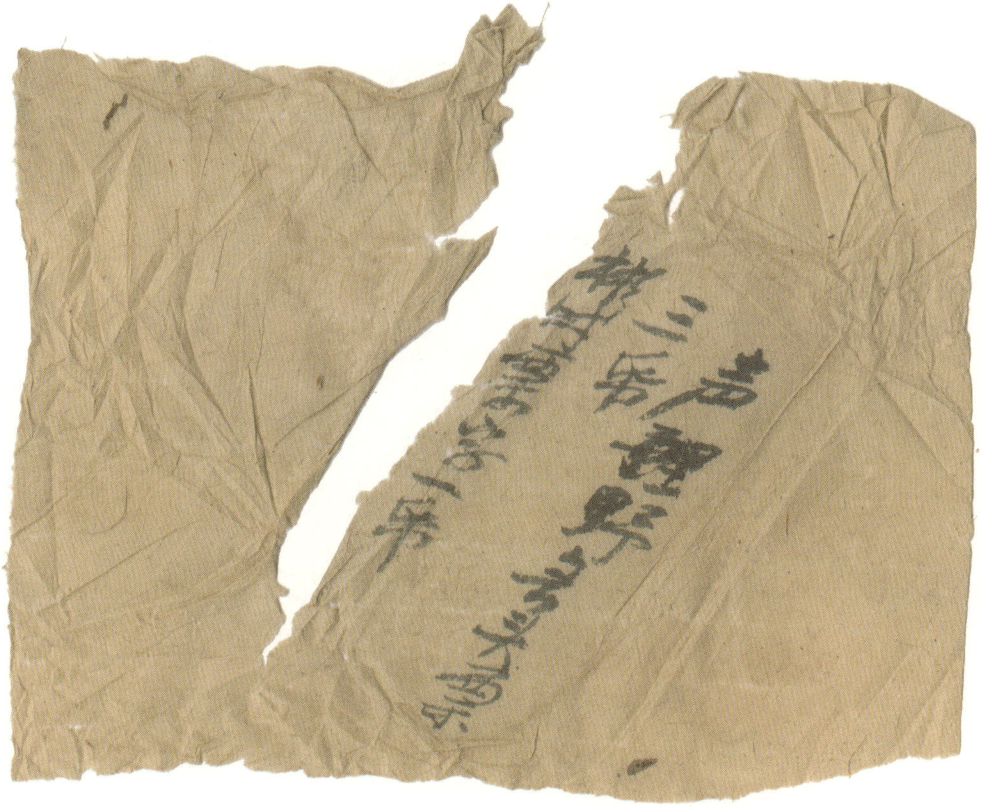

9-5-10-1　包契紙

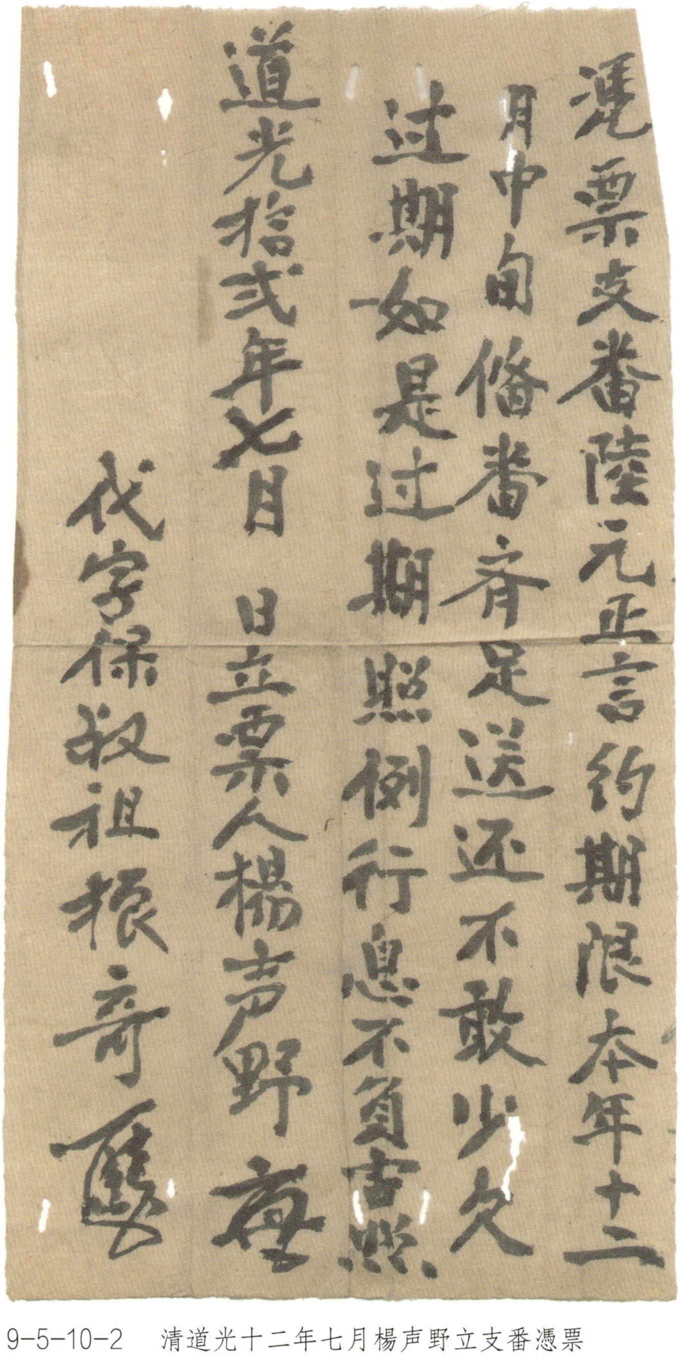

憑票支番陸元正言約期限本年十二
月中自備番齊足送還不敢少欠
过期如是过期照例行息不負言然
道光拾弍年七月　日立票人楊声野
代字保叔祖根奇

9-5-10-2　清道光十二年七月楊声野立支番憑票

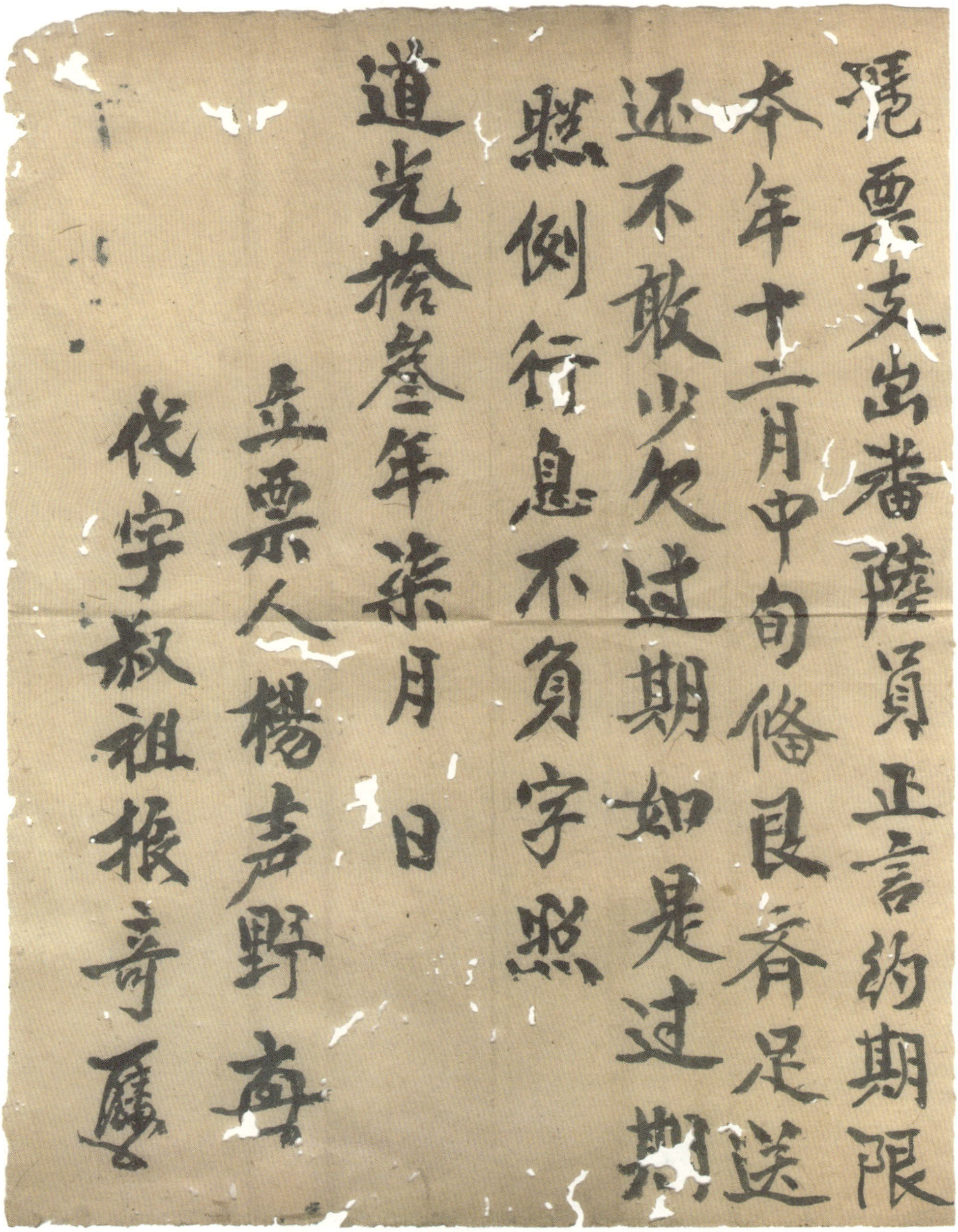
憑票支出番薩員正言約期限
本年十二月中旬備艮肴足送
还不敢少欠过期如是过期
照例行息不負字照
道光拾叁年柒月　日
立票人楊声野
代字叔祖根奇

9-5-10-3　清道光十三年七月楊声野立支番憑票

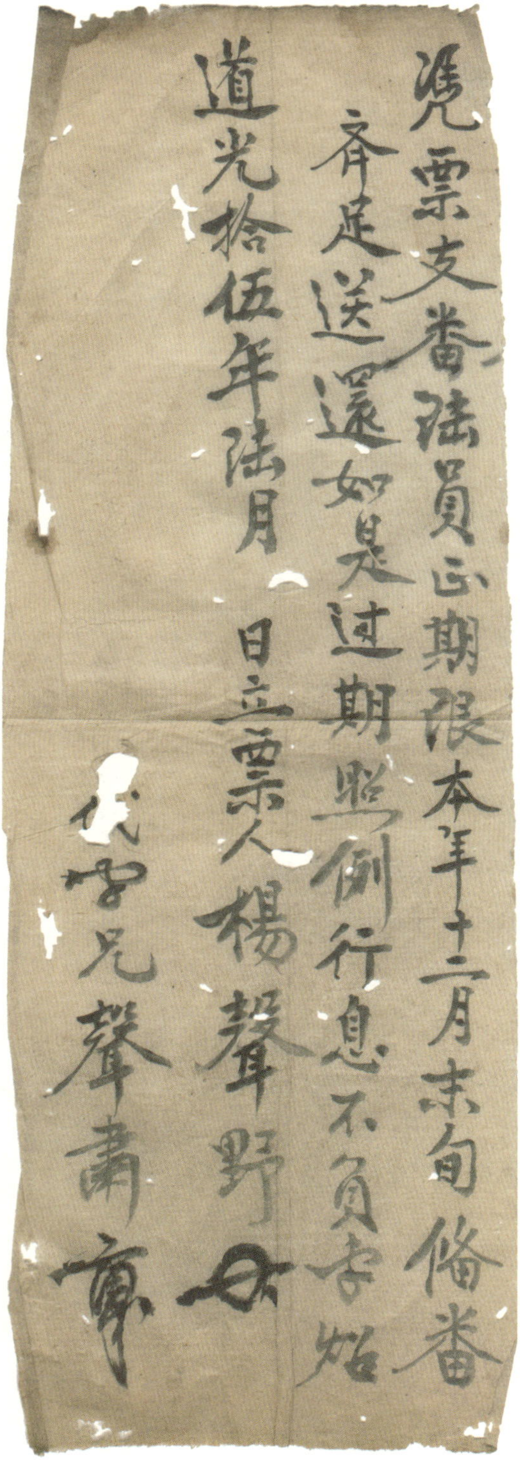
憑票支番陸員正期限本年十二月末旬備番
齊延送還如是過期照例行息不負李姑
道光拾伍年陸月　日立票人楊聲野（押）
代字兄聲肅（押）

9-5-10-4　清道光十五年六月楊聲野立支番憑票

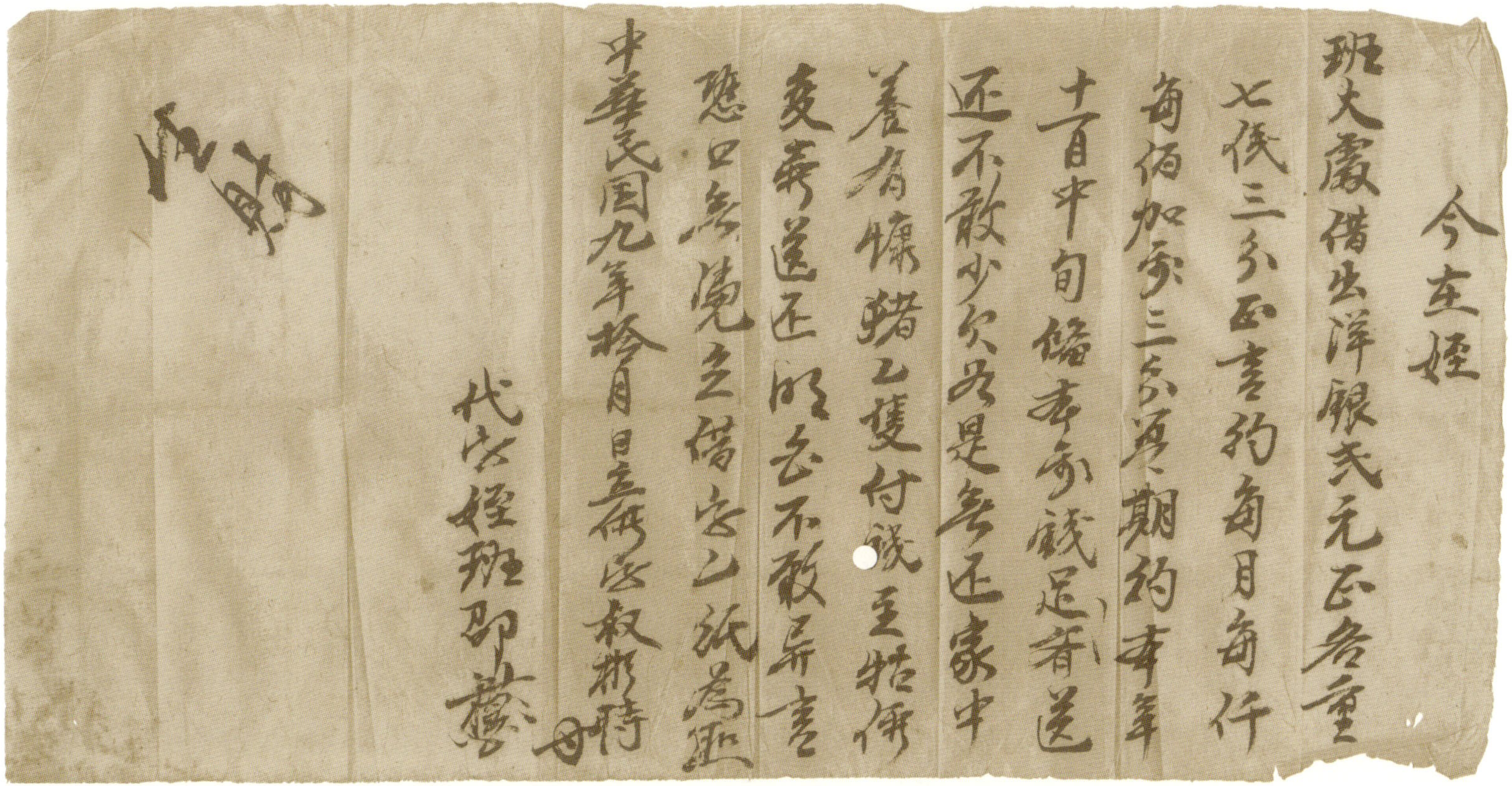
今在姪
班大處借出洋銀弍元正，每重
七錢三分正，言約每月每仟
每佰加利三分算，期約本年
十月中旬備本利錢足，荷送
還，不敢少欠，另是無還，家中
養有懷豬乙隻，付錢主牯佛
变賣送還，明去不敢异言。
恐口無憑，立借字乙紙爲照。
中華民国九年拾月　日立借字叔彬時
代字姪班卯藝

9-5-10-5　民國九年十月楊彬時立借洋銀字

9-5-11-1　包契紙

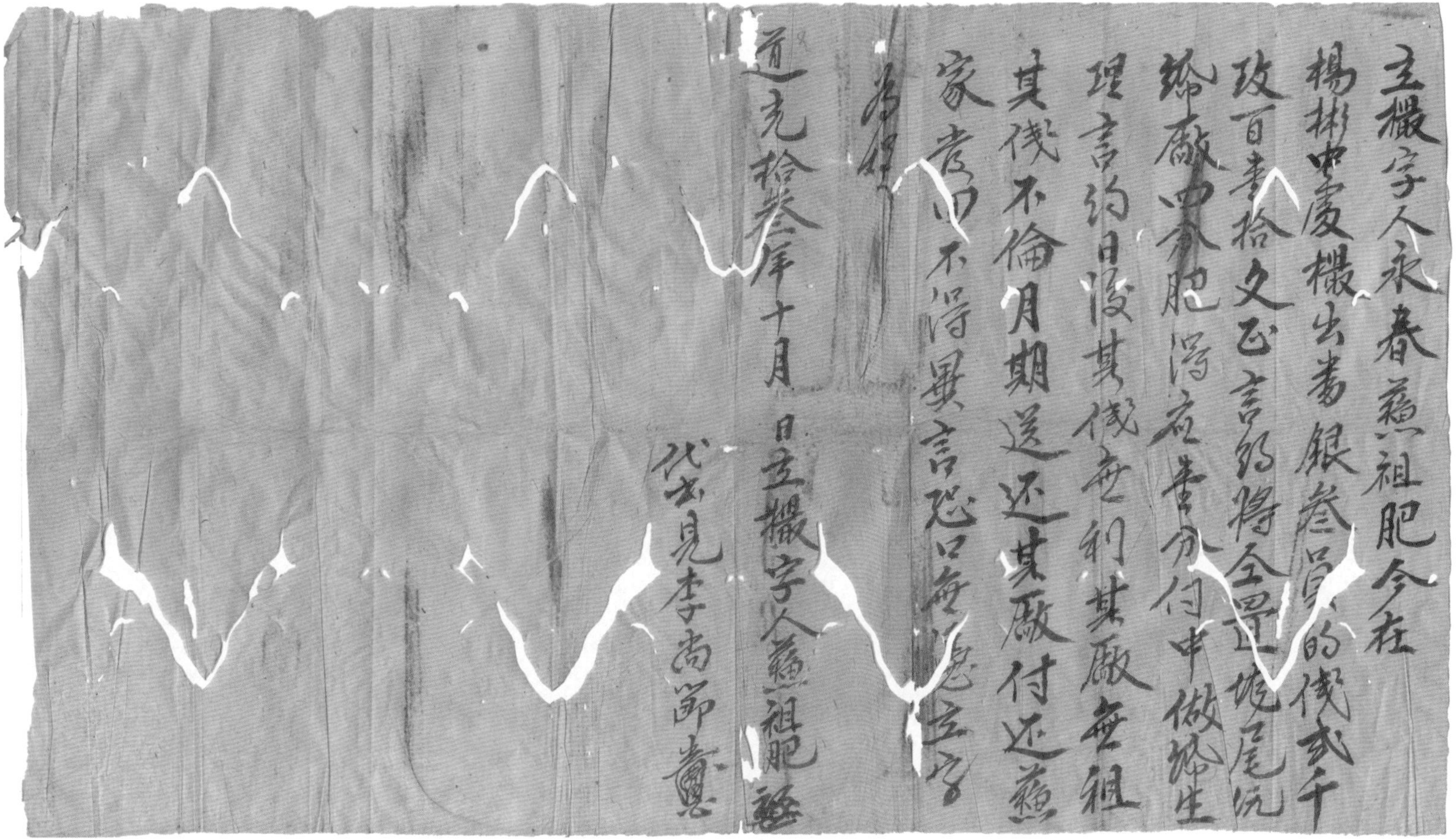

9-5-11-2　清道光十三年十月永春蘇祖肥立撮字

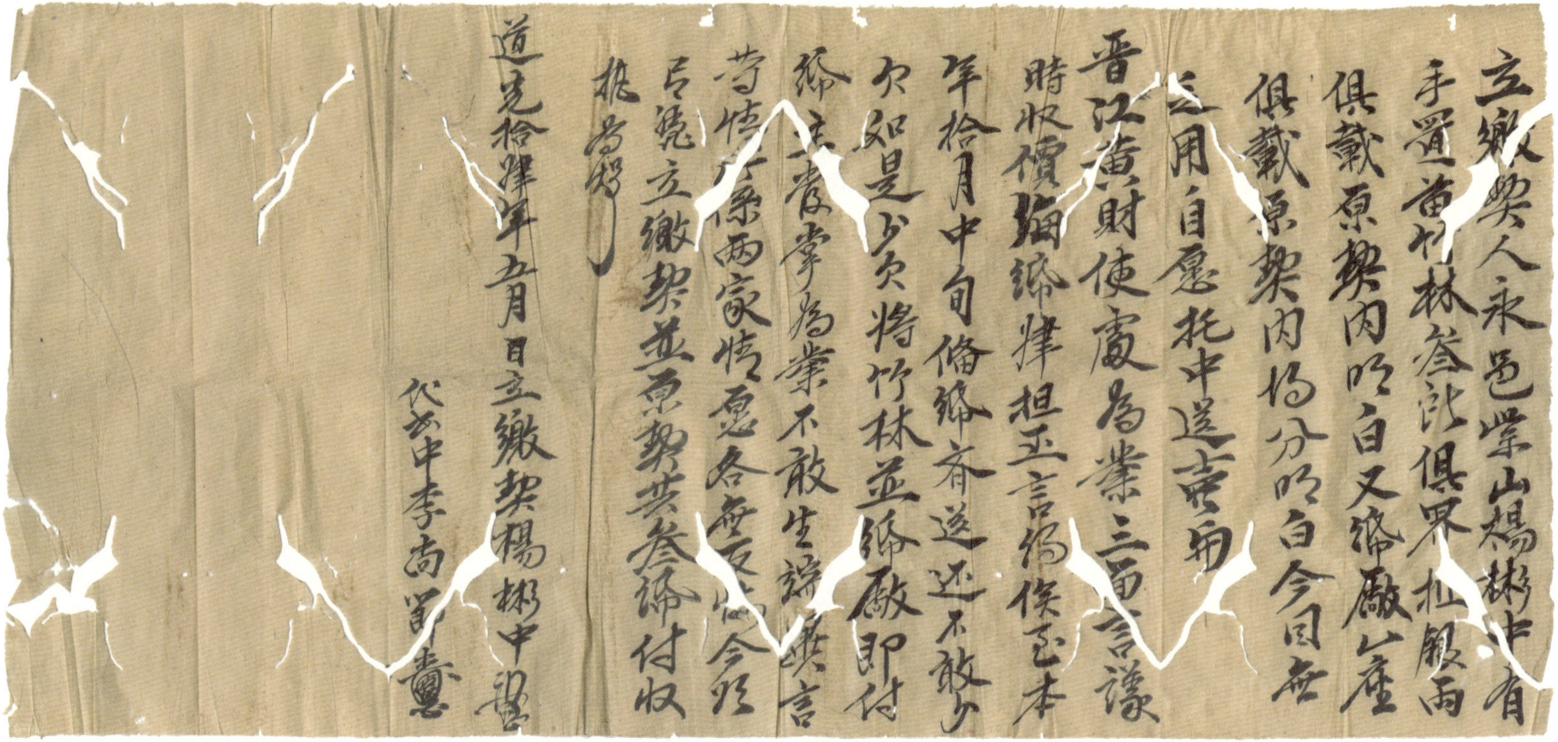
立繳契人永邑岸山楊彬中，有
手置苗竹林叁片，俱界址般兩
俱載原契內明白，又孫廠山座
俱載原契內，俱分明白，今因無
錢用，自愿托中送與布
晉江黄財使處為業，三面言議
時收價銅錢肆担正，言約係至本
年拾月中旬備錢齊送還，不敢少
欠，如是少欠，將竹林並孫廠即付
孫生掌為業，不敢生端異言
等情。此係兩家情愿，各無反悔，今欲
有憑，立繳契並原契叁紙，付收
執為照。
道光拾肆年五月　日立繳契楊彬中（押）
代书中李尚（押）

9-5-11-3　清道光十四年五月楊彬中立繳苗竹林契

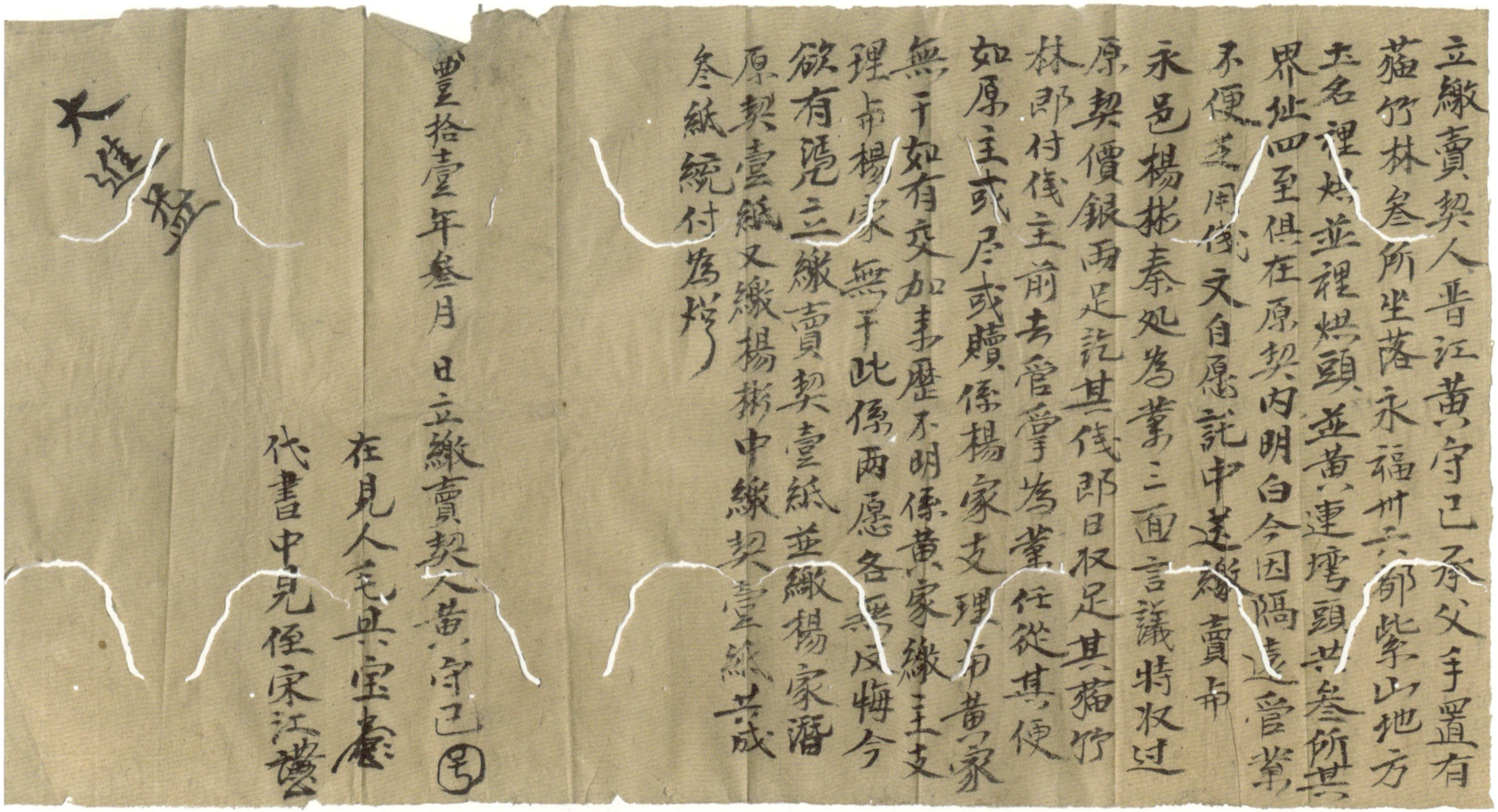
立繳賣契人晋江黃守己承父手置有
猫竹林叁所坐落永福卅六都紫山地方
土名裡炪並裡炪頭並黃連壢頭共叁所其
界址四至俱在原契內明白今因隔遠管業
不便茲用錢文自愿託中送繳賣与
永邑楊彬秦処為業三面言議特収过
原契價銀兩足訖其錢即日収足其猫竹
林即付錢主前去管掌為業任從其便
如原主或尽或贖係楊家支理与黃家
無干如有交加來歷不明係黃家繳主支
理与楊家無干此係兩愿各無反悔今
欲有憑立繳賣契壹紙並繳楊家潛
原契壹紙又繳楊彬中繳契壹紙共成
叁紙繳付為照

豐拾壹年叁月　日立繳賣契人黃守己
在見人毛共宝
代書中見侄宋江

大進發

9-5-11-4　清咸豐十一年三月晋江黃守己立繳賣猫竹林契

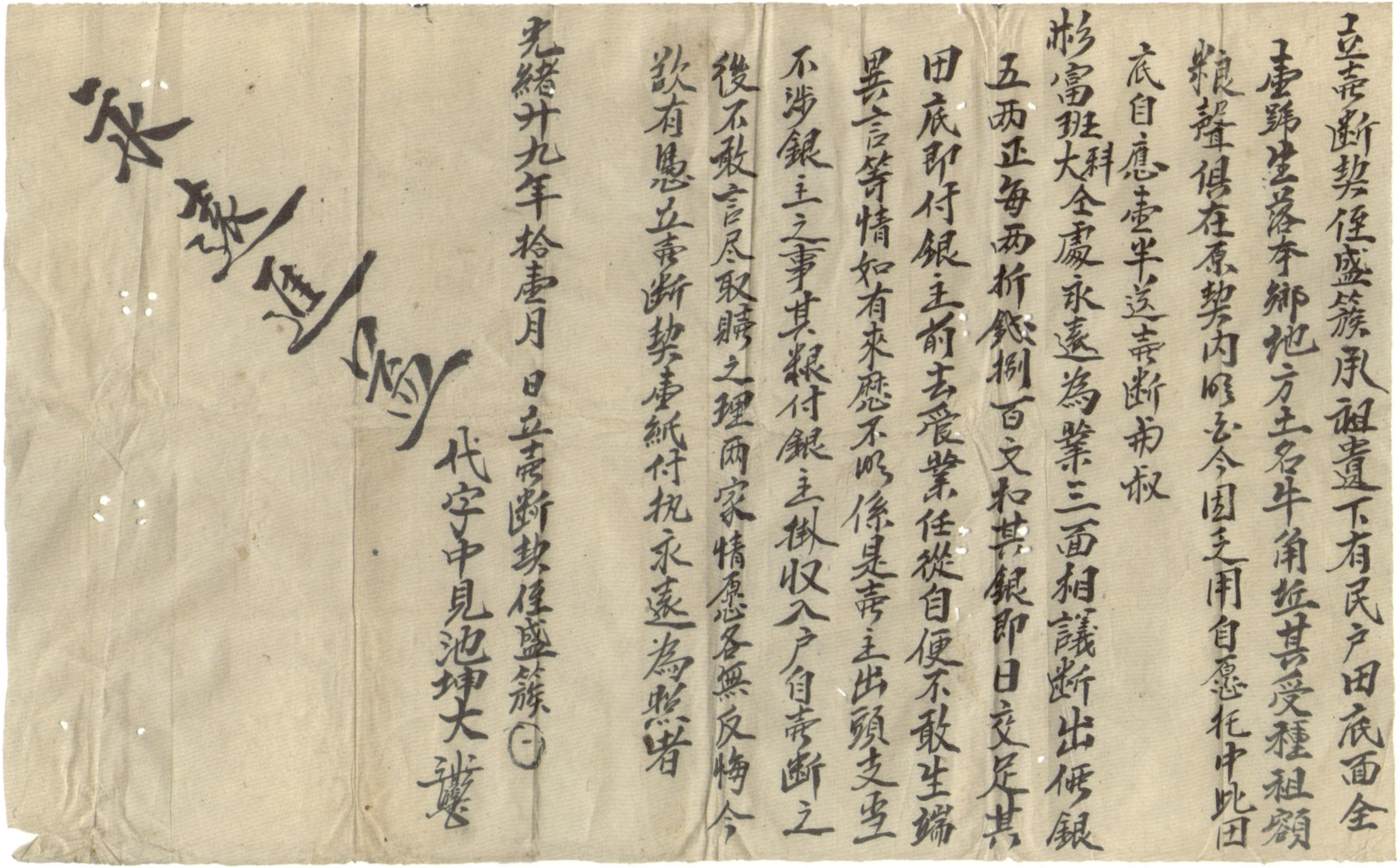

立賣斷契侄盛簇承祖遺下有民户田底面全
壹號坐落本鄉地方土名牛角垅其受種租額
粮聲俱在原契内明去今因乏用自愿托中此田
底自愿壹半送賣斷弟叔
彬富班大科全處永遠為業三面相議斷出價銀
五兩正每兩折錢捌百文扣其銀即日交足其
田底即付銀主前去管業任從自便不敢生端
異言等情如有來歷不明係是賣主出頭支當
不涉銀主之事其粮付銀主掛收入户自賣斷之
後不敢言尽取贖之理兩家情愿各無反悔今
欲有憑立賣斷契壹紙付执永遠為照者
光緒廿九年拾壹月　日立賣斷契侄盛簇（押）
代字中見池坤大（押）

9-5-11-5　清光緒二十九年十一月楊盛簇立賣斷底面全民户田契

9-5-12-1　包契紙

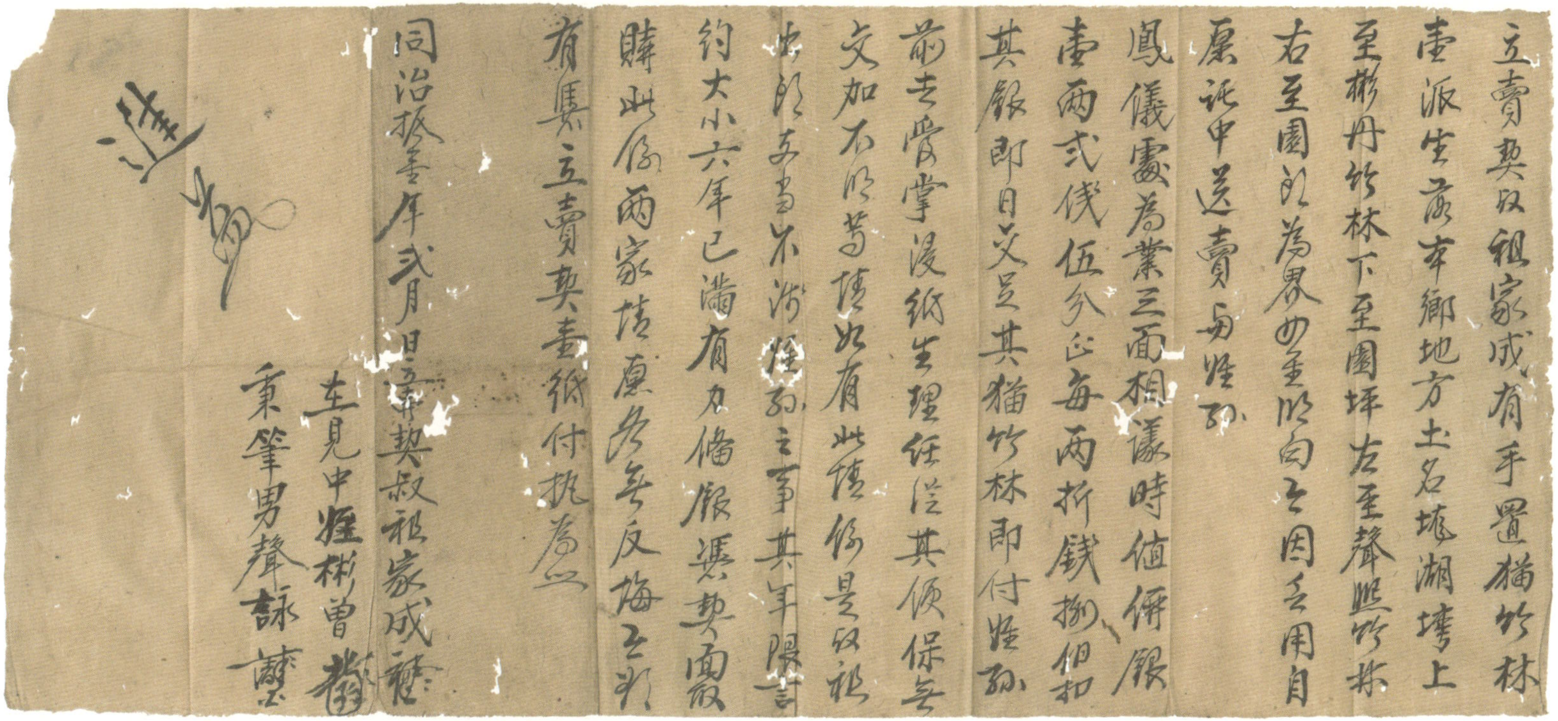

立賣契叔祖家成，有手置猫竹林
壹派，坐落本鄉地方土名塊湖塝上
至彬丹竹林，下至園坪，左至聲照竹排，
右至園頭為界，四至明白。今因無用，自
愿託中送賣與姪邊
鳳儀處為業，三面相議時值價銀
壹兩弍伐伍分正，每兩折錢捌伯扣，
其銀即日交足，其猫竹林即付姪邊
前去管漫紙生理，任從其便。保無
文加不明等情，如有此情，係是叔祖
出頭支當，不涉姪邊之事。其年限言
約大小六年已滿，有力備價照契取
贖，此係兩家情愿，各無反悔。今欲
有憑，立賣契壹紙付執為照。
同治拾壹年弍月　日　立賣契叔祖家成（押）
在見中姪彬曾（押）
秉筆男聲詠（押）

9-5-12-2　清同治十一年二月楊家成立賣猫竹林契

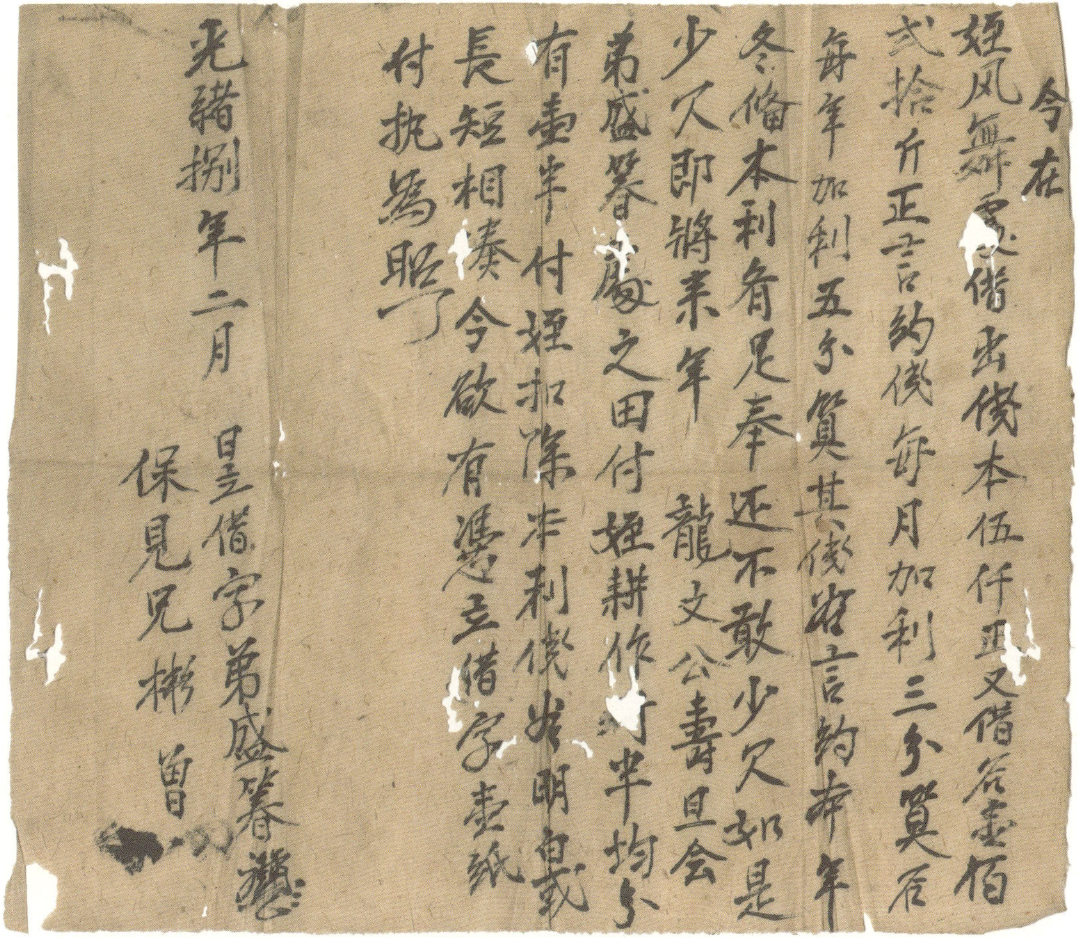

今在
姪凤舞處借出佛本伍仟五文借谷壹佰
式拾斤正言約佛每月加利三分算谷
每年加利五分算其佛谷言約本年
冬備本利肴足奉还不敢少欠如是
少欠即將来年 龍文公壽旦会
弟盛謇應之田付姪耕作半均分
有壹半付姪扣除本利佛出明白
長短相湊今欲有憑立借字壹紙
付执為照了
光緒捌年二月 日立借字弟盛謇
保見兄彬 曾

9-5-12-3 清光緒八年二月楊盛謇立借錢字

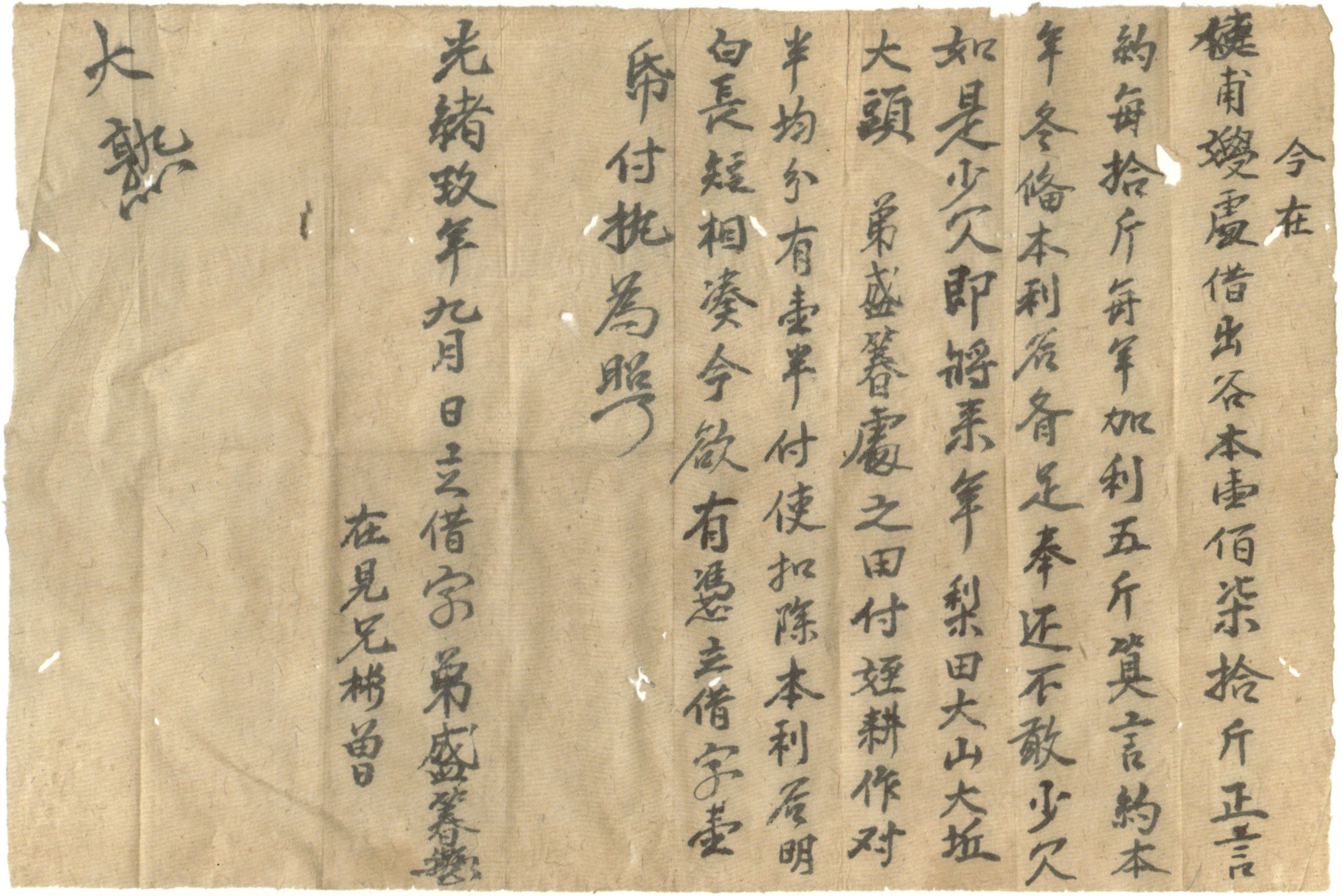

今在
槤甫𡒄處借出谷本壹佰柒拾斤正言
約每拾斤每年加利五斤算言約本
年冬倫本利備足奉还不敢少欠
如是少欠即將柔年梨田大山大坵
大頭　弟盛謇處之田付垺耕作对
半均分有壹半付使扣除本利居明
白長短相湊今欲有憑立借字壹
紙付執為照
光緒玖年九月　日立借字弟盛謇
在見兄彬留
大熟

9-5-12-4　清光緒九年九月楊盛謇立借穀字

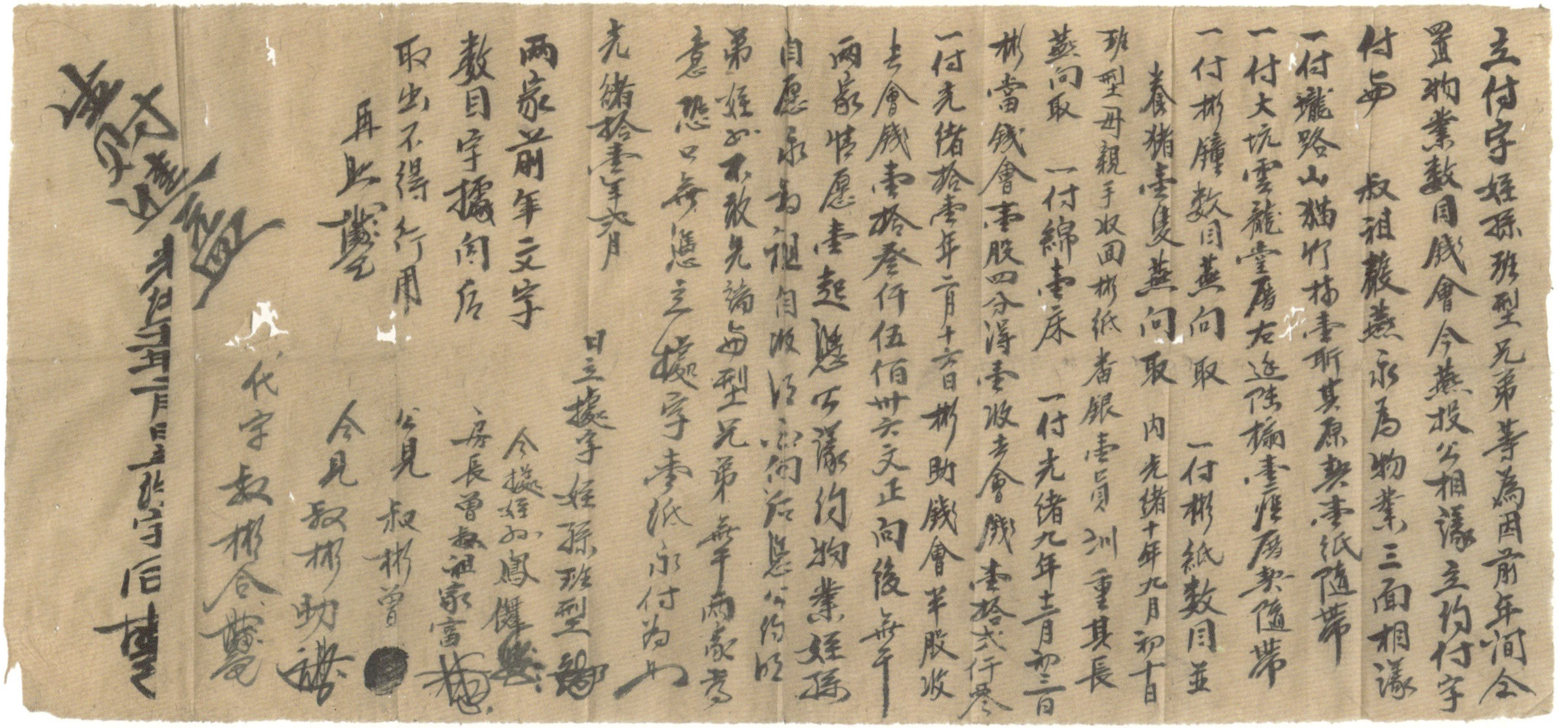

立付字侄孫班型兄弟等爲因前年间仝
置物業數目錢會今𢫫投公相議立約付字
付與 叔祖龍燕承爲物業三面相議
一付壠路山猫竹林壹所其原契壹紙隨帶
一付大坑雲龍壹層右邊陸捅壹座屬契隨帶
一付彬鐘數目燕向取 一付彬紙數目並
養豬壹隻燕向取 内光緒十年九月初十日
班型母親手收回彬紙番銀壹員 洲重其長
燕向取 一付綿壹床 一付光緒九年十二月廿三日
彬當錢會壹股四分得壹股去會錢壹拾弍仟叁(?)
一付光緒拾壹年二月十六日彬助錢會半股收
去會錢壹拾叁仟伍佰廿六文正向後無干
兩家情愿壹起憑公議約物業侄孫
自愿承爲祖自收保承向后悉公約□
弟侄人不敢先論無型兄弟無干兩家者
意恐口無憑立擬字壹紙承付爲照
光緒拾壹年二月 日立擬字 侄孫班型
仝擬侄孫鳳傑
房長曾叔祖家富
公見 叔彬曾
仝見 叔彬助
代字 叔彬合
兩家前年文字數目字據向后取出不得行用
再照
[illegible]年二月日立付字后據

9-5-12-5 清光緒十一年二月楊班型等立付字

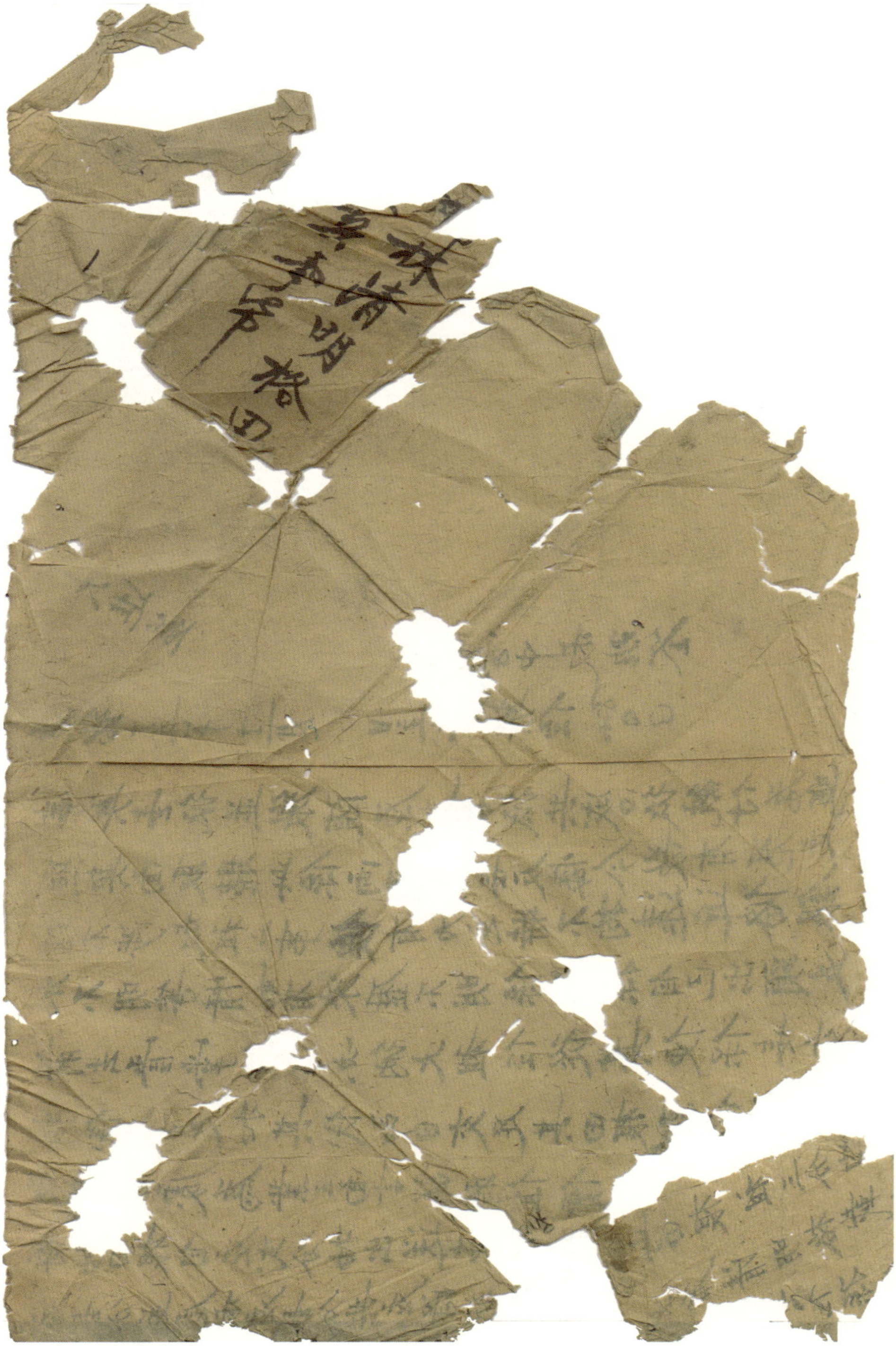

9-5-13-1　包契紙

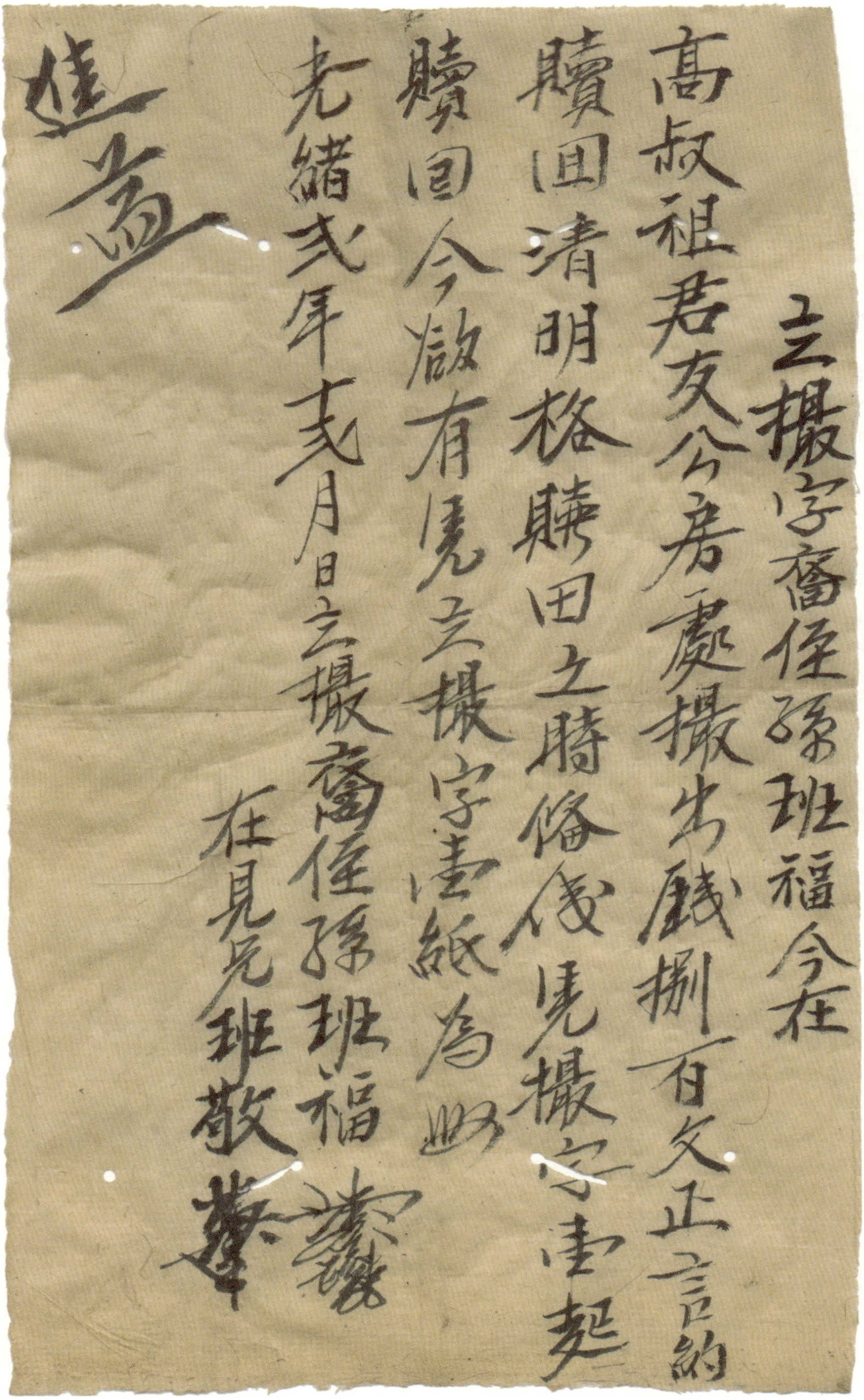

立撮字裔侄孫班福今在
高叔祖君友公房處撮出錢捌百文正言約
贖回清明格贖田立時備錢憑撮字書契
贖回今欲有憑立撮字書紙爲照
光緒弍年十二月日立撮裔侄孫班福（押）
在見兄班敬（押）
進益

9-5-13-2　清光緒二年十二月楊班福立撮字

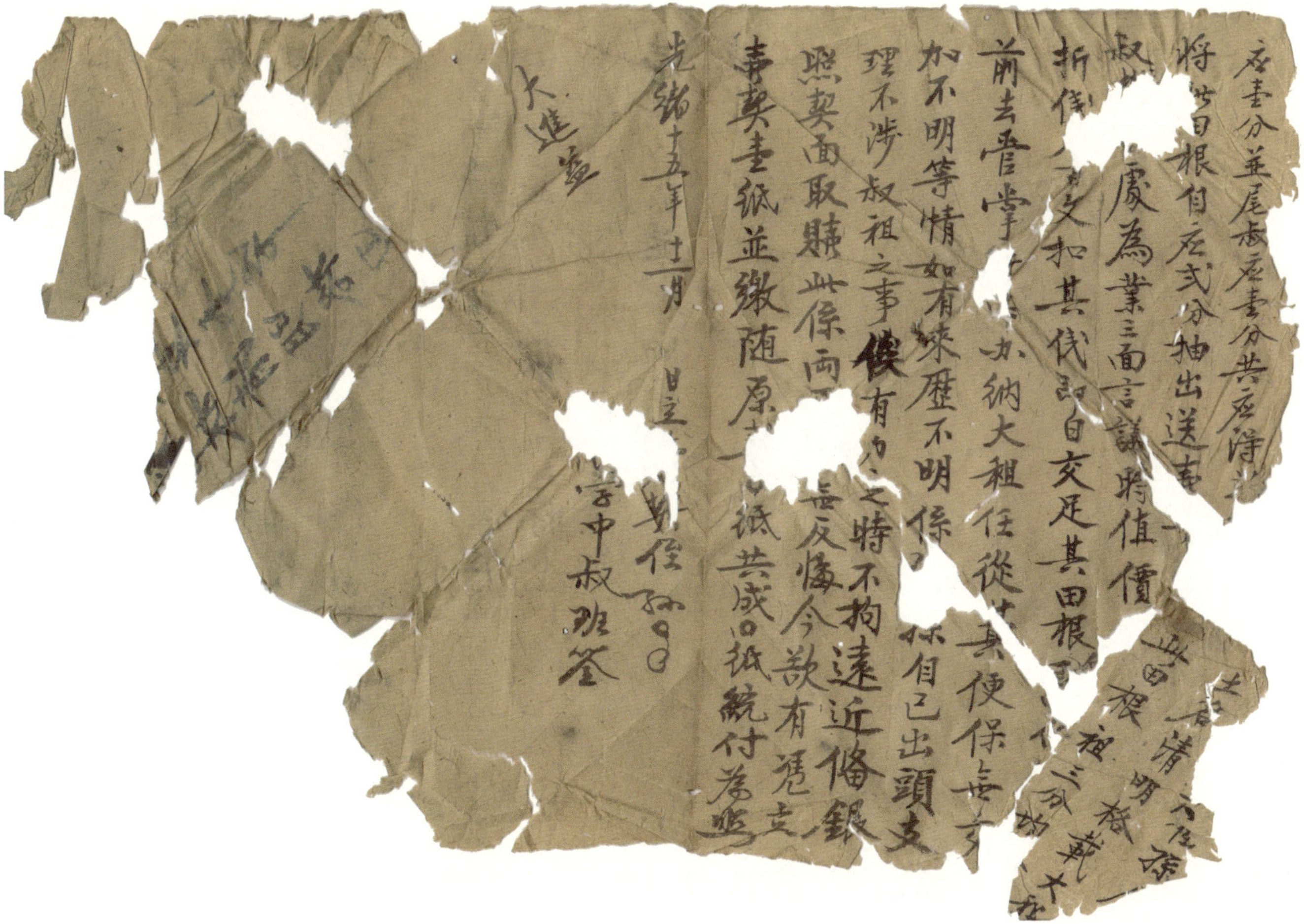

9-5-13-3　清光緒十五年十二月楊錦林立賣民田根契（草契）

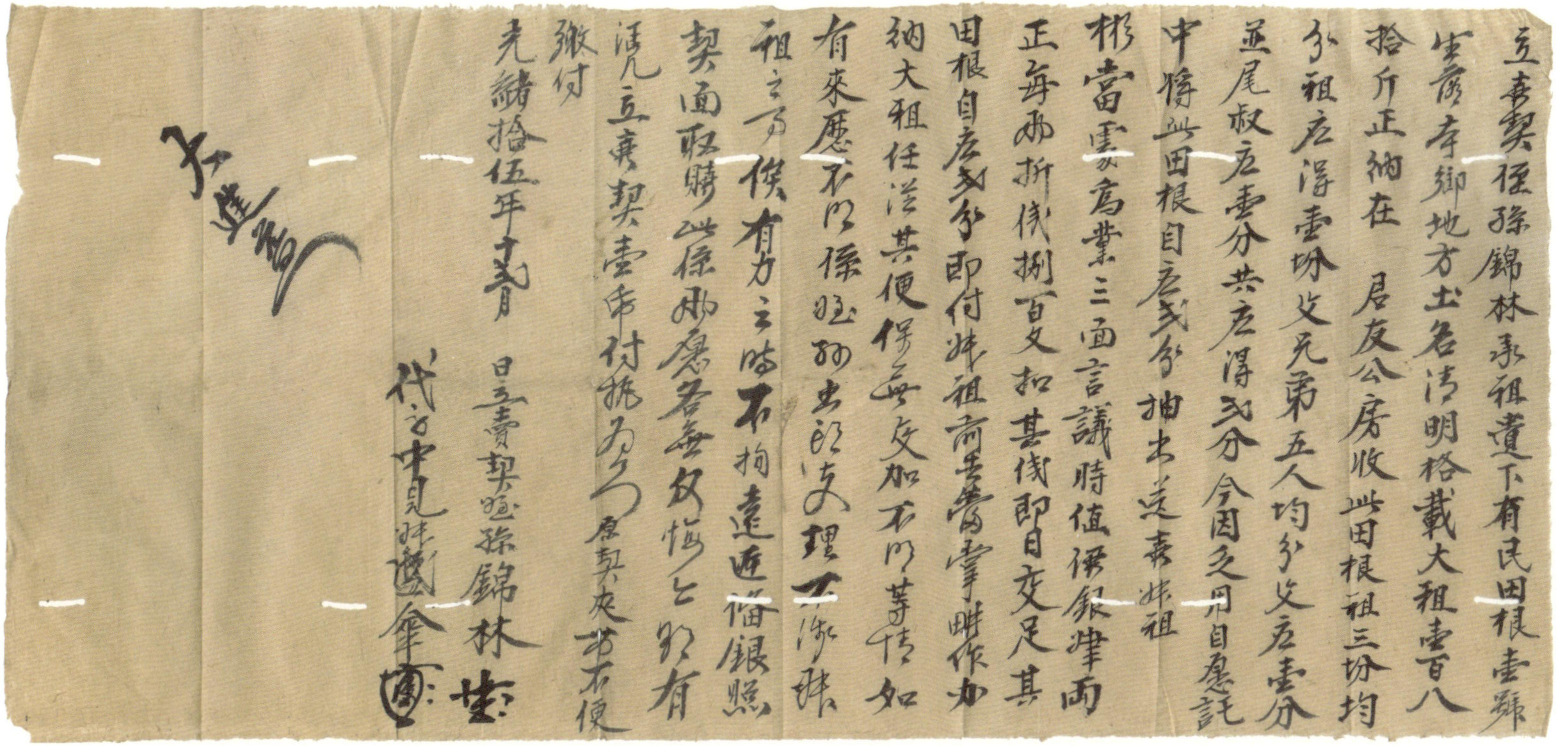

立賣契侄孫錦林承祖遺下有民田根壹號，坐落本鄉地方土名清明格，載大祖壹百八拾斤正，納在居友公房收。此田根祖三份均分，祖應得壹份，又兄弟五人均分，又應壹分，並尾叔應壹分，共應得弍分。今因乏用，自愿託中將此田根自應弍分抽出送賣與族祖彬當雲高業，三面言議時值價銀津両正，每両折錢捌百文，扣其錢即日交足。其田根自應弍分即付與祖前去管掌耕作，加納大租，任從其便，保無交加不明等情。如有來歷不明，係侄抽出自支理，不涉族祖之事。倘有力之時，不拘遠近備銀照契面取贖。此係兩愿，各無反悔，亡恐有憑，凡立賣契壹紙付執為照。原契夾帶不便繳付。

光緒拾伍年十二月　日立賣契侄孫錦林（押）

代筆中見林衡傘（押）

9-5-13-4　清光緒十五年十二月楊錦林立賣民田根契

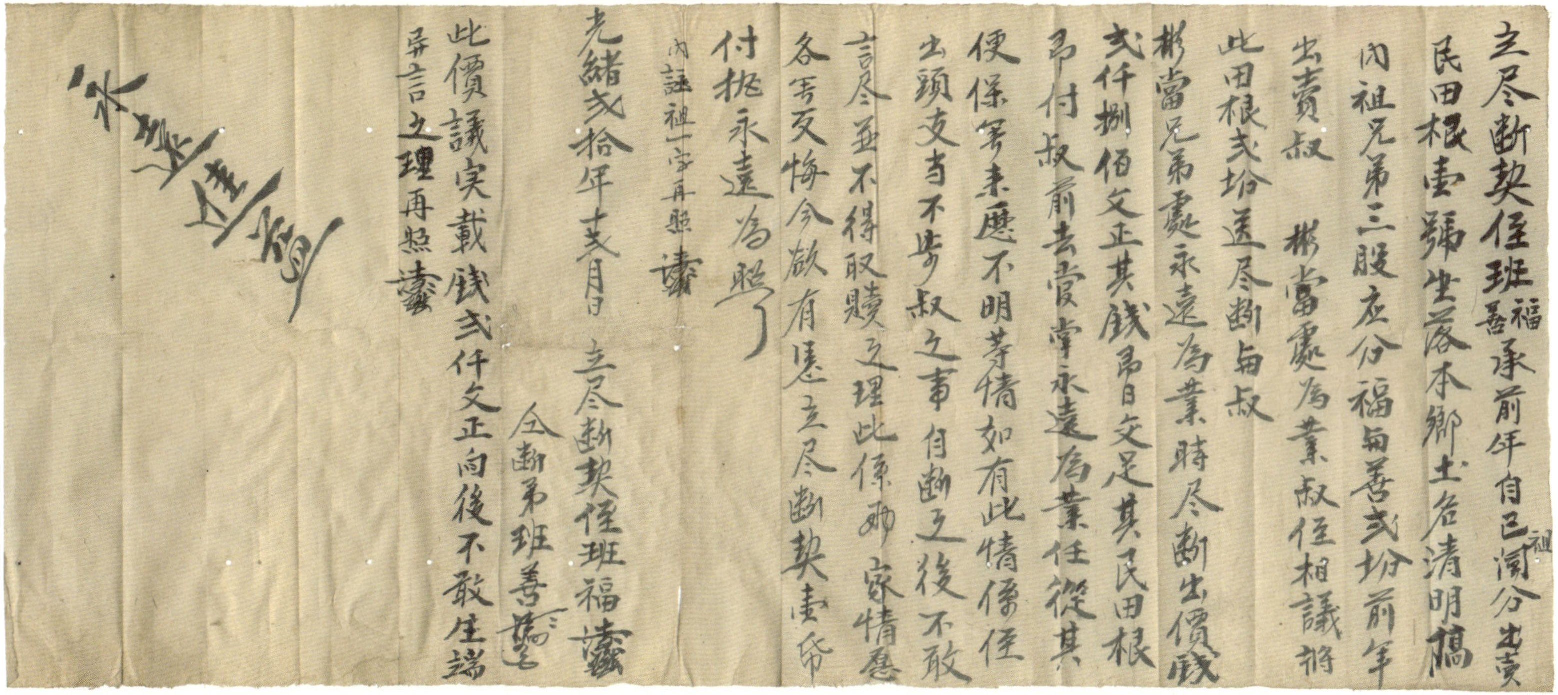

立尽断契侄班福善承前年自己祖阄分出賣
民田根壹號坐落本鄉土名清明塢
内祖兄弟三股应分福与善贰拾前年
出賣叔 彬當處為業叔侄相議將
此田根贰拾送尽断与叔
彬當兄弟處永遠為業時尽断出價錢
贰仟捌佰文正其錢即日交足其民田根
即付叔前去管掌永遠為業任從其
便係等來歷不明等情如有此情係侄
出頭支当不涉叔之事自断之後不敢
言尽並不得取贖之理此係兩家情愿
各無反悔今欲有憑立尽断契壹帋
付执永遠為照
内添祖一字再照 據
光緒贰拾年十弍月日 立尽断契侄班福 據
仝断弟班善 據
此價議实載錢贰仟文正向後不敢生端
再言之理再照 據
永遠佳期

9-5-13-5　清光緒二十年十二月楊班福等立盡斷民田根契

9-5-14-1　包契紙

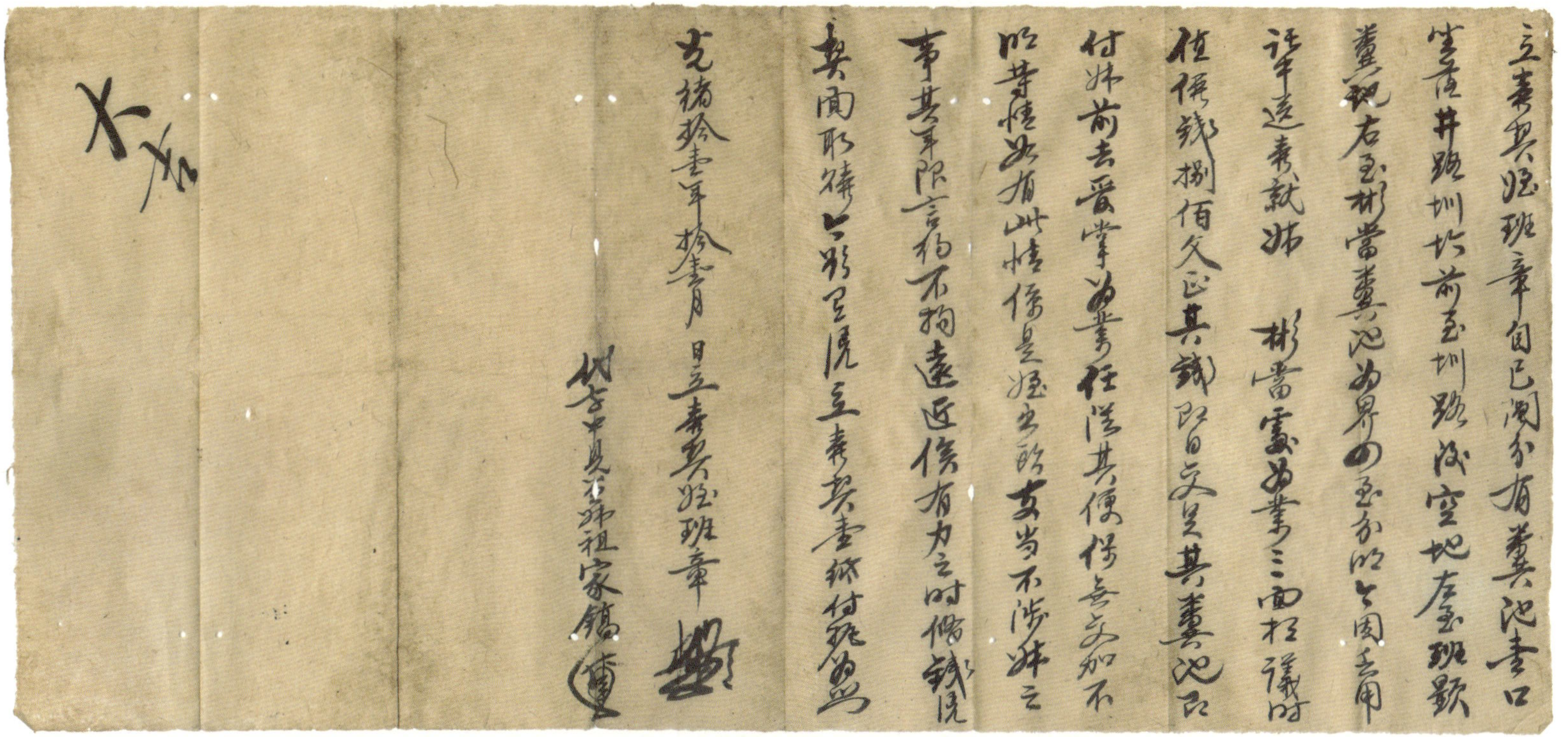

立賣契楊班章，自己鬮分有糞池壹口，
坐落井頭圳坎前，至圳路，後至空地，左至班歎
糞池，右至彬當糞池為界，四至分明。今因乏用，
託中送賣與族 彬當處為業，三面相議時
值價錢捌佰文正，其錢即日交足，其糞池即
付與前去管業為業，任從其便。係無交加不
明等情，如有此情，係是楊出頭支當，不涉買主之
事。其年限言約不拘遠近，倘有力之時備錢退
契，兩取贖無阻。立賣契壹紙付執為照。

光緒拾壹年拾壹月　日立賣契楊班章（押）
代字中見族叔祖家鎮（押）

大吉

9-5-14-2　清光緒十一年十一月楊班章立賣糞池契

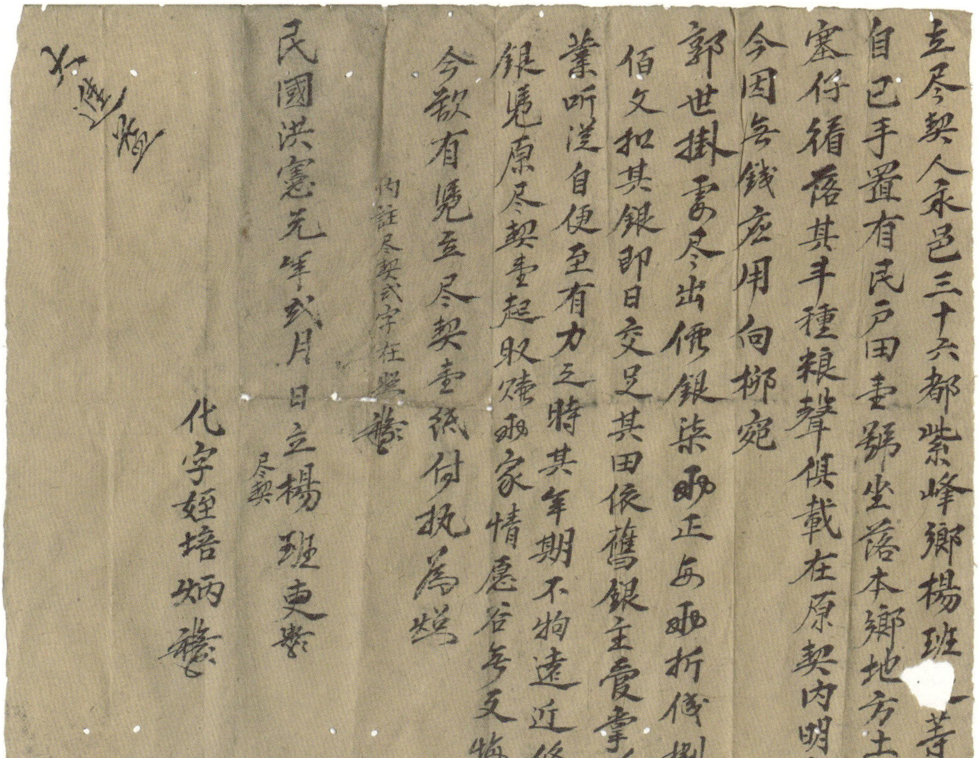

立盡契人永邑三十六都紫峰鄉楊班吏等
自己手置有民户田壹號坐落本鄉地方土名
塞仔循落其手種粮聲俱載在原契內明白
今因無錢應用向椰宛
郭世掛處盡出價銀柒兩正每兩折錢捌
佰文扣其銀即日交足其田依舊銀主管掌為
業所從自便至有力之時其年期不拘遠近備
銀憑原盡契壹起贖兩家情愿各無文悔
今欲有憑立盡契壹紙付執為照
内註盡契弍字在照
民國洪憲元年弍月　日立楊班吏（押）盡契
代字姪培炳（押）
不准登

9-5-14-3　民國五年（洪憲元年）二月楊班吏立盡民户田契

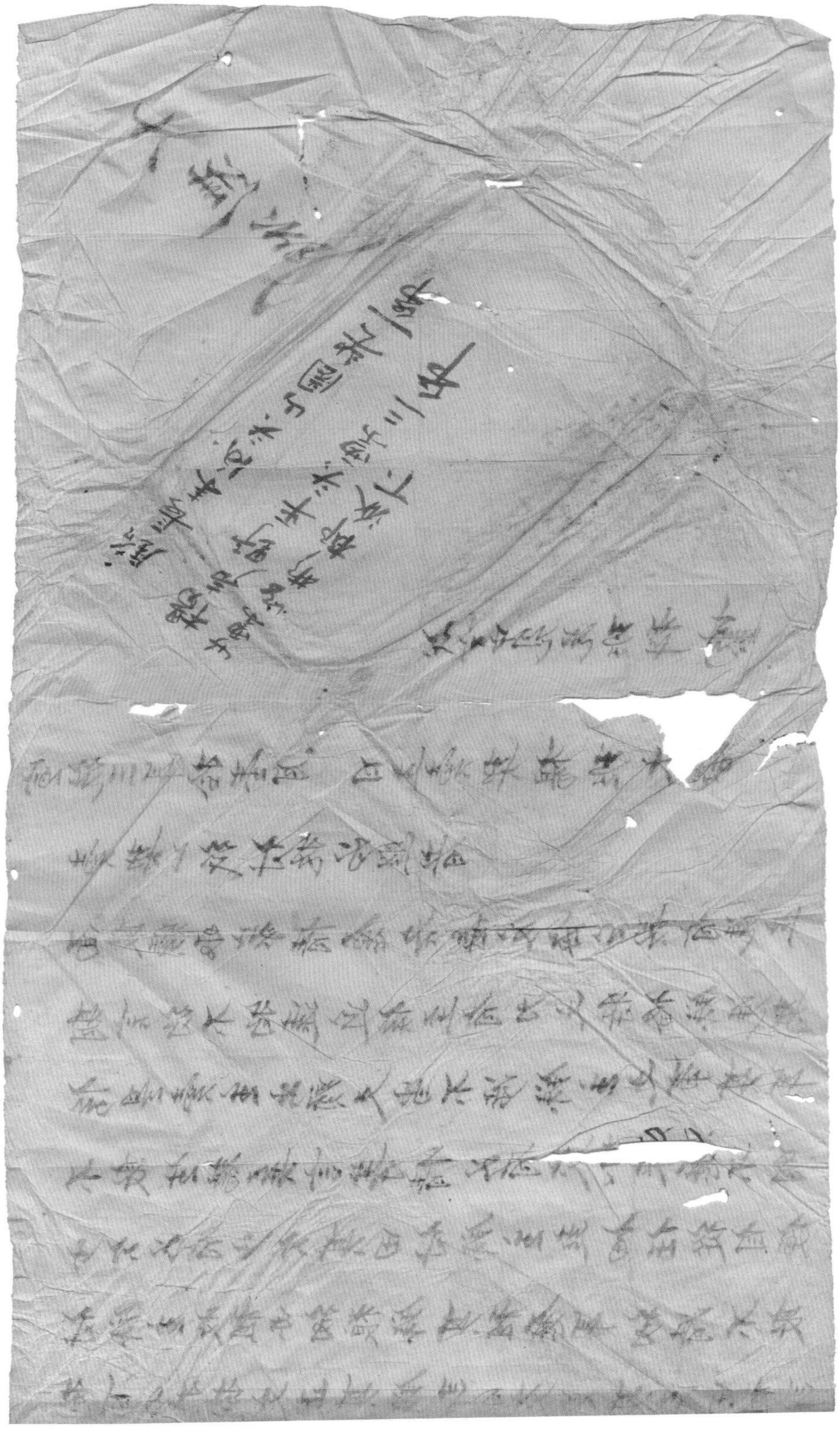

9-5-15-1　包契紙

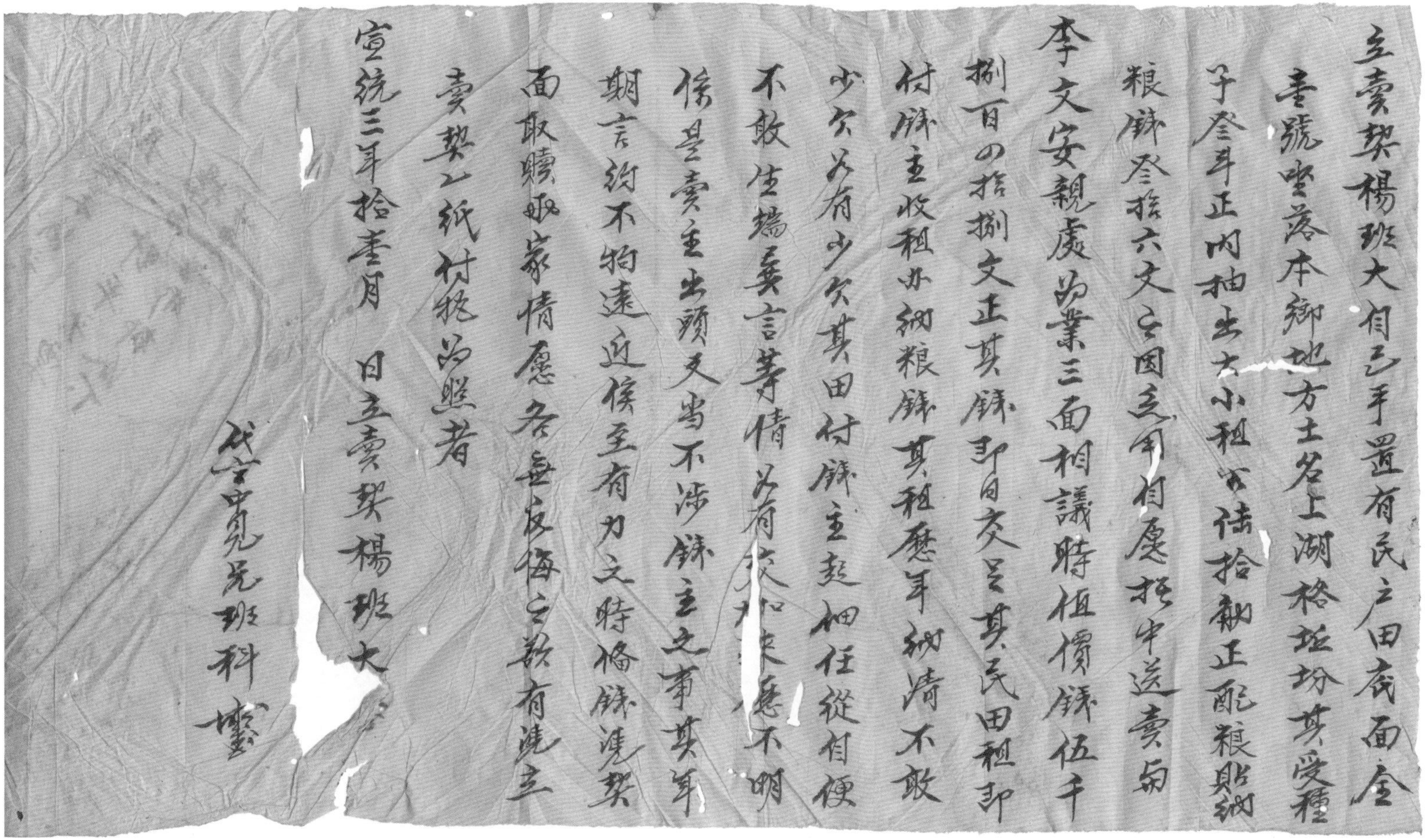
立賣契楊班大有己手置有民户田底面全
壹號坐落本鄉地方土名上湖格垃坋其受種
子叁斗正内抽出大小租谷陆拾觔正配粮貼納
粮錢叁拾六文正因乏用自愿托中送賣與
李文安親處為業三面相議時值價錢伍千
捌百四拾捌文正其錢即日交足其民田租即
付錢主收租办納粮錢其租歷年納清不敢
少欠如有少欠其田付錢主起佃任從自便
不敢生端異言等情如有來歷不明
係是賣主出頭支当不涉錢主之事其年
期言約不拘遠近係至有力之時備錢淮契
面取贖取家情愿各無反悔今欲有憑立
賣契一紙付執為照者
宣統三年拾壹月　日立賣契楊班大
代字中見兄班科[illegible]

9-5-15-2　清宣統三年十一月楊班大立賣底面全民户田契

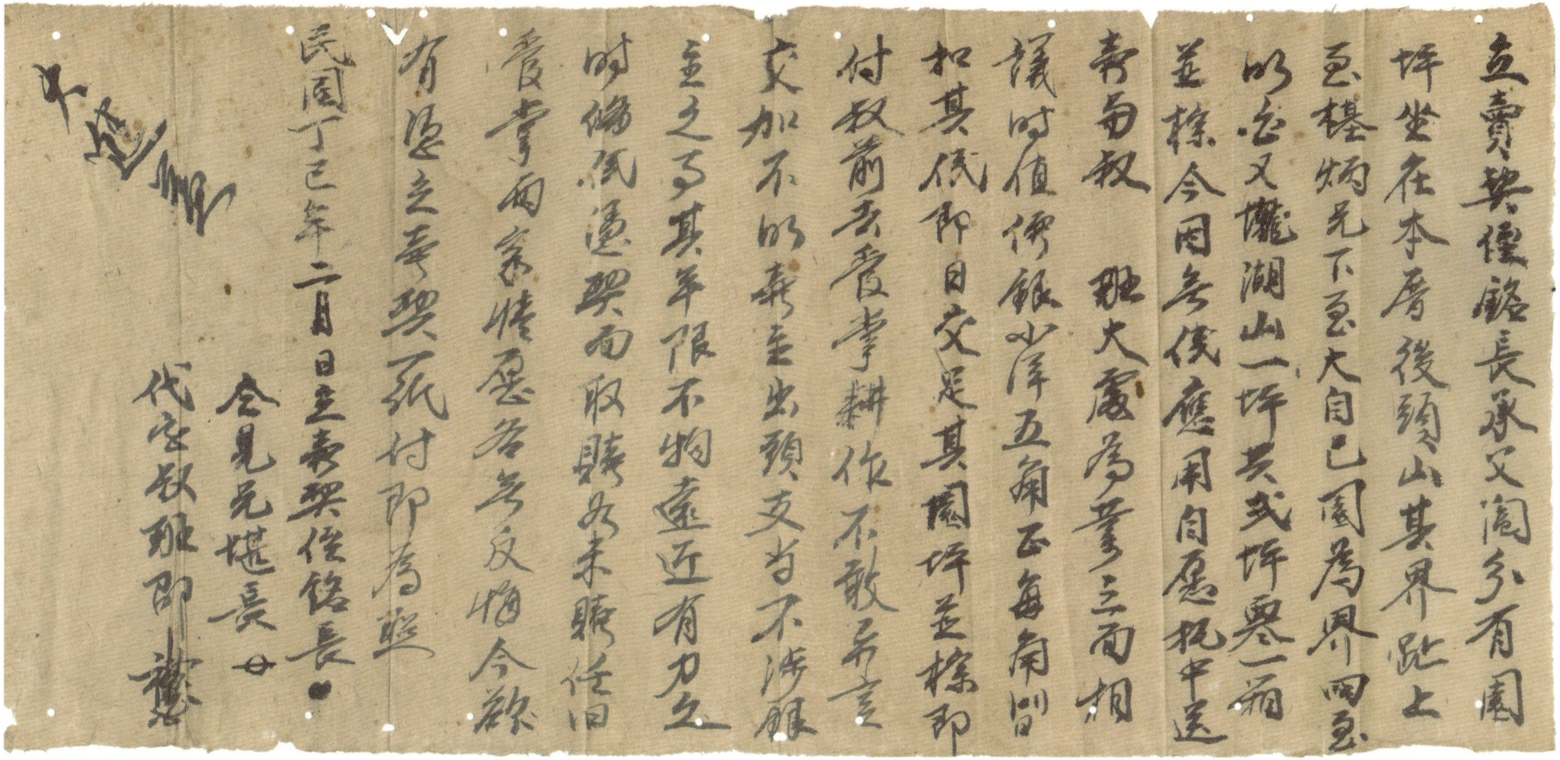
立賣契楊銘長承父鬮分有園
坪坐在李厝後頭山其界址上
至樓炳兄下至大自己園爲界四至
明白又壠湖山一坪共弍坪要一兩
並椂今因無錢應用自愿托中送
賣與叔　雖大處爲業三面相
議時值價銀小洋五角正每角留
扣其價即日交足其園坪並椂即
付叔前去管掌耕作不敢吝言
交加不明等生出頭支当不涉叔
至之事其年限不拘遠近有力之
時備價還契兩取贖如未贖任旧
管業兩家情愿各無反悔今欲
有憑立賣契乙紙付即爲照
民國丁巳年二月　日立賣契侄銘長●
仝見兄堪長
代字叔雖郎

9-5-15-3　民國六年二月楊銘長立賣園坪契

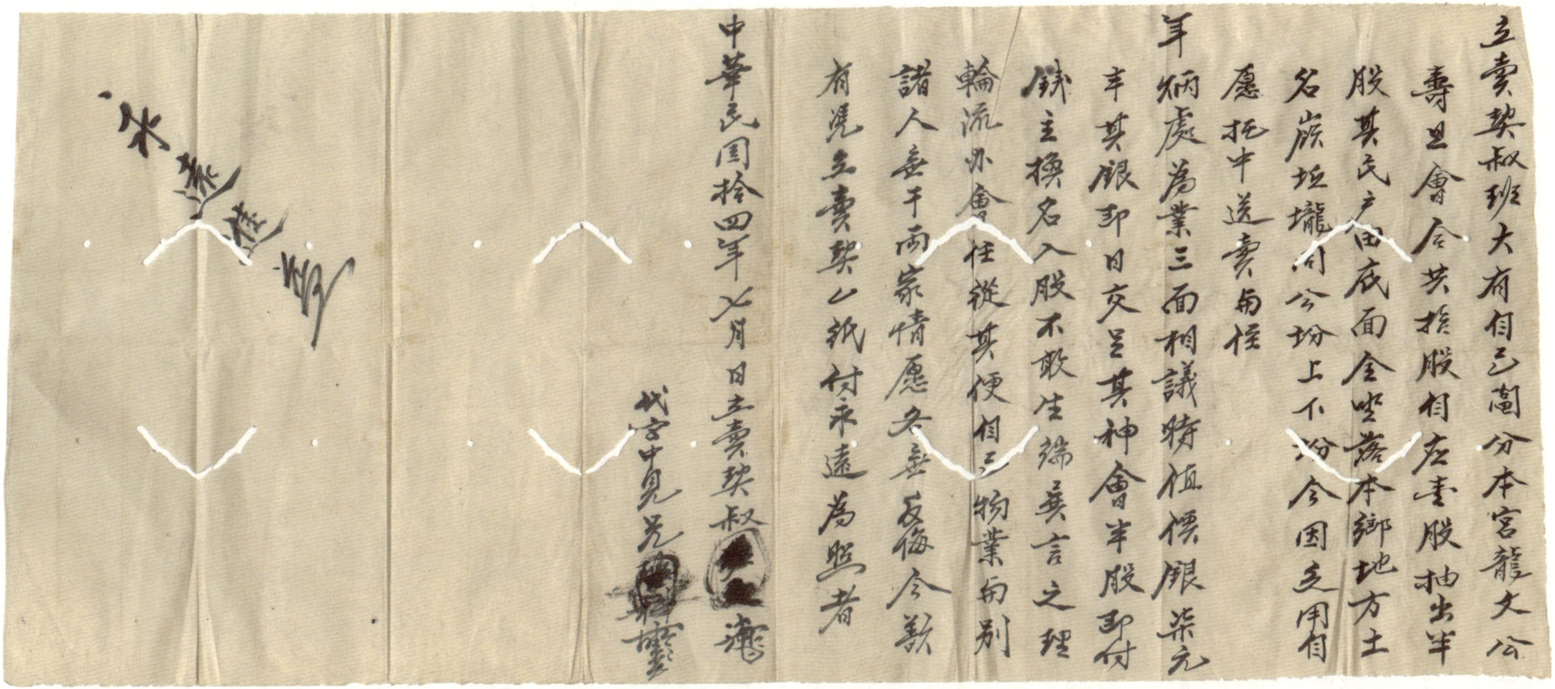
立賣契叔班大有自己鬮分本宮龍文公
壽旦會合共拾股自應壹股抽出半
股其民户田底面全坐落本鄉地方土
名崁垅壠何公坋上下坵今因乏用自
愿托中送賣與侄
羊炳處為業三面相議價值價銀柒元
半其銀即日交足其神會半股即付
錢主換名入股不敢生端異言之理
輪流亦會任從其便自己物業與別
諸人無干兩家情愿各無反悔今欲
有憑立賣契一紙付永遠為照者
中華民國拾四年七月　日立賣契叔班大德
代字中見兄

9-5-15-4　民國十四年七月楊班大立賣龍文公壽旦會股契

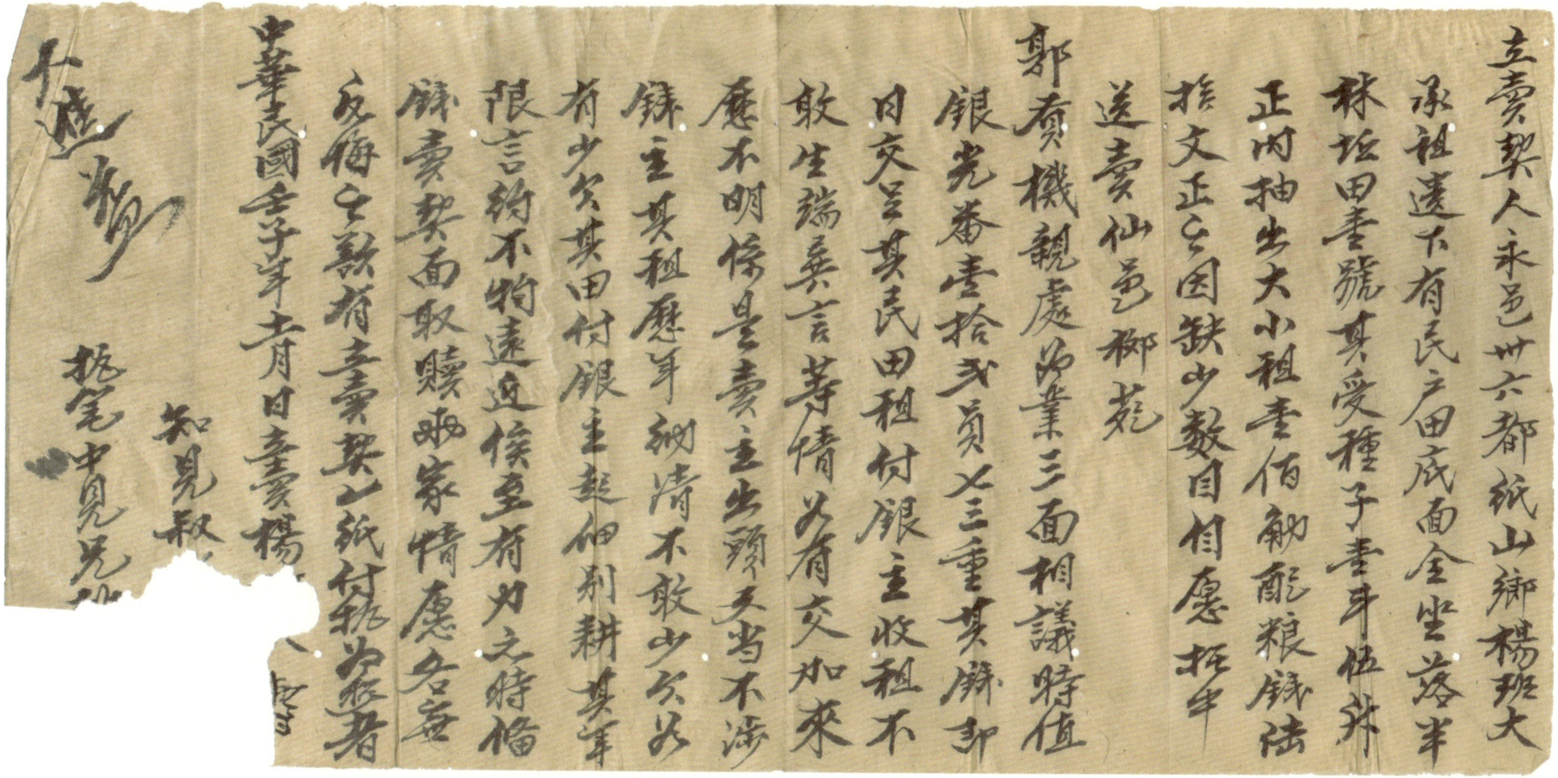

立賣契人永邑廿六都紙山鄉楊班大
承祖遺下有民户田底面全坐落半
林坵田壹號其受種子壹斗伍升
正内抽出大小租壹佰觔配粮錢法
拾文正今因缺少錢用情愿托中
送賣仙邑鄉苑
郭齊機親處爲業三面相議特值
銀光番壹拾弍員又三重其洋即
日交足其民田租付銀主收租不
敢生端異言等情如有交加來
歷不明係是賣主出頭支當不涉
銀主其租歷年納清不敢少欠如
有少欠其田付銀主起佃別耕其年
限言約不拘遠近俟至有力之時備
錢贖契面取贖兩家情愿各無
反悔今欲有憑立賣契一紙付執爲照者
中華民國壬子年十一月　日立賣契楊
知見叔
托筆中見兄
大進

9-5-16-1　民國元年十一月楊班大立賣底面全民户田契

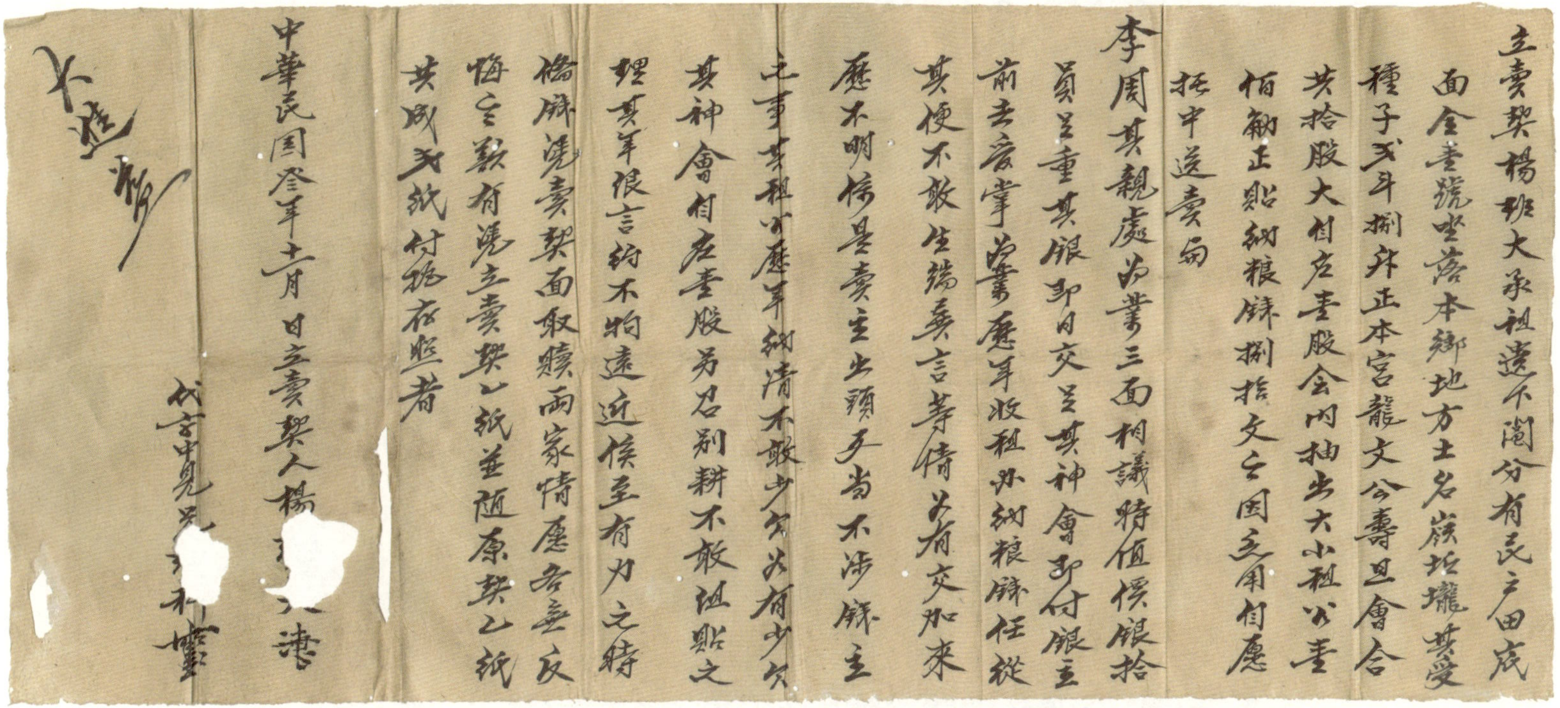
立賣契楊班大承祖遺下閹分有民户田底
面全壹號坐落本鄉地方土名嶺坵壠其受
種子弍斗捌升正本宮龍文公壽旦會合
共拾股大宙應壹股全內抽出大小租谷壹
佰斛正貼納糧錢捌拾文仝国丞甬付應
托中送賣與
李周其親處爲業三面相議時值價銀拾
員足重其銀即日交足其神會即付銀主
前去掌管爲業歷年收租并納糧錢任從
其便不敢生端異言等情並有交加來
歷不明楊邊賣主出頭支當不涉錢主
之事其租谷歷年納清不敢少欠並有少欠
其神會付應壹股另召別耕不敢阻貼之
理其年限言約不拘遠近俟至有力之時
備錢憑賣契面取贖兩家情愿各無反
悔今欲有憑立賣契乙紙並隨原契乙紙
共成弍紙付執存照者
中華民国叁年十一月　日立賣契人楊□大港
代字中見兄□□和臺
大進號

9-5-16-2　民國三年十一月楊班大立賣底面全民户田契

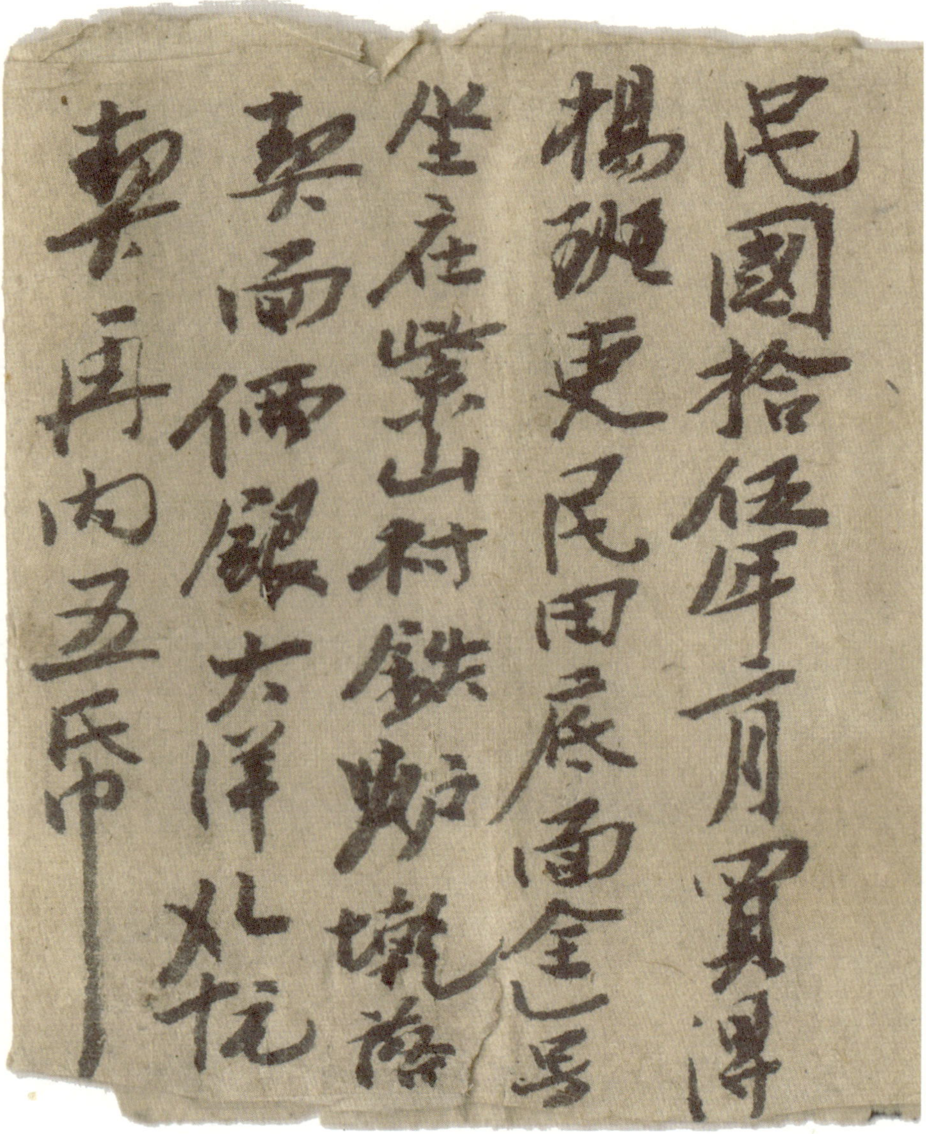
民國拾伍年十月買得
楊班吏民田底面全契
坐在紫山村鉄爐壠路
契面價銀大洋九拾元
契再內孟氏巾

9-5-17-1　包契紙

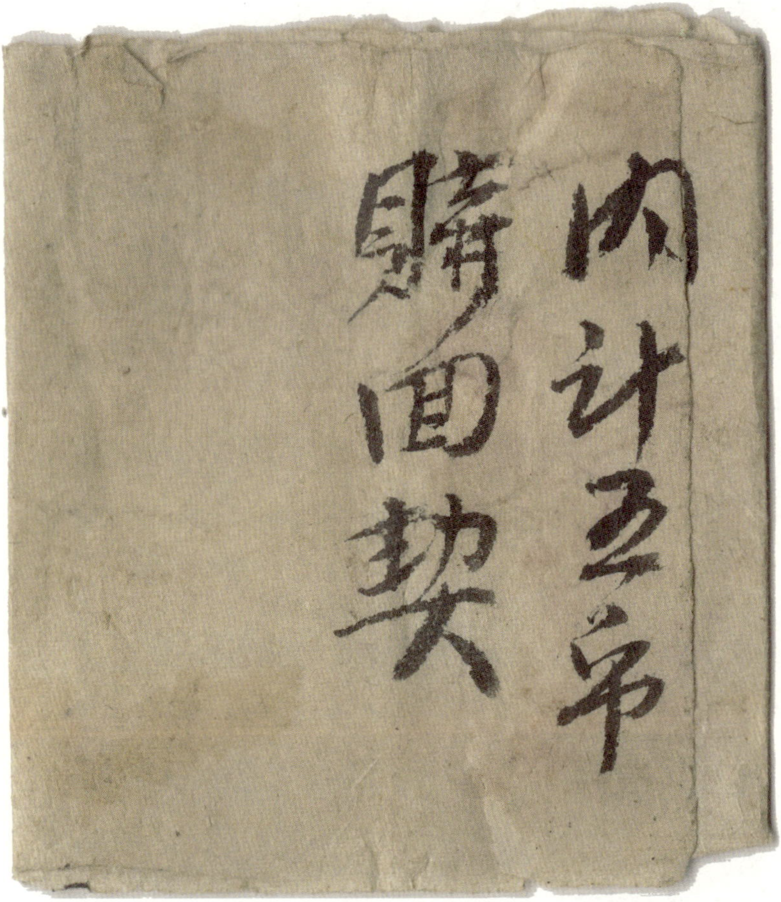

9-5-17-2　包契紙

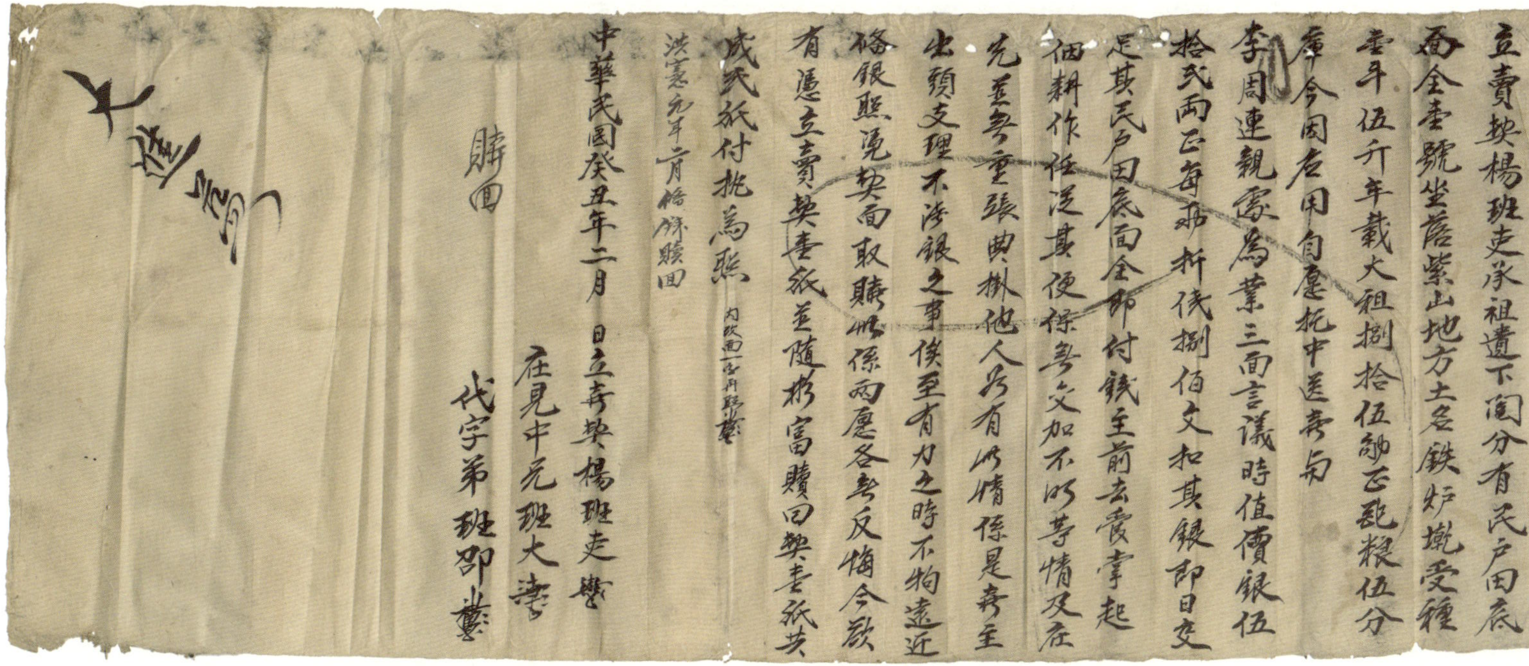
立賣契楊班吏承祖遺下鬮分有民户田底
面全壹號坐落紫山地方土名鉄炉坑受種
壹斗伍升年載大租捌拾伍觔正配粮伍分
正今因乏用自愿托中送與向
李周連親處爲業三面言議時值價銀伍
拾弍兩正每兩折伐捌佰文扣其銀即日交
足其民户田底面全即付銀主前去管掌起
佃耕作任從其便係吾文加不明等情及在
先並無重張典掛他人及有此情係是賣主
出頭支理不涉銀之事後至有力之時不拘遠近
備銀照原契面取贖此係兩愿各無反悔今欲
有憑立賣契壹紙並隨帶富贖田契壹紙共
成弍紙付執爲照　内改面一字再照
洪憲元年六月備價贖回
中華民國癸丑年二月　日立賣契楊班吏（押）
在見中兄班大（押）
代字弟班卯（押）
贖回

9-5-17-3　民國二年二月楊班吏立賣底面全民户田契（廢契）

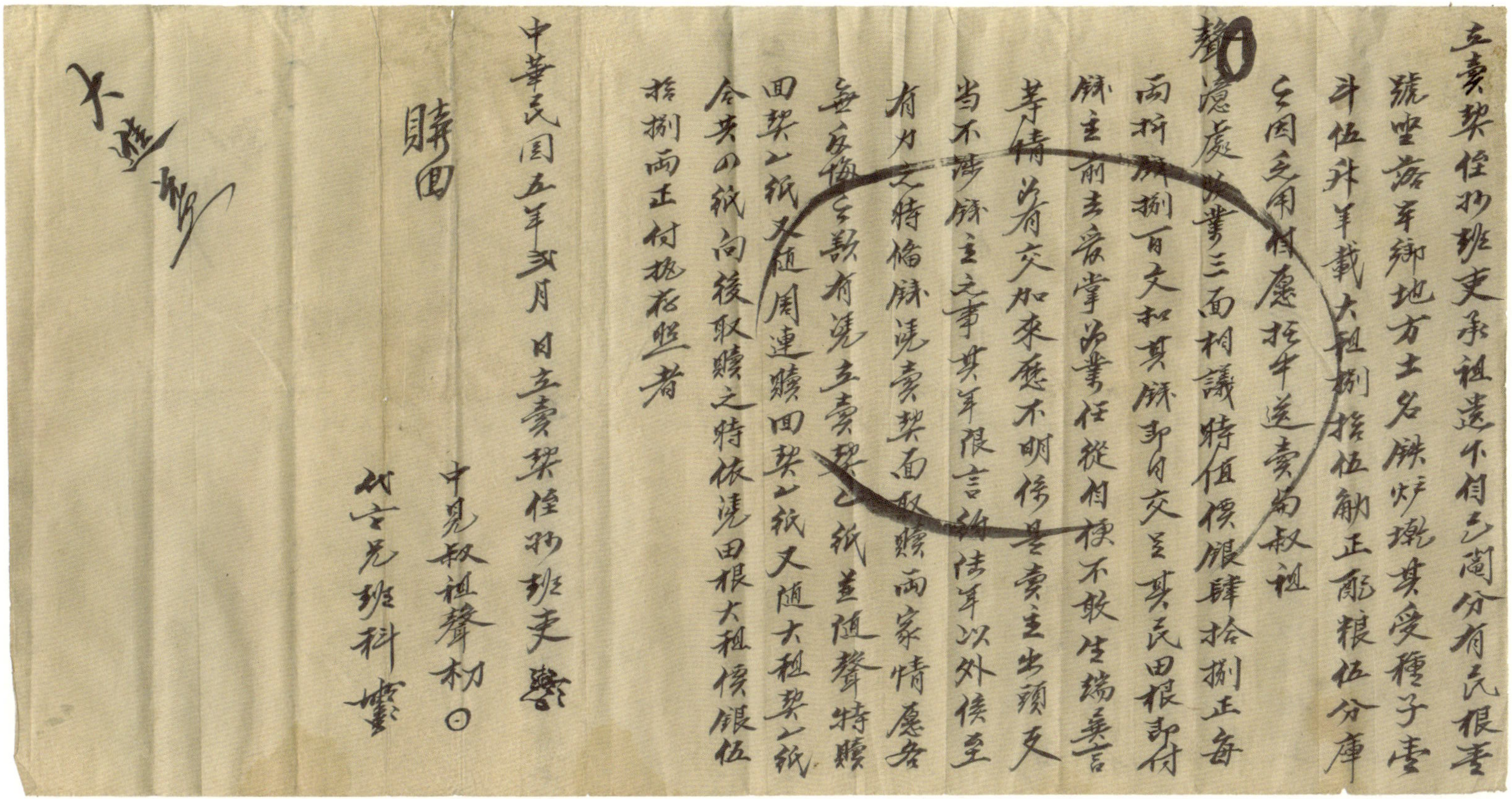

9-5-17-4　民國五年二月楊班吏立賣民田根契（廢契）

立賣契侄孙班吏承祖遗下自己闔分有民户田底
面全壹號，坐落本鄉地方，土名鉄炉塆，其受種
子壹斗伍升，年載大租捌拾伍觔，配粮伍分，庫
内抽出大租捌拾伍觔正。今因乏用，自愿托中送賣
与叔祖
聲遠處為業。三面相議，時值價銀拾兩正，每兩折
錢捌百文，其錢即日交足。其大租亦即付錢主應
年收租，并納粮差，受掌為業，任從自便，不敢生端
異言等情。如有交加來歷不明，係是賣主出頭
支當，不涉錢主之事。其年限言約不拘遠近，俟至
有力之時，備錢照契面取贖，兩家情愿，各無反
悔。今欲有憑，立賣契一紙，付執存照者。

中華民國五年弍月　日立賣契侄孙班吏（押）

贖回

中見叔祖聲枌（押）

代字兄班科（押）

大吉昌

9-5-17-5　民國五年二月楊班吏立賣底面全民户田契（廢契）

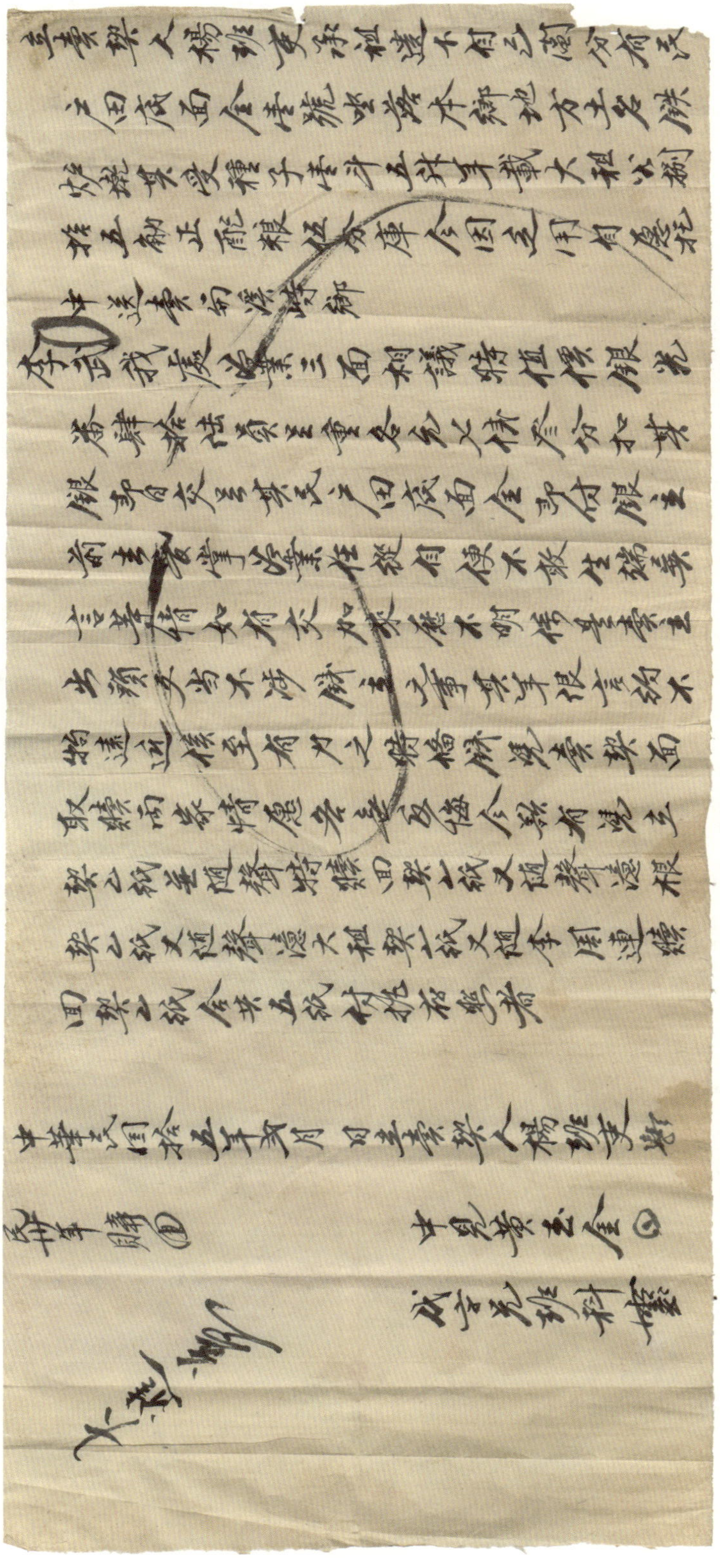

9-5-17-6　民國十五年二月楊班吏立賣底面全民户田契（廢契）

坂部程桐來龍文約神
合契一紙

9-5-18-1　包契紙

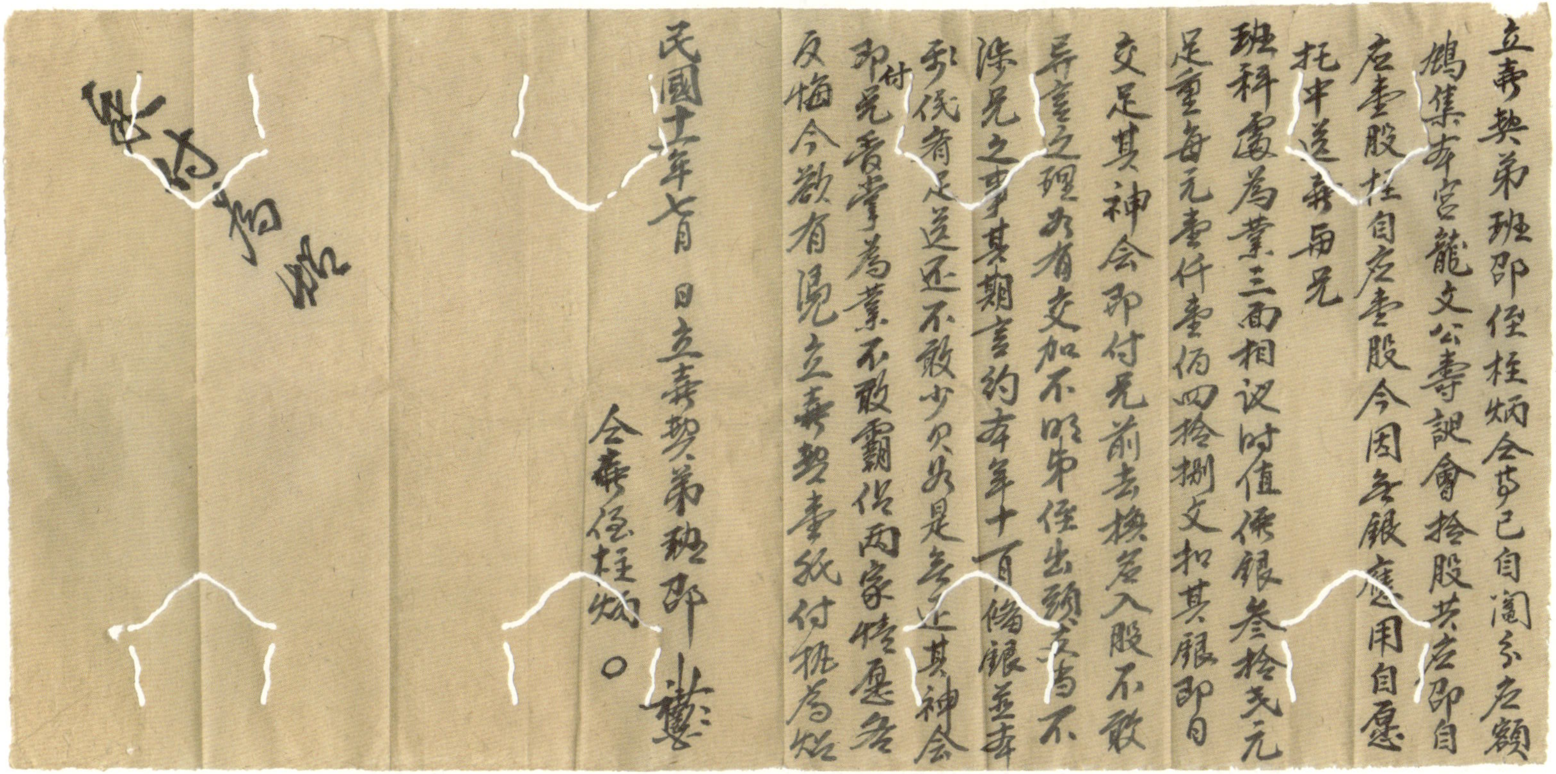
立壽契弟班卯侄桂炳全弟巳自閹分應額
鵰集本宮龍文公壽誕會拾股共應卯自
應壹股柱自應壹股今因乏銀應用自愿
托中送壽與兄
班科處爲業三面相议时值價銀叁拾弍元
足重每元壹仟壹佰四拾捌文扣其銀卯日
交足其神会卯付兄前去换名入股不敢
异言之理如有交加不明弟侄出頭支当不
涉兄之事其期言約本年十月備银並本
利备足送还不敢少欠如是無还其神会
卯付兄掌爲業不敢霸佔两家情愿無
反悔今欲有憑立壽契壹紙付執爲炤
民國十一年七月　日立壽契弟班卯
全壽侄桂炳　○

9-5-18-2　民國十一年七月楊班卯等立賣龍文公壽誕會股契

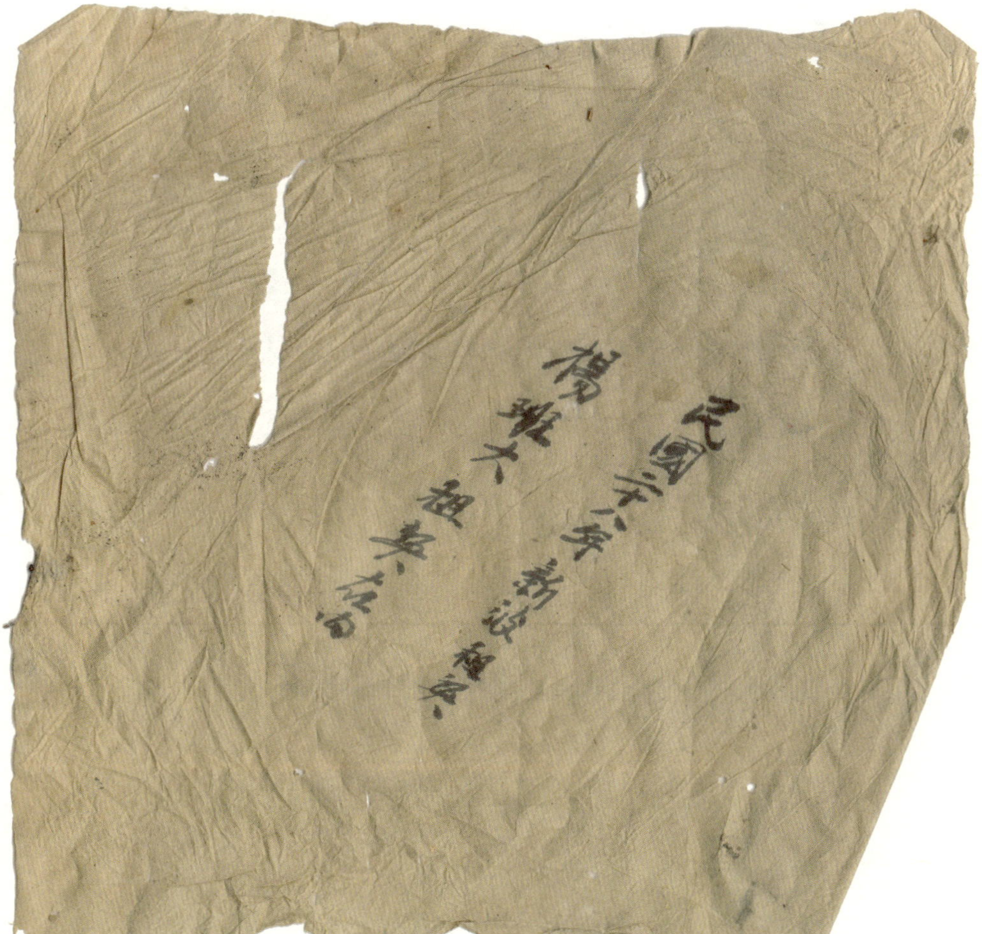
民國三十八年新設租契
楊班大租契存白

9-5-19-1　包契紙

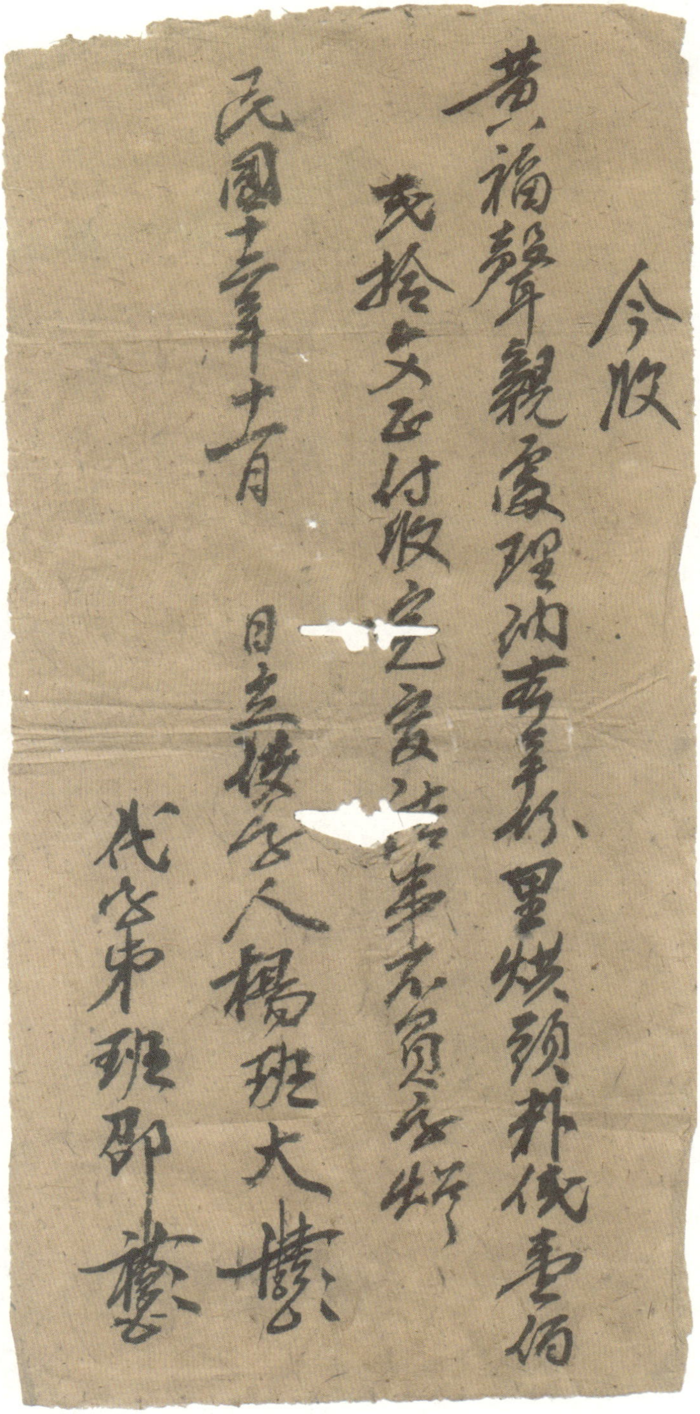

今收
黄福聲親處理納本年份里烘頭科錢壹佰
貳拾文正付收完乞交清本年完糧存炤
民國十二年十一月
日立接收人楊班大[illegible]
代字弟班邵[illegible]

9-5-19-2　民國十二年十一月楊班大立收糧錢字

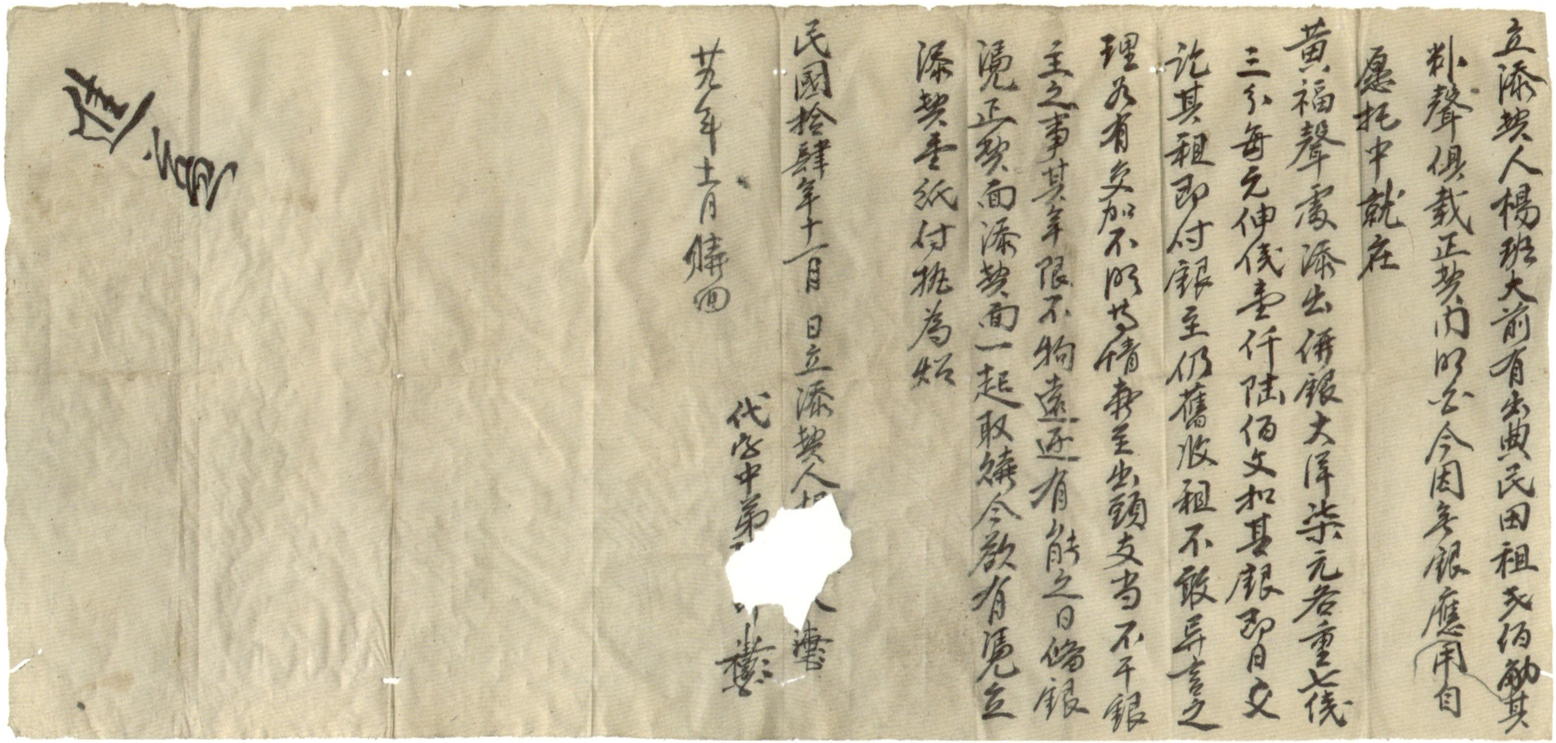

立添契人楊班大前有出典民田租弍佰觔其
料聲俱載正契內明今因乏銀應用自
愿托中就在
黃福聲處添出佛銀大洋柒元各重七錢
三分每元伸錢壹仟陸佰文扣其銀即日交
訖其租即付銀主仍舊收租不敢异言之
理及有交加不明此情業主出頭支當不干銀
主之事其年限不拘遠近有能之日備銀
還正契面添契面一起取續今欲有憑立
添契壹紙付執為炤

民國拾肆年十一月　日立添契人楊□□
代字中弟□□藝

□年十一月贖回

9-5-19-3　民國十四年十一月楊班大立添民田租契

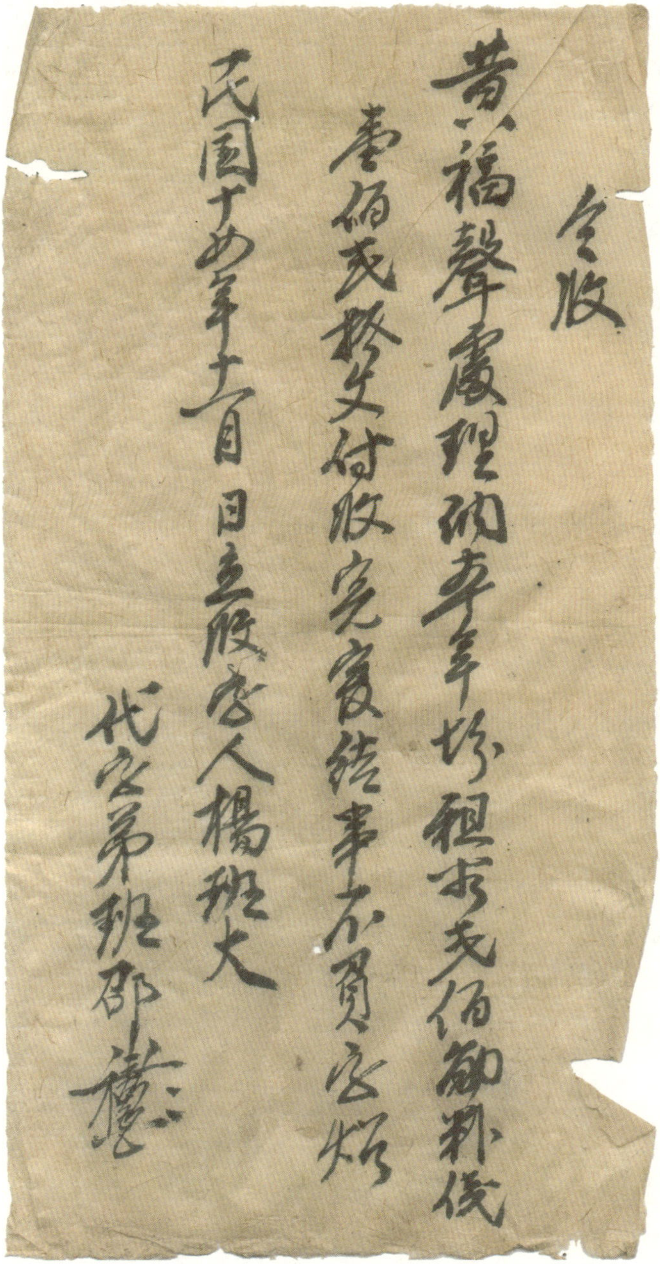
今收
黄福聲處理納本年份租穀弍佰觔耕佃
壹佰弍拾斤付收完實結事不貿字炤
民国十四年十一月　日立收字人楊班大
代字弟班邵簽

9-5-19-4　民國十四年十一月楊班大立收租穀字

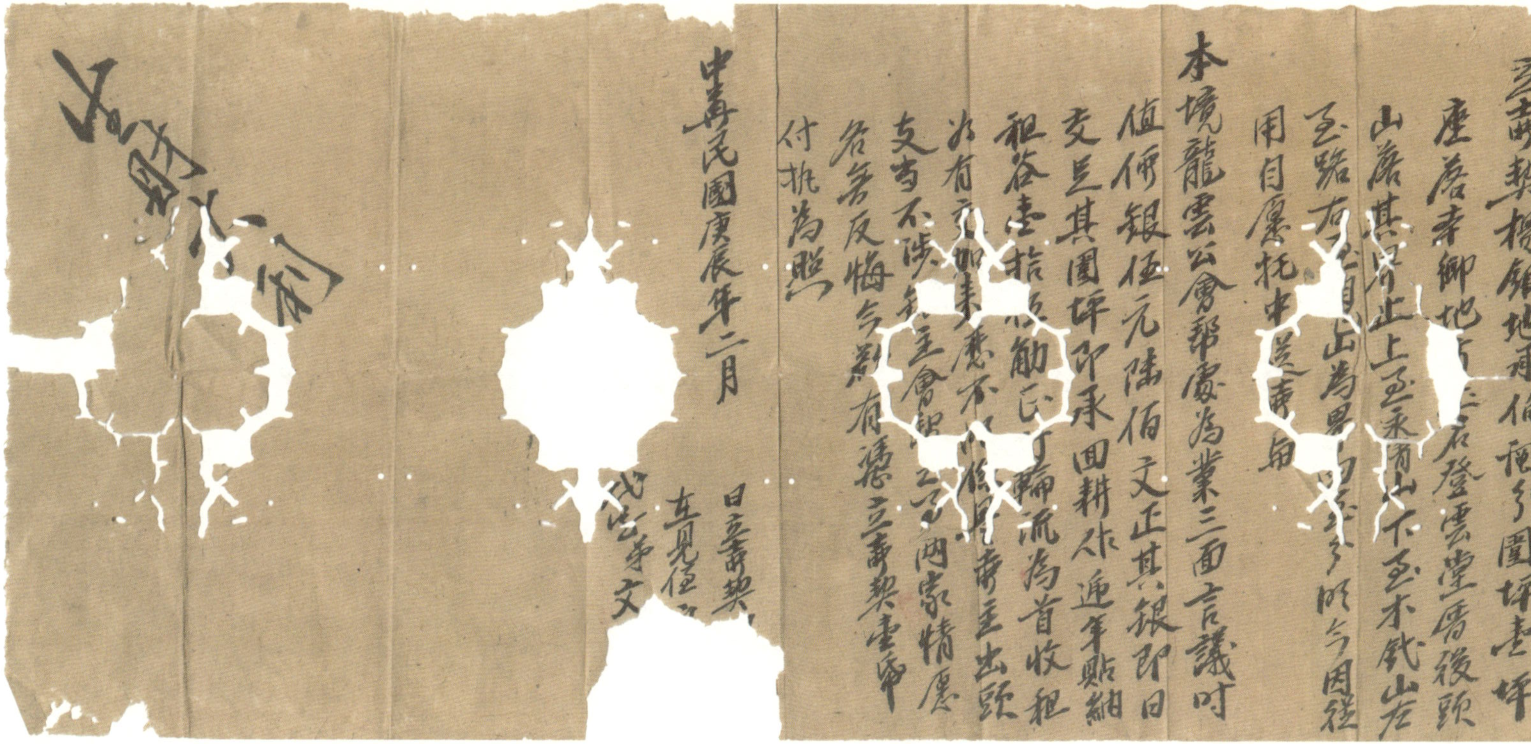
立賣契楊銀地承伯[illegible]下園坪壹坪
座落本鄉地[illegible]名登雲堂厝後頭
山蓭其[illegible]止上至承[illegible]山下至木鈌山左
至路右[illegible]山為界[illegible]明今因從
用自愿托中送賣與
本境龍雲公會鄧處為業三面言議時
值價銀伍元陸佰文正其銀即日
交足其園坪即承回耕作逐年貼納
租谷壹指[illegible]觔[illegible]輪流為首收租
如有[illegible]如來歷不[illegible]係賣主出頭
支當不涉銀主會[illegible]之事兩家情愿
各無反悔今欲有憑立賣契壹帋
付執為照
中華民國庚辰年二月　日立賣契[illegible]
在見侄[illegible]
代筆[illegible]文
[illegible]

9-5-20-1　民國二十八年二月楊銀地立賣園坪契

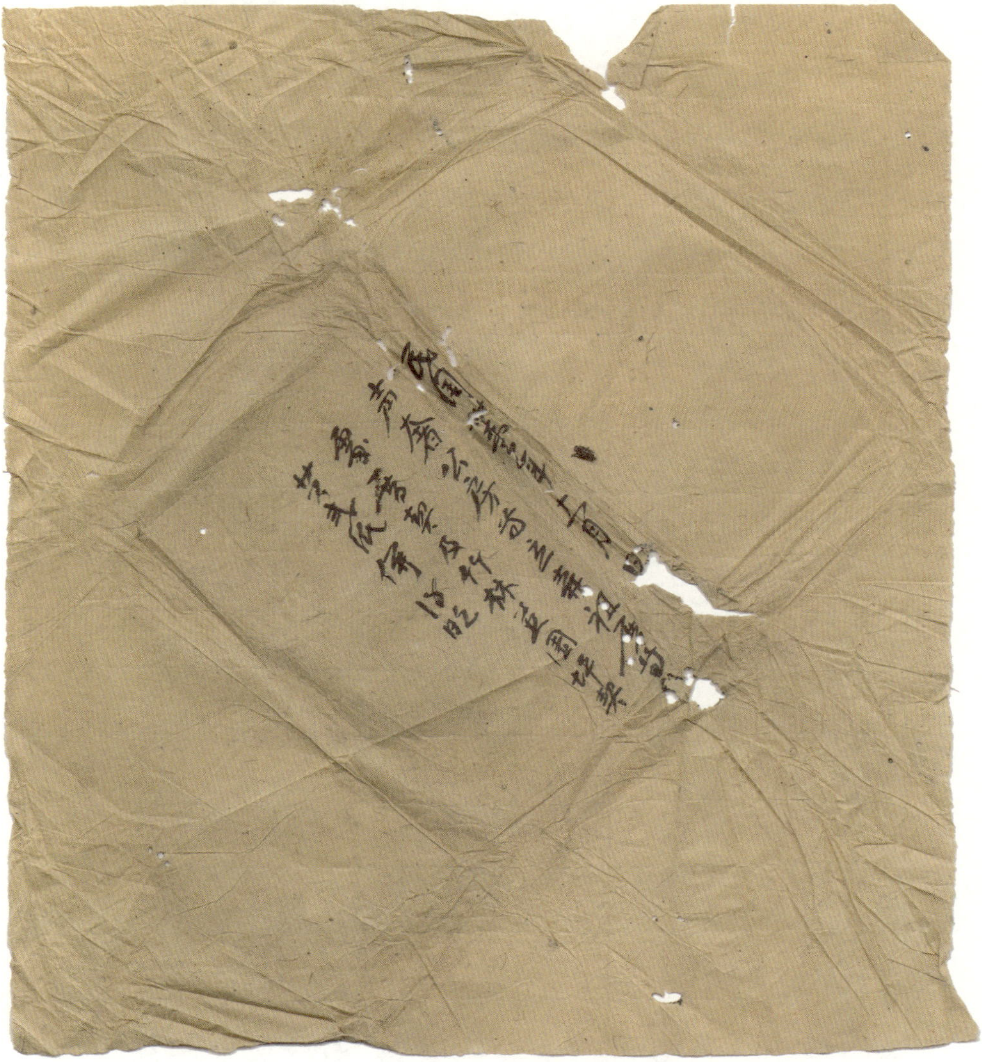

9-5-21-1　包契紙

9-5-21-2　民國三十一年十一月楊文銮立賣房屋契

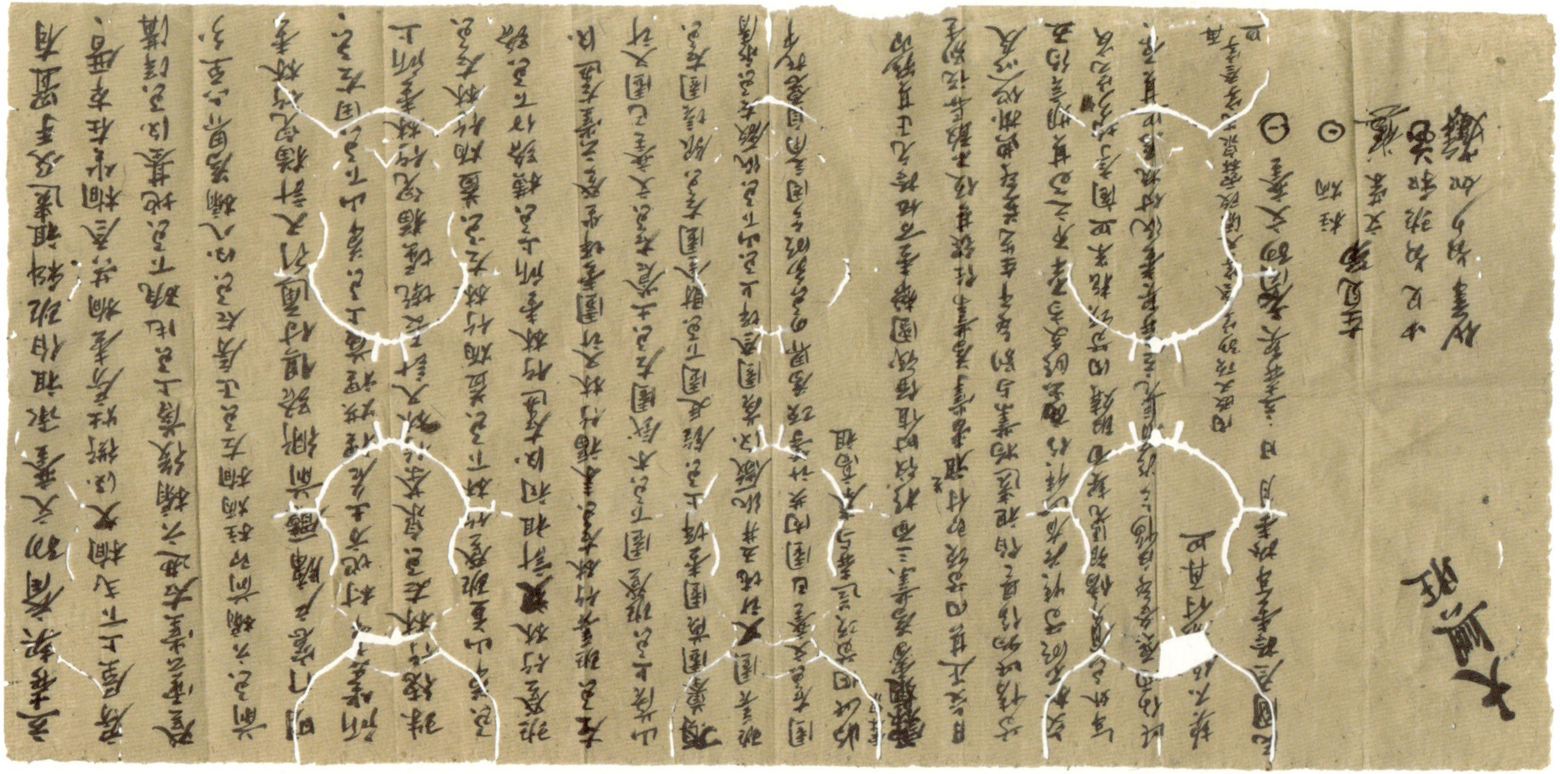

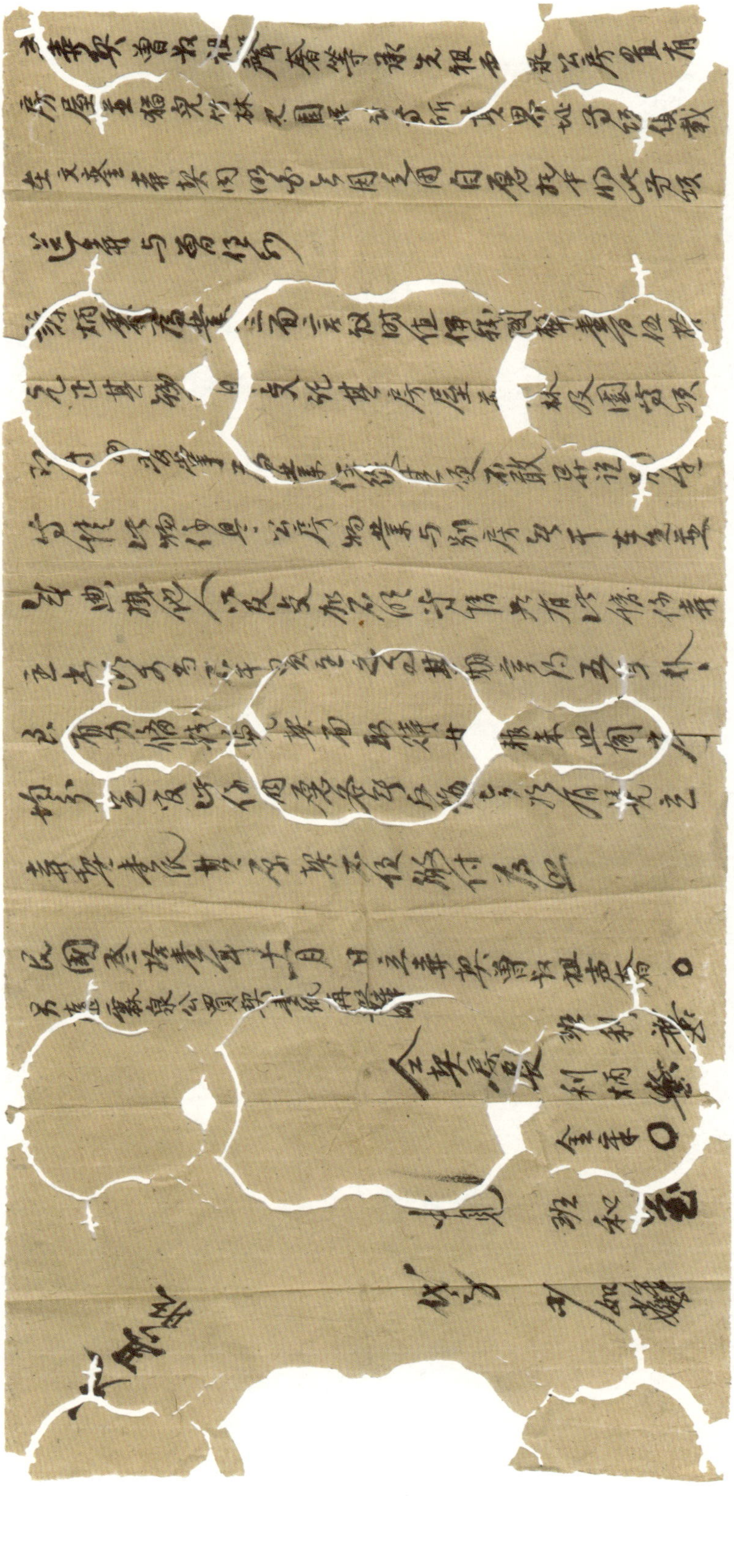

9-5-21-3　民國三十一年十一月楊聲奢等立賣房屋等契

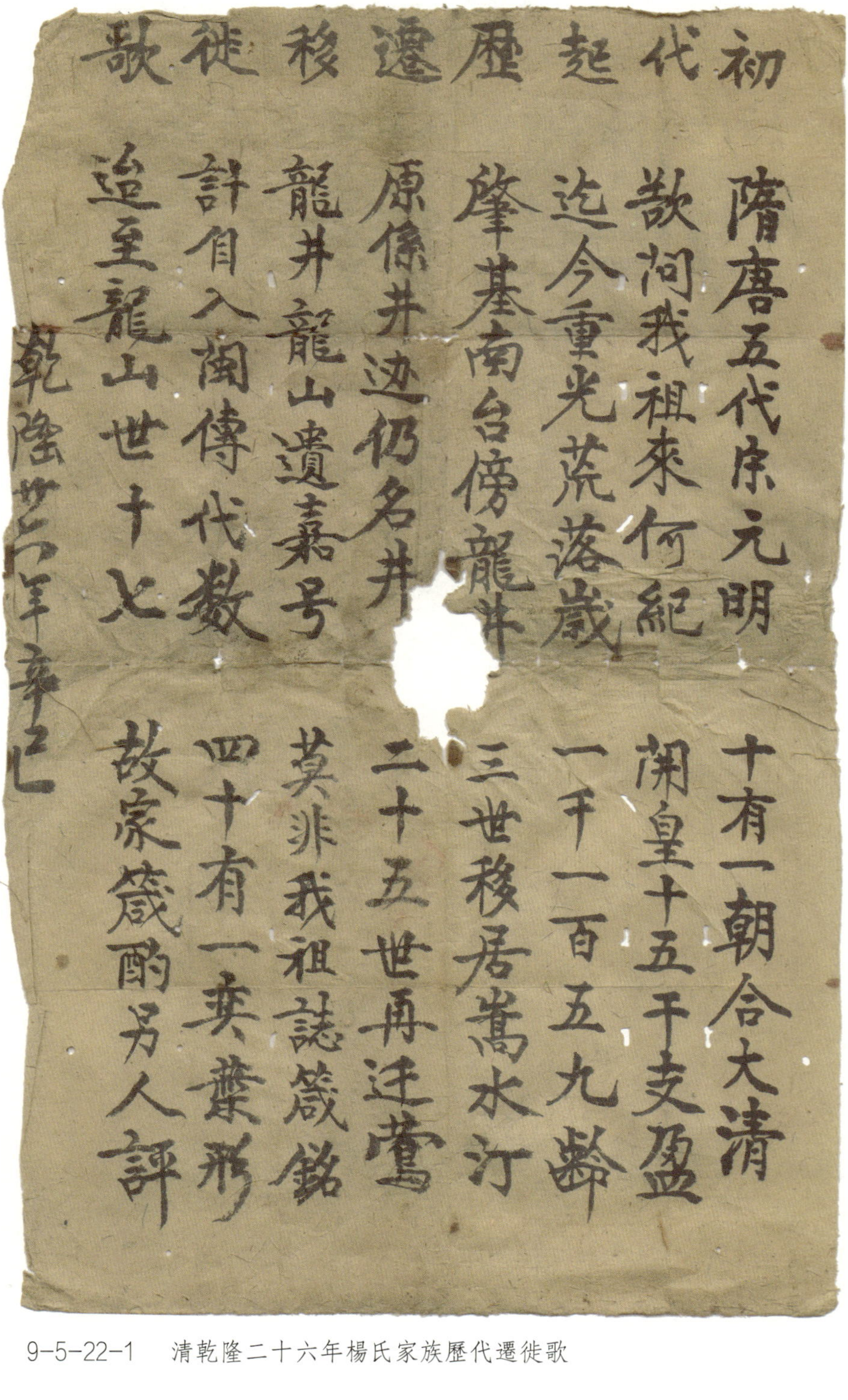

初代起歷遷移徙歌

隋唐五代宋元明　十有一朝合大清
欲問我祖來何紀　開皇十五干支盈
迄今重光荒落歲　一千一百五九齡
肇基南台傍龍井　三世移居嵩水汀
原係井邊仍名井　二十五世再遷鷺
龍井龍山遺嘉号　莫非我祖誌箴銘
計自入閩傳代數　四十有一奕葉形
迨至龍山世十七　故家箴酌另人評

乾隆廿六年辛巳

9-5-22-1　清乾隆二十六年楊氏家族歷代遷徙歌

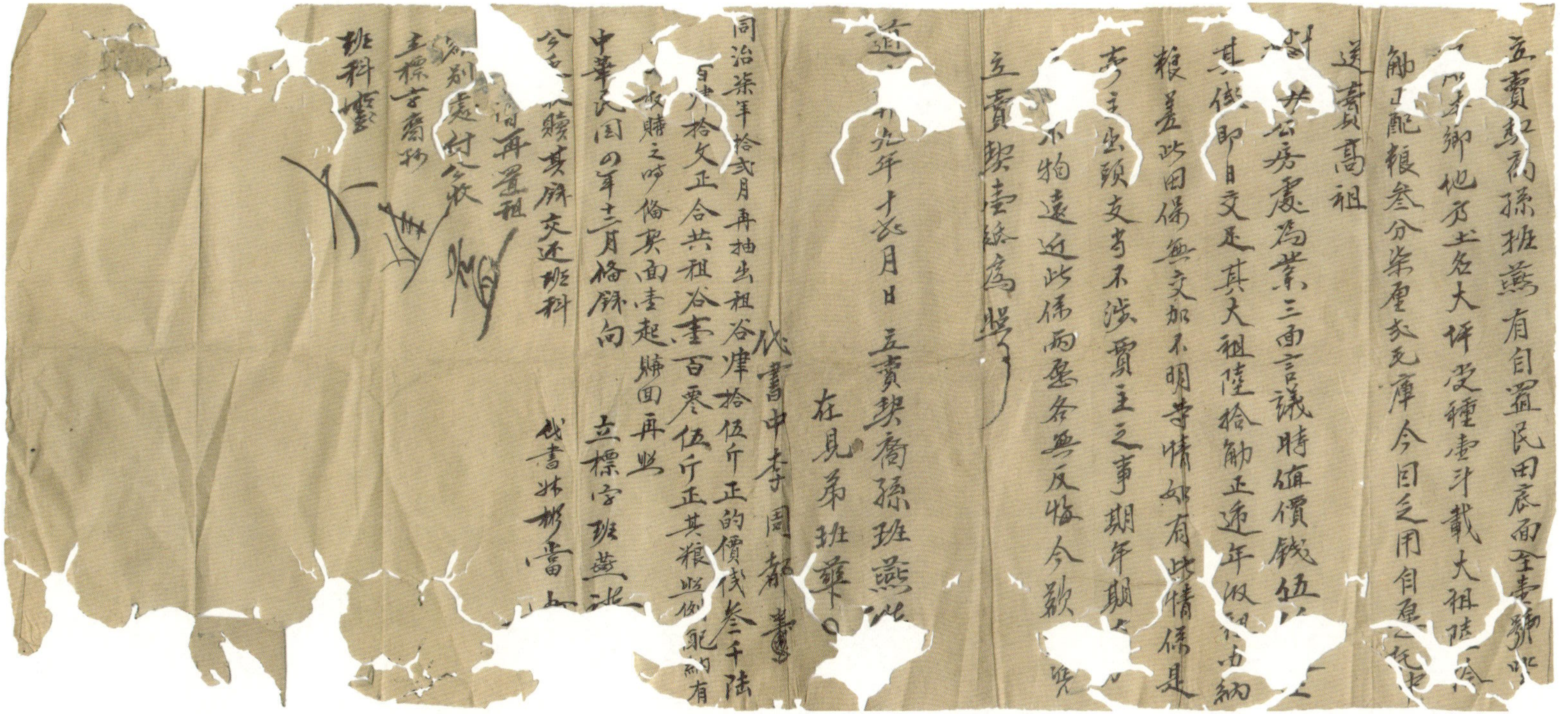
立賣契人裔孫班燕，有自置民田底面全壹號，坐[illegible]
[illegible]本鄉地方，土名大坪，受種壹斗，載大祖陸拾[illegible]
觔，丁配粮叁分柒厘玖毛庫。今因乏用，自愿託中
送賣高祖
對公房處為業，三面言議時値價錢伍[illegible]
其錢即日交足，其大祖陸拾觔正，逐年收租[illegible]納
粮。其此田係無交加不明等情，如有此情，係是
賣主出頭支當，不涉買主之事，期年聽[illegible]
[illegible]不拘遠近，此係兩愿，各無反悔。今欲[illegible]憑，
立賣契壹紙為照。

道[illegible]九年十二月　日　立賣契裔孫班燕（押）
在見弟班華〇
代書中李國都（押）

同治柒年拾弍月再抽出租谷肆拾伍斤正，的價錢叁千陸
百[illegible]拾文正，合共租谷壹百零伍斤正，其粮照例配納，有
[illegible]敗賭之時，備契面壹起，贖田再照。
立標字班燕（押）
代書林彬當[illegible]

中華民國四年十二月備錢向
公[illegible]贖其屏交还班科
[illegible]再置租
[illegible]別處付公收
立標字裔孫
班科（押）

9-5-22-2　清道光二十九年十二月楊班燕立賣底面全民田契

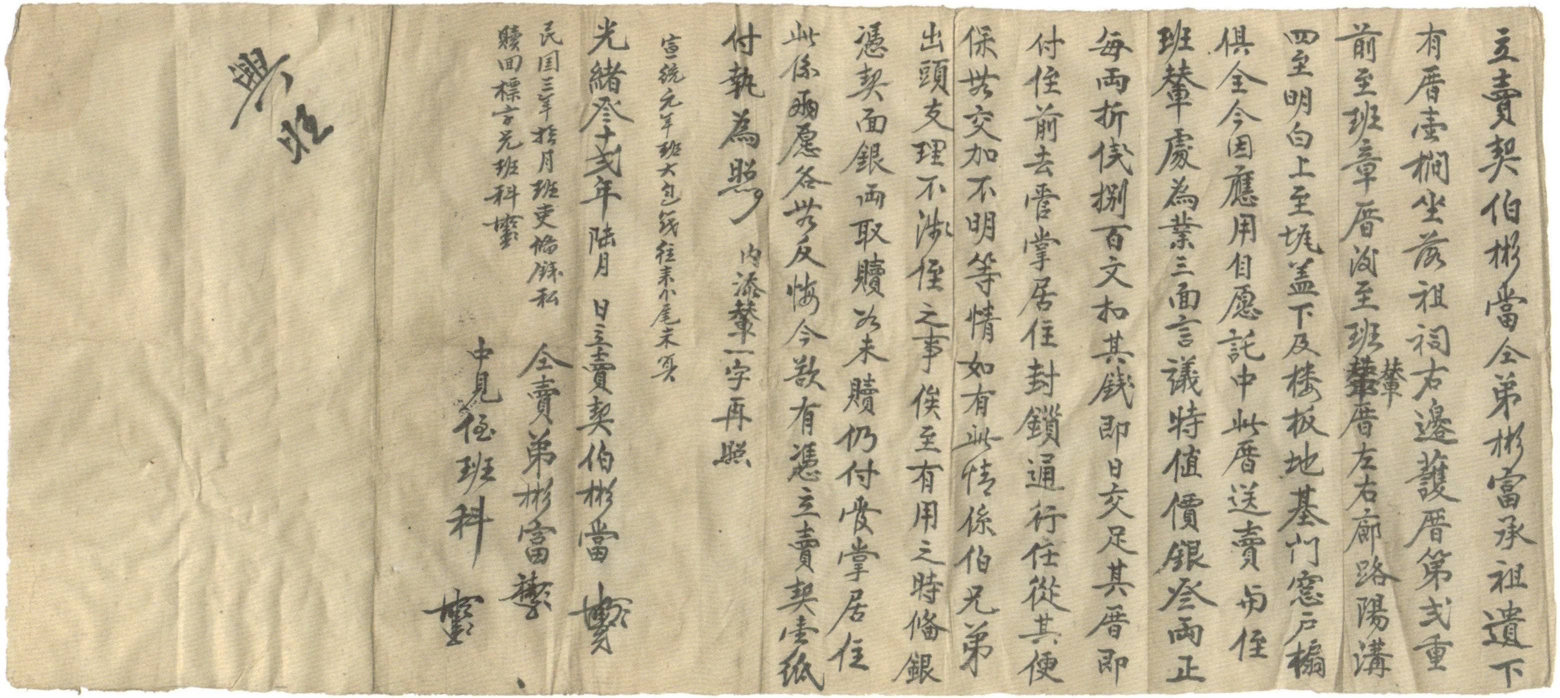

立賣契伯彬當仝弟彬富承祖遺下
有厝壹棟坐落祖祠右邊護厝第弍重
前至班章厝後至班華厝左右廊路陽溝
四至明白上至瓦蓋下及樓板地基门窗戶扇
俱全今因應用自愿託中將此厝送賣与侄
班華處為業三面言議特值價銀叁兩正
每兩折伐捌百文和其錢即日交足其厝即
付侄前去管居住封鎖通行任從其便
保此交加不明等情如有此情係伯兄弟
出頭支理不涉侄之事俟至有用之時備銀
憑契面銀兩取贖如未贖仍付侄掌居住
此係兩愿各無反悔今欲有憑立賣契壹紙
付執為照 內添華一字再照
宣统元年班大包钱往来不尾末冥
光緒叁十弍年陸月　日立賣契伯彬當（押）
仝賣弟彬富（押）
中見侄班科（押）
民国三年拾月班吏偷併私
贖回標方光班科（押）

9-5-22-3　清光绪三十二年六月楊彬當等立賣厝契

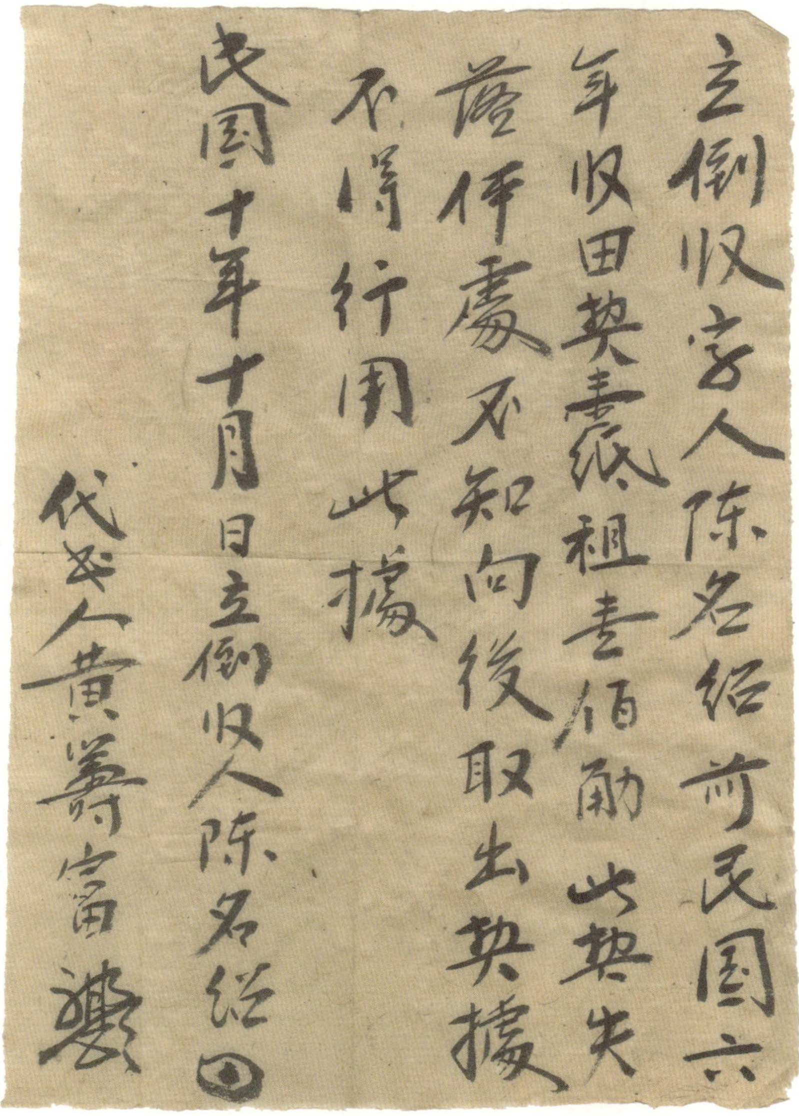
立倒收字人陈名绍前民国六
年收田契壹纸租壹佰觔 此契失
落伻處不知向後取出契據
不得行用 此據
民国十年十月 日立倒收人陈名绍（押）
代筆人黄壽富（押）

9-5-22-4　民國十年十月陳名紹立倒收字

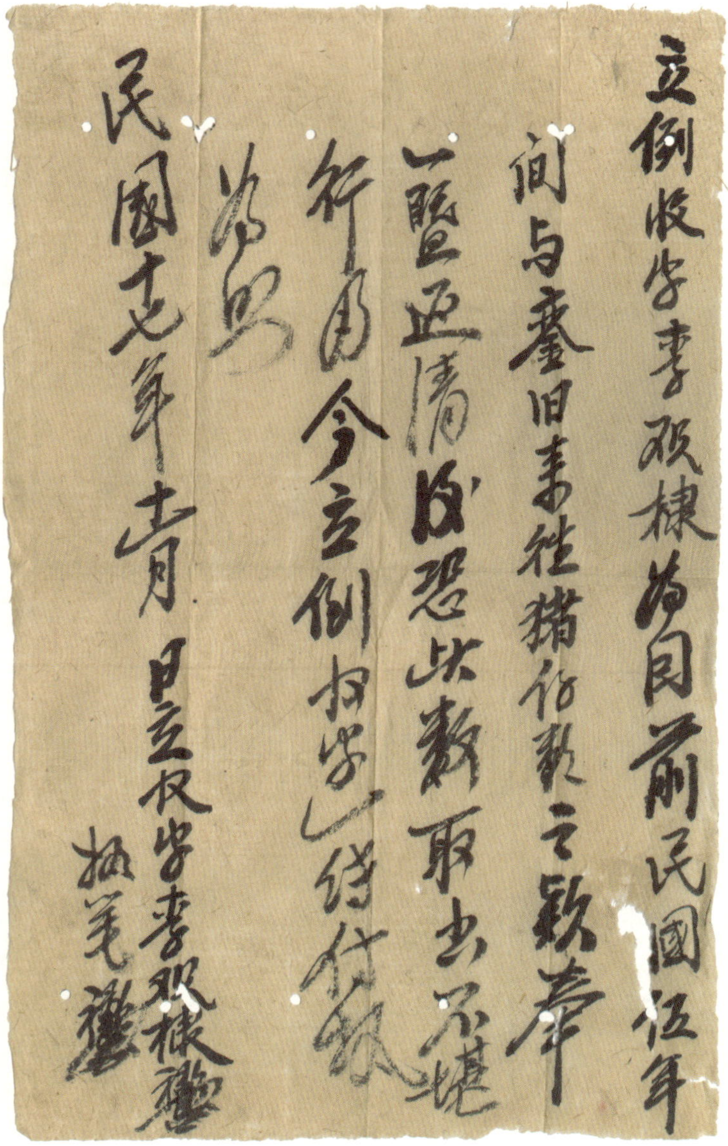

立倒收字李观棣為因前民國伍年
向与臺旧李往猪行數之款本
一概退清，叔恐此數取出不堪
行用，今立倒收字一紙付
為照
民國十七年十一月　日立收字李观棣（押）
執筆（押）

9-5-22-5　民國十七年十一月李观棣立倒收字

第六帙　楊良春户

9-6-1-1　包契紙

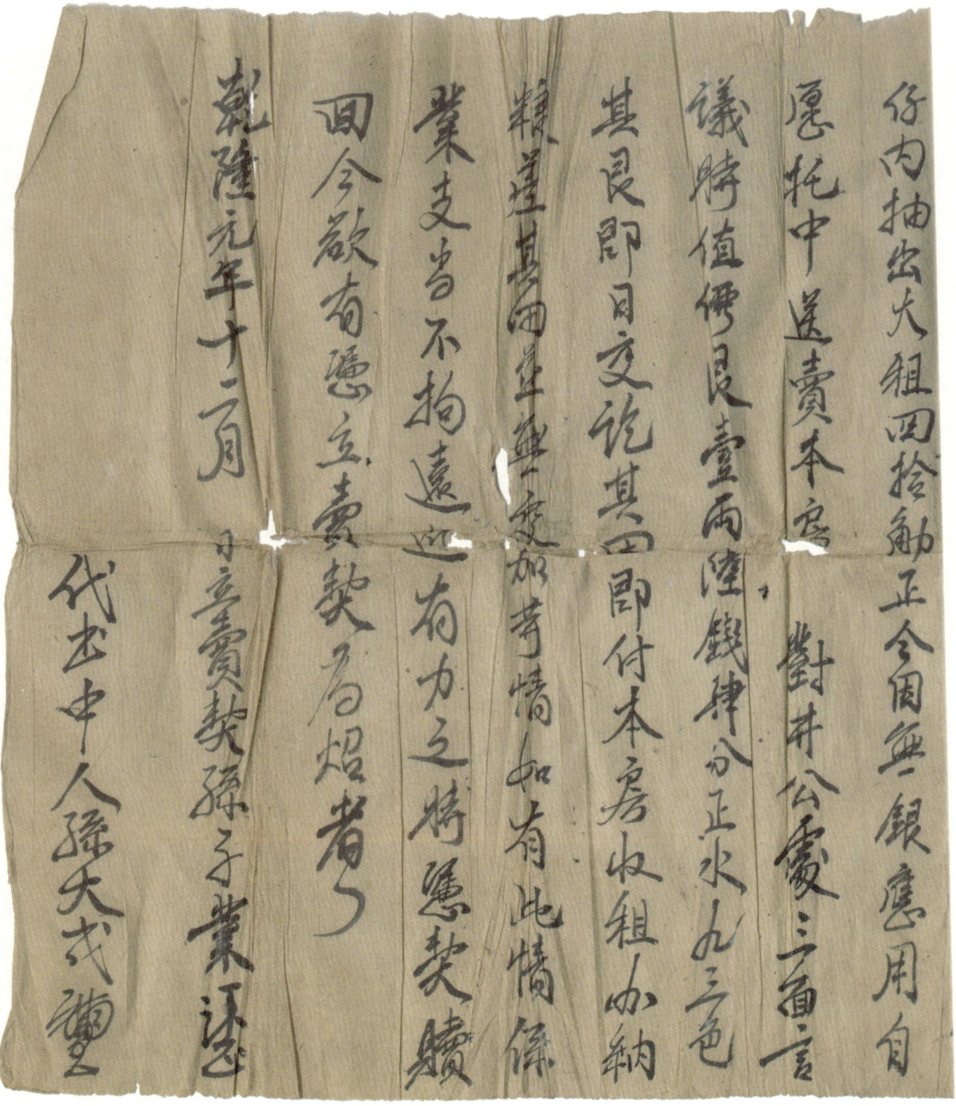

份內抽出大租田拾畝正，今因無銀應用，自
愿托中送賣本房 對井公處，三面言
議，時值價艮壹兩陸錢肆分正，水九三色。
其艮即日交訖，其田即付本房收租出納
粮。這其田並無交加等情，如有此情，係
業支当，不拘遠近，有力之時，憑契贖
回。今欲有憑，立賣契為照者。
乾隆元年十二月 日立賣契孫子業
代書中人孫大武

9-6-1-2 清乾隆元年十二月楊子業立賣民田契

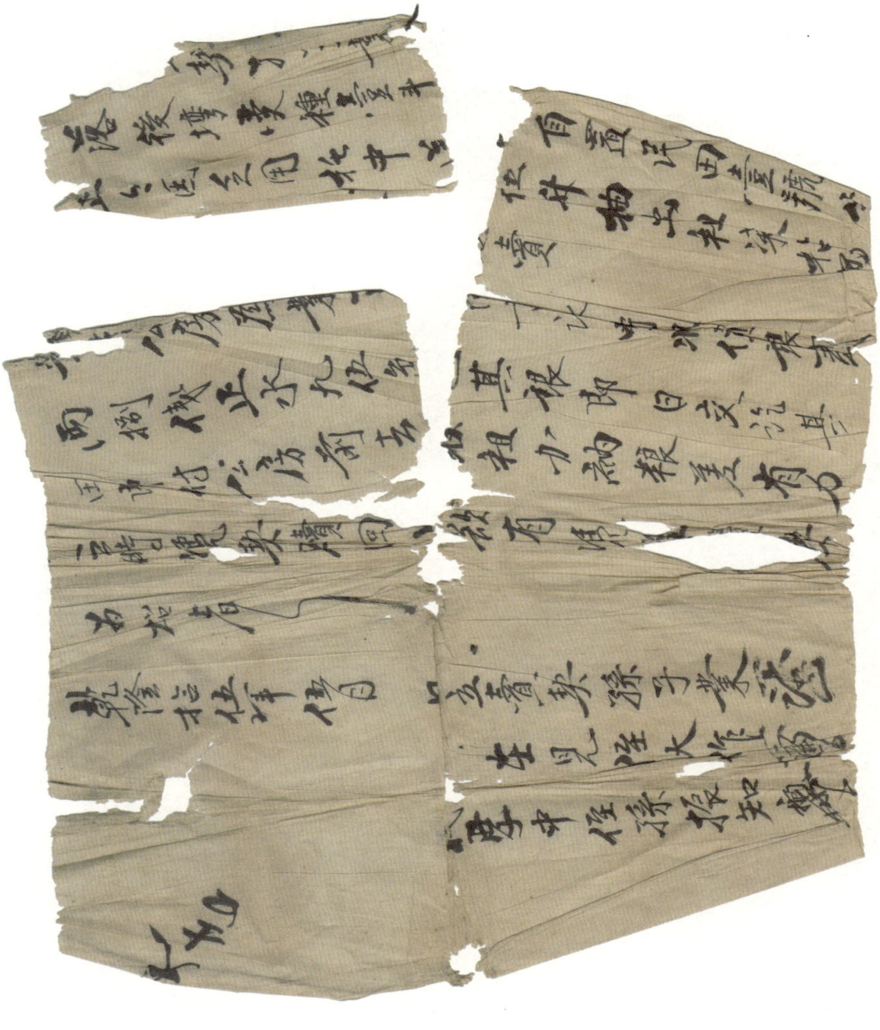

9-6-1-3　清乾隆十五年五月楊子業立賣民田契

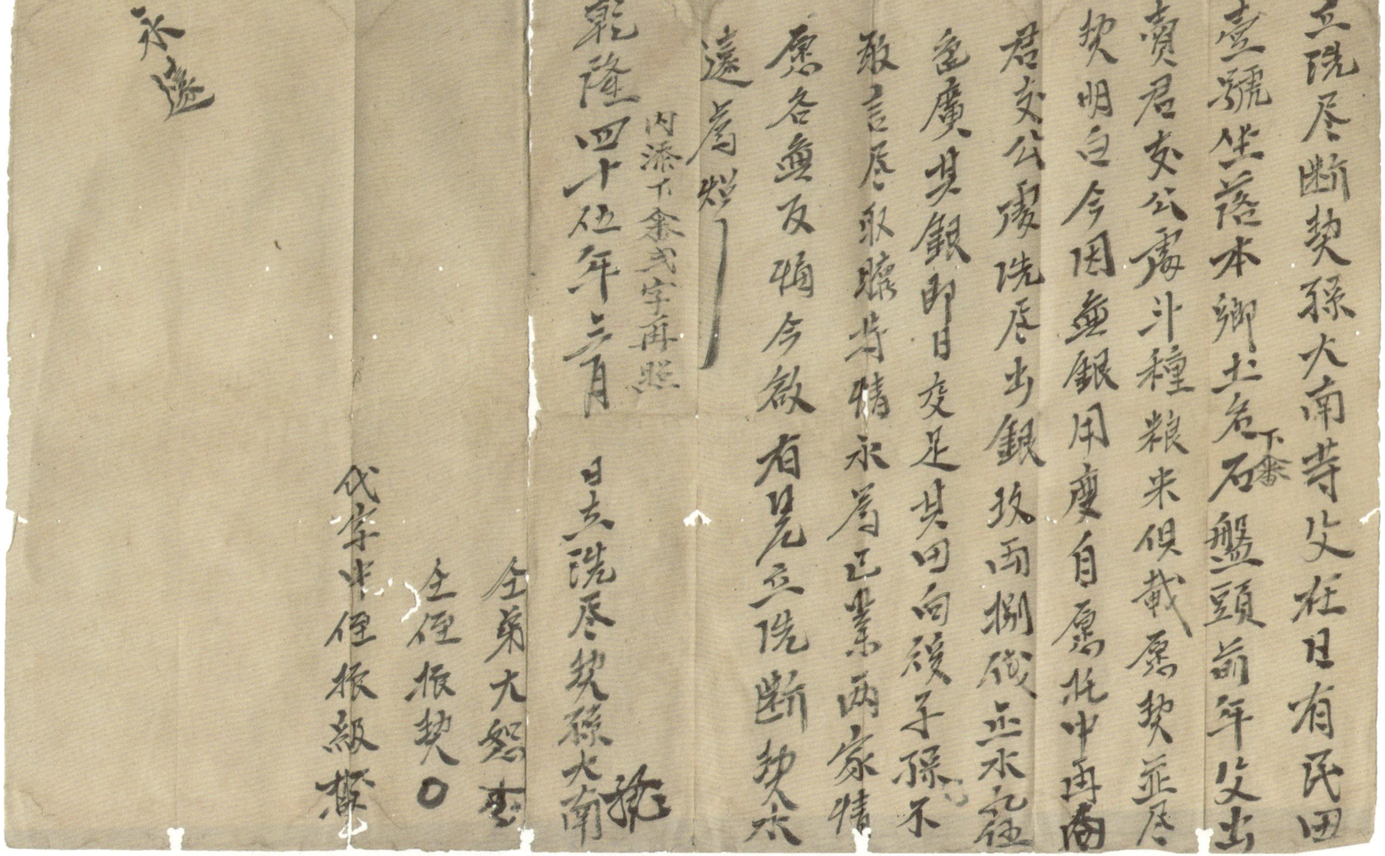

9-6-1-4　清乾隆四十五年三月楊大南等立洗盡斷民田契

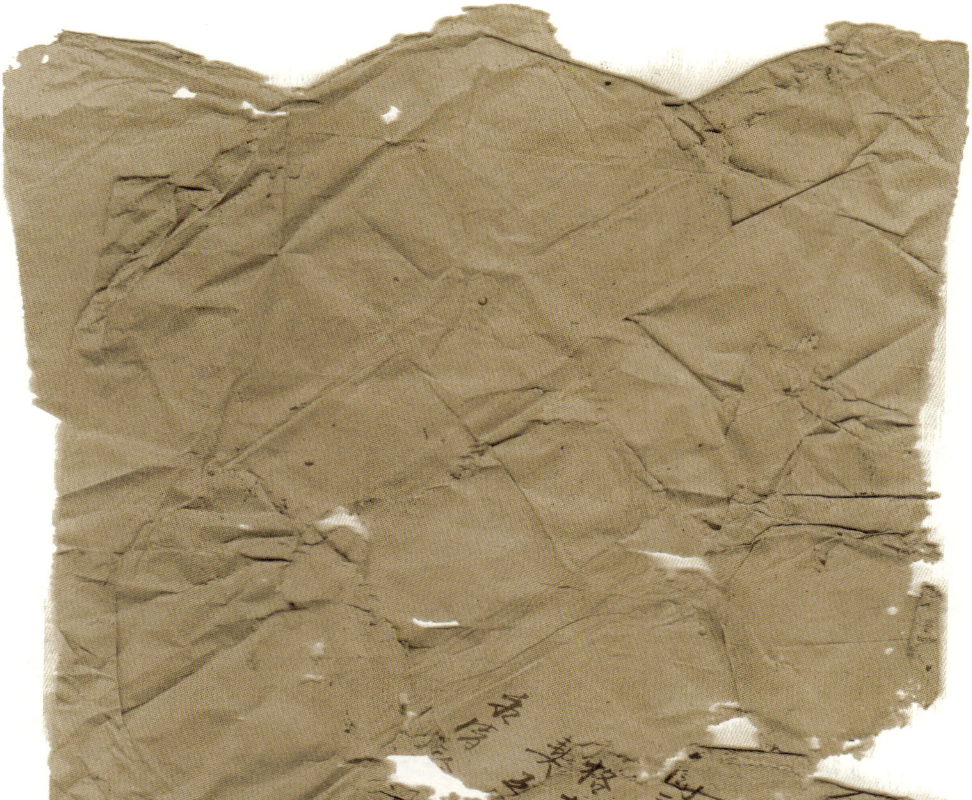

9-6-2-1　包契紙

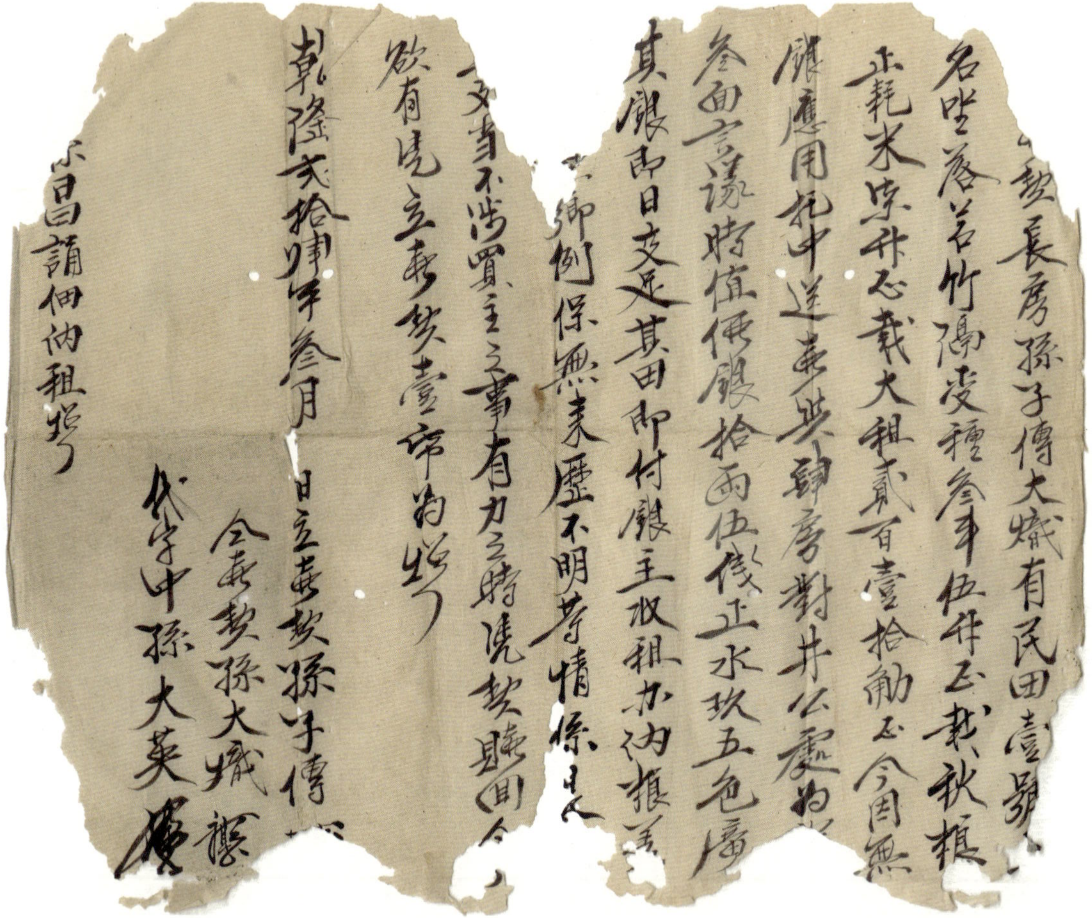
立賣契長房孫子傳大熾有民田壹號，
名坐落苦竹陽芰種叁手伍升正，載秋租
米京升正，載大租貳百壹拾觔正。今因無
銀應用，托中送賣與鄰房對井公處為
業。叁面言議，時值價銀拾兩伍錢正，水玖五色廣。
其銀即日交足，其田即付銀主收租，亦納糧差。
此田保無來歷不明等情，係是
一賣千休，不涉賣主之事。有力之時，僥契贖回。今
欲有憑，立賣契壹帋為照。
乾隆貳拾肆年叁月　日立賣契孫子傳
仝賣契孫大熾
代字中孫大英
外日后請佃納租照

9-6-2-2　清乾隆二十四年三月楊子傳等立賣民田契

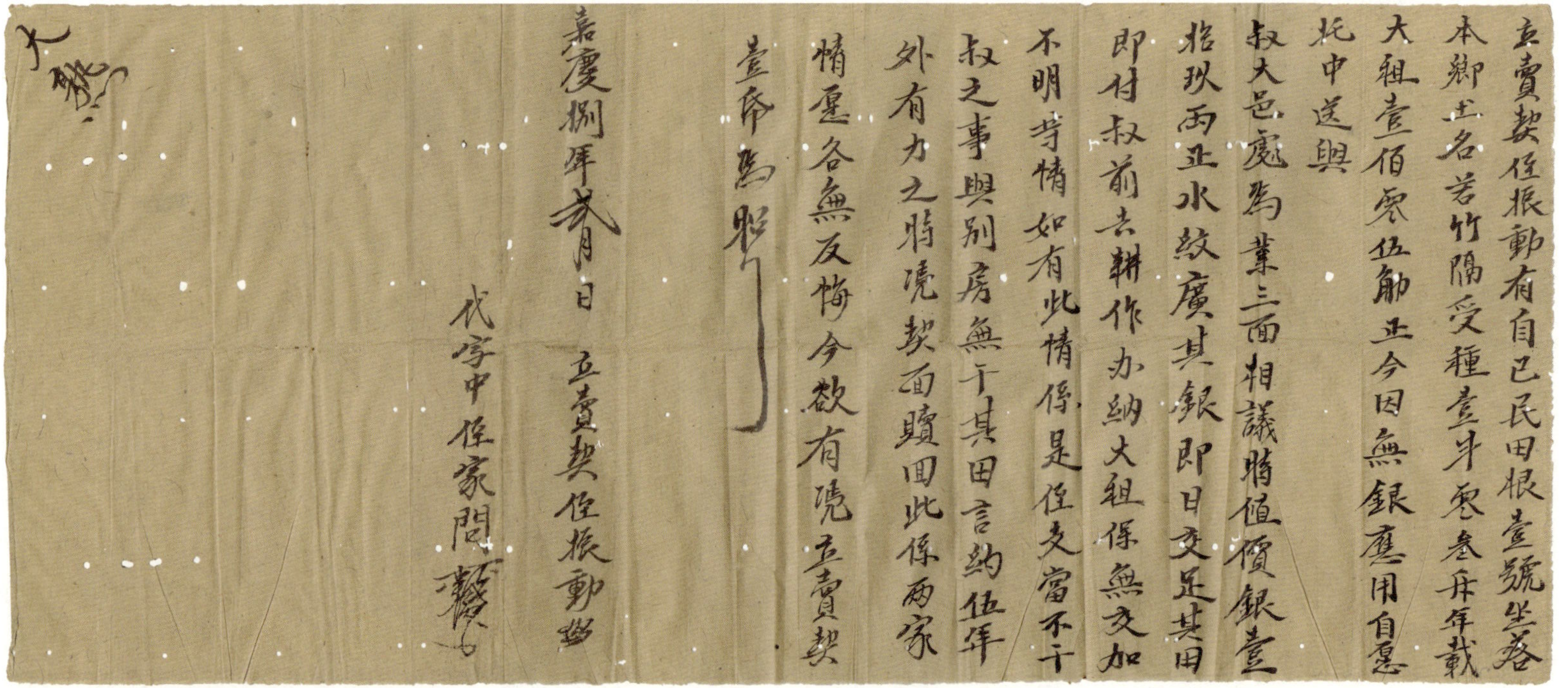

立賣契侄振勳有自己民田根壹號坐落
本鄉土名苦竹隔受種壹斗零叁升年載
大租壹佰零伍觔正今因無銀應用自愿
托中送與
叔大邑處為業三面相議時值價銀壹
拾玖兩正水紋廣其銀即日交足其田
即付叔前去耕作办納大租係無交加
不明等情如有此情係是侄支當不干
叔之事與別房無干其田言約伍年
外有力之時憑契面贖田此係兩家
情愿各無反悔今欲有憑立賣契
壹紙為照

嘉慶捌年二月 日 立賣契侄振勳（押）
代字中侄家問（押）

9-6-2-3 清嘉慶八年二月楊振勳立賣民田根契

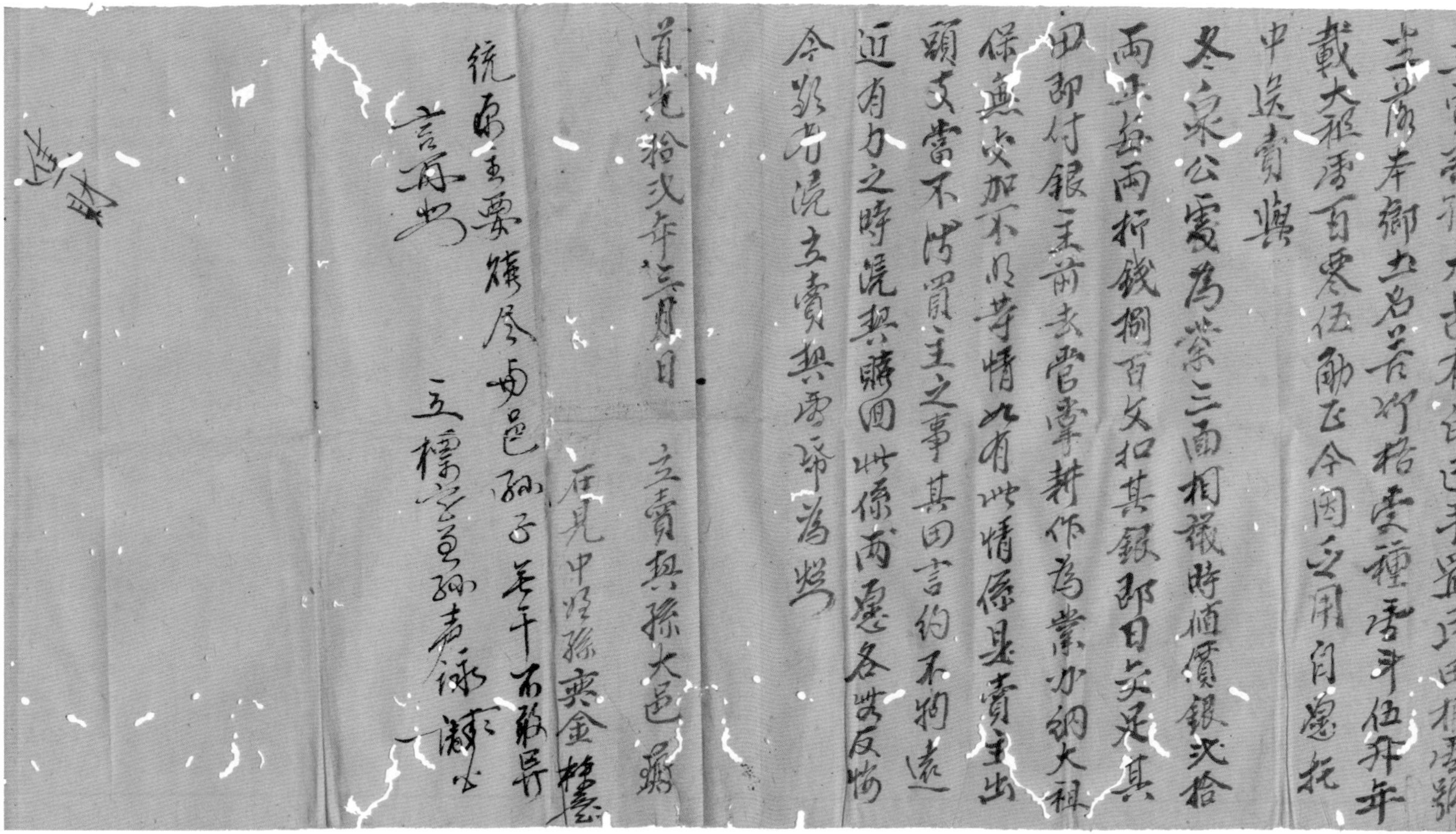

立賣契楊大邑有自己手置民田根壹號，坐落本鄉土名苦竹格受種壹斗伍升，年載大租壹百零伍觔正。今因乏用，自愿托中送賣與
本家公處為業。三面相議，時值價銀柒拾兩正，每兩折錢捌百文，扣其錢即日交足，其田即付銀主前去管掌耕作為業，办納大租。保無此加不明等情，如有此情，係是賣主出頭支當，不涉買主之事。其田言約不拘遠近，有力之時備契贖回。此係兩愿，各無反悔。今欲有憑，立賣契壹紙為照。

道光拾弍年三月　日　立賣契楊大邑（押）

在見中姪孫　爽金（押）

統前手要據參[illegible]大邑孫子[illegible]千[illegible]言[illegible]也

立[illegible]孫声[illegible]（押）

9-6-2-4　清道光十二年三月楊大邑立賣民田根契

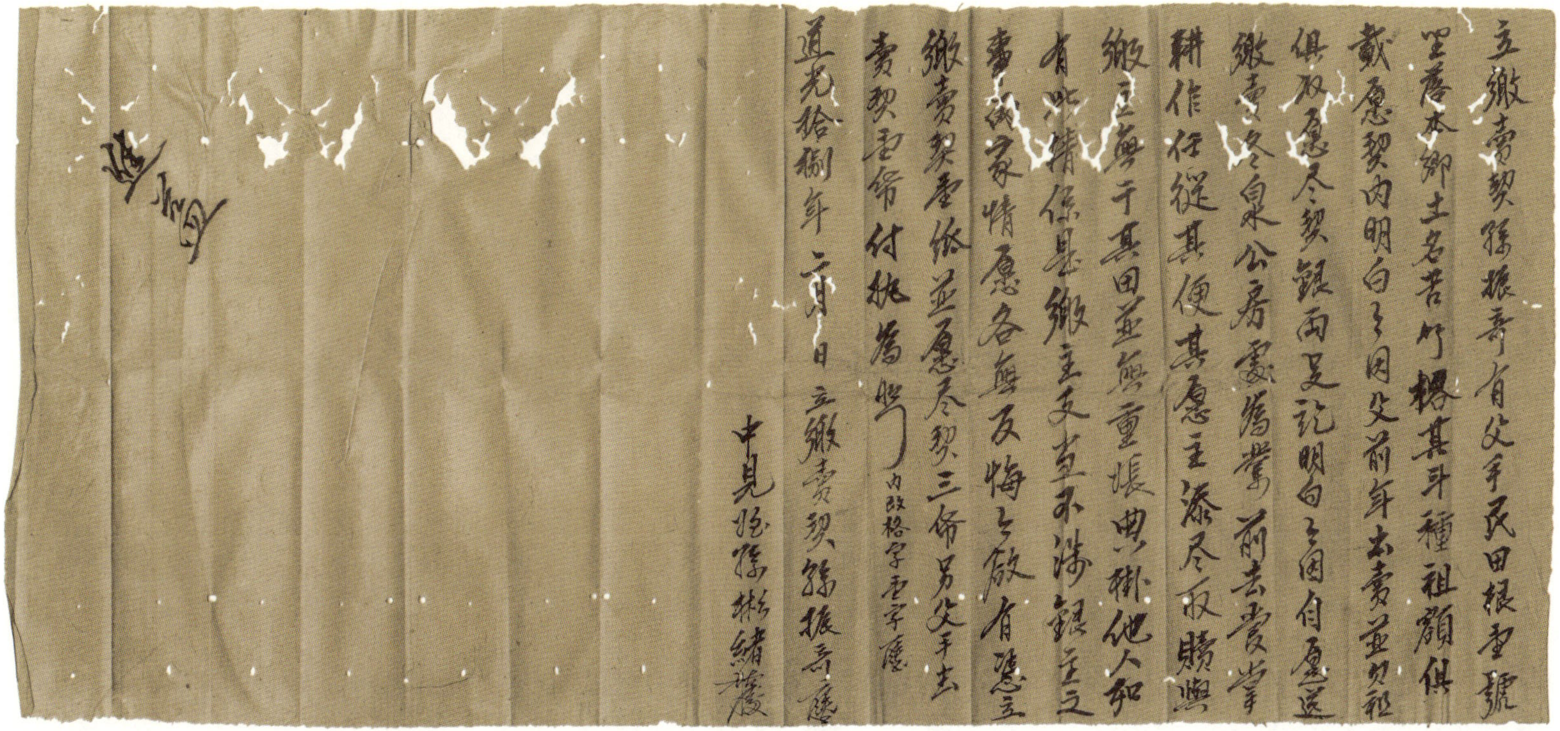

立缴賣契楊振奇，有父手民田根壹號，
坐落本鄉土名苦竹欅，其斗種、租額俱
載原契內明白。今因父前年出賣並契租
俱收，原尽契銀兩足訖明白。今因自愿送
缴賣之冬泉公房處爲業，前去掌
耕作，任從其便。其原主添尽、取贖與
缴主無干。其田並無重張典掛他人知
有此情，係是缴主支當，不涉銀主之
事。兩家情愿，各無反悔。今欲有憑，立
缴賣契壹紙，並原尽契三紙，另父手出
賣契壹紙，付執爲照。內改格字壹字
道光拾捌年二月　日　立缴賣契楊振奇（押）
中見　堂侄　楊彬緒（押）

9-6-2-5　清道光十八年二月楊振奇立缴賣民田根契

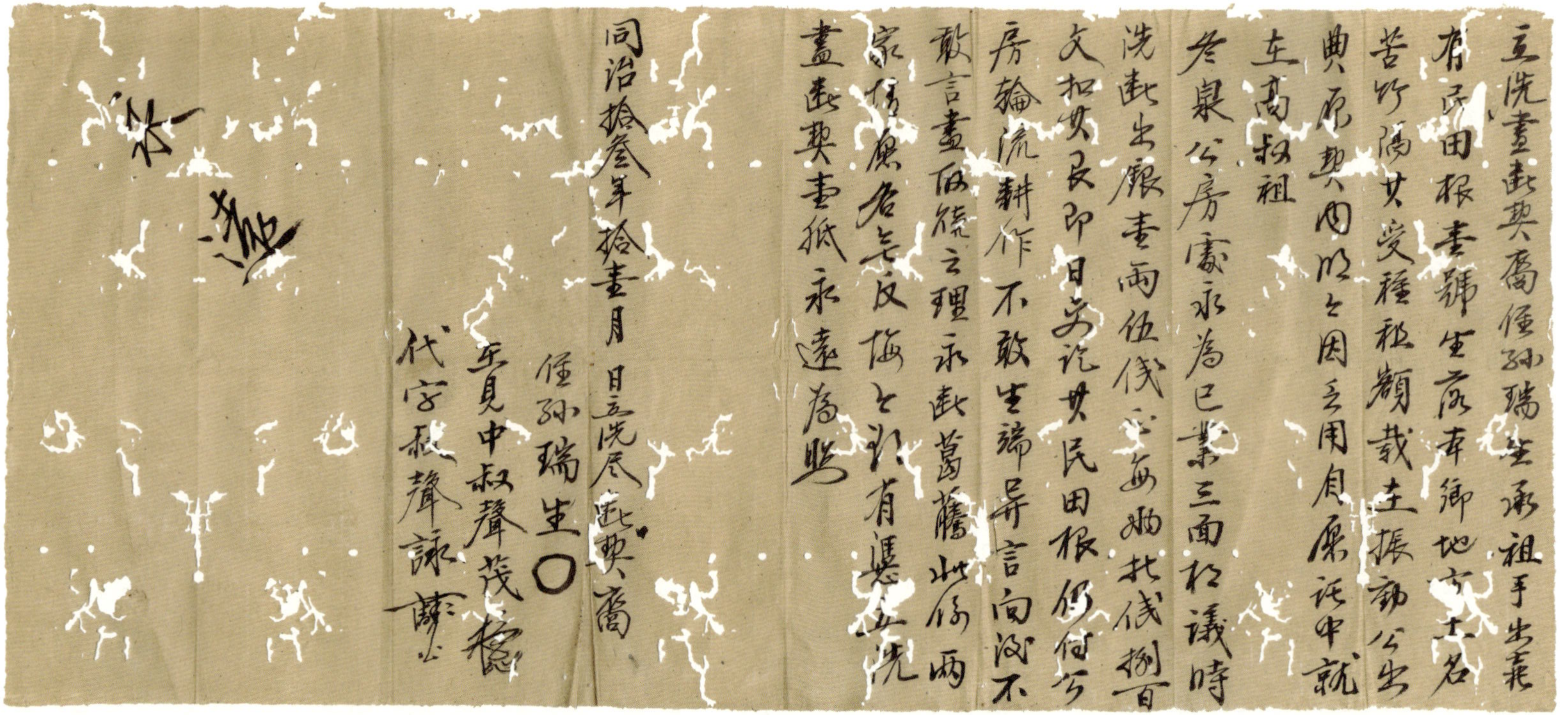
立洗盡斷契人楊侄孫瑞生承祖手出兼
有民田根壹號坐落本鄉地方土名
苦竹湯其受種租額載在振翁公出
典原契內明々因乏用自愿托中就
在高叔祖
冬泉公房處永爲己業三面訂議時
洗斷出價壹兩伍錢正每兩扣錢捌百
文扣其艮即日交訖其民田根仍付公
房輪流耕作不敢生端异言向說不
敢言盡取贖之理永斷葛藤此係兩
家情愿各無反悔今欲有憑立洗
盡斷契壹紙永遠爲照
同治拾叁年拾壹月　日立洗盡斷契人楊
侄孫瑞生〇
在見中叔聲茂（押）
代字叔聲詠（押）

9-6-2-6　清同治十三年十一月楊瑞生立洗盡斷民田根契

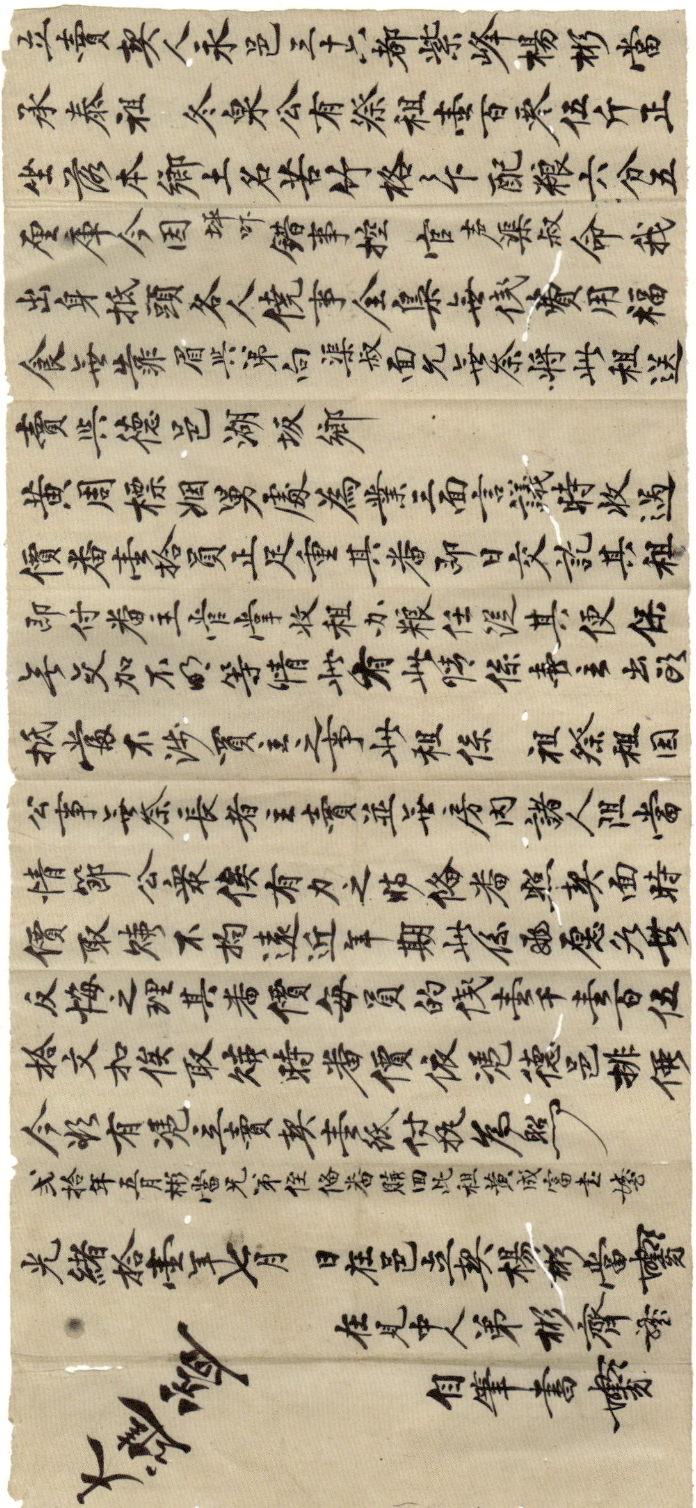

立賣契人永邑三十七都紫崎楊彬當
承泰祖 冬泉公有祭租壹百柒伍斤正
坐落本鄉土名苦竹格〻仔配糧六合五
厘本年今因坪吓鍇事控 官告張叔命我
出身抵頭各人僥事全集〻無錢費用福
食〻無生兼眉興弟向謀叔面允〻無奈將此租送
賣興德邑湖坂鄉
黃周標烟舅處爲業三面言議時做過
價番壹拾員正足重其番即日交訖其租
即付番主收租辦糧任從其便係
乎文加不明等情此有此情係當主出頭
抵當不涉買主之事此租係 祖祭租因
公事〻無奈辰番主賣並〻無房內諸人阻當
情節今公衆使有力之時備番照契面時
價取贖不拘遠近年期此係兩愿各無
反悔之理其番價每員的伐壹千壹百伍
拾文加伐取贖時番價依憑德邑排價
今欲有憑立賣契壹紙付執存照
貳拾年五月彬當兄弟侄備番贖回此租黃成當壹張
光緒拾壹年七月 日在邑立賣契楊彬當（押）
在見中人弟彬齊（押）
代筆壽（押）
大進通

9-6-2-7 清光緒十一年七月楊彬當立賣祭租契

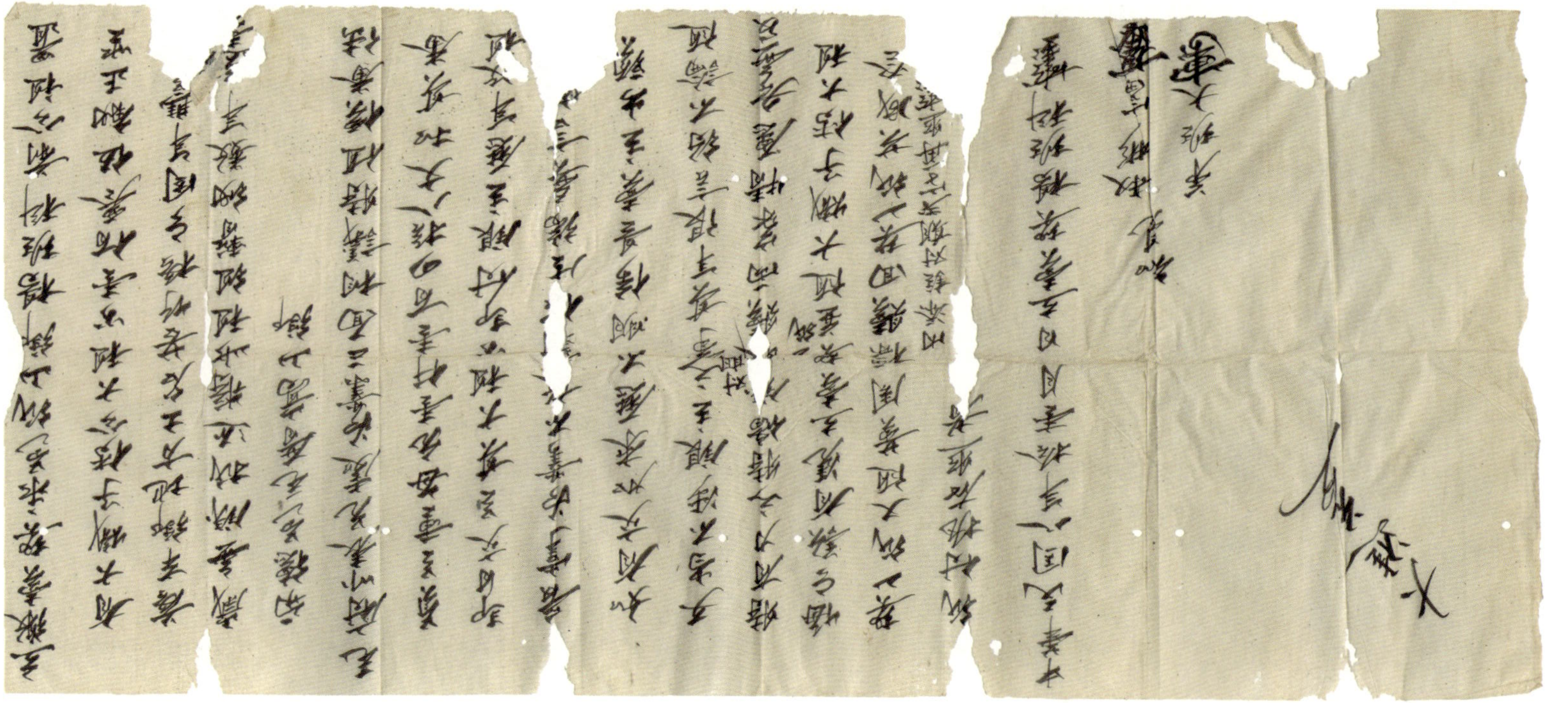

9-6-2-8　民國八年十一月楊班科立繳賣大租穀契

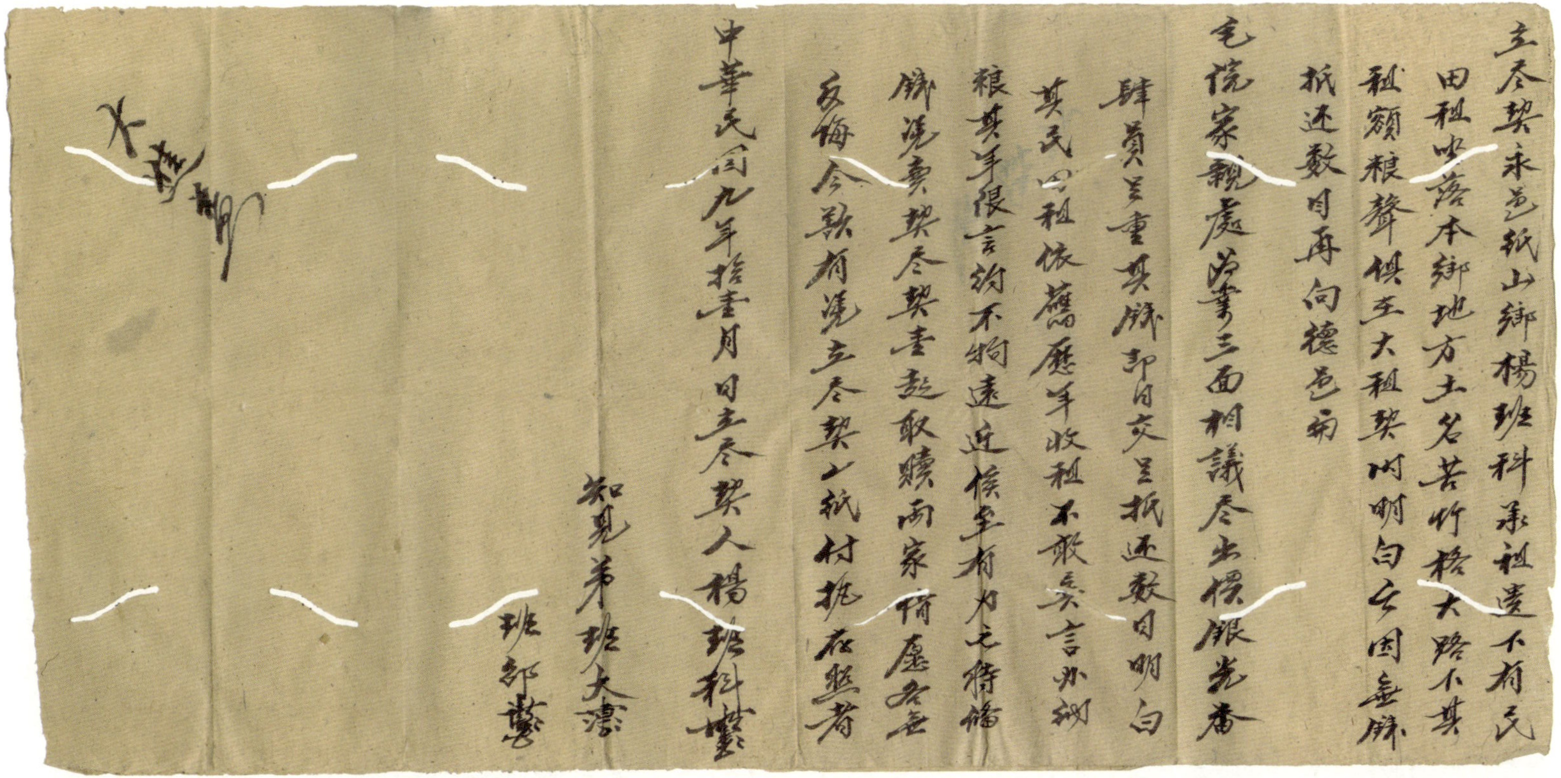

立盡契永邑紙山鄉楊班科承祖遺下有民
田租收落本鄉地方土名若竹格大路下其
租額粮聲俱在大租契內明白今因無錢
抵還數目再向　德邑兄
毛境家親處為業三面相議盡出價銀光番
肆員足重其銀即日交足抵還數目明白
其民田租依舊歷年收租不敢異言外納
粮其年限言約不拘遠近俟至有力之時備
錢憑賣契盡契壹起取贖兩家情愿各無
反悔今欲有憑立盡契壹紙付執存照者

中華民國九年拾壹月　日立盡契人楊班科[押]
知見弟班大濤
班部[押]

大吉

9-6-2-9　民國九年十一月楊班科立盡民田租契

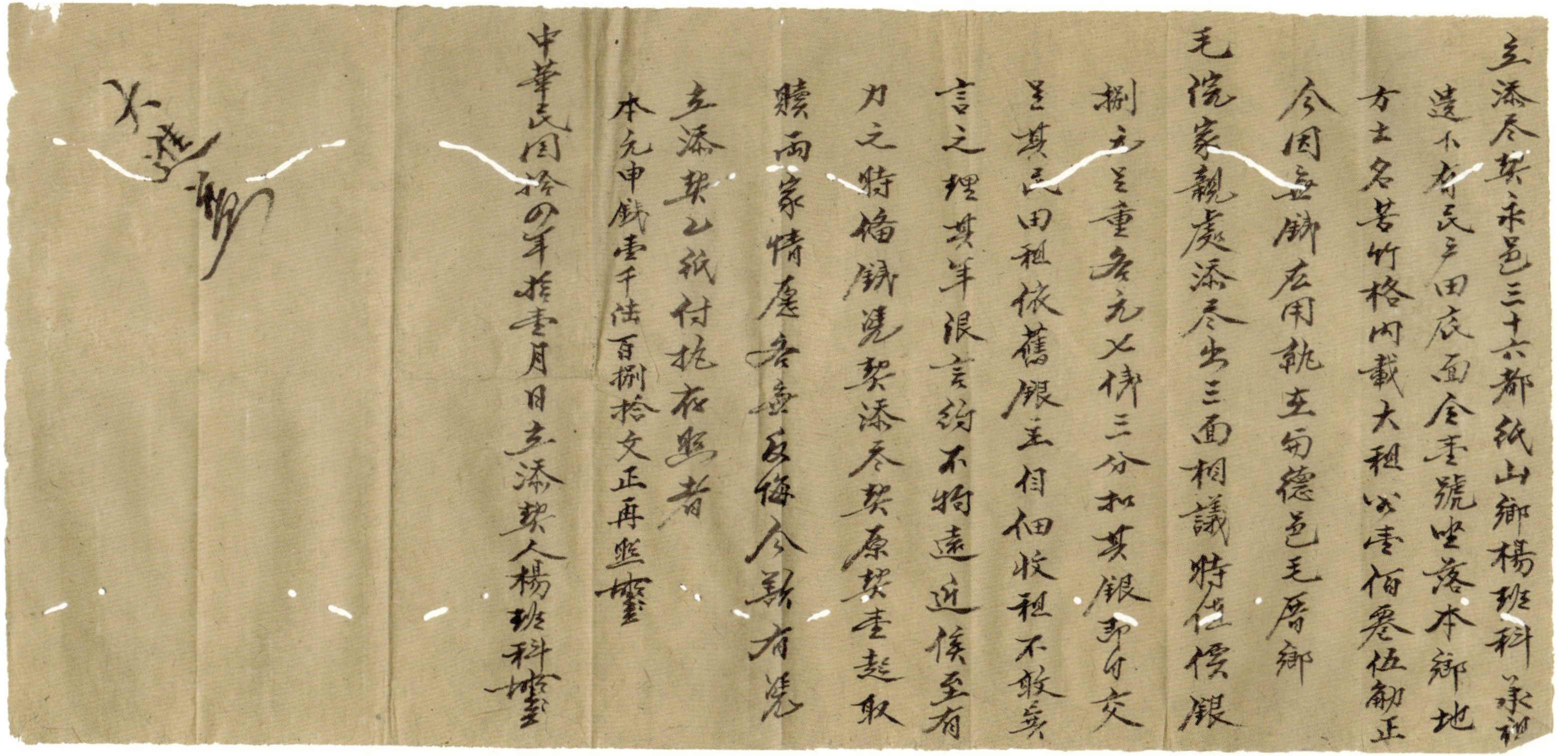
立添盡契永邑三十六都紙山鄉楊班科承祖
遺下有民户田底面全壹號坐落本鄉地
方土名苦竹格內載大租谷壹佰叁伍觔正
今因無錢應用就在甸德邑毛厝鄉
毛澆家親處添盡出三面相議時值價銀
捌元足重無九七傤三分扣其銀即付交
足其民田租依舊限至佃收租不敢異
言之理其年限言約不拘遠近候至有
力之時備錢照契添盡契原契壹起取
贖兩家情愿無反悔今欲有憑
立添契乙紙付執存照者
本元申錢壹千陸百捌拾文正再照
中華民國拾四年拾壹月日立添契人楊班科

9-6-2-10　民國十四年十一月楊班科立添盡民田租契

自己手置有民户田
[illegible]禮東格頭落其
左[illegible]全壹號坐[illegible]
受種子壹斗半載　大租谷壹百觔正配
粮餘六分式厘庫　其田底今因無錢抵
远公餘卜遠賣斷　付白溪裡鄉
李武我親房榮業三面相議斷出光番佉
左[illegible]重其銀即日交足　其民户田底面全
田底即日付銀主播　銀向夏泉公敢贖
不敢生端再言霸　佔之理式憑交如[illegible]
悉不明係是斷主　出頭支當不涉銀主
之事其粮子要公[illegible]　不推出掛收入户不
[illegible]異累兩家[illegible]　各無反悔今欲有
憑立賣斷契乙紙付據永遠存照者
民国式拾叁年拾式月　日立賣斷契楊班科（押）
在見中叔彬時（押）
自己手筆

永遠[illegible]業

9-6-2-11　民國二十三年十二月楊班科立賣斷底面全民户田契

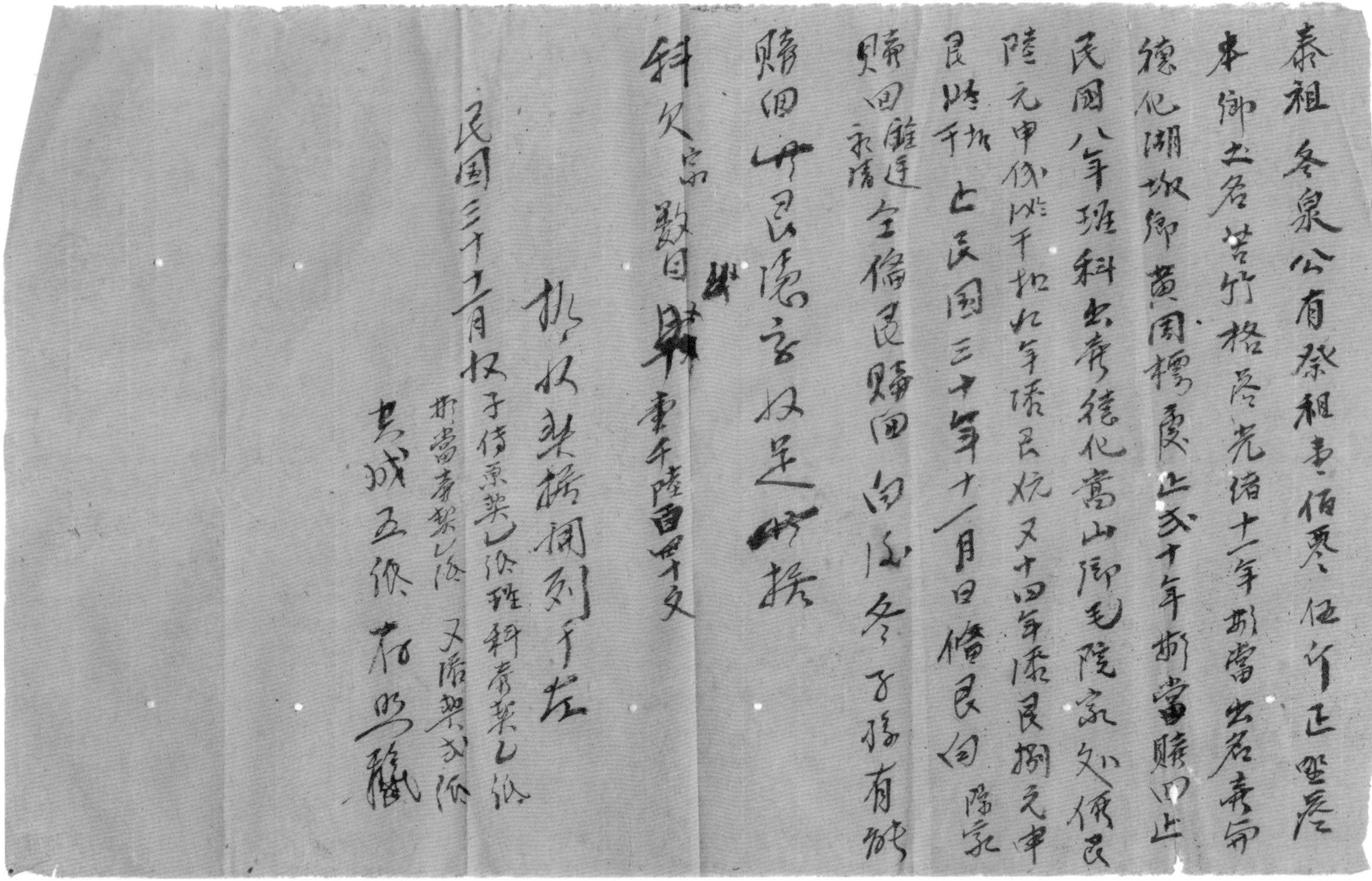

泰祖冬泉公有祭租壹佰叁伍斤正塋居
本鄉土名苦竹格岔光緒十一年折當出名泰命
德化湖坂鄉黃園標處上式十年折當贖回止
民國八年班科出泰德化高山鄉毛陞家知佰民
陞元申[illegible]千扣[illegible]年係民[illegible]又十四年係民捌元申
民時干扣上民國三十年十一月日倫民向陞家
贖回[illegible]永清全倫民贖回向冬子孫有[illegible]
贖回此民德言收足此據
科欠宗數目[illegible]壹千陸百四十文
折收契據開列于左
民國三十一年十一月收子侍原契乙紙班科泰契乙紙
折當泰契乙紙又[illegible]契式紙
共成五紙存照[illegible]

9-6-2-12　民國三十年十一月冬泉公房祭租田收契據

9-6-3-1　包契紙

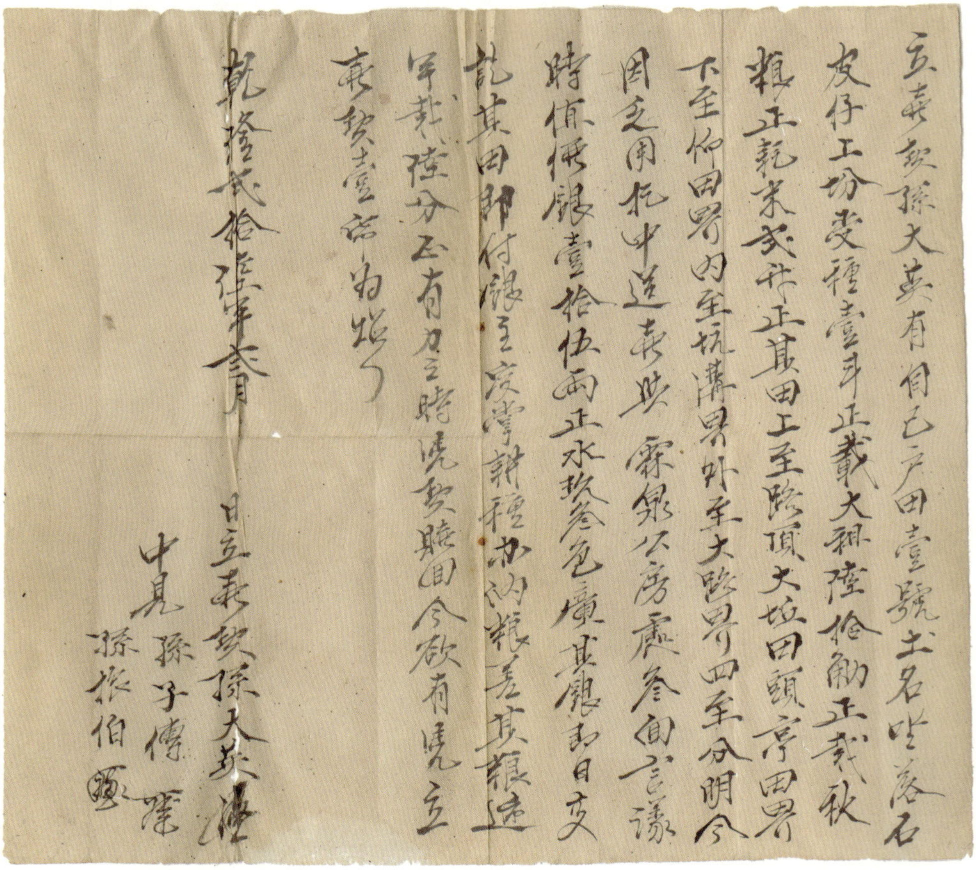

立賣契孫大英有自己户田壹號土名坐落石
灰仔工坊受種壹斗正載大租陸拾觔正貳秋
粮正乾米貳升正其田上至路頂大坵田頭亭田界
下至仲田界內至坑溝界外至大路界四至分明今
因乏用托中送賣與 霖錦公房處叁面言議
時價佛銀壹拾伍兩正水秤叁色廣其銀即日交
訖其田即付銀主受業耕種亦納粮差其粮逐
年就陸分正有力之時照契贖回今欲有憑立
賣契壹紙為照

乾隆貳拾陸年貳月　日立賣契孫大英押

中見　孫子傳押

孫依伯押

9-6-3-2　清乾隆二十六年二月楊大英立賣户田契

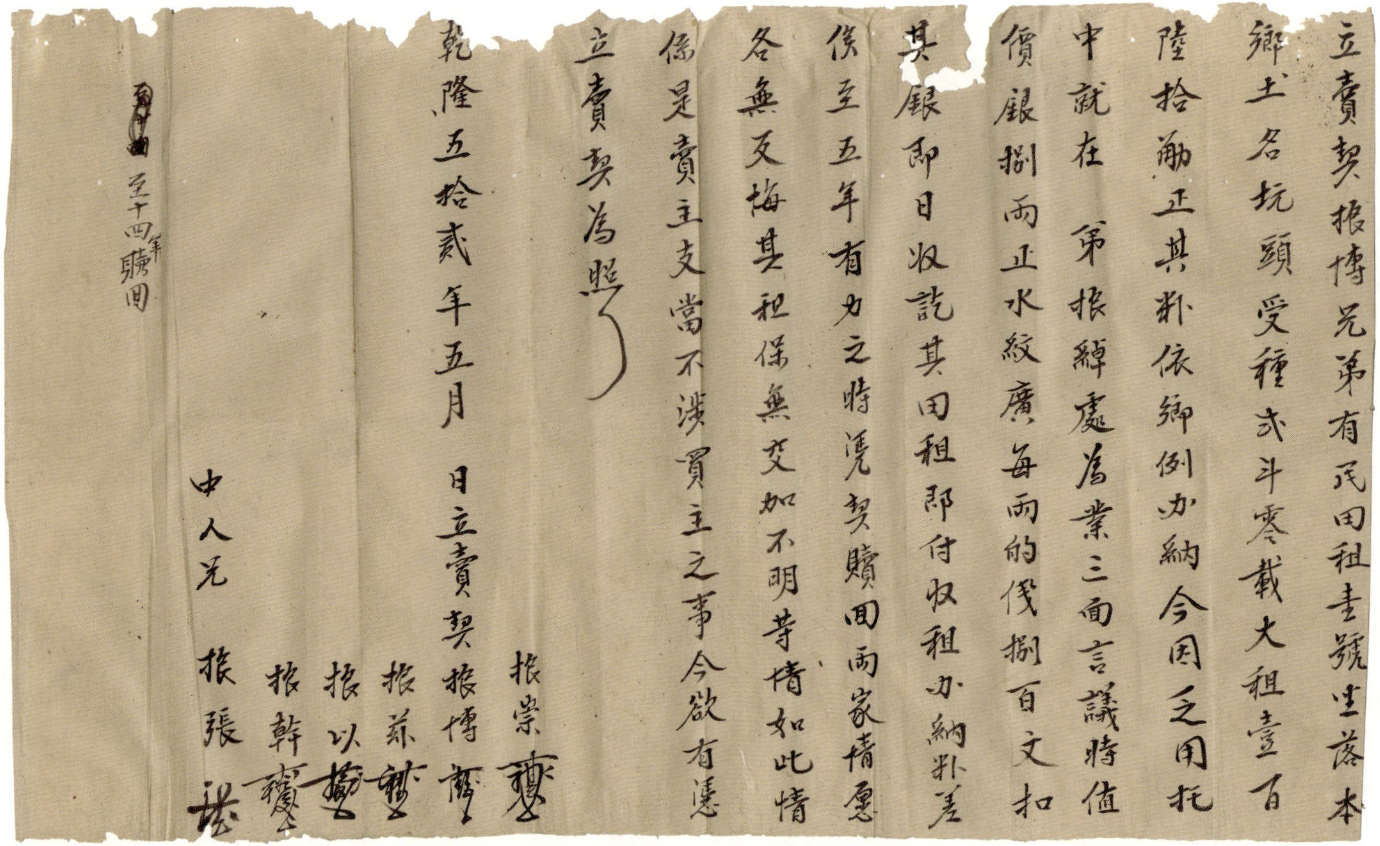

立賣契振博兄弟有民田租壹號坐落本
鄉土名坑頭受種弍斗零載大租壹百
陸拾觔正其粮依鄉例办納今因乏用托
中就在　弟振緯處為業三面言議時值
價銀捌両正水紋廣每両的戥捌百文扣
其銀即日收訖其田租即付收租办納粮差
係至五年有力之時憑契贖回両家情愿
各無反悔其租保無交加不明等情如此情
係是賣主支當不涉買主之事今欲有憑
立賣契為照
乾隆五拾貳年五月　日立賣契振博（押）
振崇（押）
振蘇（押）
振以（押）
振幹（押）
中人兄　振張（押）
至十四年贖回

9-6-4-1　清乾隆五十二年五月楊振博等立賣民田租契

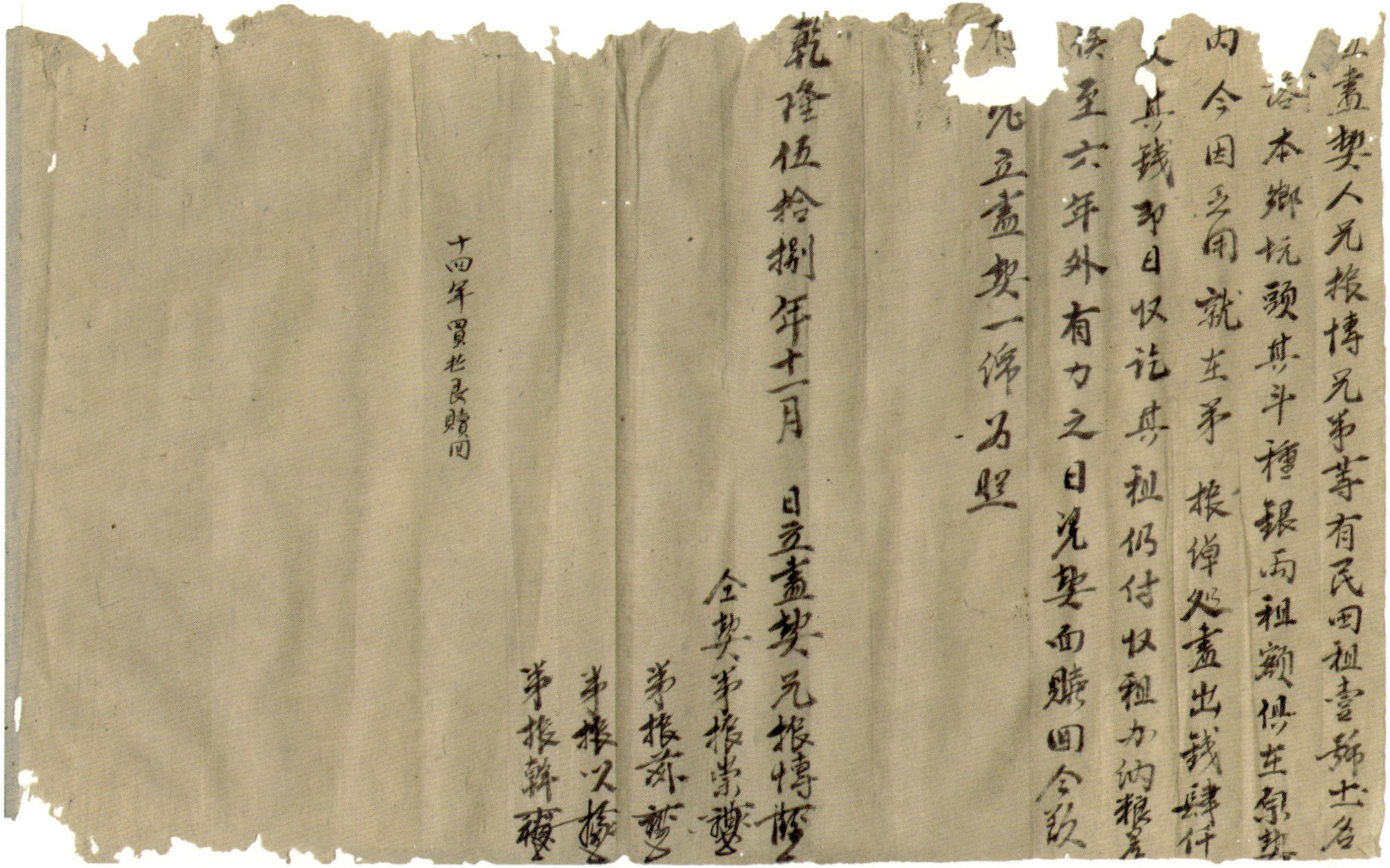

立盡契人兄振博兄弟等有民田祖壹號土名
（坐）落本鄉坑頭，其斗種銀兩祖額係左泉埶
內，今因乏用，就在弟振焯處盡出錢肆仟
文，其錢即日收訖，其租仍付收租办納粮差
係至六年外有力之日，兄契面贖回。今欲
有憑，立盡契一紙為照。

乾隆伍拾捌年十一月　日立盡契兄振博（押）

仝契弟振崇（押）

弟振蘇（押）

弟振以（押）

弟振韓（押）

十四年買杜艮贖回

9-6-4-2　清乾隆五十八年十一月楊振博等立盡民田租契

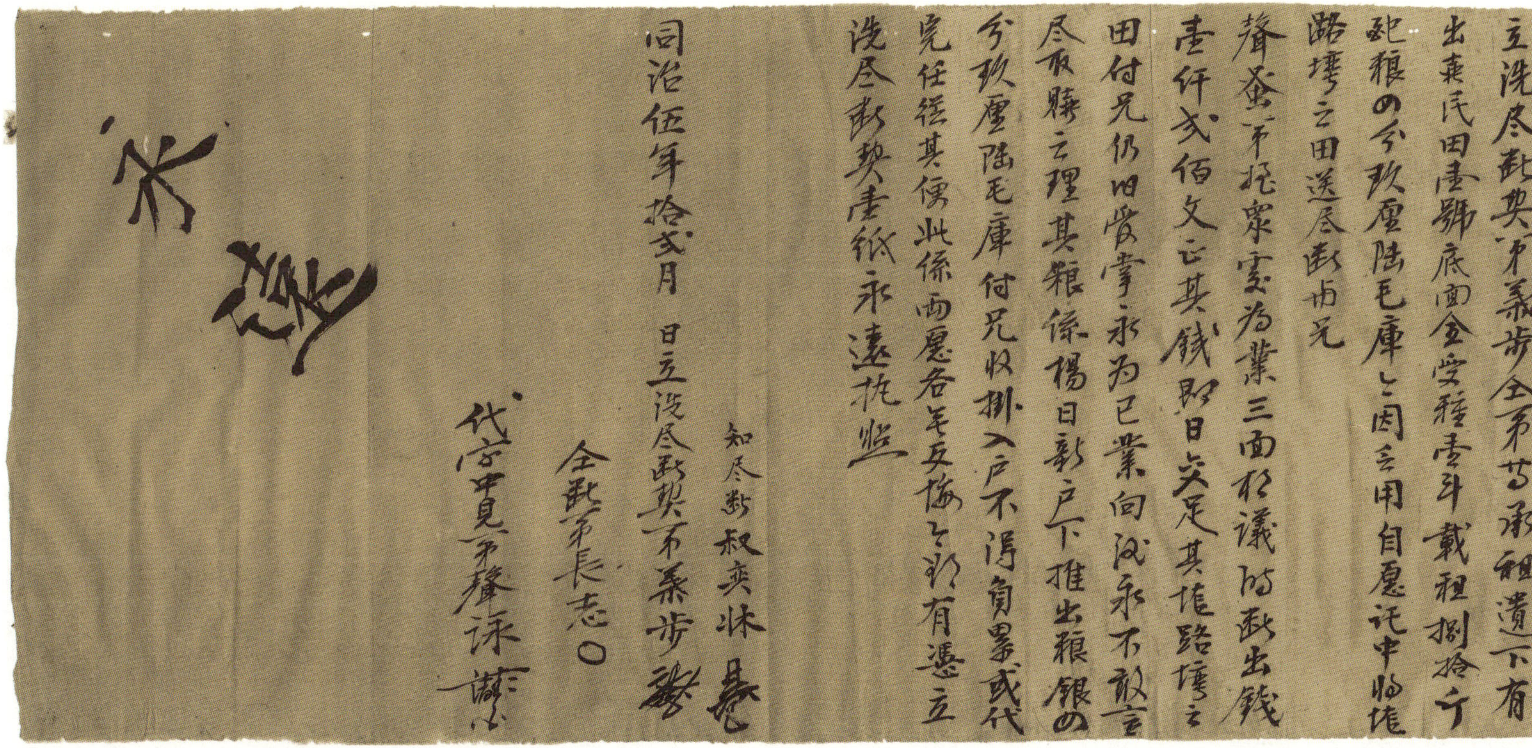

立洗尽断契人楊義步仝弟芍承祖遺下有
出兼民田壹號底面全受種壹斗載租捌拾斤
配粮四分玖厘陆毛庫，因乏用自愿托中將此
路墿之田送尽断與兄
瑞盛弟抱衆處為業，三面相議，酌断出錢
壹仟弍佰文正，其錢即日交足，其伲路墿之
田付兄仍旧管掌，永為己業，向後永不敢言
尽取贖之理。其粮係楊日新户下推出粮銀四
分玖厘陆毛庫付兄收掛入户，不得負累，或代
完任從其便。此係兩愿，各無反悔，今欲有憑，立
洗尽断契壹紙，永遠执照。

知尽断叔爽沐
同治伍年拾弍月　日立洗尽断契人弟義步
仝断弟長志〇
代字中見弟樟沐

永遠

9-6-4-3　清同治五年十二月楊義步等立洗盡斷民田契

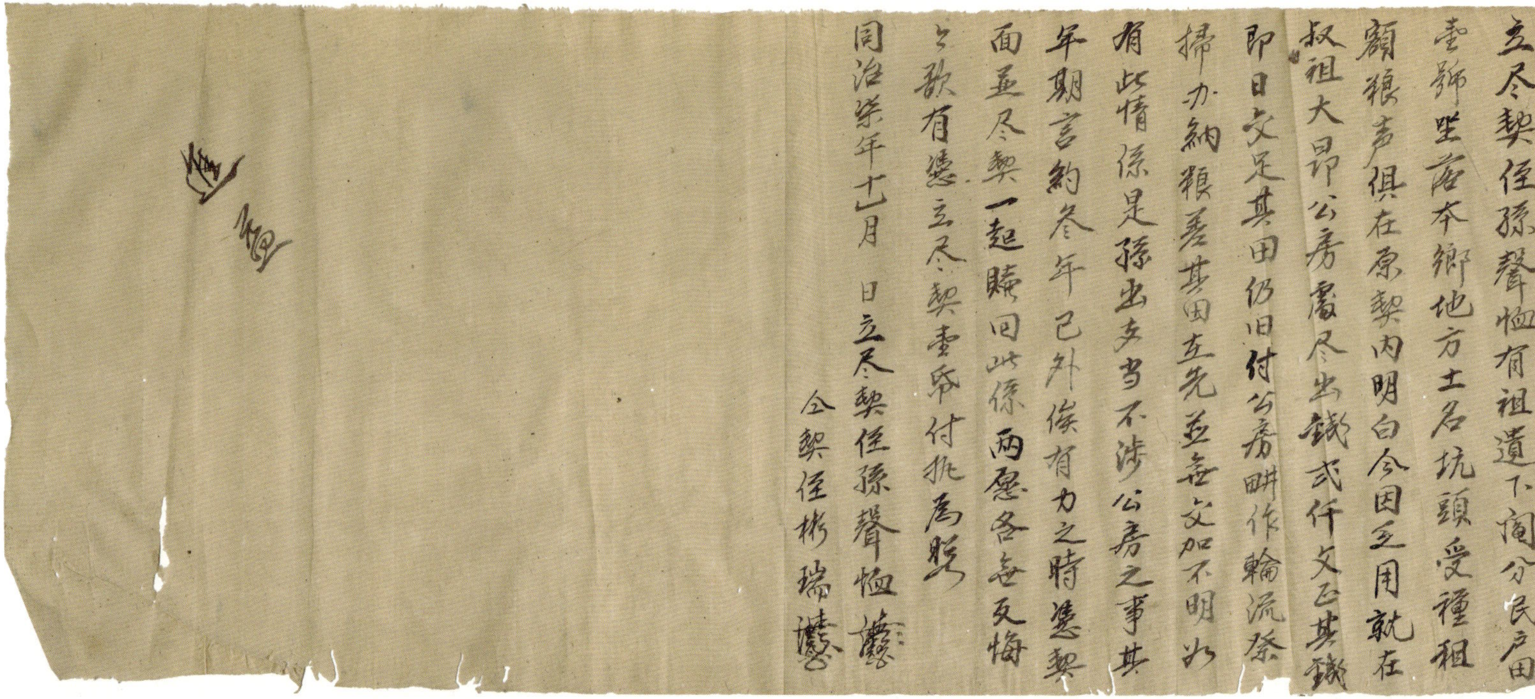
立尽契侄孫聲恤有祖遺下阄分民户田
壹號坐落本鄉地方土名坑頭受種租
額粮声俱在原契內明白今因乏用就在
叔祖大昂公房處尽出錢弍仟文正其錢
即日交足其田仍旧付公房耕作輪流祭
掃办納粮差其田並先並無文加不明以
有此情係是孫出支當不涉公房之事其
年期言約冬年已外俟有力之時憑契
面盡尽契一起贖回此係兩愿各無反悔
今欲有憑立尽契壹帋付執為照
同治柒年十一月 日立尽契侄孫聲恤
仝契侄彬瑞

9-6-4-4　清同治七年十一月楊聲恤等立盡民户田契

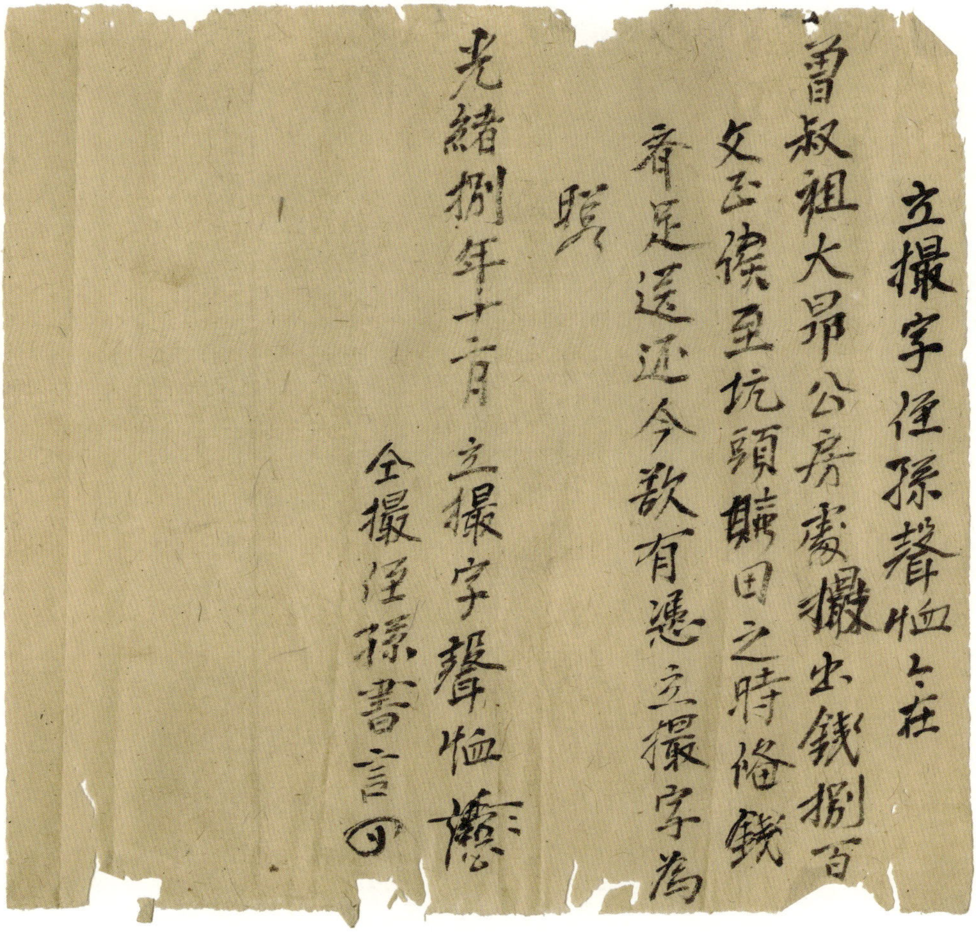
立撮字侄孫聲恤仝在
曾叔祖大昂公房處撮出錢捌百
文正候至坑頭贖田之時備錢
齊足送还今欲有憑立撮字為
照
光緒捌年十二月　立撮字聲恤（押）
仝撮侄孫書言（押）

9-6-4-5　清光緒八年十二月楊聲恤等立撮字

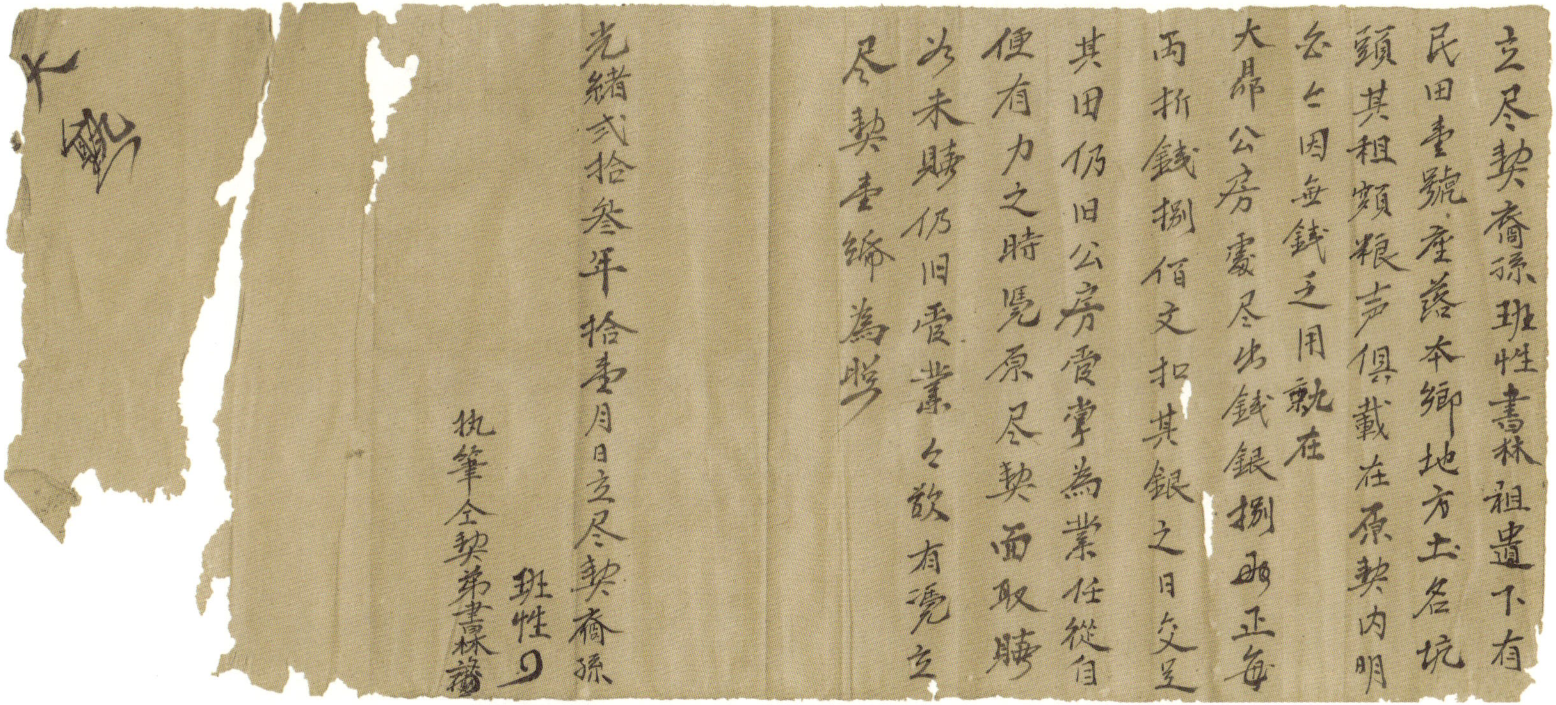

立盡契裔孫班性、壽林祖遺下有
民田壹號，坐落本鄉地方土名坑
頭，其租額粮言但載在原契內明
白，今因無錢乏用，就在
大厝公房處盡出錢銀捌兩正，每
兩折錢捌佰文，收其銀之日交足，
其田仍歸公房處掌為業，任從自
便，有力之時照原盡契面取贖，
如未贖，仍歸處業，不敢有滋言。
盡契壹紙為照。

光緒貳拾叁年拾壹月　日立盡契裔孫
班性（押）
執筆全契弟壽林（押）

9-6-4-6　清光緒二十三年十一月楊班性等立盡民田契

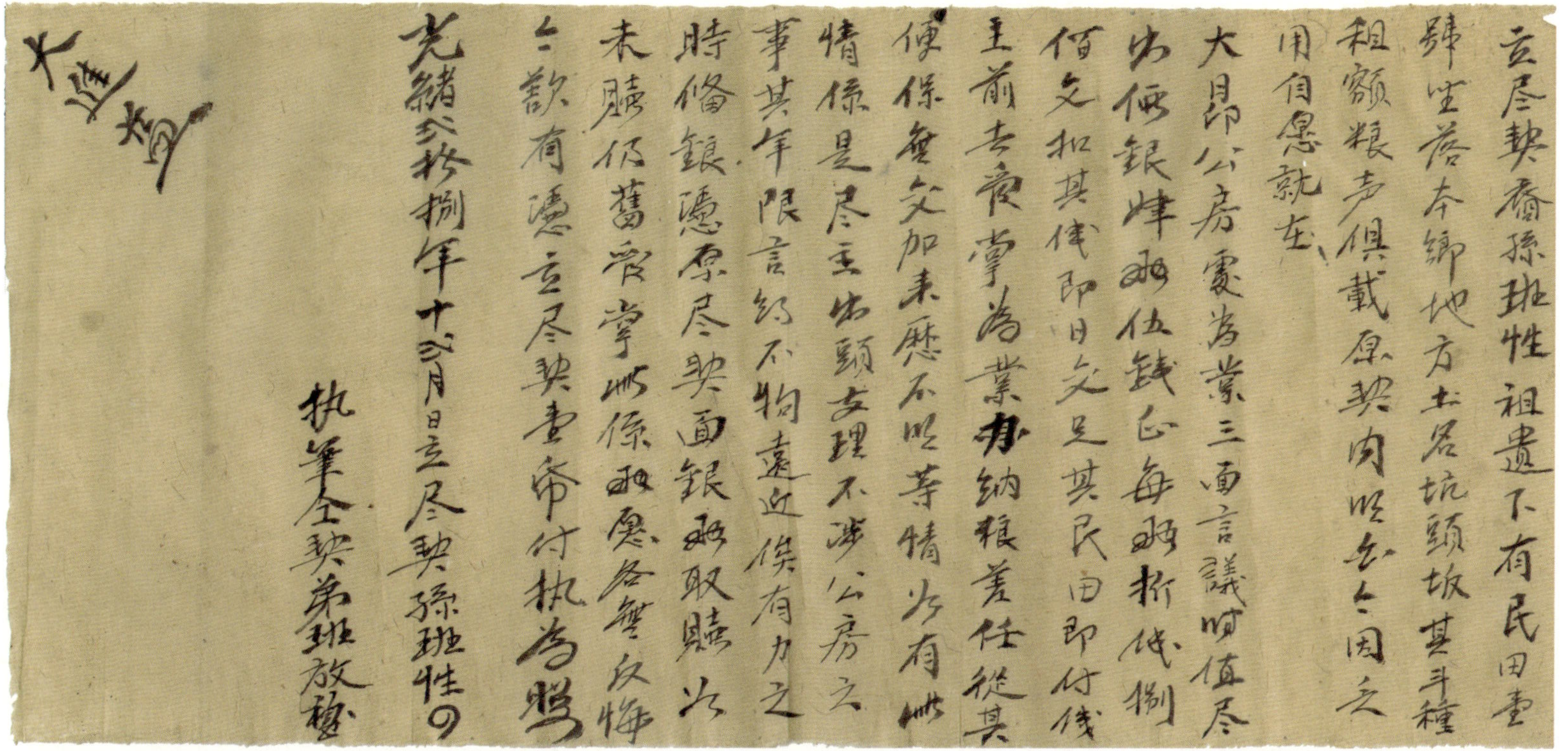

立盡契裔孫班性祖遺下有民田壹
號坐落本鄉地方土名坑頭坡其斗種
租額粮户俱載原契內明白今因乏
用自愿就在
大昂公房處為業三面言議時值盡
出價銀肆兩伍錢正每兩折伐捌
佰文扣其伐即日交足其民田即付伐
主前去管為業办納粮差任從其
便保無文加未歷不明等情如有此
情係是盡主出頭支理不涉公房之
事其年限言約不拘遠近候有力之
時備銀照原盡契面銀兩取贖此
未贖仍舊管掌此係兩愿各無反悔
今欲有憑立盡契壹帋付執為照
光緒弍拾捌年十弍月日立盡契孫班性〇
執筆仝契弟班放押
大吉昌

9-6-4-7 清光緒二十八年十二月楊班性等立盡民田契

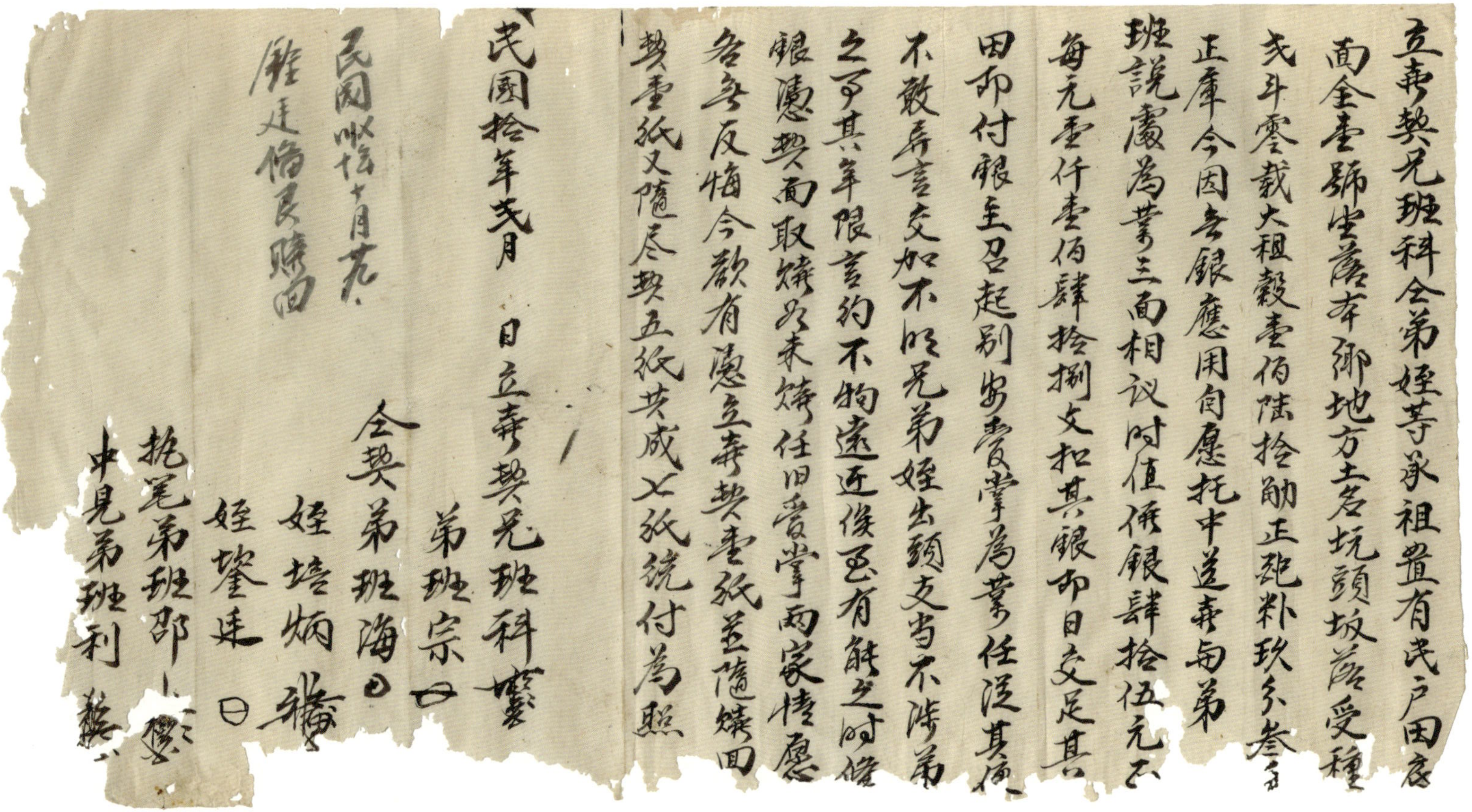

立賣契兄班科仝弟姪等承祖置有民戶田底
面全壹號坐落本鄉地方土名坑頭坂落受種
弍斗零載大租穀壹佰陆拾觔正跎粇玖分叁子
正庫今因無銀應用自愿托中送賣與弟
班説處為業三面相議時值價銀肆拾伍元正
每元壹仟壹佰肆拾捌文扣其銀即日交足其
田即付銀主召起別安賣掌為業任從其佃
不敢异言交加不明兄弟姪出頭支當不涉弟
之事其年限言约不拘遠近後至有能之時備
銀照契面取贖如未贖任田受掌兩家情愿
各無反悔今欲有憑立賣契壹紙並隨贖回
契壹紙又隨尽契五紙共成七紙繳付為照

民國拾年弍月　日立賣契兄班科（押）
弟班宗（押）
仝契弟班海（押）
姪培炳（押）
姪鑾廷（押）
抱筆弟班郡（押）
中見弟班利（押）

民國卅拾十月花
鑾廷備良贖回

9-6-4-8　民國十年二月楊班科等立賣底面全民户田契

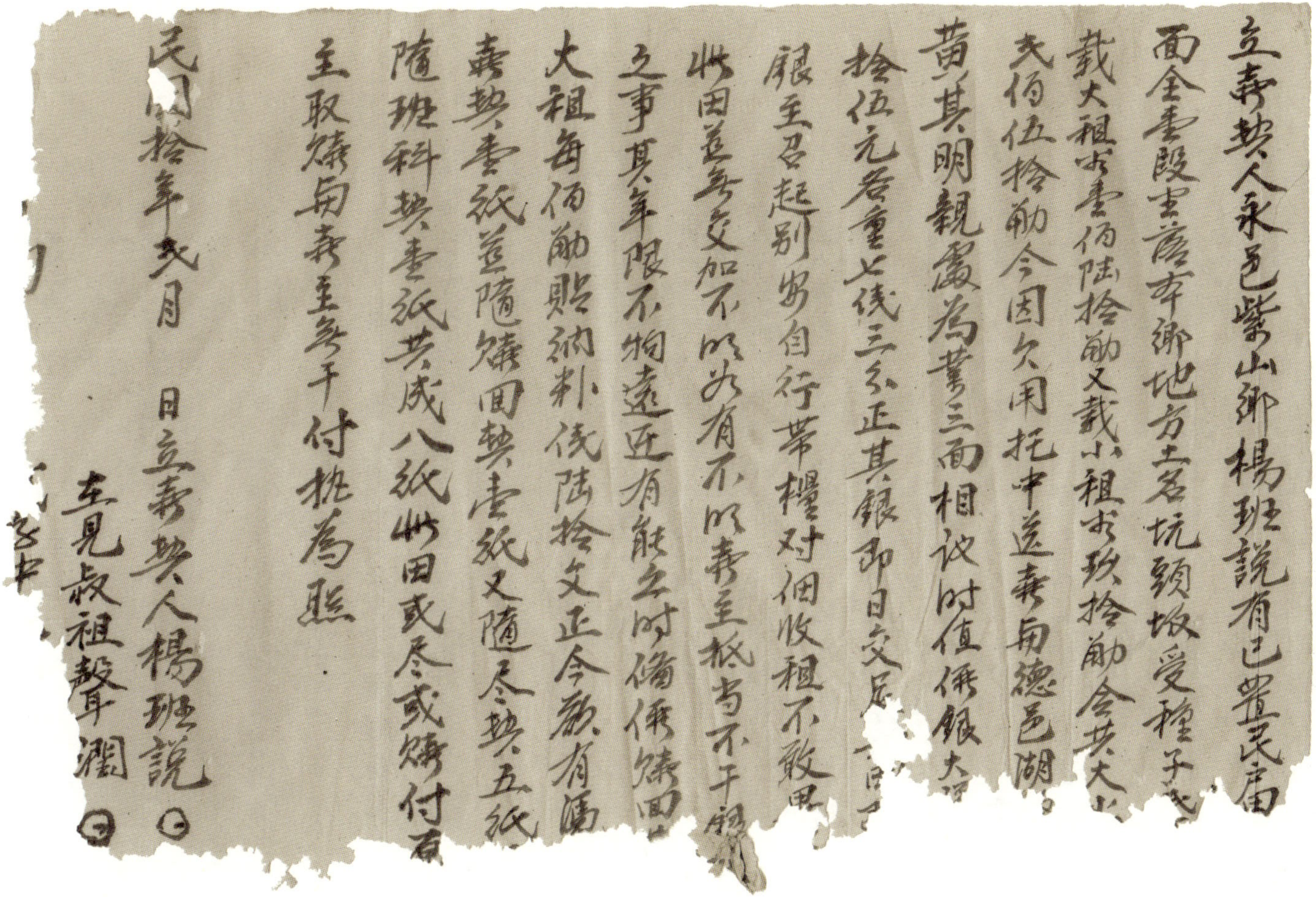

立賣契人永邑紫山鄉楊班說有己置民户田
面全壹段，坐落本鄉地方土名坑頭墩，受種子
載大租米壹佰陸拾觔，又載小租米玖拾觔，今共大小
式佰伍拾觔，今因欠用，托中送賣與德邑湖
黄其明親處為業，三面相議，时值價銀大洋
拾伍元，各重七錢三分正，其銀即日交足，
銀主召起別安自行帶糧对佃收租，不敢
此田並無交加不明，如有不明，賣主抵當，不干銀主
之事，其年限不拘遠近，有能在时備價贖回
大租每佰觔貼納扒錢陸拾文正，今欲有憑，
賣契壹紙並隨贖回契壹紙，又隨尽契五紙，
隨班科契壹紙，共成八紙，此田或尽或贖付与
主取贖，與賣主無干，付批為照。

民國拾年式月　　日立賣契人楊班說（押）
在見叔祖聲瀾（押）

9-6-4-9　民國十年二月楊班説立賣底面全民户田契

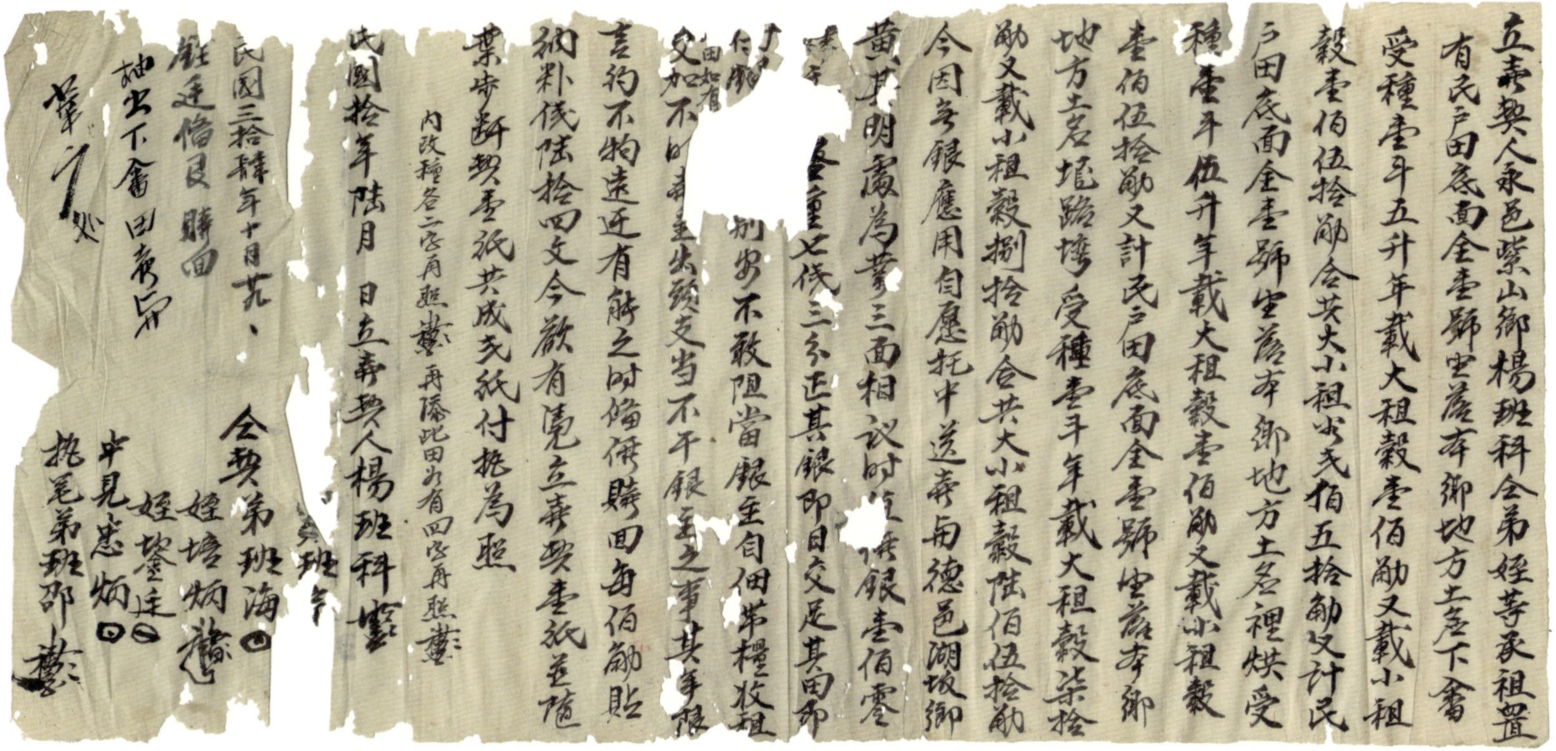

立賣契人永邑嶶山鄉楊班科仝弟姪等承祖置
有民户田底面全壹號坐落本鄉地方土名下畬
受種壹斗五升年載大租穀壹佰觔又載小租
穀壹佰伍拾觔合共大小租折弍佰五拾觔又計民
户田底面全壹號坐落本鄉地方土名裡烘受
種壹斗伍升年載大租穀壹佰觔又載小租穀
壹佰伍拾觔又計民户田底面全壹號坐落本鄉
地方土名垷路墘受種壹斗年載大租穀柒拾
觔又載小租穀捌拾觔合共大小租穀陸佰伍拾觔
今因無銀應用自愿托中送賣與德邑湖坂鄉
黄[illegible]明處為業三面相议时值價銀壹佰零
[illegible]員重七伐三分正其銀即日交足其田即
付[illegible]別姓不敢阻當躲歪自佃掌權收租
[illegible]田如有交加不明賣主出頭支当不干銀主之事其年限
言約不拘遠近有觔之时備價贖回每佰觔貼
納粁伐陸拾四文今欲有憑立賣契壹紙並隨
業老斷契壹紙共成弍紙付挑為照

內改種各二字再照 藝　再添此田正有四字再照 藝

民國拾年陸月　日立賣契人楊班科 藝
仝契弟班海 ◎
姪培炳 藝
姪鎏廷 ◎
中見忠炳 ◎
挑筆弟班邵 藝

民國三拾肆年十月廿、雖廷倫艮贖回
抽出下畬田底字
筆[illegible]

9-6-4-10　民國十年六月楊班科等立賣底面全民户田契

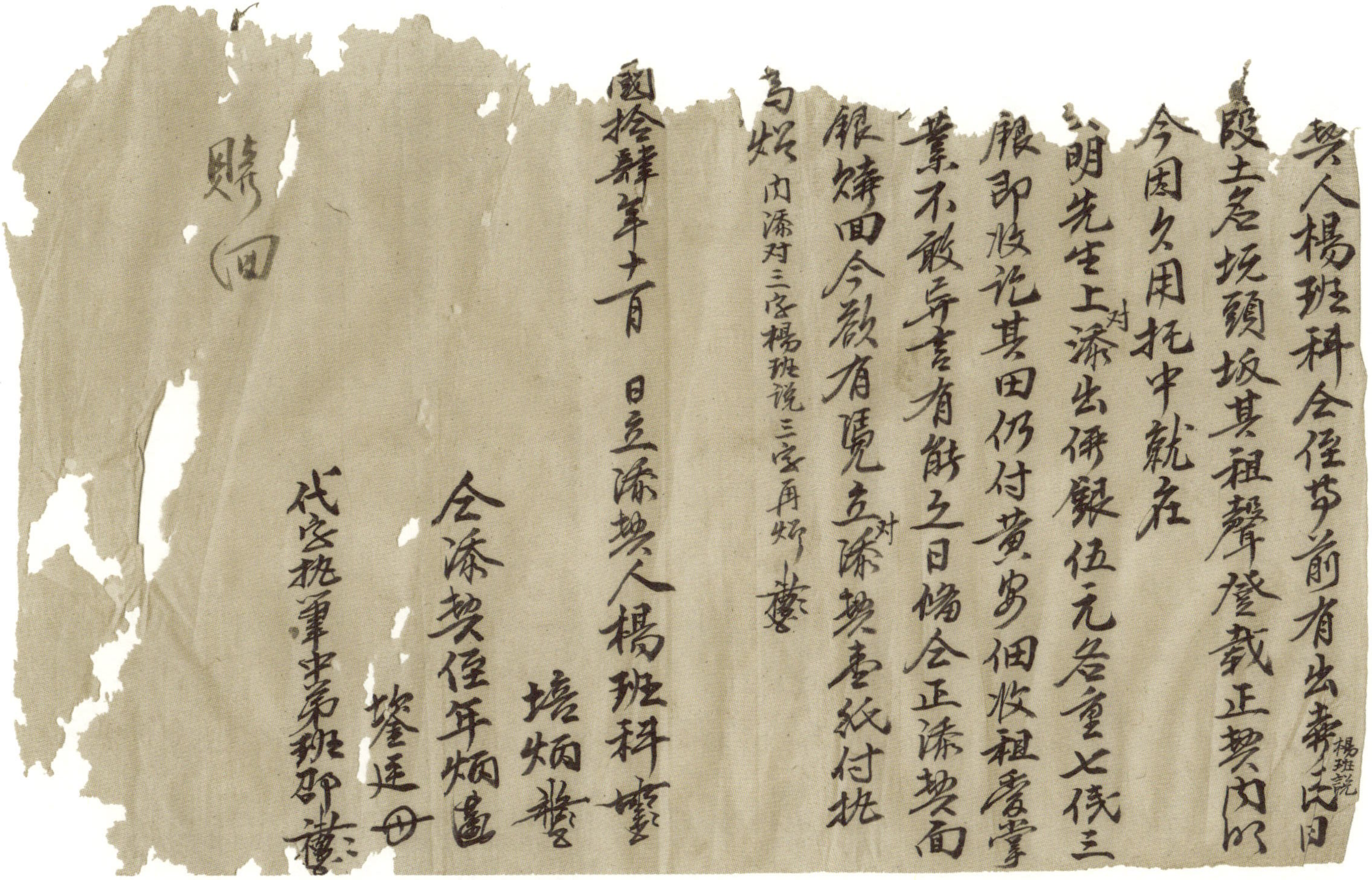
契人楊班科仝侄苐前有出賣楊班說民田
段土名坑頭坂其租聲登載正契內明
今因欠用托中就在
〃明先生上添对出佛銀伍元各重七钱三
銀即收訖其田仍付黄安佃收租管掌
業不敢異言有能之日備仝正添契面
銀俾回今欲有憑立添对契壹紙付执
為炤　内添对三字楊班說三字再炤
民國拾肆年十一月　日立添契人楊班科
培炳
仝添契侄年炳
鍌廷
代字执筆中弟班卯
贖回

9-6-4-11　民國十四年十一月楊班科等立添民田契（一）

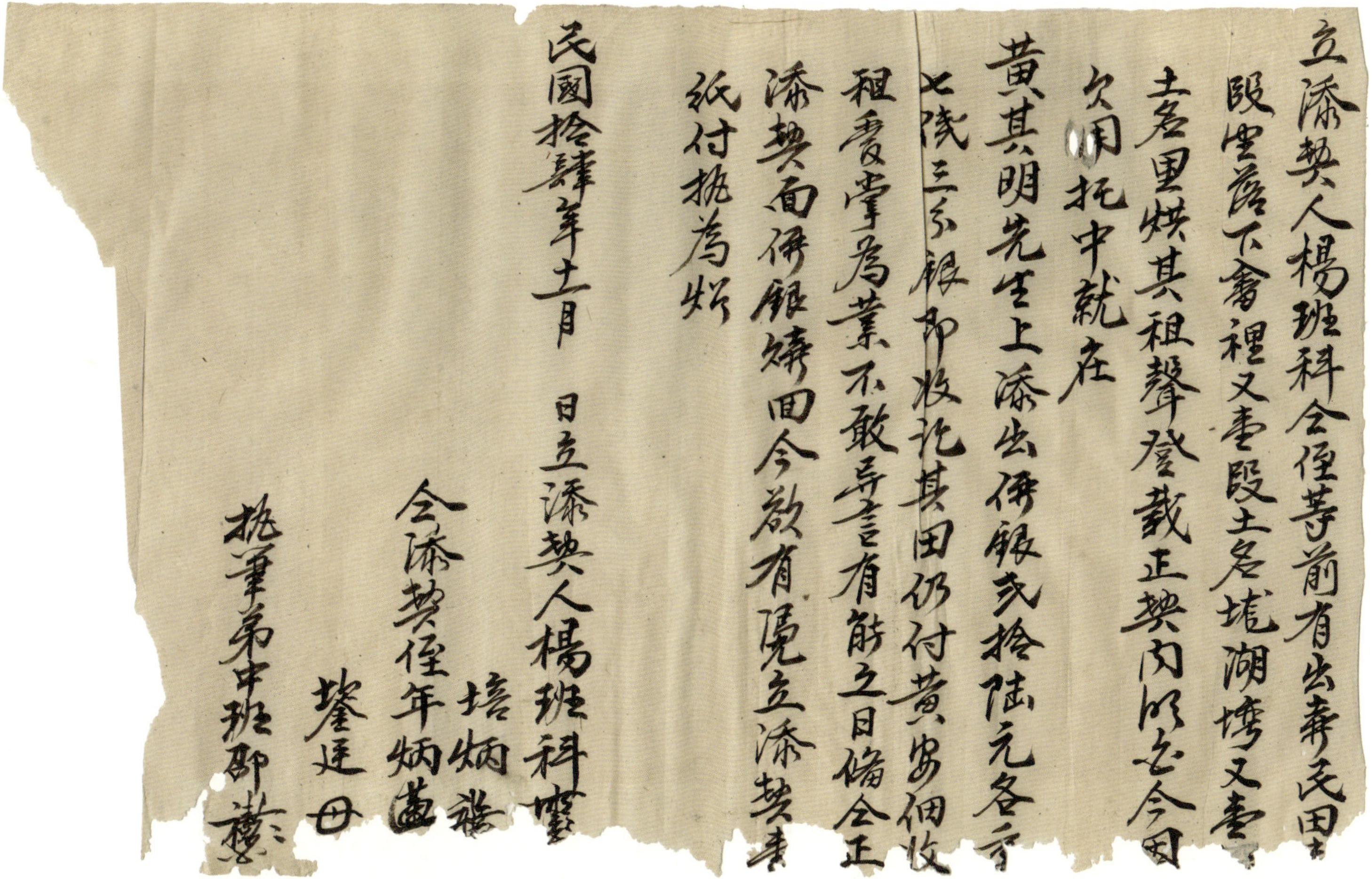
立添契人楊班科仝侄等前有出賣民田壹
段坐落下會裡，又壹段土名垅湖塝，又壹
土名里烘，其租聲登載正契內明白，今因
欠用，托中就在
黃其明先生上添出佛銀弍拾陸元各
七錢三分，銀即收訖，其田仍付黃家佃收
租管業為業，不敢異言有能。立日論仝正
添契面佛銀贖田，今欲有憑，立添契壹
紙付執為照。

民國拾肆年十一月　日立添契人楊班科（押）
培炳（押）
仝添契侄年炳（押）
鎣廷（押）
執筆弟中班（押）

9-6-4-12　民國十四年十一月楊班科等立添民田契（二）

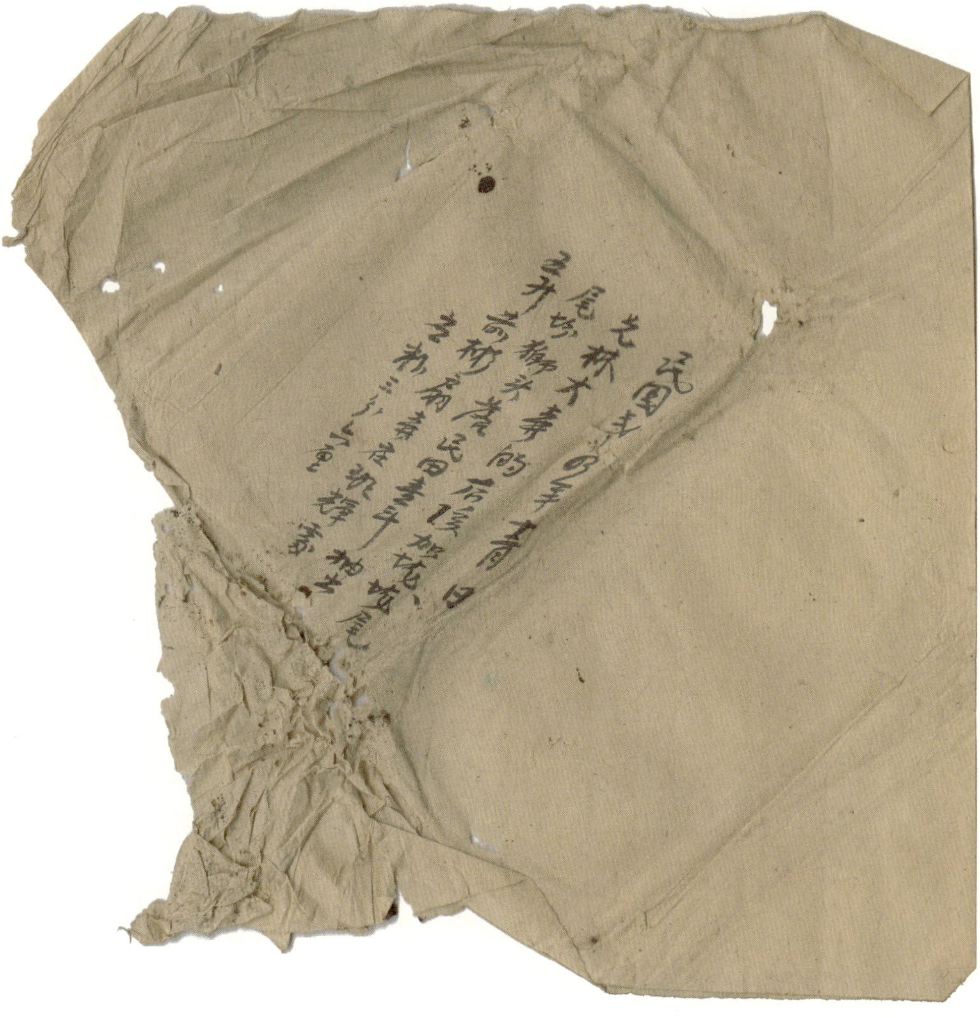

9-6-5-1　包契紙

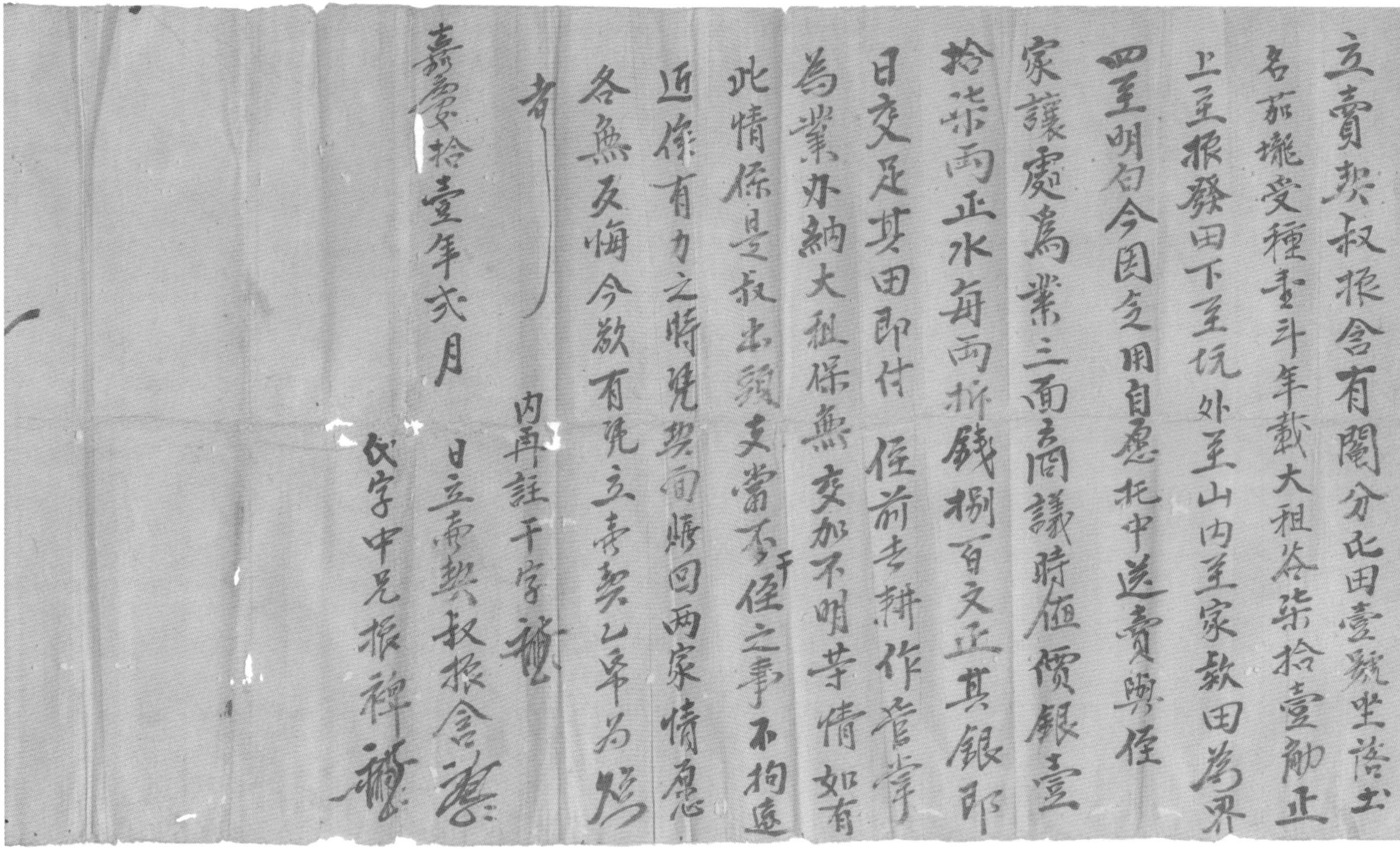
立賣契叔振舍有閹分乜田壹號坐落土
名茄壠受種壹斗年載大租谷柒拾壹觔正
上至振發田下至坑外至山内至家款田為界
四至明白今因乏用自愿托中送賣與侄
家讓處為業三面言議時值價銀壹
拾柒兩正水每兩折錢捌百文正其銀即
日交足其田即付 侄前去耕作管掌
為業办納大租保無交加不明等情如有
此情係是叔出頭支當不干侄之事不拘遠
近係有力之時見契面贖回兩家情愿
各無反悔今欲有憑立賣契乙帋為照
者
內再註干字 號
嘉慶拾壹年弍月 日立賣契叔振舍 號
代字中兄振禪 號

9-6-5-2 清嘉慶十一年二月楊振舍立賣乜田契

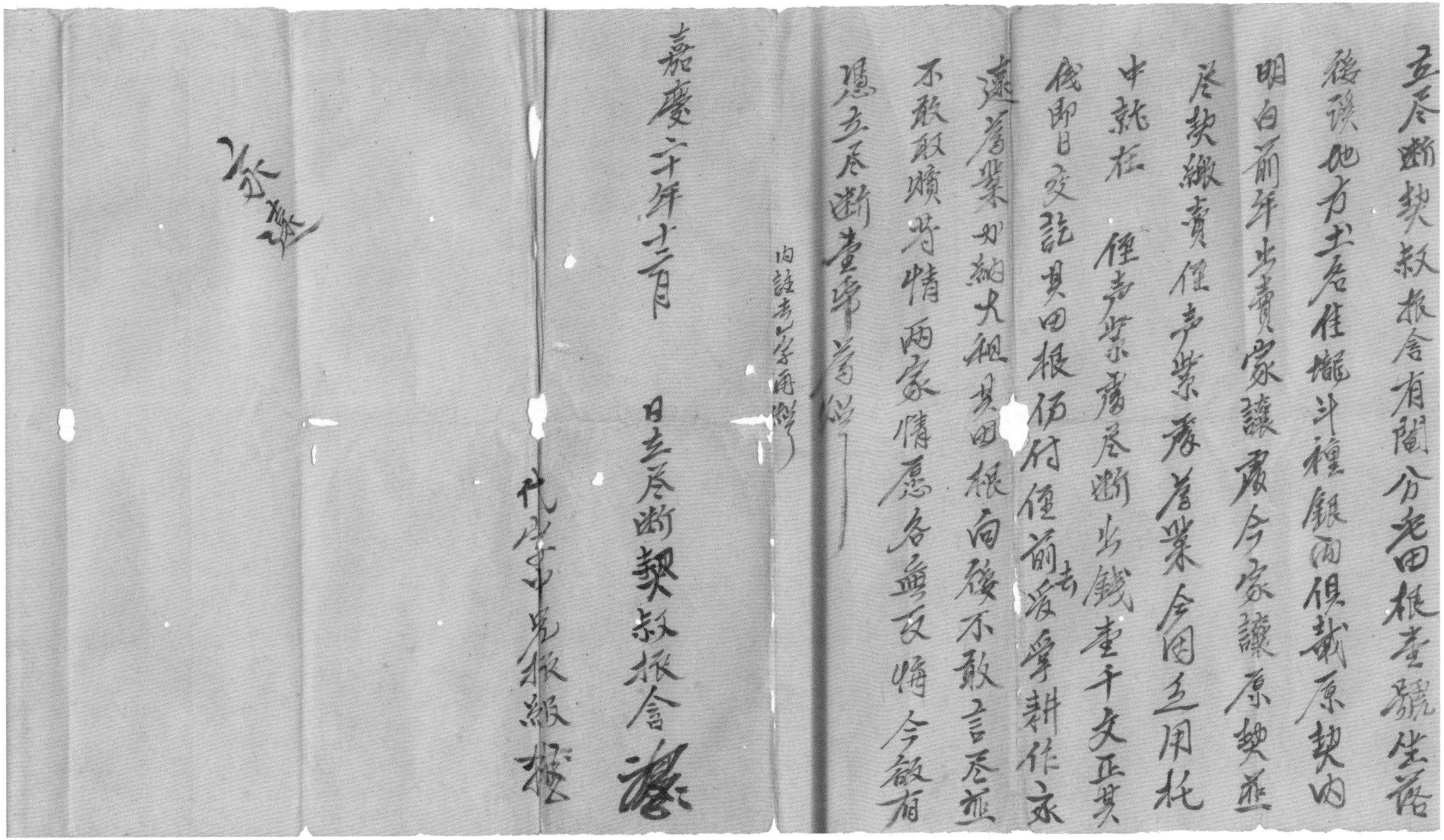

立盡斷契叔振含有閹分屯田根壹號坐落
後渓地方土名住壠斗種銀兩俱載原契內
明白前年出賣家讓處今家讓原契並
盡契繳賣侄声紫為業今因乏用托
中就在　侄声紫房盡斷出錢壹千文正其
錢即日交訖其田根仍付侄前去管耕作永
遠為業办納大租其田根向後不敢言盡並
不敢取贖等情兩家情愿各無反悔今欲有
憑立盡斷壹帋為照（押）
內註去字兩個（押）

嘉慶二十年十二月　　日立盡斷契叔振含（押）
代字中見叔縱（押）

9-6-5-3　清嘉慶二十年十二月楊振含立盡斷屯田根契

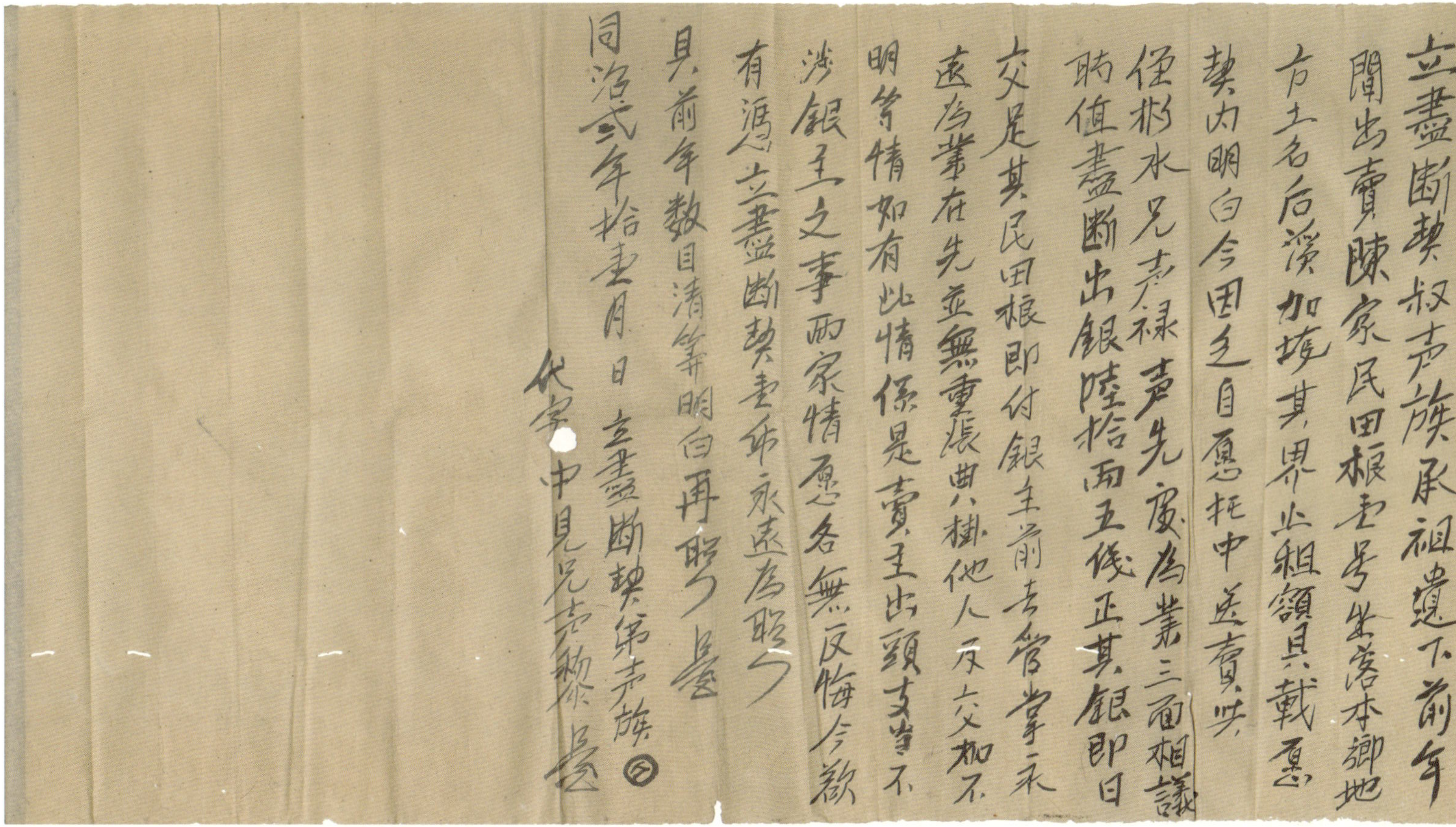
立盡斷契叔声族承祖遺下前年
閗出賣陳家民田根壹号坐落本鄉地
方土名后漈加塆其界址租額具載應
契内明白今因乏自愿托中送賣與
侄彬水兄声禄声先處為業三面相議
時值盡斷出銀陸拾兩五錢正其銀即日
交足其民田根即付銀主前去管掌永
遠為業在先並無重張典掛他人及交加不
明等情如有此情係是賣主出頭支當不
涉銀主之事兩家情愿各無反悔今欲
有憑立盡斷契壹紙永遠為照。
具前年數目清筭明白再照。

同治弍年拾壹月　日　立盡斷契弟声族
代字中見兄声鍫

9-6-5-4　清同治二年十一月楊声族立盡斷陳家民田根契

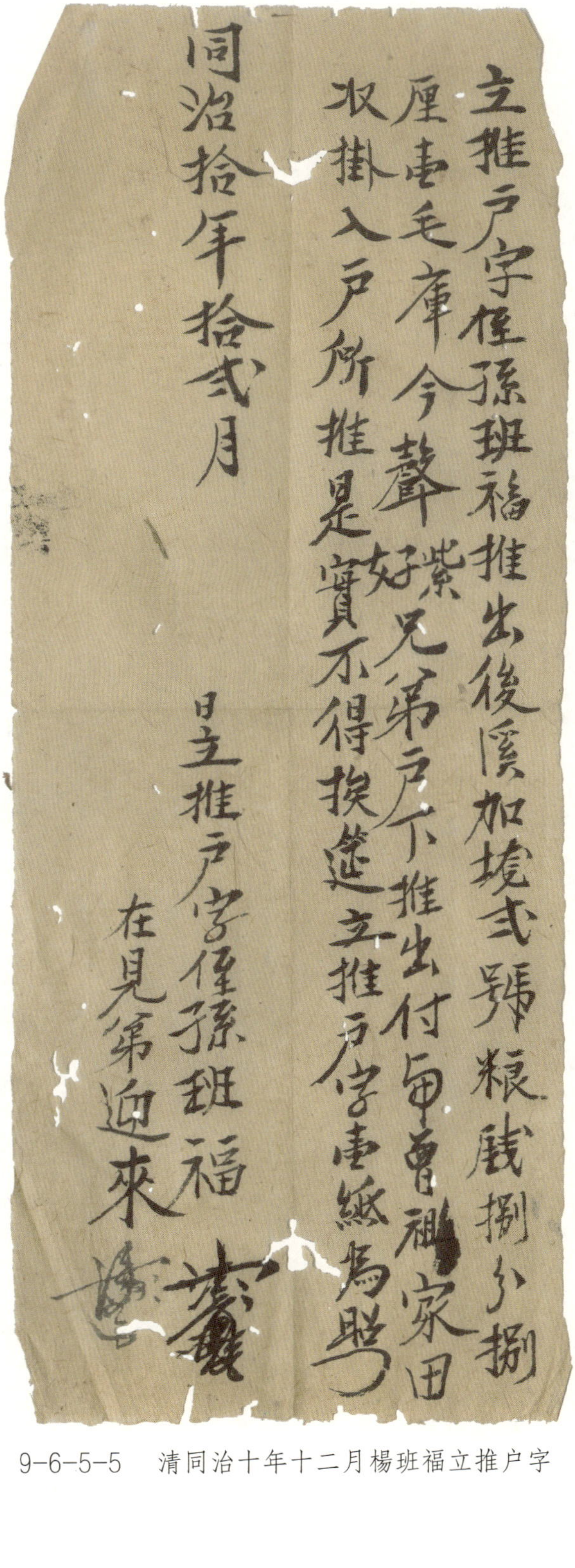

立推户字侄孫班福推出後溪加墘弍號粮錢捌分捌厘壹毛庫今聲紫好兄弟户下推出付與曾祖家田収掛入户所推是實不得挨延立推户字壹紙為照

同治拾年拾弍月　日立推户字侄孫班福（押）

在見弟迎來（押）

9-6-5-5　清同治十年十二月楊班福立推户字

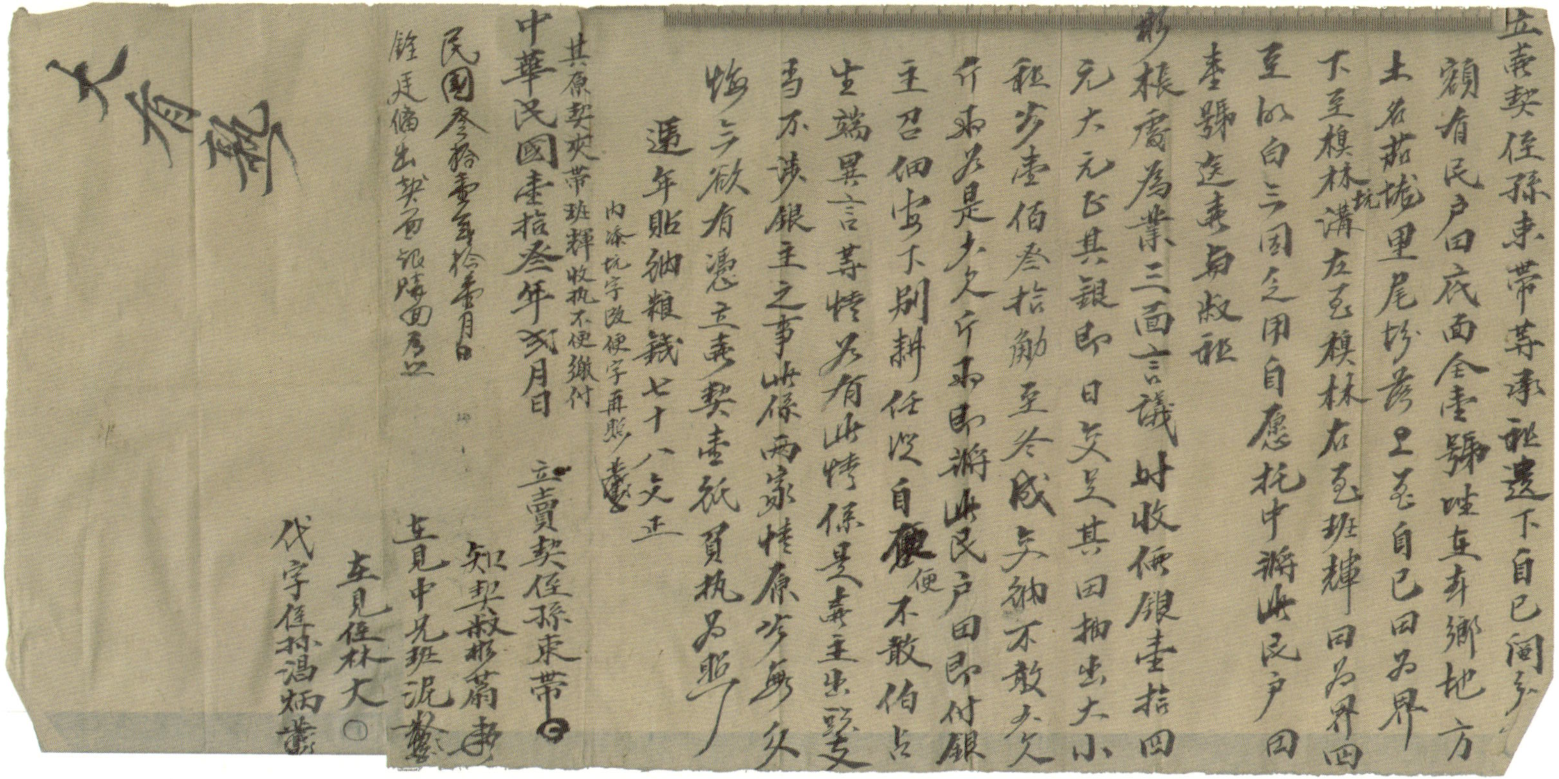

立賣契侄孫東帶等承祖遺下自己闔分
額有民户田底面全壹號坐在本鄉地方
土名茄垅里尾坪荒上至自己田為界
下至楓林溝坑左至楓林右至班輝田為界四
至明白今因乏用自愿托中將此民户田
壹號送賣與叔祖
彬根處為業三面言議時收價銀壹拾四
元大元已其銀即日交足其田抽出大小
租谷壹佰叁拾觔至今减少納不敷大久
斤兩及是大久斤兩即將此民户田即付銀
主召佃安下劃耕任從自便不敢伯占
生端異言等情各有此情係是壹主出頭支
當不涉銀主之事此係兩家情愿各無反
悔今欲有憑立賣契壹紙付執為照
逐年貼納糧錢七十八文正
内添坑字改便字再照
其原契夾帶班輝收執不便繳付
中華民國壹拾叁年弍月日
立賣契侄孫東帶
知契叔彬萷
在見中兄班泥
在見侄林大
代字侄孫溫炳
民國叁拾壹年拾壹月日
銓廷備出契面銀陸元正
大有契

9-6-5-6　民國十三年二月楊東帶立賣底面全民户田契

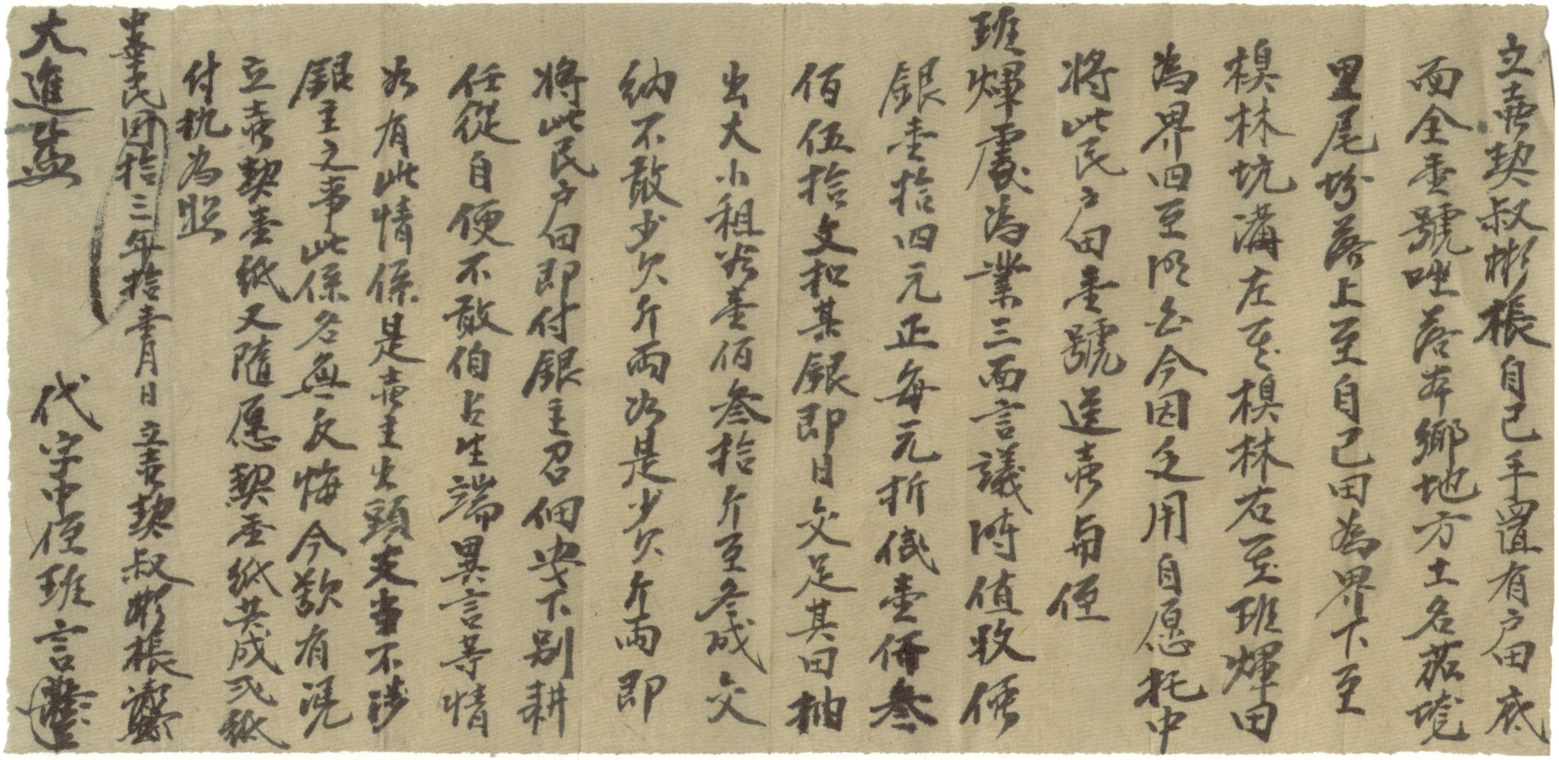

立賣契叔彬棖自己手置有户田底
面全壹號址在本鄉地方土名茄墘
里尾坊蒼上至自己田為界下至
楳林坑滿左至楳林右至班熚田
為界四至明白今因乏用自愿托中
將此民户田壹號送賣與侄
班熚處為業三面言議時值財價
銀壹拾四元正每元折錢壹仟叁
佰伍拾文私其銀即日交足其田柚
出大小租谷壹佰叁拾斤至冬成交
納不敢少欠斤兩如是少欠斤兩即
將此民户田即付銀主召佃收不别耕
任從自便不敢伯生端異言等情
此有此情係是賣主出頭支当不涉
銀主之事此係各無反悔今欲有憑
立賣契壹紙又隨應契壹紙共成弍紙
付執為照
中華民國拾三年拾壹月日 立賣契叔彬棖
代字中侄班言
大進

9-6-5-7 民國十三年十一月楊彬棖立賣底面全户田契

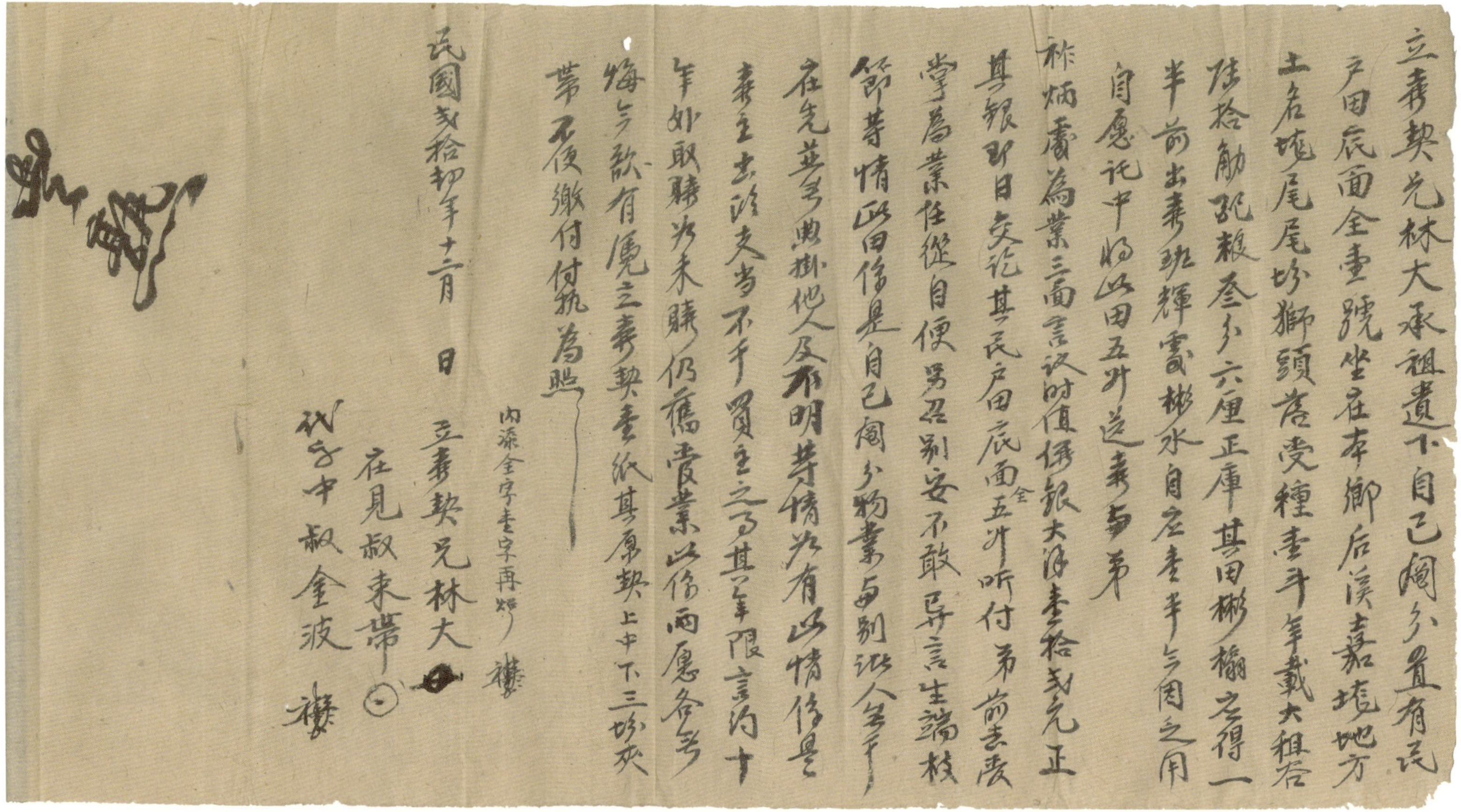
立賣契兄林大承祖遺下自己鬮分直有民
户田底面全壹號坐在本鄉后溪嘉墘地方
土名墘尾尾坵獅頭落受種壹斗半載大租谷
陸拾觔配粮叁分六厘正庫其田概欄應得一
半前出賣許輝雲彬水自存壹半與周之用
自愿託中將此田五斗送賣與弟
祢炳處為業三面言議時值價銀大洋壹拾貳元正
其銀即日交訖其民户田底面全五斗聽付弟前去管
掌為業任從自便另召別安不敢異言生端枝
節等情此田係是自己鬮分物業與别姓人無干
在先並無典掛他人及不明等情如有此情係是
賣主出頭支当不干買主之事其田無年限言約十
年外取贖如未贖仍舊賣業此係兩愿各無
悔反欲有憑立賣契壹紙其原契上中下三坵夾
帶不便繳付付執為照
內添全字壹字再炤 押
民國貳拾肆年十二月　日　立賣契兄林大
在見叔來帶
代字中叔金波 押

9-6-5-8　民國二十四年十二月楊林大立賣底面全民户田契

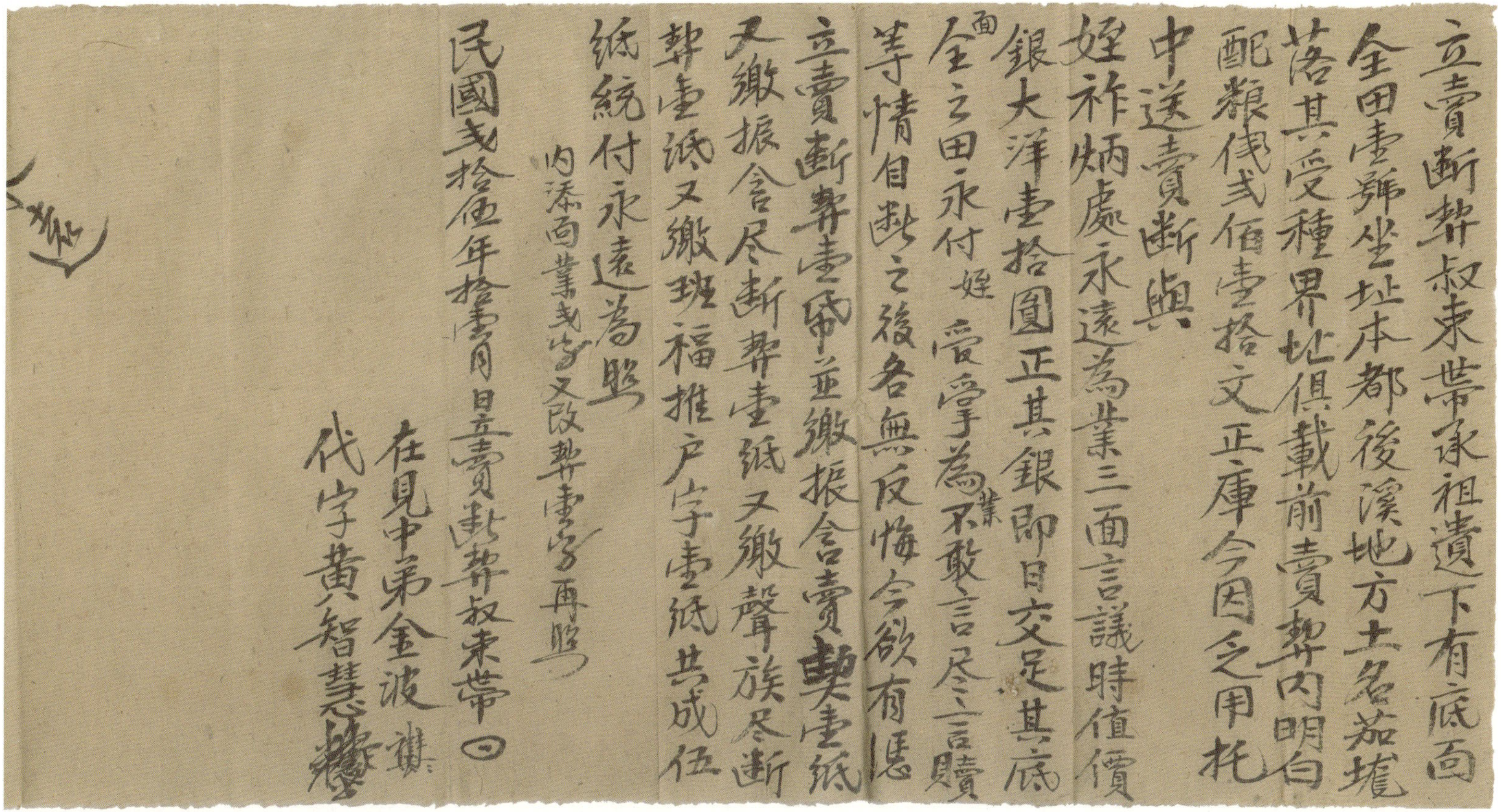
立賣斷契叔東帶承祖遺下有底面
全田壹號坐址本都後溪地方土名茄壠
落其受種界址俱載前賣契内明白
配粮伐式佰壹拾文正庫今因乏用托
中送賣斷與
姪祚炳處永遠為業三面言議時值價
銀大洋壹拾圓正其銀即日交足其底
面全之田永付姪　管掌為業不敢言尽言贖
等情自斷之後各無反悔今欲有憑
立賣斷契壹紙帶並繳振合賣契壹紙
又繳振合尽斷契壹紙又繳聲族尽斷
契壹紙又繳班福推户字壹紙共成伍
紙統付永遠為照
内添面業式字又改契壹字再照
民國式拾伍年拾壹月　日立賣斷契叔東帶（押）
在見中弟金波（押）
代字黃智慧（押）

9-6-5-9　民國二十五年十一月楊東帶立賣斷底面全田契

立賣契叔祖振生仝弟振藝有祖遺
民田壹號坐落本鄉土名香炉垅不
受種壹汁壘載租陸拾肆觔半正
配粮肆分庫今因乏用自愿托中
送賣侄孫聲紫處為業三面相
議時値價銀貳拾捌两正每两柝
錢捌佰文扣其銀即日交足其田即付
侄孫前去掌耕作為業办納粮
差在先保無交加不明等情如有不明
叔祖自己支当不干侄孫之事其田係
自己兄弟物業與别兄弟無干言約
伍年外有力之時憑契面贖田今欲
有憑立賣契壹帋為炤」
嘉慶拾叁年拾貳月日立賣契叔祖振生（押）
仝賣契弟振藝（押）
在見中叔大顯（押）

9-6-6-1　清嘉慶十三年十二月楊振生等立賣民田契

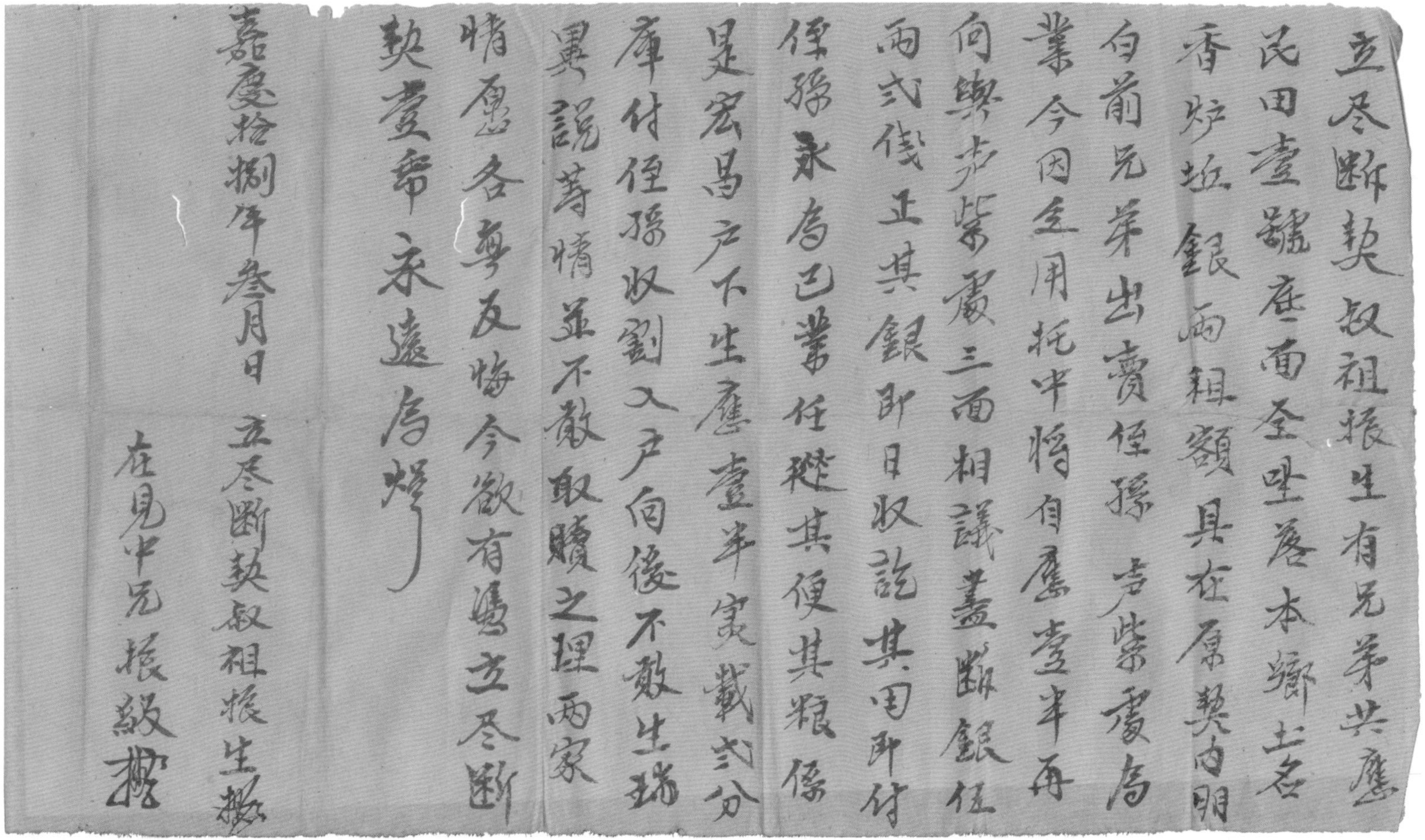
立盡斷契叔祖振生有兄弟共應
民田壹號座面全坐落本鄉土名
香炉垯　銀兩租額具在原契內明
白前兄弟出賣侄孫　岩紫震為
業今因乏用托中將自應壹半再
向與岩紫震三面相議盡斷銀伍
兩弍錢正其銀即日收訖其田即付
侄孫永為己業任從其便其粮係
是宏昌户下生應壹半實載弍分
庫付侄孫收割入户向後不敢生端
異說等情並不敢取贖之理兩家
情愿各無反悔今欲有憑立盡斷
契壹帋永遠為炤
嘉慶拾捌年叁月日　立盡斷契叔祖振生（押）
在見中兄振綴（押）

9-6-6-2　清嘉慶十八年三月楊振生立盡斷民田契

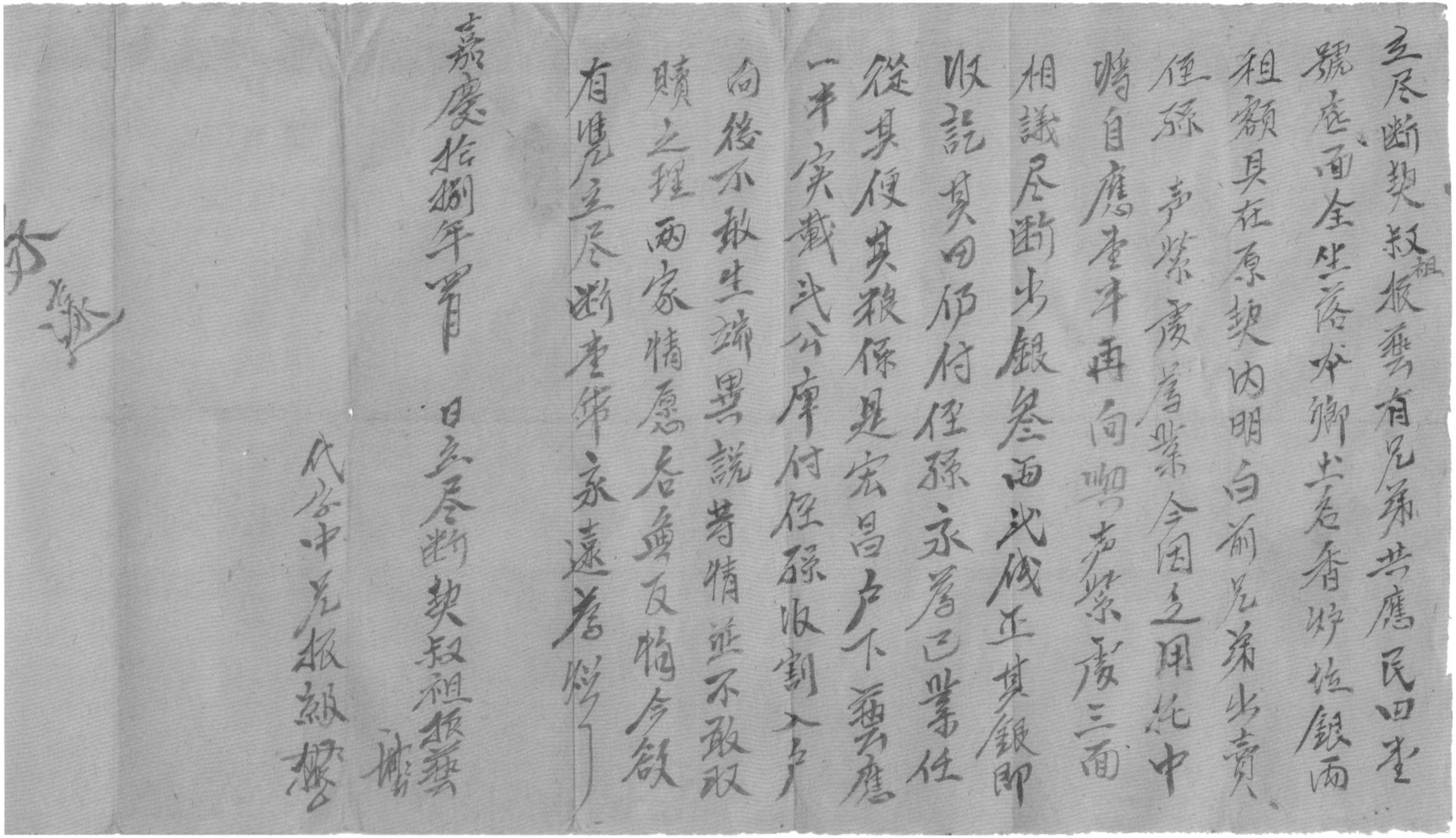
立盡斷契叔祖振藝有兄弟共應民田壹
號座面全坐落本鄉土名香炉垃銀兩
租額具在原契內明白前兄弟出賣
侄孫 声紫 處管業今因乏用托中
將自應壹半再向與 声紫 處三面
相議盡斷出銀叁兩弍錢正其銀即
收訖其田仍付侄孫永管己業任
從其便其粮係是宏昌户下藝應
一半實載弍公庫付侄孫收割入户
向後不敢生端異說等情並不敢取
贖之理兩家情愿各無反悔今欲
有憑立盡斷壹紙永遠為照
嘉慶拾捌年四月　日立盡斷契叔祖振藝（押）
代字中兄振緻（押）

9-6-6-3　清嘉慶十八年四月楊振藝等立盡斷民田契

立賣契楊家梅祖置有民户田壹
號底面全坐落本鄉紫山土名香爐
坵受種子壹斗陸升載大祖壹百正配
秋粮陸分貳厘今因乏用自愿托中送賣
温功用親房為業三面相議時值價銀壹
拾捌兩正每兩折錢捌百正其銀即日收足
其田即付銀主管掌耕作辦納粮差保
無交加不明如有不明賣主出頭支當不干
銀主之事其田有力之時不拘遠近憑契面
贖回兩家情愿各無反悔今欲有憑立
賣契壹紙為照

嘉慶貳拾壹年十貳月日立賣契楊家梅（押）

在見中弟楊家遇（押）

9-6-6-4　清嘉慶二十一年十二月楊家梅立賣底面全民户田契

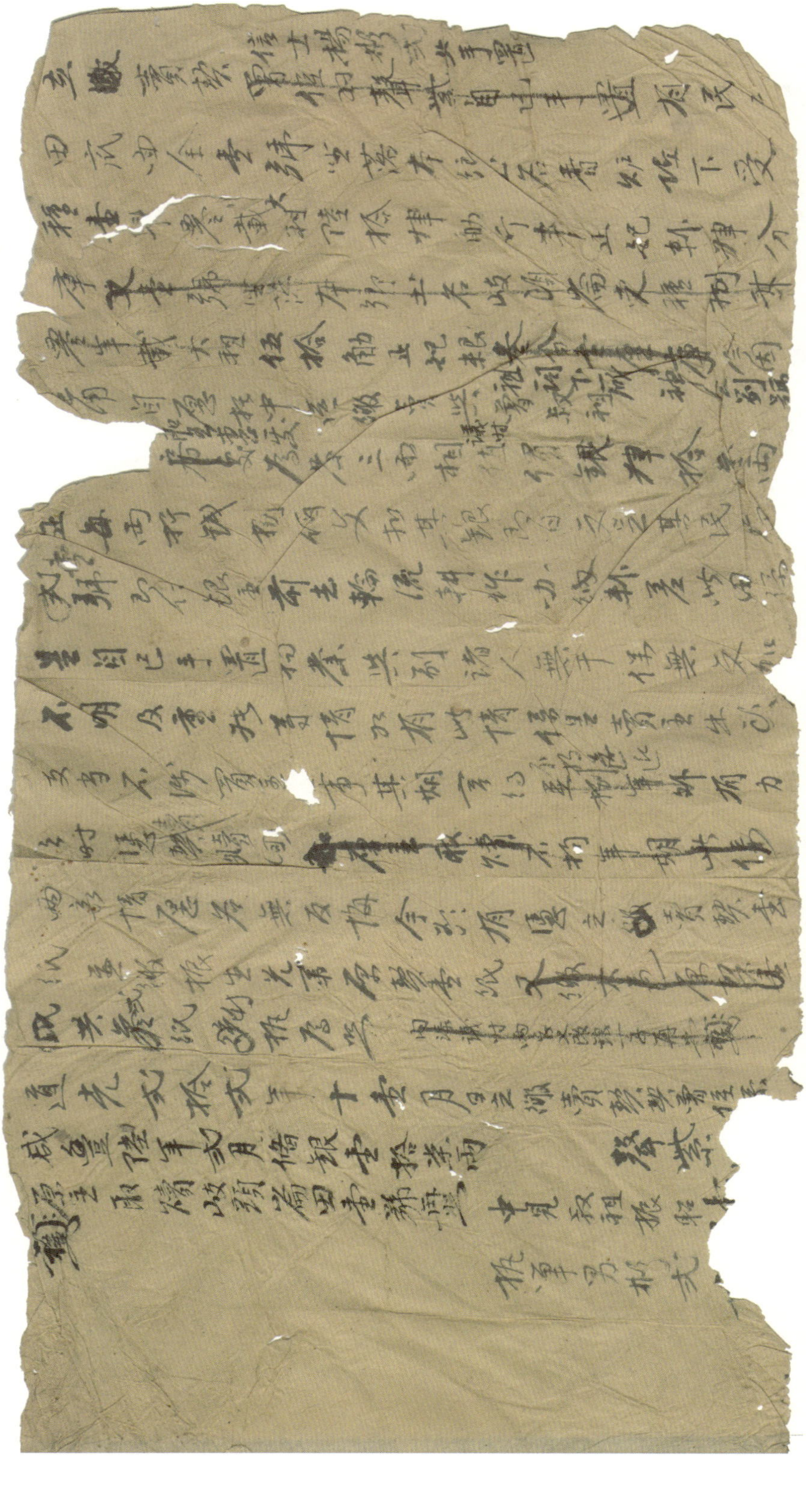

9-6-6-5　清道光二十二年十一月楊彬弍立繳賣底面全民户田契（草契）

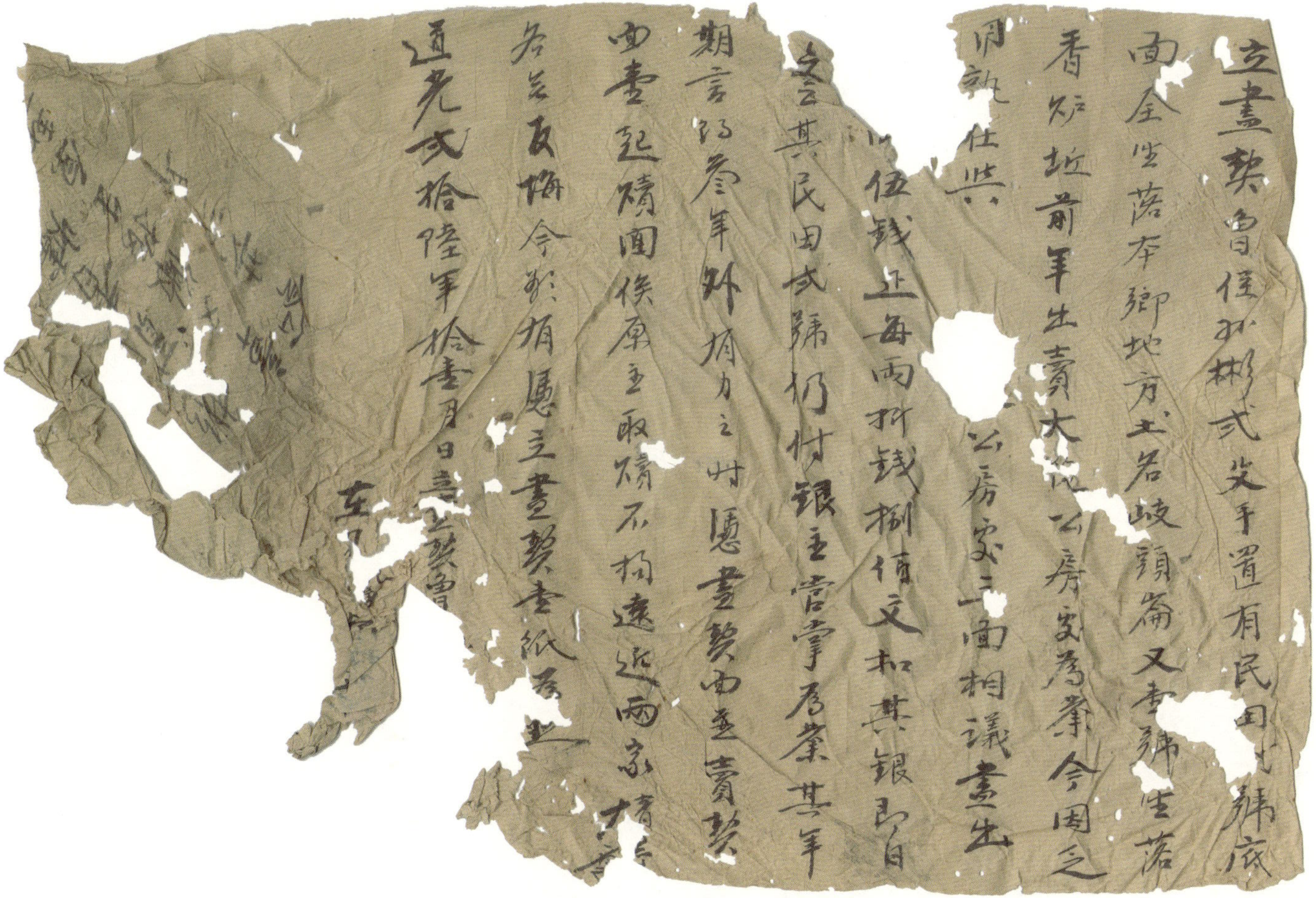

9-6-6-6　清道光二十六年十一月楊彬式立盡民田契

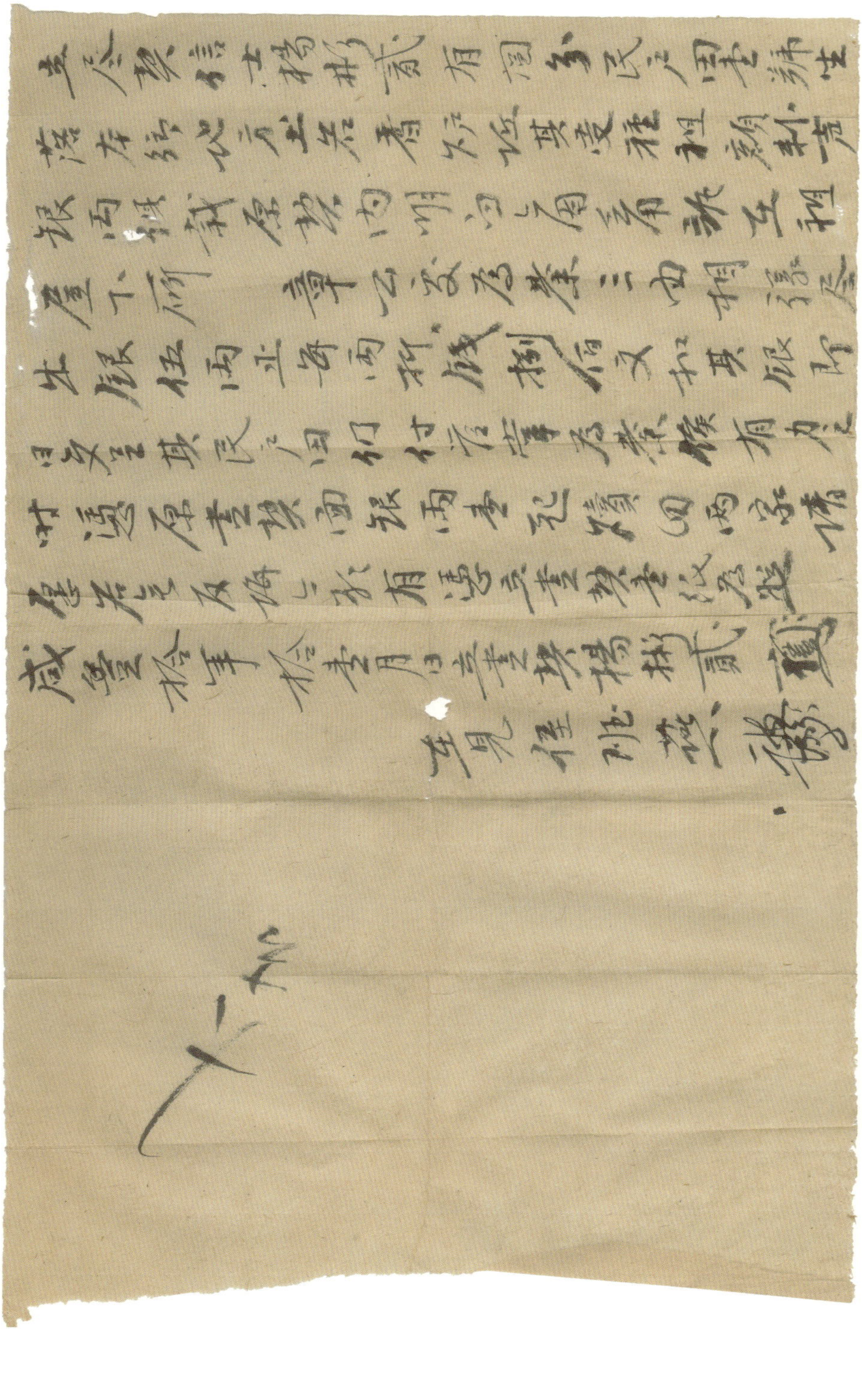

9-6-6-7　清咸豐十年十一月楊彬貳立盡民户田契

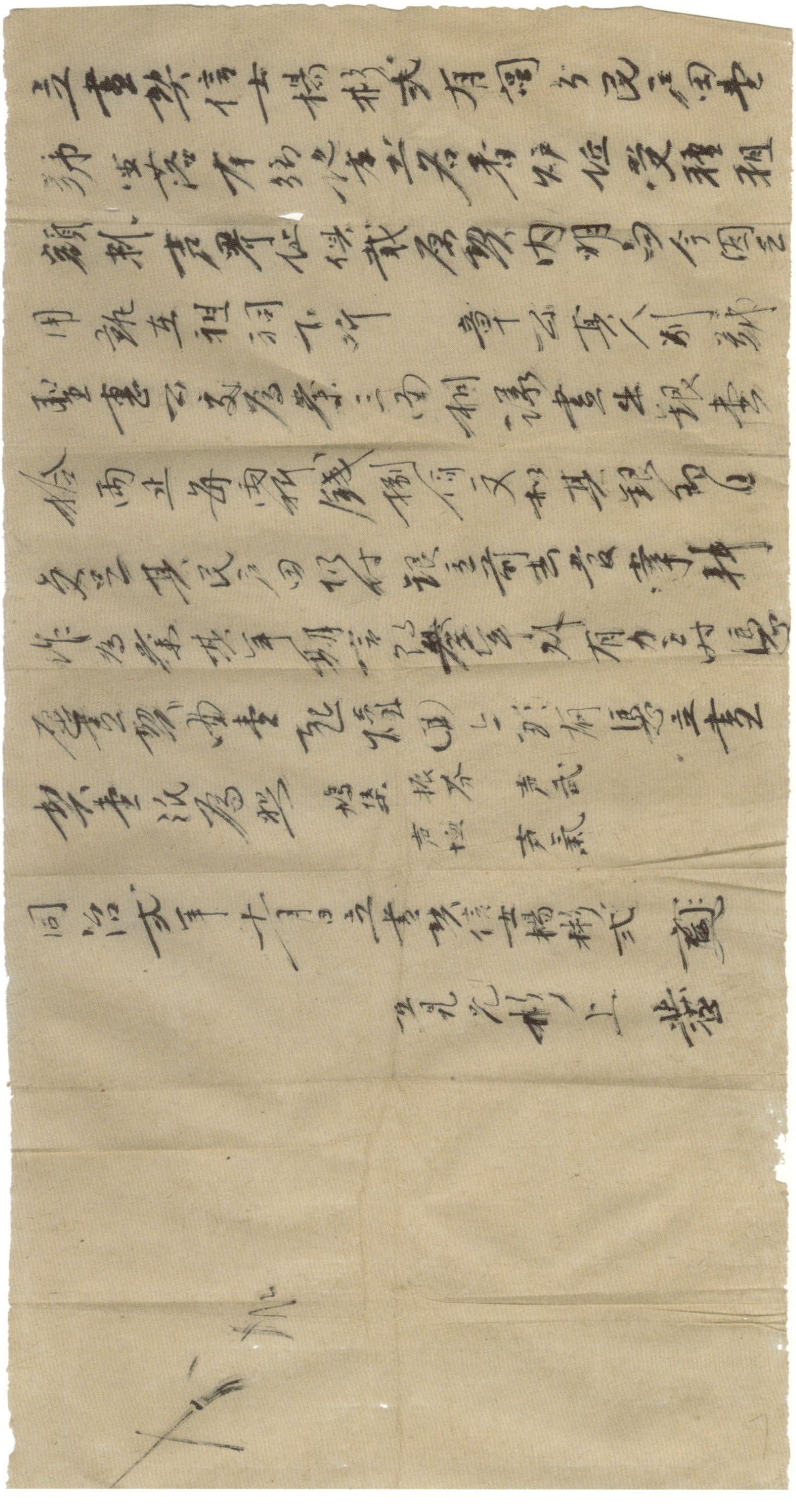

9-6-6-8 清同治二年十一月楊彬弍立盡民户田契

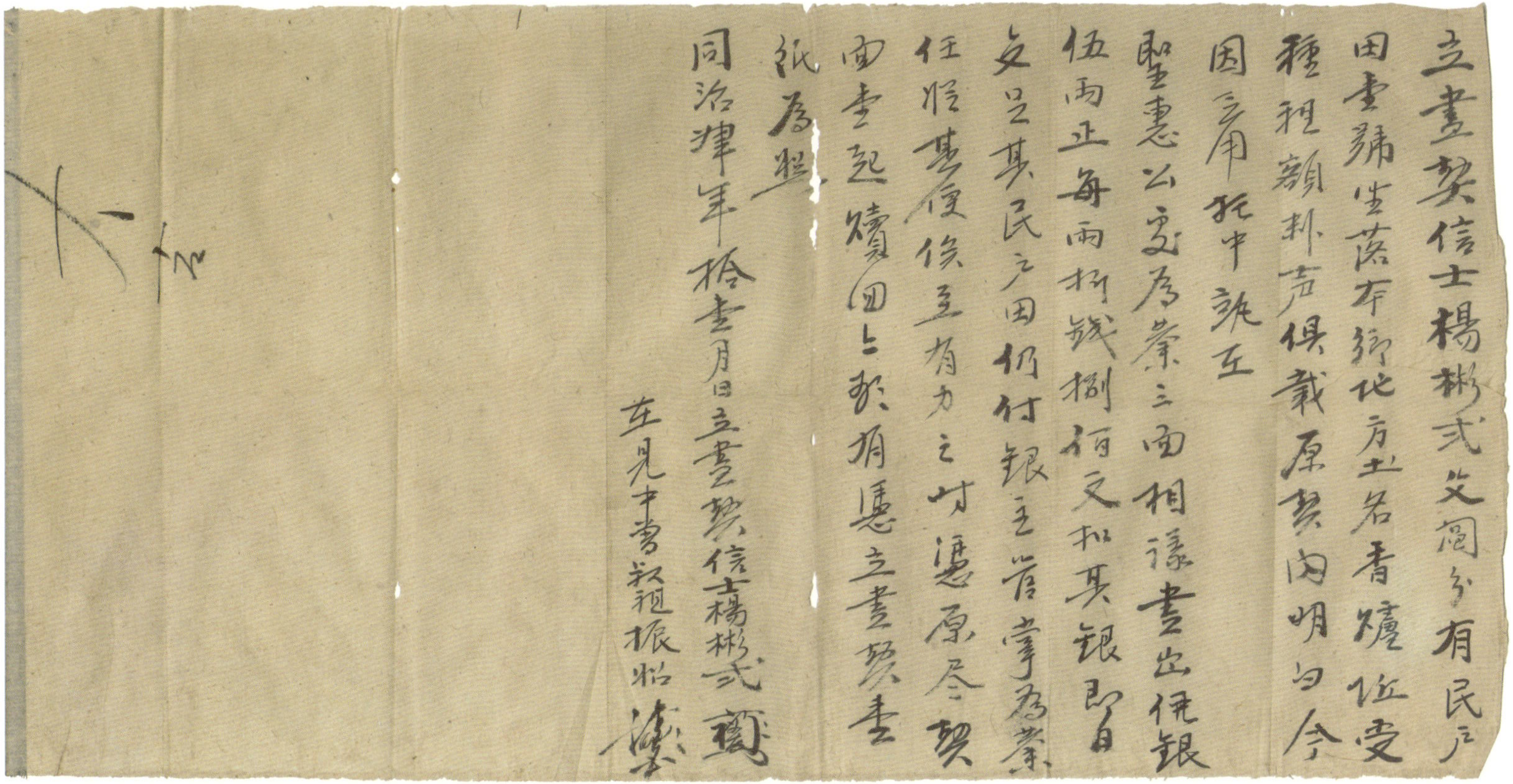

立盡契信士楊彬式父置分有民户
田壹號坐落本鄉地方土名青壇坵受
種租額扑吉俱載原契內明白今
因乏用托中說至
聖惠公處為業三面相議盡出價銀
伍兩正每兩扣錢捌佰文扣其銀即日
交足其民户田仍付銀主管業為業
任從其便後立有力之時憑原契
面壹起贖田上欵有憑立盡契壹
紙為照
同治肆年拾壹月日立盡契信士楊彬式（押）
在見中胞叔祖振粘（押）

9-6-6-9　清同治四年十一月楊彬式立盡民户田契

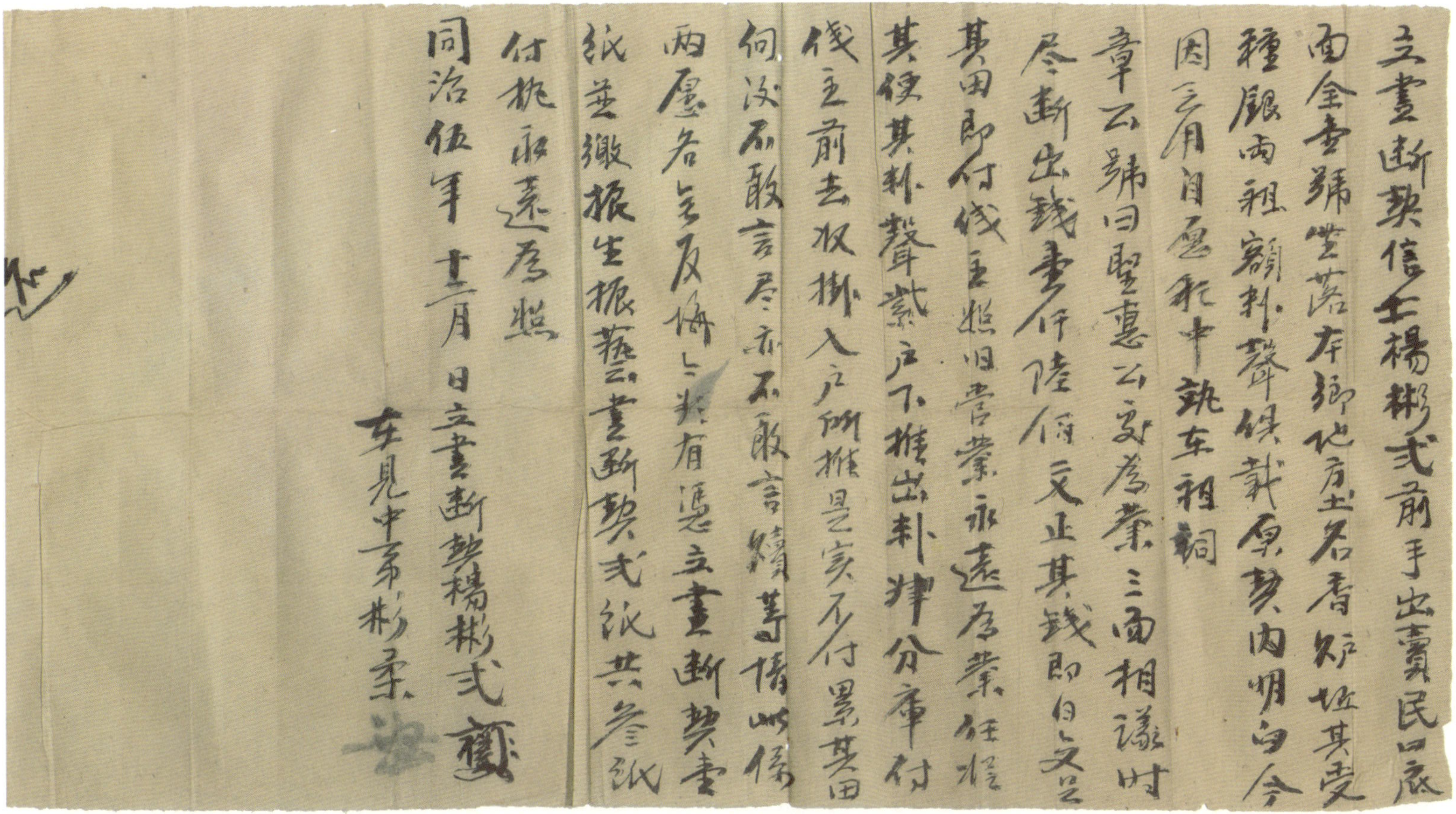

立盡斷契信士楊彬式前手出賣民口底
面全金歸坐落本鄉地方土名香炉坵其受
種根兩租額料聲餘載原契內明白今
因乏用自愿托中就本祖祠
章公歸同聖惠公處為業三面相議時
盡斷出錢壹仟陸佰文正其錢即日交足
其田即付錢主照舊管業永遠為業任憑
其便其料聲載戶下推出料律分庫付
錢主前去收掛入戶所推是實不少付累其田
向後不敢言盡亦不敢言續等情此係
兩處各無反悔今欲有憑立盡斷契壹
紙並繳根生根藝盡斷契式紙共叁紙
付執永遠為照
同治伍年十二月　日立盡斷契楊彬式（押）
在見中弟彬柔（押）

9-6-6-10　清同治五年十二月楊彬式立盡斷底面全民田契

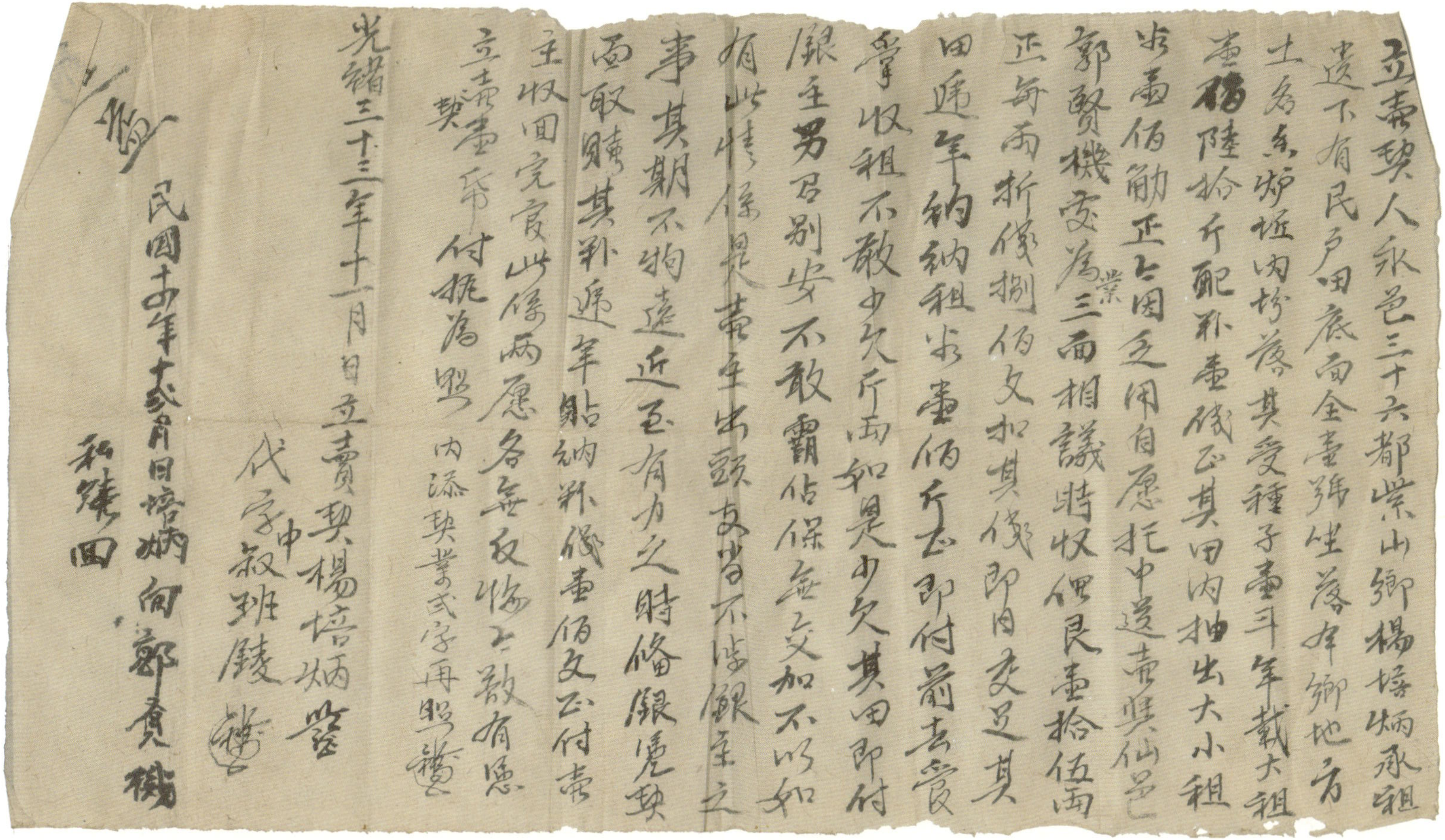

立賣契人永邑三十六都嵩山鄉楊培炳承祖
遺下有民户田底面全壹號，坐落本鄉地方，
土名□□垣内坪落，其受種子壹斗，年載大租
壹拾陸斤，配米壹錢正。其田内抽出大小租
米壹佰觔正。今因乏用，自愿托中送賣與仙邑
鄭賢機處爲業，三面相議時價艮壹拾伍兩
正，每兩折價捌佰文，加其價即日交足。其
田逐年納租米壹佰斤正，即付前去管
業收租，不敢少欠斤兩。如是少欠，其田即付
銀主另召別安，不敢霸佔。保無交加不明。如
有此情，係是賣主出頭支當，不涉銀主之
事。其期不拘遠近，至有力之時備銀還契，
面取贖。其米逐年貼納米價壹佰文正，付賣
主收回完官。此係兩愿，各無反悔，今欲有憑，
立賣民户付执爲照。
內添「契業」式字，再照。（押）
光緒三十三年十一月 日 立賣契 楊培炳（押）
代字中 叔 班錢（押）
民國十五年十二月日培炳向鄭貴模私贖回

9-6-6-11　清光緒三十三年十一月楊培炳立賣民户田契

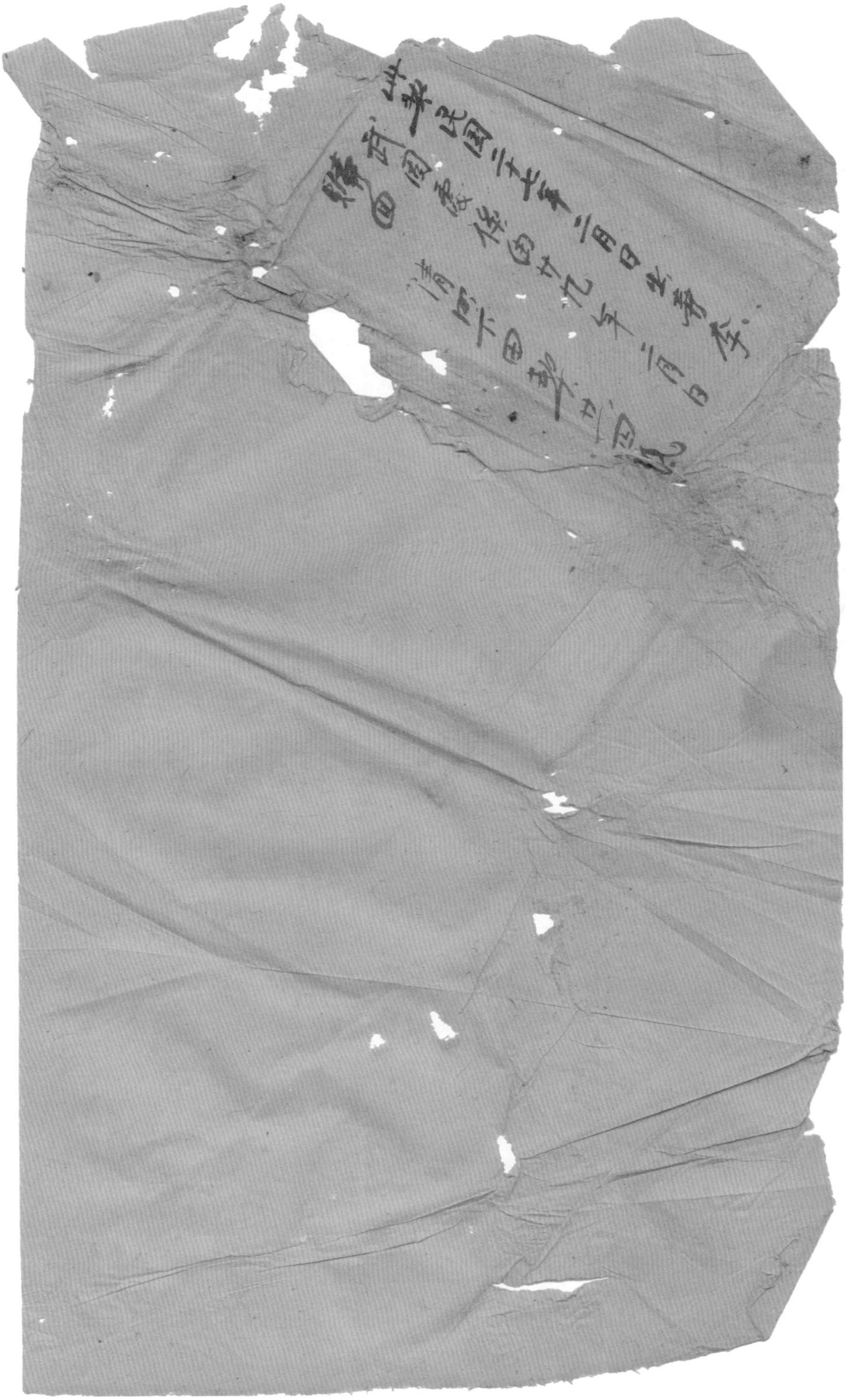

9-6-7-1　包契紙

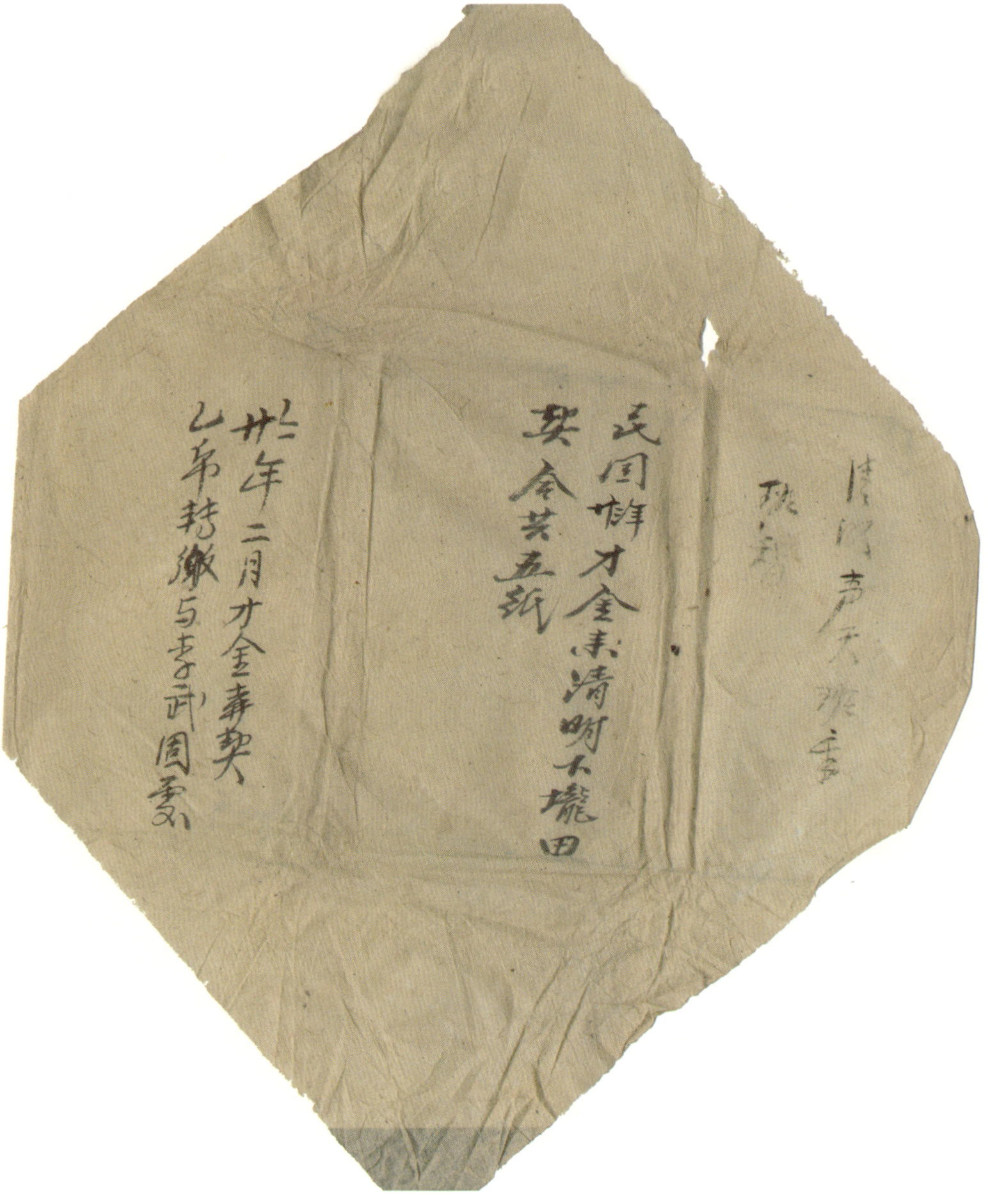
民国肆才金来清明大垅田
契合共五纸
卅二年二月才金卖契
山弟转徽与李武周家

9-6-7-2　包契紙

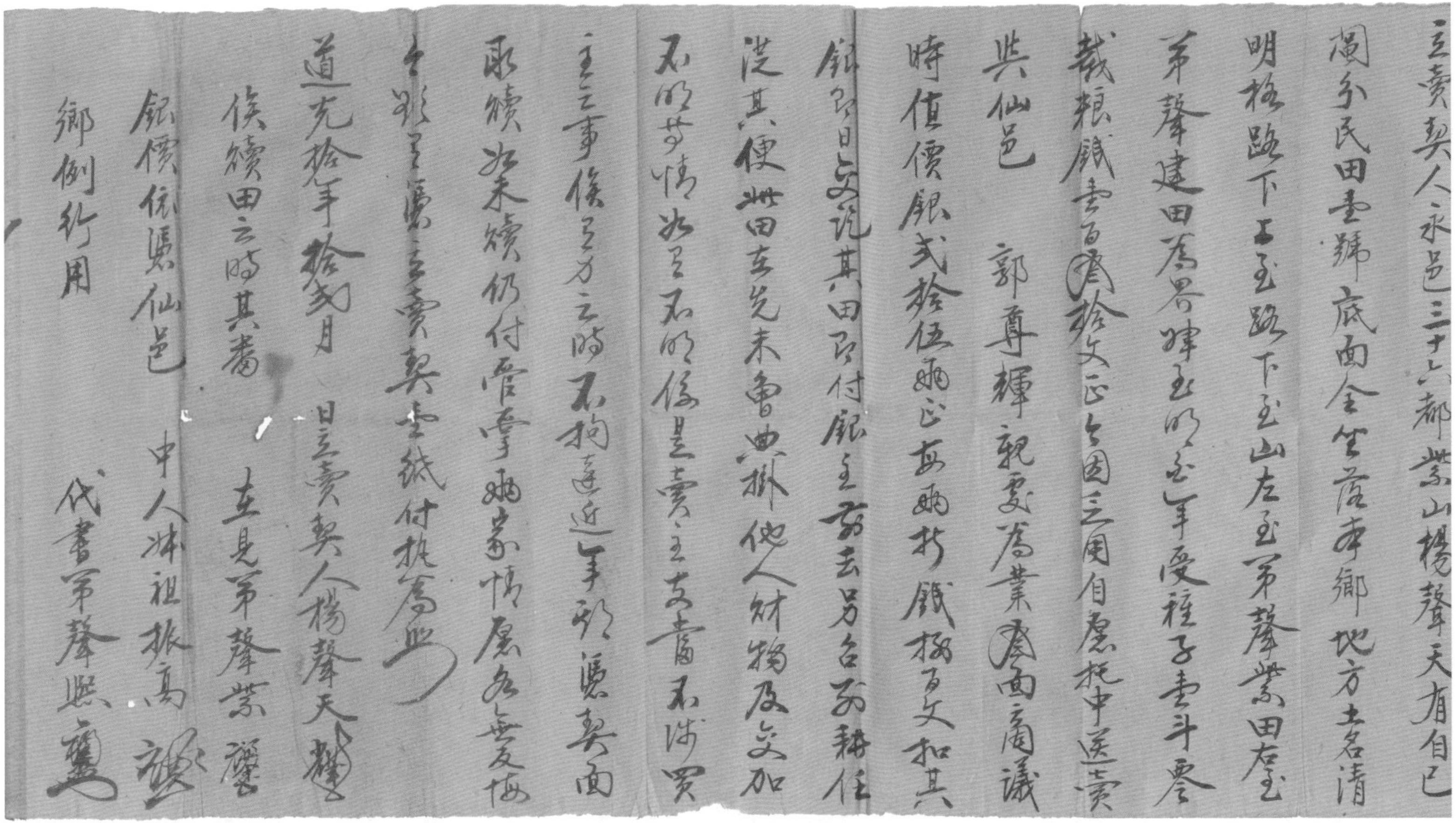
立賣契人永邑三十六都紫山楊聲天，有自己
閹分民田壹號，底面全，坐落本鄉，地方土名清
明格路下，上至路，下至山，左至弟聲業田，右至
弟聲建田為界，肆至明白，年受種子壹斗零，
載粮銀壹錢肆分正，全團三甲。自愿托中送賣
與仙邑　郭尊輝親邊為業，當面商議
時值價銀弍拾伍兩正，其兩折錢扣足，即其
銀即日交訖，其田即付銀主前去另召耕作，
從其便。此田在先未曾典掛他人財物及交加
不明等情，如是不明，係是賣主支當，不涉買
主之事。係是乙方之時，不拘遠近年頭，照契面
取贖。如未贖，仍付管業。兩家情愿，各無反悔，
今欲有憑，立賣契壹紙，付執為照。
道光拾年拾弍月　日立賣契人楊聲天（押）
俟贖田之時，其書　在見弟聲業（押）
銀價依照仙邑　中人林祖振高（押）
鄉例行用　代書弟聲煕（押）

9-6-7-3　清道光十年十二月楊聲天立賣底面全民田契

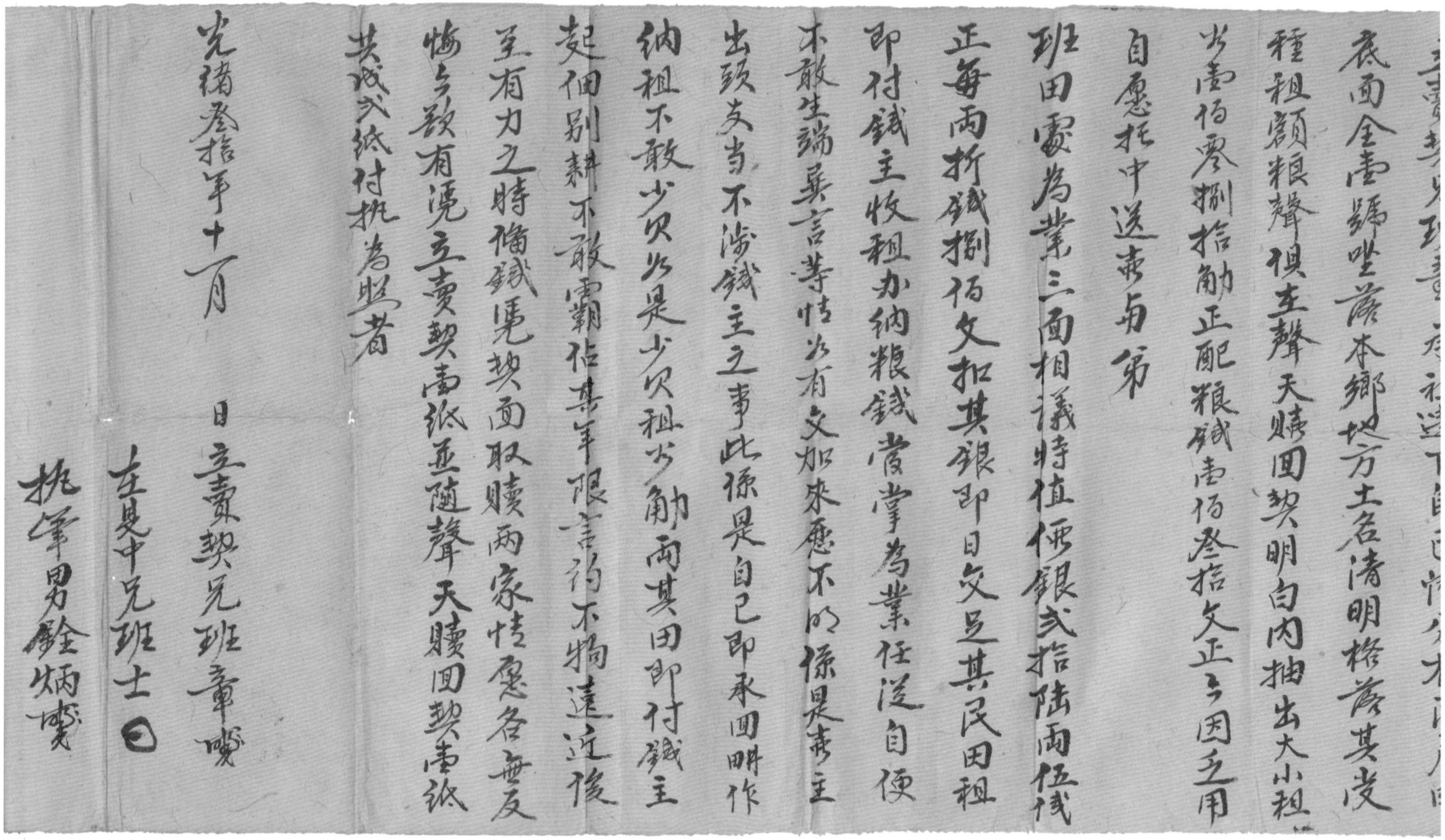

底面全壹號坐落本鄉地方土名清明格蕨其岌
種租額粮聲俱在聲天賤田契明白內抽出大小租
外壹佰零捌指觔正配粮錢壹佰叁拾文正今因乏用
自愿托中送與房弟
班田處為業三面相議時值價銀弍拾陸兩伍錢
正每兩折錢捌佰文扣其銀即日交足其民田租
即付錢主收租办納粮錢賞掌為業任從自便
不敢生端異言等情此有文加來歷不明係是賣主
出頭支当不涉錢主之事此係是自己即承田耕作
納租不敢少欠如是少欠租外觔兩其田即付錢主
起佃別耕不敢霸佔其年限言約不拘遠近後
至有力之時備錢照契面取贖兩家情愿各無反
悔今欲有憑立賣契壹紙並隨聲天賤田契壹紙
共成弍紙付執為照者

光緒叁拾年十一月　　日立賣契兄班章（押）

在見中兄班士（押）

執筆男銓炳（押）

9-6-7-4　清光緒三十年十一月楊班章立賣底面全民户田契

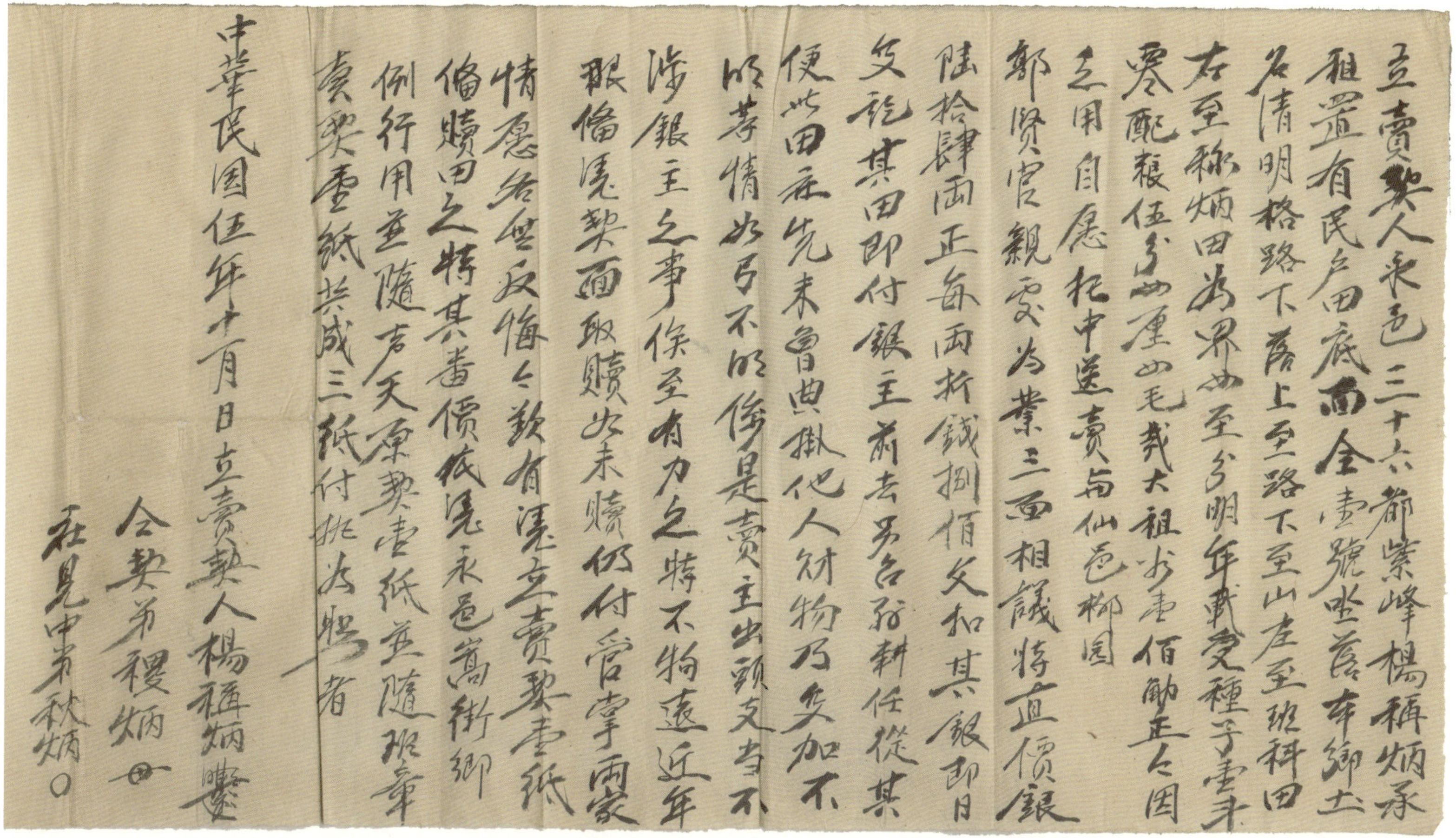

立賣契人永邑三十六都紫峰楊稱炳承
祖置有民户田底面全，土號坐落本鄉土
名清明格路下，上至路，下至山，左至琳科田，
右至稱炳田為界，四至分明。年載受種子壹斗
零，配粮伍分四厘四毛，載大祖谷壹佰觔正。今因
乏用，自愿托中送賣與仙邑柳园
郡賢官親處為業，三面相議，將直價銀
陸拾肆兩正，每兩折錢捌佰文扣。其銀即日
交訖，其田即付銀主前去另召耕佃，任從其
便。此田系先未曾典掛他人財物，乃交加不
明等情，如有不明，係是賣主出頭支当，不
涉銀主之事。候至有力之時，不拘遠近年
限，備足契面取贖，如未贖，仍付管掌。兩家
情愿，各無反悔，今欲有凭，立賣契壹紙，
備贖田之時，其番價依凭永邑嵩衡鄉
例行用，並隨古天字契壹紙，並隨班章
賣契壹紙，共成三紙，付批為照者。
中華民国伍年十一月　日立賣契人楊稱炳（押）
仝契弟稷炳（押）
在見中弟秋炳〇

9-6-7-5　民國五年十一月楊稱炳等立賣底面全民户田契

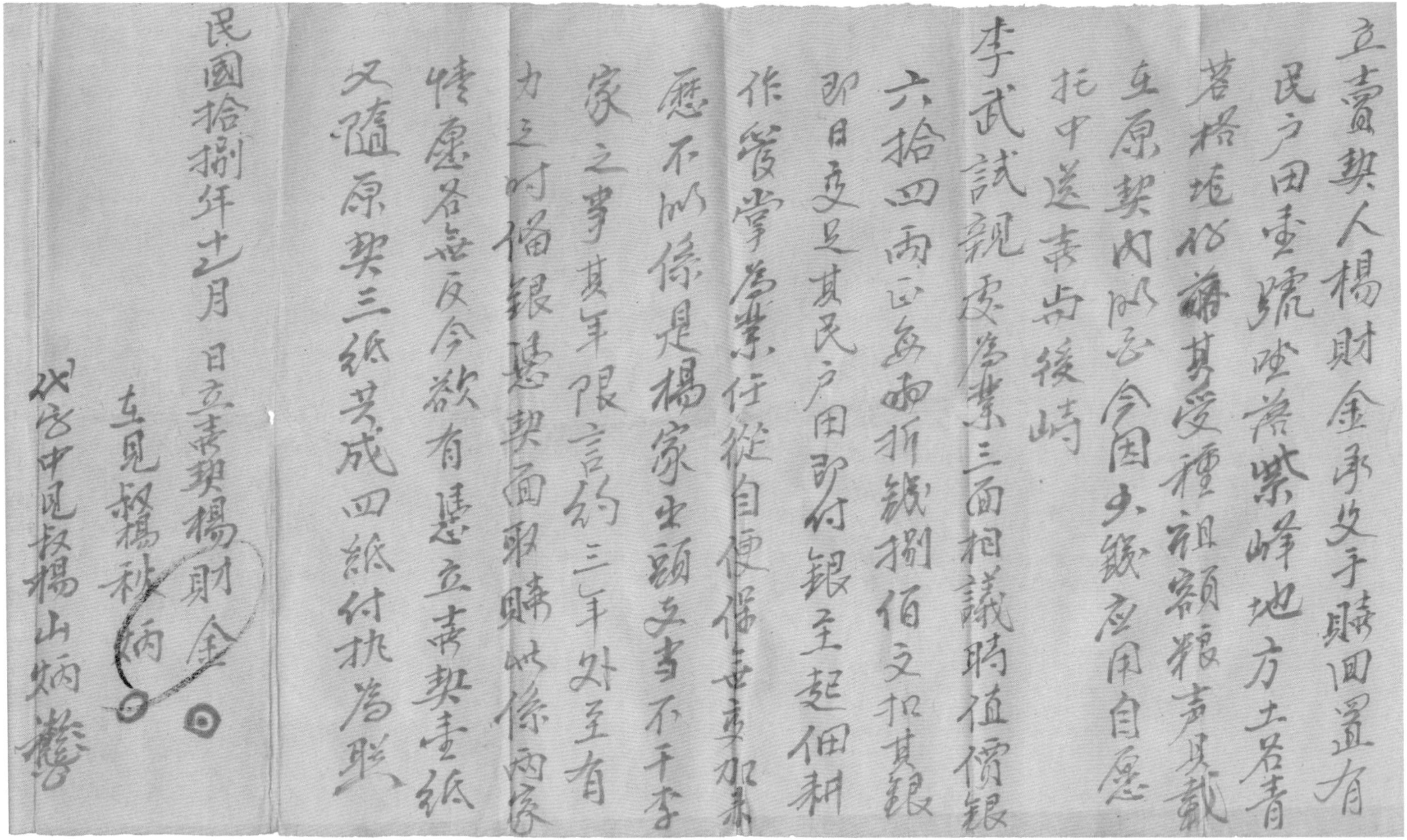
立賣契人楊財金承父手贖回置有
民户田壹號坐落紫峰地方土名青
茗塔垵坵蒔其受種祖額粮声具載
在原契内明白，今因少銭應用，自愿
托中送賣與後崎
李武試親處為業，三面相議時值價銀
六拾四兩正，每兩折銭捌佰文，扣其銀
即日交足，其民户田即付銀主起佃耕
作管掌為業，任從自便，保無重加來
歷不明，係是楊家出頭支當，不干李
家之事。其年限言約三年外至有
力之時，備銀照契面取贖，此係兩家
情愿，各無反悔。今欲有憑，立賣契壹紙，
又隨原契三紙，共成四紙，付執為照。
民國拾捌年十一月　日立賣契楊財金（押）
在見叔楊秋炳
代字中見叔楊山炳（押）

9-6-7-6　民國十八年十一月楊財金立賣民户田契

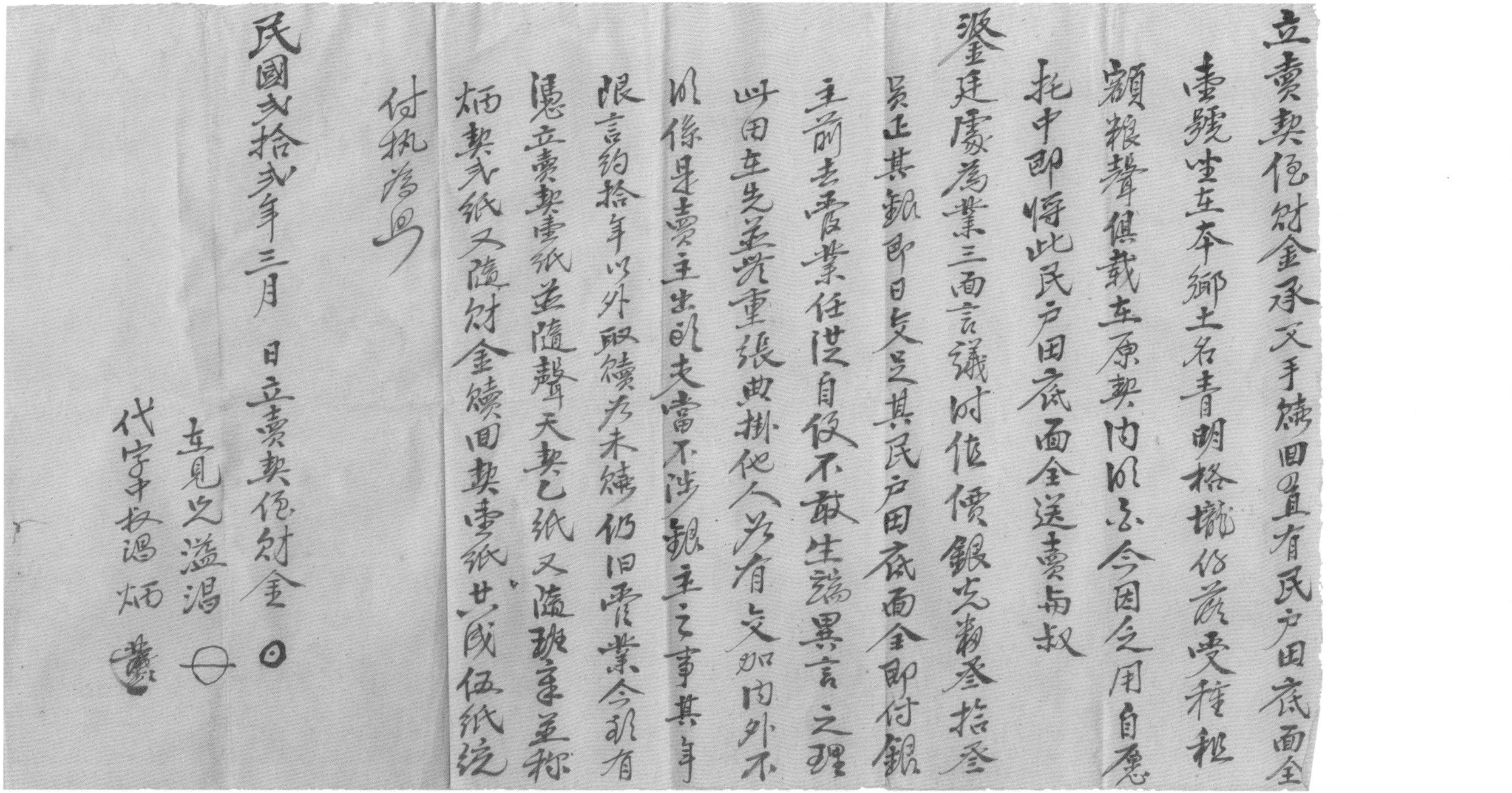
立賣契楊財金承父手續置有民户田底面全
壹號坐在本鄉土名青明格墘仍苗受種租
額粮聲俱載在原契内明今因乏用自愿
托中即將此民户田底面全送賣與叔
鑾廷處為業三面言議時值價銀光洋叁拾叁
員正其銀即日交足其民户田底面全即付銀
主前去管業任從自便不敢生端異言之理
此田在先並無重張典掛他人亦有文加內外不
明係是賣主出頭支當不涉銀主之事其年
限言約拾年以外取續為未續仍旧管業今欲有
憑立賣契壹紙並隨聲天契乙紙又隨疏單並稱
炳契弍紙又隨財金續回契壹紙共成伍紙繳
付執爲照
民國弍拾弍年三月　日立賣契楊財金
在見兄溢渭
代字弟披渭炳

9-6-7-7　民國二十二年三月楊財金立賣底面全民户田契

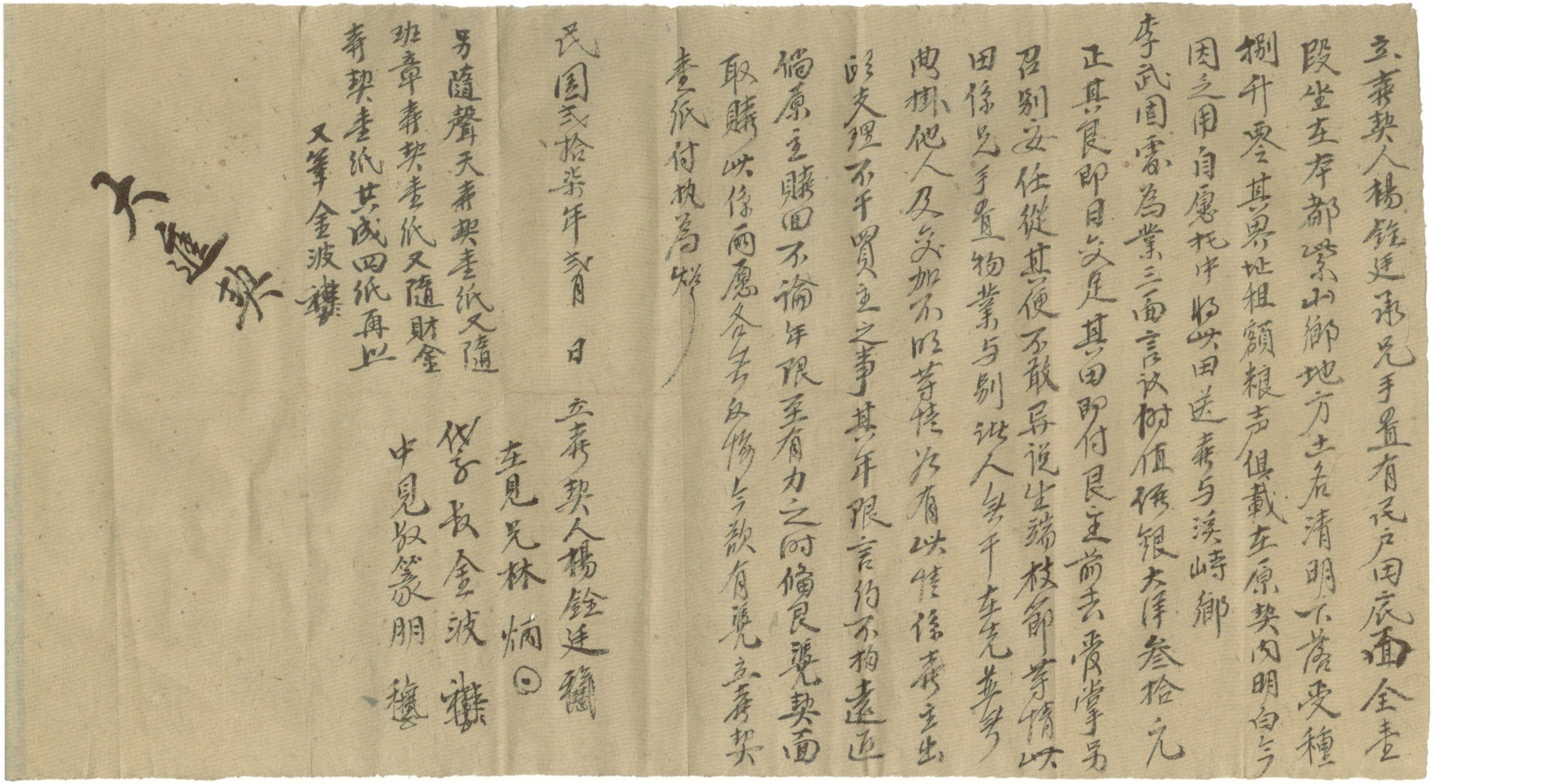
立賣契人楊銓廷承兄手置有民户田底面全壹
段坐在本都紫山鄉地方土名清明下落受種
捌升零其界址租額粮声俱載在原契內明白今
因乏用自愿托中將此田送賣与溪峙鄉
李武囯處為業三面言議時值價銀大洋叁拾元
正其艮即日交足其田即付艮主前去管掌另
召別安任從其便不敢异説生端枝節等情此
田係兄手置物業与別姓人無干在先並無
典掛他人及文加不明等情如有此情係賣主出
頭支理不干買主之事其年限言約不拘遠近
備原主贖回不論年限至有力之时備艮照契面
取贖此係兩愿各無反悔今欲有憑立賣契
壹紙付執為炤

民国贰拾柒年贰月　日　立賣契人楊銓廷（押）
在見兄林炳　○
代字長金波（押）
中見叔篆朋（押）

另隨聲天賣契壹紙又隨
班章賣契壹紙又隨財金
賣契壹紙共成四紙再批
又筆金波（押）

大進契

9-6-7-8　民國二十七年二月楊銓廷立賣底面全民户田契

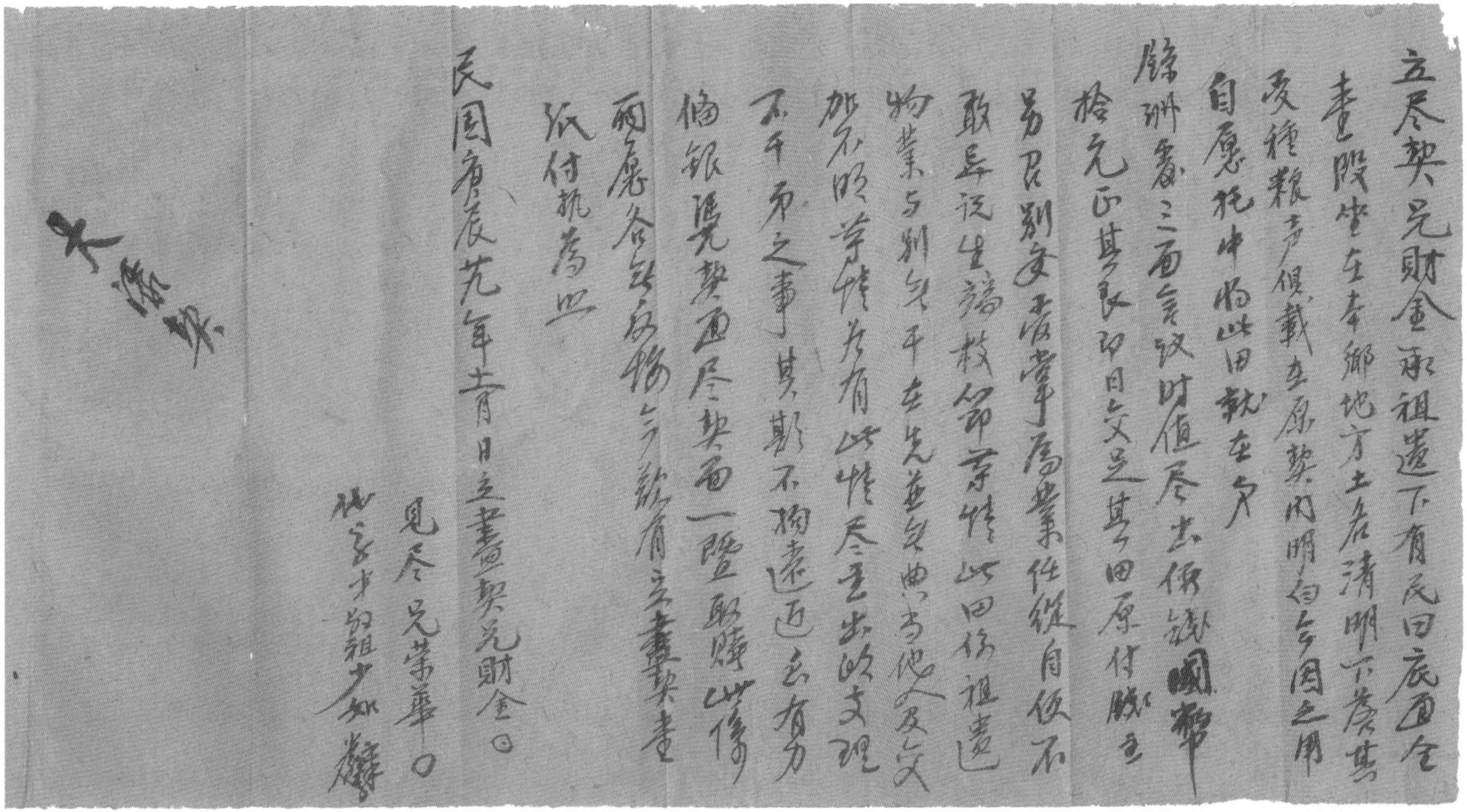
立盡契兄財金承祖遺下有民田底面全
壹段坐在本鄉地方土名清明下蒼基
受種粮声俱載在原契內明白今因乏用
自愿托中將此田執在户
歸與弟業三面言議時值盡出價錢國幣
拾元正其艮即日交足其田原付賤主
為己別受管掌為業任從自便不
敢異說生端枝節等情此田係祖遺
物業与別人無干在先並無典當他人及上文
加不明等情若有此情盡出兄支理
不干弟之事其期不拘遠近兄有力
備銀憑兄契面盡契面一照取贖此係
兩愿各無反悔今欲有憑立盡契壹
紙付執為照
民國庚辰年十一月日立盡面契兄財金〇
見盡　兄茂華〇
代字外叔祖少如

9-6-7-9　民國二十九年十一月楊財金立盡底面全民田契

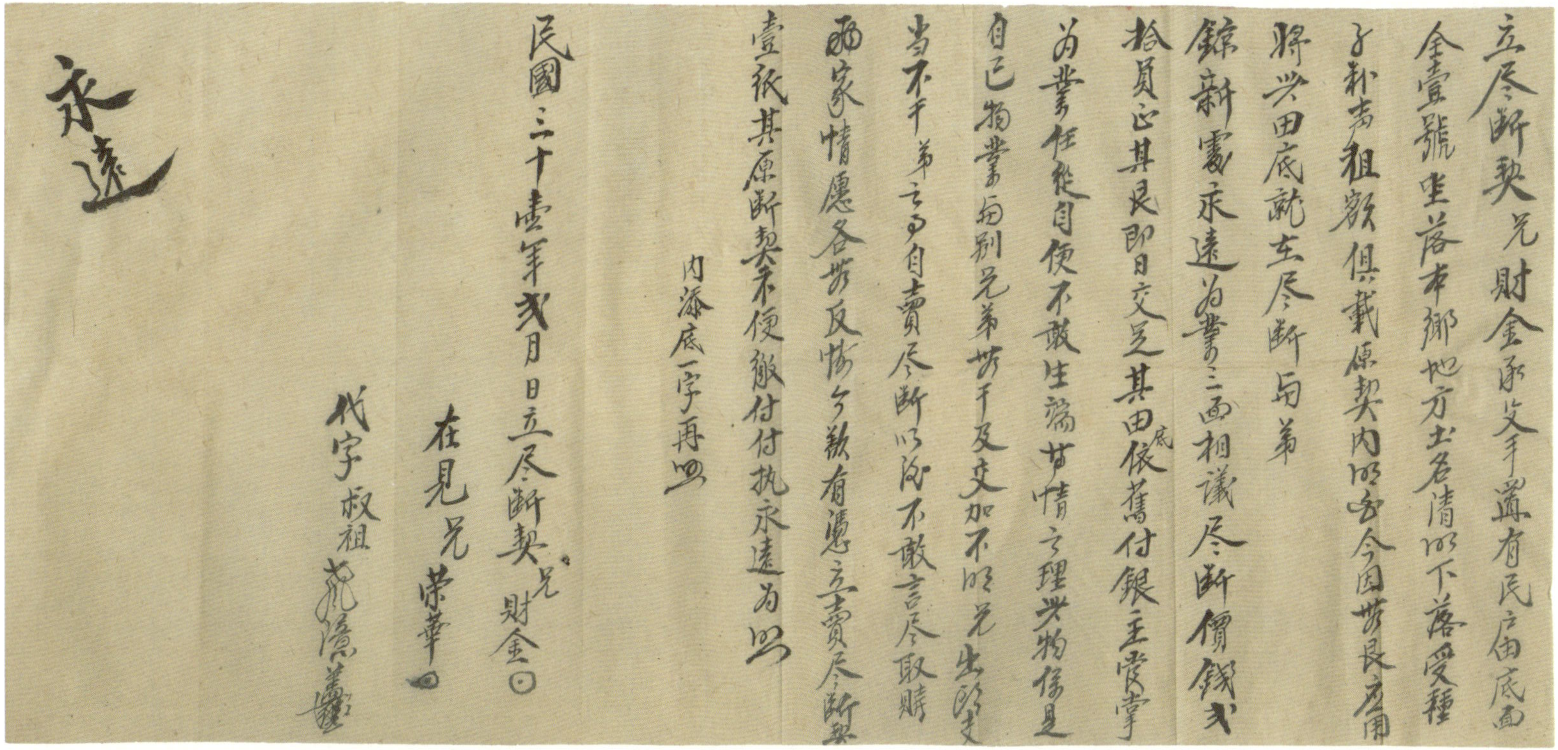

立盡斷契兄財金承父手遺有民户田底面
全壹號坐落本鄉地方土名清明下落受種
子秝壹祖額俱載原契內明白今因無艮應用
將此田底就立盡斷與弟
錦新處永遠為業三面相議盡斷價錢弍
拾員正其艮即日交足其田底依舊付銀主管掌
為業任從自便不敢生端異情之理此物係是
自己物業與別兄弟無干及支加不明兄出頭支
當不干弟之事自賣盡斷以後不敢言盡取贖
兩家情愿各無反悔今欲有憑立賣盡斷契
壹紙其原斷契未便繳付付執永遠為照
內添底一字再照
民國三十壹年弍月日立盡斷契兄財金（押）
在見兄榮華（押）
代字叔祖[illegible]
永遠

9-6-7-10　民國三十一年二月楊財金立盡斷底面全民户田契

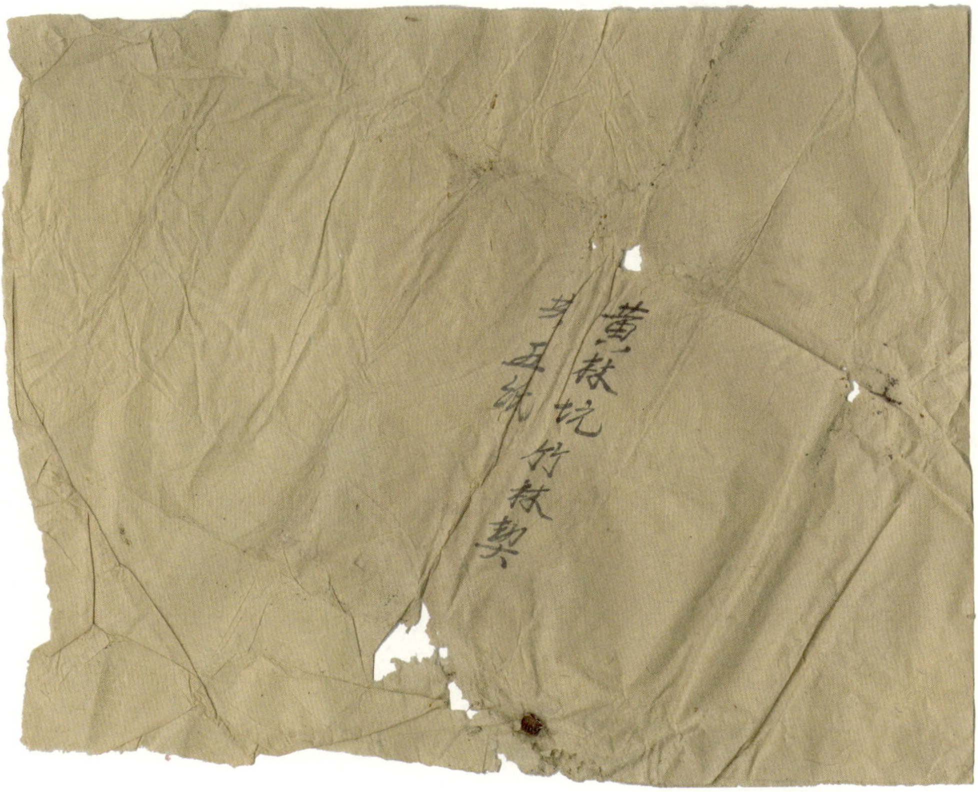

9-6-8-1　包契紙

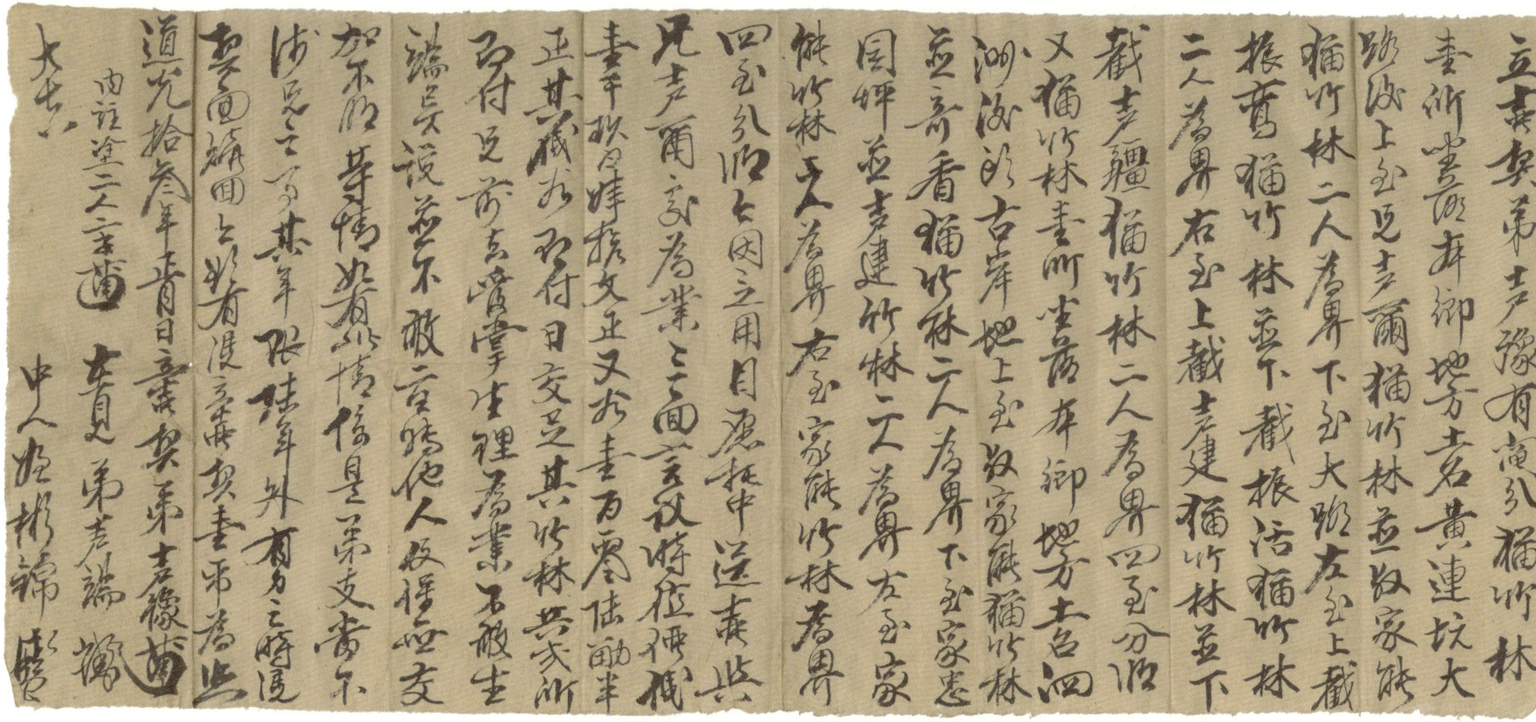

立賣契弟声豫有鬮分猫竹林
壹所坐落本鄉地方土名黃連坑大
路後上至兄声爾猫竹林並致家蘇
猫竹林二人為界下至大路左至上截
振高猫竹林並下截振治猫竹林
二人為界右至上截声建猫竹林並下
截声疆猫竹林二人為界四至分明
又猫竹林壹所坐落本鄉地方土名泗
洲後的古岸地上至致家蘇猫竹林
並齊香猫竹林二人為界下至家[illegible]
同坪並声建竹林二人為界左至家
蘇竹林二人為界右至家蘇竹林為界
四至分明今因乏用自愿托中送賣與
兄声爾家為業三面言議時值價錢
壹千捌百肆拾文正又於壹百零陸兩半
正其錢即日交足其竹林共弍所
即付兄前去管掌生理為業不敢生
端異說並不敢二言[illegible]他人股得也交
加不明等情如有此情俱是弟支當不
涉兄之事其年限陸年外有力之時退
契回贖田上弟有退之賣契壹紙為此
道光拾叁年正月日立賣契弟声豫（押）
内注塗二字再照（押）
在見弟声瑞（押）
中人叔彬綿（押）
大吉

9-6-8-2　清道光十三年正月楊声豫立賣猫竹林契

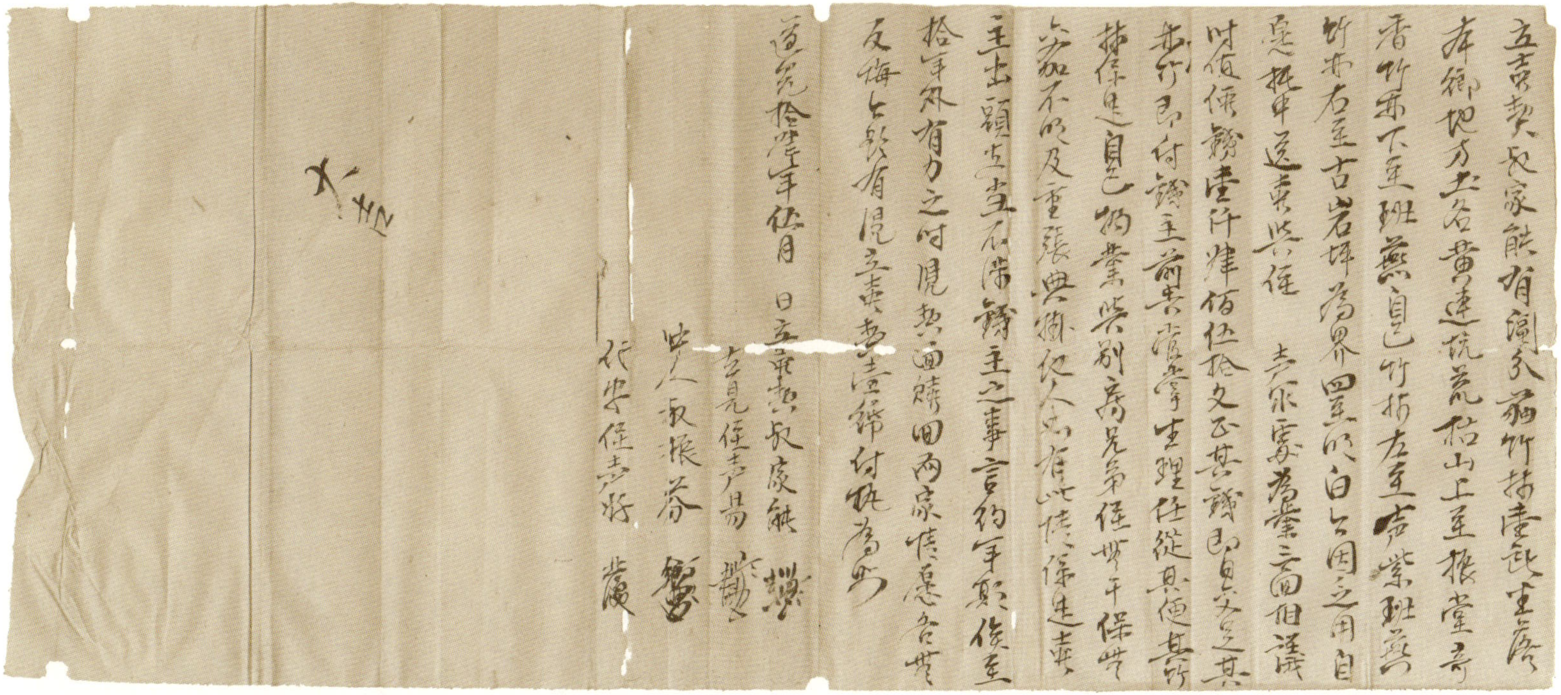

立賣契人楊家能有闔分猫竹林壹片坐落
本鄉地方土名黄逹坑葫山上至振堂奇
番竹林下至班燕自己竹林左至声紫班燕
竹林右至古岩坪為界 四至明白今因乏用自
愿托中送賣與侄 声來爲業三面相議
時值價錢壹仟肆佰伍拾文正其錢即日交足其
林竹即付錢主前去掌管生理任從其便其竹
林係是自己物業與别房兄弟侄無干係無
分加不明及重張典掛他人為有此係係是賣
主出頭支當不涉錢主之事言約年限後至
拾年外有力之时照契面贖回兩家情愿各無
反悔今欲有憑立賣契壹紙付執為照

道光拾肆年伍月 日立賣契叔家能（押）
仝見侄声易（押）
中人叔振谷（押）
代字侄声好（押）

9-6-8-3 清道光十四年五月楊家能立賣猫竹林契

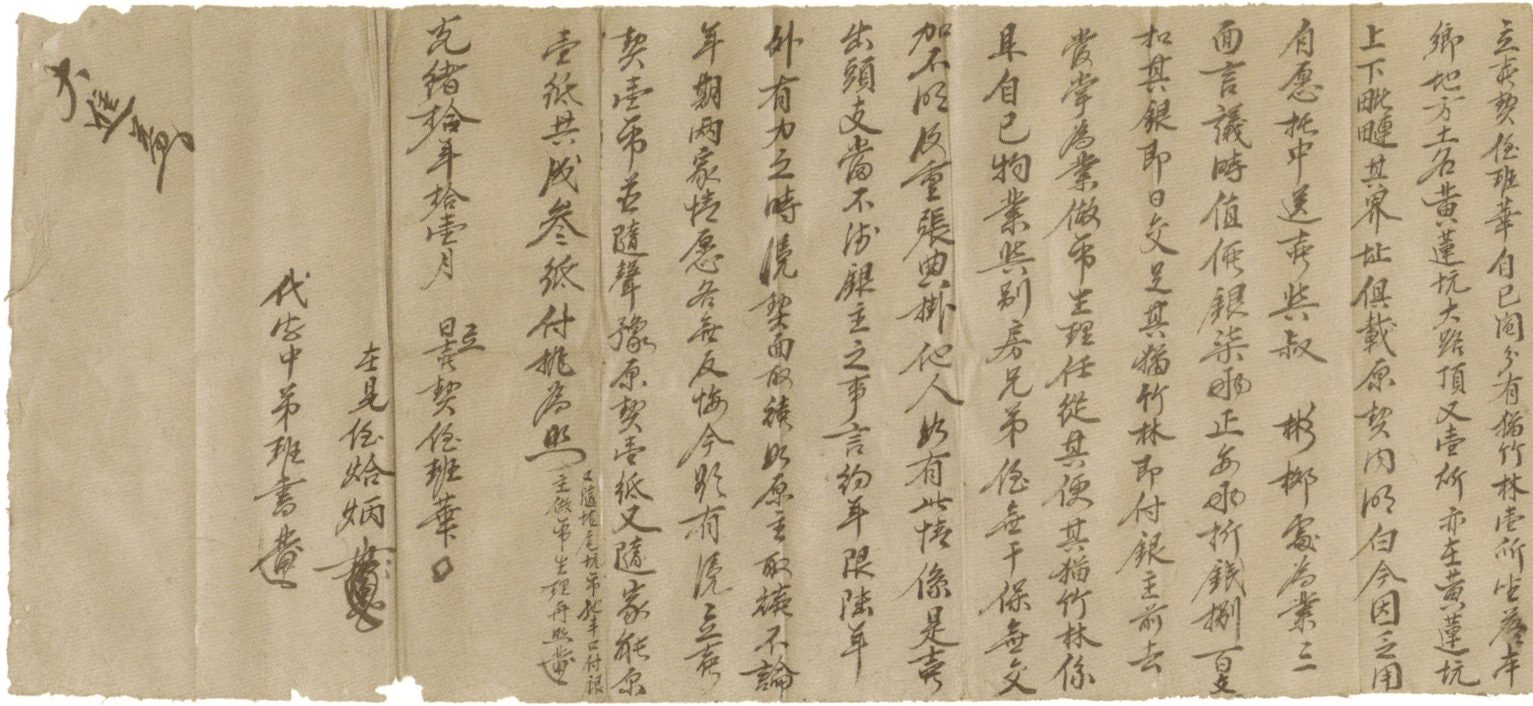
立賣契侄班華自己闔分有猫竹林壹所坐產本
鄉地方土名黃蓮坑大路頂又壹所亦在黃蓮坑
上下毗𨒎其界址俱載原契内明白今因乏用
自愿托中送賣與叔　彬鄉處爲業三
面言議時值價銀柒兩正每兩折錢捌百文
知其銀即日交足其猫竹林即付銀主前去
管掌爲業做啇生理任從其便其猫竹林係
是自己物業與别房兄弟侄無干係無文
加不明及重張典掛他人如有此情係是賣
出頭支當不涉銀主之事言約年限陸年
外有力之時凴契面取贖如原主取贖不論
年朔兩家情愿各無反悔今欲有凴立賣
契壹帋并隨聲撥原契壹紙又隨家能原
壹紙共成叁紙付執爲照
光緒拾年拾壹月　日立賣契侄班華
在見侄姶炳
代字中弟班書

9-6-8-4　清光緒十年十一月楊班華立賣猫竹林契

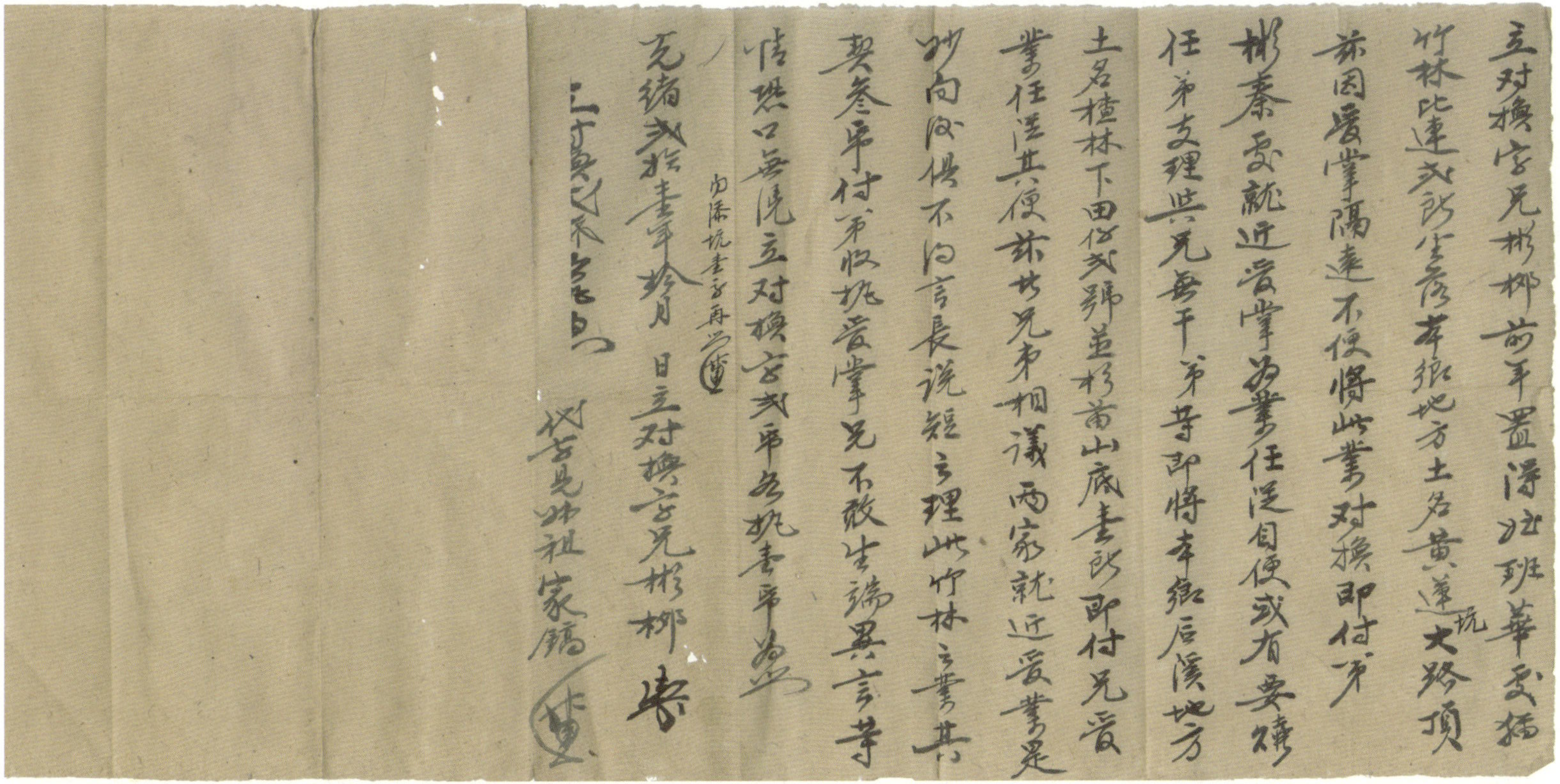

立对換字兄彬柳前手置得圳班華爰猫
竹林比連弍所坐落本鄉地方土名黄蓮坑大路頂
弟因管掌隔遠不便將此業对換即付弟
彬秦爰就近管掌為業任從自便或有要贌
任弟支理與兄無干弟等即將本鄉后溪地方
土名植林下田坵弍號並杉苗山底壹所即付兄管
業任從其便兄弟相議兩家就近管業是
妙向後俱不得言長說短之理此竹林之業其
契叁本付弟收执管掌兄不敢生端異言等
情恐口無凭立对換字弍本各执壹本為照
内添坑壹字再照
光緒弍拾壹年拾月　日立对換字兄彬柳
代字兄松祖家鎬

9-6-8-5　清光緒二十一年十月楊彬柳立對換猫竹林契

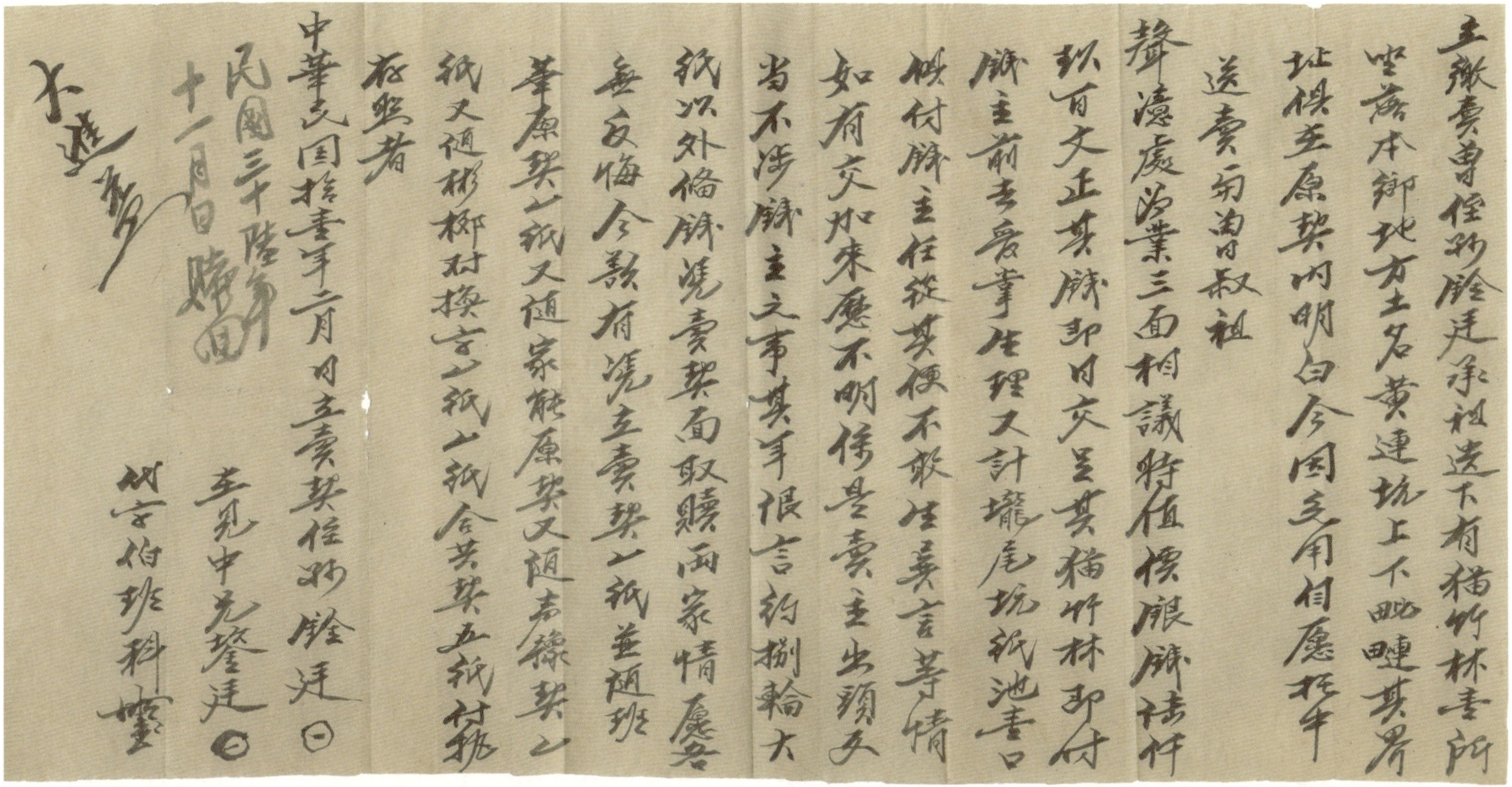
立繳賣尊侄孫銓廷承祖遺下有猫竹林壹所
坐落本鄉地方土名黃連坑上下毗連其界
址俱在原契內明白今因乏用相應托中
送賣與尚叔祖
聲遠處為業三面相議時值價銀錢佳仟
玖百文正其錢即日交足其猫竹林即付
錢主前去管業生理又計壠尾坑紙池壹口
與付錢主任從其便不敢生異言等情
如有交加來歷不明係是賣主出頭支
當不涉錢主之事其年限言約捌輪大
紙以外備錢憑賣契面取贖兩家情愿各
無反悔今欲有憑立賣契一紙並随班
華原契一紙又随家乾原契又随老繳契一
紙又随彬柳財換字一紙一紙合共契五紙付執
存照者
中華民国拾壹年二月　日立賣契侄孫銓廷（押）
民國三十陸年十一月日贖回
在見中兄瑩廷（押）
代字伯班科（押）
不準賣

9-6-8-6　民國十一年二月楊銓廷立繳賣猫竹林契

9-6-9-1　包契紙

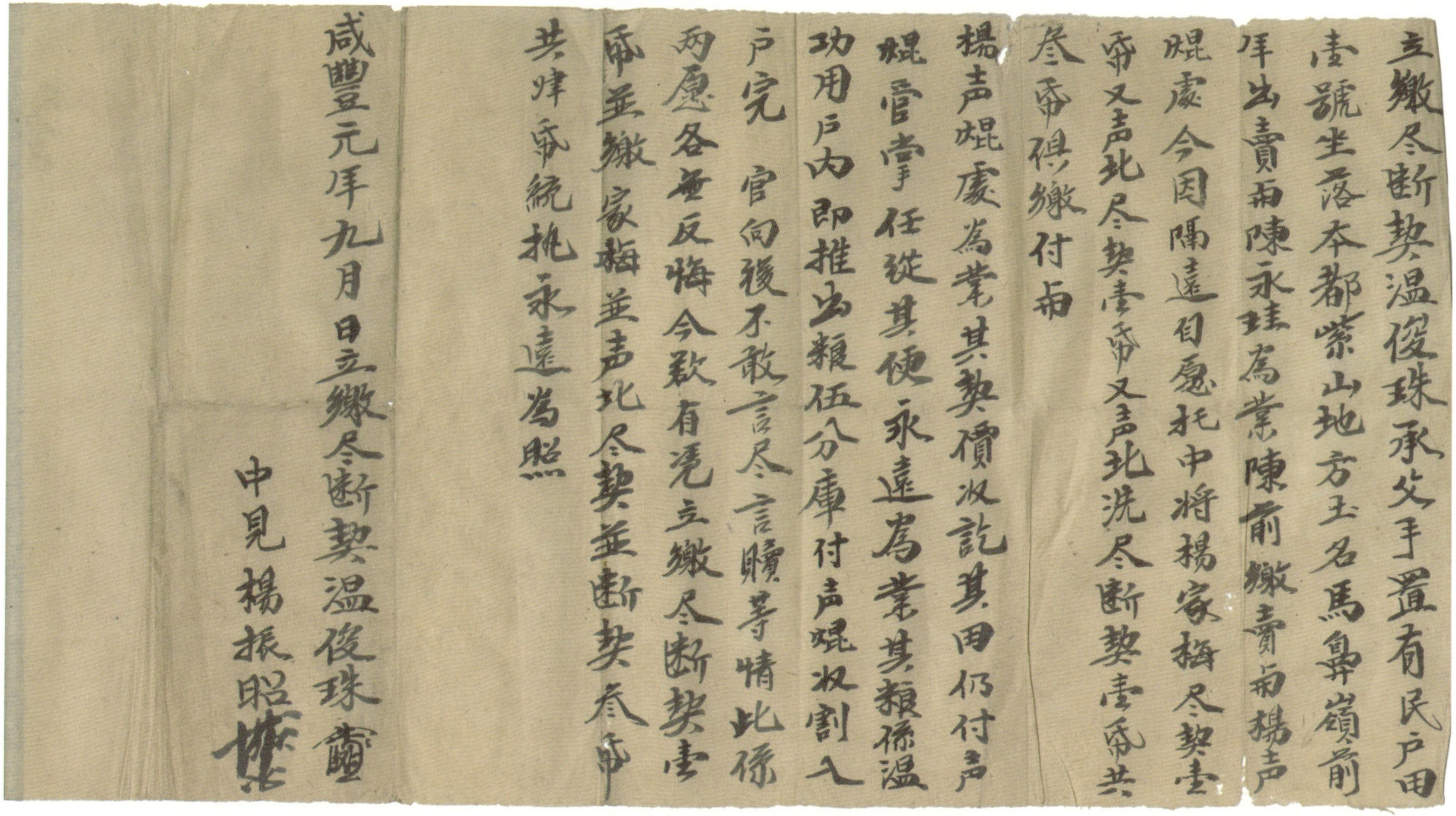

立繳盡斷契温俊珠承父手置有民户田
壹號坐落本都紫山地方土名馬鼻嶺前
年出賣與陳永珪爲業陳前繳賣與楊声
焜處今因隔遠自愿托中將楊家梅盡契壹
紙又声北盡契壹紙又声北洗盡斷契壹紙共
叁紙併繳付與
楊声焜處爲業其契價收訖其田仍付声
焜管掌任從其便永遠爲業其粮係温
功用户內即推出粮伍分庫付声焜收割入
户完 官向後不敢言盡言贖等情此係
兩愿各無反悔今欲有憑立繳盡斷契壹
紙並繳家梅並声北盡契並斷契叁紙
共肆紙統抵永遠爲照
咸豐元年九月 日立繳盡斷契温俊珠（押）
中見楊振照（押）

9-6-9-2 清咸豐元年九月温俊珠立繳盡斷民户田契

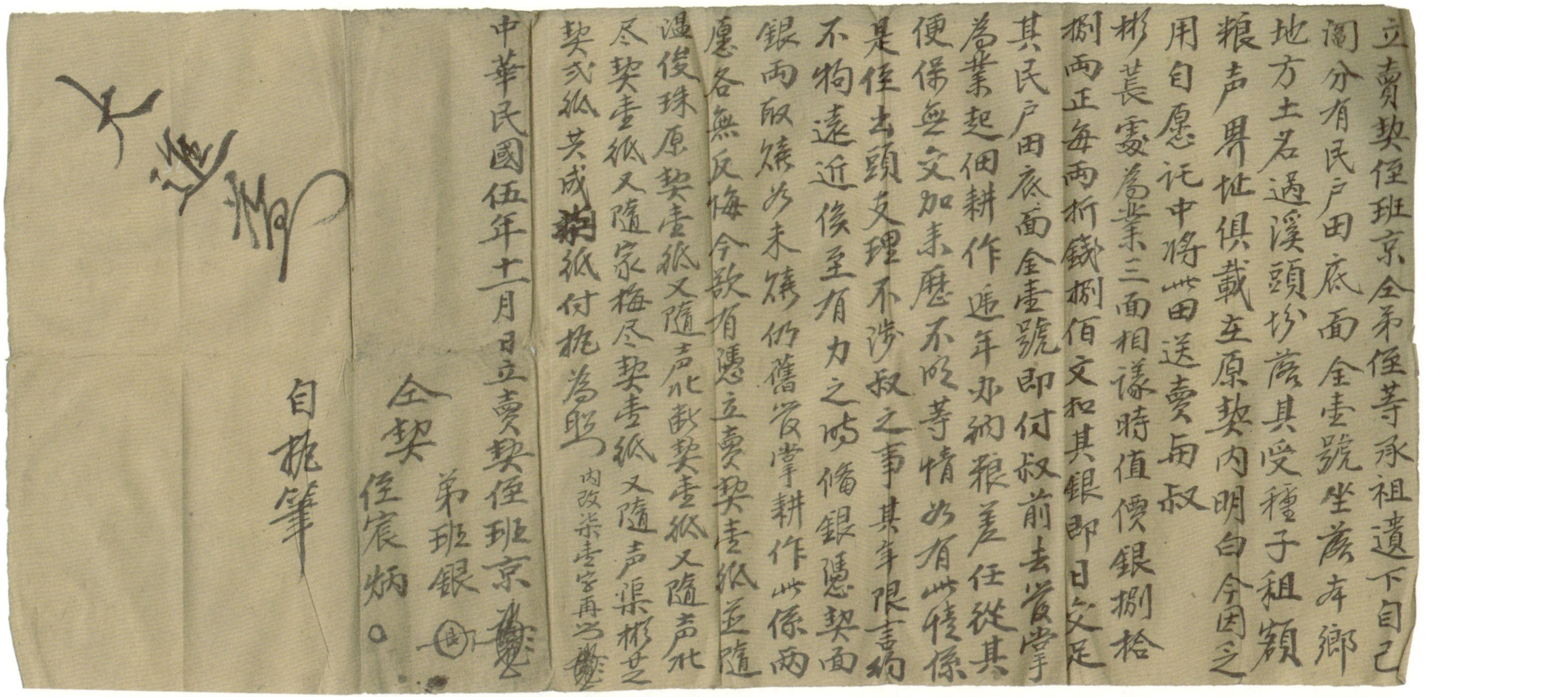
立賣契侄班京仝弟侄等承祖遺下自己
鬮分有民户田底面仝壹號坐產本鄉
地方土名過溪頭坋產其受種子租額
粮声界址俱載在原契內明白今因之
用自愿託中將此田送賣與叔
彬長處為業三面相議時值價銀捌拾
捌兩正每兩折錢捌佰文和其銀即日交足
其民户田底面仝壹號即付叔前去管掌
為業起佃耕作逓年办納粮差任從其
便倘無文加未歷不明等情如有此係
是侄出頭支理不涉叔之事其年限言約
不拘遠近後至有力之時備銀憑契面
銀兩取贖如未贖仍舊管掌耕作此係兩
愿各無反悔今欲有憑立賣契壹紙並隨
溫俊珠原契壹紙又隨声北畝契壹紙又隨声北
尽契壹紙又隨家梅尽契壹紙又隨声渠彬廿之
契弍紙共成柒紙付執為照　內改柒壹字再照
中華民國伍年十一月　日立賣契侄班京
弟班銀
仝契　侄宸炳
自執筆
大吉

9-6-9-3　民國五年十一月楊班京等立賣底面全民户田契

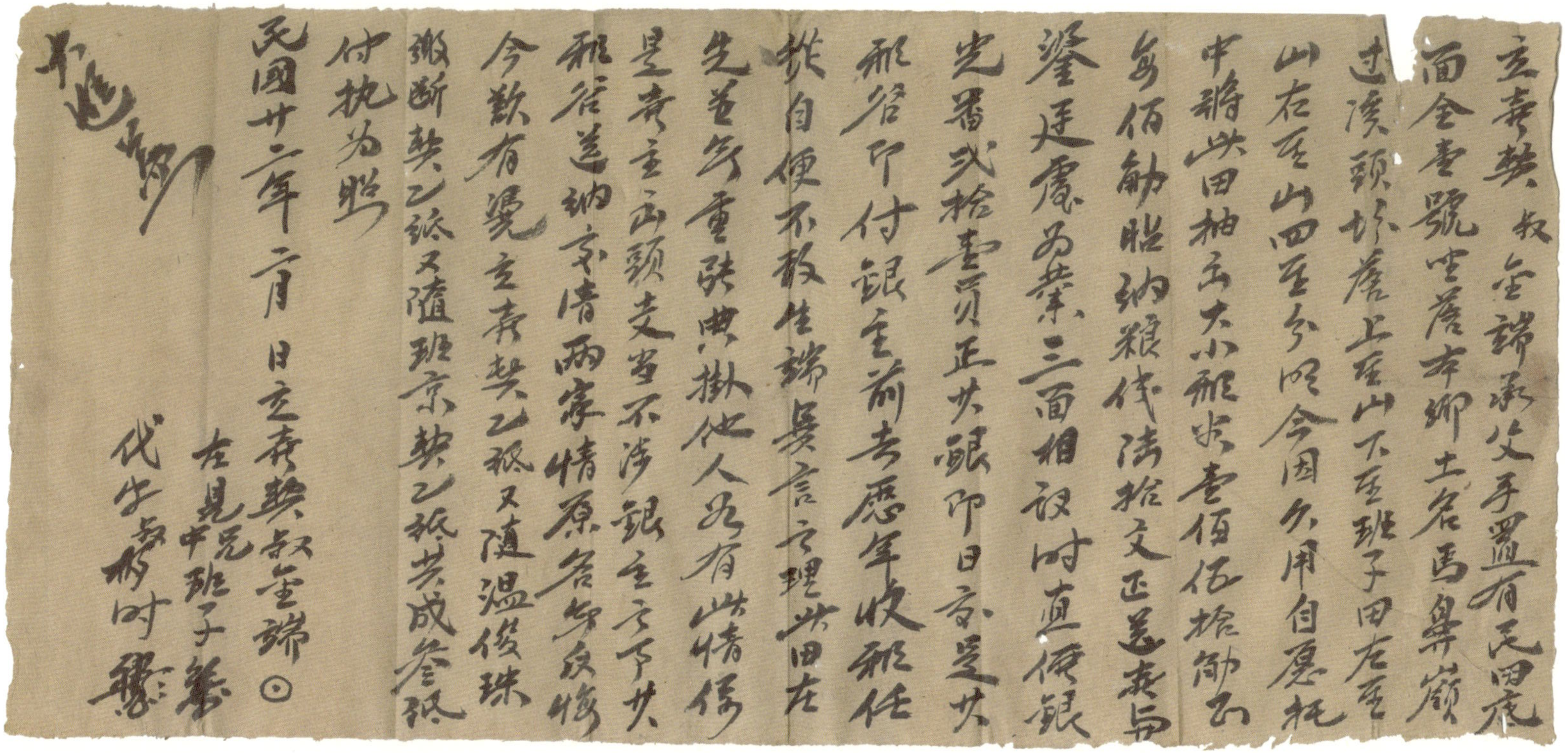
立賣契叔金端承父手置有民田底
面全壹號坐落本鄉土名馬鼻嶺
過溪頭坪唐上至山下至班子田左至
山右至山四至分明今因乏用自愿托
中將此田抽出大小雜共壹佰伍拾觔正
每佰觔貼納粮伐洋拾文正送賣與
鎣廷處為業三面相議时值價銀
光番弍拾壹員正其銀即日交足其
雜谷即付銀主前去應年收雜任
從自便不敢生端異言之理此田在
先並無重張典掛他人另有此情係
是賣主出頭支當不涉銀主之事其
雜谷送納京清兩家情原各無反悔
今欲有憑立賣契乙紙又隨溫俊珠
繳斷契乙紙又隨班京契乙紙共成叁紙
付執為照
民國廿二年二月 日立賣契叔金端 ⊙
在見中兄班子 [illegible]
代筆叔 [illegible]
不退贖

9-6-9-4　民國二十二年二月楊金端立賣底面全民田契

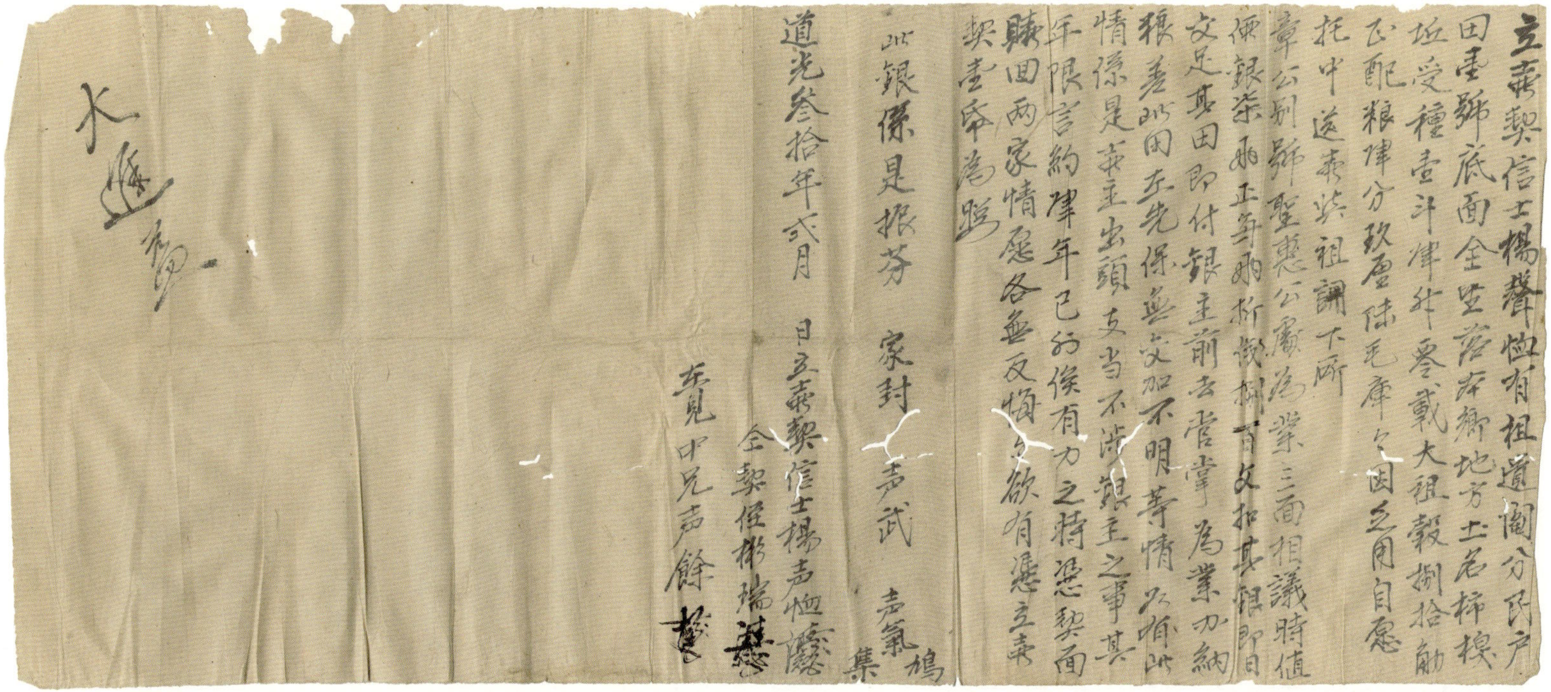

立賣契信士楊聲恤有祖遺鬮分民户
田壹號底面全，坐落本鄉地方土名梓模
垃受種壹斗肆升，叁載大租穀捌拾觔
正，配粮肆分玖厘陆毛庫。今因乏用，自愿
托中送賣與祖調下所
章公，別號聖懇公處為業。三面相議，時值
價銀柒兩正，每兩折錢捌百文扣，其銀即日
交足，其田即付銀主前去管掌為業、办納
粮差。此田在先保無交加不明等情；如有此
情，係是賣主出頭支当，不涉銀主之事。其
年限言約肆年已前，係有力之時，憑契面
贖回。兩家情愿，各無反悔。今欲有憑，立賣
契壹本為照。

此銀係是振芬、家封、声武、声氣鳩集

道光叁拾年弍月　日立賣契信士楊声恤
全契侄彬瑞
在見中兄声餘

9-6-10-1　清道光三十年二月楊聲恤等立賣底面全民户田契

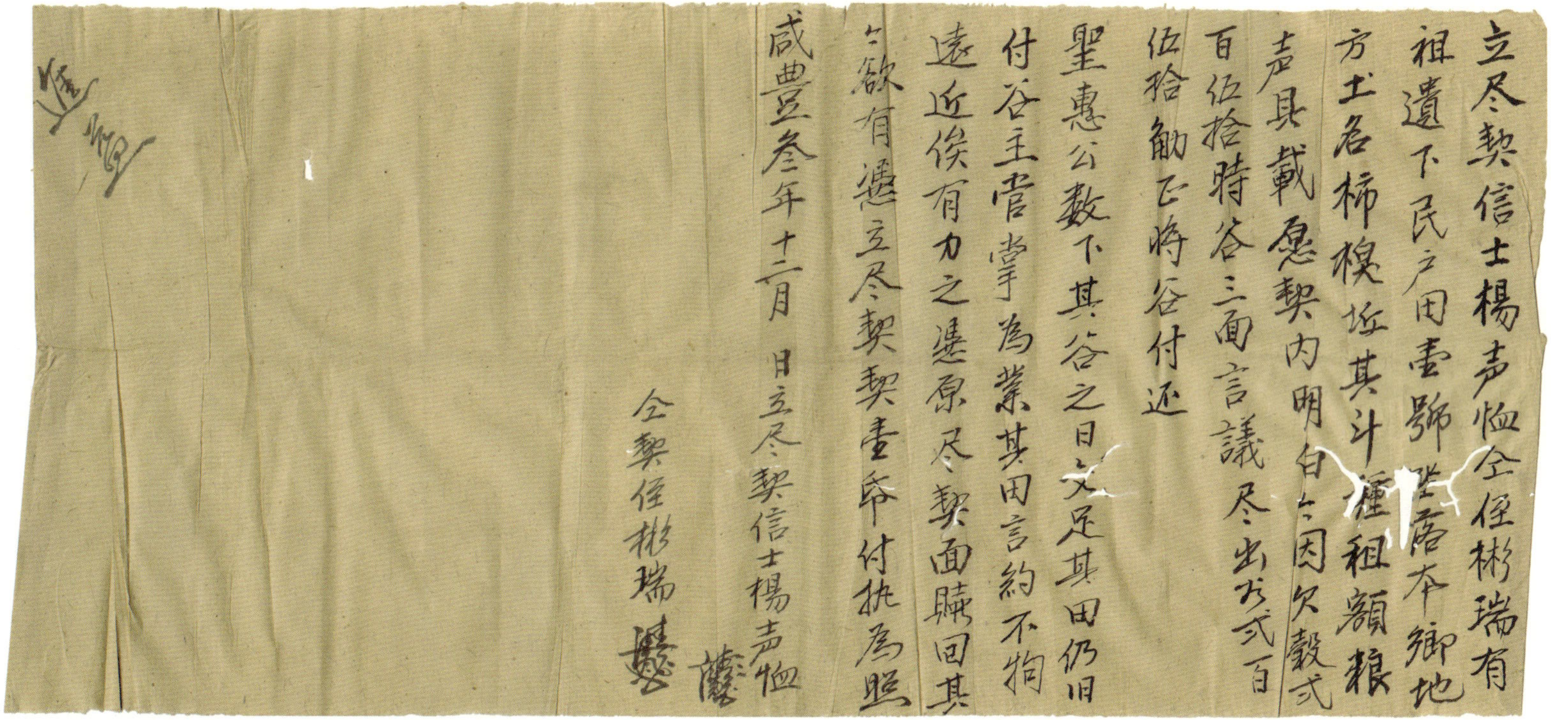
立尽契信士楊声恤仝侄彬瑞有
祖遺下民户田壹號坐落本鄉地
方土名柿模坵其斗種租額粮
声具載恩契内明白今因欠穀式
百伍拾特谷三面言議尽出穀式百
伍拾觔正將谷付还
聖惠公數下其谷之日交足其田仍旧
付谷主管掌為業其田言約不拘
遠近俟有力之邊原尽契面贖回其
今欲有憑立尽契壹帋付执為照
咸豐叁年十二月　日立尽契信士楊声恤（押）
仝契侄彬瑞（押）

9-6-10-2　清咸豐三年十二月楊声恤等立盡民户田契

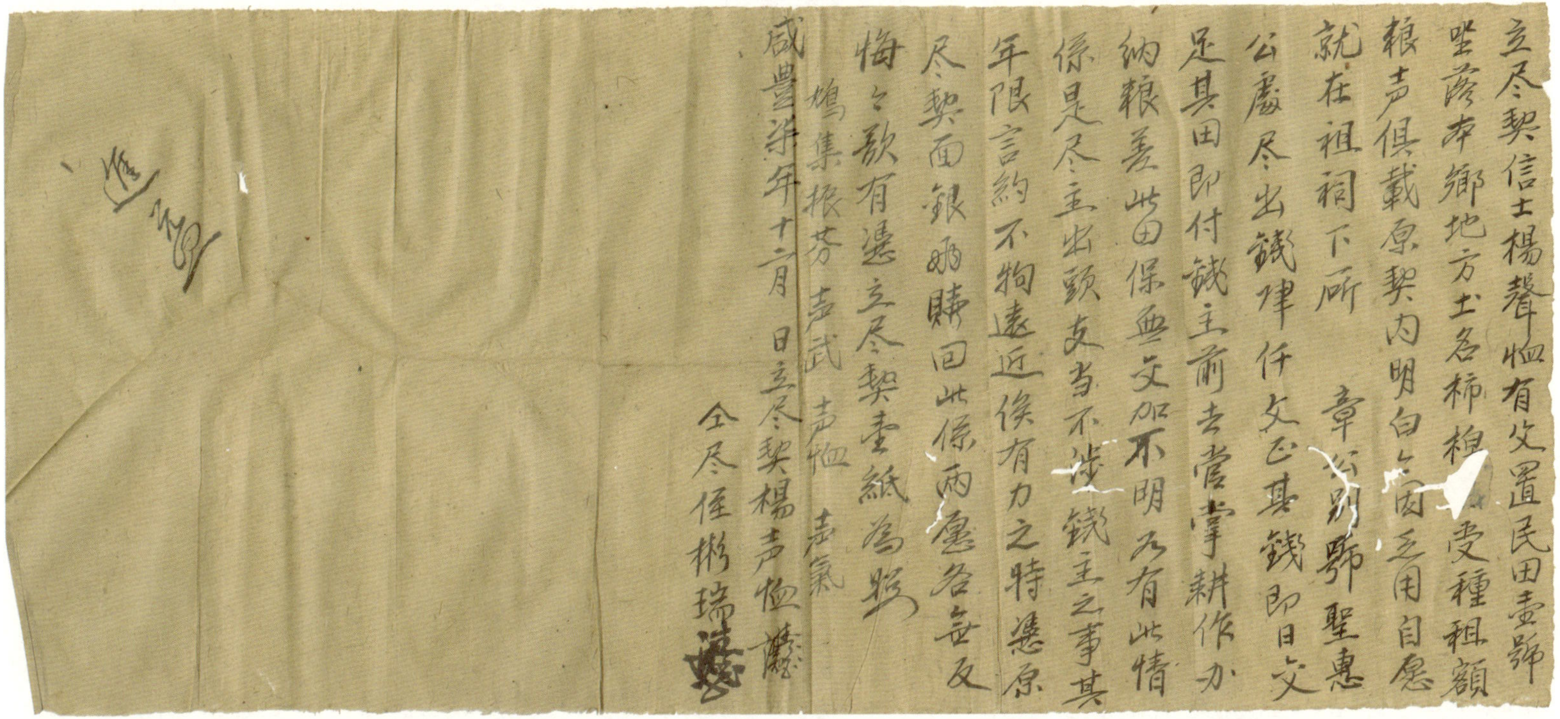

立盡契信士楊聲恤有父置民田壹號
坐落本鄉地方土名柿[illegible]受種租額
糧户俱載原契內明白今因乏用自愿
就在祖祠下所　章公㓜鄂聖惠
公處盡出錢肆仟文正其錢即日交
足其田即付錢主前去掌耕作办
納糧差此田係無文加不明及有此情
係是盡主出頭支当不涉錢主之事其
年限言約不拘遠近係有力之特湊原
盡契面銀兩贖回此係兩愿各無反
悔々欵有憑立盡契壹紙爲照
嫡集　根芬　声武　声恤　声氣
咸豐柒年十二月　日立盡契楊声恤
仝盡侄彬瑞

9-6-10-3　清咸豐七年十二月楊聲恤等立盡民田契

立尽契信士楊聲恤有祖遺下鬮分民户
田壹號坐落本鄉地方土名枋垅受種
租額粮声俱載原契内明白今因乏用就在
聖惠公處尽出時穀壹百觔正其穀即
日交足其田即付穀主前去管掌為業
俟有力之時備銀憑原尽契壹起贖回如
未贖仍旧管業此係兩愿各無反悔今
欲有憑立尽契壹紙付执為照

同治弍年弍月　日立尽契信士楊聲恤（押）
仝尽侄彬瑞（押）

大吉

9-6-10-4　清同治二年二月楊聲恤等立盡民户田契

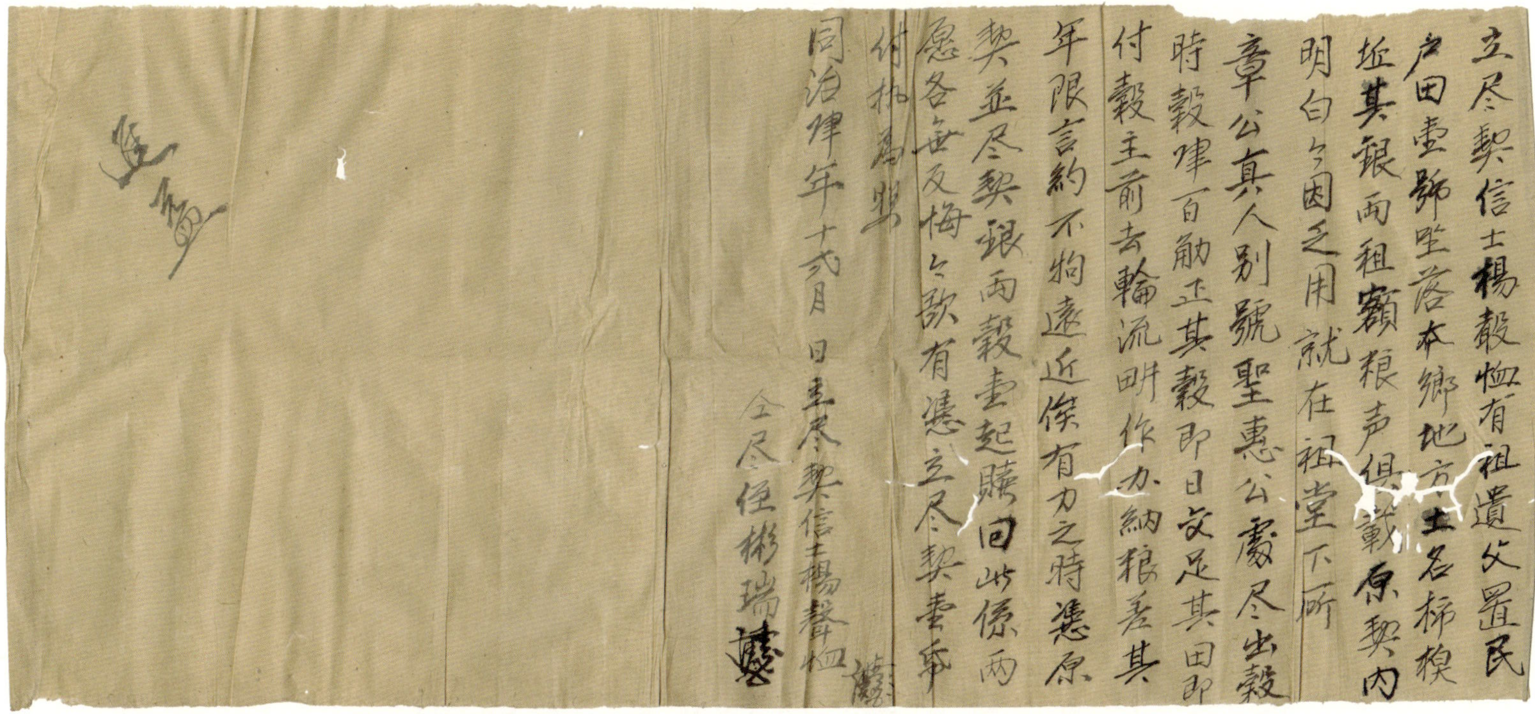
立尽契信士楊聲恤有祖遺父置民
户田壹號坐落本鄉地方土名[illegible]
坵其銀兩租額粮声俱載原契內
明白今因乏用就在祖堂下所
章公真人别號聖惠公處尽出穀
時穀肆百觔正其穀即日交足其田即
付穀主前去輪流明作办納粮差其
年限言約不拘遠近係有力之時憑原
契並尽契銀兩穀壹起贖回此係兩
愿各無反悔今欲有憑立尽契壹帋
付執為照
同治肆年十弍月　日立尽契信士楊聲恤
仝尽侄彬瑞

9-6-10-5　清同治四年十二月楊聲恤等立盡民户田契

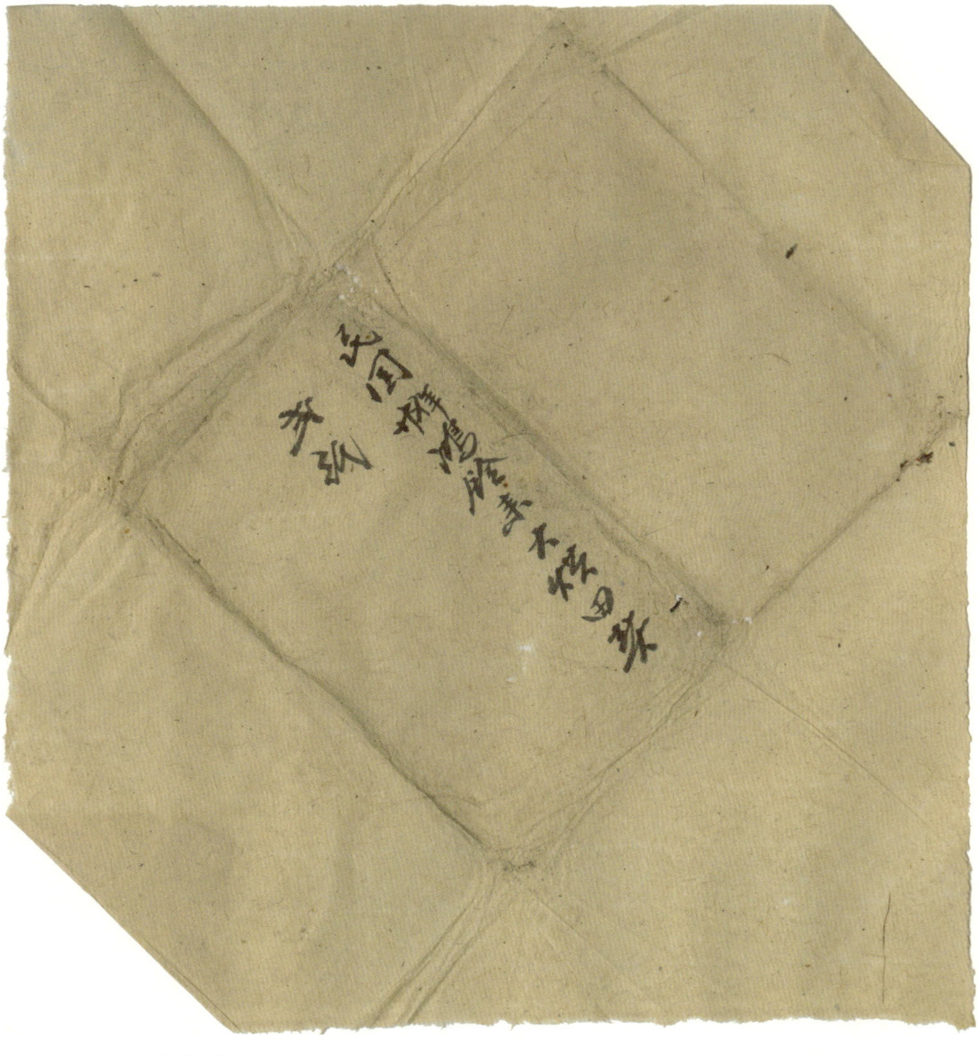

9-6-11-1　包契紙

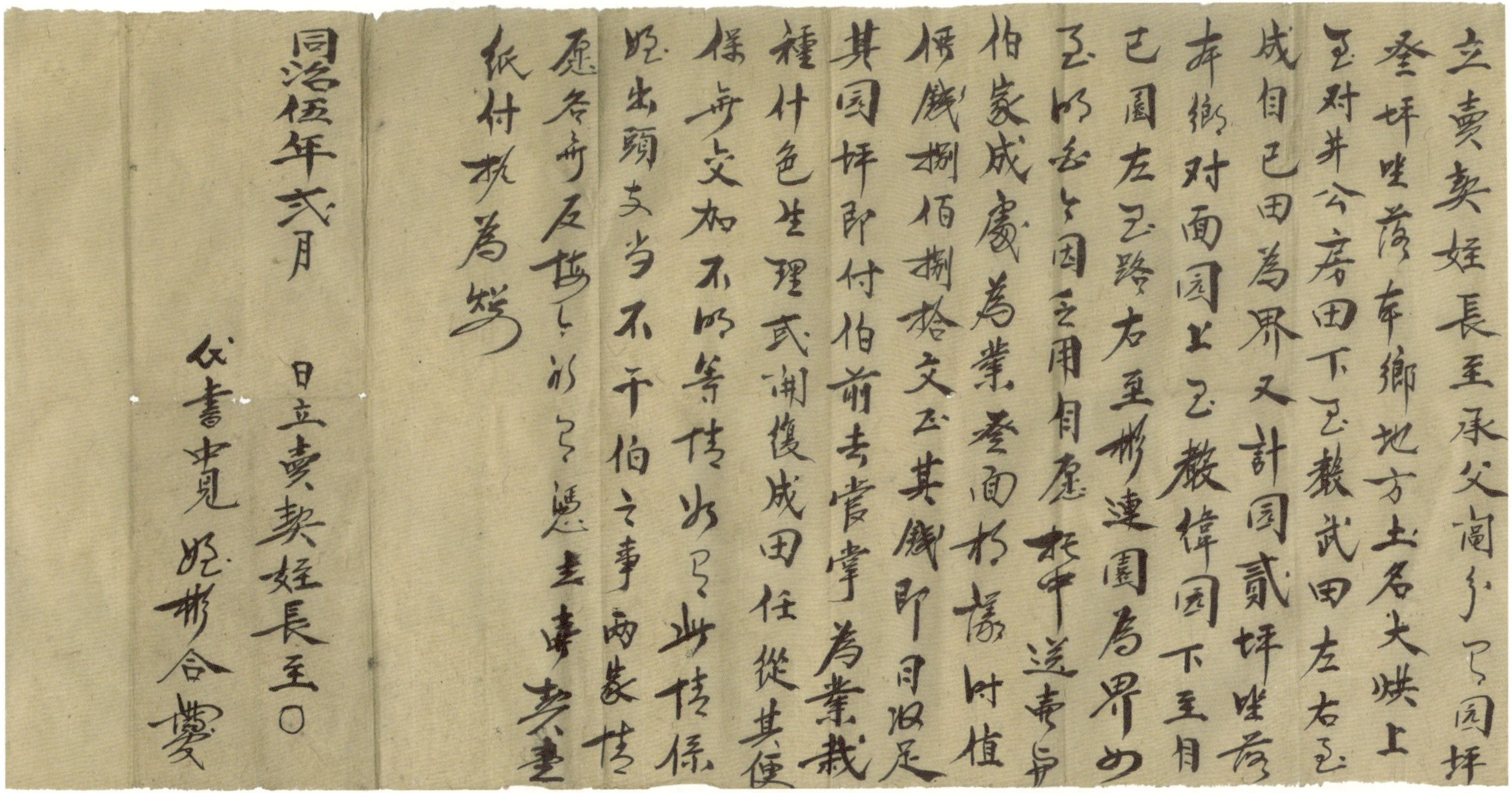
立賣契姪長至承父閹分之園坪
壹坪坐落本鄉地方土名大洪上
至对井公房田下至敷武田左右至
成自己田為界又計園貳坪坐落
本鄉对面園上至敷偉園下至自
己園左至路右至彬連園為界四
至明白因乏用自愿托中送與兄
伯家成處為業叁面言議时值
價錢捌佰捌拾文其錢即日收足
其園坪即付伯前去掌業裁
種什色生理或开復成田任從其便
保無交加不明等情如有此情係
姪出頭支当不干伯之事兩家情
愿各無反悔今欲有憑立賣契壹
紙付执為照
同治伍年弍月　日立賣契姪長至〇
代書中見　姪彬合

9-6-11-2　清同治五年二月楊長至立賣園坪契

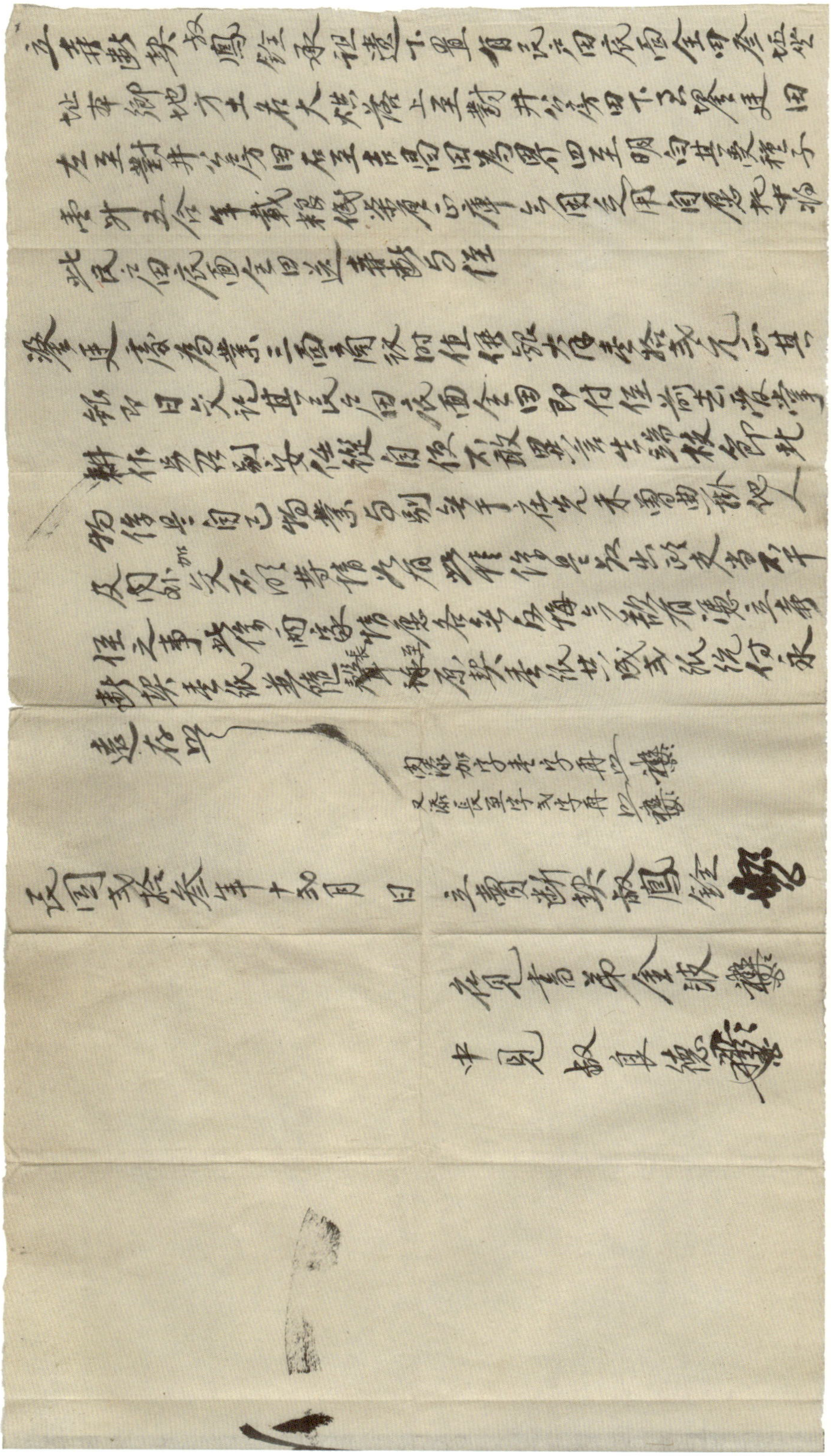
立賣斷契叔鳳銓承祖遺下置有民户田底面全田叁坵坐
址本鄉地方土名大烘落上至對井公房田下至鍪廷田
左至對井公房田右至吉昌田為界四至明白其受種子
壹升五合年載粮[illegible]茶厘正庫乙因乏用自愿托中將
此民户田底面全田送賣斷与侄
鍪廷處為業三面商議时值價銀大洋壹拾弍元正其
銀即日交訖其民户田底面全田即付侄前去管掌
耕作另召别安任從自便不敢異言生端枝節此
物係是自己物業与别無干在先未曾典掛他人
及内外加交不明等情如有此等係是叔出頭支當不干
侄之事此係兩家情愿各無反悔今欲有憑立賣
斷契壹紙並隨繳長至原契壹紙共成弍紙繳付永
遠存照
內添加字壹字再照
又添長至字弍字再照
民國弍拾叁年十弍月　日　立賣斷契叔鳳銓（押）
在見書弟金波（押）
中見叔良德（押）

9-6-11-3　民國二十三年十二月楊鳳銓立賣斷底面全民户田契

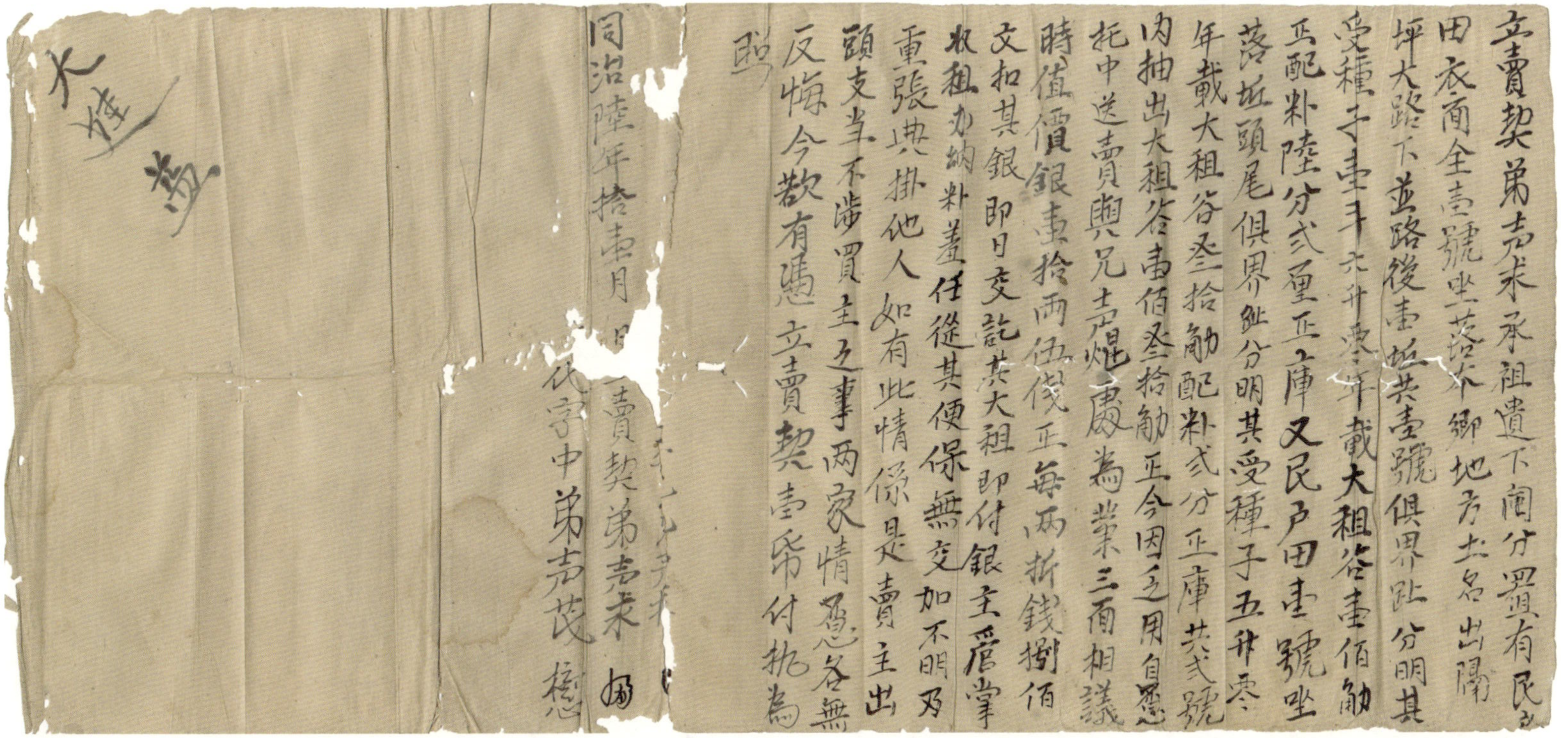

立賣契弟声求承祖遺下閫分買有民
田衣面全壹號坐落本鄉地方土名出陽
坪大路下並路後壹坵共壹號俱界址分明其
受種子壹斗六升零年載大祖谷壹佰觔
正配米陸分弍厘正庫又民户田壹號坐
落坵頭尾俱界址分明其受種子五升零
年載大祖谷叁拾觔配米弍分正庫共弍號
內抽出大祖谷壹佰叁拾觔正今因乏用自愿
托中送賣與兄声煺處為業三面相議
時值價銀壹拾兩伍錢正每兩折錢捌佰
文扣其銀即日交訖其大祖即付銀主管掌
收租办納米羞任從其便保無交加不明及
重張典掛他人如有此情係是賣主出
頭支当不涉買主之事两家情愿各無
反悔今欲有憑立賣契壹帋付執為
照

同治陸年拾壹月　日　立賣契弟声求

代字中弟声茂

9-6-12-1　清同治六年十一月楊声求立賣底面全民户田契

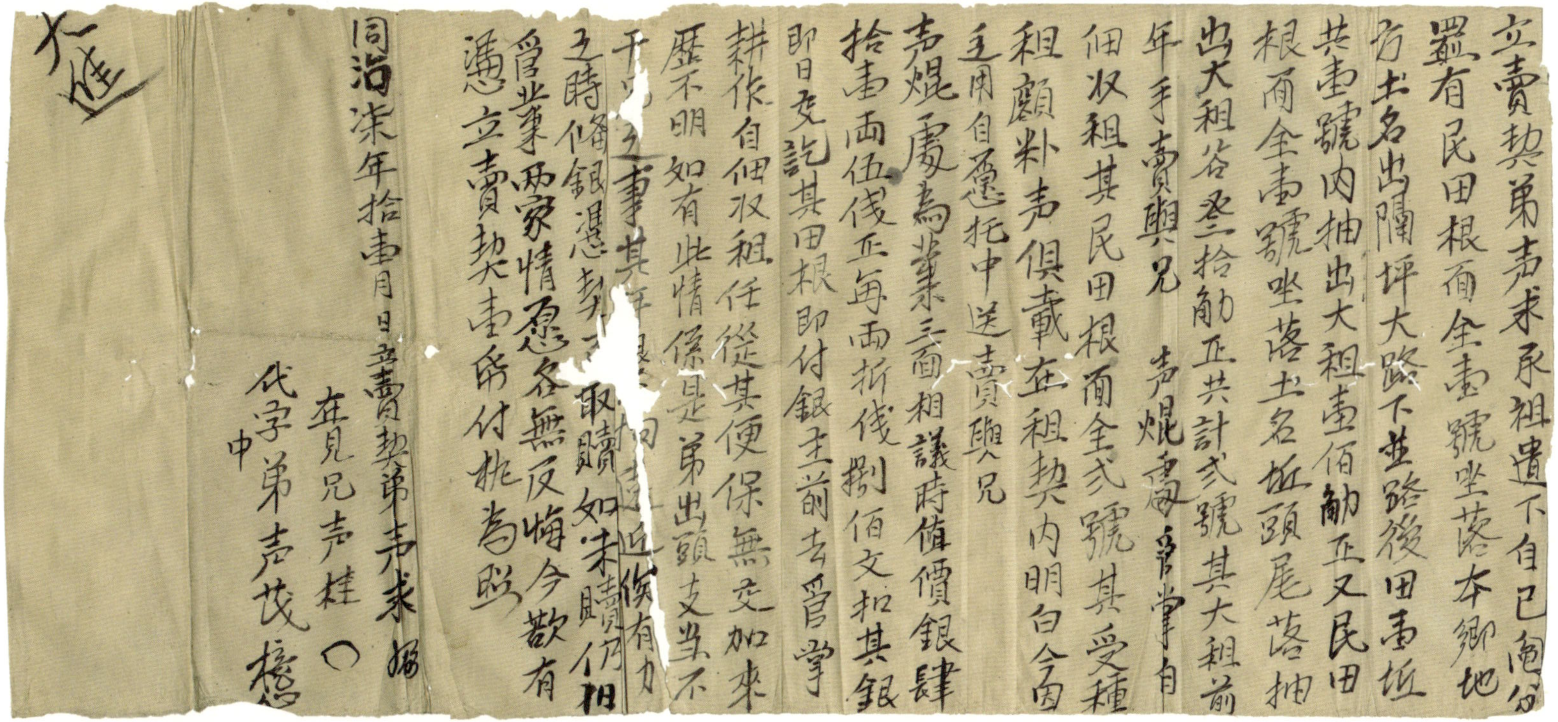

立賣契弟声求承祖遺下自己阄分
巖有民田根面全壹號坐落本鄉地
方土名岀隔坪大路下並路後田壹坵
共壹號內抽岀大租壹佰觔正又民田
根面全壹號坐落土名坵頭尾落抽
岀大租谷叁拾觔正共計弍叁號其大租前
年手賣與兄　声焜為業自
佃收租其民田根面全弍叁號其受種
租額料声俱載在祖契內明白今因
乏用自愿托中送賣與兄
声焜處為業三面相議時值價銀肆
拾壹兩伍錢正每兩折錢捌佰文扣其銀
即日交訖其田根即付銀主前去管掌
耕作自佃收租任從其便保無交加來
歷不明如有此情係是弟出頭支當不
干□主之事其年限□拘遠近備有力
之時備銀憑契□□取贖如未贖仍相
留業兩家情愿各無反悔今歡有
憑立賣契壹紙付執為照
同治柒年拾壹月　日立賣契弟声求（押）
在見兄声桂 ○
代字中弟声茂（押）
大進

9-6-12-2　清同治七年十一月楊声求立賣根面全民田契

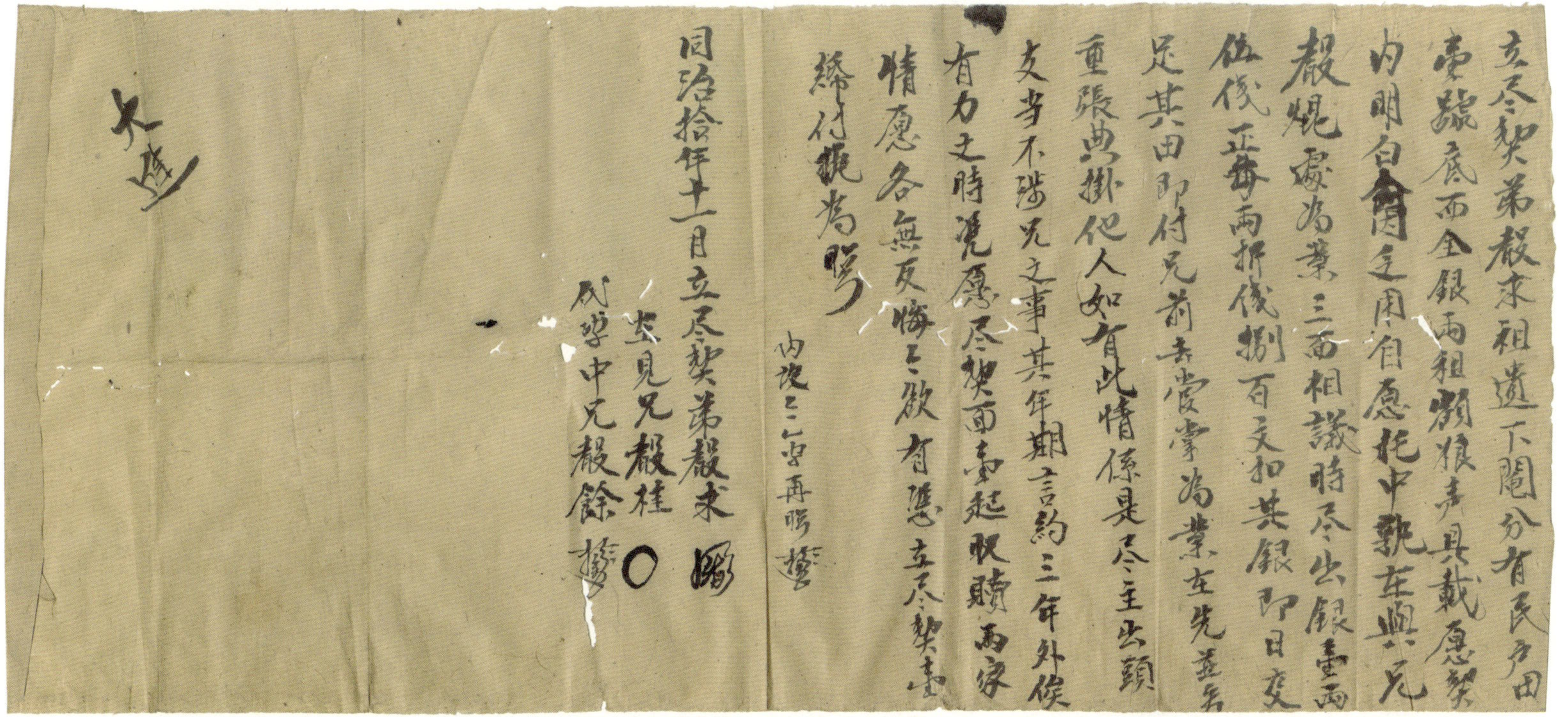

立盡契弟聲求祖遺下閩分有民户田
壹號底面全銀兩租粮声具載愿契
内明白今因乏用自愿托中說在與兄
聲焜處為業三面相議時盡出銀壹兩
伍錢正每兩折錢捌百文扣其銀即日交
足其田即付兄前去管掌為業在先並無
重張典掛他人如有此情係是盡主出頭
支當不涉兄之事其年期言約三年外候
有力之時憑原盡契面壹起取贖兩家
情愿各無反悔欲有憑立盡契壹
紙付聽為照

内添二字再照

同治拾年十一月　日立盡契弟聲求

在見兄聲桂

代筆中兄聲餘

大吉

9-6-12-3　清同治十年十一月楊聲求立盡民户田契

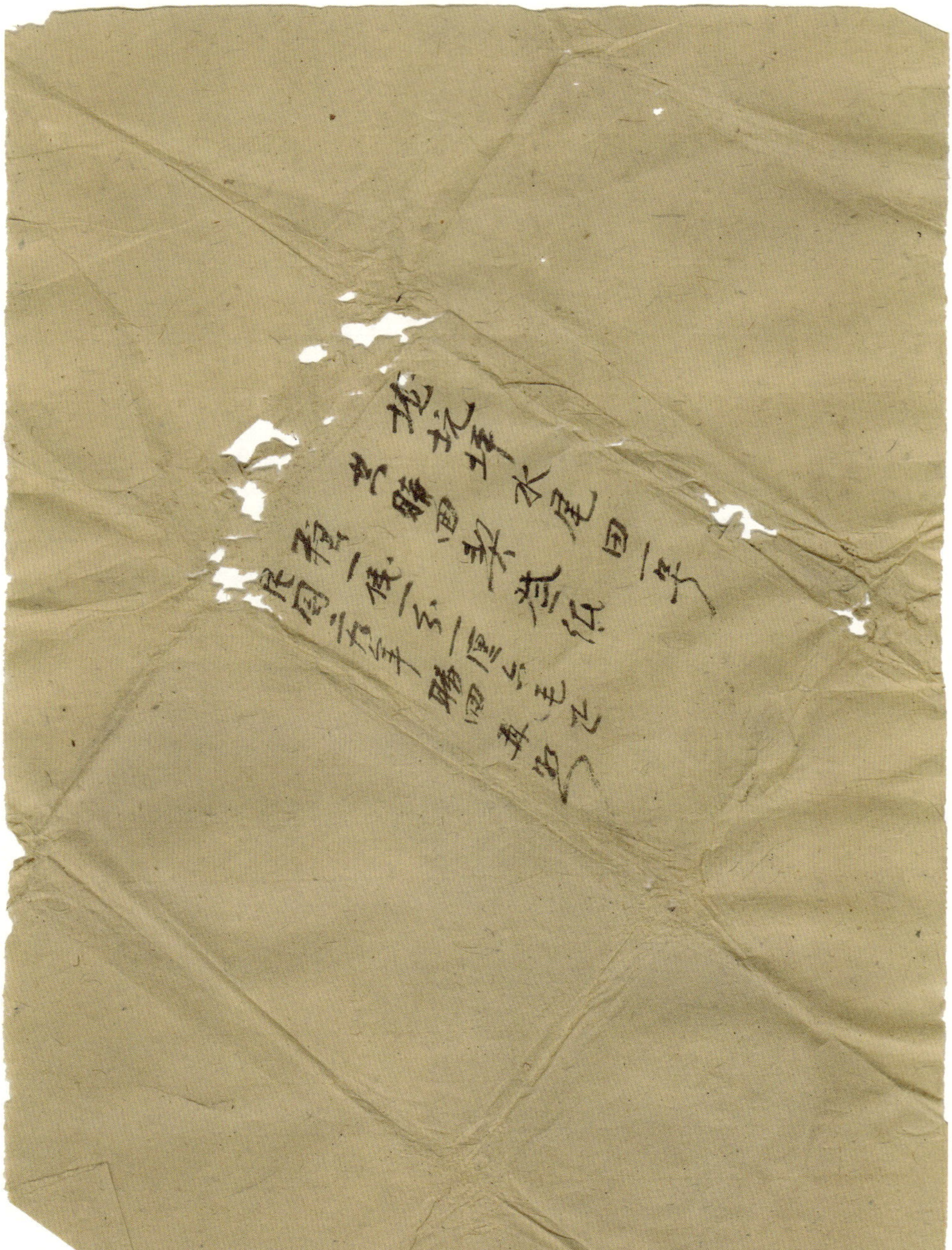

9-6-13-1　包契紙

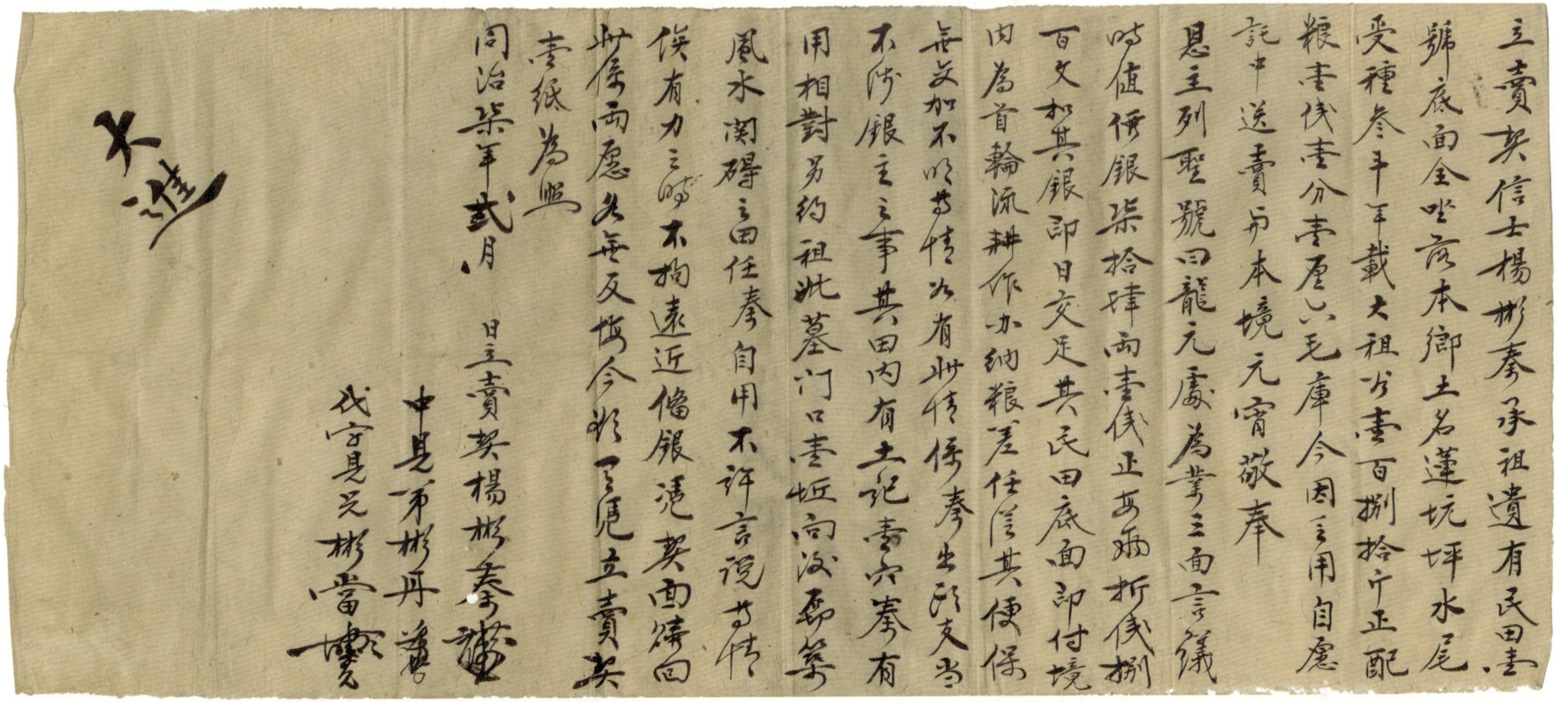

立賣契信士楊彬秦承祖遺有民田壹
號，底面全，坐產本鄉土名蓮坑坪水尾，
受種叁斗，年載大租米壹百捌拾斤正，配
糧壹錢壹分壹厘六毛，庫。今因乏用，自愿
託中送賣與本境元宵敬奉
恩主列聖號曰龍元處為業。三面言議
時值價銀柒拾肆兩壹錢正，每兩折錢捌
百文，扣其銀即日交足。其民田底面即付境
內為首輪流耕作，办納糧差，任從其便。保
無交加不明等情；如有此情，係秦出頭支當，
不涉銀主之事。其田內有土墳壹穴，秦有
用相對另約。祖妣墓門口壹坵，向後恐築
風水闗礙之田，任秦自用，不許言說等情。
候有力之時，不拘遠近備銀送契面續回。
此係兩愿，各無反悔，今欲有憑，立賣契
壹紙為照。

同治柒年貳月　　日立賣契楊彬秦（押）

中見弟彬丹（押）

代字見兄彬當（押）

大吉

9-6-13-2　清同治七年二月楊彬秦立賣底面全民田契

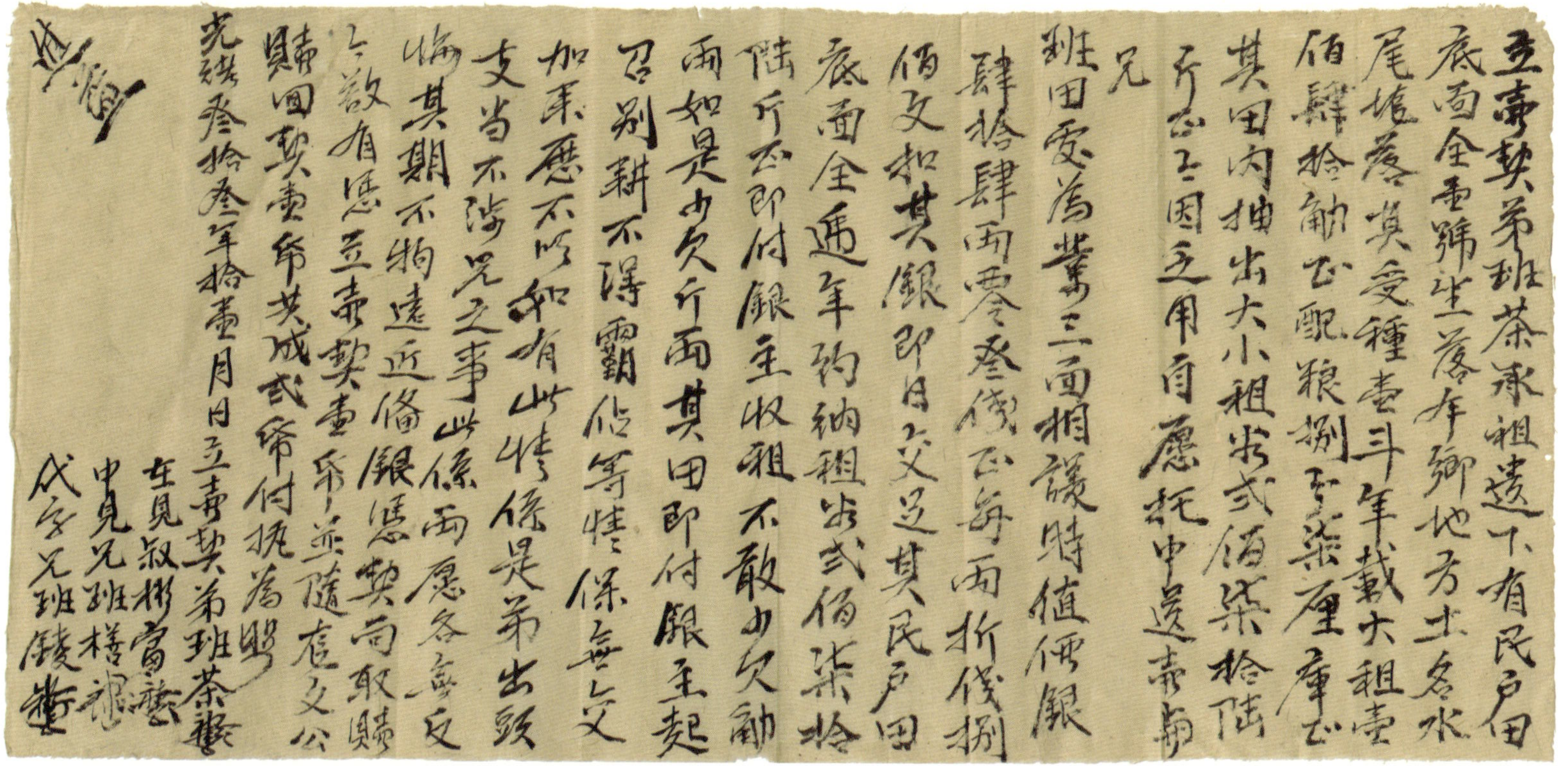
立賣契弟班荼承祖遺下有民户田
底面全壹號坐落本鄉地方土名水
尾墘落𡋲受種壹斗年載大租壹
佰肆拾觔正配粮捌分柒厘正
其田内抽出大小租谷貳佰柒拾陸
觔正今因乏用自愿托中送賣與
兄
班田受為業三面相議時值價銀
肆拾肆兩零叁錢正每兩折錢捌
佰文扣其銀即日交足其民户田
底面全遇年灼納租谷貳佰柒拾
陸觔正即付銀主收租不敢少欠觔
兩如是少欠觔兩其田即付銀主起
召別耕不得霸佔等情係無文
加灵憑不咫知有此情係是弟出頭
支當不涉兄之事此係兩愿各無反
悔其期不拘遠近備銀憑契向取贖
〻敢有憑立賣契壹紙并隨底文公
贖回契壹紙共成貳紙付執為照
光緒叁拾叁年拾壹月　日立賣契弟班荼（押）
在見叔　楊富（押）
中見兄　班楼（押）
代字兄　班錢（押）

9-6-13-3　清光緒三十三年十一月楊班荼立賣底面全民户田契

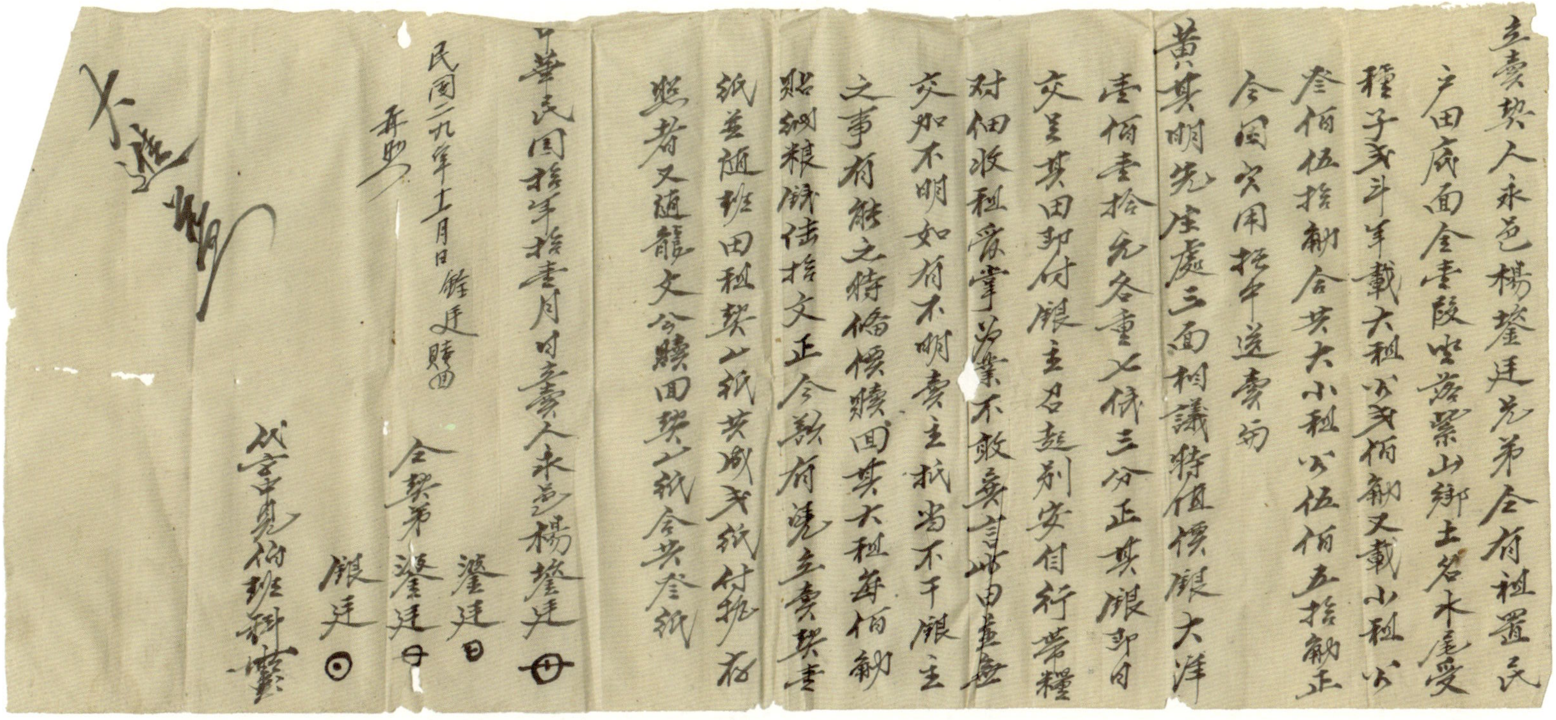
立賣契人永邑楊鍌廷兄弟全有祖置民
户田底面全壹段坐落紫山鄉土名木屋受
種子贰斗年載大租谷贰佰觔又載小租谷
叁佰伍拾觔合共大小租谷伍佰五拾觔正
今因缺用托中送賣與
黄其明先生處三面相議時值價銀大洋
壹佰壹拾元各重七錢三分正其銀即日
交足其田即付銀主召佃别安佃行管糧
对佃收租管掌為業不敢異言此田並無
交加不明如有不明賣主抵当不干銀主
之事有能之時備價贖回其大租每佰觔
貼納粮銀伍拾文正今欲有憑立賣契壹
紙並隨班田租契六紙其贰纸付執存
照荅又隨龍文公贖田契六紙合共叁纸

中華民國拾年拾壹月日立賣人永邑楊鍌廷（押）
鍌廷（押）
仝契弟鍌廷（押）
銀廷（押）
代字中見侄班科（押）

民國二十九年十一月日銓廷贖回
再照

9-6-13-4　民國十年十一月楊鍌廷等立賣底面全民户田契

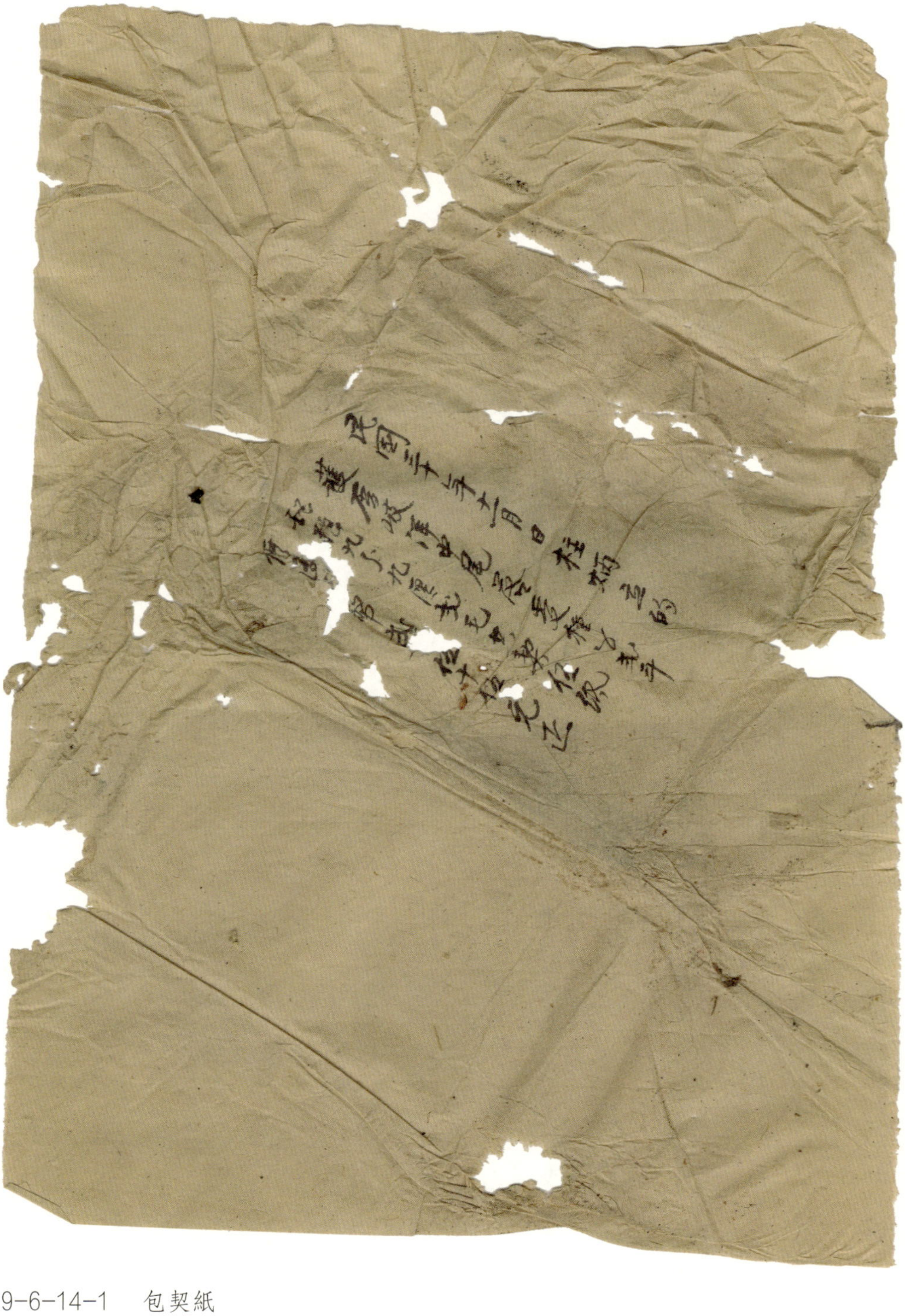

9-6-14-1　包契紙

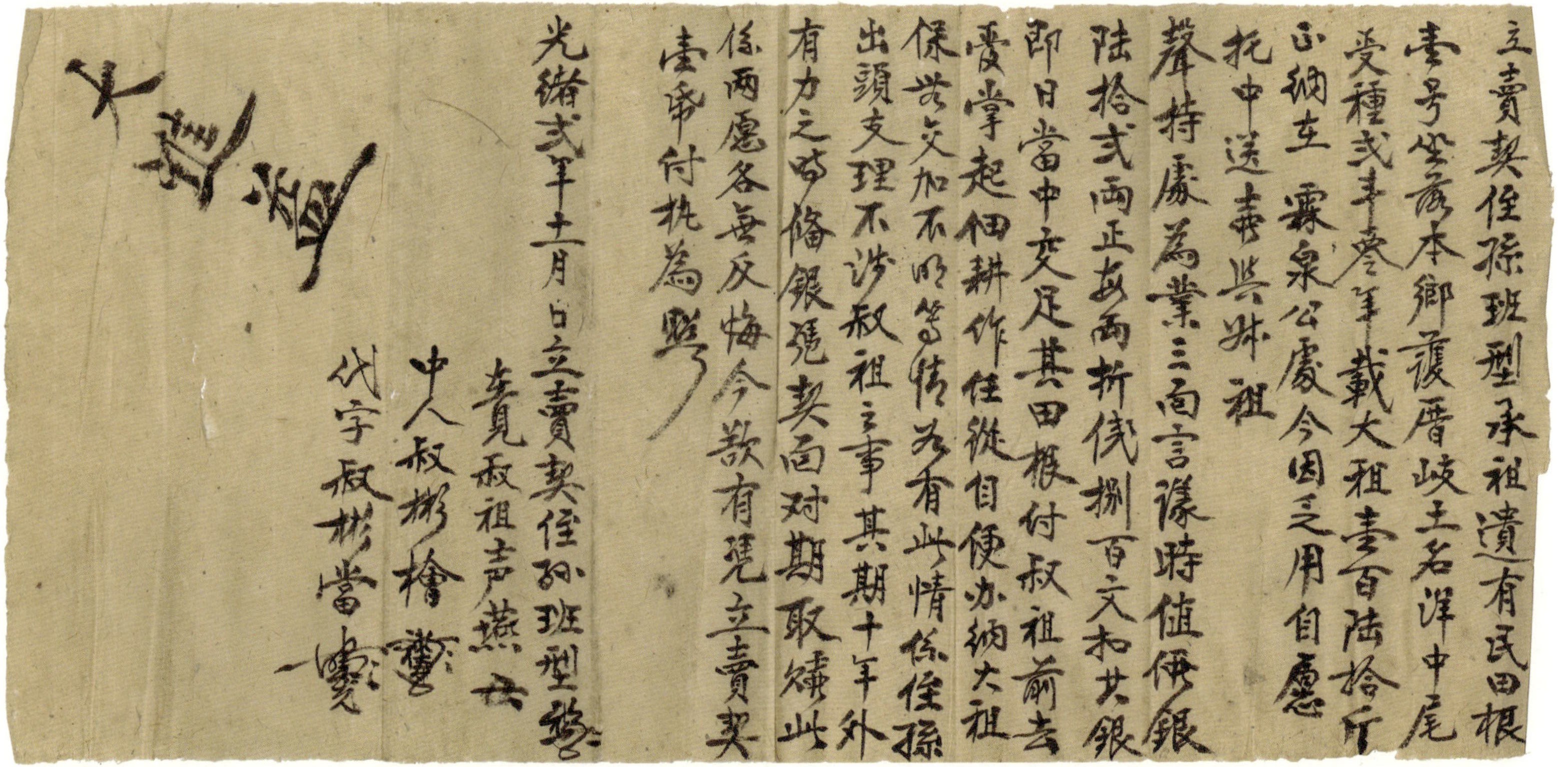

立賣契侄孫班型承祖遺有民田根
壹号坐落本鄉獲厝峡土名洋中尾
受種弍斗叁升載大租壹百陆拾斤
正納在　霖泉公處今因乏用自愿
托中送賣與丗　祖
聲持處爲業三面言議時值價銀
陆拾弍兩正每兩折錢捌百文和共銀
即日當中交足其田根付叔祖前去
管掌起佃耕作任從自便办納大祖
保若文加不明等情爲有此情係侄孫
出頭支理不涉叔祖之事其期十年外
有力之日備銀憑契面対期取𧶘此
係兩愿各無反悔今欲有憑立賣契
壹帋付执爲照

光緒弍年十一月　日立賣契侄孫班型（押）
在見叔祖志燕（押）
中人叔彬橧（押）
代字叔彬當（押）

9-6-14-2　清光緒二年十一月楊班型立賣民田根契

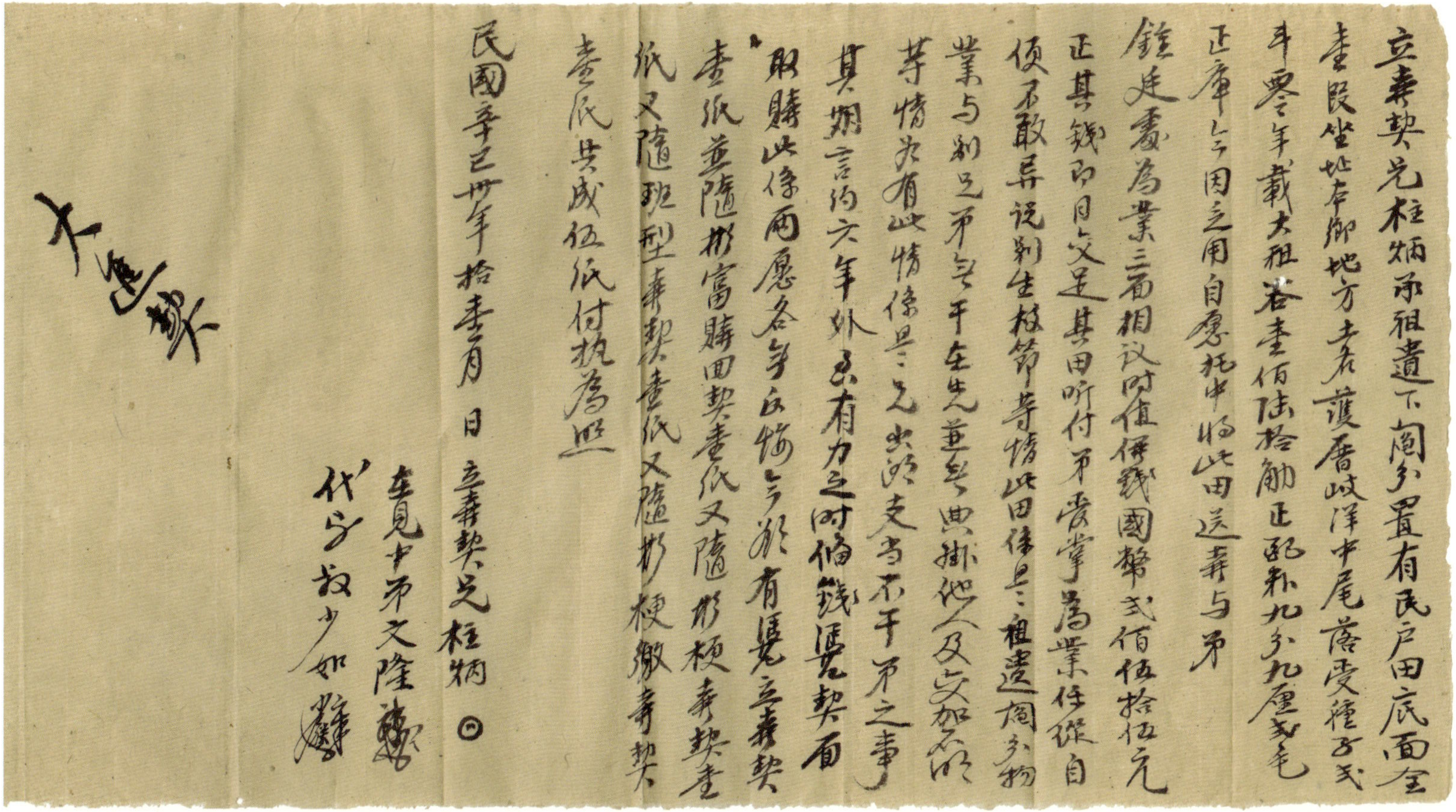
立賣契兄柱炳承祖遺下阄分置有民户田底面全
壹段坐址本鄉地方土名蘆厝岐洋中尾落受種子弍
斗零年載大租谷壹佰陆拾觔正配米九分九厘弍毛
正庫今因乏用自愿托中將此田送賣與弟
銓廷處為業三面相议时值伊钱國幣弍佰伍拾伍元
正其錢即日交足其田听付弟管掌為業任從自
便不敢异说剩生枝節并情此田係是祖遗阄分物
業与别兄弟叔侄無干並無典挂他人及交加不明
等情如有此情係是兄出头支当不干弟之事
其田言约六年外亦有力之时備钱原契面
取赎此係两愿各無反悔今欲有凭立賣契
壹纸並随形富赎田契壹纸又随形梗賣契壹
纸又随班型賣契壹纸又随形梗缴賣契
壹纸共成伍纸付执為照
民國辛巳卅年拾壹月　日　立賣契兄柱炳 ㊞
在見中吊文隆
代字叔少如
大進契

9-6-14-3　民國三十年十一月楊柱炳立賣底面全民户田契

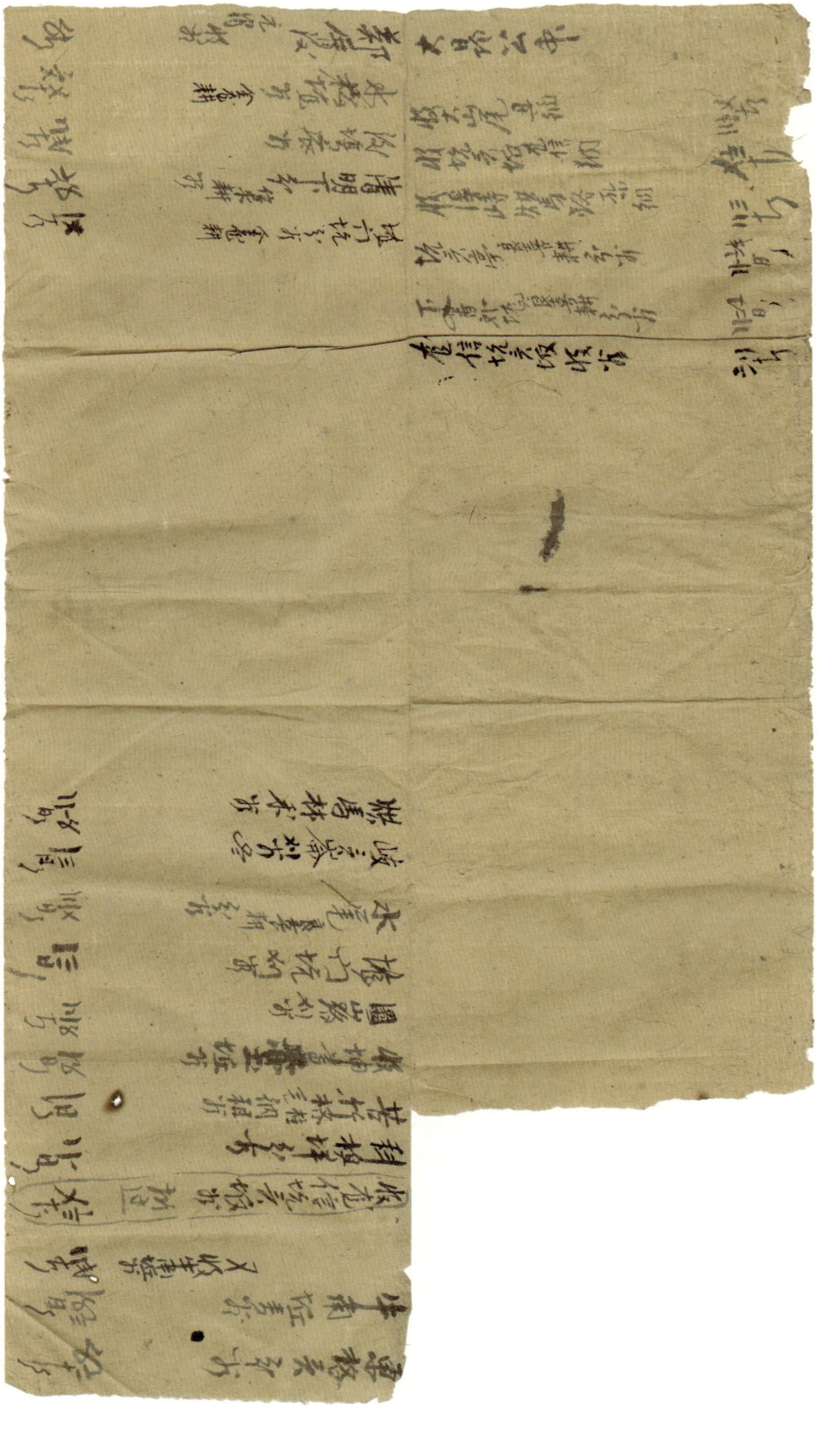

9-6-14-4 晚清民國楊大昂户收租賬單

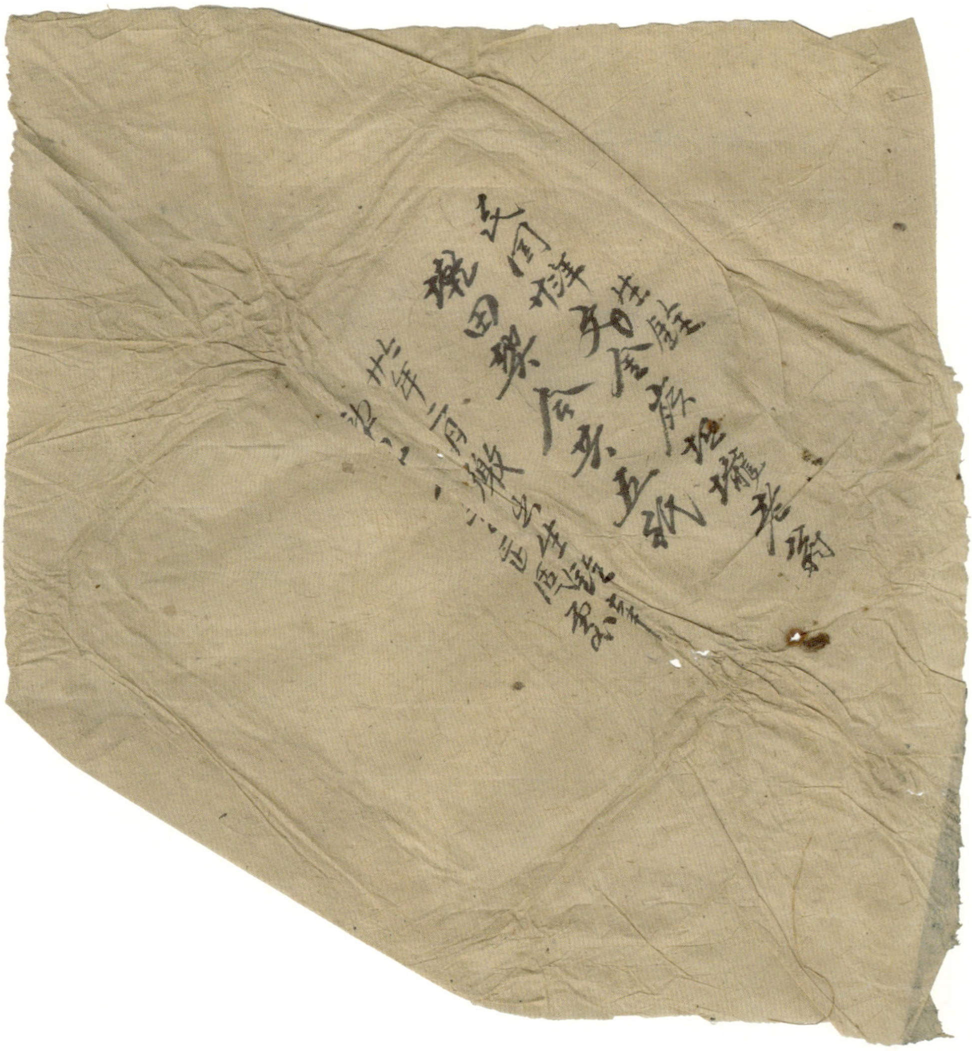

9-6-15-1　包契紙

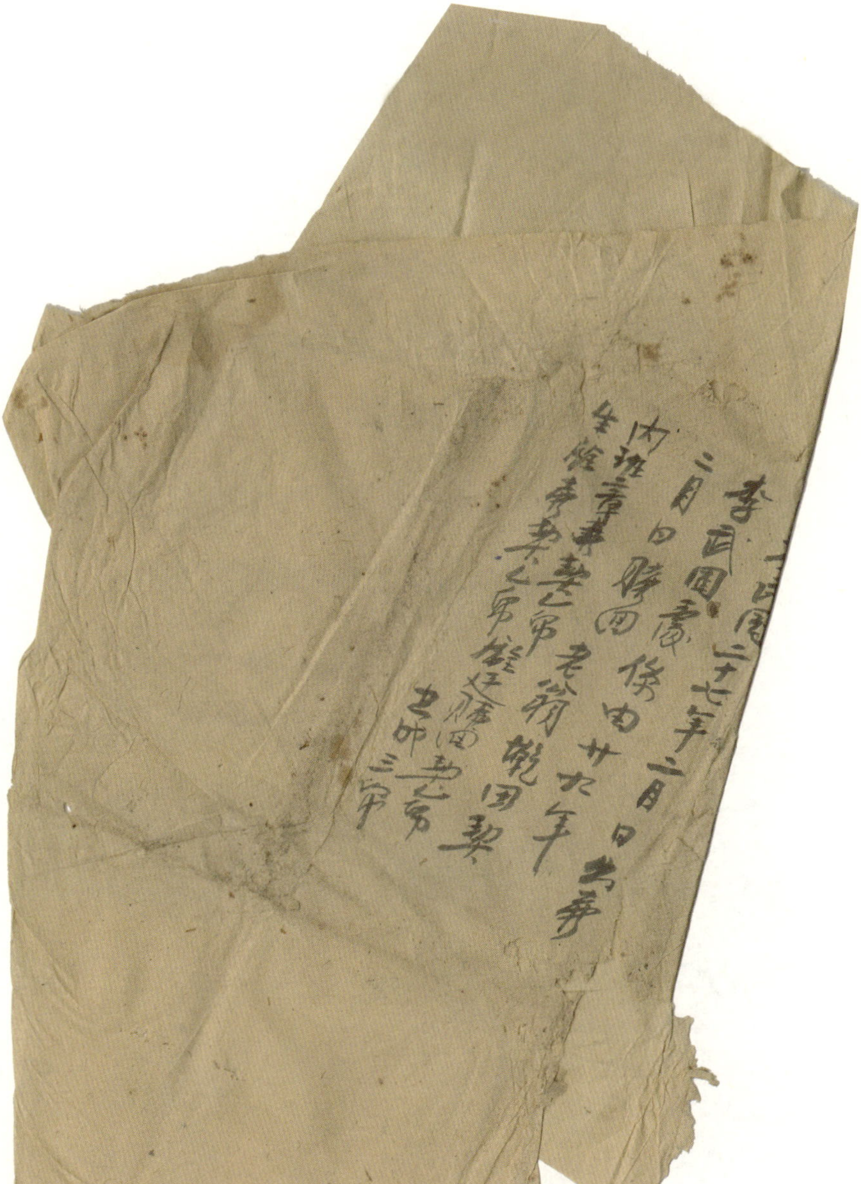

9-6-15-2　包契紙

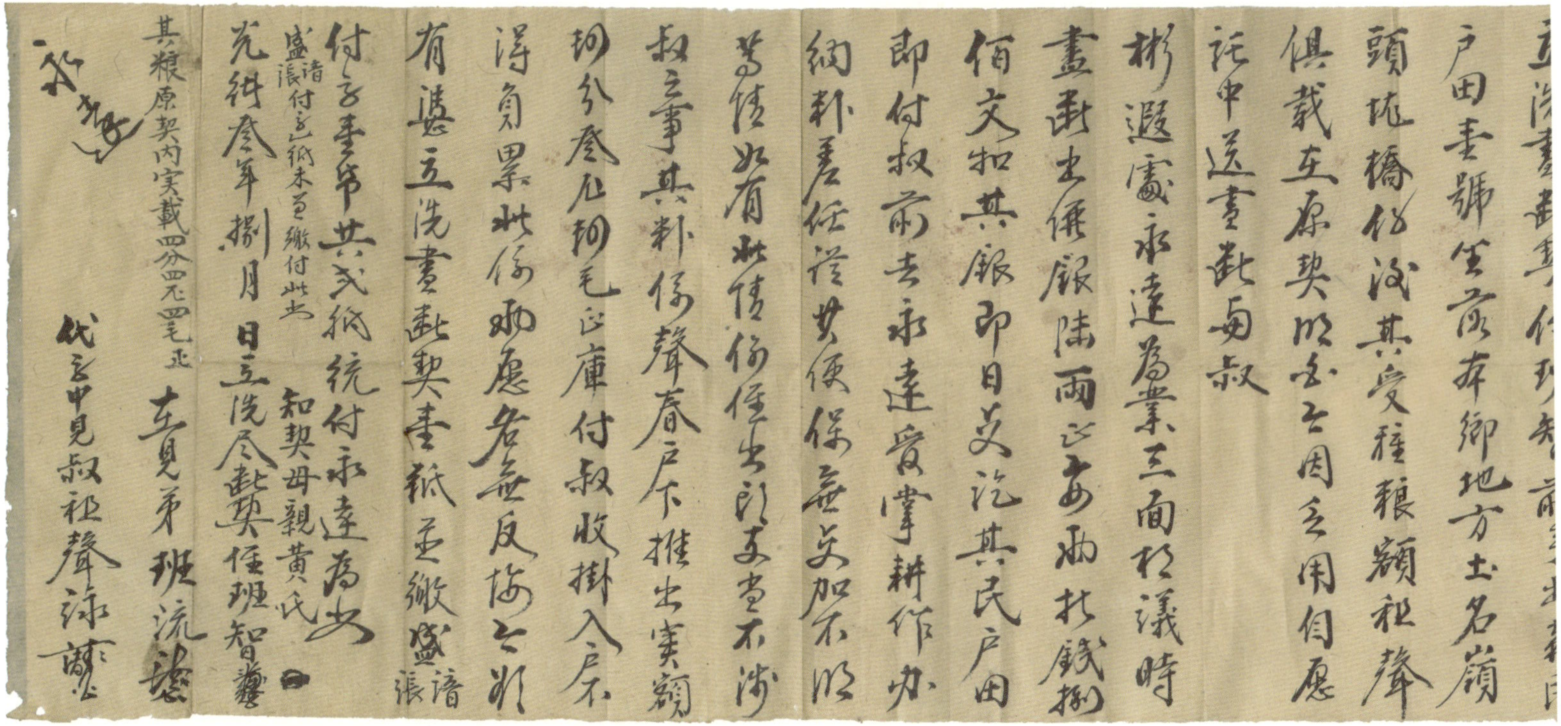
立洗盡斷契人楊班智，前[illegible]
户田壹號，坐落本鄉地方，土名嶺
頭坑橋仔段，其受種糧額租聲
俱載在原契明白。今因乏用，自愿
託中送盡斷與叔
彬遐處永遠為業，三面相議，時
值盡斷出價銀陸兩正，每兩折錢捌
佰文，扣其銀即日交訖，其民户田
即付叔前去永遠管掌耕作，此
係彬叔侄甘便，保無交加不明
等情，如有此情，係侄出頭支當，不涉
叔之事。其糧係聲春户下推出，實額
銅分叁厘銅毛正，庫付叔收掛入户，不
得負累。此係兩愿，各無反悔。今欲
有憑，立洗盡斷契壹紙，並繳盛譜張
付與叔，共貳紙，統付永遠為照。
盛譜張付之，紙未曾繳付，此照。
光緒叁年捌月　日立洗盡斷契侄班智（押）
知契母親黄氏（押）
其糧原契内實載四分四厘四毛正
在見弟班流（押）
代筆中見叔祖聲詠（押）

9-6-15-3　清光緒三年八月楊班智立洗盡斷民户田契

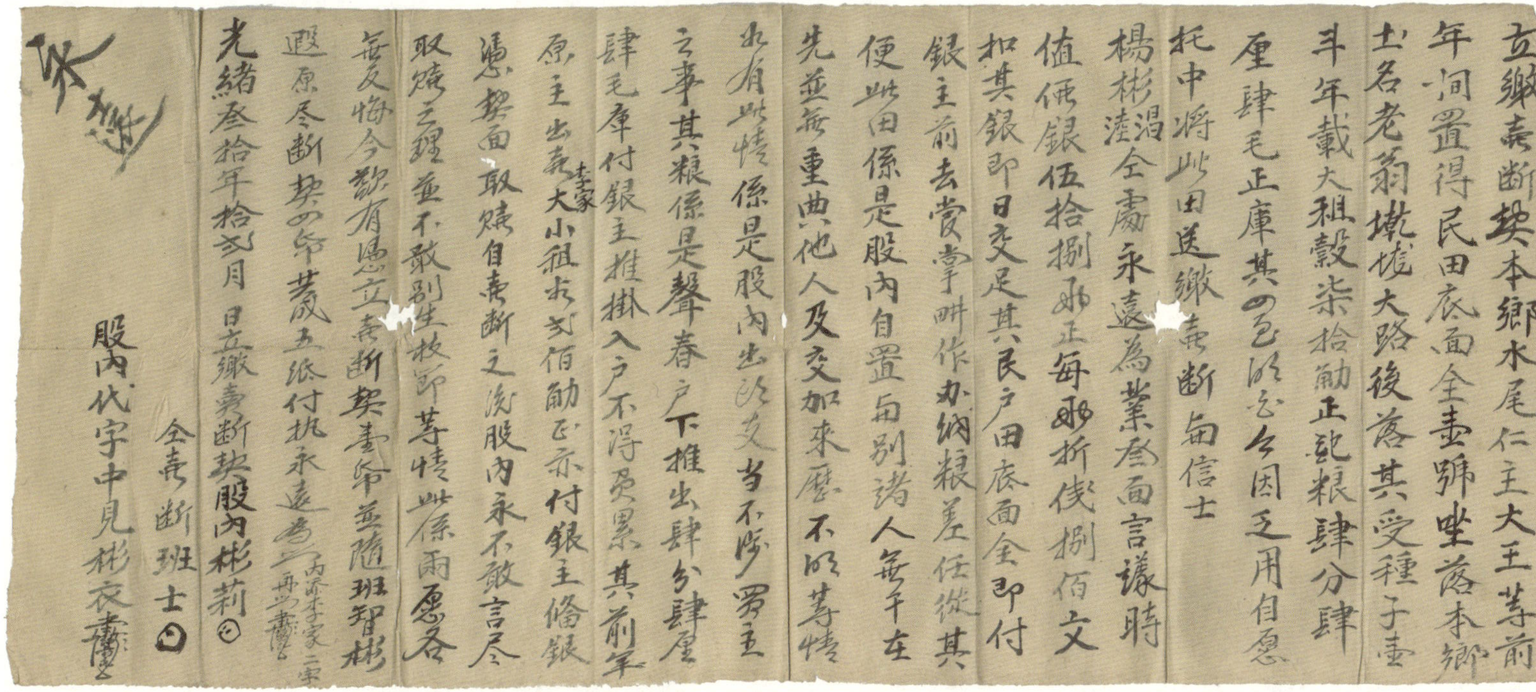
立繳賣斷契本鄉水尾仁主大王等前
年间置得民田底面全壹號坐落本鄉
土名老翁墩垅大路後落其受種子壹
斗年載大租穀柒拾觔正乾粮肆分肆
厘肆毛正庫其田今因乏用自愿
托中將此田送繳賣斷與信士
楊彬淊全處永遠為業三面言議時
值價銀伍拾捌兩正每兩折伐捌佰文
扣其銀即日交足其民戶田底面全即付
銀主前去掌管耕作办納粮差任從其
便此田係是股內自置與別諸人無干在
先並無重典他人及交加來歷不明等情
如有此情係是股內出頭支當不涉買主
之事其粮係是馨春戶下推出肆分肆厘
肆毛摩付銀主推掛入戶不得遺累其前年
原主出賣土家大小租共式佰觔正亦付銀主備銀
憑契面取贖自賣斷之後股內永不敢言尽
取贖之理並不敢別生枝節等情此係兩愿各
無反悔今欲有憑立賣斷契壹帋並隨班智彬
遐原尽斷契四帋黃成五紙付執永遠為照
光緒叁拾年拾式月　日立繳賣斷契股內彬莉（押）
全賣斷班士（押）
股內代字中見彬衣（押）

9-6-15-4　清光緒三十年十二月楊彬莉等立繳賣斷底面全民田契

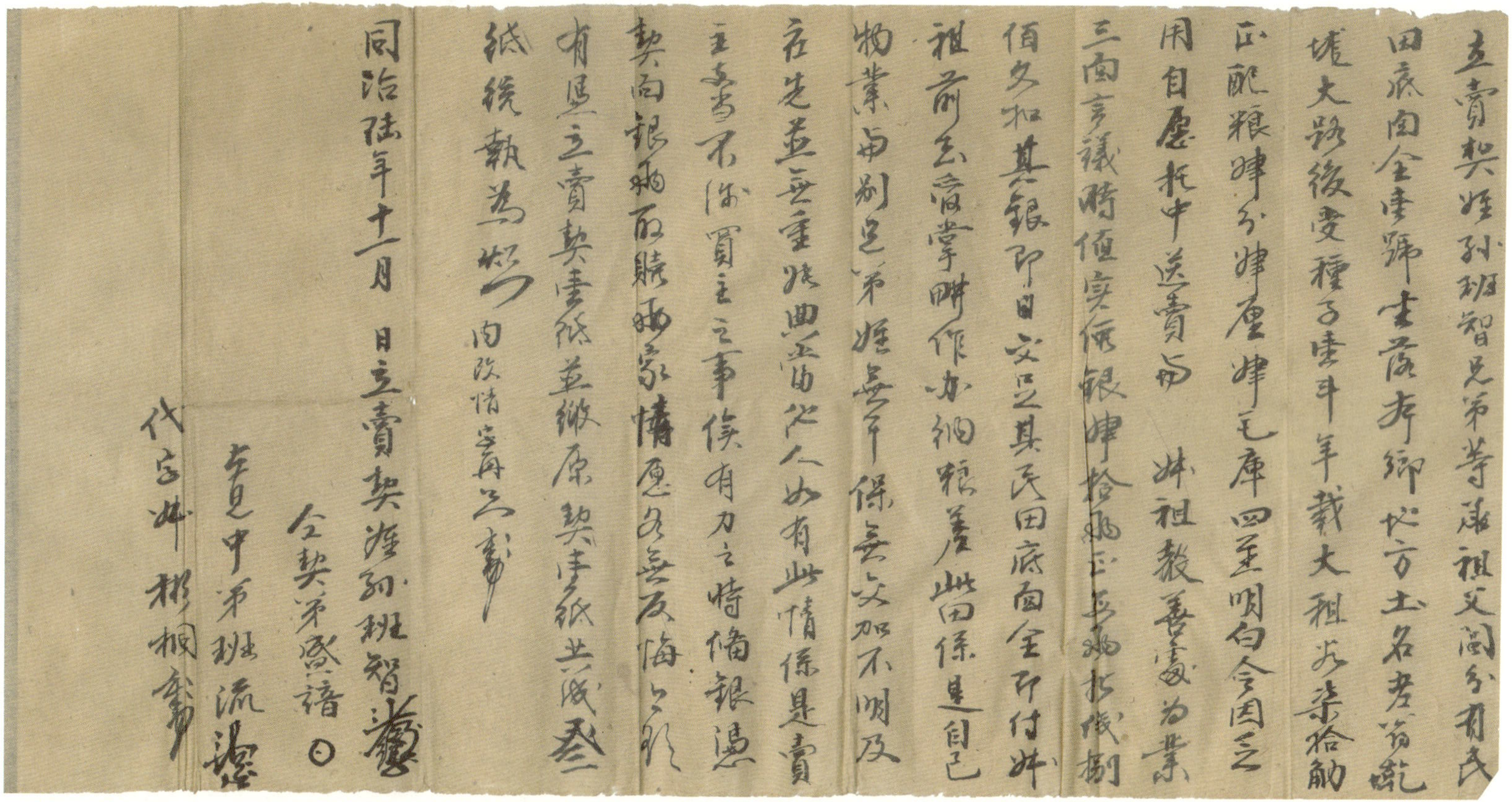

9-6-15-5　清同治六年十一月楊班智等立賣底面全民田契

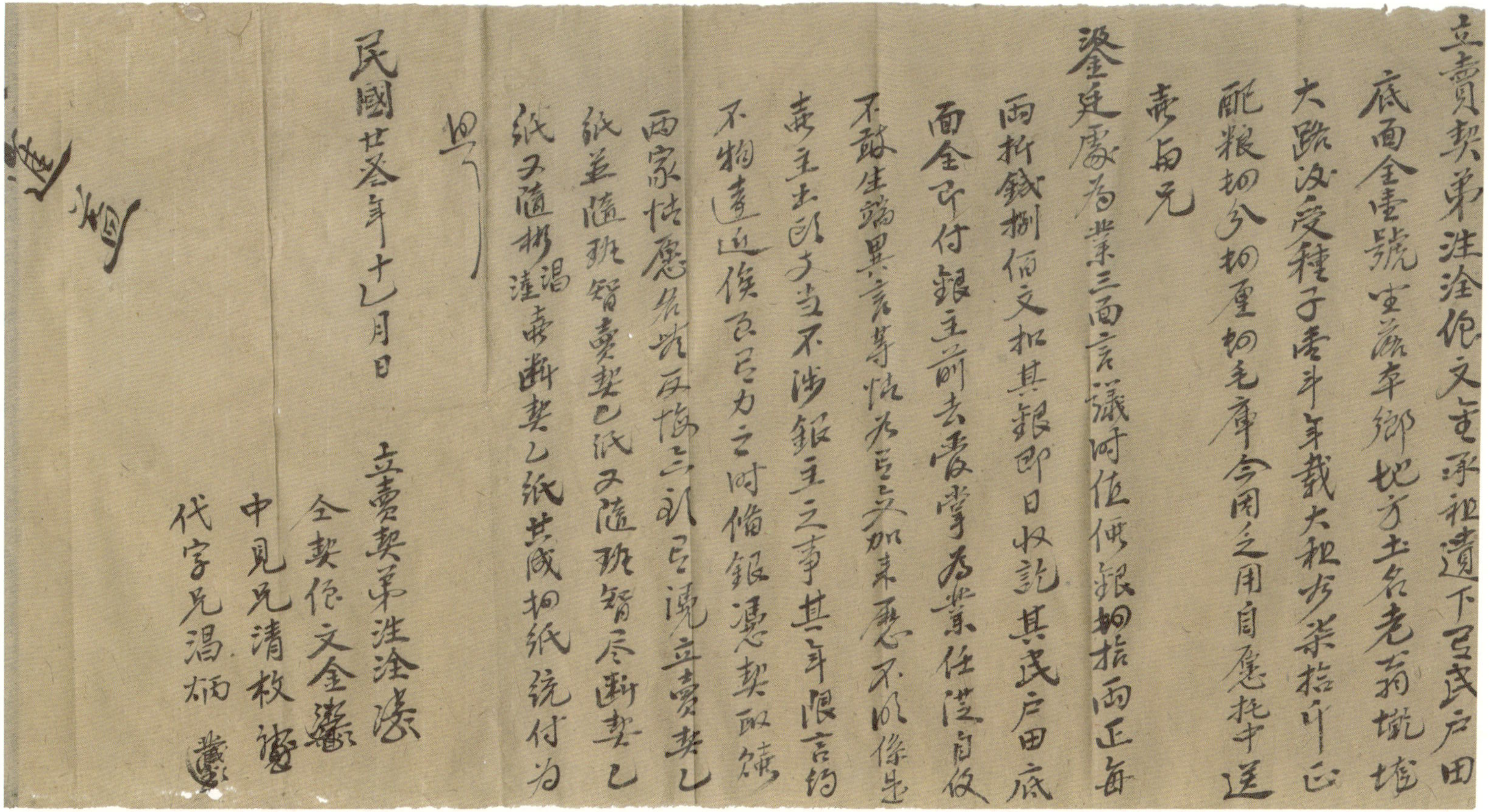
立賣契弟泩洤仝文奎承祖遺下民户田
底面全壹號，坐落本鄉，地方土名老莿墘墘
大路後，受種子壹斗，年載大租谷柒拾斤正，
配粮切分切厘切毛庫。今因乏用，自愿托中送
賣與兄
鍌廷處爲業。三面言議，時值價銀切拾兩正，每
兩折錢捌佰文。其銀即日收訖，其民户田底
面全斤付銀主前去管掌爲業，任從自佼，
不敢生端異言等情。未賣之先，加未歷不明，係是
賣主出頭力當，不涉銀主之事。其年限言約
不拘遠近，候至有力之時，備銀憑契取續。
兩家情愿，各無反悔。今欲有憑，立賣契乙
紙，並隨找貼賣契乙紙，又隨找貼盡斷契乙
紙，又隨拼渴洼賣斷契乙紙，共成捌紙，統付為
照。
民國廿叁年十乙月日
立賣契弟泩洤（押）
全契仝文奎（押）
中見兄清枚（押）
代字兄温炳（押）

9-6-15-6　民國二十三年十一月楊泩洤等立賣底面全民户田契

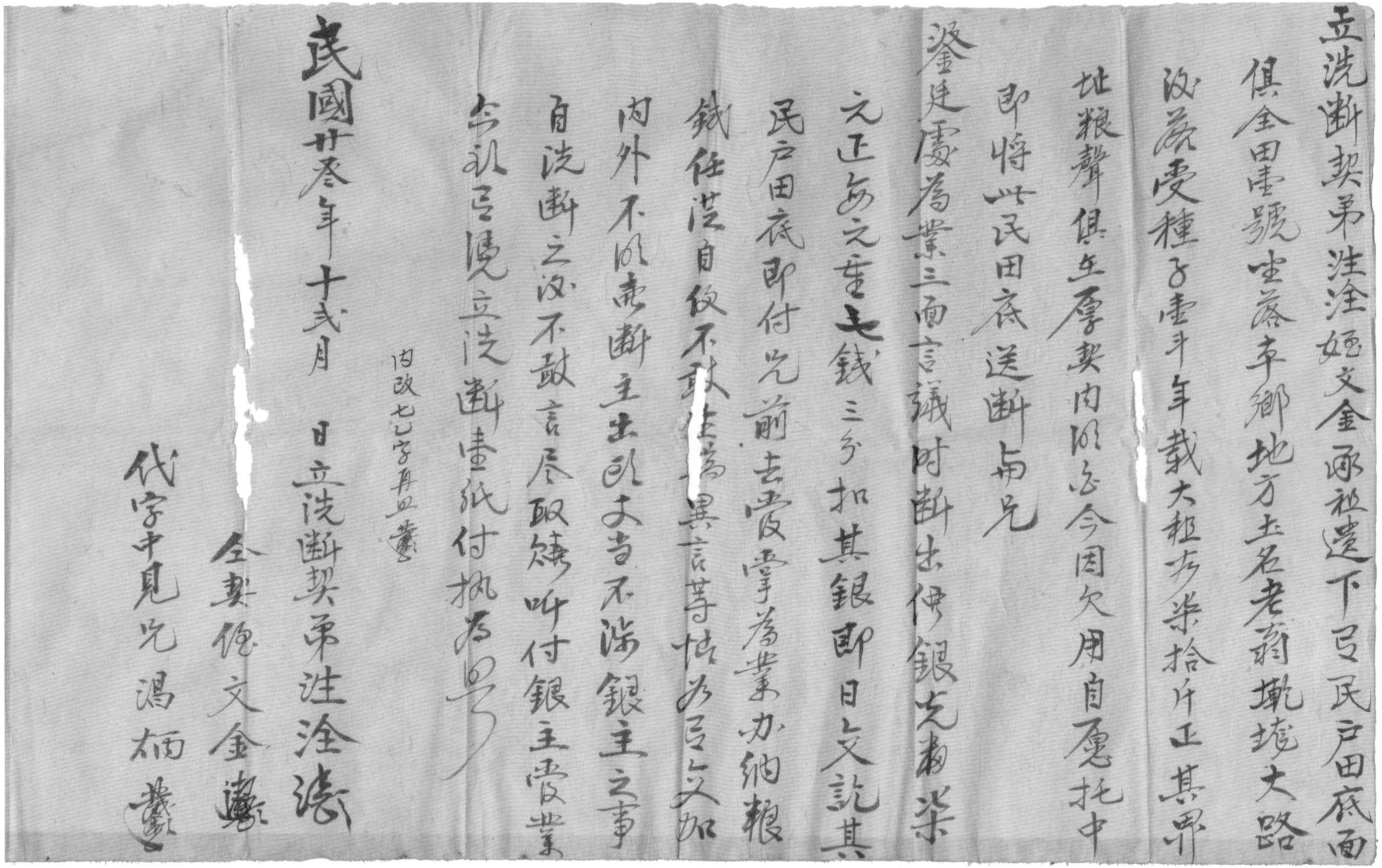
立洗斷契弟泩淦姪文金承祖遺下民户田底面
俱全田壹號坐落本鄉地方土名老蔚墘墘大路
沿年受種子壹斗年載大租谷柒拾斤正其界
址粮聲俱在厚契內明白今因欠用自愿托中
即將此民田底送斷與兄
淦廷處爲業三面言議時斷出佛銀元壹拾柒
元正每元重七錢三分扣其銀即日交訖其
民户田底即付兄前去管掌爲業办納粮
錢任從自收不敢生端異言等情如有交加
內外不明賣斷主出頭支當不涉銀主之事
自洗斷之後不敢言贖取續听付銀主管業
今欲有憑立洗斷壹紙付執存照
內改七七字再照
民國廿叁年十弍月 日立洗斷契弟泩淦
仝契姪文金
代字中見兄漍楠

9-6-15-7 民國二十三年十二月楊泩淦等立洗斷底面全民户田契

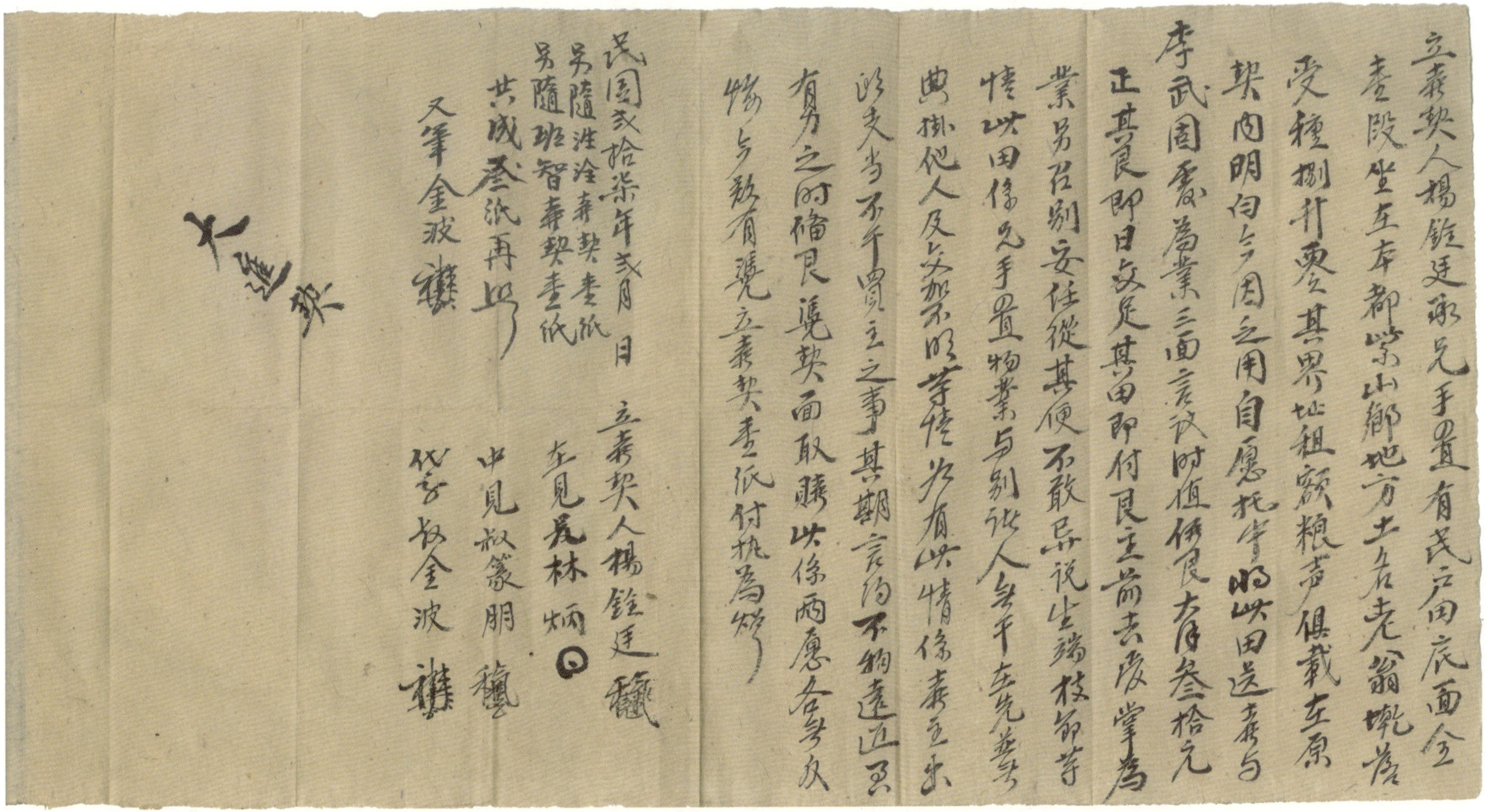
立賣契人楊銓廷承兄手置有民户田底面全
壹段，坐在本都紫山鄉地方，土名老翁墘崙，
受種捌升零，其界址租額糧米俱載在原
契內明白。今因乏用，自愿托中將此田送賣與
李武周處為業，三面言議，時值價艮大洋叁拾元
正，其艮即日收足，其田即付艮主前去管掌為
業，另召別安，任從其便，不敢异說生端枝節等
情。此田係兄手置物業，與別人無干，在先並無
典掛他人及文契不明等情，如有此情，係賣主出
頭支當，不干買主之事。其期言約不拘遠近，另
有原價取贖，此係兩愿，各無反
悔，今欲有憑，立賣契壹紙付執為照。

民國弍拾柒年弍月　日　立賣契人楊銓廷
另隨洋淦賣契壹紙
另隨班智賣契壹紙
共成叁紙再照
在見晃林炳
中見叔纂朋
代筆叔金波
又筆金波

9-6-15-8　民國二十七年二月楊銓廷立賣底面全民户田契

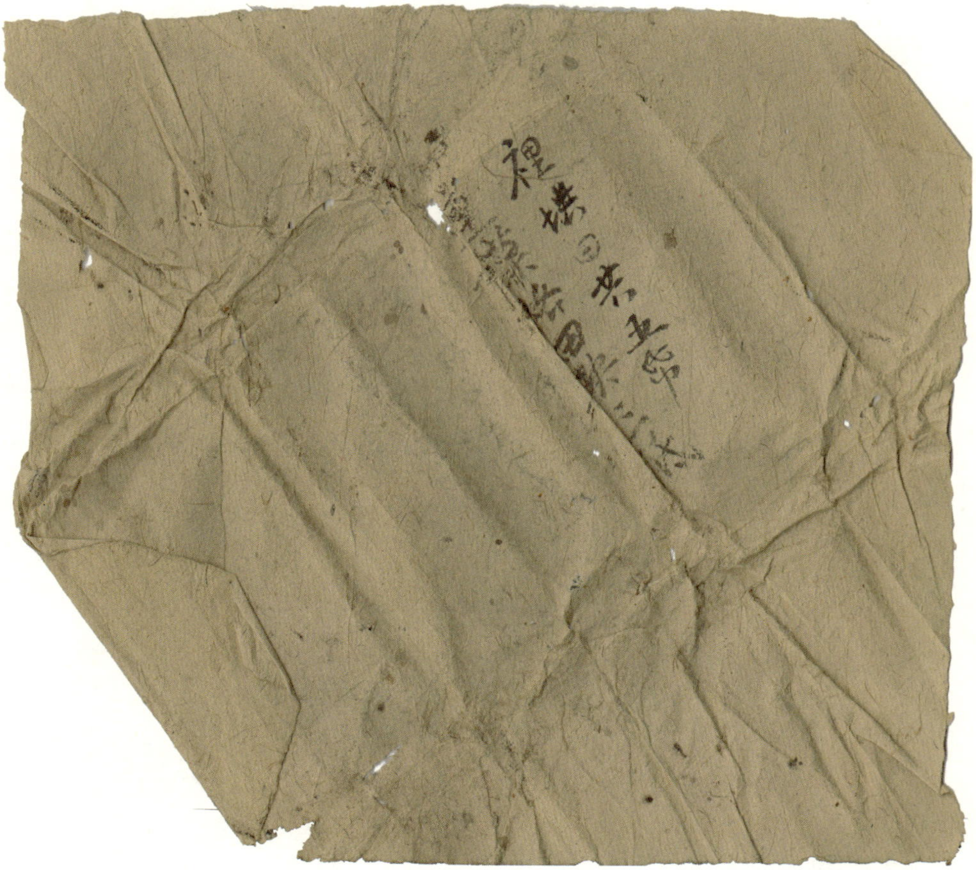

9-6-16-1　包契紙

9-6-16-2　包契紙

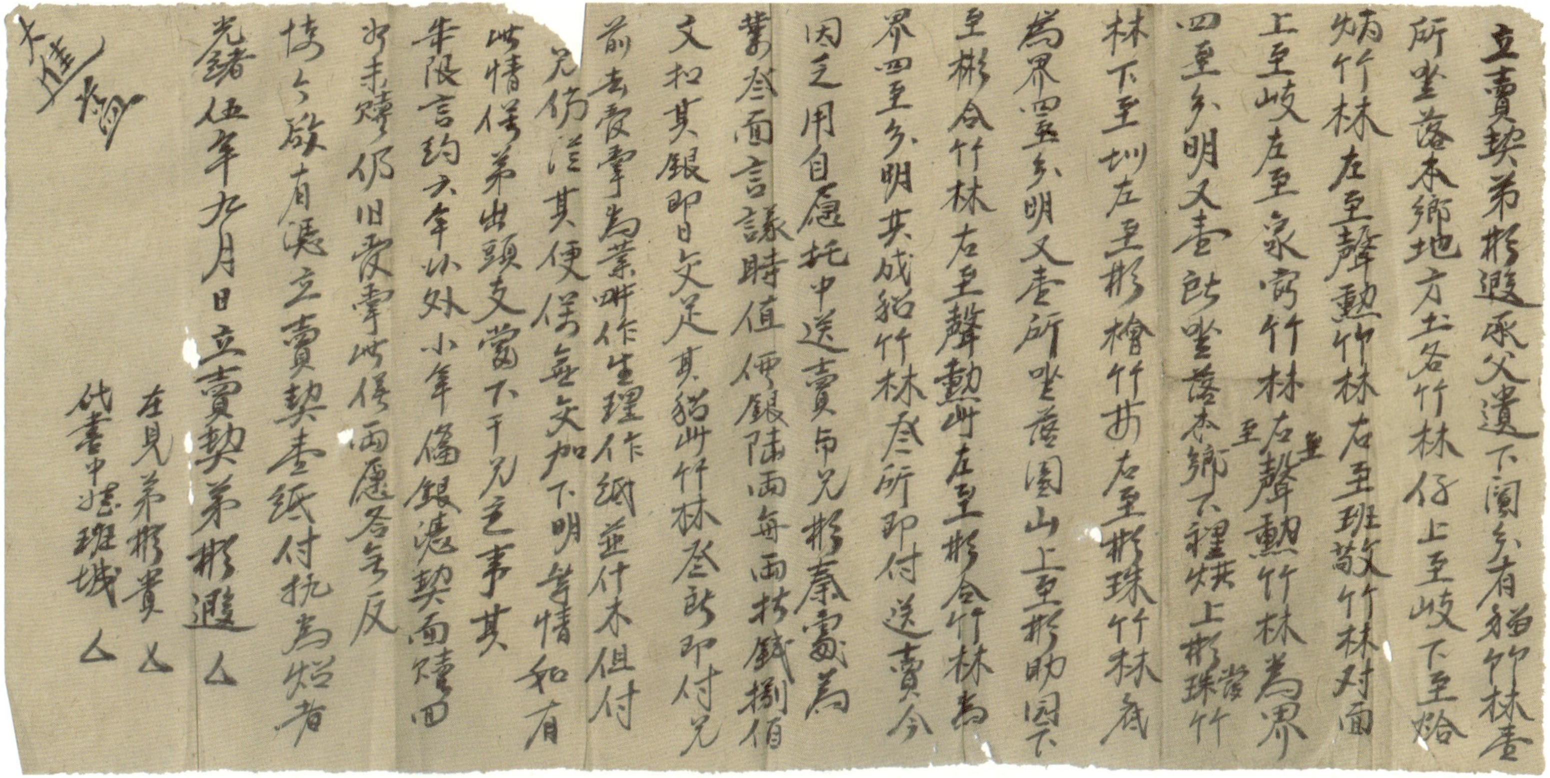
立賣契弟彬遐承父遺下鬮分有猫竹林壹
所坐落本鄉地方土名竹林仔上至岐下至焓
坵竹林左至聲勳竹林右至班敬竹林对面
上至岐左至家寶竹林右至聲勳竹林為界
四至分明又壹所坐落本鄉下程烘上至彬珠竹
林下至圳左至彬檜竹林右至彬珠竹林為
為界四至分明又壹所坐落園山上至彬助園下
至彬合竹林右至聲勳竹左至彬合竹林為
界四至分明共成猫竹林叁所即付送賣今
因乏用自愿托中送賣與兄彬泰處為
業叁面言議時值價銀陆两每两扣錢捌佰
文扣其銀即日交足其猫竹林叁所即付兄
前去管掌為業竹作生理作紙並竹木但付
兄仍從其便係無交加不明等情如有
此情係弟出頭支當不干兄之事其
竹限言約六年以外小年備銀照契面贖回
如未贖仍旧管掌此係两愿各無反
悔今欲有憑立賣契壹紙付執為照者
光緒伍年九月日立賣契弟彬遐
在見弟彬貴
代書中堂班娥
大吉

9-6-16-3　清光緒五年九月楊彬遐立賣猫竹林契（抄契）

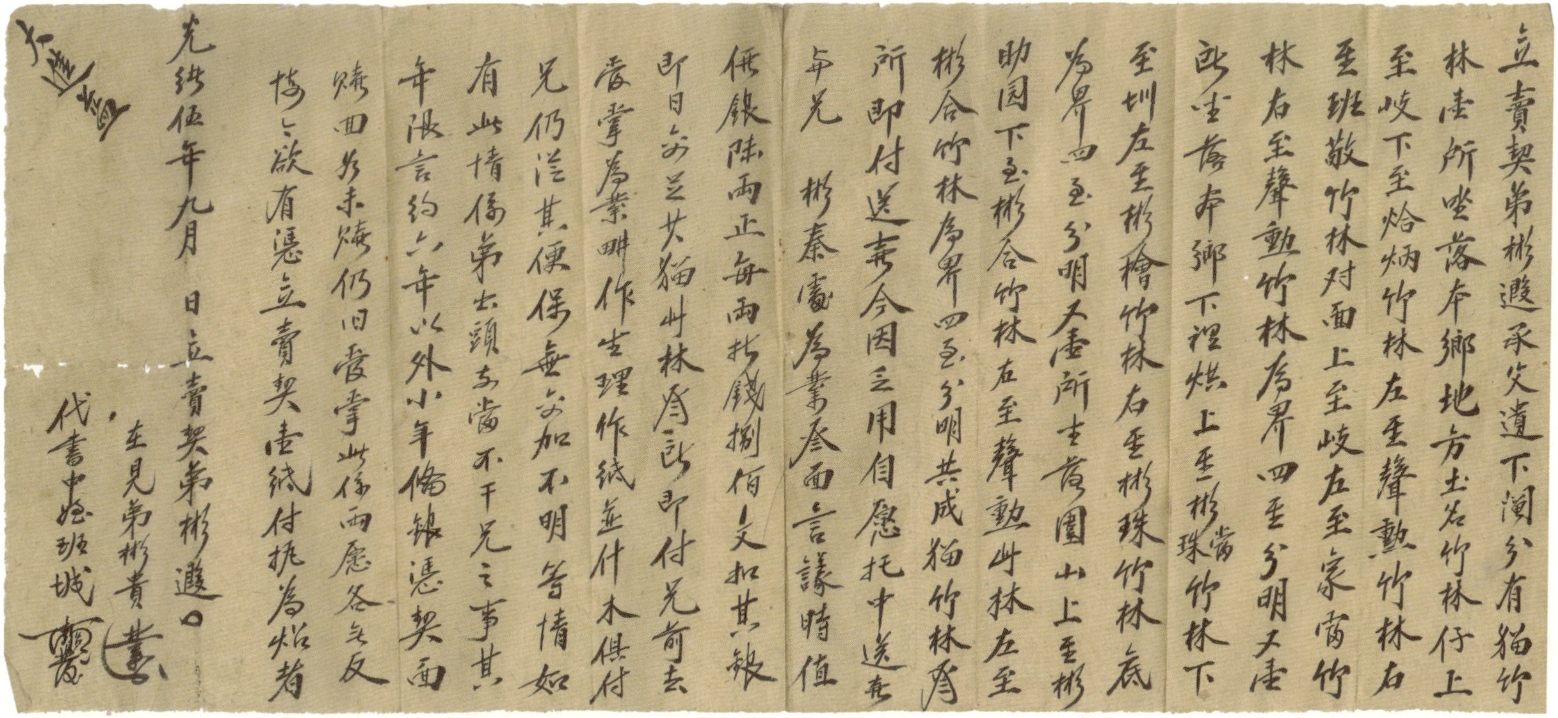
立賣契弟彬遐承父遺下閩分有猫竹
林壹所坐落本鄉地方土名竹林仔上
至岐下至焓炳竹林左至韓勳竹林右
至班敬竹林对面上至岐左至家雷竹
林右至韓勳竹林為界四至分明又壹
所坐落本鄉下埕烘上至彬珠當竹林下
至圳左至彬檜竹林右至彬珠竹林底
為界四至分明又壹所土名園山上至彬
助园下至彬合竹林左至韓勳山林左至
彬合竹林為界四至分明共成猫竹林肆
所即付送壹今因乏用自愿托中送壹
与兄 彬泰處為業叁面言議時值
価銀陸兩正每兩折錢捌佰文扣其銀
即日分足共猫竹林即付兄前去
管掌為業刪作出理作紙並什木俱付
兄仍從其便保無分加不明等情如
有此情係弟出頭支當不干兄之事其
年限言約六年以外小年備銀退契面
贖田弟未贖仍旧管掌此係兩愿各无反
悔今欲有憑立賣契壹紙付執為炤者
光緒伍年九月 日立賣契弟彬遐〇
在見弟彬貴
代書中侄班城

9-6-16-4 清光緒五年九月楊彬遐立賣猫竹林契

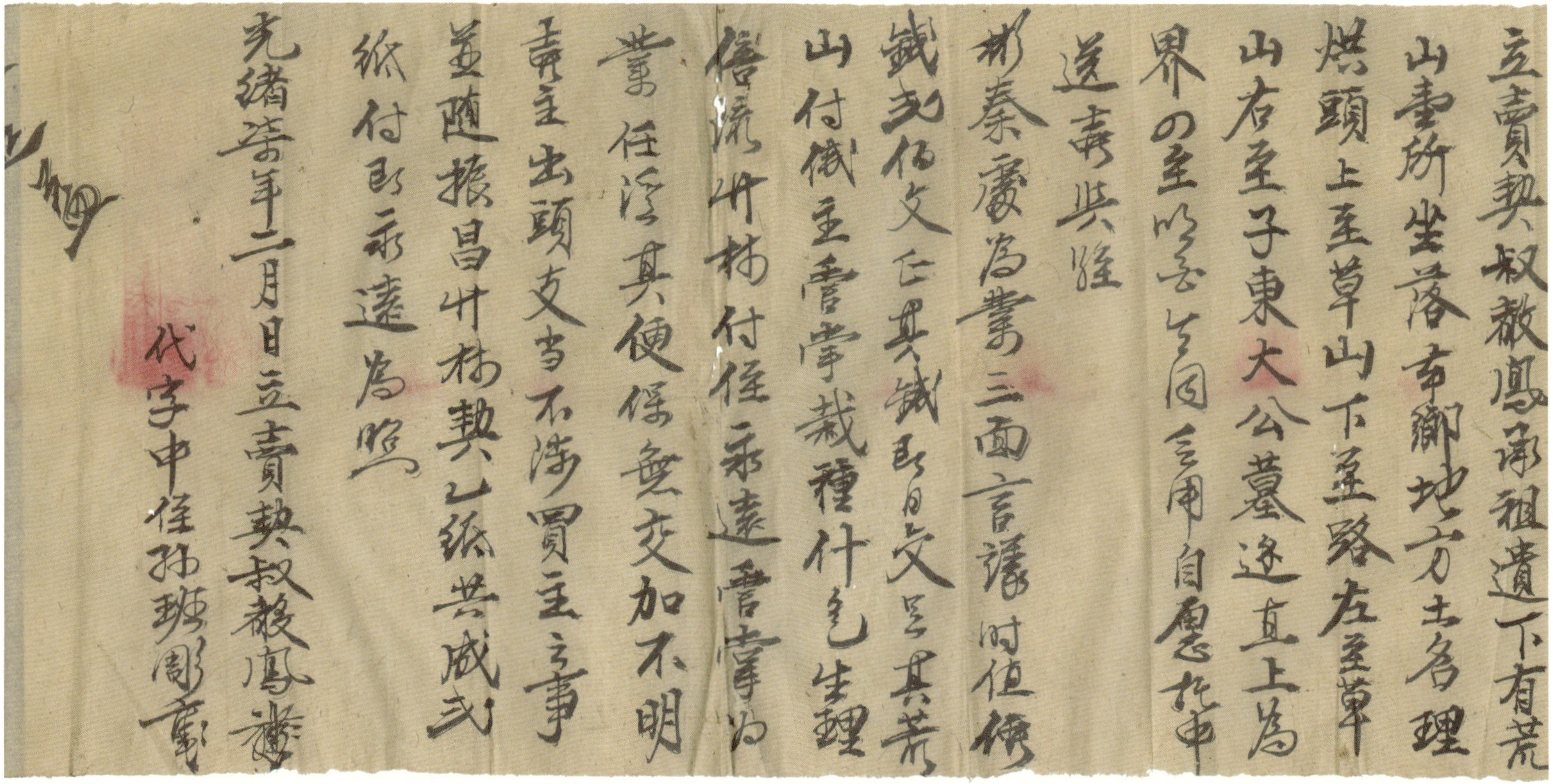
立賣契叔聲鳳承祖遺下有荒
山壹所坐落本鄉地方土名理
烘頭上至草山下至路左至草
山右至子東大公墓逕直上為
界四至明白今因乏用自愿托中
送與洪雖
邢秦處為業三面言議时值價
錢弍伯文正其錢即日交足其荒
山付侄主管掌栽種什色生理
[illegible]流什材付侄永遠管掌為
業任從其便保無交加不明
賣主出頭支当不涉買主之事
並随根昌什材契山紙共成弍
紙付[illegible]永遠為照
光緒柒年二月日立賣契叔聲鳳
代字中侄孫[illegible]鳳

9-6-16-5　清光緒七年二月楊聲鳳立賣荒山契

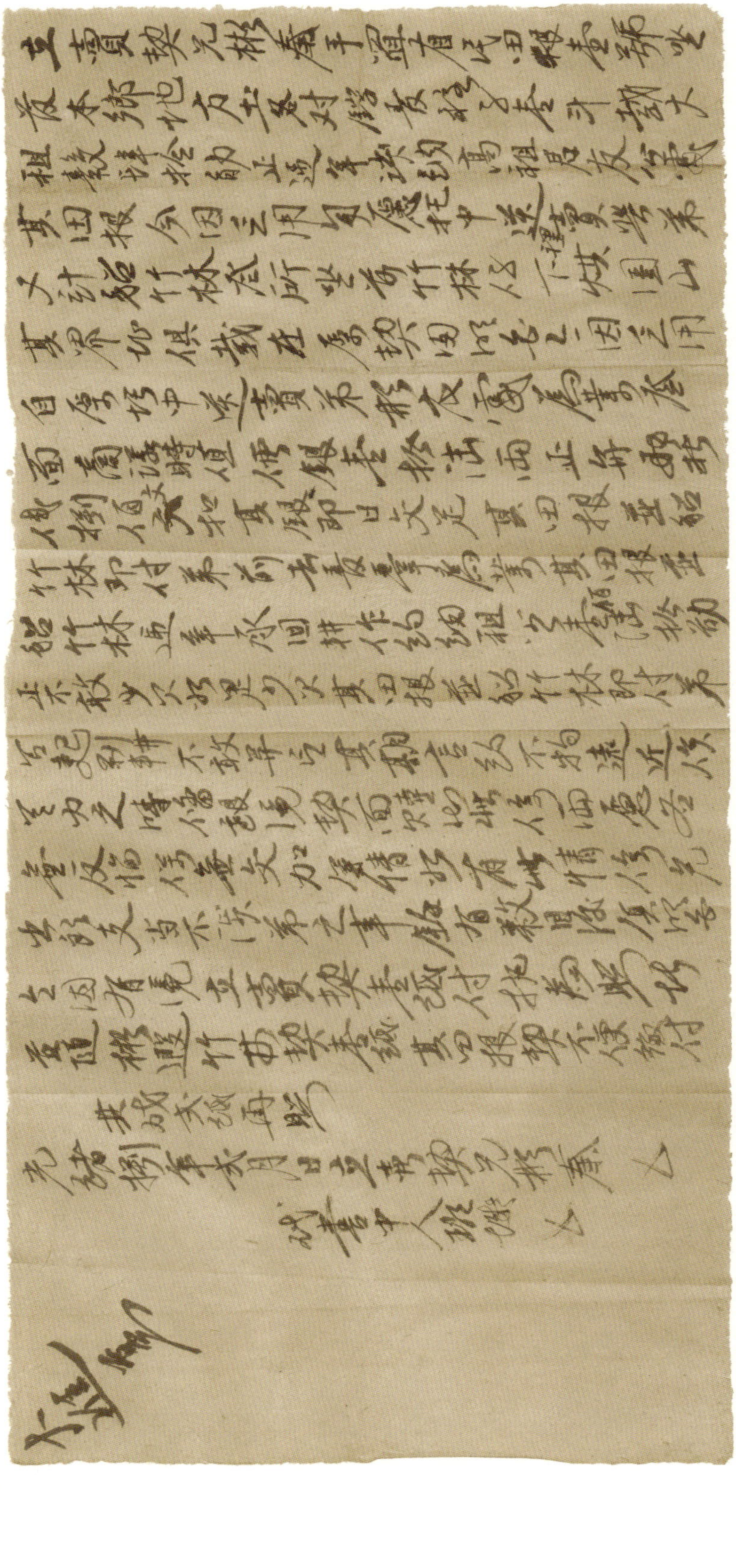

9-6-16-6　清光緒八年二月楊彬泰立賣民田根契

立尽契弟彬遐，前年手出賣
猫母林三所，坐落本鄉地方
土名竹林仔、大壟頭，坐落園山
大壟頭坐落程烘，共為界。今因
無錢應用，自愿托中就在兄
彬參處，今出價錢貳仟伍佰文正。
其錢即日交足，其竹林三處即
付兄仍舊管業為業，浸任
听從其便，但係無加，不明如有
此情，係弟支當，不涉兄之事。
其弟有力之時，照元原尽契書起
取，彼此兩廂各無反悔，恐口
無憑，立尽契書壹紙付執為照者。

光緒拾捌年拾月　日立尽契弟彬遐（押）

代字姪班[illegible]（押）

9-6-16-7　清光緒十八年十月楊彬遐立盡猫竹林契

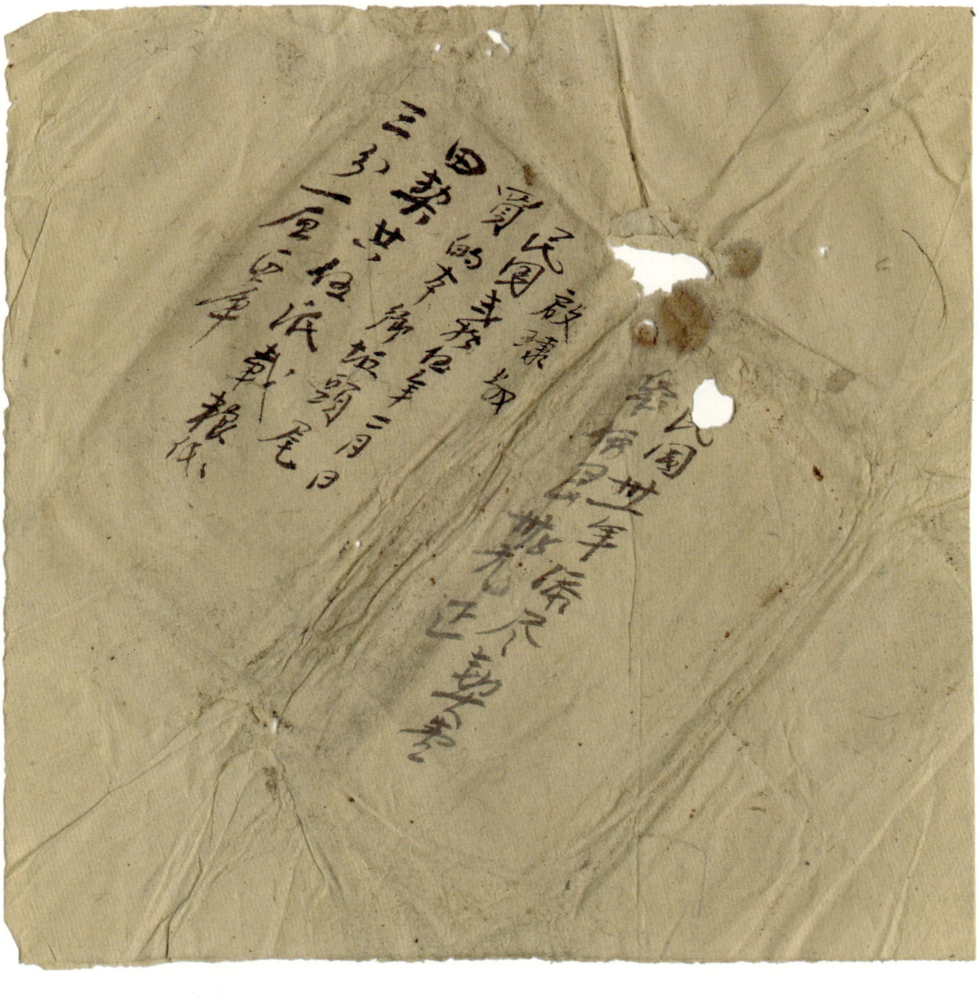

9-6-17-1　包契紙

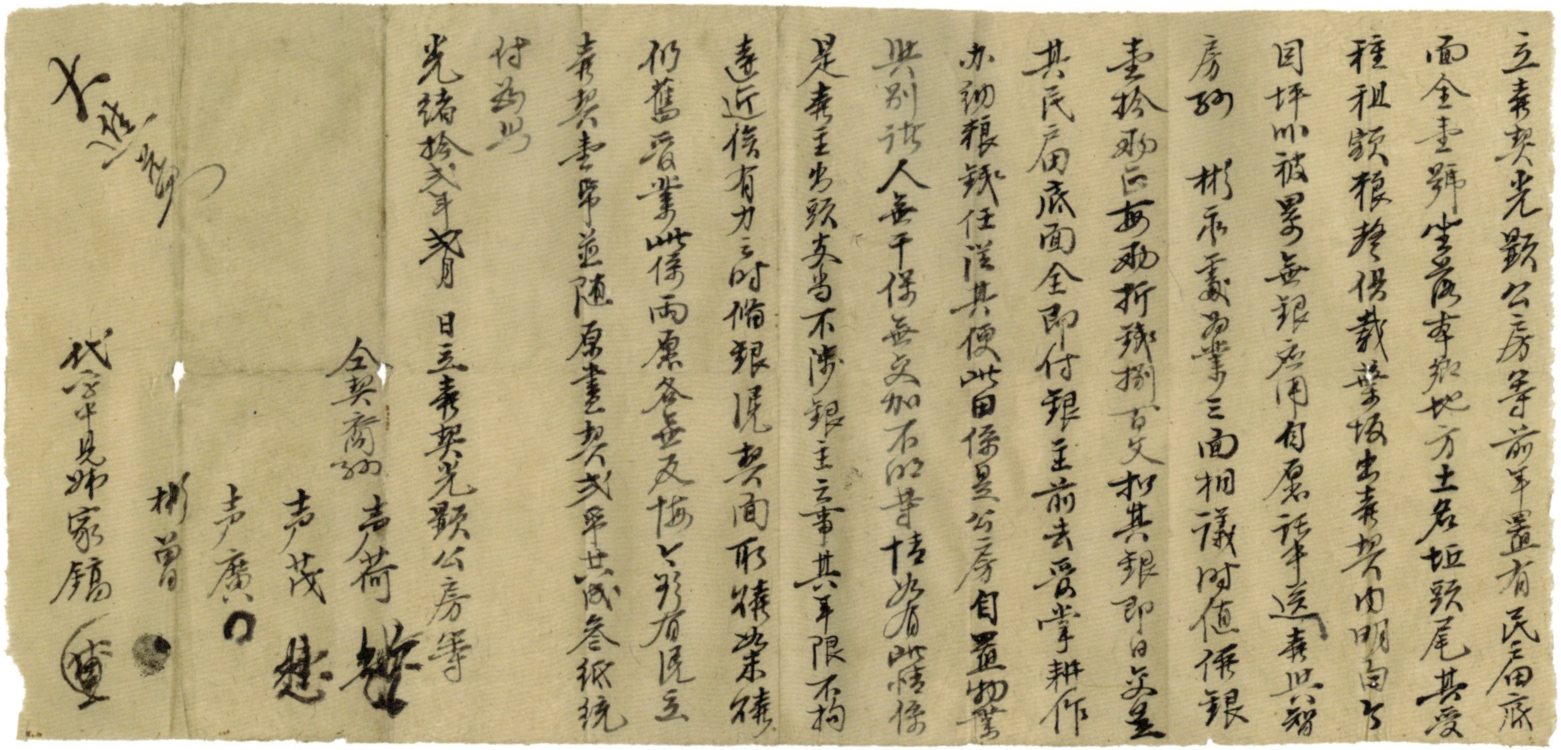
立賣契人光顯公房等，前年置有民户田底
面全壹號，坐落本鄉地方，土名坵頭尾，其受
種租穀粮并俱載號，今立賣契內明白，今
因坪小被墨，無銀應用，自愿託中送賣與楊
房御 彬承買為業，三面相議時值價銀
壹拾兩正無兩折錢捌百文，其銀即日交足，
其民户田底面全，即付銀主前去管掌耕作，
亦納粮錢，任從其便。此田係是公房自置物業，
與別房人無干，保無交加不明等情，如有此情，係
是賣主出頭支當，不涉銀主之事。其年限不拘
遠近，係有力之時備銀照契面取贖，如未贖，
仍舊管業。此係兩愿，各無反悔，今欲有憑，立
賣契壹帋，並隨原壹契式帋，共成叁紙，統
付為照。
光緒拾貳年二月　日立賣契人光顯公房等
全契房叔　声荷
　　　　　声茂
　　　　　声廣
　　　　　彬曾
代字中見弟家鎬
大進光明

9-6-17-2　清光緒十二年二月楊光顯公房等立賣底面全民户田契

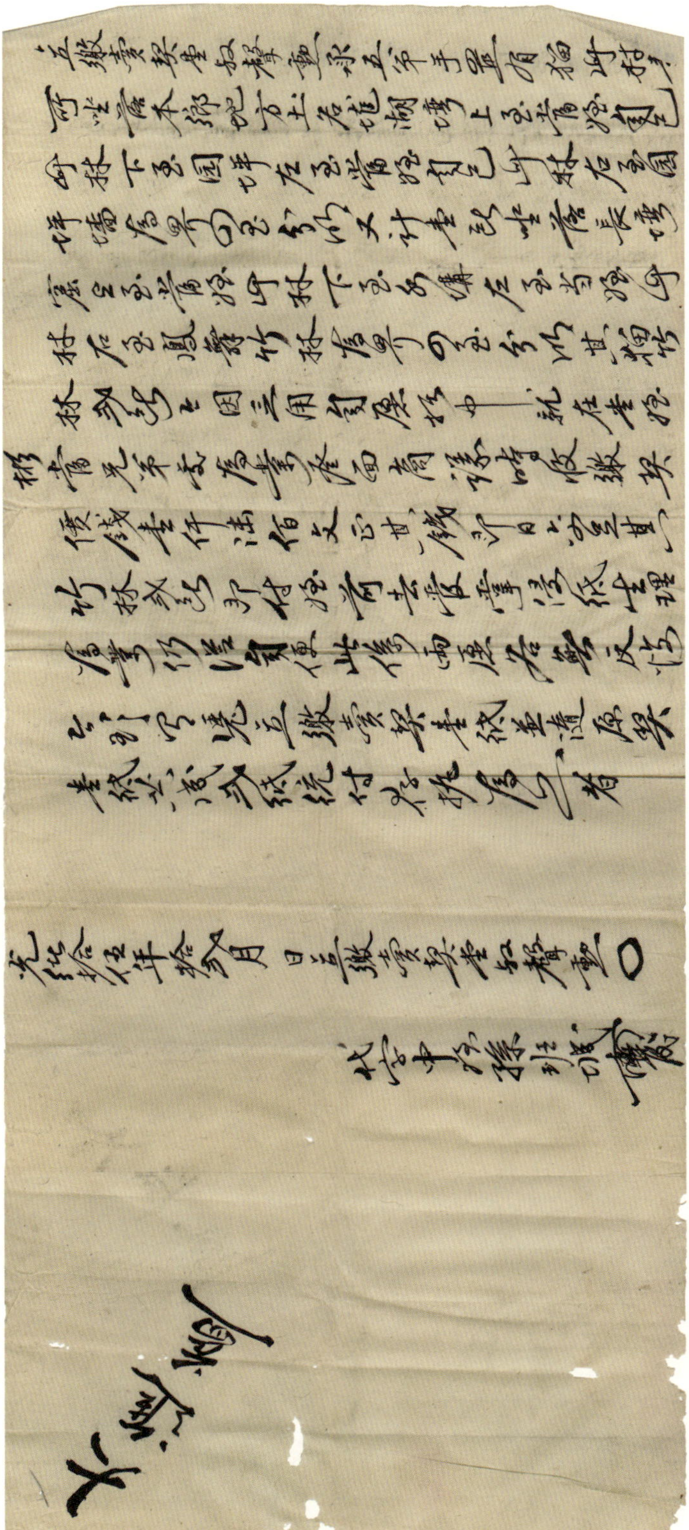

立繳賣契叔聲勳承五弟手置有猫竹林壹
所坐落本鄉地方土名塘湖壠上至當路自己
竹林下至園坪左至當路自己竹林右至園
坪墻為界四至分明又計壹段坐落長壠
窯口至當路竹林下至石墻左至當路竹
林右至鳳舞竹林為界四至分明其猫竹
林貳段己因乏用自愿托中一就在叔姪
彬嵩兄弟處為業當面言議時價繳契
價錢壹仟陸佰文正其錢即日一色足其
竹林貳段即付姪前去管掌修理
為業仍從自便此係兩愿各無反悔
今欲有憑立繳賣契壹紙並繳原契
壹紙共貳紙統付存執為照者

光緒拾伍年拾貳月　日立繳賣契叔聲勳〇
代字中孫班城（押）

[illegible]

9-6-17-3　清光緒十五年十二月楊聲勳立繳賣猫竹林契

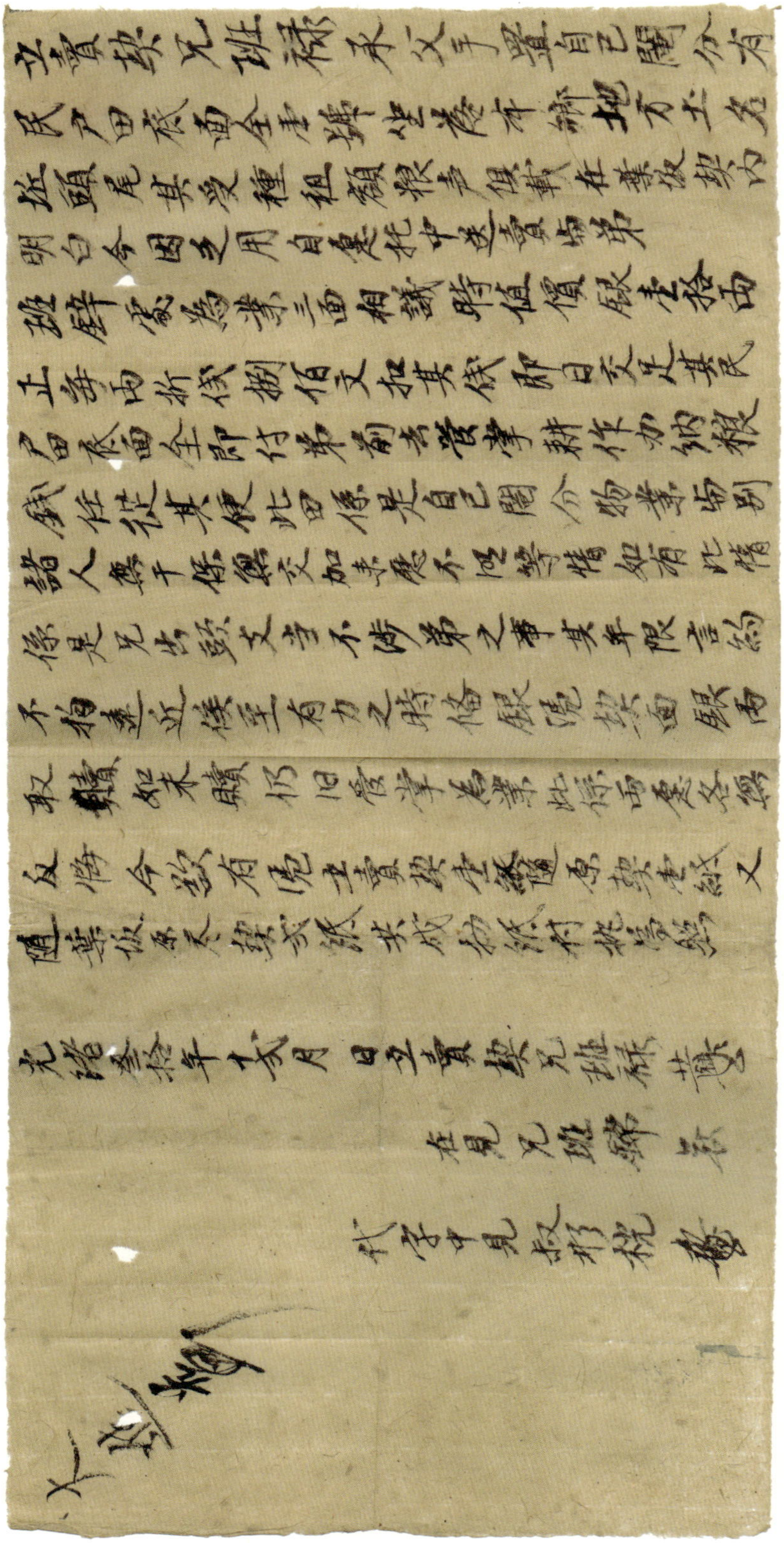

立賣契兄班祿承父手置自己闔分有
民户田底面全主坐落本甲地方土名
坵頭尾其受種粗額粮壹户但載在舊契内
明白今因乏用自愿托中送賣與弟
班肆家為業三面相議時值價銀壹拾両
正每両折錢捌佰文加其錢即日交足其民
户田底面全即付弟前去管掌耕作办納粮
錢任從其便此田係是自己闔分物業与别
諸人無干係與交加未賣不明等情如有此情
係是兄出頭支当不涉弟之事其年限言約
不拘遠近遞至有力之時備銀照契面銀両
取贖如未贖仍旧管掌為業此係兩意甘愿
反悔今欲有憑立賣契並繳連原契壹紙又
[illegible]

光緒叁拾年十弍月 日立賣契兄班祿 押
在見兄班肆 押
代字中見叔 [illegible] 押

9-6-17-4 清光緒三十年十二月楊班祿立賣底面全民户田契

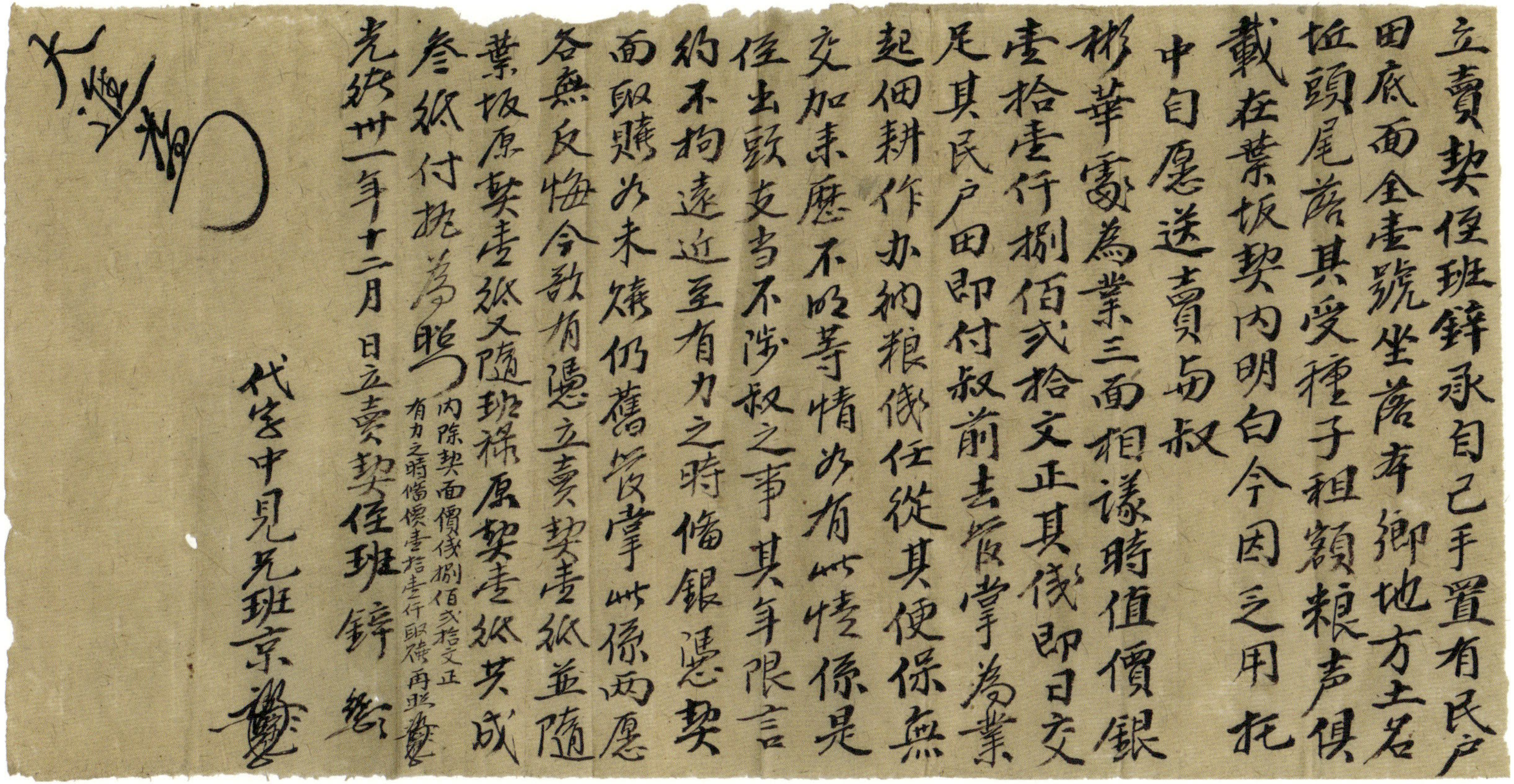

立賣契侄班鉡承自己手置有民户
田底面全壹號坐落本鄉地方土名
垃頭尾落其受種子租額粮声俱
載在業坂契内明白今因乏用托
中自愿送賣与叔
彬華處為業三面相議時值價銀
壹拾壹仟捌佰弍拾文正其銭即日交
足其民户田即付叔前去管掌為業
起佃耕作办納粮銭任從其便保無
交加未歷不明等情如有此情係是
侄出頭支当不涉叔之事其年限言
約不拘遠近至有力之時備銀憑契
面取贖如未贖仍舊管掌此係兩愿
各無反悔今欲有憑立賣契壹紙並隨
業坂原契壹紙又隨班祿原契壹紙共成
叁紙付執為照（内除契面價銭捌佰弍拾文正　有力之時備價壹拾壹仟取贖再照）
光緒卅一年十二月　日立賣契侄班鉡
代字中見兄班京

9-6-17-5　清光緒三十一年十二月楊班鉡立賣底面全民户田契

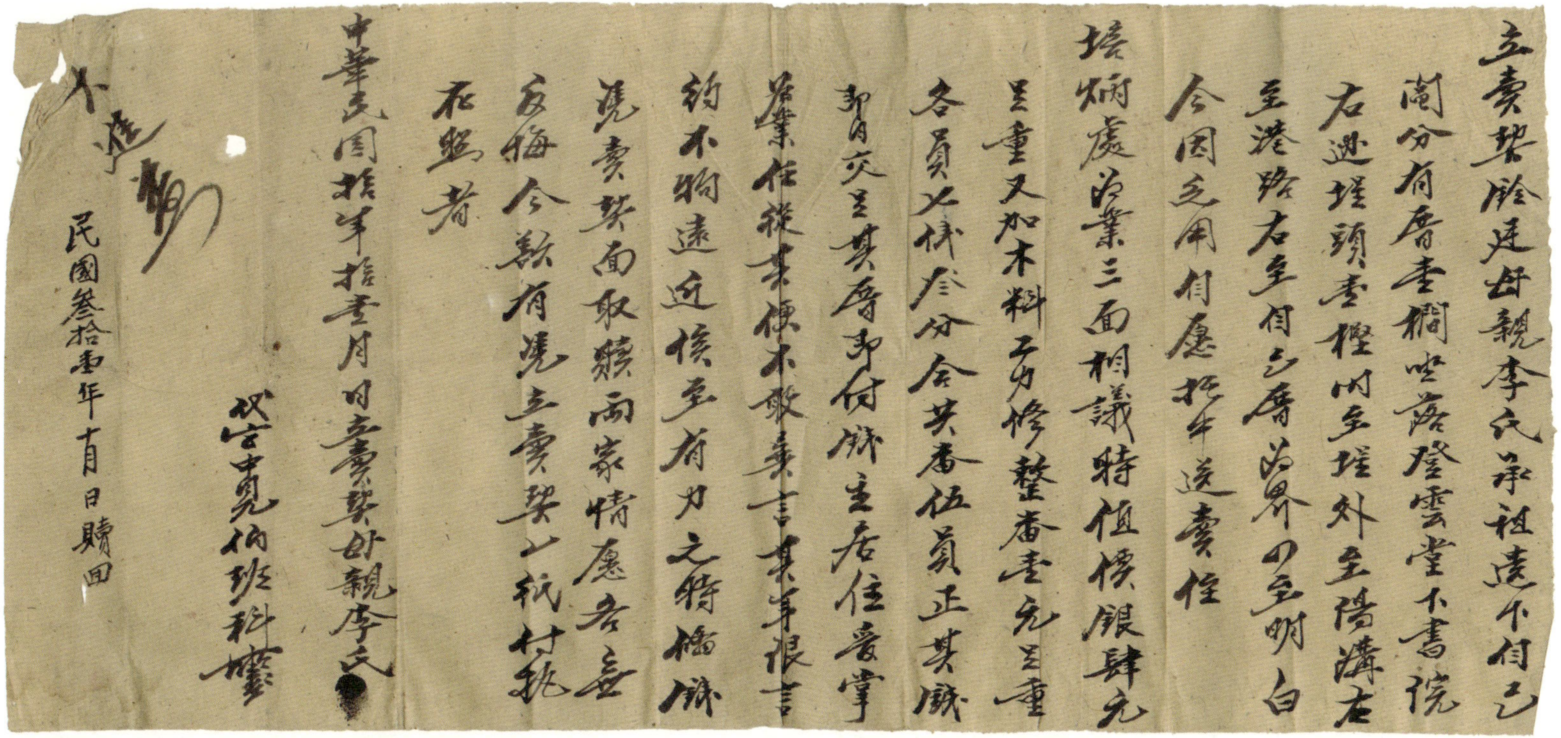
立賣契銓廷母親李氏承祖遺下付己
闔分有厝壹棡坐落登雲堂下書院
右邊埕頭壹棡內至埕外至陽溝左
至巷路右至自己厝爲界四至明白
今因乏用自愿托中送賣任
墻炳處爲業三面相議特值價銀肆元
足重又加木料工力修整番壹元足重
各員七伏叁分合共番伍員正其厭
即日交足其厝即付與主居住管掌
居業任從其便不敢異言其年限言
約不拘遠近俟至有力之時備厭
照賣契面取贖兩家情愿各無
反悔今欲有憑立賣契一紙付執
存照者
中華民國拾年拾壹月　日立賣契母親李氏
代字中見伯班科
民國叁拾壹年　月　日贖回
大進

9-6-17-6　民國十年十一月楊銓廷母親李氏立賣厝契

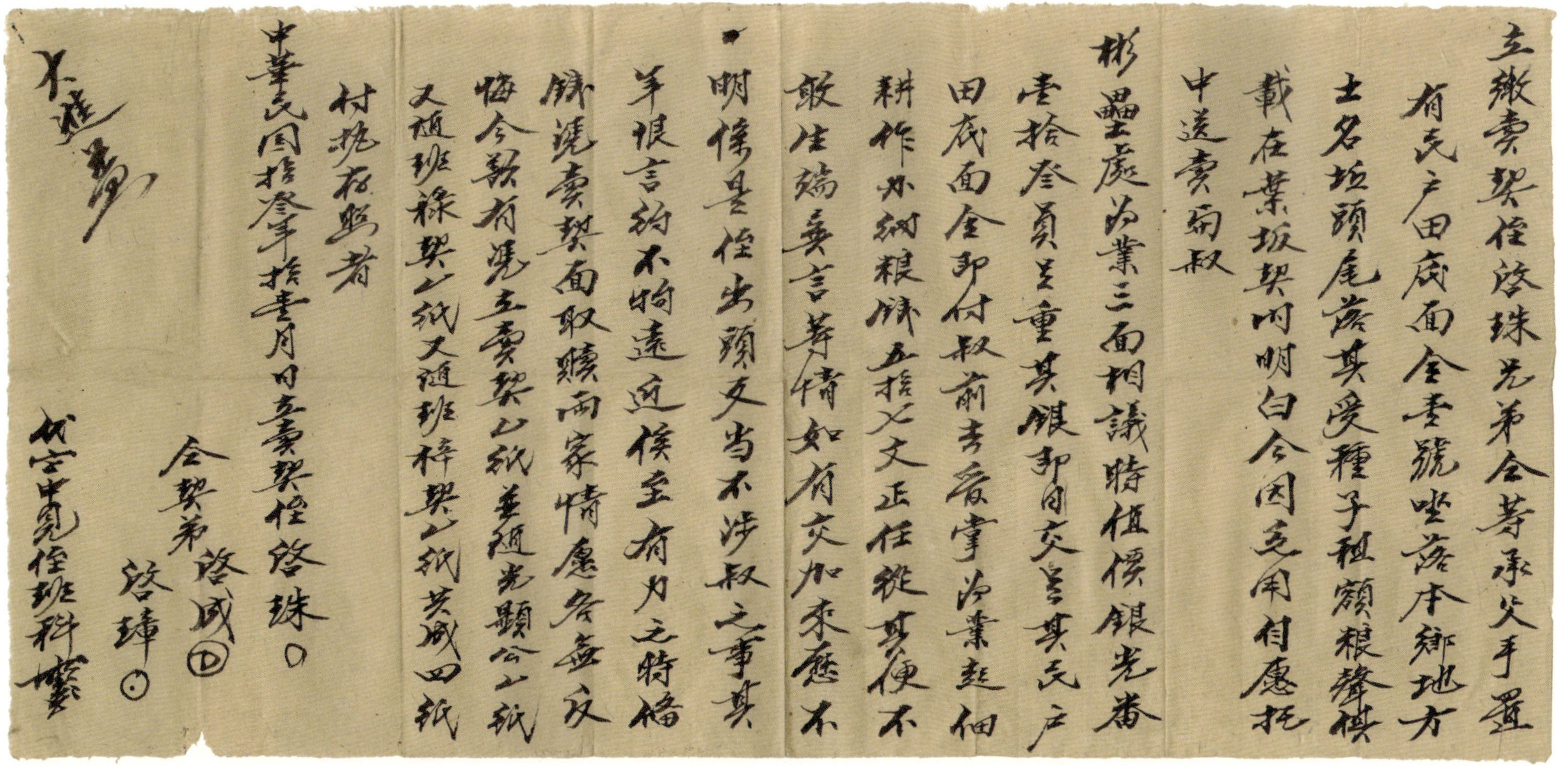

立缴賣契侄啓珠兄弟全等承父手置
有民户田底面全壹號坐落本鄉地方
土名垣頭尾崙其受種子租額糧聲撥
載在業坂契內明白今因乏用自愿托
中送賣與叔
彬疊處爲業三面相議時值價銀光番
壹拾叁員足重其銀即日交足其民户
田底面全即付叔前去管爲業起佃
耕作收納糧錢五拾文正任從其便不
敢生端異言等情如有交加來歷不
明係是侄出頭支當不涉叔之事其
田根言約不拘遠近侯至有力之時備
錢照賣契面取贖兩家情愿各無反
悔今欲有憑立賣契山紙並繳光顯公山紙
又繳班祿契山紙又繳班梓契山紙共繳四紙
付執存照者
中華民國拾叁年拾壹月日立賣契侄啓珠〇
全契弟啓咸（押）
啓瑋⊙
代字中見侄班科（押）
不找盡契

9-6-17-7　民國十三年十一月楊啓珠等立缴賣底面全民户田契

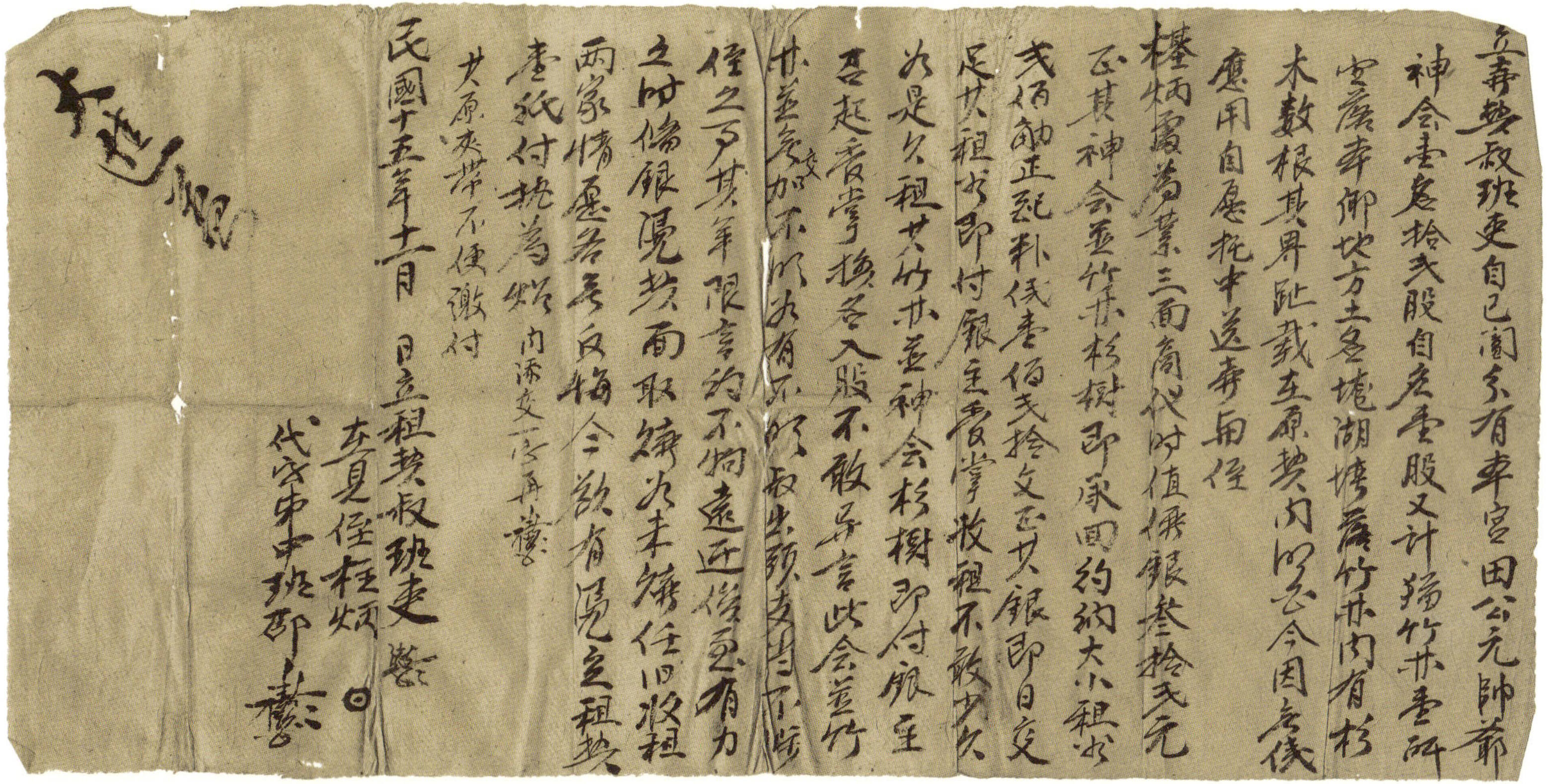

立賣契叔班吏自己閹分有本宮田公元帥爺
神會壹名拾弍股自應壹股又計播竹林壹所
坐落本御坑方土名塘湖塆蔴竹林內有杉
木數根其界趾載在原契內明白今因乏俵
應用自愿托中送賣與侄
樓炳處為業三面言議時值價銀叁拾弍元
正其神會並竹林杉樹即承四約納大小租谷
弍佰觔正租秤錢壹佰弍拾文正其銀即日交
足其租谷即付銀主管掌收租不敢少欠
如是欠租其竹林並神會杉樹即付銀主
出起管掌換名入股不敢異言此會並竹
林並無加找不洗如有不明叔出頭支當不干
侄之事其年限言約不拘遠近備足有力
之時備銀還契而取倘或未備任旧收租
兩家情愿各無反悔今欲有憑立租契
壹紙付執為照 內添文一字再照
其原來帶不便繳付
民國十五年十一月 日立租契叔班吏 押
在見侄桂炳
代字中班郎 押

9-6-17-8　民國十五年十一月楊班吏立賣田公元帥爺神會股等契

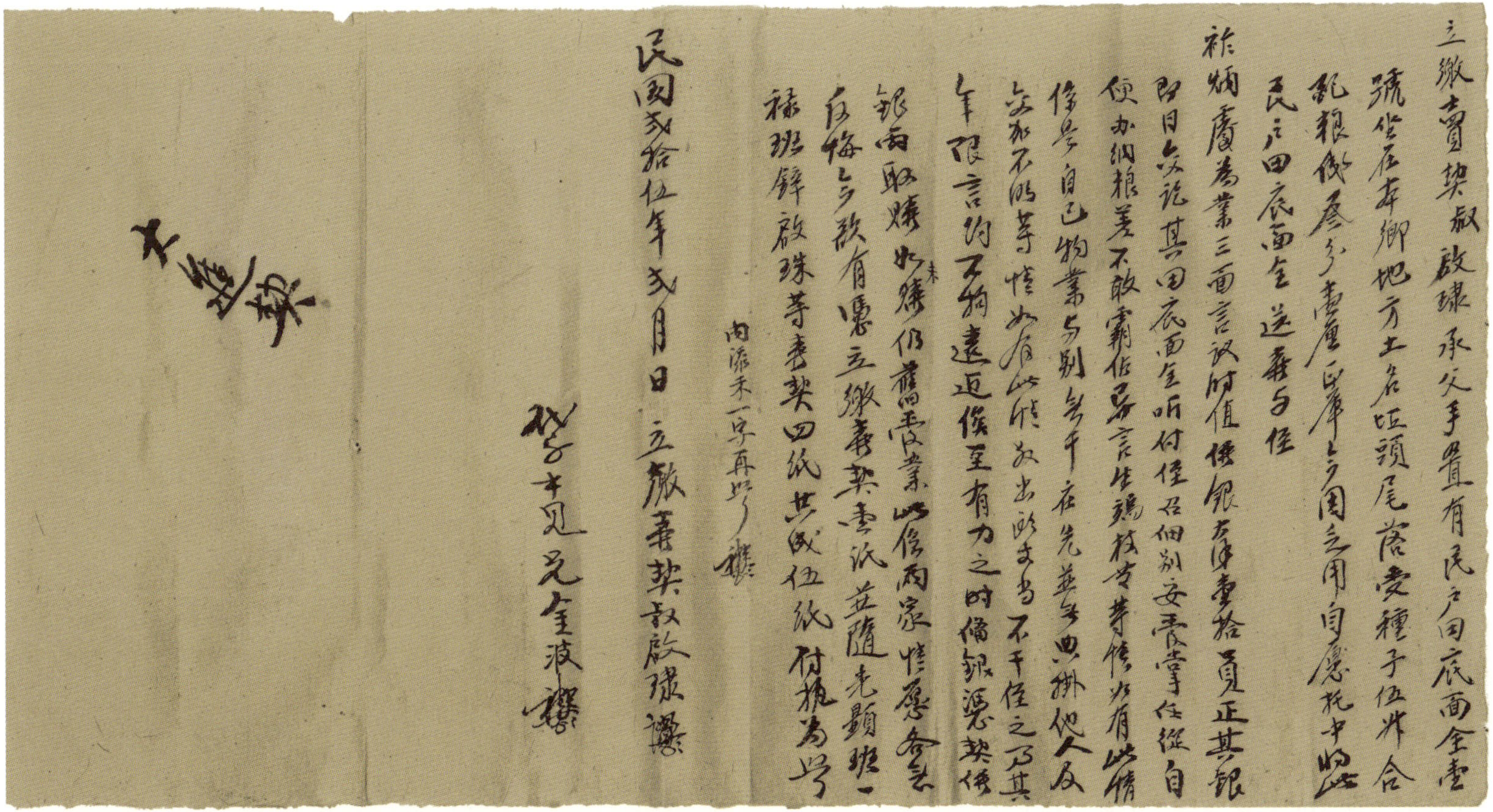

立繳賣契叔啟球承父手置有民户田底面全壹
號坐在本鄉地方土名坵頭尾落受種子伍升合
記糧錢叁分壹厘正庫今因乏用自愿托中將
民户田底面全送奉与侄
衿炳處為業三面言議時值價銀大洋壹拾員正其銀
即日交訖其田底面全听付侄召佃別安耕管任從自
便办納粮差不敢霸佔異言生端枝节等情如有此情
係是自己物業与別人無干在先並無典掛他人及
交加不明等情如有此情叔出頭支当不干侄之事其
年限言約不拘遠近俟至有力之時備銀照契價
銀兩取贖如未贖仍舊管業此係兩家情愿各無
反悔今欲有憑立繳賣契壹紙並隨老額號一
祿班錢啟珠等賣契四紙共成伍紙付執為照

内添未一字再照

民國貳拾伍年貳月　日　立繳賣契叔啟球

在見兄全波

大業契

9-6-17-9　民國二十五年二月楊啓球立繳賣底面全民户田契

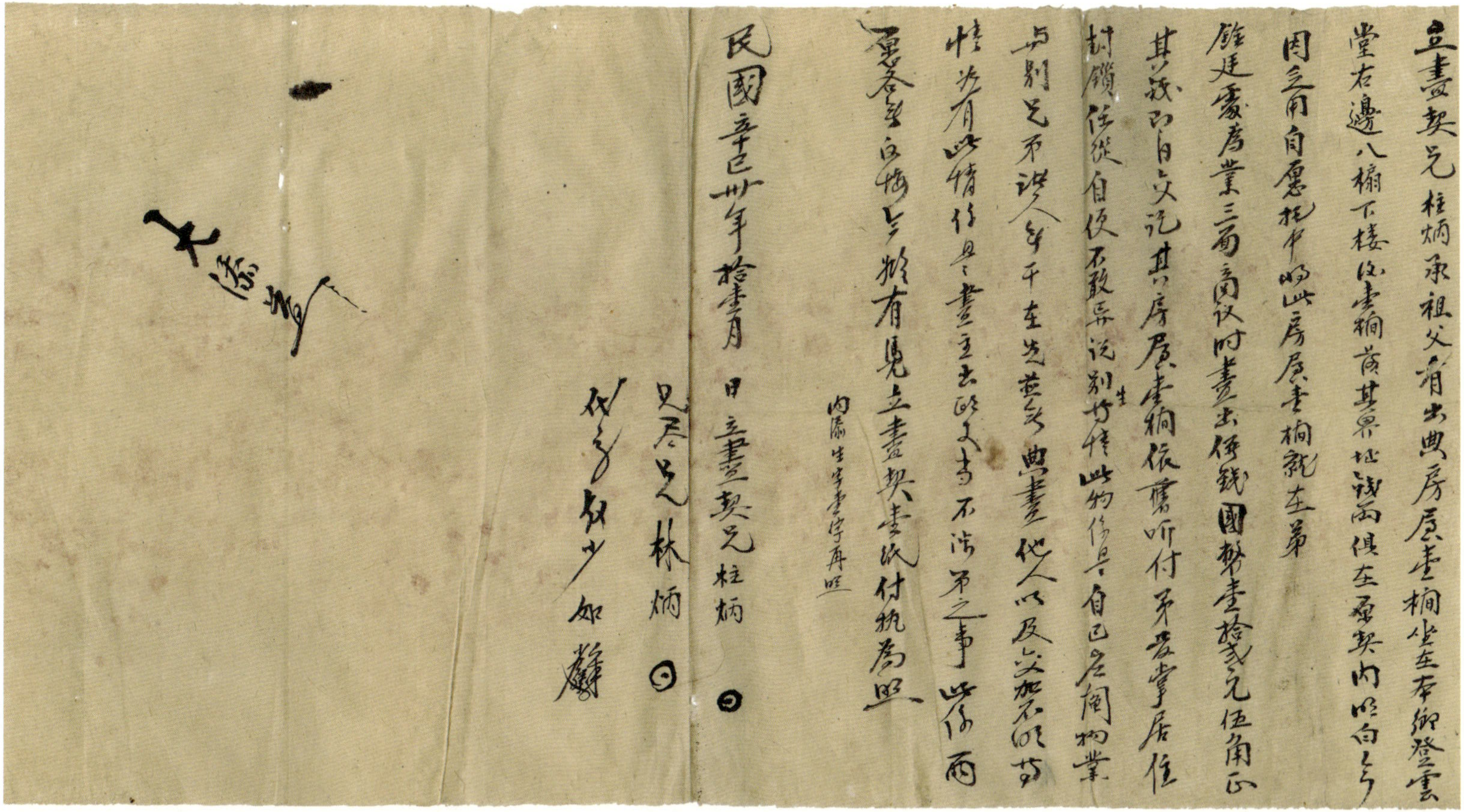
立盡契兄柱炳承祖父有出典房屋壹榈坐在本鄉登雲
堂右邊八榈下楼仔壹榈前其界址四至俱在原契内明白，今
因乏用自愿托中將此房屋壹榈就在弟
銓廷處盡業，三面商议时盡出價錢國幣壹拾贰元伍角正，
其銭即日交讫，其房屋壹榈依舊听付弟前去掌居住
封鎖，任從自便，不敢異说，别生枝節。此物係是自己房內物業，
与别兄弟叔侄人等干，在先並无典盡他人以及文加不明等
情，如有此情，係是盡主出头支当，不涉弟之事。此係兩
愿，各無反悔，今欲有凭，立盡契壹纸付執為照。
内添生字壹字再照
民國辛巳卅年拾壹月　日立盡契兄　柱炳
見兄　林炳
代筆　叔　少如
大[illegible][illegible]

9-6-17-10　民國三十年十一月楊柱炳立盡房屋契

立盡契叔祖啓球承父手置有民户田底面全壹
號坐落本鄉地方土名垢頭尾墘其受種子秭
額粮声具在本契內明登今因欠用自愿托中
就在侄孫
鐐新處盡出國幣叁拾伍元正其銀即日交足其
田仍旧侄孫耕作為業任從自便不敢异言
生端立理交加不明帝主出来支当不敢銀主
之事其年限言約不拘遠近至有力之時備銀
照盡契面壹起取贖此係兩愿各無反悔今欲
有憑立盡契壹紙付執為照

中華民國三十一年五月　日　立盡契叔祖啓球（押）
在見中保萬（押）
自己執筆（押）

[illegible]

9-6-17-11　民國三十一年五月楊啓球立盡底面全民户田契

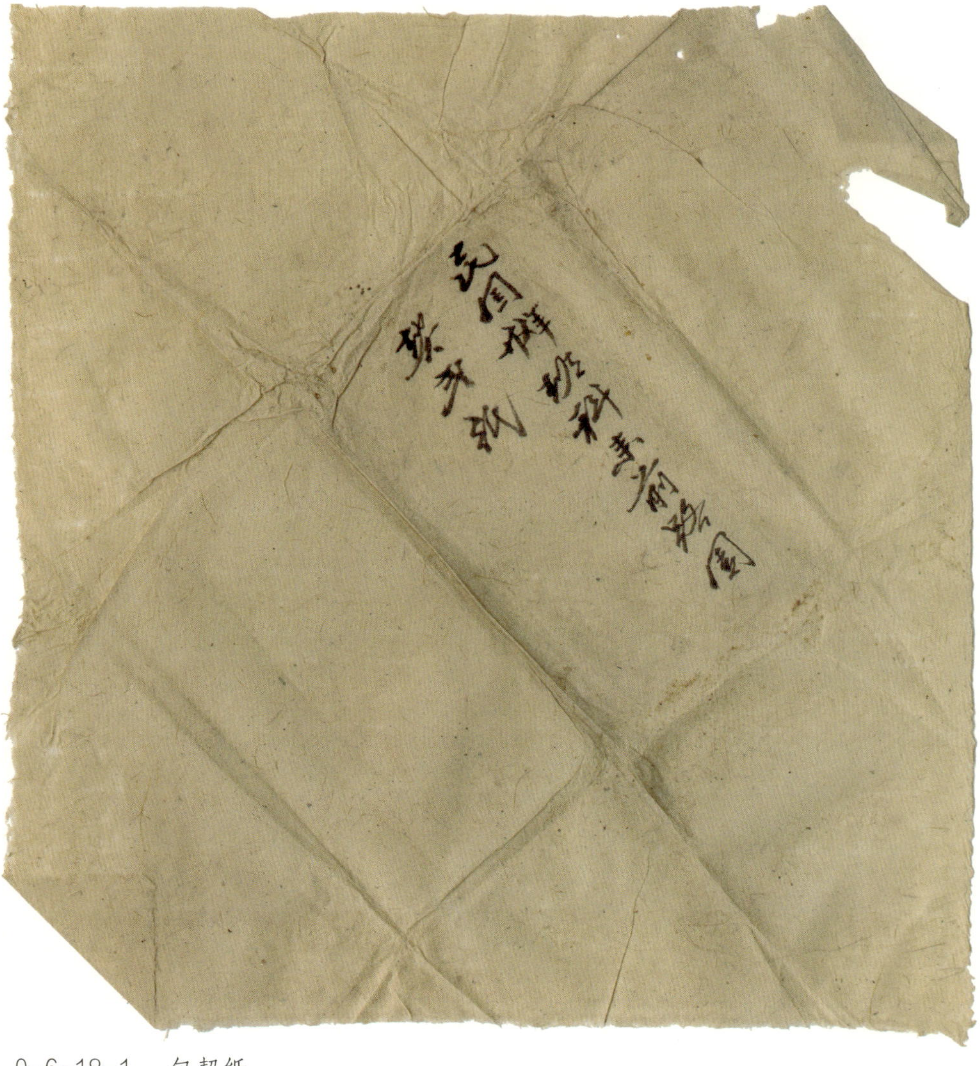

9-6-18-1　包契紙

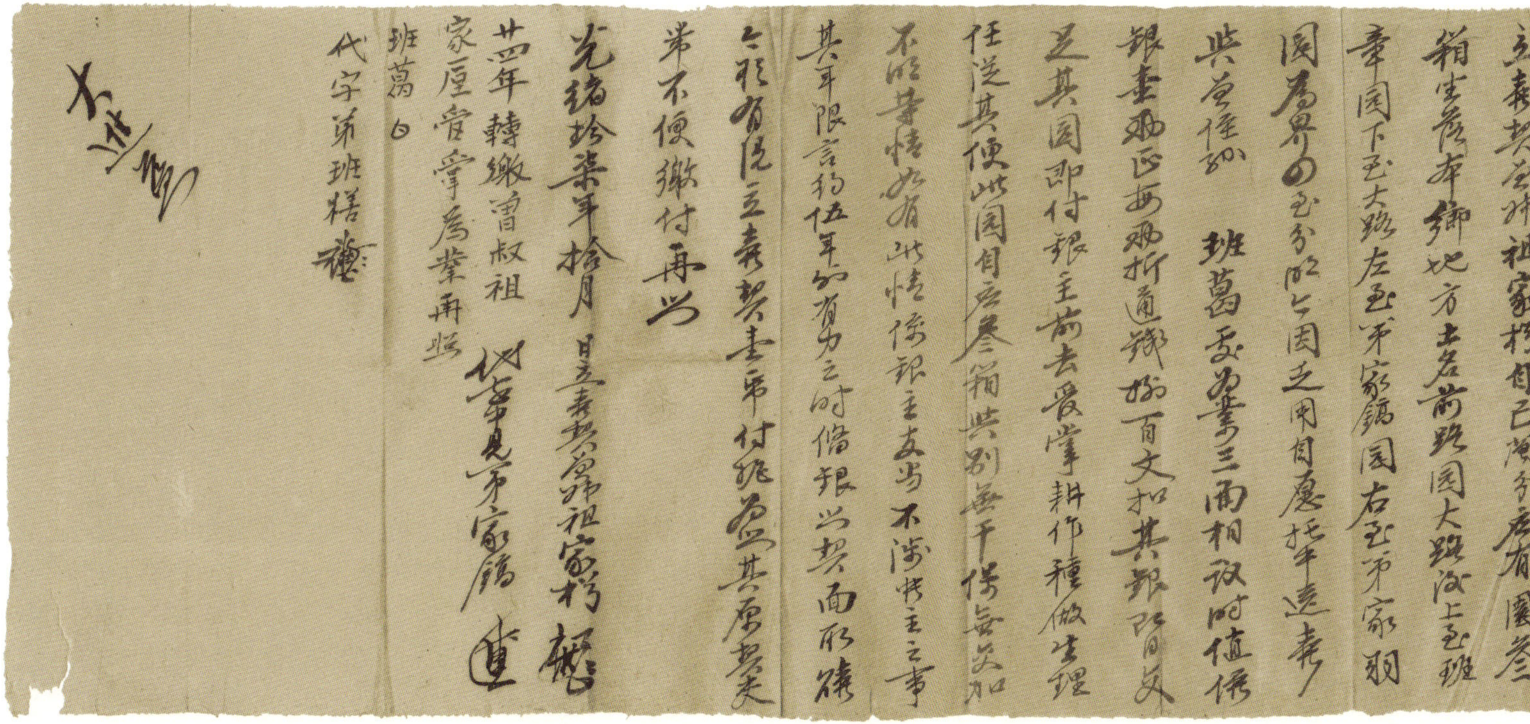

立賣契人侄孫祖家樽有自己鬮分應有園叁
箱坐落本鄉地方土名尚路園大路後上至班
章園下至大路左至弟家鎬園右至弟家朋
園爲界四至分明今因乏用自愿托中送賣
與房侄孫　班萬官爲業三面相議時值價
銀壹兩正每兩折通錢拾百文扣其銀即日交
足其園即付銀主前去掌管耕作種做生理
任從其便此園自應叁箱與別無干係無交加
不明等情如有此情係銀主支當不涉賣主之事
其年限言約伍年如有力之时備銀照契面取贖
今欲有憑立賣契壹紙付執為照其房契未
帶不便繳付再照
光緒拾柒年拾月　日立賣契人侄孫祖家樽（押）
廿四年轉繳曾叔祖　在場見弟家鎬（押）
家厘當掌爲業再照
班萬　白
代字弟班樣（押）
大吉

9-6-18-2　清光緒十七年十月楊家樽立賣園契

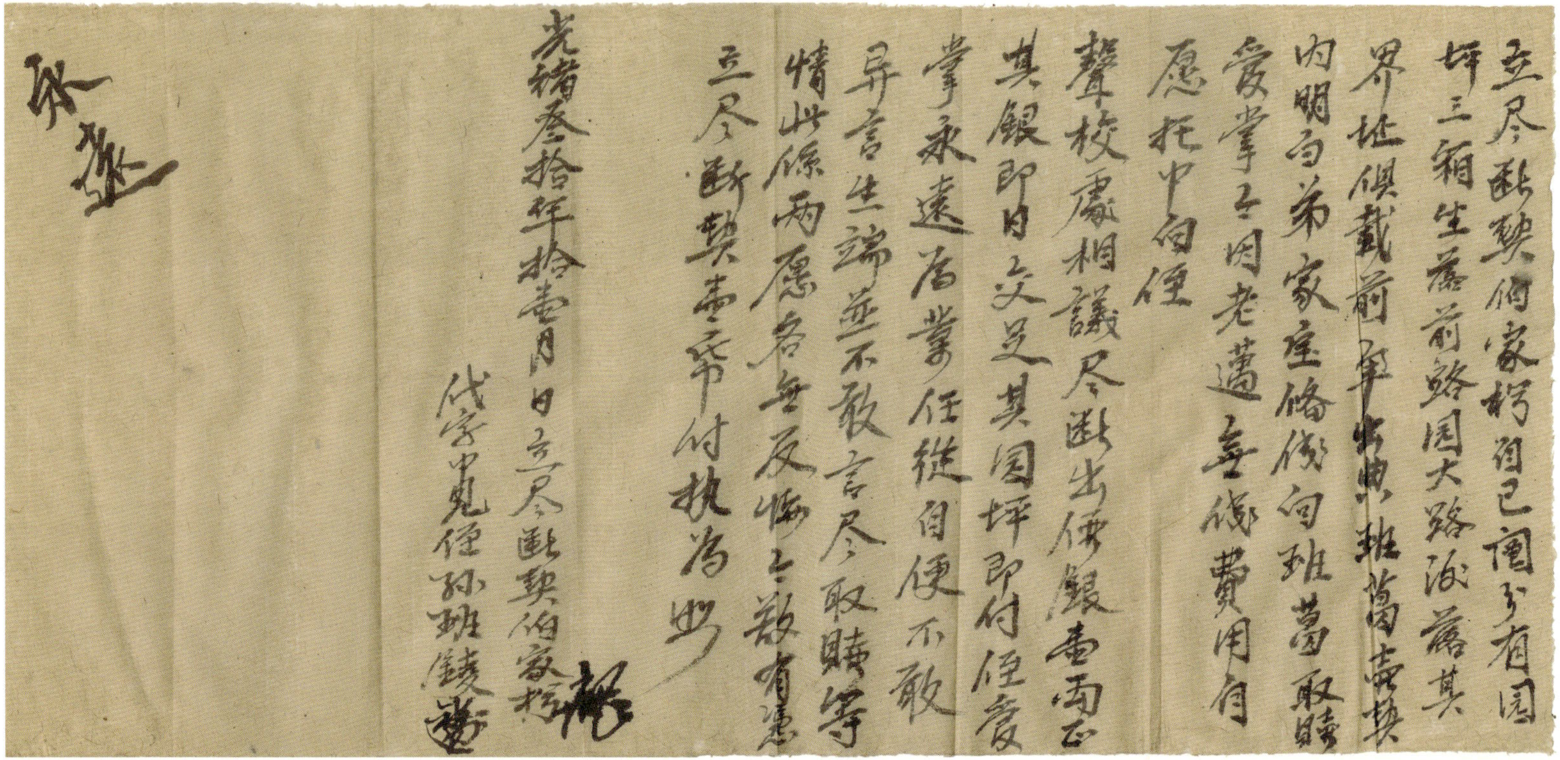
立尽断契楊家樽，自己阄分有园
坪三箱，坐落前路园大路頭，落其
界址俱載前年出典班萬帝契
内明白，弟家座備佛向班萬取贖
管掌。子因老邁，乏錢費用，自
愿托中向侄
聲校處相議，尽断出佛銀壹両正。
其銀即日交足，其园坪即付侄處
掌，永遠爲業，任從自便，不敢
異言生端，並不敢言尽取贖等
情。此係兩愿，各無反悔，今欲有憑，
立尽断契壹帋，付执爲照。

光緒叁拾年拾壹月　日立尽断契楊家樽（押）
代字中見侄孫班錢（押）

承照

9-6-18-3　清光緒三十年十一月楊家樽立盡斷園坪契

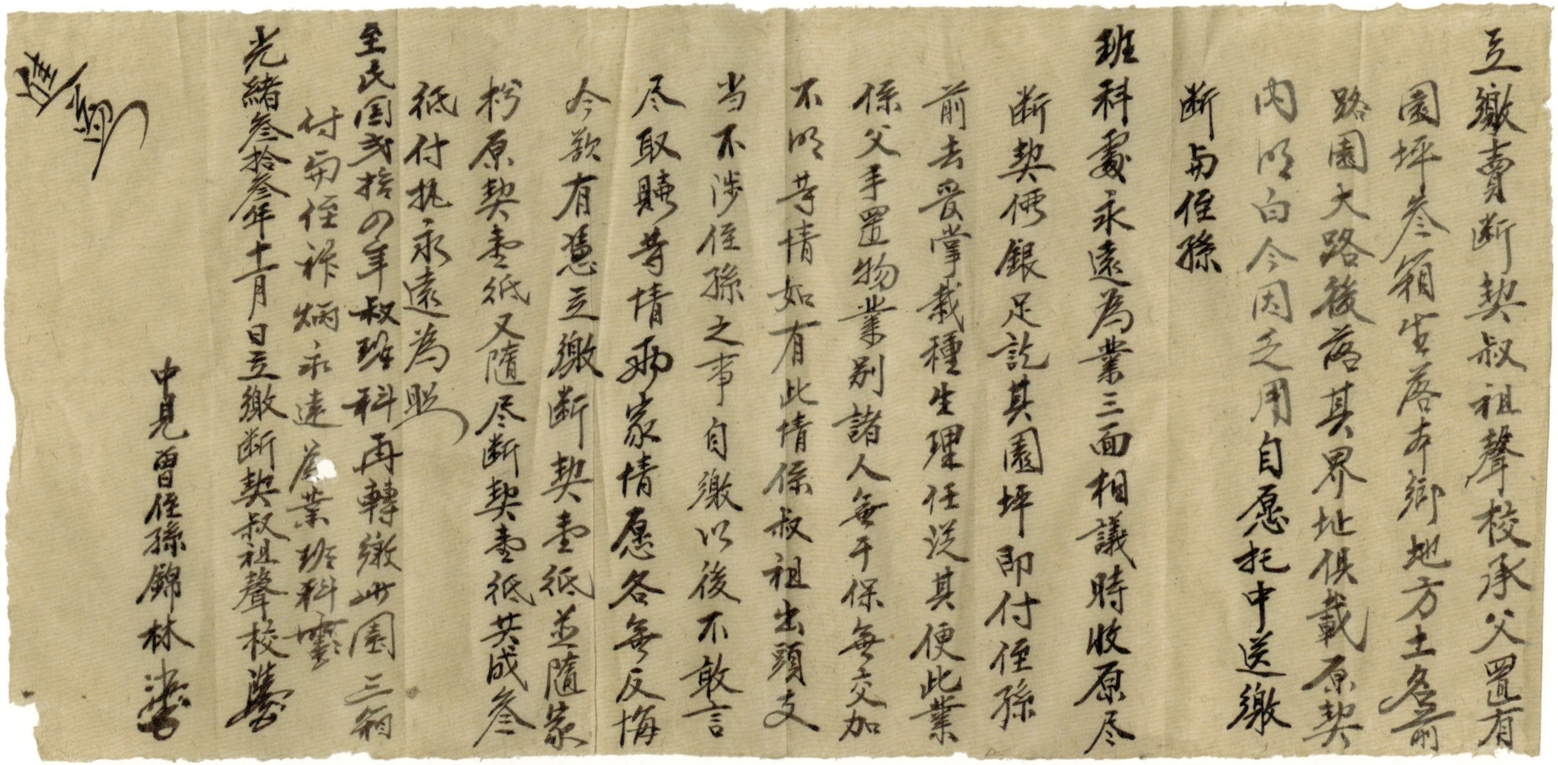
立繳賣斷契叔祖聲校承父置有
園坪叁箱坐落本鄉地方土名前
路園大路後落其界址俱載原契
內明白今因乏用自愿托中送繳
斷与侄孫
班科處永遠為業三面相議時收原尽
斷契價銀足訖其園坪即付侄孫
前去管掌栽種生理任從其便此業
係父手置物業别諸人無干保無交加
不明等情如有此情係叔祖出頭支
当不涉侄孫之事自繳以後不敢言
尽取贖等情兩家情愿各無反悔
今欲有憑立繳斷契壹紙並隨家
抄原契壹紙又隨尽斷契壹紙共成叁
紙付執永遠為照
全此園我於[illegible]年叔班科再轉繳此園三箱
付与侄孫炳永遠管業班科筆
光緒叁拾叁年十一月日立繳斷契叔祖聲校
中見曾侄孫錦林

9-6-18-4　清光緒三十三年十一月楊聲校立繳賣斷園坪契

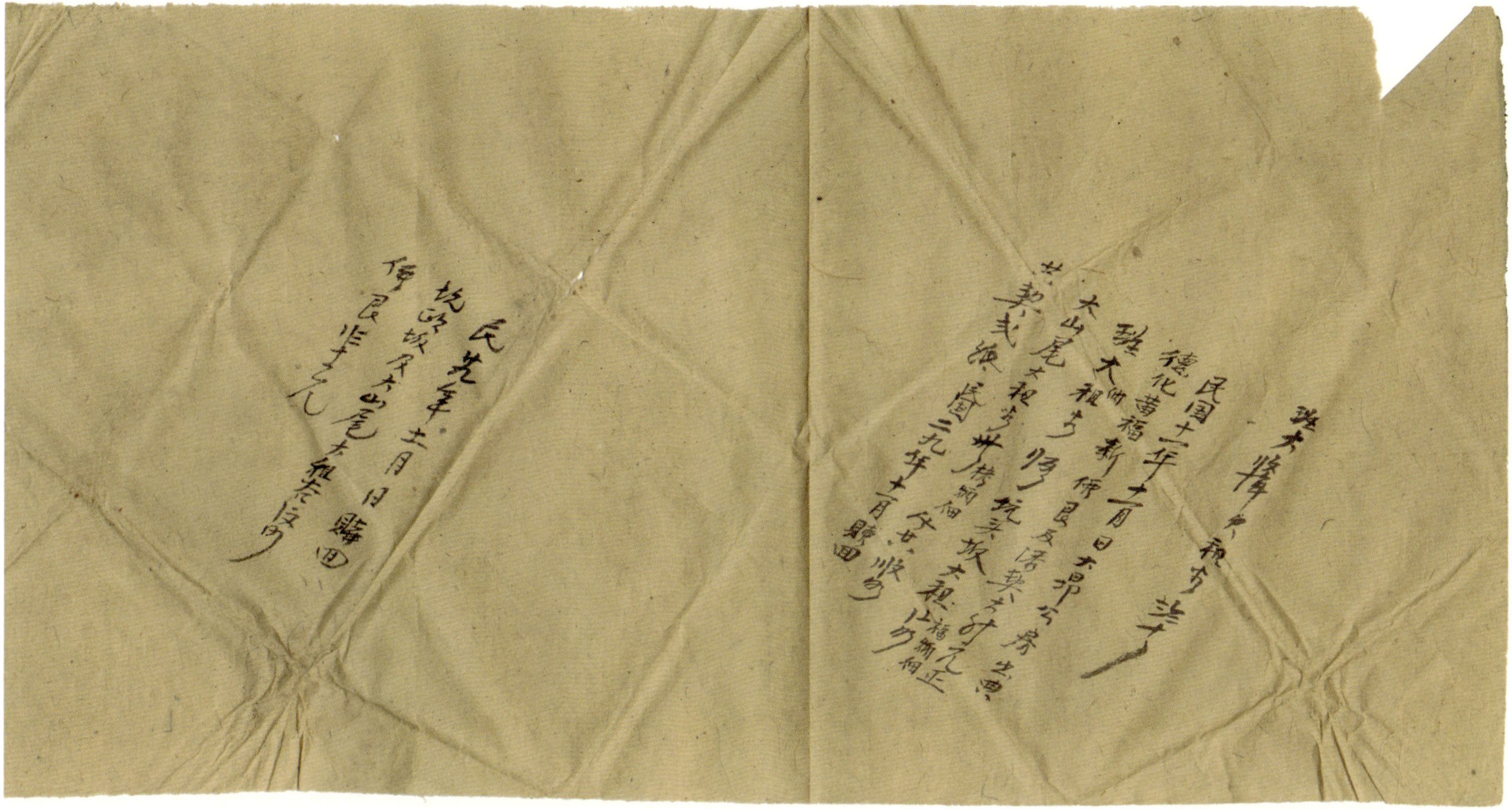

洪大修兄、租字洪十一
民国十一年十二月日大昂公房出典
德化黄福新俤良友活契大付元正
洪大佃租子仍坑头坂大租，江福新佃
大山尾大租子廿捞，田佃仔廿，收的
共契式纸，民国二九年十二月赎回

民卅五年十二月 日赎回
坑头坂及大山尾大租在皮内
俤良作十元

9-6-19-1　包契紙

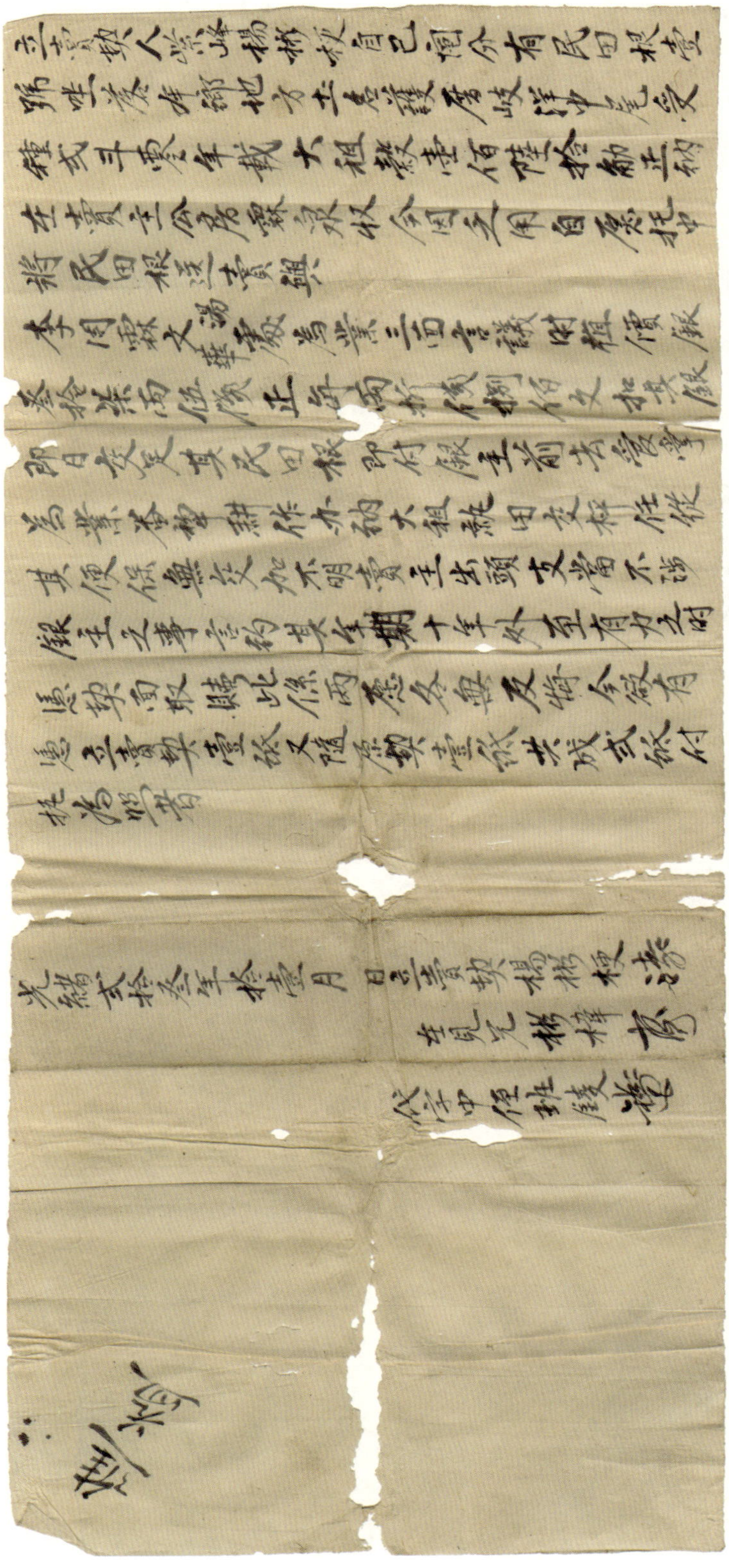

立賣契人嵩峰楊彬梗，自己閹分有民田根壹
號，坐落本都地方土名後磜厝岐洋中，受
種弍斗壹升，年載大租穀壹佰陸拾觔正，納
在[illegible]，今因乏用，自愿托中
將民田根送立賣與
本鄉同郡林文華邊為業，三面言議，時價銀
叁拾柒兩伍錢正。其銀兩即日收訖，明白。其
即日交足，其民田根即付銀主前去管業
為業，聽從耕作，亦納大租穀，田亦任從
其價係是公交，如不明，賣主出頭支當，不涉
銀主之事。言約其田不限年期，十年外至有力之時
原契面取贖，此係兩愿，各無反悔，今欲有
憑，立賣契壹紙，又繳原契壹紙，共弍紙，付
執為照者。

光緒弍拾叁年拾壹月　日　立賣契楊彬梗[illegible]
在見兄楊梓[illegible]
代字中保[illegible]

楊彬

9-6-19-2　清光緒二十三年十一月楊彬梗立賣民田根契

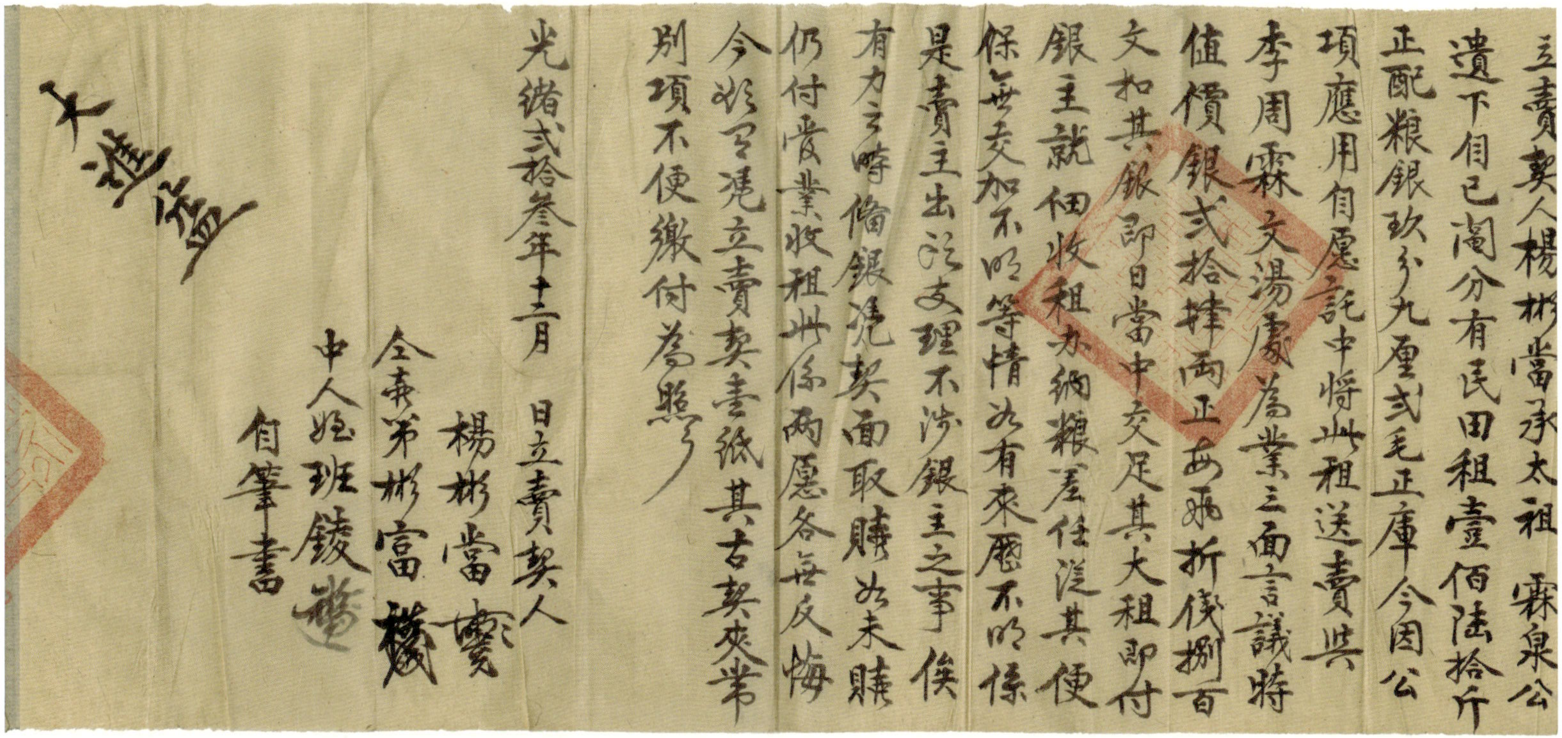
立賣契人楊彬當承太祖　霖泉公
遺下自己閹分有民田租壹佰陸拾斤
正配粮銀玖分九厘弍毛正庫今因公
項應用自愿託中將此租送賣與
李周霖文湯康爲業三面言議時
值價銀弍拾肆兩正每兩折佚捌百
文和其銀即日當中交足其大租即付
銀主就佃收租办納粮差任從其便
保無交加不明等情如有來歷不明係
是賣主出頭支理不涉銀主之事俟
有力之時備銀凴契面取贖如未贖
仍付賣業收租此係兩愿各無反悔
今欲有凴立賣契壹紙其古契夾帶
別項不便繳付爲照。
光緒弍拾叁年十二月　日立賣契人　楊彬當（押）
仝弟彬富（押）
中人姪班鍍（押）
自筆書
大進益

9-6-19-3　清光緒二十三年十二月楊彬當等立賣民田租契（紅契）

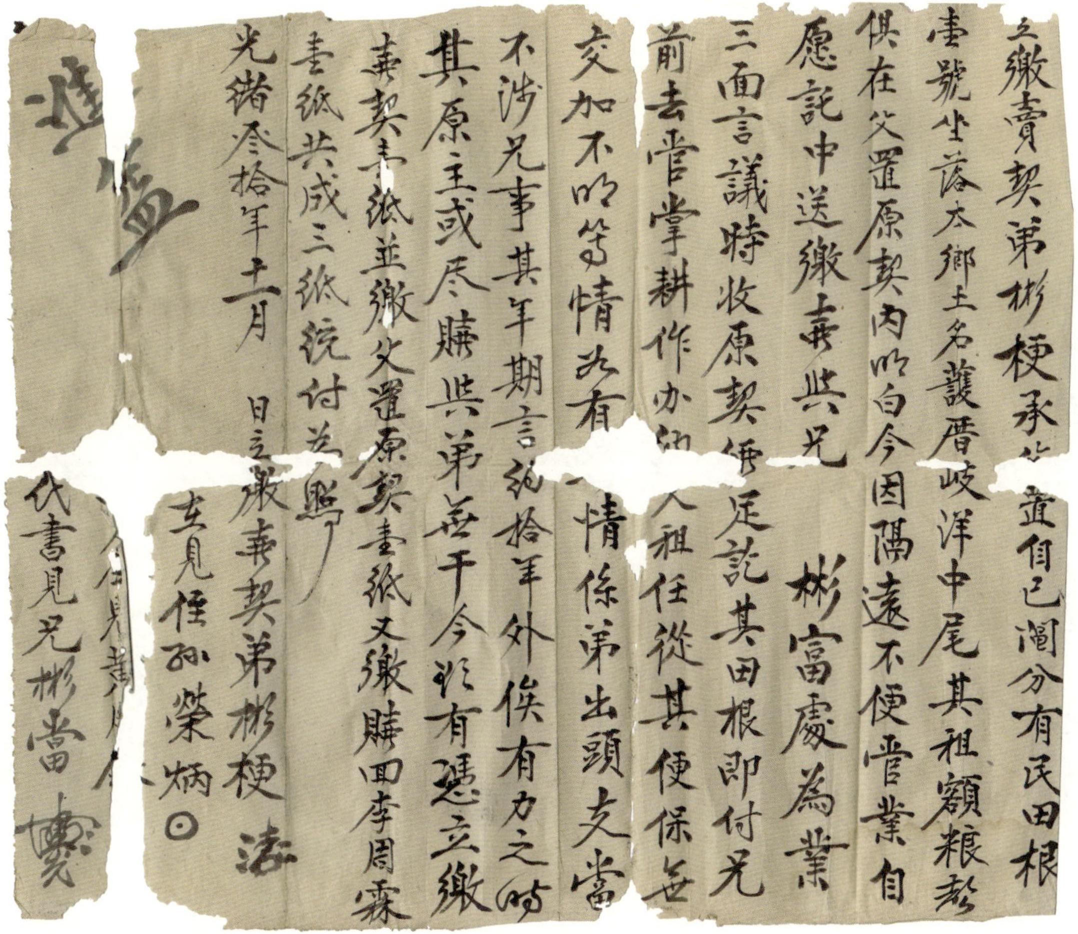

立繳賣契弟彬梗承父置自己鬮分有民田根
壹號坐落本鄉土名護厝岐洋中尾其祖額粮叁
俱在父置原契內明白今因隔遠不便管業自
愿託中送繳賣與兄　彬富處為業
三面言議時收原契價足訖其田根即付兄
前去管掌耕作办納入祖任從其便保無
交加不明等情如有　情係弟出頭支當
不涉兄事其年期言約拾年外俟有力之時
其原主或尽贖與弟無干今欲有憑立繳
賣契壹紙並繳父置原契壹紙又繳贖田李周霖
壹紙共成三紙統付兄照
光緒叁拾年十一月　日立繳賣契弟彬梗（押）
在見侄孙榮炳（押）
代書見兄彬當（押）

9-6-19-4　清光緒三十年十一月楊彬梗立繳賣民田根契

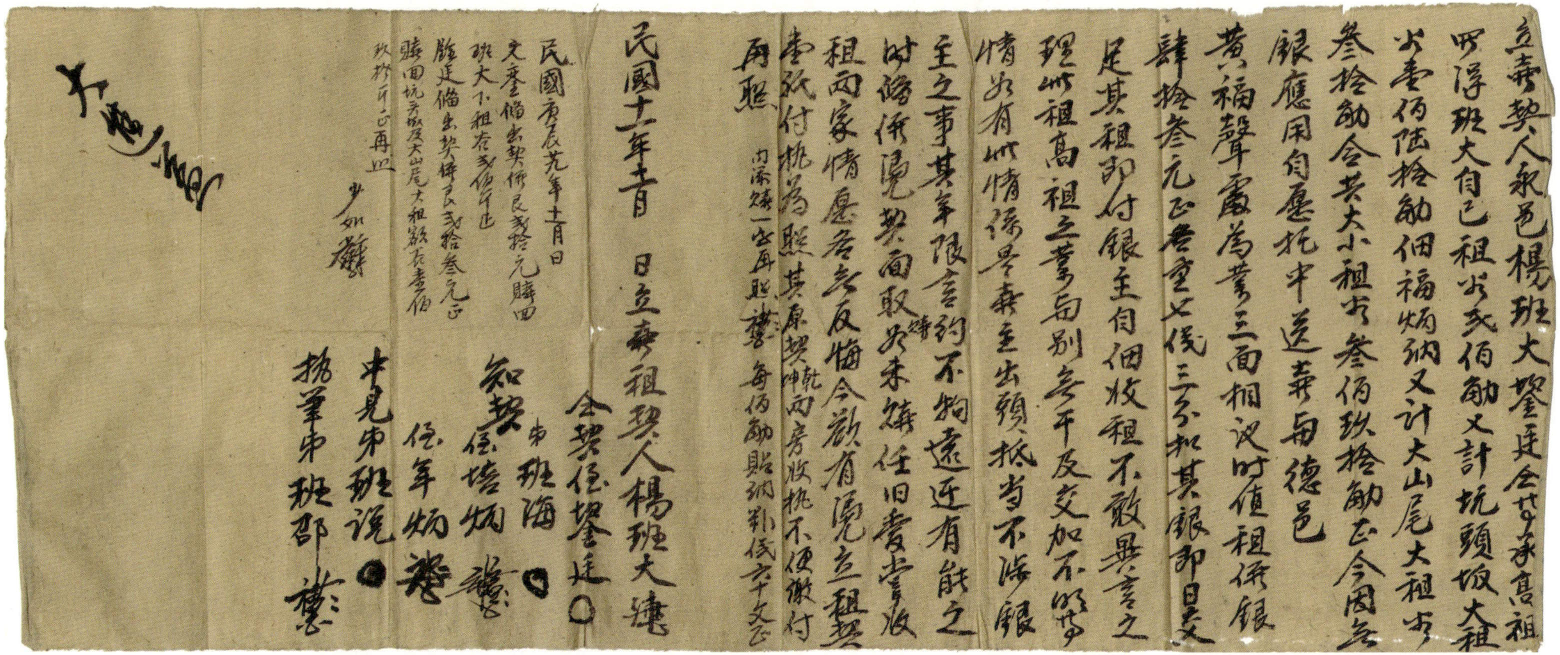

立賣契人永邑楊班大、鑾廷仝侄子承熹，祖
門浮班大自己租谷貳佰觔，又計坑頭坂大租谷
壹佰陸拾觔，佃福炳納，又計大山尾大租谷
叁拾觔，合共大小租谷叁佰玖拾觔正，今因無
銀應用，自愿托中送賣與德邑
黃福聲處為業，三面相議，時值租價銀
肆拾叁元正，番重足價，三分不扣，其銀即日交
足，其租即付銀主自佃收租，不敢異言。之
理，此租乃高祖立業，與別房無干，及交加不明等
情，如有此情，係是賣主出頭抵當，不涉銀
主之事。其年限言約不拘遠近，有能之
時，備價照契面取贖，來銀任旧賣當收
租，兩家情愿，各無反悔，今欲有憑，立租契
壹紙，付執為照。其原契乾坤兩房收執，不便繳付，
再照。

內添贖一字，再照。（押）　每佰觔貼納糧錢六十文正

民國十一年十一月　日立賣租契人楊班大（押）

仝契侄鑾廷（押）

知契侄培炳（押）

中班海（押）

侄年炳（押）

中見弟班說（押）

執筆弟班郡（押）

民國庚辰先年十一月日
又壹備出契價艮貳拾元肆四
班大小租谷貳佰斤正
賸廷備出契價艮貳拾叁元正
賸田坑頭坂及大山尾大租谷壹佰
玖拾斤正再照
少如（押）

[illegible]

9-6-19-5　民國十一年十一月楊班大等立賣租契

9-6-20-1　包契紙

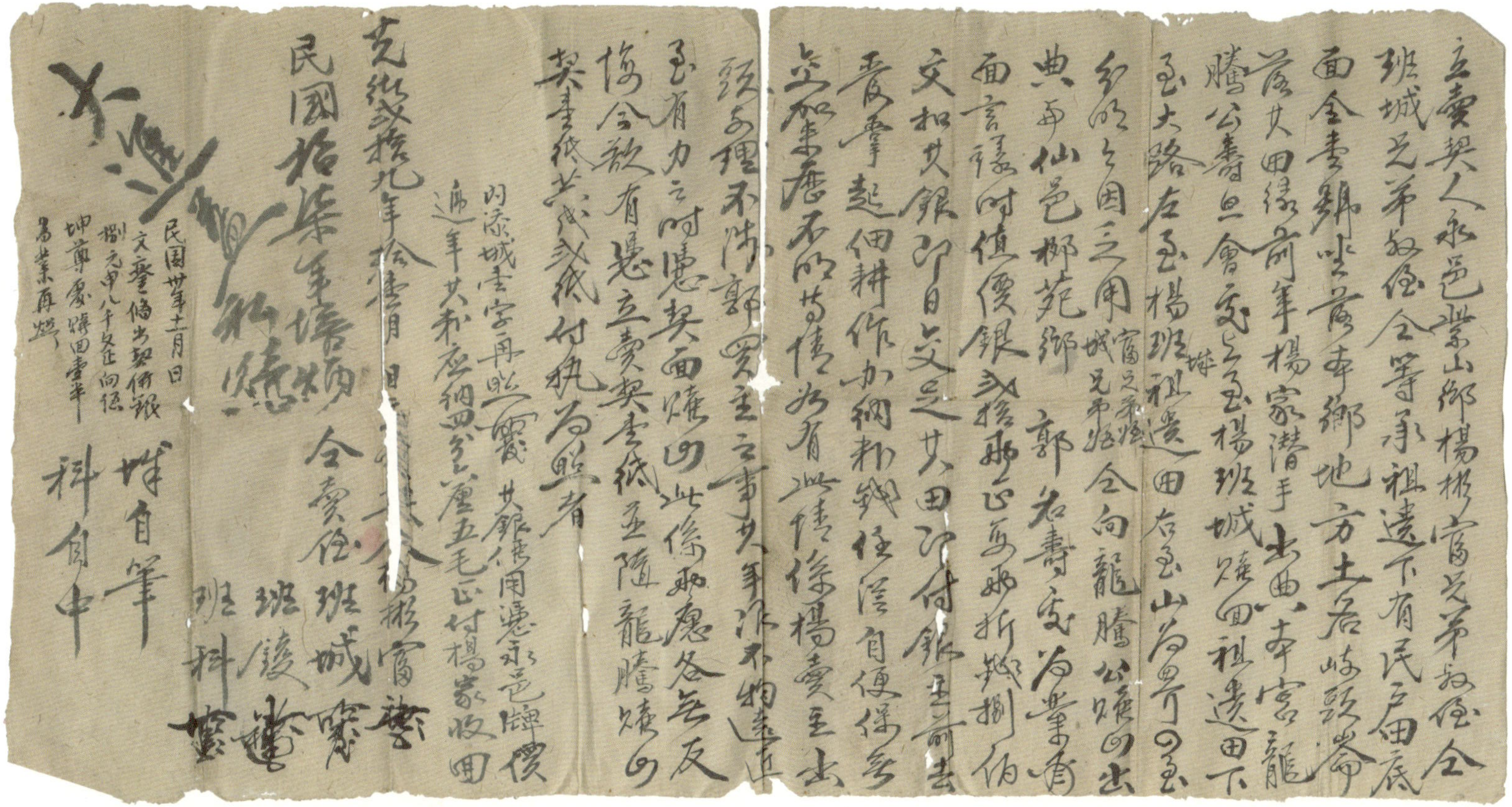

立賣契人永邑崇山鄉楊彬富兄弟叔侄仝
班城兄弟叔侄仝等承祖遺下有民户田底
面全壹號，坐落本鄉地方，土名岭頭[illegible]
落，共田[illegible]前年楊家潛手出典本宮龍
騰公壽旦會處，[illegible]玉楊班城[illegible]田祖遺田，下
至大路，左至玉楊班祖遺田，右至山為界，四至
分明。今因乏用，仝向龍騰公[illegible]出
典本仙邑鄉苑鄉郭右壽處為業，當
面言議時值價銀貳拾兩正，其兩折[illegible]捌佰
文。和其銀即日交足，其田即付銀主前去
管掌起佃耕作，办納粮錢，任從自便，係[illegible]
[illegible]不明等情，如有此情，係楊賣主出
頭承理，不涉郭買主之事。其田不拘遠近
聽有力之時，照契面[illegible]，此係兩愿，各無反
悔。今欲有憑，立賣契壹紙，並隨龍騰[illegible]
契壹紙，共弍紙，付執為照。

9-6-20-2　清光緒二十九年十一月楊彬富等立賣底面全民户田契

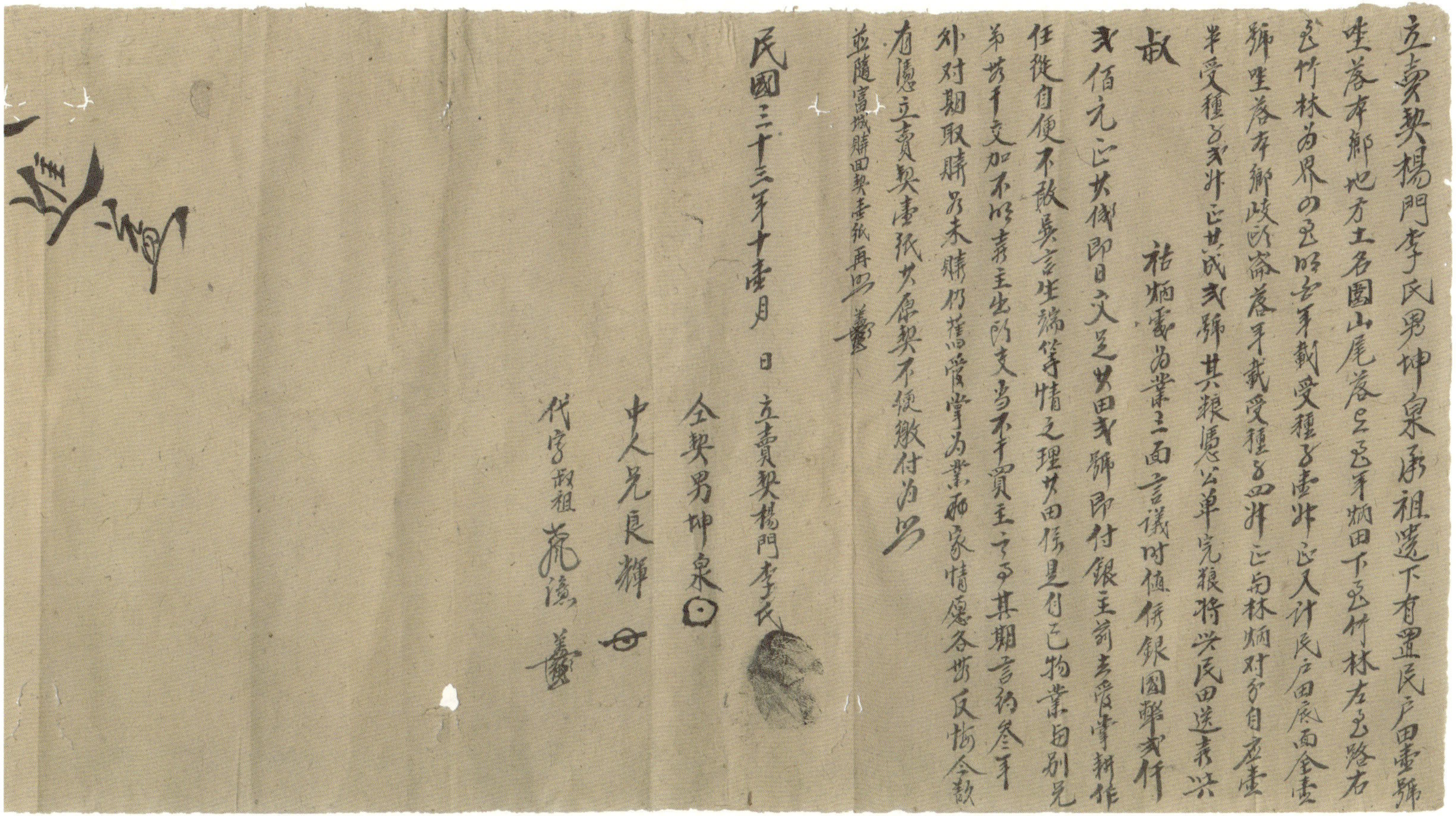

立賣契楊門李氏男坤泉承祖遺下有置民户田壹號
坐落本鄉地方土名園山尾落上至手烟田下至竹林左至路右
至竹林為界四至明白年載受種子壹斗正又計民户田底面全壹
號坐落本鄉岐所崙落年載受種子四斗正向林烟对分自應壹
半受種子貳斗正共民貳號其粮憑公单完粮將此民田送賣與
　祜炳處為業三面言議时值併銀國幣貳仟
貳佰元正其銀即日交足其田貳號即付銀主前去管掌耕作
任從自便不敢異言生端等情之理其田係是自己物業與別兄
弟共手文加不明來主出頭支當不干買主之事其期言約冬年
外对期取贖如未贖仍舊管掌為業兩家情愿各無反悔今欲
有憑立賣契壹張其原契不便繳付為照
並隨富城賸田契壹紙再照

民國三十三年十壹月　日　立賣契楊門李氏
仝契男坤泉
中人兄良輝
代字叔祖飛騰

9-6-20-3　民國三十三年十一月楊門李氏等立賣民户田契

9-6-21-1　包契紙

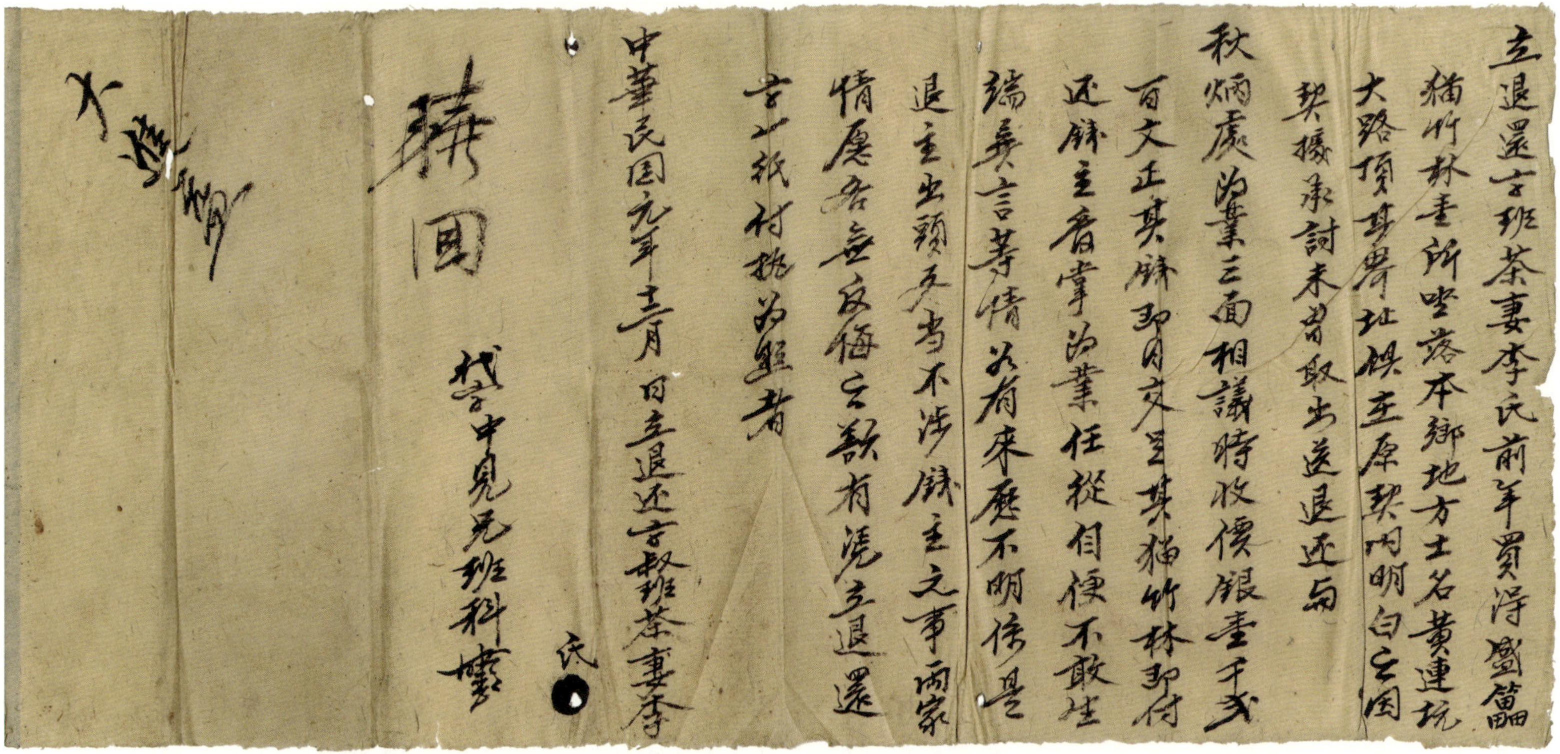

立退還字班茶妻李氏前年買得盤富
猫竹林壹所坐落本鄉地方土名黃連坑
大路頂其界址俱在原契內明白今因
契據承討未有取出送退還訖
秋烱處為業三面相議時收價銀壹千式
百文正其銀即日交足其猫竹林即付
還銀主管掌為業任從自便不敢生
端異言等情并有來歷不明係是
退主出頭支當不涉銀主之事兩家
情愿各無反悔今欲有憑立退還
字一紙付執為照者
中華民国元年十二月　日立退還字楊班茶妻李氏
代筆中見兄班科
耕回
大發□

9-6-21-2　民國元年十二月楊班茶妻李氏立退還猫竹林字

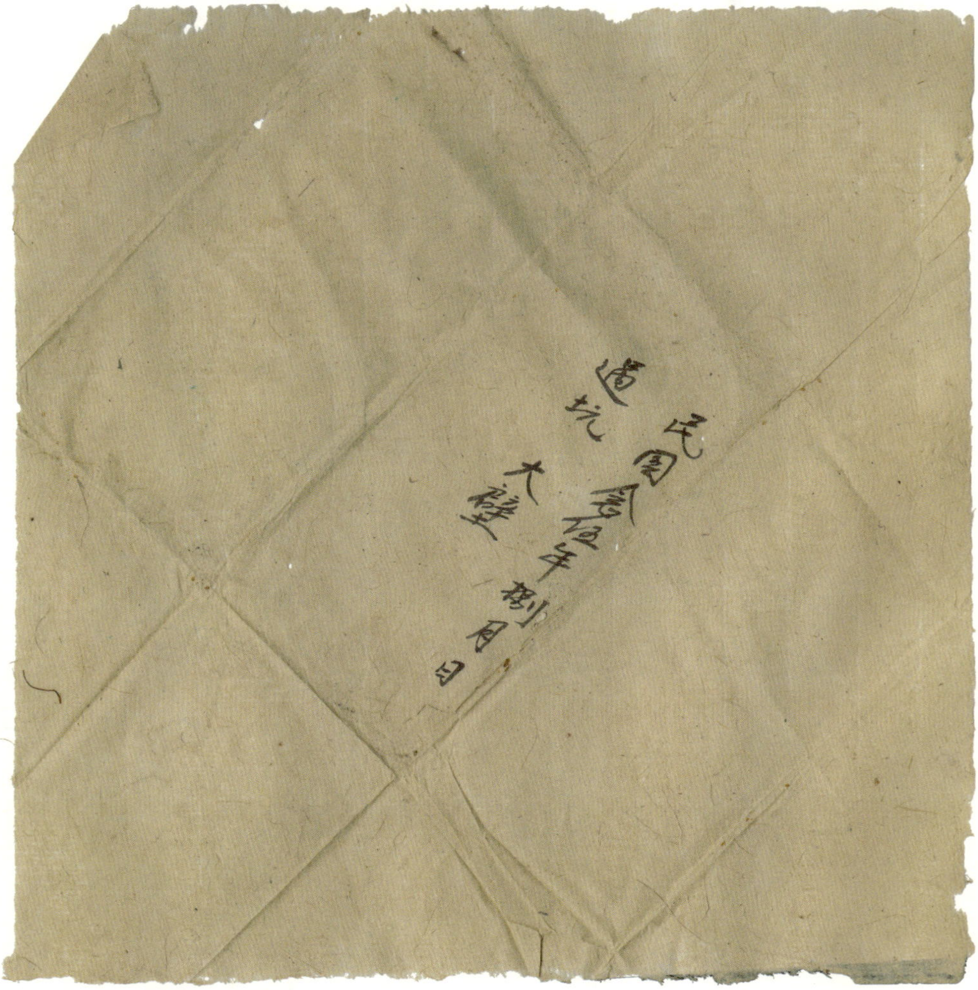

民国叁拾年捌月　日

通坑　大[illegible]

9-6-22-1　包契紙

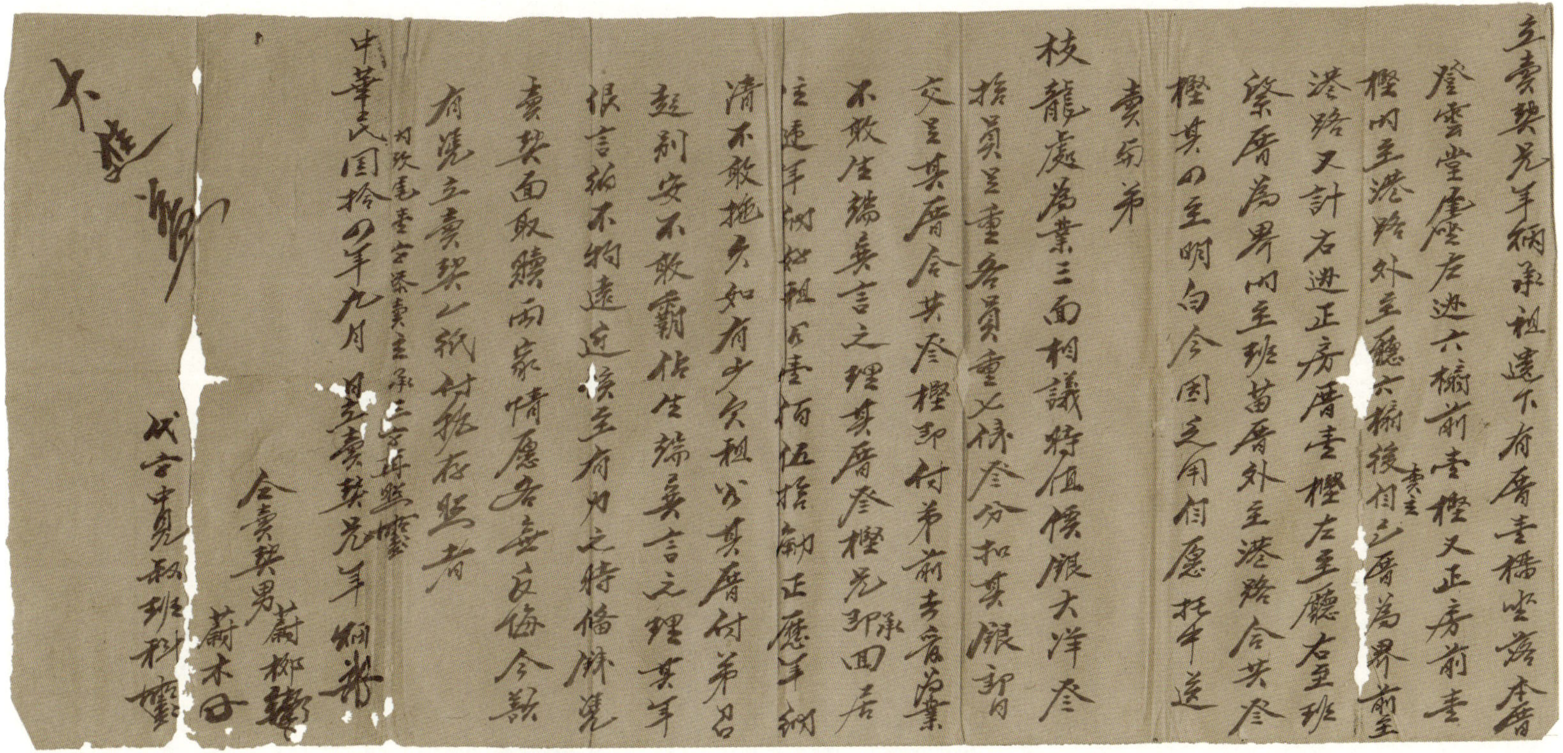
立賣契兄年炳承祖遺下有厝壹橏坐落本厝
登雲堂厝左畔六櫥前壹橏又正房前壹
橏內至港路外至廳六櫥後相賣主厝為界前至
港路又計右畔正房厝壹橏左至廳右至弟
榮厝為界內至弟苗厝外至港路今共叁
橏其四至明白今因乏用俱愿托中送
賣胞弟
枝龍處為業三面相議時值價銀大洋叁
拾員正重叁員重又捌叁分扣其銀即日
交足其厝今共叁橏即付弟前去管業
不敢生端異言之理其厝叁橏兄即承回居
住逐年納租谷壹佰伍拾觔正應年納
清不敢拖欠如有少欠租谷其厝付弟召
起別安不敢霸佔生端異言之理其年
限言約不拘遠近續至有力之特備價送
贖契面取贖兩家情愿各無反悔今欲
有憑立賣契一紙付執存照者
內改毛壹字添賣主承三字再照
中華民國拾四年九月　日立賣契兄年炳
仝賣契男　蔚柳
蔚木
代字中見叔班科

9-6-22-2　民國十四年九月楊年炳等立賣厝契

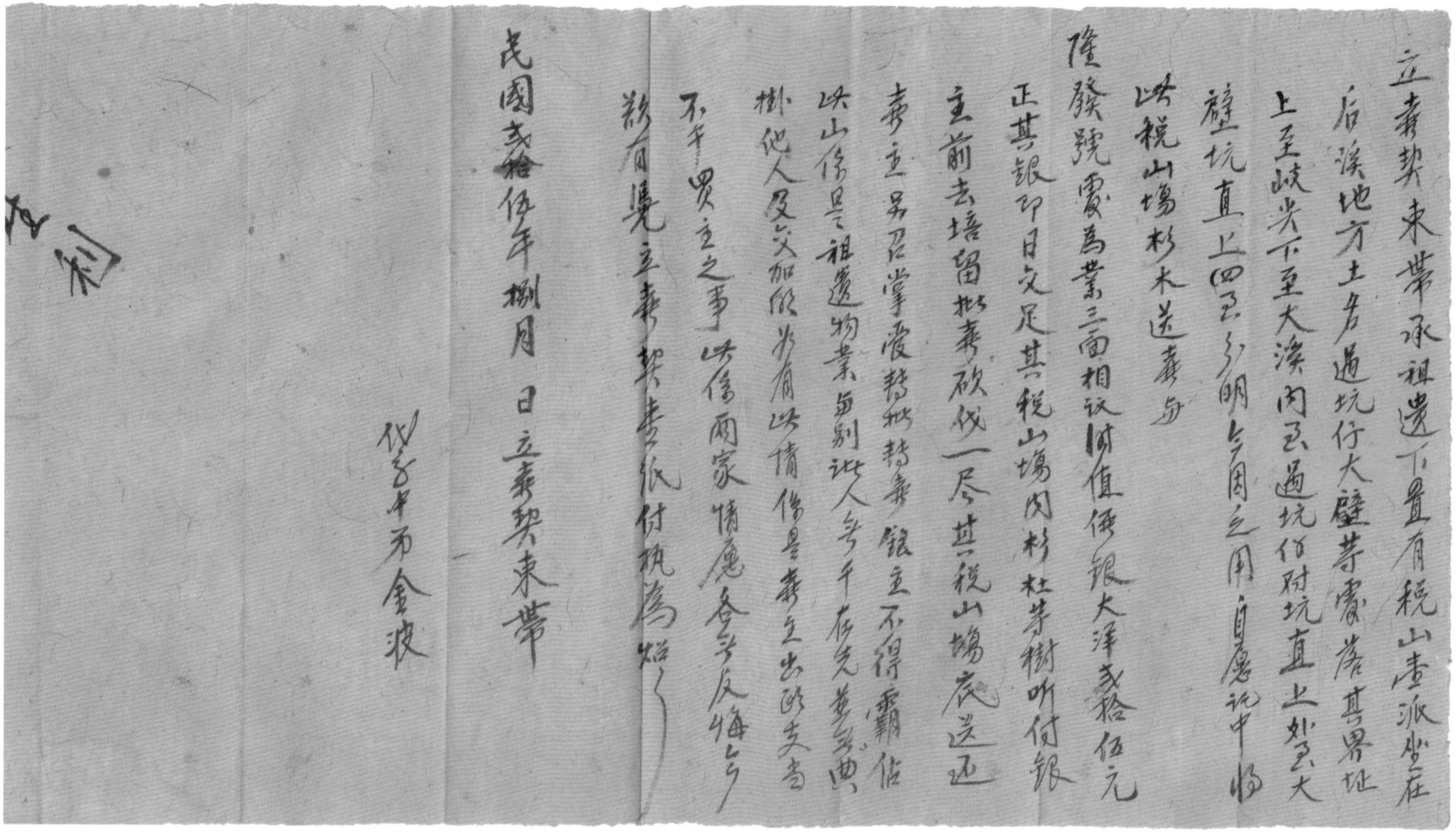
立賣契楊束帶承祖遺下置有稅山壹派坐在
后溪地方土名過坑仔大壢茅厝落其界址
上至岐尖下至大溪內至過坑仔對坑直上外至大
壢坑直上四至分明今因乏用自愿託中將
此稅山場杉木送賣與
隆發號處為業三面相議時值價銀大洋貳拾伍元
正其銀即日交足其稅山場內杉杜茅樹听付銀
主前去培留批賣砍伐一盡其稅山場底送還
賣主另召掌管耕耘耕賣銀主不得霸佔
此山係是祖遺物業與別人無干亦無重典
掛他人及交加限如有此情係是賣主出頭支當
不干買主之事此係兩家情愿各無反悔今
欲有憑立賣契壹紙付執為炤
民國貳拾伍年捌月　日立賣契楊束帶
代筆中市金波

9-6-22-3　民國二十五年八月楊束帶立賣稅山契

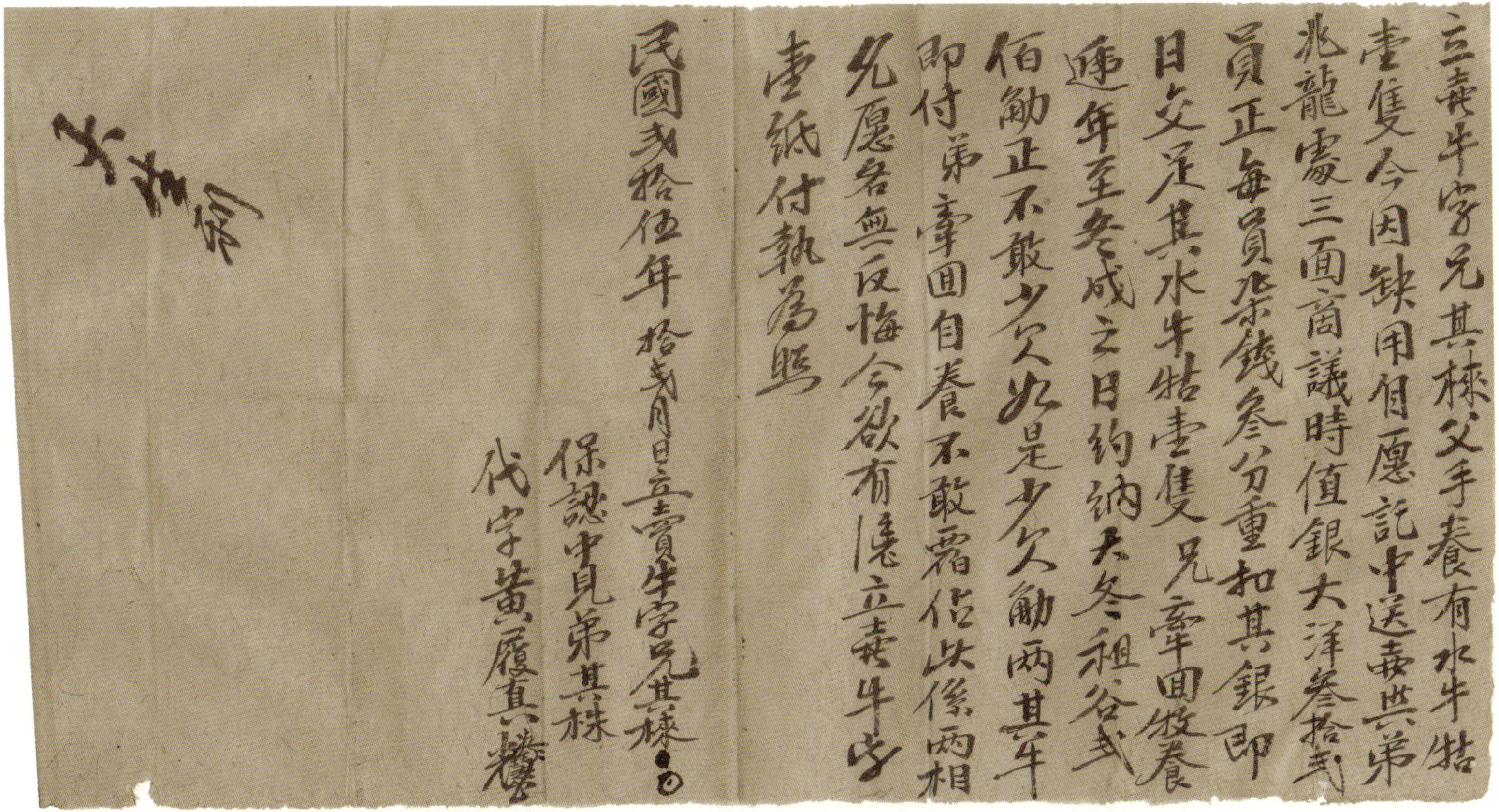
立賣牛字兄其棌父手養有水牛牯
壹隻今因缺用自願託中送賣與弟
兆龍處三面商議時值銀大洋叁拾貳
員正每員柒錢叁分重扣其銀即
日交足其水牛牯壹隻兄牽回服養
逐年至冬成之日約納大冬租谷貳
佰觔正不敢少欠如是少欠觔兩其牛
即付弟牽回自養不敢霸佔此係兩相
允愿各無反悔今欲有憑立賣牛字
壹紙付執為照

民國貳拾伍年拾貳月　日立賣牛字兄其棌（押）
保認中見弟其楪
代字黃履貞（押）

大吉祥

9-6-22-4　民國二十五年十二月楊其棌立賣水牛牯字

9-6-23-1　包契紙

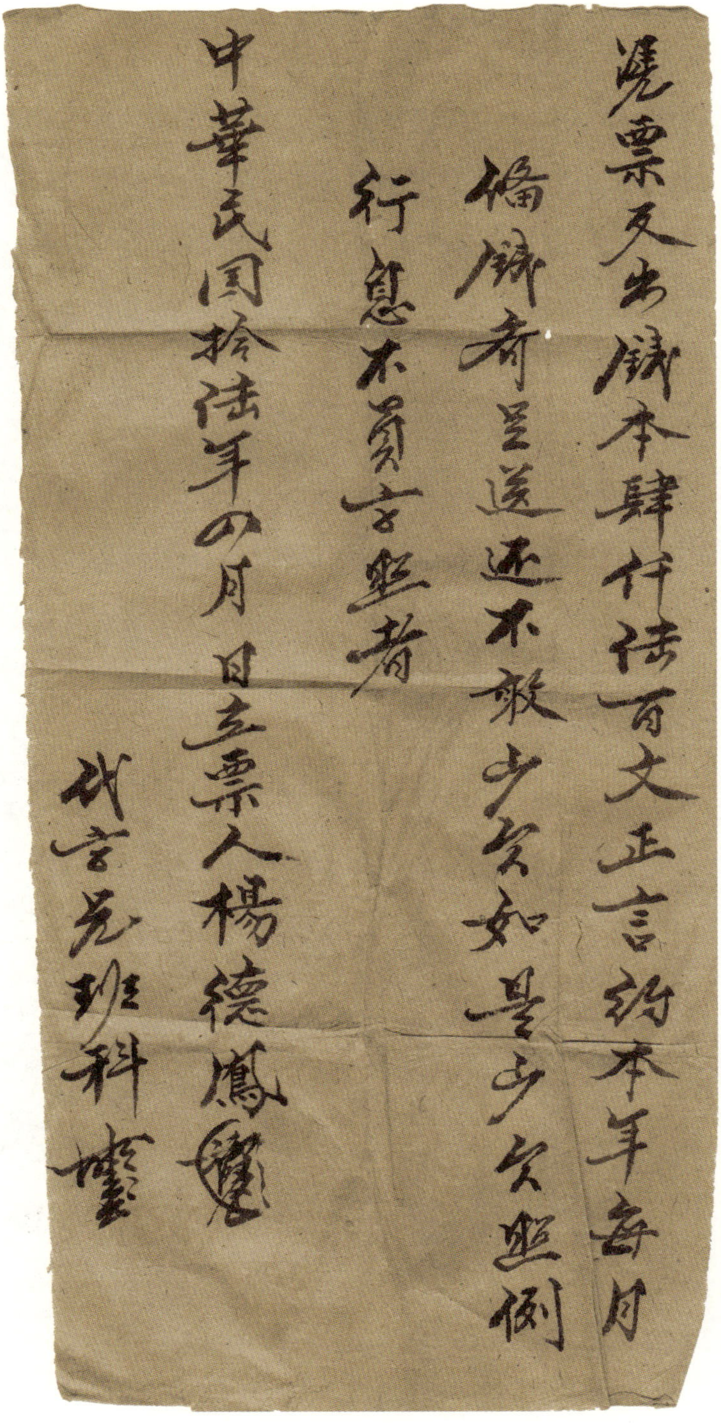
憑票支出錢本肆仟陸百文正言約本年每月
備錢壹呈送還不敢少分如是少分照例
行息不負言照者
中華民国拾陸年四月　日立票人楊德鳳（押）
代字先班科筆

9-6-23-2　民國十六年四月楊德鳳立支錢憑票

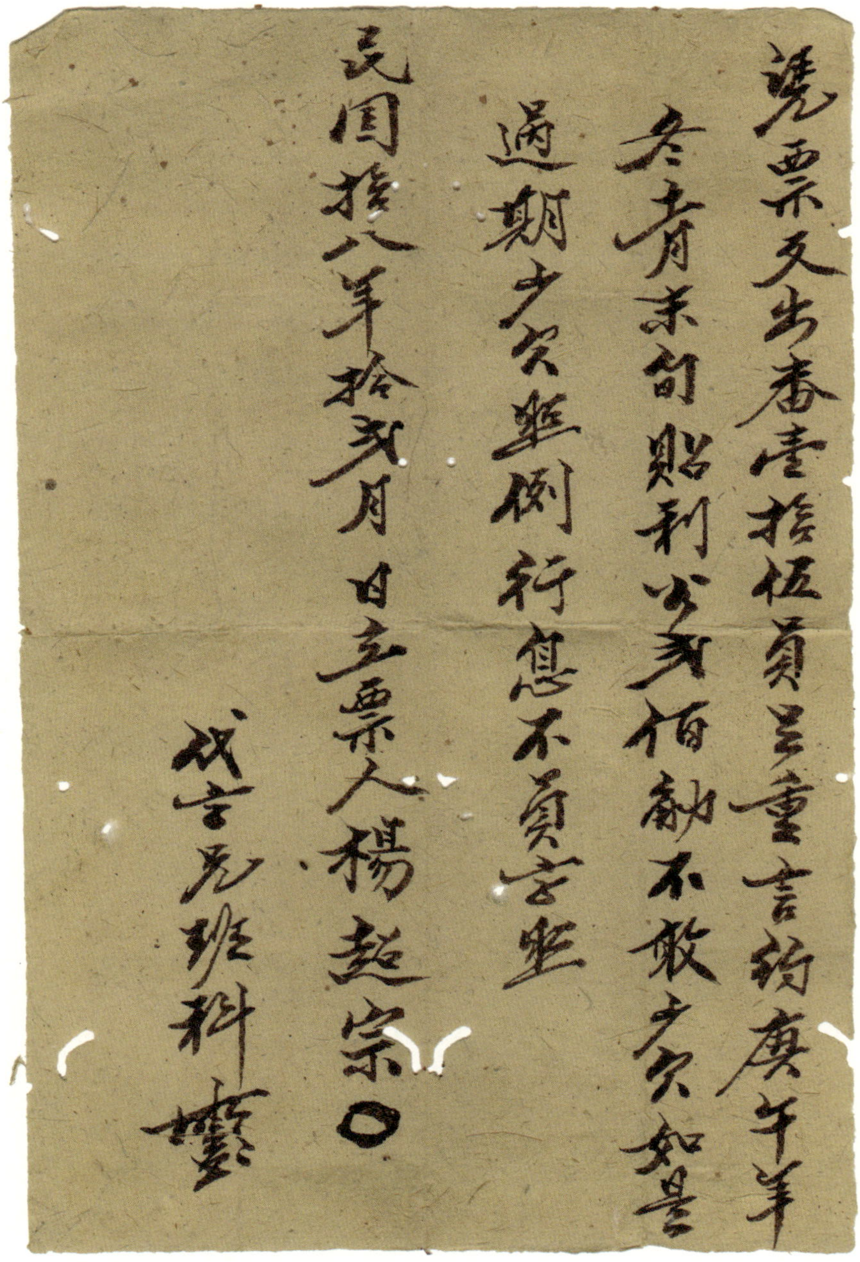

憑票支出番壹拾伍員足重言約庚午年
冬青未前貼利以弍佰勳不敢少欠如是
過期少欠照例行息不負字照
民国拾八年拾弍月　日立票人楊超宗（押）
代字兄班科書

9-6-23-3　民國十八年十二月楊超宗立支番憑票

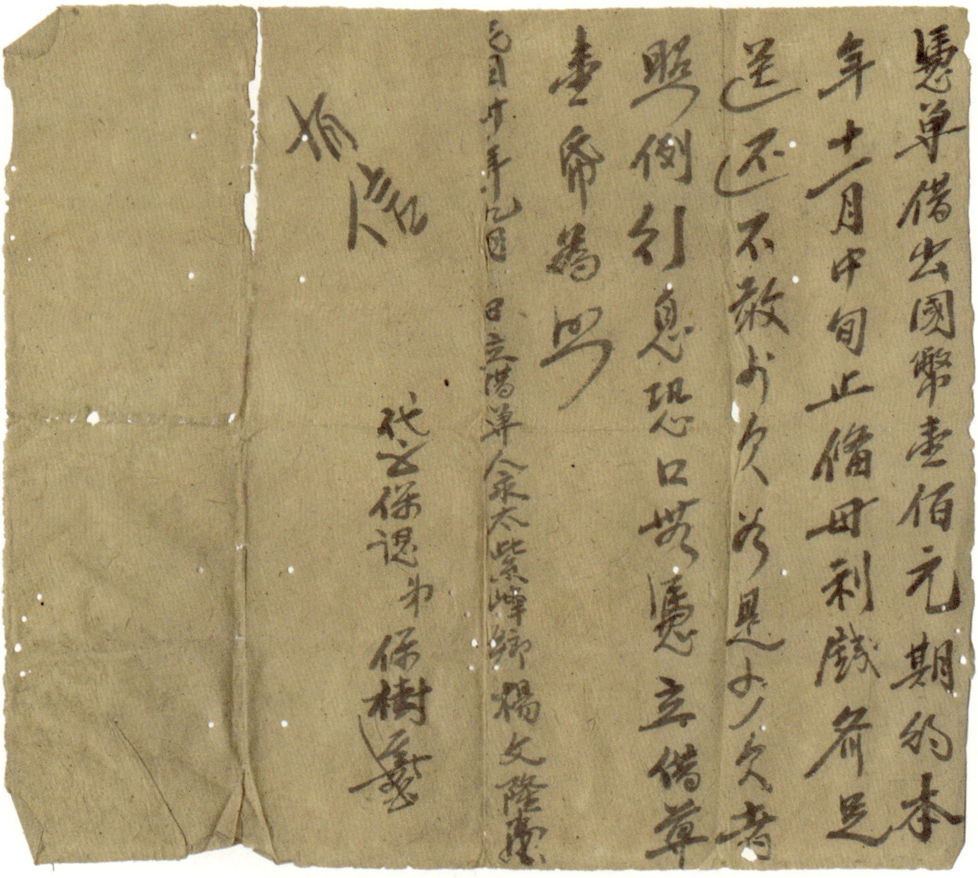
憑單借出國幣壹佰元，期約本年十二月中旬止，備母利錢并足送還，不敢少欠，如是少欠者，照例行息。恐口無憑，立借單壹紙爲照。

民國廿年九月　日立憑單人永太紫峰鄉楊文隆

代筆保認中保樹

有信

9-6-23-4　民國二十年九月楊文隆立借國幣憑單

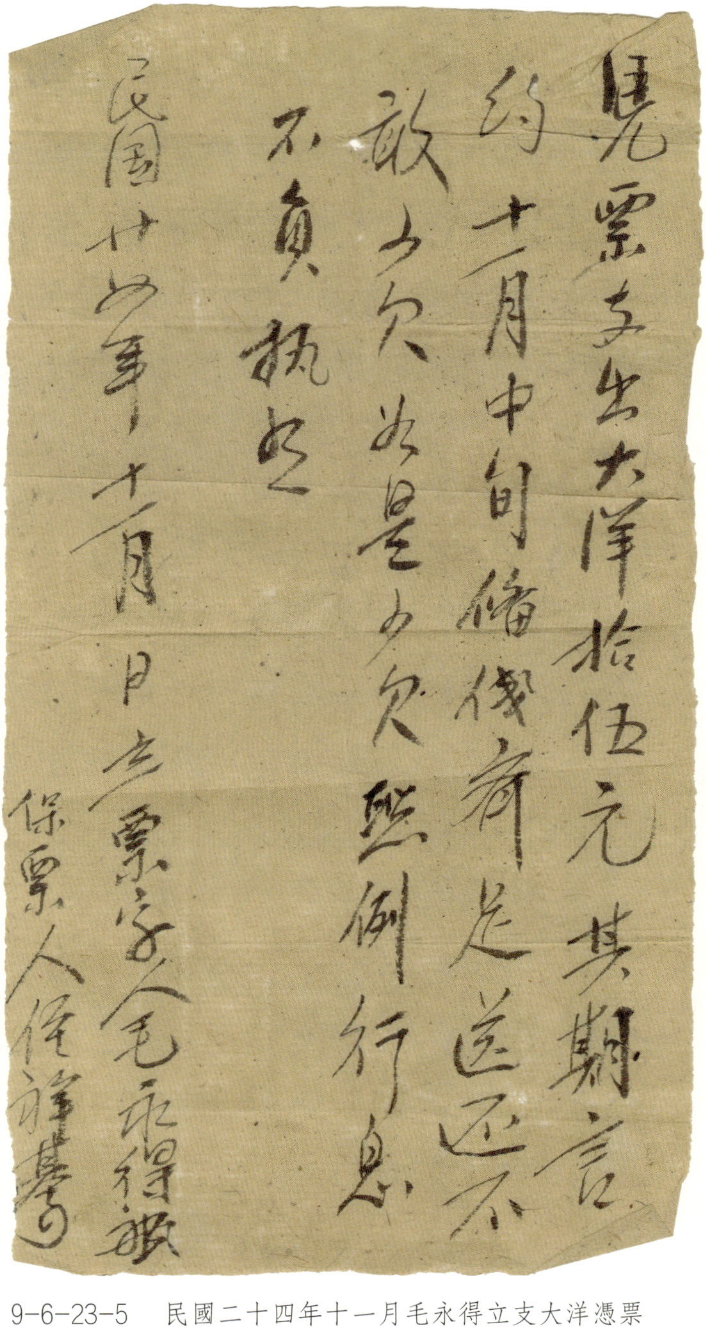

憑票支出大洋拾伍元其期言
約十一月中旬備錢奉足送還不
敢少欠如是少欠照例行息
不負執照
民國廿四年十一月　日立票字人毛永得（押）
保票人徐[illegible]（押）

9-6-23-5　民國二十四年十一月毛永得立支大洋憑票

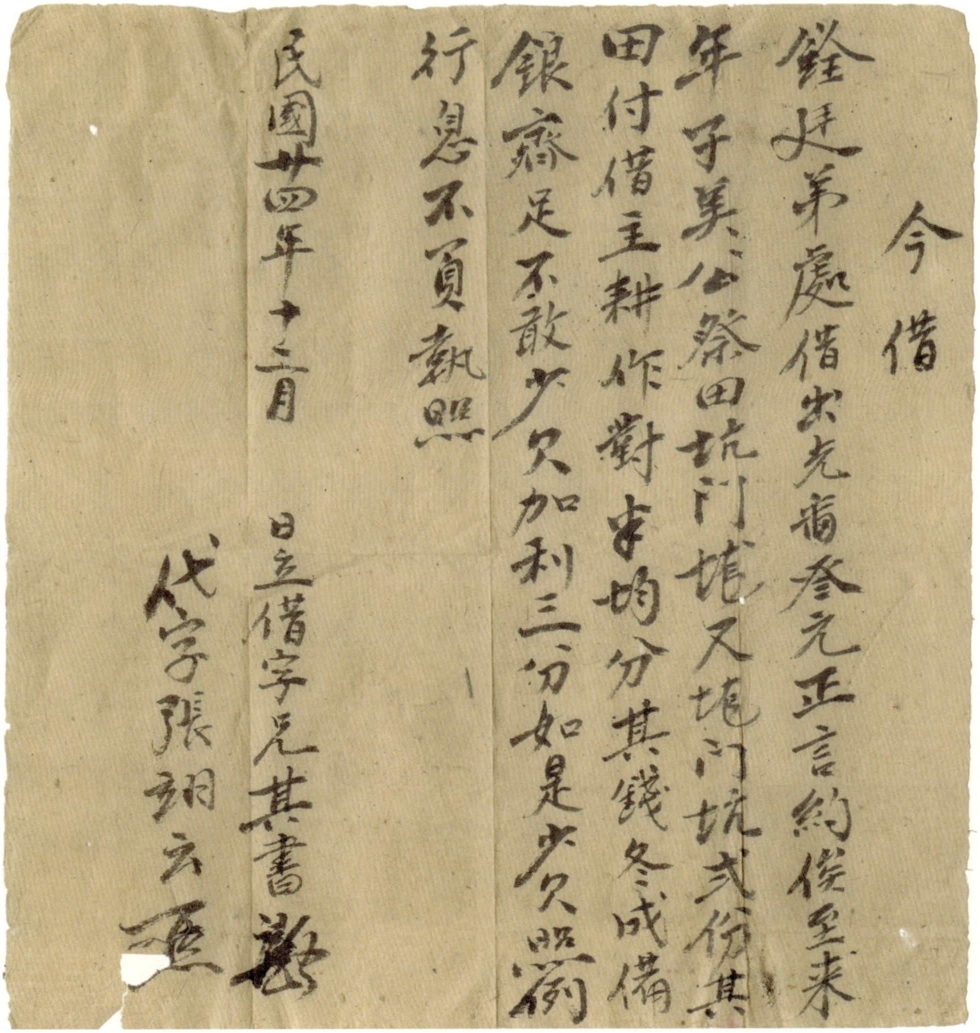
今借
銓廷弟處借出光番叁元正言約俟至来
年年子吴公祭田坑门垅又垅门坑弍份其
田付借主耕作對半均分其錢冬成備
銀齊足不敢少欠加利三分如是少欠照例
行息不負執照
民國廿四年十二月　日立借字兄其書（押）
代字張翊云（押）

9-6-23-6　民國二十四年十二月楊其書立借錢字

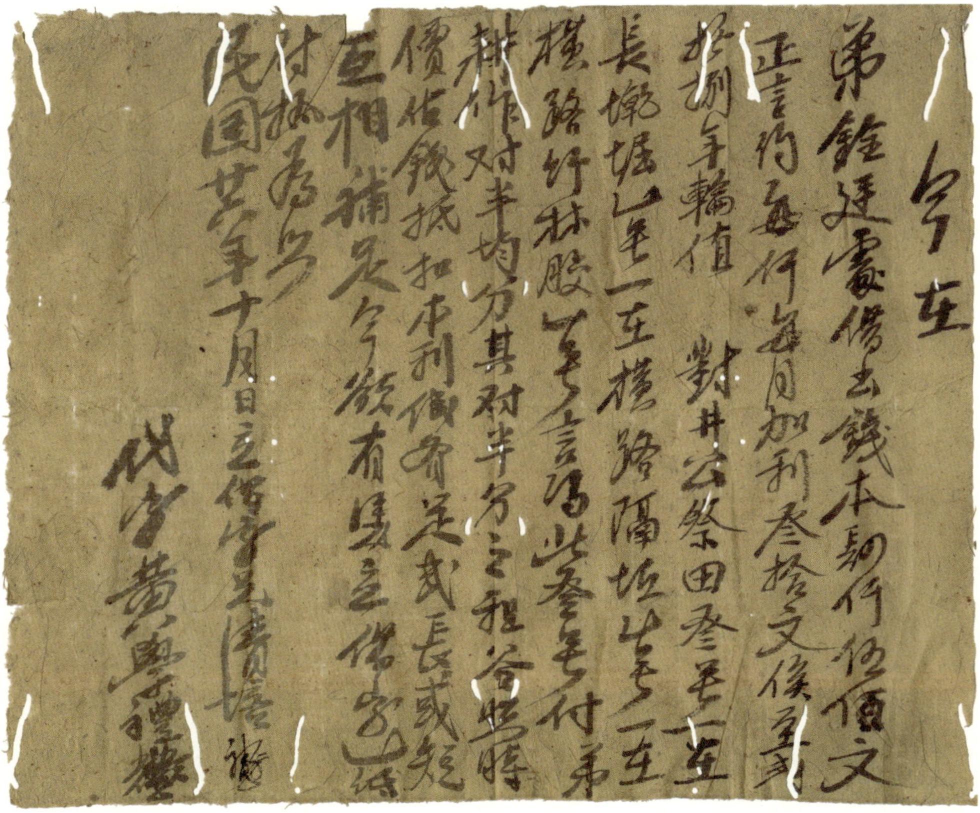

今在
弟銓廷處借出錢本銅仟伍佰文
正言約每仟每月加利叁拾文俟至貳
拾捌年輪值　對井公祭田叁丘一坵
長塅堀山坐一至樣路隔坵山坐一坵
樣路圩林殿下言明此叁坵付弟
耕作對半均分其對半分之租谷照時
價估錢抵扣本利倘有足或長或短
互相補足今欲有憑立借字爲據
對抵爲照
民國廿六年十月日立借字楊清培（押）
代字黃興禮（押）

9-6-23-7　民國二十六年十月楊清培立借錢字

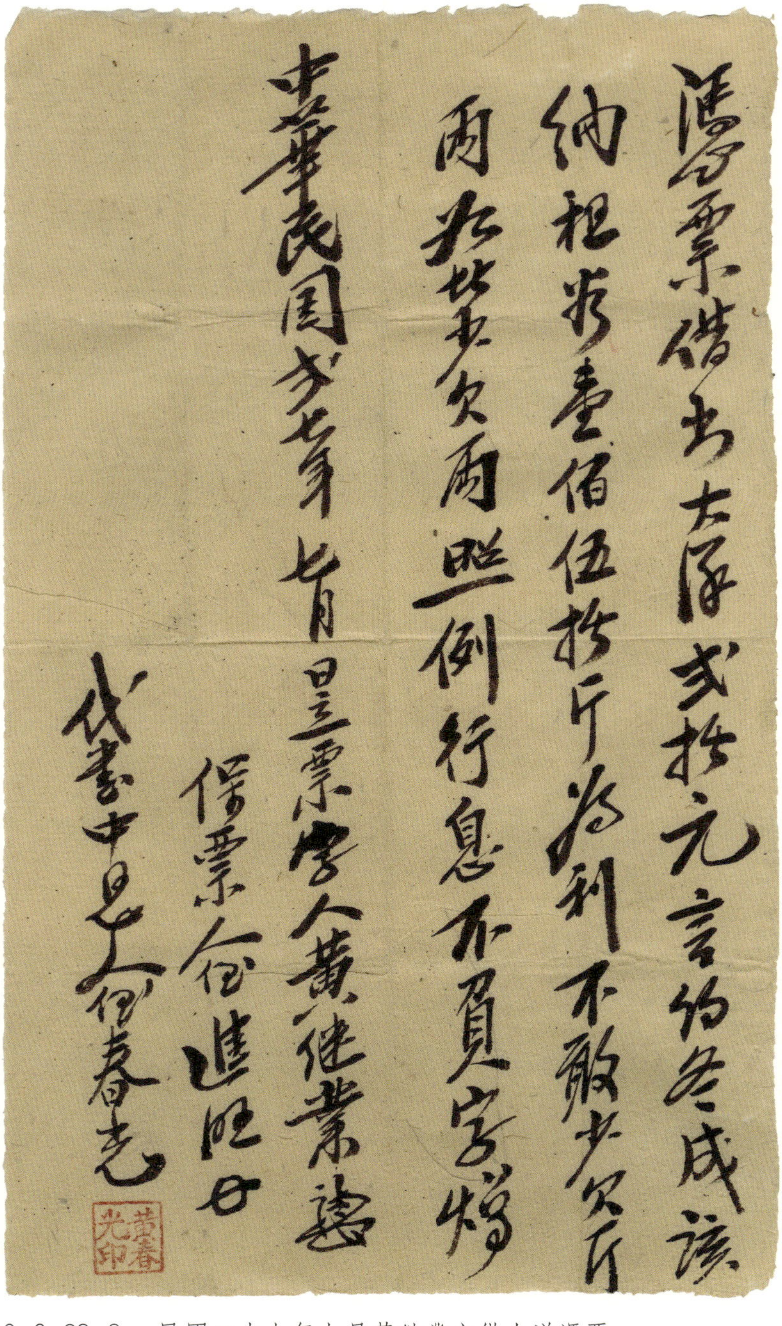
憑票借出大洋貳拾元言約冬成該
納租穀壹佰伍拾斤爲利不敢欠斤
兩如若欠兩照例行息不負字據
中華民國廿七年七月　日立票字人黃继業押
借票合進照母
代書中見人何春光

9-6-23-8　民國二十七年七月黃继業立借大洋憑票

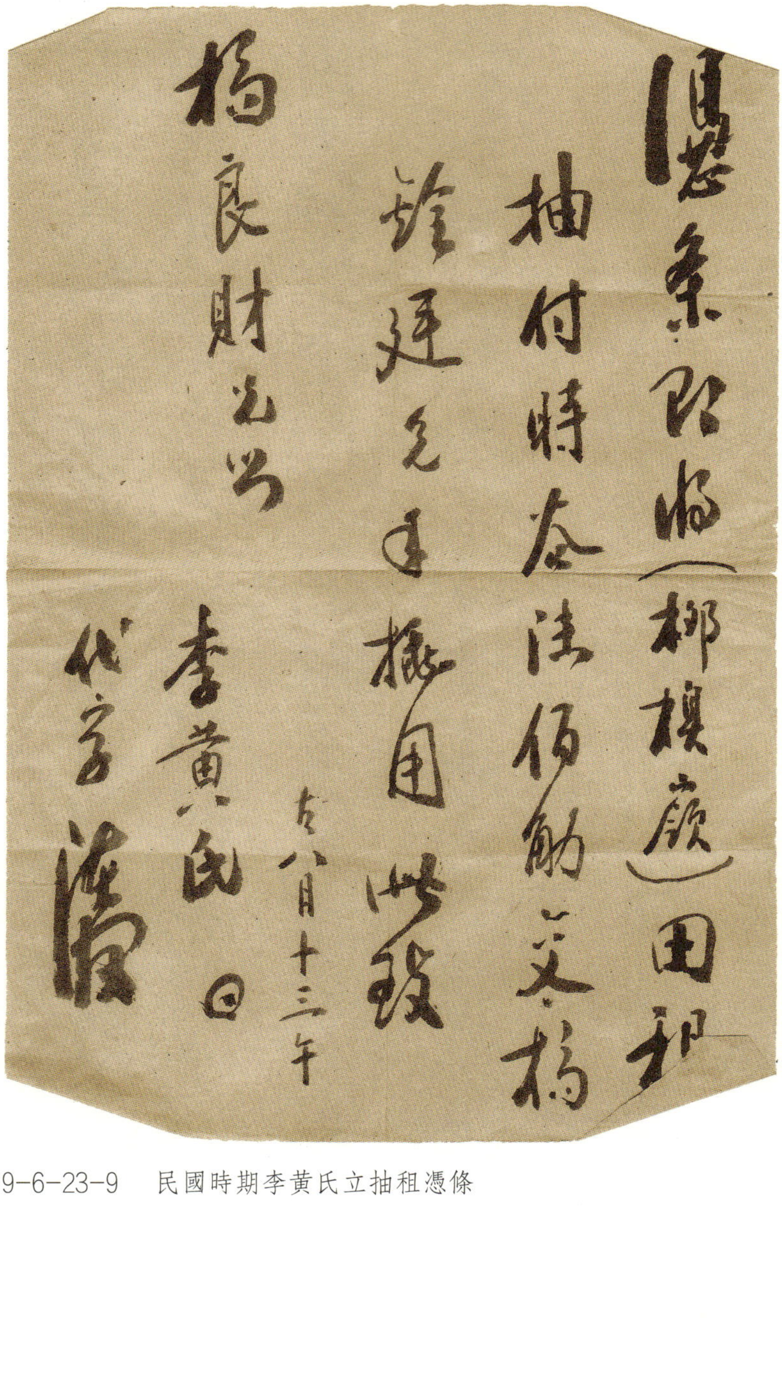

9-6-23-9　民國時期李黄氏立抽租憑條

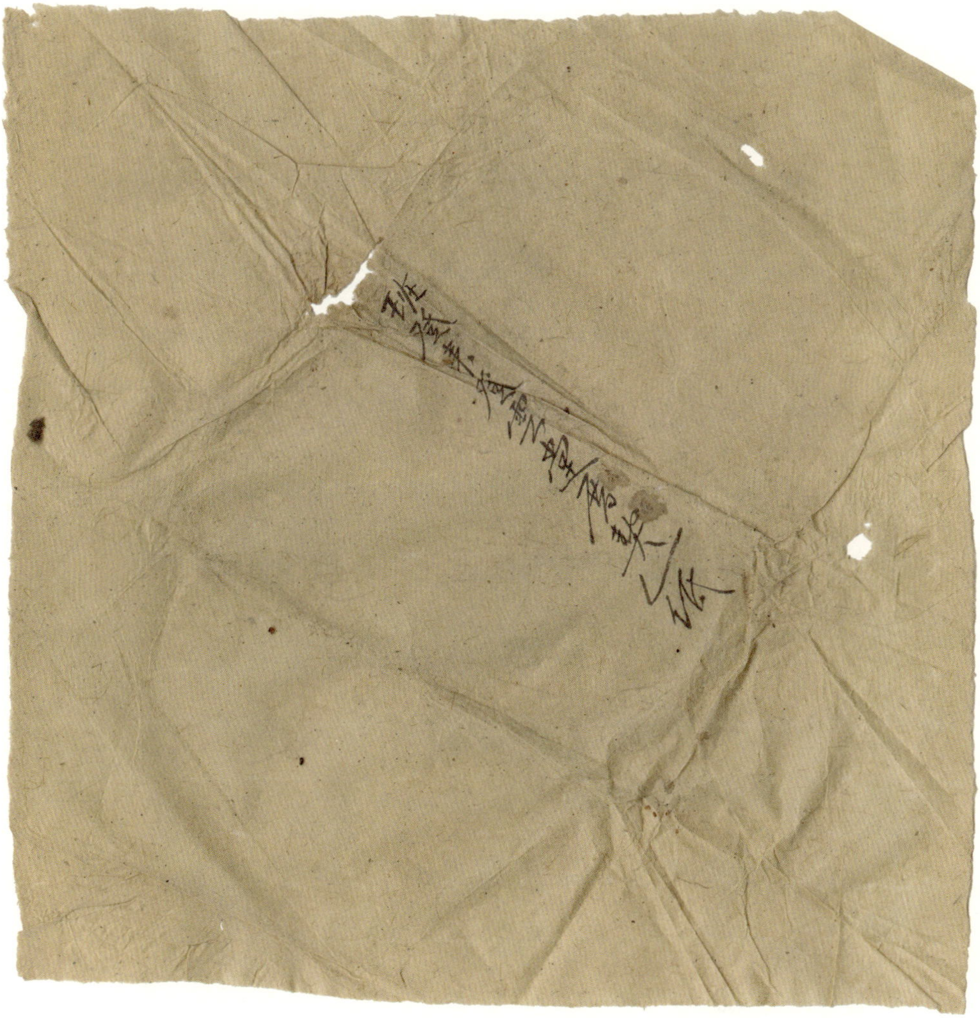

9-6-24-1　包契紙

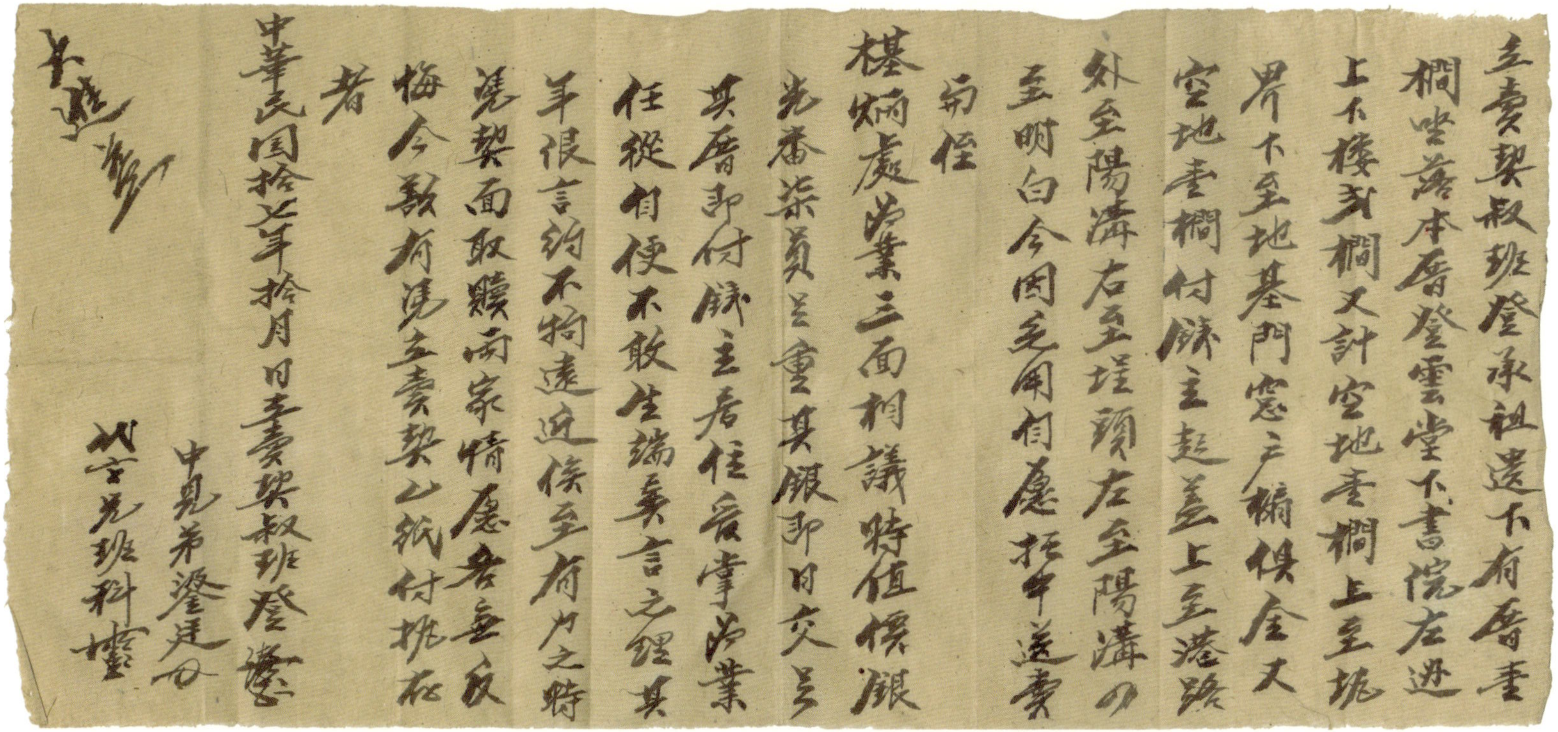
立賣契叔班登承祖遺下有厝壹
榈坐落本厝登雲堂下書院左邊
上下樓弍榈又計空地壹榈上至垅
界下至地基門窗户橘俱全大
空地壹榈付餘主起蓋上至港路
外至陽溝右至埕頭左至陽溝四
至明白今因乏用自愿托中送賣
與侄
楳炳處為業三面相議特值價銀
光番柒員足重其銀即日交足
其厝即付錢主居住管掌為業
任從自便不敢生端異言之理其
年限言約不拘遠近候至有力之時
憑契面取贖兩家情愿各無反
悔今欲有憑立賣契乙紙付執為炤
者
中華民国拾七年拾月　日立賣契叔班登
中見弟澄廷
代字兄班科

9-6-24-2　民國十七年十月楊班登立賣厝契

立送字人叔班登承父手置有厝地坪壹墻
坐落本鄉登雲臺厝左邊書院路上至墻
路下至陽溝左至餘地右至天井四至分
明送與侄
鑾廷處爲起蓋完成時收花紅酒礼足訖
其地坪即付侄任從自便不敢生端異
言之理兩家喜允各無反悔今欲有
憑立送字壹紙付執永遠存照者
民國貳拾弍年八月　日立送字叔班登
代字中侄　洪炳

9-6-24-3　民國二十二年八月楊班登立送厝地坪字（一）

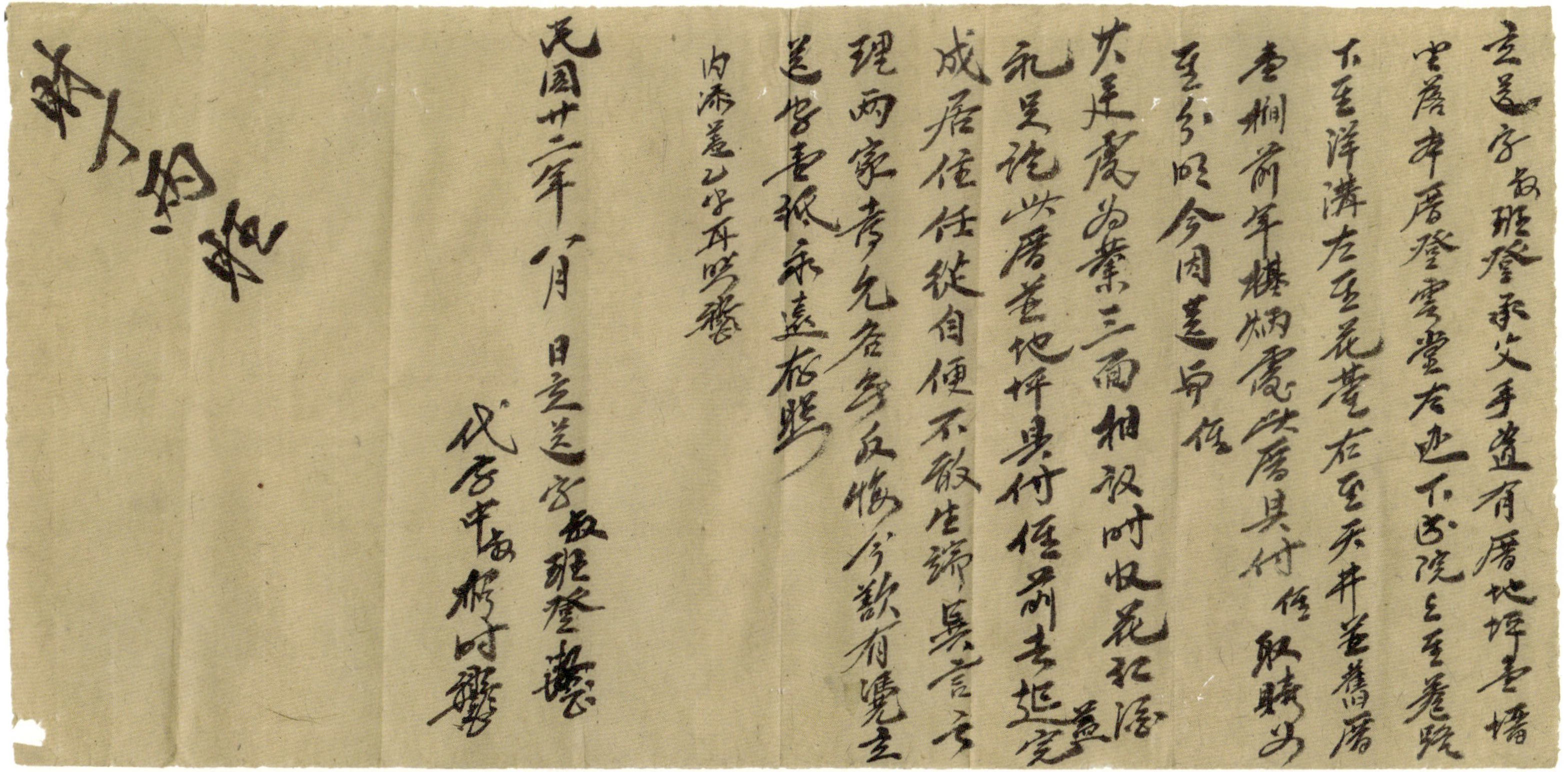
立送字叔班登承父手置有厝地坪壹塆
坐落本厝登雲堂右边下落院之至巷路
下至洋溝左至花臺右至天井並舊厝
壹栱前年樵炳處此厝其付侄 取騎出
至今明今因送與侄
大廷處為業三面相议时收花紅隱
礼足訖此厝並地坪其付侄前去起蓋完
成居住任從自便不敢生端異言之
理两家甘允各無反悔今欲有憑立
送字壹帋永遠存照
内添蓋乙字再照
民國廿二年八月 日立送字叔班登
代字中叔 桁时

9-6-24-4　民國二十二年八月楊班登立送厝地坪字（二）

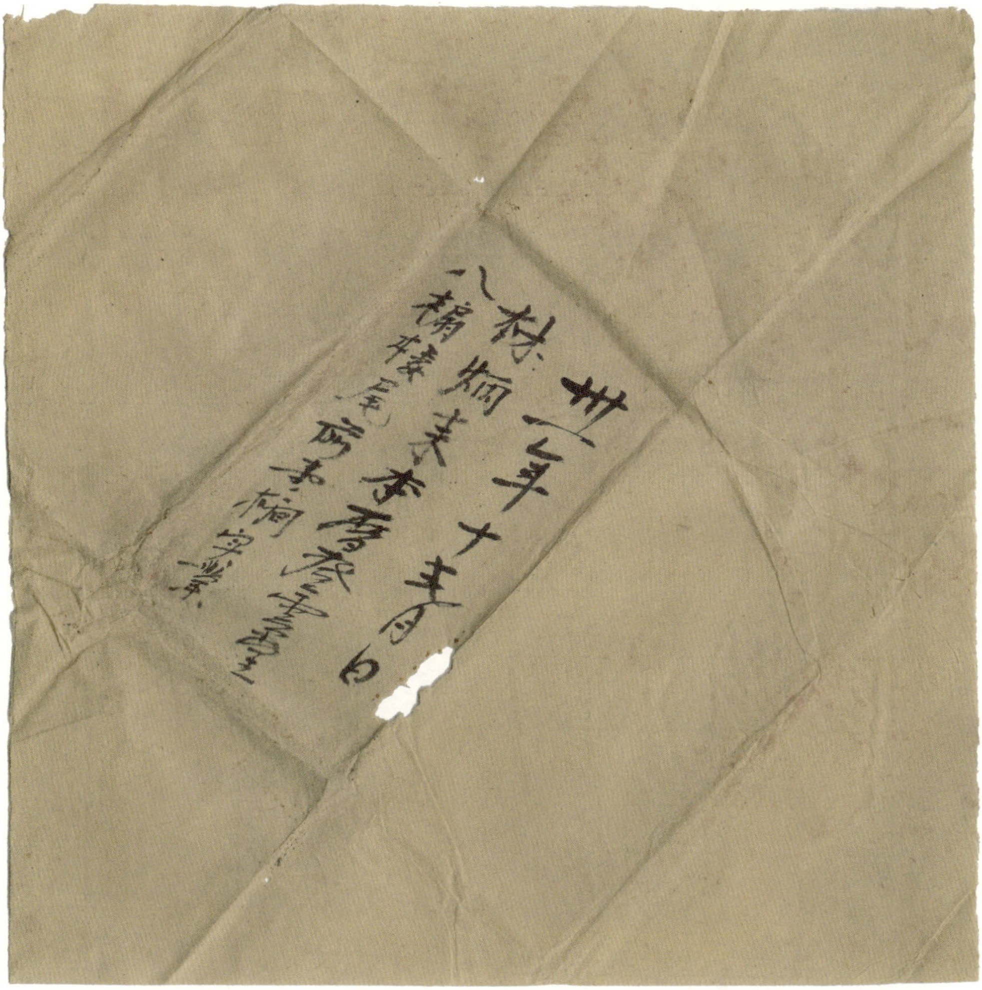

9-6-25-1　包契紙

立賣契伯班科仔己湯分有屋壹堂…
座右邊八橺樓尾厝壹欄上至𤇨界下
至樓板其界址左至六橺棟樑爲界
右至自己厝內至棟樑爲界外至港路
四至明白今因乏用自愿托中送賣侄
禎炳兄弟處爲業三面相議時值價銀
光番玖元呈重每元壹千壹百叁拾
和其銀即日交呈其厝即付侄掌
居住任從自便不敢生端异言等情
如有來歷不明係是伯出頭支當不
涉侄之事其年限言約不拘遠近倘
至有力之時憑賣契面取贖兩家情
愿各無反悔今欲有憑立賣契一紙
付執存照者
民國貳拾年貳月　日立賣契伯班科（押）
中見侄林炳（押）

9-6-25-2　民國二十年二月楊班科立賣厝契

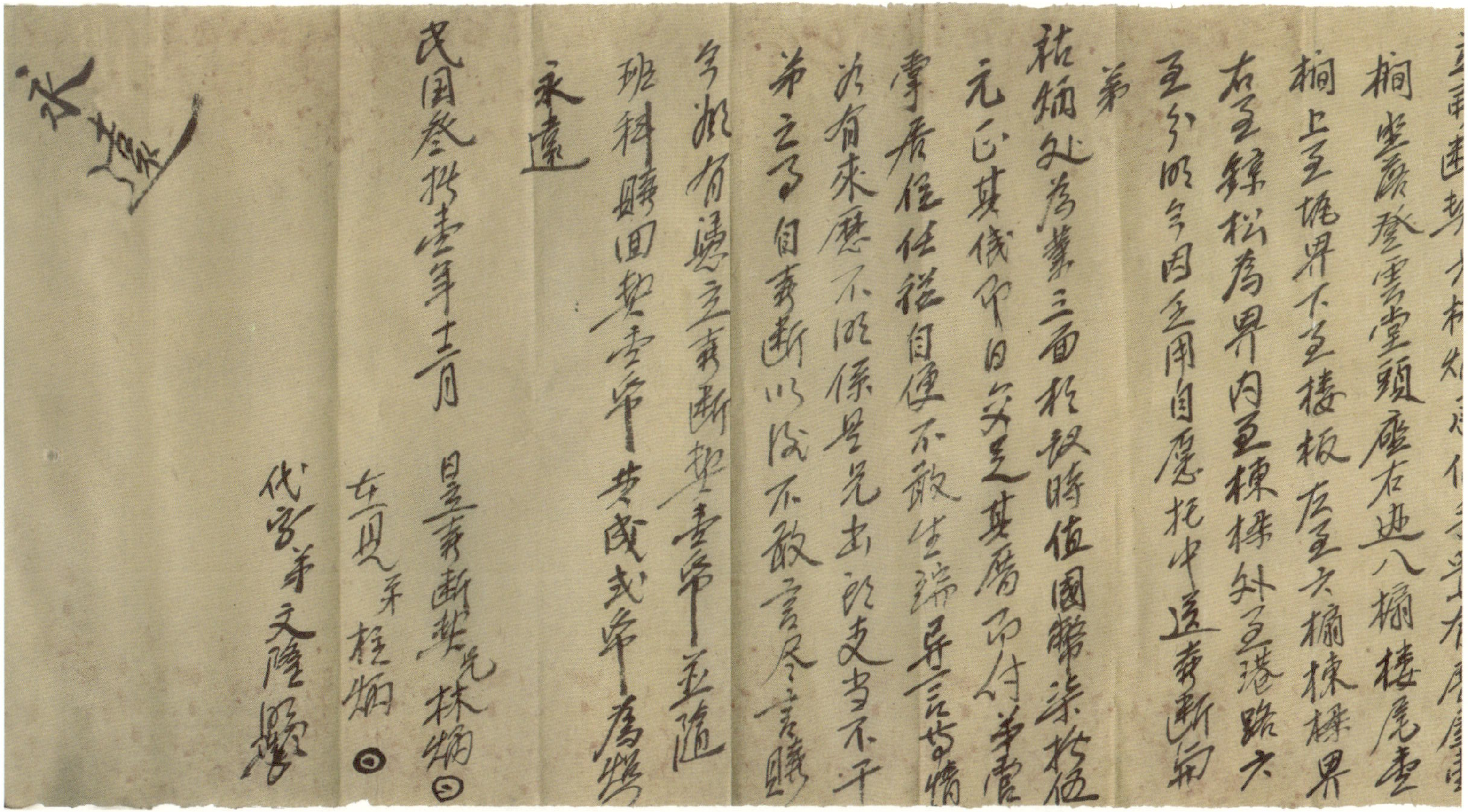

桐坐落登雲堂頭座右邊八桶樓尾壹
桐上至瓦界下至樓板左至六桶棟樑界
右至鐘松為界內至棟樑外至巷路六
至分明今因乏用自愿托中送賣斷與
第
祜炳處為業三面於議時值國幣柒拾伍
元正其錢即日交足其厝即付弟管
掌居住任從自便不敢生端異言此情
於有來歷不明係是兄出頭支当不干
弟之事自賣斷以後不敢言盡言贖
今欲有憑立賣斷契壹帋並隨
繳科贖回契壹帋共成式帋為照
永遠
民国叁拾壹年十二月　日立賣斷契兄林炳（押）
在見弟桂炳（押）
代字弟文隆（押）
永遠

9-6-25-3　民國三十一年十二月楊林炳立賣斷厝屋契

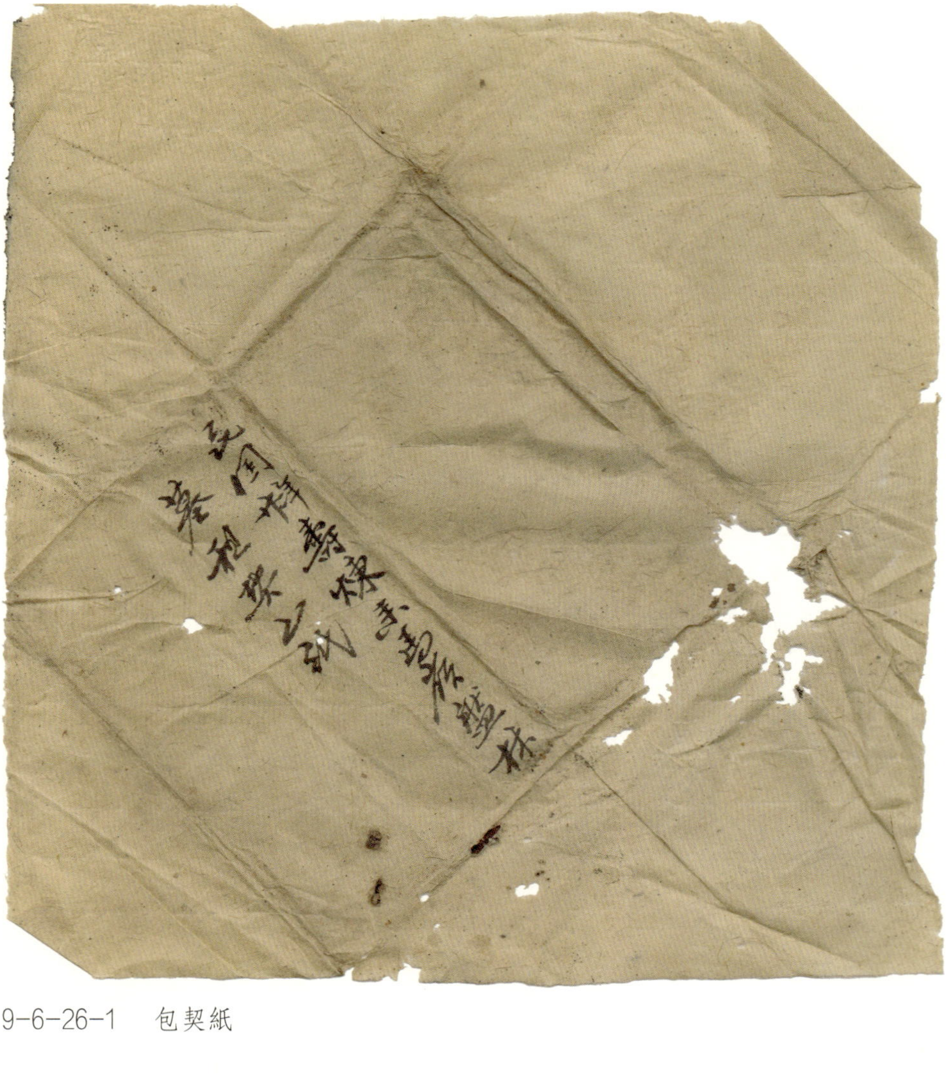

9-6-26-1　包契紙

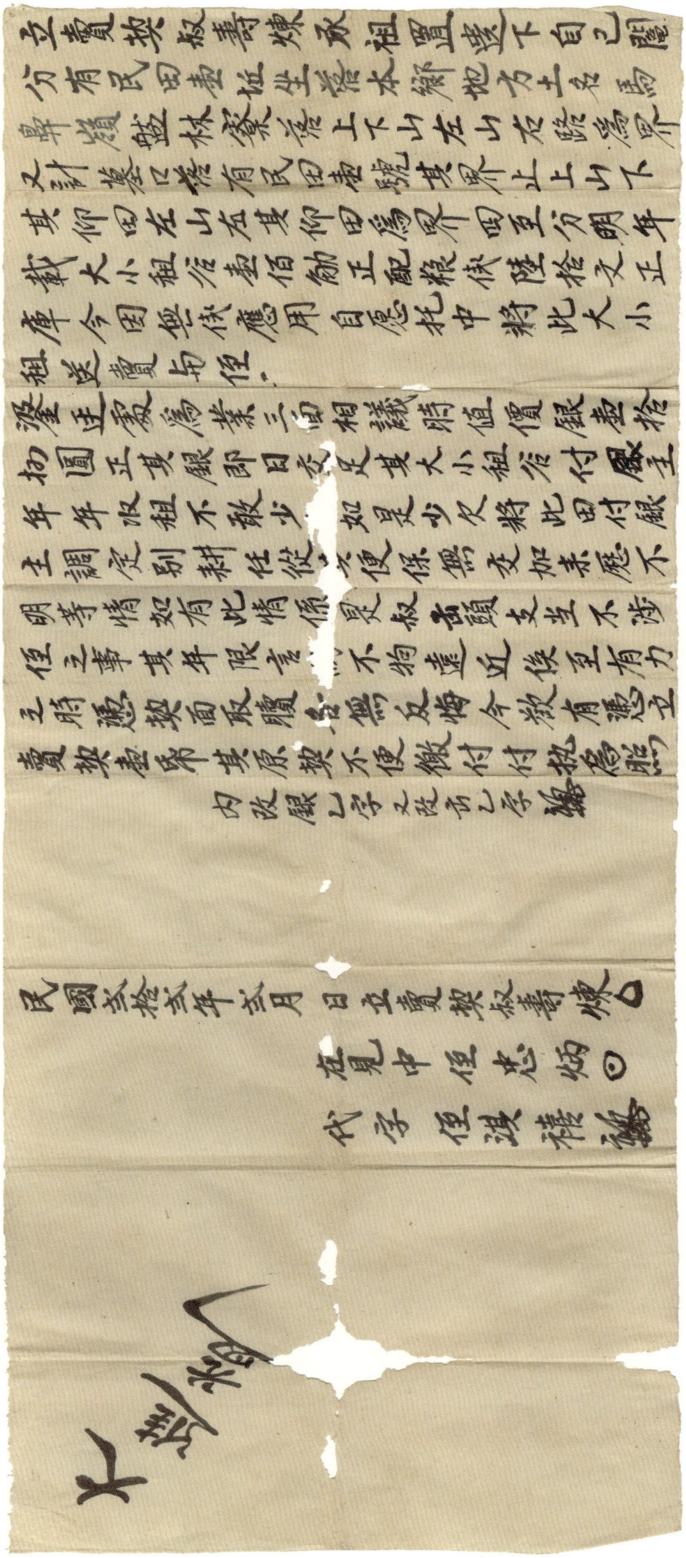
立賣契叔壽煉承祖置遺下自己鬮
分有民田壹址坐落本鄉地方土名烏
鼻中嶺壠林家后上下山左山右路爲界
又計[illegible]基[illegible]落有民田壹號其界止上山下
其仰田左山右其仰田爲界四至分明年
載大小租谷壹佰斛正配粮根俟隨拾文正
庫平今因無錢應用自願托中將此大小
租送賣與地侄
運壟達家爲業三面相議時值價銀壹拾
捌圓正其銀即日交足其大小租谷付銀主
年年收租不敢少欠如是少欠將此田付銀
主調定別耕任從之便保無交加來歷不
明等情如有此情係身叔壹頭支當不涉
侄之事其年限言明不拘遠近俟至有力
之時憑契面取贖宜無反悔今欲有憑立
賣契壹帋其原契不便繳付付執爲照
內改銀乙字又改爲乙字

民國弍拾弍年弍月　日立賣契叔壽煉（押）
在見中侄忠炳（押）
代字侄達禧（押）

大吉利

民國二十二年二月楊壽煉立賣民田契

9-6-26-2

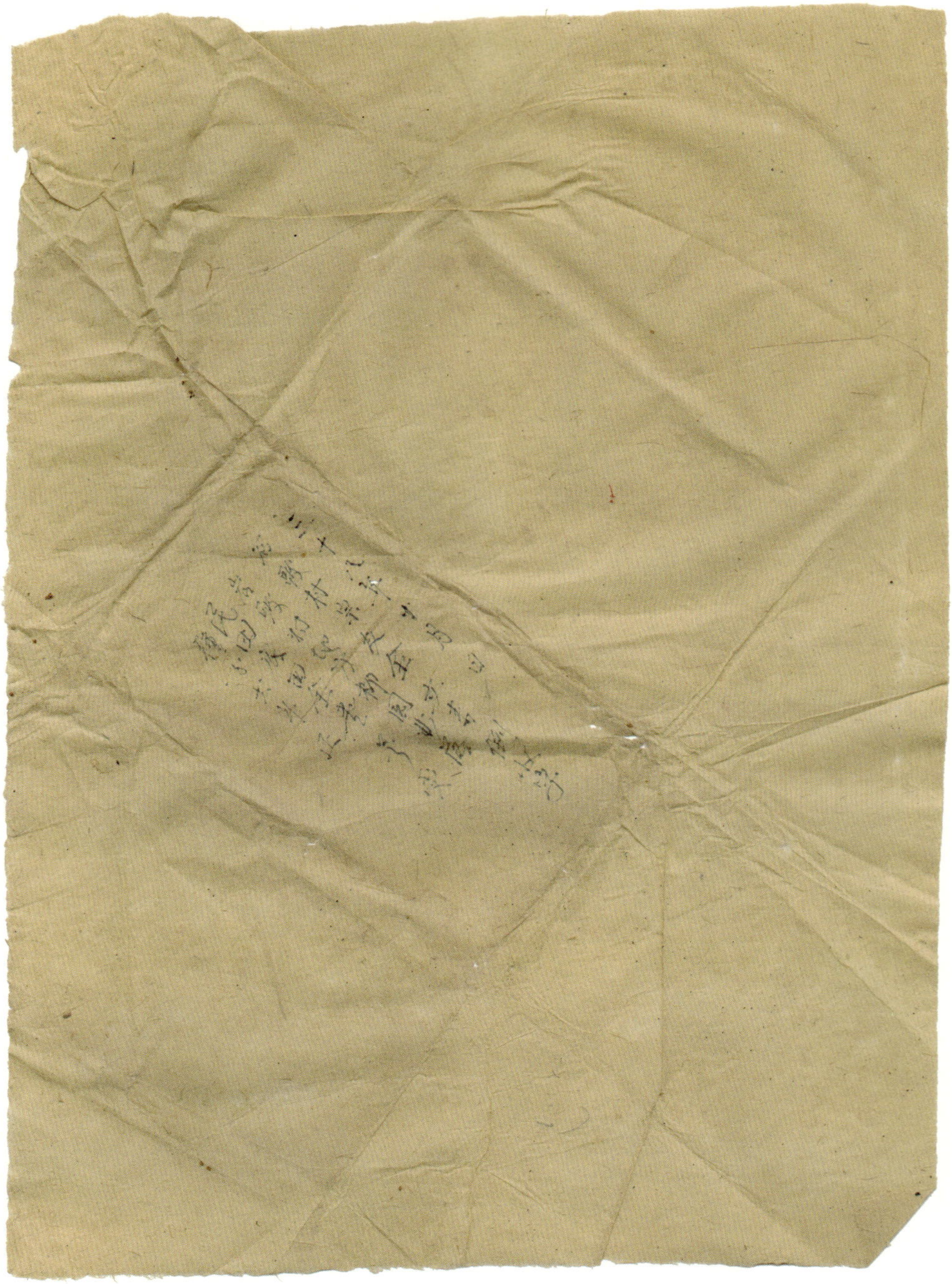

9-6-27-1　包契紙

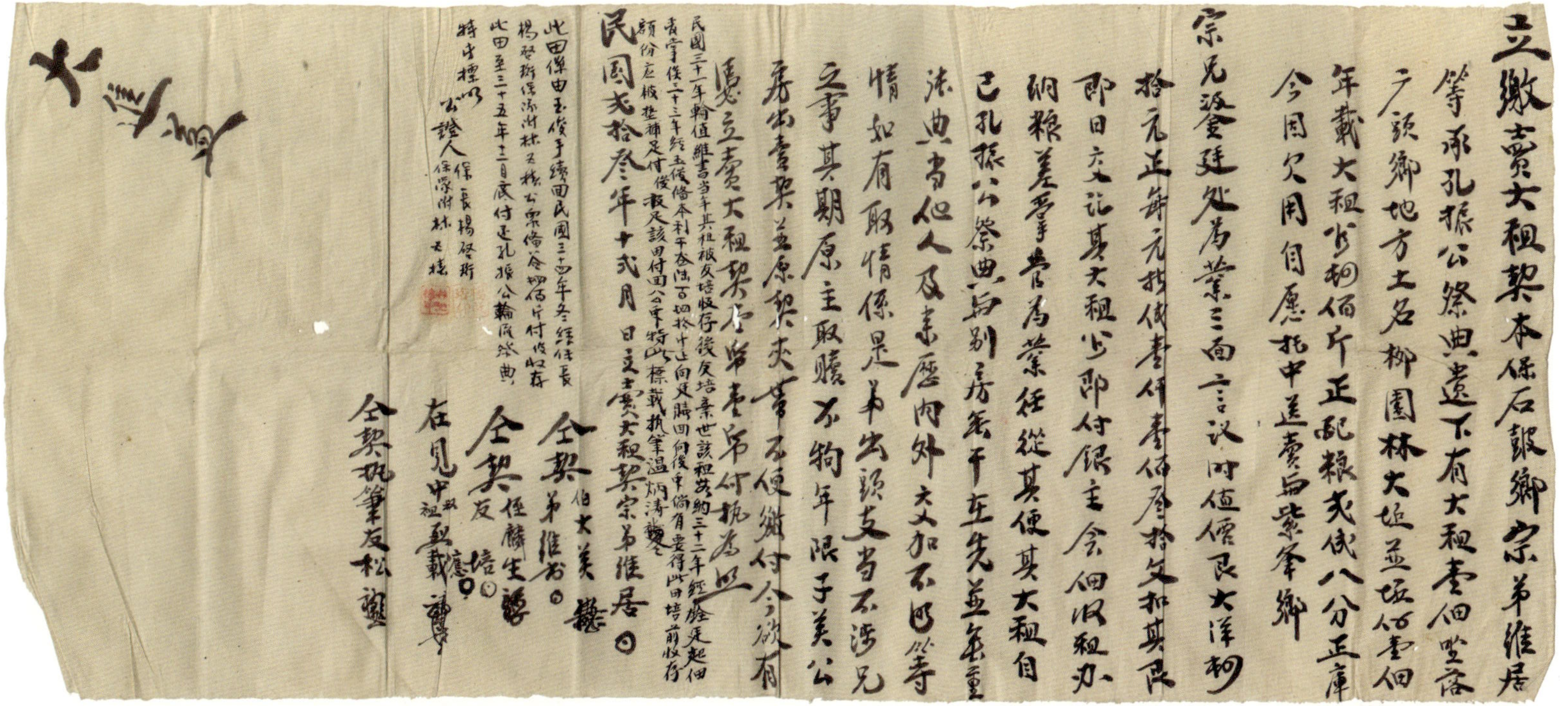
立繳賣大租契本保石鼓鄉宗弟維居
等承孔振公祭典遺下有大租壹佃坐落
本鄉地方土名柳園林大垣並垣仔壹佃
年載大租谷捌佰斤正配粮式錢八分正庫
今因欠用自愿托中送賣與紫山鄉
宗兄盛廷處為業三面言議時值價艮大洋捌
拾元正每元折作壹佰叁拾文折其艮
即日交訖其大租谷即付銀主會佃收租办
納粮差承買為業任從其便其大租自
己孔振公祭典與別房兄弟無干在先並無重
張典當他人及來歷內外交加不明等
情如有此情係是弟出頭支當不涉兄
之事其期原主取贖不拘年限于美公
房出業契並原契未曾付今欲有
憑立賣大租契壹紙付執為照
民國式拾叁年十弍月　日立賣大租契宗弟維居
全契伯大美
全契弟維岩
全契侄麟生
全契執筆友松

9-6-27-2　民國二十三年十二月楊維居等立繳賣大租契

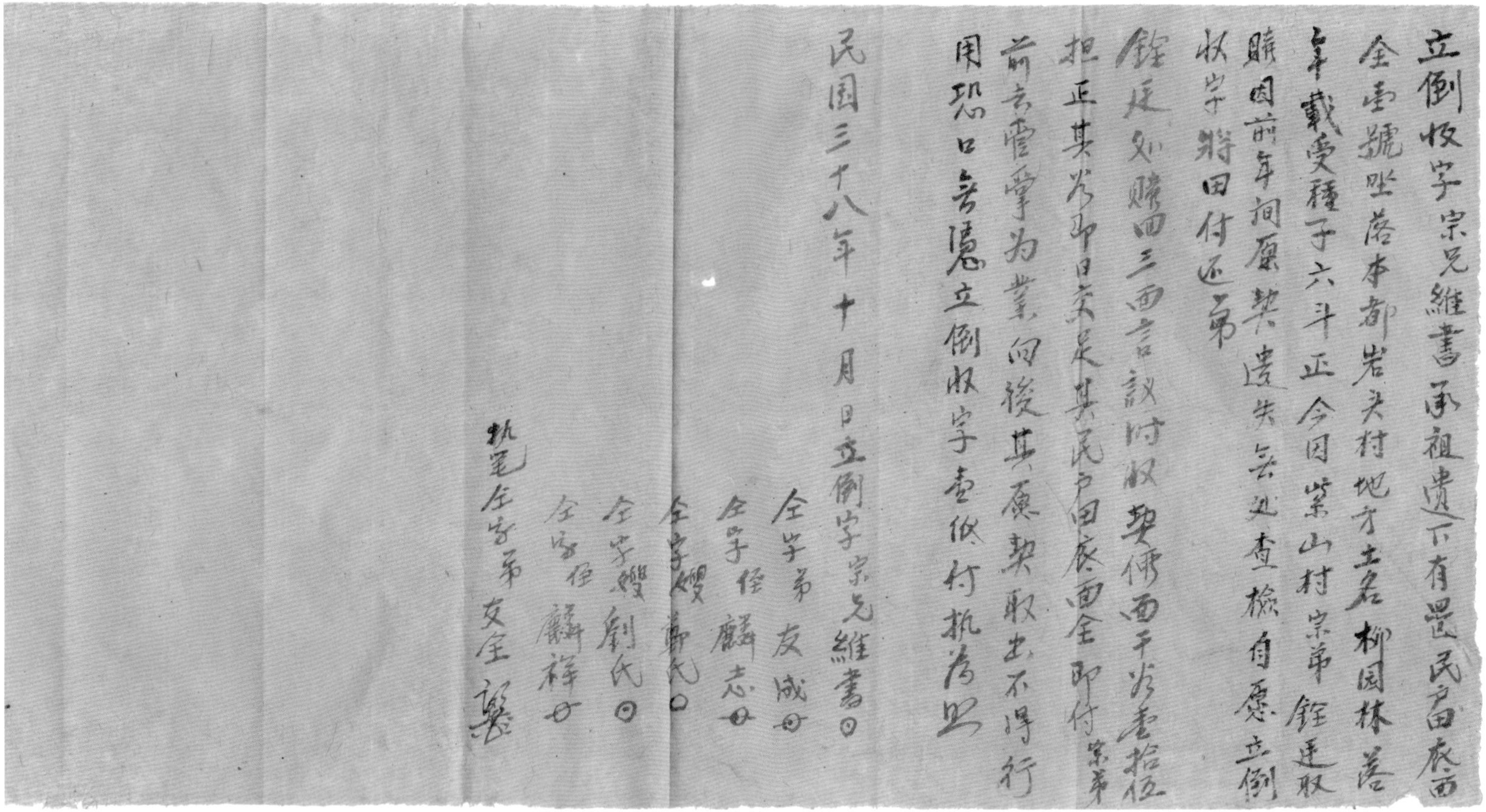
立倒收字宗兄維書承祖遺下有置民戶田底面
全壹號坐落本都岩头村地方土名柳园林落
年載受種子六斗正今因宗山村宗弟銓廷取
贖因前年间原契遗失無从查檢自愿立倒
收字將田付还弟
銓廷知贖回三面言議时收契價西平洋壹拾伍
担正其洋即日交足其民戶田底面全即付宗弟
前去管業為業向後其原契取出不得行
用恐口無憑立倒收字壹紙付执為照

民國三十八年十月　日立倒字宗兄維書㊞
仝字弟　友誠㊞
仝字侄　麟志㊞
仝字嫂　鄭氏㊞
仝字嫂　劉氏㊞
仝字侄　麟祥㊞
執筆仝字弟　友全

9-6-27-3　民國三十八年十月楊維書等立倒收字（一）

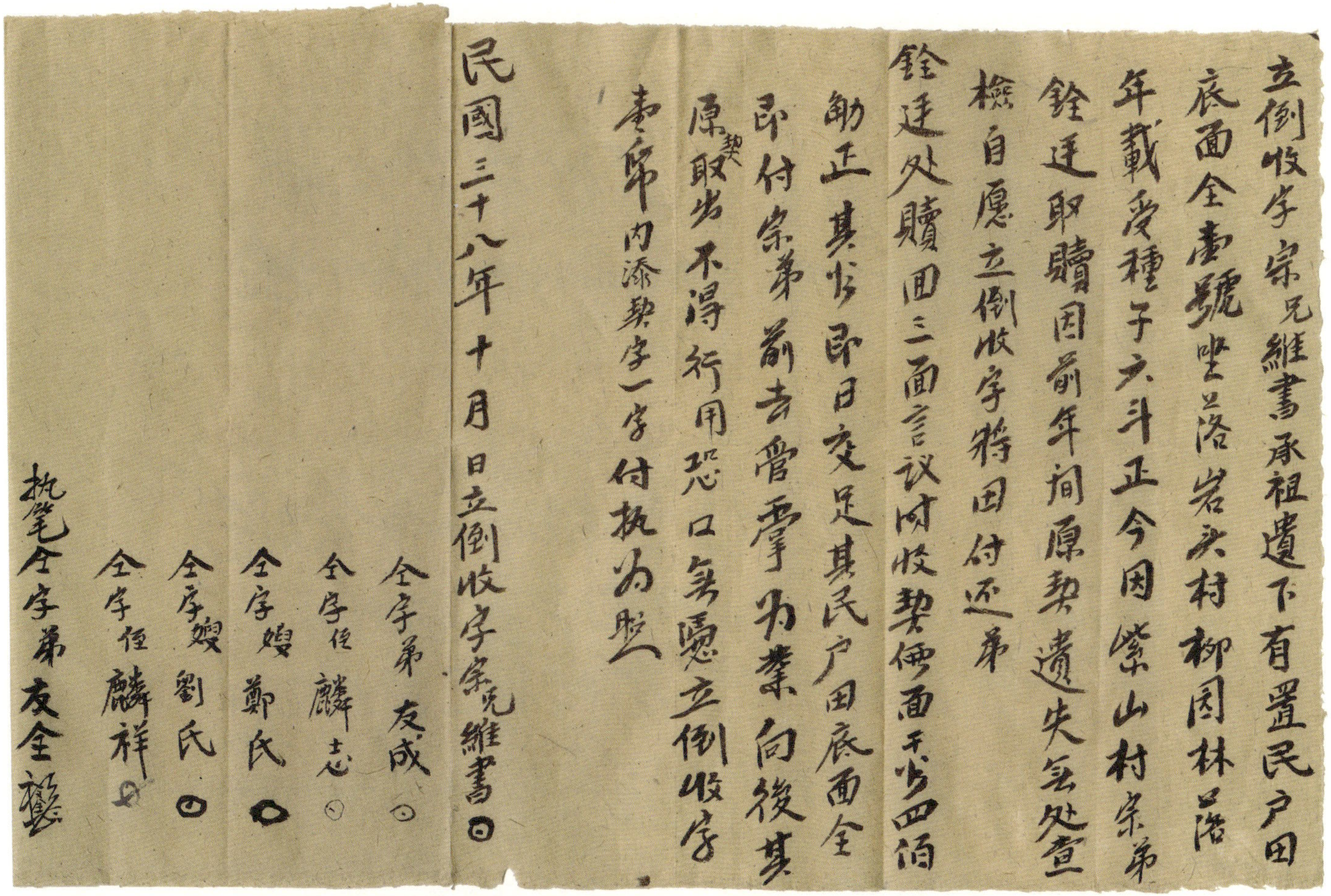
立倒收字宗兄維書承祖遺下有置民户田
底面全壹號坐[illegible]落岩头村柳園林[illegible]落
年載受種子六斗正今因紫山村宗弟
銓廷取贖因前年間原契遺失無处查
檢自愿立倒收字將田付还弟
銓廷处贖田三面言议时收契價面[illegible]大洋四佰
勳正其大即日交足其民户田底面全
即付宗弟前去管掌为業向後其
原契取出不得行用恐口無憑立倒收字
壹帋内添契字一字付执为照
民國三十八年十月　日立倒收字宗兄維書
全字弟　友成
全字侄　麟志
全字嫂　鄭氏
全字嫂　劉氏
全字侄　麟祥
执笔全字弟　友全

9-6-27-4　民國三十八年十月楊維書等立倒收字（二）

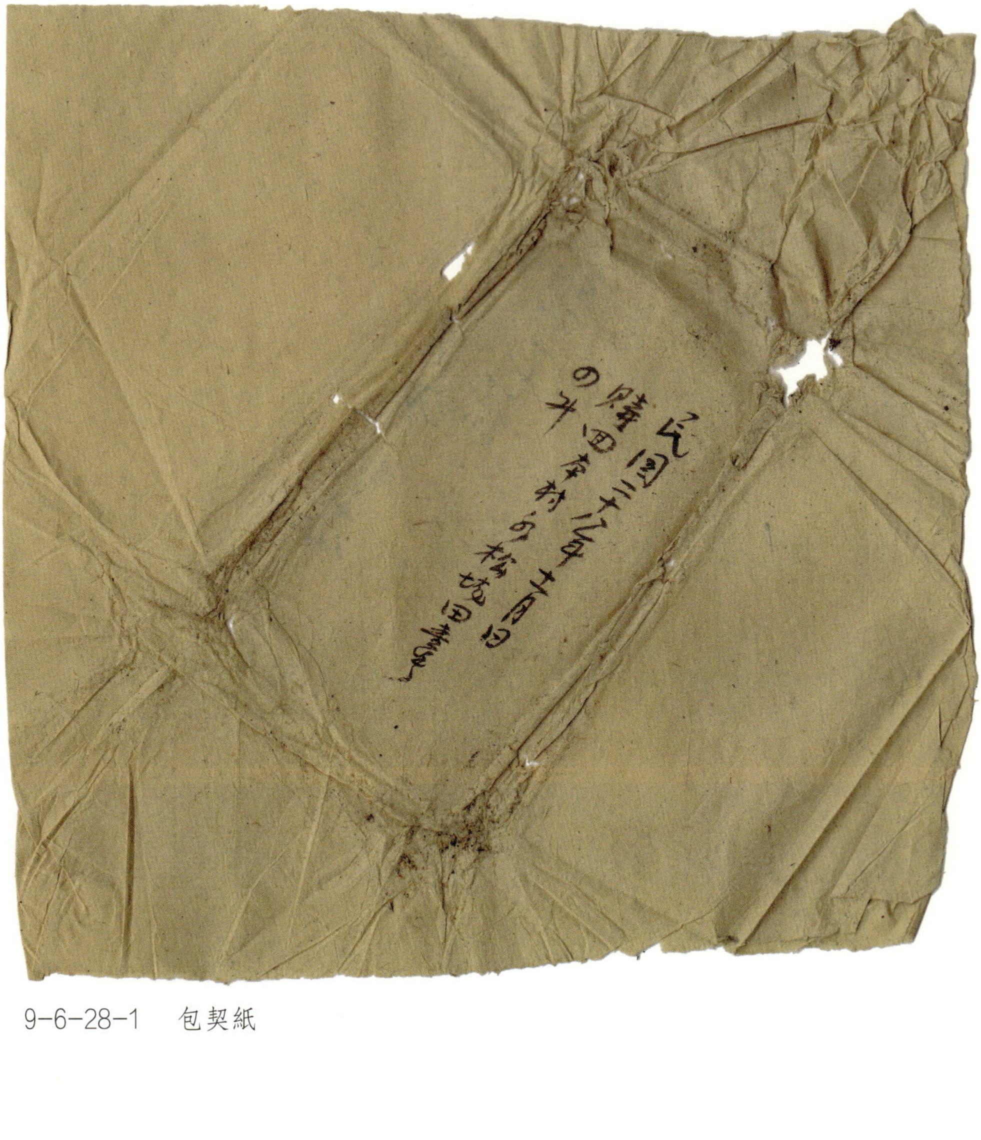

民國三十八年十月日
睦田存材的松坑田書
の本

9-6-28-1　包契紙

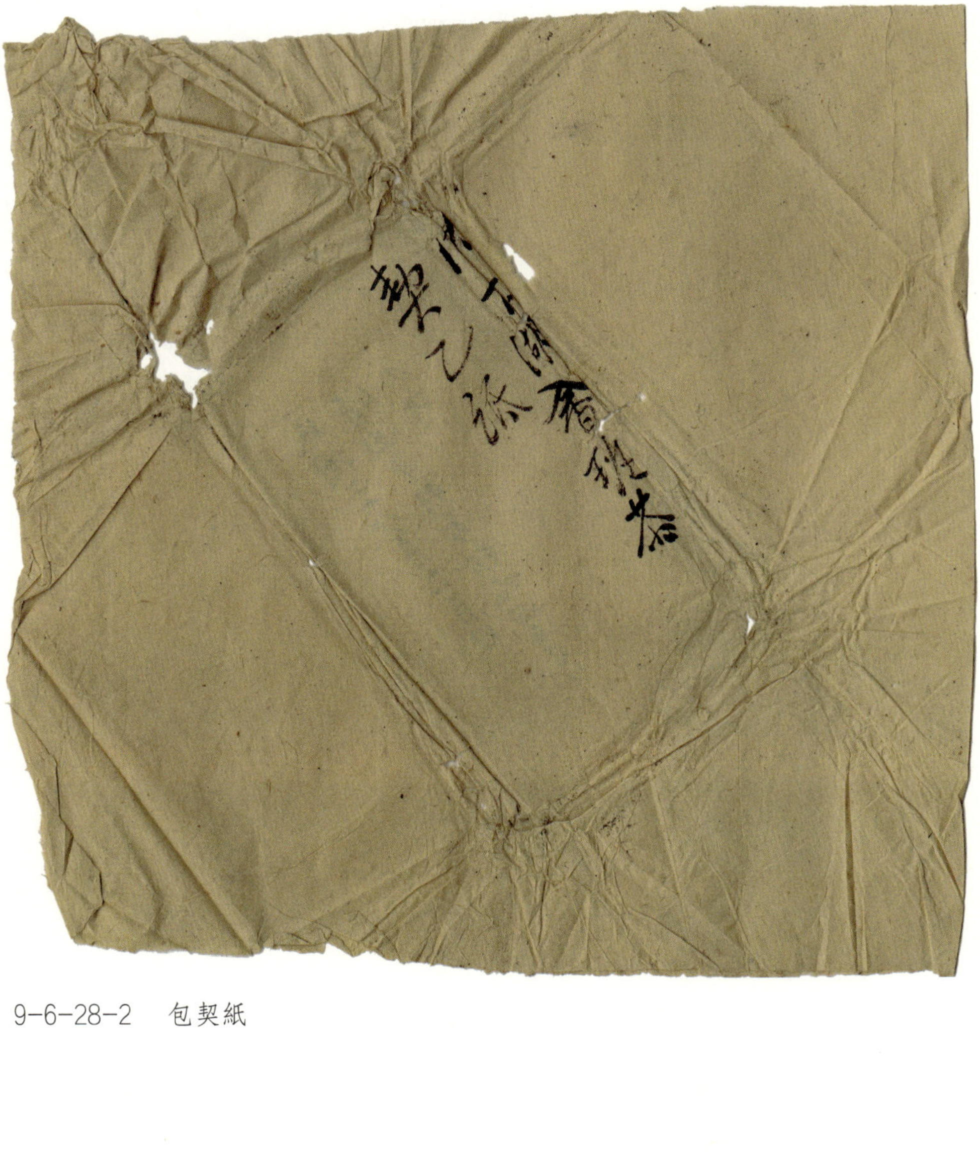

9-6-28-2　包契紙

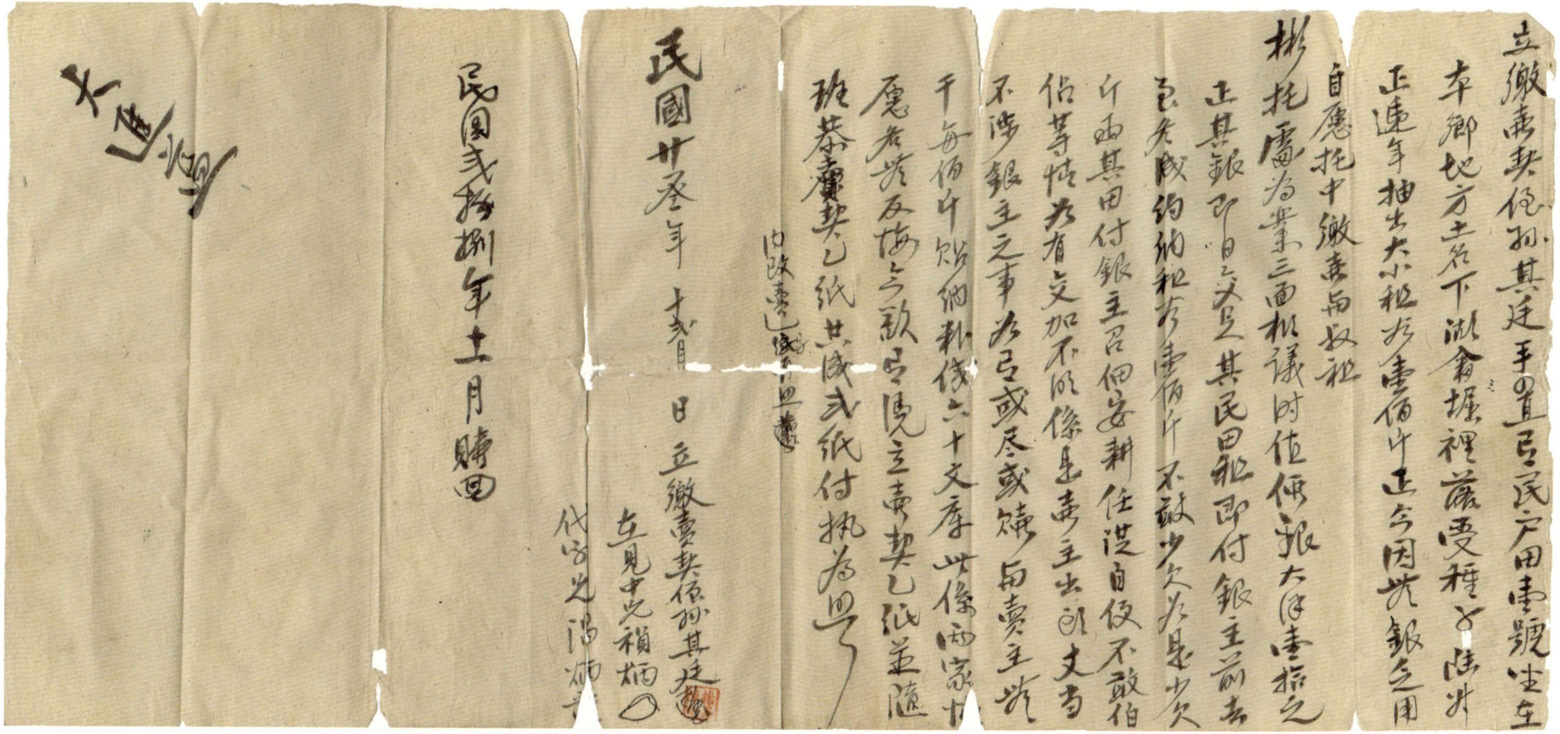

9-6-28-3　民國二十三年十二月楊其廷立繳賣民户田契

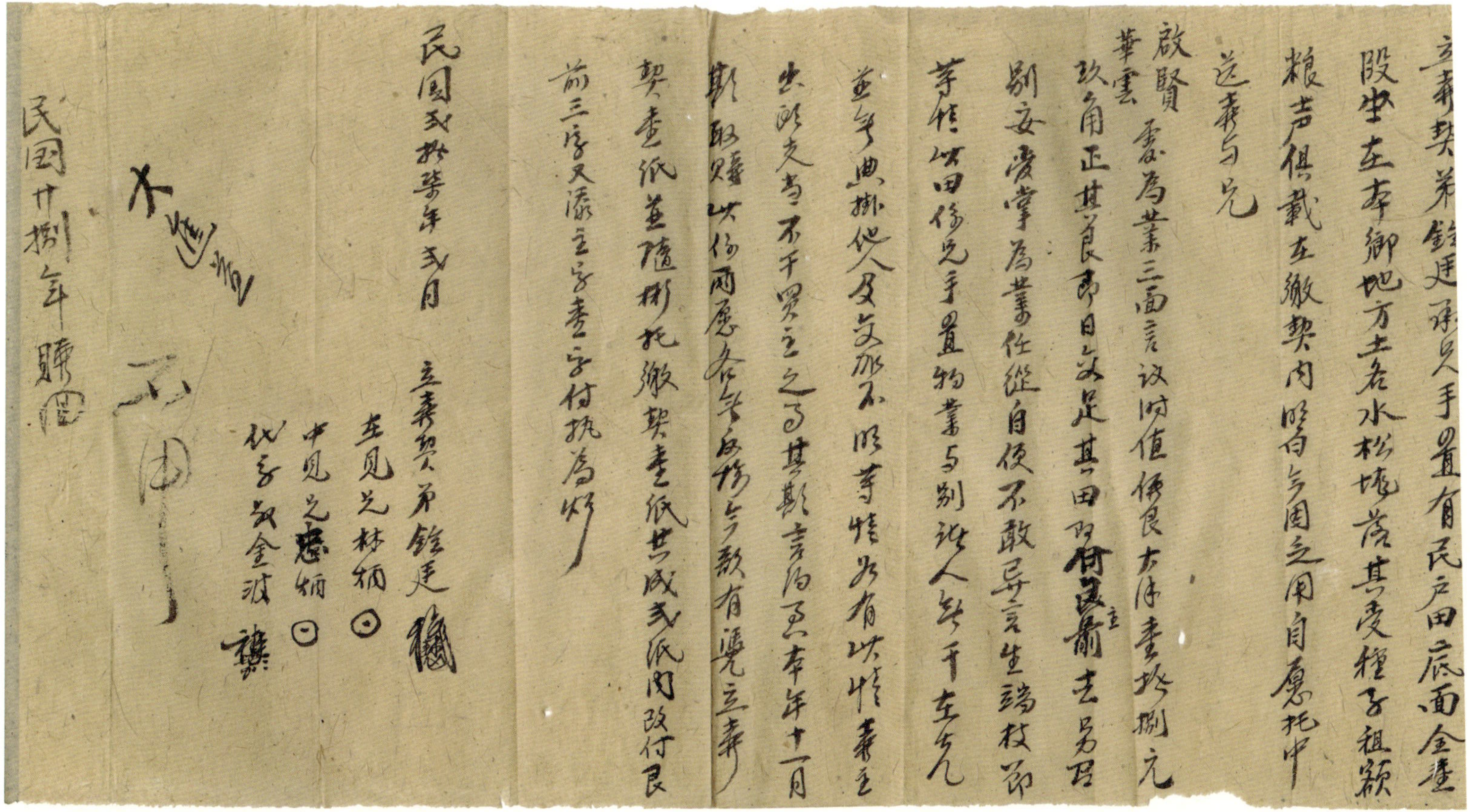

立賣契弟銓廷承父手置有民户田底面全壹
段坐在本鄉地方土名水松壠落其受種子粗谷
糧声俱載在繳契内明白今因乏用自愿托中
送賣与兄
啟賢
華雲　憲為業三面言议時值價良大洋壹拾捌元
玖角正其良即日交足其田即付良主前去另召
别安掌為業任從自便不敢异言生端枝節
等情此田係兄手置物業与别人無干在兄
並無典掛他人及交加不明等情如有此情賣主
出頭支當不干買主之事其断言后至本年十一月
取贖此係兩愿各無反悔今欲有憑立賣
契壹紙並隨㧓托繳契壹紙共成貳紙内改付良
前三字又添主字壹字付执為炤

民國貳拾柒年貳月　日　　立賣契弟銓廷（押）
在見兄林炳 ⊙
中見兄德炳 ⊙
代字叔金波（押）

民國廿捌年贖回

9-6-28-4　民國二十七年二月楊銓廷立賣底面全民户田契

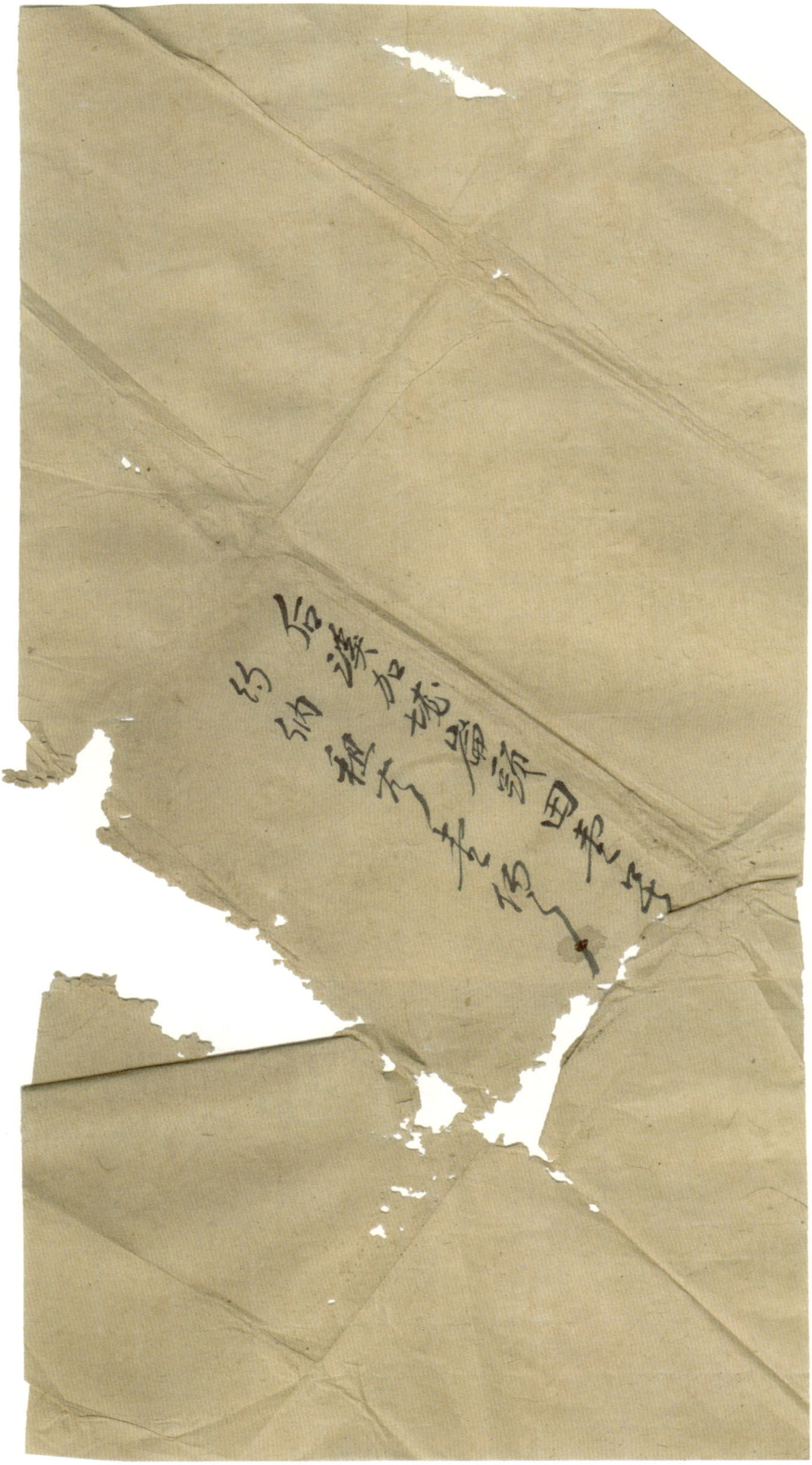
后溪加㙟嶺頭田壹契
付納租人李福

9-6-29-1　包契紙

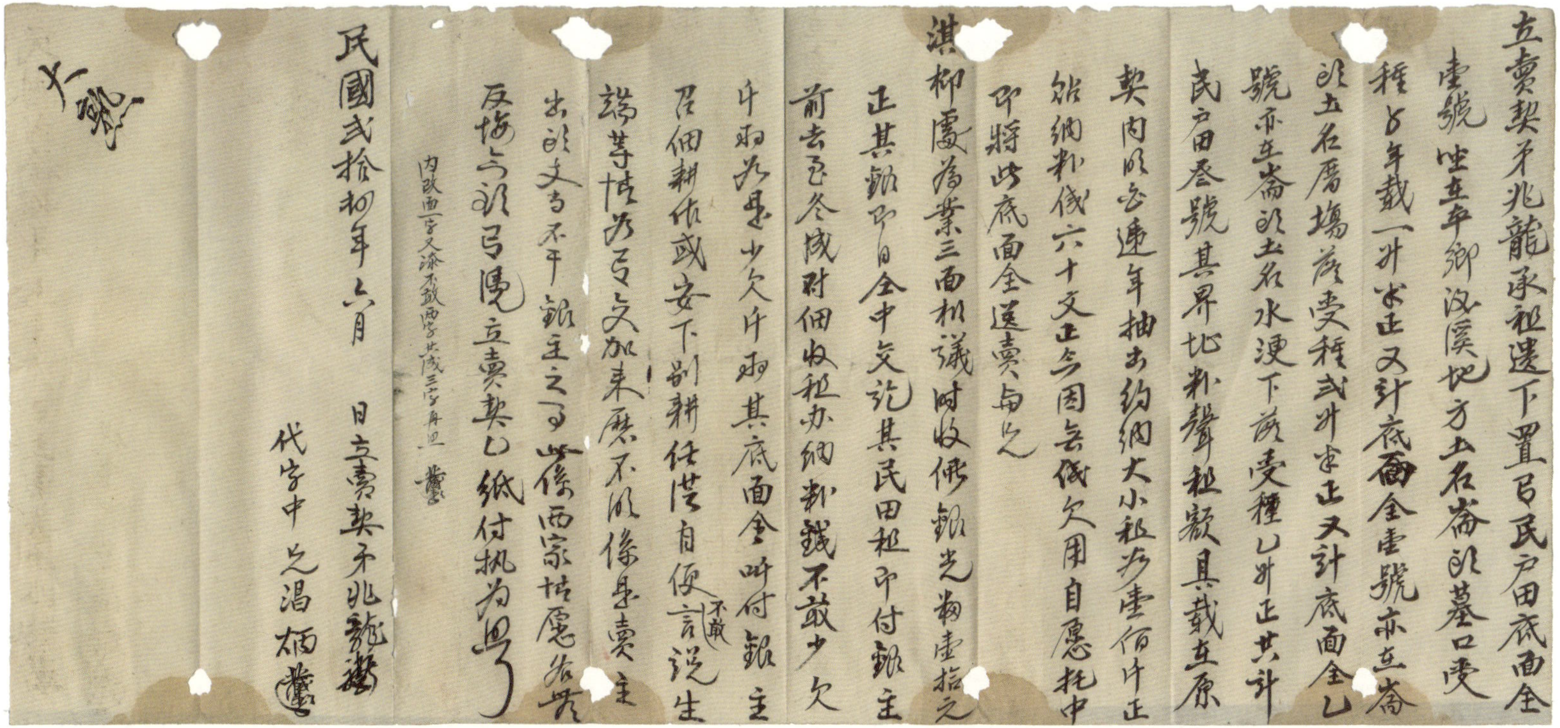

9-6-29-2　民國二十四年六月楊兆龍立賣底面全民户田契

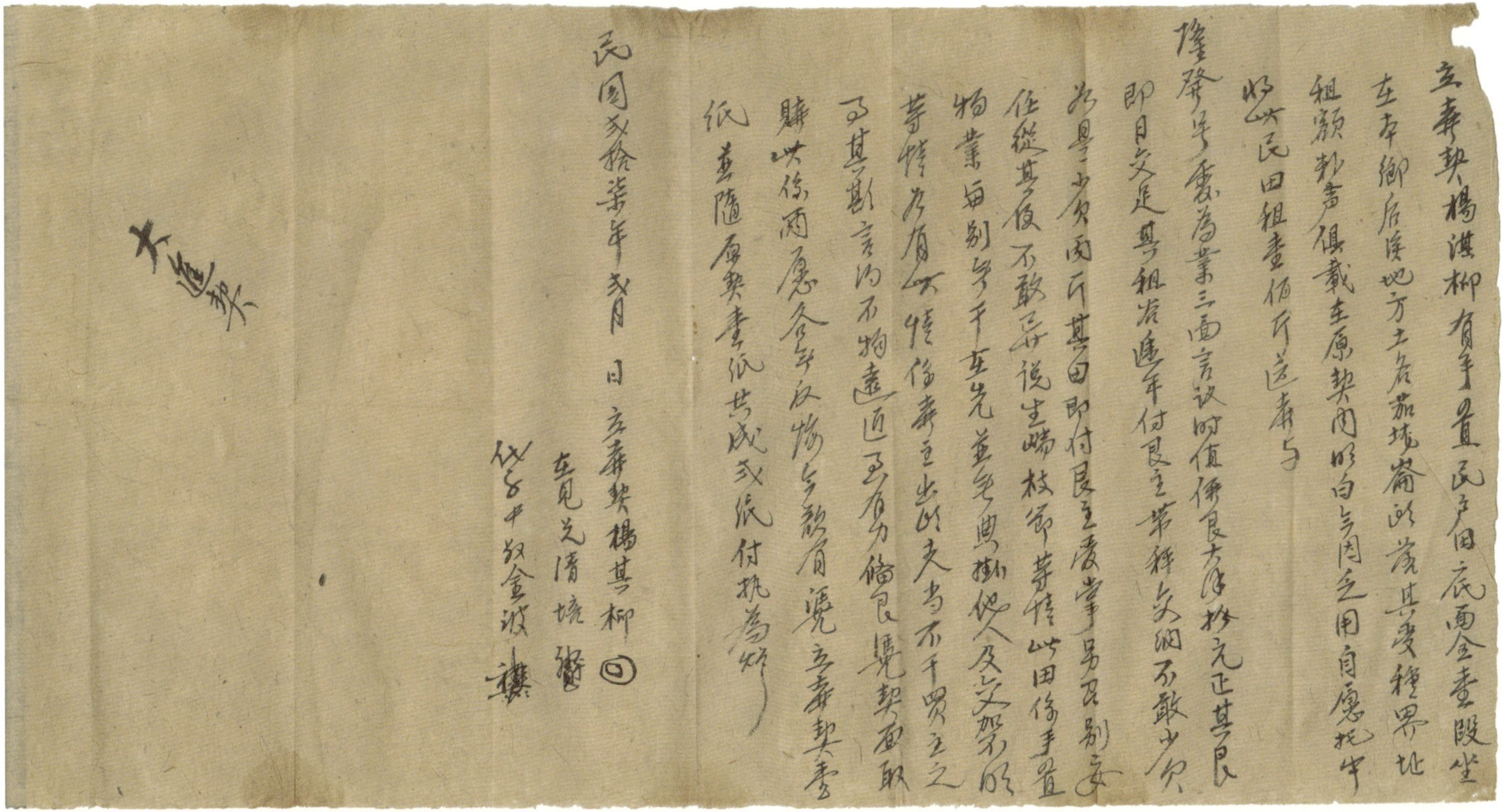

立賣契楊淇柳有手置民户田底面全壹段坐
在本鄉后洋地方土名茄坑崙路墘其受種界址
租額粮声俱載在原契內明白今因乏用自愿托中
將此民田租壹佰斤送賣与
隆登等處為業三面言議時值價艮大洋捌元正其艮
即日交足其租谷逐年付艮主業秤交納不敢少欠
如是少欠兩斤其田即付艮主受掌另召別安
佃從其自便不敢異說生端枝節其此田係手置
物業與別房伯叔兄弟無干並無典掛他人及交加不明
等情如有此情係賣主出頭支當不干買主之
事其斷言內不拘遠近年月備艮還契面取
贖此係兩愿各無反悔今欲有憑立賣契壹
紙並隨原契壹紙共成貳紙付執為炤

民國貳拾柒年貳月　日　立賣契楊其柳（押）
在見兄清境（押）
代字中叔金波（押）

大進契

9-6-29-3　民國二十七年二月楊淇柳立賣底面全民户田契

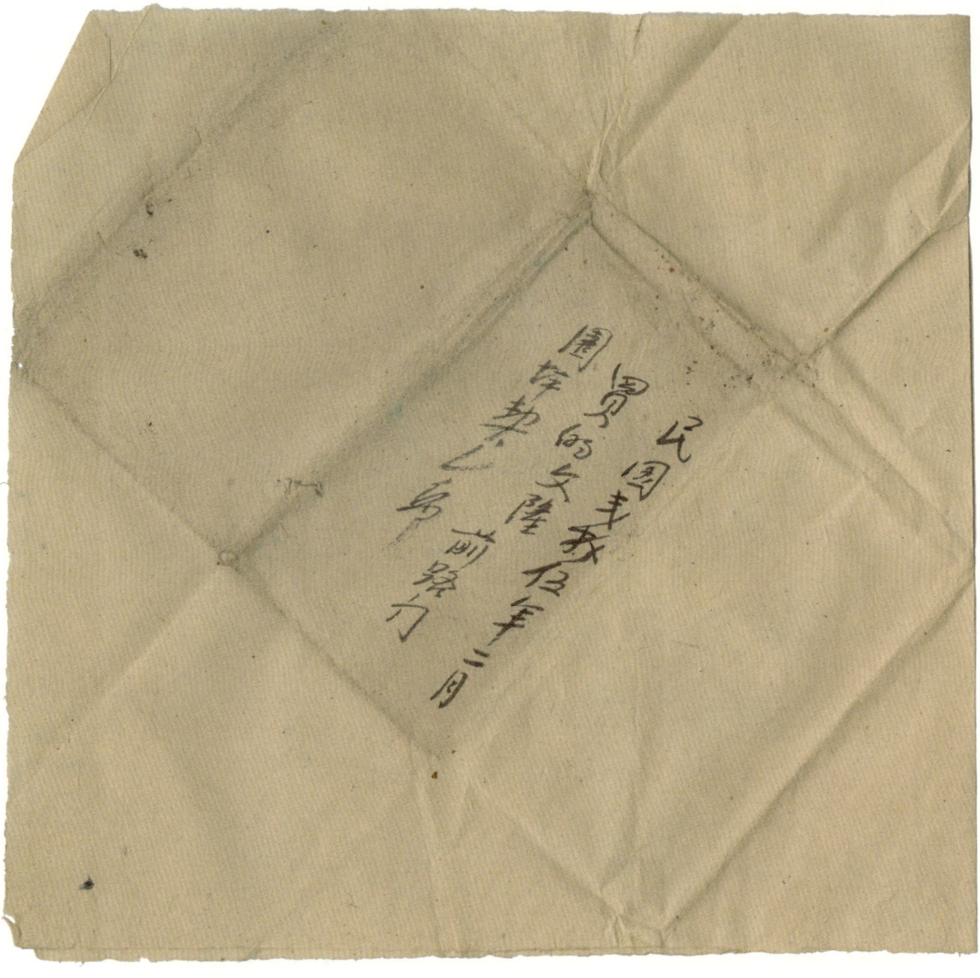

9-6-30-1　包契紙

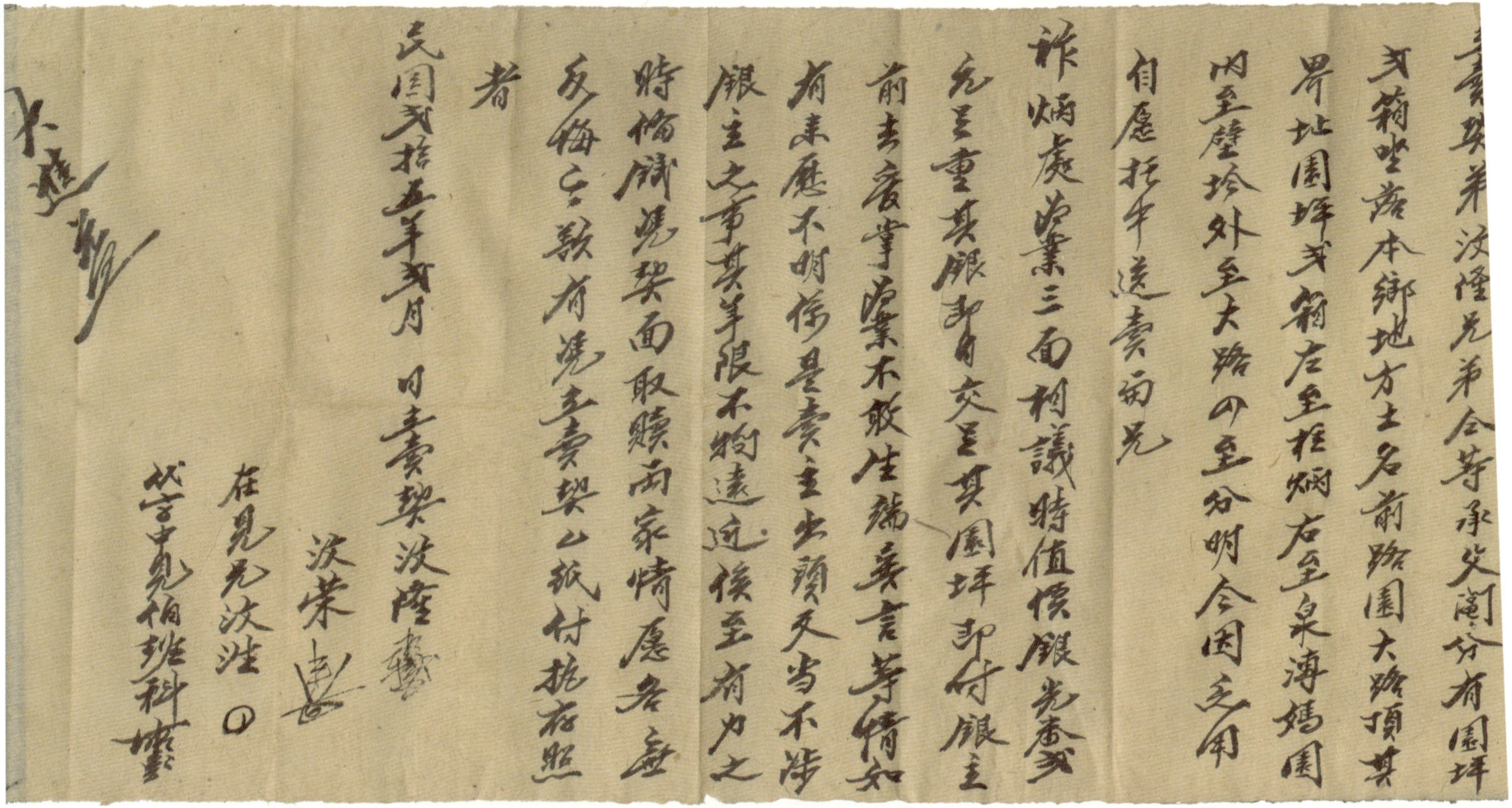
立賣契弟汶隆兄弟合等承父鬮分有園坪
弍節坐落本鄉地方土名前路園大路頂其
界址園坪弍節左至桂炳右至泉溥媽園
內至壁埒外至大路四至分明今因乏用
自愿托中送賣南兄
祚炳處出業三面相議時值價銀光番弍
元正壹其銀即日交足其園坪即付銀主
前去管業不敢生端異言等情如
有來歷不明係是賣主出頭支当不涉
銀主之事其年限不拘遠近條至有力之
時備價照契面取贖兩家情愿各無
反悔今欲有憑立賣契山紙付執存照
者
民國弍拾五年弍月　日立賣契汶隆
汶榮
在見兄汶洼
代字中見梢挑科
大進益

9-6-30-2　民國二十五年二月楊汶隆等立賣園坪契

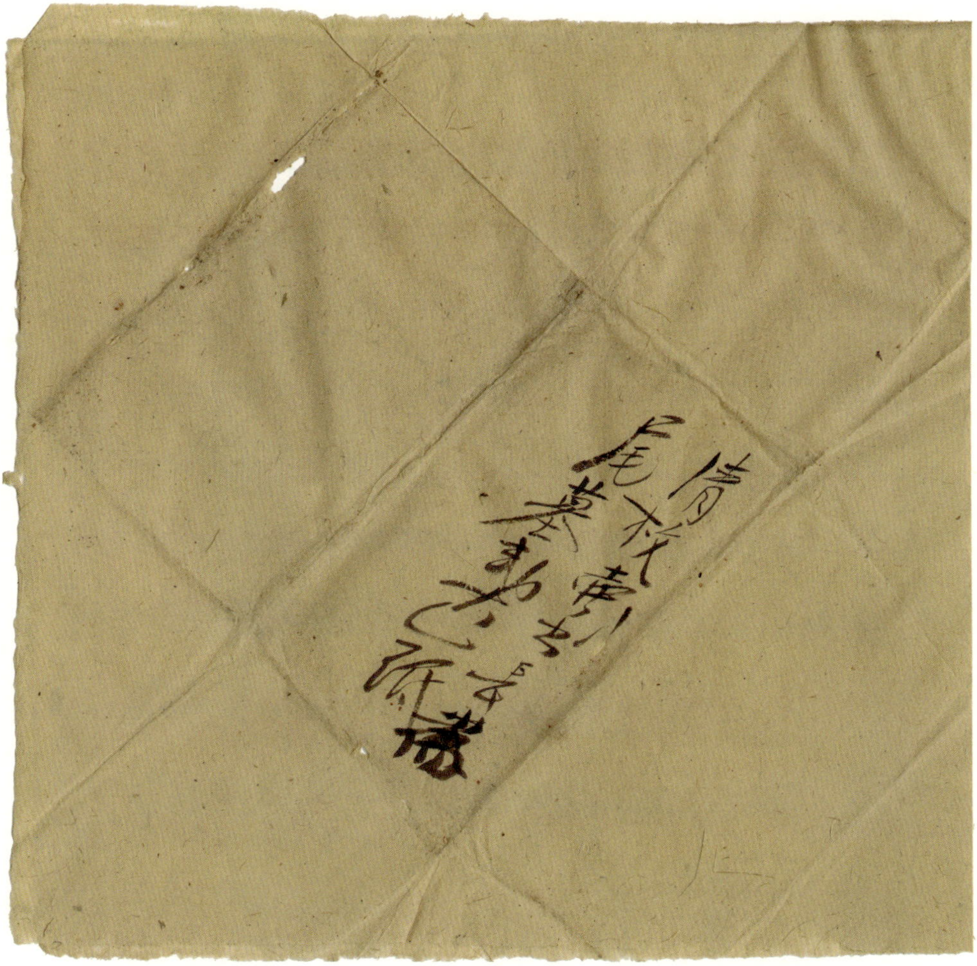

9-6-31-1　包契紙

今在
其廷弟處借出光番壹拾伍元正其
期言約八月中旬備銀齊足送還交
清不敢少欠如是過期少欠即將長
崙尾子仁公塊墓壹穴付銀主右邊遷
做壹壙任從其便不敢再說花紅酒礼
倘交加來歷不明等情　兄自當出頭支
理不涉弟之事此係兩家喜允各無反
悔今欲有憑立借字壹紙付執為照
向後龍宮及龍虎沙左右不准再批他人遷造此約
是實再照

民國廿五年陰曆七月　日立借字兄清培
在見中弟　日財
代字張義仁

9-6-31-2　民國二十五年七月楊清培立借銀字

9-6-32-1　包契紙

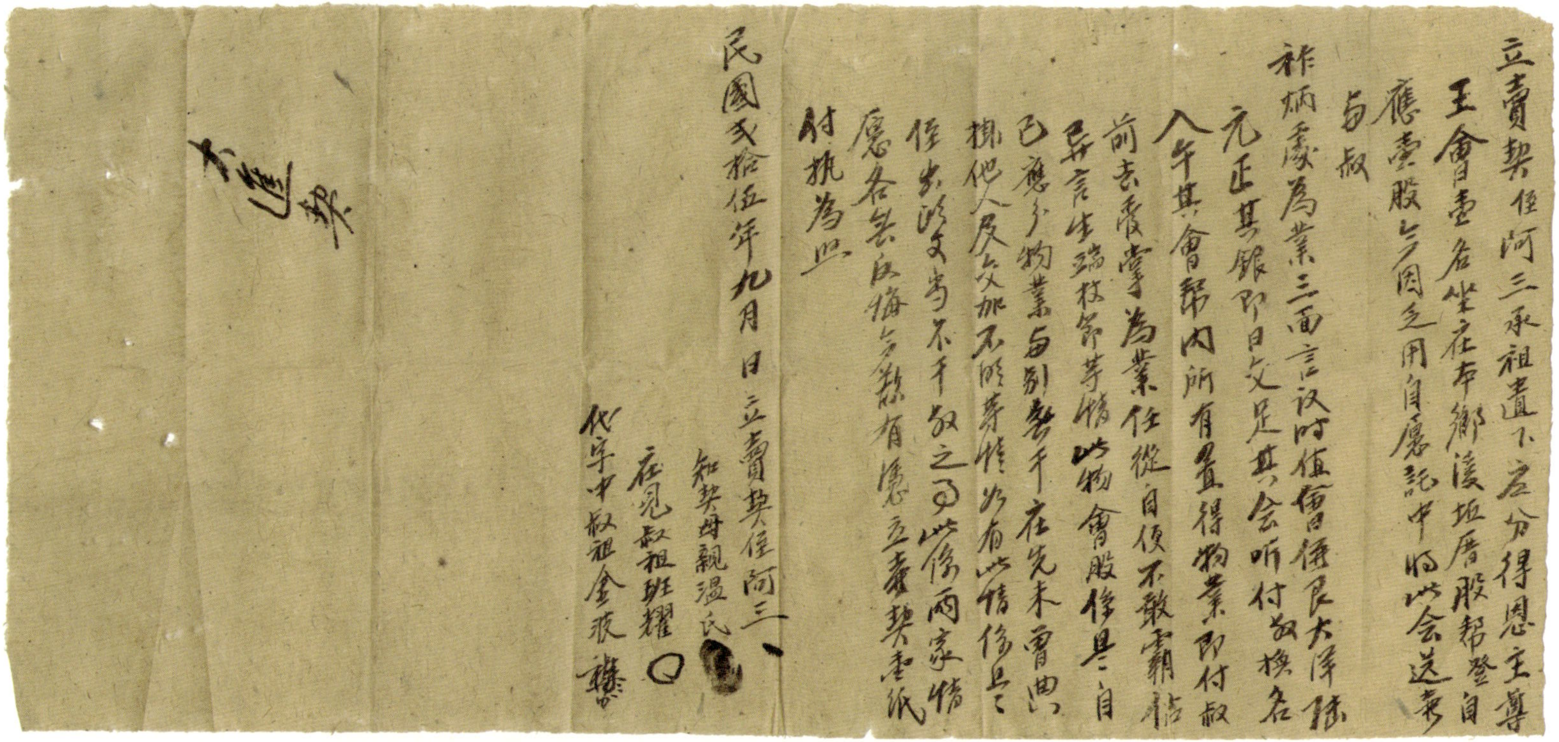

9-6-32-2　民國二十五年九月楊阿三立賣恩主尊王會股份契

9-6-33-1　包契紙

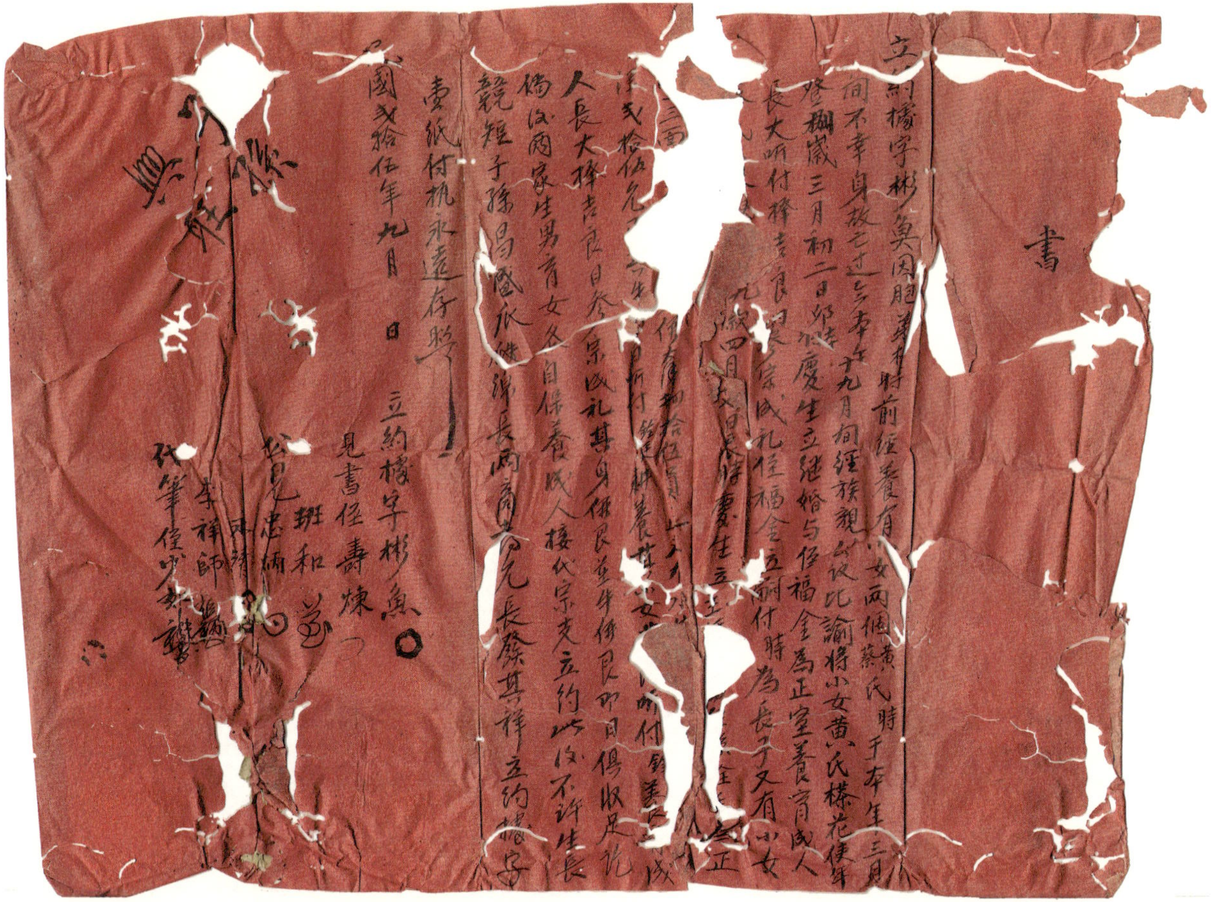

9-6-33-2　民國二十五年九月楊彬魚立約據字

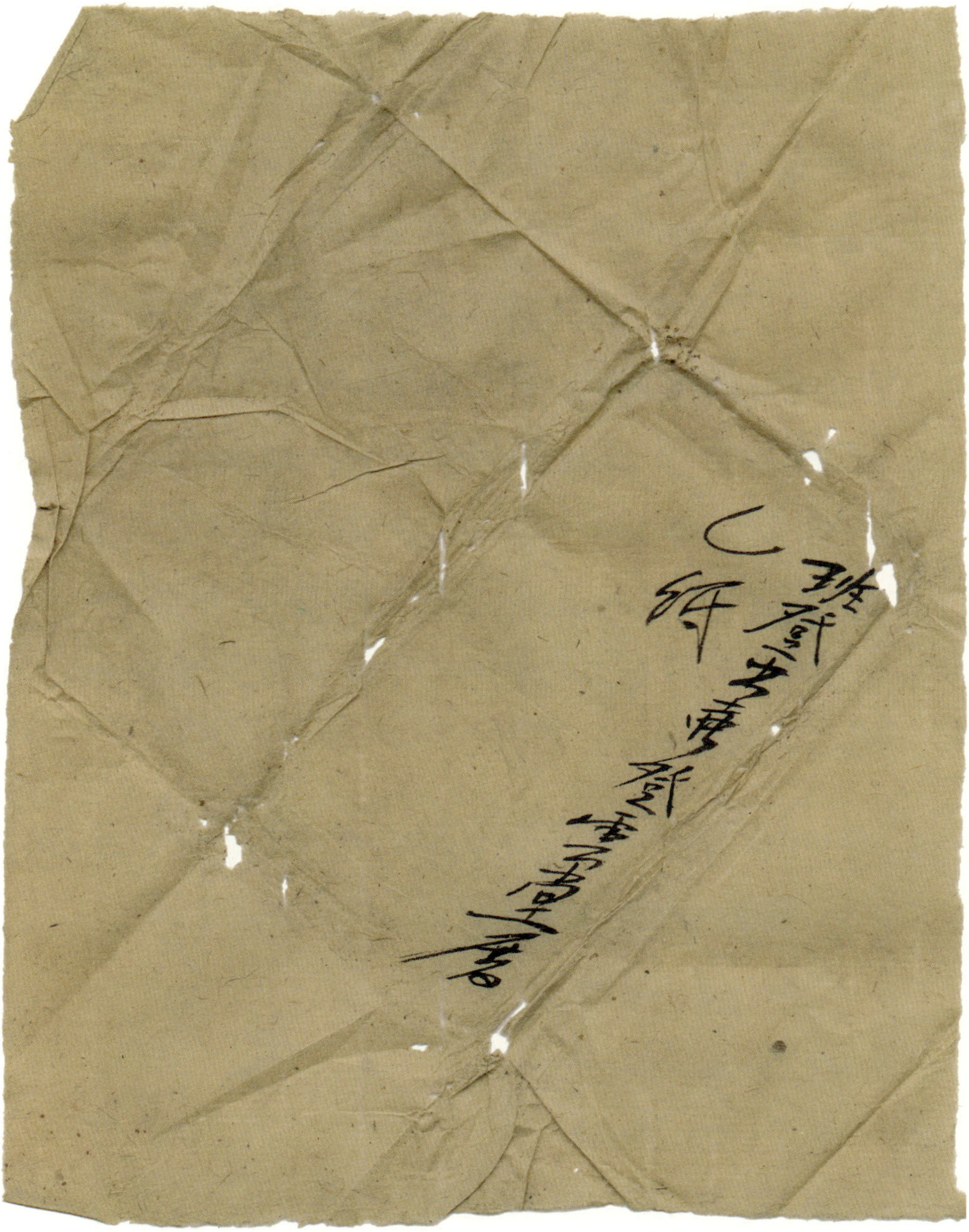

9-6-34-1　包契紙

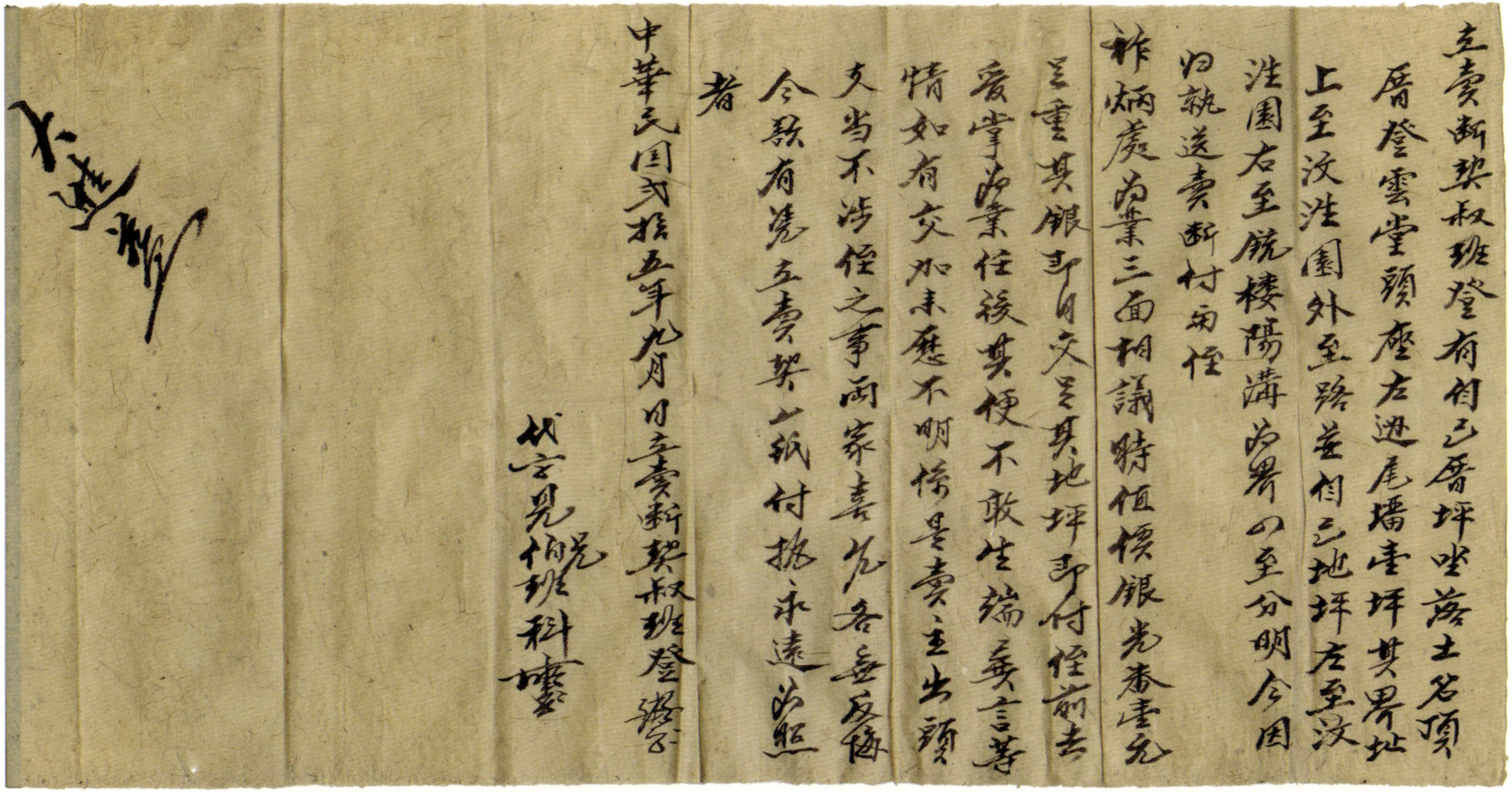
立賣斷契叔班登有自己厝坪坐落土名頂
厝登雲堂頭座左迸尾墻壹坪其界址
上至汶洼園外至路並自己地坪左至汶
洼園右至銑樓陽满爲界四至分明今因
旧執送賣斷付甥侄
祚炳處爲業三面相議時值價銀光番壹元
正重其銀即日交足其地坪即付侄前去
管掌爲業任從其便不敢生端異言等
情如有交加未歷不明係是賣主出頭
支當不涉侄之事兩家喜允各無反悔
今欲有憑立賣契一紙付執永遠爲照
者
中華民国弍拾五年九月日立賣斷契叔班登
代字見侑兄班科

9-6-34-2　民國二十五年九月楊班登立賣斷厝坪契

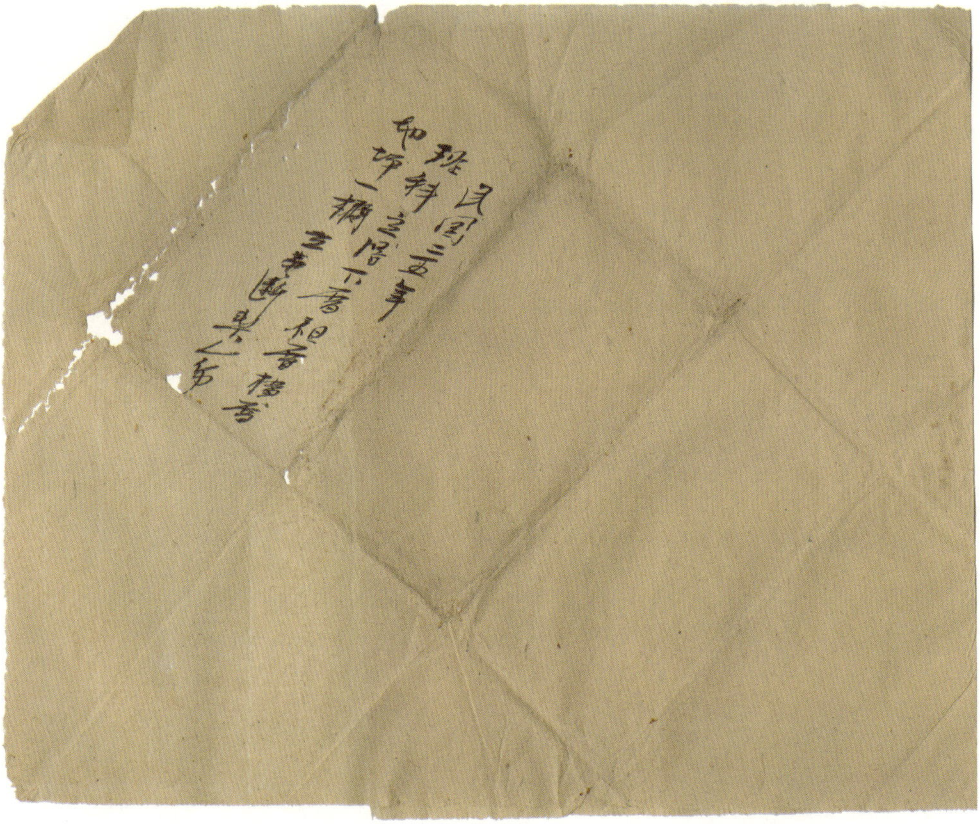

9-6-35-1　包契紙

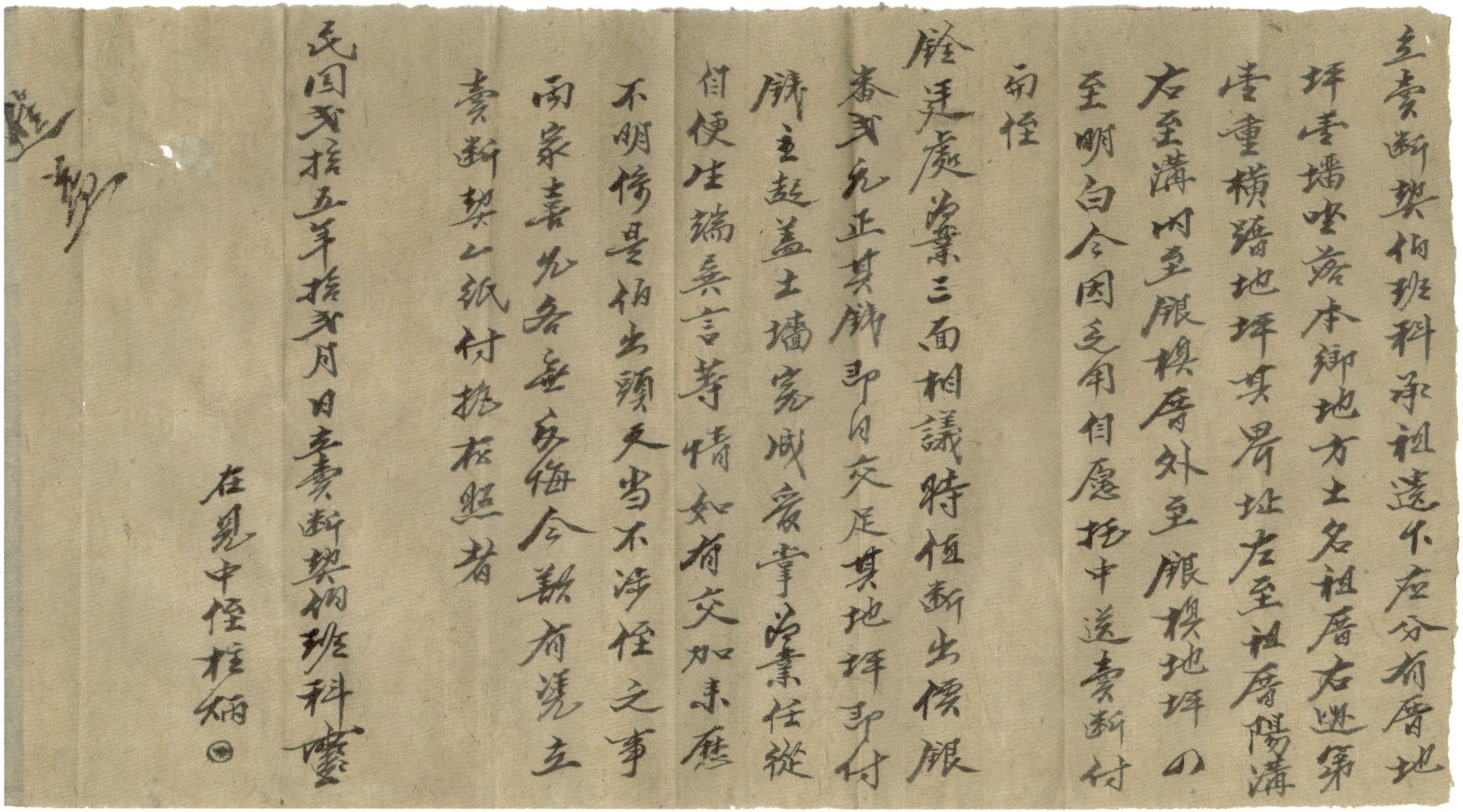

立賣斷契楊班科承祖遺下應分有厝地
坪壹塲坐落本鄉地方土名祖厝右邊第
壹重橫路地坪其界址左至祖厝陽溝
右至溝內至限模厝外至限模地坪〇
至明白今因乏用自願托中送賣斷付
前侄
銓廷處邊業三面相議特值斷出價銀
壹元正其銀即日交足其地坪即付
銀主起蓋土墻房屋掌邊業任從
自便此端無言等情如有交加未應
不明係是伯出頭支當不涉侄之事
兩家喜允各無反悔今欲有憑立
賣斷契乙紙付執為照者
民國貳拾五年拾貳月日立賣斷契楊班科
在見中侄桂炳

9-6-35-2　民國二十五年十二月楊班科立賣斷厝地坪契

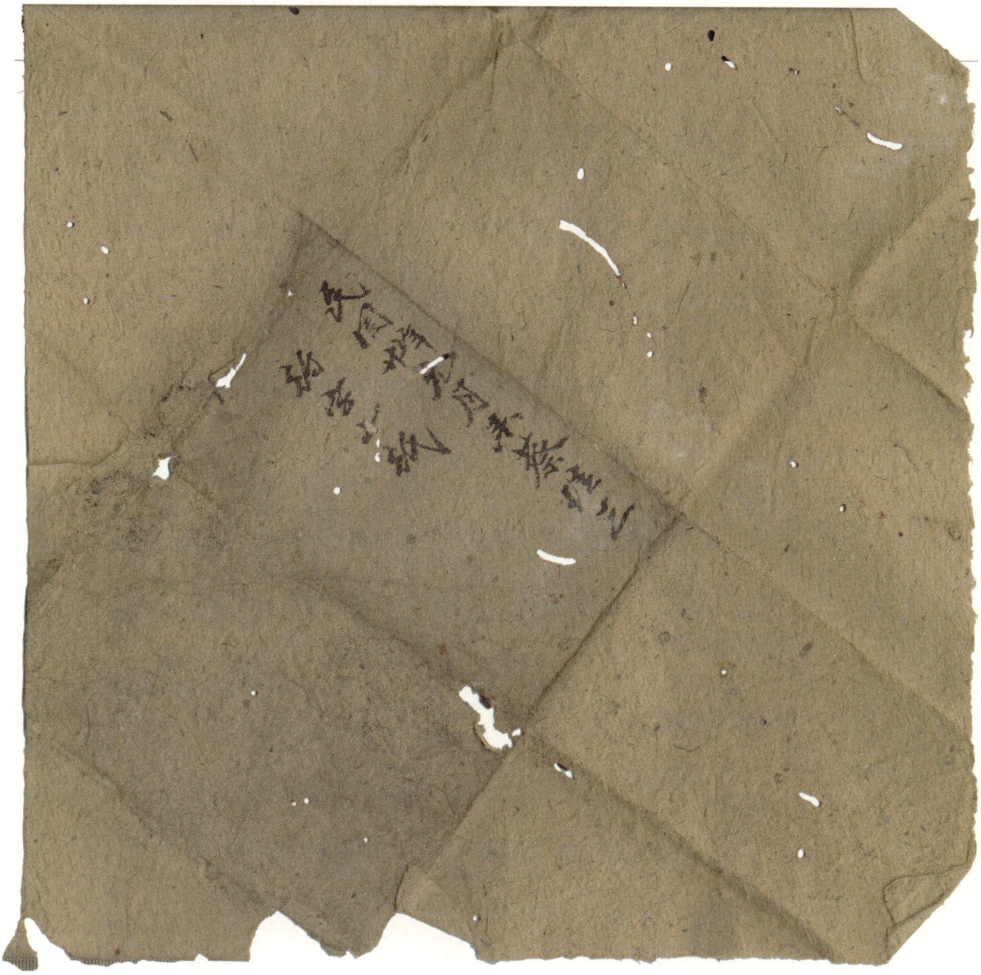

9-6-36-1　包契紙

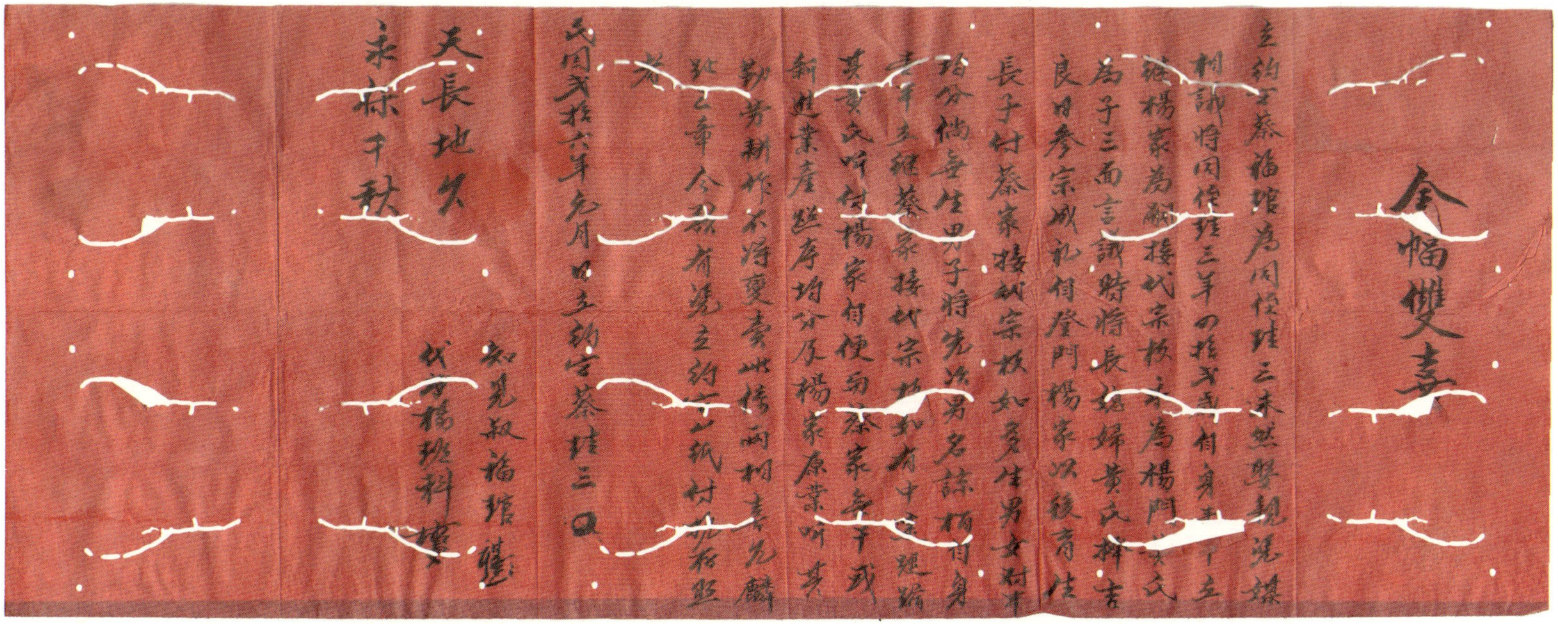

合婚雙喜

立約字蔡福瑭為因侄珪三未然娶親說媒
相識將因侄珪三年四拾弍歲付身出立
繼楊家為嗣接代宗枝，亦為楊門贅式
為子三面言議將將長媳婦黃氏科吉
良日參宗成親付登門楊家以後育生
長子付蔡家接代宗枝，如是生男女付楊
均分倘無生男子將先次男名諱楊自身
長年生繼蔡家接代宗枝，如有中途遁歸
其責文仟付楊家付便罰蔡家每年戌
新進業產既承均分及楊家原業所其
勤勞耕作不得變賣此係兩相喜允甘願
此乃幸今欲有憑立約字一紙付與存照
為
民國弍拾六年元月　日立約字蔡珪三
知見叔福瑭
代筆楊班科
天長地久
永祿千秋

9-6-36-2　民國二十六年元月蔡珪三立約字

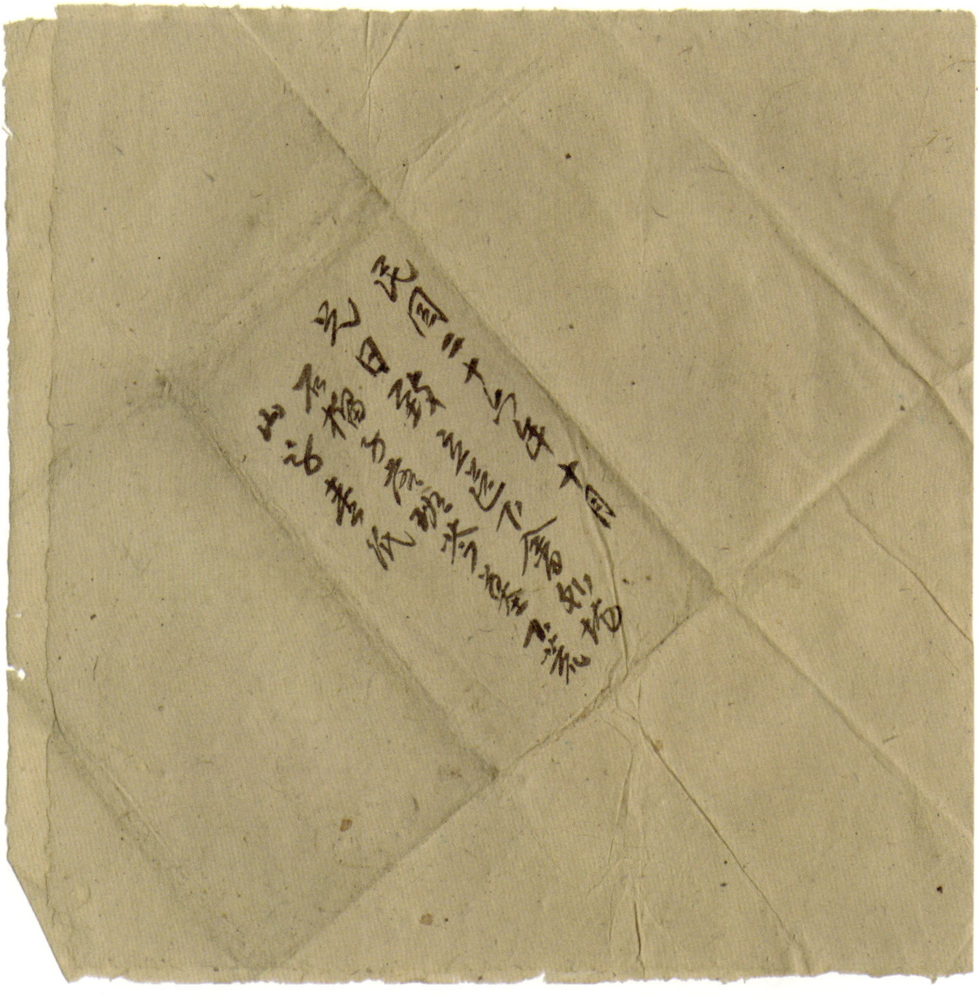

9-6-37-1　包契紙

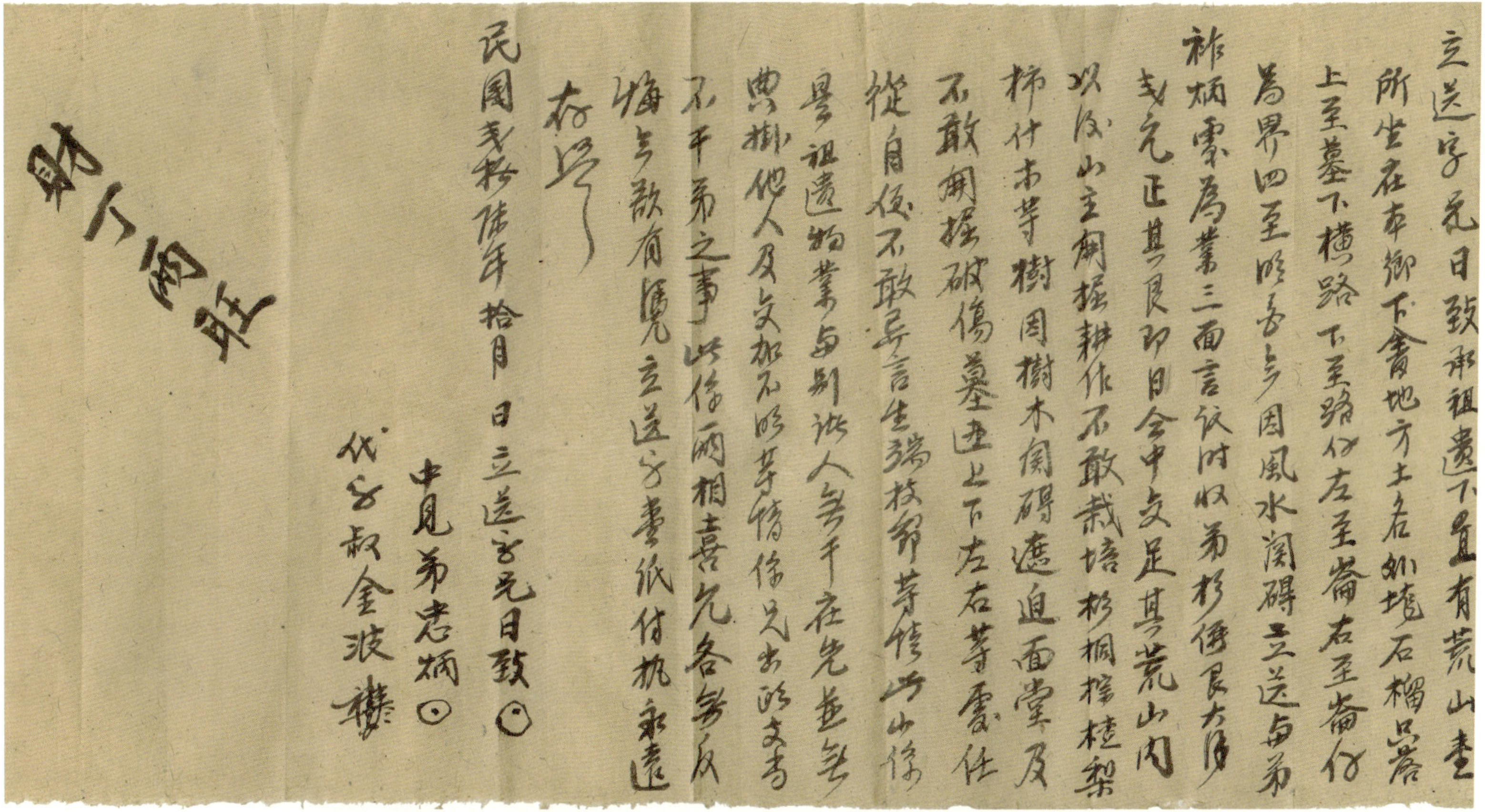
立送字兄日致承祖遺下置有荒山壹
所坐在本鄉下會地方土名外墘石榴品營
上至墓下横路下至路仔左至崙右至崙仔
為界四至明白今因風水關碍立送與弟
祚炳柔為業三面言議时收弟杉係艮大洋
弍元正其艮即日仝中交足其荒山內
以後山主開掘耕作不敢栽培杉桐棕桂梨
柿竹木等樹因樹木關碍遮迫面堂及
不敢開掘破傷墓上下左右等處任
從自便不敢異言生端枝節等情此山係
是祖遺物業與别派人無干在先並無
典掛他人及文加不明等情係兄出頭支當
不干弟之事此係兩相喜允各無反
悔欲有憑立送字壹紙付執永遠
存照

民國弍拾陸年拾月　日立送字兄日致（押）
中見弟忠炳（押）
代字叔金波（押）

財丁兩旺

9-6-37-2　民國二十六年十月楊日致立送荒山字

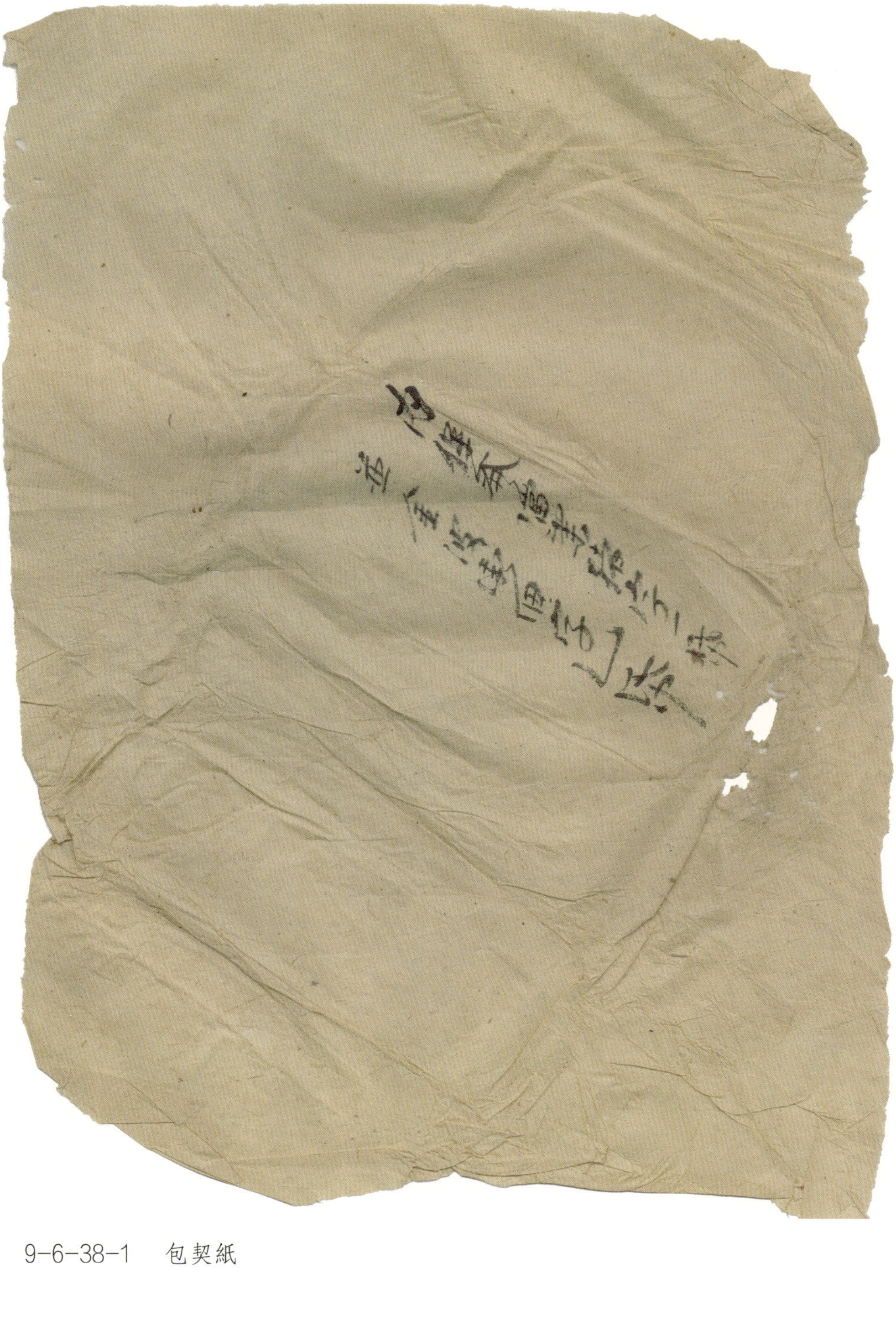

9-6-38-1　包契紙

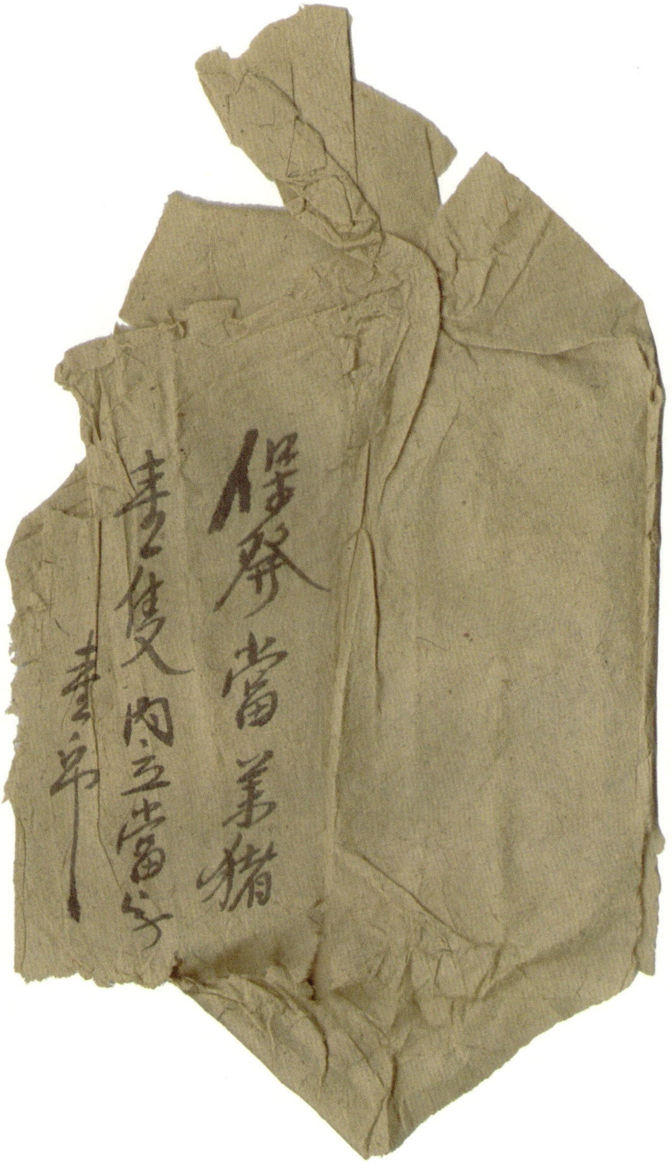

9-6-38-2　包契紙

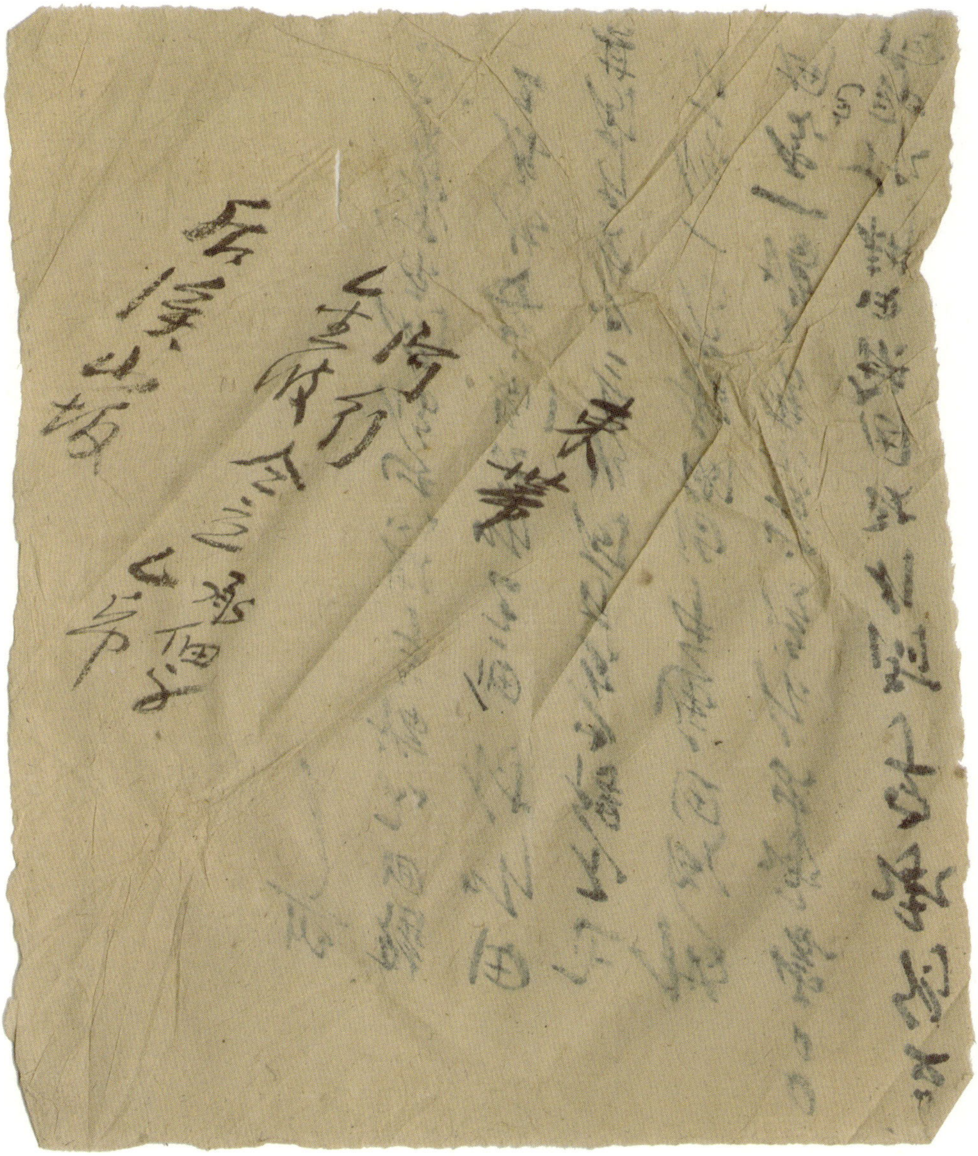

9-6-38-3　包契紙

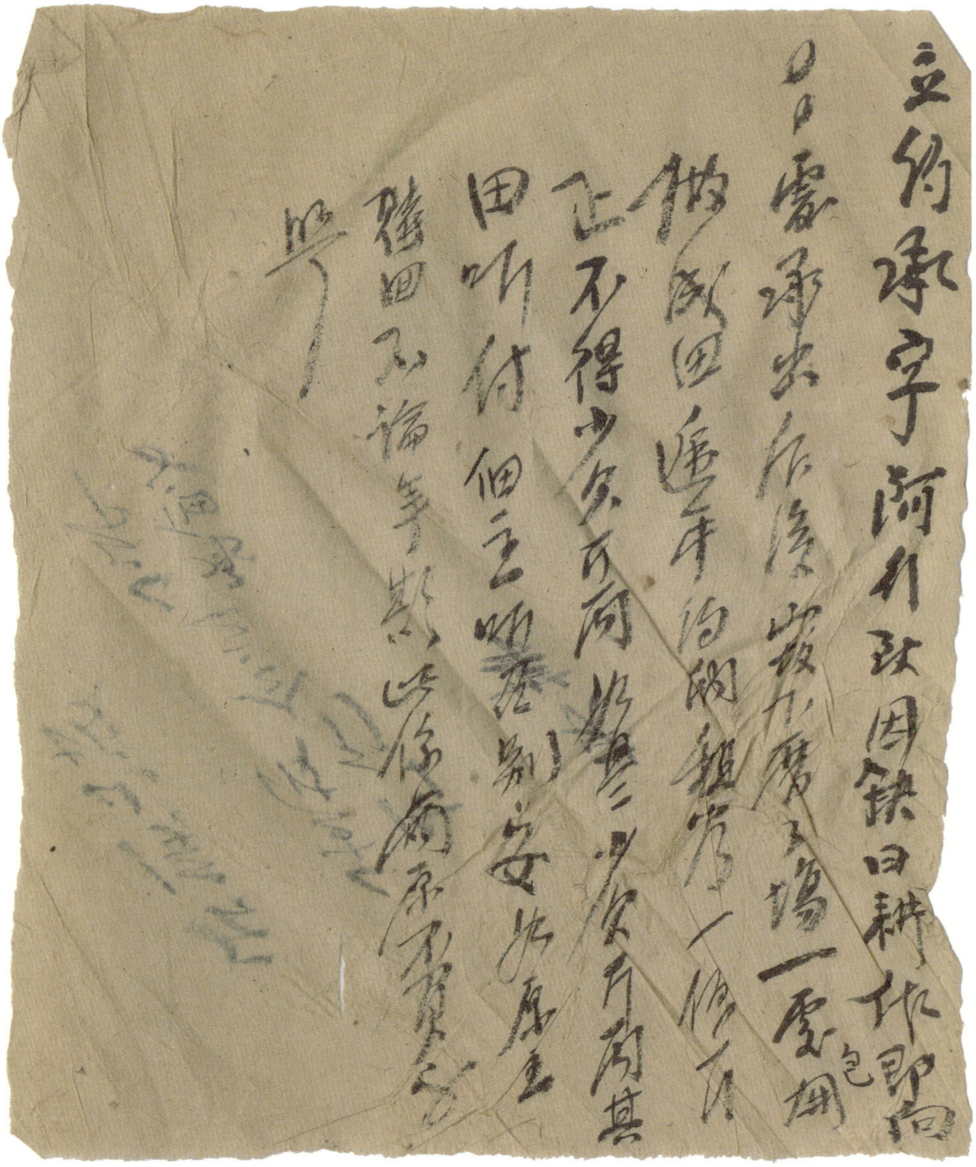

立約承字阿行茲因缺田耕作即向
□□處承出名係[illegible]廣大塲一處包田
耕種田逐年納租穀一佰斤
正不得少欠斤兩[illegible]少欠斤兩其
田听付佃主收回别安佃[illegible]
種田不論年[illegible]此係兩家[illegible]
照字

9-6-38-4　民國時期楊阿行立約承字（草契）

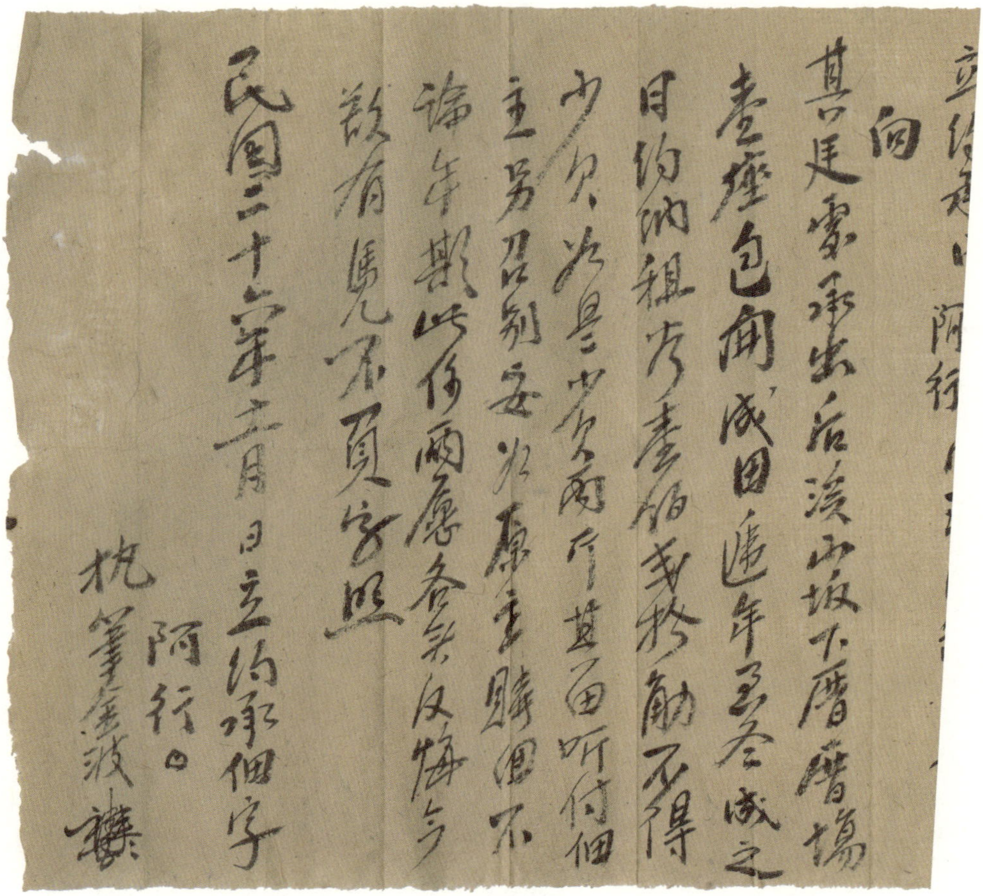
立約□□□阿行□□□
向
甚廷處承出后溪山坡下厝厝場
壹座包開成田，逐年另各成之
日約納租谷壹佰貳拾觔，不得
少欠。如是少欠，開佃其田，听付佃
主另召別安。如無拖欠，耕佃不
論年期。此係兩愿，各無反悔。今
欲有憑見承佃字照。
民國二十六年十一月　日立約承佃字
阿行（押）
代筆金波（押）

9-6-38-5　民國二十六年十一月楊阿行立約承佃字

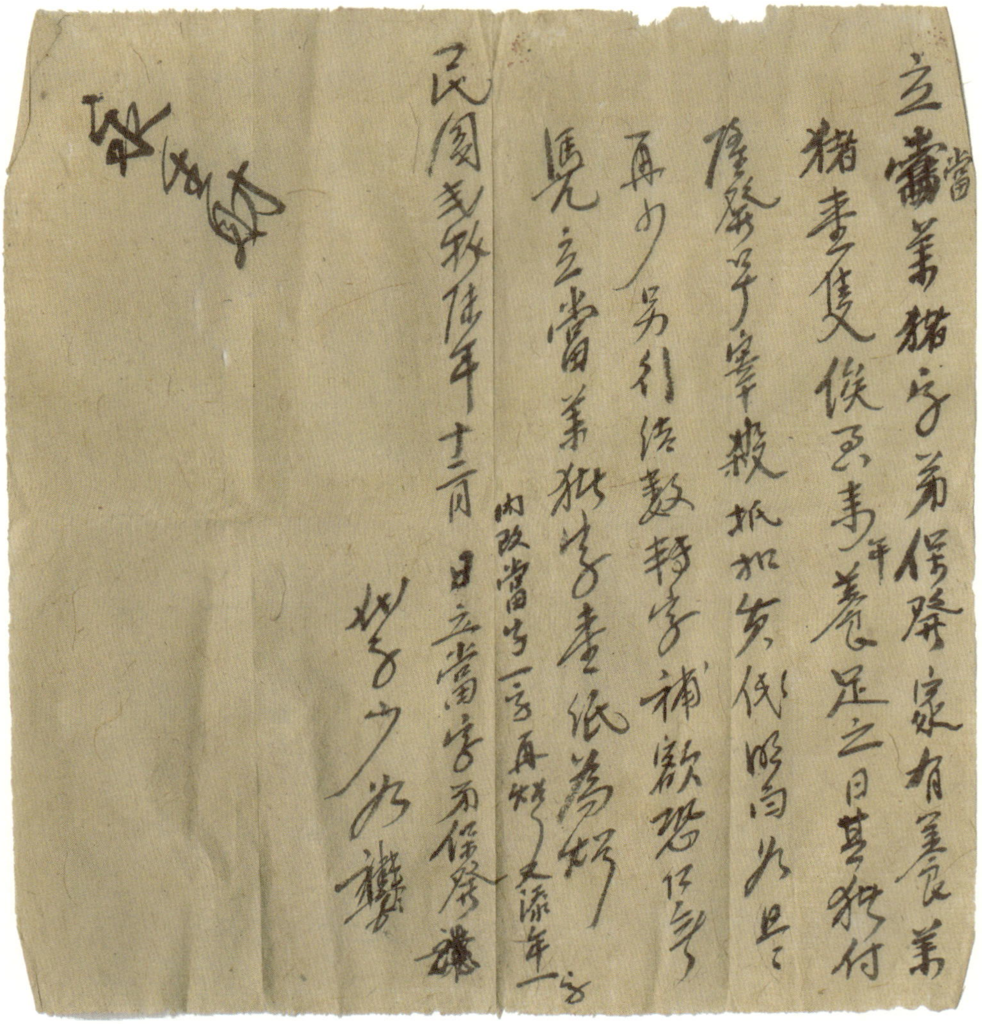
立當羔猪字弟保發，家有羔
猪壹隻，俟至來年養足之日其猪付
康發兄宰殺，抵扣貨代明白外，足足
再少另行該數轉字補欵，恐口無
憑，立當羔猪字壹紙為據。
内改當字一字，再照，又添年一字。
民國廿六年十二月　日立當字弟保發（押）
代字　少發（押）

9-6-38-6　民國二十六年十二月楊保發立當羔猪字

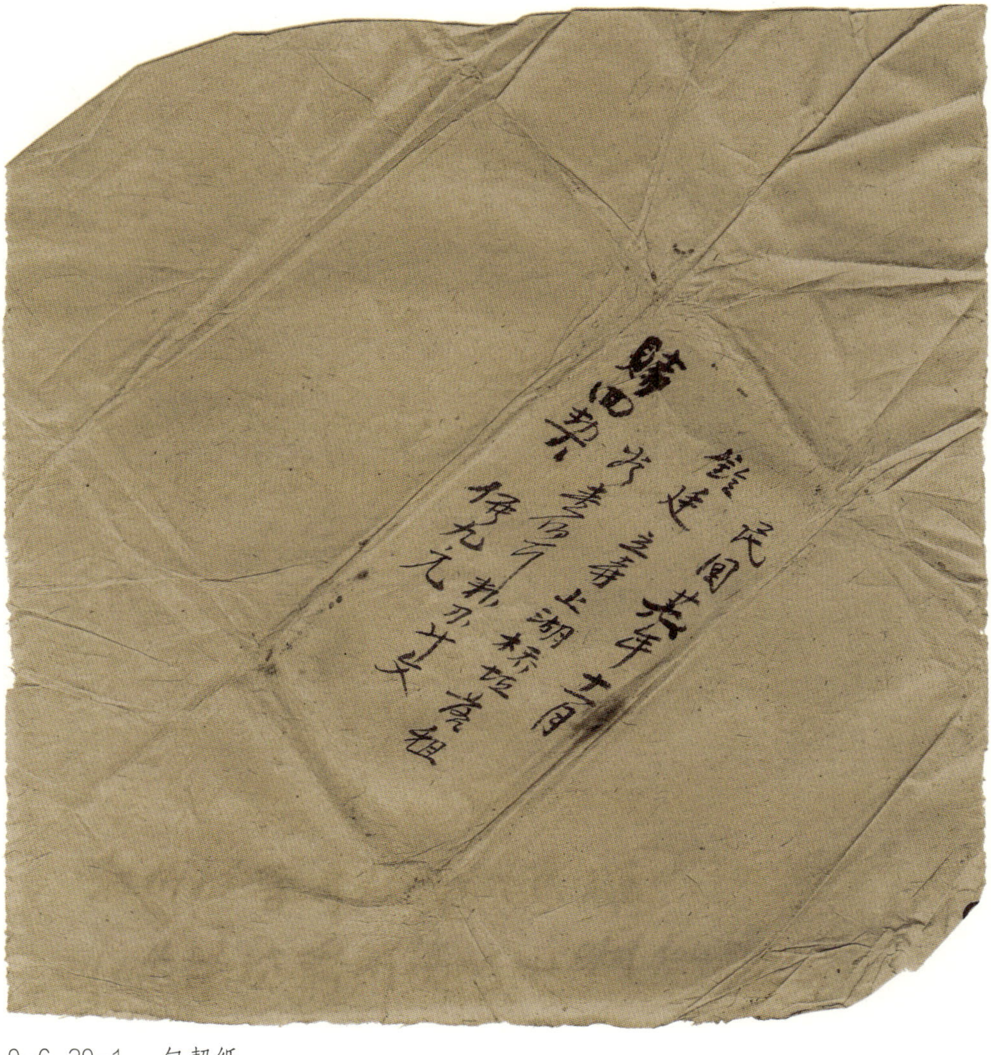

9-6-39-1　包契紙

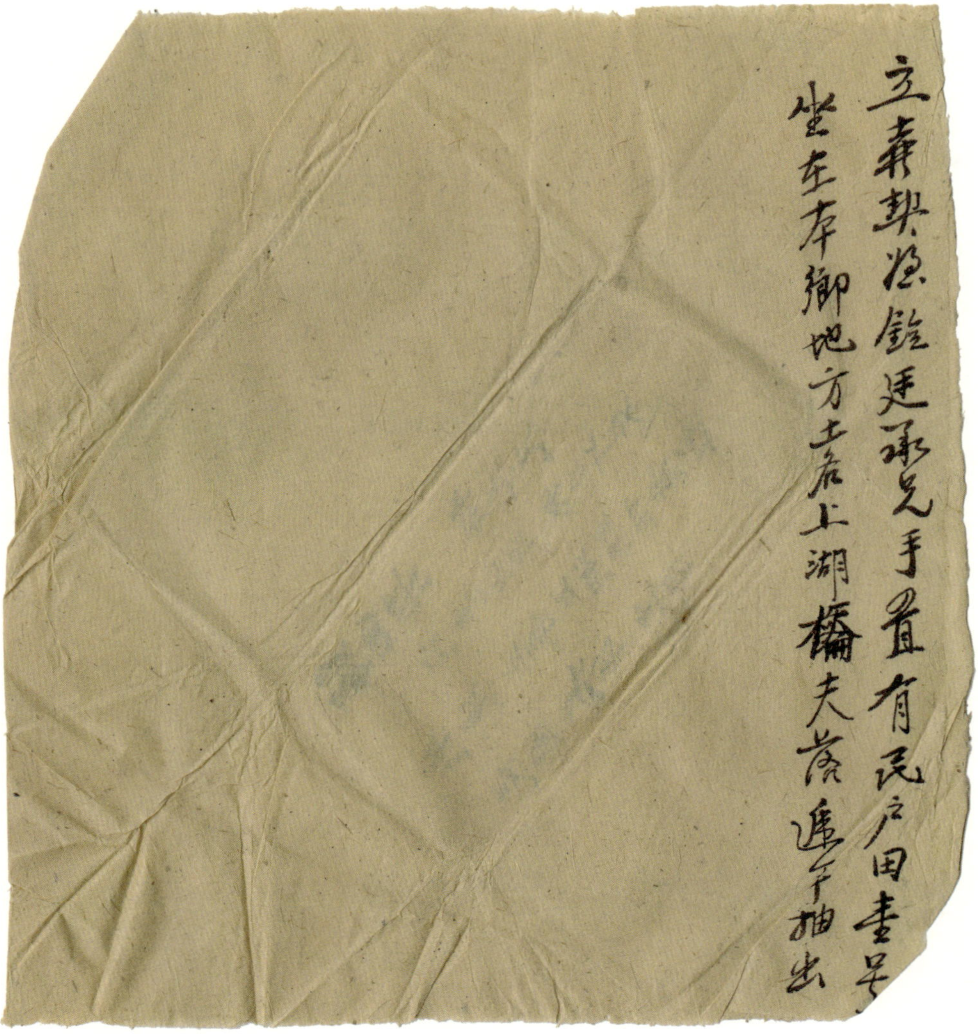

立兼契據銓廷琢兄手置有民戶田壹号
坐在本鄉地方土名上湖橋夫崙邊乎抽出

9-6-39-2　包契紙

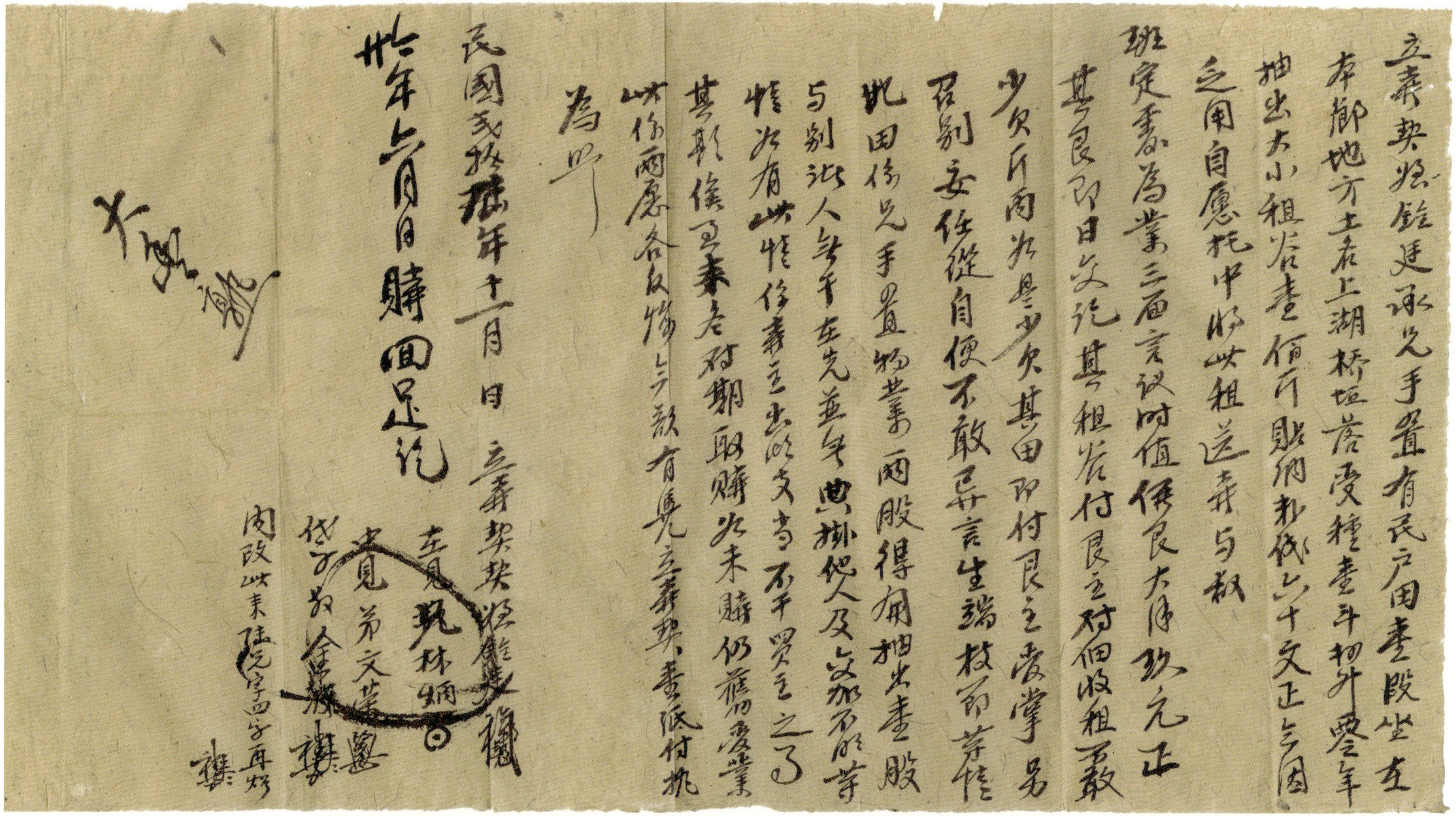
立賣契楊銓廷承父手置有民户田壹段坐在
本鄉地方土名上湖橋坵，苗受種壹斗捌升，每年
抽出大小租谷壹佰斤，貼納粮錢六十文正。今因
乏用，自愿托中將此租送賣與叔
班定嘉爲業，三面言議時值價艮大洋玖元正。
其艮即日交訖，其租谷付艮主對佃收租，不敢
少欠斤兩，如是少欠，其田即付艮主管掌，另
召别安佃，從自便，不敢異言生端枝節等情。
此田係兄手置物業，兩股得分，抽出壹股，
与别派人等無干，在先並無典掛他人及交加不明等
情，如有此情，係賣主出頭支當，不干買主之事。
其期係五年，賣者對期取贖，如未贖，仍歸受業
此係兩愿，各無悔之款，有憑立賣契壹紙付執
為照。

民國貳拾陸年十一月　日　立賣契楊銓廷（押）
在見兄林炳
見弟文瑩（押）
代字叔金（押）
内改此未陸兄字四字再照（押）

卅年十一月日贖回足訖

不用　廢

9-6-39-3　民國二十六年十一月楊銓廷立賣民户田契（廢契）

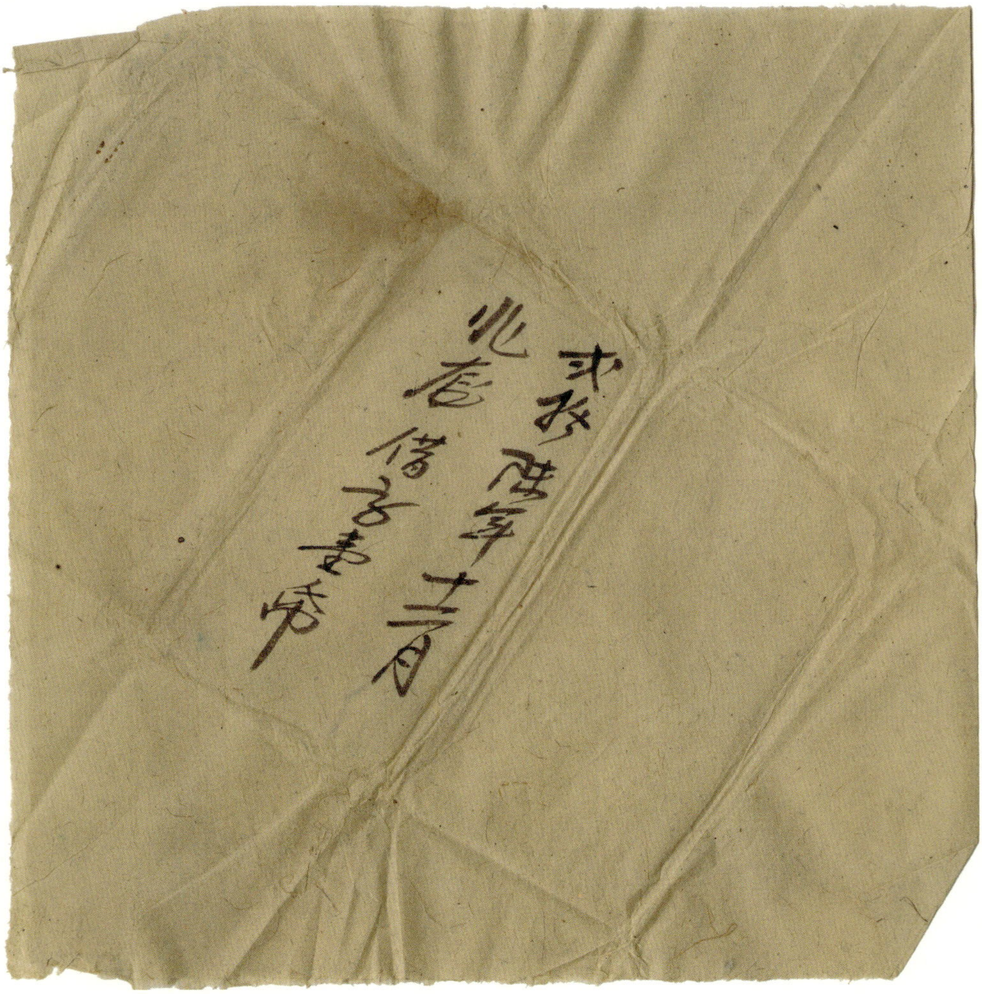

9-6-40-1　包契紙

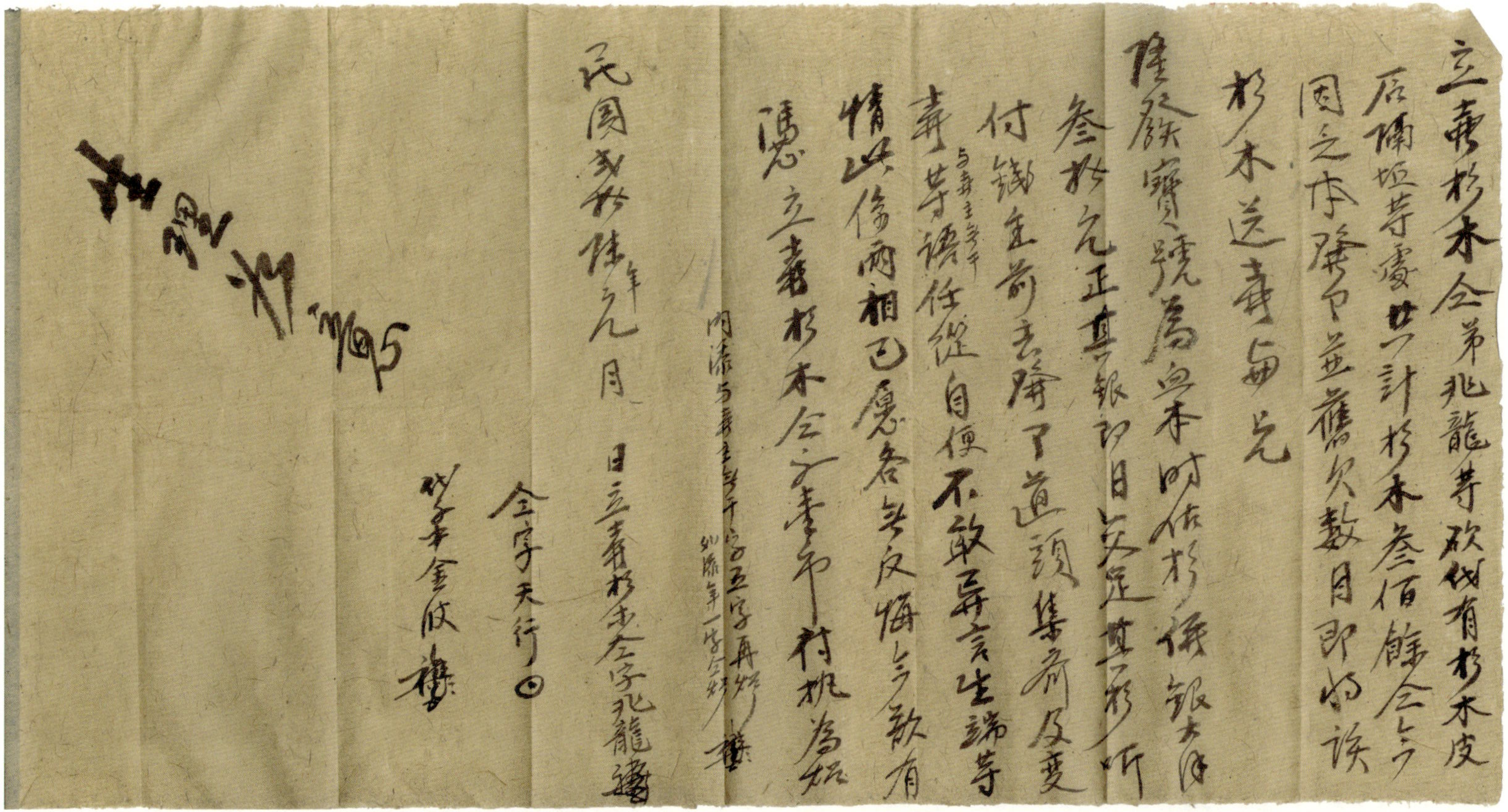

立賣杉木仝弟兆龍等砍伐有杉木皮
石墙垣等處廿一計杉木叁佰餘仝〻
因之本隆下並舊欠數目即的議
杉木送賣每元
隆發寶號爲與本時估杉價銀大洋
叁拾元正其銀即日交足其杉听
付錫生前去隆了道頭集齊及變
賣等語任從自便不敢異言生端等（与弟生無干）
情此係兩相己愿各無反悔〻欸有
憑立賣杉木仝字一紙付執爲炤
內添与弟生無干六〇五字再炤
外添年一字仝炤
民國式拾陸年元月　日立賣杉木仝字兆龍（押）
仝字天行 ○
代筆金欣（押）

9-6-40-2　民國二十六年元月楊兆龍等立賣杉木字

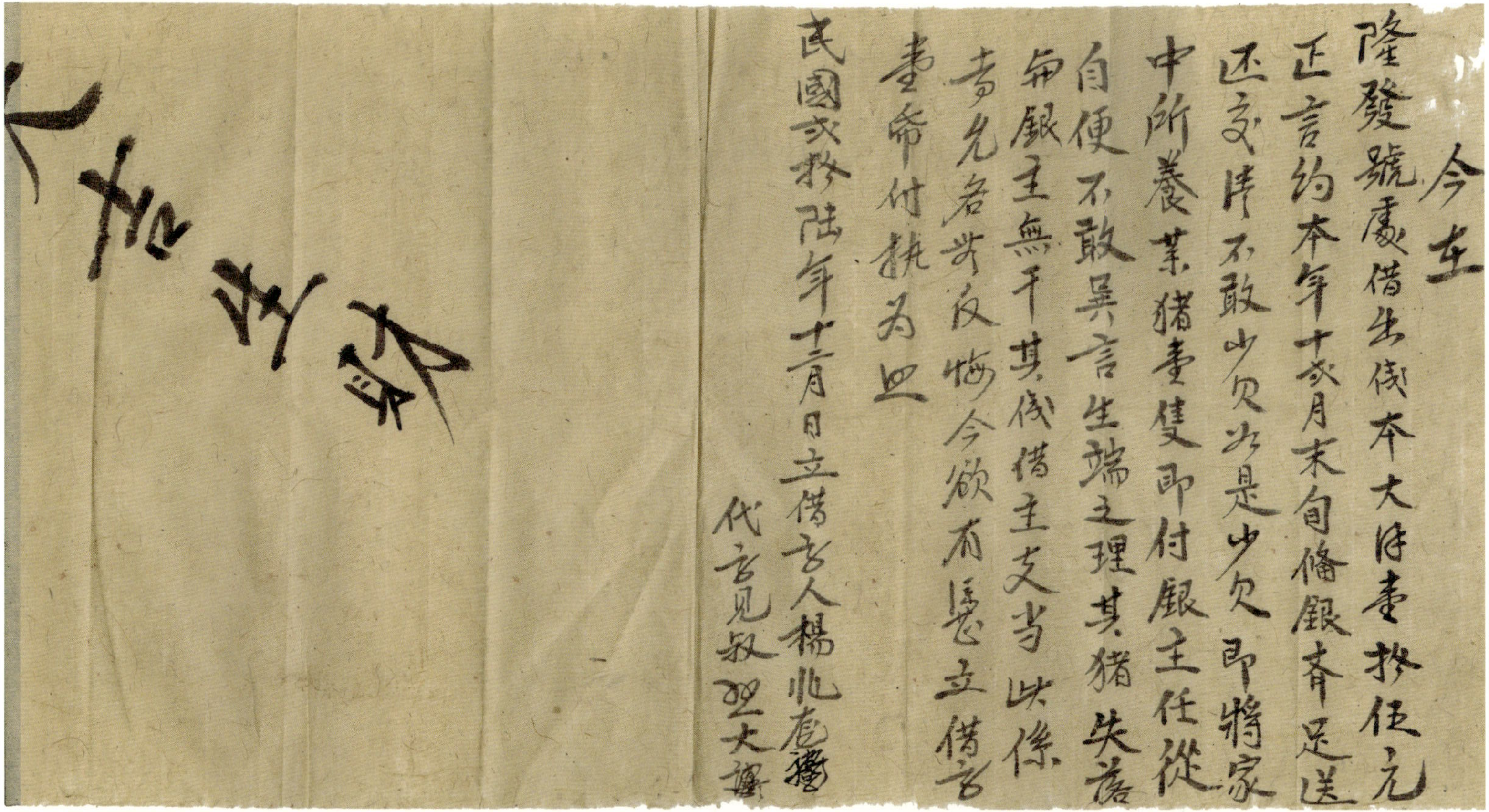
今立
隆發號處借出伐本大洋壹拾伍元
正言約本年十弍月末旬備銀齊足送
还交清不敢少欠如是少欠即將家
中所養菜猪壹隻即付銀主任從
自便不敢異言生端之理其猪失落
系銀主無干其伐借主支当此係
两允各無反悔今欲有憑立借字
壹紙付執為照
民國弍拾陆年十二月日立借字人楊兆龙
代字見叔 大

9-6-40-3 民國二十六年十二月楊兆龙立借錢字

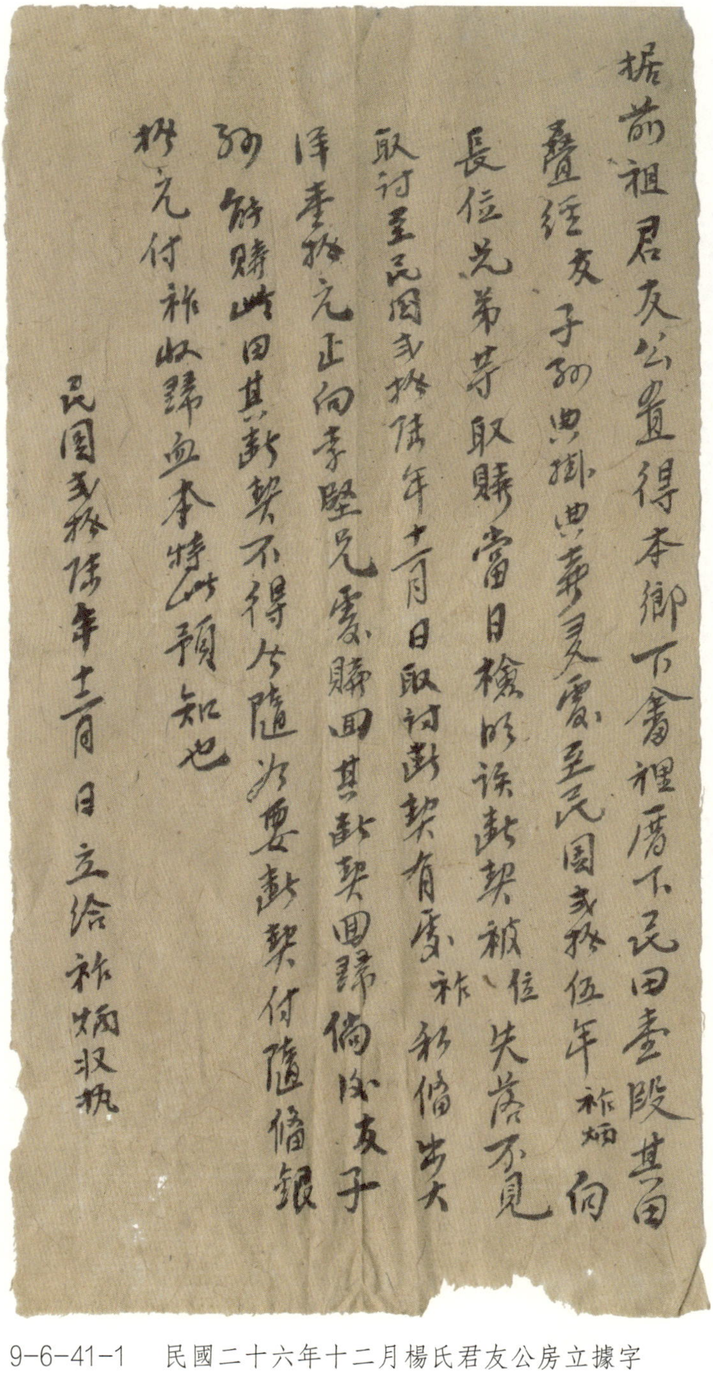
据前祖君友公置得本鄉下畲裡厝下民田壹段其田
叠经支　子孫典掛典華灵雲至民国贰拾伍年祚炳向
長位兄弟等取贖當日檢明该斷契被位失落不見
取討至民国贰拾陆年十二月日取討斷契有雲祚私備出大
洋壹拾元正向孝堅兄雲贖回其斷契田歸倫以友子
孫餘贖此田其斷契不得另隨次要斷契付隨備銀
拾元付祚收歸血本特此預知也
民国贰拾陆年十二月　日　立給祚炳収執

9-6-41-1　民國二十六年十二月楊氏君友公房立據字

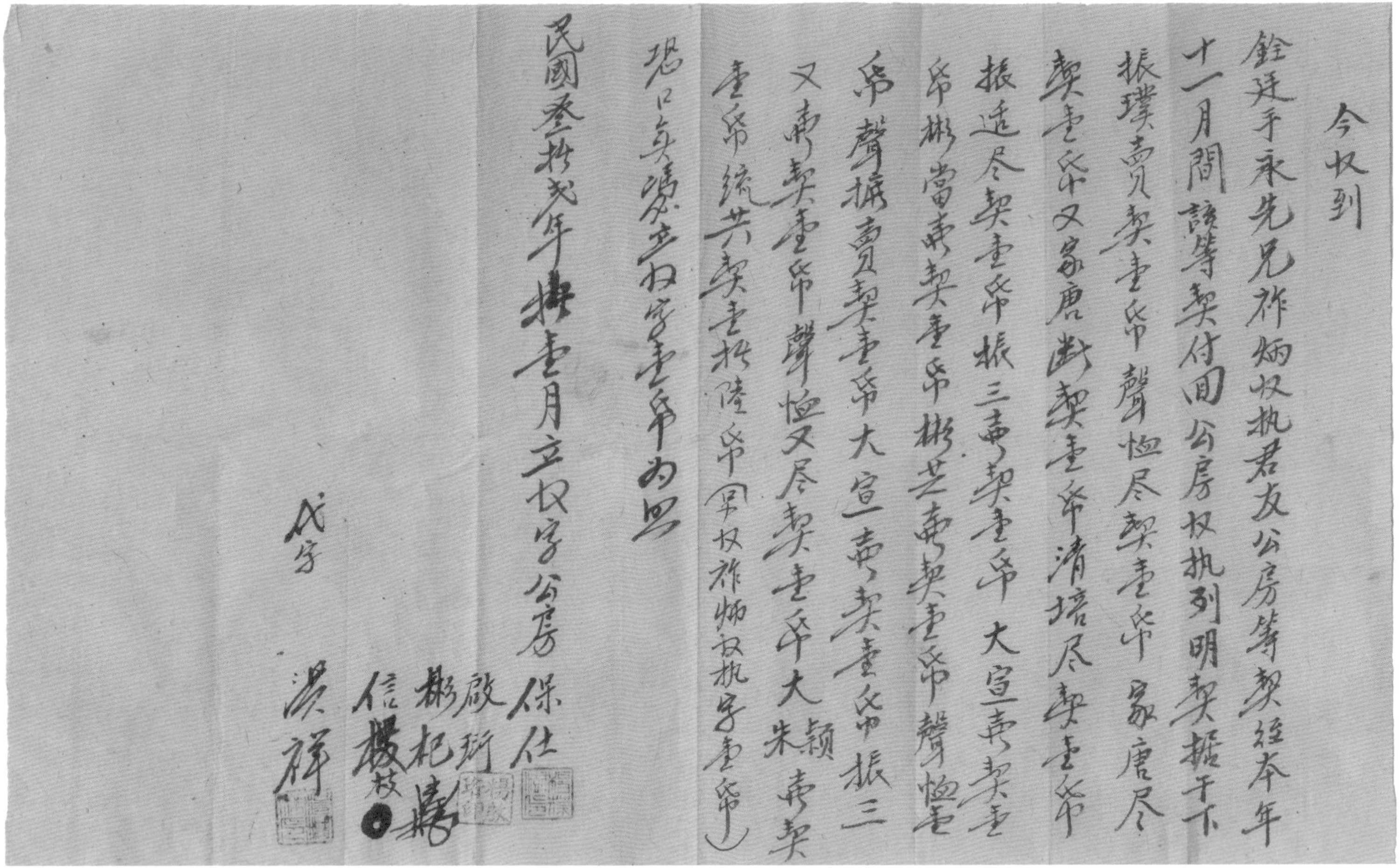
今收到
銓廷手承先兄祚炳收執君友公房等契經本年
十一月間該等契付回公房收執列明契據于下
振璞賣契壹帋 聲恤尽契壹帋 家唐尽
契壹帋 又家唐斷契壹帋 清培尽契壹帋
振造尽契壹帋 振三賣契壹帋 大宣賣契壹
帋 彬當賣契壹帋 彬芸賣契壹帋 聲恤壹
帋 聲振賣契壹帋 大宣賣契壹帋 振三
又賣契壹帋 聲恤又尽契壹帋 大朱穎賣契
壹帋 總共契壹拾陸帋（早收祚炳收執字壹帋）
恐口無憑立收字壹帋為照
民國叁拾弍年拾壹月立收字公房 保仕
彬啟珩
彬杞壽
信櫻枝
洪祥
代字

9-6-41-2　民國三十二年十一月楊氏公房立收君友公房契字

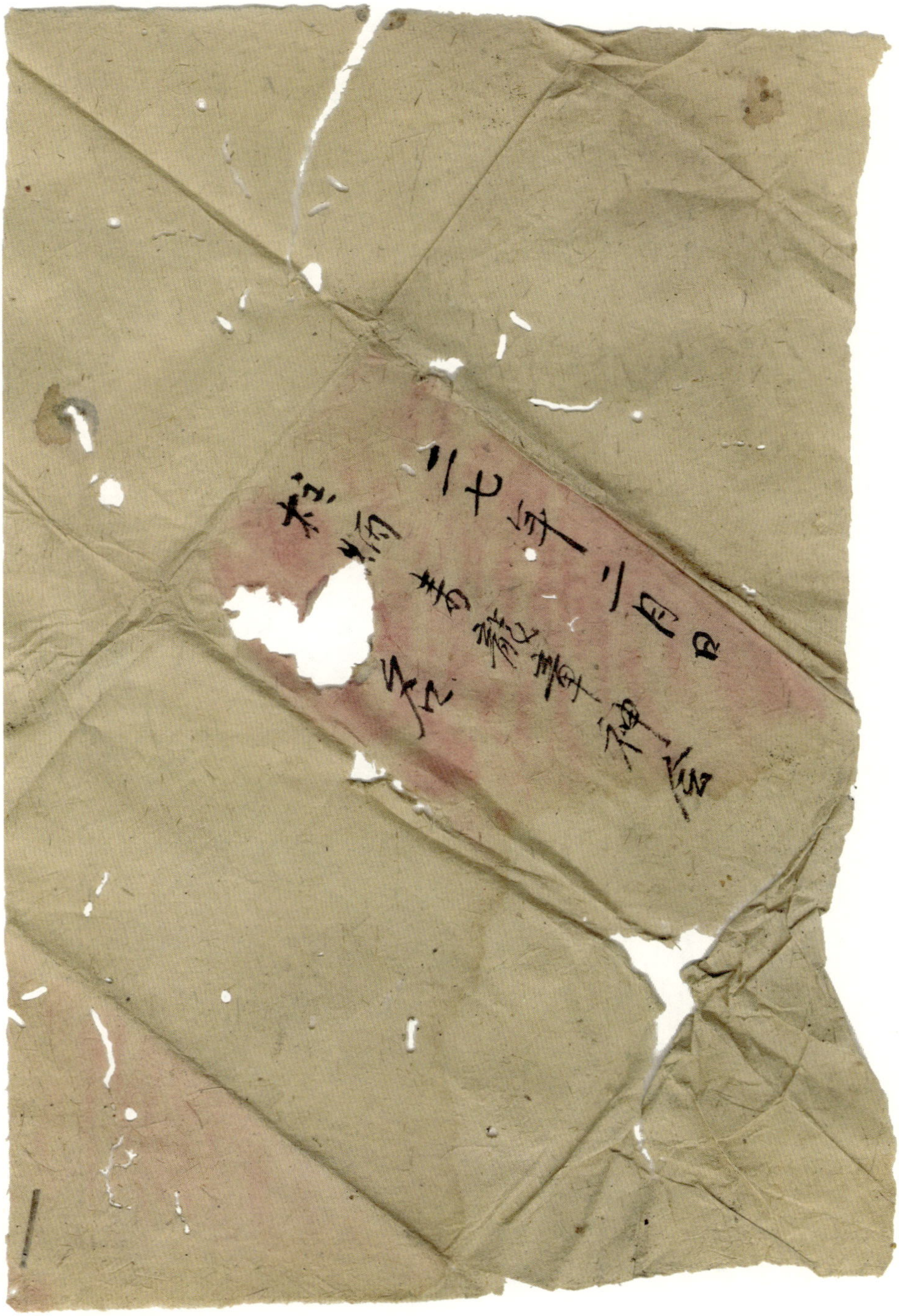

9-6-42-1　包契紙

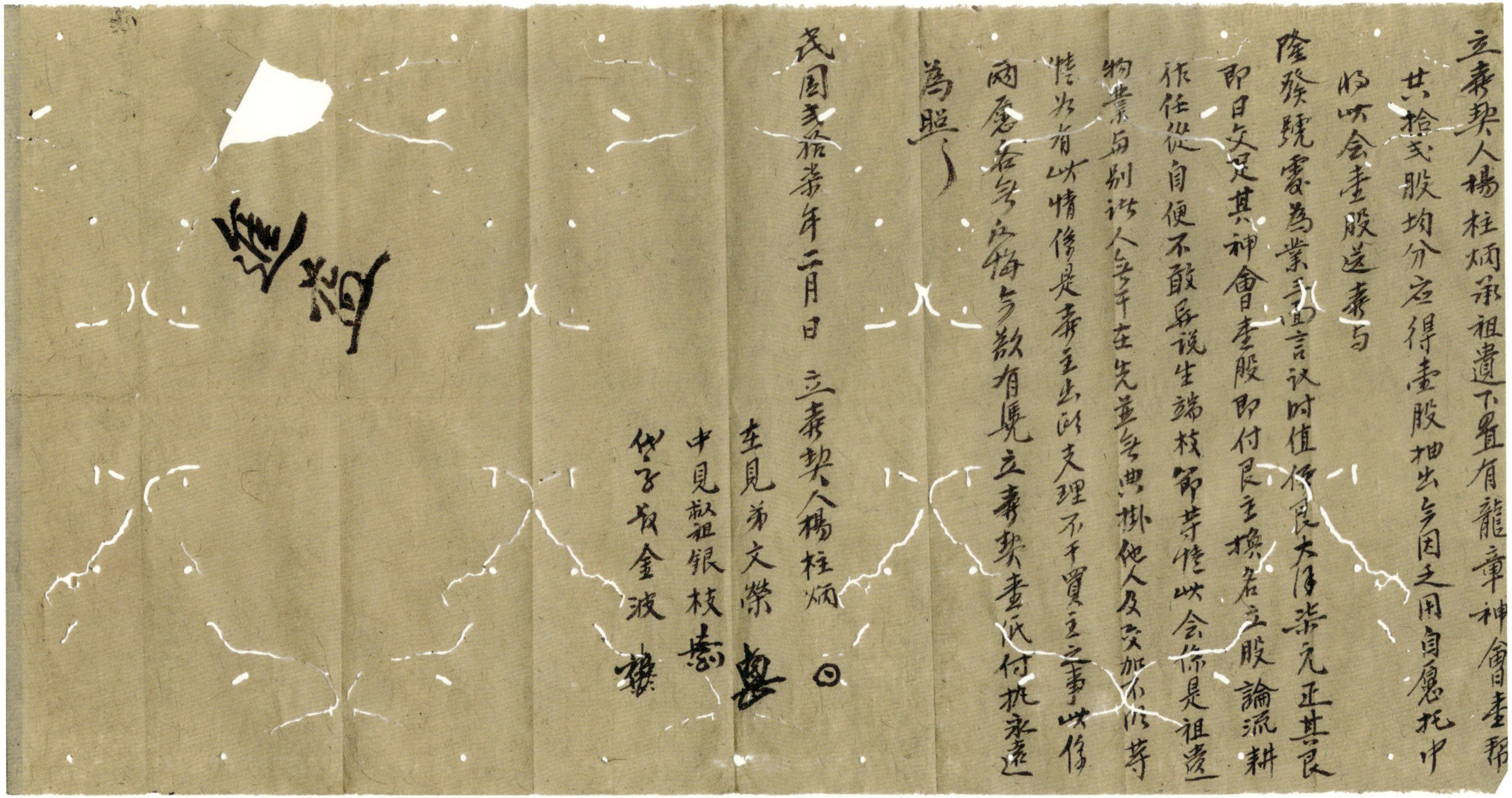
立賣契人楊柱炳承祖遺下置有龍章神會壹帮
共拾弍股均分應得壹股，抽出今因乏用，自愿托中
將此会壹股送賣與
隆發號處為業，三面言議時值價艮大洋柒元正，其艮
即日交足，其神會壹股即付艮主換名立股輪流耕
作，任從自便，不敢異說生端枝節等情。此会係是祖遺
物業，与別人無干，在先並無典掛他人及交加不明等
情，倘有此情，係是賣主出頭支理，不干買主之事。此係
兩愿，各無反悔，今欲有憑，立賣契壹紙付執，永遠
為照。
民國弍拾柒年二月日　立賣契人楊柱炳（押）
在見弟文棨（押）
中見叔祖銀枝（押）
代字叔金波（押）

9-6-42-2　民國二十七年二月楊柱炳立賣龍章神會股份契

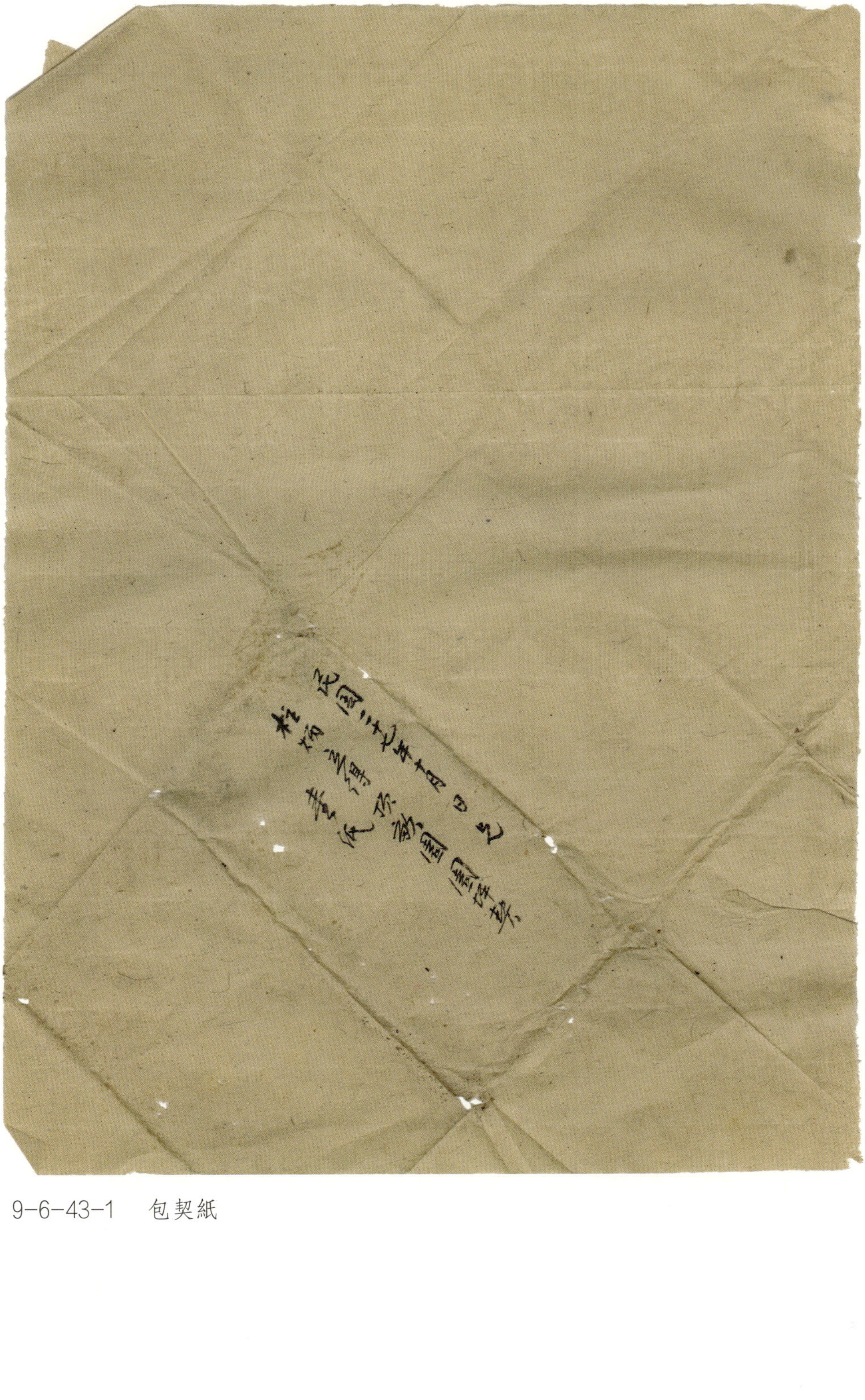

9-6-43-1　包契紙

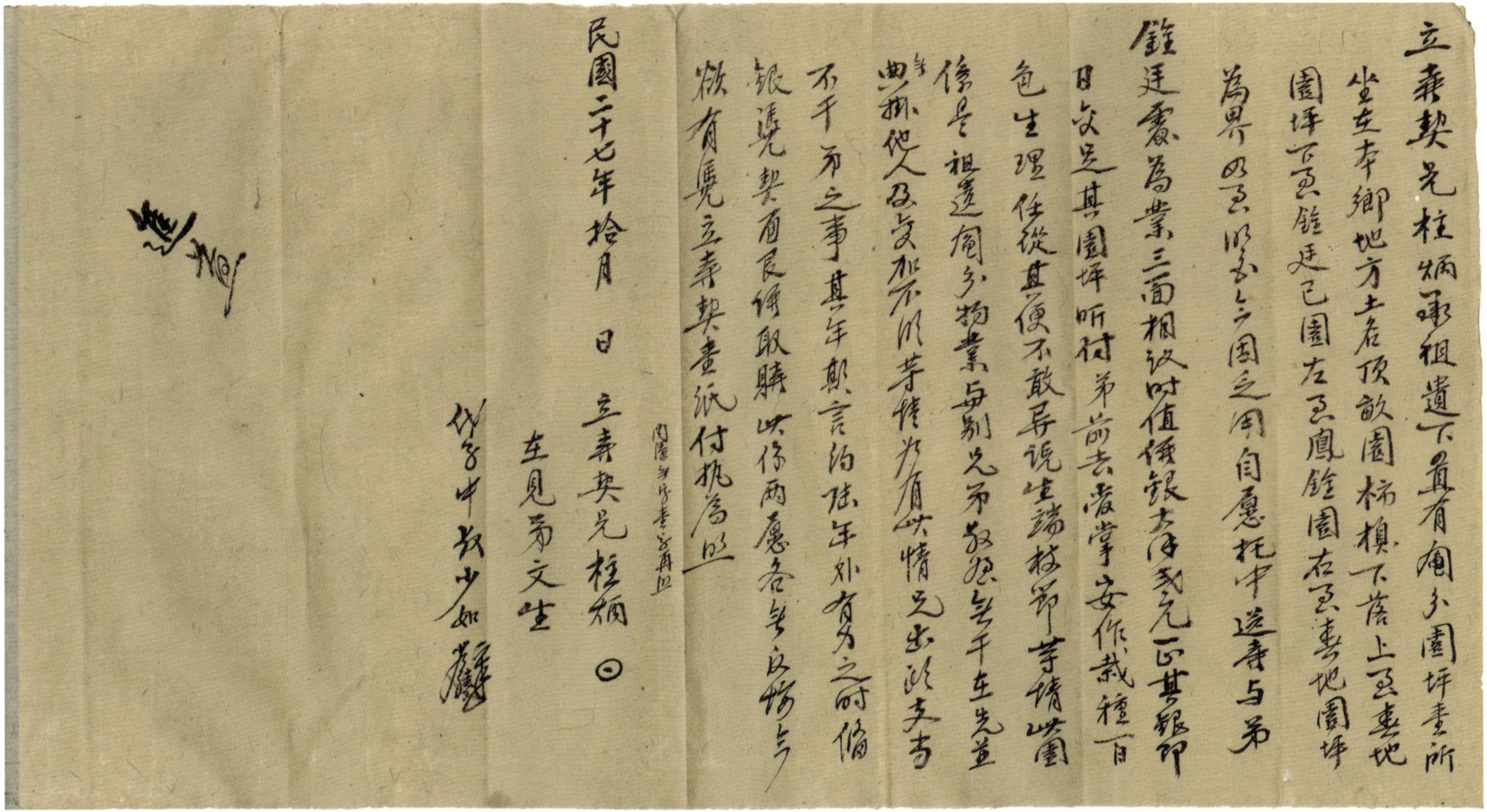
立賣契兄柱炳承祖遺下具有鬮分園坪壹所
坐在本鄉地方土名頂畝園柿樌下落上至壽地
園坪下至銓廷己園左至鳳銓園右至壽地園坪
為界四至明白今因乏用自愿托中送賣與弟
銓廷處為業三面相議時值價銀叁拾貳元正其銀即
日交足其園坪聽付弟前去掌管安作栽種自
此生理任從其便不敢異說生端枝節等情此園
係是祖遺鬮分物業與別兄弟叔侄無干在先並
無典掛他人及交加不明等情如有此情兄出頭支當
不干弟之事其年與言約係限年外有力之時備
銀憑契面取贖此係兩愿各無反悔今
欲有憑立賣契壹紙付執為照
內添弟字壹字再批
民國二十七年拾月　日　立賣契兄柱炳（押）
在見弟文生
代字中叔少如（押）

9-6-43-2　民國二十七年十月楊柱炳立賣園坪契

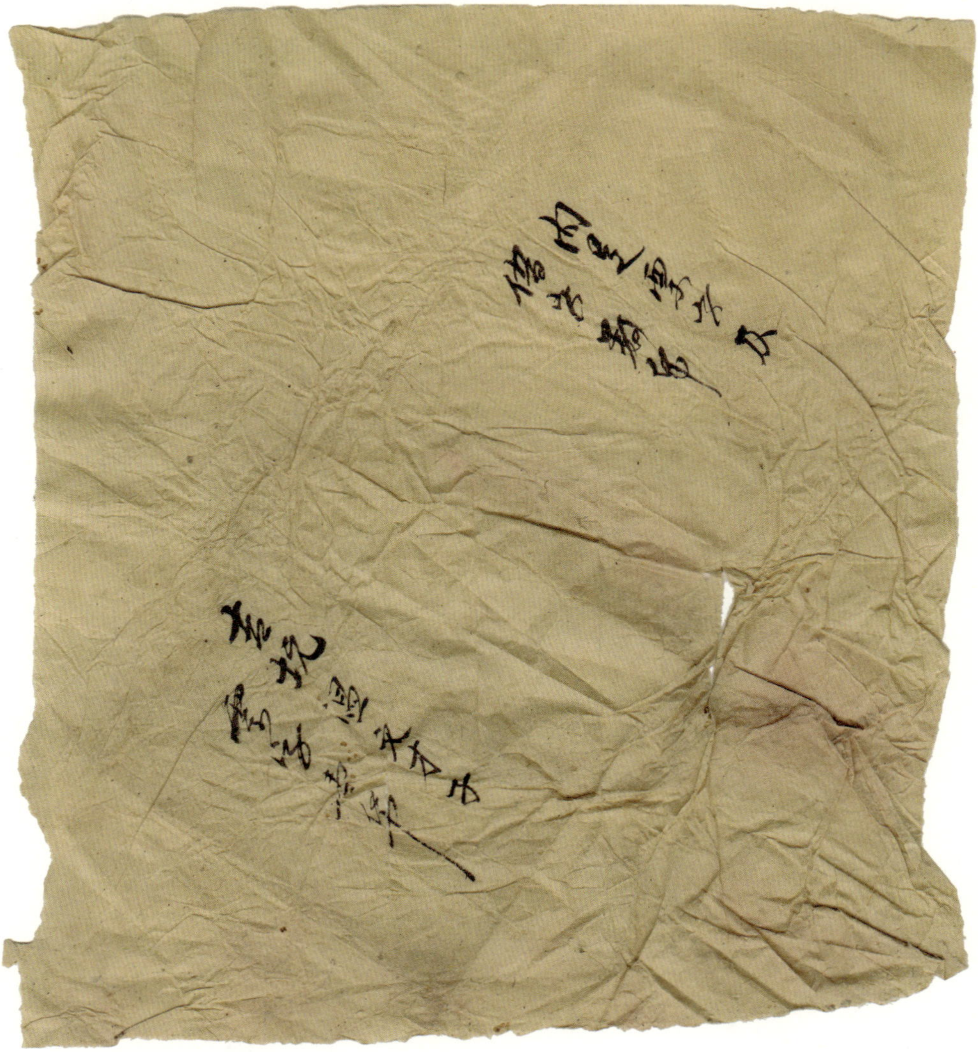

9-6-44-1　包契紙

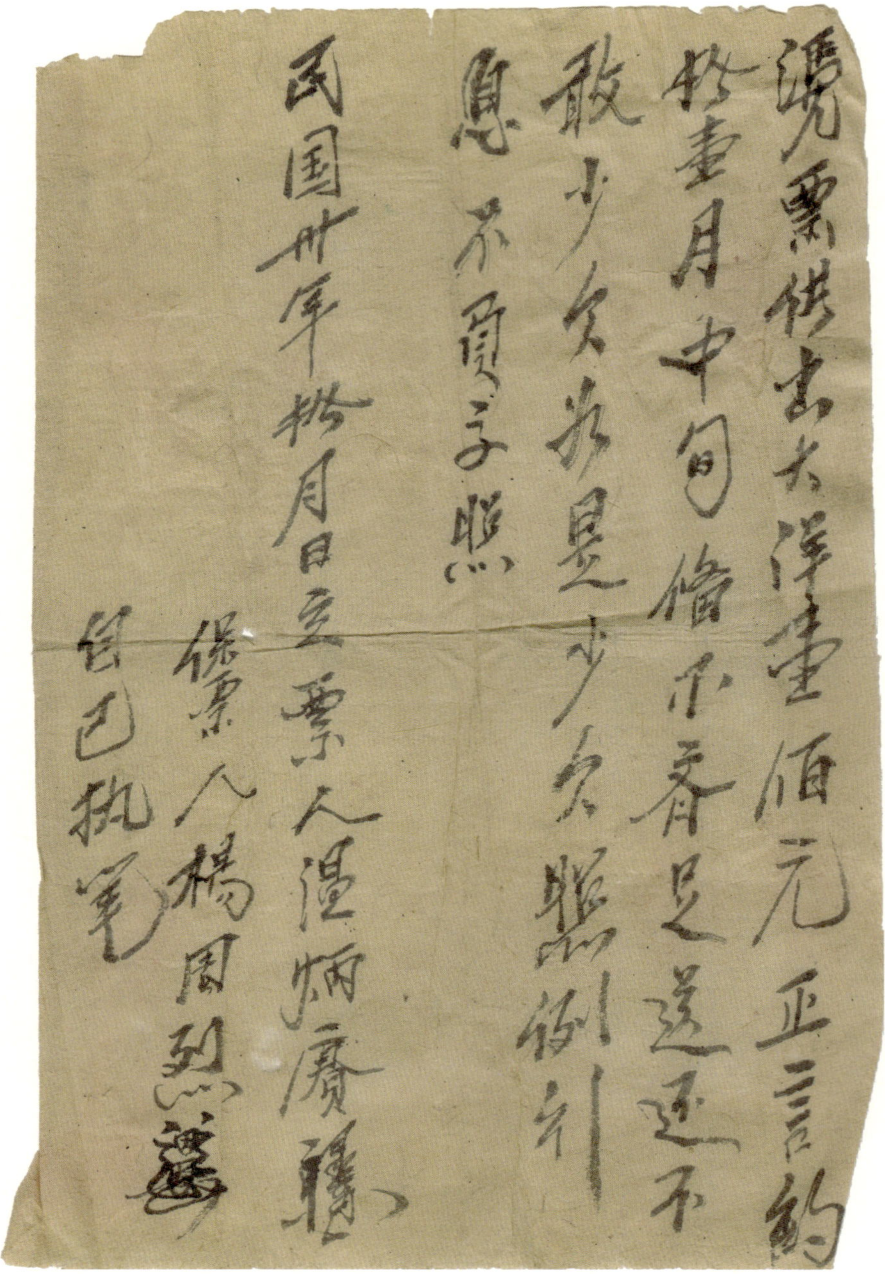

憑票借去大洋壹佰元正，言約
拾壹月中旬備本齊足送還，不
敢少欠分毫，是少欠照例行
息，不爽字照。
民国卅年拾月日立票人温炳賡（押）
保票人楊周烈（押）
自己執筆

9-6-44-2　民國三十年十月温炳賡立借大洋憑票

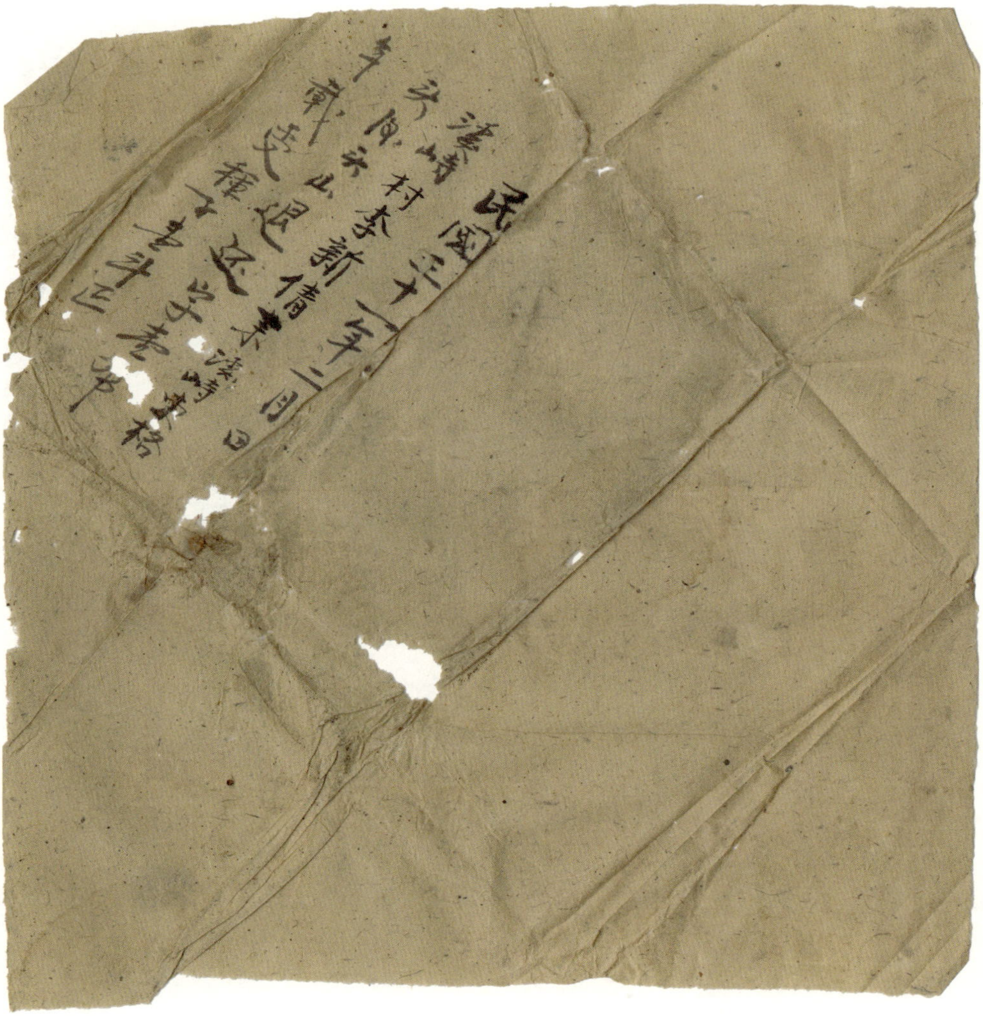

9-6-45-1　包契紙

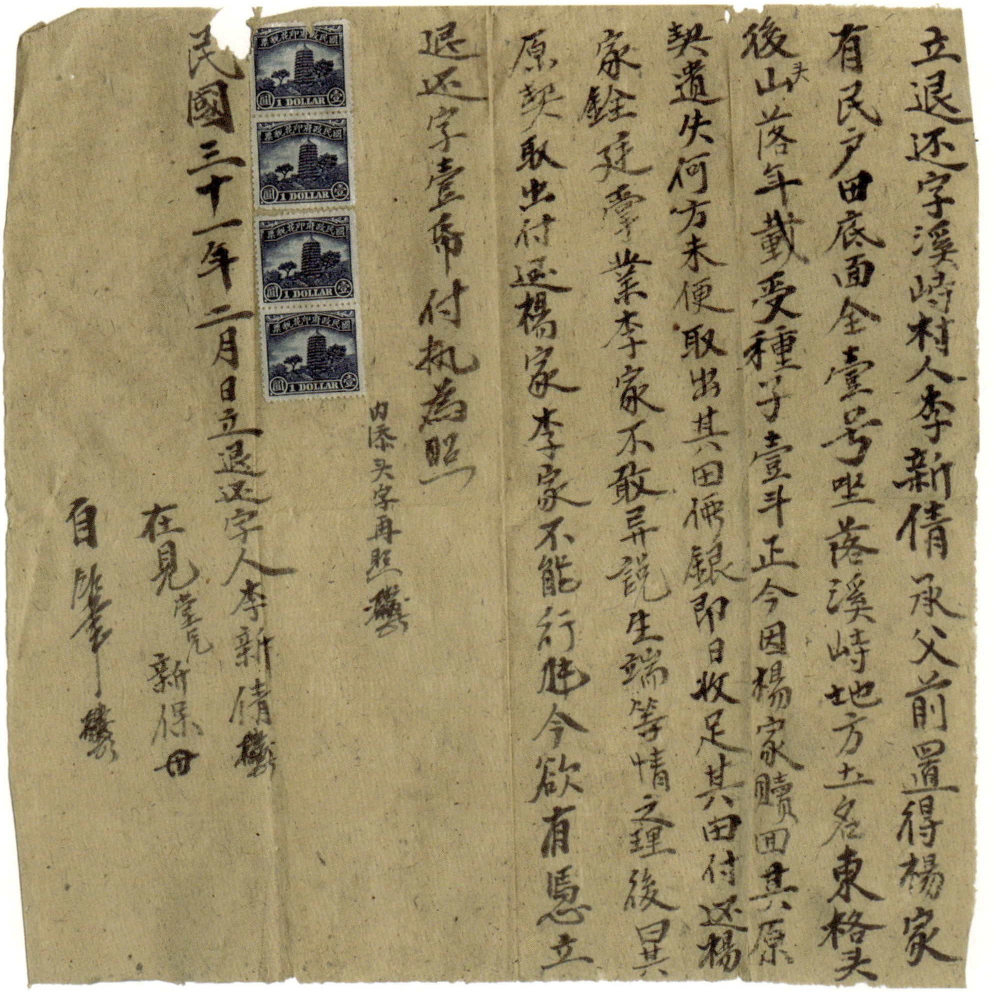
立退还字溪崎村人李新倩承父前置得楊家
有民户田底面全壹号坐落溪崎地方土名東格头
後山头落年載受種子壹斗正今因楊家贖回其原
契遺失何方未便取出其田價銀即日收足其田付还楊
家銓廷掌業李家不敢异說生端等情之理後日其
原契取出付还楊家李家不能行使今欲有憑立
退还字壹帋付執為照
内添头字再照
民國三十一年二月日立退还字人李新倩
在見堂兄新保
自筆

9-6-45-2　民國三十一年二月李新倩立退還楊家底面全民户田字

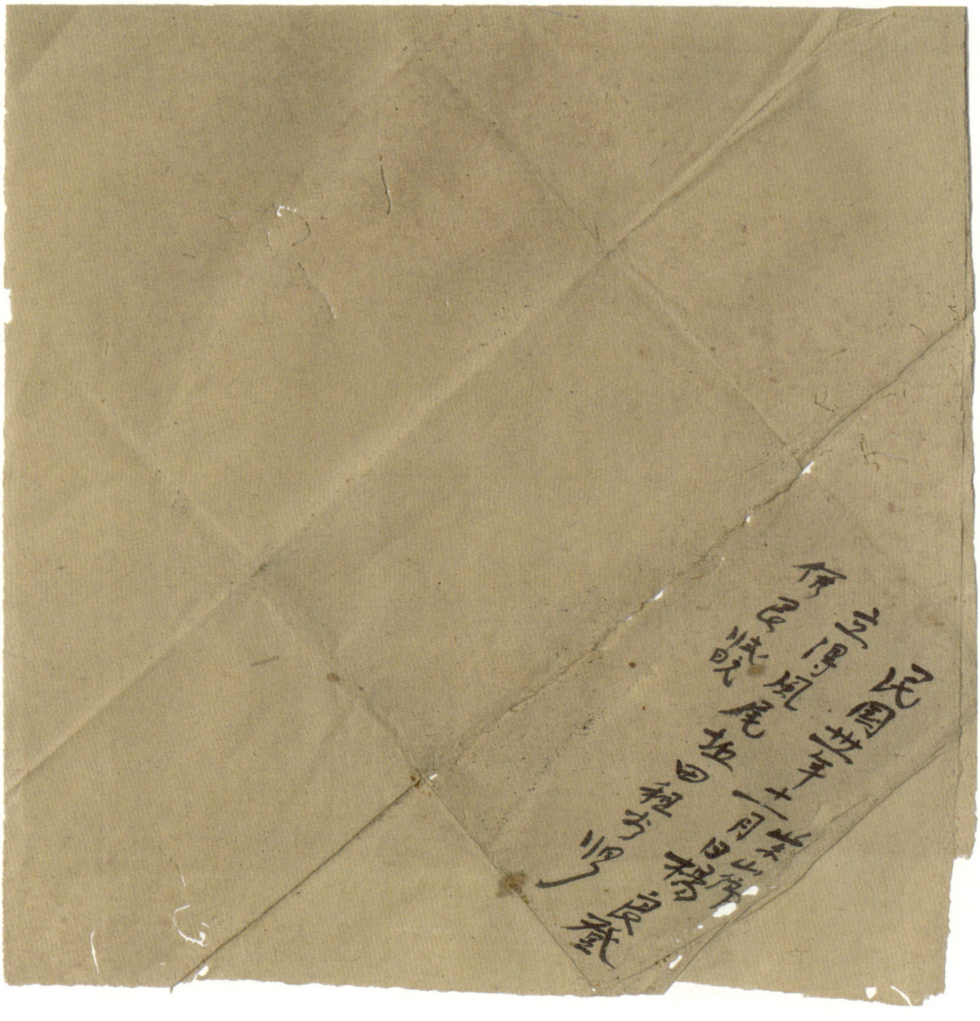

9-6-46-1　包契紙

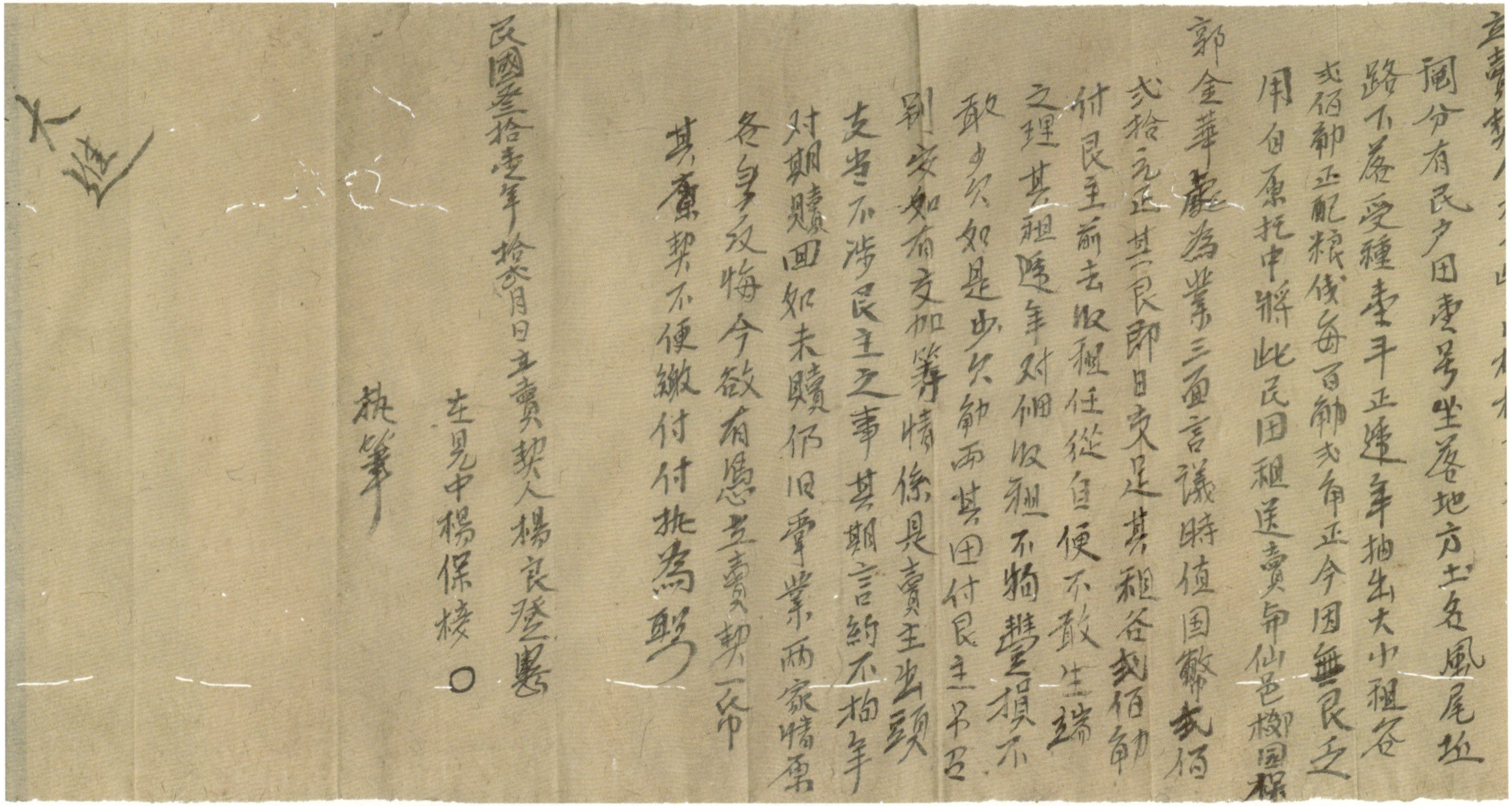

立賣契人……

闔分有民户田壹号，坐落地方土名風尾垅

路下落受種壹斗正，逐年抽出大小租谷

式佰觔正，配粮錢每百觔式角正。今因無艮之

用，自愿托中將此民田租送賣與仙邑柳园楊

郭金華處為業。三面言議，時值国幣式佰

式拾元正。其艮即日交足，其租谷式佰觔

付艮主前去收租，任從自便，不敢生端

之理。其租逐年对佃收租，不論豐損，不

敢少欠。如是少欠觔两，其田付艮主召

别安，如有交加等情，係是賣主出頭

支当，不涉艮主之事。其期言約不拘年

对期贖回，如未贖，仍旧管業。两家情愿

各無反悔。今欲有憑，立賣契一紙，

其賣契不便繳付，付批為照。

民國叁拾壹年拾貳月　日立賣契人楊良登

在見中楊保棲　○

執筆

9-6-46-2　民國三十一年十二月楊良登立賣民户田契

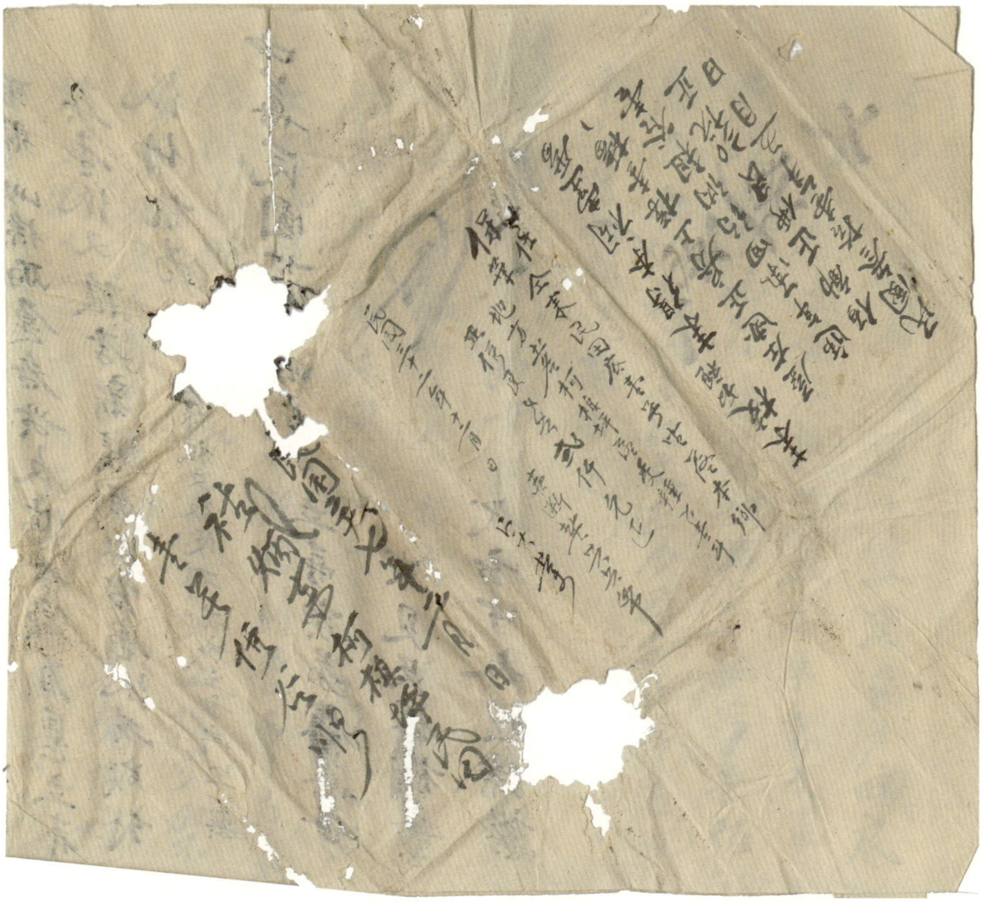

9-6-47-1　包契紙

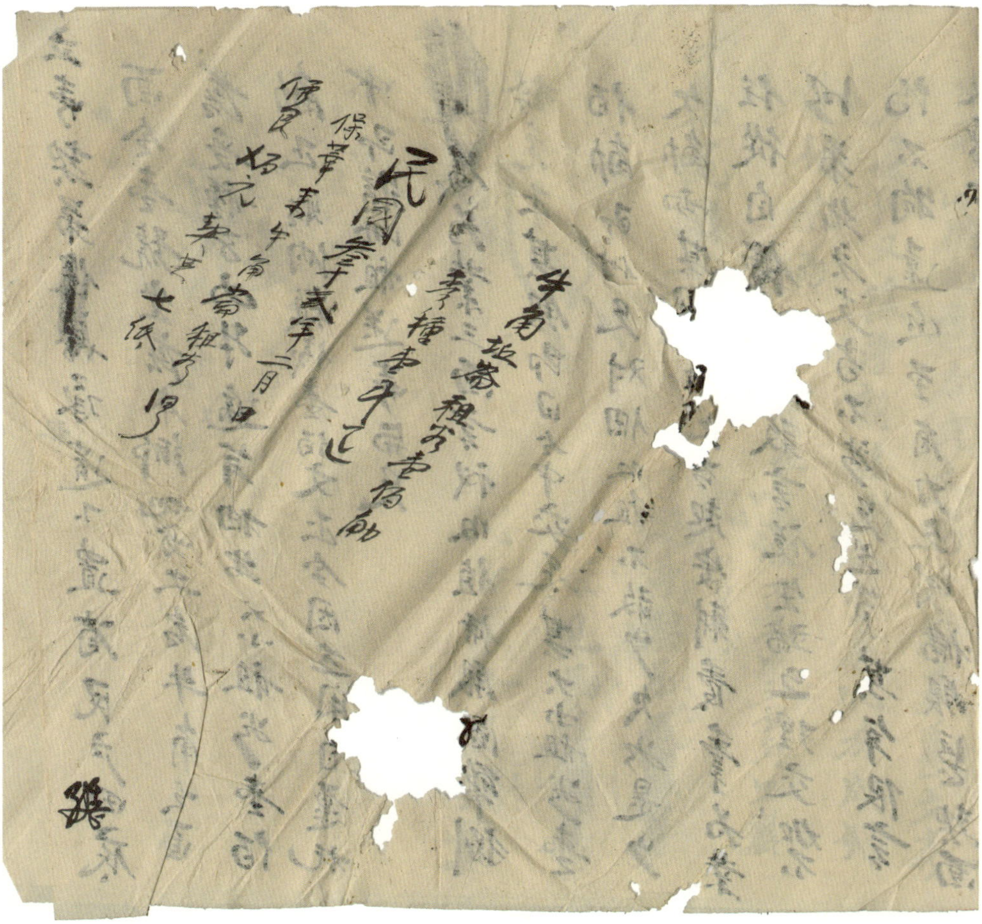
牛角坵蓉租谷壹佰觔
麥種壹斗正
民國叁拾貳年二月　日
保華壽牛角賣租谷字
伊良始元契書七紙收

9-6-47-2　包契紙

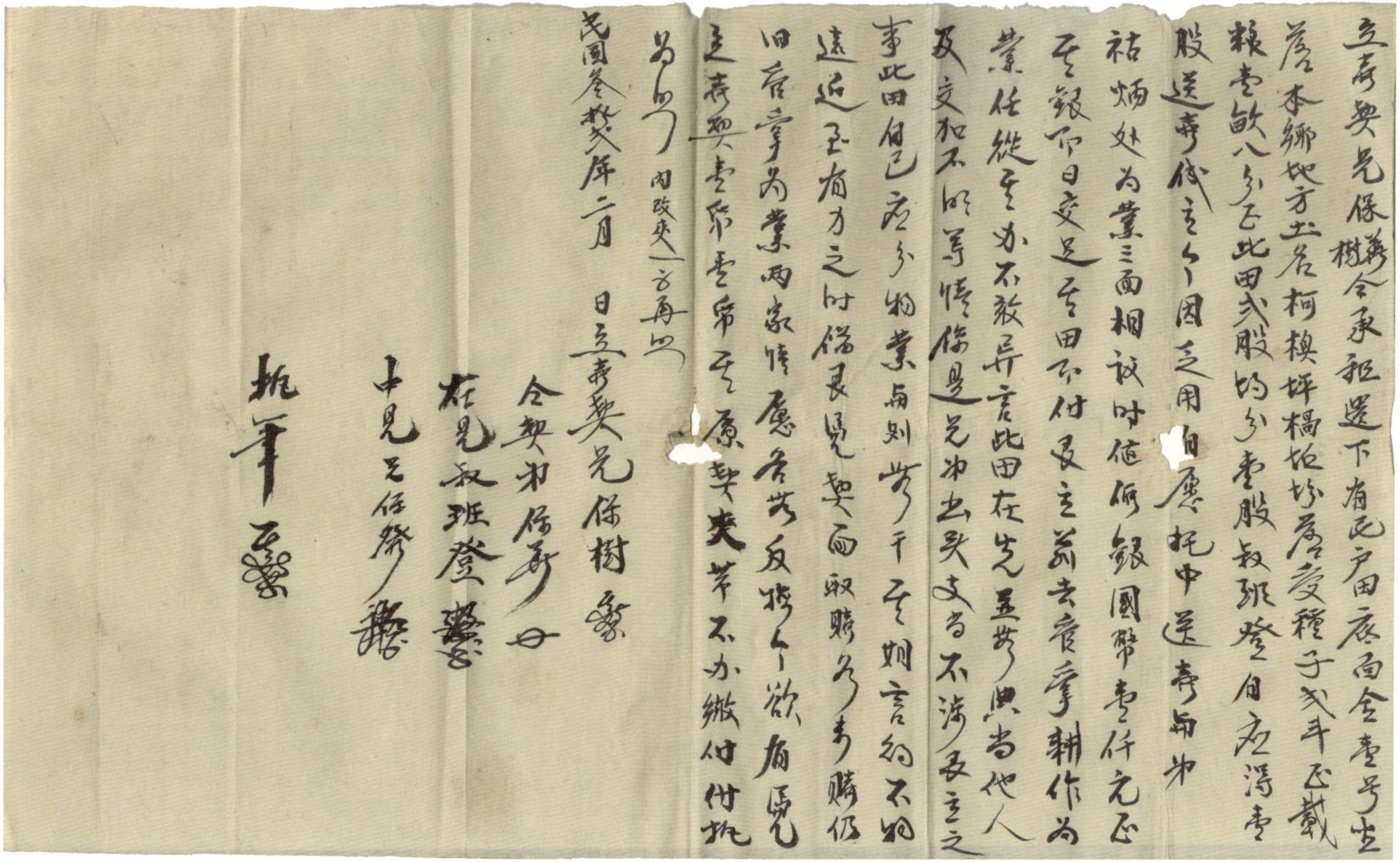

立賣契兄保樹等今承祖遺下有民户田底面全壹号，坐
落本鄉地方，土名柯棋坪楊柏圻落，受種子弍斗正，載
粮壹畝八分正。此田弍股均分，壹股叔班登自應得壹
股，送賣。今因乏用，自愿托中送賣與弟
祜炳处為業，三面相議，时值价銀國幣壹仟元正，
其銀即日交足，其田即付買主前去管掌耕作為
業，任從其办，不敢异言。此田在先並無典當他人
及文加不明等情，係是兄弟出头支当，不涉買主之
事。此田自己應分物業，與别無干，其姻言約不拘
遠近，至有力之时，備足契面取贖，無得刁贖，仍
回管掌為業。兩家情愿，各無反悔。今欲有憑，立
送賣契壹帋，其原契央并不办繳付，付执
為炤。内改央一字再炤。
民國叁拾弍年二月　日立賣契兄保樹（押）
今契弟保寿（押）
在見叔班登（押）
中見　任發（押）
执筆　正（押）

9-6-47-3　民國三十二年二月楊保樹等立賣底面全民户田契

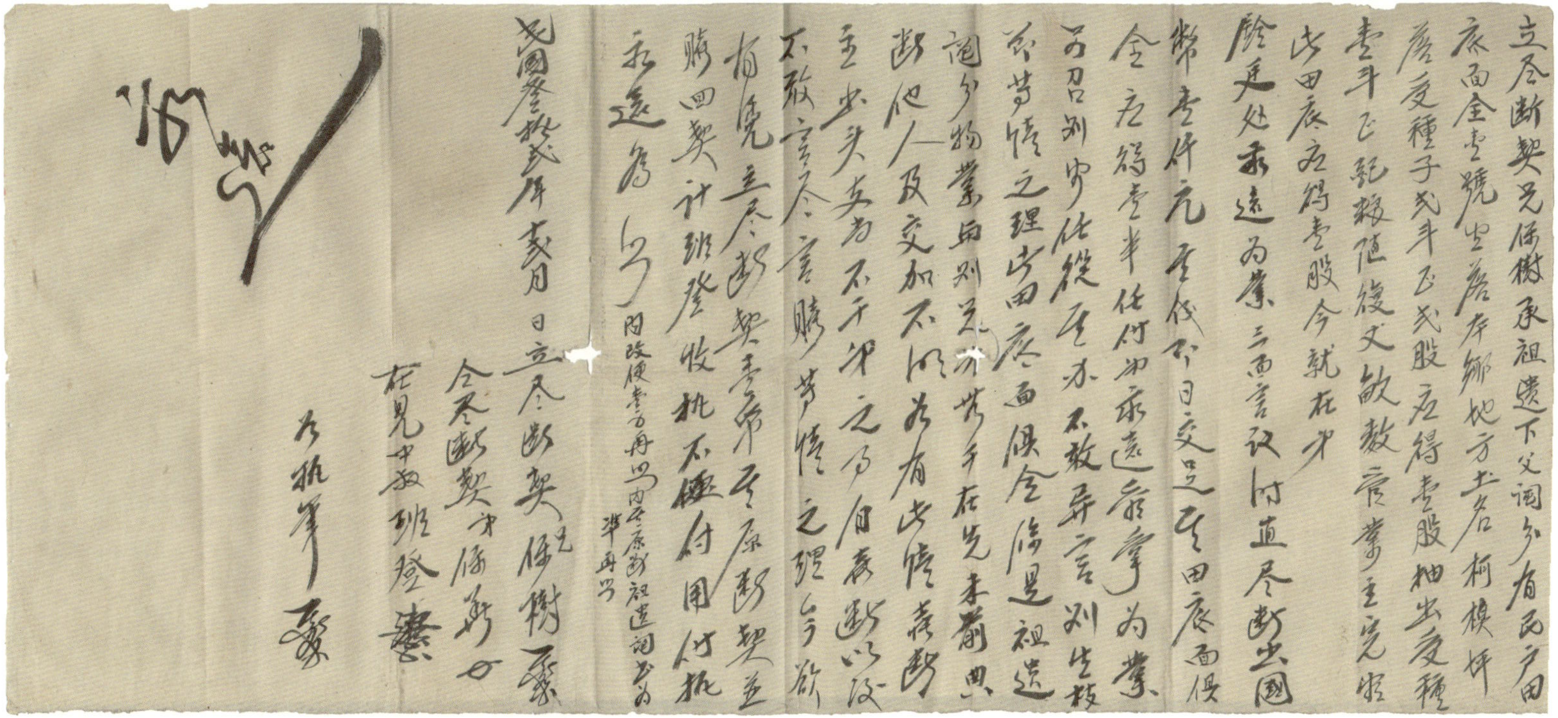

立盡斷契兄保樹承祖遺下父詞分有民户田
底面全壹號坐落本鄉地方土名柯模坪
落受種子弍斗正弍股應得壹股抽出受種
壹斗正記粮随復文畝數賣業主完粮
此田底面應得壹股今就在本
鄉廷處求遠為業 三面言議付直盡斷出國
幣壹仟元正其錢即日交足其田底面係
全應得壹半任付弟承遠前去為業
子召别安佔從其亦不敢異言别生枝
節等情之理此田底面係全保是祖遺
閬分物業與别兄弟並無干存先未曾典
斷他人及交加不明如有此情盡斷
至此以後兄為不干弟之事自盡斷以後
不敢言盡言贖等情之理今欲
有憑立盡斷契壹帋付原斷契並
贖回契計班登收執不據付用付執
永遠為照
内改便壹字再照 内添原斷祖遺詞分為準再照
民國叁拾弍年拾貳月 日 立盡斷契兄保樹（押）
全盡斷契弟保鈞（押）
在見中叔班登（押）
為執筆（押）

9-6-47-4　民國三十二年十二月楊保樹等立盡斷底面全民户田契

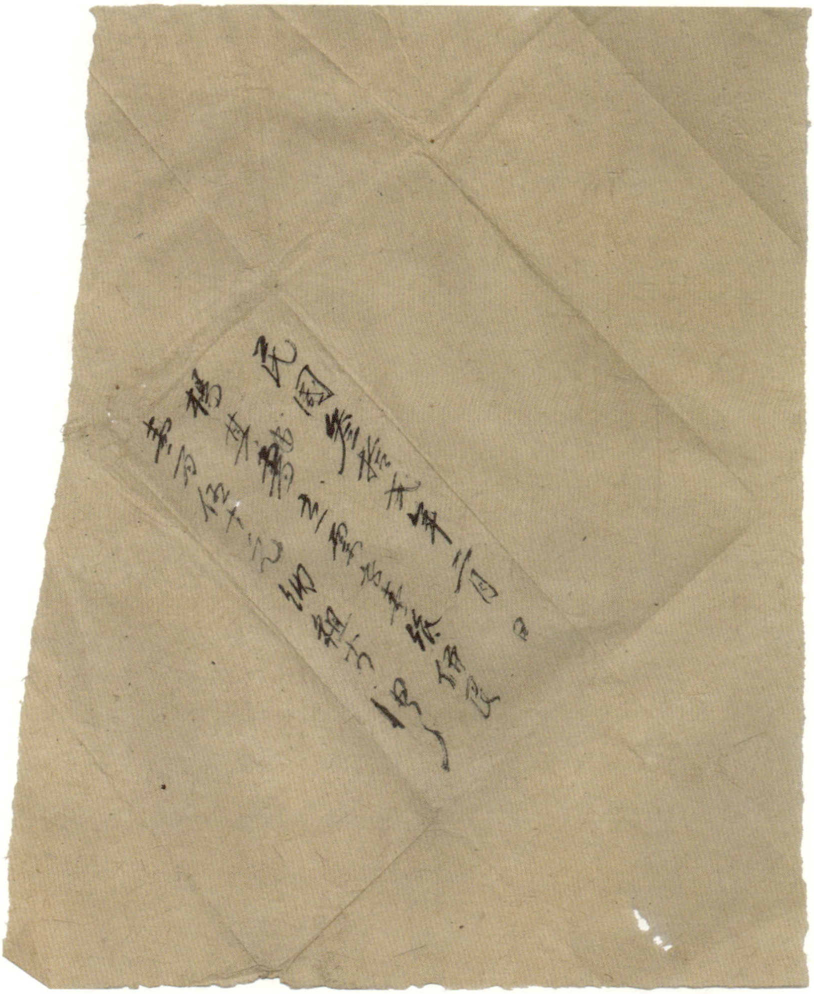

9-6-48-1　包契紙

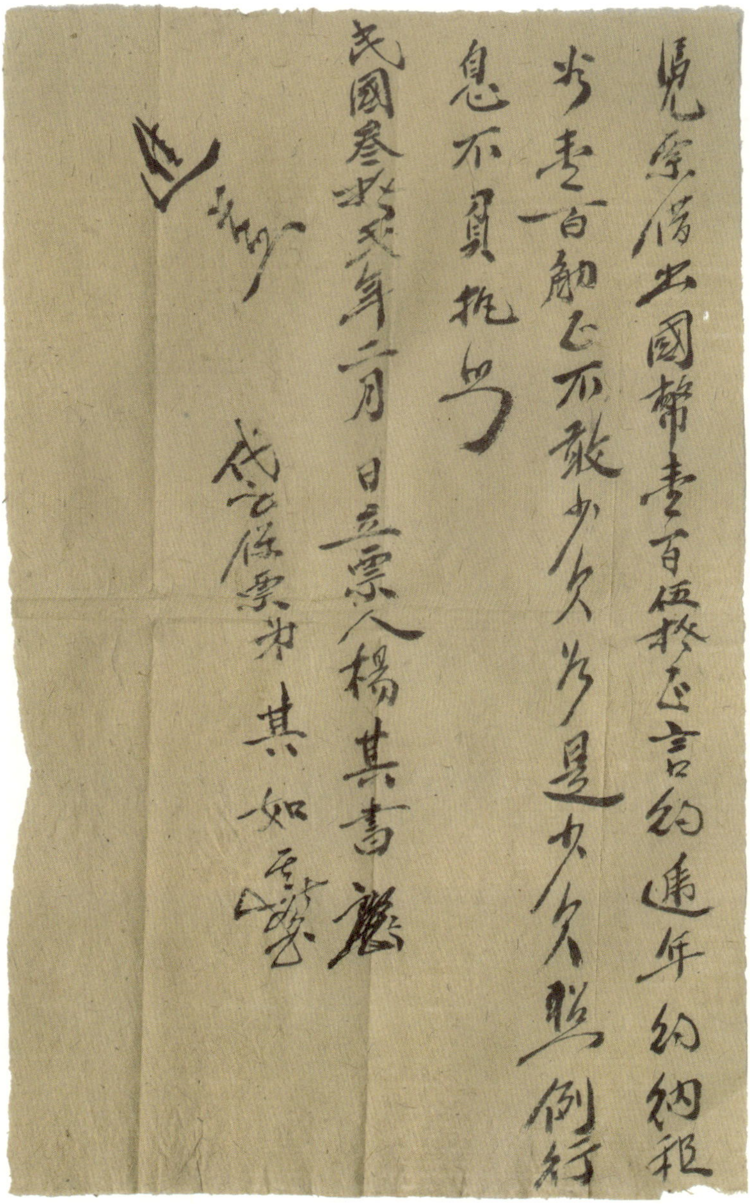
憑票借出國幣壹百伍拾元言約逐年約納租
谷壹百觔正不敢少欠如是少欠照例行
息不負執照

民國叁拾貳年二月　日立票人楊其書

代筆保票弟　其如

9-6-48-2　民國三十二年二月楊其書立借國幣憑票

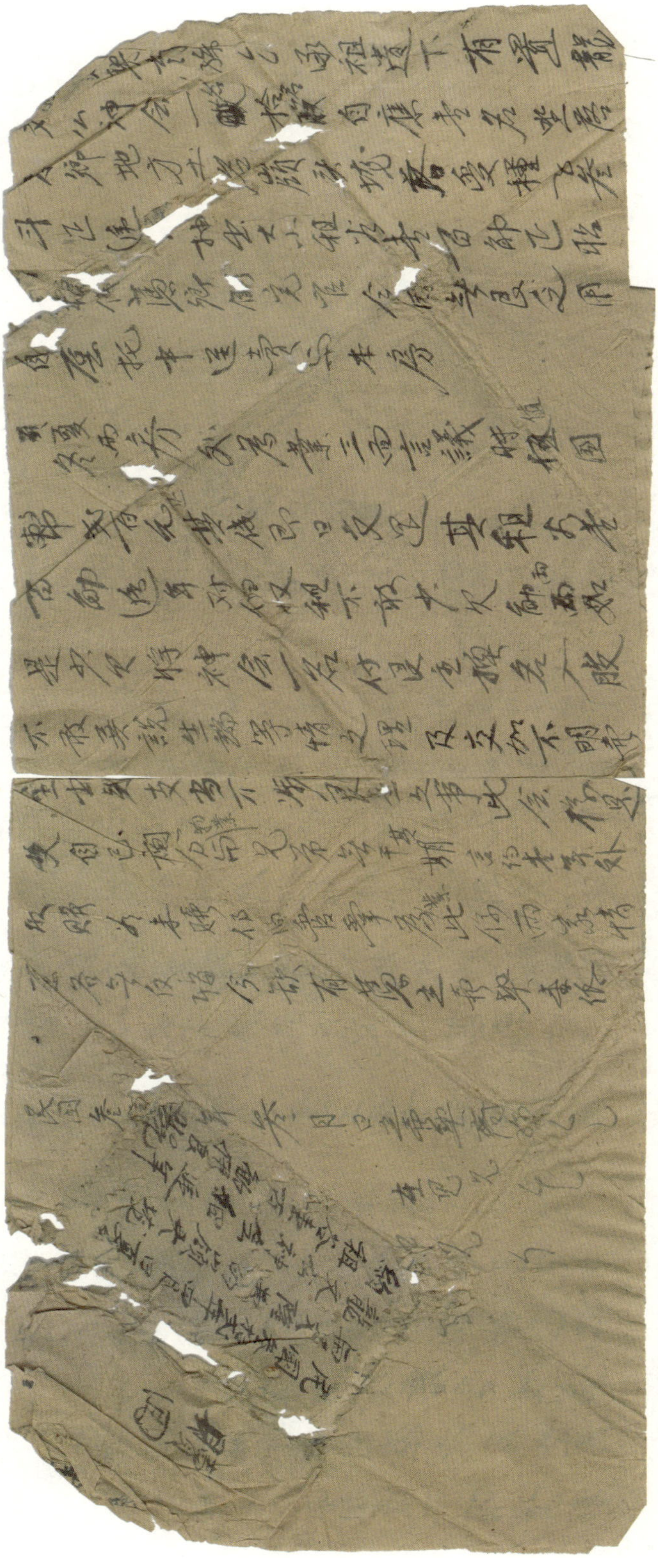

9-6-49-1　民國三十二年三月楊文隆立賣龍文公神會股份契（草契）

立賣契裔孫文隆今承祖遺下有置有龍文公
神会壹名拾名自应壹名坐落本鄉地方
土名嶺頭墟前受種子叁斗正逐年抽出
大小租谷壹佰觔正貼納粮錢憑鄉例完
官今因無錢應用托中送賣本房
夏冬兩房處為業三面言議時值國幣弍佰元正
其錢即日交足無欠祖壹佰斤即付夏冬對佃收租
不敢少欠觔兩另是少欠觔兩將神會壹名付
銀主换名入股不敢异言生端此会係是自己
物業與別房兄弟無干並無典掛他人及交加
不明係是賣主出頭支當不干銀主之事至
年限言約壹年外取贖如未贖仍舊管業
為業此係兩愿各無反悔今欲有憑立賣
契壹帋付執照者

民國叁拾弍年四月　日立賣契裔孫文隆（押）

中見兄文生 ⊙

自己執筆

大進壹

9-6-49-2　民國三十二年四月楊文隆立賣龍文公神會股份契

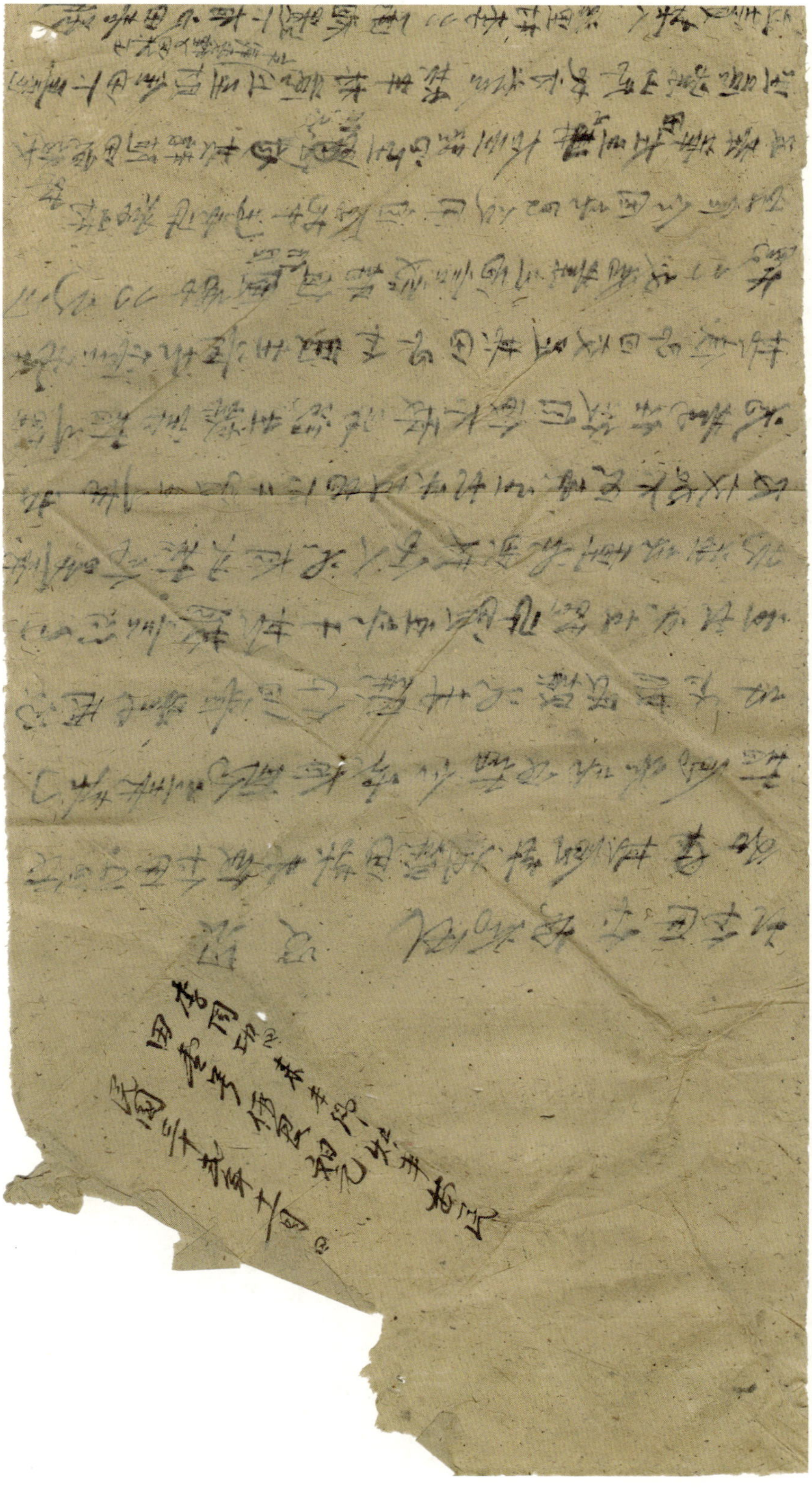

9-6-50-1　包契紙

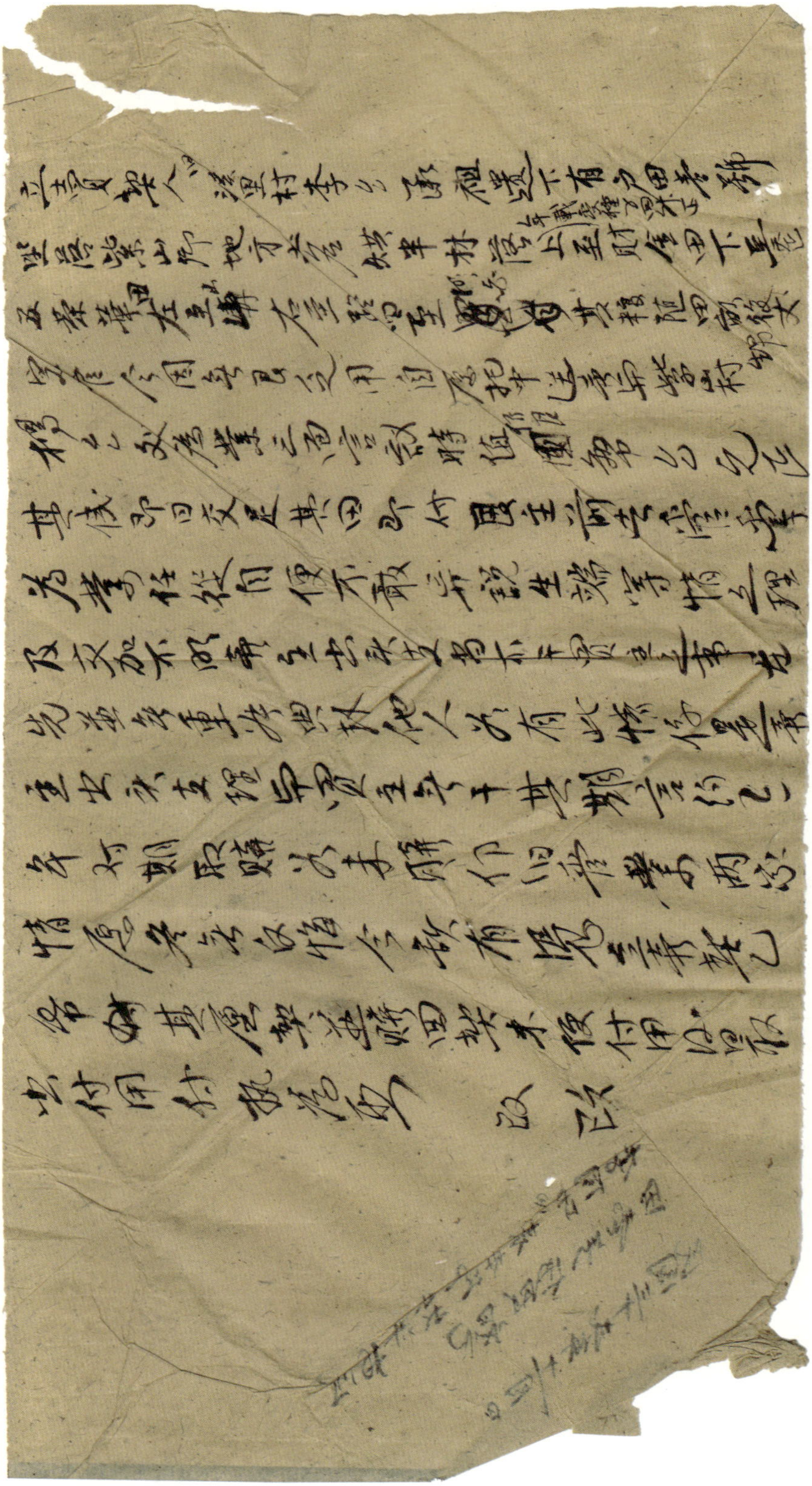

9-6-50-2 民國三十二年十一月李周功立賣户田契（草契）

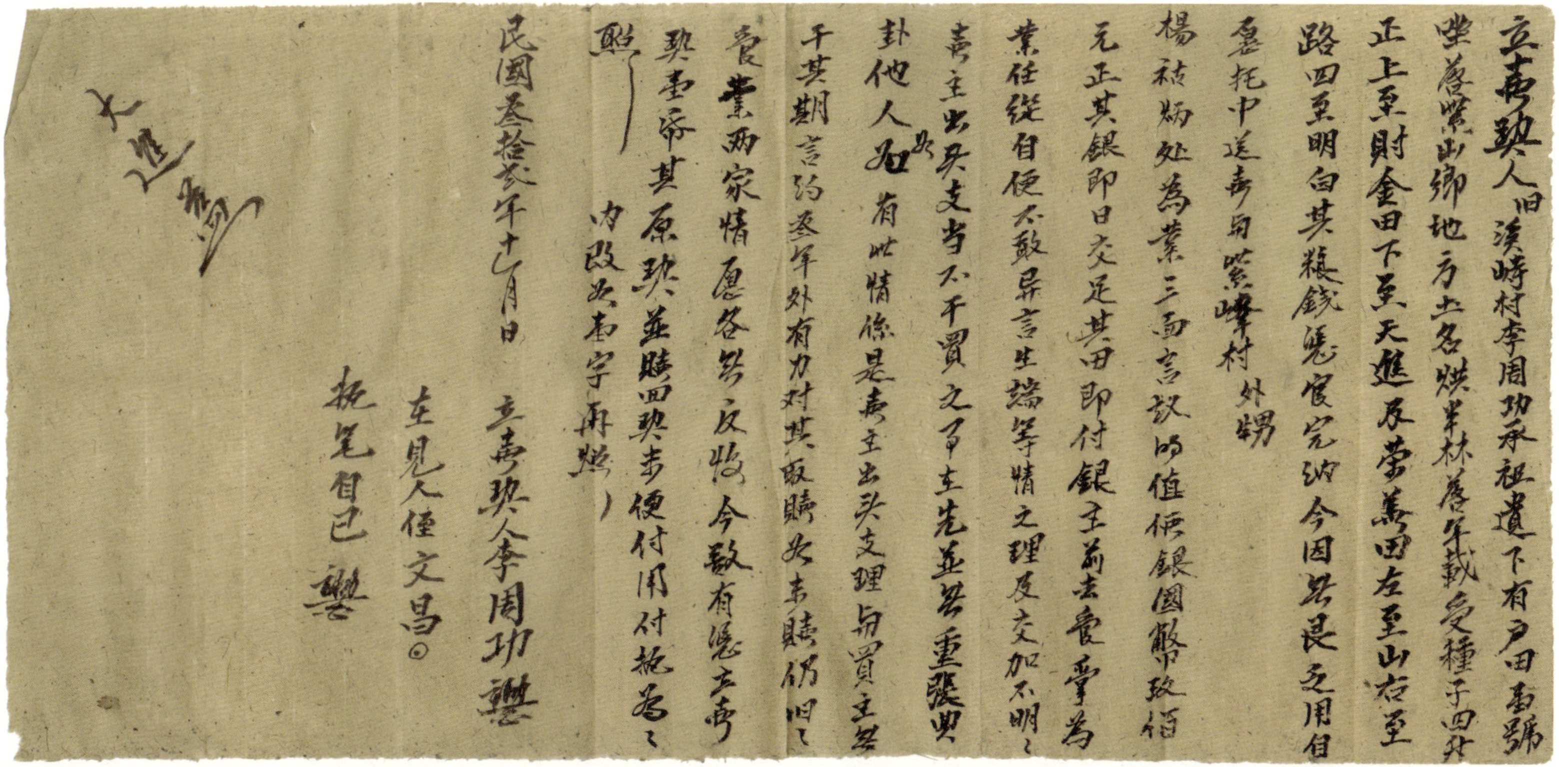

立賣契人旧溪崎村李周功承祖遺下有户田壹號
坐落紫山鄉地方土名烘米林舊年載受種子四升
正上至財金田下至天進及榮萬田左至山右至
路四至明白其粮銭憑官完納今因要銀乏用自
願托中送賣與紫峰村外甥
楊禎炳处為業三面言議時值價銀國幣玖佰
元正其銀即日交足其田即付銀主前去耕管為
業任從自便不敢异言生端等情之理及交加不明〻
賣主出头支当不干買主之事主先並無重張典
卦他人如有此情係是賣主出头支理与買主無
干其期言約叁年外有力对其取贖如未贖仍旧〻
管業两家情愿各無反悔今欲有憑立賣
契壹帋其原契並贖回契步便付用付執為〻
照
内改如本字再照
民國叁拾弍年十乙月日　立賣契人李周功押
在見人侄文昌⊙
执笔自己押
大進叁

9-6-50-3　民國三十二年十一月李周功立賣户田契

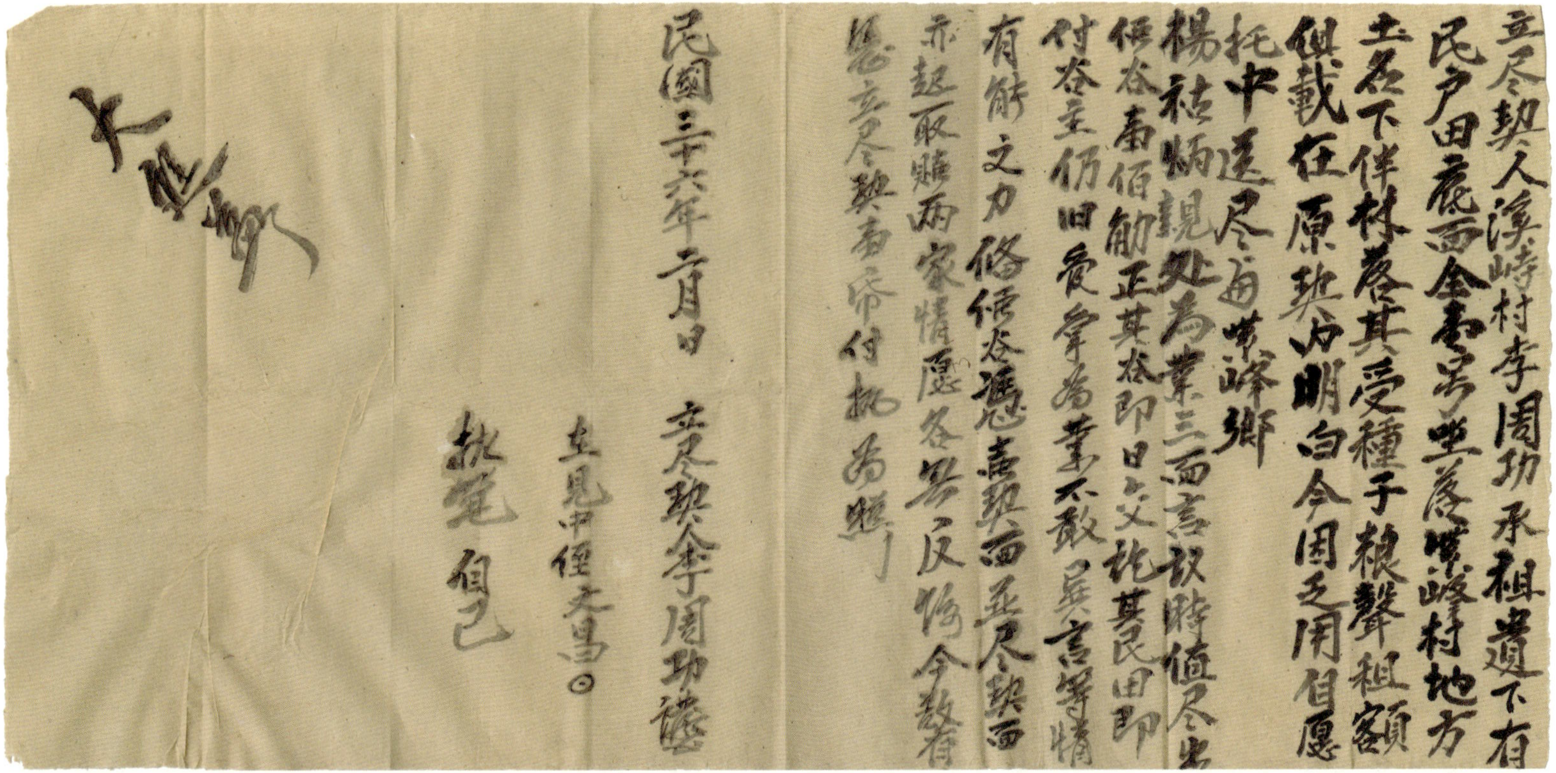
立盡契人溪峙村李周功承祖遺下有
民户田底面全壹号，坐落峙峰村地方
土名下伴林，蒸其受種子粮聲租額
俱載在原契內明白，今因乏用，自愿
托中送盡與峙峰鄉
楊祐炳親处為業，三面言議時值盡出
佰谷壹佰觔正，其谷即日收訖，其民田即
付谷主仍旧耕作管業，不敢異言等情
有能之力係侄谷憑盡契面並盡契面
亦起取贖，兩家情愿，各無反悔，今欲有
憑，立盡契壹帋付執為照。

民國三十六年二月　日　立盡契人李周功（押）
在見中侄天昌（押）
執筆　自己

9-6-50-4　民國三十六年二月李周功立盡底面全民户田契

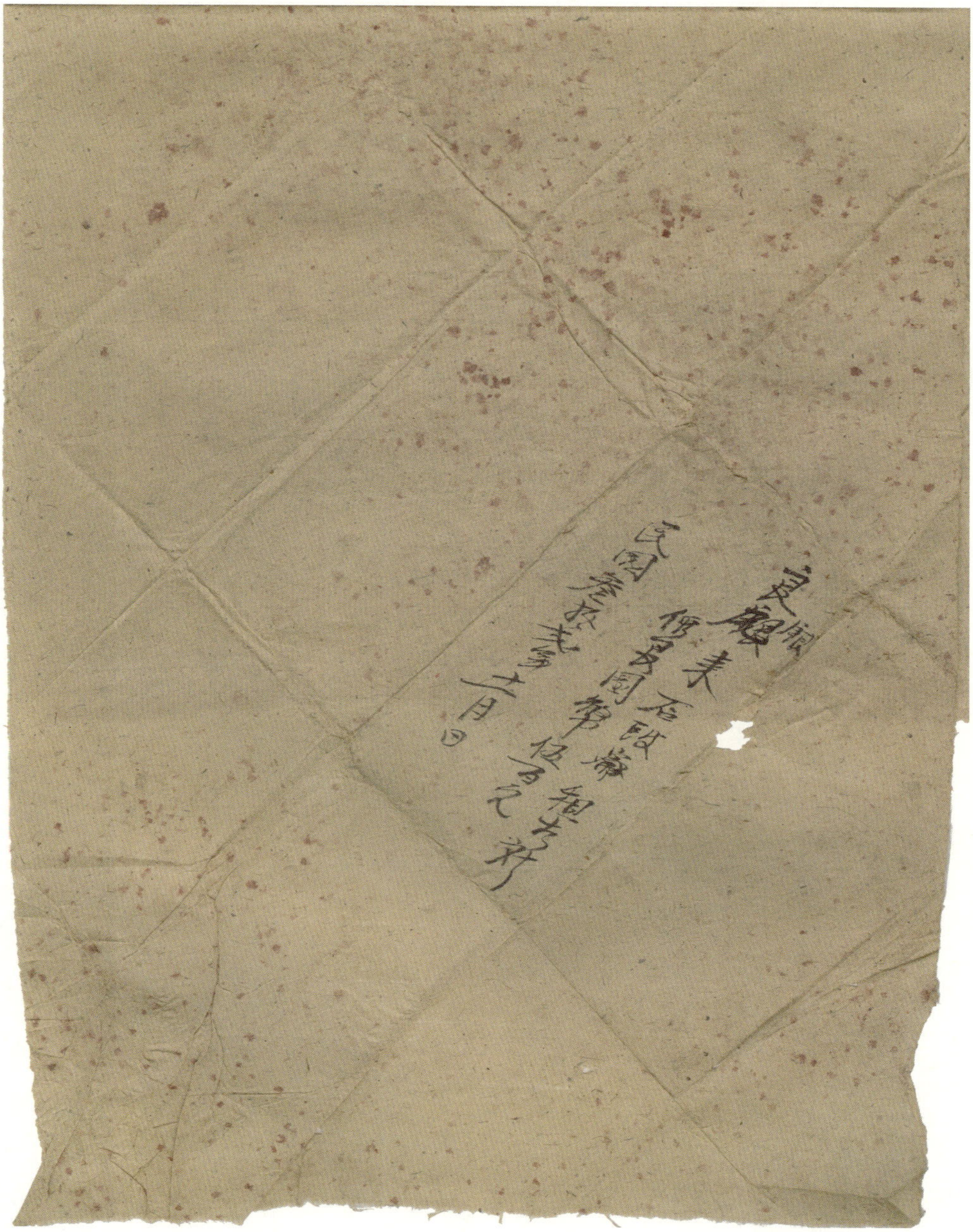

9-6-51-1　包契紙

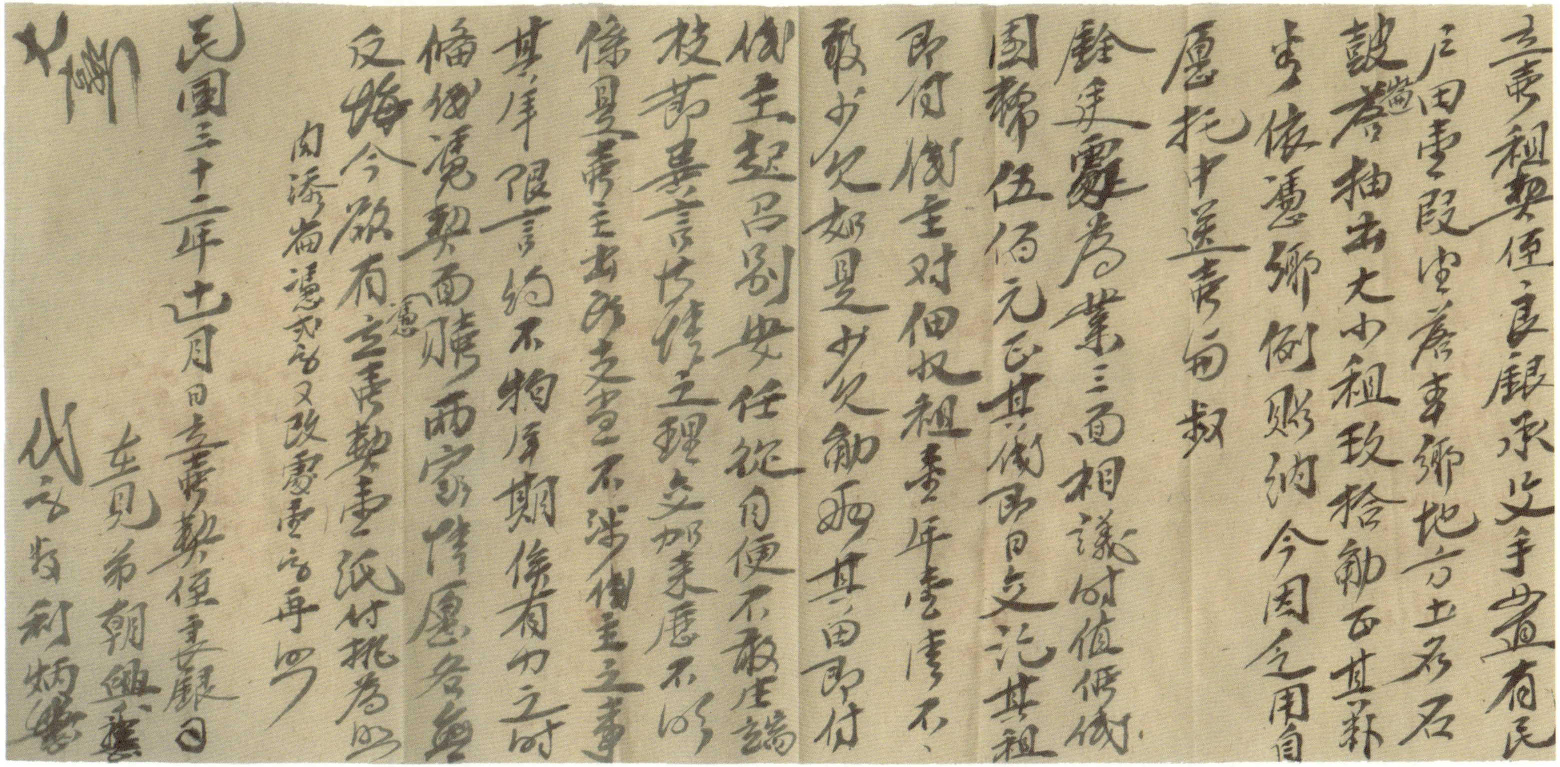

9-6-51-2　民國三十二年十一月楊良銀立賣民户田租契

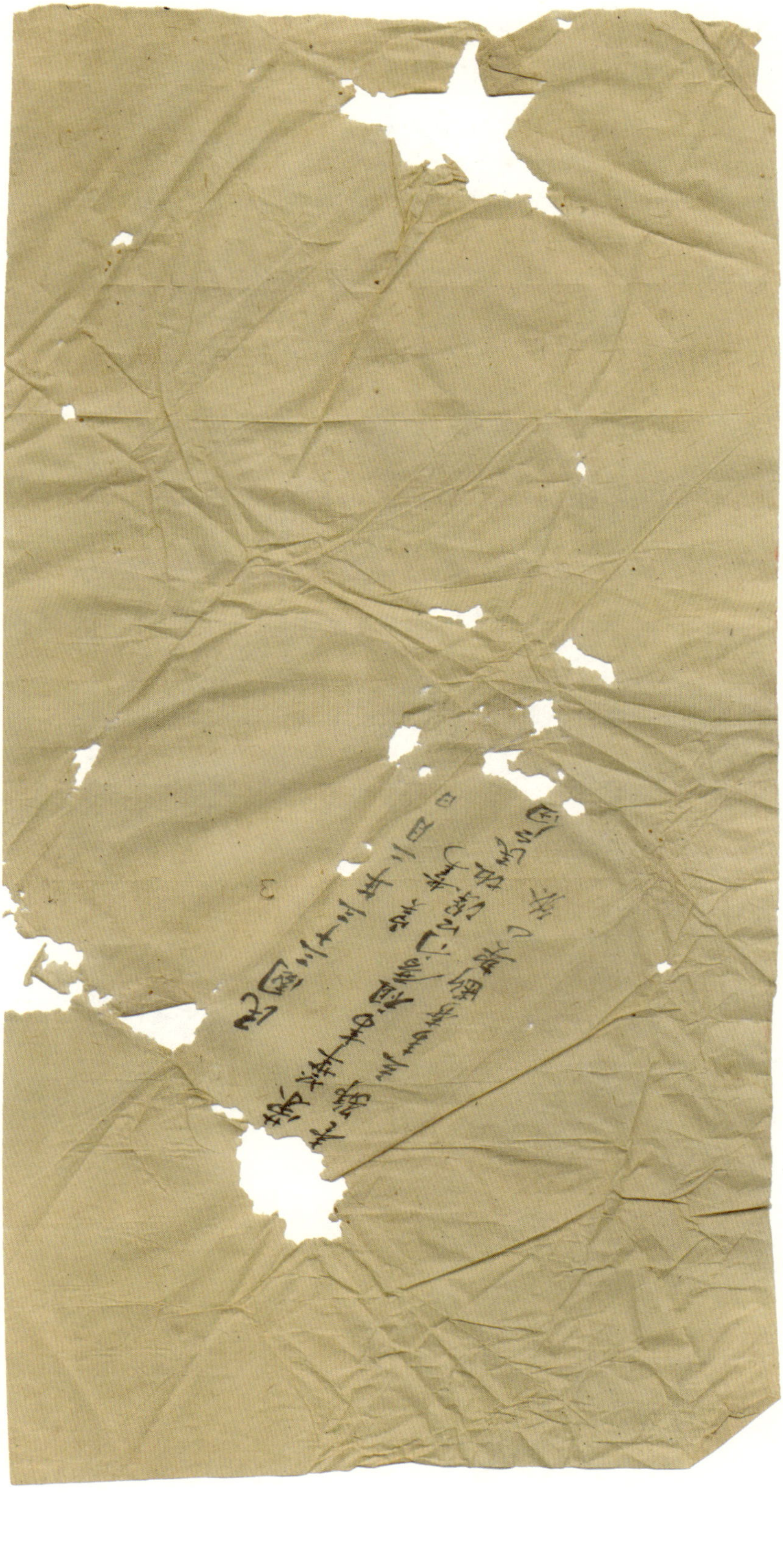

9-6-52-1 包契紙

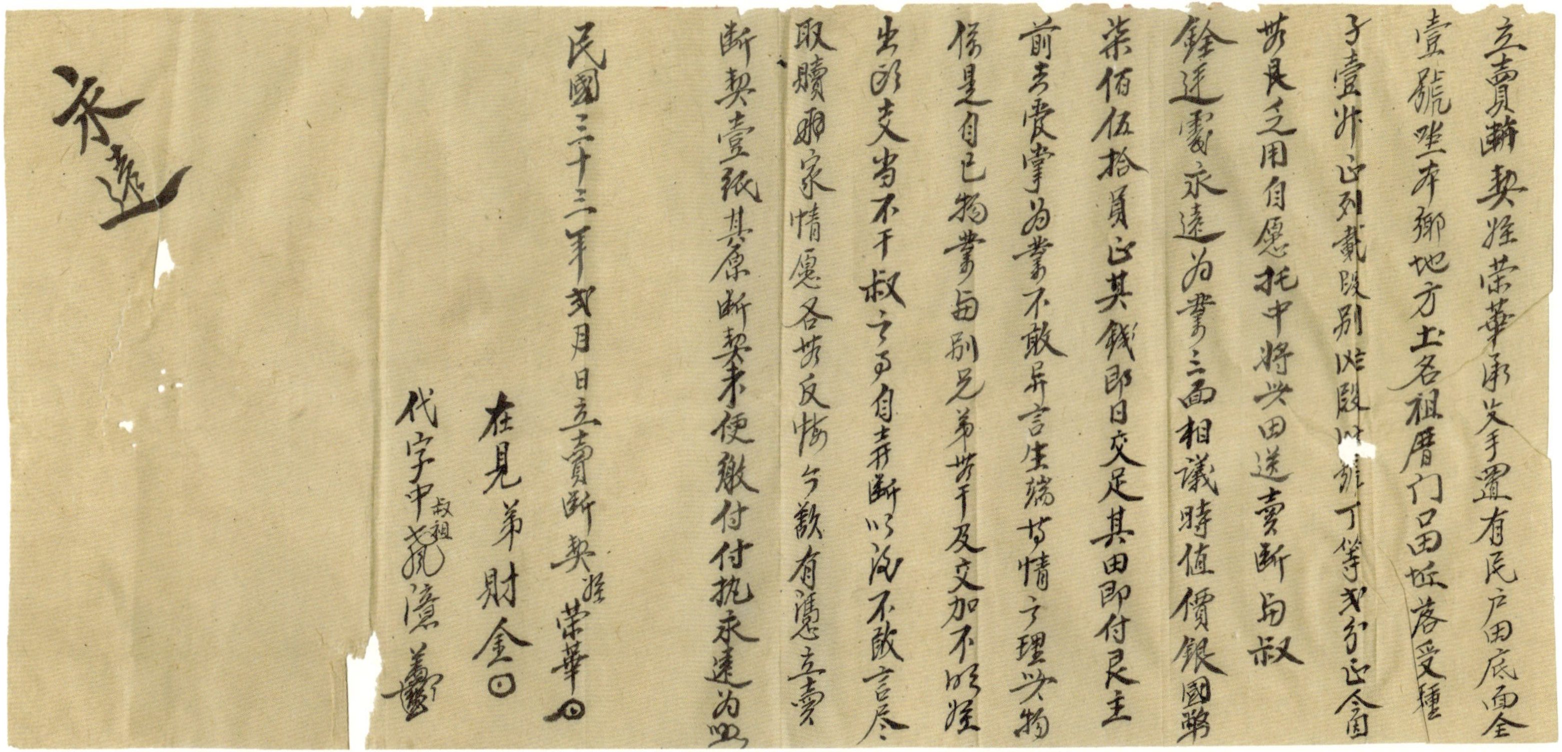

立賣斷契姪荣華承父手置有民户田底面全
壹號坐本鄉地方土名祖厝门口田坵落受種
子壹斗正列載段别此段[illegible]丁等弍分正全
無艮之用自愿托中將此田送賣斷與叔
銓送處永遠為業三面相議時值價銀國幣
荣佰伍拾員正其錢即日交足其田即付艮主
前去管掌為業不敢异言生端等情之理此物
係是自己物業與别兄弟無干及交加不明姪
出頭支當不干叔之事自賣斷以後不敢言尽
取贖兩家情愿各無反悔今欲有憑立賣
斷契壹紙其原斷契未便繳付付執永遠為照
民國三十三年弍月日立賣斷契姪荣華〇
在見弟財全〇
代字中叔祖[illegible]濬[illegible]
永遠

9-6-52-2　民國三十三年二月楊荣華立賣斷底面全民户田契

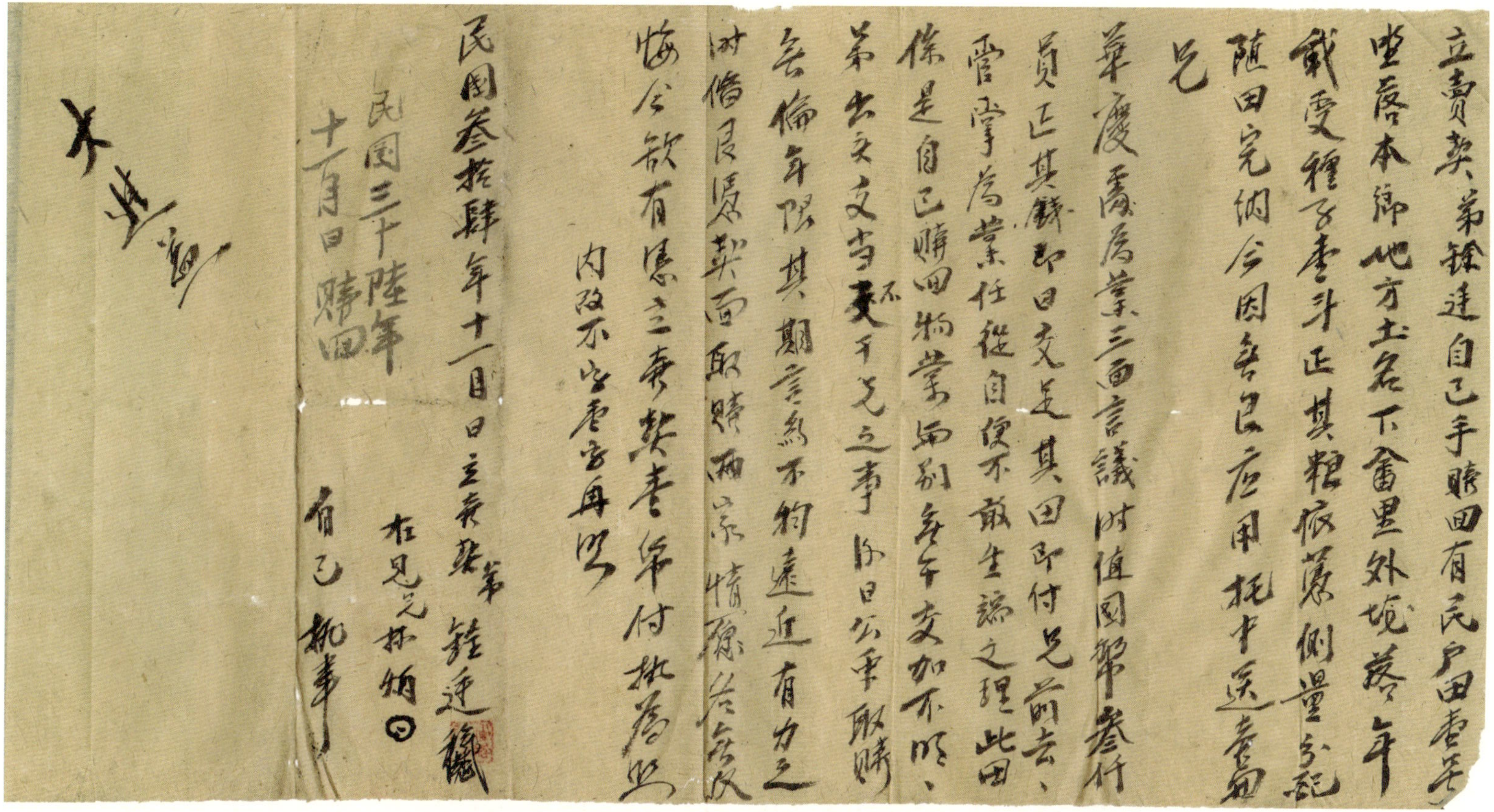

立賣契人弟銓廷，自己手贖田有民户田壹号，
坐落本鄉地方土名下畲里外垅落年
載受種子壹斗正，其粮依照冊量分起，
隨田完納。今因無錢應用，托中送至與
兄
華慶處為業，三面言議，時值國幣叁仟
員正，其錢即日交足，其田即付兄前去
管掌為業，任從自便，不敢生端之理。此田
係是自己贖回物業，與别無干，交加不明、
弟出支當，不干兄之事。向日公平取贖，
無論年限，其期言約不拘遠近，有力之
時備良價契面取贖，兩家情願，各無反
悔。今欲有憑，立賣契壹紙付執為照。
内改不字壹個再照。
民國叁拾肆年十一月　日立賣契弟　銓廷（印）
在見兄　林炳
有己執筆
民國三十陸年十月日贖回
大吉

9-6-52-3　民國三十四年十一月楊銓廷立賣民户田契

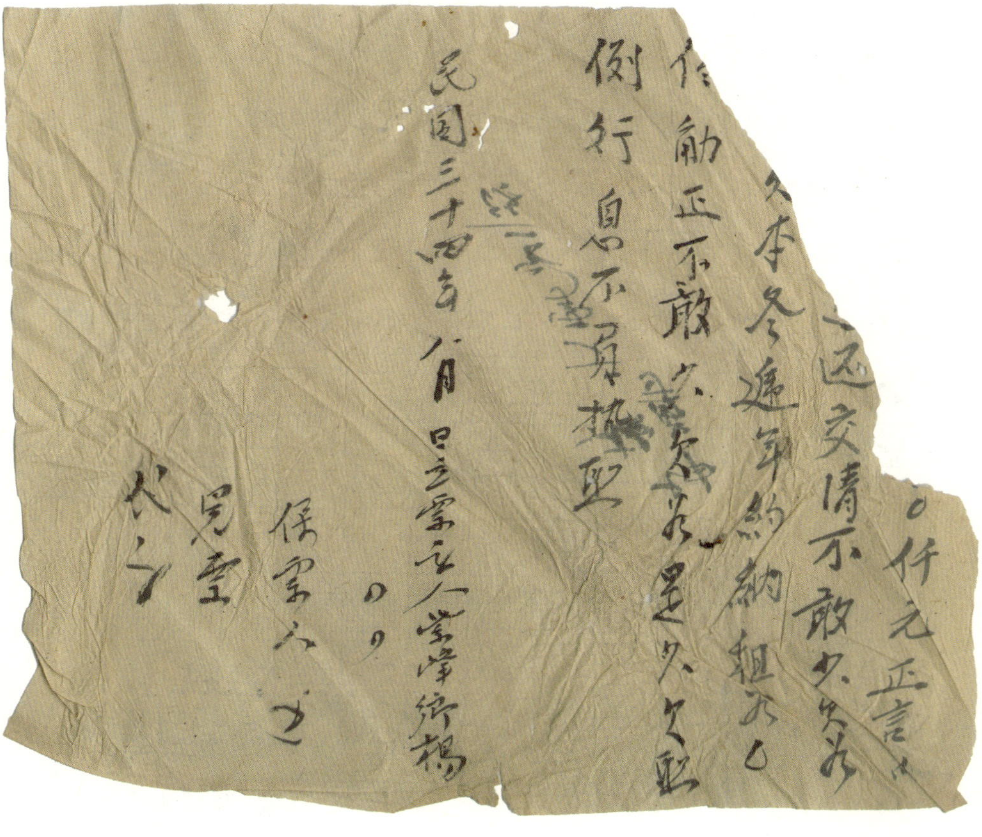
〇仟元正言□
□還交清不敢少欠分
又本冬進年約納租谷乙
佃觔正不敢少欠分毫是少欠取
倒行息不得執取
民國三十四年八月　日立字人業峰銜稿
〇〇
保字人□之
見字
代之

9-6-53-1　包契紙

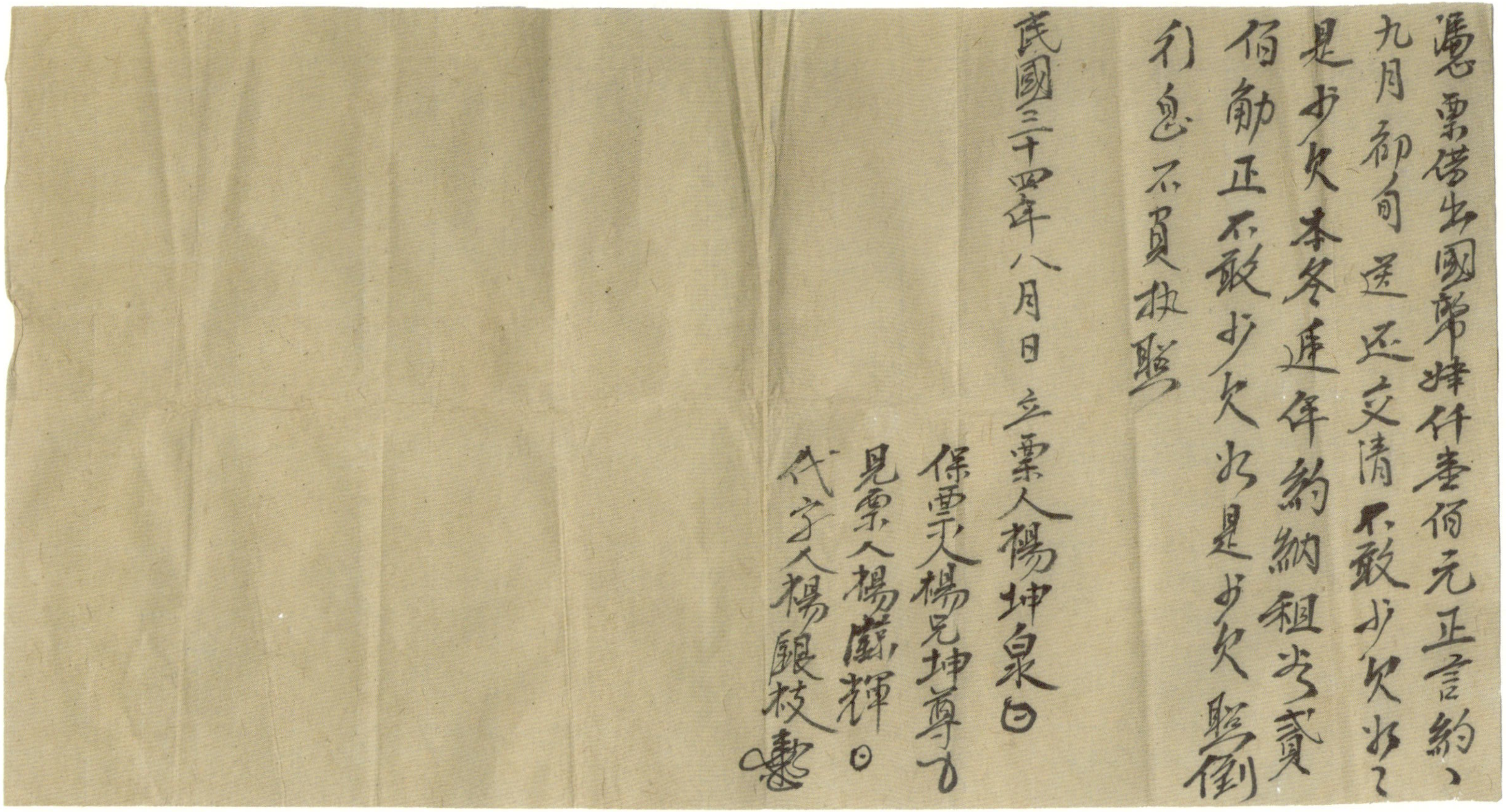
憑票借出國幣肆仟叁佰元正言約入
九月初旬送还交清不敢少欠如是
是少欠本冬逓年約納租谷贰
佰觔正不敢少欠如是少欠聽倒
利息不負扶聽
民國三十四年八月日　立票人楊坤泉（押）
保票人楊兄坤尊（押）
見票人楊獻輝（押）
代字人楊銀枝（押）

9-6-53-2　民國三十四年八月楊坤泉立借國幣憑票

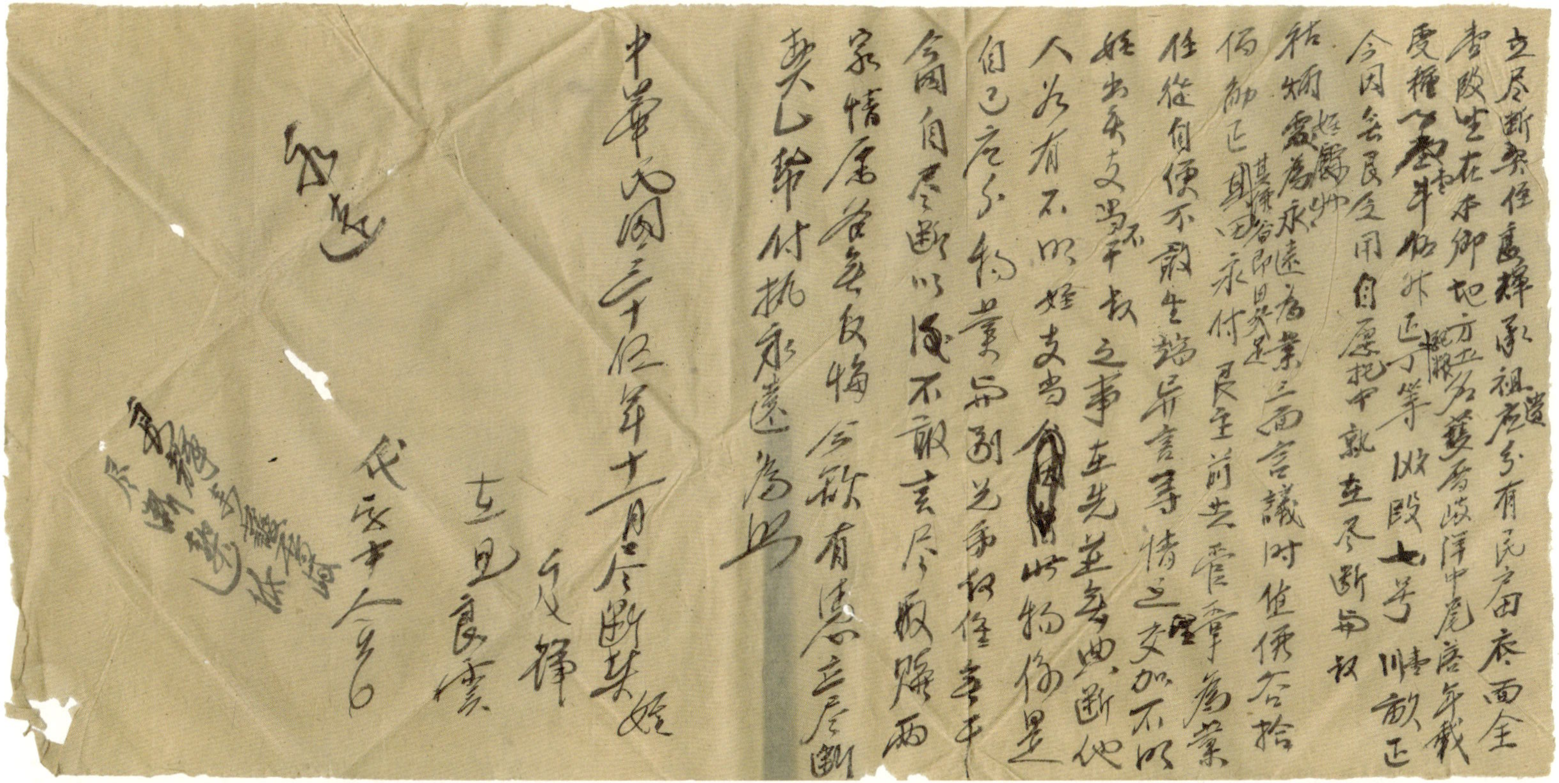

9-6-54-1　民國三十五年十一月楊良輝立盡斷底面全民户田契（草契）

立盡斷契侄良輝承祖遺下應分有户
田底面全壹段坐在本鄉地方土名護層
岐洋中尾路年載受種子壹斗伍升計
粮丁式畝段七號叁畝壹分正今因乏錢應
用自愿托中將此田送盡斷與叔
祜炳侄綠洲全邊爲業三面相議時值價谷
玖百觔正其谷即日交足其田永付銀主
前去管業爲業任從自便不敢生端异
言此係之理交加不明侄出承支当不干
叔之事在先並無典当他人及交加不明
侄出承支当此物係是自己應分物業
與别他人兄弟等干今因自盡斷以後不
敢言盡言贖兩家情愿各無反悔今欲
有憑立盡斷契壹帋付執永遠爲
照

中華民國叁拾陆年弍月　日立盡斷契侄良輝(押)
在見弟良雲(押)
代字叔文記(押)

永遠

9-6-54-2　民國三十六年二月楊良輝立盡斷底面全民户田契

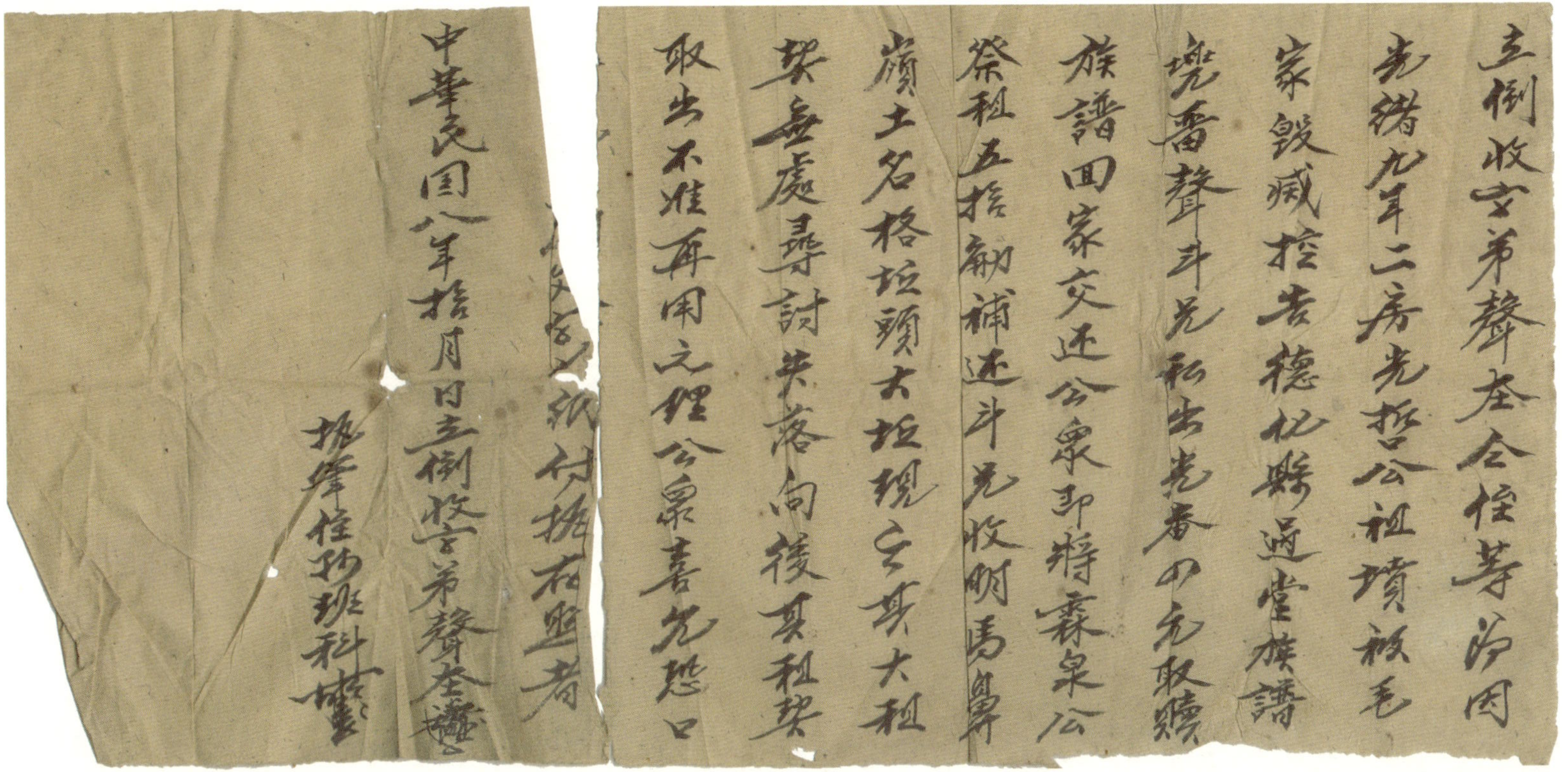

立倒收字弟聲奎仝侄等為因
光緒九年二房先哲公祖墳被毛
家毀藏控告德化縣道堂族譜
境番聲斗先私出先番四元取贖
族譜回家交述公衆即將森泉公
祭租五指劍補述斗先收明馬鼻
嶺土名格垣頭大垣現在其大租
契無處尋討失落向後其租契
取出不准再用之理公衆喜允憑口
[illegible]收字一紙付執存照者

中華民國八年拾月日立倒收字弟聲奎
[illegible]
執筆侄孫班科

9-6-54-3　民國八年十月楊聲奎立倒收字

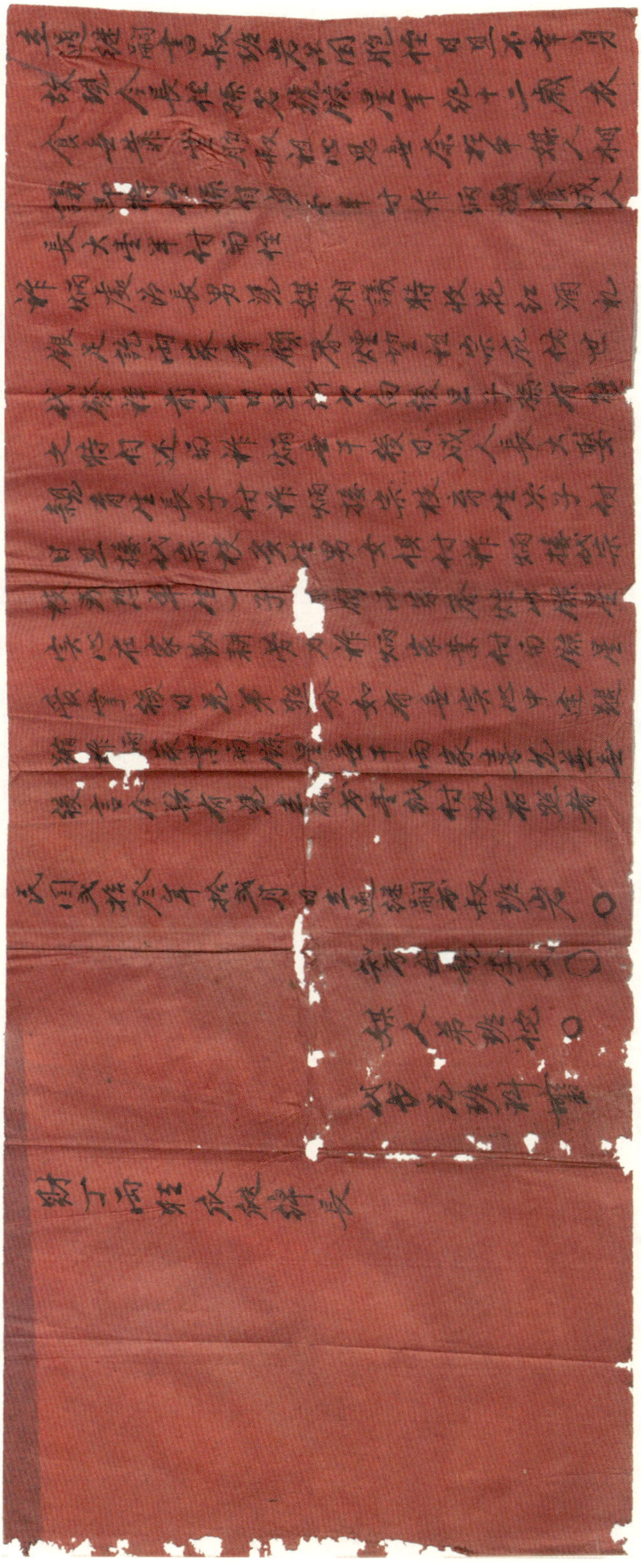

9-6-54-4 民國二十三年十二月楊班岩立過繼嗣書

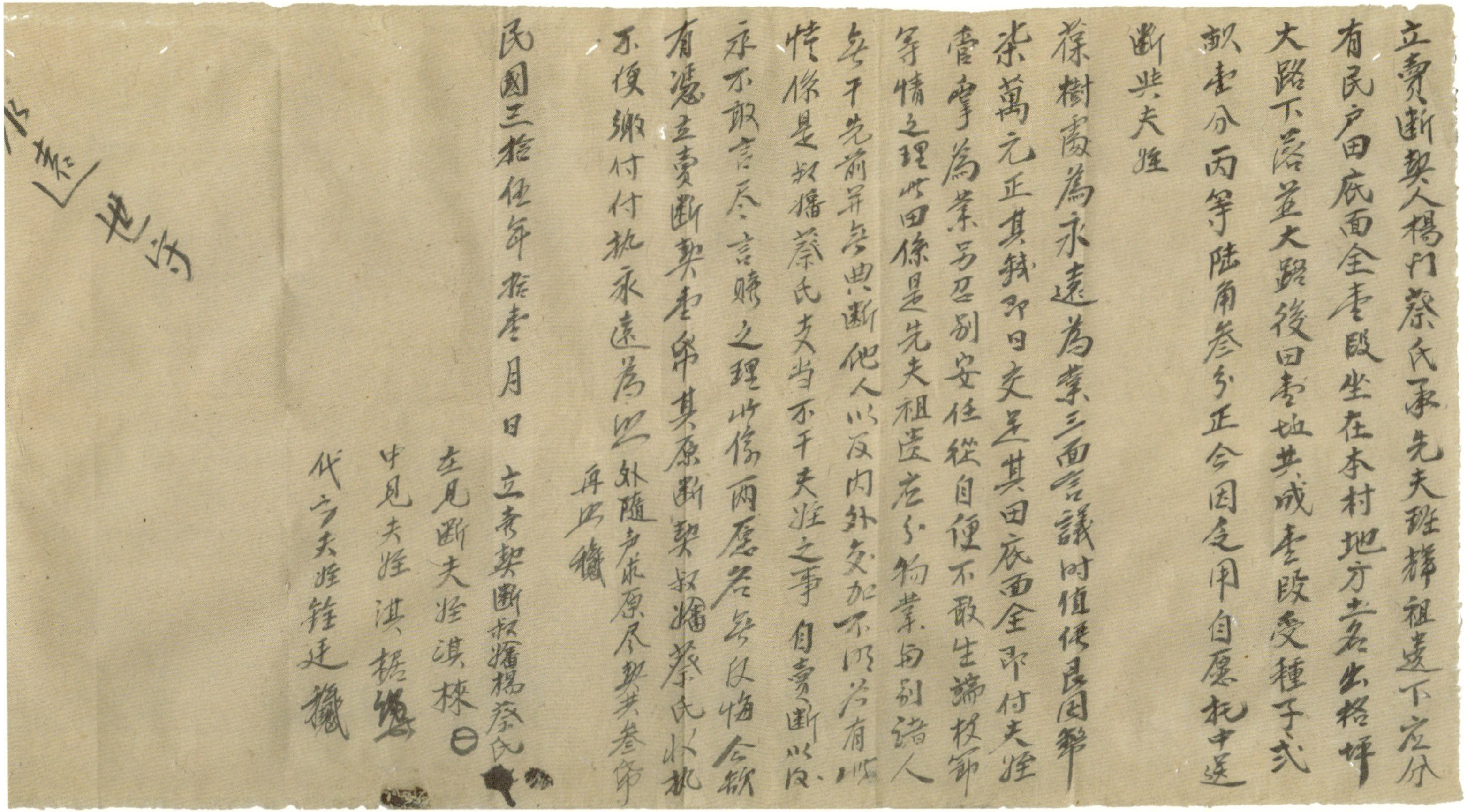

立賣斷契人楊門蔡氏承先夫班輝祖遺下應分
有民户田底面全壹段坐在本村地方土名出格坪
大路下落並大路後田壹坵共成壹段受種子弍
畝壹分丙等陸角叁分正今因乏用自愿托中送
斷與夫侄
葆樹處爲永遠爲業三面言議时值佛艮國幣
柒萬元正其銀即日交足其田底面全即付夫侄
壹拿爲業另召别安任從自便不敢生端枝節
等情之理此田係是先夫祖遺應分物業而别諸人
無干先前并無典斷他人以及内外交加不明若有此
情係是叔嬸蔡氏支当不干夫侄之事　自賣斷以後
永不敢言盡言贖之理此係兩愿各無反悔今欲
有憑立賣斷契壹紙其原斷契叔嬸蔡氏收執
不便繳付付執永遠爲照　外隨户來原盡契共叁紙
再照據
民國三拾伍年拾壹月日　立賣契斷叔嬸楊蔡氏
在見斷夫侄淇棟
中見夫侄淇、據
代字夫侄鍾廷筆

9-6-54-5　民國三十五年十一月楊門蔡氏立賣斷底面全民户田契

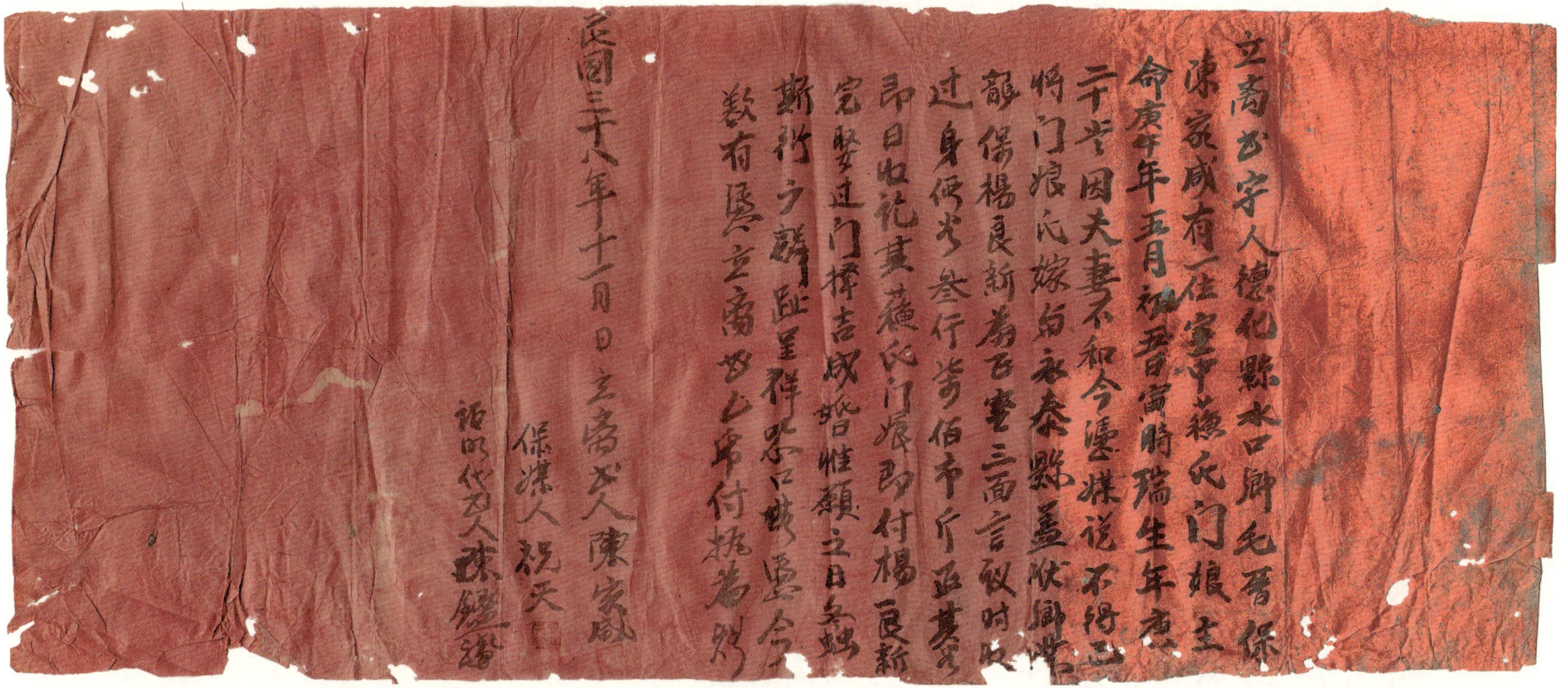

立离书字人德化縣水口鄉毛厝保
陳家咸有一住室中蘇氏门娘生
命庚午年五月初五日寅時瑞生年應
二十岁因夫妻不和今憑媒說不得已
將门娘氏嫁與永泰縣盖洑鄉嶺下
龍保楊良新爲妻當三面言叙时收
过身價米叁仟肆佰市斤正其米
即日收訖其蘇氏门娘即付楊良新
完娶过门擇吉成婚惟願立日多螽
斯衍慶麟趾呈祥恐口無憑今
欲有憑立离书字付執爲照

民國三十八年十一月　日　立离书字人陳家咸
保媒人祝天[illegible]
依口代书人陳[illegible]

9-6-54-6　民國三十八年十一月德化水口毛厝陳家咸立離書字

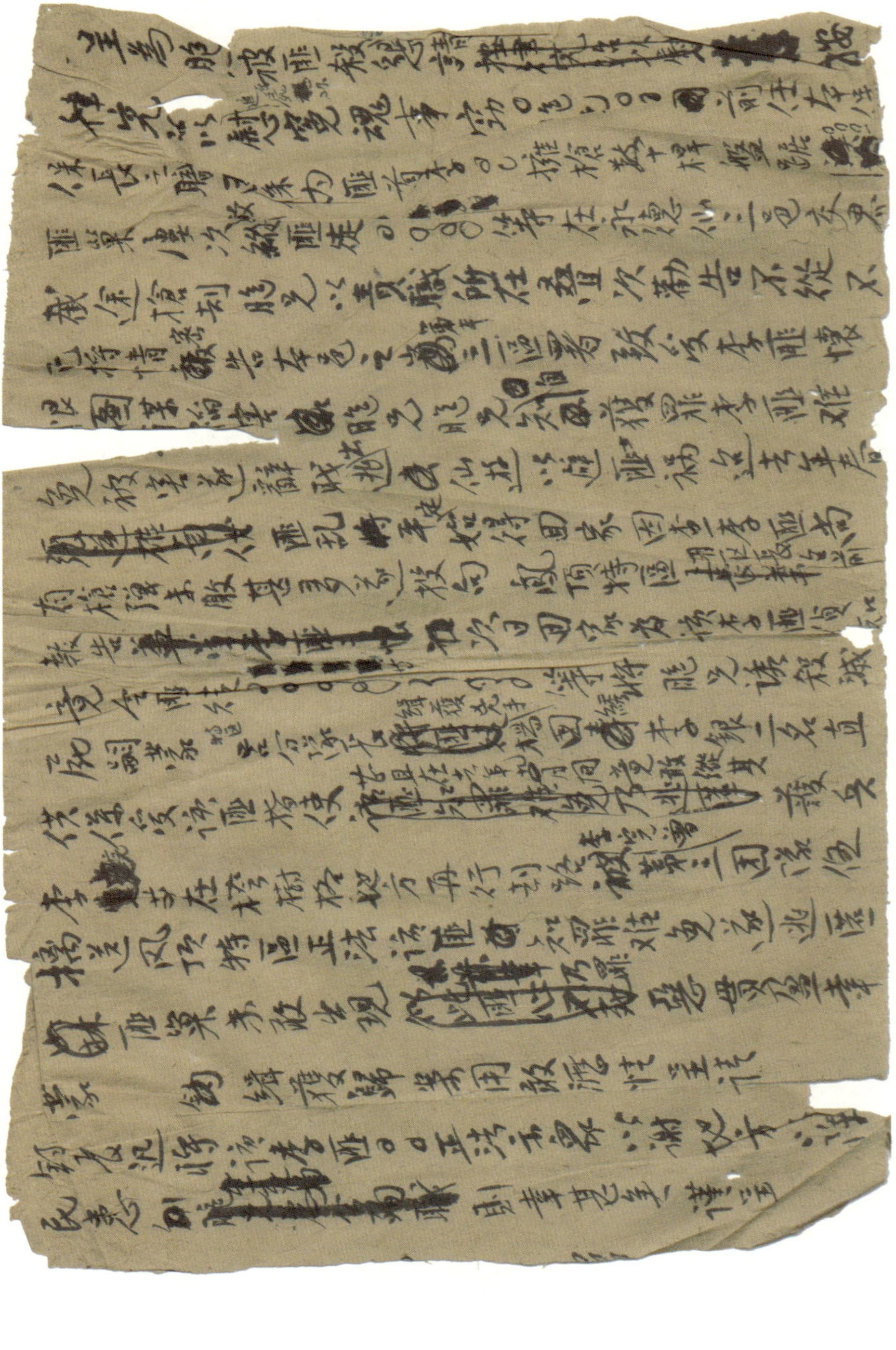

9–6–55–1　晚清時期楊家告溪峙李家呈狀（草狀）

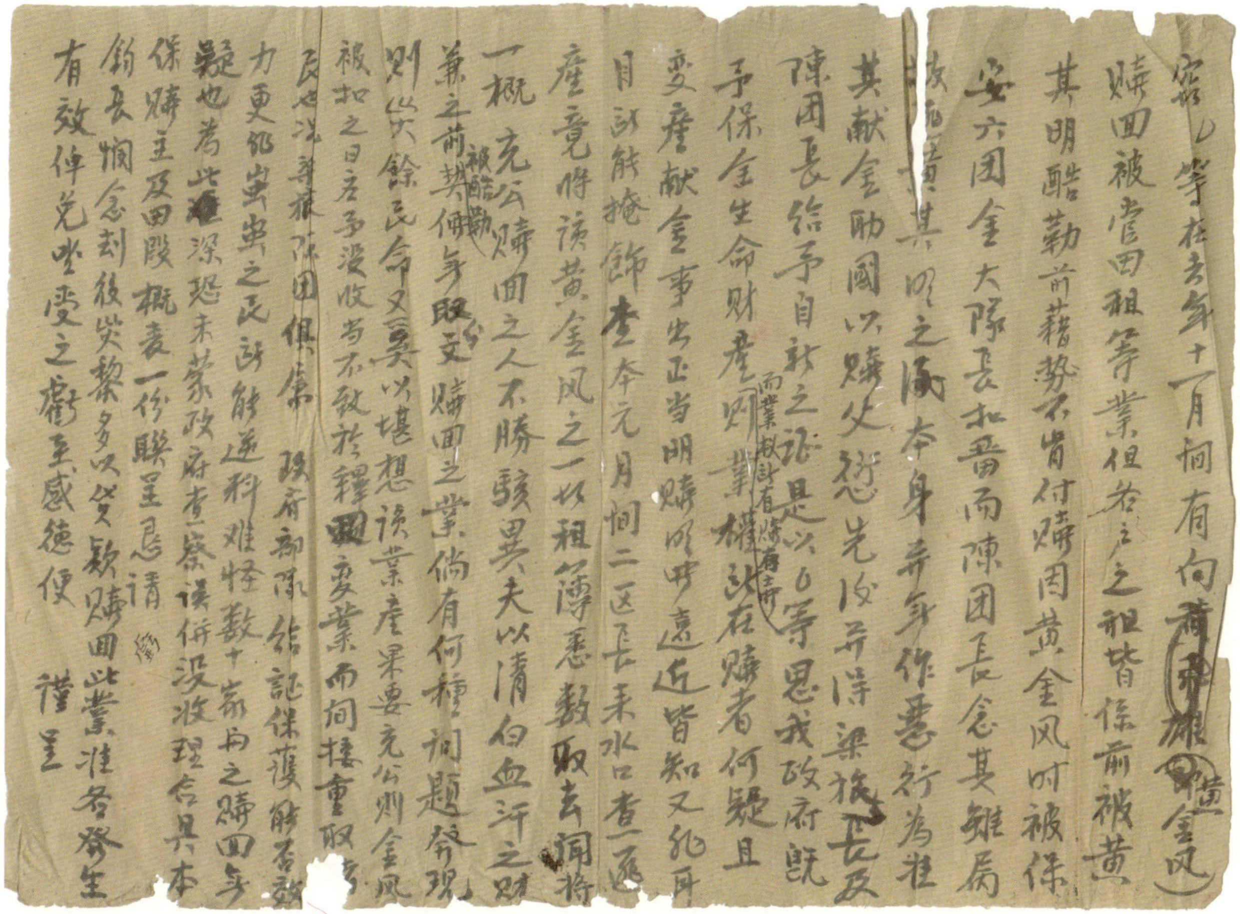

9-6-55-2　晚清時期楊家告德化黃起齊呈狀（草狀）

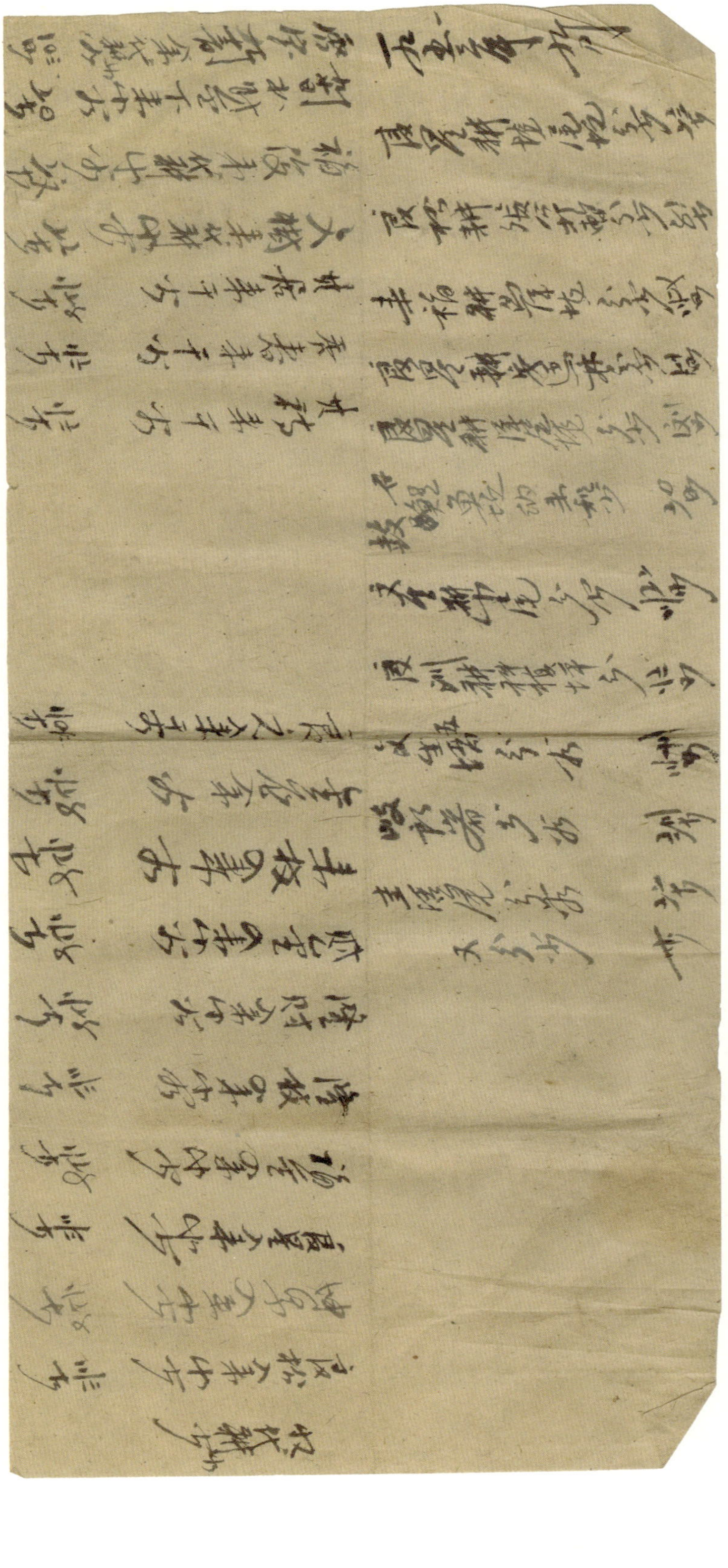

9-6-55-3　民國時期楊氏家族進出流水單（一）

埜枝骨雞丁
保輝骨雞丁
洪清骨雞丁
增輝骨雞丁
成水骨雞丁
良滔骨雞丁
裕金骨什 三丁

9-6-55-4　民國時期楊氏家族進出流水單（二）

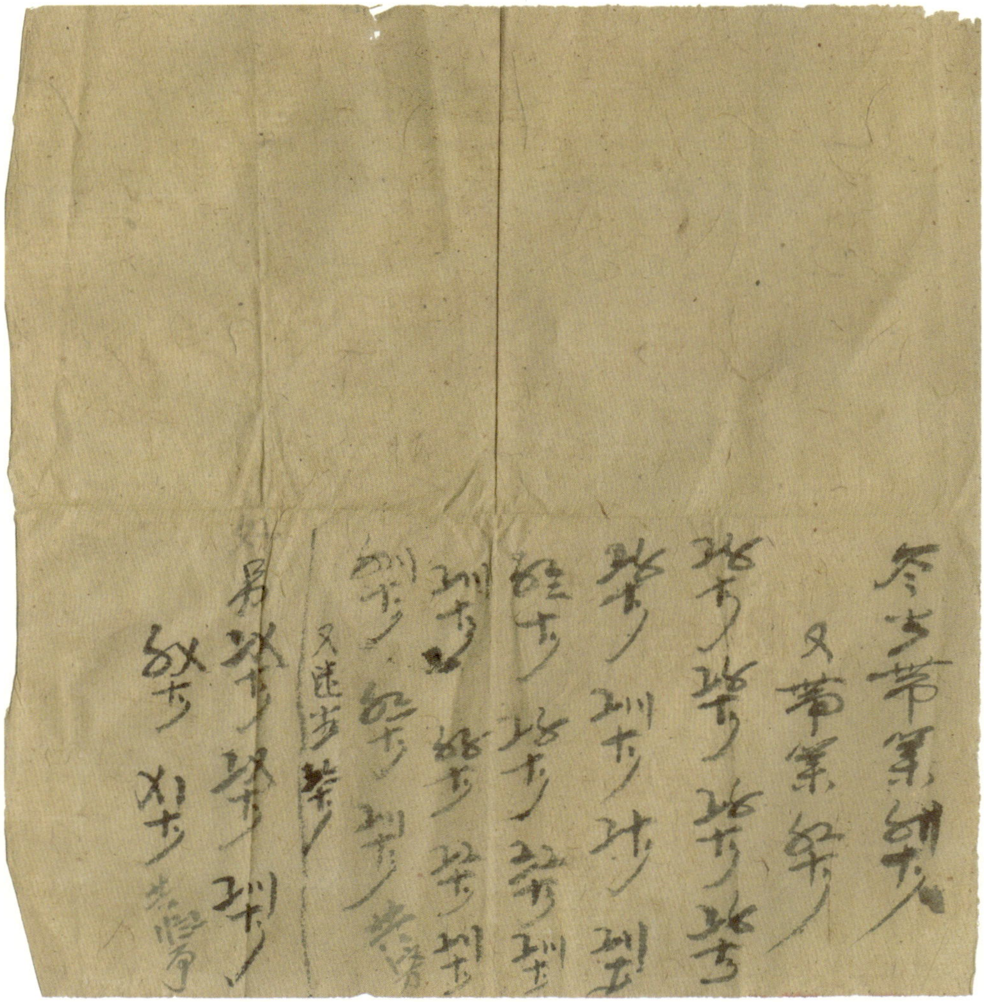

9-6-55-5　楊氏家族記進出流水單（年代不詳）

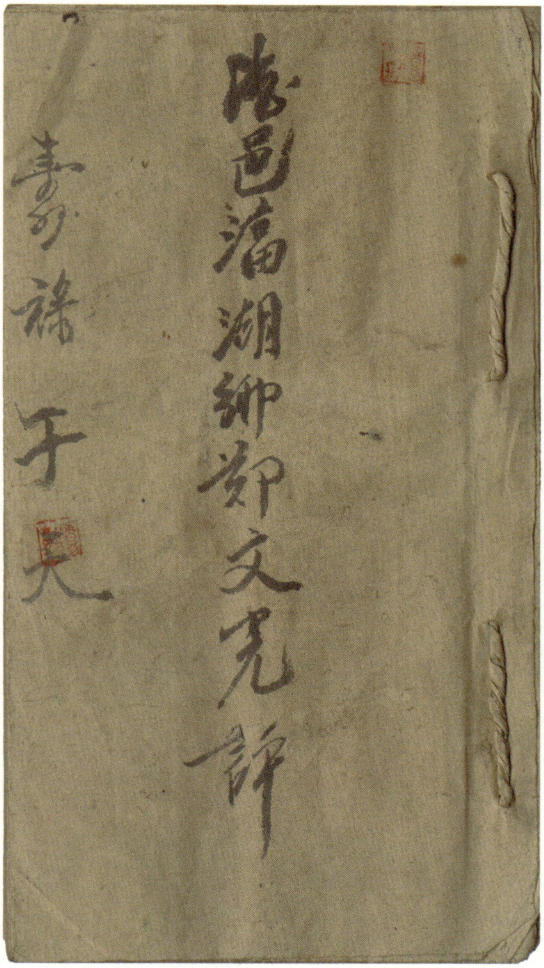

9-6-56-1　民國時期德化淳湖鄭文光評命理書（一）

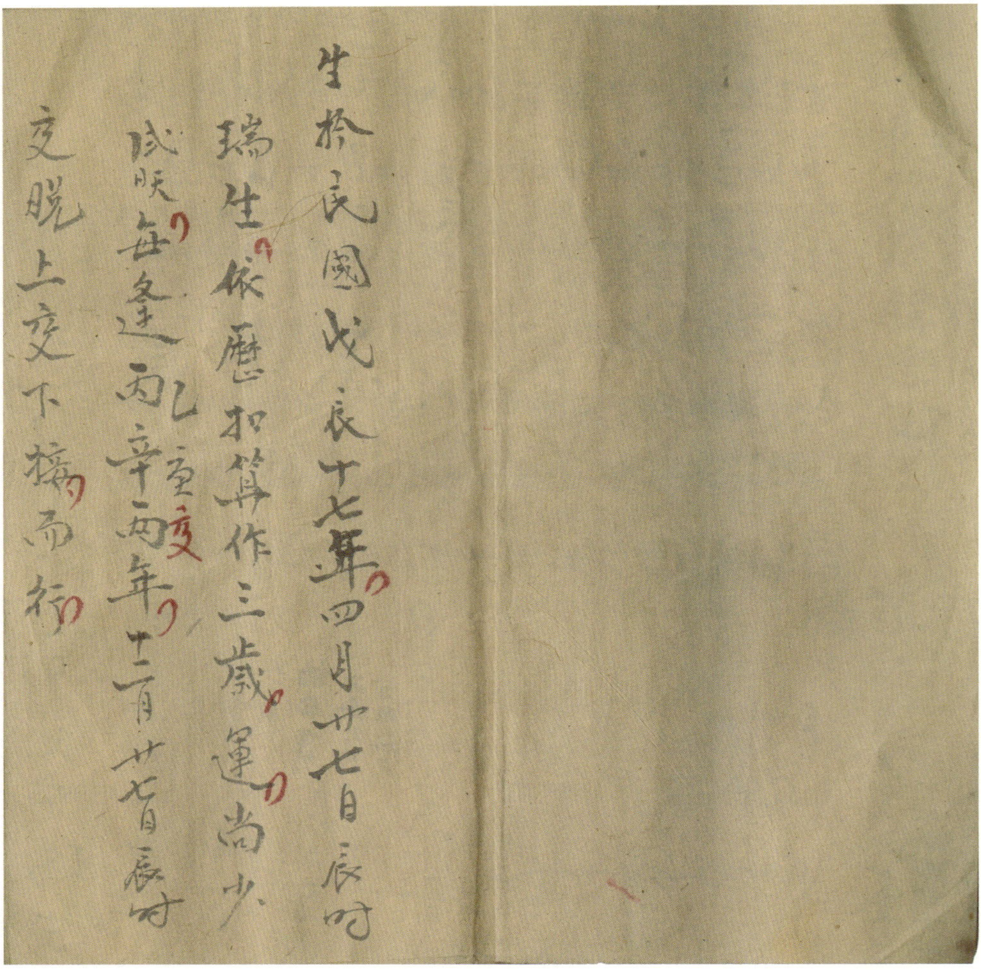
生於民國戊辰十七年四月廿七日辰时
瑞生依歷扣算作三歲運尚少
戊朕每逢丙乙辛丙年重交十二月廿七日辰时
交脱上交下接而行

9-6-56-2　民國時期德化淳湖鄭文光評命理書（二）

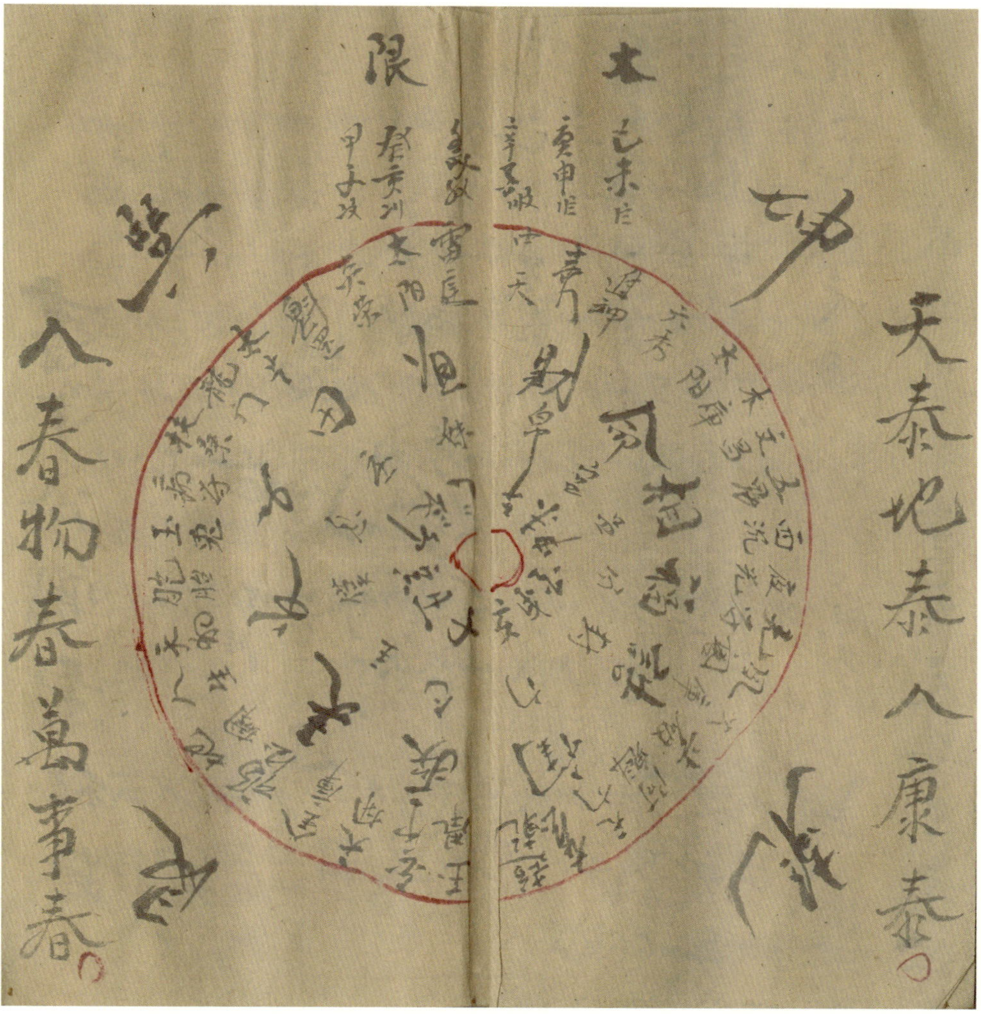

9-6-56-3　民國時期德化淳湖鄭文光評命理書（三）

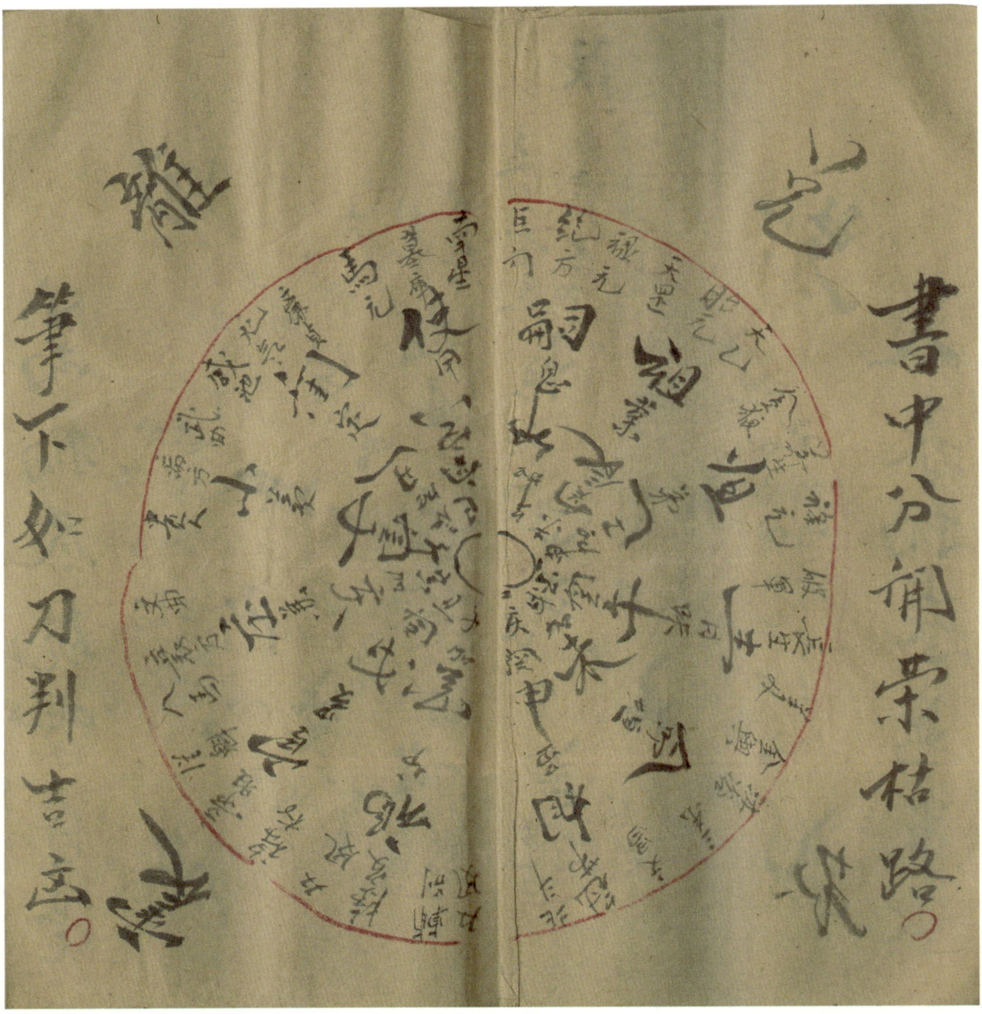

書中分開崇枯路。
筆下如刀判吉凶。

9-6-56-4　民國時期德化淳湖鄭文光評命理書（四）

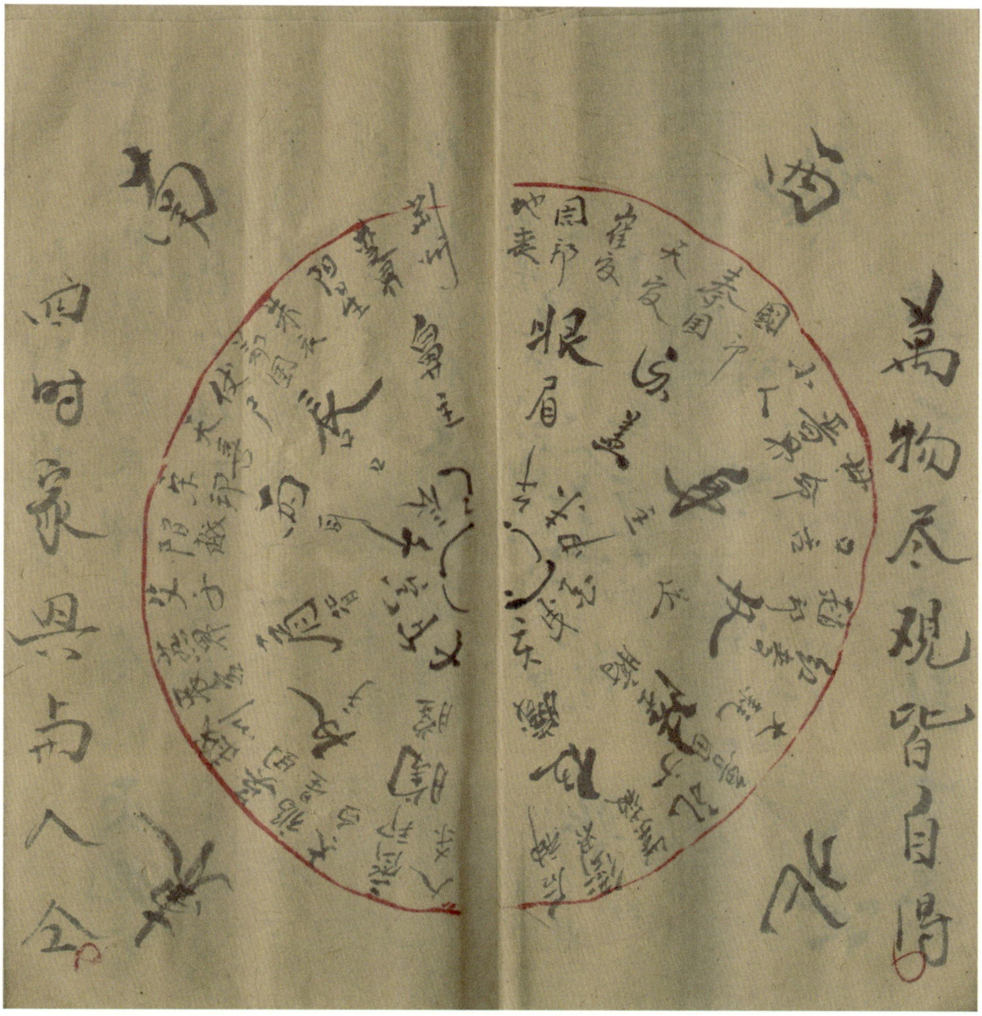

9-6-56-5　民國時期德化淳湖鄭文光評命理書（五）

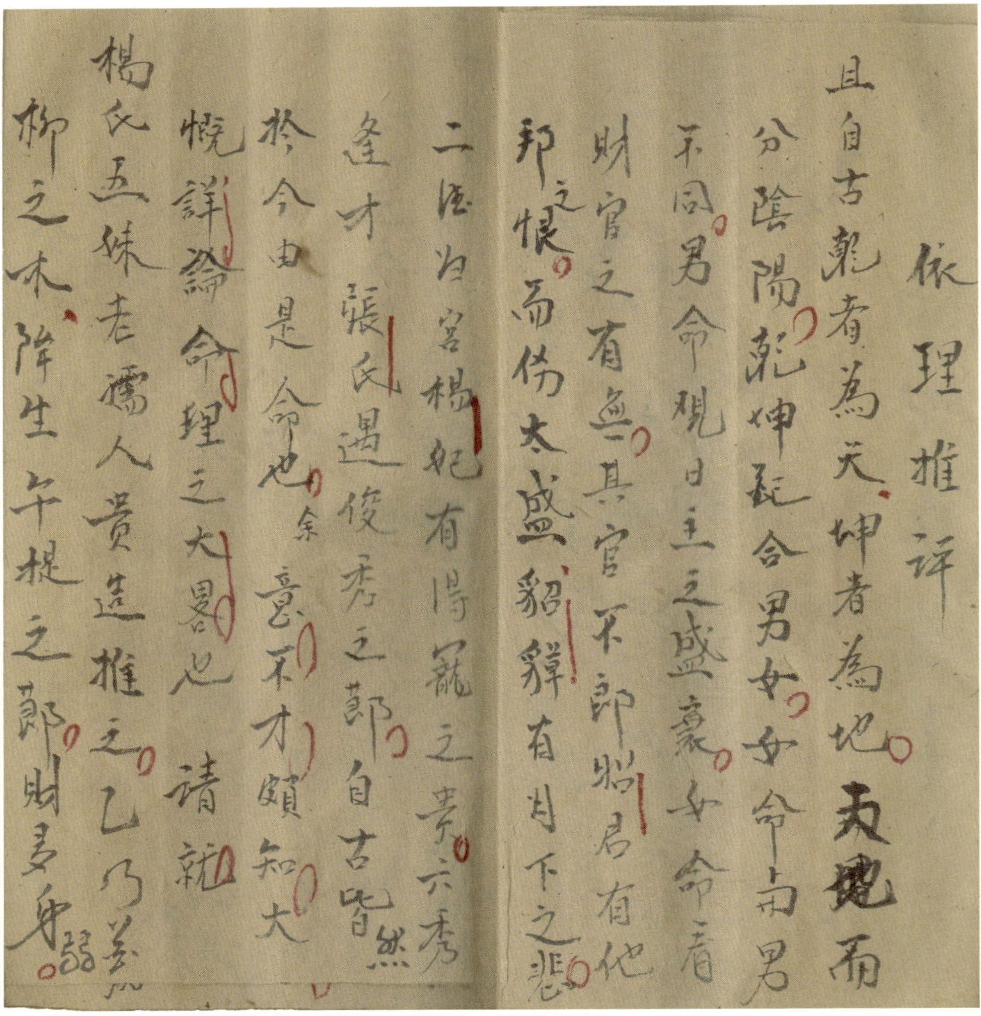
依理推詳
且自古乾者為天，坤者為地。夫婦而
分陰陽，乾坤配合男女。女命向男
不同。男命觀日主之盛衰，女命看
財官之有無。其官不郎，貂君有他
邦之恨；而傷太盛，貂蟬有月下之悲。
二法后宮楊妃有得寵之貴，六秀
逢才張氏遇俊秀之郎，自古皆然，
於今由是命也。余意不才頗知大
概，詳論命理之大略也。請就
楊氏五妹者，儒人貴造推之，乙乃楊
柳之木，降生午提之郎，財多身弱

9-6-56-6　民國時期德化淳湖鄭文光評命理書（六）

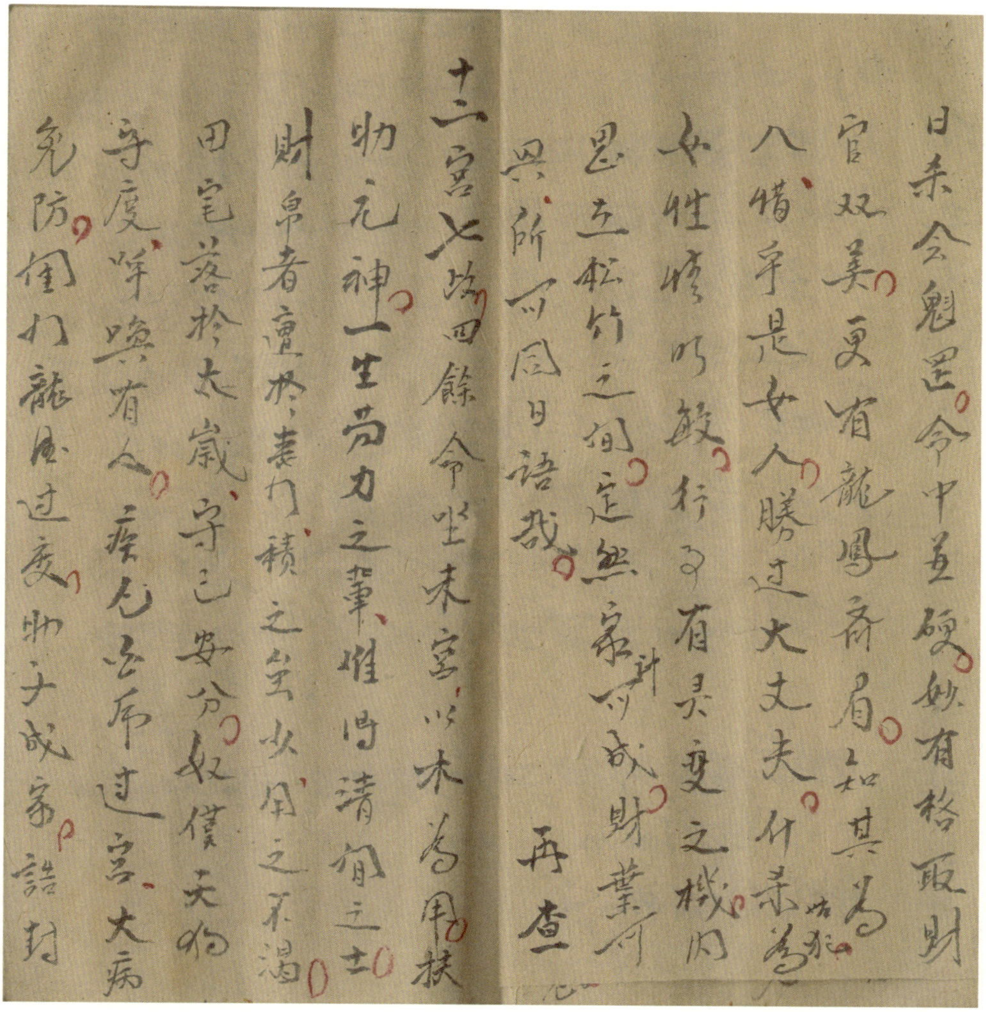
日柱会魁罡，命中并破，故有格取財
官双美，更有龍鳳齐眉，知其為
八借乎是女人勝过大丈夫，什祿為
女性情明敏，行多有應變之機，內
思立松竹之調，定無家計可成財業，可
與所可同日語哉。再查
十二宮七政四餘命坐未宮，以木為用扶
物元神，一生勞力之輩，惟尚清閒之士。
財帛者，宜於妻力積之，其用之不竭。
田宅落於太歲，守己安分，奴僕夫物
寺度，呼喚有人，疾厄居命过宮，大病
免防，個們龍風过度，物于成家，誥封

9-6-56-7　民國時期德化淳湖鄭文光評命理書（七）

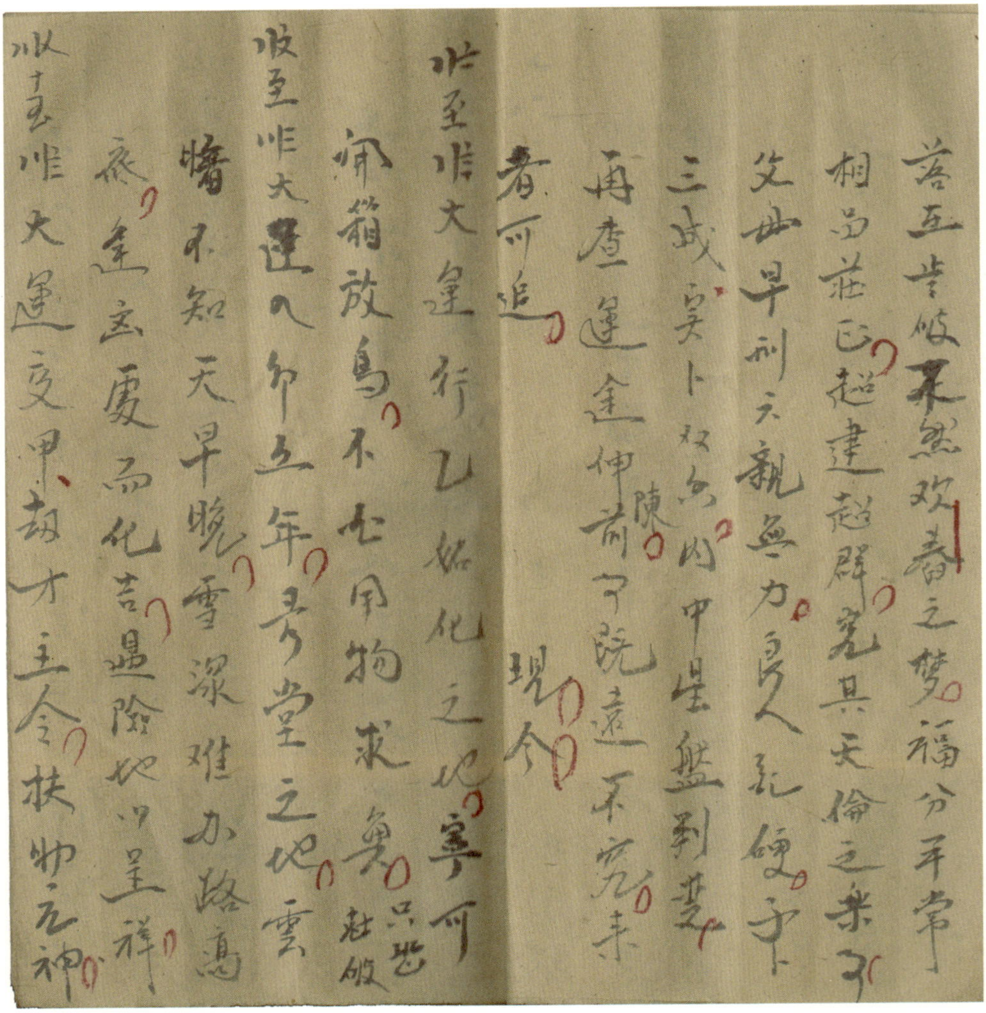
菩互尖破來然欢喜之梦福分平常
相品莊正超建超群完其天倫之樂子
父母早刑六親無力良人氣硬子卜
三歲吴卜双分內中星盤判著
再查運途伸前(陳)可既遠不完未
者可追
現今
卅至卅大運行乙好化之地寧可
開箱放鳥不如用物求魚只恐杜破
卅至卅大運入介五年秀堂之地雲
嫱不知天早晚雪深难办路遙
疾途中處而化吉遇險地可呈祥
卅至卅大運交甲故才主今扶助之神

9-6-56-8　民國時期德化淳湖鄭文光評命理書（八）

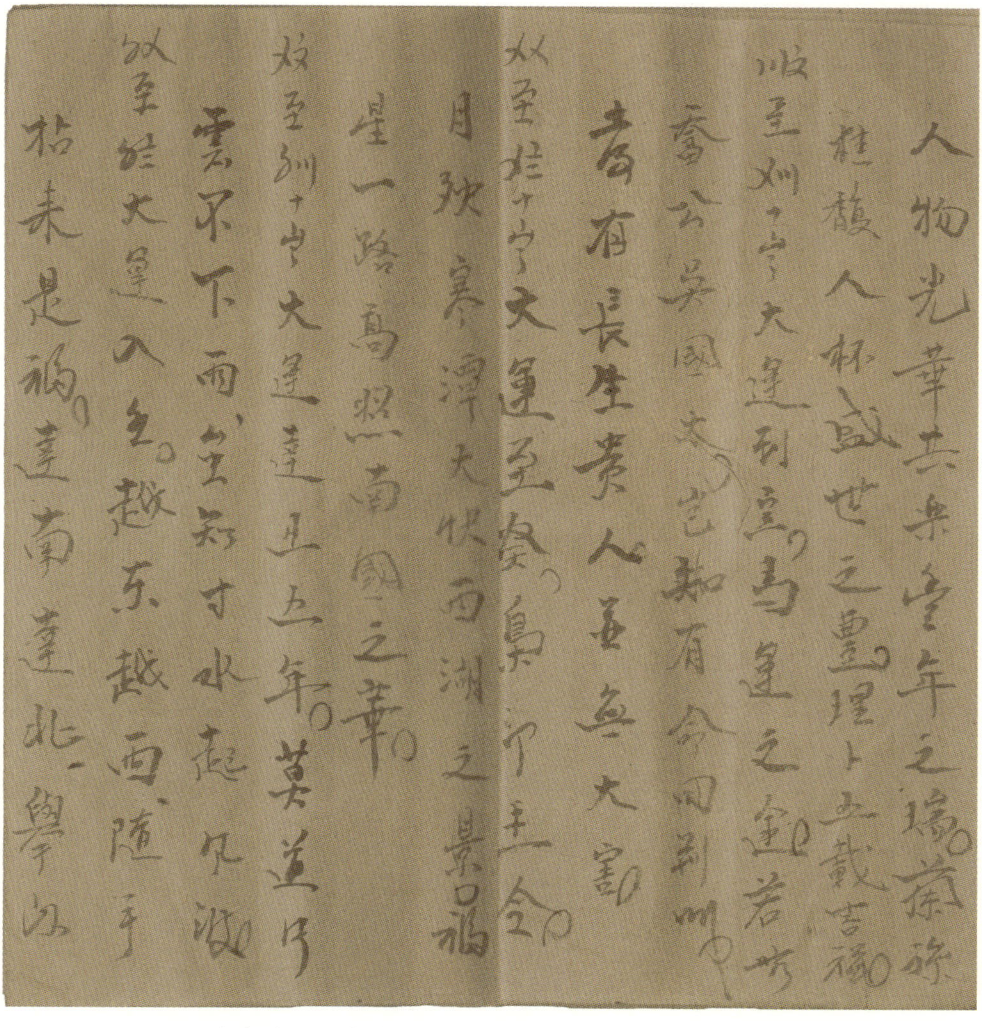
人物光華共樂令年之瑞。蔭孫
桂馥人林盛世之豐理，卜五載吉福。
歲至卅十二歲大運到立，馬運之金運，若於
奮公吳國太宮知有命田到此。
喜有長生貴人並無大害。
歲至於十二歲交運至癸，鼻卯主令。
月缺寒潭大伏西湖之景福
星一路爲照南國之華。
歲至卅十二歲大運逢丑五年。莫道行
雲不下雨，豈知寸水起風波。
歲至於大運入丑。越東越西，隨手
枯來是禍。逢南逢北，與學汝

9-6-56-9　民國時期德化淳湖鄭文光評命理書（九）

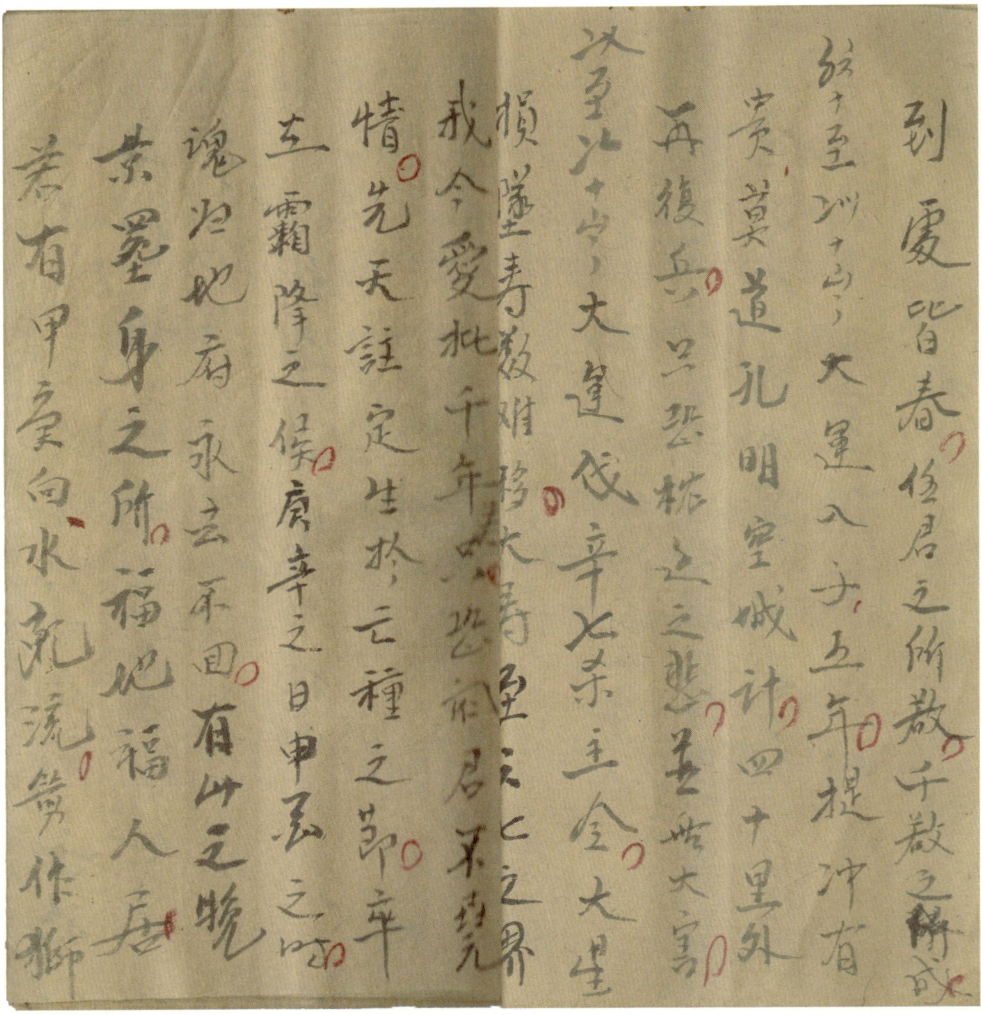

到處皆春。住居之所，數千數之所成
於十至卅十歲之大運入于五年，提沖有
貴莫道孔明空城計，四十里外
再復兵，只恐梧之之悲，並無大害
以至卅十歲之大運戊辛七柔主全大星
損壁壽數難移大壽壁之界
我今愛批千年，居未
情先天註定生於乙種之節辛
立霜降之侯庚辛之日申丑之時
魂歸地府，永去不回。有此之號
葬墨身之所，福地福人居
若有甲庚向水亂流，勢作獅

9-6-56-10　民國時期德化淳湖鄭文光評命理書（一〇）

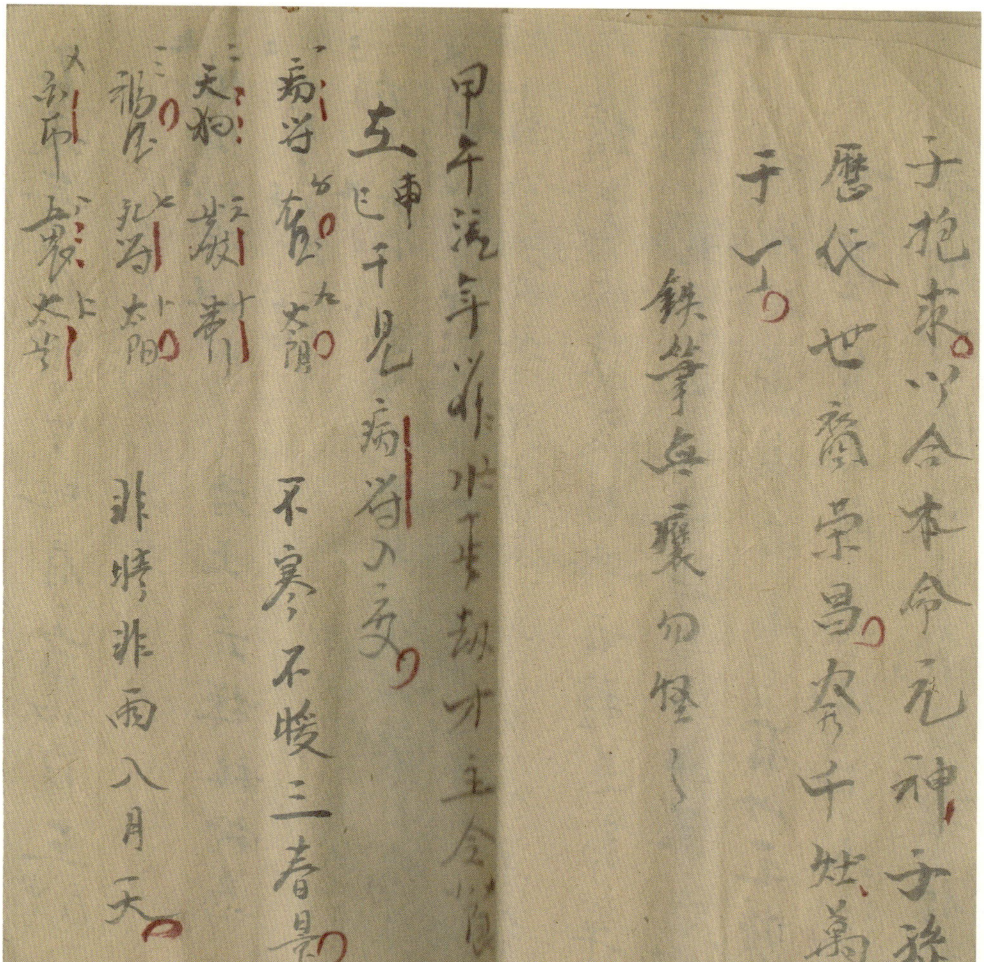

子抱來以合本命元神，子孫
歷代世發榮昌發千丁萬
丁。
鉄筆無虧勿怪々

甲午流年非比劫才主合[illegible]
支 申巳午見病符入支
病符 喜太陽 不寒不煖三春景
天狗 凝 紫
祿堂 孔雀 太陽 非晴非雨八月天
六合 太歲 上太陰

9-6-56-11　民國時期德化淳湖鄭文光評命理書（一一）

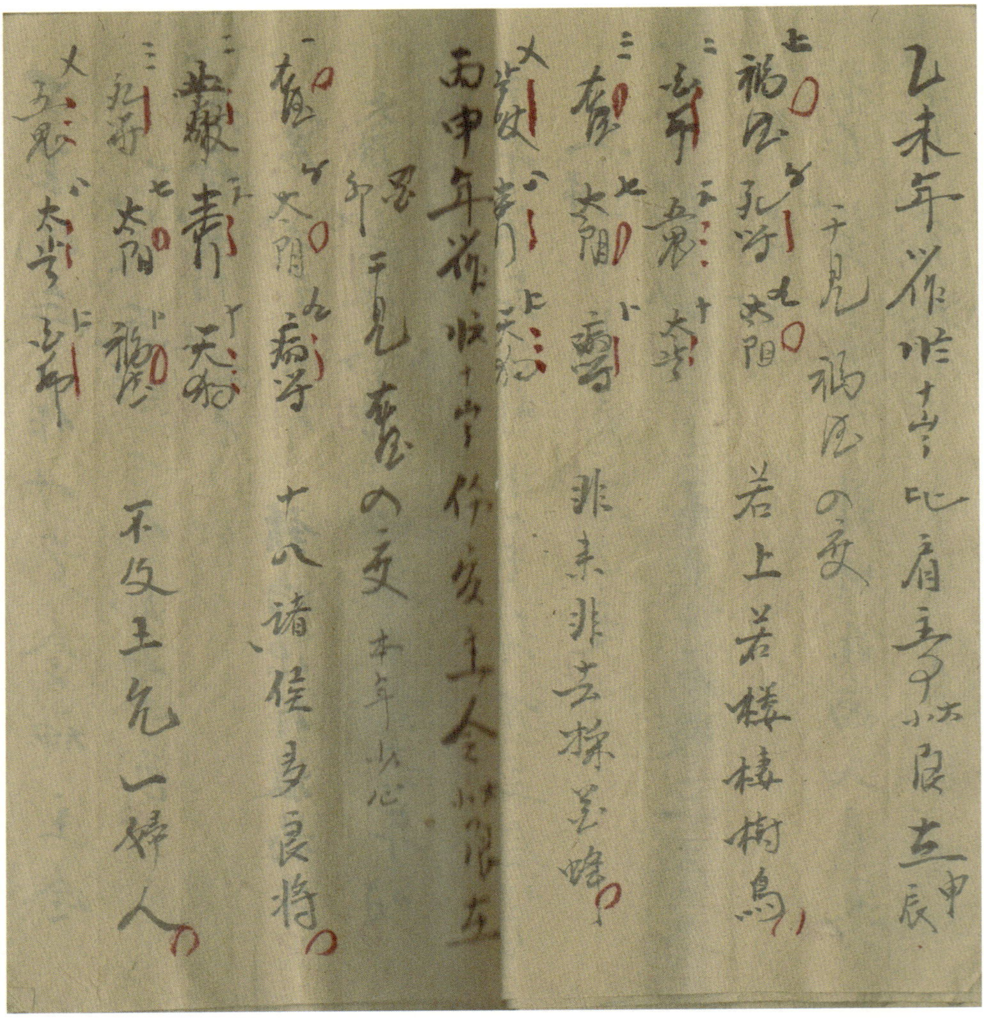
若上若棲棲樹鳥
非來非去探花蜂
十八諸侯多良將
不及王允一婦人

9-6-56-12　民國時期德化淳湖鄭文光評命理書（一二）

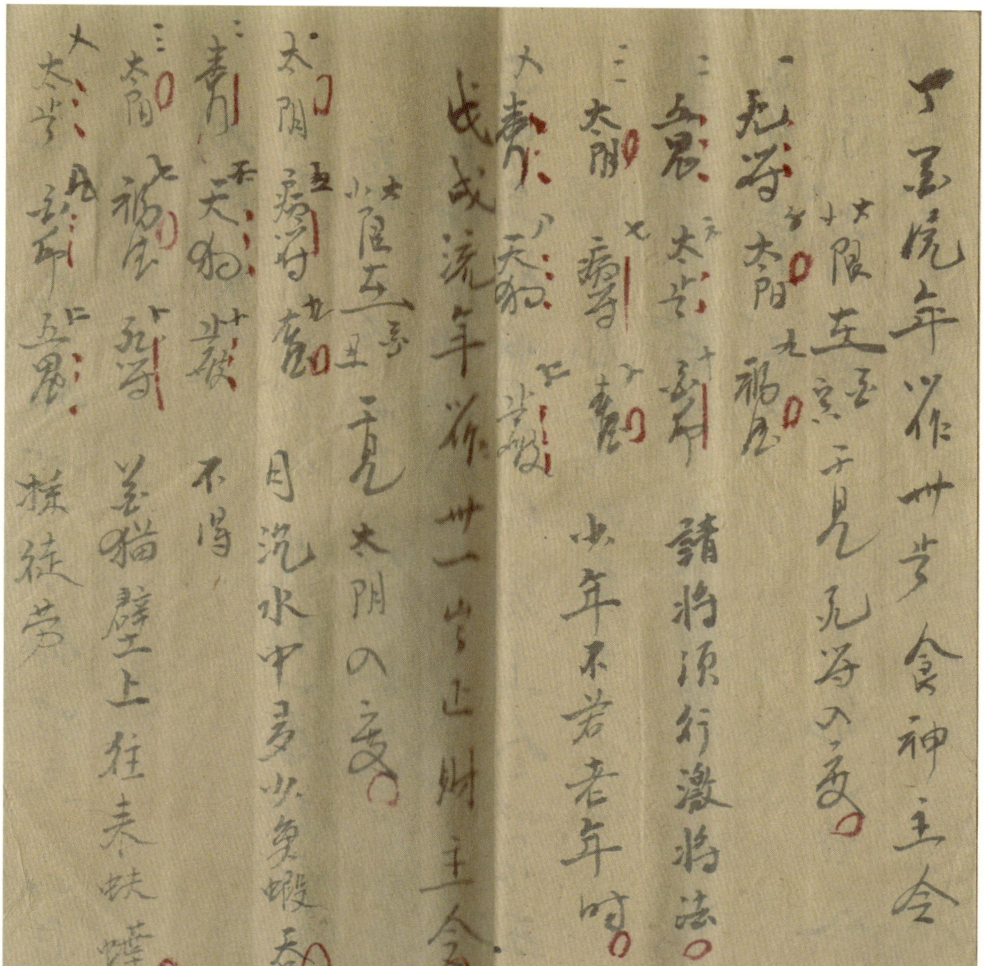
丁酉流年所作卅歲食神主令
小限左丑 亥子見兄弟之處
一 孤寡 太陰 福德
二 紅鸞 太歲 劫刹 諸將須行激將法
三 太陰 病符 喪門 此年不若老年時
大 喪門 天狗 歲破
戊戌流年所作卅一歲正財主令
小限左丑 子見太陰之處
太陰 病符 官符 月流水中多少魚蝦吞
二 喪門 天狗 歲破 不得
三 太陰 福德 孤寡 若貓壁上往來蚨蝶
大 太歲 劫刹 五鬼 様徒勞

9-6-56-13　民國時期德化淳湖鄭文光評命理書（一三）

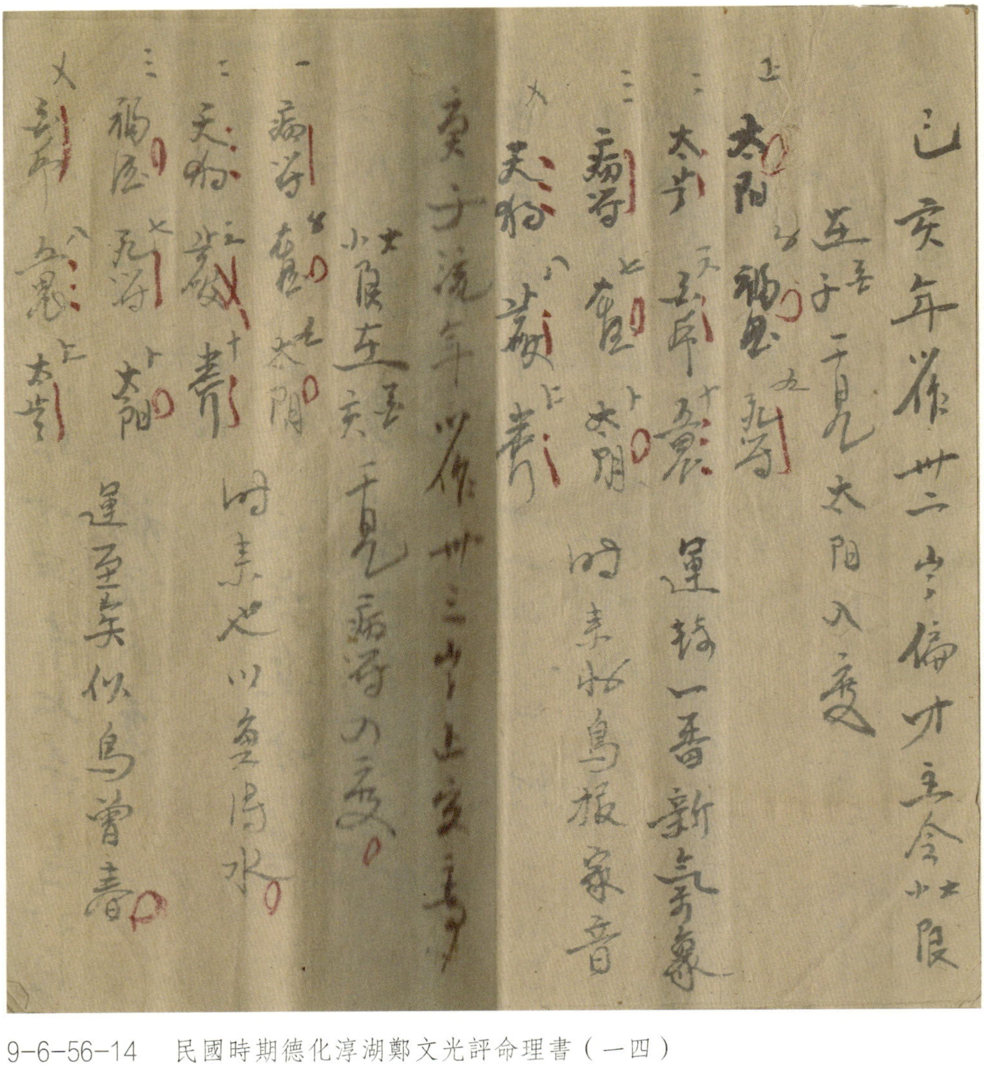

乙亥年叄作卅二歲偏財主令小限
左壬子二月太陽入度
上 太陽 五 福德 九 孔曜
二 太歲 天 玉印 十 天喜 運轉一番新氣象
三 壽星 七 天官 十 太陰 時來好鳥報家音
文 天福 八 紫微 上 天壽
丙子流年叄作卅三歲上字壽
廿 小限左壬亥二月壽星入度
一 壽星 廿 天官 壬 太陰
二 天福 二 紫微 十 天壽 時來也以魚得水
三 福德 七 孔曜 十 太陽
文 玉印 八 天喜 上 太歲 運至矣似鳥曾壽

9-6-56-14　民國時期德化淳湖鄭文光評命理書（一四）

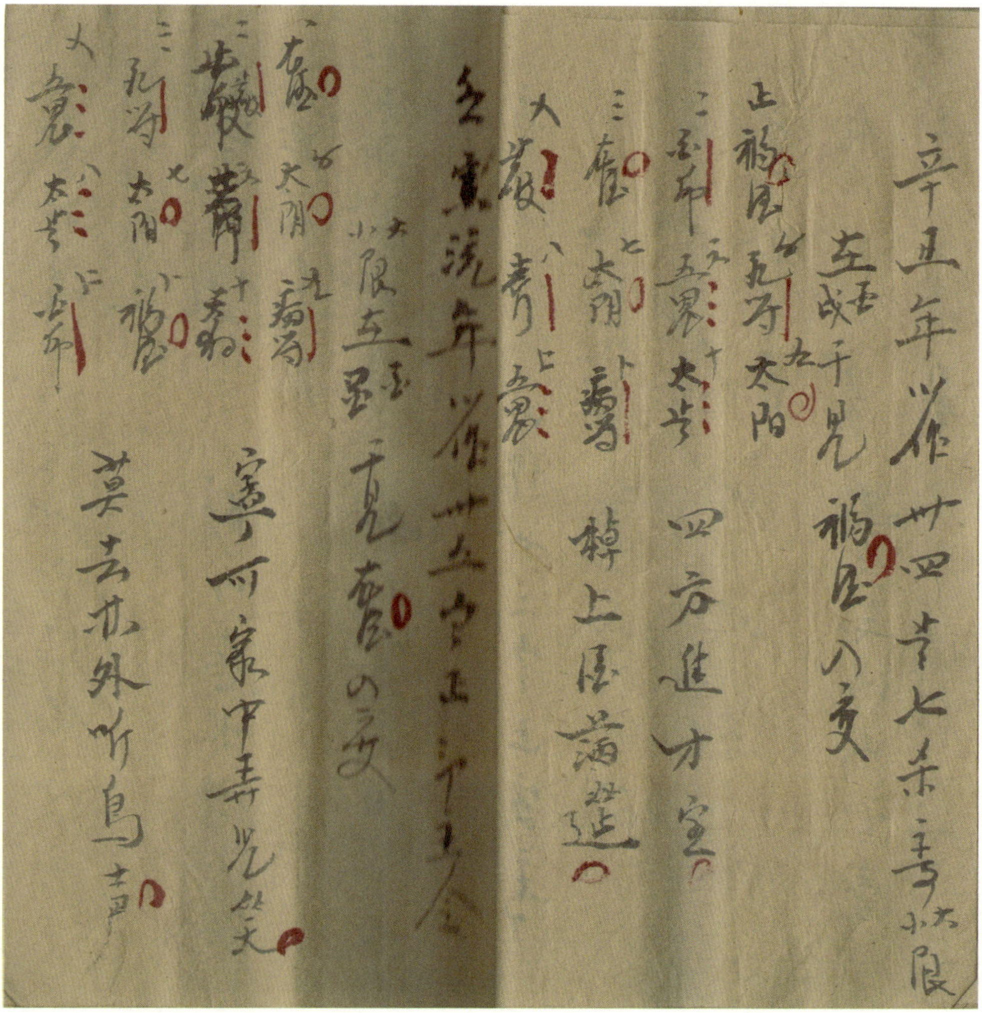

9-6-56-15　民國時期德化淳湖鄭文光評命理書（一五）

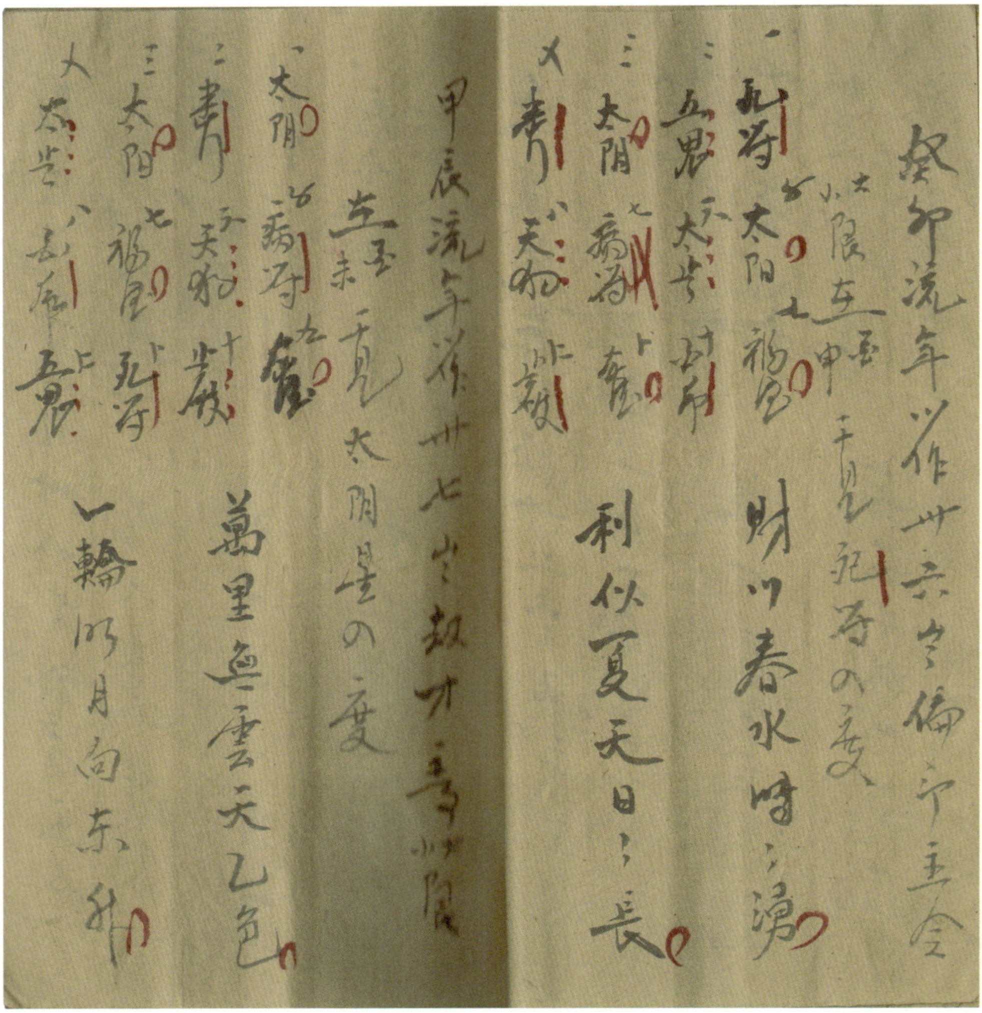
癸卯流年少作卅六歲
財如春水時時漲
利似夏天日日長
甲辰流年少作卅七歲
萬里無雲天乙色
一輪明月向東升

9-6-56-16　民國時期德化淳湖鄭文光評命理書（一六）

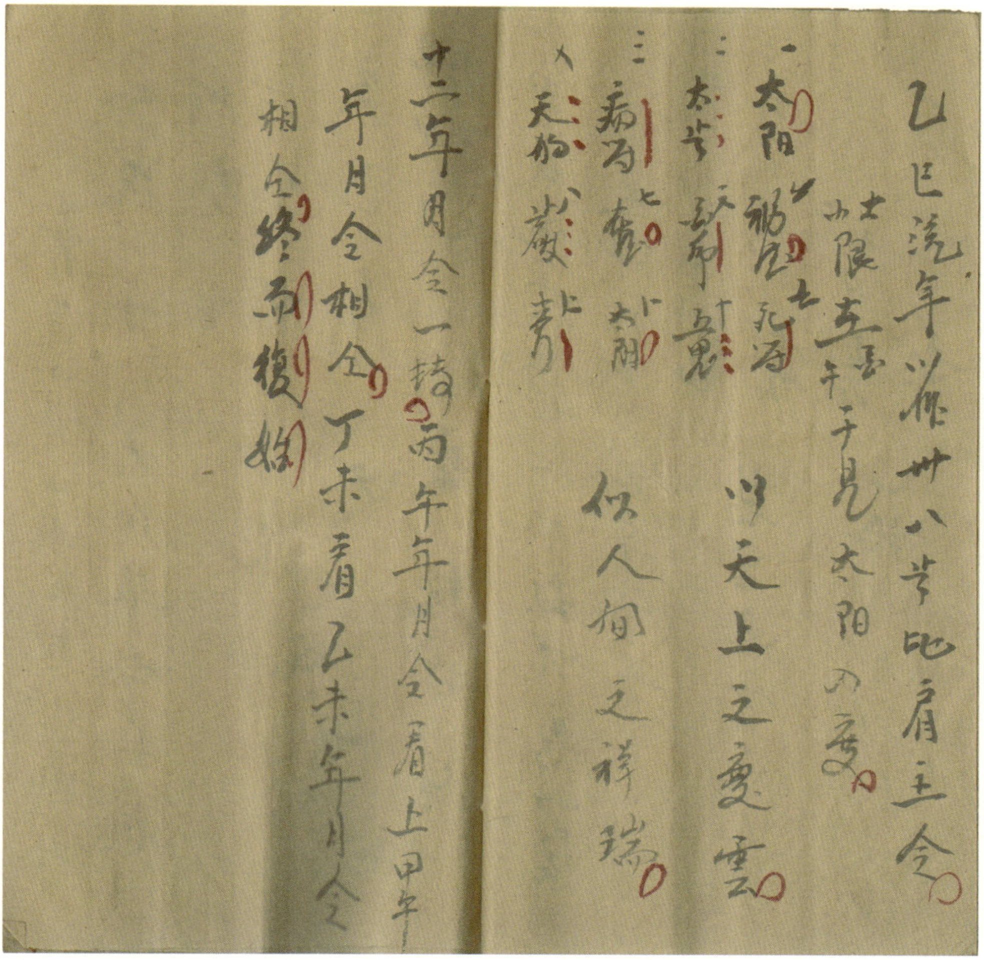

乙巳流年以係卅八歲比肩主令

似人間之祥瑞

十二年月令一特丙午年年月令看上田午

年月令相合丁未看乙未年月令

相合終而復始

9-6-56-17　民國時期德化淳湖鄭文光評命理書（一七）

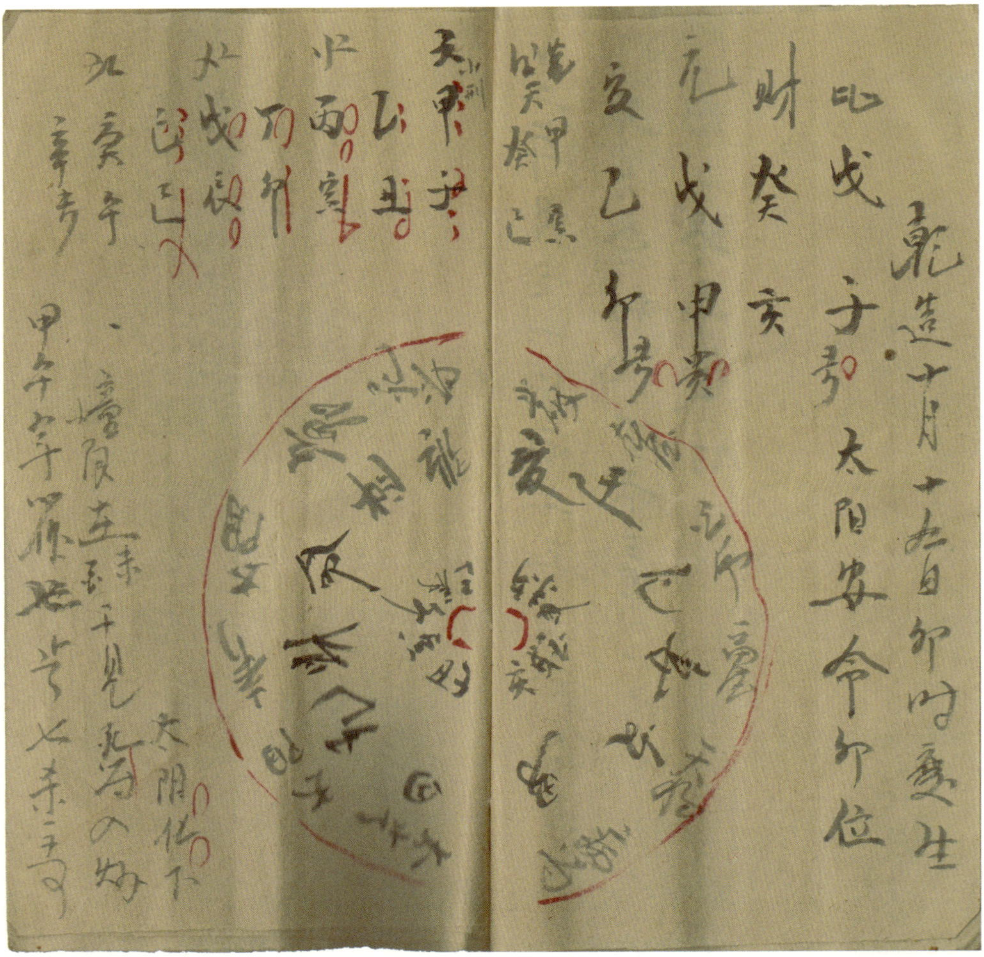
乾造十一月十五日卯時建生
比 戊 子 劫 太陽安命卯位
財 癸 亥
元 戊 申
交 乙 卯

9-6-56-18　民國時期德化淳湖鄭文光評命理書（一八）

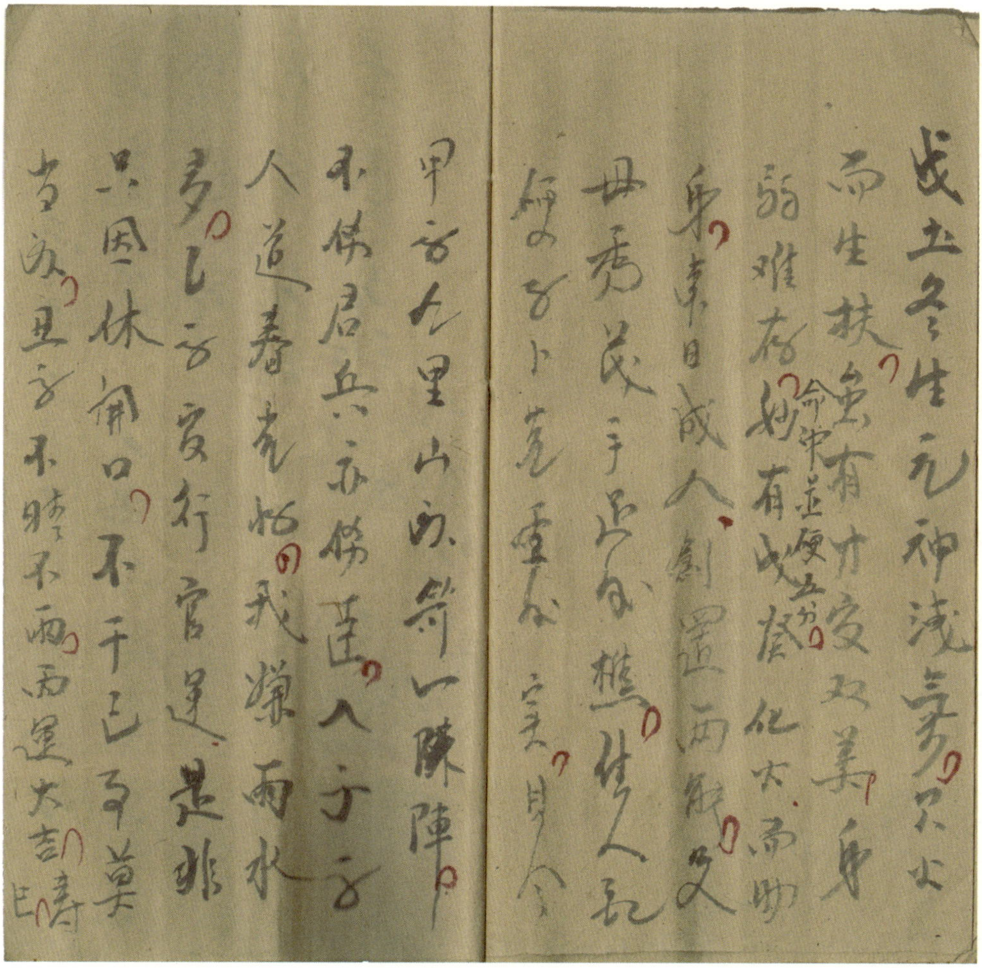

9-6-56-19　民國時期德化淳湖鄭文光評命理書（一九）

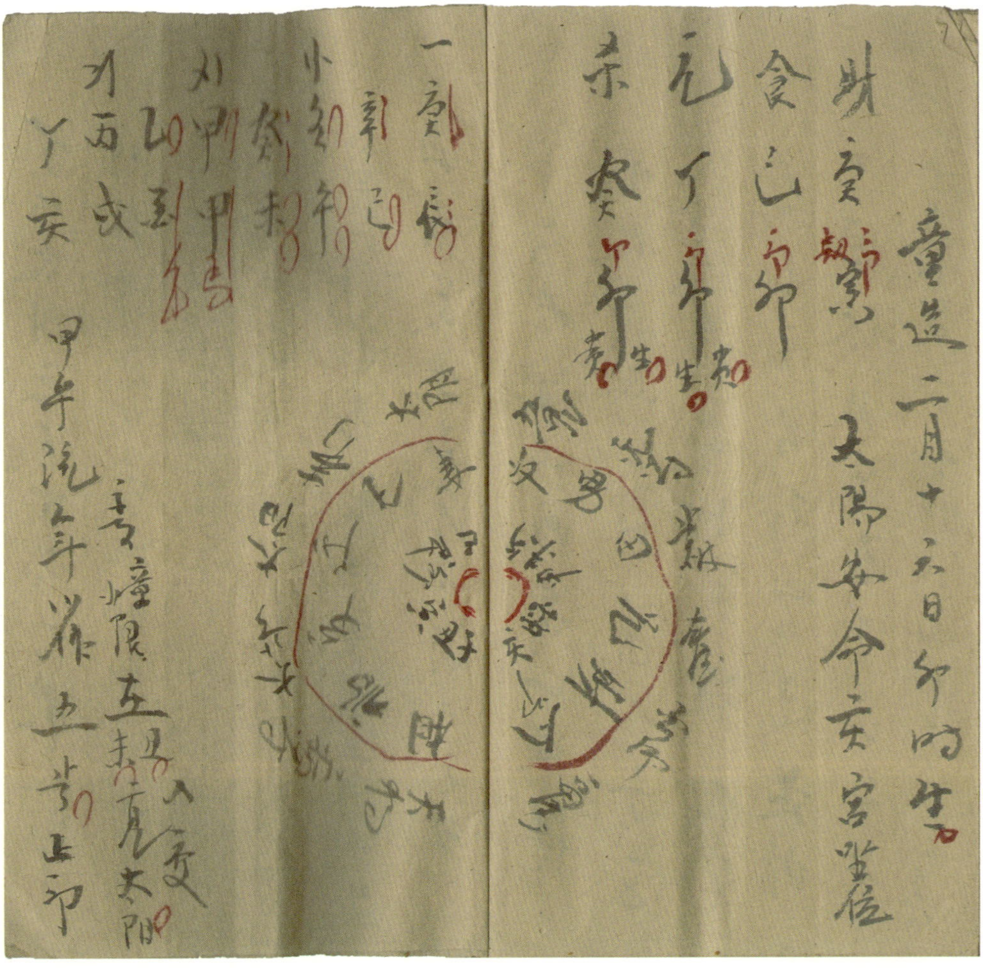

9-6-56-20　民國時期德化淳湖鄭文光評命理書（二〇）

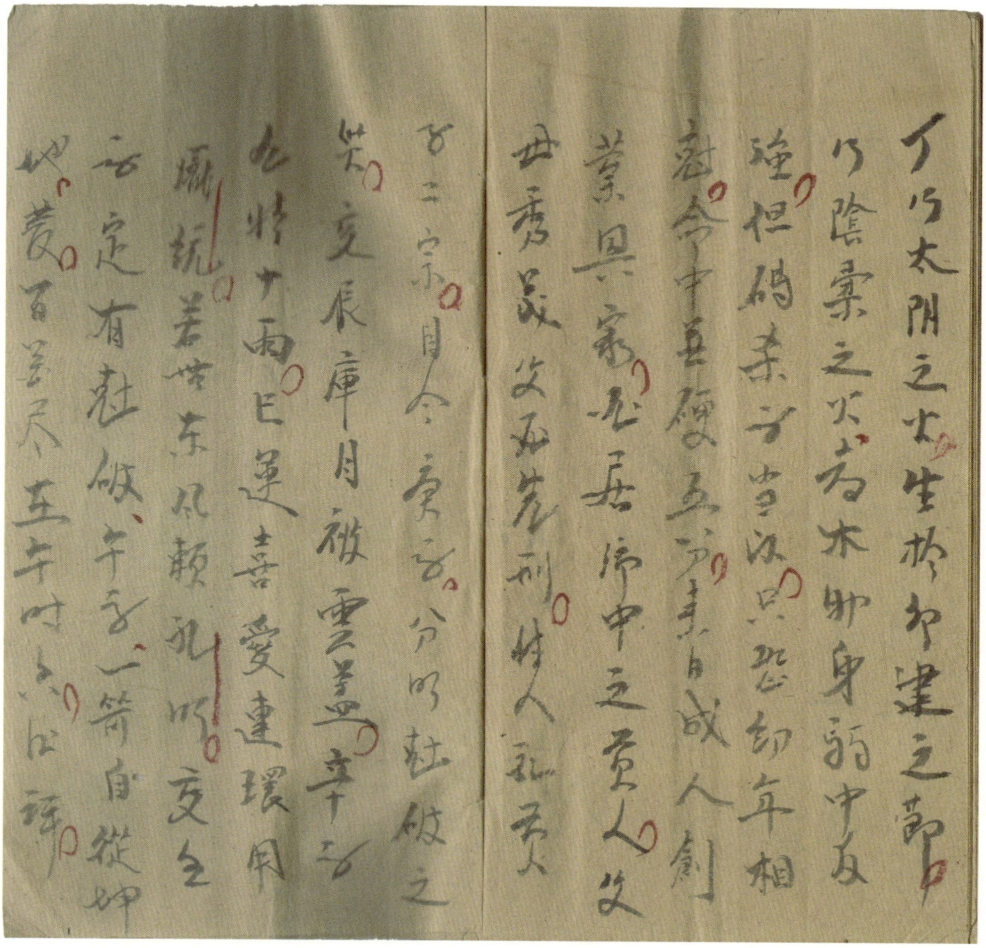

9-6-56-21　民國時期德化淳湖鄭文光評命理書（二一）

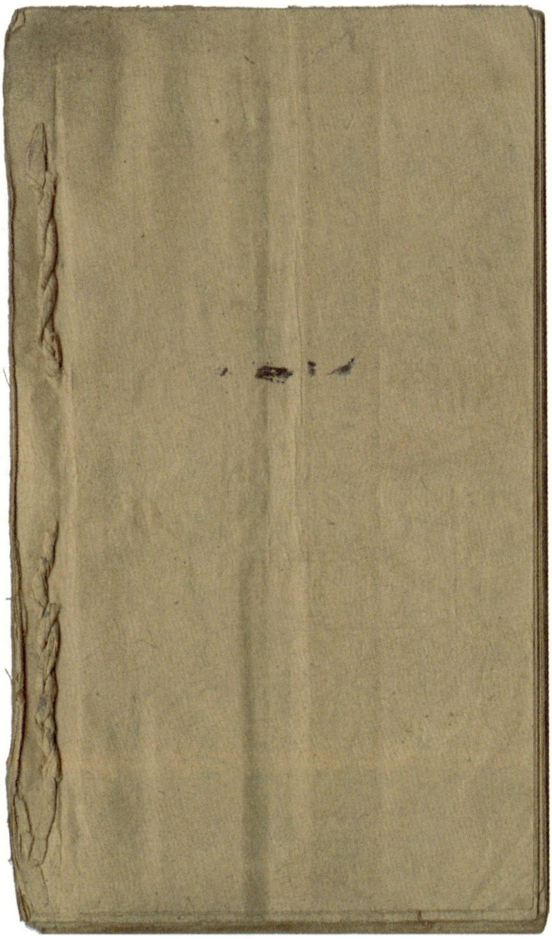

9-6-56-22　民國時期德化淳湖鄭文光評命理書（二二）

圖書在版編目（CIP）數據

福建民間契約文書. 第九卷：4册／鄭振滿主編. －－福州：福建人民出版社，2022.10
（八閩文庫. 專題彙編）
ISBN 978－7－211－08907－9

Ⅰ. ①福… Ⅱ. ①鄭… Ⅲ. ①契約—文書—彙編—福建 Ⅳ. ①D927.570.369

中國版本圖書館CIP數據核字（2022）第161530號

福建民間契約文書（第九卷）

主　　編：鄭振滿
編　　者：厦門大學民間歷史文獻研究中心
責任編輯：宋一明　趙遠方　莫清洋
裝幀設計：張志偉
美術編輯：陳培亮
出版發行：福建人民出版社
電　　話：0591—87533169（發行部）
網　　址：http://www.fjpph.com
電子郵箱：fjpph7221@126.com
地　　址：福建省福州市東水路76號
經　　銷：福建新華發行（集團）有限責任公司
印刷裝訂：雅昌文化（集團）有限公司
地　　址：深圳市南山區深雲路19號
電　　話：0755—86083235
開　　本：787毫米×1092毫米 1/16
印　　張：109.5
版　　次：2022年10月第1版第1次印刷
書　　號：ISBN 978－7－211－08907－9
定　　價：2400.00元（全4册）